Martin Dreyer

DIE VOLX BIBEL

Altes und Neues Testament

Pattloch Verlag

Volxbibel-Verlag

Besuchen Sie uns im Internet:
www.pattloch.de
www.volxbibel-verlag.de

Redaktion: Marlene Fritsch, March/Hugstetten
Umschlaggestaltung: ZERO Werbeagentur, München
Satz: Wilhelm Vornehm, München
Druck und Bindung: CPI – Clausen & Bosse, Leck
Printed in Germany
ISBN 978-3-629-13013-6 (Pattloch Verlag)
ISBN 978-3-940041-14-2 (Volxbibel-Verlag)

5 4 3 2 1

Inhalt

Vorwort

Die *Volxbibel* hat in den letzten Jahren das Gespräch über das Buch der Bücher extrem angeregt, angefeuert und auch angeheizt. Kaum eine Bibel wurde mehr diskutiert und kritisiert, gefeiert und angefeindet, und die Reaktionen reißen bis heute nicht ab: Unterschriftenlisten wollen das Buch am liebsten verbieten, im Internet findet man Aufforderungen, es sogar zu verbrennen, aber Jugendliche und Junggebliebene lesen die *Volxbibel* in ganz Deutschland, Österreich und der Schweiz mit überschwenglicher Begeisterung und Freude.
Erst vor einiger Zeit wurde von weltlichen Rundfunksendern mehrfach pro Woche eine Serie mit dem Titel „Konfirmanden lesen ihren Lieblingsspruch aus der Volxbibel" ausgestrahlt.
Pfarrer, Priester, Theologen und Religionslehrer nutzen die Volxbibel für ihre Zwecke. Aber auch Prominente schätzen sie: Nina Hagen nahm ihr Exemplar mit in eine Talkshow, Jörg Pilawa wurde damit fotografiert, und selbst der Papst ließ mir in einem Brief ausrichten, dass er das Anliegen der *Volxbibel* verstehe.
Seitdem ich die Idee für dieses Projekt hatte, habe ich auch immer an seine Notwendigkeit geglaubt. Ich war mir damals sicher, dass die Zeit gekommen war, so ein gewagtes Experiment mit dem Buch der Bücher zu starten. Aber der beachtliche Erfolg hat nicht nur mich, sondern auch die Verleger, ihre Verlage und die Buchhändler überrascht. Im *Volxbibel Wiki* wurde seit 2006 über fünf Millionen Seitenaufrufe verzeichnet, das ist eine sehr erstaunliche Zahl. Über dreitausend User arbeiteten am Text, lasen und studierten die Texte und diskutierten über diese Bibel.

Es ist schon seit langem mein dringender Wunsch, jedem Leser irgendwann einmal die ganze Heilige Schrift in einer Volxbibel-Fassung zur Verfügung stellen zu können. Nun ist es so weit: Die erste Gesamtausgabe der *Volxbibel* liegt vor; sie fasst die bisherigen drei Bände in einem großen Band zusammen. Textgrundlage der „Alten Verträge", des Alten Testaments, ist die 1.0-Fassung. Das Neue Testament hingegen ist frisch aus dem Internet exportiert und trägt stolz die Versionsnummer 4.0.

Die Bibel steckt voller krasser Geschichten über Gott und die Menschen. Wir können am Anfang von der Entstehung der Welt lesen und auf den letzten Seiten davon, wie es mit diesem Planeten irgendwann zu Ende gehen wird. Themen wie Liebe und Depression, Freundschaft und Verrat, Krieg und Frieden kommen in ihr zur Sprache. Sie gibt Antworten auf viele brennende Fragen des Lebens, und sie regt an, über sich und die eigene Existenz noch einmal ganz neu nachzudenken.
Das Hauptziel der Bibel ist, so denke ich, dass Gott mit seinen Menschen reden möchte. Er will, dass die gedruckten Worte zu glühenden Kohlen werden, die unsere Leidenschaft befeuern, dass sich diese Worte unwiederbringlich in unser Herz einbrennen. Er will uns ermutigen, wenn es uns schlecht geht, uns auch auf die Finger hauen, wenn wir Mist bauen, und uns den Weg aufzeigen, wenn wir uns mal wieder verirrt haben.
Gott liebt uns vollkommen, davon bin ich überzeugt. Deshalb kann man die Bibel auch als einen Liebesbrief Gottes an die Menschen bezeichnen. Ich wünsche mir, dass Du diesen Liebesbrief lesen und mit deinem Herz auch verstehen kannst. Mit Sicherheit kann man die Bibel auch mit seinem Verstand lesen und viel Nutzen daraus ziehen. Aber wichtiger ist für mich, dass unser Herz, unser Innerstes, offen ist und wir nicht nur versuchen, alles in unser übliches intellektuelles Muster zu pressen. Denn es gibt eine Dimension der Bibel, die weitaus spannender und interessanter ist als alles, was unser Verstand begreifen kann. Entdecke das Leben mit Gott und seinem Sohn Jesus. Es gibt kein besseres!

Berlin im Mai 2012
Martin Dreyer

Altes Testament

1. Buch Mose

1

Wie Gott die Erde gemacht hat

1 Alles fing damit an, dass Gott das ganze Universum gemacht hat. Er bastelte das riesige Weltall zusammen und mittendrin die Erde. 2 Auf der Erde war noch nichts los. Überall war totales Chaos. Es war stockdunkel, alles stand unter Wasser, und es gab noch kein Licht. Aber Gottes Geist, seine besondere Kraft, war da und schwebte über dem Wasser. 3 Und dann machte Gott eine Ansage: „Jetzt soll erst mal Licht angehen!" Und „bang", es passierte sofort! Plötzlich war es überall hell! 4 Und Gott fand das Licht total cool! Dann beschloss er, das Licht mal von dem Dunkeln zu trennen. Es sollte ab jetzt die halbe Zeit hell sein und die andere Zeit dunkel. 5 Gott nannte die helle Zeit „Tag" und die dunkle Zeit „Nacht". Es wurde zum ersten Mal auf der Erde dunkel und wieder hell, und damit war der erste Tag, den es jemals gegeben hatte, auch schon vorbei. 6 Als Nächstes sagte Gott: „Das Wasser soll sich zerteilen, es soll Wasser nach oben und nach unten gehen!" 7 Und das passierte auch sofort. Jetzt gab es oben und unten Wasser, oben in den Wolken und unten auf der Erde. 8 Den oberen Teil nannte Gott „Himmel". Und dann war der zweite Tag auch schon wieder vorbei. 9 Die nächste Ansage von Gott war: „Das Wasser auf der Erde soll sich jetzt mal an bestimmten Orten sammeln. Ich will, dass man was Trockenes dazwischen sehen kann!" Und auch das passierte sofort. 10 Gott gab dem trockenen Boden den Namen „Land", und das ganze Wasser nannte er „Meer". Und Gott sah es noch mal an und fand es hammergut! 11 Dann sagte Gott: „Aus dem Boden sollen jetzt Pflanzen wachsen! Es soll grün werden, Bäume sollen entstehen, an denen Äpfel und so wachsen! Und überall sollen Samen drin sein, damit sich die einzelnen Arten auch weiter vermehren können!" Und das passierte auch sofort. 12 Auf dem Boden wuchsen so Sachen wie Rasen, Kräuter und Bäume, alles ganz unterschiedlich. Und die Pflanzen hatten Samen in ihren Früchten, ganz unterschiedliche Samen, auf die Art, wie sie eben gemacht waren. Und Gott sah es noch mal an und fand es total krass! 13 Dann ging die Sonne unter und wieder auf. Jetzt war der dritte Tag vorbei. 14 Gott meinte jetzt: „Am Himmel sollen Sterne sein. Die sind dafür da, dass man merkt, ob es Tag oder Nacht ist. Und man soll durch die Sterne abchecken können, ob wir gerade Winter oder Sommer haben. Und das Datum soll man an denen auch ablesen können. 15 Sie sollen wie kleine Lampen sein, damit es auf der Erde nachts ein bisschen heller wird." Und das passierte sofort. 16 Als Nächstes machte Gott die Sonne und den Mond klar. Die Sonne sollte es am Tag ganz hell werden lassen und der Mond nachts. 17 Gott pinnte beide oben in den Himmel, damit sie von da gut auf die Erde leuchten konnten. 18 Sonne und Mond organisierten ab sofort, ob es hell oder dunkel wurde. Und Gott sah es noch mal an und fand es richtig gut! 19 Und dann war es auch schon wieder dunkel und wieder hell, und der vierte Tag war zu Ende. 20 Jetzt machte Gott folgende Ansage: „Ich will, dass es im Wasser nur so von Leben wimmelt! Total viele Tiere sollen da jetzt rumschwimmen! Und über der Erde sollen jede Menge Vögel im Himmel rumfliegen!" 21 Und jetzt ging Gott richtig ab. Er machte riesengroße Walfische, aber auch alle möglichen kleinen Tiere, Krabben, Aale, Forellen, eben alles, was so im Wasser leben konnte. Und er fing an, die ganzen Vögel zu stylen, in unterschiedlichsten Formen und Farben. Und Gott merkte gleich, dass das total genial wurde! 22 Dann wünschte Gott ihnen alles Gute und segnete sie. Er sagte zu ihnen: „Jetzt macht mal los! Habt Spaß miteinander und vermehrt euch! Ihr könnt das ganze Meer haben, wenn ihr wollt! Und den Vögeln sag ich das auch: Habt mal ordentlich Sex und vermehrt euch auf der Erde!" 23 Und es wurde dunkel, und wieder hell. Damit war der fünfte Tag vorbei. 24 Jetzt sagte Gott: „Auf der Erde soll es viele unterschiedliche Tierarten geben. Jedes Tier soll ganz besondere Eigenschaften haben. Löwen, Schlangen, Schildkröten und so was, das soll es ab jetzt geben." Und es passierte genau so, wie Gott es gesagt hatte. 25 Gott stylte dabei ganz verschiedene Tiere. Wilde und zahme, Tiere, die auf dem Boden lebten, und Tiere die im Boden lebten, und alles in unterschiedlichen Formen und Farben. Und Gott sah es noch einmal an und fand alles total cool! 26 Jetzt sagte Gott: „Okay, nun wollen wir auch mal Menschen basteln. Die sollen mir ähnlich sein. Und die sollen ab sofort das Sagen haben über die ganzen Fische, die im Meer sind, und auch über die Vögel, die in der Luft fliegen, und auch über die ganzen anderen Tiere auf

der Erde. Die Menschen sollen über alles bestim-
men, was es auf der Erde so gibt.“ 27 Also baute
Gott einen Menschen. Dieser Mensch war ihm
irgendwie ähnlich, er sollte nach demselben Muster
gestrickt sein wie Gott. Er machte dabei gleich zwei
Exemplare, einen Mann und eine Frau. 28 Und Gott
gab ihnen Kraft zu leben und segnete sie. Er sagte
zu ihnen: „Jetzt habt Spaß miteinander! Schlaft mit-
einander und bekommt sehr viele Babys! Ihr sollt ab
jetzt das Sagen haben über alles, über die Fische,
die im Meer sind, und auch über alle Vögel, die
rumfliegen. Und auch über die ganzen anderen
Tiere, die auf der Erde leben, sollt ihr ab sofort
bestimmen können!“ 29 Schließlich meinte Gott
noch: „Hey, ich habe euch hier ganz viele Sachen
gegeben, die man anpflanzen kann und die dann
von selbst wachsen! Und auch Bäume hab ich für
euch gemacht, und da wachsen auch viele leckere
Früchte dran! Die könnt ihr dann essen, wenn ihr
wollt. 30 Das ganze Grünzeug hab ich für die Vögel
und die anderen Tiere gemacht, damit die das alles
essen und davon leben können.“ Und es passierte
alles genau so, wie Gott es gesagt hatte. 31 Gott sah
sich dann das Ganze, was er gerade gemacht hatte,
noch einmal in Ruhe an. Und er war voll begeistert,
es war alles spitzenmäßig geworden! Dann wurde
es dunkel, der sechste Tag war vorbei, und am
nächsten Morgen fing der siebte Tag an.

2

Der siebte Tag zum Entspannen

1 So ist also das ganze Weltall entstanden, der
Himmel und die Erde. 2 Am siebten Tag war
alles perfekt, was Gott gemacht hatte. An diesem
siebten Tag machte Gott erst mal ne Pause und
ruhte sich aus. 3 Und Gott legte seine Kraft auf die-
sen siebten Tag, er segnete ihn. Er machte, dass
dieser Tag ganz, ganz besonders war. Denn an die-
sem Tag entspannte er sich von der Arbeit, die er
getan hatte.

Gott baut den Garten Eden, einen Mann und eine Frau: ein zweiter Bericht

4 Das ist also die Entstehungsgeschichte vom Welt-
all, vom ganzen Universum und auch von der Erde.
Am Anfang, als alles losging, hat Gott das Ganze
gebastelt. 5 Bis jetzt konnte aber noch nichts so rich-
tig wachsen. Das Gras auf der Wiese oder die
Bäume konnten noch nicht richtig loslegen, weil sie
ja noch kein Wasser hatten. Außerdem gab es ja
auch noch keine Menschen, die auf den Feldern was
anpflanzen konnten. 6 Es gab da aber schon so
einen Nebel auf der Erde, der für etwas Feuchtigkeit
sorgte. 7 Jetzt bastelte Gott einen Menschen. Er
nahm dafür das Material, was er auf der Erde schon
rumliegen hatte, nämlich Ton. Als er fertig war, blies
er dem Menschen einmal in seine Nase. Und zwar
war das Gottes eigene Lebensluft, sein eigener
Geist, was er da reinpustete. Und das Abgefah-
renste passierte: Der Mensch bekam plötzlich eine
Seele und fing an zu leben! 8 Und Gott, der Chef von
allem, baute einen ganz besonderen Garten für sei-
nen ersten Menschen. Die Gegend hatte den
Namen „Eden“ bekommen, wo er den Garten hin-
baute, und die lag im Osten. Diesen Garten hatte er
extra für die Menschen gemacht, damit sie da woh-
nen können. Man nannte den auch „das Paradies“.
9 Dann ließ Gott dort aus dem Boden unterschiedli-
che Bäume wachsen. Die sahen alle richtig schön
aus. Und sie hatten auch alle voll leckere Früchte,
die man gut essen konnte. Mitten in diesen Garten
pflanzte Gott jetzt noch zwei ganz besondere
Bäume. Der eine war der „Baum des Lebens“. Wer
davon eine Frucht isst, würde nie mehr sterben, er
könnte ab dann für immer leben. Der andere hieß
„Baum der Erkenntnis“. Wer von dem eine Frucht
isst, hätte ab dann eine Peilung davon, was gut ist
und was schlecht. 10 Mitten in Eden war eine Quelle,
wo ein Bach draus wurde. Aus diesem Bach kam
das Wasser für den ganzen Garten Eden. Dieser
Bach wurde dann zu einem fetten Fluss, der sich
wiederum in vier neue Flüsse aufteilte. 11 Der erste
Fluss hatte den Namen Pison. Der fließt in das
Land Hawila, und in ihm kann man auch viel Gold
finden. 12 Das Gold hat eine echt gute Quali. Dazu
kann man da drin auch wertvollen Bernstein finden
und krasse Diamanten. 13 Der zweite Fluss heißt
Gihon. Der Gihon fließt um das ganze Land Kusch
rum. 14 Und der Name vom dritten Fluss war Hidde-
kel. Der kam aus dem Land östlich von Assyrien.
Und der vierte Fluss hieß Euphrat. 15 Gott nahm
jetzt den Menschen an die Hand und brachte ihn in
den Garten Eden. Dort sollte der jetzt mal Sachen
anpflanzen und sich um den Garten kümmern.
16 Und Gott sagte zu ihm: „Hey, du kannst dir von
allen Pflanzen nehmen, was du willst, klar? Du
kannst von den Früchten, die auf den Bäumen
wachsen, so viel essen, bist du platzt. All you can
eat! 17 Aber lass die Finger vom ‚Baum der Erkennt-
nis‘! Der ist gefährlich! Wenn du davon mal was
isst, wirst du sterben! Hundertpro!“ 18 Dann meinte
Gott: „Ist irgendwie keine gute Idee, wenn der

Mensch hier alleine rumhängt. Ich will ihm noch eine Braut machen, die ihm hilft und ihn respektiert. Und sie sollte auch irgendwie zu ihm passen!" 19 Also nahm Gott noch mal etwas Boden und formte zuerst mal weitere Tiere daraus. Tiere, die draußen leben, Vögel und so. Und die brachte er dann zu dem Menschen, damit der ihnen Namen geben konnte. Und der Name, den der Mensch einem Tier dann gab, der war dann auch gesetzt. 20 Also gab der Mensch den unterschiedlichen Tieren unterschiedliche Namen. Aber da war jetzt nichts dabei, worauf er so richtig Bock hatte. Nichts passte zu ihm. 21 Jetzt setzte Gott den Menschen unter Vollnarkose. Und dann nahm er ein Stück von seiner Rippe raus und ließ die Stelle schnell wieder zuwachsen. 22 Aus dieser Rippe baute Gott dann eine voll schöne Frau. Die brachte er dann zu dem Mann. 23 Der Mann war echt begeistert. „YES! Die passt doch total gut zu mir! Sie kommt ja sogar aus meinem Köper raus, ist genau das gleiche Material! Ich finde, sie soll jetzt ‚Frau' heißen." 24 Darum ist das jetzt so, dass ein Mann irgendwann seinen Vater und seine Mutter verlässt und mit einer Frau zusammenzieht. Die beiden werden dann ganz fest zusammenwachsen, sie werden wie ein Mensch sein. 25 Beide hatten aber noch keine Klamotten an, sie waren splitternackt. Das machte denen aber null was aus, es war ihnen überhaupt nicht peinlich.

3 Der Mensch fliegt aus dem Paradies raus

1 Im Garten Eden gab es ein Tier, das schlauer war als alle anderen. Dieses Tier war die Schlange. Die Schlange konnte die Sprache von den Menschen sprechen. Eines Tages kam sie mal bei der Frau an und meinte zu ihr: „Hat Gott echt gesagt, dass ihr von keinem einzigen Baum im Garten Früchte essen dürft?" 2 „Hm", sagte die Frau, „wir dürfen von allen Bäumen so viel essen, bis wir platzen. 3 Nur von einem Baum sollen wir die Finger lassen. Da hat Gott ne klare Ansage gemacht. ‚Fasst den bloß nicht an! Sonst müsst ihr sterben', meinte er zu uns." 4 Die Schlange zischelte aber weiter: „Totaler Schwachsinn! Ihr werdet nie und nimmer sterben, wenn ihr davon esst! 5 Gott hat nur Angst, weil er genau weiß: Wenn ihr davon esst, dann wärt ihr wie Gott. Ihr könntet dann nämlich unterscheiden, was gut ist und was schlecht." 6 Jetzt sah die Frau sich den Baum mal genauer an. Und sie wurde plötzlich richtig gierig. Der Baum und seine Früchte sahen einfach lecker aus, und es wäre doch eine tolle Idee, wenn man gut und schlecht unterscheiden könnte. Schließlich nahm sie sich eine Frucht und biss einmal davon ab. Ihrem Mann, der gerade vorbeikam, gab sie auch was ab. 7 Sofort wurden sie beide innerlich voll geflashed! Sie sahen sich an und merkten auf einmal, dass sie ja völlig nackt waren! Schnell bastelten sie sich ein paar Klamotten aus Blättern von einer Eiche, die da in der Nähe rumstand. 8 Plötzlich hörten sie die Stimme von Gott, der gerade im Garten spazieren ging. Es war mittlerweile auch schon Abend geworden. Die beiden bekamen voll Schiss und versteckten sich vor Gott zwischen den Bäumen. 9 Gott rief ihnen zu: „Hey, wo seid ihr?" 10 „Ähh, ich hab gerade deine Stimme gehört und hab mich voll erschrocken, weil ich irgendwie so nackt bin. Das war mir peinlich, darum hab ich mich erst mal versteckt!", antwortete der Mann. 11 „Wer hat dir das denn erzählt? Dass du nackt bist und so?", fragte ihn Gott. „Du hast doch nicht etwa was von dem Baum gegessen, wo ich dir ausdrücklich gesagt hab, dass du davon nicht essen sollst?" 12 „Ähh, die Frau, ich meine, die hast du mir ja an die Seite gestellt, also, ähh, die hat mir das einfach angedreht!", stammelte Adam. 13 Gott sagte zu der Frau: „O nein, was hast du nur getan?!" – „Ähh, die Schlange hat mich voll abgezogen, Gott, die hat mich reingelegt!", antwortete sie. 14 Also ging Gott zu der Schlange und meinte zu ihr: „Weil du das getan hast, wirst du für immer verschwinden, ich werde dich verstoßen! Du sollst im Gegensatz zu den anderen Tieren keine Beine haben, du sollst nur noch rumkriechen und Staub fressen, solange du lebst! 15 Ich werde ab jetzt dafür sorgen, dass du und die Frau, dass ihr euch nicht abkönnt. Die Frau wird Kinder und Enkel haben, die werden deinen Kindern den Kopf zertreten, während du ihnen in den Fuß beißen wirst." 16 Dann ging Gott zur Frau und sagte zu der: „Ich werde dafür sorgen, dass es für dich voll schwer wird, wenn du Kinder kriegst. Es wird dir irre weh tun. Und du wirst immer Lust auf einen Mann haben, aber er wird dein Chef sein." 17 Dann ging Gott zum Mann und sagte zu ihm: „Weil du auf deine Frau gehört hast und das, was sie dir gesagt hat, wohl wichtiger war als das, was ich dir gesagt hatte, wird Folgendes mit dir passieren: Das Feld, auf dem die Dinge wachsen, von denen du leben willst, das soll verflucht sein. Es soll voll schwer für dich werden, Obst und Gemüse zu ernten. 18 Auf dem Feld werden Dornen wachsen und Brennnesseln und Disteln. Du wirst dein ganzes Leben hart arbeiten müssen, um dich

davon zu ernähren. 19 Du wirst total viel ins Schwitzen kommen. Nur durch harte Arbeit wirst du Brot und andere Sachen zum Essen kriegen können. Und das wird immer so sein, bis zum Schluss, wenn du tot bist. Und wenn du stirbst, wirst du vergammeln und dich in den gleichen Stoff verwandeln, aus dem du mal gemacht wurdest: Erde."

Der Mann gibt der Frau auch einen Namen

20 Der Mensch, der jetzt Adam hieß, gab seiner Frau den Namen Eva. Der Name bedeutet so viel wie „Leben", denn Eva wurde jetzt zur absolut ersten Mutter von allen Menschen auf der Welt. Er fand den Namen einfach sehr nett. 21 Gott nähte den beiden dann echt anständige Klamotten, damit sie was zum Anziehen hatten. 22 Später sagte er dann mal zu sich selbst: „Hm, der Mensch ist mir jetzt echt ähnlich geworden, weil er unterscheiden kann, was gut ist und was schlecht. Was jetzt nicht so gut wäre, wenn er auch noch von dem „Baum des Lebens" essen würde. Dann würde er ja außerdem noch ewig leben können, das geht einfach gar nicht!" 23 Also schmiss Gott den Adam aus seinem Garten raus und erteilte ihm Hausverbot. Er sollte jetzt besser als Bauer arbeiten, die Erde umpflügen, da drauf Pflanzen aussäen und so. Da kam er ja ursprünglich her, er war mal aus Erde gemacht worden. 24 Gott feuerte Adam aus dem Paradies raus, aber er gab ihm ein Stück Land, was im Osten von seinem Garten lag. Um den Baum des Lebens zu beschützen, stellte Gott einen extra Türsteherengel davor. Der war gut bewaffnet mit einem Schwert, was aus Feuer war, wie so ein riesen Flammenwerfer. Mit diesem Schwert fuchtelte er immer hin und her, damit der Weg zum Baum hundertpro gesichert wurde.

4

Die beiden Brüder haben Zoff miteinander

1 Adam und Eva hatten dann Sex, und Eva wurde schwanger. Sie bekam ein Baby, dem die beiden den Namen Kain gaben. Kain bedeutet so viel wie „Hauptgewinn". Eva war voll happy und sagte: „Ich hab einen Jungen bekommen! Da hat Gott mir bei geholfen!" 2 Dann kamen noch weitere Kinder. Als Erstes ein Bruder für Kain, den sie Abel nannten. Als die beiden groß waren, nahmen sie unterschiedliche Berufe an. Kain machte ne Ausbildung zum Bauern und Abel wollte ein Hirte werden, der sich um die Schafe und Kühe kümmert. 3 Irgendwann hatte Kain die Idee, etwas von den Sachen, die er als Bauer geerntet hatte, an Gott abzugeben. So als „Dankeschöngeschenk". 4 Abel hatte wohl denselben Gedanken und gab einige von den ersten Schafen, die geboren worden waren, an Gott ab. Er schlachtete sie, und die besten Steaks verbrannte er in einem Feuer für Gott. Man nannte das ab dann ein „Opfer" bringen. Gott fand das Opfer von Abel echt cool. 5 Aber das Opfer von Kain fand Gott nicht so prall, er beachtete es gar nicht. Da drüber wurde Kain echt stinkig. Er war richtig frustriert und zog ne Fresse bis zum Boden. 6 Gott sagte zu Kain: „Was is los, mein Junge? Warum ziehst du so ein Gesicht? Warum bist du sauer? 7 Wenn es dir gutgeht, dann siehst du anders aus! Hey, wenn du mies drauf bist und üble Gedanken in dir rumspuken, dann bist du kurz davor, Sachen zu tun, die total daneben sind und die ich nicht gut finde. Diese Gedanken werden immer größer und übernehmen irgendwann die Kontrolle über dich! Du musst sie aber kontrollieren!" 8 Kain ging zu seinem Bruder, um sich mit ihm auszuquatschen. Aber als sie zusammen auf dem Feld spazieren gingen, kriegten sie sich in die Wolle. Kain war richtig aggro, er fing an zu boxen und kickte einmal voll zu. Abel sank zu Boden und war tot. 9 Einige Zeit später kam Gott bei Kain vorbei. Er fragte ihn: „Sag mal, Kain, wo ist denn dein Bruder geblieben?" „Äh, keine Ahnung, Gott! Ist mir auch pupsegal, wo der ist, ich bin ja schließlich nicht sein Kindermädchen!" 10 Gott sagte zu ihm: „O Mann, Kain, was hast du bloß für ne Scheiße angestellt? Was ist los? Ich kann das Blut von deinem Bruder nach Rache schreien hören. 11 Ich muss mich von dir zurückziehen, ich kann dir nichts Gutes mehr tun! Verschwinde von hier! Dieses Land hat das Blut von deinem Bruder aufgesogen, weil du ihn hier getötet hast! 12 Ab jetzt wird es für dich voll schwer werden, als Bauer zu arbeiten. Der Boden wird dir nicht alles geben, was normal gehen würde. Und du wirst dich nirgendwo richtig zu Hause fühlen, du wirst immer auf der Flucht sein." 13 Kain war echt fertig, als er das hörte. „Das ist zu heftig, Gott, diese Strafe kann ich nicht ertragen! 14 Mann, du hast mich heute rausgeschmissen und vor die Tür gesetzt. Ich werde mich immer vor dir schämen müssen. Ich werde wohl nie ein richtiges Zuhause haben, ich bin nur noch auf der Flucht. Und ich habe niemanden, der mich beschützt, wenn mich jemand killen will, kann er das einfach tun. Er wird ja noch nicht mal eine Bestrafung dafür befürchten müssen." 15 Aber Gott war da anderer Meinung: „Nein, das ist gesetzt: Wer Kain tötet, der soll es siebenmal heftiger

zurückbekommen!" Gott drückte Kain ein Zeichen auf die Stirn, so einen Code, der ihn beschützen sollte. 16 Kain verschwand also aus der Gegend, er ging Gottes Gegenwart ab sofort aus dem Weg. Er nahm sich eine Bude in dem Land Nod, das lag östlich von Eden. 17 Kain hatte Sex mit seiner Frau, und die wurde dann schwanger. Ihr Baby bekam den Namen „Henoch". Kain gründete eine Stadt, extra für seinen Sohn, die er dann auch nach ihm benannte. 18 Als Henoch groß war, heiratete er auch und bekam einen Sohn, den er Irad nannte. Irad bekam dann später einen Sohn, den er Mehujael nannte. Mejuhael bekam, als er erwachsen war, auch einen Sohn, den nannte er Methusael. Methusael bekam dann, als er groß war, auch einen Sohn. Der hieß Lamech. 19 Lamech heiratet gleich zwei Frauen. Die eine hieß Ada und die andere Zilla. 20 Ada wurde dann schwanger und bekam Jabel. Von Jabels Familie kommen dann übrigens die ganzen Leute, die als Wanderhirten arbeiten und in Zelten wohnen. 21 Der Bruder von Jabel hieß Jubal. Dieser Jubal war der erste Profimusiker, den es je gab. Er lebte davon, mit seiner Gitarre und einer Flöte Musik zu machen. Er ist sozusagen der Urvater aller Musiker. 22 Zilla bekam aber auch Kinder. Sie kriegte einen Sohn, den sie Tubal-Kain nannte. Der wurde der erste Meister im Bearbeiten von Stahl und Metall. Tubal-Kain bekam dann auch noch eine Schwester, die den Namen Naama hatte. 23 Lamech sagte dann mal zu seinen Frauen: „Hey, ihr beiden! Ada und Zilla, hört mal genau zu, ich will euch was sagen! Ich bin der absolute Bringer, keiner ist so stark wie ich! Wenn mich jemand nur verwundet, dann bring ich ihn sofort um! Und auch wenn mir jemand nur mal eine reinhaut, töte ich ihn! 24 Wenn Gott die Ansage gemacht hat: ‚Wer Kain tötet, bei dem müssen sieben Leute dafür ins Gras beißen', dann gilt für mich: ‚Wer den Lamech tötet, bei dem müssen siebenundsiebzig Leute ins Gras beißen!'"

Seth wird geboren

25 Adam machte dann seine Eva wieder schwanger, und sie kriegten einen Sohn. Der sollte dann Seth heißen. Eva sagte damals: „Gott wollte mit Seth einen neuen Anfang machen. Er hat mir mit Seth den Abel ersetzt, den Kain getötet hatte. 26 Seth bekam, als er erwachsen war, auch wieder einen Sohn. Den nannte er Enos. In der Zeit fingen die Menschen übrigens erst an, zu Gott zu beten und ihm zu sagen, wie gut er ist.

5

Die Kinder und Enkelkinder von Seth

1 Schließlich wurden die Menschen immer mehr, und sie breiteten sich überall auf der Erde aus. In diesem Kapitel soll darüber berichtet werden, wie das passiert ist. Gott hatte ja den Menschen so krass gemacht, wie er selbst auch war. 2 Und er hatte zwei unterschiedliche Modelle von Mensch gemacht, eine Frau und einen Mann. Beide bekamen von ihm den Namen „Mensch". Der wurde ihnen an dem Tag verpasst, wo er sie gemacht hatte. 3 Adam wurde voll alt, und noch mit 130 konnte er Kinder machen. In dem Alter bekam Eva noch einen Sohn, den sie Seth nannten. Dieser Sohn war Adam sehr ähnlich. 4 Insgesamt lebte er über achthundert Jahre lang auf der Erde! In dieser Zeit bekam er sehr viele Kinder. 5 Als Adam dann das Gras von unten sah, war er 930 Jahre alt! 6 Sein Sohn Seth wurde auch richtig alt. Mit 105 Jahren bekam Seth einen Sohn, den er Enos nannte. 7 Seth wurde auch sehr alt und starb erst 807 Jahre, nachdem er Enos bekommen hatte. Dazwischen bekam er noch viele Kinder. 8 Insgesamt wurde Seth 912 Jahre alt. 9 Enos war auch nicht schlecht dabei. Er bekam mit 90 seinen Sohn Kenan. 10 Nachdem er Kenan gezeugt hatte, lebte er noch weitere 815 Jahre. In dieser Zeit kriegte er auch noch viele Kinder. 11 Insgesamt wurde Enos 905. Erst dann starb er. 12 Sein Sohn Kenan bekam mit 70 seinen Sohn Mahalalel. 13 Kenan lebte, nachdem er Mahalalel bekommen hatte, noch 840 Jahre. Er bekam auch noch viele weitere Kinder. 14 Insgesamt wurde Kenan 910 Jahre alt. Erst dann starb er. 15 Der Mahalalel bekam seinen Sohn Jered, als er 65 war. 16 Mahalalel lebte, nachdem er seinen Sohn Jered bekommen hatte, noch 830 Jahre. In der Zeit bekam er noch viele Kinder. 17 Wenn man alle Tage zusammenzählt, wurde Mahalalel 895 Jahre alt, bis er tot war. 18 Jered bekam seinen Sohn Henoch mit 162. 19 Danach lebte Jered noch 800 Jahre. In seinem Leben bekam er noch viele andere Söhne und Töchter. 20 Insgesamt wurde Jered 962 Jahre alt. Dann starb er. 21 Henoch wiederum bekam im Alter von 65 seinen Sohn Methusalah. 22 Henoch war nach dieser Geburt noch 300 Jahre mit Gott unterwegs. Er bekam in der Zeit viele Kinder. 23 Alles in allem wurde Henoch 365 Jahre alt. 24 Henoch war sehr gottmäßig drauf. Gott beamte ihn irgendwann plötzlich zu sich, er war wie vom Erdboden verschwunden, keiner hat ihn mehr gesehen. 25 Methusalah bekam mit 187 seinen Sohn Lamech. 26 Anschließend lebte er noch weitere 782 Jahre, in

denen er noch viele Kinder bekam. 27 Methusalah
starb mit 969 Jahren. 28 Bei Lamech war das so,
dass er mit 182 seinen ersten Sohn bekam. 29 Die-
sen Sohn nannte er Noah. Den Namen gab er ihm,
weil das so viel bedeutet wie „Sich mal entspan-
nen“. Er sagte: „Dieser Junge wird uns über den
ganzen Stress trösten, den wir mit unserer Arbeit
haben. Diesen Stress haben wir ja durch den kras-
sen Fluch von Gott am Hals, deswegen müssen wir
den ganzen Tag Sachen anbauen und ernten.“
30 Lamech lebte, nachdem er Noah geboren hatte,
noch 590 Jahre. In der Zeit bekam er auch noch
andere Kinder. 31 Wenn man die ganze Zeit zusam-
menrechnet, wurde Lamech 772 Jahre alt. 32 Noah
bekam mit 500 Jahren drei Söhne, den Sem und
den Ham und den Japhet.

6

Gott muss mal dazwischenhauen

1 Die Menschen bekamen immer mehr Kinder
und vermehrten sich wie blöd. 2 In der Zeit ver-
knallten sich einige Engel aus dem Himmel in die
Frauen der Menschen, weil die so wunderschön und
sexy aussahen. Die, die sie am besten fanden, heira-
teten sie sogar. 3 Gott fand das nicht so toll. Er
meinte: „Ist wohl keine so gute Idee gewesen, den
Menschen so lange leben zu lassen. Menschen sind
einfach zu schwach, sie ziehen mein Ding nicht
lange durch, man kann sie zu leicht verführen. Län-
ger als 120 Jahre sollten sie ab jetzt nicht mehr
leben.“ 4 In dieser Zeit gab es riesige Menschen auf
der Erde. Diese Riesen waren die Kinder von den
Pärchen, wo ein Engel mit einer Frau zusammen
war und die beiden Sex hatten. Die wurden dann
später total berühmt, man feierte die Riesen als
große Helden. 5 Gott kriegte aber schnell mit, dass
die Menschen oft link drauf waren, dass sie immer
üble Sachen im Kopf hatten, dass sie nicht gut
waren. 6 Er hatte das Gefühl, es sei keine so gute
Idee gewesen, dass er die Menschen überhaupt mal
gemacht hatte. Gott bekam richtig Herzschmerzen
und bereute das. 7 Deswegen sagte er: „Ich hab kei-
nen Bock mehr auf die Menschen. Ich hab die zwar
mal gemacht, aber es ist wohl besser, ich vernichte
sie wieder. Und den ganzen anderen Kram gleich
mit, die Vögel, die Tiere bis hin zu den Regenwür-
mern. War wohl alles nicht so der Hit.“

Die Sache mit Noah

8 Zum Glück gab es da aber einen Mann, den Gott
sehr mochte, und der hieß Noah. 9 Im Folgenden
soll seine Geschichte erzählt werden. Noah war in
seiner Zeit gottmäßig voll drauf. Er lebte sehr kor-
rekt, und sein ganzes Leben war so, wie Gott es
cool findet. 10 Noah hatte drei Söhne, den Sem, den
Ham und den Japhet. 11 Auf der Welt war aus Gottes
Sicht das totale Chaos am Start. Die Leute stachen
sich gegenseitig ab, alles ging drunter und drüber.
12 Für Gott war das richtig übel, was auf der Erde so
abging. Den Menschen war es dabei egal, was Gott
dachte, sagte und wollte. 13 Er ging dann zu Noah
und meinte zu ihm: „Ich kann mir das nicht länger
ansehen, Noah. Ich werde das Kapitel Mensch jetzt
beenden und sie mitsamt der ganzen Erde in die
Tonne hauen. Wo man hinsieht, überall findet man
die üblen Sachen, die sie ständig tun. 14 Bau dir mal
ein riesen Schiff aus Holz. Dann nimm dir Teer und
dichte die ganzen Bretter anständig ab, damit das
Teil auch wasserdicht wird. In dem Schiff sollten
viele große Zimmer sein. 15 Sagen wir mal 150 Meter
lang, 25 Meter breit und 15 Meter hoch, okay?
16 Oben im Dach soll ein Fenster rein, so ungefähr
einen halben Meter groß, von oben gemessen. An
die Seite soll auf jeden Fall eine Tür rein. Das ganze
Teil soll dabei drei Stockwerke haben. 17 Pass auf:
Ich werde eine fette Flut über die ganze Erde organi-
sieren. Ich will, dass alles, was auf der Erde lebt,
dabei umkommt – und mit alles mein ich alles.
18 Aber mit dir will ich weitermachen. Ich will mit dir
einen Vertrag abschließen. Darum schnapp dir mal
deine Kinder mit ihren Familien und auch deine
Frau und schließt euch dann in den ‚Kasten‘ ein.
19 Vorher will ich aber, dass ihr von jedem Tier, das
ihr in die Finger bekommt, ein Pärchen mitnehmt,
klar? Jeweils ein Männchen und ein Weibchen.
20 Und zwar von jeder Vogelsorte ein Pärchen und
auch von jeder Tiersorte ein Pärchen. Die sollen
weiterleben und gerettet werden. 21 Nehmt auch
genug Essen mit, Noah! Alles, was man so essen
kann, solltest du einpacken.“ 22 Noah machte alles
exakt so, wie Gott es ihm gesagt hatte.

7

Das Wasser kommt

1 Irgendwann meinte Gott dann zu Noah: „So,
jetzt geh mal mit deinen ganzen Leuten in den
‚Kasten‘ rein. Ich hab mitgekriegt, dass du okay
lebst. 2 Nimm in das Schiff von den essbaren Tieren
sieben Paar mit. Von den anderen Tieren reicht ein
Paar, also immer ein Weibchen und ein Männchen,
okay? 3 Genauso machst du es mit den Vögeln, bitte,
jeweils sieben Paar, damit dieses Leben nicht für

immer kaputtgeht auf der Erde. 4 In sieben Tagen werde ich es nämlich so krass regnen lassen, dass die ganze Erde unter Wasser steht. Alles, was lebt, muss dann ersaufen.“ 5 Noah befolgte die Ansage, die Gott gemacht hatte. 6 Er war zu dem Zeitpunkt, als diese fette Flut über die Erde kam, schon 600 Jahre alt. 7 Um vor dem Wasser geschützt zu werden, ging Noah mit seiner Frau, allen seinen Kindern und deren Frauen in den „Kasten“ rein. 8 Von den ganzen essbaren Tieren und von den nicht essbaren, auch von den Vögeln und den Insekten, einfach von allem, was auf der Erde rumkroch, nahm er welche mit. 9 Immer paarweise, ein Männchen und ein Weibchen waren am Start, genau so, wie Gott es ihm gesagt hatte. 10 Und das Heftige passierte: Nach sieben Tagen kam plötzlich Wasser ohne Ende, eine riesen Flut, über die ganze Erde. 11 Und wie gesagt, das ging ab, als Noah schon 600 Jahre alt war. Und zwar an einem 17. Mai war es so, als würde der Wasserhahn im Himmel voll aufgedreht werden, und auch aus den Quellen in der Erde sprudelte fett Wasser raus. 12 Der Regen dauerte vierzig Tage, also fast sechs Wochen lang! 13 Noah hing aber mit seiner Familie im „Kasten“ rum. Seine Söhne Sem, Ham, Japhet, seine Frau und die Frauen seiner Söhne waren auch in dem Schiff. 14 Dazu die ganzen Tierarten, Insekten, Vögel, alles, was so auf der Erde rumfliegt und lebt. 15 Sie waren bei Noah im „Kasten“ immer zu zweit, wie gesagt. Alles, was lebt, war da vertreten. 16 Gott hatte es so bestimmt, und so wurde es auch durchgezogen. Gott machte am Ende nur noch die Tür hinter ihnen zu. 17 Es schüttete wie aus Eimern, vierzig Tage! Das Wasser stieg immer mehr, bis der „Kasten“ anfing zu schwimmen. 18 Diese Flut stieg weiter, bis sie so hoch war, dass der „Kasten“ locker auf dem Wasser schwimmen konnte und wegtrieb. 19 Das Wasser wurde sogar so heftig, dass auch die großen Berge überflutet wurden! 20 Und selbst als die Berge schon unter Wasser standen, stieg die Flut noch fast 7 Meter weiter an. 21 So ersoff das ganze Leben, was es auf der Erde bis dahin gab. Vögel, Tiere und auch alle Menschen mussten sterben. 22 Wirklich, allem, was atmen konnte und auf dem Land lebte, ging jetzt die Luft aus. 23 Alles wurde vernichtet. Jeder Mensch, jedes Tier, jedes Insekt, nur Noah war übrig und alles, was mit ihm in dem Kasten war. 24 Diese Flut blieb über 150 Tage auf der Erde.

8

Die Flut ist zu Ende

1 Gott hatte aber den Noah nicht vergessen. Und auch die ganzen Tiere, die in dem Kasten steckten, hatte er im Blick. Er organisierte einen warmen Wind, der die ganzen Wolken wegblies, so dass das ganze Wasser langsam verdunsten konnte. 2 Die ganzen Brunnen auf der Erde wurden von ihm wieder zugemacht. Und auch die ganzen Regenwolken hörten auf zu schütten. 3 Nach immerhin 150 Tagen versickerte das Wasser mehr und mehr im Boden. 4 Etwa am 17. Oktober setzte die Arche plötzlich auf dem Boden auf. Das war in einem Gebirge, was man Ararat nannte. 5 Das Wasser ging in den nächsten Monaten immer weiter zurück, so dass etwa am 1. Dezember plötzlich die Bergspitzen überall zu sehen waren. 6 Nach weiteren vierzig Tagen wollte Noah mal checken, was draußen los ist, und öffnete das Fenster vom „Kasten“. Dann nahm er einen der Raben und ließ ihn aus dem Fenster fliegen. 7 Der Rabe sollte so lange rumfliegen, bis das Wasser auf der Erde weggetrocknet war. 8 Als der nicht zurückkam, nahm er eine Taube, um zu sehen, ob das Wasser noch weniger geworden war. 9 Aber die Taube kam zurück. Sie hatte anscheinend keinen Platz gefunden, wo sie sonst hätte landen können. Noah streckte seinen Arm aus dem Fenster, die Taube landete drauf, und er holte sie wieder zurück in den „Kasten“. 10 Also wartete er noch mal eine Woche. Dann ließ er die Taube wieder fliegen. 11 Die Taube kam leider wieder zurück. Aber diesmal hatte sie einen grünen Baumzweig in ihrem Schnabel! Noah peilte sofort, dass das Wasser jetzt sehr viel weniger auf der Erde geworden war. 12 Eine Woche später schickte er die Taube noch mal los. Diesmal kam sie nicht wieder zurück. 13 Als Noah 601 Jahre alt war, am 1. April, war das Wasser endlich ganz weg! Noah baute irgendwann das Dach vom „Kasten“ ab, und dann konnte er es überall sehen: Die ganze Erde war wieder trocken! 14 Genau ein Jahr nach Beginn der Überflutung war die ganze Erde wieder völlig trocken, an genau demselben Tag, dem 17. Mai. 15 Jetzt sagte Gott zu Noah: 16 „Verlass die Arche mal wieder, Noah! Und nimm deine Frau und auch deine Kinder mit ihren Ehepartnern gleich mit! 17 Die ganzen Tiere, die bei dir im ‚Kasten‘ sind, kannst du auch gleich freilassen. Und mit ‚alle‘ mein ich alle, die Vögel, die Kühe, das ganze Kriechzeugs, einfach alle. Die sollen jetzt auf der Erde leben und sich ordentlich vermehren.“ 18 Noah verließ dann mit seiner ganzen Familie den „Kasten“. 19 Und auch die ganzen Tiere gingen mit

ihm mit. 20 Noah baute erst mal für Gott so einen Opfertisch, einen Altar, aus Steinen. Auf diesem Tisch schenkte er Gott einige Tiere, indem er sie dort verbrannte, um ihm für die coole Rettung zu danken. 21 Und Gott fand das sehr cool. Er sagte zu sich selbst: „So eine fiese Flut will ich nie wieder auf die Erde schicken. Auch wenn die Menschen schon von klein auf in ihrem Herz link drauf sind, will ich so was nicht noch einmal tun. Ich will auch nie wieder alles, was lebt, so mal eben kaputt machen. 22 Ich beschließe hiermit Folgendes: Solange es die Erde gibt, wird der Kreislauf nie mehr unterbrochen werden. Es wird immer wieder Tag und Nacht geben, Winter und Sommer, Frost und Hitze, Saat und Ernte."

9 Gott macht mit den Menschen einen Friedensvertrag

1 Gott gab Noah und seinen Söhnen volle Kraft, indem er sie segnete. Dann sagte er zu ihnen: „Also, jetzt geht mal richtig ab! Nehmt eure Frauen und macht mit ihnen ordentlich Babys! Verbreitet euch auf der Erde, so weit es geht! 2 Ihr werdet allen Tieren Angst einjagen. Alles, was auf der Erde rumkrabbelt und kriecht, und alles, was fliegen kann, wird Respekt vor euch haben. Auch über alle Fische, die im Wasser rumschwimmen, sollt ihr ab jetzt bestimmen können. 3 Und ernähren könnt ihr euch von allem, was lebt, genauso wie von dem ganzen Grünzeug. Lasst es euch gut schmecken! 4 Ich will nur nicht, dass ihr von Tieren esst, die noch lebendig sind. Darum sollen die Teile erst mal ausbluten, bevor ihr sie verspachtelt, okay? 5 Euer eigenes Blut darf auf keinen Fall vergossen werden! Ihr sollt euch nicht gegenseitig töten, und Tiere dürfen euch auch nicht umbringen! Da werde ich drauf aufpassen und werde es hart bestrafen, wenn das doch mal passiert. 6 Wer einen Menschen tötet, muss selbst auch durch einen Menschen getötet werden. Weil Gott den Menschen nach seinem Modell gebaut hat und dieses Modell eine Kopie von Gott selbst ist, ist der Mensch ihm sehr ähnlich. 7 Also seht zu, dass ihr euch ordentlich vermehrt! Ich möchte, dass ihr euch auf der ganzen Erde verteilt." 8 Gott sagte dann zu Noah und seinen Söhnen: 9 „Passt mal auf, Leute, ich will mit euch einen Vertrag machen! Dieser Vertrag soll für euch gelten und auch für die Kinder eurer Kinder. 10 Dieser Vertrag stimmt auch für alle Tiere, die es gibt, alle Vögel, Kühe und so. Alles, was durch ‚den Kasten' gerettet wurde, alle Tiere, die jetzt noch auf der Erde leben, sind da mit einbezogen. 11 Bestandteil dieses Vertrages ist, dass ich euch hiermit verspreche, nie mehr alles Leben mit so einer Flut zu töten. Es soll nie mehr so lange regnen und überall Wasser sein, um alles zu töten, was lebt. Versprochen, für immer!" 12 Gott meinte dann zu Noah: „Ich will euch diesen Vertrag auch unterschreiben. Ihr sollt sehen, dass ich es ernst meine, und dieser Vertrag gilt, zwischen mir und allem, was lebt, für immer. 13 Das mach ich, indem ich dafür sorge, dass ab und zu ein Regenbogen am Himmel zu sehen ist. Dieser Bogen soll ein Beweis dafür sein, dass es einen Vertrag gibt zwischen mir und der Erde. 14 Das wird passieren, wenn ich ein paar Regenwolken über die Erde schicke. Dann wird man diesen Bogen sehen können. 15 Ich werde mich dann immer daran erinnern, dass ich euch dieses Versprechen gegeben habe. Wir haben einen Vertrag, dass ich nie mehr so viel Wasser auf der Erde zulassen werde, dass jedes Tier und jeder Mensch getötet wird. 16 Darum will ich diesen Regenbogen in den Wolken installieren. Immer wenn ich den sehe, muss ich an unseren Vertrag denken, den ich mit allem, was lebt, auf ewig geschlossen habe. 17 Der Regenbogen ist wie so eine Unterschrift unter dem Vertrag." 18 Die drei Söhne vom Noah, die im „Kasten" überlebt hatten, waren Sem, Ham und Japhet. Ham wurde übrigens der Vater von allen Menschen, die aus Kanaan kommen. 19 Von diesen drei Söhnen vom Noah stammen alle späteren Menschen ab. 20 Noah wurde der erste Weinbauer, den es gab. Er legte an einem Berg einen Acker an und pflanzte da Wein. 21 Als der Wein fertig war, gönnte er sich erst mal einen Schluck. Irgendwann war Noah total besoffen. Er zog sich im breiten Zustand die Klamotten aus und legte sich nackt in seine Bude. 22 Ham kam zufällig ins Zimmer rein, als sein Vater dort lag, und sah seinen Vater so peinlich nackt da rumliegen. Er ging sofort zu seinen Brüdern und verpetzte das. 23 Sem und Japhet schnappten sich einen Mantel und legten den auf ihre Schultern. Dann gingen sie rückwärts in die Bude vom Noah und deckten den Vater mit dem Mantel zu. Das machten sie, damit sie den Penis von ihrem Vater nicht sahen. 24 Als Noah am nächsten Morgen mit einem fetten Kater aufwachte, erfuhr er von dem Ding, was am Abend davor passiert war. 25 Er war stocksauer. Er schrie: „Ich wünsch dir die Krätze an den Hals, Kanaan! Ich verfluche dich! Du sollst der letzte Bauer sein, der unterste Schwachmat, du musst deinen ganzen Brüdern ab sofort dienen."

26 Und außerdem sagte er: „Gott ist der Größte, er
ist genial, ich danke ihm. Er hat Kanaan zu einem
Angestellten für Sem gemacht! 27 Und Gott soll
dafür sorgen, dass Japhet sich überall ausbreiten
kann, mit seiner Familie. Er soll in den Häusern von
Sem wohnen. Und Kanaan soll sein Angestellter
werden.“

Das Ende von Noah

28 Noah lebte noch voll lange. Er lebte nach der Zeit,
wo die fette Flut war, noch 350 Jahre weiter! 29 Insge-
samt wurde Noah 950 Jahre alt. Dann starb er.

10

Der Stammbaum der Familie vom Noah

1 Jetzt kommt der Stammbaum von der
Familie vom Noah. Sem, Ham und Japhet
waren die ersten Söhne. Als die Flut vorbei war,
bekamen die alle Kinder. 2 Die Söhne von Japhet
bekamen folgende Namen: Gomer, Magog, Madai,
Javan, Tubal, Mesech und Tiras. 3 Gomer hatte dann
auch Kinder. Seine Söhne hießen: Aschkenas,
Riphat und Togarma. 4 Und Javan hatte auch Söhne
bekommen, die folgende Namen hatten: Elischa,
Tarsis, Kittim und Rodanim. 5 Die verteilten sich alle
auf die Inseln und Küstengebiete. So weit die Söhne
Japhets, von denen ganze Völker mit unterschiedli-
chen Sprachen in verschiedenen Ländern abstam-
men. 6 Die Söhne vom Ham hatten die Namen
Kusch, Mizraim, Put und Kanaan. 7 Kuschs Söhne
hatten folgende Namen: Seba, Chavila, Sabta,
Raema, Sabteka und Dedan. 8 Kusch kriegte auch
noch den Nimrod als Sohn. Nimrod war sehr krass
unterwegs. Er schaffte es, mit Gewalt andere Völker
im Krieg zu besiegen. 9 Nimrod war auch ein voll
guter Jäger. Daher kommt auch der Spruch, den
man manchmal hört: „Voll der Nimrodjäger“.
10 Zuerst besiegte er so Städte wie Babel, Erech,
Akkad, Kalne, die alle in dem Land Sinear liegen.
11 Als er da fertig war, zog er weiter. Er baute dann in
dem Land Assur die Städte Ninive, Kelach, Recho-
bot-Ir 12 sowie Resen auf. Das liegt übrigens zwi-
schen Ninive und Kalach. Ninive war eine echt fette
Stadt. 13 Von Mizraim stammen die folgenden Völker
ab: Die Luditer, Anamiter, Lehabiter und Naphtuchi-
ter. 14 Auch die Patrusiter und Kasluchiter stammen
von dem ab. Aus diesen Familien sind dann die Phi-
lister und Kaphoriter entstanden. 15 Bei Noahs Enkel
Kanaan war es so, dass er als Erstes den Zidon
bekam. Danach hat er dann Het bekommen. Von
ihm stammen übrigens auch noch die Jebusiter,
Amoriter, Girgasiter, 17 die Heviter, Arkiter und Seni-
ter ab. 18 Dazu kommen noch die Arvaditer, Zemari-
ter und Chamatiter. Die Familien von Kanaan breite-
ten sich so stark auf der Erde aus, dass 19 sich das
Gebiet, wo sie lebten, von Zidon bis an die Grenze
von Gerar nach Gaza ausstreckte. Dazu noch von
Osten gesehen bis nach Sodom und Gomorra über
Adama und Zeboim bis nach Lascha. 20 Wir reden
hier über die ganze Familie mit ihren ganzen Nach-
fahren von Ham. Sie wurden zu Völkern, die ihre
eigene Sprache hatten, jedes in seinem eigenen
Gebiet, wo sie nach Familien geordnet lebten.
21 Auch Sem, der ältere Bruder von Japhet, bekam
viele Söhne. Er wurde zum Urvater der Ebers.
22 Sems Söhne hießen: Elam, Assur, Arpachschad,
Lud und Aram. 23 Arams Söhne bekamen die
Namen Zu, Chul, Geter und Masch. 24 Arpachschad
bekam dann Schelach. Und Schelach bekam Eber
als Sohn. 25 Eber hatte zwei Söhne. Peleg (das
bedeute so viel wie „Teilung“) bekam seinen
Namen, weil in dieser Zeit die Menschen sich über
die ganze Erde verteilten. Sein Bruder hieß Joktan.
26 Joktan bekam Almodad, Scheleph, Hazarmaweth,
Jerach, 27 Hadoram, Usal, Dikla, 28 Obal, Abimael,
Scheba, 29 Ophir, Hawila und Jobab als Söhne. Das
waren sie also, alle Söhne von Joktan. 30 Ihr Wohn-
sitz lag im Gebiet von Meschar und ging über
Sephar bis zum Gebirge, was ganz im Osten ist.
31 Das waren jetzt die Kinder vom Sem, unterteilt in
ihre Familien, Sprachen, Völker und Länder. 32 So
passierte das also mit den Familien, die aus den
Söhnen von Noah entstanden sind, unterteilt in ihre
Abstammung. Sie waren die Leute, aus denen dann
die ganze Menschheit entstanden ist. Alle Men-
schen, die es bis heute gibt, nachdem diese fiese
Flut auf der Erde war, stammen irgendwie aus der
Familie von Noah ab. Krass, oder?

11

Die Menschen machen den Lauten

1 Zu der Zeit, um die es jetzt geht, gab es nur
eine einzige Sprache auf der Erde. Man
brauchte überhaupt keine Übersetzung, weil alle
dieselben Wörter benutzten. 2 Die Menschen zogen
immer mehr Richtung Osten und landeten irgend-
wann im Land Sinear. Dort bauten sie dann Häuser
und lebten dort. 3 Irgendwann hatte einer die Idee:
„Lass uns mal Ziegel brennen, um damit Häuser zu
bauen!“ Sie wollten die Ziegel als Bausteine verwen-
den, dazu nahmen sie Lehm als so eine Art Mörtel.
4 „Okay, jetzt lass uns auch eine Stadt bauen“,

meinten sie. „Und in die Mitte der Stadt wollen wir
einen so irre hohen Turm bauen, dass seine Spitze
über die Wolken geht. Dann werden wir mega
berühmt! Und dieses Bauwerk wird uns als Gemein-
schaft zusammenschweißen! Dann werden wir
nicht über die ganze Erde verstreut werden, weil wir
uns durch den Turm miteinander verbunden füh-
len.“ 5 Gott kam aus dem Himmel vorbei und sah,
wie seine Kinder da am Turmbauen waren. 6 Als er
das sah, meinte er: „Jetzt sind meine Leute sich so
einig, sie haben eine Sprache und sind jetzt sogar in
der Lage, so einen krassen Turmbau klarzukriegen.
Wenn das drin ist, kann man mit allem rechnen!
Wenn sie sich ab jetzt irgendwas in den Kopf set-
zen, dann ziehen sie das auch gnadenlos durch.
7 Okay, lass uns mal dafür sorgen, dass sie sich da
unten nicht mehr so leicht verständigen können. Sie
sollen ab jetzt so viele Sprachen sprechen, dass der
Eine den Anderen nicht verstehen kann.“ 8 So sorgte
Gott dafür, dass sich die Menschen voneinander
trennten. Jede Gruppe von Menschen, die nur eine
Sprache sprechen konnten, wanderte in ein anderes
Land. Jetzt konnten sie diese Stadt auch nicht mehr
weiterbauen. 9 Darum gab man der Stadt den
Namen Babel, was so viel wie „Verwirrung“ bedeu-
tet. Gott selbst hatte dafür gesorgt, dass die Leute
total verwirrt waren, weil er die Sprache der Men-
schen verändert hatte. Von da ab wurden sie alle
über die ganze Welt verstreut.

Die Familie, die von Abraham abstammt

10 Jetzt kommt der Stammbaum von Sem bis
Abram, den man später auch Abraham nannte: Als
Sem 100 Jahre alt war, machte er noch ein Kind, den
Arpachschad. Das war zwei Jahre nach der fiesen
Flut. 11 Danach lebte er noch fünfhundert Jahre wei-
ter und bekam auch noch Söhne und Töchter.
12 Arpachschad bekam mit 35 den Schelach als
Sohn. 13 Dann lebte er noch weitere 403 Jahre und
bekam in der Zeit viele Söhne und Töchter. 14 Bei
Schelach war das so, dass er mit 30 einen Sohn
bekam, den er Eber nannte. 15 Danach lebte er noch
403 Jahre und bekam auch noch andere Söhne und
Töchter. 16 Eber wurde dann erwachsen, und als er
34 Jahre alt war, bekam er den Sohn Peleg.
17 Danach lebte er noch 430 Jahre und bekam in der
Zeit auch viele andere Söhne und Töchter. 18 Der
Peleg bekam mit 30 seinen ersten Sohn, den er
Regu nannte. 19 Danach lebte er noch 209 Jahre wei-
ter. In der Zeit bekam er noch andere Söhne und
Töchter. 20 Regu bekam dann mit 32 seinen ersten
Sohn, den Serug. 21 Nach der Geburt lebte er noch
207 Jahre weiter. In seinem Leben bekam er auch
noch andere Töchter und Söhne. 22 Serug war
30 Jahre alt, als er seinen ersten Sohn bekam, den
Nahor. 23 Nach der Geburt lebte Serug noch
200 Jahre. In seinem Leben bekam Serug auch noch
andere Töchter und Söhne. 24 Nahor bekam mit 29
seinen ersten Sohn, den er Terach nannte. 25 Danach
lebte Nahor noch 119 Jahre weiter, und er bekam
auch noch andere Töchter und Söhne. 26 Terach
bekam zusammen mit seiner Frau mit 77 Jahren
drei Söhne, den Abram, den Nahor und den Haran.
27 Jetzt kommt noch mal die Liste vom Stammbaum
vom Terach: Terach bekam die Söhne Abram, Nahor
und Haran. Haran bekam den Sohn Lot. 28 Haran
starb voll früh in seiner Heimatstadt Ur in Chaldäa,
sogar noch vor seinem Vater. 29 Abram und Nahor
suchten sich dann auch Frauen, um zu heiraten.
Abram heiratete Sarai. Die Frau von Nahor hieß
Milka. Milka war die Tochter aus der Ehe von sei-
nem Bruder Haran und Jiska. 30 Sarai konnte aber
irgendwie keine Kinder kriegen, sie war unfruchtbar.
31 Terach zog dann aus der Stadt Ur weg, weil er lie-
ber in Kanaan wohnen wollte. Er nahm seinen Sohn
Abram, seinen Enkel Lot und seine Schwiegertoch-
ter Sarai einfach mit. In der Stadt Haran machten
sie einen längeren Zwischenstopp. 32 Dort starb
dann Terach mit 205 Jahren.

12

Die Geschichte mit Abram, den man später auch Abraham nannte

Irgendwann meinte Gott mal zu Abram:
„Hey du! Lass mal das Land hinter dir, in dem du
geboren worden bist! Zieh bei deinen Eltern aus
und verabschiede dich auch von deinen Freunden.
Ich will dich woanders hinführen, in ein neues Land.
2 Ich hab was Großes mit dir vor. Mein Plan ist, aus
deiner Familie eine richtige Nation zu machen, ein
ganz eigenes Volk. Ich will ganz krass bei dir sein,
ich bin für dich! Alle werden später mal deinen
Namen kennen. Und du sollst vielen Leuten helfen
und für sie eine totale Ermutigung sein. 3 Und alle
Leute, die für dich sind und dir helfen, für die werde
ich auch sein und ihnen helfen. Aber die Leute, die
gegen dich sind, gegen die bin ich auch. Alle Natio-
nen auf der Erde, die gut zu dir sind und sich kor-
rekt verhalten, denen wird es richtig gut gehen!“
4 Abram zog dann los. Er machte das, weil Gott es
ihm gesagt hatte. Lot ging mit ihm mit. Abram war
75 Jahre alt, als er diesen Umzug organisierte.

5 Dazu packte er seine Frau mit ein, die Sarai. Wie
gesagt war Lot, der ja ein Sohn seines Bruder war,
auch mit am Start. Ihre ganzen Klamotten, die sie
bis dahin zusammengekauft hatten, waren mit im
Gepäck. Dazu die Leute, die sie in Haran für den
Betrieb eingestellt hatten. Sie starteten also alle
Richtung Kanaan. 6 Als sie dort ankamen, zogen sie
einmal quer durch das Land, bis sie an dem Ort
Sichem waren, wo dieser besondere Baum stand,
den man „die Eiche von More" nannte. Zu der Zeit
wohnte dort der Familienstamm der Kanaaniter.
7 Plötzlich hatte Abram ein Treffen mit Gott. Der
kam bei ihm an und sagte: „Hey du! Deiner Familie
will ich dieses Land schenken!" Abram war voll
happy, darum baute er gleich so einen Spezialtisch
für Gott aus Steinen, einen Altar, weil er ihn da
getroffen hatte. 8 Er machte sich dann auf die
Socken und ging weiter auf das Gebirge zu, das öst-
lich von Bethel lag. Dort stellte er dann sein Zelt
auf, und zwar genau zwischen Bethel (was im Wes-
ten lag) und Ai (was im Osten lag). An der Stelle
baute er dann auch wieder so einen Steintisch, um
mit Gott zu quatschen und zu ihm zu beten.
9 Schließlich packte er seine Klamotten wieder
zusammen und zog weiter, immer Richtung Süden.
10 In der Gegend, in der er jetzt gelandet war, gab es
zu der Zeit eine derbe Wirtschaftskrise. Darum
düste er weiter nach Ägypten, um dort sein Lager
aufzuschlagen. Denn die Krise war echt schlimm,
viele Leute hatten nichts zu essen und mussten
hungern. 11 Als sie kurz vor der ägyptischen Grenze
waren, nahm Abram seine Frau Sarai beiseite und
meinte zu ihr: „Hey, pass mal auf. Ich weiß, dass du
einfach supergeil aussiehst, 12 und wenn die Ägypter
dich sehen, werden sie alle voll scharf auf dich sein.
Wenn sie wissen, dass ich dein Ehemann bin, wer-
den sie mich dann bestimmt töten, nur um dich
haben zu können. 13 Darum lass uns mal Folgendes
abmachen: Sag den Leuten einfach, du bist meine
Schwester! Dann werden sie mir nicht ans Leder
gehen wegen dir, sie werden mich am Leben lassen
und mich sogar gut behandeln. Okay?" 14 Als Abram
dann in Ägypten ankam, waren die Ägypter gleich
voll gierig auf seine Frau, weil sie sehr sexy aussah.
15 Und als dann die Angestellten vom Regierungs-
chef die Frau mal zufällig sahen, schnappten sie
sich die gleich und brachten sie zu dem. Diesen
Regierungschef nannte man dort auch Pharao.
16 Abrams Rechnung ging auf. Der Typ behandelte
ihn ab dann bevorzugt, er bekam Schafe, Rinder,
Esel, Kamele, und man stellte ihm auch viele der
Angestellten vom Pharao kostenlos zur Verfügung!
17 Aber bei Gott kam das gar nicht gut an. Er
bestrafte den Pharao und seine ganze Familie mit
heftigen Sachen, Krankheiten und so, weil der Typ
dem Abram seine Frau ausgespannt hatte. 18 Irgend-
wann ließ dieser Pharao Abram bei sich antreten. Er
sagte zu ihm: „Warum haben Sie mich hier abgezo-
gen? Was sollte das? Warum haben Sie mir nicht
erzählt, dass Sarai Ihre Braut ist? 19 Warum haben
Sie mir nicht die Wahrheit erzählt, sondern behaup-
tet, sie sei nur Ihre Schwester? Darum hab ich sie
doch überhaupt erst geheiratet! Jetzt nehmen Sie
sie bloß mit, Mann, und hauen Sie endlich ab!"
20 Um sicherzugehen, dass den beiden nichts pas-
sierte, orderte der Pharao ein paar Leute von sei-
nem Sicherheitspersonal. Die sollten auf sie aufpas-
sen, damit sie sicher über Grenze kamen.

13

Abram und Lot gehen getrennte Wege

1 Also zog Abram mit seiner ganzen Familie
und all seinen Klamotten wieder los und
verließ Ägypten. Lot war auch dabei. Sie beschlos-
sen, Richtung Süden weiterzuziehen. 2 Abram war
zu der Zeit echt reich. Er hatte sauviele Rinder und
auch Geld ohne Ende. 3 Er zog dann von Camping-
platz zu Campingplatz, immer weiter Richtung
Bethel. Dann kam er genau an den Ort, der zwi-
schen Bethel und Ai lag, an dem er das erste Mal
sein Zelt aufgebaut hatte. 4 Hier hatte er auch so
einen Steintisch, einen Altar, aufgebaut, ganz zu
Anfang. Als er da war, quatschte er erst mal ne
Runde mit Gott und sagte ihm, wie obergenial er
ihn fand. 5 Lot, der ja mit im Schlepptau war, hatte
auch sehr viele Rinder und Schafe dabei, dazu auch
viele Zelte. 6 Irgendwie war die Gegend zu eng für
zwei so große Familien, man kam sich ständig ins
Gehege. Beide hatten einfach zu viele Sachen, als
dass man auf so engem Raum gut miteinander klar-
kam. 7 Die angestellten Hirten von Abram und Lot
kriegten sogar ständig Zoff miteinander und prügel-
ten sich. 8 Abram besprach sich dann mit Lot über
diese Angelegenheit. Er sagte zu ihm: „Lot, lass uns
doch dafür sorgen, dass zwischen unseren Hirten
nicht mehr länger der Punk abgeht! Wir sind doch
schließlich Brüder, oder? 9 Dir stehen doch alle
Türen offen! Geh mit deinen Leuten doch lieber
woanders hin. Wie wäre es, wenn ich Richtung
Osten ziehe und du Richtung Westen? Oder willst
du lieber Richtung Osten gehen? Dann würde ich
nach Westen weiterziehen!" 10 Lot sah sich noch

einmal in der Gegend um. Er überblickte die ganze
Ebene, wo der Fluss Jordan durchzog bis zur Stadt
Zoar. Überall war viel Wasser (das war übrigens
noch vor der Zeit, wo Gott Sodom und Gomorra
kaputt gehauen hatte). Es war ein wirklich gutes
Stück Land, fast so wie der Garten, den Gott
gemacht hatte. Und es war ähnlich schön wie das
Land in Ägypten. 11 Also entschied sich Lot für die
Seite, wo die Ebene vom Fluss Jordan lag. Er zog ab
dann Richtung Osten. Hier trennten sich die Wege
von Lot und seinem Onkel. 12 Abram wohnte ab
dann im Land Kanaan, und Lot wohnte mehr in der
Gegend, wo es viele Städte gab. Im Laufe der Zeit
kam er mit seinen Zelten bis kurz vor die Stadt
Sodom.

Sodom, eine echt üble Stadt

13 Die Bewohner von der Stadt Sodom waren fast
alle total übel unterwegs. Sie taten dort Sachen, die
Gott höchst uncool findet, Dinge, die voll an dem
vorbeigingen, was Gott eigentlich wollte. 14 Gott
redete jetzt das erste Mal zu Abram, nachdem der
sich von Lot getrennt hatte. Er sagte zu ihm: „Schau
dich mal um! Von da, wo du jetzt stehst, blick mal
in alle Richtungen! Norden, Süden, Osten, Westen!
15 Pass auf, das ganze Land, was du da jetzt siehst,
will ich dir und deiner ganzen Familie für immer
schenken! 16 Ich hab mir vorgenommen, dass du
dich so fett vermehren kannst, wie es Sand am
Meer gibt. Und so wie es unmöglich ist, diesen
Sand am Meer zu zählen, so wird es auch unmög-
lich sein, die Leute zu zählen, die zu deiner Familie
gehören werden. 17 Jetzt geh los! Zieh durch dieses
Land, von vorne bis hinten, geh überall hin! Dir will
ich das jetzt alles geben.“ 18 Abram schraubte seine
Zelte wieder zusammen und zog weiter. Er baute
sein Lager in Hebron auf, wo diese berühmten
„Eichen von Mamre“ stehen. Dort baute er auch
wieder einen von diesen besonderen Tischen aus
Steinen für Gott auf, so einen Altar.

14

Abram rettet den Lot

1 Und dann gab es Krieg. Das war in der
Zeit, als folgende Männer gerade am Regie-
rungshebel in ihren Ländern saßen: Amrafel war der
Präsident von Sinear, Arjoch war der Präsident von
Ellasar, Kedor-Laomer war der Präsident von Elam,
und Thidal war der Präsident von Gojim. 2 Diese
Präsidenten gaben eine Kriegserklärung ab gegen
die Chefs von Sodom (der hieß Bera), von Gomorra
(der hieß Birscha), von Adma (der hieß Schinab),
von Schemeber (der hieß Zebojim) und den Chef
von Bela (diese Stadt heißt auch Zoar). 3 Man
schloss Verträge miteinander und zog gemeinsam
in das Tal Siddim (das liegt am Salzmeer). 4 Ganze
zwölf Jahre standen sie unter der Regierung von
Kedor-Laomer, aber ab dem dreizehnten Jahr hatten
sie langsam die Schnauze voll. 5 Nach vierzehn Jah-
ren schließlich zogen sie mit den Präsidenten, die
bei ihnen waren, los und führten Krieg. Zuerst
gegen die Raphaiter in Aschterot-Karnajim, dann
gegen die Susiter in Ham, dann gegen die Emiter in
der Ebene von Kirjatajim 6 und auch gegen die Hori-
ter (vom Bergland Seir bis runter nach El-Paran, am
Rand der Wüste). Sie besiegten dabei alle. 7 Dann
schlugen sie eine andere Richtung ein und kamen
an dem Brunnen En-Mischpat vorbei, der in
Kadesch war. Dort machten sie das ganz Land der
Amalekiter platt, und auch die Amoriter, die in
Hazezon-Tamar wohnten, machten keinen Stich
gegen sie. 8 Die Präsidenten von Sodom, Gomorra,
Adma, Zebojim und Bela (das auch Zoar genannt
wurde) zogen los und stellten ihre Armee in
Schlachtordnung im Tal Siddim auf. 9 Auf der ande-
ren Seite standen Kedor-Laomer, der Präsident von
Elam, Tidal, der Präsident von Gojim, Amrafel, der
Präsident von Schinar, und Arjoch, der Präsident
von Ellasar. Es standen also vier Präsidenten gegen
fünf. 10 In diesem Tal Siddim gab es voll viele Bau-
gruben. Als die Armeen von den Präsidenten aus
Sodom und Gomorra vor den Feinden weglaufen
wollten, fielen einige, da drunter auch die Präsiden-
ten, in diese Gruben rein. Der Rest floh in das
Gebirge. 11 Die Sieger plünderten die Städte Sodom
und Gomorra komplett leer, nahmen alles, was sie
zu essen finden konnten, und verließen sie wieder.
12 Lot, der Neffe von Abram, wurde von ihnen gekid-
nappt. Er lebte nämlich gerade dort. Sie klauten
sogar alles, was ihm gehörte, und verpissten sich
anschließend. 13 Einer von den Männern, die sich
retten konnten, ging sofort zu Abram und erzählte
ihm die Sache. Der wohnte damals bei den „Eichen
des Amoriters Mamre“. Zwischen Mamre (der hatte
den gleichen Namen wie der Ort) und Abram gab
es Verträge, genauso wie mit seinen Brüdern
Eschkol und Aner. 14 Als Abram hörte, dass sein
Neffe gekidnappt worden war, organisierte er sich
sofort eine Spezialtruppe von Soldaten, die viel
Kampferfahrung hatten. Mit 318 Männern, die alle
aus seiner Familie kamen, jagte er dann den Fein-
den hinterher, bis sie kurz vor der Stadt Dan waren.

15 Dort teilten sie sich in zwei Gruppen auf und
überfielen nachts die Armeen der Feinde, um den
Neffen von Abram zu befreien. Es wurde ein gran-
dioser Sieg, die Feinde flohen bis nach Hoba, was
westlich von Damaskus lag. 16 Er konnte sogar alles,
was vorher geklaut wurde, wieder zurückholen,
inklusive Lot mit seinen ganzen Sachen! Die Frauen
und der Rest von den Leuten waren auch gerettet
worden. 17 Als Abram von diesem Feldzug gegen
Kedor-Laomer (und seinen verbündeten Präsiden-
ten) auf dem Rückweg war, kam ihm der Präsident
von Sodom schon von weitem entgegen. Man traf
sich in dem Tal Schawe, was man auch „das Präsi-
dententaI" nannte. 18 Auch Melchisedek, der Präsi-
dent von Salem, kam dahin und hatte auch etwas
Brot und Wein im Koffer. Er war zu der Zeit der Prä-
sident von Salem und gleichzeitig auch Priester von
unserem Gott, dem krassesten Gott überhaupt. 19 Er
betete für Abram und sagte: „Sie sollen es ganz
groß abkriegen von unserem Gott! Dem gehört
alles, was es gibt, alles, vom äußersten Universum
bis hier hin auf der Erde. 20 Gott ist einfach genial!
Er ist gigantisch, er hat Ihnen Ihre Feinde ausgelie-
fert!" Abram gab dem Priester dann 10 Prozent von
seiner ganzen Beute. 21 Der Präsident von Sodom
sagte zu Abram: „Sie können die ganze Kohle und
die anderen Sachen haben, aber geben Sie mir
meine Leute zurück!" 22 Abram antwortete ihm: „Ich
schwör Ihnen hiermit, und der krasseste Gott über-
haupt, dem das ganze Universum gehört, ist mein
Zeuge: 23 Ich werde keinen Fitzel von dem Kram
annehmen, der Ihnen gehört! Sonst behaupten Sie
noch irgendwann: ‚Ich hab Abram reich gemacht.'
24 Es gibt nur eine Ausnahme, die betrifft das, was
die Jugendlichen gegessen haben, das wird natür-
lich unseres bleiben. Und der Anteil, der den Män-
nern zusteht, die mit mir gezogen sind, der soll
auch ausbezahlt werden. Ich mein damit den Aner,
Eschkol und Mamre."

15

Gottes Vertrag mit Abram

1 Irgendwann später kam Gott bei Abram
vorbei, um ihm was zu sagen. Er meinte zu
ihm: „Abram, du brauchst echt keinen Schiss mehr
zu haben! Ich bin um dich wie ein Schutzschild!
Und ich werde dich fett belohnen!" 2–3 „Ganz toll
Gott", sagte Abram. „Wie willst du mich denn
belohnen? Du hast mir noch nicht mal einen Sohn
geschenkt. Alles, was ich habe, wird dann wohl mal
mein Angestellter Elieser erben, der als Hausmeis-
ter und Verwalter für mich arbeitet!" 4 „Denkste",
antwortete ihm Gott. „Der wird nichts von dir
erben. Du bekommst einmal einen Sohn!" 5 Dann
ging Gott mit Abram in den Garten. „Sieh dir mal
da oben die ganzen Sterne am Himmel an! Versuch
die mal zu zählen! Und genauso viele werden mal in
deiner Familie sein!" 6 Abraham vertraute felsenfest
auf Gott, und Gott machte dafür klar, dass Abraham
total okay ist. 7 Er sagte zu ihm: „Hey, Abram, ich
bin der Gott, der dich aus deiner Heimatstadt Ur in
Chaldäa rausgeholt hat, um dir ein ganz neues Land
zu schenken." 8 Abram fragte zurück: „Und woran
werde ich das merken, dass diese Ansage wirklich
eintritt und mir dieses Land mal gehört?" 9 „Organi-
sier mir eine dreijährige Kuh, eine dreijährige Ziege
und ein dreijähriges männliches Schaf. Und dann
will ich noch eine Taube und eine Turteltaube hier
sehen." 10 Abram holte die Tiere und zersägte sie in
zwei Teile. Die legte er dann gegenüber auf den
Boden. Die beiden Tauben zerteilte er aber nicht.
11 Sofort kamen ein paar Aasgeier und wollten sich
über die Tierleichen hermachen. Abram ver-
scheuchte sie aber. 12 Als die Sonne unterging,
pennte Abram ein. In dem Traum bekam er plötzlich
voll die Paras, ganz übel. 13 Und dann sagte eine
Stimme zu ihm: „Hey, dir muss echt klar sein, dass
du immer ein Ausländer sein wirst, du wirst in
einem Land leben, was nicht dir gehört. Und deine
Leute werden total abhängig sein von anderen, sie
werden hart knüppeln müssen und Leute bedienen.
Das wird 400 Jahre so sein. 14 Dann werde ich aber
diesen Leuten klarmachen, wer hier das Sagen hat.
Ich werde sie bestrafen, und ihr werdet fett absah-
nen und voll reich von da wieder wegziehen. 15 Und
du wirst entspannt sterben und richtig alt werden,
bevor man dich unter die Erde bringt. 16 Erst der
vierte Jahrgang nach dir wird hierher zurückkom
men und das Ding dann klarmachen. Denn die
Amoriter, die hier zurzeit leben, haben es noch nicht
voll ausgereizt. Noch kann ich sie nicht für ihren
Mist bestrafen." 17 Nachts, als es dann dunkel war,
konnte Abram plötzlich einen Kamin erkennen, aus
dem kam Rauch raus. Dazu kam eine fliegende
Fackel, die immer zwischen den Tierleichen hin und
her düste. 18 So passierte es, dass Gott mit Abram
Verträge über seine Zukunft machte. Er sagte zu
ihm: „Ich habe beschlossen, dass ich dir und deiner
Familie und deren Kindern und den Kindern dieser
Kinder für immer ein großes Stück Land schenken
werde. Und das Land geht von der ägyptischen
Grenze bis zum Fluss Euphrat runter. 19–21 Das

ganze Gebiet wo jetzt diese anderen Völker wohnen, gehört auch dazu. Dazu zählten die Keniter, die Kenasiter, die Kadmoniter, die Hetiter, die Peresiter, die Raphaiter, die Amoriter, die Kanaaniter, die Girgasiter und die Jebusiter.

16 Abram, Sarai und die Angestellte Hagar

1 Die Frau von Abram, Sarai, hatte ein riesen Problem: Sie konnte keine Kinder kriegen. Allerdings hatte sie eine ägyptische Hausangestellte, die das wohl konnte. Diese Frau hieß Hagar. 2 Schließlich hatte Sarai eine Idee. Sie ging zu ihrem Mann und meinte zu ihm: „Du, Abram? Pass mal auf: Ich hab das Gefühl, Gott hat meine Gebärmutter zugemacht, ich kann wohl keine Kinder mehr kriegen. Aber ich hab da ne Idee: Wir nehmen uns so ne Art Leihmutter. Schlaf doch einfach mal mit Hagar! Vielleicht wird sie ja von dir schwanger, und dann adoptieren wir das Baby! Ich möchte das gerne!" Abram war mit der Idee einverstanden. 3 Also heiratete Abram auch noch die Hagar (es war damals möglich, mehrere Ehefrauen zu haben), mit dem Einverständnis von seiner ersten Frau Sarai. Er lebte da schon über 10 Jahre in Kanaan. 4 Abram schlief dann auch mit Hagar, und sie wurde tatsächlich schwanger. Als Hagar klar war, dass sie ein Kind von Abram bekommen würde, kam sie Sarai gegenüber echt schräg drauf. Sie benahm sich jetzt so, als wäre sie etwas Besseres als Sarai, und wurde ziemlich arrogant. 5 Sarai ging zum Abram und beschwerte sich bei ihm. „Das ist gemein! Ich hab es erlaubt, dass du mit einer meiner Angestellten Sex hast, damit wir ein Kind kriegen, und jetzt, wo sie schwanger ist, behandelt sie mich wie den letzten Dreck. Das ist alles deine Schuld! Gott soll zwischen uns beiden entscheiden!" 6 Abram blieb geschmeidig. „Von mir aus, mach mit ihr, was du willst. Ich hab sie schließlich für dich angestellt!" Sarai gab ihr ab da nur noch die ganzen Ätzarbeiten und ließ sie wie blöd schuften. Kurz darauf kündigte Hagar ihren Job und verließ die beiden. 7 Auf dem Weg nach Schur machte sie eine Pause in einer Bar, um was zu trinken. Plötzlich saß da ein Briefträger Gottes neben ihr, der Chef-Engel persönlich. 8 Dieser Engel quatschte sie von der Seite an. „Tach, Hagar! Was geht? Was machst du hier eigentlich gerade?" – „Äh, also ich bin gerade von meinem Job weggelaufen. Meine Chefin Sarai war nur ätzend zu mir!" 9 Jetzt kam der Ober-Engel mit seiner Nachricht rüber. „Geh wieder zurück zu ihr, Hagar! Auch wenn das für dich voll die Demütigung ist! Tu ab sofort genau das, was sie dir sagt! 10 Gott hat folgende Ansage für dich: Ich will dir so irre viele Kinder schenken, dass sie keiner mehr zählen kann! 11 Pass auf, du bist ja gerade schwanger! Du wirst einen Jungen bekommen. Der sollte dann den Namen Ismael kriegen (das bedeutet so viel wie ‚Gott hat mein Gebet gehört'). Gott hat nämlich genau das getan, worum du ihn gebeten hast. 12 Dieser Junge wird echt krass drauf sein. Er wird viele Feinde haben, jeder will mal gegen ihn kämpfen. Er wird ohne seine Brüder aufwachsen, und er wird sie alle irgendwann mal sehr provozieren." 13 Hagar war echt baff, dass Gott selbst mit ihr redete. Sie sprach ihn direkt an: „Genial! Du bist Gott, und trotzdem nimmst du mich ernst!" 14 Sie gab dann dieser Bar einen neuen Namen. Man nannte sie ab dann nur noch „Gott gibt es wirklich und er nimmt mich ernst". Diese Bar liegt übrigens zwischen Kadesch und Bered. 15 Hagar ging also zurück zu Abram und bekam einen Sohn. Der Junge kriegte den Namen Ismael. 16 Als Ismael geboren wurde, war Abram schon 86 Jahre alt.

17 Ein neues Ritual: Menschen haben mit Gott einen Vertrag

1 Als Abram 99 Jahre alt war, hatte er ein heftiges Erlebnis. Gott kam bei ihm höchstpersönlich vorbei und machte eine klare Ansage: „Ich bin der Gott, dem absolut nichts unmöglich ist! Lebe so radikal, wie es angesagt ist für jemanden, der in meiner Nähe wohnt. 2 Ich will mit dir Verträge machen, einen Spezialvertrag nur zwischen mir und dir. Und ich will dafür sorgen, dass du und deine Familie ohne Ende Kinder bekommen, ihr sollt euch sehr stark vermehren." 3 Abram war voll geschockt, er warf sich vor Gott erst mal platt auf den Boden. Gott redete aber weiter mit ihm: 4 „Hör zu: Du hast mein Wort! Ich hab einen Vertrag mit dir! Aus der Familie, die du gegründet hast, werden viele andere Völker entstehen. Und du wirst der Vater von diesen Völkern sein. 5 Darum gebe ich dir jetzt auch einen neuen Namen. Der Name Abram passt ab sofort nicht mehr zu dir. Dein neuer Name ist jetzt Abraham, weil das bedeutet „Ein Vater von sehr vielen Leuten". 6 Ich sag's dir noch mal: Du wirst sehr, sehr viele Kinder bekommen! Aus deiner Familie wird eine ganze Nation entstehen. Und einige von ihnen werden Regierungschefs sein, Könige, Bundeskanzler und Präsidenten. 7 Was ich dir jetzt ver-

sprochen hab, gilt nicht nur für dich, sondern auch für deine Kinder und die Kinder deiner Kinder. Das wird sich nie ändern, garantiert! Wir haben jetzt Verträge, die für immer gelten. Ich bin für immer dein Gott! 8 Das ganze Land Kanaan, wo du jetzt wie ein Ausländer lebst, das werde ich dir geben, es soll dir gehören, für immer. Und ich bleibe für immer dein Gott!" 9 Dann meinte Gott noch zu ihm: „Zu Verträgen gehören immer zwei Parteien die etwas geben, und ich möchte von euch Folgendes: 10 Ihr sollt die Verträge so unterschreiben, indem ihr etwas an euch tut. Und das sollen alle Männer machen, ihr und auch alle Männer nach euch: Ihr sollte euch ab jetzt „beschneiden". 11 Mit „beschneiden" meine ich, dass sich die Männer ihre Vorhaut vom Penis abschneiden lassen sollen. Damit unterschreibt ihr eure Seite des Vertrages. 12 Acht Tage nach der Geburt soll das gemacht werden. Das gilt für alle Leute, die bei euch geboren werden, inklusive der Leute, die für euch arbeiten und bei euch angestellt sind. 13 Und das gilt auf jeden Fall für alle, die Teil deiner Familie sind! Und es gilt, wie gesagt, für die Leute, die für euch arbeiten. Diese Verträge sollen auf ewig gelten. 14 Und wenn ein Junge bei euch seine Vorhaut nicht abgeschnitten bekommt, dann gehört er nicht dazu. Er soll aus der Gemeinschaft rausfliegen, weil er dann unsere Verträge gebrochen hat." 15 Gott hatte dann noch ne andere Ansage für Abraham. „Ich will auch noch, dass deine Sarai einen neuen Namen von dir bekommt. Sie soll nicht mehr ‚Sarai' heißen, sondern ab jetzt ‚Sara' – das heißt so viel wie ‚Prinzessin'. 16 Ich will sie nämlich fett beschenken, ich werde dafür sorgen, dass sie auch noch einen eigenen Sohn von dir bekommt. Aus ihren Kindern wird mal eine ganze Nation werden, sogar Präsidenten und Könige werden aus ihrer Familie abstammen." 17 Abraham schaute mit rotem Kopf weg, aber bepisste sich dabei fast vor Lachen. „Haha, na sicher, ich werde Sara mit meinen gerade mal eben 100 Jahren noch schwanger machen, und sie wird mit ihren schlappen neunzig noch ein gesundes Kind kriegen, haha", dachte er vor sich hin. 18 Er sagte dann zu Gott: „Passt schon, wenn du nur auf meinen Sohn Ismael aufpasst! Dein Versprechen kann ja auch für ihn gelten, oder?" 19 Gott antwortete: „Auf sicher, lieber Abraham, deine Frau Sara wird noch einen Sohn kriegen! Du sollst ihn dann Isaak nennen. Mit ihm werde ich Verträge machen, die für ihn und seine ganze Familie für immer gelten werden. 20 Und was deine Gebete für Ismael angeht, die habe ich auch alle erhört. Ich bin total für ihn und hab ne Menge mit ihm vor. Er wird auch eine große Familie haben und sehr, sehr viele Kinder bekommen. Er wird der Vater von einer großen Nation mit 12 Stämmen werden. 21 Aber mein neuer Vertrag, der gilt für den Isaak, den du mit Sara bekommen wirst! So um diese Zeit rum, in einem Jahr, wird sie das Baby kriegen." 22 Nachdem Gott alles gesagt hatte, was er sagen wollte, verschwand er wieder. 23 Abraham holte seinen Sohn Ismael und alle männlichen Angestellten, die bei ihm gearbeitet hatten. Dann zog er mit ihnen sofort dieses Ritual durch, indem er ihre Vorhaut abschnitt, genau so, wie Gott es gesagt hatte. 24 Er machte das auch bei sich selbst. Zu dem Zeitpunkt war Abraham schon 99 Jahre alt. 25 Sein Sohn Ismael war da gerade 13 Jahre, als sie seine Vorhaut abschnitten. 26 Beide, Abraham und Ismael, wurden am selben Tag beschnitten. 27 Genauso passierte es mit allen, die für Abraham arbeiteten, die in seinem Haus wohnten oder sonst was mit ihm zu tun hatten: Von allen Männern wurde die Vorhaut vom Penis entfernt.

18 Gott verspricht Abraham einen Sohn

1 Abraham hatte seine Hütte an einem Ort, wo auch die damals berühmten „Eichen von Mamres" standen. In der Mittagszeit, die Sonne knallte volle Granate vom Himmel, saß er gerade vor seinem Haus und döste ein bisschen. Plötzlich hatte er mal wieder ein Treffen mit Gott. 2 Und zwar stand da auf einmal, in kurzer Entfernung, so einen Typ vor ihm, der noch zwei weitere Männer im Schlepptau hatte. Sofort stand Abraham auf, lief ihnen entgegen und begrüßte sie freundlich. Er wusste irgendwie, dass es sich bei diesen drei Männern um Gott und zwei Engel handelte. 3 „Wenn Sie mir irgendwie einen Gefallen tun wollen, dann bleiben Sie doch etwas bei mir! Ich würde Sie wirklich gerne einladen und Ihnen was Gutes tun, wenn das für Sie okay geht. 4 Ich hol Ihnen sofort etwas Wasser. Dann können Sie Ihre Füße waschen und es sich im Schatten unter dem Baum dahinten etwas gemütlich machen. 5 Darf ich auch noch was Leckeres zu essen kochen und was zu trinken organisieren? Tanken Sie doch erst mal etwas bei mir auf, bevor Sie weiterziehen. Sie können es sich bei mir echt gemütlich machen, wo Sie schon mal da sind!", sagte Abraham. „Ist okay," lachten die drei freundlich. „Tun Sie, was Sie nicht lassen können." 6 Abraham lief schnell in seine Bude und sagte zu

Sara: „Los jetzt, back mal auf die Schnelle meinen Lieblingskuchen. Und schmier unseren Gästen auch bitte ein paar Schnittchen.“ 7 Dann rannte er in den Stall, suchte eins der besten Rinder aus und sagte einem seiner Angestellten: „Schlachte mal schnell diese Kuh und grill uns ein paar Filetsteaks davon, ja?!“ 8 Als die Steaks fertig waren, nahm er noch frische Milch und saure Sahne und schleppte das Ganze zu seinen Gästen. Er bediente sie höchstpersönlich, und sie hatten einen sehr netten Grillabend bei ihm. 9 Nach dem Essen fragte einer von ihnen: „Wo ist denn Ihre Frau Sara?“ – „Sie ist drinnen!“, antwortete Abraham. 10 „Hey, passen Sie mal auf, eine Sache können Sie schon mal abhaken: Wenn ich in einem Jahr wiederkomme, dann ist Sara schwanger! Sie wird einen Sohn kriegen.“ Sara war in einem Nebenraum und hörte die ganze Unterhaltung mit. 11 Sara und Abraham waren da schon im Rentenalter. Sara war mit den Wechseljahren schon lange durch und hatte ihre Tage schon ewig nicht mehr bekommen. 12 Sie lachte sich darum echt schlapp über diese Ansage von dem Typen. „In meinem Alter soll ich noch mal Lust auf Sex haben? Und mein Mann bekommt ja auch schon lange keinen mehr hoch!“ 13 Gott hörte das und meinte zu Abraham: „Sag mal, warum findet Sara das so lustig, dass sie in ihrem Alter noch mal schwanger werden wird? 14 Gibt es denn etwas, das für Gott unmöglich ist? Pass mal auf, in einem Jahr werde ich wieder mal auf Besuch vorbeikommen, und dann hat Sara schon einen Sohn bekommen!“ 15 Sara war das aber voll peinlich, sie konnte das nicht zugeben. „Ich hab gar nicht gelacht!“, sagte sie. „Doch, hast du!“, meinte Gott sofort.

Abraham diskutiert mit Gott über Sodom

16 Schließlich standen die drei Männer auf, um zu gehen. Abraham begleitete sie noch ein Stück. Als sie an eine Stelle kamen, von der man die Stadt Sodom ganz gut sehen konnte, 17 überlegte sich der eine, nämlich Gott, plötzlich: „Hm, sollte ich ihm nicht vielleicht doch erzählen, was ich mit Sodom machen werde? 18 Immerhin soll ja aus seiner Familie mal eine riesengroße Nation werden, und alle anderen Nationen sollen von ihm ganz fett profitieren. 19 Ich hab ihn ja extra dafür ausgesucht, damit er seinen Leuten und auch seiner Familie Ansagen macht, wie man am gottmäßigsten lebt. Sie sollen so leben, wie ich es will, damit das Versprechen auch eingelöst werden kann, was ich Abraham gegeben hab.“ 20 Also sagte Gott zu ihm: „Ich habe echt ätzende Sachen gehört über das, was in Sodom und Gomorra zur Zeit abgeht. Die Leute, die da wohnen, sollen ein total übles Leben führen und viele Sachen tun, die gegen alles stehen, was ich will. 21 Ich werde dort jetzt mal vorbeischauen und prüfen, ob die Sachen, die man mir erzählt hat, auch stimmen oder nur frei erfunden sind.“ 22 Die beiden anderen Typen standen auf und machten die Biege, Richtung Sodom. Nur Gott blieb mit Abraham da, weil der noch mit ihm alleine quatschen wollte. 23 Abraham beugte sich zu ihm rüber und meinte: „Sag mal, würdest du in der Stadt wirklich alles und jeden plattmachen, auch wenn es vielleicht doch noch ein paar Leute gibt, die so leben, wie du es gut findest? 24 Vielleicht gibt es davon ja fünzig? Was meinst du? Würdest du aus der Stadt trotzdem Kleinholz machen, oder wäre es bei so viel guten Menschen vielleicht möglich, nicht gleich alle Leute zu killen? 25 Nein, dass geht gar nicht! Du wirst nicht in einem Schlag alle Leute töten, die in einer Tour Mist bauen, wenn dabei auch die ganzen Leute mit draufgehen würden, die okay leben, oder? Dann würdest du ja keinen Unterschied zwischen den guten und den fiesen Menschen machen. So ist ein korrekter Richter doch nicht drauf! Oder?“ 26 Gott war beeindruckt. „Okay“, sagte er. „Wenn ich tatsächlich innerhalb der Stadt fünfzig Leute finde, die okay leben und tun, was ich möchte, dann werde ich nur wegen den fünfzig der ganzen Stadt verzeihen.“ 27 „O Mann, Gott, ich weiß, ich bin ganz schön dreist“, antwortete Abraham. „Aber jetzt, wo ich mich schon mal getraut habe, mit dir, Gott, zu verhandeln, obwohl ich der letzte Dreck bin, 28 da will ich noch mehr! Was ist denn, wenn zu den fünfzig nur fünf fehlen sollten? Würdest du, nur weil die fünf fehlen, trotzdem die ganze Stadt plattmachen?“ – „Okay, nein, also wenn ich wirklich fünfundvierzig davon finde, dann werde ich sie nicht vernichten.“ 29 Er hatte aber noch nicht genug. „Und, Gott, wie stehts mit vierzig?“ – „Ja, okay, wenn es vierzig sind, will ich es auch nicht tun“, antwortete er. 30 „Bitte nicht sauer sein, aber wie sieht es denn aus, wenn es doch nur dreißig sind, auf die das zutrifft?“, meinte Abraham noch einmal. „Ich werde es nicht tun, wenn es dreißig sind, versprochen“, sagte Gott. 31 „Also, ich hab mich hier schon echt weit aus dem Fenster gelehnt, was ich dir da abgerungen hab. Trotzdem könnte es ja sein, dass man nur zwanzig finden wird, die so drauf sind. Was geht dann?“ Und Gott sagte: „Okay, Abraham, wenn es zwanzig sind, dann werde ich wegen

denen die Stadt nicht kaputt machen.“ 32 „Bitte,
Gott, nicht ausrasten, ich frage noch ein letztes Mal:
Was ist, wenn es nur zehn Leute gibt, die gut drauf
sind?“ – „Alles klar, ich werde sie nicht plattmachen,
wenn es diese zehn Leute dort gibt, einverstanden.“
33 Nachdem Abraham und Gott zu Ende gequatscht
hatten, verabschiedete sich Gott. Abraham ging
wieder zurück nach Hause.

19 Sodom und Gomorra werden komplett plattgemacht

1 Abends kamen dann die zwei Engel in
Sodom an. Lot chillte zu der Zeit gerade am Orts-
eingang an einer Bushaltestelle. Als er die beiden
sah, rannte er ihnen sofort entgegen, um sie zu
begrüßen. Lot gab ihnen die Hand und verbeugte
sich, wie das normal war, wenn man Respekt vor
jemandem hatte. 2 „Einen wunderschönen guten
Abend wünsche ich Ihnen!“, sagte Lot. „Es wäre mir
eine große Freude, wenn Sie heute in meiner Bude
übernachten würden! Sie können bei mir auch
duschen und morgen früh dann weiterziehen, wenn
Sie wollen!“ – „Vielen Dank, aber wir müssen Ihre
Einladung leider ablehnen“, antworteten die beiden.
„Wir haben uns entschlossen, heute draußen zu
übernachten.“ 3 Lot ließ aber nicht so schnell locker.
Er nervte so lange rum, bis die Engel einwilligten
und mit zu ihm nach Hause kamen. Da angekom-
men, machte er ihnen einen leckeren Imbiss, sie
aßen zusammen Abendbrot und befreundeten sich.
4 Eigentlich wollten sie danach die Penntuten aus-
rollen und schlafen gehen, aber mittlerweile waren
alle Männer aus der Stadt vor dem Haus, vom Teen-
ager bis zum Opa. Das Heftige war, dass die alle
scharf auf diese beiden „geilen Typen“ waren, die
den Lot gerade besuchten! 5 Sie sammelten sich um
die Hütte von Lot und veranstalteten eine richtige
Demo. Irgendwie heizte sich die Stimmung immer
mehr auf. Die Männer waren scharf auf Sex, gewalt-
bereit und rückten Lot voll auf die Pelle. Sie brüllten:
„Was sind das für Typen, Lot? Hol sie raus! Hol sie
raus! Wir wollen Sex! Wir wollen Sex! Wir wollen
Sex!“ 6 Lot ging zur Haustür, sprang schnell raus
und zog sie gleich hinter sich wieder zu. So konnte
keiner reinkommen. 7 „Hey, Mann! Freunde! Was
soll der Scheiß?“, rief er der Menschenmasse zu.
8 „Passt auf, ich habe zwei Töchter, die beide noch
Jungfrauen sind. Kann ich euch die nicht anbieten?
Mit denen könnt ihr machen, was ihr wollt. Aber
bitte lasst die beiden Männer in Ruhe, die bei mir
zu Gast sind! Sie genießen meinen besonderen
Schutz.“ 9 „Verpiss dich“, riefen die Leute Lot zu.
„Du bist sowieso nur ein assi Ausländer! Und du
willst uns jetzt Vorschriften machen? Pass auf, wir
werden dich noch härter rannehmen als die beiden
anderen!“ Sie prügelten Lot nieder und waren
gerade kurz vor der Eingangstür, 10 als die beiden
Männer kurz vor die Tür kamen. Sie streckten nur
ihre Hand gegen die Leute aus, und plötzlich muss-
ten alle ein Stück zurückweichen. Jetzt packten die
beiden Engel Lot am Arm, zogen ihn wieder in das
Haus und machten die Tür hinter sich zu. 11 Und
dann war auf einmal die Eingangstür vom Haus wie
weggezaubert, die Leute konnten sie nicht mehr
sehen! 12 Jetzt ließen die beiden Engel eine heftige
Ansage vom Stapel: „Hey, Lot, sag mal, hast du
noch irgendwelche Verwandte in der Stadt? Schwie-
gersöhne, Söhne oder Töchter? Dann organisier für
die so schnell es geht die Flucht! 13 Wir werden näm-
lich diese Stadt bald komplett abfackeln. Gott hat
von den ultraüblen Sachen, die hier passieren,
gehört, und es reicht ihm jetzt: Er will hier alles
plattmachen!“ 14 Lot ging sofort zu den Verlobten
von seinen Töchtern, um ihnen diese Nachricht wei-
terzugeben, die er gerade von den Engeln gehört
hatte. „Los, packt eure Sachen und verschwindet so
schnell es geht von hier! Gott wird diese Stadt bald
komplett auslöschen!“ Seine zukünftigen Schwie-
gersöhne aber lachten sich nur schlapp, sie dach-
ten, er würde sie voll verarschen. 15 Am nächsten
Morgen machten die beiden Engel etwas Druck. Sie
sagten zu Lot: „Jetzt mach hinne! Nimm deine Frau
und die Töchter und hau ab! Sonst wirst du auch
dabei draufgehen, wenn diese Stadt zu Schrott
gemacht wird!“ 16 Als Lot aber nicht in die Puschen
kam, nahmen ihn die zwei einfach an die Hand und
führten ihn, seine Frau und seine zwei Töchter aus
der Stadt raus. Gott hatte ihn eben voll lieb und
wollte nicht, dass er sterben müsste. 17 Als sie aus
der Stadt rausgelaufen waren, rief der eine Engel zu
Lot: „Los jetzt, lauf weiter, lauf um dein Leben! Bleib
nicht stehen und sieh auch nicht zurück! Lauf so
lange, bis du oben auf dem Berg bist, sonst musst
du sterben!“ 18 Lot meinte: „Ob das jetzt so ne gute
Idee ist, ganz bis da oben hin zu laufen? 19 Aber erst
mal vielen Dank, dass du uns das Leben gerettet
hast! Das war wirklich total nett von dir! Meinst du
wirklich, dass wir es bis zum Berg schaffen? Könnte
es sein, dass wir auf dem Weg dahin Pech haben
und auch sterben müssen? 20 Ich mein, schau mal,
da hinten, diese kleine Stadt! Könnten wir nicht

auch dahin fliehen? Dort wären wir ja auch gerettet, oder?“ – 21 „Okay,“ meinte der Engel. „Ich werde deinen Wunsch erfüllen und diese kleine Stadt mal von der Zerstörung ausnehmen. 22 Jetzt mal zu, geht dort hin und verschanzt euch da. Ich darf den Befehl zur Zerstörung von Sodom und Gomorra erst dann geben, wenn ihr in Sicherheit seid.“ Diese Stadt hat übrigens seitdem den Namen „Zoar – die kleine Stadt“ abbekommen. 23 Ganz früh am Morgen, die Sonne ging gerade auf, kamen sie in der Stadt Zoar an. 24 Und dann regnete es plötzlich überall Schwefel, glühende Steine fielen wie Feuer vom Himmel, heftiger als ein gewaltiger Vulkanausbruch. Gott steckte Sodom und Gomorra in Brand. 25 Er machte alles platt, die ganzen Gebäude mit ihren Einwohnern, jede Pflanze, alles wurde komplett abgefackelt. 26 Lots Frau war aber zu neugierig. Sie wollte das Ganze doch ansehen, drehte sich einmal um, und als sie die brennende Stadt sah, verkrampfte sie am ganzen Körper und blieb starr stehen. Und dann verwandelte sie sich in einen Betonpfeiler. 27 Abraham machte morgens einen Spaziergang zu der Stelle, wo Gott mit ihm geredet hatte. 28 Von dort konnte er das ganze Tal sehen, wo auch Sodom und Gomorra lagen. Fette Rauchwolken stiegen von dort zum Himmel, fast so, als würde da ein Kohlekraftwerk stehen. 29 Gott hatte die Städte tatsächlich total zerstört, aber er hatte Abraham nicht vergessen und auch seinen Neffen Lot vor der Katastrophe gerettet.

Sex mit dem Vater: Wo die Moabiter und Ammoniter eigentlich herkommen

30 Lot hatte aber irgendwann keinen Bock mehr, in „Zoar – die kleine Stadt“ zu wohnen, weil er da immer etwas Angst hatte, dass ihnen was passieren könnte. Darum zog er in einen alten Bunker in den Bergen und wohnte da mit seinen Töchtern. 31 Die Ältere von den beiden meinte dann mal zu ihrer Schwester: „Es gibt echt keine anständigen Männer hier in der Gegend! Ich will aber auch mal heiraten und Kinder kriegen, wie das ja sonst überall total normal ist. Und Papa wird langsam alt. 32 Ich hab ne Idee: Lass uns Papa heute mal mit Wein abfüllen. Und wenn er total breit ist, dann verführen wir ihn zum Sex. Vielleicht kriegen wir dann ja wenigstens Babys, und die Leute würden nicht über unsere Familie ablästern können.“ 33 Gesagt, getan, die füllten ihren Vater derart ab, dass er total breit war und nichts mehr merkte. Die ältere Schwester vernaschte ihren eigenen Vater an dem Abend und hatte Sex mit ihm. Lot wachte am nächsten Morgen mit einem mörder Kater auf, hatte einen Filmriss und konnte sich an nichts erinnern. 34 Jetzt bequatschte die ältere Tochter ihre Schwester: „Hey, hör zu, das hat gestern echt gut geklappt! Papa hat mit mir geschlafen! Wiederholen wir das Ganze noch mal diese Nacht. Aber heute pennst du mit ihm, damit er dir auch ein Baby macht, okay?“ 35 Und es funktionierte wieder, sie füllten den Vater so dermaßen mit Alk ab, dass er total die Kontrolle verlor. Die jüngere Tochter hatte in dieser Nacht also auch Sex mit ihm. Und am nächsten Morgen hatte Lot wieder den totalen Filmriss und konnte sich an rein gar nichts erinnern. 36 Beide Töchter von Lot wurden von ihrem eigenen Vater schwanger. 37 Die Ältere bekam einen Sohn, den sie Moab nannte. Aus der Familie von Moab sind die Moabiter entstanden, aus seinen Kindern ist also dieser Familienstamm hervorgegangen. 38 Und die Jüngere bekam auch einen Sohn, den sie Ben Ammi nannte. Aus der Familie von Ben Ammi sind die Ammoniter entstanden. Er war also der, von dem diese ganze Familie abstammt.

20

Abraham und Abimelech

1 Abraham zog dann weiter in Richtung Süden. Er wohnte eine Zeitlang in der Gegend zwischen Kades und der Wüste Schur. Schließlich zog er um, in die Stadt Gerar. 2 Da passierte ihm eine ähnliche Sache wie damals in Ägypten. Er fälschte den Pass von seiner Frau Sara und machte sie offiziell zu seiner Schwester. Der Regierungschef von Gera, Abimelech, war nämlich voll scharf auf Abrahams Frau. Weil sie jetzt ja nur Abrahams „Schwester“ und nicht dessen Ehefrau war, ließ er sie zu sich holen. 3 In der Nacht redete Gott aber in einem Traum zu ihm: „Hey, Abimelech, du musst sterben, wenn du mit dieser Frau schläfst. Das ist die Strafe für Männer, die mit verheirateten Frauen Sex haben!“ 4 Abimelech hatta Sara aber noch nicht mal angefasst. Darum sagte er: „Gott, ich bin echt unschuldig, ich kann da nix für! Tötest du auch Leute, die nichts getan haben“? 5 Und der Abraham hat ja auch gesagt, sie sei nur seine Schwester, und sie hat das bestätigt! Ich hab echt nichts ausgefressen, ich bin total unschuldig!“ 6 Gott antwortete ihm: „Okay, okay, Abimelech, ich hab das schon kapiert, dass deine Motive in Ordnung waren. Darum hab ich dich auch davon abgehalten, mir ihr zu schlafen! 7 Also, jetzt gib mal

dem Mann seine Frau wieder zurück, ja? Der Typ ist nämlich so ein Prophet, ein Mann Gottes. Wenn der für dich betet, läuft alles glatt, und du wirst nicht sterben müssen. Falls du das aber nicht tust, muss dir eins klar sein: Du wirst dann garantiert kaputtgehen und mit dir alles, was zu dir gehört.“ 8 Am nächsten Morgen berief Abimelech ein Meeeting ein mit seinem gesamten Mitarbeiterstab und erzählte ihnen die Sache, die ihm letzte Nacht passiert war. Die Männer, die das hörten, bekamen richtig Schiss. 9 Abimelech orderte dann den Abraham in sein Büro: „Warum haben Sie uns das angetan?“, rief er ihm zu. „Was hab ich Ihnen getan, dass Sie mich dazu bringen, so einen schlimmen Fehler zu begehen? Das hätte mich und dazu mein ganzes Land beinahe in den Ruin gestürzt! 10 Warum? Sagen Sie mir jetzt sofort, warum Sie das getan haben? Was sollte das Ganze?“ 11 Abraham antwortete: „Ich dachte nur, die haben hier bestimmt keinen Respekt vor Gott, denen ist das egal, was er sagt. Und die werden mich bestimmt ermorden, weil sie alle meine Frau haben wollen. 12 Und so ganz war das übrigens auch nicht gelogen, was ich gesagt hab. Sie ist schon auch meine Schwester, weil sie die Tochter meines Vaters aus erster Ehe ist. Nur darum konnte ich sie auch heiraten. 13 Als Gott mich von zu Hause weggeführt hat, da hatte ich das schon vorher mit ihr so abgeklärt. Hatte ihr schon in der Zeit gesagt: „Tue mir einen Gefallen und erzähl überall, ich bin nur dein Bruder, egal wo wir gerade sind!“ 14 Abimelech gab Abraham seine Frau zurück und schenkte ihm obendrauf noch unheimlich viele Schafe, Ziegen und Rinder. Dazu gab er ihm noch viele von seinen Angestellten obendrauf. 15 Dann sagte er zu ihm: „Hören Sie zu, mein ganzes Land stelle ich Ihnen zur Verfügung, suchen Sie sich aus, wo Sie in Zukunft wohnen wollen!“ 16 Und zu Sara meinte er: „Passen Sie auf, ich hab Ihrem ‚Bruder‘ 150 000 Euro in die Hand gedrückt. Ich hoffe, das reicht. Das soll vor Ihren Leuten auch ein Beweis dafür sein, dass ich Sie nicht angefasst hab. Ich hoffe, die Sache ist damit vom Tisch!“ 17 Zum Abschluss betete Abraham für Abimelech. Gott erhörte dieses Gebet und sorgte dafür, dass Abimelechs Frauen geheilt und jetzt plötzlich schwanger wurden. 18 Gott hatte nämlich wegen der Sache mit Sara vorher dafür gesorgt, dass keine Frau von Abimelech Kinder kriegen konnte. Damals war es normal, dass Männer mehrere Frauen hatten, wenn sie es sich leisten konnten.

21

Sara kriegt einen Jungen

1 Auf Gott kann man sich verlassen, er löste sein Versprechen ein und sorgte dafür, dass Sara schwanger wurde. 2 Sie wurde dann also tatsächlich schwanger und kriegte mit Abraham einen Sohn, obwohl der schon echt alt war. Das passierte genau in der Zeit, wie Gott es vorhergesagt hatte. 3 Dieser Sohn, der dann von der Sara geboren wurde, bekam von Abraham den Namen Isaak. 4 Acht Tage nach der Geburt zog er mit Isaak dieses Ritual durch, was Gott ihm mal gezeigt hatte. Er schnitt Isaak die Vorhaut von seinem Penis ab. 5 Abraham war übrigens 100 Jahre alt, als er Vater wurde. 6 Sara freute sich voll über das Baby. Sie sagte: „Juchu, Gott hat mich zum Lachen gebracht! Jeder, der diese abgefahrene Geschichte hört, wird sich mit mir freuen! 7 Bis jetzt war es mit der Nachricht ‚Sara stillt einen Sohn von Abraham‘ eine totale Fehlanzeige. Aber jetzt ist es tatsächlich wahr geworden, obwohl er echt nicht mehr der Jüngste ist.“ 8 Das Kind wurde immer größer. Als es keine Milch mehr von der Mutter bekommen musste, feierte Abraham ne fette Party. 9 Sara bekam mit, wie der Sohn von Hagar (diese ägyptische Zweitfrau von Abraham) am Rumlästern war gegen ihren Sohn Isaak. 10 Darum sagte sie zu Abraham: „Schmeiß diese andere Frau raus! Ich will nicht, dass ihr Sohn genau dieselben Rechte hat und das Gleiche erbt wie meiner, wenn du mal tot bist.“ 11 Abraham kriegte voll den Hals deswegen. Immerhin war Ismael auch sein Sohn. 12 Aber Gott sagte zu ihm: „Also, Abraham, mach dir nicht den Kopf wegen deinem Sohn und seiner Mutter. Was Sara sagt, solltest du dir aber echt zu Herzen nehmen. Denn durch die Kinder von Isaak werde ich die neue Nation entstehen lassen, wie ich es dir schon früher mal angesagt hatte. 13 Allerdings werde ich auch durch den Sohn von Hagar eine neue Nation starten, der kommt ja schließlich auch von dir.“ 14 Am nächsten Morgen stand Abraham sehr früh auf der Matte. Er packte ein paar Snacks und was zu trinken zusammen, gab es der Hagar in einen Rucksack und verabschiedete sich von ihr und dem Jungen. Sie zog dann ab und ging leicht planlos in Richtung ‚Wüste Beerscheba‘. 15 Als die Getränke ausgingen, war sie in der heißen Wüste fast am Verdursten. Sie setzte den Jungen an einem schattigen Platz unter einem Strauch ab 16 und packte sich auf die andere Seite des Weges, einen Steinwurf entfernt, auf den Boden. Sie fing voll an zu weinen: „Ich will nicht zusehen, wie mein Kind hier jämmerlich verdurs-

tet!" 17 Gott hörte aber auch, wie der Junge die
ganze Zeit weinte. Schließlich kam bei der Hagar
eine Nachricht vom Himmel rein. Ein Engel sagt zur
ihr: „Hagar, alles klar bei dir? Brauchst keine Angst
zu haben! Gott hat das Schreien von deinem Jungen
gehört, da wo er jetzt gerade sitzt. 18 Jetzt steht auf
und nimm deinen Sohn und zieh los. Ich hab fett
was vor mit ihm, ich werde aus seiner Familie eine
ganze Nation machen." 19 Gott zeigte ihr, dass ganz
in der Nähe ein Brunnen war, den sie gut erreichen
konnte. Sie ging mit letzten Kräften dahin und holte
sich dort Wasser für ihren Sohn. Dann füllte sie ihre
Wasserflaschen, damit sie erst mal genug für den
Weg zu trinken hatte. 20 Der Junge wurde in seinem
Leben stark von Gott begleitet. Er wuchs immer
mehr, lebte in der Wüste und wurde zu einem echt
guten Schützen. 21 Er lebte eine ganze Zeit in der
Wüste Paran. Irgendwann organisierte ihm seine
Mutter eine Ehefrau, die aus Ägypten stammte.
22 Damals hatte Abraham ein Treffen mit dem Regie-
rungschef Abimelech und mit Pichol, dem obersten
General der Armee. Die beiden meinten zu ihm:
„Also, es ist für uns ziemlich eindeutig, dass Gott in
Ihrer Mannschaft spielt. Alles was Sie unternehmen,
wird ein Erfolg! 23 Wir schlagen Ihnen folgenden
Deal vor: Wir haben Sie gut in unserem Land aufge-
nommen, das war doch sehr nett von uns, oder? Als
Gegenleistung wollen wir jetzt, dass Sie hoch und
heilig versprechen, uns nie abzulinken, egal was
passiert. Und das gilt für die ganze Zeit, in der ich
regiere, für die Zeit, in der mein Sohn regieren wird,
und auch, wenn meine Enkel später mal das Sagen
haben, in diesem Land." 24 Abraham war einverstan-
den: „Geht in Ordnung, das unterschreib ich
Ihnen!" 25 Er nutzte aber die Gelegenheit, dann
gleich mal eine alte Sache mit ihm zu klären. Da
gab es nämlich so einen Brunnen, den die Soldaten
von Abimelech sich vor einiger Zeit einfach unter
den Nagel gerissen hatten. 26 Abimelech war über-
rascht: „Keine Ahnung, ich hab von der Sache noch
nie was gehört! Das ist das erste Mal, dass Sie mir
davon erzählen, und jemand anderes hat mir bis
heute auch noch nie darüber Bericht erstattet."
27 Jetzt ließ Abraham ein paar Geschenke auffahren.
Er holte ein paar Hühner, Schafe und Rinder und
gab die Abimelech. Die beiden schlossen jetzt Ver-
träge miteinander. 28 Dabei nahm er sieben junge
Schafe aus der Herde raus und stellte sie an einen
extra Platz. 29 „Warum machen Sie das?", wollte Abi-
melech wissen. 30 „Die müssen Sie bitte als ein Son-
dergeschenk von mir annehmen! Die sollen auch
ein Beweis dafür sein, dass Sie offiziell bestätigt
haben, dass der Brunnen mir gehört." 31 Diesen Ort
nannte man ab dann nur noch „Beerscheba", was
so viel heißt wie „Der Brunnen, wo wir uns was ver-
sprochen haben". 32 Die beiden machten also Ver-
träge in Beerscheba. Abimelech und seine oberster
General Pichol gingen dann wieder zurück ins Phi-
listerland. 33 Abraham pflanzte an der Stelle einen
Tamariskenbaum, mitten in Beerscheba. Dann
betete er zu seinem Gott, der immer existieren wird,
und dankte ihm für alles. 34 Er blieb noch eine ganze
Weile in dem Land, wo die Philister zu Hause
waren.

22

Gott testet Abraham aus

1 Nachdem diese ganzen Sachen passiert
waren, gab es mal eine Geschichte, wo
Gott Abraham austesten wollte. Er sagte zu ihm:
„Hallo, Abraham!" – „Ja? Was ist los? Ich bin da!",
antwortete er. 2 „Pass auf. Du hast ja einen einzigen
Sohn, den Isaak, und den liebst du über alles, oder?
Ich will, dass du mit dem eine Reise unternimmst,
nach Morija. Da werde ich dir weitere Anweisungen
geben. Ziel ist, dass du deinen Sohn dort als ein
Opfer für mich abfackelst!" 3 Am nächsten Morgen
stand Abraham früh auf. Er holte zwei von seinen
Angestellten dazu, nahm sich sein Crossbike, Ruck-
sack, einen Benzinkanister, packte seinen Sohn in
den Kindersitz und fuhr mit ihnen los, dorthin, wo
Gott es ihm gesagt hatte. 4 Nach drei Tagen Fahrt
konnte er schließlich den Berg von weitem sehen.
5 Abraham sagte zu seinen Angestellten: „Bleibt ihr
mal hier und passt auf das Bike auf! Ich geh mit
meinem Sohn dort oben auf den Berg, weil wir was
Privates mit Gott zu besprechen haben. Danach
kommen wir wieder." 6 Er gab Isaak den Benzinka-
nister zu tragen und nahm selbst das Feuerzeug
und ein Schlachtermesser in die Hand. Beide gin-
gen zusammen hoch. 7 Isaak sagte zu Abraham:
„Du, Papa?" – „Ja, was willst du?", antwortete Abra-
ham. „Wir haben Benzin und Feuerzeug eingepackt,
aber wo ist das Schaf, das wir für Gott verbrennen
sollen?" 8 „Gott wird schon für ein Schaf sorgen,
das wir nehmen können", antwortete er. Dann gin-
gen sie den Weg weiter. 9 Irgendwann kamen sie zu
dem Ort, den Gott Abraham vorher gezeigt hatte.
Abraham nahm Steine und baute Gott dort so einen
Tisch, einen Altar. Dann fesselte er seinen Sohn und
legte ihn obendrauf. 10 Jetzt nahm er das Schlachter-
messer in die Hand, holte aus und wollte gerade

seinen Sohn damit töten, 11 da hörte er eine laute Stimme, die seinen Namen rief: „Abraham, Abraham!“ Die Stimme kam vom Chef-Engel persönlich. „Ja,“ antwortete er, „ich bin hier!“ 12 „Tu dem Jungen bloß nichts! Pack das Messer wieder ein! Ich weiß jetzt ganz sicher, dass du alles für Gott tun würdest, du hast echt Respekt vor ihm. Krass, du würdest sogar deinen einzigen Sohn töten, wenn er dir das sagt!“ 13 Als sich Abraham in der Gegend umsah, entdeckte er etwas weiter weg ein Schaf, das sich in einem Stacheldraht verfangen hatte. Er holte das Tier, tötete es und verbrannte es als Opfer für Gott. Sein Sohn blieb dabei am Leben. 14 Abraham gab den Ort einen Namen. Er nannte ihn „Gott hat an alles gedacht“. Bis heute ist das so ein Spruch: „Gott hat auf dem Berg an alles gedacht.“ 15 Und dann redete Gott durch den Chef-Engel noch mal mit Abraham. 16 Er sagte zu ihm: „Ich schwör bei mir selbst, weil du das heute gebracht hast, weil du mir wirklich radikal vertraust, weil du sogar bereit warst, für mich deinen einzigen Sohn zu opfern, 17 darum will ich dich ganz fett beschenken! Ich werde dafür sorgen, dass deine Familie sich ohne Ende vermehren wird! Es wird mehr ‚Abrahams‘ auf der Welt geben, als man Sandkörner am Meer zählen kann! Selbst die Sterne, die man am Himmel sieht, werden nicht mehr sein als deine Nachkommen. Und sie werden sehr stark sein, ihre Feinde sehen keine Stiche gegen sie! 18 Alle Nationen auf der Erde werden mich bitten, sie so gut zu behandeln, wie ich dich behandelt habe. Und das nur, weil du radikal genau das getan hast, was ich von dir wollte.“ 19 Abraham ging wieder zu seinem Sohn zurück. Dann fuhren sie wieder nach Beerscheba, wo Abraham die nächste Zeit wohnte. 20 Nachdem das alles passiert war, hörte Abraham, dass sein Bruder Nahor von seiner Ehefrau Milka auch Söhne bekommen hatte. 21 Insgesamt waren es acht Jungs. Der Älteste hieß Uz, dann kam Buz, und dann kam Kemuel (von dem die Aramäer abstammen). 22 Dann Kesed, Haso, Pildasch, Jidlaf und Betuel. 23 Betuel war übrigens der Vater von Rebekka. Diese acht Söhne bekam Milka, die Frau von dem Bruder von Abraham. 24 Außerdem hatte seine Nebenfrau Reuma (wie gesagt, war es damals normal, mehrere Frauen zu haben) noch vier weitere Söhne: den Tebach, Gaham, Tahasch und Maacha.

23

Saras Tod

1 Sara wurde 127 Jahre alt. 2 Als sie starb, war sie in dem Ort Hebron, der damals Kirjat-Arba hieß, im Kanaan Land. Abraham nahm sich die Zeit, um wegen dem Tod von Sara so lange zu weinen, bis es nicht mehr geht. 3 Irgendwann war es dann aber genug, und er besuchte nicht mehr länger ihr Grab. Er ging in das Büro von den Chefs der Hetiter, die dort gerade eine Sitzung hatten. 4 „Verehrte Herren! Entschuldigen Sie die Störung. Mir ist bewusst, dass ich für Sie nur ein Ausländer bin, der hier noch nicht mal geboren wurde. Wäre es trotzdem möglich, in Ihrem städtischen Friedhof einen Platz zu erhalten, wo ich meine Frau standesgemäß beerdigen kann?“, sagte er. 5 Die Hetiter antworteten: 6 „Verehrter Herr Abraham! Sie sind ein angesehener Mann Gottes in unserer Gemeinschaft. Gerne stellen wir Ihnen eins unserer besten Gräber für die Bestattung Ihrer Gemahlin zur Verfügung. Suchen Sie sich das schönste aus, jeder Eigentümer wäre gerne bereit, Ihnen sein Grab zur Verfügung zu stellen.“ 7 Abraham war beeindruckt. Er stand auf, machte eine Verbeugung und sagte: 8 „Wenn Sie tatsächlich damit einverstanden sind, dass ich meine tote Frau bei Ihnen bestatte, bitte ich Sie, meinen Antrag an den Herrn Efron, der ein Sohn vom verehrten Herrn Zohar ist, zu unterstützen. 9 Meine erste Wahl wäre die Grabstätte Machpela, die in seinem Besitz ist. Sie liegt am Ende seines Ackers. Ich bin bereit, den vollen Kaufpreis dafür zu entrichten. Hier könnte ich eine Bestattung direkt am Ort durchführen.“ 10 Efron war aber bei der Sitzung der Hetiter auch am Start. Er stand auf und sagte laut, so dass alle es hören konnten: 11 „Nein, nein, verehrter Herr Abraham, dieses Grab und das dazugehörige Stück Land stelle ich Ihnen hiermit, vor Zeugen, selbstverständlich kostenlos zur Verfügung! Begraben Sie bitte Ihre Frau dort!“ 12 Abraham fand das echt gut, und er bedankte sich respektvoll bei den Leuten. 13 Trotzdem redete er noch mal ganz offen mit Efron, so dass alle zuhören konnten: „Bitte lassen Sie sich doch auf diesen Deal ein! Lassen Sie mich wenigstens das Feld kaufen, damit ich meine Frau dort begraben kann.“ 14 Efron antwortete Abraham: 15 „Na gut, dann geben Sie uns einfach 500 Euro. Geld soll nie zwischen uns stehen! Sie können Ihre Frau jetzt gerne dort begraben.“ 16 Die beiden hatten also einen Deal. Er zahlte ihm das Geld nach der aktuellen Umrechnungstabelle in der Landeswährung aus. 17 So kam es, dass dieses Feld von Efron (das bei Machpela kurz vor

Mamre lag) inklusive dem ganzen Grundstück, den
Bäumen und dem Grab 18 an Abraham verkauft
wurde. Die anwesenden Hetiter waren dabei Zeu-
gen. 19 Dann organisierte Abraham eine anständige
Beerdigung für seine Frau Sara in dieser Grabstätte,
auf dem Feld von Machpela. Dieses Feld lag vor
Mamre, was in Hebron liegt, im Land Kanaan. 20 Er
war nun rechtmäßiger Eigentümer von einem Stück
Land in Kanaan, was ab dann als sein Familiengrab
genutzt wurde. Die Hetiter hatten ihm dieses Land
vertraglich zur Verfügung gestellt.

24 Rückblick: Abrahams Angestellter sucht eine Frau für seinen Sohn

1 Abraham war schon richtig alt geworden.
Gott hatte ihn in seinem Leben fett beschenkt.
2 Irgendwann, einige Wochen vor Saras Tod, sagte er
zu einem seiner fittesten Angestellten, der sein gan-
zes Eigentum verwaltete und dem er sehr vertraute:
„Hey, du, ich hab ein echt wichtiges Anliegen an
dich! Bitte heb mal deine rechte Hand 3 und
schwöre mir bei Gott, bei dem Gott, der das ganze
Universum gemacht hat und auch diese Erde, dass
du für meinen Sohn keine Frau aussuchst, die aus
dieser Gegend kommt, ja?! 4 Schwör mir, dass Isaak
eine Frau bekommt, die aus meinem Land stammt,
aus meiner Verwandtschaft, von da, wo ich her-
komme!“ 5 „Okay“, meinte der Angestellte zu ihm.
„Aber was ist, wenn die Frau nicht mit hierherkom-
men will? Soll ich dann deinen Sohn wieder zurück-
bringen an den Platz, von wo du mal weggezogen
bist?“ 6 „Nein, auf keinen Fall!“, antwortete Abra-
ham. 7 „Also keine Panik, der Gott, dem nichts
unmöglich ist, wird einen Beschützer, so einen
Engel, an deine Seite stellen. Der wird alles klarma-
chen und dafür sorgen, dass du eine Braut für ihn
findest und sie herbringen kannst. Gott hat mich ja
damals aus diesem Land rausgeführt, wo meine
Verwandten alle wohnen. Er hatte in der Zeit felsen-
fest versprochen, dass er mir dieses Land mal zur
Verfügung stellen wird. 8 Wenn die Braut aber nicht
mitgehen will, dann kannst du deinen Job als erle-
digt ansehen. Aber meinen Sohn sollst du auf kei-
nen Fall dort zurücklassen. Klar?“ 9 Der Angestellte
hob seine rechte Hand und schwor Abraham, dass
er das alles so durchziehen würde, wie sein Chef es
ihm gesagt hatte. 10 Der Typ nahm dann die teuerste
Harley, dazu noch einiges an Goldschmuck, und
machte sich vom Acker in Richtung Mesopotamien,
in die Stadt, wo die Familie Nahors lebte, der ein
Bruder von Abraham war. 11 Abends stoppte er dann
kurz vor der Stadtgrenze an der Tanke, wo abends
auch die ganzen Mädels der Stadt rumhingen. 12 Als
er seine Maschine abgestellt hatte, betete er: „Hey
Gott, du bist der Gott von meinem Chef Abraham!
Mach bitte, dass das jetzt funktioniert! Tu es für ihn!
13 Pass auf, ich bin jetzt an der Tanke, und viele
Mädchen aus der Stadt sind hier, um ne Cola zu
trinken oder zu arbeiten. 14 Ich bitte dich um folgen-
des Zeichen: Wenn ich ein Mädel frage, ob sie mir
mal einen Schluck abgeben kann, und sie mir dann
ihre Cola anbietet und dann auch noch fragt, ob sie
meine Maschine betanken darf, dann ist das die
richtige Frau, die du für den Sohn von meinem Chef
ausgesucht hast. Okay?“ 15 Er hatte seinen Satz
noch nicht mal zu Ende gesprochen, da kam
Rebekka auf ihn zugelaufen. Sie war die Tochter von
Betuel und die Enkelin von Milka, der Frau von
Abrahams Bruder Nahor. 16 Sie war noch unverheira-
tet und sah unheimlich sexy aus. Rebekka ging zum
Colaautomaten und zog sich da ne Flasche.
17 Schnell ging der Angestellte von Abraham auf sie
zu und fragte sie: „Kann ich auch einen Schluck
abhaben?“ 18 „Bitte schön, trink ruhig aus!“, sagte
sie sofort und gab ihm die Flasche. 19 Als er die Fla-
sche fast alle hatte, meinte sie zu ihm: „Sag mal,
darf ich vielleicht deine Maschine mal betanken?“
20 Sie nahm den Zapfhahn, drehte den Tankdeckel
auf und betankte seine Harley. 21 Der Typ stand stau-
nend daneben und sagte keinen Ton. War das die
Frau, die Gott ihm zeigen wollte? Wollte Gott seine
Reise hier erfolgreich zu Ende bringen? 22 Als das
Motorrad betankt war, gab der Angestellte den gan-
zen Goldschmuck Rebekka 23 und fragte sie: „Sag
mal, aus welcher Familie stammst du? Wer ist dein
Vater? Und gibt es vielleicht ne Chance auf ein paar
Pennplätze bei euch?“ 24 „Ich komme aus der Fami-
lie vom Betuel, das ist mein Vater. Seine Eltern sind
Milka und Nahor. 25 Wir haben Platz genug bei uns,
und eine beheizte Garage für die Harley haben wir
auch“, lachte sie. 26 Der Angestellte von Abraham
ging an einen ruhigen Platz, kniete sich hin und
betete: 27 „Danke, Gott! Du bist der Gott von mei-
nem Chef Abraham! Und du bist total nett und hast
seinen Wunsch ernst genommen, hast das getan,
was du ihm versprochen hast. Du hast mich sogar
zu den Verwandten von Abraham geführt! Du bist
einfach genial!“ 28 Das Mädchen lief inzwischen
nach Hause und erzählte aufgeregt, was sie gerade
erlebt hatte. 29 Rebekka hatte einen Bruder, den
Laban. Als er von der Sache hörte, wollte der diesen

Mann mal auschecken und besuchte ihn. 30 Er hatte
den ganzen Goldschmuck und die anderen
Geschenke für seine Schwester gesehen und ihren
Bericht gehört, was der Typ zu ihr gesagt hatte. Also
ging er an den Rastplatz, wo der Angestellte jetzt
war. 31 „Kommen Sie zu mir nach Hause“, rief
Laban. „Sie bringen einen guten Einfluss von Gott
mit ins Haus. Warum warten Sie noch draußen? Ich
hab das Haus schon lange klargemacht! Der Tisch
ist gedeckt! Die Maschine können sie in die Garage
stellen, da ist genug Platz!“ 32 Der Typ kam auf das
Gelände, während sich einige Dienstboten um das
Motorrad kümmerten. Sie prüften den Reifendruck
und putzten die Lenkstange. Dem Angestellten nahmen sie die Jacke ab und boten ihm und den Männern, die bei ihm waren, einen Kaffee an. 33 Dann
wollten sie ihn zum Essen einladen, aber er lehnte
freundlich ab: „Jetzt noch nicht, ich möchte erst mal
meine Nachricht loswerden, die ich für Sie habe!“ –
„Dann erzählen Sie mal, was Sie zu sagen haben!“,
forderte ihn Laban auf. 34 „Also, Sie müssen wissen,
dass ich für Herrn Abraham arbeite. 35 Gott hat
Abraham wirklich sehr viel gegeben, er geht mit
ihm, und sein Vermögen ist unheimlich gewachsen.
Abraham besitzt eine große Farm mit vielen Rindern
und auch Geflügel. Dazu hat er ein großes Aktienpaket und einige Millionen auf der hohen Kante. Er
hat auch einen großen Fuhrpark mit unterschiedlichen Autos, dazu einen familieneigenen Betrieb mit
vielen Angestellten. 36 Er ist verheiratet mit Sara.
Seine Frau hat ihm einen Sohn geschenkt, obwohl
sie nicht mehr die Jüngste ist. Dieser Sohn ist
bereits als Alleinerbe für das ganze Vermögen eingesetzt. 37 Abraham, mein Chef, hat mir nun einen
Auftrag erteilt. Ich musste schwören, dass ich seinen Sohn keine Frau heiraten lasse, die aus Kanaan
kommt. 38 Er hat mich extra hierhergeschickt, damit
ich aus der Familie von seinem Vater eine Frau für
ihn suche. 39 Ich hab noch versucht, mit ihm zu diskutieren, meinte, dass die Frau ja vielleicht nicht
mitkommen will, aber keine Chance. 40 Abraham
meinte nur, dass der Gott, mit dem er immer gelebt
hat, mir einen Beschützer aus dem Himmel zur
Seite stellt, einen Engel. Der wird dafür sorgen, dass
meine Reise gut klappen wird. Er sagte dann noch:
‚Du wirst für meinen Sohn eine gute Frau aus der
Familie von meinem Vater finden! 41 Falls die dir dort
bei meiner Familie aber keine Frau anvertrauen wollen, ist das okay. Du hast deinen Job dann erledigt.‘
42 Als ich heute Morgen an der Tankstelle war, hatte
ich noch mal mit Gott drüber gesprochen. Ich
meinte zu ihm: ‚Gott, du bist der Gott von meinem
Chef! Bitte sorg dafür, dass die Sache jetzt funktioniert, gib mir Glück! 43 Pass auf, ich bin ja jetzt hier
bei der Tanke. Ich bitte dich als Zeichen, dass gleich
diese Frau, die du für Abraham ausgesucht hast,
rauskommt, mit einer Cola in der Hand. Und dass
sie mir, wenn ich sie frage, ob ich einen Schluck
abhaben kann, 44 den gerne gibt und mich dann
fragt, ob sie mein Motorrad auch noch betanken
darf. Das soll sie dann sein!“ 45 Ich hatte noch nicht
mal zu Ende gesprochen, da kam Rebekka raus mit
ner Flasche Cola in der Hand. Ich hab sie dann
gefragt, ob ich einen Schluck abhaben kann, und
46 sie kam sofort rüber und gab mir ihre Flasche. Na
und dann fragte sie mich anschließend auch noch,
ob sie nicht das Motorrad betanken kann! 47 Ich hab
sie gefragt, aus welcher Familie sie kommt. Sie
meinte, sie sei eine Tochter von der Familie Betuels,
der ein Sohn aus der Ehe von Nahor und Milka ist.
Danach hab ich ihr etwas von dem Schmuck
geschenkt, den mir Abraham mitgegeben hatte.
48 Und dann hab ich mich erst mal nur gefreut und
Gott sehr dafür gedankt, dass er mich so eindeutig
zu einem Verwandten von meinem Chef geführt hat.
Mir bleibt jetzt nur noch, hier ganz offiziell, stellvertretend für den Sohn von meinem Chef, um die
Hand Ihrer Tochter anzuhalten. 49 Also, seien Sie so
nett und beantworten Sie mir diese Frage: Sind Sie
bereit, auch im Hinblick auf die Verwandtschaft zu
meinem Chef, Ihre Tochter wegzugeben? Falls das
nicht der Fall ist, muss ich mich halt woanders
umsehen.“ 50 Laban und Betuel sagten: „Hier hat ja
eindeutig Gott seine Finger im Spiel! Wir können da
nichts für oder gegen sagen, er hat das so
bestimmt! 51 Also hier ist sie, die Rebekka! Nehmen
Sie die mal mit zu Ihrem Chef. Von uns aus soll sie
gerne die Ehefrau von seinem Sohn werden. Gott
hat das anscheinend so gewollt!“ 52 Als Abrahams
Angestellter das hörte, war er echt beeindruckt von
Gott. Er kniete sich hin und dankte ihm. 53 Danach
holte er die ganzen Geschenke raus, die ihm Abraham mitgegeben hatte. Er gab das Geld, den
Schmuck und die teuren Klamotten Rebekka. Aber
auch ihr Bruder und ihre Mutter bekamen voll wertvolle Sachen von ihm.

Auf dem Rückweg

54 Abends wurde dann ein fettes Essen aufgefahren.
Er und seine Begleiter aßen sich satt und legten sich
danach pennen. Am nächsten Morgen meinte der
Angestellte von Abraham zu der Mutter: „So, jetzt

müssen wir langsam wieder nach Hause düsen!“
55 Der Bruder und die Mutter von Rebekka wollten
aber noch ein bisschen Zeit mit ihr verbringen,
darum fragten sie: „Kann sie nicht vielleicht noch ne
Woche oder zehn Tage hierbleiben, damit wir uns
anständig verabschieden können? Danach kannst
du sie gerne mitnehmen!“ 56 Er war aber von der
Idee nicht so begeistert. „Bitte haltet mich nicht
mehr so lange auf! Bis jetzt hat Gott meine Reise
echt gut werden lassen. Ich würde gerne schnell
wieder nach Hause, zu meinem Chef!“ 57 „Hm, viel-
leicht sollte das Rebekka dann entscheiden, ob sie
noch hierbleiben will oder gehen möchte.“ 58 Sie
fragten also Rebekka: „Willst du jetzt mit diesem
Herrn sofort abreisen?“ Ihre Antwort war: „Ja, ich
will jetzt los!“ 59 Da mussten sie Rebekka mit dem
Angestellten von Abraham und seinen Begleitern
gehen lassen. Sie nahm dazu noch ein paar Frauen
mit, die für sie im Haus ihres Vaters gearbeitet hat-
ten. 60 Bei der Verabschiedung beteten die Mutter
und der Bruder noch mal für sie. „Gott, bitte ver-
mehre diese Familie ohne Ende. Tausende von Kin-
dern sollen aus dieser Ehe kommen. Und diese Kin-
dern sollen einmal alle Feinde besiegen, die ihnen in
die Quere kommen. Amen.“ 61 Rebekka stieg dann
hinten auf ein Motorrad und fuhr mit der Truppe
davon. 62 Isaak wohnte in der Zeit ganz oben im
Süden, in der Nähe von einem Brunnen, der Lahai-
Roi hieß. 63 Abends, er war gerade draußen auf der
Wiese, sah er von weitem die Motorräder kommen.
64 Rebekka hatte Isaak auch schon erkannt. Als sie
da waren, stieg sie sofort von der Maschine runter
und fragte den Angestellten: 65 „Was ist das für ein
Typ, der uns da entgegenkommt?“ – „Das ist mein
Chef!“, antwortete er. Schnell zog sie ein Kopftuch
über, weil das zu der Zeit so üblich war. 66 Nachdem
sie sich begrüßt hatten, erzählte der Angestellte
dem Isaak das ganze Abenteuer, was er mit Gott
gerade erlebt hatte. 67 Isaak stellte Rebekka als Ers-
tes seiner Mutter Sara vor. Bald darauf heirateten
die beiden und wurden ein glückliches Pärchen.
Isaak war richtig verknallt in Rebekka. Als seine Mut-
ter dann starb, half ihm Rebekka sehr, über den Tod
von Sara hinwegzukommen.

25

Abrahams weitere Kinder, ihre Familien und sein Tod

1 Abraham heiratete dann noch einmal.
Diese neue Frau hieß Ketura. 2 Sie kriegte noch
sechs Söhne, die folgende Namen bekamen: Sim-
ran und Jokschan und Medan und Midian und
Jischbak und Schuach. 3 Jokschans Frau bekam dann
Scheba und Dedan als Söhne. Von Dedan stammen
die Aschuriter, die Letuschiter und die Leummiter
ab. 4 Midian bekam auch ein paar Söhne. Und zwar
Efa, Efer, Henoch, Abida und Eldaga. Das waren
alles Enkel aus der Beziehung von Abraham und
Ketura. 5 Abraham überschrieb seinen gesamten
Besitz Isaak. 6 Die Söhne von seinen Zweitfrauen
kriegten von ihm, als er noch lebte, auch eine fette
Abfindung. Dann schickte er sie aber weg. Sie soll-
ten in den Osten ziehen und da mit ihren Familien
wohnen. 7 Abraham wurde satte 175 Jahre alt. 8 Nach
einem langen und echt geilen Leben starb er dann
und ging dorthin, wo alle Toten sind, die auch mal
zu seinem Volk gehörten. 9 Seine Söhne Isaak und
Ismael beerdigten ihn in der „Machpela-Höhle“,
östlich von Mamre. 10 Diese Höhle ist auf dem
Grundstück, das Abraham von dem Hetiter Efron,
dem Sohn von Zohar, gekauft hatte. Er wurde neben
seiner Frau beerdigt. 11 Nachdem Abraham gestor-
ben war, ging Gott mit Isaak voll ab. Alles, was er
seinem Vater versprochen hatte, stimmte jetzt auch
für ihn. Isaak wohnte bei dem Brunnen, den man
auch den Namen gegeben hatte „Brunnen von dem,
der lebt und der mich sieht“.

Die Kinder und die weitere Familie von Ismael

12 Von dem einen Sohn von Abraham, dem Ismael
(der von Saras ägyptischer Hausangestellten Hagar
geboren wurde), stammt das ganze Volk ab, was
man die Ismaeliter nennt. 13 Im Folgenden jetzt mal
die ganzen Namen der Nachkommen aus diesem
Volk der Reihe nach: Nebajot, der älteste Sohn,
Kedar, Adbeel, Mibsam, 14 Mischma, Duma, Massa,
15 Hadad, Tema, Jetur, Nafisch und Kedma. 16 Das
waren jetzt nur die Söhne von Ismael, die einen
Familienstamm gegründet haben, der auch nach
ihnen benannte wurde. 17 Ismael wurde 137 Jahre alt.
Als er starb, ging er dahin, wo auch seine Vorfahren
sind. 18 Seine Familie wohnte im Gebiet von Hawila
bis Schur. Das liegt noch vor Ägypten, auf der
Straße, die nach Assur geht. Für sie stimmt dieses
Wort, das man über Ismael mal gesagt hatte: „Er
wird getrennt von seinen Brüdern leben, und er wird
sie alle provozieren.“

Rebekka kriegt Zwillinge, Esau und Jakob

19 Ab jetzt wird die Geschichte von der Familie vom
Isaak erzählt. Erst mal zur Erinnerung: Isaak war ein
Sohn von Abraham. 20 Als Isaak die Rebekka heira-

tete, war er vierzig Jahre alt. Und Rebekka war die
Tochter vom Betuel, der ein Aramäer war und in
Paddan-Aram, Mesopotamien, lebte. Ihr Bruder war
der Laban. 21 Rebekka konnte irgendwie keine Kinder
kriegen. Darum betete Isaak für sie, dass Gott das
regeln sollte. Gott erhörte dieses Gebet, und sie
wurde schwanger. 22 Als sie schon einen dicken
Bauch hatte, wurde klar, dass es wohl Zwillinge wer-
den würden. Sie hatte das Gefühl, die beiden Babys
kämpften richtig miteinander. Das fand sie erst mal
nicht so toll und stöhnte rum: „Muss das jetzt sein?
Warum immer ich?" Sie befragte dann mal Gott zu
dem Thema. 23 Gott sagte zu ihr: „Rebekka, das ist
so, weil beide Kinder eine eigene Nation starten
werden. Die beiden Nationen werden sich nicht gut
verstehen und sich sogar bekämpfen. Dabei wird
die Nation, die aus dem älteren Sohn kommen
wird, der von deinem jüngeren Sohn einmal dienen
müssen, sie wird die stärkere sein." 24 Der Geburts-
termin rückte immer näher, und als die Kinder
geboren waren, passte es tatsächlich: Zwillinge!
25 Das erste Baby, das zur Welt kam, hatte am gan-
zen Körper rote Haare. Darum nannten ihn seine
Eltern Esau, das bedeutet: „der Rote". 26 Gleich
danach kam das zweite Baby raus. Seine Hand hielt
noch bei der Geburt den Fuß vom Esau fest. Darum
bekam er den Namen Jakob, das heißt: „der Abzo-
cker, der den Fuß festhält". Denn so war nicht klar,
wer der älteste Sohn war. Isaak wurde mit 60 Jahren
glücklicher Vater.

Esau verhökert seine Sonderrechte als ältester Sohn an Jakob

27 Die beiden Jungs wurden immer größer. Als
Jugendlicher war Esau schon immer etwas wilder
unterwegs. Er streunte in den Wäldern rum und
liebte es zu jagen. Jakob war dagegen eher so ein
Nesthocker, der lieber zu Hause blieb, um auf die
Tiere aufzupassen. 28 Esau war voll der Liebling vom
Isaak, auch weil er genauso auf Grillfleisch stand
wie er. Jakob war mehr der Liebling von seiner Mut-
ter Rebekka. 29 Irgendwann kam Esau mal total
kaputt von der Jagd nach Hause. Jakob hatte gerade
mal wieder Pommes gemacht. 30 Esau meinte zu
Jakob: „Hey, kann ich was von den Pommes abha-
ben? Ich hab voll Hunger! Aber bitte mit viel von
dem roten Zeug, von diesem Ketch-up!" Wegen die-
sem Spruch nannten einige Esau später auch Edom,
das bedeutet so viel wie „der Rote". 31 „Klar", ant-
wortete Jakob. „Kannst du haben. Aber ich hab eine
Bedingung: Du musst mir dafür die Rechte verkau-
fen, die dir zustehen, weil du der älteste Sohn in
unserer Familie bist!" 32 „Ich sterbe vor Hunger! Was
soll ich jetzt mit diesem komischen Recht? Davon
werde ich jetzt auch nicht satt!" 33 „Okay, dann
schwör mir jetzt, dass du dieses Recht ab sofort an
mich abtrittst!", sagte Jakob. „Ich schwöre!", ant-
wortete Esau. 34 Jetzt gab Jakob dem Esau seine Por-
tion Pommes mit Ketchup. Esau aß alles auf, trank
noch etwas, und ging dann wieder. Sein Recht als
ältester Sohn war ihm dabei pupsegal.

26 **Isaak und Rebekka sind in Gerar**

1 Und dann gab es mal wieder eine mega
Wirtschaftskrise im Land. So was hatte es
vorher schon mal gegeben, als Abraham noch am
Leben war. Isaak zog deswegen in Richtung Philis-
terland nach Gerar, wo der Präsident Abimelech
gerade das Sagen hatte. 2 Gott hatte ihn nämlich
höchstpersönlich gewarnt: „Geh bloß nicht nach
Ägypten! Ich werde dir zeigen, wo du bleiben
kannst! 3 Am besten du bleibst erst mal hier im
Kanaanland. Ich bin bei dir, ich pass auf dich auf
und werde dafür sorgen, dass alles gut wird. Ich
habe vor, dir und deiner Familie dieses ganze Land
zu schenken. Pass auf, ich werde das Versprechen
einlösen, das ich deinem Vater Abraham gegeben
hab. Verlass dich drauf! 4 Ich werde deine Familie
und die Familien von allen deinen Kindern sehr fett
segnen. Sie werden sich so stark vermehren, dass
man sie nicht mehr zählen kann. So wie man die
Sterne am Himmel nicht zählen kann, genauso wird
es unmöglich sein, deine Nachkommen zu zählen.
Und durch deine Familie werden alle Völker auf der
Erde einmal viel Vorteile haben. 5 Ich tue das, weil
Abraham so radikal mit mir gelebt hat. Er hat immer
getan, was ich ihm gesagt hab. Und er hat meine
Gesetze voll durchgezogen, die Sachen, die ich von
den Menschen will, hat er alle befolgt." 6 Darum
blieb Isaak erstmal in Gerar. 7 Die Männer, die dort
wohnten, waren scharf auf seine Frau. Sie fragten
überall rum, wem diese Frau gehört. Da machte er
dasselbe wie damals sein Vater: Er erzählte immer,
sie sei nur seine Schwester, weil er Angst hatte, dass
man ihn ihretwegen umbringen würde. Sie sah
nämlich supergeil aus. 8 Als er schon eine Zeitlang
dort lebte, passierte es irgendwann mal, dass Abi-
melech (der Präsident der Philister) zufällig aus
dem Fenster sah, wie er und Rebekka rumknutsch-
ten. 9 Sofort ließ er den Isaak zu sich holen. „Was
sollte das?", rief er voll sauer. „Wieso haben Sie uns

angelogen und erzählt, sie wäre nur Ihre Schwester? Sie sind ja anscheinend zusammen, oder? [10] Sie haben uns voll in Gefahr gebracht! Was wäre denn passierte, wenn jetzt einer von meinen Männern mit ihr geschlafen hätte, he? Sie hätten dafür gesorgt, dass wir einen riesen Fehler machen, dass wir Dinge tun, die Gott total ätzend findet!" [11] Abimelech ließ am nächsten Morgen den Befehl an alle rausgeben: „Wer diese Frau anfasst, muss sterben!"

Die Philister werden neidisch

[12] Isaak wurde von Gott in dem Jahr voll gesegnet. Das merkte man daran, dass er immer das Hundertfache an Ernte wieder reinholte, was er vorher ausgesät hatte. [13] Er wurde immer reicher, sein Besitz wurde immer größer, er hatte nach einiger Zeit richtig fett Kohle. [14] Weil er so viele Herden hatte, sehr viele Rinder und Schafe, aber auch sehr viele Angestellte, wurden die Philister bald voll neidisch. [15] Darum buddelten sie die ganzen alten Brunnen, die noch von seinem Vater Abraham stammten, in einer Nacht mit Sand zu. [16] Der Präsident von den Philistern ließ Isaak ne Nachricht zukommen: „Verpiss dich von hier! Du bist uns zu mächtig geworden, du hast ja schon mehr Macht als wir!" [17] Isaak packte also seine Sachen und zog um. Er wohnte dann im Tal von Gerar. [18] Dort legte er die Brunnen wieder frei, die von den Philistern zugebuddelt worden waren. Die wurden ja noch zu Zeiten Abrahams von seinen Angestellten gebaut. Er gab ihnen auch wieder die alten Namen, die sein Vater den Brunnen mal gegeben hatte. [19] Beim Graben stießen die Leute von Isaak sogar auf frisches Quellwasser. [20] Die Hirten von Gerar machten Stress, weil sie meinten, die Quelle gehöre zu ihrem Besitz. Darum nannte Isaak die Quelle „Esek", was so viel wie „Stress haben" bedeutet. [21] Seine Leute gruben dann noch einen Brunnen. Und um den gab es dann auch richtig Ärger. Darum nannte er den dann „Sitna" was so viel heißt wie „Ärger haben". [22] Irgendwie hatte er dann die Schnauze voll und buddelte etwas weiter weg noch eine neue Quelle aus. Diesmal gab es keinen Streit. Isaak sagte deshalb: „Hier ist es entspannt, da hat Gott für gesorgt! Hier werden wir uns niederlassen und Kinder kriegen."

Jetzt kriegen die Philister mit, dass Gott auf Isaaks Seite ist

[23] Später zog Isaak dann weiter nach Beerscheba. [24] In der Nacht des Umzugs hatte Isaak ein Treffen mit Gott. Der sagte da zu ihm „Hallo, Isaak! Hör zu, ich bin der Gott von deinem Vater Abraham. Du brauchst keine Angst zu haben! Ich bin immer in deiner Nähe! Ich werde dich und deine Familie fett segnen! Das mach ich wegen Abraham, ich hab ihm das versprochen!" [25] Isaak war echt berührt. Er baute für Gott an der Stelle so ein Denkmal. Dort betete er zu Gott. Dann stellte er seine Zelte an der Stelle auf, und seine Angestellten gruben einen Brunnen. [26] Plötzlich kam Abimelech, der Präsident der Philister, auf Besuch vorbei. Er kam ganz aus Gerar, und sein Freund Ahusat und der Obergeneral Pichol waren auch mit am Start. [27] „Was verschafft mir die Ehre?", fragte Isaak. „Sie hassen mich doch anscheinend und haben mich sogar aus Ihrer Stadt gejagt!" [28] „Also, uns ist doch recht klargeworden, dass Gott auf Ihrer Seite steht! Und wir dachten uns, es wäre doch eine gute Idee, wenn wir mit Ihnen Friedensverträge machen. Wir würden gerne, dass Sie uns versprechen, keinen Stress mit uns anzufangen. [29] Wir wollen nicht, dass Sie irgendwas gegen uns unternehmen. Wir haben Ihnen ja auch nicht übel mitgespielt, oder? Wir haben Sie ohne großen Ärger wegziehen lassen. Es scheint einfach so zu sein, dass Gott eindeutig in Ihrer Mannschaft spielt!" [30] Isaak lud seine Gäste dann erst mal ganz nett zu einem großen Essen ein. [31] Sie feierten noch die Nacht durch und unterschrieben am nächsten Morgen einen Friedensvertrag miteinander. Isaak brachte die drei zum Ausgang und verabschiedete sich von ihnen. [32] Am selben Tag machten die Angestellten vom Isaak noch die Meldung, dass sie beim Brunnengraben auf Wasser gestoßen waren. [33] Isaak hatte gleich den passenden Namen für den Brunnen. Er nannte ihn „der Vertrag". Darum heißt dieser Ort bis heute „Beerscheba", das heißt „Vertragsbrunnen". [34] Mit vierzig heiratete Esau. Und zwar nahm er sich gleich zwei Frauen, erst mal Judit, die eine Tochter vom Beeri war, und dann noch die Basemat, die eine Tochter vom Elon war. Beide kamen übrigens aus der Hetiterfamilie. [35] Isaak und Rebekka fanden das gar nicht so toll, sie waren echt traurig deswegen.

27 Isaak will seine Erbschaft klarmachen und wird dabei von Jakob übers Ohr gehauen

[1] Als Isaak im Rentenalter war und auch nicht mehr richtig sehen konnte, rief er mal seinen älteren Sohn, den Esau, zu sich. „Hallo, Vater! Was gibt's?", meinte Esau. [2] „Pass auf, ich bin jetzt wirk-

lich ein Opa, keine Ahnung, wann ich demnächst den Löffel abgeben muss. 3 Bitte tue mir einen Gefallen: Organisier mir noch mal ein frisches Steak! Geh auf die Jagd und schieße mir was. 4 Grill das Teil dann und mach noch lecker Pommes dazu, so wie ich es immer gerne esse. Ich will dann für dich beten, dich segnen und damit als neuen Chef über alles einsetzen. Dann kann ich in Ruhe sterben." 5 Rebekka stand hinter der Tür und hatte das Gespräch belauscht. Als Esau dann weg war, um ein frisches Stück Fleisch für seinen Vater zu organisieren, 6 sagte sie zu Jakob: „Hey, mein Junge, ich hab gerade gehört, wie dein Vater zu Esau gesagt hat, 7 er soll ihm mal ein frisches Steak organisieren. Dann sagte er, dass er ihn anschließend segnen und als neuen Chef einsetzen würde, bevor er sterben wird. 8 Hör zu, du machst jetzt genau das, was ich dir sage! 9 Geh und hol mir ein schönes Rind. Ich werde dadraus ein sehr leckeres Essen machen. Ich werde ein paar Steaks rausschneiden und das Ganze auf den Grill packen. Das Essen ist für deinen Vater, es soll so werden, wie er es gerne hat. 10 Das bringst du zu deinem Vater. Er soll das noch essen, bevor er sterben muss. Dann wird er dich bestimmt segnen und dich als neuen Chef einsetzen." 11 „Hm, aber Esau hat voll viele Haare im Gesicht und an seinem ganzen Körper. Ich bin immer glatt rasiert und so. 12 Das merkt der sofort!", antwortete Jakob. „Vater wird mich bestimmt auch betatschen, und wenn er den ganzen Schwindel bemerkt, denkt er, ich hätte ihn nur verarschen wollen. Es wird genau das Gegenteil passieren, er wird mich nicht segnen, sondern verfluchen!" 13 Seine Mutter beruhigte ihn: „Ich stell mich dazwischen, mein Junge, dann soll der Fluch mich treffen und nicht dich. Mach genau das, was ich dir sage. Hol mir die Sachen!" 14 Jakob holte alles und brachte es zu Rebekka. 15 Sie suchte dann den speziellen Anzug raus, den der ältere Sohn normal tragen sollte. Rebekka hatte das Teil bei sich aufbewahrt. Den zog jetzt der Jakob über. 16 Jetzt nahm sie das Fell von der Kuh und legte Jakob ein Stück davon um den Arm und ein anderes Stück um den Hals. 17 Am Ende gab sie ihm noch den Teller mit den Steaks und den frisch frittierten Pommes.

Jakob kriegt den Segen, Esau nicht

18 Jakob ging zu seinem Vater und begrüßte ihn mit verstellter Stimme: „Hallo, Papa!" – „Wer bist du denn jetzt? Esau oder Jakob?", fragte Isaak. 19 „Ich bin Esau, dein erster Sohn, Papa!", log er ihn an. „Hab alles erledigt, wie du es mir gesagt hast. Komm, setz dich hin und iss was von den Steaks. Und dann segne mich bitte und übertrage mir alles, was dir gehört." 20 „Das ging ja schnell! Wie bist du denn so fix an das Fleisch gekommen", wollte Isaak wissen. „Gott hat es mir direkt über den Weg laufen lassen", antwortete Jakob. 21 „Ich kann nicht mehr so gut gucken, meine Lieber! Komm doch mal näher, damit ich fühlen kann, ob du wirklich mein Esau bist. 22 Jakob ging dann zu seinem Vater ans Bett. Und nachdem der ihn angefasst hatte, meinter er nur: „Hm, die Stimme klingt nach Jakob, aber die Arme fühlen sich nach Esau an." 23 Isaak erkannte nicht, dass da eigentlich Jakob vor ihm stand, weil sich Jakobs Hände genauso behaart anfühlten, wie die vom Esau. Darum wollte er ihn auch segnen. 24 Um sicherzugehen, fragte er ihn noch mal ausdrücklich: „Bist du wirklich mein Sohn Esau?" – „Ja, ich bin dein Sohn Esau!", sagte Jakob. 25 „Gut, dann gib mir bitte das Zeug, was du für mich gemacht hast! Ich will das essen, und danach will ich dich von Herzen segnen und dir damit alles überschreiben, was mir gehört." Jakob gab ihm das Essen, dazu noch ein Glas Wein, und Isaak ließ es sich schmecken. 26 Anschließend sagte Isaak: „Jetzt komm mal her, mein Junge, und gib mir einen Kuss!" Jakob machte das, und auch der Vater gab ihm einen Kuss auf die Wange. 27 Er roch dabei an den Klamotten vom Esau. Die rochen jetzt ja alle total nach Erde und Feldarbeit. Also sprach er über Jakob den Segensspruch aus, der so wichtig für ihn war. Isaak sagte: „Mein Sohn riecht nach Gartenarbeit. Der Geruch erinnert mich an die Arbeit auf den Feldern, wenn Gott es gerade hat regnen lassen. Regen bedeutet ja auch, dass Gott dafür ist und einen segnet. 28 Ich spreche dir hiermit zu, dass Gott es bei dir immer regnen lassen wird und dass er dafür sorgen wird, dass auf deinen Feldern immer gut Sachen wachsen werden. Es soll immer mehr als genug Getreide und auch Wein geerntet werden. 29 Nationen werden Respekt vor dir haben, du sollst über ganze Völker regieren. Du wirst das Sagen haben in deiner Familie, auch über deine Brüder. Auch sie müssen alle sehr viel Respekt vor dir haben. Wer gegen dich ist und Dinge gegen dich sagt, dem soll es sehr schlechtgehen, er ist verflucht. Aber wer für dich ist, dem soll es sehr gutgehen, er wird gesegnet!" 30 So ging das ab mit dem Segnen von Jakob. Als er gerade aus dem Zimmer ging, kam Esau vom Jagen nach Hause. 31 Esau ging in die Küche und kochte auch ein total leckeres

Essen für seinen Vater. Dann ging er zu ihm und
meinte: „Hey, Papa, jetzt steh mal auf. Ich hab dir
was sehr Gutes zu essen gemacht. Und ich möchte,
dass du mich dann segnest." 32 Isaak fragte verwun-
dert: „Wer bist du denn jetzt?" – „Ich bin es! Dein
erster Sohn Esau!", antwortete er. 33 Da fing Isaak
echt an zu zittern, er war voll fertig und fragte
panisch: „Ja, aber wer war denn das eben, der
gerade weggegangen ist? Wer hat mir denn das
Stück Fleisch organisiert und gegrillt? Ich hab das
alles gegessen! Und ich hab ihn dann auch geseg-
net! Das kann ich jetzt nicht mehr rückgängig
machen, dass geht einfach nicht!" 34 Esau schrie
laut auf. „Ahhhh!" Er war total sauer und verletzt.
„Vater! Ich will auch von dir gesegnet werden!", rief
er. 35 „Dein Bruder hat mich verarscht", meinte
Isaak. „Er hat mich ausgetrickst und dich um den
Segen abgezockt, den eigentlich du hättest bekom-
men sollen." 36 Esau sagte dazu: „Das hatte wohl
schon seinen Sinn, dass er damals den Namen
‚Jakob, der Abzocker' bekommen hat. Zweimal hat
er mich jetzt schon übers Ohr gehauen. Erst wollte
er mir das Recht nehmen, das man als Erstgebore-
ner hat. Und jetzt hat er auch noch den letzten
Segen von dir, der mir eigentlich zustehen würde.
Hast du denn nicht irgendwie noch einen Ersatzse-
gen für mich übrig, Vater?" 37 „Ich hab ihn zu dei-
nem Chef gemacht! Er soll ab jetzt das Sagen haben
über den ganzen Familienbetrieb, über alle Ange-
stellten, alles, was zu unser Firma gehört, soll er
verwalten. Was soll da noch für dich übrig sein?",
antwortete Isaak. 38 „Ist das echt der einzige Segen,
den du hast, Vater? Segne mich auch! Segne mich
auch, Vater!", schrie Esau und fing an, laut loszu-
heulen. 39 Isaak sagte dann: „Da, wo du sein wirst,
gibt es keine guten Felder, es wird dort nicht regnen
und es gibt immer Wassermangel. 40 Du wirst
immer kämpfen müssen um dein Essen. Du wirst
deinem Bruder immer dienen müssen, aber es wird
einen Tag geben, wo du das nicht mehr länger mit
dir machen lässt. Du wirst dich wehren und dich
befreien."

Jakob muss sich verpieseln, soll aber vorher noch heiraten

41 Esau konnte das einfach nicht vergessen, dass
Jakob ihn so fies um den Segen vom Vater betrogen
hatte. Er plante immer wieder, wie man seinen Bru-
der am leichtesten um die Ecke bringen könnte.
„Sobald Vater unter der Erde ist, dann bring ich ihn
um", schwor er sich. 42 Jemand, der das mitbekam,
erzählte das dann seiner Mutter Rebekka. Die traf
sich mit Jakob, ihrem jüngeren Sohn, und sagte zu
ihm: „Du, Jakob, der Esau will dich umbringen! Er
will Rache! 43 Pass genau auf, was ich dir jetzt sage,
okay? Du verschwindest heute noch und tauchst für
ne Zeit bei meinem Bruder Laban unter. Laban
wohnt in Haran. 44 Bleibe mal für ne Weile bei ihm,
bis sich dein Bruder etwas entspannt hat. 45 Irgend-
wann wird sich der Esau beruhigt haben und die
Sache vergessen. Dann schick ich dir ne Nachricht.
Ich will nicht, dass ihr euch noch gegenseitig
umbringt und ich dann gar keinen Sohn mehr
habe!" 46 Rebekka meinte dann zu Isaak: „Ich bin
total schlecht drauf, weil Esau diese Hetiterinnen
geheiratet hat! Wenn sich jetzt Jakob auch noch eine
Frau aus diesem Land organisiert, dann hab ich
echt die Schnauze voll!"

28

Jakob auf der Flucht

1 Isaak wollte deswegen mit seinem Sohn
Jakob mal labern. Erst betete er für ihn,
und dann sagte er sehr eindringlich: „Also, Jakob,
ich will, dass du unter keinen Umständen eine
Frau heiratest, die aus Kanaan kommt, kapiert?
2 Geh mal nach Mesopotamien zu der Familie von
deinem Großvater Betuel. Da wohnt dein Onkel
Laban, der ein paar richtig schöne Töchter hat.
Such dir da mal eine von aus, ja? 3 Gott ist ja be-
kanntlich nichts unmöglich. Er soll dich sehr fett
segnen mit sehr vielen Kindern. Aus deiner Familie
soll mal ein richtig großes Volk werden. 4 Er soll bei
dir und deiner Familie das Versprechen einlösen,
das er mal deinem Opa Abraham gegeben hat. Das
Versprechen war ja, dass uns irgendwann das Land
gehören wird, wo wir vorher als Ausländer gelebt
haben." 5 Nachdem Isaak sich von ihm verabschie-
det hatte, zog Jakob nach Mesopotamien. Er
wohnte dort bei Laban. Laban war ein Sohn von
dem Aramäer Betuel und ein Bruder von seiner
Mutter Rebekka.

Esau heiratet zum dritten Mal

6 Esau hatte mitbekommen, dass Isaak seinen Bru-
der Jakob fett gesegnet hatte. Er hatte auch gehört,
dass Isaak ihn nach Paddan-Aram geschickt hatte,
damit er sich dort mal eine Frau suchen sollte. Sein
Vater hatte ja die Ansage gemacht: „Nimm dir auf
keinen Fall eine Frau aus dem Kanaan-Land". 7 Und
dass Jakob auf seine Eltern gehört und tatsächlich
nach Paddan-Aram gezogen war, hatte man ihm

auch schon erzählt. [8] Damit war klar, dass sein Vater keinen Bock auf Frauen aus Kanaan hatte. [9] Darum ging Esau zum Ismael, der nicht von da kam. Er fragte ihn, ob es grünes Licht gibt, um seine Tochter Mahalat zu heiraten. Die war eine Schwester von Nebajot, eine Enkelin von Abraham. Esau heiratete die dann und nahm sie zu seinen anderen Frauen noch mit dazu.

Jakob träumt von einem Fahrstuhl in den Himmel

[10] Jakob machte an einem Tag mal eine Wanderung von Beerscheba nach Haran. [11] Als es dunkel wurde, suchte er sich einen Pennplatz draußen bei dem Ort, wo er gerade durchging. Als Kopfkissen nahm er ein paar Steine, die da auf dem Boden rumlagen. [12] Nachdem er eingeschlafen war, hatte er einen sehr heftigen Traum. Er sah einen Fahrstuhl, der von der Erde bis in den Himmel fuhr. In diesem Fahrstuhl waren lauter Engel, die immer von oben nach unten und wieder von unten nach oben fuhren. [13] Und ganz oben war Gott. Er sagte von dort: „Ich bin ich, ich bin Gott, ich bin der Gott von Abraham und der Gott von Isaak. Pass auf, das Land, auf dem du gerade liegst, das will ich dir geben! Es soll dir und deiner Familie für immer gehören. [14] Deine Familie wird so derbe wachsen, dass man die Kinder und die Kinder der Kinder nicht mehr zählen kann, weil es so viele sind. Und sie werden sich überallhin ausbreiten, sie werden in den Osten und in den Westen ziehen, in den Süden und in den Norden. Und von dir und deiner Familie werden alle Völker profitieren, es wird für jeden was dabei rüberwachsen. [15] Hör zu, ich bin immer bei dir! Egal, wo du bist, ich pass auf dich auf! Ich bringe dich wieder in dieses Land zurück. Du kannst dich auf mich hundertpro verlassen. Ich werde das tun, was ich dir versprochen hab." [16] Als Jakob aufwachte, konnte er es kaum fassen. „Yes, Gott ist hier, eindeutig!", meinte er. „Ich hatte es bis jetzt nicht kapiert! [17] Aber jetzt habe ich echt einen Mörderrespekt vor diesem Ort, wo ich diesen Traum hatte. Ich bin hier mitten im Haus, wo Gott wohnt! Ich steh direkt an der Tür, wo der Himmel anfängt!" [18] Nachdem Jakob an diesem Morgen aufgestanden war, nahm er die Steine, auf die er nachts seinen Kopf gelegt hatte, und stellte sie übereinander. Anschließend goss er etwas von einem besonderen Öl da drüber und erklärte das Ganze zu einem Denkmal für Gott. [19] Er nannte diesen Ort ab dann Bet-El – „House of God", vorher hieß der Ort aber „Lus". [20] Jakob machte hier jetzt einen Vertrag mit Gott, er versprach ihm etwas. Und zwar sagte er: „Wenn Gott mit mir diesen Weg weiter geht und er dafür ist, dass ich ihn gehe, wenn er die ganze Zeit auf mich aufpasst und mir genug zu essen und genug Klamotten organisiert [21] und wenn er auch dafür sorgt, dass ich irgendwann sicher wieder nach Hause komme, dann werde ich ihm immer gehören, nur er allein soll dann mein Gott sein! [22] Und an diesem Denkmal will ich dann so ein ganz besonderes Haus für ihn bauen. Ich werde dann auch von allem, was ich verdiene, zehn Prozent an Gott abgeben. Ich schwör!"

29

Jakob kommt beim Laban vorbei

[1] Jakob machte sich dann auf die Socken und zog Richtung Osten zu dem Ort, wo seine Mutter herkam. [2] Plötzlich war da ein Brunnen und um ihn herum drei Schafherden. Aus diesem Brunnen wurde normal immer das Wasser für die Schafe zum Trinken genommen. Auf dem Brunnen lag ein riesengroßer Betondeckel als Verschluss. [3] Immer wenn die Herde an der Stelle zusammengetrieben worden war, konnten die Hirten mit vereinten Kräften den Deckel wegschieben und den Tieren zu trinken geben. Anschließend rollte man den Deckel wieder an seine alte Stelle. [4] Jakob begrüßte die Arbeiter: „Hallo, Leute, was geht? Wo kommt ihr her?" – „Wir kommen aus Haran", antworteten sie. [5] „Ah ja! Kennt ihr zufällig auch den Laban? Das ist ein Sohn von dem Herrn Nahor." – „Klar kennen wir den!", meinten die Hirten. [6] „Und, wie geht's dem Alten? Ist er okay?", fragte Jakob weiter. „Ja, dem geht's super! Da hinten kommt übrigens seine Tochter Rahel! Sie arbeitet im selben Job wie wir und hat auch gerade ihre Tiere dabei." [7] „Alles klar. Sagt mal, worauf wartet ihr hier eigentlich? Ist ja gerade mal Mittag durch und doch noch viel zu früh, um die Schafe zusammenzutreiben, oder? Warum gebt ihr ihnen nicht noch schnell was zu trinken, damit sie dann weiter Gras fressen können?" [8] „Das geht nicht", antworteten sie. „Erst müssen wirklich alle Herden hier sein. Danach schiebt man den Deckel weg und holt das Wasser raus, um den Schafen was zu trinken zu geben." [9] Als sie noch am Quatschen waren, kam Rahel auch zu ihnen. Sie hatte die Schafe von ihrem Vater dabei. [10] Als Jakob sie sah, dachte er: „Das ist doch meine Cousine! Ihr Vater ist der Bruder meiner Mutter. Und das da ist also ihre Schafherde!" Schnell packte er zu und schob ganz alleine den schweren

Deckel vom Brunnen weg. Dann gab er den Schafen
von Laban was zu trinken. 11 Danach ging er zu
Rahel, umarmte sie ganz fest und gab ihr einen
Kuss. Er war voll berührt von der ganzen Sache und
fing plötzlich an zu heulen. Und dann erzählte er ihr
die ganze Story. 12 Dass er, Jakob, ein Sohn von
Rebekka sei und dass er mit ihrem Vater verwandt
ist, und so. Rahel ging danach gleich zu ihrem Vater
und berichtete ihm alles. 13 „Du bist also der Sohn
meiner Schwester!?", rief Laban Jakob entgegen, als
er gerade um die Ecke kam. Er freute sich voll,
küsste ihn zur Begrüßung und lud ihn gleich mit zu
sich nach Hause ein. Jakob erzählte ihm auch die
ganze Geschichte. 14 Als er damit zu Ende war,
meinte Laban: „Ja, Wahnsinn, du bist wirklich Teil
meiner Familie, in uns fließt das gleiche Blut!" Jakob
blieb dann über einen Monat als Gast bei ihm und
half in seiner Firma aus.

Um Rahel zu kriegen muss Jakob doppelt arbeiten

15 Irgendwann meinte Laban zu Jakob: „Ich finde,
nur weil du mein Neffe bist, musst du noch lange
nicht für lau für mich arbeiten. Mach mal bitte ne
Ansage, wie viel Kohle du haben willst!" 16 Nun
muss man wissen, dass Laban zwei Töchter hatte.
Die ältere Tochter hieß Lea und die jüngere Rahel.
17 Lea sah eher nicht so prall aus, Rahel war aber
echt schön und hatte eine supergeile Figur. 18 Jakob
hatte sich voll in Rahel verknallt ... Darum sagte er
zu Laban: „Hör zu, ich will keine Kohle von dir
haben, aber ich würde gerne deine jüngere Tochter
Rahel heiraten. Dafür könnte ich ja sieben Jahre für
dich umsonst arbeiten. Abgemacht?" 19 Laban
meinte: „Ich finde Rahel ist bei dir besser aufgeho-
ben als bei irgendeinem anderen Mann. Abge-
macht, bleib in meiner Firma!" 20 Also arbeitete
Jakob sieben Jahre lang in der Firma von Laban, um
Rahel heiraten zu dürfen. Er hatte dabei das Gefühl,
die Zeit würde total schnell vorbeigehen, weil er so
verknallt in Rahel war und immer an sie denken
musste. 21 Als die Zeit um war, ging er zum Laban
und sagte: „So, die Zeit ist um. Ich möchte jetzt die
Frau heiraten, für die ich so lange geschuftet habe!"
22 Laban organisierte noch am selben Abend eine
Hochzeitsparty bei sich im Haus. 23 Abends, nach
der Feier, war es üblich, dass der Vater der Braut
seine Tochter im Dunkeln in das Schlafzimmer des
Ehepaars führte. Laban nahm aber einfach seine
hässliche Tochter Lea mit. Jakob hatte das nicht auf
dem Schirm und pennte in der ersten Nacht gleich
mit ihr. 24 Als Hausangestellte gab Laban übrigens
dem jungen Ehepaar noch das Mädel Silpa mit.
25 Am nächsten Morgen sah Jakob natürlich, dass
nur Lea neben ihm lag und nicht Rahel. Echt ange-
fressen ging er sofort zu Laban. „Was soll das?
Warum hast du mich einfach übers Ohr gehauen?
Ich hab für dich die ganze Zeit gearbeitet, nur weil
ich Rahel haben wollte!" 26 „Tja, also, es ist bei uns
hier im Ort so üblich, dass man immer die ältere
Tochter zuerst unter die Haube bringt. Danach darf
erst die jüngere heiraten", sagte Laban zu seiner
Verteidigung. 27 „Mann, jetzt feier doch erst mal
diese Woche Hochzeit, wie das normal bei uns ist.
Ich geb dir die Rahel dann auch noch dazu. Dafür
musst du allerdings noch mal sieben Jahre für mich
arbeiten. Okay?" 28 Jakob war nicht so begeistert,
aber was sollte er machen? Nach der Hochzeitswo-
che gab ihm Laban dann auch noch Rahel als Frau.
Es war zu der Zeit normal, mehrere Frauen zu heira-
ten. 29 Obendrauf kriegte er auch noch Labans
Angestellte Bilha dazu, damit sie für ihn arbeiten
konnte. 30 In der Hochzeitsnacht schlief Jakob mit
Rahel. Er liebte sie viel mehr als Lea. Die nächsten
sieben Jahre arbeitete er dann weiter für Laban, wie
sie es abgesprochen hatten.

Lea bekommt Söhne

31 Gott tat Lea voll leid, weil Jakob überhaupt keinen
Bock auf sie hatte. Darum sorgte er dafür, dass Lea
schwanger wurde. Rahel konnte aber keine Kinder
kriegen. 32 Als Lea ihren ersten Sohn kriegte, freute
sie sich voll. Sie sagte: „Gott hat meinen Frust gese-
hen! Jetzt wird mein Mann mich endlich lieben!"
Darum nannte sie ihn Ruben, was so viel bedeutet
wie „Hurra, ein Sohn!". 33 Kurze Zeit später wurde
sie wieder schwanger. Auch diesmal bekam sie
einen Sohn. Diesmal sagte sie nach der Geburt:
„Gott hat mir noch einen Sohn gegeben, weil er
mitbekommen hat, dass mein Ehemann keinen
Bock auf mich hat." Sie nannte diesen Jungen dann
Simeon. 34 Dann war Lea wieder schwanger und
bekam noch mal einen Sohn. „Jetzt hab ich für mei-
nen Mann sogar drei Söhne bekommen", sagte sie.
„Jetzt kommt er vielleicht doch nicht mehr von mir
los und bleibt bei mir." Sie nannte diesen Sohn
dann Levi. 35 Aber noch nicht genug, Lea wurde wie-
der schwanger und bekam einen vierten Sohn. Sie
sagte dann: „Jetzt will ich Gott einfach mal richtig
danke sagen, dass er mir diesen Sohn auch noch
geschenkt hat." Sie gab dem Jungen den Namen
Juda. Juda war ihr vierter Sohn, nach ihm bekam sie
erst mal keine Kinder mehr.

30

Bilha und Silpa, zwei Angestellte kriegen Babys

1 Als Rahel kapierte, dass sie keine Kinder
kriegen konnte, war sie echt neidisch auf Lea. Sie
ging dann immer zu Jakob und nervte ihn. „Mach
mir auch Kinder! Mach mir auch Kinder! Ich will
auch Kinder, sonst macht mein Leben doch keinen
Sinn!“, sagte sie ständig. 2 Irgendwann wurde Jakob
richtig aggro gegen Rahel. „Bin ich Gott? Kann ich
was dafür, dass du keine Kinder kriegen kannst?“,
schrie er sie an. 3 Rahel hatte dann eine Idee. „Pass
auf“, sagte sie zu Jakob. „ich stell dir meine Ange-
stellte Bilha als Leihmutter zur Verfügung. Schlaf
mit ihr, und wenn sie ein Baby bekommt, dann soll
die Geburt in meinem Bett direkt neben mir statt
finden. Dann wäre es fast so, als hätte ich es gebo-
ren, und ich käme dadurch bestimmt viel besser
drauf.“ 4 Jakob war einverstanden. Rahel stellte ihm
ihre Angestellte zur Verfügung, er pennte mit ihr,
5 und Bilha wurde schwanger. Sie bekam einen
Sohn. 6 Rahel sagte: „Hurra, Gott ist gerecht! Er hat
mich aus dieser ätzenden Situation rausgeholt und
meine Gebete gehört, er hat mir einen Sohn gege-
ben!“ Darum nannte sie ihren Sohn Dan, weil das
so viel wie „Er organisiert Recht“ bedeutet. 7 Auf
dieselbe Art wurde dann Bilha sogar noch ein zwei-
tes Mal schwanger. Sie kriegte wieder einen Sohn.
8 Diesmal sagte Rahel: „Ich habe echt hart kämpfen
müssen, aber ich habe auch einen krassen Sieg ein-
gefahren.“ Darum nannte sie den Jungen Naftali,
was so viel wie „hart gekämpft“ bedeutet. 9 Bei Lea,
der zweiten Frau von Jakob, ging es ähnlich ab. Als
sie mitkriegte, dass auch sie nicht mehr schwanger
werden konnte, gab sie ihre Angestellte Silpa als
Leihmutter für Jakob. 10 Und Silpa wurde auch
schwanger und bekam einen Sohn. 11 Lea war
begeistert, sie sagte: „Yes, was für ein Glück!“
Darum nannte sie ihn Gad, was so viel wie „Glück“
bedeutet. 12 Und weil es so schön war, machten sie
das Ganze noch mal. So kriegte Silpa wieder einen
Sohn von Jakob. 13 Lea sagte dazu: „Ich bin voll
glücklich! Alle Frauen werden voll neidisch auf mich
sein!“ Darum nannte sie ihren Sohn Ascher. Das
bedeutet so viel wie „glücklich sein“.

Auch Zauberfrüchte machen nicht schwanger

14 Als gerade der Weizen geerntet wurde, ging
Ruben, der älteste Sohn von Lea, mal auf das Feld.
Mitten im Feld fand er dort ein paar Früchte von der
Alraunpflanze. Die waren berüchtigt dafür, dass
Frauen durch sie leichter schwanger wurden. Er
brachte das Zeug seiner Mutter. Rahel kriegte das
mit und wollte was davon abhaben. „Bitte gib mir
auch was von den Früchten ab, ja?!“, sagte sie.
15 Lea war leicht angesäuert: „Wie jetzt? Du hast mir
meinen Mann weggenommen und bist immer noch
nicht zufrieden, was? Jetzt willst du auch noch die
Früchte der Alraunpflanze von meinem Sohn
haben?“ Rahel schlug ihr einen Deal vor: „Pass auf,
du gibst mir die Früchte, und ich lass dafür eine
Nacht meinen Mann in deinem Bett pennen. Ein-
verstanden?“ 16 Als Jakob von der Arbeit nach Hause
kam, lief ihm Lea schon entgegen. „Hallo, Schatz!
Du musst heute bei mir schlafen! Ich hab für die
Nacht mit dir mit meinen kostbaren Früchten von
der Alraunpflanze bezahlt, die mein Junge gefunden
hat!“ 17 Gott hörte auf die Gebete von Lea. Sie wurde
in der Nacht noch mal schwanger. Sie bekam dann
wieder einen Sohn, die Nummer fünf. 18 Lea freute
sich wie blöd. „Wie geil, mein Gott hat mich dafür
belohnt, dass ich vor einiger Zeit meine Angestellte
dem Jakob zur Verfügung gestellt hab.“ Darum
nannte sie ihren Sohn Issachar, das bedeutet so viel
wie „hat mich belohnt“. 19 Später wurde Lea dann
sogar noch mal von Jakob schwanger. Sie kriegte
wieder einen Sohn. 20 Sie sagte dann: „Gott hat mir
wieder so ein krasses Geschenk gemacht. Jetzt wird
mich mein Mann endlich ganz akzeptieren.“ Darum
nannte sie ihren Sohn Sebulon, was so viel bedeutet
wie „mich akzeptieren“. 21 Am Ende kriegte Lea
noch eine Tochter von Jakob. Die nannte sie Dina.
22 Gott hatte Rahel aber nicht vergessen. Er legte
los, weil sie echt gebetet hatte, darum heilte er ihre
Gebärmutter. 23 Sie wurde schwanger und kriegte
einen Sohn. Nach der Geburt rief sie: „Gott hat mir
einen Sohn gegeben!“ 24 Rahel nannte ihren Sohn
Josef, was so viel wie „dazugegeben“ bedeutet.

Jakob wird immer reicher

25 Als Rahel dem Jakob seinen Sohn Josef geboren
hatte, fasste er einen Entschluss: Er wollte wieder
nach Hause. Darum ging er zum Laban und sagte
ihm: „Hey, Laban, lass mich jetzt gehen! Ich will
wieder zurück in meine Heimat, wo ich geboren
wurde.26 Ich nehme meine Frauen und die Kinder,
die ich in der Zeit bei dir bekommen habe, alle mit.
Du weißt ja hoffentlich, was du mir alles zu verdan-
ken hast. Geht das in Ordnung?“ 27 „Lieber Jakob, tu
mir einen Gefallen und hau jetzt nicht ab!“, antwor-
tete Laban. „Solange du hier warst, lief hier alles
glatt. Gott hat mir nur geholfen, weil du da warst,
das ist mir total klar.“ 28 Er versuchte ihn umzustim-

men: „Du kannst mir jede Gehaltsforderung nennen, ich zahl dir, was du willst!“ 29 „Laban, du hast hoffentlich nicht vergessen, wie sich deine Schaf- und Ziegenherden unter meiner Führung vermehrt haben? 30 Bevor ich kam, hattest du nur eine fitzelkleine Herde. Jetzt hast du viele tausend Tiere. Gott war bei allem, was ich getan hab, voll dabei, und alles bei dir hat sich vermehrt, wenn ich damit zu tun hatte. Aber jetzt ist Schluss, ich muss auch mal an mich und meine Familie denken!“ 31 „Was soll ich dir geben?“, fragte Laban. „Erst mal nichts“, antwortete Jakob. „Aber wenn du mir eine Bedingung erfüllst, dann würde ich noch weiter auf deine Herden aufpassen. 32 Und zwar hab ich folgende Idee: Du gibst mir aus deiner Herde von den Ziegen und Schafen nur die seltenen Tiere, die ein besonderes Fell haben. Also ich meine die mit braunen Flecken, oder mit Punkten, und die ganz schwarzen Schafe, halt die ganzen ‚Punkertiere‘. Die sollen ab jetzt mir gehören. 33 Daran wird man auch in Zukunft immer beweisen können, dass ich dich nicht bescheiße. Wenn man irgendwann Tiere bei mir findet, die nicht ein gesprenkeltes, oder geflecktes, oder schwarzes Fell haben, dann sind die von dir geklaut.“ 34 Laban war einverstanden: „Alles klar, abgemacht!“, sagte er zu Jakob. 35 Noch am selben Tag zog er los und sortierte seine Schafe nach dem Muster. Alles, was irgendwie gesprenkelt war, was Flecken auf dem Fell hatte oder sogar ganz schwarz war, eben alle Punkertiere, gehörten ab jetzt Jakob. 36 Labans Söhne brachten dann diese Tiere etwa 100 Kilometer weiter entfernt weg. Jakob kümmerte sich nun um die übrigen Tiere. 37 Dann bastelte sich Jakob aus Zweigen von Pappeln und Mandelbäumen so Äste, die er an einer Seite abfeilte. So konnte man das weiße Holz in den Streifen dazwischen erkennen. 38 Diese Stäbe legte er in die Wasserrinnen, woraus die Tiere jeden Tag tranken. Wenn sie zum Trinken kamen, waren die Tiere immer voll scharf. 39 Immer wenn die Tiere geil aufeinander waren, hatten sie also diese Stäbe vor der Nase und bekamen deshalb viele gesprenkelte und gefleckte Babyschafe und Ziegen. 40 Außerdem ließ er die Tiere in die Richtung der Punkertier-Herde glotzen. Aus den jungen Punkertieren machte er sich dann eine eigene Herde und tat sie nicht zu der vom Laban. 41 Immer wenn die besten Teile von seiner Herde scharf waren, legte Jakob die Äste vor die Tiere ins Wasser. 42 Bei den schwachen und kleinen Tieren machte er das aber nicht. Dadurch bekam Laban ab jetzt die schwachen Tiere, während sich Jakob die starken unter den Nagel riss. 43 Jakob wurde megareich. Seine Herden wurden immer größer, und der ganze Betrieb wuchs und wuchs. Immer mehr Leute arbeiteten für ihn.

31

Jakob muss verschwinden

1 Jakob bekam dann mal mit, wie die Söhne von Laban über ihn am Ablästern waren. Sie sagten: „Alles, was der Typ besitzt, kommt eigentlich von unserem Vater! Nur durch die Sachen von uns ist der so steinreich geworden!“ 2 Laban zog auch immer öfter ne ganz schöne Fresse, wenn Jakob ihn wegen irgendwas ansprach. Er war anscheinend nicht mehr so gut auf ihn zu sprechen wie früher mal. 3 Und dann redete Gott mit Jakob über das Thema. Er meinte: „Hey, Jakob, geh mal lieber wieder in das Land, wo deine Familie herkommt, ja?! Ich pass dabei auf dich auf!“ 4 Jakob rief bei Rahel und Lea an und traf sich mit den beiden auf einer Wiese zum Spazierengehen. 5 „Also, passt mal auf, ihr zwei! Ich hab das natürlich mitbekommen, dass euer Vater gerade so gar nicht gut auf mich zu sprechen ist, wie er das früher mal war. Aber Gott, der auch der Gott von meinem Vater war, der ist immer bei mir gewesen, und er hat mir nun mal so krassen Erfolg geschenkt. 6 Ich mein, ihr beiden seid doch echt Zeugen, dass ich mir wirklich für euren Vater den Arsch aufgerissen hab, oder? 7 Trotzdem hat er versucht, mich ständig übers Ohr zu hauen. Er hat meine eigentlich ausgemachte Bezahlung immer wieder nach unten gedrückt. Aber Gott war auf meiner Seite, er hat nicht zugelassen, dass man mich verscheißert. 8 Wenn euer Vater die Ansage gemacht hat, dass ich die Schafe bekomme, die ein gesprenkeltes Fell haben, dann wurden auf einmal voll viele Gesprenkelte geboren. Und wenn er dann seine Meinung änderte und plötzlich die gestreiften Schafe mir gehören sollten, dann wurden viele gestreifte Schafe geboren. 9 Es war Gott höchstpersönlich, der mir die Tiere von eurem Vater gegeben hat, niemand sonst! 10 Das war nämlich so, dass ich in der Zeit, wo die weiblichen Schafe gut befruchtet werden können, einen Traum hatte. Und in diesem Traum konnte ich sehen, wie die männlichen Schafe und Ziegen vor allem die weiblichen Tiere besprangen, die entweder gestreiftes, gesprenkeltes oder geschecktes Fell hatten. 11 Und dann stand da plötzlich so ein Postbote von Gott, ein Engel. „Jakob!“, rief der mich. Ich antwortete ihm: „Äh, hallo, ich bin hier!“ 12 Dann sagte der: „Pass

mal auf! Alle männlichen Tiere sind entweder gestreift, gesprenkelt oder gescheckt. Also, ich hab schon mitbekommen, wie Laban mit dir umgeht. 13 Ich bin Gott, der Gott, dem du in Bet-El diesen Stein hingestellt hast. Erinnerst du dich? Du hast mir dort ein feierliches Versprechen abgeben und ein Denkmal gebaut. Ich sag dir heute: Verdünnisier dich mal aus dieser Gegend! Geh wieder dorthin zurück, wo du geboren worden bist, in deine Heimat!" 14 Rahel und Lea waren sofort einer Meinung. „Von unserem Vater kriegen wir sowieso nichts mehr, der hat uns schon lange enterbt! 15 Der behandelt uns doch eh so, als würde er uns gar nicht kennen! Er hat uns einfach verhökert, und den Gewinn hat er auch schon lange verbraten. 16 Die ganze Kohle, die Gott unserem Vater wegnimmt, gehört eigentlich uns und unseren Kindern, wir haben da einen Anspruch drauf! Zieh das mal durch, was Gott zu dir gesagt hat! Wir stehen hinter dir!"
17 Jakob steckte seine Frauen und die Kinder in den Bus, 18 packte alle Sachen, die er in der Zeit in Mesopotamien gekauft hatte, auf einen Lkw, nahm sein ganzes Vieh und zog mit seinen Leuten los, in Richtung Kanaan, zurück zu seinem Vater Isaak.
19 Laban war gerade unterwegs, weil seinen Schafen an dem Tag die Wolle abrasiert wurde. Rahel ging darum noch mal schnell in das Wohnhaus und zockte ein paar von den Plastikgöttern, die da in der Halle rumstanden. 20 Jakob versuchte seine Abreise topsecret zu halten, keiner sollte wissen, dass er sich verpissen würde, vor allem nicht der Laban.
21 Also floh er in einer Nacht-und-Nebel-Aktion von dort weg, überquerte den Euphrat-Fluss und zog dann weiter, Richtung dem Gebirge Gilead. 22 Erst nach zwei Tagen bekam Laban eine SMS rein: „Jakob ist geflohen!" 23 Sofort rief er die Männer aus seiner Familie zu sich und jagte Jakob hinterher. Sieben Tage lang waren sie unterwegs in Richtung Gilead-Gebirge, bis er ihn fast eingeholt hatte. 24 In der Nacht bevor er auf Jakob treffen würde, hatte Laban einen Traum, in dem Gott zu ihm sprach. „Ich warn dich, Bürschchen! Lass meinen Jakob in Ruhe!", meinte Gott zu ihm. 25 Als Laban Jakob eingeholt hatte, bauten er und seine Leute erst mal ihre Zelte in dem Gebirge auf, wo Jakob auch sein Lager aufgeschlagen hatte. 26 Laban ging dann zu Jakob rüber, um sich mit ihm auszusprechen. „Mann, was hast du gemacht?", sagte er. „Du hast meine Töchter entführt, als hätten wir Krieg! Du hast mich voll abgezogen! 27 Warum bist du überhaupt so heimlich abgereist? Warum hast du mich angelogen? Ich hätte gern noch ne Abschiedsparty für dich organisiert und hätte sogar noch ne coole Band aufgefahren, um das zu feiern! 28 Du hast es total vergeigt! Ich konnte mich noch nicht mal anständig von meinen Kindern verabschieden! 29 Wenn ich wollte, könnte ich dich und deine Leute jetzt echt kaputt machen. Die Macht hätte ich dazu, wäre kein Problem für mich. Aber jetzt hatte ich gestern ein echt heftiges Treffen mit eurem Gott! Er hat mich gewarnt und meinte zu mir: „Lass meinen Jakob in Ruhe!" 30 Ich kann es ja verstehen, dass du dich nach Hause und nach deinem Vater gesehnt hast. Aber was ich echt nicht gerallt kriege, ist, warum du meine Plastikgötter gezockt hast?" 31 „Sorry, dass ich einfach abgehauen bin! Ich hatte Angst, du würdest es nicht zulassen, wenn ich deine Töchter mitnehme!", antwortete er. 32 „Aber was soll die Geschichte mit diesen komischen Plastikgöttern? Damit will ich nichts zu tun haben! Du kannst uns gerne durchsuchen. Wenn du sie bei irgendjemandem finden solltest, gehört er dir. Der sollte sofort getötet werden." Jakob wusste ja nicht, dass ausgerechnet seine Rahel die Plastikgötter geklaut hatte.
33 Laban durchsuchte zuerst die Sachen von Jakob, da war aber nichts. Dann durchsuchte er die Klamotten von Lea, konnte da aber auch nichts finden. Zum Schluss ging er dann noch zu Rahel, um auch sie durchzuchecken. 34 Rahel hatte die Plastikgötter in eine Tasche getan und sich einfach draufgesetzt. Laban durchsuchte ihre ganzen Sachen, konnte aber nichts finden. 35 Sie blieb die ganze Zeit da drauf sitzen, und als ihr Vater ankam, sagte sie: „Sorry, Papi, dass ich nicht aufstehen kann, aber ich hab gerade meine Tage bekommen!" Er suchte weiter, aber da war keine Spur von diesen Plastikgöttern. 36 Jetzt wurde Jakob langsam richtig aggro gegen Laban. „Was hab ich jetzt nun so Schlimmes verbrochen, he? Wie hab ich das verdient, dass du mich hier wie einen Schwerverbrecher behandelst?
37 Du hast jetzt meinen ganzen Haushalt durchwühlt. Wo sind die Sachen jetzt bitte, die ich von dir geklaut haben soll? Leg die Dinger hier auf den Tisch, damit meine und deine Leute entscheiden können, wer von uns Recht hat und wer nicht.
38 Mann, zwanzig lange Jahre hab ich jetzt für dich geschuftet! Deine Herde hat sich wie blöd vermehrt, es gab in meiner Zeit, wo ich für dich gearbeitet hab, nicht eine Fehlgeburt! Und dabei hab ich nicht einmal irgendeins von deinen Tieren gezockt und einen netten Grillabend damit veranstaltet. 39 Und wenn mal eins von deinen Tieren nachts oder am

Tag von einem wilden Löwen angefallen wurde, dann hab ich es dir zu 100 Prozent ersetzt, weil du das so wolltest. Und wenn mal eins geklaut wurde, dann hast du es von mir zurückverlangt, und ich hab es dir gegeben. Oder etwa nicht? 40 Am Tag hat mir die Sonne oft auf den Schädel gebrezelt, und nachts bin ich vor Kälte fast erfroren und konnte oft nicht pennen. 41 Insgesamt bin ich jetzt zwanzig Jahre bei dir, wo ich so was durchmachen muss. Davon hab ich vierzehn Jahre um deine Töchter kämpfen müssen, du erinnerst dich? Sechs Jahre lang bin ich jetzt sogar extra noch dageblieben und hab auf deine Herde aufgepasst, weil du mich drum gebeten hast. Und in der ganzen Zeit hast du obendrauf auch noch zehn Mal mein Gehalt verändert, mal gab es mehr, mal weniger! 42 Hey, wenn ich nicht so einen genialen Gott hätte, der auch schon der Gott von meinem Großvater Abraham war und vor dem auch schon mein Vater Isaak Mörderrespekt hatte, dann würde ich jetzt vermutlich mit null dastehen. Du hättest mir alles weggenommen und mich ohne irgendeine Bezahlung einfach entlassen. Aber mein Gott hat mich nicht vergessen! Er hat gesehen, dass ich wie blöd für dich gearbeitet hab, und darum hat er sich gestern Nacht für mich eingesetzt."

Laban macht einen Vertrag mit Jakob, der die Grenzen abklärt

43 Laban sagte dann: „Also, ich will mal eins klarstellen: Die beiden Frauen da sind meine Töchter! Ihre Kinder sind meine Enkelkinder! Und die ganzen Tiere, die da stehen, kommen auch alle von mir! Aber ganz ehrlich, was hab ich jetzt noch meinen Töchtern und ihren Kinder zu geben? 44 Was hältst du von der Idee, dass wir einen Vertrag machen? Einen Vertrag nur zwischen dir und mir!" 45 Jakob stand auf, nahm einen der großen Steine, die da rumlagen, und stellte ihn aufrecht hin. Das sollte ab jetzt ihr privates Denkmal sein. 46 Er sagte zu seinen Leuten: „Helft mal mit! Sammelt noch mehr Steine und baut sie hier auf!" Alle packten mit an, und am Ende stand da ein kleiner Berg aus lauter Steinen. Jetzt setzten sie sich oben auf den Steinberg, packten das Essen aus und spachtelten was zusammen. 47 Beide Männer gaben diesem Berg dann einen Namen. Laban nannte ihn Jegar-Sahaduta, und Jakob nannte ihn Gal-Ed. 48 Nach dem Essen sagte Laban: „Dieser kleine Berg ist wie ein Zeuge für unseren Vertrag!" Darum bekam er auch den Namen Gal-Ed, weil das so viel heißt wie der „Zeugen-Berg". 49 Andere nennen ihn aber auch Mizpa, das heißt so viel wie „Pass-auf-Turm", weil Laban beim Weggehen noch sagte: „Ich hoffe, dass Gott auf jeden von uns gut aufpasst, wenn wir uns getrennt haben. 50 Ich warne dich aber in einer Sache: Behandel meine Töchter anständig, ja? Ich will auch nicht, dass du dir noch mehr Frauen nimmst. Die müssen dir jetzt reichen! Das muss einfach Gott regeln, er ist der Einzige, der uns jetzt zuhört, er ist unser Zeuge. 51 Achte drauf, dieses Denkmal, was wir hier aufgebaut haben, 52 das soll uns immer an unseren Vertrag erinnern. Es zieht die Grenze zwischen uns. Keiner soll auf die linke Tour hier drüber gehen und den anderen abzocken wollen. 53 Der Gott, an den schon dein Großvater Abraham geglaubt hat, und der Gott meines Großvaters Nahor, soll den bestrafen, der sich nicht an diesen Vertrag hält." Jakob erhob die Hand und sagte: „Einverstanden! Ich schwör! Der Gott, vor dem mein Vater Isaak schon Mörderrespekt hatte, ist mein Zeuge!" 54 Jakob machte dann gleich dort auf dem Berg so ein Opferritual. Er schlachtete ein Schaf und grillte das mit seinen Verwandten überm Feuer. Dann aßen sie es auf, und weil es schon dunkel war, übernachteten sie gleich oben auf dem kleinen Berg.

32

Jakob trifft ein paar Engel

1 Morgens nach dem Frühstück verabschiedete sich Laban von seinen Enkelsöhnen und Töchtern. Er küsste sie und betete noch mal ne Runde für alle. Dann zog er ab und ging mit seinen Leuten nach Hause. 2 Auch Jakob ging weiter. Mitten auf dem Weg passierte etwas sehr Heftiges. Plötzlich stand da eine ganze Armee von Gottes Engeln! 3 Als er sie sah, rief Jakob: „Wow, da ist ja die ganze Armee von Gott am Start!" Er gab diesem Ort darum den Namen „Mahanajim", was so viel heißt wie „ein doppelt so großes Lager". 4 Jakob schickte einige Leute los, die ein paar Tage vor ihm schon in die alte Heimat Seir gehen sollten. In dem Edom-Land hielt sich nämlich gerade sein Bruder Esau auf. 5 Sie sollten ihm folgende Nachricht geben: „Lieber Esau! Ich wollte dir nur mitteilen, dass ich wieder nach Hause kommen werde. Ich werde mich dir unterordnen und tun, was du von mir willst. War die ganze Zeit bei Laban am Arbeiten gewesen. 6 Ich hab echt gut verdient in der Zeit und eine Menge Kohle gemacht. Hab jetzt sehr viele Rinder und Schafe, dazu eine ganze Firma mit vie-

len Angestellten. Ich lass dir diese Nachricht zukommen, damit du Bescheid weißt. Hoffe, dass zwischen uns wieder alles okay kommt. Viele Grüße, dein Jakob." 7 Nach ein paar Tagen kamen die Leute wieder zurück. Sie sagten: „Jakob! Wir haben deinem Bruder alles ausgerichtet. Er hat sich sofort 400 Leute gegriffen und ist auf dem Weg hierher!" 8 Jakob bekam jetzt voll die Panik. Sofort gab er den Befehl, seinen ganzen Treck, inklusive der Rinder, Schafe und Kamele, in zwei Gruppen aufzuteilen. 9 Er sagte: „Wenn Esau die eine Gruppe plattmacht, schafft es die zweite vielleicht, rechtzeitig zu fliehen. 10 Dann redete Jakob mit seinem Gott: „Hey, Gott! Du bist der Gott von meinem Vater Isaak und der Gott von meinem Opa Abraham, das will ich als Erstes klarstellen. Und niemand anderes als du hat mir gesagt, ich soll dorthin zurückgehen, wo ich geboren worden bin, in meine Heimat. Du hast sogar gesagt, das wäre gut für mich. 11 Ich bin echt der letzte Arsch, und trotzdem hast du mich so fett beschenkt. Du hast jedes Versprechen auch eingehalten, du bist einfach treu. Als ich auf dem Hinweg über diesen Jordan-Fluss gegangen bin, hatte ich nichts als meine Unterhosen an. Und jetzt komme ich zurück mit ganz viel Sachen und Menschen, die alle zu mir gehören. 12 Bitte pass jetzt auf mich auf! Rette mich vor der Rache von meinem Bruder Esau! Ich hab echt Schiss, dass er kommt und mich umbringt. Und nicht nur mich, auch meine ganze Familie mit meinen Kindern wird er töten. 13 Komm, Gott, du hast mir versprochen, dass du auf uns aufpasst! Du hast gesagt, dass meine Familie sich so krass vermehren wird, wie es Sandkörner am Meer gibt, man wird sie nicht mehr zählen können." 14 Er beschloss dann an der Stelle, wo sie waren, zu übernachten. Abends ging Jakob seine Sachen durch und suchte ein paar richtig schöne Geschenke für seinen Bruder aus. 15 Über 200 weibliche Schafe und genau so viele Ziegen, dazu 20 von den schönsten Ziegenmännchen und Schafmännchen16 Dann 30 Kamele mit Kamelkindern, 40 Kühe, 10 Stiere, 20 Eselinnen und 10 Esel suchte er extra aus. 17 Er gab sie einigen seiner Angestellten, jeweils eine Herde. Dann sagte er zu ihnen: „Passt auf! Zieht schon mal los und bleibt in einem gewissen Abstand zueinander." 18 Zu den Leitern der Gruppen sagte er: „Hört mal zu: Wenn ihr meinen Bruder Esau trefft und er euch dann so Fragen stellt wie ‚Zu wem gehört ihr?', ‚Wohin geht ihr?' oder ‚Zu wem gehören die da?', 19 dann sagt ihr einfach: ‚Wir gehören zu Jakob, und der ordnet sich Ihnen voll unter. Die ganzen Sachen will er Ihnen schenken, Herr Esau. Der ist übrigens auch hierher unterwegs und gleich da!'" 20 Das sagte er auch der zweiten und der dritten Gruppe. „Genau das sollt ihr dem Esau sagen, wenn ihr ihn trefft! 21 Ihr sollt ihm sagen: ‚Guten Tag! Jakob ist auch gleich da. Er hatte sich gedacht, es wäre eine gute Idee, ein paar Geschenke vorwegzuschicken. Denn er will sich mit Ihnen wieder vertragen.' Anschließend werde ich dann kommen. Hoffentlich ist er nett zu mir, und wir vertragen uns wieder miteinander." 22 Also zog der Trupp mit den Geschenken schon mal los. Jakob schlug aber seine Lager erst mal da auf, um dort zu übernachten.

Kickboxen mit Gott im Ring

23 Mitten in der Nacht stand Jakob auf, schnappte sich seine zwei Frauen, seine Zweitfrauen und alle seine Kinder und schickte sie über die Landesgrenze am Fluss Jabbok. 24 Sein ganzes Zeug mit den ganzen Leuten zog dort über den Fluss. 25 Nur Jakob blieb noch alleine in der Nacht dort. Als die Sonne aufging, kam plötzlich so ein Typ bei ihm an, der mit ihm kämpfen wollte. Die beiden hatten einen sehr heftigen und langen Boxkampf, bis die Sonne aufging. 26 Als dieser Typ Jakob nicht besiegen konnte, haute er ihm noch mal volle Kanne gegen seine Hüfte. 27 Jakob hatte mitbekommen, dass er wohl mit einem Engel oder so zu tun hatte. Der Typ sagte dann zu ihm: „Hey, lass mich jetzt los! Die Sonne geht schon auf!" Er antwortete: „Ich lass dich nur gehen, wenn du mir das Beste wünschst und mich fett segnest." 28 Der Typ sagte: „Wie heißt du noch mal?" – „Ich bin Jakob!", antwortete er. 29 „Ab jetzt hast du einen neuen Namen. Du bist jetzt nicht mehr der Jakob, sondern der Israel! Der Name kommt daher, weil du nicht nur Menschen bekämpfen und sie besiegen kannst, sondern sogar Gott." 30 „Wie heißt du eigentlich?", wollte Jakob jetzt wissen. „Gegenfrage: Warum musst du überhaupt meinen Namen wissen?", meinte der Typ. Dann segnete er Jakob. 31 Jakob gab dem Ort einen Namen. Er nannte ihn „Pnuel", weil er Gott in die Augen sehen konnte, an diesem Platz dort. „Ich habe hier Gott gesehen, und ich hab es überlebt!" 32 Als er vom „Pnuel" weggehen wollte, ging plötzlich die Sonne auf. Und er hinkte jetzt, wegen seiner angeditschten Hüfte. 33 Das ist übrigens der Grund, warum die Leute in Israel keine Sehnen von Tieren essen, die über dieses Gelenk wachsen. Da hatte Jakob nämlich einen Schlag draufbekommen.

33 Mit Jakob und Esau ist wieder alles locker

1 Als Jakob sich umsah, konnte er von weitem den Esau anfahren sehen. Hinter ihm waren mindestens 400 seiner Leute dabei, fast ne kleine Armee. Jakob bekam etwas Panik, er stellte die Kinder neben die Mütter Lea und Rahel und zu den Nebenfrauen. 2 Die Leihmütter stellte er dann nach vorne, dahinter Lea mit ihren Kindern und ganz ans Ende Rahel und Josef. 3 Jakob ging dann ganz nach vorne. Als Esau da war, warf er sich vor ihm auf den Boden, er machte sieben Mal eine ganz tiefe Verbeugung. 4 Esau stand aber gar nicht so auf Verbeugung, er rannte ihm entgegen, hob ihn auf, umarmte ihn und knutschte ihn sogar, weil er sich so sehr da drüber freute, seinen Bruder wiederzusehen! Dann fingen beide vor Freude voll an zu heulen. 5 Nachdem Esau wieder etwas runtergekommen war, sah er die Frauen und Kinder vom Jakob. „Wer ist das denn?", fragte er Jakob neugierig. „Das sind meine Kinder! Hat Gott mir geschenkt, weil er mich mag!", lachte Jakob. 6 Die Leihmütter kamen mit den Kindern zu Esau und machten alle eine tiefe Verbeugung vor ihm. 7 Und dann kam auch Lea mit ihren Kindern und zum Schluss der Josef mit seiner Mutter Rahel. Sie machten alle eine tiefe Verbeugung vor ihm. 8 „Was war denn da los mit den ganzen Herden, die du mir geschickt hast?", wollte Esau von Jakob wissen. „Also, um ehrlich zu sein, wollte ich mich ein bisschen bei dir einschleimen. Du solltest diese Geschenke bekommen, damit du nett zu mir bist." 9 Esau meinte: „Au Mann, mein lieber Bruder, du kannst das Zeug gerne behalten! Ich hab echt selbst genug davon!" 10 „Nein, nein, auf keinen Fall! Wenn zwischen uns alles wieder locker sein soll, dann musst du mein Geschenk auch annehmen, ja? So wie wenn ich zu Gott gehe, weil ich Mist gebaut hab und ihn bitte, mir zu verzeihen, genauso bin ich jetzt zu dir gekommen. Und du warst nett zu mir, 11 darum bitte ich dich wirklich, nimm mein Geschenk an! Gott hat mich wirklich fett beschenkt, es geht mir total gut, ich bin im Ausland zu richtig viel Kohle gekommen!" Jakob drängelte so lange, bis sein Bruder weich wurde. 12 Esau sagte: „Okay, lass uns weitergehen, ich möchte dich ein Stück begleiten!" 13 „Chef, hör mal, die Kinder sind schon total durch, die können heute nicht mehr so lange auf Tour sein. Ich hab auch ein paar Schafe und Rinder dabei, die gerade Babys bekommen haben. Wenn ich die jetzt stresse, krepieren die mir alle! 14 Geh schon mal vor! Ich werde es langsam angehen lassen und komme nach, mit dem Tempo der Tiere und der Kinder. Okay?" 15 Esau wollte wenigstens ein paar von seiner Truppe als Begleitung bei Jakob lassen. Jakob hatte da aber auch keinen Bock drauf. „Is echt nicht nötig. Mir reicht es dicke, wenn zwischen uns in Zukunft alles wieder okay ist!" 16 Also machte sich Esau dann wieder auf den Rückweg nach Seir. 17 Jakob zog dann weiter und kam an dem Ort Sukkot an, was so viel heißt wie „die Hütten". Dort baute er sich auf einem freien Grundstück erst mal ne Hütte. Daher hat der Ort auch seinen Namen. Für die Schafe und Kühe wurde ein provisorischer Stall gebaut, mit einem Dach aus Zweigen, die man geflochten hatte.
18 Irgendwann kam Jakob dann über Paddan-Aram in der Stadt Sichem an. Das liegt in dem Land Kanaan. Dort baute er vor der Stadt auf einer Wiese sein Zeltlager auf. 19 Er ging dann zu dem Besitzer von der Wiese, die dem Hamor-Klan gehörte. Der Vater Hamor hatte die Stadt mal gegründet. Jakob zahlte für das Teil 7000 Euro. 20 Dann baute er extra so einen Spezialtisch für Gott, einen Altar, dort hin. Diesen Ort nannte er ab dann „Der Gott ist mein Gott, der Gott von Israel", denn das war ja sein neuer Name.

34 Dina wird vergewaltigt

1 Jakob und Lea hatten eine Tochter, die Dina hieß. Dina ging an einem Tag mal in die Stadt, um ein paar Freundinnen zu besuchen.
2 Auf dem Weg dorthin traf sie auf den Sichem, der ein Sohn vom Hamor war. Hamor kam aus dem Stamm der Hiwiter, er war in der Gegend einer der Anführer. Sichem wurde total scharf auf Dina, als er sie sah. Er ging zu ihr hin, drehte ihr den Arm um und vergewaltigte sie. 3 Dabei verknallte sich der Spinner auch noch total in Dina. Er schrieb ihr in den nächsten Wochen derbe Liebesbriefe, dass es ihm total leidtut und so. Er wollte einfach, dass Dina sich auch in ihn verknallen würde. 4 Dann ging er zu seinem Vater und sagte dem: „Bitte, Dad, mach das für mich klar, dass ich dieses Mädchen heiraten kann!" 5 Jakob hörte an einem Tag davon, dass seine Tochter vergewaltigt worden war. Seine Söhne waren aber gerade unterwegs bei der Arbeit. Darum blieb er erst mal zu Hause und unternahm nichts. 6 Sichems Vater besuchte schließlich Jakob, um mit ihm über die Sache zu reden. 7 In der Zwischenzeit kamen die Söhne von Jakob nach Hause. Als man ihnen erzählt hatte, was mit ihrer Schwester passiert war, waren alle zuerst total traurig.

Dann kamen sie alle voll aggromäßig drauf. Der Typ hatte eine wirklich ganz üble Sache getan, die auch schon zu der Zeit voll schlimm gewesen ist.
8 Hamor wollte mit Jakob über die Sache sprechen. Er ging zu ihm hin und sagte: „Es gibt da ein Ding, worüber ich gerne mit Ihnen sprechen würde. Mein Sohn ist sehr verliebt in Ihre Tochter! 9 Könnten Sie nicht Ihr Einverständnis zu einer Hochzeit der beiden geben? Warum könnten wir nicht eine große Familie werden? Meine Söhne heiraten Ihre Töchter und Ihre Söhne meine! 10 Sie können sich ja in unserer Gegend gerne Grundstücke kaufen und sesshaft werden. Das Land steht Ihnen offen! Wir könnten gute Deals miteinander abschließen!" 11–12 Dann ergriff Sichem das Wort: „Also, Sie können wirklich von mir fordern, was Sie wollen! Jedes Geschenk ist es mir wert, wenn ich nur diese Traumfrau heiraten kann!" 13 Die Söhne vom Jakob waren total aggro auf die „Hamors". Wer ihrer Schwester so was Linkes antut und sie vergewaltigt, hat es nicht besser verdient, als abgezockt zu werden. 14 „Also, wir können es nicht zulassen, dass unsere Schwester einen Mann heiratet, der nicht unser Beschneidungsritual durchgezogen hat. Das geht gegen unsere Ehre!
15 Es gibt nur eine Chance, dass wir auf Ihren Wunsch eingehen: Sie müssen genauso werden wie wir! Alle Männer bei Ihnen müssen sich auch die Vorhaut vom Penis abschneiden lassen. 16 Wenn Sie das tun, wäre eine Heirat zwischen unseren Leuten möglich. Dann wollen wir gerne bei Ihnen wohnen bleiben, und wir wären dann wirklich nur noch eine Truppe und nicht mehr zwei. 17 Falls Sie da aber keine Lust drauf haben und Sie sich da nicht beschneiden lassen wollen, nehmen wir unsere Schwester wieder mit, und das war es dann."
18 Hamor und sein Sohn Sichem fanden die Idee super. 19 Der junge Mann war einfach total verknallt in die Tochter von Jakob. Er wollte den Plan sofort umsetzen. Man muss wissen, dass in seiner Familie viele auf ihn hörten und er auch echt was zu melden hatte, mehr als die anderen Brüder. 20 Also organisierten Hamor und sein Sohn eine Stadtversammlung. Dann sprachen sie zu den Mitbürgern:
21 „Diese Neuen sind nette Leute und ganz friedlich. Wir sind dafür, dass sie sich bei uns niederlassen können. Sie sollten eine Arbeitserlaubnis bekommen und hier auch geschäftlich tätig werden, wenn sie das wollen. Es gibt in unserem Land genug Platz für alle! Es ist okay für uns, wenn es auch dazu kommt, dass sich Leute aus unserer Stadt mit ihnen zusammentun, heiraten und so was. Wir würden von ihnen wirklich profitieren. 22 Es gibt da nur eine Bedingung, die sie an uns stellen, wenn sie unserem Wunsch nachkommen sollen und wir wirklich mit ihnen in jeder Hinsicht verbunden sein wollen. Und das ist, dass sich jeder Junge und jeder Mann bei uns die Vorhaut vom Penis abschneiden lässt.
23 Wir sind auf jeden Fall dafür! Wenn sie dann nämlich bei uns wohnen, würden ihre ganzen Schaf- und Ziegenherden bei uns sein, sie würden auch uns gehören, und das wäre sehr gut für unsere Wirtschaft." 24 Die Männer aus dem Ort waren alle einverstanden. Sie taten das, was Hamor und sein Sohn Sichem vorgeschlagen hatten. Alle männlichen Bewohner trafen sich auf einem Platz vor der Stadt und schnitten sich dort gegenseitig die Vorhaut ab! 25 Nach drei Tagen hatten alle, die beschnitten worden waren, immer noch unheimliche Schmerzen. Die Wunden hatten sich nämlich entzündet, so dass sie total fertig und kaputt waren vom Wundfieber. Dinas Brüder Simeon und Levi nutzten diese Gelegenheit und gingen in der Nacht dann einfach von Haus zu Haus und killten jeden Mann, der ihnen unters Messer kam. 26 Sie töteten auch Hamor und Sichem, holten ihre Schwester Dina aus seinem Haus und nahmen sie wieder mit zu sich nach Hause. 27 Danach gingen die Söhne von Jakob durch die Stadt und plünderten alles, was nicht niet- und nagelfest war. Das war ihre Rache für die Vergewaltigung an ihrer Schwester Dina. 28 Sie zockten alle Schafe, Rinder und Esel und alles, was sie noch so an Tieren mitnehmen konnten. 29 Auch die ganzen Häuser wurden pauschal leer geräumt inklusive der Frauen und Kinder. 30 Als Jakob von der ganzen Sache erfuhr, war er überhaupt nicht begeistert. „Jungs! Was sollte das denn bitte? Ihr habt es total verpeilt und alles kaputt gemacht! Die Leute aus diesem Land werden jetzt voll schlecht über uns denken. Bei den Kanaanitern und Perisitern sind wir jetzt erst mal unten durch, sie werden mich hassen! Wenn die sich zusammentun, sind wir nur ne Wurst gegen deren Übermacht! Sie werden uns fertigmachen und vernichten. Die könnten uns alle komplett auslöschen!" 31 Aber seine Söhne fragten ihn: „Ja aber, war es denn okay, dass der unsere Schwester wie ne billige Hure behandelt hat?"

35 Jakob zieht um nach Bet-El

1 Gott sagte dann zum Jakob: „Zieh mal besser weg von hier! Geh nach Bet- El und bleib dort ne Weile. Und bau mir da so einen Altar

auf. Erinnerst du dich? Da hatten wir schon mal ein Treffen miteinander, als du vor deinem Bruder Esau abgehauen bist.“ 2 Jakob gehorchte sofort. Er holte seine ganze Familie zusammen, alle Angestellten und wer sonst noch für ihn arbeitete. Dann sagte er zu ihnen: „Passt auf Leute! Wir müssen uns mal wieder richtig sauber machen! Die ganzen fremden Plastikgötter, die ihr so rumstehen habt, dieser ganze Mist muss sofort in die Tonne! 3 Lass uns mal zusammen losziehen in Richtung Bet-El. Ich will dort auch so einen Altar für Gott aufbauen. Gott hat ja die ganze Zeit immer zu mir gestanden, und wenn es mir dreckig ging, war er da und hat geholfen.“ 4 Alle Zuhörer gingen in ihre Hütten und Zelte, holten den ganzen Götzenkram, auch ihren okkulten Schmuck, und gaben das Zeug bei Jakob ab. Der packte das alles in einen großen Sack und verbuddelte es in ein Loch an der Eiche, die bei Sichem stand. 5 Dann machten sie sich auf den Weg. Gott ließ bei den Bewohnern der Städte, wo sie vorbeikamen, voll den Respekt für seine Leute aufkommen. Die hatten richtig Schiss vor denen und wagten es nicht, sie zu verfolgen. 6 Jakob kam so mit seinem ganzen Trupp in Lus an. Lus liegt im Kanaan-Land. Man nennt diese Stadt jetzt auch Bet-El. 7 Wie geplant, baute er dann dort so einen besonderen Tisch für Gott auf, einen Altar. Jakob nannte ihn „El-Bet-El“, was so viel heißt wie „Gott in Bet-El“. Hier war ja das Ding passiert, wo er ein Treffen mit Gott hatte, als er vor seinem Bruder fliehen musste. 8 In der Zeit, als sie da waren, starb Debora, die eine Hebamme von Rebekka war. Sie bekam ein Grab an der Eiche von Bet-El. Seitdem nennt man diesen Baum auch die „Rumheul-Eiche“.

Jakob = Israel

9 Als Jakob aus Mesopotamien wieder zurückkam, hatte er wieder ein heftiges Treffen mit Gott. Der kam bei ihm an und sprach gute Sachen über sein Leben aus, er segnete ihn. 10 Dann wiederholte Gott noch mal, was er schon mal gesagt hatte: „Du bist der Jakob. Aber dein Name sollte sich ja ändern. Ich finde, du sollst Israel heißen!“ Also hieß Jakob auch Israel. 11 Gott meinte dann noch zu ihm: „Ich bin der heftige Gott, ich kann alles! Ich möchte, dass du ganz viele Babys machst und dich sehr vermehrst. Deine Kinder und die Kinder deiner Kinder werden dann mal eine ganze Nation werden. Mehr noch, sie werden ein Verband von Nationen und Völkern. Und Könige und Präsidenten werden mal von deinen Leuten kommen! 12 Dieses Gebiet, was ich mal dem Abraham und Isaak versprochen habe, das sollst du jetzt absahnen! Es ist für dich und deine Kinder, dir will ich das geben!“ 13 Als Gott fertig war, beamte er sich wieder weg in den Himmel. 14 Jakob war von dem Treffen so platt, dass er Gott dort wieder so ein Denkmal aufbaute, genau an der Stelle, wo er mir ihm geredet hatte. Über das Teil schüttete er in so einem Ritual zuerst Wein drüber und anschließend noch etwas Öl. Damit wollte er das Ganze Gott zur Verfügung stellen. 15 Jakob nannte den Platz deshalb „God in the house“ oder eben „Bet-El“, weil Gott hier mit ihm gelabert hatte.

Rahel bekommt das Baby Benjamin und stirbt bei der Geburt

16 Jakob und seine Familie zogen dann weiter. Als sie nur noch einen Katzensprung von Efrata entfernt waren, bekam die schwangere Rahel plötzlich ganz heftige Wehen. Die Geburt war dann die reine Hölle! 17 Sie hatte voll Schmerzen. Ihre Hebamme rief ihr zu: „Keine Panik, du hast es gleich geschafft! Es ist wieder ein Junge!“ 18 Rahel merkte aber, dass sie bald sterben würde. Sie wollte deswegen dem Baby den Namen „Ben-Oni“ geben, was so viel heißt wie „das Kind hat mir Unglück gebracht“. Aber sein Vater hatte eine bessere Idee. Er nannte den Jungen „Ben-Jamin“, denn das heißt so viel wie „das Kind hat mir Glück gebracht“. 19 Als Rahel gestorben war, buddelte Jakob ihr ein Grab, das an der Straße nach Efrata liegt. Dort ist die Stadt Bethlehem später aufgebaut worden. 20 Er bastelte dort ein Denkmal, direkt über ihrem Grab. Dieses Denkmal kann man heute noch dort stehen sehen. Es wird „das Denkmal von Rahel“ genannt.

Eine Liste von den Söhnen und Frauen vom Jakob

21 Jakob (der sich jetzt ja Israel nannte) zog weiter. Er baute sein Lager hinter Migdal-Eder auf. 22 In der Zeit passierte es, dass Ruben mit seiner Stiefmutter Bilha im Bett landete. Bilha war eine von den Nebenfrauen seines Vaters. Als Israel das mitbekam, war er voll traurig. Israel hatte insgesamt 12 Söhne und viele Töchter. 23 Von Lea hatte er den Ruben als Erstes bekommen. Dann kamen noch Simeon, Levi, Juda, Issachar und Sebulon. 24 Mit der Rahel hatte Jakob den Josef und Benjamin bekommen. 25 Von der Dienerin von Rahel, der Bilha, kamen die Söhne Dan und Naftali. 26 Von der Dienerin von Lea, der Silpa, kamen dann noch Gad und Ascher dazu. Das sind jetzt alle Söhne von Jakob, die ihm in Mesopotamien geboren wurden.

Isaak ist tot

27 Jakob besuchte später seinen Vater Isaak in Mamre bei Kirjat-Arba. Der Ort wird mittlerweile Hebron genannt. Abraham und Isaak hatten da ja mal als Ausländer eine Zeitlang gelebt. 28 Isaak wurde übrigens satte 180 Jahre alt! 29 Als er sich nach einer langen Zeit auf der Erde wirklich voll ausgelebt hatte, starb er und kam dort hin, wo seine ganzen Vorfahren auch sind. Seine beiden Söhne Esau und Jakob buddelten ein Grab für ihn und legten Isaak dort rein.

36

Die Familie von Esau, eine Liste

1 Hier ist mal wieder eine Familienliste, diesmal von Esaus Kindern. 2 Esau hatte drei Frauen aus Kanaan geheiratet. Einmal war da die Hetiterin Ada, eine Tochter von Elon. Zum Zweiten die Horiterin Oholibama, das war eine Tochter von Ana. 3 Und zum Dritten die Basemat, das war eine Tochter von Ismael, sie war die Schwester von Nebajot. 4 Mit Ada hatte Esau das Kind Elifas, mit Basemat das Kind Reguel. 5 Mit Oholibama hatte er die Kids Jeusch, Jalam und Korach. Die sind alle übrigens in Kanaan geboren worden. 6 Später ging Esau von Jakob weg, in ein anderes Land. Seine Frauen und Kinder, seine Tiere und sein ganzes Zeug nahm er mit. 7 Esau und Jakob waren beide zu reich, um länger zusammenzubleiben. Es gab im Land nicht genug Futter für ihre vielen Tiere. 8 Deshalb zog Esau, der auch Edom genannt wird, nach Seir um. 9 Hier ist die Liste mit Esaus Kindern und Kindeskindern, die in Seir lebten: 10 Mit Ada und Basemat hatte Esau je einen Sohn: Elifas und Reguel. 11 Elifas wurde der Papa von Taman, Omar, Zefo, Gatam und Kenas. 12 Mit seiner anderen Frau Timna hatte er noch Amalek. Diese Kinder sind alles die Enkel von Esau und Ada. 13 Reguel wurde Papa von Nahat, Serach, Schamma und Misa. Sie sind die Enkel von Esau und Basemat. 14 Oholibama, die Tochter von Ana, hatte mit Esau zusammen die Kinder Jeusch, Jalam und Korach. 15 Die Stämme der Edomiter mit ihren Clanchefs sind übrigens alle direkt mit Esau verwandt. Elifas, der erste Sohn von Esau, war Papa von sechs Söhnen, dem Teman, Omar, Zefo, Kenas, 16 Gatam und Amalek. Die sind also alles Enkel von Esau und Ada. 17 Esaus zweiter Sohn Reguel war Papa von den folgenden vier Söhnen: Nahat, Serach, Schamma und Misa. Sie sind Enkel von Esau und Basemat. 18 Mit Oholibama bekam Esau die Söhne Jeusch, Jalam und Korach. 19 Alle diese Stämme und ihre Häuptlinge sind Nachkommen von Esau. Sie bilden das Volk der Edomiter.

Die Kinder und die Kinder der Kinder von Seir

20 Die ursprünglichen Bewohner des Landes Edom sind Kinder des Horiters Seir. Seine Söhne waren: Lotan, Schobal, Zibon, Ana, Dischon, Ezer und Dischan. Ihre Nachfahren sind die Stämme der Horiter. 22 Der Stamm Lotan ist in die Gruppen Hori und Hemam geteilt. Die Stadt Timna gehört diesem Stamm. 23 Der Stamm Schobal ist in die Gruppen Alwan, Manahat, Ebal, Schefi und Onam aufgeteilt. 24 Der Stamm Zibon ist in die Gruppen Aja und Ana geteilt. Ana wurde dadurch berühmt, dass er eine wichtige Quelle in der Wüste entdeckte, als er mal auf die Esel seines Vaters aufpasste. 25 Der Stamm Ana ist in die Gruppen Dischon und Oholibama geteilt. Oholibama war eine Tochter von Ana. 26 Der Stamm Dischon ist in die Gruppen Heman, Eschban, Jitran und Keran geteilt. 27 Der Stamm Ezer ist in die Gruppen Bilhan, Saawan und Akan geteilt. 28 Der Stamm Dischan ist in die Gruppen Uz und Aran geteilt. 29 Dies sind die Stämme der Horiter im Land Seir nach Alter ihrer Stammgründer: Lotan, Schobal, Zibon, Ana, Dischon, Ezer, Dischan.

Die Präsidenten der Edomiter

31 In der Zeit, bevor es in Israel einen Präsidenten gab, herrschten über das Land Edom nacheinander folgende Präsidenten: 32 Bela, der Sohn von Beor, in der Stadt Dinhaba. 33 Jobab, der Sohn von Serach, aus der Stadt Bozra. 34 Huscham aus dem Gebiet des Stammes Teman; 35 Hadad, der Sohn von Bedad, in der Stadt Awit. In der Region von Moab besiegte er die Midianiter in einer Schlacht. 36 Samla aus der Stadt Masreka. 37 Schaul aus der Stadt Rehobot am Fluss. 38 Baal-Hanan, der Sohn von Achbor. 39 Hadar in der Stadt Pagu, seine Frau Mehetabel war eine Tochter von Matred und Me-Sahab war ihr Opa.

Noch eine Liste der Edomiter

40 Dies sind die Chefs der Kinder von Esau. Nach ihnen wurden auch Städte benannt: Timna, Alwa, Jetet, 41 Oholibama, Ela, Pinon, 42 Kenas, Teman, Mibzar, 43 Magdiel und Iram. Das sind die Familienstämme von Edom und dazu ihre Wohnorte in dem Land, das sie erobert hatten. Es handelt sich um die Kinder und Kindeskinder von Esau. Von ihm stammen die Edomiter ab.

37

Josef hat heftige Träume

1 Jakob baute seine Zelte in dem Kanaan-Land auf und wohnte da. Hier hatte ja schon sein Vater als Ausländer gelebt. 2 In diesem Kapitel kommt die Geschichte von Jakob und seiner Familie. Josef war 17 Jahre. Er half seinen Brüdern (die Söhne von Bilha und Silpa) beim Aufpassen auf die Schaf- und Ziegenherde. Und er petzte immer bei seinem Vater, was die Leute über sie am Lästern waren, wenn die mal wieder Mist gebaut hatten. 3 Er war auch der Liebling von Papa, vermutlich, weil er ihn erst bekommen hatte, als er schon alt war. Er ließ für ihn sogar eine Spezialanfertigung von einer sehr coolen Jeans machen, die echt stylisch aussah. 4 Als seine Brüder mitbekamen, dass ihr Vater Josef mehr liebte als sie, kriegten sie voll den Hals. Sie hassten ihn, und immer wenn er kam, hauten sie schnell ab, um nicht mit ihm reden zu müssen. 5 Irgendwann hatte Josef dann mal einen heftigen Traum, den er dann ausgerechnet auch noch seinen Brüdern erzählen musste. Danach hassten sie ihn sogar noch mehr. 6 Und zwar war das so. Er kam bei ihnen an und sagte: „Hey, ihr! Ich muss euch unbedingt erzählen, was ich letzte Nacht geträumt hab. 7 Wir waren auf einem Feld und haben zusammen das Getreide geerntet. Wir schnitten die Pflanzen in Büscheln ab und banden die dann zusammen. Plötzlich passierte was total Abgefahrenes. Mein Büschel stellte sich in die Mitte, und eure Büschel stellten sich drum herum. Und dann verneigten sich eure Büschel vor meinem, als wäre ich ein Held oder so." 8 „Ach, jetzt spinnst du total ab? Willst du jetzt unser Präsi werden oder was?" Weil Josef diesen Traum hatte und den seinen Brüdern auch noch erzählte, hassten sie ihn nur noch mehr. 9 Er hatte dann noch einen zweiten Traum, der so ähnlich ging. Den erzählte er auch seinen Brüdern. „Leute, ich hab letzte Nacht wieder so einen Traum gehabt. In dem Traum kamen die Sonne und der Mond an, dazu noch elf Sterne im Gepäck. Ihr müsst euch das reinziehen, sie haben sich auch alle vor mit verneigt!" 10 Diesmal hörte auch sein Vater zu. Der schnauzte ihn voll an: „Was soll das? Was ist das für ein Schwachsinn, den du da träumst? Glaubst du wirklich, dass ich, deine Mutter und deine Brüder alle mal bei dir ankommen und uns vor dir verneigen?" 11 Seine Brüder wurden voll eifersüchtig auf Josef. Sein Vater schrieb sich den Traum aber auf und dachte da drüber nach.

Josef wird verschleppt und verkauft

12 Irgendwann waren die Brüder von Josef dienstlich unterwegs. Sie mussten die Schaf- und Ziegenherden vom Vater nach Sichem bringen, damit man die dort weiden konnte. 13 Jakob sagte zu Josef: „Du, besuch mal deine Brüder, die jetzt gerade in Sichem sind!" – „Okay, mach ich!", antwortete Josef. 14 „Schau einfach mal nach ihnen und check, ob sie gut drauf sind. Sieh dir auch mal die Tiere an, ob es denen auch gutgeht. Und dann komm bald zurück und erzähl, was du erlebt hast, ja?!" Mit der Ansage schickte er Josef los, von Hebron nach Sichem zu gehen. 15 Auf dem Weg verlief sich Josef ein bisschen, weil er sich nicht so gut auskannte. Er traf dann zum Glück einen Typen, der ihn fragte: „Na? Wen oder was suchst du denn hier?" 16 „Äh, ich bin auf der Suche nach meinen Brüdern! Haben Sie die irgendwo gesehen? Das sind alles Hirten, die hier in der Nähe arbeiten." 17 „Ach die! Die sind schon vor einer Zeit weitergezogen. Ich hab noch gehört, wie sie meinten: ‚Lass uns mal nach Dotan gehen!'" Also ging Josef dann in Richtung Dotan, um seine Brüder dort zu finden. 18 Als er noch ein paar Kilometer weg war, konnten seine Brüder ihn schon auf dem platten Land kommen sehen. Und bevor er in Hörweite war, hatten sie schon einen Plan gemacht, wie sie ihn am besten töten könnten. 19 „Da kommt ja unser „Träumer" ... 20 Jetzt haben wir die Chance, ihn endlich kaputt zu machen. Wir prügeln ihn tot und schmeißen die Leiche dann in einen Gulli. Wenn uns Leute fragen, erzählen wir einfach, er sei von einer wilden Bestie angefallen und aufgefressen worden. Dann wird endlich klar, was aus seinen tollen Träumen in Wirklichkeit geworden ist. Nämlich nichts!" 21 Ruben war nicht so begeistert: „Mann Leute, das ist Mord! Das können wir nicht tun!" Er wollte Josef irgendwie retten. 22 „Blut vergießen ist keine Lösung! Schmeißt ihn doch lebendig da hinten in den Gulli rein und macht den Deckel zu! Aber warum gleich töten?" Er hatte sich überlegt, dass er nach einiger Zeit wieder hier herkommen würde, um den Josef da rauszuholen und zurück zu seinem Vater in Sicherheit zu bringen. 23 Als sie dann bei Josef waren, zogen sie ihm erst mal die teure Jeans aus. 24 Dann packten sie ihn und warfen ihn in den Gulli rein. Der Gulli wurde zu der Zeit nicht mehr benutzt. 25 Anschließend machten sie ein kleines Picknick. Plötzlich kam da ein ganzer Lkw-Treck von arabischen Geschäftsleuten aus Richtung Gilead an. Die waren auf dem Weg nach Ägypten, um ihre Ladung da zu verkaufen. Sie hatten teure Parfüme ge-

laden, die sie dort weiterverhökern wollten. 26 Juda
kam da eine gute Idee. „Hey, Leute! Was bringt uns
das eigentlich, wenn wir unseren Bruder killen und
die Leiche heimlich verschwinden lassen? 27 Warum
verkaufen wir ihn nicht an die arabischen Geschäfts-
leute als Billiglohnkraft? Ist bestimmt ne bessere
Idee. Dann machen wir uns nicht die Hände an ihm
schmutzig. Außerdem ist er ja immerhin noch unser
Bruder. Was meint ihr?" Seine Brüder waren alle
einverstanden. 28 Als die Geschäftsleute ankamen,
zogen sie Josef aus dem Gulli raus und verkauften
ihn für 2500 Euro. Die nahmen ihn dann mit nach
Ägypten. 29 Ruben, der bei der Verkaufaktion nicht
dabei war, kam später wieder da hin, um Josef zu
befreien. Aber der war ja jetzt nicht mehr hier. Als er
ihn nicht mehr finden konnte, war er voll fertig und
traurig deswegen. 30 Er lief zurück zu seinen Brüdern
und schrie sie an: „Der kleine Josef ist nicht mehr
da! Was mach ich jetzt nur? Ich bin doch verantwort-
lich für ihn!" 31 Denen fiel nichts Besseres ein, als die
Jeans von Josef zu nehmen und die mit Blut von
einer Ziege vollzuschmieren. 32 Das Teil nahmen sie
dann als Beweisstück zu ihrem Vater mit. „Papa!
Das haben wir gerade gefunden! Ist das nicht die
Jeans von Josef?" 33 Jakob erkannte die sofort. „O
nein! Mein Sohn! Ja, die Jeans ist von Josef! Josef ist
überfallen worden! Josef ist tot! Josef ist tot!" 34 Er
war total fertig deswegen, schrie laut los und weinte.
Jakob zog ab dem Zeitpunkt nur noch schwarze Kla-
motten an und trauerte sehr lange um seinen Sohn.
35 Seine ganzen Kinder versuchten ihn immer wieder
aufzumuntern und zu trösten. Aber keine Chance,
Jakob war lange in einer schweren Depression des-
wegen. „Ich will auch sterben, um zu meinem Sohn
zu kommen!", sagte er immer wieder. Dass sein
Lieblingssohn gestorben war, konnte er einfach nicht
verkraften. 36 Die arabischen Geschäftsleute verkauf-
ten ihn in Ägypten dann als einen Sklaven an Potifar.
Dieser Potifar arbeitete in der Residenz vom Chef
des ganzen Landes, vom Pharao. Er war der General
der Leibwächter vom Präsidenten. Sklaven hatten zu
der Zeit kaum Rechte, sie hatten so eine Art Knebel-
verträge mit ihren Besitzern und mussten für die
wie blöd arbeiten. Man konnte sie kaufen und wei-
terverkaufen, wie ein Stück Fleisch oder ein Tier.

38

Juda und seine Schwiegertochter Tamar

1 Juda, der jüngste Sohn von Jakob und
Lea, trennte sich irgendwann von seinen
Brüdern und zog weiter runter, in das sogenannte
Hügelland. Er wohnte in dem Ort Adullam bei
einem Typen, der Hira hieß. 2 Dort lernte er die
Tochter des Kanaaniters Schua kennen. Juda kam
mit ihr zusammen und heiratete sie einige Zeit spä-
ter. Ihr Name ist jetzt unwichtig. 3 Die wurde dann
schwanger und bekam einen Sohn. Der Junge
bekam den Namen „Er". 4 Sie wurde dann noch mal
schwanger und kriegte einen zweiten Sohn. Den
nannten sie Onan. 5 Der dritte Sohn bekam den
Namen Schela. Der wurde in der Zeit geboren, als
Juda gerade auf Dienstreise in Kesib war. 6 Damals
war es üblich, dass der Vater seinem Sohn eine
Braut aussuchte. Für Er, seinen ersten Sohn, organi-
sierte er eine Frau, die Tamar hieß. 7 Dieser Er war
aber link unterwegs. Der tat Sachen, die Gott total
ätzend findet. Darum ließ er ihn sterben. 8 Als Er tot
war, ging Juda zu Onan und sagte zu ihm: „Dein
Bruder hat seine Frau ganz alleine zurückgelassen,
ohne dass sie ein Kind kriegen konnte. Du bist ver-
pflichtet, da jetzt auszuhelfen. Ich will von dir, dass
du mit seiner Frau schläfst, damit sie einen Sohn
kriegt. Nur so kann diese Familie überleben und
stirbt nicht aus." 9 Onan war also klar, dass die Kin-
der, die er da zeugen sollte, nie ihm gehören wür-
den. Darum zog er jedes Mal, wenn er mit Tamar
Sex hatte, seinen Penis vor dem Orgasmus aus der
Scheide raus, damit sie nicht schwanger werden
konnte. Seinen Samen spritzte er ins Bettlaken.
10 Gott fand das richtig ätzend. Er sorgte dafür, dass
auch Onan bald sterben musste. 11 Juda sagte zu
seiner Schwiegertochter Tamar: „Ist wohl besser,
wenn du jetzt erst mal als Witwe im Haus von dei-
nem Vater bleibst, bis mein Sohn Schela alt genug
ist, um für dich zu sorgen." In Wirklichkeit hatte er
aber Schiss, das sein letzter Sohn auch noch ster-
ben würde. Tamar zog dann wieder in das Haus von
ihren Eltern und blieb dort. 12 Ein paar Jahre später
starb die Ehefrau von Juda, die eine Tochter vom
Schua war. Erst mal wurde eine Trauerzeit ange-
setzt. Danach ging Juda mit seinem Freund Hira auf
eine Tour in die Berge von Timna. Er wollte mal
nach seinen Angestellten sehen, die dort gerade
seinen Schafen die Wolle abrasierten. 13 Als Tamar
davon Wind bekam, dass ihr Schwiegervater Juda
auf dem Weg nach Timna war, 14 zog sie ihre
schwarzen Trauerklamotten aus, schminkte sich,
zog sich einen sexy Minirock an und ging zu der
Straße, die nach Timna führte. Dort stellte sie sich
an die Kreuzung, wo das Schild „Richtung Enajim"
angebracht ist. Sie hatte nämlich geschnallt, dass
Schela mittlerweile erwachsen geworden war, sie

aber als zukünftige Braut so gar nicht auf dem Zettel von seinem Vater stand. 15 Als Juda sie an der Straße sitzen sah, dachte er sofort, sie wäre eine Hure und würde hier auf dem Strich gehen. Weil sie so derbe geschminkt war, merkte er aber nicht, dass ihm da seine eigene Schwiegertochter gegenüberstand. 16 Er fuhr dann langsam an ihr vorbei, kurbelte das Fenster runter und quatschte sie an. „Was ist dein Tarif? Ich würde gern mit dir schlafen!" – „Kommt drauf an. Was würdest du mir denn anbieten?", fragte sie zurück. 17 „Ich hab jetzt gerade keine Kohle dabei. Aber was hältst du von 100 Euro?" – „Okay, abgemacht, aber ich will irgendein Pfand von dir haben, damit ich das Geld auch sicher bekomme." 18 „Und was schlägst du vor?", fragte Juda. „Gib mir deinen zweiten Autoschlüssel und den Perso!", antwortete sie. Er gab ihr beides. Dann hatte er Sex mit Tamar. Sie wurde davon schwanger. 19 Als sie zu Hause ankam, zog sie die alten schwarzen Trauerklamotten wieder über, die man als Witwe normal länger tragen musste. 20 Juda schickte dann seinen Freund Adullam mit den 100 Euro, um die Sachen wieder einzulösen. Aber die Frau war weg und nicht zu finden. 21 Er fragte überall rum, ob jemand die Hure gesehen habe, die immer auf dem Straßenstrich bei dem Schild „Richtung Enajim" anschaffen gegangen ist. Aber die Leute sagten ihm, dass es dort noch nie so was gegeben habe, da würden keine Huren stehen. 22 Adullam ging also wieder zu Juda zurück und erzählte ihm die Nachricht: „Du, ich hab sie echt nicht gefunden! Außerdem behaupten die Leute in dem Ort, dass es da überhaupt keine Huren gibt!" 23 „Egal, vergiss es. Soll sie den Kram behalten, Hauptsache, es kriegt keiner mit, das wäre sehr peinlich für mich. Ich hab meinen Teil auf jeden Fall erfüllt, du warst da und wolltest ihr die Kohle geben, aber sie war nicht da." 24 Nach etwa drei Monaten verpetzte jemand die Tamar beim Juda. Man erzählte ihm: „Deine Schwiegertochter hat sich als Hure verkauft! Und sie ist sogar schwanger davon geworden!" Juda war sehr sehr sauer. „Schmeißt sie aus unserer Gemeinschaft sofort raus!", meinte er. „Sie muss sofort gekillt werden!" 25 Als die ersten Leute Tamar packten und vor die Stadtgrenzen schleppen wollten, kriegte sie es noch hin, ihrem Schwiegervater die Sachen zu schicken, die er ihr als Pfand gegeben hatte, den Autoschlüssel und seinen Perso. Sie legte einen Zettel dazu, wo draufstand: „Lieber Juda, schau dir den Schlüssel mal genau an und check mal den Perso, bitte. Von dem Mann bin ich nämlich schwanger geworden!"
26 Juda sah sich die Sachen genau an und änderte sofort seine Meinung. „Sie ist unschuldig!", rief er laut. „Ich bin schuld. Ich habe sie nicht mit meinem Sohn Schela verheiratet. Das war falsch!" Sie durfte dann ab der Zeit bei ihm im Haus wohnen, aber Juda stieg nicht noch einmal mit ihr ins Bett.
27 Tamars Bauch wurde immer dicker, und kurz vor der Geburt wurde klar: Es sind Zwillinge! 28 Bei der Entbindung streckte ein Baby seine Hand zuerst raus. Die Hebamme band einen roten Faden um das Handgelenk und sagte „Also das war der Erste, der geboren wurde!" 29 Plötzlich zog das Baby aber seine Hand wieder zurück und das andere kam zuerst. Die Hebamme lachte es an und meinte: „Na, warum wolltest du denn unbedingt der Erste sein? Du hast dich ja wirklich drum gerissen!" Darum bekam er den Namen Perez, weil das so viel wie „Riss" bedeutet. 30 Danach kam sein Bruder zur Welt. An seiner Hand war der rote Faden. Er kriegte dann den Namen Serach, was so viel wie „Rot" bedeutet.

39

Josef in Ägypten

1 Wie gesagt, war Josef nach Ägypten verschleppt worden. Potifar hatte ihn als Sklave von den arabischen Geschäftsleuten abgekauft. Er war als Beamter im höheren Dienst beim damaligen Präsidenten von Ägypten angestellt und hatte dort das Sagen über die Securityleute. 2 Josef bekam dann einen Job in dem Haus vom Potifar. Gott war aber immer voll auf seiner Seite und unterstützte ihn. Alles, was er anpackte, wurde ein Riesenerfolg. Er durfte dann sogar in dem Haus von seinem neuen ägyptischen Chef wohnen. 3 Dieser Chef, ein Ägypter, kriegte das sehr schnell mit, wie Gott auf der Seite von Josef stand und ihn unterstützte. Wie gesagt, sorgte er dafür, dass alles, was Josef anpackte, ein Megaerfolg wurde. 4 Darum fand der ihn echt richtig gut, er war voll begeistert von seiner Arbeit. Josef stieg schnell auf, er wurde zu seinem persönlichen Sekretär von allen Geschäften, die in seinem Besitz waren. Josef wurde eine Generalvollmacht auf seine Bankkonten ausgestellt, und er konnte über alles bestimmen. 5 Und seitdem das so war, bekam auch Potifar indirekt den fettsten Segen ab. Weil Gott Josef so derbe liebte, fuhren die Ägypter jedes Jahr eine neue Rekordernte ein. Alles klappte, was Josef in die Hand nahm. 6 Sein Chef vertraute ihm blind. Er übergab ihm die ganze Ver-

antwortung und kümmerte sich um nichts mehr,
außer um sein eigenes Essen. Josef hatte eine kna-
ckige Figur und sah auch so echt sehr gut aus.
7 Nach einiger Zeit wurde die Frau von Potifar echt
scharf auf ihn. Eines Tages kam sie bei ihm an und
forderte Josef raus: „Na, Kleiner, Lust auf guten
Sex?“ 8 Josef blieb aber stark. Er sagt zu ihr: „Nein,
mein Chef hat mir sehr viel Vertrauen entgegenge-
bracht. Er hat mir alles übergeben und kümmert
sich um nichts mehr. 9 In diesem Haus bin ich nicht
viel weniger als er. Ich darf mir alles nehmen, mit
einer Ausnahme: dich, seine Frau! Wie könnte ich
so draufkommen und ihn, geschweige denn Gott,
so bescheißen?“ 10 Die Frau nervte jetzt jeden Tag
rum. Josef blieb aber stark. 11 Einmal hatte Josef was
im Haus zu tun. Keiner von den Hausangestellten
war gerade da. 12 Plötzlich packte sie ihn an seinen
Klamotten und schrie ihn an: „Los, nimm mich!
Stell dich nicht so an!“ Er riss sich von ihr los und
floh aus dem Zimmer. Dabei verlor er aber seine
Jacke, an der sie ihn festgehalten hatte. 13 Als sie das
Teil aufgehoben hatte, nachdem Josef abgehauen
war, 14 rief sie einige der Hausangestellten zu sich.
„Seht euch das an!“, sagte sie. „Da hat mein Ehe-
mann mir so einen Hebräer ins Haus geschleppt,
der hier machen kann, was er will, und jetzt kommt
der einfach in mein Schlafzimmer, um mich zu ver-
gewaltigen! Ich hab mich aber laut gewehrt! 15 Erst
als ich so laut geschrien hab, wie ich konnte, hat er
mich losgelassen und ist abgehauen! Seine Jacke
hat er dabei verloren.“ 16 Die Jacke legte sie als
Beweisstück neben sich aufs Bett und wartete, bis
ihr Ehemann nach Hause kam. 17 Ihm erzählte sie
dieselbe Story. „Dein Sklave, dieser Hebräer, den du
hier ins Haus geholt hast, der war heute hier und
wollte mich vergewaltigen! 18 Erst als ich laut
geschrien hab, ist er abgehauen, er hat aber seine
Jacke hier vergessen!“ 19 Als Potifar die Geschichte
gehört hatte, rastete er total aus.

Josef im Gefängnis

20 Er ließ Josef sofort verhaften und ins Gefängnis
bringen, wo alle Inhaftierten saßen, die vom Präsi-
denten persönlich festgehalten wurden. 21 Gott war
Josef gegenüber aber immer treu. Er sorgte dafür,
dass er einen guten Draht zum Gefängnisdirektor
hatte. 22 Nach einer Weile übertrug der ihm sogar
die Aufsicht über die anderen Gefangenen im
Gefängnis. Und am Ende regelte er alle Geschäfte
rund um die Anstalt. 23 Der Gefängnisdirektor saß
nur noch entspannt in seinem Büro und kümmert
sich um nichts. Das passierte alles, weil Gott total
auf der Seite von Josef war. Alles, was er anpackte,
gelang ihm gut und wurde ein Erfolg.

40

Josef weiß, was Träume bedeuten

1 Einige Zeit später bauten zwei Beamte,
die höhere Posten beim Präsidenten hat-
ten, richtig Mist. Der eine war der persönliche Chef-
kellner und der andere der Meister von der Bäckerei,
die nur für den Präsidenten Brot backte. 2 Der Pha-
rao, so nannte man den Präsidenten von Ägypten
damals, war richtig angefressen auf die zwei. 3 Er
verknackte beide zu höheren Haftstrafen und buch-
tete sie in das gleiche Gefängnis ein, wo auch der
Josef festsaß. 4 Der Gefängnisdirektor teilte ihnen
Josef als Betreuer zu. Nachdem sie dort einige Zeit
in Haft waren, 5 hatten sie beide einen sehr heftigen
Traum. Sowohl der Chefkellner als auch der Bäcker-
meister vom Präsidenten träumten in derselben
Nacht, und jeder von diesen Träumen hatte eine
tiefere Bedeutung. 6 Als Josef morgens in ihre Zelle
kam, kriegte er sofort mit, dass beide voll schlecht
drauf waren. 7 „Was geht? Warum hängt ihr hier so
deprimäßig rum?“, fragte er sie. 8 „Wir hatten beide
einen echt heftigen Traum, aber es gibt niemanden
hier, der uns sagen kann, was für eine Aussage da-
hintersteckt!“ – „Hm“, antwortete Josef. „Die Be-
deutung von Träumen weiß nur Gott. Aber wenn ihr
Lust habt, kann ich es ja versuchen. Ich hab nen
heißen Draht nach oben. Erzählt mal!“ 9 Der Chef-
kellner legte als Erster los: „Also, in meinem Traum
war da zuerst so eine Pflanze mit unterschiedlichen
Stämmen, wo viele Weintrauben dran waren. 10 Das
waren insgesamt drei große Pflanzenstämme, die
sehr grün waren. Ich konnte sehen, wie die Pflanze
viel Wasser aus dem Boden aufnahm. Dadurch
wuchs sie sehr schön, und die Weintrauben wurden
sehr süß und lecker. 11 Dann hatte ich plötzlich das
Weinglas vom Präsidenten in meiner Hand. Ich
nahm ein paar Trauben, zerdrückte sie mit meiner
Hand, so dass der Saft in das Glas tropfte. Dann
gab ich den Becher unserem Präsidenten.“
12 „Okay“, sagte Josef. „Hier kommt die Aussage:
Drei Pflanzenstämme bedeuten drei Tage. 13 Also
wird dich in drei Tagen der Präsident vorladen. Er
wird dich wieder in deinen Job einsetzen, den du
vorher auch gehabt hast, als Chefkellner für die Ge-
tränkekarte. Dann wirst du ihm wieder höchstper-
sönlich den Wein einschenken. 14 Wenn das passiert,
tue mir einen Gefallen, hörst du? Sei nett und leg

beim Präsidenten ein gutes Wort für mich ein! Erzähl ihm von mir und hol mich hier irgendwie raus! 15 Ich bin nämlich vor einiger Zeit entführt worden. Ursprünglich stamme ich aus dem Hebräer-Land. Dabei bin ich unschuldig. Ich sitze hier im Knast, obwohl ich nichts ausgefressen hab.“ 16 Als der Bäckermeister mitkriegte, wie geil die Deutung vom Traum seines Kollegen war, kam er auch bei Josef an. „Ich hab auch etwas geträumt!“, meinte er. „Ich hatte drei Körbe in meinem Wagen, die mit richtig leckerem Kuchen und Brötchen gefüllt waren. 17 In dem Korb, der oben lag, waren Baguettes für das nächste Mittagessen vom Präsidenten. Dann kamen plötzlich ganz viele Vögel angeflogen und pickten das Brot einfach auf.“ 18 „Hmm“, sagte Josef. „Hier kommt die Aussage: Drei Körbe bedeutet drei Tage. 19 In drei Tagen wird der Präsident dich verurteilen und dir die Todestrafe aufbrummen. Man wird dich verurteilen zum Tod am Galgen. Dort lassen sie dich eine Weile hängen, bis Vögel ankommen und von deiner Leiche fressen.“ 20 Drei Tage später hatte der Präsident Geburtstag und feierte eine Party. Alle Beamten der Stadt waren eingeladen. Es gab ein kaltes Buffet vom Feinsten, mit allem Drum und Dran. Mitten in der Party ließ der Präsident den Bäckermeister und seinen Chefkellner vorladen. 21 Der Chefkellner bekam dann seinen Job zurück. 22 Der Bäckermeister wurde aber zum Tod verurteilt und gehängt, genauso, wie Josef es vorausgesagt hatte. 23 Der Chefkellner dachte aber nicht mehr an Josef und hatte schnell vergessen, was er ihm versprochen hatte.

41 Die seltsamen Träume vom Präsidenten

1 Zwei Jahre später hatte der Präsident selbst auch einen heftigen Traum. Er träumte, dass er am Ufer vom größten Fluss in Ägypten, dem Nil, stand. 2 Dort konnte er wie in einem Film sieben schöne, gut ernährte, dicke Kühe am Ufer stehen sehen, wie sie am Grasfressen waren. 3 Dann kamen sieben andere Kühe aus dem Nil raus, die alle potthässlich aussahen. Die waren total abgemagert und dünn. Die dünnen Kühe stellten sich neben die dicken. 4 Plötzlich fielen die dünnen Kühe über die dicken her und verspachtelten sie! Schweißgebadet wachte der Präsident auf. 5 Nach einer Zeit pennte er wieder ein und träumte einen zweiten Traum. Jetzt sah er einen Halm von einer Weizenpflanze. An diesem Halm wuchsen sieben dicke Ähren, wo sehr viele Körner drinsteckten. 6 Dann sah er, wie anschließend noch mal sieben Ähren anfingen zu wachsen. Diesmal waren die aber echt winzig und vom heißen Wüstenwind total vertrocknet. 7 Plötzlich machten sich die winzigen Ähren über die dicken Ähren her und fraßen sie einfach auf! Schweißgebadet wachte der Präsident wieder auf. Er peilte dann erst, dass er nur einen fiesen Alptraum gehabt hatte. 8 Am nächsten Morgen bekam er leichte Panik, weil er glaubte, dass diese Träume was zu bedeuten hätten. Darum ließ er sofort durch seinen Sekretär alle Leute in sein Büro rufen, die irgendwie einen Schnall von Träumen oder auch übernatürlichen Dingen hatten. Aber keiner der Psychologen oder Wahrsager konnte ihm erklären, was dieser Traum zu bedeuten hat. 9 Der Oberkellner hörte von der Sache, machte einen Termin bei ihm und sagte: „Als ich von diesen Träumen hörte, die Sie hatten, erinnerte ich mich an die Zeit von früher, wo ich einmal richtig Mist gebaut hatte. 10 Herr Präsident, Sie waren ja mal sehr wütend auf mich und haben den Bäckermeister und mich in den Knast gesteckt. 11 Damals hatten wir beide in der gleichen Nacht einen Traum. Und beide Träume hatten dann tatsächlich auch eine besondere Bedeutung für uns. 12 Mit uns im Knast war ein junger Mann, ein Hebräer. Er arbeitete dort als persönlicher Sekretär vom Gefängnisleiter. Dem haben wir unsere Träume erzählt, und er konnte uns die Auslegung davon sagen. 13 Das Verrückte ist, dass alles, was er uns erzählt hatte, tatsächlich genauso eingetroffen ist. Ich wurde wieder angestellt, und mein Kollege wurde zum Tod verurteilt.“ 14 Der Präsident machte sofort ein paar Anrufe, um Josef bei sich im Büro antreten zu lassen. Er wurde aus dem Gefängnis geholt, man schickte ihn zum Frisör und kaufte Josef auch ein paar anständige Klamotten zum Anziehen. Dann kam er in das Büro vom Präsidenten. 15 „Kommen wir gleich zur Sache“, sagte der zu ihm. „Ich habe einen Traum gehabt, aber es gibt keinen, der mir sagen kann, was er bedeutet. Man hat mir erzählt, Sie seien ein Profi im Träumedeuten. Stimmt das?“ 16 „Ich kann das nicht“, erwiderte Josef. „Aber ich hab einen guten Draht zu dem, der das kann: Gott! Und der wird dem Präsidenten bestimmt etwas Gutes zu sagen haben.“ 17 Der Präsident erzählte: „Also, in meinem Traum stand ich am Fluss Nil. 18 Plötzlich kamen sieben schöne Kühe aus dem Wasser raus, die waren gut ernährt und dick. Dann fingen sie an, am Ufer Gras zu fressen. 19 Dann kamen aber sieben andere Kühe aus dem Wasser, die total abgemagert, dünn und hässlich

waren. So hässliche Kühe hab ich echt in ganz Ägyp-
ten noch nie gesehen. 20 Die sieben hässlichen Kühe
fielen dann über die sieben schönen her und fraßen
sie einfach auf! 21 Aber die wurden einfach so aufge-
saugt, da war kein großer Unterschied zu sehen, sie
blieben genauso dünn und hässlich wie vorher.
Dann bin ich aufgewacht. 22 Nachdem ich wieder
eingepennt bin, hatte ich einen zweiten Traum. Jetzt
sah ich, wie auf einem Halm von einer Weizen-
pflanze sieben dicke Ähren wuchsen, wo viele Kör-
ner drin waren. 23 Dann kamen da so ganz dünne,
ausgetrocknete Ähren, wieder sieben Stück, ins Bild.
24 Die sieben dünnen Ähren fraßen zum Schluss die
dicken einfach auf. Ich hab diese Träume meinen
Psychologen und Wahrsagern erzählt, aber keiner
konnte damit etwas anfangen." 25 „Beide Träume
haben dieselbe Aussage", sagte Josef. „Gott macht
Ihnen jetzt schon eine Ansage, was er bald machen
wird. 26 Die sieben fetten Kühe und die sieben fetten
Ähren stehen für sieben fette Jahre. 27 Die sieben
dünnen Kühe und die sieben dünnen Ähren stehen
für sieben dünne Jahre. 28 Ich habe es gerade schon
mal gesagt: Gott macht dem Präsidenten damit eine
klare Ansage, was bald abgehen wird. 29 In den
nächsten sieben Jahren wird es in ganz Ägypten
richtig fette Ernten geben. Es gibt alles, was man
will, bis zum Abwinken. 30 Aber dann kommen sie-
ben dünne Jahre, wo es nichts zu fressen gibt und
die Leute hungern müssen in ganz Ägypten. Diese
Zeit wird so schlimm sein, dass man die guten Jahre
davor schnell vergessen wird. Die Hungersnot wird
ganz schön ans Eingemachte gehen. 31 Die fette
Ernte wird bald aufgebraucht sein, weil dann viele
Hunger haben werden. Diese Zeit wird wirklich hart
sein, man wird die guten Jahre schnell wieder ver-
gessen. 32 Weil der Präsident das Ganze aber zwei-
mal geträumt hat, kann man ganz sicher davon aus-
gehen, dass es auch passieren wird. Gott hat es
beschlossen, und es wird bald passieren. 33 Wenn
ich einen Tipp geben darf: Suchen Sie sich schnell
einen kompetenten Mann, dem Sie die komplette
Verwaltung von Ägypten übertragen. 34 In den sieben
Jahren, wo die Ernten richtig gut werden, sollten Sie
20 Prozent davon als Steuer von den Bauern einzie-
hen. Dafür sollten von Ihnen ein paar Beamte ange-
stellt werden, um das auch zu kontrollieren. 35 Diese
Beamten sollen unter der obersten Aufsicht vom
Präsidenten diese Getreidesteuer der guten Jahre
sammeln und sie in den staatlichen Getreidesilos
bunkern, die in den Städten liegen. 36 Das soll dann
als Rücklage genommen werden, wenn die sieben
dünnen Jahre am Start sind und die Leute Hunger
haben. So kann dafür gesorgt werden, dass nie-
mand verhungern muss und das ganze Land nicht
durch diese Zeit kaputtgeht.

Josef kriegt den zweithöchsten Posten im Land

37 Diese Idee kam beim Präsidenten richtig gut an,
und auch seine Berater applaudierten. 38 Er flüsterte
ihnen zu: „In diesem Mann wirkt ganz heftig der
Geist von Gott! Den müssen wir halten, so einen
kriegen wir so schnell nicht noch mal, oder?"
39 Dann sagte er laut zum Josef: „Nachdem Ihnen
Gott meinen Traum so klar gedeutet hat, ist es für
mich ganz eindeutig: Ich werde wohl so schnell kei-
nen Besseren für diesen Job finden als Sie. 40 Ich
biete Ihnen hiermit den Posten des Vizepräsidenten
an! Alle sollen tun, was Sie sagen, Sie haben volle
Befehlsgewalt. Ich will nur in einem Punkt über
Ihnen stehen, und das ist in meinem Amt als Präsi-
dent von Ägypten." 41 Etwas später sagte er noch
mal zu Josef: „Ich übergebe Ihnen hiermit die Voll-
macht über Ägypten!" 42 Er unterschrieb eine Ur-
kunde, die das bestätigte, und gab sie ihm feierlich.
Dann ließ er einen Schneider kommen, der Josef
einen superfeinen Boss-Anzug machen sollte, eine
Maßanfertigung. Dazu bekam er noch ne fette Rolex
und einen Mercedes S-Klasse als Dienstwagen.
43 Josef durfte dann immer, wenn der Präsident
durch die Stadt fuhr, in der Kolonne direkt hinter
ihm fahren. Er durfte auch überall mit Blaulicht
durchbrettern, alle musste den Weg freimachen,
wenn er kam. 44 „Also, damit das klar ist, ich bin hier
der Präsident!", sagte er immer mal wieder zu ihm.
„Aber ansonsten darf niemand im Land auch nur
den Finger krumm machen, wenn Sie es ihm nicht
erlauben!" 45 Der Präsident gab Josef einen neuen
Pass, wo auch ein neuer Name für ihn drin stand. In
Ägypten durfte er sich ab jetzt „Zafenat-Paneach"
nennen, was so viel bedeutet wie „Gott spricht, er
lebt". Dazu durfte er die Tochter des Priesters Poti-
fera heiraten, die Asenat hieß. So passierte es, dass
Josef plötzlich der Chef von ganz Ägypten wurde.
46 Josef war dabei gerade mal 30, als er von dem
Präsidenten dazu ausgesucht wurde, diesen Job zu
tun. Er zog dann sofort los und machte erst mal ne
große Tour, durch ganz Ägypten.

Josef passt auf Ägypten auf

47 Jetzt gingen die sieben Jahre los, wo die fetten
Ernten eingefahren werden konnten. Auf den Fel-
dern wuchs voll viel Getreide, weit mehr als genug.

48 Josef organisierte, dass man alle Nahrungsmittel, die geerntet wurden, in die jeweils nächste Stadt brachte, um sie dort zu bunkern. 49 Das Getreide war so gigantisch viel, dass man das Gefühl hatte, es wäre nicht mehr zu wiegen. Josef hörte irgendwann auf, die Säcke zu zählen, weil es einfach unzählbar wurde. 50 Bevor die große Hungerszeit losging, kriegte seine Frau Asenat noch zwei Jungs. 51 Josef hatte auch gleich einen guten Namen für ihn. Er nannte ihn Manasse, was so viel heißt wie „Gott hilft mir zu vergessen“. Denn er hatte das Gefühl, Gott habe ihm so geholfen, Abstand zu seiner Familie zu kriegen und die ätzenden Sachen zu vergessen, die sie mit ihm angestellt hatten. 52 Er bekam dann noch einen zweiten Sohn, den er Efraim nannte, das heißt so viel wie „Gott schenkt mir Kinder“. Er sagte da nämlich, dass Gott ihm sogar Kinder geschenkt hatte, obwohl er in diesem Land eigentlich sterben sollte.

Die Brüder vom Josef kommen nach Ägypten

53 Dann waren die sieben Jahre zu Ende, wo eine fette Ernte am Start war. 54 Die sieben Jahre Hungersnot fingen aber jetzt an. Alles passierte genau so, wie es Josef vorhergesagt hatte. Auf dem ganzen Kontinent gab es nichts zu essen, nur in Ägypten hatten sie genug gebunkert. 55 Als die Einwohner von Ägypten tierisch Hunger bekamen, bettelten sie beim Präsidenten. „Wir haben Hunger! Geben Sie uns was zu essen!“ – „Wenn Sie Brot wollen, dann wenden Sie sich an Josef. Befolgen Sie seine Anweisungen“, gab er als Flugblatt an die Leute raus. 56 Als die Hungersnot überall voll durchgeschlagen hatte, öffnete Josef die Kornspeicher und ließ von dort den Verkauf an die Ägypter starten. Die Hungersnot wurde immer derber, nicht nur bei ihm im Land, sondern auch in den Nachbarstaaten. 57 Deshalb kamen die Leute aus der ganzen Welt bei ihm in Ägypten an, um Getreide zu kaufen. Wie gesagt, war überall das Essen sehr knapp, und man hatte auf dem ganzen Kontinent mit Nahrungsmittelknappheit zu kämpfen.

42 Die Brüder von Josef kommen

1 Als Jakob davon Wind bekam, dass es in Ägypten noch was zu futtern gab, sagte er zu seinen Söhnen: „Kinder! Was steht ihr hier so rum? 2 Ich hab gehört, dass es in Ägypten noch gut Getreide zu kaufen gibt. Jetzt packt eure Sachen und fahrt da mal hin! Sonst müssen wir hier noch verhungern.“ 3 Die zehn älteren Brüder von Josef packten sofort ihre Klamotten zusammen und fuhren nach Ägypten. 4 Nur Benjamin, der zweite Sohn von Rahel, sollte auf Wunsch des Vaters zu Hause bleiben. Er hatte Schiss, dass Benjamin auch noch was passieren könnte. 5 Die Brüder waren aber nicht die Einzigen, die diese Idee hatten. Weil ja im ganzen Land eine derbe Hungersnot war, gingen viele dieselbe Strecke, Richtung Ägypten. 6 Josef hatte mittlerweile die absolute Macht im ganzen Land. Er war alleine für den Verkauf von dem ganzen Getreide verantwortlich. Jede Bestellung ging über seinen Schreibtisch. Plötzlich kamen seine Brüder in das Büro und verbeugten sich ganz tief vor ihm, fast so, als wäre er der Präsident. 7 Josef erkannte sie sofort, aber er machte einen auf doof, so als hätte er keine Ahnung, wer ihm da gegenüberstand. „Guten Tag! Woher kommen Sie?“, fragte er. „Wir kommen aus dem Kanaan-Land. Wir sind hier, weil wir Getreide kaufen wollen“, antworteten seine Brüder. 8 Sie peilten aber immer noch nicht, wer da mit ihnen redete. 9 Jetzt erinnerte sich Josef wieder an das, was er damals geträumt hatte. Darum machte er erst mal einen auf Schauspieler. „Sie sind doch alle Spione! Wollen Sie unser Land ausspionieren, um zu sehen, wo man uns am leichtesten angreifen kann, oder was?“ 10 „Nein, auf keinen Fall, sehr verehrter Herr! Wir sind nur hier, um Getreide einzukaufen. 11 Wir sind alle aus der gleichen Familie. Wir sind total ehrliche Leute, keine Spione oder so was, versprochen!“, antworteten die Brüder durcheinander. 12 Aber Josef zog seine Rolle hart durch. „Nein, Sie sind nur hergekommen, weil das Land gerade nicht geschützt werden kann. Sie sind Spione!“ 13 „Nein, nein, wie können Sie so was sagen? Wir sind nur zwölf Brüder, die bereit sind, alles für Sie zu geben und Ihnen zu dienen. Wir kommen alle aus einer Familie, mit einem Vater, der aus Kanaan stammt. Unser jüngster Bruder ist bei unserem Vater geblieben, ein anderer ist tot.“ 14 Josef blieb bei seiner Meinung: „Es ist so, wie ich es sagte: Sie sind Spione! 15 Aber ich will Ihre Aussagen einmal überprüfen lassen. Dazu verlange ich, dass Ihr jüngster Bruder hier auch noch erscheint. Wenn Sie den nicht bringen können, werde ich Sie hier einsperren lassen! Da drauf haben Sie mein Wort! 16 Einer von Ihnen soll den Jungen mal herholen. Die anderen werden verhaftet und kommen in unser Staatsgefängnis. So kann man feststellen, ob Sie die Wahrheit erzählt haben! Aber, beim Leben des Präsidenten, ich bin mir sicher, dass Sie Spione sind!“ 17 Josef

steckte sie dann für drei Tage in den Knast in eine
Zelle. 18 Am dritten Tag besuchte er sie dort und
sagte: „Ich geb Ihnen noch ne Chance, wenn Sie am
Leben bleiben wollen. Denn ich hab auch Respekt
vor Gott. 19 Wenn Sie wirklich ehrlich drauf sind,
dann können Sie mir einen von Ihren Geschwistern
hierlassen. Der Rest kann von mir aus nach Hause
gehen und Getreide mitnehmen. Ich will ja nicht,
dass Ihre Familien verhungern. 20 Aber versprechen
Sie mir, den Jüngsten von Ihnen mit herzubringen,
ja? Wenn Sie das machen, glaube ich Ihnen. Und
dann muss hier auch keiner sterben." Die Brüder
waren einverstanden. 21 „Das ist jetzt die Strafe",
sagten sie zueinander, als er wieder weg war. „Josef
hatte total die Angst vor dem Tod, als er da in dem
Loch war. Er hat uns angebettelt, dass wir ihn da
wieder rausholen, aber wir haben so getan, als wür-
den wir das nicht hören. Das haben wir nun davon,
jetzt kriegen wir es selbst ganz dicke ab." 22 Ruben
sagte: „Ich hab doch noch gesagt: ‚Lasst den Jungen
in Ruhe!', aber ihr wolltet nicht auf mich hören! Jetzt
haben wir hier den Ärger am Hals. So was rächt sich
immer!" 23 Josef stand die ganze Zeit daneben. Weil
er vorher auf Ägyptisch zu ihnen gesprochen hatte,
was ein Typ dann in Hebräisch übersetzte, dachten
sie, er könnte ihre Sprache nicht verstehen. 24 Ihm
kullerten die Tränen runter, und er musste schnell in
ein Nebenzimmer gehen, damit das keiner mit-
kriegte. Als er wiederkam, ließ er den Simeon erst
mal festnehmen und in Handschellen abführen.
25 Dann befahl Josef, alle mitgebrachten Kisten von
seinen Brüdern mit Korn zu füllen. Unter den Deckel
wurde sogar noch das Geld obendrauf gelegt, das
sie eigentlich für die Ware bezahlt hatten. Er organi-
sierte auch noch ein paar Schnittchen und andere
Reiseverpflegung für die Jungs. Alles wurde genau
so ausgeführt, wie er es wollte. 26 Sie packten die
Kisten auf den Lkw und fuhren damit zurück Rich-
tung Heimat. 27 Abends an der Tanke öffnete einer
von ihnen eine der Kisten, die auf dem Hänger stan-
den, um mal zu checken, was da jetzt drin ist. Da
entdeckte er sofort die Geldscheine, die obenauf
lagen. 28 Leicht geschockt rief er die anderen zusam-
men. „Hey, Leute, meine ganze Kohle ist hier in der
Kiste drin! Was sollen wir jetzt nur machen?" Sie
bekamen voll die Panik. „Warum hat Gott das zuge-
lassen? Warum hat er uns das angetan?" 29 Als sie
dann bei ihrem Vater Jakob in Kanaan ankamen,
erzählten sie ihm die ganze Geschichte. 30 „Papa,
der Typ, der in Ägypten zur Zeit das Sagen hat, war
richtig hart zu uns! Er hat behauptet, wir wären Spi-
one! 31 Wir haben ihm dann erzählt, dass wir wirklich
ganz ehrliche Absichten hätten und dass wir nie und
nimmer sein Land ausspionieren würden. 32 Haben
ihm gesagt, dass wir zwölf Brüder sind, aber einer
von uns bereits gestorben sei. Und dass der Jüngste
zu Hause im Kanaan-Land, bei unserem Vater, ge-
blieben ist. 33 Dieser Mann meinte dann zu uns, er
würde uns erst vertrauen, wenn wir genau das tun,
was er sagt. Wir sollten einen Bruder dalassen, das
Getreide dürften wir aber schon mal mitnehmen,
damit unsere Familien zu Hause nicht verhungern
müssen. 34 Und dann bestand er da drauf, dass wir
unseren jüngsten Bruder zu ihm bringen! ‚Das wäre
für mich ein gutes Zeichen, dass Sie keine Spione,
sondern korrekt sind', meinte er. ‚Wenn der hier ist,
lass ich auch Ihren anderen Bruder frei, und Sie kön-
nen dann überall in Ägypten hingehen und machen,
was Sie wollen', hat er zu uns gesagt." 35 Beim Aus-
packen der anderen Kisten fanden sie dann die
ganze andere Kohle, die überall obendrauf lag. Als
sie und Jakob das Geld sahen, kriegten sie alle rich-
tig Panik ... 36 „Was soll das?", schrie Jakob. „Jetzt
verliere ich auch noch das zweite Kind! Josef ist weg
und Simeon jetzt auch noch!? Und als Nächstes
wollt ihr mir auch noch Benjamin wegnehmen? Seid
ihr noch ganz dicht?" 37 Ruben sagte zu seinem
Vater: „Papa, ich mach dir ein Angebot. Wenn ich
Benjamin nicht gesund und lebendig wieder zurück-
bringe, dann kannst du von mir aus meine beiden
Söhne umbringen. Vertrau mir! Ich werde ihn be-
stimmt zu dir zurückholen!" 38 Jakob war nicht ein-
verstanden: „Benjamin bleibt hier! Basta! Sein Bru-
der Josef ist schon tot, und er ist der letzte von den
Jungs, die ich mit Rahel zusammen bekommen hab.
Ich bin jetzt schon weit über 80. Wenn er einen Un-
fall auf dem Weg hat oder ihm sonst was passiert,
ich hätte sofort eine Herzattacke, das würde ich
nicht überleben."

43

Die Brüder fahren noch mal nach Ägypten

1 Die Hungersnot war immer noch sehr
heftig. 2 Irgendwann waren die Getreidekisten alle,
die die Brüder aus Ägypten mitgebracht hatten.
Jakob sprach noch mal mit seinen Söhnen: „Ich
möchte, dass ihr wieder da hinfahrt und uns was zu
Essen organisiert." 3 „Aber Papi, der Ägypter hat
eindeutig gesagt, wenn wir noch mal in seine Nähe
kommen, dann nur mit unserem Bruder! Das war
eine Drohung! 4 Wir gehen nur, wenn es für dich

okay ist, dass Benjamin mitkommt, 5 sonst bleiben wir lieber hier. Der Typ hat eindeutig klargemacht, wir sollen uns nicht noch einmal bei ihm blicken lassen, es sei denn, unser Bruder ist dabei." 6 Jakob, den man in der Zeit auch „Israel" nannte, war echt sauer. „Warum habt ihr ihm überhaupt davon erzählt, dass es noch einen Bruder bei euch gibt?" 7 „Ja, aber Papa, der Mann hat uns echt ausgequetscht. Er fragte uns ganz direkt: ‚Lebt euer Vater noch?', ‚Habt ihr noch einen Bruder?'. Wir haben ihm dann einfach die Wahrheit gesagt. Wir hatten doch keine blasse Ahnung, dass der irgendwann auf die Idee kommt, wir sollen unseren Bruder auch noch mitbringen!" 8 Juda hatte dann einen Vorschlag: „Papa, vertrau mir einfach, okay? Gib mir den Jungen unter meinem persönlichen Schutz mit. Wir gehen besser das Risiko ein, als dass wir alle vor Hunger sterben, wir und auch die Familien. 9 Ich übernehme das Ding! Du kannst mich persönlich voll dafür verantwortlich machen, mein Leben lang, wenn ich ihn nicht heil zurückbringe, ich schwör! 10 Wir wären ja schon zweimal wieder hier, wenn wir nicht so lange rumdiskutiert hätten." 11 Der Vater Israel sagte schweren Herzens: „Na gut, wenn es unbedingt sein muss, nehmt ihn meinetwegen mit. Aber bringt diesem Ägypter ein paar schöne Geschenke mit, Sachen, die in unserem Land echt ganz besonders gut sind. Packt von unserem Honig was ein, Pistazien, Mandeln, ein paar von unseren besonderen Deos und Parfüms, die gute hausgemachte Gesichtscreme, eben von dem ganzen Zeug. 12 Und dann nehmt doppelt so viel Geld mit. Einmal die Kohle, die man euch wohl aus Versehen in die Kisten gepackt hatte, und dann auch neues Geld. Übergebt das alles in bar dem Verantwortlichen. 13 Benjamin könnt ihr meinetwegen mitnehmen. Geht noch mal zu diesem Mann. 14 Ich werde hier sturmbeten, dass der Ägypter euch mag und nett zu euch ist. Und ich bete auch dafür, dass er meinen Benjamin und auch Simeon wieder gehen lässt. Ich will nicht auch noch alle meine anderen Kinder verlieren, hört ihr?!"

Josef macht ne fette Party, für seine Brüder

15 Die Brüder nahmen dann die doppelte Kohle mit, steckten die ganzen Geschenke ein und machten sich auf den Weg nach Ägypten. Benjamin hatten sie diesmal auch mit dabei. Nach einiger Zeit kamen sie beim Schloss an, in dem Josef wohnte. 16 Der sah schon aus dem Fenster, dass sie tatsächlich Benjamin mitgebracht hatten! Er rief sofort seinen Manager und sagte zu ihm: „Führen Sie die Leute, die grade ankommen, gleich in meine Residenz. Und dann fahren Sie das beste Essen auf, starten den Grill und machen uns leckere Steaks. Wir werden heute Mittag gemeinsam bei mir essen." 17 Als der Manager die Brüder begrüßt hatte und er sie in Josefs Residenz fahren wollte, 18 bekamen sie die leichte Panik. „Das ist ne Falle! Sie werden uns wegen dem Geld, das irgendwie in unsere Kisten gekommen ist, bestimmt sofort verhaften, unser ganzes Eigentum abzocken, unseren LKW verkaufen und uns in den Knast stecken." 19 Bevor sie in das Haus reingingen, sprachen sie noch mal mit dem Manager: 20 „Mal ne Frage: Wir waren ja schon einmal hier und haben Getreide von Ihnen gekauft. 21 Auf dem Heimweg, als wir irgendwo übernachten wollten, haben wir in die Kisten reingesehen. Und da lag oben in einem Umschlag das ganze Geld, das wir Ihnen dafür bezahlt hatten. Wir haben das jetzt alles wieder mitgebracht. 22 Dazu haben wir noch genug Geld dabei, um neues Getreide zu kaufen. Keine Ahnung, wer uns diesen Betrag in unsere Kisten gepackt hatte!" 23 „Keine Panik! Bleiben Sie locker!", meinte der Manager. „Das war wohl Ihr Gott höchstpersönlich, der Ihnen das Geld zugesteckt hat. Bei mir war die Abrechnung voll in Ordnung, ich habe einen satten Geldeingang von Ihnen verbucht." Er holte dann erst mal Simeon und brachte den zu ihnen. 24 Nachdem sie in der Residenz drin waren, ließ der Manager ihnen die Gästezimmer aufschließen, damit sie sich erst mal waschen konnten. Die Wagen wurden sogar neu betankt und kamen in die Autowäsche. 25 In der Zeit, als die Brüder auf Josef warteten, legten sie schon mal fein säuberlich die ganzen Geschenke auf den Tisch. Man hatte ihnen erzählt, dass sie sogar zum Mittagessen im Haus eingeladen waren! 26 Als Josef nach Hause kam, überreichten sie ihm die ganzen Geschenke und machten dabei immer wieder ganz tiefe Verbeugungen. 27 Josef wollte wissen, ob bei ihnen alles okay ist. „Wie geht es Ihrem alten Vater eigentlich? Lebt der noch?" 28 „Ja, unserem Vater geht es gut. Wir sollen herzliche Grüße von ihm ausrichten!" Dann verbeugten sie sich wieder ganz tief vor Josef. 29 Jetzt sah der erst seinen Bruder Benjamin, der die gleiche Mutter hatte wie er auch. „Ist das Ihr Jüngster, von dem Sie mir erzählt haben?", schauspielerte er. „Gott ist voll auf deiner Seite, mein Sohn!" 30 Josef kriegte voll die Heuleritis, als er das sagte. Damit keiner mitkriegte, dass er wegen seinem Bruder am

Weinen war, ging er schnell in sein Privatzimmer und flennte sich da erst mal richtig aus. 31 Danach hielt er sein Gesicht unter kaltes Wasser und ging wieder zurück. „Du musst dich jetzt echt zusammenreißen", sagte er zu sich selbst. Dann beauftragte er den Hausangestellten: „Fahrt jetzt mal das Essen auf!" 32 Im Esszimmer bekam Josef einen Platz an einem Sondertisch, die anderen Brüder saßen zusammen. An einem dritten Tisch platzen sich die Ägypter hin, die in dem Anwesen von Josef arbeiteten. Es war nämlich damals total out für einen Ägypter mit Hebräern an einem Tisch zu essen. 33 Die Brüder saßen alle genau Josef gegenüber. Dabei hatte man die Platzkarten so organisiert, dass sie der Reihenfolge von ihrem Alter entsprachen. Das fanden die, na klar, erst mal total strange, weil das ja eigentlich keiner wissen konnte. 34 Dann kam das Essen. Es wurden die ganzen Spezialsachen aufgefahren, die eigentlich nur besondere Staatsgäste bekommen. Wobei Benjamin von allem fünfmal so viel auf seinen Teller bekam, wie die anderen. Danach tranken sie noch ein paar Flaschen Alk, bis sie in Partylaune und richtig breit waren.

44

Josef testet seine Brüder aus

1 Am nächsten Morgen beauftragte Josef seinen Manager: „Füllen Sie die Kisten von diesen Männern wieder randvoll mit Getreide! Dann legen Sie auch das Geld wieder oben rein, was sie dafür bezahlt haben. 2 In die Kiste, die der Jüngste von ihnen beladen hat, legen Sie bitte noch meine Rolex oben rein, Sie wissen schon, welche." Der Manager führte den Auftrag sofort aus. 3 Am nächsten Morgen machte man früh um 5.00 Uhr die Papiere fertig und ließ sie abreisen. 4 Als sie gerade um die Ecke den Ort verlassen wollten, befahl Josef seinem Manager: „Jetzt gehts los! Fahren Sie schnell hinterher und holen Sie sie ein! Wenn Sie die Wagen erreicht haben, stoppen Sie den ganzen Treck. Und dann müssen Sie Folgendes loslassen: ‚Warum habt ihr meinen Chef beklaut, obwohl er so gut zu euch war? 5 Ihr habt die Rolex von meinem Chef mitgenommen, ein Erbstück von seinem Vater. Ihr habt damit ein Schwerstverbrechen begangen!'" 6 Der Manager fuhr full speed los und holte sie recht schnell ein. Dann sagte er seinen Spruch auf, den ihm Josef aufgetragen hatte. 7 „Wie kommen Sie zu so ner Aussage?", antworteten die Brüder. „So was würden wir nie und nimmer bringen! 8 Jeder Cent, den wir mitgebracht haben, auch das Geld, das man uns versehentlich in die Kisten getan hat, alles wurde von uns wieder zurückgebracht! Warum sollten ausgerechnet wir auf die Idee kommen, aus dem Haus von Ihrem Chef Sachen zu zocken? 9 Also, falls Sie die Uhr tatsächlich bei irgendjemandem von uns finden sollten, soll der die Höchststrafe dafür bekommen, den Tod. Und wir würden ab sofort freiwillig als Angestellte mit Billiglohn auf Lebenszeit für Ihren Chef arbeiten. Ist das ein Angebot?" 10 „Ja, okay", sagte der Manager. „Das hört sich gut an. Wer das Teil gezockt hat, der kommt mit und muss für immer für ihn arbeiten. Der Rest kann weiter nach Hause gehen." 11 Sie holten sofort die Kisten raus und öffneten sie. 12 Der Manager filzte zuerst die Sachen vom Ältesten, dann vom Zweitältesten usw., bis er beim Jüngsten war. Dort fand er dann die Rolex in Benjamins Sachen. 13 Die Brüder rasteten total aus, schlugen auf die Motorhaube und schrien rum. Schließlich packten sie alles wieder ein und fuhren die Strecke zurück zu dem Haus, wo Josef wohnte. 14 Als sie bei ihm ankamen, gingen sie sofort in sein Büro, wo er schon auf sie wartete. Sofort warfen sie sich auf den Boden. 15 Josef schrie sie an: „Was ist denn jetzt bitte los? Wie sind Sie überhaupt drauf? Es hätte Ihnen doch vollkommen klar sein müssen, dass ich so was sofort merke, wenn man mich beklaut!" 16 „Sehr verehrter Herr! Wir sind selbst vollkommen sprachlos! Was können wir noch sagen, um unsere Unschuld zu beweisen? Gott hat dafür gesorgt, dass wir erwischt wurden. Ab sofort stehen wir Ihnen für immer zur Verfügung. Wir und auch der, bei dem die Uhr gefunden wurde." 17 Aber Josef sagte: „Nein, ich werde nicht so ungerecht sein. Ich will nur, dass der, bei dem die Uhr gefunden wurde, ab sofort auf lau für mich arbeitet. Sie anderen können wieder in Ruhe zu Ihrem Vater zurückgehen!" 18 Juda ging auf Josef zu und ergriff das Wort: „Sehr verehrter Herr! Sie haben fast genau so viel Macht wie der Präsident von Ägypten! Bitte verzeihen Sie mir, wenn ich hier ganz offen mit Ihnen rede, und bitte werden Sie nicht gleich sauer. 19 Das letzte Mal, als wir bei Ihnen waren, haben Sie uns gefragt, ob unser Vater noch lebt und ob es bei uns noch mehr Brüder gibt. 20 Wir haben ganz ehrlich geantwortet, dass unser Vater zwar schon sehr alt ist, aber noch lebt. Und auch, dass wir noch einen Bruder haben, den unser Vater bekommen hat, obwohl er da schon im Rentneralter war. Dieser Junge ist der letzte Sohn von zweien, die dieselbe Mutter haben. Der Ältere ist schon tot. Darum

hängt der Vater auch so an ihm. 21 Als Sie gesagt
hatten, wir sollten ihn auch noch herbringen,
22 haben wir versucht, deutlich zu machen, dass der
Junge zurzeit seinen Vater nicht alleine lassen kann.
Er würde sehr wahrscheinlich eine Herzattacke krie-
gen und sterben, wenn der Jüngste weg wäre.
23 Aber Sie haben da drauf bestanden. Sie meinten
zu uns: ‚Ohne ihn braucht ihr gar nicht noch einmal
zu kommen!' 24 Als wir dann wieder zu Hause
waren, haben wir unserem Vater alles erzählt.
25 Dann waren die Essensreserven schon wieder alle,
und er fragte uns noch mal, ob wir nicht nach Ägyp-
ten gehen würden, um Nachschub zu holen. 26 Aber
wir fanden das keine so gute Idee. Wir sagten ihm:
‚Das geht unmöglich – es sei denn, Benjamin
kommt mit! Ohne ihn brauchen wir dort gar nicht
erst noch mal auflaufen!' 27 Mein Vater, der alles für
Sie tun würde, sagte dann zu uns: ‚Ihr wisst das
doch, dass meine Lieblingsfrau mir nur zwei Söhne
geboren hat, oder? 28 Den einen hab ich schon vor
Jahren als vermisst gemeldet. Er ist mit Sicherheit
ermordet worden oder bei einem Unfall ums Leben
gekommen. Ich hab ihn seitdem nie mehr gesehen.
29 Jetzt wollt ihr mir den zweiten Sohn auch noch
wegnehmen? Wer kann mir denn garantieren, dass
er nicht auch einen Unfall hat oder getötet wird, he?
Ich würde das nicht überleben!' 30 Wenn wir jetzt
zurückkommen und er sieht, dass der Junge, an
dem er so wahnsinnig hängt, nicht dabei ist, 31 dann
wird er sofort einen Herzkasper kriegen und tot
umfallen. Dann sind wir verantwortlich für den Tod
unseres eigenen Vaters und auch dafür, dass er mit
so viel Frust und Trauer gestorben ist. Denn diese
ganze Depression nimmt er dann sogar mit in den
Tod. 32 Außerdem hab ich ihm gesagt, ich stehe
dafür grade, dass ich den Jungen wieder mitbringe.
Die ganze Schuld liegt bei mir, und zwar für immer.
33 Bitte erlauben Sie mir, dass ich anstelle von Benja-
min hier bleibe. Ich werde Ihnen treu dienen und Ihr
Angestellter sein, ohne Bezahlung und solange ich
lebe. Bitte lassen Sie aber die anderen wieder nach
Hause gehen! 34 Ich kann sowieso nicht mehr
zurück, wenn der Junge nicht bei mir ist. Und ich
würde durchdrehen, wenn ich meinen Vater so trau-
rig sehen müsste."

45

Josef zeigt, wer er wirklich ist

1 Als Josef die ganze Story hörte, konnte
er sich nicht länger zusammenreißen.
Erst schickte er alle Ägypter vor die Tür, er wollte
auf keinen Fall, dass irgendein Fremder dabei war,
wenn er seinen Brüdern zeigte, wer er wirklich war.
2 Dann waren sie endlich allein. Josef fing erst mal
voll laut an zu heulen. Alle im Innenhof bekamen
das mit, und auch der Präsident und seine Mitar-
beiter hörten von der Sache. 3 „ICH bin Josef!",
sagte er zu seinen Brüdern. „Lebt Papa noch?"
Seine Brüder waren aber alle erst mal wie gelähmt
und konnten gar nichts sagen ... 4 „Kommt mal
näher zu mir!" Als sie vor ihm standen, rief er
ihnen noch mal zu: „Ich bin's wirklich! Josef, euer
Bruder! Der, den ihr nach Ägypten verhökert habt!
5 Keine Panik, Leute, ihr braucht euch echt keinen
Kopf mehr zu machen wegen der Sache! Es war am
Ende doch wohl Gott selbst, der mich auf diesem
verrückten Weg nach Ägypten geschickt hat. Er
wollte, dass ich hier vielen Menschen das Leben
rette! 6 Seit zwei Jahren haben wir jetzt schon diese
derbe Hungersnot. Fünf Jahre wird das noch so
weitergehen, erst dann wird man wieder Sachen
aussäen und ernten können. 7 Das war der Grund,
warum mich Gott hierhin geschickt hat. Es war
sein Plan, denn er wollte euch und eure Kinder ret-
ten. 8 Genau genommen habt ihr mich gar nicht in
diese Lage gebracht, sondern Gott. Er hat das alles
so organisiert, dass ich diese Anstellung beim Prä-
sidenten bekommen hab und sein Vize wurde. Alle
in Ägypten müssen im Grunde tun, was ich sage.
9 Jetzt los, Leute! Und nehmt für Papa noch einen
Brief von mir mit!" Er setzte sich dann schnell an
den Schreibtisch und schrieb: „Lieber Papa! Wie
geht es dir? Mir geht es gut! Gott hat dafür
gesorgt, dass ich der Chef von ganz Ägypten
geworden bin. Bitte komme mich ganz schnell
besuchen! Warte nicht mehr so lange! 10 Wenn du
willst, kannst du dich in dem Gebiet Goschen nie-
derlassen. Das ist ganz in der Nähe, wo ich auch
wohne. Bitte bring alle deine Kinder mit und auch
die Enkel! Pack deine ganzen Sachen zusammen,
und nimm auch den ganzen Betrieb mit, alle Zie-
gen und Rinder. 11 Diese Hungersnot wird noch
fünf Jahre weitergehen. Ich pass auf euch auf und
sorg dafür, dass es euch gutgeht! Bis bald. Dein
Josef" 12 Er gab den Brief an seine Brüder und sagte
zu ihnen: „Hey, habt ihr es jetzt kapiert? Ich bin es,
der mit euch redet! Wie sieht es bei dir aus, Benja-
min? 13 Ihr müsst Papa die ganze Geschichte erzäh-
len, alles, was ihr hier gesehen habt. Sagt ihm
auch, dass ich richtig Karriere in Ägypten gemacht
habe. Und jetzt zieht mal los und bringt ihn her, so
schnell es geht!!!" 14 Josef knuddelte den Benjamin

wie verrückt und weinte dabei die ganze Zeit. Benjamin heulte auch voll los. 15 Dann knutschte Josef der Reihe nach seine Brüder ab, weil er sich voll freute. Erst jetzt fingen die Brüder an zu kapieren, was da gerade passiert war, und fingen an, ihm tausend Fragen zu stellen.

Der Präsident beordert Jakob nach Ägypten

16 An der Residenz machte die Nachricht, dass die Brüder vom Josef da waren, erst mal die Runde. Der Präsident und auch die Minister fanden die Sache aber sehr cool. 17 Er sagte zu Josef: „Sagen Sie Ihren Brüdern, dass sie mal ihre Lkws beladen sollen. Sie können dann schnell wieder ins Kanaan-Land abdüsen 18 und dann noch mal wiederkommen. Diesmal sollen sie aber auch Ihren Vater und die ganze Familie mitbringen! Wenn die wollen, kriegen sie von mir ein richtig gutes Stück Land geschenkt. Dort kann man sehr gut Sachen anbauen. Ihre Familie soll das beste Essen kriegen, was man in Ägypten anpflanzen kann. 19 Sie haben ja alle Vollmachten von mir bekommen. Also organisieren Sie noch einen Bus, wo die kleinen Kinder und die Frauen mitfahren können. Auch für Ihren Vater ist das bestimmt ne gute Idee, da mitzufahren. 20 Sie sollen ihren ganzen Krempel ruhig zu Hause lassen und sich nicht mehr darum kümmern. Sie werden hier die krassesten Sachen geschenkt kriegen, die Ägypten zu bieten hat."
21 Die Brüder waren einverstanden. Josef gab ihnen, mit dem Einverständnis vom Präsidenten, die Wagen und auch genug zu Essen für die Reise.
22 Jeder bekam dazu noch einen richtig feschen Armani-Anzug. Benjamin konnte sich sogar noch fünf Jeans aussuchen und bekam dazu noch 35 000 Euro Bares in die Hand gedrückt! 23 Für seinen Vater schickte er noch extra zehn Autos los. Die waren mit Säcken voller Brot und anderen Lebensmitteln als Proviant für die Reise nach Ägypten bestückt. 24 Dann sagte er seinen Geschwistern „good bye", und sie machten sich alle auf den Heimweg. „Bitte habt keinen Stress miteinander, wenn ihr unterwegs seid, ja?", rief er ihnen noch nach. 25 Die Brüder kamen dann ins Kanaan-Land bei ihrem Vater Jakob an. 26 Sofort erzählten sie ihm das ganze Abenteuer, das sie in Ägypten erlebt hatten. „Josef lebt, Papa! Stell dir vor, er ist zurzeit der Chef über ganz Ägypten!" Der Vater war aber wie in Trance, sie konnte ihn nicht erreichen, vor allem, weil er ihnen kein Wort mehr glaubte. 27 Die Jungs waren aber so begeistert am Erzählen, und als sie ihm sagten, was Josef ihnen aufgetragen hatte, und er dann auch noch die fetten Autos sah, wurde Jakob langsam wieder wach.
28 Irgendwann sagte er dann: „Schnauze halten! Es reicht jetzt! Mein Sohn Josef lebt also noch? Dann muss ich da auch unbedingt hin und ihn sehen, bevor ich kaputtgehe und sterbe!"

46

Jakob und seine Familie ziehen um nach Ägypten

1 Jakob packte alle seine Sachen und zog los Richtung Ägypten. Als er in Beerscheba vorbeikam, machte er einen kurzen Stopp, um dort so ein Opferritual für Gott durchzuziehen. Er schlachtete eins seiner Tiere und grillte davon ein paar Steaks für Gott. 2 In der nächsten Nacht hatte er einen heftigen Traum. Gott kam vorbei und rief seinen Namen „Jakob, Jakob!" – „Was is? Bin hier!", antwortet er. 3 „Ich bin's, Gott!", sagte die Stimme. „Ich bin der Gott von deinem Vater. Du brauchst keine Angst vor Ägypten zu haben! Ich habe vor, mit deiner Familie dort ein großes Ding zu starten! Es sollen viele Babys geboren werden, und ihr sollt stark werden. 4 Ich bin dein Bodyguard, pass auf dich auf, wenn du nach Ägypten gehst, und ich werde auch dafür sorgen, dass ihr wieder zurückkommt. Josef wird bis ganz zum Schluss dabei sein, wenn du stirbst." 5 Morgens zogen Jakob und seine Truppe von Beerscheba weiter. Seine Söhne setzten Jakob und auch seine Frauen und die Kinder in den Bus, den der Präsident extra hatte kommen lassen.
6 Irgendwann kamen Jakob und seine ganze Familie dann in Ägypten an. Das ganze Familieneigentum, alle Schafe, alles, was sie in Kanaan mal gekauft hatten, das war alles mit dabei. 7 Auch die Kinder und Enkelkinder waren alle mit am Start.

Eine Liste der ganze Familie vom Jakob

8–15 Jetzt kommt eine ganze Liste mit Namen, die zu der Familie von Jakob (Israel) gehörten. Die kamen alle mit nach Ägypten. Ganz vorne stehen die Söhne, die er von *Lea* bekommen hatte, als sie noch in Mesopotamien wohnten. Zuerst

Ruben

und dessen Söhne Henoch, Pallu, Hezron und Karmi. Dann

Simeon

und dessen Söhne Jemul, Jamin, Ohad, Jachin,

Zohar und Schaul, den er aus der Beziehung mit einer Kanaaniterin bekommen hatte.

Levi
und seine Söhne Gerschon, Kehat und Merari.

Juda
und seine Söhne Er, Onan, Schela, Perez und Serach. Er und Onan waren allerdings schon in Kanaan gestorben. Perez hatte zwei Söhne: Hezron und Hamul.

Issachar
und seine Söhne Tola, Puwa, Jaschub und Schimron. Und zuletzt

Sebulon
und seine Söhne Sered, Elon und Jachleel. Ganz am Ende stand die Tochter

Dina.
Insgesamt waren es 33 Menschen, die aus der Beziehung zwischen Jakob und Lea entstanden sind. 16–18 Aus der Beziehung mit der *Silpa* kamen 16 Menschen:

Gad
und dessen Söhne Zifjon, Haggi, Schuni, Ezbon, Eri, Arod und Areli. Dazu

Ascher
und seine Söhne Jimna, Jischwa, Jischwi und Beria. Und dann soll auch noch die Tochter Serach hier genannt werden. Beria hatte auch zwei Söhne, den Heber und Malkiel. Insgesamt 16 Kinder wurden von Silpa geboren. 19–22 Von der Lieblingsfrau von Jakob, der *Rahel*, stammen folgende Jungs ab:

Josef
mit seinen Söhnen Manasse und Efraim (die beiden kamen aus der Beziehung mit Asenat, eine Tochter des Priesters Potifera aus On, sie wurde auch in Ägypten geboren). Dann kommt noch der

Benjamin
und seine Söhne Bela, Becher, Aschbel, Gera, Naaman, Ehi, Rosch, Muppim, Huppim und Ard. Insgesamt waren es 14 Menschen, die aus der Beziehung zwischen Jakob und Rahel entstanden sind. 23–25 Aus der Beziehung mit *Bilha*, der Angestellten von Rahel (die von Laban), kommen folgende Kinder und Enkelkinder:

Dan
und sein Sohn Huschim,

Naftali
und seine Söhne Jachzeel, Guni, Jezer und Schillem. 26 Insgesamt kamen also mit Jakob 66 Kinder und Enkel nach Ägypten. Dazu kamen noch die Frauen von Jakobs Söhnen. 27 Wenn man jetzt noch Jakob, Josef und seine Söhne dazuzählt, zogen insgesamt 70 Leute aus der Familie vom Jakob nach Ägypten.

Wiedervereinigung von Jakob und Josef

28 Jakob kam irgendwann mit seiner ganzen Familie in Ägypten an. Juda hatte er schon mal vorgeschickt, damit er Josef ansagen konnte, dass sie bald bei ihm sein würden. Die Idee war, sich schon auf halbem Weg in dem Land Goschen zu treffen. 29 Josef ließ seine Staatskarosse kommen und fuhr seinem Vater entgegen. Als er da war, stieg er aus, beide liefen sich entgegen und umarmten sich heftig. Josef und Jakob fingen dabei voll an zu weinen. 30 „Von mir aus kann ich jetzt gerne sterben", sagte Jakob. „Ich hab dich endlich wieder gesehen, und ich weiß jetzt, dass du noch lebst!" 31 Josef sagte dann zu seinen Brüdern und der ganzen Familiengang, die da standen: „Leute, ich gehe jetzt mal zum Präsidenten und sprech bei ihm vor. Ich will ihm erzählen, dass ihr aus dem Kanaan-Land zu Besuch seid, um mich zu sehen. 32 Ich sage ihm, dass ihr eure Kohle mit Viehzüchten verdient und dass ihr den ganzen Besitz und auch alle Tiere mit am Start habt. 33 Wenn der Präsident euch vorladen lässt und Fragen nach eurem Beruf stellt, 34 dann sagt ihm einfach, dass ihr immer schon als Viehzüchter gearbeitet habt, Schafe und Ziegen, damit kennt ihr euch aus. „Das war schon immer so in unser Familie" müsst ihr ihm erzählen. Dann wird er euch ein Visum ausstellen, und ihr habt die Erlaubnis, in dem Land zu wohnen." Für Ägypter sind Viehzüchter, die den ganzen Tag mit Schafen und Ziegen rumhängen, nämlich total out. Sie finden die einfach ekelig.

47

Jakob beim Präsidenten

1 Josef ging dann zum Präsidenten ins Büro und erzählte ihm, dass sein Vater und auch die Brüder angekommen seien. „Sie sind

aus dem Land Kanaan ganz hierhergefahren und haben alles, was ihnen gehört, gleich mitgebracht. Ihre ganzen Tiere und so, alles ist dabei. Sie sind jetzt in dem Gebiet Goschen." 2 Vor der Tür standen erst mal nur fünf von seinen Brüdern, die er jetzt reinholte, um sie dem Präsidenten einmal vorzustellen. 3 „Was machen Sie beruflich?", wollte der gleich von ihnen wissen. „Wir leben von der Aufzucht und Pflege von Schafen, verehrter Herr Präsident. Das ist in unser Familie schon immer so gewesen." 4 Dann sagten sie zu ihm: „Wenn es Ihnen möglich erscheint, würden wir sehr gerne ein Arbeitsvisum in Ihrem Land beantragen und hier eine Zeitlang leben. Bei uns zu Hause im Kanaan-Land gibt es zurzeit kein Wasser und keine grüne Weidefläche für unsere Tiere, weil es seit langem nicht mehr geregnet hat. Wir bitten höflichst um Erlaubnis, uns für eine Zeit in der Provinz Goschen niederlassen zu dürfen." 5 Der Präsident beugte sich zu Josef rüber und meinte: „Ihr Vater und Ihre Brüder sind jetzt also zu Ihnen gekommen! 6 Von mir aus steht Ihnen ganz Ägypten zur Verfügung! Die beste Idee ist vielleicht, sie gleich in Goschen wohnen zu lassen, das ist ja vom Land her sehr schön dort, das beste, was wir haben. Wenn es einige in Ihrer Familie gibt, die sich gut mit Tieren auskennen, hab ich nichts dagegen, wenn Sie ihnen auch die Verantwortung für meine eigenen Herden übergeben." 7 Josef ließ jetzt auch seinen Vater zum Präsidenten rufen. Jakob begrüßte den Präsidenten mit einem Gebet für ihn. 8 Nachdem sie sich dann freundlich die Hand gegeben hatten, war seine erste Frage: „Wie alt sind Sie denn, wenn ich fragen darf?" 9 „130 Jahre lebe ich jetzt als Ausländer auf dieser Erde", antwortete Jakob. „Ich habe viel kürzer und schlechter als meine Vorfahren gelebt, obwohl sie genauso wie ich als Ausländer lebten." 10 Beim Abschied betete Jakob noch mal für den Präsidenten und verabschiedete sich dann. 11 Nach dem Befehl vom Präsidenten durfte sich Jakob mit seiner ganzen Familie in der Gegend von Ramses ein Grundstück aussuchen und dort wohnen. Das war so ziemlich die angesagteste Gegend im Land. 12 Josef versorgte seinen Vater und kümmerte sich auch um seine Brüder, damit sie genug zu essen bekamen. Das war so viel, dass alle Familienangehörigen und auch die Kinder immer satt wurden.

Die Ägypter verkaufen sich an den Präsidenten

13 Es gab immer noch kein Brot in Ägypten und Kanaan zu kaufen, und alle Einwohner hatten voll den Hunger. 14 Sie konnten zwar immer Mehl und Getreide beim Josef einkaufen, aber irgendwann war ihre Kohle alle, weil sie dafür ja auch ganz gut bezahlen mussten. Irgendwann gab es kein Geld mehr, weil alle Knete, die es überhaupt gab, auf dem Konto von Josef gelandet war. Der überwies den ganzen Betrag aber an die Bank vom Präsidenten. 15 Als wirklich keiner mehr Geld hatte, kam es zu einer Demonstration vor dem Büro von Josef. „Geben Sie uns Brot! Oder sollen wir hier jetzt vor Ihren Augen verrecken? Unser Geld ist alle!" 16 „Sie können auch mit anderer Währung bezahlen", antwortete Josef. „Bezahlen Sie das Essen mit Ihren Tieren, die Sie noch haben. Wir tauschen Tiere gegen Brot!" 17 Also kamen die Leute in den nächsten Tagen, einer nach dem anderen, bei ihm an und brachten ihre Pferde, Esel, Rinder, Schafe und Ziegen. Josef gab ihnen dafür das ganze Jahr genug zu essen. 18 Aber im nächsten Jahr standen sie dann wieder bei ihm auf der Matte: „Sie sind unser Chef! Und wir müssen einfach zugeben, dass wir schon jetzt total pleite sind. Wir haben nichts mehr, womit wir bezahlen könnten, nur noch unser Land und unser Leben. 19 Möchten Sie, dass wir vor Ihren Augen verhungern? Was passiert mit unserem Land? Sie können uns haben und auch unser Land kaufen, wenn Sie wollen. Wir werden ab sofort dann nur noch für den Präsidenten arbeiten. Als Zahlung wollen wir nur Mehl und Getreidekörner haben. Die Körner brauchen wir, damit wir auf unseren Feldern vielleicht mal wieder Getreide anpflanzen können und die nicht total verkommen." 20 Josef ließ sich auf den Deal ein. So mussten wegen der derben Hungersnot alle Ägypter auch noch ihren Grundbesitz an den Präsidenten verkaufen. Josef regelte die Verträge und dann gehörte wirklich alles, was es in Ägypten gab, nur noch dem Präsi. 21 Alle Leute, die in Ägypten lebten, gehörten ab dann mit Haut und Haaren ganz dem Präsidenten. 22 Nur die Priester, die in den Tempeln arbeiteten, brauchten ihre Felder nicht zu verkaufen. Die waren nämlich so was wie Beamte und bekamen ihre Kohle direkt vom Staat. 23 Josef sagt danach zu den Ägyptern: „Heute habe ich Sie und Ihr Land für den Präsidenten gekauft. Jetzt lassen Sie sich mal richtig viel Getreide geben, damit Sie davon leben können. Und legen Sie sich etwas zurück, um es dann auf den Feldern wieder auszusäen, ja?" 24 Er legte es gesetzlich fest, dass in ganz Ägypten ab sofort jeder 20 Prozent von seinem Einkommen als Steuer an den Präsidenten abführen musste. „Was übrig bleibt, können Sie für

Ihre Familien behalten. Es müsste reichen, um davon zu leben und auch noch was für das Säen und Ernten übrig zu haben. [25] „Danke", sagten die Leute zu ihm. „Sie retten uns das Leben! Wenn es okay ist, wollen wir freiwillig für immer kostenlos für Sie arbeiten!" [26] Josef brachte dann ein Gesetz ein, dass eine Steuerzahlung von 20 Prozent auf das ganze Einkommen gelegt wurde, was in Ägypten im Jahr aufkam. Dieses Gesetz gibt es da noch heute. Nur das Eigentum der Priester wurde nicht an den Staat überschrieben.

Jakobs Letzter Wille

[27] So kam es also, das alle Israeliten in Ägypten wohnten. Sie lebten in der Provinz Goschen und bekamen da ganz viele Kinder. [28] Jakob lebte noch siebzehn Jahre in Ägypten. Er wurde insgesamt 147 Jahre alt. [29] Als er merkte, dass es mit ihm zu Ende ging, ließ er den Josef zu sich rufen. „Ich hab eine Bitte an dich", sagte er zu ihm. „Mein Letzter Wille ist, dass ich nicht hier in Ägypten beerdigt werde. Das musst du mir schwören! [30] Ich möchte, dass mein Grab dort ist, wo auch meine Väter begraben wurden. Bitte überführe meine Leiche dorthin, wenn es so weit ist!" – „Versprochen, das mach ich!", antwortete Josef seinem Vater. [31] „Ich will, dass du es mir ganz fest versprichst, ja? Schwörst du auf deine Mutter?" Josef versprach es seinem Vater, dass er diesen Wunsch auf jeden Fall erfüllen würde. Er verbeugte sich dabei ganz tief an dem Bett von seinem Vater und betete dabei zu Gott.

48

Jakob betet auch noch für seine Enkel

[1] Einige Zeit später kriegte Josef eine Mail von zu Hause, wo drinstand, dass sein Vater sehr krank ist. Er packte sofort seine Sachen, nahm seine beiden Söhne Manasse und Efraim mit ins Auto und fuhr los. [2] Als man Jakob erzählte, dass sein Sohn Josef gleich da sein würde, riss er sich noch mal richtig zusammen und setzte sich auf die Bettkante. [3] Nachdem Josef in seinem Zimmer angekommen war, fing Jakob an mit ihm über etwas sehr Wichtiges zu sprechen. „Josef, ich hatte mal ein echt heftiges Treffen mit dem richtig großen Gott. Das war bei Lus, im Kanaan-Land. Gott wünschte mir alles Gute, er segnete mich [4] und sagte dann: „Ich werde dafür sorgen, dass sich deine Familie sehr stark vermehren wird! Daraus wird mal ein ganz großes Volk werden, eine ganze Nation von Völkern. Und ich will dir dafür dieses Land auf lau schenken. Es soll dir und deiner Familie für immer gehören." Das hat mir Gott höchstpersönlich damals so gesagt. [5] Ich hatte jetzt die Idee, dass ich deine beiden Söhne Efraim und Manasse, die ja beide in Ägypten geboren wurden, adoptieren werde, damit sie die gleichen Rechte wie meine eigenen Söhne haben. [6] Aber die Kinder, die du vielleicht später noch bekommst, sollen den Familiennamen Efraim oder Manasse abkriegen und in deren Land leben. [7] Ich will das vor allem wegen deiner Mutter Rahel. Sie ist ja auf dem Rückweg von Mesopotamien nach Kanaan gestorben. Wir waren damals kurz vor der Stadt Efrata. Ich hab sie dort auf einem Friedhof beerdigt." Efrata ist übrigens das heutige Bethlehem. [8] Jetzt erst bemerkte Jakob, dass die zwei Söhne von Josef, Manasse und Efraim, mit am Start waren. „Wen hast du denn da mitgebracht?", fragte Jakob. [9] Josef antwortete: „Das sind die Söhne, die Gott mir hier in Ägypten geschenkt hat!" – „Bring die mal her! Ich will mir die gerne mal aus der Nähe ansehen und für sie beten!" [10] Jakob war nämlich schon ziemlich kurzsichtig und hatte keine Brille. Als die beiden Jungs bei ihm am Bett standen, knuddelte er sie und gab ihnen einen Kuss. [11] „Josef, ich hätte es echt nicht mehr geglaubt, dass ich dich überhaupt noch mal wiedersehen werde, und jetzt darf ich sogar noch deine Kinder umarmen!" [12] Josef nahm dann die beiden Jungs beiseite und kniete sich vor dem Bett seines Vaters auf den Boden hin. Dann verbeugte er sich ganz tief. [13] Danach nahm er seine beiden Söhne an die Hände, Efraim rechts und Manasse links. So ging er dann noch mal ganz nahe zu seinem Vater ans Bett, damit der noch mal für seine Kinder beten und sie segnen würde. Er wollte, dass der Ältere von beiden mit der rechten Hand von Jakob gesegnet wird, weil man damals dachte, da liegt mehr Power drauf. [14] Jakob überkreuzte aber seine Hände beim Beten, legte seine rechte Hand auf den Kopf vom jüngeren Bruder Efraim und seine linke auf den Kopf von Manasse. Und das, obwohl eigentlich Manasse der ältere Bruder war. [15] Jakob fing dann an zu beten: „Gott! Du bist derjenige, der schon meinen Vätern Abraham und Isaak gesagt hat, was Sache ist. Sie haben sich danach gerichtet. Ich rede jetzt mit dem Gott, der mich schon mein ganzes Leben lang begleitet und auf mich aufgepasst hat, bis heute. [16] Du bist derjenige, der immer da war, wenn es mir beschissen ging. Du hast mich so oft gerettet. Du sollst jetzt mit voller Power mit diesen

Kindern sein. Sorge dafür, dass unsere Familie, ich und meine Vorfahren Abraham und Isaak, durch ihr Leben weiterbesteht. Sie sollen viele Kinder bekommen, damit dieses Land ohne Ende bevölkert wird."
17 Josef fand das nicht so geil, dass Jakob seine rechte Hand auf Efraim gelegt hatte. Darum wollte er sie da wegnehmen und auf Manasse legen.
18 „Kleiner Irrtum, Papa", sagte er zu ihm. „Das ist nicht der Ältere von den beiden! Auf den hier musst du deine rechte Hand legen!" 19 „Das hab ich schon lange kapiert", antwortete Jakob. „Keine Panik, auch Manasse wird sehr viele Kinder bekommen, aus denen dann ein großes Volk entstehen wird. Aber sein jüngerer Bruder wird es noch fetter abkriegen. Aus seiner Familie werden mal ganze Nationen!"
20 Also betete Jakob auf die Art für die zwei Jungs von Josef. Er sagte danach zu Josef: „Hör zu, du und deine Kinder, ihr werdet mal in Israel als Beispiel dafür dienen, wie sehr Gott einen unterstützen und wie krass er jemanden segnen kann. Irgendwann wird es so einen Spruch in Israel geben. Wenn man sich etwas besonders Gutes sagen will, dann werden die Leute texten: ‚Gott soll so mit dir umgehen, wie er es mit Efraim oder Manasse gemacht hat!'" Ganz bewusst nannte er dabei Efraim zuerst.
21 Jakob, den man ja zu der Zeit auch Israel nannte, sagte dann zu Josef: „Pass auf, mein Junge, ich sterbe jetzt. Aber Gott lässt euch nie alleine. Er wird euch in das Land zurückbringen, das er schon unseren Vätern versprochen hat. 22 Ich vererbe dir hiermit ein Stück Land, das ich mal im Krieg von den Amoritern erobert habe. Es liegt dort oben in den Bergen. Du wohnst dann sogar noch höher als deine Brüder!"

49 Jakob betet für seine Söhne und spricht ihnen gute Sache zu

1 Danach rief Jakob alle seine Söhne zu sich ins Zimmer, weil er ihnen was sagen wollte: „Hey, Jungs, hört mal zu! Ich will euch mal ne Ansage machen über die Dinge, die mit euren Familien später mal passieren werden! 2 Kommt mal her und hört mir gut zu! Als euer Vater Israel will ich euch was voll Wichtiges erzählen! 3 Zuerst zu dir, Ruben. Du bist ja als Erster geboren worden. Da war ich noch voll Power, und das sieht man auch an dir. Du bist nämlich auch voll im Saft, machst manchmal den Lauten, weil du gar nicht weißt, wohin mit deiner Kraft. 4 Aber du kannst nicht der Erste bleiben, weil du dich nicht unter Kontrolle hast. Du bist einfach zu wild, wegen dir musste ich mich voll schämen, weil du mit einer von meinen Frauen Sex gehabt hast. 5 Jetzt zu euch beiden, Simeon und Levi. Ihr habt es nicht geschafft, mich für eure Pläne zu begeistern. Ihr seid zu aggromäßig unterwegs und tut, worauf ihr Bock habt. 6 Ich will echt nicht in eurer Gang sein. Ihr schlagt einfach zu und habt so schon viele Männer getötet. Auch auf Tiere geht ihr einfach los und verstümmelt sie. 7 Ich hasse euer brutales Verhalten, ich verfluche es! Warum seid ihr so heftig drauf, warum immer so grausam unterwegs? Ich bestimme jetzt, dass ihr euch über das ganze Land verteilt ausbreiten müsst. 8 Juda, du bist der Beste, und deine Brüder haben dich als Vorbild! Jeder findet dich total gut, weil du deine Feinde im Griff hast. Du machst sie einfach nieder, sie sehen keine Stiche gehen dich. 9 Du bist eben mein Sohn! Du hast die Eigenschaften von einem gefährlichen Löwen; wenn du auf der Jagd bist, kommst du immer mit fetter Beute nach Hause. Und wenn du etwas gejagt hast, kann dir das keiner abnehmen, weil sie Angst vor dir haben. 10 Du sollst alleine das Sagen haben. Aus deiner Familie sollen die Könige und Präsidenten kommen, und zwar so lange, bis der große Held da ist. Der wird der Größte überhaupt sein, und aus allen Völkern werden sie zu ihm halten. 11 Er wird es ganz fett haben. Er wird so reich sein, dass er sein Auto mit Schampus waschen kann, und er selbst wird im Sekt baden.
12 Wenn er Wein getrunken hat, funkeln seine Augen. Und er hat schneeweiße Zähne, die so weiß sind wie Milch. 13 Und jetzt zu dir, Sebulon. Du wohnst an der Küste, da, wo Schiffe rumfahren und wo ein Hafen ist. Das Land, das mal dir gehört, das soll bis nach Sidon reichen! 14 Also bei Isschar fällt mir nur ein alter Drahtesel ein, der rostig im Schuppen liegt. 15 Du hast dir gesagt: ‚Ich will keinen Stress haben. Hier ist das Land so nett. Ich werde mir einfach einen Job suchen und mein Leben lang als Angestellter arbeiten!' 16 Dan, du wirst für das Recht von deinen Leuten kämpfen, wie ein Rechtsanwalt das tut. Darum wird man deine Familie immer respektieren, alle in Israel werden das.
17 Aber du bist auch gefährlich wie eine Giftschlange, die sich im Wald versteckt hat. Reitet jemand auf einem Pferd vorbei, zischt sie los und beißt. Dann fällt der Reiter voll auf die Fresse. Mit solchen Tricks wirst du auch deine Feinde besiegen.
18 Hey, Gott, ich warte auf deine Hilfe! 19 Jetzt zu dir, Gad. Viele Leute werden versuchen, dich abzuzo-

cken, aber du lässt dich nicht beklauen. Du wirst
dich wehren und sie verjagen. 20 Ascher, bei dir wird
es so sein, dass du ein sehr erfolgreicher Bauer
sein wirst. Auf deinen Feldern wird das beste Bioge-
müse wachsen, das es im ganzen Land zu essen
gibt. Und die Promis werden nur bei dir bestellen.
21 Und du, Naftali, bist wie ein Talkmaster, der echt
gut reden kann. 22 Was dich angeht, Josef, ich kann
dich nur mit einem Weinstock vergleichen, der an
einer Quelle wächst. Du wirst gigagroß werden und
wirst die größten Mauern überwachsen. 23 Wenn du
Feinde hast, die dir ans Leder wollen, wenn sie dich
beschießen, 24 dann macht dich das nie fertig, es
verunsichert dich nicht. Du reagierst sofort und
schießt zurück. Mein Gott, der sehr stark ist, wird
an deiner Seite sein. Darum wirst du zuverlässig
die Bevölkerung von Israel führen, du kannst sie
beschützen und auf sie aufpassen. 25 Der heftige
Gott höchstpersönlich ist auf deiner Seite, er ist
total für dich, versorgt dich, hilft dir. Er sorgt für
Regen, wenn du Regen brauchst. Er organisiert dir
Wasser, wenn du es benötigst. Du wirst auch ohne
Ende Kinder bekommen, deine Frau wird viele
Babys stillen müssen. 26 Siehst du da oben die
Berge? Die stehen da felsenfest und gigantisch
hoch, bis zu den Wolken. Das, was ich dir jetzt
zuspreche, wird noch höher und weiter reichen. Du
bist Josef, du bist was ganz Besonderes, du bist
ganz speziell, anders als deine Brüder. 27 Und zum
Schluss noch zu dir, Benjamin. Du bist wie ein wil-
der Wolf, der zum Frühstück erst mal seine Beute
frisst und die Reste abends an die anderen verteilt."
28 Das waren die heftigen Sprüche, die Jakob über
seine Söhne abließ, als er für sie am Beten war. Aus
seinen Söhnen wurden die 12 unterschiedlichen
Stämme vom Volk Israel. Jakob hatte da schon eine
Peilung von, dass es so passieren würde. Jeder von
seinen Söhnen bekam einen besonderen Spruch,
einen Segen. 29 Als er damit fertig war, sagte er
noch seinen Letzten Willen: „Wenn ich tot bin,
bringt meine Leiche bitte wieder zurück ins Kanaan-
Land! Macht mir da bitte ein Grab, wo ich für
immer richtig entspannt sein kann. Ich möchte da
beerdigt werden, wo auch mein Vater, mein Opa
und die anderen Vorfahren aus meiner Familie lie-
gen. Das ist in der Höhle, die auf dem Feld Mach-
pela liegt, östlich von Mamre. Dieses Grundstück
hat Abraham vor Jahren mal dem Hetiter Efron
abgekauft, um da so ein Familiengrab zu bauen.
31 Abraham liegt da auch und genauso Sarah. Und
Isaak und seine Frau Rebekka hat man da unter die
Erde gebracht. Und auch meine Lea hab ich dort
beerdigt. 32 Die ganze Wiese und auch die Höhle
gehören uns, ich hab die Papiere dafür. Wir haben
das damals wie gesagt rechtmäßig den Hetitern
abgekauft." 33 Als Jakob seinen Söhnen diese letzten
Sachen sagte, saß er die ganze Zeit auf seiner Bett-
kante. Jetzt setzte er sich zurück und legte seine
Füße wieder ins Bett. Und dann starb Jakob. Er ging
dorthin, wo die Toten sind und wo sich auch seine
ganze Familie aufhält, die schon vor ihm gestorben
war. Dort war er dann mit ihnen wieder zusammen.

50 Jakob wird unter die Erde gebracht

1 Josef war voll traurig. Er warf sich auf sei-
nen gestorbenen Vater und küsste ihn.
2 Nach einiger Zeit sagte er dann seinen Angestell-
ten, sie sollten seinen Vater mit so Spezialcreme
einreiben. Man nannte das „Einbalsamierung". 3 So
was dauerte normal vierzig Tage lang, bis sie damit
fertig waren. In der Zeit gab es überall in Ägypten
Trauertage, alle weinten mit Josef über den Tod sei-
nes Vaters. 4 Danach ging Josef zu den anderen
Angestellten, die im Büro vom Präsidenten arbeite-
ten. „Können Sie mir einen großen Gefallen tun?",
fragte er. „Bitte richten Sie dem Präsidenten aus,
5 dass ich meinem Vater geschworen hab, ihn im
Kanaan-Land zu beerdigen. Dort ist ein Grab, das er
mal für sich selbst vorbereitet hat. Das war sein
Letzter Wille. Sagen Sie ihm, ich will dort hinfahren,
um meinen Vater dort unter die Erde zu bringen. Ich
komme danach wieder her, versprochen." 6 Der Prä-
sident ließ ihm gleich seine Antwort ausrichten. „Ist
okay. Machen Sie es so, wie Sie es Ihrem Vater ver-
sprochen haben!" 7 Josef zog dann los, seinen Vater
dort hinzubringen, um ihn da zu begraben. Die
hohen Regierungschefs aus Ägypten und alle Leute,
die im Land was zu sagen hatten, begleiteten ihn
auf dem Weg. 8 Natürlich waren seine ganzen Brü-
der auch mit am Start, dazu alle, die zur Großfami-
lie gehörten. Nur die Kinder und die Leute, die
schwer krank waren, und auch die ganzen Tiere blie-
ben in Goschen. 9 Sogar eine Ehrengarde in feschen
Anzügen begleitete die ganze Truppe mit Staatska-
rossen. Es war ein echt richtig großer Treck. 10 Auf
der Strecke machten sie einen Stopp in Goren-Atad,
das östlich vom Jordan liegt. Da veranstalteten sie
eine riesen Trauerfeier. Sieben Tage lang wollte
Josef, dass alle über den Tod seines Vaters weinten.
11 Die Kanaaniter, die da zu Hause waren, kriegten
das nicht so richtig auf die Kette. Sie sagten zuein-

ander: „Die Ägypter haben da aber eine fette Trauerfeier!“ Darum nannte man den Ort später auch Abel-Mizrajim, was so viel bedeutet wie „Trauer der Ägypter“. [12] Schließlich erfüllten die Söhne vom Jakob auch noch seinen letzten Wunsch: [13] Sie brachten seine Leiche in das Kanaan-Land und beerdigten ihn dort östlich von Mamre in der Höhle auf dem Feld Machpela. Das war der Friedhof, den Abraham von dem Hetiter Efron mal für seine Familie gekauft hatte. [14] Nachdem Josef seinen Vater unter die Erde gebracht hatte, ging er wieder mit seinen Brüdern und allen Leuten, die ihn begleitet hatten, zurück nach Ägypten.

Josef war cool drauf

[15] Die Brüder von Josef bekamen jetzt wieder etwas Panik. Denn jetzt war ihr Vater tot und konnte sie nicht mehr beschützen, falls Josef doch noch die Hasskappe gegen sie schieben würde. „Was machen wir nur, wenn er uns jetzt hasst und uns das zurückzahlen will, was wir ihm angetan haben?“ [16] Sie schrieben Josef deswegen einen Brief: „Lieber Josef, dein und unser Vater hat uns noch eine Anweisung gegeben, bevor er gestorben ist. Er sagte: [17] ‚Bittet Josef um Verzeihung wegen der linken Sachen, die ihr ihm angetan habt! Sagt ihm: Wir bitten dich um Vergebung und unser Gott ist Zeuge!‘“ Als Josef den Brief las, kamen ihm die Tränen. [18] Seine Brüder gingen dann zu ihm hin und knieten sich auf den Boden. „Wir tun alles, was du willst! Wir sind deine Sklaven!“ [19] „Hey, Leute, steht auf! Ihr braucht echt keine Angst zu haben! Ich bin doch nicht Gott! [20] Ihr hattet wirklich üble Pläne mit mir, aber Gott hat das absolut Genialste da draus gemacht. Er hatte den besten Plan, er wollte über diesen Umweg vielen Menschen das Leben retten. Es war alles in seiner Idee mit drin. [21] Es gibt keinen Grund noch Angst zu haben! Ich pass auf euch und eure Kinder ab jetzt auf, könnt ihr euch wirklich drauf verlassen!“ So holte Josef seine Brüder erst mal runter und ermutigte sie.

Wie es mit Josef zu Ende ging

[22] Josef blieb dann mit der ganzen Großfamilie von seinem Vater in Ägypten. Er wurde 110 Jahre alt. [23] Josef erlebte sogar noch die Enkel von seinem Sohn Efraim. Ja, er wurde sogar noch älter und konnte auch die Urenkel, also die Kinder von seinem Enkel Machir, dem Sohn von Manasse, noch knuddeln. Er nahm diese Kinder noch feierlich in die Familie auf. [24] Als Josef merkte, dass er bald sterben muss, sagte er zu seinen Brüdern: „Passt mal auf, Leute, eins ist ganz sicher: Gott wird euch nicht vergessen! Er wird euch hier rausholen und wieder in das Land zurückbringen, wo unser Stamm eigentlich herkommt. Das Land, was er Abraham, Isaak und Jakob mal ganz, ganz fest versprochen hat. [25] Wenn ihr da seid, dann müsst ihr mir auch etwas versprechen: Bitte buddelt meine Knochen von hier aus und grabt sie dort wieder ein, wenn Gott euch das Land gegeben hat!“ Josef ließ das seine Brüder hoch und heilig schwören. [26] Als Josef starb, war er 110 Jahre alt. Seine Leiche wurde mit so einer ägyptischen Spezialcreme einbalsamiert, damit sie nicht so schnell vergammelt. Dann legte man ihn dort in Ägypten in einen Sarg.

2. Buch Mose

1 Die Israel-Leute kommen in Ägypten an die Kette

1 Zusammen mit Jakob, den man auch Israel nannte, waren seine Söhne mit ihrer ganzen Familie nach Ägypten ausgewandert. 2 Das waren Ruben, Simeon, Levi, Juda, 3 Issachar, Sebulon, Benjamin, 4 Dan, Naftali, Gad und Ascher. 5 Josef war ja schon eine ganze Zeit vor ihnen in Ägypten gelandet. Wenn man alle Kinder und Enkelkinder zusammenzählt, waren es insgesamt siebzig direkte Nachkommen von Jakob. 6 Nachdem Josef und auch seine Brüder tot waren, 7 lebten deren Kinder weiter in Ägypten. Und sie vermehrten sich immer mehr, jeden Tag kamen ganz viele Babys auf die Welt, und ihre Familien wurden immer stärker und größer. Irgendwann konnte man sie überall im Land antreffen. 8 Dann gab es einen Regierungswechsel. Ein neuer Präsident kam an die Macht, der Josef nicht mehr kannte. Der hatte auch überhaupt keine Ahnung, was Josef früher mal an guten Sachen für das Land gemacht hatte. 9 Er war der Meinung, dass die Israeliten seinen Leuten irgendwann gefährlich werden könnten, weil sie immer mehr und immer stärker wurden. 10 „Wir müssen was gegen die unternehmen!", sagte er. „Sonst vermehren die sich wie die Karnickel. Wenn es dann mal einen Krieg gegen uns geben sollte, könnten sie sich vielleicht mit den Feinden zusammentun. Dann hätten wir keine Chance, weil sie ja schon hier im Land sind, und dann könnten die sogar die Macht übernehmen." 11 Darum wurde ab sofort vom Staat angeordnet, dass die Israeliten nur noch die Drecksarbeit machen sollten. Es wurde eine extra Security-Einheit angestellt, die sie rund um die Uhr 24 Stunden bewachen sollte. Die israelitischen Männer wurden gezwungen, im Baudienst für den Präsidenten zu arbeiten. Sie waren in der nächsten Zeit sehr viel in Pitom und Ramses an einem Lagerhallenkomplex im Einsatz. 12 Aber je mehr man den Israeliten schwere Arbeit aufdrückte, desto mehr Kinder kriegten sie. Sie breiteten sich weiter überall in Ägypten aus. Den Ägyptern wurde das langsam echt unheimlich. 13 Schließlich verhafteten sie die Männer und drückten ihnen Zwangsarbeit auf, man nannte das damals Sklavendienst. 14 Sie wurden geschlagen und getreten, es war die reine Hölle. Ein Teil ihrer Arbeit bestand darin, in einer Fabrik unter miesesten Umständen Ziegel herzustellen. Der andere Teil bestand aus Zwangsarbeit in der Landwirtschaft auf den Feldern. 15 Der neue ägyptische Präsident ließ die beiden Oberhebammen der Israeliten zu sich rufen. Die Hebammen hatten den Job, Frauen bei der Geburt zu helfen. Die eine hieß Schifra und die andere Pua. 16 Er sagte zu ihnen: „Wenn Sie israelitischen Frauen bei der Geburt helfen, dann achten Sie ab sofort darauf, ob es ein Junge oder ein Mädchen ist. Die Jungen müssen Sie sofort töten! Nur die Mädchen dürfen am Leben bleiben! Das ist ein Befehl!" 17 Die Hebammen wollten aber lieber das tun, was Gott von ihnen wollte, als auf den Präsidenten zu hören. Darum gehorchten sie ihm nicht, sie ließen auch die Söhne leben. 18 Später rief er die Hebammen wieder zu sich ins Büro. „Was sollte das? Warum haben Sie nicht getan, was ich Ihnen befohlen hatte? Warum haben Sie die Jungs am Leben gelassen?" 19 „Das ist so, dass die israelitischen Frauen stärker sind und deshalb leichter Babys kriegen als wir! Wenn die Hebamme zur Geburt gerufen wird, ist das Kind meistens schon lange geboren worden, bevor wir da sind." 20 So kam es, dass die Israeliten immer mehr und mehr wurden. Gott kümmerte sich dabei auch um die Hebammen und sorgte dafür, dass es ihnen gutging. 21 Weil die Hebammen Respekt vor Gott hatten, sorgte er auch dafür, dass sie selbst viele Kinder kriegen konnten. 22 Irgendwann hatte der Präsident die Schnauze voll. Er gab den Befehl an alle raus: „Jedes männliche Baby, das von den Israeliten geboren wird, soll sofort getötet werden! Ihr sollt es denen wegnehmen und in den Nil-Fluss schmeißen! Nur die Mädchen dürfen am Leben bleiben!"

2 Und jetzt kommt Mose ...

1 Ein Mann, der aus der Familie Levi stammte, heiratete einmal eine Frau, die auch aus diesem Stamm kam. 2 Nach einer Weile wurde sie schwanger und bekam einen Sohn. Sie fand ihren Jungen total niedlich. Weil sie Angst hatte, dass er auch getötet werden würde, hielt sie ihn drei Monate versteckt. 3 Aber irgendwann ging das nicht länger, ihre Nachbarn bekamen das mit. Darum organisierte sie sich ein kleines Schlauchboot und legte das Kind da rein. Dann brachte sie das Boot an das Ufer vom Nil-Fluss und versteckte es dort zwischen den Pflan-

zen im Wasser. [4] Dabei wurde sie von ihrer Tochter heimlich beobachtet. Die wollte nämlich sehen, was die Mutter mit ihrem Bruder anstellen würde. [5] Zur selben Zeit hatte die Tochter vom Präsidenten gerade den Einfall, doch mal im Nil ne Runde zu baden. Ihre Hausangestellten, die mit dabei waren, sollten in der Zeit einen Spaziergang am Ufer machen und sie alleine lassen. Plötzlich sah sie das kleine Schlauchboot. Sie beauftragte eine ihrer Angestellten, das Teil rauszuholen. [6] Als sie die Decke hochhob, entdeckte sie das weinende Baby. Sie hatte voll Mitleid mit dem kleinen Jungen, der da drin lag. „Wie süß! Das ist ein Junge von diesen Ausländern, den Israeliten!“ [7] Jetzt kam die Schwester aus ihrem Versteck raus: „Äh, guten Tag! Ich war gerade zufällig hier. Kann ich vielleicht helfen? Ich könnte eine Frau von uns holen, eine Israelitin, die wäre in der Lage, das Kind zu stillen!“ [8] „Gute Idee! Mach das mal bitte!“, antwortete die Tochter vom Präsidenten. Die Schwester ging sofort los und holte ihre Mutter. [9] „Nehmen Sie bitte dieses Kind und stillen es für mich, ja?“, fragte die Präsidententochter die Mutter. „Ich werde Sie auch dafür bezahlen!“ So war das damals passiert, dass die Mutter von Mose ihn wieder mit nach Hause nehmen und stillen konnte, sogar auf Kosten der Präsidentenfamilie. [10] Als das Kind ein Jugendlicher war, brachte sie ihn in das Haus vom Präsidenten. Die Tochter adoptierte ihn als ihren Sohn. Weil sie ihn aus dem Wasser gezogen hatten, nannte sie ihn Mose, denn das bedeutet so viel wie „etwas heraus ziehen“.

Mose macht sich stark für seine Leute und muss fliehen

[11] Mose wurde langsam erwachsen. Als er einmal zu seinen Landsleuten, den Israeliten, rausging, um sie zu besuchen, kriegte er mit, wie derbe sie für die Ägypter schuften mussten. Und dann wurde er sogar Zeuge, wie ein Ägypter bei der Arbeit einen Israeliten totprügelte! [12] Nachdem er gecheckt hatte, ob ihn irgendjemand sehen konnte, ging er zu dem Typen hin und machte ihn kalt. Die Leiche verbuddelte er dann in der Erde. [13] Als er am nächsten Tag spazieren ging, traf er auf zwei Israeliten, die voll am Streiten waren. Er wollte die Sache schlichten und sagte zu dem einen, der ganz klar unrecht hatte: „Warum streitest du dich mit deinen eigenen Leuten? Warum prügelt ihr euch?“ [14] Der Typ antwortete: „Was willst du, Mann? Wer hat dich denn bitte zu unserem Aufseher gemacht, he? Willst du uns vielleicht auch umbringen wie den Ägypter?“ Mose bekam voll die Panik, als der Typ das sagte. „Shit! Es hat sich wohl rumgesprochen!“, dachte er. [15] Als der Präsident die Sache spitzkriegte, wollte er Mose sofort verhaften lassen. Auf Mord stand in Ägypten die Todesstrafe. Mose packte also seine Sachen und floh. Auf seinem Weg zog er durch das Midian-Land. Irgendwann machte er mal ne Pause an einer Wasserstelle. [16] Plötzlich kamen sieben Frauen an den Platz. Diese Frauen waren die Töchter von dem Priester, der für das ganze Land zuständig war. Die füllten ihre Kanister mit Wasser, das für die Schafe ihres Vaters bestimmt war. [17] Aber dann kamen ein paar Hirten dazu, die erst mal voll rumprollten. Sie stießen die Frauen einfach weg, weil sie auch an das Wasser ranwollten. Mose stand auf und half den Frauen, ihren Schafen was zu trinken zu geben. [18] Als die Mädchen wieder zu Hause bei ihrem Vater Reguel waren, kam der raus und fragte sie: „Huch? Warum seid ihr denn heute so schnell fertig geworden?“ [19] „Da war so ein Ägypter, der uns vor den anderen Hirten beschützt hat“, antworteten sie ihm. „Er hat uns dann sogar dabei geholfen, den Schafen was zu trinken zu geben.“ [20] „Wo ist der denn jetzt?“, wollte Reguel wissen. „Und warum habt ihr ihn nicht gleich mitgebracht? Ladet ihn doch zum Essen bei uns zu Hause ein!“ [21] So kam Mose zu Reguel in die Familie. Er wohnte dann eine Zeitlang bei ihm und verliebte sich in seine Tochter Zippora. Der Priester war einverstanden, als die beiden heiraten wollten. [22] Zippora wurde schwanger und kriegte einen Sohn. Mose war der Meinung, er sollte „Gerschom“ heißen, weil das so viel bedeutet wie „Ich bin dort ein Gast“. Denn er fühlte sich als Gast, der zur Zeit in einem fremden Land lebte. [23] Viele Jahre später starb der Präsident von Ägypten. Die Israeliten mussten in der Zeit als Sklaven noch sehr hart arbeiten, die fiese Arbeit unter Knebelverträgen war einfach echt hart. Es wurde ihnen zu viel, und sie fingen an, bei Gott um Hilfe anzuklingeln. Und Gott hörte auf ihre Gebete, [24] er erinnerte sich an die Verträge, die er mit Abraham, Isaak und Jakob geschlossen hatte. [25] Gott kam seinen Leuten jetzt wieder nahe, und er kümmerte sich um ihr Problem.

3

Mose kriegt einen Auftrag von Gott

[1] Mose war jetzt also der Schafe-Aufpasser von Reguel. Reguel, der auch Jitro hieß und einen Job als Priester in Midian hatte, war ja auch

sein Schwiegervater. Einmal war Mose mit seiner Schafherde etwas weiter weg, mitten in einem Gebiet, wo überall nur ganz viel Sand rumlag, in einer Wüste. Dort gab es einen großen Berg, den man Horeb nannte, und man sagte, dieser Berg gehört Gott. 2 Zwosch! Plötzlich war da eine riesige Flamme, wie aus einem Flammenwerfer, vor ihm! Diese Feuerflamme brannte aus einem vertrockneten Brombeerbusch raus, aber der Busch selbst verbrannte dabei nicht. Mitten in der Flamme stand dann auf einmal so ein Postbote von Gott, der Chef-Engel persönlich. 3 Mose war ziemlich neugierig. Er sagte sich: „Hm, das schau ich mir mal genauer an. Warum verbrennt der Busch nicht, obwohl da so ein Feuer auf ihm drauf ist? Hab ich vielleicht nur einen an der Murmel oder irgendwie eine Vision?" 4 Gott kriegte das natürlich mit, und als Mose immer näher an den Busch ranging, rief Gott ihm mitten aus dem Feuer zu: „Mose! Mose!" – „Äh, ja, hier bin ich", antwortete der. 5 „Nicht näher kommen, bitte! Zieh deine Schuhe aus! Dieser Platz, auf dem du gerade stehst, ist etwas ganz ganz Besonderes, er ist heilig." 6 Dann sagte die Stimme weiter: „Nur dass du Bescheid weißt: Ich bin der Gott von deinem Vater, der Gott, an den auch Abraham, Isaak und Jakob geglaubt haben." Mose bekam echt Schiss davor, Gott in die Augen zu sehen. Er legte darum ganz schnell ein Tuch über seinen Kopf. 7 Gott sprach dann weiter mit ihm: „Ich hab alles mitbekommen, was mit meinen Leuten in Ägypten abgeht, dass sie fertiggemacht werden und so. Ich hab auch gehört, wie sie um Hilfe geschrien haben, wegen diesen Sklaventreibern. Ich hab sehr wohl gepeilt, wie ätzend es ihnen geht. 8 Darum komm ich jetzt und hol sie da raus! Ich werde sie befreien und aus Ägypten rausbringen. Es gibt da ein sehr schönes Stück Land, wo man super Sachen anbauen kann. Dieses Land ist so fett, da gibt es alles, wovon man nur träumt, und zwar reichlich. Es liegt in der Gegend, wo die Kanaaniter, Hetiter, Amoriter, Perisiter, Hiwiter und Jebusiter wohnen. Da will ich sie jetzt gerne hinbringen. 9 Ich hab das mitbekommen, wie die Israel-Leute laut „Hilfe" gerufen haben, und ich hab es auch mitbekommen, wie sie von den Ägyptern auf die linke Tour fertiggemacht werden. 10 Das ist jetzt der Plan: Du redest mit dem Pharao. Du sollst meine Leute, die Israeliten, aus Ägypten rausführen. Okay?" 11 Mose war nicht so begeistert. „Äh, also du meinst wirklich mich? Ich bin doch der letzte Penner. Warum sollte denn ausgerechnet ich zum Präsidenten von Ägypten, zum Pharao, gehen – und dann mit seiner Erlaubnis meine Leute aus Ägypten rausholen? Der wird mir einen Vogel zeigen!" 12 „Vertrau mir, Mose! Ich geh mit dir! Du wirst schon sehen. Und irgendwann wirst du an diesem Berg stehen und mich mit den Leuten deswegen feiern, weil ihr frei seid! Dann wirst du sehen, dass ich recht hatte." 13 „Okay, aber was ist, wenn ich zu meinen Leuten hingehe und ihnen erzähle: ‚Der Gott, an den schon eure Väter geglaubt haben, schickt mich zu euch', und sie dann fragen, wie dieser Gott denn heißt, was soll ich dann sagen?" 14 „Sag ihnen ganz einfach: ‚Ich bin der, der immer da ist' hat mich geschickt. 15 Also, sag den Israeliten: ‚Ich komme im Auftrag von ›Ich bin der, der immer da ist‹, der Gott von Abraham, Isaak und Jakob! Der sagt euch folgendes: ›Das ist ab jetzt mein Name, für immer. So sollen die Leute mich jetzt nennen, auch später noch.‹, 16 Geh jetzt und sprich mit den Chefs von den Israeliten. Sag ihnen: ›Ich bin der, der immer da ist‹, der Gott von euren Vätern, hatte ein Treffen mit mir. Er sagte: ›Ich habe alles mitbekommen, was mit meinen Leuten in Ägypten abgeht, wie sie fertiggemacht werden und so. 17 Darum hab ich mich entschlossen, euch aus diesem Land rauszuholen, wo man euch unter Knebelverträgen hart schuften lässt. Ich werde euch in ein anderes Gebiet führen, dorthin, wo jetzt die Kanaaniter, Hetiter, Amoriter, Perisiter, Hiwiter und Jebusiter leben. Dieses Land ist so fett, da gibt es alles, was man braucht, und davon reichlich.‹' 18 Wenn du das den Chefs so sagen wirst, wird man auf dich hören. Als Nächstes musst du dann zusammen mit euren Chefs beim Präsidenten vorsprechen. Sag dem, dass der Gott von deinen Leuten, den Hebräern, ein Treffen mit dir hatte. Sag ihm, er will, dass ihr alle zusammen in die Wüste geht. Nach ungefähr 40 Kilometern sollt ihr dort einen Gottesdienst abhalten, mit einen Opferritual und so. 19 Ich weiß jetzt schon, dass der Präsident euch bestimmt nicht gehen lässt. Keine Macht der Welt wird ihn dazu bringen können, es sei denn, ich zwinge ihn mit Gewalt dazu. 20 Deshalb werde ich ihm zeigen, wo der Hammer hängt. Ich werde den Ägyptern eine Lektion erteilen, die sich gewaschen hat. Zum Beispiel werde ich üble übernatürliche Katastrophen kommen lassen, bis sie weichgekocht sind. Dann wird man euch gehen lassen. 21 Ich werde dafür sorgen, dass die Ägypter sich sogar freuen, wenn ihr geht. Und sie werden euch

nicht mit leeren Händen wegschicken. 22 Alle
Frauen bei euch sollen sich von ihren ägyptischen
Nachbarn Gold und Silberschmuck ausleihen, dazu
auch fesche Kleidung. Die Sachen sind dann für
eure Kinder. Auf die Tour sollt ihr die Ägypter noch
mal anständig abzocken."

4

Mose braucht ein Zeichen von Gott

1 Mose hatte da aber noch ein paar Fragen an
Gott. „Was ist denn, wenn die Leute mir nicht
glauben? Was soll ich machen, wenn sie mir nicht
folgen wollen? Was soll ich sagen, wenn sie meinen:
‚Du spinnst doch, du hattest nie und nimmer ein
Treffen mit Gott!' Was soll ich dann machen?"
2 „Was ist das da in deiner Hand, Mose?", fragte ihn
Gott. „Das ist ein Gehstock!", antwortete Mose.
3 „Schmeiß den mal auf den Boden!" Als Mose das
tat, verwandelte sich der Stock plötzlich in eine
Schlange. Mose erschrak sich voll und wollte weg-
laufen. 4 Aber Gott sagte zu ihm: „Jetzt fass die
Schlange mal am Ende an und heb sie auf!" Als
Mose sie berührte, wurde die Schlange wieder zu
seinem Stock. 5 „Mit diesem Wunder kannst du
ihnen klarmachen, dass du wirklich ein Treffen mit
Gott hattest, und zwar mit dem Gott, der auch der
Gott von Abraham, Isaak und Jakob war." 6 Dann
sagte Gott noch zu Mose: „Jetzt steck mal deine
Hand unter deine Jacke!" Mose machte das, und als
er sie wieder rausholte, war sie voll gammelig, voller
„Aussatz", das ist eine fiese, ansteckende Haut-
krankheit. Die Hand war ganz weiß und sah echt
eklig aus. 7 „Und jetzt mach das Ganze noch mal",
sagte Gott zu ihm. Und als Mose seine Hand wie-
der unter die Jacke steckte und rauszog, war die
Haut wieder normal, wie am Rest seines Körpers.
8 „Wenn sie schon durch das erste Wunder nicht
beeindruckt sind, dann bestimmt durch das zweite.
Das wird sie überzeugen. 9 Falls sie dir aber immer
noch nicht glauben und keinen Bock darauf haben,
das zu tun, was du von ihnen willst, dann organisier
dir mal etwas Wasser aus dem Nil-Fluss in der
Nähe. Wenn du das vor ihren Augen auf den Boden
schüttest, wird es zu Blut werden." 10 Mose hatte
aber immer noch Einwände. „Gott, aber ich kann
doch überhaupt nicht gut labern, das konnte ich
noch nie. Das ist auch nicht besser geworden, seit-
dem wir so miteinander sprechen. Ich kann mich
irgendwie nicht so richtig gut ausdrücken und sag
dann oft peinliche Sachen." 11 „Also mal ehrlich,
Mose, von wem hat der Mensch denn seinen Mund
bekommen, hä? Wer sorgt dafür, dass Menschen
reden können oder eben nicht reden können? Das
bin doch ich, Gott, oder? 12 Jetzt verschwinde end-
lich! Ich werde dir helfen und dafür sorgen, dass
du das sagst, was du sagen sollst." 13 „Hm, Gott,
bitte sei mir nicht böse, aber nimm doch besser
jemand anderen, ja?" 14 Jetzt wurde Gott richtig
sauer auf Mose. „Mann, Mose! Meinetwegen, dann
bekommst du eben noch Unterstützung! Du hast
einen Bruder, der Aaron heißt. Ich hab gehört, dass
der nicht auf den Mund gefallen ist. Er ist gerade
auf dem Weg zu dir, und er freut sich schon, dich
mal wiederzusehen. 15 Ihm erzählst du die ganze
Geschichte und was er sagen soll. Ich werde dir
dabei helfen, und Aaron helfe ich natürlich auch. Ich
sag euch dann genau, was ihr zu tun habt und wie
ihr die Sachen rüberbringen sollt, wenn es so weit
ist. 16 Wenn Aaron dann zu deinen Leuten spricht,
wird das voll die Power haben. Es wird so sein, als
würde ein krasser Prophet eine Ansage von Gott
weitergeben. 17 Vergiss den Stock nicht, nimm den
schon mal in die Hand. Er wird dafür sorgen, dass
die Leute dir glauben, weil du mit ihm fette Wunder
machen kannst."

Mose geht zurück nach Ägypten

18 Mose ging erst mal zu seinem Schwiegervater
Jitro und meinte: „Ich möchte jetzt bitte zu meinen
Leuten nach Ägypten gehen. Mal sehen, ob die Isra-
eliten überhaupt noch leben. „Dann geh ruhig! Gute
Reise!", antwortete ihm Jitro. 19 Auf dem Weg durch
Midian sagte Gott zu Mose: „So, jetzt kannst du
wirklich nach Ägypten zurückkommen. Alle, die dich
mal töten wollten, leben nämlich nicht mehr."
20 Mose packte also seine Sachen in den Autobus,
ließ seine Kinder und seine Frau einsteigen und fuhr
mit ihnen nach Ägypten. Den Gehstock hatte er
auch dabei. 21 Gott sagte Mose auf dem Weg noch
mal ein paar Sachen. „Wenn du wieder in Ägypten
bist, dann erinnere dich an die fetten Wunder, die
ich vor deinen Augen gemacht hab. Das sind deine
Möglichkeiten, ich hab sie dir in die Hand gegeben.
Zeig das dem Präsidenten von Ägypten. Aber ich
werde dafür sorgen, dass er voll hart drauf ist, er
wird euch nicht gehen lassen. 22 Dann sollst du zu
ihm sagen: ‚Gott lässt Ihnen Folgendes ausrichten:
Die Israeliten sind wie mein erstes Kind, 23 und ich
befehle dir jetzt: Lass sie ziehen! Sie sollen für mich
einen Gottesdienst veranstalten. Wenn du das nicht
machst, hast du ein echtes Problem am Hals. Dann
werde ich deinen ältesten Sohn töten.'" 24 Als Mose

dann unterwegs irgendwo draußen übernachtete,
wollte Gott ihn töten. 25 Zippora, seine Ehefrau
nahm deshalb ein Messer und schnitt von ihrem
Sohn die Vorhaut ab. Dem Kind hatte man nämlich
noch nicht die Vorhaut abgeschnitten. Mit dieser
Vorhaut berührte sie Mose und sagte: „Durch die-
ses Beschneidungsritual ist wieder alles im Lot."
26 Gott fand das gut und ließ Mose nicht sterben.

Mose und Aaron führen zusammen das Volk

27 Gott sagte zu Aaron: „Jetzt geh mal dem Mose
entgegen und hol ihn in der Wüste ab!" Aaron
macht sich auf den Weg. Beim Berg Horeb trafen
sich die beiden. Mose freute sich voll und umarmte
seinen Bruder. 28 Dann erzählte er ihm von der
Ansage, die Gott ihm gemacht hatte. Auch von den
Wundern, die er tun sollte, erzählte er Aaron.
29 Beide gingen dann zusammen weiter nach Ägyp-
ten. Als sie da waren, beriefen sie ein Meeting ein,
mit allen Chefs der Israeliten. 30 Aaron sagte dann
die ganzen Sachen, die Gott Mose erzählt hatte.
Und Mose zeigte allen Leuten die Wunder, die er
mit dem Stab und so machen konnte. 31 Das Volk
war beeindruckt. Als sie dann hörten, dass Gott ihr
fieses Leben in Ägypten gesehen hatte und sie da
rausholen wollte, legten sie sich alle vor ihm platt
auf den Boden und dankten Gott dafür.

5

Mose und Aaron beim Präsidenten

1 Jetzt holten sich Mose und Aaron einen Ter-
min beim Präsidenten von Ägypten. Als sie da
waren, sagten die beiden zu ihm: „Was wir jetzt
sagen, kommt von dem Gott, der immer da ist, der
Gott von Israel. Er hat folgende Nachricht für Sie:
‚Lass meine Leute abziehen! Ich möchte, dass sie in
der Wüste eine Party für mich geben!'" 2 „Was ist
das für einer, dieser ‚Der immer da ist'-Typ? Warum
sollte ich dem gehorchen, hä? Ich kenne keinen ‚Der
immer da ist', und ich werde nicht im Traum daran
denken, die Israeliten laufen zu lassen!", meinte der
Präsident genervt. 3 Mose und Aaron antworteten
ihm: „Er ist der Gott der Israeliten. Wir hatten ein
Treffen mit ihm. Darum wollen wir jetzt alle 40 Kilo-
meter weit in die Wüste wandern und für ihn dort
eine große Party veranstalten. Könnte sonst sein,
dass wir übel krank werden oder dass er uns mit
Kriegen oder so bestraft." 4 Der Präsident der Ägyp-
ter rastete total aus. „Was denken Sie eigentlich,
wer Sie sind? Was bilden Sie sich ein, meine Arbei-
ter von ihrer Arbeit abzuhalten? Verschwinden Sie,
an die Arbeit, aber zack, zack!" 5 Als sie rausgingen,
sagte er noch: „Es gibt so viele Gastarbeiter von
Ihnen im Land, und jetzt wollen Sie die auch noch
von der Arbeit abhalten!?"

Die Israeliten müssen noch derber schuften

6 Am gleichen Tag noch ging eine Dienstanweisung
an alle Schichtführer auf den Baustellen raus. 7 „Ab
sofort darf zur Ziegelherstellung kein Stroh mehr
zur Verfügung stehen. Es muss alles von den Arbei-
tern selbst organisiert werden. 8 Trotzdem müssen
genauso viele Ziegel fertig gemacht werden wie vor-
her. Sie dürfen es ihnen nicht leichter machen.
Diese faulen Säcke ... darum weinen sie jetzt rum:
‚Wir wollen in die Wüste, um da ne Party für unse-
ren Gott zu machen.' 9 Die stehen nicht genug
unter Druck. Verdoppeln Sie das Pensum, die sollen
noch mehr schuften. Dann werden sie sich nicht
mehr um dieses Blabla von Mose und so küm-
mern." 10 Die Schichtführer und die Antreiber gin-
gen dann zu den Israel-Leuten und sagten denen:
„Ab sofort gibt es kein Stroh mehr zur Herstellung
von den Ziegeln. 11 Sie müssen alle Ihr Stroh selbst
zusammensuchen! Aber die Anzahl der geforderten
Ziegel bleibt gleich. Ist das klar?!" 12 Also zogen die
Israeliten durch die ganzen Felder in Ägypten, um
Stroh zu organisieren. 13 Die Ägypter rannten dabei
oft hinter ihnen her und sagten: „Los jetzt, Sie müs-
sen genauso viele Ziegel fertig machen wie früher,
als Sie noch Stroh von uns gestellt bekommen
haben!" 14 Die Antreiber schlugen den Arbeitern, die
andere anleiten und vorarbeiten sollten, dabei stän-
dig auf die Fresse. „Ihr habt heute schon wieder zu
wenig gearbeitet!", schrien sie die an. 15 Diese Vorar-
beiter beschwerten sich dann beim Präsidenten.
„Warum machen Sie das? Wir haben Ihnen doch
immer ganz treu gedient! 16 Unsere Leute werden
jetzt schon seit Tagen nicht mehr mit Stroh belie-
fert, trotzdem sollen sie mit der Hand Ziegel her-
stellen. Sogar getreten hat man uns. Ihre Mitarbei-
ter sind schuld an allem!" 17 Aber der Präsident war
anderer Meinung: „Faules Pack! Sie wollen nur
nicht arbeiten, darum kommen Sie jetzt mit der
‚Wir wollen in die Wüste, um unsern Gott zu feiern'-
Tour. 18 Verschwinden Sie! Gehen Sie wieder an Ihre
Arbeit! Sie bekommen kein Stroh mehr von uns,
aber die Anzahl der Ziegel bleibt weiter so, wie sie
vorher auch war. 19 Den Vorarbeitern von den Israeli-
ten war schnell klar, dass sie keine Chance hatten.
Sie mussten einfach die gleiche Menge herstellen
wie vorher auch.

Gott sagt, er hilft

20 Als die Vorarbeiter von den Israeliten vom Präsi-
denten zurückkamen, trafen sie Mose und Aaron im
Wartezimmer. 21 Sie waren richtig sauer auf die bei-
den und machten sie voll an. „Ihr habt dafür
gesorgt, dass der Präsident und alle seine Mitarbei-
ter uns jetzt total hassen! Durch euch haben die
erst gute Gründe gefunden, um uns fertigzuma-
chen. Gott wird euch dafür bestrafen, wisst ihr
das?" 22 Mose zog sich zurück, um mit Gott zu
reden. Er sagt zu ihm: „Mann, Gott, warum gehst
du so mies mit deinen Leuten um? Warum hast du
mich überhaupt hierhergeschickt? 23 Seit ich beim
Präsidenten vorgesprochen hab, ist alles viel
schlimmer geworden. Er behandelt unsere Leute
wie den letzten Dreck. Und du legst deine Hände in
den Schoß und tust gar nichts."

6

Mose kriegt ein zweites Mal die Ansage

1 Gott antwortete Mose: „Du wirst jetzt bald
erleben, was ich mit diesem Präsidenten anstel-
len werde. Ich werde ihn dazu zwingen, die Israeli-
ten gehen zu lassen! Wirst sehen, er wird euch
sogar in hohem Bogen aus seinem Land raus-
schmeißen! 2 Pass jetzt mal gut auf, Mose, ich bin
Gott! 3 Ich bin als der Gott, dem nichts unmöglich
ist, schon mit Abraham, Isaak und Jakob unterwegs
gewesen. Aber unter meinem Namen ‚Ich bin der,
der immer da ist' hab ich mich ihnen nie vorgestellt.
4 Ich habe mit den dreien Verträge gemacht. Dabei
hatte ich ihnen das Kanaan-Land versprochen, wo
sie als Ausländer eine Zeitlang gelebt haben. 5 Jetzt
hab ich die Schreie von meinen Leuten gehört, dass
sie von den Ägyptern zur Arbeit gezwungen werden
und so. Ich habe diese alten Verträge nie vergessen.
6 Sag den Leuten Folgendes von mir: Ich bin Gott.
Ich werde euch hier wegholen. Ich werde euch von
dieser Zwangsarbeit befreien. Mit meiner Power
werde ich euch da raushauen. Ich werde die Leute,
die euch fertiggemacht haben, hart bestrafen. 7 Ich
möchte euch als mein eigenes Volk annehmen. Ich
will euer Gott sein. Ich werde das auch beweisen,
indem ich euch von dieser Zwangsarbeit, die ihr für
die Ägypter tut, befreie. 8 Ich werde euch in das
Land bringen, das ich vor vielen Jahren einmal Abra-
ham, Isaak und Jakob ganz, ganz fest versprochen
hatte. Ich geb es euch, es soll euch für immer gehö-
ren. Ich bin Gott!" 9 Mose ging dann zu seinen Leu-
ten, den Israeliten, und erzählte, was Gott ihm
gesagt hatte. Aber keiner wollte ihm glauben. Sie
waren einfach schon zu lange dauerdeprimiert und
von der harten Arbeit total ausgebrannt. 10 Gott
sagte dann zu Mose: 11 „Jetzt geh mal zum Präsi-
denten von Ägypten! Verlange von ihm, dass er
sofort allen Israeliten eine Ausreisegenehmigung
erteilen soll!" 12 „Äh, also Gott, noch nicht mal
meine eigenen Leute glauben mir! Warum sollte
jetzt ausgerechnet der Präsident auf mich hören?
Ich stottere doch ständig und kann das gar nicht so
richtig rüberbringen!" 13 Gott schickte ihn aber mit
Aaron trotzdem noch mal los. Sie sollten wieder
zusammen bei seinen Leuten und auch beim Präsi-
denten vorsprechen. Gott hatte es sich einfach ganz
fest vorgenommen, die Israeliten jetzt aus Ägypten
rauszuholen.

Die Familien von Mose und Aaron, ein Stammbaum

14 Jetzt kommt ein Stammbaum von Mose und
Aaron: Der erste Sohn von Jakob war ja der Ruben.
Seine Söhne waren Henoch, Pallu, Hezron und
Kami. 15 Der zweite Sohn von Jakob war Simeon,
und seine Söhne hießen Jemuel, Jamin, Ohad,
Jachin, Zohar und Schaul. Schaul war ein Kind, was
Ruben mit einer Kanaaniterin zusammen hatte.
16 Die Familie von Levi, dem dritten Sohn Jakobs,
gliedert sich in seine drei Söhne Gerschon, Kehat
und Merari auf. Levi ist übrigens 137 Jahre alt
geworden. 17 Die Söhne von Gerschon waren Libni
und Schimi, die wiederum Familien hatten. 18 Und in
die Familie von seinem Sohn Kehat wurden die
Söhne Amram, Jizhar, Hebron und Usiel geboren.
Kehat wurde 133 Jahre alt. 19 Die Familie von Levis
Sohn Merari gliedert sich in die Familien von seinen
Söhnen Machli und Moschi auf. 20 Kehats Sohn
Amran heiratete Jochebed, die eine Schwester von
seinem Vater war. Sie bekam von ihm zwei Söhne,
Aaron und Mose. Amram wurde insgesamt
137 Jahre alt. 21 Jizhar, auch ein Sohn von Kehat,
hatte drei Söhne: Korach, Nefeg und Sichri. 22 Sein
anderer Sohn Usiel hatte auch drei Söhne: Mis-
chael, Elizafan und Sitri. 23 Aaron heiratete Eli-
scheba, die eine Tochter von Amminadab und eine
Schwester von Nachschon war. Sie bekam vier
Söhne mit ihm, und zwar den Nadab, Abihu, Elea-
sar und Itamar. 24 Korach hatte drei Söhne: Assir,
Elkana und Abiasaf. Er hat übrigens seinen Namen
auf die ganze Sippe übertragen, die nannten sich
dann Korachiter. 25 Aarons Sohn Eleasar heiratete
dann eine Tochter von Putiel. Sie bekam einen Sohn
von ihm, der Pinhas genannt wurde. So, das waren
alle Familienchefs, die von Levi abstammen. Man

nannte die jetzt auch Levi-Leute. 26 Aaron und Mose wurden ja auch eben aufgezählt. Das sind die zwei, die von Gott die Order bekommen hatten: „Holt mir meine Leute, in Gruppen gegliedert, aus Ägypten raus!“ 27 Die zwei hatten mit dem Präsidenten der Ägypter verhandelt, sie hatten den Auftrag, die Israeliten aus Ägypten rauszuführen.

Wie war das noch? Ein Repeat

28 Gott hatte zu Mose in Ägypten ja Folgendes gesagt: 29 „Ich bin dein Gott! Sag dem Präsidenten von Ägypten alles, was ich dir gesagt habe!“ 30 Mose konnte sich das nicht vorstellen. Er sagte zu Gott: „Ich stotter doch voll und kann überhaupt nicht gut reden. Warum sollte der Präsident ausgerechnet auf mich hören?“

7 Die ersten Wunder für den Präsidenten von Ägypten

1 Jetzt sagte Gott zu Mose: „Pass auf, ich gebe dir so eine Vollmacht, als wärst du selbst wie ein Gott für den Präsidenten. Dein Bruder Aaron wird dann dein Prophetentyp sein, so wie du jetzt mein Prophet bist. 2 Ich sag es dir, du sagst es Aaron, und Aaron sagt es dem Präsidenten, okay? Fordert von ihm, dass er euch endlich freilässt und dass ihr aus Ägypten ausreisen dürft. 3 Aber pass auf, ich werde dafür sorgen, dass der Präsident ein Brett vorm Kopf hat. Ich will allen zeigen, was ich draufhab. Ich will Wunder tun, dass alle den Mund nicht mehr zukriegen. 4 Der Präsident wird euren Antrag auf jeden Fall ablehnen. Dann werde ich die Ägypter mal so richtig stressen, ich werde denen zeigen, was ich alles kann. Sie werden so fett bestraft werden, dass sie es nicht mehr aushalten können! Dann werde ich euch, die Israeliten, ohne Probleme aus Ägypten rausführen. 5 Wenn ich den Ägyptern eins draufgebe und ich alle Israeliten aus dem Land rausgeführt habe, dann werden die Ägypter kapieren, dass nur ich Gott bin!“ 6 Mose und Aaron taten alles genau so, wie Gott es ihnen gesagt hatte. 7 Mose war in der Zeit schon 80 Jahre alt und Aaron sogar 83.

Sieben fiese Katastrophen für die Ägypter

8 Kurz bevor Mose und Aaron beim Präsidenten drin waren, redete Gott noch mal mit den beiden. 9 „Wenn der Präsident von euch irgendwelche Beweise sehen will, dass ihr es mit den Drohungen ernst meint, dann sagst du, Mose, Folgendes zu Aaron: „Nimm mal deinen Wanderstock und schmeiß ihn dem Präsidenten vor die Füße!“ Der Stock wird dann nämlich zu einer Schlange verwandelt werden!“ 10 Mose und Aaron gingen dann zum Präsidenten in sein Empfangszimmer. Dort zogen sie das ganze Ding genau so durch, wie Gott es ihnen gesagt hatte. Aaron warf den Stock vor seine Füße auf den Boden, und der wurde dann tatsächlich zu einer Schlange! 11 Der Präsi war aber gar nicht so geschockt und ließ seine Zauberkünstler und die Esoterikergang anrücken, die auch solche Sachen machen konnten. 12 Aber die Schlange von Aaron kämpfte gegen die Schlangen von den Esos und fraß sie einfach auf. 13 Trotzdem war der Präsident von der ganzen Sache nicht so derbe beeindruckt. Er blieb hart und ging auf keine Forderung von den beiden ein. Es passierte alles genau so, wie Gott es vorhergesagt hatte.

Die erste Katastrophe: Aus Wasser wird Blut

14 Gott sagte nach der Aktion zum Mose: „Der Präsident ist hart drauf. Er weigert sich, meine Leute ziehen zu lassen. 15 Morgen früh starte mal einen zweiten Versuch. Wenn er gerade auf dem Weg zum Nil ist, pass ihn am Ufer ab. Vergiss nicht den Stock, aus dem ne Schlange geworden ist. 16 Wenn ihr ihn dort trefft, sag ihm Folgendes: ‚Ich hab ne Nachricht für Sie von Gott. Der sagt Ihnen: „Ich bin der, der immer da ist, der Gott der Israeliten. Ich mache dir jetzt eine Ansage: ›Lass meine Leute frei! Sie sollen aus Ägypten durch die Wüste wegziehen, damit sie dort einen Gottesdienst für mich feiern. Bis jetzt bist du meiner Aufforderung nicht gefolgt. 17 Du sollst endlich kapieren, dass du es mit dem einzigen echten Gott zu tun hast.‹“ In seinem Auftrag werde ich gleich mit meinem Stock auf das Wasser vom Nil-Fluss schlagen. Dann wird aus dem ganzen Wasser Blut werden. 18 Alle Fische, die in dem Teil leben, werden sterben. Der Fluss wird so derbe stinken, dass die Ägypter davon nicht mehr trinken können.‘ 19 Sag dann dem Aaron, er soll seinen Stock über den Fluss halten, der in Ägypten fließt. Dann soll er das Gleiche auch mit den Kanälen machen und mit den Teichen, Badeanstalten, und so. Alles Wasser, was es in Ägypten gibt, auch das in den Wasserflaschen, wird dann zu Blut.“ 20 Mose und Aaron gehorchten Gott. Mose nahm den Stock und schlug damit auf das Wasser vom Nil. Und zack, in derselben Sekunde wurde das ganze Wasser zu Blut! 21 Alle Fische krepierten und das ganze Zeug fing voll an zu stinken. Die Ägypter

konnten das Wasser nicht mehr trinken, überall war es zu Blut geworden. [22] Aber die Esoteriker und Zauberer in Ägypten konnten mit ihren Tricks ein ähnliches Wunder zaubern. Darum dachte der Präsident nicht im Traum daran, die Israeliten gehen zu lassen. Das hatte Gott ja alles so vorausgesehen. [23] Der Präsident ging wieder zurück in seine Residenz und nahm die ganze Sache nicht wirklich ernst. [24] Die Ägypter versuchten dann, nach neuen Quellen zu buddeln, weil man das Wasser aus dem Nil nicht mehr trinken konnte.

Die zweite Katastrophe: Ratten ohne Ende

[25] Das Ganze ging über eine Woche. Sieben Tage später [26] redete Gott wieder mit Mose. Er sagte zu ihm: „Pass auf, jetzt geh mal zum Präsidenten und sag zu ihm: ‚Gott sagt Ihnen Folgendes: ›Lass meine Leute frei, damit sie für mich einen Gottesdienst feiern. [27] Wenn du dich weigerst, werde ich überall in Ägypten Millionen von Ratten aufkreuzen lassen. [28] Aus dem Nil werden überall Tausende von Wasserratten rauskommen, die werden dann sogar in dein Privatanwesen reinkrabbeln und in deinem Schlafzimmer auf deinem Bett pupen. Auch in den Häusern von deinen Ministern, überall in der Stadt und auf dem Dorf wird man sie sogar in den Küchen finden. Man wird Ratten in allen Schränken sehen, sogar im Kühlschrank, im Vorratsraum, bei den Lebensmitteln. [29] Diese Rattenplage wird alle treffen, dich und deine Leute.‹‘“

8 Rattenplage abgewendet

[1] Später sagte Gott dann zu Mose: „Pass auf, Aaron soll jetzt mal diesen Stock in die Hand nehmen und ihn über die Flüsse, über alle Abwasserkanäle, Bäche und Seen halten. Dadurch werden alle Ratten, die dort leben, aus ihren Nestern kriechen und das ganze Land überfallen.“ [2] Also streckte Aaron seine Hand mit dem Stock über jedem Wasser in Ägypten aus. Und tatsächlich quiekte es plötzlich überall, die Ratten kamen aus dem Wasser und krabbelten auf dem Land rum. Es waren so viele, dass sie die ganze Erde überdeckten. [3] Die Esoteriker und Zauberer in Ägypten konnten da aber mithalten. Sie zauberten auch viele Ratten, die aus den Gewässern rauskamen. [4] Der Präsident rief dann Mose und Aaron zu sich ins Büro: „Bitte beten Sie zu Ihrem Gott! Er soll mich und alle Ägypter bitte von diesen ekligen Ratten befreien! Von mir aus können Sie dann auch mit Ihren Leuten sofort aus Ägypten ausreisen und für Ihren Gott einen Gottesdienst abfeiern.“ [5] „Von mir aus kann es losgehen!“, lachte Mose den Präsidenten an. „Sie brauchen mir nur zu sagen, wann ich für Sie und Ihre Minister und Ihre Bevölkerung zu meinen Gott beten soll! Ich werde ihn einfach darum bitten, dass er alle Ratten überall verschwinden lässt und sie nur noch da sind, wo sie auch hingehören, im Nilfluss!“ [6] „Sofort, morgen früh!“, antwortete er. „Okay, abgemacht. Es wird so passieren, wie Sie es gewünscht haben. Sie werden an der Sache erkennen, dass es keinen Gott gibt, der krasser ist als unserer. [7] Alle Ratten werden aus ihren Wohnungen und Häusern verschwinden. Die werden ab dann Ihre Leute wieder in Ruhe lassen. Nur noch im Nil wird man welche finden können.“ [8] Aaron und Mose drehten sich um und verließen den Präsidenten. Mose betete dann zu Gott und fragte ihn, ob er jetzt den ganzen Ärger mit den Ratten beenden könnte, den er für die Ägypter organisiert hatte. [9] Gott machte, was Mose gesagt hatte. Die Ratten starben plötzlich überall, in den Häusern, in den Wohnungen und in den Garagen. [10] Die toten Tiere karrte man zusammen, und die Leichenberge von Ratten fingen voll an zu stinken. Überall war der Geruch von toten Tieren. [11] Als der Präsident kapierte, dass die Rattenplage vorbei war, kam er wieder hart drauf. Er ließ die Israeliten nicht ausreisen, wie er es eigentlich fest versprochen hatte. Gott hatte das ja aber schon lange vorausgesehen.

Die dritte Katastrophe: Stechmücken ohne Ende

[12] Jetzt sagte Gott zu Mose: „Aaron soll mal seinen Stock nehmen und damit auf den Boden schlagen. Dann wird der ganze Staub, der in Ägypten rumliegt, plötzlich zu kleinen Stechmücken. [13] Aaron machte das und plötzlich wurden überall aus dem Staub kleine Stechmücken. Die waren sehr fies und nervten die Menschen und auch die Tiere total.

[14] Auch diesmal versuchten sich die Zauberer in Ägypten damit, das Gleiche auch zu schaffen, aber sie packten es einfach nicht. [15] Sie gingen zum Präsidenten und meinten zu ihm. „Dieser Stab von dem Aaron ist wie ein Finger von Gott!“ Trotzdem blieb der Pharao hart drauf. Er dachte nicht daran, die Leute ziehen zu lassen. Gott hatte das ja schon vorhergesagt.

Die vierte Katastrophe: Stechfliegen

[16] Jetzt sagte Gott zu Mose: „Pass mal morgen früh den Präsidenten ab, wenn er gerade auf dem Weg zum Nilfluss ist. Dann sag ihm: „Gott hat Ihnen

folgende Sache zu sagen: ‚Lass meine Leute endlich frei, damit sie einen Gottesdienst für mich feiern können! [17] Wenn du das nicht tust, werde ich deine Minister und deine ganzen Leute mit Stechfliegen und anderen Insekten so was von nerven. Die werden überall sein, man kann nicht vor ihnen fliehen, sie werden das ganze Land bedecken! [18] Nur in der Gegend von Goschen, wo meine Leute wohnen, da werden keine Fliegen sein. Du solltest endlich kapieren, dass ich in deinem Land die Macht habe, und nicht du. [19] Dabei werde ich dafür sorgen, dass bei meinen Leuten keine Fliegen sind, so wie bei euch. Das wird gleich morgen bei euch passieren!'" [20] Am nächsten Tag sorgte Gott für riesengroße Schwärme von Insekten, die in dem Regierungszentrum vom Präsidenten und in seinem Wohnhaus und bei seinen ganzen Ministern in die Wohnungen reinkamen und rumflogen. Sie waren plötzlich überall und machten allen das Leben zur Hölle.

Der Präsident lenkt ein

[21] Jetzt hatte der Präsident erst mal die Schnauze voll. Er rief Mose und Aaron an und traf sich mit ihnen. „Sie können von mir aus sofort abziehen und für Ihren Gott einen Gottesdienst veranstalten, aber es muss hier in diesem Land passieren!" [22] „Sorry, Herr Präsident, aber das geht nicht!", antwortete Mose. „So, wie wir Gottesdienste feiern, das würden Ihre Leute nicht verstehen, und vermutlich gäbe es da Ärger mit denen. Wenn die uns dabei zusehen, würden die sofort ne Demo anzetteln oder uns sogar umbringen. [23] Nein, das Einzige, was geht, ist, wenn Sie uns 40 Kilometer weit von hier wegziehen lassen. Wir wollen in der Wüste für unseren Gott einen Gottesdienst haben. Das hat er uns so gesagt." [24] „Na gut, meinetwegen, dann gehen Sie. Machen Sie mit Ihrem Gott diese Feier, aber gehen Sie nicht zu weit weg, ja? Und beten Sie für mich, damit diese schrecklichen Katastrophen endlich aufhören!" [25] „Hey, wenn ich jetzt von Ihnen weggehe, werde ich gleich mit meinem Gott darüber reden. Morgen früh wird das ganze Zeug nicht mehr da sein, Sie werden alle befreit sein von den ganzen Viechern, Sie, Ihre Minister und auch die ganzen Menschen hier. Aber bescheißen Sie uns nicht noch mal, ja? Nicht, dass Sie es sich plötzlich anders überlegen und wir doch nicht ausreisen dürfen, um mit unserem Gott einen Gottesdienst zu feiern! Klar?!" [26] Mose zog dann ab. Er ließ den Präsidenten alleine und ging noch ne Runde beten. [27] Gott hörte auf Mose und befreite den Präsidenten, die Minister und das ganze Volk von den fiesen Insekten. Nicht ein einziges Teil blieb übrig. [28] Aber der Präsident war einfach voll verpeilt. Er versperrte wieder die Grenzen und ließ die Israeliten auch diesmal nicht auswandern.

9

Die fünfte Katastrophe: Die Tiere sterben

[1] Jetzt sagte Gott zu Mose: „Geh mal wieder zum Präsidenten. Sag ihm mal einen schönen Gruß von mir. Erzähl ihm: ‚Gott, der absolute Oberchef, der Gott von den Israeliten, befiehlt Ihnen: ›Lass meine Leute auswandern! Ich will, dass sie einen Gottesdienst für mich feiern!‹ [2] Wenn Sie sich weigern und uns wieder daran hindern wegzugehen, [3] dann wird Gott eine ganz fiese Krankheit auf die Nutztiere in Ägypten kommen lassen. Alle Pferde, Esel, Schafe, Kamele und Ziegen werden schwer krank werden. [4] Er wird aber einen Unterschied machen zwischen den Tieren von den Ägyptern und von den Israeliten. Bei den Israeliten wird kein einziges Tier sterben. [5] Gott hat einen Zeitplan dafür aufgestellt. Er sagte, morgen wird das passieren.'"
[6] Am nächsten Tag setzte Gott seinen Zeitplan exakt um. Alle Tiere von den Ägyptern starben, aber von den Tieren der Israeliten krepierte kein einziges.
[7] Der Präsident checkte das, und es kam raus, dass tatsächlich nicht eins von den Tieren der Israeliten krank geworden war! Trotzdem blieb er hart und wollte sie immer noch nicht weggehen lassen.

Die sechste Katastrophe: Eine fiese Hautkrankheit

[8] Jetzt sagte Gott zu Mose und Aaron: „So ihr zwei, jetzt packt mal mit beiden Händen die Asche vom letzten Grillabend in eine Tüte. Mose soll die dann vor den Augen vom Präsidenten in die Luft schmeißen. [9] Die Asche wird sich dann in ganz Ägypten wie eine Smogwolke ausbreiten. Tiere und Menschen werden davon ganz eklige Hautgeschwüre kriegen, die eitern und aufplatzen." [10] Mose und Aaron nahmen sich eine Tüte voller Asche vom Grill und gingen damit zum Präsidenten. Mose warf dann vor seinen Augen die Asche in die Luft. Kurze Zeit später bekamen die Menschen und Tiere in Ägypten große Hautgeschwüre am ganzen Körper, die zu offenen Wunden wurden. [11] Sogar die Esoteriker und Zauberer bekamen Geschwüre, so krass, dass sie im Bett bleiben mussten. Sie konnten nicht mal mehr mit Mose reden, weil sie so krank waren.
[12] Aber Gott sorgte dafür, dass der Präsident weiter hart drauf war. Auch diesmal ließ er die Israeliten

nicht weggehen. Das hatte Gott ja Mose schon vorher gesagt.

Das siebte Katastrophe: Gewitter und Hagelkörner

13 „Geh mal morgen früh wieder zum Präsidenten", sagte Gott zu Mose. „Sag ihm Folgendes: ‚Der Gott, an den wir Israeliten glauben, hat eine Ansage für Sie: ›Lass meine Leute frei, damit sie für mich einen Gottesdienst feiern können! 14 Falls du auch dieses Mal nicht tust, was ich dir sage, werde ich dir so eine fiese Katastrophe organisieren, dass deine Regierung und auch deine Leute endlich eins kapieren: Keiner kann es mit mir aufnehmen! 15 Wenn ich gewollt hätte, dann wärt ihr, du und deine Leute, jetzt schon lange tot. Ein Wort von mir hätte gereicht, und ihr wärt an irgendeiner ansteckenden Krankheit elendig krepiert. 16 Aber ich habe dich am Leben gelassen, um allen anderen an dir zu zeigen, was ich draufhab. Ich will, dass man in der ganzen Welt von mir hört. 17 Zurzeit denkst du vielleicht noch, du könntest mit meinen Leuten machen, was du willst. 18 Aber morgen um dieselbe Zeit werde ich ein so schweres Gewitter auffahren lassen, wie ihr es in Ägypten noch nie gesehen habt. 19 Ich warne dich, bring deine Kühe und alle anderen Tiere in Sicherheit! Auch die Menschen sollen sich verstecken. Denn jeder, der sich nicht irgendwo unterstellt, wird von den Hagelkörnern erschlagen werden!‹'" 20 Als Mose das dem Präsidenten gesagt hatte, stellten einige von den Ministern vom Präsidenten ihre Tiere irgendwo unter. 21 Andere nahmen aber diese Worte von Gott nicht ernst und ließen sie und auch ihre Arbeiter draußen weiter arbeiten. 22 Jetzt sagte Gott zu Mose: „So, streck deine Hand nach oben zum Himmel. Dann wird es in ganz Ägypten von Hagelkörnern nur so prasseln. Der Hagel wird auf die Menschen und auch auf die Tiere fallen, auf alle Pflanzen und auf die Felder, er wird alles plattmachen." 23 Mose streckte seinen Stock in Richtung Himmel und dann startete Gott ein heftiges Gewitter über Ägypten. Es blitzte ohne Ende, hagelte und donnerte wie blöd, 24 Hagelkörner knallten auf die Erde, und Blitze schlugen überall ein. Ein so heftiges Gewitter hatte es noch nie dort gegeben, in der ganzen Zeit, seit es Ägypten überhaupt gibt. 25 Die großen Eiskörner fielen vom Himmel und töteten dabei auch viele Menschen und Tiere, die auf den Feldern geblieben waren. Pflanzen, Bäume, Häuser, alles wurde plattgemacht. 26 Nur in Goschen, der Gegend, wo die Israeliten wohnten, da gab es keinen Hagel.

Der Präsident gibt sich (fast) geschlagen

27 Der Präsident ließ Mose und Aaron zu sich rufen. „Ich gebe zu, ich bin schuldig! Gott hat recht, ich und meine Leute, wir haben unrecht. 28 Bitte beten Sie für uns! Wir können einfach nicht noch mehr Donner und Hagel ertragen, sonst drehen wir total durch. Ich will Ihnen ja die Ausreise erlauben, ich will Sie auch nicht länger hier festhalten! Jetzt hauen Sie endlich ab!" 29 Mose antwortete: „Sobald ich aus der Stadt raus bin, werde ich mit Gott darüber reden. Dann wird das Unwetter, der Hagel und Donner, aufhören. Das soll für Sie ein Zeichen sein, dass unser Gott der krasseste Gott schlechthin ist. 30 Aber ich hab schon längst kapiert, dass Sie immer noch keinen Respekt vor ihm haben. Sie nicht, und Ihre Minister auch nicht." 31 Mais und Gerste waren übrigens bei dem Gewitter total kaputt gemacht worden, weil die gerade am Blühen waren. 32 Weizen und Hafer hatten aber nichts abbekommen, weil die auch erst viel später wachsen. 33 Mose ging vom Präsidenten wieder weg und verließ die Stadt. Auf dem Weg breitete er seine Arme zum Beten aus. Als er das machte, hörte es sofort auf zu donnern, und der Hagel verschwand. 34 Sobald das Wetter wieder einigermaßen gut war, kam der Pharao aber wieder so schräg drauf wie vorher. Er hatte keinen Bock mehr, das zu tun, was Gott von ihm wollte. Und seine Minister schon gar nicht. 35 Er blieb hart und wollte es einfach nicht einsehen, warum er die Israeliten gehen lassen sollte. Es passierte alles genau so, wie Gott es vorher schon gesagt hatte.

10

Die achte Katastrophe: Heuschrecken

1 Irgendwann später sagte Gott zu Mose: „Jetzt geht mal wieder zum Präsidenten, ja? Ich hab selbst dafür gesorgt, dass er es nicht pellt und hart bleibt, obwohl ich schon diese ganzen fetten Wunder gemacht habe. 2 Denn ich wollte, dass du deinen Kindern und Enkelkindern diese Story mal erzählen kannst: ‚Die Geschichte, wie Gott den Ägyptern gezeigt hat, was er alles drauf hat, seine ganze Power.' Es soll einfach eins ganz oberdeutlich werden: Ich bin hier der Chef und sonst keiner!" 3 Mose und Aaron gingen dann zum Präsidenten und sagten zu ihm: „Folgendes sollen wir Ihnen von unserem Gott ausrichten, dem Gott der Israeliten: ‚Was muss noch alles passieren, damit du endlich klein beigibst? Wann kapierst du endlich, dass ich die Macht hab? Lass meine Leute jetzt auswandern! Ich will, dass sie einen Gottesdienst für mich feiern!

4 Wenn du das nicht organisiert kriegst, werde ich
morgen Millionen von Heuschrecken auf dein Land
loslassen. 5 Sie werden überall sein, das ganze Land
bedecken. Man wird den Boden nicht mehr sehen
können, weil überall so viele Heuschrecken sind.
Und dann werden sie alles fressen, was nach dem
Gewitter und dem Hagel noch übrig geblieben ist.
Sie werden jedes Blatt von den Bäumen verspach-
teln und auch alles, was noch grün auf den Feldern
rumliegt. 6 Es wird überall nur so von Heuschrecken
wimmeln. Sie werden in die Häuser und Wohnun-
gen von allen Leuten in Ägypten reinkommen, auch
in die von deinen Regierungsministern. Die
Geschichtsschreibung in deinem Land wird noch
nie so eine Katastrophe aufgezeichnet haben. So
was gab es bei euch noch nie!'" Nachdem Mose
diesen Spruch abgelassen hatte, ging er wieder vom
Präsidenten nach Hause. 7 Am Abend hatte der Prä-
sident ein Meeting mit seinen Ministern. „Wie lange
können wir das noch aushalten? Wie lange soll uns
dieser Typ noch solche Gefahren in das Land brin-
gen? Jetzt lassen Sie die Leute endlich gehen! Sollen
sie doch für ihren Gott einen Gottesdienst feiern, ist
uns doch egal. Kapieren Sie nicht, dass ganz Ägyp-
ten langsam kaputtgeht?", sagten ihm die Minister.
8 Schließlich riefen sie bei Mose und Aaron an und
baten beide zu einer weiteren Besprechung. „Jetzt
gehen Sie endlich und veranstalten einen Gottes-
dienst mit Ihrem Gott, wo auch immer Sie hinwol-
len!", sagte der Präsident. Dann wollte er aber noch
wissen: „Wer von Ihnen geht denn überhaupt mit
auf die Reise?" 9 „Alle!", antwortete Mose. „Die
Jugendlichen und die Omas und Opas, unsere
Söhne und Töchter, alle unsere Tiere, jeder geht mit!
Das ist bei uns normal, wenn wir so einen Gottes-
dienst für unseren Gott veranstalten!" 10 Das passte
dem Präsidenten gar nicht: „Na klar! Auf Wiederse-
hen! Tschüss! Ha, ich denk doch nicht im Traum
daran, Ihre Frauen, Kinder und die Omas und Opas
einfach gehen zu lassen! Die kommen doch nie
zurück! Is schon klar, was Sie in Wirklichkeit vorha-
ben! 11 Wenn Sie tatsächlich nur einen Gottesdienst
feiern wollen und sonst nichts, dann reicht es doch
vollkommen aus, wenn nur die Männer abziehen!"
12 Als sie draußen waren, sagte Gott zu Mose:
„Okay, jetzt heb mal deine Hand hoch und halte sie
über das Land, damit du die Heuschrecken herbei-
rufen kannst. Sie sollen alles, was grün ist und was
nicht vom Hagel zerstört wurde, auffressen, ratze-
kahl, bis zum letzten Grashalm." 13 Mose nahm sei-
nen Stock und hielt ihn hoch. In derselben Sekunde
ließ Gott einen Wind von Osten her aufkommen.
Und am nächsten Morgen waren die Heuschrecken
da ... 14 Sie fielen über ganz Ägypten her, riesige
Schwärme kamen auf das ganze Land. So viele Heu-
schrecken hatte man noch nie vorher gesehen und
vermutlich wird man das auch nie wieder. 15 Der
ganze Boden war bedeckt, es waren so viele, dass
der ganz dunkelschwarz war. Und sie fraßen alles
auf, was auf dem Land wuchs. Alle Früchte, alle
Blätter, die vom Hagel noch übrig geblieben waren,
alles wurde einfach aufgefressen! In ganz Ägypten
gab es keinen grünen Halm mehr. 16 Der Präsident
ließ panisch Mose und Aaron rufen. Als sie da
waren, bekannte er: „Ich bin schuldig, ich habe
Ihren Gott abgezogen, und auch Sie habe ich abge-
zogen. 17 Bitte vergeben Sie mir nur noch dieses
eine Mal! Bitte beten Sie für mich zu dem Gott, zu
Ihrem Gott, dass er diese tödliche Katastrophe
schnell beendet!" 18 Als Mose vom Präsidenten der
Ägypter wegging, redete er mit Gott über die Sache.
19 Gott sorgte dann dafür, dass sich die Windrich-
tung änderte. Es gab einen starken Westwind, der
die ganzen Heuschrecken wegblies, in das Rote
Meer, wo sie alle ertranken. Es blieb nicht eine Heu-
schrecke in Ägypten mehr übrig. 20 Trotzdem blieb
der Präsident dickköpfig. Gott sorgte dafür, dass er
die Israeliten immer noch nicht ziehen lassen
wollte.

Die neunte Katastrophe: Licht aus

21 Jetzt sagt Gott zu Mose: „Pass auf, streck mal
deine Hand zum Himmel. Dann wird in ganz Ägyp-
ten das Licht ausgehen. Es wird so dunkel sein,
dass man die Hand vor Augen nicht mehr sehen
kann." 22 Mose streckte seine Hand in Richtung
Himmel und es wurde drei Tage stockfinster in ganz
Ägypten. 23 Es war so dunkel, dass die Ägypter sich
nicht mehr sehen konnten, man konnte nirgendwo
hingehen, weil man den Ort nicht gefunden hätte.
Das ging drei Tage lang so. Aber in den Wohnungen
von den Israeliten funktionierte das Licht einwand-
frei. 24 Der Präsident rief dann mal wieder beim
Mose an. Als sie sich trafen, sagte er zu ihm: „Jetzt
gehen Sie endlich und veranstalten Sie Ihren Got-
tesdienst! Sie können von mir aus auch alle Leute
mitnehmen. Nur die Tiere lassen Sie bitte hier!"
25 Mose antwortete: „Und werden Sie uns dann etwa
ein paar Tiere zur Verfügung stellen, die wir in dem
Gottesdienst für das Opferritual benutzen können?
Wir brauchen die doch für das Abfackelopfer und
das Dankopfer, wo wir die Tiere dann am Ende

essen. 26 Garantiert nicht, oder? Also, unsere Tiere müssen mit, keine Ausrede. Kein einziges wird hier bleiben. Erst wenn wir alle wirklich dort sind, wissen wir auch, was für Tiere wir Gott opfern sollen und welche nicht." 27 Wieder sorgte Gott dafür, dass der Präsident es nicht raffte. Er wollte die Israeliten nicht weggehen lassen. 28 Er sagte zu Mose: „Hau bloß ab und lass mich in Ruhe! Wenn du noch einmal zu mir kommst, bring ich dich um!" 29 „Okay", sagte Mose, „dann soll es so passieren. Sie sehen mich nie wieder!"

11 Gott macht eine Ansage über die schlimmste von allen Katastrophen

1 Gott sagte dann zu Mose: „Ich werde es den Ägyptern jetzt noch mal zeigen und dem Präsidenten eins auswischen. Es geht gegen ihn und alle Ägypter. Danach wird er euch garantiert ziehen lassen. Mehr noch, er wird euch sogar in hohem Bogen rausschmeißen! 2 Sag mal deinen Leuten, dass sie sich bei den Ägyptern heute Abend Schmuck ausleihen sollen, so Gold- und Silbersachen." 3 Gott sorgte dafür, dass alle Ägypter an dem Abend die Israeliten irgendwie mochten. Sogar den Mose fanden sie plötzlich ganz toll, auch die Angestellten vom Präsidenten. 4 Mose sagte noch zum Präsidenten: „Gott sagt Ihnen Folgendes: ‚Heute gegen Mitternacht werde ich durch Ägypten gehen. 5 Dann wird in jeder Familie der älteste Junge sterben. Auch dein eigener Sohn, der nach dir Präsident werden soll, wird sterben. Aber auch der Sohn von der untersten Angestellten, die am Fließband arbeitet, wird sterben. Das Gleiche wird auch mit den Tieren passieren. 6 In ganz Ägypten wird man heulen deswegen. Es wird so eine Trauer da sein, wie man sie noch nie vorher erlebt hat und nie mehr erleben wird. 7 Aber bei den Leuten aus Israel wird niemand sterben, auch die Tiere nicht. Daran sollst du sehen, dass Gott zwischen dir und den Israeliten unterscheiden kann.' 8 Alle Ihre Minister werden bei mir ankommen und mich auf Knien anbetteln, dass ich und meine Leute endlich das Land verlassen sollen. Und dann werden wir auch gehen." Mose ging voll aggromäßig vom Präsidenten weg, er war richtig sauer.

Wie war das noch mal?

9 Gott hatte ja zu Mose gesagt: „Pass auf, der Präsident wird nicht auf euch hören, damit ihr und die Ägypter voll viele Wunder von mir zu sehen bekommt." 10 Mose und Aaron hatten diese ganzen Wunder vor den Augen vom ägyptischen Präsidenten alle durch Gott getan. Aber Gott hatte dafür gesorgt, dass der Präsident nicht weich wurde und die Israeliten einfach nicht gehen lassen wollte.

12 Die erste Passaparty

1 Gott sagte dann zu Mose und Aaron, als sie noch in Ägypten waren: 2 „Ab sofort soll mit diesem Monat bei euch das neue Jahr anfangen. 3 Sagt das allen Leuten in Israel: Jedes Jahr am zehnten Tag von diesem Monat soll der Familienvater ein Lamm für alle aussuchen. 4 Falls die Familie zu klein ist, um ein ganzes Tier zu essen, kann man sich auch mit den Nachbarn eins teilen. Es sollen so viele zusammenkommen, dass man das Tier ganz aufgegessen kriegt. 5 Das Lamm soll aber ganz speziell sein. Es soll erstens männlich und zweitens nicht über ein Jahr alt sein. Außerdem darf es keine Behinderung haben oder so. Ihr könnt von mir aus auch eine kleine Ziege nehmen. 6 Das Tier wird bis zum 14. Tag von dem Monat vom Rest der Herde getrennt. Abends schlachtet ihr es dann. Alle Familien sollen das zur selben Uhrzeit machen. 7 Jetzt nehmt euch einen Pinsel und etwas von dem Blut und streicht damit die Türpfosten und den oberen Balken von der Haustür an, und zwar von dem Haus, wo das Essen stattfindet. 8 Das Fleisch soll auf jeden Fall besonders gewürzt und gegrillt werden, und es wird dann mit einem Fladenbrot gegessen, das ohne Hefe gemacht wurde. 9 Ihr dürft nicht Lamm essen, das nur gekocht wurde oder sogar roh ist. Es muss auf jeden Fall gegrillt werden, und zwar über einer Feuerstelle. Das Lamm soll dabei als ganzes Tier auf den Grillspieß kommen, mit Kopf und Beinen und auch allen Innereien noch dabei. 10 Und ihr müsst es an demselben Abend noch aufessen. Es soll nichts übrig bleiben und wenn doch, muss man die Reste verbrennen, okay? 11 Beim Essen sollt ihr euch so anziehen, als würdet ihr gleich danach auf ne Wanderung gehen. Also ordentliche Wanderschuhe an und einen Gehstock am Start. Ihr sollt euch beim Essen dann voll beeilen, fast so, als würdet ihr sonst den letzten Zug verpassen. Dieses Fest sollt ihr ‚die Passaparty für Gott' nennen. 12 In dieser Nacht werde ich dafür sorgen, dass in Ägypten alle Männer sterben, die die ältesten Söhne in den Familien sind. Das Gleiche gilt auch für alle Nutztiere, also Schafe, Rinder, Pferde und Esel. Ich, der einzige Gott, habe alle Pseudogötter in Ägypten verurteilt

und werde dieses Urteil jetzt auch durchziehen. 13 Ihr müsst unbedingt eure Türen mit diesem Blut anstreichen! Denn überall, wo dieses Blut ist, da werde ich dran vorbeigehen. Nur so bleibt ihr in Sicherheit, und euch wird nichts passieren, wenn ich in der Zeit durch Ägypten gehe und dieses Volk bestrafe. 14 Dieser Tag soll ab jetzt ein besonderer Feiertag werden, an dem ihr euch an das erinnert, was hier passiert ist. Alle Leute nach euch sollen an diesem Tag ne Feier machen. Es soll eine Feier für Gott sein. 15 Sieben Tage lang sollt ihr dieses besondere Fladenbrot essen. Vor dem Fest sollt ihr alles, was mit Hefeteig gemacht wurde, wegschmeißen. Wer sich nicht daran hält und trotzdem so ein Brot isst, was mit Hefeteig gemacht wurde, der fliegt raus. Er muss aus der Gemeinschaft der Israeliten ausgestoßen werden. 16 Am ersten und am siebten Tag sollt ihr euch zu einem ganz besonderen Gottesdienst treffen. Ich möchte nicht, dass ihr an diesen Tagen irgendwie arbeitet. Nur das Essen, was jeder so braucht, das darf man sich zubereiten. 17 So soll diese ‚Passaparty für Gott' abgehen. Ihr sollt das Fest jedes Jahr feiern, damit ihr euch daran erinnert, wie ich euch alle sicher und geordnet aus Ägypten rausgeholt habe. Das ist jetzt ein Gesetz, das für immer gilt. 18 Von dem Abend am 14. bis zum 21. April dürft ihr nur dieses Spezialbrot essen. 19 Sieben Tage lang dürft ihr kein Brot, was mit Hefeteig gemacht wurde, in euren Buden haben. Wer sich nicht dran hält, fliegt raus. Egal ob er ein Gastarbeiter ist oder ein Israelit. 20 Ihr dürft in der ganzen Zeit einfach nichts essen, was mit Hefeteig gemacht worden ist. Das gilt für alle, überall, egal wo ihr wohnt."

Das neue Ritual mit dem Blut von einem Lamm

21 Mose organisierte dann ein Meeting mit den ganzen Stammesältesten von den Israeliten. Dann machte er eine klare Ansage an alle: „Holt euch von den Schafen oder Ziegen ein Tier, jeweils eins pro Familienverband, und schlachtet es. Das ist jetzt ab sofort das sogenannte Passalamm! 22 Dann organisiert ihr euch einen Pinsel und streicht mit dem Blut, was beim Schlachten übrig geblieben ist, die beiden Türpfosten und den oberen Türbalken von eurer Bude damit an. Danach darf für eine Nacht niemand mehr das Haus verlassen. Ist das klar? 23 Gott wird in dieser Nacht durch einen Todesengel nach Ägypten kommen. Er wird die Ägypter fertigmachen. Aber an den Türen, wo dieses Blut angestrichen wurde, da geht er dran vorbei. 24 Diese Order geht jetzt an alle, und sie gilt für immer. 25 Auch wenn ihr in dem Land ankommt, das euch Gott mal versprochen hat, sollt ihr dieses Ritual jedes Jahr durchziehen. 26 Und wenn euch eure Kinder dann mal fragen, warum ihr dieses Ritual macht, 27 dann sollt ihr sagen: ‚Es ist die Passaparty für Gott. Er ist an unseren Wohnungen vorbeigegangen, als er den Ägyptern gezeigt hat, wo der Hammer hängt. Sie hat er geschlagen, uns gerettet.'" Passa heißt nämlich so viel wie „vorbeigehen". Als Mose mit seiner Ansprache fertig war, waren die Leute voll begeistert. Sie warfen sich auf den Boden und beteten leidenschaftlich zu Gott. 28 Und dann zogen sie alles genau so durch, wie Gott es Mose und Aaron gesagt hatte.

Die zehnte Katastrophe: Die ältesten Söhne sterben

29 Gegen vierundzwanzig Uhr tötete Gott tatsächlich alle ältesten Söhne der Ägypter. Er fing mit dem Sohn vom Präsidenten an, der mal sein Nachfolger werden sollte, und er hörte beim ältesten Sohn von der städtischen Putzkolonne auf. Und auch das jeweils erste Tier, das bei den Schafen, Rindern, Ziegen und Eseln geboren wurde, musste sterben. 30 In dieser Nacht konnten der Präsident und seine Minister nicht richtig schlafen. Man hörte überall Menschen laut weinen, denn es gab bei den Ägyptern in jedem Haus mindestens einen Toten.

Die Israeliten verlassen Ägypten

31 Noch in der gleichen Nacht wollte der Präsident mit Mose und Aaron reden. Er ließ sie rufen, und als die beiden bei ihm waren, sagte er zu ihnen: „Los jetzt, ziehen Sie bloß ab! Verschwinden Sie aus meinem Land! Verlassen Sie meine Leute, Sie sollen alle abhauen, sofort! Gehen Sie dahin, wo Ihr Gott Sie haben will, und veranstalten Sie von mir aus diesen Gottesdienst, so wie Sie es haben wollen! 32 Sie können auch Ihre Tiere mitnehmen, alle Schafe und Rinder sollen von mir aus dabei sein. Und bitte beten Sie für mich!" 33 Die Ägypter waren voll dahinter her, dass sie möglichst schnell aus dem Land verschwinden würden. „Sonst müssen wir auch noch sterben, sonst müssen wir auch noch sterben", sagten sie immer wieder. 34 Also packten die Israeliten ihren Spezialbrotteig in Tüten ein, legten einen Mantel drum und hingen den um die Schultern der Männer. 35 Und wie Mose es ihnen geraten hatte, hatten sie bei den Ägyptern an der Haustür geklingelt und sich von denen ihren Gold und Silberschmuck geben lassen. Auch die feinsten

Anzüge und die besonders teuren Kleider von den Frauen wurden eingesackt. 36 Gott hatte dafür gesorgt, dass die normalen Ägypter sie sogar mochten und ihnen freiwillig alles gaben, was sie von ihnen verlangten. Auf die Art wurden sie sogar noch von den Israeliten abgezogen. 37 Jetzt marschierten die Israeliten alle los. Sie trafen sich in der Hauptstadt Ramses und zogen von dort nach Sukkot. Insgesamt waren es über 600 000 Männer, dazu noch die Frauen und Kinder, die man nicht mitgezählt hatte. 38 Auch sehr viele andere Gastarbeiter, die zu der Zeit in Ägypten lebten, schlossen sich ihnen an. Und dann kamen noch die ganzen Schafe, Ziegen und Rinder dazu. 39 Auf dem Weg machten sie sich immer wieder diese speziellen Fladenbrote von dem Teig, den sie aus Ägypten mitgenommen hatten. Dieser Teig war ja ohne Zusätze gemacht worden, ohne Hefe und so, weil sie schnell losmussten. Sie hatten es nicht mehr geschafft, richtig für Reiseproviant zu sorgen. 40 Insgesamt waren die Israeliten 430 Jahre in Ägypten gewesen. 41 Als die Zeit vorbei war, und zwar genau als das 430. Jahr vorbei war, führte Gott alle seine Leute ganz geordnet aus Ägypten raus. 42 In der ersten Nacht, als er sie da rausholte, begleitete Gott sie wie ein Leibwächter. Bis heute wird diese Nacht besonders verehrt. Sie wird in ganz besonderer Erinnerung gehalten. Alle Israeliten machen in dieser Nacht durch und gehen nicht pennen, um Gott damit zu ehren.

Regeln für die Passaparty

43 Gott sagte zu Mose und Aaron: „Bei der Passaparty gibt es ein paar Regeln. Es dürfen keine Leute da dran teilnehmen, die nicht zu den Israeliten gehören. 44 Ein Angestellter, der bei euch einen Arbeitsvertrag hat, darf nur mitessen, wenn er auch vorher dieses Beschneidungsritual durchgezogen hat. 45 Aber die Gastarbeiter und die Leute, die gelegentlich bei euch arbeiten, dürfen nicht teilnehmen. 46 Das Lamm muss in demselben Haus gegessen werden, in dem ihr es auch gegrillt habt. Nichts von dem Fleisch darf das Haus verlassen. Und ich will nicht, dass ihr einen Knochen von dem Passapartylamm kaputt macht. 47 Das gilt für alle Leute aus Israel. 48 Wenn jemand von außerhalb, der sich fest bei euch niedergelassen hat, die Party mitfeiern will, muss er auch diese Beschneidung an sich machen lassen. Erst dann kann man ihn dazuzählen und darf er dran teilnehmen. Aber jemand, der dieses Beschneidungsritual nicht gemacht hat, darf auf keinen Fall mitmachen. 49 Einer, der von außerhalb kommt und bei euch fest dabei sein will, muss sich an die gleichen Regeln halten wie einer aus Israel."
50 Die Israeliten setzten alle Ansagen von Mose und Aaron genau um. 51 An diesem Tag führte Gott die Israeliten ganz geordnet aus Ägypten raus.

13

Die ersten Jungs gehören Gott

1 Jetzt sagte Gott zu Mose: 2 „Ich möchte, dass du mir alle Jungs, die als Erstes in den Familien geboren werden, voll und ganz zur Verfügung stellst. Genau das Gleiche möchte ich auch von allen Tieren bei euch sehen."

Die Party mit den speziellen Fladenbroten

3 Mose sprach dann mal mit allen Leute und sagte ihnen: „Dieser Tag soll ein ganz besonderer Feiertag für uns bleiben! Wir wollen uns an diesem Tag immer dran erinnern, wie Gott uns aus Ägypten rausgeholt hat. Er hat das so krass gemacht, er hat uns aus diesen Knebelverträgen und Sklavenverhältnissen rausgeholt. An diesem Tag soll keiner Brot essen, das mit Hefeteig gemacht wurde.
4 Wir hauen jetzt im April aus diesem Ägypten ab.
5 Wenn Gott euch in dieses Land bringen wird, das er schon euren Uropas ganz, ganz fest versprochen hat, dann sollt ihr dieses besondere Fest feiern, jedes Jahr. Dieses Land wird richtig geil sein, es ist das Land der Kanaaniter, Hetiter, Amoriter, Hiwiter und Jebusiter, und da gibt's einfach alles, die leckersten Sachen, im Überfluss. 6 Ihr sollt sieben Tage lang nur dieses besondere Fladenbrot essen, klar? Am siebten Tag macht ihr dann eine Riesenparty für Gott. 7 Aber die sieben Tage vorher sollt ihr nur dieses Fladenbrot essen. In der Zeit soll man kein Hefebrot bei euch sehen, nirgendwo.
8 Wenn ihr in der Familie in der Zeit zusammensitzt, dann erzählt euren Kindern, dass ihr das macht, um euch immer wieder dran zu erinnern, wie krass Gott uns aus Ägypten rausgeholt hat. 9 Dieses Ritual wird für immer diese Bedeutung haben. Es soll sich einfach in euer Hirn einbrennen. Und es soll euch da dran erinnern, dass es wichtig ist, sich die Gesetze von Gott immer wieder reinzutun und sie zu lernen. Gott hat uns mit heftigen Wundern aus Ägypten rausgeholt. 10 Haltet euch an diese Regel, jedes Jahr in diesem Monat!"

Die ersten Jungs sind besonders

11 Mose sagte dann noch: „Wenn Gott euch irgendwann in das Land bringt, wo jetzt die Kanaaniter

wohnen, und es euch schenkt, das hat er ja mal dem Gründer unserer Familienstämme ganz fest versprochen, 12 dann sollt ihr wirklich jeden, der bei euch als Erstes geboren wird, Gott voll zur Verfügung stellen. Das gilt auch für jedes männliche Tier. Wenn die Kuh das erste Kalb bekommt, dann gehört es Gott und soll dann extra für ihn geschlachtet werden. 13 Nur bei Pferden könnt ihr auch stattdessen ein Schaf nehmen. Wenn ihr das nicht machen wollt, müsst ihr dem Pferdefohlen das Genick brechen. Und auch für die ersten Jungs, die in den Familien geboren werden, soll ersatzweise ein Tier geschlachtet werden. 14 Wenn eure Kinder euch irgendwann mal fragen, was das überhaupt soll, dann sagt ihnen: Wir machen das, um uns daran zu erinnern, wie Gott uns früher mal ganz heftig aus Ägypten rausgeboxt hat. Wir waren in der Zeit damals Sklaven, hatten Knebelverträge in Ägypten am Hals. 15 Der Präsident von den Ägyptern war hart drauf und hatten keinen Bock, uns gehen zu lassen. Aber als Gott dann zugeschlagen hat und alle ältesten Jungs in dessen Land und auch bei den Tieren tötete, wurde der Typ weich. Darum machen wir hier so ein Ritual und schenken ihm alle männlichen Tiere, die als Erstes geboren werden. Anstelle unserer ältesten Söhne nehmen wir auch ein Tier und kaufen die Jungs damit frei. 16 Dieses Ritual hat für euch einen ähnlichen Effekt wie eine Tätowierung auf der Stirn oder auf dem Arm: sie ist nicht wegzukriegen und gehört ganz fest zu euch. Gott hat euch mit seinen heftigen Mitteln aus Ägypten rausgeholt."

Gott ist immer bei seinen Leuten

17 Als der ägyptische Präsident die Leute endlich ziehen ließ, führte Gott sie nicht den Weg am Mittelmeer entlang durch das Land der Philister, obwohl das die kürzeste Strecke gewesen wäre. Gott dachte, sie könnten eventuell wieder nach Ägypten umdrehen, wenn sie unterwegs auf Widerstand stoßen würden. 18 Darum ließ er seine Leute einen Umweg gehen, der einmal quer durch die Wüste führte. Er schlug die Richtung zu einer Stelle vom Nil-Fluss ein, der sehr stark mit Bambusrohren bewachsen war. Man nannte das auch „das Schilfmeer". Die Israeliten zogen aus Ägypten wie eine Armee ab, verteilt in gleichmäßigen Reihen. 19 Mose hatte den Sarg von Josef mitgenommen, wie der es sich gewünscht hatte, kurz bevor er starb. Josef hatte ja damals zu seinen Brüdern gesagt: ‚Gott wird euch nie vergessen, er ist immer bei euch! Aber nehmt bitte meinen Sarg mit, wenn ihr dort hingeht!' 20 Von Sukkot zogen die Israeliten weiter nach Etam, wo die Wüste anfängt. Dort bauten sie erst mal ihr Lager auf. 21 In der ganzen Zeit, als sie unterwegs waren, zeigte sich Gott. Tagsüber war er in einer großen Säule aus Wolken, die vor ihnen herzog. Und nachts war da immer so eine Säule aus Feuer. Das Licht von dieser Säule zeigte ihnen, wo sie hingehen mussten. Auf die Art konnten sie tagsüber und auch nachts laufen. 22 Die Säule aus Wolken war den ganzen Tag vorne bei den Leuten am Start und ging nie weg. Und nachts war, wie gesagt, diese Säule aus Feuer bei ihnen.

14

Die Verfolgungsjagd der Ägypter

1 Gott sagte zu Mose: 2 „Sag deinen Leuten, sie sollen einen kleinen Haken schlagen und erst mal vor Pi-Hahirot ihr Lager aufbauen. Das liegt zwischen Migdol und dem Meer, das man auch das Schilfmeer nennt. Das liegt gegenüber von Baal-Zefon. 3 Dann wird der Präsident bestimmt denken, ihr hättet euch verlaufen und würdet jetzt in der Wüste festsitzen. 4 Ich werde dafür sorgen, dass er so verpeilt ist und euch verfolgen wird. Und dann will ich an ihm und seiner ganzen Armee zeigen, was ich draufhab, indem ich sie vernichtend schlagen werde. Die Ägypter müssen endlich kapieren, dass allein ich der Chef bin und sonst niemand!" Die Israeliten befolgten die Anweisung, die Gott ihnen gesagt hatte. 5 Als man dem Präsidenten Meldung machte, dass sie jetzt tatsächlich geflohen seien, kriegte er voll den Hals. Er ärgerte sich da drüber, ihnen die Erlaubnis gegeben zu haben. „Wir Volltrottel! Warum haben wir nur die Israeliten laufen lassen! Wer soll jetzt die ganze Drecksarbeit machen?" 6 Der Präsident ließ sofort seinen Wagen vorfahren und orderte alle Soldaten, die er hatte, gleich aufzumarschieren. 7 Alle verfügbaren Panzer aus Ägypten wurden klargemacht, auch die 600 von seiner Elitetruppe waren mit dabei. Jeder Wagen war voll ausgestattet mit Raketen, Leuchtmunition und allem Drum und Dran. 8 Gott selbst hatte dafür gesorgt, dass der Präsident so verpeilt war und den Israeliten unbedingt hinterherjagen musste. Dabei standen die unter Gottes höchstpersönlichem Schutz! 9 Die ganze Armee der Ägypter verfolgte die Israeliten und holte sie fast ein, als die noch in der Nähe von ihrem Lager bei Pi-Hahirot, gegenüber von Baal-Zefon, am Meer waren. 10 Irgendwann sahen sich die Israeliten um und konnten die

Armee des Präsidenten in der Ferne erkennen, die
immer näher kam. Plötzlich kriegten sie voll die
Panik und schrien zu Gott, damit er ihnen helfen
würde. 11 Einige hatten auch richtig den Hals auf
Mose und machten ihn an. „Tolle Idee! Hast du uns
aus Ägypten hierher geholt, damit wir mitten in der
Wüste verrecken? Hatten sie in Ägypten keine Grä-
ber mehr frei, oder wie? Warum hast du uns über-
haupt von dort weggeführt? 12 Wir haben doch
schon immer gesagt, dass du uns bloß in Ruhe las-
sen sollst mit deinen tollen Auswanderungsplä-
nen ... Wir würden lieber weiter als Sklaven in Ägyp-
ten arbeiten, als in der Wüste zu sterben!" 13 „Hey,
Leute, keine Panik!", antwortete Mose. „Lasst euch
nicht aus der Ruhe bringen. Ihr werdet gleich zuse-
hen können, wie Gott euch da rausholt. Ihr werdet
heute miterleben, wie die Ägypter ihre krasseste
Niederlage einfahren werden. So was hat es noch
nie gegeben. 14 Gott wird für euch kämpfen! Ihr
könnt euch echt entspannen und solltet jetzt ein-
fach mal die Klappe halten." 15 Als Mose dann mit
Gott über die Sache redete, sagte der zu ihm:
„Warum bettelst du bei mir um Hilfe? Sag deinen
Leuten, dass sie weiterziehen sollen! 16 Geh jetzt
mal zu dem Meer, das man auch das Schilfmeer
nennt. Wenn du da bist, nimm deinen Gehstock
und halte ihn über das Wasser. Das wird sich dann
an den Seiten aufstauen, und deine Leute werden
durch das Meer durchgehen können, ohne auch nur
einen Tropfen Wasser abzukriegen. 17 Ich werde
dafür sorgen, dass die Ägypter weiter so verpeilt
sind wie bisher. Sie werden euch verfolgen und hin-
ter euch herziehen, mitten durch das Meer. Und
dann pass auf, ich werde dem Präsidenten mit sei-
ner ganzen Armee und den Panzern, die dabei sind,
eine heftige Niederlage beibringen. Sie werden
sehen, dass ich hier die Macht habe und sonst nie-
mand! 18 Die Ägypter sollen endlich begreifen, dass
ich der Gott bin. Und das wird deutlich werden,
wenn ich meine Power an dem Präsidenten und
seiner ganzen Armee demonstriere." 19 Der eine
Engel von Gott, der sonst immer vor den Israeliten
ging, änderte nun seine Position und stellte sich
ganz am Ende des Zuges auf. Auch diese Säule aus
Wolken, die sonst immer ganz vorne war, stellte
sich jetzt hinter ihnen auf. 20 Sie trennte die Armee
der Ägypter von den Israeliten. Auf der ägyptischen
Seite war sie total dunkel, aber auf der Seite der
Israeliten war sie voll hell und leuchtete sogar rich-
tig den Weg aus. Darum konnte das ägyptische
Heer nicht näher aufrücken.

Gott rettet die Israeliten

21 Mose ging jetzt zu dem Schilfmeer und streckte
da seine Hand drüber aus. Plötzlich sorgte Gott für
eine Änderung der Windrichtung. Die ganze Nacht
blies ein starker Ostwind über das Meer, der dafür
sorgte, dass die Feuchtigkeit weggeblasen wurde.
Das Wasser zerteilte sich nach den Seiten, und in
der Mitte entstand eine Sandbank. 22 Die Israeliten
gingen so durch das Meer, während sich rechts und
links das ganze Wasser sammelte, wie hinter einer
unsichtbaren Wand. 23 Die Ägypter verfolgten sie
dabei, alle Panzer und Jeeps jagten ihnen hinterher,
mitten durch das Meer. 24 Kurz bevor die Sonne auf-
ging, schaute Gott aus der Säule aus Wolken und
Feuer auf die Truppe der Ägypter und sorgte dafür,
dass die plötzlich total verwirrt und durcheinander
waren. 25 Schließlich blockierte er auch noch deren
Bremsen. Dadurch kamen sie nur ganz langsam
vorwärts. Die Ägypter sagten sich schon untereinan-
der: „Gott kämpft auf der Seite der Israeliten! Er ist
gegen uns! Wir sollten besser von hier verschwin-
den!" 26 Jetzt sagte Gott zu Mose: „Streck mal deine
Hand wieder über den Fluss! Dann wird das Wasser
wieder zurückkommen, und die Ägypter werden mit
ihren Panzern und Jeeps einfach absaufen." 27 Mose
streckte seine Hand aus, und im selben Augenblick
strömte das ganze Wasser wieder zusammen. Das
war bei Sonnenaufgang. Die Ägypter wollten schnell
wieder zurück und versuchten, vor dem Wasser zu
fliehen, aber sie rannten in die falsche Richtung. So
trieb Gott sie mitten in das Wasser rein. 28 Die Wel-
len brachen über den Panzern zusammen und auch
von den Jeeps war nichts mehr zu sehen. Dabei
ertranken die ganzen ägyptischen Soldaten in den
Wassermassen, und am Ende überlebte keiner.
29 Die Israeliten hatten dabei die ganze Zeit festen
Boden unter den Füßen und wurden kein bisschen
nass. Rechts und links stand das Wasser wie eine
Mauer, aber sie blieben die ganze Zeit trocken.
30 Auf die Art rettete Gott seine Leute vor den Ägyp-
tern, die sie eigentlich fertigmachen wollten. Als sie
am nächsten Morgen die vielen Leichen am Strand
sahen, 31 wurde ihnen klar, dass Gott ihre Feinde mit
seiner grenzenlosen Kraft mal eben weggeblasen
hatte. Alle bekamen dadurch mega Respekt vor
Gott. Sie kriegten auch ein ganz festes Vertrauen zu
Gott und auch zu Mose, den Gott in dieser Situa-
tion ganz krass gebraucht hatte.

15
Mose freut sich und schreibt ein Lied
1 Als das abgegangen war, schrieb Mose einen Song darüber, den er mit den Israeliten zusammen für Gott sang:
„Nur für Gott will ich was singen,
denn er ließ es mit seiner krassen Kraft gelingen.
Gott ist der Größte, er hat es gerissen.
Er hat sie alle ins Wasser geschmissen,
unsere Feinde mit ihren Panzerwagen.
2 Mit meinem Rap will ich ihm danke sagen.
Gott, der mir geholfen hat, als ich im Dreck saß,
ohne Maß, seine Hilfe, die kam krass.
Ich danke dem Gott, dem mein Vater schon dankte.
3 Er ist der Typ mit der Bärenpranke, sein Name ist
‚Ich bin schon da'.
4 Ganz wunderbar warf er das Heer vom Präsidenten
in den See, mit bloßen Händen.
Auch die schnellsten Panzer und die besten Soldaten
ersoffen in Raten, sie konnten nicht abwarten,
5 bis das Wasser kam und sie einfach überrollte.
Sie versanken im See, wie ein Stein, nein, ich prollte
6 hier nicht, denn Gottes Hand hat den Sieg errungen,
gegen seine Kraft war es dem Feind nicht gelungen,
7 sich zu wehren.
In deiner Größe, Gott, zeigst du dich, wir müssen
dich ehren.
Du machst den Feind fertig, wirfst ihn zu Boden,
er frisst nur noch Staub, kriegt auf die Hoden.
Wenn du sauer bist, dann frisst jeder Gegner nur
Staub,
dein Zorn ist wie Feuer, verbrennt jedes Laub.
8 Du bläst mit deinem Atem auf das Schilfmeer,
dann entstehen zwei Wände, rechts und links, vor
dir her.
9 Die Feinde machten den Lauten: ‚Jetzt haben wir
sie!
Holt euch die Beute, tötet sie wie Vieh!
Und wie! Tötet alle, lasst keinen am Leben.
Wir teilen das Ganze, wird für jeden was geben.'
10 Aber mein Gott blies nur einmal in die Richtung,
schon war da überall Wasser, es gab keine Rettung.
Sie sanken auf den Grund, wie ein Sack voller
Schrott.
11 Wo gibt es denn Götter, die so sind wie unser Gott?
Wer ist so besonders, so heilig, dreimal dürft ihr
raten?
Wer schafft sich so krass Respekt durch seine heiligen Taten?
12 Du brauchst nur einmal deine Hand auszustrecken.
Und schon sind alle Feinde gleich am Verrecken.
13 Mit deiner starken Hand hast du deine Leute
befreit,
mit deiner Liebe hast du sie eingereiht,
in deine ganz besondere Wohnung gebracht.
14 Bei den anderen Völkern hat diese Nachricht
gekracht,
sie haben sich in die Hose gemacht, Philister kriegten Panik in der Nacht.
15 Auch die Chefs von Edom fingen an zu zittern,
die Regierung von Moab, die Kanaaniter voll am
Bibbern.
16 Sie kriegten erst mal Angst, machten sich in die
Hose,
vor deiner großen Kraft waren sie wie eine Mimose.
Damit deine Leute einfach weitergehen konnten.
Du hast sie erwählt, so sind einfach die Fronten.
17 Du nimmst sie untern Arm und pflanzt sie auf
den Berg Zion,
der nur dir gehört, wo du wohnst, immer schon.
Du hast den gemacht, heilig ist er,
18 Gott, du bist der Präsi, jetzt und jeden Tag mehr!"

Die Frauen aus Israel feiern den Sieg
19 Wie gesagt waren die Panzer und Jeeps vom ägyptischen Präsidenten hinter den Israeliten durch den Fluss gefahren. Und dann hatte Gott das Wasser plötzlich zurückkommen lassen. Die Israeliten waren locker am anderen Ufer angekommen, ohne dabei einen Tropfen abzukriegen. Darum reimten sie sich diesen Rap. 20 Die Sängerin Mirjam, eine Schwester von Aaron und Mose, nahm sich eine Trommel und ging vorneweg. Alle anderen Frauen zogen dann hinter ihr her. Einige von denen hatten auch ein paar Trommeln und Didgeridoos dabei. Dann fingen sie alle an zu tanzen. 21 Mirjam begann einen Schlachtenruf zu singen, und die anderen Frauen wiederholten den immer zusammen. „Singt heute alle (singt heute alle) für unseren Gott (für unseren Gott), denn er hat gesiegt (denn er hat gesiegt), er hilft uns in der Not (er hilft uns in der Not). Er hat den Feind (er hat den Feind) geworfen in das Meer (geworfen in das Meer) mit Mann und Maus (mit Mann und Maus), keiner ist wie er (keiner ist wie er).

Ab durch die Wüste
22 Mose schlug dann von diesem Schilfmeer aus einen neuen Weg ein. Er ging in Richtung eines Gebietes, wo es immer sehr heiß war und man nur selten Wasser finden konnte. Dieses Gebiet nannte man die Wüste Schur. Drei Tage lang wanderten die

Israeliten durch diese Wüste, ohne einen Tropfen
Wasser zu finden. 23 Schließlich kamen sie bei dem
Ort Mara an, wo es normal immer Wasser gab. Das
Wasser war dort aber total vergammelt, darum
konnte man es nicht trinken. Daher auch der Name
„Mara", was so viel bedeutet wie „schmeckt echt
bitter". 24 Die Leute von Israel kriegten teilweise voll
den Hals auf Mose. Sie taten sich zusammen und
beschwerten sich bei ihm. „Was sollen wir denn
jetzt nun trinken, he?" 25 Mose ging dann ein Stück
weiter weg, um alleine zu beten, und hatte ein hefti-
ges Gespräch mit Gott. Der zeigte ihm dann ein
Stück Holz, was da rumlag. Als Mose dieses Holz in
das Wasser geschmissen hatte, wurde es auf einmal
genießbar. Ein echtes Wunder. Hier war es übrigens
auch, wo Gott seinen Leuten Regeln schenkte, nach
denen sie ihr Leben ausrichten sollten. Er testete sie
aus, um zu sehen, ob sie auch wirklich bereit waren,
das zu tun, was er von ihnen wollte. 26 Gott richtete
den Leuten durch Mose folgende Sache aus: „Ach-
tet genau auf das, was ich euch zu sagen hab. Lebt
so, wie ich es will, folgt meinen Anweisungen, rich-
tet euch nach meinen Gesetzen. Dann wird es euch
immer gutgehen, ihr werdet nie krank werden, und
es wird euch nicht so was Übles passieren, wie es
den Ägyptern passiert ist. Ich bin Gott, und ich bin
euer Arzt!" 27 Seine Leute zogen dann weiter zu
einem Ort in der Wüste, wo es immer genug Wasser
gab, weil dort eine Quelle war. Man nannte diesen
Ort „Oase Elim". Dort bauten sie ihr Lager auf. In
Elim gab es insgesamt zwölf Wasserquellen, und
über siebzig Palmen wuchsen da!

16

Gott passt auf seine Leute auf

1 Von Elim zogen die Israeliten weiter in die
Wüste Sin rein. Diese Wüste liegt zwischen
Elim und dem Berg Sinai. Das war 2 Monate und
15 Tage nachdem sie aus Ägypten abgehauen waren.
2 Hier, in der Wüste, kam es dann plötzlich zu einer
richtigen Demo von der ganzen Gemeinde gegen
Mose und Aaron. 3 „Warum hat Gott uns nicht
gleich in Ägypten umgebracht?", beschwerten sich
die Leute bei den beiden. „Dort hatten wir wenigs-
tens genug zu essen! Habt ihr uns jetzt hierhin
geführt, damit wir alle in der Wüste verrecken, oder
was!?" 4 Gott sprach dann mit Mose über die Sache:
„Ich werde euch Brot aus dem Himmel regnen las-
sen. Die Leute sollen dann mal vor das Lager gehen
und dort so viele von den Brotteilen einsammeln,
wie sie essen wollen. Aber nur das, was sie heute
verbrauchen werden, mehr nicht. Ich will mal aus-
testen, ob sie auch tun, was ich ihnen sage. 5 Am
sechsten Tag dürfen sie so viel sammeln, wie sie
wollen. Die werden dann beim Backen merken, dass
sie doppelt so viel gesammelt haben, wie an den
anderen Tagen." 6 Mose und Aaron riefen dann die
Israeliten zusammen und sagten ihnen: „Heute
Abend werdet ihr merken, dass es Gott höchstper-
sönlich war, der euch aus Ägypten rausgeholt hat.
7 Und morgen früh werdet ihr sehen, wie krass Gott
eigentlich ist. Er hat gehört, dass ihr die ganze Zeit
rumnörgelt. Ihr habt euch eigentlich bei ihm
beschwert, nicht bei uns. Wer sind wir denn über-
haupt, dass ihr glaubt, ihr seid bei uns mit so einem
Anliegen an der richtigen Adresse? 5 Gott wird euch
zum Abendbrot Fleisch organisieren und zum Früh-
stück Brot. Ihr könnt davon so viel essen, bis ihr
platzt. Und noch mal: Ihr habt euch letztendlich bei
ihm beschwert, nicht bei uns. Wer sind wir denn
überhaupt, bitte schön?" 9 Später sagte Mose zu
Aaron: „Ruf mal die ganze Gemeinde zusammen.
Dann sag ihnen, sie sollen sich vor mir aufstellen.
Ich habe ihre Beschwerde gehört." 10 Als die Leute
da waren und sich mit dem Gesicht zur Wüste auf-
gestellt hatten, passierte etwas sehr Heftiges. Gott
war da, mit seiner ganzen Kraft, mitten in einer
Wolke! 11 Gott redete dann aus der Wolke zu Mose:
12 „Ich hab gehört, dass sich die Israeliten bei dir
beschwert haben. Richte ihnen Folgendes von mir
aus: ‚Gegen Abend werdet ihr genug Fleisch zum
Essen haben. Morgens werdet ihr auch mit Brot von
mir versorgt werden. Es wird dicke reichen, für alle.
Ihr sollt an so was endlich kapieren, dass ich der
Chef bin, euer Gott!'" 13 Abends flogen dann plötz-
lich ganz viele Enten in das Lager, die sie ganz leicht
einfangen konnten. Morgens lag um die Zelte so
eine Art Tau. 14 Wenn das Wasser daraus verdunstet
war, blieben feine weiße Körner übrig. 15 Als die Isra-
eliten dieses Zeug da liegen sahen, konnten sie
zuerst damit nicht so richtig etwas anfangen. „Man
hu?", fragten sie Mose. Das ist hebräisch und heißt
so viel wie „Hä? Was ist das denn?". Mose meinte
dann: „Das ist das Brot, was euch Gott schenkt.
Davon könnt ihr leben! 16 Und Gott macht euch fol-
gende Ansage dazu: ‚Sammelt davon ein, soviel ihr
braucht. Pro Person eine Tüte voll. Es soll für jede
Familie genug gesammelt werden.'" 17 Die Israeliten
machten es genau so, einige sammelten etwas
mehr, andere etwas weniger. 18 Das Ganze wurde am
Ende noch gewogen. Die Leute, die viel gesammelt
hatten, hatten nicht zu viel und die, die wenig

gesammelt hatten, hatten nicht zu wenig. Es passte
mengenmäßig irgendwie für jeden. 19 Mose meinte
dann zu den Leuten: „Niemand soll sich etwas
davon für morgen aufheben, klar?" 20 Einige hatten
da aber keinen Bock drauf und bunkerten etwas von
dem Essen für den nächsten Tag. Aber am nächsten
Morgen war das Zeug voller Maden und vergam-
melt. Mose war supersauer, als er davon hörte.
21 Jeden Morgen sammelten sie das Brot ein, so viel
sie für den Tag brauchten. Sobald die Sonne aber
voll da war, zerschmolz der ganze Rest, den sie
nicht aufgesammelt hatten.

Gott sorgt dafür, dass man am Sonntag nicht arbeiten braucht

22 Am sechsten Tag stellten sie irgendwie fest, dass
man fast doppelt so viel eingesammelt hatte wie
sonst. Diesmal waren zwei Tüten pro Person am
Start. Die Chefs in der Gemeinde kamen zu Mose,
um ihm das zu sagen. 23 Mose war gar nicht über-
rascht. „Es ist genau das passiert, was mir Gott
schon vorher gesagt hatte. Morgen ist nämlich der
Tag, wo wir uns alle mal entspannen sollen. Dieser
Tag ist etwas ganz Besonderes, er ist heilig. Wir soll-
ten diesen Tag radikal Gott geben. Wir nennen den
ab jetzt Sonntag. Kocht euch heute genug Essen
vor, damit ihr einen Rest für morgen übrig habt."
24 Die Leute machten es genau so, wie Mose gesagt
hatte. Sie legten von dem Essen die Sachen beiseite,
die einfach zu viel waren. Und tatsächlich war das
am nächsten Tag nicht vergammelt wie sonst
immer. Auch Maden oder so waren nicht drin.
25 Mose meinte zu ihnen: „Okay, esst das Zeug
heute. Dieser Tag ist der Sonntag, und er soll ganz
Gott gehören. An diesem Tag werdet ihr draußen
auch nichts zu essen finden. 26 Ihr sollt nur sechs
Tage lang dieses Brot sammeln gehen. Am siebten
Tag werdet ihr aber nichts finden!" 27 Leider gingen
ein paar von den Leuten am siebten Tag trotzdem
raus, um nach Essen zu suchen. Aber sie fanden
nichts. 28 Gott sagte dann zu Mose: „Mann, wie
lange wollen die Leute nur das tun, was ihnen
gerade in den Kram passt, und nicht mir gehorchen
und das tun, was ich ihnen sage? 29 Weil ich euch
den Sonntag als eine Zeit gegeben hab, wo ihr euch
entspannen sollt, kriegt ihr am Samstag genug zu
essen für zwei Tage. Am siebten Tag sollen alle im
Zeltlager bleiben, niemand soll den Platz verlas-
sen." 30 Am siebten Tag entspannten sich also die
Israeliten erst mal richtig. 31 Dieses Brot, was Gott
ihnen immer gab, nannten sie ab jetzt „Manna",
weil das so klingt wie „Man hu?". Das hatten die
Leute ja gesagt, als sie das Zeug zum ersten Mal
gesehen hatten. Es war so weiß wie Mehl und
schmeckte wie Honig. 32 Mose meinte zu den Leu-
ten: „Gott hat die Ansage gemacht, wir sollen etwas
Manna aufbewahren, als Erinnerung für unsere Kin-
der. Sie sollen sehen können, was wir in der Wüste
immer gegessen haben, nachdem Gott uns aus
Ägyptern rausgeholt hat." 33 Dann meinte er zu
Aaron: „Organisier dir mal eine Tasche und leg da
eine Tagesration von dem Mannazeug rein. Die
stellst du dann in das ganz besondere Zelt, wo wir
immer Gottesdienste feiern. Es soll so ne Art Erin-
nerung für unsere Kinder sein." 34 Aaron machte es
genau so, wie Mose es gesagt hatte. Er stellte die
Tasche dann an einen besonderen Ort, wo später
auch die Gesetze von Gott aufbewahrt wurden.
35 Vierzig Jahre ernährten sich die Israeliten von die-
sem Mannazeug. Die ganze Zeit, wo sie in der
Wüste umherzogen, bis sie an die Grenzen vom
Kanaan-Land kamen. 36 Eine Tagesration entsprach
übrigens in etwa zwei Kilo.

17

Eine Wasserquelle mitten im Felsen

1 Weil Gott es so gesagt hatte, zog die ganze
Gemeinschaft der Israeliten von der Wüste
Sin weiter. Es ging von Rastplatz zu Rastplatz,
immer so, wie Gott sie gerade führte. An einem Tag
waren sie an dem Rastplatz bei Refidim. Aber dort
gab es ein Problem, weil es da kein Trinkwasser
mehr gab. 2 Die Israeliten waren echt stocksauer auf
Mose und beschwerten sich bei ihm: „Organisier
uns mal Wasser, Mose!", waren sie am Rum-
schreien. „Was ist los, Leute? Warum macht ihr
mich so an? Und warum testet ihr schon wieder
Gott aus?", antwortete Mose ihnen. 3 Aber die Leute
hatten jetzt richtig Durst und meckerten: „Warum
hast du uns überhaupt aus Ägypten rausgelockt?
Nur, damit wir mit unseren Kindern und Tieren hier
in der Wüste verrecken?" 4 Mose war echt fertig. Er
schrie zu Gott: „Was soll ich nur mit den Leuten
machen? Wenn das so weitergeht, dann nieten die
mich noch um!" 5 „Hol ein paar von den Leuten aus
deinem Volk zusammen, die bei euch irgendwie was
zu sagen haben", antwortete Gott. „Dann führst du
mit denen zusammen die ganze Meute. Du musst
dabei den Stock mitnehmen, den ich dir geschenkt
hab. Der, mit dem du auch auf den Nil geschlagen
hast. 6 Siehst du den Felsen da drüben, beim Berg
Horeb? Da warte ich auf dich! Wenn ihr da seid,

musst du mit dem Stock auf den Felsen schlagen. Dann wird da plötzlich Wasser rauskommen, und deine Leute können das trinken." Mose machte alles genau so, wie Gott es gesagt hatte. Die frisch ernannten Chefs von den Israeliten sahen dabei zu. 7 Mose gab dem Ort dann den Namen „Massa und Meriba", was so viel bedeutet wie „der Ort, an dem ihr mich ausgetestet habt". Er wollte eben daran erinnern, dass sie Gott hier austesten wollten. Ihre Frage war dabei einfach: „Ist Gott jetzt bei uns oder nicht?"

Krieg gegen die Amalekiter

8 Dann gab es auch bald Krieg gegen die Amalekiter. Die rückten mit ihren Truppen in der Gegend von Refidim an und wollten Israel angreifen. 9 Mose rief Josua zu: „Schnell, zieh alle Männer zusammen, die einigermaßen kämpfen können. Wir müssen uns morgen früh gegen die Amalekiter wehren. Ich werde mich in der Zeit, wo ihr kämpft, oben auf dem Hügel postieren und beten. Dabei werde ich den Stock hochhalten, den Gott mir geschenkt hat. Dadurch sind ja schon einige krasse Wunder passiert. Okay?" 10 Josua machte das, was Mose ihm gesagt hatte. Er kämpfte unten mit den Israeliten gegen die Amalekiter, während Mose mit Aaron und Hur oben auf den Berg gestiegen war.
11 Solange Mose seine Hände mit dem Stock beim Beten nach oben hielt, waren die Israeliten stärker als die Amalekiter. Wenn er ihn aber runternahm, war es umgekehrt. 12 Irgendwann wurden seine Arme immer schwerer, und Mose konnte sie nicht mehr hochhalten. Darum holten Aaron und einer, der Hur hieß, einen Stuhl, auf den Mose sich setzen konnte. Die beiden stellten sich dabei neben ihn und hielten ihm die Hände hoch. Das machten sie so lange, bis die Sonne unterging. 13 Auf die Art konnte Josua die Truppen der Amalekiter komplett plattmachen. 14 Gott sagte dann zu Mose: „Pass auf, ich werde die Amalekiter vollständig auslöschen. Niemand soll sich mehr an sie erinnern können. Schreib das mal auf, damit man diese Tatsache nicht vergisst. Und sag das auch dem Josua!"
15 Nach dem Kampf baute Mose einen kleinen Altar an der Stelle. Den nannte er dann „Gott ist meine Nationalflagge". 16 Er sagte zu seinen Leuten: „Schwört bei Gott, dass ihr ihm immer hunderprozentig treu seid! Zwischen ihm und den Amalekitern wird es immer Krieg geben!"

18

Jitro: Ein Priester aus Midian kommt zu Besuch

1 Jitro, der Priester von Midian, war ja der Schwiegervater von Mose. Er hatte davon gehört, was Gott durch Mose mit den Israeliten gemacht und wie krass er sie aus Ägypten rausgeholt hatte. 2 Er schnappte sich seine Tochter Zippora und machte sich auf den Weg. Zippora war ja mit Mose verheiratet, aber Mose hatte sie zwischendurch zu ihrem Vater geschickt, damit ihr nichts in der Wüste passierte. 3 Jitro nahm auch die beiden Söhne von Mose mit. Der ältere Sohn hieß übrigens Gerschom, was so viel bedeutet wie „Er ist da ein Gast". Mose hatte nämlich bei der Geburt gesagt: „Ich bin hier ein Gast in einem Land, wo mich niemand kennt." 4 Der jüngere Sohn hieß Elieser, was so viel bedeutet wie „Gott hilft". Mose hatte nämlich bei der Geburt gesagt: „Der Gott von meinem Vater hilft mir. Er hat mich vor dem Tod durch den ägyptischen Präsidenten gerettet." 5 Der Schwiegervater kam also mit der Familie zu Mose an den Zeltplatz. Der war zu der Zeit in der Wüste an dem Gottesberg. 6 Bevor er ankam, ließ er Mose per SMS wissen: „Dein Schwiegervater Jitro kommt gleich. Auch deine Ehefrau ist mit dabei. Sie bringt deine beiden Söhne mit!" 7 Mose freute sich voll. Er ging Jitro entgegen und machte zuerst eine tiefe Verbeugung aus Respekt. Dann umarmte er ihn aber ganz fest. Nachdem sich die beiden begrüßt hatten, gingen sie in das Zelt vom Mose. 8 Mose erzählte seinem Schwiegervater das ganze Abenteuer, das sie gerade in Ägypten erlebt hatten. Wie Gott die Israeliten da rausgeholt und was er gegen den Präsidenten alles aufgefahren hatte. Auch vom Schutz Gottes und wie er bei den ganzen Problemen auf dem Weg hierher half, berichtete er ausführlich. 9 Jitro freute sich sehr da drüber, dass Gott so gut mit den Israeliten umgegangen war und wie er sie aus Ägypten befreit hatte. 10 Er sagte: „Yes, Gott ist der Größte! Fettes Danke an Gott! Er hat euch aus dem miesen Einfluss der Ägypter und ihres Präsidenten rausgeholt! 11 Jetzt weiß ich wieder ganz sicher: Gott hat mehr Power als irgendeiner dieser anderen Götter! Denn er hat die Israeliten aus Ägypten gerettet. Er war stärker als diese Beknackten!" 12 Jitro veranstaltete dann für Gott so ein Ritual, in dem er ein Tier komplett verbrannte, das nannte man ein Abfackelopfer. Dann schlachtete er noch ein anderes Tier und verbrannte das Fett von diesem Tier, das nannte man Dankopfer. Aaron und die anderen Chefs der Israeliten kamen dazu und verspachtelten das Fleisch vom Dankopfer, um Gott zu feiern.

Mose organisiert sich ein paar Helfer

13 Am nächsten Tag setzte sich Mose auf einen Stuhl und hielt so ne Art Gerichtsverhandlung für die Probleme der Leute ab. Wenn jemand Stress mit einem anderen hatte, kam er da hin. Es war voll der Andrang und Mose hatte von morgens bis abends megaviel zu tun. 14 Sein Schwiegervater beobachtete das und sah, wie anstrengend der Job für Mose war. Er fragte ihn darum: „Sag mal, Mose, warum tust du dir überhaupt diesen Nervkram an? Die Leute kommen ja den ganzen Tag zu dir! Musst du das wirklich alles alleine machen?" 15 „Was soll ich machen?", antwortete Mose. „Die wollen alle eine Entscheidung direkt von Gott haben! 16 Wenn zwei Stress miteinander kriegen, dann kommen sie immer zu mir. Ich muss dann das Urteil fällen und ihnen mit Hilfe von den Gesetzen, die Gott gegeben hat, alles erklären." 17 „Du musst das irgendwie anders organisieren", meinte sein Schwiegervater. 18 „Das sind einfach viel zu viele! Du kannst nicht alles alleine machen! Sonst brennst du irgendwann aus. Und auch die vielen Leute gehen dabei irgendwie drauf. 19 Hör mal, ich geb dir jetzt einen guten Tipp. Wenn du den befolgst, wird Gott dich weiter unterstützen können. Ich denke, du sollst ab sofort nur eins tun: Die Anliegen von deinen Leuten vor Gott bringen, und für sie beten. 20 Dein Job ist es, ihnen die Sachen beizubringen, die Gott von ihnen will, und ihnen das auch zu erklären. Sag ihnen, was in den Gesetzen von Gott steht. Bring ihnen bei, wie sie gottmäßig leben können. 21 Versuch, für die Regelung der großen Probleme Leute zu finden, die gut drauf sind. Sie sollen einen guten Ruf und Respekt vor Gott haben, ehrlich sein und niemanden abzocken wollen. Bestimme die zu Chefs, die Verantwortung übernehmen, für jeweils tausend, hundert, fünfzig und zehn Leute. 22 Sie sollen vierundzwanzig Stunden Bereitschaftsdienst schieben, um als Richter für so eine Verhandlung zur Verfügung zu stehen. Nur die wirklich wichtigen Fälle sollst du weiter entscheiden. Die kleineren Sachen sollen die dann aber regeln. Entspann dich mal ein bisschen und gib die Arbeit an andere ab. 23 Wenn Gott die Idee gut findet, wirst du keinen Burnout kriegen und nicht irgendwann einen Nervenzusammenbruch erleiden. Und die Leute mit ihren Problemen werden auch happy nach Hause gehen." 24 Mose fand den Rat richtig gut und setzte ihn sofort in die Tat um. 25 Er wählte unter den Israeliten ein paar fitte Männer aus und machte die zu Chefs von jeweils tausend, hundert, fünfzig und zehn Leuten. 26 Ab dann entschieden die über alle einfachen Fälle. Nur wenn es kompliziert wurde, musste Mose dazukommen. 27 Später verabschiedete sich dann Jitro und zog wieder zurück in seine Heimat.

19

Gott macht einen Vertrag am Sinai-Berg

1 Genau zwei Monate nachdem die Israeliten aus Ägypten abgehauen waren, kamen sie in der Wüste Sinai an. 2 Sie waren in diese Richtung gegangen, seitdem sie ihr Zeltlager bei Refidim verlassen hatten. Jetzt bauten sie die Zelte erst mal unten am Berg Sinai auf. 3 Mose wollte hier mit Gott reden und ging dazu oben auf den Berg. Als er oben war, sagte Gott von der Bergspitze aus zu ihm: „Folgende Sache sollst du mal den Israeliten erzählen: 4 ‚Ihr habt hoffentlich alle mitgekriegt, was für eine Power ich habe! Konnte man ja an den Ägyptern gut sehen. Und ihr habt wohl auch nicht vergessen, dass ich euch wie mit einer Spezialeinheit da rausgeholt habe. Ihr seid sicher hier angekommen, ich hab euch durchgebracht, bis ihr jetzt hier bei mir wart. 5 Wenn ihr mir jetzt echt treu bleibt, mir zuhört, wenn ich euch was sage, wenn ihr euch an die Dinge haltet, die ich von euch will, dann sollt ihr mein ganz privates Eigentum werden. Ich werde euch bevorzugen, vor allen anderen Nationen! Schließlich gehört mir ja die ganze Erde. 6 Ihr sollt für mich etwas ganz Besonderes sein. Jeder von euch soll wie ein Priester für mich werden, der mir die ganze Zeit zur Verfügung steht und mir radikal dient.' Das sollst du jetzt mal deinen Leuten genau so sagen." 7 Als Mose vom Berg wieder runterkam, organisierte er sofort ein Meeting mit den Chefs im Volk. Dann erzählte er ihnen, was Gott gesagt hatte. 8 Alle waren sofort einverstanden. Einstimmig beschlossen die Israeliten: „Wir wollen alles tun, was Gott von uns will!" Mose ging dann wieder auf den Berg und richtete diese Antwort Gott aus. 9 Gott meinte dann zu ihm: „Pass auf, ich werde nachher bei dir aufkreuzen, so dass alle es sehen können. Und zwar wird da eine ganz dunkle Wolke kommen. Da bin ich dann drin. Ich werde so zu dir reden, dass deine Leute das auch hören können. Sie sollen einfach nie mehr daran zweifeln, dass du deine Order direkt von mir bekommst. Okay? 10 Geh jetzt zu deinen Leuten und sorge dafür, dass sie sich auf dieses Treffen mit mir vorbereiten. Sie sollen bis morgen clean bleiben und einen weiten Bogen um die ätzenden Sachen machen, die ich nicht gut finde. Und sie sollen sich saubere Klamotten anzie-

hen. 11 Übermorgen geht es dann los. Am dritten
Tag werde ich nämlich für alle deutlich sichtbar auf
den Sinai-Berg runterkommen. 12 Du musst unbe-
dingt einmal um den ganzen Berg eine Absperrung
aufstellen lassen. Sag den Leuten, dass sie echt auf-
passen müssen. Sie sollen auf keinen Fall versu-
chen, den Berg zu berühren, geschweige denn, ihn
zu besteigen. Das ist verboten. Wer ihn nur mit den
Fuß berührt, muss sterben! 13 Ihr müsst denjenigen,
der das doch getan hat, selbst töten, entweder mit
einem Messer oder einfach per Genickschuss. Das
gilt für jeden Menschen, aber auch für jedes Tier.
Erst wenn man ein Horn hört, dürfen ein paar
Leute, die ich vorher ausgesucht habe, auf den Berg
kommen." 14 Mose ging, nachdem Gott fertig war,
wieder runter zu seinen Leuten. Er sagte den Israeli-
ten klipp und klar, was sie zu tun hatten, um auf das
Treffen mit Gott vorbereitet zu sein. Auch dass sie
ihre Klamotten waschen sollten, richtete er ihnen
aus. 15 „Macht euch klar, für übermorgen! Das wird
heftig! Eins noch: Bis dahin darf keiner mehr Sex
haben!"

Gott kommt auf dem Sinai-Berg

16 Nach zwei Tagen, morgens, als es gerade hell
wurde, begann es plötzlich um den ganzen Berg zu
donnern und zu blitzen. Eine ganz dichte Wolke
schob sich auf den Hügel und bedeckte ihn. Dann
hörte man eine megalaute Trompete! Die Leute im
Lager kriegten voll die Panik, als das losging.
17 Mose holte die Israeliten dann zusammen und
führte sie aus dem Lager raus. Er ging mit ihnen zu
dem Berg, Gott entgegen. Unten am Berg blieben
sie stehen. 18 Der ganze Sinai war fett mit Rauch
eingenebelt. Gott war wie ein Feuer auf den Berg
gekommen, und alles brannte dort oben. Der Rauch
stieg zum Himmel, als wäre der Sinai-Berg zu
einem Kamin gemacht worden. Dabei wackelte er
die ganze Zeit sehr stark, wie bei einem Erdbeben.
19 Dann wurde der Sound von den Trompeten
immer krasser. Mose rief zu Gott, und Gott antwor-
tete voll laut. 20 Als Gott vom Himmel auf den Berg
gekommen war, rief er Mose zu sich. Und Mose
kletterte nach oben. 21 Auf halben Weg meinte Gott
dann aber zu ihm: „Mose? Geh noch mal zurück
und warne deine Leute! Sag ihnen, sie sollen auf
keinen Fall die gezogene Linie übertreten, weil sie
mich unbedingt aus der Nähe sehen wollen, ja?
Sonst werden viele von denen sterben müssen.
22 Auch die Priester, die sonst schon mal näher an
mir dran waren, wenn sie dieses Opferritual
machen, sollen sich auf das Treffen mit mir richtig
vorbereiten. Sonst werden sie auch von meiner
Gegenwart plattgemacht." 23 Mose antwortete Gott:
„Die Leute können gar nicht hochkommen! Du hast
mir doch gesagt, ich soll eine Absperrung um den
Berg bauen lassen. Damit hab ich ihn auch zu etwas
ganz Besonderem erklärt, zu etwas, das heilig ist!"
24 „Hör mal, Mose, jetzt geh runter und tue, was ich
dir sage. Dann kommst du wieder hoch, mit Aaron
zusammen. Die Priester und die ganzen Leute dür-
fen auf keinen Fall versuchen, euch hinterherzukom-
men! Sie dürfen nicht zu mir durchdringen, sonst
wird es ein Blutbad unter ihnen geben. Ist das klar?"
25 Also ging Mose noch mal runter zu seinen Leuten
und warnte sie.

20

Die zehn Gesetze von Gott

1 Dann erzählte Gott seinen Leuten, was für
Gesetze er sich extra für sie ausgedacht
hatte:

**2 „Ich bin der absolute Chef! Ich bin dein Gott! Ich
hab dich aus Ägypten rausgeholt, ich habe dich
befreit!**
**3 Ich will, dass du zu keinem anderen Gott betest!
Das geht jetzt gar nicht mehr!**
**4 Du sollst dir auch keine Plastikgötter, Figuren, Sta-
tuen oder so ein Bild machen, zu dem du dann be-
test! Generell will ich nicht, dass du dir irgendeinen
Gott bastelst, der dann aussieht wie etwas, was aus
dem Himmel kommt. Und auch nicht, wie etwas,
was von der Erde kommt oder aus dem Wasser.**
**5 Du sollst dich nicht irgendwelchen Pseudogöttern
ausliefern und schon gar nicht zu ihnen beten.
Denn ich bin voll eifersüchtig und will, dass du erst
mal nur mich liebst. Wenn jemand fies zu mir ist
und mich sogar hasst, wird das Konsequenzen
haben bis hin zur dritten und vierten Generation
nach ihm.**
**6 Aber die Leute, die mich lieben und das tun, was
ich will, die werde ich ohne Ende beschenken.**
**7 Du sollst vor meinem Namen Respekt haben! Du
sollst ihn nicht verarschen, nicht damit rumspielen
und ihn auch nicht für deine eigene Sache miss-
brauchen. Jeder, der so was tut, wird dafür bestraft
werden.**
**8 Sonntag ist der Tag, an dem ihr euch alle entspan-
nen sollt. Dieser siebte Tag in der Woche ist ein
ganz besonderer Tag, und der gehört allein Gott.**
**9 Sechs Tage lang kannst du arbeiten und deinen Job
erledigen.**

10 Der siebte Tag ist aber der Tag der Entspannung,
der gehört nur Gott. An dem Tag sollst du nicht
arbeiten. Und auch deine Tochter oder dein Sohn
sollen an dem Tag nichts machen. Genauso auch
nicht die Angestellten in deiner Firma oder die Gast-
arbeiter. Die sollen sich auch entspannen. Alles
steht an diesem Tag still, jede Maschine, jedes
Werkzeug, einfach alles.
11 Denn in sechs Tagen hab ich, Gott, das ganze Uni-
versum und mittendrin die Erde gemacht. Alle Län-
der und das Meer, das hab ich in der Zeit geschaf-
fen. Aber am siebten Tag sollte das anders sein, der
Sonntag wurde zu einem ganz besonderen Tag, der
sollte ganz anders werden als die anderen Tage.
12 Du sollst Respekt vor deinem Vater und deiner
Mutter haben. Das wird gut für dich sein, dann
wirst du in dem Land, wo Gott dich hinbringen
wird, voll lange leben.
13 Menschen töten ist verboten!
14 Du sollst keine Ehe kaputt machen, du sollst nicht
fremdgehen.
15 Du sollst keine Sachen von anderen klauen und
niemanden abzocken.
16 Du sollst nicht rumlügen und Dinge über Men-
schen erzählen, die nicht stimmen.
17 Du sollst nicht scharf auf etwas sein, was jemand
anderem gehört. Sei nicht scharf auf die Frau von
jemand anderem, oder auf sein Haus, das Auto, die
Firma, das Handy, oder sonst irgendwas, das
jemand anderem gehört.“

Mose regelt den Kontakt zwischen Gott und den Israeliten

18 Die Leute sahen die ganze Zeit nur Blitze, dabei
hörten sie es donnern, und eine laute Tröte war
auch am Start. Dann rauchte auch noch die ganze
Zeit der Berg. Alle hatten totale Panik, sie zitterten
am ganzen Körper und gingen auf Abstand, so weit
sie konnten. 19 Sie sagten zu Mose: „Wir haben voll
Schiss, wenn Gott mit uns redet! Wir sterben
bestimmt gleich! Du musst bitte für uns sprechen!
Wir tun dann alles, was du sagst!“ 20 „Hey, Leute,
ihr braucht keine Angst zu haben“, antwortete
Mose. „Gott ist extra hergekommen, um euch aus-
zutesten! Er möchte doch nur, dass ihr Respekt vor
ihm habt und dass ihr auf keinen Fall mehr euer
eigenes Ding durchzieht und Mist baut.“ 21 Die Isra-
eliten blieben also weiter auf Abstand, Mose ging
aber immer näher an diese dunkle Wolke ran, in der
Gott war.

Ein Plan, wie sie einen Altar bauen sollen

22 Gott sagte dann zu Mose: „Sag den Leuten fol-
gende Sache: ‚Ihr habt es jetzt mitgekriegt, wie ich
aus dem Himmel zu euch gesprochen hab.
23 Darum dürft ihr jetzt auf keinen Fall noch zu
einem anderen Gott beten. Ich will nicht, dass ihr
euch irgendwelche Pseudogötter aus Silber oder
Gold bastelt. Ist das klar? 24 Baut mir doch einen
Altar, okay? Ihr könnt dafür einfach Erde verwenden.
Auf diesem Altar sollt ihr dann solche Opferrituale
machen und da Tiere drauf verbrennen, Schafe und
Rinder oder so. Das könnt ihr überall machen, an
jedem Ort, den ich dafür extra aussuchen werde.
Wo auch immer ihr das macht, werde ich ganz
besonders nahe bei euch sein. Und ich werde dafür
sorgen, dass es euch gutgeht, und euch segnen.
25 Wenn ihr mir so einen Altar aus Steinen baut,
dann dürfen das nur normale Steine sein, die nicht
bearbeitet wurden. Wenn der Stein irgendwie vorher
mit einem Hammer oder Meißel bearbeitet wurde,
dann will ich den nicht mehr, der ist dann für mei-
nen Altar nicht mehr zu gebrauchen. 26 Bitte baut
mir keine riesig hohen Altäre, mit Stufen und so
was. Denn sonst müssen die Priester da immer
hochsteigen, und man kann von unten ihren Popo
sehen. Das finde ich nicht so toll.‘“

21

Gesetze, damit man besser zusammen klarkommt

1 Gott sagte Mose ein paar Regeln, die wich-
tig waren, damit die Israeliten gut zusammenleben
können: 2 „Wenn ein Israelit einen anderen Israeli-
ten als Sklaven angestellt hat, dann soll er ihm kei-
nen Knebelvertrag auf Lebzeiten aufbrummen. Er
soll nach sechs Jahren die Möglichkeit haben, auch
ohne Ablösesumme gehen zu können. 3 Wenn er
verheiratet war, als man ihn angestellt hat, dann soll
seine Frau mitgehen dürfen. Wenn er nicht verheira-
tet war, kann er auch alleine gehen. 4 Wenn sein
Chef ihm in der Zeit, wo er bei ihm war, eine Frau
organisiert hat, dann soll die bei dem Chef bleiben.
Genauso die Kinder. Er ist aber frei und kann
abhauen, wenn er das will. 5 Falls der Angestellte
aber ganz klar sagt: ‚Ich liebe meinen Chef, und ich
liebe meine Frau und meine Kinder, ich will nicht
entlassen werden!‘, 6 dann sollt ihr einen neuen Ver-
trag machen, mit Gott als Zeugen. Dieser Vertrag
gilt dann auf Lebzeit, und er wird so besiegelt,
indem man ein Piercing an das Ohr von dem Ange-
stellten macht. Das sollte man an der Eingangstür

von dem Chef machen. Dann gehört der Typ für immer zur Familie von dem Chef und bleibt für immer in seinem Dienst. 7 Noch was: Wenn einer von euch seiner Tochter irgendwo einen Arbeitsvertrag beschafft, dann darf sie dort nicht nach sieben Jahren einfach entlassen werden. 8 Wenn der Chef sie für seinen privaten Haushalt angestellt hat, sie aber nicht gut arbeitet, dann muss er ihrer Familie die Gelegenheit geben, sie aus dem Vertrag rauszukaufen. Auf keinen Fall darf er sie an eine Firma im Ausland vermitteln, nur weil er seine Zusagen ihr gegenüber nicht gehalten hat. 9 Wenn er möchte, dass sie Teil der Familie wird und sogar seinen Sohn heiratet, dann muss er ihr die gleichen Rechte geben, wie er sie auch seinen eigenen Töchtern geben würde. 10 Heiratet er sie aber selbst und will später noch eine zweite Frau heiraten (das war zu der Zeit möglich), dann darf er sie nicht vernachlässigen. Sie muss weiter mit Nahrung und Kleidung versorgt werden, und er muss auch ab und zu mit ihr schlafen. 11 Wenn er diesen Pflichten nicht nachkommt, dann muss er sie auch so gehen lassen, ohne Ablösesumme."

Tatbestand: Todesstrafe

12 „Wenn jemand einen anderen so derbe verprügelt, dass der an den Folgen stirbt, muss er selbst auch sterben. 13 Es kann aber auch sein, dass es keine Absicht war und Gott zugelassen hat, dass er in der Wut die Kontrolle über sich verloren hat. Dann soll er sich aus der Gemeinschaft verpissen. Es wird da einen Ort geben, wo er hingehen kann. Gott wird den aussuchen. 14 Falls aber jemand den Mord richtig geplant, also einen vorsätzlich getötet hat, gibt es keine Möglichkeit zur Flucht. Auch in der Kirche ist er nicht mehr sicher. Ihr müsst ihn da rausholen und zum Tod verurteilen. 15 Wer seinen Vater oder seine Mutter verprügelt, bekommt die Todesstrafe. 16 Wer einen Menschen entführt (egal, ob der anschließend an jemand anderen weiterverkauft wurde oder ob er noch in seiner Gewalt ist, wenn man ihn erwischt hat), bekommt auch die Todesstrafe. 17 Wer seinen Eltern die Krätze an den Hals wünscht und sie verflucht, bekommt die Todesstrafe."

Tatbestand: schwere Körperverletzung

18 „Wenn sich zwei Männer prügeln und der eine verletzt den anderen dabei mit einem Messer oder einem Baseballschläger, so dass der nicht mehr laufen kann, 19 aber nach einer Zeit ist er wieder fit und kann mit einer Krücke wieder gehen, dann wird der Täter nur zu einer Ersatzleistung verurteilt. Er muss dem Geschädigten die Kohle für die Zeit der Arbeitsunfähigkeit überweisen und ihm die Arztkosten bezahlen. 20 Wenn ein Chef seinen Angestellten körperlich derart verletzt, dass er an den Folgen kurze Zeit später stirbt, dann muss dieser dafür bestraft werden. 21 Falls der Verletzte aber länger als ein bis zwei Tage nach der Tat noch lebt, soll der Chef nicht dafür bestraft werden, denn er ist ja schon dadurch geschädigt, dass der Angestellte nicht mehr für ihn arbeiten kann. 22 Wenn Männer sich zoffen und sie stoßen im Kampf dabei eine Frau um, die schwanger ist, und die bekommt dadurch eine Fehlgeburt, dann soll der Schuldige eine fette Strafe zahlen. Das gilt, solange die Frau selbst keinen größeren Schaden genommen hat. Die Höhe der Zahlung kann ihr Ehemann festlegen. Die Zahlung muss gerichtlich bestätigt werden. 23 Wenn die Frau allerdings selbst auch einen körperlichen Schaden dabei erleidet, gilt der Grundsatz „Ein Leben gegen ein anderes Leben", 24 „ein Auge für ein Auge", „einen Zahn für einen Zahn", „eine Hand für eine Hand", 25 „eine Brandwunde für eine Brandwunde", „ein Messerstich für einen Messerstich", „eine Beule für eine Beule" usw. 26 Wenn jemand von euch einem Angestellten aus Versehen ein Auge ausschlägt, dann soll er ihn dafür entsprechend auszahlen. 27 Und auch wenn er dem aus Versehen einen Zahn ausschlägt, soll er ihm dafür eine fette Summe überweisen. Dieses Gesetz gilt auch für Frauen."

Körperverletzung, verursacht durch Haustiere

28 „Wenn eine Kuh einen Mann oder eine Frau umrennt und die dabei draufgehen, muss das Rind mit Steinen beworfen werden, so lange, bis es tot ist. Der Besitzer bleibt straffrei. Das Fleisch von der Kuh darf man aber nicht am nächsten Grillabend verspachteln. 29 War die Kuh aber schon länger aggressiv und sein Besitzer hat sie nicht ordnungsgemäß weggesperrt, obwohl man ihn drauf aufmerksam gemacht hat, dann muss nicht nur das Tier, sondern auch der Besitzer auf diese Art getötet werden. 30 Es besteht aber die Möglichkeit, sich von dieser Strafe freizukaufen, wenn ihm das erlaubt wird. Aber er muss den vollen Betrag abdrücken. 31 Wenn die Kuh einen kleinen Jungen oder ein Mädchen umrennt und es dabei stirbt, muss man genauso damit umgehen. 32 Wenn das Ganze mit einem Angestellten passiert, egal ob Frau oder

Mann, soll der Besitzer von der Kuh dem Chef von dem Angestellten 3900 Euro Schmerzensgeld überweisen. Die Kuh soll sterben."

Schadensregulierung an fremden Kühen oder Pferden

33 „Wenn jemand von euch einen Gullideckel offen lässt oder wenn jemand auf einer Baustelle ein Loch buddelt und das nicht anständig absichert und da fällt dann ein Tier rein und stirbt, 34 dann muss er das Tier dem Typen, dem es gehörte, voll bezahlen. Die tote Kuh kann er behalten. 35 Falls eine männliche Kuh, also ein Stier, einen anderen Stier auf der Wiese angreift, so dass der stirbt, soll der Stier verkauft werden, und der Gewinn wird durch zwei geteilt. Auch das tote Tier soll man teilen. 36 War das aber allgemein bekannt, dass der Stier schon eine ganze Zeit superaggressiv war, aber der Besitzer hat trotzdem nichts dagegen unternommen, dann muss er einen neuen Stier kaufen und den toten damit ersetzen. Den toten Stier kann er behalten."

Strafmaß bei Diebstahl

37 „Wenn jemand eine Kuh, ein Schaf oder eine Ziege klaut, das Tier dann schlachtet oder an den nächsten Imbiss verkauft, der muss fünfmal so viel an den Eigentümer bezahlen, wie das Tier vom Marktpreis her wert war."

22 1 „Wenn ein Dieb bei einem nächtlichen Einbruch von jemandem erwischt wird und dabei so eins auf die Fresse kriegt, dass er davon stirbt, dann gilt der Schläger nicht als Mörder. 2 Wenn das Ganze aber tagsüber im Hellen passiert ist, dann ist es Mord. Wenn jemand etwas klaut, muss er es ersetzen. Falls er das nicht packt, muss er sich sozusagen selbst verkaufen. Er muss dann nämlich den Rest seines Lebens für den anderen arbeiten. 3 Hat der Dieb ein Tier gezockt, also ein Pferd oder eine Kuh, ein Schaf oder eine Ziege, und es lebt noch, wenn man ihn geschnappt hat, dann muss er es nicht nur zurückgeben, sondern noch ein weiteres als Strafe dazugeben. 4 Wenn ein Mann seine Kühe auf seiner Wiese oder im Weinberg frei rumlaufen lässt und eins dabei auf das Feld von einem Nachbarn kommt und da was abgrast, dann muss er dafür Ersatz leisten. Er muss dem Geschädigten das Beste von dem geben, was seine eigenen Felder oder Weinberge zu bieten haben. 5 Wenn jemand ein Feuer macht und das brennt zu hoch und fackelt das Getreidefeld oder Strohballen vom Nachbarn ab, dann muss er den Schaden voll bezahlen."

Haftung bei Beschädigung oder Diebstahl von fremdem Eigentum

6 „Wenn ein Mann einem anderen Typen Geld oder sein Handy gibt, damit er dadrauf aufpasst, die Sachen werden dem dann aber geklaut, dann muss der Dieb, wenn man ihn kriegt, den doppelten Betrag bezahlen. 7 Kann der Dieb nicht ermittelt werden, muss der Besitzer des Hauses, aus dem die Sachen gezockt wurden, vor Gott schwören, dass er die Sachen nicht selbst genommen hat. 8 Immer wenn sich zwei Männer in der Wolle haben, geht es jetzt um eine Kuh oder ein Pferd, ein Schaf oder eine Ziege, eine Jeans oder ein Handy oder sonst was, und jeder von beiden behauptet, die Sachen gehörten ihm, dann soll die Angelegenheit vor Gott besprochen werden. Wer dann von Gott für schuldig erklärt wird, soll dem anderen doppelt so viel bezahlen, wie die Sachen wert sind. 9 Wenn ein Mann jemanden seinen Esel oder Rind oder Schaf oder ein anderes Tier ausleiht und es stirbt oder es bricht sich ein Bein oder es wird von jemand weggescheucht, der den nicht abkann, und es gibt keine Zeugen, die das gesehen haben, 10 dann muss der, der das Tier bekommen hat, dem andern vor Gott schwören, dass er es nicht einfach verhökert hat. Für den Verleiher muss das dann in Ordnung gehen. Er darf keinen Ersatz fordern. 11 Wenn es aber gestohlen wurde und man kann das auch beweisen, dann muss er das Tier ersetzen. 12 Ist es aber von irgendeinem Pitbull zerfetzt worden oder irgendeinem anderen wilden Tier und er kann das auch beweisen, dann muss er keinen Ersatz leisten. 13 Leiht sich jemand von einem anderen ein Tier und das bricht sich dann irgendwie ein Bein oder es stirbt sogar und der Eigentümer ist in der Zeit gerade nicht dabei, dann muss derjenige den vollen Preis für das Tier bezahlen. 14 Wenn aber der Eigentümer dabei war, als das passiert ist, muss er nichts bezahlen. Wenn das Teil gemietet wurde, dann ist der Verlust durch die Kohle, die für die Miete bezahlt wurde, abgeglichen worden."

Haftung bei Verführung Minderjähriger

15 „Wenn ein Mann ein minderjähriges Mädchen zum Sex verführt, was noch Jungfrau und auch noch nicht verlobt war , dann muss er ihren Eltern das Brautgeld bezahlen und sie heiraten. 16 Hat der

Vater des Mädchens aber keinen Bock auf den Mann und ist gegen die Hochzeit, dann muss der Typ trotzdem das übliche Brautgeld abdrücken, was normal für eine Jungfrau fällig wird."

Weitere Straftaten und ihre Verurteilung

17 „Wenn eine Frau okkulte Sachen macht, Zauberei und so was, dann darfst du sie nicht am Leben lassen. 18 Wer Sex mit Tieren hat, kriegt die Todesstrafe. 19 Wer andere Götter außer Gott toll findet und für die sogar einen Gottesdienst feiert, wird aus Israel rausgeschmissen. Er wird offiziell verbannt und darf nie wiederkommen."

Wer ganz unten steht, muss beschützt werden

20 Gott hatte noch weitere Ansagen, die er durch Mose seinen Leuten rüberbrachte: „Ihr dürft Gastarbeiter und Ausländer, die bei euch leben, nicht unter Druck setzen oder abzocken. Ihr wart schließlich in Ägypten auch lange Zeit Ausländer. 21 Frauen, von denen der Ehemann gestorben ist, und Kinder, die gar keine Eltern mehr haben, dürft ihr auch nicht abziehen. 22 Falls ihr das doch tut und die dann bei mir ankommen und um Hilfe bitten, werde ich garantiert diese Gebete erhören. 23 Ich werde richtig aggromäßig abgehen und euch durch eure Feinde niedermachen lassen. Dann werden eure Frauen keinen Ehemann mehr haben und eure Kinder keinen Vater. 24 Wenn du jemandem von meinen Leuten Kohle leihst, dann beute ihn nicht mit Zinsen aus, wie das die Kredithaie machen. 25 Falls du von einem Israeliten etwas leihst und er überlässt dir dafür ein Pfand, sagen wir mal seine Jeansjacke, dann gib sie ihm zurück, bevor es dunkel und kalt wird. 26 Seine Jacke ist ja vielleicht das Einzige, womit er sich warm halten kann. Was soll er sonst nehmen, wenn er nachts friert? Wenn er in so einer Situation bei mir ankommt und um Hilfe bittet, dann bin ich auf jeden Fall da. Ich hab Mitleid."

Respekt vor Gott

27 „Ihr sollt keine dummen Witze über Gott machen. Und ihr sollt auch nicht eurem Bundeskanzler oder Präsidenten die Krätze an den Hals wünschen und ihn verfluchen. 28 Wenn du viel Kohle hast oder sonst wie reich bist, sollst du davon anderen was abgeben. Der erste Sohn, der in eurer Familie geboren wird, gehört mir. 29 Das gilt übrigens auch für die ersten Kinder von euren Rindern, Schafen und Ziegen. Sieben Tage lang dürfen die bei ihren Müttern bleiben, aber ab dem achten Tag sollt ihr sie mir geben. 30 Weil ihr für mich ein ganz, ganz besonderes Volk seid, dürft ihr kein Fleisch von einem Tier essen, das durch einen Autounfall gestorben ist und auf irgendeiner Landstraße rumlag. Das könnt ihr aber gerne den Hunden zu fressen geben, wenn ihr wollt."

23

Korrekt sein und die anderen lieben

1 „Laber keine Scheiße über andere Leute und erzähl keine Lügen über sie. Wenn jemand vor Gericht steht, lass dich nicht dazu überreden, für ihn dort zu lügen. 2 Lauf nicht den Massen hinterher, wenn sie auf der falschen Seite stehen und nur Müll bringen. Wenn du als Zeuge für eine Gerichtsverhandlung angefragt wurdest, dann passe deine Aussage nicht der Meinung an, die sowieso alle haben. Die verdrehen oft das Richtige in was Falsches. 3 Wenn du ein Richter bist, musst du auch dann gerecht sein, wenn du Mitleid mit einem hast, der keine Kohle oder keine Arbeit hat. 4 Wenn du mitbekommen hast, dass ein Feind von dir sein Fahrrad verloren hat, und du es irgendwo findest, dann bring es ihm zurück. Das Gleiche gilt für Tiere wie Pferde, Kühe, oder Esel. 5 Wenn dein Feind mit seinem Fahrrad total schwere Sachen transportieren will und das Teil geht auf dem Weg schrott und du bist gerade in der Nähe, dann behandle ihn nicht wie Luft. Geh hin und hilf ihm! 6 Jeder muss die Chance haben, sein Recht durchzubekommen, auch wenn er keine Kohle für einen Anwalt oder die Gerichtskosten hat. 7 Wenn du angefragt wirst, bei einem Prozess zu helfen, der irgendwie link abläuft, dann mach da nicht mit. Lass nicht zu, dass jemand, der unschuldig ist, die Todesstrafe bekommt. So ein Unrecht musst du verhindern. Ich werde so was nicht zulassen. 8 Wenn du ein Richter bist, dann darfst du dich nicht bestechen lassen von den Leuten, die bei dir ankommen. Jedes Geschenk kann den noch so coolen Richter verführen und macht sein Urteilsempfinden weich. 9 Ausländer, die bei euch leben, darfst du nicht abzocken. Ihr wisst doch noch selbst, wie es ist, irgendwo als Ausländer zu leben, weil ihr doch auch in Ägypten Ausländer wart, oder?"

Regeln für die Ruhezeiten

10 „Sechs Jahre lang sollst du dein Stück Land beackern, und alles, was dabei rumkommt, kannst du behalten. 11 Aber im siebten Jahr lass den Acker in Ruhe und bearbeite ihn nicht. Wenn dann da

Sachen drauf wachsen, sollen die für die Leute sein,
die keine Kohle haben und arm sind. Und was dann
noch übrig bleibt, sollen die Tiere essen. Das Glei-
che gilt für den Weinanbau und für den Anbau von
Sonnenblumen. 12 Sechs Tage lang sollst du arbei-
ten, aber am siebten Tag sollst du dich entspannen.
Das gilt auch für deine Kühe und Pferde, deine Mit-
arbeiter und Angestellten, für jeden, der bei euch
auf dem Hof lebt. Jeder soll sich am siebten Tag
erholen können. 13 Was ich sage, ist total wichtig!
Richtet euer Leben danach aus. Betet auf keinen Fall
zu irgendwelchen Pseudogöttern! Den Namen von
diesen Teilen sollst du noch nicht mal in den Mund
nehmen, kapiert? 14 Dreimal im Jahr sollt ihr für
mich eine riesen Party veranstalten. 15 Das erste
Ding soll die Party mit den Fladenbroten sein. Sie-
ben Tage lang sollst du nur dieses Fladenbrot essen.
Und zwar soll das immer genau zu der Zeit abge-
hen, wo ihr aus Ägypten abgehauen seid. In dem
Monat sollt ihr sieben Tage lang nur dieses spezielle
Brot essen, so wie ich es euch gesagt hab. Und kei-
ner soll zu mir in das ganz besondere Zelt kommen,
ohne irgendwas dabeizuhaben! 16 Wenn die ganze
Getreideernte eingefahren ist, sollt ihr eine Ernte-
party feiern. Und im Herbst, wenn ihr die Trauben
von den Weinstöcken erntet, auch. 17 Dreimal in
jedem Jahr möchte ich, dass alle Männer, die zu den
Israeliten gehören, zu mir kommen in das ganz
besondere, heilige Zelt."

Wie man so ein Opferritual durchzieht

18 „Wenn ihr so ein Opferritual für mich macht, dann
darf kein Blut von dem Tier mit am Start sein, wäh-
rend du das Fladenbrot verbrennst. Und ich will
auch nicht, dass das Tierfett da tagelang rumliegt,
es muss am selben Tag verbrannt werden. 19 Alle
Früchte, die ihr als Allererstes geerntet habt, sollen
in mein Zelt gebracht werden, in das Haus vom
Chef, von eurem Gott. Und ihr sollt nicht in der
Küche bei der Zubereitung von einem Kalb das
Fleisch in der Milch kochen, die von der Kuhmutter
kam."

Gott verspricht Schutz

20 Gott sagte dann noch: „Ich verspreche euch hier-
mit, dass ich immer einen Engel vorschicken
werde, der euch beschützt, wenn ihr unterwegs
seid. Er wird euch sicher in das Land bringen, was
ich für euch extra ausgesucht habe. 21 Tut alles, was
er euch sagt! Haltet euch genau an seine Ansagen!
Wenn ihr keinen Bock auf ihn habt, kann er euch
das nicht verzeihen. Ich bin durch diesen Engel
ganz nahe bei euch. 22 Wenn ihr alles genau so tut,
wie ich es durch ihn zu euch sagen werde, haben
eure Feinde keine Chance gegen euch. Ich werde
sie niedermachen, und jeder, der euch ans Leder
will, kriegt richtig Ärger mit mir. 23 Mein Engel wird
immer vor euch sein, und er bringt euch dann in
das Land von den Amoritern, den Hetitern, Perisi-
tern, Kanaanitern, Hiwitern und Jebusitern. Ich
werde diese ganzen Völker plattmachen. 24 Ihr dürft
auf keinen Fall den gleichen Schwachsinn machen,
den sie getan haben! Ihr sollt nicht zu diesen Pseu-
dogöttern beten und nichts für die tun, ist das klar?
Deren Bilder, Plastikfiguren und Statuen könnt ihr
umhauen und kaputt machen! 25 Nur mir, eurem
Gott, sollt ihr dienen. Dann werde ich dafür sorgen,
dass es bei euch immer genug zu spachteln gibt
und ihr satt zu trinken habt. Ich pass auch auf euch
auf, dass ihr krankheitsmäßig keine Probleme
kriegt. 26 Es wird bei euch keine Frauen geben, die
irgendwie Fehlgeburten haben oder gar keine Babys
bekommen können. Niemand wird an einer Krank-
heit oder durch einen Unfall sterben, ihr sollt rich-
tig alt werden können. 27 Ihr werdet so einen kras-
sen Ruf haben, dass die Nachbarländer fett Respekt
vor euch haben. Sie werden Panik schieben, bevor
ihr überhaupt bei denen einmarschiert seid. Eure
Feinde werden fliehen, bevor ihr überhaupt an der
Grenze steht. 28 Sie werden sich in die Hosen
machen, nur wenn ihr in der Gegend seid. Alleine
diese Angst wird die Hiwiter, Kanaaniter und Heti-
ter vor euch hertreiben. 29 Aber ich lass mir da Zeit.
Sie werden nicht schon alle im ersten Jahr abhauen,
sonst würden ja ganze Teile im Land gar nicht mehr
gepflegt werden. Es könnten dann viele wilde Tiere
aufwachsen, dass es für euch nicht so gut wäre,
dort später mal zu wohnen. 30 Ich werde sie also
nur häppchenweise von dort vertreiben. Mit jedem
Schritt, wie ihr euch vermehrt und ihr in der Lage
seid, ein neues Stück Land einzunehmen. 31 Irgend-
wann werdet ihr ein Gebiet besitzen, das vom
Roten Meer bis zum Mittelmeer geht. Von der gro-
ßen Wüste im Süden bis zum Eufrat werden eure
Grenzen sein. Ich werde jeden Menschen, der dort
zurzeit lebt, an euch ausliefern. Ihr könnt sie dann
alle rausschmeißen, wenn ihr da Bock drauf habt.
32 Ich will nur eins noch mal klarstellen, Leute: keine
Verträge mit den Plastikgöttern von denen!
33 Darum dürfen diese Menschen auch nicht mit
euch zusammenleben. Denn sonst werdet ihr dazu
verführt, mich zu betrügen. Ihr würdet mir untreu

werden und zu den komischen Göttern von denen
beten. Wenn das passiert, seid ihr am Ende und
kaputt."

24

Gottes Vertrag mit Israel

1 Dann sagte Gott zu Mose: „Komm zu
mir auf den Berg! Nimm Aaron, Nadab
und Abihu mit und siebzig von den Chefs von dei-
nen Leuten. Wenn ihr da seid, verbeugt euch alle
ganz tief vor mir. Ich will, dass ihr Respekt vor mir
habt. 2 Nur du darfst in meine Nähe kommen. Das
Volk darf überhaupt nicht auf den Berg steigen."
3 Mose traf sich mit den Israeliten und sagte ihnen
die Gesetze von Gott. Alle antworteten ihm gleich-
zeitig: „Wir wollen alles tun, was Gott uns sagt!"
4 Daraufhin schrieb Mose die Gesetze in ein Buch.
Am nächsten Morgen baute er unten an dem Berg
so einen Tisch, wo man Tiere drauf opferte, einen
Altar. Daneben stellte er zwölf Steine auf, für jeden
Familienstamm von Israel einen. 5 Danach beauf-
tragte er einige junge Männer, für Gott ein Opferri-
tual durchzuziehen. Die schlachteten junge Stiere
für so ein Dankopfer. 6 Die Hälfte des Blutes von
dem Stier tat Mose in Schalen, die andere Hälfte
goss er an den Altar. 7 Dann nahm Mose das Buch,
in dem er die Gesetze aufgeschrieben hatte, und
las es allen Israeliten laut vor. Sie schworen: „Wir
wollen alles tun, was Gott uns hier für Ansagen
gemacht hat!" 8 Jetzt nahm Mose das Blut aus den
Schalen und bespritzte das Volk damit. Dabei
sagte er: „Durch dieses Blut wird der Vertrag unter-
schrieben, den Gott jetzt mit euch auf der Grund-
lage dieser Gesetze gemacht hat!" 9 Danach stieg
Mose den Berg hoch, und die anderen begleiteten
ihn. Mit dabei waren Aaron, Nadab, Abihu und
siebzig von den Chefs der Israeliten. 10 Als sie oben
waren, passierte etwas total Abgefahrenes: Sie
konnten plötzlich Gott sehen! Der Boden, wo seine
Füße drauf standen, war wie mit blauen Edelstei-
nen ausgelegt. Die waren kristallklar und leuchte-
ten wie riesengroße Halogenstrahler. 11 Gott
erlaubte nur diesen ausgewählten Vertretern von
seinen Leuten, so nahe bei ihm zu sein. Normaler-
weise muss jeder sofort sterben, wenn er Gott so
nahe kommt. Sie durften Gott sehen und aßen
und tranken bei ihm.

Gott und Mose auf dem Berg

12 Irgendwann sagte Gott dann zu Mose: „Jetzt
komm mal hoch zu mir auf den Berg Sinai! Nimm
dir ein bisschen Zeit mit, denn ich will dir ein paar
Stahlplatten mitgeben, wo ich meine Hauptgesetze
drauf eingraviert hab. Die Leute sollen ganz genau
wissen, was ich von ihnen will!" 13 Mose ging los,
um den Berg Gottes zu besteigen. Josua war auch
mit dabei. 14 Vorher sagte Mose noch zu den Chefs
vom Volk. „Wartet mal hier auf uns, bis wir wieder
da sind! Aaron und Hur sollen uns in der Zeit ver-
treten. Wenn ihr irgendwie Zoff miteinander habt,
geht zu den beiden. Okay?" 15 Dann ging Mose den
Berg hoch. Oben waren total viele Wolken. 16 Plötz-
lich kam Gott höchstpersönlich mit einem ganz
krassen superhellen Licht auf den Berg Sinai. Wie
eine leuchtende Wolke kam er dorthin und blieb da
sechs Tage lang. Am siebten Tag konnte man dann
Gottes Stimme hören, wie er mitten aus der Wolke
zu Mose rief! 17 Die Israeliten standen unten am
Berg und konnten das sehen. Es sah aus, als wenn
der ganze Berg da oben voll am Abfackeln wäre.
18 Und dann ging Mose mitten in diese große bren-
nende Wolke rein. Er stieg allein auf die Spitze von
dem Berg. Insgesamt blieb er dort vierzig Tage.

25

Eine Wohnung für Gott bei den Israeliten

1 Gott hatte dann noch ein paar Ansagen
für Mose: 2 „Mose, bitte sag den Leuten
aus Israel, dass sie mir etwas spenden sollen, aber
nur wer Bock hat, und zwar folgende Sachen: 3 Wir
brauchen ein paar teure Materialien, nämlich Gold,
Silber und Bronze, 4 dann feine Leinenstoffe, bunte
Wolle, 5 Leder und Eichenholz. 6 Außerdem brau-
chen wir Kerzen, Räucherstäbchen, Zutaten für ein
besonderes Öl 7 und Edelsteine. 8 Diese Sachen sind
für ein ganz besonderes, krasses Zelt, das die Israe-
liten für mich bauen sollen. Ich hab nämlich
beschlossen, da drin zu wohnen, um immer in
eurer Nähe zu sein. 9 Hier hab ich mal so ein Modell
gebaut. Auch ein paar Pläne, wie die Geräte da drin-
nen aussehen sollen, ist dabei. Ihr könnt euch
genau an diese Bauzeichnung halten."

Eine Kiste für die Stahlplatten mit den Gesetzen

10 „Ich will, dass meine Leute eine Kiste bauen. Sie
soll aus Eichenholz bestehen und 1,25 Meter lang
und 75 Zentimeter breit und hoch sein. 11 Sie soll
komplett vergoldet werden. Dann soll man am Rand
überall verschnörkelte Zierleisten aus echtem Gold
anschrauben. 12 Organisiere mal vier große Ringe,
die auch aus Gold gemacht sind. Die sollen dann an
den Ecken angebracht werden. Auf jeder Seite zwei

Stück. 13 Dann brauen wir noch zwei vergoldete Stangen aus Eichenholz. 14 Diese Stangen steckst du dann durch die Ringe an der Seite. Damit soll man die Kiste tragen können. 15 Diese Stangen sollen immer da drinbleiben, sie dürfen auf keinen Fall entfernt werden. 16 In die Kiste tust du dann die zwei Stahlplatten, die ich dir noch geben werde. 17 Dann lass einen Deckel für die Kiste anfertigen, der nur aus Gold besteht. Er soll genau auf die Kiste passen. 18 Auf den Deckel sollen noch zwei große Figuren aus Gold angeschraubt werden, die aussehen wie Engel mit großen Flügeln. 19 Jeweils einer von den Engeln soll an einem Ende von dem Deckel angeschraubt werden. 20 Dabei sollen sich die beiden Figuren ansehen und auf den Deckel gucken. Ihre Flügel sollen über dem Deckel liegen, so als würden sie den Kasten beschützen. 21 In die Kiste tust du, wie gesagt, die zwei Platten rein, wo die Gesetze draufstehen werden. Dann legst du den Deckel obendrauf. 22 An dieser Kiste will ich mich mit dir treffen. Ich werde von da aus mit dir reden, meine Stimme wird zwischen den beiden Engeln aus dem Kasten rauskommen. Von hier werde ich dir alle Ansagen machen, die an die Israeliten gerichtet sind."

Ein Tisch für ganz besondere Brote

23 „Gib mal einen Tisch in Auftrag, der aus Eichenholz gemacht wird. Der soll 1 Meter mal 50 Zentimeter lang sein und 75 Zentimeter hoch. 24 Der Tisch soll mit echtem Gold überzogen werden. Um die Tischplatte möchte ich bitte eine coole Leiste haben, die nette Muster drinhat, alles aus Gold. 25 Außerdem soll auf die Platte ringsrum ein Rahmen geschraubt werden, der auch aus Gold ist. Der soll zehn Zentimeter hoch sein. Diesen Rahmen bitte noch mit einer schönen Verzierung versehen, ja? 26 Lass vier goldene Ringe anfertigen, die du dann oben an die Kanten der vier Beine anschraubst. 27 Diese Ringe sollten dicht unter dem Rand sein, damit die Stangen noch gut durchpassen. Mit diesen Stangen soll man den Tisch dann nämlich auch tragen können. 28 Nimm wieder bestes Eichenholz für die Stangen und vergolde die Teile. Wie gesagt, sind die Stangen für den Transport bestimmt. 29 Dann organisier dir goldene Becher, Schüsseln und Kannen für Opferrituale mit Wein. Die sollen immer bei dem Tisch dabei sein. 30 Auf diesem Tisch sollen immer ein paar von den ganz besonderen Broten liegen, die man extra für mich gemacht hat."

Der siebenarmige Kerzenständer aus purem Gold

31 „Dann lasst noch eine Spezialanfertigung von einem Kerzenständer machen. Der soll nur aus reinem Gold bestehen, und ich möchte, dass er aus einem Stück gearbeitet wird. 32 Der Kerzenständer soll sieben Arme haben, einen Arm in der Mitte und an beiden Seiten noch jeweils drei Arme, 33 die mit drei goldenen Blumen verziert sind. 34 Auch auf dem Stiel sollen dann noch vier solcher Blumen drauf sein. 35 Die möchte ich da haben, wo die Armpaare abzweigen. 36 Noch mal: Der ganze Kerzenständer soll nur aus Gold bestehen, und er soll aus einem Stück gearbeitet worden sein. 37 Lass extra für diesen Leuchter sieben Kerzenhalterungen machen, die obendrauf passen. 38 Dann brauchen wir noch Scheren, um den Docht abzuschneiden, und Behälter zum Reinigen, die bitte auch aus Gold sein sollten. 39 Für den Leuchter sollte, mit allem Schnickschnack, nicht mehr als ein Zentner reines Gold verbraten werden. 40 Sieh zu, dass alles genau so hergestellt wird, wie ich es dir hier auf dem Berg gezeigt hab."

26 Die Bauanleitung für das besondere Zelt

1 Weiter sagte Gott dann zu Mose: „Für das Zelt, wo ich wohnen werde, musst du zehn ganz teure Zeltplanen extra anfertigen lassen. Sie sollen aus sehr gutem Leinenstoff sein. Ich wünsche mir, dass da ganz schöne Bilder von Engeln drauf sind, so in Rot und Blau, draufgenäht oder so. 2 Jede Zeltplane soll 14 Meter lang sein und 2 Meter breit. 3 Je fünf davon werden an der langen Seite miteinander vernäht, so dass da draus zwei große Zeltplanen entstehen. 4 Diese großen Stücke sollen beide an einer langen Seite so Schlaufen aus violettem Stoff dranbekommen. 5 Insgesamt fünfzig Schlaufen an jedem Teil, so dass die Schlaufen sich gegenüberliegen, wenn man die beiden Planen nebeneinanderlegt. 6 Dann musst du fünfzig Haken aus Gold anfertigen lassen. Mit den Dingern soll man die zwei Zeltplanen an den Schlaufen zusammenhaken. So entsteht dann ein ganz großes Teil als Zeltplane von der Wohnung. 7 Dadrüber kommt dann noch ein Dach. Dafür sollst du dann noch mal elf Zeltplanen anfertigen, die aus Ziegenleder zusammengenäht wurden. 8 Jede Plane soll 15 Meter lang und 2 Meter breit sein. 9 Die Planen werden wieder zu zwei großen Teilen zusammengetackert, nur dass diesmal eines davon aus sechs Planen besteht. Diese sechste Plane, die nachher da sein

wird, wo der Eingang ist, wird auf der Hälfte umge-
klappt, so dass sie dann doppelt gelegt ist. 10 Die
zwei großen Teile werden wieder zu einem ganz
großen Teil verbunden. Dazu sollen wieder fünfzig
Schlaufen an je einer langen Seite von beiden Pla-
nen angenäht werden. 11 Dann sollst du wieder fünf-
zig Haken aus Bronze machen und die Haken dann
in die Schlaufen tun, damit sie zusammengehalten
werden. So verbindet ihr die Teile. 12–13 Dieses Zelt-
dach aus Ziegenwolle wird so über die andere Zelt-
plane drübergelegt, dass es an der Rückseite einen
Meter übersteht. An den Seiten rechts und links
soll es ungefähr einen halben Meter überstehen.
14 Über das Dach werden dann noch zwei extra
Schutzdecken gelegt. Die untere soll aus rot gefärb-
tem Leder von männlichen Ziegen sein. Die obere
soll aus regenfesten Tierhäuten gemacht werden.
15 Als Nächstes will ich, dass du Bretter aus Eichen-
holz klarmachst, die unter dem Zeltdach für die
Wände in meinem Haus gebraucht werden. 16 Jedes
Brett soll 5 Meter lang und 75 Zentimeter breit sein.
17 An denen sollen unten zwei Dübel in Form von
so Tannenzapfen angebracht werden. 18–21 Für die
Südseite und die Nordseite sollst du jeweils zwan-
zig Bretter verwenden. Jedes Brett steht auf zwei
Bodenplatten aus Silber. In diese Platten werden
dann die Bretter gesteckt, indem die Zapfen in die
dafür vorgesehenen Löcher kommen. 22 Für die
Rückwand nach Westen sollen sechs Bretter gesägt
werden. 23–24 Für die Ecken braucht ihr dann noch
rechts und links ein Winkelbrett. 25 Die Rückwand
wird also insgesamt aus acht Brettern gebaut. Hier
steht auch jedes Brett auf zwei von den silbernen
Bodenplatten. 26–27 Dann möchte ich, dass du ein
paar Stangen machen lässt, die aus Eichenholz
sind. Die sollen als Querstangen so angebracht
werden, dass sie die Bretter zusammenhalten. An
jede Wand bitte fünf Stangen. 28 Die mittlere Stange
soll dabei genau auf halber Höhe angeschraubt
werden. Die soll ohne Unterbrechung aus einem
Stück Holz gemacht sein. 29 Diese Stangen werden
dann durch goldene Ringe gesteckt, die an den
Brettern befestigt worden sind. Und die Stangen
und Bretter sollen auch ganz vergoldet werden.
30 Aus diesen Bauteilen möchte ich, dass du meine
ganze Wohnung zusammenschraubst. Und zwar
genau nach dem Modell, das ich dir auf dem Berg
gezeigt habe. 31 Dann möchte ich, dass du einen
großen Vorhang machen lässt, der nur aus ganz
edlem Zeug hergestellt wurde, und zwar aus sehr
gutem Leinenstoff. Auf diesen Vorhang sollen mit
blauer, roter und weinroter Farbe Bilder von Engeln
gesprayt werden. 32 Der Vorhang wird mit goldenen
Nägeln an vier Eichenholzpfosten aufgehängt.
Diese Pfosten sind mit Gold überzogen worden
und stehen in einer silbernen Halterung. 33 Der Vor-
hang soll unter die Stelle von der Zeltplane, an der
die zwei Hälften mit goldenen Haken zusammen-
gemacht sind. Dieser Vorhang soll meine Wohnung
in zwei Zimmer unterteilen. Hinter den Vorhang
kommt die Kiste mit den Gesetzen. Auf der Seite ist
der ganz besondere Teil, das ‚Alleroberheiligste'.
Auf der anderen Seite ist dann der ‚normale heilige'
Teil. 34 Vergiss nicht, den Deckel von der Kiste mit
den Gesetzen im Alleroberheiligsten zuzumachen!
35 Den Tisch für die besonderen Brote stellst du im
‚normalen heiligen' Teil vor dem Vorhang auf. Den
Leuchter mit den sieben Armen pack mal gegen-
über von dem Tisch an der Südseite von der Woh-
nung hin. Der Tisch selbst soll an der Nordseite
stehen. 36 Für den Eingang vom Zelt bastel einen
extra Vorhang aus Leinenstoff, in dem blaue, rote
und weinrote Wollfäden eingenäht sind. 37 Dieser
Vorhang soll mit goldenen Nägeln an fünf Holz-
pfosten aufgehängt werden, die auch wieder aus
Eichenholz gemacht und mit Gold überzogen sind
und in silbernen Halterungen stehen.

27

Ein Tisch für die Opferrituale

1 „Dann möchte ich, dass du mir aus
besonders schönem Eichenholz einen gro-
ßen Tisch, einen Altar, baust. Der soll 2,5 Meter lang
und auch 2,5 Meter breit sein. Die Höhe muss
1,5 Meter betragen. 2 An den vier Ecken sollst du so
Spitzen raushobeln, die wie Stierhörner aussehen.
Die sollen aus einem Stück mit dem Tisch sein.
Dann überzieh das Teil mit Bronze. 3 Dann lass mal
noch extra Werkzeuge anfertigen, die man für das
Opferritual braucht. Also so Schüsseln, womit man
das Blut auffängt, dann Fleischgabeln, ein Becken
für die Holzkohle und auch Schaufeln und Eimer,
um die Asche anschließend wegzumachen. Diese
ganzen Werkzeuge und Geräte sollen aus Bronze
sein. 4 Zum Transportieren lass für den Tisch einen
Korb aus Bronze schweißen, mit einem Ring an
jeder Ecke. 5 Der Tisch wird dann in diesen Korb
gesteckt. Der Korb reicht dann bis zur Hälfte vom
Tisch hoch. 6 Dann brauchen wir noch zwei Stangen
aus Eichenholz, die mit Bronze überzogen werden.
7 Die Stangen sind für den Transport von dem Tisch.
Sie werden einfach durch die Ringe gesteckt. 8 Der

Tisch soll aus Brettern gemacht werden. Er soll
innen hohl sein. Lass ihn dir genau so anfertigen,
wie ich es dir gezeigt habe, ja?“

Ein Hof vor dem besonderen Zelt

9–11 „Dann will ich, dass du rings um die Wohnung
einen Hof machst, indem du so eine Art Zaun auf-
baust. Auf der Nord- und Südseite sollen jeweils
50 Meter lange Zeltplanen aufgespannt werden. Die
werden an zwanzig Pfosten befestigt. Diese Pfosten
stehen in Halterungen, die aus Bronze gemacht
sind. Die Nägel und Querstangen sind aus Silber.
12 Auf der Westseite ist der Hof 25 Meter breit. Die
Planen werden von zehn Pfosten gehalten, die wie-
der auf Halterungen aus Bronze stehen. 13 Auf der
Eingangsseite im Osten ist der Hof auch 25 Meter
breit. 14–16 Auf der Seite ist auch der Eingang vom
Hof. Er soll 10 Meter breit sein. Rechts und links
vom Eingang sind dann noch siebeneinhalb Meter
lange Planen angehängt, die jeweils an drei Pfosten
befestigt sind. Die Tür, auch so ein Vorhang, soll aus
einem ganz speziellen Stoff gemacht sein, der aus
blauen, roten und weinroten Fäden aus Wolle
besteht. Das Teil wird an den vier Pfosten an der
Stelle aufgehängt. 17 Alle Pfosten, die um den Hof
herumstehen, sollen mit silbernen Querstangen
verbunden sein und in bronzenen Halterungen ste-
hen. Die Planen werden mit Nägeln aus Silber
befestigt. 18 Der ganze Hof muss 50 Meter lang wer-
den und 25 Meter breit. Die Abgrenzung zwischen
den Räumen soll 2,5 Meter hoch sein. 19 Nicht nur
die Geräte, die man für die Arbeit in dem besonde-
ren, heiligen Zelt benutzt, sondern auch die einfa-
chen Heringe, die man für die Zeltbefestigung
braucht, sollen aus Bronze sein.“

Die Kerzen für den siebenarmigen Leuchter

20 Dann sagte Gott noch zu Mose: „Deine Leute, die
Israeliten, sollen dir richtig edle Kerzen organisie-
ren, nicht so Billigteile. Damit soll man immer den
siebenarmigen Kerzenständer bestücken, der in
dem besonderen, heiligen Zelt vor dem Vorhang
steht. 21 Aaron und seine Söhne haben den Job, dass
sie diesen Leuchter immer am Brennen halten. Die
ganze Nacht lang soll das Ding leuchten. Dieser
Leuchter soll immer vor dem Vorhang stehen, hinter
dem der alleroberheiligste Teil ist, in dem die Kiste
mit den Gesetzen steht. Das waren wichtige Ansa-
gen, und sie gelten für immer, für euch, eure Kinder
und die Kinder eurer Kinder.“

28

Besondere Klamotten für die Priester

1 Dann redete Gott mit Mose über die Klei-
dung, die für die Priester angesagt war:
„Mach mal ein Treffen klar mit Aaron und seinen
Söhnen Nadab, Abihu, Eleasar und Itamar. Ich will
sie zu Priestern machen, sie sollen anders sein als
der Rest von den Israeliten. 2 Lass für deinen Bruder
Aaron ganz besonders krasse Priesterklamotten
anfertigen. Er soll schon vom Outfit her eine gute
Figur machen, die seiner Aufgabe entspricht. 3 Rede
mit den Leuten, die Dinge durchschauen und von
mir Weisheit aufgespielt bekommen haben. Sag
ihnen, sie sollen diese Priesterklamotten für Aaron
nähen. Denn er soll bereit gemacht werden, um mir
als Priester hundertpro zur Verfügung zu stehen.
4 Folgende Klamotten sollst du für Aaron und seine
Leute klarmachen: einen Brustbeutel, einen
Umhang, einen Mantel, einen Anzug mit eingeweb-
ten Mustern, einen Gürtel und eine Mütze. 5 Als
Material sollen sie Gold nehmen und blaue, rote
bzw. weinrote Wolle. Dazu soll auch wieder sehr
guter Leinenstoff verwendet werden. 6 Der Umhang
soll aus diesem Leinenstoff gemacht werden, und
ich möchte, dass er mit Goldfäden und den farbigen
Wollfäden nett bestickt wird. 7 Über die Schultern
sollen so zwei lange Stoffbänder getragen werden,
die am Ende miteinander verbunden sind. 8 Der
Gürtel soll aus genau demselben Material sein. Er
soll mit den Teilen fest verbunden werden und auch
aus Gold, blauer, roter bzw. weinroter Wolle beste-
hen. 9–12 Auf die langen Stoffbänder lässt du Fassun-
gen aus Gold draufnähen. In die Fassung kommen
zwei Edelsteine. In diese Steine werden die Namen
der zwölf Familienstämme von Israel eingefräst. In
jeden Stein jeweils sechs Namen. So hat Aaron
immer die 12 Stämme vor seiner Nase, wenn er in
dem besonderen Zelt ist. Er soll bei mir immer ein
gutes Wort für die einlegen, damit ich weiter freund-
lich zu ihnen bin. 13 Die Fassungen sollst du aus
Gold machen lassen 14 und zwei kleine Schlaufen
aus Gold oben annähen, und da dran sollen zwei
Goldketten hängen. 15 Dann brauchen wir noch
einen Brustbeutel, wo die ganz besonderen Lose
drin sind. Die Lose braucht man, wenn eine Ent-
scheidung zu treffen ist und man dafür Hilfe von
Gott braucht. 16 Der Beutel hat eine Größe von 25
mal 25 Zentimetern und soll zusammengefaltet wer-
den können. 17–20 Vorne sollen zwölf Edelsteine in
einer Goldfassung draufgenäht werden, jeweils drei
in vier Reihen. In der ersten Reihe sollen es ein Kar-
neol, ein Topas und ein Smaragd sein. In der zwei-

ten Reihe ein Rubin, ein Saphir und ein Jaspis. In der dritten Reihe dann ein Achat, ein Hyazinth und ein Amethyst. Und in der vierten Reihe ein Türkis, ein Onyx und ein Nephrit. 21 In die Steine sollen die Namen der Familienstämme von Israel eingefräst werden. In jeden Stein ein Name. 22–25 An der oberen Ecke von der Tasche werden zwei Goldringe angebracht. An die Ringe kommt eine goldene Kette, die wiederum an die zwei Schlaufen der Stoffbänder drangehängt wird. Die Stoffbänder werden dann auf die Schultern gelegt. 26 Noch zwei Goldringe werden an den unteren Ecken der Tasche festgemacht, und zwar auf der Rückseite. 27 Dann gibt es noch mal zwei Goldringe, die unten an den Stoffbändern dranhängen. Die sollen kurz über dem Gürtel angebracht sein. Der Gürtel hält das ganze Teil zusammen. 28 Die Tasche mit den Ringen soll durch die blaue Schnur fest mit den Ringen des Umhangs verknotet sein, damit sie fest sitzt und nicht so leicht verrutschen kann. 29 Und so wird Aaron die Namen der einzelnen Familienstämme von Israel durch den Brustbeutel auch buchstäblich auf dem Herzen tragen, wenn er in das besondere Zelt geht. Und ich, euer Gott, werde es dann nicht vergessen, mich um meine Leute zu kümmern. 30 In dem Brustbeutel, den man braucht, wenn mal eine gottmäßige Entscheidung getroffen werden muss, stecken zwei Lose drin. Das eine heißt ‚Urim' und das andere ‚Tummim', das bedeutet ‚Licht' und ‚Recht'. Beide Lose sollen immer ganz nahe am Herzen von Aaron sein, wenn er in das besondere Zelt kommt, um mit mir zu reden. Aaron soll eigentlich die ganze Zeit diese Lose mit sich rumtragen. 31 Der Mantel, den man unter dem Umhang tragen kann, soll aus blau gefärbtem Leinen sein. 32 Er soll einen extrastabilen Kragen haben, der nicht so schnell kaputtgeht. 33 Unten an den Mantel sollen immer im Wechsel ein kleine Glocke aus Gold und ein kleiner Apfel aus Wolle angenäht werden. 34 Ringsum immer nacheinander Glöckchen, Äpfelchen, Glöckchen usw. 35 Aaron soll den Mantel immer tragen, wenn er seinen Dienst schiebt im besonderen Zelt. Immer wenn er reingeht oder rauskommt, wird man das Klingeln von den Glöckchen hören können. Durch das Klingeln wird er daran erinnert, dass er nicht unvorbereitet dort reingehen darf. Somit muss er nicht sterben. 36 Lass dir so einen Sticker machen, einen Anstecker, der nur aus Gold ist. Da soll draufstehen: „Ich gehöre radikal Gott!" 37 Dieser Sticker soll an die Mütze von Aaron gepinnt werden. 38 Am besten über seiner Stirn. Wenn er dann zu mir kommt, werde ich den Mist verzeihen, den die Israeliten mal wieder gebaut haben, als sie das Opferritual durchziehen wollten, und ich werde sie weiter liebhaben. 39 Dann braucht Aaron noch einen Anzug mit aufgestickten Mustern. Und natürlich die Mütze. Und einen richtig krassen Gürtel braucht er auch." 40 „Für die Söhne von Aarons Familie musst du auch noch extra Klamotten anfertigen lassen. Du brauchst Anzüge, Gürtel, Mützen, die deutlich machen, dass sie etwas Besonderes sind, weil sie eine echt krasse Aufgabe haben. 41 Du sollst Aaron und seinen Söhnen die Priesterklamotten übergeben. Wenn sie die angezogen haben, sollen sie in einem Ritual für das Amt eingesetzt werden, wobei du auf ihrer Stirn ein Zeichen malst, mit einem ganz besonderen Öl. 42 Organisier auch noch mal ein paar anständige Hosen, damit sie nicht in diesen Gewändern rumlaufen müssen, bei denen man ihren Penis sehen kann. 43 Aaron und seine Söhne sollen die dann immer tragen, wenn sie in das besondere, heilige Zelt gehen. Auch wenn sie dieses Opferritual durchziehen, wo man Sachen verbrennt, sollen die so was anziehen. Wenn sie das nicht tun, bauen sie großen Mist und werden dafür mit dem Tod bestraft. Dieses Gesetz gilt auch für ihre Kinder und die Kinder ihrer Kinder. Es gilt für alle, die mal als Priester bei meinen Leuten arbeiten werden."

29 Wie die Priester an den Start kommen

1 „Jetzt kommt eine genaue Beschreibung, wie du die Priester mit einem Ritual für ihren Job klarmachen sollst. Als Erstes nimmst du mal einen jungen Stier und zwei männliche Schafe. Die Tiere müssen eine gute Quali haben, das dürfen nicht so kaputte Teile sein, klar? 2–3 Dann nimmst du was von dem Fladenbrot und legst es in einen Korb. Dazu kommen noch ein Brot, das nur aus Mehl und Öl gemacht wurde, und noch ein paar Fladenbrote, die mit Olivenöl beschmiert worden sind. Das Brot soll alles ohne Hefe gemacht worden sein! 4 Dann lass Aaron und seine Söhne vor dem Eingang vom Zelt antreten. Dort sollen sie sich erst mal etwas waschen. 5 Jetzt holst du die Spezial-Priesterklamotten und ziehst die Aaron an. Den Anzug, den Mantel, den Umhang und den Brustbeutel soll er da anziehen. Vergiss auch nicht, den Umhang mit dem Gürtel festzumachen. 6 Setz Aaron die Mütze auf und pin den goldenen Sticker obendran. 7 Als Nächstes holst du ein ganz beson-

deres Öl raus. Das gieß dann dem Aaron über die
Birne. Und ab dann ist er ein richtiger Priester!
8 Anschließend lässt du seine Söhne antreten. Du
ziehst ihnen den Anzug für Priester an, 9 legst ihnen
den Gürtel um und ziehst ihnen auch so eine Mütze
auf. Damit sind sie auch richtige Priester, und zwar
für immer, solange sie leben. 10 Dann holst du den
Stier. Aaron und seine Söhne legen jetzt ihre Hände
auf seinen Kopf. 11 Hol ein großes Messer und
schlachte das Tier dort vor diesem großen Tisch,
dem Altar, der am Eingang vom ganz besonderen
Zelt steht. 12 Jetzt nimmst du dir was von dem Blut
und streichst es mit den Fingern an diese Stierhör-
ner aus Holz, die an dem Tisch dran sind. Das
übrige Blut sollst du über den Tisch ausgießen.
13 Mach dann ein Feuer und verbrenne die fettigen
Sachen von dem Stier da drauf. Ich meine jetzt das
Fett, was über dem Darm ist, über der Leber und
auch den beiden Nieren. 14 Die Steaks aber und das
ganze andere gute Fleisch, der Magen und auch das
Fell sollen außerhalb des Lagers verbrannt werden.
15 Diese Verbrennung von dem letzten Kram steht
dafür, dass der ganze Mist, den man unabsichtlich
gebaut hat, auch vergeben wird. 16 Du tötest das
Tier und bespritzt rund um den Tisch alles mit dem
Blut. 17 Dann zerlegst du das Teil und packst alles,
auch den Kopf, auf den Tisch. Den Darm und die
anderen Eingeweide und die Unterschenkel musst
du vorher noch mal mit Wasser abwaschen. 18 Und
jetzt verbrennst du das ganze Tier auf dem Tisch,
dem Altar! Es ist dann wie so ein Geschenk für
mich, euren Gott, das dort verbrannt wird. Wenn ich
das rieche, soll es dafür sorgen, dass ich, was euch
betrifft, immer freundlich bin und nicht sauer. 19 Als
Nächstes holst du das andere männliche Schaf.
Aaron und seine Söhne sollen wieder ihre Hände
auf seinen Kopf legen. 20 Dann tötest du das Schaf
und nimmst etwas von dem Blut in einen Eimer.
Jetzt betupfst du damit das rechte Ohr, den rechten
Daumen und die rechte große Zehe von Aaron und
auch von seinen Brüdern, okay? Den Rest kannst du
wieder rund um den Tisch ausschütten. 21 Ein biss-
chen von dem Blut, das auf dem Tisch gelandet ist,
sollst du dann, kombiniert mit etwas von dem Spe-
zialöl, auf Aaron und seine Klamotten tropfen las-
sen und auch auf seine Söhne und deren Klamot-
ten. Denn dann gehören er und auch seine Söhne
und ihre Klamotten ganz radikal Gott. 22 Das zweite
männliche Schaf ist für ein Opferritual bestimmt,
was man braucht, um ein Priester zu werden. Du
nimmst etwas von dem Fett, das an den Eingewei-
den ist, und das Fett an den beiden Nieren und das
Fett von der Leber und das an den hinteren Beinen.
23 Jetzt nimmst du noch was von dem Fladenbrot
aus dem Korb, der am Tisch steht, etwas von dem
Brot, was mit Öl bestrichen wurde, und etwas von
dem Brot, was ohne Hefe gemacht wurde. 24 Das
alles gibst du dann Aaron und seinen Söhnen in die
Hände. Die sollen das dann symbolisch an Gott
übergeben, indem sie es hin- und herschwenken.
25 Als Nächstes holst du dir die Sachen von ihnen
wieder und verbrennst die Brote für mich auf dem
gleichen Tisch, wo du ja auch schon das Fleisch
verbrannt hast. 26 Das Stück von der Brust vom
männlichen Schaf nimmst du selbst in die Hand,
um es mir durch Hin-und-her-Schwenken symbo-
lisch zu übergeben. Es ist dann der Teil, den du
behalten kannst. 27–28 Das soll generell so gemacht
werden. Immer wenn die Israeliten ein Opferfest
feiern, sollen das Stück von der Brust und auch die
Keule immer der Familie vom Aaron gehören, weil
ihnen dieses Stück bei der Einweihung für Aaron
und seine Söhne geschenkt wurde. Darum soll die-
ser Teil vom Tier auch als etwas ganz Besonderes,
Gottmäßiges gelten. Es gehört immer den Priestern.
29 Die Priesterklamotten von Aaron werden immer
weitervererbt. Immer wenn es so weit ist, sollen die
neuen Priester mir da drin ganz speziell anvertraut
werden. Auf die Art werden sie in ihren Dienst ein-
gesetzt. 30 Derjenige aus Aarons Familie, der das
Erbe von ihm bekommt und der weiß, wie dieser
Dienst im besonderen Zelt abgeht, soll die Klamot-
ten die ersten sieben Tage tragen, wenn er da an
den Start kommt. 31 Das Fleisch von dem zweiten
männlichen Schaf kochst du vor dem besonderen,
heiligen Zelt. 32 Aaron und seine Söhne sollen das
dann im Eingang essen, zusammen mit dem Brot
aus dem Korb. 33 Dieses Brot wurde ja Gott
geschenkt, als es für sie losging mit dem Priesterle-
ben. Darum dürfen sie das auch essen. Aber sonst
darf das niemand, weil es eben etwas ganz Beson-
deres ist, es ist heilig. 34 Es gibt kein Resteessen!
Was von dem Zeug am nächsten Morgen übrig ist,
muss verbrannt werden. 35 Dieses Startritual sollst
du sieben Tage lang immer wiederholen. 36 Jeden
Tag schlachtest du einen Stier, um den ganzen Mist
wiedergutzumachen, den ihr gebaut habt. Dann
reinigst du mit dem Blut den Tisch, was als Symbol
dafür steht, dass auch die Menschen von ihrem
Mist, den sie ständig bauen, sauber gewaschen wer-
den. 37 Auch das wiederholst du sieben Tage lang.
So wird der Tisch in einer ganz besonderen Art und

Weise sauber und besonders. Jeder, der da nichts zu suchen hat und den Tisch trotzdem anfasst, wird sofort sterben. 38 Jeden Tag sollst du auf dem großen Tisch zwei Schafe schlachten und verbrennen, die ein Jahr alt sind. 39 Das eine morgens und das andere abends. 40–41 Dazu kommen noch 4 Kilo Weizenmehl, das mit 1,5 Liter Öl vermischt wurde. Dann noch 1,5 Liter Wein. Das ist ein Geschenk, was ich echt gerne hab und wo ich mich voll drüber freue. 42 Ich wünsche mir das jeden Tag, und ich wünsch mir das nicht nur von euch, sondern auch von allen euren Kinder und den Kindern von euren Kindern. Es soll in Zukunft immer am Eingang von dem Zelt veranstaltet werden. Ich werde mich euch hier zeigen, ich komme zu euch und werde mit dir reden. 43 Hier können wir uns treffen, ich und die Israeliten. Das ganz besondere Zelt wird dadurch ein besonders krasser Ort werden, weil ich mich da höchstpersönlich blicken lasse. 44 Und auch der Tisch wird durch meine krasse Gegenwart zu etwas ganz Besonderem werden, etwas, was heilig ist. Auch Aaron und seine Söhne gehören dazu, ich werde sie für ihren Job als Priester akzeptieren. 45 Ich will mittendrin sein, in ihrer Nähe, ich will bei ihnen wohnen, und ich will euer Gott sein. 46 Sie sollen kapieren, dass ich Gott, ihr absoluter Chef, bin. Ich habe sie aus Ägypten rausgeholt, weil ich bei ihnen wohnen wollte. Ich bin Gott! Und ich bin *euer* Gott!"

30 Ein Tisch, wo man Räucherstäbchen für Gott abfackelt

1 Anschließend sagte Gott: „Mose, ich wünsche mir, dass du noch einen kleinen Tisch, einen Altar, aus Eichenholz baust. Auf diesem Tisch sollt ihr Räucherstäbchen für mich anzünden. 2 Er sollte 1 Meter lang, 50 Zentimeter breit und 50 Zentimeter hoch sein, mit so Hörnern an den Ecken, die aus einem Stück mit dem Tisch sein sollen. 3 Der Tisch soll rundherum mit Gold überzogen sein. Dann muss da noch eine goldene Zierleiste drum. 4 Unter der Leiste brauchen wir dann noch zwei Ringe aus Gold, für den Transport. Dort sollen dann nämlich die Stangen durch, mit denen ihr das Teil tragen könnt. 5 Die Stangen musst du auch aus Eichenholz anfertigen lassen und mit Gold überziehen, klar? 6 Und stell den Tisch vor den Vorhang, hinter dem sich die Kiste mit den Gesetzen befindet, an der ich mich immer mit dir treffen werde. 7 Aaron soll jeden Morgen, wenn er die Lampen in Ordnung bringt, auch von den leckeren Räucherstäbchen, welche auf dem Tisch stehen, abfackeln. 8 Und abends, wenn er die Lampen anmacht, soll er da auch Räucherstäbchen abfackeln. Dieses Ritual erwarte ich ab sofort jeden Tag von euch, für immer. 9 Auf diesem Tisch dürfen auf keinen Fall irgendwelche anderen Räucherstäbchen angezündet werden. Nur die, von denen ich es euch gesagt habe. Und da dürfen auch keine anderen Opfersachen drauf gemacht werden, nicht mit Tieren, Essen oder Trinken. 10 Aaron soll einmal im Jahr die Stierhörner, die an dem Tisch dran sind, mit Blut vollschmieren. Das ist immer ein Zeichen dafür, dass ihr Mist gebaut habt und um Verzeihung dafür bitten wollt. Durch das Blut wird alles wieder sauber. Das Ganze ist etwas Mega-Besonderes für mich, euren Gott, etwas Oberheiliges!"

Steuern, um das besondere Zelt zu bezahlen

11 Dann sagte Gott zu Mose: 12 „Zahl mal die Männer bei euch, die alt genug sind, um Soldaten zu werden. Jeder, auf den das zutrifft, muss mir etwas bezahlen als Wiedergutmachung für den Mist, den ihr immer wieder baut. Könnte sonst passieren, dass bei denen eine schwere Krankheit ausbricht. 13–14 Jeder Mann von euch, der älter als zwanzig ist, soll mir 5 Euro in die Hand drücken. 15 Egal ob man viel oder wenig Kohle hat, alle sollen das Gleiche zahlen. Mit dieser Steuerzahlung machst du wieder alles in Ordnung, was zwischen uns schieflag. 16 Du knöpfst den Männern die Kohle ab und gibst sie weiter an die Priester, die im ganz besonderen Zelt arbeiten. Ich will einfach, dass die Israeliten nie vergessen, dass ich ihr Gott bin. Ich möchte immer lieb zu ihnen sein und will sie nicht mit irgendwelchen Strafen belatschern müssen.

Ein Waschbecken

17 Gott sagte dann noch zu Mose: 18 „Bitte lass auch noch ein Waschbecken anfertigen, und zwar aus Bronzemetall. Das soll auch auf einem Bronzewaschtisch angebaut sein. Ich möchte, dass das Ding zwischen dem besonderen Zelt und dem großen Tisch, dem Altar, steht, wo ihr Sachen für mich drauf abfackelt. Das Becken mach mal mit Wasser voll. 19–20 Da sollen sich Aaron und seine Söhne erst mal die Hände und Füße drin waschen, bevor sie in das besondere, heilige Zelt gehen oder wenn sie auf dem Altar Sachen für mich verbrennen wollen. 21 Wenn sie das nicht machen, werden sie sterben! Diese Ansage gilt ab sofort für immer."

Das besondere Öl
22 Jetzt meinte Gott zu Mose: 23 „Du? Organisier mal
bitte etwas, was gut riecht! Hol sechs Kilo Myrrhe,
drei Kilo Zimt, drei Kilo von der Kalmuspflanze und
sechs Kilo von der Kassiapflanze. Dazu will ich auch
noch dreieinhalb Liter Olivenöl haben. 25 Mix das
Ganze zusammen und lass dir daraus ein besonde-
res Öl machen. Das brauchst du, um Leute für
einen Dienst einzusetzen und um mir Gegenstände
ganz speziell anzuvertrauen. 26 Streiche ein biss-
chen von dem Öl auf das besondere, heilige Zelt
und auf die Kiste, wo die Gesetze drin sind. 27 Dann
musst du auch den Tisch für die besonderen Brote
mit den ganzen Geräten und den Tisch, wo die Räu-
cherstäbchen abgefackelt werden, damit einreiben.
28 Und genauso sollst du es mit dem großen Tisch
machen, wo ihr die Tiere für mich abfackelt. Dazu
auch die ganzen Geräte, die man dafür braucht, das
Waschbecken mit Rahmen und so. 29 Wenn du das
gemacht hast, werden die ganzen Sachen radikal
mir gehören, sie werden etwas ganz, ganz Besonde-
res sein. Alles und jeder, der mit diesem Öl bestri-
chen wird, wird was ganz Besonderes sein. 30 Auch
Aaron und seine Söhne sollen mit diesem Öl einge-
rieben werden, wenn du sie zu Priestern machst.
31 Wichtig ist, dass du den Israeliten vorher sagst,
dass dieses Öl etwas Besonderes ist. Es wurde ja
nach einer speziellen Order hergestellt. Es gehört
ganz alleine Gott, und das gilt für immer. 32 Das darf
nicht zum Eincremen von irgendwelchen Normalos
benutzt werden. Ihr dürft es generell nicht herstel-
len, damit es irgendwo anders benutzt wird, außer
in diesem ganz besonderen Zelt. Es ist etwas ganz,
ganz Besonderes, und ihr sollt mörder Respekt
davor haben. 33 Wenn irgendjemand dieses Öl nach-
macht, ohne Erlaubnis, oder auch wenn damit
irgendein Normalo bestrichen wird, dann hat der
verloren. Er muss sofort aus der Gemeinschaft aus-
geschlossen werden."

Räucherkerzen für Gott
34 Dann sagte Gott noch zu Mose: „Besorg dir mal
bitte ein paar gute Parfümstoffe wie Vanille, Muskat,
Zimt, Anis und andere Gewürzkräuter. Dann auch
noch etwas Weihrauch. Jetzt nimmst du von jedem
gleich viel 35 und mischst das Ganze zusammen.
Daraus werden dann die Räucherkerzen gemacht,
für mich. Mach auch noch etwas Salz rein, und
wichtig ist, dass das alles 1-a-Produkte sein müssen.
36 Zerquetsche die Teile so lange, bis da ein Pulver
draus wird. Dann verbrennst du das in dem beson-
deren, heiligen Zelt, vor der Kiste, wo die Gesetze
drin liegen. Dort werde ich dich treffen. Diese
Mischung soll für euch auch etwas ganz Besonde-
res sein. 37 Darum darf auch nur ich sie haben. Ihr
dürft das nicht mischen, um es selbst auch zu
gebrauchen. 38 Wer das Ganze kopiert, nur weil er
selbst auch diesen netten Geruch in seiner Bude
haben will, der hat verloren und muss aus dem Volk
rausgeschmissen werden."

31
Künstler kriegen einen Auftrag von Gott
1 Dann sagte Gott zu Mose: 2 „Pass auf, ich
hab mir Bezalel aus dem Familienstamm
Juda, der ein Sohn von Uri ist und ein Enkel von
Hur, extra dazu ausgesucht, diese ganzen Sachen
zu machen. 3 Ich hab ihn mit meiner Kraft angezap-
ped und ihm voll den Durchblick gegeben. Er hat
viel Schnall von so künstlerischen Sachen. 4 Er kann
voll gut sprayen, Bilder malen, Gegenstände desig-
nen, und er ist auch voll gut mit so Material wie
Gold, Silber und Bronze. 5 Mit dem Schleifen, Zersä-
gen und Polieren von Edelsteinen kennt er sich
auch aus. Dazu hat er echt ne Begabung, Holzfigu-
ren zu schnitzen. Kunst generell hat er einfach rich-
tig gut drauf. 6 Dazu berufe ich noch Oholiab, der
ein Sohn von Ahisamach ist. Die kommen aus dem
Dan-Klan. Und ich bestimme hiermit, dass alle
Leute in Israel, die gut mit den Händen arbeiten
können, ihnen helfen sollen. Ich hab ihnen die
Fähigkeit dazu gegeben, diese ganze Sache so zu
basteln, wie ich das auch will. 7–11 Ich liste das hier
noch mal auf: das besondere Zelt, die Kiste, wo die
Gesetze drin sind, inklusive Deckel, der kleine
Tisch, wo die besonderen Brote draufsollen, mit
dem Besteck dazu, der besondere Leuchter mit dem
ganzen Zubehör, der kleine Tisch, wo man Räucher-
kerzen, und der große Tisch, wo man Fleisch drauf
abfackelt, mit den ganzen Geräten, das Waschbe-
cken mit dem Unterbau, die Klamotten für den
Priester Aaron und seine Söhne, das besondere Öl
und die Räucherstäbchen."

Was man am Sonntag machen soll
12 Dann sagte Gott zu Mose: 13 „Sag deinen Leuten,
den Israeliten, Folgendes: Ich möchte, dass ihr Res-
pekt habt vor dem Sonntag. Macht da nur die
Sachen, die ich euch gesagt habe. Denn dieser Tag
ist wie ein Stempel unter unserem Vertrag. Dieses
Zeichen soll uns zusammenhalten und das für
immer. Man soll dadran erkennen, dass ich der Chef

bei euch bin. Alle sollen dadurch kapieren, dass ich es bin, der euch zu etwas ganz Besonderem, Gottmäßigem gemacht hat. 14 Darum haltet euch an diesen Sonntag, er soll für euch etwas ganz, ganz Besonderes sein. Wer diesen Tag versifft, indem er nicht so lebt, wie ich es gerade gesagt hab, der bekommt die Todesstrafe. Jeder, der arbeitet, obwohl er das nicht soll, muss aus der Gemeinschaft ausgeschlossen werden. 15 Sechs Tage ist Arbeiten angesagt, aber am siebten Tag ist Sonntag, da soll man sich entspannen. Dieser Tag ist speziell für Gott reserviert. Wer am Sonntag arbeitet, bekommt die Todesstrafe. 16 Also, die Israeliten sollen sich an die Regeln für den Sonntag halten, radikal. Das ist ein Vertrag, und den sollen sie an ihre Kinder weitergeben und die Kinder auch an deren Kinder. 17 Dieser Vertrag gilt für immer und ewig, und er wird ein Beweis dafür sein, dass die Israeliten und ich zusammengehören." 18 Nachdem Gott zu Ende war mit seiner Ansage, übergab er höchstpersönlich Mose auf dem Berg Horeb die beiden Stahlplatten, auf denen Gott selbst die Gesetze eingraviert hatte.

32

Die Israeliten brechen den Vertrag

1 Die Leute aus Israel warteten die ganze Zeit dadrauf, wann Mose endlich vom Berg runterkommen würde. Als der nach Tagen immer noch nicht wieder am Start war, ging eine kleine Demo bei seinem Stellvertreter Aaron ab: „Los, Aaron, jetzt organisier du uns doch bitte einen neuen Gott! Wir brauchen doch jemanden, der auf uns aufpasst und uns sagt, wo es längs geht! Dieser Mose, der uns aus Ägypten rausgeführt hat, kommt bestimmt nicht zurück! Keine Ahnung, wo der jetzt geblieben ist!" 2 „Okay", sagte er. „Dann sammelt von den Frauen, Söhnen und Töchtern das ganze Gold ein, was sie so rumliegen haben. Bringt das mal her!" 3 Die Leute rissen förmlich ihre Eheringe, Piercings und Ohrringe von ihren Körpern runter und schmissen die Aaron vor die Füße. 4 Er tat den ganzen Schmuck in einen Ofen und schmolz das Zeug zusammen. Das heiße, flüssige Material wurde dann in eine Form gegossen, und raus kam eine Kuh aus purem Gold. Die Leute waren begeistert: „Hurra! Da ist ja unser Gott! Er hat uns aus Ägypten rausgeholt und bis hierher geführt!" 5 Aaron baute vor dem goldenen Stier noch einen Tisch auf, der so einen Altar darstellen sollte. Dann ließ er Flyer verteilen, wo draufstand: „Morgen beim großen Zelt, 19.00 Uhr, Riesenparty für unseren neuen Gott!" 6 Die Leute standen am nächsten Tag schon ganz früh auf der Matte, um für diesen neuen „Gott" auf dem Altar ein Opfer abzufackeln. Dann wurden noch ein paar Steaks gegrillt, Bier und Wein organisiert, und das Ganze endete in einer schmierigen und ziemlich abgefuckten Party. 7 Gott sah das und sagte zu Mose: „Geh mal schnell wieder runter zu deinen Leuten! Du hast sie gerade erst aus Ägypten rausgeführt und jetzt gehen sie schon gleich volle Kanne in Richtung Tod! 8 Sie sind sehr schnell von dem Leben abgekommen, das ich ihnen durch die Gesetze schenken wollte. Sie haben sich einen Gott aus Gold gemacht, der aussieht wie eine Kuh ... Sie beten zu dem und opfern diesem Ding sogar Sachen! Und das Derbste ist, dass sie sich bei dem Teil auch noch dafür bedanken, dass es sie angeblich aus Ägypten rausgeholt hat! 9 Mose, mir ist klargeworden, dass diese Leute wirklich ein hoffnungsloser Fall sind. Die wollen mir gar nicht folgen.

10 Darum will ich sie alle kaputt machen. Ich bin echt richtig sauer! Versuch mich nicht davon abzubringen. Ich werde dann mit dir noch mal ganz neu durchstarten. Aus deiner Familie wird dann eine große Nation werden." 11 Aber Mose war nicht einverstanden mit diesem Plan. Er versuchte Gott zu überreden, das nicht zu tun: „Mann, Gott, warum willst du unbedingt deine Leute kaputt machen? Warum willst du sie so hart bestrafen? Du hast sie doch gerade erst aus Ägypten rausgerettet! 12 Du willst doch auch nicht, dass die Ägypter dann irgendwann über dich ablastern. Sie würden bestimmt sagen: ‚Na, das ist ja ein ganz toller Gott! Erst befreit er sie ganz krass, um sie dann an diesem Berg anschließend alle zu töten!' Sei nicht mehr sauer! Bitte, Gott! Führ deinen Plan nicht aus!

13 Denk doch mal an so Leute wie Abraham oder Isaak und auch Jakob! Die waren dir immer treu, oder? Und denen hast du doch was hoch und heilig versprochen! ‚Ich will ihre Kinder und die Kinder ihrer Kinder so stark vermehren, dass es so viele von ihnen gibt, wie man Sterne am Himmel zählen kann. Und ich will ihnen das ganz Land schenken, was ich ihnen mal versprochen hab, für immer.' Das war deine Ansage!" 14 Gott ließ sich von dem Vortrag von Mose umstimmen, und er änderte seinen Plan. Er wollte jetzt das Volk nicht mehr völlig plattmachen.

Mose zersägt die Stahlplatten, und die Leute werden bestraft

15 Mose drehte sich um und lief schnell den Berg runter. In der rechten Hand hatte er die zwei Platten

mit den Gesetzen drauf. Sie waren von beiden Sei-
ten vollgeschrieben. 16 Gott hatte sie selbst gemacht
und die Worte dort eingefräst. 17 Mose und Josua,
der die ganze Zeit am Berg auf Mose gewartet
hatte, kamen dem Zeltlager langsam näher. Schon
von weitem konnten sie den Lärm von der Party
hören, die dort gerade abging. Josua meinte zu
Mose: „Du, da ist bestimmt Krieg ausgebrochen!"
18 „Nein, auf keinen Fall!", sagte Mose. „Das hört
sich für mich eher so an, als würden die gerade eine
Meisterschaft feiern! Auf jeden Fall klingt es nicht
so, als hätten sie gerade verloren. Für mich hört
sich das wie eine fette Party an!" 19 Dann kam Mose
näher und sah als Erstes diese große Kuh aus Gold,
mit den wild tanzenden Leuten drum herum. Jetzt
wurde er total aggro. Er holte erst mal eine Flex und
zersägte die Platten in zwei Teile, weil er so sauer
war. 20 Den goldenen Stiergott, den sie sich gebas-
telt hatten, zerschmolz er sofort und zerstampfte
das Material in Pulver. Das Pulver vermischte er mit
Wasser, und die Leute aus Israel mussten das dann
austrinken. 21 Dann ging er zu Aaron: „Was haben
dir die Leute getan, dass du dafür sorgst, dass sie
so eine große Scheiße bauen?" 22 „Bitte nicht sauer
sein", antwortete Aaron. „Du weißt doch, wie link
die Menschen oft drauf sind. 23 Sie haben mich voll
bedrängt, wollten unbedingt, dass ich ihnen einen
Gott zum Anfassen baue. ‚Einen Gott, der uns
schützt und der weiß, wo es langgeht', sagten sie.
‚Keine Ahnung, wo dieser Mose jetzt bleibt und ob
der jemals zurückkommt', haben sie gesagt. 24 Und
dann hatte ich die Idee, einen Gott aus Gold zu bas-
teln. Ich sagte ihnen: ‚Bringt mal alle euren golde-
nen Schmuck her.' Sie haben mir das Zeug gege-
ben, und ich hab es geschmolzen, und dann ist da
draus dieser Stier geworden!" 25 Mose beobachtete
die Israeliten eine Weile. Er kriegte mit, wie planlos
und unkontrolliert sie waren. Aaron hatte sie ein-
fach machen lassen, und das war schließlich dabei
rumgekommen. Und die Feinde von Israel lachten
sich eins. 26 Mose stellte sich am Eingang vom
Lager auf. Dann rief er in die Menge: „Wer zu dem
einzigen echten Gott steht, soll herkommen!" Die
Leute vom Familienstamm Levi rannten sofort los
und stellten sich neben Mose. 27 „Das ist die
Ansage, die Gott jetzt für euch hat", sagte Mose zu
denen. „Packt eure Waffe ein und geht durch das
ganze Lager, von Zelt zu Zelt. Erschießt jeden, der
sich nicht auf meine Seite gestellt hat. Und selbst
wenn einer von denen euer Bruder, ein Freund oder
sonst ein Verwandter ist, bringt sie alle um." 28 Die
Levi-Leute führten den Befehl sofort aus. An diesem
Tag starben dreitausend Leute. 29 Danach sagte
Mose zu den Levi-Leuten: „Übergebt jetzt euer
Leben radikal an Gott! Gebt ihm alles, was euch
gehört! Jeder von euch hat das gerade durchgezo-
gen, ihr habt noch nicht mal euren Bruder oder
euren Sohn verschont, wenn der auch dabei war.
Darum wird Gott ganz krass für euch sein, er wird
euch segnen." 30 Am nächsten Morgen hielt Mose
dann eine Ansprache vor den Israeliten. „Leute, ihr
habt hier richtig großen Bockmist gebaut, ist euch
das klar? Ich muss jetzt noch mal mit Gott reden
und zu ihm nach oben, auf den Berg. Vielleicht krieg
ich es hin, und er verzeiht euch." 31 Mose ging dann
also noch mal den Berg hoch, um sich mit Gott zu
treffen. „Mann, Gott, die Leute sind total daneben!
Die haben wirklich richtig großen Mist gebaut und
dich betrogen. Stell dir vor, deine Leute haben sich
einen Gott aus Gold gemacht! 32 Aber bitte, verzeih
ihnen das, ja? Bitte, Gott! Wenn du das nicht tun
willst, kannst du meinen Namen auch gleich von
der Liste streichen. Dann will ich auch nicht mehr
zu deinen Leuten gehören." 33 „Hm, also Mose, ich
werde nur die Namen von der Liste streichen, die
mich persönlich betrogen haben. 34 Jetzt geh mal
wieder runter und bring die Leute an den Ort, den
ich dir gezeigt habe. Du wirst mitkriegen, dass so
ein besonderer Helfer von mir, ein Engel, immer ein
Stück vor euch hergehen wird. Wenn die Zeit dafür
richtig ist, müssen die Leute für ihren Mist bezah-
len." 35 Es brach dann unter den Israeliten eine fiese
Krankheit aus, weil sie Aaron dazu gebracht hatten,
für sie so einen Pseudogott zu basteln.

33 Gott ist noch sauer

1 Gott sagte dann zu Mose: „So, jetzt
macht euch mal vom Acker! Du sollst alle
Leute, die du aus Ägypten hierhergebracht hast,
jetzt in das Land bringen, was ich schon Abrahm,
Isaak und auch Jakob ganz fest versprochen hatte.
Ich hab ihnen und ihrer Familie damals geschwo-
ren, dass sie das bekommen werden. 2 Ich werde
einen von meiner Kampftruppe, einen Engel, vor dir
herschicken. Ich werde die ganzen anderen
Stämme, die dort zurzeit leben, für euch raus-
schmeißen. Ich mein jetzt die Kanaaniter, Amoriter,
Hetiter, Perisiter, Hiwiter und auch die Jebusiter.
3 Weißt du, dieses supergeile Land, das richtig fett
ist, wo es alles gibt, was man braucht, und davon
reichlich, genau da werde ich euch jetzt hinbringen!

Ich selbst kann aber leider nicht die ganze Zeit bei euch bleiben. Sonst würde ich euch unterwegs weg-pusten. Ihr seid einfach zu link unterwegs." [4] Als die Leute diese harte Ansage von Gott hörten, waren sie echt traurig. Um das zu zeigen, zogen sich alle schwarze Klamotten an und zogen ihre Ringe und auch den anderen Schmuck aus. [5] Darauf meinte Gott zu Mose: „Richte den Israeliten mal bitte was aus: ‚Ihr seid zwar echt bockig unterwegs, und wenn ich auf dem Weg dahin auch nur für eine Sekunde euch ganz nahe wäre, dann würde ich euch komplett ausradieren. Aber wenn ihr erst mal euren ganzen Schmuck in die Tonne drückt, dann wär das fürs Erste ein guter Anfang.'" [6] Nachdem sie das gehört hatten, schmissen alle Israeliten ihren ganzen Schmuck in den Müll. Da waren sie noch am Berg Horeb, als das passierte.

Das Zelt, wo man Gott trifft

[7] Ab da baute Mose immer, wenn die Leute irgendwo auf dem Weg mal ne Pause einlegen wollten, außerhalb des Lagers ein besonderes Zelt auf. Er nannte das Teil „Zelt, wo man Gott trifft". Wenn seine Leute mal einen Rat brauchten oder irgendeine wichtige Entscheidung treffen mussten, gingen sie dort hin. [8] Wenn Mose auf dem Weg zu diesem Zelt durch das Lager ging, standen die Leute immer sofort auf. Sie gingen zum Eingang von ihrem Zelt und sahen Mose so lange hinterher, bis er in dem Teil verschwunden war. [9] Was heftig ist: Immer wenn Mose in das Zelt ging, kam so eine schlauchförmige Wolke vom Himmel runter und blieb direkt vor dem Zelt stehen! Alle wussten, dass sich jetzt Gott mit Mose unterhielt. [10] Immer wenn das passierte, schmissen sich die Leute vor ihrem Zelt platt auf den Boden und beteten erst mal eine Runde. [11] Gott unterhielt sich ganz normal mit Mose, so, wie man sich mit einem anderen Menschen unterhält. Sie saßen sich gegenüber und quatschten sich aus. Wenn das vorbei war, kam Mose in das Zeltlager zurück. Josua, der wie ein Angestellter von Mose arbeitete, blieb die ganze Zeit bei dem Zelt, um da drauf aufzupassen. Der war übrigens zu dem Zeitpunkt erst ungefähr 20 Jahre alt.

Mose bittet Gott mitzukommen

[12] Als sich Mose und Gott mal wieder unterhielten, sagte er zu ihm: „Gott, sag mal, du gibst mir den Auftrag, dass ich die Leute in dieses Land führen soll, okay? Aber du hast mir nie gesagt, wer mitkommen wird! Ich mein, du hast doch versprochen, dass du mich ganz besonders magst, dass du mich kennst und dass ich bei dir einen Stein im Brett hab. [13] Wenn das echt stimmt, dann sag mir doch, was du vorhast. Hey, wir sind immerhin deine ganz eigenen Leute, wir gehören hunderprozent zu dir!"
[14] „Mose, entspann dich!", antwortete Gott. „Wenn ich höchstpersönlich mitkomme, bist du dann zufrieden?" [15] „Gott, wenn du das nicht tust, dann wäre es echt besser, wir würden einfach hier bleiben! [16] Wie sollen denn die anderen Völker das mitkriegen, dass wirklich du, der einzige Gott, auf unserer Seite kämpft? Das geht doch nur, wenn du wirklich konkret immer bei uns bist! Dadurch werden wir erst zu einem ganz besonderen Volk!"
[17] „Okay, Mose, ich werde tun, um was du mich gebeten hast, weil ich dich einfach mag, und ich vertraue dir auch!"

Mose möchte was von Gottes oberkrasser Art sehen

[18] „Bitte, Gott, ich möchte einmal ein bisschen mehr von dir sehen! Ich möchte mal deine ganz krasse Seite erleben!", sagte Mose dann. [19] „Gut, ich werde das tun. Ich komme bei dir vorbei, mit meiner ganz krassen Art, die echt hardcore und heftig ist. Dann werde ich dir auch meinen vollen Namen sagen. Ich tue das, weil ich das so will. Ich entscheide selbst, wen ich ganz besonders mag. Das ist allein meine Sache. [20] Trotzdem darfst du auf keinen Fall mein Gesicht sehen, lieber Mose! Denn keiner, der mein Gesicht sieht, kann am Leben bleiben. Jeden würde es sofort niederstrecken. [21] Warte hier auf mich. Genau an der Stelle bei diesem Stein dort, da sollst du dich hinstellen. [22] Bevor ich an dir vorbeigehe, in meiner ganz krassen Art, muss ich dich hinter diesen Stein stellen. Und dann werde ich auch noch meine Hand über dich drüberhalten, bis ich ganz an dir vorbeigegangen bin. [23] Danach nehme ich meine Hand wieder weg, und du kannst mir noch mal hinterhergucken. Aber von vorne darf mich niemand sehen! Ist das klar?"

34 Neue Stahlplatten und ein neuer Vertrag

[1] Dann sagte Gott zu Mose: „Organisier dir zwei neue Stahlplatten. Flex die aus einem Stück zurecht. Sie sollen genauso aussehen wie die ersten zwei, die du kaputt gemacht hast. Ich werde dir dann dieselben Sätze da drauf eingravieren, die ich auf die ersten Platten geschrieben hatte. [2] Mach dich heute schon mal klar für den Tag morgen. Dann kommst du ganz früh zu mir auf den

Berg Sinai. Pack dich ganz oben an die Spitze des Berges hin und warte da auf mich. [3] Ich will, dass du ganz alleine kommst, okay? Generell möchte ich, dass in der Zeit kein anderer in der Nähe vom Berg ist. Auch Kühe oder Schafe sollen dann beim Berg kein Gras fressen." [4] Mose flexte sich die beiden Stahlplatten in der Werkstatt. Am nächsten Morgen stand er früh auf, packte sie in seinen Rucksack und stieg auf den Berg. Er tat alles genau so, wie Gott es gesagt hatte. [5] Als er oben war, passierte es wieder: Gott kam in einer heftigen Wolke zu Mose runter! Mose stellte sich neben diese Wolke und begrüßte ihn. [6] Jetzt zog Gott mit seiner oberkrassen Art an Mose vorbei. Er sagte total laut: „Ich bin Gott! Ich bin so, wie ich immer schon war. Und das ist auch mein Name. Ich bin der Gott, der die Menschen voll liebt und total gerne hat. Ich verzeihe sehr viel. Und ich bin entspannt und hab viel Geduld. Und ich bin zuverlässig, ich bin immer treu. [7] Ich liebe die Menschen, und ich werde sie immer lieben. Ich bin freundlich zu ihnen. Wenn sie Scheiße bauen, werde ich es verzeihen. Wenn sie gegen mich kämpfen, bin ich für sie. Wenn sie mit ihrem Leben danebenliegen, vergebe ich gerne. Aber ich lasse nicht mit mir Spielchen spielen, und wer gegen mich handelt, muss dafür bezahlen. Diese Schuld wird weitervererbt auf die Kinder und Enkel, bis in die vierte Generation." [8] Als Mose das hörte, war er echt geplättet. Er warf sich auf den Fußboden vor Gott hin und sagte ihm, dass er der absolut Größte ist! [9] Nach einer Zeit meinte er dann zu Gott: „Wenn du mich wirklich ganz besonders magst, dann bleib doch bitte immer ganz bei uns! Können wir nicht zusammen mit dir in das neue Land gehen? Du kennst doch meine Leute. Sie sind schräg drauf und echt schwer zu führen. Bitte verzeih uns den ganzen Mist, den wir gebaut haben, als wir Sachen getan haben, die du total daneben findest. Bitte nimm uns doch wieder als deine ausgesuchten Leute in deine Familie auf!" [10] „Okay", sagte Gott. „Ich werde mit euch einen Vertrag machen! Meine Angebot ist, dass ihr Augenzeuge werden könnt, wenn ich ganz fette Wunder tue. So ein Wunder hat noch nie irgendjemand gesehen, nirgendwo auf der ganzen Welt! Kein Mensch und keine Nation hat so was schon mal blicken können. Aber dir und meinen Leuten will ich das zeigen. Es wird sehr krass sein, was ihr dann sehen werdet, und ich werde dafür sorgen, dass die Leute Respekt vor mir kriegen. [11] Tue genau das, was ich dir heute als Gesetze geben werde! Ihr sollt euch alle danach richten! Pass auf, ich werde die ganzen Völker, die in dem Land wohnen, wo ich euch hinbringe, einfach rausschmeißen. Die Amoriter, Kanaaniter, Hetiter, Perisiter, Hiwiter und Jebusiter und so. [12] Ihr dürft auf keinen Fall mit denen irgendwelche Verträge machen, ist das klar? Wenn ihr das tut, werdet ihr durch sie irgendwann zerstört werden. [13] Es ist total wichtig, dass ihr auch deren Tempel und Kirchen kaputt macht, wo sie zu ihren blöden Plastikgöttern beten und denen Geschenke machen. Haut die Teile einfach um! [14] Ihr dürft auf keinen Fall zu irgendeinem von diesen Pseudogöttern beten, ist das klar? Ich bin euer einziger Gott! Und ich liebe euch ganz heftig und mit voller Leidenschaft! Ich wünsch mir von euch, dass ihr nur mich radikal liebt. Die anderen Götter sollen euch scheißegal sein. [15] Noch einmal: Geht auf keinen Fall irgendwelche Verträge mit den Leuten ein, die dort wohnen! Die verführen euch bloß, auch zu ihren Pseudogöttern zu beten, und was dann? Lasst euch noch nicht mal zu einem Gottesdienst von denen einladen. [16] Ich möchte auch nicht, dass eure Kinder sich mit den Kindern von denen zusammentun. Wenn das passiert und die sich verlieben und heiraten, würden die nur dazu verführt werden, auch deren Pseudogöttern nachzulaufen. [17] Ihr dürft euch auf keinen Fall irgendwelche Plastikgötter bauen, hörst du? [18] Dann möchte ich, dass ihr dieses Fest mit den besonderen Broten regelmäßig feiert. Macht das genau so, wie ich es euch gesagt habe. Sieben Tage lang ist es nur okay, dieses Brot zu essen, das ohne Hefeteig gemacht wurde. Dieses Fest soll immer zur gleichen Zeit abgehen, und zwar im April, wenn der Frühling losgeht. Das war ja auch der Monat, wo ihr aus Ägypten abgehauen seid. [19] Ich will, dass ihr mir eure ältesten Söhne ganz zur Verfügung stellt. Genauso möchte ich auch jedes erste Tier, das bei euch geboren wird, von euch geschenkt bekommen. Ich mein jetzt die Jungen von den Rindern, Schafen oder Ziegen. [20] Für das erste Pferd, das bei euch geboren wird, könnt ihr mir auch ein Lamm schenken und opfern. Wenn ihr da keinen Bock drauf habt, könnt ihr auch einem jungen Pferd oder Esel das Genick brechen und es so töten. Für eure ältesten Söhne sollt ihr aber auf jeden Fall einen Stellvertreter opfern. Wenn das Fest steigt, soll keiner mit leeren Händen hier aufschlagen. [21] Sechs Tage in der Woche sollt ihr arbeiten. Aber am siebten Tag sollt ihr euch entspannen. Und das gilt immer, auch in der Hauptsaison, in der Erntezeit. [22] Wenn die erste Weizenernte eingefahren ist, könnt ihr ne große

Party feiern. Am Ende des Jahres könnt ihr dann die ganz große Ernteparty vom Obst und Wein mit einem Gottesdienst abfeiern. 23 Dreimal im Jahr möchte ich, dass ihr ein großes Männertreffen veranstaltet. Alle Männer aus Israel sollen dann bei mir erscheinen. 24 Ich hab vor, ganze Nationen durch euch zu vertreiben. Euer Land wird ständig weiterwachsen. In der Zeit, wo ihr euch alle bei meinem besonderen Zelt trefft, wird euch niemand belästigen oder angreifen. Ihr sollt dort hinkommen, um euch mit mir zu treffen. 25 Wenn ihr ein Tier tötet und auch wenn ihr es für mich tötet und verbrennt, dürft ihr nicht das Blut von dem Tier mit Hefebrot vermatschen. Und das Fleisch von den Tieren, das ihr an der Passaparty für mich nicht verbraten kriegt, darf nicht bis um nächsten Morgen aufbewahrt werden. 26 Von den besten Sachen, die auf euren Feldern wachsen, bringt einen Teil in das besondere Zelt zu mir. Und noch was: Die Ziegenkinder dürfen nie in der Milch ihrer eigenen Mutter gekocht werden." 27 Gott sagte am Ende zu Mose: „Schreib die Sachen alle auf, die ich dir gesagt hab! Das ist die Grundlage von dem Vertrag, den ich mit dir und den Israeliten schließen werde." 28 Insgesamt blieb Mose ganze vierzig Tage mit Gott auf dem Berg. In der ganzen Zeit bekam er nichts zu essen und zu trinken. Er fräste währenddessen auf die Stahlplatten die zehn Gesetze, die Gott ihm da gesagt hatte. Diese Gesetze waren die Grundlage für den Vertrag, den die Israeliten ab dann mit Gott hatten. 29 Als Mose mit den beiden Platten unter Arm vom Berg runterkam, leuchtete sein Gesicht voll, weil er so nahe bei Gott war und mit ihm gesprochen hatte. Mose selbst merkte das zuerst gar nicht. 30 Als Aaron und auch die anderen Männer Mose sahen, kriegten sie voll Respekt und auch Angst. Wegen seinem leuchtenden Gesicht wollten sie ihm nicht zu nahe kommen. 31 Mose rief sie dann aber zu sich, und Aaron kam mit ein paar Männern, die im Volk was zu sagen hatten, dann vorsichtig zu ihm. Er erzählte ihnen von den abgefahrenen Sachen, die er gerade erlebt hatte.
32 Danach trauten sich auch die anderen Leute aus Israel näher an Mose ran. Jetzt erzählte er allen von den Gesetzen, die er von Gott auf dem Berg bekommen hatte. 33 Als er fertig war, legte Mose ein Tuch auf sein Gesicht. 34 Ab dann nahm er das Tuch nur noch runter, wenn er in das besondere Zelt ging, um mit Gott zu labern. Sobald er rausging, legte er das Tuch wieder drauf. Und dann erzählte er den Leuten, was Gott ihm gerade gesagt hatte. 35 Die Israeliten kriegten dabei natürlich immer mit, wie sein Gesicht noch voll am Leuchten war. Er legte dann immer das Tuch auf sein Gesicht, bis er irgendwann wieder aus dem Lager ging, um sich in dem ganz besonderen Zelt mit Gott zu unterhalten.

35

Der Tag, an dem man nicht arbeiten soll

1 Mose organisierte dann ein Treffen, wo die ganze Gemeinschaft der Israeliten zusammenkam. Dann sagte er: „Gott hat eine Ansage für euch: 2 ‚Sechs Tage in der Woche sollt ihr arbeiten. Aber am siebten Tag sollt ihr euch entspannen. Das ist der Sonntag, und der gehört nur mir. Wer an diesem Tag trotzdem irgendwas arbeitet, wird sterben müssen. 3 Das gilt auch fürs Kochen. Diese Regel gilt überall, egal wo ihr wohnt.'"

Spenden für das ganz besondere Zelt

4 „Gott hat noch eine Ansage für euch: 5 Er möchte, dass ihr ihm etwas spendet, und zwar freiwillig. Alle, die ihm etwas für das besondere Zelt schenken wollen, sollen es vorbeibringen. Ihr könnt Gold, Silber und Bronze spenden, 6 bunte Wolle, feine Leinenstoffe, 7 Tierfelle, Eichenholz, 8 Kerzen, Zutaten für das besondere Öl, was man braucht, um Leute für einen Dienst einzusetzen, und Räucherstäbchen. 9 Außerdem Edelsteine, die man auf den Umhang und den Brustbeutel von dem Oberpriester draufnähen kann. 10 Alle Leute, die gut in Handarbeit sind, sollen mal vorbeikommen und die Sachen basteln, die Gott in Auftrag gegeben hat. 11 Wir brauchen das Zelt und die großen Planen, die das Dach schützen sollen. Dann brauchen wir Heringe, Haken, Bretter und auch Querstangen, die Pfosten und Halterungen. 12 Für die Kiste mit den Gesetzen drin brauchen wir lange Stangen, um sie zu tragen. Da drüber muss eine Abdeckplatte. Dann noch der Vorhang, um den allerderbsten, alleroberheiligsten Bereich im Zelt abzudecken. 13 Wir brauchen auch den Tisch, wo die besonderen Brote draufliegen. Der soll auch mit Tragestangen transportiert werden. Und die ganzen Geräte und auch das Brot brauchen wir. 14 Dann muss jemand den goldenen Leuchter mit den sieben Kerzen machen. Irgendjemand muss das Ding auch pflegen und immer wieder die Kerzen austauschen. 15 Der Tisch, wo wir die Räucherstäbchen abfackeln, der ja auch so Stangen haben soll, der muss auch gemacht werden. Dazu sollte sich jemand um das besondere Öl kümmern

und auch um die Räucherstäbchen. Und wer macht den großen Vorhang klar, der am Eingang hängen soll? 16 Dann brauchen wir noch den großen Tisch, den Altar für diese Opferrituale, wo Sachen verbrannt werden. Der sollte einen Unterbau aus Bronze haben. Dazu brauchen wir auch wieder Stangen zum Tragen. Ja, und die ganzen Geräte, die wir für das Opferritual brauchen, das Wasserbecken mit dem Untersatz, die sind auch wichtig. 17 Einer muss sich um die Zeltplanen und Pfosten inklusive Halterungen kümmern, mit denen der Hof gebaut wird. Wir brauchen auch noch den Vorhang für den Eingang vom Hof. 18 Dann muss sich jemand um die Zeltheringe kümmern und auch um die Taue zum Spannen. Damit machen wir die Zeltplanen fest, die den Hof abgrenzen. 19 Zum Schluss brauchen wir noch jemanden, der die ganz besonders krassen Klamotten für Aaron und seine Söhne näht. Die sollen sie ja immer tragen, wenn sie ihren Job als Priester erledigen." 20 Nach diesem Treffen gingen die Leute wieder nach Hause. 21 Aber alle, die jetzt Bock drauf bekommen hatten, kamen bald wieder, um freiwillige Spenden für das besondere Zelt zu bringen. Dazu gehörten die ganze Ausstattung und auch die Klamotten für die Priester. 22 Männer und Frauen schenkten Gott total freiwillig ihren Goldschmuck. Ringe, Ketten, Ohrringe und Haarspangen wurden vorbeigebracht. 23 Dazu kamen auch noch Stoffsachen, wie bunte Wolle und Leinenstoffe und Tierfelle, 24 dazu noch sehr viel Silber, Bronze und Eichenholz. 25–26 Die Frauen, die das gut draufhatten, stellten die Stoffe her. 27 Die Chefs organisierten die ganzen Edelsteine für die Klamotten und den Brustbeutel von dem Oberpriester Aaron. 28 Man brachte Kerzen vorbei und auch das besondere Öl, was man braucht, um Leute für einen Dienst einzusetzen. Auch die Parfüms und die Räucherkerzen waren schnell organisiert. 29 Die Israeliten waren alle voll begeistert bei der Sache, und jeder wollte irgendwas zu dem Projekt beisteuern, was Gott durch Mose an den Start gebracht hatte. Sowohl die Männer wie auch die Frauen brachten ihre Sachen ganz freiwillig, ohne was dafür zu verlangen, einfach als Spende.

Mose verteilt Aufträge an Künstler und Handwerker

30 Mose sprach dann wieder mit den Leuten: „Gott hat Bezalel dafür ausgesucht, den Job als Designer für die Sachen im besonderen Zelt zu erledigen. Bezalel ist ein Sohn von Uri und ein Enkel von Hur, er kommt aus dem Familienstamm Juda. 31 Für diese Aufgabe hat er von Gott seine Kraft aufgespielt bekommen. Außerdem hat Bezalel eine Menge Schnall von handwerklichen Sachen, und er ist auch ein echt guter Künstler. 32 Er kann voll gut Bilder malen und Sachen designen. Auch mit den Materialien Gold, Silber und Bronze kennt er sich voll gut aus. 33 Dazu kann er sehr gut Edelsteine bearbeiten, und auch mit Holzschnitzereien ist er recht fit. Eigentlich kann er alles, was mit Kunst zu tun hat, sehr gut. 34 Gott hat ihm zusätzlich auch noch die Begabung gegeben, andere in diesem Job anzuleiten. Das Gleiche gilt übrigens auch für Oholiab, der ein Sohn von Ahisamach ist und aus dem Stamm von Dan kommt. 35 Gott hat beiden auch die Begabung gegeben, gut mit Wolle und Leinenstoffen umzugehen, egal welche Farbe sie haben. Sie können gut nähen und stricken und sind auch fit da drin, eigene Ideen und Entwürfe umzusetzen."

36

Die Israeliten spenden mehr, als man braucht

1 „Bezalel, Oholiab und die anderen Leute, die künstlerische Sachen gut draufhaben, sollen jetzt mal loslegen. Gott hat ihnen ja schließlich diese Begabungen gegeben", sagte Mose dann zum Schluss noch mal. 2 Er suchte Bezalel und Oholiab extra für diesen Job aus. Dazu sollten aber auch andere Leute kommen, denen Gott solche Fähigkeiten geschenkt hatte. Und alle legten dann gemeinsam los. 3 Mose übergab den Handwerkern sämtliche Kohle und das ganze Material, was die Israeliten für den Bau vom besonderen Zelt gespendet hatten. Die Spendenbereitschaft war gigantisch, jeden Morgen brachten die Leute wieder neue Sachen und das ganz freiwillig, ohne Druck. 4 Etwas später kamen die ganzen Kunsthandwerker, die gerade an dem Bau beteiligt waren, bei Mose an und sagten: 5 „Hey, die Leute bringen uns mehr Zeug, als wir eigentlich verbauen können!" 6 Mose ließ dann Plakate aufhängen, wo draufstand: „Bitte, keiner mehr irgendwelche Sachen für das besondere Zelt spenden! Wir haben genug!" Die Leute hörten darauf, und ab dann wurde es mit dem Spenden weniger. 7 Was bis zu dem Zeitpunkt an Sachen reinkam, reichte dicke, um alle Arbeiten zu erledigen. Es blieb sogar noch Kohle übrig.

Bastelstunde

8 Mit den Künstlern und Kunsthandwerkern bastelte Bezalel die ganzen Einzelteile für das Zelt, in dem

Gott wohnen sollte. Sie machten zehn schöne Zeltplanen, die aus besonderem Leinenstoff und echt teuer waren. Auf dem Stoff wurden mit blauer, roter und weinroter Wolle Bilder von Engeln draufgestickt. 9 Jede der Zeltplanen war 14 Meter lang und 2 Meter breit. 10 Er nähte dann immer fünf Planen an der langen Seite zusammen, so dass er dann zwei große Zeltplanen hatte. 11 Aus violettem Stoff machte er Schlaufen, die er an beiden Planen an einer langen Seite annähte, wo zwei Stücke zusammengesetzt wurden. 12 Insgesamt waren das fünf Schlaufen an jedem Teil, so dass die Schlaufen sich gegenüberlagen, wenn man die beiden Planen nebeneinanderlegte. 13 Dann organisierte er fünfzig Haken aus Gold, mit denen er die zwei Zeltplanen an den Schlaufen zusammenhaken konnte. So hatte er dann eine große Zeltplane für die Wohnung. 14 Da drüber kam dann noch ein Dach. Dazu nähte er aus Fellen von Ziegen elf Zeltplanen zusammen. 15 Eine Plane war alleine 15 Meter lang und 2 Meter breit. 16 Diese Planen tackerte er dann auch wieder zu zwei großen Teilen zusammen, nur dass diesmal eines davon aus sechs Planen bestand. 17 An je einer langen Seite von beiden großen Planen wurden fünfzig Schlaufen angenäht, um die zwei großen Teile dann zu einem ganz großen zusammenzusetzen. 18 Dazu bastelte er fünfzig Haken aus Bronze und machte damit die Schlaufen zusammen. 19 Ganz am Ende machte er noch zwei Extra-Schutzdecken, eine aus rot gefärbten Fellen von männlichen Ziegen und da drüber eine aus regenfesten Tierhäuten. 20 Er ließ dann noch Bretter aus Eichenholz zurechtsägen, die als Wände in der Wohnung von Gott aufgebaut wurden. 21 Jedes Brett war 5 Meter lang und 75 Zentimeter breit. 22 Die Bretter bekamen alle zwei Dübel in Form von so Tannenzapfen unten dran. 23 Für die Wohnung musste er zwanzig Bretter allein für die Südseite verbraten. 24 Diese zwanzig Bretter standen dabei auf vierzig Bodenplatten aus Silber, indem die Zapfen in die dafür vorgesehenen Löcher gesteckt wurden. 25 Für die andere Seite im Norden nahm er auch zwanzig Bretter. 26 Und auch hier wurden diese auf vierzig silbernen Bodenplatten draufgesteckt. 27 Für die hintere Seite der Wohnung, die Richtung Westen lag, nahm er nur sechs Bretter. 28–29 Für die Ecken an der Rückseite holte er sich noch zwei Winkelbretter. 30 Insgesamt wurden hier acht Bretter und sechzehn Bodenplatten aus Silber verbaut, wobei immer zwei als Unterlage mit einem Brett verbunden waren. 31 Dann baute er lange Querstangen aus Eichenholz, 32 fünf Stück für jede Bretterwand. 33 Die mittlere Querstange schraubte er genau auf halber Höhe so an, dass sie von einem Ende zum anderen reichte. 34 Als Halterung für die Stangen wurden an die Bretter goldene Ringe angeschraubt. Alle Bretter und Stangen waren mit Gold überzogen. 35 Der Vorhang, der vor dem allerderbsten, heiligen Bereich im Zelt aufgehängt wurde, war aus ganz besonderem Leinenstoff gemacht. Auf dem Vorhang hatten sie mit blauer, roter und weinroter Farbe Bilder von Engeln draufgesprayt. 36 Aus Eichenholz wurden dann noch die vier Pfosten gemacht, die den Vorhang tragen sollten. Diese Pfosten wurden mit Gold überzogen und wurden in Halterungen aus Silber gestellt. Auch die Nägel, mit denen der Vorhang festgemacht wurde, waren aus Gold. 37 Für den Eingang vom Zelt wurde ein Vorhang aus dem gleichen Material genäht. 38 Der Vorhang am Eingang wurde an fünf Pfosten mit goldenen Querstangen festgemacht. Dazu wurden goldene Nägel verwendet. Die Pfosten standen in einer Halterung aus Bronze und wurden auch mit Gold überzogen.

37

Die Kiste für die Gesetze

1 Jetzt baute Bezalel den Kasten aus Eichenholz mit den Maßen 1,25 Meter lang, 75 Zentimeter breit und 75 Zentimeter hoch. 2 Er überzog den Kasten von innen und außen mit Gold. Für die Kanten bastelte er eine extra Zierleiste, die auch aus Gold war. 3 Als Nächstes organisierte er vier Goldringe und baute die an jede Ecke dran, immer zwei an jeder Seite. 4 Dann machte er die Tragestangen aus Eichenholz und überzog die auch mit Gold. 5 Die wurden dann durch die Ringe gesteckt, wenn man das Teil tragen musste. 6 Er baute auch eine große Deckplatte, die nur aus Gold bestand. Sie passte genau obendrauf. 7 Oben auf die Platte kamen dann noch zwei große Figuren mit langen Flügeln, die auch aus Gold waren. Jede Figur wurde an einem Ende der Deckplatte angeschraubt. Die Figuren sahen aus wie riesengroße Engel. 9 Und zwar standen sie sich gegenüber, so als würden sie den Kasten von oben ansehen. Dabei hielten sie ihre Flügel darüber, so als würden sie ihn beschützen.

Der Tisch für die besonderen Brote

10 Als er damit fertig war, machte sich Bezalel an die Arbeit, um den kleinen Eichentisch für die besonde-

ren Brote zu bauen. Der sollte 1 Meter lang, 50 Zen-
timeter breit und 75 Zentimeter hoch sein. 11 Er
überzog den Tisch mit Gold und baute rund um die
Tischplatte eine Zierleiste aus purem Gold. 12 Dazu
setzte er eine zehn Zentimeter breite Leiste noch
mal rings um die Tischkante, die auch noch mal mit
einer Zierleiste aus Gold versehen wurde. 13 Dann
organisierte er sich noch vier goldene Ringe und
schraubte die oben an die Kanten der vier Tisch-
beine an. 14 Die Ringe waren dabei dicht unter der
Leiste angebracht, die am Rand befestigt war. Hier
kamen die Stangen rein, wenn man das Teil tragen
wollte. 15 Diese Stangen waren hier auch aus Eichen-
holz und mit Gold überzogen. 16 Außerdem machte
er aus feinstem Gold auch die Becher, Schüsseln
und Kannen für Opferrituale mit Wein.

Der siebenarmige Kerzenständer aus purem Gold

17 Schließlich bastelte Bezalel den großen, goldenen
siebenarmigen Leuchter. Der sollte ja aus einem
ganzen Stück Gold rausgesägt werden. 18 Drei Arme
gingen jeweils zu beiden Seiten aus dem mittleren
Teil raus. 19 Am Ende war jeder Arm mit einer Blume
verziert. 20 Im Mittelstück waren auch vier Blumen
reingeschnitzt worden, 21 nämlich da, wo die Arm-
paare rauskamen. 22 Der ganze Leuchter war nur
aus feinstem Gold und war, wie gesagt, aus einem
Stück gemacht worden. 23 Bezalel baute für den
Leuchter noch sieben Kerzenhalter. Dazu kamen
noch Dochtscheren und Behälter zum Reinigen.
Alles war nur aus feinstem Gold. 24 Alleine für den
Leuchter und das ganze Zubehör wurde über einen
Zentner Gold verbraten.

Der Tisch, wo die Räucherstäbchen abgefackelt werden

25 Dann machte Bezalel aus Eichenholz noch einen
kleinen Tisch, einen Altar, wo die Räuchersachen
abgefackelt werden sollten. Der war 1 Meter lang,
50 Zentimeter breit und 50 Zentimeter hoch. Er
hatte auch vier Hörner an den Ecken, die aus einem
Stück mit dem Tisch waren. 26 Er überzog den mit
dünnen Goldplatten und baute an der Kante wieder
so eine Leiste aus Gold dran. 27 Unter der Leiste
waren wieder Ringe zum Transportieren ange-
schraubt, wo die Stangen durchgesteckt werden
konnten. 28 Die Stangen waren auch hier wieder aus
Eichenholz und von außen vergoldet. 29 Dann
machte er noch das besondere Öl und fertigte die
Räucherstäbchen an, alles auf die Art, wie das ein
Profi machen würde.

38

Der Tisch, wo drauf Sachen für Gott als Opfer verbrannt werden

1 Als Nächstes machte Bezalel aus Eichen-
holz den großen Tisch, wo die Sachen für Gott drauf
verbrannt werden sollten. Der war 2,5 Meter lang,
2,5 Meter breit und 1,5 Meter hoch. 2 Vier Hörner
guckten an den Tischecken raus. Alles war auch hier
aus einem Stück gesägt worden. Der ganze Tisch
wurde dann mit Bronze überzogen. 3 Auch die gan-
zen Geräte, die man zum Opfern brauchte, ließ
Bezalel aus Bronze machen. Also die Schalen,
womit das ganze Blut aufgefangen wurde, die
Fleischgabeln und auch das Becken für die Holz-
kohle wurden aus Bronze gemacht. Dazu auch die
Schaufeln und Stangen, die man brauchte, um die
Asche wegzumachen. 4 Zum Transportieren wurde
der Tisch in einen Korb aus Bronze gesteckt. Der
Korb reichte dann bis zur Hälfte von dem Tisch
hoch. 5 Dann machte er die vier Ringe, die an den
vier Ecken von dem Korb angebracht werden soll-
ten, um da die Tragestangen durchzuschieben. 6 Die
Stangen waren wie gesagt aus Eichenholz und mit
Bronze überzogen worden. 7 Anschließend hat man
sie einfach durch die Ringe gesteckt. Der Tisch war
innen hohl und aus Brettern gemacht.

Das Waschbecken und der Hof

8 Bezalel goss dann noch aus Bronze ein großes
Waschbecken und baute einen Untersatz dazu. Die
Bronze war von den Bronzespiegeln, welche die
Frauen, die am Eingang vom Zelt am Arbeiten
waren, gespendet hatten. 9–11 Als Nächstes baute er
den Hof fertig. Hier brauchte er für die Nord- und
Südseite jeweils eine Zeltplane, die 50 Meter lang
war und mit Nägeln aus Silber an jeweils zwanzig
Pfosten befestigt war. Die Pfosten standen alle in
einer Halterung aus Bronze. Zwischen den Pfosten
waren Querstangen aus Silber. 12 Auf der Westseite
wurden 25 Meter lange Zeltplanen angebracht. Die
zehn Pfosten, die dort auch wieder in zehn Halte-
rungen standen, waren aus Silber gemacht. Dazu
auch wieder Querstangen und Nägel, beides auch
aus Silber. 13–15 Die Vorderseite, Richtung Osten, war
ebenfalls 25 Meter lang. Links und rechts vom Ein-
gang waren jeweils drei Pfosten auf drei Halterun-
gen, an denen 7,5 Meter lange Zeltplanen befestigt
waren. Der Eingang war also 10 Meter breit. 16 Alle
Zeltplanen vom Hof waren aus besonderem Leinen-
stoff. 17 Die Halterungen von den Pfosten waren aus
Bronze gemacht worden. Die Nägel in den Pfosten
waren alle aus Silber, genauso wie die Querstangen

und die Verschnörkelungen am oberen Ende der
Pfosten. 18 Als Tür für den Hof wurde ein spezieller
Vorhang genommen. Er war ganz bunt, aus lilafar-
benen, roten, gelben und grünen Stoffen. Der Vor-
hang war 2,5 Meter hoch und breit, genauso wie die
anderen Vorhänge, die in dem Bereich aufgehängt
wurden. 19 Die vier Pfosten, an denen der Vorhang
aufgehängt wurde, waren aus Bronze und die Halte-
rungen auch. Die Nägel in den Pfosten waren aber
aus Silber, und auch die Verschnörkelungen am
oberen Ende waren Silber. Und auch die Querstan-
gen waren aus dem Material. 20 Die Zeltheringe für
das ganze Teil waren alle aus Bronze gemacht wor-
den.

Was alles an Material und Geld verbraten wurde

21 Jetzt kommt die Rechnung, was alles an Material
verbraten wurde, für die Wohnung für Gott, den
Aufbewahrungsort für die Gesetze. Die Bezahlung
hatte Mose den Priestern übertragen, die unter dem
Oberpriester Itamar standen. Itamar war ein Sohn
von Aaron. 22 Bezalel, der ein Sohn von Uri war, der
wiederum ein Sohn von Hur aus dem Stamm Juda
war, machte alles ganz genau so, wie Mose es ihm
gesagt hatte. 23 Zusammen mit Oholiab, der ein
Sohn von Ahsamach aus dem Dan-Stamm war und
der Steine bearbeiten und unterschiedlich farbige
Stoffe herstellen konnte, führte er die Aufträge aus.
24 Das ganze Gold, was man für die Einrichtungs-
gegenstände verbraucht hatte, wog insgesamt
29 Zentner. Das war alles nur durch Spenden rein-
gekommen. 25 Über 100 Zentner Silber kamen auch
noch dazu, das auch nur über Spenden finanziert
wurde. 26 Von den 603 550 Männern in der Gemein-
schaft, die älter als 20 waren, hatte jeder ein halbes
Silberstück gespendet. 27 Genau 100 Zentner Silber
wurden für die hundert Fussbodenplatten ver-
braucht, in die die Wände vom besonderen Zelt ein-
gesetzt waren. Jede Platte wog einen Zentner Silber.
28 Vom Rest, ungefähr 13 Kilo, wurden die silbernen
Nägel und die Querstangen gemacht. Dazu kamen
noch die Verschnörkelungen am oberen Rand der
Pfosten aus Silber. 29 Die Bronze, die gespendet
wurde, wog fast 71 Zentner. 30 Da draus hatte er ja
alle Halterungen gemacht, in denen die Pfosten
vom Eingang vom Zelt standen. Außerdem den
Rahmen von dem großen Tisch, wo die Tieropfer
abgefackelt wurden, dem Altar, und alle Geräte, die
man für diesen Dienst brauchte. 31 Und auch die
Halterungen für die Pfosten vom Hof, die Halterun-
gen für die Pfosten von der Tür zum Hof und alle
Zeltheringe, die man für die Wohnung von Gott
gebraucht hatte, waren aus Bronze.

39

Die Klamotten für die Priester

1 Gott hatte Mose auch gesagt, wie die
Spezialklamotten von Aaron aussehen
sollten, wenn er am besonderen Zelt am Arbeiten
war. Sie sollten nämlich aus violettem und rotem
Leinenstoff sein. 2 Die Leute machten einen
Umhang da draus und bestickten die mit echten
Goldfäden und Fäden aus blauer, roter und weinro-
ter Wolle. 3 Um diese Goldfäden herzustellen, hau-
ten sie mit einem Hammer so lange auf ein Stück
Goldblech, bis es ganz platt war. Dann zerschnitten
sie das Teil in dünne Fäden. 4 Zwei große Schulter-
polster wurden oben auf den Umhang genäht und
hinten zusammengebunden. 5 Der Gürtel, mit dem
der Umhang zusammengebunden wurde, war aus
dem gleichen Material. Er wurde an den Umhang
einfach drangenäht. Alles wurde genau so gemacht,
wie Gott es Mose gesagt hatte. 6 Dann nahmen sie
noch zwei Edelsteine, die man Karneolsteine
nannte, und setzten sie in kleine Goldfassungen
ein. In die Steine wurden die Namen der zwölf
Familienstämme der Israeliten eingraviert. 7 Dann
wurde das Ganze an die Schulterteile angenäht. Der
Grund dafür war, dass dadurch Gott bei den Israeli-
ten immer in Erinnerung bleiben sollte. Alles wurde
genau so gemacht, wie er es zu Mose gesagt hatte.
8 Aus dem gleichen Zeug, aus dem der Umhang
war, machten sie auch den Brustbeutel. Der war
auch mit Goldfäden sowie mit roten, violetten und
weinroten Fäden bestickt. 9 Dieser Brustbeutel, den
man auch Los-Tasche nannte, war von der Form
her wie ein Quadrat und in sich zusammengefaltet.
Insgesamt war er 25 mal 25 Zentimeter groß.
10 Vorne waren Edelsteine in vier Reihen untereinan-
der draufgepinnt. In der ersten Reihe waren das ein
Karneol, ein Topas und ein Smaragd. 11 In der zwei-
ten Reihe ein Rubin, ein Saphir und ein Jaspis. 12 In
der dritten Reihe ein Achat, ein Hyazinth und ein
Amethyst. 13 In der vierten Reihe ein Türkis, ein
Onyx und ein Nephrit. Alle Steine waren in eine
Goldfassung eingearbeitet. 14 Auch in diese Steine
wurden die Namen der zwölf Familienstämme von
den Israeliten eingraviert. Pro Stein ein Name. 15 Sie
nähten an den Brustbeutel eine Kette, die aus ech-
ten Goldfäden zu einem Band gehäkelt worden war.
16 Dann wurden zwei goldene Ösen in die Tasche
eingenäht und dafür zwei Goldringe angefertigt, die

in die Ösen an den Enden der Tasche eingearbeitet
wurden. 17 Zwei dickere Bänder aus den Goldfäden
wurden durch die Ringe an dem Brustbeutel geführt
18 und mit den zwei anderen Enden an der Vorder-
seite von den Schulterteilen angeknotet. 19 Dann
wurden noch zwei Ringe aus Gold gemacht, die am
unteren Ende vom Brustbeutel zum Bauch hin
angenäht wurden. 20 Zwei weitere Goldringe wurden
für die Schulterstücke gebraucht, die an der Vorder-
seite lagen, ganz in der Nähe von der Naht, aber
noch oberhalb des Gürtels. 21 Der Brustbeutel
wurde so über die Ringe vom Umhang und die
Ringe vom Brustbeutel verknotet, damit sie sich
nicht verschieben konnte. Das hatte Gott dem
Mose so gesagt. 22 Der Mantel, der über dem
Umhang getragen werden sollte, wurden dann aus
blauem Stoff genäht. 23 Dabei nähte man einen fes-
ten Kragen in das Teil rein, damit der nicht einrei-
ßen konnte. 24 Unten, am Saum von dem Mantel,
wurden so Äpfel angenäht, die aus blauer, roter
oder weinroter Wolle gehäkelt worden waren.
25 Dann wurden so Glöckchen aus Gold, immer zwi-
schen den Äpfeln am Saum von dem Mantel, dran-
genäht. 26 Immer im Wechsel, Apfel, Glöckchen,
Apfel usw. Der Mantel war auch für den Dienst
bestimmt, den Gott Mose aufgetragen hatte.
27 Anschließend wurden für den Priester Aaron und
seine Söhne Anzüge genäht. 28 Auch eine Mütze
kriegte Aaron. 29 Dann gab es noch einen extra Gür-
tel für Aaron, der auch nach den Anweisungen von
Gott gemacht wurde. 30 Aaron bekam einen beson-
deren Sticker aus Gold, auf dem stand: „Der gehört
radikal Gott!" 31 Der Sticker wurde über der Stirn an
die Mütze vom Aaron gepinnt. Alles wurde genau
so gemacht, wie Gott es gesagt hatte.

Das Finale

32 Schließlich war die ganze Arbeit an dem besonde-
ren Zelt endlich fertig! Die Leute hatten alles genau
so umgesetzt, wie es Gott durch Mose gesagt hatte.
33 Also legten sie die ganzen Sachen Mose vor,
damit er das noch mal abchecken konnte. Das Zelt
mit den ganzen Geräten da drin, alle Bretter, Haken,
Heringe, Querstangen, die Pfosten inklusive Halte-
rungen wurden zu ihm gebracht, 34 dann die Decke
aus rotem Fell, die andere Decke aus den wasser-
dichten Tierhäuten, der Vorhang, der den allerober-
heiligsten Teil im Zelt abtrennt, 35 und schließlich
auch die Kiste mit den Gesetzen drin, inklusive
Deckplatte und den Stangen, wurde Mose vorge-
legt. 36 Auch der Tisch mit den besonderen Broten
und die ganzen Geräte dazu 37 und der siebenar-
mige Kerzenständer inklusive Zubehör waren am
Start. 38 Dann zeigten sie ihm den goldenen Tisch,
den Altar, wo die Räucherstäbchen abgefackelt wer-
den sollten, das besondere Öl, die anderen Räu-
chersachen aus Weihrauch und den Vorhang als Tür
vom Zelt, alles zeigten sie ihm. 39 Der große Opfer-
tisch, der mit Bronze überzogen war, wo die Tiere
für Gott abgefackelt werden sollten, mit den ganzen
Geräten, die man dazu brauchte, war da. Und dann
auch das Waschbecken mit seinem Ständer. 40 Die
Zeltplanen vom Hof mit den ganzen Pfosten, Herin-
gen und Seilen waren auch dabei. Dazu der Vorhang
für den Eingang vom Hof. Außerdem die ganzen
Geräte, die man noch im besonderen Zelt brauchte.
41 Und zum Schluss noch die Klamotten der Priester,
die Aaron und seine Söhne immer tragen sollten,
wenn sie in dem Zelt Dienst schoben. 42 Die Israeli-
ten hatten alles genau so umgesetzt, wie es Gott
durch Mose gesagt hatte. 43 Und Mose checkte
alles, was sie hergestellt hatten. Es war alles richtig
gemacht worden und entsprach der Order, die Gott
ihm gegeben hatte. Mose betete dann für die Leute,
die das ganze Projekt umgesetzt hatten.

40 1 Jetzt sagte Gott zu Mose: 2 „Am ersten
April sollst du das ganz besondere Zelt
aufbauen. 3 Stell mal die Kiste mit den
Gesetzen in den hinteren Teil. Davor hängst du den
großen Vorhang. 4 In den vorderen Teil stellst du
den Tisch mit den besonderen Broten und den
Schüsseln rein. Den Leuchter kannst du da auch
hinstellen und schon mal die Kerzen draufsetzen.
5 Da vorne stellst du auch den kleinen Tisch hin, den
Altar, auf dem die Räucherstäbchen abgefackelt wer-
den sollen. Der soll ja gegenüber von der Stelle ste-
hen, wo die Kiste mit den Gesetzen hinter dem Vor-
hang steht. Dann hängst du noch den Vorhang am
Eingang vom Zelt auf. 6 Vor das Zelt kommt der
große Tisch, der Altar, wo die Opfer drauf verbrannt
werden sollen. 7 Zwischen dem Zelt und dem gro-
ßen Tisch für die Opfer stellst du das Waschbecken
auf und füllst es mit Wasser. 8 Dann stellst du die
Zeltplanen auf, die den Hof einzäunen, und hängst
den Vorhang vom Eingang vom Hof auf. 9–11 Nimm
das besondere Öl und besprenkel damit das Zelt
und den Tisch und das große Waschbecken und
den Teil, wo das Becken draufsteht. So übergibst du
das ganze Ding an mich und machst es zu etwas
ganz Besonderem, es wird dann heilig. Der Tisch

wird dadurch sogar ganz besonders heilig. 12 Als Nächstes lässt du Aaron und seine Söhne antreten. Sie sollen vors Zelt kommen und sich da anständig waschen. 13 Jetzt ziehst du Aaron die Priesterklamotten über. Wenn er fertig ist, besprenkelst du ihn mit dem besonderen Öl. Das ist ein Zeichen dafür, dass er ganz radikal mir gehört und seinen Job als Priester ab dann für immer machen wird. 14 Dann kommen seine Söhne dran, die sollen auch antreten und ihre Priesterklamotten anziehen. 15 Die müssen anschließend auch mit dem Öl besprenkelt werden, damit sie als Priester für mich arbeiten können. Mit diesem Ritual überträgst du diesen Job auf die Männer in ihrer Familie, für immer. Das Gleiche soll auch mit ihren Kindern passieren, wenn sie mal den Priesterjob antreten werden."

Das ganz besondere Zelt wird aufgebaut

16 Mose machte alles genau so, wie Gott es ihm gesagt hatte. 17 Am ersten April, zwei Jahre nachdem die Israeliten aus Ägypten abgedampft waren, wurde das Zelt aufgebaut. 18 Mose steckte dann die Bretter mit den Zapfen aus Holz in die Bodenplatten. Dann hängte er die Querstangen ein. Auch die Pfosten, an die der Vorhang angehängt werden sollte, baute Mose auf. 19 Anschließend spannte er die Zeltplane über alles drüber. Dann kam noch das Extra-Zeltdach drüber, und fertig war die Laube. Alles war so, wie Gott es ihm gesagt hatte. 20 Zum Schluss holte Mose die Platten mit den Gesetzen drauf, die ja wie ein Vertrag zwischen seinen Leuten und Gott war. Die legte er dann in die Kiste rein und packte den Deckel obendrauf. 21 Er schleppte die Kiste in den hinteren Teil vom Zelt und baute den großen Vorhang davor auf, so wie Gott es gesagt hatte. 22–23 Jetzt brachte er den kleinen Tisch mit den besonderen Broten in das Zelt und stellte ihn vor den Vorhang an die rechte Seite, alles genau so, wie Gott es wollte. 24 Auf die linke Seite kam der Leuchter. 25 Da kamen die Kerzen drauf, wie Gott es vorgesehen hatte. 26–27 Und dann stellte er in die Mitte des Zeltes den kleinen goldenen Tisch, den Altar für den Räucherkram, vor dem Vorhang auf. Da wurden dann gleich erst mal ein paar Räucherstäbchen verbrannt. 28 Als Nächstes hängte er den Vorhang als Tür am Eingang vom Zelt auf. 29 Vor den Eingang stellte er den ganz großen Tisch auf. Dort verbrannte er etwas Fleisch und ein Essensopfer als ein Geschenk für Gott. Das hatte Gott ja so angeordnet. 30 Das Waschbecken stellte er zwischen dem Zelt und dem Tisch auf. Dann füllte er das mit Wasser. 31 Mose, Aaron und auch seine Söhne machten da drin ihre Hände und Füße sauber. 32 Das mussten sie immer machen, bevor sie in das ganz besondere Zelt gingen oder bevor sie sich an den Tisch stellten. Auch das hatte Gott ihm ja so gesagt. 33a Als Letztes baute Mose die Zeltplanen auf, die rings um das Zelt einen Hof einzäunen sollten. Und dann bastelte er noch den Vorhang an den Eingang von dem Hof, und alles war fertig.

Gott kommt und zieht bei den Israeliten ein

33b Als Mose die ganze Sache komplett hatte, 34 kam plötzlich eine Wolke vom Berg Sinai runter! Sie legte sich über das ganze besondere Zelt. Gottes voll krasse Art war plötzlich da, und sein Licht war überall in der ganzen Bude zu sehen!!! 35 Mose konnte deshalb gar nicht mehr in das Zelt reingehen.
36 Immer wenn die Israeliten wieder auf Tour waren, planten sie ihre Route danach, ob diese Wolke noch über dem Zelt war oder nicht: Wenn sie nach oben stieg, packten sie ihre Sachen und zogen weiter.
37 Wenn die Wolke aber nicht nach oben ging, blieben sie an der Stelle. Erst wenn sie sich wieder hochgehoben hatte, zogen sie weiter. 38 Tagsüber lag die Wolke, wo Gott drin war, immer über diesem Zelt. Nachts leuchtete sie, als wenn ein Feuer da drin brennen würde. Alle in Israel konnten dieses Licht sehen, und zwar die ganze Zeit, wenn sie am Rumwandern waren.

3. Buch Mose

1 Gesetze, wie man so ein Opferritual durchzieht. Heute: das Abfackelopfer

1 Irgendwann rief Gott mal wieder beim Mose
an, er sollte zum besonderen, heiligen Zelt kom-
men, weil er ihm was zu sagen hatte. 2 Die Sache
ging dann darum, dass Mose den Israeliten von
ihm etwas ausrichten sollte: „Gott sagt, wenn
jemand von euch ein Opferritual machen möchte,
dann soll der entweder ein Rind oder ein Schaf
oder eine Ziege mitbringen. 3 Entscheidet er sich
jetzt für das Abfackelopfer und hat dafür ein Rind
ausgesucht, dann muss das erstens ein männli-
ches Tier sein und darf zweitens keine Behinde-
rung haben. Sonst findet Gott das nicht so toll und
freut sich auch nicht da drüber. Derjenige soll das
Tier zum Eingang vom besonderen Zelt bringen
und es dort hinlegen. 4 Dann soll er seine Hand
auf den Kopf von dem Tier packen. Wenn er das
gemacht hat, wird Gott ihm seinen Mist verzeihen,
den er gebaut hat. 5 Anschließend soll er das Tier
vor dem Zelt töten. Ein Priester, der aus der Fami-
lie vom Aaron kommt, nimmt das Blut von dem
Tier und tröpfelt es einmal um den großen Opfer-
tisch rum, der am Eingang vom ganz besonderen
Zelt steht. 6 In der Zeit, wo das Tier abgehäutet
und in Stücke zerlegt wird, 7 macht der Priester das
Feuer auf dem großen Tisch, dem Altar, klar. Wenn
die Glut ordentlich abgeht, schüttet er noch etwas
Holz drüber. 8 Dann legt er die Fleischstücke, den
Kopf und die Fettteile obendrauf. 9 Die Eingeweide
und die Unterschenkel muss derjenige, für den
dieses Opfer gerade durchgezogen wird, vorher
anständig sauber machen. Der Priester verbrennt
dann das ganze Zeug auf dem Altar, restlos alles.
Das ist die Art, wie man am besten so ein Opferri-
tual durchzieht. Und wenn man das so macht,
freut sich Gott. 10 Wenn jemand eine Ziege oder
ein Schaf für Gott opfern will, dann muss das auf
jeden Fall ein männliches Tier sein, was keine
Behinderung hat. 11 Der soll es dann rechts neben
dem Altar schlachten. Einer von den Priestern, das
sind ja alle, die aus der Familie vom Aaron kom-
men, soll am Ende das Blut von dem Tier nehmen
und es einmal um den Altar gießen. 12 Dann soll er
es in kleinere Stücke zerteilen und die Teile dann
mit dem Kopf und dem Fett auf das Holz legen,
das auf dem Altartisch brennt. 13 Die Eingeweide
und die Beine sollten vorher gewaschen werden.
Der Priester soll das ganze Ding da steigen lassen,
er soll es auf dem Tisch ganz verbrennen. Es ist
eben ein Opfer, was verbrannt wird, es soll im
Feuer verbrennen. Über den Geruch, der dann
hochsteigt, wird sich Gott dann freuen. 14 Wenn
jetzt jemand lieber ein Stück Geflügel nehmen will,
dann sollte er sich am besten eine Taube greifen,
so ne Turteltaube oder eine ganz junge normale
Taube. 15 Der Priester nimmt den Vogel mit zum
Tisch, dreht ihm den Hals um und verbrennt ihn
in dem Feuer, was auf dem Tisch, dem Altar,
brennt. Das Blut von dem Vogel lässt er vorher
rauslaufen und spritzt es an die Wand vom Tisch.
16 Den Kropf sollte er aber abschneiden und ihn vor
dem Tisch in den Müll schmeißen, wo auch die
Asche hinkommt. Der Müllhaufen liegt nicht zwi-
schen dem Altar und dem besonderen Zelt, son-
dern auf der anderen Seite vom Altar. 17 Dann sollte
der Priester den Vogel am Flügel einreißen, aber
muss dabei aufpassen, ihn nicht ganz zu zerteilen.
Jetzt soll er ihn auf dem Tisch über dem Holzfeuer
abfackeln. Über so ein Opfer freut sich Gott voll.

2 Das Opferritual mit dem Essen

1 Wenn jemand für Gott ein Opferritual mit
Essen durchziehen will, dann soll er sich etwas
Weizenmehl organisieren, Olivenöl da drübergie-
ßen und ein paar Räucherstäbchen dazulegen.
2 Dann bringt er alles zu der Priestergang, der
Familie von Aaron. Einer von den Priestern bringt
dann eine Handvoll von dem Kram zu dem großen
Tisch, dem Altar. Auf dem Tisch wird das dann
verbrannt, und auch wenn das nur ein Teil vom
Ganzen war, bedeutet es, dass alles ein Geschenk
für Gott ist. So soll ein Essensopfer durchgezogen
werden, auf das Gott steht und was ihm echt
gefällt. 3 Den Rest von dem Zeug kriegen die Pries-
ter geschenkt. Das ist etwas ganz Besonderes, es
ist heilig, weil es Gott geschenkt wurde. 4 Falls
jemand für so ein Essensopfer lieber was im Ofen
Gebackenes nehmen will, dann muss es immer
aus Weizenmehl gemacht worden sein. Und es
darf nicht mit Hefeteig gemacht werden, klar? Ent-
weder muss es ein Fladenbrot sein, das mit Öl
bestrichen wurde, oder eine Brezel, die mit Öl

gemacht worden ist. 5 Wenn einer etwas opfern will, was in der Pfanne gemacht wird, dann muss es aus Weizenmehl gemacht worden sein, das mit Öl verknetet wurde. Und na klar sollte auch das ohne Hefeteig sein. 6 Beim Opfern sollte man es in kleine Stücke zerschneiden und Öl drübergießen. So ist das ab jetzt geregelt, wenn man ein Opferritual mit Essen machen will. 7 Und wenn einer etwas Gekochtes opfern will, dann sollte auch das aus Weizenmehl und Öl gemacht worden sein. 8 Alles, was nach diesen Regeln gemacht wurde, kann man Gott als ein Essensopfer schenken. Man sollte es einem der Priester geben, der es dann zum Altar bringt. 9 Da verbrennt er dann eine Handvoll davon, damit alles, was derjenige gebracht hat, auch als ein Geschenk für Gott ankommt. Gott wird darauf abfahren. 10 Den Rest von dem Zeug können dann die Priester behalten. Es ist auf jeden Fall etwas ganz Besonderes, es ist heilig, weil es Gott geschenkt worden ist. 11 Generell darf kein Essensopfer, was man Gott schenkt, mit Hefeteig gemacht werden. Und Honig sollt ihr auch nicht benutzen. 12 Wenn die Ernte da ist und ihr die ersten geernteten Früchte Gott schenkt, dann sollen auch Honig und Hefeteig dabei sein. Aber wenn ihr dieses besondere Opferritual durchziehen wollt, was nur auf dem Tisch verbrannt wird, dann geht das mit dem Material überhaupt nicht. 13 Eins ist noch wichtig: Jedes Essensopfer muss gesalzen werden. Warum? Salz ist ein Zeichen dafür, dass der Vertrag, den Gott mit euch gemacht hat, ewig gelten wird. 14 Falls einer ein Essensopfer mit den ersten geernteten Früchten machen will, dann soll er ganz frische Getreidekörner nehmen, die im Ofen rösten und dann in den Häcksler schmeißen. 15 Anschließend gießt er noch Olivenöl drauf und tut ein paar Räucherstäbchen dazu. Das Ganze gilt dann auch wie ein Essensopfer. 16 Der Priester wird dann einen Teil von dem Körnerkram auf dem Altar verbrennen, aber die volle Ladung Räucherstäbchen dazuschmeißen. Das soll für Gott ein Zeichen sein, dass eigentlich das ganze Opfer ihm gehört. Wenn das so gemacht wird, ist das ein Geschenk für Gott.

3 Wie man ein Dankopfer abfackeln sollte

1 Für alle Opfer, die man bringen will, wenn man Gott echt dankbar ist, gelten folgende Regeln: Wenn jemand ein Dankopfer für Gott mit einer Kuh abfackeln will, dann kann es eine weibliche oder männliche Kuh sein, das ist egal. Aber es muss ein gutes und gesundes Tier sein. 2 Man macht das dann so, dass derjenige, der es opfert, mit einer Hand den Kopf von der Kuh festhält und sie dann am Eingang vom besonderen Zelt schlachtet. Dann nimmt sich ein Priester aus der Familie von Aaron etwas von dem Blut und besprenkelt damit einmal ringsum den großen Tisch, den Altar. 3 Die besten Teile von dem Tier müssen für Gott sein. Das bedeutet die Fettstücke. Auch die, die an den Eingeweiden sitzen, 4 beide Nieren inklusive dem Nierenfett und die Leber mit ihren Fettlappen. 5 Der Priester packt das alles auf das Feuer, was auf dem Tisch brennt, und fackelt das dann ab. Wenn man das so macht, ist das ein cooles Opfer, auf das Gott steht. 6 Wenn jetzt jemand unbedingt ein Schaf oder eine Ziege opfern will, dann ist das egal, ob es ein Männchen oder Weibchen ist, Hauptsache, es ist ein gutes und gesundes Tier. 7 Wenn er also Gott ein Schaf schenken will, dann soll er das so machen: 8 Er legt dann wieder seine Hand auf den Kopf vom Tier und schlachtet es vor dem besonderen Zelt. Dann sollen Leute aus Aarons Familie das Blut nehmen und es um den Tisch sprenkeln. 9 Es wird dann das ganze Fett, das an dem Tier dran ist, verbrannt. Das Fett, das an der ganzen Wirbelsäule dran ist, das, was um die Eingeweide drum ist, einfach alles Fett muss abgelöst werden. 10 Dann soll man die beiden Nieren entfernen und das Fett, das da drüberliegt, rausschneiden. Dazu das Fett über den Hüften und das, was an der Leber und den Nieren sitzt. 11 Die Priester sollen diese Teile auf dem Tisch abfackeln. Es soll wie so ein Essen aus Feuer für Gott sein. 12 Wenn jemand Gott eine Ziege schenken will, dann soll er das so machen: 13 Erst packt er seine Hand auf den Kopf von der Ziege und schlachtet sie vor dem besonderen Zelt. Dann sollen die Jungs von Aaron kommen und mit dem Blut den Tisch ringsum besprenkeln. 14 Von der Ziege soll dann für das Feueropfer Folgendes genommen werden: Einmal das Fett, das auf den Eingeweiden liegt, das ganze Fett über den Eingeweiden, 15 die beiden Nieren, das Fett, das über den Nieren liegt, und das Fett von der Hüfte. Dazu noch das Fett, das auf der Leber liegt und auf der Niere. 16 Der Priester soll diese Teile alle auf dem Altar abfackeln. Der Qualm zieht dann in den Himmel, und den Geruch davon findet Gott voll gut. 17 Eine Regel gibt es, die soll bei euch für immer gelten: Fett und Blut darf man nicht essen! Alles Fett gehört Gott. Auch die Kinder eurer Kinder sollen sich da dran halten."

4 Opferrituale, wenn man aus Versehen Mist gebaut hat

1 Dann hatte Gott noch ne Ansage für Mose: 2 „Mose? Bitte richte deinen Leuten Folgendes aus: Falls einmal irgendjemand von euch aus Versehen Mist baut, ohne dass er das eigentlich wollte, dann gilt folgende Regel:

Wenn der höchste Priester Mist gebaut hat

3 Wenn der höchste Priester bei euch versehentlich eins von den Gesetzen bricht, müssten dadurch eigentlich alle Leute leiden. Aber wenn er so ein Opferritual mit einem Stier macht, der voll okay ist, dann geht das wieder klar. 4 Er muss mit dem Stier zum Eingang vom besonderen Zelt gehen und seine Hand dort auf dessen Kopf legen. Dann schlachtet er es an der Stelle vor dem Zelt. 5 Als Nächstes nimmt er in einem Becher ein wenig von dem Blut mit in das Zelt rein. 6 Jetzt soll er sieben Mal mit seinen Fingern in das Zeug reintunken und das Blut vor dem Vorhang, der vor dem allerderbsten Bereich hängt, auf den Boden tropfen lassen. 7 Dann soll er etwas von dem Blut an die Hörner streichen, die vorne an dem Tisch sind, wo die Räucherstäbchen drauf abgefackelt werden. Der steht ja im vorderen Bereich vom Zelt. Den Rest soll er unten an den großen Opfertisch schütten, der am Eingang vor dem Zelt steht. 8 Als Nächstes sollen die Fettstücke von dem Tier rausgeschnitten werden, also das ganze Fett, was an den Eingeweiden im Inneren von dem Tier liegt. 9 Die beiden Nieren mit dem Fett, das da dran ist, und auch das Fett von der Leber musst du auch rausschneiden. 10 Im Grunde alles genau so, wie du es bei dem Dankopfer mit dem Rind machen sollst. Diese Fettstücke müssen alle auf dem Altar verbrannt werden. 11 Das Fell von dem Tier, das ganze Fleisch, sein Kopf, die Beine, die Eingeweide inklusive der Scheiße, 12 also den ganzen Rest von dem Tier soll man dann rausbringen aus eurem Lager. An einem Platz, den man sauber halten muss und wo man auch die Asche hinschüttet, soll man dann das Ganze auf einem Holzfeuer verbrennen.

Wenn alle Israeliten Mist gebaut haben

13 Was, wenn jetzt mal die ganze Gemeinschaft der Israeliten aus Versehen richtig Mist gebaut hat und sie das noch nicht mal selbst gemerkt haben? Was, wenn sie unabsichtlich gegen irgendeins von den Gesetzen verstoßen haben? 14 Wenn sie bemerkt haben, dass sie gerade total danebenlagen, sollen sie einen jungen Stier nehmen und so ein Opferritual machen, womit man Dinge wieder in Ordnung bringt. Das Ganze bitte vor der Tür von dem besonderen Zelt. 15 Die Chefs der Gemeinde sollen dann den Stier nehmen, ihre Hände auf seinen Kopf legen und dann, mit Gott als Zeuge, das Teil schlachten. 16 Der Oberpriester soll dann ein bisschen von dem Blut nehmen und es in das besondere Zelt tragen. 17 Dann soll er seine Finger in das Blut reintauchen und es siebenmal auf den Boden vor dem Vorhang tropfen lassen. 18 Dann soll er noch etwas von dem Blut an die Hörner von dem Tisch für die Räuchersachen schmieren, im Zelt. Den Rest vom Blut soll er unten an dem großen Tisch, dem Altar, ausschütten, der am Eingang vom Zelt steht. 19 Das Fett von dem Tier soll er aber aufheben und es auf dem Altar abfackeln. 20 Er soll alles genau so durchziehen, wie er es auch sonst mit dem Stier gemacht hat, wenn jemand Mist gebaut hat. Dadurch sorgt der Priester dafür, dass alle Fehler verziehen sind und wieder alles okay ist zwischen den Menschen und mir, eurem Gott. 21 Was von dem Stier übrig bleibt, muss (genau wie bei dem Opferding für den höchsten Priester, wenn der Mist gebaut hat) aus dem Zeltlager rausgebracht werden. Dort soll man es verbrennen. So geht das Opferritual, bei dem das ganze Volk der Israeliten Dinge mit mir, eurem Gott wieder in Ordnung bringen kann.

Wenn der Chef von einem Familienstamm Mist gebaut hat

22 Was, wenn jetzt ein Chef von einer Familie bei euch aus Versehen Mist gebaut hat, obwohl er das eigentlich gar nicht wollte? 23 Dann soll der, sobald ihm klargeworden ist, dass er gerade Scheiße gebaut hat, sich eine gute und gesunde Ziege organisieren. 24 Er muss dann seine Hand auf ihren Kopf legen und sie genau an der Stelle schlachten, wo man die Tiere schlachtet, die für ein Abfackelopfer verwendet werden sollen, also am Eingang vom besonderen Zelt. Das nennt man dann ein ‚Opfer, das Dinge wieder in Ordnung bringt, wenn man Mist gebaut hat'. 25 Der Priester taucht dann anschließend seine Finger in das Blut von der Ziege und streicht es an die Hörner von dem großen Tisch, dem Altar. Den Rest vom Blut kann er auf den Boden vor dem Altar schütten. 26 Das ganze Fett soll er genauso verbrennen, wie er es auch bei dem Dankopfer gemacht hat. Wenn das so gemacht wird, kommt der Chef von dem Familienstamm wieder mit mir in Ordnung, und alles ist gut.

Wenn sonst irgendwer Mist gebaut hat

27 Wenn sonst irgendjemand aus Versehen gegen meine Gesetze verstößt, 28 soll der sich, sobald er kapiert, dass er gerade richtig Mist gebaut hat, so ein Opferritual machen. Dafür nimmt er eine gute und gesunde Ziege. 29 Dann legt er seine Hand auf den Kopf von der Ziege und schlachtet sie genau an der Stelle, wo man die Tiere schlachtet, die als Abfackelopfer verbrannt werden sollen. 30 Anschließend nimmt der Priester was von dem Blut und streicht es an die Hörner, die an dem großen Opfertisch sind. Den Rest vom Blut schüttet er unten hin. 31 Die Fettteile von dem Tier werden genauso rausgeschnitten wie bei dem Dankopfer. Der Priester verbrennt das Fett für mich, und ich freue mich darüber. So bringt man Sachen wieder in Ordnung, und ich, euer Gott verzeihe demjenigen, der Mist gebaut hat. 32–35 Man kann übrigens auch ein Schaf nehmen, wenn gerade keine Ziege am Start ist. Es muss aber ein weibliches und ein gutes und gesundes Tier sein. Man zieht das dann ganz genau so durch wie bei der Ziege. Die Fettteile werden schön vom Priester auf dem Altar abgefackelt. So bringt er Sachen wieder in Ordnung, die zwischen Gott und ihm standen. Der verzeiht dann den ganzen Mist, den er gebaut hatte.

5

Das Wiedergutmach-Opfer

1 So ein Opferritual, um Sachen bei mir, eurem Gott wiedergutzumachen, wird fällig, wenn jemand als Zeuge in einem Streitfall keine Aussage machen und einfach nicht erzählen will, was er gesehen oder gehört hat. 2 Oder auch, wenn jemand etwas angefasst hat, was Gott total ätzend findet, und er dann unrein ist. Zum Beispiel tote Tiere. Auch wenn er das aus Versehen tut oder gar nicht mitbekommen hat, ist das ein Problem. 3 Ein weiterer Fall ist, wenn jemand etwas anfasst, was aus einem Menschen rauskommt und was Gott auch total ätzend findet. Das gilt eben auch, wenn er das gar nicht mitgekriegt hat – in dem Augenblick, in dem man es ihm erzählt, hat er damit Mist gebaut. 4 Auch wenn jemand, ohne sein Hirn einzuschalten, etwas schwört, was eigentlich totaler Schwachsinn ist, muss er so ein Opferritual durchziehen. Und dabei ist es egal, ob dieses Schwören gut für ihn war oder alles nur schlimmer gemacht hat. Das gilt auch, wenn er es nicht sofort merkt und ihm das erst später klarwird. 5 Wenn so was passiert, muss derjenige, der hier Mist gebaut hat, zum Priester gehen und ihm sagen, was er getan hat. 6 Danach muss er das Ding mit Gott wieder in Ordnung bringen, indem er ihm eine Ziege oder ein Schaf opfert. Es sollte auf jeden Fall ein weibliches Tier sein. Mit diesem ‚Wiedergutmach-Opfer' regelt der Priester die Sache. Alles ist dann okay, und er ist den Dreck los. 7 Wenn derjenige, der den Mist wiedergutmachen will, keine Kohle hat, um sich ein Schaf oder eine Ziege zu kaufen, dann gehen auch zwei Tauben oder so. Er kann sie dann dafür opfern. 8 Bei der ersten Taube geht das so, dass der Priester zuerst das Teil nimmt und ihm das Genick bricht. Aber er schneidet den Kopf nicht ab, 9 sondern tröpfelt nur etwas von dem Blut an die Wand von dem großen Tisch, dem Altar. Der Rest von dem Blut wird unten an den Altar gegossen. So macht man ein korrektes Opferritual, wenn man Mist gebaut hat. 10 Anschließend muss der Priester noch die zweite Taube nach Vorschrift als Abfackelopfer verbrennen. Wenn man das alles so durchgezogen hat, ist alles okay zwischen ihm und Gott. Der hat ihn dann von seinem Dreck sauber gemacht. 11 Falls jetzt derjenige, der Mist gebaut hat, noch nicht mal Kohle für zwei Tauben hat, dann soll er stattdessen Gott ein Kilo Weizenmehl schenken. Aber er darf da kein Öl drübergießen und auch keine Räucherstäbchen dazupacken, denn es ist ja ein Opferritual, wenn man Mist gebaut hat, es geht hier nicht um ein ‚Essensopfer', klar? 12 Der Priester nimmt dann eine Handvoll von dem Mehl und verbrennt das auf dem Altar, nachdem er die anderen Sachen verbrannt hat. Das soll so ein Zeichen dafür sein, dass das ganze Ding eigentlich Gott gehört. So zieht man ein Opfer durch, das man macht, wenn einer Mist gebaut hat. 13 Wenn die Priester das so machen, kommt das wieder in Ordnung, und Gott verzeiht demjenigen, der danebenlag. Den Rest vom Mehl, der übrig geblieben ist, sollen die Priester behalten."

Das Wiedergutmach-Opfer, wenn man nicht drauf geachtet hat, was Gott gehört

14 Dann sagte Gott noch zu Mose: 15 „Falls jemand aus Versehen irgendwas nimmt oder behält, was mir gehört, dann soll er für diese Tat auch bezahlen. Um das mit mir wieder in Ordnung zu bringen, muss er eine gute und gesunde männliche Ziege oder ein männliches Schaf opfern. Das Teil sollte so viele Euros kosten, wie du, Mose, es festgelegt hast. 16 Das, was derjenige genommen oder behalten hat, was Gott gehört, das soll er dem Priester geben, plus eine Gebühr von 20 Prozent. Wenn der Priester

das Opfer durchgezogen hat, ist die Sache zwischen Gott und demjenigen dann wieder in Ordnung. Gott vergibt ihm dann seinen Mist.

Das Wiedergutmach-Opfer, wenn man aus Versehen gegen eins der Gesetze verstoßen hat

17 Wenn jetzt jemand mal aus Versehen gegen eins der Gesetze von Gott verstößt und etwas tut, worauf Gott überhaupt keinen Bock hat, dann ist er schuldig geworden. Das gilt auch, wenn er das Gesetz nicht wirklich kannte. 18 Er muss dann zum Priester gehen und dafür so ein männliches Schaf oder eine männliche Ziege abschlachten lassen. Wie viel das Tier wert sein soll, kannst du dann entscheiden. Damit bringt der Priester die Sache wieder in Ordnung, Gott verzeiht den Mist, der da gebaut wurde. Dieses Opfer ist dafür da, um Sachen wiedergutzumachen, wo einer Gott untreu geworden ist. 19 Derjenige hat nämlich etwas gegen Gott getan, auch wenn er es selbst gar nicht gepeilt hat."

Das Wiedergutmach-Opfer, wenn man sich anderen gegenüber ätzend verhalten hat

20 Gott sagte Mose außerdem noch: 21–22 „Kann ja vorkommen, dass einer von euch jemand anderen abzockt. Er leiht sich etwas und gibt es nicht zurück, oder er klaut einfach was, oder einer findet etwas und gibt es nicht beim Fundbüro ab. Wenn man ihn dann erwischt, aber er es nicht zugibt und sogar schwört, dass er den nicht abgezockt hat, dann ist das ein schlimmes Verbrechen. 23–24 Wenn jemand auf die Art Mist gebaut hat, dann muss er erst mal die Sachen zurückgeben, die er gezockt hat. Wenn das schon kaputt oder aufgegessen ist, dann muss er es ersetzen in genau dem Wert, den das Teil hatte, plus 20 Prozent. Er muss das an dem Tag abdrücken, wo er auch das Opferritual macht, um es vor Gott in Ordnung zu bringen. 25 Bei dem Ritual soll er ein männliches Schaf nehmen oder eine männliche Ziege. Wie teuer das Tier sein soll, kannst du festlegen. Das Tier muss er dann dem Priester geben. 26 Der bringt es dann zu Gott und macht die ganze Geschichte damit wieder in Ordnung. Gott wird dem dann verzeihen und den Mist wegwischen, den er gebaut hat."

6

Regeln für die Priester zum Abfackelopfer

1 Gott hatte Mose noch mehr zu sagen: 2 „Hör zu, du musst Aaron und seinen Söhnen was von mir ausrichten, ja? Für dieses Abfackelopfer, das man ja komplett verbrennt, gilt folgende Regel: Das Teil, was dort abgefackelt wird, soll die ganze Nacht da liegenbleiben. Es muss bis morgens auf der Grillkohle von dem großen Tisch, dem Altar, bleiben, und die Glut darf dabei nie ausgehen. 3 Der Priester soll dann morgens früh erst mal seine Arbeitsklamotten aus Baumwolle anziehen. Dann nimmt er eine Schaufel und trennt die Asche von der restlichen Holzkohle, die noch ein bisschen glüht. Die Asche kommt dann neben den Tisch auf den Boden. 4 Anschließend zieht er sich neue Klamotten an und bringt die Asche auf den Müllplatz, der außerhalb vom Zeltlager liegt. 5 Die Glut soll auf dem Tisch weiter am Brennen gehalten werden. Jeden Morgen muss der Priester checken, wie die Glut ist, und neues Holz nachlegen. Danach verbrennt er dann die Abfackelopfer und die Fettstücke von den Dankopfern, die grad anstehen. 6 Das Feuer auf dem Altar darf nie ganz ausgehen, es muss immer brennen.

Regeln für die Priester zum Essensopfer

7 Für dieses Essensopfer hab ich auch noch eine Regel, wie das abgehen soll: Ein Priester aus der Familie von Aaron zieht dieses Opferritual an dem großen Tisch, dem Altar, durch. 8 Dafür nimmt er eine Handvoll von dem Mehl, das vorher mit Öl vermatscht wurde und von den Räucherstäbchen, und dann verbrennt er das Zeug auf dem Tisch. Da steht Gott voll drauf und freut sich da drüber. 9 Was übrig bleibt, kriegen Aaron und seine Familie. Sie sollen da draus Brot ohne Hefeteig backen und das an einem besonderen Ort verspachteln. Und zwar in dem Hof von dem besonderen Zelt. 10 Der Anteil, den ich ihnen von dem Opfer schenke, darf auf keinen Fall mit Hefe oder so gebacken werden. Das Zeug ist etwas ganz Besonderes, es ist heilig. Genauso, wie das Opfer, was man durchzieht, wenn Mist am Start ist oder wenn man wieder was in Ordnung bringen muss. 11 Von diesem besonderen Brot sollen alle Männer essen, die aus der Familie von Aaron kommen. Das ist ihr ganz besonderes Recht, das für immer gilt. Wer das Zeug anfasst, ist selbst heilig."

Ein Opfer, wenn die Priester an den Start kommen

12 Außerdem sagte Gott noch zu Mose: 13 „Nachdem Aaron zu meinem Oberpriester gemacht worden ist, sollen er und seine ganze Familie an dem Tag ein Kilo Weizenmehl für mich opfern. Die eine Hälfte davon morgens und die andere abends. 14 Das Mehl

wird wieder mit Olivenöl vermatscht und dann im Ofen zu Fladenbrot gebacken. Das Brot wird, wenn es fertig ist, in Stücke geschnitten und dann Gott geschenkt. Wenn das verbrennt, freut Gott sich da drüber. 15 Der Priester, der dann mal anstelle von Aaron Dienst schiebt, muss dieses Opfer genauso durchziehen. Er soll das Brot backen und es auf dem Tisch, dem Altar, verbrennen. Dieses Gesetz gilt auf ewig. 16 Generell will ich, dass dieses Essensopfer, was ein Priester für sich selbst macht, auch ganz verbrannt werden soll. Es darf keine Reste geben, die man dann noch verspachteln könnte."

Regeln für die Priester zu dem Opfer, wenn man aus Versehen Mist gebaut hat

17–18 Gott hatte noch eine Ansage für Mose, die er an Aaron und seine Familie weitergeben sollte: „Für dieses Opfer, das die Sache wieder für mich in Ordnung bringt, wenn einer Mist gebaut hat, gibt es noch eine Regel. Genauso wie bei dem Abfackelopfer muss das Tier direkt neben dem Tisch geschlachtet werden, der vor dem besonderen Zelt steht. Das Opfer ist etwas ganz Besonderes, es ist heilig. 19 Der Priester, der das Opfer durchzieht, soll es anschließend auch aufessen. Das darf er aber nicht irgendwo machen, sondern nur in dem Hof vor dem besonderen Zelt. 20 Wer dieses Fleisch anfasst, der ist auch heilig. Und wenn auch nur ein Spritzer von dem Blut auf die Klamotten gekommen ist, muss das an Ort und Stelle sofort gewaschen werden. 21 Wenn man das Fleisch dann in einem Tontopf kocht, dann muss man den anschließend zerdeppern. Und wenn man es in einem Metalltopf kocht, dann muss der anschließend mit Scheuermilch und Stahlschwämmen richtig gut sauber gemacht werden. 22 Es dürfen auch nur die Männer aus den Familien der Priester das Fleisch essen. Es ist eben auch etwas ganz Besonderes. 23 Aber wenn von einem geopferten Tier das Blut in das besondere Zelt gebracht wurde, weil man damit Sachen wieder in Ordnung bringen wollte, dann darf das Fleisch von dem Tier nicht verspachtelt werden. Man muss es verbrennen."

7 Regeln für die Priester zum Wiedergutmach-Opfer

1 „Jetzt noch mal zu dem Opfer, womit Dinge wieder in Ordnung gebracht werden können. Dieses Opfer ist ganz besonders krass, es ist sehr heilig! 2 Genau wie bei dem Abfackelopfer soll das Tier rechts neben dem großen Tisch, dem Altar, vor dem besonderen Zelt geschlachtet werden. Der Priester nimmt danach etwas Blut und besprenkelt damit die ganze Fläche einmal rund um den Tisch. 3 Dann schneidet er das Fett raus, das an den Eingeweiden, 4 an der Leber, an der Niere und an den Hüften sitzt. 5 Der Priester soll das Fett dann auf dem Tisch abfackeln. Es soll so ein Feueropfer für Gott werden. Damit werden die Sachen ausgeglichen, wo wir Dinge getan haben, die Gott nicht so toll findet. Alles ist dann wieder okay. 6 Das Fleisch dürfen die Männer aus den Priesterfamilien essen. Aber es darf nur beim besonderen Zelt verspachtelt werden, weil es etwas ganz krass Besonderes ist, es ist heilig. 7 Wie auch bei dem Opfer, das man macht, wenn man aus Versehen Mist gebaut hat, darf der Priester das Fleisch behalten. 8 Bei einem Abfackelopfer darf sich der Priester, der gerade Dienst schiebt, das Fell abgreifen. 9 Auch die Essensopfer, die in einem Ofen gebacken oder in einer Pfanne oder auf einem Herd gekocht wurden, darf der Priester, der das Opferritual durchzieht, behalten. 10 Die anderen Arten von Essensopfern, egal ob mit oder ohne Öl, sollen unter den Priestern aufgeteilt werden."

Regeln für die Priester zum Dankopfer

11 „Ich hab noch ein paar Regeln für das Dankopfer: 12 Wenn man das macht, um sich für etwas bei mir zu bedanken, dann soll zusätzlich zu dem Tier, das geschlachtet wird, auch noch Fladenbrot mitgebracht werden. Das soll aus Weizenmehl ohne Hefeteig bestehen und mit Olivenöl bestrichen sein. Dazu soll man noch Brezeln und Kuchen aus Weizenmehl mit Öl mitbringen. 13 Zusätzlich soll man dazu noch normales Brot backen, das mit Hefeteig gemacht worden ist, wenn man Bock drauf hat. 14 Ein Teil von jeder Brotsorte soll der Typ, der das Opfer organisiert, vor dem Tisch nach oben halten, Richtung Himmel. Der Teil ist dann nach dem Opferritual für den Priester, der an dem Tag Dienst schiebt. Ich mein damit den Priester, der das Blut von dem Tier um den ganzen Altar sprenkelt. 15 Das Fleisch vom Dankopfer sollte am gleichen Tag noch gegessen werden. Davon darf nichts bis zum nächsten Tag aufgehoben werden. 16 Wenn man dieses Dankopfer jetzt durchzieht, weil man mit Gott einen besondern Deal gemacht und ihm was versprochen hat oder weil man da einfach Bock drauf hatte, dann darf man das Fleisch auch noch am nächsten Tag essen. 17 Aber spätestens am dritten Tag muss der Rest verbrannt werden. 18 Falls sich jemand nicht

beherrschen kann und trotzdem noch von diesem Fleisch was isst, dann findet Gott das Opfer nicht mehr so toll. Nein, krasser ausgedrückt, es kotzt Gott sogar an. Wer trotzdem davon was isst, kriegt richtig Ärger. 19 Übrigens darf auch das Fleisch, das mit Sachen in Berührung gekommen ist, die Gott ätzend findet, auf keinen Fall gegessen werden! Man muss es verbrennen. Und noch was: An so einem Dankopfer dürfen nur Leute teilnehmen, die okay für Gott und sauber sind. 20 Das Fleisch, das man für das Opfer benutzt, gehört radikal Gott. Wenn irgendjemand davon was isst, obwohl er gerade rumgesündigt hat, dann hat er verloren. Es muss aus der Gemeinschaft rausgeschmissen werden. 21 Das Gleiche gilt auch für einen, der etwas berührt, was für Gott ätzend ist. Damit meine ich zum Beispiel Scheiße oder Pisse, aber auch Tiere, die Gott nicht so lecker findet. Wenn er dann trotzdem von dem Fleisch etwas isst, obwohl das verboten wurde, dann hat der verloren. Man muss ihn aus der Gemeinschaft rausschmeißen."

Die Regel, dass Blut und Fett nicht gegessen werden dürfen

22 Dann sagte Gott noch Folgendes zu Mose: 23 „Sag den Israeliten: Von einem Rind, einem Schaf oder einer Ziege dürft ihr auf keinen Fall das Fett essen! 24 Wenn jetzt ein Tier irgendwie an einer Krankheit gestorben ist oder von einem Löwen angefallen wurde, kann man das Fett von dem für alles andere verwenden, aber nicht zum Essen. 25 Wenn jemand von dem Fett etwas isst, das von einem Tier kommt, das für Gott geschlachtet wurde, dann hat er verloren. Er muss aus der Gemeinschaft ausgeschlossen werden. 26 Blut essen ist generell verboten! Egal ob das von Vögeln oder von anderen Tieren ist, ich will es nicht auf eurem Speiseplan sehen. Und das gilt für immer, egal wo ihr grad wohnt. 27 Hier gilt das Gleiche: Wer es trotzdem tut, muss aus der Gemeinschaft rausgeschmissen werden."

Was die Priester bekommen

28 Gott hatte Mose noch was zu sagen: 29 „Sag den Israeliten noch Folgendes: Wenn jemand so ein Dankopfer durchzieht, muss er auch immer einen Teil davon mir, seinem Gott, schenken. 30 Er soll mit seinen eigenen Händen die Sachen herbringen, die für Gott sind. Also einmal das Fett und die Fleischstücke von der Brust. Die Bruststücke soll er mir symbolisch übergeben, indem er sie hin- und herschwenkt. 31 Danach kriegen die Priester die Bruststücke, und die Fettstücke werden auf dem Altar verbrannt. 32 Der Oberschenkel vom hinteren Bein des Tieres gehört auch dem Priester, 33 und zwar demjenigen, der das Opferritual durchzieht, der das Blut und das Fett verbrennt. 34–36 Die Brust und der rechte Oberschenkel von den Tieren, die die Israeliten bei den Dankopfern benutzen, will ich dem Priester Aaron und seinen Söhnen schenken. Das habe ich so beschlossen. Dieser Beschluss gilt für immer. Das steht ihnen zu, seitdem sie für den Dienst als Priester ausgesucht wurden."

Alle Opfer noch mal aufgezählt

37 Das waren jetzt die Gesetze für alle Arten von Opfer, für das Abfackelopfer, das Essensopfer, das Dankopfer, das Opfer, das man macht, wenn man aus Versehen Mist gebaut hat, das Wiedergutmach-Opfer und das Opfer, mit dem die Priester an den Start kommen. 38 Gott gab diese Regeln Mose, als er auf dem Berg Sinai mit ihm redete. In der Zeit hat Gott diese Ansagen gemacht, wie man ihm Sachen opfern soll.

8 Aaron und seine Söhne werden für den Dienst klargemacht

1 Gott redete mal wieder mit Mose. Er sagte: 2 „Schnapp dir mal Aaron und seine Söhne! Die sollen ihre Priesterklamotten anziehen und das besondere Öl einpacken. Dazu brauchen wir noch einen Stier, um das Opfer durchzuziehen, das man macht, wenn Leute Mist gebaut haben. Und dann bitte noch zwei männliche Schafe und den Korb mit den Fladenbroten. 3 Dann mach eine Ansage bei deinen Leuten und komm mit der ganzen Gemeinde zum Eingang von dem besonderen Zelt." 4 Mose machte das dann genau so, wie Gott es ihm gesagt hatte. Er organisierte ein Treffen, wo alle Leute aus Israel dann beim Eingang von dem besonderen Zelt standen. 5 Schließlich sagte er zu ihnen: „Was ich jetzt machen werde, hat mir Gott genau so gesagt!" 6 Aaron sollte dann mit seinen Söhnen nach vorne kommen. Als sie da standen, übergoss Mose sie mit einem Eimer Wasser. 7 Anschließend zog Mose Aaron den Anzug an, der extra für ihn als Priester gemacht worden war. Dann legte er ihm den Mantel um und den Umhang mit dem Gürtel. 8 Danach befestigte Mose den Brustbeutel. Dort legt er dann die ganz besonderen Lose rein. 9 Er setzte Aaron die Mütze auf und pinnte ihm vorne den Sticker aus Gold dran. Genau so hatte es Gott ihm ja gesagt.

10 Jetzt nahm Mose etwas von dem besonderen Öl. Damit machte er so ein Ritual, er bestrich damit hier und da die Zeltplanen und alle Sachen, die im Zelt standen. Auf diese Art übergab er das ganze Teil an Gott. 11 Dann spritzte er das Öl siebenmal gegen den großen Tisch, den Altar und bestrich damit das ganze Zubehör, das Waschbecken, das Gestell und so. Damit übergab er auch diese Sachen an Gott. 12 Anschließend ging Mose zu Aaron und goss etwas von dem Öl über seinen Kopf. Damit übergab er auch Aaron total an Gott. 13 Und dann ließ Mose die Söhne vom Aaron antreten. Sie sollten sich dann erst mal die speziellen Priesterklamotten anziehen. Er legte ihnen den Anzug an und den Gürtel um und setzte die Mütze auf ihren Kopf. Er machte alles genau so, wie Gott es ihm gesagt hatte. 14 Mose ließ dann den Stier anfahren, der in dem Ritual, das man macht, wenn man aus Versehen Mist gebaut hat, geopfert werden sollte. Aaron und seine Söhne legten zusammen ihre Hände auf den Kopf von dem Stier 15 und dann schlachtete Mose den. Danach nahm er was von dem Blut und bestrich damit die Hörner an den Ecken vom Altar. Der Rest wurde unten vor den Tisch gekippt. Auf die Art übergab er den Tisch an Gott. Er machte ihn dadurch von dem ganzen Dreck sauber, der symbolisch auf ihm lag, weil so viele Menschen Mist gebaut hatten. 16 Die Fettteile von dem Tier, das ganze Fett, das an den Eingeweiden hing, das Fett an der Leber und an den Nieren, wurde alles auf dem Altar verbrannt. 17 Was von dem Tier übrig blieb, also die Haut, das Fleisch und die Eingeweide, verbrannte er draußen, außerhalb vom Zeltlager. Er machte alles genau so, wie Gott es gesagt hatte. 18 Als Nächstes ließ sich Aaron ein männliches Schaf bringen. Das war für so ein Abfackelopfer, das man komplett verbrennt. Aaron und seine Söhne legten ihre Hände auf den Kopf von dem Tier, 19 und dann schlachtete es Mose. Das Blut wurde wieder einmal rund um den Altar gespritzt. 20 Jetzt zerteilte er das Tier und verbrannte die einzelnen Stücke. Auch der Kopf und das ganze Fett wurden auf dem Tisch verbrannt. 21 Die Eingeweide und die Unterschenkel wurden erst mal mit Wasser sauber gemacht. Danach fackelte er die aber auch auf dem Tisch ab. Er machte alles genau so, wie Gott es gesagt hatte. Das Tier wurde als ein Abfackelopfer geschlachtet, das man komplett verbrennt. Es war dafür da, damit Gott sich darüber freut. 22 Danach ließ Mose das zweite männliche Schaf anfahren. Das sollte jetzt in einem Einführungsritual geopfert werden. Dieses Ding wurde durchgezogen, wenn ein Priester das erste Mal seinen Job tun sollte. Aaron und seine Söhne legten hier wieder zuerst ihre Hände auf den Kopf von dem Tier, 23 und dann schlachtete Mose es. Er nahm ein bisschen von dem Blut und betupfte damit Aarons rechtes Ohr, seinen rechten Daumen und seine rechte große Fußzehe. 24 Als Nächstes mussten die Söhne von Aaron antreten. Auch bei denen machte er etwas Blut an deren Ohr, den rechten Daumen und die rechte große Fußzehe. Was von dem Blut übrig war, goss er einmal um den Altar rum. 25 Mose nahm die Fettteile vom Schwanz und das ganze andere Fett, die Nieren und das rechte Hinterbein von dem Stier. 26 Aus dem Korb, wo die Brote aus Hefeteig drin waren, nahm er eine Brezel raus, ein Brot, das mit Öl gemacht worden war, und ein Fladenbrot. Die Brote legte er auf das Fett und auf das Hinterbein. 27 Alles zusammen übergab er dann an Aaron und seine Söhne. Die gaben das dann symbolisch an Gott weiter, indem sie es hin- und herschwenkten. 28 Nachdem sie das gemacht hatten, nahm sich Mose das ganze Zeug und legte es auf den Tisch. Dort wurde es als ein Abfackelopfer verbrannt. So zog man ein Einführungsopferritual für die Priester durch, was Gott richtig gut findet. 29 Mose nahm ein Stück Fleisch von der Brust und übergab es durch Hin-und-her-Schwenken symbolisch an Gott. Der hatte ja gesagt, dass dieser Teil vom ersten Opferritual Mose gehören sollte. 30 Er nahm dann noch einmal was von dem besonderen Öl und was von dem Blut, das auf dem Altar stand und tropfte davon etwas auf Aarons Klamotten und die von seinen Söhnen. Auf die Art übergab er auch die ganze Priesterkleidung an Gott. 31 Mose sagte dann zu Aarons Familie: „So, jetzt kocht mal das Fleisch vorne am Eingang von dem besonderen Zelt. Verspachtelt die Sachen da mal zusammen mit dem besonderen Brot aus dem Korb. Das ist eine Ansage von Gott! 32 Was danach noch von dem Fleisch und dem Brot übrig ist, müsst ihr verbrennen! 33 In der Zeit, wenn diese Feier abgeht, dürft ihr euch nicht aus dem Eingangsbereich im Zelt entfernen. Das gilt für sieben Tage! 34 Gott hat das gesagt. Diese Opferrituale, die ihr heute macht, müsst ihr die nächsten Tage wiederholen. Dadurch werdet ihr euren Mist los. Gott wird euch verzeihen, wenn ihr Sachen getan habt, die er nicht gut findet. 35 Sieben Tage und sieben Nächte lang müsst ihr am Eingang vom besonderen Zelt bleiben. Wenn ihr das nicht tut, müsst ihr sterben. Das ist die Ansage, die Gott

mir gemacht hat. Ist das klar?“ 36 Aaron und seine Söhne zogen alles genau so durch, wie es Gott durch Mose gesagt hatte.

9 Premiere: Die Priester starten das erste Opferritual

1 Als die sieben Tage vorbei waren, rief Mose den Aaron zu sich. Seine Söhne und auch alle Klanchefs von den Israeliten sollten dazukommen. 2 „Organisier dir mal einen jungen Stier für ein Opferritual, das man macht, wenn einer aus Versehen Mist gebaut hat, ja?“, meinte Mose zu ihm. „Dann brauchen wir noch ein männliches Schaf für ein Abfackelopfer. Bring die Teile mal zum besonderen Zelt. Wie immer müssen das gute und gesunde Tiere sein. 3 Dann mach im Ort ne Ansage, dass alle Leute aus Israel auch ein paar Tiere für ne Opfersession vorbeibringen sollen. Einmal eine männliche Ziege für das Opfer, das man macht, wenn jemand aus Versehen Mist gebaut hat, dann für das Abfackelopfer einen Stier oder ein Schaf, die ein Jahr alt und voll in Ordnung sein sollen. 4 Sie sollen auch noch einen Stier und ein weiteres männliches Schaf für ein Dankopfer mitbringen. Ach ja, und Mehl und Öl brauchen wir auch noch, für ein Essensopfer. Gott hat beschlossen, heute bei euch vorbeizukommen!“ 5 Die ganzen Sachen wurden dann zu Mose gebracht, alles genau so, wie er es haben wollte. Man stellte alles vor das besondere Zelt. Dann kam die ganze Gemeinschaft dort zusammen, um sich mit Gott zu treffen. 6 Mose hielt eine kleine Ansprache: „Liebe Leute! Heute ist ein besonderer Tag. Ihr dürft Gottes ganz krasse Art einmal mit eigenen Augen sehen. Darum macht alles genau so, wie Gott es gesagt hat!“ 7 Dann sagte er zu Aaron: „Geh jetzt mal zu dem Altar. Dann zieh da so ein Opferritual durch. Zuerst machst du für dich so ein Opfer, das man macht, wenn man aus Versehen Mist gebaut hat, und so ein Abfackelopfer. Damit bügelst du deinen eigenen Mist wieder glatt. Du musst einfach von deinem Dreck sauber werden. Anschließend machst du dasselbe noch mal für den Mist, den das ganze Volk gebaut hat. Zieh das Ganze genau so durch, wie Gott es uns gesagt hat!“

Aaron zieht erst mal ein Opferritual für sich selbst durch

8 Aaron ging zu dem großen Tisch, dem Altar, und schlachtete den jungen Stier, den er extra für das Ritual mitgebracht hatte, das man für den Mist, den man aus Versehen gebaut hat, macht. 9 Seine Söhne sorgten dafür, dass dabei das ganze Blut in einen Behälter gesammelt wurde. Das gaben sie dann ihrem Vater. Aaron tunkte mit seinen Fingern da rein und strich etwas von dem Blut an die Ecken vom Altar. Den Rest schüttete er einfach drunter. 10 Die Fettstücke, die Nieren und das Fett, das an der Leber ist, wurde alles auf dem Tisch verbrannt. Alles lief genau so ab, wie Gott es Mose gesagt hatte. 11 Das Fleisch und das Fell wurden vor dem Lager verfeuert. 12 Als Nächstes wurde von Aaron das Schaf für das Abfackelopfer geschlachtet. Seine Söhne sorgten auch hier dafür, dass alles Blut in einem Behälter gesammelt wurde. Mit dem Blut wurde dann einmal der ganze Tisch bespritzt. 13 Anschließend zerschnitten sie das Tier in kleinere Teile und gaben sie nacheinander Aaron. Der verbrannte dann alles auf dem Tisch. 14 Der Magen und die anderen Eingeweide wurden mit Wasser sauber gemacht. Auch die Unterschenkel wurden extra gereinigt. Zum Schluss legte er sie dann auch noch oben auf das Feuer drauf.

Aaron zieht ein Opferritual für das ganze Volk durch

15 Jetzt zog Aaron das Opfer für alle durch. Er schlachtete zuerst die Ziege, die für den ganzen Mist bestimmt war, den die Leute aus Versehen gebaut hatten. Er zog das genau so durch, wie er es auch bei dem Opferritual für sich selber gemacht hatte. 16 Auch das Abfackelopfer wurde genau nach Gottes Ansage durchgezogen. 17 Für das Essensopfer nahm er eine Handvoll Zeug und verbrannte es auf dem großen Tisch, dem Altar. Das machte er zusätzlich zu dem Essensopfer, das man am Morgen machen sollte. 18 Als Nächstes schlachtete er den Stier und das Schaf für so ein Dankopfer für alle Israeliten. Seine Söhne sammelten das Blut und Aaron verspritzte es dann einmal um den ganzen Tisch rum. 19–20 Die Fettstücke von dem Rind und dem Schaf, der Fettschwanz, die Eingeweiden, die Nieren und die Fettmasse über der Leber, wurden dann auf dem Altar verbrannt. 21 Die Bruststücke und das rechte hintere Bein übergab Aaron symbolisch an Gott, indem er es hin- und herschwenkte. Er zog es alles genau so durch, wie Mose es ihm gesagt hatte. 22 Als Aaron mit dem ganzen Opferkram fertig war, stellte er sich vor den Altar. Er hob seine Hände hoch und betete für alle zusammen, er segnete sie. 23 Danach verzogen sich Mose und Aaron in das besondere Zelt. Als sie nach einer

Weile wieder rauskamen, hoben sie ihre Hände zum Himmel, und dann kam Gott tatsächlich in seiner ganz besonders krassen Art dort bei den Leuten vorbei. 24 Riesige Feuerflammen kamen plötzlich aus dem Himmel! Sie schlugen auf dem Tisch auf, es qualmte und zischte, und Gott beamte mit einem Mal die ganzen Fett- und Fleischstücke von dem Tisch weg. Als die Leute das sahen, rasteten sie total aus. Sie freuten sich voll, jubelten, und dann legten sie sich flach auf den Boden, um zu Gott zu beten.

10

Ein gigantischer Fehler und seine Folgen

1 An einem Tag nahmen Nadab und Abihu, zwei Söhne von Aaron, eine Stahlpfanne, legten da glühende Holzkohle und Räucherstäbchen rein und gingen damit in das ganz besondere Zelt. Aber sie hatten dabei einen Riesenfehler gemacht, weil sie es nicht so machten, wie Gott es gesagt hatte. Denn der wollte ja, dass für solche Sachen die Holzkohle immer von dem großen Tisch, dem Altar, genommen werden sollte. 2 Plötzlich kam ein Blitz aus dem Himmel, und die beiden fielen tot um. 3 Mose sagte zu Aaron: „Jetzt ist genau das passiert, wo Gott uns schon mal ne Ansage drüber gemacht hat. Er sagte doch: ‚Mit mir kann man keine Spielchen spielen, ich bin heilig. Die Leute, die mir ganz nahe kommen dürfen, sollen sich richtig vorbereiten und die Regeln beachten, die ich dazu gegeben habe. Ich will, dass alle Leute sehen, dass ihr Respekt vor mir habt.'" Aaron war voll fertig. 4 Dann holte Mose die Söhne von Aarons Onkel Usiel, Mischael und Elizafan. Zu denen sagte er: „Los, jetzt schafft die Leichen von euren Verwandten aus dem besonderen Zelt raus. Bringt sie vor das Lager!" 5 Die gehorchten Mose sofort. Sie brachten die beiden Leichen in ihren Priesterklamotten an einen Ort, der außerhalb des Lagers lag. 6 Mose meinte dann: „Eure Brüder und auch die anderen Israeliten können ruhig trauern, dass die beiden Männer von Gott bestraft worden sind, das ist okay. Aber euch soll man das nicht anmerken. Ihr sollt ganz normal gestylt rumlaufen und keine schwarzen Sachen anziehen. Sonst werdet ihr auch sterben, und Gott wird richtig angefressen sein, auf euch und auf die ganze Gemeinschaft. 7 Auf keinen Fall dürft ihr euch zu weit vom besonderen Zelt entfernen. Wenn ihr das tut, seid ihr tote Leute. Ihr seid ja schließlich durch das besondere Öl an Gott übergeben worden, ihr seid Priester! Vergesst das nicht!" Aaron und seine Söhne taten alles genau so, wie Mose es ihnen gesagt hatte.

Gott sagt noch mal genau, was ein Priester draufhaben muss

8 Gott sprach dann mal selbst mit Aaron: 9 „Hör mal, wenn einer von euch Priestern, also egal ob du selber oder einer deiner Söhne, in das ganz besondere, heilige Zelt kommt, dann muss er da auch drauf vorbereitet sein. Er sollte keinen Alk drin haben, sonst wird er sterben! Dieses Gesetz gilt ab heute für immer. 10 Ihr müsst einfach lernen zu unterscheiden, was stinknormal und was heilig, also was ganz Besonderes, ist. Ihr müsst unterscheiden können, wann etwas okay und sauber ist und wann nicht. 11 Aaron, es ist total wichtig, dass ihr den Israeliten die Gesetze beibringt! Ihr müsst ihnen alles erklären, müsst ihnen erzählen, was ich durch Mose den Leuten für Ansagen gemacht hab!" 12 Später besuchte Mose dann Aaron und seine beiden Söhne, die noch übrig geblieben waren, den Eleasar und Itamar. „Die Reste von den Essensopfern, die ihr durchzieht, könnt ihr behalten. Aber tut keine Hefe dazu! 13 Das könntet ihr dann beim Altar verspachteln. Dieses Essen ist etwas ganz Besonderes, es ist heilig. Diese Ansage hab ich von Gott. Die Reste von dem Essensopfer gehören dir, Aaron und deiner Familie. Das gilt ab jetzt für immer. 14 Die Brust und das Bein von den Tieren, die als Dankopfer verspachtelt werden, gehören auch euch und euren Familien. Ihr könnt die Sachen an einem guten Ort essen, der okay ist für Gott. Und bei dem Essen können alle aus der Familie dabei sein, deine Kinder und auch die Frauen. 15 Vorher sollt ihr aber beides zusammen mit den Fettteilen vom Tier, das ihr geschlachtet habt, an den Altar bringen. Dort sollt ihr es dann durch Hin-und-her-Schwenken symbolisch Gott übergeben. Danach könnt ihr damit machen, was ihr wollt, es gehört euch. So soll das jetzt für immer abgehen. Gott hat das so befohlen." 16 Mose fragte dann mal nach, was eigentlich aus der männlichen Ziege geworden war, die man für dieses Opfer geschlachtet hatte, das man macht, wenn man aus Versehen Mist gebaut hat. Es stellte sich heraus, dass sie es falsch gemacht hatten. Sie hatten auch das ganze Fleisch und das Fell mit verbrannt. Mose war richtig angefressen auf Eleasar und Itamar. 17 „Mann, was sollte das denn bitte? Die Ansage war doch, dass das Fleisch von dem Opfer im Hof vor dem besonderen Zelt gegessen werden soll. Das ist doch total heilig! Gott hat es euch

anvertraut, weil ihr zwischen ihm und den Leuten vermitteln sollt. Ihr könnt dadurch die Sachen wieder in Ordnung bringen, wenn sie Mist gebaut haben! 18 Das Tier hätte nur dann verbrannt werden dürfen, wenn man das Blut vorher in das besondere Zelt zu Gott gebracht hätte. So wie ihr das jetzt durchgezogen habt, hätte man das Fleisch aber direkt im Hof vom besonderen Zelt essen müssen. So hatte ich es euch doch gesagt!" 19 Aaron meinte zu Mose: „Hey, du hast doch mitbekommen, dass mir heute so etwas total Bescheuertes passiert ist. Meinst du, Gott hätte das okay gefunden, wenn wir heute das Fleisch von dem Opferritual gegessen hätten, mit dem man Sachen wieder in Ordnung bringt?" 20 Als Aaron das gesagt hatte, war Mose wieder besänftigt. Er ließ die Sache dann in Ruhe.

11

Gesetze, welche Tiere man essen darf

1 Gott hatte dann noch für Mose und Aaron eine Ansage. 2 Sie sollten den Israeliten Folgendes ausrichten: „Es gibt Tiere, die dürfen auf eurer Speisekarte stehen, und es gibt andere Tiere, die dürft ihr nicht essen.

Welche man von den Tieren, die auf dem Land leben, essen darf

3 Von den Tieren, die auf dem Land leben, dürft ihr alle essen, die erstens gespaltene Hufe haben und zweitens nur Pflanzen fressen. 4 Ihr dürft aber nur die Tiere essen, auf die wirklich beides zutrifft und nicht nur eine Sache. Dazu kommen jetzt mal ein paar Beispiele. Einmal sind da die Kamele. Kamele sind für mich dreckige Tiere. Die sind zwar Pflanzenfresser, aber sie haben keine geteilten Hufe. 5–6 Und auch Kaninchen und Hasen sind nicht okay. Die fressen zwar nur Pflanzen, aber die haben keine geteilten Hufe. 7 Auch Schweine sind nicht okay. Die haben zwar gespaltene Hufe, aber sie fressen nicht nur Pflanzen. 8 Von diesen Tieren dürft ihr nichts essen. Und wenn ihr davon mal ein totes Exemplar rumliegen seht, dürft ihr das auf keinen Fall anfassen. Diese Tiere zählen zu den Sachen, die nicht gut für euch sind, sie sind ‚unrein'.

Welche man von den Tieren, die im Wasser leben, essen darf

9 Was die Tiere angeht, die im Wasser leben, gilt Folgendes: Alles, was Schuppen und Flossen hat, egal ob das jetzt in einem See lebt oder im Meer, das dürft ihr gerne essen. 10 Aber die Teile, die keine Schuppen und Flossen haben, die sind total eklig. Da lasst bitte die Finger von. 11 Von denen dürft ihr auf keinen Fall was essen, und wenn davon mal ein totes Tier am Strand rumliegt, dann macht einen großen Bogen darum. 12 Alle Tiere, die im Wasser leben und keine Flossen und Schuppen haben, da sollt ihr die Finger von lassen.

Welche man von den fliegenden Tieren essen darf

13–19 Mit den Vögeln ist das so ne Sache. Adler, Geier, Eulen und alle anderen Raubvögel, die sind auch nicht okay. Außerdem auch noch die Krähen, Schwalben, Möwen, Störche, Reiher, Straußvögel, Wiedehopfe und Fledermäuse, die sollt ihr auch nicht essen. 20 Die Insekten mit Flügeln und vier Füßen, die sind auch eklig. 21 Als Ausnahme gelten hier nur die Teile, die auf der Erde rumhüpfen können. 22 Alle Arten von Heuschrecken sind also okay. 23 Aber die anderen fliegenden Insekten mit vier Füßen gehen gar nicht.

Wie man mit Tieren umgehen muss, die schon tot sind

24–25 Folgende Tiere dürft ihr auf keinen Fall anfassen, wenn sie schon tot sind. 26–28 Das gilt für alle Tiere, die Hufe oder Pfoten haben. 29–30 Von den ganz kleinen Tieren gilt das für folgende: Mäuse, Maulwürfe, alle Arten von Eidechsen und das Chamäleon. 31 Wenn einer so ein totes Tier irgendwo rumliegen sieht und es berührt, dann ist er für den Rest des Tages auch eklig, er gilt dann als ‚unrein'. Und wenn jemand so ein totes Tier in den Müll schmeißt, dann muss er anschließend erst mal anständig unter die Dusche und seine Klamotten waschen. 32 Auch die Gegenstände, die mit einem toten Tier in Berührung kommen, werden dadurch dreckig. Egal, aus was für einem Material die sind, ob aus Plastik, Holz, Leder, Fell oder sonst was. Auch egal, wofür man die benutzt hat, die Sachen müssen sofort gewaschen werden und sind dann für den Rest des Tages dreckig, sie sind ‚unrein'. 33 Wenn so ein totes Tier in einen Eimer fällt oder in einen Topf, dann müsst ihr das Teil wegschmeißen und auch die Sachen, die da drin waren. Sie sind dann dreckig. 34 Jedes Essen, das mit Wasser gekocht wurde, das in so einem Eimer drin war, ist dreckig geworden, es ist ‚unrein'. Das Gleiche gilt auch für jede Art von Getränk. 35 Und wenn so ein totes Tier auf einen Herd in der Küche fällt, dann gehört das Teil auf den Schrott. Er ist nicht mehr zu gebrauchen, er ist auch ‚unrein'. 36 Falls jetzt so ein Tier mal in einen Brunnen fällt oder in ein Schwimmbad, dann ist das noch okay, es wird dadurch nicht gleich ‚unrein'. Allerdings wird derjenige, der das Teil da rausholt, erst mal dreckig. 37 So, und wenn jetzt ein totes Tier in einen Beutel fällt, wo Weizensamen oder so drin sind? Die Sachen bleiben okay, sie werden nicht ‚unrein'. 38 Wenn das Ganze jetzt aber gerade in einem Behälter mit Wasser lag, wo die Samen schon am Keimen waren, dann wird es dreckig, es ist dann ‚unrein'. 39 Das Ganze gilt auch für die Tiere, die ihr normalerweise essen dürft; wenn die irgendwo schon tot rumliegen, dann dürft ihr die nicht anfassen. 40 Wenn jemand so ein totes Tier entsorgt oder sogar was davon gegessen hat, dann muss er sofort seine Klamotten waschen.

Kriechtiere darf man nicht essen

41–42 Diese ganzen kleinen Tiere, die auf dem Boden leben, die sind nichts für euch. Ihr dürft sie auf keinen Fall essen, sie sind eklig. Egal ob die wie ein Wurm auf dem Bauch kriechen oder sich auf vier oder sogar tausend Füßen fortbewegen. 43 Wer das trotzdem tut, den finde ich erst mal total eklig, er wird dann auch ‚unrein'. 44 Hey, nicht vergessen: Ich bin der Chef, ich bin Gott und ich bin euer Gott! Ich bin etwas ganz krass Besonderes, ich bin heilig. Und darum sollt ihr auch etwas Besonderes sein! Verdreckt euch nicht mit Tieren, die auf dem Boden rumkriechen. 45 Ich bin Gott! Ich habe euch aus Ägypten rausgeholt, weil ich euer Gott sein will! Ihr sollt anders leben, ihr sollt etwas Besonderes sein. Denn ich bin auch etwas Besonderes, ich bin heilig!" 46 Diese Ansagen waren dafür da, damit die Leute unterscheiden konnten, welche Tierarten sie essen durften und welche nicht. 47 Sie wurden aufgeschrieben, um eine Hilfe zu geben, wie man zwischen Tieren, die gut oder eben „rein" sind, und Tieren, die schlecht oder eben „unrein" sind, unterscheiden kann. Die einen darf man essen und die anderen nicht.

12 Wann Frauen nach der Geburt wieder okay sind

1 Gott hatte dann noch ne Ansage für Mose: 2 „Mose, sag mal den Leuten Folgendes: Wenn eine Frau schwanger wird und dann einen Sohn kriegt, dann ist sie nach der Geburt sieben Tage lang nicht okay, sie ist ‚unrein'. Das gilt übrigens auch für die ganze Zeit, wenn sie ihre Tage hat. 3 Bei dem Baby soll man dann nach einer Woche dieses Beschneidungsritual machen. Die Vorhaut vom Penis muss ab. 4 Danach muss die Frau nochmal 33 Tage warten, bis sie wieder ganz okay, also ‚rein', ist. In der Zeit darf sie nicht zu dem besonderen Zelt kommen, und sie darf auch nichts von den Sachen anfassen, die man opfern will. 5 Wenn sie jetzt ein Mädchen bekommen hat, dann ist sie für 14 Tage nicht okay, sie ist ‚unrein'. Nach noch mal 66 Tagen ist sie dann aber wieder okay und ‚rein'. 6 Wenn diese Wartezeit von 33 beziehungsweise 66 Tagen um ist, soll sie so ein Opferritual für sich durchziehen lassen, damit sie wieder gottmäßig sauber wird. Dafür braucht sie ein Schaf, das ein Jahr alt ist, für so ein Abfackelopfer und eine Taube für dieses Opfer, das man macht, wenn man aus Versehen Mist gebaut hat. Die Sachen soll sie zum Eingang des besonderen Zeltes bringen und dem Priester geben. 7–8 Wenn sie nicht genug Kohle hat, um sich ein Schaf zu kaufen, dann reichen auch zwei Tauben. Die eine ist dann für dieses Abfackelopfer und die andere für das Opfer, das man macht, wenn man aus Versehen Mist gebaut hat. Der Priester gibt die Sachen dann an Gott weiter, damit wird der ganze Dreck aus dem Leben weggewischt. Sie ist dann wieder okay, sie ist ‚rein'. Das waren jetzt die Gesetze für Frauen nach der Geburt."

13 Wie man mit der Krankheit „Aussatz" umgehen soll

1 Gott hatte noch eine Ansage für Mose und Aaron, wie man mit der Krankheit „Aussatz" umgehen soll. „Aussatz" ist eine ganz üble, ansteckende Hautkrankheit, woran man auch sterben kann. 2 „Wenn einer von euch plötzlich ne Beule auf der Haut kriegt oder Schuppen oder da ist auf einmal so ein heller Fleck, dann könnte das dieser ‚Aussatz' sein. Dann sollte derjenige sich mal schnell von einem Priester untersuchen lassen. Die sind für solche Sachen zuständig. Aaron oder einer von seinen Söhnen checkt das dann ab. 3 Der Priester soll das Ganze gründlich untersuchen, wie ein Arzt. Wenn die Haare an der kranken Hautstelle weiß geworden sind und wenn die Stelle etwas tiefer liegt als der Rest von der Haut, dann handelt es sich um diese ansteckende Hautkrankheit. Derjenige wird dann vom Priester krankgeschrieben, er ist erst mal ‚unrein'. 4 Wenn jetzt die Haut an der Stelle zwar einen weißen Fleck hat, der aber nicht tiefer liegt als die andere Haut, und wenn die Haare da

drauf nicht weiß geworden sind, dann sollte der
Priester diesen Menschen für sieben Tage aus dem
Verkehr ziehen. 5 Am siebten Tag muss er sich noch
mal untersuchen lassen. Wenn sich der Befund
nicht verändert hat und alles genauso aussieht wie
vorher, dann soll man ihn noch mal für sieben Tage
wegschließen. 6 Wenn dann der Fleck danach immer
noch nicht größer geworden ist und die Farbe wie-
der normaler aussieht, dann war es nur ein unge-
fährlicher Hautausschlag. Der Priester kann die Per-
son dann wieder gesundschreiben, sie ist ‚rein'. Sie
muss dann nur noch ihre Klamotten mal anständig
waschen. 7 Falls sich der Hautausschlag später doch
noch auf dem ganzen Körper ausbreitet, muss der-
jenige noch mal einen Termin beim Priester
machen. 8 Wenn der dann den Verdacht auf ‚Aus-
satz' bestätigt, muss er den Menschen krankschrei-
ben, er ist dann ‚unrein'. 9 Wenn jetzt jemand merkt,
dass er ‚Aussatz' hat, dann muss der sofort zum
Priester. 10 Wenn der Priester dann feststellt, dass
auf der Haut eine weiße Beule ist, mit so Auswuche-
rungen drauf, und dass die Haare an der Stelle weiß
geworden sind, 11 dann ist der ‚Aussatz' schon im
fortgeschrittenen Stadium. Die Person muss sofort
vom Priester krankgeschrieben werden. 12 Wenn die
Symptome aber auf die ganze Haut ausgedehnt
sind und die Person von Kopf bis Fuß voll mit dem
weißen Ausschlag ist, 13 wenn also der Priester bei
der Untersuchung feststellt, dass die Krankheit
schon überall ist und sich also nicht weiter ausbrei-
ten kann, dann kann er ihn für ‚nicht ansteckend
erklären', er ist rein. 14–15 Falls man aber irgendwann
offene Wunden sehen kann oder Geschwüre, dann
muss der Priester ihn sofort wieder krankschreiben,
er ist dann ‚unrein'. Die Geschwüre sind nämlich
ansteckender ‚Aussatz'. 16 Wenn die Geschwüre wie-
der verschwinden und die Stellen ganz weiß wer-
den, dann kann der Kranke noch mal zum Priester
gehen. 17 Der soll ihn dann untersuchen, und wenn
er feststellt, dass diese Hautstelle wirklich weiß
geworden ist, kann er ihn wieder gesundschreiben,
er ist ‚rein'. 18 Wenn sich jetzt auf der Haut von
jemandem ein Geschwür bildet und dann nach eini-
ger Zeit wieder abheilt, 19 aber an der Stelle, wo das
Geschwür war, jetzt eine Beule kommt, die ganz
weiß ist, dann muss der auch mal beim Priester
vorbeigehen. Auch wenn sich da ein rotweißer Fleck
zeigt, sollte er zum Priester. 20 Wenn die erkrankte
Stelle tiefer liegt als der Rest der Haut und die
Haare auf der Stelle weiß geworden sind, dann
muss der Priester denjenigen krankschreiben, er ist
‚unrein'. Dann ist das dieser ‚Aussatz', der mit
einem Geschwür angefangen hat. 21 Falls der Pries-
ter aber sieht, dass die Haare an der Stelle nicht
weiß geworden sind und die Stelle auch nicht tiefer
liegt, dann soll er den Kranken für einige Zeit weg-
schließen. 22 Wenn der Fleck nach der Zeit größer
geworden ist, dann ist es sicher dieser ‚Aussatz'.
Der Priester muss den dann krankschreiben, er ist
dann ‚unrein'. 23 Nun kann es sein, dass der Fleck
nach der Zeit nicht größer geworden ist. Dann ist
das wahrscheinlich nur die Narbe von dem verheil-
ten Geschwür. Der Priester kann den dann wieder
gesundschreiben, er ist ‚rein'. 24 Wenn sich jemand
mal die Flossen verbrannt hat und da eine Brand-
wunde entstanden ist, kann es passieren, dass sich
da drin ein rotweißer oder weißer Fleck bildet.
25 Dann muss der seine Wunde vom Priester unter-
suchen lassen. Wenn der feststellt, dass die Haare
auf dem Fleck weiß geworden sind und die Stelle
tiefer liegt als die andere Haut, dann ist in der
Brandwunde dieser ‚Aussatz' entstanden. Der Pries-
ter muss denjenigen krankschreiben, er ist ‚unrein'.
26 Wenn der bei der Untersuchung aber sieht, dass
es diese Anzeichen nicht gibt, dann soll er den
Kranken mal für eine Woche wegschließen. 27 Da-
nach soll der noch mal von ihm untersucht wer-
den. Wenn der Fleck in der Zeit größer geworden
ist, dann ist es wohl diese Krankheit, dieser ‚Aus-
satz'. Der Priester muss den dann krankschreiben,
er ist ‚unrein'. 28 Wenn der Fleck aber nicht größer
geworden ist und die Haut wieder eine normale
Farbe hat, dann ist es nur die Narbe von der Brand-
wunde. Der Priester kann den dann wieder gesund-
schreiben, er ist ‚rein'. 29 Nun haben wir den Fall,
dass ein Mann oder eine Frau plötzlich Ausschlag
auf der Kopfhaut hat oder beim Mann auch unter
dem Bart. 30 Der Priester soll sich das dann mal
ansehen. Wenn der Ausschlag tiefer liegt als der
Rest der Haut und wenn die Haare an der Stelle
gelblich geworden sind und leichter ausfallen, dann
ist das wohl ein Fall von ‚Aussatz', eine Form da-
von, die auf der behaarten Haut vorkommt. Der
Priester muss den dann sofort krankschreiben, er ist
‚unrein'. 31 Wenn dieses Stellen nicht tiefer liegen als
der Rest der Haut und die Haare sind an der Stelle
nicht gelblich geworden, dann soll der Priester den
für eine Woche wegschließen. 32 Danach soll eine
weitere Untersuchung folgen. Hat sich der Hautaus-
schlag nicht weiter ausgebreitet und haben sich
keine gelben Haare dort gebildet und liegt die Stelle
nicht tiefer als der Rest der Haut, 33 dann soll sich

derjenige die Haare um die kranke Stelle abrasieren. Der Priester schließt den dann noch mal für sieben Tage weg. 34 Jetzt schaut er sich den Fall noch mal genauer an. Wenn sich der Ausschlag nicht weiter ausgebreitet hat und die Stelle auch nicht tiefer liegt als der Rest, kann die Person wieder gesundgeschrieben werden, sie ist ‚rein'. 35 Wenn die Krankheit später doch mal wiederkommt, 36 muss der Priester sich die Stelle noch mal ansehen. Hat sich der Ausschlag doch noch ausgebreitet, dann braucht er gar nicht mehr nach gelblichen Haaren suchen. Der Fall ist ganz klar: Die Person ist krank, sie ist ‚unrein'. 37 Falls jetzt der Priester aber nicht feststellen kann, dass sich der Ausschlag ausgebreitet hat, und da auch normale Haare an der Stelle wachsen, dann ist das Ding geheilt. Der Priester kann die Person dann wieder gesundschreiben, sie ist ‚rein'. 38 Nun kann es passieren, dass sich bei einem Mann oder einer Frau weiße Flecken auf der Haut bilden. 39 Dann soll der was machen? Richtig, zum Priester gehen! Der soll sich das mal anschauen. Sind die Flecken nur so mal eben weiß, dann ist das nur eine harmlose Hautkrankheit. Derjenige ist dann in Ordnung, er ist ‚rein'. 40 Wenn jemand eine Glatze kriegt oder einfach vorne an der Stirn seine Haare verliert, dann ist das erst mal voll in Ordnung, er ist nicht ‚unrein'. 41 Wenn ein Mann Haarausfall hat, egal, ob er jetzt ne Platte kriegt oder nur Geheimratsecken, dann ist das okay, er wird nicht ‚unrein'. 42 Entstehen aber auf der Kopfhaut so helle, rote Flecken, dann ist das wohl doch so ein ‚Aussatz'. 43 Der Priester soll den abchecken, und wenn er feststellt, dass sich auf der Glatze so eine Beule gebildet hat, die weiß bzw. rot aussieht, die genauso aussieht wie diese Krankheit, 44 dann hat er ‚Aussatz', diese fiese, ansteckende Hautkrankheit. Der Priester soll den dann krankschreiben, er ist ‚unrein'.

Wie sich Leute benehmen sollen, die die Krankheit ‚Aussatz' haben

45 Alle, die diese Krankheit ‚Aussatz' haben, sollen das auch äußerlich zeigen. Sie müssen in abgefuckten Klamotten rumlaufen und fettige Haare haben. Die Männer müssen über ihren Bart ein Tuch machen. Wenn jemand in ihre Nähe kommt, müssen sie die Leute warnen, dass sie sehr krank sind. Am besten rufen sie dann laut: ‚Ich bin krank! Ich hab ›Aussatz‹!' Dann wissen die anderen Bescheid. 46 Solange man die Symptome noch sehen kann, ist derjenige ‚unrein'.

Was man macht, wenn Sachen schimmelig werden

47 Jetzt kann es passieren, dass deine Hose, dein T-Shirt oder auch Decken oder Sachen aus Leder plötzlich schimmelig werden. Es gibt dann einen grünlichen oder rötlichen Fleck an dem Teil. Dann ist das Schimmel, und man muss das mal dem Priester zeigen. 50 Der sieht sich das mal genauer an und nimmt es für sieben Tage in Verwahrung. 51 Wenn der Fleck in der Zeit tatsächlich größer geworden ist, dann ist das sich ausbreitender, fressender Schimmel. Der Priester erklärt das Teil dann für nicht okay, es ist ‚unrein'. 52 Das muss dann in den Ofen. 53 Wenn der Priester das Ding aber abcheckt und feststellt, dass der Fleck nicht größer geworden ist, 54 dann schmeißt er das Teil in die Wäsche und schließt es anschließend noch mal für sieben Tage weg. 55 Wenn das Stück dann vom Aussehen her so geblieben ist, dann ist es ‚unrein', und wenn der Fleck sogar größer geworden ist, erst recht. Das Teil muss dann verbrannt werden, weil der Schimmel so tief im Gewebe sitzt, dass man ihn nicht mehr rauskriegt. Das gilt in jedem Fall, egal ob die Stelle außen oder innen sitzt. 56 Stellt der Priester dann nach einer Überprüfung fest, dass der Fleck nach der Reinigung fast weg ist, dann schneidet er die Stelle einfach raus. Egal, ob das jetzt Leder oder Stoff ist. 57 Nun kann es passieren, dass dieser Schimmel später an anderen Stellen auch noch auftritt. Dann gehört das Teil in den Müll, es sollte verbrannt werden. 58 Wenn der Fleck aber nach der Reinigung weg ist, dann muss er das Teil noch mal waschen. Danach ist es wieder okay, es ist ‚rein'. 59 Das sind die Gesetze, wie man damit umgeht, wenn die Klamotten irgendwo schimmelig geworden sind. Das gilt für alle Stoffe wie Baumwolle, Leinen, Wolle oder Leder. So kann man unterscheiden, ab wann etwas ‚rein' und wann ‚unrein' ist."

14

Was man mit den Leuten macht, die von der Krankheit „Aussatz" geheilt wurden

1 Gott sagte Mose dann noch was: 2 „Jetzt kommt noch ein Gesetz, was ihr machen sollt, wenn einer von der fiesen, ansteckenden Hautkrankheit ‚Aussatz' geheilt worden ist. Er soll dann erst mal beim Priester vorbeigehen 3 und mit ihm zusammen das Lager verlassen. Dann soll der ihn untersuchen, um festzustellen, ob die Stellen am Körper wirklich geheilt sind. 4 Als Nächstes soll er noch organisieren, dass man ihm zwei Vögel, die nicht als ‚unrein' gelten, eine Schüssel, etwas Fich-

tenholz, rote Farbe und einen Büschel Lavendel vorbeibringt. 5 In die Schüssel kommt sauberes Wasser rein. Der eine Vogel wird dann über der Schüssel geschlachtet. 6 Jetzt schmeißt er das Stück Holz mit der Farbe und dem Lavendel in das mit Blut vermischte Wasser rein. Als Letztes wird der noch lebende Vogel da kurz reingetaucht. 7 Mit der ganzen Mischung wird dann derjenige, der krank war, siebenmal hintereinander bespritzt. Dann erklärt der Priester ihn für gesund, er ist ‚rein'. Zum Schluss lässt er den noch lebenden Vogel wegfliegen. 8 Nun muss der Gesunde seine Klamotten waschen, sich die Haare abrasieren und einmal anständig duschen. Ab dann ist er wieder sauber, er ist ‚rein'. Er darf dann auch zu den anderen ins Lager gehen. Aber in sein privates Zelt soll er erst mal noch nicht reingehen. 9 Nach sieben Tagen muss er seine Haare noch mal abrasieren, auch den Bart und die Augenbrauen, einfach alle Haare am ganzen Körper. Und seine ganzen Klamotten müssen auch noch mal anständig gereinigt werden. Ab dann ist er aber wieder voll okay, er ist ‚rein'. 10 Am achten Tag soll er zwei junge männliche Schafe nehmen, die voll in Ordnung sind, und die opfern. Dazu kommen noch ein einjähriges Schaf sowie ein Essensopfer mit 3,5 Kilo Mehl und ⅓ Liter Olivenöl. 11 Der Priester geht dann mit ihm zum Eingang vom besonderen Zelt, wo man Gott begegnen kann. 12 Das männliche Schaf und das Öl sind für so ein Wiedergutmach-Opfer. Der Priester übergibt die Sachen erst mal durch Hin-und-her-Schwenken symbolisch an Gott. 13 Er schlachtet das Tier dann im Hof vom besonderen Zelt. Die Sachen, die übrig bleiben, kann der Priester mit nach Hause nehmen, genauso wie bei dem Opfer, wenn man aus Versehen Mist gebaut hat. Es ist etwas ganz Besonderes, es ist heilig. 14 Der Priester nimmt dann was vom Blut von dem Tier und berührt damit den geheilten Menschen am Ohr. Der rechte Daumen und die rechte große Zehe werden mit dem Blut eingeschmiert. 15 Von dem Öl gießt er sich was in die linke Hand, die leicht geöffnet wurde. 16 Dann taucht er mit dem rechten Zeigefinger in das Öl und sprenkelt das Zeug siebenmal an den großen Tisch, den Altar. 17 Als Nächstes berührt er mit dem Öl das rechte Ohrläppchen, den rechten Daumen und die rechte große Zehe. 18 Der Rest, den er noch in der Hand hat, wird demjenigen auf den Kopf geschüttet. Auf die Art sorgt er dafür, dass zwischen dem Geheilten und Gott wieder alles okay ist. 19 Jetzt opfert der Priester das Schaf als so ein Opfer, das man macht, wenn jemand aus Versehen Mist gebaut hat, um den Typen, der geheilt wurde, von seiner Schuld freizusprechen, die er Gott gegenüber hatte. Denn durch die Krankheit haben ja alle gesehen, dass er ‚unrein' war, er war nicht okay. Danach schlachtet der Priester das andere männliche Schaf. 20 Dieses Schaf wird dann als Abfackelopfer mit den Essenssachen auf dem Tisch verbrannt. So wäscht der Priester den ganzen Dreck aus dem Leben von dem Exkranken. Der ist dann wieder okay, er ist ‚rein'. 21 Falls jemand keine Kohle hat und sich drei Schafe nicht leisten kann, dann reicht auch ein einziges männliches Schaf. Das kann er dann für das Wiedergutmach-Opfer nehmen. Es wird dann auch durch Hin-und-her-Schwenken symbolisch Gott geschenkt. Dann ist er wieder sauber. Dazu braucht er auch noch ein Essensopfer. Er nimmt hierfür 1 Kilo Mehl und vermischt das mit ⅓ Liter Öl. 22 Es kommen noch zwei Tauben dazu, egal was für welche. Die eine Taube ist für das Opfer, das man macht, wenn man aus Versehen Mist gebaut hat, und die andere für das Abfackelopfer. 23 Der Typ bringt das alles zum Priester an den Eingang vom besonderen Zelt, wo man Gott begegnen kann. 24 Der Priester soll das männliche Schaf und das Öl für das Wiedergutmach-Opfer nehmen. 25–31 Wenn er das Tier geschlachtet hat, macht er mit dem Blut und Öl das Gleiche, wie bei den Leuten, die sich drei Schafe leisten können. Die zwei Tauben werden dann für das Abfackelopfer und für das Opfer, das man macht, wenn man aus Versehen Mist gebaut hat, verwendet. Und dann wird noch das Essensopfer durchgezogen. So reinigt der Priester denjenigen, der sauber werden will. Der wird so seine Sache mit Gott wieder klarkriegen. 32 Das war jetzt das Gesetz für jemanden, der von dieser fiesen Hautkrankheit ‚Aussatz' gesund geworden ist und nicht genug Kohle besitzt, um das ganze große Opferritual durchzuziehen."

Was man macht, wenn es Schimmel an den Häusern gibt

33 Gott sagte zu Mose und Aaron dann noch: 34 „Wenn ihr endlich in dem Land seid, das ich euch schenken will, und plötzlich jemand Schimmel an seiner Hütte hat, 35 dann soll der Besitzer die Sache schnell einem Priester melden. Er soll ihm dann sagen: ‚Bei mir ist etwas, das sieht aus wie Schimmel.' 36 Bevor der Priester dann in die Hütte reingeht, muss das ganze Teil erst mal leer geräumt werden. Wenn sich die Sache nämlich bestätigt, ist

der ganze Krempel eh für den Schrott, er ist ‚unrein'. Nachdem die Hütte leer geräumt ist, geht er dann da rein und checkt alles ab. 37 Wenn er jetzt irgendwo grüne Flecken findet oder auch rote, die etwas tiefer liegen als der Rest der Wand, 38 muss er das ganze Gebäude erst mal für sieben Tage zumachen. 39 Falls man dann feststellt, dass sich die Flecken an der Wand ausbreiten, 40 dann soll er die Steine, wo sich Schimmel befindet, rausreißen. Die kommen dann auf den großen Schrottplatz, der vor dem Ort liegt. 41 Von den Wänden wird dann einmal ringsrum der Putz abgeklopft und auch auf den Schrottplatz gebracht. 42 Als Letztes werden die alten Steine durch neue Steine ersetzt und die Wände wieder neu verputzt. 43 Wenn die Flecken jetzt nach einer Zeit wieder auftauchen 44 und der Priester stellt fest, dass sie sogar größer geworden sind, dann ist das ein sich ausbreitender Schimmelpilz. Das ganze Haus ist dann verseucht, es ist ‚unrein'. 45 Man muss das Teil dann komplett abreißen. Der ganze Bauschutt kommt auf einen Schrottplatz, der außerhalb der Stadt liegt. 46 Keiner sollte in der Zeit die Baustelle betreten, und wenn das doch jemand tut, gilt er für den Rest des Tages als dreckig, er ist ‚unrein'. 47 Und wenn einer in dem Haus sogar was isst oder da übernachtet, dann muss er auf jeden Fall sofort seine Klamotten waschen. 48 Wenn der Priester nach einer Untersuchung aber feststellt, dass der Schimmel nicht wiedergekommen ist, nachdem man das Haus neu verputzt hat, dann erklärt er das Haus für okay, es ist ‚rein'. Der Schimmel wurde komplett entfernt. 49 Um das Haus auch für Gott okay, also ‚rein', zu machen, muss der Besitzer dann noch zwei Vögel opfern. Dafür braucht er auch noch ein Stück Eichenholz, rote Farbe und ein Büschel Lavendel. 50 Er schlachtet den einen Vogel über einer Schüssel, wo Wasser drin ist. 51 Dann schmeißt er das Holz, den Lavendel und die Farbe da rein und vermischt alles mit dem Blut von dem Vogel. Mit dem Zeug besprenkelt er dann das Haus überall siebenmal nacheinander. 52 Das macht er, um mit dem Blut von dem Vogel, dem Wasser und dem lebenden Vogel, dem Holz, der roten Farbe und dem Lavendel das Haus wieder okay zu kriegen. 53 Anschließend lässt er den noch lebenden Vogel außerhalb der Stadt in die Freiheit fliegen. So macht er das Haus wieder okay, es ist dann ‚rein'. 54 Das ist jetzt das neue Gesetz, wenn es Schimmel gibt, 55 der an Klamotten oder Häusern sitzt. 56 So soll man mit Beulen, Hautausschlag und Hautflecken umgehen. 57 Es ging da drum, klarzukriegen, was okay ist und was nicht. Ihr solltet unterscheiden können, was ‚unrein' ist und was ‚rein'. Diese Gesetze gingen über die fiese ansteckende Hautkrankheit ‚Aussatz' und Schimmel."

15 Was man machen soll, wenn Männer „unrein" sind

1 Gott hatte noch ne Ansage für Mose und Aaron. 2 „Sagt den Israeliten Folgendes: Wenn bei einem Mann etwas Ekliges, Flüssiges aus seinem Penis kommt, was kein Urin oder Sperma ist, dann ist das Dreck, und er wird dadurch ‚unrein'. Er ist krank. 3 Ist jetzt total egal, ob das Zeug klebrig ist oder wie Wasser. Er ist dann einfach nicht in Ordnung. 4 Dadurch werden auch alle Sachen, wo er drauf gelegen oder gesessen hat, dreckig, also ‚unrein'. 5 Wenn jemand aus Versehen sein Bettlaken, wo das Zeug drauf ist, berührt, muss er sofort unter die Dusche. Auch seine Klamotten müssen in die Wäsche. Der Typ ist dann für den Rest des Tages nicht mehr sauber für Gott, er ist ‚unrein'. 6 Falls sich jemand auf den Stuhl setzt, wo der Kranke vorher gesessen hat, soll er sofort seine Hose waschen gehen. Danach soll er auch mal anständig duschen. Er ist dann auch für den Rest des Tages ‚unrein'. 7 Wer den Kranken umarmt oder auch so mal berührt, muss seine Klamotten sofort in die Wäsche schmeißen. Er soll duschen gehen und sich für den Rest des Tages zurückziehen, er ist ‚unrein'. 8 Dasselbe muss auch passieren, wenn der Kranke eine Person anspuckt. 9 Jeder Fahrrad- oder Mopedsattel, überall, wo der jetzt drauf gesessen hat, ist verdreckt, er ist ‚unrein'. 10 Und wenn jetzt jemand etwas berührt, wo der drauf gesessen hat, dann ist der auch für den Rest des Tages ‚unrein'. 11 Jeder, der von dem Kranken berührt wird, wenn der sich nicht vorher die Flossen gewaschen hat, wird für den Rest des Tages ‚unrein' sein. Für alle gilt, dass sie dann erst mal anständig duschen sollen und für den Rest des Tages ‚unrein' sind. 12 Wenn derjenige, der krank ist, einen Teller anfasst, dann muss man den sofort zerdeppern und in den Müll schmeißen. Wenn er jetzt Plastikgeschirr anfasst, dann soll das in die Spüle. 13 Falls der Typ dann wieder gesund wird und keine eklige Flüssigkeit aus seinem Penis mehr kommt, soll er noch sieben Tage warten. Danach soll er seine Klamotten in die Wäsche schmeißen und sich anständig kalt duschen. Jetzt ist er wieder okay, er ist ‚rein'. 14 Am achten Tag

muss er dann irgendwelche Tauben nehmen und sie Gott schenken. Dazu bringt die zum Eingang vom besonderen Zelt, wo man Gott begegnen kann, und gibt sie dem Priester. [15] Der macht dann mit denen zwei Opferrituale. Das eine, das man macht, wenn jemand aus Versehen Mist gebaut hat, und das andere als Abfackelopfer, das man komplett verbrennt. Damit macht er die Sachen, die zwischen Gott und dem Kranken standen, wieder gut. [16] Wenn ein Mann nachts im Schlaf einen Samenerguss hat, dann sollte er morgens erst mal anständig duschen. Für den Rest des Tages ist er dann auch ‚unrein'. [17] Alles, wo was von dem Samen drangekommen ist, muss gewaschen werden. Also das Bettlaken und der Schlafanzug und so. Die Sachen sind dann auch für den Rest des Tages ‚unrein'. [18] Kommt der Mann jetzt mal beim Schmusen mit seiner Braut zu früh oder hat er einfach beim Petting einen Samenerguss, soll er sich erst mal anständig duschen. Seine Frau auch. Beide sind für den Rest des Tages ‚unrein'."

Was man machen soll, wenn Frauen „unrein" sind

[19] „Wenn eine Frau ihre Tage hat, ist sie für sieben Tage speziell dreckig, sie gilt als ‚unrein'. Und jeder, der sie in der Zeit anfasst, ist auch für den Rest des Tages ‚unrein'. [20] Das gilt auch für alles, wo sie in der Zeit drauf gesessen oder gelegen hat. [21] Falls jemand mal ihr Bettzeug anfasst, muss er seine Klamotten waschen und erst mal duschen gehen. Für den Rest des Tages ist er ‚unrein'. [22] Wer die Sachen berührt, wo sie drauf gesessen hat, muss auch erst mal seine Klamotten waschen gehen. Dann soll er auch anständig duschen und sich für den Rest des Tages zurückziehen, er ist ‚unrein'. [23] Auch wenn jemand irgendwas von dem Bett anfasst, auf dem sie gesessen oder gelegen hat, ist für den Rest des Tages ‚unrein'. [24] Wenn ein Mann in dieser Zeit mit ihr Sex hat, wird er auch für sieben Tage ‚unrein'. Und das gilt dann auch für jedes Bett, auf dem er in der Zeit liegt. [25] Wenn die Tage von der Frau länger als sieben Tage dauern oder wenn sie sogar außerhalb der Tage plötzlich einen Ausfluss hat, der nicht gleich wieder weggeht, dann ist sie genauso dreckig, sie ist ‚unrein'. [26] Wie gesagt: Jedes Bett, in dem sie pennt, und jeder Stuhl, auf dem sie sitzt, wird dreckig, er ist dann ‚unrein'. [27] Wer die Sachen von ihr berührt, wird auch ‚unrein'. Er muss seine Klamotten waschen und duschen gehen. Für den Rest des Tages bleibt der auch ‚unrein'. [28] Wenn sie jetzt einen Ausfluss hat, der von einer Krankheit kommt, dann wartet man, nachdem es ihr wieder gutgeht, sieben Tage lang. Dann ist sie wieder okay, sie ist ‚rein'. [29] Am achten Tag soll sie zwei kleine Tauben oder zwei normale Tauben zum Priester bringen. [30] Der Priester macht dann beim besonderen Zelt mit der einen so ein Opferritual, das man macht, wenn man aus Versehen Mist gebaut hat. Das andere wird als Abfackelopfer komplett verbrannt. Wenn er das gemacht hat, ist zwischen Gott und der Frau wieder alles in Ordnung." [31] Am Ende meinte Gott dann noch zu Mose und Aaron: „Ihr müsst euren Leuten das echt beibringen, dass sie diese Hygenievorschriften wichtig nehmen! Wenn einer von ihnen in mein Zelt kommt, was ja direkt bei ihnen steht, dann werden sie sterben, weil sie meine Hütte damit verdrecken. [32] Das sind jetzt die Gesetze für einen Mann oder eine Frau, bei denen komische Flüssigkeiten aus dem Penis oder der Scheide rauskommen. Von diesem Zeug wird man erst mal dreckig, sie machen ‚unrein'. [33] Und das sind die Regeln für Frauen, wenn sie ihre Tage haben oder sonst etwas aus ihnen rauskommt, und dafür, wie ein Mann oder eine Frau damit umgehen müssen, wenn sie in dem Zustand miteinander geschlafen haben."

16

Das Ritual im alleroberheiligen Bereich vom besonderen Zelt

[1] Nach dem Tod der beiden Söhne vom Aaron redete Gott mit Mose noch mal über die Sache. Die beiden waren ja gestorben, weil sie sich nicht an die Regeln für das Opfer gehalten hatten. [2] Er sagte ihm: „Erklär das bitte deinem Bruder Aaron, dass es nicht egal ist, wann man in den ganz besonders krassen, alleroberheiligen Bereich im Zelt gehen darf und wann nicht. Man kann nicht einfach so hinter den Vorhang gehen, wo die Kiste mit den Gesetzen steht. Das kann tödlich sein. Weißt du, genau da, über dem Deckel von der Kiste, da will ich immer ganz besonders heftig anwesend sein! [3] Ich sag jetzt mal, wie Aaron in den besonderen Bereich gehen soll. Er bringt erst mal einen jungen Stier und ein männliches Schaf mit zum besonderen Zelt, die er für Opferrituale braucht, die er nachher für sich durchzieht. [4] Dann soll er sich mit seinem ganz besonderen Priesteranzug stylen, der aus Baumwolle gemacht worden ist. Er soll eine gute Hose anziehen, mit Gürtel und so. Dazu die Mütze. Vorher soll er aber noch mal anständig duschen und erst dann die Klamotten anziehen.

5 Dann soll er sich von der Gemeinschaft der Israeliten zwei männliche Ziegen und ein männliches Schaf geben lassen. Die sind für Opferrituale, die er nachher für die Israeliten durchzieht. 6 Für sich selber hat Aaron ja einen Stier mitgebracht, den er nachher für seinen eigenen Mist opfert, für sich und seine Familie, damit sie das ganze Ding vor Gott wieder klarkriegen. 7 Er soll aber erst mal die beiden männlichen Ziegenböcke nehmen und mit denen vor den Eingang vom besonderen Zelt gehen. 8 Durch Würfeln soll er dann rausbekommen, welchen von den beiden er für mich nehmen soll. Der andere muss dann zum Teufel. 9 Der eine Ziegenbock, der ausgewürfelt wurde, wird nachher geopfert. Damit wird vor Gott dann wieder alles okay. 10 Der andere Ziegenbock soll aber am Leben bleiben. Der wird nachher symbolisch mit dem ganzen Mist beladen werden, den die Leute verzapft haben, und dann in die Wüste getrieben, er wird sozusagen zum Teufel geschickt. 11 Dann soll Aaron den Stier schlachten, den er selbst mitgebracht hat, und mit ihm das Opferritual durchziehen, das man macht, wenn man aus Versehen Mist gebaut hat. Damit wird der ganze Mist in Ordnung gebracht, den er und seine Familie gebaut haben. Nachdem er das Tier geschlachtet hat, 12 nimmt er eine Pfanne voller glühender Grillkohle, die von dem Opfertisch, dem Altar vor dem Zelt, kommt. Dazu kommt noch eine Handvoll Räucherstäbchen. Damit geht er dann zum allerderbsten, besonderen Bereich im Zelt. 13 Er legt dann die Räucherstäbchen auf die glühende Kohle und stellt die Pfanne hinter den Vorhang vor die Kiste mit den Gesetzen. Der Qualm, der dann hochsteigt, wird dafür sorgen, dass man den Deckel von der Kiste mit den Gesetzen nicht mehr sehen kann. Wenn er den nämlich sehen könnte, würde er sterben. 14 Als Nächstes holt er sich etwas Blut von dem Stier, den er gerade geschlachtet hat. Damit geht er in den alleroberheiligen Bereich hinter dem Vorhang im besonderen Zelt. Das Blut sprenkelt er mit seinen Fingern einmal gegen die Vorderseite von dem Deckel, und dann sprenkelt er noch was siebenmal auf die Erde. 15 Jetzt schlachtet er die männliche Ziege als Opfer für den Mist, den die Israeliten gebaut haben. Das Blut von dem Tier nimmt er wieder mit hinter den Vorhang und sprenkelt das Zeug auf den Deckel von der Kiste und vor die Kiste auf die Erde. Er zieht das genauso durch, wie er es vorher mit dem Stier gemacht hat. 16 So macht er den Bereich im Zelt sauber, der das allerderbste Heilige ist. Dieses Zelt steht ja mitten in dem Lager, wo die Israeliten wohnen. Weil sie Mist gebaut hatten, wurde dadurch auch das Zelt in Mitleidenschaft gezogen, es wurde unrein. 17 In der Zeit, während Aaron in dem besonders krassen Teil vom Zelt ist und dieses Ritual für sich und seine Familie und für die Israeliten durchzieht, darf da sonst keiner rein. 18 Danach geht Aaron noch zu dem Altar, der vor dem besonderen Zelt steht. Der Tisch muss jetzt auch von ihm sauber gemacht werden. Das macht er so, indem die Ecken am Tisch, die ‚Hörner', mit dem Blut von den Tieren bestrichen werden, die man gerade geopfert hat. 19 Siebenmal soll er mit dem Finger das Blut an den Tisch streichen. So macht er diesen Altar auch von dem ganzen Mist sauber, den die Israeliten gebaut haben."

Der „Sündenbock"

20 „Wenn Aaron den ganzen besonders derben Bereich, das besondere Zelt und den Altar von seinem Dreck befreit hat, holt er die andere männliche Ziege. 21 Dann legt er seine Hände auf den Kopf von dem Tier und sagt laut die ganzen Sachen, wo die Leute Mist gebaut haben. Indem er das tut, überträgt er diesen ganzen Mist, ihre Sünden, auf die Ziege. Anschließend organisiert er einen Mann, der das Tier dann durch die Wüste jagt, bis es weg ist. 22 Die Ziege trägt dann den ganzen Mist von den Leuten weg und bringt sie in eine Gegend, wo kein Schwein lebt. Man nennt diese Ziege auch ‚den Sündenbock'. 23 Als Nächstes geht Aaron in das besondere Zelt und zieht den Anzug wieder aus, den er extra angezogen hatte, um in den alleroberheiligen Bereich vom besonderen Zelt zu gehen. Die Sachen werden dort im Zelt gelagert. 24 Er duscht dort erst mal und zieht wieder seine anderen Priesterklamotten über. Dann verbrennt er noch die zwei männlichen Schafe komplett als Abfackelopfer. Das macht er auf dem Altar. 25 Die Fettstücke von dem Stier und von der männlichen Ziege, die geschlachtet wurde, müssen auch auf dem Altar verbrannt werden, das gehört noch zu diesem Opferritual dazu. 26 Der Typ, der die Ziege in die Wüste gescheucht hat, muss seine Klamotten waschen und duschen, bevor er wieder in das Zeltlager zurückgeht. 27 Die Reste von dem Stier und der anderen Ziege, mit deren Blut das Allerderbste im besonderen Zelt von dem Mist sauber gemacht worden ist, packt man zusammen. Das kommt dann außerhalb vom Lager, wo man die Sachen alle verbrennen soll. Also auch das Fell, den Rest vom

Fleisch und die Eingeweide. 28 Der Typ, der die Sachen verbrennt, darf auch erst wieder zurückkommen, nachdem er seine Klamotten gewaschen hat und anständig duschen konnte."

Der Tag, an dem wieder alles gut ist

29 „Am 10. Oktober möchte ich, dass ihr einen Feiertag installiert. Das gilt ab jetzt für immer. An dem Tag sollt ihr nix essen und arbeiten, aber dafür viel beten. Und daran sollen sich auch alle Ausländer halten, die in der Zeit bei euch leben. 30 An dem Tag wird für den Mist, den ihr gebaut habt, bezahlt. Der ganze Dreck, der dadurch auf eurem Leben liegt, wird abgewaschen. Ihr seid dann für Gott wieder total sauber. 31 Darum dürft ihr auch an diesem Tag auf keinen Fall irgendwie arbeiten. An diesem Tag sollt ihr fasten, ihr sollt nichts essen. Diese Gesetze gelten für immer. 32 Der Priester, der irgendwann den Job von Aaron übernehmen wird, muss an diesem Feiertag dieses Ritual im alleroberheiligsten Bereich vom besonderen Zelt und dieses Ritual mit dem ‚Sündenbock' durchziehen. Dabei muss er die Priesterklamotten tragen, die extra dafür gemacht worden sind. 33 Mit diesen Ritualen soll er den allerderbsten Bereich im Zelt von dem ganzen Dreck sauber machen und den ganzen Mist von den Leuten inklusive Priester wieder in Ordnung bringen. 34 Einmal im Jahr sollen diese Rituale gemacht werden. Einmal im Jahr soll so der ganze Mist, den die Israeliten gebaut haben, bezahlt werden. Das sollt ihr ab jetzt so machen, und zwar für immer." Aaron machte alles genau so, wie Gott es Mose gesagt hatte.

17 **Alles, was man schlachtet, gehört Gott**

1 Gott hatte Mose noch was zu sagen: 2 „Mose? Richte das mal Aaron und seinen Söhnen sowie allen Leuten von Israel aus. Sag ihnen, dass ich, Gott, folgende Ansage für sie hab: 3–4 Wenn irgendjemand von den Israeliten einen Stier, eine Ziege oder ein Schaf irgendwo im Zeltlager oder außerhalb des Lagers schlachtet, anstatt es vor das besondere Zelt zu bringen, damit man es mir schenken kann, dann ist das eine ganz schlimme Sache. Es steht dann zwischen ihm und mir. Das ist genauso schlimm, als hätte er mit Absicht Blut vergossen, also jemanden ermordet. Darum soll derjenige bei euch rausgeschmissen werden. 5 Das bedeutet, wenn die Israeliten ein Tier schlachten wollen, dann sollen sie die Tiere, die sie bis jetzt immer irgendwo geschlachtet haben, ab sofort immer zu mir bringen, zu der Tür von dem besonderen Zelt. Da wird mit dem Tier dann ein Dankopfer durchgezogen, bevor sie es essen können. 6 Der Priester soll das Blut von dem Opfertier an meinen Opfertisch, den Altar, schütten, der vor dem besonderen Zelt steht. Dort sollen sie auch das Fett verbrennen, auf diesen Geruch stehe ich, euer Gott, total. 7 Ab sofort will ich keine Opferrituale mehr sehen, die sie für Dämonen abhalten, auf die sie immer noch scharf sind. Deshalb sollen sie die Tiere nur noch bei meinem Zelt schlachten lassen. Dieses Gesetz ist wichtig, und es gilt für immer. 8 Das gilt für jeden, der bei euch lebt, egal ob er ein Israelit ist oder ein Ausländer. Wenn jemand ein Abfackelopfer durchzieht oder sonst irgendein Opfer, wobei ein Tier geschlachtet wird, 9 das aber nicht vor dem Eingang vom besonderen Zelt macht, um es mir zu schenken, hat er verloren. Er soll aus euer Gemeinschaft für immer rausfliegen. 10 Und das gilt jetzt auch für jeden, egal ob er Israelit ist oder als Ausländer bei euch lebt: Blut trinken finde ich total ätzend! Wenn einer das trotzdem tut, ist er bei mir untendurch. Ich will den nicht mehr sehen, er soll rausfliegen aus euer Gemeinschaft. 11 Denn Blut ist ein Stoff, in dem das Leben drinsteckt. Ich habe deshalb extra Blut ausgesucht, damit es an den Altar gegossen werden soll, wenn ihr Mist gebaut habt. Durch das Blut werden Dinge wiedergutgemacht. Durch das Blut kommt es zwischen uns wieder in Ordnung. 12 Darum hab ich zu den Israeliten gesagt, dass keiner Blut trinken oder essen soll. 13 Und so gilt auch die Regel, wenn einer von euch, oder ein Ausländer bei euch, bei der Jagd im Wald einen Hirsch erschießt, oder einen Truthahn, dann muss das Blut von dem Teil ganz rausgegossen und mit Erde überdeckt werden, bevor das Tier in den Ofen kommt. 14 In dem Blut ist nämlich das Leben von jedem Lebewesen drin. Darum hab ich zu den Israeliten gesagt: Blut von irgendeinem Lebewesen kommt bei euch nicht auf die Speisekarte. Wer sich nicht da dran hält, fliegt raus. Er muss aus der Gemeinschaft ausgeschlossen werden. 15 Jeder, der aus Versehen ein Tier gegessen hat, was schon länger tot auf der Straße rumgelegen hat oder das gestorben ist, weil es z. B. von einem Pitbull totgebissen wurde, soll folgendes machen: Er soll seine Klamotten waschen und sich anständig duschen. Er ist für den Rest des Tages für mich dreckig. Am nächsten Tag ist aber wieder alles okay. Das gilt für alle, egal ob er ein waschechter

Israelit ist oder ein Ausländer, der nur bei euch lebt.
16 Wenn er nicht duschen will und sich nicht wirklich
von dieser Sache sauber macht, dann wird sie an
ihm kleben bleiben.“

18 Gesetze zum Thema Sex

1 Gott sagte noch eine Ansage für Mose:
„Mose? Rede mal mit den Leuten aus Israel!
Sag ihnen Folgendes von mir: 2 ‚Ich bin euer Gott,
der absolute Chef! 3 Ihr sollt nicht so drauf sein wie
die Ägypter, bei denen ihr mal gewohnt habt. Und
ihr sollt euch auch nicht an die Leute anpassen, die
in Kanaan leben, wo ich euch ja hinführen will.
Deren Regeln sollen euch scheißegal sein. 4 Ihr sollt
euch nach dem richten, was ich euch gesagt habe!
Meine Gesetze sollen euch interessieren, ihr sollt so
leben, wie es da drinsteht. Warum? Weil ich doch
euer Gott bin, ich bin der Chef! 5 Ich möchte, dass
ihr euch nach meinen Gesetzen richtet und danach
lebt, weil jeder, der das tut, gut draufkommen wird,
er wird leben. Ich bin Gott! 6 Keiner soll mit seinen
eigenen Geschwistern Sex haben. Das sage ich,
euer Gott. 7 Auch mit deinem Vater sollst du keinen
Sex haben. 8 Du sollst auch nicht mit deiner Mutter
Sex haben, weil das nur dein Vater darf. 9 Auch mit
deiner Schwester oder Halbschwester nicht, auch
dann nicht, wenn sie unehelich ist. 10 Und auch mit
deinen Enkeln sollst du keinen Sex haben, das wäre
oberpeinlich und nicht okay. 11 Du sollst auch mit
deiner Stiefschwester keinen Sex haben. 12–13 Du
sollst auch nicht mit deiner Tante schlafen, weder
väterlicherseits noch mütterlicherseits, denn die ist
ja auch eine nahe Verwandte von dir. 14 Du sollst
auch mit dem Bruder von deinem Vater, deinem
Onkel, keinen Sex haben. Und du darfst auch nie
mit dessen Frau schlafen, das geht gar nicht! 15 Du
sollst auch keinen Sex mit der Ehefrau von deinem
Sohn haben. Sie ist ja immerhin die Frau von dei-
nem Sohn, darum geht das nicht. 16 Mit der Frau
von deinem Bruder, deiner Schwägerin, sollst du
auch keinen Sex haben. Das darf nur dein Bruder, es
ist ja seine Frau und nicht deine. 17 Du sollst auch
mit keiner Frau schlafen, wenn du gleichzeitig was
mit ihrer Tochter oder der Tochter ihrer Tochter was
am Laufen hast. Das sind ja ganz nahe Verwandte,
das wäre superpeinlich, und Gott findet das total
ätzend. 18 Ich möchte auch nicht, dass jemand
gleichzeitig mit einer Frau und ihrer Schwester ver-
heiratet ist. Da gäbe es nur die derben Eifersuchts-
szenen. 19 Du sollst keinen Sex mit deiner Frau
haben, während sie ihre Tage hat. In der Zeit ist sie
einfach nicht sauber. 20 Du sollst auch nicht mit der
Frau von deinem Nachbarn oder von einem Freund
oder Arbeitskollegen schlafen. Wenn du Sex mit ihr
hast, wirst du dreckig, du bist dann ‚unrein‘. 21 Ich
möchte auf keinen Fall, dass du eins deiner Kinder
für irgendeinen fiesen Plastikgott verbrennst. Damit
beleidigst du mich echt total. Hallo? Ich bin Gott!
22 Ich will auch nicht, dass Männer miteinander Sex
haben wie mit einer Frau. Das finde ich total ätzend.
23 Und Sex mit Tieren finde ich zum Kotzen, da
machst du dich voll dreckig. Auch Frauen sollen
keinen Sex mit Tieren haben, das ist doch total
ätzend! 24 Durch solche Sachen dürft ihr euch auf
keinen Fall dreckig machen! Die Leute, die da leben,
wo ich euch hinführen werde, denen bin ich total
egal. Die leben so und haben dadurch ihre Seele
total verdreckt. Diese Leute werdet ihr alle aus
ihrem Land rausschmeißen. 25 Durch so was ist ihr
ganzes Land verpestet und verdreckt worden.
Darum wird ihr ätzendes Verhalten auch Konse-
quenzen haben. Ich werde sie in hohem Bogen von
da rausschmeißen. 26 Von euch erwarte ich aber,
dass ihr meine Gesetze einhaltet. Meine Regeln
sollen euch echt wichtig sein. Ihr sollt diese üblen
Sachen nicht tun! Das gilt für die Israeliten genauso
wie für die Ausländer, die bei euch wohnen. 27 Diese
bescheuerten Sachen haben die Leute, die dort vor
euch gelebt haben, ständig gemacht. Dadurch ist
das ganze Land total verpestet. 28 Darum können
die dort nicht mehr lange leben, sie werden vom
Land wieder „ausgekotzt“. Das darf euch nicht pas-
sieren, darum passt auf und macht euch nicht dre-
ckig. 29 Ich will deshalb, dass ihr diese Ansage
befolgt: Wenn einer die oben erwähnten ätzenden
Sachen tut, muss er bei euch radikal rausgeschmis-
sen werden. 30 Checkt also immer meine Gesetze
ab, lest die ständig. Ich möchte nicht, dass ihr diese
oberätzenden Lebensweisen übernehmt, die hier
früher üblich waren. Sie würden euch nur total dre-
ckig machen. Ich bin der Chef, ich bin euer Gott!‘“

19 Gottes Leute sollen etwas Besonderes sein

1 Jetzt sagte Gott zu Mose: 2 „Richte mal
deinen Leuten Folgendes von mir aus: Ich
möchte, dass ihr etwas Besonderes seid, darum lebt
auch so. Ich bin euer Gott, und ich bin auch etwas
Besonderes. 3 Ich möchte, dass jeder von euch Re-
spekt vor seinen Eltern hat. Und ihr sollt euch am
Sonntag mal entspannen und nicht arbeiten. Jetzt

rede ich, Gott. [4] Macht nicht mit anderen Göttern rum! Ihr sollt euch auch keinen Plastikgott irgendwo hinstellen. Ich bin der Chef, ich bin euer Gott! [5] Wenn ihr ein Dankopfer durchzieht, dann macht das genau nach meinen Ansagen! Nur so finde ich das auch cool. [6] Das Fleisch von dem Dankopfer soll an dem Tag, wann es geschlachtet wurde, auch gegessen werden. Einen Tag später geht auch noch okay. Aber am dritten Tag müsst ihr die Reste wegschmeißen und verbrennen. Solche Reste finde ich zum Kotzen. [7] Falls sich jemand nicht dran hält und trotzdem was davon isst, dann könnt ihr das ganze Opferritual vergessen, es ist mir nicht nur egal, ich finde es dann zum Kotzen. [8] Wenn einer doch was davon isst, hat er richtig Mist gebaut, er hat es dadurch in den Dreck gezogen. Es war doch ganz allein für Gott bestimmt! Darum muss er aus der Gemeinschaft rausgeschmissen werden. [9] Wenn ihr eure Felder aberntet, dann sollt ihr am Rand immer einen Streifen stehenlassen. Und ich möchte auch nicht, dass ihr danach noch einmal im Feld nach den Sachen sucht, die übersehen wurden. [10] Das Gleiche gilt auch für den Weinberg. Wenn da Trauben runtergefallen sind, dann lasst sie liegen. Die Reste sind nämlich für die Leute, die keine Kohle haben, für Bettler und Hartz-IV-Empfänger. Diese Ansage kommt von mir, Gott, eurem Gott. [11] Sachen klauen ist total uncool, lasst das sein! Rumlügen und Leute abzocken finde ich genauso ätzend. [12] Haut kein ‚Oh, ich schwöre bei Gott' raus, ohne dass ihr euch ganz sicher seid. Nachher war das Ding gelogen, und ihr habt meinen Namen lächerlich gemacht. Ich bin Gott! [13] Leute erpressen und beklauen soll es bei euch nicht geben. Wenn ihr Angestellte habt, dann zahlt denen auch pünktlich ihre Kohle aus. [14] Ihr sollt nicht über Leute ablästern, die hörgeschädigt sind. Der kann sich ja nicht dagegen wehren. Und wenn jemand nichts sehen kann, soll ihm auch keiner ein Bein stellen. Ich will Respekt von euch, ich bin Gott! [15] Wenn ihr mal jemand vor Gericht verklagen müsst, dann muss das unbedingt korrekt nach den Gesetzen abgehen. Keiner hat Sonderrechte, egal ob man viel oder wenig Kohle hat, in der Chefetage sitzt oder als Putzkraft arbeitet. Wenn einer von euch einen Job als Richter hat, soll er die Sachen immer ganz gerecht abgehen lassen. Gerechtigkeit ist die Latte, an der er messen muss. [16] Erzähle keinen Schwachsinn über Leute, die du kennst, und läster nicht rum. Ihr sollt auch nicht Menschen, die eurer Karriere im Weg stehen, mobben oder mit linken Mitteln aus dem Weg zu räumen. Ich bin Gott! [17] Wenn du einen Hals hast gegen einen aus der Familie, dann zieh dir das nicht zu lange rein. Quatsch dich mit dem aus, wenn du das nicht machst, bist du nicht korrekt für mich. [18] Rache geht schon mal überhaupt nicht, ich will nicht, dass du so drauf bist. Trage keinem seine Fehler hinterher. Liebe die Leute in der Nähe genauso stark, wie du dich selber lieb hast. Ich bin Gott!"

Noch ein paar Ansagen für Gottes besondere Leute

[19] „Lebt genau so, wie ich es gesagt habe! Und wenn ihr Tiere habt, sollen die unterschiedlichen Arten nicht miteinander gekreuzt werden. Auf einem Feld sollen auch nicht die unterschiedlichen Pflanzen gemischt werden, zum Beispiel Getreide und Gurken. Und eure Klamotten sollten auch nur aus einem Material sein. [20] Wenn ein Chef mit einer seiner Angestellten Sex hat, die zwar einen Freund hat, aber noch nicht verheiratet ist, dann müssen die bestraft werden. Da drauf gibt es aber keine Todesstrafe, denn die Frau war ja irgendwie noch zu haben. [21] Der Mann muss dann ein männliches Schaf nehmen und für ein Wiedergutmach-Opfer an den Eingang vom besonderen Zelt bringen. [22] Wenn der Priester das Opferritual für ihn durchgezogen hat, geht die Sache in Ordnung. Ich verzeihe demjenigen seinen Mist, es ist okay. [23] Wenn ihr in dem Land, das ich euch geben werde, anfangt Obstbäume anzupflanzen, dürft ihr die ersten drei Jahre nichts von den Früchten essen. Sie sind nicht gut, sie sind ‚unrein'. [24] Dann im vierten Jahr sollen alle Früchte von den Bäumen mir geschenkt werden. [25] Ab dem fünften Jahr dürft ihr die ganzen Früchte verspachteln. Wenn ihr das so durchzieht, werden an euren Obstbäumen voll fett Früchte wachsen. Ich bin der Chef, ich bin Gott! [26] Ich will nicht, dass ihr Fleisch esst, das noch voller Blut ist. Und ihr sollt auch keine Horoskope lesen oder zu den Handlesern und Kartenlegern gehen. Okkultismus und Wahrsagerei sind ätzend! [27–28] Wenn bei euch jemand gestorben ist, dann könnt ihr ruhig trauern. Aber ich will nicht, dass ihr dann so seltsame Rituale macht von den anderen Völkern, von den Leuten, die mich nicht kennen, also euch den Bart abschneidet oder euch ritzt oder wegen dem Toten euch ne Tätowierung stechen lasst. Nicht vergessen, ich bin Gott! [29] Wer seine Kinder auf den Strich schickt, ist untendurch. Wenn sich das rumspricht und andere das auch machen, würde mir das total weh tun. [30] Respekt vor dem Ruhetag, dem Sonntag,

will ich bei euch sehen. Und verdreckt nicht das
besondere Zelt. Ich bin Gott! 31 Wenn ihr Fragen
über eure Zukunft habt, sollt ihr damit nicht zu den
Esoterikern gehen! Ich will auch nicht, dass ihr zu
Geisterbeschwörern geht, die dann mit toten Men-
schen labern, das geht gar nicht! Wer das macht, ist
nicht in Ordnung, er ist ‚unrein'. Ich bin der Chef,
euer Gott! 32 Wenn ihr irgendwo einen Opa oder
eine Oma mit grauen Haaren trefft, sollt ihr Respekt
vor denen haben. Ihr dürft die nicht verarschen.
Und habt Respekt vor eurem Gott. Dieser Gott bin
ich! 33 Ausländer, die bei euch leben, sollen nicht
unterdrückt oder beleidigt werden. 34 Ihr sollt mit
denen so umgehen, wie ihr mit euren eigenen Leu-
ten auch umgeht. Ihr sollt die Ausländer, die bei
euch leben, sogar so lieben, wie ihr euch selber
auch liebt. Nicht vergessen: Ihr wart auch viele
Jahre Ausländer, als ihr noch in Ägypten gewohnt
habt! Ich bin der Chef, ich bin Gott! 35–36 Jemanden
abzocken ist nicht okay. Wenn ihr Sachen verkauft,
dann muss eure Waage richtig funktionieren, und
alle Ansagen sollen auch stimmen. Ich bin der Chef,
euer Gott! Ich hab euch aus Ägypten rausgeholt!
37 Lebt nach meinen Ansagen, richtet euer Leben
nach meinen Gesetzen aus. Nicht vergessen Leute:
Ich bin Gott!"

20 Ganz derbe Verbrechen und die Todesstrafe

1 Gott sagte noch zu Mose: 2 „Ich hab noch
'ne Ansage für die Israeliten! Es gibt ein
paar Sachen, die sind so schlimm, dafür gibt es nur
die Todesstrafe! Und dieses Gesetz gilt für euch und
auch für die Ausländer, die bei euch leben. Also:
Wenn irgendeiner von euch sein eigenes Kind so
einem Pseudogott opfert, der muss die Todesstrafe
kriegen! Die ganze Gemeinschaft soll sich in so
einem Fall treffen und den so lange mit Steinen
beschmeißen, bis der abgenippelt ist. 3 Ich werde
höchstpersönlich gegen solche Typen vorgehen. Er
wird sofort rausgeschmissen. Warum? Weil er eins
von seinen eigenen Kindern für so einen Pseudogott
umgebracht hat! Damit hat er alles total verdreckt,
er hat mich und das besondere Zelt vollgerotzt.
4 Wenn die Leute, die bei euch wohnen, das nicht
wahrhaben wollen, bin ich erst recht sauer. Wenn
sie so tun, als hätten sie nichts gemerkt, und es
keine Konsequenzen für diese üble Tat gibt,
5 komme ich höchstpersönlich vorbei und werde ihn
und auch seine ganze Familie bestrafen. Wer so was
tut, fliegt raus. Das gilt auch für alle, die ähnliche
Pläne haben. 6 Was ich auch total ätzend finde, ist,
wenn sich jemand an Wahrsager wendet, oder an
Spiritisten, die mit Verstorbenen quatschen. Wer
das tut, redet mit Dämonen und findet die auch
noch toll. Das sind meine ganz persönlichen
Feinde; wenn jemand so was macht, fliegt er sofort
raus! 7 Haltet euch fern von Dingen, die ich ätzend
finde! Lebt anders als die anderen Menschen, denn
ich bin auch anders drauf. Ich bin der Chef, ich bin
euer Gott! 8 Tut die Sachen, die ich in meinen Geset-
zen gesagt habe. Ich bin Gott, und ich habe mit
euch etwas vor, ihr seid anders als die anderen Völ-
ker. Ich möchte, dass ihr etwas ganz Besonders
seid. 9 Noch was: Wenn einer von euch seinen Vater
oder seine Mutter verhext oder so einen Voodoo-
zauber gegen die organisiert, der kriegt die Todes-
strafe. Er hat seinen Vater oder seine Mutter ver-
flucht, darum muss er mit seinem eigenen Blut
dafür bezahlen. 10 Wenn ein Mann mit der Ehefrau
von einem anderen Israeliten ins Bett steigt, kriegen
beide die Todesstrafe. 11 Falls jetzt ein Typ mit der
Frau seines Vaters schläft, ist das nicht nur für den
Vater sehr peinlich, es ist ganz schlimm, denn sie
sind ja miteinander verwandt. Beide müssen ster-
ben, sie kriegen die Todesstrafe. 12 Und wenn je-
mand mit seiner Schwiegertochter schläft, kriegen
auch beide die Todesstrafe. Sie haben sich beide
total dreckig gemacht, das war eine ganz üble Tat.
13 Wenn zwei Männer rumschwulen und miteinan-
der Sex haben, ist das total ätzend. Sie kriegen die
Todesstrafe. Auch diese üble Tat muss richtig be-
straft werden. 14 Nun könnte einer eine Frau heira-
ten wollen und noch dazu deren Mutter. Das ist
superätzend. Alle drei kriegen die Todesstrafe, sie
müssen verbrannt werden. So was Ätzendes darf
bei euch nicht passieren. 15 Sodomie, also Sex mit
Tieren, ist gruselig und führt zur Todesstrafe. Das
Tier muss übrigens auch getötet werden. 16 Das gilt
auch für Frauen. Wenn Frauen mit Tieren Sex haben,
führt das auch zur Todesstrafe. Solche Sachen müs-
sen richtig bestraft werden. 17 Wenn ein Mann mit
seiner Schwester oder Halbschwester schläft, dann
haben alle Beteiligten Mist gebaut. Das ist total
übel. Beide müssen öffentlich hingerichtet werden.
Der Mann hat ja immerhin mit seiner Schwester Sex
gehabt, er muss die Konsequenzen dafür tragen.
18 Bei dem Fall, dass ein Mann mit seiner Frau
schläft, obwohl die gerade ihre Tage hat, machen
sich beide schuldig. Ihr müsst sie aus der Gemein-
schaft rausschmeißen. 19 Keiner darf mit seiner
Tante schlafen, die kommt ja auch aus seiner nahen

Verwandtschaft. Wenn sie das doch machen, müs-
sen sie die Konsequenzen tragen. 20 Wenn einer mit
der Ehefrau von seinem Onkel, also seiner Tante,
schläft, tut er etwas total Peinliches, besonders für
den Onkel. Als Strafe werden sie keine Kinder
haben. 21 Wer mit der Frau von seinem Bruder Sex
hat, lässt seinen eigenen Bruder total alt aussehen.
Das ist voll daneben. Er und auch die Frau werden
niemals Kinder haben. 22 Lebt nach diesen Gesetzen
und Regeln, die ich euch gegeben habe. Nur wenn
ihr das tut, werdet ihr nicht in hohem Bogen aus
dem Land wieder rausfliegen, in das ich euch brin-
gen will. 23 Passt euch in der Lebensweise auf keinen
Fall an die Leute an, die vor euch dort gewohnt
haben. Die werde ich dort rausschmeißen, gerade
weil sie so ätzende Sachen machen, die ich ganz
schrecklich finde. 24 Darum hab ich damals schon
zu euch gesagt: ‚Das Land, was denen gehört,
werde ich euch schenken. Ihr sollt es nehmen, es
gehört euch. Es ist ein fettes Land, da gibt es alles,
wovon man nur träumt, und zwar reichlich.' Ich hab
euch zu was Besonderem gemacht, ich bin Gott.
25 Das ist auch der Grund, warum ihr unterscheiden
sollt zwischen Tieren, die ihr essen dürft, die also
‚rein' sind, und Tieren, die ‚unrein' sind. Esst keine
Tiere, die ‚unrein' sind, weil ihr euch dadurch dre-
ckig macht. Und dann finde ich euch auch eklig.
26 Ihr sollt etwas Besonderes sein, und ihr sollt nur
mir gehören, sonst keinem! Ich bin Gott, und ich
bin das Besondere in Person, ich bin heilig! Ich
habe euch extra ausgesucht aus vielen anderen Völ-
kern. Mein Plan war schon immer, dass ihr nur mir
gehört! 27 Noch was zum Schluss: Wenn jemand
anfängt mit Toten- oder Geisterbeschwörung und
dann aus einem Mann oder einer Frau so ein Toter
oder ein Geist plötzlich anfängt zu sprechen, dann
ist das echt übel. Und da drauf gibt es nur eins, die
Todesstrafe. Solche Sachen müssen richtig hart
bestraft werden."

21

Wie Priester leben sollen

1 Gott hatte dann noch ne Nachricht für die
Priesterfamilie vom Aaron, die er durch
Mose ausrichten ließ: „Hört zu, Leute, keiner von
euch Priestern darf sich dadurch verdrecken, dass
er eine Leiche anfasst! 2 Eine Ausnahme sind eure
nahen Verwandten, wenn die gestorben sind, die
dürft ihr anfassen. Also die Mutter, den Vater, den
Bruder oder die Kinder. 3 Man kann auch zu der
Gruppe noch die Schwester zählen, falls sie noch
nicht geheiratet hat und noch mit ihrem Bruder in
der gleichen Bude wohnte. 4 Ihr dürft aber die Lei-
che von eurer Schwester nicht anfassen, wenn die
schon verheiratet war. 5 Wenn einer aus der Familie
gestorben ist, darf sich der Priester deswegen nicht
gleich die Haare abrasieren, den Bart kürzen oder
sich was in die Haut ritzen. Das machen nur die
okkulten Trottel. 6 Ein Priester soll so drauf sein,
dass er ganz radikal für mich lebt. Er soll für meine
Sache da sein und sie respektieren. Priester verbren-
nen Sachen auf dem Opfertisch, dem Altar, für
mich, was ja sozusagen mein Essen ist, darum
müssen sie einen großen Bogen um alles machen,
was ätzend ist und ‚unrein'. 7 Sie dürfen auch keine
Hure heiraten und auch keine Frau, die nicht mehr
Jungfrau ist. Ich will auch nicht, dass sie sich eine
Frau nehmen, die schon mal verheiratet war. Pries-
ter gehören Gott, radikal. 8 Priester sollen bei euch
die Stellung haben, dass jeder weiß: Den hab ich
mir extra ausgesucht, weil er für mich die Opfersa-
chen macht. Ich bin Gott, und ich bin anders. Ich
hab euch extra ausgesucht, ihr gehört alleine mir.
9 Wenn die Tochter von einem Priester auf die
schiefe Bahn kommt und auf dem Strich landet,
zieht sie ihren Vater mit in den Dreck. Darum muss
sie sterben, sie soll verbrannt werden. 10 Der Ober-
priester darf bei einer Trauerfeier seine Haare nicht
offen tragen oder seine Klamotten öffentlich zerfet-
zen. Er ist für mich in diesen Job eingesetzt worden
und mit den dafür angesagten Priesterklamotten
ausgestattet worden. 11 Er darf auch nicht einen
Totenbesuch abstatten, dadurch wird er dreckig, er
wird ‚unrein'. Das gilt auch, wenn der Tote seine
Mutter oder sein Vater ist. 12 Solange in seinem
Haus ein toter Mensch irgendwo rumliegt, darf er
es nicht betreten. Er soll dann im besonderen Zelt
bleiben. Wenn der jetzt nach Hause gehen würde
und sich mit dem Toten verdreckt, würde er das
besondere Zelt besudeln, weil er ja mit dem beson-
deren Öl aus dem besonderen Zelt zum Oberpries-
ter gemacht wurde. Ich bin der Chef, ich bin Gott!
13 Er darf auch nur eine Frau heiraten, die vorher
noch keinen Sex hatte. 14 Sie sollte auch keine Witwe
sein, nicht schon vorher mit jemand anderes verhei-
ratet und auch keine Hure sein. Er muss eine Frau
aus dem eigenen Volk heiraten. 15 Sonst würde es
passieren, dass seine Kinder nicht okay wären, sie
sind dann auch ‚unrein'. Ich bin Gott, und ich habe
ihn extra für diesen Job ausgesucht." 16–17 Gott hatte
Aaron noch mehr durch Mose zu sagen: „Wenn
einer aus deiner Familie krank ist, dann darf er nicht

zum Altar kommen, um für mich ein Opferritual durchzuziehen. Dieses Gesetz ist wichtig und gilt für immer. [18] Zugelassen für den Opferjob werden nur Leute, die keine Behinderung haben. [19] Auch Leute mit nur einem Arm oder Bein dürfen den nicht machen. [20] Oder Leute mit einem Buckel oder Sehfehler, oder Liliputaner, oder Leute, die die Krätze haben oder andere Hautkrankheiten, und auch keiner, der mal ordentlich einen auf die Eier bekommen hat und die jetzt kaputt sind. [21] Keiner von den Nachkommen vom Priester Aaron darf, wenn er irgend so einen Schaden hat, so ein Opferding auf dem Tisch für mich verbrennen. [22] Er darf aber von den Sachen essen, die man für mich geopfert hat. Von den besonderen und auch von den ganz krass besonderen Sachen darf er alles spachteln, wenn er will. [23] Aber weil er irgendwie krank ist, darf der nicht zum Vorhang in dem besonders krassen Bereich gehen, und er darf auch nicht zu nahe an den Altar ran. Er würde sonst das besondere Zelt und die ganzen Sachen, die da drin stehen, zu etwas Stinknormalem machen. Aber ich bin der Gott, der sie zu etwas ganz Besonderem macht."
[24] Mose erzählte Aaron und seinen Söhnen diese neue Order und dann auch allen Israeliten.

22 Wer was von den Opfersachen essen darf und wer nicht

[1] Gott redete mal wieder mit Mose. Er sagt zu ihm: [2] „Mose? Sag mal Aaron und seinen Söhnen, dass sie Respekt haben sollen, wenn sie mit den besonderen Geschenken zu tun haben, die mir die Israeliten geben! Sonst werde ich von denen in den Dreck gezogen. Ich bin Gott! [3] Wenn irgendwann mal einer von euch auf die Idee kommt, sich diesen besonderen Geschenken zu nähern, der dann aber dabei verdreckt und ‚unrein' ist, dann fliegt er sofort raus. Ich will den nicht mehr sehen, für immer. Ich bin Gott! [4] Keiner aus der Familie von Aaron darf bei dem Essen mitmachen, wo die ganz besonderen Geschenke verspachtelt werden, wenn er dabei noch dreckig, also ‚unrein' ist. Damit meine ich jetzt auch, wenn der zum Beispiel diese ansteckende Hautkrankheit ‚Aussatz' hat. Aber auch, wenn der einen ekligen Ausfluss hat oder etwas berührt hat, was durch einen Toten verdreckt wurde, oder wenn er auch nur irgendwie abgespritzt hat, gilt das. [5] Falls er Kakerlaken oder anderes Ungeziefer angefasst hat oder einen Menschen, der irgendwie verdreckt und ‚unrein' ist, [6–7] dann ist er selbst auch verdreckt, er ist ‚unrein'. Dieser Zustand geht bis abends. So lange darf er nichts von den besonderen Sachen essen, die für das Opferding bestimmt sind. Wenn es dunkel geworden ist, soll er mal anständig duschen. Und dann ist er wieder sauber, er ist rein und darf auch von den besonderen Geschenken was essen. Er muss sich ja auch von irgendwas ernähren. [8] Keiner aus der Familie von Aaron darf Fleisch essen, das von Tieren kommt, die irgendwo tot auf der Straße rumliegen. Das macht ihn dreckig, er wird dann ‚unrein'. Nicht vergessen, ich bin Gott! [9] Die Priester sollen die Sachen durchziehen, die ich gesagt habe. Sie sollen da drauf aufpassen, dass sie keinen Mist bauen und dann irgendwie sterben, weil sie die ganz besonderen Sachen essen, obwohl sie innerlich total verdreckt sind. Ich bin Gott. Ich habe die Leute, die Priester werden sollen, extra für den Job ausgesucht. [10–11] Nur wer zu der Familie von einem Priester gehört, darf von den besonderen Opfersachen was essen. Ein Angestellter, der von einem Priester fest angestellt wurde und bei ihm wohnt, darf auch davon was essen und auch dessen Kinder. Aber keiner, der nur vorübergehend bei ihm lebt und arbeitet. [12] Wenn jetzt die Tochter von einem Priester einen Mann heiratet, der selbst kein Priester ist, dann darf sie von diesen besonderen Opfersachen nichts mehr essen. [13] Falls nun ihr Mann irgendwann tot ist oder sie von dem Typen rausgeschmissen wurde und es aus der Ehe keine Kinder gibt und sie dann wieder zu Hause bei ihrem Vater einzieht, dann darf sie die Sachen wieder essen, die ihr Vater als Priester auch essen darf. Aber nur wer wirklich zu einer Priesterfamilie gehört, darf davon essen.
[14] Nun kann es passieren, dass einer aus Versehen was davon isst. Dann muss er es dem Priester ersetzen und noch 20 Prozent drauflegen. [15] Die Priester müssen dafür sorgen, dass die besonderen Geschenke nicht von jedem Pups gegessen werden. Und sie müssen so gegessen werden, wie Gott es gesagt hat, sonst werden sie dreckig. [16] Sonst bekommen die Israeliten ein Problem, sie werden schuldig. Ich bin Gott, und diese Geschenke sind etwas ganz Besonderes, weil sie für mich sind, sie sind heilig."

Was für Tiere taugen zum Opfern und was für welche nicht?

[17] Gott redete dann mal wieder mit Mose. [18] „Mose? Sag mal Aaron und seinen Söhnen, aber auch allen anderen Israeliten Folgendes: ‚Das gilt für jeden,

der bei euch lebt, egal ob er ein Ausländer ist oder aus euren Familien stammt. Wenn er sein Opferritual durchziehen will, weil er etwas versprochen hat oder einfach so, freiwillig, und er es als Abfackelopfer machen will, [19] dann muss das Tier bestimmte Eigenschaften mitbringen. Es muss gesund und auch sonst voll in Ordnung sein. Außerdem soll es männlich, und entweder ein Schaf, eine Ziege oder ein Rind sein. [20] Ihr dürft keine Tiere opfern, die irgendeine Behinderung haben, denn die würde ich nicht akzeptieren. [21] Wenn jemand so ein Dankopfer für mich durchziehen will, um irgendein Versprechen zu erfüllen oder einfach nur so, und er nimmt dabei eine Rind, ein Schaf oder eine Ziege, dann akzeptiere ich das nur, wenn das Tier keine Behinderung hat. [22] Ein Tier, das keine Augen hat oder verkrüppelt ist, das nur drei Beine hat oder eine fiese Entzündung oder Krankheiten an der Haut, will ich nicht haben. So was darf gar nicht als ein Opfer auf meinen Altar kommen. [23] Man kann so ein Tier mit krummen Beinen als so ein freiwilliges Opfer an mich schenken, das ist okay. Aber als ein Opfer, mit dem man ein Versprechen erfüllt, akzeptier ich es nicht. [24] Auch Tiere, denen man die Hoden abgeschnitten hat, will ich nicht haben. Das Abschneiden von Hoden bei Tieren finde ich generell total beknackt, so was soll es bei euch nicht geben. [25] Aber auch von jemand anderem, der von außen kommt, sollt ihr so ein Tier gar nicht erst kaufen, um es mir zu schenken. Wenn ihr solche Tiere opfert, könnt ihr mich nicht wirklich beeindrucken.'"

[26] Dann sagte Gott noch was zu Mose: [27] „Wenn eine Kuh oder ein Schaf oder eine Ziege bei euch Babys kriegen, dann muss es die ersten sieben Tage bei seinem Muttertier bleiben. Erst ab dem achten Tag dürft ihr es mir schenken, vorher will ich das nicht haben. [28] Ihr dürft auch nicht das Muttertier am gleichen Tag töten wie das Babytier. [29] Wenn ihr für Gott ein Opferritual durchzieht, um euch bei ihm zu bedanken, dann macht es auch so, dass es von ihm akzeptiert wird. [30] Alles sollte noch an dem Tag aufgegessen werden, wo es geschlachtet worden ist. Es sollten keine Reste am nächsten Morgen davon übrig bleiben. Ich bin Gott! [31] Ihr sollt Respekt vor meinen Gesetzen haben! Tut das, was dort gesagt wird. Ich bin Gott! [32] Verarscht mich nicht und macht auch keine dummen Sprüche über mich. Alle Leute, die zu den Israeliten gehören, müssen mich als ihren krassen, ganz besonderen Gott respektieren! Ich bin Gott, und ich habe euch extra ausgesucht, ihr seid meine Leute! [33] Ich habe euch aus Ägypten rausgeholt, weil ich euer Gott sein will. Ich bin Gott und sonst niemand!"

23

Feiertage und Feste

[1] Gott wollte dann von Mose, dass er den Israeliten noch was sagt: [2] „Es gibt da noch so ein paar Feiern, die für euch gesetzt sind. Ihr sollt die als ganz besondere Zeiten organisieren, die nur für Gott sind. [3] Den Sonntag sollt ihr feiern. Sechs Tage ist Maloche angesagt, aber am siebten Tag, am Sonntag, müsst ihr euch entspannen, das ist voll wichtig. Dieser Tag ist anders als die anderen Tage, und der gehört ganz und total Gott. Das ist jetzt eine Regel, die überall passt, egal wo ihr gerade zu der Zeit wohnt. [4] Die anderen Feiern, die für Gott wichtig und ganz besonders sind, kommen jetzt:

Die Passaparty

[5] Jeden 14. April sollt ihr für Gott die Passaparty machen, abends, wenn es dunkel wird. [6] Am nächsten Tag geht es dann mit dem Fest der Fladenbrote weiter. Das soll sieben Tage lang für Gott abgefeiert werden. In der Woche dürft ihr nur Brot essen, das ohne Hefeteig gemacht worden ist. [7] Am ersten Tag der Woche sollt ihr einen Gottesdienst veranstalten und auf keinen Fall arbeiten. [8] Und die ganze nächste Woche sollt ihr Opferrituale für Gott durchziehen. Am Ende der Woche ist wieder beten statt arbeiten angesagt."

Das Erntefest und der Sieben-Wochen-Rave

[9] Dann sollte Mose den Israeliten noch von Gott sagen: [10] „Wenn Gott euch in diese Gegend geführt hat und ihr dort lebt und es ist dann Ernte, dann muss die erste Fuhre der Priester bekommen. [11] Das übergibt der Priester dann an einem Montag durch Hin-und-her-Schwenken symbolisch an Gott. Gott freut sich da drüber, er wird euch dann helfen. [12] Gebt Gott an dem Tag außerdem noch ein gut gebautes Schaf, was ein Jahr alt ist. Es soll ihm geschenkt werden, in Form von einem Abfackelopfer, was man komplett verbrennt. [13] Dann braucht ihr noch ein Essensopfer mit 2,5 Kilo gutem Mehl, was mit Olivenöl verknetet wurde. Da steht Gott voll drauf. Als Trinkopfer gibt es dann noch einen Liter Wein. [14] Von der neuen Ernte dürft ihr erst essen, nachdem ihr dieses Opferritual durchgezogen habt. Dieses Gesetz gilt ab sofort und wird immer und überall gelten, egal wo ihr gerade wohnt." [15] „Ab dem Montag, an dem ihr Gott was

von den Weizenkörnern geschenkt habt, fangt ihr an, sieben Wochen zu zählen. 16 An dem Montag nach sieben Wochen schenkt ihr Gott dann wieder ein Essensopfer von den neuen Sachen, die gerade geerntet wurden. 17 Jede von euren Familien soll zwei Brote einpacken und die mit zum besonderen, heiligen Zelt nehmen. Jedes Brot soll aus 2,5 Kilo Weizenmehl gemacht werden, das mit Hefeteig versetzt wurde. Sie sind ein Geschenk für Gott von der ersten Weizenernte. 18 Außer dem Brot soll die ganze Gemeinschaft Gott noch sieben Schafe opfern, die ein Jahr alt und voll in Ordnung sind. Dazu noch einen Stier und zwei männliche Schafe, die alle als Abfackelopfer komplett verbrannt werden sollen. Dazu soll man noch die Essens- und Trinkopfer machen, die zu dem Zweck vorgeschrieben sind. Da freut sich Gott voll drüber. 19 Ich möchte auch noch eine männliche Ziege haben, als so ein Opfer, das man macht, um den ganzen Mist wegzunehmen, der aus Versehen gebaut wurde. Und dann braucht es noch zwei Schafe, die ein Jahr alt sind, für ein Dankopfer. 20 Der Priester übergibt Gott durch Hin-und-her-Schwenken symbolisch die ganzen Brote und alle Sachen, die geopfert werden sollen. Das sind ganz besondere Geschenke für Gott, und am Ende können die Priester die haben. 21 Dieser Tag soll für euch etwas ganz Besonderes sein, er ist heilig. An dem Tag sollt ihr auch nicht arbeiten. Dieses neue Gesetz gilt ab sofort und für immer. Und egal wo ihr auch gerade wohnt, es passt für euch. 22 Wenn ihr eure Felder aberntet, dann müsst ihr an den Seiten immer einen Rand lassen, der stehenbleibt. Und ihr dürft auch nicht noch ein zweites Mal auf das Feld, um die Sachen einzusammeln, die liegengeblieben sind. Das soll für die Arbeitslosen, Ausländer und Sozialhilfeempfänger bleiben. Ich bin der Chef, euer Gott!"

Neujahr

23 Gott sagte dann noch zu Mose: 24 „Sag deinen Leuten auch noch das hier: ‚Neujahr soll ein Tag sein, wo ihr euch entspannen könnt. Für Gott ist dieser Tag etwas ganz Besonderes, er ist heilig. An dem Tag sollt ihr einen Gottesdienst mit ordentlich viel Mucke veranstalten, damit ihr Gott nicht vergesst. 25 Ihr dürft da auf keinen Fall arbeiten, stattdessen sollt ihr für Gott Opferrituale durchziehen!'"

Der Alles-wieder-gut-Tag

26 Außerdem sagte Gott noch zu Mose: 27 „Am 10. Oktober ist der Tag, wo alles wieder gut wird. Da bringt ihr im besonderen, alleroberheiligen Bereich im Zelt wieder alles in Ordnung, was ihr an Mist gebaut habt. Ihr sollt an dem Tag auf Essen und Trinken verzichten und für mich einen Gottesdienst und Opferrituale machen. 28 Ich möchte, dass ihr an diesem Tag nicht arbeitet. Es ist der Tag, wo alles wieder gut wird, ich habe euch mit mir versöhnt. 29 Wer aber an dem Tag keinen Bock drauf hat, für mich auf Essen und Trinken zu verzichten, der muss rausgeschmissen werden. 30 Gott wird auch höchstpersönlich diejenigen rauspicken und töten, welche unter seinen Leuten an diesem Tag trotzdem arbeiten. 31 An dem Tag ist das eine sehr radikal gemeinte Ansage. Da sollt ihr nicht arbeiten, und zwar für immer und egal, wo ihr gerade rumhängt. 32 Es ist total wichtig, dass man an dem Tag, an dem alles wieder gut wird, nicht arbeitet und diese Sachen tut, um zu zeigen, dass man sich ändern will. Vom Abend des 9. bis zum Abend des 10. müsst ihr das unbedingt durchziehen, ihr dürft nicht arbeiten."

Das „Fest der Blätterbuden"

33 Dann sagte Gott zu Mose: 34 „Sag den Israeliten Folgendes: ‚Am 15. Oktober beginnt das ›Fest der Blätterbuden‹. Sieben Tage lang sollt ihr dieses Fest radikal für Gott abfeiern. 35 Der Tag ist ganz wichtig, er ist sehr besonders. Wie gesagt, sollt ihr da nicht arbeiten. 36 Ihr sollt sieben Tage lang Opferrituale für Gott abfackeln. Am achten Tag sollt ihr einen Gottesdienst feiern und noch mehr Opferrituale abfackeln. An dem Tag sollt ihr eine Riesenparty feiern. Ihr dürft in der Zeit nicht arbeiten. 37 Das sind die Feste, die man für Gott feiern soll. Es sind ganz besondere Zeiten und sollen als solche auch angesagt werden. In der Zeit schenkt ihr Gott Opfersachen, ihr zieht Abfackelopfer, Essensopfer, Trinkopfer und Dankopfer durch, genau so, wie es für das jeweilige Fest vorgesehen ist. 38 Dazu feiert ihr jede Woche den Sonntag als den Tag, der alleine Gott gehört, und zieht immer auch die Opferrituale durch, die ihr sowieso machen wolltet, freiwillig oder weil ihr etwas versprochen habt. 39 Zum ›Fest der Blätterbuden‹, das nach der Ernte am 15. Oktober anfängt, hab ich noch was Wichtiges zu sagen. Es soll ja mit dem Tag anfangen und aufhören, wo ihr euch entspannen sollt. Und zwar 40 nehmt ihr am ersten Tag von der Woche, wo die Feier steigt, die leckersten Früchte von euren Obstbäumen. Dann nehmt ihr noch ein paar Zweige von den Birken und den Eichen und den Weiden, die bei euch wachsen. Und dann feiert ihr sieben Tage lang eine

große Party, wo ihr abgeht auf Gott! Nur euer Gott soll dabei groß rauskommen, und nur ihn sollt ihr da feiern. [41] Ihr sollt dieses Fest jedes Jahr im Oktober machen. Das ist jetzt ein Gesetz, und das gilt für immer. [42] Alle Leute aus Israel sollen sieben Tage in eine ›Blätterbude‹ ziehen, eine Hütte die nur aus Zweigen und Laubblättern besteht. [43] Eure Kinder und die Kinder von euren Kindern sollen sich immer da dran erinnern, dass Gott eure Leute mal in solchen Blätterbuden hat wohnen lassen. Das war auf dem Weg aus Ägypten raus in das Land, was er euch versprochen hatte.'" [44] Das waren die Gesetze für die religiösen Feste und Partys, die Gott durch Mose seinen Leuten gesagt hatte.

24

Der Kerzenständer und die Brote

[1] Gott sprach mal wieder mit Mose. [2] „Sag den Leuten von Israel, dass sie genug Kerzen vorbeibringen sollen, damit für den siebenarmigen, goldenen Leuchter, der im besonderen Zelt vor dem Vorhang steht, immer genug Kerzen da sind. [3–4] Aaron hat den Job, abends die Kerzen, die oben auf dem Leuchter dran sind, anzuzünden, damit sie die ganze Nacht brennen können. Dieses Gesetz gilt ab jetzt für immer. [5] Dann lass mal zwölf Brote backen, die immer aus 2,5 Kilo Mehl gemacht werden. [6] Leg die Brote in zwei Haufen auf den goldenen Tisch, der im besonderen Zelt vor dem Vorhang steht. [7] Auf jeden Haufen legst du ein paar gute Räucherstäbchen. Die Stäbchen werden dann abgeraucht, und das ist ein Zeichen dafür, dass diese Brote mir gehören. [8] Jeden Sonntag soll Aaron neue Brote dort drauflegen. So muss das ab sofort gemacht werden, für immer. [9] Wenn die Brote vom Tisch genommen werden, gehören sie Aaron und seiner Familie. Das ist ihr Anteil an den Opfersachen, und das gilt auch für immer. Weil sie etwas ganz krass Besonderes sind, müssen sie auch beim besonderen Zelt gegessen werden.

Wenn ein Mann über Gott ablästert

[10–11] In dem Zeltlager, wo die Israeliten wohnten, war ein Typ, der eine israelitische Mutter und einen ägyptischen Vater hatte. Seine Mutter hieß Schelomit. Sie war eine Tochter von Dibris, der aus dem Familienstamm Dan stammte. Der Typ fetzte sich an einem Abend mal voll mit einem Israeliten. Im Streit sagte der dann echt ätzende Sachen über Gott und verarschte ihn. Er wurde dann verhaftet und zu Mose gebracht. [12] Mose steckte den erst mal in den Knast und redet mit Gott über den Fall. Er wollte von ihm wissen, was er mit dem jetzt machen sollte. [13] Gott sagte zu Mose: [14] „Führe den Mann ab und bring ihn an eine Stelle, die außerhalb von eurem Zeltlager liegt. Alle Zeugen, die dabei waren und sein Rumgeläster gehört haben, sollen ihre Hände auf seinen Kopf legen. Und danach soll die Gemeinschaft ihn so lange mit Steinen beschmeißen, bis der krepiert ist. [15] Den Israeliten musst du das dann noch folgendermaßen erklären: [16] ,Wer über Gott ablästert und seinen Namen verarscht, hat kein Recht mehr da drauf zu leben. Das gilt für alle von euch, alle Israeliten und alle Ausländer die bei euch leben: Wer Gott verarscht muss sterben.'"

Ausgleichende Gerechtigkeit

[17] Wenn jemand einen anderen Menschen tötet, muss der auch getötet werden. [18] Wenn jemand eine Kuh tötet, muss er sie ersetzen, zur Not auch nur kohletechnisch im Wert einer Kuh. Das ist ab jetzt eine Grundregel: Jedes Leben muss mit einem Leben bezahlt werden. [19] Wenn jemand absichtlich einen anderen Menschen verletzt, muss man dem, der das getan hat, die gleiche Verletzung zufügen. [20] Wenn jemand einem anderen Menschen einen Knochen bricht, dann soll man dem auch den gleichen Knochen brechen. Wenn er den am Auge verletzt, soll man ihn auch am Auge verletzen. Wenn er dem einen Zahn ausschlägt, soll man ihm den gleichen Zahn ausschlagen. Diese Grundregel soll bei euch immer gelten: Ein blaues Auge wird mit einem blauen Auge bezahlt, ein ausgeschlagener Zahn mit einem ausgeschlagenen Zahn. Was jemand einem antut, wird auch gleichzeitig seine eigene Strafe werden. [21] Wenn jemand eine Kuh tötet, dann muss er eine neue Kuh organisieren. Aber wenn jemand einen Menschen umbringt, dann hat er sein eigenes Leben verspielt. [22] Dieses Gesetz gilt für jeden, egal ob er ein Israelit ist oder ein Ausländer, der bei euch lebt. Ich bin Gott, euer Gott!" [23] Mose erzählte seinen Leuten diese ganzen Sachen, die Gott ihm gesagt hatte. Sie taten alles genau so und befolgten die Ansagen, die Gott gemacht hatte. Den Typen, der über Gott abgelästert hatte, brachten sie außerhalb des Zeltlagers und bewarfen ihn so lange mit Steinen, bis er tot war.

25

Das Jahr, in dem sich die Natur erholt

[1] Gott sagte auf dem Berg Sinai noch Folgendes zu Mose: [2] „Richte den Israeliten

von mir noch was aus: „Sobald ihr in dem Land
seid, das ich euch versprochen habe, sollt ihr dafür
sorgen, dass die Natur sich auch mal eine Zeitlang
erholen kann, so ähnlich wie ihr euch sonntags ent-
spannt. 3 Sechs Jahre lang könnt ihr auf euren Fel-
dern arbeiten und Sachen aussäen. Sechs Jahre lang
könnt ihr Wein anbauen und die Ernte einfahren.
4 Aber im siebten Jahr soll sich die Natur mal ent-
spannen, da gehört sie radikal mir, eurem Gott. In
der Zeit möchte ich nicht, dass ihr Sachen anbaut
und erntet. Ihr sollt auch den Weinberg in der Zeit
in Ruhe lassen und da nicht dran arbeiten. 5 Wenn
sich Pflanzen von selbst vermehrt haben, dürfen die
Früchte davon nicht im großen Stil abgeerntet wer-
den, und wenn irgendwo Weintrauben von selbst
wachsen, dann sollt ihr keine große Ernte veranstal-
ten, weder um Vorräte zu horten noch um sie zu
verkaufen. Die ganze Natur soll auch mal Pause
machen in der Zeit. 6 Ihr könnt aber das einsam-
meln, was ihr grad zum Leben braucht. Auch für die
Angestellten und Ausländer bei euch wird es locker
reichen. Generell werden alle, die bei euch leben,
immer genug zu essen haben. 7 Das reicht auch für
die Tiere, egal ob die im Zoo, im Stall oder frei
leben. Was auf den Bäumen oder auf dem Feld
wächst, könnt ihr pflücken und gleich essen, wenn
ihr wollt – so viel, wie ihr gerade zum Leben
braucht.

Das „Schuldenerlassjahr“

8–9 Wenn ihr dieses Jahr zum siebten Mal gefeiert
habt, also nach 49 Jahren, soll man am 10. Oktober
des 50. Jahres, am Alles-wieder-gut-Tag, überall Feu-
erwehrsirenen losheulen lassen. 10 Dieses 50. Jahr
soll für euch etwas ganz Besonderes sein, es soll
heilig sein. Es ist das Jahr, wo Schulden erlassen
werden, hier wird ein Resetknopf gedrückt, alles
geht wieder auf null. Wenn ein Israelit seine Gitarre
in einem Pfandhaus oder sein Haus oder sein Land
verpfändet hat, dann bekommt er es an dem Tag
wieder zurück. Wenn jemand einen Vertrag mit
einer Firma bei euch eingegangen ist, aus dem er so
einfach nicht mehr rauskommen würde, also so
einen Knebelvertrag, der ist dann wieder frei, der
Vertrag ist erloschen. 11 In diesem Jahr sollt ihr keine
Samen auf die Felder aussäen, und was gerade
wächst, auch wenn man es nicht ausgesät hat, darf
nicht im großen Stil abgeerntet werden. 12 Auch
wildwachsende Weintrauben oder Äpfel dürft ihr
nicht ernten. Das ganze Jahr soll anders sein, es ist
ein ganz besonderes Jahr. Es gehört mir, eurem
Gott, es ist etwas ganz Besonderes, es ist heilig.
Dinge, die einfach so von alleine auf den Feldern
wachsen, dürft ihr dabei schon essen, zum Sattwer-
den. Nur was man gerade braucht, darf man ein-
sammeln. 13 In diesem Jahr, in dem alle Schulden
erlassen werden, soll jeder seine Felder und sein
Stück Land zurückbekommen, wenn er es irgendwie
verkauft oder verpachtet hat. 14 Das muss euch von
vorneherein klar sein, wenn ihr von einem eurer
Leute ein Stück Land kauft oder es ihm verkauft.
15 Ihr müsst dabei im Preis berücksichtigen, wie viele
Jahre der Käufer das Land behalten kann bis zum
nächsten Schuldenerlassjahr, wo er es wieder
zurückgeben muss. 16 Umso länger es bis zum
nächsten „Schuldenerlassjahr“ dauert, desto höher
wird der Kaufpreis. Umso weniger Jahre dazwi-
schenliegen, desto weniger wird das Teil kosten.
Davon hängt ja ab, wie oft er von dem Stück Land
etwas ernten kann. 17 Ich möchte nicht, dass ihr
euch gegenseitig bescheißt. Ihr sollt Respekt vor
mir, eurem Gott, haben. Ich bin der Chef, und ich
bin der einzige Gott weit und breit. 18 Tut, was ich
euch sage, lebt nach den Gesetzen. Wenn ihr das
tut, werdet ihr immer entspannt und in Sicherheit
leben können. 19 Es wird euch in dem Land gutge-
hen und ihr werdet immer genug zu essen haben.
20 Jetzt fragt ihr euch bestimmt: Aber wovon sollen
wir uns denn in diesem siebten Jahr ernähren, wenn
wir da nichts aussäen und auch nichts ernten dür-
fen? 21 Passt mal auf, ich werde euch im sechsten
Jahr so fett beschenken, dass die Sachen sogar für
drei Jahre reichen. 22 Selbst wenn ihr im achten Jahr
dann wieder ausgesät habt, könnt ihr von der letz-
ten fetten Ernte noch so lange leben, bis die neuen
Sachen fertig gewachsen und am Start sind.“

Das Land gehört Gott

23 „Land darf nie für immer verkauft werden. Das
gehört nämlich nicht wirklich euch, sondern mir. Ihr
lebt bei mir, als ob ihr nur zu Gast wärt bzw. als
Leute, denen ich das Land nur geliehen habe.
24 Wenn ein Typ ein Stück Land verkauft, muss
immer auch ein Rückkaufsrecht mit im Vertrag ste-
hen. 25 Wenn jemand von euch bankrottgeht und
sein Grundstück verkaufen muss, dann soll der
nächste Verwandte mit seinem Besitz dafür haften.
Er soll das Teil zurückkaufen, wenn er die Kohle
dafür hat. 26 Angenommen, es gibt jetzt niemanden,
der so viel Geld dafür aufbringt, aber der Typ selber
kriegt die Kohle doch noch zusammen, 27 dann
muss er für den Rückkauf nur das Geld zurückbe-

zahlen, das das Teil dann noch wert ist. Das hängt davon ab, wie viele Jahre es noch bis zu dem Jahr sind, wo alle Schulden erlassen werden, denn dann gehört das Grundstück ja sowieso wieder ihm.
28 Wenn er die Kohle nicht zusammenkratzen kann, um alles zurückzukaufen, dann bleibt das Grundstück im Besitz vom Käufer. Wenn dann dieses Jahr kommt, wo alle Schulden erlassen werden, geht es aber wieder zurück an den ursprünglichen Besitzer.
29 Falls jetzt jemand mal ein Haus verkaufen will, das irgendwo in der Stadt liegt, dann gilt das Rückkaufsrecht nur für ein Jahr. 30 Wenn es in der Frist nicht zurückgekauft wird, geht es für immer in den Besitz vom Käufer und von seinen Erben über. Auch in diesem Jahr, wo Schulden erlassen werden, muss er es nicht zurückgeben. 31 Ein anderer Fall ist, wenn das Haus in einem Dorf liegt. Es wird dann genauso verhackstückt wie ein Stück Land. Man kann es immer zurückkaufen, und in dem ‚Schuldenerlassjahr' geht es sowieso an den ursprünglichen Besitzer zurück. 32–33 Die Levi-Leute können jederzeit die Häuser in den Städten, die ihnen zugeteilt werden, zurückkaufen, und sie gehen auch automatisch in ihren Besitz zurück, wenn das ‚Schuldenerlassjahr' abgeht. Diese Städte werden dem Familienstamm Levi extra zugeteilt, die werden kein eigenes Gebiet bekommen von dem Kanaan-Land, das ich euch geben werde. 34 Die Wiesen bei diesen Städten, auf denen die Kühe grasen können, dürfen generell nicht verkauft werden. Sie werden nämlich immer den Levi-Leuten gehören."

Keine Knebelverträge mit den eigenen Leuten

35 „Wenn ein Kollege von dir, dein Bruder oder dein Nachbar keine Kohle mehr hat und alles, was mal seins war, jetzt der Bank gehört, dann greif ihm unter die Arme! Sorg dafür, dass er wenigstens wie ein Ausländer oder ein Sozialhilfeempfänger bei euch leben kann. 36 Wenn er Schulden bei dir hat, fordere keine Zinsen von ihm. Du sollst Respekt vor Gott haben, und dein Kollege hat genauso das Recht zu leben wie du. 37 Und wenn du dem mit Lebensmitteln aushilfst, erwarte nicht, dass er dir das Geld dafür mit einem Aufschlag zurückbezahlt.
38 Ich bin der Chef, ich bin euer Gott. Ich habe euch aus Ägypten rausgeholt, weil ich euch das Land Kanaan schenken will. Ich möchte, dass ihr schnallt, dass ich Gott bin. 39 Wenn ein Kollege von dir wirklich total pleite ist, dass er dir seine Arbeitskraft verkaufen muss, dann mach keinen Knebelvertrag mit ihm. 40 Er soll für dich wie ein normaler Angestellter arbeiten, mit einem ordentlichen Vertrag. Bis zum nächsten „Schuldenerlassjahr" soll er für dich arbeiten. 41 Ab dann sind er und seine ganze Familie wieder frei. Er kann zu seiner Familie zurückgehen und die Sachen, die er von seinem Vater geerbt hat, kriegt er auch zurück. 42 Das ist nämlich so, dass im Grunde alle Israeliten sowieso mir gehören. Ich habe sie aus Ägypten rausgeholt. Darum dürfen sie auch keine Knebelverträge haben. 43 Ich möchte, dass ihr meine Ansagen mit Respekt behandelt. Zwingt keinen von euren Leuten dazu mit Knebelverträgen, für euch zu arbeiten. 44–45 Wenn ihr mal Leute braucht, die auch Drecksarbeit machen, dann könnt ihr ja Gastarbeiter von außerhalb anmieten. Das gilt auch für die Kinder von denen, die bei euch geboren wurden. Ihr könnt sie immer für euch arbeiten lassen. 46 Das Arbeitsverhältnis können eure Kinder dann übernehmen, wenn ihr mal sterbt. Aber die anderen Israeliten sind alle eure Brüder, mit denen dürft ihr keine Knebelverträge abschließen, okay?"

Wie sich jemand aus einem Knebelvertrag freikaufen kann

47 „Jetzt kann es passieren, dass ein Ausländer bei euch mal echt Kohle macht und reich wird, ein Israelit aus seiner Nachbarschaft aber pleitegeht und dann mit ihm ein Arbeitsverhältnis eingeht. 48 Wenn das so ist, kann sich der Israelit aber immer wieder davon freikaufen. Einer seiner Brüder oder sein Onkel oder auch sein Vetter oder ein anderer Verwandter kann die Kohle für ihn abdrücken und ihm die Freiheit zurückkaufen. Falls er so viel gespart hat, kann er das natürlich irgendwann auch selber tun. 50 Der Preis wird so ermittelt, indem er die Jahre zusammenrechnet, die er für den Chef gearbeitet hat. Dann berechnet er noch, wie viel der Typ bis zum nächsten ‚Schuldenerlassjahr' arbeiten müsste. 51 Die Summe, die der aufbringen muss, entspricht dann der Zahl der Jahre, die dann noch kommen würden, bis die Zeit da ist, wo alles wieder resetet wird. 52 Wenn es nur noch ein paar Jahre sind, bis diese Zeit kommt, dann soll das in die Berechnung einfließen. Umso mehr Jahre, desto höher der Preis. 53 Sein Chef soll mit ihm anständig umgehen. Er soll mit ihm so verfahren, wie mit einem normalen Angestellten, der seit Jahren seine Bezahlung bekommt. 54 Wenn er sich nicht freikaufen kann, dann muss er aber auf jeden Fall in dem nächsten ‚Schuldenerlassjahr' freikommen.
55 Warum? Weil mir alle Menschen gehören, und die

Israeliten sind eigentlich meine Angestellten, sie
gehören nur mir. Ich habe sie aus Ägypten rausge-
holt. Ich bin der Chef, ich bin Gott!“

26 Was es bringt und was es nicht so bringt – Segen und Fluch

1 Die letzten Ansagen, die Gott noch für
seine Leute hatte, gingen so: „Ihr dürft euch auf
keinen Fall irgendwelche Plastikgötter basteln, hört
ihr? Ich will nicht, dass irgendwo in eurem Land so
Teile rumstehen. Und erst recht will ich nicht, dass
zu denen gebetet wird. Egal, ob die jetzt aus Holz
oder aus Metall sind, aus Pappe oder Plastik, ange-
sprayt oder mit Ölfarbe bemalt wurden. Ich bin der
Chef, ich bin euer Gott! 2 Haltet den Sonntag ein
und schuftet da nicht, das ist wichtig! Und habt
Respekt vor dem besonderen Zelt, wo das ganz
Besondere, das Heilige, steht. Ich bin Gott! 3 Wenn
ihr euch an meine Anweisungen haltet und das tut,
worauf ich Bock habe, dann werde ich euch mit
Glück überschütten. 4 Ich werde dann dafür sorgen,
dass es immer genau dann regnet, wenn ihr es
braucht. Dann werden die Pflanzen auf euren Fel-
dern immer gut wachsen und viele Früchte bringen.
5 Ihr werdet so eine fette Ernte einfahren, dass sich
die Verarbeitung zum Beispiel von den Weizenkör-
nern so lange hinzieht, dass es bis in die Weinernte
im Spätsommer reingeht. Und die Weinernte wird
so fett sein, dass sie so lange geht, bis ihr schon
wieder Weizenkörner aussäen könnt. Ihr werdet
immer genug zu essen haben. Und ihr werdet
immer in Sicherheit leben. 6 Ich werde dann auch
dafür sorgen, dass es in eurem Land keinen Krieg
geben wird. Wenn ihr nachts in die Heia geht, könnt
ihr entspannt schlafen. Ihr braucht keine Panik zu
schieben, dass ihr in der Nacht überfallen werdet.
Auch vor wilden Tieren werde ich euch beschützen,
die werden in dem Land, wo ihr wohnt, einfach ver-
schwinden. Da sorg ich für. Und nie wird eine
andere Armee in euer Land einfallen. 7 Wenn es mal
Krieg geben sollte, werdet ihr die Feinde in die
Flucht schlagen. Ihr werdet sie mit euren Kanonen
wegpusten. 8 Fünf Leute von euch werden ausrei-
chen, um hundert Feinde zu verjagen. Und hundert
Soldaten werden eine Armee von zehntausend nie-
dermachen. Eure Feinde werden sich in die Hosen
machen, wenn ihr kommt. 9 Ich werde bei euch sein
und dafür sorgen, dass ihr immer gesunde Kinder
habt. Ihr werdet viele Babys kriegen, dafür werde ich
sorgen. Wir haben einen Vertrag, und ich stehe hun-
dert Prozent zu dem. Alles, was ich gesagt habe,
werde ich auch tun. 10 Es wird immer so reichlich
zum Essen am Start sein, dass ihr noch bei der
neuen Ernte Sachen von der alten Ernte im Lager
habt. Ihr werdet sogar die Reste wegschmeißen
müssen, um Platz zu machen für die neuen Sachen.
11 Ich werde euch immer sehr nahe sein, ich bin mit-
tendrin bei euch. Nie mehr will ich euch verlassen
oder keinen Bock mehr auf euch haben. 12 Als euer
Gott werde ich praktisch bei euch wohnen. Ich bin
euer Gott, und ihr seid meine Leute. 13 Ich bin der
Chef, ich bin euer Gott. Ich habe euch aus Ägypten
rausgeholt, damit ihr dort nicht mehr für wenig
Kohle Zwangsarbeit machen müsst. Aus dieser mie-
sen 1-Euro-Job-Situation habe ich euch rausgeholt,
eure Abhängigkeit wurde durch mich beendet,
wegen mir braucht ihr jetzt nicht mehr wie blöd zu
schuften.“

Wer nicht das tut, was Gott will, kriegt was auf die Ohren

14 „Wenn ihr das nicht tut, was ich von euch möchte,
und euch die Sachen total egal sind, die ich zu euch
gesagt habe, 15 wenn euch meine Gesetze wurscht
sind und meine Regeln euch nicht mehr interessie-
ren, dann brecht ihr den Vertrag, den ich mit euch
gemacht habe. 16 Ich werde dann dafür sorgen, dass
es euch echt dreckig geht. Ihr werdet krank werden
und alle möglichen Seuchen bekommen. Ihr könnt-
tet dann blind werden und langsam vergammeln.
Wenn ihr arbeitet, wird eure Arbeit umsonst sein.
Die Sachen, die ihr auf dem Acker pflanzt, werden
nämlich eure Feinde ernten. 17 Ja, sogar ich werde
euer Feind sein, ich werde dafür sorgen, dass die
Feinde euch besiegen. Ihr werdet Panik kriegen,
weglaufen, obwohl niemand hinter euch her ist.
18 Das mach ich, damit ihr wieder zu mir zurück-
kommt. Wenn das nicht passiert, werde ich euch
sogar siebenmal härter angehen als alles, was vor-
her passiert ist. 19 Ich werde eure Überheblichkeit
plattmachen. Es wird nicht mehr regnen, der Him-
mel wird für euch wie Dauersolarium sein, und der
Boden unter euren Füssen wird hart wie Beton.
20 Was ihr dann auch anfangen werdet, es ist alles
egal. Auf euren Feldern wird nichts mehr wachsen,
und die Obstbäume werden keine Früchte mehr
tragen. 21 Falls ihr es dann immer noch nicht
gecheckt habt und tut, was ich von euch möchte,
dann muss ich die Strafe noch siebenmal krasser
hochfahren. 22 Ich werde Wölfe und Löwen auf euer
Vieh loslassen. Die werden eure Kühe, aber auch

eure Kinder anfallen und auffressen. Es werden so viele von euch dabei draufgehen, dass man kaum noch Leute auf der Straße treffen wird. 23 Wenn ich euch egal bin, dann seid ihr mir auch egal. Ihr habt mich dann als euren persönlichen Feind. Ich werde euch siebenmal härter bestrafen als alles, was bis dahin passiert ist. 25 Weil ihr unseren Vertrag gebrochen habt, werde ich Armeen gegen euch auffahren lassen, die in euer Land einfallen. Wenn ihr euch dann in die Städte zurückzieht, werden dort schlimme Krankheiten ausbrechen. Die Feinde werden so einen dichten Angriffsring um euch legen, 26 dass Lebensmittel nicht mehr in die Städte reinkommen können. In der Zeit wird ein Backofen locker reichen, um das Brot von zehn Frauen zu backen, weil es nicht mehr genug Mehl geben wird. Brot wird Mangelware und in kleinen Portionen aufgeteilt werden. Wenn ihr das Brot von dem Tag aufgegessen habt, seid ihr dann genauso hungrig wie vorher, weil es so wenig ist. 27 Und wenn ihr dann immer noch nicht auf mich hört und keinen Bock auf mich habt, 28 werdet ihr mal erleben, wie es ist, wenn ich erst richtig den Hals kriege. Ich werde euch dann noch siebenmal härter bestrafen als vorher. 29 Ihr werdet so einen Hunger schieben, dass man bei euch die eigenen Kinder tötet, um ihr Fleisch zu essen. 30 Ich werde die ganzen Opfertische kaputt machen, wo ihr vorher Opferrituale für diese Plastikgötter durchgezogen habt, und auf den Schrotthaufen, die dann übrig bleiben, wird man eure Leichen finden. Ihr seid mir dann so eklig, ich will nichts mehr mit euch zu tun haben. 31 Wenn ihr mir Sachen opfert, ist mir das dann total egal. Eure Städte werde ich plattmachen, und die Häuser wo ihr gebetet habt, werden von mir zerstört. 32 Ich werde höchstpersönlich euer Land zerfetzen. Das wird so übel sein, dass sogar eure Feinde davor Angst haben. 33 Ich werde euch auf die ganze Welt verteilen, mit der Kanone am Kopf jage ich euch überall hin. Eure Felder werden austrocknen wie eine Wüste, und von euren Städten wird nur noch ein Schrotthaufen übrig sein. 34 Dann wird euer Land zwangsweise endlich seine verdiente Ruhe bekommen, es wird seinen Dauersonntag haben, den ihr ihm wohl nicht gegönnt habt. In der Zeit werdet ihr als Gefangene abgeführt sein oder sonst wo bei euren Feinden leben. 35 Nachdem das Land plattgemacht worden ist, kann es dann die Freiheit und Entspannung bekommen, die ihr ihm nicht gönnen wolltet, als ich dort noch gewohnt habt. 36 Die Leute, die von euch noch übrig sind, werden Depression und Angstzustände haben. In dem fremden Land werden sie schon Panik kriegen, wenn irgendwo eine Tüte raschelt, sie werden davonrennen, obwohl niemand hinter ihnen her ist. 37 Sie werden sich gegenseitig umrennen, weil sie denken, jemand wäre ihnen auf den Fersen, obwohl da niemand ist. Feinde werden mit euch dann ein leichtes Spiel haben. 38 Ihr werdet die letzte Wurst sein unter den anderen Nationen, sie werden euch töten, ihr werdet in ihrem Land nicht klarkommen können."

Wie aber selbst dann noch alles wieder gut werden kann

39 „Die Kinder, die diese Megakrise überlebt haben, werden voll krank sein. In dem Land von ihren Feinden wird es ihnen nicht gutgehen, weil die ätzenden Sachen, die ihre Väter getan haben, auch sie betrifft. 40 Dann werden sie eingestehen, dass sie und die Generation vor ihnen richtig Mist gebaut haben. Sie werden erkennen, dass sie den Vertrag gebrochen haben, dass sie mich bekämpft haben und meine Feinde geworden sind. 41 Sie werden kapieren, dass ich sie bestrafen musste, dass ich sie in das Land ihrer Feinde abgeschleppt habe. Aber wenn sie endlich weich werden und ihren Stolz aufgeben, weil sie genug für ihre Schulden bezahlen mussten, 42 dann will ich mich an den Vertrag erinnern, den ich mal mit Jakob geschlossen habe. Diesen Vertrag, den ich auch schon mit Isaak und Abraham abgeschlossen habe, ich hab den nie vergessen. Ich werde sie dann in das Land bringen, was ich ihnen für ihre Nachkommen mal versprochen hatte. 43 Es war schon okay, dass sie aus dem Land rausgeschmissen wurden, sie mussten diese Zeit einfach nachholen, die sie mir nicht geben wollten. Sie müssen ihre Schulden bezahlen, sie haben meine Gesetze gebrochen, ihnen war total egal, was ich wollte. 44 Aber dass ich sie in einem Land leben ließ, das ihren Feinden gehört, bedeutet noch lange nicht, dass sie mir jetzt total egal geworden sind. Ich finde sie deswegen noch lange nicht so eklig, dass ich sie alle sterben lassen will. Ich steh zu meinen Verträgen. Ich bin der Chef, ich bin ihr Gott. 45 Schon mit ihren Opas habe ich einen Vertrag gemacht. Damals hab ich allen gezeigt, was ich draufhabe: ich hab meine Leute souverän aus Ägypten rausgeholt, ich wollte ihr Gott sein. Dieser Vertrag gilt für mich noch immer, ich bin Gott!" 46 Das waren jetzt die Gesetze und Regeln, die Gott den Israeliten gegeben hat. Es ging hierbei um die Beziehungen zwischen ihm und

seinen Leuten. Er hat das Mose alles so gesagt, als
er mit ihm auf dem Berg Sinai ein Treffen hatte.

27 Gesetze über Versprechen, die man abgibt, und über Geldgeschenke

1 Gott redete mal wieder mit Mose: 2 „Sag
den Leuten aus Israel Folgendes von mir: ‚Wenn mir
jemand für den Dienst am Tempel versprochen
wurde, der das dann aber nicht einhalten kann,
dann soll der, der das versprochen hat, eine Ablöse-
summe abdrücken. Und zwar sollst du im Einzelnen
etwa so viel nehmen, wie ich dir jetzt sagen werde.
3 Als Richtwert kann man sagen, dass für einen
Mann im Alter von zwanzig bis sechzig Jahren
ungefähr 6500 Euro zu zahlen sind. 4 Wenn es eine
Frau ist, muss man ungefähr 3800 Euro abdrücken.
5 Für einen Jugendlichen zwischen fünf und zwanzig
Jahren, wenn es ein Junge ist, zahlt man ungefähr
2500 Euro, für ein Mädchen zahlt man dafür nur ca.
1300 Euro. 6 Für einen Jungen zwischen einem
Monat und fünf Jahren sollen ungefähr 640 Euro
gezahlt werden und für ein Mädchen ca. 380 Euro.
7 Wenn es um einen älteren Mann geht, der schon
über sechzig ist, zahlt man ungefähr 1900 und bei
einer Frau in dem Alter 1280 Euro. Das sind jetzt
alles Schätzwerte. 8 Wenn jetzt derjenige, der das
besondere Versprechen abgegeben hat, nicht genug
Kohle hat, um diesen Preis zu bezahlen, muss er
mal mit der Person, um die es geht, beim Priester
vorbeikommen. Der kann dann ein Sonderangebot
verhandeln, was der Typ dann bezahlen kann. 9 Geht
es jetzt um Tiere, die man Gott schenken will, dann
wird jedes von den Tieren etwas ganz Besonderes,
es wird heilig. 10 Man darf dieses Tier dann nicht
mehr auswechseln oder vertauschen. Nach dem
Motto: ›Nehmen wir mal doch ein schlechteres
Exemplar‹ oder ›Lass uns Gott vielleicht doch etwas
Besseres schenken‹. Wenn man jetzt aber trotzdem
das Tier auswechselt, dann sind beide etwas ganz
Besonderes geworden, sie sind heilig. 11 Wenn das
Tier jetzt irgendwie eine Macke hat und nicht okay
ist, um es Gott zu schenken, dann soll man das mal
dem Priester zeigen. 12 Der soll dann den Wert fest-
legen, den das Tier haben sollte. Was er sagt, gilt
dann auch, dagegen kann man keinen Widerspruch
einlegen. 13 Falls der Besitzer das Tier aber doch wie-
derhaben will, muss er zu dem geschätzten Wert
noch einmal zwanzig Prozent draufschlagen. 14 In
dem Fall, wenn jemand sein ganzes Haus Gott
schenken will, soll der Priester das Teil mal schät-
zen. Was der sagt, gilt dann auch, man kann keinen
Widerspruch dagegen einlegen. 15 Wenn derjenige
sein Haus irgendwann zurückkaufen will, muss er
auch hier zwanzig Prozent draufschlagen.‘ 16 Falls
jetzt jemand Gott ein Versprechen gemacht hat,
dass er von dem Grundstück, das er mal erben
wird, was schenken möchte, dann musst du, Mose,
den Wert vorher festlegen. Berechne das nach der
Größe des Grundstückes und den möglichen Ertrag.
Also für ein Feld, auf dem man drei Zentner Weizen
aussäen kann, bezahlt der 6400 Euro. 17 Wenn das
Feld verkauft werden soll, kurz bevor dieses Jahr
abgeht, wo alle Schulden erlassen und alles resettet
wird, dann kostet das Teil den vollen Schätzwert.
18 Wenn es jetzt aber später passiert, macht der
Priester ihm einen guten Deal, je nachdem, wie
viele Jahre es noch dauert, bis das nächste Mal alle
Schulden erlassen werden. 19 Wenn der jetzt sein
Feld aber wieder zurückkaufen will, muss er zu dem
geschätzten Wert auch noch mal zwanzig Prozent
draufschlagen. 20 Wenn er das Feld, das er Gott mal
versprochen hatte, doch einem anderen verkauft,
ohne es von Gott vorher zurückgekauft zu haben,
verliert er das Recht, das Stück Land wiederzube-
kommen, und zwar für immer. 21 Ist das Feld dann
in diesem Jahr wieder zu haben, dann gehört es
Gott. Die Priester können damit machen, was sie
wollen. 22 Wenn jemand Gott in einem Versprechen
ein Stück Land schenkt, das er selbst nur gekauft
und nicht von seinem Vater vererbt bekommen hat,
23 muss der Priester berechnen, wie viel von dem
Wert, den du mal festgelegt hast, abgezogen wer-
den soll. Als Grundlage gilt auch hier die Zeit, bis
das nächste Jahr kommt, wo alle Schulden erlassen
werden. Das Geld, das dabei rumkommt, gehört
Gott und muss noch am gleichen Tag auf das Konto
der Priester überwiesen werden, die diese Kohle nur
für Gottes Angelegenheiten verwenden dürfen. 24 In
dem Jahr, wenn die Schulden erlassen werden,
kriegt der ursprüngliche Besitzer das Stück Land
von demjenigen wieder zurück, der es gekauft hatte.
25 Als Maßstab gelten der aktuelle Geldkurs, der in
dem besonderen Zelt festgelegt wurde.“

Besondere Fälle

26 „Das erste Jungtier, das eine Kuh oder ein Schaf
oder eine Ziege bekommt, gehört ja sowieso schon
Gott. Darum kann man das nicht nehmen, wenn
man ihm ein besonderes Versprechen geben will.
27 Das gilt auch für die Jungtiere von Tieren, die
nicht okay für Gott, also unrein sind. Man kann sie

allerdings aus diesem Zustand freikaufen. Der Besitzer muss zum Schätzwert noch einmal zehn Prozent draufschlagen. Wenn das Tier jetzt nicht freigekauft wird, dann muss der Priester es für den Schätzwert kaufen. 28 Wenn jemand Gott etwas von seinen Sachen, seinen Tieren oder Feldern übergeben hat, dann kann er es nicht zurückkaufen. Es darf dann auch nicht an andere Leute verkauft werden. Es steht auf der ‚Don't-Liste' und gilt ab dann als etwas ganz Besonderes, es ist heilig. Das Teil gehört einfach Gott. 29 Auch Menschen, die sich von Gott abgewandt haben und deswegen verflucht sind, kann man nicht so mal eben freikaufen. Man kann sie nur umbringen. 30 Zehn Prozent von allem, was an Getreide oder Obst geerntet wird, gehört Gott. Es ist ein besonderes Geschenk an ihn. 31 Wenn jemand etwas davon haben will, muss er zu dem Gegenwert noch einmal zwanzig Prozent dazuzahlen. 32 Das gilt auch für Schafe, Rinder und Ziegen. Jedes zehnte Tier gehört Gott. 33 Dabei sollte man nicht ein gutes Tier gegen ein behindertes austauschen. Wenn man das trotzdem macht, werden beide Tiere zu etwas ganz Besonderem, sie werden heilig. Man kann sie dann nicht mehr zurückkaufen, sie gehören Gott." 34 Das waren jetzt alle Gesetze, die Gott an Mose für seine Leute gegeben hatte. Er tat das auf dem Berg Sinai, den man auch Berg Horeb nennt.

4. Buch Mose

1 **Die Israeliten werden gezählt**
[1] Mittlerweile waren zwei Jahre und zwei Monate vergangen, seitdem die Israeliten aus Ägypten abgehauen waren. Dabei steckten sie noch immer in der Wüste Sinai fest. Am ersten Mai in dem Jahr redete Gott dann mal wieder mit Mose, als er gerade in dem ganz besonderen, heiligen Zelt war. [2] „Mose? Geh mal mit Aaron los und zähl nach, wie viele Israeliten das jetzt sind. Mach eine Liste, wie viele Männer jeder Familienstamm hat, aber nur die, [3] die schon über zwanzig sind und Soldat werden können. Mach das der Reihe nach, von Familie zu Familie. [4–15] Die Chefs von den Familienstämmen sollen dir beim Zählen helfen. Das sind folgende Männer: vom Stamm Ruben: Elizur, der Sohn von Schedeur; vom Stamm Simeon: Schelumiel, der Sohn von Zurischaddai; vom Stamm Juda: Nachschon, der Sohn von Amminadab; vom Stamm Issachar: Netanel, der Sohn von Zuar; vom Stamm Sebulon: Eliab, der Sohn von Helon; von den Josefsstämmen für Efraim: Elischama, der Sohn von Ammihud, und für Manasse: Gamliel, der Sohn von Pedazur; vom Stamm Benjamin: Abidan, der Sohn von Gidoni; vom Stamm Dan: Ahieser, der Sohn von Ammischaddai; vom Stamm Ascher: Pagiel, der Sohn von Ochran; vom Stamm Gad: Eljasaf, der Sohn von Dul; vom Stamm Naftali: Ahira, der Sohn von Enan.
[16] Diese zwölf Männer hab ich aus der Gemeinschaft extra ausgesucht, damit sie die Chefs von ihren Familienstämmen sind und deren Interessen vertreten." [17] Mose und Aaron holten diese Leute dann zusammen. [18] Sie trafen sich mit der ganzen Gemeinschaft am ersten Mai in dem Jahr. Alle Männer, die über zwanzig waren, mussten nach vorne kommen, wo man sich ihren Namen und ihre Familienabstammung notierte. [19] So kam es, dass alle jungen Männer dort in der Wüste Sinai zur Musterung für die Armee mussten. [20–45] Als Erstes war der Familienstamm Ruben dran. Die Liste der Männer von allen Familienstämmen, die zur Armee mussten, sah dann so aus:
Ruben: 46 500 Männer
Simeon: 59 300 Männer
Gad: 45 650 Männer
Juda: 74 600 Männer
Issachar: 54 400 Männer
Sebulon: 57 400 Männer
Efraim: 40 500 Männer
Manasse: 32 200 Männer
Benjamin: 35 400 Männer
Dan: 62 700 Männer
Ascher: 41 500 Männer
Naftali: 53 400 Männer
Gesamtzahl: 603 550 Männer.

Die Levi-Leute haben Sonderrechte
[47] Der Familienstamm Levi wurde bei der Zählung nicht mitgerechnet. [48] Gott sagte zu Mose: [49] „Hör zu, die Levi-Leute dürfen keine Soldaten werden, deswegen soll man die nicht mitzählen. [50] Sie müssen auf das ganz besondere, heilige Zelt aufpassen, wo die Gesetze aufbewahrt werden, die ich euch gegeben habe. Die liegen ja dort. Auch um die anderen Sachen müssen die sich kümmern, die dort im Zelt rumstehen. Wenn ihr als Gemeinschaft weiterzieht, müssen sie das Zelt und ganzen Geräte transportieren. Und wenn das Zelt steht, sollen sie die Geräte bedienen. Ich möchte deswegen, dass sie ihre Zelte immer um das besondere Zelt herum aufbauen. [51] Wenn ihr dann weitergeht und das ganze Zeltlager abgebaut wird, sollen sie sich um den Auf- und Abbau vom besonderen Zelt kümmern. Das dürfen nur die machen! Wenn irgendjemand anderes, der da eigentlich nicht sein soll, nur in die Nähe von dem Zelt kommt, muss der sterben. [52] Die anderen Familienstämme sollen sich da aufhalten, wo ihre Abteilung vom Heer liegt. Die Abteilungen werden mit Flaggen markiert. [53] Aber die Levi-Leute müssen sich um das besondere Zelt lagern, wo auch die Gesetze drin sind, und es bewachen. Ich möchte verhindern, dass die anderen ganz normalen Israeliten zu nahe an das Teil rankommen und ich dann wieder voll auf die Gemeinschaft draufschlagen muss." [54] Alles wurde genau so von den Israeliten umgesetzt, wie es Gott durch Mose gesagt hatte.

2 **Wie die Familienstämme der Israeliten campten**
[1] Gott hatte mal wieder ein Gespräch mit Mose und Aaron. [2] „Hört zu, ihr zwei! Die Israeliten dürfen ihre Zelte auf keinen Fall zu nah an dem ganz besondern, heiligen Zelt parken. Ich möchte

außerdem, dass jede Familie genau dort ihr Lager
aufschlägt, wo ihre Abteilung vom Heer steht. Da,
wo ihre Fahne steht, genau dort sollen sie auch
sein." 3–8 Auf der Ostseite vom besonderen Zelt
baute dann der Familienstamm Juda unter seiner
Fahne sein Lager auf und daneben die Familien-
stämme Issachar und Sebulon mit ihren jeweiligen
Chefs. Auf der Seite waren also drei Stämme
(Stamm, Chef, Anzahl):
Juda: Nachschon, der Sohn von Amminadab:
74 600 Männer
Issachar: Netanel, der Sohn von Zuar:
54 400 Männer
Sebulon: Eliab, der Sohn von Helon: 57 400 Männer.
9 Insgesamt waren das 151 450 Männer. Diese Abtei-
lung sollte als Erste losgehen. 10–15 Die Israeliten,
die auf der Südseite vom besonderen Zelt waren,
standen unter der Fahne vom Familienstamm
Ruben. Das waren folgende drei Stämme mit ihren
jeweiligen Chefs (Stamm, Chef, Anzahl):
Ruben: Elizur, der Sohn von Schedeur:
46 500 Männer
Simeon: Schelumiel, der Sohn von Zurischaddai:
59 300 Männer
Gad: Eljasaf, der Sohn von Deuel: 45 650 Männer.
16 Alles zusammen waren das 151 450 Männer. Diese
Abteilung sollte als Zweite losgehen. 17 Als Nächstes
kamen die Leute vom Familienstamm Levi mit dem
besonderen Zelt dran. Das war ganz geschützt,
genau in der Mitte. 18–23 Auf der Westseite vom
besonderen Zelt baute der Familienstamm Efraim
unter seiner Fahne sein Zeltlager auf. Auch hier
waren insgesamt drei Familienstämme mit ihren
Chefs. Hier kommt jetzt die Liste (Stamm, Chef,
Anzahl):
Efraïm: Elischama, der Sohn von Ammihud:
40 500 Männer
Manasse: Gamliel, der Sohn von Pedazur:
32 200 Männer
Benjamin: Abidan, der Sohn von Gidoni:
35 400 Männer.
24 Insgesamt waren sie mit 108 100 Männern am
Start. Diese Abteilung sollte als Dritte losgehen.
25–30 Im Norden vom ganzen Treck sollte die Abtei-
lung unter dem Familienstamm Dan mit seiner
Flagge stehen. Auch da gab es drei Stämme mit ihren
Chefs. Und zwar waren das (Stamm, Chef, Anzahl):
Dan: Ahieser, der Sohn von Ammischaddai:
62 700 Männer
Ascher: Pagiel, der Sohn von Ochran: 41 500 Männer
Naftali: Ahira, der Sohn von Enan: 53 400 Männer.
31 Insgesamt waren das 157 600 Männer. Diese
Abteilung sollte als Letzte losgehen. 32 Die Ge-
samtanzahl von allen Männern, die im Krieg als
Soldaten kämpfen konnten, war 603 550. 33 Von die-
ser Zählung wurden die Leute vom Levi-Stamm aus-
genommen, weil Gott das so gesagt hatte. 34 Die
Israeliten taten alles genau so, wie Mose es von
Gott gehört hatte. Alle bauten ihr Lager unter den
Fahnen von ihrem jeweiligen Familienstamm auf. In
der Formation zogen sie dann auch geordnet los.

3

Der Familienstamm Levi wird gezählt

1 In der Zeit, als Mose auf dem Berg mit Gott
am Reden war, lebten folgende Leute aus der
Familie vom Oberpriester Aaron: 2 Erst mal seine
Söhne: Nadab, der als Erster geboren worden war,
und seine Brüder Abihu, Eleasar und Itamar. 3 So
hießen also die Jungs von Aaron, der ja von Gott
extra als der oberste Priester in seinen Job einge-
setzt wurde. 4 Nadab und Abihu waren jetzt aber
beide schon tot, weil sie Gott in einem Opferritual
Räucherstäbchen schenken wollten und dabei alles
falsch gemacht hatten. Beide hatten keine Kinder
gehabt. Eleasar und Itamar waren aber weiter Pries-
ter unter der Leitung ihres Vaters Aaron. 5 Gott sagte
dann zu Mose: 6 „Organisier mal ein Treffen mit
allen Männern vom Familienstamm Levi. Die sollen
alle zum Oberpriester Aaron kommen, weil sie ihm
ab jetzt helfen müssen. Sie sollen für immer die
Angestellten bei den Priestern sein. 7 Sie dürfen für
ihn und für alle Israeliten vor dem besondern Zelt
arbeiten und auf meine Hütte aufpassen. 8 Ich
möchte, dass sie die ganzen besonderen Werkzeuge
und Geräte, die dort rumliegen, putzen und in
Schuss halten und die Geräte auch bedienen. Sie
sollen diesen Job für alle anderen Israeliten tun, sie
sollen sich nur um das besondere Zelt kümmern.
9 Du sollst dafür sorgen, dass alle Levi-Leute das
machen, was Aaron und seine Söhnen ihnen sagen.
Von den Israeliten sind sie diejenigen, die der Fami-
lie vom Aaron zugeteilt sind, um denen bei ihrem
Job zu helfen. 10 Aaron und seine Söhne sollen von
dir den Priesterjob bekommen. Wenn das jemand
macht, obwohl der nicht dafür von dir bestimmt
wurde, dann muss er hart bestraft werden. Er kriegt
die Todesstrafe." 11 Dann sagt Gott noch zu Mose:
12 „Ich habe den Familienstamm Levi extra für mich
ausgesucht. Sie gehören mir, anstelle der ganzen
anderen Söhne in euren Familien, die als Erstes
geboren worden sind. 13 Denn eigentlich hab ich ja

ein Recht auf jedes Baby, was als Erstes geboren wurde. Als ich die ältesten Söhne jeder Familie von den Ägyptern abgemurkst habe, kam mir die Idee. Alles, was als Erstes bei euch geboren wird, egal ob bei Menschen oder Tieren, gehört mir, weil ich Gott bin." 14 Mitten in der Wüste Sinai redet Gott weiter mit Mose. 15 Er sagte zu ihm: „Mose? Zähl mal alle vom Stamm Levi für mich durch. Es geht mir um alle Männer, die älter als einen Monat sind. Mach da mal bitte eine Liste von!" 16 Mose machte, was Gott ihm gesagt hatte.

Noch mal der Stammbaum von Levi

17 Levi hatte ja damals drei Söhne gehabt: Gerschon, Kehat und Merari. 18 Die Söhne von Gerschon waren dann Libni und Schimi, 19 die Söhne von Kehat hießen Amram, Jizhar, Hebron und Usiel, 20 und die Söhne von Merari waren Machli und Moschi. Das sind jetzt die Hauptfamilien von Stamm Levi.

Die Hauptfamilien vom Familienstamm Levi

21 Gerschon war also der Gründer der Familien Libni und Schimi. 22 Die Gesamtzahl ihrer männlichen Angehörigen, die älter als einen Monat waren, betrug 7500. 23 Sie sollten an der Rückseite des besonderen Zeltes lagern, im Westen. 24 Ihr Oberchef war Eljasaf, der ein Sohn von Laël war. 25 Sie trugen die Verantwortung für die Zeltplanen, die Schutzdecke und den Vorhang, der am Eingang vom besonderen Zelt hing. 26 Dazu mussten sie sich um die Planen kümmern, die um den Hof rings um das besondere Zelt und den Altar aufgespannt waren, außerdem um den Vorhang am Eingang vom Hof und um die Zeltstricke. Sie hatten für alles zu sorgen, was mit diesen Sachen zusammenhing. 27 Kehat war der Gründer der Familien Amram, Jizhar, Hebron und Usiel. 28 Die Gesamtzahl ihrer männlichen Angehörigen, die älter als einen Monat waren, betrug 8300. 29 Der Lagerplatz von denen lag an der Südseite von dem besonderen Zelt. 30 Ihr Chef nannte sich Elizafan, der war ein Sohn von Uriel. 31 Sie hatten den Job, auf die Kiste aufzupassen, wo die Gesetze von Gott drin lagen. Dann sollten sie sich noch um den Tisch kümmern, wo die besonderen Brote drauf lagen, um den Leuchter, die beiden Opfertische, die ganzen Geräte, die man zum Opfern brauchte, und auch um den Vorhang, der den allerderbsten, besonderen Bereich abtrennte. 32 Der Chef von allen Levi-Leuten, der absolute Obermacker, war der Priester Eleasar, ein Sohn von Aaron. Man hatte ihm die Oberaufsicht über die Leute gegeben, die ihre Dienste im besonderen Zelt schoben. 33 Merari war der Gründer der Familien Machli und Moschi. 34 Die waren zusammengezählt 6200 Männer, die älter als einen Monat waren. 35 Diese Truppe sollte ihr Lager an der Nordseite vom besonderen Zelt aufschlagen. Ihr Chef nannte sich Zuriel, der war ein Sohn von Abihajil. 36 Die hatten die Verantwortung für die Bretterwände vom besonderen Zelt. Auch um die Querstangen, die Pfosten inklusive Halterungen und das andere Zubehör, was noch zu der Hütte von Gott gehörte, mussten sie sich kümmern. Alles, was mit diesen Sachen zu tun hatte, war ihr Job. 37 Dazu kamen noch die Pfosten, die rings um den Hof waren, und auch die Zeltheringe und die Zeltschnüre. 38 Mose und die Familie von Aaron, inklusive aller Söhne, sollten vor dem Eingang des besonderen Zeltes, an der Ostseite, ihr Lager aufschlagen. Wie bereits gesagt: Ihre Aufgabe bestand darin, für alle Israeliten den Job im besonderen Zelt zu tun. Gott hatte mit der Todesstrafe gedroht, falls irgendjemand anderes einfach so zu nah an das besondere Zelt kommen würde. 39 Wenn man alle Männer zusammenrechnet, die über einen Monat alt waren und zum Familienstamm Levi gehörten, kommt man auf 22 000. Das war jetzt das Ergebnis, auf das Mose und Aaron kamen, als sie alle Familien einmal durchgezählt hatten.

Die Levi-Leute als Ersatz für die ersten Söhne

40 Gott redete mal wieder mit Mose. „Zähl bitte die Söhne, die als Erstes geboren wurden, von allen Israeliten durch, und zwar alle, die älter als einen Monat sind. 41 Wir hatten ja gesagt, dass ich anstatt dieser Söhne immer einen Mann aus dem Familienstamm Levi bekomme. Das gilt übrigens auch für die Tiere von den Israeliten. Also, anstatt dass ich alle erstgeborenen Tiere von den Israeliten bekomme, kriege ich nur die Tiere von den Levi-Leuten." 42 Mose organisierte dann ein paar Leute, die die ältesten Söhne von allen zählen sollten, weil Gott das so gesagt hatte. 43 Er kam auf 22 273 Jungs oder Männer. 44 Gott sagte dann zu Mose: 45 „Gib mir jetzt die Leute vom Stamm Levi anstelle von den ältesten Söhnen der Israeliten. Sie sollen ganz radikal mir gehören. Und dann gib mir alle Kühe, Schafe und Ziegen, die den Levi-Leuten gehören, anstelle der Tiere, die bei den Israeliten als Erstes geboren worden sind. 46 Da ja noch 273 fehlen, musst du dafür Geld abdrücken. 47 Pro Kopf macht das 640 Euro. 48 Die Kohle sollst du Aaron und sei-

ner Familie überweisen." [49] Mose ließ sich dann von den Israeliten die Anzahl der Levi-Leute bezahlen, die übrig waren. [50] Knapp 180 000 Euro wollte Mose von den Israeliten sehen für die Jungs, die als Erstes geboren worden waren. Als Satz galt der aktuelle Tageskurs. [51] Sämtliche Kohle übergab er Aaron und seinen Söhnen. Das war wie ein Lösegeld, mit dem sich die Israeliten freikauften. Genau so hatte es Gott beschlossen und verkündet.

4 Was die Levi-Leute alles regeln müssen

[1] Gott sprach dann mal wieder mit Mose und Aaron: [2] „Kriegt mal raus, wie viele Mitglieder im Kehat-Clan vom Familienstamm Levi rumgurken. [3] Es geht mir um alle Männer zwischen dreißig und fünfzig Jahren. Die sollen nämlich ab sofort als Angestellte vom besonderen Zelt arbeiten. [4] Und zwar sollen die alle Sachen schleppen, die ganz besonders, die heilig sind. [5] Wenn ihr das Zeltlager abbaut, müssen zuerst Aaron und seine Söhne, die Priester, in das besondere Zelt reingehen und den Vorhang abnehmen, der vor dem allerderbsten heiligen Bereich hängt. Der soll dann über die Kiste gelegt werden, wo die Gesetze drin sind. [6] Da drüber kommen dann noch eine Plastikplane und eine lila Decke. Außerdem müssen sie noch Tragestangen befestigen. [7] Auch über den Tisch, wo immer die besonderen Brote drauf liegen, sollen sie ein lila Tuch drüberpacken. Auf das Tuch kommen dann die ganzen Schüsseln, Becher und die Kannen, die man für Opferrituale mit Wein braucht. Die besonderen Brote sollen auch dazugelegt werden. [8] Obendrauf kommen ein dunkelrotes Tuch und eine Plastikplane. Zum Schluss schieben sie die zwei Stangen in die Ringe am Tisch. Die braucht ihr, um das Teil zu tragen. [9] Jetzt nehmt ihr noch mal ein lila Tuch und wickelt damit den Leuchter ein und die Kerzen, die Schere, womit man den Docht abschneidet, und die Schalen, die man braucht, um die Sachen wieder sauber zu machen. [10] Über das Ganze kommt als Nächstes eine Plastikplane. Dann werden die Sachen auf einem Gestell geparkt, wo man alles tragen kann. [11] Über den kleinen goldenen Tisch, den Altar für die Räuchersachen, kommt auch ein lila Tuch. Da drüber wieder eine Plastikplane, und dann müssen die Stangen zum Tragen in die Ringe am Tisch gesteckt werden. [12] Alle Geräte, die im besonderen Zelt gebraucht werden, müssen in ein lila Tuch gewickelt werden. Da drum dann auch wieder eine Plastikplane, und zum Schluss kommt alles auf ein Gestell zum Tragen. [13] Der große Tisch, der Altar, auf dem vor dem Zelt die Opfer abgefackelt werden, wird erst mal von der Asche gereinigt. Dann sollen sie da ein rotes Tuch drüberlegen. [14] Auf das Tuch kommen alle Geräte, die am großen Opfertisch gebraucht werden. Die Schalen mit der Holzkohle, die großen Gabeln, die Schaufeln, die man braucht, um die Asche wegzumachen, und die Schalen, womit man das Blut auffängt, gehören dazu. Zum Abschluss müssen sie noch eine große Plastikplane drüberlegen und die Stangen in die Ringe schieben, womit das ganze Teil getragen werden soll. [15] Erst wenn Aaron und seine Söhne alle besonderen Geräte eingepackt haben, dürfen die Leute vom Kehat-Clan reinkommen und die Sachen wegtragen. Wenn die Teile nicht richtig eingepackt wären, würden sie die nicht berühren dürfen, sonst müssten sie sterben. [16] Eleasar, der Sohn vom Oberpriester Aaron, trägt die Verantwortung für die Kerzen vom Leuchter, die Räucherstäbchen, das Essensopfer, was jeden Tag abgehen soll, das besondere Öl und für die ganze Hütte, inklusive der ganzen besonderen Sachen, die da drin stehen." [17] Gott sagte zu Mose und Aaron: [18] „Bitte sorgt in Zukunft dafür, dass der Kehat-Clan nie ganz aussterben wird. [19] Sie sind wichtig, sie sollen leben. Ich möchte nicht, dass sie, ohne nachzudenken, in den alleroberheiligsten Teil vom besonderen Zelt gehen und dann sterben. Am besten wäre es, wenn Aaron und seine Söhne mal kommen und denen genaue Anweisung geben, wer was zu tun hat und wie sie das Teil tragen sollen. [20] Die dürfen auf keinen Fall einfach so in das besondere Zelt reinspazieren. Denn wenn sie das machen und die besonderen, heiligen Sachen, die da drin stehen, auch nur ganz kurz ansehen, werden sie sterben." [21] Dann wollte Gott noch was von Mose: [22] „Ich möchte, dass du auch den Gerschon-Clan zählst! [23] Es geht wieder um alle Männer zwischen dreißig und fünfzig Jahren, die als Angestellte vom besonderen Zelt Dienst schieben sollen. [24–25] Der Gerschon-Clan soll die Zeltplanen von meiner Wohnung tragen und die beiden Extra-Schutzdecken, den Vorhang vom Eingang, [26] und die Planen, die als Grenze zu dem Hof dienen sollen. Auch für den Vorhang, der als Tür für das Zelt benutzt wird, für alle Zeltheringe und Stricke sind die zuständig. [27] Sie sollen es genau so durchziehen, wie Aaron und seine Söhne es sagen. [28] So, das war jetzt die Aufgabe vom Gerschon-Clan. Diesen Job sollen sie als Angestellte vom besonderen

Zelt machen, wo Gott sich zeigt. Die Arbeitsaufsicht soll der Priester Itamar übernehmen. Der ist ja auch ein Sohn von Aaron. 29 Als Nächstes zähl mal den Merari-Clan durch. Der gehört ja auch zum Familienstamm Levi. 30 Es geht wieder nur um die Männer zwischen dreißig und fünfzig Jahren. 31 Bei dem Transport von dem besonderen, heiligen Zelt ist ihr Job, sich um die Bretter, Querstangen, Pfosten und die Halterungen von den Pfosten zu kümmern. 32 Sie sollen auch die Pfosten tragen, die rings um den Hof stehen, inklusive der Halterungen, der Zeltheringe und der Seile. Jedem von ihnen wird eine ganz bestimmte Aufgabe übergeben. 33 Also, für diesen ganzen Bereich ist der Merari-Clan verantwortlich, für immer. Zurzeit hat Itamar, der Sohn von Aaron, die Aufsicht über sie."

Alle Levi-Leute werden gezählt

34–49 Mose, Aaron und die Chefs von den Familienstämmen zählten dann mal die Leute aus den Clans Kehat, Gerschon und Merari vom Familienstamm Levi. Die hatten ja den Job bekommen, sich um das besondere Zelt zu kümmern. Es handelte sich um Männer zwischen dreißig und fünfzig Jahren, nach Familien geordnet. Man kam auf folgende Zahlen:
(Clan/Männer zwischen dreißig und fünfzig)
Kehat: 2750 Männer
Gerschon: 2630 Männer
Merari: 3200 Männer.
Gesamtzahl: 8580 Männer. Jedem Einzelnen wurde ein Job zugewiesen, genau so, wie Gott es dem Mose gesagt hatte.

5

Wer fiese krank oder dreckig ist, muss Abstand halten

1 Gott redete mal wieder mit Mose. Er sagte ihm: 2 „Du musst den Leuten von Israel eine klare Ansage machen: Wer diese fiese, ansteckende Hautkrankheit ‚Aussatz' oder einen krankhaften Ausfluss hat, der aus der Scheide oder dem Penis kommt, oder wenn irgendjemand von euch einen toten Menschen angefasst hat, dann muss er erst mal euer Zeltlager verlassen. 3 Das gilt für Männer genauso wie für Frauen. Sonst verdrecken sie das ganze Zeltlager, sie machen es ‚unrein'. Und in diesem Lager wohne schließlich auch ich, euer Gott. Ich bin bei euch, mittendrin." 4 Die Israeliten machten alles genau so, wie Mose es gesagt hatte. Alle die irgendwie „unrein" waren, mussten das Lager verlassen.

Schadensersatz

5 Gott sagte zu Mose: 6 „Erzähl den Israeliten Folgendes: ‚Wenn einer von euch einen anderen abgezockt hat, dann zockt er auch Gott ab. Er hat dann richtig Mist gebaut. 7 Als Erstes muss er das mal einsehen, dass er Mist gebaut hat, er muss das auch zugeben. Das, was er dem anderen abgezogen hat, muss er zurückgeben, und dazu soll er noch 20 Prozent von dem, was es wert ist, abdrücken. 8 Wenn jetzt aber der Mensch, der abgezockt worden ist, schon nicht mehr lebt und wenn er auch keine Kinder oder andere Verwandte hat, die die Kohle kriegen könnten, gehört das ganze Geld Gott. Der Priester soll den Betrag erhalten und dazu noch ein männliches Schaf. Mit dem Blut von diesem Schaf wird die Sache vor Gott wieder in Ordnung gebracht. 9 Der Priester bekommt übrigens auch alle anderen Geschenke, die die Leute aus Israel außer der Reihe an Gott geben wollen. 10 Mit diesen Geschenken kann das jeder so machen, wie er Bock drauf hat. Es soll nur klar sein, dass die Sachen, die man dem Priester gibt, auch am Ende dem Priester gehören.'"

Wie man mit „Verdacht auf Fremdgehen" umgehen soll

11 Gott hatte dann noch für Mose eine Ansage, die er den Israeliten weitergeben sollte: 12–14 „Wenn ein Mann das Gefühl hat, seine Frau geht ihm fremd, dann soll er mit ihr mal zum Priester gehen, um das zu klären. Wenn er keinen Zeugen dafür hat und es nur ein Verdacht ist, wäre das auf alle Fälle die beste Idee. Auch wenn der Typ nur eifersüchtig ist, ohne dass die Frau ihm dazu einen Grund gegeben hat, soll er mit ihr mal zum Priester gehen. 15 Zum Opfern sollten sie ein gutes Kilo Mehl am Start haben. Auf keinen Fall sollen Räucherstäbchen oder Olivenöl dazugetan werden. Es geht hier nämlich um ein Opferritual, bei dem es um Eifersucht geht, und da passt das nicht. Durch dieses Ritual soll die Wahrheit rauskommen. 16 Der Priester stellt die Frau dann vor den Altar. 17 Jetzt nimmt er sich eine Schüssel mit besonderem, heiligem Wasser drin und schmeißt da noch ein bisschen Erde vom Fußboden aus dem besonderen Zelt rein. 18 Als Nächstes öffnet er den Zopf von der Frau, wenn sie einen hat. Danach legt er die ganzen Sachen in ihre Hände. Der Priester nimmt die Schüssel mit dem Wasser. 19 Dann geht er zu der Frau und sagt ihr: ‚Wenn du nichts mit irgendeinem Typen gehabt hast, wenn du wirklich nur mit deinem Ehemann

Sex hattest, dann kannst du dieses Wasser trinken, und dir wird nichts passieren. [20] Wenn du aber deinen Mann betrogen hast und tatsächlich mit einem anderen Typen, außer mit deinem Ehemann, im Bett warst, wird das Wasser die Wahrheit ans Licht bringen.' [21] Der Priester soll dann zu der Frau sagen: ‚Wenn du fremdgegangen bist, dann wird Gott aus dir ab sofort ein Antibeispiel machen. Er wird dafür sorgen, dass du immer dicker wirst. [22] Das Wasser wird sich in deinem Bauch sammeln, der wird dann immer runder, aber dein Busen wird total schrumpfen.' Die Frau soll dann antworten: ‚In Ordnung, so soll es passieren!' [23] Der Priester muss dann diesen fiesen Wunsch auch noch auf ein Stück Papier schreiben. Danach nimmt er was von dem bitteren Wasser und wäscht die Schrift damit wieder ab. [24] Als Letztes gibt er der Frau dieses Wasser zu trinken. [25] Aber vorher gibt die Frau dem Priester das Opfergeschenk, was man macht, wenn man jemanden eifersüchtig gemacht hat. Der nimmt das dann und übergibt es durch Hin-und-her-Schwenken symbolisch an Gott. Dann legt er das Geschenk auf den Tisch, den Altar. [26] Eine Handvoll von dem Opfergeschenk fackelt der Priester dann auf dem Tisch ab. Danach gibt er der Frau das Wasser zu trinken, damit es wirken kann. [27] Wenn sie wirklich fremdgegangen ist, wird durch das Wasser ihr Bauch total dick werden, und ihr Busen wird schrumpfen. Für die anderen Leute von Israel wird das eine richtig derbe Abschreckung sein, so was nicht auch mal zu machen. [28] Wenn sie aber nichts getan hat und unschuldig ist, wird ihr auch nichts passieren. Das Wasser wird keine Wirkung haben, sie wird gesund bleiben und auch weiter Kinder kriegen können. [29] So muss man das durchziehen, wenn ein Mann den Verdacht hat, seine Frau sei ihm fremdgegangen. [30] Oder wenn der Mann einfach total eifersüchtig ist, dann geht das auch. Die Frau muss mit dem Priester einen Termin machen, und der zieht dann dieses Ritual mit ihr durch. [31] Der Mann muss sich nicht rechtfertigen, wenn er sich geirrt haben sollte. Aber die Frau muss die Konsequenzen tragen, wenn sie Mist gebaut hat."

6 Wenn sich ein Israelit radikal Gott zur Verfügung stellen will

[1] Gott war mal wieder mit Mose am Quatschen: [2] „Du Mose? Rede mal mit den Israeliten und sag ihnen Folgendes von mir: ‚Wenn ein Mann oder eine Frau sich mir, eurem Gott, eine Zeitlang ganz radikal zur Verfügung stellen will, [3] dann sollten die in der Zeit auf jeden Fall ganz auf Alk verzichten. Bier, Wein, Schnaps, aber auch keinen alkfreien Traubensaft darf man dann trinken. Das Gleiche gilt aber auch einfach für jede Form von Weintrauben inklusive Rosinen. [4] Man soll in der Zeit generell nichts verspachteln, was vom Weinstock kommt. [5] In der Zeit, wenn man sich auf die Art radikal Gott zur Verfügung stellt, darf man erst mal nicht zum Frisör gehen, um sich die Haare abschneiden zu lassen, und sich auch nicht rasieren. [6] Während der Zeit soll er auch nicht irgendwie in die Nähe von einem Toten kommen. [7] Auch wenn Leute aus seiner Familie sterben, muss er sich von denen fernhalten. Er hat sich ja schließlich gerade ganz radikal Gott zur Verfügung gestellt. [8] In der ganzen Zeit, wenn man sich Gott in der Art ausliefert, gehört man auch total ihm, Gott ganz alleine. [9] Wenn jetzt zufällig jemand stirbt, der sich in demselben Haus aufhält wie er, dann werden seine Haare dadurch dreckig, sie werden ›unrein‹. Das dauert sechs Tage, bis er wieder okay ist. Am siebten Tag muss er sich dann ne Glatze schneiden lassen. [10] Einen Tag später soll er zwei Tauben nehmen und die zum besonderen Zelt bringen. Dort gibt er die am Eingang dem Priester. [11] Der macht dann mit der einen Taube so ein Opferritual, was man macht, wenn einer aus Versehen Mist gebaut hat. Die andere wird als Abfackelopfer komplett verbrannt. Damit bringt der Priester die Sache zwischen demjenigen und Gott wieder in Ordnung, und er gehört wieder radikal Gott. [12] Dann muss der Typ noch ein Schaf, was ein Jahr alt ist, als Wiedergutmach-Opfer opfern. Die Zeit, in der er ›unrein‹ war, muss er dann aber noch mal nachholen, die zählt nicht, weil er ja ›unrein‹ war. [13] Wenn diese Zeit dann vorbei ist, wo er sich so radikal an Gott hingegeben hat, soll derjenige sich an den Eingang vom besonderen Zelt stellen. [14] Dort muss er mit drei Tieren, die voll in Ordnung sind, ein Opferritual durchziehen lassen. Er braucht dazu: ein einjähriges männliches Schaf für ein Abfackelopfer, ein einjähriges Schaf für ein Opfer, was man macht, wenn man aus Versehen Mist gebaut hat, und ein ausgewachsenes männliches Schaf für ein Dankopfer. [15] Außerdem muss er noch als Essensopfer einen Korb mit Brot bringen. Und zwar sollen das Fladenbrote sein, die wie immer ohne Hefeteig gemacht worden sind und mit Öl bestrichen wurden. Und es soll auch so ein Ringbrot aus dem gleichen Material geben. Dazu gehört dann noch ein Opfer mit Wein. [16–17] Die ganzen Sachen soll der

Priester dann zu dem großen Tisch, dem Altar, bringen. Dort zieht er dann die Opfer für denjenigen durch. [18] Der Typ, der dieses Versprechen an Gott gegeben hat, muss sich dann am Eingang vom Zelt die Haare abschneiden. Die sind etwas ganz Besonderes. Er wirft sie dann in das Feuer, was auf dem Tisch brennt, wo noch die Fettstücke von dem Dankopfer am kokeln sind. [19] Jetzt nimmt der Priester ein Stück von der Schulter vom männlichen Schaf vom Dankopfer, das vorher gekocht worden ist. Das Fleisch von dem Dankopfer wird ja nicht verbrannt. Dazu holt er sich ein Ringbrot und ein Fladenbrot aus dem Korb. Das Ganze legt er demjenigen in die Hände, der sich Gott radikal zur Verfügung gestellt hatte. [20] Der Priester nimmt die Sachen wieder zurück und übergibt sie durch Hin-und-her-Schwenken symbolisch an Gott. Die gehören dann in Wirklichkeit Gott, aber der Priester darf sie essen. Die Brust und die Keule von dem Tier gehören dem auch. Ab dann darf der Typ, der sich Gott radikal gegeben hatte, auch wieder Alk trinken. [21] Jeder der sich Gott für eine Zeit so zur Verfügung stellt, muss, wenn die Zeit vorbei ist, dieses Ritual durchziehen. Das ist die Basis, dazu kommen noch die Rituale, die er sowieso schon vorher versprochen hatte. Er muss sein Versprechen, was er Gott gegeben hat, radikal bis zum Ende durchziehen.‘“

Wie der Priester für Leute beten soll: ein Segensgebet

[22] Gott hatte dazu noch was für Mose: [23] „Sag Aaron und seinen Söhnen Folgendes von mir: ‚Ich bring euch jetzt noch mal die Formel bei, wie ihr für die Israeliten krass beten und ihnen das Beste von mir zusprechen könnt. Man nennt das auch segnen. Die Ultrasegensformel geht so: [24] ›Gott soll mit dir sein, er soll auf dich aufpassen. [25] Gott soll die ganze Zeit in deiner Nähe sein, mit seiner vollen Aufmerksamkeit und seiner Liebe. [26] Gott soll dich nicht aus den Augen verlieren und dir Frieden schenken.‹‘ [27] Mit diesen Worten sollen sie den Leuten von Israel die Power übermitteln, die nur in meinem Namen drinsteckt. Und ich stell mich dazu, ich werde ihnen diese Kraft geben, ich werde sie segnen, versprochen!“

7

Die Geschenke der Familienchefs für die Einweihungsparty vom besonderen Zelt

[1] Als Mose das besondere Zelt, das nur Gott gehören sollte, zum ersten Mal aufgestellt hatte, ging er einmal um das ganze Teil und besprenkelte es mit dem besonderen Öl, um es damit Gott zu übergeben. Dann machte er das Gleiche mit den ganzen Geräten, die da drin waren, und am Ende auch mit dem großen Tisch, dem Altar. [2] Die ganzen Chefs der Israeliten, die Chefs von den Großfamilien und die Chefs der zwölf Familienstämme, die an der Spitze der gezählten, wehrfähigen Männern standen, machten Gott dann voll viele Geschenke für das besondere Zelt. [3] Sie gaben ihm sechs Lkws und zwölf Kühe. Für jeweils zwei Chefs pro Familienstamm gaben sie einen Lkw und für jeden Chef einen Stier. Diese Sachen brachten sie alle vor das besondere Zelt. [4] Gott sagte zu Mose: [5] „Nimm mal die Geschenke von denen entgegen. Die Wagen und die Stiere soll man zum Transport vom besonderen Zelt benutzen. Teil die mal unter den Angestellten vom besonderen Zelt, den Levi-Leuten, auf und berücksichtige dabei die Aufgaben, die jeder von denen hat.“ [6] Mose machte alles genau so, wie Gott gesagt hatte. [7] Der Gerschon-Clan kriegte zwei Lkws mit je 200 PS. [8] Der Merari-Clan bekam vier Lastwagen mit insgesamt 800 PS für den Job, der ihnen von Itamar zugewiesen werden sollte. [9] Der Kehat-Clan bekam keine Wagen, weil sie für die ganz besonders krassen Sachen aus dem Zelt zuständig waren. Die mussten nämlich zu Fuß auf den Schultern getragen werden. [10] Für die Einweihung von dem Altar machten die Chefs von den Familienstämmen auch noch ein paar Geschenke. Als sie ihre Geschenke gerade dahin tragen wollten, [11] sagte Gott zu Mose: „Sag den Chefs mal, sie sollen ihre Geschenke am besten auf zwölf Tage verteilen. Jeden Tag ein kleines Geschenk ist cooler als alles zusammen.“ [12–83] Also verteilten sie die Sachen auf die Tage wie folgt:

Am 1. Tag war Nachschon dran, der ein Sohn von Amminadab war. Er kam aus dem Familienstamm Juda.

Am 2. Tag war Netanel dran, der ein Sohn von Zuar war. Der kam aus dem Familienstamm Issachar.

Am 3. Tag war Eliab dran, der ein Sohn von Helon war. Er kam aus dem Familienstamm Sebulon.

Am 4. Tag war Elizur dran, der ein Sohn von Schedeur war. Der kam aus dem Familienstamm Ruben.

Am 5. Tag war Schelumiel dran, der ein Sohn von Zurischaddai war. Er kam aus dem Familienstamm Simeon.

Am 6. Tag war Eljasaf dran, der ein Sohn von Dul war. Er kam aus dem Familienstamm Gad.

Am 7. Tag war Elischama dran, der ein Sohn von Ammihud war. Er kam aus dem Familienstamm Efraim.

Am 8. Tag war Gamliel dran, der ein Sohn von Pedazur war. Er kam aus dem Familienstamm Manasse.
Am 9. Tag war Abidan dran, der ein Sohn von Gidoni war. Er kam aus dem Familienstamm Benjamin.
Am 10. Tag war Ahieser dran, der ein Sohn von Ammischaddai war. Er kam aus dem Familienstamm Dan.
Am 11. Tag war Pagiel dran, der ein Sohn von Ochran war. Er kam aus dem Familienstamm Ascher.
Am 12. Tag war Ahira dran, der ein Sohn von Enan war. Er kam aus dem Familienstamm Naftali.
Alle brachten die gleichen Geschenke mit, und zwar waren das: eine Silberschüssel von 1500 Gramm und eine Silberschale von 800 Gramm. Beide Silbergefäße enthielten das Weizenmehl für ein Essensopferritual, das mit Olivenöl vermatscht worden war. Eine kleine Schale aus Gold, die 120 Gramm schwer war und mit Räucherstäbchen gefüllt war. Einen Stier, ein männliches Schaf und ein junges Schaf, was ein Jahr alt war für Abfackelopfer. Eine männliche Ziege für das Opferritual, was man macht, wenn einer aus Versehen Mist gebaut hat. Eine männliche Ziege, zwei Rinder, fünf männliche Schafe, fünf männliche Ziegen und fünf Schafe, die ein Jahr alt waren, für Dankopferrituale. [84–88] Alles in allem brachten die zwölf Chefs von den Familienstämmen als Geschenke für die Einweihung von dem Altar: 12 Silberschüsseln und 12 Silberschalen mit einem Gesamtgewicht von 27600 Gramm; 12 Goldschalen mit einem Gesamtgewicht von 1440 Gramm, gefüllt mit Räucherstäbchen; 12 Stiere, 12 männliche Schafe und 12 einjährige Schafe für Abfackelopfer. Dazu die dazugehörigen Essensopfer. Dann noch 12 männliche Ziegen für die Opferrituale, die man macht, wenn man aus Versehen Mist gebaut hat. Und 24 Rinder, 60 männliche Schafe, 60 männliche Ziegen und 60 einjährige Schafe für Dankopferrituale. Das war es dann aber auch.
[89] Mose ging dann in das besondere Zelt, um mit Gott zu labern. Er hörte seine Stimme aus dem Bereich über dem Deckel von der Kiste mit den Gesetzen, zwischen den beiden Engelsfiguren, die dort oben draufgeschraubt waren!

8 Wie man mit dem Leuchter im besonderen Zelt umgehen sollte

[1] Gott sagte dann zum Mose: [2] „Du Mose? Richte mal dem Aaron von mir aus, dass die sieben Kerzen so auf den Leuchter aufgesetzt sein sollen, dass sie etwas nach vorne zeigen und so den Raum gut beleuchten." [3] Aaron erledigte das sofort. [4] Der Leuchter war aus reinem Gold gemacht und aus einem kompletten Stück rausgesägt worden. Er war genau nach der Anleitung angefertigt, die Gott Mose auf dem Berg gegeben hatte.

Die Angestellten vom besonderen Zelt kommen an den Start

[5] Dann sagte Gott zu Mose: [6–7] „Jetzt nimm dir mal die Leute vom Familienstamm Levi vor. Sie sollen sich von den anderen Israeliten krass unterscheiden, weil sie für den Job am besonderen Zelt supersauber und fit sein sollen. Darum mach mit denen mal so ein Reinigungsritual. Bespritz sie mit dem Reinigungswasser und sorge dafür, dass die alle noch mal zum Frisör gehen und sich die Haare abrasieren. Auch die Schamhaare und Achselhaare müssen weg. Und zum Schluss klopp auch sämtliche Klamotten von denen in die Wäsche. [8] Dann sollen sie einen Stier für ein Abfackelopfer und für das dazugehörende Essensopfer Weizenmehl, das mit Olivenöl verknetet wurde, organisieren. Außerdem noch einen zweiten Stier für das Opferritual, das man macht, wenn einer aus Versehen Mist gebaut hat, okay? [9] Als Nächstes bringst du sie zum besonderen Zelt. Jetzt rufst du alle Leute, die zu den Israeliten gehören, zu einem Meeting zusammen, das vor dem Zelt stattfinden soll. [10] Ich möchte, dass du die Levi-Leute vor mich, euren Gott, stellst, und alle Israeliten, die in der Nähe stehen, legen ihre Hände auf sie drauf. [11] Aaron soll diese Männer mir dann schenken, so als wären sie ein Geschenk von allen Israeliten an mich. Die sind dafür ausgesucht worden, als Angestellte vom besonderen Zelt Dienst zu schieben. [12] Die Levi-Leute legen ihre Hände auf die Köpfe von den beiden Stieren, und Aaron macht dann mit dem einen das Opferritual, das man macht, wenn einer aus Versehen Mist gebaut hat. Mit dem anderen Stier macht er ein Abfackelopfer. Wenn das so durchgezogen wird, sind alle Levi-Leute erst mal in Ordnung und sauber, sie sind rein. Jeder Mist, den die mal gebaut haben, ist dann vergeben und vorbei. [13] Dann stellst du die Levi-Typen vor Aaron und seinen Söhnen auf, um sie mir dann symbolisch zu übergeben. [14] Wenn ihr das so durchzieht, werden sie keine normalen Israeliten mehr sein, sie gehören dann zu der besonderen Truppe der Angestellten vom besonderen Zelt, sie gehören nur mir. [15] Ab dann sollen sie

zum besonderen Zelt gehen und dort Dienst schieben. [16] Sie gehören mir total, ich bestehe da drauf! Anstelle der ersten Söhne der Israeliten bekomme ich die Levi-Leute von euch geschenkt. [17] Mir gehört alles von den Israeliten, was als Erstes geboren wird, egal ob jetzt bei den Tieren oder den Menschen. Das ist der Deal, den ich mit euch habe, seit ich die erstgeborenen Kinder von den Ägyptern abgemurkst habe. [18] Jetzt habe ich mir aber, anstelle der ersten Kinder von den Israeliten, den ganzen Familienstamm Levi ausgesucht. [19] Ich habe beschlossen, dass sie nur mir gehören. Dann hab ich sie an Aaron und seine Söhne weitergegeben. Sie sollen sich um die Arbeit am besonderen Zelt kümmern. Die anderen Israeliten dürfen ja nicht in die Nähe vom besonderen Zelt kommen. Dann wären sie nämlich tote Leute." [20] Mose, Aaron und die ganzen Leute der Israeliten machten das mit den Levi-Leuten genau so, wie Gott es durch Mose gesagt hatte. [21] Nachdem die Levi-Typen ihre Klamotten gewaschen hatten, schenkte Aaron den ganzen Familienstamm dann Gott. Er zog die beiden Opferrituale durch, um den ganzen Mist, den sie bis dahin gebaut hatten, wieder in Ordnung zu bringen. [22] Ab dann kamen Levi-Leute zum besonderen Zelt und fingen an, ihren Job zu erledigen. Aaron und seine Söhne leiteten die ganze Sache, sie waren die Priester, die Chefs der anderen Levi-Leute. Alles war genau so gemacht worden, wie Gott es Mose gesagt hatte.

Wie alt muss man für den „Levi-Dienst" sein?

[23] Gott sagte dann noch zu Mose: [24] „Folgende Regel passt für die Levi-Leute: Wer älter als 25 ist, muss in dem besonderen Zelt Dienst schieben, das ist Pflicht. [25] Wenn man 50 ist, kann man in Rente gehen, man braucht dann nicht mehr dort zu arbeiten. [26] Derjenige kann ab dann allerdings gerne am besonderen Zelt seinen Kollegen bei der Arbeit etwas helfen. Aber den eigentlichen Job sollte er nicht mehr tun. Das ist jetzt eine feste Regel für den Dienst der Angestellten vom besonderen Zelt.

9 Noch ein paar Regeln für die Passaparty

[1] Gott redete mit Mose in der Wüste, die man Sinai nannte. Es waren jetzt etwa zwei Jahre, nachdem die Israeliten aus Ägypten abgehauen waren. Er sagte da zu ihm: [2] „Die Israeliten sollen zu einer festen Zeit die Passaparty feiern. [3] Am 14. April müsst ihr zu einer bestimmten Uhrzeit damit starten. Es soll genauso durchgezogen werden, wie es in den Gesetzen und Regeln steht." [4] Mose gab die Nachricht gleich an alle Israeliten weiter. [5] Also feierten sie am 14. April, nachdem die Sonne untergegangen war, die Passaparty, mitten in der Wüste Sinai. Sie zogen alles genau so durch, wie Gott es Mose gesagt hatte. [6] Allerdings waren ein paar Männer nicht wirklich so sauber, also „rein", wie Gott das wollte. Sie hatten nämlich einen Toten angefasst. Darum konnten sie an der Passaparty nicht teilnehmen. Die kamen bei Mose und Aaron an und sagten: [7] „Wir sind für Gott gerade voll dreckig, weil wir einen Toten angefasst haben. Wie ist das jetzt? Dürfen wir jetzt nicht, wie die anderen, bei der Passaparty Gott was schenken, oder wie?" [8] Mose antwortete: „Wartet! Ich werde mal mit Gott da drüber reden, dann sehen wir weiter." [9] Gott sagte dann zum Mose: [10] „Erzähl den Israeliten Folgendes: Jeder von euch, der sich irgendwie verdreckt hat, weil er mit einem Toten in Berührung gekommen ist oder wenn er einfach auf einer Reise unterwegs ist, aber trotzdem gerne die Passaparty für Gott feiern möchte, [11] kann die am 14. Mai nachholen, abends, wenn die Sonne gerade untergeht. Und als Beilage gibt es dazu Fladenbrote und bittere Kräutergewürze. Als Hauptgericht gibt es ein Lamm zur Passaparty. [12] Ihr sollt auf keinen Fall Reste aufbewahren! Und ihr dürft auch nicht von dem Lamm die Knochen brechen! Ihr müsst alles genau so durchziehen, wie es die Gesetze zur Passaparty vorschreiben. [13] Wenn aber jemand die Passaparty nicht feiert, obwohl er nicht dreckig oder gerade unterwegs auf einer Reise ist, dann hat der verloren. Er muss aus der Gemeinschaft rausgeschmissen werden. Er hat Gott nicht die Geschenke gemacht, wie es eigentlich vorgeschrieben war, darum muss er auch die Konsequenzen dafür tragen. [14] Falls in der Zeit ein Ausländer bei euch lebt, der auch bei der Passaparty dabei sein will, dann kann er das machen. Aber er muss sich auch genau an die Regeln halten, die dafür gelten. Egal ob Ausländer oder Einheimische, die Gesetze gelten einfach für alle!"

Die Israeliten werden von Gott ferngesteuert

[15] An dem Tag, als das besondere Zelt, in dem die Kiste mit den Gesetzen von Gott stand, zum ersten Mal fertig aufgebaut worden war, passierte etwas total Abgefahrenes: Eine Wolke, die nachts wie eine Feuerflamme aussah, kam auf das Zelt runter. Sie war so lange hell, bis die Sonne wieder aufging. [16] Das war ab dem Tag immer so. Es war also immer

eine Wolke über dem Zelt, in der Gott wohnte. Nachts sah sie aus wie Feuer. 17 Immer wenn die Wolke von dem Zelt hoch in Richtung Himmel schwebte, war das ein Zeichen für die Israeliten. Sie bauten dann ihre Zelte zusammen und zogen weiter, der Wolke hinterher. Und wenn die Wolke stehenblieb und wieder runterkam, bauten sie das Lager dort wieder auf. 18 Auf diese Art und Weise zogen die Israeliten immer dann weiter oder bauten das Lager wieder auf, wann Gott es wollte. Und solange die Wolke über dem Zelt war, blieben sie dann auch dort. 19 Und wenn die Wolke mal länger auf dem besonderen Zelt lag, taten die Israeliten genau das, was Gott ihnen zeigte, und zogen nicht weiter. 20 Wenn die Wolke nur ein paar Tage auf dem Zelt war, dann brachen sie dementsprechend früher auf. Sie taten alles immer genau so, wie Gott es ihnen zeigte. 21 Auch wenn die Wolke nur in der Nacht auf dem Zelt war und morgens schon wieder nach oben stieg, dann packten sie ihre Sachen gleich wieder zusammen und zogen weiter. Aber egal, ob das tagsüber oder nachts passierte, sobald die Wolke aufstieg, ging es weiter. 22 Egal, ob das jetzt nur zwei Tage waren oder einen Monat oder noch länger. Wenn die Wolke auf das Zelt runterkam, bauten sie da ihr Lager auf. Sie zogen erst weiter, wenn die Wolke wieder nach oben stieg. 23 Egal, ob sie jetzt weiterzogen oder stehenblieben, sie machten alles genau so, wie Gott es ihnen zeigte und wie er es ihnen durch Mose sagte.

10

Die Trompeten geben das Startsignal

1 Gott sprach mal wieder mit Mose. 2 „Lass dir mal zwei Trompeten machen, die beide aus Silber sind. Wenn ihr dann ein Treffen organisiert, zu dem alle Israeliten kommen sollen, können die damit zusammengerufen werden. Und auch, wenn ihr mit dem Lager aufbrecht und es weitergeht, kann damit das Startsignal gegeben werden. 3 Die Regel sollte dann so sein: Wenn die beiden Trompeten losgehen, müssen sich alle vor dem Eingang vom besonderen Zelt treffen. 4 Wenn man nur eine Trompete hört, bedeutet dies, dass alle Chefs von den Familien zu dir kommen sollen. 5 Falls man aber voll lange und laut in die Teile reinbläst, müssen die Familienstämme ihre Sachen zusammenpacken und weiterziehen. Das macht ihr dann mehrmals. Beim ersten Signal sollen die Familienstämme aufbrechen, die auf der Ostseite vom besondern Zelt ihr Lager haben. 6 Beim zweiten Signal sollen die anderen von der Südseite starten. Langes und lautes Trompeten bedeutet, dass es losgeht. 7 Normales Trompeten bedeutet, dass es ein Treffen im Lager gibt. 8 Die Trompeten sollen von den Söhnen vom Aaron, den Priestern, geblasen werden. Das ist eine Regel, die ab jetzt für immer gilt. 9 Falls ihr mal Probleme mit euren Feinden kriegt und die euch in eurem Land bekämpfen, dann gebraucht die Dinger auch. Ihr sollt dann trompeten, wenn ihr gegen eure Feinde in den Krieg zieht. Dann bin ich, euer Gott, auch am Start. Ich werde auf euch aufpassen und euch vor den Feinden retten. 10 Aber auch wenn es mal was Schönes zu feiern gibt, wenn ihr Partys macht oder die religiösen Feste abgehen, könnt ihr damit ein Signal geben. Zum Beispiel auch beim Monatsanfang, oder wenn ein Dankopferritual am Start ist oder ein Abfackelopfer. Ich werden dann an euch denken. Ich bin der Chef, ich bin euer Gott!"

Es geht los: vom Berg Richtung Kanaan-Land in die Wüste Paran

11 Am 20. Mai, zwei Jahre nach dem sie Ägypten verlassen hatten, erhob sich plötzlich die Wolke vom besonderen, heiligen, Zelt, in dem die Kiste mit den Gesetzen von Gott stand. 12 Für die Leute war es das Startsignal, ihre Sachen zu packen. Sie zogen los, vom Berg Sinai zur Wüste Paran. Dort machten sie erst mal Pause. 13 Es war auch das erste Mal, dass sie in der Formation loszogen, wie Gott es durch Mose gesagt hatte. 14 Ganz vorne ging die Abteilung unter der Fahne vom Familienstamm Juda, zu der auch die Familienstämme Issachar und Sebulon gehörten. Die Truppe von Juda stand unter dem Befehl von Nachschon, der ein Sohn von Amminadab war. 15 Der Familienstamm Issachar wurde von Netanel angeführt. Netanel war ein Sohn von Zuar. 16 Der Familienstamm Sebulon stand unter dem Befehl von Eliab, der ein Sohn von Helon war. 17 Nachdem das besondere Zelt, in dem Gott wohnte, abgebaut worden war, machten sich die Levi-Clans Gerschon und Merari auf die Socken. Ihr Job war es, die Einzelteile vom Zelt zu transportieren. 18 Als Nächstes stiefelte die Abteilung unter der Fahne vom Familienstamm Ruben los. Zu der Abteilung gehörten noch die Familienstämme Simeon und Gad. Die Ruben-Truppe wurde von Elizur angeführt, der ein Sohn von Schedeur war. 19 Der Familienstamm Simeon wurde von Schelumiel angeführt, der ein Sohn von Zurischaddai war. 20 Der Familienstamm Gad wurde von Eljasaf angeführt, ein Sohn von Dul. 21 Als Nächstes ging der Kehat-Clan vom

Familienstamm Levi los, der alle Geräte transportieren sollte, die zu dem besonderen Zelt gehörten. Bis sie in dem neuen Lager angekommen waren, sollte das besondere Zelt, in dem Gott drin wohnte, schon aufgebaut sein. 22 Als Nächstes ging die Abteilung mit der Fahne vom Familienstamm Efraim los. Außer dem Stamm Efraim gehörten zu der Abteilung noch die Stämme Manasse und Benjamin. Der Stamm Efraim wurden von Elischama, dem Sohn von Ammihud, angeführt. 23 Der Chef vom Familienstamm Manasse war Gamlil, der Sohn von Pedazur. 24 Dazu der Familienstamm Benjamin, sie wurden von Abidan, dem Sohn von Gidoni, angeführt. 25 Zum Schluss kam die Abteilung unter der Fahne vom Familienstamm Dan. Sie passten auf, dass man von hinten nicht angegriffen werden konnte. Zu der Abteilung gehörten noch die Stämme Ascher und Naftali. Die Truppe von Dan wurde von Ahieser geleitet, der ein Sohn von Ammischaddai war. 26 Der Familienstamm Ascher wurde von Pagiel angeführt. Pagiel war ein Sohn von Ochran. 27 Der Familienstamm Naftali wurde von Ahira angeführt. Der war ein Sohn von Enan. 28 Auf diese Weise waren die Israeliten bei ihrem Marsch aufgeteilt. Alles ging ganz geordnet ab. Einer nach dem anderen zog von da los.

Gott selbst ist am Start

29 Mose redete vor dem Abmarsch noch mit seinem Schwager Hobab. Hobab war ein Sohn von Moses Schwiegervater Reguel, der aus Midian stammte. „Wir gehen jetzt übrigens in das Land, das Gott uns schenken möchte. Komm doch mit, Mann! Wenn du willst, kannst du auch einen Stück von dem abbekommen, was Gott uns fest versprochen hat." 30 „Hm, also ich möchte eigentlich lieber wieder zurück in das Land gehen, in dem ich geboren worden bin!", antwortete Hoab. 31 „Hey, Hoab, nun komm!", redete Mose auf ihn ein. „Jetzt hau doch nicht schon ab! Wir brauchen dich echt! Du kennst dich voll gut in der Wüste aus und weißt, wo da die besten Pennplätze sind und so. Du musst uns den Weg zeigen! 32 Wenn du mitkommst, werden wir auch alles mit dir teilen, was Gott uns schenken wird!" 33 Und so zogen die Israeliten dann vom Berg Horeb los, drei Tage lang in Richtung der Wüste Paran. Ganz vorne war die Kiste mit den Gesetzen. Durch sie wurde entschieden, wo man als Nächstes sein Lager aufbauen wollte und wo nicht. 34 Unterwegs war immer die Wolke von Gott vor den Israeliten. 35 Immer wenn die Kiste mit den Gesetzen hochgehoben wurde, um weiterzuziehen, sagte Mose: „Zeig dich Gott, dann werden die Feinde schon Schiss haben, wenn wir nur in die Nähe kommen, und werden sich ganz schnell verpieseln!" 36 Und immer wenn man die Kiste irgendwo abstellte, sagte er: „Komm wieder zurück, Gott, komm zu uns, den vielen Israeliten, die man gar nicht zählen kann!"

11

Die Leute fangen an rumzunerven

1 Die Leute von Israel heulten Gott jeden Tag die Ohren voll, weil sie in der Wüste auf so viele Sachen verzichten mussten. Als Gott diese ständigen Vorwürfe auf die Nerven gingen, wurde er echt sauer. Er legte einen Brand, der an einer Ecke vom Zeltlager anfing und sich immer weiter ausbreitete. 2 Die Leute kriegten plötzlich Panik und schrien zu Mose, ob Gott nicht irgendwie helfen könnte. Mose legte dann ein gutes Wort für sie bei Gott ein, und das Feuer ging wieder aus. 3 Aus diesem Grund nannte man den Ort dann auch „Hier hat es schwer gebrannt", weil das Feuer von Gott auf dem Platz bei ihnen ausgebrochen war. 4 Die unterschiedlichen Ausländer, die man auf den Weg mitgenommen hatte, wurden plötzlich voll scharf auf Fleisch und redeten ständig davon. Die Israeliten ließen sich davon voll anstecken. Sie jammerten rum: „Oh, wir haben so einen Bock auf ein schönes Steak! Warum kriegt man hier kein anständiges Stück Fleisch, oder wenigstens mal einen leckeren Döner?! Könnte das jemand irgendwie besorgen? 5 Ach, damals in Ägypten, da war es doch total nett. Wir konnten jeden Tag lecker Fisch essen und mussten noch nicht mal dafür bezahlen! Es gab auch genug Mais und Kartoffeln, Bananen, Orangen, Äpfel und Schokolade. 6 Aber hier gibt's den ganzen Tag nur dieses Billigbrot Manna. Wir müssen bald kotzen, wenn wir noch mehr von dem Zeug essen müssen!" 7 Dieses Manna, das die Israeliten von Gott immer in der Wüste bekamen, sah ungefähr so aus, wie die Körner von Grießbrei und hatte eine Farbe wie Mais. 8 Die Leute gingen normalerweise jeden Tag los und sammelten das Zeug vom Boden auf. Dann zermahlten sie es mit einer Mühle oder zerstampften es mit einem Holzhammer. Zum Schluss wurde das Ganze dann gekocht, oder man machte so Fladenbrote draus. Es schmeckte so ähnlich wie das normale Fladenbrot aus Öl und Mehl. 9 Diese Körner fielen jede Nacht, wie winzig kleine Regentropfen, auf das Zeltlager,

genauso wie der Tau morgens immer auf den Zel-
ten der Israeliten lag.

Mose kriegt ein paar Mitarbeiter

10 Mose hatte das – na klar – mitbekommen, wie
die Familien und Stämme vor ihren Zelten am
Rumnörgeln waren. Gott war kurz davor, richtig
auszurasten. Mose hatte auch die Schnauze voll.
11 Er sagte zu Gott: „Mann, warum tust du mir das
überhaupt an? Warum muss ich mir den ganzen
Scheiß hier überhaupt geben? Ich hab das echt
nicht verdient, Gott! Diese Leute ziehen mich voll
runter. 12 Bin ich hier etwa die Mutter für alles? Hab
ich die geboren, oder was? Du kannst nicht von mir
verlangen, dass ich jeden Einzelnen auf den Schoß
nehme und den ganzen Tag knuddel! Ich kann auch
nicht das ganze Volk auf die Schultern nehmen und
in das Land tragen, welches du den Urvätern mal
versprochen hast! 13 Sie wollen immer nur Fleisch,
Fleisch, Fleisch. Die gehen mir so auf die Nüsse!
Woher soll ich überhaupt so viel Fleisch herbekom-
men bei so vielen Menschen? 14 Ich schaff das nicht
allein, Gott! Ich kann die nicht alle ertragen, das ist
zu viel für mich. 15 Wenn du mich hier so im Stich
lässt, dann töte mich lieber sofort, falls du mich
noch liebst. Ich kann mit dieser Nerverei nicht
mehr länger leben." 16 Gott antwortete ihm: „Mose?
Pass mal auf! Organisiere dir siebzig Männer, die
bei den Clanchefs dabei sind. Sie sollen einen
guten Ruf haben und bekannt dafür sein, dass sie
ihren Job zuverlässig erledigen. Hol die mal zum
besonderen Zelt. Wenn sie da sind, sollen die sich
in einer Reihe neben dir aufstellen. 17 Ich werde
dann aus dem Himmel zu euch runterkommen und
mit dir reden. Und dann werde ich einen Teil von
der Kraft, die ich dir gegeben hab, auf sie kommen
lassen. Dann können sie auch etwas Verantwortung
tragen, und ihr könnt das ganze Ding so als Team
durchziehen und die Arbeit untereinander aufteilen.
Auf die Art musst du den ganzen Stress nicht mehr
alleine aushalten. 18 Und zu den Leuten sollst du
jetzt Folgendes sagen: ‚Macht euch schon mal klar
für morgen! Seht zu, dass ihr sauber für Gott seid!
Der hat nämlich euer Rumgenöle gehört, als ihr um
Fleisch gebettelt habt, was in Ägypten ja so reich-
lich am Start war. Ihr sollt euer Fleisch bekommen.
Gott wird es euch geben. 19 Und das nicht nur an
einem Tag im Monat, auch nicht an zwei oder fünf,
oder zehn oder zwanzig Tagen. 20 Nein, einen gan-
zen Monat lang werdet ihr so viel Fleisch bekom-
men, dass ihr davon essen könnt, bis euch das Kot-
zen kommt. Das ist dann auch eure Strafe dafür,
dass ihr die ganze Folter, die ihr in Ägypten hattet,
einfach vergessen habt. Ihr habt Gott wie Luft
behandelt, obwohl er die ganze Zeit mitten bei
euch ist!'" 21 Mose antwortete Gott: „Rechnet man
nur die erwachsenen Männer zusammen, die ich
hier anführe, kommt man schon auf 600 000
Leute. Aber du behauptest ernsthaft, du willst
genug Fleisch zusammenkriegen, um die einen
Monat lang vollzustopfen? 22 Wo willst du nur die
ganzen Schafe, Ziegen und Rinder hernehmen,
Gott? Selbst wenn man alle Fische fangen würde,
die es gerade im Meer gibt, würde das nie und nim-
mer reichen!" 23 „Mose", sagte Gott. „Sag mal,
glaubst du im Ernst, ich hab einen Sprung in der
Schüssel? Denkst du, ich bin beschränkt? Glaubst
du, ich kann das nicht? Pass auf, du wirst gleich
sehen, ob ich mein Versprechen einlöse oder
nicht!"

Die Mitarbeiter von Mose werden von Gott angezappt

24 Mose ging dann zu den Leuten raus und erzählte
ihnen, was Gott ihm gesagt hatte. Er organisierte
ein Treffen, bei dem siebzig Männer von den Chefs
der Israeliten zusammenkamen. Das Treffen sollte
um das besondere Zelt herum stattfinden. 25 Plötz-
lich kam Gott in einer fetten Nebelwolke vom Him-
mel zu Mose runter und redete mit ihm! Dann
nahm Gott einen Teil von der Power, die er Mose
gegeben hatte, von ihm weg und legte sie auf die
siebzig Chefs. Als Gott dann mit seiner Kraft auf sie
runterkam, fingen sie plötzlich an so Hammerworte
auszusprechen, die direkt von Gott kamen. Die
Leute, die ständig Nachrichten von Gott reinbekom-
men, nannte man übrigens Propheten. 26 Zwei Män-
ner, die eigentlich auch auf der Liste der siebzig
Chefs standen, hatten es irgendwie verpeilt und
waren im Zeltlager geblieben. Es handelte sich um
Eldad und Medad, die nicht mit bei diesem krassen
Zeltmeeting dabei waren. Trotzdem kam auch da,
wo sie gerade standen, Gott unsichtbar auf sie run-
ter, sie gingen plötzlich genauso ab, wie die anderen
Männer, die bei dem Treffen selbst dabei waren.
27 Ein Jugendlicher lief zu Mose und erzählte ihm,
was Medad und Eldad machten. 28 Josua, der Typ,
dessen Vater Nun hieß und der Mose immer ganz
treu geholfen hatte, fand das gar nicht so toll und
quatschte Mose dazwischen: „Mann, das ist nicht
okay, das musst du verhindern!" 29 Mose blieb da
aber recht geschmeidig. „Hast du Angst, dass die

mich blamieren, Josua? Ich wäre echt happy, wenn
einfach alle Israeliten so abgehen würden, wie die
zwei! Wir brauchen noch viel mehr Prophetentypen
bei uns! Ich wünsche mir, dass Gott allen seinen
Leuten von seiner Kraft, seinem Geist, was geben
würde!"

Die Leute bekommen Fleisch bis zum Abwinken

30 Schließlich ging Mose mit den siebzig Chefs wie-
der in das Zeltlager zurück. 31 In der Zwischenzeit
hatte Gott dafür gesorgt, dass ein heftiger Sturm
am Start war. Dieser Sturm trieb einen Riesen-
schwarm Enten vom Meer in das Lager. Und dann
knallte der ganze Schwarm einmal rund um das
Lager auf die Erde. Im Umkreis von 40 Kilometern
lagen überall Enten auf dem Boden, teilweise lagen
die einen Meter hoch übereinander! 32 Das Einsam-
meln der Enten dauerte den ganzen Tag und die
ganze Nacht, so viele waren es. Das wenigste, was
einer zusammensammeln konnte, waren vier Zent-
ner Fleisch! Am nächsten Tag legten sie die Tiere
überall in die Sonne, um daraus Trockenfleisch zu
machen. 33 Aber als die Israeliten gerade fett am
Fleischessen waren, wurde Gott wieder voll sauer
auf sie. Viele starben in der Zeit an einer fiesen
Krankheit. 34 Nachdem die Toten begraben worden
waren, gab man den Friedhof den Namen „Kiwrot-
Taawa", das bedeutet so viel wie „Friedhof, wo die
Leute liegen, die den Hals nicht voll genug kriegen
konnten". 35 Von dem Ort zogen die Leute dann wei-
ter, in Richtung Hazerot. Dort bauten sie wieder ihr
Zeltlager auf.

12

Mirjam und Aaron lästern gegen Mose

1 Als die Israeliten in Hazerot ihr Lager auf-
geschlagen hatten, lästerten Aaron und
seine Schwester Mirjam über Mose, weil er sich
eine Frau von einem ausländischen Volk, den
Kuschitern, angelacht hatte: 2 „Sag mal, denkt Mose
eigentlich, nur er alleine hat Peilung davon, was
Gott okay findet? Ich meine, Gott redet ja auch mit
uns!" Gott bekam das natürlich mit. 3 Mose war
aber echt slow drauf, er wollte nie einen auf dicke
Hose machen und war überhaupt nicht abgehoben.
Keiner war so wie er. 4 Kurze Zeit später sagte Gott
zu Mose, Aaron und Mirjam: „Geht mal zusammen
zu dem besonderen Zelt, wo ich mich immer
zeige!" Die drei machten das auch sofort. 5 Gott
kam dann ganz krass, in einer fetten Wolke zu dem
Treffen. Er blieb am Eingang vom Zelt stehen und
machte Aaron und Mirjam folgende Ansage: 6 „Hört
mal gut zu, was ich euch zu sagen habe! Wenn es
bei euch einen Prophetentypen gibt, dann rede ich
mit ihm, so dass er konkrete Bilder sehen wird, z. B.
durch Träume. 7 Bei Mose ist das anders. Ihm habe
ich sogar meine Wohnung anvertraut! 8 Wenn ich
mit ihm rede, dann machen wir das ‚unter vier
Augen'. Ich sag ihm ganz offen, was Sache ist, da
muss nichts erst groß gedeutet werden. Wie kommt
ihr nur so drauf, über meinen Mose so abzuläs-
tern?" 9 Gott war richtig sauer auf die beiden und
ging weg. 10 Kaum war die Wolke von dem Zelt wie-
der verschwunden, da war Mirjam auf ihrer Haut so
weiß wie Schnee. Sie hatte plötzlich diese fiese
ansteckende Hautkrankheit bekommen, die man
auch Aussatz nannte. Aaron drehte sich zu ihr um
und sah das sofort. 11 Aaron meinte zu Mose: „Du,
Chef, bitte lass uns jetzt nicht hängen, nur weil wir
Mist gebaut haben, ohne vorher unser Hirn einzu-
schalten! 12 Mirjam soll nicht wie ein Zombie rum-
laufen, der schon halb tot ist!" 13 Mose schrie zu
Gott: „Bitte! Mach Mirjam wieder gesund!" 14 Gott
antwortete: „Wenn ihr Vater ihr ins Gesicht gerotzt
hätte, müsste sie sich dann nicht sieben Tage lang
schämen? Darum soll sie sieben Tage lang aus dem
Lager ausgesperrt werden. Danach kann man sie
wieder reinlassen." 15 So wurde Mirjam sieben Tage
aus dem Lager ausgesperrt. Das Volk zog nicht wei-
ter, bis Mirjam wieder dabei war. 16 Erst später
zogen die Israeliten von Hazerot weg. Als nächste
Station stand die Wüste Paran auf dem Plan, wo
man das Zeltlager aufbaute.

13

Das neue Land wird ausgecheckt

1 Gott redete mal wieder mit Mose. 2 „Hör
zu, schick ein paar Spione von deinen Leu-
ten los. Sie sollen das Kanaan-Land schon mal aus-
testen. Das will ich euch, den Israeliten, schenken.
Hol dir dazu aus jedem der zwölf Familienstämme
einen Mann, alles Leute, die was zu sagen haben!"
3 Mose tat genau das, was Gott ihm gesagt hatte. Er
organisierte zwölf Männer, alles Chefs aus den ein-
zelnen Familienstämmen. In der Zeit hatten die
Israeliten gerade ihr Zeltlager in Kadesch, in der
Wüste Paran, aufgeschlagen. Von da aus schickte er
dann diese Spione los, damit sie das Kanaan-Land
schon mal abchecken konnten. 4–15 Mit dabei waren:
aus dem Familienstamm Ruben: Schammua, der
ein Sohn von Sakkur war; aus dem Familienstamm
Simeon: Schafat, der ein Sohn von Hori war; aus

dem Familienstamm Juda: Kaleb, der ein Sohn von Jefunne war; aus dem Familienstamm Issachar: Jigal, der ein Sohn von Josef war; aus dem Familienstamm Efraim: Hoschea, der ein Sohn von Nun war; aus dem Familienstamm Benjamin: Palti, der ein Sohn von Rafu war; aus dem Familienstamm Sebulon: Gaddil, der ein Sohn von Sodi war; aus dem Familienstamm Manasse: Gaddi, der ein Sohn von Susi war; aus dem Familienstamm Dan: Ammiël, der ein Sohn von Gemalli war; aus dem Familienstamm Ascher: Setur, der ein Sohn von Michael war; aus dem Familienstamm Naftali: Nachbi, der ein Sohn von Wofsi war; und aus dem Familienstamm Gad: Gul, der ein Sohn von Machi war. 16 Diese zwölf Männer schickte Mose los, um das Land mal vorher auszutesten. Hoschea wurde von Mose übrigens immer nur Josua genannt. 17 Bevor sie losgehen sollten, sagte Mose noch zu ihnen: „Passt auf Leute! Geht erst mal durch die Wüste Negeb und seht euch das Gebirge dahinter an, was im Norden liegt. 18 Checkt das ganze Teil einfach ab! Beobachtet, was für Leute da wohnen und auch wie viele. Versucht rauszubekommen, wie stark die sind und ob man gegen die im Krieg gewinnen könnte. 19–20 Macht euch ein paar Notizen, ob die Städte hohe Mauern haben und wie sie verteidigt werden. Und seht euch auch mal die Bodenverhältnisse genauer an, ob man da gut Sachen anbauen kann oder nicht. Gibt es da zum Beispiel auch Wälder? Ihr braucht keine Angst zu haben! Bringt unbedingt ein paar Postkarten und auch Früchte mit, die ihr in dem Land finden könnt, okay?“ Es war auch gerade in der Zeit, in der Ernte angesagt war und die ersten Weintrauben reif wurden. 21 Die zwölf Männer machten sich also auf die Socken und sahen sich das ganze Gebiet mal aus der Nähe an. Von der Wüste Zin bis auf die Berge nach Rehob, was bei Lebo-Hamat liegt, waren sie unterwegs. 22 Als Erstes gingen sie durch das Land, das im Süden lag. Von da kamen sie nach Hebron. Dort wohnten auch Ahiman, Scheschai und Talmai, die Nachfahren von Enak waren. Die Stadt Hebron war sieben Jahre älter als die Stadt Zoan in Ägypten. 23 Als sie in ein Tal kamen, das man später „Traubental“ genannt hat, schnitten sie ein paar von den Trauben ab und packten sie ein. Die Teile waren so schwer, dass man zwei Leute brauchte, um die auf einer Stange tragen zu können! Auch Äpfel und Birnen, die dort wuchsen, packten sie in die Rucksäcke ein. 24 Dieses Tal bekam wie gesagt später den Namen „Traubental“, weil die Männer, die das Land austesten sollten, dort Trauben gefunden und eingepackt hatten.

Bericht von dem neuen Land

25 Nach zwölf Tagen hatten die Männer alles gesehen, was in dem Land so am Start war. 26 Sie kamen wieder zurück zu Mose und Aaron, um zu erzählen, was sie alles gesehen und erlebt hatten. Auch die ganzen Früchte, die sie gesammelt hatten, sollten vorgeführt werden. Alle Israeliten waren bei diesem Treffen dabei. Die hatten die ganze Zeit in der Wüste Paran gewartet. 27 „Mose! Wir haben uns jetzt das ganze Land einmal angesehen, in das du uns geschickt hast“, sagten sie aufgeregt. „Alles haben wir genau untersucht und abgecheckt. Das Land ist der absolute Hammer! Es gibt da wirklich alles, und das sogar im Überfluss! Schau dir mal die vielen Früchte an, die wir mitgebracht haben! 28 Allerdings sind die Menschen, die dort bis jetzt wohnen, auch nicht von schlechten Eltern! Die können sich vermutlich richtig gut wehren und haben ihre großen Städte zum Teil auch voll gut gegen Angriffe gesichert. Und leider wohnen da auch riesige Menschen, die alle Muskeln haben wie die weltbesten Kickboxer! 29 Im südlichen Gebiet wohnen die Amalekiter, in den Bergen die Hetiter, Jebusiter und Amoriter. Im Tal, wo der Jordanfluss ist, wohnen die Kanaaniter!“ 30 Als die Leute das hörten, bekamen viele voll den Hals auf Mose. Kaleb beruhigte sie aber. „Leute, wir können das schaffen! Wir sind stark genug!“ 31 Aber die anderen Männer, die das Land ausgecheckt hatten, waren da anderer Meinung. „Das packen wir nie und nimmer! Die Leute, die da wohnen, sind sehr viel stärker als wir!“ 32 Dann erzählten sie den Israeliten irgendwelche Horrorgeschichten über das Land. „Man kann da echt nicht leben! Die Menschen, die dort wohnen, sind nämlich Kannibalen und fressen einen irgendwann auf!“, erzählten sie. „Die Männer dort sind gigantisch groß und haben voll die Muskeln! 33 Dort leben übrigens auch diese Riesenmenschen! Die waren so groß, dagegen kamen wir uns wie kleine Häschen vor. Und für die sind wir bestimmt auch nur kleine Ameisen, die man zertreten kann.“

14

Die Israeliten vertrauen Gott nicht mehr

1 Die Israeliten kriegten plötzlich voll den Heulflash, sie waren total fertig und weinten die ganze Nacht. 2 Alle hatten plötzlich keinen

Bock mehr auf Mose und Aaron. Sie fingen wieder die alte Leier an, von wegen „Wären wir mal in Ägypten gestorben oder irgendwo in der Wüste bla blup …“ 3 Einige sagten sogar: „Warum hat Gott uns überhaupt hierher gebracht? Wir werden alle in diesem Krieg sterben! Unsere Frauen und Kinder werden uns von den Feinden geklaut und müssen dann bei denen leben. Wollen wir nicht alle wieder zurück nach Ägypten gehen?“ 4 Schnell gab es die ersten Flyer und Plakate, wo draufstand: „Wir brauchen eine neue Regierung! Wir wollen einen neuen Führer! Wir wollen wieder zurück nach Ägypten!“
5 Als die Nachricht bei Aaron und Mose ankam, warfen sich beide vor den Israeliten einfach auf die Erde. 6 Josua und Kaleb, die beide bei dem Spionagetrupp dabei waren, der das neue Land schon mal abgecheckt hatte, machten bei der Demo aber nicht mit. Es machte sie echt fertig, wie die Leute drauf waren, und sie sagten zu den Israeliten: 7 „Das Land, das wir uns angesehen haben, ist genial, Leute! 8 Dort gibt es alles, und zwar ganz fett und satt. Wenn Gott uns mag, dann wird er uns dort reinbringen und wird es uns schenken! 9 Ihr dürft ihn jetzt nicht einfach abblitzen lassen! Habt keinen Schiss vor den Leuten, die da bis jetzt noch wohnen. Wir machen aus denen Kleinholz! Deren Plastikgötter haben sowieso nichts drauf! Und wir haben den krassesten Gott auf unsere Seite! Ihr braucht echt keine Angst vor denen zu haben!“
10 Die Leute waren aber so sauer, dass sie die beiden fast umbringen wollten. Plötzlich war Gott da! Alle konnten ein blendend weißes Licht über dem Zelt sehen.

Mose betet für die Israeliten

11 Gott sprach dann mit Mose: „Mann, wie lange muss ich mir das noch anhören? Wie lange wollen mich diese Leute eigentlich noch wie einen alten Mann behandeln? Wie lange noch haben sie einfach keinen Bock da drauf, mir zu vertrauen? Ich hab doch nun wirklich mehr als einmal gezeigt, was ich alles draufhab, und auch bewiesen, dass ich mich voll um sie kümmere! 12 Ich glaube, es ist die beste Idee, wenn alle jetzt einfach eine tödliche Krankheit bekommen und sterben! Keiner von denen soll überleben. Ich starte dann das Ganze nur mit dir noch mal von vorne, mit dir und deiner Familie. Mose, ich verspreche dir, deine Familie wird ganz schnell viel mehr Leute haben, die auch sehr viel stärker sind als die Israeliten heute.“
13 Mose antwortete: „Ja, Gott, hast ja recht. Aber was werden denn zum Beispiel die Ägypter sagen, wenn du die Israeliten jetzt alleine lässt, he? Die haben doch gesehen, wie du deine Leute so powervoll aus ihrem Land rausgeholt hast. Die konnten beobachten, wie sie bis hierher gekommen sind. Und dann das? 14 Denk mal an die ganzen Menschen, die jetzt in der Umgebung wohnen? Die haben doch alle schon von der Geschichte gehört, wie du mit uns umgehst, dass Gott selbst bei uns lebt und wir mit dir direkt labern dürfen und so. Sie haben auch von der Wolke gehört, in der du uns tagsüber immer begleitest, und von der Feuerwolke, die nachts immer bei uns ist. 15 Wie sollen die das auf die Kette kriegen, wenn sie plötzlich hören, dass du alle Israeliten an einem Tag einfach plattgemacht hast? Die werden dann doch bestimmt rumlästern und sich so was erzählen wie: 16 ‚Haha, deren Gott hat es einfach nicht gepackt, seine Leute in das Land zu bringen! Was für ein Weichei! Obwohl er ihnen dieses Land ganz fest versprochen hatte, wurden sie in der Wüste von ihm mal eben so abgeschlachtet.‘ 17 Mann, Gott, zeig uns doch einfach, was du draufhast! Du hast uns immer gesagt: 18 ‚Ich bin Gott! Ich habe viel Geduld, ich bin entspannt. Und ich liebe euch ohne Ende. Ich vergebe es, wenn jemand Mist baut und sich einer gegen mich stellt. Aber ich lasse nicht alles so mal eben durchgehen, was passiert. Wenn jemand gegen mich arbeitet, dann hat das Folgen. Seine Kinder, die Enkelkinder bis in die dritte und vierte Generation werden das zu spüren kriegen.‘ 19 Weil du doch so eine gigantisch große Liebe hast, bitte ich dich, dass du diesen Leuten ihren Mist einfach verzeihst! Das hast du doch bis heute so oft schon gemacht, in der ganzen Zeit, seit du uns aus Ägypten rausgeholt hast!“ 20 Gott antwortete ihm: „Okay. Weil du es bist, Mose, will ich ihnen noch mal verzeihen! 21 Aber auf eins kannst du einen lassen: So wahr ich existiere und meine krasse Art auf dieser Erde sichtbar werden wird, 22–23 sollen diese Leute niemals in das Land kommen können, was ich euren Vätern mal versprochen habe! Sie haben meine krasse Art gesehen, haben die vielen Wunder gesehen, die ich schon gebracht habe. Die waren dabei, als ich ihnen in Ägypten und in der Wüste aus aussichtsloser Situation rausgeholfen habe. Und trotzdem haben sie mich immer wieder ausgetestet und mir nie wirklich vertraut. Sie hatten keinen Bock auf mich, und darum wird keiner von denen dieses Land betreten. 24 Nur Kaleb will ich dort reinbrin-

gen. Der war ja da und hat das Land ausgetestet. Seine Familie soll dort für immer leben können. Kaleb war einfach anders drauf, er hat sich nicht in die Hose gemacht, war cool unterwegs und hat mir vertraut. 25 Die Amalekiter und Kanaaniter bleiben dort wohnen. Und ihr sollt morgen früh zurückgehen, durch die Wüste, wieder an die Stelle, die stark mit Bambusrohren bewachsen ist."

Konsequenzen: noch mal vierzig Jahre Wüste

26 Gott sagte zu Mose und Aaron: 27 „Was meint ihr, wie lange muss ich mir das noch geben? Wie lange sind die Leute noch so unkorrekt drauf? Wie lange wollen die noch nicht das tun, was ich von ihnen möchte? Ich krieg das ja alles mit! 28 Richte ihnen meine Antwort aus. Ich sage dazu: ‚Leute, ich bin Gott, und ich schwöre euch, was ihr da vom Stapel gelassen habt, wird jetzt tatsächlich genauso auch passieren. Dafür sorge ich, auf sicher! 29 Ihr werdet in der Wüste sterben, und zwar alle Männer ab 18 Jahren, die man zum Bund einziehen würde. Das habt ihr jetzt davon, weil ihr schon wieder keinen Bock hattet, auf mich zu hören. 30 Keiner von denen soll in das Land kommen, das ich euren Leuten schon vor Ewigkeiten fest versprochen habe. Nur Kaleb und Josua dürfen und werden dabei sein. 31 Wisst ihr noch, dass ihr Schiss hattet, dass eure kleinen Kinder von den Feinden aus dem Land gekidnappt werden? Aber genau die Kinder werden dieses Land erobern und besitzen! 32 Ihr seid bis dahin schon in der Wüste gestorben. 33 Aber auch eure Kinder werden an den Konsequenzen zu tragen haben, weil ihr untreu wart und mir nicht vertrauen wolltet. Vierzig Jahre müssen sie auch noch mit ihrem ganzen Viehzeug durch die Wüste tapern. Sie werden erst losziehen können, wenn keiner von eurer Generation mehr lebt. 34 Vierzig Tage wart ihr in dem neuen Land und habt es ausgetestet. Vierzig Jahre werdet ihr jetzt warten müssen, jeder Tag wird mit einem Jahr bezahlt. Das ist euere eigene Schuld. So schnallt ihr hoffentlich, was für Konsequenzen das hat, wenn man versucht, gegen mich zu arbeiten. 35 Das gilt jetzt, auf sicher. Keiner von euch wird aus der Wüste wieder rauskommen, ihr werdet dort alle irgendwann sterben. Diese ganzen fiesen Leute, die sich gegen mich stellten und eine Demo gegen mich veranstalteten, werden um diese Strafe nicht herumkommen können.'" 36 Die Männer, die Mose losgeschickt hatte, um das Land auszutesten, hatten ja die ganze Gemeinschaft schräg draufgebracht. Nur weil sie voll unnötig Panik verbreitet hatten, kamen die Israeliten plötzlich mit der Idee nicht mehr klar, dass das neue Land ein Geschenk von Gott war. 37 Gott machte, dass diese Männer plötzlich wie die Fliegen tot umfielen, und zwar alle, die irgendwelchen Mist über das neue Land verbreitet hatten. 38 Nur Josua (der Sohn vom Nun) und Kaleb (der Sohn von Jefunne) blieben als Einzige von denen am Leben, die das Gebiet ausspioniert hatten.

Es tut den Leuten voll leid, aber es ist zu spät

39 Mose erzählte dann bei einem großen Treffen allen Israeliten, was Gott ihm gerade gesagt hatte. Alle Leute fingen voll an zu weinen. 40 Am nächsten Morgen machten sich einfach die Männer von den Israeliten marschbereit. Sie wollten in das neue Land ziehen, um dort zu kämpfen und es einzunehmen. „Wir sind jetzt bereit!", sagten sie zu Mose. „Wir wollen genau das tun, was Gott uns gesagt hat! Wir wollen in das Land ziehen, wir haben gestern totalen Schwachsinn erzählt!" 41–42 „Hey, Leute, macht das nicht!", antwortete Mose. „Warum wollt ihr schon wieder genau das tun, was Gott nicht will? Das geht in die Hose! Gott wird nicht dabei sein. Die Feinde werden euch fertigmachen! 43 Die Amalekiter und Kanaaniter haben ihre Waffen schon geölt und warten nur auf euch. Ihr werdet alle sterben. Ihr habt Gott einen alten Mann sein lassen, habt ihm den Rücken zugedreht. Ihr glaubt doch nicht im Ernst, Gott wird euch in der Sache nun helfen?" 44 Er konnte die Leute aber nicht davon abbringen loszumarschieren. Sie hatten sich das Ding einfach in den Kopf gesetzt und zogen, ohne auf ihn zu hören, in das Land ein. Mose blieb aber im Lager, und auch die Kiste mit den Gesetzen drin durften sie nicht mitnehmen. 45 Die Niederlage war vernichtend. Die Amalekiter und Kanaaniter, die in den Bergen vom vorderen Teil des Landes wohnten, griffen sie von obenher an. Sie schlugen die Israeliten übelst im Kampf, die dann am Ende Hals über Kopf bis nach Horma fliehen mussten.

15 Wie man in dem neuen Land Opferrituale durchziehen soll

1 Gott redete mal wieder mit Mose. Er sagte zu ihm: 2 „Geh mal zu den Israeliten und richte ihnen Folgendes von mir aus: ‚Ihr werdet irgendwann in das neue Land einziehen, was ich euch versprochen habe. Dort werdet ihr euch dann breit-

machen. 3–5 Wenn ihr da jetzt so ein Opferritual machen wollt, wo man was verbrennt, zum Beispiel ein Abfackelopfer, das man komplett verbrennt, oder ein Dankopfer, egal ob das jetzt mit einem Versprechen zu tun hat, was man gegeben hat, oder ob es ein freiwilliges Geschenk ist, oder um was zu feiern, dann müsst ihr dazu auch immer noch ein Essensopfer und ein Trinkopfer durchziehen. Also auch wenn ihr ein Rind dazu opfert oder ein Schaf oder ne Ziege, die beiden Sachen gehören immer dazu. Bei einem Schaf oder einer Ziege müssen das 1,2 Kilo Weizenmehl sein, das mit knapp einem Liter Olivenöl verknetet wird. Und dann Wein in der gleichen Menge. 6 Wer Gott ein männliches Schaf schenken will, nimmt dazu 2,4 Kilo Mehl, das mit 1,5 Litern Öl verknetet wird. 7 Auch dazu kommt die gleiche Menge an Wein. Auf so ein Opfer hat Gott Bock, da freut er sich voll drüber. 8 Wenn jetzt jemand Gott ein Rind schenken will, braucht er folgende Zutaten: 9 Als Essensopfer 3,6 Kilo Mehl, das mit 2 Liter Olivenöl verknetet wird, 10 und als Trinkopfer die gleiche Menge Wein. So ein Opfer findet Gott gut. 11 Genauso soll man es auch machen, wenn man ein Schaf oder eine Ziege opfert. 12 Je nachdem, wie viele Tiere ihr opfern wollt, müsst ihr die Menge danach richten. 13 Die Israeliten sollen es genau so machen, wenn sie ein Opfer bringen wollen, wo man was verbrennt, wenn sie möchten, dass Gott sich da drüber auch freut. 14 Und wenn ein Ausländer, der bei euch lebt, auch so ein Opfer durchziehen will? Er soll es genauso machen wie ihr! 15 Egal ob man jetzt zu euch gehört oder nur ein Gast ist, es gelten die gleichen Regeln. Ich möchte, dass das jetzt ein Gesetz bei euch wird, das man immer weitervererbt. Jede Generation soll sich da dran halten, und es gilt für euch und für die Ausländer bei euch. 16 Es gelten die gleichen Gesetze, egal ob jemand zu euch gehört oder nur zu Gast ist.'" 17 Gott sagte dann noch was zu Mose: 18 „Sag den Israeliten noch was von mir: ‚Wenn ihr in das Land reinkommt, das ich euch schenken möchte, 19 und wenn ihr dann das erste Mal von dem Brot esst, das dort von eurer eigenen Ernte gebacken wurde, dann müsst ihr davon auch etwas Gott schenken. 20 Und zwar soll man das erste Brot, das von der ersten Ernte gebacken worden ist, Gott schenken. 21 Auch von der neuen Weizenernte soll Gott den ersten Eimer voll bekommen. Diese Regel gilt ab jetzt für immer und ewig.'"

Wie man Sachen in Ordnung bringt, wo ohne Absicht Mist gelaufen ist

22 Mose bekam noch ne Ansage von Gott: „Wenn ihr jetzt mal aus Versehen Mist baut und sich einer von euch an eins der Gesetze nicht gehalten hat, 23 die ich dir gesagt habe und die für alle von euch immer gelten sollen, müssen sie durch ein Opferritual wieder mit mir in Ordnung gebracht werden. 24 Wenn jetzt die ganze Gemeinschaft mal aus Versehen danebenlag, dann müssen sie das mit mir, eurem Gott, wieder ins Reine bringen. Dazu brauchen sie einen Stier, der als Abfackelopfer verbrannt werden soll. Das bringt mich wieder gut drauf und macht das Ding wieder okay. Dazu kommen noch das Essensopfer und das Trinkopfer und mit einer männlichen Ziege dieses Opferritual, was man macht, wenn einer aus Versehen Mist gebaut hat, 25–26 Der Priester macht dann durch das Opfer die Sachen zwischen mir und euch wieder klar. Ich werde dann der ganzen Gemeinschaft ihren Fehler verzeihen, auch weil es ja nur aus Versehen passiert ist. Auch die Ausländer bei euch haben dann nichts zu befürchten, ihnen ist da auch vergeben. 27 Wenn es sich jetzt nur um einen einzelnen Menschen handelt, der aus Versehen Sachen getan hat, die gegen die Gesetze sind, muss ebender das Opferritual durchziehen, das man macht, wenn einer aus Versehen Mist gebaut hat. Dazu braucht er eine Ziege, die ein Jahr alt ist. 28 Der Priester macht mit diesem Opferritual das Ding wieder okay, Ich werde dem Menschen dann verzeihen. 29 Dieses Gesetz gilt für die Ausländer genauso wie für euch. 30–31 Wenn jetzt aber jemand ganz bewusst Sachen tut, obwohl er weiß, dass ich das total ätzend findet, macht er den dann ja zum Affen. Er hat mich beleidigt und muss dafür sterben. Wer so drauf ist, muss aus der Gemeinschaft rausfliegen. Egal, ob der ein Israelit ist oder ein Ausländer, er hat bei euch nichts zu suchen. Der hat eine ganz klare Ansage von mir, eurem Gott, mit Absicht nicht beachtet."

Jemand macht den Sonntag lächerlich

32 In der Zeit, als die Israeliten noch in der Wüste wanderten, erwischten sie einen Typen, der am Sonntag Öl für die Heizung am Umfüllen war. 33 Die Leute, die das beobachtet hatten, nahmen den fest und brachten ihn zu Mose und Aaron während einer Versammlung, bei der die ganze Gemeinschaft dabei war. 34 Für so eine Tat gab es aber noch kein Gesetz, darum steckte man den Typen erst mal in den Knast. 35 Mose redete mit Gott da drüber.

„Der Mann hat kein Recht mehr, bei euch zu
leben!", sagte Gott zu ihm. „Die Gemeinschaft soll
ihn vor dem Lager so lange mit Steinen beschmei-
ßen, bis er tot ist." 36 Alle Männer schleppten den
Typen dann vor das Zeltlager und töteten ihn genau
so, wie Gott es Mose gesagt hatte.

Um das ins Hirn zu kriegen, gibt's einen Knoten in die Klamotten

37–38 Gott sagte zu Mose, er sollte den Israeliten was
von ihm ausrichten. Und zwar sollten sie sich Kno-
ten an die Enden von ihren Schals machen. Das war
ab dann ein Gesetz, was für immer gelten sollte. An
jede Ecke vom Schal kam auch noch eine lila
Schleife dran. 39–40 „Jedes Mal, wenn ihr diese
Schleifen seht, müsst ihr euch an die Gesetze erin-
nern!", sagte Gott zu Mose. „Sie sollen euch war-
nen, dass ihr so lebt, wie ich es euch in den Geset-
zen beschrieben habe. Das muss für euch wie eine
Warnung sein, dass ihr eure Gedanken sauber hal-
tet, und wenn ihr gierig werdet, dem nicht gleich
nachgebt. Wenn ihr das wirklich durchzieht, bleibt
ihr ein ganz besonderes Volk! Ihr seid dann echt
heilig und gehört ganz mir, eurem Gott. 41 Ich bin
der Chef, ich bin euer Gott! Ich habe euch aus Ägyp-
ten rausgeholt, weil ich euer Gott sein will. Und ich
bin es auch, ich bin der absolute Oberchef, es gibt
keinen, der über mir steht!"

16

Die Gang von Korach macht einen Aufstand

1–2 Irgendwann hatte Korach die Schnauze
voll und organisierte eine kleine Rebellion
gegen Mose. Korach war ein Sohn von Jizahr vom
Kehat-Clan vom Familienstamm Levi. Mit dabei
waren Datan und Abiram, die Söhne von Eliab und
On, der ein Sohn von Pelet war. Die kamen aus
dem Familienstamm Ruben. Noch ungefähr 250
andere Israeliten, die teilweise echt Einfluss und
auch was zu sagen hatten, waren auch mit dabei.
3 Sie trafen sich gemeinsam vor dem Zelt von Mose
und Aaron und redeten auf sie ein. „Hört mal, ihr
macht hier eindeutig zu sehr den Lauten! Ihr seid
auch nicht anders als der Rest von uns Israeliten,
ist das klar!? Wir gehören alle Gott, und er ist bei
jedem von uns! Warum glaubt ihr eigentlich, die
Chefs von der ganzen Gemeinschaft sein zu müs-
sen, he?" 4 Als Mose diese Sprüche hörte, legte er
sich platt auf den Boden und fing an mit Gott zu
reden. 5 Dann war er fertig, ging zu Korach und sei-
nen Leuten rüber und meint zu ihm: „Pass auf,
morgen wird Gott dir zeigen, wer wirklich zu ihm
gehört und wer nicht. Er wird ein klares Zeichen
setzen, wer für ihn gottmäßig drauf ist. Nur wer
von ihm ausgewählt wurde, wird in seine Nähe
kommen können! 6 Nehmt euch eine von diesen
Pfannen, wo die Räucherstäbchen drauf kommen.
7 Dann legt da ein paar Teile rein und zündet die an.
Mit dem ganzen Kram kommt ihr morgen in das
besondere Zelt. 8 Wir werden ja sehen, wen Gott
ausgewählt hat, seinen Job zu erledigen, und wen
er dazu auch als fähig ansieht. Ihr Angestellten vom
besonderen Zelt kriegt den Hals einfach nicht voll!
Hallo? Sagt mal, merkt ihr noch was? 9 Unser Gott
hat euch extra aus der ganzen Gemeinschaft für
diesen Job ausgesucht! Er lässt euch in seine Nähe
kommen, und ihr dürft den Job in seiner Wohnung
machen! Ihr könnt vorne auf der Bühne stehen und
diese krassen Sachen für ihn machen! Reicht euch
das nicht? 10 Du, Korach, hast diesen besonderen
Job von Gott zugesprochen bekommen, wie die
anderen Männer aus dem Familienstamm Levi
auch. Und jetzt wollt ihr auch noch alle Priester
werden und das ganze Ding leiten, oder wie? 11 Ihr
habt eine Revolte gegen Gott selbst angezettelt, du
und dein ganzer Haufen! Ihr meckert gegen Gott,
nicht gegen Aaron, ist euch das klar?!" 12 Mose ließ
Datan und Abiram in sein Büro bestellen. Aber sie
ließen ihm ausrichten: „Kannst du vergessen, wir
kommen nicht! 13 Erst hast du uns aus Ägypten
rausgeführt, wo wir noch fett und reichlich zu essen
hatten, und jetzt sterben wir hier fast vor Hunger,
mitten in der Wüste. Ganz toll, Mose! Und jetzt
machst du einen auf Obermacker und spielst dich
als großen Chef auf? 14 Wo ist denn jetzt dein ach
so schönes Land, wo es alles so fett und reichlich
geben soll, he? Hast du uns vielleicht schon ein
paar große Landstücke geschenkt oder was? Willst
du uns hier verarschen, oder was?! Wir haben auf
jeden Fall keinen Bock, zu dir hoch zu kommen!"
15 Mose war richtig sauer. „Gott, ich will, dass du
von denen nie wieder ein Opferritual annimmst,
hörst du?", betete er. „Ich habe nie meine Macht
missbraucht und habe die ganze Zeit noch nicht
mal ein Taschengeld für meinen Job verlangt!"
16 Dann ging er raus zu Korach und sagte zu ihm:
„Morgen früh möchte ich dich mit deiner Gang
direkt vor Gott bringen. Aaron soll auch mit dabei
sein. 17 Meine Idee ist, dass jeder dann eine Pfanne
nimmt und dort Räucherstäbchen reinlegt. Also, ich
meine jetzt Aaron und dich mit deinen zweihun-
dertfünfzig Fans. Kommt damit morgen zum

besonderen, heiligen Zelt.“ 18 Am nächsten Morgen standen sie alle vor dem Eingang vom besonderen Zelt. Mose und Aaron hatten ihre Pfannen dabei, in denen auch schon anständig Räucherstäbchen brannten. 19 Mittlerweile hatte Korach fast alle Israeliten von seiner Meinung überzeugt. Er kam also mit dem ganzen Trupp zu Mose und Aaron, die am Eingang auf ihn warteten. Plötzlich war Gott mit seiner ganz krassen Art da, so dass alle das sehen konnten. 20 Gott sagte dann zu Mose und Aaron: 21 „Geht schnell weg von dem Rest der Israeliten. Ich will sie alle auf einmal plattmachen!“ 22 Aber die beiden warfen sich vor Gott auf den Boden und versuchten, ihn von dem Plan abzubringen: „Nein, Gott, bitte mach das nicht! Du hast doch jedes Leben selbst gemacht, oder? Willst du jetzt wirklich alle bestrafen, obwohl dich nur einzelne Leute so gedisst haben?“ 23–24 „Hm, also gut, sag jetzt mal zu allen Leuten, dass sie sich von den Zelten vom Korach, Datan und Abiram fernhalten sollen, okay?“, antwortete Gott. 25 Mose ging dann mit den Chefs von den Israeliten zu Datan und Abiram. 26 Dort sagte er zu allen Leuten: „Verschwindet aus der Gegend von den Zelten, in denen diese Männer, die gegen Gott sind, mit ihren Familien wohnen! Fasst nichts an, was denen gehört, sonst erwischt euch die gleiche Strafe wie die.“ 27 Alle hörten auf Mose und machten einen großen Bogen um die Zelte, wo Korach, Datan und Abiram wohnten. Datan und Abiram waren aus ihren Zelten rausgekommen und standen jetzt mit ihren Frauen, Kindern und Enkeln davor. 28 Mose meinte dann zu den Israeliten: „Was jetzt gleich abgehen wird, soll ein für alle Mal der Beweis für euch sein, dass Gott hinter mir steht und dass ich mir das nicht alles selber ausgedacht habe. 29 Wenn diese Männer irgendwann normal sterben, dann habe ich keine Order von Gott bekommen und habe mir alles nur ausgedacht. 30 Wenn Gott aber etwas total Krasses tun wird, wenn er plötzlich ein Erdbeben kommen lässt und sich der Boden hier spaltet und diese Leute, mitsamt ihren Zelten, in die Hölle gezogen werden, dann wisst ihr, dass sie eine Rebellion gegen Gott selbst am Start hatten.“ 31 Mose hatte gerade sein letztes Wort ausgesprochen, da gab es ein Beben der Stärke 8, und genau unter den Zelten von Datan und Abiram entstand eine riesen Erdspalte. 32 Beide Zelte mit allem, was dazugehörte, fielen in diesen Spalt rein, dasselbe passierte mit Korachs Zelt. 33 Alle wurden mit Mann und Maus direkt in die Hölle geschickt. Dann schloss sich der Boden wieder über ihnen zusammen, und es sah fast so aus, als wären sie nie da gewesen. 34 Die Israeliten, die das sahen, rannten schnell weg, als sie ihre Schreie hörten. Sie hatten Panik, auch von der Erde verschluckt zu werden. 35 Die 250 Männer, die eine Pfanne mit Räucherstäbchen zu dem Tisch, dem Altar für die Räuchersachen, im besonderen Zelt gebracht hatten, wurden dort einfach von einem Flammenwerfer aus dem Himmel abgefackelt, den Gott selbst gestartet hatte.

17

Recycling von Räucherpfannen

1 Und Gott redete mal wieder mit Mose. 2 „Pass auf, gib mal dem Priester Eleasar die Order, die Pfannen mit den Räucherstäbchen aus der Asche rauszuholen. Diese Pfannen sind nämlich auch was Besonderes, sie sind heilig. Die glühende Holzkohle kannst du einfach überall hinschütten. 3 Die Pfannen von den Levi-Leuten, die gerade krepiert sind, weil sie einfach totalen Bockmist gebaut haben, sollen anders verwurstet werden. Ich möchte, dass man die so platt hämmert, bis daraus dünne Bleche entstehen. Mit diesen Blechen soll dann der Altar überzogen werden. Diese Pfannen waren ja immerhin mal im göttlichen Einsatz. Damit sind sie auch etwas Besonders geworden, sie sind heilig. Diese Bleche sollen für die Israeliten wie eine Warnung sein, dass keinem so was noch mal passiert.“ 4 Eleasar schnappte sich die Pfannen, die ja aus Bronze gemacht waren, und brachte die in eine Werkstatt. Dort wurden daraus dünne Blechplatten gemacht. 5 Das war die Ansage, die Gott von Mose bekommen hatte. Die Israeliten sollten einfach nicht vergessen, dass nur die Priester, die Leute aus der Familie vom Aaron, mit den Räucherstäbchen in die Nähe von Gott kommen durften. Wenn jemand anderes auf die Idee kommen würde, das zu tun, würde mit ihm das Gleiche geschehen, wie es mit Korach und seiner Gang passiert ist.

Die Israeliten machen schon wieder eine Demo gegen Mose und Aaron

6 Am nächsten Morgen trafen sich alle Leute von den Israeliten irgendwo im Lager. Plötzlich war die Stimmung wieder voll gegen Mose und Aaron. „Ihr habt unsere eigenen Leute getötet, die Leute, die doch auch Gott gehören!“, waren sie am Rummeckern. 7 Als sie da so am Diskutieren waren, kam plötzlich eine große Wolke aus dem Himmel, die sich langsam auf das Zelt legte. Und dann kam die

krasse Art von Gott da drin zum Vorschein! 8 Mose und Aaron verstanden das als Einladung und gingen in das Zelt rein. 9 Gott redete dort zu Mose. Er sagte ihm: 10 „Vergesst diese Leute einfach. Verpisst euch schnell in die Berge! Ich werde sie alle auf einmal kaputt machen." Mose und Aaron warfen sich vor Gott platt auf den Boden und beteten. 11 Mose sagte dann zu Aaron: „Nimm dir schnell mal eine von den Räucherpfannen! Pack ein bisschen glühende Holzkohle vom Altar drauf, und dann legst du ein paar Räucherstäbchen rein. Damit gehst du dann zu den Israeliten. Organisier ein Treffen, zu dem alle kommen sollen. Und dann bringst du die Sache zwischen denen und Gott wieder in Ordnung. Gott ist megasauer! Er hat schon angefangen, seine Konsequenzen zu ziehen und die Leute zu bestrafen." 12 Aaron schnappte sich die Pfanne und ging damit gleich zu den Leuten, die draußen immer noch rumstanden. Plötzlich sah er, dass sie wie die Fliegen überall umfielen und sofort tot waren. Schnell verbrannte er die Räucherstäbchen, um den Mist wieder in Ordnung zu bringen, der von den Leuten gebaut worden war. 13 Überall, wo er das tat, starben die Leute nicht mehr. Die Stelle, an der Aaron stand, war sozusagen die Linie. Wer dahinter stand, lebte, wer davor stand, musste sterben. 14 Insgesammt starben bei der Aktion 14700 Israeliten. Dazu kamen noch die Gang von Korach, die am Tag vorher gestorben waren. 15 Als die Sache vorbei war, ging Aaron wieder zurück zu Mose, der noch am Eingang vom Zelt stand.

Aaron wird von Gott bestätigt

16 Gott sagte zum Mose: 17 „Rede mal mit den Israeliten und lass dir von jedem Familienstamm einen Stock geben. Und zwar immer einen pro Chef eines Stammes. Im Ganzen kommen wir also auf 12 Stäbe. Wenn du die hast, schreibst du auf jeden den Namen drauf, von wessen Stamm der kommt. 18 Auf den Stab vom Stamm Levi kommt der Name vom Oberpriester Aaron drauf. Wie gesagt, jeder Familienstamm kriegt einen eigenen Stab. 19 Dann legst du die Stäbe in das besondere Zelt vor die Kiste mit den Gesetzen. Genau an die Stelle, wo wir uns immer treffen, okay? 20 Wenn du das gemacht hast, werden an einem der Stäbe plötzlich Blätter wachsen. Ich will durch dieses kleine Wunder den Leuten klarmachen, dass dieses Rumgemecker endlich aufhören muss. Ich will nicht, dass die Israeliten immer wieder ne Rebellion gegen mich anzetteln." 21 Mose richtete das den Chefs der Israeliten aus. Jeder von denen kam dann mit einem Stock vorbei, der für seinen Familienstamm stehen sollte. Mit dem Teil von Aaron kam man auf zwölf Stöcke. 22 Mose legte die dann in das besondere Zelt vor die Kiste mit den Gesetzen. 23 Als er am nächsten Morgen wieder in das Zelt reinging, waren am Stock von Aaron total viele Zweige und Blüten gewachsen. An diesem Stock, der ja den Familienstamm Levi vertreten sollte, waren sogar in der einen Nacht ein paar kleine Kirschen gewachsen! 24 Mose nahm dann die Stöcke und zeigte sie den Israeliten. Jeder Stamm holte sich seinen Stock zurück. 25 Gott sagte zu Mose: „Nimm den Stock von Aaron und bring ihn in das besondere Zelt. Dort legst du ihn vor die Kiste, wo die Gesetze drin liegen. Dieser Stock soll einfach jeden davor warnen, sich mit mir anzulegen. Die Israeliten sollen endlich aufhören mit ihrer kleinen Revolution, ich kann das Rumgemecker nicht mehr durchgehen lassen. Ich will nicht, dass die alle irgendwann deswegen sterben müssen." 26 Mose zog es genau so durch, wie Gott es ihm gesagt hatte. 27 Die Leute sagten dann zu Mose: „Wir werden vermutlich alle bald sterben, stimmt's? Dauert nicht mehr lange, und wir sind alle tot, oder? 28 Jeder, der nur irgendwie in die Nähe vom Zelt kommt, in dem Gott wohnt, sieht früher oder später die Radieschen von unten. Gibt es überhaupt noch ne Chance für uns? Werden wir alle bald krepieren?"

18

Wofür die Priester und die Angestellten vom besonderen Zelt zuständig sind

1 Gott sagte dann mal zu Aaron: „Also deine Familie und die anderen Levi-Leute, ihr habt die Verantwortung für das besondere Zelt, klar? Wenn da Mist gebaut wird, dann seid ihr schuld. 2 Du und deine Söhne, ihr zieht den Priesterdienst am besonderen Zelt durch. Die anderen Levi-Leute sollen euch dabei als Angestellte vom besonderen Zelt helfen. 3 Die können alle Arbeiten erledigen, nur die ganz besonderen Geräte und auch den Opfertisch, den Altar, sollen sie in Ruhe lassen. Wenn sie dem zu nahe kommen, werden sie sterben und deine Leute gleich mit. 4 Die Levi-Leute sollen dir bei deiner Arbeit am besonderen Zelt helfen, aber sonst darf das keiner. 5–6 Die Levi-Leute habe ich extra ausgesucht und euch geschenkt, damit sie mir, eurem Gott, radikal dienen. Sie sollen ihren Job für das besondere Zelt machen. Aber den Priesterdienst am Altar und am alleroberheiligen Bereich

hinter dem Vorhang im besonderen Zelt dürfen nur du und deine Söhne machen. Wenn ihr euch daran haltet, dann werde ich nicht mehr sauer auf die Israeliten sein. 7 Dieser Job, den ihr da macht, ist ein Geschenk, das ich euch gegeben habe. Und wenn irgendjemand anderes zu nahe an den besonderen Bereich kommt, kriegt der die Todesstrafe."

Was die Priester von den Opfersachen bekommen

8 Gott sagte dann zu Aaron: „Von den Opfersachen, die die Israeliten geben, kriegt ihr einen Anteil. Das gehört dir und deiner Familie, und zwar für immer. 9 Von allem, was hier an ganz besonders krassen Geschenken für mich abgegeben wird, kriegt ihr, du und deine Familie, den Teil, der nicht verbrannt wird. Diese Teile sind etwas ganz krass Besonderes, sie sind ultraheilig und sollen euch gehören. Die anderen Sachen werden natürlich auf dem Altar abgefackelt, wie sich das gehört. 10 Diese Fleisch- und Essensgeschichten dürfen nur von Männern gegessen werden, die zur Priesterfamilie gehören. Und man darf die auch nur beim besonderen Zelt verspachteln. 11 Das gilt ab jetzt für immer und ewig, dieser Anteil gehört euch. Eure ganze Familie kann davon mitessen, wenn sie okay sind, damit meine ich ‚rein'. 12–13 Für alle Geschenke und Abgaben, wie jetzt z. B. Öl und Wein, Bier, Obst, Weizenkörner, die von der ersten Ernte kommen, gilt das Gleiche. 14 Außerdem gehört dazu auch alles, was mir von den Israeliten radikal geschenkt worden ist. 15 Das betrifft auch die ersten Babys, bei den Tieren und den Menschen, die mir von den Leuten geschenkt werden. Aber anstatt der ersten Kinder will ich von euch lieber etwas Kohle sehen. Das gilt auch für die Babys von ‚unreinen' Tieren, die darf man nämlich nicht opfern. 16 Und zwar sieht die Preisliste hier so aus: Für das erste Kind werden 650 Euro berechnet, gemessen am aktuellen Kurs. 17 Für das erste Kind von einem Schaf, einer Ziege oder einer Kuh dürft ihr keine Kohle annehmen, weil die für ein Opferritual bestimmt sind. Das Blut von denen braucht ihr, um damit den Altar nass zu machen, und die Fettstücke davon müsst ihr dort abfackeln. Das ist ein Opfer, das ich voll korrekt finde. 18 Die ganzen Steaks und so von den Tieren, die geopfert werden, gehören euch. Auch die Brust und der rechte Oberschenkel von den Tieren, die beim Dankopferritual geschlachtet werden, könnt ihr behalten. 19 Alle Geschenke, die ich von den Israeliten bekomme, gebe ich an dich und deine Familie weiter. Ihr dürft die essen, wenn ihr wollt. Das ist eine Sonderregel, die ab jetzt für immer gilt. Diese Regel kann man nicht zurücknehmen, die ist genau so sicher, wie ein schriftlicher Vertrag, der mit Stempel von einem Rechtsanwalt klargemacht wurde."

Wovon die Levi-Leute leben sollen

20 Gott hatte Aaron noch was zu sagen: „Wenn die Leute in das Land einziehen werden, wirst du kein Grundstück davon abkriegen können. Das gilt für dich und deinen ganzen Familienstamm. Ich bin alles, was ihr habt, und von mir bekommt ihr auch alles, was ihr braucht. 21 Die Levi-Leute inklusive der Priester bekommen jedes Jahr 10 Prozent von der ganzen Ernte als Bezahlung für ihren Job im besonderen Zelt. 22 Für die Israeliten gilt ab sofort, dass keiner mehr in die Nähe vom besonderen Zelt kommen darf. Wer sich nicht da dran hält, hat richtig Mist gebaut, er wird sterben. 23 Nur jemand von den Levi-Leuten darf in dem besonderen Zelt Dienst schieben. Dafür müsst ihr sorgen, ihr tragt die Verantwortung. Das ist eine Regel, die ab jetzt für immer gilt. Ihr dürft kein Stück Land besitzen. 24 Stattdessen kriegt ihr wie gesagt die 10 Prozent von der Ernte, die die Leute aus Israel jedes Jahr bei mir abliefern müssen. Das ist der Grund, warum ihr Levi-Leute selbst kein Stück Land besitzen sollt." 25 Dann redete Gott noch mit Mose und ließ dem Familienstamm Levi Folgendes ausrichten: 26 „Wenn ihr von den Israeliten die 10 Prozent bekommt, die ich für euch bestimmt habe, dann musst ihr davon auch wieder 10 Prozent an mich abgeben. 27 Das ist einer von euren Jobs, die ihr zu erledigen habt. Es ist genauso eine Abgabe, wie mir auch die anderen von der Lebensmittelernte abgeben müssen. 28 Auf die Art sollt ihr auch Gott die 10 Prozent schenken, die ihm einfach zustehen. Diese Steuern kriegt der Priester Aaron von euch. 29 Von allem, was ihr von den Leuten kriegt, müsst ihr die besten Sachen nehmen und mir schenken. 30 Nachdem ihr das gemacht habt, gehört der Rest euch. Genauso wie das bei einem Landwirt ist, der ja auch den Rest seiner Ernte von den Körnern oder den Weintrauben behält. 31 Was ihr dann übrig habt, könnt ihr mit euren Familien verspachteln, egal wo ihr gerade seid. Das ist sozusagen euer Gehalt für den Job, den ihr am besonderen Zelt macht. 32 Das ist total okay, ihr verdreckt diese Geschenke damit nicht, aber nur, wenn ihr 10 Prozent von den besten Stücken vorher mir gegeben habt. Wenn ihr das aber nicht tut, dann liegt ihr echt total daneben. Auf so was gibt es die Todesstrafe.

19

Wasser, das einen von unreinen Dingen sauber macht

[1] Gott sprach dann mal mit Mose und
Aaron gleichzeitig. Er sagte ihnen: [2] „Die Dinge, die
ich euch jetzt sage, müssen von euch in Zukunft
immer ganz radikal durchgezogen werden. Also,
organisiert euch von den Leuten eine Kuh, die
keine Behinderung hat, noch nie zur Arbeit einge-
setzt wurde und eine rotbraune Farbe hat. [3] Die
gebt ihr dem Priester Eleasar und der soll sie dann
außerhalb des Zeltlagers schlachten lassen, wäh-
rend er dabei ist. [4] Der Priester nimmt dann etwas
von dem Blut und spritzt es mit den Fingern sie-
benmal in die Richtung vom besonderen Zelt.
[5] Anschließend wird die ganze Kuh vor seinen
Augen verbrannt. Und zwar die ganze Kuh, nicht
nur die Fettstücke, sondern auch das Fleisch, das
Blut, den Kopf, die ganzen Eingeweide, einfach
alles. [6] Wenn das so brennt, nimmt der Priester,
der am Start ist, ein Stück Kiefernholz, ein Büschel
Lavendel und etwas rote Wolle und schmeißt das
auch ins Feuer rein. [7] Jetzt geht er erst mal anstän-
dig duschen und lässt auch seine Klamotten
waschen. Danach darf er auch wieder zurück ins
Zeltlager, aber bis es dunkel wird, gilt er immer
noch als dreckig, er ist ‚unrein'. [8] Der Typ, der die
Kuh verbrannt hat, muss auch seine Klamotten in
die Wäsche schmeißen und ist für den Rest des
Tages dreckig, er ist ‚unrein'. [9] Einer von den Leu-
ten, die in dem Sinne noch sauber sind, geht dann
hin, um die Asche von der Kuh zu entsorgen. Er
bringt die Asche irgendwo an einen Ort, der außer-
halb vom Lager liegt. Dort legt man sie dann hin,
um dann da draus für die Israeliten so ein Wasser
zu machen, was einen innerlich sauber macht. Die
Wirkung kommt daher, weil die verbrannte Kuh ein
Opfer war, womit Sachen wieder in Ordnung
gebracht werden, wenn man aus Versehen Mist
gebaut hat. [10] Der Typ, der die Asche eingesammelt
hat, muss seine Klamotten erst mal waschen und
bleibt für den Rest des Tages dreckig, er ist
‚unrein'. [11] Die folgende Regel gilt jetzt für alle, egal
ob das ein Israelit ist oder ein Ausländer, der bei
euch lebt: Wer einen toten Menschen anfasst, ist
sieben Tage dreckig, er ist ‚unrein'. [12] Nach zwei
Tagen muss er sich mit dem Reinigungswasser
besprengen und dann noch mal nach sechs Tagen.
Dann ist er wieder sauber, er ist ‚rein'. [13] Wenn er
das nicht macht, verdreckt er dadurch das beson-
dere Zelt. Solche Leute darf es bei euch nicht
geben, die müsst ihr rausschmeißen. Der hat sich
ja nicht mit dem Wasser sauber gemacht, darum
ist er dreckig, er ist ‚unrein'. [14] Jetzt kommt ein
Gesetz, das zieht, wenn ein Mensch in einem
eurer Zelte stirbt. Jeder, der in das Zelt geht oder
der sich in dem Augenblick gerade in dem Zelt
aufhält, ist für sieben Tage dreckig, er ist ‚unrein'.
[15] Auch jede offene Flasche oder jede Plastikschüs-
sel, die in dem Raum steht und keinen Deckel
drauf hat, ist erst mal verdreckt, sie ist ‚unrein'.
[16] Man ist auch für sieben Tage ‚unrein', wenn man
irgendwo draußen einen Toten angefasst hat, der
auf der Straße lag oder so. Dabei ist egal, ob der
einen Unfall hatte oder ermordet wurde oder ein-
fach so gestorben ist. Jeder wird generell dreckig
oder eben ‚unrein', wenn er irgendwie eine Leiche
oder auch nur einen Sarg angefasst hat. [17] Um wie-
der sauber zu werden, muss er sich etwas von die-
ser Asche von dem Opferritual mit der roten Kuh
organisieren. Die Asche tut man dann mit frischem
Wasser in einen Mixer und verrührt das Ganze.
[18] Einer, bei dem alles sauber ist, muss dann mit
einem Pinsel das Wasser an das Zelt sprenkeln, wo
einer gestorben ist. Dann müssen auch noch die
Sachen da drin etwas nass gemacht werden und
jeder, der an dem Tag in dem Zelt war. Auch die
Leute, die den Toten oder sein Grab irgendwie
berührt haben, müssen was von dem Wasser abbe-
kommen. [19] Derjenige, der in Ordnung und sauber
ist, bespritzt den Dreckigen, also den ‚Unreinen'
nach zwei Tagen und nach sechs Tagen. Am sieb-
ten Tag müssen alle, die in diesem Sinne dreckig
geworden sind, ihre Klamotten waschen und
anständig duschen gehen. Dann sind sie abends
wieder sauber, sie sind ‚rein'. [20] Wenn sich jetzt
jemand auf diese Art verdreckt hat und dieses
Ritual anschließend nicht machen will, dann ver-
dreckt er damit sogar den besonders krassen
Bereich in Gottes Zelt! Er bleibt dann dreckig, weil
er nicht mit dem Reinigungswasser sauber
gemacht wurde. Er hat damit sein Leben verspielt,
und man sollte ihn sofort aus der Gemeinschaft
rausschmeißen. [21] Dieses Gesetz gilt ab sofort für
alle Israeliten! Und noch mal: Auch der Mann, der
das Reinigungswasser verspritzt, muss seine Kla-
motten in die Wäsche schmeißen. Jeder, der nur
mit dem Reinigungswasser in Berührung kommt,
ist dreckig, bis es dunkel wird, er ist ‚unrein'.
[22] Und alles, was ein in diesem Sinne dreckiger
Mensch anfasst, wird auch dreckig. Das gilt übri-
gens auch, wenn ein anderer den berührt. Bis es
dunkel wird, ist der auch verdreckt, er ist ‚unrein'."

20 Ein Felsen als Wasserhahn

1 Im April von dem Jahr kamen alle Israeliten in der Wüste Zin an. Sie blieben dort eine Weile an der Oase Kadesch. In der Zeit starb Mirjam, Moses Schwester, und man beerdigte sie dort auch. 2 Irgendwann ging plötzlich das Wasser aus. Die Leute kriegten gleich voll den Hals auf Mose und Aaron und meckerten rum. 3 „O Mann, wären wir bloß schon alle tot, wie die anderen auch, die von Gott umgebracht wurden", nölten sie Mose voll. 4 „Warum nur habt ihr uns, die Leute von Gott, hierher mitten in die Wüste gebracht? Unsere Tiere haben nichts zu saufen und sterben bald. Und wir sterben auch bald vor Durst! 5 Warum sind wir überhaupt aus Ägypten abgehauen, he? Warum habt ihr uns da rausgeführt, wenn ihr doch nicht mehr zu bieten habt als das hier? In der Gegend, wo wir jetzt sind, wächst doch gar nichts! Weder Weizen kann man hier anpflanzen, noch Weintrauben gibt es hier und auch keine Birnen oder Äpfel. Und Wasser gibt es schon gar nicht!" 6 Mose und Aaron verdünnisierten sich erst mal. Sie gingen zum Eingang von dem besonderen Zelt, wo Gott immer mit ihnen redete. Dort legten sie sich platt auf den Boden und beteten. Plötzlich war Gott ganz krass da! 7 Er sprach erst mal mit Mose: 8 „Nimm bitte deinen Stock und geh mit Aaron zu dem Felsen da drüben. Und dann musst du vor allen Leuten mit dem reden! Du musst ihm sagen, dass aus dem sofort Wasser sprudeln soll. Davon könnt ihr dann den Menschen und den Tieren genug zu trinken geben." 9 Mose machte es fast genau so, wie Gott es gesagt hatte. Er holte den Stock, der in dem besonderen Bereich vom Zelt aufbewahrt wurde. 10 Mit Aaron gemeinsam ging er dann zu dem Felsen hin und sagte zu allen Israeliten: „Ihr seid so schräge drauf, Leute! Ihr wollt immer nur eine Revolution nach der anderen. Was glaubt ihr denn, sind wir in der Lage, aus diesem Felsen einen Wasserhahn zu machen, oder nicht?" 11 Mose nahm den Stock und schlug damit zweimal auf den Felsen, aber er sprach nicht zu dem Felsen. Und plötzlich kam da ohne Ende Wasser rausgesprudelt! Es war so viel, dass alle Menschen und Tiere mehr als genug zu trinken hatten. 12 Gott sagte dann aber noch zu Mose und Aaron: „Warum habt ihr mir nicht wirklich vertraut und einfach nur zu dem Felsen gesprochen? Und warum habt ihr euch selbst so wichtig gemacht? Ihr habt mir die Chance genommen, dass ich den Leuten zeigen kann, wie krass und heilig ich eigentlich wirklich bin. Darum möchte ich jetzt nicht mehr, dass ihr die diejenigen seid, die meine Leute in das neue Land bringen, das ich ihnen versprochen habe!" 13 Diese Wasserquelle nannte man ab da nur noch Meriba, was so viel wie „Hier hatte man sich um Wasser gestritten" bedeutet. Denn an dieser Stelle hatten die Israeliten mal wieder Gott angeklagt. Aber er hat gezeigt, dass er krass drauf ist und dass er alles kann.

Die Leute aus Edom wollen die Israeliten nicht durchlassen

14 Von Kadesch aus schickte Mose einen Brief an den Chef der Edomiter. „Sehr geehrter Herr! Vermutlich wissen Sie, dass wir miteinander verwandt sind, weil wir einen gemeinsamen Ur-Ur-Opa haben. Sie haben bestimmt davon gehört, was für eine heftige Reise wir hinter uns haben. 15 Unsere Ur-Ur-Großväter sind damals nach Ägypten gezogen und haben dort lange gewohnt. Aber die Ägypter waren richtig mies zu uns. 16 Also haben wir Gott mit aller Kraft um Hilfe gebeten. Er hat uns gehört und einen Engel vorbeigeschickt. Dann hat Gott uns aus Ägypten rausgeführt. Jetzt sind wir in Kadesch, also kurz vor Ihrer Grenze. 17 Wir beantragen hiermit freundlichst eine Durchfahrtsgenehmigung. Natürlich werden wir uns nur auf denen von Ihnen dafür vorgesehenen Straßen aufhalten. Wir versprechen hiermit, den vorgeschriebenen Weg immer einzuhalten. Unsere Leute werden keine Wiese oder Acker betreten. Auch von ihren Kneipen und Restaurants halten wir uns fern. Mit freundlichen Grüßen. Mose." 18 Die Antwort der Edomiter war aber nicht so freundlich: „Sehr geehrter Herr Mose! Leider können wir Ihnen bezüglich Ihres Antrags auf Durchfahrtserlaubnis keine Genehmigung erteilen. Bitte halten Sie sich von allen edomitischen Verkehrswegen fern. Eine Zuwiderhandlung stellt eine Ordnungswidrigkeit gemäß § 29 StVO dar und wird mit einem Militärschlag geahndet. [Dieses Dokument wurde maschinell erstellt und bedarf keiner Unterschrift]" 19 Die Israeliten schrieben noch mal zurück. „... Wir garantieren Ihnen, dass wir die ganze Zeit auf den Hauptstraßen bleiben werden. Und falls unsere Kühe oder Schafe mal Wasser brauchen, werden wir jeden Liter bezahlen. Unsere Leute wollen nur mit unsrem Konvoi einmal durch Ihr Land fahren ..." 20 Der Staat Edom war aber nicht bereit nachzugeben. „Nein! Durchreise verweigert!", lautete die Antwort. Dann wurden alle Soldaten zusammengerufen, und die marschierten gleich mit einer Panzerabteilung den Israeliten entgegen.

Sie wären bereit zum Krieg gewesen, wenn es dazu
gekommen wäre. 21 Nach dieser Absage mussten
die Israeliten also erst mal einen großen Umweg
machen.

Aaron stirbt

22 Sie machten sich auf den Weg und gingen von
Kadesch zum Berg Hor. 23 Der lag an der Grenze
von Edom. Gott sprach dort mit Mose und Aaron.
24 „Aaron, deine Uhr ist jetzt langsam abgelaufen!
Ihr habt beide nicht das getan, was ich von euch
wollte, als ihr an der Meriba-Quelle wart. Darum
dürft ihr zwei nicht in das Land rein, das ich den
Israeliten fest versprochen habe." 25 Er meinte dann
zum Mose: „Schnapp dir mal den Aaron und seinen
Sohn Eleasar und geh mit den beiden auf den Berg
Hor. 26 Wenn ihr da seid, soll Aaron mal seine Pries-
terklamotten ausziehen. Dann soll er seinem Sohn
helfen, die Sachen anzuziehen. Aaron wird dort
oben nämlich den Löffel abgeben und sterben."
27 Mose machte alles genau so, wie Gott es ihm
gesagt hatte. Die ganze Gemeinschaft sah zu, wie
die drei zusammen auf den Berg stiefelten. 28 Oben
zog Mose Eleasar die Klamotten von Aaron über.
Dieser starb dann. Mose und Eleasar kamen
anschließend wieder zurück in das Zeltlager. 29 Als
sich unter den Leuten rumgesprochen hatte, dass
Aaron gestorben war, waren alle voll traurig. Für
30 Tage wurde im ganzen Zeltlager eine Trauerfeier
angesetzt.

21

Ein erster Sieg gegen die Leute von Kanaan-Land

1 Als der Präsident von der Stadt Arad im
Süden von Kanaan-Land erfuhr, dass die Israeliten
in seine Richtung unterwegs waren und gerade den
Weg über Atarim nehmen wollten, griff er sie an und
nahm einige gefangen. 2 Die Israeliten machten jetzt
einen Deal mit Gott. Sie sagten zu ihm: „Gott?
Wenn du uns hilfst, gegen die zu gewinnen, dann
werden wir ihre Städte alle komplett plattmachen,
wir ziehen die Rote-Karte-Aktion mit denen durch!"
3 Gott ließ sich auf den Deal ein und sorgte dafür,
dass sie den Chef von Arad fertigmachen konnten.
Sie gewannen diesen Krieg und erfüllten auch ihr
Versprechen, das sie Gott gegeben hatten. Sie
machten alle Städte dort platt und killten jeden
Menschen, der dort wohnte. Darum nennt man die
Stadt heute auch Horma, was so viel heißt wie
„Hier wurde der Deal eingelöst".

Die Israeliten nerven rum und die Rettung durch eine Schlange aus Bronze

4 Die Israeliten zogen dann vom Berg Hor in Rich-
tung Süden, wo das sogenannte Schilfmeer lag. Sie
wollten das Gebiet umgehen, wo die Edomiter zu
Hause waren. Aber auf dem Weg dorthin verloren
die Leute immer mehr den Bock auf die ganze
Sache. 5 Irgendwann machten sie richtig Alarm bei
Gott und auch bei Mose: „Was sollte der ganze
Scheiß eigentlich, he? Warum habt ihr uns aus
Ägypten rausgeholt? In dieser Gegend gibt es noch
nicht mal anständig was zu essen. Und das Wasser
ist auch fast alle. Und Mose, dieses Mannazeug
kannst du dir echt in die Haare schmieren, davon
kommt uns echt bald das Kotzen!" 6 Gott fackelte
nicht lange und organisierte eine paar ziemlich üble
Schlangen, die plötzlich überall im Lager auftauch-
ten. Viele von den Israeliten wurden von denen ge-
bissen und starben sofort davon. 7 Die Leute peilten
schnell, was Sache war, und sprachen mit Mose da
drüber: „Hey, das war total beknackt, dass wir schon
wieder gegen dich und auch gegen Gott am Me-
ckern waren. Bitte leg doch bei Gott ein gutes Wort
für uns ein, ja? Bitte sag ihm doch, er soll uns von
diesen Schlangen befreien!" Mose redete mit Gott
über die Sache. 8 Gott meinte zu ihm: „Pass auf, hol
dir bitte mal etwas Bronze und bastel dir da draus
eine Schlange. Wer jetzt irgendwie gebissen worden
ist, der muss deine Schlange ansehen. Wenn der
das tut, wird er nicht sterben!" 9 Mose bastelte also
eine Schlange aus Bronze, und dann schraubte er
die oben an einen Besenstiel. Und tatsächlich, es
funktionierte: Jeder, der gebissen wurde und dann
auf die Schlange sah, musste nicht sterben.

Ein Umweg nach Kanaan-Land bei den Moabitern und Amoritern vorbei

10 Die Israeliten machten sich auf den Weg und
schlugen dann irgendwann ihr Lager bei dem Ort
Obot auf. 11 Später gingen sie dann von Obot weiter
nach Ije-Abarim, einem Ort in der Wüste, der östlich
von Moab liegt. 12 Die nächste Station war im Sered-
Tal. 13 Von dort zogen sie bis in die Wüste, die nord-
östlich vom Arnonfluss lag. Hier begann das Gebiet
der Amoriter. Der Arnonfluss war die Grenze zwi-
schen den Moabitern und Amoritern. 14 In dem Buch
„Die Kriege von Gott" wird die Gegend auch folgen-
dermaßen beschrieben: „Die Stadt Waheb im Gebiet
von Sufa, die Täler, wo der Arnonfluss durchgeht
und 15 die Hochebene, die bis zur Stadt Ar runter-
geht und sich auf der anderen Seite bis zum Berg-

land von Moab erstreckt." 16 Als sie dort waren, ging es weiter nach Beer. Dort hatte Gott ja schon mal mit Mose geredet. Er sagte zu ihm: „Hol die Leute zusammen. Ich möchte ihnen Wasser bis zum Abwinken geben!" 17 In der Zeit war bei den Israeliten folgender Song in den Top Ten: „Hey, Brunnen, gib mal Wasser ohne Ende, wir rappen Songs, machen Liedbände, 18 der Brunnen wurde von den Oberchefs gegraben, die Oberschicht war da am Starten, mit goldenen Harken und silbernen Spaten." Aus der Wüste ging es weiter nach Mattana. 19 Von dort zogen sie über Nahaliel und Bamot-Baal 20 in das Gebiet von Moab. Dort schlugen sie beim Gipfel des Berges Pisga auf, den man auch aus der Gegend um den Jordanfluss gut sehen kann.

Ein Sieg wird eingefahren, gegen die Amoriter

21 Schließlich schickte man einen Antrag auf Durchreise an den Präsidenten der Amoriter. Dort stand drin: 22 „Sehr geehrter Herr Präsident! Wir bitten Sie hiermit höflichst, uns eine Durchreiseerlaubnis durch Ihr Hoheitsgebiet zu erteilen. Wir garantieren Ihnen, dass unsere Wagen auf den staatlichen Autobahnen bleiben und keine Nebenstrecken benutzen. Auch werden wir Ihre Rastplätze nicht vollmüllen und unseren Dreck überall wieder mitnehmen. Mit freundlichen Grüßen …" 23 Der Präsident Sihon lehnte den Antrag aber sofort ab. Ganz im Gegenteil, er rief schnell seine Armee zusammen und zog gegen die Israeliten zum Krieg in die Wüste. Bei dem Ort Jahaz trafen seine Truppen auf ihren Zug und griffen sie dort frontal an. 24 Aber die israelitischen Männer waren gut drauf und schlugen die gegnerische Armee volle Granate. Sie nahmen das ganze Land ein, vom Arnontal (was ganz im Süden lag) bis zum Jabbokfluss (der die Grenze vom Gebiet der Ammoniter war). 25 Die Leute marschierten in die Hauptstadt Heschbon ein, und auch die anderen, kleineren Städte im Land wurden eingenommen. Sie besetzten die Häuser der Feinde und wohnten ab sofort da. 26 Heschbon war vorher der Regierungssitz von Sihon, dem Präsidenten der Amoriter. Sihon war früher mal kriegstechnisch sehr erfolgreich. Er hatte gegen den ehemaligen Präsidenten der Moabiter erfolgreich Krieg geführt und sein ganzes Land bis zum Arnonfluss weggenommen. 27 Auch von der Aktion gibt es noch ein Lied, und das geht so:

„Kommt alle nach Heschbon, baut es wieder auf, zieht die Mauern hoch, bringt es gut drauf. Früher hatte der Sihon hier das Sagen. 28 Er hatte den stolzen Chefs von Moab eins verbraten, ohne Raten, verbrannte die Stadt Heschbon, einfach so. Das Feuer verbrannte die Stadt Ar in Moab, spülte sie runter, wie im Bahnhofsklo, die lag ja auf dem Berg, der über Arnon ragte. 29 Jetzt hat Moab abgefrühstückt, sein Kriegsgott Kemosch machtlos versagte. Die Männer mussten fliehen, die Frauen waren Sihons Beute. 30 Aber jetzt sind wir die Sieger, wir feiern das fett heute, und von der Stadt Heschbon bis ganz hin nach Dibon wurde alles plattgemacht, jede Stadt brennt hier schon, kein Haus konnte den Flammen entkommen, auch Medeba brennt, ist dem Gericht nicht entronnen."

31 Die Leute von Israel feierten also einen krassen Sieg und nahmen das ganze Land der Amoriter ein. 32 Als letzter Ort stand hier noch Jaser auf dem Programm. Mose schickte erst mal ein paar Agenten los, die die Lage dort abchecken sollten. Nachdem sie mit einem Plan wiederkamen, wie man die Stadt am besten angreifen könnte, marschierten die Israeliten dort ein und eroberten das ganze Teil. Auch die umliegenden Gebiete wurden eingenommen. Alle Amoriter schmiss man aus dem Land raus.

Sieg über den Präsidenten Og

33 Als Nächstes zog die Armee der Israeliten weiter nach Norden, in das Land Baschan. Bei der Stadt Edrei trafen sie auf die ganze Armee vom Präsidenten Og. 34 Gott sagte zu Mose: „Hey, hab keine Angst vor dem Typen! Ich hab dir jetzt schon das ganze Land geschenkt. Du wirst die Armee plattmachen, genauso wie das mit dem Amoritern und ihrem Präsi in Heschbon auch gelaufen ist." 35 Die Armee der Israeliten brachte den Feinden in Baschan eine krasse Niederlage bei. Anschließend besetzten sie das ganze Land.

22 Der Präsident von den Moabitern sucht bei einem Zauberer Hilfe

1 Die Israeliten zogen dann wieder zurück nach Süden ins Grünland von Moab und bauten dort erst mal ihr Lager auf. Sie waren dort am Jordanfluss. Auf der anderen Seite vom Jordan waren das Land Kanaan und die Stadt Jericho. 2 Der Präsident Balak von Moab hatte schon die Zeitung gelesen und wusste über die krasse Niederlage Bescheid, die die Israeliten seinen Nachbarn, den Amoritern, beigepult hatten. 3 Als seine Leute mal auf einen Berg gingen und die riesen Menge an Israeliten sahen, kriegten sie voll die Panik und fin-

gen an zu schlottern. 4 Sie richteten eine Nachricht
an die Chefs der Midianiter, in der stand: „Das sind
einfach zu viele Gegner! Sie werden das ganze
Land, das um unsere Gegend liegt, im Handumdre-
hen einnehmen. Die sind wie eine hungrige Meute,
die noch den letzten Krümel vom Kuchenteller
ableckt." 5 Darum schickte der Präsident Balak ein
paar seiner Jungs los, um in der Stadt Petor am
Fluss Eufrat einen Mann namens Bileam um Hilfe
zu bitten. Bileam war ein Sohn von Beor und war als
Zauberer bestens bekannt. Er schickte ihm einen
Brief, in dem stand: „Sehr geehrter Herr Bileam, ich
schreibe Ihnen heute, weil wir zurzeit von einer gro-
ßen Nation bedroht werden. Die sind aus Ägypten
bis hierher gekommen und haben sich in unserer
Nachbarschaft niedergelassen. Jetzt haben sie
direkt an meiner Grenze ihr Lager aufgeschlagen
und planen einen Angriff gegen mich. 6 Es erscheint
mir unmöglich, gegen diese Armee zu gewinnen.
Ich habe daher folgende Bitte an Sie: Könnten Sie
nicht bei uns vorbeikommen und uns mit Ihrer
Begabung helfen? Wenn Sie nur einen bösen Zau-
berspruch gegen diese Leute aussprechen würden,
schaffen wir es vielleicht, sie zu besiegen und sie
aus unser Gegend wieder rauszuschmeißen! Ich bin
mir dessen bewusst, was für eine Power hinter
Ihrem Können steckt. Wenn Sie für jemanden beten,
dann funktioniert alles. Wenn sie einen bösen
Spruch ablassen, wird man versagen, und nichts
geht mehr." 7 Der Brief wurde persönlich von eini-
gen Angestellten überbracht. Dazu übergaben sie
auch gleich die Kohle, die er für seine Zauberei
bekommen sollte. 8 Bileam las das Teil und sagte
den Angestellten, dass sie mal eine Nacht dort pen-
nen sollten, weil er etwas Zeit brauchen würde, um
mit Gott zu reden. „Morgen weiß ich bestimmt
Bescheid, was Gott mir über die Sache zu sagen
hat", meinte er zu denen. Die Männer übernachte-
ten also bei Bileam.

Gott redet mit dem Bileam

9 In der Nacht kam Gott persönlich bei Bileam vor-
bei. Er fragte ihn: „Was sind das für Leute, die heute
Nacht bei dir pennen?" 10 „Das sind ein paar Män-
ner, die vom Präsidenten Balak kommen. 11 Da gibt
es zurzeit eine ganze Armee von Leuten, die wohl
irgendwie aus Ägypten ausgewandert sind. Er hat
echt Schiss vor denen. Darum hat er mich gebeten,
gegen die einen bösen Zauber auszusprechen,
damit er die im Krieg schlagen kann." 12 „Keine gute
Idee!", sagte Gott zu Bileam. „Lass das, geh nicht
mit denen mit! Du darfst diese Leute nicht verzau-
bern, denn ich steh auf ihrer Seite, ich bin für sie
und habe sie gesegnet." 13 Am nächsten Morgen
sagte Bileam zu den Männern vom Präsidenten:
„Sorry, aber Sie müssen alleine zurückgehen, ich
komme nicht mit. Gott hat mir das verboten." 14 Die
Männer gingen zurück zu Balak und berichteten
dem von dem Treffen. 15 Der ließ aber nicht locker
und schickte noch mehr Männer los, diesmal alles
Leute, die in seinem Land echt angesagt waren.
16 Als sie bei Bileam ankamen, sagten sie zu ihm:
„Präsident Balak lässt Ihnen Folgendes ausrichten:
‚Es soll nichts geben, was Sie aufhalten könnte, zu
uns zu kommen! 17 Sie werden von uns fett bezahlt
werden, das garantiere ich Ihnen hiermit. Alles, was
Sie verlangen, wird unverzüglich ausgeführt werden.
Bitte, tun Sie mir nur ein einziges Mal diesen Gefal-
len und verzaubern Sie diese Leute für mich!'"
18 Bileam antwortete: „Präsident Balak kann mir eine
Billion Dollar bieten, und ich würde trotzdem nein
sagen müssen. Wenn Gott mir etwas gesagt hat,
dann sollte ich das auch besser tun, egal ob es sich
hierbei um ein großes oder kleines Ding handelt.
19 Sie können aber auch gerne in meinem Gästezim-
mer übernachten, und ich will mal schauen, ob Gott
mir heute Nacht sonst noch was zu dem Fall zu
sagen hat." 20 Gott sprach tatsächlich in der Nacht
noch mal zu Bileam: „Okay, wenn die Männer tat-
sächlich noch mal gekommen sind, dann geh ruhig
mit denen mit. Aber eins ist echt wichtig: Tu nur
das, was ich dir ab jetzt sagen werde."

Ein Esel redet, und Bileam wird gewarnt

21–22 Am nächsten Morgen machte Bileam seinen
alten Esel klar und ritt mit den Männern von Moab
los. Gott fand das aber ziemlich uncool. Plötzlich
stellte sich ein Postbote von Gott, so ein Engel, mit-
ten in den Weg! 23 Der Esel sah den Engel, wie er mit
einer MP im Anschlag mitten auf der Straße stand,
und wich dem deswegen aus. Er lief einfach auf eine
Wiese, die neben der Straße lag. Bileam schlug mit
seiner Peitsche auf das Tier ein und führte es dann
mit den Zügeln wieder auf die Straße zurück. 24 Ein
paar Kilometer weiter stellte sich der Engel an einer
Stelle zwischen Weinbergen auf den Weg, an der
rechts und links hohe Mauern waren. 25 Der Esel
versuchte wieder auszuweichen, und quetschte
dabei den Fuß von Bileam zwischen sich und die
Mauer. Bileam war echt sauer und schlug wie blöd
auf das Tier ein. 26 Schließlich suchte sich der Engel
eine Stelle aus, an der man nicht mehr rechts oder

links vorbeigehen konnte. 27 Als der Esel direkt vor ihm stand, ging er in die Knie und legte sich auf den Boden. Bileam kam richtig aggromäßig drauf und schlug mit der Peitsche auf das Tier ein. 28 Plötzlich sorgte Gott dafür, dass der Esel sprechen konnte! Er sagte zu Bileam: „Entschuldige mal, du hast mich jetzt schon dreimal ausgepeitscht, aber was hab ich denn Schlimmes verbrochen?“ 29 „Du verarschst mich hier die ganze Zeit“, schrie Bileam den Esel an. „Wenn ich ne Knarre dabeihätte, ich hätte dir schon längst einen Kopfschuss verpasst!“ 30 „Mann, warum das denn bitte? Wie lange reitest du jetzt schon auf mir, he? Du kennst mich doch in- und auswendig! Warst du jemals unzufrieden mit meiner Leistung?“ – „Nein, nie!“, antwortete Bileam. 31 Und plötzlich machte Gott, dass er den Engel sehen konnte, wie er mit einer MP auf der Straße stand. Bileam schmiss sich sofort flach vor ihm auf den Boden. 32 „Warum hast du überhaupt deinen Esel nun schon dreimal ausgepeitscht?“, wollte der Engel wissen. „Ich hab mich dir mit Absicht in den Weg gestellt! Du gehst gerade in die total verkehrte Richtung! 33 Dein Esel hat mich gesehen und wollte mir schon dreimal ausweichen. Du kannst dich bei dem Tier echt bedanken. Denn wenn es einfach geradeaus gegangen wäre, hätte ich dich erwischt, und du wärst jetzt tot. Den Esel hätte ich dabei am Leben gelassen.“ 34 „Ich hab richtig Mist gebaut“, sagte Bileam. „Sorry, ich hab es nicht geschnallt, dass du dort im Weg rumstandest. Ich werde sofort umkehren, wenn Gott diese Reise nicht gut findet!“ 35 „Du kannst ruhig mit den Männern gehen“, sagte der Engel. „Aber eins muss dir klar sein: Du darfst nur das sagen, was Gott dir sagen wird!“ Nach dieser Aktion ging Bileam weiter mit den Männern vom Präsidenten mit. 36 Als der Präsident Balak hörte, dass Bileam tatsächlich zu ihm unterwegs war, kam er ihm bis zur Grenze von Moab bei der Stadt Ar entgegen, die beim Arnonfluss liegt. 37 „Warum sind Sie nicht schon früher gekommen?“, fragte er ihn sofort. „Ich habe doch extra deutlich gemacht, wie dringend die Sache hier ist. Denken Sie vielleicht, ich würde Sie nicht angemessen dafür bezahlen können?“ 38 „Egal jetzt“, antwortete Bileam. „Ich bin ja hier. Aber ich weiß ehrlich nicht, ob ich Ihnen diesen Wunsch tatsächlich erfüllen kann. Ich kann nur das aussprechen, was Gott mir sagt!“ 39 Bileam ging dann mit dem Präsidenten Balak nach Kirjat-Huzot. 40 Als die dort waren, fuhr der Präsident erst mal ein fettes Essen auf, dazu schlachtete er ein paar Rinder und Schafe. Dann lud er Bileam und die Männer, die ihn begleitet hatten, zu der Grillparty ein. 41 Am nächsten Morgen ging Bileam mit dem Präsidenten hinauf auf den Berg Pegor zu dem Tempel des Plastikgottes Baal. Von da konnten sie das ganze Lager der Israeliten gut überblicken.

23 Bileam muss Israel segnen, anstatt es zu verfluchen

1 Bileam meinte dann zum Präsidenten: „Lassen Sie bitte sieben Opfertische aufstellen. Dann lassen Sie dazu sieben männliche Kühe und Ziegen bereitstellen.“ 2 Präsident Balak ließ alles genau so machen, wie es ihm Bileam gesagt hatte. Dann zogen beide zusammen Opferrituale auf den Tischen durch. 3 Danach meinte Bileam zum Präsidenten Balak: „Bleiben Sie mal eben hier, ich werde mal dahinten hingehen und sehen, ob Gott sich mir da vielleicht zeigt. Ich werde Ihnen dann ausrichten, was er mir gesagt hat.“ Bileam ging dann auf einen kleinen Berg, der da in der Gegend war. 4 Und dort zeigte sich Gott ihm tatsächlich. Bileam sagte zu Gott: „Ich hab jetzt sieben Opfertische hier für dich an den Start gebracht. Auf jedem Tisch wurden eine männliche Kuh und eine männliche Ziege für dich abgefackelt. Was nun?“ 5 Gott sagte Bileam dann genau, was er Balak ausrichten sollte. 6 Der Präsident stand noch bei den Opfertischen, und auch die anderen Chefs von den Moabitern waren bei ihm. 7 Bileam hatte dann folgenden Spruch für ihn: „Vom Osten her, dort wo die Aramäer wohnen, von seinen Bergen her kam der Präsident Balak angeschoben, er gab mir den Befehl, diese Familie vom Jakob zu verfluchen, sollte einen Zauberspruch sprechen, Israel für die Hölle verbuchen, 8 Aber wie kann ich das überhaupt bringen, sie durch meinen Zauberspruch killen, wenn Gott, der Oberchef, das gar nicht von mir möchte, es wär gegen seinen Willen. Wie soll ich verfluchen, den Gott nicht verflucht hat, wie soll ich dem drohen, den er nicht bedrohen mag. 9 Von hier oben aus kann ich es ganz gut erblicken, sie sind ein besonderes Volk, sie sind anders drauf und haben Gott stets im Rücken. 10 Es gibt niemanden, der diese Leute wirklich zählen kann, sie sind einfach zu viele, da fängt man gar nicht erst mit an. So viele Sandkörner wie überall am ganzen Strand rumliegen, so unzählbar ist ihre Anzahl, und das Ganze hoch sieben. Ich möchte mal sterben wie sie, wäre so gerne in ihrer Position, sterben in Frieden, Seelen-Peace ohne Spott und Hohn!“ 11 Balak

war voll sauer: „Was sollte das, warum haben Sie
mir das angetan? Ich habe Sie holen lassen, damit
Sie meine Feinde verfluchen, weil ich wollte, dass
die den Krieg verlieren. Aber stattdessen segnen Sie
die und wünschen ihnen von Gott das Beste?"
12 „Tut mir leid", antwortete ihm Bileam. „Ich kann
nur das sagen, was Gott mir in den Mund legt, und
nichts anderes!"

Ein zweiter Versuch

13 Balak wollte sich damit nicht abfinden. „Kommen
Sie doch mal mit an eine andere Stelle, von wo
man nur einen Teil der Israeliten sehen kann. Ver-
fluchen Sie die doch von dort aus! Wünschen Sie
denen die Krätze an den Hals!" 14 Er nahm Bileam
mit auf einen Ausguck, der auf der Spitze vom Berg
Pisga war. Da ließ er wieder sieben Opfertische auf-
bauen, auf denen er dann Opferrituale durchzog,
auf jedem wurden eine männliche Kuh und ein
männliches Schaf abgefackelt. 15 Bileam meinte zu
ihm: „Bleiben Sie mal hier, bei Ihrem Opferding.
Ich werde mal da drüben hingehen und sehen, ob
Gott mir noch mal was zu der Sache zu sagen hat."
16 Und Gott zeigte sich wieder an der Stelle Bileam
und erzählte ihm, was er dem Präsidenten sagen
sollte. 17 Dann ging er wieder zu dem Präsidenten
zurück. Die anderen Leute, die bei den Moabitern
was zu sagen hatten, standen da auch rum. Balak
fragte ihn sofort: „Und? Was hat Gott gesagt?"
18 Bileam sagte dann folgendes zu ihm: „Hören Sie
mir mal genau zu, Herr Balak! 19 Sie glauben doch
nicht im Ernst, Gott wäre so drauf wie die Men-
schen! Er lügt nicht, und er ändert auch nicht so
mal eben seine Meinung. Alles, was er sagt, das
zieht er auch durch, ohne Kompromisse. Und wenn
er was verspricht, dann hält er das auch! 20 Gott hat
mir gesagt, ich soll diese Leute segnen und ihnen
das Beste von Gott wünschen. Und wenn Gott so
was von mir will, dann kann ich da nichts dran
machen, ich kann das auch nicht zurücknehmen
oder so. 21 So ist das. Die Israeliten werden nicht
fallen, und sie werden auch nicht schlecht drauf-
kommen. Gott spielt in ihrer Mannschaft, er ist auf
ihrer Seite. Gott ist der Chef von allem, und er ist
auch der Chef der Israeliten, und er soll von seinen
Leuten immer allen Applaus bekommen. 22 Gott hat
sie aus Ägypten rausgeholt, und er kämpft für sie,
wie die Klitschkos um die Box-Weltmeisterschaft.
23 Mit krasser Esoterik und irgendwelchen Zauber-
sprüchen kann man diesen Leuten nicht beipulen.
Darum zeigt man auch mit dem Finger auf die und
sagt: „Hast du das gerade mitgekriegt? Was Gott
schon wieder für sie getan hat?" 24 Ein wild gewor-
dener Kampfhund hört nicht auf, bis seine Beute
tot ist und er sie vollständig zerfetzt hat. Genauso
stark und gefährlich sind diese Leute unterwegs!"
25 Balak war reichlich genervt. „Hören Sie auf,
Mann! Wenn Sie die schon nicht verfluchen kön-
nen, dann sprechen Sie denen wenigstens nicht
noch Kraft zu! Hören Sie auf, die zu segnen!"
26 „Sorry, ich hab Sie aber gewarnt", antwortete
Bileam. „Ich meinte zu Ihnen, dass ich genau das
sagen werde, was Gott mir zu sagen gibt." 27 Aber
Balak gab noch nicht auf. „Kommen Sie bitte noch
einmal mit, ja? Ich will Sie an eine dritte Stelle brin-
gen. Könnte vielleicht sein, dass Gott Ihnen von
dort aus plötzlich doch erlaubt, sie zu verfluchen."
28 Also ging er mit Bileam auf die Spitze von dem
Berg Pegor. Von dort konnte man direkt in die
Ebene vom Jordan sehen. 29 „Dann errichten Sie
mir hier wieder sieben Opfertische, und legen Sie
sieben männliche Kühe und sieben männliche
Schafe dazu, okay?", meinte Bileam. 30 Balak organi-
sierte die Sachen sofort. Dann machte er auf jedem
Tisch ein Opferritual mit jeweils einer Kuh und
einem Schaf.

24

Bileam lässt noch zwei Sprüche ab

1 Bileam war sonnenklar, was Gott von
ihm wollte: Er sollte die Israeliten segnen,
ihnen von Gott das Beste wünschen und sie nicht
verfluchen. Darum versuchte er diesmal nicht, noch
irgendwelche Zeichen von Gott zu bekommen. Er
sah auf das Tal runter 2 und konnte dort die Israeli-
ten lagern sehen, nach Familienstämmen geordnet.
Plötzlich kam die Power von Gott auf ihn runter.
3–4 Bileam sagte: „Das haut mich um! Ich höre
jetzt, was Gott zu sagen hat und habe gerade den
vollen Durchblick, was Gott eigentlich will, ich sehe
die Dinge aus seiner Perspektive. 5 Wie genial sind
die Zelte von Israels Leuten! Wie krass sehen die
Teile aus, dort geht es gerade voll ab! 6 Überall wo
sie sind, breiten sie sich aus. Sie wachsen wie
grünes Gras, sie blühen wie die Blumenbeete an
Flüssen und Bächen. Sie wachsen so gut, wie große
Bäume und Schlingpflanzen. Gott hat die gepflanzt,
wie die Büsche an einem Fluss. 7 Sie sind wie eine
Wasserquelle, die nie aufhört zu sprudeln. Es geht
so viel Wasser von ihnen aus, dass alle Felder
immer fett genug davon haben. Israel wird total
abgehen und mehr Macht haben als alle seine

Nachbarn. Der Chef der Israeliten wird sogar den
Präsidenten Agag plattmachen! 8 Ihr Gott hat sie
aus Ägypten rausgeholt, und er kämpft für sie wie
ein Champion um die Weltmeisterschaft. Israel wird
seine Feinde alle fertigmachen. Wie ein Pitbull ein
Karnickel frisst, wie er seine Knochen mit einem
Haps durchbeißt, so werden sie die Feinde kaputt-
machen. Wenn sie die Kanone rausholen, ist jeder
Schuss ein Treffer. 9 Sie sind so gefährlich wie ein
krasser Kampfhund, der gerade schläft. Wer würde
es wagen, den mit einem Knall aufzuwecken? Wer
gegen sie ist, hat verloren, wer sie verflucht, ist
selbst verflucht." 10 Balak rastete vollkommen aus,
als er diesen Spruch gehört hatte. Er ballte seine
Fäuste zusammen und schrie ihn an: „Was soll
das? Du sollst meine Feinde verfluchen, damit sie
kaputtgehen! Nur darum hab ich dich holen lassen.
Aber stattdessen segnest und betest du noch für
die? Und das jetzt schon zum dritten Mal?! 11 Ver-
piss dich von hier, aber schleunigst! Geh nach
Hause! Ich wollte dich fett bezahlen, aber du
kannst dich ja bei deinem Gott dafür bedanken,
dass du jetzt mit null Kohle nach Hause gehst!"
12 Bileam antwortete: „Ich habe schon von Anfang
an zu Ihren Leuten gesagt, die mich abholen soll-
ten, 13 dass ich, auch wenn der Präsident Balak mir
höchstpersönlich alles Geld überweisen würde, was
er besitzt, mich daran halten muss, was Gott mir
gesagt hat, und nicht einfach segnen oder verflu-
chen kann, wie ich gerade Bock drauf hab. Ich hab
vorher klargestellt, dass ich immer nur das sagen
werde, was Gott mir sagt. 14 Ich gehe jetzt mal wie-
der nach Hause. Aber vorher muss ich Ihnen noch
einen Spruch reindrücken, was Ihre Leute von die-
sen Israeliten in Zukunft zu erwarten haben."
15–16 Und dann legte er los: „Ich höre, was Gott zu
sagen hat, und ich kann sehen, was der absolute
Oberchef mir zeigt: 17 Ich kann jemanden erkennen,
der eigentlich noch gar nicht da ist. Aber ich sehe
ihn, wie er immer näher kommt. Und er kommt
ganz bestimmt, er kommt immer näher. Er ist wie
ein Zeichen am Himmel, ein neuer Superstar, der
aus diesem Volk kommen wird. Ich sehe einen Prä-
sidenten, der ein Israelit ist. Er wird die Moabiter
fertigmachen, er wird sie alle töten. 18 Er wird die
ganze Gegend um den Fluss Seir besetzen. Das
Land von seinen Feinden, den Edomitern, gehört
bald ihm. Die Israeliten werden sehr stark werden,
und sie werden das Sagen haben. 19 Der Präsident,
der aus dem Volk Israel kommt, wird alle kalt-
machen."

Noch ein paar heftige Prophetensprüche über die Amalekiter, Keniter und Assyrer

20 Bileam war aber noch nicht fertig: „Jetzt sehe ich
die Amalekiter. Amalek, du warst mal die Nummer
eins auf der Hitliste von allen Völkern. Aber bald
bist du weg von der Bildfläche." 21 Dann sah er die
Keniter und sagte über die: „Ihr habt so starke
Stadtmauern, weil ihr mitten in den Bergen gebaut
habt. 22 Aber das wird euch auch nicht weiterhelfen.
Wie lange dauert es noch? Die Nachfahren von
Kain, die hier wohnen, werden auch bald ausgestor-
ben sein. Ihr werdet von den Assyrern gekillt wer-
den!" 23 Dann legte Bileam zum dritten Mal los:
„Wer wird das ganze Ding überleben? Wenn Gott
das durchzieht, wer bleibt am Leben? 24 Sie kom-
men mit Flugzeugträgern aus Zypern und werden
die Assyrer kaputtmachen und auch das Volk der
Heber. Aber bald wird auch ihre letzte Stunde schla-
gen!" 25 Als Bileam seinen prophetischen Spruch
abgelassen hatte, ging er wieder zurück nach
Hause. Auch Balak ging heim.

25

Die Israeliten beten zu Plastikgöttern

1 Als die Israeliten unterwegs mal in Schit-
tim ihr Zeltlager aufgeschlagen hatten,
lernten sie dort ein paar moabitische Frauen ken-
nen. Einige verknallten sich in die und hatten auch
Sex mit denen. 2 Die Moabiter luden die Männer
von Israel zu ihren Opferpartys ein, die sie für ihre
Plastikgötter feierten. Leider aßen die Israeliten auf
der Feier auch von dem Fleisch, was man diesen
falschen Göttern in Opferritualen geschenkt hatte.
Und zur Krönung beteten einige sogar zu diesem
Fake-Gott von den Moabitern, warfen sich vor der
Plastikfigur auf den Boden und so. 3 Auf die Art lie-
ßen sich die Israeliten auch auf diesen Plastikgott
ein, den man Baal-Pegor nannte. Gott wurde voll
sauer deswegen. 4 Er sagte zu Mose: „Geh sofort los
und lass die Clanchefs der Leute festnehmen. Ich
möchte, dass sie noch heute verurteilt und hinge-
richtet werden. Ich bin voll sauer, und wenn das
nicht sofort passiert, werden alle Israeliten was von
meiner Wut abbekommen." 5 Mose ging zu den Leu-
ten im Volk, die in den Familienstämmen das Sagen
hatten. „Tötet die Männer, die von euren Stämmen
bei der Kacke mitgemacht haben. Jeder, der sich auf
diesen Baal-Gott eingelassen hat, soll sterben!" 6 In
der Zwischenzeit hatten sich am Eingang vom
besonderen Zelt fast alle Israeliten getroffen und
fingen voll an zu flennen. Alle konnten sehen, wie

plötzlich einer der Männer eine von diesen midianitischen Frauen anschleppte. [7] Einer der Priester, Pinhas (ein Sohn von Eleasar und ein Enkel von Aaron), reagierte sofort. Er stand auf und ging in sein Zelt. Dort holte er seine Pumpgun aus dem Koffer, [8] folgte dem Pärchen, bis sie in ihrem Schlafraum waren, und erschoss beide. Im selben Augenblick hörte die böse Krankheit auf, die seit einiger Zeit unter den Israeliten ausgebrochen war. [9] Daran waren bis zu dem Zeitpunkt schon 24 000 Menschen gestorben. [10] Gott sagte dann zu Mose: [11] „Pinhas hat mit seiner Aktion dafür gesorgt, dass nicht alle aus dem Volk für ihren Mist bestraft werden müssen. Er war genauso sauer wie ich und hat aus diesem Gefühl raus das getan, was getan werden musste. Wenn das nicht passiert wäre, hätte ich meine Wut voll rausgelassen, und es wären noch viel mehr Menschen dabei draufgegangen. [12] Richte ihm mal was von mir aus. Ich werde mit ihm einen Vertrag abschließen, der ihm für immer Frieden garantiert. [13] Ich verspreche hiermit, dass er und seine Kinder für immer zu den Priestern gehören sollen. Das hat er sich verdient, weil er sich ohne Rücksicht radikal für mich eingesetzt hat. Er hat dafür gesorgt, dass die Beziehung zwischen mir und den Leuten gleich wieder in Ordnung gebracht worden ist." [14] Der Typ, der mit der midianitischen Frau zusammen getötet wurde, hieß Simri. Er war ein Sohn von Salus, der zu den Clanchefs in dem Familienstamm Simeon gehörte. [15] Die Frau heiß Kosbi. Ihr Vater, der Zur hieß, war der Chef von einem Familienstamm der Midianiter. [16] Gott sagte zu Mose: [17] „Schick den Midianitern mal eine Kriegserklärung. Greif die an und mach sie fertig. [18] Immerhin haben die damit angefangen, euch hintenrum kaputt zu machen. Sie haben euch dazu verführt, zu diesem Plastikgott Baal vom Berg Pegor zu beten. Sie haben dafür gesorgt, dass ihr diesen totalen Bockmist gebaut habt. Auch Kosbi, die ja eine Tochter von einem der Chefs war, hat ihren Teil dazu beigetragen. Ihr Tod stand im direkten Zusammenhang mit dem Ende der fiesen Krankheit, die bei euch rumging." [19] Als die Krankheit verschwunden war, passierte Folgendes:

26 Die Familienstämme werden noch mal gezählt

[1] Gott sagte dann was zu Mose und dem Priester Eleasar. Noch mal zur Erinnerung: Eleasar war ein Sohn von Aaron. [2] „Passt auf: Ich möchte, dass ihr jetzt noch mal alle Israeliten zählt. Ich möchte gerne wissen, wie viele Männer es bei euch gibt, die älter als 20 sind und theoretisch in die Armee könnten. Macht das mal der Reihe nach, jeden Familienstamm für sich. [3–4] Mose und Eleasar zogen das durch. Das war, als sie gerade in der Gegend von Moab lagerten, am Jordanfluss bei der Stadt Jericho. Alle Männer, die älter als 20 waren, wurden gezählt. Es handelte sich hierbei um die Israeliten, die seit dem Auszug aus Ägypten dabei waren. [5–51] Ganz vorne stand der Familienstamm Ruben, weil Ruben der erste Sohn von Jakob (den man auch Israel nannte) war. Im Folgenden wird das Ergebnis der Zählung aufgelistet. Zuerst der Familienstamm, dann die Familien und am Ende die Anzahl der Männer.

Ruben: Henoch, Pallu, Hezron, Karmi: 43 730. Von Pallu stammen Eliab und dessen Söhne Nemuël, Datan und Abiram ab. Datan und Abiram, die in der Gemeinde auch einen Job hatten, hatten ja die kleine Revolution gegen Mose und Aaron geplant, als Korach und seine Gang gegen Gott Revolte machten. Der Boden hatte sich geöffnet und die wurden in die Tiefe gezogen. Mit ihnen starb auch Korach und dessen 250 Fans, die von einem Feuer aus dem Himmel getötet worden sind. Sie wurden zu einer krassen Warnung für Israel, dass man mit Gott keine Spielchen spielen sollte. Den Söhnen von Korach war übrigens nichts passiert.

Simeon: Jemuël, Jamin, Jachin, Serach, Schaul: 22 200.

Gad: Zifjon, Haggi, Schuni, Osni, Eri, Arod, Areli: 40 500.

Juda: Schela, Perez, Hezron, Hamul, Serach: 76 500. Die Familien Hezron und Hamul kamen aus der Familie Perez hervor. Zwei von Judas Söhnen, Er und Onan, waren bereits vor der Übersiedlung nach Ägypten in Kanaan gestorben.

Issachar: Tola, Puwa, Jaschub, Schimron: 64 300.

Sebulon: Sered, Elon, Jachleel: 60 500.

Manasse: Machir, Gilead, Abieser, Helek, Asriel, Schechem, Schemida, Hefer: 52 700.

Efraim: Schutelach, Eran, Becher, Tahan: 32 500.

Manasse und Efraim waren die Söhne von Josef. Die Familie Gilead hatte sich von der Familie Machir abgezweigt. Aus der Familie Machir kamen dann wieder die Familien Abieser, Helek, Asriel, Schechem, Schemida und Hefer raus. Zelofhad, der Sohn von Hefer, hatte keine Söhne, sondern nur Töchter. Sie hießen Machla, Noa, Hogla, Milka und Tirza. Die Familie Eran hatte sich von der Familie Schutelach abgezweigt.

Benjamin: Bela, Ard, Naaman, Aschbel, Ahiram, Schufam, Hufam: 45 600. Die Familien Ard und Naaman hatten sich von der Familie Bela abgezweigt.

Dan: Schuham: 64 400.

Ascher: Jimna, Jischwi, Beria, Heber, Malkiel: 53 400. Die Familie Heber und Malkiël von der Familie Beria. Ascher hatte noch eine Tochter, die Sara hieß.

Naftali: Jachzeel, Guni, Jezer, Schillem: 45 400. Man kam auf eine Gesamtzahl der erwachsenen Männer Israels von 601 730. [52] Gott sagte dann zu Mose: [53] „Teile das Land unter den Familienstämmen von Israel auf und richte dich dabei nach der Anzahl der Leute. [54–56] Gib den größeren Familienstämmen ein größeres Stück und den kleineren Familienstämmen ein kleineres. Wer was genau bekommt, soll ausgelost werden."

Zum Abschluss: der Familienstamm Levi und die Familien von Aaron und Mose

[57] Die Familienstamm Levi bestand aus den Familien Gerschon, Kehat und Merari. [58–61] Kehat war der Vater von Amram. Dieser Amram heiratete Jochebed, die ebenfalls aus dem Familienstamm Levi kam. Sie war sogar noch in Ägypten geboren worden. Jochebed hatte von Amram zwei Söhne: Aaron und Mose, und dazu eine Tochter, die Mirjam hieß. Aaron hatte wiederum vier Söhne: Nadab und Abihu, Eleasar und Itamar. Nadab und Abihu starben, als sie so ein Opferritual durchzogen, aber dabei alles falsch machten. Sie hatten es auf eine Art gemacht, wie Gott es nicht wollte. Zu den Levi-Leuten gehörten auch die Familien Libna, Hebron, Machli, Moschi und Korach. [62] Die gesamte Anzahl aller Männer vom Familienstamm Levi, die älter als einen Monat waren, war 23 000. Sie wurden nicht zusammen mit den anderen Israeliten gezählt, weil sie kein Land besitzen durften. [63] Alle diese Familien wurden von Mose und dem Priester Eleasar in der Gegend gezählt, wo sie zu dem Zeitpunkt gerade waren. Die lag im moabitischen Steppengebiet, im Tal wo der Jordanfluss durchgeht, gleich gegenüber von Jericho. [64] Von den Männern, die Mose und Aaron bei der ersten Volkszählung in der Wüste Sinai erfasst hatten, lebte keiner mehr. [65] Gott hatte denen ja auch die Ansage gemacht, dass sie alle in der Wüste sterben würden. Und so war es auch passiert. Nur Kaleb, ein Sohn von Jefunne, und Josua, der Sohn Nuns, waren übrig geblieben.

27 Wer die Sachen von den Eltern erbt, wenn es keine Söhne gibt

[1] Es gab bei den Israeliten so einen Typen, der Zelofhad hieß. Er war ein Sohn vom Hefer aus dem Clan Machir vom Familienstamm Manasse. Zelofhad hatte fünf Töchter, die folgende Namen hatten: Machla, Noa, Hogla, Milka und Tirza. [2] Die fünf kamen dann mal zum besonderen Zelt, weil sie eine Frage an Mose und den Priester Eleasar hatten. Die ganzen Chefs der Familienstämme und der ganze Rest der Truppe waren auch gerade da. [3] „Unser Vater ist vor kurzem draußen in der Wüste gestorben. Papa musste sterben, weil er, wie viele andere auch, Dinge getan hatte, die Gott nicht wollte. Er war aber nicht bei der Korach-Gang dabei, die ja die kleine Revolution gegen Gott angezettelt hatten. Nun hat unser Vater aber keinen Sohn hinterlassen. [4] Wie ist das jetzt? Soll nun unsere Familie bei den Israeliten aussterben, nur weil es keinen Sohn gibt, der den Namen weitergeben könnte? Wir wollen auch etwas von dem Erbe abkriegen, das unser Vater hinterlassen hat! Wir wollen ein Stück von dem Land, das unserer Familie zusteht!" [5] Mose ging erst mal zu Gott und redete mit ihm über die Sache. [6] Gott sagte zu Mose: [7] „Ich finde, die Töchter von Zelofhad haben recht! Sie sollen auch ein Stück Land erben, das ihnen der Vater hinterlassen hat. Sie haben einen eigenen Anspruch, wie ihn auch ein Sohn haben würde. [8] Mach da mal ab sofort eine feste Regel draus. Sag allen Israeliten, wenn ein Mann stirbt, ohne einen Sohn zu hinterlassen, dann hat seine Tochter einen Anspruch auf das Erbe. [9] Wenn er aber auch keine Tochter hat, dann kriegen seine Brüder die Sachen von ihm. [10] Falls er jetzt aber auch keine Brüder hat, dann erben die Brüder von seinem Vater alles, also seine Onkels. [11] Und wenn jetzt sein Vater auch keine Brüder hatte, dann kriegt der nächste Verwandte, der

dann an der Reihe ist, das ganze Erbe. Das soll ab
sofort ein neues Gesetz bei euch sein. Die Idee kam
von mir. Ich, euer Gott, habe es angesagt."

Josua wird der Nachfolger vom Mose

12 Gott sagte dann zu Mose: „Du, Mose, steig mal
bitte in das Gebirge von Arbarim hoch. Von da oben
will ich dir das ganze Land noch mal zeigen, das ich
für die Israeliten reserviert hab. 13 Nachdem du dir
das noch mal ansehen durftest, werde ich dich zu
mir holen. Du wirst sterben, so wie dein Bruder
Aaron vor dir auch schon gestorben ist. 14 Ihr beide
dürft nicht mit in das neue Land kommen. Ihr habt
in der Wüste damals Mist gebaut und nicht das
getan, was ich von euch wollte. Als alle Israeliten
eine Demo gegen mich veranstaltet haben, habt ihr
mir keine Chance gelassen, denen zu zeigen, was
ich draufhab. Ich wollte aus einem Felsen von selbst
Wasser rauskommen lassen, um den Leuten zu zei-
gen, dass ich etwas ganz Besonderes bin und dass
mir nichts unmöglich ist." Die Quelle bei Kadesch
hatte ja von dieser Aktion ihren Namen abbekom-
men. Man nannte sie „Meriba", was so viel heißt
wie „Hier hatte man sich um Wasser gestritten".
15 Mose antwortete: 16 „Ist okay, Gott. Du bist
schließlich der Chef! Du hast alles gemacht, was
lebendig ist! Aber bitte organisiere einen neuen
Chef, der die Leute gut führen kann, ja? 17 Sie brau-
chen einen Typen, der an vorderster Front mit-
kämpft. Einen, der mit den Soldaten vorne dabei ist
und mit ihnen auch vom Krieg wieder nach Hause
kommt. Sonst werden deine Leute wie eine Fuss-
ballmanschaft ohne Trainer sein, wie eine Schaf-
herde, die keinen Hirten hat." 18 Gott antwortete
Mose: „Was hältst du von Josua? Nimm den mal für
diesen Job. Josua ist voll gottmäßig am Start, dafür
hab ich gesorgt. Den musst du für diese Aufgabe
einsetzen. 19 Organisier ein Treffen mit dem Priester
Eleasar und geh mit ihm vor die ganze Gemein-
schaft. Wenn alle da sind, gibst du Josua öffentlich
diesen Auftrag. 20 Du solltest ihm auch deine Voll-
macht übertragen. Dann werden die Leute auch auf
ihn hören und tun, was er sagt. 21 Bei den wichtigen
Entscheidungen soll er zu Eleasar gehen. Dann
kann der mit den besonderen Losen rauskriegen,
was sie machen sollen. Das, was Eleasar rauskriegt,
ist dann angesagt. So soll dann auch entschieden
werden, ob alle Israeliten gegen ein Land in den
Krieg ziehen sollen oder nicht." 22 Mose machte
alles genau so, wie Gott es gesagt hatte. Er holte
Josua und trat mit ihm vor Eleasar und die ganze
Gemeinschaft. 23 Dann legte er seine Hände auf
Josua und setzte ihn ganz offiziell als seinen Nach-
folger ein, genau so, wie Gott es gewollt hatte.

28

Jeden Tag ein Opferritual

1 Gott sagte zu Mose: 2 „Die Leute sollen
beim Opfern bitte immer da drauf achten,
dass sie es jeweils zur richtigen Zeit an meinem
Opfertisch, dem Altar, durchziehen. Da steh ich
drauf, das ist für mich wie ein Festessen. 3 Mose
bekam einige konkrete Ansagen für die Israeliten
von Gott: „Ihr sollt für Gott jeden Tag zwei Schafe
als Abfackelopfer verbrennen, die keine Behinde-
rung haben und je ein Jahr alt sind. 4 Das eine muss
morgens geschlachtet werden und das andere
abends. 5 Dazu kommt dann noch ein Essensopfer.
Dafür sollt ihr 1,2 Kilo Mehl nehmen, was eine echt
gute Qualität hat, und das mit knapp einem Liter
bestem Olivenöl verkneten. 6 So sah das Abfa-
ckelopfer ja auch aus, als ihr das zum ersten Mal
am Berg Sinai verbrannt habt, um Gott gut draufzu-
bringen. 7 Als Trinkopfer gibt es dazu einen Liter
Wein. 8 Abends dann die ganze Sache noch mal,
genauso, wie ihr es morgens auch schon gemacht
habt. Das ist ein Opfer, auf das Gott voll steht. 9 Am
Sonntag sollen dann noch zwei Schafe extra abgefa-
ckelt werden, die je ein Jahr alt sind und keine
Behinderung haben. Dazu bitte noch mal 2,4 Kilo
Mehl, das mit Öl verknetet worden ist. Und dazu
noch das Trinkopfer. 10 So soll ein anständiges Sonn-
tagsopfer aussehen. Das soll neben dem normalen
Abfackelopfer, das man jeden Tag verbrennt, mit
den dazugehörigen Trinkopfern durchgezogen wer-
den. 11 Am ersten Tag vom Monat werden Gott zwei
Stiere geschenkt, indem man sie als Abfackelopfer
verbrennt. Dazu noch ein männliches Schaf und
sieben Schafe, die alle keine Behinderung haben
dürfen und ein Jahr alt sein sollen. 12 Dazu soll es
auch wieder ein Essensopfer geben. Und zwar aus
Weizenmehl, das mit Olivenöl verknetet wurde. Für
jeden Stier sollen es 3,6 Kilo Mehl sein und für jedes
männliche Schaf 2,4 Kilo. 13 Für jedes Schaf sollst du
1,2 Kilo Mehl nehmen. Das sind Opfer, auf die Gott
steht und die ihm gut gefallen. 14 Als Trinkopfer gibt
es dann zu jedem Stier knapp 2 Liter Wein und zu
jedem männlichen Schaf knapp 1 Liter. Dieses Opfer
soll am Anfang von jedem Monat abgehen. 15 Dazu
soll an diesem Tag auch noch mit einer männlichen
Ziege das Opferritual durchgezogen werden, das
man macht, wenn man aus Versehen Mist gebaut

hat. Damit wird der ganze Mist wieder in Ordnung gebracht, der von den Leuten gebaut wurde. [16] Die Passaparty wird am 14. April gefeiert, um klarzumachen, dass Gott der Beste ist. [17] Am 15. steigt dann die Feier mit den Broten ohne Hefeteig. In dieser Woche dürft ihr nur dieses Brot essen, sonst nichts. [18] Am ersten Tag in dieser Woche sollt ihr einen Gottesdienst veranstalten und nicht arbeiten. [19] An jedem Tag in dieser Woche schenkt ihr Gott zwei Stiere, die ihr als Abfackelopfer verbrennt. Dazu ein männliches Schaf und sieben Schafe, die ein Jahr alt sind. Alle diese Tiere dürfen keine Behinderung haben. [20–21] Dazu auch noch die Essensopfer in der gleichen Form wie am Monatsanfang. [22] Außerdem sollt ihr eine männliche Ziege opfern, um damit den ganzen Mist wiedergutzumachen, der gegen Gott gebaut wurde. [23–24] Das soll alles zusätzlich zu dem täglichen Abfackelopfer durchgezogen werden, das man morgens verbrennt. In dieser Woche muss das jeden Tag gemacht werden. Diese Sachen sind dafür da um Gott etwas vom Essen abzugeben, und wenn man das tut, fährt er darauf ab und ist auf unserer Seite. [25] Am siebten Tag von dieser Woche sollt ihr wieder einen Gottesdienst feiern und auf keinen Fall irgendwas arbeiten. [26] Für den ersten Tag vom Sieben-Wochen-Rave, wo man Gott die ersten Sachen schenken soll, die man geerntet hat, gilt dasselbe: Gottesdienst feiern und nichts arbeiten.
[27–29] Schenkt Gott an dem Tag zwei Stiere, die ihr als Abfackelopfer verbrennt. Dazu ein männliches Schaf und ein Schaf, das ein Jahr alt ist. Dann auch noch das Essensopfer, genau die Dosis wie auch am Anfang des Monats. [30–31] Dazu noch das Trinkopfer, und als ein Opfer, das man bringt, wenn einer aus Versehen Mist gebaut hat, sollt ihr eine männliche Ziege drauflegen. Das sind die Sachen, die neben dem regelmäßigen Abfackelopfer und den dazugehörigen Essensopfern für Gott durchgezogen werden. Eins ist noch wichtig: Die Tiere dürfen keine Behinderung haben.

29 Opferrituale am ersten Tag im Jahr und am Alles-wieder-gut-Tag

[1] „Auch Neujahr sollt ihr einen Gottesdienst veranstalten und nicht arbeiten. An dem Tag feiern wir den Anfang vom neuen Jahr. Und zwar soll da als Start jemand mit einer Trompete ein Signal abgeben. [2] Auch an dem Tag müsst ihr Gott ein extra Opfer bringen, indem ihr einen Stier als Abfackelopfer verbrennt. Damit kommt er gut drauf. Dazu noch ein männliches Schaf und sieben Schafe, die je ein Jahr alt sind. Alle diese Tiere dürfen keine Behinderung haben. [3–4] Dann kommt noch zu dem Stier das gleiche Essensopfer wie am Anfang des Monats. [5–6] Dazu auch wieder ein Trinkopfer und ein Opfer, das man macht, wenn man aus Versehen Mist gebaut hat. Dafür nehmt ihr eine männliche Ziege. Diese ganzen Opfer werden neben den regelmäßigen Opferritualen durchgezogen, die man sowieso jeden Tag macht. Und auch neben dem Opfer, was am Anfang des Monats gemacht wird, und den Essensopfern, die dazugehören. Das macht man, um Gott gut draufzubringen. [7] Auch am 10. Oktober, dem Alles-wieder-gut-Tag, soll es einen Gottesdienst geben und nicht gearbeitet werden. Außerdem sollt ihr an dem Tag auf Essen und Trinken verzichten. [8–10] Schenkt Gott einen Stier und ein männliches Schaf und sieben einjährige Schafe als ein Abfackelopfer. Dazu noch die Essensopfer in dem gleichen Umfang wie am Anfang des Monats. [11] Dann noch das Trinkopfer und eine männliche Ziege als ein Opfer, was man macht, wenn man aus Versehen Mist gebaut hat. Diese Sachen sollen zusätzlich zu den normalen täglichen Opfern geopfert werden und auch zusätzlich zu der männlichen Ziege, die an diesem Tag für den ganzen Mist sterben muss, den alle Israeliten gebaut haben."

Was beim „Fest der Blätterbuden" geopfert werden soll

[12] „Am 15. Oktober ist auch wieder ein Gottesdienst angesagt. An dem Tag sollt ihr nicht arbeiten. Ab dem Tag soll es dann für sieben Tage eine Riesenparty geben, um Gott zu feiern. [13] Am ersten Tag will ich ein Abfackelopfer sehen. Dieses Opfer bringt Gott gut drauf. Dafür nehmt ihr dreizehn Stiere, zwei männliche Schafe und vierzehn Schafe, die je ein Jahr alt sind. Alle diese Tiere dürfen keine Behinderung haben. [14–15] Dazu kommen die Essensopfer in der gleichen Dosis, wie das am Monatsanfang durchgezogen wurde. [16] Dann wieder so ein Opfer mit einer männlichen Ziege, was man macht, wenn man aus Versehen Mist gebaut hat. Das soll natürlich alles zusätzlich zu den Opfern gemacht werden, die sowieso jeden Tag anliegen. [17] Am zweiten Tag müsst ihr zwei Stiere opfern, dazu zwei männliche Schafe und vierzehn Schafe, die alle ein Jahr alt sind. Wie immer: Alle Tiere bitte ohne Behinderung. [18] Auch hier kommen die Essens- und Trinkopfer dazu, entsprechend der Anzahl der Tiere, die geopfert werden. Alles genau so, wie es vorgeschrieben

ist. 19 Auch am zweiten Tag macht ihr wieder das Opferritual, was man macht, wenn man aus Versehen Mist gebaut hat, mit der männliche Ziege. Und dazu natürlich das normale tägliche Opfer. 20–34 Das zieht ihr an jedem der folgenden Tage durch. Ihr schenkt Gott diese Opfer, aber von den Stieren jeden Tag einen weniger. Also am dritten Tag elf Stiere, am vierten Tag zehn, am fünften neun, am sechsten acht und am siebten sieben Stiere. Das macht ihr dann genauso, wie ihr das mit den anderen Opfern am ersten Tag auch getan habt. 35 Dann trefft ihr euch alle am achten Tag zu einer ganz fetten Party. An dem Tag darf keiner arbeiten. 36 An dem Tag sollt ihr Gott mit einem Abfackelopfer einen Stier, ein männliches Schaf und sieben Schafe, die alle ein Jahr alt sind, schenken. Alles Tiere ohne eine Behinderung. 37–38 Dazu kommen auch noch die anderen Opfer, wie ihr sie an den anderen Tagen dieser Woche auch gemacht habt. 39 Diese Opfer müsst ihr Gott schenken, wenn ihr diese Party feiert, und zwar zusätzlich zu den Opfern, die ihr ihm sowieso freiwillig oder wegen einem Versprechen schenkt."

30

Regeln, wenn Frauen was versprechen

1–2 Diese Sachen erzählte Mose den Israeliten, und zwar genau so, wie er es von Gott gehört hatte. Dann gab er noch einen Auftrag weiter, den er von Gott bekommen hatte: 3 „Wenn ein Mann Gott verspricht, ihm eine bestimmte Sache zu schenken, oder schwört, dass er auf bestimmte Sachen für ne Zeit verzichtet, dann muss er das auch radikal durchziehen. 4 Wenn eine Frau, die noch bei ihren Eltern lebt, auch so ein krasses Versprechen an Gott abgibt, 5 gilt das nur, wenn ihr Vater das mitbekommt und damit einverstanden ist. 6 Wenn er aber total dagegen ist und er sich voll aufregt, wenn er das erfährt, dann gilt dieses Versprechen von der Frau nicht. Gott ist nicht sauer auf sie, wenn sie die Sache nicht durchzieht, weil ihr Vater da keinen Bock drauf hat. 7 Wenn eine Frau, bevor sie geheiratet hat, so ein Versprechen abgibt, oder wenn sie ein Versprechen abgegeben hat, ohne so wirklich drüber nachgedacht zu haben, 8 dann gilt das Ding auch nach ihrer Hochzeit. Aber nur, wenn der Ehemann nichts dagegen hat. 9 Wenn er das aber total ätzend findet und ihr das verbietet, dann wird das Versprechen ungültig. Aber nur, wenn er das an dem Tag, wo er davon erfahren hat, auch sofort sagt. Gott wird nicht sauer auf sie sein, sie hat keine Schuld, wenn sie dieses Versprechen nicht durchziehen kann. 10 Wenn der Mann einer Frau abgehauen oder gestorben ist, muss sie aber auf jeden Fall ihr Versprechen halten. 11 Falls eine Frau, die verheiratet ist, Gott so ein radikales Versprechen macht, 12 dann gilt das nur, wenn der Ehemann damit einverstanden ist. 13 Verbietet er ihr aber, dieses Versprechen auch durchzuziehen, dann gilt das nicht mehr. Er muss es aber noch am gleichen Tag sagen, an dem er davon hört. Für Gott ist das dann okay, sie hat keine Schuld, wenn sie das nicht macht, was sie versprochen hatte. Ihr Mann hat sich ja dazwischengestellt. 14 Wenn eine Frau Gott etwas ganz radikal verspricht oder ihm schwört, auf irgendwas zu verzichten, hat der Ehemann die Möglichkeit, das ganze Ding zu canceln. 15 Wenn er aber nicht am gleichen Tag, an dem er davon gehört hat, die Sachen stoppt, dann akzeptiert er es dadurch, dass er einfach nichts dazu gesagt hat. 16 Wenn er erst später das ganze Ding stoppen will und sogar versucht, seine Frau davon abzuhalten, ihr Versprechen zu erfüllen, dann wird er schuldig. Nicht seine Frau, sondern er muss dann die Konsequenzen davon tragen." 17 Diese Gesetze, wann ein radikales Versprechen von einer Frau gilt und ab wann nicht mehr, hatte Mose direkt von Gott bekommen.

31

Krieg gegen die Midianiter

1 Gott sprach dann mal mit Mose und sagte ihm: 2 „Hau mal die Midianiter weg. Die müssen bestraft werden. Das ist dein letzter Auftrag von mir, danach wirst du sterben." 3 Mose ging zu seinen Männern und redete mit denen: „Macht euch mal klar für den Krieg. Es geht gegen die Midianiter. Gott will die bestrafen wegen den Sachen, die sie uns angetan haben. 4 Jeder Familienstamm soll tausend Männer zusammenkarren. Mit denen ziehen wir dann in den Krieg." 5 Also wurden aus jedem Stamm tausend Soldaten gemustert. Insgesamt kam man also auf eine Armee von 12 000 Männern. 6 Der Priester Pinhas, ein Sohn von Eleasar, sollte auch mit dabei sein. Mose wollte das so. Der hatte die ganzen besonderen Geräte aus dem besonderen Zelt am Start. Auch die Trompete war dabei. 7 Die Israeliten griffen die Midianiter also an, wie Gott es zu Mose gesagt hatte. Der Sieg war überwältigend, alle Männer von den Feinden wurden gekillt. 8 Auch die fünf Präsidenten der Midianiter wurden getötet. Das waren Ewi, Rekem, Zur, Hur

und Reba. Der Zauberer Bileam wurde dabei auch
umgebracht. 9 Die Frauen und Kinder wurden aber
gefangen genommen. Auch die ganzen Tierherden
und alles, was die sonst noch hatten, nahmen die
Israeliten mit. 10 Die Städte und Zeltlager wurden
alle abgefackelt und zerstört. 11–12 Als sie wieder im
Lager waren, führten die Männer alle Gefangenen,
die Tiere und die andere Kriegsbeute dem Mose
und dem Priester Eleasar vor. Die ganze Gemein-
schaft der Israeliten war auch dabei. Sie hatten
gerade ihr Lager in dem Gebiet beim Jordan aufge-
schlagen, gegenüber von Jericho. 13 Mose, Eleasar
und die Chefs von den Familienstämmen kamen
den heimkehrenden Männern aus dem Lager entge-
gen. 14 Aber als Mose sie sah, wurde er super sauer.
Er ging zu den Chefs von den Abteilungen der
Truppe und schrie die an: 15 „Warum habt ihr die
Frauen am Leben gelassen? 16 Habt ihr schon wieder
vergessen, dass diese Frauen auf diesen Bileam
gehört haben und diesem Plastikgott Baal auf dem
Berg Pegor gedient und zu dem gebetet haben?
Und sie haben die Israeliten dazu verführt, Gott
untreu zu werden! Genau darum wurden wir doch
von Gott so derbe bestraft! 17 Bringt alle von denen
um! Auch alle kleinen Jungs und alle Frauen, die
schon mal Sex hatten, müssen sterben. 18 Nur die
Mädchen, mit denen noch kein Mann geschlafen
hat, dürft ihr behalten. 19 Wer dann eine von denen
getötet oder auch nur eine Leiche mal angefasst
hat, muss erst mal sieben Tage vor dem Lager blei-
ben, weil er dann dreckig, also ‚unrein' ist. Am drit-
ten Tag und am siebten Tag muss er dieses Reini-
gungsritual machen. Die Mädchen, die ihr gefangen
nehmt, müssen das übrigens auch durchziehen.
20 Die ganzen Klamotten müssen mit dem beson-
deren Reinigungswasser gereinigt werden, indem
man ein paar Tropfen da draufsprenkelt. Auch alles,
was aus Leder ist, Ziegenhaar oder Holz, muss auf
die Art sauber gemacht werden." 21 Der Priester
Eleasar sprach dann noch mal mit den Soldaten,
die aus dem Krieg zurück waren. „Hört mal zu,
Männer, was Gott durch Mose befohlen hat.
22–23 Die ganzen Dinge, die ihr euch von den Fein-
den mitgenommen habt, müssen gereinigt werden!
Dazu gehören Sachen aus Gold, Silber, Bronze,
Eisen, Zinn und Blei. Die müsst ihr ins Feuer halten
und danach mit dem Reinigungswasser bespren-
keln. Alles, was sonst im Feuer verbrennen würde,
muss mit normalem Wasser abgewaschen werden.
24 Nach sieben Tagen sollt ihr eure Klamotten
waschen, und dann seid ihr wieder in Ordnung, ihr
seid ‚rein'. Ab dann könnt ihr auch wieder zurück in
unser Zeltlager."

Die Sachen, die man erbeutet hat, werden verteilt

25 Gott sagte zu Mose: 26 „Zähl mal die ganzen
Sachen zusammen, die ihr bei dem Krieg erbeutet
habt. Ich meine damit die Menschen und die Tiere.
Hol Eleasar dazu, damit er dir dabei hilft. 27 Dann
teilst du das Ganze durch zwei. Den einen Teil krie-
gen die Soldaten, die gekämpft haben. Und den
anderen kriegen die restlichen Israeliten. 28 Von der
einen Hälfte, die die Soldaten bekommen, muss ein
Mensch oder Tier von fünfhundert Gott geschenkt
werden. 29 Dieses Geschenk gibst du Eleasar. 30 Von
der anderen Hälfte, die die restlichen Israeliten
bekommen, musst du einen Menschen oder ein
Tier von fünfzig abzählen. Das bekommen dann die
Angestellten vom besonderen Zelt, die in dem Zelt
arbeiten, wo Gott drin wohnt." 31 Mose und Eleasar
machten alles genau so, wie Gott es gesagt hatte.
32–35 Nachdem sie die Sachen gezählt hatten, die bei
dem Krieg erbeutet wurden, kamen sie auf folgen-
des Ergebnis: 675 000 Schafe und Ziegen, 72 000
Rinder, 61 000 Esel und 32 000 Jungfrauen, also
Mädchen, die noch mit niemandem geschlafen hat-
ten. 36–40 Die Soldaten bekamen also richtig gerech-
net 337 500 Schafe und Ziegen, 36 000 Rinder,
30 500 Esel und 16 000 Mädchen. Dementspre-
chend gehörten Gott davon 675 Schafe und Ziegen,
72 Rinder, 31 Esel und 32 Mädchen. 41 So wie Gott es
gesagt hatte, übergab Mose diese Spenden an den
Priester Eleasar. 42–46 Der Rest von den Israeliten
bekam genau den gleichen Anteil, wie ihn die Solda-
ten auch bekommen hatten. 47 Mose schnappte sich
2 Prozent von der Beute und gab es den Angestell-
ten vom besonderen Zelt, genau so, wie Gott es
gesagt hatte. 48 Der Befehlshaber der Armee kam
dann mit einer Frage bei Mose an: 49 „Wir haben
unsere Soldaten gerade noch einmal gezählt. Es
wird nicht einer vermisst! 50 Darum wollen wir uns
bei Gott dafür bedanken. Hier ist das ganze Geld,
das wir in diesem Krieg erbeutet haben. Und auch
den ganzen Goldschmuck, die Rolexuhren und die
Goldkettchen wollen wir gerne Gott schenken. Das
machen wir auch, damit zwischen Gott und uns
alles wieder in Ordnung kommt, was wir an Bock-
mist gebaut haben." 51 Mose und Eleasar nahmen
die Klunker und die ganze Knete an. 52 Allein das,
was die Generäle der Armee an Goldsachen
anschleppten, waren fast vier Zentner Gold und
Schmuck! 53 Die Sachen, die von den rangunteren

Soldaten erbeutet wurden, durften die für sich behalten. 54 Mose und Eleasar brachten die ganze Beute dann in das besondere Zelt, um Gott da dran zu erinnern, immer auf ihrer Seite zu sein.

32

Die Familienstämme Ruben und Gad wollen das bis jetzt eroberte Land haben

1 Die Familienstämme Ruben und Gad hatten mega viele Tiere. Sie checkten das Land ab, was um die Städte Jaser und Gilead war, und stellten fest, dass es dort sehr viele Wiesen gab, auf denen die Schafe und Kühe genug zu essen hätten. 2–4 Darum kamen sie bei Mose und dem Priester Eleasar an, weil sie dieses Land gerne haben wollten. Die Chefs von den anderen Familienstämmen waren auch gerade da. „Schaut euch doch mal das Land an, das jetzt der Gemeinschaft der Israeliten zur Verfügung steht! Das hat Gott für uns erobert. Wenn man sich die Gegend um die Städte Atarot, Dibon, Jaser, Nimra, Heschbon, Elale, Sibma, Nebo und Beon ansieht, dann geht doch da eine Menge für Leute wie uns, die in der Schaf- und Ziegenbranche arbeiten.“ 5 „Wenn du uns was Gutes tun willst, Mose, wäre es voll nett, wenn wir dieses Land haben könnten! Könntest du uns das übertragen? Wir tun auch alles für dich! Gib uns doch die Genehmigung, dass wir hier bleiben können und nicht mit dem Rest über den Jordanfluss gehen müssen.“ 6 „Hm, ich finde das ist keine gute Idee“, antwortete Mose. „Findet ihr das so gut, dass die anderen Familienstämme in den Krieg ziehen, während ihr hier eine ruhige Kugel schiebt? 7 Wenn ihr die anderen im Stich lasst, sind die total entmutigt und glauben nicht mehr, dass sie es wirklich packen, bis in das Land zu kommen, was Gott uns versprochen hat. 8 Erinnert ihr euch noch an die Geschichte mit euren Vätern? Die haben die gleiche Sache auch gebracht. Ich hatte sie in das Land geschickt, das wir erobern wollten, als wir noch in Kadesch-Barnea waren. Sie sollten austesten, was da so geht. 9 Sie gingen bis in das Gebiet, wo ganz viel Wein wächst. Aber als sie zurückgekommen sind, haben sie mit ihrem Gelaber allen Israeliten den Mut genommen, dort einzuziehen. Und das, obwohl Gott es ihnen geben wollte! 10 Gott wurde richtig sauer damals. Er sagte: 11 „Die Leute vertrauen mir nicht! Weil sie so drauf sind, wird keiner von den Männern, die noch in Ägypten gelebt haben und älter als 20 sind, in das Land kommen. Dieses Land hatte ich schon Abraham, Isaak und Jakob ganz fest versprochen. 12 Nur Kaleb, der ein Sohn vom Jefunne ist und aus der Familie Kenas kommt, und Josua, der ein Sohn von Nun ist, werden dort reingehen dürfen.“ Nur diese beiden hatten Gott hundertpro vertraut. 13 Gott wurde richtig aggro gegen seine Leute. Er ließ sie vierzig Jahr in der Wüste rumlaufen, bis alle tot waren, die damals bei der Aktion mitgemacht hatten. 14 Und jetzt macht ihr den gleichen Mist wie die! Ihr seid genauso drauf und bringt Gott noch mehr auf die Palme. 15 Wenn ihr Leute aus dem Familienstamm Ruben und Gad jetzt an dieser Stelle nicht das tun wollt, was Gott möchte, kann ich euch eins garantieren: Gott wird seine Leute noch länger in der Wüste schmoren lassen, bis wieder eine ganze Generation gestorben ist. Und das geht dann alleine auf eure Kappe!“ 16 Die Chefs von den beiden Familienstämmen sagten dann zu Mose: „Wir wollen ja nicht lange hier bleiben. Lass uns nur mal eben ein paar Ställe bauen und einige Zäune für die Herden errichten, ja? Dann bauen wir noch ein paar Häuser für unsere Kinder. 17 Die können sich da drin dann schützen, falls andere Männer aus der Gegend ankommen und die plattmachen wollen. Danach sind wir sofort bei euch ganz vorne dabei! Wir werden mit euch kämpfen und dafür sorgen, dass alle anderen auch ein Stück Land abkriegen. 18 Wir versprechen, nicht eher wieder nach Hause zu gehen, bis jeder von den Israeliten ein Stück Land bekommen hat, was ihm gehört und er an seine Kinder weitervererben kann. 19 Was uns angeht, haben wir ja dann schon den Anteil, der uns zusteht, auf dieser Seite vom Jordanfluss bekommen. Wir verzichten auf alle Ansprüche an dem Land auf der anderen Seite. Versprochen!“

Mose lässt sich auf den Deal ein

20 Mose antwortete: „Also, ich hab folgende Bedingungen an euch: Erstens will ich sehen, dass ihr, mit Gott als Zeugen, euch klarmacht für den Krieg. 21 Zweitens muss jeder von euch über den Jordanfluss mitkommen und so lange kämpfen, bis wir die Feinde alle plattgemacht haben. 22 Erst wenn das ganze Gebiet für Gott erobert worden ist, könnt ihr von mir aus wieder hierherkommen. Dann habt ihr keine Verpflichtungen mehr in dem Punkt, weder Gott noch euren Leuten gegenüber. Das ganze Land, um was es euch geht, könnt ihr dann haben, Gott hat es euch geschenkt, es gehört euch. 23 Falls ihr das aber nicht tut, dann habt ihr ganz schön Dreck am Stecken. Gott wird euch dafür ziemlich

sicher bestrafen, mit der Konsequenz müsst ihr dann schon rechnen. 24 Aber dann mal los. Baut von mir aus eure Häuser für die Frauen und Kinder. Und macht euch auch genügend Zäune und Ställe für die Tiere. Aber dann löst euer Versprechen auch sofort ein und kommt wieder zu uns." 25 Die Männer von dem Familienstamm Gad und Ruben waren happy. „Wir werden alles tun, was du sagst, Mose. Ganz sicher folgen wir dir dann. 26 Unsere Frauen und die Kinder werden dann in den neuen Häusern und Städten bleiben, 27 während wir Männer dann über den Jordanfluss in den Krieg ziehen. Wir werden alles genau so machen, wie du es willst, Mose!" 28 Mose ging dann zu Eleasar, Josua und den Chefs von den anderen Familienstämmen und gab ihnen folgende Order: 29 „Also, Leute, wenn die Männer von Gad und Ruben mit euch über den Jordanfluss gehen und dort so lange mit euch im Krieg kämpfen, bis ihr das ganze Land eingenommen habt, dann gebt denen das ganze Gebiet, was östlich vom Fluss ist. Klar? 30 Falls sie sich aber weigern, kriegen sie nur ein Stück Land in Kanaan bei euch ab, was irgendwo in der Mitte von Kanaan liegt und noch übrig ist, mehr nicht." 31 Die Männer aus dem Familienstamm Gad und Ruben meinten dazu nur: „Wir werden ganz sicher das tun, was Gott uns gesagt hat. 32 Mit der ganzen Armee werden wir mit allen Waffen über den Jordanfluss gehen, und Gott wird dabei unser Zeuge sein. Wir werden mit euch zusammen kämpfen, damit wir das Land auf dieser Seite behalten dürfen." 33 Mose schenkte dann den Leuten von Gad und Ruben und der einen Hälfte von dem Familienstamm Manasse dieses Gebiet, was früher mal dem Präsidenten Sihon der Amoriter gehört hatte. Dazu kam noch das Gebiet Baschan, was früher mal dem Präsidenten Og unterstellt war. Inklusive der ganzen Städte, die dort waren, gehörten die Gebiete ab dann diesen beiden Familienstämmen. 34 Die Leute von Gad bauten dort sofort einige Städte auf. Dazu gehörten Dibon, Atarot, Aroe, 35 Atrot-Schofan, Jaser, Jogboha, 36 Bet-Nimra und Bet-Haran. Dazu bauten sie noch die Zäune für ihre Tierherden. 37 Die Leute von Ruben bauten auch ein paar Städte. Und zwar waren das: Heschbon, Elale, Kirjatajim, 38 Nebo, Baal-Meon und Sibma und gaben ihnen diese neuen Namen. 39 Die Männer von der Familie Machir vom Familienstamm Manasse eroberten im Krieg noch das ganze Land, was im Gilead-Gebirge lag. Die Amoriter, die dort wohnten, wurden einfach da rausgeschmissen. 40 Mose schenkte ihnen das Gebiet Gilead. Sie bauten dann Häuser und fingen an sich dort einzuleben. 41 Jair aus dem Familienstamm Manasse kämpfte dann noch weiter und eroberte noch ein paar Dörfer. Die wurden von ihm in „Dörfer Jairs" umbenannt. 42 Nobach eroberte die Stadt Kenat und das ganze Gebiet, was da drum herum lag, auch. Die wurde dann auch in seinen Namen umbenannt und hieß dann also „Stadt Nobach".

33 Liste der Plätze, an denen die Israeliten auf dem Weg gezeltet hatten

1 Jetzt kommt mal eine Übersicht von den Rastplätzen, an denen die Israeliten überall waren, nachdem sie unter der Leitung von Mose und Aaron aus Ägypten abgehauen sind. 2 Mose hatte sich jedes Mal, wenn sie irgendwo loszogen, den Ort, an dem sie ihr Lager aufgeschlagen hatten, aufgeschrieben. Gott hatte ihm gesagt, dass er das machen soll. 3 Losmarschiert sind die Israeliten am 15. April, gleich nach der Passafeier. Startpunkt war die Stadt Ramses in Ägypten. Vor den Augen der Ägypter zogen sie aus deren Land aus. Ihr Bodyguard war dabei Gott höchstpersönlich. 4 Die Ägypter waren gerade dabei, ihre ältesten Söhne unter die Erde zu bringen. Gott hatte die gekillt, er hatte allen Ägyptern gezeigt, dass er das Sagen hat, auch über deren Pseudogötter. 5 Von Ramses zogen sie los und landeten von da erst mal in Sukkot. 6 Dann ging es weiter nach Etam, was am Rand von der Wüste liegt. 7 Als sie in Etam waren, bogen sie in Richtung von Pi-Hahirot ab, was gegenüber von Baal-Zefon liegt, und bauten ihr Zeltlager in Migdol auf. 8 Dann zogen sie mitten durch das Meer, das man auch das Schilfmeer nennt, und von dort noch mal 120 Kilometer weiter durch die Wüste von Etam, bis sie in Mara waren. 9 Von Mara ging es nach Elim, einer Oase, in der es zwölf Wasserquellen und über siebzig Palmen gibt. 10 Der nächste Zielpunkt war dann der große See, der dort liegt. 11 Von da brachen sie in die Wüste Sin auf. 12–14 Anschließend ging es weiter nach Dofka, Alusch und Refidim. In Refidim gab es aber kein Wasser mehr. 15–37 Dann kamen sie in die Wüste Sinai und darauf nach Kibrot-Taawa, Hazerot, Ritma, Rimmon-Perez, Libna, Rissa, Kehelata, zum Berg Schefer, nach Harada, Makhelot, Tahat, Terach, Mitka, Haschmona, Moserot, Bene-Jaakan, Hor-Gidgad, Jotbata, Abrona, Ezjon-Geber, nach Kadesch in der Wüste Zin und schließlich zum Berg Hor, der an der Grenze des Landes Edom liegt. Als

die Leute dort ihr Zeltlager aufgeschlagen hatten, 38 stieg der Priester Aaron auf den Berg Hor, weil Gott ihm das so gesagt hatte. Dort starb Aaron. Das war vierzig Jahre, nachdem die Israeliten aus Ägypten abgehauen waren. 39 Aaron war 123 Jahre alt, als er starb. 40 Der Präsident Arad im Süden vom Kanaan-Land bekam irgendwann die Mitteilung, dass die Armee der Israeliten immer näher kam. 41–46 Dann ging die Reise weiter über Zalmona, Punon, Obot, Ije-Abarim, Dibon-Gad und Almon-Diblatajema. 47–49 Anschließend zogen sie über das Abarimgebirge zu der Stadt Nebo, dann über die Steppen von Moab am Jordanfluss gegenüber von Jericho. Als sie beim Jordan waren, erstreckte sich das Lager über das ganze Gebiet von Bet-Jeschimot bis Abel-Schittim.

Krasse Ansage, was mit den Bewohnern von Kanaan passieren soll

50 Als die Israeliten in der Steppe von Moab waren, am Jordanfluss, gegenüber von der Stadt Jericho, redete Gott mal wieder mit Mose: 51 „Rede mal bitte mit den Israeliten und sag ihnen Folgendes von mir: ‚Wenn ihr über den Jordan rüberstiefelt und im Kanaan-Land seid, 52 dann müsst ihr als Erstes die Leute, die dort wohnen, komplett plattmachen! Damit meine ich auch deren Plastikgötter. Die ganzen Blechfiguren und so, zu denen die gebetet haben, müsst ihr sofort kaputt machen. Auch die Gebäude in denen das passiert ist, müssen zerstört werden! 53 Übernehmt das ganze Land, es gehört euch! Wohnt dort und breitet euch aus. Ich, euer Gott, habe es euch geschenkt! 54 Verlost dann die einzelnen Gebiete unter den Familienstämmen. Jeder Stamm soll ein Stück von dem Land bekommen, was der Anzahl seiner Mitglieder entspricht. 55 Aber eins ist total wichtig: Ihr müsst alle Leute, die dort jetzt wohnen, rausschmeißen. Wenn nur einer von denen übrig bleibt, habt ihr bald ein Riesenproblem. Sie werden euch immer wie Metallsplitter im Auge weh tun, ihr werdet sie spüren wie Stacheldraht. 56 Wenn ihr das nicht durchzieht, werde ich mit euch das Gleiche tun, was ihr eigentlich mit denen tun solltet, so wie ich es euch gesagt habe!‘“

34

Die Grenzen von dem neuen Land, was die Israeliten bekommen sollen

1 Gott sagte zu Mose: 2 „Erkläre mal deinen Leuten, wie die Grenzen abgesteckt sind von dem Kanaan-Land, was ich euch schenken werde. 3–12 Im Süden wird eure Grenze die Wüste Zin und das Gebiet der Edomiter sein. Ganz genau wird die Grenze dort vom südlichen Ende des Toten Meeres über Südwest am Fuß der Skorpionensteige vorbeiführen. Dann über Zin weiter bis südlich von Kadesch-Barnea, weiter über Hazar-Addar bis nach Azmon. Von Azmon geht das Gebiet weiter nach Nordwesten bis zu dem Fluss, der die Landesgrenze zu Ägypten darstellt. Dieser Fluss ist dann bis zum Mittelmeer die Grenze zu eurem Land. Die Grenze im Norden verläuft vom Mittelmeer zum Berg Hor, von da über Lebo-Hamat nach Zedad. Dann weiter über Sifron bis nach Hazar-Enan. Im Osten läuft die Grenze von Hazar-Enan über Schefam, dann über den Ort Ribla östlich von Ajin bis zu den Dünen am Ostufer vom See Genesaret. Von da weiter den Jordanfluss entlang bis zum Toten Meer. Das Land, was innerhalb dieser Grenzen liegt, wird euch gehören!“ 13–15 Mose sagte noch Folgendes zu den Israeliten: „Das ist jetzt also das ganze Land, und das soll unter euch per Losverfahren aufgeteilt werden. Gott hat die Ansage gemacht, dass neuneinhalb Familienstämme dieses Land bekommen sollen. Die Leute von den Familienstämmen Ruben und Gad und die Hälfte der Leute vom Familienstamm Manasse haben ja ihren Teil schon bekommen, weil sie hier auf der anderen Seite vom Jordan geblieben sind, also östlich vom Jordan, gegenüber von der Stadt Jericho.“ 16 Gott hatte noch was für Mose: 17 „Der Priester Eleasar und Josua sollen das ganze Land unter den Leuten aufteilen. 18–28 Von jedem Stamm bestimme ich einen der Typen, die was zu sagen haben. Die sollen ihnen dabei helfen. Ich hab mich dabei für folgende Männer entschieden: aus dem Familienstamm Juda: Kaleb, der Sohn von Jefunne; aus dem Familienstamm Simeon: Schemuel, der Sohn von Ammihud; aus dem Familienstamm Benjamin: Elidad, der Sohn von Kislon; aus dem Familienstamm Dan: Bukki, der Sohn von Jogli; aus dem Familienstamm Manasse: Hanniel, der Sohn von Efod; aus dem Familienstamm Efraim: Kemuel, der Sohn von Schiftan; aus dem Familienstamm Sebulon: Elizafan, der Sohn von Parnach; aus dem Familienstamm Issachar: Paltiel, der Sohn von Asan; aus dem Familienstamm Ascher: Ahihud, der Sohn von Schelomi; aus dem Familienstamm Naftali: Pedahel, der Sohn von Ammihud.“ 29 Diesen Männern gab Gott die Order, das Kanaan-Land unter den Israeliten aufzuteilen.

35

Wo die Levi-Leute wohnen

1 Als die Leute gerade im Gebiet am Jordanfluss waren, welches gleich gegenüber der Stadt Jericho liegt, redete Gott mit Mose. 2–3 „Mir ist wichtig, dass die Israeliten den Levi-Leuten auf ihrem zukünftigen Land Städte zur Verfügung stellen, in denen sie wohnen können. Dazu brauchen sie auch Wiesen, damit ihre Kühe und Schafe Auslauf und was zu fressen haben. 4–5 Diese Wiesen sollen von der Stadtgrenze zu allen Seiten über 500 Meter ins Land gehen. Es wird sich so ein 1000 mal 1000 Meter großes Viereck ergeben, wo die Stadt genau in der Mitte liegt. 6–7 Ich möchte, dass ihr den Levi-Leuten insgesamt 48 Städte zur Verfügung stellt, inklusive der Wiesen, die dazugehören. Sechs von den Städten sollen dafür da sein, dass Leute, die aus Versehen jemanden getötet haben, dort hinfliehen können. Diese Städte heißen ab jetzt auch ‚Asylstädte‘. 8 Wie viele von diesen Städten jeder Familienstamm stellen muss, kann man aus der Größe des Gebietes ausrechnen, das sie haben.“

Asylstädte für Leute, die versehentlich jemanden getötet haben

9–10 Gott hatte noch ein paar mehr Ansagen für die Israeliten: „Wenn ihr über den Jordanfluss rüber seid und in das Kanaan-Land kommt, 11 dann müsst ihr euch gleich ein paar Asylstädte organisieren, wo die Leute hinfliehen können, die aus Versehen jemanden gekillt haben. 12 Wenn die sich dort aufhalten, darf man sich nicht an ihnen rächen. Kein Verwandter von jemandem, der zum Beispiel bei einem Autounfall ums Leben kam, darf dem, der den Unfall verursacht hat, dort ans Leder. Nur wenn er von einem ordentlichen Gericht verdonnert worden ist, geht das in Ordnung. 13 Sucht dann mal sechs Städte dafür aus! 14 Drei davon sollen östlich vom Jordanfluss liegen und drei direkt im Kanaan-Land. 15 Jeder von euch kann dort hinfliehen. Auch jeder Ausländer, der bei euch lebt, auch die Gastarbeiter dürfen sich da verstecken, wenn sie aus Versehen einen Menschen getötet haben. 16–18 Wenn aber jemand absichtlich mit einem Eisenrohr oder einem Baseballschläger oder einem Stein einen anderen Menschen tötet, ist er auf jeden Fall ein Mörder. Dafür bekommt er die Todesstrafe. 19 Der Typ, der am engsten mit dem Ermordeten verwandt war, muss diese Strafe durchziehen. Er muss denjenigen suchen und töten, egal wo der gerade ist. 20–21 Auch wenn man einen anderen Menschen durch einen Kickboxtritt, einen Karateschlag oder Fausthieb umnietet und der dann stirbt, ist das ein Mord. Allerdings nur, wenn er das getan hat, weil er einfach link drauf war oder die Sache extra geplant hat. Wer so was tut, muss sterben. 22–23 Nun kann es passieren, dass einer mal einen anderen Menschen tötet, gegen den er eigentlich gar nichts hatte, ganz ohne Absicht. Vielleicht bei einem Unfall oder so. 24–25 Wenn so was passiert, soll es in der Gemeinde, wo der herkommt, eine ordentliche Gerichtsverhandlung geben, wo der Fall untersucht wird. So kann er vor der Rache der Verwandten erst mal geschützt werden. Wenn die Verhandlung vorbei ist, soll er wieder in diese Asylstadt gebracht werden, in die er schon vorher geflüchtet war. Da muss er dann erst mal so lange bleiben, bis der ordentlich eingesetzte Oberpriester, der zu der Zeit gerade das Sagen hat, nicht mehr lebt. 26–27 Das Ganze zieht aber nur, solange der Typ in der Asylstadt ist. Wenn er die verlässt, hat der nächste Verwandte von demjenigen, der getötet worden ist, das Recht, ihn auch zu töten. 28 Aber wenn der Oberpriester gestorben ist, kann er ab dann, ohne was zu befürchten, wieder nach Hause gehen, er ist frei. 29 Dieses Gesetz gilt ab jetzt für immer. Egal, wo ihr wohnt oder wo ihr euch sonst wie gerade aufhaltet. 30 Todesstrafe für einen Mord darf es nur geben, wenn die Tat mindestens von zwei Leuten gesehen worden ist. Wenn es nur einen Zeugen gibt, darf kein Richter eine Todestrafe verhängen. 31 Ein ordentlich verurteilter Mörder darf auch nicht wieder freigelassen werden, auch wenn irgendein Reicho noch so viel Kohle dafür bezahlen würde. Er muss für seine Tat sterben. 32 Man kann sich auch nicht, wenn man jemanden versehentlich getötet hat, aus einer Asylstadt freikaufen, bevor der Oberpriester abgekratzt ist, so dass man dann wieder frei wäre und nach Hause könnte, ohne bestraft worden zu sein. 33 Ein Stück Land, auf dem jemand ermordet worden ist, wird dreckig, es ist ‚unrein‘. Darum verdreckt nicht das Land, in dem ihr lebt. Wenn es doch passiert, kann es nur wieder sauber werden, indem derjenige, der den Mord begangen hat, auch stirbt. 34 Passt auf, dass euer Land nicht dreckig wird, es darf nicht ‚unrein‘ werden. Warum? Weil ich, euer Gott, direkt bei euch wohne!“

36

Eine Ergänzung zum Erbgesetz

1 Die Chefs von der Familie Gilead (ein Sohn von Machir und ein Enkel von

Manasse, der ein Sohn von Josef war) kamen bei
Mose und den anderen Chefs der Israeliten an. 2 Sie
sagten zu Mose: „Chef, Gott hat dir gesagt, dass wir
das Land mit einem Losverfahren unter den Israeli-
ten aufteilen sollen. Er hat dir auch gesagt, dass der
Teil von unserem Verwandten Zelofhad jetzt seinen
Töchtern gehört. 3 Aber was ist jetzt, wenn diese
Frauen Männer aus einem anderen Familienstamm
heiraten? Dann kriegen die ja auch dieses Land, was
ursprünglich für unseren Familienstamm vorgese-
hen war, oder? 4 Und was ist, wenn dieses Jahr
angesagt ist, in dem alle Schulden erlassen werden?
Werden dann diese Stücke Land nicht endgültig
dem Stamm zufallen, in den sie reingeheiratet
haben?" 5 Mose redete mit Gott über die Sache, und
der gab ihm folgende Order: „Das Problem gibt es
wirklich, was die Männer vom Familienstamm
Manasse sagen! 6 Darum hab ich, Gott, ein neues
Gesetz herausgegeben. Die Töchter von Zelofhad
dürfen den heiraten, auf den sie Bock haben,
solange der Mann aus ihrem Familienstamm
kommt. 7 Grundsätzlich gilt, dass kein Grundbesitz
von einem Familienstamm an einen anderen über-
tragen werden kann. Die Grundstücke bleiben
immer in dem Familienstamm. 8–9 Darum darf eine
Tochter, die in der Lage ist, etwas zu erben, nur
einen Mann heiraten, der aus ihrem eigenen Famili-
enstamm kommt." 10–11 Machla, Tirza, Hogla, Milka
und Noa, die Töchter Zelofhads, machten alles
genau so, wie es diese neue Regel vorgeschrieben
hatte. Sie heirateten ihre Vettern. 12 So konnten die
Grundstücke im Besitz von dem Familienstamm
ihres Vaters bleiben. 13 Diese ganzen Gesetze und
Regeln bekam Mose für die Israeliten von Gott in
dem Gebiet am Jordan, gleich gegenüber von der
Stadt Jericho.

5. Buch Mose

1
Moses Rückblick

1 In dieses Buch kommen jetzt die Sachen rein,
die Mose seinen Leuten gesagt hat, als sie in der
Wüste ihr Lager aufgeschlagen hatten, die östlich
vom Jordanfluss liegt. Diese Gegend ist in der Nähe
von Suf, das genau zwischen den Orten Paran und
Tofel, Laban, Hazerot und Di-Sahab liegt. 2 Die Stre-
cke vom Berg Horeb über die edomitischen Berge
bis nach Kadesch-Barnea beträgt ungefähr 350 Kilo-
meter. 3 Es war jetzt vierzig Jahre her, dass die Israe-
liten aus Ägypten abgehauen waren. Am 1. Januar
erzählte Mose seinen Leuten, was Gott ihm gesagt
hatte. 4 Vorher hatte Mose die beiden Präsidenten
im Krieg besiegt, die östlich vom Jordan das Sagen
hatten. Sihon, der Präsident der Amoriter, regierte
damals in Heschbon, und Og war der Chef von
Baschan und regierte von der Stadt Edrei aus sein
Land. 5 Als die Israeliten in dem Land Moab ange-
kommen waren, hielt Mose seinen Leuten eine Pre-
digt, wo er die Gesetze von Gott allen noch mal
ausführlich verklickern wollte: 6 „Also, damals waren
wir schon einige Zeit bei diesem Berg Horeb, als
Gott auf einmal zu uns sagte: ‚Ihr habt hier lange
genug rumgehangen! 7 Geht jetzt mal los in das
Kanaan-Land zu den Amoritern, die in den Bergen
wohnen! Geht zu den anderen Völkern, die dort in
dem Gebiet beim Jordan-Fluss leben, das westlich
von den Bergen liegt. Ich mein jetzt das ganze
Gebiet von der Wüste im Süden bis zur Küste, vom
Libanongebirge bis zum Eufratfluss im Norden.
8 Dieses ganze Land schenke ich euch! Übernehmt
das einfach, es gehört euch. Es ist genau das Land,
was ich schon Abraham, Isaak und Jakob ganz fest
versprochen hatte. Das soll euch und euren Kindern
gehören, für immer.'“

Wie Mose zu seinen Helfern kam

9 „Als wir am Berg Horeb waren, habe ich zu euch
gesagt: ‚Ich pack das nicht alleine! Ich krieg es
nicht gebacken, die ganze Verantwortung alleine zu
tragen! 10 Gott, der Chef von allem, hat dafür ge-
sorgt, dass ihr euch so stark vermehrt habt. Man
kann euch schon gar nicht mehr zählen, weil ihr so
viele seid, wie man Sterne am Himmel sehen kann!
11 Ich wünsche mir, dass Gott, der schon euren
Vater und euren Opa und Uropa beschützt hat,
auch auf euch aufpasst. Er soll weiter dafür sorgen,
dass es euch gutgeht. Und Gott soll auch dafür
sorgen, dass ihr euch noch tausendmal stärker ver-
mehren werdet, als ihr jetzt schon seid. Genau das
hat er uns ja versprochen! 12 Aber wie gesagt Leute,
ich kann die Verantwortung nicht mehr alleine tra-
gen, ich pack das nicht. Das ist mir alles zu heftig.
Ich hab auch keinen Bock mehr, jeden Streit und
jede Gerichtsverhandlung bei euch zu regeln.
13 Darum macht mal Folgendes: Organisiert euch
aus jedem Familienstamm ein paar Männer. Die
sollten eine gute Bildung und auch eine gute Pei-
lung vom Leben haben. Die würde ich dann als
Chefs über euch einsetzen.' 14 Eure Antwort war:
‚Gute Idee, Mose! Geht in Ordnung!' 15 Ich habe
dann aus den Familienstämmen ein paar ältere
Männer ausgesucht und sie zu Chefs gemacht.
Dabei habe ich euch in Gruppen aufgeteilt und
immer einen Mann als Chef pro Gruppe eingesetzt.
Das waren dann pro tausend, hundert, fünfzig und
zehn jeweils ein Mann. 16 Die bekamen den Job
als Hilfssheriffs. Sie kriegten folgende Ansage mit
auf den Weg: ‚Checkt sofort jeden Streit, den es
zwischen zwei Israeliten gibt und auch zwischen
einem Israeliten und einem Ausländer, der bei euch
lebt. Ihr müsst dann das Urteil sprechen und ent-
scheiden, wer Recht hat und wer nicht. 17 Euch soll
dabei wurst sein, was die beiden für eine Stellung
in der Gesellschaft haben. Der kleine Angestellte
hat genau so ein Recht wie der einflussreiche
Professor. Ihr braucht vor niemandem Angst zu
haben! Gott ist höchstpersönlich dabei und passt
auf, dass die Sache gerecht zugeht. Wenn es jetzt
mal einen Streit gibt, der euch zu schwierig
erscheint, dann kommt damit zu mir. Ich werde
dann schon eine Entscheidung treffen.' 18 In der
Zeit habe ich euch alle Gesetze gegeben, nach
denen man leben soll.“

Mose hatte Leute vorgeschickt, um die Lage auszuchecken

19 „Wisst ihr noch damals? Wir haben genau das
getan, was unser Gott uns gesagt hatte. Vom
Horeb-Berg zogen wir los, zum Bergland der Amori-
ter. Wir sind durch diese fiese Wüste gezogen,
Mann, das waren noch Zeiten ... bis wir endlich
nach Kadesch-Barnea kamen. 20 Als wir da waren,
meinte ich zu euch: ‚Jetzt sind wir gleich kurz vor

dem Bergland, wo die Amoriter leben. Dieses Gebiet hat Gott uns geschenkt. 21 Bald ist es so weit, Leute, er hat uns das ganze Land zur Verfügung gestellt! Geht los und nehmt es, denn es gehört euch! Gott, der Chef von allem, hatte es schon euren Vorfahren versprochen. Macht euch nicht in die Hose, ihr braucht echt keine Angst zu haben!' 22 Ihr kamt dann aber alle an und meintet: ‚Wir würden am liebsten ein paar Leute vorschicken, die das Land erst mal ausspionieren. Wir warten dann auf ihren Bericht, was die beste Strecke ist, die wir nehmen sollten. Sie könnten uns auch Auskunft geben über die Städte, gegen die wir kämpfen werden.' 23 Ich hatte ein gutes Feeling bei der Idee. Darum hab ich zwölf Männer ausgesucht, aus jedem Familienstamm einen. 24 Die zogen in das Bergland und kamen bis in die Gegend, die man das Traubental nennt. 25 Sie nahmen sich von den ganzen Sachen, die dort an den Bäumen und Büschen wuchsen, etwas mit und kamen mit einem guten Bericht wieder bei uns an. ‚Das Land, das Gott uns hier schenken will, ist voll fett', sagten sie. 26 Trotzdem hattet ihr keinen Bock auf das Land und wolltet nicht das tun, was Gott von euch wollte. 27 Dann gab es so ne kleine Revolution, und einige fingen in den Wohnungen an rumzulästern. ‚Gott hasst uns! Er hat uns aus Ägypten rausgeholt, damit die Amoriter uns besiegen und kaputt machen. 28 Was sollen wir nur machen? Die Leute, die das Land ausgetestet haben, haben uns voll Angst gemacht! Die haben uns gesagt, dass dort Menschen leben, die viel größer sind, und dass es auch viel mehr sind als wir. Sie haben von riesengroßen Städten gesprochen, mit sehr hohen Mauern drum herum. Es war sogar die Rede von Riesen!' 29 Ich hab dann versucht, euch zu ermutigen: ‚Keine Panik! Ihr braucht keinen Schiss vor denen zu haben! 30 Der Chef höchstpersönlich, Gott, wird schon mal vorgehen. Er ist auf unserer Seite, er kämpft für uns! Das hat er ja bei den Ägyptern auch schon gemacht. 31 Er hat uns auch durch diese ätzende Wüste geführt. Er hat auf euch aufgepasst, wie ein Vater auf seine Kinder aufpasst. Den ganzen Weg bis hierher hat er uns praktisch getragen.' 32 Trotzdem habt ihr Gott nicht vertraut, obwohl er so krasse Sachen für euch getan hat. 33 Gott hat euch den ganzen Weg geführt, er hat sogar die Stellen ausgesucht, an denen ihr euer Lager aufschlagen solltet, erinnert ihr euch? Er war immer ganz vorne dabei, in so einer Wolke, um uns den Weg zu zeigen. Nachts hat sie sogar geleuchtet wie Feuer!"

Wie die Leute bestraft wurden, weil sie Gott nicht vertraut haben

34 „Gott kriegte auch mit, dass ihr dauernd am Rumnerven wart. Er wurde echt sauer. 35 ‚Keiner von diesen Leuten soll das gute neue Land vor die Linse kriegen', sagte er. ‚Das Gebiet, was ich euch schon lange vorher versprochen hatte, dürfen die nicht mal mehr sehen. 36 Mit Ausnahme von Kaleb, dem Sohn von Jefunne. Der wird das Land sehen. Ihm und seinen Söhnen werde ich das ganze Teil schenken. Denn er hat radikal das durchgezogen, was ich, Gott, wollte.' 37 Gott war aber auch sauer auf mich, wegen dem Mist, den ihr verzapft habt. Darum sagte er zu mir: ‚Du wirst auch nicht mitkommen können, in das neue Land. 38 Aber dein Angestellter Josua, der Sohn vom Nun, der wird dort landen. Ermutige den, bau ihn auf. Er soll dann das ganze Land unter den Israeliten aufteilen. Das Land wird ihnen für immer gehören.' 39 Dann sagte Gott noch zu allen Israeliten: ‚Eure ganz kleinen Kinder, die noch nicht wirklich kapieren, was richtig und falsch ist, die werden in das Land kommen. Ihr hattet immer Angst, sie würden in die Hände der Feinde fallen. Aber genau den Kindern werde ich das Land schenken. 40 Was euch angeht, solltet ihr jetzt besser umdrehen und wieder in die Wüste marschieren. Geht los, zurück in Richtung Schilfmeer!' 41 Eure Reaktion war dann, dass es euch erst mal total leidgetan hat. ‚Wir haben völligen Bockmist gebaut! Wir haben nicht getan, was Gott von uns wollte! Aber jetzt wollen wir uns ändern, wir wollen sofort losziehen und das Land erobern. So wie Gott es gesagt hat, wollen wir das auch durchziehen!' 42 Jeder nahm seine Waffen in die Hand, ihr wolltet sofort losgehen. 42 Gott warnte euch noch, könnt ihr euch dran erinnern? Er sagte: ‚Überfallt jetzt nicht das Land! Probiert das erst gar nicht! Ich bin nicht dabei, und ihr werdet eine vernichtende Niederlage einfahren!' 43 Ich hab euch das ausgerichtet, aber es war euch anscheinend pupsegal. Ihr habt genau das Gegenteil von dem getan, was Gott wollte. Voll arrogant seid ihr losgezogen, in das Bergland. 44 Als ihr da wart, kam euch die Armee der Amoriter entgegen, die dort in dem Bergland lebten. Sie schlugen euch vernichtend und verfolgten unsere Leute wie einen Wespenschwarm. Ihr wurdet auseinandergetrieben, ein paar landeten im Bergland von Seir, andere sogar in Horma. 45 Dann seid ihr wieder zu Gott gekommen und habt rumgeheult. Ihr habt versucht, seine Meinung zu ändern, aber es war vergeblich. 46 Ihr seid von da

an erst mal eine ganze Weile in der Oase Kadesch geblieben."

2 Die Israeliten ziehen durch das Ostjordanland: ein Reisebericht

[1] „Wir drehten also unsere Reiserichtung um 180 Grad und zogen wieder in die Wüste, Richtung Schilfmeer, so wie Gott es uns gesagt hatte. Ganz schön lang ging diese Strecke durch die Wüste, die umrahmt war von dem Gebirge Seir. [2] Dann endlich redete Gott mit mir: [3] ‚Mose, ich finde, es reicht jetzt mit euer Umherzieherei. Geht jetzt mal nur noch in Richtung Norden weiter! [4] Gib mal die Ansage an deine Leute raus, dass sie jetzt durch das Gebiet kommen, wo ganz entfernte Verwandte wohnen. Hier in Seir leben nämlich Menschen, die von Esau abstammen. Die werden Mörderrespekt vor euch haben [5] Trotzdem lasst euch auf keinen Fall auf irgendwelche Diskussionen mit denen ein. Wenn es Zoff gibt, habt ihr ein Problem, denn ich werde euch nicht einen Fitzel von ihrem Land geben. Die ganze Gegend um das Gebirge Seir hab ich nämlich schon ewig der Familie vom Esau versprochen. [6] Klauen ist da verboten! Wenn ihr Bock auf Pizza oder eine Cola habt, dann müsst ihr das bezahlen!‘ [7] Finanziell war das ja mittlerweile für uns kein Problem. Gott hatte uns fett gesegnet, er hatte uns nicht einfach vergessen, nur weil wir abseits in der Wüste waren. Jeden Tag, vierzig Jahre lang, war er immer bei uns und hat auf uns aufgepasst. Alles, was wir zum Leben brauchten, war da. [8] Wir sind dann weitergezogen, raus aus dem Gebiet, in dem die Söhne von Esau wohnten. Wir gingen nicht auf die Strecke, die von Ezjon-Geber und Elat bis zum Toten Meer geht, sondern zogen in Richtung Moab. [9] Gott sagte zu mir: ‚Lass dich auf keinen Fall auf einen Krieg mit den Moabitern ein. Auch von deren Land werde ich dir nichts geben. Das Gebiet Ar hatte ich für die Familie vom Lot ausgesucht.‘ [10] Früher wohnten dort die Emiter. Das waren mal echt heftige Leute, sie hatten sehr viel Macht und waren so stark und so groß wie die Anakiter früher, diese Riesenmenschen. [11] Man zählt die ja auch zum Volk der Rafaiter, obwohl die Moabiter sie immer noch Emiter nennen. [12] In dem Gebirge Seir wohnten früher mal die Horiter, aber die Leute von Esau haben die alle getötet und ihr Land eingenommen. Das ist bei uns ja auch normal, wenn Gott uns irgendwo ein Stück Land schenkt. [13] ‚Jetzt geht mal über den Bach Sered!‘, sagte uns Gott, und wir machten das auch.

[14] Seit Beginn unserer Reise von Kadesch-Barnea waren mittlerweile 38 Jahre vergangen. In der Zwischenzeit waren alle Männer, die vor diesen 38 Jahren schon erwachsen gewesen waren und als Soldaten kämpfen konnten, gestorben. Das war die Strafe, die Gott gegen uns verhängt hatte. [15] Er hat dafür gesorgt, dass keiner von den Leuten, die damals dabei waren, überlebten. [16] Als die jetzt alle mausetot waren, [17] redete Gott mal wieder mit mir. [18] Er sagte: ‚Mose? Ihr werdet jetzt durch das Gebiet der Moabiter kommen. [19] Dann seid ihr bald an der Grenze, wo die Ammoniter wohnen. Ihr dürft auch nicht gegen die kämpfen, hörst du? Greif sie nicht an, denn auch von dem Land werde ich euch nichts geben können. Die Ammoniter stammen vom Lot ab, und ich habe denen das Teil ganz fest versprochen, für immer.‘ [20] Dieses Land nennt man auch das ‚Land der Riesen‘, weil dort früher auch Riesen gewohnt haben. Die Ammoniter haben sie damals auch Samsummiter genannt. [21] Das waren früher echt heftige Leute. Die Männer waren genauso riesig wie die Anakiter. Aber Gott machte sie durch die Ammoniter einfach platt. Die übernahmen im Krieg das ganze Land und alles, was ihnen gehörte. Jetzt wohnen sie da. [22] Es war genauso abgegangen wie mit den Horitern. Die wurden ja durch die Edomiter mit Gottes Hilfe plattgemacht, und sie wohnen jetzt auch da, bis heute. [23] Den Awitern ging es da nicht viel besser, die in einzelnen Dörfern in der Gegend bis runter nach Gaza lebten. Die wurden nämlich von den Philistern, die aus Kreta abgehauen waren, plattgemacht."

Von Sieg zu Sieg

[24] „‚Los jetzt‘, meinte Gott zu uns, ‚geht über den Arnonfluss! Ich habe beschlossen, euch den Präsidenten Sihon von den Amoritern mit seiner ganzen Armee zu schenken. Der Präsident hat seinen Hauptsitz in Heschbon. Greift ihn an, führt Krieg gegen den und schnappt euch das ganze Land! [25] Ab heute werde ich allen Nationen auf der ganzen Welt voll die Angst durch euch einjagen. Man wird Respekt vor euch haben und sich in die Hose machen, wenn man die Geschichten über euch erzählt.‘ [26] Ich schickte dann einen Brief aus der Wüste Kedemot, der an den Präsidenten Sihon in Heschbon adressiert war. Der ging folgendermaßen: [27–29] ‚Sehr geehrter Herr Präsident! Bitte machen Sie sich keine Sorgen, wir kommen in friedlicher Absicht und wollen keinen Krieg mit Ihnen anzetteln. Für alle Nahrungsmittel, die wir für unsere Durchreise brau-

chen, werden wir den angemessenen Preis
bezahlen. Wir wollen einfach nur durch Ihr Land
ziehen. Von den Edomitern und Moabitern haben
wir diese Erlaubnis auch bekommen. Wir wollen in
das Land, was auf der anderen Seite vom Jordan
liegt. Das Teil dürfen wir nämlich haben, hat uns
unser Gott ganz fest versprochen. Mit freundlichen
Grüßen, Mose.‘ 30 Aber der Präsident Sihon war von
der Idee nicht so begeistert. Er wollte uns die
Durchreisegenehmigung nicht erteilen. Gott hatte
wohl dafür gesorgt, dass er ein Brett vorm Kopf
hatte. Sihon kam auf die schräge Idee, dass er einen
Krieg gegen uns gewinnen könnte. Tatsächlich
haben wir ihn durch Gottes Hilfe aber besiegt, und
er ist jetzt schon Geschichte. 31 Gott sagte zu mir:
„Ich hab das Ding schon klargemacht! Präsident
Sihon und sein ganzes Volk müssen die Hosen run-
terlassen. Jetzt geht mal los und nehmt euch das
ganze Land!“ 32 Sihon kam dann mit seiner ganzen
Armee gegen uns anmarschiert. Bei Jahaz sollte die
endgültige Schlacht stattfinden. 33 Als wir da waren,
begann ein heftiger Krieg, aber Gott hatte beschlos-
sen, uns einen gigantischen Sieg zu geben. Wir
töteten alle, seine ganze Armee und auch seine
Söhne. 34 Dann überfielen wir die Städte und zogen
diese ‚Rote-Karte-Aktion‘ durch. Das bedeutete,
dass alle Bewohner, egal ob es Männer, Frauen,
oder Kinder waren, umgenietet wurden. 35 Nur die
Tiere ließen wir am Leben. Sie wurden von uns als
Beute mitgenommen, außerdem alles mögliche
andere Zeugs, was man noch gut gebrauchen
konnte. 36 Und dann zogen wir von Sieg zu Sieg.
Von Aroer, was am Rand des Arnontals liegt, über
die Stadt, die direkt am Arnonfluss ist, bis zur Land-
schaft Gilead, gab es keine einzige Stadt, die auch
nur die Spur einer Chance gegen uns gehabt hätte.
Gott schenkte sie uns alle. 37 Nur um das Land, wo
die Ammoniter wohnen, haben wir einen großen
Bogen gemacht. Denn das ganze Randgebiet des
Jabboktals und deren Städte in den Bergen hatte
Gott uns ja nicht geben wollen.“

3

Reisebericht 2. Teil

1 „Wir zogen dann weiter auf dem Weg nach
Baschan. Plötzlich hörten wir, dass der Präsi-
dent von Baschan mit seiner ganzen Armee gegen
uns anrücken würde. Er wollte es bei Edrei auf einen
Krieg ankommen lassen. 2 Gott sagte aber zu mir:
„Keine Panik, Mose. Ich werde dir einen fetten Sieg
schenken. Den Präsidenten, seine ganze Armee und
sein Land werde ich dir schenken. Es wird dem
genauso gehen wie dem Präsidenten von den Amo-
ritern.“ 3 Gott, unser Chef, sorgte dafür, dass wir
gegen den Präsidenten von Baschan einen krassen
Sieg einfahren konnten. Kein Einziger konnte ent-
kommen. Der Präsident hieß übrigens Og. 4 Wir
überfielen alle seine Städte. Insgesamt sechzig
davon wurden von uns plattgemacht. Das ganze
Gebiet von Argob, was in der Landschaft von
Baschan lag und vorher Og gehörte, übernahmen
wir. 5 Dazu gehörten auch viele richtige Städte mit
hohen Mauern und Stahltüren drin. Und viele klei-
nere Orte ohne Mauern bekamen wir auch noch.
6 An den Leuten, die dort wohnten, zogen wir die
Rote-Karte-Aktion durch. Wir machten es immer
genauso, wie wir es in den Städten von Präsident
Sihon auch gemacht hatten. 7 Alle Kühe, Ziegen und
Pferde nahmen wir als Kriegsbeute mit. Dazu auch
noch die Sachen, die man irgendwie gut gebrau-
chen konnte und die wertvoll waren. 8 So kam es,
dass wir das ganze Gebiet von den beiden Präsiden-
ten der Amoriter eingenommen haben. Das ganze
Teil, vom Arnontal bis zum Berg Hermon, gehörte
uns. 9 Die Phönizier nennen diesen Berg übrigens
Sirjon und die Amoriter Senir. 10 Die Städte nördlich
vom Arnon, die gesamte Landschaft Gilead, die
Landschaft Baschan bis nach Salcha und Edrei,
inklusive aller Städte, über die der Präsident von
Baschan früher das Sagen hatte, die waren von uns
besiegt worden. 11 Der Präsident Og war der Letzte
aus der Riesen-Familie der Refaiter. Er bekam einen
Sarg aus Metall, den man noch heute in der Stadt
Rabba finden kann. Der Sarg war viereinhalb Meter
lang und zwei Meter breit.“

Wie das Land aufgeteilt wurde, welches östlich vom Jordanfluss liegt

12 „Nachdem wir diese beiden Länder erobert hat-
ten, übergab ich das Gebiet, was nördlich von Aroer
und dem Arnonfluss lag, den Familienstämmen
Ruben und Gad. Dazu bekamen sie noch die halbe
Landschaft Gilead, inklusive aller Städte. 13 Den Rest
von Gilead und das ganze Land Baschan, was dem
Präsidenten Og gehört hatte, übergab ich einer
Hälfte vom Familienstamm Manasse. Man nannte
dieses Gebiet auch Argob. 14 Jair, der aus diesem
Familienstamm kam, übernahm das ganze Gebiet
Argob. Bis zu den Grenzen von Geschur und
Maacha gehörte ab da alles denen. Dieses Gebiet,
das man vorher Baschan genannt hatte, bekam jetzt
einen neuen Namen. Seitdem heißt der nur noch

„Wo Jair seine Zelt aufgeschlagen hat“. [15] Das Gileadgebiet ging an die Familie Machir. [16–17] Die Familienstämme Ruben und Gad bekamen die Landschaft von Gilead bis zum Arnontal. Das Tal selbst, welches die Grenze zu den Ammonitern darstellte, dazu das Jordantal vom See Genesaret bis zum Toten Meer und auf der anderen Seite bis zum Anfang vom Berg Pisga gehörten auch noch dazu. [18] Ich hielt damals eine Rede zu den Männern der beiden Familienstämme: „Gott, der Chef von allem, hat euch dieses Land jetzt für immer geschenkt. Als Gegenleistung müsst ihr aber ganz vorne mitkämpfen, wenn der Rest unserer Leute über den Jordan ziehen wird, um dort weiteres Land zu erobern. Alle Männer, die irgendwie in der Lage sind, bei der Armee mitzukämpfen, müssen dabei sein, das gehört zum Pflichtprogramm. [19–20] Eure Frauen und Kinder sowie eure riesigen Tierherden können natürlich jetzt in ihrem neuen Zuhause bleiben. Aber erst wenn Gott auch für eure Brüder ein Plätzchen klargemacht hat, auf dem sie auf der anderen Seite vom Jordan in Ruhe leben können, dürft ihr zurückkehren. Erst dann kann jeder wieder in das Land gehen, was ihm zugeteilt worden ist.‘ [21] Zu Josua hab ich gesagt: ‚Ich hoffe, du hast mitbekommen, was Gott, unser Chef, mit diesen Präsidenten und ihren Armeen angestellt hat! Er wird alles weiter so durchziehen, wenn ihr auf der anderen Seite vom Jordan seid. Genau das Gleiche, was mit den Präsidenten hier passiert ist, wird auch mit denen auf der anderen Seite abgehen, wo du die Leute jetzt hinführen wirst. [22] Ihr braucht keinen Schiss vor denen zu haben! Gott, der Chef, wird höchstpersönlich an eurer Seite kämpfen!‘“

Warum Mose leider nicht in das neue Land reindurfte

[23–25] „In der Zeit hab ich Gott angebettelt, ob ich nicht auch mit in das neue Land ziehen darf. Ich sagte zu ihm: ‚Gott, du bist mein absoluter Chef! Du hast damit angefangen mir zu zeigen, was du alles draufhast. Du bist mächtig, du hast die Power. Wo gibt es noch einen Gott auf der Erde oder im Universum, der das gebracht hat? Mit den Dingen, die du tust, mit den Siegen, die du eingefahren hast, kann niemand mithalten! Bitte, Gott, lass mich doch auch mit über den Jordan ziehen! Ich möchte das schöne neue Land wenigstens einmal gesehen haben, diese schönen Berge und das Libanongebiet!‘ [26] Aber Gott war immer noch sauer auf mich. Mein Gebet konnte er einfach nicht erhören. Er sagte leicht genervt: ‚Hör auf mit dem Thema, das haben wir durch! [27] Wenn du willst, geh mal auf den Berg Pisga. Wenn du oben bist, schau mal nach Westen, Norden, Süden und nach Osten. Da kannst du dir das Teil wenigstens mal aus der Ferne ansehen. Aber mit über den Jordan darfst du nicht gehen. [28] Übergib die Führung des gesamten Unternehmens mal Josua. Er soll ab sofort die Sache leiten. Ermutige ihn total, segne ihn, mach ihn stark! Denn er soll ganz vorne die Israeliten führen, wenn sie über den Jordan in das neue Land gehen. Josua soll auch das ganze Land aufteilen, was ihnen ab dann für immer gehören wird.‘ [29] Wir blieben dann eine Zeitlang in dem Tal, was bei der Stadt Bet-Pegor lag.“

4 Die Gesetze sind für die Israeliten superwichtig

[1] Mose ließ folgende Rede aufschreiben: „So, liebe Leute von Israel, hört mal gut zu: Die Gesetze und Regeln, die ich euch allen gegeben habe, sind superwichtig! Hört darauf, tut die Sachen, die da gesagt wurden, und dann wird es euch gutgehen. Ihr werdet in das Land reinkommen, was Gott euren Vorfahren schon vor Ewigkeiten versprochen hatte. In dieses Land werdet ihr einziehen, es wird euch gehören und euer Zuhause sein. [2] Diese Gesetze sind so, wie ich sie euch gesagt habe – perfekt –, ihr dürft nichts mehr dazuschreiben. Haltet euch an diese Ansagen von Gott, eurem Chef, denn sie kommen direkt von ihm! [3] Alle haben mitbekommen, wie Gott mit Leuten umgeht, die zu solchen Plastikgöttern wie zum Beispiel Baal beten. Als das am Berg Pegor passiert ist, wurden alle Leute, die da mitgemacht haben, einfach ausgelöscht. [4] Ihr habt die Geschichte überlebt, weil ihr hinter Gott gestanden habt. [5] Heute erzähle ich euch, was er mir gesagt hat. Und vor seinen Ansagen, Gesetzen und Regeln müsst ihr absolut Respekt haben, wenn ihr in das neue Land kommen und es auch besitzen wollt. [6] Ihr sollt Respekt davor haben und ihr müsst tun, was in den Gesetzen gesagt wird. Alle anderen Länder werden es richtig cool finden, dass ihr nach diesen Gesetzen lebt. Sie werden Respekt vor euch haben und so Sachen sagen wie: ‚Mann, sind die schlau, die haben ja voll den Durchblick!‘ [7] Hey, es gibt echt kein Volk auf der ganzen Erde, das so einen echten Gott hat, der immer sofort am Start ist, wenn man Hilfe braucht! Egal, wann wir zu ihm beten, er ist immer da. [8] Und es gibt auch nirgendwo eine andere große Nation,

die so krasse Gesetze besitzt wie die Teile, die ich euch gegeben habe.“

Der Gott von den Israeliten ist obergenial

9 „Eins ist echt wichtig, Leute: Vergesst nie die wirklich heftigen Wunder, die ihr mit euren eigenen Augen gesehen habt! Passt auf, dass ihr diese ganzen Abenteuer nie vergesst, erzählt sie euren Kindern und den Enkelkindern! 10 Denkt an den Tag, als ihr am Horeb-Berg vor Gott gestanden habt. Gott hatte zu mir gesagt, dass ich alle Leute zusammenrufen soll. Er wollte, dass alle mitkriegen, was er zu sagen hat. Sie sollten einfach lernen, Respekt vor ihm zu haben und auch vor dem, was er sagt. Das müssen sie einfach draufhaben, wenn sie in dem neuen Land leben. Und ihre Kinder sollen das auch von ihnen beigebracht bekommen. 11 Ihr habt unten am Berg gestanden, und der brannte wie ein Leuchtfeuer! Die Flammen waren so hoch, dass man das Gefühl hatte, die Wolken fackeln ab! Rings um den Berg hingen schwarze Regenwolken am Himmel. 12 Und dann redete Gott aus den Flammen zu euch. Ihr konntet nur seine krasse Stimme hören, ihr konntet ihn nicht sehen. 13 Er hat euch von dort die zehn Gesetze gesagt. Die wurden zum Pflichtprogramm für den Vertrag, den er mit euch gemacht hat. Diese Gesetze hat er auf zwei Stahlplatten gefräst. 14 Sein Befehl an mich war, dass ich euch diese Gesetze verklickern soll. Die Regeln, nach denen ihr in dem neuen Land leben müsst, soll ich euch beibringen. 15 Ihr dürft nicht vergessen, dass ihr damals am Berg Horeb nur die Stimme von Gott gehört habt! Als er aus den Flammen vom Berg zu euch gesprochen hat, konnte keiner sein Gesicht sehen. 16–18 Es ist mir absolut wichtig, dass ihr euch keine Bilder oder Figuren von irgendwelchen Lebewesen herstellt und sagt, das ist ein Gott! So was findet Gott superätzend, und da gibt es auch keine Entschuldigung für. 19 Und wenn ihr mal am Strand liegt und euch den Himmel anseht, oder die Sonne, oder die Sterne, dann kommt bitte niemals auf die Idee, mit denen zu reden. Das können alle anderen machen, aber ihr nicht! 20 Er hat euch aus Ägypten rausgeholt, diesem Ghetto, in dem jeder kaputtgeht, der dort lebt. Gott hat euch ausgesucht, damit ihr seine ganz eigenen Leute werdet, und das seid ihr jetzt auch. 21 Trotzdem habt ihr Dinge gemacht, die Gott nicht so prall findet. Ihr habt nicht auf ihn gehört, und deswegen ist er jetzt sauer auf mich. Er hat die Ansage gemacht, dass ich nicht mit in das neue, geniale Land kommen darf, was auf der anderen Seite vom Jordan liegt. 22 Ich werde sterben, bevor wir dort ankommen. Aber ihr werdet es packen, und dieses neue, gute Land einnehmen. 23 Also, Leute, passt auf, dass ihr den Vertrag, den Gott mit euch gemacht hat, nicht brecht. Ihr dürft euch auf keinen Fall einen Plastikgott basteln, ganz egal wie der aussieht! Das ist ein Gesetz von Gott und total wichtig. 24 Gott ist der Chef, und er ist super eifersüchtig. Er kämpft um eure Liebe und kann es nicht akzeptieren, euch mit irgendwelchen Fakes zu teilen. 25 Wenn ihr irgendwann schon ewig lang in dem neuen Land seid, könnte es mal passieren, dass ihr auf die Idee kommt, euch plötzlich doch noch einen anderen Gott zu basteln. Wenn ihr das tut, wird der Chef richtig aggromäßig draufkommen. Auf jeden! 26 Ich schwör euch, Leute, dann wird es mit euch aus sein. Ihr werdet plattgemacht, man wird euch aus dem Land, das auf der anderen Seite vom Jordan ist, ganz schnell wieder rausschmeißen und euch alle kaltstellen. 27 Gott wird dann dafür sorgen, dass jeder von euch woanders hinkommt. Nur ein paar von euch werden überleben, und die werden dann irgendwo auf der Welt verteilt wohnen müssen. 28 Und dort werdet ihr für Pseudogötter arbeiten müssen, für so Teile, die aus Holz oder Stein oder Plastik gemacht worden sind. Die können noch nicht mal hören, geschweige denn schmecken oder riechen! 29 Wenn das passiert, werdet ihr euch wieder auf die Suche nach Gott – dem Original – machen. Und dann wird er sich auch finden lassen, aber nur wenn ihr ihn wirklich radikal sucht, mit allem, was ihr habt, volles Rohr. 30 Das dauert noch sehr, sehr lange. Aber wenn ihr in dieser ätzenden Situation seid und es euch echt richtig mies geht, dann werdet ihr wieder zu Gott kommen. Ihr werdet euch wieder um das kümmern, was er zu sagen hat, und wieder mit ihm zusammenleben. 31 Unser Gott, der absolute Chef, liebt euch ohne Ende. Er lässt euch nie im Stich, er passt auf euch auf, dass ihr nicht vollkommen kaputtgeht. Gott vergisst auch nie den Vertrag, den er mit euren Vorfahren vor langer Zeit geschlossen hat. 32 Seht doch mal die Geschichte an. Beobachtet, wie Gott die ganze Zeit, seitdem er die Menschen gemacht hat, mit ihnen umgegangen ist. Forscht überall nach! Ist überhaupt schon mal so was Krasses passiert? Gibt es noch irgendeine andere Story auf der Welt, die man mit dieser Geschichte annähernd vergleichen könnte? 33 Hat es das vorher irgendwie schon mal gegeben, dass Gott aus einem Feuer zu Menschen

geredet hat und die dabei nicht sofort gestorben sind? 34 Ist das schon mal vorgekommen, dass Gott ein Volk aus einem anderen Land rausgeholt hat? Gab es das schon mal, dass er die dann sogar zu seinen Leuten erklärt, wie Gott das bei euch in Ägypten gebracht hat? Ihr wart Zeugen, als er echt krasse Wunder tat. Er hat euch von den Faschos befreit, die euch voll unter Kontrolle hatten. Er hat den Leuten, die euch nur unter Druck gesetzt haben, gezeigt was ne Harke ist. Er hat sie derb bestraft, ja er hat höchstpersönlich für euch gekämpft. Gott hat seine Muskeln spielen lassen, er hat euch einfach dort rausgeholt. 35 Er hat das alles nur gemacht, um eins für euch klarzukriegen: Gott ist der einzige, echte Gott! Es gibt keinen anderen! Er ist das Original! 36 Er hat mit euch geredet, ihr konntet seine Stimme aus dem Himmel hören. Er hat auch klare Ansagen gemacht, ihr habt ein superheftiges Feuer gesehen, sein Feuer. Aus diesen Flammen kam seine Stimme raus. 37 Er hat sich in eure Väter und die Väter von euren Vätern einfach verliebt. Darum hat er jeden von euch extra ausgesucht, er war die ganze Zeit bei euch. Er hat euch höchstpersönlich aus Ägypten befreit. 38 Jetzt schmeißt er andere Völker von dort raus, wo ihr hinkommt. Die sind zum Teil viel größer und stärker als ihr. Er hat euch deren Land geschenkt, es soll euch gehören, für immer. Das werdet ihr jetzt echt erleben. 39 Schnallt es endlich, kapiert das und nehmt es ernst: Gott ist der einzige Gott, den es gibt, im ganzen Universum. Es gibt keinen anderen Gott, nur ihn! 40 Tut die Sachen, die ich euch gesagt habe, nehmt das ernst, was ich euch sage. Wenn ihr das macht, wird es euch supergut gehen. Ihr werdet in dem Land bleiben können, was Gott, der Chef, euch geschenkt hat, für immer."

Mose sagt, wo die Leute leben können, die aus Versehen jemanden getötet haben

41–42 In der Zeit legte Mose drei von den sechs Asylstädten fest, wo die Leute hin auswandern konnten, die aus Versehen jemanden getötet hatten. Drei von diesen Städten sollten ja östlich vom Jordanfluss liegen. Wer also aus Versehen einen Menschen getötet hatte, sollte da leben können. Das galt aber nur, wenn dieser Mensch gegen den Toten nicht schon vorher die Hasskappe geschoben hat. Wenn er dort hingeht und einen Asylantrag stellt, kann er dort erst mal leben, keiner kann ihm dort ans Leder. 43 In dem Teil, wo sich der Familienstamm Ruben niedergelassen hatte, bestimmte Mose die Stadt Bezer dafür. Bezer liegt in der Wüste auf einem kleinen Berg. Ramot in Gilead wurde für den Familienstamm Gad ausgesucht. Ramot lag in den Bergen von Gilead. Für den Familienstamm Manasse wurde die Stadt Golan dafür genommen. Golan liegt in Baschan. 44–45 Jetzt kommt noch mal die Zusammenfassung von allen Gesetzen, die Mose den Israeliten verklickert hatte, seitdem sie aus Ägypten abgehauen waren. 46 Er erzählte seinen Leuten das Ganze, als sie gerade am Jordanfluss gegenüber vom Kanaan-Land gelandet waren, in der Schlucht gegenüber von Bet-Pegor, also da, wo vorher der Präsident Sihon von den Amoritern von der Hauptstadt Heschbon aus regiert hatte. Mose hatte mit den Israeliten den Sihon im Krieg überwältigt, nachdem sie Ägypten verlassen hatten. 47 Sie hatten Sihons ganzes Land eingenommen, dazu auch das Land von Og, dem Präsidenten von Baschan. Also die Gebiete von beiden Amoriter-Präsis hatten sie erobert, die auf der östlichen Seite vom Jordan lagen. 48 Dieses Gebiet ging von der Stadt Aroer am Rand vom Arnontal bis hin zum Gebirge Hermon. 49 Dazu kam noch die östliche Seite vom Jordanufer, die bis runter zum Toten Meer geht und auf der anderen Seite am Berg Pisga endet.

5

Und noch mal: die 10 Gesetze

1 Mose organisierte noch mal ein großes Treffen, bei welchem alle Leute aus Israel dabei waren. Dort sagte er den Israeliten Folgendes: „Liebe Leute! Ich möchte, dass ihr euch heute noch mal die Gesetze anhört, die Gott uns gegeben hat. Ich möchte, dass ihr diese Regeln alle auswendig aufsagen könnt, aber vor allem sollt ihr auch danach leben! 2 Der Chef, unser Gott, hat vor einiger Zeit am Berg Horeb mit uns einen Vertrag gemacht. 3 Dieser Vertrag ist nicht für die Leute wichtig, die vor uns gelebt haben, sondern er gilt für uns, und er gilt heute, hier und jetzt. 4 Damals auf diesem Berg hatte er ganz direkt zu euch gesprochen. Seine Stimme kam aus den Feuerflammen raus, erinnert ihr euch? 5 Nun seid ihr nicht auf den Berg gestiefelt, weil ihr vor dem Feuer Angst hattet. Ich bin darum alleine hochgegangen und hab für euch mit Gott geredet. Ich hab euch die Sachen durchgegeben, die er mir gesagt hatte. Seine Ansagen waren folgendermaßen:

6 **‚Ich bin der absolute Chef! Ich bin dein Gott! Ich hab dich aus Ägypten rausgeholt, ich habe dich befreit!**

7 Ich will, dass du zu keinem anderen Gott betest! Das geht jetzt gar nicht mehr!

8 Du sollst dir auch keine Plastikgötter, Figuren, Statuen oder so ein Bild machen, zu dem du dann betest! Generell will ich nicht, dass du dir irgendeinen Gott bastelst, der dann aussieht wie etwas, was aus dem Himmel kommt. Und auch nicht wie etwas, was von der Erde kommt oder aus dem Wasser.

9 Du sollst dich nicht irgendwelchen Pseudogöttern ausliefern und schon gar nicht zu ihnen beten. Denn ich bin voll eifersüchtig und will, dass du erst mal nur mich liebst. Wenn jemand fies zu mir ist und mich sogar hasst, wird das Konsequenzen haben bis hin zur dritten und vierten Generation nach ihm.

10 Aber die Leute, die mich lieben und das tun, was ich will, die werde ich ohne Ende beschenken.

11 Du sollst vor meinem Namen Respekt haben! Du sollst ihn nicht verarschen, nicht damit rumspielen und ihn auch nicht für deine eigene Sache missbrauchen. Jeder, der so was tut, wird dafür bestraft werden.

12 Sonntag ist der Tag, an dem ihr euch alle entspannen sollt. Dieser siebte Tag in der Woche ist ein ganz besonderer Tag, und der gehört allein Gott.

13 Sechs Tage lang kannst du arbeiten und deinen Job erledigen.

14 Der siebte Tag ist aber der Tag der Entspannung, der gehört nur Gott. An dem Tag sollst du nicht arbeiten. Und auch deine Tochter oder dein Sohn sollen an dem Tag nichts machen. Genauso auch nicht die Angestellten in deiner Firma oder die Gastarbeiter. Die sollen sich auch entspannen. Alles steht an diesem Tag still, jede Maschine, jedes Werkzeug, einfach alles.

15 Denn in sechs Tagen hab ich, Gott, das ganze Universum und mittendrin die Erde gemacht. Alle Länder und das Meer, das hab ich in der Zeit geschaffen. Aber am siebten Tag sollte das anders sein, der Sonntag wurde zu einem ganz besonderen Tag, der sollte ganz anders werden als die anderen Tage.

16 Du sollst Respekt vor deinem Vater und deiner Mutter haben. Das wird gut für dich sein, dann wirst du in dem Land, wo Gott dich hinbringen wird, voll lange leben.

17 Menschen töten ist verboten!

18 Du sollst keine Ehe kaputtmachen, du sollst nicht fremdgehen.

19 Du sollst keine Sachen von anderen klauen und niemanden abzocken.

20 Du sollst nicht rumlügen und Dinge über Menschen erzählen, die nicht stimmen.

21 Du sollst nicht scharf auf etwas sein, was jemand anderem gehört. Sei nicht scharf auf die Frau von jemand anderem oder auf sein Haus, das Auto, die Firma, das Handy oder sonst irgendwas, das jemand anderem gehört.'"

Moses Backflash:
Wie die Leute da drauf reagiert haben

22 „Das waren die Gesetze, die Gott euch am Berg
Horeb gegeben hatte. Alle waren damals dort und
haben das mitbekommen, wie er mit heftig lauter
Stimme diese Ansagen aus dem Feuer und den
dunklen Wolken raus gebracht hat. Es sind die
Sachen, die einfach normal sind für Gott. Er fräste
diese Gesetze auf zwei Metallplatten und gab mir
die in die Hand. 23 Wisst ihr noch, als ihr dieses
Feuer da auf dem Berg gesehen habt und man diese
derbe Stimme aus dem Off hörte? Damals kamen
dann die ganzen Chefs von euren Familienstämmen
zu mir. 24 Sie sagten: ‚Der Chef, unser Gott, hat uns
heute gezeigt, wie krass er ist. Wir haben gesehen,
wie fett seine Macht ist, weil wir dieses Feuer erlebt
und seine Stimme gehört haben. Wir konnten es
kaum packen, dass Gott sogar zu den Menschen
sprechen kann, ohne dass man dabei sterben muss.
25–26 Aber wir haben echt Panik, dass uns dieses
Feuer alle noch mal wegfetzen wird. Wenn wir noch
länger diese Stimme von Gott hören, wird das keiner überleben, die ist einfach zu krass für uns. Bis
heute hat noch kein Mensch auf der Welt auf diese
Art seine Stimme gehört, nur wir haben das! Der
lebendige Gott hat aus dem Feuer mit uns gesprochen, und trotzdem leben wir noch! 27 Darum finden
wir, dass es die beste Idee ist, wenn du noch mal zu
Gott gehst und ihm zuhörst. Du kannst uns dann ja
ausrichten, was er uns sagen wollte. Wir werden auf
jeden Fall alles tun, was er sagt, und uns radikal da
dran halten.‘ 28 Gott sagte dann zu mir: ‚Hey, Mose,
ich hab schon mitbekommen, was deine Leute von
dir wollten. Für mich geht das in Ordnung. 29 Wenn
die nur immer so draufbleiben würden ... Ich wäre
happy, wenn sie immer so einen Respekt vor mir
hätten und tun würden, was ich von ihnen will.
Dann würde es ihnen und ihren Familien auch
immer gutgehen. 30 Richte ihnen mal aus, dass sie
wieder in ihre Zelte gehen sollen. 31 Aber du kannst
ruhig zu mir kommen, Mose. Ich will dir die ganzen
Gesetze und Regeln noch mal sagen, die du den

Leuten beibringen sollst. Du sollst ihnen beibringen, wie man danach lebt, wenn sie in dem neuen Land sind, was ich ihnen für immer schenken werde.'" 32 Also Leute, macht alles genau so, wie Gott es will. Macht keine halben Sachen und spielt keine Spielchen mit Gott. 33 Bleibt auf dem Weg, den er euch durch die Gesetze genau beschrieben hat. Wenn ihr das tut, wird es euch immer echt gutgehen. Ihr werdet am Leben bleiben, und ihr werdet auch gut und lange in dem neuen Land wohnen, was dann ganz euch gehören wird."

6

Das Wichtigste: Gott möchte geliebt werden

1 „Ich sag euch jetzt noch mal die ganzen Gesetze und Regeln, die wir vom Chef, unserem Gott, bekommen haben. Ihr müsst euch die auf die Festplatte schreiben und dürft die nie vergessen. Ich soll euch diese Sachen beibringen, damit ihr auch danach lebt, wenn ihr in das neue Land gezogen seid und es ganz euch gehört. 2 Ihr müsst Respekt haben vor Gott. Tut, was er von euch will. Achtet auf die Gesetze und Regeln, die ich euch beigebracht habe. Das gilt jetzt für alle, die in eurem Volk mal geboren werden. Wenn ihr das durchzieht, werdet ihr lange leben. 3 Leute von Israel, hört noch mal gut zu! Ich sag es noch mal: Haltet euch an die Gesetze! Dann wird es euch immer gutgehen, und ihr werdet euch ohne Ende vermehren. Genauso hat es Gott ja schon euren Uropas ganz fest versprochen. Und das wird in dem Land passieren, was so fett ist, wo es alles gibt, wovon man nur träumt, und zwar reichlich. 4 Passt gut auf, Leute von Israel! Der absolute Chef aus dem ganzen Universum ist unser Gott, und zwar nur er und sonst keiner. 5 Liebe Gott, deinen Chef, mit allem, was du hast, mit deinem ganzen Gefühl, volles Rohr, entscheide dich dafür! 6 Vergesst nie die Gesetze, die ich euch heute gesagt habe. 7 Bringt sie auch euren Kindern bei und lernt sie auswendig. Wenn ihr zu Hause seid oder im Urlaub, wenn ihr euch pennen legt oder wenn der Wecker morgens klingelt. 8–9 Macht euch einen Knoten in die Schuhe, hängt euch einen Zettel an den Spiegel, tragt sie in den Handykalender ein. Schreibt sie in die Zeitungen und macht Poster davon, die in der Stadt aufgehängt werden sollen. 10 Gott wird euch jetzt in das Land bringen, das er euch versprochen hat. So hat er es ja schon Abraham angesagt, auch Isaak und Jakob hatten dieses Versprechen von ihm bekommen. Dort werdet ihr gigamäßige Städte finden, die andere Leute gebaut haben. 11–12 Und da stehen viele Häuser, die proppevoll von Sachen sind, die ihr selbst nicht gekauft habt. Dort gibt es Wasserhähne, wo ihr die Leitung nicht selbst gelegt habt, und Weinberge, die nicht von euch angepflanzt wurden. Wenn ihr dort seid und euch den Lenz macht, dann passt auf, dass ihr Gott nicht vergesst. Nicht dass ihr vor lauter fettem Essen und Partys ganz vergesst, wo ihr mal hergekommen seid. Ihr wart ja alle mal ganz unten, in Ägypten, musstet mit Knebelverträgen ohne Ende für andere schuften. 13 Ihr müsst immer Respekt vor Gott haben. Er ist der Chef, tut, was er euch sagt. Wenn ihr etwas schwört, dann tut das nur, wenn ihr Gott dabei ganz klar hinter euch habt. 14 Scheißt auf die Götter der anderen Völker, die um euch herum leben! Mit denen sollt ihr nichts zu tun haben. 15 Der Chef, euer Gott, liebt euch radikal und sehr heftig. So ist er drauf, und er wünscht sich voll, dass ihr ihn auch so radikal liebt wie er euch. Wenn ihr ihm nicht treu seid, dann ist das für ihn total ätzend. Er wird dann voll aggro und könnte euch deswegen wegpusten. 16 Überfordert seine peacige Art nicht zu sehr, wie ihr das in Massa gebracht habt. 17 Tut genau das, was er von euch will, achtet genau auf die Gesetze und Regeln, die er euch gegeben hat. 18 Lebt so, dass er die Sachen okay findet, die ihr tut. Dann wird es euch immer gutgehen, und ihr werdet das geniale Land einnehmen, dass Gott euch schon vor Ewigkeiten fest versprochen hat. 19 Dann werdet ihr alle Feinde aus dem Land rausschmeißen. Das hat er euch ja so versprochen."

Erzählen, was für geniale Sachen Gott macht

20 „Wenn euch eure Kinder später mal ausfragen, was diese ganzen Gesetze überhaupt sollen und wofür die vielen Regeln gut sind, die Gott euch gegeben hat, 21 dann könnt ihr Folgendes antworten: ‚Wir hatten in Ägypten absolute Knebelverträge, mussten schuften wie blöd, wir waren wie im Knast. Aber dann hat Gott uns da rausgeholt. Er hat gezeigt, wie mächtig er ist und was er draufhat. 22 Gott hat vor unseren Augen oberheftige Sachen getan. Er hat so krasse Wunder gebracht, hat den Präsidenten von Ägypten, seine ganze Familie und alle Ägypter das Fürchten gelehrt. 23 Wir konnten einfach aus Ägypten rausmarschieren, er hat uns da rausgeholt und uns bis hierher gebracht. Er wollte uns das Land schenken, was er schon unseren Uropas versprochen hatte. 24 Seine Ansage an uns war, dass wir Respekt vor ihm haben sollen. Wir sollen alle seine Gesetze einhalten. Wenn wir das

tun, wird alles paletti sein, es wird uns gutgehen, und er wird auf uns aufpassen. So geil, wie es heute ist, wird es dann immer sein. 25 Gott wird unser Leben cool finden, wenn wir alles genau so machen, wie er es uns gesagt hat.'"

7 Aufpassen, dass man nicht verführt wird, Mist zu bauen

1 „So, Leute, bald ist es so weit! Ihr werdet jetzt losziehen, um euer Land einzukassieren. Und Gott ist am Start und sorgt dafür, dass alles klargeht. Sieben Völker wird er gegen euch verlieren lassen. Obwohl die größer und stärker sind als ihr, werdet ihr gegen sie gewinnen und die Leute aus ihrem Land rausschmeißen. Und zwar sind das die Hetiter, Girgaschiter, Amoriter, Kanaaniter, Perisiter, Hiwiter und Jebusiter. 2 Wenn ihr gegen sie kämpft und ihr am Gewinnen seid, dann kommen irgendwelche Friedensverträge nicht in die Tüte. Ihr müsst mit denen kurzen Prozess machen und jeden umnieten, der dazugehört. So zieht man eine ‚Rote-Karte-Aktion' durch. 3 Ihr dürft auf keinen Fall eure Familien mit deren Familien vermischen! Eure Tochter darf keinen Mann von diesen Völkern heiraten und umgekehrt auch nicht. 4 Könnte sonst passieren, dass sie von den Partnern verführt werden, keinen Bock mehr auf unseren Gott zu haben. Wäre echt schlimm, wenn sie sich dann stattdessen so einen Pseudogott zulegten. Gott wäre megasauer, und es könnte passieren, dass nach kurzer Zeit alle sterben würden. 5 Wenn das passiert, gibt es nur eine Lösung: Holt den Bagger und macht die Opfertische platt, wo diesen Plastikgöttern geopfert wurde. Sprengt die Tempel einfach weg, wo zu denen gebetet wird. Haut deren Statuen um und fackelt die Bilder ab. 6 Warum? Ihr gehört nur einem Gott und sonst niemandem! Der Chef, euer Gott, hat euch zu einem Spezialvolk gemacht, ihr habt das große Los gezogen und gehört nur ihm. 7 Ihr bekommt jetzt keine Spezialbehandlung von ihm, weil ihr so viele seid oder so. Ihr seid ja eher die kleinste Nummer unter den Völkern auf der Welt. 8 Aber Gott hat euch unheimlich lieb. Und er hält sich an das, was er euren Uropas vor einiger Zeit mal fest versprochen hat. Nur darum hat er euch aus dieser fiesen Situation in Ägypten rausgeholt, nur darum hat er gezeigt, was er draufhat. Er hat euch aus den Knebelverträgen vom Präsidenten in Ägypten freigekauft. 9 Er hat das gemacht, um ein klares Statement abzugeben: Er ist der einzige Gott weit und breit! Und auf ihn kann man sich hundertpro verlassen. Er hält seine Seite von seinen Verträgen immer ein, und er beweist, dass er die Menschen sehr liebt. Das gilt für Tausende von Generationen, für die Leute, die ihn auch lieben und die tun, was er sagt. 10 Die Leute, die keinen Bock auf seine Ansagen haben, werden bestraft, er macht sie platt. Gott wird da nicht lange rumfackeln, er macht alle Leute nieder, die gegen ihn kämpfen und ihn hassen. 11 Darum ist es superwichtig, sich an die Dinge zu halten, die er will. Seine Ansagen, seine Gesetze und Regeln, die ich euch heute erzählt habe, müssen unbedingt befolgt werden! 12 Wenn ihr Gott treu seid, die Sachen respektiert, die er will, und das auch umsetzt, wird Gott seine Seite vom Vertrag immer erfüllen. Er wird seine Versprechen einhalten, die er schon euren Uropas gegeben hat. 13 Gott wird euch immer lieben und das auch zeigen. Er wird euch fett beschenken und dafür sorgen, dass ihr euch krass vermehren könnt. Er wird dafür sorgen, dass ihr immer reichlich Kohle haben werdet in diesem neuen Land, was er schon euren Uropas ganz fest versprochen hat. Er wird dafür sorgen, dass ihr immer gute Jobs habt und eure Betriebe richtig gut laufen. Ein Bauer wird immer gute Ernte einfahren und ein Viehzüchter wird immer reichlich Nachwuchs bei seinen Rindern, Schafen und Ziegen haben. 14 Es wird kein Volk auf der Erde geben, das so einen Erfolg haben wird wie ihr. Es wird keinen Mann bei euch geben, der keine Kinder machen kann. Und es wird auch keine Frau bei euch geben, die keine Kinder kriegen kann. Auch alle eure Tiere werden sich fett vermehren. 15 Gott wird auf euch aufpassen, dass ihr kein Aids oder Krebs bekommt, er wird fiese Seuchen von euch fernhalten. Die Krankheiten, die man in Ägypten kennt, wird es bei euch nicht geben. Aber eure Feinde werden da dran krank werden. 16 Wenn Gott euch einen Krieg gewinnen lässt, dann ist eins wichtig: keine Überlebenden! Ihr dürft kein Mitleid mit denen haben, und ihr dürft auf keinen Fall zu deren Plastikgöttern beten. Denn wenn ihr das tut, seid ihr am Ende, es würde euch kaputt machen."

Keine Panik vor den Feinden

17 „Vielleicht habt ihr ja Panik und denkt: ‚Die anderen Völker, die dort im Land Kanaan wohnen, sind viel stärker als wir! Das packen wir nie und nimmer, die können wir nicht mal so eben da rausschmeißen!' 18 Keine Angst vor diesen Pissern, klar? Nicht vergessen, wie Gott, euer Chef, den Pharao und

seine ganzen Leute plattgemacht hat! Er hat dort seine Muskeln spielen lassen. 19 Überlegt doch mal, diese ganzen fiesen Krankheiten und Katastrophen, die er euren Feinden an den Hals geschickt hatte. Denkt an die heftigen Wunder und wie er euch dann mit seiner Power aus Ägypten rausgelotst hat. Er wird die anderen Völkern genauso plattmachen, vor denen ihr jetzt Schiss habt. 20 Gott wird sie so lange in Panik versetzen, bis auch der letzte Hans von denen, der sich gerade in irgendeinem Loch verkrochen hat, abgenippelt ist. 21 Ihr braucht vor denen keine Angst zu haben! Gott ist bei euch, und er hat die Power, er kann alles, ihm ist nichts unmöglich. Alle Leute, die was gegen ihn haben, müssen sich in die Hose machen. 22 Er wird diese Völker durch euch von dort rausschmeißen. Das wird jetzt nicht von einen Tag auf den anderen passieren, denn sonst würden die wilden Hunde und die Ratten dort zu viele Leichen zu fressen haben und sich wie blöd vermehren. Das wäre nicht so toll für euch. 23 Gott, der Chef von allem, wird die Völker, die dort wohnen, an euch ausliefern, eins nach dem anderen. Sie werden so eine Panik vor euch haben, dass sie sich kaum wehren können und ihr sie vernichtend schlagen werdet. 24 Ihre Präsidenten werden von euch festgenommen, es wird nicht einen geben, der sich wirklich gegen euch wehren kann. Und dann werdet ihr sie alle plattmachen, und zwar so krass, dass man von denen noch nicht mal mehr einen Eintrag bei Google finden wird. 25 Ihre Plastikgötter müsst ihr verbrennen. Den Belag aus Silber oder Gold, der auf die draufgegossen ist, dürft ihr auf keinen Fall behalten. Das wäre totaler Schwachsinn, und es würde euch kaputt machen. Dieses Gold und Silber kann Gott überhaupt nicht ab. 26 Und was Gott nicht abkann, das dürft ihr auch nicht mit nach Hause nehmen. Denn wenn ihr das tut, dann wird mit euch das Gleiche passieren wie mit den Feinden. Ihr werdet dann nämlich von anderen plattgemacht werden. Solche Sachen sollen für euch auch so eklig sein, dass ihr euch am liebsten übergeben möchtet. So was muss sofort verbrannt werden.“

8 Ohne Gott wären die Israeliten verloren

1 „Vor den ganzen Gesetzen, die ich euch nun sage, müsst ihr Respekt haben und sie auch radikal durchziehen! Nur so werdet ihr überleben können und in dem Land für immer bleiben, das Gott schon euren Uropas fest versprochen hat. Wenn ihr das tut, werdet ihr euch krass vermehren und das ganze Land einnehmen. 2 Vergesst niemals unsere Geschichte. Denkt an die vierzig Jahre, die der Chef, unser Gott, euch durch die Wüste geführt hat. Diese Zeit war nötig, damit wir wirklich kapieren, dass ein Leben ohne Gott fürn Arsch ist. Gott hat euch in der Wüste auf die Probe gestellt. Er musste erst mal checken, ob ihr wirklich tut, was er euch sagt, oder nicht. 3 Er sorgte dafür, dass es nichts zu essen gab. Dadurch solltet ihr lernen, dass ihr ohne Gott sogar verhungern würdet. Dann kam er mit dem Manna-Zeug an. Das war völlig neu für euch, keiner kannte das, auch nicht die Älteren. Gott wollte in der Zeit klarmachen, dass Menschen nicht nur Essen zum Leben brauchen, sondern sie brauchen vor allem, dass Gott mit ihnen spricht. Jedes Wort, das aus seinem Mund kommt, ist gesünder als das beste Ökomüsli. 4 Obwohl ihr vierzig Jahre am Wandern wart, sind eure Jeans dabei nicht kaputtgegangen, und ihr habt auch keine Blasen an den Füßen gekriegt. 5 Daran solltet ihr merken, dass der Chef, euer Gott, auf euch aufpasst. Er sorgt für euch, wie ein Vater sich um sein Kind kümmert und es erzieht. 6 Ihr müsst deswegen unbedingt immer auf dem Weg bleiben, den er ausgeschildert hat. Jedes Gesetz von ihm, jede Ansage ist wie ein Warnschild, vor dem ihr Respekt haben müsst. 7 Gott wird euch in ein krasses Land bringen, wo man super Sachen anbauen kann. Dort wächst alles sehr gut, es gibt überall Wasserquellen und Bäche, ob in den Bergen oder auf dem platten Land. Das Wasser geht dort nie zu Ende, es sprudelt immer. 8 Man kann dort Weizen anbauen, Trauben, Äpfel, Birnen, Oliven und Honig gibt es dort in Massen. 9 Dort werdet ihr keinen Kühlschrank brauchen, weil es jeden Tag reichlich frische Lebensmittel gibt. Es existiert dort sogar einiges an Bodenschätzen, Eisen und Kupfer zum Beispiel. 10 Wenn ihr dann dort pappsatt nach dem Abendbrot am Tisch sitzt, könnt ihr Gott volle Kanne danke sagen, weil es euch so gutgeht und das Land so genial ist, was er euch geschenkt hat. 11 Passt aber auf, Leute, vergesst Gott dabei nicht! Lebt radikal nach seinen Gesetzen und Regeln. Ich werde euch die heute noch mal vorlegen und von euch unterschreiben lassen. 12 Wenn ihr euch erst mal keine Sorgen mehr um das Essen machen müsst, weil alles reichlich da ist und ihr fette Villen in der Vorstadt habt und da drin wohnt, 13 wenn eure Firmen gut laufen, ihr sichere Jobs habt und genug Kohle verdient und die Bankkonten immer dick im Plus sind, 14 dann passt auf, dass ihr nicht schräge draufkommt! Passt auf,

dass ihr Gott dann nicht vergesst, weil ihr ihn nicht mehr so sehr braucht, wie früher, als ihr noch im Dreck gelebt habt. Gott hat euch aus Ägypten rausgeholt, wo ihr unter Knebelverträgen fiese Arbeiten machen musstet. 15 Gott hat euch durch die heftige Wüste geführt, vor der die Leute schon Angst kriegen, wenn sie nur drüber reden. Dort leben ohne Ende Giftschlangen und Skorpione, es gibt nichts zu essen und zu trinken. Aber Gott hat aus einem Felsen einen Wasserhahn gemacht, und ihr hattet satt zu trinken. 16 Und mitten in der Wüste gab euch Gott dieses Manna-Brot, von dem die Menschen, die vor euch gelebt haben, noch nichts wussten. Durch die ganzen Notsituationen und ätzenden Sachen, die dort passiert sind, wollte Gott euch klarmachen, dass ihr ihn braucht, hundertprozentig. Er wollte euch austesten, um euch am Ende ganz fett zu beschenken. 17 Das dürft ihr alles niemals vergessen, hört ihr? Kommt nicht irgendwann so drauf, euch plötzlich selbst auf die Schultern zu klopfen. Fangt gar nicht erst so an nach dem Motto: ‚Alles was wir haben, kommt nur durch unsere eigene harte Arbeit. Jeden Cent haben wir mit unseren eigenen Händen selbst verdient.' 18 Ganz im Gegenteil muss euch echt klar sein, dass euer Gott, euer Chef, dafür gesorgt hat. Er hat euch die Kraft gegeben, Kohle zu verdienen. Er wollte seinen Vertrag, den er mit euren Vorfahren geschlossen hat, einfach durchziehen. Das Ergebnis kann man heute sehen.
19 Aber, Leute, passt auf: Wenn ihr Gott einen alten Mann sein lasst und ihn einfach vergesst, wenn ihr anfangt, irgendwelchen Pseudogöttern nachzulaufen, euer Leben nach denen auszurichten, und tut, was die von euch wollen, dann werdet ihr vollkommen vernichtet werden. Da bin ich mir total sicher.
20 Wenn ihr nicht so lebt, wie Gott es will, werdet ihr genauso kaputtgehen wie die anderen Völker auch, die er aus dem Gebiet durch euch vertrieben hat."

9

Gott macht es einfach so, ohne Grund

1 „Hört mal gut zu, Leute! Das sag ich jetzt allen Israeliten: Ihr werdet heute über den Jordanfluss gehen, um das Land von Völkern zu erkämpfen, die wesentlich stärker und größer sind als ihr. Ihr werdet euch das ganze Teil einfach nehmen, egal, ob da riesengroße Mauern um die Städte gebaut sind oder nicht. 2 In dem Land wohnen Menschen, die sind echt riesengroß. Ihr habt von denen schon mal gehört. Es gibt ja diesen Spruch: ‚Gegen diese Riesen hat keiner eine Chance!' 3 Doch ihr werdet erleben, dass euer Gott das Ding klarmachen wird. Er geht vor euch her, er fackelt alles ab wie mit einem Flammenwerfer aus dem Himmel. Gott wird sie vor euren Augen fertigmachen, ihr werdet das Land mit links einnehmen und die Feinde von dort vertreiben. So hat es euch Gott ja versprochen.
4–5 Wenn Gott das tut, kommt nicht auf die Idee zu glauben, ihr wärt jetzt die Obergeilen. Kommt nicht so drauf nach dem Motto: ‚Das haben wir uns auch verdient, weil wir immer getan haben, was Gott von uns wollte. Darum hat er uns überhaupt hierhergebracht'. Das ist totaler Dünnsinn. Gott hat euch dieses Land nicht gegeben, weil ihr immer radikal getan habt, was er von euch wollte. Er hat es gemacht, weil die Leute, die dort vorher gewohnt haben, ganz viel Dreck am Stecken hatten. Und er wollte sein Versprechen einlösen, was er euren Uropas Abraham, Isaak und Jakob ganz fest gegeben hatte. 6 Habt ihr das geschnallt? Ihr seid eigentlich immer total schräge drauf gewesen, habt immer wieder euer eigenes Ding durchgezogen und nicht auf Gott gehört. Das konnte echt nicht der Grund sein, warum er euch das Land schenken wollte."

Wie Gott reagiert hat und der Einsatz von Mose

7 „Überlegt mal, wie oft ihr Gott in der Wüste echt zum Ausrasten gebracht habt. Wie oft seid ihr bis zum Limit gegangen und habt ihn herausgefordert! Vom ersten Tag an, als ihr aus Ägypten abgehauen seid, bis zu dem Tag, wo ihr hier angekommen seid, habt ihr immer wieder euer eigenes Ding gemacht und nicht das getan, was Gott eigentlich wollte.
8 Wisst ihr noch am Berg Horeb? Da habt ihr ihn so herausgefordert, dass er euch anschließend eigentlich komplett plattmachen wollte. 9 Ich bin damals noch mal hoch auf den Berg gestiefelt, weil Gott mir diese zwei Stahlplatten geben wollte. Dort waren die Gesetze eingefräst, die Regeln und Pflichten von unserem Vertrag mit ihm. Vierzig Tage und Nächte war ich dort oben, ohne was zu essen oder zu trinken. 10 Auf dem Berg hatte er selbst auf diese Platten seine Worte eingefräst. Die Sätze wurden gleichzeitig aus den Flammen vom Berg auch noch mal laut von ihm ausgesprochen. Ihr habt dabei unten am Berg gestanden und zugehört. 11 Ganz zum Schluss von den vierzig Tagen hat Gott, nachdem er mir die Platten gegeben hatte, 12 auch noch mal mit mir geredet. Er sagte: ‚Jetzt geh mal schnell wieder runter zu deinen Leuten, die du gerade aus Ägypten rausgeholt hast. Die sind nämlich dabei, etwas total Ätzendes zu tun. Man kann noch nicht mal bis drei

zählen, da sind die schon wieder weg von dem, was ich von ihnen eigentlich wollte. Sie haben sich gerade einen eigenen Plastikgott gebaut! 13 Mose, ich hab mir die Leute noch mal angesehen. Die sind einfach zu schräge drauf und wollen irgendwie nur ihr eigenes Ding durchziehen. 14 Ich hab ne Idee: Lass mich die alle plattmachen. Ich werde sie komplett aus der Lebensdatenbank löschen. Und dann fangen nur wir zwei noch mal von vorne an. Du und ich. Ich werde aus dir ein Volk machen, das noch viel größer und powervoller wird, als dieses hier. Okay?‘ 15 Als ich das gehört hatte, drehte ich mich sofort um und rannte den Berg runter. Auf dem Berg war dabei die ganze Zeit ein ganz derbes Feuer. In meinen Händen hatte ich dabei die beiden Stahlplatten. 16 Und dann sah ich die Katastrophe mit eigenen Augen. Ihr hattet tatsächlich megagroßen Mist gebaut und euch so einen eigenen Gott aus Gold gebastelt, der aussah wie eine kleine Kuh. Man konnte tatsächlich nicht mal bis drei zählen, da habt ihr schon wieder Sachen gebracht, die völlig von dem weggehen, was Gott eigentlich will. 17 Ich nahm die beiden Platten und zersägte die Teile mit einer Flex vor euren Augen. 18 Dann bin ich wieder zu Gott und hab mich vor ihm hingeschmissen. Noch mal vierzig Tage und Nächte hab ich da gelegen, ohne Essen und Trinken. Ich hab für euch gekämpft und bettelte zu Gott, dass er euch diesen Mist verzeiht. Denn Gott war durch diese Aktion mit dem Plastikgott so richtig angefressen auf euch. 19 Ich hatte echt Angst, Gott würde euch komplett aus dem Verkehr ziehen, weil er so sauer war. Aber er ließ sich auch hier wieder von mir umstimmen. 20 Auch auf Aaron war Gott ziemlich sauer. Den hätte er auch gleich umgebracht, wenn ich nicht gewesen wäre. 21 Diesen Pseudogott hab ich dann sofort zerschmolzen und die Reste klein gemahlen. Als alles nur noch ein Pulver war, hab ich das in den Bach geschmissen, der von dem Berg runterkommt. 22 Aber das war ja nicht die erste und letzte Aktion, wo ihr Gott auf die Palme gebracht habt. Bei Massa und bei Kibrot-Taawa habt ihr Gott schon wieder die Nerven geraubt. 23 Und als er dann in Kadesch-Barnea sagte, ihr solltet jetzt losziehen und das Land einnehmen, das er euch ganz fest versprochen hat, da hattet ihr plötzlich keine Lust mehr, das zu tun, was Gott von euch wollte. Ihr habt ihm einfach nicht vertraut und nicht auf ihn gehört. 24 Solange ich euch kenne, leistet ihr Widerstand gegen Gott und seinen Willen. 25 Damals lag ich vierzig Tage Gott damit in den Ohren. Denn er hatte schon beschlossen, euch alle zu töten. 26 Ich hab zu ihm gesagt: ‚Mann, Gott, dir ist doch nichts unmöglich! Du kannst doch jetzt nicht deine Leute einfach komplett vernichten. Die gehören doch zu dir! Du hast sie damals aus Ägypten rausgeholt, hast gezeigt, was du draufhast. Nur du hast sie aus diesen Knebelverträgen befreit. 27 Denk doch mal an Abraham, Isaak und Jakob! Die waren immer treu und haben getan, was du von ihnen wolltest, oder? Beachte diesen Mist einfach nicht, sieh nicht auf ihre Fehler. Die sind einfach schräge drauf und wollen nach ihrem eigenen Ding leben. 28 Außerdem wäre das doch total peinlich, wenn jetzt die Leute aus Ägypten anfangen würden rumzulästern. Sie könnten ja sagen: ›Ihr Gott war nicht in der Lage, sie in das Land zu bringen, er ist einfach zu schwach auf der Brust. Er konnte seine Versprechen nicht einlösen.‹ Oder sie sagen: ›Ihr Gott hat seine Leute schon immer gehasst. Er hat sie nur hier hingelotst, damit er sie in der Wüste in Ruhe ermorden kann.‹ 29 Aber es sind doch alles deine Leute! Du hast sie mit deiner powervollen Art, flankiert mit heftigsten Wundern, dort rausgeholt und sie befreit!‘“

10

Die Gesetze auf neuen Stahlplatten

1 „Gott sagte dann zu mir: ‚Flex dir zwei neue Stahlplatten zurecht, die genauso aussehen wie die ersten zwei. Und dann bau für sie eine Kiste aus Holz. Mit den beiden Platten kommst du dann nach oben zu mir auf den Berg! 2 Ich werde auf die Platten noch mal meine Worte eingravieren, die auch auf den ersten Platten standen, die du mit der Flex zersägt hast. Wenn wir fertig sind, legst du die Teile in die Kiste rein.‘ 3 Also hab ich eine Kiste aus Eichenholz gebaut, zwei Stahlplatten zurechtgeflext und bin mit den Teilen auf den Berg gestiegen. 4 Gott fräste dann da oben noch mal genau die gleichen Worte in die Platten rein, die auch schon auf den ersten draufgestanden hatten. 5 Ich schnappte mir die Dinger, ging den Berg wieder runter und legte sie in die Kiste, die ich gerade gebaut hatte. Und da liegen sie heute noch, alles genau so, wie Gott es gesagt hatte.“

Wie Aaron starb und der Job der Levi-Leute

6 „Wir gingen dann von Beerot-Bene-Jaakan nach Moser. Da starb Aaron, und wir haben ihn dort auch begraben. Sein Sohn Eleasar hat dann seinen Job übernommen. 7 Von dort zogen wir weiter nach Gudgoda. Danach ging es nach Jodbata, wo es

immer ganz fett Wasser gab. 8 In der Zeit machte Gott die Ansage, dass er besondere Mitarbeiter haben will, nämlich aus dem Familienstamm Levi. Die sollen ganz speziell sein und besondere Aufgaben übernehmen. Nur die Leute aus diesem Familienstamm dürfen die Kiste mit den Gesetzen tragen. Sie sollen nur für Gott arbeiten, für die Israeliten zu Gott beten und Segenssprüche ablassen. Das alles geht ja heute noch genauso bei uns ab. 9 Das war auch der Grund, warum der Familienstamm Levi keinen Anteil von dem Land abkriegen sollte, den sie weitervererben könnten. Ihr Anteil war sozusagen Gott selber. Er sorgte dafür, dass sie immer reichlich zu essen hatten, so war der Deal, den Gott ihnen versprochen hatte."

Was Gott von Israel möchte

10 „Ich war insgesamt vierzig Tage auf dem Berg, genauso lange wie beim ersten Mal. Gott hatte mir in der Zeit fest versprochen, euch nicht komplett kaputt zu machen. 11 Er sagte zu mir: ‚Komm jetzt in die Puschen, Mose! Geh ganz nach vorne! Geh mit ihnen los in das neue Land, was sie sich nehmen sollen. Du weißt ja, ich hatte es schon deinem Uropa versprochen.' 12 Jetzt hört mal gut zu, Leute aus Israel: Gott, euer Chef, will von euch nur diese eine Sache, dass ihr Respekt vor ihm habt, dass ihr tut, was er von euch will, und dass ihr ihn radikal liebt mit allem, was ihr habt! 13 Lebt das, was seine Gesetze sagen, handelt nach seinen Regeln, die ich euch heute gesagt habe. Wenn ihr das tut, wird es euch immer voll gutgehen. 14 Kapiert das eine: Gott, eurem Chef, gehört das ganze Universum! Ihm gehört die Erde mit jedem Atom, was da drauf ist. 15 Schon euren Vätern und ihren Vätern davor hat Gott gezeigt, wie sehr er sie liebt. Er hat euch aus allen Völkern ausgesucht, damit ihr sein eigenes Volk seid. Und das seid ihr bis heute. 16 Darum hört auf, rumzunerven und ständig euer eigenes Ding zu machen. So wie ihr am Penis eure Vorhaut für Gott abgeschnitten habt, so müsst ihr auch in euch drin etwas ‚beschneiden'. Ihr müsst euer Herz radikal verändern! 17 Denn Gott ist der Chef, er steht meilenweit über allen diesen Pseudogöttern. Er hat die Power, ihm ist nichts unmöglich, er hat die Macht. Wenn er kommt, bekommen die Feinde Angst. Und er ist unbestechlich, für ihn ist es total egal, was für eine Stellung man in der Gesellschaft hat. 18 Er hilft den Kaputten, auch den Hartz-IV-Empfängern und sorgt dafür, dass sie ihr Recht bekommen. Er liebt die Ausländer und gibt ihnen etwas zu essen und Klamotten. 19 Ihr solltet die Ausländer auch lieben, weil ihr selbst mal Ausländer wart, als ihr noch in Ägypten gelebt habt. 20 Du musst Respekt vor Gott haben! Nimm ihn ernst, diene ihm, richte dein Leben nach ihm aus. Wenn du etwas ganz fest versprichst, dann leg dich fest, indem du nur auf seinen Namen schwörst. 21 Gott ist dein Top-Hit, er ist dein Lieblingslied, er ist dein Gott. Diese ganzen gigantischen Sachen hat er für dich gemacht, und er wollte dich als Augenzeugen dabeihaben. 22 Als deine Vorfahren vor vielen Jahren nach Ägypten losgezogen sind, waren sie nur ein paar Leute, genau genommen siebzig. Aber jetzt hat Gott dafür gesorgt, dass es so viele Israeliten gibt, dass keiner sie mehr zählen kann. Es ist genauso wie bei den Sternen, da kann auch keiner genau ausrechnen, wie viele das jetzt sind!"

11

Was Gott für geile Sachen gemacht hat

1 „Liebt Gott, euren Chef! Tut alles, was er von euch will. Lebt nach seinen Gesetzen und Regeln! 2 Vergesst nie, wie Gott euch mit seinen krassen Aktionen etwas beibringen wollte. Eure Kinder haben das nicht mitgekriegt, aber ihr habt es live erlebt, wie er euch aus Ägypten rausgeholt hat. Er hat seine Muskeln spielen lassen und euch beschützt. 3 Ihr wart dabei, als Gott dem Pharao und seinen Leuten mit fiesen Plagen beigekommen ist. 4 Wisst ihr noch, wie er die Armee von den Ägyptern komplett ausgelöscht hat, als sie hinter euch her waren? Mit allen Panzern und Jeeps sind sie im Meer abgesoffen. An dieser Niederlage hat das Land heute noch zu knabbern. 5 Und in der Wüste, da hat er auch für euch gesorgt, so lange, bis ihr hier angekommen seid. 6 Oder die Story mit Datan und Abiram, den Söhnen von Eliab aus dem Familienstamm Ruben! Das war doch der Hammer! Als die voll die Revolte angezettelt hatten, gab es plötzlich ein Erdbeben, und der Boden ist unter ihren Zelten aufgerissen. Die ganzen Familien, mit Mann und Maus, inklusive der Zelte, sind dabei vom Boden verschluckt worden! 7 Hey, Leute, ihr wart dabei! Ihr habt es mit euren eigenen Augen gesehen, was für abgefahrene Sachen Gott getan hat."

Warum es gut ist, zu tun, was Gott will

8 „Darum kann ich euch echt nur raten, die Gesetze einzuhalten, die ich euch heute noch mal aufsage. Wenn ihr danach lebt, werdet ihr genug Durchschlagskraft haben, um das Land zu erobern, in das

ihr jetzt gehen werdet. 9 Und dann seid ihr auch in
der Lage, lange dort zu leben. Gott hat dieses Land
euren Familien schon vor Ewigkeiten ganz fest ver-
sprochen. Dieses Land ist so fett, da gibt es alles,
wovon man nur träumt, und zwar reichlich. 10 Das
Land, das da auf euch wartet, ist anders als das
komische Ägypten. Dort musste man den Boden
künstlich bewässern, wie bei einem Tennisplatz im
Hochsommer. 11 Aber der Teil, den ihr jetzt bekom-
men werdet, da gibt es Berge und Täler, wo ganz
viel Regen fällt, dort ist es immer saftig. 12 Gott wird
sich dabei höchstpersönlich um das Land küm-
mern. Er checkt dort die ganze Zeit, ob alles gut
läuft, jeden Tag 24-Stunden-Service. 13 Wenn ihr
wirklich die Sachen durchzieht, die ich vom Chef
bekommen habe, und ihr euren Gott radikal liebt
mit allem, was ihr habt, 14 dann wird er dafür sor-
gen, dass eure Felder immer zu jeder Jahreszeit
genug Wasser bekommen. Und ihr werdet fett ern-
ten können, Weizen, Weintrauben und Äpfel wird es
reichlich geben. 15 Und eure Tiere werden auf den
Wiesen immer grünes Gras zu fressen haben. Und
bei euch wird auch immer mehr als genug auf dem
Tisch stehen. 16 Passt bloß auf, dass ihr euch nicht
von jemandem ablinken lasst und Gott verschei-
ßert. Solche Plastikgötter haben bei euch nichts zu
suchen, zu denen dürft ihr nie beten, da müsst ihr
echt aufpassen! 17 Wenn ihr das doch tut, wird Gott
supersauer werden. Er wird dafür sorgen, dass es
nicht mehr regnet, dass die Ernte ausbleibt und ihr
aus dem schönen Land ganz schnell wieder rausge-
schmissen werdet. 18 Darum ist es superwichtig,
dass ihr die Gesetze auswendig lernt. Ihr müsst sie
euch hinter die Ohren schreiben oder auf den Arm
tätowieren. 19 Eure Kinder müssen die im Schlaf run-
terrattern können, ihr müsst sie denen aufsagen,
egal, ob ihr zu Hause seid oder gerade im Urlaub.
20 Die sollen auf eurer Haustür stehen, und auch auf
dem Ortsschild müssen die drauf sein. 21 Dann wer-
det ihr in diesem Land für immer bleiben können.
Gott hat das ja schon euren Uropas ganz fest ver-
sprochen gehabt. Dort werden dann alle eure Kinder
aufwachsen, solange sich die Erde dreht. 22 Wenn
ihr diese Ansagen ernst nehmt und danach lebt,
wenn ihr Gott wirklich liebt und tut, was er von euch
will, und an ihm festhaltet, 23 dann wird Gott dafür
sorgen, dass sich alle eure Feinde in die Hosen
machen, wenn sie nur von euch hören. Und das,
obwohl ihr viel weniger und schwächer seid als die.
Ihr werdet sie dort rausschmeißen und das ganze
Land übernehmen. 24 Jeden Ort, in den ihr reingeht,
werde ich euch schenken. Das gilt von der Wüste im
Süden bis zum Libanongebirge und vom Eufratfluss
bis zum Mittelmeer. 25 Keiner wird auch nur die Spur
einer Chance gegen euch haben. Wo ihr hinlangt, da
wächst kein Gras mehr. Die Leute, die dort wohnen,
werden schon Panik vor euch kriegen, bevor ihr
überhaupt da seid. Das hat Gott euch versprochen.
26 Ihr könnt euch heute entscheiden, was ihr wollt:
Das Gute oder das Schlechte, Segen oder Fluch,
dass Gott immer für euch ist oder dass er gegen
euch arbeitet? 27 Segen kriegt ihr ab, wenn ihr euch
an die Gesetze von Gott haltet, die ich euch erzählt
habe. 28 Fluch gibt es, wenn ihr auf die Gesetze
scheißt und nur tut, was euch in den Kram passt.
Wenn ihr nicht das tut, was ich euch gesagt habe,
und stattdessen anfangt zu Plastikgöttern zu beten,
von denen ihr bis jetzt vielleicht noch nicht mal was
gehört habt, gibt es Fluch. 29 Wenn Gott euch in das
Land bringt, und ihr das ganze Teil eingenommen
habt, müsst ihr anschließend Folgendes machen:
Und zwar sollt ihr auf dem Berg Garizim gehen und
dort laut die Versprechen aufsagen, die ich euch
gegeben habe. Und dann geht ihr auf den Berg Ebal
und sagt die ganzen schlimmen Dinge, mit denen
ich euch gedroht habe. 30 Diese beiden Berge liegen
auf der anderen Seite vom Jordanfluss, hinter der
Straße, wo die ganz besonderen Bäume von Gilgal
stehen. 31 Leute, ich bin mir ganz sicher, ihr werdet
den Jordan überqueren und dann das Land einneh-
men, was Gott, unser Chef, euch geschenkt hat! Ihr
werdet es einnehmen und euch dort breitmachen.
32 Aber wie gesagt: Zieht die Gesetze und Regeln
durch, die ihr von mir bekommen habt! Die sind
alle superwichtig!"

12

Die Gesetze noch mal erklärt und ein paar Warnungen

1 „Jetzt kommen noch mal die ganzen
Gesetze und Regeln, an die ihr euch halten müsst,
wenn ihr in dem neuen Land seid. Dieses Land
hatte Gott wie gesagt ja schon euren Uropas ver-
sprochen. Diese Gesetze gelten euer Leben lang.
2 Wenn ihr dort seid, möchte ich von euch, dass ihr
als Erstes mal die ganzen Gebäude plattmacht, wo
die zu ihren Pseudogöttern gebetet haben, egal ob
das jetzt auf irgendwelchen Bergen oder Hügeln, im
Garten oder sonstwo passiert ist. 3 Sprengt die
Opfertische, auf denen man diesen Göttern Sachen
geopfert hat! Haut mit einem Bulldozer die Tempel
um, in denen gebetet wurde! Alle diese Figuren, zu

denen gebetet wurde, müsst ihr komplett abfackeln.
Nichts darf mehr an diese Pseudogötter erinnern!
4 Und bitte kommt nicht auf die schräge Idee,
eurem Gott, dem Oberchef, so ähnliche Sachen zu
bauen und dort zu ihm zu beten, klar? 5 Es gibt nur
einen Ort, den Gott für so was aussuchen wird, wo
dann immer seine Wohnung stehen wird. Dort kann
man zu ihm beten, dort kannst du ihn treffen. 6 Und
auch nur dort sollt ihr die Opferrituale durchziehen.
Die Abfackelopfer, die Dankopfer, die 10 Prozent
von eurer Ernte, die freiwilligen Spenden und die
Opfer, wenn ihr Gott was ganz fest versprochen
habt, diese Opferrituale werden alle nur dort durch-
gezogen. Das Gleiche gilt für die Opferrituale mit
den ersten Babys von euren Rindern, Schafen und
Ziegen, die man Gott schenken sollte. 7 Dort sollt
ihr auch das Fleisch von den Dankopfern essen.
Macht eine Party mit euren Familien, macht euch
locker und freut euch über die Sachen, was bei eurer
Arbeit am Ende rumgekommen ist. Gott hat dafür
schließlich gesorgt, weil er euch was Gutes tun
wollte. 8 Bis heute konnte ja jeder sein Opfer so
machen, wie er gerade lustig war, 9 weil ihr noch
nicht in dem neuen Land lebt, was Gott euch nach
der langen Zeit in der Wüste geschenkt hat. Wenn
ihr endlich dort seid, könnt ihr euch erst mal ent-
spannen. 10–11 Aber wenn ihr jetzt über den Jordan-
fluss in das Land reingeht und es euch gekrallt habt,
ab dann gelten andere Regeln. Erst wenn ihr mit
Gottes Hilfe alle eure Feinde plattgemacht habt und
keiner mehr was gegen euch kann, müsst ihr euch
an diese neuen Gesetze halten. Ab dann sollt ihr
nämlich die Geschenke und die Opfersachen nur
noch an den Ort bringen, den Gott extra dafür aus-
suchen wird. Dort will er dann selbst ganz krass
anwesend sein. 12 In diesem Teil wird Gott wohnen,
und dort sollt ihr Opferpartys abfeiern. Dort sollt ihr
Spaß haben und Party machen, mit euren Familien
und Angestellten. Die Levi-Leute dürfen auch dabei
sein, die in eurer Stadt wohnen, weil denen ja kein
eigenes Stück Land gehören wird. 13 Kommt bloß
nicht auf die Idee, so ein Abfackelopfer an irgendei-
nem Ort im Land zu machen, an denen vorher
irgendwelchen Plastikgöttern Sachen geschenkt
wurden! 14 Ihr dürft das nur an einem einzigen Ort
machen, den Gott extra dafür ausgesuchen wird. Er
wird einen Ort dafür auswählen, der in dem Gebiet
von einem eurer Familienstämme liegen wird. Nur
da dürft ihr opfern und eure Geschenke hinbringen,
ist das klar? 15 Was ihr aber ohne Ende machen
könnt, ist, zu Hause Tiere zu schlachten, auf den
Grill zu hauen und zu verspachteln. So viel Gott
euch davon zur Verfügung stellt, könnt ihr auch alle
davon essen (das macht er voll gerne, weil er euch
so sehr liebt). Aber das darf dann kein Opferritual
sein, sondern einfach nur zum Essen. Deshalb kann
da dann auch jeder von mitessen, auch wenn er
gerade ‚dreckig', also ‚unrein' ist. Das ist genau das
Gleiche, wie wenn er im Steakhaus ein Rumpsteak
isst, oder ein halbes Hähnchen oder Putenbrustfilet.
16 Nur das Blut dürft ihr nicht trinken oder essen. Ihr
sollt das auf den Boden schütten so wie Wasser, mit
dem man Blumen gießt. 17 Die 10 Prozent der Nah-
rungsmittel, die für Gott abgezwackt wurden, dürft
ihr aber nicht zu Hause essen! Das gilt für Weizen-
mehl, Wein, Bier, Öl, das erste Kind von der Kuh,
dem Schaf und der Ziege, alle Geschenke, die man
Gott mal versprochen hat, die freiwilligen Ge-
schenke oder irgendein anderes Opferding. 18 Nur
wenn Gott live dabei ist, an dem besonders krassen
Ort, den er extra dafür aussuchen wird, darf das
gegessen werden. Das gilt für alle, auch für eure
Söhne und Töchter, Angestellten und auch für die
Levi-Leute, die bei euch leben. Habt Spaß an den
Sachen, die Gott euch durch eure Arbeit geschenkt
hat, genießt es! 19 Und bitte nicht vergessen, sich
um die Levi-Leute bei euch gut zu kümmern,
solange ihr in dem Land wohnen werdet. 20 Wenn
der Chef, euer Gott, aber euer Gebiet vergrößern
will, so wie er es ja versprochen hat, dann könnt ihr
auch in den neuen Städten Fleisch essen bis zum
Abwinken, das ist kein Problem. 21 Dafür müsst ihr
auch nicht extra an den speziellen Ort gehen, den
Gott dafür aussuchen wird. Noch mal zum Mit-
schreiben: An diesem Ort wird Gott dann ganz
krass anwesend sein, er wird dort wohnen. Alle
Leute, die zu weit weg wohnen, dürfen bei sich zu
Hause von den Rindern, Schafen und Ziegen so viel
essen, bis sie platzen. Man kann die schlachten und
grillen, wie man lustig ist, wenn es nur nach den
Regeln passiert, die ich euch gegeben hab. 22 Das ist
dann ja kein Opferritual, sondern ein normales
Essen, wie wenn man im Steakhaus oder aus dem
Supermarkt ein Schnitzel isst. Jeder kann davon so
viel essen, wie er Bock hat, auch wenn er gerade
nicht sauber ist, also ‚unrein'. An Opferritualen darf
man ja so nicht teilnehmen. 23 Es gibt nur ein Ding,
wo ihr euch auf jeden Fall zusammenreißen müsst:
kein Fleisch essen, wo noch Blut drin ist! In dem
Blut steckt nämlich das Leben von dem Tier. 24 Wie
gesagt, Blut dürft ihr generell nicht trinken oder
essen. Ihr sollt das auf den Boden schütten, so wie

Wasser mit dem man Blumen gießt. 25 Wenn ihr das
so macht, findet Gott das gut, und es wird euch und
euren Kindern immer gutgehen. 26 Die Steuern und
die ganzen anderen Geschenke, alles, was ihr mit
einem ganz festen Versprechen Gott geben wollt,
müsst ihr unbedingt zur Wohnung von Gott brin-
gen. 27 Auch die Tiere, die für ein Abfackelopfer sind,
müssen da hin. Dort sollen sie komplett verbrannt
werden, das ganze Blut und das Fleisch muss ver-
kohlt werden. Und das Blut, was von den Tieren
kommt, die für ein Dankopfer geschlachtet wurden,
muss dort an den Tisch von Gott, den Altar, gegos-
sen werden. Das Fleisch darf man dann aber essen.
28 Zieht das alles genau so durch, wie ich es euch
gesagt habe! Wenn du für Gott korrekt lebst, wird es
dir und deinen Kindern immer gutgehen. 29–30 Wenn
ihr in dem Land seid und Gott euch geholfen hat,
alle Kriege dort ganz klar zu gewinnen, dann passt
auf, dass ihr euch nicht auf die Religionen der Leute
einlasst, die dort wohnen! Ihr müsst wirklich alle
Bewohner töten und deren Pseudogötter links lie-
gen lassen. Fragt die Leute nicht, wie sie zu ihrem
Gott gebetet haben. Das soll euch wurst sein. 31 Auf
keinen Fall dürft ihr da irgendwas durcheinander-
bringen! Ihr sollt mit eurem Gott komplett anders
umgehen, als die es mit ihren Göttern gemacht
haben! Gott kriegt da echt nen Würgreiz, er hasst so
was. Die haben für ihre Plastikgötter ja sogar ihre
eigenen Kindern verbrannt!“

13 Was mit Pseudopropheten und ähnlichen Leuten passieren muss

1 „Ihr müsst euch radikal an die Sachen
halten, die in den Gesetzen stehen. Alle Regeln, die
dort drin sind, hab ich euch aufgeschrieben, damit
das euer Pflichtprogramm wird. Ihr dürft da nichts
mehr dazuschreiben und auch nichts löschen.
2–4 Wenn bei euch so ein Typ auftaucht und euch
irgendwelche Wunder ankündigt, dann lasst den
links liegen! Wenn der solche Ansagen macht wie:
‚Leute, ich hab dies und das gerade von Gott
geträumt‘, und er sagt: ‚Ihr müsst jetzt zu einem
anderen Gott beten!‘, dann beachtet den gar nicht
erst. Solche Typen werden sogar versuchen, euch
mit irgendwelchen Zaubertricks zu beeindrucken,
indem sie irgendwas ankündigen, was dann auch
tatsächlich passiert. Trotzdem müsst ihr die wie Luft
behandeln! Das ist nur ein Test von Gott, ob ihr ihn
wirklich radikal liebt, leidenschaftlich, mit allem,
was ihr habt. 5 Ihr sollt nur Respekt vor ihm haben,
eurem Gott! Ihr sollt tun, was er von euch will.
Seine Regeln sollen euch wichtig sein, und was er
sagt, ist für euch Sache. Ihr sollt euch für ihn einset-
zen, ihm treu sein und euch an ihm festhalten, egal
was kommt. 6 Gott hat euch aus den Knebelverträ-
gen in Ägypten rausgeholt. Er hat euch befreit. Wer
Leute dazu bringt, Sachen zu tun, die Gott nicht gut
findet, der muss sterben! Alles, was ätzend bei euch
ist, muss einfach rausgeschnitten werden, wie
Krebs bei einer Operation. 7–9 Es kann passieren,
dass Geschwister oder ein Freund oder eine Frau
euch dazu bringen wollen, heimlich Mist zu bauen
und zu Plastikgöttern zu beten. Wenn jemand so
was zu dir sagt, egal wie sehr du den auch magst
und wie nahe er dir steht, dann hör nicht auf ihn!
Solche Leute sollen dir noch nicht mal leidtun. Du
brauchst auch nicht mit ihnen besonders schonend
umgehen. Verpetz das, häng es an die große Glo-
cke! 10 Geh zu den Bullen und zeig den an! Wenn
der dann wirklich die Todesstrafe kriegt, kannst du
in der ersten Reihe stehen und zusehen. 11 Der muss
sterben, denn er wollte sich zwischen dich und Gott
stellen. Aber dein Gott hat dich aus den Knebelver-
trägen in Ägypten rausgeholt und hat dich in die
Freiheit geführt. 12 Alle, die zu den Israeliten gehö-
ren, müssen es erfahren, wenn Gott jemanden so
bestraft. Weil sie nur dann Respekt haben und so
was nicht noch einmal bei euch vorkommt.
13–14 Wenn ihr hört, dass in einer von euren Städten
durchgeknallte Leute leben, die alle Menschen, die
da wohnen, verführen, zu Plastikgöttern zu beten,
15 müsst ihr der Sache mal nachgehen und das Ding
genau untersuchen. Wenn das Gerücht tatsächlich
stimmt und wirklich so ätzende Sachen in dieser
Stadt abgehen, 16 dann muss da die Rote Karte
gezogen werden. Die Menschen und Tiere werden
alle umgenietet. 17 Alles, was dort an Beute gefun-
den wird, muss man auf den Marktplatz bringen.
Zum Schluss nehmt ihr Benzin und verbrennt die
ganze Stadt, inklusive der Beute. Das ist dann wie
so ein Abfackelopfer. Die Stadt muss für immer so
zerstört liegen bleiben, niemand darf die wieder
aufbauen. 18–19 Keiner darf sich was von dem Zeug
mitnehmen! Wenn ihr euch an die ganzen Sachen
haltet, wird Gott keinen Grund haben, sauer auf
euch zu sein. Er wird euch zeigen, wie sehr er euch
liebt. Wer radikal das tut, was Gott von ihm will,
und die ganzen Gesetze ernst nimmt, die ich euch
heute noch mal erzählt habe, dessen Familie wird
sich gut vermehren. Das hat er ja schon unseren
Uropas ganz fest versprochen.“

14

Rituale, auf die Gott keinen Bock hat

1 „Leute, ihr seid die Kinder von Gott! Darum ist es total ungeil, sich – wie bei anderen Religionen üblich – Zeichen in die Haut zu ritzen, wenn jemand gestorben ist. Und sich eine Glatze zu rasieren, weil irgendjemand aus der Familie gestorben ist, findet Gott auch total uncool. 2 Er hat euch als etwas ganz Besonderes ausgesucht. Ihr gehört nur ihm. Darum seid ihr ganz speziell, anders als alle anderen Völker auf der Welt. 3 Ihr sollt auch keine Sachen verspachteln, auf die Gott keinen Bock hat. 4 Gott hat kein Problem mit Rindern, Schafen und Ziegen. 5 Auch gegen Hirschgulasch und Rehrücken hat er nichts einzuwenden. 6 Generell sind alle Tiere, die erstens gespaltene Hufe oder Pfoten haben und zweitens nur Pflanzen fressen, total okay für ihn. 7 Ihr dürft aber nur die Tiere essen, auf die wirklich beides zutrifft und nicht nur eine Sache. Kamele, Kaninchen und Hasen sind zum Beispiel nicht okay. Die fressen zwar nur Pflanzen, aber die haben keine geteilten Hufe. 8 Schweinefleisch ist auch verboten. Schweine haben zwar gespaltene Hufe, aber sie fressen nicht nur Pflanzen. Von diesen Tieren sollt ihr euch nie ein Steak grillen, ihr dürft sie noch nicht mal anfassen, wenn sie irgendwo tot im Straßengraben liegen. Diese Tiere sind ‚dreckig', sie sind ‚unrein'. 9 Für die Tiere, die im Wasser leben, gilt Folgendes: Alles, was Flossen und Schuppen hat, das dürft ihr essen. 10 Aber die Teile, die keine Schuppen und Flossen haben, da lasst bitte die Finger von. Diese Tiere sind dreckig, sie sind ‚unrein'. 11–18 Jetzt zu den fliegenden Tieren: Adler, Geier, Eulen und alle anderen Raubvögel, die sind auch nicht okay. Außerdem auch noch die Krähen, Schwalben, Möwen, Störche, Reiher, Straußvögel und Wiedehopfe, die sollt ihr auch nicht essen. Ach so, und Fledermäuse gehören auch nicht in den Kochtopf. 19 Die Insekten mit Flügeln sind auch eklig, sie sind ‚unrein'. 20 Alle anderen Tiere mit Flügeln dürft ihr gerne essen. 21 Tote Tiere, die auf der Straße oder im Wald liegen, dürft ihr auf keinen Fall verspachteln. Wenn ihr wollt, könnt ihr die den Ausländern überlassen, die bei euch leben. Ihr seid aber ganz besondere Leute, ihr seid anders als die anderen. Gott hat euch beiseitegenommen, er hat euch extra ausgesucht. Ach, und noch was, dieses Zauberding, was die Leute von Kanaan abziehen, mit dem Kind von der Ziege, das in der Milch seiner Mutter gekocht wird, das sollt ihr nicht nachmachen."

Zehn Prozent der Ernte kriegt Gott

22 „Einmal im Jahr, wenn die Ernte angesagt ist, möchte Gott zehn Prozent davon abhaben. 23 Die bringt ihr dann dorthin, wo Gott zu dem Zeitpunkt seine Wohnung stehen haben will. Da sollt ihr eine Party für Gott feiern und die ganzen Sachen essen, wenn Gott, unser Chef, auch dabei ist. Ich meine damit die zehn Prozent von dem ganzen Mehl, Wein und Öl sowie die ersten jungen Tiere von den Rindern, Schafen und Ziegen. Auf die Art sollt ihr lernen, radikal immer das zu tun, was Gott von euch will. 24–25 Wenn Gott jetzt einen Ort für die Party ausgesucht hat, der so weit weg ist, dass ihr eure zehn Prozent da nicht hinschleppen könnt, dann verkauft die Sachen, die zu viel sind, und spendet eben stattdessen das Geld für die Wohnung von Gott. Das könnte ja passieren, wenn Gott euch so fett beschenkt hat, dass eure Ernte einfach zu groß ist, um das alles da hinzuschaffen. 26 Für die Kohle könnt ihr euch dann schön mit neuen Rindern, Schafen und Ziegen eindecken. Auch Wein, Bier und Bionade ist cool, einfach alles, worauf ihr gerade Lust habt. Esst die Sachen mit euren Familien vor Gott, genießt das Ganze und habt Spaß dabei. 27 Die Levi-Leute, die in eurem Ort leben, dürfen auch mitfeiern. Denen gehört ja nichts, sie haben kein Stück Boden von dem Land abbekommen, das Gott euch schenken wird. 28 Alle drei Jahre müsst ihr zehn Prozent von euer Ernte in eine Lagerhalle bringen, die bei euch am Ort ist.
29 Davon sollen die Levi-Leute leben. Die haben ja, wie gesagt, kein Land abbekommen. Von dem Zeug sollen auch die Arbeitslosen, Hartz-IV-Empfänger, Obdachlosen und Asylanten von der Straße was abbekommen, damit die nicht verhungern. Wenn ihr diesen Sozialplan umsetzt, wird Gott dafür sorgen, dass eure Arbeit immer glattläuft."

15

Das „Schuldenerlassjahr"

1 „Immer wenn sieben Jahre vorbei sind, müssen alle Schulden im Land wieder auf null gesetzt werden. 2 Es gibt zu dem Thema ab sofort folgende Regeln: Wenn ein Israelit einem anderen irgendwie Kohle geliehen hat, muss er ihm in diesem Jahr seine ganzen Schulden erlassen. Das Ding ist dann vorbei, er darf keine Mahnung mehr schreiben und auch keine Geldeintreiberfirmen mehr dahin schicken. Auch dessen Familie darf nicht mehr dafür belangt werden. Dieses Jahr, in dem alle Schulden erlassen werden, wird zur Ehre

von Gott eingeführt. 3 Das gilt aber nur für die Leute von euch, für eure Geschwister. Ausländer müssen ihre Schulden weiter bezahlen. 4 Eigentlich sollte es bei euch keine Sozialhilfeempfänger mehr geben. Gott will euch nämlich alle fett beschenken in dem neuen Land, was er euch für immer geben wird. 5 Das passt auf jeden Fall, wenn ihr alle immer radikal durchzieht, was Gott von euch möchte. Die Sachen, die ich euch heute unterschreiben lasse, müsst ihr einfach immer einhalten. 6 Dann wird Gott auch sein Versprechen einhalten, und ihr werdet immer so viel Sachen haben, dass ihr sogar anderen Ländern was leihen könnt. Ihr selbst braucht euch dann nie was von anderen zu kaufen. Es wird sogar so sein, dass ihr über andere Nationen das Sagen haben werdet, aber keine Nation wird euch sagen können, was ihr tun dürft und was nicht. 7 Falls es jetzt mal einem Kollegen aus deiner Familie beschissen geht, egal, wo der gerade in dem neuen Land lebt, was Gott euch geschenkt hat, dann darfst du ihm gegenüber nicht hart sein. Zeig dem nicht die kalte Schulter, sondern helfe ihm. 8 Wenn er Kohle braucht, dann leih ihm was, ohne groß Theater zu machen. 9 Pass auch auf deine Gedanken auf, dass du nicht link und arrogant draufkommst. So nach dem Motto: ‚Ach, ist ja sowieso bald wieder so weit, dass alle Schulden erlassen werden. Bis dahin kommt der schon klar.' Hilf ihm sofort, lass es nicht so weit kommen, dass der sich bei Gott über dich beschwert. Wenn er das nämlich tut, hättest du ein Problem, es stünde dann was zwischen dir und Gott, und zwar mächtig. 10 Also hilf ihm gerne und komm nicht schräg drauf dabei. Wenn du das tust, wird Gott dir das an anderer Stelle zurückgeben. Er wird dafür sorgen, dass alles, was du anpackst, auch klappen wird. 11 Hartz-IV-Empfänger und andere Leute, die keine Kohle haben, wird es immer bei euch geben. Darum müsst ihr den Menschen bei euch helfen, denen es dreckig geht. Das ist ein Befehl!"

Aus Knebelverträgen muss man nach sieben Jahren rauskommen können

12 „Wenn einer von euren Leuten jemanden bei sich unter harten Bedingungen anstellt, dann soll der Arbeitsvertrag sechs Jahre gültig sein. Im siebten Jahr, in dem ‚Schuldenerlassjahr', darf er aber wieder gehen. 13 Der Angestellte hat dann auch ein Recht auf eine anständige Abfindung. 14 Er soll satt an dem beteiligt werden, was Gott dir in der Zeit alles an Schafen, Ziegen, Rindern, Kartoffeln, Korn und Wein geschenkt hat. 15 Vergesst nicht, dass ihr in Ägypten auch unter fiesen Knebelverträgen gearbeitet habt. Gott hat euch da zum Glück rausgeholt. Diese Regel ist mir superwichtig, und die ist für euch gesetzt. 16 Nun kann es ja sein, dass dieser Angestellte es ganz geil bei euch findet und gar nicht gehen will. Vielleicht ist zwischen euch in der Zeit eine richtig gute Beziehung entstanden, weil es ihm bei euch echt gutging. 17 Dann macht einfach einen unbefristeten Vertrag miteinander, den er unterschreibt. Er wird dann immer bei euch bleiben. Genauso kannst du es auch mit einer weiblichen Angestellten machen. 18 Wenn er aber gehen will, dann lass ihn gehen, auch wenn es schwerfällt. Du hast immerhin einiges an Geld gespart, weil er in keiner Gewerkschaft war und nicht nach Tarif bezahlt wurde. Und Gott wird dir sowieso die Sachen ersetzen, die du durch solche Aktionen verlierst."

Noch ein paar Regeln, wie man die Tiere Gott schenkt, die als Erstes geboren worden sind

19 „Wenn ein Rind, ein Schaf oder eine Ziege männliche Junge bekommt, dann kriegt Gott das erste davon. Die erste Kuh, die bei euch geboren wird, soll nicht zu Steaks verarbeitet werden. Das Fell von dem ersten Schaf oder der ersten Ziege darf auch nicht verarbeitet werden. 20 Einmal im Jahr müsst ihr die ersten Tiere, die bei euch geboren werden, zu dem Platz bringen, den Gott dort noch aussuchen wird, wo dann immer seine Wohnung stehen wird. Da müsst ihr die dann mit der ganzen Familie zusammen verspachteln. 21 Tiere mit einer Behinderung darf man Gott aber nicht schenken. Damit meine ich z. B. welche, die hinken oder blind sind. 22 Solche Teile könnt ihr zu Hause auf den Grill hauen, da ist das kein Problem. Bei diesem Essen kann auch jeder kommen, alle sind eingeladen, auch wenn sie gerade dreckig und ‚unrein' sind. Das gilt auch für wilde Tiere. 23 Nur das Blut dürft ihr nicht trinken oder essen. Ihr sollt das auf den Boden schütten so wie Wasser, mit dem man Blumen gießt."

16

Die Passaparty

1 „Jedes Jahr, wenn man anfängt die ersten Getreideernten einzufahren, müsst ihr die Passaparty für Gott feiern. In dem Monat hat Gott euch aus Ägypten rausgeholt. 2 Dafür müsst ihr zu dem Platz gehen, den Gott dafür noch aussuchen

wird, wo dann immer seine Wohnung stehen wird. 3 Bei diesem Fest dürft ihr kein Brot essen, das mit Hefeteig gemacht worden ist. Sieben Tage lang sollt ihr nur Fladenbrot essen, genau wie ihr das damals gemacht habt, als ihr mit richtig Stress beim Backen aus Ägypten abgehauen seid. Dieses „Not-Brot" soll es dann immer bei euch geben als Erinnerung an diese Zeit. 4 Überall soll es sieben Tage lang kein Brot geben, wo Hefe drin ist. Und wenn ihr ein Tier am Abend vom ersten Tag dieser Woche schlachtet, muss am nächsten Morgen alles aufgegessen sein, ohne Resteessen. 5 Das Teil, was für diese Passaparty geschlachtet wird, sollte nicht bei euch zu Hause getötet werden, 6 sondern immer nur an dem Ort, den Gott noch für seine Wohnung bestimmen wird. Schlachtet es abends, wenn es dunkel wird, denn das war ja auch die Zeit, als ihr aus Ägypten damals losgezogen seid. 7 Das Fleisch soll gekocht und auch an der gleichen Stelle gegessen werden, die Gott euch noch zeigen wird. Morgens, wenn es hell wird, geht ihr dann wieder nach Hause. 8 Die nächsten sechs Tage gibt's es dann nur dieses Brot ohne Hefeteig. Am siebten Tag feiert ihr eine fette Party mit Gott, eurem Chef, und zwar an seiner Wohnung. An dem Tag dürft ihr nicht arbeiten, da habt ihr frei."

Der Sieben-Wochen-Rave

9 „Ab dem Zeitpunkt, wo der Mähdrescher auf die Felder fährt, müsst ihr jede Woche zählen, bis zur siebten. 10 Nach sieben Wochen sollt ihr mit Gott, eurem Chef, den Sieben-Wochen-Rave steigen lassen. Da sollst du Gott freiwillige Spenden machen und ihm was von den Sachen schenken, die du in dem Jahr von ihm bekommen hast. 11 Lasst die Sau raus, macht eine richtig krasse Party, mit Gott, eurem Chef! Das soll alles an dem Ort passieren, den er euch dafür noch zeigen wird, wo dann seine Wohnung stehen wird. Bei der Party soll eure ganze Familie dabei sein, inklusive aller Angestellten. Auch die Levi-Leute sind eingeladen, die in eurer Stadt arbeiten. Dazu auch alle Ausländer, die bei euch leben, alle Randgruppen, Punks, Drogis, jeder soll dabei sein. 12 Ihr dürft nicht vergessen, dass ihr auch mal ganz unten wart, damals in Ägypten. Haltet euch an die Regeln, vor den Gesetzen müsst ihr Respekt haben."

Das „Fest der Blätterbuden"

13 „Wenn ihr nach der Getreideernte auch noch die Weinernte eingefahren habt, dürft ihr sieben Tage lang Party feiern. Diese Party heißt ‚Fest der Blätterbuden'. 14 Da könnt ihr richtig abfeiern, mit euren ganzen Familien und allen Angestellten. Auch die Levi-Leute, die Ausländer und die Arbeitslosen und die Drogis, alle, die bei euch leben, dürfen dabei sein. 15 Dieses Fest soll sieben Tage lang gefeiert werden. Es soll für Gott sein und an dem Platz stattfinden, den er extra für seine Wohnung aussuchen wird. Gott, dein Chef, ist nur für dich und beschenkt dich, indem er dir bei deiner Ernte und bei den anderen Sachen, die du arbeitest, Erfolg schenkt. Da drüber kannst du dich bei dieser Party mal voll freuen. 16 Dreimal im Jahr sollen alle Männer von den Israeliten bei Gott vorbeischauen. Den Ort, wo das sein wird, muss er noch klarmachen. Einmal sollen sie das machen, wenn die Party mit den Fladenbroten gefeiert wird, dann bei der Ernteparty und dann auch bei der Blätterbudenparty. Jeder, der kommt, soll auch immer etwas mitbringen, das ist klar. 17 Jeder soll ein Geschenk für Gott dabei haben. Wer viel Kohle hat und von Gott fett gesegnet wurde, soll auch was Teures schenken, wer wenig hat, eben etwas Billiges."

Wie ein Richter im Gericht drauf sein soll

18 „In jedem Gebiet, wo ihr euch niederlassen werdet, müsst ihr euch Richter aussuchen, dazu ein paar Rechtsanwälte und Staatsanwälte. Sie sollen dafür sorgen, dass bei euch jeder zu seinem Recht kommt. 19 Ihr dürft dabei die Gesetze nicht so hinbiegen, wie ihr gerade lustig seid. Bestechung ist total ungeil, und auch wenn jemand einen guten Ruf hat, kann er genauso verklagt werden wie jemand, der ganz unten ist. Wenn ein Richter bei euch einen Benz von einem Angeklagten geschenkt bekommt, ist der nicht mehr unbefangen, das ist Bestechung, das geht gar nicht! Egal ob du überall in der Schule ne Eins hast oder das große Sportabzeichen in der Tasche, jeder Mensch kann bei Geld schwach werden. Dann verwechselt man schnell mal Recht mit Unrecht. 20 Korrekt zu sein muss für euch das Oberwichtigste werden! Wenn ihr das durchzieht, bleibt ihr auch immer in dem Land wohnen, was Gott euch schenken wird. Keiner kann euch dort dann mehr rausschmeißen. 21 Ihr sollt auch nicht neben dem Altar, dem Opfertisch von Gott, Figuren von irgendwelchen Pseudogöttern, wie zum Beispiel dieser Aschera, aufstellen. 22 Auch irgendwelche anderen Plastikgötter will ich da niemals rumstehen sehen! Gott kann die nämlich überhaupt nicht ab!"

17 Was tun, wenn Leute Plastikgötter toll finden

1 „Wie gesagt, möchte ich nicht, dass ihr für Gott irgendein Tier mit einer Behinderung opfert. Also kein Rind, Schaf oder Ziege, das irgendwie krank oder sonst was ist. Da hat Gott überhaupt keinen Bock drauf. 2–5 Mal angenommen, irgendwo bei euch baut eine Frau oder ein Mann richtig Mist. Er bricht den Vertrag von Gott und fängt an zu so einem Plastikgott zu beten. Oder er kommt plötzlich schräge drauf und fängt an mit der Sonne zu reden oder mit dem Mond oder den Sternen. Ich hab euch das ja verboten … Wenn ihr irgendwo so ein Gerücht hört oder euch jemand einen Brief schreibt, in dem das behauptet wird, müsst ihr das mal checken. Falls das ganze Ding nicht gelogen ist und derjenige wirklich so eine ätzende Sache gebracht hat, dann muss derjenige sterben. So was Ekliges darf bei euren Leuten, den Israeliten, nie und nimmer passieren! Ihr müsst ihn dann vor der Stadt hinrichten lassen. Man braucht aber immer mindestens zwei Zeugen, die das unabhängig voneinander bestätigen. Wenn nur einer so was sagt, zählt das nicht, keiner darf wegen einer Aussage von nur einem Typen getötet werden. 7 Bei dieser Hinrichtung müssen alle Männer mit dem Täter vor die Stadt gehen. Und dann sollt ihr so lange mit Steinen auf den schmeißen, bis der tot ist. Ihr müsst einfach das Ätzende bei euch radikal rausschneiden wie das Angefaulte aus einem Stück Apfel."

Der oberste Gerichtshof

8 „Wenn es bei euch jetzt Streit über eine Sache gibt, die für den Richter vor Ort zu heftig ist, dann soll er damit zu dem Ort gehen, wo die Wohnung von Gott steht. Gott wird den Ort noch bestimmen, wenn Ihr im neuen Land angekommen seid. Es geht hier um Fälle von Mord und Totschlag, schwere Körperverletzung, Überfall und Diebstahl. 9 Dort wird der ganze Fall noch mal vor dem Priester aufgerollt oder vor dem obersten Richter, der zu der Zeit gerade Dienst schiebt. Die sollen dann ein Urteil fällen. 10–11 Wenn die dann gesprochen haben, ist das fix, und jeder muss sich da dran halten. Was die entscheiden, wird durchgezogen, und zwar genau so, wie das gesagt worden ist. Nicht schärfer, aber auch nicht schwächer. 12 Falls jemand von euch so prall ist, dass er auf die Entscheidung vom Priester pfeift (der ja immerhin für Gott arbeitet) und auch nicht auf das hört, was der oberste Richter entschieden hat, dann muss der getötet werden. Alles was link und böse ist, muss man bei euch rausschmeißen. 13 Jeder muss davon in der Zeitung lesen können. Erst dann werden sie Respekt haben und sich nicht mehr mal eben so trauen, etwas zu tun, was nicht in Ordnung ist."

Regeln für den Präsidenten

14 „Wenn ihr dann in dem neuen Land wohnt, das Gott euch schenken wird, könnte es passieren, dass ihr auch einen Präsidenten haben wollt. Das haben die anderen Völker in der Gegend ja auch. 15 Dieser Präsident darf dann aber nur von Gott höchstpersönlich ausgesucht werden. Der Chef wird jemanden von euch aussuchen, der aus eurem Volk kommt, er darf kein Ausländer sein. 16 Dieser zukünftige Präsident darf nicht mit zu vielen Autos rumprotzen. Er muss korrekt drauf sein und darf nicht Leute aus seiner Firma gegen Geld oder Aktien an andere Firmen ausleihen oder verkaufen, die ihren Sitz in Ägypten haben. Gott will nicht, dass ihr jemals wieder nach Ägypten geht, keiner von euch. 17 Der Präsident soll auch nicht mehrere Frauen haben oder auf Geschäftsreisen oder Partys wild mit anderen Frauen rummachen. Frauen können nämlich Männer von Gott wegziehen. Und dann soll er auch nicht gierig sein und zu viel Geld oder Aktienpakete besitzen. 18 Wenn er zum Präsidenten gewählt wird, muss er sich die Gesetze runterladen, ausdrucken und auswendig lernen. Die Priesterfamilie hat davon immer eine Kopie am Start. 19 Einen Ausdruck muss er immer bei sich haben und jeden Tag ein Stück da drin lesen. Wenn er das tut, kriegt er Respekt vor Gott, nimmt ihn und seine Gesetze ernst und zieht die auch durch. 20 Und es wird ihn davor beschützen, zu prollig zu werden. Er wird nicht auf die anderen Israeliten runtersehen und auf den Gedanken kommen, er sei jetzt der große Held. Wenn er alle diese Regeln durchzieht, wird er lange über Israel regieren. Und für die Präsidenten, die nach ihm gewählt werden, gilt das genauso."

18 Wovon die Leute aus dem Familienstamm Levi leben sollen

1 „Die Priester und die übrigen Leute vom Stamm Levi, die Angestellten vom besonderen Zelt, sollen nichts von dem Land besitzen dürfen wie der Rest von den Israeliten. Als Ersatz dafür bekommen sie aber etwas von dem Zeug ab, was Gott

geschenkt wird. Sie sollen von den Geschenken und Spenden an Gott leben. 2 Sie haben kein Anrecht auf Grundbesitz, weil Gott ihr Grundbesitz ist. Er wird auf sie aufpassen und für sie sorgen, das hat er ganz fest versprochen. 3 Wenn zum Beispiel jemand Gott eine Kuh oder ein Schaf oder eine Ziege schenken will, um damit ein Dankopfer durchzuziehen, kriegt der Priester eine vordere Keule, etwas von der Brust und was von der Leber. Diese Teile stehen dem Priester fest zu. 4 Dazu müsst ihr ihnen von der Ernte die ersten Früchte geben. Also von den Äpfeln, Birnen und Kirschen, aber auch vom Weizen, vom Wein und vom Öl. Und wenn ihr Klamotten einkaufen geht, müsst ihr den Priestern immer was mitbringen oder einen Gutschein schenken. 5 Warum? Gott hat den Familienstamm Levi extra ausgesucht. Sie sollen die Männer aus ihrem Stamm ausbilden, damit sie an seiner Wohnung Dienst schieben. 6 Wenn Leute aus diesem Familienstamm, die ja überall im Land verstreut leben, von irgendwoher an diesen besonderen Ort kommen wollen, den Gott noch für seine Wohnung aussuchen wird, 7 dürfen sie genauso dort arbeiten wie die anderen Levi-Typen auch, die dort in der Nähe wohnen. 8 Sie sollen genauso viel wie sie von den Spenden abkriegen, egal, wie viel Geld sie gerade in der Tasche haben, weil sie vor dem Umzug ihre Sachen verkauft haben."

Gott führt seine Leute durch die Ansagen der Prophetentypen

9 „Wenn ihr in das neue Land kommt, das Gott euch schenken wird, dann lasst euch bloß nicht auf die ätzenden Zauberrituale ein, die diese Leute dort machen, klar? 10 Ich will auch nicht sehen, dass ihr plötzlich auf so schräge Ideen kommt, eure Kinder in einem Opferritual zu verbrennen! Astrologen und andere Esoteriker kriegen bei euch die rote Karte! Menschen, die glauben, man könne mit irgendwelchen Karten oder einem Spiel rausfinden, was in der Zukunft passiert, haben bei euch Hausverbot! 11 Und auf so Leute, die mit Toten labern und irgendwelche Zaubersprüche runterrattern, fährt Gott überhaupt nicht ab. 12 Das ist auch der Grund, warum die Völker aus dem neuen Land von ihm jetzt im hohen Bogen rausgeschmissen werden. 13 Gott ist der Chef, und er ist euer Gott. Ihr gehört ihm, radikal, mit allem was euch ausmacht. 14 Diese Typen, die ihr dort wegjagen werdet, hören auf solche Esos, auf Wahrsager und Astrologen. Zu euch aber sagt Gott selbst, was passieren wird und was ihr tun sollt. 15 Gott wird einen von euch zu so einem Prophetentypen machen, wie ich es bin. Was der sagen wird, ist superwichtig, hört auf ihn! 16 Das war ja auch ein Wunsch von euch, als ihr euch am Horeb-Berg mit Gott getroffen hattet. Eure Anfrage war damals: ‚Wir können das nicht mehr länger aushalten! Gottes Stimme ist viel zu heftig für uns! Und wenn wir noch länger dieses krasse Licht sehen müssen, werden wir sterben!' 17 Damals hat Gott dann geantwortet: ‚Das stimmt voll, was die sagen! 18 Darum will ich noch einen solchen Prophetentypen wie dich aussuchen. Durch seinen Mund will ich dann reden. Der kann den Leuten dann ja die Sachen ausrichten, die ich von ihnen will. 19 Diejenigen, die dann aber auf die Aussagen scheißen, welche dieser Prophetentyp raushaut, die werde ich mir zur Brust nehmen. 20 Wenn aber der Fall mal vorkommt, dass so ein Typ so tut, als würde er etwas von mir ausrichten, das aber gar nicht stimmt, dann hat er ein fettes Problem. Wenn er plötzlich auf die Idee kommt, Sachen von anderen Göttern auszurichten, erst recht. Auf beides gibt es die Todesstrafe, er wird sofort verurteilt und muss sterben.' 21 Jetzt wollt ihr bestimmt wissen, wie man das unterscheiden kann, ob so ein Wort von einem Prophetentyp von Gott kommt oder nicht. 22 Die Antwort ist ganz einfach: Wenn so einer etwas voraussagt und das Ding passiert nicht, dann hat Gott wohl nicht zu ihm gesprochen, oder? Ist doch klar, das Ganze ist nur in seiner blühenden Phantasie entstanden, und er hat es sich eingebildet. So einen Prophetentyp kannst du knicken, beachte ihn nicht, was der sagt, ist pupsegal."

19

Asylstädte für Leute, die aus Versehen jemanden getötet haben

1 „Ein Ding sollt ihr fest installieren, wenn ihr in dem neuen Land, das Gott euch schenken will, alles plattgemacht habt. Und zwar sollen, wenn ihr dort in die Städte und Wohnungen eingezogen seid, 2 drei Städte von euch ausgesucht werden, die anders sind als die anderen. Die heißen dann Asylstädte. 3–6 Du musst dir einen Plan machen und die Kilometerzahl vom ganzen Land genau berechnen. Du teilst dann das ganze Gebiet in drei Teile. In die dafür ausgesuchten Städte können dann die Leute fliehen, die aus Versehen jemanden getötet haben. Zum Beispiel kann ja mal passieren, dass einer seinem Nachbarn beim Umzug hilft und ihm fällt eine Kiste aus der Hand. Die Kiste trifft den Typen, der

unter ihm steht, unglücklich am Kopf, und er bricht sich das Genick. Weil er das nicht absichtlich gemacht hat, kann er sich vor der Rache des Verwandten in so einer Stadt in Sicherheit bringen. Der Verwandte dürfte ihn ja laut Gesetz jetzt auch töten. Der Weg dahin darf nicht zu lange dauern, sonst ist der Verwandte, der ja voll sauer auf den Typen ist, zu schnell da und kann ihn auf halber Strecke abfangen. Der würde ihn dann töten, obwohl er keinen Mord im eigentlichen Sinne begangen hat. 7 Ihr sollt also drei Städte aussuchen, die für solche Fälle Schutz bieten können. 8 Das wird erst mal reichen. Irgendwann später habt ihr dann das ganze Land eingenommen, was Gott euch schenken wird. 9 Das geht aber nur klar, wenn ihr radikal die Gesetze durchzieht, die ich euch gesagt habe. Ihr sollt euren Gott lieben und immer das tun, was er von euch möchte. Wenn ihr dann das ganze Land eingenommen habt, dann sollt ihr euch noch drei weitere solche Städte aussuchen, damit ihr insgesamt sechs Asylstädte habt. 10 Ich möchte das, damit in dem neuen Land keiner sterben muss, der eigentlich nichts verbrochen hat. So was findet Gott richtig ätzend, und ihr hättet echt Mist gebaut, wenn so was bei euch passieren würde. 11 Wenn aber ein Typ einem anderen aus der Schule mit Freunden im Park auflauert, ihn übelst verprügelt und der an seinen Verletzungen stirbt, kann er sich nicht in den Asylstädten verstecken. Falls der dorthin flieht, 12 müssen die Chefs von seiner Stadt ihn dort rausholen lassen. Dann müssen sie den zur Hinrichtung an die Verwandten des Gestorbenen übergeben. 13 Mitleid gibt's da nicht. Wer bei euch absichtlich einen anderen tötet, muss dafür auch bestraft werden. Wenn ihr das durchzieht, wird es euch in dem neuen Land immer gutgehen. 14 Dort darf übrigens auch niemand seine Grundstücksgrenzen verschieben, wenn ihm gerade danach ist. Die sind schon von den Opas festgesetzt worden."

Wie das mit Zeugen ist, wenn es vor Gericht geht

15 „Falls es mal eine Anzeige gibt und das ganze Ding vor Gericht verhackstückt wird, muss die Aussage immer von mindestens zwei Personen bestätigt werden. Egal, um was es bei der Anklage geht. Erst wenn es zwei oder drei Zeugen gibt, die das Ganze bestätigen, darf jemand auch verurteilt werden. 16 Wenn einer, der angeklagt wurde, behauptet, dass der Typ, der die Anzeige gemacht hat, weiß, dass er eigentlich unschuldig ist, 17 wird das Ganze bei der Wohnung von Gott geregelt. Man soll dann den Fall den Priestern oder Richtern vortragen, die zu der Zeit gerade Dienst haben. 18 Die müssen dann das Ganze auseinanderpulen, und wenn dabei rauskommt, dass es sich tatsächlich um eine absichtliche Falschaussage handelt, 19 muss er genau die Strafe abkriegen, die er eigentlich über den anderen bringen wollte. Solche üblen Gestalten müsst ihr bei euch rausschmeißen! 20 Bei euch müssen davon alle Wind bekommen. Jeder muss wissen, was mit dem passiert ist, der so eine Falschaussage gemacht hat. So kriegen die Respekt vor der Wahrheit, und keiner wird sich mehr trauen, irgendwelche krummen Sachen durchzuziehen. 21 Und bitte kein Mitleid! Das Ding muss bei euch einfach gesetzt sein: Jedes Leben wird mit einem Leben bezahlt, jedes Auge mit einem Auge, jeder Zahn mit einem Zahn, jede Hand mit einer Hand, jeder Fuß mit einem Fuß usw."

20

Gott ist stärker

1 „Leute, wenn ihr im Krieg plötzlich gegen eine riesen Armee kämpfen müsst, die mit Kampfhubschraubern, MGs und High-Tech-Panzern ausgerüstet ist, braucht ihr keine Panik zu bekommen! Der Gott, der in der Lage war, euch aus Ägypten zu befreien, kämpft auf eurer Seite! 2 Bevor ihr aber gegen die in den Krieg zieht, solltet ihr einen Priester dazuholen. Der soll dann eine Ansage machen und zu euch so etwas in dieser Richtung sagen: 3 „Männer von Israel! Ihr zieht jetzt in den Krieg gegen eure Feinde! Ihr braucht keinen Schiss zu haben! Keine Panik! Immer locker bleiben, lasst euch nicht von deren heftigen Waffen beeindrucken! Geht nicht in Deckung, nur weil die angreifen. 4 Gott wird nämlich höchstpersönlich bei euch am Start sein. Er spielt in eurer Mannschaft, er kämpft auf eurer Seite! Er passt auf euch auf!" 5 Danach sollen die Männer, die bei euch die Armee organisieren, auch zu den Israeliten sprechen. Sie könnten ungefähr so was vom Stapel lassen: ‚Gibt es bei euch jemanden, der gerade ein Haus gebaut hat und noch nicht einziehen konnte? Geh nach Hause! Du sollst nicht im Krieg sterben, so dass dann jemand anderes in dein Haus einzieht! 6 Gibt es jemanden, der eine neue Firma gegründet hat, bei der gerade viele Bestellungen eingehen? Du sollst erst mal deine Sachen abarbeiten, damit nicht jemand anders deine Firma übernimmt, wenn du jetzt stirbst. 7 Oder gibt es jemanden, der sich gerade mit einer Frau verlobt hat, aber noch nicht

heiraten konnte? Der soll erst mal nach Hause
gehen, nachher stirbt er im Krieg, und die Frau
muss einen anderen Mann heiraten.‘ 8 Und am
Ende sollen sie auch noch folgende Ansage
machen: ‚Gibt es hier jemanden, der Schiss hat, der
voll Angst hat vor den Feinden? Geh nach Hause,
Mann! Wäre keine gute Idee, wenn du bei der
Armee bleibst und dann andere mit deiner Angst
ansteckst.‘ 9 Nachdem sie diese Sachen gesagt
haben, müssen sie die Generäle auswählen, die die
Truppe anführen sollen.“

Wie man im Krieg Sachen regeln soll

10 „Bevor ihr einer Stadt den Krieg erklärt und die
angreift, stehen Verhandlungen an. Fragt sie, ob
man das Ganze nicht auch friedlich regeln könnte.
Friedliche Übernahme also. 11 Wenn sie das Angebot
annehmen, freiwillig das Rathaus räumen und euch
so die Stadt übergeben, müssen sie ab dann das
tun, was ihr sagt. Sie werden dann auch für euch
arbeiten müssen. 12 Falls sie keinen Bock auf euren
Deal haben und lieber kämpfen wollen, dann bela-
gert die Stadt. 13 Und wenn Gott, euer Chef, dafür
sorgt, dass ihr den Krieg gewinnt, müssen alle Män-
ner, die in der Stadt leben, sterben. 14 Die Frauen,
die Kinder, die Tiere und alles, was die noch so
haben, gehören euch. Ihr könnt euch mit den Vorrä-
ten der Feinde den Bauch vollschlagen, Gott hat
euch das alles geschenkt. 15 So sollt ihr das mit den
Städten durchziehen, die weiter von euch entfernt
liegen. 16 Wenn diese Stadt aber in dem neuen Land
liegt, das Gott euch versprochen hat, dann darf kei-
ner am Leben bleiben. 17 Alle anderen Völker müs-
sen die ‚Rote Karte‘ verpasst kriegen. Das hat Gott
so angeordnet. Damit mein ich die Hetiter, die
Amoriter, die Kanaaniter, die Perisiter, die Hiwiter
und die Jebusiter. 18 Das wäre nämlich höchst
ungeil, wenn die euch dazu verführen, Gott zu
betrügen und die ganzen ätzenden Sachen nachzu-
äffen, die diese Völker für ihre Plastikgötter abzie-
hen.“

Keine Bäume abholzen

19 „Wenn ihr eine Stadt belagert, bevor ihr gegen sie
Krieg führt, dann ist eins voll wichtig: Sägt nicht die
ganzen Obstbäume ab, die auf den Feldern vor der
Stadt stehen! Zersägt die Teile nicht! Gegen die
führt ihr ja keinen Krieg, oder? Und ihr braucht die
Äpfel und so auch noch selbst zum Essen! 20 Falls
ihr unbedingt Holz braucht, könnt ihr euch an den
Bäumen bedienen, die keine Früchte haben.“

21

Was man macht, wenn die Bullen einen Mord nicht aufgeklärt kriegen

1 „Also, mal angenommen, in dem neuen
Land, was Gott euch schenken wird, findet man
morgens eine Leiche im Park. Trotz langer Ermitt-
lungen kann der Mörder aber nicht festgestellt wer-
den. Was dann? 2 Die Familienchefs und die Richter
der Gegend, in der die Leiche gefunden wurde, sol-
len ausmessen, welche Stadt am nächsten an dem
Ort liegt. 3 Dann sollen die Leute, die in dieser Stadt
das Sagen haben, eine junge Kuh organisieren, die
noch nie auf eine große Wiese gelassen wurde. 4 Die
Kuh bringen sie in ein Tal, wo es keine Felder gibt
und wo ein Bach durchfließt. Wenn sie da sind,
töten sie die Kuh in dem Bach mit einem Genick-
schuss. 5 Dann sollen die Priester dazukommen. Die
hat Gott ja extra für den Job an seiner Wohnung
ausgesucht, und die können auch für die Leute
krass beten und sie segnen, ihnen von Gott das
Beste wünschen. Außerdem sind sie dafür zustän-
dig, bei Streit Sachen zu klären, und wenn sich zwei
Leute über etwas zoffen, eine Entscheidung zu tref-
fen. Die Priester gehören übrigens alle zu dem
Familienstamm Levi. 6 Die Leute von dieser Stadt
machen dann so ein Ritual: Sie waschen ihre Hände
bei der toten Kuh im Bach. 7 Dabei sagen sie so
einen Spruch, der für die ganze Stadt gelten soll:
‚Wir sind unschuldig! Unsere Hände haben mit dem
Mord hier nichts zu tun! Wir haben auch keine
Ahnung, wer diesen Mord begangen hat! 8 Gott, wir
bitten dich, dass du uns nicht die Schuld gibst an
dem Mord, der hier passiert ist, und keine ätzenden
Sachen bei unseren Leuten passieren! Sie waren ja
unschuldig! Du hast deine Leute aus Ägypten raus-
geholt! Weil du so was kannst, bitten wir dich, dass
wir nicht für dieses Verbrechen bezahlen müssen!‘
9 Wenn ihr das so durchzieht, ist alles wieder im
grünen Bereich, und Gott ist dann damit zufrieden.“

Wenn man in eine Frau verknallt ist, die im Krieg erobert wurde

10 „Also, mal angenommen, ihr zieht in den Krieg
und Gott schenkt euch einen Sieg. Was tun mit den
Gefangenen? 11 Wenn eine von denen eine total hüb-
sche Braut ist und jemand die gerne heiraten
würde, 12–13 dann ist das gebongt. Wenn er sie zu
sich nach Hause geholt hat, soll das Mädchen aber
erst mal einen Monat da drüber trauern, dass ihre
Eltern tot sind. Danach darf der Typ sie heiraten.
14 Falls er jetzt später keinen Bock mehr auf sie hat,
muss er sie gehen lassen, sie ist frei. Er darf sie

auch nicht an jemand anderes vermitteln, und sie hat auch nicht die Stellung wie Leute, die mit Knebelverträgen für ihren Chef arbeiten müssen. Er hat sich die Frau ja einfach genommen ohne ihre Einwilligung."

Der erste Sohn hat Sonderrechte

15 „Wie ist das jetzt, wenn ein Mann sich in zwei Frauen gleichzeitig verknallt hat, aber die eine mehr liebt als die andere. Von beiden hat er aber einen Sohn bekommen. Wenn der Junge, der zuerst geboren worden ist, von der Frau stammt, in die er nicht so richtig doll verknallt ist, 16 darf er bei der Verteilung von dem Erbe an den Sohn der Frau, in die er etwas mehr verknallt ist, trotzdem nicht mehr geben. Er darf nicht die Vorzüge haben, die dem anderen zustehen, der als Erstes geboren wurde. 17 Das ist gesetzt. Er muss dem Sohn von der Frau, in die er nicht mehr so richtig verknallt ist, das Recht lassen, was man als Erster bekommt, der geboren wurde. Er muss doppelt so viel kriegen wie der andere! Ist einfach so: Er ist der Erste, der gezeugt wurde."

Todesstrafe, wenn der Sohn nicht mehr zu retten ist

18 „Mal angenommen, einer hat einen Sohn, der superschräg drauf ist. Er macht nur Alarm, tut null, was die Eltern ihm sagen, und veranstaltet zu Hause voll den Pogo. Wenn er echt nicht mehr runterkommt und sich einfach nicht ändern will, 19 sollen die ihn mit zu dem Platz schleppen, wo sich das ganze Dorf immer versammelt. Dort wird er den Chefs der Gemeinschaft vorgeführt. 20 Dann sollen beide Eltern ungefähr so sagen: ‚Guten Tag! Das hier ist unser Sohn! Er tanzt uns auf der Nase rum und macht, wie er lustig ist. Er will einfach nicht tun, was wir ihm sagen, er ist ein Hardcore-Alki und ein Junk.' 21 Wenn das so passiert, sollen alle Männer, die in dem Ort leben, ihn töten, indem sie Steine nach ihm schmeißen. Ihr müsst alle fiesen Typen wie ein gammeliges Stück vom Obst bei euch rausschneiden. Wenn das die anderen in Israel erfahren, kriegen sie Respekt!"

Wie jemand beerdigt wird, der die Todesstrafe bekommen hat

22 „Falls jemand wegen eines Verbrechens die Todesstrafe bekommen hat und man ihn getötet hat, soll man die Leiche an einen Holzpfeiler außerhalb des Wohngebietes hängen. 23 Ihr dürft ihn da aber nicht lange hängen lassen, sondern er muss noch vor 5.00 Uhr unter die Erde gebracht werden. Denn wenn da jemand an einem Pfeiler hängt, hat Gott ganz böse Wünsche für ihn, er ist verflucht. Er würde die ganze Gegend schlecht draufbringen. Ihr sollt das Land nicht verdrecken, was Gott euch geben wird."

22 Keine Scheiß-egal-Haltung, wenn dein Nachbar Probleme hat

1 „Wenn von deinem Nachbarn mal eins seiner Tiere weggelaufen ist, z. B. ein Rind oder ein Schaf, dann geht dich das auch was an. Du musst ihm helfen, das Tier wiederzufinden. 2 Falls dein Nachbar weiter weg wohnt oder ihr euch noch gar nicht richtig kennt, solltest du das Tier in deinen Stall nehmen, bis der kommt und es wiederhaben will. 3 Genauso sollst du es auch machen, wenn dir ein Pferd zugelaufen ist. Das Ding zieht auch, wenn jemand nur mal seine Jacke oder sonst was verloren hat und du die dann findest. Wenn einer ankommt und Hilfe braucht, sollst du ihm helfen. 4 Solch ein Nachbarschaftsdienst ist auch angesagt, wenn eine Oma mit ihrer Krücke im Gulli steckenbleibt, dann sollst du ihr helfen."

Noch ein paar Gesetze zu ganz anderen Themen

5 „Ein Mann darf nicht in Frauenklamotten rumlaufen, und eine Frau soll sich nicht wie ein Mann stylen. Gott, euer Chef, findet solches Transengetue einfach zum Kotzen. 6 Wenn du mal in irgendeiner Hecke oder auf der Erde ein Vogelnest siehst, wo eine Vogelmutter auf ihren Eiern brütet, dann lass die Finger von der Mutter. 7 Ihre Kinder darfst du fangen, aber lass die Mutter wegfliegen. Wenn du das machst, wird es dir immer gutgehen, und du wirst voll lange leben. 8 Wenn du dir ein Haus mit einem Flachdach baust, dann muss an den Rand von dem Dach ein Geländer. Denn wenn da mal jemand runterfällt, bist du schuld und die anderen, die in dem Haus wohnen, auch. 9 Wenn du auf einem Berg Wein anpflanzt, dann darf dort nicht auch noch was anderes angebaut werden. Wer das trotzdem macht und dabei erwischt wird, muss seine komplette Ernte von diesem Berg den Priestern abliefern. Das betrifft einmal den ganzen Wein und dann auch die Früchte von der anderen Pflanze, die angebaut wurde. 10 An deinen Traktor dürfen nicht zwei Reifen von unterschiedlichen Firmen dran. 11 Deine Klamotten sollten nicht gleichzeitig aus Polyester und aus Wolle sein. 12 An die Enden

von euren Schals müssen Knoten dran, zur Erinnerung an die Gesetze."

Rechtsschutzversicherung für eine Frau, die abgezogen worden ist

13 „Angenommen, ein Mann hat eine Frau geheiratet, aber irgendwann hat er keinen Bock mehr auf sie. Er möchte sie irgendwie loswerden, 14 lästert über sie in der Kneipe rum und erzählt so Geschichten wie: ‚Als ich mit meiner Frau das erste Mal Sex hatte, war mir schnell klar: Die war vor mir auch schon mit anderen Männern im Bett!' 15 Die Eltern der jungen Frau sollen dann zum Rathaus gehen, wo ihr euch immer trefft, um Versammlungen abzuhalten. Dort sollen diese den Chefs der Stadt das Beweisstück vorlegen, welches zeigt, dass ihre Tochter noch Jungfrau war, als sie dem Ehemann übergeben wurde. 16 Der Vater soll dann so was sagen wie: ‚Ich habe meine Tochter diesem Mann als Ehefrau überlassen, aber jetzt will er, dass sie sich vom Acker macht. 17 Er erzählt Lügen über ihren angeblichen Sex vor der Ehe. Wir können aber mit den Blutspuren auf diesem Bettlaken beweisen, das wir von der Hochzeitsnacht behalten haben, dass sie da noch Jungfrau war.' Dann soll der Vater das Laken vorzeigen. 18 Nachdem der Beweis erbracht wurde, muss der Ehemann einen auf die Fresse kriegen. Die Chefs müssen das organisieren. 19 Er muss dem Vater als Entschädigung 12 800 Euro bezahlen. Er hat ja schließlich versucht, ein Mädchen vom israelitischen Volk zu dissen. Die Frau muss er dann für immer bei sich wohnen lassen, er darf sie nicht wegschicken, für immer. 20 Was jetzt aber, wenn die Eltern nicht beweisen können, dass ihre Tochter bei der Hochzeit noch Jungfrau war? 21 Dann muss das Mädchen vor dem Haus von ihrem Vater hingerichtet werden. Die Männer aus der Stadt sollen sie mit Steinen beschmeißen, bis sie tot ist. Sie hat sich wie eine billige Hure benommen, hat im Haus von ihrem Vater mit Männer rumgemacht. Solche ätzenden Sachen dürfen bei euch nicht vorkommen."

Wenn einer beim Fremdgehen erwischt wird

22 „Wenn ein Mann dabei erwischt wird, wie er mit der Ehefrau von einem anderen im Bett ist, dann müssen beide sterben. Solche Sachen müssen bei euch radikal rausfliegen. 23 Wenn ein Typ irgendwo bei euch mit einem Mädchen Sex hat, das noch Jungfrau war, aber einen anderen Mann heiraten sollte, 24 bekommen beide die Todesstrafe. Man soll sie vor die Stadt bringen und dort so lange mit Steinen auf sie schmeißen, bis sie tot sind. Warum? Das Mädchen muss sterben, weil es mitten in der Stadt nicht mal laut um Hilfe gerufen hat. Sie kann also nicht vergewaltigt worden sein. Und der Mann kriegt diese derbe Strafe, weil er einem anderen die Frau weggeschnappt hat, obwohl die schon fest versprochen war. Noch mal Leute: So krasse Sachen müssen bei euch radikal rausfliegen. 25 Nun kann es vorkommen, dass ein Mann eine Frau irgendwo nachts im Park sieht und sie dort vergewaltigt. Dann muss nur er sterben. 26 Das Mädchen hat ja keine Schuld. Sie hat nichts getan, was mit einer Todesstrafe belangt werden müsste. Das ist genau das gleiche Ding, wie wenn ein Mann einen anderen ermordet. 27 Vielleicht hat das Mädchen sogar im Park laut um Hilfe gerufen, aber es war kein Mensch weit und breit, der ihr hätte helfen können. 28 Wenn sich ein Mann ein Mädchen greift, das noch Jungfrau und auch noch nicht verlobt ist, und sie dann vergewaltigt, 29 muss der Täter an den Vater von dem Mädchen erst mal 6500 Euro abdrücken. Dann muss er sie heiraten, weil er sie entjungfert hat. Er darf sich auch nie mehr von ihr scheiden lassen."

23 Wer bei den Gottesdiensten dabei sein darf und wer nicht

1 „Eins noch mal eben vorweg: Kein Sohn darf mit seiner Mutter im Bett landen! 2 Es gibt ein paar Regeln, wer beim Gottesdienst nicht mitmachen darf. Männer, die keinen Penis oder keinen Hoden mehr haben, weil der abgeschnitten worden ist, dürfen nicht dabei sein. 3 Auch jemand, dessen Eltern nicht beide Israeliten waren, darf nicht dabei sein. Das gilt auch für die Kinder von denen, und zwar über zehn Generationen hinweg. Sie sind auch vom Gottesdienst ausgeschlossen. 4 Wer auch nie dabei sein darf, sind Leute von den Ammonitern und Moabitern. Die haben auf ewig Hausverbot, egal, wie viel Zeit dazwischen liegt. Keiner von denen darf bei unserem Gottesdienst mitmachen. 5 Die hatten ja damals keinen Bock, euch mit Wasser auszuhelfen, als ihr aus Ägypten kamt und durch ihr Land gewandert seid. Damals hatten die doch sogar noch den Ober-Esoteriker Bileam organisiert, der extra aus Mesopotamien herkam, um euch gegen Kohle die Krätze an den Hals zu wünschen und euch zu verfluchen. 6 Gott hatte aber für Bileam die Lauscher nicht auf Empfang gestellt und machte

dann genau das Gegenteil. Aus etwas Ätzendem wurde etwas total Gutes, aus einem Fluch wurde Segen. Gott hat euch nämlich unheimlich lieb. 7 Mit denen sollst du nichts zu tun haben, keine Verträge mit denen machen und so! Für immer! 8 Bei den Edomitern ist das total anders. Die musst du nicht beknackt finden, ganz im Gegenteil. Ihr seid verwandt mit denen, ihr habt ja einen gemeinsamen Vorfahren. Und auch die Ägypter gehen in Ordnung. Bei denen hast du ja viele Jahre als Ausländer gelebt. 9 Wenn von denen jemand bei euch lebt, dürfen seine Kinder ab der dritten Generation am Gottesdienst teilnehmen."

Wie man die Standorte im Krieg sauber hält

10 „Wenn du in den Krieg ziehst, dann musst du aufpassen, dass alle Soldaten bei euch sauber im Sinne Gottes, also ‚rein' sind. 11 Falls zum Beispiel einem Soldat im Feldbett nachts einer abgegangen ist, muss er den nächsten Tag erst mal draußen bleiben, außerhalb vom Lager. 12 Abends soll er noch mal richtig duschen gehen, und wenn es dunkel wird, darf er wieder dazu kommen. 13 Dann müsst ihr Dixi-Klos außerhalb vom Lager aufstellen, für wenn ihr mal kacken müsst. 14 Die Scheiße muss später immer in ein Loch geschüttet und verbuddelt werden. 15 Das ganze Lager muss sauber bleiben, weil Gott, der Chef, bei euch ist. Er ist da, um dich vor deinen Feinden zu beschützen, und hilft dir, im Krieg zu gewinnen. Euer Zeltlager soll darum immer ganz besonders sauber sein, Gott soll nichts finden können, was ätzend ist. Denn dann wäre er nämlich schnell wieder weg."

Asylantrag

16 „Wenn ein Ausländer zu euch kommt, weil er politisch verfolgt wird, dann liefert ihn nicht wieder an sein Land aus. 17 Er soll bei euch immer eine Wohnung finden können, wo er leben möchte. Auch in eine der Städte darf der ziehen, du sollst ihm keine Probleme dabei machen."

Was Gott absolut nicht ab kann

18 „Bei euren Frauen und Männern soll niemand als Tempel-Schlampe für so einen Plastikgott anschaffen gehen. 19 Ihr dürft auch auf keinen Fall Kohle, die von Drogengeschäften, Prostitution oder durch den Verkauf von Pornos oder solchen Sachen kommt, der Kirche spenden! Gott hasst Geld, was aus solchen Quellen kommt. 20 Wer bei euch zu viel Geld hat und das an Leute verleiht: Zinsen von einem aus der eigenen Familie zu nehmen geht einfach nicht! Das Gleiche gilt auch für Gebühren, wenn du irgendwelche Sachen einem anderen Israeliten leihst. 21 Bei einem Ausländer ist das was anderes, da kannst du Zinsen nehmen. Aber nicht von deinen Leuten! Wenn du dich daran hältst, wird Gott dafür sorgen, dass die Sachen, die du tust, immer gut abgehen. Alles, was du in dem neuen Land anpackst, wird auch funktionieren."

Wenn man Gott was verspricht

22 „Wenn du mit Gott einen Deal machst und ihm dabei irgendwas versprichst, dann musst du das auch durchziehen. Schieb das nicht auf die lange Bank. Solche Versprechen müssen eingelöst werden. Sonst hast du ein Problem, es steht etwas zwischen dir und Gott. Gott nimmt so ein Versprechen immer ernst. 23 Gott besteht nicht da drauf, dass du ihm irgendwelche Versprechen abgibst, das ist kein Problem für ihn. 24 Aber wenn du es freiwillig getan hast, weil du dich ganz alleine dafür entschieden hast, dann gilt das auch."

Was nicht als Klauen zählt

25 „Wenn du unterwegs bei einem Weinberg vorbeikommst, darfst du dich bedienen. All you can eat, hau rein, bis du platzt. Aber was in die Tupperschüssel tun, um es später zu Hause zu essen, geht nicht. 26 Und wenn du an einem Maisfeld vorbeikommst, kannst du dir gerne ein paar Maiskolben abpflücken. Ist aber nicht in Ordnung, wenn du gleich mit einem Messer ganze Büschel abschneidest und ne Plastiktüte vollstopfst."

24

Wie man sich von seinem Ehepartner scheiden lassen kann

1 „Mal angenommen, ein Mann heiratet eine Frau und nach ein paar Jahren zoffen sich die beiden immer heftiger und es gibt da einfach Sachen, die er an ihr total ungeil findet. Er darf ihr dann einen Wisch ausstellen und sie wegschicken, dann ist er sie los. 2 Wenn jetzt ein anderer Typ die gleiche Frau kennenlernt und sie heiratet, 3 sie dann aber nach einer Zeit auch mit so einem Papier in der Hand wegschickt oder er plötzlich stirbt, 4 dann darf der erste Mann sie nicht mehr als Frau zurücknehmen. Sie ist für ihn nicht mehr okay, sie ist ‚unrein'. Gott hat auf so was überhaupt keinen Bock. Passt auf, dass ihr das neue Land durch solche Aktionen nicht für Gott total verdreckt."

Gesetze zum Schutz
5 „Wenn ein Typ heiratet, braucht er ein Jahr lang
nicht zum Bund. Er soll einfach genug Zeit für seine
Frau haben. 6 Man darf einem Kfz-Mechniker, der
Schulden hat, nicht die Werkstatt wegnehmen.
Denn dann würde man ihm im Grunde alles neh-
men, was er hat. Er könnte seine Schulden nie
zurückbezahlen und sich auch gleich die Kugel
geben. 7 Wenn unter euch ein Unternehmer die eige-
nen Leute mit fiesen Knebelverträgen bis zum letz-
ten Cent ausnutzt, dann muss er sterben. Diese
ätzenden Sachen müssen bei euch einfach rausge-
schnitten werden, wie ein vergammeltes Stück aus
einem Apfel. 8 Wenn jemand diesen ‚Aussatz' hat,
diese ätzende, ansteckende Hautkrankheit, müsst
ihr alles genau so durchziehen, wie die Priester
euch das sagen werden! Was die dann anordnen,
kommt von Gott! 9 Vergesst nicht, was mit Mirjam
passiert ist. Die wurde ja vom Chef, unserem Gott,
übelst mit dieser Krankheit bestraft, weil sie nicht
das getan hat, was Gott von ihr wollte. 10 Wenn du
einem von deinen Leuten Kohle leihst, ist es nicht
okay, sich irgendetwas aus seiner Wohnung als
Pfand zu greifen. 11 Warte vor der Haustür, bis er
rauskommt und dir das Pfand gibt. 12 Und wenn der
Typ jetzt echt überhaupt nichts Wertvolles mehr hat,
darfst du ihm seine Penntüte auch nicht als Pfand
über Nacht wegnehmen. 13 Wenn es dunkel wird,
muss sie wieder bei ihm sein, damit er da drin
schlafen kann. Er wird dann für dich beten, und du
wirst vor Gott sehr gut dastehen. 14 Falls mal ein
Langzeitarbeitsloser tageweise bei dir arbeiten will,
dann darfst du ihn nicht abziehen. Egal, ob das
einer von euren Leuten ist oder ein Ausländer. Er
muss korrekt behandelt werden. 15 Zahl ihm die
Kohle nach der Arbeit sofort aus, denn der braucht
sie ja und wartet dann schon voll da drauf. Wenn du
das nicht machst, könnte er sonst eine Beschwerde
bei Gott über dich einreichen, und der findet das
total daneben. 16 Mit der Todesstrafe ist das so, dass
nur der belangt wird, der auch verurteilt wurde.
Seine Familie hat damit nichts zu tun. Jeder ist für
sich selbst verantwortlich, die Eltern für sich und
die Kinder auch für sich. Jeder soll nur für seine
eigene Schuld bestraft werden. 17 Noch ein paar Fak-
ten: Ausländern darf man bei euch ihr Recht nicht
streitig machen. Für Kinder, die keine Eltern mehr
haben, gilt das genauso. Und wenn eine Frau ihren
Mann verloren hat, soll man ihr nicht auch noch die
Kleidung wegpfänden. 18 Nicht vergessen, Leute: Ihr
wart auch mal Ausländer in Ägypten und habt unter
heftigen Knebelverträgen dort wie blöd geschuftet.
Gott hat euch da schließlich rausgeholt. Darum
müsst ihr euch an diese Dinge halten. 19 Beim Ern-
ten schafft man es ja oft nicht, wirklich alles vom
Feld aufzulesen. Die Reste sollen ab sofort für die
Menschen dort liegenbleiben, die sonst verhungern
müssten. Ausländer ohne Job, Kinder ohne Eltern,
Frauen, wo der Mann gestorben ist. Wenn ihr das so
macht, freut sich Gott, und er wird alles, was ihr tut,
voll unterstützen. 20 Wenn bei euch Apfelernte ange-
sagt ist, dann schüttelt den Baum so lange, bis die
Äpfel auf dem Boden liegen. Was oben in den Ästen
hängen bleibt, ist für diese Leute bestimmt. 21 Und
bei der Weinernte sollt ihr es ähnlich machen.
Nachdem man die Trauben abgepflückt hat, sollen
die Reste einfach hängen bleiben. Das ist auch für
diese Leute gedacht. 22 Nicht vergessen: Euch ging
es auch mal dreckig, damals in Ägypten! Ihr muss-
tet unter miesesten Bedingungen dort arbeiten.
Darum sollt ihr das so machen, wie ich es euch
gerade gesagt hab."

25 Sozialstunden und ein paar Regeln zum Schutz von Menschen

1 „Angenommen zwei Männer ziehen vor
Gericht. Dann soll der Richter eine gerechte Bestra-
fung für den finden, der im Unrecht ist, und den
freisprechen, der recht hat. 2 Wenn jetzt der Verlierer
vom Richter vierzig Sozialstunden aufgebrummt
bekommt, dann muss der Typ auch diese ganzen
vierzig Stunden abarbeiten. Die Arbeitszeit muss
schriftlich belegt werden und soll nur so lange
gehen, wie sie seiner Schuld entspricht. 3 Vierzig
Sozialstunden ist dabei noch okay. Was da drüber
liegt, aber nicht mehr. Denn das könnte für den am
Ende peinlich werden, und seine Freunde würden
ihn auslachen. 4 Wenn ein Pferd bei der Ernte hilft,
sollst du ihm nicht das Maul zubinden, damit es
von dem Futter fressen kann, was überall rumliegt.
5 Wenn zwei Brüder auf demselben Grundstück
wohnen und einer von ihnen stirbt, ohne vorher
Söhne bekommen zu haben, dann soll sich seine
Frau nicht irgendeinen anderen Typen suchen, der
nicht aus der Familie stammt. Der Bruder, der noch
lebt, hat die Pflicht, sich um sie zu kümmern und
sie zu heiraten. 6 Der erste Sohn, den sie dann von
ihm bekommt, ist wie ein Sohn vom ersten Mann.
Er wird alles erben und den Nachnamen weiterge-
ben, damit der nicht ausstirbt. 7 Weigert sich der
Bruder aber, die Frau zu heiraten, kann sie

Beschwerde bei den Chefs vom Ort einlegen. ‚Mein
Schwager lehnt es ab, mich als Ehefrau zu nehmen
und damit auch dafür zu sorgen, dass der Nach-
name von meinem verstorbenen Mann nicht aus-
stirbt!‘ 8 Dann sollen die Chefs den Typen holen las-
sen. Wenn der jetzt immer noch keinen Bock auf die
Alte hat, 9 soll die Frau in dem Augenblick, wo die
Chefs auch da sind, dem Typen einen Schuh auszie-
hen, ihm in die Fresse rotzen und sagen: ‚So macht
man das mit Leuten wie dir, die sich weigern, dafür
zu sorgen, dass die Familie vom eigenen Bruder
nicht ausstirbt!‘ 10 Man wird den Typen dann bei
euren Leuten nur noch den ‚Mann, dem ein Schuh
fehlt‘ nennen. 11 Wenn es zwischen zwei Männern
mal einen heftigen Streit gibt und die Frau von dem
einen geht dazwischen und haut dem anderen
Typen dabei voll auf die Eier, 12 dann gibt's dafür nur
eine gerechte Strafe: Ihre Hand muss abgehackt
werden. 13–14 Im Verkauf, beim Abmessen von
Waren, darfst du nicht bescheißen. Deine Waage
muss der GS-Norm entsprechen und TÜV-geprüft
sein. Jede Waage bei dir muss den gleichen Wert
anzeigen, wenn man ein Kilo draufstellt. 15 Auch
deine Literanzeige auf den Gläsern und Messbe-
chern soll stimmen. Wenn du das machst, wirst du
lange in dem neuen Land leben können, was Gott
dir schenken wird. 16 Denn Leute, die so was nicht
machen und andere auf die Art abziehen, findet
Gott superätzend."

Rache an den Amalekitern

17 „Ihr dürft nie vergessen, wie die Amalekiter euch
übelst abgezockt haben, als ihr auf dem Weg aus
Ägypten kamt. 18 Als ihr noch geschwächt und fertig
von der heftigen Tour wart, kamen sie einfach von
hinten an und haben die Leute von euch plattge-
macht, die keine Kraft mehr hatten. Gott und seine
Gesetze waren denen pupsegal. 19 Wenn Gott euch
das ganze Land geschenkt hat, was er euch geben
will, und ihr alle Feinde um euch rum besiegt habt,
dann müsst ihr euch um diese Amalekiter küm-
mern. Löscht die endgültig von der Festplatte! Da
darf keiner mehr übrig bleiben, macht das gründ-
lich! Das dürft ihr nicht vergessen, klar?"

26

Wie man Gott die ersten Früchte und die 10 Prozent der Ernte schenkt

1 „Wenn du in dem neuen Land lebst, das
Gott dir schenken wird, und du dich da ein bisschen
ausgebreitet hast, 2 sollst du die ersten Früchte von
deiner Ernte in eine Tüte packen und die zu dem
besonderen Ort bringen, den Gott euch noch zeigen
wird. An diesem Ort wird Gott später in einem ganz
besonderen Haus bei euch wohnen. 3 Geh damit zu
dem Priester, der gerade Dienst schiebt, und sag
ihm: ‚Hallo! Ab heute ist es amtlich: Wir sind tat-
sächlich in dem Gebiet gelandet, das Gott schon
vor Ewigkeiten unserer Familie versprochen hatte!‘
4 Wenn der Priester die Tüte angenommen und vor
den Opfertisch, den Altar, gestellt hat, 5 sollst du vor
Gott eine klare Ansage machen. Bekenne ihm Fol-
gendes: ‚Mein Vorfahr war ein Aramäer ohne festen
Wohnsitz. Er zog nach Ägypten und lebte dort als
Ausländer mit ein paar Leuten. Dann bekamen sie
aber sehr viele Kinder und wurden immer stärker
und mächtiger. 6 Die Ägypter haben uns wie den
letzten Dreck behandelt. Sie nahmen uns die Pässe
ab und brummten uns Zwangsarbeit auf. 7 Dann
haben wir angefangen wie blöd zu dir, Gott, zu
beten. Wir schrien zu dem Gott, zu dem schon
unsere Väter immer gebetet hatten. Du hast auf uns
gehört, du hast mitgekriegt, dass man uns alle
Rechte weggenommen hatte. Und du hast auch die
harte Arbeit unter miesesten Bedingungen mitbe-
kommen, die wir dort leisten mussten. 8 Darum
hast du uns aus Ägypten rausgeholt. Und du hast
das mit krassen Wundern gemacht, du hast gezeigt,
was alles in dir steckt, du hast deine Muskeln spie-
len lassen. Die Ägypter kriegten alle mit, was du an
Wundern drauf hast. 9 Gott, du hast uns bis hierher
gebracht und uns dieses neue Land geschenkt. Ein
Land, in dem es alles gibt, was man sich wünscht,
und davon reichlich. 10 Dieses Land hast du uns
geschenkt‘. Dann legst du die Tüte vor den Altar
und verbeugst dich einmal ganz tief vor Gott und
machst damit klar, dass du Respekt vor ihm hast.
11 Du kannst dich echt total freuen an den krassen
Sachen, die Gott dir und deiner Familie geschenkt
hat. Die Levi-Leute und die Ausländer, die bei euch
leben, sollen von den guten Sachen auch was abbe-
kommen."

Ein Gebet, was man sprechen soll, wenn die Leute von der Suppenküche oder „der Tafel" kommen

12 „Alle drei Jahre müsst ihr 10 Prozent von eurer
Ernte in einer Halle im Ort sammeln. Von dem
Zeug sollen dann die Levi-Leute, die Ausländer, die
Kinder, die keine Eltern mehr haben, und die Hartz-
IV-Empfänger leben. Das muss exakt laufen. Wenn
jeder seinen Teil abgeliefert hat, 13 soll man mit ein
paar Leuten eine kleines Gebet sprechen, mit dem

man das Ganze Gott übergibt. Der Text dafür geht
so: ‚Ich habe alles, was sowieso dir gehört, hier
abgeliefert. Die Levi-Leute, Ausländer, die Kinder
ohne Eltern und die Hartz-IV-Empfänger sollen sich
da dran bedienen. So, wie du gesagt hast, dass wir
es machen sollen, so habe ich es auch durchgezo-
gen. 14 Ich hab auch nichts davon genascht, als bei
uns einer aus der Familie gestorben ist. Ich hab
nichts davon genascht, als ich dreckig, also ›unrein‹
gewesen bin. Ich hab nichts davon einem Toten bei
der Beerdigung mit ins Grab geschmissen. Ich hab
alles genauso durchgezogen, wie Gott, mein Chef,
es gesagt hat. 15 Schau uns vom Himmel aus zu und
gib uns Kraft! Sorg dafür, dass dieses neue Land
uns Glück bringt. Dieses Land ist so fett, da gibt es
alles, was man sich wünscht, und davon reichlich.
Du hattest es ja schon vor Ewigkeiten unserer Fami-
lie versprochen!'"

Der Vertrag zwischen Gott und seinen Leuten

16 „Ab heute macht Gott das Ding mit euch fest. Er
unterschreibt euch seinen Vertrag, und ihr sollt ihn
auch unterschreiben. Ab sofort müsst ihr euch da
radikal dran halten, sie sollen euch superwichtig
sein. 17 Ab heute habt ihr dem Vertrag von Gott
zugestimmt. Er hat euch gesagt: ‚Ich bin euer Gott,
und ich möchte, dass ihr immer genau das tut, was
ich euch gesagt habe und sagen werde.' 18 Ihr habt
diesen Vertrag unterschrieben und habt damit klar-
gemacht, dass ihr sein Angebot annehmt. Ihr wollt
sein Volk sein, und ihr wollt alle seine Gesetze
durchziehen und danach leben. 19 Ihr seid damit
einverstanden, dass ihr ein ganz besonderes, gott-
mäßiges Volk seid, anders als die anderen Völker,
die er auch gemacht hat. Ihr gehört nur Gott, radi-
kal, und ihr sollt seine Spezialtruppe sein, sein ganz
besonderes Schmuckstück. So will er das, und das
ist seine Ansage."

27

Ein Denkmal aus Stein zur Erinnerung

1 Mose und die Chefs von den Familien-
stämmen machten den Israeliten folgende
Ansage: „Zieht die Gesetze radikal durch, die ich
euch heute gebe! 2 Nachdem ihr über den Jordan-
fluss gegangen seid, um in das Land zu gehen, was
Gott euch schenken will, müsst ihr drüben erst mal
ein großes Denkmal aufbauen. Dafür braucht ihr
große Steine, die weiß angemalt werden. 3 Auf die
Steine müsst ihr dann die Gesetze draufschreiben.
Wenn ihr das macht, werdet ihr gut in das neue
Land reinkommen. Es ist das beste Land, was ihr
euch vorstellen könnt, da gibt es alles, was man
braucht, und davon reichlich. Gott hat es ja schon
euren Uropas fest versprochen. 4 Wenn ihr also über
dem Jordanfluss seid, müsst ihr dieses Denkmal auf
dem Berg Ebal aufbauen und mit weißer Farbe
anmalen. 5–6 Daneben sollt ihr einen Opfertisch,
einen Altar, bauen. Das Teil muss aus normalen
Steinen bestehen, die nicht irgendwie vorher schon
mal bearbeitet worden sind. Und du darfst nicht mit
einem Werkzeug aus Eisen dran arbeiten. Auf dem
Steintisch sollt ihr dann für Gott Abfackelopfer
durchziehen. 7 Dankopfer sollen dort auch gegrillt
und lecker verspachtelt werden. Ihr könnt richtig
Spaß dabei haben. 8 Auf die Steine von dem weißen
Denkmal müsst ihr aber unbedingt in Schönschrift
die Gesetze draufschreiben!"

Der Vertrag zwischen Gott und seinen Leuten

9 Als dann die ganzen Priester hinter Mose standen,
sagte er zu den Israeliten: „Jetzt passt mal gut auf,
liebe Leute aus Israel! Heute seid ihr erst richtig zu
Gottes Spezialtruppe geworden, jetzt gehört ihr
ganz eurem Gott! 10 Darum zieht alle Sachen radikal
durch, die von ihm kommen. Lebt nach seinen
Gesetzen und Regeln, die ich euch heute noch mal
erklären werde!" 11 Mose redete weiter: 12 „Wenn ihr
über den Jordanfluss drüber seid, sollen sich die
Familienstämme Simeon, Levi, Juda, Issachar, Josef
und Benjamin auf dem Berg Garizim aufstellen.
13 Gegenüber, auf dem Berg Ebal, müssen die Famili-
enstämme Ruben, Gad, Ascher, Sebulon, Dan und
Naftali stehen. 14 Die Levi-Leute sollen dann laut
über alle Israeliten folgende Fluchsprüche aufsagen:
15 ‚Verflucht! Das gilt für jeden, der sich einen Pseu-
dogott bastelt, z. B. aus Plastik oder Holz. Diese
Teile haben Menschen gemacht, und Gott findet sie
total beknackt.' Und alle Leute sollen da drauf ant-
worten: ‚So passt es, wir sind dabei!' 16 ‚Verflucht!
Das gilt für jeden, der seinem Vater und seiner Mut-
ter keinen Respekt gibt!' Die Leute sollen dann ant-
worten: ‚So passt es, wir sind dabei!' 17 ‚Verflucht!
Das gilt für jeden, der versucht, seine Grundstücks-
grenze zum Nachbarn heimlich zu verschieben.'
Die Antwort lautet wieder: ‚So passt es, wir sind
dabei!' 18 ‚Verflucht! Das gilt für jeden, der einem
Blinden, wenn er nach dem Weg fragt, mit Absicht
in die falsche Richtung leitet.' Alle sagen wieder: ‚So
passt es, wir sind dabei!' 19 ‚Verflucht! Dieser Fluch
gilt für jeden, der einem Ausländer, einem Arbeitslo-
sen und einem Hartz-IV-Empfänger nicht das gibt,

was ihm rechtlich zusteht.' – ‚So passt es, wir sind dabei!', antworten alle. [20] ‚Verflucht! Dieser Fluch gilt für jeden Mann, der Sex mit seiner eigenen Mutter oder seiner Stiefmutter hat!' Alle sagen da drauf: ‚So passt es, wir sind dabei!' [21] ‚Verflucht! Dieser Fluch gilt für jeden, der auf Sex mit Tieren steht!' – ‚So passt es, wir sind dabei!', antworten alle. [22] ‚Verflucht! Dieser Fluch gilt für jeden, der Sex mit seiner Schwester oder auch Halbschwester hat!' Die Antwort lautet wieder: ‚So passt es, wir sind dabei! [23] ‚Verflucht! Dieser Fluch gilt für die Männer, die mit ihrer Schwiegermutter schlafen!' – ‚So passt es, wir sind dabei!', rufen die anderen. [24] ‚Verflucht! Dieser Fluch gilt für den Mörder, der nachts, wenn keiner zusieht, jemanden tötet.' – ‚So passt es, wir sind dabei!', lautet die Antwort. [25] ‚Verflucht! Dieser Fluch gilt für Auftragsmörder, die sich dafür bezahlen lassen, Unschuldige zu töten.' Alle antworten: ‚So passt es, wir sind dabei!' [26] Und zum Schluss kommt: ‚Verflucht! Dieser Fluch gilt für jeden, dem diese Gesetze egal sind und der sich nicht dran hält.' Und alle Israeliten sagen: ‚So passt es, wir sind dabei!'"

28 Was passiert, wenn man tut, was Gott sagt, und was, wenn nicht

[1] Mose sagte dann noch zu den Israeliten: „Also, wenn ihr auf Gott hört und euch radikal an die Sachen haltet, die er durch mich zu euch gesagt hat, wird Gott euch zur absoluten Nummer eins unter allen Völkern machen, die es auf der Erde gibt. [2] Gott wird euch überschütten mit Geschenken, wenn ihr die Ansagen von ihm respektiert und radikal durchzieht. [3] Egal, ob du in der Stadt arbeitest oder auf dem Land, Gott wird dich fett beschenken. [4] Du wirst zum Beispiel gesunde Kinder kriegen. Und du wirst jedes Jahr große Ernten einfahren. Deine Kühe und Schafe werden sich wie blöd vermehren. [5] Du wirst immer genug im Kühlschrank haben, es wird immer Brot und Kuchen in deinem Küchenschrank geben. [6] Wenn du unterwegs bist, klappt alles wie am Schnürchen. Dir wird auf der Reise nie was passieren. [7] Andere Völker, die gegen dich Krieg führen wollen, wird Gott einfach plattmachen. Wenn sie aus einer Richtung ankommen, um gegen euch zu kämpfen, werden sie in sieben Richtungen in Panik vor euch fliehen. [8] Gott wird dafür sorgen, dass eure Schränke immer voll mit Lebensmitteln sind. Er sorgt dafür, dass alles, was ihr anpackt, funktioniert. Er steht hinter euch und fördert euch, wenn ihr in dem neuen Land seid, was er euch geben wird. [9] Und Gott wird aus euch seine ganz eigenen Leute machen, ihr seid seine Spezialtruppe. Das hat er ganz fest versprochen. Du musst dich aber an seine Gesetze halten und so leben, wie er es richtig findet. [10] Wenn ihr so lebt, werden alle anderen Völker, die auf der Erde leben, bald kapieren, dass ihr ganz Gott gehört, und alle werden Respekt vor euch haben. [11] Gott wird euch mit vielen Kindern beschenken. Und auch eure Tiere und die Ernten – alles wird super abgehen, und ihr werdet richtig viel Geld haben, wenn ihr in dem neuen Land lebt. Dieses Land hatte er schon vor Ewigkeiten euren Familien versprochen. [12] Und dann wird Gott seine Reservespeicher aufmachen. Er wird dafür sorgen, dass es immer genau zur richtigen Zeit bei euch regnet, damit die Sachen, die ihr anpflanzt, auch gut wachsen können. Es wird immer genug Essen bei euch geben, ihr werdet sogar so viel ernten, dass ihr anderen Nationen immer was ausleihen könnt. Ihr selbst werdet euch nie was von anderen leihen müssen. [13] Gott wird euch eine Führungsposition geben, ihr werdet andere beeinflussen und nicht anderen nachlaufen. Ihr werdet ganz vorne mitspielen und nicht absteigen, wenn ihr die Dinge durchzieht, die Gott euch gesagt hat. Diese Gesetze müsst ihr heute unterschreiben. [14] Auf keinen Fall dürft ihr weich werden, ihr dürft nicht rumeiern, ihr dürft nicht plötzlich irgendwelchen Pseudogöttern hinterherlaufen und für die irgendwas tun."

Was passiert, wenn man nicht tut, was Gott will

[15] „Wenn euch aber die Sachen, die Gott will, egal werden und ihr euch nicht an die Gesetze und Regeln haltet, die ich euch gesagt habe, dann wird genau das Gegenteil passieren. Es wird euch nicht gutgehen, sondern richtig ätzend. [16] Egal, ob ihr in der Stadt oder auf dem Land wohnt, es wird euch dreckig gehen. [17] Eure Kühlschränke werden leer sein, noch nicht mal Dosen kann man im Essensschrank finden. [18] Eure Kinder werden tödliche Krankheiten bekommen und sterben. Ihr werdet total schlechte Ernten einfahren, und auch die Viehzucht geht den Bach runter. [19] Ihr werdet umziehen, weil es euch an dem Ort total mies geht, aber an dem neuen Ort warten noch viel ätzendere Sachen auf euch. [20] Gott wird dann dafür sorgen, dass alles, was ihr anfasst, in die Grütze geht. Und das wird er so lange machen, bis ihr fertig und am Ende seid. Weil ihr dann Gott total lächerlich gemacht habt mit

euren miesen Aktionen, wird es mit euch ganz bald zu Ende sein. 21 Er wird Krebs, die Pest und Cholera zu euch schicken, bis ihr alle tot seid. Das wird so lange gehen, bis keiner mehr übrig ist, der in dem neuen Land leben könnte, in das ihr jetzt ziehen werdet. 22 Gott wird euch Fieber, Grippe und fiesen Husten schicken. Er wird die Sonne so vom Himmel runterknallen lassen, dass alles auf der Erde vertrocknet. Eure Ernten werden voll Schimmel und Läusen sein. Dieser ganze Ärger wird euch so lange verfolgen, bis keiner mehr von euch übrig ist. 23 Die Luft wird so megadrückend und schwül sein, und der Boden wird austrocknen und knochenhart werden. 24 Anstatt dass es regnet und Wasser aus dem Himmel kommt, werden nur Staub und Asche überall rumfliegen. Das geht so lange, bis ihr alle tot seid. 25 Gott wird euch vor den Augen euer Feinde einfach plattmachen. Ihr werdet nur aus einer Richtung angreifen und müsst in sieben Richtungen vor denen fliehen. Die anderen Völker werden in den Nachrichten davon hören, und man wird euch als abschreckendes Beispiel benutzen. 26 Im Krieg werden auf den Feldern überall eure Leichen rumliegen, und die Elstern und Ratten werden sich da dran satt essen. Keiner wird sie verscheuchen. 27 Gott wird euch mit den gleichen Krankheiten bestrafen, wie er es damals mit den Ägyptern gebracht hat. Hautausschlag, Schuppenflechte und solche Sachen werdet ihr bekommen, und keine Pille oder Salbe wird euch davon heilen können. 28 Er wird euch mit totaler Verblödung, Wahnsinn und auch schwerer Depression bestrafen. 29 Irgendwann werdet ihr total die Peilung verloren haben und euch nicht zurechtfinden, obwohl es erst mittags ist. Alles, was ihr anfassen werdet, geht in die Grütze, ihr habt einfach kein Glück mehr. Man wird euch überall ausbeuten, ihr werdet mies behandelt werden, und es gibt keinen, der euch helfen würde. 30 Wenn sich jemand in eine Frau verknallt hat und sich mit ihr verlobt, wird sie fremdgehen und mit einem anderen im Bett landen. Wenn jemand ein Haus baut, geht er beim Bauen pleite und muss es am Ende zwangsversteigern. Jemand anderes wird in seinem Haus wohnen. Einer gründet eine Firma, investiert seine ganze Kohle, aber er geht bankrott. 31 Die ganze Ware wird bei Ebay versteigert, aber er kriegt nicht einen Cent vom Gewinn. Sein Auto wird vor seinen Augen abgeschleppt und ins Ausland verkauft. Man bricht bei ihm ein und klaut seine ganzen Sachen, aber die Bullen kommen noch nicht mal vorbei und wollen auch keine Anzeige aufnehmen. 32 Eure Kinder hauen von zu Hause ab und werden drogenabhängig, eure Töchter gehen sogar anschaffen. Ihr werdet fast vor Sehnsucht nach euren Kindern sterben, aber ihr könnt nichts dagegen machen, ihr seid hilflos. 33 Eine Nation von der anderen Seite der Erde wird alles, wofür ihr hart gearbeitet habt, einfach übernehmen. Man wird euch die ganze Zeit mies behandeln und euch keine Chance geben. 34 Wenn ihr das alles erlebt, werdet ihr fast durchdrehen, weil es euch so weh tut. 35 Gott wird euch von oben bis unten mit fiesem Ausschlag und Eiterbeulen bestrafen, gegen die kein Hautarzt der Welt ein Mittel hat. 36 Dann wird ein Kriegsgegner euch und euren Präsidenten komplett abführen und euch woanders ansiedeln. Das wird ein Land sein, wo ihr noch nie vorher was drüber gehört habt. Dort wird man euch zwingen, zu Plastikgöttern zu beten. 37 Bei diesen Völkern wird man euch verarschen, ihr werdet zur Lachnummer der Nation. Man wird euch als abschreckendes Beispiel im Unterricht benutzen, wie man es nicht machen sollte. 38 Wenn ihr versucht, Sachen anzubauen, könnt ihr euch anstrengen, wie ihr wollt, aber es wird nur ganz wenig bei rumkommen. Dabei werden die Insekten eure ganzen Ernten wegfressen. 39 Ihr werdet euer Geld in Aktien anlegen, aber dann gibt es einen Börsencrash, und ihr habt alles verloren. 40 Überall in der Welt wird man Wirtschaftswachstum erleben, nur bei euch nicht, da geht alles pleite. 41 Ihr werdet schon Kinder bekommen, aber die werden in komische Szenen abrutschen, sie werden Junkies oder von anderen Sachen süchtig. 42 Alle Bäume, die bei euch wachsen, die Äpfel- und Birnenbäume, werden von Läusen befallen und zerfressen werden. 43 Die Ausländer bei euch werden sich immer stärker vermehren. Sie werden immer erfolgreicher in der Wirtschaft und auch immer mehr Macht bekommen, während es mit euch weiter bergab geht. 44 Ihr habt nichts, was die von euch leihen wollen, aber ihr braucht Sachen von denen, die sie euch ausleihen müssen. Ihr werdet irgendwann abhängig von denen sein, und plötzlich regieren sie euer ganzes Land und nicht mehr ihr. 45 Diese ätzenden Dinge werden bei euch passieren, sie werden euch verfolgen, bis ihr komplett plattgemacht seid. Das kann aber nur passieren, wenn ihr nicht auf Gott hört, wenn euch seine Gesetze total egal werden und ihr nicht so lebt, wie Gott es gut findet. 46 Jeder bei euch wird dann erkennen, wie das ist, wenn Gott gegen einen ist und einen verflucht hat. 47 Wenn ihr keinen Bock drauf habt, für Gott zu leben, wenn bei

euch keine Freude aufkommt und es euch keinen Spaß macht, weil er euch dabei so fett beschenkt hat, wird sich das gegen euch wenden. 48 Ihr werdet den Leuten, die euch kaputtmachen wollen, sogar dienen müssen. Gott wird Feinde gegen euch organisieren, ihr werdet Hunger und Durst haben, keine Klamotten zum Anziehen, es wird an allen Ecken und Enden was fehlen. 49 Von der anderen Seite der Erde wird eine Nation ankommen und gegen euch Krieg führen. Ihr könnt noch nicht mal deren Sprache verstehen. Die kommen mit Flugzeugen und Raketen aus dem Himmel angeschossen. 50 Die kennen das nicht, einfach mal nett zu sein. Sie werden brutalst vorgehen, ohne Rücksicht auf Kinder oder Rentner. 51 Sie werden sich an euren Gütern bedienen, eure Lebensmittelproduktion wird komplett in ihre Hände fallen. Dabei lassen sie nichts für euch übrig, so dass ihr verhungern müsst. 52 Dieser Feind wird euch in euren Städten belagern, sie ziehen den Ring einfach zu. Den Schutz, auf den ihr euch verlassen habt, werden sie kaputt machen, sie kämpfen so lange, bis die Schutzmauer zerstört ist. Das wird überall passieren, im ganzen Land, das Gott euch noch schenken wird. 53 Wenn der Feind eure Städte belagert, kommen keine Lebensmittel mehr in die Städte. Darum werdet ihr so einen Hunger schieben, dass ihr sogar eure eigenen Kinder auf den Grill schmeißt. Die Kinder, die Gott euch geschenkt hat, werdet ihr essen. 54–55 Typen, die vorher nur im 5-Sterne-Restaurant gegessen haben, werden ihren eigenen Sohn zum Abendbrot schlachten und in den Ofen stecken. So jemand wird so heiß auf das Fleisch seines Sohnes sein, dass er es wie wild verteidigen wird. Seine Familie, auch nicht seine geliebte Frau, wird auch nur ein Stück von ihm abkriegen. So derbe wird es abgehen in den Städten, die von euren Feinden belagert werden. 56 Die feine Modeprinzessin, das Topmodel, die sich zu schön war, nur einmal ungestylt spazieren zu gehen, wird voll neidisch auf ihren Mann oder ihre Kinder werden. Warum? 57 Weil diese sich bei der Geburt des nächsten Kindes sofort den Mutterkuchen gegriffen haben, der nachher aus ihrer Gebärmutter gekommen ist! Den wollen sie nämlich am liebsten sofort verspachteln. Darum wird die Mutter irgendwo heimlich im Keller ihre Kinder zur Welt bringen, damit sie den Mutterkuchen anschließend für sich alleine hat. Sie hat einfach nichts mehr zu essen im Haus, weil der Feind die Stadt komplett einschließt. 58 Ihr müsst also da drauf aufpassen, dass ihr totalen Respekt vor Gott und seinem Namen habt! Ihr müsst mit Respekt die Dinge durchziehen, die er in diesem Buch hat aufschreiben lassen. 59 Wenn ihr das nicht tut, wird Gott euch und eure Kindern mit ganz üblen Krankheiten bestrafen, gegen die es keine Pillen oder sonst was gibt. 60 Die fiesen Krankheiten, die ihr damals bei den Ägyptern gesehen habt und vor denen ihr auch Schiss hattet, werden dann auch bei euch ausbrechen. 61 Dazu wird er noch die Krankheiten, die hier in diesem Buch noch nicht einmal aufgeschrieben wurden, bei euch vorbeischicken, bis es euch nicht mehr gibt. 62 Anstatt dass ihr euch so krass vermehrt, dass man euch nicht mehr zählen kann, so wie Sand am Meer, werdet ihr ein unbedeutender kleiner Haufen sein. Das passiert, wenn ihr nicht das tut, was Gott von euch möchte.
63 Wenn es Gott früher totalen Spaß gemacht hat, euch zu beschenken und dafür zu sorgen, dass ihr ganz viele Kinder bekommt, wird es ihm dann Spaß bringen, euch kaputt zu machen. Er wird euch aus dem Land, was ihr eigentlich haben wolltet, im hohen Bogen rausschmeißen. 64 Ihr müsst dann woanders wohnen, bei anderen Leuten, und habt kein echtes Zuhause mehr, keine eigene Heimat. Wenn ihr dort wohnt, wird man euch zwingen, zu Plastikgöttern zu beten, die ihr noch nie gesehen habt. Keiner von euch wird sie kennen, das sind so Teile aus Kunststoff und so komische Bilder. 65 Aber selbst da werdet ihr nicht dauerhaft wohnen bleiben. Ihr werdet kein wirkliches Zuhause haben, sondern immer rumreisen müssen. Gott wird dafür sorgen, dass ihr immer Angst habt, dass es für euch überall dunkel bleibt und ihr Depressionen ohne Ende bekommt. 66 Ständig müsst ihr Schiss davor haben zu sterben, es wird keinen Zeitpunkt geben, wo ihr euch ganz in Sicherheit fühlt. 67 Morgens werdet ihr hoffen, dass der Tag bald rum ist. Und Abends hofft ihr, dass bald die Sonne aufgeht. Alles, was ihr erlebt, wird euch Angst machen. 68 Gott wird euch so weit bringen, dass ihr ins Flugzeug steigt, um wieder nach Ägypten zu fliegen, obwohl er euch mal versprochen habt, dass ihr dort nie mehr hinmüsst. Dort werdet ihr als Billiglohnkraft für ganz kleines Geld auf dem Arbeitsmarkt vermittelt. Trotzdem will euch niemand einstellen, weil keiner Interesse an euch hat."

Der Vertrag von Gott und Israel

69 Als die Israeliten im Land Moab waren, hatte Gott einen Auftrag für Mose. Er sollte einen neuen Vertrag machen zwischen den Leuten von Israel und

ihm. Dieser Vertrag war als eine Ergänzung zu dem anderen Vertrag gedacht, den er am Horeb-Berg mit den Israeliten geschlossen hatte. Jetzt kommen die Formulierungen, mit denen dieser Vertrag beschlossen wurde.

29

Mose fasst noch mal zusammen

1–2 Mose organisierte ein großes Treffen, wo alle Israeliten zusammenkommen sollten. Dort sagte er zu ihnen: „Liebe Leute! Ihr wart alle dabei, als Gott diese krassen Wunder in Ägypten getan hat. Mit euren eigenen Augen habt ihr erlebt, wie er dem Präsidenten, seiner ganzen Ministertruppe und allen Ägyptern zeigte, was er alles draufhat und dass mit ihm nicht zu spaßen ist. Die heftigen Wunder, die Gott gemacht hat und diese derben Probleme, die durch ihn auf die Ägypter gekommen sind, ihr habt es alle live gesehen! 3 Trotzdem hat Gott bis heute noch nicht dafür gesorgt, dass ihr wirklich peilt, was damals eigentlich abgegangen ist. Ihr habt immer noch keine Ahnung und habt es nicht wirklich kapiert. 4 Vierzig Jahre hab ich euch durch die Wüste geführt. Die ganze Zeit brauchtet ihr keine neuen Schuhe oder Klamotten, obwohl wir so lange unterwegs waren, dafür hat Gott gesorgt. 5 An gigantischem Proviant hat es gefehlt, es gab die ganze Zeit keine Brötchen oder Kaffee, auch kein Bier oder sonst was Anständiges zu trinken. Das sollte alles so ablaufen, damit ihr merkt, dass Gott der Chef ist, euer Gott, der euch täglich neu versorgen kann. 6 Als wir hier in die Gegend kamen, gab es Krieg gegen den Präsidenten Sihon von Heschbon und gegen den Präsidenten Og von Baschan. Erinnert ihr euch, wir haben sie ganz klar besiegt! 7 Das ganze Land von denen haben wir uns gekrallt und es verteilt. Die Familienstämme Ruben und Gad und der halbe Familienstamm Manasse haben es bekommen. 8 Darum haltet euch an eure Seite von dem Vertrag, den Gott mit euch abschließt. Tut alles genau so, wie es da drinsteht, dann wird alles, was ihr tut, gut klappen."

Dieser Vertrag gilt ab sofort für immer und für alle

9 „Ihr habt euch jetzt hier alle vor Gott aufgestellt. Vorne stehen die Chefs der Familienstämme, dahinter die Clanchefs, die Bürgermeister und alle anderen Männer aus Israel. 10 Dann sind da noch die ganzen Ausländer, die bei euch leben und arbeiten, vom Tischler bis zum Arzt, nicht zu vergessen die Frauen und die Kinder, 11–12 Gott will heute mit euch allen einen Vertrag machen. Er macht das Ding heute noch mal mit euch klar, was er schon vor Ewigkeiten Abraham, Isaak und Jakob fest versprochen hatte. Er will, dass ihr eure Seite des Vertrages unterschreibt und ihr damit bestätigt, dass ihr alle eure Sachen genau so durchzieht, wie sie dort drinstehen. 13 Dieser Vertrag wird mit allen seinen Konsequenzen heute an den Start gebracht. 14 Er wird mit allen Israeliten geschlossen, die jetzt hier sind. Er gilt aber auch für alle, die jetzt nicht hier sein können."

Zu Plastikgöttern zu beten ist ätzend

15 „Viele Jahre habt ihr bei den Ägyptern gewohnt. Dann seid ihr durch viele Länder von anderen Völkern gezogen, die auf eurem Weg lagen. 16 Dabei habt ihr die ekligen Plastikgötter gesehen, zu denen diese Leute beten. Ich mein damit so Teile aus Holz, Stein, Gold, Plastik, ... würg ... 17 Bitte passt auf, dass keiner bei euch von Gott wegkommt, um sich auf diese Teile einzulassen. Kein Mann oder Frau, keine Familie und kein Clan, niemand darf zu solchen Plastikgöttern beten, versteht ihr? Bei so was kommt am Ende immer nur ganz dicker Ärger raus, und wir könnten alle dabei draufgehen. 18 Wenn jetzt gleich so ein Fluch ausgesprochen wird, ich mein damit so einen üblen Spruch, der gegen jeden geht, der den Vertrag mit Gott bricht, dann darf keiner von euch heimlich denken: ‚Och, mich geht das ja nichts an. Mir passiert schon nichts, wenn ich die Gesetze nicht befolge ...' Der irrt sich gewaltig! Er wird sterben und alle anderen Israeliten werden durch den Typen auch gewaltig Probleme bekommen. 19 Jeder, der so was macht, wird Gott wie einen Feind gegen sich haben. Gott wird supersauer auf ihn sein und ihm nicht vergeben können, weil er sehr eifersüchtig ist. Jede Strafe, die in diesem Buch angedroht wurde, wird voll durchgezogen, Gott wird ihn und seine ganze Familie restlos von der Erde wegfegen. 20 Er wird ihn aus der großen Familie der Israeliten rausschmeißen. Alle Strafen, die in diesem Buch den Leuten angedroht werden, die diesen Vertrag brechen, werden bei dem passieren. 21 Eure Kinder und die Enkelkinder, aber auch die Ausländer, die später in diese Gegend kommen, werden das noch sehen können. Sie werden die Spätfolgen von den fiesen Plagen und Krankheiten noch erleben, mit denen Gott euch dort plattgemacht hat. 22 Alles wird schwarz von Holzkohle sein, Atommüll und Säuren liegen überall rum. Da wächst kein Gras mehr, der Boden ist verbrannt. Es wird dort ausse-

hen wie bei Sodom und Gomorra oder Adma und
Zebojim, die Gott auch abgefackelt hatte, als der
supersauer war. 23 Die Menschen werden dann sol-
che Fragen stellen wie: ‚Was war da los? Warum hat
Gott das zugelassen?‘ 24 Und die Antwort lautet:
‚Die Leute hatten damals den Vertrag gebrochen,
den sie mit Gott gemacht hatten, als er sie aus
Ägypten befreite. 25 Sie haben angefangen, plötzlich
an irgendwelche Pseudogötter zu glauben anstatt
an ihn. Sie haben sogar zu denen gebetet, haben
sich vor ihnen auf den Boden geschmissen. Und
das, obwohl sie die vorher noch nicht mal richtig
kannten. Und Gott hatte ihnen auf jeden Fall diese
Göttersachen vorher komplett verboten. 26 Darum
ist er richtig sauer geworden. Er hat die schlimms-
ten Drohungen wahr werden lassen, die in seinem
Buch aufgeschrieben worden sind. 27 Weil es ihn so
sehr angeätzt hatte, schmiss er die Leute aus ihrem
Land raus und feuerte sie woanders hin, in ein
Land, wo sie als Ausländer leben müssen. Dort
wohnen sie immer noch, bis heute.‘ 28 Gott hat
einen Geheimplan, den nur er kennt, sonst keiner.
Aber was er von uns allen generell will, das wissen
wir. Er hat es unseren Familien ein für alle mal klar-
gemacht, er hat es ganz deutlich gesagt. Er möchte,
dass wir immer das tun, was in den Gesetzen steht,
die er uns geschenkt hat.“

30 Wer zurück zu Gott kommt, kriegt alles neu

1 „Leute, ich hab euch die klare Ansage
gemacht, dass Gott es voll gut findet, wenn wir tun,
was er sagt. Er wird das dann auch fett segnen. Und
ich hab auch gesagt, dass man sein Leben gegen
die Wand fährt, wenn man nicht das macht, was er
will. Falls ihr irgendwann mal schräge draufkommen
solltet und euch die Gesetze von Gott plötzlich
scheißegal sind, dann wird Gott das bestrafen. Gott
wird euch wegschicken, und ihr müsst in Gegenden
leben, wo euch keiner kennt. Ihr werdet Ausländer
sein, überall auf der Welt verteilt. Vielleicht schnallt
ihr es dann ja endlich, wenn ihr eine Zeitlang dort
wohnt, dass ihr eigentlich anders leben solltet.
2 Vielleicht kommt ihr dann ja wieder zurück zu
eurem Gott, lebt dann endlich radikal nach seinem
Willem und tut die Sachen, die in den Gesetzen ste-
hen, von denen ich euch ausführlich erzählt hab.
3 Gott wird die negativen Folgen dann wieder
zurückdrehen, und er wird euch auch zeigen, wie
sehr er euch liebt. Er wird euch aus allen Länder
wieder zusammenbringen. 4 Und selbst wenn er
Leute bis an den Nordpol geschickt hatte, wird er
euch von da zurückrufen. 5 Gott wird euch in das
Land bringen, was er schon euren Uropas fest ver-
sprochen hatte. Ihr werdet es übernehmen, es
gehört euch. Gott wird großzügig zu euch sein, er
wird dafür sorgen, dass ihr ganz viele Kinder
bekommt, sogar mehr als alle Leute vor euch. 6 Und
er wird euer Herz komplett verändern. Das macht er
ab dann immer bei euch, auch bei euren Kindern.
Wenn das passiert ist, werdet ihr radikal in Gott ver-
knallt sein, ihr werdet ihn lieben mit allem was geht,
volle Kraft. Und so werdet ihr irgendwie immer am
Leben bleiben und nicht sterben. 7 Die üblen
Sachen, die Gott euch angedroht hatte, werden
dann euren Feinden passieren. Diejenigen, die
ätzend zu euch sind und euch fertigmachen, wer-
den es mit Gott zu tun kriegen. 8 Aber ihr kommt
wieder gottmäßig drauf, ihr werdet radikal tun, was
er sagt, und nach seinen Gesetzen leben, die ich
euch weitergegeben habe. 9 Und Gott wird dafür
sorgen, dass alles flutscht, was ihr so anfangt. Er
wird euch ganz fett beschenken, ihr werdet viele
Kinder bekommen, eure Kühe und Schafe werden
sich krass vermehren und ihr werdet ganz fette Ern-
ten von den Feldern einfahren. Gott wird wieder voll
Spaß mit euch haben, und es wird ihm eine Freude
sein, Gutes für euch zu tun. So war das ja früher
auch schon. 10 Aber ihr müsst euch wieder radikal
Gott zuwenden, ihm mit allem dienen, was geht,
auf ihn hören und das tun, was er in den Gesetzen
gesagt hat. Die Regeln stehen jetzt alle in dem
Gesetzbuch drin.“

Gottes Gesetze und Regeln sind einfach, die peilt jeder

11 „Um die Gesetze zu verstehen, die ich euch heute
noch mal gegeben habe, muss man kein Abitur
haben. Und es ist auch für jeden echt einfach, sein
Leben so zu managen, dass er die auch einhalten
kann. 12 Die sind nicht so, dass man denkt: ‚Ich
muss erst 100 Jahre meditieren und alles auswendig
können, dann pack ich es vielleicht!‘ 13 Es ist auch
nicht so, dass man nach Timbuktu fahren muss,
um die Gesetze zu studieren, oder nach Indien,
oder etwa zum Mond. 14 Nein, die Gesetze liegen
vor euer Nase. Sie sind euch so nahe wie nichts
anderes. Sie liegen auf euren Lippen und sind in
euren Gedanken, ihr redet da drüber und denkt da
drüber nach. Ihr müsst sie nur auch einhalten, das
ist alles!“

Es geht um Leben oder Tod

15 „Ich stelle euch heute vor eine Entscheidung. Wollt ihr ein gutes Leben, oder wollt ihr ein ätzendes Leben? Wollt ihr Freude oder Depression? Wollt ihr das Leben oder wollt ihr den Tod? 16 Die Antwort ist ganz einfach: Wenn ihr das tut, was in den Gesetzen steht, die ich euch heute noch mal erzählt habe, wird es euch immer gutgehen. Wenn ihr in Gott verknallt seid, Respekt habt vor seinen Regeln und immer tut, was er möchte, dann werdet ihr am Leben bleiben und euch immer krass weiter vermehren. Gott wird auf eurer Seite sein, er wird euch voll unterstützen, wenn ihr in dem neuen Land lebt, wo es jetzt bald hingeht. 17 Aber wenn ihr euer eigenes Ding durchzieht, wenn ihr keinen Bock mehr auf Gott habt und euch dazu verführen lasst, zu Plastikgöttern zu beten und zu tun, was deren Religion von euch fordert, 18 dann fahrt ihr komplett gegen die Wand. In dem neuen Land, was gleich auf der anderen Seite vom Jordan auf euch wartet, werdet ihr dann nicht lange leben, das garantiere ich euch! 19 Ich schwöre euch, und das ganze Universum ist mein Zeuge: Ich hab euch heute ein klares Bild gemalt, wie das bei euch aussehen könnte: Wird alles gut oder alles ätzend, Himmel oder Hölle, Segen oder Fluch, Leben oder Tod? Entscheidet euch für das Leben! Nur so werdet ihr überleben, ihr und eure ganze Familie, für immer. 20 Verknallt euch neu in euren Gott! Liebt ihn über alles und tut, was er von euch will. Bleibt ihm immer treu! Von dieser Entscheidung hängt alles ab, ob ihr für immer weiter zusammenbleibt und euch in dem neuen Land halten könnt. Gott hatte euch dieses Land ja schon durch eure Uropas Abraham, Isaak und Jakob ganz fest versprochen."

31

Moses letzte Rede, bevor er stirbt

1 Mose hielt noch eine Rede zu allen Israeliten. 2 „Liebe Leute! Langsam wird's Zeit. Ich bin jetzt 120 Jahre alt und kann nicht mehr so lange euer Anführer sein. Außerdem hat Gott mir ne klare Ansage gemacht: ‚Du kannst nicht mit über den Jordan gehen', meinte er zu mir. 3 Gott hatte die Idee, dass ab sofort Josua die Leitung bei euch übernehmen soll. Aber Gott wird euch höchstpersönlich vorausgehen und das Ding klarmachen. Er wird die Leute auslöschen, die in dem Land leben, es wird leicht sein, sie dort rauszuschmeißen. 4 Und er wird das genauso bei denen machen, wie er es bei Sihon und Og vorher auch schon getan hat. Das waren ja die Präsidenten der Amoriter, und die hat er in ihrem Land einfach plattgemacht. 5 Wenn Gott euch einen krassen Sieg gegen sie geschenkt hat, dann müsst ihr alles genau so durchziehen, wie er es euch vorher in den Gesetzen gesagt hat. 6 Habt keinen Schiss vor denen! Ihr seid stark und braucht keine Angst zu haben. Ihr schafft das, weil Gott, der absolute Oberchef, an eurer Seite kämpft. Er steht hinter euch, er feuert euch an, er wird euch nie verlassen!" 7 Mose rief dann Josua in sein Büro. Das Gespräch wurde live im Fernsehen übertragen. „Du brauchst keine Angst zu haben, Josua", meinte er zu ihm. „Zieh das Ding einfach durch! Du wirst derjenige sein, der diese Leute in das neue Land führen wird! Aber du wirst dieses Land auch unter ihnen aufteilen müssen. 8 Gott wird dabei sein. Er wird auf dich aufpassen, und er wird dich nie allein lassen, er steht hinter dir. Du musst keine Angst haben und brauchst auch keine Depris zu schieben. Du schaffst das!"

Einmal alle sieben Jahre: Die Gesetze sollen vorgelesen werden

9 Mose schrieb die ganzen Gesetze in eine Datei und druckte sie aus. Dann ließ er die Seiten als Buch binden, was er dann den Priestern übergab, die ja alle aus dem Familienstamm Levi stammten. Diese Priester trugen auch immer die Kiste, wo die Gesetze drin lagen, wenn die Israeliten irgendwo hinzogen. Eine Kopie von den Gesetzen bekamen dann noch die Chefs von den Israeliten ausgehändigt. 10 Und Mose gab ihnen noch folgende Order mit auf den Weg: Alle sieben Jahre, wenn die Zeit kommt, in der man alle Schulden erlassen soll und gerade das Fest der Blätterbuden gefeiert wird, 11 müsst ihr die Gesetze noch mal allen öffentlich vorlesen. Macht das, wenn ihr euch an dem besonderen Ort trefft, den Gott noch für seine Wohnung aussuchen wird. Jeder bei euch muss das mitbekommen. 12 Jeder soll in der Zeit vor dem Fernseher sitzen und zuhören. Alle Männer, Frauen, Kinder und auch die Ausländer, die bei euch wohnen, müssen sich die Gesetze noch einmal ausführlich reinziehen. Jeder muss sie lernen, Respekt vor Gott haben und da drauf achten, genau so zu leben, wie es die Gesetze vorschreiben. 13 Auch eure Kinder, die noch keine Peilung von den Gesetzen haben, müssen davon hören. Die sollen auch Respekt vor Gott haben, und zwar für immer, solange ihr in dem neuen Land lebt. Dort werdet ihr bald sein, wenn ihr über den Jor-

danfluss gezogen seid, um es einzunehmen und euch dort breitzumachen.“

Ein Song von Mose

14 Gott sagt zu Mose: „Du, Mose, bald ist es so weit! Du wirst ganz bald sterben, deine Tage sind gezählt. Hol mal den Josua her, dann können wir zusammen in das besondere Zelt gehen. Ich werde ihn dort ganz offiziell zu deinem Nachfolger machen!“ Mose schnappte sich Josua, und als sie in die Nähe von dem Zelt kamen, 15 war Gott plötzlich auch da. Ein große Wolke schwebte über dem Eingang vom Zelt! 16 Aus der Wolke redet er mit Mose. Gott sagte: „Jetzt geht es bald zu Ende mit dir! Du wirst bald die Radieschen von unten ansehen. Wenn du weg bist, werden deine Leute erst mal Mist bauen, sie werden von mir weggehen und zu Plastikgöttern beten, die in dem neuen Land gerade angesagt sind. Sie werden mit denen rummachen und mich verlassen, sie werden unseren Vertrag brechen, den ich mit ihnen geschlossen habe. 17 Darum werde ich richtig sauer auf sie sein. Ich werde sie alleine lassen und ihnen nicht mehr helfen. Sie werden eine leichte Beute für ihre Feinde werden, es wird ihnen ganz ganz übel gehen. Irgendwann packen sie es dann, sie werden sich sagen: ‚Uns geht es so beschissen, weil Gott nicht mehr bei uns ist!‘ 18 Ich werde mich aber vor ihnen verstecken, ich kann nicht mehr bei ihnen sein. Das ist die Strafe, weil ihnen egal war, was ich gesagt hatte, und weil sie sich auf Plastikgötter eingelassen haben. 19 Mose, ich hab hier einen neuen Track für euch, wovon du den Text mal aufschreiben sollst. Deine Leute sollen den auswendig lernen und ihn mit einer Beatbox auf den Schulhöfen rappen. Dieser Text soll auch ein Beweis dafür sein, dass ich sie gewarnt hab, für den Fall, dass sie das in Zukunft abstreiten würden. 20 Ich steh zu meinem Versprechen. Ich werde sie in das Land bringen, was ich schon ihren Uropas versprochen hatte. Es wird ein gutes Land sein, wo es alles gibt und davon reichlich. Aber sie werden sich dort nur den Bauch vollschlagen und so viel fressen, bis sie übergewichtig und dick sind. Und dann werden sie anfangen zu den Plastikgöttern zu beten und für die zu leben. Sie werden mich vergessen und werden den Vertrag brechen, den wir miteinander gemacht haben. 21 Wenn es ihnen dann voll scheiße geht, werden sie dieses Lied plötzlich verstehen. Dann kapieren sie vielleicht, warum es ihnen so schlechtgeht. Diesen Song werden sie nicht vergessen, sie werden ihn immer weitergeben, an die nächste Generation. Ich weiß einfach, wie die Leute drauf sind. Mir ist jetzt schon klar, was dann irgendwann passieren wird, noch bevor ich sie in das Land gebracht habe, was ich ihnen ganz fest versprochen hatte.“ 22 Noch am selben Tag schrieb Mose die Worte von dem neuen Track auf. Die brachte er dann den Israeliten bei, damit sie die auswendig konnten. 23 Gott sagte zu Josua, dem Sohn vom Nun, noch Folgendes: „Du brauchst keine Angst zu haben! Du packst das! Ich kämpfe immer an deiner Seite! Du wirst die Leute von Israel in das neue Land bringen, das ich euch ganz fest versprochen habe!“

Wo das Buch mit den Gesetzen aufbewahrt wird

24–26 Als Mose die ganzen Gesetze fertig in ein Buch geschrieben hatte, befahl er den Levi-Leuten, das Buch auf die Kiste zu legen, wo die Stahlplatten drin waren: „Nehmt das Buch und legt es dort hin. Damit könnt ihr in Zukunft den Leuten immer beweisen, dass ich sie gewarnt hatte.“ Zu den Israeliten sagte er dann: 27 „Ich weiß genau, wie assi ihr unterwegs seid. Ihr habt immer nur euer eigenes Ding im Blick, immer wieder habt ihr nur Dünnsinn im Hirn und tut Sachen, die Gott ätzend findet. Wenn das schon die ganze Zeit so abging, als ich noch euer Chef war, wie wird es erst dann werden, wenn ich tot bin? 28 Am besten kommen jetzt noch mal alle Clanchefs zu mir. Alle Führungspersönlichkeiten sollen mal bei mir antreten, damit ich sie noch mal deutlich warnen kann. Ich werde sie eindeutig warnen und lass mir das von jedem Einzelnen vor Zeugen unterschreiben. 29 Schon klar, ich mach mir da auch nichts vor, sobald ich den Löffel abgegeben habe, werdet ihr ganz bald wieder voll danebenliegen. Ihr werdet Dinge tun, die Gott ätzend findet, und euch nicht an das halten, was ich euch gesagt habe. Dann wird es euch richtig übel gehen. Ihr werdet zu Plastikgöttern beten, was Gott echt nervt. Er hasst das, und er muss da drauf reagieren.“ 30 Mose ließ dann einen Beat vom Drumcomputer laufen und fing an, vor der versammelten Mannschaft folgendes Lied zu rappen:

32

Der Track von Mose

1 „Der Himmel soll mein Zeuge sein,
alle auf der Erde lauschen jetzt meinen Worten,
2 was ich sage, soll so wirken, wie ein erhoffter Regenschauer an ausgetrockneten Orten.

Sie sollen so nass machen, wie der Tau morgens die
Blätter befeuchtet.
3 Ich will Gottes Namen groß rausbringen, er ist der
Beste, er hat erleuchtet
den Himmel und die Erde, ich rufe ihn bei seinem
Namen,
4 er ist für uns wie ein Schutzschild, ist perfekt, fällt
aus jedem Rahmen,
er ist treu und gerecht, er kann nicht betrügen,
was er sagt, passt immer, Gott kennt keine Lügen.
5 Doch seine Leute sind link und betrügen wie blöd,
sie sind verdreht und verrückt, sind peinlich am
Stück,
6 bedankt man sich so für seine ganzen Geschenke?
Wie seid ihr bloß drauf? Bekloppt durch die Bänke.
Gott hat euch schließlich selbst mal gemacht,
hat euch versorgt und umhegt, von früh bis spät in
die Nacht.
7 Fragt mal euren Opa, wie es ganz früher mal war,
lasst euch von damals erzählen, da war alles noch
klar.
8 Vor Ewigkeiten hat Gott alle Nationen geschaffen,
und ließ sie auf der Erde in ihren Ecken rummachen.
9 Aber Israel, die Kinder vom Jakob, hat er sich extra
ausgesucht,
er hat sie zu seinen Leuten gemacht, sie als Privat-
eigentum gebucht.
10 Er hat sie aufgelesen, als sie hilflos in der Wüste
rumliefen,
sie hatten sich verlaufen, wurden von Feinden um-
hergetrieben.
Gott passte auf sie auf, wie man sein eigenes Auge
beschützt.
Wenn wilde Tiere sie bedrohten, war er da wie der
Blitz.
11 Und wie ein Vogel seine Küken in die Flugschule
schickt,
hat Gott sie irgendwann aus ihrem Nest rausge-
kickt.
Doch er war immer da, verlor sie niemals aus dem
Blick,
und wenn einer müde wurde, ließ er ihn nicht allein
zurück.
12 Genauso hat Gott seine Leute begleitet.
Er ganz alleine stand Israel immer zur Seite,
kein fremder Gott war bei ihnen die ganze Zeit am
Start.
13 Dann stand dort extra für sie sogar ein neues Land
parat!
Auf diesen Feldern konnte man fett Korn anbauen.
Mit Honig und Oliven ohne Ende rumsauen.
14 Lämmer und Schafe, frische Milch von den Kühen,
Steaks auf dem Grill, Wein und Bier kann man da
ziehen.
15 Sie lebten plötzlich in Saus und Braus,
waren satt, wurden reich, hatten alles im Haus.
Die ganze Kohle machte sie von Gott unabhängig,
sie vergaßen ihn ganz, der sie liebte unbändig.
Obwohl er sie vor Zeiten selbst gemacht hatte,
verließen sie ihn, pennten unter Brücken nur auf ner
Isomatte.
16 Sie spielten mit anderen Göttern rum
und kränkten ihren Gott mit diesem verrückten Tun.
17 Man fing sogar an, Plastikgöttern Opfer zu brin-
gen,
ganz neumodischen Göttern Lieder zu singen.
18 Den Bunker, den Schutz, den sie in Gott stets hat-
ten,
haben sie also verraten, ihn vergessen, verbraten.
19 Gott kriegte das mit, und er wurde echt sauer,
weil seine Kinder ihn behandelten wie ein Bauer.
20 Er sagte zu sich: ‚Ich bin dann mal weg.
Ich überlass sie sich selbst, dann landen sie halt im
Dreck.
Die sind so schräg drauf, haben nur ihr eigenes
Ding im Sinn,
kennen keine Dankbarkeit, treu sein ist bei denen
nicht drin.
21 Sie beleidigen mich mit ihren Plastikgöttern, sie
beten zu Pseudogötzen, plappern und rattern
ihre Gebete dort runter, darum will ich sie strafen,
will ihnen im Krieg durch kleine Völker eins überbra-
ten.
22 Ich bin richtig sauer, ich schicke ihnen das Feuer,
alles soll abgefackelt werden, das wird richtig teuer.
Bis in die Hölle soll man die Flammen sehen kön-
nen,
und auch die Berge müssen im Feuer verbrennen.
23 Ich werde sie mit ganz fiesen Strafen belegen,
verschieße meine Munition, werd mit Plagen über
sie fegen.
24 Hunger wird sie treffen, Fieber und Aids halten sie
gefangen,
fiese Tiere werden sie fressen, Raubtiere und Gift-
schlangen.
25 Guerillakrieg wird es überall geben,
in den Häusern wird man die Toten wegfegen.
Junge Männer sterben, Mädchen und Babys
genauso wie Opas, Frauen und Ladys.
26 Um ein Haar hätte ich es ganz derbe getrieben,
da wäre niemand am Ende noch am Leben geblie-
ben.

27 Aber ich will nicht, dass sich die Leute die Hände
reiben,
dass irgendwelche Feinde den Sieg auf ihre Fahnen
schreiben.
Sie würden behaupten: ›Das haben wir echt gut ge-
macht!‹
Statt zu kapieren, das alleine ihr Gott das gebracht
hat.
28 Die peilen es einfach nicht, sie sind Leute ohne
Schnall,
29 wenn sie weise wären, würden sie es schon längst,
ganz prall,
selbst gecheckt haben, ihr Ende bedenken.
Da würde sich doch keiner bei hirnmäßig verrenken.
30 Wie könnte ein Mann tausend Männer verjagen
und wie zwei Leute zehntausend in die Flucht schla-
gen?
Das geht doch nur, weil ich sie aufgegeben hab,
weil ich sie in die Hand der Feinde übergab.
31 Dabei haben die es doch schon lange kapiert,
dass ihre Götter es nicht bringen, deren Ruf ist rui-
niert.
Im Vergleich mit meiner Kraft, wenn ich Israel be-
schütze,
ist ihre Minihilfe einfach zu nichts nütze.
32 Meine Leute sind schräg drauf, so wie die Bewoh-
ner von Sodom,
wie die Menschen aus Gomorra, die denken einfach
verkehrt rum.
Sie sind wie eine Tulpe mit Brennnesselblättern,
wie eine Weintraube, die gespritzt ist mit Ätzkram.
33 Der Wein, den man aus diesen Trauben presst,
ist tödlicher als BSE und gefährlicher als die Pest.
34 Ich hab das alles noch lang nicht vergessen,
35 und ich werde mich rächen, ihr habt verschissen.
Es dauert nicht mehr lange, dann kommt euer hartes
Ende,
ihr werdet plattgemacht, dann ist Ende im Gelände.
36 Ich werde meine Leute wie ein Richter verurteilen,
doch bei meinen Treuen, die meinen Weg immer
peilen,
dort werde ich kommen und ihnen wieder beistehen,
ich sehe ja, dass sie fallen, doch ich lasse sie nicht
untergehen.
37 Dann frag ich: ›Wo sind jetzt eure Götter geblie-
ben?
Die sollten euch doch beschützen? Oder war das
übertrieben?
38 Ihr habt ihnen ganz fett Opfer gebracht,
habt sie vollgestopft, high mit Wein und Essen ge-
macht.
Sie sollten für euch kämpfen und euch beschützen.
39 Kapiert ihr das jetzt, die können euch nichts nüt-
zen!
Nur ich bin der Gott! Nur ich bin zur Stelle.
Ich schlage Wunden, und ich heile die Delle.
Ich alleine bin verantwortlich für den Tod,
und ich mach lebendig, ich helf auch in der Not.
Aus meiner Hand kann sich niemand erretten,
40–41 Und ich schwöre euch jetzt: Die ganzen Dep-
pen,
die mich hassen und gegen mich den heiligen Krieg
führen,
bekommen bald ganz krass meinen Zorn zu spüren.
Ich pack jetzt meine Waffen aus und schlag einfach
zurück.
Ich verschaffe mir Recht, ich pack mir das Miststück.
42 Meine Kanone ist laut und wird jeden Feind treffen,
die Gegner werden in ihrem eigenen Blut verrecken.
Meine Pumpgun wird ihre Schädel spalten.‹'
43 Der Himmel kann sich freuen, alle Gewalten,
sollen sich vor unseren Gott einfach hinschmeißen.
Die Feinde konnten gegen ihn nichts mehr reißen.
Die alle seine Leute ermordet hatten,
wurden verraten, man hat ihnen eins verbraten.
Er hat seinem Volk die Schulden verziehen, die
Feinde aber konnten nur noch fliehen."

Noch ein paar letzte Ansagen an die Israeliten

44 Zusammen mit Josuas Beatbox rappte Mose die-
ses Lied für alle Leute. 45 Als die beiden fertig waren,
46 sagte er noch zu ihnen: „So Leute, nehmt diese
Worte echt ernst! Lernt dieses Lied auswendig und
bringt es euren Kindern bei. Sie müssen einfach
immer Respekt vor den Gesetzen haben und die
Sachen, die dort drinstehen, auch durchziehen.
47 Das sind keine leeren Worte, die haben voll Power
in sich. Sie können euch immer helfen und werden
euch beschützen in dem neuen Land, was ihr jetzt
bald einnehmen werdet."

Gott bereitet Mose auf seinen Tod vor

48 Abends sagte Gott noch zu Mose: 49 „Geh mal
rüber in das Abarimgebirge. Steig auf den Berg
Nebo, der im Land Moab liegt. Das ist gleich gegen-
über von der Stadt Jericho. Von da hast du einen
schönen Ausblick auf das Kanaan-Land. Das werde
ich deinen Leuten schenken. 50 Du wirst dort ster-
ben und danach mit deinen anderen Verwandten
abhängen, die alle schon tot sind. Dein Bruder
Aaron wird auch dort sein. 51 Ihr dürft ja beide nicht
in das neue Land mitkommen, weil ihr an der

Quelle von Meriba bei Kadesch, in der Wüste Zin, nicht das getan habt, was ich von euch wollte. Ihr habt mir damals die Gelegenheit genommen, allen zu zeigen, was ich wirklich draufhab und dass ich etwas ganz Besonderes bin, ich bin heilig. 52 Aber du kannst dir das ganze Land von dort oben einmal genau ansehen. Du wirst da aber nicht mit hinkommen können, nur dass du Bescheid weißt."

33

Mose segnet die zwölf Familienstämme

1 Kurz bevor Mose starb, betete er noch einmal für seine Leute und segnete sie, er versprach ihnen von Gott das Beste, dass er immer bei ihnen sein wird. Mose war in seinem Leben absolut gottmäßig drauf. 2 Er sagte: „Gott kam bei seinen Leuten live vorbei. Das war beim Sinai-Berg, der wie sein Zuhause ist, er wohnt da. Als er dort sichtbar wurde, war das wie ein krasser Sonnenaufgang, der über dem Gebirge Edom hochkam. Seine Strahlen haben das ganze Gebirge Paran hell gemacht. Wenn er kommt, sind Tausende von derbsten Engeln mit ihm dabei, die ganzen Superstars aus dem Himmel. 3 Gott ist in alle Familienstämme der Israeliten gleichzeitig total verknallt. Alle, die zu ihm gehören, beschützt er. Und die knien sich vor Gott hin und sind sofort bereit, alles zu tun, was er sagt. 4 Ich, Mose, habe euch die Gesetze von Gott übergeben. Diese Gesetze sind so wertvoll, sie sind unbezahlbar, und sie gehören jetzt unseren Leuten. 5 Gott selbst wurde zum Präsidenten der Israeliten. Als sich alle Chefs und auch alle anderen Männer der Israeliten in Jeschurun getroffen haben, wurde das klargemacht." 6 Jetzt fing Mose an, über die einzelnen Familienstämme so Segenssprüche abzulassen. „Der Familienstamm Ruben soll immer weiterleben, er darf nie ganz aussterben! Aber zu viele dürfen es auch nicht werden, Gott!" 7 Über den Familienstamm Juda sagte Mose Folgendes: „Erhöre die Bitte von dem Familienstamm Juda! Bring ihn wieder mit seinen Brüdern zusammen. Er soll mit ihnen zusammen kämpfen. Wenn sie im Krieg sind, sei dabei und hilf ihnen, Gott!" 8 Über den Familienstamm Levi sagte er Folgendes: „Gott, dem Stamm Levi hast du die ganz besonderen Lose in die Hand gedrückt. Das hast du getan, weil er dir immer treu war. Du hast sie in Massa ausgetestet, und in Meriba hattest du einen heftigen Streit mit ihnen. 9 Aber als es drauf ankam, haben sie radikal zu dir gehalten, auch wenn die eigenen Eltern, Geschwister und Kinder nicht mitgezogen sind. Die Leute von Levi haben immer alles getan, was du gesagt hast, sie haben deinen Vertrag treu eingehalten. 10 Darum werden sie auch immer den Israeliten deine Gesetze beibringen. Und sie kümmern sich da drum, dass immer genug Räucherstäbchen am Altar brennen, sie sorgen sich um die ganzen Opfersachen, die dir ja so wichtig sind. 11 Gott, ich bitte dich, dass du dafür sorgst, dass es diesem Familienstamm immer gutgeht. Es soll bei ihnen auch kohletechnisch immer alles im grünen Bereich sein. Geh nett mit ihnen um. Und wenn irgendjemand gegen sie arbeitet, puste die einfach weg. Hau deren Gegnern einfach ihren Kiefer platt, dass die k.o. gehen und nicht mehr aufstehen." 12 Über den Familienstamm Benjamin sagte Mose Folgendes: „Benjamin ist Gottes Lieblingskind. Der krasseste Gott ist sein ganz persönlicher 24-Stunden-Bodyguard. Benjamin wohnt in den Bergen." 13 Über den Familienstamm Josef sagte Gott Folgendes: „Gott ist total für dich! Gott wird dich voll unterstützen! Er wird dafür sorgen, dass dort, wo du wohnst, immer genug Regen fällt. Und es wird in deiner Gegend auch überall Wasserquellen geben. 14 Jede Pflanze, die viel Sonne braucht, wird bei dir wachsen, und alles, was in einer Saison wächst und reif ist, wird es bei dir geben. 15 Die allerbesten Sachen sollen bei dir wachsen. Die leckersten Früchte gibt es bei dir. 16 Das Beste was die Erde hergibt, wird man bei dir finden. Der Gott, der aus diesem brennenden Brombeerbusch geredet hatte, hat Josef unheimlich lieb. Er ist etwas Besonderes, anders als seine Brüder. 17 Josef ist wie der Alltime-Boxweltmeister, in ihm steckt die Schlagkraft der rechten Geraden von Gott. Er hat die Power von 1000 Panzern. Mit dieser Kraft macht er alle anderen Völker nieder, egal wo die zu Hause sind. Die Armee von Manasse ist groß und die Armee von Efraim gigantisch." 18 Dann sagte Mose zu den Familienstämmen Sebulon und Issachar Folgendes: „Der Familienstamm Sebulon soll in Zukunft immer zur See fahren und dort sein Glück finden. Und du Issachar, wirst immer in Wohnwagen leben und dort glücklich werden. 19 Beide werden die Leute, die in ihrer Gegend leben, immer einladen, zu Gott zu kommen. Auf dem besonderen Berg werden sie diese Opferrituale machen, auf die Gott steht. Sie werden in der Seefahrt reich werden und ihre Geschäfte am Strand machen." 20 Über den Familienstamm Gad sagte er Folgendes: „Gott gibt Gad ein riesengroßes Stück Land. Die Leute von

Gad sind immer brandgefährlich. Sie haben ein
Gebiss, das so stark ist wie das von einem Pitbull,
ihrem Opfer beißen sie einfach den Kopf oder die
Arme ab. 21 Gad hat sich das beste Stück ausge-
sucht. Denn da, wo er lebt, liegt der Regierungssitz,
wo sich alle Chefs der Israeliten treffen werden. Die
Sachen, die Gott will, werden von Gad durchgezo-
gen. Mit den anderen von Gottes Leuten sorgt er
dafür, dass Gottes Ding für immer läuft.“ 22 Über
den Familienstamm Dan sagte Mose: „Dan ist so
drauf wie ein wilder Kampfhund. Der lebt in
Baschan und macht da sein Ding.“ 23 Über den
Familienstamm Naftali sagte Mose: „Gott ist auf
Naftalis Seite, er ist ganz fett bei ihm. Er zieht los
und nimmt mit seiner Armee den ganzen Westen
und den ganzen Süden ein.“ 24 Über den Familien-
stamm Ascher sagte Mose: „Jeder mag die Aschers.
Die bekommen von Gott mehr als die anderen. In
ihrem Land gibt es so viel Öl, dass man da drin
baden könnte. 25 Ihre Städte werden immer
geschützt sein, so als wäre fettes Panzerglas um sie
rum. Solange es diesen Stamm gibt, wird er Frieden
haben.“ 26 Dann sagte Mose noch: „Es gibt keinen
Gott, der dem Gott von Israel auch nur annähernd
das Wasser reichen kann. Der Gott von Israel ist
einfach gigantisch. Er ist überall im Universum
gleichzeitig, und wenn du ihn brauchst, ist er wie
der Blitz da, um dir zu helfen. 27 Der Gott, den es
immer schon gab, beschützt dich, er nimmt dich in
seine Arme und passt auf dich auf. Deine Feinde
hat er fertiggemacht, er hat dir gesagt: ‚Töte alle!‘
28 Ab sofort wohnst du in einem neuen Land, wo du
sichere Grenzen hast. Du bist und bleibst ein
besonderes Volk, du bist anders als die anderen
Völker. Wasser bekommst du aus dem Himmel
geschenkt, Weizen und Mais wächst ohne Ende auf
der Erde für dich. 29 Israel, du hast echt Glück
gehabt! Welches Volk kann mit dir mithalten? Gott
selbst hat dich gerettet. Gott hat auf dich aufge-
passt. Und Gott ist es, der dich erst zu etwas ganz
Besonderem macht. Auf ihn kannst du dich immer
verlassen. Er beschützt dich mit seinem Schutz-
schild, und er kämpft für dich wie mit einem Laser-
schwert. Deine Feinde werden sich bei dir einschlei-
men, aber du brauchst die nicht mehr, du gehst
einfach über sie drüber.“

34

Mose ist tot

1 Irgendwann später ging Mose dann vom
Moabgebiet hoch in das Gebirge Pisga
und stieg dort auf die höchste Stelle des Bergs
Nebo. Dieser Berg lag Jericho gegenüber. Als er
ganz oben war, zeigte Gott ihm das ganze Land,
was man von dort oben überblicken konnte. Man
konnte von da die gesamte Landschaft Gilead sehen
bis zu dem Gebiet, in dem später der Familien-
stamm Dan lebte. 2 Außerdem die Gebiete, in denen
später die Familienstämme Naftali, Efraim und
Manasse zu Hause waren, und das Land vom
Stamm Juda bis zum Mittelmeer. 3 Dann sah er die
Wüste Negev im Süden und die Ebene von der Pal-
menstadt Jericho bis ganz nach Zoar. 4 Gott sagte
zu Mose: „Pass auf, Mose! Das hier ist genau das
Land, das ich Abraham, Isaak und Jakob ganz fest
versprochen habe! Wenn ich von dem Land geredet
habe, das ich euren Kindern schenken will, habe ich
immer diesen Teil hier gemeint. Jetzt hast du es
auch mal live gesehen. Trotzdem darfst du dort
nicht mit reingehen.“ 5 Da oben auf dem Berg im
Moab-Land starb Mose dann, genau so, wie Gott es
sich vorher überlegt hatte. Mose war auf jeden Fall
ein sehr heftiger Mann Gottes. 6 Gott selbst bud-
delte für Mose ein Grab und beerdigte ihn. Dieses
Grab ist irgendwo in dem Tal, was im Moab-Land
liegt, gegenüber von Bet-Pegor. Bis heute weiß kei-
ner, wo das Grab jetzt genau liegt. 7 Mose ist insge-
samt 120 Jahre alt geworden. Bis zum Schluss war
er körperlich topfit, er brauchte noch nicht mal eine
Brille, weil er immer noch voll gut sehen konnte.
8 Alle Israeliten hielten dreißig Tage lang eine Trauer-
session ab. Das war damals, als sie immer noch in
der Wüste bei Moab lagerten. 9 Ab sofort war Josua
der neue Chef von den Israeliten. Josua kam aus der
Familie Nun, und er war sehr locker drauf. Nach-
dem Mose für ihn gebetet und ihn so zu seinem
Nachfolger bestimmt hatte, bekam er von Gott
plötzlich voll den Überblick und Schnall über das
Ganze. Die Israeliten folgten Josua und zogen die
Sachen durch, die Gott durch Mose klargemacht
hatte. 10 So einen Typen wie Mose gab es in Israel
seitdem nie wieder. Kein Prophetentyp nach ihm hat
jemals mit Gott so direkt gesprochen wie er. 11 Es
gab nie wieder einen Prophentypen, der so krasse
Wunder getan hat wie er. Alleine die ganzen abge-
fahrenen Sachen, die er im Auftrag von Gott in
Ägypten gegen den Präsidenten, dessen Minister
und gegen alle anderen Ägypter gebracht hat. Das
war schon der Hammer. 12 Kein Prophet hat jemals
wieder die Israeliten so radikal geführt, keiner hat so
krasse und derbe Wunder vor allen Leuten getan
wie er.

Das Buch Josua

1

Josua ist der Nachfolger von Mose

1 Nachdem Mose gestorben war, redete Gott direkt mit Josua. Mose hatte immer radikal durchgezogen, was Gott von ihm wollte. Josua war dabei die ganze Zeit seine rechte Hand gewesen. 2 Gott sagte nun zu ihm: „Josua? Mose ist ja jetzt gestorben. Ab sofort bist du die Nummer eins! Darum pack deine Sachen und geh mit den Leuten über den Jordanfluss in das neue Land, das ich euch schenken will. 3 Jeder Quadratzentimeter Erde, auf dem ihr gehen werdet, wird euch gehören. So hab ich es Mose ganz fest versprochen. 4 Euer Land soll von der Wüste, die im Süden liegt, bis zum Libanongebirge im Norden reichen. Im Osten wird eure Grenze hinter dem Land liegen, was jetzt noch den Hetitern gehört, bis ganz zum Eufratfluss. Und im Westen wird es nur durch das Mittelmeer begrenzt sein. 5 Hey, keiner wird gegen euch irgendwelche Stiche sehen können, ihr werdet alles und jeden plattmachen! Ich werde nämlich die ganze Zeit auf eurer Seite stehen und bei euch mitkämpfen, genauso wie ich es bei Mose immer getan habe. Wenn du meine Hilfe brauchst, bin ich sofort da, ich werde dich nie im Stich lassen, versprochen! 6 Du brauchst keine Angst zu haben, geh einfach los! Dein Job wird es nur noch sein, unter deinen Leuten das Land aufzuteilen, das ich euch für immer geschenkt habe. So hatte ich das ja schon vor Ewigkeiten versprochen. 7 Zieh die Sachen, die ich Mose gesagt habe, mutig und radikal durch! Keinen Zentimeter darfst du davon abweichen. Wenn du das tust, wirst du überall Riesenerfolg haben. Alles, was du anpackst, wird funktionieren. 8 Die Gesetze müssen ständig in deinem Hirn sein, denk da drüber nach, hab sie die ganze Zeit im Arbeitsspeicher. Alles, was du machst, muss sich danach richten. Wenn du so lebst, wirst du in allen Sachen Erfolg haben. Alles, was du anfängst, wirst du auch bis zum Ende erfolgreich durchziehen können. 9 Ich hab's jetzt in der Endlosschleife und sag dir das immer wieder: Hab keinen Schiss und zieh die Sache durch! Sei mutig und krieg keine Panik, weil der Chef, Gott höchstpersönlich, immer an deiner Seite ist, egal wo du gerade gehst!"

Josua macht alles klar, um über den Jordanfluss zu gehen

10 Josua gab dann den Befehl an alle Generäle von den Israeliten raus: 11 „Schickt an alle Männer die Nachricht, dass es jetzt losgeht! Sie sollen schon mal ihren Rucksack mit Schnittchen und Getränken vollpacken. In drei Tagen packen wir es, dann ziehen wir über den Jordanfluss in das neue Land, das Gott uns schenken will!" 12 Zu den Leuten von den Familienstämmen Ruben und Gad sowie der Hälfte vom Familienstamm Manasse sagte Josua: 13 „Mose, der immer eine direkte Order von Gott hatte, meinte damals zu euch: ‚Gott wird euch ein Gebiet auf dieser Seite vom Jordan schenken, wo ihr ab dann wohnen könnt.' Vergesst nicht die Sachen, die er euch in der Zeit auch noch gesagt hatte! 14 Eure Frauen und Kinder sowie alle Tiere könnt ihr auf dieser Seite vom Jordan erst mal parken. Aber er hat euch dieses Gebiet nur unter der Bedingung gegeben, dass alle eure Männer, die man zur Armee einziehen kann, ganz vorne mitkämpfen, wenn die anderen Israeliten über den Jordan ziehen. Ihr müsst ihnen helfen, 15 diesen Krieg zu gewinnen und das Land einzunehmen, das Gott ihnen schenken will! Erst wenn jeder Familienstamm ein Stück Land bekommen hat, wo er sich zu Hause fühlt, könnt ihr in euren Teil zurückgehen. Mose hat euch das Land, was diesseits vom Jordan liegt, nur unter dieser Bedingung zugesprochen." 16 Ihre Antwort an Josua sah so aus: „Ja, klar, wir werden alles genau so machen, wie du es gerade gesagt hast. Wir gehen überall hin, wo du uns hinschicken willst. 17 Wir gehorchen dir, so wie wir Mose auch gehorcht haben. Und wir beten, dass Gott genauso auf deiner Seite steht, wie er es bei Mose gemacht hat. 18 Wenn irgendjemand sich deinem Befehl widersetzt, bekommt er bei uns die Todesstrafe. Also keine Sorge, leg jetzt voll los, wir stehen hundertprozentig hinter dir!"

2

Frau Rahab hilft den Spionen der Israeliten

1 Als sie in Schittim waren, schickte Josua zwei Spione auf die andere Seite vom Jordanfluss. Beide bekamen folgenden Marschbefehl: „Ausspionieren des Landes, insbesondere der Stadt Jericho!" Die Spione schlichen sich nachts in die Stadt und

mieteten ein Zimmer in einem Puff mitten im Rotlichtviertel. Die Hure, der das Hotel gehörte, nannte sich Frau Rahab. 2 Irgendein Typ verpetzte die beiden aber bei der Stadtverwaltung. Der Präsident von Jericho hatte morgens eine Nachricht auf seinem Anrufbeantworter, dass da zwei Spione von den Israeliten in der Stadt waren. 3 Sofort schickte er ein paar Leute von seinem Geheimdienst zur Frau Rahab. „Geben Sie sofort die beiden Männer raus, die in Ihrem Hotel wohnen! Die sind nur hier, um unsere Abwehranlagen auszuspionieren!", sagten die an der Tür. 4 Die Rahab versteckte die zwei schnell im Keller in einem kleinen Raum, der hinter einem Wandschrank lag. Dann ging sie zur Tür und machte einen auf doof: „Äh ja, da waren zwei Männer in meinem Puff. Ich hab aber nicht mitbekommen, was für eine Nationalität die hatten. 5 Kurz bevor es dunkel wurde, haben die beiden aber ihre Sachen gepackt und sind weitergezogen. Keine Ahnung, wo die noch hinwollten. Aber wenn Sie sich beeilen, kriegen Sie die bestimmt noch!" 6 Die beiden Spione waren, wie gesagt, noch immer hinter dem Wandschrank im Keller versteckt. 7 Die Geheimdienst-Typen fielen auf den Trick rein und nahmen sofort die Verfolgung auf. Sie rannten durch das Stadttor bis zum Jordanfluss. Das Tor wurde hinter ihnen wieder zugeschlossen.

Angst vor den Israeliten

8 Bevor die beiden Spione sich zum Pennen hinlegen wollten, kam Rahab noch mal in das Zimmer, um mit ihnen zu quatschen. 9 „Ich weiß, dass Gott Ihnen dieses Land bereits geschenkt hat. Alle Leute, die hier wohnen, haben totale Panik vor Ihnen. Die sind fast wie gelähmt, solchen Schiss haben die jetzt schon. 10 Wir haben die Storys gehört, was Gott alles bei Ihnen gebracht hat, auf Ihrem Weg bis hier her. Wie er dieses Schilfmeer einfach geteilt hat, als Sie aus Ägypten abgehauen sind. Auch von Ihrem Sieg über die Amoriter und deren Präsidenten Sihon und Og hat man uns erzählt. 11 Darum haben wir alle keine Hoffnung, gegen Sie irgendetwas ausrichten zu können. Keiner hat Bock drauf, gegen Sie zu kämpfen. Ihr Gott spielt ja bei Ihnen in der Mannschaft mit, er kämpft auf Ihrer Seite. Und er ist die absolute Macht im Universum und auch hier auf der Erde. Dieser Gott hat praktisch schon alle Meisterschaften gleichzeitig gewonnen. 12 Bitte schwören Sie mir, dass Sie meine Familie in Ruhe lassen! Sie müssen mit meinen Leuten genau so nett umgehen, wie ich heute mit Ihnen umgegangen bin, okay? Bitte unterschreiben Sie mir das, ja? 13 Versprechen Sie mir, dass meinem Vater, meiner Mutter und meinen Geschwistern inklusive deren Familien und den Angestellten nichts passiert. Die müssen gerettet werden!" 14 Die Spione gaben ihr das Wort drauf: „Versprochen! Gott soll uns selbst töten, wenn nur einem irgendwas passieren sollte. Aber Sie müssen den Mund halten und dürfen niemandem davon erzählen, dass wir hier waren, geht das klar? Nur dann werden wir uns an diese Abmachung halten. Dann werden wir dafür sorgen, dass Ihnen nichts passiert, wenn Gott uns die Stadt in die Hand gibt." 15 Das Haus von Rahab war in die Stadtmauer reingebaut, die einmal um die ganze Stadt herum gebaut worden war. Darum konnte Rahab die beiden durch ein Fenster auf der Außenseite sicher aus der Stadt rausbringen. Die seilten sich einfach an einem Tau nach unten ab. 16 Bevor sie ganz am Boden waren, rief Rahab ihnen noch nach: „Gehen Sie zuerst in die Berge und verstecken sich dort eine Zeitlang! Es könnte sein, dass Sie verfolgt werden und Sie auf dem Weg zu Ihren Leuten irgendwo aufgegriffen werden. Bleiben Sie drei Tage in den Bergen, und gehen Sie erst dann weiter, wenn die Soldaten die Suche nach Ihnen aufgegeben haben! Auf diese Art kommen Sie sicher wieder nach Hause!" 17 Die Spione riefen zurück: „Okay. Auf eine Sache müssen Sie noch achten, sonst können wir unser Versprechen Ihnen gegenüber nicht einhalten: 18 Stellen Sie ein rotes Blinklicht in das Fenster, durch das wir geflohen sind! Holen Sie Ihre Eltern und Geschwister und alle anderen Verwandten bald zu sich in Ihre Bude. 19 Keiner darf das Haus verlassen! Wenn jemand rausgeht, wird er sterben. Selbst Schuld, wir übernehmen dafür keine Verantwortung. Wenn allerdings jemand in Ihrer Wohnung getötet wird, dann tragen wir die Konsequenzen, das war so abgemacht. 20 Und noch was: Erzählen Sie keinem von unserem Deal, klar? Sonst müssen wir unser Versprechen Ihnen gegenüber auch nicht mehr halten!" 21 „Okay", sagte Rahab. „Abgemacht, ich bin mit allem einverstanden!" Als die beiden weg waren, stellte sie das rote Blinklicht in ihrem Fenster auf. 22 Die Männer versteckten sich drei Tage in den Bergen, bis die Verfolger aufgegeben hatten. Die hatten tatsächlich alle Wege mit Polizeihunden abgesucht, aber niemanden gefunden. 23 Danach gingen die Spione wieder zurück. Sie kamen aus dem Gebirge und gingen direkt zu Josua, um ihm von ihrer Reise ausführlich Bericht zu erstatten. 24 „Gott hat uns

das ganze Land schon jetzt übergeben, es gehört
uns!", jubelten sie. „Die Leute, die dort wohnen,
haben schon jetzt die Hosen voll."

3 Der Jordanfluss wird überquert

1 Am nächsten Morgen packten Josua und alle
Israeliten ihre Sachen und zogen los. Von
Schittim aus ging es Richtung Jordanfluss. Als sie
dort waren, bauten sie erst mal ihr Zeltlager auf.
2 Nach zwei Tagen gab Josua den Auftrag an seine
Sekretärin, dass sie an alle Leute einen Befehl raus-
schicken sollte. 3 Dort stand drin: „Leute! Das Start-
signal ist, wenn die Priester vom Stamm Levi die
Kiste mit den Gesetzen hochnehmen und auf ihren
Schultern aus dem Lager tragen. Dann müssen alle
aufstehen und hinterhergehen. 4 Die Kiste wird
euch zeigen, wo es langgeht. Aber bitte gut aufpas-
sen, dass ihr nicht zu nahe kommt, klar? Bitte hal-
tet immer den Mindestabstand von 500 Metern
ein!" 5 Dann schrieb Josua noch: „Macht euch start-
klar! Passt darauf auf, dass ihr sauber seid, auf die
Art, wie Gott das von seinen Leuten möchte. Mor-
gen wird er für euch ein fettes Wunder tun!" 6 Am
nächsten Morgen sagte Josua zu den Priestern:
„So, Jungs, jetzt nehmt mal die Kiste mit den
Gesetzen und geht vorneweg! Auf zum Jordan-
fluss!" Die Priester gehorchten Josua und schlepp-
ten die Kiste mit den Gesetzen auf ihren Schultern.
7 Gott flüsterte Josua zu: „Pass auf, ich werde heute
allen Israeliten beweisen, dass du der neue Chef
bist. Sie sollen kapieren, dass ich mit dir genauso
unterwegs bin, wie ich es mit Mose war. 8 Sag den
Priestern, dass sie kurz vor dem Jordanfluss erst
mal stehen bleiben sollen!" 9 Josua organisierte
dann ein Treffen mit den Israeliten, wo er noch mal
zu allen reden konnte. „Passt mal gut auf, was Gott
euch zu sagen hat!", rief er den Leuten zu. 10 „Gott
will euch ein deutliches Zeichen geben, als Beweis,
dass er, Gott selbst, in eurer Mannschaft spielt. Er
wird auch die Kanaaniter, Hetiter, Hiwiter, Perisiter,
Girgaschiter, Amoriter und Jebusiter durch euch
ganz easy von der Bildfläche pusten. 11 Passt auf,
die Kiste mit den Gesetzen vom obersten Chef des
ganzen Universums ist bei euch! Sie geht vor euch
her über den Jordanfluss. 12 Organisiert mal zwölf
Männer, aus jedem Familienstamm von Israel
einen. 13 Ich verspreche euch, sobald die Priester
mit der Kiste ihre Füße in das Wasser stellen, wird
der Jordan aufhören zu fließen. Das Wasser, das
von oben kommt, wird sich aufstauen, als hätte da
jemand einen Staudamm hingestellt." 14 Die Israeli-
ten bauten also ihre Zelte ab und zogen zusammen
zum Jordanfluss. Ganz vorne waren die Priester, die
auf ihren Schultern die Kiste hatten. 15 Zu der Zeit
war gerade Frühjahr, und der Jordanfluss hatte
sogar Hochwasser. Aber in der Sekunde, als die
Priester mit ihren Füßen das Wasser berührten,
16 staute sich der Fluss plötzlich weiter oben an und
stand dort wie eine Mauer. Und zwar stoppte das
Wasser bei dem Ort Adam, der in der Nähe von
Zaretan lag. Das Wasser auf der anderen Seite in
Richtung Totes Meer lief langsam ab. Auf die Art
konnten alle Israeliten bei Jericho durch den Jordan-
fluss gehen, ohne sich auch nur die Füße nass zu
machen. 17 Die Priester mussten dabei die ganze
Zeit mit der Kiste auf dem Rücken im Flussbett
stehen bleiben, bis alle Israeliten trocken am ande-
ren Ufer gelandet waren.

4 Zwölf Steine als ein Denkmal

1 Als alle auf der anderen Seite angekommen
waren, sagte Gott zu Josua: 2 „Jetzt such dir
mal zwölf Männer aus. Von jedem Familienstamm
muss einer dabei sein. 3 Die sollen aus dem Jordan-
fluss zwölf Steine holen, und zwar genau von der
Stelle, an der die Priester stehen. Diese Steine müs-
sen dann dort hingelegt werden, wo ihr heute
Nacht euer Zeltlager aufschlagen werdet." 4 Josua
suchte sich zwölf Männer aus, von jedem Familien-
stamm war einer dabei. Er sagte dann zu denen:
5 „Geht mal alle zur Kiste mit den Gesetzen von
Gott. Dort, wo die jetzt im Jordanfluss steht, muss
sich jeder von euch einen großen Stein vom Boden
aussuchen. Jeder Stein steht für einen Familien-
stamm von Israel. 6 Diese Steine sollen dann zu
einem Denkmal werden. Wenn irgendwann später
mal eure Kinder fragen: ‚Papa, warum stehen diese
Steine da?', 7 dann könnt ihr ihnen erzählen: ‚Das
war so: Als wir damals mit der Kiste mit den Geset-
zen durch den Jordanfluss gezogen sind, da wurde
das Wasser plötzlich auf einer Seite aufgestaut.
Diese Steine sind so ein Denkmal, damit unsere
Leute das nie mehr vergessen und sich immer da
dran erinnern, wenn sie die sehen.'" 8 Die Männer
machten alles genau so, wie Josua es gesagt hatte.
Sie holten zwölf Steine aus dem Jordan und brach-
ten die zum Lagerplatz, wo sie in einer Reihe aufge-
stellt wurden. Für jeden Familienstamm lag da jetzt
ein Stein, genau so, wie Gott es Josua gesagt hatte.
9 Josua ging mitten in den Jordanfluss an die Stelle,

an der die Priester mit der Kiste standen, und legte dort auch noch mal zwölf Steine hin. Die Steine liegen da übrigens heute noch. 10 Die Priester blieben dabei die ganze Zeit mit der Kiste im Jordan stehen. Sie zogen erst weiter, als alles genau so gemacht worden war, wie Gott es seinen Leuten durch Josua gesagt hatte. Diese Ansage hatte Gott ja auch schon durch Mose gemacht, kurz bevor der starb. Die Leute hatten sich beeilt, so schnell es ging, durch den Jordanfluss zu gehen, solange noch kein Wasser da war. 11 Als alle drüben waren, konnte jeder zusehen, wie auch die Priester zusammen mit der Kiste ans andere Ufer kamen. Dort stellten sie sich wieder ganz nach vorne, an die Spitze der ganzen Truppe. 12 Die Soldaten von den Familienstämmen Ruben, Gad und die eine Hälfte von Manasse zogen vorneweg, mit Waffen im Anschlag und Helmen auf. So hatte es Mose befohlen. 13 Die ganze Armee hatte ungefähr 40 000 wehrfähige Soldaten, die zum Krieg gegen Jericho aufmaschierten. 14 Gott bestätigte Josuas Führungsposition an diesem Tag vor allen Leuten. Jeder hatte ab da Respekt vor ihm, genauso wie sie es vor Mose hatten. Das hielt sein ganzes Leben lang an. 15 Er meinte eben noch zu Josua: 16 „Sag den Priestern, die mit der Kiste, in der die Gesetze drinliegen, im Jordan stehen, dass sie jetzt mal herkommen sollen." 17–18 Als Josua das gemacht hatte und die Priester aus dem trockenen Fluss rauskamen, kam das Wasser zurück! Es floss genauso heftig wie vorher, so dass es sogar über die Ufer drüberging. 19 Das Ganze passierte am 10. April. Als Nächstes bauten die Israeliten ihr Zeltlager bei Gilgal auf, das östlich von Jericho liegt. 20 Josua stellte an dieser Stelle dann die 12 Steine hin, die man aus dem Jordan mitgenommen hatte. 21 Als er fertig war, erzählte er den Israeliten: „Leute, wenn später mal eure Kinder fragen, was das mit diesen Steinen dort soll und wo die herkommen, 22 dann erzählt ihnen diese ganze Geschichte, ja? Wie wir hier alle durch den Jordan maschiert sind, ohne auch nur einen Tropfen Wasser abzukriegen. 23 Gott hat das Wasser einfach ablaufen lassen, als ihr durchgezogen seid. Genauso wie damals in Ägypten, bei diesem Schilfmeer. Damals konnten wir auch einfach so durchgehen ohne nasse Füße zu kriegen. 24 Alle Menschen auf der Welt sollen dadurch kapieren, was Gott alles drauf hat und wie mächtig er ist. Und für euch soll das noch ein Grund mehr sein, ihm für immer dankbar zu sein und Respekt vor ihm zu haben."

5

Beschneidungsritual in Gilgal

1 Die Nachricht über das krasse Ding, was Gott am Jordanfluss gebracht hatte, stand am nächsten Tag auf den Titelseiten von allen Zeitungen in der Gegend. Die Regierungen der Amoriter, die westlich vom Jordan wohnten, und auch alle Präsidenten der Kanaaniter von der Küste vom Mittelmeer kriegten richtige Panik. Viele hatten sogar total die Angst und waren wie gelähmt. 2 In der Zeit sagte Gott zu Josua: „Hey, ich möchte, dass du dir ein paar Skalpelle besorgst und damit von jedem Mann die Vorhaut abschneidest. Jetzt soll das nach so langer Zeit endlich wieder mit allen Männern von Israel gemacht werden." 3 Josua organisierte sich die Skalpelle und beschnitt jeden Mann damit. Das Ganze wurde auf einem kleinen Berg gemacht, der ab dann den Namen „Berg, wo wir beschnitten wurden" hatte. 4 Der Grund, warum Josua das machen musste, war ganz einfach: Von der alten Truppe, die man bereits beschnitten hatte, waren auf dem langen Weg von Ägypten durch die Wüste bereits alle gestorben. 5 Als sie Ägypten verlassen hatten, waren die ja bereits beschnitten worden. Aber die ganzen neuen Männer, die in der Zwischenzeit geboren worden waren, hatten alle noch ihre Vorhaut am Penis. 6 Die Israeliten waren ja immerhin vierzig Jahre in der Wüste unterwegs gewesen, bis eine ganze Generation gestorben war. Die Leute, die noch in Ägypten dabei waren, hatten Gott ja nicht wirklich geglaubt, darum hatte Gott ihnen gesagt, dass sie nicht in das neue Land reingehen dürfen. Dieses Land hatte er ja schon den Uropas ganz fest versprochen, es sollte ein Land sein, wo es alles gibt, und zwar reichlich. 7 Dann waren die Söhne von diesen Leuten erwachsen geworden und an die Stelle ihrer Eltern getreten. Um die ging es jetzt, die mussten von Josua auch noch beschnitten werden. Das war auf der Reise dorthin nämlich noch nicht passiert. 8 Nachdem man diese Beschneidung der Vorhaut durchgezogen hatte, blieben sie noch eine ganze Zeit im Lager, bis die Wunden abgeheilt waren. 9 Gott sagte zu Josua: „Jetzt seid ihr wieder total okay. Diese Schande, dass ihr in Ägypten so lange unter Knebelverträgen für andere Leute schuften musstet, nehme ich jetzt von euch." Darum nannte man diese Ort ab dann „Gilgal", was so viel wie „Schande wegnehmen" bedeutet. 10 In der Zeit wo die Israeliten dort ihr Lager aufgeschlagen hatten, feierten sie auch die Passaparty. Start für die Feier war der Abend des 14. Aprils. 11 Am nächsten Morgen gab es zum Frühstück das erste Mal Bröt-

chen und Müsli, was direkt aus der Produktion vom Kanaan-Land stammte. 12 Ab dem Zeitpunkt gab es auch kein Manna-Brot mehr, das konnte man jetzt nirgends mehr finden. Schon im ersten Jahr im neuen Land hatten die Israeliten ihre Ernährung auf die Lebensmittel umgestellt, die man in Kanaan-Land anbauen und ernten konnte.

Gott schickt einen Turbo-Engel vorbei

13 Kurz vor Jericho ging Josua mal ein Stück spazieren. Plötzlich stand da ein Typ, der sich ihm, mit einer Kalaschnikow im Anschlag, in den Weg stellte. Josua ging auf ihn zu und fragte ganz frech: „Gehörst du zu den Feinden oder bist du ein Freund?" 14 „Keins von beiden", lachte der Typ ihn an. „Ich bin der oberste General über die Armee von Gott und bin einfach mal so vorbeigekommen." Josua hatte mörder Respekt, er warf sich vor dem Typen flach auf den Boden und stammelte: „Oh! Was hat mein Chef seinem untersten Angestellten zu sagen? Ich mach alles, was er will!" 15 „Als Erstes musst du mal deine Schuhe ausziehen. Du stehst nämlich auf einem ganz besonders krassen Boden, der ist heilig!" Josua machte das sofort.

6

Sieg auf ganzer Linie in Jericho

1 Um die Stadt Jericho war vor einiger Zeit eine riesengroße Schutzmauer gebaut worden. Als die Israeliten anrückten, waren die Stadttore in der Mauer bereits mit fetten Stahlriegeln verschlossen worden. Niemand konnte mehr in die Stadt rein, und niemand kam mehr raus. 2 Gott sagte zu Josua: „Pass auf, ich werde dafür sorgen, dass dir Jericho bald gehört, mit seiner Regierung und allen Soldaten. 3 Und zwar möchte ich, dass du mit allen Männern aus deiner Armee jeden Tag einmal um die ganze Stadt ziehst. Das machst du insgesamt sechs Tage lang. 4 Bei eurem Zug sollen sieben Priester mit E-Gitarren, Bass, Marshall-Verstärkern und Schlagzeug auf einem Wagen mit dabei sein. Die Priesterband soll bei eurem Umzug mit maximaler Lautstärke spielen. Dahinter soll dann die Kiste mit den Gesetzen getragen werden. Am siebten Tag sollt ihr nicht nur einmal, sondern siebenmal um die Stadt ziehen. 5 Wenn die Soldaten dann am siebten Tag bei der letzten Umrundung die Musik hören, sollen sie voll zu brüllen anfangen. Wenn ihr das macht, wird die Mauer in sich zusammenfallen! Jeder Soldat kann dann von der Stelle aus, an der er gerade steht, in die Stadt reinmarschieren." 6 Josua rief die Priester in sein Bürozelt und sagte zu ihnen: „Packt euch die Kiste mit den Gesetzen auf die Schultern. Dann brauchen wir noch eine Band, sieben Leute, die auf einem Wagen laut Mucke machen." 7 Zu den Soldaten sagte Josua: „Los jetzt! Geht um die Stadt! Die besten Soldaten sollen vorneweg vor der Kiste laufen." 8 So wurde das Ganze auch durchgezogen. Die sieben Priester packten ihre Anlage und Verstärker auf den Wagen und fingen an voll abzurocken. Dahinter trugen die anderen Priester die Kiste. 9 Der Umzug sah so aus: Die besten Soldaten gingen vorneweg. Dann kam der Wagen mit der Priesterband, die die ganze Zeit ihre Hits spielte. Dahinter kam die Kiste mit den Gesetzen und ganz zum Schluss die restliche Truppe. Die ganze Zeit machte die Band dabei volles Rohr laut Mucke. 10 Josua hatte den Soldaten vorher den Befehl gegeben, dass sie keinen Pieps sagen sollten. „Kein Wort darf beim Umzug aus eurem Mund kommen, bis ich euch am siebten Tag ein Zeichen gebe", meinte er. 11 Josua ließ die Truppe mit der Kiste an dem Tag einmal um die ganze Stadt ziehen. Dann kamen sie wieder ins Zeltlager zurück und übernachteten dort. 12 Aber am nächsten Morgen befahl Josua den Leuten, die zweite Runde zu drehen. Die Priester griffen sich die Kiste und zogen wieder mit Josua los. 13 Dabei machten die sieben Männer der Band wieder voll laut Musik. Der Zug ging in der Reihenfolge: Vorne war eine kleine Gruppe von Soldaten. Als Nächstes kamen die Priester mit ihrer Band. Dann kamen die Priester, die die Kiste trugen, und am Ende die ganze Armee. 14 Am zweiten Tag machten sie es genauso wie am ersten, sie marschierten einmal um die ganze Stadt. Das Ganze wiederholten die Israeliten sechs Tage lang. 15 Am siebten Tag zogen sie dann ganz früh am Morgen, als die Sonne gerade aufging, in der gleichen Anordnung los, wie sie es die Tage davor auch gemacht hatten. An diesem Tag zogen sie aber siebenmal um die Stadt. 16 Als sie bei der siebten Umrundung angekommen waren, befahl Josua den Männern: „Jetzt brüllt, was das Zeug hält! Gott hat uns die Stadt ausgeliefert! 17 Vergesst nicht, dass sie radikal Gott gehört und wir die Rote-Karte-Aktion durchziehen sollen! Das bedeutet, dass dort am Ende nichts mehr leben darf. Es gibt nur eine Ausnahme, und das ist diese Hure, Frau Rahab, inklusive jedes Menschen, der in ihrem Haus wohnt. Die hatte ja unsere Jungs versteckt, als die in der Stadt waren, um die Lage auszuspionieren. 18 Leute, passt auf, dass ihr euch ja nicht irgendwas von den

Sachen greift. Wenn ihr das tut, würde es jeden von uns treffen, und alle Israeliten würden deswegen kaputtgehen. [19] Jeder Euro, das ganze Gold, der Schmuck, jede Aktie, die wir erbeuten, gehört Gott und muss bei ihm im Tresor gebunkert werden!" [20] Dann legte die Priesterband los. Sie hauten in die Saiten, und als die Israeliten die Musik hörten, fingen sie wie blöd an zu schreien. Und dann krachte plötzlich die ganze Mauer in sich zusammen! Die Armee der Israeliten spazierte einfach von überall in die Stadt rein und eroberte sie. [21] Sie zogen alles genau so durch, wie Gott es gesagt hatte. Alles was lebte, wurde von ihnen getötet. Männer, Frauen, Kinder, Opas, Omas, Rinder, Schafe, Pferde, einfach alles.

Die Familie von Rahab bleibt am Leben

[22] Die beiden Spione hatten von Josua aber vorher die Order bekommen, dass sie in das Haus von der Hure Rahab gehen sollten. „Holt sie da raus und nehmt auch ihre ganze Familie mit! Das haben wir ihr ganz fest versprochen!", meinte er. [23] Sie gingen dann bei ihr vorbei und holten sie mit ihrer ganzen Familie aus dem Haus. Ihre Brüder, ihr Vater, ihre Mutter, die ganzen Verwandten und ihre Angestellten wurden abgeholt und in Sicherheit gebracht, außerhalb des Lagers. [24] Am Ende nahmen die Soldaten Benzin und fackelten die ganze Stadt ab. Nur das ganze Geld und die Gold- und Silberreserven wurden gesichert und zum Tresor vom besonderen Zelt gebracht. [25] Der Familie von der Frau Rahab passierte aber nichts. Das tat Josua, weil er sich bei ihr dafür bedanken wollte, dass sie die Spione versteckt hatte. Ihre Familie lebt seitdem immer noch bei den Israeliten. [26] Damals machte Josua eine krasse Ansage: „Wenn irgendjemand mal versuchen sollte, Jericho wieder aufzubauen, dann hat er für immer verloren. Gott hat dann keinen Bock mehr auf ihn, der ist verflucht! Wenn er anfängt, wieder alles aufzuräumen und einen Plan zu machen, die Stadt wieder hochzuziehen, wird sein erster Sohn sterben. Und wenn er die Mauer wieder aufgebaut hat, wird sein jüngster Sohn sterben." [27] Gott stand eindeutig auf der Seite von Josua, jeder merkte das. Und deswegen wurde er echt berühmt, überall in der Gegend kannte man seinen Namen.

7

Niederlage bei Ai

[1] Zur Erinnerung: Gott hatte den Israeliten befohlen, die ganze Stadt Jericho komplett plattzumachen und die Rote-Karte-Aktion dort radikal durchzuziehen. Sie sollten sich nichts in die eigene Tasche stecken, so war seine Ansage. Aber es hielten sich nicht alle da dran. Ein Typ, der Achan hieß, klaute ein paar von den Sachen, die auf der Verbotsliste ganz oben standen. Achan kam aus der Familie vom Karmi, dessen Vater Sabdi hieß. Dessen Opa war Serach aus dem Familienstamm Juda. Gott war supersauer auf die Israeliten wegen dem Typen. [2–3] Josua schickte einige Soldaten von Jericho aus nach Ai, einer Stadt, die östlich von Bet-El lag. Das war in der Ebene von Bet-Awen. Sie sollten die Umgebung dort mal abchecken. Die Männer spionierten also die Gegend aus und kamen ein paar Tage später wieder zurück zu Josua, um ihren Bericht abzuliefern. „Das sieht nach einer ganz lockeren Geschichte aus! Das packen wir mit einer kleinen Einheit ganz easy!", meinten sie zu ihm. „Hier muss nicht gleich die ganze Armee anrücken, so zwei- bis dreitausend Männer müssten locker reichen, um die Leute in Ai fertigzumachen! Du brauchst echt nicht jeden Soldaten dafür, das sind nur ein paar Leute!" [4–5] Josua hörte auf ihren Rat. Es zog also nur eine kleine Einheit der Israeliten dort hin. Aber sie wurden von den Soldaten aus Ai zurückgeschlagen. Als die Armee auf der Flucht war, jagten die Feinde den Israeliten noch hinterher und töteten an einem Abhang 36 Leute. Da bekamen die anderen echt Panik. [6] Als Josua und die anderen Clanchefs von den Ereignissen erfuhren, waren sie ziemlich fertig. Einige kriegten voll den Heulflash, zerkloppten pauschal alles, was in der Gegend rumlag, und warfen sich vor der Kiste mit den Gesetzen auf den Boden. Dort blieben sie den ganzen Tag liegen, bis es dunkel wurde. [7] Josua sagte: „Hey, Gott, du bist echt der Größte! Aber warum hast du uns überhaupt bis hierher gebracht? Warum sollten wir über den Jordan gehen, wenn du sowieso vorhattest, dass wir gegen die Amoriter verlieren und die uns alle umnieten? Wären wir bloß auf der anderen Seite geblieben! [8] Ich bin echt sprachlos! Was kann ich da noch sagen, wenn unsere Männer sogar in Panik vor den Feinden weglaufen mussten? [9] Die Kanaaniter und die anderen Völker, die hier leben, werden die Story bestimmt morgen in der Zeitung lesen. Dann kommen sie alle auf einmal und werden uns hier in hohem Bogen wieder rausschmeißen. Was kannst du dann noch dagegen tun, dass die Leute nicht über dich ablästern und dich überall verarschen. Hallo? Gott?"

Der Grund: Die Leute haben nicht getan, was Gott wollte

10 Gott sagte zu Josua: „Mann, was ist los? Warum
heulst du hier rum und liegst auf dem Boden?
11 Deine Leute sind selbst schuld! Sie haben den
Vertrag gebrochen, den wir miteinander vereinbart
hatten! Sie haben sich einfach ein paar von den
Sachen gezockt, die eigentlich vernichtet werden
sollten! Das war so abgemacht, aber die haben sich
nicht dran gehalten. 12 Darum werden sie auch
gegen eure Feinde keine Stiche sehen. Sie müssen
fliehen, weil die Rote-Karte-Aktion jetzt auf sie selbst
zurückgekommen ist, wie so ein Bumerang. Eigent-
lich müssten jetzt alle sterben. Ich bin dann weg
und werde euch nicht mehr helfen, wenn ihr nicht
sofort alles komplett kaputt macht, was ihr euch
von dort gezockt habt. Das hatte ich doch ausdrück-
lich verboten! 13 Jetzt komm in die Hufe! Mach deine
Leute dafür klar, dass ich mich mit ihnen treffen
kann! Gib den Befehl raus, dass sich jeder gottmä-
ßig sauber machen soll, damit sie für das Treffen
bereit sind. Richte ihnen Folgendes aus: ‚Ich hab ne
Ansage von Gott: Ihr habt Dinge bei euch rumlie-
gen, die eigentlich durch die Rote-Karte-Aktion
kaputt gemacht werden sollten. Eure ganzen Leute
werden keinen Krieg mehr gewinnen können, wenn
ihr die Sache nicht schleunigst wieder in Ordnung
bringt. Ihr müsst diese Dinge vernichten!‘ 14–15 Ich
möchte, dass morgen früh alle Familienstämme
antreten. Dann sollt ihr mal auswürfeln, bei wel-
chem Familienstamm der Fehler passiert ist. Jetzt
wird als Nächstes gewürfelt, bei welcher Familie die
geklauten Dinge rumliegen. Aus der Familie sollen
dann alle Mann vortreten. An dem Mann, der dann
am Ende ausgewürfelt wird, liegt es, der hat Dreck
am Stecken. Er hat in der Stadt Jericho Dinge für
sich abgezweigt, die eigentlich verbrannt werden
sollten. Ihr müsst ihn töten und verbrennen, und
zwar alles, was ihm gehört. Der Typ hat etwas rich-
tig Mieses gemacht, er hat es total verschissen, er
hat den Vertrag mit Gott übelst gebrochen!“ 16 Am
nächsten Morgen ließ Josua alle Israeliten, geordnet
nach ihren Familienstämmen, antreten. Beim Wür-
feln kam dann der Familienstamm Juda bei raus.
17 Also kam der ganze Familienstamm nach vorne,
und beim Würfeln kam als Nächstes der Clan
Serach raus. Und aus dem Clan Serach kam am
Ende die Familie Sabdi bei raus. 18 Unter dieser
Familie ergaben die Würfel dann, dass das Problem
bei Achan lag. Achan war ein Sohn von Karmi, ein
Enkel von Sabdi und ein Urenkel von Serach.
19 Josua sagte zu dem: „Mein Lieber, die Würfel
sagen, dass du schuld bist! Ist das so? Mach jetzt
klar, dass Gott dein Chef ist! Gib zu, dass du Mist
gebaut hast! Keine Geheimnisse mehr!“ 20 „Es
stimmt, ich geb’s zu!“, sagte Achan. „Ich hab gro-
ßen Mist gebaut. Ich hab Gott beschissen. Ich hab
ihn betrogen. 21 Beim Einsammeln unserer Beute
war da so eine ganz geile Jeans, auf die ich echt
scharf war. Dann hab ich noch 400 Euro und ein
paar Goldmünzen mitgehen lassen. Ich habs ein-
fach nicht gepackt, die Versuchung war zu groß.
Alles liegt in meinem Zelt versteckt, in einem Loch,
was ich dafür gebuddelt hab. Die Euroscheine lie-
gen ganz obendrauf.“ 22 Josua schickte ein paar
Männer zum Zelt von Achan. Die fanden die Beute
genau an der Stelle, wo er es gerade gesagt hatte.
23 Die Jungs brachten die Sachen sofort zu dem Tref-
fen, wo Josua mit den anderen Israeliten gerade am
besonderen Zelt war. Sie legten alles vor die Kiste
mit den Gesetzen hin. 24 Jetzt packten alle Israeliten
Achan und seine ganze Familie und schleppten ihn
in das Achor-Tal. Alles, was ihm gehörte, seine gan-
zen Pferde, Schafe und Ziegen, sein Zelt, seine Kla-
motten, einfach alles hatten sie auch mitgenom-
men. 25 Josua sagte dann vor der versammelten
Mannschaft zu ihm: „Du bist schuld, dass wir die-
sen Krieg verloren haben, du hast uns alle damit
kaputt gemacht, viele mussten wegen dir sterben.
Darum wird Gott dich jetzt auch kaputt machen.“
Jetzt schnappte sich jeder ein paar Steine und
bewarf Achan und seine Familie so lange damit, bis
keiner mehr lebte. Zum Schluss wurden ihre Lei-
chen verbrannt. 26 Über der Feuerstelle wurde ein
großer Steinhaufen aufgebaut. Den kann man dort
heute noch sehen. Als alles vorbei war, vergaß Gott
seinen Ärger mit den Israeliten. Wegen der ganzen
Geschichte nennt man diesen Ort bis heute, das
Achor-Tal, was so viel bedeutet wie „Das Tal, wo ein
großes Unglück passiert ist“.

8

Sieg bei Ai

1 Als sie das erledigt hatten, meinte Gott zu
Josua: „Hey, du brauchst echt keine Angst zu
haben! Keine Panik, verstehst du? Hol die ganzen
Soldaten zusammen und zieh noch mal los, um
gegen die Stadt Ai zu kämpfen. Ich hab schon jetzt
dafür gesorgt, dass der Präsident von Ai und mit
ihm alle Bewohner diesen Krieg verlieren und alles,
was dort steht, bald dir gehört. 2 Ich möchte, dass
ihr Ai plattmacht, wie ihr auch Jericho schon kaputt

gemacht habt. Alle Leute, die da wohnen, sollen gekillt werden. Mit einem Unterschied: Ihr dürft diesmal alles restlos behalten, was ihr dort findet. Pass auf, zieh mal einen Teil der Männer von der Truppe ab und sag denen, sie sollen sich auf der anderen Seite der Stadt verstecken." 3 Josua suchte sich sofort 30 000 seiner besten Leute aus, und schickte sie nachts schon mal vor, zum hinteren Ende der Stadt. 4 Sie kriegten von Josua die Order: „Versteckt euch auf der anderen Seite der Stadt! Die Entfernung sollte aber nicht zu groß sein, damit jeder sofort in der Lage ist loszumarschieren, wenn der Befehl kommt. 5 Ich werde mit dem Rest der Männer bis kurz vor die Stadt ziehen. Wenn uns dann die Soldaten von Ai wieder entgegenstürmen, werden wir einfach umdrehen und weglaufen. 6 Dann werden sie uns verfolgen und sich so von der Stadt entfernen, weil sie vermuten, dass wir wieder auf der Flucht vor ihnen sind, so wie beim ersten Mal. 7 Wenn ihre Armee dann außerhalb der Stadt ist, müsst ihr von hinten in die Stadt einbrechen und sie übernehmen. Gott, euer Chef, wird sie unter eure Kontrolle bringen. 8 Fackelt die Stadt sofort ab, legt überall Feuer! So hat Gott es gesagt. Haltet euch strikt an meine Befehle!" 9 Alles wurde genau so gemacht, wie Josua es gesagt hatte. Die kleinere Truppe versteckte sich westlich von Ai, in der Richtung von Bet-El. Josua war die ganze Nacht bei dem Hauptteil der Truppe und pennte da. 10 Am nächsten Morgen ließ er ganz früh die Soldaten antreten. Dann stellte er sich mit den anderen Chefs der Israeliten vorne auf und zog vor die Stadt. 11 Kurz vor Ai schlugen sie ihr Lager auf, zwischen ihnen und der Stadt lag nur noch ein Tal, weiter nichts. 12 Dann organisierte Josua die Spezialtruppe von 5000 Mann, die sich hinter die Stadt im Westen, zwischen Ai und Bet-El auf die Lauer legten. 13 Das Hauptlager war also im Norden, die versteckte Truppe im Westen. Josua selbst ging abends noch zurück, in die Gegend vom Jordan. 14 Der Präsident von Ai konnte von der Stadt aus sehen, dass die Armee von Josua auf sie zukam. Er zögerte keine Sekunde und rückte mit seinen Soldaten gegen die Israeliten aus. Seine Idee war es, sich einen günstigen Platz für einen Bodenkrieg beim Jordan zu suchen, um sie von dort als Erster angreifen zu können. Er hatte aber nicht geschnallt, dass das Ganze eine Falle war. 15 Josua und seine Leute taten so, als würden sie gegen diese Armee keine Chance haben, und wichen im Kampf absichtlich immer weiter zurück, bis in die Wüste. 16 Als die Befehlshaber von Ai das mitbekamen, riefen sie alle wehrfähigen Männer aus der Stadt zusammen, um die Israeliten zu verfolgen. So wurden die Soldaten immer weiter von der Stadt weggelockt. 17 Am Ende war nicht mal mehr ein Mann in der Stadt, weil die alle draußen waren. Es waren nur noch Frauen und Kinder dort. Keiner war übrig, um die Stadt zu beschützen.

Ai wird eingenommen und komplett abgefackelt

18 Jetzt sagte Gott zu Josua: „So, jetzt geht's ab! Nimm deine Knarre in die Hand und halt sie hoch. Ich werd dir die Stadt jetzt geben!" 19 Als Josua sein Maschinengewehr hochhielt, ging es los. Die Männer, die sich versteckt hatten, kamen jetzt ganz schnell aus ihrer Stellung und rannten auf die Stadt zu. Sie übernahmen das ganze Teil und legten überall Feuer. 20 Als die Soldaten aus Ai sich umsahen, konnten sie plötzlich sehen, wie aus ihrer Stadt fette Rauchwolken rausqualmten! Jetzt waren sie verwirrt, sie wussten nicht mehr, in welche Richtung sie laufen sollten. In dem Augenblick drehten sich die Israeliten, die so getan hatten, als würden sie fliehen, plötzlich um und griffen sie an. 21 Josua und seine Leute hatten, na klar, auch mitbekommen, dass der Trick funktioniert hatte. Sie konnten sehen, dass die anderen bereits in der Stadt drin waren und das Teil bereits wie blöd am Brennen war. Sie überrannten die gesamte Armee von Ai und töteten jeden Soldaten. Keiner konnte fliehen, und es gab auch keine Gefangenen. 22 Das Heer der Feinde hatte plötzlich zwei Fronten gehabt und wurde von zwei Seiten bekämpft. Darum gab es keine Überlebenden. 23 Nur einer wurde gefangenen genommen, und das war der Präsident von Ai. Den brachten die Männer dann zu Josua. 24 Nachdem man wirklich alle Männer aus Ai getötet hatte, zogen die Soldaten in die Stadt und brachten dort alles um, was noch lebte. 25 Auf diese Art wurden an diesem Tag alle Einwohner von Ai getötet, insgesamt 12 000 Männer und Frauen. 26 Josua führte den Krieg so lange, bis die Rote-Karte-Aktion wirklich bis zum Ende durchgezogen worden war. 27 Alle Tiere konnten die Israeliten diesmal behalten. Auch die wertvollen Sachen durften sie aus der Stadt mitnehmen. Das hatte Gott Josua ja alles genau so gesagt. 28 Die Stadt wurde von Josua komplett plattgemacht. Bis heute ist davon nicht mehr als ein großer Schrotthaufen übrig. 29 Der Präsident von Ai wurde öffentlich hingerichtet. Er wurde erhängt. Seine Leiche hing den ganzen Tag an einem Baum, bis Josua befahl, sie

runterzunehmen und irgendwo vor die Stadt zu schmeißen. Die Soldaten schütteten ein paar Ladungen Steine darüber. Den Haufen kann man da noch heute sehen.

Josua liest aus den Gesetzen vor

30 Als das abgegangen war, ließ Josua einen Opfertisch, so einen Altar für Gott, seinen Chef, auf dem Berg Ebal bauen. 31 Mose, der voll mit Gott unterwegs gewesen war, hatte ja kurz vor seinem Tod den Befehl für diese Aktion rausgegeben. Josua ließ den Tisch genau nach der Anweisung bauen, wie es in den Gesetzen von Mose drinsteht. Es wurden normale Steine verwendet, die noch nicht mit einem Werkzeug bearbeitet worden waren. Auf diesem Steintisch wurden dann von den Israeliten Abfackelopfer und Dankopfer durchgeführt. 32 Auf andere Steinplatten, die sie dort hingeschleppt hatten, schrieb Josua die Gesetze noch mal drauf. Es war eine Abschrift von den Worten, die Mose vor den Augen der Leute damals aufgeschrieben hatte. 33 Die Israeliten inklusive aller Chefs und Clanchefs, alle Richter und auch alle Ausländer, die bei ihnen lebten, stellten sich an beiden Seiten von der Kiste mit den Gesetzen auf. Die eine Hälfte stand auf der Seite, auf der der Berg Garizim lag, und die andere Hälfte auf der Seite, auf der der Berg Ebal zu sehen war. Zwischen den Leuten und der Kiste stellten sich die Priester auf, alle aus dem Familienstamm Levi. So sollten sich die Israeliten immer aufstellen, wenn sie von Gott Kraft bekommen wollten. 34 Als alle richtig standen, las Josua noch mal die Gesetze vor. Dazu auch noch Gottes Versprechen, wenn sich die Leute an seine Gesetze halten. Aber auch die ganzen Warnungen, was passiert, wenn man sich nicht an die Gesetze hält, wurden aus dem Buch vorgelesen. 35 Kein Wort wurde verschwiegen, alles, was Mose aufgeschrieben hatte, wurde exakt so vorgelesen. Dabei hörte die ganze Gemeinschaft der Israeliten gut zu. Auch die Frauen und Kinder und alle Ausländer waren dabei.

9

Der Trick von den Leuten aus Gibeon

1–2 Dass Israel diesen krassen Sieg eingefahren hatte, war am nächsten Tag auf der Titelseite von allen Zeitungen überall im Land. Die Regierungschefs, die ihren Sitz westlich vom Jordan hatten, lasen alle beim Frühstück von dem Sieg der Israeliten über Ai und bekamen echt Schiss. Daraufhin schlossen alle Präsidenten aus der Gegend einen Angriffspakt gegen Josua und seine Leute. Die Präsidenten, die diesen Pakt unterschrieben, kamen von überall her: Aus dem Gebirge, von der Küste bis ganz zum Libanon, von den Hetitern, Amoritern, Kanaanitern, Peristern, Hiwitern und Jebusitern. 3 Die Nachricht kam auch zu den Bewohnern der Stadt Gibeon, die zu dem Volk der Hiwiter gehörten. Als sie lasen, was Josua mit Jericho und Ai angestellt hatte, 4–5 überlegten sie sich einen Trick, wie sie aus dieser Kiste rauskommen könnten. Und zwar verkleideten sie sich so, als wären sie eine kleine Familie, die in einem Getto lebt. Sie zogen sich ein paar zerrissene Jeans und dreckige T-Shirts über und schmierten sich etwas Dreck ins Gesicht. Dann setzten sie sich in einen alten Bus, auf dessen Dachgepäckträger ein paar Gitterboxen montiert waren. In den Boxen steckten ein paar halbvolle Plastikflaschen mit Wasser und steinhartes Brot. 6 So kamen sie dann zu Josua ins Lager nach Gilgal. Bei einem Treffen, wo Josua und einige Männer von den Israeliten anwesend waren, trugen sie dann ihre Story vor: „Guten Tag, verehrte Herren! Wir kommen aus einem sehr weit entfernten Land und würden gerne einen Nichtangriffspakt mit euch abschließen.“ 7 Die Männer antworteten: „Nee Leute, das geht nicht. Vielleicht wohnt ihr hier ja nur um die Ecke?“ 8 „Wir tun, was auch immer ihr von uns wollt!“, sagten die Männer von Gibeon. „Hm, wo kommt ihr denn überhaupt her?“, wollten die Israeliten wissen. 9 „Unsere Heimat liegt auf der anderen Seite der Erde! Aber trotzdem ist sogar bis zu uns die Nachricht durchgedrungen, dass es da jetzt so ein neues Volk gibt, bei dem Gott extrem am Start ist. Zum Beispiel von den ganzen Sachen, die Gott bei euch in Ägypten gemacht hat, haben wir gehört. 10 Auch von dem heftigen Sieg über die zwei Präsidenten von den Amoritern und ihre Armeen auf der anderen Seite vom Jordan hat man uns erzählt. Wie euer Gott den Präsidenten Sihon von Hebschon und den Präsidenten Og von Baschan einfach plattgemacht hat. 11 Nicht nur die Chefs bei uns, sondern alle Bewohner haben zu uns gesagt: ‚Packt euch was zu essen ein und fahrt mal zu diesen Leuten. Ihr müsst ihnen sagen, dass wir bereit sind, alles zu tun, was sie wollen. Schließt mit ihnen einen Friedensvertrag.‘ 12 Hier, ihr könnt das ja an unserem Proviant testen, den wir mitgenommen hatten. Das Brot war noch warm, als es in die Box kam, aber jetzt ist es steinhart. 13 Oder hier unsere Wasserflaschen. Die waren noch voll, als wir losgezogen sind, aber jetzt sind die fast leer. Auch

unsere Klamotten sind mittlerweile total durch."
14 Die Israeliten testeten das Brot, und es war tat-
sächlich steinhart. Aber Gott fragten sie nicht, ob
die Sache okay war. 15 Also unterschrieb Josua den
Vertrag, der den Männern das Leben garantierte.
Der Vertrag wurde von allen Clanchefs unterschrie-
ben. 16 Erst drei Tage später wurde klar, dass die
Männer sie beschissen hatten. Sie lebten in Wirk-
lichkeit gleich um die Ecke, mitten in dem Gebiet,
das Israel gehören sollte. 17 In der Zwischenzeit
waren die Israeliten nämlich weitergezogen und
kamen bei den Städten an, aus denen diese Männer
ursprünglich stammten. Das waren Gibeon, Kefira,
Beero und Kirjat-Jearim. 18 Wegen ihrem Vertrag
konnten sie die aber nicht mehr angreifen, immer-
hin hatten ihre eigenen Chefs unterschrieben, und
sie hatten ihnen im Namen von Gott Frieden zuge-
sichert. Die Israeliten waren megasauer auf ihre
Chefs, dass sie diesen Trick nicht durchschaut hat-
ten. 19 Die antworteten dann nur: „Sorry, Leute, da
geht einfach nichts! Wir haben diesen Leuten, mit
Gott als Zeugen, ihren Vertrag unterschrieben. Wir
können die einfach nicht angreifen! 20 Wenn wir die
killen, wird uns Gott dafür bestrafen. 21 Aber viel-
leicht haben wir eine Notlösung. Ab sofort sollen
die bei uns im Toilettendienst, auf dem Bau und bei
der Müllabfuhr für lau arbeiten!" 22 Josua ließ die
Chefs aus Gibeon dann alle in seinem Büro antre-
ten. „Warum habt ihr uns derart beschissen? Ihr
habt uns angelogen und erzählt, dass ihr von der
anderen Seite der Erde kommt, obwohl ihr hier
gleich um die Ecke wohnt! 23 Das war nicht okay,
und darum soll es euch auch nicht gutgehen. Ab
sofort arbeitet ihr für uns, kostenlos! Eure Leute
müssen sich bei uns um den Müll kümmern und
auf dem Bau arbeiten. Außerdem müsst ihr auf den
öffentlichen Toiletten putzen." 24 Sie antworteten:
„Es war einfach die einzige Chance, unser Leben zu
retten! Bei uns war das auch schon angekommen,
dass Gott dem Mose gesagt hatte, dass er euch die
ganze Gegend schenken will und dass ihr alles und
jeden töten werdet, der dort lebt. 25 Aber wir gehö-
ren jetzt euch. Macht mit uns, was ihr für richtig
haltet!" 26 Josua stand zu seinem Deal. Er
beschützte die Leute aus Gibeon und erlaubte es
den Israeliten nicht, sie umzubringen. 27 Allerdings
kriegten sie die megaharten Jobs und erledigten ab
dann die ganze Drecksarbeit für die Israeliten. Sie
mussten die gesamten öffentlichen Klos putzen und
bei der Müllabfuhr arbeiten. Dazu kümmerten sie
sich um das Holz, was man im besonderen Zelt für
das Feuer brauchte, um dort auf dem großen Tisch,
dem Altar, die Opfer abzufackeln. Und diese Jobs
erledigten sie dann eine ganze Zeitlang für die Isra-
eliten.

10 **Die Leute von Gibeon brauchen Hilfe**
1 Auch der Präsident Adoni-Zedek von Jeru-
salem hörte in den Nachrichten, dass Josua
mit seiner Armee Ai eingenommen und in der gan-
zen Stadt die Rote-Karte-Aktion durchgezogen
hatte, genau wie vorher in Jericho. Außerdem gab es
die Nachricht, dass die Leute aus Gibeon einen Frie-
densvertrag mit den Israeliten abgeschlossen hatten
und jetzt die Armee auch noch verstärken würden.
2 Adoni-Zedek und seine Leute kriegten voll den
Horror, denn Gibeon war eine echt fette Stadt, sie
war sogar etwas größer als Ai. Man hatte Respekt
vor der Armee von Gibeon, weil die Soldaten fast
alle eine Einzelkämpfer-Ausbildung hatten. 3 Darum
schickte Adoni-Zedek eine Rundmail an die Staats-
oberhäupter der Nachbarstaaten. Das waren: Präsi-
dent Hoham von Hebron, Präsident Piram von Jar-
mut, Präsident Jafia von Lachisch und Präsident
Debir von Eglon. Er schrieb: 4 „Sehr verehrte Kolle-
gen! Dies ist ein Hilferuf und ein Aufruf zum Kampf
gegen Israel. Wir wollen gemeinsam die Leute von
Gibeon dafür abstrafen, dass sie sich auf Josua und
seine Leute eingelassen haben! Macht mit! Mit
freundlichen Grüßen, Präsident Adoni-Zedek." 5 Die
fünf Präsidenten waren einverstanden und zogen
mit ihrer geballten Armee vor die Stadt Gibeon, um
gegen sie zu kämpfen und sie kaputt zu machen.
6 Als die Bewohner von Gibeon die Masse an Solda-
ten sahen, schickten sie eine Nachricht an Josua,
der gerade immer noch in Gilgal war. „Machen Sie
jetzt bitte noch nicht die Düse, Herr Josua! Wir
brauchen Sie noch! Unsere Abmachung war, dass
wir uns Ihnen voll unterordnen, aber das bedeutet
doch auch, dass Sie uns jetzt schützen müssen,
oder? Bitte helfen Sie uns! Schnell! Die gesamte
Armee von den Amoritern aus dem Bergland steht
bei uns vor der Tür und will uns zerstören!" 7 Josua
befahl sofort allen Soldaten von Israel, sich zu sam-
meln und brach mit den Männer auf. 8 Gott sagte
dabei zu ihm: „Du brauchst echt keinen Schiss vor
denen zu haben! Ich hab sie alle schon für dich kalt-
gestellt. Keiner hat eine Chance gegen dich und
deine Leute."

Gott sorgt dafür, dass Israel gegen die Amoriter gewinnt

9 Josua startete einen Überraschungsangriff gegen die Amoriter. Er maschierte die ganze Nacht durch und kam am nächsten Morgen ohne Ankündigung bei den Armeen der Amoriter vor Gibeon an.
10 Gott sorgte dafür, dass die Gegner nur beim Anblick der Armee schon so eine Panik kriegten, dass sie nur noch weglaufen wollten. Die Männer von Israel schlugen derart hart zu, dass die andere Armee nur panisch die Flucht ergriff und eine vernichtende Niederlage einfuhr. Man jagte den Flüchtenden hinterher, bis zur Gegend von Bet-Horon, teilweise sogar noch bis Aseka und Makkeda.
11 Als die Amoriter den Hügel Bet-Horon runterrannten, organisierte Gott, dass ganz plötzlich riesengroße Hagelkörner vom Himmel runterfielen, den ganzen Weg bis nach Aseka. Durch diese Eisbrocken wurden sogar noch mehr Soldaten getötet als durch die Waffen der Israeliten.
12 An dem Tag, als das Ganze abgging, brachte Josua einen krassen Spruch. Alle Leute aus Israel konnten ihm dabei zuhören: „Sonne, du musst jetzt stehenbleiben! Mond, du muss jetzt stehenbleiben! Die Uhr darf nicht mehr ticken, bis unsere Feinde alle tot sind!“
13 Und das passierte tatsächlich. Die Sonne bewegte sich keinen Millimeter und der Mond auch nicht, fast einen ganzen Tag lang, so lange, bis alle Feinde tot waren. Die Zeit wurde also angehalten. Man kann die ganze Story auch in dem „Buch der Korrekten“ nachlesen.
14 Dass Gott die Zeit anhält, nur weil ein Mensch für so was betet, war eine einmalige Geschichte. So was hat Gott vorher und nachher nie wieder für einen Menschen getan. Gott spielte eindeutig in der Mannschaft von Israel.
15 Nach diesem fetten Sieg ging Josua mit dem ganzen Heer wieder ins Lager nach Gilgal zurück.

Die fünf Präsidenten der Amoriter werden hingerichtet

16 Die Präsidenten der Amoriter waren aber rechtzeitig vom Kriegsschauplatz geflohen und hatten sich in einem Bunker versteckt.
17–18 Josua hörte davon und gab den Befehl raus: „Fahrt einen Panzer vor den Eingang vom Bunker und lasst das Teil 24 Stunden am Tag bewachen.
19 Die anderen sollen erst mal den Rest plattmachen, damit sich die Soldaten nicht in die Städte zurückziehen können. Gott hat sie euch jetzt schon ausgeliefert, sie gehören uns!“
20 So ist das damals abgelaufen, als Josua die Amoriter so richtig kaltgestellt hatte. Nur ganz wenige von denen konnten am Ende noch lebend aus der Sache rauskommen und in die Städte fliehen.
21 Josua kehrte mit seiner ganzen Armee wieder zurück in das Lager, was sie in Makkeda aufgeschlagen hatten. Die Leute hatten so einen Respekt vor ihnen, dass keiner auch nur einen Mucks gegen sie sagte.
22 Schließlich gab Josua die Order raus: „Fahrt den Panzer beiseite, holt die fünf Präsidenten aus dem Bunker raus und bringt die mal zu mir!“
23 Also wurde der Bunker freigelegt und die fünf Typen zu Josua gebracht. Das waren wie gesagt die Chefs von Jerusalem, Hebron, Jarum, Lachisch und Eglon.
24 Sie legten sich alle platt auf den Boden. Josua rief die Männer aus Israel dazu und befahl den Offizieren, die im Kampf dabei waren: „Fünf Soldaten, vortreten! Stellt mal euren rechten Fuß auf den Kopf von je einem der Typen!“
25 Nachdem der Befehl ausgeführt worden war, sagte Josua: „Männer, ihr braucht nie wieder Angst zu haben, nichts kann euch mehr in Panik versetzen! Ihr seid die besten und stärksten Soldaten! Ihr könnt euch darauf verlassen: Was Gott hier mit euren Feinden gemacht hat, das kann er überall tun!“
26 Dann nahm er eine 9-Millimeter-Pistole und schoss jedem der Präsidenten in den Kopf. Die Leichen wurden anschließend an ein paar Bäume gehängt, die dort rumstanden. Da hingen sie den ganzen Tag, bis es dunkel wurde.
27 Als die Sonne weg war, wurden die Leichen abgenommen und in den Bunker geworfen, wo sie sich vorher versteckt hatten. Der Eingang wurde mit ein paar Betonplatten zugemauert. Diese Platten stehen dort bis heute.

Der Süden vom Kanaan-Land wird eingenommen

28 Josua marschierte sofort weiter, griff die Stadt Makkeda an und eroberte sie. Alle Einwohner, inklusive der Regierung und des Präsidenten, sahen die rote Karte. Sie wurden alle erschossen, keiner kam mit dem Leben davon. Der Präsident wurde genauso hingerichtet wie vorher der Chef von Jericho.
29 Als Nächstes war die Stadt Libna dran. Josua zog von Makkeda mit den Soldaten dorthin und griff sie an.
30 Gott sorgte auch hier dafür, dass seine Leute einen fetten Sieg einfuhren. Alle Einwohner wurden erschossen, keiner konnte entkommen. Der Präsident wurde wieder so hingerichtet, wie die Präsidenten von Jericho und Makkeda.
31 Dann zogen sie von Libna zu der Stadt Lachisch. Sie lagerten erst eine Zeitlang um die Stadt, bevor sie die angriffen.
32 Gott schenkte ihnen auch Lachisch. Am zweiten Tag wurde ein Sieg auf ganzer Linie eingefahren. Auch

hier wurde wieder das Ding mit der roten Karte durchgezogen. Keiner blieb am Leben. 33 Der Präsident von Horam kam sogar noch mit seiner Armee zur Hilfe, aber Josua war stark genug, um die auch noch zu besiegen. Keiner überlebte diesen Kampf. 34 Als Nächstes zog Josua mit allen seinen Männern nach Eglon. Sie belagerten die Stadt und kämpften gegen sie. 35 Das Ganze dauerte nur einen Tag, dann waren die erledigt. Auch hier wurde wieder die rote Karte gezeigt. Alles und jeder wurde umgenietet, der dort lebte. Es wurde genauso gemacht wie schon vorher in Lachisch. 36 Jetzt war Hebron an der Reihe. Die Israeliten zogen von Eglon dorthin und kämpften gegen sie. 37 Auch hier wurde wieder ein schneller Sieg eingefahren. Hebron bekam auch die rote Karte, genauso wie Eglon. Der Präsident und alle Bewohner wurden ausgelöscht. Sogar die Menschen, die in den Vororten lebten, mussten alle sterben. Keiner überlebte diesen Krieg. 38 Als Nächstes war Debir dran. Josua zog mit den Soldaten dorthin und erklärte ihnen den Krieg. 39 Debir wurde auch zu einem Erfolg. Die ganze Stadt und die umliegenden Ortschaften wurden eingenommen. Auch hier wurde radikal die rote Karte gezeigt, wie man es auch schon vorher gemacht hatte. 40 So ging das immer weiter. Josua eroberte das ganze Land, das Gebirge, das Südland, die Täler, einfach alles. Bei ihm gab es keine Gefangenen, die Gegner wurden radikal ausgelöscht, jeder bekam die rote Karte. Das hatte Gott vorher schon klargemacht, dass das so sein muss. 41 Josua zog weiter von Kadesch-Barnea bis zum Gaza-Streifen. Das ganze Goschen-Land bis Gibeon wurde eingenommen. 42 Josua gewann alles, was man gewinnen konnte. Er nahm das ganze Land ein, weil Gott in seiner Mannschaft spielte. 43 Als alles vorbei war, zogen sich die Israeliten mit Josua wieder nach Gilgal zurück.

11

Die Armeen der Präsidenten im Norden vom Kanaan-Land werden plattgemacht

1–2 Jabin, der Chef von Hazor, hörte von dem Megaerfolg der Israeliten, und er fand das gar nicht so geil. Er schickte ein paar Briefe an alle anderen Präsidenten, die in der näheren Umgebung das Sagen hatten. Ziel war es, einen Angriffspakt gegen die Israeliten zu schließen. Angeschrieben wurden die Präsidenten von Schimron und Achschaf, Präsident Jobab von Madon und die Präsidenten, die im nördlichen Bergland, in der Gegend um den See Genesaret, im westlichen Hügelland und im Küstengebiet von Dor die Macht hatten. 3 Außerdem die Präsidenten der Kanaaniter, die östlich und westlich vom Gebirge im Landesinneren lebten, und die Präsidenten der Amoriter, Hetiter, Perisiter und der Jebusiter, die im Gebirge wohnten. Auch die Hiwiter, die am Ende vom Hermongebirge im Gebiet von Mizpe wohnten, waren mit von der Partie. Jabin sorgte dafür, dass diese ganzen Leute gegen die Israeliten den Angriffspakt unterzeichneten, um sie gemeinsam zu bekämpfen und kaputt zu machen. 4 Wenn man versuchen würde, jetzt auszurechnen, wie viele Soldaten insgesamt da waren, hätte man vermutlich einen Programmabsturz, es waren einfach zu viele. Und dazu kamen ja auch noch die ganzen Panzer und anderen Fahrzeuge, die jede Armee mitgebracht hatte. 5 Gemeinsam wollten sie gegen Israel in den Krieg ziehen. Man sammelte sich beim Meromsee, wo ein gemeinsames Lager aufgebaut wurde. 6 Gott sprach mit Josua über die Sache: „Du brauchst echt keine Angst vor denen zu haben, Josua! Pass auf, morgen um die gleiche Zeit habt ihr die alle plattgemacht! Ich mach das schon, vertrau mir. Wenn ihr mit denen fertig seid, müsst ihr deren Fahrzeuge alle zerstören." 7 Josua zog also los. Als die Feinde noch am Meromsee lagerten, startete er einen Überraschungsangriff. 8 Gott sorgte mal wieder für einen krassen Sieg. Sie überrollten die Feinde förmlich, verfolgten die Soldaten auf der Flucht bis zu der großen Stadt Sidon, bis nach Misrefot-Majim und bis zur Ebene von Mizpe im Osten. Der Sieg war so heftig, dass es keine Überlebenden auf der Seite der Feinde gab. Keiner schaffte es zu fliehen. 9 Josua zog die Sache genauso durch, wie Gott es ihm gesagt hatte. Er zerstörte hinterher alle Fahrzeuge.

Der Norden vom Kanaan-Land wird eingenommen

10 Josua zog dann weiter und eroberte als nächstes Hazor. Der Präsident von Hazor, der den Vorsitz über die anderen Präsidenten in der Gegend hatte, wurde getötet, 11 und die Männer von Israel zeigten der ganzen Stadt die Rote Karte. Niemand überlebte, alles wurde komplett plattgemacht. 12 Das gleiche Ding machte Josua auch mit den anderen Städten. Alle Einwohner wurden getötet, inklusive deren Chefs, wie Mose, der voll mit Gott unterwegs gewesen war, das kurz vor seinem Tod angeordnet hatte. 13 Von den Städten, die in den Bergen lagen, wurden aber außer Hazor keine abgefackelt. 14 Alle Sachen, mit denen sie was anfangen konnten, und auch die ganzen Tiere, nahmen die Israeliten mit.

Aber die Menschen wurden alle getötet, bis zum letzten Mann. Nichts Lebendes wurde übriggelassen. [15] Gott hatte das Mose so gesagt. Und Mose hatte den Befehl an Josua weitergegeben. Josua zog das ganz genau so durch, wie er es von Mose bzw. Gott gehört hatte.

Die letzten Länder werden auch noch erobert

[16] Josua machte ganze Sache. Er eroberte das Land von Süden bis Norden. Das ganze Land in den Bergen, das Steppengebiet im Süden, die ganze Landschaft Goschen, das Gebirgsland im Westen und die Jordanebene stellte er kalt. [17] Dazu das gesamte Gebiet vom Kahlen Berg, der bis zum Gebirge Seir reicht, bis nach Baal-Gad, was in der Ebene zwischen dem Libanon, und dem Hermongebirge liegt. Alle Präsidenten wurden von Josua gefangen genommen und hingerichtet. [18] Das Ganze war jetzt nicht mal eben mit links erledigt, er musste schon eine Zeitlang gegen die Leute und ihre Armeen kämpfen. [19] Keine Stadt ergab sich freiwillig, außer Gibeon, wo die Hiwiter wohnten. Alle anderen wurden im Krieg besiegt. [20] Gott hatte dafür gesorgt, dass die meisten Männer zu verpeilt waren und unbedingt gegen Israel kämpfen wollten. Er hatte einfach vor, dass alle die Rote Karte sehen sollten. Das war die Ansage, die er Mose gegeben hatte. [21] In den Städten Hebron, Debir und Anab sowie in anderen Orten im Bergland von Juda und Israel lebten damals übrigens diese Riesenmenschen. Die wurden in der Zeit komplett von Josua vernichtet. Er zeigte denen die Rote Karte. [22] Keiner wurde in dem ganzen Land übrig gelassen, was ab sofort den Israeliten gehören sollte. Nur in Gaza, Gat und Aschod blieben noch ein paar von den Einheimischen übrig. [23] Auf diese Art eroberte Josua das ganze Land. So hatte es Gott durch Mose ja schon vorhergesagt. Josua übergab es seinen Leuten, den Israeliten. Es gehörte ihnen jetzt, für immer. Sie durften dort wohnen und es an ihre Kinder weitervererben. Das Land wurde nach den Familienstämmen eingeteilt. Ab dann gab es erst mal keinen Krieg mehr dort, alles war peacig und ruhig.

12

Die Präsidenten, die östlich vom Jordan von Mose besiegt worden waren

[1] Jetzt kommt mal die Liste der Präsidenten, die gegen die Israeliten im Krieg verloren hatten. In der Gegend östlich vom Jordanfluss, in dem Gebiet, das vom Arnontal im Süden bis zum Hermongebirge im Norden geht, waren das: [2] Erstens: Sihon, der Präsident der Amoriter, der in Heschbon regierte. Sein Gebiet ging von Aroer auf den Höhen über dem Arnontal und der Stadt, die direkt am Arnonfluss liegt, über die halbe Landschaft Gilead bis zum Jabbokfluss, wo das Gebiet der Ammoniter losgeht. [3] Außerdem umfasste es den östlichen Teil der Jordanebene vom See Genesaret bis zum Ende des Toten Meeres ganz im Norden, dort, wo die Straße nach Bet-Jeschimot führt. Es ging sogar noch ein Stück weiter südlich, bis zu den Abhängen des Berges Pisga. [4] Zweitens: Og, der Präsident von Baschan, er war der letzte Mann aus der Familie von den Rafaitern. Er regierte in Aschtarot und Edrei. [5] Sein Machtbereich umfasste das Hermongebirge und die Landschaften Salcha und Baschan. Es wurde im Westen von Geschur und Maacha begrenzt, dazu der Teil im Norden von Gilead, der an das Gebiet Sihons, des Präsidenten von Heschbon, grenzt. [6] Diese beiden Präsidenten waren von den Israeliten unter der Führung von Mose besiegt worden. Mose, der volle Breitseite von Gottes Kraft hatte, hatte dieses Land den Familienstämmen Ruben und Gad sowie dem halben Stamm Manasse versprochen.

Die Präsidenten, die westlich vom Jordan von Josua besiegt wurden

[7] Jetzt kommen die Präsidenten, die Josua und die Israeliten in der Gegend besiegt hatten, die westlich vom Jordan lag. Dieses Gebiet ging von Baal-Gad am Ende des Libanongebirges bis zum Kahlen Berg, der zum Gebirge Seir hin liegt. Josua teilte das Land dann unter den Familienstämmen von Israel auf. Das gehörte ab dann ihnen, und sie konnten es auch an ihre Kinder weitervererben. [8] Zu dem Gebiet gehörten das Gebirge in der Mitte, das Hügelland im Westen, der Gebirgshang im Osten inklusive der Wüste Juda und der Jordanebene und das Steppengebiet im Süden, das ganze Gebiet, was vorher den Hetitern, Amoritern, Kanaanitern, Perisitern, Hiwitern und Jebusitern gehörte. [9–24] Die Liste der Städte, deren Präsidenten Josua besiegte: Jericho, Ai (in der Nähe von Bet-El), Jerusalem, Hebron, Jarmut, Lachisch, Eglon, Geser, Debir, Geder, Horma, Arad, Libna, Adullam, Makkeda, Bet-El, Tappuach, Hefer, Afek, Scharon, Madon, Hazor, Schimron-Meron, Achschaf, Taanach, Megiddo, Kedesch, Jokneam am Karmel, Dor an der Meeresküste, Haroschet-Gojim in Galiläa, Tirza. Insgesamt 31 Präsidenten.

13

Wie das Land verteilt wurde

1 Mittlerweile war Josua schon richtig alt.
Gott sagte deshalb zu ihm: „Du, Josua? Es
dauert nicht mehr lange, dann wirst du das Gras
von unten sehen. Trotzdem musst du aber vorher
deinen Job erledigen, ein großer Teil von dem Land
muss immer noch im Krieg erobert werden. 2 Ich
meine damit das ganze Gebiet im Süden, wo die
Philister wohnen, und das im Norden, wo die
Geschuriter zu Hause sind. 3 Das Gebiet geht von
der ägyptischen Grenze Richtung Norden bis nach
Ekron, das gehört noch mit zu dem Land, was euch
gehören soll. Da sind noch fünf unabhängige
Städte mit eigenen Präsidenten, alles Philister. Ich
mein damit Gaza, Aschdod, Aschkelon, Gat und
Ekron. Dann noch das Gebiet der Awiter im Süden.
4 Dann kommt noch das ganze Gebiet von der
Stadt Ara, die zu Phönizien gehört, bis zur Stadt
Afek und zur Gegend der Amoriter. Das gehört
auch zu dem Gebiet der Kanaaniter dazu. 5 Den
Bereich um die Stadt Gebal muss man auch mit-
rechnen und dann noch im Osten den ganzen Liba-
non, von Baal-Gad, was unten am Hermongebirge
liegt, bis nach Lebo-Hamat. 6 Ich hab vor, alle Men-
schen, die im Gebirge von Phönizien wohnen, vom
Libanon bis nach Misrefot-Majim, durch die Israeli-
ten aus dem Land rauszuschmeißen. Das Land
könnt ihr jetzt schon aufteilen. Macht das mit den
besonderen Losen. Das war ja schon damals meine
Ansage an dich. 7 Teile das Land vom Jordan bis
zum Mittelmeer unter den neun Familienstämmen
und dem halben Stamm von Manasse auf. Das soll
ihnen ab sofort für immer gehören." 8 Die Stämme
Ruben, Gad und die andere Hälfte vom Stamm
Manasse hatten ihren Anteil ja schon bekommen,
auf der anderen Seite vom Jordanfluss, der im
Osten liegt. Das hatte Mose damals geregelt. Fol-
gende Teile gehörten denen: 9–10 Das ganze Gebiet
auf der Ebene zwischen Medeba und Dibon, alle
Städte, in denen vorher Sihon, der Präsident von
den Amoritern, regierte und der in Heschbon sei-
nen Regierungssitz hatte, von Aror, oben auf den
Höhen über dem Arnontal und der Stadt, die direkt
am Arnonfluss ist, über den Norden bis zur Grenze
der Ammoniter, 11 das Land Gilead, das Gebiet der
Geschuriter und Maachatiter, das ganze Hermonge-
birge und die Gegend Baschan bis nach Salcha.
12 Dieses Gebiet hatte vorher dem Präsidenten Og
aus Baschan gehört, der auch in Aschtarot und
Edrei das Sagen hatte. Er kam ja aus der Familie
der Rafaiter, die schon vorher von Mose besiegt
und aus dem Land rausgeschmissen worden
waren. 13 Die Geschuriter und Maachatiter wurden
allerdings nie wirklich von den Israeliten aus dem
Land vertrieben. Darum lebten die dort weiterhin.
14 Die vom Familienstamm Levi bekamen als Ein-
zige von Mose kein Stück Land ab. Stattdessen
kriegten sie immer die Sachen, die bei den Opfer-
ritualen nicht mit verbrannt werden.

Das Gebiet vom Familienstamm Ruben

15 Mose hatte als Erstes dem Familienstamm Ruben
sein Land zugeteilt. 16 Das ging von der Stadt Aroer
(das liegt am Ufer vom Arnonfluss) über die Stadt,
die dort mitten im Arnontal war, und erstreckte sich
über die Ebene bis nach Medeba. 17 Dann ging es
weiter bis nach Heschbon. In diesem Gebiet lagen
die Städte Dibon, Bamot-Baal, Bet-Ball-Meon,
18 Jahaz, Kedemot, Mefaat, 19 Kirjatajim, Sibma,
Zeret-Schahar auf dem Gebirge östlich vom Jordan,
20 Bet-Pegor, Aschdot-Pisga, Bet-Jeschimot, 21 das
war das Gebiet, in dem vorher Sihon, der Präsident
von den Amoritern, von Heschbon aus regiert hatte,
bis Mose ihn dann zusammen mit den Clanchefs
von den Midianitern plattgemacht hatte. Das waren
Ewi, Rekem, Zur, Hur und Reba, die Sihon als Präsi-
denten hatten. 22 Auch den Oberesoteriker Bileam,
aus der Familie Beor, hatten die Israeliten zusam-
men mit den anderen im Kampf umgenietet. 23 Im
Westen wurde das Land durch den Jordan begrenzt.
Alle diese Städte und Gebiete mit ihren Ortschaften
und Dörfern waren jetzt ganz fest in der Hand vom
Familienstamm Ruben und seinen Mitgliedern. Sie
gehörten ihnen für immer und wurden ab dann an
die Kinder weitervererbt.

Das Gebiet vom Familienstamm Gad

24 Den Familien aus dem Familienstamm Gad hatte
Mose auch schon einen Teil gegeben. 25 Und zwar
umfasste das Jaser und alle anderen Städte aus der
Gegend von Gilead. Dazu noch das halbe Land,
was mal den Ammonitern gehört hatte, bis nach
Aroer, bei Rabba. 26–27 Das bezog sich also auf das
restliche Gebiet, in dem vorher der Präsident Sihon
geherrscht hatte. Das ging von Heschbon bis nach
Ramat-Mizpe und Betonim und weiter von Maha-
najim bis zum Gebiet von Lo-Dabar. Dazu kam
noch die östliche Jordanebene bis zum Südende
vom See Genesaret, mit den Städten Bet-Haram,
Bet-Nimra, Sukkot und Zafon. 28 Alle diese Städte
mit ihren Dörfern gehörten dem Familienstamm
Gad.

Das Gebiet vom halben Familienstamm Manasse

29–30 Den Familien vom halben Familienstamm
Manasse hatte Mose das Gebiet zugeteilt, das in
Mahanajim losging und sich über den Norden
erstreckte. Es umfasste die ganze Landschaft
Baschan, das Gebiet, wo früher der Präsident Og
von der Stadt Baschan aus geherrscht hatte, und
dazu die sechzig Orte, die Jair erobert hatte. 31 Der
Hälfte des Machir-Clans wurde die Hälfte der Land-
schaft Gilead mit den Städten Aschtarot und Edrei
zugeteilt. Hier hatte auch der Präsident Og vorher
das Sagen gehabt. 32 Das war jetzt mal das ganze
Gebiet, was Mose den zweieinhalb Familienstäm-
men zugeteilt hatte, als sie beim Jordan, östlich von
Jericho waren. Es gehörte für immer ihnen. 33 Der
Familienstamm Levi bekam nichts von dem Land
ab. Dafür bekamen sie sozusagen Gott selbst, den
Chef der Israeliten, der selbst für ihren Lebensunter-
halt sorgen wollte. Das hatte er ja so versprochen.

14

Das Land, was westlich vom Jordanfluss liegt, wird verteilt

1 Jetzt kommt eine Liste, in der die ganzen
Gebiete aufgezählt werden, die die Israeliten im
Kanaan-Land erobert hatten. Die Auslosung, wer
welches Land bekommen sollte, nahmen Josua und
der Priester Eleasar gemeinsam mit den Chefs der
einzelnen Familien vor. 2 Gott hatte es Mose ja
gesagt, dass sie das ganze Gebiet, was westlich
vom Jordan liegt, unter neuneinhalb Familienstäm-
men verlosen sollten. 3–4 Noch mal zur Erinnerung:
Den Anteil für die anderen zweieinhalb Familien-
stämme hatte Mose ja schon auf der anderen Seite
vom Jordan klargemacht. Es war ja so, dass aus den
Söhnen vom Josef zwei Familienstämme rausge-
kommen waren, Efraim und Manasse. Deshalb gab
es zwölf Familienstämme, die Land bekommen soll-
ten, weil ja der Stamm Levi kein Land abkriegte.
Den Levi-Leuten organisierte man aber ein paar
Städte, in denen sie wohnen konnten. Die Wiesen
neben diesen Städten waren für ihre Schafe und
Kühe. 5 Alles bei der Landverteilung wurde genau so
durchgezogen, wie Mose es gesagt hatte.

Kaleb kriegt seine Belohnung

6 Zuerst kamen die Männer aus dem Familien-
stamm Juda bei Josua vorbei. Da waren sie gerade
in Gilgal. Dabei war auch Kaleb, der aus dem Kenas-
Clan kam und ein Sohn von Jefunne war. Kenas
sagte zu Josua: „Du hast hoffentlich nicht verges-
sen, was Gott uns in Kadesch-Barnea durch Mose,
der echt voll mit Gott unterwegs war, fest verspro-
chen hat, oder? 7 Zu der Zeit war ich vierzig Jahre
alt. Mose, der echt gottmäßig drauf war, hatte mich
als Spion losgeschickt, als wir in Kadesch-Barnea
unser Lager hatten. Ich hab das gemacht und mei-
ner Meinung nach alles genau so wiedergegeben,
wie ich es beobachtet hatte. 8 Die anderen Spione,
die dabei waren, haben damals voll die Panik unter
den Israeliten verbreitet und schlechte Laune
gemacht. Aber ich hab das Ding radikal duchgezo-
gen und war Gott, meinem Chef, treu. 9 Mose fand
das wohl übelst gut von mir. Er hat vor Zeugen
damals versprochen, dass der Teil von dem Land,
den ich ausspioniert habe, für immer mir und mei-
ner Familie gehören soll. Das wäre so ne Art Bezah-
lung, dass ich Gott treu geblieben bin, die ganze
Zeit. 10 Das ist jetzt schon über 45 Jahre her. Gott
hatte die ganze Zeit in der Wüste mein Leben
beschützt. Das hatte er mir auch so versprochen.
Pass mal auf, ich bin jetzt 85 Jahre alt, 11 und noch
heute kann mich keiner so mal eben umhauen. Ich
bin immer noch genauso stark wie damals, als
Mose mir den Auftrag gegeben hatte. 12 Ich möchte
jetzt als meinen Anteil das Land in den Bergen
haben. Davon hatte Gott mir damals erzählt. Du
hast bestimmt nicht vergessen, dass dort diese Rie-
sen leben sollen und dass die dort in Städten leben,
die man schwer einnehmen kann. Aber ich hoffe
einfach, dass Gott auf meiner Seite steht und ich
die dort rausschmeißen werde. Er hat mir diese
Städte ja schließlich versprochen. 13 Josua betete
sofort für Kaleb. Er teilte ihm die Stadt Hebron als
Besitz zu. 14 Diese Stadt gehörte dann seitdem sei-
ner Familie, weil er Gott immer treu war und ihm
100 Prozent vertraut hat. 15 Hebron hieß früher mal
„die Stadt Arbas". Dieser Arba, von dem der Namen
herkam, war zu der Zeit der größte Riese von allen.
Aber das Land hatte dann erst mal Frieden, es gab
keine weiteren Kriege mehr.

15

Was der Familienstamm Juda abkriegte

1 Beim Losen kriegte der Familienstamm
Juda auch seinen Anteil. Das Gebiet wurde
im Süden von der Wüste Zin begrenzt, die zu Edom
gehörte. 2 Die Grenze im Süden ging vom Toten
Meer 3 in südwestlicher Richtung weiter. Sie ging an
der sogenannten Skorpionsteige vorbei, über Zin,
südlich an Kadesch-Barnea vorbei und dann über
Hezron, Addar und Karka 4 bis nach Azmon. Die

Grenze ging dann nordwestlich weiter bis zu dem Tal, in dem der Grenzübergang zu Ägypten liegt. Dann ging sie weiter bis zum Mittelmeer. Das war ab jetzt die südliche Grenze. [5] Im Osten war das Tote Meer die Begrenzung bis zu der Stelle, wo der Jordan in das Meer reinfließt. An der Stelle begann auch die nördliche Grenze von dem Gebiet. [6] Von dort ging sie weiter nach Bet-Hogla, nördlich an Bet-Araba vorbei und bis zum Bohanfels. Bohan war ein Sohn von Ruben. [7] Als nächster Grenzpunkt war das Tal Achor gesetzt und von dort bis nach Debir. Dann weiter nach Gilgal, das gegenüber vom Adummim-Anstieg liegt. Dieser Anstieg liegt südlich vom Bach. Dann ging die Grenze weiter zur Quelle von Schemesch und bis zur Quelle von Rogel. [8] Dann ging sie weiter durch das Tal Ben-Hinnom, was südlich vom Berghang liegt, wo die Stadt Jerusalem von den Jebusitern liegt. Weiter ging sie dann auf den Gipfel von dem Berg, der das Hinnom-Tal im Westen und die Ebene Refaim im Norden abgrenzt. [9] Vom Gipfel runter macht die Grenze dann eine Kurve zur Quelle Neftoach, dann ging sie weiter zur Spitze des Berges Efron und nach Baala, das heute Kirjat-Jearim genannt wird, [10] dann südwestlich über den Bergrücken Ser bis zur Nordseite des Berges Kesalon und dann bis nach Bet-Schemesch runter und weiter nach Timna. [11] Dann ging sie weiter zum Nordhang von Ekron. Der Verlauf der Grenze zog sich dann herum nach Schikkaron und ging von dort rüber zum Berg Baala und zu der Stadt Janneel am Mittelmeer. [12] Die Grenze im Westen steht mit der Küste vom Meer. Das war jetzt das Gebiet, das dem Familienstamm Juda ab dann gehörte.

Kaleb und Achsa

[13] Kaleb war ein Sohn von Jefunne. Er hatte mitten in dem Gebiet vom Stamm Juda sein Stück Land bekommen, was er für immer behalten durfte. So hatte es Gott zu Josua gesagt. Er bekam die Stadt Hebron, die Arba, der Vater von Anak, mal gebaut hatte. [14] Kaleb schlug Scheschai, Ahiman und Talmai, die Söhne vom Anak, im Krieg und schmiss sie alle aus der Stadt raus. [15] Als er damit fertig war, zog er mit seiner Armee zur Stadt Debir, die früher Kirjat-Sefer hieß. [16] Dann sagte er zu seinen Leuten: „Welcher Offizier es schafft, die Stadt Kirjat-Sefer zu erobern, der kriegt zur Belohnung meine Tochter Achsa und kann die dann heiraten.“ [17] Kalebs Bruder Otniel hatte da Bock drauf und schlug sofort mit seinen Männern zu. Er eroberte die Stadt und bekam als Belohnung die Tochter von Kaleb.

[18] Achsa bequatschte Otniel, ihren Vater zu bitten, den beiden ein Stück Land zu schenken. Sie fuhr dann zu ihrem Vater. Als sie ankam, fragte er sie: „Na? Was willst du von mir?“ [19] „Bitte, beweise mir, dass du mich total lieb hast! Ich möchte ein Geschenk von dir haben. Mein neuer Ehemann wohnt in einer total ätzenden Gegend, in der es nie regnet. Bitte gib mir auch genug fließendes Wasser!“ Kaleb war einverstanden und schenkte ihr zur Hochzeit die oberen und unteren Wasseranlagen bei Hebron.

Die Städte im Gebiet vom Familienstamm Juda

[20–21] Das Land, das der Familienstamm Juda für immer behalten durfte, umfasste folgende Städte, die im Gebiet zwischen der Grenze im Norden und der Grenze bei Edom lagen. Im Süden waren das folgende: Kabzeel, Arad, Jagur, [22] Kina, Dimona, Arara, [23] Kadesch, Hazor-Jitnan, [24] Sif, Telem, Bealot, [25] Hazor-Hadatta, Kerijot-Hezron (das nennt sich heute Hazor), [26] Amam, Schema, Molada, [27] Hazar-Gadda, Heschmon, Bet-Pelet, [28] Hazar-Schual, Beerscheba und die Orte, die noch dazugehörten, [29] Baala, Ijim, Ezem, [30] Eltolad, Kesil, Horma, [31] Ziklag, Madmanna, Sansanna, [32] Bet-Lebaot, Scharuhen, En-Rimmon. Das waren insgesamt neunundzwanzig Städte mit den umliegenden Orten und Dörfern. [33] Im Hügelland: Eschtaol, Zora, Aschna, [34] Sanoach, En-Gannim, Tappuach, Enam, [35] Jarmut, Adullam, Socho, Aseka, [36] Schaarajim, Aditajim, Gedera und Gederotajim – das waren vierzehn Städte mit den umliegenden Dörfern. [37] Außerdem: Zenan, Hadascha, Migdal-Gad, [38] Dilan, Mizpe, Jokteel, [39] Lachisch, Bozkat, Eglon, [40] Kabbon, Lachmas, Kitlisch, [41] Gederot, Bet-Dagon, Naama und Makkeda – das waren sechzehn Städte mit den umliegenden Dörfern. [42] Dazu kamen noch: Libna, Eter, Aschan, [43] Jiftach, Aschna, Nezib, [44] Keila, Achsib und Marescha – das waren neun Städte mit den Orten, die da drum herum lagen. [45] Dazu kamen noch: Ekron mit Orten drum herum [46] sowie die Dörfer zwischen Ekron und dem Mittelmeer. [47] Dann noch Aschdod und Gaza mit den zugehörigen Orten, das ganze Gebiet bis zum Mittelmeer und im Süden bis zu dem Tal, das die Grenze zu Ägypten darstellte. [48] In den Bergen: Schamir, Jattir, Socho, [49] Danna, Kirjat-Sefer (das sich heute Debir nennt), [50] Anab, Eschtemoa, Anim, [51] Goschen, Holon, Gilo – das waren elf Städte mit den Dörfern, die da drum herum lagen. [52] Außerdem noch: Arab, Duma, Eschan, [53] Janum, Bet-Tappuach, Afeka,

54 Humta, Kirjat-Arba (das nennt man heute
Hebron) und Zior. Das waren neun Städte mit den
Dörfern, die da drum herum lagen. 55 Dazu noch:
Maon, Karmel, Sif, Jutta, 56 Jesreel, Jorkoam,
Sanoach, 57 Kajin, Gibea und Timna. Das waren
zehn Städte mit den Dörfern die da drum herum
lagen. 58 Dazu noch: Halhul, Bet-Zur, Gedor,
59 Maarat, Bet-Anot und Eltekon. Das waren jetzt
sechs Städte mit den Dörfern, die da drum herum
lagen. Dazu kamen noch: Tekoa, Efrata (das heutige
Betlehem), Pegor, Etam, Kulon, Tatam, Schoresch,
Kerem, Gallim, Bet-Ter und Manocho. Das waren
insgesamt elf Städte mit den Dörfern die da drum
herum lagen. 60 Dazu kamen: Kirjat-Baal (das
nannte sich später Kirjat-Jearim) und Rabba. Das
waren nur zwei Städte, mit den Dörfern, die da
drum herum lagen. 61 In der Steppe, die nordwest-
lich vom Toten Meer liegt, kamen noch dazu: Bet-
Araba, Middin, Sechacha, 62 Nibschan, Ir-Melach
(die Salzstadt) und En-Gedi. Das waren sechs
Städte, die da drum herum lagen mit den umliegen-
den Dörfern. 63 Die Armee vom Familienstamm Juda
schaffte es nicht, die Jebusiter aus Jerusalem kom-
plett rauszuschmeißen. Darum leben die da noch
heute mit den Leuten vom Familienstamm Juda
zusammen.

16

Was der Familienstamm Josef abbekam

1 Die Grenze von dem Gebiet, das der Famili-
enstamm Josef, der ja aus den Familien-
stämmen Efraim und Manasse besteht, von dem
Land abkriegte, verlief im Süden vom Jordan bei
Jericho aus, an den Quellen vorbei, die nordwestlich
von Jericho liegen, bis nach Bet-El im Gebirge. 2 Von
Bet-El geht die Grenze bis nach Lus und weiter zum
Gebiet der Arkiter und nach Atarot. 3 Dann zog die
Linie bergab nach Westen zum Gebiet, wo die Fami-
lie von Jaflet lebte, bis zum unteren Bet-Horon.
Dann ging es weiter über Geser bis zum Mittelmeer.
4 Die Kinder vom Josef, die Familienstämme Efraim
und Manasse, bekamen dieses Land, was sie ab
dann behalten durften.

Was der Familienstamm Efraim bekam

5 Die Familien vom Familienstamm Efraim bekamen
dabei folgendes Gebiet: Ihre Grenze verlief im
Süden östlich von Atrot-Addar bis zum oberen Bet-
Horon. 6 Dann ging sie weiter Richtung Meer. Die
Grenze im Norden ging von Michmetat nach Osten
bis nach Taanat-Silo, streifte das aber nur und zeich-
nete die Linie weiter bis nach Janoach. 7 Von dort
ging sie runter nach Atarot und Naara bis nach Jeri-
cho und endete beim Jordan. 8 Von Tappuach ging
es in Richtung Westen zum Bach Kana und endete
am Meer. Das war jetzt der Teil von dem Land, der
dem Familienstamm Efraim gehören sollte. 9 Dazu
kamen noch alle Städte und Dörfer, die man extra
dem Familienstamm Efraim zugesprochen hatte.
Die lagen mitten in dem Gebiet vom Manasse.
10 Die waren aber zu blöd und packten es nicht, die
Kanaaniter, die in Geser wohnten, komplett plattzu-
machen und dort rauszuschmeißen. Darum wohn-
ten die dann immer noch da, mitten in dem Gebiet,
das dem Familienstamm Efraim gehörte. Allerdings
mussten sie unter fiesen Knebelverträgen für wenig
Geld für die arbeiten.

17

Was der Familienstamm Manasse abkriegte

1 Einen total fetten Teil vom ganzen Kuchen
bekam der Familienstamm Manasse.
Manasse war der erste Sohn von Josef, und der
älteste Sohn vom Manasse war Machir. Die Leute
vom Machir-Clan hatten schon früher das Gebiet
Gilead und Baschan abgekriegt, was östlich vom
Jordanfluss lag. Die Jungs waren alles gute Soldaten
und hatten das ganze Land Gilead erobert. 2 Der
Rest vom Familienstamm Manasse kriegte jetzt
westlich vom Jordanfluss auch sein Land. Die Erben
waren die anderen Clans vom Familienstamm
Manasse: Abieser, Helek, Asriel, Schechem, Hefer
und Schemida. 3 Der Sohn von Hefer, der Zelofhad
hieß, hatte aber keine Söhne bekommen. Er war ein
Enkel von Gilead, der wiederum ein Sohn von
Machir und ein Enkel von Manasse war. Zelofhad
hatte fünf Töchter, die Machla, Noa, Hogla, Milka
und Tirza hießen. 4 Die Töchter gingen dann mal bei
dem Priester Eleasar vorbei, als der gerade mit
Josua und den anderen Clanchefs ein Meeting
hatte. „Gott hat eine klare Ansage durch Mose
gemacht, dass wir auch einen Teil von dem Land
abkriegen, das unserem Vater zugesprochen
wurde!" Josua zog das Ding genauso durch, wie
Gott es wollte. Er behandelte die Töchter genauso,
als wären sie Männer, und sie kriegten ihren Teil.
5 Darum hat der Stamm Manasse zehn Teile auf der
anderen Seite vom Jordan bekommen, zusätzlich zu
Gilead und Baschan, was auf der anderen, östlichen
Seite vom Jordan lag. 6 Die Töchter kriegten ihren
Anteil genauso, wie ein Sohn ihn bekommen hätte.
Das Land Gilead bekamen aber die anderen Söhne

vom Manasse. 7 Das Gebiet, wo die Manasses dann wohnten, grenzte im Norden an das Land an, was denen vom Ascher-Stamm gehörte. Im Süden verlief die Grenze von Michemat, was in der Nähe von Sichem lag, bis nach Jaschub, bei der Wasserquelle von Tappuach. 8 Das ganze Land um Tappuach bekam der Stamm Manasse, außer der Stadt Tappuach selbst, die kriegte der Stamm Efraim. 9 Die Grenze ging dann weiter runter zum Bach Kana. Südlich von diesem Bach gehörten einige Städte zu Efraim, obwohl die im Gebiet von Manasse lagen. Nördlich vom Bach verlief die Grenze von dem Land, was Manasse zugesprochen wurde, und ging bis zum Meer. 10 Im Süden davon gehörte alles Efraim. Das Gebiet im Norden davon gehörte Manasse. Durch das Meer wurde das Gebiet im Westen begrenzt. Im Norden grenzte es an Ascher und im Osten an Issachar. 11 Manasse bekam außerdem noch in den Gebieten von Issachar und Ascher die Städte Bet-Schean, Jibleam, Dor, En-Dor, Taanach, Megiddo und die dazugehörenden Vorstädte. 12 Die Soldaten von Manasse schafften es im Krieg aber nicht, alle diese Städte zu erobern, darum blieben ein paar Kanaaniter dort wohnen. 13 Auch als die Israeliten noch stärker wurden, schafften sie es nicht, die Kanaaniter ganz zu vertreiben. Die wurden aber wie Gefangene gehalten und mussten als Zwangsarbeiter für die Israeliten schuften.

Die Leute vom Familienstamm Josef brauchen mehr Platz

14 Die Leute aus dem Familienstamm Josef, der ja aus den beiden Stämmen Efraim und Manasse besteht, beschwerten sich dann mal bei Josua: „Wir haben nur einen Teil vom ganzen Land bekommen, obwohl wir sehr viel größer sind und mehr Leute bei uns leben als bei den anderen. Das kommt, weil Gott voll auf uns steht!" 15 „Hm, okay", meinte Josua. „Wenn ihr so viel seid, dass ihr auf dem Bergland von Efraim platztechnisch nicht mehr klarkommt, dann könnt ihr auch noch die Berge in dem Land haben, wo früher die Perisister und Rafaiter gewohnt haben. Holzt den Wald da einfach ab und macht da Wiesen und Ackerland draus!" 16 „Nette Idee, aber das reicht uns vom Platz her auch nicht. Außerdem sind unten am Berghang die Kanaaniter, die nicht so gut auf uns zu sprechen sind. Die haben dort schwere Armeen stationiert, mit Panzerwagen und so. Die lagern in der Gegend von Bet-Schean, und auch in der Ebene Jesreel sind die am Start." 17 „Ihr seid echt so viele! Darum seh ich ein, dass ihr mehr kriegen müsst als das Normale, aber ihr seid ja auch eine sehr starke Armee. 18 Deshalb bekommt ihr noch diese Berge dazu. Den Wald könnt ihr abholzen und dadurch neues Land gewinnen. Ich bin mir sicher, dass ihr die Kanaaniter dort rausschmeißen werdet, auch wenn sie noch so viel Power und eine Million Panzerwagen hätten."

18

Verteilung vom restlichen Land

1 Es wurde jetzt ein großes Treffen organisiert, bei dem alle Familienstämme von Israel am Start waren. Man traf sich in Schilo und baute dort erst mal das besondere Zelt auf. Zu dem Zeitpunkt war das ganze neue Land bereits erobert worden. 2 Allerdings hatten sieben Familienstämme ihren Anteil noch nicht bekommen. 3 Josua fragte die Männer von diesen Stämmen: „Also Leute, wie lange wollt ihr noch Däumchen drehen? Warum habt ihr das Land noch nicht übernommen, was Gott schon euren Uropas versprochen hatte? 4 Hier meine Idee: Jeder Stamm soll sich drei von seinen Männern aussuchen. Die werde ich dann losschicken, damit sie einmal durch die ganze Gegend fahren und eine Landkarte davon anfertigen. Auf der Karte sollen sie einzeichnen, was sie von dem Teil für sich ausgecheckt haben. Wer fertig ist, soll wieder zu mir kommen. 5 Und zwar sollen sie das Ganze in sieben Teile aufstückeln. Der Familienstamm Juda soll auf seinem Teil bleiben, der im Süden liegt. Die Leute vom Josef-Stamm bleiben in dem Gebiet im Norden. 6 Eure Zeichnung mit den sieben Teilen bringt ihr dann zu mir. Ich werde dann beten und die Lose ziehen, so kann Gott das am Ende regeln. 7 Die Leute vom Familienstamm Levi kriegen kein Land ab. Sie haben ja den Job übernommen, für Gott zu arbeiten. Die Familienstämme Ruben, Gad und die eine Hälfte vom Familienstamm Manasse haben ihr Land ja schon östlich vom Jordanfluss bekommen, wie Mose, der krasse Mann von Gott, das gesagt hat." 8 Die Männer dampften dann wieder ab. Josua hatte ihnen, wie gesagt, den Befehl gegeben, eine Karte von dem Land zu zeichnen. Sein Befehl lautete: „Geht durch das Land, macht eine Karte, dann kommt zurück. Ich werde dann hier beten und das Ganze mit Gott auslosen." 9 Also zogen sie los, durchquerten das Land und machten Notizen in ihre Notebooks. Sie legten eine Liste an von den Städten, die in jedem dieser Gebiete lagen. Als sie fertig waren, gingen sie wieder zurück zu Josua, der zu dem Zeit-

punkt in Schilo war. 10 Josua schrieb dann die Namen der Familienstämme und die Gebiete auf kleine Zettel und tat die in zwei Beutel rein. Dann betete er und zog jeweils ein Gebiet und einen Stamm dazu aus den Beuteln. Auf die Art wurde festgelegt, wer welches Stück Land bekommen sollte. Josua verteilte also die restlichen Gebiete an die Familienstämme von Israel, die noch kein Land bekommen hatten.

Was der Familienstamm Benjamin bekam

11 Beim ersten Mal kam raus, dass der Familienstamm Benjamin das Gebiet zwischen dem Stamm Juda und den Stämmen Efraim und Manasse bekam. 12 Die Grenze im Norden verlief vom Jordanfluss aus auf die Berge, die nördlich von Jericho liegen, bis zu der Wüste bei Bet-Awen. 13 Von dort weiter über den Berg, der südlich von Lus liegt (das heißt heute übrigens Bet-El), bis runter nach Atrot-Addar. Die Grenze verlief also über den Berghang, der südlich vom unteren Bet-Horon liegt. 14 Dann machte sie da eine Kurve in Richtung Süden und lief bis nach Kirjat-Baal (das nennt sich heute Kirjat-Jearim). Ab hier begann dann schon das Gebiet vom Familienstamm Juda. 15 Die Südgrenze fing am Ende von Kirjat-Jearim an und lief weiter nach Westen bis zur Quelle Neftoach. 16 Dann ging die Grenze weiter runter an das Ende von dem Berg, der vor dem Tal Ben-Hinnom in der Ebene Refaim im Norden liegt. Sie ging dann weiter am Tal Hinnom runter, bis zum südlichen Abhang, wo die Stadt von den Jebusitern lag, die Jerusalem heißt. Von dort ging sie weiter entlang zur Rogel-Quelle, 17 dann zur Sonnenquelle und zu den Steinkreisen Gelilot, die gegenüber von der Treppe liegen, die nach Adummim führt. Dann wieder runter zum Bohanfelsen. Dieser Fels war übrigens nach einem Sohn von Ruben benannt worden. 18 Weiter ging die Grenze auf der Nordseite an dem Berg vorbei, der dort über der Ebene vor dem Jordanfluss steht. Von dort ging es dann in die Ebene runter. 19 Über den Nordhang von Bet-Hogla ging die Grenze weiter und endete bei der Nordzunge vom Toten Meer, die am südlichen Ende vom Jordanfluss liegt. Das war jetzt die Grenze im Süden von dem Gebiet. 20 Der Jordanfluss stellte die ganze Grenze im Osten dar. So, das war jetzt der Teil, den der Familienstamm Benjamin abbekam. Das gehörte ab jetzt denen.
21 Die Städte, die in dem Gebiet lagen, waren: Jericho, Bet-Hogla, Emek-Keziz, 22 Bet-Araba, Zemarajim, Bet-El, 23 Awim, Para, Ofra, 24 Kefar-Ammoni, Ofni und Geba – das sind zwölf Städte mit den umliegenden Dörfern; 25 außerdem Gibeon, Rama, Beerot, 26 Mizpe, Kefira, Moza, 27 Rekem, Jirpeel, Tarala, 28 Zela, Elef und die Jebusiterstadt, die man heute Jerusalem nennt. Dazu Gibea und Kirjat-Jearim – das sind insgesamt vierzehn Städte mit den Dörfern, die da drum herum lagen. Das war jetzt eine Beschreibung von dem Gebiet, was der Familienstamm Benjamin bekommen hatte.

19

Was der Familienstamm Simeon bekam

1 Beim zweiten Mal Loseziehen wurde der Familienstamm Simeon gezogen. Ihr Anteil vom Land lag mitten in den Grenzen vom Familienstamm Juda. 2 Folgende Städte fielen diesem Stamm zu: Beerscheba, Schema, Molada, 3 Hazar-Schual, Baala, Ezem, 4 Eltolad, Betul, Horma, 5 Ziklag, Bet-Markabot, Hazar-Susa, 6 Bet-Lebaot und Scharuhen. Das sind dreizehn Städte mit den Orten, die drum herum lagen. 7 Dazu kamen die Städte Ajin, En-Rimmon, Eter und Aschan, das sind noch mal vier Städte mit den umliegenden Orten. 8 Ihr Anteil reichte vom Süden bis zu den Städten Baalat-Beer und Ramat-Negeb. Das waren jetzt die Teile, die der Familienstamm Simeon abbekam. Sie gehörten ab dann ihnen. 9 Sie bekamen hier ein Stück von dem Land ab, was eigentlich dem Familienstamm Juda zugesprochen war. Aber die hatten mehr Land, als sie eigentlich brauchten, darum war das total okay für die.

Das Gebiet vom Familienstamm Sebulon

10 Auf dem dritten Los, was gezogen wurde, stand „Sebulon" drauf. Das Gebiet von diesem Familienstamm ging im Südosten bis nach Sarid. 11 Die Grenze ging Richtung Westen hoch nach Marala und Dabbeschet bis zu dem Tal, was westlich von Jokneam lag. 12 Die Grenze im Osten ging von Sarid Richtung Norden, am Gebiet von Kislot-am-Tabor vorbei, bis nach Daberat. Dann wieder hoch nach Jafia, 13 weiter nach Gat-Hefer und Et-Kazin über Rimmon bis nach Nea. 14 Dann ging die Grenze im Norden weiter über Hannaton bis zum Tal von Jiftach-El. 15 Das Gebiet, was Sebulon abkriegte, waren die Städte Kattat, Nahalal, Schimron, Jidala und auch Bethlehem. Also kann man hier insgesamt zwölf Städte zählen, inklusive der Orte drum herum. 16 Das war jetzt also das ganze Gebiet, was dem Familienstamm Sebulon zugelost wurde. Es gehörte ab dann ihnen.

Der Teil, den der Familienstamm Issachar bekam

17 Als man das vierte Los zog, stand da „Issachar" drauf. 18 Das Gebiet, was für ihn ausgelost wurde, umfasste die Städte Jesreel, Kesullot, Schunem, 19 Hafarajim, Schion, Anahara, 20 Daberat, Kischjon, Ebez, 21 Remet, En-Gannim, En-Hadda und Bet-Pazzez. 22–23 Im Norden ging die Grenze vom Berg Tabor über Schahazajim und Bet-Schemesch bis ganz runter zum Jordanfluss. Dieses Gebiet mit insgesamt sechzehn Städten und den Orten, die da drum herum lagen, bekam der Familienstamm Issachar. Er gehörte ab dann ihnen.

Das Gebiet, was dem Familienstamm Ascher zugelost wurde

24 Als fünftes Los wurde der Familienstamm Ascher gezogen. 25 Die Grenze im Süden von seinem Gebiet zog sich von Helkat, weiter Richtung Westen über Hali, Beten, Achschaf, 26 Alammelech, Amad und Mischal bis zum Karmelgebirge und runter zum Libnatfluss. 27 Die Grenze im Osten ging von Helkat Richtung Norden nach Bet-Dagon. Dort ging sie an der Grenze vom Familienstamm Sebulon entlang, weiter über das Tal Jiftach-El und dann über Bet-Emek und Negil bis nach Kabul und Mischal. 28 Weiter führte sie über Abdon, Rehob, Hammon und Kana bis zum Gebiet der ziemlich fetten Stadt Sidon. 29 Jetzt machte die Grenze einen Bogen nach Rama bis zur Stadt Tyrus (die damals schon eine Stadtmauer hatte), ging weiter nach Hosa und endete am Mittelmeer. Zum Gebiet vom Familienstamm Ascher gehörten auch die Städte Mahaleb, Achsib, Mehebel, 30 Akko, Afek und Rehob. Das waren insgesamt zweiundzwanzig Städte inklusive der Vororte, die um die Städte lagen. 31 Wie gesagt, bekam dieses ganze Gebiet, die Städte und umliegenden Orte, der Familienstamm Ascher. Es gehörte ab jetzt diesem Stamm.

Das Gebiet, was der Familienstamm Naftali abkriegen sollte

32 Beim sechsten Mal Losen gewann der Familienstamm Naftali. 33 Seine Grenze im Süden ging von Helef in Richtung Osten nach Elon-Zaanannim und weiter über Adami-Nekeb und Jabneel nach Lakkum und endete am Jordanfluss. 34 Dann ging sie nach Westen über Asnot-am-Tabor bis nach Hukkok. Das Gebiet von diesem Familienstamm grenzte im Süden an das Gebiet vom Stamm Sebulon an. Im Westen stellte das Gebiet von den Aschers die Grenze dar. Im Osten war der Jordanfluss die Grenze. 35 Die größeren Städte mit einer Stadtmauer und so waren hier Ziddim, Zer, Hammat, Rakkat, Kinneret, 36 Adama, Rama, Hazor, 37 Kedesch, Edrei, En-Hazor, 38 Jiron, Migdal-El, Horem, Bet-Anat und Bet-Schemesch. Zusammen neunzehn Städte mit den Orten, die noch drum herum lagen. 39 Das war jetzt eine Beschreibung von dem Gebiet, inklusive der Städte und Orte, das der Familienstamm Naftali bekam. Er gehörte ab dann denen.

Das Gebiet vom Familienstamm Dan

40 Als Siebtes blieb dann nur noch der Familienstamm Dan übrig. 41 Das Gebiet, was er bekam, umfasste die Städte Zora, Eschtaol, Ir-Schemesch, 42 Schaalbim, Ajalon, Jitla, 43 Elon, Timna, Ekron, 44 Elteke, Gibbeton, Baalat, 45 Jehud, Bene-Berak und Gat-Rimmon 46 sowie das Gebiet um die Stadt Jafo bis runter zum Jarkonfluss. 47 Leider kriegten die Leute von Dan in der Gegend mächtig Ärger, und sie verloren einiges von ihrem Land wieder im Krieg an andere Völker. Erst als sie in den Krieg gegen Leschem zogen und die Stadt einnehmen konnten, war Schluss. Sie zeigten auch hier der ganzen Stadt die rote Karte, nahmen sie ein und besiedelten sie. Die Stadt wurde dann umbenannt, von Leschem in Dan, ganz nach dem Gründer von ihrem Familienstamm. 48 So, das war jetzt der Teil, den der Stamm vom Dan abbekommen hatte.

Zum Schluss: der Teil, den Josua einsacken konnte

49 So wurde die ganze Verteilung von dem Land durchgezogen. Jeder Familienstamm bekam seinen Anteil, den er behalten konnte. Am Ende kriegte Josua auch noch ein Stück Land. 50 Bei Josua stand auf der Wunschliste ganz oben die Stadt Timnat-Serach, die in den Bergen von Efraim lag. Gott war dafür, und so bekam er die Stadt. Er baute sie wieder auf und wohnte dort. 51 Die Verteilung war vom Priester Eleasar, von Josua und den Chefs der einzelnen Familienstämme durchgezogen worden. Das Ganze wurde vor dem besonderen Zelt gemacht, wo man Gott treffen konnte. Das stand in Schilo. Auf die Art war das ganze Land verteilt worden, und alle waren happy.

20

Asylstädte für Leute, die aus Versehen jemanden getötet haben

1 Gott hatte dann mal wieder ein Gespräch mit Josua. 2 „Sag mal den Leuten von Israel Folgendes von mir: Ihr müsst euch jetzt sechs Städte aus-

suchen, wo Leute hinfliehen können, die aus Verse-
hen jemanden getötet haben. Ich hatte auch schon
mal mit Mose über das Thema gesprochen. 3 Wenn
jemand aus Versehen einen Menschen gekillt hat,
ohne dass er das wirklich wollte, soll er dort hinge-
hen können. Dort ist er in Sicherheit, kein Verwand-
ter von dem, der gestorben ist, darf ihn da aufspü-
ren und töten, um sich an ihm zu rächen. 4 Der Typ
soll sich dort einen Anwalt besorgen und seinen Fall
vor Gericht bringen. Das Gericht soll ihm dann ein
Zimmer zuweisen, wo er erst mal wohnen kann.
5 Falls jetzt ein Verwandter von dem, der gestorben
ist, sich an ihm rächen will und ihn bis dahin ver-
folgt, darf man ihn nicht an den ausliefern. Das
Ganze geht aber nur, wenn er das nicht mit Absicht
gemacht hat. Und wenn er voll den Hass gegen das
Opfer geschoben hat, darf er diesen Schutz auch
nicht genießen. Das wäre nämlich Mord. 6 Man soll
dann eine Gerichtsverhandlung organisieren, wo
entschieden wird, ob der Typ bleiben darf oder
nicht. Das gilt so lange, bis der oberste Priester, der
sogenannte Hohepriester, in der Zeit noch im Amt
ist. Wenn der stirbt, hat der Typ keine Probleme
mehr und kann wieder zu seiner Familie zurückkeh-
ren." 7 Die Chefs von den Familienstämmen mach-
ten eine Abstimmung und suchten folgende Städte
für diesen Zweck aus. Westlich vom Jordan:
Kedesch in Galilä, was im Gebirge von Naftali lag.
Sichem, was im Gebirge von Efraim lag. Und Kirjat-
Arba (das heutige Hebron), was auf dem Gebirge
von Juda lag. 8 Östlich vom Jordanfluss die Stadt
Bezer, die im Steppenhochland des Stammes Ruben
lag. Die Stadt Ramot aus der Gegend Gilead (die lag
im Gebiet vom Familienstamm Gad) und Golan in
der Landschaft Baschan (das lag im Gebiet vom
Familienstamm Manasse). 9 In diese Städte konnten
ab dann alle Israeliten fliehen, aber auch die Auslän-
der, die bei den Israeliten wohnten. Immer wenn
einer aus Versehen einen anderen Menschen getö-
tet hatte, konnte er sich hier vor der Verfolgung von
Familienmitgliedern schützen. Man durfte ihn dort
nicht umbringen, bis er in einem ordentlichen
Gerichtsverfahren überführt und verurteilt worden
war.

21

Wo die Levi-Leute wohnen sollten

1 Die Clanchefs von den Levi-Leuten kamen
an einem Tag beim Priester Eleasar und bei
Josua an. Die anderen Chefs von allen Familien-
stämmen in Israel waren auch dabei. 2 Zu der Zeit
trafen die sich gerade in Schilo, was im Kanaan-
Land lag. Ihre Anfrage war: „Gott hat uns damals
durch Mose ganz klar gesagt, dass wir auch Städte
bekommen, in denen wir wohnen können. Auch
Weiden für unsere Kühe und Ziegen stehen uns zu."
3 Die Versammlung sprach dann den Levi-Typen
Städte inklusive Wiesen zu, wo sie wohnen konnten.
Gott hatte das so angeordnet. 4 Beim Losen kam
raus, dass der Clan Kehat als Erstes dran war. Die
Familie von dem Priester Aaron bekam dreizehn
Städte ab, die im Gebiet von Juda, Simeon und Ben-
jamin lagen. 5 Die anderen Familien der Kehatiter
bekamen zehn Städte, die in Gebieten von den
Familienstämmen Efraim, Dan und der Hälfte vom
Stamm Manasse, die westlich vom Jordan lebte,
lagen. 6 Der Clan Gerschon bekam dreizehn Städte
aus den Gebieten der Stämme Issachar, Ascher,
Naftali und der anderen Hälfte von Manasse, die
östlich vom Jordan lebte. 7 Der Merari-Clan bekam
zwölf Städte aus dem Gebiet der Stämme Ruben,
Gad und Sebulon. 8 Diese Städte und das Weideland
für die Kühe und Ziegen, was dort drum herum lag,
kriegten jetzt die Levi-Leute. Gott hatte das denen
durch Mose schon vor langer Zeit versprochen.

Die Städte, die die Levi-Leute vom Kehat-Clan bekamen

9–10 Als Erstes bekamen die Nachkommen von
Aaron, aus dem Clan Kehat, ihre Städte durch Losen
zugeteilt. Von den Familienstämmen Juda und
Simeon waren das folgende: 11 Erstens die Stadt
Hebron, die mal Arba gehört hatte, der ein Vorfahr
von den Riesen gewesen war. Die lag im Gebirge
von Juda. Die ganzen Wiesen drum herum, wo die
Tiere weiden konnten, gehörten auch dazu. 12 Aber
die Felder, wo man was anbauen konnte, die in der
Gegend um die Stadt und die Dörfer lagen, gehör-
ten Kaleb, dem Sohn von Jefunne. 13–16 Hebron war
gleichzeitig als Asylstadt ausgesucht worden, in die
man hinfliehen konnte, wenn man aus Versehen
jemanden getötet hatte. Außerdem bekam die
Familie vom Aaron noch folgende Städte inklusive
Weideplätze von Juda und Simeon: Libna, Jattir,
Eschtemoa, Holon, Debir, Aschan, Jutta und Bet-
Schemesch. Das waren jetzt insgesamt neun Städte
von diesen beiden Stämmen. 17 Aus dem Gebiet
vom Familienstamm Benjamin bekamen sie die vier
Städte Gibeon, Geba, 18 Anatot und Alemet. 19 Die
Familie, die von dem Priester Aaron abstammte,
hatte damit insgesamt dreizehn Städte mit dem
dazugehörigen Weideland bekommen. 20–22 Die

anderen Familien vom Kehat-Clan bekamen vier Städte im Gebiet vom Familienstamm Efraim. Und zwar waren das: Sichem im Bergland von Efraim, die gleichzeitig eine von den Städten war, wo man hinfliehen konnte, wenn man einen aus Versehen gekillt hatte: eine Asylstadt für Totschläger. Dann noch Geser, Kibzajim und Bet-Horon. 23–24 Außerdem bekamen sie im Gebiet vom Familienstamm Dan die vier Städte Elteke, Gibbeton, Ajalon und Gat-Rimmon. 25 Von dem Gebiet vom Familienstamm West-Manasse wurden die beiden Städte Taanach und Jibleam abgezwackt. 26 Das waren jetzt insgesamt zehn Städte, wobei das Weideland drum herum immer dazugehörte.

Die Städte, die den Levi-Leuten vom Gerschon-Clan zugesprochen wurden

27 Die Levi-Leute aus dem Clan Gerschon bekamen zwei Städte, die im Gebiet von Ost-Manasse lagen. Die eine Stadt war Golan in der Landschaft Baschan. Diese Stadt war auch gleichzeitig eine Asylstadt, wo Leute hinfliehen konnten, wenn sie aus Versehen jemanden getötet hatten. Dazu noch die Stadt Aschtarot. 28 Der Familienstamm Issachar musste Kischjon und Daberat für diesen Zweck abzwacken, inklusive der Weideplätze. 29 Dazu noch Jarmut und En-Gannim, ebenfalls mit den Weideplätzen. Insgesamt waren das also vier Städte von denen. 30–31 Der Familienstamm Ascher musste Mischal, Abdon, Helkat und Rehob abgeben. Auch hier inklusive aller Weideplätze, die drum herum lagen. 32 Der Familienstamm Naftali musste für diesen Zweck Kedesch rausrücken, was in Galiäa lag und auch so eine Asylstadt war. Dazu Hammot-Dor und Kartan. Alles wieder mit den Weideplätzen. 33 Das waren insgesamt dreizehn Städte, inklusive der Weideplätze.

Die Städte für die Levi-Leute vom Clan Merari

34–35 Der Rest von den Levi-Leuten, nämlich der Merari-Clan, kriegte von dem Gebiet, was dem Familienstamm Sebulon gehörte, die vier Städte Jokneam, Karta, Rimmon und Nahalal. 36–37 Dann kriegten sie noch östlich vom Jordanfluss vom Familienstamm Ruben die vier Städte Bezer, Jahaz, Kedemot und Mefaat. Bezer lag im Steppenhochland und war auch so eine Asylstadt für Menschen, die aus Versehen jemanden gekillt hatten. 38–39 Und vom Gebiet des Stammes Gad kamen noch die zwei Städte Ramot (in Gilead) und Mahanajim dazu. Und auch noch Heschbon und Jaser, also insgesamt vier Städte. Dazu kamen immer noch die Weiden, die um die Stadt herum lagen. 40 Diese zwölf Städte gehörten ab dann zu den Meraris, sie hatten die zugelost bekommen. 41 Zählt man alle Städte, die den Levi-Typen gehörten, kamen da 48 Stück zusammen, inklusive der Weiden drum herum. Alle lagen mitten in dem neuen Gebiet der Israeliten. 42 Wie gesagt, es hatte jede Stadt auch eine Menge Grün- und Weidefläche um sich herum. 43 Auf die Art verteilte Gott das ganze Land unter seinen Leuten. Dieses Land hatte er ja schon ihren Uropas ganz fest versprochen. 44 Und ab dann organisierte Gott es erst mal, dass sie Frieden mit allen Völkern in den umliegenden Ländern hatten. Das hatte er auch so versprochen. Die Feinde sahen einfach auch keine Schnitte gegen die Israeliten, Gott sorgte dafür. 45 Auf Gott ist Verlass. Er hatte alle seine Versprechen erfüllt. Alles, was er gesagt hatte, passierte auch.

22 Die Soldaten der Familienstämme aus dem Ostjordanland gehen nach Hause

1 Irgendwann rief Josua dann mal die Männer von den Familienstämmen Ruben, Gad und Ost-Manasse zu sich ins Büro. 2 Er sagte zu ihnen: „Liebe Leute! Ihr wart immer sehr treu und habt die Sachen, die Mose euch gesagt hat, knallhart durchgezogen. Auch die Ansagen von mir wurden immer gut umgesetzt. 3 Ihr seid die ganze Zeit beim Trupp von allen Israeliten dabeigeblieben und habt bis heute niemanden von denen gedisst. Auch die Sachen, die Gott von euch wollte, habt ihr immer radikal befolgt. 4 Ab jetzt könnt ihr euch entspannen! Gott hatte es euch versprochen, und jetzt ist es so weit. Geht zurück in eure neue Heimat, das Land, was Mose euch auf der anderen Seite vom Jordanfluss versprochen hatte. 5 Aber eine Sache noch: Ihr dürft nie die Gesetze vergessen, die ihr von Mose bekommen habt, klar?! Gott hat durch Mose zu uns gesagt, dass wir Gott lieben sollen und immer das tun müssen, was er von uns will. Ihr sollt ihm immer hundertprozentig treu sein und radikal für ihn leben, mit allem, was ihr habt!"
6 Josua betete am Ende noch ne Runde für sie und segnete sie, er versprach ihnen von Gott das Beste. Dann durften sie nach Hause gehen. 7 Mose hatte der einen Hälfte vom Familienstamm Manasse östlich vom Jordanfluss das Baschan-Gebiet zugesprochen. Die andere Hälfte sollte zusammen mit den anderen Familienstämmen auf der Westseite vom

Jordan wohnen, so hatte Josua es beschlossen.
Josua schickte die Männer vom Ost-Manasse-
Stamm nach Hause. Vorher hatte er sie aber noch
gesegnet und für sie gebetet. 8 „Viel Spaß zu
Hause!", rief er ihnen nach. „Ihr habt fett abgesahnt
und kommt echt reich wieder dort an! Euer Bank-
konto ist voll, ihr habt viel Schmuck und Uhren,
auch modische Kleidung im Gepäck. Viele Tiere und
so was habt ihr auch alles, oder? Gebt davon an
eure Geschwister etwas ab, die dort auf euch war-
ten! Auf Wiedersehen!"

Die „Altarkrise"

9 Also gingen die Familienstämme Ruben, Gad und
Ost-Manasse ihre eigenen Wege. Sie brachen ihre
Zelte ab und zogen von Schilo los, was im Kanaan-
Land liegt, um nach Gilead zu reisen. In dem Gebiet
lag ja der Anteil von ihrem Land, den sie von Gott
durch Mose bekommen hatten. Dort hatten sie sich
vor einiger Zeit bereits niedergelassen. 10 Als sie
gerade in Gelilot waren, mitten in der Jordanebene,
hatten sie eine Idee. Sie bauten direkt am Fluss
einen großen Opfertisch, einen Altar, für Gott auf.
Der stand aber noch auf der Seite vom Jordan, die
zum Kanaan-Land gehörte. 11 Diese Nachricht
machte sofort die Runde. Die Israeliten lasen mor-
gens in der Zeitung: „Skandal! Die Ruben-, Gad-
und Ost-Manasse-Armeen bauen außer Landes
Opfertische für Gott!!! Krieg vorprogrammiert!"
12 Die anderen Familienstämme waren so sauer,
dass sie sofort ihre Armeen zusammenzogen, um
in Schilo gegen die Familienstämme aus dem Osten
zu kämpfen. 13 Vorher schickten sie noch einen Dip-
lomaten zu den drei Stämmen nach Gilead. Und
zwar war das Pinhas, ein Sohn vom Priester Eleasar.
14 Seine Begleitung waren zehn Clanchefs von den
Familienstämmen, die alle im Westen wohnten.
15 Nachdem sie bei den Leuten von Ruben, Gad und
dem halben Manassestamm angekommen waren,
redeten sie ein ernstes Wörtchen mit denen.
16 „Leute, was sollte das denn bitte? Warum müsst
ihr Gott schon jetzt wieder so ans Bein pinkeln?
Warum seid ihr ihm nicht treu? Habt ihr diesen
Altar aufgebaut, um Gott zu zeigen, dass er euch
mal kreuzweise kann, oder wie? 17 Ist der Haufen an
Sachen, wo wir Mist gebaut haben, nicht schon
groß genug? Alleine das Ding, wo wir mit diesem
Baal-Pegor rumgemacht haben ... Das Teil steht
immer noch zwischen uns und Gott. Deswegen
kamen doch die ganzen Krankheiten bei uns plötz-
lich auf, habt ihr das alles vergessen? 18 Trotzdem
behandelt ihr Gott echt wie den letzten Dreck! Und
eins ist euch doch wohl klar: Wenn ihr heute Gott
gegen euch aufbringt, wird er morgen auf uns alle
sauer sein. 19 Wenn ihr jetzt euer Land plötzlich
uncool und nicht so gottmäßig findet, dann könnt
ihr gerne bei uns wohnen! Hier hat sich Gott ja
auch eine Wohnung bauen lassen. Aber bitte baut
jetzt nicht so einen Mist! Wenn ihr so einen Opfer-
tisch zusätzlich zu dem Altar von Gott am besonde-
ren Zelt aufbaut, dann findet er das echt nicht toll,
und wir haben hier dann alle richtig Ärger an der
Backe! Wir wollen nämlich nicht mit schuld sein an
eurem Mist. 20 Überlegt doch mal: Könnt ihr euch
noch an Achan erinnern, der ein Sohn von Serach
war? Er hatte sich damals von der Kriegsbeute
Sachen abgegriffen, die Gott eigentlich im Müll
haben wollte. Das war nur ein Typ, der einmal Mist
gebaut hat, trotzdem wurden wir alle dafür bestraft.
Wie viele Leute mussten damals wegen diesem
einen Typen sterben?"

Die Familienstämme im Osten und Westen haben wieder Frieden miteinander

21 Die Leute von den Familienstämmen Ruben, Gad
und Ost-Manasse ließen sofort ihre Antwort aus-
richten. 22 „Liebe Leute! Wir wollen euch wissen las-
sen, dass wir nach eurer Nachricht sofort folgendes
Gebet zu Gott geschickt haben: ‚Du bist der größte
Gott, du bist der Chef, du steckst alle anderen Göt-
ter in die Tasche. Wenn dieser Altar von uns wirklich
deswegen aufgebaut wurde, weil wir keinen Bock
mehr auf dich hätten, und wir gegen dich arbeiten
wollen, dann brauchst du uns heute nicht aus dieser
Situation zu retten.' 23 Leute, wenn wir dieses Teil
echt deswegen gemacht haben, um Gott eins damit
auszuwischen, dann soll er uns dafür jetzt bestra-
fen. Wenn wir auf dem Altar irgendwelche Opferritu-
ale durchziehen wollten, dann soll er uns jetzt die
Rechnung dafür präsentieren. 24 Hey, Mann, unsere
Motive waren echt voll okay! Wir hatten einfach
Schiss, dass eure Nachkommen irgendwann mal zu
unseren Nachkommen sagen werden: ‚Was habt ihr
eigentlich mit unserem Gott am Hut? 25 Er hat doch
eine Mauer gezogen zwischen uns und euch! Der
Jordan trennt unsere Familienstämme voneinander.
Ihr gehört gar nicht zu den Leuten von Gott!' Und
dann könnten eure Nachkommen uns auch viel-
leicht irgendwann davon abbringen, Respekt vor
Gott zu haben. 26 Darum hatten wir die Idee, diesen
Altar aufzubauen. Der sollte aber nicht den Opfer-
berechtigungsstatus bekommen. 27 Wir wollten den

nur einfach so da stehen haben, als so ne Art Denkmal. Versteht ihr? Er sollte unsere und eure Nachkommen immer da dran erinnern, dass wir auch am besonderen Zelt Gott Sachen opfern sollen und dass eure Nachkommen nicht so tun sollen, als gehörten wir gar nicht zur Familie dazu. [28] Falls das doch irgendwann passieren sollte, sollen unsere Kinder sagen können: ‚Hallo? Seht ihr diesen Altar da? Unsere Väter haben den dort hingebaut! Er sieht genauso aus wie der Altar, der am besonderen Zelt steht. Der steht hier aber nicht, um da drauf Gott Sachen zu schenken, sondern nur zur Erinnerung, dass wir auch zum gleichen Gott gehören, wie ihr.‘ [29] Hey, wir sind meilenweit entfernt von dem Gedanken, etwas gegen unseren genialen Gott zu tun oder sogar ohne ihn leben zu wollen! Wir würden nie und nimmer irgendwo einen Altar zum Opfern aufbauen, um damit dem Altar vom besonderen Zelt Konkurrenz zu machen.“ [30] Pinhas, aber auch die anderen Männer und Chefs von den Israeliten waren erst mal beruhigt. Für sie ging die Begründung in Ordnung, die die Männer von den Familienstämmen Ruben, Gad und die von Ost-Manasse vorgebracht hatten, und sie änderten ihre Meinung. [31] „Jetzt merkt man mal wieder, dass Gott bei uns am Start ist!“, meinte Pinhas. „Dass ihr diesen Altar aufgebaut habt, geht eigentlich voll in Ordnung. Ihr habt das gemacht, damit andere Israeliten keine Strafe von Gott abkriegen!“ [32] Pinhas ging dann mit den Männern wieder zurück ins Kanaan-Land und erstattete dort Bericht. [33] Alle waren einverstanden mit dem Verhalten von den Ruben- und Gad-Leuten. Sie dankten Gott für diesen genialen Ausgang der Krise und hatten schnell vergessen, dass man eigentlich gerade gegen sie in den Krieg ziehen wollte, um bei denen alles plattzumachen. [34] Die Männer von Ruben und Gad tauften den Altar jetzt sofort auf den Namen „Denkmal“. Sie sagten: „Du heißt ab jetzt so, weil wir, immer, wenn wir bei dir vorbeigehen, da dran denken müssen, dass der krasseste Gott von allen unser Gott ist.“

23 Josua sagt den Leuten noch mal, was Sache ist

[1] Mittlerweile waren viele Jahre vergangen, und die Israeliten lebten die ganze Zeit in Frieden. Keines der angrenzenden Länder hatte Bock, gegen Israel einen Krieg anzuzetteln. Josua war in der Zwischenzeit richtig alt geworden. [2] Darum organisierte er noch mal ein Treffen mit allen Chefs. Die Familienchefs, die Richter, jeder, der was zu sagen hatte, sollte bei ihm antreten. Dann hielt er folgende Rede: „Liebe Leute! Ich bin mittlerweile voll alt geworden, und es dauert nicht mehr lange, dann werde ich den Löffel abgeben. [3] Ihr wart alle Zeugen, wie der Chef, unser Gott, alle Völker, die in diesem Land vorher gelebt haben, vor unseren Augen weggemacht hat. Es war ja Gott selbst, der für uns kämpfte! [4] Mein Job war es, das ganze neue Land vom Jordan bis zum Mittelmeer gerecht unter euch aufzuteilen. Auch das Gebiet, in dem noch Völker leben, gegen die wir noch nicht gewonnen haben, ist bereits unter den Hammer gekommen. [5] Gott wird sie auch noch aus dem Land rausschmeißen, und dann gehören die Teile ebenso euch. Das hat er uns ja versprochen. [6] Für die Zukunft gilt Folgendes, Leute: Nichts darf euch davon abhalten, alles genau so durchzuziehen, wie Mose es in den Gesetzen aufgeschrieben hat! Ihr müsst die Gesetze superkorrekt umsetzen und dürft keinen Millimeter davon abweichen. [7] Vermischt euch nicht mit den anderen Völkern, die vor euch hier waren und teilweise hier noch leben! Die Namen von deren Plastikgöttern dürft ihr noch nicht mal aussprechen und schon gar nicht mit deren Namen schwören, nach dem Motto ‚Ich schwör auf XYZ!‘. Ist das klar? Ihr sollt nichts mit denen zu schaffen haben und zu denen beten, Leute, das geht echt gar nicht! [8] Bleibt Gott weiter so treu, wie ihr es zurzeit seid! [9] Ihr habt alle mitbekommen, wie Gott die heftigsten und stärksten Völker so mal eben vor euch aus dem Land gekegelt hat. Bis heute gibt es keine Feinde, die gegen euch gewinnen konnten. [10] Nur einer von euch hat gereicht, um 1000 Feinde panisch wegrennen zu lassen. Warum? Weil Gott in eurer Mannschaft spielt! Das hat er ja immer wieder versprochen. [11] Darum, Leute, kämpft um eure Liebe für Gott, nichts darf zwischen euch und ihn kommen! Davon hängt alles ab, sogar euer Leben! [12] Aber wenn ihr irgendwann keinen Bock mehr auf Gott habt und nur noch euer eigenes Ding durchzieht, wenn ihr euch in die Frauen oder Männer von den anderen Völkern verknallt und mit denen im Bett landet, wenn ihr die sogar heiratet und Kinder mit denen bekommt, [13] dann wird Gott damit aufhören, eure Feinde für euch zu besiegen. Dann werdet ihr keine anderen Völker mehr so mal eben rausschmeißen können, dann werden die sogar supergefährlich für euch sein! Sie werden wie eine Bananenschale, die auf dem Boden in der dunklen Küche rumliegt, wie ein rostiger Metallsplitter im Auge, wie eine offene

Steckdose an der Badewanne. Am Ende werdet ihr
an ihnen kaputtgehen, sie werden euch aus dem
schönen neuen Land rausschmeißen, das Gott euch
geschenkt hat. 14 Meine Zeit ist jetzt abgelaufen, ich
bin bald tot. Bitte vergesst meine Ansagen nicht
und lebt danach, so radikal ihr könnt. Gott, euer
Chef, hat jedes Versprechen eingelöst. Es gibt keine
gute Sache, die er nicht genau so durchgezogen
hätte, wie er es versprochen hat. 15 Genauso wie
Gott sich an die guten Sachen hält, die er euch ver-
sprochen hat, wird er auch die schlechten Sachen
durchziehen, die er angekündigt hatte, wenn ihr
euch nicht an seinen Vertrag haltet. 16 Gott hat mit
euch einen Vertrag abgeschlossen, und er erwartet
von euch, dass ihr diesen Vertrag durchzieht. Wenn
ihr ihm untreu werdet und mit anderen Göttern
rummacht, wird er richtig aggro draufkommen. Da
vergeht keine Sekunde, und ihr seid aus dem Land
wieder in hohem Bogen rausgeflogen."

24

Replay: Josua erzählt von den abgefahrenen Sachen, die Gott gemacht hat

1 An einem Tag schickte Josua eine Einla-
dung an alle Familienstämme von ganz Israel. Er
wollte, dass alle Clanchefs, Richter und andere
Leute, die was zu sagen hatten, mal zu ihm nach
Sichem kommen. Josua hatte vor, mit allen zusam-
men zum besonderen Zelt zu gehen und ihnen dort
was Wichtiges zu sagen, mit Gott als Zeugen. 2 Als
alle da waren, sprach Josua zu diesen Stellvertretern
von allen Israeliten: „Liebe Leute! Unser Gott, der
Chef von allem, hat folgende Nachricht für euch: ‚Es
ist schon einige Zeit her, da wohnten eure Vorfahren
auf der anderen Seite vom Eufratfluss. Dort haben
sie zu Plastikgöttern gebetet. Ich mein jetzt Terach,
den Vater von Abraham und Nahor. 3 Irgendwann
hab ich, Gott, dann euren Urvater Abraham aus
dem Land rausgeholt, was auf der anderen Seite
vom Eufratfluss liegt. Ab dann zog er die ganze Zeit
im Land Kanaan hin und her, er war ohne festen
Wohnsitz. Später hatte er aber unheimlich viele
Nachkommen durch seinen Sohn Isaak bekommen.
4 Dem Isaak hab ich nämlich zwei Söhne organisiert,
den Jakob und den Esau. Esau hatte von mir das
Land in den Bergen von Seir bekommen. Jakob und
seine Söhne lebten als Ausländer in Ägypten. 5 Dann
hab ich mir Mose und Aaron gegriffen und durch sie
Ägypten in die totale Katastrophe geführt. Und da-
nach hab ich euch von dort rausgeholt. 6 Ich hab
also euren Ur-Ur-Opas den Weg aus Ägypten ge-
zeigt und sie bis zu dem Schilfmeer gebracht. Die
Ägypter hatten aber keinen Bock, euch ziehen zu
lassen, und zogen mit ihrer Armee, den Panzern
und ihrer Elitetruppe hinter euch her. 7 Damals
haben eure Leute echt heftig zu mir gebetet, und
darum hab ich einen schwarzen Vorhang zwischen
ihnen und den Ägyptern gezogen. Es wurde einfach
total finster, und dann hab ich die Ägypter in den
meterhohen Wellen einfach absaufen lassen. Ihr
wisst alle, wie ich es den Ägyptern gezeigt hab, ihr
wisst, was ich alles kann. Und dann seid ihr ganz
schön lange in der Wüste rumgezogen. 8 Schließlich
hab ich euch zu dem Land auf der anderen Seite
vom Jordanfluss gebracht, wo die Amoriter wohn-
ten. Die haben gegen euch gekämpft, aber ich hab
dafür gesorgt, dass ihr gewinnt. Das ganze Land
habt ihr eingenommen, und alle Amoriter wurden
komplett vernichtet. 9 Als Nächstes stellte sich euch
der Präsident Balak, der Sohn von Zippor, in den
Weg. Er war der Präsident von den Moabitern. Balak
holte sich Hilfe und beauftragte den Zauberer Bi-
leam, den Sohn vom Beor, dass er euch verfluchen
sollte. 10 Mir waren aber die Flüche von Bileam fur-
zegal, er musste euch sogar am Ende noch segnen,
er musste euch von mir das Beste versprechen, ob-
wohl er da gar keinen Bock drauf hatte. Auf die Art
hab ich euch vor den fiesen Attacken aus der Rich-
tung gerettet. 11 Dann seid ihr über den Jordanfluss
nach Jericho gekommen. Die Leute, die dort ge-
wohnt haben, kämpften auch gegen euch, aber sie
sahen keine Stiche. Genauso wie die ganzen ande-
ren Völker in der Gegend. Ich meine damit Amoriter,
Perisiter, Kanaaniter, Hetiter, Girgaschiter, Hiwiter
und Jebusiter. 12 Ich habe dann dafür gesorgt, dass
überall im Land in den Nachrichten von euren gran-
diosen Siegen berichtet wurde. Alle hatten mörderi-
schen Respekt vor euch. Die beiden Präsidenten von
den Amoritern machten sich fast in die Hose. Diese
Siege hattet ihr nicht euren tollen Fernlenkwaffen
oder der Satellitenaufklärung zu verdanken, sondern
alleine mir! 13 Ihr habt dann von mir das ganze Land
geschenkt bekommen. In dieses Land hattet ihr ja
bis dahin nichts investiert. Die Städte hattet ihr zum
Beispiel nicht selbst gebaut. Ihr habt euch in das
gemachte Nest gesetzt, lecker von dem Wein ge-
trunken und von den Apfelbäumen geerntet, die
andere Leute vor euch gepflanzt hatten.'"

Josua fordert eine Entscheidung

14 „So, und weil diese ganzen Dinge passiert sind,
müsst ihr Gott ernst nehmen und Respekt vor ihm

haben, klar?“, sagte Josua weiter. „Ihr müsst radikal
das tun, was Gott von euch will. Schmeißt alle Plas-
tikgötter in den Müll, die auf der anderen Seite vom
Eufratfluss und in Ägypten bei euren Vorfahren viel-
leicht noch angesagt waren. Gott soll bei euch die
Nummer eins sein! 15 Wenn ihr da keinen Bock drauf
habt, dann möchte ich von euch heute eine Ent-
scheidung: Wollt ihr mit den Plastikgöttern leben,
die eure Vorfahren toll fanden, die auf der anderen
Seite vom Eufratfluss gelebt haben? Oder steht ihr
vielleicht auf die Götter von den Amoritern? Ich
jedenfalls und meine Familie haben eine radikale
Entscheidung getroffen: Wir wollen nur dem Chef,
unserem Gott, dienen!!!“ 16 Die Israeliten, die diese
Rede gehört hatten, riefen ihm zurück: „Hey, wir
sind doch nicht so blöd und verlassen Gott, um
irgendwelchen Plastikgöttern hinterherzulaufen!
17 Schließlich hat der uns damals aus Ägypten raus-
geholt! Er hat uns aus dieser ätzenden Situation
und aus den Knebelverträgen befreit. Und er hat
ganz klar fette Wunder getan! Er hat die ganze Zeit
auf uns aufgepasst, er war bei uns, als wir den gan-
zen Weg durch die Länder von anderen Völkern
gezogen sind. 18 Und er hat auch diese Völker aus
ihrem Land rausgeschmissen, auch die Amoriter,
die hier früher mal gewohnt haben. Deswegen wol-
len wir nur unserem Gott dienen! Er ist der einzige
Gott auf der ganzen Welt!“ 19 „Hm, Leute, so easy
ist das aber nicht, radikal für Gott zu leben. Gott ist
nämlich total anders, er ist etwas ganz Besonderes,
er ist heilig. Und er mag es nicht, wenn wir mit
anderen Göttern rummachen, weil er uns so sehr
liebt. Und wenn ihr Mist baut, wird er euch das
nicht verzeihen können. 20 Wenn ihr auf die dumme
Idee kommt, euch nach anderen Göttern umzuse-
hen, und denen hinterherrennt, kriegt ihr echt Pro-
bleme. Er wird euch plattmachen, komplett!“
21 „Nein“, riefen die Leute zu Josua. „Wir wollen
radikal das durchziehen, was Gott von uns will!“
22 „Okay, Leute, dann steht das Ding jetzt, ihr habt
das jetzt unterschrieben! Ihr habt euch vor Zeugen
für unseren Gott entschieden, ihr wollt das tun, was
er sagt!“ – „Deal“, riefen sie zurück. „Abgemacht,
so ist das!“ 23 „Dann schmeißt sofort alle Plastikgöt-
ter auf den Müll, die ihr noch irgendwo rumliegen
habt!“, forderte Josua. „Ihr müsst radikal für Gott
leben, unseren Gott, den Gott der Israeliten!“
24 „Yeah, wir wollen nur noch das tun, was unser
Gott sagt! Wir wollen ihm radikal dienen!“, riefen
alle Männer durcheinander. 25 Auf die Art unter-
schrieben die Israeliten in Sichem, dass sie immer
radikal das tun wollten, was Gott sagt, und dass sie
immer nach seinen Gesetzen leben wollten. 26 Josua
schrieb alles in sein Notebook und packte den Aus-
druck in das Buch, wo die ganzen Gesetze von Gott
drinstanden. Danach ließ er ein großes Denkmal
unter der Eiche aufbauen, die am besonderen Zelt
von Gott stand. 27 „Achtet auf dieses Denkmal,
Leute“, sagte Josua zu den Israeliten. „Es ist der
Zeuge gegen uns, wenn wir dann doch wieder Mist
bauen. Dieses Denkmal war dabei, als Gott zu uns
gesprochen hatte. Es soll euch da dran erinnern,
damit ihr nicht irgendwann so tut, als wäre nichts
gewesen, und Gott doch wieder bescheißt.“ 28 Dann
sagte Josua den Leuten, dass sie wieder nach Hause
gehen konnten. Er selbst ging auch zurück in seine
neues Zuhause, was ab dann ihm und seiner Fami-
lie für immer gehörte.

Josua stirbt

29 Einige Monate nach diesem Treffen starb Josua.
Er kam aus der Familie von Nun, und er hatte in
seinem Leben immer radikal das durchgezogen,
was Gott von ihm wollte. Josua wurde 110 Jahre alt.
30 Er wurde auf dem Land beerdigt, was ihm
gehörte, in Timnat-Serach. Das lag nördlich vom
Berg Gaasch, im Gebirge von Efraim. 31 Die Israeli-
ten hielten sich, auch nachdem Josua tot war, eine
ganze Zeitlang an den Vertrag mit Gott. Zumindest
solange die Clanchefs noch lebten, hielt das an. Die
hatten ja die ganzen krassen Wunder, die Gott für
die Israeliten getan hatte, auch noch mitgekriegt.
32 Der Sarg von Josef, den die Israeliten die ganze
Zeit mitgeschleppt hatten, seitdem sie aus Ägypten
weg waren, wurde auf dem Friedhof in Sichem ver-
buddelt. Das war ja das Grundstück, das Jakob
damals von den Söhnen vom Harmor für 7000 Euro
abgekauft hatte. Dieses Gebiet zählte auch mit zu
dem Land, was dem Familienstamm Josef gehörte.
33 Als auch der Sohn von Aaron, der Oberpriester
Eleasar, starb, wurde er in Gibea beerdigt. Diese
Stadt in den Bergen von Efraim gehörte seinem
Sohn Pinhas, dem das bei der Verlosung zugeteilt
worden war.

Das Buch der Richter

1

Wie die Familienstämme Juda und Simeon ihr Land einnehmen

1 Nach der Beerdigung von Josua wollten die
Israeliten von Gott wissen, welcher von ihren Fami-
lienstämmen zuerst gegen die Kanaaniter kämpfen
sollte. 2 Gott sagte: „Der Familienstamm Juda soll
losziehen. Ich werde ihm die Kontrolle über das
ganze Land geben!" 3 Die Chefs von Juda gingen
zum Familienstamm Simeon und fragten sie: „Sagt
mal, Leute, habt ihr nicht Lust, mit uns in den Krieg
zu ziehen? Helft uns dabei, dieses Land zu erobern!
Als Gegenleistung sind wir dann bei euch auch
dabei, wenn ihr euren Teil erobern müsst." Die Idee
kam an, und die beiden Stämme wurden Partner.
4–5 Also zogen sie in den Krieg und gewannen
gemeinsam gegen die Kanaaniter und Perisiter. In
der Schlacht bei Besek wurden 10 000 Gegner nie-
dergemacht. Im Kampf trafen sie auch auf deren
Präsidenten Adoni-Besek. 6 Der stieg in sein Auto
und fuhr mit Vollgas davon, aber die Israeliten jag-
ten ihm hinterher. Schließlich holten sie Adoni-
Besek ein und nahmen ihn gefangen. Dann hackten
sie mit einem Armeemesser seine Daumen und
seine großen Zehen ab. 7 Er soll dazu mal gesagt
haben: „Ich selbst habe in meinem Leben siebzig
Präsidenten die Daumen und die Zehen abgeschnit-
ten. Sie durften anschließend nur noch den Müll
essen, der vom Frühstück übrig geblieben war. Aber
jetzt hat Gott dafür gesorgt, dass ich das Gleiche
durchmachen muss wie sie." Er wurde dann in den
Knast nach Jerusalem gebracht, wo er später starb.
8 Die Soldaten von Juda griffen auch Jerusalem an
und eroberten es. Alle Bewohner wurden erschos-
sen, und dann fackelten sie die ganze Stadt ab. 9 Als
Nächstes griffen sie sich die Kanaaniter, die in den
Bergen im Süden sowie im Westteil vom Hügelland
und in dem Gebiet dazwischen wohnten. 10 Sie führ-
ten Krieg gegen die Stadt Hebron, die früher mal
Kirjat-Arba hieß. Dann besiegten sie noch die Städte
Schechai, Ahiman und Talmai. 11 Danach zogen sie
weiter vor die Stadt Debir (die man früher mal Kir-
jat-Sefer genannt hatte). 12 Kaleb setzte dann einen
Preis aus für denjenigen, der diese Stadt erobern
würde, und zwar war das seine Tochter Achsa. Wer
es schaffte, hier zu gewinnen, durfte sie heiraten.
13 Der jüngere Bruder von Kaleb, Otniel, schlug zu.
Er eroberte die Stadt und bekam als Belohnung die
Tochter. 14 Achsa bequatschte Otniel, ihren Vater zu
bitten, den beiden ein Stück Land zu schenken. Sie
fuhr dann zu ihrem Vater. Als sie ankam, fragte er
sie: „Na? Was willst du von mir?" 15 „Bitte, beweise
mir, dass du mich total lieb hast. Ich möchte ein
Geschenk von dir haben. Mein neuer Ehemann
wohnt in einer total ätzenden Gegend, in der es nie
regnet. Bitte gib mir auch genug fließendes Was-
ser!" Kaleb war einverstanden und schenkte ihr zur
Hochzeit die oberen und unteren Wasseranlagen
bei Hebron. 16 Auch die Keniter (das war der Famili-
enstamm, aus dem der Schwiegervater von Mose
herkam) waren mit dem Familienstamm Juda von
der sogenannten Tannenstadt aus losgezogen. Von
dort gingen sie in die Wüste, die südlich vom Berg
Arad liegt. In dieser Wüste bauten sie dann ein paar
Häuser und machten sich dort breit. Auch die Ama-
lekiter kamen da hin und wohnten mit ihnen
zusammen. 17 Die Soldaten von den Familienstäm-
men Juda und Simeon zogen weiter im Land umher
und führten Krieg gegen die Kanaaniter, die in der
Stadt Zefat wohnten. Auch hier zeigten sie die rote
Karte, alles wurde komplett plattgemacht. Dann
gaben sie der Stadt einen neuen Namen, und zwar
„Horma", was so viel wie „Rote Karte" bedeutet.
18 Die Armee von Juda packte es aber nicht, die
Städte Gaza, Aschkelon und Ekron zu erobern.
19 Dafür half Gott ihnen dabei, das ganze Bergland
einzunehmen. Nur die Leute, die an der Küste leb-
ten, kriegten sie nicht so richtig unter die Fuchtel.
Das lag vor allem an deren starker Panzertruppe.
20 Kaleb bekam die Stadt Hebron, so hatte es Mose
ja befohlen. Kaleb schmiss aus der Stadt diese drei
riesengroßen Typen mit ihren Familien raus. 21 In
Jerusalem lebten zu der Zeit die Jebusiter. Die Sol-
daten von Benjamin kriegten es nicht gebacken, die
dort rauszudrängen. Das ist der Grund, warum die
dort bis heute noch leben, zusammen mit den Leu-
ten vom Benjamin-Stamm.

Die Familienstämme aus dem Norden erobern ihr Land

22 Jetzt war es so weit, dass auch die Soldaten von
den Familienstämmen Josef, Efraim und Manasse
mit ihren Armeen in die Berge zogen, um dort die
Stadt Bet-El zu erobern. Gott kämpfte auf ihrer
Seite. 23 Erst wurden ein paar Spione vorgeschickt,

um rauszukriegen, wie Bet-El vor Angriffen geschützt war. Zu der Zeit wurde Bet-El übrigens noch Lus genannt. 24 Auf dem Weg trafen sie einen Typen, der gerade aus der Stadt kam. Sie quatschten den an und schlugen ihm einen Deal vor: „Sie zeigen uns, wo die schwächste Stelle in den Verteidigungsanlagen der Stadt ist, und wir garantieren Ihnen, dass Sie heil aus dem Krieg rauskommen, der dort bald abgehen wird." 25 Er war einverstanden und zeigte ihnen eine Lücke in der Stadtmauer, wo die Verteidigung ganz schwach war. Die Soldaten von den Josefstämmen schlugen zu und eroberten die Stadt. In der Stadt wurde die Rote-Karte-Aktion durchgezogen: Alle Bewohner mussten sterben. Nur dieser Mann und seine Familie überlebten das Ganze. 26 Er wanderte dann aus und zog in das Hetiter-Land. Dort baute er eine Stadt auf, die er Lus nannte. Diesen Namen hat sie bis heute. 27 Der Familienstamm Manasse packte es aber nicht ganz, alle Menschen komplett rauszuschmeißen, die in folgenden Städten wohnten: Bet-Schean, Taanach, Dor, Jibleam und Megiddo, inklusive der drum herum liegenden Dörfer. Darum blieben die Kanaaniter in der Gegend wohnen. 28 Später, als die Israeliten immer mehr und stärker wurden, zwangen sie die Kanaaniter, für sie zu arbeiten. Aber aus dem Land rausgeschmissen wurden sie nicht. 29 Dem Familienstamm Efraim ging es genauso. Sie schafften es nicht, die Kanaaniter aus der Stadt Geser zu vertreiben, und darum wohnten die dort immer noch. 30 Auch der Familienstamm Sebulon schaffte es nicht, die Kanaaniter aus Kitron und Nahalal rauszuschmeißen. Sie blieben dort wohnen, mussten aber später für sie bei deren Müllabfuhr arbeiten und irgendwelche Drecksarbeit erledigen. 31 Auch die Leute von Ascher hatten Probleme damit, dort wirklich alles plattzumachen. Die Bewohner von Akko, Sidon, Mahaleb, Achsib, Helba, Afek und Rehob konnten nicht komplett vertrieben werden. 32 Darum lebten die Aschers immer noch mit den Kanaaniter zusammen, denen das Land früher mal gehört hatte. Sie konnten von denen einfach nicht alle rausschmeißen. 33 Bei den Leuten von Naftali war das so, dass sie die Bewohner von Bet-Schemesch und Bet-Anat nicht ganz vertreiben konnten. Darum lebten sie dort dann auch mit den Kanaanitern zusammen, wobei die für die Leute von Naftali die ganze Drecksarbeit machen mussten. 34 Die Armee vom Familienstamm Dan wollte in der Ebene in ihr Gebiet einmarschieren, stieß dort aber auf heftigen Widerstand der Amoriter. So mussten sie in das Gebirge zurückweichen. 35 Die Amoriter konnten sich erst in Har-Heres, Ajalon und Schaalbim halten, wurden dort aber später von der Armee von den Stämmen Efraim und Manasse besiegt. Sie wurden ab dann zur Zwangsarbeit verpflichtet.
36 Das Land von den Amoritern grenzte im Süden an das Land der Edomiter. Die Grenzlinie verlief von der Skorpionsteige bis nach Sela. Von dort ging sie noch weiter in die Berge.

2 Ein Postbote von Gott sagt den Israeliten, was Sache ist

1 Irgendwann kam ein Postbote von Gott, ein Engel, mit einer Nachricht an die Israeliten rein. Er kam aus der Richtung von Gilgal nach Bochim. Seine Nachricht klang so: „Gott sagt euch: ‚Nicht vergessen, ich war es, der euch aus Ägypten rausgeholt hat! Ich hab euch in das Land gebracht, was ich euren Familien schon vor Ewigkeiten ganz fest versprochen hatte. Und ich hab zu euch gesagt: ›Wir haben einen Vertrag miteinander, und ich werde mich an meine Seite des Vertrages immer halten.
2 Eine Sache ist mir oberwichtig: Ihr dürft euch niemals auf die Bewohner einlassen, die in diesem neuen Land bis jetzt gelebt haben! Ihr müsst die Tempel wegsprengen, in denen die zu ihren Plastikgöttern gebetet haben!‹ Aber euch war das wohl egal. Ihr habt nicht getan, was ich von euch wollte. Warum Leute? Was war da los? Wie konntet ihr nur so draufkommen? 3 Darum mache ich euch heute folgende Ansage: Ich werde die Leute nicht für euch rausschmeißen, die dort jetzt wohnen! Sie werden bleiben und euch irgendwann auf die Nerven gehen, und ihr werdet sogar von ihnen verführt werden, richtigen Mist zu bauen. Sie werden euch dazu bringen zu ihren Plastikgöttern zu beten, und wenn ihr das macht, seid ihr durch, fertig und am Ende.'"
4 Als der Postbote seine Nachricht aufgesagt hatten, waren die Israeliten voll depri. Alle fingen laut an zu heulen. 5 Darum nennt man diesen Ort jetzt auch „Bochim", was so viel wie „die Leute, die rumheulen" bedeutet. Die Israeliten machten dann erst mal eine Opfersession für Gott.

Kaum ist Josua tot, tanzen die Leute schon wieder auf den Tischen

6 Nachdem Josua dieses Treffen in Sichem beendet hatte, verzogen sich die Israeliten wieder in ihr neues Zuhause. Sie gingen in die Gebiete, die ihnen zugeteilt worden waren und ihnen ab dann für

immer gehören sollten. 7 Solange Josua am Start
war, zogen sie die Sachen radikal durch, die Gott
gesagt hatte. Auch in der Zeit danach, als die Chefs
der Israeliten noch lebten, die alle Augenzeugen von
den heftigen Wundern gewesen waren, die Gott für
sie damals gebracht hatte. 8 Aber irgendwann starb
Josua. Er war ja ein Sohn vom Nun gewesen und
ein radikaler Nachfolger von Gott. Bei seinem Tod
war er stolze 110 Jahre alt. 9 Josua wurde auf seinem
eigenen Grundstück in Timnat-Heres beerdigt, was
in den Bergen von Efraim lag, nördlich vom Berg
Gaasch. 10 Und dann starben auch im Laufe der
Jahre immer mehr von der ersten Truppe, der älte-
ren Generation. Die Jugendlichen wurden erwach-
sen und übernahmen die Sache mehr und mehr.
Aber die hatten oft keine Ahnung von Gott und woll-
ten auch nichts mit ihm zu tun haben. Sie hatten
die heftigen Wunder von damals auch nicht live mit-
erlebt. 11 Das war wohl ein Grund, warum sie sich
dann plötzlich auf solche Plastikgötter einließen
und zu denen beteten. Gott fand das überhaupt
nicht gut. 12 Sie drehten Gott den Rücken zu, dem
Gott, der ihren Vätern krass geholfen hatte, als sie
aus Ägypten abgehauen sind. Gott hatte sie dort
rausgeholt, aber die hatten nun nichts Besseres zu
tun, als plötzlich mit anderen Göttern rumzuma-
chen. Diese Plastikgötter von den Nachbarn fanden
sie so toll, dass sie sogar anfingen, zu denen zu
beten und für sie Lieder zu singen. Das war voll die
Beleidigung für Gott. 13 Sie tauschten ihren Gott,
den einzig echten, gegen so Pseudogötter wie Baal
oder Astarte ein. 14 Gott war richtig sauer und ent-
täuscht. Er hörte auf, sie zu beschützen, und
dadurch gab es immer wieder einige Skins, die bei
ihnen richtig Terror machten. Auch wurden sie von
irgendwelchen Motorradgangs ständig überfallen
und ausgeraubt. Die Nachbarvölker, die keinen Bock
auf die Israeliten hatten, konnten sie plötzlich unge-
hindert anzecken, und sie selbst waren nicht in der
Lage, sich dagegen zu wehren. 15 Bei jedem Krieg
kämpften sie nicht nur gegen die Feinde, sondern
dazu auch noch gegen Gott selbst. Das hatte er
ihnen ja schon vor einiger Zeit angekündigt, dass er
so draufkommen würde.

Gott organisiert Richtertypen

16 Gott wählte dann aber immer wieder so ein paar
Spezialleute aus, solche Heldentypen, die die Israe-
liten von diesen Blutsaugern befreiten, die sie stän-
dig abgezogen hatten. Man nannte diese Leute
Richter. 17 Allerdings hörten die Israeliten auch nicht
auf die Richter. Immer wieder dackelten sie den
Plastikgöttern hinterher. Sie beteten zu denen wie
blöd, gingen vor ihnen auf die Knie und so was. Das
ging immer superschnell, da waren sie wieder voll
auf der falschen Spur. Sie taten nicht die Sachen,
die ihre Väter ihnen beigebracht hatten. Sie lebten
einfach nicht nach den Gesetzen. 18 Wenn sich Gott
einen neuen Richter, so einen Heldentypen, ausge-
sucht hatte, stand er auch erst mal voll hinter dem.
Er rettete die Israeliten durch den neuen Richter,
wenn die Feinde mal wieder am Gewinnen waren.
Solange ein Richter am Leben war, rettete Gott die
Israeliten, weil er dann immer voll Mitleid hatte,
wenn es ihnen wegen der Feinde so dreckig ging
und sie rumjammerten. 19 Aber sobald der eine
Richter gestorben war, ging der Mist von vorne los.
Die Israeliten trieben es wieder wie verrückt mit den
falschen Göttern, sogar noch schlimmer als die
Leute, die vor ihnen gelebt hatten. Sie zeigten Gott
die kalte Schulter, änderten ihr Leben null und
zogen voll den Egofilm durch. 20–22 Gott wurde rich-
tig sauer. Er sagte zu sich: „Weil diese Menschen
immer wieder den Vertrag brechen, den ich mit
ihren Vorfahren geschlossen habe, höre ich ab
sofort damit auf, ihnen im Krieg zu helfen. Kein
Feind wird mehr von ihnen aus Kanaan-Land raus-
geschmissen werden. Die paar Völker, die Josua
nicht schlagen konnte, werde ich pushen. Sie sollen
dort immer bleiben, um ständig zu testen, ob die
Israeliten noch so drauf sind wie ihre Vorfahren
oder eben nicht. Ihnen ist anscheinend immer total
egal, was ich zu sagen habe.“ 23 Das war der Grund,
warum Gott diese Völker damals nicht so schnell
aus dem Land rausgetrieben hatte. Das waren ja die
Völker, gegen die Josua nicht gewonnen hatte.

3 **Was abging mit den Völkern, die weiter in dem neuen Land wohnten**

1–2 Einige Völker ließ Gott in dem neuen Land
weiter wohnen, um die Israeliten etwas auszutes-
ten. Es ging darum zu sehen, wie radikal sie wirklich
das tun wollten, was er ihnen gesagt hatte. Das war
auch ein Grund, warum der Wehrdienst nie ganz
abgeschafft wurde. Die jungen Männer, die keine
Kriegserfahrung hatten, sollten da draus etwas ler-
nen können. 3 Es waren da noch die fünf Präsiden-
ten der Philister, alle Kanaaniter, die Phönizier und
auch die Hiwiter, die im Libanongebirge zwischen
dem Hermon und Lebo-Hamat wohnten. 4 Wie
gesagt, sollten diese Völker dafür sorgen, dass die

Israeliten immer mal wieder ausgetestet wurden, ob sie jetzt [4] auch das tun wollten, was Gott in den Gesetzen sagt oder nicht. Die Gesetze hatten sie von ihren Vätern erzählt bekommen, und die hatten sie wiederum von Mose. [5] Die Israeliten wohnten also mitten unter den Kanaanitern, Perisitern, Hiwitern, Jebusitern, Hetitern und den Amoritern. [6] Aber die Israeliten waren zu blöd und ließen sich auf die Frauen von diesen Völkern ein. Auch ihre Töchter verknallten sich in deren Männer, und keiner von den Israeliten protestierte dagegen. Am Ende zogen sie sogar die gleichen Opferrituale durch wie die, also für deren Plastikgötter.

Der Richtertyp Otniel

[7] Die Israeliten fingen also nach einer Zeit wieder an, irgendwelche Sachen zu tun, die Gott total ätzend findet. Sie vergaßen komplett, dass sie mal mit Gott zusammen waren und er ihr Chef gewesen war, und fingen an, zu den Plastikgöttern der Leute zu beten, die schon vorher in der Gegend lebten. Das waren vor allem die Kanaaniter mit ihren Pseudogöttern Baal und Aschera. [8] Gott wurde richtig aggro gegen sie. Sie verloren einen Krieg gegen den Präsidenten von Mesopotamien, der den Namen Kuschan-Rischatajim hatte. Der bestimmte über die Israeliten dann acht Jahre lang. [9] Schließlich klopften sie nach einer Zeit wieder bei Gott an. Sie brauchten seine Hilfe und wollten von ihm, dass er einen Heldentypen organisierte, der sie dort raushauen würde. Und Gott organisierte die sogenannten Richter. Als Erstes war das Otniel. Er kam aus der Familie vom Kenas und war ein jüngerer Bruder von Kaleb. [10] Gott zeigte Otniel, wo es langging, und machte ihn zu einem Richter und damit zum Chef von den Israeliten. Otniel organisierte sich eine Armee und zog gegen Kuschan-Rischatajim in den Krieg. Gott kämpfte auf seiner Seite, und Otniel pulte dem Präsidenten von Mesopotamien eine derbe Niederlage bei. [11] Danach lebte er noch 40 Jahre. In der Zeit ging es den Leuten echt gut, und sie konnten sich mal entspannen, weil die Feinde sie in Ruhe ließen.

Der Richtertyp Ehud

[12] Kaum war der aber tot, bauten die Israeliten schon wieder großen Mist. Sie taten Sachen, die Gott zum Kotzen findet, und darum sorgte er dafür, dass Eglon, der Präsident der Moabiter, sie sich in die Tasche stecken konnte. [13] Der unterschrieb einen Angriffspakt mit den Ammonitern und den Amalekitern gegen die Israeliten und besiegte sie. Die Stadt Jericho wurde auch von ihm eingenommen. [14] Achtzehn Jahre lang mussten die Israeliten an den Präsidenten von den Moabitern Steuern abdrücken. [15] Irgendwann hatten sie die Schnauze voll und fingen wieder an, nach Gott zu schreien. Gott schickte ihnen dann wieder einen Heldentypen, diesmal den Ehud. Ehud war ein Sohn von Gera und kam aus dem Familienstamm Benjamin. Er war übrigens ein Linkshänder. Als irgendwann die Chefs der Israeliten ihn auswählten, die Steuer beim Präsidenten Eglon in Bar abzuliefern, [16] organisierte er sich ein Butterfly-Messer. Das versteckte er in seiner Lederjacke. [17] Ehud kam dann beim Präsidenten ins Büro und übergab ihm den Umschlag mit der ganzen Kohle drin. Eglon war übrigens ziemlich übergewichtig und hatte einen dicken Schwabbelbauch. [18] Als er die Kohle abgeliefert hatten, schickte Ehud seine Begleiter nach Hause. [19] Er selbst drehte sich aber an der Stelle um, wo die Steinfiguren, die Plastikgötter, von den Moabitern aufgebaut waren. Ehud ging noch mal zum Präsidenten ins Büro und sagte zu ihm: „Ich habe noch eine streng vertrauliche Nachricht für Sie! Am besten, Ihre Mitarbeiter lassen uns für eine Weile allein." Nachdem alle Leute das Zimmer verlassen hatten, war Eglon mit Ehud alleine in seinem klimatisierten Büro. Er sagte zu ihm: „Also, meine Nachricht kommt direkt von Gott!" Als Eglon dann von seinem Bürostuhl aufstand, [21] zog Ehud das Messer mit seiner linken Hand aus dem rechten Ärmel und stach ihm in den Bauch. [22] Das Messer verschwand fast in dem ganzen Fett vom Schwabbelbauch des Präsidenten. Ehud schmiss das Messer dann auf den Boden, [23] verschloss die Tür von innen und stieg über den Balkon nach draußen. [24] Nachdem Ehud getürmt war, wollten die Angestellten vom Eglon mal sehen, ob beim Präsidenten noch alles in Ordnung ist. Aber die Tür war ja von innen verschlossen. „Vielleicht ist er einfach aufs Klo", meinten sie zueinander. [25] Nachdem sich aber auch nach einer halben Stunde auf der anderen Seite nichts regte, holten sie sich den Zweitschlüssel vom Hausmeister. Dann entdeckten sie ihren Präsidenten, der tot auf dem Boden lag. [26] Während die aber noch vor der Tür gewartet hatten, war Ehud schon über alle Berge und in Sicherheit. Er war da schon an der Stelle, wo diese Plastikgötter aufgestellt waren, und kam dann später sicher in Seira im Gebirge Efraim an. [27] Dann hielt er im Fernsehen eine Ansprache an alle Israeliten, dass sie jetzt in den Krieg ziehen würden. Die Soldaten von allen

Familienstämmen folgten ihm in das Gebiet um den Jordan. 28 Er hielt dort noch eine Rede zu den Soldaten, bevor es losging: „Mir nach Männer! Gott hat schon beschlossen, dass wir gegen diese Moabiter gewinnen werden!" Die ganze Armee zog hinter ihm her und besetzte als Erstes die Brücken, die über den Jordan gingen, damit keiner von den Feinden fliehen konnte. 29 Dann kam es zum Kampf, und alleine an diesem Tag wurden 10 000 Moabiter getötet! Das waren alle kampferprobte Männer gewesen, aber trotzdem kam kein Einziger lebend davon. 30 Gott sorgte dafür, dass die Moabiter von Israel plattgemacht wurden. Anschließend gab es für die nächsten achtzig Jahre keinen Krieg mehr in dieser Gegend.

Der Richtertyp Schamgar

31 Nach Ehud wurde Schamgar der nächste Richtertyp. Er war ein Sohn von Anats. Schamgar hatte riesen Oberarme und tötete einmal nur mit einem Besenstiel 600 Philister. Er sorgte auch dafür, dass die Israeliten von ihren Feinden erst mal in Ruhe gelassen wurden.

4 Gott zieht seine Leute durch eine Frau aus dem Dreck

1 Kaum war Ehud unter der Erde, waren die Israeliten wieder am Durchdrehen. Sie taten wieder Sachen, die Gott total ätzend findet. 2 Also sorgte Gott dafür, dass seine Leute im Krieg gegen den Präsidenten Jabin und seine Armee verloren. Jabin war der Chef von den Kanaanitern und regierte in Hazor. Sein oberster General nannte sich Sisera, und der hatte sein Hauptquartier in Haroschet-Gojim. 3 Die Armee von Präsident Jabin verfügte über 900 Panzer. Zwanzig Jahre lang machte er mit den Israeliten, was er wollte. Irgendwann fingen sie wieder an, Gott um Hilfe anzubetteln. 4 Zu der Zeit war gerade eine Frau bei den Israeliten als Richterin an der Macht. Sie hieß Debora und war eine Prophetin. Das bedeutet, sie hatte einen heißen Draht zu Gott und konnte seine Ansagen hören. Debora war mit Lappidot verheiratet. 5 Wenn jemand von den Israeliten mit Problemen zu ihr kam, hielt sie die Gerichtsverhandlung immer auf einem Open-Air-Gelände ab, das zwischen Rama und Bet-El, mitten in den Bergen von Efraim lag. 6 Irgendwann schickte sie mal eine Einladung zu Barak raus, dem Sohn von Abinoam. Barak kam aus dem Gebiet vom Familienstamm Naftali. Als er da war, meinte sie zu ihm: „Gott, der Chef von den Israeliten, hat einen Auftrag für dich. Er sagt: „Hol dir mal 10 000 Soldaten aus den Familienstämmen Naftali und Sebulon. Dann ziehst du mit denen zum Berg Tabor. 7 Ich werde den General Sisera, der die Armee von Jabin anführt, gegen dich verlieren lassen. Du steckst ihn und seine ganze Panzertruppe in die Tasche, nachdem ich seine Leute an den Bach Kischon gelockt habe.'" 8 Barak antwortete: „Hm, also ich geh nur, wenn du mitkommst, Debora. Ohne dich gehe ich nirgendwo hin!" 9 „Okay", antwortete sie. „Ich bin dabei. Aber den Applaus wirst du dann nicht mehr bekommen, sondern eine Frau! Das ist dir doch klar, oder? Gott wird Sisera durch eine Frau besiegen!" Sie zogen dann gemeinsam nach Kedesch. 10 Dort angekommen, zog Barak 10 000 Soldaten von den Familienstämmen Naftali und Sebulon zum Wehrdienst nach Kedesch ein. Sie zogen dann auf den Berg Tabor. Debora war die ganze Zeit mit am Start. 11 Jetzt war da so ein Heerführer mit dem Namen Heber. Er kam von den Kenitern, von der Familie Hobab (dieser Hobab war übrigens ein Schwager vom Mose gewesen). Heber hatte sich von seinen Leuten getrennt und sein Lager bei Zaanannim in der Nähe von Kedesch aufgeschlagen. 12 Sisera kriegte eine Meldung rein, dass Barak mit seiner ganzen Truppe auf dem Berg Tabor lagerte. 13 Das war eine echte Bedrohung! Also gab er den Befehl zum Angriff, zog seine 900 Panzerwagen und alle seine Soldaten zusammen und kam von Haroschet-Gojim an den Bach Kischon. 14 Als er dort war, riet Debora Barak, diese gute Gelegenheit zu einem Überraschungsangriff zu nutzen. „Schlag zu!", meinte sie zu ihm. „Heute wird Gott dir Sisera auf dem silbernen Tablett servieren! Es steht schon fest, dass Gott mir dir in den Kampf zieht!" Also stürmte Barak mit seinen 10 000 Mann vom Berg Tabor runter auf die feindliche Armee zu. 15 Als die Soldaten mit ihren MGs auf die Kanaaniter zustürmten, sorgte Gott für Panik bei den Generälen und der ganzen Armee. Sisera sprang sogar aus seinem Wagen und rannte zu Fuß weg. 16 Barak verfolgte das Heer von Sisera bis nach Haroschet-Gojim. Die ganze Armee wurde komplett plattgemacht, nicht ein Soldat überlebte.

Der General Sisera wird getötet

17 General Sisera war auf seiner Flucht inzwischen beim Haus von Jael angekommen, die mit dem Keniter Heber verheiratet war. Die Familie von Heber hatte nämlich zu der Zeit freundschaftliche

Beziehungen zu Jabin gehabt. 18 Als Jael sah, wie
Sisera angefahren kam, ging sie ihm ein Stück ent-
gegen. „Kommen Sie rein! Hier können Sie eine
Weile bleiben! Keine Panik, Sie sind in Sicherheit!",
sagte sie zu ihm. Er kam zur Tür rein, und sie führte
ihn in ein hinteres Zimmer. 19 Sisera fragte sie dann:
„Haben Sie ein Glas Wasser oder so was? Ich hab
voll Durst und würde gerne was trinken. Eine Cola
wäre auch okay!" Sie ging in die Küche, holte die
Getränke und machte die Tür hinter sich zu. 20 „Bitte
stellen Sie sich vorne an die Haustür, ja?", bat er
sie. „Falls irgendjemand kommt und nach mir fragt,
sagen Sie bitte, ich wäre nie hier gewesen! Okay?"
21 Dann legte er sich auf die Couch, weil er von der
Flucht immer noch total alle war. Kaum lag Sisera
dort, pennte er gleich tief und fest ein. Jael
schnappte sich ein Brotmesser und einen Hammer
und schlich von hinten an die Couch, wo sich der
Präsident hingelegt hatte. Dann setzte sie an und
schlug mit dem Hammer das Messer einmal quer
durch den Kopf, bis es auf der anderen Seite wieder
rauskam. 22 Plötzlich stand Barak in der Tür, der
Sisera die ganze Zeit verfolgte hatte. Jael ging zu
ihm und sagte: „Kommen Sie! Der Typ, hinter dem
Sie her sind, liegt hier!" Barak folgte ihr in die Küche
und fand dort Sisera mausetot auf der Erde liegen.
In seinem Kopf steckte immer noch das Brotmes-
ser. 23 Auf diese Art sorgte Gott für eine derbe Nie-
derlage von Jabin, dem Präsidenten der Kanaaniter.
So wurde auch seine ganze Armee von den Israeli-
ten besiegt. 24 In den nächsten Monaten besiegten
sie die Kanaaniter noch in ein paar kleinen Neben-
kämpfen, bis die Niederlage ihrer Gegner perfekt
war.

5

Debora schreibt einen Top-Hit

1 Damals schrieb Debora einen Song über die
Sache. Barak, der Sohn von Abinoam, schrieb
noch die Musik dazu.
2 „Zum Kampf fest entschlossen waren alle Solda-
ten, freiwillig meldeten sie sich zum Krieg,
danke Gott, das hast du so gemacht, von dir kam
der gigantische Sieg!
3 Alle Präsidenten, hört mir mal zu, ich will ein Lied
für meinen Gott singen,
ich schreibe einen Beat für ihn, zu seiner Ehre soll
meine Stimme erklingen.
4 Als du, unser Gott, zu uns gekommen bist, vom
Berg Seir oder aus Edoms Gebiet,
da bebte die ganze Erde wie blöd, ein Tsunami kam
auf, wir wussten nicht, wie uns geschieht.
5 Die Berge wackelten, als Gott zu uns kam, der
Gott, zu dem die Israeliten beten,
der persönlich zu seinen Leuten am Sinai kam, er
ließ sich durch niemanden vertreten.
6 Damals, als der Sohn von dem Anat noch lebte,
Schamgar genannt
in der Zeit, als Jael auch noch am Start war, war
überall Angst im Land.
7 Auf die Felder traute sich niemand raus, die Stra-
ßen waren ausgestorben und leer,
bis ich, Debora, kam, ich war wie die Mutter Israels,
und ich kam von Gott her.
8 Als die Leute noch dabei waren, sich für Plastikgöt-
ter abzuhetzen,
da stand auch schon der Feind auf der Matte und
wollte uns alle verletzen.
Wir hatten noch nicht mal Gewehre im Lager und
konnten uns gar nicht verteidigen.
9 Ich brenne für die Helden, die Männer, die bereit
waren, sich zu verteidigen!
Und sie kamen, die Soldaten, freiwillig zur Armee,
wir danken Gott, das war der Hit.
10 Vergesst das nicht, denkt mal da dran, die ihr
heute in eurem fetten Mercedes sitzt.
Die Leute, die im Ledersofa abhängen, der Straßen-
punk darf in meiner Liste nicht fehlen.
11 In allen Restaurants, in jeder Kneipe, soll man sich
diese Geschichten erzählen.
Alle Leute aus Israel sollen aus den Städten in die
großen Stadien kommen,
12 Los Debora, sing deinen Hit, und Barak, hau
mächtig in die Trommeln!
Führe die Gefangenen in die Freiheit, nimm den
fest, der dich in den Knast gesteckt hatte.
13 Der Rest von den Soldaten, die noch übrig waren,
kamen vor die Generäle auf die Matte.
14 Zum Beispiel die Leute von Efraimstamm, mit
Oberarmen wie die von Rocky.
Dahinter die mutigen Jungs von Benjamin, die
kämpfen konnten wie Bruce Lee.
Die Truppe von Machir stellte mächtige Generäle,
von Sebulon kamen Leute in Position.
15 Die Chefs von Issachar kamen gemeinsam zu
Debora, und Barak folgte ihnen schon.
Sie stürmten in das Tal, während der Familien-
stamm Ruben noch diskutierte,
sie kamen leider zu keinem Ergebnis, der Krieg war
vorbei, als man zu Ende debattierte.

16 Warum bleibt ihr auf dem weichen Sofa liegen
und hört dem Radio zu?
In dem Gebiet von Ruben hat man zu lange gelegen, und irgendwann war die Tür zu.
17 Von dem Familienstamm Gad aus Gilead war keiner hergekommen,
sie blieben auf der anderen Seite vom Jordan, haben sich dort ne Auszeit genommen.
Und warum sind die Leute von Dan einfach bei ihren Bussen geblieben?
Und die Leute vom Ascherstamm sind auch nicht in ein Boot gestiegen.
18 Aber die Leute von Sebulon und Naftali haben
ihren Mut bewiesen,
sie zogen in den Krieg, haben mutig gekämpft auf den Kampfwiesen.
19 Die Männer, die das Sagen haben in Kanaan,
zogen in den Krieg bei Taanach.
Beim Bach vom Megiddo kämpften sie, doch fette Beute gabs nicht danach.
20 Sogar Steine fielen vom Himmel an dem Tag und
kämpften gegen Sisera,
21 der Bach Kischon wurde zu einer Macht, seine
Flut riss die Feinde nieder.
22 Die Panzer rollten auf die Bahn, die Erde bebte
unter den Rädern.
23 ‚Verflucht die Stadt Meros', sagte ein Engel,
‚bestraft sie, sie lagen daneben!'
Sie halfen den Leuten Gottes nicht, auch das war ein vollkommener Fehler,
24 Doch Gottes Segen kommt in Sicht, über Jael, die
Frau vom Keniter Heber.
Sie ist die genialste für Gott, heute ist sie die beste von allen Frauen.
25–26 Als Sisera sie um Wasser anschnorrte, kriegte
er Milch und wurde dann verhauen.
27 Mit dem Küchenmesser in der Hand durchbohrte
sie im Schlaf seinen Kopf.
Er brach zusammen, er stöhnte und schrie, dann war er tot, da half auch kein Tropf.
28 Zu Hause wartete seine Mutter, hatte Angst,
blickte voller Sorgen zur Decke,
sie schaute durchs Fenster und blickte zur Straße, ob sein Auto kommt um die Ecke.
29 Selbst die intelligenteste Frau sagte dann, und
seine Mutter wiederholte es auch:
30 ‚Zwei Bräute pro Mann werden sie abgreifen und
teure Klamotten für jede Frau.
31 Was Sisera durchmachen musste, war ein Bei-
spiel, wie es allen ergehen soll, Gott,
wer gegen dich ist und gegen dich kämpft, der kommt immer in sehr schwere Not.
Doch wer mit dir, Gott, befreundet ist, der wird auch immer krass siegreich sein.
Er wird so wie die Sonne, die am Himmel steht: feurig, heftig, und rein. '"

6 Die Israeliten haben wieder Probleme

1 Und wieder bauten die Israeliten in einer Tour
nur Bockmist. Sie taten Sachen, auf die Gott
überhaupt nicht steht, und darum sorgte er dafür,
dass die Midianiter gegen sie im Krieg gewinnen
konnten und die Macht übernahmen. 2 Die Midiani-
ter gingen dabei echt hart mit ihnen um, darum
mussten sich die Leute vor denen in Bunkern und in
den Bergen verstecken. 3 Immer wenn sie mal ein
bisschen Getreide angepflanzt hatten, kamen die
Midianiter mit den Amalekitern und einigen Leuten
aus dem Gebiet östlich von Israel an 4 und zerstör-
ten die ganzen Felder, bis runter zum Gazastreifen.
Sie räumten die ganzen Supermärkte leer und klauten sich alle Kühe, Schafe, Ziegen und Pferde.
5 Dann kamen sie noch mit ihren eigenen Schaf-
und Kuhherden in das Land und grasten die ganzen
Weideflächen ab. Sie machten sich in den Städten
und Dörfern breit und demonstrierten ihre Macht
als Besetzer des Landes. Die Midianiter waren wie
Ameisen, dass man sie nicht mehr zählen konnte.
Mit ihren Autos und Motorrädern kurvten sie über-
all rum, bis alles platt war und nichts mehr übrig
blieb. Ihr Ziel war dabei, das ganze Land komplett
auszusaugen und nichts mehr übrig zu lassen. 6 Die
Israeliten hatten nichts mehr, was ihnen gehört, und
waren total pleite. Als es ihnen so richtig dreckig
ging, fingen sie wieder an zu Gott zu schreien, ob er
ihnen nicht helfen könnte. 7 Als sie dann so voll am
Beten waren, 8 schickte Gott einen Prophetentypen
zu ihnen. Der hatte folgende Nachricht: „Leute, ich
hab euch damals aus Ägypten rausgeholt, ich hab
euch aus den Knebelverträgen und aus diesem
Knast befreit, in dem ihr dort festsaßt. 9 Ich hab
euch auch damals gerettet, als die Ägypter hinter
euch her waren. Ständig hab ich euch rausgehauen,
auch bei anderen Völkern. Ich habe eure Feinde aus
dem Land geschmissen, extra für euch. 10 Und dann
hab ich gesagt: ‚Ich bin der Chef, ich bin Gott, euer
Gott. Ihr sollt keinen Respekt vor den Plastikgöttern
von den Amoritern haben, auch wenn ihr in deren
Land wohnt.' Aber das war euch wohl scheißegal,
ihr habt nicht auf mich gehört."

Gideon ist der neue Held, der Israel retten soll
11 Irgendwann kam mal wieder so ein Postbote von
Gott rein, ein Engel. Der setzte sich unter die Eiche
bei Ofra. Das Grundstück gehörte zu der Zeit dem
Joasch vom Abieser-Clan. Sein Sohn Gideon war
gerade dabei, ein paar Lebensmittel in einem Wein-
keller zu verstecken, damit die Besatzungsarmee
der Midianiter das nicht zocken konnten. 12 Als er
nach draußen kam, sagte der Engel zu Gideon:
„Gott ist bei dir! Du bist ein guter Soldat!“ 13 „Sorry,
aber das ist echt Dünnsinn, den Sie da erzählen“,
antwortete er. „Wenn Gott bei uns am Start wäre,
dann hätten wir hier nicht solche Probleme! Mein
Opa hat mir immer von diesen derben Wundern
erzählt, die Gott damals gemacht hat, als sie aus
Ägypten abgehauen waren. Aber wo sind die denn
jetzt bitte schön, diese Wunder? Nein, das glaub ich
einfach nicht. Gott hat keinen Bock mehr auf uns, er
ist abgehauen und hat uns an diese Midianiterfrit-
zen ausgeliefert.“ 14 Der Engel ging auf ihn zu und
sagte zu ihm: „Du hast es voll drauf! Warum gehst
du nicht los und rettest Israel aus diesem Dauer-
knast, in den euch die Midianiter gesteckt haben?
Ich steh hinter dir, ich gebe dir den Auftrag dazu!“
15 „Pff, ich? Wie soll ich das denn bitte schaffen, alle
Israeliten zu befreien? Mein Clan ist der kleinste
von allen aus dem Manasse-Stamm. Dazu bin ich
das Küken der Familie, der Jüngste von allen!“
16 „Ich werde dir dabei helfen, versprochen!“, sagte
Gott durch den Engel. „Du wirst die Midianiter mit
einem Schlag komplett plattmachen.“ 17 „Okay,
wenn du meinst und du mir wirklich so was
zutraust, dann möchte ich einen Beweis dafür
sehen, dass wirklich Gott zu mir redet. 18 Bitte hau
nicht ab, bevor ich zurückkomme. Ich will dir noch
was Nettes zu essen machen“, meinte Gideon.
„Okay, ich kann warten“, sagte der Engel. 19 Gideon
ging in die Küche, nahm etwas Teig ohne Hefe und
backte schnell eine Pizza im Ofen. Dann grillte er
noch ein paar Steaks, kochte ne Nudelsuppe und
brachte dann das Ganze nach draußen zu der Eiche,
wo der Engel auf ihn wartete. 20 Der sagte zu ihm:
„Leg mal das Fleisch und die Pizza hier auf den
Steinboden, die Suppe kannst du da drüberkippen!“
Gideon machte das. 21 Der Engel berührte dann mit
seinem Spazierstock das Fleisch und die Pizza.
Plötzlich kam von unten eine große Flamme aus
dem Boden und verbrannte das ganze Essen. Und
dann hatte sich der Engel in derselben Sekunde auf
einmal in Luft aufgelöst. 22 Jetzt war Gideon klar, wer
da gerade mit ihm geredet hatte. „Gott, du bist der
Chef, dir ist nichts unmöglich!“, rief er laut. „Ich
hatte gerade Besuch von einem echten Engel! Ich
hab mit ihm geredet, eigentlich müsste ich jetzt tot
sein!“ 23 Plötzlich hörte Gideon eine Stimme, die zu
ihm sagte: „Zwischen uns ist alles in Ordnung,
Gideon, wir haben Frieden miteinander. Du musst
keinen Schiss haben, du wirst nicht sterben!“
24 Gideon baute erst mal sofort einen kleinen Stein-
tisch, einen Altar, an der Stelle auf, der für Gott sein
sollte. Er nannte diesen Ort „Gott ist Frieden“. Die-
ser Altar steht da heute noch, und zwar in Ofra, auf
dem Gelände, wo die Familie von Abieser wohnte.

Gideon sprengt den Altar von dem Plastikgott Baal
25 In der gleichen Nacht kam noch ne Nachricht von
Gott bei Gideon rein: „Organisier dir mal einen von
den Stieren, die bei deinem Vater im Stall stehen.
Und zwar den zweiten, das Teil was sieben Jahre alt
ist. Mit dem gehst du auf die höchste Stelle von
diesem Berg da und sprengst erst mal den Altar
weg, den man für diesen Plastikgott Baal aufgebaut
hat. Er steht auf dem Grundstück von deinem Vater!
Mach mit einer Motorsäge auch gleich diese Holz-
figur von der Plastikgöttin Aschera kaputt, die da
auch noch rumsteht. 26 An genau der Stelle sollst du
einen Altar für mich aufbauen, ganz oben auf dem
Berg. Mach das aber richtig, so wie es sich gehört.
Und dann nimmst du den Stier und machst damit
ein Abfackelopfer für mich. Und als Feuerholz
nimmst du die Figur von der Plastikgöttin Aschera,
die du vorher komplett zersägt hast. Alles klar?“
27 Gideon organisierte sich zehn von seinen Ange-
stellten und zog das Ding genau so durch, wie Gott
es ihm gesagt hatte. Weil er aber echt Schiss vor
seiner Familie und auch den anderen Männern in
der Stadt hatte, ließ er das ganze Ding nachts, im
Dunkeln, steigen. 28 Als die Leute am nächsten Mor-
gen aufstanden und in die Stadt gingen, sahen sie,
dass der Altar von ihrem Baal-Gott weggesprengt
worden war. Und auch die Reste von dem Aschera-
Teil lagen da noch rum. Stattdessen stand an der
Stelle jetzt der andere Altar, auf dem in der Nacht
ein Stier für Gott als Abfackelopfer verbrannt wor-
den war. 29 Die Leute waren voll stinkig. „Wer war
das?“, fragten sie überall rum. Einer steckte ihnen
dann: „Das war der Gideon, ein Sohn von Joasch!“
30 Sofort gingen die Männer zu Joasch und schrien
ihn an: „Rück sofort deinen Sohn raus! Er muss
sterben! Er hat einfach den Altar von unserm Gott
Baal weggesprengt und auch die Figur von der
Ascheragöttin abgesägt und verfeuert!“ 31 „Hä, wie

seid ihr denn drauf?“, antwortete Joasch. „Was
mischt ihr euch in die Sachen von eurem Gott Baal
ein? Ist das jetzt eure Aufgabe, ihn zu verteidigen?
Wenn der wirklich ein Gott ist, dann soll er selbst
für seine Sache kämpfen! Soll sich dieser ‚Gott‘
doch höchstpersönlich um die Täter kümmern, die
seinen Tempel weggesprengt haben, oder? Und wer
ihm den Job einfach abnehmen will, sollte mal bes-
ser aufpassen, dass er die Nacht noch überleben
wird.“ 32 Weil sein Vater diesen Spruch abgelassen
hatte, nannten viele Gideon ab da nur noch Jerub-
baal, was so viel bedeutet wie „Baal soll den doch
selbst anzeigen“, weil er seinen Altar umgehauen
hatte.

Gideon bittet Gott, ihm zu zeigen, ob er richtigliegt

33 Die Midianiter und die Amalekiter taten sich mit
den Leuten aus dem Gebiet östlich von Jerusalem
zusammen, um gegen die Israeliten in den Krieg zu
ziehen. Sie zogen ihr ganzes Heer zusammen und
kamen gemeinsam über den Jordan. Dann bauten
sie ihr Lager im Gebiet von Jesreel auf. 34 Irgend-
wann kam die Kraft von Gott, sein Geist, auf Gideon
runter! Er stand auf, rief bei den Chefs vom Abieser-
Clan an und brachte viele Soldaten zusammen, um
das Land zu verteidigen. Alle hörten auf Gideon und
folgten ihm. 35 Dann telefonierte er noch mit den
Chefs vom Familienstamm Manasse, und die folg-
ten auch seinem Aufruf und schlossen sich seiner
Armee an. Und so ging es weiter mit den Stämmen
Ascher, Sebulon und Naftali. Alle kamen an, um zu
helfen. 36 Als Gideon mal alleine war, redete er mit
Gott über die ganze Sache. „Gott? Bitte, gib mir
irgendwie ein Zeichen, dass du wirklich ausgerech-
net mich benutzen willst, um Israel hier rauszu-
hauen! Vielleicht hab ich mich ja verhört? 37 Und
zwar hab ich folgende Idee: Siehst du diese Packung
Taschentücher, Gott? Die will ich heute Nacht auf
die Wiese legen. Ich bitte dich, dass morgen früh
nur die Taschentücher pitschnass sind, aber die
Wiese drumherum muss trocken bleiben, okay? Das
wäre für mich ein Zeichen, dass du dein Verspre-
chen halten wirst und du wirklich ausgerechnet
durch mich Israel aus dieser Situation raushauen
wirst.“ 38 Es passierte genau so. Als Gideon am
nächsten Morgen auf die Wiese ging, war die
Packung so nass, dass er eine ganze Tasse damit
voll machen konnte. 39 Gideon war aber noch nicht
ganz happy. „Okay“, sagte er zu Gott, „bitte nicht
sauer sein, aber darf ich noch ein letztes Mal um so
ein Zeichen bitten? Hätte ja auch nur Zufall sein
können. Ich will heute Nacht noch mal eine
Packung dort hinlegen, aber diesmal sollen am
nächsten Morgen die Tücher knochentrocken und
nur auf der Wiese drumherum alles nass sein.
Okay?“ 40 Gott ließ sich wieder auf den Deal ein. Als
Gideon am nächsten Morgen die Packung Taschen-
tücher aufhob, war sie total trocken. Aber um die
Stelle herum war alles nass.

7 300 gegen die Midianiter

1 Gideon, den man ab dann auch Jerubbaal
nannte, zog ganz früh morgens mit seiner gan-
zen Armee los. Als sie bei der Quelle Harod waren,
bauten sie dort ihr Lager auf. Die Midianiter waren
zu der Zeit weiter im Norden, kurz vor dem Berg
More. 2 Gott sagte plötzlich zu Gideon: „Hör mal,
deine Armee ist zu groß! So können wir das Ding
nicht durchziehen. Ich will nicht, dass sich deine
Leute am Ende selbst auf die Schultern klopfen und
einen auf dicke Hose machen, weil sie denken, dass
sie es aus eigener Kraft geschafft hätten. 3 Lass mal
die Ansage im Lager rumgehen, dass alle, die
irgendwie Schiss haben, gerne nach Hause fahren
können.“ Gesagt, getan. Und tatsächlich gingen
22 000 Soldaten wieder nach Hause. Nur ungefähr
10 000 Männer blieben bei Gideon. 4 Aber Gott
reichte das noch nicht. Er sagte zu ihm: „Du, ich
finde deine Armee ist immer noch zu groß. Bring
den Männern ein paar Kästen Bier. Ich will noch mal
ein paar Leute auswählen, die nicht dabei sein sol-
len. Ich sag dir dann Bescheid, wer mit dir geht und
wer besser nicht.“ 5 Gideon ließ seinen Leuten also
ein paar Kästen Bier bringen. Dann sagte Gott zu
ihm: „So, pass mal auf. Wer von denen sein erstes
Bier auf ex austrinkt und anschließend rülpst, der
ist dein Mann. Die Leute, die aber nur langsam ihr
Bier ausschlürfen, sortiere mal aus.“ 6 Insgesamt
dreihundert Männer tranken ihr erstes Bier auf ex
aus und rülpsten anschließend. Die anderen ließen
sich Zeit damit und tranken das Glas langsam aus.
7 Gott sagte zu Gideon: „Die 300 Männer, die ihr
Bier auf ex ausgetrunken haben, sind meine Leute
für diesen Krieg. Mit ihnen will ich Israel raushauen,
mit dieser Truppe wirst du gegen die Midianiter
gewinnen. Die anderen können jetzt auch nach
Hause gehen.“ 8 Gideon schickte also fast alle Män-
ner nach Hause, nur die 300 Soldaten blieben bei
ihm. Aber der Proviant von den Männern, die
gegangen waren, und alle Megaphone, die man
dahatte, blieben da. Das Lager der Midianiter war

weiter unten, im Tal. 9 In der gleichen Nacht redete Gott mit Gideon. „Jetzt komm in die Hufe! Greif das Lager an! Ich hab schon jetzt dafür gesorgt, dass ihr gewinnen werdet! 10 Falls du dir jetzt schon in die Hosen machst, kannst du ja mal mit deinem Angestellten Pura die Gespräche von deinen Feinden abhören. 11 Wirst dich wundern, worüber die die ganze Zeit reden. Und das wird dich so stark ermutigen, dass du am liebsten sofort zum Angriff übergehen willst!" Also schlichen sich Gideon und sein Angestellter runter in die Nähe vom Lager. Dort richteten sie die Abhörgeräte aus. 12 Hier lagerten so viele von den Midianitern, den Amalekitern und den Leuten aus dem Gebiet östlich von Israel, dass man kaum einen Flecken Gras dazwischen erkennen konnte. Mit ihren Panzern und Motorrädern waren sie so stark, dass einem die Worte fehlten, um es zu beschreiben. Genauso unmöglich, wie die Sandkörner am Strand zu zählen sind, war es unmöglich, alle Soldaten zu zählen, die man dort aufgefahren hatte. 13 Gideon belauschte jetzt ein Gespräch von einem Wachposten, der gerade mit seinen Kameraden am Reden war. „Stell dir vor, ich hatte einen voll heftigen Traum", erzählte der. „In dem Traum hab ich gesehen, wie ein megagroßes Brötchen von Berg auf unser Lager runterrollte. Das machte alles platt, alles unsere Zelte gingen kaputt, totales Chaos!" 14 „Hm, das kann eigentlich nur eine Bedeutung haben: Dieser Gideon von den Israeliten wird uns überrollen. Gott hat uns schon jetzt alle an ihn ausgeliefert!"

Gott spielt in Gideons Mannschaft

15 Als Gideon dieses Gespräch belauscht hatte, kniete er sich auf den Boden und dankte Gott. Danach ging er wieder zurück ins Lager und rief seine Männer zusammen. „Aufstehen! Kommt aus den Betten, Männer! Gott hat beschlossen, dass wir gegen die Midianiter gewinnen werden!" 16 Dann teilte er die 300 Männer in drei Gruppen auf. Jeder von ihnen bekam ein Megaphon und eine große Taschenlampe. 17 „Macht mir alles genau nach!", rief er seinen Leuten zu. „Wenn ich beim Lager von unseren Feinden ankomme, dann müsst ihr genau das Gleiche tun wie ich. 18 Wenn ich die Sirene vom Megaphon anschalte, müsst ihr das auch tun. Und dann brüllt ihr alle so laut ihr könnt: ‚Im Kampf für unseren Gott und für Gideon!'" 19 Etwa um 2.00 Uhr nachts kam Gideon mit seinen 100 Soldaten am Rand des Lagers an. Dort hatten die Midianiter gerade die Wachen ausgetauscht. Auf Zuruf schalteten sie ganz plötzlich die Sirenen von den Megaphonen auf volle Lautstärke. Gleichzeitig wurden alle Taschenlampen angemacht. 20 Die anderen Abteilungen folgten dem Beispiel. Mit der linken Hand hielten sie die Taschenlampen und in der rechten Hand war das Megaphon. Alle brüllten laut: „Im Kampf für unseren Gott und für Gideon!" 21 Dabei hatten sie sich kreisförmig um das Lager aufgestellt. Im Lager selbst ging jetzt der Punk ab. Alle Soldaten schrien wie verrückt durcheinander und versuchten zu fliehen. 22 Als die 300 Männer die Megaphone angeschaltet hatten, sorgte Gott dafür, dass im Lager die totale Panik ausbrach. Die feindlichen Soldaten schossen jetzt plötzlich vollkommen planlos einfach um sich und töteten dabei ihre eigenen Leute. Das ganze Heer floh in Richtung Bet-Schitta, Zereda, Sefat-Abel-Mehola und Tabbat. 23 Jetzt kamen die Soldaten der Armeen von den Familienstämmen Naftali, Ascher und Manasse zum Einsatz. Sie verfolgten die Midianiter. 24 Gideon rief auch bei den Leuten vom Stamm Efraim an, die in den Bergen wohnten: „Schnell, ihr müsst den Fluchtweg der Midianiter besetzen! An jeder Tanke und an allen Kneipen bis runter nach Bet-Bara müssen eure Leute stehen! Sichert auch das Gebiet um den Jordan." 25 Zwei Generäle aus der Armee der Midianiter wurden gefangen genommen, General Oreb und General Seeb. Beide wurden hingerichtet. Oreb am sogenannten „Rabenfelsen" und Seeb bei dem „Wolfskelter". Der restlichen Armee jagten sie anschließend weiter hinterher. Die Köpfe von den zwei Generälen wurden zu Gideon gebracht, der noch auf der anderen Seite vom Jordan gewartet hatte.

8

Der Familienstamm Efraim ist sauer

1 Die Soldaten vom Familienstamm Efraim waren leicht angesäuert. Sie fragten Gideon: „Was sollte das denn bitte? Warum hast du uns nicht vorher Bescheid gesagt, dass du gegen die Midianiter in den Krieg ziehen willst? Jetzt denken doch alle, wir wären voll die Schisser!" Sie waren richtig sauer auf ihn. 2 Aber er erklärte ihnen die Sache: „Hört zu, dieser Sieg, den ich hier an Land gezogen hab, ist doch ein Witz, wenn man das mit eurer Leistung vergleicht. Ihr kennt doch bestimmt diesen Spruch: „Das Resteessen von den Efraimleuten schmeckt viel besser als der Hauptgang von Abieser"!? 3 Gott hat euch die Chefs von den Midianitern übergeben, das ist viel krasser als mein klei-

ner Sieg!" Als sie das Ganze von dieser Blickrichtung aus betrachteten, entspannten sich die Soldaten von den Efraim-Leuten etwas.

Gideon verfolgt den Rest der Midianiterarmee

4 Gideon kam dann zum Jordan und überquerte ihn mit seinen 300 Soldaten. So langsam waren die aber auch echt platt vom vielen Gehen. 5 Darum bat er die Behörden der Stadt Sukkot, an der sie gerade vorbeikamen, um Hilfe: „... Ein Eintopf und Brot wären super. Unsere Leute sind total ausgehungert. Wir sind auf dem Weg, um die Präsidenten der Midianiter, Sebach und Zalmunna, dingfest zu machen!" 6 Die Behördenheinis der Stadt entschieden sich aber, den Antrag abzulehnen. „Was für einen zwingenden Grund hätten wir denn, Ihrer Truppe was zu essen zu geben? Solange die beiden noch nicht von Ihnen festgenommen wurden, sehen wir uns nicht veranlasst, Ihnen zu helfen." 7 Gideon war sauer, nachdem er das gelesen hatte. „Wenn ich euch in die Finger kriege, könnt ihr was erleben! Sobald Gott dafür gesorgt hat, dass die Präsidenten der Midianiter mir gehören, werde ich wiederkommen und euch ne Tracht Prügel verpassen. Ich werde euch mit einem Baseballschläger eins überziehen, hundertpro!" 8 Gideon zog dann weiter zur Stadt Pnuel. Dort stellte er auch einen Essensantrag, und auch hier wurde der abgelehnt. Die Antwort war die gleiche wie bei der Stadt Sukkot.
9 „Wenn ich zurückkomme, mach ich euch platt. Und euer schönes Rathaus werde ich einfach weghauen!" 10 Die beiden Präsis Sebach und Zalmunna hatten mit ihrem Heer in Karkor ihr Lager aufgeschlagen. Nur 15 000 Soldaten waren von der ersten Schlacht noch übrig geblieben, 120 000 waren im Krieg gestorben. 11 Gideon schlich sich auf einer Straße, die am Rand der Wüste lag, an die Armee heran. Diese Strecke verlief im Osten von Nobach und Jogboha. Als die Midianiter null mit einem Angriff rechneten, fiel er mit seinen Leuten über sie her. 12 Der Überraschungsangriff war ein voller Erfolg. Die Soldaten im Lager waren so derbe geschockt, dass sie panisch wegrannten. Die beiden Präsidenten konnten auf der Flucht noch geschnappt werden.

Gideon rächt sich

13 Gideon (zur Erinnerung: ein Sohn von Joasch) traf auf dem Rückweg von dem Krieg gegen die Midianiter, der am Heres-Berg stattgefunden hatte,
14 einen Jugendlichen, der aus der Stadt Sukkot stammte. Den schnappte er sich und quetschte ihn aus, um herauszubekommen, wer dort alles was zu sagen hatte. Insgesamt schrieb der Junge ihm siebenundsiebzig Namen von führenden Männern aus Sukkot auf ein Blatt Papier. 15 Dann maschierte Gideon in die Stadt ein und suchte die Männer im Rathaus. „Hier habt ihr euren Sebach und Zalmunna, wegen denen ihr mich verarscht habt! Erinnert ihr euch an euren Spruch von wegen ‚Hast du denn schon Sebach und Zalmunna dingfest gemacht?' Erst wenn ihr den Job erledigt habt, bekommt ihr zur Belohnung eine Gulaschkanone geschenkt!" 16 Er ließ alle Chefs der Stadt gefangen nehmen. Dann wurden sie übelst gefoltert und anschließend erschossen. 17 Das Regierungsgebäude von Pnuel wurde von Gideon weggesprengt, und alle Männer, die in der Stadt lebten, wurden erschossen. 18 In einem Verhör fragte Gideon Sebach und Zalmunna: „Wie sahen die Männer aus, die ihr auf dem Berg Tabor umgebracht habt?" – „Sie waren Ihnen sehr ähnlich, waren gestylt wie Männer, die aus einer Präsidentenfamilie kommen.", antworteten die beiden zitternd.
19 „Das waren meine eigenen Brüder!", schrie Gideon sie an. „Ich schwör euch bei Gott, wenn ihr sie am Leben gelassen hättet, dann würde ich euch auch nicht töten." 20 Gideon sagte zu seinem ältesten Sohn: „Los, nimm deine Knarre und baller sie weg!" Aber der Junge schaffte es nicht, auf den Abzug zu drücken. Er hatte einfach zu viel Schiss, weil er noch so jung war. 21 Sebach und Zalmunna meinten dann zu Gideon. „Dann tu du es doch! Los, erschiess uns! Nur ein Mann mit Power hat auch den Mut, so was zu tun!" Gideon stand auf, hielt ihnen die Knarre an den Kopf und erschoss beide. Die vergoldeten Autofelgen von denen schnappte er sich und behielt sie.

Gideon will kein Präsident werden

22 Wieder zu Hause, waren die Israeliten so begeistert von Gideon, dass sie ihn am liebsten als Präsidenten haben wollten. „Du musst bei uns ab sofort die Macht haben! Deine Familie soll über uns bestimmen, auch deine Kinder und Enkelkinder! Du hast uns gerettet, als wir unter der Fuchtel von den Midianitern waren." 23 Gideon hatte da aber überhaupt keinen Bock drauf. „Ich will nicht euer Präsident sein, und ich will auch nicht, dass meine Kinder diesen Job mal machen! Ich finde, dass nur Gott über uns regieren darf!" 24 Dann hatte er aber noch eine Bitte: „Was ich echt gerne als Belohnung haben

würde, sind die Rolex und der ganze Schmuck, den ihr bei diesem Krieg von den Feinden abgezogen habt." Die besiegten Soldaten waren Ismaeliter und bekannt dafür, dass jeder immer eine Rolex und eine Goldkette dabeihatte. 25 „Kein Problem, kannst du gerne haben!", antworteten die Leute von Israel. Es wurde eine Wolldecke auf den Boden gelegt, und jeder Soldat schmiss die Rolexuhren und die Goldkettchen, die er im Krieg erbeutet hatte, dort drauf. 26 Allein das Gold, was da zusammen kam, wog fast 20 Kilo! Dazu kam noch ein Berg von Rolexuhren, Ringen, neuen G-Star-Jeans, Bosshemden und Armanihosen, die aus dem Kleiderschrank der Präsidenten stammten. Auch die goldenen Nummernschilder von den Dienstwagen wurden obendrauf gelegt. 27 Gideon hatte leider die beknackte Idee, das ganze Gold zusammenzuschmelzen und da draus eine Figur zu formen, einen Plastikgott. Er stellte das Teil in seiner Heimatstadt Ofra auf. Alle Israeliten gingen dort vorbei und beteten zu dem Ding. Auf die Art wurde Gott von ihm richtig abgelinkt. Für Gideon und seine Familie brachte diese dumme Aktion den Untergang.

Gideon stirbt

28 Das war jetzt die Geschichte, wie Gott dafür sorgte, dass die Midianiter den Israeliten die Füße küssen mussten. Solange Gideon lebte, hatten sie ihre Ruhe vor denen, insgesamt vierzig Jahre lang. 29 Gideon ging wieder zurück nach Hause und wohnte dort für den Rest seines Lebens. 30 Er hatte sehr viele Frauen und kriegte von denen siebzig Söhne. Damals war es üblich, mehrere Frauen zu haben. 31 Eine Frau von ihm, die in Sichem lebte, bekam auch einen Sohn, der von Gideon den Namen Abimelech bekam. 32 Gideon wurde uralt. Als er starb, wurde er in demselben Grab beerdigt, in dem auch sein Vater Joasch lag. Das war in Ofra, im Gebiet von der Familie Abieser. 33 Als er tot war, kam der Pseudogott Baal bei den Israeliten wieder schwer in Mode. Der Baal-Gott, so eine Art Spezialgott extra für die Stadt Sichem, wurde dabei zur unangefochtenen Nummer eins. 34 Sie vergaßen völlig, dass ihr genialer Gott, der Chef von allem, sie in der Vergangenheit immer wieder aus dem Dreck gezogen hatte. Egal, was für Feinde in ihrer Gegend waren, alle konnten doch immer wieder nur durch ihn besiegt werden. 35 Auch die Kinder von Gideon zogen bei dieser Sache leider voll mit. Anstatt dankbar für seine geniale Hilfe zu sein, wurde ihnen Gott egal, und sie bedankten sich null bei ihm.

9

Abimelech möchte gerne der Präsident sein

1 Eines Tage ging Abimelech, ein Sohn von Gideon, in die Stadt Sichem, weil er die Verwandten seiner Mutter besuchen wollte. Er organisierte ein großes Familienmeeting, und als alle dort waren, hielt er eine Rede: 2 „Liebe Leute! Also, wenn ihr heute mal eine repräsentative Wahlumfrage in Sichem starten würdet, wen die Bevölkerung bei der nächsten Landtagswahl am liebsten an der Macht hätte, was denkt ihr, würde dabei rauskommen? Ist den Leuten eine Regierung aus allen siebzig Söhnen von Gideon lieber, oder wären sie eher für nur einen Mann? Ich denke, die Antwort ist klar. Überzeugt sie davon, dass ich ihr Mann sein könnte! Ich komme auch aus ihrer Familie, das gleiche Blut fließt in meinen Adern!" 3 Die Brüder von seiner Mutter schlossen sich Abimelech an und wurden zu seinen Wahlkampfhelfern. Sie machten in der ganzen Stadt bei den Bürgern von Sichem schwer Werbung für ihn. Das war anscheinend nicht so schwer, weil sich die Leute sagten: „Hey, das ist einer aus unser Familie!" 4 Sie gründeten eine Partei und bekamen eine fette Parteispende von 90 000 Euro vom Konto des Baals-Tempels, um den Wahlkampf zu finanzieren. Mit der Kohle bezahlte Abimelech unter anderem einen Spezialtrupp von Wahlkampfhelfern, die alle wegen Gewaltdelikten vorbestraft waren. Die hatten vor nichts und niemandem Respekt. 5 Mit dieser Truppe ging Abimelech in einer Nacht zum Haus von seinem Vater. Dort ermordete er alle seine Brüder. Alle siebzig wurden von den Männern auf dem Boden vor dem Haus hingerichtet. Nur der jüngste Sohn konnte sich in einem Schrank auf dem Dachboden verstecken. Der Junge hieß Jotam. 6 Als das bekannt wurde, trafen sich alle Bewohner von Sichem und Bet-Millo mit den Männern, die im Regierungsgebäude arbeiteten, an einem Ort vor der Stadt. Der Treffpunkt war das Denkmal bei der großen Eiche. Dort wählten sie mit Handzeichen Abimelech zu ihrem neuen Präsidenten.

Jotams Märchen: Das Präsidentending bringt es generell nicht

7 Jotam, der letzte Überlebende von Gideons Familie, erfuhr dann auch, dass Abimelech der neue Präsident ist. Er hielt dann sofort im Fernsehen eine feurige Ansprache an alle Leute: „An alle Bewohner von Sichem! Hört mir zu, wenn ihr wollt, dass Gott euch zuhört! 8 Ich erzähl euch jetzt mal ein Märchen: Es war einmal, dass in einem Wald alle Bäume eine Versammlung hatten, weil sie einen

Baum als Präsidenten bestimmen wollten. Sie sagten zur Tanne: ‚Hey, warum wirst du nicht unser Präsident?‘ 9 Aber die Tanne hatte nicht wirklich Bock drauf. ‚Soll ich etwa meinen Job als Weihnachtsbaum an den Nagel hängen, worüber sich die Kinder in der ganzen Welt jedes Jahr freuen? Warum soll ich jetzt etwa der oberste Chefbaum von allen Bäumen werden?‘ 10 Also fragten die Bäume den Kastanienbaum: ‚Du musst jetzt unser Präsident werden!‘ 11 Aber der Kastanienbaum war auch nicht so von der Idee begeistert. ‚Wie jetzt? Soll ich keine Kastanien mehr tragen, womit man die Hirsche und so immer gut füttern kann? Warum soll ich jetzt etwa der Chefbaum von allen Bäumen werden?‘ 12 Als Nächstes fragten sie einen Apfelbaum: ‚Hast du nicht Bock, unser Präsident zu werden?‘ 13 Aber der antwortete: ‚Muss ich dann aufhören, Äpfel wachsen zu lassen, wenn ich euer Präsident wäre? Da freuen sich doch die Menschen immer voll drüber, und man kann lecker Apfelmus oder Apfelkuchen da draus machen! Warum soll ausgerechnet ich der Chefbaum von allen Bäumen werden?‘ 14 Schließlich sagten sie zur Brennnessel: ‚Hey, Brennnessel, willst du nicht unser Präsi werden?‘ 15 ‚Was?‘, antwortete die Brennnessel. ‚Ihr wollt wirklich mich zu eurem Präsidenten machen? Okay, dann kommt mal unter meine Blätter und lasst mich euer Chef sein. Sonst lasse ich euch mein Gift spüren, es wird wie Feuer brennen.‘“ 16 Nachdem Jotam dieses Märchen erzählt hatte, sagte er weiter: „Glaubt ihr im Ernst, es war korrekt von euch, Abimelech zu eurem Präsidenten zu machen? Habt ihr echt schon vergessen, was Gideon und seine Familie für euch alles gerissen haben? 17 Mein Vater hat sein Leben riskiert, um euren Arsch vor den Midianitern zu retten! 18 Ihr habt euch heute auf die Seite von den Gegnern von meinem Vater geschlagen. Ihr habt alle seine Söhne getötet, alle siebzig einfach abgeknallt. Und dann habt ihr euch den Sohn einer einfachen Angestellten geschnappt und ihn zum Präsidenten von Sichem gemacht. Und warum? Nur weil er aus eurer Familie kommt! 19 Wenn das alles okay war, wenn ihr heute korrekt mit der Familie vom Gideon umgegangen seid, dann wünsch ich euch viel Glück mit Abimelech ... Es soll von mir aus alles super mit euch weiterlaufen. 20 Wenn das aber nicht korrekt war, dann wünsch ich mir, dass ihr euch gegenseitig vernichtet. Abimelech soll alle Bewohner von Sichem, inklusive der Stadtmauern, abfackeln, und ihr sollt Abimelech unter Beschuss nehmen, so dass auch er getötet wird!“ 21 Als Jotam fertig war mit seiner Rede, verschwand er schnell durch einen Hinterausgang. Er floh vor seinem Bruder Abimelech nach Beer und blieb dort erst mal.

Zwischen Abimelech und Sichem gibt es Stress

22 Nach drei Jahren Regierungszeit über Israel 23 gab es plötzlich Stress zwischen den Bewohnern der Stadt Sichem und Abimelech. Die Leute hatten keinen Bock mehr auf ihn und zettelten eine kleine Revolution an. 24 Diese üble Abschlachtung, die Abimelech mit seinen Brüdern gebracht hatte, sollte sich an ihm rächen. Und auch die Bewohner von Sichem sollten ihre Strafe bekommen, weil sie die Mittel organisiert hatten, um diesen Mord durchzuziehen. 25 Zum Beispiel legten sich einige Männer aus den umliegenden Dörfern immer nachts auf die Lauer und raubten jeden aus, der die Stadt verlassen oder um sie herumreisen wollte. Diese Nachricht kam auch bei Abimelech an. 26 In der Zeit kam Gaal (ein Sohn von Ebed) mit seiner ganzen Familie nach Sichem. Er redete viel mit den Bürgern der Stadt, und die fingen an, ihn ganz nett zu finden. 27 Als der Wein abgeerntet war, stieg eine riesen Party in dem großen Tempel, wo sie zu ihrem Pseudogott Baal beteten. Nachdem das kalte Buffet schon gut weggegessen war und sie einiges an Wein intus hatten, ging plötzlich das Geläster über Abimelech los. 28 Gaal sagte: „Abimelech? Ha, was ist das bitte für ein Vollidiot! So einem Typen sollen wir die Regierung unserer Stadt Sichem überlassen? Der ist doch ein Sohn von diesem Gideon, oder? Er hat Sebul zu unserem Aufpasser gemacht. Tut lieber das, was die Söhne von Hamor sagen! Der hat unsere Stadt immerhin gegründet! Aber warum sollten wir tun, was dieser komische Abimelech sagt, hä? 29 Ach Mann, wenn die Bevölkerung von Sichem nur mich gewählt hätte. Ich wüsste schon, wie man mit Abimelech fertig wird. Ich würde ihm dem Kampf ansagen. ‚Los, hol deine Truppe zusammen‘, würde ich ihn auffordern. ‚Lass uns ne Runde kämpfen!‘“ 30 Als der General Sebul, der die Armee der Stadt unter sich hatte, hörte, wie Gaal die Leute aufhetzte, wurde er richtig aggro. 31 Er schickte am selben Abend noch eine E-Mail an Abimelech. „Gaal, dieser Sohn vom Ebed, ist hier gerade in der Stadt und macht voll Alarm gegen dich! 32 Komm am besten nachts mit deiner Armee hierher, damit euch keiner sehen kann. Versteckt euch in der Nähe der Stadt. 33 Wenn die Sonne aufgeht, machst du einen Überfall auf Sichem, und wenn Gaal gegen dich in den Krieg zieht, kannst du dich an ihm rächen.“

34 Abimelech marschierte mit seinen Soldaten nachts los. Sie versteckten sich in vier Abteilungen einmal um die ganze Stadt herum. 35 Als Gaal morgens spazieren gehen wollte, verließ er die Stadt durch das Stadttor. Plötzlich stürmten Abimelech und seine Leute aus ihrem Versteck. 36 Gaal sah die Männer aus einiger Entfernung auf sich zustürmen. Er sagte zu Sebul: „Da kommen ja Soldaten aus den Bergen runter!" – „Du brauchst langsam ne Brille, Gaal", meinte Sebul zu ihm. „Das sind doch nur die Schatten der Berge, die du da siehst!" 37 „Doch, schau doch mal da drüben! Da kommen ein paar Leute den Abhang runter, den man auch ‚Zentrum der Erde' nennt. Und da ist noch ein Haufen, der auf dem Weg marschiert, der an der Zaubereiche vorbeigeht!" 38 „Und nun?", fragte Sebul. „Wo ist jetzt deine große Klappe? Der Spruch kam doch von dir, mit dem ‚Was ist das für ein Vollidiot! So einem Typen sollen wir die Regierungsmacht von unserer Stadt Sichem übergeben?', und so. Hier, da kommt er jetzt! Jetzt kämpfe auch gegen ihn!" 39 Gaal übernahm den Befehl über die Armee von der Stadt Sichem. 40 Die Leute von Abimelech waren aber so stark, dass die Soldaten von Sichem schnell die Hosen voll hatten und flohen. Abimelech verfolgte sie, und die meisten Soldaten starben, noch bevor sie in der Stadt Schutz gefunden hatten. 41 Abimelech blieb dann in Aruma. Sebul schmiss aber den Gaal und seine ganze Familie für immer aus Sichem raus.

Abimelech greift Sichem an und zerstort es

42 Einen Tag später waren einige Männer aus der Stadt aber schon wieder dabei, Leute auszurauben, die dort vorbeikamen. Als Abimelech das mitbekam, 43 organisierte er drei kleine Trupps. Jede Einheit von seinen Leuten sollte sich nachts in der Nähe der Stadt an einer anderen Stelle verstecken. Immer wenn Männer aus der Stadt rauskamen, sprangen sie aus ihrem Versteck und killten die Leute einfach. 44 Das lief immer ungefähr so ab: Sobald die Leute draußen waren, lief er selbst mit einer Abteilung zum Eingang der Stadt. Dort versperrte er den Rückweg, während die beiden anderen Abteilungen die Männer in die Ecke trieben und töteten. 45 Dann griff Abimelech die Stadt selber an. Er kämpfte mit seinen Männern den ganzen Tag, bis sie eingenommen wurde. Alle Bewohner mussten sterben. Die ganze Stadt wurde von ihm niedergewalzt. Am Ende nahm er noch eine Kiste Dynamit und sprengte damit das ganze Zentrum. Ab jetzt wuchs da für Jahrzehnte kein Gras mehr. 46 Als die Mitarbeiter vom Regierungsviertel von Sichem mitkriegten, dass die Stadt verloren war, flüchteten sie in den Stadtbunker. Der lag unterhalb des Tempels von ihrem Pseudogott Baal. 47 Abimelech kriegte die Nachricht, dass die Leute alle in dem Bunker hockten. 48 Er ging dann auf den Berg Zalmon, nahm eine Motorsäge und sägte sich einen großen Ast ab. Den nahm er auf seine Schultern. „Los, Leute, macht mir alles nach!", sagte er zu seinen Männern. 49 Also sägte sich jeder einen Ast ab und trug ihn hinter Abimelech hoch, zum Bunkergebäude. Dann legten sie über die Lüftungsanlage einen großen Haufen Holz, übergossen den mit Benzin und zündeten ihn an. So erstickten alle Leute, die sich in dem Bunker verschanzt hatten, ungefähr 1000 Männer und Frauen.

Abimelech stirbt

50 Als Nächstes eroberte Abimelech die Stadt Tebez. 51 In der Mitte von der Stadt war auch ein großer Luftschutzbunker. Alle Bewohner flohen dort rein und machten die Tür hinter sich zu. Sie verschlossen die großen Stahltüren und legten die Türriegel um. 52 Abimelech wollte aber keinen entkommen lassen, darum plante er, auch hier über dem Lüftungsschacht auf der Oberseite ein Feuer zu legen. Als er sich dem Eingang näherte, 53 bewarf ihn eine Frau mit einem Stein vom Dach aus. Der Stein traf ihn am Kopf, er fiel zu Boden und blutete wie blöd. 54 „Komm her und verpass mir ne Kugel", schrie Abimelech einem seiner Soldaten an. „Sonst heißt es nachher, ich sei von einer Frau getötet worden!" Der Soldat ging auf ihn zu und tötete Abimelech mit einem Kopfschuss. 55 Als die Israeliten mitkriegten, dass Abimelech gestorben war, gingen sie wieder nach Hause, jeder, wo er hergekommen war. 56 So sorgte Gott dafür, dass der schlimme Mord von Abimelech an seinen siebzig Brüdern gerächt wurde. Damit hatte er ja auch seinem Vater was Schlimmes angetan. 57 Und auch die Bewohner von Sichem mussten für ihr oberätzendes Verhalten bezahlen. Dieser böse Wunsch, den Jotam (ein Sohn von Gideon) gegen sie ausgesprochen hatte, war Wirklichkeit geworden.

10

Zwei nicht so berühmte Richtertypen: Tola und Jair

1 Nachdem Abimelech tot war, kam wieder ein Mann an den Start, um Israel zu retten. Der Typ

hieß Tola und war ein Sohn von Puwa, der wiederum ein Sohn von Dodo war. Er kam aus dem Familienstamm Issachar. Tola wohnte in Schamir, in den Efraim-Bergen. 2 Er regierte dreiundzwanzig Jahre lang in Israel. Als er tot war, wurde seine Leiche in dem Ort begraben, wo er geboren wurde. 3 Als Nächstes kam ein Typ an die Macht, der Jair hieß. Er kam aus der Gegend Gilead. Zweiundzwanzig Jahre lang machte er den Richterjob in Israel. 4 Jair hatte dreißig Söhne. Jeder Sohn hatte ein Auto und regierte über einen Ort. Die Orte lagen auch in der Gegend Gilead, und man nennt sie bis heute die „Ortschaften von Jair". 5 Als Jair starb, wurde er in Kamon beerdigt.

Die Israeliten bauen Mist und bekommen dadurch große Probleme

6 Die Leute von Israel waren schon recht bald wieder dabei, Sachen zu tun, die Gott total daneben findet. Sie beteten zu den Plastikgöttern Baal und Astarte und fanden auch die ganzen anderen Götter von den Nachbarländern ganz toll. Dazu gehörten die Teile von den Syrern, Phöniziern, den Moabitern, den Ammonitern und den Philistern. Auf ihren Gott hatten sie aber anscheinend keinen Bock mehr und ließen ihn links liegen. 7 Gott wurde voll sauer. Er überließ sie den Philistern und den Ammonitern, die von ihnen im Krieg besiegt wurden. 8 Insgesamt achtzehn Jahre wurden alle Israeliten, die auf der anderen Seite vom Jordan in Gilead wohnten, übelst von den Ammonitern fertiggemacht. 9 Am Schluss kamen die sogar über den Jordanfluss rüber und starteten Attacken gegen die Familienstämme Juda, Benjamin und Efraim. Alle Israeliten kriegten überall große Probleme. 10 Schließlich fingen sie wieder an, zu Gott zu beten und ihn um Hilfe anzubetteln. „Wir haben Mist gebaut, Gott!", beteten sie zu ihm. „Das war nicht in Ordnung von uns, dass wir dich wie Luft behandelt und stattdessen zu diesem Baal-Gott gebetet haben. Bitte verzeih uns!" 11 Gottes Antwort kam dann so rein: „Sagt mal, Leute, hab ich euch nicht schon bei den Ägyptern, den Amoritern, den Ammonitern und den Philistern rausgehauen, als ihr Probleme mit denen hattet? 12 Und als ihr bei mir angeklingelt habt, ob ich was gegen die Phönizier, Amalekiter und Maoniter machen kann, war ich da etwa nicht treu, hab ich euch nicht auch vor denen beschützt? 13 Aber ihr geht mir immer wieder fremd! Ihr betrügt mich mit diesen Plastikgöttern, schenkt denen Sachen und mir gar nichts. Ich werde euch jetzt nicht noch mal aus der Klemme helfen. 14 Fragt doch mal bei euren neuen Göttern an! Mal sehen, was die so draufhaben! Die könnten euch jetzt ja auch mal helfen und euch aus dem Dreck ziehen!" 15 „Mann, Gott, wir haben richtig großen Mist gebaut! Das ist Fakt! Wir gehören dir, und du kannst sowieso mit uns machen, was du willst. Aber bitte lass es nicht zu, dass wir alle kaputtgehen. Hilf uns bitte noch dieses eine Mal, ja?" 16 Sofort wurde eine große Aufräumaktion angesetzt. Alle Plastikgötter wurden rausgeschmissen und kamen auf den Müll. Die Israeliten fingen wieder an, radikal mit Gott zu leben und zu tun, was er sagte. Schließlich wurde Gott weich, er konnte sich das Elend nicht mehr länger geben.

Ein neuer Chef wird gesucht

17 Irgendwann sammelten die Ammoniter ihre Truppen vor der Stadt Gilead und bereiteten sich dort auf einen Angriff vor. Die Armee der Israeliten sammelte sich bei Mizpa zum Kampf. 18 Die Chefs aus der Gegend von Gilead hatten die Lage besprochen. „Wenn wir einen finden, der bereit ist, den Befehl im Krieg gegen die Ammoniter zu übernehmen, dann ist das unser Mann. Er soll ab dann das Sagen haben über alle Leute von Gilead."

11 Die Geschichte mit Jiftach

1 Jiftach war so was wie ein Superstar bei den Leuten von Gilead, weil er als Soldat viel Mut bewiesen hatte. Seine Mutter war von Beruf eine Hure. Sein Vater hieß Gilead. 2 Dieser Gilead hatte von seiner Frau noch mehr Söhne bekommen. Als die erwachsen waren, jagten sie ihren Bruder Jiftach einfach weg. „Du hast kein Anrecht auf die Sachen, die wir vom Vater mal erben werden, weil du von einer anderen Mutter kommst als wir." 3 Also musste Jiftach abhauen, um keinen Ärger mit seinen Brüdern zu kriegen. Er zog in das Land Tob. Dort lernte er einige Männer mit langem Vorstrafenregister kennen, die null Respekt vor irgendjemandem hatten. Später machten sie ihn zum Anführer ihrer Gang und zogen zusammen durch die Gegend, um Leute auszurauben. 4 Kurze Zeit später erklärten die Ammoniter Israel den Krieg. 5 Die Chefs von Gilead wollten bei Jiftach um Hilfe bitten, als der gerade im Land Tob war. 6 Sie riefen bei ihm an: „Bitte kommen Sie, und führen Sie unsere Armee im Krieg gegen die Ammoniter!" 7 „Wie komm ich denn dazu?", war die erste Reaktion von Jiftach. „Schon vergessen, wie Sie mich damals gedisst haben? Sie

hatten überhaupt keinen Bock auf mich und haben
mich sogar zu Hause rausgeschmissen! Aber jetzt,
wo ich gebraucht werde, kommen Sie plötzlich wie-
der angedackelt?“ 8 „Ja, so ist das nun mal. Wir woll-
ten Sie fragen, ob Sie mit uns in den Krieg gegen die
Ammoniter ziehen. Wir garantieren Ihnen auch,
dass Sie die Macht über Gilead bekommen, wenn
wir gewonnen haben.“ 9 Jiftach antwortete: „Es geht
also da drum: Wenn Gott mir hilft, für Sie gegen die
Ammoniter zu kämpfen und die zu besiegen, dann
soll ich anschließend über Sie alle die Macht
haben?“ 10 „Wir schwören auf Gott, genau so wird es
sein!“, antworteten die Chefs der Stadt. 11 Der Deal
war beschlossene Sache. Jiftach kam mit, die Leute
von Gilead machten ihn zu ihrem Oberchef, und er
wurde der oberste Befehlshaber der gesamten
Armee. Das wurde dann noch in Mizpa vor Gott
vertraglich festgemacht.

Jiftach verhandelt

12 Als Nächstes schickte Jiftach einen Brief an den
Präsidenten der Ammoniter. Darin fragte er ihn:
„Warum haben Sie unserem Land den Krieg erklärt?
Gibt es irgendeinen Grund dafür, gegen uns zu
kämpfen?“ 13 Die Antwort war: „Ja, den gibt es. Die
Israeliten haben mir mein Land geklaut! Als sie aus
Ägypten hierher gekommen sind, haben sie sich das
ganze Gebiet zwischen dem Arnon- und dem Jab-
bokfluss und im Westen bis zum Jordanfluss unter
den Nagel gerissen. Das will ich alles, möglichst
ohne viel Stress, zurückhaben!“ 14 Jiftach antwortete
mit einem Brief an den Präsidenten der Ammoniter.
15 Da stand drin: „Sehr geehrter Herr Präsident, die
Israeliten haben das Land von den Moabitern und
Ammonitern nicht geklaut. 16 Als sie aus Ägypten
abgehauen waren, zogen sie durch die Wüste bis zu
diesem Schilfmeer. Von dort kamen sie nach
Kadesch. 17 Dann haben sie eine Nachricht an den
Präsidenten von Edom geschickt mit der Bitte, eine
Durchreisegenehmigung zu erhalten. Leider wurde
dieser Antrag abgelehnt. Genau dasselbe ist uns
auch mit dem Präsidenten von Moab passiert.
Darum blieben die Israeliten erst mal in Kadesch.
18 Einige Zeit später zogen sie durch die Wüste und
machten dann einen riesen Umweg um das Gebiet
der Edomiter und Moabiter herum. Schließlich
kamen sie in das Gebiet, was östlich von Moab
liegt, und bauten ihr Zeltlager an der Landesgrenze
beim Arnonfluss auf. Dabei sind sie die ganze Zeit
nicht einen Millimeter über die Grenze gelatscht.
19 Dann schickten sie auch zum Präsidenten Sihon
einen Antrag, der in der Zeit in Heschbon seinen
Regierungssitz hatte. ‚Wir bitten um Durchreiseer-
laubnis!‘, stand da drin. 20 Aber Sihon vertraute den
Israeliten nicht wirklich. Darum machte er sein gan-
zes Heer startklar, um gegen Israel in den Krieg zu
ziehen. Er brachte seine Truppen bei Jahaz zusam-
men und startete von dort aus einen Angriff auf die
Israeliten. 21 Der Gott von Israel sorgte aber dafür,
dass alle Soldaten von Sihon getötet wurden. Auf
die Art gewann Israel diesen Krieg und nahm das
ganze Land ein, in dem die Ammoniter gelebt hat-
ten. 22 Vom Fluss Arnon bis zum Jabbokfluss, von
der Wüste bis an den Jordan, alles gehörte jetzt
ihnen. 23 Also, mal im Ernst: Gott, der Chef von
Israel, hat den Ammoritern durch seine Leute eine
so derbe Niederlage beigebracht – und jetzt kom-
men Sie an und wollen es zurückhaben? 24 Wenn Ihr
Möchtegern-Gott Kemosch mal so was für Sie
gebracht hätte, wie würden Sie damit umgehen?
Wäre es nicht total okay für Sie, dieses Land ab
dann als Ihr Eigentum anzusehen? Genau so geht
es uns, denn unser Gott hat hier für uns genau das-
selbe gemacht. 25 Überlegen Sie mal, glauben Sie
wirklich, dass Sie besser sind als dieser Balak, der
Sohn von Zippor, der Präsident von den Moabitern?
Oder glauben Sie vielleicht, Sie sind ‚Mr. Richtig-
Wichtig‘ oder jedenfalls wichtiger als Balak? Der
hatte auch nie einen Krieg gegen uns angezettelt,
um uns aus unserem Gebiet rauszuschmeißen!
26 Die Israeliten wohnen jetzt schon 300 Jahre in
Heschbon, in Aroer und in den Orten, die da drum
rum liegen. Auch in den Städten am Arnonfluss
wohnen sie schon so lange. Warum habt Ihr uns
das Land in der Zeit nicht wieder weggenommen?
27 Also, ich kann echt nicht sehen, dass ich irgend-
was gegen Sie verbrochen haben sollte. Aber wenn
Sie jetzt hier gegen mich einen Krieg anzetteln, lie-
gen Sie total daneben. Gott soll entscheiden. Er ist
der Richter, er soll den Streit zwischen den Ammo-
nitern und Israeliten klären!“

Jiftach schwört

28 Der Präsident der Ammoniter war aber wild ent-
schlossen, diesen Krieg zu führen. Auch der Brief
konnte ihn davon nicht abbringen. 29 Plötzlich
kriegte Jiftach voll die Kraft von Gott. Er ging los und
wanderte durch das ganze Gebiet von Gilead und
Manasse. Irgendwann zog es ihn wieder zurück zur
Stadt Mizpa in Gilead. So machte er sich startklar,
für den Krieg gegen die Ammoniter. 30 Jiftach bot
Gott dann einen Deal an. Er sagte zu ihm: „Wenn du

dafür sorgst, dass ich gegen die Ammoniter gewinne 31 und ich heil und gesund wieder nach Hause komme, dann schenke ich dir denjenigen, der als Erstes aus unserer Haustür rauskommt. Den werde ich dann auf deinem Opfertisch, deinem Altar, als Abfackelopfer für dich verbrennen." 32 Jiftach zog dann in den Krieg gegen die Ammoniter. Gott half ihm dabei und sorgte dafür, dass Jiftach die Kontrolle über die feindliche Armee bekam. 33 Er brachte denen eine richtig derbe Niederlage bei. Er zockte sich das ganze Gebiet von Aroer bis nach Minnit und Abel-Keramim. Insgesamt gehörten dazu auch 20 Städte. So mussten die Ammoniter den Leuten von Israel am Ende sogar die Füße küssen. 34 Dann ging Jiftach wieder nach Hause. Als er dort war, kam seine Tochter ihm als Erstes entgegen. Sie sprang aus dem Haus und tanzte ihm, mit einer Gitarre in der Hand, entgegen. Sie war seine einzige Tochter. 35 Als die Tür aufging und ausgerechnet sie dort rauskam, zerriss es Jiftach förmlich das Herz, und er fing voll an zu weinen. „Nein! Meine Tochter! Warum ausgerechnet du? Nein, das darf nicht wahr sein! Ich will das nicht! Ich hab Gott doch was versprochen, das kann ich nicht mehr zurücknehmen! Nein!" 36 „Papa", sagte sie „wenn du Gott was versprochen hast, dann musst du dich auch daran halten. Gott hat dir ja schließlich auch im Krieg gegen die Ammoniter geholfen." 37 Dann sagte sie noch zu ihm: „Aber eine Bitte hab ich trotzdem noch: Ich würde gerne noch zwei Monate am Leben bleiben. Dann kann ich mich dort drüben auf diesem Berg mit meinen Freundinnen treffen, und wir können gemeinsam darüber weinen, dass ich vor meinem Tod nicht die Chance hatte zu heiraten." 38 „Ja klar, geh nur!", sagte ihr Jiftach. Er gab ihr die zwei Monate Schonfrist, wo sie mit ihren Freundinnen abdampfte und sich mit denen auf einem Berg traf, um gemeinsam zu weinen. 39 Dann waren die zwei Monate rum, und sie ging wieder zu ihrem Vater zurück. Er zog das dann durch, was er Gott versprochen hatte. Als sie starb, hatte sie noch keinen Sex gehabt und war noch Jungfrau. Von dieser Geschichte kommt der Feiertag her, 40 an dem sich einmal im Jahr junge Frauen treffen und irgendwo draußen vier Tage so eine Trauersession haben, wo man wegen der Tochter von Jifach aus Gilead weint.

12

Jiftach besiegt den Familienstamm Efraim

1 Die Soldaten von Efraim sammelten sich und zogen nach Zafon. Dort gab es ein Treffen mit Jiftach, weil sie sich bei ihm beschweren wollten. „Warum hast du uns nicht dazugeholt, als du gegen die Ammoniter gekämpft hast, he? Wir fackeln dein Haus ab, wenn du so was bringst, klar?!" 2 „Mann Leute, entspannt euch!", antwortete Jiftach. „Wir hatten hier gerade einen voll heftigen Kampf am Start, der zwischen den Ammonitern und mir abgegangen ist. Ich hab euch ja ne Mail geschickt, aber ihr habt nullstens reagiert und mir nicht geholfen. 3 Als für mich klar war, dass von euch keine Hilfe zu erwarten ist, musste ich eine eigene Entscheidung treffen. Gott hat mir aber echt geholfen, und ich hab die Ammoniter besiegt. Was ist los mit euch? Warum bedroht ihr mich jetzt?" 4 Jiftach zog ab und rief seine Männer zusammen, die in Gilead stationiert waren. Sie erklärten den Leuten von Efraim den Krieg, kämpften und besiegten sie. Was sie voll motiviert hatte, waren die Sprüche, die die Efraimiter vom Stapel ließen. Zum Beispiel hatten die immer gesagt: „Ihr seid doch nur billige Kopien von Efraim! Und euer Land liegt ja auch mitten in dem Gebiet von Efraim und Manasse!" 5 Die Soldaten von Gilead besetzten die Grenze nach Efraim, die am Jordan langging. Wenn ein Typ aus Efraim auf der Flucht die Grenze überqueren wollte, wurde er gefragt: „Kommst du aus Efraim?" Wenn die Antwort „Nein" war, 6 musste er den Spruch aufsagen: „Fischers Fritze fischt frische Fische." Wenn er dann sagte „Fitherth Frithe fitht frithe Fithe", war klar, dass er aus Efraim kam, denn die lispelten dort alle wie blöd. Der wurde dann sofort umgebracht. Auf die Art wurden damals allein an der Jordangrenze 42 000 Soldaten aus Efraim getötet. 7 Sechs Jahre lang war Jiftach der Richter von Israel. Er wurde nach seinem Tod in einem Grab in Gilead beerdigt.

Die Richtertypen Ibzan, Elon und Abdon

8 Der Nachfolger von Jiftach war Ibzan, der aus Betlehem stammte. 9 Ibzan hatte dreißig Söhne und dreißig Töchter. Seine Töchter wurden alle an Männer verheiratet, die nicht aus dem Land stammten. Auch für seine dreißig Söhne wurden Frauen organisiert, die von außerhalb kamen. Er war sieben Jahre lang der Richter von Israel. 10 Als er starb, wurde er in Bethlehem beerdigt. 11 Dann kam die Zeit von Elon, der aus dem Familienstamm Sebulon stammte. Er hatte zehn Jahre das Sagen über Israel. 12 Als er tot war, wurde er in Ajalon im Gebiet von Sebulon begraben. 13 Der Nachfolger von Ajalon hieß Abdon. Er kam aus der Familie von Hillel, die

aus Piraton stammte. 14 Abdon hatte vierzig Söhne und dreißig Enkelkinder. Alle hatten ein eigenes Mountainbike, mit dem sie gemeinsame Touren machten. Über acht Jahre war Abdon der Richter von Israel. 15 Als er starb, wurde er in Piraton beerdigt. Das liegt im Gebiet von Efraim, beim Amalekiterberg.

13

Der große Held Simson

1 Und wieder taten die Leute von Israel lauter Dinge, auf die Gott überhaupt keinen Bock hat. Schließlich überließ er sie den Philistern, die sie im Krieg besiegten und über ihr Land 40 Jahre lang regierten. 2 In der Zeit lebte ein Mann in der Stadt Zora, der Manoach hieß. Er kam aus dem Familienstamm Dan. Seine Ehefrau konnte keine Kinder kriegen. 3 Plötzlich hatte die ein Treffen mit einem Engel von Gott. Der sagte zu ihr: „Hallo, du! Bis jetzt hat das mit dem Babymachen bei euch noch nicht so gut geklappt, oder? Aber pass auf, dein nächster Schwangerschaftstest wird positiv sein! Du kriegst einen Sohn. 4 Achte drauf, dass du in der Schwangerschaft keinen Alk trinkst und auch nichts isst, was für Gott dreckig, also ‚unrein' ist. 5 Der Sohn, den du bekommen wirst, soll von Anfang an ganz radikal Gott gehören! Darum darf er nie zum Friseur gehen, seine Haare bleiben immer lang. Er wird für den großen Durchbruch sorgen mit eurem Philisterproblem. Er holt euch da raus!" 6 Die Frau rannte sofort zu ihrem Mann: „Du, ich hab gerade so einen Prophetentypen von Gott getroffen, der sah aus wie ein Engel! Mir wurde echt ganz anders, als der da vor mir stand ... Ich hab ihn auch gar nicht erst gefragt, wo er herkommt, und er hat mir auch nicht gesagt, wie er heißt. 7 Aber er meinte zu mir, dass ich bald schwanger werde und dass es ein Junge werden wird. Bitte, hör ab sofort mit dem Kiffen auf und trink auch kein Bier oder sonst irgendwie Alk, weil das Kind ganz radikal Gott gehören wird, von der Geburt an bis zum Tod. Es wird etwas ganz Besonderes sein. Darum sollst du auch essensmäßig clean bleiben." 8 Manoach ging in sein Zimmer und betete auch noch mal über die Sache: „Hey, Chef, bitte lass diesen Prophetentypen noch mal bei uns reinschneien. Ich möchte von ihm ganz genau wissen, was wir mit dem Baby machen sollen, von dem er gesprochen hat." 9 Gott machte das und schickte den Engel noch mal zur Frau, als die gerade alleine auf dem Feld am Arbeiten war. 10 Schnell rief sie mit dem Handy bei ihrem Mann an. „Komm rüber! Der Typ ist gerade wieder hier, der neulich schon mal bei mir war!" 11 Manoach kam sofort auf das Feld raus und quatschte mit dem Typen: „Waren Sie das, der neulich mit meiner Frau gesprochen hat?" – „Jo, das war ich!", lachte der Engel. 12 „Hab noch mal ne Rückfrage: Wenn das passiert ist, was Sie uns hier angekündigt haben, wie sollen wir das Kind dann erziehen? Eher so an der langen Leine oder megastreng?" 13 „Also, wichtig ist nur, dass sich seine Mutter an die Sachen hält, die ich ihr gesagt hab. 14 Sie soll überhaupt keinen Alk trinken, nicht kiffen, keine Pillen schmeißen oder so was. Und sie soll auch nichts von den Sachen essen, die Gott nicht gut findet."

Der Engel war nicht irgendein Engel

15 Manoach fragte den Typen dann: „Können wir Sie vielleicht zum Essen einladen? Wir könnten ne schöne Pizza machen oder im Garten grillen!" 16 „Du kannst mich noch so viel bequatschen, ich werde nichts von eurer Pizza essen", sagte der Engel mit einem Lächeln im Gesicht. „Wenn du aber Bock drauf hast, kannst du für Gott so ein Abfackelopfer durchziehen!" Manoach hatte immer noch nicht gepeilt, dass ihm da gerade der Chefengel von Gott höchstpersönlich gegenüberstand. 17 „Äh, wie heißen Sie jetzt noch mal?", fragte er ihn. „Wir würden Sie wenigstens gerne besuchen oder ne Geburtsanzeige schicken, wenn das passiert ist, was Sie uns hier gerade gesagt haben!" 18 Aber der Engel antwortete: „Hey, frag mich nicht nach meinen Namen! Den wirst du eh nicht kapieren, der ist zu seltsam, der kommt aus einer anderen Dimension." 19 Manoach holte sofort eine kleine Ziege und etwas Brot. Dann verbrannte er beides auf der Terrasse in seinem Garten. So zog er ein Opfer für den Gott durch, der oft völlig abgefahrene Sachen bringt. Als das Zeug dort so brannte, standen Manoach und seine Frau die ganze Zeit dabei und sahen in das Feuer. 20 Als die Flammen richtig hochschlugen, stieg der Engel dort einfach dazu und flog in den Flammen wie in einem Fahrstuhl nach oben in den Himmel. Als die beiden sahen, was da passierte, haute sie das voll um, und sie fielen auf den Boden. 21 Spätestens jetzt war auch Manoach klar, dass er es gerade mit einem Engel von Gott zu tun hatte. Das war aber auch das letzte Mal, dass sie diesen Engel gesehen hatten. 22 Manoach war voll geschockt. „Ach du Schande!", rief er zu seiner Frau. „Was machen wir jetzt? Wir haben Gott höchstpersönlich in die Augen gesehen! Jetzt müs-

sen wir bestimmt sterben!" 23 „Mein lieber Mann, jetzt entspann dich erst mal! Wenn Gott uns wirklich umbringen will, dann hätte er unser Opfer bestimmt nicht akzeptiert. Er hätte das Essensopfer und das Abfackelopfer nicht angenommen. Außerdem hätte er uns das alles hier nicht erleben lassen, was wir gerade erlebt haben. Und es würde auch gar keinen Sinn ergeben, dass er uns so eine heftige Ansage gemacht hat." 24 Manoachs Frau bekam dann einen Sohn, der von ihr den Namen Simson erhielt. Er wurde immer größer, und Gott war eindeutig auf seiner Seite, er segnete ihn. 25 Als Simson erwachsen wurde und in Mahane-Dan zwischen Zora und Eschtaol lebte, kam die Kraft von Gott immer stärker auf ihn. Diese Kraft trieb ihn dazu, abgefahrene Dinge für Gott zu tun.

14 Simson hat mehr Kraft als zehn Boxweltmeister

1 Simson ging irgendwann mal in der Stadt Timna shoppen. Timna war eine Stadt von den Philistern. In einem Café lernte er ein voll schönes Mädchen kennen, es war Liebe auf den ersten Blick. 2 Er ging sofort nach Hause und sagte zu seinen Eltern: „Ich hab in Timna meine Traumfrau kennengelernt! Die will ich unbedingt heiraten. Kannst du das für mich organisieren, Papa?" Zu der Zeit war es üblich, dass die Eltern ihre Kinder verheiratet haben. 3 Die beiden waren nicht so begeistert. „Musst du dich unbedingt in eine Ausländerin verlieben, Junge? In eine von diesen Philistern, denen unser Gott egal ist! Gibt es denn keine Frau von unseren Leuten, die was für dich wäre?" – „Ich will aber diese Frau haben, Papa! Ich bin soooo verknallt in die!", antwortete Simson. 4 Seine Eltern hatten ja keine Ahnung, dass Gott selbst seine Finger mit im Spiel hatte. Er hatte das so eingefädelt, damit es einen guten Auslöser geben würde, um sie von den Philistern zu befreien. Die hatten nämlich zu der Zeit das Sagen über alle Israeliten. 5 Also wurde erst mal ein Besuch bei den Eltern von dem Mädchen angesetzt. Simson und seine Eltern machten sich auf den Weg nach Timna. An den Weinbergen von Timna ließ er seine Eltern vorgehen und ging alleine weiter, als ihm plötzlich ein wild knurrender Kampfhund entgegensprang, der ihn angreifen wollte. 6 Da kam die Kraft von Gott volle Kanne auf Simson runter. Blitzschnell packte er den Kopf von dem Pitbull, nahm sein Gebiss in beide Hände und riss ihm den Kiefer ab. Das Ganze sah so leicht aus, als würde er von einem Grillhähnchen das Bein abreißen. Seinen Eltern, die er dann später in Timna wiedersah, erzählte er nichts davon. 7 In Timna angekommen, redete Simson mit der Philisterin, er war immer noch sehr verknallt in sie. 8 Einige Wochen später hatte er sich fest entschlossen, sie zu heiraten. Darum ging er noch mal nach Timna. Auf dem Weg wollte er mal checken, was aus dem toten Kampfhund geworden war. Lustigerweise hatte sich in dem toten Körper von dem Hund ein Bienenvolk eingenistet. Die hatten sogar schon etwas von dem leckeren Honig dort drin. 9 Simson bediente sich an dem Honig, er nahm etwas davon mit seinen Händen raus, tat ihn in eine Plastiktüte und naschte auch auf dem Weg da draus. Dann entschloss er sich aber, doch erst mal wieder zurück zu seinen Eltern zu gehen. Als er zu Hause war, gab er ihnen auch was vom Honig ab. Dabei erzählte er aber nicht, wo der jetzt herkam. 10 Irgendwann ging der Vater von Simson dann zu den Eltern von dessen Traumfrau, um mit ihnen einen Ehevertrag auszuhandeln, wie es damals normal war. Simson wollte in der Zeit in Timna eine fette Junggesellenabschiedsparty feiern, wo viele junge Männer aus der Stadt eingeladen waren. So eine Party ging normalerweise über eine Woche. 11 Die Leute, die dort wohnten, wählten dreißig junge Männer aus, die mit ihm zusammen abfeiern durften. 12 Am ersten Tag der Party hielt Simson eine kleine Rede: „Also Jungs, ich hab mir noch so ein kleines Rätsel überlegt. Wenn ihr die Lösung in dieser Woche rausbekommt, kriegen die Gewinner einen Preis von mir. Jeder bekommt eine Designerjeans und ein paar Nike-Schuhe spendiert, wenn ihr die Frage beantworten könnt. 13 Falls ihr es aber nicht schafft, dann krieg ich von jedem von euch eine Designerjeans und ein paar Nike-Schuhe. Seid ihr dabei?" – „Jo, abgemacht! Stell deine Frage!" 14 „Okay", antwortete Simson. „Also: Was ist tot und schmeckt nach Bienen?" Drei Tage lang versuchten sie die richtige Antwort zu finden. Aber sie kamen einfach nicht drauf. 15 Am vierten Tag riefen sie heimlich bei der Freundin von Simson an. „Kannst du vielleicht für uns rauskriegen, wie die richtige Antwort auf Simsons Rätsel ist? Bitte! Quetsch ihn doch irgendwie aus, dass er dir die Lösung sagt." Schließlich drohten sie ihr sogar richtig. „Wenn du uns nicht hilfst, sprengen wir dich und das Haus von deinem Vater in die Luft! Habt ihr uns nur eingeladen, um uns abzuzocken, oder wie?" 16 Schließlich versuchte sie dann ihren Simson rumzukriegen. „Du liebst mich doch

nicht wirklich", heulte sie ihn voll. „Eigentlich hasst
du mich sogar. Du hast den Männer aus der Stadt
dieses Rätsel aufgegeben, aber noch nicht mal mir
erzählst du die Lösung!" – „Hey, entspann dich mal!
Ich hab die Lösung noch nicht mal meinen Eltern
verraten! Warum sollte ich sie dir denn überhaupt
erzählen, he?", antwortete Simson. 17 Sie ließ aber
die ganze Zeit, in der die Party war, einfach nicht
locker. Ständig heulte sie ihm die Ohren voll.
Irgendwann hatte Simson voll den Hals. Er sagte ihr
die Lösung, damit sie endlich ihre Klappe hielt. Sie
rief dann noch am selben Tag die anderen Typen an
und erzählte ihnen die richtige Antwort. 18 Kurz vor
Ende der Frist, am siebten Tag der Woche, kamen
die dann bei Simson an. „Okay, wir haben die
Lösung: Was ist tot und schmeckt nach Bienen? Ein
Pitbull voll Honig." – „Boaa, ihr habt mich abgezo-
gen!", brüllte Simson wütend. „Wenn euch das
nicht jemand geflüstert hätte, hättet ihr nie und
nimmer die richtige Lösung erraten!" 19 Dann ging
Simson in die Stadt Aschkelon. Gottes Kraft kam
plötzlich wieder in seinen Körper. Er suchte sich
dreißig Männer, die die passenden Schuhe und
Jeans anhatten. Die verkloppte er mal eben und zog
ihnen die Sachen aus. Dann gab er sie an die Män-
ner weiter, die das Rätsel gelöst hatten. Megasauer
ging er dann wieder zurück nach Hause." 20 Seine
Verlobte wurde dann heimlich vom Vater an Sim-
sons Trauzeugen verheiratet.

15

Simson rächt sich an den Philistern

1 Einige Zeit später wollte Simson seine Ver-
lobte noch mal besuchen. Im Gepäck hatte
er einen total schönen Brillantring und einen Blu-
menstrauß mit roten Rosen. Als er an der Tür klin-
gelte, kam der Vater raus. „Ich möchte meine Ver-
lobte besuchen und ein bisschen Zeit mir ihr
verbringen", sagte er zu ihm. Aber der Vater wollte
ihn nicht reinlassen. 2 Er sagte zu Simson: „Ich
dachte, du hättest keinen Bock mehr auf meine
Tochter. Ich hab sie jetzt deinem Trauzeugen gege-
ben! Die beiden haben letztens geheiratet. Wenn du
willst: Ihre jüngere Schwester ist noch frei! Die sieht
sowieso viel hübscher aus! Die kannst du gerne hei-
raten." 3 Simson sagte zu sich: „Die Philister sind
echt selbst dran schuld, wenn ich hier jetzt alles
kurz und klein haue!" 4 Er ging ins Tierheim und
nahm von dort 300 Hunde mit, die er alle in einen
Hänger packte. Dann fuhr er auf die Felder vor der
Stadt und parkte dort. Jetzt bekamen immer zwei
Hunde eine Leine, mit der sie zusammengeknotet
waren. In die Mitte der Leine steckte Simson eine
bengalische Fackel, die auch bei Nässe und starkem
Wind gut brannte. 5 Dann zündete er die Fackeln an
und ließ die Hunde frei. Die rannten über die
Getreidefelder, und in Sekunden brannten alle Fel-
der und damit die ganze Ernte lichterloh. Das Feuer
breitete sich sogar auf die Apfelbaumplantagen aus.
6 Als die Philister den Schaden bemerkten, wurde
sofort eine Untersuchungskomission eingesetzt.
„Wer war das? Wo sind die Täter", fragten sich die
Philister überall im Land. Schließlich kam raus, dass
Simson dafür verantwortlich war. „Der ‚Fastschwie-
gersohn' von dem Typen aus Timna hat das getan!
Das ist seine Rache, weil der seine Frau einfach sei-
nem Trauzeugen gegeben hat!" Einige Männer aus
der Stadt waren so sauer, dass sie nach Timna fuh-
ren und die ganze Familie von der Frau abknallten.
Anschließend zündeten sie das Haus mit den Lei-
chen drin an. 7 Simson war aber überhaupt nicht
damit zufrieden. „Ihr könnt machen, was ihr wollt.
Ich höre nicht auf, bis ich mich an euch gerächt
habe!" 8 Und dann zog er los und polierte jedem,
der dabei gewesen war, anständig die Fresse. Als
das erledigt war, nahm er sich eine Bude in der
Hochhaussiedlung von Etam.

Simson erschlägt im Nahkampf tausend Philister

9 Die Philister erklärten dann Juda den Krieg. Sie
schlugen ihr Lager in der Gegend von Lehi auf.
10 „Was ist der Grund für die plötzliche Kriegserklä-
rung?", wollten die Leute von Juda wissen. „Es geht
uns vor allem um diesen Simson. Den wollen wir
einbuchten und uns an ihm rächen. Wir haben näm-
lich noch ne Rechnung mit ihm offen." 11 Eine Garni-
son von 3000 Mann von Juda packte dann ihre
Sachen und zog nach Etam zu Simson. Der General
kam in seine Bude und sagte zu ihm: „Wie konnten
Sie uns nur so in Gefahr bringen? Sie hätten doch
wissen müssen, dass die Philister die Besatzungs-
macht sind und bei uns das Sagen haben?" – „Pff,
ist mir doch egal!", erwiderte Simson. „Ich hab
denen nur zurückgezahlt, was die mir angetan
haben." 12 „Also, wir sind eigentlich hier, um Ihnen
Handschellen anzulegen und Sie abzuführen. Eine
Gefangenenübergabe an die Philister ist für heute
angesetzt." Simson antwortete: „Okay, ich werde
mich nicht verteidigen, und Sie können mich abfüh-
ren, wenn Sie wollen. Aber nur unter einer Bedin-
gung: Keiner von Ihnen wird mich erschießen, wenn
ich mir die Handschellen anlegen lasse! Ist das

klar?“ 13 „Nein, das würden wir nie tun“, verspra-
chen sie zu ihm. „Wir wollen Ihnen nur die Hand-
schellen anlegen und Sie lebend an die Philister
ausliefern!“ Also ließ sich Simson die Teile anlegen
und wurde aus seiner Bude abgeführt. 14 Dann
kamen sie in der Hauptstadt Lehi an. Als man den
Wagen öffnete und die Schaulustigen Simson
erkannten, gab es voll die Sprechchöre überall. Die
Philister waren am Feiern, weil man ihn endlich
dingfest gemacht hatte. Plötzlich übernahm aber
die Kraft Gottes die Kontrolle über Simson. Mit
einem Ruck zerriss er die Handschellen, als wären
die aus Plastik. Die Teile bröselten förmlich von sei-
nen Händen. 15 Auf einer Bank lag zufällig ein Base-
ballschläger, den sich Simson dann schnappte. Mit
dem Teil prügelte er an dem Abend tausend Philis-
ter tot, keiner überlebte. 16 Simson schrie laut:
„Yesss! Ich hab’s ihnen mit einem Baseballschläger
so richtig gegeben! Tausend Männer hab ich platt-
gemacht!“ 17 Den Schläger warf er dann in die
Büsche. Später nannte man diesen Ort „Wo der
Baseballschläger liegt“. 18 Nach dem Kampf bekam
Simson mega Durst, hatte aber keine Kohle dabei,
um sich ne Cola zu kaufen. „Gott, du hast mir hier
echt geholfen! Ich konnte mich rächen und hab
einen großen Sieg eingefahren. Bitte sorg schnell
dafür, dass ich was zu trinken bekomme! Ich sterbe
fast vor Durst! Ich will nicht ohnmächtig werden,
weil mich dann diese Typen, die auf dich scheißen,
bestimmt verhaften würden, und ich könnte mich
nicht dagegen wehren!“ 19 Plötzlich stand um die
Ecke, wo Simson gebetet hatte, ein großer Colaau-
tomat. Er zog sich gleich ein paar Dosen für lau und
trank sie auf ex aus. Dann ging es ihm viel besser.
Dieser Automat stand da übrigens ne lange Zeit.
Weil Simson an der Stelle Gott um Hilfe gebeten
hatte, hat man dem Platz einen Namen gegeben. Er
heißt jetzt „Platz der Gebetserhörung“. 20 Simson
übernahm dann für zwanzig Jahre den Richterjob
bei den Israeliten. Das war noch in der Zeit, als die
Philister das Land besetzt hielten und die Leute
schwer unter Druck setzten.

16

Als Simson im Gazastreifen lebte

1 Simson zog dann in die Stadt Gaza und
mietete sich ein Zimmer. An einem Tag
machte er nachts eine Tour durchs Rotlichtviertel
und besuchte dort auch den „Pascha-Club“. Er ging
mit einer Prostituierten aufs Zimmer und quatschte
lange mit ihr. 2 In der Stadt machte das schnell die
Runde: „Simson ist hier!“ Die Philister organisierten
sofort einen Suchtrupp, der die ganzen Clubs
abchecken sollte. Ein anderer Posten stand am
Ortseingang, um ihn dort abzufangen. Der Plan war,
sich dort die Nacht über zu verstecken und ihn
dann morgens abzugreifen, wenn es hell wird. „Wir
töten ihn, wenn er hier durchkommt!“ 3 Simson
stand aber schon um Mitternacht auf und ging zur
Stadtgrenze. Dort ging er an einen Grenzposten,
riss die Schranke samt Halterung aus dem Boden
und rannte damit weg. Das Teil schleppte er dann
vor die Stadt auf den Berg, der gegenüber von
Hebron lag.

Wie man Simson besiegen kann

4 Einige Zeit später verknallte sich Simson mal wie-
der in eine Frau. Ihr Name war Delila. Sie war eine
Philisterin und kam aus dem Tal Sorek. 5 Die Chefs
von den Philistern bekamen das von jemandem
gesteckt und redeten deswegen mit ihr. „Wir brau-
chen dich, um Simson kleinzukriegen. Mach ihn
abhängig von dir, er muss dir aus der Hand fressen.
Und dann quetsch ihn aus, woher er seine Kraft
bekommt. Krieg raus, was man tun muss, um ihn
fertigzumachen. Wir wollen ihn unbedingt verhaf-
ten. Wenn du uns dabei hilfst, bekommst du von
jedem von uns 70 000 Euro.“ Delila war einverstan-
den. 6 Als Simson mal wieder bei ihr im Bett war,
meinte sie nach dem Sex zu ihm: „Schatz, ich hab
mal ne Frage: Woher kommt das eigentlich, dass du
so stark bist? Gibt es eigentlich irgendein Mittel,
damit du wehrlos wirst, dass man dir Handschellen
anlegen und dich abführen könnte?“ 7 „Klar“, ant-
wortete Simson. „Wenn man mich mit neuen
Nylonstrümpfen fesselt, hab ich keine Chance.
Dann bin ich genauso schwach wie jeder andere
Popel.“ 8 Am nächsten Tag schickten ihr die Chefs
der Philister ein paar neue Nylonstrümpfe, und in
der Nacht fesselte sie Simson damit im Schlaf. 9 Ein
paar Männer hatten sich dabei in ihrem Keller ver-
steckt und warteten nur da drauf, Simson abzufüh-
ren. Nachdem sie ihn gefesselt hatte, schrie sie laut:
„Achtung, Simson! Die Philister sind da!“ Simson
sprang explosionsartig vom Bett auf und zerriss die
Nylonstrümpfe wie ein Stück feuchtes Klopapier.
Simson hatte eben doch nicht wirklich verraten,
woher seine Kraft kam. 10 Delila machte einen auf
enttäuscht. „Du hast mich nur vollgelabert! Du hast
mich verarscht! Du hast mir nicht die Wahrheit
gesagt!“, weinte sie rum. „Jetzt sag mir konkret, wie
man dich so fesseln kann, dass du dich nicht weh-

ren kannst, Mann!“ 11 „Na gut, ich verrat es dir“,
antwortete Simson. „Du musst ganz neue Hand-
schellen nehmen, die frisch aus der Fabrik kommen.
Wenn man mir die anlegt, verliere ich meine Kraft.
Dann bin ich genauso schwach wie jeder Normalo.“
12 Delia kaufte sich sofort ein paar ganz neue Hand-
schellen. Nachts fesselte sie ihn damit ans Bett.
Wieder lagen ein paar von den Männern bei ihr im
Keller auf der Lauer. Morgens schrie sie plötzlich
wieder ganz laut: „Simson! Die Philister sind da!“ Er
sprang von seinem Bett auf, nahm das halbe Bett
dabei gleich mit und zerfetzte die Handschellen mit
einer Bewegung. 13 Delia war jetzt richtig angepisst.
„Du hast mich verarscht! Du hast mich angelo-
gen!“, schrie sie ihn an. „Jetzt sag mir endlich, wie
man dich festnehmen kann!“ – „Also, das ist so“,
sagte Simson. „Wenn man sieben von meinen
Dreadlocks an die Beine von einem Bett bindet, bin
ich wehrlos.“ Simson hatte nämlich voll die langen
Dreads auf dem Kopf. 14 In der nächsten Nacht band
sie sieben von seinen Dreadlocks an einem Bein
vom Bett fest. Als sie fertig war, schrie sie wieder
los: „Simson! Die Philister sind da!“ Simson
erschreckte sich voll, sprang aus dem Bett raus und
riss das ganze Teil gleich mit sich, inklusive des
Rahmens.

Simson erzählt Delila sein Geheimnis

15 „Du liebst mich gar nicht wirklich! Du vertraust
mir null. Dreimal hintereinander hast du mich jetzt
voll verarscht und mir nicht gesagt, woher deine
Kraft kommt!“ 16 Sie nervte jeden Tag rum, laberte
Simson ständig zu, dass er sie nicht wirklich liebt
und so. Das ging ihm so sehr auf die Nerven, dass
Simson schon fast Selbstmordgedanken hatte.
17 Irgendwann wurde er weich und erzählte ihr sein
Geheimnis. „Okay, also hör zu: Der Grund, warum
ich so stark bin, sind meine langen Haare. Ich war
in meinem ganzen Leben noch nie beim Friseur.
Seit meiner Geburt gehöre ich zu meinem Gott,
ganz radikal, ich bin ihm ganz und total übergeben
worden. Wenn man mir die Haare abrasiert, verliere
ich aber meine Kraft. Dann bin ich genauso
schwach wie jeder normale Mensch. So ist das. Jetzt
lass mich endlich in Ruhe.“ 18 Delila merkte, dass er
ihr diesmal wirklich die Wahrheit gesagt hatte. Das
war kein Spruch oder so. Sie schrieb eine Nachricht
an die Chefs von den Philistern: „Probiert es heute
noch mal! Er hat mir sein Geheimnis verraten!“ Die
Männer kamen vorbei und brachten auch den
Scheck gleich mit. 19 Als die beiden im Bett lagen,
ließ Delila Simson nach dem Sex auf ihrem Busen
langsam einpennen. Dann schickte sie eine SMS an
einen der Männer, er sollte mal mit einer Schere
vorbeikommen. Sie schnitt ihm dann sieben von
seinen Dreads ab. Jetzt war es so weit, Simson
wurde langsam immer schwächer, bis er überhaupt
keine besondere Kraft mehr hatte. 20 Sie machte wie-
der den Test und schrie plötzlich ganz laut: „Sim-
son, die Philister sind da!“ Simson sprang von sei-
nem Bett auf und ging in Verteidigungsposition. Er
dachte so bei sich: „Das wird wie immer. Ich zer-
spreng die Handschellen und mach alle kaputt!“ Er
hatte es noch gar nicht gerafft, dass Gott nicht
mehr auf seiner Seite kämpfte. 21 Die Philister spran-
gen auf ihn drauf und stachen mit einem Messer
seine Augen aus. Dann legten sie ihm Handschellen
an und führten in ab, in den städtischen Zent-
ralknast nach Gaza. Dort musste er die ganze Zeit
Fußfesseln tragen und wurde gezwungen, in der
Knastschlosserei zu arbeiten. 22 Aber die Haare, die
sie ihm abrasiert hatten, fingen mit der Zeit wieder
an zu wachsen …

Simsons Rache

23 Nach ein paar Wochen setzte die Chefetage der
Philister eine fette Party an. Es sollte ein Fest zu
Ehren ihres Pseudogottes Dagon sein. Auf den Ein-
ladungskarten stand drauf: „Unser Gott hat dafür
gesorgt, dass wir unseren Feind besiegt haben!“
24 Als die Menschenmasse den gefangenen Simson
sah, freuten sie sich voll und dankten ihrem Gott
Dagon. Überall horte man so Sprechchore wie den
hier: „Unser Gott hat uns unseren Feind übergeben,
der wie ein Tornado über unser Land war am Fegen,
Mann, wie waren unsere Männer verwegen, der Typ,
der unsere Leute mit MG anstatt mit nem Degen
am Absägen war, der liegt jetzt daneben.“ 25 Als die
Stimmung am Kochen war, befahlen die Männer
aus der Chefetage: „Los, bringt den Simson mal
her! Wir brauchen mal wieder was zum Ablachen!“
Sie holten den Simson dann aus dem Knast raus,
stellten ihn auf die Bühne und verarschten ihn in
einer Tour. Dabei hatte man Simson zwischen zwei
tragende Pfeiler gestellt. 26 Simson sagte zu dem
Jugendlichen, der sein Blindenführer war: „Lass
mich mal eben bitte los. Ich möchte den Pfeiler fin-
den, der das ganze Haus hier trägt, und mich ein
wenig da dran anlehnen.“ 27 Der Laden war mittler-
weile brechend voll. Tausende Menschen, Männer
und Frauen, sahen zu, wie Simson öffentlich ver-
arscht wurde. Alleine auf dem Flachdach von der

Disko saßen 3000 Menschen. Wie gesagt, war auch
die ganze Führungsriege der Philister vor Ort.
28 Simson fing an zu beten. Er sagte: „Gott! Dir ist
nichts unmöglich! Hör mich jetzt! Gib mir noch ein
einziges Mal meine alte Kraft zurück! Ich will Rache!
Mindestens für eins von meinen zwei Augen, die sie
mir ausgestochen haben, will ich's denen heimzah-
len!" 29 Jetzt suchte er mit den Händen noch mal die
beiden Mittelpfosten, auf denen das Dach vom gan-
zen Gebäude stand. Mit aller Kraft drückte er dage-
gen, gegen die eine mit der rechten und gegen die
andere mit der linken Hand. 30 Er schrie laut: „Zur
Hölle mit euch Philistern!", nahm noch mal alle
Kraft zusammen und stemmte sich volle Kanne
gegen die Pfeiler. Und plötzlich fielen die Teile um,
und die ganze Halle stürzte über den Philistern und
ihren Chefs zusammen. Auf die Art tötete Simson
sich selbst, aber auch mehr Philister, als er vorher in
seinem ganzen Leben umgebracht hatte. 31 Alle
männlichen Verwandten von ihm kamen später dort
hin und holten sich seine Leiche. Sie wurde zwi-
schen Zora und Eschtaol beerdigt, in dem Grab, wo
schon sein Vater Manoach lag. Simson war zwanzig
Jahre lang der Richter in Israel gewesen.

17 Noch ein paar Geschichten: Micha

1 In den Bergen von Efraim wohnte mal ein
Typ, der Micha hieß. 2 Seine Mutter war
etwas schusselig, einmal dachte sie, ihre ganze
Kohle, die sie unter der Matratze versteckt hatte, sei
ihr geklaut worden. Das waren immerhin über
140 000 Euro in großen Scheinen. Als die Mutter
am Suchen war, wurde sie plötzlich voll sauer und
verfluchte den Dieb, der das Geld jetzt hatte. Beim
Mittagessen sagte Micha zu ihr: „Du, Mami, deine
Kohle hab ich jetzt übrigens mal zur Bank gebracht
und ein Sparbuch eröffnet!" – „Oh, gut dass du mir
das erzählst", sagte seine Mutter. „Gott, bitte dreh
meinen Fluch wieder um, er soll jetzt etwas Gutes
bewirken!" 3 Als Micha ihr das Sparbuch in die Hand
drückte, sagte sie: „Hiermit stelle ich das ganze
Geld radikal Gott zur Verfügung! Ich möchte, dass
von dem Betrag eine Statue von Gott gemacht wird,
so eine aus Holz, die mit Gold überzogen wird.
Nimmst du es erst mal wieder an dich?" 4 Aber
Micha wollte das Sparbuch nicht behalten und gab
es ihr zurück. Seine Mutter hob am nächsten Tag
25 000 Euro ab und gab beim Goldschmied einen
Auftrag in Zahlung. Er sollte von der Kohle so einen
Plastikgott basteln. Als der fertig war, wurde der in
dem Haus von Micha aufgestellt. 5 Micha hatte sich
nämlich in seinem Haus so eine Art Minikirche ein-
bauen lassen. Einer von seinen Söhne wurde von
ihm sogar mit einem Ritual als Priester eingesetzt.
Er ließ auch Priesterklamotten nähen und so eine
Spezialtasche für Priester, wo die besonderen Lose
drin waren. 6 Zu der Zeit gab es keinen Präsidenten
in Israel, es herrschte so eine Art Anarchie, jeder
konnte tun und lassen, was er wollte. 7 Ein junger
Mann, der aus dem Familienstamm Levi kam, lebte
zu der Zeit in Bethlehem. 8 Dann verließ er aber wie-
der die Stadt, um irgendwo anders zu wohnen. Auf
dem Weg kam er durch die Berge von Efraim. Auch
das Haus von Micha lag auf seiner Strecke. 9 Als er
dort eine Pause einlegen wollte, quatschte ihn
Micha an. „Woher kommen Sie denn?", fragte er.
Der andere antwortete: „Ich stamme von dem Fami-
lienstamm Levi und komme aus Bethlehem. Das
liegt im Gebiet von Juda. Ich will mir jetzt irgendwo
anders eine Wohnung suchen." 10 „Wenn Sie wollen,
können Sie gerne für mich arbeiten! Hier ist ne
Stelle als Berater und Priester frei! Ich zahle Ihnen
10 000 Euro jährlich. Arbeitsklamotten gibt's
umsonst, dazu können Sie für den Rest Ihres
Lebens kostenlos bei mir essen." 11 Der Typ war ein-
verstanden. Er blieb bei Micha und wurde so was
wie ein Sohn für ihn. 12 Micha setzte ihn dann auch
als einen Priester ein. Der arbeitete ab dann nur
noch in seinem Haus als sein Privatpriester.
13 Micha war begeistert: „Jetzt weiß ich endlich ganz
sicher, dass Gott dafür sorgt, dass es mir immer
gutgeht, weil ich einen von den Levi-Leuten als
Priester habe."

18 Der Familienstamm Dan sucht ein neues Zuhause

1 Zu der Zeit gab es bei den Israeliten noch
keinen Präsidenten. Der Familienstamm Dan hatte
bis dahin noch kein eigenes Land eingenommen,
was nur ihnen gehörte und auch weitervererbt wer-
den konnte. Sie waren also auf der Suche nach so
was Ähnlichem, wie es die anderen Familienstämme
auch hatten. 2 Eine Spezialeinheit wurde dafür aus-
gesucht, insgesamt fünf Männer, die mal so ein
Stück Land auschecken sollten. Es waren Leute mit
einem guten Ruf, die in Zora und Eschtaol lebten.
Diese Spione kamen auch durch das Gebirge von
Efraim an dem Haus von Micha vorbei, wo sie sich
ein Gästezimmer nahmen. 3 In der Unterhaltung am
Tresen fiel ihnen der Slang von dem Priester auf.

Also fragten sie ihn direkt: „Sagen Sie mal, was hat Sie denn in diese Gegend hier verschlagen?“ 4 „Micha hat mir einen Job angeboten. So bin ich ein Priester geworden“, antwortete er. 5 „Wenn Sie so einen guten Draht nach oben haben, könnten Sie nicht mal für uns rauskriegen, ob wir unsere Sache erfolgreich zu Ende bringen werden?“ 6 Der Priester ließ sich da drauf ein und betete ne Runde über die Frage. Kurze Zeit später sagte er zu ihnen: „Also, Gott hat zu mir gesagt, er steht hinter Ihrem Anliegen. Sie können ganz entspannt weiterziehen!“ 7 Die Spione zogen dann nach Lajisch. Die Menschen dort hatten ein friedliches Leben und mussten sich um nichts wirklich Sorgen machen. Im Grunde war die Situation genauso wie in der Stadt Sidon. Auch die hatten keine echten Feinde, keiner im ganzen Land bedrohte sie. Sie wohnten dort völlig ab vom Schuss und hatten mit niemandem großen Stress. 8 Als die Spione wieder zurück waren, fragten die Leute von Zora und Eschtaol gleich: „Und? Was habt ihr erlebt?“ 9 „Jetzt geht’s los!“, antworteten sie. „Lasst uns Lajisch einnehmen! Das Land ist echt supergut. Aber kommt jetzt auch mal langsam in die Puschen! 10 Der Gegner rechnet zur Zeit null mit einem Angriff, die denken, sie wären in Sicherheit. Gott hat euch dieses Land schon geschenkt. Es ist sehr groß und hat alles, was man sich wünschen kann.“ 11 Also wurde ein Trupp von 600 Soldaten vom Familienstamm Dan zusammengestellt, der sich aus Zora und Eschtaol mit den Familien auf den Weg machte. 12 Das erste Zwischenlager wurde westlich vom Kirjat-Jearim im Gebiet von Juda aufgebaut. Seitdem nennt man diesen Ort auch „Mahane-Dan“, was so viel bedeutet wie „das Lager von Dan“. 13 Von dort zogen sie weiter in die Berge von Efraim und kamen auf dem Weg auch beim Haus von Micha vorbei. 14 Die fünf Spione, die vorher schon mal da gewesen waren, sagten zu den anderen: „Hey, Leute, auf diesem Hof kann man ganz gut was abzocken. Es gibt hier so einen Plastikgott, der mit Gold überzogen wurde. Und auch echt geile Priesterklamotten und so eine Tasche, wo diese besonderen Lose drin sind, kann man hier abziehen. Voll die gute Gelegenheit, die kommt so schnell nicht wieder!“ 15 Also gingen sie erst mal zu dem Haus, wo der junge Priester wohnte (und was ja eigentlich Micha gehörte), und klingelten dort, um erst mal zu fragen, wie es so geht. 16 Die 600 bewaffneten Soldaten vom Familienstamm Dan kamen aber nicht mit hinein. Sie blieben draußen vor dem großen Grundstück stehen. 17 Die fünf Spione, die vorher schon mal da waren, um die Gegend auszutesten, brachen dann in das Haus von Micha ein. Sie zockten den Plastikgott und auch die Tasche mit den besonderen Losen und steckten die Sachen in einen Rucksack. 18 „Was macht ihr da?“, schrie der Priester sie an. 19 „Pssst, Schnauze halten! Wir haben ein Angebot für dich: Du kannst bei uns mitmachen. Wir stellen dich bei uns als Priester und Sozialarbeiter ein. Was ist der bessere Job: Priester von einer einzigen Familie oder von einem ganzen Familienstamm zu sein?“ 20 Der Priester fand den Vorschlag ganz geil. Er schnappte sich den Rucksack mit dem Plastikgott und der Tasche mit den besonderen Losen und ging dann mit ihnen mit. 21 Als sie dann weiterzogen, gingen die Frauen und Kinder mit den gesamten Klamotten sowie allen Tieren vorneweg. 22 Obwohl sie schon eine Weile unterwegs waren, holten Micha und seine Nachbarn den Treck ein. 23 Sie schrien laut: „Halt, stehenbleiben!“ Die Soldaten von Dan drehten sich um und taten auf doof: „Was ist denn los? Warum dieser Aufmarsch von Truppen? Warum bist du hinter uns her?“ 24 „Leute, ihr habt mir meinen Plastikgott geklaut, den ich mir selbst gebastelt hatte! Und meinen Priester habt ihr auch noch mitgenommen. Ihr habt mich total abgezogen! Jetzt fragt ihr auch noch so blöd, was denn los ist?“ 25 „Halts Maul!“, sagten die Soldaten. „Wenn du noch einen Pieps sagst, machen wir dich kalt! Die Männer hier verstehen keinen Spaß. Oder willst du, dass du und deine ganze Familie von uns getötet werden?“ 26 Für Micha war klar, dass er gegen diese Übermacht nichts ausrichten konnte. Also gingen die Männer einfach weiter, und er kehrte zurück nach Hause. 27 Den Plastikgott von Micha und seinen Priester nahmen sie mit. Als sie dann in Lajisch ankamen, richteten sie ein Blutbad unter den Bewohnern an. Alle wurden getötet und das ganze Dorf abgefackelt. 28 Keiner konnte den Leuten von Lajisch wirklich helfen, weil ihre Stadt zu weit entfernt lag, mitten in der Ebene von Bet-Rehob. Die Nachbarstadt Sidon hatte sowieso schon immer ihr eigenes Ding durchgezogen. Nachdem der Brand gelöscht war, bauten die Sieger von diesem Krieg die Stadt wieder für sich auf und wohnten da drin. 29 Die Stadt bekam den Namen von dem Typen, der ihren Familienstamm mal gegründet hatte: Dan. Dan war einer von den Söhnen von Jakob gewesen. 30 In der City stellten sie diesen Plastikgott, den sie die ganze Zeit mitgeschleppt hatten, mitten in der Fußgängerzone auf. Der Priester Jonatan, der von dem Sohn von

Mose, Gerschon, abstammte, passte auf alles auf. Seine ganze Familie, machte ab dann den Priesterjob für den Familienstamm Dan. Und zwar so lange, bis die Bewohner aus der ganzen Ecke von den Assyrern im Krieg besiegt und weggeschleppt wurden. 31 Der selbstgebaute Plastikgott von Micha war aber in der ganzen Zeit, wo das besondere Zelt noch in Schilo stand, ihr Gott.

19 Die Leute vom Familienstamm Benjamin bauen richtig Scheiße

1 Damals lebte ganz oben im Norden der Berge von Efraim ein Mann vom Familienstamm Levi. Zu der Zeit gab es noch keinen Präsidenten in Israel. Dieser Levi-Typ wohnte wie ein Ausländer dort. Er war mit einer Frau verheiratet, die aus Bethlehem stammte, was im Gebiet von Juda lag. 2 Ihr Ehemann ging ihr derart auf die Nerven, dass sie irgendwann einfach abhaute und ihn verließ. Sie ging dann zurück zu ihrem Vater nach Bethlehem. Nach vier Monaten 3 unternahm ihr Ehemann noch mal eine Aktion, um sie zurückzuholen. Er packte einen seiner Angestellten ins Auto und fuhr zum Haus von ihrem Vater. An der Tür begrüßte ihn seine Frau und brachte ihn auch in das Zimmer, wo der Vater saß. Als der ihn sah, freute er sich voll und begrüßte ihn herzlich. 4 Der Vater wollte unbedingt, dass der Typ erst mal drei Tage dablieb. Also zog er dort für die Zeit ein. Sein Angestellter bekam auch ein Zimmer. Sie saßen jeden Abend zusammen, aßen und unterhielten sich bis spät in die Nacht. 5 Am vierten Tag wollte der Typ dann morgens seine Sachen packen und schnell abdampfen, seine Frau war auch wieder bereit mitzukommen. Aber der Schwiegervater meinte noch: „Junge, jetzt iss noch was! Lass uns erst mal frühstücken! Dann könnt ihr gehen." 6 Also blieben sie noch da und frühstückten lange zusammen und tranken Kaffee. Schnell war der Nachmittag durch, und der Vater sagte zu ihm: „Och, ihr könnt doch heute noch mal hier übernachten! Mach dir hier noch ne schöne Zeit." 7 Der Levi-Typ wollte unbedingt los, aber der Vater drängelte so lange rum, bis er dann doch noch eine Nacht obendrauf legte. 8 Am fünften Tag stand er schon mit den Koffern am Eingang, da quatschte der Vater ihn wieder an. „Ach bitte, nimm dir doch noch ein bisschen zu essen. Warte noch, bis es dunkel wird, dann ist es auch nicht so heiß, wenn ihr losgeht." Also wurde noch mal zusammen gegessen. 9 Nach dem Nachtisch wollte der Levi-Typ aufstehen und mit seiner Frau und dem Angestellten losziehen. Aber der Vater meinte zu ihm: „Ganz schön spät geworden, gleich wird es dunkel. Bleib doch noch einen Nacht. Hier hast du alles, was du brauchst. Morgen früh könnt ihr euch dann auf den Weg nach Hause machen." 10 Aber der Levi-Typ hatte da keinen Bock drauf. Sie packten die Sachen zusammen und fuhren los. Auf der Reise parkten sie ihr Auto zwischendurch vor der Stadt Jerusalem auf einem Parkplatz. 11 Weil es schon langsam dunkel wurde, meinte der Angestellte zu ihm: „Lass uns doch ein Hotel in der Stadt suchen und dort pennen." 12 „Nein, auf keinen Fall!", antwortete er. „Wir schlafen hier nicht bei irgendwelchen Leuten, die nicht zu unserem Volk gehören. Ich wäre dafür, dass wir rüber nach Gibea fahren. 13 Lasst uns da einen Pennplatz suchen, in einem der Orte dort. Entweder in Gibea oder in Rama! Okay?" 14 Also fuhren sie weiter. Allerdings schafften sie es nicht ganz, vor Einbruch der Dunkelheit dort zu sein. Sie waren in der Nähe von Gibea, was in dem Gebiet vom Familienstamm Benjamin lag. 15 Sie bogen von der Straße in die Stadt rein und fragten an der Stadtinformation nach Hotels und Gästezimmern, aber alles war bereits ausgebucht. Also rollten sie ihre Penntüten nachts am Eingang vom Supermarkt aus und übernachteten dort unter freiem Himmel. 16 Ein älterer Mann kam gerade vom Nachtdienst nach Hause. Er stammte auch nicht aus der Gegend, kam ursprünglich aus den Bergen von Efraim. Der größte Teil der Leute, die in der Stadt wohnten, war in der Regel vom Familienstamm Benjamin. 17 Als er an dem Levi-Typen vorbeikam, fragte er: „Woher kommen Sie? Und wo wollen Sie hin?" 18 „Ich und meine Leute kommen aus Betlehem in Juda. Wir wollen an die andere Ecke von dem Berggebiet Efraim. Ich wohne dort. Bin von da aus nach Bethlehem gefahren. Jetzt geht's gerade wieder nach Hause. Wir haben heute leider keinen freien Pennplatz mehr finden können. 19 Aber wir haben alles, was wir brauchen. Brot, Käse, Wurst und Bier für mich, meine Frau und meinen Angestellten, der auch mit uns reist. Und genug Benzin haben wir auch im Kanister." 20 Der ältere Mann sagte: „Hey, wenn Sie wollen, würde ich Sie gerne einladen, bei mir zu pennen! Hier können Sie auf keinen Fall bleiben, sonst kriegen Sie Ärger mit der Polizei!" 21 Sie waren einverstanden. Also brachte der Typ sie zu sich nach Hause. Das Auto wurde von ihm betankt und in die Garage gestellt. Sie duschten erst mal anständig und aßen dann zusammen zu Abend.

Eine richtige üble Sache
22 Als sie noch gemütlich am Spachteln waren,
kamen plötzlich total viele Männer aus der Stadt vor
das Haus. Es war ein Gruppe von total miesen
Typen, die ziemlich besoffen von einer Party kamen.
Sie trommelten gegen die Haustür und schrien laut:
„Wir wollen diesen Mann poppen! Wir wollen die-
sen Mann poppen! Wir wollen diesen Mann pop-
pen!" 23 Der ältere Mann ging dann vor die Tür und
versuchte die Hooligans zu beruhigen. „Hey, Leute,
entspannt euch mal! So was Fieses wollt ihr doch
nicht wirklich tun, oder? Dieser Mann ist mein Gast!
Ihr dürft ihn nicht vergewaltigen! 24 Was haltet ihr
von der Idee, wenn ich euch meine Tochter auslie-
fere? Die ist noch Jungfrau. Außerdem bekommt ihr
auch noch die Ehefrau von diesem Ausländer, der
gerade bei mir ist. Ihr könnt mit denen machen,
was ihr wollt! Aber bitte lasst diesen Mann in Ruhe,
ihr dürft den nicht vergewaltigen. Das geht einfach
gar nicht!" 25 Aber die Männer vor der Tür hörten
ihm gar nicht richtig zu. Da schnappte sich der Levi-
Typ seine Frau und brachte sie nach draußen, auf
die Straße. Die Männer fielen über sie her und ver-
gewaltigten sie die ganze Nacht. Erst als die Sonne
aufging, ließen sie die Frau in Ruhe. 26–27 Sie
schleppte sich früh morgens bis zum Eingang des
Hauses von dem Typen. Dort brach sie zusammen.
Als es hell wurde, wollte der Mann seinen Weg wei-
ter fortsetzen. Er machte die Tür auf und fand die
Frau dort tot liegen. Ihre Hände lagen dabei ausge-
streckt auf dem Boden vom Eingang. 28 „Los, komm
hoch!", sagte er zu ihr. „Wir müssen weg hier!" Aber
sie konnte ihm nicht mehr antworten. Er hob sie auf
und legte die Leiche in den Kofferraum. Dann zog er
weiter Richtung Heimat. 29 Als er zu Hause war,
holte er eine Stichsäge aus dem Keller und zersägte
die Leiche in zwölf gleich große Stücke. Jedes Stück
wurde in ein Postpaket getan und an einen der
Familienstämme geschickt. 30 Jeder, der von der
Geschichte hörte und den Inhalt des Paketes dazu
sah, wurde voll sauer. „Von so einer fiesen Aktion
haben wir in Israel noch nie gehört! Seitdem unsre
Uropas aus Ägypten weggezogen sind, hat es so
was noch nie gegeben! Wir sollten uns zusammen-
tun und mal beraten, was man dagegen unterneh-
men kann!"

20 Die Familienstämme von Israel wollen Gibea anständig bestrafen

1 Die gesamte Armee der Israeliten sam-
melte sich in Mizpa. Dabei waren die Männer aus
dem Gebiet vom Familienstamm Dan, das im Nor-
den lag, bis hin zu den Leuten von Beerscheba, die
ganz aus dem Süden kamen. Auch die Männer aus
Gilead vom Ostjordanland waren dabei. 2 Nicht nur
die Chefetage der einzelnen Stämme war angetre-
ten, sondern gleich die ganze Armee von allen Isra-
eliten. Insgesamt 400 000 mit MGs bewaffnete Sol-
daten standen dort zusammen. 3 Auch die Leute
vom Familienstamm Benjamin lasen in der Zeitung
von dem Aufmarsch der Truppen bei Mizpa. Die
versammelten Israeliten wollten den ganzen Bericht
noch mal hören, was da genau passiert ist. 4 Der
Levi-Typ, der ja der Ehemann von der ermordeten
Frau war, erzählte dann die ganze Geschichte noch
mal: „Das war so, ich kam mit meiner Frau in das
Gebiet vom Familienstamm Benjamin. Wir haben
uns dann Pennplätze in der Stadt Gibea gesucht.
5 Plötzlich wurden wir von den Männern der Stadt
umzingelt, als wir dort in einem Haus untergekom-
men waren. Sie hatten es wohl auf mich abgesehen,
sie wollten mich töten. Dann haben sie meine Frau
so lange vergewaltigt, bis sie tot war. 6 Ich kam auf
die Idee, ihre Leiche in kleine Stücke zu zersägen
und sie überallhin zu schicken. Die Männer aus
Gibea haben einen fiesen Mord begangen, sie
haben etwas getan, was in Israel nie und nimmer
passieren darf. 7 Ihr gehört alle zu Israel, es geht
euch auch etwas an! Darum bitte ich euch, jetzt da
drüber zu diskutieren, wie wir darauf reagieren soll-
ten. Es muss eine Entscheidung her!" 8 Die Männer
sprangen alle gleichzeitig von ihren Stühlen auf und
riefen: „Hier geht keiner nach Hause, 9–10 bevor wir
diese Schweine von Gibea nicht bestraft haben! Am
besten ziehen wir Lose, wer sich um die Verpfle-
gung kümmern soll, vielleicht immer jeder zehnte
Mann. Der Rest soll sich zusammentun und gegen
die Männer von Gibea in den Krieg ziehen und sie
dafür bestrafen. So ein übles Verbrechen mitten in
Israel muss richtig derbe bestraft werden!" 11 Alle
Israeliten waren sich in der Sache einig. Man zog
geschlossen gegen die Stadt Gibea. 12 Sie schickten
dann eine Nachricht an den Familienstamm Benja-
min: „Was ist da für ein übles Verbrechen bei euch
passiert? 13 Wir fordern die sofortige Herausgabe
der Täter, diese fiesen Typen müssen sterben! Alles,
was nicht gut ist, muss aus Israel radikal entfernt
werden!" Den Leuten vom Familienstamm Benja-
min ging das aber am Arsch vorbei. Es war ihnen
vollkommen egal, was ihre Verwandten von ihnen
wollten. 14 Aber die restliche Armee der Israeliten

zog zusammen nach Gibea, um gegen die eigenen
Leute Krieg zu führen.

Der Familienstamm Benjamin wird fast komplett plattgemacht

15 Die Armee der Benjaminiter bestand aus 26 000
Soldaten, die mit MGs bewaffnet waren. Dazu
kamen noch 700 Soldaten aus Gibea, alles kampfer-
probte Männer. 16 Dabei war auch eine Spezialein-
heit, die mit Nachtsichtgeräten und Zielfernrohren
ausgestattet waren. Bei denen war jeder Schuss ein
Treffer. 17 Auf der anderen Seite standen 400 000
Soldaten mit MGs. 18 Die Generäle von der Armee
der Israeliten wollten noch einmal nach Bet-El
gehen, um sich von Gott einen Tipp geben zu las-
sen, bevor es losging. Ihre Frage war: „Welcher von
den Familienstämmen soll als Erster losschlagen,
wenn wir gegen die Soldaten von Benjamin in den
Krieg ziehen?“ Gottes Antwort war: „Der Familien-
stamm Juda.“ 19 Morgens ganz früh brachen die
Soldaten von der israelitischen Armee auf, um
gegen Gibea zu kämpfen. 20 Sie stellten sich in Rei-
hen auf, um gegen die Männer vom Familienstamm
Benjamin loszuschlagen. 21 Die Soldaten vom Fami-
lienstamm Benjamin stürmten aber aus der Stadt
auf die Armee los und töteten im ersten Zug gleich
22 000 Mann. 22–23 Darauf zog man sich erst mal
wieder nach Bet-El zurück, um die großen Verluste
zu beweinen. Sie beschwerten sich auch bei Gott
wegen der krassen Niederlage, die sie erlitten hat-
ten. Sie fragten ihn noch mal: „Gott? Sollen wir es
auf einen zweiten Versuch ankommen lassen? Sol-
len wir gegen unsere Brüder, den Familienstamm
Benjamin, wirklich kämpfen?“ Gott antwortete: „Ja,
tut das!“ Die Ansage machte ihnen wieder Mut.
Also zogen sie am gleichen Tag noch mal los, an
dieselbe Stelle, um zu kämpfen. 24 Ihre Armee
rückte gegen die Männer von Benjamin vor, 25 aber
auch an diesem Tag waren sie nicht in der Lage zu
gewinnen. Ganz im Gegenteil: Nachdem der Feind
aus der Stadt rausgekommen war, verloren sie wie-
der 18 000 bewaffnete Soldaten. 26 Die Chefetage
zog daraufhin wieder nach Bet-El, um sich dort bei
Gott über die schwere Niederlage zu beschweren.
Sie weinten den ganzen Tag und verzichteten auf
jedes Essen, bis es dunkel wurde. Abends wurden
dann dort Abfackelopfer und Dankopfer für Gott
durchgezogen. 27 Dann befragten sie Gott noch ein-
mal über die Sache. Zu der Zeit war nämlich die
Kiste mit den Gesetzen dort in Bet-El aufgestellt.
28 Der Priester Pinhas (ein Sohn von Eleasar und ein
Enkelkind von Aaron) schob zu der Zeit dort den
Dienst. Sie fragten Gott also: „Sollen wir es auf
noch einen Versuch ankommen lassen? Sollen wir
noch einmal in den Krieg ziehen, gegen unsere
Geschwister vom Familienstamm Benjamin? Oder
sollen wir das Ganze knicken?“ Gott antwortete: „Ja,
zieht noch einmal gegen sie los. Morgen werde ich
dafür sorgen, dass ihr gewinnt!“ 29 Beim nächsten
Versuch probierten es die Israeliten mal mit einem
kleinen Trick. Ein Teil der Armee versteckte sich an
verschiedenen Stellen, die um die Stadt Gibea
herum lagen. 30 Dann sammelte sich der Rest der
Armee wieder an dem alten Schlachtfeld, wo man
den letzten Kampf vor der Stadt Gibea geführt hatte.
31 Als die Armee von den Benjaminleuten aus der
Stadt stürmte, taten die Israeliten so, als würden sie
vor den Soldaten weglaufen. Auf die Art wurden sie
von der Stadt weggelockt. Die stürmten nämlich
den Israeliten hinterher und konnten ca. 30 Männer
auf freiem Feld töten. Das passierte auf den Stra-
ßen, die von Gibea nach Bet-El und Gibeon führen.
32 Die Leute von Benjamin waren sich wohl ziemlich
sicher, dass sie auch diesen Sieg sicher nach Hause
schaukeln würden. „Die machen wir noch mal
kaputt!“ Die Soldaten der Israeliten taten weiterhin
alles nach dem Motto: „Wir tun so, als ob wir flie-
hen würden.“ Die Idee war, sie von der Stadt weg
auf die offene Straße zu locken. 33 Als die Israeliten
bei Baal-Tamar angekommen waren, drehten sie
sich plötzlich um und stellten sich dem Angriff. In
derselben Sekunde stürmten die anderen Soldaten
aus dem Versteck bei Geba hervor. 34 10 000 Solda-
ten der Spezialeinheit kämpften sehr heftig bei
Gibea. Die Armee von Benjamin war zu verpeilt und
hatte nicht mitgekriegt, dass sie gerade in eine Falle
gegangen waren. 35 Gott half der Armee von Israel,
und so besiegten sie die Leute von Benjamin. 25 100
Männer wurden an diesem Tag getötet, alles bewaff-
nete Soldaten. 36 Die Männer von Benjamin kapier-
ten jetzt, dass sie diesen Krieg verloren hatten. Hier
noch mal der Ablauf des Kampfes: Die Soldaten von
den Israeliten hatten so getan, als würden sie vor
den Soldaten von Benjamin fliehen. Sie hatten eine
Falle aufgestellt in der Nähe der Stadt. 37 Die Solda-
ten stürmten aus dem Versteck, überfielen die Stadt
und erschossen alle Bewohner. 38 Wie abgemacht,
wurde die ganze Stadt am Ende abgefackelt. Dicke
Rauchwolken stiegen von dort zum Himmel. 39 Die
Benjaminiter rannten den paar Soldaten hinterher
und hatten schon ungefähr 30 Männer von den Isra-
eliten getötet. Sie dachten so bei sich, dass sich die

Israeliten schon wieder verpissen wollten. „Wir haben sie wieder fertiggemacht!“, riefen sie zueinander. 40 Plötzlich konnten sie aber den Rauch sehen, der von der Stadt her kam. Und als sie genauer hinsahen, war ganz Gibea schon am Brennen. 41 Im selben Augenblick drehten sich auch die Israeliten um, die nur so getan hatten, als würden sie fliehen. Die Armee der Benjaminiter kriegte voll die Panik, weil plötzlich klar war, dass diese Schlacht komplett in die Hose ging. 42 Jetzt flohen sie vor den Israeliten in Richtung Wüste, aber die Gegner waren ihnen dabei dicht auf den Fersen. Dazu kamen die Israeliten von der anderen Seite der Stadt noch dazu und nahmen sie in die Zange. 43 Die Armee von den Benjaminitern wurde so umzingelt, gejagt und dann plattgewalzt. Die Schlacht ging von Noha bis östlich von Gibea. 44 18 000 Soldaten wurden in diesem Kampf getötet. 45 Nur ein paar Leute konnten in die Wüste fliehen, zum Rimmonfelsen. Auf der Flucht wurden aber von den Israeliten noch einmal 5000 Benjaminiter gekillt und bei der weiteren Verfolgung weitere 2000. 46 Insgesamt starben bei diesem Krieg ca. 25 000 bewaffnete Männer aus dem Familienstamm Benjamin, alles gute Soldaten. 47 600 Männer hatten die Sache überlebt. Sie konnten sich beim Rimmonfelsen verstecken und blieben dort auch für vier Monate. 48 Die Armee der Israeliten zog durch die ganze Gegend, wo der Familienstamm Benjamin zu Hause war, und tötete alles, was ihnen in die Quere kam. Menschen, Tiere, ganze Dörfer und Städte wurden niedergemacht und abgefackelt.

21 Aktion „Rettet den Familienstamm Benjamin!“

1 Eine Sache war, dass alle Männer damals in Mizpa geschworen hatten, nie mehr einer ihrer Töchter zu erlauben, einen Mann von dem Familienstamm Benjamin zu heiraten. 2 Es gab wegen den Folgen dieser Entscheidung dann ein Treffen aller Israeliten in Bet-El. Alle waren voll traurig und heulten Gott die Ohren voll. 3 „Gott, wie konnte das nur passieren? Jetzt fehlt uns ja ein ganzer Familienstamm!“, sagten sie zu ihm. 4 Am nächsten Tag bauten sie früh morgens einen Opfertisch, einen Altar, auf und zogen ein paar Opferrituale für Gott durch: Dankopfer und Abfackelopfer. 5 Man hatte damals alle verpflichtet, unbedingt nach Mizpa zu kommen: „Wer nicht nach Mizpa kommt, der muss sterben“, war die Ansage gewesen. 6 Jetzt waren in Bet-El wieder alle da und weinten wegen dem Stamm Benjamin. „Ein ganzer Familienstamm ist ausradiert worden“, sagten sie zueinander. 7 „Wir müssen was unternehmen. Woher bekommen wir Frauen für den Rest von unseren Brüdern? Wir haben ja alle ganz fest versprochen, dass sich keine von unseren Frauen auf einen Mann von den Benjaminitern einlassen soll!“ 8 Plötzlich hatte einer eine Idee: „Ist vielleicht ein Familienstamm von uns bei diesem Treffen damals nicht dabei gewesen?“ Beim Nachdenken fiel ihnen ein, dass aus der Stadt Jabesch, die in Gilead liegt, tatsächlich niemand dabei gewesen war. 9 Man checkte noch mal die ganze Armee ab und konnte keinen von denen darunter finden, sie hatten sich klammheimlich aus der Sache rausgehalten. 10 Also beschloss die Versammlung, dass 12 000 Soldaten nach Jabesch ziehen sollten, um diese Kriegsdienstverweigerer zu bestrafen. Alle Bewohner sollten gekillt werden, auch die Frauen und Kinder. 11 „Zieht die Rote-Karte-Aktion durch! Nur die Mädchen, die noch Jungfrauen sind, dürfen nicht getötet werden!“ 12 Die Armee der Israeliten fand in Jabesch insgesamt 400 Mädchen, die noch nie mit einem Mann im Bett gewesen waren. Die wurden dann in das Lager nach Schilo verfrachtet. 13 Als Nächstes wurde eine Abordnung der Israeliten zu dem kleinen Rest von den Benjaminitern geschickt, die sich am Rimmonfelsen versteckt hatten. Es wurde dort erst mal ein Friedensvertrag unterzeichnet. 14 Auf die Art kam der Rest von dem Familienstamm Benjamin wieder zurück. Die Israeliten übergaben ihnen die Mädchen, die sie bei der Bestrafungsaktion von Jabesch eingesammelt hatten. Die 400 Mädchen reichten aber nicht für alle aus.

Es kommen noch Frauen aus Schilo dazu

15 Wie gesagt, waren die Israeliten voll traurig, weil einer von ihren Familienstämmen am Aussterben war. 16 Die Chefs fragten sich jetzt, woher man für die überlebenden Männer vom Benjaminstamm noch Frauen organisieren könnte. Denn alle Frauen waren im Krieg umgenietet worden. 17 „Das Land existiert ja noch und ist auch noch gut in Schuss. Aber wir müssen verhindern, dass ein Familienstamm von Israel ausstirbt!“, sagten sie. 18 „Wir können aber unsere Töchter nicht mit ihren Männern verheiraten, weil wir das geschworen haben. ‚Jeder soll verflucht sein, der einem Mann von Benjamin seine Tochter zur Frau gibt‘, haben wir damals gesagt.“ 19 Schließlich hatten sie eine Idee:

„Hey, da ist doch jedes Jahr ein fettes Straßenfest in Schilo!" Schilo lag nördlich von Bet-El, östlich der Straße von Bet-El nach Sichem und südlich von Lebona. [20] „Passt auf, ihr versteckt euch in den Weinbergen", sagten die Chefs zu den überlebenden Männern von Benjamin. [21] „Wenn jetzt der Bus mit den Mädchen aus Schilo ankommt, die zum Straßenfest gehen wollen, dann schnappt sich jeder von euch eine. Die könnt ihr dann mit nach Hause nehmen und heiraten. [22] Wenn jetzt die Brüder oder die Väter bei uns ankommen und Stress machen, dann reden wir mit denen. Wir werden dann so was sagen wie: ‚Jetzt lasst ihnen doch die Frauen, uns zuliebe! Leider haben wir es nicht geschafft, bei der Bestrafungsaktion in Jabesch für jeden eine Frau zu organisieren. Für euch geht das auch mit den Gesetzen in Ordnung, denn ihr habt sie ja nicht freiwillig weggegeben.'" [23] Also zogen es die Männer vom Familienstamm Benjamin genau so durch, jeder ging auf die Party und zog eine von den Frauen ab, als sie gerade am Tanzen waren. Sie nahmen die mit sich in das Gebiet, aus dem jeder kam und was Gott ihnen mal geschenkt hatte. Dann bauten sie ihre Städte wieder auf und lebten dort. [24] Die Israeliten beendeten schließlich ihr Treffen. Jeder ging wieder in das Gebiet zurück, was Gott ihnen für immer geschenkt hatte. [25] Zu der Zeit gab es aber immer noch keinen Präsidenten bei den Israeliten. Jeder Familienstamm lebte so, wie er gerade Bock hatte.

Das Buch Rut

1

Die Vorgeschichte

[1] Diese Geschichte passierte in der Zeit, als in Israel noch diese Richtertypen das Sagen hatten. Da gab's nämlich mal ne Zeitlang im ganzen Land nichts zu essen. Ein Mann, der in Bethlehem, im Gebiet von Juda, lebte, kam deshalb auf die Idee, nach Moab umzuziehen. Er wollte sich mit seiner Frau und seinen zwei Söhnen eine Bude suchen und dort als Ausländer leben. [2] Der Typ hieß Elimelech, seine Frau hieß Noomi, und die Söhne hießen Machlon und Kiljon. Die kamen aus der Familie der Efratiter aus Bethlehem. Als sie in Moab angekommen waren, [3] starb Elimelech. Noomi blieb als alleinerziehende Mutter mit ihren beiden Söhnen zurück. [4] Später heirateten die Söhne zwei Frauen aus Moab, die eine hieß Orpa, und die andere hieß Rut. [5] Allerdings starben die beiden Söhne Machlon und Kiljon bereits zehn Jahre später. [6] Noomi packte ihre Sachen und zog mit den zwei Ehefrauen von ihren Söhnen wieder in ihre Heimat nach Juda zurück. Sie hatte nämlich in der Zeitung gelesen, dass Gott gerade seine Leute in Juda gut mit Essen versorgt. [7] Also stieg sie mit ihren Schwiegertöchtern in den Bus, bis zur Endstation Juda. [8] Unterwegs sagte sie plötzlich zu den beiden: „Passt auf, steigt mal lieber aus und fahrt wieder zurück zu euren Eltern! Gott soll dafür sorgen, dass es euch gutgeht, weil ihr mir und meinen Söhnen immer echt geholfen habt. [9] Ich wünsche euch, dass ihr von Gott einen neuen Mann geschenkt bekommt und ihr ein neues Zuhause findet!" Noomi knutschte beide noch mal auf die Wange und wollte sich von ihnen verabschieden. Beide Frauen fingen aber voll an zu heulen. [10] „Nein, wir wollen dich nicht verlassen!", schluchzten sie. „Wir wollen dich zu deinen Leuten begleiten!" [11] „Hey, ihr zwei, geht bitte wieder zurück!", sagte Noomi. „Was wollt ihr denn noch bei mir? Ich hab leider keine weiteren zwei Söhne, und ich kann mir auch keine aus dem Ärmel zaubern! [12] Bitte, geht zurück! Ich bin einfach zu alt, um noch mal einen Mann zu finden! Und selbst wenn: angenommen, ich würde noch mal heiraten und zwei Söhne kriegen, [13] dann wären die doch viel zu jung für euch! Außerdem könnt ihr doch nicht 18 Jahre rumhängen und warten, bis die endlich erwachsen sind. Wollt ihr wirklich so lange ohne Männer auskommen? Nee, echt nicht, das kann ich euch nicht antun. Ich möchte nicht, dass ihr den gleichen Horror durchmacht wie ich. Auch wenn Gott mir das zugemutet hat, muss das für euch ja nicht sein." [14] Jetzt heulten Rut und Orpa erst richtig los. Orpa drückte ihrer Schwiegermutter nochmal einen Kuss auf die Wange und verabschiedete sich dann. Rut blieb aber bei ihr. [15] Noomi sagte immer wieder zu ihr: „Mensch, deine Schwägerin ist zu ihren Leuten zurückgefahren, dort, wo auch ihr Gott ist. Jetzt mach es genauso wie sie!" [16] Aber Rut war immer noch nicht von der Idee begeistert. „Setz mich nicht so unter Druck, dass ich dich verlassen soll! Ich werde nicht zurückgehen! Ich werde dich nicht alleine lassen! Da, wo du bist, will ich auch sein. Deine Leute sind auch meine Leute, und dein Gott ist auch mein Gott. [17] Und wo du mal stirbst, will ich auch sterben, und wo man dich beerdigt, da will ich auch beerdigt werden. Gott soll mir eine klatschen, wenn ich dieses Versprechen nicht einhalte. Nur der Tod wird mich von dir trennen können!" [18] Noomi wurde klar, dass sie Rut nicht von ihren Plänen abbringen konnte. Also hörte sie auf damit, Rut ständig zu bequatschen, dass sie doch nach Hause gehen sollte. [19] Sie fuhren dann beide zusammen nach Bethlehem. Kaum waren sie dort, hatte sich die Nachricht schon überall rumgesprochen. Die Frauen in der Stadt tratschten es rum, und immer wenn sie um die Ecke kam, rief eine: „Ach, da ist ja diese Noomi!" [20] Noomi redete mal mit den Frauen: „Ich finde es nicht gut, wenn ihr mich Noomi nennt. Mein neuer Name ist Mara, das bedeutet so viel wie ‚Bitter'. Gott, der alles kann, hat mir nämlich ein echt bitteres Los gegeben. [21] Als ich von hier weggezogen bin, hatte ich noch einen Mann und zwei Söhne. Und jetzt hab ich nichts mehr. Bitte nennt mich nicht mehr Noomi. Gott hat wohl etwas gegen mich, er hat mich bestraft." Noomi heißt übersetzt nämlich „die Frau, die gut drauf ist". [22] Auf die Art kam Noomi wieder zurück in ihre Heimat. Mit dabei war Rut, ihre Schwiegertochter, die aus dem Gebiet von Moab stammte. Als sie in Bethlehem ankamen, war gerade die Gerstenernte angesagt.

2 Rut findet einen Job als Erntehelferin

1 Noomi erinnerte sich an einen Verwandten von ihrem Mann, der Boas hieß. Er gehörte zur Familie vom Elimelech. Boas hatte eine eigene Firma. 2 Eines Tages sagte Rut zu ihrer Schwiegermutter: „Ich will mal losgehen und uns was zu essen organisieren. Auf den Feldern darf man ja immer die Körner mitnehmen, die von der Ernte übrig geblieben sind. Werde schon jemanden finden, der mich mag und nichts dagegen hat!" – „Klar, gute Idee, mach das!", antwortete Noomi. 3 Rut ging also ab dann immer auf ein Feld und sammelte dort die Ähren ein, die vom Mähdrescher runtergefallen waren. Zufällig gehörte dieses Feld dem Boas. 4 An dem Tag kam Boas gerade auf dem Rückweg von Bethlehem an seinen Feldern vorbei. Er rief den Arbeitern zu: „Gott ist auf eurer Seite!", und sie antworteten: „Und er soll dir das Beste geben, was er hat!" 5 Boas sah Rut am Arbeiten und fragte den Typen, der an dem Tag die Aufsicht hatte, woher sie kommen. 6 „Das ist eine Moabiterin!", antwortete der. „Sie ist mit Noomi gekommen. 7 Sie hat um Erlaubnis gebeten, die Ähren einzusammeln, die wir auf dem Feld liegengelassen haben. Sie ist schon seit heute früh hier am Arbeiten. Ich glaub, das ist das erste Mal, dass sie eine Pause einlegt und sich in den Schatten gesetzt hat." 8 Boas ging zu Rut und quatschte sie an. „Darf ich dir einen Tipp geben? Geh nicht auf ein anderes Feld zum Sammeln! Bleib besser hier und lauf meinen Angestellten hinterher. 9 Du musst eigentlich immer nur hinter dem Mähdrescher hergehen. Ich hab meinen Angestellten gesagt, dass sie dich in Ruhe arbeiten lassen sollen. Und wenn du Durst hast, dann kannst du dir gerne auch eine Flasche Wasser von meinen Leuten geben lassen. Die Kisten stehen dort hinten!" 10 Rut war ganz platt: „Warum bist du so nett zu mir? Wir kennen uns doch gar nicht, und ich bin eine Ausländerin!" 11 „Ich hab von der Geschichte gehört, was du alles durchgemacht hast. Dass du dich echt gerade gemacht hast für deine Schwiegermutter seit dem Tod von deinem Ehemann. Du hast alles hinter dir gelassen, deinen Vater und deine Mutter, dein ganzes Zuhause, und bist mit ihr hierher zu meinen Leuten gekommen, obwohl du hier keinen kanntest. 12 Da hab ich echt Respekt vor. Gott soll dir dafür eine fette Belohnung geben. Du stehst unter dem Schutzschirm von Gott, dem Gott von Israel, zu dem du gehörst und von dem du dich beschützen lässt!" 13 „Ach, Mann, das ist ja echt voll nett von dir!", antwortete Rut. „Das hat mir voll Mut gemacht, was du gesagt hast, danke! Und dass du so mit mir umgehst, obwohl ich weniger wert bin als einer deiner Angestellten, macht es noch besser!" 14 Als Mittagspause angesagt war, ging Boas zur Rut und fragte sie: „Darf ich dich zu uns zum Essen einladen? Du kannst dich an unseren Brötchen und dem Bier bedienen, wenn du willst!" Rut war einverstanden und setzte sich zu den Angestellten dazu, die dort am Essen waren. Boas gab ihr eine fette Extraportion, dass sie es nicht schaffte, das ganz aufzuessen, weil sie schon pappsatt war. 15 Dann stand sie auf, um wieder an die Arbeit zu gehen. Boas sagte zu den Aufsehern: „Sie hat meine Erlaubnis, auch im Feld zwischen den Spuren Ähren aufzusammen, wo der Mähdrescher durchgebrettert ist, klar? Sie darf überall hin, behindert sie nicht beim Arbeiten und lasst sie in Ruhe. 16 Ich will sogar, dass ihr absichtlich den Mähdrescher mal absaufen lasst, damit einiges von der Ernte auf den Boden fällt. Sie soll das dann aufsammeln können. Seid nett zu ihr!" 17 Rut sammelte an dem Tag eine Menge Weizen auf. Insgesamt hatte sie 17 Kilo an dem Tag gesammelt. 18 Den ganzen Weizen brachte sie in die Stadt zu ihrer Schwiegermutter. Auch die Brötchen, die noch übrig waren, brachte sie mit. 19 „Hey, wo hast du denn so viel Weizen her? Auf welchem Feld warst du heute? Ich bete für denjenigen, der dir das erlaubt hat, dem soll es immer voll gutgehen!" „Der Typ nannte sich Boas, dem das Feld gehört hat", antwortete Rut. 20 „Ah, den kenn ich! Boas ist sogar mit uns über ein paar Ecken verwandt! Gott soll Boas beschenken! Das Ganze ist für mich mal wieder voll das Zeichen, dass Gott auf uns aufpasst und für uns sorgt. Er sorgt für uns, solange wir leben und auch wenn wir tot sind", sagte Noomi. „Du musst wissen, dass Boas einer von diesen „Lösern" ist, der auf uns aufpassen soll. Er muss bei uns als so eine Art Ersatz-Ehemann einspringen, weil dein alter Ehemann gestorben ist. Das steht so in den Gesetzen von Gott!" 21 Rut jubelte: „Er hat mir sogar erlaubt, dass ich bei seinen Leuten bleiben darf, bis die ganze Ernte eingefahren wurde! Ist doch echt krass, oder?" 22 „Ja, halte dich an diese Leute!", sagte Noomi. „Woanders würden sie vermutlich nicht so nett mit dir umgehen wie dort!" 23 In der ganzen Zeit, wo die Gerste und der Weizen geerntet wurden, blieb Rut bei den Arbeitern von Boas und sammelte die Ähren auf. Danach kümmerte sie sich dann auch wieder tagsüber um ihre Schwiegermutter zu Hause.

3

Rut will was von Boas

1 Irgendwann meinte Noomi zu ihrer Schwiegertochter Rut: „Ich finde, du solltest dir noch mal einen Mann suchen und heiraten. Dann geht es dir besser, und du hast auch ein richtiges Zuhause! 2 Du weißt jetzt ja, dass dieser Boas, der Typ, auf dessen Feld du heute gearbeitet hast, mit uns über drei Ecken verwandt ist. Ich hab gehört, dass der heute Abend wegen der Ernte noch ne Spätschicht einlegt. 3 Pass auf, ich hab da ne Idee. Geh mal duschen und mach dich etwas frisch. Dann ziehst du dir ein nettes Sommerkleid an und gehst auf seinen Hof. Versteck dich irgendwo, dass er dich nicht sieht, bevor er mit dem Abendessen fertig ist. 4 Und wenn er sich dann ins Bett legt und pennt, legst du dich einfach am Fußende mit unter seine Decke. Er wird dir dann schon sagen, was du machen sollst." 5 „Okay, wenn du meinst. Ich werde alles so machen, wie du es gesagt hast", sagte Rut. 6 Sie ging also auf den Hof und zog alles genau so durch, wie es ihre Schwiegermutter gesagt hatte. 7 Nachdem Boas mit dem Essen fertig war und auch etwas Wein getrunken hatte, legte er sich gut gelaunt ins Bett. Rut schlich sich leise zu ihm hin und schlüpfte einfach am Fußende mit unter seine Bettdecke. 8 Gegen 12.00 Uhr nachts wachte Boas ganz plötzlich auf. Er setzte sich auf und stellte fest, dass jemand bei seinen Füßen lag. 9 „Hä? Wer bist du denn?", fragte er ganz überrascht. „Ich bin die Rut! Ich arbeite für dich, und du bist ein Verwandter von meinem Mann, der schon gestorben ist! Darum bist du eigentlich auch nach dem Gesetz verpflichtet, dich um mich zu kümmern. Bitte beschütze mich und heirate mich!" 10 „Wow, du bist echt krass unterwegs", lachte Boas. „Gott ist auf deiner Seite. Was du da gerade gemacht hast, zeigt mir, wie treu du zu deiner Familie stehst. Du hättest dir ja auch jeden anderen Mann angeln können, egal ob einen Arbeiter oder einen Millionär, und hättest bei jedem gute Chancen gehabt. 11 Okay, meine Liebe, entspann dich! Ich mach alles, was du willst. Jeder in der Stadt hat auch schon lange mitbekommen, was für ein fittes Mädel du bist. 12 Mir fällt bloß gerade noch eine Sache ein, die vielleicht ein Problem werden könnte: Schon richtig, dass dein Mann mit mir verwandt war und ich dir helfen muss. Trotzdem: Wenn ich richtig liege, gibt es da noch jemanden, der sogar näher mit ihm verwandt ist als ich. Der hat eigentlich Vorfahrt und muss zuerst gefragt werden. 13 Penn erst mal eine Nacht hier. Ich werde den Mann morgen anrufen und ihn fragen, ob er seine Pflicht, die er dem Gesetz nach hat, erfüllen will oder ob er sie lieber mir abtritt. Sonst werde ich das übernehmen. Das schwör ich dir bei Gott. Aber bleib erst mal bis morgen hier!" 14 Rut blieb dann bis zum nächsten Morgen am Fußende in seinem Bett. Aber bevor die ersten Angestellten kamen, stand sie auf. Boas hatte nämlich gesagt, es wäre keine so gute Idee, wenn jeder mitkriegen würde, dass eine Frau in der Nacht bei ihm übernachtet hatte. 15 Zum Abschied sagte er zu ihr: „Gib mal bitte deinen Rucksack her!" Dann füllte er das ganze Teil mit Weizenkörnern, 25 Kilo. Er half ihr noch, den Rucksack zu schultern, und ging dann in die Stadt. 16 Als sie nach Hause kam, fragte ihre Schwiegermutter sofort: „Na, wie ist es gelaufen?" Rut erzählte ihr die ganze Geschichte, alles was Boas für sie getan hatte und so. 17 „Und dann hat er auch noch meinen Rucksack bis zum Rand mit Weizenkörnern vollgestopft!", sagte sie am Ende zu ihr. „Er meinte, ich sollte doch nicht mit leeren Händen zu dir nach Hause kommen." 18 „Okay, dann bleib jetzt erst mal zu Hause und lass uns abwarten, wie die Sache weitergeht. Der Typ wird das Ding bestimmt heute noch regeln!"

4

Durch Rut kommt wieder Leben in die Bude

1 In der Zwischenzeit ging Boas zum Bürgerbüro, was im Stadtzentrum lag. Als er dort war, kam zufällig dieser andere Mann vorbei, der auch über drei Ecken mit Noomi verwandt war. Eigentlich wäre der verpflichtet gewesen, Rut zu heiraten, da er näher als Boas mit Ruts verstorbenen Ehemann verwandt war. „Hallo! Haben Sie gerade mal ein bisschen Zeit?", rief ihm Boas zu. Der Typ kam zu ihm hin und setzte sich. 2 Boas rief schnell ein paar Leute aus der Stadt an, die dort was zu sagen hatten. Als alle da waren, begrüßte er sie. „Setzen Sie sich hier her zu uns!" Als alle einen Platz gefunden hatten, 3 sagte er zu diesem Typen: „Du hast bestimmt auch gehört, dass diese Noomi aus Moab wieder zurückgekommen ist und jetzt wieder hier wohnt. Sie hat jetzt ihren Anteil von dem Land, das sie von Elimelech geerbt hat, zum Verkauf in die Zeitung gesetzt. 4 Ich hatte jetzt folgende Idee: Warum kaufst du es nicht? Du könntest hier gleich vor Zeugen den Kaufvertrag abschließen. Wirst du deine Pflicht als Verwandter erfüllen? Oder hast du da keinen Bock drauf? Ich würde das gerne wissen, denn dann wäre ich der Nächste an der Reihe, der

gefragt wird." Der andere Typ antwortete: „Nee, ist in Ordnung, ich übernehme das! Ich kümmer mich um das Land." [5] „Okay", sagte Boas. „Wenn du dieses Stück Land von Elimelech übernimmst, was jetzt Noomi gehört, musst du dich aber auch um Rut aus Moab kümmern. Du musst sie heiraten und sie schwängern, damit sie einen Sohn kriegen kann, was ja mit ihrem ersten Mann nicht geklappt hat. Der Sohn wird dann das Grundstück erben. So wird die Familie nicht ganz aussterben, und sie wird weiter auf ihrem eigenen Land leben können." [6] „Hm, wenn das so ist, dann hab ich da nicht so den Bock drauf. Ich würde ja selbst den Kürzeren dabei ziehen und meinem Eigentum schaden. Ich trete hiermit offiziell mein Recht als Verwandter an dich ab. Ich will das nicht machen." [7] Damals war es üblich, wenn man so eine Sache vereinbarte, am Ende zur Bestätigung dem anderen seinen Schuh zu geben. Damit war das wie ein Vertrag, der unterschrieben worden ist. [8] Als dieser Typ zu Boas gesagt hatte, dass er das jetzt übernehmen könnte, gab er ihm also seinen Schuh. [9] Zu den Leuten, die drum herum standen, sagte Boas: „Sie sind jetzt Zeugen, ja? Ich habe von Noomi alles bekommen, was vorher Elimelech und seinen Söhnen Kiljon und Machlon gehörte. [10] Außerdem hab ich auch Rut bekommen, die aus Moab stammt. Sie war die Frau von Machlon, der schon tot ist. Ich übernehme damit auch die Verpflichtung, ihr ein Kind zu machen, was ja mit Machlon nicht geklappt hat. Das Kind soll dann alles mal erben. Machlons Familie soll nicht aussterben, sie soll in seinem Familienstamm in dieser Stadt in Israel weiterleben. Sie sind jetzt alle Zeugen von dem, was ich gerade gesagt habe." [11] Die Chefs und auch die anderen Männer, die dabei waren, sagten: „Okay, einverstanden! Gott soll dafür sorgen, dass Ihre neue Frau viele Kinder bekommt. Mehr Babys als Rahel oder Lea soll sie kriegen, die ja beide dafür gesorgt haben, dass es viele Israeliten gibt. Wir wünschen Ihnen, dass Sie in diesem Familienstamm gut klarkommen. Sie sollen immer genug Geld haben und auch einen guten Ruf. Man soll über Sie nur Gutes in Bethlehem erzählen. [12] Durch die Kinder, die Sie von dieser Frau bekommen, soll Ihre Familie mal an Einfluss gewinnen. Sie soll so eine Macht haben, die vergleichbar ist mit der Familie vom Perez, der ein Sohn von Tamar und Juda war."

Rut wird die Ur-Ur-Oma vom Präsidenten David

[13] So passierte das damals, dass Boas die Rut geheiratet hat. Gott sorgte dafür, dass Rut bald schwanger wurde, und sie kriegte einen Jungen. [14] Die Freundinnen von Noomi waren begeistert. „Siehst du, Gott ist der Größte! Er hat dir mit diesem Kind einen echten Nachkommen geschenkt. Wir wünschen dir, dass dieses Kind mal richtig berühmt wird in Israel! [15] Dieser Junge wird dich voll aufbauen. Und er wird sich um deine Altersvorsorge kümmern. Er ist ja der Sohn von deiner Schwiegertochter, die immer zu dir gehalten hat und dich sehr liebt. Sie bringt es mehr als sieben Söhne gleichzeitig!" [16] Noomi wurde dann die Pflegemutter von dem Jungen. [17] Später kamen ein paar Frauen aus der Nachbarschaft vorbei. „Herzlichen Glückwunsch!", sagten sie. „Yeah! Noomi hat einen Sohn bekommen!" Sie suchten für das Baby einen Namen aus und kamen auf Obed. Dieser Obed wurde dann der Vater von Isai. Und Isai ist der Vater von dem berühmten Präsidenten David! [18] Jetzt kommt noch mal eine Liste von den Nachfahren vom Perez: Perez bekam einen Sohn, den Hezron. [19] Hezron bekam einen Sohn namens Ram. Ram wurde der Vater von Amminadab. [20] Der bekam den Sohn Nachschon. Als Nachschon groß war, heiratete er und bekam einen Sohn, den er Salmon nannte. [21] Salmon war der Vater von Boas. Boas kriegte dann den Obed als Sohn. [22] Und dieser Obed war der Vater von Isai, der wiederum der Vater von David war.

1. Buch Samuel

1

Die Eltern von Samuel und seine Geburt
1 Damals lebte ein Mann in den Bergen von
Efraim, der Elkana hieß. Seine Heimat lag in
Ramatajim, im Gebiet von dem Clan Zuf. Sein Vater
war Jeroham, sein Opa Elihu und sein Uropa Tohu.
Tohu war ein Sohn von Zuf, der aus dem Familien-
stamm Efraim kam. 2 Elkana hatte zwei Ehefrauen,
was damals normal war. Die eine hieß Hanna und
die andere Peninna. Peninna hatte kein Problem,
Kinder zu kriegen, Hanna aber schon, sie hatte
noch keine Babys bekommen. 3 Einmal im Jahr ging
Elkana mit seiner ganzen Familie nach Schilo. Dort
redeten sie dann immer mit Gott, dem Chef der
ganzen Welt. Sie brannten auch ein paar Opfer für
ihn ab, wenn sie dort waren. Zu der Zeit hatten da
gerade Pinhas und Hofni den Job als Priester. Bei-
des waren Söhne vom Eli. 4 Beim Opferessen beka-
men immer alle Familienmitglieder von Elkana ihr
Stück zugeteilt. Auch seine Frau Peninna und alle
Söhne und Töchter kriegten ihr Stück Fleisch auf
ihren Teller gepackt. 5 Hanna kriegte von ihm aber
ein extragroßes Filetsteak, weil er in sie ein bisschen
mehr verknallt war als in seine andere Frau. Und
das, obwohl sie eigentlich keine Kinder kriegen
konnte. 6 Peninna kriegte das natürlich mit und
würgte deswegen Hanna immer einen rein, weil sie
keine Kinder kriegen konnte. 7 Besonders schlimm
war es in der Zeit, wenn sie einmal im Jahr zu dem
krassen Zelt von Gott gingen. In diesem Jahr über-
trieb sie das Ganze aber völlig, so dass Hanna voll
deprimiert und auch magersüchtig wurde. 8 Ihr Ehe-
mann Elkana fragte sie abends: „Was ist los,
Hanna? Warum weinst du? Und warum isst du
nicht mal was? Warum bist du so depressiv? Ich bin
doch wichtiger als zehn Söhne auf einmal, oder?“
9 An einem Tag passierte Folgendes: Als Hanna in
Schilo zu Mittag gegessen hatte, stand sie auf und
ging zum Eingang vom besonderen Zelt von Gott.
Neben der Tür saß der Priester Eli auf seinem
Schaukelstuhl. 10 Hanna hatte gerade mal wieder
Heuleritis. Sie war total traurig und weinte sich bei
Gott so richtig aus. 11 „Gott! Du bist der Oberchef
über die ganze Welt! Jetzt sieh doch endlich, wie
ätzend es mir geht, und hilf mir! Du darfst mich
nicht vergessen! Bitte sorg dafür, dass ich ein Kind
bekommen kann. Ich versprech dir auch was: Wenn
ich einen Sohn kriege, dann soll er sein ganzes
Leben lang radikal dir gehören. Als äußeres Zeichen
dafür soll er niemals zu einem Frisör gehen, ver-
sprochen!“

Gott hört auf das, was Hanna ihm gesagt hat
12 Hanna betete dort voll lange zu Gott. Eli sah ihr
die ganze Zeit zu. Ihre Lippen bewegten sich,
13 obwohl dabei kein Pieps aus ihrem Mund raus-
kam. Irgendwie dachte er, sie wäre wohl etwas
stoned oder hätte zu viel gesoffen. 14 „Wie lange
willst du hier noch total breit rumhängen?“, machte
er sie an. „Geh erst mal nach Hause und penn dei-
nen Rausch aus!“ 15 „Ich bin nicht breit, echt nicht!“,
sagte Hanna. „Ich bin nur echt unten und schieb
voll den Depri. Darum hab ich hier die ganze Zeit
mit Gott gelabert.“ 17 „Ach so, dann geh jetzt mal
entspannt nach Hause. Ich glaube, unser Gott hat
dein Gebet gerade erhört!“ 18 „O ja, bitte, Gott,
mach, dass es wahr wird!“, rief Hanna aufgeregt.
Dann zog sie ab. Ab dem Zeitpunkt aß sie wieder
normal und hing nicht mehr den ganzen Tag
depressiv in der Ecke rum. 19 Am nächsten Morgen
standen Elkana und seine Familie ganz früh auf und
gingen noch mal ne Runde beim besonderen Zelt
von Gott beten. Danach spazierten sie zurück nach
Hause, Richtung Rama. Als Elkana das nächste Mal
wieder mit seiner Frau schlief, erhörte Gott ihre
Gebete. 20 Sie wurde schwanger und bekam neun
Monate später einen Jungen. „Juhu! für dieses Kind
hab ich voll lange gebetet!“, sagte sie immer wieder.
So kam sie auf den Namen Samuel, was so viel
bedeutet wie „Gott hat mich gehört“.

Dieser Mensch soll radikal Gott gehören
21 Als ein Jahr rum war, gingen Elkana und seine
Familie wieder nach Schilo. Er ging dahin, weil er so
ein Opferritual für Gott durchziehen wollte, was
man einmal im Jahr macht. Dazu kam diesmal ein
besonderes Opfer, was er Gott versprochen hatte,
dafür, wenn Hanna schwanger wird. 22 Hanna hatte
aber keinen Bock mitzukommen. „Mach das mal
alleine!“, sagte sie ihrem Ehemann. „Wenn der
Junge aus dem Alter raus ist, wo ich ihn an der
Brust stillen muss, werde ich sowieso noch mal
zum besonderen Zelt gehen. Dann schenke ich ihn
nämlich Gott, und er soll ab dann auch für immer
dort bleiben.“ 23 „Ist in Ordnung. Tu, was du nicht

lassen kannst", antwortete Elkana. „Bleib erst mal
zu Hause, bis er nicht mehr gestillt werden muss.
Ich wünsche mir sehr, dass Gott die Sachen auch
passieren lässt, die er diesem Kind schon verspro-
chen hat!" Hanna blieb also zu Hause und ver-
sorgte ihr kleines Samuelbaby. 24 Als er keine Milch
mehr trinken musste, fuhren Elkana und sie mit
ihm hoch nach Schilo, wo das besondere Zelt stand.
Sie hatte noch einen Stier dabei, der drei Jahre alt
war, dazu kamen noch ein Karton mit 12 Kilo Mehl
und eine Flasche Wein. 25 Nachdem sie den Stier
geopfert hatten, gingen sie zu Eli, um ihm ganz
stolz den kleinen Jungen zu zeigen. 26 „Entschuldi-
gen Sie", sagte Hanna. „Auch wenn Sie sich viel-
leicht nicht mehr an mich erinnern können: Ich
stand mal vor einiger Zeit genau hier am Zelt und
war am Beten. 27 Und nun hab ich hier in meinem
Arm die Gebetserhörung! Ich hatte um einen Sohn
gebetet, und da ist er jetzt, Gott hat mich gehört!
28 Jetzt will ich auch mein Versprechen einhalten,
was ich Gott damals gegeben hab. Dieses Kind soll
sein ganzes Leben lang radikal zu Gott gehören!"
Anschließend beteten sie zu Gott.

2

Hanna ist megahappy

1 Hanna war voll glücklich, darum fing sie gleich
an, ein Lied für Gott zu singen:
„Ich bin innerlich voll glücklich über meinen kras-
sen Gott, denn er hat mich aufgerichtet, hat gehol-
fen in der Not.
Ich bin so voller Freude, über meine Feinde kann ich
lachen, Gott hat mir geholfen,
solche Sachen kann Gott machen.
2 Gott ist anders, er ist heilig, außer ihm gibt's kei-
nen mehr,
auf den man sich verlassen kann, er steht wie ein
Fels im Meer.
3 Labert nicht rum und gebt nicht an, macht nicht
auf dicke Hose,
denn Gott kennt jede Tat von euch, er prüft euch
nicht nur lose.
4 Muskelmännern bricht er die Knochen, Baseball-
schläger werden weich wie Lehm.
Schwachen Leuten hilft er hoch, wer mutlos ist, wird
mit Kraft versehn.
5 Reichos und Millionäre leben plötzlich von Hartz IV,
Arme und die Obdachlosen habens fett, feiern wie
Tier.
Die Frau ohne Kinder bekommt plötzlich sieben
Bälger,
und die mit vielen Kindern wird jetzt schon immer
älter.
6 Gott hat das Sagen, er bestimmt über den Tod und
über das Leben.
7 Und er macht arm, und er macht reich, so ist das
nun mal eben.
Die einen bringt er voll zum Fallen, und anderen
verschafft er Ruhm,
der eine wird arbeitslos und arm, der andere
bekommt zu tun.
8 Der fertige, kaputte Typ wird von Gott aus der Not
geholt,
er sorgt für ihn, er holt ihn hoch, er macht aus ihm
eine Berühmtheit.
Denn Gott gehört das Universum, er trägt die Erde
auf den Händen.
9 Und Gott beschützt, wer ihm vertraut, die Feinde
werden im Dunkeln enden.
Denn niemand hat die Kraft in sich, ist stark genug,
um zu bestehen.
10 Jeder, der mit Gott sich streitet, wird daran
zugrunde gehen.
Er lässt es donnern, lässt es blitzen, alle werden von
ihm gerichtet.
Gott wird sich einen Präsidenten suchen, und dieser
wird mit Kraft belichtet."

Bei den Priestern laufen Sachen schief

11 Elkana ging dann wieder zurück in seine Hütte
nach Rama. Der kleine Samuel blieb in Schilo, beim
Priester Eli. Dort sollte er lernen, wie man radikal für
Gott lebt und ihm dient. 12 Die Söhne von Eli waren
aber nicht sehr korrekt. Sie hatten keinen blassen
Schimmer davon, was Gott eigentlich wollte, weil
sie ihn gar nicht kennengelernt hatten. 13 Wenn zum
Beispiel jemand von den Israeliten ein Tier für ein
Opferessen am Kochen hatte, schickten die Söhne
von Eli irgendeinen Angestellten vorbei. Er kam
dann mit einer großen Gabel, und immer wenn die
Leute gerade noch am Kochen waren, 14 stach er
damit in den Kochtopf oder die Pfanne, und alles,
was da dran hängenblieb, zockte er für die Priester
ab. Irgendwann wurde das normal bei den Söhnen
von Eli, alle Israeliten, die nach Schilo kamen, hat-
ten das schon erlebt. 15 Immer bevor die Fettstücke
vom Fleisch auf das Feuer vom Opfertisch, vom
Altar, geschmissen wurden, kam einer von den An-
gestellten der Priester vorbei. Er sagte dann zu dem,
der das Opfer Gott schenken wollte: „Gib mir mal
was von dem Fleisch! Wir wollen das bei uns auf
den Grill schmeißen. Der Priester will das deshalb

nur roh haben und nicht, wenn es schon durch ist!" [16] Falls der Typ dann Einwände hatte und sagte, dass doch zuerst das Fett verbrannt werden muss, bevor der Priester was vom Fleisch haben kann, dann sagte der Angestellte: „Gib das Teil sofort her, sonst gibt's was auf die Fresse!" [17] Weil die Söhne von Eli so drauf waren, rissen sie einen riesen Graben zwischen Gott und sich auf. Sie machten sich über Gott lustig, weil sie keinen Respekt vor den Opfern hatten, die ihm geschenkt wurden.

Die Alten von Samuel

[18] Samuel machte die ganze Zeit seinen Job für Gott. Obwohl er noch ein Jugendlicher war, durfte er schon die Arbeitsklamotten von den Priestern tragen. [19] Seine Mutter nähte ihm jedes Jahr eine neue Jacke. Immer wenn sie mit ihrem Mann Elkana zur großen Opferparty kam, brachte sie das neueste Modell mit. [20] Wenn sie da war, betete Eli immer voll für die beiden Eltern und segnete sie. Zu Elkana sagte er: „Gott soll dir noch mehr Kinder durch Hanna schenken. Sie sollen ein Ersatz sein für das eine, was sie Gott gegeben hat." Abends gingen sie dann wieder nach Hause. [21] Gott sorgte dafür, dass Hanna noch öfter schwanger wurde. Sie kriegte dann noch drei weitere Söhne und zwei Töchter. Aber Samuel blieb die ganze Zeit im besonderen Zelt und wuchs mit Gott auf.

Den Söhnen von Eli ist es egal, was der Papa sagt

[22] In der Zwischenzeit war Eli echt alt geworden. Als er mitkriegte, wie ätzend seine Söhne mit den Israeliten umgingen, war seine Geduld bald am Ende. Er hörte auch davon, dass sie mit jeder Frau im Bett landeten, die vor dem besonderen Zelt am Arbeiten war. [23] Irgendwann nahm er sich seine Söhne mal vor: „Sagt mal, Jungs, was macht ihr da eigentlich? Die Leute erzählen mir voll die Gruselstorys über euch. [24] Alle lästern voll über euch ab, sie erzählen, wie assi ihr lebt und so. Damit muss jetzt sofort Schluss sein. [25] Wenn jemand etwas gegen Menschen tut, wird Gott das vielleicht noch durchgehen lassen. Wenn aber jemand etwas gegen Gott selbst tut, wer kann den dann noch verteidigen?" Aber den Söhnen von Eli war das ziemlich egal, was ihr Vater da am Labern war. Gott selbst hatte wohl ihre Ohren verstopft, er hatte sich schon entschlossen, sie plattzumachen. [26] Samuel wurde langsam erwachsen. Er machte sich echt gut und wurde jemand, der so lebte, dass sowohl Gott als auch die Menschen das gut fanden.

Eli hat verschissen

[27] An einem Tag kam so ein Prophetentyp zum Eli: „Ich hab ne Nachricht von Gott für dich! Er sagt dir: ‚Hast du schon vergessen, dass ich mich deinen Vorfahren in Ägypten ganz klar gezeigt habe? Das war damals, als ihr noch unter Knebelverträgen beim Präsidenten von Ägypten arbeiten musstet. [28] Aus allen Familienstämmen von Israel hatte ich mir die Familie vom Aaron extra ausgesucht, damit sie meine Priester werden. Ich wollte von ihnen, dass sie für mich auf dem Altar Opfer abfackeln. Sie sollten Räucherkerzen anzünden und die Priesterklamotten tragen. Nur deiner Familie hab ich einen Anteil von den ganzen Opfern zugesprochen, die die Leute für mich bringen. [29] Warum habt ihr keinen Respekt vor diesen Opfern, die ich extra für mein Zelt vorgesehen hab? Warum sind dir deine Söhne wichtiger als ich? Warum fresst ihr euch eine dicke Wampe an von den Sachen, die meine Leute eigentlich nur mir schenken wollten? [30] Früher hab ich zu euch gesagt, dass ihr für immer meine Priester sein sollt. Aber jetzt zieh ich diese Aussage zurück und sag noch mal ganz klar: Wer Respekt vor mir hat, vor dem hab ich auch Respekt. Aber wer keinen Respekt vor mir hat, vor dem hab ich auch keinen Respekt. So ist das. Und das kam jetzt von mir, Gott, dem Gott von Israel. [31] Ziemlich bald werde ich dich auswechseln. Ich werde deinen Einfluss beenden, den du auf meine Leute hast. In deiner Familie wird keiner mehr alt werden. [32] Du wirst voll neidisch werden, weil Gott alle Leute von Israel fett beschenken wird, nur dich nicht. Und alle werden bei dir jung sterben, es wird nie mehr Opas und Omas in deiner Familie geben. [33] Es werden nicht restlos alle sein, die ich aus deiner Familie auslöschen und aus ihrem Priesterjob rausnehmen werde. Es wird nicht allen bei euch ständig total übel gehen. Aber die meisten von deinen Kindern müssen im besten Alter sterben. [34] Deine Söhne Hofni und Pinhas sollen am gleichen Tag den Löffel abgeben. Das ist dann für dich der Beweis, dass auch die anderen Sachen eintreffen werden, die ich gesagt habe. [35] Ich such mir dann einen Priester aus, der mit treu ist, der die Sachen durchzieht, die ich ihm sage. Er wird bei einem Präsidenten angestellt sein, den ich mir aussuchen werde. Auch seine Kinder und die Kinder von seinen Kindern sollen Priester werden. [36] So soll das abgehen. Jeder, der von deiner Familie dann noch übrig ist, wird zu ihm kommen und sich vor ihm in den Dreck schmeißen, nur um einen Euro zu kriegen oder eine Tüte Chips.

Er wird ungefähr so was sagen: Ich tue alles, was du
willst! Gib mir bitte etwas von deinem Essen ab,
was du als Priester bekommen hast! Ich will nur
einmal kurz reinbeißen!'"

3 Gott redet zum ersten Mal mit Samuel

1 Samuel lebte also als Jugendlicher beim Pries-
ter Eli und jobbte auch bei ihm. Zu der Zeit
redete Gott kaum noch mit den Menschen. Es kam
echt selten vor, dass jemand von ihm etwas gesagt
bekam. 2–3 Eli war in der Zwischenzeit schon fast
blind. In einer Nacht passierte etwas Heftiges.
Samuel lag schon in seinem Bett, das im besonde-
ren Zelt stand, ganz in der Nähe von der Kiste mit
den Gesetzen. Der besondere Leuchter war noch
am Brennen. 4 Plötzlich rief Gott: „Hey, Samuel!" –
„Jo! Was geht?", antwortete er. 5 Sofort stand
Samuel auf und rannte zu Eli. „Was ist denn los? Du
hast mich gerade gerufen?" – „Äh, nein, ich hab
dich nicht gerufen", antwortete Eli. „Leg dich wieder
in die Falle!" Samuel ging also wieder zurück und
legte sich pennen. 6 Ein paar Minuten später rief
Gott aber noch mal: „Hey, Samuel!" Wieder stand er
sofort auf und rannte zu Eli. „Jo, was geht? Was soll
ich machen?!" Aber Eli sagte noch mal: „Ich hab
dich überhaupt nicht gerufen! Junge, leg dich wieder
hin!" 7 Samuel schnallte nicht, dass Gott mit ihm
gesprochen hatte. Er konnte seine Stimme nicht
von anderen Stimmen unterscheiden, weil er sie
noch nie vorher gehört hatte. 8 Dann rief Gott ihn
zum dritten Mal. Wieder stand Samuel sofort auf
und ging zu Eli: „Jetzt hast du mich aber gerufen,
oder?" Langsam kapierte Eli, dass Gott etwas von
dem Jungen wollte. 9 Also gab er ihm den Tipp:
„Pass auf, leg dich wieder pennen. Wenn du jetzt
noch einmal gerufen wirst, dann antworte einfach:
„Ja, Gott? Leg los, ich höre dir zu! Ich tu, was du
willst!" Samuel legte sich also noch mal in sein Bett.
10 Gott kam wieder zu ihm und sagte noch mal:
„Hey, Samuel! Samuel!" Diesmal antwortete der
Junge: „Ja, Gott? Leg los, ich hör dir zu! Ich tu, was
du willst!" 11 „Hör zu", antwortete Gott. „Ich werde
in Israel so heftige Sachen machen, die sind so
krass, dass jeder, der nur davon hört, es nicht ertra-
gen kann. 12 Die ganzen Sachen, die ich Eli und sei-
ner Familie angedroht habe, werden jetzt passieren.
13 Ich hab ihm gesagt, dass ich seine Familie für
immer dafür bestrafen muss, weil sie mich ständig
dissen. Seine Söhne tun Sachen, die ich nicht will,
das hat er auch schon lange kapiert. Aber er tut nix
dagegen. 14 Das kann man nicht wiedergutmachen.
Es gibt kein Opfer, was fett genug wäre, um diese
Schuld wieder in Ordnung zu bringen. Echt jetzt!"
15 Samuel legte sich nach diesem Gespräch mit Gott
erst mal wieder pennen. Am nächsten Morgen rollte
er den Eingang vom besonderen Zelt hoch. Aber er
hatte echt Schiss, Eli zu sagen, was Gott ihm klarge-
macht hatte. 16 Eli rief ihn zu sich: „Samuel, komm
mal her, mein Junge!" – „Ja, was gibt's?", antwortete
er. 17 „Jetzt leg mal los: Was hat Gott dir gestern
gesagt? Du musst mir absolut alles genau erzählen.
Er soll dich sonst bestrafen, wenn du mir irgendwas
verschweigst von den Dingen, die er dir gestern
erzählt hat!" 18 Samuel erzählte ihm also die ganze
Geschichte, er verschwieg nichts von dem, was Gott
gesagt hatte. Elis Antwort war: „Gott ist eben Gott,
und er soll tun, was er richtig findet!" 19 In den
nächsten Jahren wurde Samuel immer älter und
größer. Gott stand voll auf seiner Seite. Alle Sachen,
die Gott gesagt hatte, passierten auch. 20 Jeder in
Israel, von Dan bis Beerscheba, kapierte schnell,
dass Gott Samuel als einen Typen ausgesucht hatte,
der ständig Nachrichten von Gott reinbekommt.
Deshalb nannte man Samuel einen Propheten.
21 Immer wieder redete Gott direkt mit ihm.

4 Die Israeliten bekommen von den Philistern auf die Mütze

1 Mittlerweile hatte Samuel einen voll guten Ruf
in Israel, alle hörten auf das, was er zu sagen hatte.
In der Zeit gab es mal wieder Krieg mit den Philis-
tern. Die hatten ihre Armee bei Afek stationiert, die
der Israeliten war bei Eben-Eser. 2 Die Philister zet-
telten einen Bodenkrieg an, und nach einem langen
Kampf wurden durch ihre Soldaten ungefähr 4000
Männer der Israeliten auf dem Schlachtfeld getötet.
3 Als die restlichen Männer der Armee wieder in das
Lager zurückkamen, waren die Chefs der Israeliten
erstmal ratlos. „Wie konnte Gott so was zulassen?
Warum haben wir heute gegen die Philister verlo-
ren?" Nach einer langen Sitzung beschlossen die
Chefs, dass sie eine Abteilung nach Schilo schicken
wollten. Sie sollten die Kiste mit den Gesetzen
holen und einfach mit ins Lager bringen. „Dann ist
Gott ja auch voll bei uns, und er wird uns helfen, die
Feinde zu besiegen!", war der Plan. 4 Die Abteilung
fuhr also nach Schilo, um die Kiste abzuholen. Gott
selber war ja immer unsichtbar über den beiden
Engelsfiguren am Start, die oben auf dem Deckel
angebracht waren! Die Priester Hofni und Pinhas

(zwei Söhne von Eli) begleiteten die Kiste. [5] Als die dann im Lager der Israeliten ankam, klatschten die Soldaten derart laut los, dass der ganze Boden davon dröhnte. [6] Die Philister hörten den Alarm und fragten sich, was da abgeht: „Hä? Was ist da denn los? Warum freuen sich die Israeliten so laut?" Irgendwann war klar: Die Kiste mit den Gesetzen ist im Lager! [7] Jetzt machten sich die Philister plötzlich in die Hose. „Scheiße! Bei denen ist Gott höchstpersönlich gerade ins Lager gekommen! Das packen wir nie, gegen den hat noch niemand gewonnen! [8] Wer kann uns jetzt noch vor diesem heftigen Gott beschützen? Das ist doch dieser Gott, der die ganze Armee der Ägypter auf einmal kaputt gemacht hat!" [9] Aber dann feuerten sie sich gegenseitig an: „Los jetzt, das ziehen wir durch! Das packen wir! Wir sind Philister! Kämpft wie Männer! Oder habt ihr Bock, von den Israeliten gefangen genommen zu werden? Dann müssen wir am Ende noch unter Knebelverträgen den Rest unseres Lebens für die arbeiten! So haben wir es ja auch mit ihnen gemacht! Also kämpft um euer Leben!" [10] Es kam zu einer großen Schlacht, und den Israeliten wurde eine heftige Niederlage beigepult. Die Soldaten flohen in alle Richtungen, jeder dorthin, wo er herkam. 30 000 Soldaten starben an diesem Tag. [11] Hofni und Pinhas, die beiden Söhne von Eli, wurden auch erschossen. Das Schlimmste war aber, dass die Kiste mit den Gesetzen von den Philistern geklaut wurde.

Die Israeliten stehen unter Schock: Die Kiste mit den Gesetzen ist weg!

[12] Ein Soldat, der aus dem Familienstamm Benjamin kam, fuhr sofort mit seinem Motorrad nach Schilo, zum besonderen Zelt. Um zu zeigen, dass er voll traurig war, hatte er seine Klamotten mit Dreck verschmiert und sich mit Öl schwarze Augenringe gemalt. [13–15] Eli, mittlerweile schon 98 Jahre alt und blind, saß auf einem Stuhl an der Straße. Er machte sich echt Sorgen, dass die Kiste mit den Gesetzen geklaut werden könnte. Als der Soldat in die Stadt kam und die schlimme Nachricht erzählte, konnte man überall laute Schreie hören. „Was ist da los?", fragte Eli. Schließlich war der Soldat auch bei ihm. [16] „Ich komme direkt aus dem Kriegsgebiet, ich konnte vor unseren Feinden fliehen", sagte er. „Was ist denn überhaupt passiert?", fragte Eli zurück. [17] „Wir sind besiegt worden! Unsere Soldaten sind in alle Winde geflohen! Deine beiden Söhne sind tot! Und die Kiste mit den Gesetzen hat man uns auch geklaut!" [18] Als der Part kam, wo von dem Verlust der Kiste gesprochen wurde, fiel Eli rückwärts mit seinem Stuhl am Eingang vom besonderen Zelt um und brach sich durch den Sturz das Genick. Er war sofort tot. Eli war vierzig Jahre lang der Richter in Israel gewesen. [19] Die Frau von seinem Sohn Pinhas war in der Zeit gerade schwanger und stand kurz vor ihrem Geburtstermin. Als sie diese üble Nachricht hörte, dass die Philister die Kiste mit den Gesetzen geklaut hatten und dass dazu noch ihr Ehemann und ihr Schwiegervater gerade gestorben waren, bekam sie plötzlich Wehen. Sie brach voll zusammen und bekam eine Frühgeburt. [20] Die Geburt war aber so heftig, dass sie dabei starb. Kurz vor ihrem Tod riefen die Hebammen, die bei der Geburt dabei waren: „Keine Panik, du hast einen Sohn bekommen!" Aber sie beachtete es nicht und gab auch keine Antwort. [21] Der Junge bekam den Namen Ikabod, was so viel bedeutet wie „Das Schönste von Israel ist weg". Sie wollte damit ausdrücken, dass die Kiste mit den Gesetzen weg war, aber auch ihr Ehemann und der Schwiegervater waren ja nicht mehr da. [22] Sie hatte nämlich kurz vor ihrem Tod gesagt: „Das Schönste, die krasse Gegenwart von Gott, ist Israel geklaut worden! Denn die Kiste ist nicht mehr da!"

5

Die Kiste mit den Gesetzen sorgt für Chaos bei den Philistern

[1] Als die Philister den Israeliten die Kiste mit den Gesetzen geklaut hatten, transportierten sie die von Eben-Eser weg nach Aschdod. [2] Sie brachten sie dort in den Tempel von ihrem Plastikgott Dagon und stellten sie neben seiner Steinfigur auf. [3] Am nächsten Morgen wollten ein paar Leute in den Dagon-Tempel gehen. Als sie die Tür aufmachten, lag die Dagon-Figur flach, mit seiner Schnauze im Dreck, auf dem Boden! Man hatte das Gefühl, sie lag sogar vor der Kiste, als ob sie zu der beten würde oder so. Die Männer stellten die Steinfigur dann wieder an ihren alten Platz. [4] Aber am nächsten Morgen war dasselbe Ding wieder passiert. Dagon lag mit seiner Fresse im Dreck vor der Kiste mit den Gesetzen auf dem Boden. Jetzt waren sogar sein Kopf und beide Hände abgebrochen und lagen auf der Stufe an der Tür. [5] Das ist übrigens der Grund, warum die Priester von Dagon und auch alle anderen Besucher von seinem Tempel nie auf diese Stufe treten, wenn sie in den Tempel gehen. [6] Allen Bewohnern von Aschdod und auch den Menschen

aus den umliegenden Dörfern ging es plötzlich voll
schlecht. Sie bekamen zu spüren, was Gott drauf-
hat. Zum Beispiel wurden viele voll krank und beka-
men eine schwere Grippe. Dazu gab es plötzlich
überall Ratten! 7 Irgendwann war klar, wo das Pro-
blem herkam: „Die Kiste von diesen Israeliten muss
schleunigst hier weg! Diese üblen Sachen kommen
von ihrem Gott! Selbst unser Gott Dagon muss
unter ihm leiden! Das geht nicht!“ 8 Es wurde ein
Treffen mit allen Regierungschefs von den Philistern
angesetzt. „Was sollen wir jetzt mit dieser besonde-
ren Kiste anstellen, die wir von den Israeliten
geklaut haben?“ Nach einer Beratung kam man auf
die Idee, einen Umzug der Kiste zu organisieren.
„Sie kommt nach Gat!“ Dort wurde sie dann auch
hingebracht. 9 Aber als die dort angekommen war,
sorgte Gott auch hier für große Probleme. Er zeigte
den Bewohnern von Gat, was er draufhatte. Und
zwar kriegten das alle zu spüren, die Arbeiter und
die Unternehmer. Überall bekamen die Leute eine
schwere Grippe, so dass voll der Punk unter den
Leuten abging. 10 Schnell wurde die Kiste eingepackt
und woanders hingeschleppt. Diesmal nach Ekron.
Aber als sie dort ankam, riefen die Leute schon von
der Straße: „Huch?! Jetzt haben sie die gefährliche
Kiste von den Israeliten auch noch zu uns gebracht!
Sie wollen uns alle umbringen!“ 11 Sofort wurde in
der Stadt ein weiteres Treffen mit den Regierungs-
chefs organisiert. „Schafft diese verdammte Kiste
von den Israeliten weg! Sofort! Schickt sie wieder
dahin, wo sie herkam! Sonst bringt uns das Ding
noch alle um!“ Überall war eine Todesangst in der
Stadt ausgebrochen, weil sie so sehr unter der Wir-
kung von Gottes Kiste zu leiden hatten. 12 Die Leute,
die nicht durch die Grippe starben, bekamen einen
ganz fiesen Hautauschlag. Den Menschen ging es
so dreckig, dass man ihre Schreie überall hören
konnte.

6 Wie werden wir die Kiste los?

1 Sieben Monate lang war die Kiste mit den
Gesetzen von Gott in der Hand der Philister.
2 Irgendwann holten sie ihre ganzen Esoteriker, As-
trologen und Priester zusammen. Die Frage war:
„Was sollen wir Ihrer Ansicht nach mit der Kiste von
den Israeliten anstellen? Können wir sie einfach per
DHL-Paket zurückschicken, oder was?“ 3 „Sie dürfen
das Teil auf keinen Fall einfach so, ohne irgendein
Geschenk, zurückschicken!“, kam als Antwort. „Es
ist wichtig, dass Sie sich bei dem Gott von Israel
irgendwie durch so ein Opferding einschleimen.
Wenn Sie das machen, werden die Krankheiten ver-
schwinden, und es wird allen wieder gutgehen. Und
dann haben Sie auch die Antwort, warum es Ihnen
in der letzten Zeit so schlechtging.“ 4 „Okay, was
sollen wir ihm denn schenken, um das Ding wieder
in Ordnung zu bringen?“, fragten sie. „Sie müssen
fünf Taschentücher aus Gold und fünf Ratten aus
Gold machen lassen. Für jede Stadt, die das Pro-
blem betrifft, eine.“ Alle fünf Städte der Philister,
inklusive ihrer Stadträte, hatten nämlich die glei-
chen Probleme bekommen. 5 „Dieser goldene Krem-
pel steht für das fiese Problem, was bei Ihnen
gerade am Start ist. Die schenken Sie dann diesem
Gott von den Israeliten. Damit unterschreiben Sie,
dass Sie Respekt vor ihm haben und akzeptieren,
dass er die Macht hat. Vielleicht lässt er dann mit
sich reden und nimmt diese üblen Sachen wieder
weg, die überall bei Ihnen gerade abgehen. 6 Seien
Sie nicht so hart drauf, und haben Sie kein Brett vor
dem Kopf, wie die Ägypter und ihr Präsident
damals. Als Gott seine Muskeln zeigte, mussten sie
die Israeliten gehen lassen. 7 Organisieren Sie also
einen nagelneuen Benz, mit 200-PS-Motor, mit
Autopilot und dem modernsten GPS-Navi, was zu
haben ist. 8 Die Kiste mit den Gesetzen stellen Sie
auf die Rückbank. Daneben bitte noch diese Goldsa-
chen, die Sie Gott schenken wollen. Dann stellen
Sie das GPS-System mit einem Zufallsgenerator ein.
9 Und dann passen Sie mal auf, was passiert. Wenn
das System den Weg nach oben, in Richtung Bet-
Schemesch, führt, dann ist das ein Zeichen dafür,
dass Gott uns persönlich damit strafen wollte.
Wenn das aber nicht passiert, dann war das Ganze
wohl doch nur ein riesengroßer Zufall.“ 10 Alles
wurde von den Männern genau so durchgezogen.
Man organisierte den Benz mit Autopilot und GPS.
11 Die Kiste mit den Gesetzen von Gott wurde auf
die Rückbank gestellt. Daneben plazierte man die
Goldgeschenke. 12 Dann wurde der Autopilot gestar-
tet und auf „Zufall“ eingestellt. Der Wagen fuhr los
in Richtung Bet-Schemesch. Die kürzeste Strecke
wurde ausgerechnet, ohne einen Umweg ging es
direkt dorthin. Die Chefs der Philister fuhren aber
mit ihren Motorrädern hinter dem Benz her, bis sie
zu dem Gebiet von Bet-Schemesch kamen. 13 Die
Einwohner dort waren gerade unten im Tal, weil zu
der Zeit grade die Weizenernte angesetzt war. Als
sie den Wagen sahen und dort die Kiste erkannten,
freuten sie sich wie blöd. 14 Der Wagen fuhr bis zum
Feld von Joschua und parkte dort auf einem Park-

platz. Die Bewohner von Bet-Schemesch verkauften
erst mal den Wagen, und das Geld ging an Brot für
die Welt. 15 Die Levi-Leute hatten die Kiste mit den
Gesetzen vorher aus dem Wagen genommen und
stellten sie auf einen Betonklotz. Auch die Goldsa-
chen wurden dazugestellt. Die Bewohner von Bet-
Schemesch machten dann erst mal ein paar Abfa-
ckelopfer und Dankopfer. Dafür wurden ein paar
Tiere geschlachtet. 16 Die fünf Chefs von den Philis-
tern schauten sich die Sache an, danach gingen sie
wieder zurück, wo sie hergekommen waren, nach
Ekron. 17 Fünf goldene Taschentücher hatten die Phi-
lister Gott geschenkt, für jede Stadt eine. Sie wollten
sich damit bei ihm einschleimen, damit er die
Städte Aschdod, Gaza, Aschkelon, Gat und Ekron
wieder in Ruhe lässt. 18 Die anderen Orte sollten
durch die goldenen Ratten freigekauft werden. Hier-
mit waren alle Städte der Philister gemeint, von den
Hauptstädten bis zum kleinsten Kuhdorf. Der
Betonblock, auf den die Kiste mit den Gesetzen
gestellt wurde, steht immer noch auf dem Feld von
Joschua in Bet-Schemesch, bis heute.

Die Kiste mit den Gesetzen kommt nach Kirjat-Jearim

19 Die Bewohner von Bet-Schemesch wurden aber
hart von Gott bestraft, weil sie einfach so die Kiste
angeglotzt hatten. Siebzig Männer starben deswe-
gen. Alle Leute weinten dort, weil Gott sie so hart
bestraft hatte. 20 Die Leute sagten dann: „Wer kann
das überhaupt aushalten, sich in die Nähe von die-
sem krassen Gott zu begeben? Seine Kiste muss
unbedingt weg! Bloß wohin damit?“ 21 Dann schick-
ten sie einen Brief an die Regierung der Stadt Kirjat-
Jearim. Dort stand drin: „Die Philister haben die
Kiste mit den Gesetzen von Gott zurückgeschickt!
Kommt vorbei und holt sie euch ab!“

7 **Die Israeliten leben wieder mit Gott und alles wird gut**

1 Die männlichen Bewohner der Stadt Kirjat-
Jearim holten die Kiste dann ab und brachten sie in
das Haus von Abinadab, das in einem Vorort auf
einem kleinen Berg stand. Eleasar, ein Sohn von
Abinadab, wurde speziell dafür ausgesucht, für den
Rest seines Lebens auf die Kiste aufzupassen. 2 Dort
stand sie dann über zwanzig Jahre. In der Zeit tat es
allen Israeliten voll leid, dass sie so assig mit Gott
umgegangen waren. Alle waren sehr traurig, dass
Gott sich deswegen von ihnen entfernt hatte.

3 Irgendwann sagte Samuel zu den Leuten: „Also,
wenn ihr wirklich wieder radikal mit Gott leben
wollt, dann solltet ihr erst mal schleunigst eure gan-
zen Plastikgötter auf den Müll schmeißen! Zieht
volles Rohr eurer Leben mit Gott durch und tut nur
das, was er gesagt hat! Dann wird er euch auch von
diesen Philistern befreien.“ 4 Die Israeliten merkten,
dass Samuel total recht hatte. Sie kloppten ihre gan-
zen Plastikgötter in die Tonne und beteten nur noch
zu ihrem Gott. 5 Als Nächstes schickte Samuel eine
Rundmail an die Männer mit der Aufforderung,
dass jeder sofort nach Mizpa kommen sollte: „Ich
werde dort mit Gott reden und für euch beten!“
6 Und alle kamen! Die Männer trafen sich in Mizpa
und gaben dort vor Gott ihre ganze Schuld zu, ohne
irgendwelche Ausreden. Den ganzen Tag wurde
nichts gegessen, alle beteten zu ihm und baten Gott
um Verzeihung: „Wir haben Mist gebaut! Tut uns
leid!“ Dort gab es dann auch die ersten Gerichtsver-
handlungen, wo Samuel als Richter die Probleme
zwischen den Leuten regeln musste.

Die Philister zetteln einen Krieg an

7 Als die Regierungsmacht der Philister davon Wind
bekam, dass sich alle Israeliten in Mizpa getroffen
hatten, riefen sie ihre ganze Armee zusammen, um
gegen sie in den Krieg zu ziehen. Die Israeliten
bekamen voll den Schiss, als die Nachricht im
Radio kam. 8 Bei Samuel ging in einer Tour das Tele-
fon: „Bitte hau jetzt nicht ab!“, oder: „Du musst bei
Gott ein gutes Wort für uns einlegen!“, oder: „Gott
muss uns jetzt retten!“, sagten die Leute zu ihm.
9 Samuel organisierte erst mal ein Lamm und ver-
brannte das als Abfackelopfer für Gott ab. Dabei
betete er volles Rohr zu Gott. Er fragte ihn, ob eine
Rettung von Israel nicht drin sei. Gott hörte auf
seine Gebete. 10 Die Philister rückten mit ihrer
Armee immer näher an die Israeliten ran. Samuel
war die ganze Zeit dabei, Opfer für Gott durchzuzie-
hen. Plötzlich gab es einen total krassen Donner am
Himmel, der direkt über den Philistern losbrach.
Das Ding kam so heftig, dass die Philister voll die
Panik bekamen, umdrehten und durcheinander
wegrannten. 11 Die Soldaten der israelitischen Armee
zogen dann von Mizpa aus ins Schlachtfeld und
verfolgten sie bis hinter Bet-Kar. Das Ganze endete
in einer vernichtenden Niederlage für die Philister.
12 Samuel ließ zwischen Mizpa und Jeschana ein
Denkmal errichten. Auf dem Stein wurde der Satz
eingemeißelt: „Bis hierher hat Gott uns geholfen“.
Daher hat der Stein auch seinen Namen „Eben-

Eser", denn das bedeutet so viel wie „Stein der Hilfe". 13 Die Niederlage der Philister war so derbe, dass sie sich nicht mehr trauten, in das Land von den Israeliten einzufallen. In der ganzen Zeit, wo Samuel an der Macht war, kamen die Philister nicht wieder richtig klar, Gott sorgte dafür. 14 Die ganzen Gebiete zwischen Ekron und Gat, die die Philister den Israeliten weggenommen hatten, wurden wieder zurückerobert, inklusive der Städte. Mit den Amoritern vor Ort lebten sie dabei die ganze Zeit in Frieden. 15 Samuel hatte sein ganzes Leben den Job als Richter für die Israeliten an der Backe. 16 Einmal im Jahr machte er eine Tour und besuchte Bet-El, Gilgal und Mizpa. Dort hielt er auch immer öffentliche Gerichtsverhandlungen ab und sorgte so für Recht und Ordnung. 17 Den Rest der Zeit hatte er seinen Amtssitz in seiner Heimatstadt Rama. Hier baute er auch einen Altar für Gott auf.

8

Israel will auch einen Präsidenten haben

1 Als Samuel in Rente ging, wurden seine Söhne als Richter über die Israeliten eingesetzt. 2 Sein ältester Sohn hieß Joel, der jüngere Abija. Beide hatten ihre Büros in Beerscheba. 3 Leider waren sie nicht so drauf wie ihr Vater. Sie versuchten die ganze Zeit die Leute abzuziehen und ließen sich mit Kohle bestechen, und so wurden ihre Urteile beeinflusst. 4 Die Chefs der Familienstämme organisierten deswegen ein Treffen mit Samuel, was in Rama angesetzt wurde. 5 „Du bist jetzt echt schon im Rentenalter, Samuel", sagten sie zu ihm. „Aber deine Söhne leben nicht nach deinem Vorbild. Wir wären dafür, dass es bei uns ab sofort auch einen Präsidenten gibt. Der soll dann für Recht und Ordnung sorgen. Die anderen Völker haben das ja auch alle! Organisierst du das für uns?" 6 Samuel war aber von der Idee, einen Präsidenten zu haben, überhaupt nicht begeistert. Er betete und wollte von Gott eine Ansage hören, was er über diese Pläne denkt. 7 Gott sagte ihm: „Mach das ruhig, Samuel. Ist doch nicht so, dass die keinen Bock auf dich haben, sondern auf mich! Sie wollen nicht mehr, dass ich bei ihnen die Macht habe. 8 Das war schon immer so. Seit ich sie aus Ägypten rausgeholt habe bis heute, sind sie mir immer wieder untreu geworden. Ständig haben sie mit irgendwelchen Plastikgöttern rumgemacht. Pass auf, dir werden sie genauso untreu werden. 9 Also von mir aus tu das, was sie sich so wünschen. Aber sag ihnen vorher glasklar, was das für sie in Zukunft bedeuten wird, wenn dann ein Präsident bei ihnen die Macht hat. Klär sie da drüber auf, was für Rechte der hat und was er damit alles anstellen kann, wenn er will." 10 Samuel erzählte den Leuten alles, was Gott ihm gesagt hatte. 11 „Leute, ihr müsst euch echt klarmachen, was so ein Präsident dann alles machen kann, wenn er lustig ist! Er hat das Recht eure Söhne dazu zu zwingen, für ihn zu arbeiten. Die können sich nicht dagegen wehren. Wenn er einen Kfz-Mechaniker braucht, dann holt der sich den einfach, und glaubt nur nicht, dass ihr für die Arbeit dann auch Kohle seht. 12 Und er wird sie zur Bundeswehr einziehen, sie müssen Soldaten werden. Andere kann er dazu zwingen, sich um Verwaltungssachen zu kümmern. Wieder andere müssen auf seinen Befehl in der Rüstungsindustrie arbeiten, Panzer und Handgranaten bauen und so. 13 Er könnte eure Töchter dazu bestimmen, in seinem Regierungssitz als Köchin zu arbeiten, oder als Krankenschwester. 14 Er hat auch das Recht, sich von jedem das beste Stück Land abzugreifen. Felder, Weinberge, Apfelplantagen könnte er sich unter den Nagel reißen und sie seinen Beamten geben. 15 Und Steuern wird er von euch ohne Ende einziehen, von allem auf jeden Fall mal 10 Prozent. Von der Kohle wird er dann seine Dienstreisen und auch seine Villen finanzieren. 16 Er wird die besten Mitarbeiter von eurer Firma abziehen und sie für sich arbeiten lassen. 17 Auch von eurer Viehwirtschaft wird er Steuern verlangen, ihr müsst ihm alle irgendwie dienen. 18 Und wenn es dann so weit ist und ihr ein Problem habt, dann könnt ihr noch so oft bei Gott anklingeln. Ihr werdet von ihm keine Hilfe mehr bekommen, denn ihr habt jetzt ja den Präsidenten an der Backe, den ihr euch selbst gewählt habt." 19 Aber die Israeliten hörten Samuel gar nicht richtig zu. Sie riefen laut: „Wir wollen einen Präsidenten, wir wollen einen Präsidenten! 20 Die anderen Nationen haben ja auch einen! Wir wollen einen Präsidenten, der bei uns für Gerechtigkeit sorgt. Und er soll uns im Krieg anführen!" 21 Samuel hörte ihnen zu. Dann ging er zu Gott und redete noch mal mit ihm da drüber. 22 „Lass sie doch. Gib ihnen ihren Präsidenten!", sagte Gott zu ihm. Samuel ging dann wieder zurück zu den Männern und schickte sie erst mal nach Hause.

9

Jetzt kommt Saul

1 In dem Gebiet, wo der Familienstamm Benjamin zu Hause war, gab es so einen Bonzen,

der Kisch hieß. Vor Kisch hatten die meisten Leute Respekt. Sein Familienstammbaum sah so aus: Er war ein Sohn von Abiel, der war ein Sohn von Zeror, der war ein Sohn von Bechorat, und der war ein Sohn von Afiach. [2] Kisch hatte einen Sohn, der den Namen Saul bekommen hatte. Saul war so ein Model-Typ, er war jung, knackig und hatte eine echt geile Figur. Vermutlich hätte er jede „Mr. Israel"-Wahl gewonnen. Dazu war er auch noch einen Kopf größer als die meisten anderen Männer. [3] An einem Tag wurde dem Papa von Saul mal die Harley am Bahnhof geklaut. Er sagte seinem Sohn: „Kannst du mal bitte mit einem Angestellten von unserer Firma losgehen und die Harley suchen? Vielleicht haben sie die ja wieder irgendwo abgestellt." [4] Die beiden gingen los und fuhren durch die ganze Stadt, aber sie konnten die Maschine nicht finden. Eine Anzeige bei der Polizei brachte auch keinen Erfolg. Sie weiteten die Suche auf die umliegenden Städte aus. In der Gegend von Schalischa, von Schaalim und im Gebiet von Benjamin waren sie unterwegs, aber die Harley war wie vom Erdboden verschluckt. [5] Als sie in die Gegend von Zuf kamen, meinte Saul zu seinem Angestellten: „Lass uns umdrehen. Sonst macht sich Papa am Ende noch mehr Sorgen um uns als um die dumme Harley." [6] „Warte mal, ich hab noch ne Idee", meinte der Typ zu ihm. „Ich kenn hier so einen Mann in der Stadt, der einen voll guten Ruf hat. Das Krasse ist, dass der so Sachen aus der Zukunft weiß, die dann auch alle eintreffen. Wollen wir nicht mal bei dem reinschneien? Vielleicht kann der uns ja weiterhelfen?" meinte der Typ zu ihm. [7] „Hm, keine schlechte Idee. Wir haben bloß kohletechnisch ein kleines Problem, denn das Bargeld ist alle, und EC-Karte akzeptiert der bestimmt nicht. Und was anderes als Bezahlung haben wir auch nicht dabei", antwortete Saul. [8] „Ich hab noch einen Fuffi von meinem privaten Geld in der Tasche. Den kann ich ihm ja geben, damit er uns eine Auskunft gibt." [9] Zu der Zeit nannte man diese Prophetentypen noch „Seher". Wenn man eine Frage an Gott hatte, die über ein Ding in der Zukunft war, sagte man: „Komm, wir gehen zu einem Seher." [10] Saul sagte: „Okay, ich glaub, das ist eine gute Idee. Let's go!" Also gingen sie in die Stadt, wo dieser Typ wohnte. [11] Als sie gerade auf der Zufahrtsstraße in die Stadt waren, trafen sie ein Mädchen, das auf dem Weg in den Getränkemarkt war. Sie fragten es: „Entschuldigung, hast du eine Ahnung, wo dieser Seher wohnt und ob der gerade zu Hause ist?" [12] „Klaro", antwortete es. „Der wohnt gleich da vorne. Beeilt euch, denn er ist gerade heute in die Stadt gekommen, weil die Leute bald wieder eine große Opferparty feiern. [13] Wenn ihr schnell macht, könnt ihr ihn noch erwischen, bevor er zu dem Opferessen geht. Dort warten immer alle auf ihn, denn es kann erst losgehen, wenn er da ist und für das ganze Essen gebetet hat!"

Ganz großes Kino für Saul

[14] Die beiden gingen also weiter den Berg hoch, in Richtung Stadtzentrum. Als sie am Ortseingangsschild vorbei waren, kam ihnen Samuel entgegen. Er war gerade auf dem Weg zum Platz, auf dem immer die Opferrituale außerhalb der Stadt durchgezogen wurden. [15] Allerdings hatte Gott ihm schon einen Tag vorher eine Ansage gemacht, dass er Saul treffen würde. Gott meinte nämlich zu ihm: [16] „Morgen um dieselbe Uhrzeit, werde ich einen Mann bei dir vorbeischicken, der aus dem Land von Benjamin kommt. Den sollst du dann zum Präsidenten von allen Israeliten machen. Ich hab für ihn den Job vorgesehen, Israel aus der Kontrolle der Philister zu befreien. Ich hab ja gehört, dass die Israeliten um Hilfe gerufen haben und ich werde diesen Ruf jetzt beantworten." [17] Dann kam Saul gerade bei Samuel vorbei. Als er ihn ansah, sagte Gott zu ihm: „Das ist er! Von dem hab ich vorhin zu dir gesprochen! Er soll über meine Leute das Sagen haben!" [18] Mitten in der City, am Eingang von der Fussgängerzone trafen sich die beiden. Saul sagte zu ihm: „Entschuldigen Sie, können Sie vielleicht sagen, wo dieser Seher Samuel wohnt?" [19] „Das bin ich", lachte ihn Samuel an. „Kommen Sie mit zu der Opferparty! Ich würde gerne heute mit Ihnen essen. Morgen früh können Sie dann weitergehen, wenn Sie wollen. In der Zwischenzeit beantworte ich Ihnen alle Fragen, die Sie haben. [20] Entspannen Sie sich wegen der Harley, die Ihnen vor drei Tagen geklaut wurde. Man hat sie auf einem Parkplatz gefunden. Wir haben jetzt wichtigere Sachen zu besprechen. Alle Leute in Israel setzen auf Sie. Sie hoffen, dass Sie und Ihre Familie ihnen helfen werden!" [21] „Wie kommen Sie bitte zu so einer Aussage?", erwiderte Saul. „Ich komm aus dem kleinen Stamm Benjamin, der unwichtigste von allen Familienstämmen in Israel! Was wollen Sie von mir?" [22] Samuel führte Saul und den Typen, der mit ihm gereist war, zum Opferessen. Sie bekamen von ihm die VIP-Plätze zugewiesen. Insgesamt wurden 30 Leute zu dieser Opferparty eingeladen. [23] Dem Koch, der das Opferfleisch zubereitete, sagte er: „Bring dem Saul mal das

Stück, von dem ich dir gesagt habe, dass du es
zurücklegen und keinem anderen geben sollst!"
24 Saul kriegte dann die Keule von dem Opferfleisch.
„Guten Appetit, der Herr", sagte der Koch zu Saul.
„Das wurde alles extra für Sie zurückgelegt. Sie
sollen mal sagen können, dass alle Menschen, die
zu diesem Essen eingeladen wurden, Ihre Gäste
waren." So war das mit dem gemeinsamen Essen
von Samuel und Saul. 25 Nach dem Essen gingen
die zwei wieder in die Stadt runter. Die beiden
quatschten sich dann noch aus, auf der Dach-
terasse von seinem Haus. 26 Weil es so warm war,
legte sich Saul dort dann auch nachts auf die
Isomatte zum Pennen. Morgens früh weckte ihn
Samuel: „Aufstehen! Ich würde gerne noch ein
Stück mit Ihnen mitgehen, wenn das okay ist."
Nachdem Saul geduscht hatte, machten sie sich
zusammen auf den Weg. 27 Kurz bevor sie zur Stadt-
grenze kamen, sagte Samuel zu ihm: „Können Sie
mal Ihren Angestellten ein Stück vorschicken? Ich
will noch ein bisschen mit Ihnen alleine quatschen.
Da ist noch eine Sache, die ich Ihnen von Gott
sagen soll." Der Angestellte ging dann ein paar
Meter weiter vor.

10

Saul wird der erste Präsident von Israel

1 Samuel ging dann zu Saul, schüttete etwas
von dem besonderen Öl auf seinen Kopf
und umarmte ihn ganz fest. „Mit diesem Ritual hat
Gott Sie zum Chef von allen Israeliten gemacht. Sie
sind jetzt der erste Präsident!" 2 Dann sagte er noch
zum Saul: „Passen Sie auf, wenn Sie hier weggehen,
werden Sie beim Grab von Rahel zwei Männer tref-
fen. Das Grab liegt bei Zelzach, im Gebiet vom
Familienstamm Benjamin. Die beiden werden Ihnen
erzählen, dass man Ihre Harley gefunden hat, die
Sie gesucht haben. Ihr Vater macht sich jetzt vor
allem Sorgen um Sie und nicht mehr um das
Motorrad. Er überlegt gerade, ob er eine Vermiss-
tenanzeige aufgeben soll oder so was. 3 Und wenn
Sie von dort weitergehen, kommen Sie an der Eiche
von Tabor vorbei. Da werden Sie drei Männer tref-
fen, die gerade auf dem Weg nach Bethel sind, um
dort Gott zu treffen. Der eine hat drei Ziegen dabei,
der zweite drei Fladenbrote und der dritte ein paar
Flaschen Wein. 4 Die drei werden Sie voll nett begrü-
ßen und Sie dann fragen, ob Sie zwei von den Fla-
denbroten haben wollen. Nehmen Sie das Angebot
an. 5 Als nächste Station werden Sie nach Gibeat-
Elohim kommen. Dort haben die Philister einen
kleinen Armeestützpunkt aufgebaut. Vor der Stadt
werden Sie dann eine Truppe von Prophetentypen
treffen. Die kommen gerade von dem Platz auf dem
Berg runter, wo man immer die Opfersessions
macht. Vor dem Trupp wird ein Wagen fahren. Dort
ist eine komplette PA-Anlage auf dem Hänger, mit
Schlagzeug, E-Gitarre, E-Bass und allem Drum und
Dran. Zu ihrer Mucke werden die Propheten richtig
abtanzen. 6 Und dann wird die Kraft von Gott plötz-
lich voll auf Sie kommen. Sie werden total abgefüllt
damit sein, und dann sind Sie plötzlich ein ganz
anderer Mensch. 7 Wenn diese Sachen abgehen,
dann tun Sie das, was Ihnen gerade durch den Kopf
geht, seien Sie spontan. Gott ist an Ihrer Seite!"
8 Samuel sagte noch: „Fahren Sie dann schon mal
nach Gilgal vor. Ich komme dann in einer Woche
nach. Warten Sie so lange auf mich. Ich will dort für
Gott ein Opferritual durchziehen. Danach sag ich
Ihnen, was Sie als Nächstes tun sollen." 9 Plötzlich,
in dem Moment, als sich Saul umdrehte, um wieder
abzuhauen, veränderte Gott ihn ganz tief in seinem
Inneren. Alle Sachen, die Samuel vorher gesagt
hatte, passierten auch tatsächlich an diesem Tag.
10 Als Saul und sein Angestellter nach Gibea kamen,
trafen sie tatsächlich auf diese Prophetentruppe.
Auf einmal kam Gottes Kraft voll auf Saul. Er fing an
zu zappeln und tanzte wie verrückt, genauso wie
das die Propheten normal immer machen. 11 Die
Leute, die ihn noch von früher kannten, fanden das
nicht so prall. „Was hat der denn genommen? Was
ist los mit Saul? Was hat der bitte bei den Prophe-
ten verloren?" 12 Einer sagte: „Wo kommt der über-
haupt her? Kennt hier irgendjemand seine Familie?"
Von der Aktion kommt übrigens dieser Spruch: „Ist
Saul jetzt auch ein Prophetentyp?" 13 Als die Wir-
kung von Gottes Kraft nachließ, ging Saul zu dem
Platz hoch, wo immer die Opferrituale für Gott
durchgezogen wurden. 14 Sauls Onkel wollte später
von ihm und seinem Angestellten wissen, wo sie
die ganze Zeit geblieben sind. „Wir haben das
Motorrad gesucht", antwortete Saul. „Aber wir
konnten es leider nicht finden. Auf dem Weg sind
wir dann noch bei Samuel vorbeigegangen."
15 „Und? Worüber habt ihr gesprochen?", fragte ihn
der Onkel. 16 „Och, er hat nur gesagt, dass das Bike
gefunden wurde", antwortete Saul. Von der Ansage
von Samuel, dass er mal der Präsident werden
sollte, erzählte er aber nichts. 17 Samuel organisierte
dann ein großes Treffen, wo alle Männer von den
Israeliten anwesend sein sollten. Sie kamen alle
nach Mizpa. 18 Als das Meeting losging, sprach

Samuel in das Tisch-Mikrophon: (Räusper) „Liebe
Anwesende! Wie ihr euch vielleicht erinnern könnt,
war es der Chef, Gott höchstpersönlich, der euch
aus Ägypten rausgeholt hat. Er hat euch von den
Knebelverträgen befreit, die euch die Ägypter aufge-
drückt hatten. Gott hat jeden Feind, der was von
euch wollte, einfach plattgemacht. 19 Aber ihr habt
Gott wie einen alten Mann behandelt und habt ihn
irgendwann vergessen. Und das, obwohl er euch
früher so krass geholfen hat. Ihr wolltet von ihm
unbedingt einen Präsidenten. Also, wenn ihr das
unbedingt wollt, könnt ihr so einen Typen gerne
haben." Dann rief er laut in die Runde: „Achtung!
Alle Männer sollen sich jetzt mal nach ihren Famili-
enstämmen und Familien sortiert vor Gott aufstel-
len!" 20 Samuel ließ die Chefs von den Familien-
stämmen vortreten. Dann konnte jeder von ihnen
ein Streichholz von ihm ziehen. Das kurze Streich-
holz zog der Typ vom Familienstamm Benjamin.
21 Also mussten als Nächstes die Chefs vom Benja-
minstamm antanzen. Diesmal zog der Typ das Los,
der aus der Familie Matri kam. Und zum Schluss
machte man Flaschendrehen unter den Männern
von dieser Familie. Die Flasche drehte sich und
drehte sich, bis sie schließlich auf Sauls Stuhl
zeigte. Der Stuhl war aber leer, weil Saul schon vor-
her unbemerkt abgehauen war. Eigentlich hätte man
ihn jetzt nach vorne auf die Bühne geholt, aber er
hatte sich einfach verpieselt. 22 Irgendjemand kam
auf die Idee, mal Gott zu fragen, wo Saul jetzt war,
und Gott sagte prompt: „Saul hat sich im Zeltlager
versteckt. Sucht ihn mal da!" 23 Ein paar Männer
liefen ins Lager und fanden Saul dort tatsächlich.
Als er dann wieder im Saal stand, fiel eine Sache
sofort auf: Saul war einen Kopf größer als die ande-
ren Männer. 24 „Okay, Leute, das ist also der Typ,
den Gott für diesen Job ausgesucht hat. Seht ihn
euch an! Der ist schon echt eine ganz besondere
Nummer!" Die Männer waren total begeistert: „Yes!
Das ist er! Es lebe unser Präsident!" 25 Samuel sagte
dann den Leuten noch mal ganz klar, was ihr neuer
Präsident alles darf und was für eine Macht er hatte.
Diese Ansage schrieb er auch noch mal auf, druckte
das Papier aus und legte es in das besondere Zelt
von Gott. Die Versammlung wurde beendet, und
alle gingen wieder nach Hause. 26 Saul fuhr nach
Gibea, wo er herkam. Einige vom Heer der Israeli-
ten kamen als Bodyguards mit. Es waren Leute,
die Gott innerlich dazu bereit gemacht hatte. 27 Ein
paar schräge Vögel lachten sich über diesen neuen
Präsidenten aber nur schlapp. „Ha! Der soll uns
jetzt retten, oder wie?", sagten sie. Sie hatten echt
keinen Respekt vor Saul und schenkten ihm auch
nichts zu seiner Ernennung. Er tat so, als hörte er
einfach weg.

11

Saul muss das erste Mal ran

1 Irgendwann kam der Präsident Nahasch von
den Ammonitern auf die Idee, mit seiner gan-
zen Armee in die Landschaft Gilead zu ziehen, um
dort die Stadt Jabesch anzugreifen. Bevor es zum
Krieg kam, boten die Bewohner der Stadt Nahasch
einen Deal an: „Wenn Sie uns versprechen, hier kei-
nen zu töten, dann werden wir alles tun, was Sie
sagen, für immer." 2 „Nur unter einer Bedingung",
antwortete der Präsident der Ammoniter. „Ich darf
jedem Mann von euch das rechte Auge ausstechen.
Dann werden sich alle über Israel ablachen und
euch verarschen!" 3 Die Regierung der Stadt bat um
eine Frist: „Wir brauchen sieben Tage Bedenkzeit.
Wenn unsere Hilferufe per Rundmail in ganz Israel
nichts bringen, machen wir das, was Sie von uns
wollen." 4 Eine von diesen Rundmails kriegten auch
die Leute in Gibea, wo Saul ursprünglich herkam.
Als die überall gelesen wurde, waren die Leute echt
fertig und heulten laut los. 5 Saul kam gerade von
der Arbeit nach Hause. „Was ist denn los hier?",
fragte er. „Warum heulen meine Leute die ganze
Zeit?" Man erzählte ihm von dem Hilferuf aus
Jabesch und was die Bewohner ihnen geschrieben
hatten. 6 Als Saul die Geschichte gehört hatte, über-
nahm plötzlich die Kraft von Gott in seinem Herz
die Kontrolle. Er war megasauer. 7 Sofort lief er in
den Stall und schnappte sich zwei Kühe. Die wur-
den dann von ihm in kleine Stücke zersägt und per
DHL-Paket überall nach Israel verschickt. Dazu
mussten die Boten dann immer den Spruch aufsa-
gen: „Die Männer, die nicht mit Saul und Samuel in
den Krieg ziehen, werden genauso zerhackt wie
diese Kühe!" Die Israeliten kriegten voll Schiss, weil
jeder merkte, dass das keine leere Drohung war,
Gott selbst stand dahinter. Alle folgten dem Aufruf
und ließen sich zur Armee einziehen. 8 Die Soldaten
kamen zur Musterung in Besek zusammen.
300000 Männer aus Israel und 30000 aus Juda.
9 Dann ließ Saul den Bewohnern von Jabesch eine
Nachricht zukommen: „Morgen Mittag seid ihr
frei!" Die News sprachen sich schnell in der Stadt
rum, und alle waren voll erleichtert, als sie davon
hörten. 10 Sie ließen den Generälen der Ammoniter
dann zum Schein ausrichten: „Morgen ergeben wir

uns. Dann können Sie mit uns machen, was Sie wollen." [11] Am nächsten Morgen teilte Saul seine Männer in drei Abteilungen auf. Noch bevor es hell wurde, schlugen sie zu. Sie überfielen das Lager der Ammoniter mit voller Wucht. Gegen Mittag hatten sie den Krieg gewonnen, die Armee wurde zerschlagen. Die paar Soldaten, die noch fliehen konnten, verteilten sich überallhin. [12] Nach diesem gigantischen Sieg schleimten die Leute bei Saul rum: „Wer war das damals noch, der keinen Bock da drauf hatte, dass du unser Präsident wirst? Die würden wir jetzt echt gerne kaltmachen!" [13] Saul fand aber, das wäre keine so gute Idee. „Heute stirbt niemand mehr! Denn heute hat Gott seinen Leuten einen richtig großen Sieg geschenkt!" [14] Samuel meinte dann zu den Leuten: „Passt auf, lasst uns alle mal nach Gilgal gehen und dort eine Pro-Saul-Demo veranstalten! Saul ist der neue Präsident!" [15] Alle kamen mit. Als sie in Gilgal waren, machten sie ganz offiziell Saul zu ihrem Präsidenten. Das Ganze wurde mit Dankopfern besiegelt. Anschließend gab es eine riesen Party, die Leute von Israel waren da und feierten bis zum Abwinken.

12

Samuel geht in Rente

[1] Als alle Israeliten bei einem Treffen waren, sagte Samuel zu den Leuten: „Also, das war's jetzt. Ich hab getan, was ihr wolltet, und euch einen Präsidenten organisiert. [2] Das hier ist er! Er soll bei euch ab jetzt die Macht haben. Ich bin nun aber schon im Rentenalter. Meine Söhne sind erwachsen und leben bei euch. Ich war mein ganzes Leben euer Chef und habe euch gesagt, wo es langgeht. [3] Ich geb euch jetzt noch mal die Chance: Jeder, der noch eine offene Rechnung mit mir hat, soll die jetzt begleichen. Ihr könntet das bei Gott machen und auch bei eurem neuen Präsidenten. Wenn ich irgendwo Mist gebaut hab, dann sagt das bitte jetzt. Ist hier jemand, dem ich mal sein Handy oder sein Fahrrad geklaut hab? Hab ich jemanden bestochen oder erpresst? Oder gibt's hier einen, den ich irgendwie anders abgezockt hab? Jemand da, von dem ich Kohle angenommen hab, um in meinem Job als Richter ein falsches Urteil zu fällen? Ich bin bereit, heute alles wieder in Ordnung zu bringen!" [4] „Nein, never", antworteten die Männer. „Du hast niemanden erpresst und hast dich auch nicht bestechen lassen." [5] „Okay", sagte Samuel. „Gott und der von ihm eingesetzte Präsident sind jetzt meine Zeugen: Ich habe nichts ausgefressen!" Die Männer riefen: „Genau! Das stimmt!" [6] „Gott hatte damals Mose und Aaron als eure Chefs eingesetzt, sie haben eure Väter aus Ägypten rausgeführt. [7] Jetzt kommt alle nach vorne. Ich werde mit euch noch mal über die Sachen verhandeln, wo ihr Gott untreu wart. Außerdem werde ich euch die Sachen aufzählen, wo er supergut zu euch und euren Vorfahren war. [8] Vorher ein kurzer Rückblick auf unsere Geschichte: Damals, als Jakobs Familie mit Kindern, Enkeln etc. in Ägypten gewohnt hatte und es ihnen irgendwann dort richtig schlechtging, haben sie bei Gott angeklingelt, weil sie Hilfe brauchten. Gott schickte ihnen Mose und Aaron. Durch die beiden kamen wir alle aus Ägypten wieder raus. Gott hat dann in diesem Land für uns eine neue Heimat klargemacht. [9] Es dauerte nicht lange, dann hatten sie Gott schon wieder vergessen. Sie lebten nicht mehr mit ihm, und darum hat Gott es zugelassen, dass ihre Feinde sie im Krieg besiegen konnten. Zum Beispiel Sisera, den General der Armee von Hazor, oder die Philister oder den Präsidenten von den Moabitern kann man da nennen. Sie haben uns im Krieg alle eine richtig derbe Schlappe beigebracht. [10] Schließlich rief man wieder bei Gott um Hilfe. ‚Wir haben Mist gebaut! Es war total falsch, dass wir dich verlassen und zu solchen Plastikgöttern wie Baal und Astarte gebetet haben! Hol uns hier raus! Dann werden wir nur noch zu dir beten!' [11] Gott schickte dann noch so Männer wie Jerubbaal vorbei, oder den Bedan, Jiftach und am Ende sogar mich selbst. Er half uns auf die Art, gegen unsere Feinde anzukommen. So hatten wir eine Zeitlang Frieden und Sicherheit in unserem Land. [12] Jetzt zum Schluss kam Nahasch, der Präsident der Ammoniter, mit seiner Armee bei euch an. Doch plötzlich war euch Gott, euer Chef, nicht mehr genug, ihr sagtet zu mir: ‚Wir wollen einen Präsidenten! Der soll über uns regieren!' [13] Okay, da ist er nun, euer Präsident. Ihr habt unbedingt einen haben wollen, ihr habt es euch so ausgesucht. Gott hat euch nun diesen Typen geschickt, damit er bei euch das Sagen hat. [14] Ihr müsst aber immer das tun, was Gott von euch will. Ihr müsst Respekt vor ihm haben und alles machen, was er euch sagt, und euch nicht dagegen wehren. Und wenn das dann euer Präsident auch so macht und ihr auch auf das hört, was der so sagt, dann wird Gott immer bei euch sein und euch helfen. [15] Falls ihr jetzt aber nicht das tun wollt, was Gott von euch möchte, dann wird Gott gegen euch sein. So hat er es ja schon immer mit unseren Leuten gemacht. [16] Jetzt

zieht euch rein, Leute, was für ein fettes Wunder Gott für euch alle gleich tun wird! 17 Es ist ja gerade Hochsommer, und in der Zeit ist es bei uns mit Regen ja totale Fehlanzeige. Ich werde jetzt mit Gott reden und ihn bitten, dass er mal ein Gewitter vorbeischickt. Das soll so eine Zeichen für euch sein, dass ihr totalen Bockmist gebaut habt mit eurem ‚Wir wollen einen Präsidenten'-Gequake." 18 Samuel redete dann mit Gott. Und plötzlich gab es voll lauten Donner, und es fing an zu regnen. Die Israeliten bekamen mega Respekt vor Gott und auch vor Samuel. 19 Sie sagten zu Samuel: „Bitte, bitte, sag Gott, dass er uns nicht umbringen soll! Wir wollen nicht sterben! Wir haben alle Dreck am Stecken und tun ständig Sachen, die Gott ätzend findet. Und jetzt haben wir uns auch noch einen Präsidenten ausgesucht!" 20 „Keine Panik", antwortete Samuel. „Ihr habt zwar richtig Mist gebaut, aber ab jetzt seid ihr ja Gott treu, ihr wollt euch radikal an ihn ausliefern und immer tun, was er sagt, oder? 21 Aber bitte lasst euch nicht auf diese Plastikgötter ein! Die werden euch nie helfen können! Die bringen es echt nicht, die sind ja nur aus Plastik! 22 Gott wird aber immer eine gleiche Linie fahren, auf ihn kann man sich verlassen. Er wird euch nie dissen, weil er sich einmal dazu entschlossen hat, euch als seine Leute anzunehmen. 23 Und ich werde auch weiter für euch beten. Das wär ja noch schöner, wenn ich damit aufhören würde ... Ich werde euch auch weiter sagen, wo es langgeht im Leben. 24 Habt Respekt vor Gott! Seid ihm treu! Tut radikal, was er euch sagt! Überlegt doch mal, was für krasse Sachen er für euch schon alles gemacht hat! 25 Falls ihr aber doch wieder Mist baut und euer eigenes Ding durchzieht, werdet ihr mitsamt eurem Präsidenten einfach weggepustet werden."

13

Es gibt Krieg gegen die Philister

1 Keiner weiß, wie alt Saul eigentlich war, als er Präsident wurde, aber insgesamt hatte er zwei Jahre lang das Sagen über die Israeliten. 2 Er suchte sich dreitausend Männer aus, die für seine Armee eingezogen wurden. Zweitausend davon standen unter dem direkten Befehl von Saul. Sein Regierungssitz lag in Michmas und auf den Bergen bei Bet-El. Die restlichen tausend standen unter dem Befehl von seinem Sohn Jonatan, der in Gibea stationiert war. Gibea lag in dem Gebiet vom Familienstamm Benjamin. Die anderen Leute konnten auf Befehl von Saul wieder nach Hause gehen. 3 Jonatan tötete dann einmal einige Soldaten der Philister, die als Außenposten in Gibea stationiert waren. Die Geschichte stand am nächsten Morgen im „Philister Tageblatt", und alle erfuhren davon. Saul schickte sofort eine Nachricht an alle Leute im Land, weil er wollte, dass die Israeliten über die Sache informiert waren. 4 Überall erzählte man jetzt an den Stammtischen: „Saul hat ein paar Soldaten von den Philistern getötet! Die sind jetzt superstinkig auf uns!" Daraufhin wurden alle wehrfähigen Männer eingezogen. Man sammelte sich in Gilgal, um mit Saul in den Krieg zu ziehen. 5 Die Philister hatten auch ihre Armee an den Start gebracht, um gegen Israel zu kämpfen. Sie hatten alleine 30000 Panzer und 6000 andere Kampffahrzeuge aufgefahren. Dazu Bodentruppen mit so vielen Soldaten, dass man sie unmöglich zählen konnte. Sie bauten ihr Lager bei Michmas auf, was östlich von Bet-Awen lag. 6 Als die Soldaten von Israel sahen, dass die andere Armee deutlich in der Überzahl war, kriegten sie voll die Panik. Einige versteckten sich im Wald, in irgendwelchen Höhlen, in Tiefgaragen oder in unterirdischen Bunkern. 7 Viele flüchteten aber auch über den Jordanfluss ins Gebiet von Gad und nach Gilead. Saul war mit seiner Truppe immer noch in Gilgal. Auch seine Mannschaft hatte mega Schiss. 8 Saul wartete dort auf den Propheten Samuel. Er hatte Saul ja versichert, er würde in einer Woche nach Gilgal kommen. Aber als er am achten Tag immer noch nicht da war, entfernten sich die ersten Soldaten von der Front und verdünnisierten sich. 9 Saul beschloss darum, die Sache selbst in die Hand zu nehmen. „Tiere für ein Opferritual herbringen, aber sofort!", befahl er seinen Leuten. „Ich werde jetzt hier ein Abfackelopfer und ein paar Dankopfer alleine durchziehen!" Nachdem die Sachen da waren, fing er an, das ganze Opferding durchzuziehen. 10 Als er gerade das Abfackelopfer beendet hatte, war Samuel endlich da. Saul ging ihm entgegen, um ihn zu begrüßen. 11 Aber Samuel sagte zu ihm: „Verdammt, Saul! Was haben Sie für einen Blödsinn angestellt?" – „Äh, wieso, ich musste was unternehmen", antwortete er. „Die Soldaten waren am Weglaufen, weil Sie nicht pünktlich hier waren! Und die Philister haben auch nicht auf Sie gewartet, die stehen jetzt schon vor Michmas. 12 Ich hab mir ausgerechnet, dass die jetzt bald nach Gilgal runterkommen und uns angreifen würden, bevor ich Gott um Hilfe bitten konnte. Darum hab ich mich getraut und in der Zeitnot einfach das Opfer alleine durchgezogen!" 13 „Ganz toll, können

Sie nicht mal Ihr Hirn einschalten? Damit haben Sie
die Linie übertreten und sich nicht an das gehalten,
was Gott Ihnen gesagt hatte. Er hätte Sie gerade
jetzt als Präsident über Israel voll bestätigen kön-
nen. Auch in Zukunft hätte keiner mehr was gegen
Sie oder Ihre Nachfolger sagen können. 14 Aber jetzt
wird Ihre Amtszeit nicht mehr lange dauern, weil
Sie nicht das getan haben, was Gott von Ihnen
wollte. Er hat sich jetzt schon einen anderen für
Ihren Posten ausgeguckt. Den mag er, und den hat
er schon als neuen Chef für seine Leute bestimmt."

Die Israeliten werden abgezogen

15 Nach diesem Gespräch dampfte Samuel wieder
ab. Von Gilgal ging er nach Gibea hoch, was im
Gebiet vom Familienstamm Benjamin lag. Saul
sammelte noch mal die verbliebenen Soldaten und
kam nach einer Zählung nur noch auf 600. 16 Saul
und Jonatan hatten ihre Lager bei Geba im Gebiet
vom Familienstamm Benjamin aufgeschlagen, die
Philister hatten ihr Lager auf der anderen Seite bei
Michmas stehen. 17 Die Befehlshaber der Armee von
den Philistern schickten drei Abteilungen los, die
das Land ausrauben und plündern sollten. Die eine
zog nach Norden und die andere in Richtung Ofra,
was im Gebiet von Schual lag. 18 Die andere wurde
nach Westen geordert, und zwar zogen sie in Rich-
tung Bet-Horon. Die dritte ging zu dem Hügel, von
dem aus man das Hyänental und die Wüste sehen
kann. Das liegt im Osten. 19 Damals gab es keine
Waffenindustrie bei den Israeliten, weil das die Phi-
lister strengstens verboten hatten. Waffen waren
generell verboten. Sie wollten einfach verhindern,
dass sich Leute von Israel wieder wehren konnten.
20 Jeder der aus beruflichen Gründen eine Waffe
brauchte, musste sich deswegen eine amtliche
Erlaubnis bei den Philistern dafür holen. 21 So ein
Waffenschein kostete 80 Euro für große Kaliber, für
eine Pistole zahlte man 40. 22 Darum hatte keiner
der Soldaten, die bei Saul und Jonatan waren, eine
Knarre oder ein MG dabei. Nur Saul und sein Sohn
hatten richtige Waffen. 23 Ein Vorposten von der
Armee der Philister war beim Talübergang von
Michmas stationiert worden, um diesen zu sichern.

14

Jonatan: Wer wagt, gewinnt

1 An einem Tag sagte Jonatan (zur Erinne-
rung: ein Sohn von Saul) zu seinem Body-
guard: „Lass uns mal da drüben hingehn, wo dieser
Außenposten von den Philistern ist!" Seinem Vater
Saul sagte er aber nichts davon. 2 Der machte
gerade eine Pause am Ende von Gibea, in der
Gegend von Migron, und ruhte sich im Schatten
von einem Apfelbaum aus. Die restlichen 600 Sol-
daten waren mit ihm dort. 3 Außerdem war der
Priester Ahija dabei, ein Sohn von Ikabods Bruder
Ahitub. Er war das Enkelkind vom Priester Pinhas
und der Urenkel von Eli. Eli hatte damals in Schilo
den Job als Priester gehabt. Der Priester Ahija hatte
die Tasche dabei, wo diese besonderen Lose drin
lagen. Von den Soldaten um Saul hatte keiner mit-
bekommen, dass Jonatan nicht mehr dabei war.
4 Der Ort, von wo aus Jonatan durch das Tal laufen
wollte, war von zwei Felsen eingerahmt. Diese Fel-
sen nannte man Bozez und Senne. 5 Der eine Felsen
ragte im Norden, wo Michmas lag, in den Himmel.
Der zweite Felsen war im Süden, auf der Seite von
Geba. 6 Jonatan sagte zu dem Bodyguard: „Wir
gehen jetzt zu dem Posten dort drüben hin. Nicht
vergessen: Das sind alles voll dreckige Leute, die
ohne Gott leben! Für Gott ist das ein Klacks, uns
hier einen Sieg klarzumachen, egal ob wir jetzt
mega viele Soldaten sind oder nur zu zweit."
7 „Jawohl!", antwortete der Bodyguard. „Ich bin
dabei, Sie können sich auf mich verlassen! Nur zu,
setzen Sie Ihre Idee ruhig um!" 8 „Okay, hier ist
mein Plan", meinte Jonatan. „Wir gehen langsam
auf sie zu. Dabei sollen die uns ruhig sehen können.
9 Wenn die dann zu uns sagen: ‚Halt! Stehen blei-
ben, bis wir bei Ihnen sind!', dann bleiben wir sofort
stehen, wir gehen nicht zu ihnen hoch. 10 Falls sie
jetzt aber sagen: ‚Kommen Sie hoch!', dann wäre
das ein Zeichen von Gott, dass er uns helfen wird,
die zu besiegen." 11 Sie schlichen sich also nicht von
hinten an die Philister ran, sondern gingen ganz
offen auf die zu. Als die Soldaten Jonatan und
seinen Begleiter sahen, meinte der eine zu dem
anderen: „Ha! Da kommen ja zwei von diesen
israelitischen Schissern aus ihrem Hasenloch raus-
gekrochen!" 12 „Kommt hoch zu uns", riefen sie
Jonatan zu. „Wir wollen euch mal was beibringen!"
Jonatan flüsterte seinem Begleiter zu: „Hinter mir
her! Gott hat dafür gesorgt, dass wir diesen Kampf
gewinnen werden!" 13 Er kletterte einfach nach oben,
und sein Begleiter hinter ihm her. Als sie oben
waren, fielen die Philister plötzlich vor Jonatan ein-
fach um, und sein Begleiter musste ihnen nur noch
einen Kopfschuss verpassen! 14 Bei diesem ersten
Angriff von Jonatan und seinem Begleiter töteten sie
anschließend zwanzig Soldaten auf einer Fläche von
nur 250 m^2. 15 Die anderen Soldaten der Philister

kriegten alle plötzlich voll die Panik. Also einmal die Männer, die im Lager waren, und auch die auf dem Gelände, das ganze Heer und auch die Wachen sowie alle, die gerade unterwegs waren, um Häuser auszuplündern. Und dann gab es auch noch ein Erdbeben der Stärke 6! Spätestens jetzt machten sich alle Philister in die Hose vor Angst. Diese Panik hatte Gott organisiert.

Saul macht die Armee der Philister platt

16 Die Wachsoldaten von Saul, die in Gibea stationiert waren, bemerkten, dass im Lager der Philister gerade der Punk abging. 17 Saul sagte zu seinen Leuten: „Checkt sofort, wer von uns nicht anwesend ist!" Das Ergebnis war klar: Jonatan und sein Kollege waren nicht da. 18 Jetzt befahl Saul dem Priester Ahija: „Sofort die Kiste mit den Gesetzen herbringen!" Die besondere Kiste mit den Gesetzen drin war nämlich gerade im Lager der Israeliten.
19 Gerade als Saul diesen Befehl ausgesprochen hatte, hörte man voll laut den Alarm, der im Lager von den Philistern los war. Deswegen rief Saul ihm hinter her: „Nein, warte, vergiss es!" 20 Er packte seine Waffen zusammen, sammelte seine Truppe um sich und zog mit ihnen in den Kampf. Als sie dort ankamen, konnten sie sehen, wie sich die Philister gerade gegenseitig bekämpften. Das totale Chaos war dort ausgebrochen. 21 Ein Teil von der Armee, die mit den Philistern gekämpft hatte, waren eigentlich Israeliten. Die wechselten jetzt die Seiten und schlossen sich Saul und Jonatan an. 22 Die anderen Männer von Israel horten in ihrem Versteck (das lag im Gebirge von Efraim) von dem Kampf gegen die Philister. Als deutlich wurde, dass der Sieg klar war und die Philister gerade am Fliehen waren, zogen sie auch noch mit in die Schlacht.
23 Auf die Art konnte Gott ganz Israel an einem Tag vor den Philistern retten. Das Schlachtfeld zog sich noch bis über den Ort Bet-Awen hinaus.

Sauls Rumgefluche und seine Folgen

24 Als in einer Phase von diesem Kampf die Israeliten schon fast auf der Verliererseite standen, drohte Saul den Soldaten: „Ich will, dass keiner von euch heute auch nur ein Snickers anfasst, bevor ich mich nicht richtig an meinen Feinden gerächt habe! Wer das trotzdem tut, hat ein großes Problem, er ist verflucht!" Darum aßen die Leute die ganze Zeit nichts. 25 Zu der Jahreszeit war gerade Apfelernte, und überall standen Bäume mit reifen Äpfeln dran.
26 Die Bäume waren so voll mit Äpfeln, dass die Äste am Brechen waren. Aber keiner traute sich, einen davon zu essen, wegen dem Spruch, den Saul abgelassen hatte. 27 Allerdings war Jonatan gerade auf dem Klo, als Saul das gesagt hatte, und wusste nichts davon. Er ging zu einem Baum, schnappte sich den größten Apfel, den er finden konnte, und biss einmal herzhaft rein. Die Vitamine taten ihm echt gut, und er lebte richtig auf. 28 Ein anderer Soldat, der das mitbekam, sagte zu ihm: „Hey, dein Vater hat das strengstens verboten! Jeder, der heute etwas isst, hat ein fettes Problem, er ist verflucht!" Jonatan sah sich die Leute an und hatte etwas Mitleid mit ihnen, weil die alle voll den Kohldampf schoben. 29 Darum sagte er: „Mein Vater peilt das nicht richtig, er bringt uns noch alle um. Ich mein, schaut mich an! Mir geht's von dem einen Bissen schon jetzt hundertmal besser als vorher. 30 Unser Sieg wäre noch viel höher ausgefallen, wenn wir uns vorher anständig ernährt hätten. Man hätte zum Beispiel den Proviant von den Feinden essen können, den wir von denen geklaut haben. Dann hätten die Philister noch viel mehr auf die Mütze bekommen als so schon!" 31 Die Armee der Israeliten verfolgte die Philister auf ihrer Flucht an dem Tag noch bis nach Ajon. Dann waren die Soldaten aber alle echt durch, 32 sie stürzten sich auf die Tiere, die man erbeutet hatte, und starteten eine fette Grillparty. Schafe, Rinder, Kälber, alles wurde geschlachtet und an Ort und Stelle gegessen, ohne vorher das Blut von den Tieren ordentlich auf den Boden auslaufen zu lassen. 33 Saul bekam dann die Meldung rein: „Deine Truppe baut gerade richtig Mist, und sie betrügen Gott damit. Sie essen das Fleisch von den Tieren direkt dort, wo sie geschlachtet wurden, und haben auch das Blut nicht richtig auslaufen lassen! Das ist verboten!" – „O nein! Das ist ein klarer Verstoß gegen die Regel!", rief Saul. „Bringt mir mal einen großen Stein her!" 34 Dann befahl er: „Sagt überall den Soldaten, dass jeder sein Rind oder Schaf sofort her zu mir bringen soll! Hier sollen die Tiere richtig geschlachtet werden. Dann kann man sie auch essen, ohne etwas gegen Gottes Willen zu tun. So, wie sie es jetzt machen, an der Stelle, wo auch das Blut liegt, ist es total falsch! Und man darf absolut kein Blut essen." Alle brachten noch in der Nacht ihre Tiere zu Saul, um die an der Stelle richtig zu schlachten, wie es üblich war. 35 Saul baute da aus dem Stein einen Tisch, einen Altar. Das war das erste Mal, dass Saul einen Altar für Gott gebaut hatte. 36 Als er fertig war, meinte er zu den Soldaten: „Lasst uns doch jetzt noch losziehen

und die ganze Nacht lang Philister jagen gehen! Wir sollten alles mitnehmen, was wir kriegen können. Keiner soll am Leben bleiben!" – „Okay, abgemacht! Wie du es sagst, soll alles auch passieren!", antworteten sie. Die Priester hatten aber Einwände: „Wollen wir nicht zuerst noch mal Gott fragen, ob das wirklich so eine gute Idee ist?" 37 Also fragte Saul Gott: „Was meinst du? Soll ich die Philister jagen gehen? Soll ich sie bis ins flache Land verfolgen? Wirst du dafür sorgen, dass wir diesen Krieg ganz gewinnen?" Aber Gott antwortete nicht. 38–39 Saul war entschlossen, die Antwort da drauf zu finden. Er holte einen Oberst aus seiner Armee zu sich und befahl ihm: „Heute hat hier irgendjemand richtig Mist gebaut. Wir müssen herausfinden, wer das war und was genau passiert ist. Der Schuldige muss sterben, egal wer das ist. Mein Sohn Jonatan ist da mit eingeschlossen. Das schwöre ich euch bei Gott, der immer zu uns gehalten hat, Leute!" Nach dieser Ansage sagte ihm aber keiner was. 40 Also sagte Saul: „Passt auf, alle stellen sich jetzt auf eine Seite, und ich und mein Sohn Jonatan auf die andere Seite!" – „Ja, ist gut, machen wir das so!", antworteten seine Leute. 41 Saul fing an zu beten: „Hey, Gott! Du bist der Gott von uns Israeliten! Warum hast du mir heute nicht geantwortet? Ich bitte dich, dass du mir jetzt durch die besonderen Lose zeigst, was Sache ist! Zeig mir, ob ich oder Jonatan Mist gebaut haben oder ob die Leute Mist gebaut haben." Die Lose wurden gezogen und zeigten, dass die anderen Leute keine Schuld hatten. 42 „Hm, jetzt will ich es genau wissen. Die Lose sollen sagen, ob ich Schuld habe oder mein Sohn!" Das Losen hatte ein klares Ergebnis: Die Schuld lag bei Jonatan.
43 „Junge! Was hast du denn gemacht? Jetzt rück raus damit!" 44 „Ähh, ich hab mir nur einen ganz kleinen Apfel gegönnt, echt. Aber wenn es so sein soll, dann bin ich bereit zu sterben!", sagte Jonatan zu seinem Vater. „Gott soll mich dafür bestrafen, wenn ich dich jetzt am Leben lasse!", rief Saul.
45 Aber die Kollegen von Jonatan fielen ihm ins Wort: „Was? Das kann nicht dein Ernst sein! Soll Jonatan jetzt wirklich sterben, obwohl wir durch ihn diesen gigantischen Sieg eingefahren haben? Never, nicht mit uns! Wir werden das nie und nimmer zulassen! Weil Gott ihm so geholfen hat und auf seiner Seite stand, konnten wir diese krassen Kämpfe heute überhaupt nur packen!" Saul hörte auf die Argumente, und so wurde Jonatan von den Soldaten vor dem Tod gerettet. 46 Saul hatte aber keinen Bock mehr auf Krieg gegen die Philister. Er drehte um und ging mit seinen Leuten nach Hause. Deswegen konnten die restlichen Philister in ihr Gebiet zurückkehren, ohne dass ihnen noch was passiert ist.
47 Nachdem Saul der Präsident über Israel geworden war, führte er noch eine Menge Kriege, gegen alle Feinde, die rings um ihr Land wohnten. Gegen Moab, Ammon, Edom, Zoba und gegen die Philister. Saul fuhr überall nur Siege ein. 48 Er galt als unheimlich mutig und besiegte sogar die Amalekiter, die alle zwei Köpfe größer waren als der Rest. Er befreite die Israeliten von allem Pack, das ihr Land nur ausbeuten wollte.

Die Familie von Saul

49 Saul hatte drei Söhne: Jonatan, Jischwi, der auch Isch-Boschet genannt wurde, und Malkischua, und zwei Töchter, die ältere hieß Merab, die jüngere Michal. 50 Die Frau von Saul hieß übrigens Ahinoam. Sie war eine Tochter vom Ahimaaz. Der oberste General seiner Armee hieß Abner. Abner war ein Sohn von Ner, der wiederum ein Onkel von Saul war.
51 Kisch, der Vater von Saul, Ner und der Vater von Abner waren nämlich Brüder. Ihr gemeinsamer Vater hieß Abiel. 52 In der Zeit, in der Saul am Leben war, gab es immer wieder heftige Kriege gegen die Philister. Darum zog er jeden Mann, der gut kämpfen konnte und mutig war, gleich zum Kriegsdienst ein.

15

Saul siegt, baut Mist und hat verloren

1 An einem Tag kam Samuel mal bei Saul zu Besuch. Er sagte ihm: „Saul, ich hab ne Nachricht für Sie. Gott hat mir ja immerhin damals den Job gegeben, Sie zum Präsidenten über seine Leute, die Israeliten, zu machen. Darum sollten Sie mir jetzt auch gut zuhören, kapito? 2 Das ist es, was der Chef dieser Welt, unser Gott, Ihnen heute sagen will: ‚Ich möchte, dass die Amalekiter jetzt dafür bluten müssen, dass sie Israel gedisst haben, als die auf ihrem Weg raus aus Ägypten waren. Sie haben ihnen damals einfach den Weg versperrt.
3 Also, auf geht's! Sie sollten gegen die Typen in den Krieg ziehen und sie komplett plattmachen. Die Rote-Karte-Aktion muss bei denen radikal durchgezogen werden! Jeder muss sterben, ohne Gnade, alle Männer und Frauen, Kinder, Babys, Kühe, Schafe, Katzen, Pferde, einfach alles.'" 4 Saul unterschrieb einen Einzugsbefehl von allen wehrfähigen Männern. Die sollten sich in der Kaserne in Telaim zur Musterung sammeln. Insgesamt waren das 200 000 Soldaten, dazu noch 10 000 Mann aus

Juda. 5 Mit dieser Armee zog Saul bis in die Nähe der Hauptstadt von den Amalekitern und versteckte sich da im Tal. 6 Dort lebten auch die Keniter, die entfernt mit den Israeliten verwandt waren. Die bekamen von Saul noch ne Warnung rein: „Verzieht euch schleunigst von hier und trennt euch von den Amalekitern! Sonst werden wir euch mit denen zusammen komplett ausradieren müssen. Ihr seid ja immerhin nett zu uns gewesen, als wir euch auf unserer Reise aus Ägypten getroffen haben." Die Keniter nahmen die Warnung ernst und verschwanden schleunigst aus der Gegend. 7 Und dann startete Saul den Angriff auf die Amalekiter. Der Sieg war überwältigend, von Hawila bis Schur an der ägyptischen Grenze wurden die Feinde geschlagen. 8 Der Präsident Agag wurde von Saul verhaftet und abgeführt. Bei dem Rest der Amalekiter zog er die Rote-Karte-Aktion durch, alle wurden per Genickschuss getötet. 9 Allerdings wurde die Aktion nicht an Agag ausgeführt und auch nicht bei den Tieren. Alle Schafe, Ziegen und Rinder, zumindest die gesunden Tiere, das Mastvieh und so, alles was irgendwie Kohle gebracht hätte, wurde nicht getötet. 10 Gott hatte dann mal wieder ein Gespräch mit Samuel. 11 „Ich glaub, das war ein großer Fehler, Saul zum Präsidenten zu machen. Er hat keinen Bock auf mich und tut, was er gerade lustig findet, und meine Befehle führt er nicht aus." Samuel war echt am Ende, als Gott ihm das gesagt hatte. Die ganze Nacht betete er wie blöd und versuchte Gott umzustimmen. 12 Am nächsten Morgen packte er seine Sachen und fuhr los, um mit Saul zu sprechen. Er hatte gelesen, dass Saul gerade in der Stadt Karmel auf Besuch gewesen war, um sich dort so ein Denkmal einzuweihen, was an den letzten Sieg im Krieg erinnern sollte. Danach wäre er weiter nach Gilgal gezogen. 13 Als Samuel dort ankam, begrüßte ihn Saul am Eingang. „Hey, Samuel! Gott ist voll auf Ihrer Seite! Ich hab alles genau so durchgezogen, wie Gott es gesagt hatte!" 14 „Hä? Und was sind das dann für Schafe und Rinder, die da rumblöken?", fragte Samuel. 15 „Ach, das sind nur ein paar der besten Schafe und Rinder, die meine Leute extra nicht getötet haben, damit wir sie Gott in einem Opferritual schenken können. Den Rest haben wir komplett plattgemacht!" 16 „Halten Sie die Klappe! Ich muss Ihnen jetzt erst mal die Sachen erzählen, die Gott mir letzte Nacht gesagt hat!", unterbrach ihn Samuel. „Dann legen Sie mal los!", antwortete Saul. 17 „Hören Sie zu: Sie sind der Chef von allen Israeliten, der Präsident. Obwohl Sie immer gesagt haben, dass Sie das gar nicht verdient haben, hat Gott Sie trotzdem zum Präsidenten gemacht. 18 Er war es, der Sie zu den Amalekitern geschickt hat, oder? Seine Ansage war klar und deutlich: „Bekämpfe sie so lange, bis alles bei denen tot ist, keiner soll überleben. Zeig ihnen die rote Karte!" 19 Und warum haben Sie das nicht gemacht? Warum haben Sie dem Befehl von Gott nicht gehorcht? Warum haben Sie sich die Sachen von der Beute gezockt, obwohl Sie wissen, wie ätzend er das findet?" 20 „Äh, aber wieso, ich hab doch alles gemacht, was er wollte!", stammelte Saul. „Ich hab den Amalekitern die rote Karte gezeigt, ich hab den Präsidenten Agag hierhergebracht. 21 Die besten Tiere haben meine Leute nur deswegen nicht getötet, weil wir sie hier in Gilgal für Gott abfackeln wollten!" 22 „Okay. Worauf steht Gott mehr: auf ein nettes Dankopfer oder ein Abfackelopfer? Oder da drauf, dass seine Leute genau das durchziehen, was er ihnen gesagt hat? Gott zu gehorchen ist tausendmal besser als so ein Opferritual! Und Gott wirklich zuzuhören ist besser als das fetteste Steak von einem Rind. 23 Nicht zu tun, was Gott gesagt hat, ist genauso schlimm wie Satanismus, und sich gegen das zu stellen, was er will, ist genau so schlimm wie zu Plastikgöttern zu beten. Weil Sie nicht das getan haben, was Gott von Ihnen wollte, hat Gott keinen Bock mehr auf Sie. Ihre Präsidentschaft ist hiermit vorbei!" 24 Saul verstand jetzt, warum er gerade den totalen Bockmist gebracht hatte. „Ich hab Scheiße gebaut! Ich hab die Ansagen von Gott nicht ernst genommen und hab nicht exakt das getan, was er von mir wollte! Weil ich Schiss hatte, bei meinen Männern untendurch zu sein, hab ich sie machen lassen. 25 Bitte verzeihen Sie mir! Tut mir echt leid! Bitte kommen Sie noch mal mit, damit wir zusammen zu Gott gehen können! Ich will ihm zeigen, dass ich Respekt vor ihm hab, und ihm sagen, wie gut ich ihn finde!" 26 Aber Samuel antwortete: „Dafür ist es jetzt zu spät. Sie haben etwas gemacht, worauf Gott überhaupt keinen Bock hat, und darum hat er jetzt keinen Bock mehr auf Sie. Ihre Zeit ist abgelaufen. Sie können nicht mehr der Präsident von Israel sein!" 27 Samuel wollte sich gerade umdrehen und rausgehen, da packte ihn Saul am Ärmel. Samuel blieb aber nicht stehen, darum riss der Ärmel einfach ab. 28 Daraufhin meinte Samuel: „Genauso wie Sie mir gerade den Ärmel von meiner Jacke weggerissen haben, so wird Gott Ihnen heute Ihren Präsidentenjob entreißen. Er wird die Macht über Israel einem anderen geben, der es besser drauf hat als Sie. 29 Gott ist gut, und wir sind alle voll stolz auf ihn. Er wird sein Urteil nicht zurücknehmen. Er ist nicht wie wir Menschen, die mal dies sagen und dann wieder das, die ständig ihre Meinung ändern." 30 „Ja, Sie haben ja recht", antwortete Saul. „Ich hab Mist gebaut, aber richtig. Aber bitte sagen Sie das nicht gleich allen Leuten, das ist mir zu peinlich. Erzählen Sie das nicht den Clanchefs von den Israeliten, ja? So viel Respekt müssen Sie vor mir haben. Lassen Sie uns zusammen zu Gott gehen und uns dort vor ihm hinschmeißen, ja?" 31 Samuel ließ sich überreden und kam mit. Als Saul sich dort auf den Boden geschmissen hatte, 32 befahl Saul einem seiner Soldaten: „Bring mir sofort den Präsidenten der Amalekiter, diesen Agag, her!" Als Agag gefesselt hergebracht wurde, sagte er zu Saul: „Der Tod ist echt scheiße! Ich habe keinen Bock zu sterben!" 33 Aber Samuel schrie ihn an: „Deine Waffen haben vielen Müttern die Söhne gestohlen!" Er nahm sich ein Samuraischwert und schlug den Agag dort direkt vor dem Tisch von Gott in Stücke. 34 Anschließend ging Samuel wieder nach Rama zurück. Saul ging nach Gibea, wo er zu Hause war. 35 Für den Rest seines Lebens wollte Samuel den Saul nie mehr sehen. Er war einfach total traurig wegen ihm. Gott bereute es aber voll, dass er ausgerechnet Saul zum Präsidenten über Israel gemacht hatte.

16

Gott hat Bock auf den Jüngsten: David

1 Irgendwann sagte Gott zu Samuel: „Mann, wie lange willst du noch Saul hinterherweinen? Die Entscheidung steht, Ich hab einfach keine Lust mehr auf den! Er soll nicht mehr länger der Präsident von Israel sein! Organisier dir mal was von diesem besonderen Öl, was man braucht, um Leute für einen Dienst einzusetzen. Dann gehst du damit zu dem Isai, der in Bethlehem wohnt. Einer von seinen Jungs soll es sein, er soll der zukünftige Präsident in Israel werden." 2 „Huch? Das kann ich doch nicht bringen, Gott! Wenn Saul davon Wind bekommt, macht er mich kalt!" – „Pass auf, nimm einfach eine Kuh mit auf den Hänger, und wenn du da bist, sagst du, du wolltest dort eigentlich nur ein Opferritual durchziehen. 3 Isai musst du dann schnell noch ne Einladung schicken, ob er nicht Lust hat, mit dabei zu sein. Wenn es so weit ist, werde ich dir sagen, welchen von seinen Söhnen du zum zukünftigen Präsidenten machen sollst. Du schüttest dem dann etwas von diesem ganz besonderen Öl über seine Birne und betest für ihn. Okay?" 4 Samuel packte sofort seine Sachen und tat, was Gott ihm gesagt hatte. Als er in Bethlehem-City ankam, rannten ihm schon die Chefs der Stadt entgegen: „O Samuel!", fragten sie aufgeregt. „Warum sind Sie hier? Ist das ein gutes oder ein schlechtes Zeichen?" 5 „Ein gutes Zeichen!", lachte Samuel. „Ich bin hier, um für Gott ein Opferritual durchzuziehen. Bereitet euch alle schon mal da drauf vor, macht euch innerlich und äußerlich sauber und dann kommt einfach dazu. Wir machen zusammen ein Dankopfer!" Zu der Party kriegten auch Isai und seine Söhne eine Einladung. Zur Vorbereitung für das Dankopferessen mussten sie sich auch sauber machen. 6 Als Isai dann mit seinen Söhnen bei der Feier ankam, sah Samuel als Erstes den ältesten Sohn von ihm, der Eliab hieß. Er dachte sofort: „Yes, das ist er bestimmt! Den hat Gott ausgesucht!" 7 Aber dann kam ne Nachricht von Gott rein: „Hallo? Samuel, du musst nicht gleich sonst was Dickes von dem denken, nur weil der so groß ist und so ne Bodybuildingfigur hat! Ich finde den nicht so toll. Meine Einschätzung, wie jemand drauf ist, kommt anders zustande als bei euch Menschen. Ihr seht nur das Äußere, ich sehe aber das Innere, das Herz!" 8 Isai rief seinen zweiten Sohn zum Essen, der Abinadab hieß. Den stellte er auch Samuel vor, und dies mal dachte er sofort: „Ne, der ist es nicht. Das ist nicht der, den Gott sich ausgesucht hat." 9 Also holte Isai den Schima, seinen nächsten Sohn. Aber wieder war Samuel gleich klar: „Ne, der ist es auch nicht. Den hat Gott sich nicht ausgesucht!" 10 So ging das mit allen sieben Söhnen vom Isai der Reihe nach. Jeder wurde Samuel vorgestellt. Am Ende meinte Samuel: „Ne, er war nicht dabei. Keiner von denen wurde von Gott ausgesucht." 11 Schließlich fragte Samuel Isai: „Sagen Sie mal, waren das jetzt alle Ihre Söhne, oder was?" – „Nein, einer fehlt noch, das ist der Jüngste von allen. Der passt bei uns immer auf die Schafe auf." – „Können Sie den auch noch holen lassen?", fragte Samuel. „Ich will nicht mit dem Opferessen anfangen, bevor ich ihn nicht auch noch gesehen hab!" 12 Isai schickte einen seiner Leute, um David zu holen. Als David ankam, konnte man sehen, dass er voll gut aussah. Er hatte einen Top-Körper, schöne braune Haut, blaue Augen, voll der Model-Typ. „Das ist er", sagte Gott zu Samuel. „Mach ihn zum Präsidenten! Nimm dieses besondere Öl und bete für ihn!" 13 Samuel beugte sich zu dem Jungen rüber, schüttete das Öl

über seine Haare, sprach ein Gebet und segnete
ihn. Damit machte er ihn zum zukünftigen Präsi-
denten, mit den Brüdern als Zeugen. In der Se-
kunde, als er das gemacht hatte, zog plötzlich die
Kraft von Gott in David ein. Diese Kraft blieb auch
bei ihm und ging nicht wieder weg. Samuel packte
seine Sachen und ging wieder zurück nach Rama.

David übernimmt einen Job in Sauls Büro

14 Gott hatte seine Kraft von Saul weggenommen.
Statt dem guten Geist von Gott hatte jetzt ein fieser
Geist die Kontrolle, und Saul wurde voll zum Psy-
cho. 15 Seine Leute meinten dann mal zu ihm: „Sag
mal, du hast voll Probleme mit so einem fiesen
Dämon! Diesen Dämon hat bestimmt Gott vorbei-
geschickt, damit du Respekt vor ihm kriegst. 16 Wir
könnten dir ja mal einen Musiktherapeuten organi-
sieren, der gut mit der Akustikklampfe spielen kann.
Musst du nur sagen, wir holen den. Wenn du dann
wieder Psychoattacken hast, kann der dich vielleicht
wieder entspannt draufbringen, wenn er ein paar
Songs für dich spielt." 17 „Okay", sagte Saul. „Orga-
nisiert mir einen guten Gitarristen und bringt den
her!" 18 Einer von den Jugendlichen bei denen
meinte dann: „Ich hab neulich einen Typen auf
einem Konzert spielen gehört, der war echt der
Hammer! Der ist auch ziemlich stark. Er kann gut
reden, ist voll mutig und sieht dazu noch sehr gut
aus. Gott ist voll auf seiner Seite. Soweit ich weiß,
ist er ein Sohn von Isai, der in Bethlehem wohnt."
19 Saul holte sofort seine Sekretärin rein, die einen
Brief an Isai fertig machte: „Ich bitte darum, mir
Ihren Sohn vorbeizuschicken. Es geht mir um den
David, der bei Ihnen auf die Schafe aufpasst. Gez.
Der Präsident, Saul" 20 Isai war einverstanden. Er
packte in den Kofferraum ein Fässchen Bier, dazu
noch ein schönes Stück Schinken und schickte
David damit zum Präsidenten. 21 Auf die Art und
Weise bekam David einen Job bei Saul. Der Präsi-
dent mochte David voll gerne. Er stieg dann sogar
zum persönlichen Bodyguard des Präsidenten auf.
22 Nach einer Zeit schrieb Saul einen Brief an Isai:
„Bitte lassen Sie David weiter bei mir arbeiten! Ich
mag ihn sehr, und er macht einen guten Job."
23 Immer wenn diese Psychogedanken kamen und
so ein fieser Dämon Saul anzeckte, schnappte sich
David seine Gitarre und spielte einen Song. Das
funktionierte jedes Mal, denn sofort ging es Saul
viel besser, die Depressionen waren wie weggebla-
sen, und dieser fiese Dämon verschwand aus sei-
nen Gedanken.

17 **Goliat: Ein riesengroßer Soldat verarscht die Israeliten**

1 Irgendwann gab es wieder Krieg. Die Philis-
ter zogen ihre Armee zusammen, um bei Socho, im
Gebiet vom Familienstamm Juda, gegen die Israeli-
ten zu kämpfen. Sie schlugen ihr Lager in Efes-
Dammim auf, das zwischen Socho und Aseka lag.
2 Saul trommelte die ganze Truppe zusammen und
traf sich mit allen Soldaten von Israel im Eichental.
Beide Armeen standen sich gegenüber. 3 Auf der
einen Seite standen die Philister, auf der anderen
Seite die Israeliten. Dazwischen lag nur das Tal.
4 Plötzlich trat bei den Philistern ein Soldat aus den
Reihen. Sein Name war Goliat. Er kam aus der Stadt
Gat und war über 3 Meter groß! 5–6 Goliat sah aus
wie ein Terminator. Sein Armeeanzug bestand aus
einer schusssicheren Weste, die mit Metallplatten
behängt war. Er hatte Armund Schienbeinschoner
aus Stahl. Dazu trug er immer ein MG, eine Pump-
gun, zehn Handgranaten und eine Maschinenpis-
tole mit sich rum. Die ganze Ausrüstung mit Waffen
wog alleine über 80 Kilo. Man sagte, er sei unbe-
siegbar. 7 Die Pumpgun war eine Spezialanfertigung
und so dick wie der Mast einer Straßenlaterne. Ein
weiterer Soldat ging immer vor ihm her, nur um
seinen Stahlhelm zu tragen. 8 Der Typ stellte sich
vor der ersten Reihe der Truppen von den Philistern
breitbeinig hin und schrie: „Pah, was wollt ihr über-
haupt hier, ihr Deppen! Ich kämpfe für das ganze
Volk der Philister, und ihr kämpft nur für euren
mickrigen Präsidenten Saul! Hey! Schickt mir den
besten von euren Soldaten rüber, dann machen wir
einen Zweikampf. Ich hau den platt wie einen Pfann-
kuchen! 9 Wenn der es dennoch schafft, mich zu
besiegen und zu töten, küssen wir Philister euch ab
sofort die Füße und tun alles für euch! Aber wenn
ich ihn besiege, dann müsst ihr ab sofort alles für
uns tun. Ist das ein Deal oder was?" 10 Er schrie
immer weiter rum: „Hey, ich verarsch euch nur
noch, eure Soldaten sind doch voll die Idioten! Gebt
mir nur einen Mann, der es mit mir aufnimmt! Den
mach ich kaputt, ich schwör!" 11 Saul und alle Solda-
ten hörten, wie dieser riesige Soldat von den Philis-
tern ihre Leute die ganze Zeit verarschte. Das
machte ihnen richtig Angst, und sie bekamen lang-
sam voll die Panik.

David will Goliat das Maul stopfen

12 Wie gesagt, hatte Isai acht Söhne, von denen einer
David war. Er gehörte zum Efrat-Clan aus Bethle-
hem, aus dem Gebiet Juda. Isai selbst war schon

lange ausgemustert, weil er für den Wehrdienst zu alt war. Das passierte alles in der Zeit, als Saul in Israel das Sagen hatte. 13 Die drei ältesten Söhne von Isai waren mit den Soldaten von Saul in den Krieg gezogen. Und zwar waren das Eliab (der älteste), Abinadab und Schamma. 14 David war der jüngste Sohn vom Isai. 15 Er kam immer wieder von seinem Job beim Präsidenten nach Hause und passte weiter auf die Schafe von seinem Vater auf. 16 Vierzig Tag lang machte Goliat voll den Lauten. Immer morgens und abends ging er nach vorne und forderte einen der Israeliten raus, mit ihm zu kämpfen. 17 Irgendwann meinte Isai zu David: „Junge, geh raus zu deinen Brüdern an die Front. Bring ihnen von mir diese Kühlbox mit etwas zu essen mit. 18 Für den Chef ihrer Abteilung, den Hauptmann, packst du noch mal zehn Schnittchen ein. Frag mal, wie es deinen Brüdern geht, und bring irgendwas von denen wieder mit, damit ich weiß, dass sie noch am Leben sind. 19 Die müssten gerade alle im Eichental mit den anderen Soldaten sein und gegen die Philister kämpfen!" 20 „Okay!", sagte David zu seinem Vater. Er stellte sich früh am nächsten Morgen den Wecker, übergab seine Schafherde einem anderen Typen, packte die Sachen auf sein Moped und fuhr los an die Front. Als er in die Nähe des Lagers kam, rückte gerade das ganze Heer aus, um im Bodenkrieg gegen die Philister zu kämpfen. Die Männer stellten sich im Tal auf und schrien gerade ganz laut: „Aaaattackeee!" 21 Das Heer der Philister hatte sich den Israeliten genau gegenüber aufgestellt. 22 David parkte sein Moped bei der Lagerwache und lief an die Front zu seinen Brüdern. „Ist noch alles okay bei euch?", wollte er von ihnen wissen. 23 In dem Moment hatte dieser Philister Goliat aus Gat wieder seinen großen Auftritt. Er forderte die Israeliten zu einem Zweikampf auf und schrie laut rum. David hörte alles, was er sagte. 24 Kaum stand der Typ auf der Matte, hatten die Israeliten schon wieder die Hosen voll. Alle wichen einen Schritt zurück und zogen die Köpfe ein. 25 „Da ist wieder dieser Goliat, hast du den gesehen?", sagten sie zueinander. „Der kommt immer wieder, nur um uns zu dissen! Auf den hat der Präsident ein fettes Kopfgeld ausgesetzt, wer den tötet, der ist reich. Es wurde sogar gesagt, dass derjenige für den Rest seines Lebens keine Steuern mehr zahlen muss, und dazu darf er auch noch die Tochter vom Präsidenten heiraten!" 26 David fragte noch mal nach: „Wie jetzt? Was für eine Belohnung bekommt man, wenn man diesen Schwachmaten tötet? Dieser Typ, der Gott noch nicht mal kennt, darf doch nicht einfach die Armee von dem echten Gott verarschen, ohne bestraft zu werden!" 27 Also erklärten ihm die anderen Soldaten noch mal, was man ihm vorher schon mal gesagt hatte: „… und das alles wird der Typ kriegen, wenn er diesen Goliat tötet!" 28 Sein ältester Bruder Eliab kam echt mies drauf, als er mitbekam, wie David sich mit den Männern unterhielt. „Was willst du hier, Mann? Lässt du unsere Mini-Schafherde einfach alleine da draußen rumstehen oder was? Wer passt jetzt auf die auf? Du bist doch total gaga, ich ahne schon, warum du hergekommen bist: Du wolltest bestimmt doch nur mal ein Handyvideo machen, während wir hier am Kämpfen sind, und es bei Youtube einstellen. Stimmt's?" 29 „Hey, was ist los, was hab ich dir getan?", antwortete David. „Darf man nicht mal fragen, oder wie?" 30 Dann drehte er sich um und fragte noch mal einen anderen Soldaten, aber er bekam die gleiche Antwort von dem. 31 Nach einer Zeit hatten alle davon gehört, dass David immer wieder nach der Belohnung fragte. Auch Saul bekam das mit und wollte sofort mit ihm reden. 32 David fragte: „Mein Präsident Saul, darf ich gegen diesen Philister kämpfen? Sie brauchen keinen Respekt vor dem zu haben!" 33 „Niemals! Vergiss es! Du bist noch ein Jugendlicher, und der ist ein Soldat mit einer Spezialausbildung!" 34 „Mein Präsident Saul", sagte David. „Ich arbeite schon seit einiger Zeit mit Schafen, die meinem Vater gehören. Wenn dort ein Bär ankommt und eins von meinen Schafen geklaut hat, 35 bin ich dem sofort hinterher und hab auf den so lange eingeprügelt, bis er das Schaf losgelassen hat. Wenn er mich angegriffen hat, hab ich ihn manchmal an den Ohren gepackt und die Kehle mit meinem Taschenmesser durchgeschnitten. 36 Wenn ich mit einem Bär klarkomme, dann werde ich auch so einen Arsch von Philister kaputtmachen. Er muss dafür bezahlen, dass er die Armee von dem heftigen Gott verarscht hat! 37 Gott hat auf mich aufgepasst, dass mich die Tatze von so einem Bär nicht verletzt, er kann mich mit Sicherheit auch vor diesem Philister beschützen!" – „Okay", sagte Saul. „Von mir aus, dann kämpf gegen ihn. Gott wird dir dabei helfen!" 38 Er gab David seinen Helm und zog ihm seine schusssichere Weste über. 39 Dann hängte sich David noch das MG um den Hals. Als er mal testen wollte, wie gut er mit den ganzen Sachen überhaupt gehen konnte, war schnell klar, dass das nicht so eine pralle Idee war. „Die Waffen behindern mich total!", stöhnte er. „Damit kann ja kein Mensch anständig kämpfen!" Also zog er alles wieder aus. 40 David nahm seinen Stock, den er als Hirte immer dabeihatte, und sein Taschenmesser in die Hand. So ging er zu dem Philister Goliat.

David gewinnt gegen Goliat

41 Goliat trat aus der Reihe der Soldaten raus und ging David entgegen. Vor ihm ging ein zweiter Soldat, der nur seinen Stahlhelm tragen musste. 42 Schließlich konnte er von weitem erkennen, dass dort nur so eine kleine Wurst gegen ihn kämpfen wollte. David war zwar ein gutaussehender Jugendlicher, der auch eine ganz gute Figur hatte, aber er sah eben doch noch relativ jung aus. Goliat lachte sich über David nur schlapp. 43 „Ha, ich dreh durch! Was willst du denn bitte mit dem Stock und diesem billigen Taschenmesser? Meinst du, ich will mit dir spielen oder was?" Dann schrie er voll rum und verfluchte David bei seinen Plastikgöttern. 44 „Komm her, Kleiner! Ich werde dich zum Frühstück verspeisen, und deine Knochen kriegt mein Pitbull zum Mittag!" 45 David rief ihm aber zu: „Du kommst dir mit deiner Pumpgun wohl ganz toll vor. Aber ich hab die Hilfe von meinem Gott dabei! Und dieser Gott ist der Chef vom ganzen Universum, er ist der Gott von den Israeliten, und den hast du vorhin derbe beleidigt. 46 Dieser Gott wird heute dafür sorgen, dass ich gegen dich gewinne! Ich werde dich töten und dir den Kopf wegpusten. Deine Leiche und auch die Leichen von deinen Kollegen werde ich den Tieren und Raubvögeln zu fressen geben. Wenn das passiert, wird man überall in der Welt wissen, dass der Gott von den Israeliten immer auf seine Leute aufpassen wird. 47 Alle Leute sollen kapieren, dass Gott keine großen Waffen braucht, um seine Leute rauszuhauen. Gott legt fest, wer so einen Krieg gewinnt, und er hat beschlossen, dass die Philister von uns eins auf die Mütze kriegen!" 48 Goliat ging auf David zu, nahm seine Pumgun und zielte auf David. Der lief ihm aber auch entgegen, 49 holte aus, und warf mit full Speed das Messer auf ihn. Das Messer traf Goliat genau zwischen die Augen. Er fiel blutend, mit dem Gesicht nach vorn, auf den Boden. 50 Ohne eine richtige Waffe hatte David ihn nur mit einem Taschenmesser getötet! 51 Er lief zu Goliat hin, nahm sein Messer und schnitt ihm den Kopf ab. Als die Philister kapierten, dass ihr bester Mann gerade getötet worden war, rannten sie alle weg. 52 Die Israeliten fingen voll laut an zu brüllen und rannten ihnen einfach hinterher. Überall lagen die Leichen der Philister auf dem Weg von Schaarajim bis nach Gat und Ekron, wo sie hin geflohen waren. 53 Auf dem Rückweg plünderten die Israeliten noch das ganze Lager der Philister leer. 54 David schnappte sich den Kopf von Goliat, packte ihn in eine Tüte und brachte ihn später nach Jerusalem. Die Waffen von ihm nahm er auch mit und legte sie in sein Zelt.

David beim Präsidenten Saul

55 Saul hatte dabei zugesehen, wie David Goliat plattgemacht hatte. Er sagte zum General Abner von seiner Armee: „Ich muss mehr über diesen Kerl erfahren. Wissen Sie mehr?" – „Herr Präsident, ich habe keine Ahnung!" 56 „Gut, dann kriegen Sie es raus!", befahl Saul ihm. 57 Als David dann nach seinem Sieg wieder zu Hause angekommen war, holte ihn Abner dort ab. Beide zusammen gingen zum Präsidenten. David hatte die Tüte mit dem Kopf vom Goliat einfach mitgenommen. 58 „Okay, mein Junge, sag mir doch bitte mal deine Adresse und wie dein Vater heißt!", fragte ihn Saul freundlich, nachdem sie sich eine Zeit unterhalten hatten. „Mein Vater heißt Isai, und ich wohne in Bethlehem", antwortete David.

18

David und Jonatan = beste Freunde

1 Sauls Sohn Jonatan war bei dem Treffen die ganze Zeit dabei gewesen. Er hatte David beobachtet und fand ihn einfach total nett. Es entstand so eine ganz feste Freundschaft zwischen den beiden. David war für Jonatan wie ein Bruder. 2 Saul gab David einen Job in seinem Haus. Er wohnte ab dann bei ihm und ging nicht wieder zurück zu seiner Familie. 3 Jonatan und David wurden wirklich dicke Kumpel. Sie schlossen sogar einen Freundschaftsvertrag miteinander. 4 Jonatan schenkte David seine Armeeklamotten inklusive seines MG und dem Munitionsgürtel. 5 David diente ab dann in der Armee vom Saul. Überall, wo Saul ihn einsetzte, gewann er. Bald wurde David befördert und zum Kompaniechef ernannt. Alle Leute mochten David, er war sehr beliebt.

Saul wird voll eifersüchtig auf David

6 Als die Armee von dem Feldzug gegen die Philister wieder nach Hause kam, zogen die Frauen aus allen Städten ihnen entgegen, auch um den Präsidenten der Israeliten zuzujubeln. David, der den stärksten Soldaten der Philister erlegt hatte, war auch mit dabei. Die Frauen hatten eine PA auf dem Platz auf-

gebaut und tanzten zur Housemusic. [7] Dabei gab es so einen Ruf, den sie immer laut wiederholten: „Saul hat früher tausend Feinde erschlagen, aber bei David ging's Zehntausenden an den Kragen!" [8] Saul fand den Spruch nicht so geil, er regte sich sogar tierisch da drüber auf. „Bei David sind es gleich zehntausend und bei mir nur tausend? Als Nächstes wollen die ihn auch noch zum Präsidenten machen!" [9] Ab dann wurde Saul immer neidischer auf David. [10] Am nächsten Tag sorgte Gott dafür, dass Saul mal wieder ganz übel drauf kam. Saul wurde voll aggro, schrie in seinem Haus laut rum, als wäre er total durchgeknallt. Wie immer holte David dann seine Gitarre raus und spielte ein paar ruhige Songs, um Saul runterzubringen. Diesmal holte Saul aber seine Kanone aus dem Schrank [11] und schoss zweimal auf David, der den Schüssen aber ausweichen konnte. [12] Ab jetzt kriegte Saul richtig Schiss vor David. Es war einfach ganz klar, dass Gott ihn verlassen hatte und jetzt auf der Seite von David stand. [13] Darum hatte er auch keinen Bock mehr da drauf, dass David die ganze Zeit in seiner Nähe war. Er beförderte ihn zum General in seiner Armee. An der Spitze der Heerführung musste David ab dann oft losziehen, um hier und da Krieg zu führen. [14] Jeder Krieg, den er anzettelte, wurde ein Erfolg, weil Gott einfach in seiner Mannschaft spielte. [15] Saul bekam natürlich mit, dass alles, was David anpackte, ein Megaerfolg wurde. Darum bekam er immer mehr Angst vor ihm. [16] David wurde der neue Superstar, nicht nur in Juda, sondern in ganz Israel. Er stand auf den Titelblättern der ganzen Magazine und hatte bald einen eigenen Fanclub. Alle mochten ihn sehr und bewunderten ihn, weil er für die Leute in den Krieg zog und immer mit einem Sieg wieder nach Hause kam.

Saul versucht David reinzulegen

[17] Irgendwann sagte Saul zu David: „Ich möchte, dass du meine älteste Tochter Merab heiratest und wir eine Familie werden. Wenn du einverstanden bist, musst du dafür an vorderster Front in den Kriegen mitmischen, die Gott mir aufgetragen hat zu führen!" Insgeheim dachte sich Saul aber: „Ich will mir nicht die Hände an ihm schmutzig machen, dass sollen lieber die Philister für mich erledigen, die sollen ihn töten." [18] David antwortete aber: „Huch? Das passt doch irgendwie gar nicht. Ich komme aus einer Arbeiterfamilie! Isai, mein Vater hat doch nichts Dickes in Israel gerissen. Ich kann doch jetzt nicht so mal eben der Schwiegersohn vom Präsidenten werden!" Trotzdem war er einverstanden. [19] Als dann das Datum kam, an dem die Hochzeit von David & Merab angesetzt worden war, hatten sich die Pläne plötzlich geändert. Merab heiratete nicht David, sondern Adriel, der aus Mehola stammte. [20] Michal, die jüngere Tochter von Saul, war aber schon die ganze Zeit voll verknallt in David. Als Saul das mitbekam, fand er das okay. [21] „Vielleicht kann ich mit ihr ja David eine Falle stellen", sagte er sich. „Könnte ja sein, dass er wegen ihr gegen die Philister verliert, und die ihn dann umbringen." Also sagte er zu David: „Wenn du willst, kriegst du heute noch mal die Gelegenheit, Teil meiner Familie zu werden!" [22] Vorher hatte Saul einigen Leuten gesteckt, sie sollten David mal von der Seite anquatschen nach dem Motto: „Der Präsident findet dich ganz toll, weißt du das eigentlich? Alle mögen dich, auch seine Angestellten. Wäre doch fast logisch, wenn du jetzt auch noch sein Schwiegersohn werden würdest, oder?" [23] Diese Leute redeten also auf die Art mit David, aber er sagte dann immer: „Ihr glaubt doch nicht im Ernst, man kann so mal eben der Schwiegersohn vom Präsidenten werden? Ich komme aus einer Arbeiterfamilie, ich bin eher schlicht drauf, hab keine gute Bildung und so was!" [24] Als diese Männer Saul erzählten, was David dazu gesagt hatte, [25] befahl er ihnen Folgendes: „Ihr könnte ihm ja stecken, dass der Präsident kein Brautgeschenk von ihm sehen will, und er bezahlt auch die ganze Hochzeit. Alles, was er von ihm möchte, ist, dass er sich an seinen Feinden rächen soll. Er wünscht sich als Hochzeitsgeschenk von ihm die abgeschnittenen Vorhäute von hundert Philisterpenissen!" Saul hatte sich das nämlich so ausgerechnet, dass David bei den Kämpfen mit den Philistern irgendwie getötet werden würde. [26–27] Als sie David davon erzählten, wurde der Sportsgeist in ihm geweckt. Er konnte es sich durchaus vorstellen, auf diese Art Teil der Familie vom Präsidenten zu werden. Noch bevor die Frist abgelaufen war, hatte er schon die Vorhäute organisiert. Und er hatte nicht nur hundert, sondern sogar zweihundert Philister kaltgemacht. Er legte alle zweihundert Stück in einer Tüte dem Präsidenten auf seinen Schreibtisch. Saul gab dann das Einverständnis zur Hochzeit von seiner Tochter Michal mit David. [28] Saul kriegte immer mehr mit, dass Gott auf der Seite von David stand. Er bekam auch mit, dass seine Tochter Michal voll in David verknallt war. [29] Das alles trug dazu bei, dass er noch mehr Angst vor ihm hatte, als es eh schon der Fall

war. David wurde sogar zu seinem Todfeind. 30 Die
Philister zogen immer wieder in den Krieg gegen die
Israeliten. Aber bei jedem Feldzug, bei dem David
dabei war, gewann er auch. Er hatte mehr Erfolg als
alle anderen Generäle der ganzen Armee. David
wurde deswegen immer berühmter.

19

Saul hasst David volles Rohr

1 Saul erzählte seinem Sohn Jonatan und
auch seinen Offizieren ganz offen, dass er
David am liebsten tot sehen möchte. Jonatan war
aber mit David sehr eng befreundet. 2 Er sagte zu
David: „Mein Dad hat gesagt, dass er dich killen
wird! Pass auf dich auf! Am besten, du versteckst
dich morgen früh irgendwo. 3 Ich werde dann mit
meinem Vater einen Spaziergang machen und mit
ihm ausführlich über dich reden. Ich check mal aus,
wie er gerade drauf ist, und geb dir dann Bescheid,
okay?" 4 Auf dem Spaziergang legte Jonatan für
David ein gutes Wort ein: „Du kannst David nicht
umbringen, Papa. Er hat dir doch gar nichts getan!
Ganz im Gegenteil, alles was er macht, ist voll gut
für dich! 5 Er hat sein Leben für dich riskiert, schon
als er damals gegen diesen Riesen Goliat gekämpft
hat. Gott hat durch ihn das ganze Volk Israel nach
vorne gebracht. Hast du doch selber gesehen, und
früher fandest du das auch voll gut. Warum willst du
ihn denn jetzt töten lassen, obwohl er nichts getan
hat?" 6 Diese Argumente hatten irgendwie ihre Wir-
kung. Saul schwor Jonatan: „Pass auf, ich schwöre
dir bei Gott: David soll nicht getötet werden!"
7 Kurze Zeit später traf sich Jonatan wieder mit
David und erzählte ihm alles. Danach gingen sie
zusammen zum Saul, und David bekam den glei-
chen Job, den er vorher auch gehabt hatte.

Saul will David immer noch töten

8 Dann gab es wieder mal Krieg gegen die Philister.
David zog mit seiner Armee gegen die aufs
Schlachtfeld und brachte ihnen eine schwere Nie-
derlage bei. Die Philister flohen am Ende vor Davids
Leuten. 9 Als er wieder zu Hause war, kam Saul echt
schräg drauf. Gott schickte ihm einen bösen Geist.
David musste wieder seine Gitarre nehmen und
Saul mit der Musik beruhigen. Saul saß die ganze
Zeit mit einer Knarre in der Hand da, als er David
zuhörte. 10 Plötzlich kriegte Saul wieder einen Aus-
raster, er lud die Knarre durch und schoss auf
David, um ihn zu töten. Aber David konnte dem
Schuss ausweichen, und die Patrone durchschlug
nur die Wand hinter ihm. Er rannte erst mal aus
dem Haus. Weil es schon dunkel geworden war,
11 befahl Saul voll Wut einigen Soldaten, das Haus
von David die Nacht über zu bewachen. Am nächs-
ten Morgen sollten sie ihn dann laut Befehl erschie-
ßen. Michal, Davids Frau, hatte das Ganze aber mit-
bekommen und warnte David: „Wenn du dich nicht
bald in Sicherheit bringst, bist du morgen früh ein
toter Mann." 12 David kletterte vom Balkon ihres
Fensters nach unten und verdünnisierte sich schleu-
nigst. 13 Michal legte dann in das Bett von David
einen großen Teddy, packte noch ein paar Kissen
dazu und zog die Decke drüber. 14 Als die Männer
von Saul ankamen, um David zu holen, zeigte sie
ihnen das Bett und sagte: „Mein Mann hat Grippe!"
Darum gingen sie wieder weg. 15 Aber Saul war das
egal. Als die Männer ihm davon erzählten, sagte er:
„Geht einfach in sein Zimmer, packt euch das ganze
Bett und bringt alles her, damit ich ihn endlich
umbringen kann!" 16 Die Männer gingen also wieder
hin, fanden aber im Bett nur den Teddy, sonst
nichts. 17 Saul ging zu Michal und schrie sie an:
„Warum hast du mich beschissen? Warum hast du
meinem Feind die Flucht ermöglicht?" Sie antwor-
tete: „Er hat mich bedroht! Er hat gesagt, er würde
mich umbringen, wenn ich ihn nicht gehen lasse!"

Saul bei den Prophetentypen in Rama

18 David hatte sich versteckt, damit ihm nichts pas-
sieren konnte. Er ging dann beim Propheten Samuel
vorbei, der in Rama wohnte. Beim Mittagessen
erzählte er ihm die ganze Geschichte, was Saul mit
ihm angestellt hatte. Schließlich gingen sie zusam-
men in die Siedlung, wo alle Propheten ihre Woh-
nungen hatten. David nahm sich dort ein Zimmer.
19 Als Saul davon hörte, dass David bei den Prophe-
ten in Rama wohnte, 20 befahl er einer Abordnung
von Soldaten, ihn dort festzunehmen. Als sie anka-
men, war gerade ein heftiger Gottesdienst am Start.
Die Propheten tanzten und hüpften in dem Raum
durcheinander und sangen dabei ganz laut. Außer-
dem sagten sie die ganze Zeit prophetische Sachen,
die direkt von Gott kamen. Samuel leitete die ganze
Veranstaltung. Plötzlich kam die Kraft von Gott
auch auf die Soldaten von Saul! Sie sprangen und
hüpften genauso wild rum, wie das die Propheten
taten. 21 Saul bekam dann eine Mail rein, wo ihm
jemand von der Sache berichtete. Er schickte dann
wieder einen neuen Trupp los, aber auch die wurden
dort voll von der Kraft Gottes angezappt und pogten
genauso rum, wie die Propheten es taten. Auch eine

dritte Abordnung erlebte das gleiche Ding wie die ersten zwei vor ihnen. [22] Also packte Saul seine Sachen und nahm das Ding selber in die Hand. Als er in Sechu bei Rama ankam, fragte er an einem Kiosk, wo man Samuel und David jetzt am besten antreffen würde. „Die sind jetzt bestimmt in der Prophetensiedlung, dort unten in Rama!", antwortete man ihm. [23] Kaum betrat Saul den Boden der Siedlung, wurde er auch schon von der Kraft Gottes umgehauen. Er zuckte nur so rum und tanzte wie verrückt. Dieser Zustand blieb die ganze Zeit, bis er im Zentrum der Siedlung Rama ankam. [24] Als er dort war, flippte Saul erst richtig aus. Er strippte erst mal, riss sich die Klamotten vom Körper, schrie und tanzte wie durchgeknallt, bis er keine Puste mehr hatte. Dann brach er splitternackt vor Samuel zusammen und lag dort den ganzen Tag und die ganze Nacht, weil er einfach kaputt war. Seitdem gibt es übrigens diesen Spruch: „Ist Saul jetzt etwa auch ein Prophetentyp?"

20 David und Jonatan

[1] David packte seine Sachen und floh aus der Siedlung in Rama. Als er sich mit seinem Freund Jonatan traf, fragte er ihn: „Sag mal, was hab ich eigentlich deinem Vater getan? Was hat der gegen mich, dass er mich unbedingt töten will?" [2] „Du wirst nicht getötet", erwiderte Jonatan. „Mein Vater bespricht eigentlich alles, was er tut, vorher mit mir, egal, ob das wichtige oder unwichtige Sachen sind. Sag mir nur einen Grund, warum er ausgerechnet das nicht einmal erwähnt haben sollte! Das ist totaler Quatsch, glaub mir bitte!" [3] „Hey, Mann, dein Vater hat schon lange kapiert, dass wir beide gute Freunde sind. Darum erzählt er dir nichts davon, ist doch logo!", meinte David zu ihm. „Er sagt sich: ‚Jonatan darf das nicht mitkriegen, damit er nicht traurig wird.' Aber ich bin mir echt hundertpro sicher, dass ich schon mit einem Bein im Grab stehe!". [4] „Hm, was denkst du denn, kann ich dir irgendwie helfen?", fragte Jonatan. [5] „Also morgen fängt der neue Monat an. Ich bin an dem Tag eigentlich beim Präsidenten zum Essen eingeladen gewesen, hatten wir schon vor langer Zeit abgemacht. Aber wenn das für dich okay ist, werde ich mich lieber erst mal für eine Weile in den Untergrund begeben. [6] Falls dein Vater sich nach mir erkundigt, erzähl ihm, ich hätte bei dir angefragt, ob ich mal übers Wochenende nach Bethlehem verschwinden könnte. Dort ist ja mein Geburtsort, und meine ganze Familie feiert da jedes Jahr eine Party, bei der auch Opferrituale durchgezogen werden. [7] Wenn dein Vater dann sagt: „Ist doch in Ordnung", dann bin ich in Sicherheit. Wenn er aber voll aggromäßig draufkommt, dann kannst du davon ausgehen, dass er was ganz Übles mit mir vorhat. [8] Bitte tu mir den Gefallen, ja? Mach es unserer Freundschaft wegen. Wir haben ja vor Gott so ne Art Freundschaftsvertrag miteinander geschlossen. Hey, wenn ich wirklich was ausgefressen habe, dann kannst du mich sofort töten, oder liefere mich am besten gleich deinem Vater aus!" [9] „Bis du noch ganz dicht?", antwortete Jonatan. „Wie kommst du denn zu so einer Aussage? Wenn ich wirklich merke, dass mein Vater bereits beschlossen hat, dich zu töten, dann bis du der Erste, der das von mir erfährt!" [10] David fragte weiter: „Wie machen wir das denn jetzt? Wer soll mir denn Bescheid geben, wie dein Vater reagiert hat und ob er jetzt ausgerastet ist oder nicht?" [11] „Lass uns mal spazieren gehen und draußen über die Sache weiterreden, okay?", fragte ihn Jonatan. Als sie dann draußen unterwegs waren, [12] sagte Jonatan nach einer Zeit: „Also, mein Freund, ich schwöre dir hiermit, dass ich übermorgen meinen Vater testen werde. Ich bin mir eigentlich ganz sicher, dass du keine Angst haben musst, aber wenn es doch einen Grund dafür gibt, werde ich dich irgendwie darüber informieren. [13] Wenn ich es nicht schaffe, dich zu warnen, soll Gott mich dafür bestrafen! Wenn mein Vater wirklich vorhat, dich zu töten, kannst du von mir aus verschwinden, um dich in Sicherheit zu bringen. Gott soll dir dann auf die gleiche Art helfen, wie er meinem Vater früher auch schon geholfen hat. [14] Bitte sei immer so gut zu mir, wie Gott zu dir ist, und bring mich nicht um, wenn du mal Präsident bist! [15] Und sorg bitte dafür, dass meiner Familie nichts passiert, wenn Gott alle deine Feinde plattmachen wird." [16] Jonatan machte dann mit David einen Vertrag, dass Jonatans Familie nichts passiert, wenn Gott die Feinde von David bestrafen wird. [17] „Unterschreibst du das jetzt? Schwörst du mir, dass du das durchziehst? Wir sind doch beste Freunde, oder?" David unterschrieb den Vertrag, denn er mochte Jonatan wirklich so sehr wie sein eigenes Leben. [18] „Morgen beim Essen werden alle nach dir fragen, wenn dein Stuhl leer ist. [19] Zwei Tage später kommst du an die Stelle, wo du dich schon mal versteckt hast. Dort hinter dem großen Stein. [20] Ich werde dann im Garten auf meine Torwand schießen und einen Schuss voll daneben bal-

lern. 21 Pass auf: Wenn ich meinem Balljungen sage, er soll den Ball weiter vorne suchen, mehr in meine Richtung, dann ist das ein Zeichen für dich, das alles in Ordnung ist. Du bist dann nicht in Gefahr, da bin ich mir total sicher, Gott ist dann mein Zeuge. 22 Wenn ich dem Balljungen aber sage, er soll den Ball weiter weg suchen, dann verschwinde von hier, so schnell es geht. Das ist dann so, als würde dich Gott selbst wegschicken. 23 Vergiss die Sachen nicht, die wir besprochen haben. Gott ist Zeuge, dass wir diesen Vertrag miteinander geschlossen haben, und zwar für immer!"

David muss vor Saul fliehen

24–25 David versteckte sich also draußen auf dem Gelände, so wie die zwei es besprochen hatten. Bei dem Essen, was an jedem Anfang des Monats veranstaltet wurde, kam der Präsident Saul und setzte sich an seinen Spezialplatz an der Wand, wo er sonst auch immer saß. Auf seiner linken Seite saß der General Abner, auf der gegenüberliegenden Seite sein Sohn Jonatan. Der Platz von David blieb dabei leer. 26 Saul regte sich erst mal nicht sonderlich da drüber auf, dass David nicht da war. „Der steckt bestimmt im Stau, oder er hat vergessen, diese religöse Waschung für diese Woche zu machen. Ja, der ist bestimmt dreckig und darf gerade nichts essen", sagte er zu sich selbst. 27 Als der Platz aber am zweiten Tag immer noch leer war, fragte Saul seinen Sohn Jonatan: „Warum ist dieser Spinner nicht da? Gibt es irgendeinen Grund, warum der Junge von Isai gestern und heute meine Einladung einfach ignoriert hat?" 28 „Ja", antwortete Jonatan. „Ich soll David entschuldigen. Er musste ganz dringend nach Bethlehem. 29 Er hat mich echt angebettelt. David meinte zu mir: ‚Bitte lass mich gehen! Ich muss zu einem Familienfest nach Hause. Mein großer Bruder wollte unbedingt, dass ich da hinkomme. Sei doch so nett und erlaube mir das, damit ich meine Verwandten mal wieder besuchen kann.' Das ist der Grund, warum er heute nicht hier am Tisch sitzt." 30 Saul rastete total aus: „Was bist du für ein Arsch! Ich hab schon lange kapiert, dass du und dieser verdammte Pisser unter einer Decke stecken! Das ist oberpeinlich, nicht nur für dich, sondern auch für deine Mutter, weil sie dich geboren hat! 31 Solange dieser Typ noch lebt, kannst du echt vergessen, dass du mal selber Präsident wirst! Ich erwarte von dir, dass du sofort einen Trupp zusammenstellst und ihn festnehmen lässt. David muss sterben!" 32 „Aber warum denn? Was hat er denn getan?", fragte Jonatan. 33 Als er das sagte, zog Saul plötzlich seine Waffe und schoss auf ihn. Spätestens jetzt war klar, dass sein Vater David wirklich umbringen wollte. 34 Er stand wütend vom Esstisch auf und ging in sein Zimmer. Von diesem zweiten Tag der Festtage an konnte Jonatan nichts mehr essen, weil er sich solche Sorgen um David machte, denn sein Vater hatte ja den ganzen Hass gegen David bei diesem Essen rausgelassen. 35 Am nächsten Morgen ging Jonatan wie verabredet zu der Torwand. Er hatte einen Balljungen bei sich, der ihm beim Fußball immer die Bälle holte. 36 Jonatan schoss und der Ball flog weit an der Torwand vorbei. „Los jetzt, du musst den Ball wieder holen, den ich gerade weggeschossen hab!", sagte er dem Jungen. 37 Als der Balljunge an der Stelle war, wo der Ball gelandet war, rief im Jonatan zu: „Liegt der Ball nicht viel weiter weg von dir? 38 Los, mach hinne, und hol ihn schnell!" Der Junge hob den Ball auf und brachte ihn zurück zu Jonatan. 39 Er hatte keinen blassen Schimmer, dass das ein Zeichen war, nur David und Jonatan wussten davon. 40 Dann sagte er zu seinem Balljungen: „Hier hast du meinen Revolver. Bring den mal ins Waffengeschäft in der Stadt zum Durchchecken!" 41 Als er weg war, kam David aus seinem Versteck raus. Er rannte zu Jonatan, kniete sich vor ihm auf den Boden und verbeugte sich dreimal. Dann umarmten sich die beiden und weinten voll lange, besonders David war am Flennen. 42 „Jetzt zieh ab!", sagte Jonatan schließlich zu ihm. „Und vergiss nicht unseren Vertrag, den wir vor Gott miteinander geschlossen haben, ja? Gott war Zeuge, und das bleibt er auch: Dieser Vertrag gilt zwischen uns und unseren Kindern, für immer."

21

David auf der Flucht

1 David ging sofort nach Hause, packte seine Klamotten zusammen und fuhr weg. Jonatan ging dann in die Stadt. 2 Auf der Flucht kam David in Nob vorbei, wo der Priester Ahimelech wohnte. Ahimelech ging David aufgeregt entgegen und fragte ihn: „Guten Tag! Was machen Sie hier? Warum sind Sie ganz alleine gekommen?" 3 „Der Präsident hat mir einen Top-Secret-Job erteilt, keiner darf davon wissen", antwortete David. „Meine Männer treffe ich an einem geheimen Ort. 4 Geben Sie mir bitte etwas Reiseproviant für unterwegs? Vielleicht fünf Schnittchen auf die Hand oder ein paar Snickers? Einfach irgendwas, was Sie im Haus lie-

gen haben.“ 5 „Hm, ich hab nichts Normales im Haus, nur diese besonderen Brote von Gott.“, antwortete der Priester. „Das Zeug kann ich Ihnen aber nur geben, wenn Sie und Ihre Leute in letzter Zeit keinen Sex hatten. Sie müssen sauber, also eben ‚rein‘, sein. So ist die Regel.“ 6 „Also in den letzten zwei Tagen hat garantiert keiner von uns eine Frau vernascht“, lachte David. „Und als wir losgegangen sind, waren sogar die Waffen der Männer sauber, also ‚rein‘. Da drauf wurde geachtet, obwohl wir eigentlich nur so unterwegs sind, ohne speziellen Auftrag von Gott. Also heute ist hier auf alle Fälle alles hundertprozentig sauber!“ 7 Der Priester war einverstanden und rückte die besonderen Brote raus. Es handelte sich dabei um die Ration, die gerade von dem Tisch für die besonderen Brote weggeräumt wurde, um frisches Brot nachzulegen. 8 Zufällig war an dem Tag auch ein Soldat am Ort, der aus der Truppe von Saul kam. Und zwar handelte es sich um Doeg, einen Edomiter. Er war der Aufseher über die Hirten von Saul. 9 David fragte Ahimelech: „Sagen Sie, gibt's hier irgendwo einen Waffenladen? Oder haben Sie noch eine Knarre im Schrank hängen, die Sie mir vielleicht leihen könnten? Ich hab es nicht mehr geschafft, meine Waffen zu holen, weil es sich um einen Eilauftrag vom Präsidenten handelte.“ 10 „Klar, wir haben hier noch Ihre alten Waffen liegen, die Sie dem Philister Goliat abgezogen haben, nachdem er im Eichental von Ihnen getötet wurde. Sie liegen dahinten, in einen Mantel eingewickelt. Wenn Sie wollen, können Sie die mitnehmen. Was anders haben wir hier nicht.“ – „Ja, gerne! Gute Idee!“, sagte David. „Bessere Waffen als die werde ich bestimmt nirgends bekommen können.“

Davids Trick mit dem Präsidenten der Philister

11 Davids Flucht vor Saul brachte ihn am selben Tag noch nach Gat. Dort wollte er sich mit dem Präsidenten Achisch treffen. 12 Die Leute im Büro erkannten David sofort, als er den Gang runterkam. „Da kommt dieser David, der neue Präsident von Israel! Das ist der Typ aus dem Radio, über den es dieses Lied gibt: „Saul hat früher tausend Feinde erschlagen, aber bei David ging's Zehntausenden an den Kragen!“ 13 David schnallte recht schnell, was für eine Wirkung diese Worte hier hatten. Darum kriegte er plötzlich voll Angst vor Präsident Achisch. 14 So kam er auf die Idee, einen Vollpsycho zu spielen. Als einige Männer ihn festnehmen wollten, fing er auf einmal an rumzuzucken, schlug mit den Händen wild um sich, lallte irgendwelche dummen Sprüche runter und ließ ständig Sabber aus seinem Mund laufen. Dabei kritzelte er auch noch mit einem Edding komische Sachen an die Türen. 15 „Der Mann ist total irre, seht ihr das nicht!“, rief Achisch zu seinen Männern. „Warum habt ihr den überhaupt durchgelassen? 16 Ich hab schon genug Vollpsychos im Haus. Der soll sich bitte in irgendeiner Gummizelle austoben, aber nicht bei mir!“

22

David und seine Gang

1 David machte erst mal die Biege aus Gat. Er floh in einen alten Bunker, der in der Nähe der Stadt Adullam lag. Seine Brüder und andere aus seiner Familie bekamen davon Wind und besuchten ihn dort. 2 Es kamen aber auch einige Leute zu ihm und schlossen sich seiner Truppe an. Männer, die irgendwie Probleme mit der Polizei bekommen hatten, tätowierte Rocker, Leute, die pleite oder viele Jahre im Knast waren. Insgesamt kamen 400 Männer zusammen. David wurde ihr Anführer. 3 Sie zogen zusammen von da nach Mizpe, was im Land der Moabiter lag. Dort stellte David beim Präsidenten einen Antrag auf Unterkunft für seine Eltern. „Bitte erlauben Sie mir, meine Eltern hier unterzubringen, bis ich weiß, was Gott mit mir vorhat!“ 4 Beide Eltern konnten dann dort wohnen. Sie bekamen ein Zimmer im Präsidentenpalast, solange sich David in den Bergen versteckt hatte. 5 Irgendwann gab es ein Treffen zwischen David und dem Propheten Gad. Der sagte zu ihm: „David, Sie können sich nicht für immer hier verstecken! Gehen Sie doch an Ihren Geburtsort zurück, nach Juda!“ David fand das eine gute Idee und zog erst mal weiter bis nach Jaar-Heret.

Saul rastet total aus und nietet die Priester von Nob um

6 Irgendwann kriegte Saul gesteckt, wo David und seine Männer sich verschanzt hatten. Der Präsident saß da gerade auf einem kleinen Berg bei Gibea unter einer Birke. In der rechten Hand hatte er sein MG. Sein Spezialtrupp war auch dabei. 7 Saul sprang plötzlich auf und machte seine Leute zur Sau: „Ihr Trottel glaubt doch bestimmt, dass dieser Typ vom Familienstamm Juda ausgerechnet euch Benjaminiter bevorzugen wird, wenn er mal an der Macht ist, oder? Ihr glaubt im Ernst, er wird euch ganz viel Land und Weinberge schenken und jeden von euch zu einem General befördern! Ha! 8 Ihr seid doch alle

gegen mich! Ihr habt mir ja noch nicht mal von dem Vertrag erzählt, die ausgerechnet mein eigener Sohn mit diesem Sohn vom Isai gemacht hat. Keiner hat mir was erzählt, keiner! Dass mein eigener Sohn meine Angestellten gegen mich aufhetzt, unglaublich! Und dass der sogar Leute bezahlt, die mich ausspionieren, die mich verraten?! Das wird mir alles jetzt erst klar!" [9] Einer von seiner Truppe stand auf und sagte zu Saul: „Ich hab David gesehen, als er beim Priester Ahimelech war. Ich meine diesen Typen, der aus der Familie von Ahitub stammt. Der wohnt in Nob. [10] Der Priester hat mit Gott über ihn geredet, und Gott hat ihm auch gesagt, wo es für David demnächst langgeht. Er hat dem auch noch was zu essen gegeben. Am Ende ist David mit den Waffen vom Philister Goliat in der Hand wieder weitergezogen." [11] Saul unterschrieb sofort einen Haftbefehl gegen den Priester Ahimelech und alle seine Verwandten sowie alle Priester, die in Nob arbeiteten. [12] Als die Priester im Knast waren, ging Saul zu Ahimelech. „Sag mal, tickst du noch ganz richtig?", schrie Saul ihn an. – „Was wollen Sie von mir, Herr Präsident?", antwortete Ahimelech. [13] „Warum disst ihr mich? Warum arbeitet ihr gegen mich, du und dieser Sohn vom Isai?", rief Saul. „Du hast ihm was zu essen gegeben! Du hast ihn sogar mit Waffen versorgt! Und am Ende hast du für ihn sogar noch Gott gefragt, was er machen soll! Darum ist er jetzt gut vorbereitet, um einen Putsch gegen mich zu versuchen und mir meinen Posten zu klauen!" [14] „Aber werter Herr Prasident, David ist der beste Mann in Ihrer Mannschaft", antwortete Ahimelech höflich. „Er ist Ihnen treu ergeben. Außerdem ist er Ihr Schwiegersohn und auch noch der Chef von Ihrer Elitetruppe. Alle Ihre Angestellten haben Respekt vor ihm. [15] Hey, es war doch jetzt nicht das erste Mal, dass ich mit Gott über David geredet hab. Ihr Verdacht ist total unbegründet. Ich hab von alledem keinen blassen Schimmer gehabt!" [16] Saul war aber voll aggromäßig drauf: „Du wirst mit deinem Leben dafür bezahlen, du und deine ganze Familie!", schrie er ihn an. [17] Dann befahl er den Soldaten, die bei ihm waren: „Alle Priester an die Wand! Erschießt sie alle! Sie stecken mit David unter einer Decke! Sie wussten genau, dass er auf der Flucht vor mir war, und haben mich nicht informiert!" Aber die Soldaten weigerten sich, den Befehl auszuführen, weil man Priester von Gott nicht mal so eben abknallen konnte, das geht gar nicht. [18] Saul ging zum Doeg und befahl ihm: „Los, mach du es. Erschieß die Bande!" Doeg zog seine MP und ballerte alle Priester um. 85 Männer in ihren Priesterklamotten starben an dem Tag. [19] Dazu wurden auf Befehl von Saul alle Einwohner der Priesterstadt Nob erschossen. Alle Männer, Frauen und Kinder, sogar Babys wurden getötet. Dazu auch die Rinder, Pferde, Schafe und Ziegen. [20] Es gab nur einen Überlebenden, den Sohn von Ahimelech und Enkel von Ahitub, der Abjatar hieß. Er floh zu David [21] und erzählte ihm die ganze Story. Dass Saul alle Priester von Gott abgeschlachtet hatte und so. [22] David machte sich selbst große Vorwürfe. Er sagte zu Abjatar: „Als ich damals in Nob diesen Doeg getroffen hab, war mir schnell klar, dass er mich an Saul verraten würde. Ich bin schuld! Tut mir voll leid, ich hab Ihre ganze Familie auf dem Gewissen! [23] Sie können erst mal hier bei uns bleiben. Wir haben den gleichen Feind, der uns umbringen will. Bei mir sind Sie in Sicherheit!"

23 David rettet die Stadt Keila und ist weiter auf der Flucht

[1] Irgendwann steckte man David, dass die Philister in Keila eingefallen waren und alle Nahrungsmittel aus der Stadt gezockt hatten. [2] David redete mit Gott über die Sache: „Was meinst du? Soll ich angreifen? Schaffen das meine Leute, die Philister dort wieder rauszuschmeißen?" Gott antwortete: „Klar, das schaffst du! Mach die Philister platt und rette Keila!" [3] Aber seine Leute waren von der Idee nicht so begeistert. „Wir schieben schon ständig Panik, dass wir angegriffen werden, obwohl wir nur hier in Juda sind. Und jetzt willst du mit uns nach Keila gehen und einen Angriffskrieg gegen die Philister führen?" [4] David redete noch mal mit Gott über die Sache. „Ja, los jetzt! Geht nach Keila und mach die Philister fertig! Ich werde dafür sorgen, dass ihr gewinnt!", antwortete er ihm. [5] Also marschierte David mit seinen Männern auf die Stadt zu. Er griff die Philister an, vertrieb sämtliche Kühe und Schafe und fügte ihnen eine herbe Niederlage zu. Auf diese Art befreite er die Leute, die dort wohnten, von den Philistern. [6] Keila war auch die Stadt, in der der Priester Abjatar ein Treffen mit David hatte, als er vor Saul geflohen war. Er hatte auch seine besonderen Lose mit am Start. [7] Saul kriegte Wind davon, dass David in Keila Station gemacht hatte. Er fand das gut, weil er dachte, dass Gott David an ihn ausgeliefert hätte. Denn die Stadt mit ihren Mauern ringsherum war ja wie eine Falle, aus der er nicht so schnell fliehen konnte. [8] Saul trommelte die ganze

Armee der Israeliten zusammen und zog gegen Keila in den Krieg, um David und seine Leute dort zu umzingeln. [9] David kapierte natürlich, dass Saul vor allem hinter ihm her war. Er fragte beim Priester Abjatar an, ob er mal mit der Tasche vorbeikommen könnte, in der die besonderen Lose drin lagen. [10] Er fragte Gott: „Du bist der Chef von Israel? Ich gehöre dir und tu, was du willst. Man hat mir aus sicherer Quelle gesteckt, dass Saul hierher unterwegs ist. Er will die ganze Stadt plattmachen, nur weil ich hier bin. [11] Könnte gut sein, dass die Bewohner von Keila mich an ihn ausliefern. Sind die Gerüchte jetzt wahr, die ich gehört habe? Wird Saul kommen? Bitte, Gott, rede zu mir!" Und Gott sprach durch die Lose zu David. „Die Antwort ist: Ja, Saul wird kommen!" [12] „Und wie ist das, Gott? Würden die Bewohner mich an ihn ausliefern, mich und meine Leute?" – „Die Antwort ist: Ja, sie würden dich und deine Leute ausliefern." [13] David packte seine Sachen und verließ mit allen Männern bei ihm, das waren mittlerweile um die 600, die Stadt. Sie versteckten sich im ganzen Land, sie gingen immer von einem Ort zum nächsten. Saul hörte davon, dass David Keila verlassen hatte, und blies den Krieg gegen die Stadt deswegen wieder ab.

David wird verpetzt

[14] David versteckte sich in den Bergen in einer ziemlich öden Gegend. Die meiste Zeit hielt er sich in der Stadt Sif auf. Saul war ihm die ganze Zeit dicht auf den Fersen, kriegte ihn aber nie zu fassen, weil Gott auf David aufpasste. [15] David wusste davon, dass Saul hinter ihm her war und ihn töten wollte. In der Zeit, als er in der Wüste Sif bei Horescha lagerte, [16] bekam er Besuch von Sauls Sohn Jonatan. Jonatan wollte David ermutigen, weiter mit der Hilfe von Gott zu rechnen. Und das baute David auch echt wieder auf. [17] Jonatan sagte zu David: „Hey, Mann, du brauchst keine Angst mehr zu haben, mein Vater findet dich nie! Irgendwann bist du der Präsident von Israel, und dann bin ich dein zweiter Mann, gleich nach dir. Mein Vater hat auch schon lange geschnallt, dass das so passieren wird." [18] Die beiden machten dann einen neuen Freundschaftsvertrag miteinander, mit Gott als Zeugen. Danach ging Jonatan wieder zurück nach Hause. David blieb aber in Horescha. [19] Ein paar Männer, die in Sif wohnten, verpetzten David beim Saul: „Der Typ, den Sie suchen, versteckt sich bei uns in den Bergen, in der Nähe der Stadt Horescha. Er lagert auf dem Berg Hachila, der südlich von Jeschimon liegt. [20] Sie müssen nur schnell vorbeikommen, Herr Präsident, dann sorgen wir dafür, dass er noch da ist und Sie ihn sich schnappen können." [21] „Danke! Gott soll Ihnen dafür was schenken, dass Sie mir bei meinem Problem helfen wollen!", antwortete Saul. [22] „Bitte gehen Sie wieder zurück, und erkundigen Sie sich über seinen genauen Aufenthaltsort. Ich möchte alles wissen, wer ihn zuletzt gesehen hat und so. Man hat mir erzählt, dass er ziemlich schlau ist und ganz schöne Tricks auf Lager hat. [23] Spioniert für mich jede Ecke aus, in der er sich noch versteckt halten könnte. Wenn ihr eure Informationen gesammelt habt, dann kommt zurück, und wir gehen zusammen dort hin, solange er noch da ist. Ich werde ihn dann finden, egal wo er sich versteckt, und wenn ich das ganze Land nach ihm absuchen muss." [24] Die Männer gingen zurück nach Sif, und Saul kam in einigem Abstand hinterher. In der Zeit waren David und seine Leute schon weiter in der Wüste bei Maon. Dort lagerten sie in der Steppe, die südlich von Jeschimon liegt. [25] David kriegte gesteckt, dass Saul und seine Leute auf der Suche nach ihm waren. Darum wollte er sich in einer Höhle verstecken, die auch noch in der Wüste Maon lag. Doch auch das wusste Saul bald und jagte ihm dorthin hinterher. [26] Schließlich lag nur noch ein Berg zwischen den beiden. Saul ging an der einen Seite entlang, David an der anderen. David versuchte so schnell es ging weiterzukommen, aber Saul und seine Männer holten ihn ein und wollten ihn und seine Leute gerade umzingeln. [27] Plötzlich kam eine SMS bei Saul rein. „Die Philister haben uns den Krieg erklärt. Sie sind schon im Land und plündern alles. Hilfe! Kommen Sie schnell!" [28] Saul brach sofort den Einsatz ab und fuhr mit seinen Männern zurück, um gegen die Philister anzutreten. Der Fels, der die beiden (nur noch) getrennt hatte, bekam dann später den Namen „Trennungsfelsen".

24

David hat Respekt vor Saul

[1] David zog dann in ein anderes Versteck um, was in einem schwer zugänglichen Bereich der Berge bei En-Gedi lag. [2] Nach einer Zeit hatte Saul die Philister besiegt und ihre Armee noch lange verfolgt. Als er zurück nach Hause kam, kriegte er die Meldung rein: „David hat sich in die Berge bei En-Gedi verpisst!" [3] Sofort zog er 3000 Soldaten mit Spezialausbildung von den Israeliten ein, um David und seine Truppe zu verfolgen. [4] Als

er östlich der Steinbockfelsen an den Schafsgehe-
gen vorbeikam, musste er ganz dringend pinkeln. Er
ging deswegen in einen alten Bunker, der dort an
dem Weg in den Bergen war. Zufällig war das aber
ausgerechnet der Bunker, in dem sich David und
seine Männer im hinteren Bereich versteckt hatten.
5 Davids Leute flüsterten ihm zu: „Das ist die Gele-
genheit! Gott hat heute beschlossen, dir deinen
Feind auszuliefern. Du kannst hier mit ihm machen,
was du willst!" David schlich sich von hinten an
Saul ran und schnitt mit einem Armeemesser ein
Stück von seiner Jacke ab, ohne dass der das mitbe-
kam. 6 Gleich danach war es David voll peinlich, und
er hatte echt ein schlechtes Gewissen. 7 „Gott soll
mich davor beschützen, dass ich meinem Präsiden-
ten auch nur ne Schramme zufüge", flüsterte er
seinen Leuten zu. „Er ist von Gott extra für diesen
Job ausgesucht worden! Er ist immerhin der Präsi-
dent!" 8 David verbot seinen Männern, sich Saul
vorzuknöpfen. Als Saul aus dem Bunker rauskam,
um weiterzugehen, 9 rannte David ihm plötzlich
hinterher. „Mein Präsident, mein Chef!", rief er ihm
zu. Saul drehte sich um, aber David warf sich vor
ihm platt auf den Boden. 10 „Bitte lassen Sie sich
von nichts und niemandem erzählen, dass ich Sie
kaputtmachen will", sprach er weiter, 11 „Ich kann
Ihnen heute das Gegenteil beweisen. Gerade eben,
hier in dem alten Bunker, hätte ich Sie töten kön-
nen. Dafür hat bestimmt Gott gesorgt. Meine eige-
nen Leute haben mich angefeuert, Ihnen die Kehle
durchzuschneiden. Aber ich hab es nicht gemacht,
ich habe Sie verschont. Ich konnte es einfach nicht
tun, weil mir klar ist, dass Sie mein Chef sind, Sie
sind der von Gott eingesetzte Präsident! 12 Hier, als
Beweis hab ich ein Stück von Ihrer Jacke abgeschnit-
ten. Ich hätte Sie wirklich töten können, aber ich
hab mir nur diesen Stofffetzen von Ihrer Jacke
genommen. Jetzt müssen Sie doch kapieren, dass
ich kein Verräter bin, ich bin kein Arschloch! Ich hab
nichts gegen Sie getan, aber Sie sind hinter mir her
und wollen mich töten. 13 Gott soll zwischen uns
entscheiden. Er wird Sie bestrafen, aber ich werde
das nicht tun, niemals! 14 Es gibt ja diesen Spruch:
„Nur wer link ist, tut linke Dinge". Ich werde Ihnen
auf keinen Fall was tun. 15 Ich meine, wer ist denn
das, hinter dem Sie gerade her sind? Der Präsident
von ganz Israel jagt ein Meerschweinchen, oder
besser noch eine Fliege!? 16 Gott soll zwischen
Ihnen und mir entscheiden, er soll das beurteilen.
Gott soll mein Rechtsanwalt in dieser Sache sein
und mir dabei helfen, mein Recht zu bekommen!"
17 Als David fertig war, fragte Saul: „David? Sag mal,
bist das wirklich du?" Dann fing er voll an zu heu-
len. 18 Schließlich sagte Saul zu ihm: „Du hast total
recht mit dem, was du sagst! Du hast mich immer
gut behandelt im Gegensatz zu mir. 19 Heute hast
du mal wieder bewiesen, dass du es gut meinst,
weil du mich nicht getötet hast. Gott hatte dafür
gesorgt, dass ich mich nicht hätte wehren können,
trotzdem hast du die Situation nicht ausgenutzt,
um mich zu töten. 20 Ich meine, wo hat man so was
schon mal erlebt? Da hat einer die Möglichkeit, sei-
nen Feind aus dem Weg zu räumen, aber lässt ihn
trotzdem wieder laufen! Also, Gott wird dich dafür
fett beschenken! 21 Mir ist schon klar, dass du mal
der neue Präsident werden wirst. Unter deiner
Regierung wird Israel gut weitergeführt werden.
22 Bitte versprich jetzt, mit Gott als Zeugen, dass du
aus meiner Familie nicht alle umbringen wirst! Ich
möchte, dass es immer noch ein paar Leute gibt,
die an mich denken, wenn ich mal tot bin." 23 David
versprach es ihm ganz fest. Dann ging Saul wieder
zurück nach Hause. David und seine Männer zogen
wieder zurück in die Berge.

25

David und Nabal

1 In der Zeit starb der Prophetentyp
Samuel. Überall in Israel wurde deswegen
Staatstrauer angesetzt. Sie beerdigten ihn in der
Stadt, wo er geboren worden war, in Rama. David
zog dann noch weiter nach Süden bis in die Wüste
Paran. 2 In dem Ort Maon lebte ein Millionär, der
eine große Ranch hatte. Dort standen gerade 3000
Schafe und 1000 Ziegen von ihm rum, weil in der
Zeit die Wolle von den Tieren abrasiert wurde. 3 Die-
ser Typ hieß übrigens Nabal, und er kam aus dem
Kaleb Clan. Seine Frau hieß Abigajil, und die war
nicht nur unheimlich sexy, sondern dazu auch noch
sehr schlau. Nabal war allerdings eher so ein Proll-
typ und ziemlich fies unterwegs. 4 David bekam
davon Wind, dass Nabal in Karmel war, um seinen
Schafen die Wolle abrasieren zu lassen. 5 Darum
schickte er zehn von seinen Männern mit dem Auf-
trag los: „Geht mal nach Karmel und bestellt Nabal
einen schönen Gruß von mir und gebt ihm diesen
Brief." 6 In dem Brief stand drin: „Lieber Nabal. Ich
wünsche Ihnen viel Glück und Segen! Für Sie, für
Ihre Familie und für alles, was Ihnen gehört! 7 Ich
hab davon gehört, dass Sie Ihre Tiere bei uns ganz
in der Nähe weiden lassen. Wir haben sie in Ruhe
gelassen und in der Zeit, wo die in Karmel waren,

ist nicht eins Ihrer Schafe geklaut worden oder
gestorben. 8 Sie können das gerne mal überprüfen,
es stimmt wirklich. Ich bitte Sie, dass Sie nett zu
den Überbringern dieses Briefes sind und sie gut
behandeln. Heute ist doch ein besonderer Tag für
Sie, oder? Und seien Sie doch so nett, und geben
Sie ihnen was zu essen mit, irgendwas, was bei
Ihnen übrig ist und Sie sowieso wegschmeißen wür-
den. Es ist für mich, für David, der alles für Sie tun
würde. Freundliche Grüße, Ihr David" 9 Nachdem
Nabal den Brief gelesen hatte, sagte er zu den Post-
boten: 10 „Hä? Was ist das denn für ein Typ? David?
Aus was für einer Familie kommt der? Vom Isai? Nie
gehört! Heutzutage gibt es echt genug Hirnies, die
aus der Klapse geflohen sind und jetzt auf der
Straße leben. 11 Die Lebensmittel, die wir hier haben,
sind für meine Angestellten, die die Schafe abrasie-
ren! Warum sollte ich davon etwas an Leute abge-
ben, von denen ich noch nicht mal weiß, wo die
herkommen?" 12 Die Männer gingen zurück zu
David und erzählten ihm, wie Nabal auf den Brief
reagiert hatte. 13 „Zu den Waffen, Männer!", rief
David seinen Leute zu. Er schnappte sich seine MG
und zog mit 400 von seinen Leuten los, die restli-
chen 200 blieben aber dort, um das Lager zu bewa-
chen.

Die schlaue Frau von einem Mann, der immer assi drauf ist

14 Einer von den Angestellten vom Nabal besuchte
dann die Abigajil und erzählte ihr die ganze
Geschichte. „Gerade waren ein paar Postboten vom
David da. Er hatte einen echt netten Brief geschrie-
ben, aber Nabal war davon nur total angepisst und
hat rumgetobt. 15 Dabei waren die Leute von Davids
Truppe immer voll nett zu uns. Wir hatten nie Pro-
bleme mit denen, und in der ganzen Zeit, wo sie da
waren, hat man uns kein einziges Tier geklaut.
16 Solange die in unserer Nähe waren, wurden
unsere Herden beschützt wie durch eine Mauer.
17 Kapieren Sie, was das bedeutet? Bitte unterneh-
men Sie was dagegen! Denn wenn nichts passiert,
wird unser Chef bald tot sein, und wir alle auch. Er
ist immer so scheiße drauf, man kann überhaupt
nicht mit ihm reden! Er macht jeden nur zur Schne-
cke." 18 Abigajil ließ sofort ihren Benz vorfahren und
packte in den Kofferraum 200 Fladenbrote, zwei
Kisten Bier, fünf Spießbraten, eine Kiste mit Kartof-
felchips, 100 Portionen Müsli und 200 Gläser Erd-
beermarmelade. 19 Sie befahl ihren Angestellten:
„Fahrt mit dem Wagen schon mal vor, ich komme
gleich nach!" Ihrem Ehemann erzählte sie aber
nichts davon. 20 Als Abigajil mit ihrem Auto gerade
um eine Ecke bog, kam David ihr mit seiner Truppe
entgegen. 21 David regte sich gerade noch mal total
über die Reaktion von Nabal auf. „Das war doch
alles für den Arsch! Ich hab die Schafe von dem
Typen beschützt, obwohl die noch nicht mal mir
gehörten. Nicht eins von den Viechern ist ihm in
der Zeit geklaut worden! Und so wird einem das
jetzt gedankt. 22 Ich schwör, bei Gott: Keiner von
denen soll morgen noch leben!" 23 Als Abigajil David
erkannte, parkte sie ihr Auto, stieg aus und warf
sich vor David auf den Boden. 24 Sie umfasste seine
Füße und sagte leise: „Es ist alles meine Schuld!
Bitte hören Sie mir zu! Ich will alles erklären!
25 Nabal dürfen Sie echt nicht für voll nehmen! Er ist
genau das, was sein Name auch bedeutet: ein Trot-
tel! Leider war ich nicht da, als Ihre Leute den Brief
überbracht haben. 26 Mann, ich schwöre Ihnen, was
ich jetzt sage, ist so wahr wie die Tatsache, dass
Gott lebt und dass Sie selbst leben: Das war doch
garantiert kein Zufall, dass wir uns getroffen haben!
Gott hat das organisiert, damit Sie sich an Nabal
nicht rächen. Dann stände echt was zwischen Ihnen
und Gott! Dieser Nabal wird dafür später fett
bestraft werden, und ich sag Ihnen: Alle Ihre Feinde,
jeder, der Sie dissen will, soll dasselbe durchma-
chen wie er. 27 Ich hab hier im Kofferraum ein beson-
deres Geschenk für Sie, das können Sie unter Ihren
Leuten verteilen, wenn Sie wollen. 28 Ich tue alles,
was Sie wollen. Bitte verzeihen Sie mir, dass ich Sie
überhaupt gestört habe. Ich bin mir total sicher,
dass Gott Sie eines Tages mal zum Präsidenten
machen wird. Und wenn Sie an der Macht sind,
wird etwas entstehen, was nie mehr aufhören wird.
Sie werden die Kriege für Gott führen. Ich wünsche
Ihnen, dass Sie für den Rest Ihres Lebens eine reine
Weste behalten. 29 Wenn irgendjemand hinter Ihnen
her ist und Sie töten will, wird Ihnen nichts Schlim-
mes passieren, weil Gott Ihr Leben beschützt. Er
passt auf Sie auf, wie man auf sein wertvolles
iPhone aufpasst oder auf seine Rolex. Aber Ihre
Feinde werden kaputtgehen wie ein alter Kassetten-
rekorder, und man wird sie auf den Schrotthaufen
schmeißen wie eine kaputte Glühbirne. 30 Gott wird
Ihnen irgendwann den Joystick in die Hand geben,
Sie haben dann die Macht, das hat er versprochen.
31 Dann werden Sie froh sein, dass Sie in dieser
Sache ein gutes Gewissen behalten und nicht auf
eigene Faust Ihr Recht durchgesetzt haben. Es wäre
ja unschuldiges Blut geflossen, und das wäre nicht

so toll. Und bitte vergessen Sie mich nicht, wenn Gott Sie ganz nach oben gebracht hat!" 32 „Wow, Gott ist der Größte! Der Gott Israels ist gigantisch!", rief David laut. „Ich bin so froh, das er Sie gerade heute zu mir geschickt hat! 33 Sie sind auch noch superschlau, das ist ja genial, danke, Gott! Er soll Ihnen das zurückzahlen, dass Sie mich heute davor bewahrt haben, richtig Mist zu bauen. Ich hätte mich einfach gerächt und hätte damit etwas getan, was zwischen mir und Gott gestanden hätte. 34 Hey, ich schwöre Ihnen bei Gott: Wenn Sie mir nicht so schnell entgegengekommen wären, dann hätte ich in einer Nacht alle Männer bei Nabal umgenietet, keiner wäre übrig geblieben. Das ist so sicher wie das Amen in der Kirche." 35 David freute sich über das Essen, was sie ihm mitgebracht hatte. Er sagte zu ihr: „Jetzt gehn Sie mal entspannt nach Hause! Was Sie von mir wollten, haben Sie bekommen."

David heiratet Abigajil

36 Als Abigajil nach Hause kam, war Nabal mit seinen Leuten gerade schwer am Feiern. Er hatte ein fette Party organisiert, war voll auf Drogen und megabreit. Darum redete sie erst mal nicht mit ihm. 37 Erst am nächsten Morgen, als er wieder klar in der Birne war, erzählte sie ihm alles. Nachdem er die ganze Geschichte gehört hatte, bekam er plötzlich einen Gehirnschlag und war gelähmt. 38 Zehn Tage danach sorgte Gott dafür, dass er sterben musste. 39 Als David von der Sache hörte, war er echt froh: „Danke, Gott! Du hast dafür gesorgt, dass alles gut geworden ist. Du hast Nabal dafür bestraft, weil er so assig zu mir war. Er hat die gerechte Strafe bekommen." Dann schickte er einen Mann zu Abigajil mit einem Heiratsantrag. 40 Als der Typ bei ihr in Karmel ankam, sagte er zu ihr: „Ich soll Sie von David fragen, ob Sie ihn nicht vielleicht heiraten wollen!" 41 Sie stand sofort auf, ging zu dem Mann hin, kniete sich auf den Boden und sagte: „Ich werde alles tun, was er sagt. Ich wär sogar bereit, die Drecksarbeit für ihn zu erledigen." 42 Sofort packte sie ihre Sachen und setzte sich in den Bus. Ihre fünf Helferinnen kamen alle mit. 43 Jetzt hatte David zwei Frauen, was damals normal war. Er hatte ja vorher schon die Ahinoam geheiratet, die aus Jesreel kam. 44 Eigentlich war David ja auch noch mit Sauls Tochter Michal verheiratet. Aber Saul hatte die in der Zwischenzeit einfach mit Palti, einem Sohn von Lajisch aus Gallim, verheiratet.

26

David lässt Saul zum zweiten Mal laufen

1 Einige Leute aus Sif kamen nach Gibea zu Saul, um David zu verpetzen. „Er versteckt sich auf dem Hügel Hachila, gegenüber von Jeschimon", steckten sie ihm. 2 Saul befahl 3000 seiner besten Soldaten, sich bereitzumachen, und marschierte mit denen in die Wüste Sif, um David zu suchen. 3 Als sie dort waren, bauten sie erst mal ihr Lager auf. David war in der Zeit noch in der Wüste unterwegs. Er hörte bald davon, dass Saul wieder hinter ihm her war, 4 und schickte deswegen ein paar Spione los, um die Lage auszuchecken. Die bestätigten ihm diese Information: Saul war tatsächlich wieder unterwegs. 5 David wollte sich selbst auch noch mal schlaumachen und schlich sich an das Lager vom Saul ran. Er konnte erkennen, dass die Zelte in einem großen Kreis aufgebaut waren. In der Mitte von dem Kreis stand das Zelt vom Präsidenten Saul. Der hatte sich dort gerade mit seinem General Abner in ihren Penntüten ne Runde aufs Ohr gehauen. 6 Bei David waren noch Ahimelech (ein Hetiter) und Abischai (ein Sohn von Zeruja) dabei. „Also, Leute: Ich werde jetzt versuchen, mich in das Lager von Saul reinzuschleichen. Wer kommt mit?", fragte er die Männer. „Ich bin dabei!", meinte Abischai. 7 Nachdem es dunkel geworden war, schlichen sich die beiden in das Lager. Vorbei an Abner und den anderen Soldaten schafften sie es, bis zum Schlafplatz von Saul zu kommen, dessen Zelt im Zentrum des ganzen Lagers war. Alle pennten seelenruhig, und auch der Präsident lag im Tiefschlaf. Direkt an seinem Kopf steckte sein Armeemesser in der Erde. 8 „Jetzt ist die Gelegenheit! Gott hat dafür gesorgt, dass du mit deinem Feind kurzen Prozess machen kannst. Ha, ich werde ihm jetzt mit seinem eigenen Messer die Kehle durchschneiden!", flüstere Abischai zu David. „Ein Stich genügt, und du bist ihn für immer los!" 9 „Auf keinen Fall!", sagte David. „Das kannst du nicht bringen! Jeder, der etwas gegen einen Präsidenten tut, den Gott extra ausgesucht hat, bekommt echt Probleme. Gott wird ihn dafür bestrafen!", sagte David leise. 10 „Ich bin mir ganz sicher, Gott höchstpersönlich wird den Präsidenten aus dem Verkehr ziehen. Er kann dafür sorgen, dass er krank wird und stirbt, einen Autounfall hat oder im Krieg an der Front erschossen wird. 11 Ich will auf keinen Fall den einen Präsidenten töten, der von Gott ausgesucht und eingesetzt worden ist! Schnapp dir das Armeemesser und seine Wasserflasche, und dann lass uns so schnell es geht von hier verpissen!" 12 Abischai holte die beiden

Sachen und gab sie David. Dann machten sie sich auf den Rückweg. Niemand bekam etwas von ihrem nächtlichen Besuch mit. Gott hatte dafür gesorgt, dass das ganze Lager in der Nacht ganz tief am Pennen war. 13 David ging dann auf einen Hügel neben dem Lager. Aus dieser sicheren Distanz holte er ein Megaphon raus und 14 weckte die ganze Truppe auf: „Huhu, Abner! Wo sind Sie?“ Abner wachte auf und schrie zurück: „Hä? Wer sind Sie denn? Wie kommen Sie überhaupt dazu, den Präsidenten aufzuwecken?“ 15 David rief zurück: „Sind Sie nicht der Typ, vor dem alle Schiss haben? Was sind Sie überhaupt für einer? Warum haben Sie es noch nicht mal gepackt, den Präsidenten anständig zu beschützen? Gerade eben war jemand bei euch im Lager, der hätte ihn ganz leicht umbringen können! 16 Ganz tolle Leistung, Abner! Ich sag Ihnen mal was: Sie haben alle die Todesstrafe verdient! Sie haben es nicht gepackt, Ihren Präsidenten anständig zu bewachen! Sie haben als Security-Leute versagt! Sie wollen einen Beweis? Dann suchen Sie doch mal das Armeemesser vom Präsidenten oder die Wasserflasche. Ist beides nicht mehr da, oder?“ 17 Saul hörte die ganze Zeit mit und erkannte plötzlich, dass es die Stimme von David war. „David? Bist du das? Mein Sohn David!“ – „Ja, mein Chef! Ich bin es, mein Präsident!“, rief David zurück. 18 „Warum sind Sie mit Ihren Leuten hinter mir her? Was hab ich Ihnen getan? Was hab ich Schlimmes verbrochen?“, sagte er weiter. 19 „Hören Sie mal, ich hab echt das Gefühl, jemand hat Sie gegen mich aufgehetzt. Aber Sie sind doch mein Präsident und mein Chef! Wenn Gott dahintersteckt, sollten wir vielleicht mal zusammen einen Gottesdienst organisieren und das Ding mit einem Opferritual wieder klarkriegen. Wenn aber Menschen uns gegeneinander aufstacheln, dann müssen die dafür bezahlen, sie sollten von Gott vom Platz gestellt werden. Diese Leute wollen ja, dass ich für immer verschwinde aus Ihrem Leben! Sie klauen mir meinen Anteil an dem Gebiet, was Gott mir versprochen hat! Sie fordern mich dazu auf, abzuhauen und mit irgendwelchen Plastikgöttern zu leben! 20 Das kann doch nicht in Ihrem Sinne sein!? Das dürfen Sie nicht zulassen, dass ich irgendwo sterbe, wo Gott nicht ist! Warum jagen Sie mich wie ein dummes Huhn, was weggelaufen ist? Hallo? Der Präsident von Israel versucht eine Mücke einzufangen?!“ 21 Saul war beeindruckt: „Puh, ich bin so ein Idiot, ich hab Mist gebaut!“, rief er laut. „Bitte komm wieder zurück! David, du bist doch wie mein eigener Sohn! Ich werde dir nie wieder etwas tun, versprochen! Du hast letzte Nacht mein Leben verschont! Ich war wirklich total link zu dir!“ 22 „Wenn Sie wollen, dann schicken Sie noch mal einen von Ihren Soldaten hoch, mein Präsident. Der soll Ihr Armeemesser abholen!“, rief David zurück. 23 „Gott belohnt jeden für das, was er macht. Jeder, der ihm treu ist und tut, was er sagt, kriegt eine Belohnung von ihm. Er hat heute dafür gesorgt, dass Sie ausgeliefert und wehrlos waren, ich hätte Sie töten können. Aber ich wollte das nicht, weil Sie der von Gott ausgesuchte Präsident sind. 24 In der Art, wie ich heute Respekt vor Ihrem Leben hatte, wird Gott auch Respekt vor meinen Leben haben, es wird ihm nicht egal sein. Gott wird mir helfen, er wird mich retten, wenn ich in einer Notsituation bin.“ 25 Saul sagte: „Okay! Gott soll dich fett beschenken, er soll dich segnen! Alles, was du anfasst, soll ein Megaerfolg werden, mein Sohn David!“ Damit war das Ding erledigt, und beide zogen ab. David ging in seine Richtung, und Saul ging wieder zurück nach Hause.

27 David flüchtet zu dem Volk, das Israel eigentlich nicht abkann

1 David überlegte hin und her: „Hm, Saul wird bestimmt weiterhin versuchen, mich zu töten. Aber ich kann ja nicht ewig vor ihm fliehen. Vermutlich bin ich am sichersten, wenn ich mich so schnell wie möglich bei den Philistern einquartiere. Da bin ich vor Saul sicher. Solange ich im Gebiet von Israel bleibe, wird er die ganze Zeit hinter mir her sein. Überall werden Steckbriefe von mir aushängen, da hab ich keine Ruhe vor dem.“ 2 David ging also mit seinen 600 Mann über die Grenze in das Land, das den Philistern gehörte. Er ging dann zu Achisch, dem Sohn von Maoch, der zu der Zeit Präsident von Gat war. 3 Die Familien von Davids Männern waren alle mit dabei. Auch David hatte seine beiden Frauen Ahinoam aus Jesreel und Abigajil aus Karmel mitgenommen. Abigajil war die Witwe vom Nabal. Sie blieben dann alle bei Präsident Achisch in Gat. 4 Als Saul davon Wind bekam, dass sich David dort versteckt hatte, hörte er auf, ihn zu verfolgen. 5 Irgendwann gab es dann mal ein Treffen zwischen David und dem Präsidenten Achisch: „Wenn das okay für Sie ist, würde ich gerne mit meinen Leuten in einer von Ihren Kleinstädten wohnen. Warum sollte ich die ganze Zeit in Ihrer Hauptstadt wohnen bleiben? Aber ich tue alles, was Sie wollen!“

6 Achisch beschloss dann noch am selben Tag, David und seinen Leuten die Stadt Ziklag zur Verfügung zu stellen. Das ist auch der Grund, warum diese Stadt lange zu dem Gebiet von Juda dazugehört hat. 7 Insgesamt wohnte David ein Jahr und vier Monate bei den Philistern.

David trickst den Präsidenten der Philister aus

8 David startete mit seinen Soldaten von dort aus immer wieder kleinere Kriege gegen die umliegenden Städte und Dörfer. So kämpfte er gegen die Geschuriter, die Geseriter und die Amalekiter. Die wohnten schon immer in der Gegend von Schur bis an die Grenze von Ägypten. 9 Überall, wo David Krieg führte, machte er alle Menschen platt, die dort lebten. Alles, was wertvoll war, wurde von Davids Männern eingesackt. 10 Wenn sie wieder zu Hause waren, fragte der Präsident Achisch immer: „Und? Waren Sie wieder unterwegs und haben ein paar Städte ausgeraubt?“ – „Ja, waren wir“, antwortet David dann. „Wir waren im Südland vom Israelitenstamm Juda.“ Oder er sagte: „Wir waren im Südland, in dem Gebiet der Jerachmeeliter.“ Oder er antwortete: „Ja, wir waren im Südland, wo die Keniter wohnen!“ 11 Wenn David unterwegs war, gab es keine Überlebenden. Er kam nie mit Gefangenen wieder nach Gat zurück, weil die bestimmt geplaudert hätten. Auf diese Tour zog David das die ganze Zeit durch, solange er bei den Philistern lebte. 12 Achisch dachte irgendwie, er könnte sich auf David verlassen, der würde ihn nie übers Ohr hauen. „Sein Volk ist so megastinkig auf den, der kann gar nicht anders, als für immer bei mir zu bleiben und für mich zu arbeiten.“

28 Saul lässt sich von einer Hexe helfen, die Geister befragt

1 Irgendwann planten die Philister mal wieder einen Krieg gegen die Israeliten. Als sie ihre Truppen zusammenzogen, fragte Achisch bei David an: „Ist doch wohl klar, dass Ihre Männer an meiner Seite kämpfen und mit mir in den Krieg ziehen, oder?“ 2 „Ja, logo, machen wir!“, antwortete David. „Dann haben Sie auch mal einen Beweis dafür, dass wir hundertpro auf Ihrer Seite stehen.“ – „Okay, Sie haben dann für die ganze Zeit dieses Krieges den Job, für meine Sicherheit zu sorgen!“ 3 Zu der Zeit war der Prophet Samuel gestorben, und man hatte seine Leiche in seiner Heimatstadt Rama beerdigt. Überall in Israel war eine große Trauersession angesetzt worden. Saul hatte übrigens alle Hexen, Okkultisten und Wahrsager aus dem Land rausgeschmissen. 4 Die Philister sammelten ihre Truppen und rückten bis nach Schunem vor. Saul zog mit der ganzen Armee der Israeliten auf das Gebirge Gilboa und baute dort sein Lager auf. 5 Als Saul das erste Mal die ganze Armee der Philister überblicken konnte, kriegte er echt Panik und fing voll an zu zittern. 6 Er versuchte bei Gott anzuklingeln, was er zu der Sache zu sagen hatte, aber bekam keine Antwort. Die Propheten hatten nichts von Gott gehört. Saul hatte auch keinen Traum oder so was und noch nicht mal mit den besonderen Losen bekam er eine Antwort. 7 Dann hatte Saul die dumme Idee, so eine Hexe zu befragen, die mit toten Menschen reden konnte. „Holen Sie mir mal so eine Hexe her! Ich muss das jetzt unbedingt wissen!“, sagte er zu seiner Sekretärin. „Soweit ich weiß, gibt es da eine Frau in En-Dor, die so was machen kann“, antwortete die. 8 Saul zog ein paar einfache Klamotten über, klebte sich einen falschen Bart an und ging mit zwei seiner Männer dorthin. Mitten in der Nacht klingelten sie bei der Frau. „Sie müssen für mich mit jemandem sprechen, der schon tot ist!“, sagte er zu ihr. „Der soll mir nämlich sagen, was in der Zukunft abgeht. Ich werde Ihnen genau sagen, mit wem Sie sprechen sollen.“ 9 „Aber entschuldigen Sie, mein Herr“, antwortete die Frau. „Sie wissen doch genauso gut wie ich, dass auf Anordnung des Präsidenten Saul so was verboten ist! Er hat angeordnet, dass alle Wahrsager, Hexen und Okkultisten aus dem Land geschmissen oder getötet werden sollen. Ist das hier eine Falle, oder was? Wollen Sie, dass ich auch sterbe?“ 10 „Hey, nein, keine Sorge!“, redete Saul auf sie ein. „Ihnen wird nichts passieren, das schwöre ich!“ 11 „Hm, um wen geht es denn?“, fragte die Frau. „Ich will mit Samuel sprechen!“, antwortete Saul. 12 Dann ging es los. Als die Frau mitten in der Session plötzlich Samuel sah, kapierte sie auch, wer ihr da eigentlich gerade den Auftrag gegeben hatte: „Sie haben mich betrogen, Sie sind es ja selbst, der Präsident“, schrie sie los. 13 „Ich sage es noch mal: Sie brauchen keine Angst vor mir zu haben! Jetzt sagen Sie endlich, was Sie sehen!“, redete Saul weiter. „Also, ich seh da so einen Geist, der aus der Erde hochkommt!“ antwortete sie. 14 „Und? Wie sieht der aus?“ „Es ist ein alter Mann, er hat einen langen Mantel an, wie ihn Propheten normal immer tragen.“ Für Saul war jetzt klar: Es handelte sich um Samuel. Sofort warf er sich auf die Erde. 15 Samuel sprach jetzt mit ihm:

„Hey, Mann, warum stören Sie mich? Warum musste ich zu Ihnen kommen?“ Saul antwortete: „Ich bin in Lebensgefahr! Die Philister haben Stellung bezogen und wollen gegen uns in den Krieg ziehen. Gott hat mich verlassen. Er redet nicht mehr mit mir! Sowohl durch die Propheten als auch durch Träume kommt keine Nachricht mehr rein. Darum hab ich mal bei Ihnen angeklingelt. Können Sie mir sagen, was ich jetzt machen soll?“

Gott zieht das Ding durch

16 „Was fragen Sie mich noch? Haben Sie noch nicht kapiert, dass Gott nicht mehr auf Ihrer Seite ist? Sie kämpfen jetzt auch gegen ihn, er ist Ihr Feind geworden. 17 Er zieht das Ding gnadenlos durch, dass er mir schon vor einiger Zeit gesagt hatte. Ich hab ja immer schon gesagt, dass Gott Ihnen Ihre Präsidentschaft wegnehmen und sie dem David geben wird. 18 Sie haben damals nicht das getan, was Gott von Ihnen wollte. Sie sollten alle Amalekiter plattmachen, Sie sollten die Rote-Karte-Aktion dort durchziehen, aber das haben Sie nicht getan. Darum hat Gott Ihnen heute nicht geholfen, darum geht er so mit Ihnen um. 19 Gott wird alle Israeliten, alle Soldaten und auch Sie an die Philister ausliefern. Morgen werden Sie und Ihre Söhne tot sein.“ 20 Saul traf buchstäblich der Schlag. Wie ein nasser Sack fiel er der Länge nach auf den Boden. Er hatte richtig krasse Angst, weil Samuel ihm diese Sache angekündigt hatte. Außerdem war er sowieso schon sehr schwach auf den Beinen, weil er den ganzen Tag nichts gegessen hatte. 21 Die Hexe hatte auch schon kapiert, dass Saul voll kaputt war. Sie sagte zu ihm: „Ähh, mein Präsident, ich hab jetzt alles getan, was Sie von mir wollten, oder? Dabei hab ich sogar mein Leben riskiert. 22 Bitte essen Sie jetzt endlich was! Und wenn es nur ein kleiner Happen ist. Sie müssen was zwischen die Kauleisten kriegen, bevor Sie sich auf den Weg nach Hause machen, sonst brechen Sie noch zusammen!“ 23 Saul hatte aber kein Bock auf Essen. „Nein, ich will jetzt nicht!“ Aber die beiden Männer, die ihn begleitet hatten, und auch die Frau redeten so lange auf ihn ein, bis er sich breitschlagen ließ. Er stand auf und setzte sich an den Tisch. 24 Die Frau hatte noch ein Kalb im Stall stehen. Das wurde jetzt schnell geschlachtet, in Stücke zerteilt und auf den Grill gehauen. Dazu backte sie noch ein paar Fladenbrote im Ofen. 25 Sie deckte den Tisch, und Saul und seine Begleiter nahmen Platz. Nach dem Essen machten sie sich noch am selben Abend wieder auf den Rückweg.

29

David kommt um einen Kriegseinsatz gegen seine eigenen Leute rum

1 Und es war Krieg. Die Philister zogen ihr Heer bei Afek zusammen, während sich die Israeliten gegenüber, bei der Quelle vor der Stadt Jesreel, aufstellten. 2 Die Chefs der Philister organisierten einen großen Truppenaufmarsch. Alle Soldaten zogen an dem Balkon vorbei, wo die Chefs drauf saßen. Ganz zum Schluss kamen die Truppe von David und die von Achisch, dem Präsidenten von Gat. Als die Chefs der Philister die Truppe von David sahen, 3 fragten sie Achisch: „Was haben denn diese Israeliten da bei uns verloren?“ – „Der da vorne, das ist David, ein Typ, der mal in der Truppe vom Saul war, dem Präsidenten von Israel. Der hat eigentlich immer für diesen Saul gekämpft, aber seitdem er zu meiner Truppe übergelaufen ist, hat er immer einen sehr guten Job gemacht. Ich hatte nie was an ihm zu meckern.“ 4 Die Chefetage der Philister war aber ziemlich sauer deswegen. Sie forderten Achisch auf, David sofort aus dem Dienst zu entlassen. „Der soll da hingehen, wo du ihn hast wohnen lassen. Er darf nie und nimmer an unserer Seite kämpfen, das wäre nur ein Unsicherheitsfaktor in unseren Reihen! Was ist, wenn der mitten im Krieg die Seiten wechselt? Für ihn wäre das doch die Top-Gelegenheit, sich bei seinem Präsidenten Saul wieder einzuschleimen, indem er ihm unsere Leichen vor die Füße knallt. 5 Außerdem ist das doch genau der David von diesem Lied, was zurzeit auf jeder Party läuft, oder? Dieses ‚Saul hat früher tausend Feinde erschlagen, aber bei David ging's Zehntausenden an den Kragen!‘“ 6 Achisch ging in sein Büro und ließ David zu sich rufen. „Ich schwöre bei Gott, Sie sind immer eine sehr zuverlässige Unterstützung gewesen. Ich bin froh, dass Sie mit mir in den Krieg ziehen. Seitdem Sie Teil meiner Truppe sind, haben Sie alle Aufgaben zu meiner vollsten Zufriedenheit erledigt. Trotzdem muss ich leider sagen, dass die anderen Chefs der Philister Ihnen nicht vertrauen. 7 Darum wäre es besser, Sie wären heute bei unserem Einsatz nicht mit dabei. Gehen Sie wieder nach Hause, damit Sie sich nicht bei uns unbeliebt machen.“ 8 „Aber warum denn?“, sagte David. „Womit hab ich das verdient? Hab ich schon mal irgendwas getan, was Sie nicht so toll fanden, seitdem ich für Sie arbeite? Warum darf ich nicht mit in den Krieg ziehen, gegen Ihre Feinde, die Feinde von meinem Präsidenten!“ 9 „Schon klar“, sagte Achisch. „Für mich sind Sie der Beste, ich mach mir da überhaupt keine Sorgen. Aber wie

gesagt, sehen das die anderen Chefs der Philister nicht so. Deren Entscheidung war ganz klar, dass Sie auf keinen Fall mit uns in diesen Krieg ziehen sollen. 10 Packen Sie also am besten schon mal Ihre Sachen, und ziehen Sie morgen mit Ihren Männern ab, am besten ganz früh, gleich nach Sonnenaufgang!“ 11 David und seine Leute zogen dann also am nächsten Morgen ganz früh wieder zurück in das Land der Philister. Die Soldaten der Philistertruppe starteten dann aber in Richtung Jesreel.

30

David siegt gegen die Amalekiter

1 Als David mit seiner Truppe zwei Tage später nach Ziklag zurückkam, lag alles in Schutt und Asche. Die Amalekiter waren auf einem Feldzug durch das Südland auch in seiner Wahlheimatstadt eingefallen und hatten alles plattgemacht. 2 Dabei war aber keiner umgebracht worden, die Männer waren ja nicht da gewesen, und alle Frauen und Kinder aus der Stadt hatten sie gefangen genommen und verschleppt. 3–4 David und seine Kollegen kriegten voll den Heulflash, als sie kapierten, dass ihre Frauen und Kinder einfach geklaut worden waren. Sie weinten so lange, bis sie total erschöpft waren. 5 Auch die beiden Ehefrauen von David waren weg: Ahinoam aus Jesreel und Abigajil, die Witwe von Nabal aus Karmel, beide waren von den Feinden gefangen genommen worden. 6 David hatte jetzt ein echtes Problem am Hals, denn seine Leute gaben ihm die Schuld dafür und wollten ihn am liebsten sofort umbringen. Sie waren einfach megatraurig und stocksauer, weil ihre Frauen und Kinder weg waren. David bekam dann aber neue Power von Gott. 7 Er organisierte ein Treffen mit dem Priester Abjatar, der ein Sohn vom Ahimelech war. Die Tasche mit den besonderen Losen sollte auch mit am Start sein. 8 Dann fragte er Gott: „Was meinst du? Soll ich dem Feind hinterher oder nicht? Werden wir schnell genug sein? Packen wir das, Gott?“ Er zog die Lose, und das Ergebnis war: „Ja, du wirst sie einholen, und du wirst eure Frauen und Kinder befreien!“ 9 Sofort wurde die ganze Truppe startklar gemacht, und David rannte mit 600 Soldaten los. Am Bach Besor machten sie eine kurze Pause. 10 Die ersten 200 Soldaten machten hier schlapp, sie waren zu fertig, um über den Bach Besor zu ziehen. Also ging David nur noch mit 400 Mann weiter. 11 Auf dem Weg trafen sie einen Ägypter, der erschöpft auf einem Feld saß. Er wurde zu David gebracht und mit Brot und Wasser versorgt. 12 Er bekam auch ein Stück Butterkuchen mit Sahne und zwei Brezeln. Nachdem er das gegessen hatte, ging es ihm etwas besser. Drei Tage hatte er nämlich nichts zu essen und zu trinken bekommen. 13 „Was bist du für einer? Wo ist dein Zuhause?“, wollte David von ihm wissen. „Ich bin noch ein Jugendlicher und komme aus Ägypten. Ich habe für einen Amalekiter gearbeitet, aber mein Chef hat mich rausgeschmissen, weil ich vor drei Tagen krank geworden bin. 14 Die Amalekiter führen gerade Krieg im Südland der Kreter, also gegen die Philister, und auch gegen den Kaleb-Clan vom Israelitenstamm Juda. Auf dem Weg haben sie auch Ziklag abgefackelt.“ 15 „Kannst du mir den Weg zeigen, wo ich diese Ganoven finden kann?“, fragte in David. Der Junge antwortete: „Nur wenn Sie mir bei Ihrem Gott schwören, dass Sie mich nicht umbringen werden! Und Sie müssen mir auch schwören, dass Sie mich nicht meinem alten Chef ausliefern! Wenn Sie das versprechen, führe ich Sie dorthin.“ 16 Sie machten den Deal perfekt, und als sie ankamen, wurde klar, dass sich die Amalekiter in Gruppen auf das ganze Gebiet aufgeteilt hatten. Überall war Party angesagt, sie feierten ihre fette Beute im Krieg gegen die Philister und gegen die Israeliten, weil sie dort eine Menge Sachen hatten mitgehen lassen. 17 Am nächsten Morgen startete David einen Angriff, gerade bei Sonnenaufgang. Der Kampf dauerte den ganzen Tag. Fast alle Feinde wurden getötet, nur 400 Männer konnten fliehen. 18 David befreite alle Gefangenen. Seine beiden Frauen waren auch dabei, es gab nicht einen Gefangenen, der nicht gefunden wurde. 19 Auch die Kinder waren alle gesund, und sogar die ganzen Sachen, die die Amalekiter abgezogen hatten, waren noch da, nichts war verloren gegangen. 20 David hatte sich dann noch die ganzen Nutztiere, also die Schafe, Ziegen und Kühe, die die Amalekiter dabeihatten, unter den Nagel gerissen. Man trieb sie vorneweg, und alle wussten: „Das ist die Beute von David.“ 21 Dann ging er wieder zurück zu den 200 Männern, die zu fertig für diesen Krieg gewesen waren. Die lagerten ja alle noch am Bach Besor. David begrüßte alle Männer freundlich. 22 Es gab aber unter seiner Truppe auch ein paar unkorrekte Typen. Sie meinten zu ihm: „Die sollten nichts von der Beute abkriegen. Sie waren ja nicht dabei, haben nicht mit uns mitgekämpft. Können froh sein, dass wir ihre Frauen und Kinder befreit haben. Die können sie von uns aus gerne mitnehmen, aber dann sollen die sich mal verpissen.“ 23 David fand aber, das wäre keine gute Idee. „Hey, Leute! Ohne

Gott hätten wir doch gar nichts gebacken bekommen! Er hat uns beschützt, er hat dafür gesorgt, dass wir diesen Krieg gewinnen. Er hat uns den Sieg über diese Männer organisiert, die uns überfallen hatten. 24 Was wären das für ätzende Typen, die auf so einen Vorschlag eingehen würden? Einer für alle, alle für einen, ist doch das Motto. Wenn einer an der Front steht und die anderen im Hintergrund arbeiten, muss die Beute gerecht unter allen verteilt werden." 25 Seitdem David das gesagt hatte, wurde das bei den Israeliten für lange Zeit zu einer festen Regel.

David will sich beliebt machen

26 David schickte dann einen Teil der Sachen, die er aus der Stadt Ziklag gezockt hatte, an die Chefs vom Familienstamm Juda. Sie gehörten ja irgendwie zu einer Familie, und er fühlte sich denen freundschaftlich verbunden. Dazu kam ein Brief, wo drinstand: „Liebe Leute! Hier haben Sie ein Geschenk von mir. Es kommt aus der Beute, die ich den Feinden von Gott abgeknöpft habe! Freundliche Grüße, David." 27 Er packte noch mehr solcher Geschenke ein und verschickte die nach Betuel, nach Ramot im Südland, nach Jattir, 28 nach Aroer, Sifmot, Eschtemoa, 29 und Rachal. Dazu in die Städte der Jerachmeeliter und Keniter, 30 nach Horma, Bor-Aschan, Atach, 31 Hebron und außerdem überall dorthin, wo er sich früher mal versteckt hatte und wo man ihm auch geholfen hatte.

31

Israel fährt eine herbe Niederlage gegen die Philister ein

1 Es kam dann zum Krieg gegen die Philister. Die Soldaten von Israel packten es aber nicht und mussten vor den Philistern fliehen. Auf der Flucht wurden viele von ihnen auf dem Gebirge Gilboa getötet. 2 Saul und seine Söhne Jonatan, Abinadab und Malkischua wurden von den Soldaten der Philister verfolgt. Alle drei Söhne vom Saul starben in dieser Schlacht. 3 Um den Präsidenten Saul gab es einen heftigen Kampf. Schließlich setzte der Feind ein paar Scharfschützen auf Saul an, und die verletzten ihn schwer. Saul bekam voll Schiss. 4 Er befahl einem seiner Soldaten: „Los, nehmen Sie Ihre Knarre, und erschießen Sie mich! Sonst werden mich diese Schweine gefangen nehmen, mich foltern und ihre Witze über mich machen!" Aber der Soldat wollte das nicht tun. Also nahm Saul seine Pistole selbst in die Hand und schoss sich eine Kugel in den Kopf. 5 Der Soldat gab sich auch sofort die Kugel, nachdem er das gesehen hatte. 6 Auf die Art starben Saul, seine drei Söhne und seine Soldaten alle an diesem Tag. 7 Als die Nachricht bekannt wurde, dass die Soldaten von Israel alle geflohen oder tot waren und auch Saul und seine Söhne tot waren, kriegten es die Israeliten mit der Angst. Sie packten schnell ihre Sachen und verließen die Städte und Dörfer, in denen sie wohnten. Die Philister übernahmen dann diese Städte und machten sich dort breit. 8 Einen Tag später wurden die ganzen Leichen, die auf dem Schlachtfeld rumlagen, von den Philistern nach brauchbaren Dingen abgesucht. Dabei entdeckten sie auch Saul und seine drei Söhne, die auf dem Gilboa-Gebirge lagen. 9 Von Saul sägten sie den Kopf ab und zogen ihm seine Uniform aus. Beides wurde dann im ganzen Gebiet rumgezeigt. Das war die Art der Philister, um deutlich zu machen, dass ihre Leute und ihre Plastikgötter diesen Krieg gewonnen hatten. 10 Irgendwann legten sie die Uniform in den Tempel von ihrer Göttin Astarte. Die Leiche von Saul wurde an der Stadtmauer von Bet-Schean aufgehängt. 11 Die Bewohner von Jabesch und Gilead hörten, was die Philister mit der Leiche vom Saul gemacht hatten. 12 Man stellte sofort eine Spezialtruppe zusammen, und in einer Nacht-und-Nebel-Aktion wurden die Leichen von Saul und seinen Söhnen geholt und nach Jabesch gebracht. 13 Dort erhielten sie ein anständiges Begräbnis auf dem Stadtfriedhof. In der Woche der Beerdigung wurde angeordnet, dass tagsüber nichts gegessen werden sollte und alle in schwarzen Klamotten rumlaufen mussten.

2. Buch Samuel

1

David kriegt die Nachricht rein, dass Saul und Jonatan tot sind

1 David hatte noch nicht davon gehört, dass Saul gestorben war. In der Zeit war er selbst gerade schwer damit beschäftigt, einen Krieg gegen die Amalekiter zu führen. Nachdem er gegen die einen Sieg eingefahren hatte, ging er wieder zurück nach Ziklag, wo er zwei Tage blieb. 2 Am dritten Tag kam ein Soldat von Sauls Armee bei ihm angelaufen, der gerade vom Schlachtfeld kam. Seine Klamotten waren total zerfetzt, er hatte überall Erde im Gesicht und auf den Haaren. Das machte man damals, wenn etwas richtig Schlimmes passiert war. Als er bei David ankam, fiel er vor ihm auf die Erde. 3 „Was ist los? Woher kommen Sie?", fragte ihn David. Er antwortete: „Ich konnte noch gerade so vom Schlachtfeld fliehen, wo wir gegen die Philister gekämpft haben!" 4 „Und? Wie ist es gelaufen? Erzählen Sie!", fragte ihn David. „Unser Heer ist komplett besiegt worden! Der Rest der Truppe ist auf der Flucht. Viele sind gestorben, auch Saul und Jonatan sind tot!" 5 „Was? Saul und Jonatan sind tot? Wer hat Ihnen das erzählt? Woher wissen Sie das?" 6 Der Soldat antwortete: „Ich kam gerade beim Gilboa-Gebirge vorbei, als ich zufällig mitbekam, wie Saul, der sich auf sein MG stützte, von den Panzerwagen der Philister erreicht wurde. 7 Er drehte sich um, sah mich und winkte mir zu, damit ich zu ihm komme. Als ich bei ihm war und fragte: ‚Was kann ich für Sie tun, Chef?', 8 fragte er mich: ‚Was sind Sie für einer?' Ich antwortete: ‚Ich bin ein Amalekiter!' 9 Dann sagte er zu mir: ‚Kommen Sie her, und geben Sie mir den Gnadenschuss! Ich kann zwar kaum noch atmen, aber ich lebe immer noch.' 10 Ich habe seine Verletzungen überprüft und kam zu dem Ergebnis, dass er nicht überleben würde. Darum hab ich ihm den Gnadenschuss verpasst. Ich hab ihm seine Erkennungsmarke und die Armbanduhr abgenommen. Hier sind die Sachen, ich dachte, die wollen Sie bestimmt haben." 11 David war total fertig, und auch die Männer, die das Ganze mit angehört hatten, waren das. 12 Sie beschlossen sofort, an dem Tag nichts mehr zu essen, also zu fasten. Alle weinten um Saul und um seinen Sohn Jonatan und auch um die gefallenen Soldaten, um alle Männer Israels, die bei diesem Krieg gestorben waren. 13 David fragte den Typen noch mal, der ihm die ganze Sache erzählt hatte: „Woher kommen Sie noch mal? Aus was für einer Familie?" „Ich komme aus einer Ausländerfamilie, von den Amalekitern, die bei euch in Israel Asyl beantragt haben." 14 Plötzlich rastete David voll aus: „Wie konnten Sie nur so drauf sein, dass Sie den besonderen Präsidenten, den Gott extra ausgesucht hatte, einfach töten?" 15 Er befahl einem seiner Männer: „Los, mach ihn kalt!" Sofort wurde der Typ abgeknallt. 16 „Ha, für Sie soll es niemanden geben, der Sie rächen könnte!", sagte David noch vorher zu ihm. „Sie haben Ihre Schuld damit eingestanden, als Sie gerade meinten, dass Sie den Präsidenten getötet haben!"

David ist voll traurig

17 David fing an, über Saul und seinen Sohn Jonatan eine Rede für die Beerdigung zu schreiben. 18 Er schrieb einen Text, der auch in dem „Buch der Korrekten" steht. Die Überschrift war: „Bringt den Soldaten von Juda bei, wie man anständig schießen kann":

19 „Tot, erschossen, liegen deine Soldaten, deine besten Leute, Israel, wurden erschlagen.
20 Niemand soll erzählen von diesen Taten,
nicht in Gat und Aschkelon, darf man es sagen.
Sonst freuen sich nur die Frauen der Philister,
die Töchter dieser gottlosen, miesen Geschwister.
21 Die Berge von Gilboa kann man in die Tonne drücken,
dort soll es nicht mehr regnen, keine Ernte mehr pflücken,
denn da liegen die Helme von unseren Männern,
Sauls Helm ist auch dabei, verdreckt von den Pennern.
22 Das MG von Jonatan war immer sehr zielgenau,
und wenn Saul auf etwas schoss, dann starb jede Sau.
Tausende Feinde haben die beiden niedergemacht,
23 jeder hatte Respekt vor dem Duo, sie waren das Dreamteam, Tag und Nacht.
Jetzt sind sie auch zusammen gestorben.
Sie waren schneller wie Düsenjets, hatten mehr Kraft als zehn Horden.
24 An alle Frauen aus Israel: Seid mal ganz Ohr,
weint über Saul, er war immer euer Sponsor,
hat euch mit den geilsten Klamotten versorgt,

mit schönstem Schmuck, geschenkt, nicht geborgt.
25 Die mutigsten Soldaten sind im Kampf gestorben,
auch Jonatans Leiche liegt auf den Bergen dort
oben.
26 Mein Bruder Jonatan, mein allerbester Freund.
Ich bin traurig, mein Herz tut weh, wir sind nicht
mehr vereint.
Deine Freundschaft war wichtiger für mich als die
Liebe zu einer Frau.
27 Die besten Soldaten sind tot, der Krieg ist gemein,
er ist rauh."

2

David wird der Präsident von Juda

1 David redete mit Gott: „Sag mal, soll ich jetzt
in eine der Städte vom Familienstamm Juda
umziehen, oder nicht?" Gott sagte ihm: „Ja, mach
mal!" – „Wohin genau soll ich denn gehen?", fragte
David. „Nach Hebron", meinte Gott. 2 Also zog
David nach Hebron. Ahinoam und Abigajil, seine
beiden Frauen, nahm er mit. 3 Auch alle Männer
von seiner Truppe gingen mit David. Die zogen
dann mit ihren Familien in die Vororte von Hebron.
4 Irgendwann kamen die Männer aus dem Familien-
stamm Juda alle zusammen zum David, um ihn
zum Präsidenten zu ernennen. David hörte davon,
dass die Männer aus Jabesch Saul beerdigt hatten.
5 Darum schickte er einen Brief an sie, wo Folgen-
des drinstand: „Sehr geehrte Herren von Jabesch,
Gott soll Sie richtig groß beschenken als Belohnung
für das, was Sie da getan haben. Sie haben Saul,
Ihrem Präsidenten, die letzte Ehre erwiesen und
ihm ein anständiges Begräbnis spendiert. 6 Gott
soll Ihnen immer zeigen, wie sehr er Sie liebt! Ich
werde das auch tun, weil Sie das gebracht haben.
7 Ich wünsche Ihnen, dass Sie immer mutig sind
und Sie nichts so schnell runterziehen kann. Saul,
Ihr Chef und Präsident, ist jetzt tot. Inzwischen bin
ich beim Familienstamm Juda zum neuen Präsiden-
ten erklärt worden." 8 Abner, der General von der
Armee vom Saul, hatte sich mit Isch-Boschet nach
Mahanajim zurückgezogen. Isch-Boschet war ein
Sohn von Saul. 9 Von dort aus erklärte er ihn eigen-
mächtig zum Präsidenten über die anderen elf
Familienstämme von Israel. Das Gebiet, in dem er
das Sagen haben sollte, ging von der Landschaft
Gilead über Ascher, Jesreel und Efraim bis nach
Benjamin. 10 Isch-Boschet war 40 Jahre alt, als er
der Präsident über Israel wurde. Zwei Jahre lang
regierte er dort. Aber der Familienstamm Juda
stand hinter David als neuem Präsidenten. 11 Insge-
samt siebeneinhalb Jahre regierte David von
Hebron aus über Juda.

Auch das noch: Ein Kampf zwischen Israel und Juda

12 Irgendwann zog Abner (ein Sohn vom Ner) mit
der Armee vom Isch-Boschet von Mahanajim nach
Gibeon. 13 Joab (ein Sohn von Zeruja) kam mit der
Armee vom Präsidenten David auch dorthin. Es gab
ein Treffen beim See von Gibeon zwischen den bei-
den Truppen. Die Soldaten von Davids Mannschaft
bauten ihre Zelte auf der einen Seite vom See auf,
die Soldaten von Isch-Boschet auf der anderen.
14 Abner hatte dann eine Idee. Er sagte zu Joab:
„Was halten Sie davon, wenn die Jugendlichen aus
unseren Truppen ein Fußballspiel gegeneinander
machen?" – „Ja, guter Plan!", antwortete Joab. 15 Elf
junge Männer aus dem Familienstamm Benjamin
bildeten ein Team, was für Isch-Boschet spielte.
Und elf Leute aus der Truppe vom David bildeten
die andere Mannschaft. 16 Die Teams foulten aber
derart, mit Blutgrätsche und so, dass das Ganze in
einer riesengroßen Schlägerei endete. Später hat
man dem Fußballplatz dann den Namen Helkat-
Hazzodim gegeben, was so viel bedeutet wie „Platz,
wo sich zwei Mannschaften gejagt haben". 17 Nach
Spielabbruch gingen die beiden Fankurven aufein-
ander los. Beide Truppen fingen einen harten Kampf
gegeneinander an. Am Ende gewannen die Leute
von David über die Truppe von Israel, die unter
Abner stand. 18 Alle drei Söhne von der Zeruja waren
voll dabei: Joab, Abischai und Asael. Asael, der
olympiareif die hundert Meter laufen konnte, 19 jagte
wie verrückt hinter Abner her, nichts konnte ihn von
seinem Ziel ablenken. 20 Abner drehte sich im Lau-
fen um und rief ihm zu: „Bist du dieser Asael?" –
„Ja, der bin ich", antwortete der. 21 „Such dir jemand
anderen! Du kannst zum Beispiel den Jugendlichen
da drüben die Waffen klauen!" Aber Asael hatte da
keinen Bock drauf, er war heiß drauf, den berühm-
ten Abner in die Finger zu kriegen. 22 Abner warnte
ihn aber noch mal: „Hey, hör auf damit! Sonst muss
ich dich töten, und wenn ich dich töte, ist dein Bru-
der Joab super sauer auf mich!" 23 Aber Asael
stoppte seine Verfolgungsjagd einfach nicht und
rannte ihm weiter hinterher. Abner drehte sich um,
zog seine Pumpgun aus dem Schaft und schoss
Asael in den Bauch, wobei die Kugeln auf der ande-
ren Seite wieder rauskamen. Asael stürzte zu Boden
und war sofort tot. Viele Schaulustige kamen und
blieben eine Zeit an der Stelle stehen, wo Asael
gestorben war. 24 Joab und Abischai jagten dann

Abner weiter hinterher. Als es dunkel wurde, kamen sie beim Hügel Amma vorbei, der östlich von Giach liegt, am Weg in der Steppe von Gibeon. 25 Die Truppe von Benjamin unterstützte den Abner. Sie bildeten mit ihren Männern einen dicht geschlossen Kreis um ihn herum, dort oben auf dem Hügel. 26 Abner rief zu Joab: „Soll denn das Töten nie aufhören? Sie wissen doch, wie solche Sachen immer zu Ende gehen! Jetzt sagen Sie endlich Ihren Leuten, dass sie aufhören sollen, ihre eigenen Brüder zu verfolgen!" 27 „Hey, ich schwöre Ihnen: Wenn Sie das schon heute Morgen gesagt hätten, dann hätte keiner meiner Männer euch bekämpft." 28 Joab ließ einen Funkspruch los und blies die ganze Verfolgungsjagd ab. Alle Kämpfe gegen die Soldaten von Israel wurden augenblicklich eingestellt. 29 Abner wanderte mit seinen Leuten die ganze Nacht durch. Dabei durchkreuzten sie auch die Gegend, wo der Jordanfluss ist. Dann überquerten sie den Fluss und gingen über die Schlucht des Jabboks zurück nach Mahanajim. 30 Joab kehrte von der Verfolgungsjagd um und sammelte alle seine Männer ein. Beim Durchzählen fiel auf, dass außer Asael noch 19 Mann von Davids Leuten fehlten. 31 Die Soldaten von Davids Truppe hatten insgesamt 360 Männer aus dem Familienstamm Benjamin und von den Männern von Abner getötet. 32 Die Leiche von Asael wurde abtransportiert und in Bethlehem in der Grabstätte von seiner Familie beerdigt. Als das erledigt war, marschierten die Soldaten von Joab mit ihm zusammen die ganze Nacht durch, bis sie beim Sonnenaufgang in Hebron ankamen.

3

Eine Liste von den Ehefrauen und den Söhnen von David

1 Der Krieg zwischen Isch-Boschet, dem Sohn vom Saul, und David ging sehr lange. Davids Truppen wurden aber immer stärker, während die Truppen von der Familie vom Ex-Präsidenten Saul immer schwächer wurden. Auch ihre Macht und ihre Connections im Land nahmen weiter ab. 2 In Hebron bekam David mit seinen Frauen nacheinander folgende Söhne: Als ältester Sohn kam der Amnon zur Welt, seine Mutter war die Ahinoam aus Jesreel. 3 Als zweiter Sohn kam der Kilab, seine Mutter war die Abigajil, die Witwe Nabals, der aus Karmel stammte. Als dritter Sohn kam der Abschalom, seine Mutter war Maacha, die Tochter des Präsidenten Talmai, der in Geschur wohnte. 4 Als vierter Sohn kam der Adonija, seine Mutter war die Haggit. Als fünfter Sohn kam der Schefatja zur Welt. Seine Mutter war die Abital. 5 Als sechster Sohn kam der Jitream. Seine Mutter war Davids Frau Egla. Diese Söhne bekam David durch seine Frauen, als er in Hebron wohnte.

Zoff zwischen Isch-Boschet und dem General Abner

6 Zwischen Isch-Boschet und David gab es ständig Krieg. Der General Abner unterstützte dabei Isch-Boschet. 7 Saul hatte eine Frau gehabt, die Rizpa hieß. Rizpa war eine Tochter von Aja. Irgendwann ging Isch-Boschet zu Abner und sagte zu ihm: „Ich hab gehört, Sie haben mit der Frau von meinem Vater gepennt! Warum haben Sie das gemacht?" 8 Abner kam voll aggromäßig drauf und schrie den Typen zusammen. „Bin ich ein Verräter oder was? Glauben Sie in echt, ich würde mich auf die Seite von Juda schlagen? Ich reiß mir für die ganze Familie von Saul den Arsch auf, inklusive aller seiner Freunde! Mir haben Sie es zu verdanken, dass David Sie bis jetzt noch nicht in die Finger gekriegt hat. Und Sie machen jetzt hier so einen Alarm wegen so einem Schwachsinn? 9 Hey, Gott soll mich bestrafen, wenn das nicht stimmt, was ich jetzt sage: Ich werde dafür sorgen, dass genau das passiert, was Gott David ganz fest versprochen hat! 10 Ich werde dafür sorgen, dass der Familie vom Saul die Präsidentschaft genommen wird! Und ich werde dafür kämpfen, dass David der neue Präsident von ganz Israel wird! Über das ganze Gebiet von Dan bis nach Beerscheba soll er das Sagen haben!" 11 Isch-Boschet hatte so einen Respekt vor Abner, dass er kein Wort rausbekam.

Abner nimmt Kontakt mit David auf

12 Abner schrieb dann eine Mail an David: „Hallo, David! Was denken Sie, wer hat jetzt eher ein Recht darauf, dieses Land zu regieren? Ich mach Ihnen einen Vorschlag: Wir schließen einen Vertrag miteinander. Wenn das für Sie okay ist, werde ich alles tun, was ich kann, damit die ganze Macht über Israel an Sie geht!" 13 David antwortete: „Okay! Ich werde mit Ihnen einen Vertrag machen. Aber nur unter einer Bedingung: Kommen Sie mir nicht unter die Augen, bevor Sie mir nicht meine Frau Michal gebracht haben, die Tochter von Saul! 14 Rücken Sie sofort meine Frau Michal raus! Ich hab Ihrem Vater dafür schließlich, wie es abgemacht war, alle einhundert Philister-Vorhäute geliefert!" Gleichzeitig schickte er jemanden zu Isch-Boschet, der sie gleich abholen sollte. 15 Isch-Boschet ließ Michal sofort von ihrem

Mann Paltiel wegholen. Paltiel war ein Sohn von Lajisch. [16] Ihr Ehemann fand das nicht so toll, er heulte erst mal voll los. Dann verfolgte er den Trupp bis nach Bahurim und weinte die ganze Zeit. Als Abner ihn zur Sau gemacht hatte, kehrte er aber um. „Verpissen Sie sich, gehen Sie nach Hause!", hatte Abner ihn angeschnauzt. [17] Abner hatte vorher schon ein Treffen mit den Chefs der Familienstämme von Israel organisiert. Dort sagte er zu denen: „Ihr wolltet doch schon seit einiger Zeit, dass David unser neuer Präsident wird, oder? [18] Dann kommt jetzt auch in die Puschen! Gott hat nämlich höchstpersönlich mit David gesprochen. Er meinte zu ihm: ‚Durch meinen David, der tut, was ich sage, werde ich Israel aus der Kontrolle der Philister rausholen. Ich werde sie vom Terror ihrer Feinde befreien.'" [19] Dann redete Abner auch noch mit den Chefs vom Familienstamm Benjamin. Anschließend ging er nach Hebron, um David die gute Nachricht zu bringen: „Alle Leute von Israel, inklusive des ganzen Familienstamms Benjamin, wollen dich als neuen Präsidenten haben!" [20] Als Abner mit zwanzig Soldaten in Begleitung in Hebron ankam, startete David erst mal eine fette Party für alle Mann. [21] Am nächsten Morgen sagte Abner zu David: „Ich hau jetzt ab! Passen Sie auf, ich werde dafür sorgen, dass alle Familienstämme von Israel Sie als Ihren neuen Präsidenten haben wollen. Alle werden mit Ihnen Verträge machen. Dann werden Sie der neue Präsident, so wie Sie es immer wollten. Sie sind mein Chef!" David brachte Abner noch zur Tür und verabschiedete sich von ihm. Die Beziehung der beiden war wieder voll locker.

Joab will Rache

[22] Einige Zeit später war Joab wieder im Land. Er kam mit den Soldaten von David von einem Streifzug nach Hause. Sie hatten viele coole Sachen im Krieg abgezockt, die Koffer waren voll. Abner war gerade nicht mehr bei David in Hebron. Er hatte sich, wie gesagt, bereits verabschiedet, alles war zwischen den beiden okay. [23] Als Joab jetzt mit seiner Truppe dort ankam, erzählte man ihm die Story: „Abner, der Sohn von Ner, war beim Präsidenten. Zwischen denen scheint alles in Ordnung zu sein, David hat ihn einfach so gehen lassen." [24] Joab ging sofort zu David ins Büro, nachdem er das gehört hatte: „Was sollte das? Was hast du gemacht?", schnauzte er ihn an. „Abner war bei dir, und du hast ihn einfach wieder laufen lassen? [25] Du weißt doch, wie der drauf ist! Der will dich nur abziehen! Abner wollte bestimmt nur rauskriegen, was du vorhast!" [26] Joab knallte die Tür hinter sich zu und ging wütend nach Hause. Dann befahl er einem Spezialtrupp, Abner zu verfolgen und ihn festzunehmen. Die Männer schnappten Abner, als er in einer Kneipe in Sira ein Bier trank. Von der ganzen Aktion wusste David aber nichts. [27] Sie nahmen ihn fest und führten ihn ab ins Gefängnis nach Hebron. Dort besuchte ihn Joab. Er hatte die Entlassungspapiere dabei, führte ihn aus dem Knast raus, um ihm eine Straße weiter eine Knarre an den Kopf zu halten. Dort erschoss Joab den Abner. Er wollte sich einfach an ihm rächen, denn Abner hatte seinen Bruder Asael auf dem Gewissen.

David sagt: Was Joab gemacht hat, war höchst ungeil

[28] David hörte wenig später von der Geschichte. Er sagte sofort in einer Presseerklärung: „Ich distanziere mich hiermit öffentlich von dem Mord an Abner. Ich hab damit nichts zu tun! Das hat auch nichts damit zu tun, dass ich der neue Präsident bin! [29] Der Einzige, der dafür geradestehen muss, ist Joab. Er und seine Familie sind dafür verantwortlich. Ich will, dass es in seiner Familie ab sofort immer fiese Krankheiten geben soll. Die müssen an Aids oder ‚Aussatz', dieser ansteckenden Hautkrankheit, sterben. Sie werden überall Eiterpickel bekommen, behindert sein, bei einem Autounfall sterben, oder sie werden einfach ermordet oder verhungern!" [30] Noch mal zur Erinnerung: Joab und Abischai wollten Abner ans Leder, weil der ihren Bruder Asael im Krieg bei Gibeon getötet hatte. [31] Als das alles passiert war, sagte David zu Joab und zu allen anderen Leuten, die gerade da waren: „Zieht schwarze Sachen an, tragt Trauerkleidung, schminkt euch mit weißem Puder. Ich möchte, dass ihr einen Trauerzug vor dem Sarg vom Abner macht." Der Präsident selbst ging hinter dem Sarg her. [32] So wurde die Beerdigung von Abner in Hebron durchgezogen. Der Präsident David weinte voll laut am Grab, und die anderen weinten auch alle. [33] David hatte extra für das Begräbnis einen Emo-Song für Abner geschrieben. Der Text ging so:

„Abner, warum musstest du wie eine Null verrecken?
Obwohl weder deine Hände noch deine Füße in Ketten steckt'n.
Warum nur war dein Ende so beschissen?
Abner, von einem fiesen Typen aus'm Leben gerissen."

Als die Leute diesen Song hörten, heulten sie noch mehr, als sie es sowieso schon taten. 35 David wurde nach der Beerdigung zum Leichenschmaus in die Halle eingeladen. Aber er hatte da keinen Bock drauf, solange es noch hell war. Er sagte: „Leute, ich schwör euch: Ich werde keinen Bissen anrühren, solange es noch nicht richtig dunkel ist!" 36 Ganz viele Leute bekamen das mit. Alle hatten deswegen echt Respekt vor David. Überhaupt, alles, was David anpackte, fanden die Leute sehr geil. 37 Jeder, der bei der Feier dabei war, konnte ganz klar mitkriegen, dass der Präsident David mit dem Mord an Abner nichts zu tun hatte. Überall in Israel machte das die Runde. 38 Zu seinen Angestellten in der Präsidentenvilla sagte David: „Ihnen ist hoffentlich allen klar, dass heute ein total wichtiger und mächtiger Typ aus Israel gestorben ist, ja? 39 Ich bin jetzt zwar zum neuen Präsidenten gemacht worden, trotzdem konnte ich das nicht verhindern. Ich kann gegen diese Gang von den Zerujas nichts unternehmen, das pack ich einfach nicht. Gott muss das übernehmen, er muss die Leute bestrafen, die das getan haben. Er soll es so tun, wie sie es auch verdienen."

4 Der Mord an Isch-Boschet

1 Als Isch-Boschet, der Sohn von Saul, davon hörte, dass Abner in Hebron ermordet worden war, war er, wie alle in Israel, echt fertig. 2 Isch-Boschet hatte zwei Generäle in seiner Truppe, die Brüder waren, Baana und Rechab. Sie kamen aus der Familie von Rimmon, der aus Beerot stammte. Beide gehörten zum Familienstamm Benjamin. Die Stadt Beerot lag auch in dem Gebiet, wo dieser Familienstamm lebte. 3 Die ehemaligen Bewohner von Beerot waren nach Gittajim geflohen und wohnten dort als Ausländer. 4 Übrigens lebte in der Zeit noch ein Enkel von Saul. Und zwar war das ein Sohn von Jonatan, der Merib-Baal hieß. Dieser Junge war allerdings körperbehindert, er konnte beide Beine nicht bewegen. Als er fünf war, waren sein Vater und auch sein Opa gestorben. Als die Nachricht reinkam, dass Saul und Jonatan gestorben waren, hatte ihn seine Pflegemutter schnell eingepackt und war mit ihm abgehauen. Auf der Flucht ist sie irgendwie gestolpert, und dabei fiel das Kind voll auf die Straße. Seitdem war der Junge behindert. 5 Rechab und Baana gingen zum Haus von Isch-Boschet. Als sie da waren, knallte die Sonne gerade volle Kanne vom Himmel, es war sehr heiß. Isch-Boschet hatte sich in der Mittagszeit aufs Ohr gehauen. 6 Auch die Haushaltshilfe, die an der Tür saß und Kartoffeln schälte, war glatt in der Sonne eingepennt. Ohne dass jemand was mitkriegte, konnten sich die beiden so in das Haus schleichen. 7 Sie kamen in das Schlafzimmer, in dem Isch-Boschet auf seinem Bett lag und schnarchte. Dort erstachen sie ihn, schnitten anschließend mit dem Messer seinen Kopf ab und packten den in eine Plastiktüte. Mit dem Teil gingen sie nachts zu Fuß durch die Ebene vom Jordanfluss, 8 bis sie morgens in Hebron waren. Dort legten sie die Tüte dem Präsidenten David auf den Schreibtisch. „Hier ist der Kopf von Isch-Boschet! Heute hat Gott dafür gesorgt, dass sich unser Präsident an Saul und seiner Familie rächen konnte!" 9 David antwortete den Männer aber nicht so, wie sie wohl gehofft hatten. „Auf sicher, und das schwör ich hier bei Gott, der mich schon aus vielen gefährlichen Situationen rausgeholt hat: Sie beide liegen hier völlig neben der Spur! 10 Der Typ, der mir die Nachricht gebracht hat, dass Saul tot ist, dachte auch, ich würde jetzt erst mal ne Party feiern. Ich hab ihn aber festnehmen lassen, und er wurde auf meinen Befehl hin erschossen. Das war die Bestrafung für seine ätzende Einstellung. 11 Umso mehr werde ich kurzen Prozess mit solchen Mördern machen, die einen Mann in seinem Haus eiskalt töten, der gerade am Pennen ist! Ich verurteile Sie hiermit für diesen Mord zur Todesstrafe! Sie dürfen nicht länger am Leben bleiben!" 12 David gab ein paar seiner Soldaten den Befehl, und die erschossen Rechab und Baana sofort. Ihre Hände und Füße wurden abgesägt. Die Leichen hängte man öffentlich an einem Pfeiler am Teich von Hebron auf. Der Kopf von Isch-Boschet wurde dann am Grab von Abner in Hebron beerdigt.

5 David wird der neue Präsident von ganz Israel

1 Irgendwann kam von jedem Familienstamm aus Israel ein Vertreter in Davids Büro nach Hebron. Sie meinten zu ihm: „David! Sie sind doch einer von uns, das gleiche Blut fließt in unseren Adern. 2 Damals, als Saul noch unser Präsident war, waren Sie ein erfolgreicher General in der Truppe von Israel. Schon in der Zeit hat doch Gott zu Ihnen gesagt: „Du bist der Typ, der in Zukunft in Israel das Sagen haben wird. Du sollst über die ganze Kiste bestimmen!" Warum werden Sie nicht unser neuer Präsident?" 3 Das war die Anfrage der Familienchefs von Israel, mit der sie in Hebron beim David angekommen waren. Also schloss der neue Präsident

David dort vor Gott in Hebron einen Vertrag mit
ihnen. Anschließend rieben die Männer ihn mit
dem besonderen Öl ein, beteten ne Runde für David
und setzten ihn so für seinen Job ein. 4 David wurde
mit 30 Jahren zum Präsidenten von ganz Israel
gemacht. Insgesamt regierte er über 40 Jahre. 5 Sie-
beneinhalb Jahre davon tat er das von Hebron aus,
als Präsident über Juda. 33 Jahre lang ging dann
seine Regierungszeit über ganz Israel. In dieser Zeit
war sein Regierungssitz in Jerusalem.

David gewinnt im Krieg gegen die Jebusiter und nimmt die Stadt Jerusalem ein

6 Als neuer Präsident von Israel zog David mit sei-
ner Armee nach Jerusalem und erklärte den Jebusi-
tern den Krieg. Die lebten nämlich zu der Zeit in der
Gegend. Die Jebusiter lachten ihn aber aus: „Ha,
hier wirst du nie reinkommen! Wir haben viel zu
hohe Mauern und eine zu gute Abwehr. Jeder Idiot
könnte die Stadt super verteidigen." Sie waren sich
total sicher, dass David die Stadt nie einnehmen
würde. 7 Aber David gewann den Krieg und eroberte
Jerusalem, das man auch „Die Stadt Zion" nannte.
Ab jetzt wohnte David auch dort. 8 An dem Tag soll
David gesagt haben: „Wer die Jebusiter schlagen
will, muss durch die Kanalisation! So kann man
diese Idioten kaputt machen, die ich überhaupt
nicht leiden kann." Daher kommt auch dieser
Spruch: „Idioten kommen mir nicht ins Haus!"
9 David zog dann in die Stadt ein und wohnte da. Er
gab der Stadt den Namen „Davidsstadt". Als
Nächstes ließ er noch eine Sicherheitszone um die
Stadt errichten. 10 David wurde immer mächtiger.
Gott, der Chef vom ganzen Universum, spielte ein-
fach in seiner Mannschaft. 11 Irgendwann schickte
einmal Hiram, der Präsident von Tyrus, eine Lkw-
Ladung Fichtenholz zu ihm. Damit sollte er seinen
Präsidentenpalast ausbauen. Dabei waren auch
noch ein paar Architekten und Bauarbeiter, die das
Ganze ausführen sollten. 12 Für David war das voll
ein Zeichen, dass Gott höchstpersönlich ihn zum
Präsidenten über Israel gemacht hatte. Gott hatte
auch für stabile Machtverhältnisse gesorgt, und das
machte er alles, weil er seine Leute so sehr liebte.

Eine Liste von den Söhnen vom David

13 Nachdem David von Hebron nach Jerusalem
umgezogen war, heiratete er noch einige andere
Frauen und Nebenfrauen. Das war damals so
üblich. Er bekam auch einige Kinder von denen.
14 Seine Söhne, die in Jerusalem geboren worden
waren, hießen: Schammua, Schobab, Natan,
Salomo, 15 Jibhar, Elischua, Nefeg, Jafia,
16 Elischama, Eljada und Elifelet.

Die Philister greifen an, aber David schlägt zurück

17 Als die Philister in den Nachrichten hörten, dass
David zum neuen Präsidenten von Israel gemacht
worden war, rückten sie mit ihrer ganzen Armee an,
um David zu entführen. Er konnte aber rechtzeitig
in einen Schutzbunker fliehen und war dort erst mal
in Sicherheit. 18 Die Philister besetzten mit ihrer
Armee die Ebene Refaim. 19 David redete mit Gott
über die Sache: „Was meinst du? Soll ich angreifen?
Wirst du dafür sorgen, dass wir diesen Krieg gewin-
nen?" Und Gott sagte zu ihm: „Ja, klaro, greif sie
an! Ich werde garantiert dafür sorgen, dass ihr
gegen die gewinnt!" 20 Also zog David mit seinem
Heer gegen die Armee der Philister. Die Schlacht
fand bei Baal-Perazim statt. Es wurde ein Sieg auf
ganzer Linie. David sagte damals: „So wie eine Flut-
welle einen Damm durchbricht, hat Gott die Reihen
der Soldaten meiner Feinde einfach durchbrochen."
Darum gab man später diesem Ort auch den
Namen „Baal-Perazim", was so viel wie „Gott bricht
durch" bedeutet. 21 Die Philister mussten so schnell
aus ihren Häusern raus, dass sie sogar ihre ganzen
Plastikgötter dort vergaßen. David und seine Män-
ner packten die einfach ein und nahmen sie mit.

Weitere Kriege gegen die Philister

22 Nach einiger Zeit zogen die Philister aber wieder
los, um gegen Israel Krieg zu führen. Sie schafften
es auch, die Ebene Refaim zu besetzen. 23 Wieder
fragte David bei Gott an, was er machen sollte.
Diesmal sagte Gott aber: „Greif nicht von vorne an.
Umgehe ihre Stellungen und falle ihnen in den
Rücken, dort, wo die ganzen Bäume stehen. 24 Wenn
du so Raschelschritte hörst, als wenn jemand oben
auf den Bäumen spaziert, dann legst du los. Das ist
nämlich ein Zeichen von mir, dass ich vor dir her
gehe. Dann werde ich vor dir in die Schlacht ziehen,
damit wir die Philister plattmachen." 25 David
machte alles genau so, wie Gott es gesagt hatte.
Und er besiegte die Philister und trieb deren Armee
von Geba bis nach Geser zurück.

6

David holt die besondere Kiste mit den Gesetzen

1 Jetzt stellte David eine Sondereinheit mit lauter
jungen Elitesoldaten aus Israel zusammen. Es

waren ungefähr 30 000 Mann. 2 Mit denen zog er nach Baala, in das Gebiet vom Familienstamm Juda. Sein Ziel war es, die besondere Kiste mit den Gesetzen von Gott nach Jerusalem zu holen. Diese Kiste war wirklich was ganz Besonderes, denn Gott selber war ja immer ganz krass über den beiden Engelsfiguren am Start, die oben auf dem Deckel angeschraubt waren. 3–4 Dafür wurde extra ein nagelneuer Hänger vorgefahren und die Kiste auf der Ladefläche verstaut. So wurde sie vom Haus Abinadabs, das auf einem kleinen Berg stand, wegtransportiert. Am Steuer saß Usa, während Achjo langsam vor dem Wagen herging. Beides waren übrigens Söhne von Abinadab. 5 David und viele andere Männer hatten ihre Gitarren und Trommeln dabei. Andere waren mit Tröten und Rasseln dazugekommen. 6 Als sie am Nachonsplatz waren, verwechselte Usa einmal aus Versehen, das Kupplungspedal mit der Bremse. Wegen dem starken Ruck hatte Usa danach Schiss, die Kiste würde von der Ladefläche runterrutschen. Deshalb stieg er aus, um die Gurte neu festzuziehen. Dabei berührte er auch die Kiste. 7 Gott wurde deswegen supersauer und tötete ihn. Usa hatte einfach nicht sein Gehirn eingeschaltet und völlig vergessen, dass man Respekt vor der besonderen Kiste mit den Gesetzen haben muss. Darum starb Usa gleich an der Stelle, direkt neben der Kiste. 8 Jetzt kriegte David voll die Paras, weil Gott Usa dort einfach so getötet hatte. Darum nannte man den Platz später auch „Perez-Usa", was so viel bedeut wie „Usa ist weg". So hieß der Platz dann auch ziemlich lange. 9 David bekam wegen der Sache echt Angst vor Gott. „War doch ne dumme Idee, die Kiste zu mir zu holen", sagte er sich. 10 Also änderte er seinen Pläne und brachte die Kiste in das Haus von Obed-Edom, anstatt zu sich in die Davidsstadt. Obed Edom kam aus dem Gat Clan. 11 Dort blieb sie erst mal drei Monate. In der Zeit, wo sie dort stand, ging es Obed-Edom und seiner Familie voll gut, Gott segnete sie. 12 Als David über ein paar Ecken davon hörte, dass es Obed-Edom gerade richtig gut ging und Gott ihn kohletechnisch und auch sonst so echt segnete, wollte er die Kiste doch wieder bei sich haben. Er organisierte ein Auto und sorgte für eine feierliche Überführung vom Haus Obed-Edoms in die Davidsstadt. 13 Nachdem der Wagen die ersten sechs Meter gerollt war, wollte David, dass der Zug erst mal stoppte. Dann zog er eine kleine Opfersession durch und verbrannte eine Kuh und ein Kalb. Erst danach ging es weiter. 14 David war völlig breit, weil er sich so sehr über Gott freute. Er pogte vor der Kiste immer hin und her und war einfach total gut drauf. Dabei hatte er nur einen Umhang an, den normal Priester tragen. Da drunter war er vollkommen nackig. Dadurch konnte jeder sein bestes Stück sehen. 15 Das Ganze wurde zu einer richtigen Loveparade. David und die Männer aus Israel sangen und tanzten die ganze Zeit, die Band spielte vom Wagen laut Musik, und so ging der ganze Zug langsam Richtung Jerusalem.

Was David unter Respekt versteht

16 In der Zeit, wo die besondere Kiste nach Davidstadt transportiert wurde, stand Michal, die Frau von David, oben auf dem Balkon. Michal war eine Tochter von Saul. Sie fand es oberpeinlich, wie David als Präsident dort am Rumhüpfen und Tanzen war. Sie hatte ab dem Zeitpunkt keinen Respekt mehr vor ihm. 17 Die Kiste mit den Gesetzen wurde in eine Halle gebracht, die David extra dafür gebaut hatte. Dort stellte man sie an einen speziellen Platz. Der Präsident zog dann erst mal ein paar Dankopfer und Abfackelopfer für Gott durch. 18 Nachdem er gegessen hatte, betete er für das ganze Volk, er segnete sie. Das tat er im Auftrag von Gott, dem Chef des ganzen Universums. 19 Alle Israeliten, die dabei gewesen waren, bekamen am Ende noch ein Fladenbrot in die Hand. Dazu gab es noch ein paar Müsliriegel für den Heimweg. 20 Schließlich ging David auch nach Hause. Als er dort ankam und seine Familie begrüßen wollte, kam ihm Michal schon im Flur entgegen. „Ganz toll! Heute hat sich der Präsident aber von seiner besonders coolen Seite gezeigt. Du warst ja so was von peinlich! Vor allen Ehefrauen von deinen Männern hast du nackt rumgepogt. So was bringt ja noch nicht mal der letzte Penner!" 21 „Das hab ich nur getan, um Gott damit groß rauszubringen! Warum hat er ausgerechnet mich ausgesucht!? Er hat mich vorgezogen, vor deinem Vater und auch seinen Söhnen! Gott hat mich zum obersten Chef von allen Israeliten gemacht! Ich finde, das ist der beste Grund, den es geben kann, um für ihn auch in Zukunft immer mal wieder rumzupogen und zu tanzen. 22 Selbst wenn es noch peinlicher wird als heute, ist das doch total egal! Ich will klarmachen, dass, so wie ich die Dinge sehe, ich auch kein Stück besser bin als der letzte Penner. Dabei bin ich mir sicher, dass die Frauen, von denen du gesprochen hast, meine Aktion verstehen werden. Die werden Respekt davor haben." 23 Michal konnte ihr ganzes Leben lang keine Kinder kriegen.

7

Gott verspricht David etwas

1 Eine ganze Zeitlang sorgte Gott dafür, dass David mit seinen Feinden keine Probleme mehr hatte. Er wohnte in seinem Präsidentenpalast und konnte sich da voll entspannen. 2 Irgendwann traf sich David mit dem Prophetentypen Natan. „Also, ich wohne hier in einem fetten Palast, mit edlem Holzfußboden und so, aber die Kiste mit den Gesetzen steht nur in einem billigen Aldizelt. Das ist doch nicht okay, oder?“ 3 Natan fand den Gedanken richtig: „Das stimmt! Dann lassen Sie sich mal was einfallen. Gott ist dafür und auf Ihrer Seite!“ 4 In der Nacht kam bei Natan aber eine Message von Gott rein. Er sagte zu ihm: 5 „Bitte geh mal zu meinem David und richte ihm was von mir aus. Sag ihm Folgendes: ‚Das kommt jetzt von Gott: Sag mal, DU willst MIR ein Haus bauen, wo ich dann wohnen soll, oder was? Hallo? 6 Ich hab mich noch nie auf ein Haus beschränken lassen, solange ich mit euch unterwegs bin! Von der Zeit, als ich euch aus Ägypten rausgeholt und in dieses neue Land gebracht habe, hab ich die ganzen Jahre nur in einem Zelt bei euch gewohnt. 7 In der ganzen Zeit, in der ich mit den Israeliten unterwegs war, hab ich mir nie auch nur eine kleine Hütte aus Fichtenholz gewünscht, oder? Ich hab das von niemandem verlangt! Keiner, von dem ich wollte, dass er der Chef von meinen Leuten ist, hat so eine Ansage von mir bekommen.‘ 8 Außerdem hat Gott mir noch folgendes für dich gesagt: ‚Das sagt jetzt Gott zu dir, der Chef vom ganzen Universum: Ich habe dich damals von einer Schafherde weggeholt und dich ganz nach oben gebracht. Heute bist du der Chef von meinen Leuten, vom Volk Israel! 9 Egal, was du gemacht hast, ich war immer bei dir und hab dir geholfen. Deine Feinde wurden von mir plattgemacht. Ich hab dafür gesorgt, dass dein Foto auf den Titelseiten im ganzen Land steht. Du gehörst schon jetzt zu den Top Ten der wichtigsten Männer der Welt. 10 Ich habe meinen Leuten ein Zuhause gegeben, ein Stück Land, wo sie in Sicherheit sind. Hier brauchen sie keine Angst vor irgendwelchen Heinis zu haben, die sie ausbeuten und fertigmachen wollen, wie damals in Ägypten. 11 Seit der Zeit, in der ich diese Richtertypen für euch an den Start gebracht hatte, ist das so. Ich habe auch dafür gesorgt, dass du dich mal entspannen kannst, deine Feinde lassen dich jetzt in Ruhe. David, ich sag dir heute mal was: Du wirst für mich kein Haus bauen, aber ich werde für dich etwas machen! Ich werde dafür sorgen, dass aus deiner Familie immer wieder die Leute kommen, die in Israel das Sagen haben, deine Familie wird bleiben. 12 Wenn deine Zeit hier auf der Erde vorbei ist und du das Gras von unten siehst, werde ich dafür sorgen, dass einer aus deiner Familie nach dir zum neuen Präsidenten gemacht wird. 13 Und der wird dann tatsächlich ein Haus für mich bauen! Und ich werde dafür sorgen, dass seine Regierung auf stabilen Füßen steht und nie enden wird. 14 Wir werden eine ganz enge Beziehung haben. Ich werde sein Vater sein und er mein Sohn. Wenn er Mist baut, werde ich ihn so bestrafen, wie es ein normaler Papa auch mit seinem Sohn tun würde. 15 Aber ich werde ihn immer lieben, und das wird er auch spüren. Es wird bei dem nicht so laufen wie mit Saul, von dem ich mich entfernen musste. Ich hab ihn rausgeschmissen und dich an seiner Stelle zum Präsidenten gemacht. 16 Deine Familie wird es immer geben, David! Und dass aus deiner Familie immer wieder Präsidenten hervorgehen werden, das steht für mich fest. Dass jemand aus deiner Familie ganz oben steht und für immer das Sagen haben soll, ist beschlossene Sache.‘“

David ist baff und bedankt sich bei Gott

17 Natan erzählte David also alles, was Gott ihm über sein Leben gesagt hatte. 18 David war echt baff. Er ging erst mal zu der besonderen Kiste mit den Gesetzen von Gott und kniete sich auf den Boden. Dann sagte er: „Gott, du bist so heftig! Du hast die Macht! Ich bin doch die letzte Wurst, es ist für mich kaum zu fassen, dass du meine Familie und mich so weit nach oben gebracht hast! 19 Aber das war wohl noch nicht genug für dich, oder? Gott, du heftiger Gott! Du hast mir gerade einige Sachen versprochen, die sogar noch für die Kinder der Kinder meiner Kinder gelten sollen!? Wie krass! 20 Was soll ich dir jetzt hier noch groß sagen, du weißt sowieso genau, was in mir vorgeht. Gott, du heftiger Gott! 21 Du hast Dinge versprochen und hast sie auch eingehalten. Weil du es so wolltest, hast du diese gigantischen, genialen Dinge getan. Du wolltest, dass ich merke, dass du es bist, der das tut. 22 Gott, du heftiger Gott, du bist einfach genial! Keiner kann dir das Wasser reichen. Alles, was wir bis heute von dir mitgekriegt haben, macht für uns ganz klar: Es gibt keinen anderen Gott! Du bist der Einzige, der diese Bezeichnung verdient hat. 23 Und deine Leute, das Volk Israel, haben echt eine Sonderstellung auf der Erde für dich. Keine andere Nation wurde von dir aus solchen Knebelverträgen

befreit, keine wurde zu deinem persönlichen Eigentum erklärt, kein Volk wurde durch dich so berühmt, und für kein anderes Volk hast du so heftige Dinge getan, die anderen echt Angst machen würden. Du hast uns aus Ägypten rausgeholt! Du hast die anderen Völker und dazu gleich ihre ganzen Plastikgötter aus ihrem Land rausgeschmissen, damit deine Leute dort wohnen können. 24 Du hast die Israeliten für immer zu deinen Leuten erklärt, sie gehören zu deiner Familie. Und du wurdest ihr Gott! 25 Bitte, Gott, mach doch, dass deine Versprechen, die du mir gegeben hast, für immer gültig sind! Sie sollen für immer und für meine ganze Familie stimmen! 26 Dann wird man auch immer gut von dir reden. Die Menschen werden sagen: ‚Gott ist der Gott von Israel! Der Chef vom Universum ist ihr Gott'. Und dann wird es auch immer einen Präsidenten aus meiner Familie geben, aus der Familie vom David. 27 Gott, du bist der Chef vom Universum, und du bist der Chef von Israel! Ich hab mich jetzt mal echt getraut, so mit dir zu reden, weil du auch mal direkt zu mir gesprochen hast. Du hast zu mir persönlich gesagt: ‚Ich will für dich ein Haus bauen.' 28 Also Gott, du heftiger Gott, du bist der einzig echte Gott überhaupt! Auf dich kann man sich immer hundertpro verlassen. Du hast mir diese vielen guten Sachen einfach versprochen. 29 Darum trau ich mich, dich zu fragen, ob du für immer mit meiner Familie sein kannst. Ich bitte dich, dass meine Regierungszeit auf die Art nie aufhören wird. Es sollen immer wieder aus meiner Familie die Präsidenten kommen, die das Sagen haben werden. Gott, du bist ein heftiger Gott. Du hast das versprochen, und wenn du für mich bist und mich beschenkst, dann wird es meiner Familie immer gutgehen, sie werden von dir alles bekommen."

8 David räumt in der Nachbarschaft auf

1 Etwas später startete David wieder einen Angriff gegen die Philister. Diesmal besiegte er sie aber richtig derbe. Ab dann hatten die Philister in dem Gebiet von Israel nie mehr was zu sagen. 2 Als Nächstes gewann er den Krieg gegen die Moabiter. Die Gefangenen sollten sich nach der Schlacht alle auf die Erde legen. Jeder junge Mann, der über 1,50 groß war, musste sterben. David sorgt dafür, dass die Moabiter alles tun mussten, was er wollte. Er zwang sie auch dazu, regelmäßig Steuern an ihn abzudrücken. 3 Jetzt besiegte David auch noch die Armee vom Präsidenten von Zoba, der Hadad-Eser hieß. Hadad war ein Sohn von Rehob. Er war zu der Zeit gerade selbst auf Kriegstour, um sich seine Macht im Gebiet vom oberen Eufratfluss wieder zurückzuholen. 4 David nahm von dessen Heer 1700 Panzerwagenfahrer und 20 000 Fußsoldaten gefangen. Von den Panzern zerstörte er überall die Ketten an den Rädern, damit sie nicht mehr richtig fahren konnten. Nur hundert einsatzfähige Panzer blieben zurück. 5 Der Präsident Hader-Eser rief bei den Syrern in Damaskus an, um sie um Hilfe zu bitten. Aber auch deren Armee wurde von David plattgemacht. 22 000 Soldaten starben in dieser Schlacht. 6 In den Städten wurden Besatzungstruppen von David stationiert, die hier dafür sorgten, dass alle regelmäßig ihre Steuern bezahlten. Gott war einfach die ganze Zeit voll auf Davids Seite. Alles, was er anfing, wurde ein voller Erfolg. 7 Er ließ auch die ganzen goldenen Medaillen und Orden mitgehen, die die hohen Offiziere von Hadad-Eser immer getragen hatten. Die Teile wurden auf seinen Befehl nach Jerusalem verfrachtet. 8 In den Städten Tebach und Berotai, die auch zu dem Gebiet gehörten, was Hadad-Eser unterstand, gab es auch noch große Bodenschätze zu holen. 9 Der Präsident von Hamat, der Toi hieß, hörte von dem großen Sieg, den David gegen die Armee von Hadad-Eser eingefahren hatte. 10 Darum schickte er seinen Sohn Hadoram zu David. Der hatte eine Nachricht in der Tasche, in der Toi einfach mal „Hallo" sagen und ihm zu seinem großen Sieg gratulieren wollte. Hadoram hatte auch noch ein paar wertvolle Geschenke dabei, um sich bei David einzuschleimen: Goldketten, ein paar Brillanten und anderen Schmuck. 11 David nahm die Geschenke an und legte sie alle zu der besonderen Kiste mit den Gesetzen von Gott. Das machte er mit allen Geschenken so, auch mit den Sachen, die von anderen Völkern reinkamen, die er besiegt hatte. 12 Zum Beispiel von den Edomitern, den Moabitern und Ammonitern, den Philistern und Amalekitern und eben auch von Hadad-Eser. 13 Als David dann sogar noch die Edomiter im Salztal besiegte, erählte man sich überall davon. Bald kannte jeder seinen Namen, und alle hatten Respekt vor ihm. Alleine in der Schlacht im Salztal starben 18 000 Männer. 14 In ganz Edom setzte David Verwalter ein, alle Bewohner mussten ihm Steuern bezahlen und tun, was er sagte. Gott war eindeutig auf der Seite von David. Alles, was er anpackte, wurde ein voller Erfolg.

Die Minister in Davids Regierungmannschaft

15 Als Präsident von ganz Israel war David immer korrekt. Er sorgte dafür, dass die Gesetze durchgezogen wurden und alles gerecht vor sich ging. 16 Joab wurde von ihm zum obersten General der Armee eingesetzt (der stammte übrigens aus der Familie vom Zeruja). Als Außenminister wurde Joschafat ernannt, der war ein Sohn von Ahilud. 17 Zadok, der Sohn von Ahitub, und Ahimelech, der Sohn von Abjatar, waren Priester. Und Seraja war Minister für Bildung und Soziales. 18 Benaja, der Sohn von Jojada, wurde der Chef von Davids Bodyguards. Die Söhne von David studierten alle Theologie und wurden Priester.

9 David kümmert sich um die Familie vom Saul

1 Später fragte David mal seinen Sekretär: „Gibt es eigentlich noch irgendeinen Überlebenden aus der Familie vom Saul? Ich würde ihnen gerne irgendwie helfen, wenn das möglich ist. Schon allein, weil Jonatan, ein Sohn von Saul, mein allerbester Freund war.“ 2 Nun gab es da so einen Manager, der sich früher um alle wichtige Angelegenheiten von Saul gekümmert hatte. Dieser Typ hieß Ziba. Er wurde zum Präsidenten David beordert: „Sie sind also Ziba, ja?“, fragte ihn David. „Ja, der bin ich. Ich tue alles für Sie, Ihr Wunsch ist mir Befehl!“, antwortete Ziba. 3 „Es geht um Folgendes: Wissen Sie von irgendjemandem, der aus der Familie von Saul stammt und noch lebt? Ich würde den gerne unterstützen, ihm helfen oder so. Ich denke, Gott findet das auch gut.“ – „Ja“, antwortete Ziba. „Da gibt es noch einen Sohn von Jonatan! Der ist an beiden Beinen gehbehindert.“ 4 „Haben Sie auch ne Adresse?“, fragte David. „Die Adresse hab ich, der wohnt im Haus von Machir, in der Stadt Lo-Dabar. Machir ist ein Sohn von Ammiel“, antwortete Ziba. 5 Präsident David schickte ein paar seiner Leute nach Lo-Dabar, ließ den Jungen abholen und zu sich bringen. 6 Der Junge hieß Merib-Baal. Als dieser Sohn von Jonatan (also ein Enkel von Saul) dann in das Haus kam, legte er sich vor David mit dem Gesicht nach unten auf den Fußboden. So was war normal, wenn man jemandem zeigen wollte, dass man echt Respekt vor ihm hat. Dann begrüßte ihn David: „Hallo, mein Junge! Du bist also Merib-Baal?“ – „Ja, der bin ich! Ich bin bereit, alles für Sie zu tun!“, antwortete Merib-Baal. 7 „Du brauchst keine Angst vor mir zu haben“, sagte David. „Ich will dich nur beschenken, vor allem wegen deinem Vater Jonatan. Ich werde organisieren, dass du jedes Stück Land zurückbekommst, was mal deinem Opa Saul privat gehört hat. Und ab sofort kannst du jeden Tag kostenlos bei uns Mittag essen, wenn du willst. Du hast für immer einen festen Platz an meinem Esstisch.“ 8 Merib-Baal war total baff. Er machte eine ganz tiefe Verbeugung und stammelte: „Äh, ich hab das echt nicht verdient, ich komm doch aus einer viel tieferen Liga als Sie! Sie sind sozusagen aus der Champions League, und ich komm nur aus der Kreisklasse!“ 9 Der Präsident rief aber sofort bei Ziba an, der jahrelang für Saul gearbeitet hatte. „Ich möchte, dass der ganze Privatbesitz von Saul und seiner Familie an Merib-Baal überschrieben wird! Er ist schließlich ein Enkel vom altem Chef. 10 Ich möchte auch, dass Sie, Ziba, ab sofort mit Ihrer ganzen Familie und Ihren Angestellten für ihn arbeiten! Sie kümmern sich um seine Felder und bringen die Ernte ein. Sie sorgen für einen angemessenen Lebensunterhalt! Merib-Baal hat ab sofort einen Stammplatz an meinem Tisch!“ Ziba hatte übrigens selbst fünfzehn Söhne und zwanzig Angestellte. 11 „Ich werde alles erledigen, wie Sie es mir gesagt haben!“, antwortete er. Merib-Baal aß ab dann jeden Tag mit David zusammen zu Mittag. Er hatte einen Platz am Esstisch von ihm, genauso wie die Söhne vom Präsidenten. 12 Merib-Baal hatte übrigens selbst auch einen kleinen Sohn, der Micha hieß. Die ganze Großfamilie vom Ziba wurde ab jetzt automatisch zu seinen Angestellten. 13 Er blieb also in Jerusalem und war jetzt ständiger Gast beim Präsidenten und hatte es von da nicht mehr so weit. Wie gesagt, war er an beiden Beinen behindert.

10 Der neue Präsident von den Ammonitern verarscht David

1 Irgendwann später starb Nahasch, der Präsident von den Ammonitern. Dann wurde sein Sohn Hanun der neue Präsident. Es war damals üblich, den Chefposten von einem Land an einen Sohn weiterzuvererben. 2 David dachte, weil er sich mit Nahasch voll gut verstanden hatte, würde es mit seinem Sohn Hanun auch keine Probleme geben. Um da gleich mal ein gutes Zeichen zu setzen, wollte er ihm einen Grabkranz und einen Beileidsbrief zur Beerdingung seines Vaters schicken. Dafür orderte er sogar zwei seiner Leute, die die Sachen persönlich überbringen sollten. Als die zwei mit dem Strauß in der Stadt ankamen, 3 sprach sich das

ganz schnell rum. Einige Männer, die dort was zu sagen hatten, trafen sich mit dem neuen Präsidenten und erzählten ihm davon. „Sie glauben doch nicht im Ernst, David hat diese Typen nur losgeschickt, um zu zeigen, dass er Respekt vor ihrem Vater hatte! Der wollte auch bestimmt nicht deutlich machen, wie leid ihm der Tod von Nahasch tut! Die zwei sind wahrscheinlich nur Spione mit dem Auftrag, die Verteidigungsanlagen von unserer Hauptstadt auszukundschaften. Die Israeliten wollen uns bestimmt bald angreifen!" 4 Hanun hörte auf die Ratgeber und organisierte ein paar Schläger, die sich die Männer schnappten. Die drehten ihnen den Arm auf den Rücken, rasierten ihnen einen Iro, schminkten sie mit rotem Lippenstift und zogen ihnen Strapse an. Dann schickten sie die beiden wieder zurück. 5 David bekam einen Anruf wegen der Sache. Als Erstes ließ er die beiden abholen. Weil sie einfach so peinlich aussahen, ließ er ihnen ausrichten: „Bleiben Sie erst mal für ein paar Tage in Jericho und bringen Sie sich wieder in Ordnung. Gehen Sie zum Friseur und kaufen Sie sich ein paar anständige Klamotten!"

Die Ammoniter und Syrer tun sich zusammen und werden von David besiegt

6 Schließlich kapierten die Ammoniter, dass sie David und seine Leute übelst beleidigt hatten. Es war klar, dass die Sache in einem derben Krieg enden würde, darum kauften sie sich Verstärkung aus einigen benachbarten Völkern ein. 20000 syrische Soldaten kamen aus Bet-Rehob und Zoba, 1000 Soldaten stellte der Präsident von Maacha zur Verfügung und 12000 Mann waren dabei, die aus Tob kamen. 7 David erfuhr von den Kriegsvorbereitungen und befahl daraufhin seinen erfahrensten Truppen, die von General Joab angeführt wurden, sich bereitzumachen. 8 Die Ammoniter zogen ihre Truppen vor dem Tor ihrer Hauptstadt Rabba zusammen. Die Syrer aus Zoba und Rehob und auch die Soldaten aus Tob und Maacha hatten sich auf einem freien Feld zum Kampf aufgestellt. 9 Joab kapierte sofort, dass man ihn mit dieser Aufstellung an zwei Fronten von vorne und hinten angreifen wollte. Darum bildete er eine Spezialeinheit, die sich nur gegen die Syrer stellen sollte. 10 Der Rest der israelitischen Armee musste unter dem Befehl von seinem Bruder Abischai gegen die Ammoniter kämpfen. 11 „Wenn ich es gegen die Syrer nicht packen sollte, musst du mit deinen Leuten kommen und uns helfen, klar?", sagte Joab zu Abischai. „Und wenn die Ammoniter bei dir zu stark werden, dann machen wir es umgekehrt, und ich komm mit meiner Truppe dir zu Hilfe! 12 Hey, das packen wir! Wir brauchen keine Angst zu haben! Wir kämpfen für unsere Leute und für die Städte, die Gott uns geschenkt hat! Gott wird dafür sorgen, dass das Ding so laufen wird, wie er es gut findet!" 13 Joab startete mit seinen Soldaten einen Angriff und schlug die Syrer in die Flucht. 14 Als die Ammoniter mitbekamen, dass die Syrer vor lauter Schiss schon geflohen waren, kriegten sie es auch mit der Angst zu tun. Sie flohen vor Abischai und seinen Männern und verschanzten sich in ihrer Stadt. Nach diesem Sieg hatte Joab keinen Bock mehr, gegen die Ammoniter zu kämpfen. Er sammelte seine Leute und zog wieder zurück nach Jerusalem. 15 Die Syrer schoben jetzt voll den Hassfilm gegen die Israeliten, weil die gegen sie im Krieg einen klaren Sieg eingefahren hatten. Darum zogen sie noch einmal ihre restlichen Truppen zusammen. 16 Der Präsident Hadad-Eser forderte auch noch Truppenverstärkung von den Syrern an, die auf der anderen Seite vom Fluss Eufrat stationiert waren. Unter dem Befehl von General Schobach zog die ganze Armee nach Helam. 17 David ließ sofort alle wehrfähigen Männer einberufen, überquerte mit seiner Armee den Jordan und zog nach Helam. Dort kam es dann zu einer großen Schlacht gegen die Syrer. 18 Die Soldaten von Israel schlugen das Heer der Syrer in die Flucht. David und seine Leute zerstörten mit Panzerfäusten 700 Panzer. 40000 Fußsoldaten wurden im Kampf getötet. Der General Schobach wurde angeschossen und starb, schwer verwundet, noch dort auf dem Schlachtfeld. 19 Alle Präsidenten, die bis zu dem Zeitpunkt von Hadad-Eser kontrolliert wurden, kapierten jetzt, dass sie von den Israeliten besiegt worden waren. Sie drückten ab dann regelmäßig Steuern an sie ab. Syrien traute sich seitdem nicht noch einmal, den Ammonitern zu helfen.

11

David baut Scheiße: die Geschichte mit Batseba

1 Zu der Zeit war es langsam normal, jedes Jahr im Frühjahr irgendwo einen Krieg zu führen. Im Frühjahr nach dieser letzten Schlacht, schickte David General Joab und seine Truppe mit der ganzen restlichen Armee von Israel wieder in den Krieg. Es wurde erneut recht erfolgreich gegen die Ammoniter gekämpft. Irgendwann belagerten sie sogar deren Hauptstadt Rabba. David blieb aber diesmal

zu Hause in Jerusalem. 2 An einem Tag, so gegen vier Uhr, war David gerade am Pool auf seiner Dachterrasse oben auf seiner Präsidentenvilla. Mit seinem Fernglas schaute er sich so ein bisschen die Gegend an. Plötzlich sah er in einem Nachbarhaus durch ein Fenster eine voll sexy Braut, die gerade am Duschen war. 3 David rief sofort beim Geheimdienst an, um rauszukriegen, wer dort eigentlich wohnte. „... in der Hausnummer vier wohnt Frau Batseba. Sie ist die Tochter von Eliam und ist seit einiger Zeit mit Herrn Urija verheiratet. Herr Urija hat einen hetitischen Pass. Ihre Telefonnummer ist ..." sagte der Typ am anderen Ende. 4 Jetzt holte David einen seiner Angestellten zu sich: „Bitte gehen Sie mal zu meiner Nachbarin und klingeln da. Wenn die Ihnen dann öffnet, dann sagen Sie der, dass sie mal zu mir kommen soll!" Batseba kam dann zu David, und sie landeten noch am selben Abend im Bett. Batseba hatte da gerade die Zeit hinter sich, wo sie nach den religiösen Gesetzen keinen Sex haben durfte, weil sie ihre Tage hatte. Nach dem Sex zog sie sich an und ging wieder schnell zurück nach Hause. 5 Sie hatten aber nicht verhütet, und Batseba wurde von dem einen Mal auch gleich schwanger. „Ich hab einen Test gemacht, ich bin schwanger! Was nun?", schrieb sie David in einer SMS. 6 David hatte einen Plan. Als Oberbefehlshaber der Truppe befahl er dem General Joab, Urija von der Front holen zu lassen und zu ihm zu schicken. Joab führte den Befehl aus. 7 Als Urija zu ihm ins Büro kam, wollte David von ihm erst mal einen Bericht über die aktuellen Kampfhandlungen, den Zustand der Truppe und auch über Joab haben. 8 Dann sagte er zu Urija: „Gut, Soldat, dann gehen Sie mal nach Hause, und schlafen Sie sich erst mal aus!" Als Urija das Regierungsgebäude verließ, kam noch ein Botenjunge hinter ihm her, der ein fettes Geschenk, direkt vom Präsidenten, in der Hand hatte. 9 Urija wollte aber lieber mit den anderen Soldaten in der Kaserne pennen. 10 Als David davon Wind bekam, dass Urija nicht wie abgemacht nach Hause gegangen war, rief er bei ihm auf dem Handy an. „Sagen Sie mal, warum gehen Sie jetzt nicht nach Hause? Sie haben doch eine echt heftige Zeit hinter sich?" 11 „Sorry, aber das passte irgendwie nicht. Die Soldaten von Israel kämpfen gerade auf dem Schlachtfeld einen derben Krieg, die besondere Kiste mit den Gesetzen hat zurzeit auch nur ein Zelt, wo sie unterkommt, mein General Joab und seine Offiziere pennen mit einer Isomatte auf dem kalten Boden, aber ich soll mich jetzt in das frisch gemachte warme Bett zu Hause legen, was Leckeres essen und trinken und dann mit meiner Frau schlafen? Nee, tut mir leid, das geht einfach gar nicht!" 12 „Na gut, dann verlängere ich jetzt einfach Ihren Heimaturlaub! Bleiben Sie noch einen Tag, morgen werde ich Sie dann wieder ins Feld schicken." Also blieb Urija noch einen Tag in Jerusalem. David lud ihn für den nächsten Tag zum Essen bei sich zu Hause ein. Er füllte Urija richtig ab, bis er voll besoffen war. Trotzdem ging er an dem Abend nicht nach Hause, sondern übernachtete lieber in der Kaserne.

David sorgt dafür, dass Urija getötet wird

14 Als David am nächsten Morgen Urija noch mal traf, gab er ihm einen Brief an seinen Befehlshaber, General Joab, mit. 15 In dem Brief stand: „Befehl: Gefreiter Urija an vorderster Front einsetzen, dort, wo die Kampfhandlung am härtesten ist. Dann einen plötzlichen Rückzug antreten. Urija soll bei diesem Einsatz den Tod finden. Unterzeichnet, der Oberbefehlshaber der Truppe, Präsident David". 16 Joab checkte dann die Taktik des Gegners genau aus und setzte Urija schließlich an der Stelle ein, wo die Scharfschützen des Gegners am ehesten ihr Ziel trafen. 17 Als die Soldaten aus der umkämpften Stadt plötzlich einen Angriff starteten, um gegen die Männer von Joab zu kämpfen, wurden viele von Davids Soldaten erschossen. Auch Urija starb bei dieser Angriffswelle. 18 Joab ließ den Verlauf des Gefechts sofort an David melden. 19 Dabei sagte er dem Boten, der die schlechte Nachricht persönlich überbringen sollte, Folgendes: „Wenn Sie den genauen Hergang der Schlacht beschreiben, 20 wird der Präsident wohl sehr ärgerlich werden. Er wird vermutlich fragen, warum wir so nahe an die Stadtgrenze herangerückt sind und dass wir doch eigentlich wissen müssten, dass viele Scharfschützen an der Stadtmauer postiert sind. 21 Vermutlich wird er auch fragen, ob wir vergessen haben, was damals mit Abimelech, dem Sohn von Jerubbaal, vor der Stadt Tebez passiert ist. Der wurde ja nur von einem Stein getroffen, den eine Frau aus ihrem Fenster geworfen hatte, und er war sofort tot. ‚Warum seid ihr nur so nahe an die Stadtmauer rangegangen?', wird er fragen. Dann musst du ihm antworten: ‚Einer deiner Soldaten, der Urija heißt, ist auch ums Leben gekommen!'" 22 Der Typ ging los und machte David die Meldung, genau so, wie Joab es ihm befohlen hatte. 23 „Der Feind war uns überlegen! Sie machten einen Ausfall und griffen uns auf dem offenen Feld an. Wir konnten sie jedoch wieder bis kurz vor die

Stadtgrenze zurückdrängen. 24 Plötzlich eröffneten
die Scharfschützen von oberhalb der Stadtmauer
das Feuer auf uns. Dabei sind einige deiner Solda-
ten gefallen, unter anderem auch der Gefreite Urija,
ein Hetiter." 25 David befahl dem Boten: „Gehen Sie
zurück zum General Joab und richten ihm folgende
Nachricht aus: ‚Nehmen Sie sich diese Niederlage
nicht so zu Herzen. Es kommen in jedem Krieg Sol-
daten ums Leben, so ist das nun mal. Verlieren Sie
nicht den Mut und Einsatzwillen! Kämpfen Sie mit
noch größerer Entschlossenheit gegen diese Stadt,
bis sie zerstört ist!'" Dann sagte er noch zu ihm:
„Diese Worte sollen den General aufbauen." 26 Die
Frau von Urija bekam dann auch einen Brief von der
Heeresführung, wo ihr der Tod von Urija gemeldet
wurde. Sie zog sofort schwarze Trauerklamotten an.
27 Aber nach der gesetzlich angesagten Trauerzeit
holte David sie zu sich in seinen Präsidentenpalast
und heiratete sie. Einige Monate später bekam sie
dann einen Sohn. Gott fand die ganze Aktion von
David aber total ätzend.

12 **Natan sagt David: Du hast Mist gebaut!**
1 Gott schickte dann den Prophetentypen
Natan zu David, um mit ihm zu reden.
„David, ich muss Ihnen mal von einem Gerichts-
urteil erzählen, mich würde interessieren, was Sie
dazu denken. Und zwar gab es da zwei Männer,
beide lebten in der gleichen Stadt, der eine hatte ein
dickes Bankkonto, während der andere von Hartz IV
leben musste. 2 Der Typ mit der Kohle hatte eine
große Garage mit allen möglichen fetten Autos,
einige Lamborghinis und Ferraris waren auch dabei.
3 Der Hartz-IV-Empfänger hatte sich gerade ein klei-
nes Moped geleistet, um damit Zeitungen austra-
gen zu können. Jeden Tag putzte er das Teil, alles
wurde geölt, die Maschine war tipptopp in Schuss,
er liebte sein Moped über alles. 4 Irgendwann hatte
der Reicho mal Besuch von einem Freund, der in
dem Ort Urlaub machen wollte. Aber er hatte kei-
nen Bock, diesem Freund für den Urlaub mal eins
von seinen hundert Autos auszuleihen. Stattdessen
schlich er sich in der Nacht zu der Wohnung von
dem Hartz-IV-Empfänger und klaute dem sein
Moped, das er dann seinem Freund gab." 5 „Boaa,
was ist das für ein fieser Arsch!", rief David voll
sauer. „Ich schwöre bei Gott, dieser Bonze muss
sofort verhaftet werden! Auf so was gibt's bei mir
die Todesstrafe! 6 Und für das Moped sollte er dem
Armen vorher noch eine Harley oder einen Kleinwa-
gen als Ersatz abgeben! Das wäre eine gerechte
Bestrafung, weil er diese miese Tour abgezogen
hat!" 7 „Dieser Typ sind Sie, David!", sagte Natan zu
ihm. „Und ich hab noch folgende Nachricht für Sie:
‚Das kommt jetzt von Gott, von dem Chef von
Israel: Ich hab dafür gesorgt, dass du der Präsident
von meinen Leuten wirst und hab dich für diesen
Job extra eingesetzt. Ich hab dich vor Saul
beschützt, damit er dich nicht töten konnte. 8 Ich
hab dir alles geschenkt, was vorher deinem Chef
gehört hatte. Ich habe dir seine Frauen zur Verfü-
gung gestellt. Ich habe dich zum Präsidenten über
Juda und über ganz Israel gemacht. Und wenn dir
das nicht an Geschenken gereicht hätte, dann hätte
ich sogar noch einiges mehr draufgelegt. 9 Aber
warum hast du jetzt meine Gesetze gebrochen,
David? Warum hast du Dinge getan, die ich richtig
ätzend finde? Du hast den Hetiter Urija getötet,
auch wenn er durch die Kugel eines Ammoniters im
Krieg gefallen ist. Und dann hast du dir auch noch
seine Frau abgegriffen! 10 Ich sag dir eins: Ab sofort
wird es in deiner Familie immer wieder Leute geben,
die getötet werden. Du hast Urija seine Frau abge-
zogen. Und du hast überhaupt keinen Respekt vor
mir!' 11 Gott sagt Ihnen noch etwas", meinte Natan
dann noch. „‚Ich werde dafür sorgen, dass du viel
Ärger bekommen wirst mit Menschen, die aus dei-
ner eigenen Familie kommen. Einer davon wird
sogar mit deinen eigenen Frauen schlafen. Der wird
das noch nicht mal heimlich machen, sondern so,
dass alle das mitbekommen. 12 Du hast es heimlich
gemacht, aber ich werde es so tun, dass es am
nächsten Morgen auf den Titelseiten der Zeitungen
steht.'" 13 David schrie sofort: „Natan, ich hab rich-
tig großen Mist gebaut! Ich bin schuldig! Ich hab
Gott voll abgezogen! Das tut mir echt leid!" Natan
antwortete: „Auch wenn Gott jetzt mal Ihre Schuld
einfach ausblendet und Sie nicht sterben müssen,
dann 14 muss mindestens Ihr Sohn sterben, den Sie
mit Batseba bekommen haben. Sie haben Gott mit
der ganzen Aktion einfach total reingelegt!" 15 Natan
ging nach dem Gespräch wieder nach Hause. Gott
sorgte dafür, dass dieses Baby, was David mit der
Frau vom Urija bekommen hatte, schwer krank
wurde. 16 David lag Gott voll in den Ohren, dass
dieses Kind am Leben bleibt. Er verzichtete einfach
komplett auf Essen. Wenn er vom Büro nach Hause
kam, zog er sich in sein Zimmer zurück. Dort lag
der die ganze Nacht auf dem Boden und redete mit
Gott. 17 Die Angestellten, die sich um seine Villa
kümmerten, kamen in sein Zimmer, um ihn wenigs-

tens mal eine Nacht in sein Bett zu bringen. Aber
David wollte das nicht, und er nahm auch nicht am
gemeinsamen Essen teil. 18 Nach einer Woche war
das Kind tot. Keiner von den Angestellten traute
sich, David die Nachricht zu überbringen. Sie sag-
ten sich: „Sogar als das Kind noch am Leben war,
war er superfertig, keiner von uns konnte ihn
irgendwie aufbauen. Wenn er jetzt die Nachricht
bekommt, dass das Baby gestorben ist, rastet er
vielleicht völlig aus?!“ 19 David bekam mit, wie die
Leute am Tuscheln waren, darum war ihm klar, dass
irgendwas passiert sein musste. „Ist das Kind jetzt
gestorben?“, fragte er. „Ja, herzliches Beileid!“, ant-
worteten sie. 20 Als er das hörte, stand er sofort auf,
ging duschen und zog sich einen neuen Anzug an.
Dann ging er in das Zelt, in der die besondere Kiste
mit den Gesetzen stand, legte sich flach vor Gott
auf den Boden und redete mit ihm. Nach einer Zeit
ging er wieder zurück in seine Präsidentenvilla und
bestellte sich beim Hauskoch was zu essen. 21 Ein
paar Angestellte kamen zu ihm und fragten: „Hä?
Das verstehen wir nicht so ganz. Als das Kind noch
lebte, haben Sie geweint und nichts gegessen. Und
jetzt, wo das Kind tot ist, stehen Sie auf und wollen
wieder was essen?“ 22 „Ich hatte gehofft, Gott würde
noch mal nett zu mir sein und mein Kind am Leben
lassen. Darum hab ich nichts gegessen und war die
ganze Zeit so traurig. 23 Aber jetzt ist es tot. Warum
soll ich jetzt noch länger aufs Essen verzichten?
Damit kann ich es auch nicht wieder lebendig
machen! Ich werde meinem Baby irgendwann fol-
gen, wenn ich sterbe. Aber dass es wieder lebendig
wird und zu mir zurückkommt, ist wohl jetzt nicht
mehr drin.“ 24 David ging dann in das Zimmer von
Batseba, nahm sie ganz fest in den Arm und trös-
tete sie. Am selben Abend schlief er mit ihr, und sie
wurde wieder schwanger. Der Junge, der dann neun
Monate später geboren wurde, bekam den Namen
Salomo. Und Gott liebte diesen Jungen wie verrückt.
25 Das wurde David auch von Natan bestätigt. Natan
gab ihm den Spitznamen Jedidja, was so viel wie
„Gottes Liebling“ bedeutet. Das hatte er nämlich so
von Gott gehört.

David siegt gegen die Ammoniter

26–27 General Joab startete einen erneuten Angriff
gegen Rabba, die Hauptstadt der Ammoniter, und
eroberte den vorderen Stadtteil, der am Fluss lag. Er
schickte eine Nachricht an David, dass er jetzt einen
Angriffskrieg gegen die ganze Stadt Rabba starten
will. „Ich habe die vorderen Stadtteile am Fluss
bereits eingenommen“, meldete er. 28 „Am besten,
Sie kommen mit dem übrigen Teil unserer Armee
von Israel jetzt hierher und erledigen den Rest,
damit nicht ich, sondern Sie als Sieger über die
Stadt groß rauskommem!“ 29 David zog alle wehrfä-
higen Männer in Israel ein, marschierte mit der
Armee vor Rabba auf und griff die Stadt an. Das
Ganze wurde ein großer Erfolg. 30 Im Tempel von
Milkom, dem Plastikgott der Ammoniter, klaute er
dessen Goldkrone. Das Teil wog alleine 35 Kilo und
bestand nur aus Gold und Diamanten! David nahm
sie mit zu sich nach Hause. Die ganze Stadt war
echt reich, und viele wertvolle Sachen wurden auf
Befehl von David von der Armee mitgenommen.
31 Die Männer der Stadt wurden zur Zwangsarbeit in
der Müllverbrennungsanlage verdonnert. Außerdem
mussten sie auf dem Bau Steine schleppen und
andere schwere Arbeiten verrichten. So zog das
David mit den anderen Städten der Ammoniter
auch durch. Nachdem alle Kriege zu Ende waren,
kehrte David mit seinen Leuten wieder zurück nach
Jerusalem.

13

Amnon vergewaltigt Tamar

1 Danach passierte Folgendes: David hatte
neben seinem Sohn Abschalom auch eine
Tochter, die Tamar hieß. Tamar hatte eine sexy Figur
und sah einfach sehr geil aus. Jetzt verknallte sich
aber ein Halbbruder von ihr unsterblich in sie.
Amnon, so hieß der Kerl, war auch ein Sohn von
David, der aber von einer anderen Frau von ihm
abstammte. 2 Amnon war so derbe in sie verliebt,
dass er an nichts anderes mehr denken konnte als
an diese Frau. Das Ganze machte ihn echt krank. Es
gab aber einfach keine Möglichkeit für Amnon, mit
ihr zusammenzukommen. Tamar war noch Jung-
frau. 3 Jetzt hatte Amnon so einen schrägen Freund,
der Jonadab hieß. Jonadab war ein Sohn von einem
Bruder von David, der Schimna hieß. Dieser Jona-
dab hatte irgendwie immer abgefahrene Ideen, was
man in schwierigen Situationen machen könnte.
4 „Was ist los mit dir?“, fragte Jonadab ihn. „Jeden
Morgen ziehst du so eine Fresse! Erzähl doch mal,
Alter, was geht denn da gerade ab mit dir?“ – „Ach,
Mann, ich bin total verknallt in Tamar, ich krieg die
Frau einfach nicht mehr aus meinem Kopf! Du
weißt doch, wen ich meine, die Schwester von mei-
nem Halbbruder Abschalom“, antwortete er. 5 „Pass
auf, ich hab ne Idee, wie du an die Alte ran-
kommst“, grinste Jonadab. „Du legst dich in dein

Bett und machst einen auf krank, mit Fieber und so. Wenn dein Vater vorbeikommt, sagst du ihm, dass du dir Tamar als Krankenschwester wünschst. „Sie soll mir bitte ein paar Schnittchen schmieren, die mir ans Bett bringen und mich füttern", musst du ihm sagen." 6 Amnon legte sich also in sein Bett und machte einen auf krank. Als ihn David besuchte, sagte er zu ihm: „Papa, ich wünsch mir, dass Tamar meine Krankenschwester spielt. Sie soll mal vorbeikommen und mir ein paar Brote schmieren. Wenn sie mich füttert, muss ich bestimmt nicht alles gleich wieder auskotzen!" 7 David rief dann bei Tamar an und sagte ihr: „Geh mal bitte ins Haus von deinem Halbbruder Amnon und mach ihm was zu essen, ja?!" 8 Tamar ging zu Amnon und besuchte ihn in seinem Zimmer. Er lag die ganze Zeit im Bett. Sie ging in die Küche, schnitt ein paar Scheiben Brot und schmierte ihm die Schnittchen. Amnon konnte ihr dabei die ganze Zeit durch die Tür zusehen. 9 Als sie fertig war, legte sie die Brote auf einen großen Teller. Aber Amnon wollte nichts davon essen, solange noch Menschen mit im Zimmer waren. „Die sollen alle abhauen!", sagte er. Dann waren sie endlich alleine. 10 „Bitte bring mir die Sachen mal ins Schlafzimmer an mein Bett, ich mag das nur essen, wenn du mich fütterst", sagte er zu Tamar. Sie nahm also den Teller und brachte das Essen an das Bett von ihrem Halbbruder. 11 Als sie ihm dann ein Stück Brot geben wollte, hielt er sie am Arm fest und sagte: „Los Tamar, komm her, ich will mit dir schlafen!" 12 „Nein, was soll das, du tust mir weh!", rief sie laut. „So was geht bei uns Israeliten überhaupt nicht! So was Dreckiges darfst du echt nicht tun! 13 Was, denkst du denn, soll aus mir werden, wenn du mich erst mal entjungfert hast, he? Und auch für dich wäre das total ätzend. Jeder in Israel würde dich schräg angucken, so als wärst du einer von den allerletzten Deppen. Rede doch mal mit dem Präsidenten und halte um meine Hand an. Der würde uns bestimmt verheiraten."
14 Aber Amnon war schon zu weit gegangen, er war einfach scharf und hatte sich nicht mehr unter Kontrolle. Er hielt sie mit einem Arm fest, zog sie aus und vergewaltigte sie. 15 Nach seinem Orgasmus drehten sich seine Gefühl zu der Frau um 180 Grad. Er fand sie plötzlich total abstoßend. Es war sogar so, dass er sie richtig zum Kotzen fand, seine Hassgefühle zu ihr waren jetzt größer als seine Liebesgefühle davor. „Los, zieh dich an! Sieh zu, dass du wegkommst!", schnauzte er sie an. 16 „Das kannst du nicht mit mir machen!", sagte sie. „Schmeiß mich jetzt nicht einfach raus! Das wäre noch schlimmer als das, was du schon mit mir gemacht hast!" Aber Amnon war das jetzt egal. 17 Er rief einen Hausangestellten und befahl dem, Tamar rauszuschmeißen. „Bringen Sie sie zur Tür, und schließen Sie die wieder hinter ihr ab!", sagte er zu ihm.
18 Tamar hatte an dem Abend ein Kleid mit langen Ärmeln an. Das war normal für die Töchter vom Präsidenten und für die, die noch nicht verheiratet waren. Als die Angestellten sie rausgeschmissen hatten und die Tür hinter ihr ins Schloss fiel,
19 streute sie etwas Sand vom Fussboden auf ihre Haare, zerriss ihr Kleid, legte die Hand auf ihren Kopf und rannte weg. Dabei weinte sie die ganze Zeit voll laut. 20 Schließlich kam sie bei ihrem Bruder Abschalom vorbei, der wusste, wo sie vorher war. „Was ist los? Hat Amnon dir was angetan?", fragte er. „Du darfst auf keinen Fall da drüber reden, klar? Er ist schließlich dein Halbbruder!" Tamar blieb dann im Haus von Abschalom wohnen, sie hatte keine Freunde mehr, war abgekapselt von der Außenwelt und sehr einsam. 21 Der Präsident David hörte dann von der ganzen Geschichte. Er rastete richtig aus. Aber bestrafen konnte er Amnon nicht, weil er ihn einfach so sehr liebte, er war ja schließlich sein erster Sohn. 22 Abschalom redete ab dem Zeitpunkt aber kein Wort mehr mit Amnon. Er hasste ihn, weil er seine Schwester vergewaltigt hatte.

Payback-Zeit: Abschalom rächt sich an Amnon

23 Zwei Jahre später organisierte Abschalom eine fette Party in Baal-Hazor, gleich um die Ecke von der Stadt Efraim. Damals war es normal, immer wenn man den Schafen die Wolle abrasiert hatte, eine Party zu organisieren. Alle Söhne vom Präsidenten bekamen auch eine Einladung. 24 Abschalom ging dann auch mal beim Präsidenten David vorbei, um ihn auch persönlich einzuladen. „Papa, bei mir ist gerade wieder Zeit, den Schafen die Wolle abzurasieren. Darf ich dich, als den Präsidenten, und auch deine engsten Mitarbeiter einladen? Du bist der Chef und ich hab Respekt vor dir!" 25 „Nein, ich weiß nicht, mein Sohn", sagte David. „Die Party würde viel zu groß werden, wenn alle zusagen würden. Das wird doch viel zu teuer für dich!" Aber Abschalom ließ nicht locker. Er drängelte die ganze Zeit rum. Trotzdem hatte David keinen Bock drauf und schickte ihn irgendwann zur Tür raus, nachdem er noch mal kurz für ihn gebetet hatte. 26 Auf dem Weg nach draußen nervte Abschalom aber weiter rum.

„Wenn ihr schon nicht alle kommt, könnte doch wenigstens Amnon kommen, oder? Ist ja schließlich mein Halbbruder!" „Aber warum ist dir das so wichtig?", fragte ihn David. 27 Abschalom blieb hartnäckig. Irgendwann hatte David den Hals voll und gab sein Okay, dass Amnon und alle seine anderen Söhne mit zur Party kommen durften. Auf der Feier sorgte Abschalom dann für ein Fünfsterneessen, es gab alles vom Feinsten, fast so, als wäre man zu einem Festbankett vom Präsidenten persönlich eingeladen worden. 28 Er hatte mit ein paar von seinen Freunden aber vorher schon abgemacht, dass sie nur auf sein Zeichen warten sollten, um Amnon auf die Schnauze zu hauen und ihn dann zu töten. „Beobachtet ihn!", meinte er. „Und sobald er genug getrunken hat, macht ihr ihn kaputt! Ihr braucht keine Angst vor irgendwelchen Folgen zu haben. Ich nehm das alleine auf meine Kappe. Zeigt, was ihr draufhabt, macht ihn fertig!" 29 Alles lief so wie geplant, und die Leute von Abschalom töteten Amnon noch an diesem Abend. Die anderen Söhne von David kriegten voll die Panik, als die Schlägerei losging, sie stiegen in ihre Autos und fuhren mit quietschenden Reifen vom Parkplatz. 30 Als sie gerade auf der Straße waren, kriegte David schon einen Anruf rein. „Abschalom hat alle Söhne vom Präsidenten gekillt, keiner ist mehr am Leben", war die Meldung. Natürlich voll das Gerücht. 31 Aber David stand von seinem Schreibtisch auf, schrie laut los und sackte auf den Boden zusammen. Auch die Angestellten, die gerade dort waren, schmissen sich auf den Boden und waren total fertig. 32 Jonadab, ein Sohn von Davids Bruder Schimna, sagte dann aber: „Herr Präsident, das kann eigentlich nicht angehen, dass wirklich alle Ihre Söhne umgebracht worden sind! Bestimmt ist nur Amnon ermordet worden. Hat man doch gesehen, dass Abschalom voll den Hassfilm gegen ihn geschoben hat seit der Vergewaltigung von Tamar. 33 Das ist bestimmt nur ein Gerücht, beruhigen Sie sich etwas. Ihre anderen Söhne leben bestimmt noch alle, vermutlich ist nur Amnon tot." 34 Abschalom war übrigens sofort nach der Tat geflohen. Dann sah einer der Typen, die bei David waren, zufällig aus dem Fenster und konnte auf dem Weg, der aus Westen kam, eine größere Gruppe von Menschen erkennen, die gerade den Berg runtergefahren kamen. 35 „Sehen Sie!", meinte Jonadab. „Da kommen Ihre anderen Söhne! Ich hab es doch gesagt, ist alles so, wie ich es vermutet habe!" 36 Der Typ hatte gerade seinen Satz zu Ende gesprochen, da sprang auch schon die Tür auf, und die anderen Söhne vom Präsidenten kamen herein. Sie fingen voll laut an zu weinen, und auch David weinte, genauso wie seine Angestellten am Heulen waren. 37 Abschalom floh in das Gebiet Talmai und kam beim Präsidenten von Geschur unter, der ein Sohn von Ammihud war. David trauerte sehr lange um seinen Sohn Amnon. 38 Abschalom blieb dann drei Jahre in Geschur. 39 Irgendwann hatte David sich damit abgefunden, dass sein Sohn Amnon tot war. Und mit den Jahren verflog auch die Wut auf Abschalom.

14 Abschalom kommt zurück, und alles ist wieder in Butter

1 Irgendwann kriegte Joab mit, dass sein Präsident David langsam, aber sicher wieder anfing, seinen Sohn Abschalom zu vermissen. 2 Schließlich rief er bei der „Job-Agentur Tekoa" an und bestellte eine arbeitslose Schauspielerin zu sich nach Hause. „Hören Sie, ich möchte, dass Sie die Rolle einer Frau spielen, die gerade richtig traurig ist. Ziehen Sie sich dazu schwarze Trauerkleidung an, und schminken Sie sich dementsprechend, dass man den Eindruck hat, Sie trauern schon einige Tag um jemanden, der gerade gestorben ist. 3 Dann holen Sie sich einen Termin beim Präsidenten und tun genau das, was ich Ihnen sagen werden." Joab gab ihr noch den Text mit, den sie auswendig lernen sollte. 4 Nachdem die Frau das Büro vom Präsidenten David betreten hatte, legte Sie sich erst mal platt vor seinem Schreibtisch auf den Boden. „Sie müssen mir helfen, Herr Präsident", stöhnte sie laut. 5 „Was ist los? Wo liegt das Problem?", fragte David. „Ich lebe zurzeit von Hartz IV, mein Mann ist gerade gestorben. 6 Bis vor kurzem hatte ich noch zwei Söhne. Die haben sich aber bei der Arbeit voll in die Wolle gekriegt. Es war gerade keiner da, der sie stoppen konnte, die beiden sind voll aufeinander losgegangen, haben sich brutalst verprügelt, und der eine ist dann in der Notaufnahme gestorben. 7 Jetzt fordert plötzlich der Rest der Familie von mir, dass ich den einen Sohn, der noch lebt, freiwillig rausrücken soll. Sie wollen ihn wohl auch töten, weil er seinen Bruder umgebracht hat. Aber dann hab ich ja gar keinen Sohn mehr! Keiner wird meine Familie weiterführen. Damit nehmen die mir doch meine letzte Hoffnung! Wenn die das wirklich durchziehen, hab ich keinen mehr, der in Zukunft unseren Familiennamen weiter tragen wird, unsere

Familie wäre ausgestorben!“ 8 „Hm, gehen Sie mal
nach Hause, ich kümmere mich höchstpersönlich
da drum!“, sagte der Präsident David. 9 „Aber wenn
Sie jetzt was unternehmen, dann werden die Leute
am Ende doch wieder mir und meiner Familie die
Schuld dafür in die Schuhe schieben! Ihnen wird ja
so was niemand vorwerfen, Sie sind schließlich der
Präsident!“ 10 „Wenn irgendjemand ankommt und
rumnervt, schicken Sie den einfach zu mir. Ich sorg
dafür, dass der in Zukunft sein Maul hält!“ 11 „Könn-
ten Sie das zu Papier bringen und unterschreiben?
Wenn Sie das machen, bin ich mir sicher, dass der
Typ, der so einen Hals auf uns hat, nicht noch
üblere Sachen plant und mein anderer Sohn nicht
auch noch getötet wird!“, meinte die Frau zu ihm.
„Hey, ich schwöre Ihnen bei Gott, Ihrem Sohn wird
absolut nichts passieren!“, antwortete David. 12 „Sie
sind mein Präsident, Sie sind der Chef. Aber darf ich
vielleicht noch was sagen?“ – „Schießen Sie los!“,
lachte David. 13 „Also, was ich nicht verstehe, ist
Folgendes: Warum ziehen Sie mit jemandem von
Gottes Leuten, den Israeliten, genau das Gleiche ab,
was Sie gerade verurteilt haben? Wenn Sie das so
durchziehen, wie Sie es gerade gesagt haben, verur-
teilen Sie sich ja selber, wenn Sie Ihren eigenen
Sohn nicht zurückkommen lassen. 14 Ich meine, wir
müssen doch alle mal sterben. Das ist so wie mit
Wasser, das man auf den Boden schüttet. Es versi-
ckert irgendwann und ist weg. Das Leben kann man
nicht wieder zurückholen, wenn es einmal ausge-
schüttet worden ist. Gott findet es aber nicht so toll,
wenn noch mehr Leute sterben müssen. Darum will
er auch, dass jemand, der mal verbannt und rausge-
schmissen worden ist, eine zweite Chance
bekommt! Er soll nicht für immer verbannt sein,
denn dann wäre er ja auch immer aus seiner Nähe,
aus der Nähe von Gott verbannt worden. 15 Mein
Präsident, ich bin mit meiner Sache bei Ihnen gewe-
sen, weil ich echt Panik vor meinen Verwandten
hatte. Ich dachte, wenn ich dieses Anliegen meinem
Präsidenten vortrage, könnte er mir vielleicht helfen.
16 ‚Der Präsident wird mich bestimmt vor diesem
Typen retten, der meinen Sohn umbringen will. Er
wird bestimmt auf meine Bitte eingehen‘, dachte ich
so bei mir, ‚er hilft mir bei diesem Problem‘. Immer-
hin will der Typ ja auch das ganze Erbe, was mal
meinem Sohn gehören soll, von uns wegnehmen.
17 Ich war mir sicher, egal, was mein Chef, mein Prä-
sident, auch anstellen wird, anschließend hab ich
meine Ruhe, und alles wird gut. Denn meinen Präsi-
denten kann man nicht bestechen, er ist so cool
unterwegs wie ein direkter Angestellter von Gott.
Man kann ihn nicht beeinflussen, er entscheidet
immer gerecht. Gott soll Ihnen weiter zur Seite ste-
hen und Ihnen immer helfen!“ 18 „Okay“, antwortete
David. „Aber eine Frage müssen Sie mir noch beant-
worten.“ – „Ja, was denn?“, antwortete die Frau.
19 „Der General Joab hat hier nicht seine Finger mit
ihm Spiel, oder?“ – „Wow, Sie merken aber auch
alles, Herr Präsident, man kann Ihnen einfach
nichts vormachen!“, rief die Frau. „Das stimmt tat-
sächlich, der General Joab hat mir diesen Job ver-
mittelt. Er hat mir genau erklärt, was ich sagen soll.
20 Er wollte hintenrum versuchen, Sie zu überzeu-
gen, aber Sie haben es sofort kapiert. Sie haben
wirklich den Durchblick, Sie sind so schlau wie der
Chefengel von Gott. Der hat ja auch voll den Durch-
blick über alles, was auf der Erde so abgeht.“
21 David rief dann bei seinem General Joab an und
sagte ihm am Telefon: „Hallo, Joab! Ist okay, ich
werde das tun, was Sie von mir möchten. Holen Sie
mir den Jungen, meinen Abschalom, wieder zurück
nach Hause!“ 22 Joab war total begeistert: „Gott soll
Sie deswegen fett beschenken, mein lieber Präsi-
dent David!“, sagte er zu ihm. „Spätestens jetzt
weiß ich, dass Sie mich wirklich mögen, weil Sie
meinen Wunsch erfüllt haben!“

Abschalom schafft es, dass sein Vater ihm verzeiht

23 Joab fuhr dann sofort nach Geschur, holte Abscha-
lom ab und brachte ihn wieder zurück nach Jerusa-
lem. 24 Der Präsident gab aber den Befehl raus: „Ich
will ihn nicht sehen! Er darf wieder in sein eigenes
Haus gehen, aber da soll er auch bleiben!“ Abscha-
lom zog also in seine alte Bude, aber zum Präsiden-
ten hatte er keinen Zugang. 25 Dabei hatte Abscha-
lom mittlerweile voll die Fangemeinde in Israel.
Überall hingen Poster von ihm rum, keiner sah so
stylisch und gut aus wie er. Sein Outfit, seine Haare,
sein Körper, alles war irgendwie perfekt. 26 Er hatte
sehr volles und schönes Haar. Wenn er einmal im
Jahr zum Friseur ging, wog die Mähne, die man bei
ihm abschnitt, alleine jedes Mal zweieinhalb Kilo.
27 Er hatte drei Söhne und eine Tochter, die Tamar
hieß. Sie sah auch unheimlich geil aus. 28 Dann
lebte Abschalom zwei Jahre in Jerusalem, ohne auch
nur einmal seinen Vater getroffen zu haben.
29 Irgendwann versuchte er mal ein Treffen mit Joab
zu organisieren, um gemeinsam zu überlegen, wie
man es doch noch hinbekommen könnte, dass das
Ding mit seinem Vater wieder in Ordnung kommen
würde. Joab sagte das Treffen aber ab. Abschalom

startete einen zweiten Versuch, aber auch dieses Mal wollte Joab nicht kommen. 30 Schließlich hatte er einen Idee. Er sagte zu seinen Angestellten auf dem Hof, sie sollten mal das Getreidefeld von Joab anzünden. Das lag nämlich direkt neben seinen Feldern. Die Angestellten erledigten den Job und steckten das Feld in Brand. 31 Fünf Minuten später klingelte das Handy von Abschalom: „Was sollte das? Warum haben Ihre Leute meine Felder angezündet?“ 32 „Das war der einzige Weg, dass Sie sich endlich mal bei mir melden“, antwortete Abschalom. „Ich wollte Sie bitten, ob Sie nicht beim Präsidenten noch mal ein gutes Wort für mich einlegen könnten. Können Sie ihm nicht was von mir ausrichten? Sagen Sie ihm bitte, dass ich mich echt frage, warum ich überhaupt von Geschur wieder zurück nach Hause gekommen bin. Ich hätte mal besser da bleiben sollen. Ich will ihn endlich mal wiedersehen! Wenn er mich aber immer noch anklagt und denkt, ich hätte die alleinige Schuld an der ganzen Sache, dann soll er mich meinetwegen umbringen lassen.“ 33 Joab ging dann zu David und erzählte ihm, was Abschalom gesagt hatte. David ließ dann sofort Abschalom holen. Als der zur Tür reinkam, warf er sich erst mal vor David auf den Fußboden, mit dem Gesicht zur Erde. Der Präsident hob ihn aber auf und umarmte ihn ganz fest.

15

Die Abschalom-Revolte

1 Einige Monate später kaufte sich Abschalom einen weißen Mercedes S-Klasse. Dazu stellte er eine Leibwache von 50 Leuten an, die auf Motorrädern in einer Kolonne vor und hinter ihm herfuhren. 2 Jeden Morgen stellte er sich mit diesem Zug an der Straße beim Stadttor auf. Das war genau der Weg, den die Leute gehen mussten, wenn sie zum Gericht wollten, um die öffentlichen Verhandlungen zu verfolgen. Bei diesen Verhandlungen traf dann ja immer der Präsident als Richter die letzten Entscheidungen. Immer wenn die Leute an Abschaloms Auto vorbeikamen, fragte er: „Wo kommen Sie her?“ Wenn der dann zum Beispiel antwortete: „Ich komm aus Stadt XY und gehöre zum Familienstamm YZ“, 3 sagte er zu ihm: „Hey, Ihr Anliegen ist bestimmt total richtig und wichtig! Aber bei dem Präsidenten werden Sie damit auf Granit beißen. 4 Wenn ich hier das Sagen hätte, dann würde ich garantiert anders entscheiden. Jeder würde zu seinem Recht kommen!“ 5 Immer wenn die Leute dann voll Respekt hatten und sich vor ihm verbeugen wollten, umarmte er sie ganz herzlich und schüttelte ihre Hände. 6 Das zog Abschalom eine Zeitlang bei jedem durch, der irgendwie auf dem Weg zum Gericht war. Auf die Art sorgte er dafür, dass David bald voll unbeliebt wurde, aber Abschalom fanden alle ganz toll. 7 Nach vier Jahren schrieb Abschalom eine Mail an den Präsidenten: „Lieber Papa, ich möchte nach Hebron gehen, um dort das Versprechen einzulösen, was ich Gott mal gegeben hab. 8 Als ich noch in Geschur in Syrien gewohnt habe, hab ich Gott mal was ganz fest versprochen. Ich hab ihm gesagt: ‚Wenn du mich wieder nach Jerusalem bringst, dann werde ich für dich ein fettes Dankopfer abfackeln!‘ Darf ich? Ich tue alles, was du sagst! Dein Abschalom.“ 9 „Hallo, Abschalom, ist total in Ordnung, geh ruhig!“, antwortete David. Abschalom ging also nach Hebron. 10 Vorher schickte Abschalom jedoch an die Chefs von den einzelnen Familienstämmen von Israel eine Rundmail. Dort stand drin: „Dies ist eine Bekanntmachung: In dem Augenblick, wenn im ganzen Land die Sirenen losheulen, ist das ein Zeichen, dass Abschalom in Hebron zum neuen Präsidenten gemacht worden ist!“ 11 Zweihundert Männer aus Jerusalem begleiteten Abschalom auf seinem Weg nach Hebron. Aber keiner hatte eine Ahnung, wozu sie überhaupt eingeladen worden waren. Was Abschalom in Wirklichkeit geplant hatte, wusste keiner. 12 Als die große Party mit der Opfersession schon in vollem Gange war, ließ Abschalom Ahitofel, den Manager von David, holen. Der wohnte zu der Zeit in Gilo. Die Macht von Abschalom weitete sich immer weiter aus, immer mehr Leute fanden ihn voll geil und wollten ihn als neuen Präsidenten haben.

David muss aus Jerusalem abhauen

13 An einem Morgen war ein großer Artikel in der Zeitung mit der Überschrift „Hebron: Alle wollen Abschalom als neuen Präsidenten!“ Als David das las, 14 sagte er zu seinen Männern, die bei ihm in Jerusalem waren: „Wir müssen uns schleunigst verpissen! Das ist die einzige Möglichkeit, um sich noch vor Abschalom und seinen Männern zu retten. Schnell weg hier, bevor es zu spät ist! Wenn er uns hier erwischt, wird es viele Tote geben.“ 15 Seine Männer antworteten: „Sie sind der Chef, wir tun, was Sie sagen. Aber wir halten auf alle Fälle immer zu Ihnen!“ 16 David packte seine Frauen und Kinder ein und verließ die Stadt. Seine Angestellten kamen auch mit, nur zehn von seinen Nebenfrauen sollten

im Präsidentenpalast bleiben, um sich dort um alles
zu kümmern. Es war damals normal, mit vielen
Frauen verheiratet zu sein, wenn man es sich kohle-
technisch leisten konnte. 17 Seine ganze Truppe, die
dort in der Stadt stationiert war, folgte ihm, ihrem
alten Präsidenten. David stoppte beim Ortsausgang
18 und ließ die ganze Armee an sich vorbeiziehen.
Auch die Security-Leute und seine Bodyguards
sowie die 600 Männer aus Gat waren dort am Start.
19 David erkannte einen von deren Chefs, der Ittai
hieß, und rief ihm zu: „Moment mal! Warum sind
Sie auch dabei? Gehen Sie mal wieder zurück und
dienen dem neuen Präsidenten! Sie sind doch hier
gelandet, weil Sie als Ausländer einen Asylantrag bei
uns am Laufen haben. 20 Gerade erst bei uns ange-
kommen, und schon wollen Sie gleich wieder flie-
hen? Ich kann ja für nichts garantieren! Keine
Ahnung, wo ich jetzt mit meinen Männern erst mal
landen werde. Gehen Sie doch ruhig wieder zurück
in die Stadt, und nehmen Sie auch gleich Ihre Leute
mit. Danke, dass Sie so treu zu mir halten wollten!
Gott wird Sie dafür fett beschenken!" 21 „Nee nee,
das kommt nicht in die Tüte!", sagte Ittai. „Ich
schwör bei Gott, solange Sie leben, werde ich
immer genau da sein, wo auch Sie sind! Sie sind
mein Chef, und ich folge Ihnen, egal ob ich dabei
draufgehe oder nicht!" 22 „Okay, dann sind Sie
dabei!", sagte David zufrieden. Ittai und seine Leute
zogen dann mit ihren Sachen auch am Präsidenten
vorbei. 23 Alle Leute, die dort am Weg standen,
waren voll traurig und fingen an loszuheulen, als
David mit seinen Männern an ihnen vorbeizog. Die
Truppe zog dann über den Bach Kidron und mar-
schierte in Richtung Wüste. 24 Auch der Chefpriester
Zadok wollte mitkommen und war mit allen Levi-
Leuten im Zug dabei. Dazu hatten sie die besondere
Kiste mit den Gesetzen im Auto mitgenommen! Sie
packten die dort aus, und der Priester zog Abfa-
ckelopfer durch, bis die ganze Truppe aus der Stadt
draußen war und den Bach Kidron überquert hatte.
25 David sagte zu Zadok: „Bringen Sie mal die Kiste
wieder zurück in die Stadt. Wenn Gott auf meiner
Seite ist, werde ich schon irgendwann wieder an
den Ort kommen können, wo die bis dahin gebun-
kert wurde. 26 Wenn Gott aber keinen Bock mehr auf
mich hat, dann kann er sowieso mit mir machen,
was er will. 27 Bleiben Sie in der Stadt und beobach-
ten Sie die Lage. Gehen Sie mal ganz entspannt
wieder zurück nach Jerusalem, ja? Sie alle, Sie
selbst, Ihr Sohn Ahimaaz und auch Abjatar mit sei-
nem Sohn Jonatan. 28 Ich bleib erst mal hier an der
Grenze zur Wüste und warte auf eine Nachricht von
Ihnen, was in der Stadt gerade abgeht." 29 Also
brachten Zadok und Abjatar die Kiste mit den
Gesetzen wieder zurück nach Jerusalem und blieben
erst mal dort. 30 David ging auf einem kleinen Berg
spazieren, wo viele Olivenbäume standen. Er hatte
keine Schuhe an, hielt die Hände vor sein Gesicht
und war voll am Heulen. Die Leute, die mit ihm
gegangen waren, flennten auch voll rum. 31 Dann
kam auch noch die Meldung rein, dass Ahitofel sich
auf die Seite von Abschalom geschlagen hatte.
David betete: „O Gott, ich bitte dich, dass aus dem
schlauen Kopf von Ahitofel ab sofort nur noch
Schwachsinn rauskommt!" 32 Schließlich war er auf
der höchsten Stelle des Berges angekommen. Auf
einmal lief ihm sein alter Freund Huschai entgegen.
Huschai war ein Arkiter. Er hatte sein T-Shirt zerris-
sen und sich etwas Erde auf den Kopf gestreut. Das
tat man damals, um zu zeigen, dass gerade irgend-
was Schlimmes passiert ist. 33 „Hey, Huschai, bitte
komm nicht mit mir! Im Moment kann ich dich hier
nicht gebrauchen. 34 Du könntest aber mal wieder
zurück in die Stadt gehen und versuchen, dich bei
Abschalom etwas einzuschleimen. Sag ihm, er wäre
jetzt dein neuer Präsident und du findest ihn ganz
toll. Du kannst ihm auch sagen, dass du ja früher
alles für seinen Vater getan hast und würdest das
jetzt auch für ihn machen. Vielleicht könntest du für
mich auch ausspionieren, was Ahitofel plant? 35 Die
Priester Zadok und Abjatar sind auch in der Stadt
geblieben. Sag ihnen alles, was du im Präsidenten-
palast an Informationen sammeln kannst. 36 Durch
ihre Söhne Ahimaaz und Jonatan werden dann die
Sachen an mich weitergeleitet." 37 Davids Freund
Huschai war gerade zu der Zeit nach Jerusalem
gekommen, als Abschalom in die Stadt einzog.

16

David auf der Flucht

1 Nachdem David über den kleinen Berg drü-
ber war, kam ihm plötzlich Ziba entgegen.
Ziba war der Typ, der sich damals um alle Angele-
genheiten von Sauls Enkel Merib-Baal kümmern
sollte. Das hatte David ja so eingefädelt, nachdem
er Präsident geworden war. Ziba hatte zwei Motor-
räder auf dem Hänger, mit 200 Fladenbroten, 100
Portionen Müsli und Obst in den Seitentaschen.
Dazu gab es sogar noch eine Kiste Iso-Drinks.
2 „Wofür sind die ganzen Sachen da?", fragte ihn der
Präsident. „Die Motorräder hab ich für die Familie
vom Präsidenten mitgebracht. Das Essen ist für

Ihre Männer, und mit den Iso-Drinks sollen sich die Leute mal den Durst löschen, denen auf dem Weg durch die Wüste zu warm geworden ist." 3 „Und wo haben Sie den Merib-Baal gelassen, den Enkel von Saul?", fragte ihn David. Ziba sagte: „Der wollte in Jerusalem bleiben. Er war davon überzeugt, dass ihn die Israeliten heute noch zum neuen Präsidenten erklären werden, weil er ja der letzte Sohn vom Saul ist." 4 „Gut, dann soll ab sofort der ganze Besitz von ihrem Ex-Chef an Sie übergehen!", entschied David. „Sie sind der Beste, vielen Dank!", antwortete Ziba. „Ich werde alles tun, was Sie sagen. Ich wünsche mir, dass Sie weiter so nett mit mir umgehen. Sie sind mein Chef und mein Präsident!" 5 David kam dann mit seinen Leuten nach Bahurim. Als sie noch vor dem Ortseingang waren, lief ihnen ein Mann entgegen. Der Typ hieß Schimi, kam aus der Familie vom Gera und war auch ein Verwandter vom Ex-Präsidenten Saul. Er lästerte laut über David ab, rotzte in seine Richtung und schmiss sogar mit Steinen nach ihm. Schimi hatte null Respekt, nicht mal vor den dreißig Kriegshelden, die als Bodyguards um David herum gingen. 7 Er fluchte wie blöd, schrie gegen David solche Sachen wie: „Verpiss dich! Du bist ein Mörder! Du Arsch! 8 Gott bestraft dich jetzt für das, was du der Familie vom Saul angetan hast! So was kommt alles zurück! Gott hat jetzt die Präsidentschaft an deinen Sohn Abschalom übergeben! Pech gehabt! Ist richtig so, du scheiß Mörder!" 9 Abischai, der Sohn von Zeruja, sagte zu David: „Wie kommt so ein Hirni dazu, den Präsidenten derart zu beschimpfen? Soll ich ihm den Kopf wegblasen?" 10 „Das geht dich nichts an, lass ihn in Ruhe!", sagte David. „Ihr Leute aus der Familie vom Zeruja habt damit doch nichts zu tun. Der beschimpft mich nur, weil Gott das von ihm wollte, dafür kann man ihn nicht bestrafen!" 11 Dann drehte sich David zu dem Rest seiner Truppe um und meinte noch: „Leute, wenn sogar mein eigener Sohn mich töten will, was kann man da von Männern erwarten, die wie Saul aus dem Familienstamm Benjamin kommen? Lasst ihn ruhig über mich ablästern, Gott will das sogar von ihm! 12 Ich muss da jetzt durch. Vielleicht sieht Gott ja, wie scheiße man mit mir umspringt, und vielleicht wird er diese negativen Ätzsachen, die man mir heute an den Kopf schmeißt, mal zu etwas Positivem umdrehen." 13 David zog also weiter mit seinen Leuten auf der einen Straßenseite, während Schimi auf der anderen Seite laut am Rumlästern war. Er beschmiss David weiter mit Steinen, rotzte in seine Richtung und so. 14 Ziemlich fertig kam der Präsident dann mit seine Leute am Jordan an. Dort machten sie erst mal eine Pause.

Abschalom macht sich ganz offiziell zum Präsidenten

15 Abschalom war in der Zeit mit seinen Männern in den Regierungspalast in Jerusalem eingezogen. Auch Ahitofel war bei ihm. 16 Huschai, der Freund und Berater von David, besuchte Abschalom und begrüßte ihn mit den Worten: „Der Präsident soll leben, der Präsident soll leben!" 17 „Na toll, ich dachte, Sie sind ein Freund von David!? Warum sind Sie nicht mit ihm weggegangen?", sagte Abschalom zu ihm. 18 „Das geht gar nicht!", rief Huschai. „Ich arbeite immer nur für den Mann, der von Gott zum aktuellen Präsidenten bestimmt wurde! Der Mann, der von allen Männern in Israel zum Präsidenten gewählt wurde, ist auch mein Präsident! 19 Außerdem sind Sie doch ein Sohn von David! So wie ich Ihrem Vater gedient habe, werde ich auch Ihnen dienen!" 20 Abschalom fragte Ahitofel, der auch mit im Raum stand: „Was, denken Sie, soll ich jetzt machen? Geben Sie mir mal einen Tipp!" 21 Ahitofel meinte: „Ihr Vater hat doch noch ein paar von seinen Nebenfrauen hiergelassen, oder? Die sollten sich ja weiter um das Haus und so kümmern. Schlafen Sie mit denen! Wenn sich das in Israel rumspricht, ist jedem klar, dass Ihr Vater ab sofort nicht mehr so gut auf Sie zu sprechen sein wird ... Er wird Sie dafür hassen! Dann gibt es kein Zurück mehr. Alle, die zu Ihnen halten, werden dann erst recht zu Ihnen stehen." 22 Oben auf dem Flachdach vom Palast wurde dann ein extra Zelt aufgebaut. Vor den Augen der Stadt wurde eine Frau nach der nächsten in das Zelt gebracht. Abschalom schlief in aller Öffentlichkeit mit jeder Nebenfrau seines Vaters. 23 Zu der Zeit war es so, dass die Tipps von Ahitofel als fast so viel wert galten, als hätte Gott persönlich zu einem gesprochen. Sein Rat war schon für David superwichtig gewesen, und auch Abschalom hörte sehr auf ihn.

17 Abschalom hört auf den Rat von dem falschen Typen

1 Ahitofel machte Abschalom einen Vorschlag: „Hören Sie zu, stellen Sie mir weitere Vollmachten aus, geben Sie mir noch 12 000 Soldaten dazu, und ich werde noch heute Nacht losziehen und David verfolgen. 2 Ich hab jetzt die Chance, ihn

einzuholen, solange er noch down und frustriert ist.
Wenn ich auf ihn und seine Männer in diesem
Zustand einen Überfall starte, stehen die Chancen
gut, dass seine Leute fliehen werden und ich David
alleine erwische und töten kann. 3 So könnte ich
seine ganze Armee unter Ihren Befehl stellen. Wenn
der Star der Truppe tot ist, werden sie Ihnen alle aus
der Hand fressen. Den Rest der Männer brauchen
Sie ja nicht gleich auch noch umzubringen, oder?"
4 Abschalom hatte ein gutes Gefühl bei der Idee,
und auch die Chefs der Israeliten waren einverstan-
den. 5 Trotzdem wollte er noch eine zweite Meinung
hören. „Lassen Sie uns auch noch Huschai einla-
den, den Arkiter. Mal sehen, was der sagt!"
6 Huschai kam dann vorbei, und nachdem ihm
Abschalom von der Idee von Ahitofel erzählt hatte,
fragte er ihn: „Was halten Sie von der Sache? Sollen
wir das so machen, wie Ahitofel es vorgeschlagen
hat? Oder haben Sie noch eine bessere Idee?"
7 „Also diesmal hab ich das Gefühl, dass der Rat von
Ahitofel nicht so gut ist!", meinte Huschai. 8 „Sie
kennen doch Ihren Vater! Sie wissen doch auch, wie
seine Männer drauf sind! Das sind alles kampfer-
probte Soldaten! Zusätzlich sind die jetzt auch total
heiß, sie sind voll aggressiv, so wie ein Kickboxer,
dem man seine Freundin ausgespannt hat. Ihr Vater
kennt sich mit Kämpfen gut aus, der wird seinen
Leuten vermutlich kaum Schlaf gegönnt haben.
9 Der hat sich garantiert oben in den Bergen in
irgendeinem alten Bunker verschanzt. Wenn jetzt
Ihre Leute dort hochgehen und in eine Falle tappen,
werden Sie gleich am Anfang von Ihrer Regierungs-
zeit die erste Niederlage einfahren. Dann klopfen
die Leute sofort solche Sprüche wie: „Abschaloms
Männer haben gleich mal so richtig eins auf die
Fresse bekommen.' 10 Wenn das passiert, hat die
ganze Truppe vielleicht plötzlich keinen Bock mehr.
Auch der beste Soldat in Ihrer Truppe, der früher
gekämpft hat wie Rocky, wird nur noch Gummi in
den Armen haben. Dass Ihr Vater der beste General
der Welt ist, wissen doch alle in Israel. Und auch
von seiner kriegserfahrenen Truppe spricht man
überall. 11 Darum ist mein Tipp: Suchen Sie die bes-
ten Soldaten zusammen, die Sie im ganzen Gebiet
von Israel finden können. Ziehen Sie Ihre Truppen
von Dan im Norden bis nach Beerscheba im Süden
zusammen. Ihre Armee kann nicht groß genug sein.
Mit so vielen Soldaten, wie es nur irgend geht, soll-
ten Sie dann sofort gegen David in den Krieg zie-
hen. 12 Dann werden Sie auch ganz sicher gewinnen.
Ihren Vater finden wir und bringen ihn um, das ist
so sicher wie der Sonnenuntergang. Keiner von sei-
nen Leuten wird das Ganze überleben. 13 Wenn er
sich in einer Stadt versteckt, werden Ihre Soldaten
die Stadt einfach mit Bulldozern platt walzen, kein
Stein wird mehr auf dem anderen stehen!"
14 Abschalom rief laut: „Yes! Huschai hat recht! Sein
Tipp ist besser als der von Ahitofel!" Auf die Art
sorgte Gott dafür, dass der gute Rat von Ahitofel
nicht gehört wurde. Gott hatte nämlich schon lange
beschlossen, dass die Zeit von Abschalom bald
ablaufen wird. 15 Huschai rief dann bei den Priestern
Zadok und Abjatar an, um ihnen von dem Tipp zu
erzählen, den Abschalom und die Chefs von Israel
von Ahitofel bekommen hatten, und davon, was er
selber ihnen geraten hatte. 16 „Nehmen Sie so
schnell es geht mit David Kontakt auf", sagte er.
„Sagen Sie ihm, er soll sofort diese Seite vom Jor-
dan verlassen. Am besten, er überquert den Fluss
noch heute Nacht! Sonst werden er und seine Leute
bei dieser Aktion getötet werden." 17 Jonatan und
Ahimaaz warteten an der Rogel-Quelle, weil es für
sie viel zu gefährlich gewesen wäre, sich in der Stadt
blicken zu lassen. Dort trafen sie eine Frau, die
ihnen von der Sache erzählte mit der Bitte, das
Ganze an David weiterzugeben. 18 Leider wurden sie
dabei von einem jungen Mann beobachtet, der das
Ganze gleich an Abschalom weiterpetzte. Jonatan
und Ahimaaz fuhren mit ihren Bikes so schnell es
ging nach Bahurim, wo sie einen Mann kannten,
dem eine Kneipe gehörte. Dort versteckten sie sich
erstmal im Keller. 19 Vor die Tür vom Kellereingang
schob seine Frau einen Schrank, damit man den
Eingang nicht sehen konnte. 20 Als die Männer von
Abschalom an der Haustür standen, fragten sie die
Frau: „Sind hier Ahimaaz und Jonatan vorbeigekom-
men?" „Ja", antwortete sie. „Die sind die Straße
dahinten runtergefahren." Die Männer durchsuch-
ten den ganzen Block, aber konnten niemanden
dort finden. Also verschwanden sie wieder nach
Jerusalem. 21 Sobald die Luft rein war, kamen die
zwei aus dem Keller raus und fuhren weiter zu
David. Als sie bei ihm waren, berichteten sie ihm
von dem Tipp, den Ahitofel Abschalom gegeben
hatte. „Wir müssen jetzt schnell über den Fluss!",
sagten sie zu ihm. 22 Sofort ließ David die Sachen
packen und marschierte mit seinen Leuten über den
Jordan. Gegen 8.00 Uhr morgens waren alle Män-
ner auf der anderen Seite. 23 Als Ahitofel kapierte,
dass Abschalom seinen Tipp nicht befolgen würde,
stieg er in sein Auto und fuhr zurück nach Hause.
Er gab seiner Familie noch die letzten Anweisungen,

nahm eine Packung Schlaftabletten und legte sich
in die Badewanne. So starb er und wurde eine
Woche später in dem Grab beerdigt, wo auch sein
Vater begraben lag. 24 David war mittlerweile schon
in Mahanajim angekommen, als Abschalom mit der
gesamten Armee von Israel den Jordan überquerte.
25 Anstelle von Joab hatte Abschalom Amasa als
neuen General über das Heer eingesetzt. Amasa
kam aus der Familie von Jeter, der ein Ismaelit war.
Seine Mutter hieß Abigal, die eine Tochter von Isai
und eine Schwester von Joabs Mutter Zeruja war.
26 Die Armee von Israel schlug unter der Führung
von Abschalom im Gebiet von Gilead ihr Lager auf.

David bekommt Hilfe in Mahanajim

27 Als David in Mahanajim ankam, warteten dort
drei Typen auf ihn. Der eine hieß Schobi, er war ein
Sohn von Nahasch und kam aus Rabba, was zum
Gebiet der Ammoniter gehörte. Der andere war
Machir, der ein Sohn von Ammiel war und aus Lo-
Dabar stammte. Der Dritte war Barsillai, und der
kam aus Roglim, was in Gilead liegt. 28–29 Die drei
hatten geahnt, dass die Männer von David mega
Kohldampf schoben, nachdem sie durch die Wüste
marschiert waren. Darum hatten sie Brote, Obst,
Käse, Bratwürste und auch etwas Kaffee mitge-
bracht. Dazu einen Grill, Campinggeschirr, Isomat-
ten und solche Sachen.

18

Es geht um die Wurst

1 David musterte seine Männer und unter-
teilte die Truppe in unterschiedliche Abtei-
lungen. Immer tausend Soldaten bildeten eine
Abteilung, daraus wiederum wurden Unterabteilun-
gen zu je hundert Mann gemacht. 2 Dann schickte
er drei Gruppen los. Die erste Gruppe wurde von
Joab angeführt, die zweite von Joabs Bruder Abi-
schai, und die dritte stand unter dem Befehl von
Ittai, der aus Gat stammte. David sagte zu seinen
Männern: „Ich werde auf jeden Fall mit euch zusam-
men in den Krieg ziehen!!“ 3 Die fanden aber, dass
wäre keine so gute Idee. „Sie dürfen auf keinen Fall
mitkämpfen, David! Wenn von uns Leute sterben,
ist das nicht so schlimm. Selbst wenn wir uns alle
plötzlich verpissen müssen oder die Hälfte von
unseren Männer erschossen wird, kann man das
irgendwie verkraften. Aber wenn Sie dabei draufge-
hen, wäre das der Untergang! Sie sind so viel wert
wie zehntausend Soldaten aus unserer Truppe.
Außerdem brauchen wir Sie bei einem Hinterhalt,
damit Sie, falls nötig, Verstärkung für uns aus der
Stadt organisieren können.“ 4 „Hm, okay“, willigte
David ein. „Ich werde mich an das halten, was ihr
meint.“ Anschließend stellte er sich auf einen Platz
am Ausgang der Stadt auf eine kleine Bühne und
ließ alle Soldaten in einzelnen Abteilungen an sich
vorbeiziehen. 5 Dabei kriegten viele mit, wie er zu
Joab, Abischai und Ittai, den drei Generälen seiner
Armee, sagte: „Passen Sie aber auf meinen Sohn
Abschalom auf! Ihm soll nichts passieren!“ 6 Also
zogen die Truppen von David gegen die Truppen
von Israel in den Krieg. Im Waldland von Efraim gab
es die große Schlacht. 7 Dabei fügten die Männer
von David dem Heer von Israel eine empfindliche
Niederlage bei. 2000 Soldaten der Armee von Israel
starben. 8 Der Krieg weitete sich auf die ganze
Gegend aus. Weil es dort viele gefährliche Stellen
wie Abhänge und Felsschluchten gab, starben hier
noch mehr Menschen als direkt in der Schlacht.

Abschalom ist tot

9 Irgendwann erblickten Davids Soldaten Abscha-
lom, als er sich gerade auf seiner Geländemaschine
verpissen wollte. Als er durch einen Wald bretterte,
verfingen sich die langen Haare von Abschalom
plötzlich in einem Ast von einer Eiche. Die
Maschine fuhr dabei einfach weiter, während er wie
ein Stück Obst an einem großen Ast mit seinen
Haaren hängenblieb, ohne den Boden zu berühren.
10 Einer von Davids Männern hatte das mitbekom-
men und meldete es Joab: „Abschalom hängt dort
drüben mit seinen Haaren in einer Eiche fest!“
11 „Wie jetzt?“, fragte Joab. „Der hing da einfach
rum, und sie haben ihm nicht den Kopf wegge-
schossen? Ich hätte euch sofort 1000 Euro Kopfgeld
ausgezahlt und meinen Nietengürtel noch oben
draufgelegt!“ 12 „Auch für 10 000 Euro hätte ich das
nicht gebracht“, erwiderte der Typ. „Ich würde nie
auf die Idee kommen, den Sohn des Präsidenten zu
töten. Alle haben doch gehört, was David zu Ihnen,
Abischai und Ittai gesagt hat: „Passen Sie auf mein
Kind auf, keiner soll ihm weh tun!“ 13 Wenn ich ihn
einfach von hinten abgeknallt hätte, würden Sie
mich doch auch nicht vor David verteidigen, wenn
er sauer ist, oder? Und der Präsident erfährt
sowieso alles.“ 14 „Lassen Sie mich durch!“, rief
Joab. Er stieg auf seine Maschine, fuhr zu dem
Baum hin, wo Abschalom noch immer hing, und
schoss ihm in den Bauch. 15 Die zehn Soldaten, die
er mitgenommen hatte, stellten sich auch in einer
Reihe vor Abschalom und schossen so lange auf

ihn, bis er tot war. 16 Joab sendete dann einen Funkspruch los, der einen Befehl zum Rückzug der Truppen veranlasste. Er wollte die israelitische Armee schonen. 17 Die Leiche von Abschalom wurde in eine Grube im Wald geschmissen. Die Grube wurde mit Steinen zugeschüttet, bis ein großer Haufen da drüber entstanden war. Dann löste sich das Heer auf, und alle Soldaten gingen wieder nach Hause. 18 In der Zeit, als Abschalom noch lebte, hatte er sich in Jerusalem im sogenannten Königstal ein Denkmal bauen lassen. Damals meinte er: „Ich hab keinen Sohn, der den gleichen Namen hat wie ich!“ Darum nannte er dieses Teil nach seinem Namen, es heißt das „Abschalom-Denkmal“.

David erfährt: Abschalom ist tot

19 Ahimaaz, der Sohn von Zadok, wollte dem Präsidenten die Nachricht gleich überbringen. „Ich werde ihm erzählen, dass Gott für einen Sieg über die Feinde gesorgt hat!“ 20 Joab fand, das sei keine so gute Idee. „Heute haben Sie auf jeden Fall keine gute Nachricht für ihn! Wenn es eine gute Nachricht gibt, können Sie beim nächsten Mal gerne den Job haben. Vergessen Sie nicht: Der Sohn vom Präsidenten ist tot!“ 21 Joab befahl dann einem seiner Männer, einem äthiopischen Typen, der bei ihm angestellt war: „Fahren Sie zum Präsidenten und melden ihm, was hier passiert ist!“ Der Typ verabschiedete sich und fuhr gleich los. 22 „Egal, ich will trotzdem dabei sein“, sagte Ahimaaz. „Warum sind Sie da so wild drauf?“, fragte ihn Joab. „Für diese Nachricht werden Sie bestimmt keine Belohnung bekommen!“ 23 „Ist mir egal“, wiederholte Ahimaaz. „Ich bin schon weg!“ – „Dann hauen Sie ab!“, sagte Joab. Ahimaz nahm eine Abkürzung durch die Jordanebene und war deswegen schneller bei David als der andere Typ. 24 David stand schon die ganze Zeit im Büro und wartete auf einen Anruf. Oben vom Dach aus hielt einer seiner Leute Ausschau. Der sah dann, wie ein einzelner Mann mit seinem Motorrad recht schnell angefahren kam. 25 Das meldete er dem Präsidenten. „Ist das nur einer? Dann ist das bestimmt eine gute Nachricht!“, sagte David. Bevor der Typ aber schon am Gartentor angekommen war, 26 sah der Mann noch ein zweites Motorrad kommen. „Da ist noch ein Mann, der auch alleine kommt“, machte er Meldung vom Dach. „Na, der hat bestimmt auch eine gute Nachricht für mich!“, antwortete David. 27 Jetzt sah der Mann vom Dach noch mal durch sein Fernglas und erkannte den ersten Typen: „Das ist Ahimaaz, der Sohn vom Zadok!“, rief er runter. „Bin ich mir recht sicher, ich erkenn das auch an dem Fahrstil!“ David sagte dazu: „Das ist ein guter Soldat, der bestimmt auch mit guten Nachrichten kommt!“ 28 Als Ahimaaz zur Tür reinkam, rief er schon: „Guten Tag, Herr Präsident!“ Dann machte er eine tiefe Verbeugung vor ihm. „Gott ist gigantisch! Danke, Gott! Gott hat alle Ihre Feinde plattgemacht! Jeder, der sich gegen Sie gestellt hat, ist jetzt am Boden!“ 29 „Und was ist mit meinem Sohn? Wie geht's Abschalom? Geht es ihm gut?“, fragte David. „Ich hab nur gesehen, wie um ihn ein großer Kampf abging“, antwortete Ahimaaz. „Das war, kurz bevor Joab uns beide losgeschickt hatte. Ich weiß nicht genau, was da am Ende passiert ist.“ 30 „Stellen Sie sich hier neben mir auf!“, befahl ihm David. 31 Jetzt war auch der andere Typ da und rief: „Ich habe eine gute Nachricht für Sie, Herr Präsident. Gott hat dafür gesorgt, dass Ihre Leute einen großen Sieg eingefahren haben. Alle Ihre Gegner sind tot!“ 32 „Und was ist mit Abschalom, meinem Sohn? Geht es ihm gut?“, fragte David. Der Typ antwortete: „Herr Präsident, was ihm passiert ist, müsste eigentlich allen Ihren Feinden passieren. Jeder, der versucht, Sie abzulinken, hat das verdient!“

19

Joab redet ein ernstes Wörtchen mit David

1 Der Präsident David war megafertig, als ihm klarwurde, was passiert war. Er ging nach oben auf die Dachterrasse und weinte laut los: „Mein Sohn ist tot! Mein Sohn Abschalom ist tot! Mein Sohn! O Mann, ich wäre lieber selbst gestorben, damit mein Sohn noch leben könnte! Mein Sohn! Mein Sohn ist tot!“ 2 General Joab bekam dann eine Meldung rein: „Der Präsident weint und trauert über den Tod von seinem Sohn Abschalom!“ 3 Auch unter den Soldaten machte das die Runde. „Schon gehört? Der Präsident trauert um Abschalom!“ Die Freude über den Sieg veränderte sich dann schnell in Depristimmung. 4 Mit hängenden Köpfen schlichen die Soldaten durch die Stadt, fast so wie Männer, die vor den Feinden weggelaufen waren. 5 Der Präsident saß an seinem Schreibtisch, hatte die Hände über seinem Kopf und weinte die ganze Zeit sehr laut: „Mein Sohn! Mein Abschalom! Abschalom, mein Sohn ist tot!“ 6 Joab ging dann zu David, um mal mit ihm ein ernstes Wörtchen zu reden: „Das geht gar nicht, was Sie hier gerade abziehen! Ihre Leute haben sich für Sie den Arsch aufgerissen! Sie haben heute Ihnen, Ihren anderen

Söhnen, Ihren Frauen und Nebenfrauen das Leben gerettet! Für die muss das voll die Beleidigung sein, wenn Sie hier weiter so rumheulen. 7 Den Leuten, die Sie mögen, treten Sie in den Hintern, und die Leute, die Sie hassen, lieben Sie? Wenn Sie so drauf sind, ist das ein Beweis für Ihre Generäle und Ihre Soldaten, dass sie Ihnen eigentlich am Arsch vorbeigehen. Ist doch so, oder? Wenn Abschalom noch leben würde, aber wir alle tot wären, dann wären Sie happy! Ganz toll! 8 Jetzt reißen Sie sich mal zusammen! Gehen Sie raus und reden Sie mit den Soldaten. Sagen Sie ihnen, dass sie einen guten Job getan haben. Ich schwöre Ihnen: Wenn Sie das nicht machen, werden noch heute Abend alle Männer bei mir die Kündigung einreichen und gehen. Und das wird am Ende schlimmer für Sie sein als alles, was Sie bisher in Ihrem Leben erlebt haben." 9 Irgendwie machte es da beim Präsidenten „klick". Er stand auf und ging zu dem Stadttor. Schnell machte das die Runde bei den Soldaten: „Der Präsident sitzt am Stadttor!" Also versammelten sie sich und zogen stolz, der Reihe nach, an dem Tor und dem Präsidenten David vorbei.

David kommt zurück

10 Die Truppe, die gegen David gekämpft hatte, hatte sich aufgelöst, und alle waren nach Hause zurückgekehrt. In allen Familienstämmen redete man jetzt über die Sache mit David. Überall wurde diskutiert, und man sagte: „Der Präsident hat uns vor den Philistern gerettet. Alle unsere Feinde hat er fertiggemacht. Und er musste wegen diesem Abschalom sogar aus unserem Land fliehen. 11 Jetzt ist dieser Abschalom endlich tot, der immerhin mit unserer Einwilligung zum neuen Präsidenten gemacht worden war. Worauf warten wir eigentlich noch? Lasst uns David zurückholen und ihm das Amt des Präsidenten wieder zurückgeben!" 12 David schickte dann eine Mail an die Priester Zadok und Abjatar: „... Organisieren Sie ein Treffen mit den Chefs vom Familienstamm Juda. Wenn alle da sind, müssen Sie denen Folgendes von mir ausrichten: ‚Wie ist es jetzt mit Ihnen? Alle in Israel wollen mich anscheinend wieder als ihren Präsident haben. Es gibt sogar ne Unterschriftenliste. Wollen Sie denn die Letzten sein, die unterschreiben? 13 Sie gehören doch zu meinem Familienstamm! In uns fließt dasselbe Blut. Wie kann das angehen, dass andere in dieser Frage schneller sind als Sie?" 14 Reden Sie auch mal mit Amasa. Dem können Sie Folgendes von mir ausrichten: ‚Amasa, wir sind ganz eng verwandt! Ich möchte dich am liebsten befördern. Wenn du willst, kannst du den Job als General meiner Armee haben. Das ist hiermit ganz fest versprochen, den Job hast du, auf sicher. Falls ich dieses Versprechen nicht einlöse, soll Gott mich dafür bestrafen. Bis dann, dein David'." 15 Mit dieser Aktion sorgte er dafür, dass alle wichtigen Männer aus dem Familienstamm Juda wieder voll auf seiner Seite standen. Sie schrieben einen Brief, wo schwarz auf weiß drinstand: „... Bitte kommen Sie zurück! Bringen Sie alle Soldaten mit!" 16 Also packte David seine Sachen und machte sich auf den Rückweg nach Jerusalem. Als er am Jordanfluss war, kamen ihm die Männer vom Familienstamm Juda aus Gilgal schon entgegen. Sie wollten ihn beim Übergang über den Fluss begleiten. 17 Mit dabei war auch Schimi, der aus dem Familienstamm Benjamin kam. Er war ein Sohn von Gera. Schimi war gekommen, um den Präsidenten zu begrüßen. 18 Er kam aber nicht alleine, sondern hatte noch tausend Soldaten mitgenommen, die alle aus dem Familienstamm Benjamin kamen. Auch Ziba, der Manager von Sauls Enkel Merib-Baal, war dabei. Er hatte seine fünfzehn Söhne und zwanzig Angestellten mitgebracht. Der ganze Trupp war sogar noch vor dem Präsidenten am Jordan angekommen. 19 Sie hatten sich an einer Brücke aufgestellt, um dem Präsidenten und seinen Angestellten beim Übergang über den Fluss behilflich zu sein, wo es nötig war. Als David gerade seinen ersten Schritt auf die Brücke setzte, um den Jordan zu überqueren, warf sich Schimi vor ihm platt auf den Boden. 20 „Bitte, mein Präsident, bestrafen Sie mich nicht für das, was ich Ihnen angetan habe, als Sie aus Jerusalem abgehauen sind! Bitte nicht mehr böse sein! 21 Mir ist schon klar, ich hab richtig Scheiße gebaut. Bitte! Ich war immerhin auch der Erste, der hier war, um meinen Präsidenten zu empfangen!" 22 David wollte gerade antworten, da schrie Abischai dazwischen: „Der Typ muss sterben! Er hat über den besonderen Präsidenten von Gott abgelästert!" 23 „Was geht dich das an?", rief David. „Mischt euch nicht in Sachen, die euch nichts angehen! Ich mein jetzt euch Söhne von Zeruja. Habt ihr sie nicht mehr alle? An so einem Tag wie heute wird hier niemand angeklagt! Heute bin ich endlich wieder zum Präsidenten von Israel gemacht worden! An so einem guten Tag wird hier niemand getötet. Ist das klar?" 24 Dann beugte er sich zu Schimi rüber und sagte ihm: „Sie müssen nicht sterben! Das verspreche ich Ihnen hiermit."
25 Mit im Begrüßungskomitee war auch Merib-Baal,

der Enkel von Saul. Seit dem Tag, an dem David aus Jerusalem abhauen musste, hatte er sich demonstrativ nicht geduscht, nicht rasiert, nie die Klamotten gewechselt und war auch nicht zum Friseur gegangen. 26 Als er bei David ankam, fragte ihn der Präsident: „Sag mal, warum bist du damals eigentlich nicht mit mir gekommen?“ 27 Der Enkel von Saul antwortete: „Mein Chef, mein Präsident! Ich wollte ja, aber mein Pflegepersonal ist schuld. Ich hatte ihm gesagt, er sollte meinen elektrischen Rollstuhl klarmachen, damit ich den Präsidenten begleiten kann. Sie wissen ja, dass ich seit Jahren an den Beinen gelähmt bin und nicht gehen kann. 28 Aber dieser Typ war auf der Seite vom Gegner und hat Sie belogen. Zum Glück kann man Sie nicht so schnell bescheißen, Sie sind wie ein Engel von Gott. Ich gehöre Ihnen, Sie können mit mir machen, was Sie wollen. 29 Alle aus der Familie von meinem Vater mussten damit rechnen, von Ihnen getötet zu werden, auch ich. Aber anstatt mich umzubringen, haben Sie mir sogar erlaubt, dass ich immer mit Ihnen zu Mittag essen durfte. Ich hab nicht das Recht, Sie noch um irgendeinen Gefallen zu bitten.“ 30 „Genug gelabert!“, sagte David. „Ab sofort sollst du dir den Besitz von Saul mit Ziba teilen! Das ist jetzt Gesetz!“ 31 „Ist in Ordnung, der kann von mir aus alles haben!“, antwortete Merib-Baal. „Ich bin nur froh, dass Sie wieder zu Hause sind und dass es Ihnen gutgeht, mein Präsident!“

Abschied von einem Typen, der immer voll zu David gestanden hatte

32 Barsillai war extra aus Roglim in Gilead gekommen, um David bis zum Jordan zu begleiten und sich dort von ihm zu verabschieden. 33 Der Typ hatte echt viel Kohle und hatte David immer mit Lebensmitteln unterstützt, als er noch in Mahanajim gewohnt hatte. Barsillai war mit seinen 80 Jahren schon lange Rentner. 34 David sagte zu ihm: „Was halten Sie von der Idee, wenn Sie mit in meinem Haus in Jerusalem wohnen? Dort könnte ich mich um Sie und Ihre Familie kümmern!“ 35 „Hm, nette Idee. Aber ich bin für so einen Umzug langsam zu alt. Warum sollte ich nach Jerusalem ziehen? 36 Ich hab die 80 gerade überschritten, und langsam bin ich in dem Alter, dass mir viele Sachen irgendwie unwichtig werden. Ich kann nichts mehr schmecken, egal ob ich was esse oder trinke. Außerdem brauch ich ein Hörgerät und kann ohne das noch nicht mal ein Konzert richtig genießen. Ich wäre doch nur eine Belastung für den Präsidenten! 37 Außerdem hab ich so eine Ehre echt nicht verdient! Ich wollte einfach nur die paar Meter mitgehen und meinen Präsidenten ein Stück begleiten. 38 Ich möchte jetzt lieber wieder zurück nach Hause. Dann kann ich in Ruhe dort sterben, wo mein Vater und meine Mutter auch begraben wurden. Wenn Sie wollen, kann ja mein Sohn Kimham mit Ihnen gehen und Ihnen helfen. Er steht Ihnen hundertprozentig zur Verfügung!“ 39 „Abgemacht!“, sagte David. „Kimham soll mitkommen. Ich werde mich um ihn kümmern, so wie Sie es sich wünschen. Und wenn Sie mal irgendwas brauchen oder so, dann sagen Sie bitte Bescheid, ja?“ 40 Jetzt waren die letzten Sachen erledigt, und David zog mit seinen Männern über den Jordanfluss. Bevor der Präsident selbst über die Brücke ging, umarmte er noch mal Barsillai und betete für ihn. Barsillai ging dann wieder nach Hause. 41 David zog aber weiter nach Gilgal. Alle Soldaten von Juda, die Hälfte der Männer von Israel und auch Kimham waren mit dem Präsidenten dabei.

Die Familienstämme von Israel zecken den Stamm Juda etwas an

42 Die Familienstämme von Israel kamen dann beim Präsidenten David in Gilgal mit einer Beschwerde an. „Wie kann das angehen, dass die Leute aus dem Familienstamm Juda sich einfach vorgedrängelt haben? Warum durften die jetzt Sie und Ihre Familie über den Jordan begleiten und nicht wir?“ 43 Die Männer von Juda antworteten auf diese Beschuldigung: „Hallo? Der Präsident kommt immerhin aus unserer Familie! Was ist los mit euch! Was macht ihr hier so einen Alarm? Haben wir euch jetzt den Präsidenten weggenommen oder was? Oder hat er uns jetzt irgendwelche Sachen erlaubt, die ihr nicht dürft?“ 44 Darauf antworteten die anderen Familienstämme von Israel: „Also, über 90 Prozent vom Präsidenten gehören uns, das ist doch wohl klar! Warum habt ihr keinen Respekt vor uns? Wir haben auch als Erste gesagt, dass wir den Präsidenten abholen wollen, oder?“ Die Diskussion wurde immer heißer, und die Männer von Juda legten argumentationsmäßig immer noch einen drauf.

20

Scheba probt den Aufstand

1 Zufällig wohnte in Gilgal noch so ein fieser Typ, der Scheba hieß. Er war aus dem Familienstamm Benjamin und ein Sohn vom Bichri. Scheba ließ überall Flyer verteilen, auf denen so ein

Anti-David-Text draufstand: „Was haben wir mit diesem David zu schaffen? Wir gehören doch nicht zum gleichen Familienstamm wie dieser Sohn vom Isai! Geht alle wieder nach Hause!“ [2] Viele Israeliten ließen sich von ihm überzeugen. Sie verließen die Armee von David und gingen zu Schebas Truppe. Nur die Soldaten aus dem Familienstamm Juda blieben treu bei ihrem Präsidenten, sie begleiteten ihn vom Jordan bis nach Jerusalem. [3] Als David nach Hause in seinen Präsidentenpalast kam, war einer seiner ersten Befehle, die zehn Nebenfrauen, die er dort zurückgelassen hatte und die sich um seinen Präsidentenpalast gekümmert hatten, in ein anderes Gebäude bringen zu lassen. David schlief nicht mehr mit ihnen, sie lebten für den Rest ihres Lebens total abgeschottet von der Außenwelt, fast so wie Frauen, deren Mann gestorben war. [4] Irgendwann befahl er Amasa: „Zieh mal alle wehrfähigen Männer aus dem Familienstamm Juda ein! Übermorgen will ich sie hier mustern.“ [5] Amasa ging sofort los und versuchte, diese Musterung so schnell es ging zu organisieren, aber er schaffte es nicht, die Frist ganz einzuhalten. [6] In einer Besprechung mit Abischai meinte David: „Scheba ist auf dem besten Weg, noch gefährlicher für uns zu werden, als Abschalom es je gewesen war. Darum ist mein Befehl, den jetzt so schnell es geht dingfest zu machen. Ruf meine Truppe zusammen und verfolge ihn, bevor er noch die großen Städte im Krieg einnimmt. Dann wären wir nämlich die Dummen.“ [7] Die Truppe von Joab zog dann unter der Führung von General Abischai von Jerusalem aus los, um Scheba und seine Leute zu verfolgen. Mit am Start waren sogar die Spezial-Security-Einheit vom Präsidenten David und die sogenannten „dreißig Helden“. [8] Als sie bei dem berühmten „Großen Felsen“ in Gibeon angekommen waren, trafen sie auf Amasa, der kurz vorher dort auch eingetroffen war. Joab hatte seine übliche Uniform an, versteckte aber unter seiner Jacke eine abgesägte Schrotflinte. Sie war durch eine Spezialvorrichtung gesichert, die sich bei einer bestimmten Bewegung automatisch entriegelte. [9] „Hey, Amasa, alles klar bei dir?“, begrüßte ihn Joab. Er ging auf ihn zu und tat so, als wollte er ihn umarmen.

[10] Amasa schnallte nicht, dass Joab in der anderen Hand eine abgesägte Schrotflinte unter dem Mantel versteckt hatte. Als er nahe genug an ihm dran war, drückte er ab und schoss Amasa in den Bauch. Es brauchte keinen zweiten Schuss, Amasa war sofort tot. Er sackte auf der Stelle zusammen, und seine ganzen Eingeweide quollen aus seinem Bauch raus. Joab und sein Bruder Abischai machten dann weiter Jagd auf Scheba. [11] Einer von Joabs Leuten stellte sich neben die Leiche von Amasa und rief laut: „Alle Männer, die für David sind: Folgt Joab hinterher!“ [12] Als er mitbekam, dass einige der Soldaten aber von der blutenden Leiche von Amasa derart abgelenkt wurden, zog er sie von der Straße in einen Seitengraben und warf eine Decke drüber. Seine Idee dabei war, dass jetzt nicht mehr so viele Schaulustige stehen blieben und die Truppe von Joab zügig weitermarschieren konnte. [13] Und es funktionierte. Sobald die Leiche weg war, zog die Truppe ohne große Unterbrechung weiter, um sich Scheba zu greifen. [14] Scheba zog durch ganz Israel bis nach Abel-Bet-Maacha. Überall, wo er war, traf er auf Leute, die bei ihm mitmachen wollten. Viele Männer kamen auf die Art zu seiner Truppe dazu. [15] Als Joab schließlich mit seiner ganzen Armee bei der Stadt angekommen war, wo sich Scheba versteckt hielt, bauten sie dort eine Angriffsrampe, um die vordere, erste Schutzmauer damit zu überwinden. Nachdem das Ding fertig war, schafften sie es, das erste Hindernis zu meistern, und standen jetzt direkt vor der Hauptmauer. Der Plan war, als Nächstes diese Mauer mit Sprengladungen zum Einsturz zu bringen. [16] Aber in der Stadt lebte zu der Zeit eine ältere Frau, die echt Ahnung vom Leben hatte. Sie versuchte irgendwie, mit dem Telefon den General Joab ans Handy zu kriegen. „Entschuldigen Sie, können Sie mir mal den General Joab ans Telefon holen?“, fragte sie den Unteroffizier, als sie schließlich durchgekommen war. [17] „Spreche ich mit General Joab?“, fragte sie noch mal nach, als sie ihn am Hörer hatte. „Ja, das bin ich!“, antwortete Joab. „Bitte hören Sie mir zu! Solange ich denken kann, gibt es diesen Spruch: ‚In Abel gibt es immer einen guten Tipp, wenn man den befolgt, wird alles gut!‘ [19] Unsere Stadt gehört zu den treusten Städten in Israel, bei uns geht auch nie der Punk ab, wir sind immer sehr entspannt. Wir haben sogar den ‚Mutter-in-Israel-Preis‘ letztes Jahr gewonnen. Aber jetzt wollen Sie uns plattmachen? Warum wollen Sie denn das kaputt machen, was eigentlich Gott selbst gehört?“ [20] „Nein, auf keinen Fall, das hatte ich nie vor! Ich will Ihre Stadt nicht kaputt machen, [21] das ist eine absolute Fehlinformation! Wir sind nur hinter einem Mann her, der aus den Bergen von Efraim stammt und Scheba heißt. Er kommt aus der Familie vom Bichri und hatte einen Aufstand gegen den Präsidenten David geplant. Wenn Sie den rausrücken, ziehen wir wieder ab!“ „Ach so!“, antwortete die

Frau. „Gut, dann werden wir dafür sorgen, dass er gefasst wird, müssen ihn töten und seinen Kopf über die Stadtmauer werfen." [22] Die Frau redete dann mit den Leuten in der Stadt, die was zu sagen hatten, und weil sie sehr gut labern konnte, waren alle schnell ihrer Meinung. Scheba wurde gepackt und einen Kopf kürzer gemacht. Dann warfen sie seinen Kopf über die Mauer. Joab ließ einen Funkspruch los, und die ganze Belagerung wurde sofort abgebrochen. Die Soldaten von Juda gingen wieder nach Hause, und Joab machte Meldung beim Präsidenten.

Noch ein paar Namen von oberen Beamten in der Regierungszeit von David

[23] Joab war oberster Befehlshaber über das ganze Heer von Israel. Benaja, der Sohn von Jojada, befehligte Davids Leibwächter. [24] Adoniram war der Arbeitsminister. Joschafat, der Sohn von Ahilud, war für die Öffentlichkeitsarbeit zuständig. [25] Schewa war der Chef vom Verwaltungsamt. Zadok und Abjatar waren Priester [26] und auch Ira aus Jair hatte einen Job als Priester von David bekommen.

21

Noch ein paar Nachträge zu der Zeit, als David Präsident war

[1] In der Zeit, als David der Präsident war, gab es einmal drei Jahre, wo es im ganzen Land nichts zu essen gab. David ging dann zu der besonderen Kiste mit den Gesetzen und redete mit Gott über die Sache. „Warum ist das so, Gott?", fragte er ihn, und der antwortete David auch: „Der Grund ist, weil Saul einmal in Gibeon viele unschuldige Bewohner abgeschlachtet hat. Das Ding war total daneben und ist noch nicht beglichen worden." [2–3] Die Leute aus Gibeon waren keine Israeliten, sie waren ein Rest von den Amoritern, die dort früher gelebt hatten. Die Israeliten hatten ihnen damals ganz fest versprochen, sie nicht komplett zu vernichten. Trotzdem hatte Saul sich irgendwann nicht mehr an diese Abmachung gehalten und doch versucht, alle Amoriter zu töten, weil er sich voll für Israel einsetzen wollte. Der Präsident David organisierte dann mal ein Treffen mit den Chefs von Gibeon und fragte sie: „Was kann ich für Sie tun, um das Ding wieder geradezubiegen? Ich möchte, dass Sie unseren Leuten Gutes wünschen und sie segnen!" [4] „Wir wollen keine Entschädigungszahlungen von Ihnen, und wir wollen auch nicht, dass einer von den Israeliten getötet wird", antworteten sie. „Was kann ich denn dann noch für euch machen?", fragte David weiter. [5] „Es war ja Saul, der uns vernichten wollte. Sein Befehl war, dass es im ganzen Gebiet von Israel keinen Ort mehr geben soll, wo wir noch leben können. [6] Wir wollen uns aber an sieben Männern rächen, die irgendwie aus seiner Familie kommen. Es wäre eine gute Sache, wenn wir die in der Heimatstadt vom Ex-Präsidenten Saul öffentlich erschießen lassen könnten. Gott soll dabei unser Zeuge sein." David war einverstanden. [7] Allerdings wurde Merib-Baal nicht an sie ausgeliefert. Der war ja ein Enkel vom Saul und ein Sohn von Jonatan, mit dem David eng befreundet gewesen war. Er hatte Jonatan ja auch ganz fest versprochen, aus seiner Familie niemanden zu töten. [8] David nahm dafür Armoni und Mefi-Boschet, die beiden Söhne von Sauls Frau Rizpa. Rizpa war eine Tochter von Aja. Dann kamen noch die fünf Söhne dazu, die Sauls Tochter Merab ihrem Mann Adriel, dem Sohn von Barsillai aus Mehola, geboren hatte. [9] Die wurden den Männern aus Gibeon übergeben. Alle wurden gleichzeitig oben auf dem Berg öffentlich hingerichtet, und Gott war Zeuge. Das passierte am Anfang der Zeit, wo die Gerste gerade abgeerntet wurde. [10] Die Mutter Rizpa nahm sich ein schwarzes Bettlaken, legte das über einen Felsen und setzte sich da drauf. Dort blieb sie demonstrativ die ganze Zeit sitzen, vom Beginn der Ernte bis zum ersten Regen. Sie bewachte die Leichen ihrer Söhne, damit kein Rabe oder sonst ein wildes Tier sie anknabbern konnte. [11] Als David davon horte, was Rizpa für die Leichen von ihren Söhnen tat, hatte er eine Idee. [12] Er ließ die Chefs der Stadt Jabesch in Gilead den Sarg von Saul und seinem Sohn Jonatan holen. Die Männer aus Jabesch hatten die Leichen der beiden damals von Bet-Schean weggebracht, als diese von den Philistern nach ihrem Sieg auf dem Gilboa-Gebirge an einem Baum aufgehängt worden waren. [13–14] Nachdem die Särge dort waren, tat man sie mit den Särgen der sieben Männer, die hingerichtet worden waren, zusammen in das Familiengrab von Sauls Vater Kisch. Alles wurde genau so durchgeführt, wie David es angeordnet hatte. Als die Sache erledigt war, hörte Gott wieder auf die Gebete von seinen Leuten, und die Zeit, wo es kein Essen mehr gab, war schnell zu Ende.

Noch ein paar Infos zu den Kriegen gegen die Philister

[15] Einmal gab es wieder einen Krieg gegen die Philister, die in das Land von Israel eingefallen waren.

David sammelte seine Armee und kämpfte gegen
sie. Irgendwann, als er gerade echt alle war, 16 kam
so ein riesengroßer Typ auf ihn zu, um ihn im Nah-
kampf zu töten. Dieser Soldat hieß übrigens Jischbi-
Benob. Er hatte eine Kalaschnikow dabei, die alleine
5 Kilo wog, und eine schusssichere Weste hatte er
auch an. 17 Abischai war gerade noch rechtzeitig da
und rettete David vor diesem Philister. Nach der
Aktion redeten seine Leute voll auf David ein. Sie
wollten, dass er sich ab sofort aus allen Kampfhand-
lungen raushalten sollte. „Wenn du tot bist, ist
Israel am Ende!", sagten sie zu ihm. 18 Einige Zeit
später gab es dann wieder einen Krieg gegen die
Philister in der Nähe von Gob. Damals tötete Sibbe-
chai, der aus Huscha kam, den Sippai. Sippai war
auch so einer von der Sorte Mensch mit Übergröße.
19 Bei einem weiteren Gefecht in Gob tötete Elhanan
den Philister Goliat aus Gat. Elhanan stammte aus
Bethlehem und war ein Sohn von Jair. Der Lauf der
Pumpgun von dem großen Philister Goliat war so
dick wie der Mast einer Straßenlaterne. 20 Bei einem
anderen Kampf bei der Stadt Gat war so ein Mutant
bei den Gegnern, der sechs Finger an der Hand und
sechs Zehen an jedem Fuß hatte. Insgesamt hatte
der Typ 12 Finger und 12 Fußzehen! 21 Er verarschte
die Israeliten so lange, bis Jonatan, der Sohn von
Davids Bruder Schima, ankam und ihn umnietete.
22 In der Zeit gab es insgesamt vier von diesen XXL-
Typen in Überlänge, die aus Gat kamen und von
Rafa abstammten. Alle wurden von David und sei-
nen Männern getötet.

22 David sagt Gott ein fettes Danke

1 Nachdem Gott David vor Saul und seinen
anderen Feinden gerettet hatte, schrieb
David das Ganze noch mal in einem Rap auf:
2 „Gott ist stabil wie ein Betonboden, bei ihm bin ich
so sicher wie in einem Bunker, und er holt mich aus
jedem Mist wieder raus.
3 Bei ihm bin ich in Sicherheit, er beschützt mich wie
ein Bodyguard, er ist der beste Therapeut, passt
immer auf mich auf.
4 Wenn ich ihn brauche, ruf ich bei ihm an, und dann
rettet er mich ganz schnell vor meinen Feinden.
Ich wurde bedroht vom Tod, ätzende Sachen waren
plötzlich überall, ich war voll am Leiden.
5 Das Wasser stand mir bis zum Hals, die Tsunami-
wellen des Lebens überfluteten mich, fast wäre ich
abgesoffen.
6 Die Dunkelheit hielt mich fest, mit Handschellen
des Todes war ich gefesselt, doch durch Gott konnte
ich wieder hoffen.
7 Ich konnte einfach nicht mehr, hab zu Gott ge-
schrien, zu meinem Chef und durch ihn bekam ich
wieder Mut.
8 Plötzlich gab es ein Erdbeben der Stärke sieben,
einen Donner im Himmel, und selbst die Wolken
hatten Schiss vor seiner Wut.
9 Wie ein Vulkan sieht er aus, wenn er sauer ist,
dann kommt Rauch aus seiner Nase und glühende
Lava aus seinem Mund.
10 Er kommt tief runter aus dem Himmel auf die
Erde in dunklen Wolken, es tut sich auf ein tiefer
schwarzer Schlund.
11 Er reitet auf der größten Boeing, er hat Riesenflü-
gel, die sind wie die Böen vom krassesten Sturm
und Orkan.
12 Er versteckt sich in der tiefsten Dunkelheit, in gro-
ßen Meerestiefen, im Schwarzen Loch oder auch im
Ozean.
13 Sein hellstes, krassestes Leuchten strahlt so viel
Wärme aus wie die Sonne mit ihren mehreren Milli-
onen Grad.
14 Dann hat er mal eben einen Donner organisiert,
der aus dem Himmel die Erde beschallt hat, das ist
so seine Art.
15 Er hat aus vollen Rohren geschossen, meine
Feinde hatten totale Angst und sind so schnell es
ging geflohen.
16 Man konnte plötzlich den Grund vom Meer
sehen, bis zum Erdkern gucken, keiner kam davon
ungeschoren.
17 Von oben kam eine Hand aus dem Himmel, er hat
mich gepackt und einfach aus der Scheiße rausge-
holt.
18 Er hat mich vor meinen Feinden gerettet, selbst
mächtige Leute, die viel stärker waren als ich, hat er
nicht verschont.
19 Als ich ganz unten war, wo ich wirklich im Dreck
saß, da hat er, mein Gott, mich vor diesen Typen
bewahrt.
20 Er hat alles um mich herum freigeschaufelt, alles
aus dem Weg geräumt, was dastand. Weil er mich
liebt, war er immer da.
21 Gott ist so mit mir umgegangen, weil ich okay für
ihn gelebt hab, ich war immer treu, darum war er
immer gut zu mir.
22 Hab immer getan, was er mir gesagt hat, hab nie
großen Mist gebaut, da gab es nichts, was gestan-
den hätte zwischen ihm und mir.
23 Die Sachen, die Gott gesagt hatte, waren mir

immer super wichtig, und wenn er was von mir
wollte, hab ich es schnell umgesetzt.
24 Wenn er was sagt, ich bin dabei. Um Sachen, die
er nicht gut findet, hab ich einen Bogen gemacht,
sein Wille war für mich das Gesetz.
25 Mein Gott hat mir immer echt viel geholfen, weil
ich treu zu ihm war, und er weiß, dass ich keinen
Mist verzapft habe.
26 Wer dir, Gott, treu ist, dem bist du auch treu, wer
tut, was du sagst, findet bei dir immer ein offenes
Ohr, keine Frage.
27 Wer sauber lebt, erlebt dich auch sauber, doch die
fiesen Typen werden dich als ihren Feind zu spüren
bekommen.
28 Die Leute, die fertiggemacht werden, bringst du
groß raus, aber den arroganten Deppen wird ihr
Sieg weggenommen.
29 Gott, du bist mein Halogenstrahler, du machst
alles vor mir hell, wegen dir wird mich nichts vom
Weg abbringen.
30 Mit dir schlage ich eine ganze Armee von Feinden
in die Flucht, mit dir kann ich über jede hohe Mauer
springen!
31 Alles, was Gott macht, ist perfekt, was er sagt,
stimmt einfach, und wenn man flieht, findet man
bei ihm sicheren Schutz.
32 Es gibt keinen anderen Gott, nur er ist Gott, und
bei ihm ist man immer in Sicherheit, bei ihm brö-
ckelt nie der Putz.
33 Er gibt mir immer wieder Kraft, wenn ich alle bin,
er hilft mir, den besten und einfachsten Weg zu
sehen.
34 Er sorgt dafür, dass ich einen guten Stand habe, er
hilft mir, auf den krassesten Gipfel zu gehen.
35 Er bringt mir bei, wie man sich wehrt, wie ich mit
dem MG umgehen kann, er lehrt mich das Schießen
im Park,
36 Gott, du bist meine schusssichere Weste, du hilfst
mir immer; wenn ich weiß, dass du da bist, fühl ich
mich stark.
37 Du hast den Weg, der vor mir war, freigeschaufelt.
Jetzt kann ich, ohne zu stolpern, schnell weiterkom-
men.
38 Ich habe meine Feinde verfolgt, hab sie alle ver-
nichtet, war hartnäckig hinter ihnen her, keiner
konnte entkommen. 39 Ich hab sie niedergeschos-
sen, hab sie festgenommen, sie konnten sich am
Ende nur noch vor mir verbeugen.
40 Die Kraft dafür hatte ich von dir, ich bekam von dir
Power, konnte über sie siegen, das werde ich nie
leugnen.
41 Sie mussten alle schon vor mir fliehen, alle, die
mich mal gehasst haben, konnte ich irgendwie be-
siegen.
42 Sie riefen überall um Hilfe an, aber keiner hat
ihnen geholfen, und du warst für sie auch nicht zu
kriegen.
43 Ich hab sie komplett plattgemacht, sie wurden zu
Staub, den der Wind wegpustet. Ich hab sie wegge-
fegt wie Straßenmüll.
44 Du hast mich sogar vor meinen eigenen Leuten
gerettet, als sie eine Demo gegen mich gestartet
hatten mit lautem Gebrüll.
45 Regierungen von anderen Staaten kommen jetzt
bei mir an, tun, was ich sag, würden mir am liebsten
die Füße küssen.
46 Sie haben keine Kraft mehr, um mir zu widerste-
hen, sie kommen mit Riesenangst und sind kurz
davor, sich in die Hose zu pissen.
47 Gott lebt! Und ich will ihm immer ‚danke' sagen.
Er beschützt mich wie ein Bunker, keiner kann mir
eins überbraten.
48 Er hat mir erlaubt, mich an meinen Feinden zu
rächen, er hat mir den Sieg gegeben im Krieg über
andere Staaten.
49 Gott, du hast mich gerettet, obwohl meine Feinde
mich schon fast hatten. Ich war in ihrem Folterge-
fängnis, aber du hast mich befreit.
50 Darum will ich mich bei dir bedanken, dir Lieder
singen. Egal wo ich bin, muss das jeder hören, egal
zu welcher Zeit.
51 Du hast deinem Präsidenten geholfen, die fetten
Siege einzufahren. Du hast mir, deinem ausgesuch-
ten Mann, deine Liebe gezeigt.
So bist du zu mir gewesen und auch zu meinen
Söhnen, das wird auch immer so bleiben, es gilt für
alle Generationen, zu jeder Zeit!"

23

Die letzten Worte von David

1 Hier kommen jetzt die letzten Sachen,
die David gesagt hat und die ihm total
wichtig waren: „Hört mal alle zu, denn die Dinge,
die jetzt gesagt werden, kommen von mir, David.
Ich bin nur ein Sohn von Isai, aber Gott hat mich
ganz nach oben gebracht. Der Gott von Jakob hat
mich zum Präsidenten von Israel gemacht, und
meine Lieder kommen in Israel immer in die Top
Ten. 2 Gott hat durch mich geredet, seine Worte
kamen aus meinem Mund. 3 Der Gott von Israel,
auf den man sich voll verlassen kann, hat zu mir
gesagt: ‚Einen Präsidenten, der über seine Leute

gerecht regiert, der Respekt vor Gott hat, der die Sachen tut, die er sagt, 4 den kann man gut mit der Sonne vergleichen, wenn sie ganz früh morgens an einem wolkenlosen Himmel aufgeht. Oder er ist so, wie wenn es nach dem Regen überall gut riecht und das Gras anfängt zu wachsen.' 5 Ich und meine Familie, wir stehen voll auf Gottes Seite. Er hat mit mir einen Vertrag gemacht, der für immer gelten wird. Gott hat das so organisiert, und er achtet da drauf, dass alles auch eingehalten wird. Ich kann mich immer hundertprozentig da drauf verlassen, dass er mir hilft, wenn ich ihn brauche. Und wenn ich etwas anfange, sorgt er dafür, dass es ein Erfolg wird. 6 Vergesst die ganzen schrägen Vögel! Die sind wie gebrauchtes Klopapier, keiner würde die ohne Handschuhe anfassen, um sie wegzuwerfen. 7 Mit alten Gummihandschuhen hebt man sie auf und schmeißt sie ins Klo. Deckel hoch, Klopapier rein, runterspülen und weg damit."

Die Helden aus Davids Truppe

8 Jetzt kommen die Namen von den berühmten Helden aus der Truppe von David: Als Erstes steht Jischbaal aus der Familie vom Hachmoni, er war der Offizier der „dreißig Helden". Er kämpfte mit einer MP gegen 800 Soldaten und erschoss sie alle in einem einzigen Kampf. 9 An zweiter Stelle kommt Eleasar, der Sohn von Dodo aus Ahoach. Er war einer der drei Typen, die David damals bei sich hatte, als die Israeliten den Philistern den Krieg erklärten. Damals haben die Philister einen Überraschungsangriff gestartet, und die Soldaten von Israel mussten sich zurückziehen. 10 Eleasar blieb aber in seiner Stellung. Er kämpfte so lange gegen die Philister, bis er seinen Arm nicht mehr hochheben und sein Gewehr nicht mehr halten konnte. Auf die Art sorgte Gott dafür, dass die Israeliten damals einen fetten Sieg eingefahren haben. Weil er so hart drauf war, folgten ihm die anderen Soldaten. Als sie dann auf dem Schlachtfeld waren, konnten sie aber nur noch die Beute einsammeln, der Gegner war schon von Eleasar ausgeschaltet. 11 Als dritter Held soll hier noch der Schamma aus Harar erwähnt werden, der aus der Familie vom Age kam. Die Philister kämpften damals auf einem Weizenfeld bei Lehi gegen die Israeliten, und sie hatten wohl keine Chance und flohen. 12 Da stellte Schamma sich mitten auf das Feld und wehrte den Angriff der Philister ab. Dadurch sorgte Gott für einen grandiosen Sieg für die Israeliten.

Drei Stars aus der Armee vom David

13 In der Erntezeit hatte einmal eine Abteilung vom Heer der Philister ihr Lager in der Ebene Refaim aufgeschlagen. Drei von den Stars aus Davids Spezialtruppe der „dreißig Helden" besuchten ihn dann, als er gerade im Bunker Adullam war. 14 In dem Bunker hatte er seine Stellung aufgebaut. Damals belagerte die Armee der Philister auch gerade Bethlehem. 15 Irgendwie hatte David plötzlich Bock auf eine Cola und sagte deswegen mehr aus Spaß zu den Männern: „Ich hab voll Durst! Wer bringt mir eine Cola aus dem Automaten, der in Bethlehem-City steht?" 16 Die drei zogen sofort los, schlichen sich nachts durch das Lager der Philister und zogen für David eine Cola aus dem Automaten, der in der Innenstadt stand. Die brachten sie dann bei David vorbei. Aber das Ding war echt zu heftig für ihn, David wollte die nicht so mal eben austrinken. Darum spendierte er das Teil Gott, er goss die Cola auf die Erde und sagte dazu: 17 „Nein, Leute, die Cola ist mir zu wertvoll geworden. Das wäre so, als wenn ich das Blut von meinen Männern trinken würde. Sie haben ihr Leben dafür aufs Spiel gesetzt! Das wäre nicht korrekt, wenn ich das tun würde." Er wollte sie einfach nicht trinken. Das war zum Beispiel so eine Sache, die diese drei Helden gebracht haben. 18–19 Der Anführer von den dreißig war Abischai, ein Bruder von Joab. Einmal brachte er in einer Schlacht mit einer MP dreihundert Männer um. Von den berühmten „dreißig Helden" war er schon ganz vorne dabei, er wurde irgendwann sogar deren Anführer. Aber den „drei Stars" konnte er nicht das Wasser reichen. 20 Benaja aus Kabzeel, ein Sohn vom heftigen Jojada, hatte auch krasse Sachen gebracht. Er tötete zum Beispiel die beiden mächtigen Typen, die als die „Pitbulls von Moab" berühmt geworden waren. Und der wurde einmal in einem Keller von einem fiesen Kampfhund angefallen und hatte den dann mit einem Fausthieb auf den Kopf getötet. 21 Er nietete auch einen echt großen Ägypter im Nahkampf um, der mit einer Pumpgun bewaffnet war. Dabei hatte er nur einen Stock in der Hand. Er sprang auf den Ägypter zu, riss ihm die Knarre aus der Hand und erschoss ihn damit. 22 Weil er solche Sachen gebracht hat, wurde Benaja genauso berühmt wie einer von den „drei Stars". 23 Er hatte auch einen super Ruf unter den „dreißig Helden", aber an die „drei Stars" kam er nicht ran. Er wurde von David zum Chef seiner Bodyguardtruppe befördert. 24 Zu den „dreißig Helden" gehörten: Asael, der Bruder

von Joab, Elhanan, ein Sohn von Dodo, der aus
Bethlehem stammte, 25 Schamma und Elika aus
Harod, 26 Helez aus Bet-Pelet, Ira, der Sohn von
Ikkesch, aus Tekoa, 27 Abieser aus Anatot, Sabeni
aus Huscha, 28 Zalmon aus Ahoach, Mahrai aus
Netofa, 29 Heled, der Sohn von Baana, aus Netofa,
Ittai, der Sohn von Ribai, aus Gibea (was im Gebiet
vom Familienstamm Benjamin liegt), 30 Benaja
aus Piraton, Hiddai aus Nahale-Gaasch, 31 Abialbon
aus Bet-Araba, Asmawet aus Bahurim, 32 Eljachba
aus Schaalbon, Jaschen aus Gun, Jonatan, 33 der
Sohn von Schamma (der aus Harar war), Ahiam,
der Sohn von Scharar (der aus Arar kam), 34 Elifelet,
der Sohn von Ahasbai, aus Maacha, Eliam, der
Sohn von Ahitofel, aus Gilo, 35 Hezro aus Karmel,
Paarai aus Arab, 36 Jigal, der Sohn von Natan, aus
Zoba, Bani aus Gad, 37 der Ammoniter Zelek, Nach-
rai aus Beerot (der sich um die Waffen von Joab
kümmerte), 38 Ira und Gareb aus Jattir 39 und der
Hetiter Urija. Insgesamt waren es siebenunddreißig
Männer.

24

David will seine Leute zählen, aber Gott will das nicht

1 Es gab da noch so eine Geschichte, wo
die Israeliten richtig Scheiße gebaut haben und Gott
ziemlich sauer auf sie war. Und zwar war das so,
dass Gott David mal austesten wollte, etwas zu tun,
was für ihn und seine Leute total ätzend enden
musste. Gott fragte ihn: „Na, was hältst du von der
Idee, mal die Leute von ganz Israel zu zählen?!"
2 David sagte dann seinem General Joab, er sollte
das für ihn organisieren. „Gehen Sie mal durch die
ganzen Familienstämme von Israel, und machen
Sie eine Liste von allen wehrfähigen Männern, die
wir zum Bund einziehen könnten. Ich will wissen,
wie viele Männer wir zur Verfügung haben von Dan
im Norden bis nach Beerscheba im Süden!" 3 Joab
war nicht so begeistert. „Hey, Chef, mein Präsident,
also, ich bin ja auch dafür, dass Gott unser Heer
noch hundertmal größer macht, als es jetzt schon
ist. Ich wünsche Ihnen auch von Herzen, dass Sie
das noch erleben werden. Aber warum jetzt die Sol-
daten zählen?" 4 Aber David ließ nicht locker,
obwohl Joab und auch seine anderen Generäle die
Idee nicht so toll fanden. Also führten sie den Befehl
aus und musterten alle wehrfähigen Männer ab
18 Jahren. 5 Joab fing mit der Musterung auf der
anderen Seite vom Jordan an. Er zog mit den ande-
ren Generälen in die Aroer-Gegend und in die Stadt,
die im Arnontal liegt, und trug die Namen der Män-
ner in Listen ein. Vom Gebiet des Familienstammes
Gad ging es weiter in Richtung Jaser. 6 Als nächste
Station kamen sie durch die Landschaft Gilead zum
Gebiet der Hetiter in der Gegend von Kadesch.
Dann ging es weiter über Dan-Jaan bis in die
Gegend Sidon. 7 Schließlich gingen sie südwärts
und kamen zu der Stadt Tyrus, erfassten dort alle
Männer in den Städten der Hiwiter und der Kanaa-
niter in dieser Gegend und zogen schließlich weiter
durch das ganze Land bis nach Beerscheba am süd-
lichen Ende von Juda. 8 Die Zählung dauerte insge-
samt neun Monate und zwanzig Tage, dann hatten
sie das ganze Land durchkämmt und zogen wieder
zurück nach Jerusalem. 9 Joab machte dann beim
Präsidenten Meldung. Er präsentierte ihm die ganze
Zahl der Männer, die alt genug waren, um mit einer
Waffe umgehen zu können. Insgesamt waren das:
800 000 im Gebiet von Israel und 500 000 im
Gebiet von Juda.

Gott findet das nicht so toll

10 Plötzlich hatte David voll Gewissensbisse, weil er
das gemacht hatte. „Gott, ich glaub, ich hab gerade
großen Mist gebaut! Bitte verzeih mir das! Ich war
zu verpeilt und hab nicht richtig nachgedacht!"
11–12 Am nächsten Morgen stand auf einmal der Pro-
phetentyp Gad vor seiner Haustür. Er hatte nämlich
gestern eine Nachricht von Gott für David reinbe-
kommen: „Geh mal zu David und richte ihm Fol-
gendes von mir aus: ‚Du kannst dir eine von drei
möglichen Bestrafungen aussuchen.' 13 Also ging
der Prophetentyp zum Präsidenten und brachte ihm
die Nachricht. „Gott hat mich zu Ihnen geschickt.
Was ist Ihnen lieber? a) Sieben Jahre, wo es nichts
zu essen gibt, oder b) drei Monate Flucht vor Ihren
Feinden, oder c) dass drei Tage lang überall in
Ihrem Land viele Leute plötzlich eine tödliche
Krankheit kriegen. Überlegen Sie es sich gut, und
dann sagen Sie mir Ihre Antwort. Ich werde die
dann Gott ausrichten!" 14 David war geschockt: „Da
kann ich ja nur zwischen Not und Elend wählen!
Heftig! Wenn das so sein muss, dann ist es mir lie-
ber, dass Gott die Kontrolle über mich hat als
irgendjemand anders. Gott ist einfach liebevoller als
die Menschen. Ich möchte nicht, dass irgendwelche
Typen Macht über mich haben. Also wähle ich c)."
15 Darum sorgte Gott dafür, dass in ganz Israel tie-
risch viele Leute eine ansteckende Krankheit beka-
men. Die breitete sich wie verrückt aus, drei Tage
lang, und zwar überall, von Dan bis Beerscheba.

70 000 Menschen starben an der Krankheit. [16] Als dann aber der Vollstrecker Gottes, so ein Engel, auch in Jerusalem losschlagen wollte, um dort viele Leute zu infizieren, tat es Gott auf einmal total leid. Er sagte zu ihm: „Stopp! Es reicht jetzt!" Zu dem Zeitpunkt stand der Engel gerade auf dem Parkplatz des Jebusiters Arauna. [17] David kriegte das natürlich mit, wie dieser Vollstrecker die Leute mit dieser Krankheit ansteckte, und er sagte zu Gott: „Das versteh ich jetzt echt nicht! Ich bin doch derjenige, der Mist gebaut hat! Ich, der Präsident, hab mit meiner Entscheidung voll danebengelegen! Meine Leute sind unschuldig, die haben nichts ausgefressen! Wenn jemand bestraft werden muss, dann bin ich das, und meine Familie!" [18] Abends kam der Prophetentyp Gad bei David an: „Gehen Sie mal nach oben, auf den Parkplatz von Arauna, diesem Jebusiter. Dort sollen Sie einen Opfertisch, so einen Altar, für Gott bauen!" [19] David gehorchte sofort und zog diesen Befehl durch, den er von dem Propheten bekommen hatte. [20] Arauna war gerade bei der Arbeit. Als er den Präsidenten und seine Begleitung kommen sah, ging er ihm schnell entgegen. Dann warf er sich vor ihm platt auf den Boden, mit Gesicht nach unten. [21] „Mein Präsident! Mein Chef! Was kann ich für Sie tun? Warum sind Sie hier?", fragte er. David antwortete: „Ich möchte Ihren Parkplatz kaufen und dort einen Altar für Gott drauf bauen, damit diese Seuche aufhört." [22] „Sie können alles haben, mein Präsident!", sagte Arauna. „Sie können dort gerne auch ein Abfackelopfer durchziehen, so wie Sie es sich vorstellen. Sie können sich dafür auch gerne an meinen Rindern bedienen, und als Holz könnten Sie einfach diesen Zaun dort zerlegen und den Heuwagen von mir aus auch. [23] Gehört alles Ihnen, ist geschenkt!" Dann sagte er noch: „Ich wünsche Ihnen, dass Gott Ihre Geschenke und Opfer akzeptiert und er sie richtig gut findet!" [24] „Ich möchte aber den Platz von Ihnen abkaufen, und zwar für den ganz normalen Preis!", meinte David. „Und ich will auch keine Opfer dort abfackeln, für die ich nichts blechen musste." Darum kaufte David den Platz und die Rinder für insgesamt 6400 Euro. [25] Dann ließ er dort einen Altar bauen. Auf dem Tisch schenkte er Gott Dankopfer und Abfackelopfer. Gott fand das cool, und er hörte auf die Gebete, die der Präsident David für sein Land und seine Leute gebetet hatte. Er beendete die Krankheit, durch die in Israel so viele Leute gestorben waren.

1. Buch über die Könige

1

Adonija will der neue Präsident werden

1 Mittlerweile hatte David schon Falten im Gesicht und war alt geworden. Obwohl man ihm eine Heizdecke ins Bett packte, wurde ihm nicht mehr richtig warm. 2 Sein Pflegepersonal sagte dann zu ihm: „Verehrter Herr Präsident, wäre es nicht eine gute Idee, wenn Sie sich noch ein Mädchen mit ins Bett holen, an die sie sich rankuscheln könnten, um warm zu werden? Die könnte dann auf Sie aufpassen, Ihnen was zu essen holen und Sie bedienen." 3 David war einverstanden. Jetzt suchten sie im ganzen Land nach einer schönen jungen Frau, die vorher noch mit keinem Mann geschlafen hatte. Schließlich fanden sie Abischag, die aus Schunem stammte. Die wurde dann zum Präsidenten gebracht. 4 Abischag sah noch schöner aus als Germany's next Topmodel. Sie kümmerte sich ab dann um den Präsidenten und bediente ihn. Sie schliefen aber nicht miteinander. 5 Adonija, einer der Söhne von David, machte inzwischen einen auf dicke Hose. „Ich bin der nächste Präsident!", gab er überall an. Er kaufte sich einen fetten Rolls-Royce und fuhr mit einer Truppe von Bodyguards ständig in der Gegend rum. 6 Sein Vater hatte ihn erziehungstechnisch nie hart rangenommen. Er durfte immer alles machen, was er wollte, ohne dass mal nachgefragt wurde. In der Reihenfolge der Geschwister kam er gleich nach Abschalom. Außerdem sah er einfach sehr cool aus. 7 Adonija schaffte es, dass der General Joab und der Priester Abjatar hinter ihm standen. 8 Der Priester Zadok sowie Benaja (der Sohn von Jojada, er war der Chef von Davids Security-Einheit) und der Prophetentyp Natan waren nicht für Adonija. Auch Schimi, Rei und die Elitetruppe von Davids hatten keinen Bock auf ihn. 9 Irgendwann organisierte Adonija eine große Opfersession mit anschließender Party beim Sohelet-Felsen, an der Rogel-Quelle. Er ließ Schafe, Rinder und einige fette Kälber schlachten und grillte die. Eingeladen waren alle seine Brüder, also die anderen Söhne vom Präsidenten, und alle Beamten, die im Dienst von David standen. 10 Nicht eingeladen waren aber der Prophet Natan, Benaja und die Elitetruppe von David, „Die dreißig Helden". Auch sein Bruder Salomo hatte keine Einladung bekommen. 11 Natan traf sich dann mit Batseba, der Mutter von Salomo und redete mit ihr: „Sagen Sie mal, haben Sie schon gehört, dass Adonija, der Sohn von Haggit, sich zum neuen Präsidenten erklärt hat? Aber unser Chef David hat von der ganzen Aktion keine Ahnung! 12–13 Ist Ihnen klar, dass Ihr Leben in Gefahr ist, wenn das passiert? Und das von Ihrem Sohn Salomo übrigens auch! An Ihrer Stelle würde ich mal mit David reden. Ich würde ihm sagen: „Mein Mann, mein Präsident, du hast mir doch mal ganz ganz fest versprochen, dass mein Sohn Salomo der nächste Präsident werden wird! Er soll deine Position übernehmen und die Macht bekommen! Wie kommt denn das jetzt bitte, dass Adonija den Posten übernommen hat?" 14 Während Sie noch am Reden sind, komme ich dann einfach dazu und werde Ihnen helfen. Okay?" 15 Batseba ging sofort zu David. Der war gerade im Schlafzimmer von seiner Präsidentenvilla. Abischag war auch gerade da und bediente ihn. 16 Batseba ging also zum Präsidenten, kniete sich auf den Boden und küsste seine Hand. „Was willst du von mir?", fragte David. 17 „Mein Chef, mein Präsident!", sagte sie. „Du hast mir vor einiger Zeit ganz fest versprochen, dass unser Sohn Salomo der nächste Präsident wird. Niemand anderes sollte die Macht haben, nur er. 18 Aber jetzt hat sich Adonija zum neuen Präsidenten erklärt! Und du, als Chef von Israel, hast noch nicht mal davon gehört!? 19 Er hat schon ne große Party veranstaltet, und viele Rinder, Mastkälber und Schafe liegen auf dem Grill. Alle wurden eingeladen, alle deine Söhne und der Priester Abjatar, und der General Joab hat auch ne Einladung bekommen. Aber dein lieber Sohn Salomo steht noch nicht mal auf der Gästeliste! 20 Die ganze Bevölkerung aus Israel beobachtet dich jetzt! Alle warten auf deinen nächsten Schritt. Alle wollen hören, wer von dir als neuer Präsident eingesetzt wird. 21 Wenn du jetzt nicht aufpasst, werden sie mich und unseren Sohn Salomo irgendwann wie Verbrecher behandeln, spätestens wenn du tot bist!" 22 Während sie noch am Reden waren, klingelte Natan an der Tür. 23 „Der Prophet Natan ist da und möchte mit Ihnen reden!", machte einer der Angestellten Meldung. Dann kam Natan rein, verbeugte sich ganz tief vor David und gab ihm dann die Hand. Batseba ging so lange vor die Tür. 24 „Mein Chef, mein Präsident", sagte er. „Ich hab gehört, dass Sie Adonija zu Ihrem Nachfolger bestimmt haben. 25 Auf jeden Fall hat er heute eine

große Party gefeiert, viele Rinder- und Schafsteaks
wurden dort gegrillt. Ihre Söhne wurden alle einge-
laden, die Generäle von Ihrer Truppe und auch der
Priester Abjatar sind da. In diesem Moment haben
die gerade ein großes Essen. Vermutlich gibt es
sogar ein paar Sprechchöre nach dem Motto: ‚Lang
lebe der neue Präsident Adonija!' 26 Ich wurde auf
jeden Fall nicht eingeladen und der Priester Zadok,
Benaja und Ihr Sohn Salomo auch nicht. 27 Ich
wollte nur noch mal sichergehen, ob das alles mit
Ihrem Einverständnis passiert ist. Kann mir einfach
nicht vorstellen, dass Sie einem Ihrer treusten Leute
nicht erzählt haben, wer jetzt der nächste Präsident
sein soll!"

David sagt: Salomo ist der neue Präsident

28 „Holen Sie sofort Batseba rein!", befahl David,
nachdem Natan gegangen war. Sie kam rein und
setzte sich auf einen Stuhl vor ihn. 29–30 David setzte
sich an seinen Schreibtisch und schrieb dort eine
Erklärung. Da stand drin: „Hiermit bestimme ich,
kraft meines Amtes als Präsident von Israel, Folgen-
des: Salomo soll mein Nachfolger werden. Das
hatte ich Gott, meinem Chef, dem Chef von ganz
Israel, fest versprochen. Heute löse ich dieses Ver-
sprechen ein. Gezeichnet, der Präsident David."
31 Batseba machte eine ganz tiefe Verbeugung vor
David und sagte: „Super! Danke, David! Hoch lebe
mein Chef, mein Präsident!" 32 David sagte zu ihr:
„Bring mir mal den Priester Zadok, den Propheten
Natan und den Benaja rein!" Als alle da waren,
33 gab er folgende Order raus: „Hiermit bestimme
ich, dass mein Sohn Salomo der nächste Präsident
werden soll! Holen Sie mal den Benz Cabrio aus der
Garage, rufen Sie meine Bodyguards an und veran-
stalten Sie einen Zug bis runter zur Gihon-Quelle.
34 Wenn alle da sind, sollen der Priester Zadok und
der Prophet Natan ihn öffentlich zum Präsidenten
erklären. Sie sollen sich Megaphone mitnehmen
und überall raushauen: „Salomo ist der neue Präsi-
dent!" 35 Dann müssen Sie Salomo hierher zu mir
bringen, in mein Präsidentenzimmer, und an mei-
nen Schreibtisch setzen. Ich will, dass niemand
anderes Präsident von Israel wird außer Salomo!"
36 „Genau! So passt es, Amen!", sagte Benaja. „Gott
will das so, der Chef von meinem Chef! 37 Gott soll
Salomo genauso helfen, wie er Ihnen, meinem Chef,
geholfen hat. Ich wünsch mir sogar, dass er noch
viel heftigere Sachen reißen wird als sein Vater!"
38 Zadok, Natan und Benaja setzten Salomo in den
Benz von David. Dann ging der Zug los, in Beglei-
tung der persönlichen Security-Leute vom Präsiden-
ten, bis zur Gihon-Quelle. 39 Der Priester Zadok
hatte im Rucksack das besondere Öl aus dem
besonderen Zelt von Gott mitgebracht, was man
immer brauchte, um Leute in ihren Dienst einzuset-
zen. Das Öl strich er Salomo auf den Kopf. Auf der
PA-Anlage lief die Nationalhymne, und die Leute
riefen laut: „Lang lebe der Präsident Salomo, lang
lebe der Präsident!" 40 Anschließend gingen alle
wieder zurück nach Jerusalem. Die Leute freuten
sich wie verrückt, überall wurde getanzt. Die Mucke
wurde so laut aufgedreht und die Bässe dröhnten
dermaßen, dass in der Stadt überall der Boden
wackelte.

Adonija gibt auf

41 Die ganze Party war so laut, dass auch Adonija
und seine Gäste den Lärm hörten. Sie waren gerade
mit dem Essen fertig. Joab meinte nur, als er die
Musik hörte: „Was ist denn da schon wieder für ein
Lärm in der Stadt?" 42 Jonatan, der Sohn vom Pries-
ter Abjatar, kam auch gerade an. Adonija winkte ihn
zu sich. „Auf Sie kann man sich immer hunderpro-
zentig verlassen, oder? Ich hoffe, Sie haben eine
gute Nachricht für mich!" 43 „Schön wär's!", antwor-
tete Jonatan. „Der Präsident hat soeben Salomo
zum neuen Präsidenten erklärt! 44 Er hat ihn in den
Benz steigen lassen, und dann ist er in Begleitung
von Zadok, Natan und Benaja unter dem Schutz der
Leibwache des Präsidenten zur Gihon-Quelle losge-
zuckelt. Dort wurde er von Zadok und Natan zum
neuen Präsidenten gemacht. Anschließend sind sie
wieder mit viel Applaus und La-Ola-Welle in Jerusa-
lem eingezogen. Die ganze Stadt macht Party.
Daher kommt auch der Lärm, den Sie gehört haben.
46 Salomo sitzt schon am Schreibtisch des Präsiden-
ten. 47 Die Minister haben bereits alle ihre Gratulati-
onen an David geschickt. Da standen so Sachen
wie: „Ihr Gott soll dafür sorgen, dass Salomo noch
berühmter wird als Sie!" und „Seine Macht soll
noch größer werden als Ihre Macht!". David hat im
Bett gebetet, 48 er sagte: „Gott, der Chef von Israel,
ist der Beste! Er hat das alles so eingefädelt, dass
heute ein Nachfolger an meinem Schreibtisch sitzt
und die Macht bekommt, und ich durfte das noch
miterleben!" 49 Als die Gäste von Adonija das hör-
ten, sprangen sie geschockt von ihrem Platz auf
und gingen nach Hause. 50 Weil Adonija mega Angst
davor hatte, dass Salomo sauer auf ihn sein könnte,
flüchtete er in das besondere Zelt von Gott, und
hielt sich an den Ecken vom Altar, vom Opfertisch,

fest. Wenn man am Altar von Gott war, durfte man nämlich nicht getötet werden. 51 Salomo bekam dann die Nachricht rein, dass Adonija Schiss vor ihm hatte. „Er hält sich am Altar fest. Er sagt, dass er erst von dort wieder weggeht, wenn der Präsident Salomo ihm schwört, dass er ihm nichts tun wird.“ 52 „Hm, also wenn er keine krummen Dinger dreht, wird ihm auch nichts passieren. Aber wenn er irgendwie auf dumme Gedanken kommt und eine Demo gegen mich anzettelt oder so was, dann muss er sterben!“, sagte Salomo. 53 Er schickte dann ein paar von seinen Männern zu Adonija, um ihn vom Altar wegzuholen. Als er beim neuen Präsidenten war, verneigte er sich ganz tief bis zum Boden. Salomo sagte aber nur: „Geh nach Hause, Mann!“

2 Was David zum Schluss noch mal sagen wollte

1 Irgendwann merkte David, dass er bald sterben würde. Darum sagte er zu Salomo: 2 „Ich glaub, meine Uhr ist bald abgelaufen. Jetzt bist du dran, Salomo! Zeig, was du draufhast! 3 Es ist total wichtig, dass du immer so lebst, wie Gott es gut findet. Tu immer genau das, was er von dir will. Leb nach den Gesetzen, die Mose für uns aufgeschrieben hat. Wenn du das tust, wird alles klappen, was du anfängst. Wenn du etwas planst, wird es garantiert ein Erfolg. 4 Und Gott wird sich immer an die Sachen halten, die er mir versprochen hat. Er meinte ja zu mir: „Wenn deine Kinder das immer radikal durchziehen, was ich ihnen sage, wenn sie mir treu sind, dann wird auch immer einer aus deiner Familie in Israel das Sagen haben.“ 5 Du hast ja selbst mitbekommen, was der General Joab mit mir gemacht hat, oder? Er hat die beiden anderen Generäle von Israel, Abner und Amasa, umbringen lassen. Mit diesem Mord hat er seine Ehre als Soldat beschmutzt. 6 Ich möchte, dass du mal richtig gut nachdenkst und dir eine gerechte Strafe für ihn überlegst. Auch wenn er jetzt schon im Rentenalter ist, darf er auf keinen Fall im Altersheim eines natürlichen Todes sterben. 7 Dann möchte ich aber, dass du mit den Söhnen von Barsillai, der aus Gilead stammt, nett umgehst. Du musst auf sie aufpassen, sie sollen von uns immer genug zu essen bekommen. Die haben mich nämlich in der Zeit mit Essen versorgt, als ich vor deinem Bruder Abschalom fliehen musste. 8 Als Nächstes will ich, dass du Schimi aus Bahurim, vom Familienstamm Benjamin, noch mal eine Klatsche verpasst. Damals, als ich auf der Flucht in Mahanajim gelandet bin, hat er mich übelst beschimpft und mir richtig krasse Sachen an den Hals gewünscht. Als ich zurückkam, war er dann plötzlich voll schleimig, und es tat ihm alles ganz furchtbar leid ... Wir hatten uns damals beim Jordan getroffen, und ich hab dort geschworen, ihn erst mal nicht zu töten. 9 Aber jetzt soll er sein Strafe abkriegen. Du hast genug Schnall vom Leben, um rauszukriegen, was man mit dem am besten machen kann. Lass diesen Opa bald mit seinen grauen Haaren in der Hölle schmoren!“ 10 Kurze Zeit später starb David. Seine Beerdigung fand in Jerusalem statt, was ja die Stadt von David war. 11 Ganze vierzig Jahre war er der Präsident über Israel. Sieben Jahre davon lag sein Regierungssitz in Hebron und dreiundreißig Jahre in Jerusalem. 12 Salomo wurde sein Nachfolger. Seine Macht wuchs mit der Zeit immer mehr, und er hatte alles gut im Griff.

Salomo räumt erst mal ein paar Gegner aus dem Weg

13 An einem Morgen kam Adonija zu Salomos Mutter Batseba. „Was willst du von mir? Ist alles klar bei dir?“, fragte sie ihn. 14 „Ja, alles super. Ich hab nur eine Frage an dich“, sagte Adonija. „Schieß los!“, antwortete Batseba. 15 „Dir ist ja wohl klar, dass eigentlich ich der neue Präsident hätte werden sollen, oder? Alle Leute in Israel hatten fest damit gerechnet, dass ich den Job bekommen würde. Aber egal, es ist jetzt halt anders gelaufen, als ich dachte! Dein Sohn ist der neue Präsident. Gott wollte das wohl so. 16 Trotzdem hab ich noch eine Anfrage an dich, und ich hoffe, du sagst ja.“ – „Was willst du denn von mir?“ 17 „Ich möchte, dass du beim Präsidenten ein gutes Wort für mich einlegst“, sagte Adonija. „Er soll bitte sein Einverständnis dazu geben, dass ich Abischag aus Schunem heiraten darf. Wenn du ihn fragst, macht er das bestimmt, bei dir kann er ja nie nein sagen.“ 18 „Hm“, antwortete Batseba. „Ich will sehen, was ich für dich tun kann. Werd mal mit ihm reden.“ 19 Also ging sie zu Salomo, um mit ihm über den Wunsch von Adonija zu quatschen. Als sie in sein Büro reinkam, stand der Präsident sofort auf und begrüßte sie freundlich und mit Respekt. Dann holte er noch einen Stuhl für seine Mutter und setzte sich mit ihr an den Schreibtisch. 20 „Salomo, ich hab eine kleine Bitte an dich und hoffe sehr, dass du mir diesen Wunsch auch erfüllst“, sagte sie. „Was gibt's denn, Mama? Ich tue doch alles für dich!“, antwortete Salomo. 21 „Es geht um deinen Bruder Adonija. Wäre es okay für

dich, wenn er Abischag von Schunem heiraten
würde? Wärst du damit einverstanden?" 22 „Hä, was
ist das denn für eine Bitte?", fragte Salomo verwun-
dert. „Wie kommst du dazu, für Adonija um Abi-
schag zu bitten? Dann kannst du mich ja gleich fra-
gen, ob ich ihm nicht das Präsidentenamt auf dem
Tablett servieren möchte! Er ist ja schließlich mein
älterer Bruder! General Joab und auch der Priester
Abjatar würden vermutlich abgehen vor Freude,
wenn ich das jetzt machen würde...!" 23 Dann drehte
sich Salomo um und legte ein ganz festes Verspre-
chen ab. „Ich schwöre, dass ich Adonija für diese
Bitte umbringen lasse. Und Gott soll mit mir
machen, was er will, wenn ich das nicht durchzieh!
24 Gott hat mich zum Nachfolger von meinem Vater
David bestimmt. Gott hat sein Versprechen gehal-
ten, er hat mir und meiner Familie das Präsidenten-
amt gegeben. Ich schwöre bei Gott, noch heute wird
Adonija für dieses Ding bezahlen, er wird sterben!"
25 Salomo gab den Befehl an Benaja, den Sohn von
Jojada, und der erschoss Adonija noch am selben
Tag. 26 Später hatte er noch ein Treffen mit dem
Priester Abjatar. Er sagte dann zu dem: „Gehen Sie
sofort wieder zurück in Ihre Heimatstadt Anatot,
und suchen Sie sich einen neuen Job! Eigentlich
hätten Sie auch die Todesstrafe verdient, aber Sie
haben sich in der Zeit, als mein Vater noch an der
Macht war, um die besondere Kiste mit den Geset-
zen gekümmert. Außerdem haben Sie auch meinen
Vater getröstet, als es ihm beschissen ging."
27 Salomo entzog Abjatar also die Priesterlizenz.
Damit wurde die Vorhersage wahr, die Gott damals
dem Priester Eli in Schilo gegeben hatte. 28 Joab
hörte von der Sache. Damals war er nicht zu
Abschalom übergewechselt, aber diesmal war er der
Familie von David untreu geworden, weil er sich auf
die Seite von Adonija gestellt hatte. Er rannte also
zum Altar im besonderen Zelt von Gott und hielt
sich dort an den Ecken fest in der Hoffnung, sich so
vor der Strafe schützen zu können. 29 Salomo hörte
davon und schickte einen Angestellten, den Benaja,
zu Joab, um ihn zu fragen, warum er zum Altar
geflohen war. „Ich hatte Angst, dass sich Salomo an
mir rächt und mich umnietet, darum versuche ich,
mich hier bei Gott in Sicherheit zu bringen", ant-
wortete Joab. Der Angestellte kam zurück und
erzählte Salomo, was Joab gesagte hatte. Der Präsi-
dent Salomo gab Benaja den Befehl: „Gehen Sie
noch mal zu ihm, und dann verpassen Sie Joab eine
Kugel zwischen die Augen!" 30 Benaja fuhr zurück
zum besonderen Zelt und sagte zu Joab: „Ich hab
einen Befehl vom Präsidenten. Sie sollen sofort die-
sen Ort verlassen!" – „Nein, ich geh hier nicht
weg!", antwortete Joab. „Ich will hier sterben!"
Benaja ging wieder zum Präsidenten und erzählte
ihm, wie Joab reagiert hatte. 31 „Ziehen Sie die Sache
eben dort durch, genau so, wie er es gesagt hat!
Erschießen Sie ihn, und dann buddeln Sie ihm ein
Grab. Wenn Sie das machen, kann ich davon ausge-
hen, dass die Sache für mich und meine Familie
abgehakt ist. 32 Er ist selber schuld, und sein Pro-
blem muss er auch selbst ausbaden. Er hat immer-
hin zwei unschuldige Männer gekillt, die wesentlich
bessere und treuere Soldaten waren als er. Abner
war der General von der Armee der Israeliten und
Amasa der General von der Armee von Juda. Beide
hat er hinter dem Rücken von meinem Vater umge-
bracht. 33 Joab muss dafür bezahlen und auch seine
Familie und die Kinder seiner Kinder. Aber die Fami-
lie von David und seine Kinder sollen immer von
Gott beschützt werden, ihnen darf nichts Übles pas-
sieren." 34 Benaja ging also zurück in das besondere
Zelt und nietete Joab am Altar um. Er wurde dann
auf seinem eigenen Stück Land in der Steppe unter
die Erde gebracht. 35 Der neue Präsident Salomo
beförderte Benaja und gab ihm den Job von Joab, ab
dann war er der neue General von seiner Armee.
Und der Priester Zadok bekam den Job von Abjatar.
36 Schimi aus Bahurim war als Nächster dran. Der
Präsident ließ ihn zu sich holen. „Mein Befehl an
Sie lautet: Sie bekommen hiermit ein Ausreisever-
bot aus Jerusalem! Bauen Sie sich in der Stadt ein
Haus, und bleiben Sie dort. 37 Falls Sie diese Anord-
nung missachten und doch über die Stadtgrenze,
zum Beispiel über den Bach Kidron, gehen, werden
Sie erschossen. Dann sind Sie auch selbst schuld
an Ihrem Tod. Keiner wird Ihren Tod rächen. So ist
das!" 38 „Ich nehme dieses Urteil an!", sagte Schimi.
„Ich werde alles befolgen, was mir der Präsident
sagt! Sie sind der Chef!" Er wohnte dann viele Jah-
ren in Jerusalem. 39 Drei Jahre später hauten zwei
Angestellte aus der Firma von Schimi einfach ab
und verdünnisierten sich nach Gat, um dort bei der
Regierung Asyl zu beantragen. Der Bürgermeister
von Gat hieß Achisch, ein Sohn von Maacha.
Schimi hörte von jemandem, dass die beiden in Gat
gesehen worden waren. 40 Er nahm sich den Auto-
schlüssel und fuhr über die Grenze, um sich dort
beim Bürgermeister persönlich zu beschweren und
seine Angestellten wieder zurückzuholen. 41 Die
Grenzbeamten meldeten dann an Salomo, dass
Schimi die Stadt verlassen hatte. „Er ist nach Gat

gefahren, aber jetzt ist er wieder im Land." 42 Präsi-
dent Salomo ließ Schimi zu sich ins Büro holen.
„Ich hab Sie eindringlich gewarnt! Die Ansage war,
dass Sie, wenn Sie die Stadt verlassen, sterben müs-
sen! Sie haben damals geantwortet, dass Sie damit
einverstanden sind und diese Anweisung befolgen
werden. Ich hab Sie damals sogar bei Gott schwö-
ren lassen, wir hatten einen Vertrag miteinander!
43 Warum haben Sie diesen Vertrag gebrochen? War
Ihnen wohl scheißegal, oder was? 44 Außerdem
haben Sie ja bestimmt auch nicht vergessen, was
Sie meinem Vater David angetan hatten, oder?
Dafür müssen Sie jetzt bezahlen! 45 Gott soll immer
für mich sein, er soll mich segnen. Der höchste
Regierungsposten im Land soll in Zukunft immer
mit Leuten aus der Familie von David besetzt wer-
den!" 46 Der Präsident befahl Benaja, gemeinsam
mit Schimi das Gebäude zu verlassen und ihn drau-
ßen zu erschießen. Damit war der letzte Feind aus
dem Weg geräumt, und die ganze Macht war sicher
in der Hand von Salomo.

3

Salomo darf sich was von Gott wünschen

1 Salomo heiratete dann die Tochter vom ägyp-
tischen Präsidenten und wurde so Teil seiner
Familie. Dadurch verbesserten sich schon mal die
politischen Beziehungen zwischen Israel und Ägyp-
ten. Die Frau wohnte in einem Haus, was in der City
von Jerusalem lag. Später, als die neue Residenz
von Salomo fertig gebaut war, zog sie nach dorthin
um. Der neue Präsidentenpalast war eines seiner
Bauprojekte neben dem Tempel, dem Haus von
Gott, und der Stadtmauer. 2 Zu der Zeit, als Salomo
an die Macht kam, gab es diesen Tempel noch
nicht. Die Israeliten fackelten ihre Opfer überall an
allen möglichen Stellen im Land ab. Meistens
irgendwo auf den Bergen. 3 Salomo war echt ver-
knallt in Gott, er lebte radikal nach seinen Gesetzen,
genauso wie sein Vater David. Aber wenn er Sachen
für Gott abfackeln wollte, machte er das auch
immer auf diesen Bergen. 4 Irgendwann fuhr er mal
nach Gibeon, um dort auch ein paar Opfersessions
zu starten. Gibeon war der größte Opferplatz über-
haupt, wo man Abfackelopfer für Gott durchziehen
konnte. Salomo ging in die Vollen und schenkte
Gott tausend Tiere. 5 Er pennte dann in der Nacht
dort. Plötzlich hörte er im Traum eine Stimme:
„Hallo, Salomo! Du hast heute einen Wunsch frei!
Wünsch dir, was du willst!" 6 „Gott! Du warst immer
so treu zu mir!", antwortete Salomo. „Auch meinem
Vater warst du immer treu, und er war dir auch treu.
Er hat immer alles getan, was du gesagt hast. Du
hast bewiesen, wie treu du bist, auch dadurch, dass
er einen Sohn bekommen hat, der mal sein Amt
übernehmen sollte, nämlich mich. 7 Ich bin von dir
zum neuen Präsidenten gemacht worden! Ich hab
die Stelle von meinem Vater übernommen. Und
das, obwohl ich noch total unreif und viel zu jung
bin, eigentlich kann ich mir überhaupt nicht vorstel-
len, wie ich diesen Job packen soll. 8 Trotzdem hast
du mir deine Leute, dein Volk, einfach anvertraut.
Diese Leute hast du dir extra ausgesucht, und ich
hab jetzt die Verantwortung für sie bekommen. Das
sind so viele Menschen, ich kann das gar nicht
abschätzen, wie viele das sind! 9 Ich wünsch mir von
dir einfach nur, dass du mir voll die Peilung gibst,
dass ich immer genau weiß, was du von mir willst.
Wenn ich deine Worte hören kann und weiß, was du
von uns willst, dann bin ich auch in der Lage, deine
Leute zu führen, und bei Gerichtsurteilen werde ich
immer gerecht sein. Sonst ist kein Mensch in der
Lage, dieses riesengroße Volk korrekt zu führen!"
10 Gott fand diesen Wunsch voll gut. 11 „Du hättest
dir jetzt wünschen können, dass du nie krank und
über 100 Jahre alt wirst. Oder auch 10 Millionen
Euro und ne fette Jacht in Monaco. Oder du hättest
dir wünschen können, dass alle deine Feinde verre-
cken. Aber stattdessen wolltest du, dass ich dir die
Fähigkeit schenke, gerechte Urteile zu fällen!? 12 Das
finde ich sehr krass! Ich werde deine Bitte erfüllen.
Du wirst so einen Durchblick haben, du wirst immer
so korrekt sein und so viel Schnall von Dingen
haben, dass kein Mensch vor dir und kein Mensch
nach dir da mithalten kann. 13 Ich werde dir aber
auch die anderen Sachen schenken, um die du mich
nicht gebeten hast. Ich werde dafür sorgen, dass du
ein fettes Bankkonto bekommst, man wird dir viele
Auszeichnungen verleihen und Orden umhängen. In
der Zeit, in der du lebst, wird es niemanden geben,
der mit dir mithalten kann. 14 Wenn du meine
Gesetze wirklich durchziehst, so treu, wie es dein
Vater getan hat, dann werde ich auch dafür sorgen,
dass du lange leben wirst." 15 Dann wachte Salomo
wieder auf. Er merkte sofort, dass Gott höchstper-
sönlich mit ihm gesprochen hatte. Am nächsten
Morgen fuhr er nach Jerusalem, ging in das beson-
dere Zelt und stellte sich vor die Kiste mit den
Gesetzen. Dann zog er Abfackelopfer und Dank-
opfer durch. Viele Tiere wurden geschlachtet, und
am Ende feierte er mit allen seinen Mitarbeitern ein
großes Festessen.

Salomo hat voll den Durchblick

16 Irgendwann gab es mal eine Gerichtsverhand-
lung, und Salomo, als Chef der Regierung, war ja
auch der oberste Richter. Und zwar kam da eine
Hure mit einem konkreten Problem bei ihm an.
17 „Verehrter Herr Präsident! Ich habe folgende
Klage vorzubringen: Diese Frau hier und ich woh-
nen in einer WG zusammen. Als ich bei einer Haus-
geburt meinen Sohn geboren hatte, war sie auch
mit im Zimmer. 18 Sie war auch hochschwanger und
kriegte zwei Tage nach mir ebenfalls einen Sohn. In
der Zeit wohnte sonst niemand bei uns. 19 Meine
Mitbewohnerin hat ihr Baby immer mit ins Bett
genommen, und in einer Nacht hat sie sich aus
Versehen im Schlaf auf das Kind draufgewälzt. Es
ist dann erstickt und war tot. 20 Als sie nachts auf-
gewacht ist und den Unfall bemerkt hatte, ist sie
einfach in mein Zimmer gekommen und hat die
Babys ausgetauscht! Ich hab in der Zeit noch
geschlafen. 21 Am nächsten Morgen wollte ich mein
Kind gerade stillen, aber es lag tot in seinem Bett-
chen. Ich hab dann gemerkt, dass es gar nicht mein
Kind war." 22 „Schwachsinn, die lügt wie gedruckt!",
rief die andere Frau dazwischen. „Mein Baby ist das
lebende. Das tote Baby gehört dir, du Schlampe!"
Auf die Art stritten sich die beiden vor Salomo.
23 Der Präsident unterbrach sie: „Also, die Sachlage
sieht folgendermaßen aus: Beide Seiten vertreten
die Position, dass das tote Kind dem anderen
gehört und dass das lebende Kind das eigene sein
soll. Ist das richtig?" 24 Dann befahl Salomo einem
Gerichtsdiener: „Bringen Sie mir mal eine Ketten-
säge her!" Der Typ ging los und holte so eine Säge
aus dem Keller. 25 Jetzt sagte der Präsident: „Zersä-
gen Sie das Baby in zwei Teile! Jede Frau soll eine
Hälfte davon kriegen!" 26 Sofort schrie die eine Frau,
die wirklich die Mutter war, auf: „Nein! Tun Sie das
nicht! Mein Präsident, dann geben Sie lieber das
Baby der anderen Frau! Aber bitte töten Sie es
nicht, ja?!" Sie liebte das Kind eben sehr, weil sie
die wirkliche Mutter war. Die andere sagte aber:
„Guter Plan! Dann gehört es keinem von uns.
Schmeiß die Säge an!" 27 Als der Präsident das
hörte, sagte er: „Halt, töten Sie das Baby nicht,
geben Sie es der ersten Frau, sie ist die Mutter!"
28 Die Story machte in Israel die Runde, und alle
bekamen voll den Respekt vor dem Präsidenten.
Jeder merkte sofort, dass Gott ihm Weisheit und
Schnall gegeben hatte, er durchschaute Sachen ein-
fach voll gut und konnte deswegen sehr korrekte
Urteile fällen.

4

Die Leute, die bei Salomo in seiner Regierung angestellt waren

1 Salomo war jetzt der Präsident über ganz
Israel. 2–6 Für die einzelnen Jobs und Ämter in sei-
ner Regierung suchte er folgende Leute aus: Als
Oberpriester nahm er Asarja, den Sohn von Zadok.
Als Staatssekretäre wurden Elihoref und Ahija einge-
setzt, die beide Söhne von Schischa waren. Als
Ministerpräsidenten nahm er Joschafat, der ein
Sohn von Ahilud war. Als Verteidigungsminister
wählte er Benaja aus, den Sohn von Jojada. Als
Minister über die Provinzverwalter galt ab dann
Asarja, der Sohn von Natan. Den Job als Berater
vom Präsidenten bekam der Priester Sabud, der
auch ein Sohn von Natan war. Der Palastverwalter
war Ahischar. Als Arbeitsminister wurde Adoniram
gewählt, ein Sohn von Abda.

Die Namen der Verwalter von den zwölf Bundesländern

7 Salomo hatte das Gebiet Israels in zwölf Bundes-
länder eingeteilt, an deren Spitze jeweils ein Minis-
terpräsident stand. Sie mussten einer nach dem
anderen jeweils einen Monat lang die Versorgung
vom Präsidentenpalast übernehmen. 8–19 Hier ist
die Liste der Ministerpräsidenten und ihrer Bundes-
länder (Ministerpräsident: Bundesland): 1. Der
Sohn von Hur: das Bergland von Efraim. 2. Der
Sohn von Deker: das Gebiet der Städte Makaz,
Schaalbim, Bet-Schemesch, Ajalon und Bet-Hanan.
3. Der Sohn von Hesed: das Gebiet der Stadt Arub-
bot, dazu das Gebiet von Socho und das ganze
Land Hefer. 4. Der Sohn von Abinadab (der war mit
Salomos Tochter Tafat verheiratet): das bergige Hin-
terland der Küstenstadt Dor. 5. Baana, der Sohn von
Ahilud: die ganze Jesreel-Ebene mit den Städten
Taanach und Megiddo bis über Jokneam hinaus,
dazu das ganze Gebiet der Stadt Bet-Schean am
Jordan bis in die Gegend der Stadt Jesreel im Wes-
ten und im Süden in Richtung Zaretan bis zur Stadt
Abel-Mehola. 6. Der Sohn von Geber: der ganze
nördliche Teil von Gilead mit der Stadt Ramot und
das Siedlungsgebiet vom Jair (der kam aus dem
Familienstamm Manasse) sowie das Gebiet von
Argob in Baschan mit 60 großen Städten. 7. Ahina-
dab, ein Sohn von Iddo: der südliche Teil von Gilead
mit der Stadt Mahanajim. 8. Ahimaaz, der mit Salo-
mos Tochter Basemat verheiratet war: das Gebiet
vom Familienstamm Naftali. 9. Baana, der ein Sohn
von Huschai war: das Gebiet vom Familienstamm
Ascher und das Gebiet von Alot. 10. Joschafat, der

ein Sohn von Paruach war: das Gebiet vom Familienstamm Issachar. 11. Schimi, der ein Sohn von Ela war: das Gebiet vom Familienstamm Benjamin. 12. Geber, der ein Sohn von Uri war: das Gebiet vom Familienstamm Gad, im ehemaligen Gebiet von Sihon, dem Präsidenten der Amoriter, und vom Präsidenten Og von Baschan. Über das Gebiet von Juda war nur ein einziger Ministerpräsident eingesetzt worden. 20 Die Leute aus ganz Israel waren so viele Menschen, dass es unmöglich war, alle zu zählen. Und es ging ihnen voll gut, sie hatten alle genug zu essen und zu trinken im Kühlschrank und waren dabei echt glücklich.

5

Salomos Macht und sein Durchblick

1 Präsident Salomo hatte über alle Länder das Sagen, die vom Eufrat bis zu dem Gebiet der Philister und bis zur Landesgrenze von Ägypten. Jeder hatte Respekt vor seiner Macht und zahlte Steuern an seine Regierung. Das war die ganze Zeit so, in der Salomo der Präsident war. 2 Salomo lebte richtig fett. Für seinen Privathaushalt, die Villa, in der er wohnte, wurden täglich drei Tonnen Maismehl und sechs Tonnen Ökomehl verbraucht. 3 Dazu kamen zehn Rinder aus der Massentierhaltung, zwanzig Rinder aus der Freilandzucht und hundert Schafe. Dann kamen da noch Hirsche, Rehe und Kaninchen dazu und obendrauf auch noch Geflügel. 4 Er hatte die Macht über das ganze Gebiet, was westlich vom Eufrat lag. Alle Präsidenten, die dort regierten, von der Stadt Tifsach bis nach Gaza, hörten auf seine Ansagen. Und mit allen anderen Ländern, die um sein Gebiet herum waren, hatte er Frieden. 5 In der ganzen Zeit, in der er regierte, ging es den Leuten in Israel richtig gut. Von Dan im Norden bis nach Beerscheba im Süden lebten alle in Sicherheit, und die Wirtschaft lief auf Hochtouren. Jeder konnte in Ruhe seine Arbeit machen. 6 Salomo hatte alleine sechzig eigene Parkhäuser für seine 12 000 Motorräder, Crossmaschinen und die vielen Limousinen, die er besaß! 7 Die Ministerpräsidenten der einzelnen Länder versorgten ihn mit allem, was er so an Lebensmitteln für sich und seine Angestellten brauchte, und zwar reichlich. Das ging immer im Wechsel der Reihe nach, jeden Monat war ein anderes Bundesland für die Versorgung zuständig. 8 Dieses Land kümmerte sich dann auch um den Fuhrpark, bezahlte das Benzin und die Wagenpflege, alles nach Vorschrift. 9 Gott sorgte dafür, dass Salomo weiter unheimlich viel Schnall von Dingen hatte. Er schenkte ihm Weisheit und mehr Wissen, als man es bei Wikipedia finden kann. 10 Er war sogar schlauer als die Nobelpreisträger aus ganz Arabien und Ägypten! 11 Es gab keinen Menschen, der mehr wusste als er. Selbst Einstein, Newton, Galileo und wie sie alle heißen, hätten ihm nicht das Wasser reichen können. Er wurde voll berühmt, in allen Nachbarstaaten kannte man seinen Namen. 12 In seiner Zeit schrieb er 3000 Tipps zum Leben, die als Sprüche von Salomo bekannt geworden sind. Dazu verfasste er noch 1005 Songs. 13 Er schrieb auch mehrere wissenschaftliche Abhandlungen in verschiedenen Fachgebieten, zum Beispiel über Pflanzen: Über die Libanon-Zeder und über das Mauergewächs Ysop. Auch über Tiere verfasste er einige Lexikonartikel, unter anderem über Landtiere, unterschiedliche Vogelarten, Reptilien und über Fische. 14 Wenn er im Parlament seine Reden hielt, kamen Leute aus der ganzen Welt angereist, um ihm zuzuhören. Alle Präsidenten, die von seinem Wissen gehört hatten, schickten Leute hin, um von Salomo zu lernen.

Salomo macht einen Vertrag mit dem Präsidenten Hiram

15 Der Präsident von Tyrus, der Hiram hieß, war immer ganz gut mit David befreundet gewesen. Als die Nachricht bei ihm reinkam, dass jetzt sein Sohn Salomo das Sagen in Israel hatte, schickte er einen Abgeordneten nach Jerusalem. 16 Salomo schrieb dann mal einen Brief an Hiram. 17 „Lieber Präsident Hiram, wie Sie vermutlich wissen, hatte mein Vater David seine Pläne leider nicht umsetzen können, eine große Kirche, so einen Tempel für unseren Gott, zu bauen. Er wurde immer wieder in Kriege mit Nachbarvölkern verwickelt, so dass er nicht in der Lage war, diesen Plan in die Tat umzusetzen Irgendwann hat er aber, mit Gottes Hilfe, an allen Fronten gesiegt. 18 Mir hat Gott jetzt Frieden geschenkt, es gibt zurzeit keine Kampfhandlungen, in die mein Land verwickelt ist, und bis heute hat mir auch noch kein Staat den Krieg erklärt. 19 Die Umstände sind also günstig, darum hab ich mich entschlossen, für meinen Gott einen Tempel zu bauen. In diesem Tempel soll unser Gott, mein Chef, dann wohnen. Das Ganze war eigentlich Gottes Plan. Er hatte schon zu meinem Vater David gesagt, dass sein Sohn das mal machen wird. Gott sagte zu ihm: „Dein Sohn, dem ich nach dir die Macht geben werde, soll mir mal ein Haus bauen.“ 20 Darum hab ich jetzt eine große Bitte an Sie: Erlau-

ben Sie meinen Leuten, für den Bau Fichten abzusägen, die auf Ihrem Libanon-Gebirge wachsen. Am besten wäre es, meine Leute und Ihre Leute würden hier zusammenarbeiten. Ich werde für die Bezahlung von Ihren Arbeitern selbstverständlich aufkommen, egal, was Sie an Stundenlohn ansetzen werden, das wird schon okay sein. Sie wissen ja selbst, dass Ihre Leute die absoluten Spezialisten sind in Sachen Bauholz organisieren. Keiner kann das so gut wie die Bewohner aus dem Gebiet Sidon! Mit der Hoffnung auf baldige Antwort verbleibe ich, mit freundlichen Grüßen, Ihr Präsident Salomo." 21 Als
Hiram den Brief von Salomo las, freute er sich voll. Er sagte: „Danke, Gott, dass du David einen so fitten Sohn geschenkt hast! Er kann dieses große Volk wirklich gut führen!" 22 Dann schrieb er eine Antwort
an Salomo: „Lieber Präsident Salomo, vielen Dank für Ihren freundlichen Brief, den ich heute erhalten habe. Ich bin gerne bereit, Ihren Wünschen nachzukommen und Ihnen das nötige Bauholz zur Verfügung zu stellen. 23 Meine Arbeiter werden die Baum-
stämme vom Libanon runter zum Meer schaffen. Dann werden wir das Holz in Container verladen und sie dorthin verschiffen, wo Sie die Ladung haben wollen. Im Zielhafen werden meine Arbeiter die Container wieder leeren, und Ihre Leute können das Holz von dort zur weiteren Verarbeitung abholen. Als Gegenleistung wünsche ich mir nur eine Ladung Lebensmittel für meinen Präsidentenpalast. Mit freundlichen Grüßen, Präsident Hiram." 24 So
bekam Salomo von Hiram alles Eichen- und Fichtenholz, das er für den Bau brauchte. 25 Als Gegen-
leistung lieferte er ihm 3000 Tonnen Weizenmehl und 6000 Liter bestes Bio-Olivenöl. 26 Gott hatte
dafür gesorgt, dass Salomo einfach sehr schlau war. Das hatte er ihm ja auch vorher so versprochen. Darum gab es auch keinen Stress zwischen Hiram und Salomo, die beiden schlossen sogar einen Friedensvertrag miteinander.

Die Vorbereitung für den Bau

27 Präsident Salomo stellte für die Bauarbeiten
30 000 1-Euro-Jobber ein. 28 Die wurden der Baulei-
tung vom Architekten Adoniram unterstellt. Das Ganze wurde so organisiert, dass immer 10 000 Arbeiter gerade im Libanon-Gebirge am Schuften waren. Die mussten dort einen Monat lang arbeiten, und dann waren sie zwei Monate zu Hause.
29 Dazu arbeiteten noch 80 000 Männer in einem
Steinbruch in den Bergen, in dem die Steine für den Tempel organisiert wurden. Für den Transport von Baumaterial wurden alleine 70 000 Männer eingestellt. 30 3300 Architekten und Bauleiter kamen
noch dazu. Sie unterstanden den Verwaltern der Provinzen von Salomo und leiteten alle Arbeiten am Tempel. 31 Für das Fundament organisierten sie
riesige Felsbrocken aus bestem Material. Die wurden im Steinbruch vor dem Transport noch auf die richtige Größe zugehauen. 32 Die Bauarbeiter von
Salomos Truppe, die Männer von Hiram und noch einige Leute aus der Stadt Byblos bearbeiteten das ganze Baumaterial. Sie machten alles so weit fertig, wie es nachher für den Bau des Tempels gebraucht wurde.

6

Salomo baut ein großes Haus für Gott

1 Inzwischen war es 480 Jahre her, seit die Israe-
liten aus Ägypten abgehauen waren. Jetzt, in seinem vierten Amtsjahr, fing also der Präsident Salomo an, ein fettes Haus für Gott zu bauen. Man nannte dieses Haus auch Tempel. Der Baubeginn war im Mai. 2 Das Teil sollte dreißig Meter lang wer-
den, zehn Meter breit und fünfzehn Meter hoch.
3 Davor wurde eine Halle hochgezogen, die genauso
breit war wie das Haus selber, aber nur fünf Meter lang. 4 In die Seitenwände ließ Salomo Fensterrah-
men einbauen, mit Gittern davor. 5 Drum herum
und an der Rückseite wurde ein mehrstöckiger Anbau aus Holz hingestellt, der nur an der Vorderseite unterbrochen wurde. 6 Die Mauern wurden
stufenweise nach oben immer etwas dicker, und die Balken legte man dann in die Stufen, es war nicht nötig, ein extra Loch für sie in die Wand zu hauen. Der Anbau wurde im untersten Stock zweieinhalb Meter breit. Auf dem mittleren Stock war er drei und auf dem oberen dreieinhalb Meter breit. 7 Die
Außenwände von dem Haus waren aus den Steinen gemauert, die direkt aus dem Steinbruch kamen und nicht weiter bearbeitet wurden. Weder ein Akkuschrauber noch ein Schraubenzieher wurde auf der ganzen Baustelle benutzt und auch kein anderes Werkzeug aus Eisen. 8 Der Eingang vom Anbau lag
auf der Südseite. Es gab ein kleines Treppenhaus vom Erdgeschoss über das mittlere Stockwerk bis ganz nach oben. 9 Nachdem die Mauern fertig
waren, wurden die Deckenbalken aus Kiefernholz eingebaut. Danach wurde das Dach mit Brettern aus dem gleichen Material über das Haus genagelt.
10 Der Anbau ging einmal um das ganze Haus rum
und wurde über Balken mit der Steinmauer verbunden. Jedes Stockwerk war zweieinhalb Meter hoch.

11 Mitten in der Bauphase redete Gott noch mal mit
Salomo. Er sagte zu ihm: 12 „Also, was dieses Haus
angeht, das du gerade für mich baust, hab ich fol-
gende Ansage für dich: Wenn du radikal meine
Gesetze durchziehst und dich an die Sachen hältst,
die ich dir gesagt habe und danach lebst, dann halte
ich mich auch an meine Versprechen, die ich dei-
nem Vater David gegeben habe. 13 Ich werde immer
bei den Israeliten sein, ich werde meine Leute nicht
im Stich lassen!“

Innenarchitektur: Wie das Haus ausgestattet wurde

14 Salomo machte erst mal den Rohbau fertig.
15 Danach wurde das Haus von innen ausgebaut.
Die Wände wurden mit Mahagoniholz vertäfelt. Der
Fußboden wurde mit feinstem Parkett aus Eichen-
holz ausgelegt. 16 Dann wurde, zehn Meter vor dem
hinteren Ende, eine Zwischenwand aus Nussbaum-
holz eingezogen. Dieser spezielle Ort war dafür
gedacht, dass hier Gott höchstpersönlich wohnen
sollte. Der Bereich sollte der absolut derbste, hei-
ligste Ort überhaupt werden, eben die Wohnung
von Gott. 17 Der restliche Raum war dann immer
noch zwanzig Meter lang. 18 Dieser Innenraum
wurde ebenfalls komplett mit Mahagoniholz getä-
felt, an keiner Stelle konnte man noch die Mauer
durchsehen. In das Holz wurden vorher Bilder von
Blumen und Früchten reingefräst. 19 Salomo wollte,
dass in dem hinteren Teil von dem Haus die Woh-
nung von Gott hinkommen sollte. Hier würde dann
auch die Kiste mit den Gesetzen stehen. 20 Diese
Wohnung war zehn Meter lang und zehn Meter
hoch. Die Wände waren von innen voll vergoldet.
Vor die Wohnung ließ Salomo einen Opfertisch aus
Kiefernholz, einen Altar für die Räuchersachen, hin-
stellen. 21 Auch die anderen Wände wurden von
innen mit Gold überzogen. Vor dem hinteren
Raum, der Wohnung von Gott, wurden massive
Goldketten aufgehängt. 22 Überall überzog man das
Haus mit Gold. Auch der Altartisch, der vor dem
hinteren Raum stand, wurde komplett vergoldet.
23 Für den allerderbsten, heiligen Bereich ließ
Salomo zwei Engelsfiguren anfertigen, die aus
Buchenholz geschnitzt wurden. Beide waren fünf
Meter hoch. 24 Beide Flügel von den Engeln waren
zweieinhalb Meter breit, also waren die Figuren
insgesamt fünf Meter breit. 25–26 Beide Figuren
waren genau gleich groß und sahen auch genau
gleich aus. 27 Salomo ließ sie nebeneinander in dem
allerderbsten Bereich in der Mitte aufstellen. Ihre
Flügel waren nach vorne hin ausgebreitet und
berührten sich in der Mitte vom Raum. Außen
berührten sie mit den Flügeln die Seitenwände.
28 Beide Engelsfiguren wurden auch komplett mit
Gold überzogen. 29 Die Wände in beiden Räumen
wurden mit Bildern geschmückt, in denen Figuren
zu sehen waren, die aus Holz geschnitzt wurden.
Einige davon stellten Engel dar, andere Blumen.
30 Auch der Fußboden wurde mit Gold überzogen.
31 Für den Eingang zum allerderbsten, heiligen
Bereich, wurden zwei Flügeltüren aus Eichenholz
gefertigt. Der Türrahmen hatte Abstufungen nach
innen, die fünf unterschiedliche Flächen hatten.
32 Auf die beiden Türen wurden Figuren geklebt, die
wie Engel, Palmen oder einfach wie Blumen aussa-
hen. Auch hier wurde alles mit Gold überzogen.
33 Im Eingang zum Haus wurden die Türrahmen aus
Kastanienholz gemacht, die in vier Stufen unterteilt
waren. 34 Dazwischen waren Flügeltüren aus Birken-
holz angebracht und dahinter die gleichen Türen
noch mal. 35 Für die Türen wurden wieder ein paar
Engels- und Palmenfiguren aus Holz geschnitzt
und mit Gold überzogen. 36 Salomo grenzte dann
einen inneren Vorhof ab mit einer Mauer, die aus
unterschiedlichen Schichten bestand. Drei Lagen
bestanden aus Steinen und eine Lage aus Holzbal-
ken. 37 Die Grundsteinlegung für den Tempel fand
im Mai statt. Salomo war in der Zeit schon vier
Jahre lang Präsident. 38 Knapp sieben Jahre später,
im November, war das Teil dann fertig. So lange
hatte es gebraucht, bis Salomo den Tempel zu Ende
gebaut hatte.

7

Salomo baut sich einen fetten Palast

1 Salomo ließ auch für sich selbst ein krasses
Haus bauen. Dreizehn Jahre dauerte es, bis das
Teil fertig war. 2 Unter anderem baute er eine große
Halle, die „Libanonwaldhalle“ genannt wurde. Sie
war 50 Meter lang, 25 Meter breit und 15 Meter
hoch. Die Deckenkonstruktion wurde von Holzsäu-
len aus Kiefernholz getragen, die in vier Reihen auf-
gebaut waren. Auf den Säulen waren oben Balken
befestigt, die auch aus Kiefernholz bestanden. 3 Im
ersten Stock waren 45 Räume, die durch Wände aus
Eichenholz getrennt waren, immer 15 Stück in einer
Reihe. 4 Die Fenster in der Halle waren in drei Rei-
hen parallel übereinander angebracht und standen
sich immer von Wand zu Wand genau gegenüber.
5 An den schmaleren Seiten waren drei aneinander-
liegende Türen, deren Rahmen vier Abstufungen
hatten. 6 Dann baute Salomo auch noch andere

große Hallen mit vielen Säulen drin. Die Hallen waren 25 Meter lang und 15 Meter breit. Diese Hallen hatten immer eine Vorhalle, und die Dächer in diesen Hallen wurden auch von Säulen getragen. 7 Dazu baute er noch eine Halle vor seinem Regierungsgebäude, in der er immer seine Gerichtsverhandlungen abhielt. Diese Halle war von oben bis unten mit Eichenholzplatten getäfelt. 8 Das Haus, in dem Salomo wohnte, lag dann hinter dieser Halle, in einem anderen Hof. Sein Haus war im gleichen Stil gebaut worden, ebenso auch das Haus von der Tochter des ägyptischen Präsidenten, die Salomo geheiratet hatte. 9 Diese Häuser waren alle aus teuren Granitsteinen gebaut, die extra mit einer Steinsäge zurechtgeschnitten waren. 10 Das Fundament wurde in Stahlbeton gegossen. 11 Auf dem Fundament wurden die Mauern gebaut und zwischen den Mauersteinen wurden die Holzbalken eingefügt. 12 Der große Hof um den Palast vom Präsidenten wurde von einer Mauer umrandet. Die Mauer war immer abwechselnd aus Steinen und einer Lage Kiefernholzbalken gebaut. Genauso wurde auch die Mauer im inneren Vorhof vom Tempel gemacht, und auch die Vorhalle wurde so errichtet.

Salomo sucht einen Metallbauer

13–14 Der Präsident Salomo ließ einen Schweißer extra aus Tyrus ankarren, der den Namen Hiram hatte. Sein Vater war bereits gestorben. Seine Mutter stammte aus Naftali, während der Vater ein Tyrer gewesen war. Hiram hatte es kunsttechnisch voll drauf. Er konnte jeder Art von Metall bearbeiten und Gegenstände herstellen. Als er von dem Auftrag von Salomo hörte, hatte er richtig Bock drauf und übernahm die Leitung von allen Metallarbeiten am Tempel. 15 Hiram schweißte zwei große Säulen aus Metall, die jeweils neun Meter hoch waren. Ihr Umfang betrug dabei sechs Meter, wobei das Metall eine Dicke von 20 cm hatte. 16 Auf den oberen Teil der Säulen kam ein Rahmen mit vielen Verzierungen dran. Das Teil war alleine zweieinhalb Meter hoch. 17 Auf diesen Rahmen waren kettenartige Bänder reingefräst, immer sieben Stück an jedem Rahmen. 18–22 Um jeden von diesen Rahmen gingen Bänder, auf denen kleine Äpfel aus Stahl geschweißt waren. Insgesamt 200 Stück pro Säule. Das Ganze sah dann aus wie die Blüte von einer Blume. Nachdem Hiram mit der Herstellung fertig war, wurden die Säulen vor der Eingangshalle vom Tempel aufgestellt. Beide bekamen auch einen Namen, die rechte hieß Jachin, und die linke hieß Boas.

Ein großes Waschbecken aus Metall

23 Als Nächstes baute Hiram ein riesengroßes Waschbecken aus Bronze, was man das „Meer“ nannte. „Das Meer“ hatte einen Durchmesser von fünf Metern und eine Höhe von zweieinhalb Metern. 24 Am Rand waren drum herum kleine Flaschenkürbisse in zwei Reihen abgebildet. Sie waren nicht draufgeschraubt, sondern das ganze Becken wurde schon so gegossen. Auf einer Länge von 50 cm kamen jeweils zehn kleine Kürbisfiguren. 25 Das ganze Becken wurde von zwölf Füßen getragen, die aussahen wie Kühe. Die Kühe standen dabei in Dreiergruppen, wobei jede Gruppe in eine andere Richtung schaute. Die eine schaute nach Osten, die andere nach Westen usw., ihre Hinterteile zeigten alle nach innen. 26 Das Waschbecken hatte einen breiten Rand, der geformt war wie der Rand von einer Tulpenblüte. Das Metall war dabei zehn Zentimeter dick. In das Becken gingen über 40 000 Liter rein! 27 Außerdem baute Hiram noch zehn große Gestelle aus Metall, so ähnlich wie Einkaufswägen. Jeder Wagen war zwei Meter lang, zwei Meter breit und eineinhalb Meter hoch. 28 Alle vier Seiten bestanden aus einem Metallgitter. 29 Auf den mittleren Gitterstäben waren kleine Löwen, Rinder und Engel abgebildet, die auf Blüten lagen, die aus gehämmertem Stahl bestanden. 30 Diese Wagen hatten zwei Achsen und vier Räder, die alle aus Bronze waren. An den vier Ecken waren Rohre verschweißt, die mit der untersten verzierten Leiste verbunden waren. 31 Der ringförmige Aufsatz (wo dann später ein Kessel drauf stand) war weit größer als das Gestell. Dieser Aufsatz war auch verziert und lag auf dem viereckigen Rahmen drauf. 32 Die vier Räder waren nicht ganz so groß, dass sie die vier Leisten vom Rahmen berührten. Ihre Höhe betrug 75 cm. Die kurzen Achsen, wo die Räder dran waren, wurden fest mit dem Gestell verschweißt. 33 Die Räder waren aus demselben Stahl, wie er auch bei Panzern verwendet wird. Alle Teile (also die Achse, die Felgen, die Speichen und die Radnaben) bestanden aus Metall. 34 An den vier Rohren von dem Gestell waren Streben, die mit dem übrigen Gestell aus einem Stück gemacht worden waren. 35 Der ringförmige Aufsatz auf dem Gestell war 25 cm höher als der Rest. Er war durch eine Halterung mit dem Gestell verbunden. Rahmen und Aufsatz waren fest miteinander verschweißt. 36 Auf dem Rahmen waren überall kleine Engelsfiguren, Löwen, Palmen und ringsherum kleine Kränze eingefräst. 37 Jedes von den zehn Gestellen sah exakt gleich

aus. Sie wurden von Hiram nach der gleichen Zeichnung angefertigt und in die gleiche Form gegossen. 38 Als Nächstes baute er zehn Stahltöpfe. Jeder Topf hatte zwei Meter Durchmesser und fasste 840 Liter. 39 Fünf von diesen Gestellen wurden auf der Südseite vom Tempel aufgestellt. Die anderen fünf parkten auf der Nordseite. Das große Becken wurde an der Südostseite von dem inneren Vorhof aufgebaut.

Eine Liste von allen Werkzeugen und Geräten für das Haus von Gott

40–45 Salomo gab bei Hiram viele Gegenstände für den Tempel in Auftrag. Die Teile waren alle aus Metall gegossen, und die Oberflächen wurde anschließend poliert und glatt gemacht. Hier jetzt mal eine Liste von allen Sachen: 2 Säulen, 2 verzierte Rahmen für die Säulen, 2 Gitter aus Stahlbändern für die Zierrahmen, 400 Äpfel aus Stahl, die alle über den Bändern von jedem Rahmen aufgehängt worden waren, 10 fahrbare große Gestelle wie Einkaufswagen, 10 Stahlkessel zum Einsetzen in die Gestelle, das große Becken und 12 Rinderfiguren als Untersatz des Beckens. Dazu noch Schalen zum Auffangen von dem Blut und Schaufeln und Haken für die Beseitigung der Asche. 46 Die Halle, wo der Präsident die ganzen Sachen anfertigen ließ, stand im Jordantal, zwischen Sukkot und Zaretan. 47 Es waren insgesamt so viele Teile, dass er keinen Bock drauf hatte, die alle auch noch zu wiegen, um das Gewicht aufzuschreiben. 48 Salomo erteilte auch einen anderen Auftrag zur Herstellung aller Geräte, die sonst noch im Haus von Gott gebraucht wurden. Und zwar waren das: Der große goldene Opfertisch, der Altar, auf dem die Sachen für Gott abgefackelt wurden. Dann noch der kleine goldene Tisch für die besonderen Brote. 49 Die Lampen gehörten auch dazu. Fünf davon wurden auf der rechten und fünf auf der linken Seite von dem Hinterraum aufgestellt. Sie bestanden aus edelstem Gold. Dann diese Figuren, die aussahen wie eine Blüte, die waren auch aus Gold. Und noch die anderen Lampen und das Feuerzeug, ebenfalls aus Gold. 50 Die Becken und die Schaber zur Reinigung der Becken, die Schalen, in denen das Blut aufgefangen wurde, die anderen Schalen, der Eimer für die glühenden Kohlen, die Scharniere an den Türen vom inneren Teil des Tempels (wo es zum allerderbsten, heiligen Bereich geht), die Scharniere von der Eingangstür, alle diese Sachen waren auch aus Gold gemacht worden. 51 Alles wurde genau so durchgezogen, wie Salomo es geplant hatte. Er brachte zum Schluss noch die ganzen Geschenke dort rein, die sein Vater David an Gott übergeben hatte. Das ganze Silber, Gold und alles, was sonst noch wertvoll war, kam dann noch in den Tresor rein, der hinten im Tempel stand. Schließlich war die ganze Arbeit am Haus für Gott fertig.

8

Gott im Tempel

1 Jetzt lud der Präsident Salomo die Chefs von allen Familienstämmen und Clans aus Israel zu sich nach Jerusalem ein. Sie sollten gemeinsam die Kiste mit den Gesetzen aus Jerusalem-City nach oben auf den Berg Zion bringen, wo jetzt der neue Tempel stand, das Haus von Gott. 2 Alle Männer aus Israel waren auch eingeladen. Sie kamen an dem Tag zum Präsidenten Salomo, an dem das Fest der Blätterbuden gefeiert wurde (das war im Oktober). 3–4 Nachdem alle Chefs eingetroffen waren, steckten die Priester die Stangen in die Ringe von der Kiste und trugen das Teil gemeinsam zum Tempel hoch. Die anderen Priester und die Levi-Leute halfen beim Einpacken vom besonderen Zelt und der ganzen Geräte, die dort drin lagerten. 5 Salomo und die Leute, die bei der Feier dabei waren, opferten gemeinsam vor der Kiste sehr viele Schafe und Rinder. Es waren so viele Tiere, dass man sie nicht mehr zählen konnte. 6 Und danach transportierten die Priester die Kiste mit den Gesetzen an den Ort, der extra dafür im Tempel vorgesehen war. Im hintersten Zimmer, dem allerderbsten, heiligen Bereich, wurde sie aufgestellt. Und zwar wurde sie unter die beiden Flügel von den Engelsfiguren geschoben, die man dort aufgestellt hatte. 7 Die Flügel der beiden Figuren hingen über der kompletten Kiste. Bis zu den Tragestangen wurde das ganze Ding von ihnen überdacht. 8 Die beiden Stangen waren so lang, dass man die Enden noch sehen konnte, wenn man direkt vor dem Eingang vom allerderbsten Bereich stand. Von außen konnte man aber nichts sehen. An der Stelle waren sie noch eine ziemlich lange Zeit. 9 In der Kiste war nichts weiter drin als die Stahlplatten mit den Gesetzen drauf, die Mose auf dem Horeb-Berg von Gott bekommen hatte. Das war ja, als Gott mit den Israeliten einen Vertrag gemacht hatte, nachdem sie aus Ägypten abgehauen waren. 10 Als die Priester aus dem Haus von Gott rausgingen, war im besonderen Bereich plötzlich eine leuchtende Wolke am Start! 11 Keiner konnte mehr da drin weiterarbeiten, weil diese krasse Wolke da war! Gott höchstpersönlich, mit

seiner ganz heftigen Art, war auf einmal im ganzen
Haus anwesend. 12 Salomo redete mit ihm: „Hey,
Gott! Chef, du hast gesagt, dass du in einem dunk-
len Raum wohnen willst! 13 Darum hab ich dir jetzt
dieses große Haus gebaut! Hier kannst du immer
bleiben, wenn du willst!"

Eine kleine Predigt von Salomo

14 Dann drehte sich Salomo zu den Israeliten, die
mit dabei waren, und rief zu Gott: 15 „Gott, du bist
der Größte! Gott von Israel, wir danken dir für
alles!" Dann sagte er zu den Israeliten: „Gott hat
sein Versprechen eingehalten, was er meinem Vater
David gegeben hat. Er sagte damals zu ihm: 16 „Seit-
dem ich meine Leute aus Ägypten rausgeholt und in
dieses Land gebracht habe, konnte ich mir bis jetzt
keine Stadt aussuchen, um dort zu wohnen. Doch
dich hab ich extra ausgesucht, du sollst der Präsi-
dent über meine Leute sein, über Israel." 17 Schon
mein Vater David wollte für Gott, dem Gott von
Israel, unbedingt ein Haus bauen. 18 Gott hat dann
aber zu David gesagt: „Finde ich echt gut, dass du
ein Haus für mich bauen willst. Das ist eine gute
Idee, ich bin dafür! 19 Trotzdem wirst du das nicht
selber machen können, dafür aber dein Sohn. Der
ist bis jetzt noch nicht geboren worden, aber er soll
dann für mich dieses Haus bauen." 20 Gott hat sein
Versprechen gehalten. Ich, der Sohn von David, bin
der neue Präsident geworden, und ich habe jetzt
dieses Haus für Gott gebaut, eine Wohnung für den
Chef von Israel. 21 Die Kiste mit den Gesetzen hat
darin ein eigenes Zimmer bekommen. Die Gesetze
gehören zum Vertrag, den Gott mit unserem Volk
vor einiger Zeit gemacht hat, damals, als er unsere
Leute aus Ägypten rausholte." 22 Vor den Augen von
allen anwesenden Israeliten ging Salomo dann zum
Opfertisch, dem Altar von Gott. Er streckte seine
Arme aus Richtung Himmel und fing an zu beten:
23 „Gott, du bist der Chef von ganz Israel! Nir-
gendwo gibt es so einen Gott wie dich, nicht auf der
Erde und auch nirgendwo im Universum! Und du
bist treu, du stehst zu deinen Verträgen, und du bist
immer sehr liebevoll und nett zu den Leuten, die
radikal mit dir leben. 24 So bist du immer mit mei-
nem Vater David umgegangen. Und dieser Tag
heute ist ein Beweis dafür, dass du deine Verspre-
chen immer einhältst. 25 Gott, Chef von Israel, ich
bitte dich, dass du auch deine anderen Versprechen
jetzt einlöst, die du meinem Vater gegeben hast. Ein
Versprechen war, dass die Präsidenten in Israel
immer aus der Familie von David kommen werden.
Natürlich unter der Voraussetzung, dass sie dir
genauso radikal und treu dienen, wie er es getan
hat. 26 Also bitte lass auch die anderen Versprechen
in Erfüllung gehen, die du meinem Vater gegeben
hast, ja?! 27 Ich hab noch eine Frage an dich: Bist du
nicht eigentlich viel zu groß und zu heftig, um bei
uns kleinen Menschen zu wohnen? Ich meine,
selbst das ganze große Weltall ist doch eigentlich zu
klein für dich! Und dann dieses winzige Haus, was
ich für dich gebaut habe, das passt doch eigentlich
gar nicht! 28 Gott, bitte hör auf meine Gebete! Ich
mach hier keinen auf dicke Hose, ich bin dein Die-
ner! Bitte höre meine Gebete, die ich dir heute
gesagt habe! 29 Pass auf uns auf! Tag und Nacht
musst du dieses Haus bewachen. Verlier es nie aus
dem Blick. Schließlich hast du gesagt: „Hier soll
mein Name an der Tür stehen!" Also bitte höre auf
meine Gebete!! 30 Und höre auch auf die Gebete von
deinen Leuten, den Israeliten. Wenn wir zusammen
vor diesem Haus zu dir beten, dann hör uns, wenn
du in deiner Wohnung im Himmel bist. Bitte höre
unsere Gebete und verzeih uns, wenn wir mal wie-
der Mist gebaut haben."

Beten beim Haus von Gott

31 Danach sagte Salomo zu Gott: „Wenn mal jemand
bei einem anderen Mist gebaut hat, und er wird
dann hierher zu deinem Altar gebracht, und wir
wünschen ihm dann in deinem Namen die Krätze
an den Hals und belegen ihn mit einem Fluch, dann
entscheide du das bitte und sorg dafür, dass alles
gerecht zugeht. Wir machen das nur, wenn er das
nach unserem Wissen auch verdient hat und schul-
dig geworden ist. 32 Bestrafe du ihn, wenn er tat-
sächlich irgendwo danebenliegt. Die Sachen, die der
verbockt hat, sollen ihm dann selbst passieren, sie
sollen auf ihn zurückfallen. Wenn er aber nichts
getan hat, pass auf ihn auf, dass er nicht auch noch
unschuldig bestraft wird. Alle sollen in dem Fall mit-
kriegen, dass er unschuldig ist. 33 Wenn deine Leute,
die Israeliten, von anderen Völkern im Krieg besiegt
wurden, weil sie mal wieder Mist gebaut haben, und
sie drehen sich dann um und leben wieder mit dir,
beten zu dir, sagen dir, wie toll du bist, und bitten
dich hier, an deinem Haus, dass du ihnen hilfst,
34 dann höre auf ihre Bitte und hilf ihnen! Verzeih
den Leuten, wenn sie Mist gebaut haben, und dann
bring sie wieder zurück in das Land, das du den
Israeliten gegeben hast. 35 Wenn es mal eine ganze
Zeit nicht regnet, weil die Menschen nicht das getan
haben, was du von ihnen wolltest, und sie kapieren,

dass du dahintersteckst, und sie sich dann wieder
umdrehen und beten wieder zu dir und sie kommen
wieder zu deinem Haus, um dir danke zu sagen,
36 dann höre auf ihre Gebete! Verzeih ihnen, wenn
sie Mist gebaut haben, verzeih deinen Leuten! Sag
ihnen, was sie tun sollen, und dann lass es wieder
regnen auf das Land, das du deinen Leuten für
immer geschenkt hast. 37 Und wenn es im ganzen
Land mal nichts zu essen gibt, wenn die Getreide-
ernte ausfällt, weil die Sonne alles verbrannt hat
oder Läuse die Körner befallen haben, oder wenn es
wieder Krieg gibt und der Feind ins Land einmar-
schiert oder überall die Leute krank werden, 38 dann
bitte höre auf das Gebet, was bei diesem Haus
gebetet wird, auch wenn es nur ein einziger Typ ist.
39 Höre auf die Gebete, die bei deiner Wohnung
gesprochen werden, und verzeih deinen Leuten, wo
sie Mist gebaut haben. Hilf ihnen und sei nicht so
streng, mach es so, wie es jeder verdient hat. Du
kennst die geheimsten Gedanken von den Men-
schen, du siehst in das Herz. 40 Dann werden sie
immer Respekt vor dir haben, die ganze Zeit, in der
sie in dem Land leben, was du schon unseren Vor-
fahren gegeben hattest. 41 Auch die Ausländer bei
uns werden Respekt vor dir haben, also die Typen,
die extra wegen dir aus der ganzen Welt zu uns
gekommen sind. 42 Sie werden von deiner genialen
Art hören, was du für gigantische Sachen bringst
und wie du uns mit deiner powervollen Hand
geführt hast. Und dann werden sie, wenn sie dieses
Haus sehen, auch zu dir beten. 43 Wenn das pas-
siert, höre bitte auf ihre Gebete, von deiner Woh-
nung im Universum aus. Dann kapieren alle Men-
schen, egal, aus welchem Land sie kommen, dass
du der einzige, echte Gott bist. Und dann werden
sie dich auch krass finden, und sie werden dir
‚danke' sagen, so wie wir das ja auch tun. Auf jeden
Fall werden sie dann mitkriegen, dass du auch in
diesem Haus wohnst, was ich für dich gebaut habe,
dass du hier eingezogen bist. 44–45 Und wenn deine
Leute mal gegen irgendeine Armee in den Krieg zie-
hen, weil du ihnen das gesagt hast, und wenn sie
dann dort, ganz weit weg von deinem Haus, zu dir
beten, dann hör auf die Gebete! Wenn sie beim
Beten in die Richtung von deiner besonderen Stadt
sehen und in die Richtung von diesem Haus, das
ich für dich gebaut hab, dann sorg dafür, dass sie zu
ihrem Recht kommen. 46 Nun kann es ja sein, dass
deine Leute wieder Mist bauen und Sachen tun, die
du total ätzend findest. Kommt ja vor, jeder Mensch
tut das irgendwie. Wenn du vielleicht richtig sauer
auf sie bist und dafür sorgst, dass ihre Feinde alles
gewinnen und deine Leute als Kriegsgefangene in
ein anderes Land verschleppt werden, egal, ob das
weit weg ist oder gleich um die Ecke, 47 dann könnte
es ja sein, dass sie dort endlich peilen, dass sie Mist
gebaut haben, und vielleicht kommen sie dann wie-
der zu dir zurück und fangen wieder an wie wild zu
dir zu beten, auch wenn sie in dem Augenblick
gerade in dem Land ihrer Feinde sind. Sie würden
dann vielleicht so beten: „Wir haben richtig Scheiße
gebaut! Wir haben nicht das getan, was du gesagt
hast!" 48 Also, wenn sie dann ihr Leben radikal ver-
ändern und dort, wo sie sind, wieder leidenschaft-
lich zu dir beten und dabei immer ihr Land im Blick
haben, was du ihnen mal ganz fest versprochen
hast, und auch dabei immer dieses Haus im Blick
haben, was ich in deinem Auftrag gebaut habe,
49 dann musst du bitte auf ihre Gebete hören!
Komm hierher, von dem Ort im Universum, wo du
wohnst, und sorg dafür, dass sie zu ihrem Recht
kommen. 50 Verzeih ihnen den ganzen Mist, den sie
getan haben und wo sie keinen Bock auf dich hat-
ten. Hilf ihnen, sorg dafür, dass ihre Feinde Mitleid
mit ihnen haben. 51 Deine Leute gehören doch dir!
Sie sind dein Eigentum, du hast sie damals aus die-
ser ätzenden Situation in Ägypten rausgeholt!
52 Bitte, Gott, bleib auf meiner Seite, hör mir und
deinen Leuten auch immer zu, wenn wir dich brau-
chen und zu dir beten. 53 Du hast uns, die Israeliten,
aus allen Nationen der Welt extra ausgesucht. Du
hast was vor mit uns, wir gehören nur dir. Diese
Sachen wissen wir von Mose, der von dir krasse
Ansagen bekommen hatte. Er hat dir radikal
gedient, und du hast sie ihm gesagt, als du damals
unsere Leute aus Ägypten rausgeholt hast. Gott, du
bist der fetteste Gott, du bist Gott, du kannst alles,
dir ist nichts unmöglich!" 54 Nachdem Salomo die-
ses Gebet Gott gesagt hatte, stand er auf. Er hatte
dabei nämlich vor dem Altar gekniet und seine
Arme zum Himmel gestreckt. 55 Dann drehte er sich
um und redete mit der ganzen Gemeinschaft der
Israeliten. Er betete für sie und rief dann allen zu:
56 „Leute! Wollt ihr jetzt mit mir zusammen Gott
danke sagen? Er hat uns dieses Land geschenkt, in
dem wir jetzt in Frieden und ganz entspannt leben
können! Er hat das Versprechen eingehalten, was er
Mose gegeben hat. Jeden Punkt, jedes Komma hat
er erfüllt, nichts davon ist ausgeblieben. 57 Beten wir,
dass er uns genauso hilft, wie er unseren Familien
geholfen hat, die vor uns gelebt haben. Er soll uns
nie mehr verlassen, er soll uns nie mehr wegkicken.

58 Und beten wir auch, dass er uns immer so eine
innere Einstellung gibt, dass wir alles genau so
durchziehen, wie er es uns gesagt hat. Er soll dafür
sorgen, dass wir die Gesetze von ihm radikal durch-
ziehen, alle Sachen, die er schon den Leuten vor
uns gesagt hatte. 59 Ich wünsch mir, dass Gott sich
24 Stunden am Tag an meine Gebete erinnert, dass
er alles, was ich ihm heute sage, auch tut. Ich
wünsch mir, dass er immer auf meiner Seite bleibt
und auf der Seite von seinen Leuten, den Israeliten.
Und ich wünsch mir, dass er dafür sorgt, dass wir
recht bekommen, immer dann, wenn wir es auch
brauchen. 60 Wenn das passiert, werden alle Men-
schen mitbekommen, dass unser Gott der einzige
Gott ist und sonst keiner! 61 Leute, für euch gilt aber
folgendes: Lebt radikal mit Gott! Nichts darf zwi-
schen euch und Gott kommen! Zieht seine Gesetze
und Gebote immer radikal durch, so wie ihr es jetzt
auch tut."

Die ersten Partys für Gott bei seinem Haus

62 Der Präsident Salomo und die Israeliten starteten
dann eine große Opferparty für Gott. 63 Salomo ließ
22 000 Rinder und 120 000 Schafe schlachten. Auf
diese Art wurde das Haus von Gott vom Präsiden-
ten und von den Israeliten eingeweiht. 64 Weil der
Tisch aus Bronze, der vor dem Haus von Gott
stand, zu klein für so viele Opfer war, ließ Salomo
im gesamten Mittelteil vom Vorhof die Tiere
schlachten und Gott opfern. Dort zogen sie dann
die Abfackelopfer durch, die Essensopfer, und auch
die Fettstücke vom Dankopfer wurden dort ver-
brannt. 65 Die ganze Einweihungsparty ging über
sieben Tage. Mega viele Leute aus ganz Israel waren
da. Von Lebo-Hamat, was ganz im Norden liegt, bis
zu dem Tal im Süden, wo die Grenze zu Ägypten ist,
waren sie angereist. 66 Am achten Tag entließ der
Präsident die Leute. Sie verabschiedeten sich alle,
wünschten ihm das Allerbeste und gingen wieder
nach Hause. Jeder war total happy über das, was
Gott für David und seine Leute getan hatte.

9

Salomo betet und Gott antwortet

1 Nachdem Salomo den Tempel, seinen Präsi-
dentenpalast und auch die anderen Bauvorha-
ben fertig gebaut hatte, 2 kam Gott plötzlich ein
zweites Mal bei Salomo vorbei, genauso, wie er es
schon damals in Gibeon gemacht hatte. 3 Er sagte
zu ihm: „Salomo? Ich will dir nur sagen, dass ich
deine Gebete gehört habe, und ich werde alle
Sachen tun, um die du mich gebeten hast. Ich hab
dieses Haus, den Tempel, den du für mich gebaut
hast, angenommen. Er ist jetzt mein Haus, wo
mein Name an der Klingel steht. Und er wird auch
immer mein Haus bleiben. Ich werde dieses Haus
immer im Blick haben, wenn ihr dort seid, bin ich
auch da. 4 Wenn du mir immer treu bleibst, so wie
dein Vater, und wenn du immer das tust, was ich
dir sage, und meine Gesetze durchziehst, 5 dann
werde ich dafür sorgen, dass deine Familie immer
in Israel das Sagen haben wird. Das hatte ich schon
deinem Vater David versprochen. Ich hab damals
zu ihm gesagt: „Es soll immer einer aus deiner
Familie der Chef über Israel sein." 6 Falls ihr jetzt
aber irgendwann plötzlich keinen Bock mehr auf
mich habt und ihr oder eure Kinder nicht mehr das
tun, was ich euch gesagt habe, oder wenn sie sogar
anfangen, mit Plastikgöttern rumzumachen und zu
denen zu beten, 7 dann schmeiß ich sie aus dem
Land raus, was ich ihnen gegeben habe. Dieses
Haus, in dem ich jetzt unter euch wohne, soll mir
dann pupsegal sein. Israel wird für die Völker der
Welt die Lachnummer werden, und man wird nur
Witze über euch machen. 8 Dieses Haus wird dann
nur noch ein Trümmerhaufen sein. Leute, die da
dran vorbeigehen, können da gar nicht hinsehen,
weil es so übel aussieht. Und wenn jemand fragt,
wie das passieren konnte, warum Gott dafür
gesorgt hat, dass hier alles plattgemacht wurde,
9 wird man antworten: „Das ist, weil sie nichts mehr
mit Gott durchgezogen haben. Er hat ihre Vorfah-
ren aus Ägypten rausgeholt, aber sie hatten nichts
Besseres zu tun, als sich auf solche Plastikgötter
einzulassen, sie sind ihrem Gott fremdgegangen.
Darum hat er dafür gesorgt, dass es ihnen jetzt so
dreckig geht."

Salomo gibt ein paar Städte an Hiram ab

10 Insgesamt dauerte der Bau am Tempel und auch
an Salomos eigenem Palast zwanzig Jahre. 11 Das
Eichen- und Fichtenholz kam vom Präsidenten
Hiram, der in Tyrus das Sagen hatte. Auch das
ganze Gold kam von dort. Als beide Bauten fertig
waren, schenkte Salomo dem Hiram als Gegenleis-
tung zwanzig Städte, die in Galiläa lagen. 12 Hiram
kam dann von Tyrus auf eine Besichtigungstour ange-
reist, fand die Städte aber nicht so geil. 13 „Was willst
du mir denn hier für einen Schrott andrehen, mein
Freund", sagte er zu Salomo. Seitdem nennt man
dieses Gebiet auch oft Kabul, das bedeutet so viel
wie „nichts wert". 14 Immerhin hatte Hiram dem

Salomo 120 Zentner Gold geschenkt, was umge-
rechnet ungefähr 118 Millionen Euro sind!

Was Salomo sonst noch bauen ließ

15 Salomo baute viele Gebäude, wofür er immer Bil-
liglohnarbeiter aus anderen Ländern anstellte. Mit
diesen Leuten baute er in Jerusalem noch andere
Sachen auf, also außer dem Tempel und seinem
Präsidentenpalast. Zum Beispiel noch die Stadt-
mauern, einen Befestigungswall, der vor Jerusalem
lag, dann noch die Städte Hazor, Megiddo und
Geser. 16 Gegen die Stadt Geser war der Präsident
der Ägypter in den Krieg gezogen, hatte sie erobert
und plattgemacht. Dabei wurden alle Bewohner
getötet. Diese Stadt gab er später als Hochzeitsge-
schenk seiner Tochter mit, als sie Salomo geheiratet
hatte. 17 Salomo baute die Stadt wieder auf. Auch
das untere Bet-Horone wurde von ihm wieder hoch-
gezogen. 18 Dazu kamen noch die Städte Baala und
Tamar, die in der Wüste von Juda lagen. 19 In diesen
Städten wurden riesengroße Kasernen gebaut, in
denen die Panzergarnison von Salomo ab dann sta-
tioniert war. Dort wurde dann auch das Lager einge-
richtet, in dem man alle nötigen Vorräte verstaute.
Übrigens wurden auch bei den anderen Projekten,
die er in Jerusalem, im Libanon und in den restli-
chen Gebieten, in denen er regierte, gebaut hatte,
diese Billiglohnarbeiter eingesetzt. 20–21 Eigentlich
wurden alle Völker, bei denen die Rote-Karte-Aktion
nicht komplett durchgezogen worden war, für diese
Arbeiten benutzt. Lange Zeit mussten die Amoriter,
Hetiter, Perisiter, Hiwiter und Jebusiter, die nicht
gekillt worden waren, solche Arbeiten ausführen.
22 Salomo wollte nicht, dass die Israeliten solche
harten Arbeiten tun müssen. Die Arbeitslosen wur-
den entweder in der Armee eingestellt oder beka-
men einen Job bei der Regierung. Einige schlugen
sogar die Offizierslaufbahn ein oder machten einen
Panzerführerschein und wurden Panzerfahrer.
23 Über 500 Beamte wurden von ihm eingestellt, die
sich um die Bauarbeiter kümmerten und sie beauf-
sichtigten. 24 Die Wälle vor den Städten wurden erst
gebaut, nachdem die Tochter vom ägyptischen Prä-
sidenten von Jerusalem-City in das neue Haus
umgezogen war, was er extra für sie im Regierungs-
viertel gebaut hatte. 25 Dreimal im Jahr zog Salomo
Abfackelopfer und Dankopfer auf dem großen
Opfertisch vor dem Tempel durch und ließ Räucher-
sachen auf dem Altar im Tempel verbrennen. 26 In
der Werft, Ezjon-Geber bei Elat, am Roten Meer, ließ
der Präsident Salomo eine neue Flotte für sich
bauen. 27 Der Präsident Hiram stellte Salomo ein
paar erfahrene Seeleute zur Verfügung, die schon
lange auf dem Meer unterwegs waren und seine
Männer auf der Fahrt begleiten sollten. 28 Sie fuhren
bis nach Ofir und lieferten Salomo von dort 420
Zentner Gold, das ungefähr 200 Millionen Euro
entspricht.

10

Die Präsidentin von Saba

1 In der Zeit gab es eine Präsidentin, die über
das Land Saba das Sagen hatte. Sie hörte
von dem guten Ruf von Salomo, darum kam sie mal
bei ihm vorbei. Sie wollte vor allem austesten, ob er
wirklich so viele Sachen wusste und so viel Schnall
von Dingen hatte, wie man überall erzählte. 2 Die
Präsidentin kam also mit ihrer ganzen Mannschaft
von Hausangestellten in Jerusalem an. Die Gepäck-
ablage und der Kofferraum waren voller Geschenke:
teurer Schmuck, Rolexuhren, auch Lagerfeld- und
Armaniparfüms. Beim ersten Treffen mit Salomo
legte sie gleich mit einem Quiz los, um ihn zu tes-
ten. 3 Aber Salomo war der Beste, er brauchte noch
nicht mal einen Joker und wusste sogar die Antwort
auf die Eine-Million-Euro-Frage sofort. 4 Die Präsi-
dentin war ganz hin und weg, weil Salomo so
schlau war. Abends gab es dann noch eine kosten-
lose Besichtigung von dem großen Palast, den
Salomo gebaut hatte. 5 Sie schaute sogar in die
Speisekammer und besichtigte den Speisesaal, in
dem auch alle hochrangigen Minister gerade am
Essen waren. Sie sah die teuren Anzüge, die dort
alle trugen, und war auch bei den Abfackelopfern
am Tempel dabei. Die Frau kriegte vor Staunen den
Mund nicht mehr zu. 6 „Die Leute haben echt nicht
übertrieben, als sie bei uns zu Hause von Ihrem
Reichtum und Ihrem Wissen geschwärmt haben.
7 Ich wollte es nicht glauben, aber es stimmt alles.
Ich hab das jetzt ja selbst erlebt, Ihr Wissen und Ihr
Besitz übersteigen alles, was man mir darüber
erzählt hat. 8 Ihre Frauen müssen echt glücklich
sein! Und auch Ihre Minister in der Regierung, die
jeden Tag Ihre Entscheidungen und schlauen Reden
hören, haben richtig Glück. 9 Ihr Gott, der Chef, ist
echt der Größte! Er hat Sie extra ausgesucht und
Ihnen die Macht in Israel gegeben. Weil er seine
Leute so wahnsinnig lieb hat, wollte er Sie als Präsi-
denten einsetzen. Sie sollten wohl dafür sorgen,
dass es gerecht und fair zugeht!" 10 Dann über-
reichte sie Salomo als Geschenk Goldschmuck im
Wert von über 750 000 Euro, dazu packte sie noch

edle Bossanzüge und sehr viele gute Parfüms. Es gab danach nie wieder so viele gute Parfüms in Jerusalem wie damals. 11 Übrigens führte Hiram mit den Schiffsladungen, die eigentlich nur zum Goldtransport aus Ofir gebucht worden waren, auch viele Edelhölzer und Edelsteine mit nach Israel ein. 12 Aus dem Holz ließ Salomo für den Tempel und für seinen Palast schöne Figuren schnitzen. Dann wurden da draus auch noch ein paar E-Gitarren gebaut für die Bands, die im Palast die Musik machten. Bis heute gab es nie wieder so viel edles Holz in Jerusalem wie in dieser Zeit. 13 Salomo las der Präsidentin von Saba jeden Wunsch von den Lippen ab. Alles, was sie haben wollte, bekam sie von ihm und sogar noch mehr. Später fuhr sie dann aber mit ihren Leuten wieder zurück nach Hause.

Salomo hat fett Kohle

14 Alleine in einem Jahr hatte Salomo ein Bruttoeinkommen von über 7,5 Millionen Euro. 15 Dazu kamen noch die Steuereinnahmen, die von den Unternehmen gezahlt wurden, die Steuern, die jede Provinz zu zahlen hatte, und die Einnahmen aus den Geschäften mit den arabischen Präsidenten. 16 Salomo ließ sich 1400 Stahlhelme anfertigen, die mit purem Gold überzogen wurden. 17 Dann ließ er sich noch 200 Gürtelschnallen aus Gold machen, die er dann in dem „Libanonwald-Museum" in der großen Halle ausstellte. Das Museum stand gleich neben seinem Wohnsitz. 18 Er ließ sich einen neuen Schreibtisch designen, aus massivem Mahagoniholz und mit Goldplatten belegt. 19 Sein Chefsessel hatte eine runde Kopflehne und zwei Armlehnen, die mit weißem Leder überzogen waren. Neben dem Stuhl standen zwei große Figuren, die wie Löwen aussahen. Der Schreibtisch stand auf einem Podest, den man über sechs große Stufen erreichen konnte. 20 Auf jeder der sechs Stufen standen rechts und links noch mal zwei Löwenfiguren. So was hatte es bis zu dem Zeitpunkt noch nirgendwo gegeben, in keinem Land der Welt. 21 Das ganze Geschirr, die Teller und Tassen, alle Geräte aus der „Libanonwaldhalle" waren aus Gold. In der Zeit war Silber genauso wenig wert wie Plastik. 22 Der Präsident hatte eine gut funktionierende Handelsflotte, die immer zusammen mit den Frachtern und Containerschiffen von Hiram ausfuhren. Alle drei Monate kamen die Schiffe wieder, und jedes Mal hatten sie sehr viel Gold, Silber, fetten Schmuck und Luxusartikel an Bord. 23 Salomo war der reichste Mann der Welt und dazu auch noch der schlauste. 24 Aus der ganzen Welt kamen Menschen angereist, nur um eine Rede von ihm zu hören und einmal mitzukriegen, was er alles so draufhatte. Gott hatte ihm einfach echt Durchblick und Schnall von vielen Dingen gegeben. 25 Die Besucher hatten auch immer Geschenke dabei: Geld, feine Anzüge, teure Parfüms, Waffen, Autos, Motorräder. Das war jedes Jahr so. 26 Salomo rüstete auch seine Armee auf. Er hatte 14000 Kampfjets und 120000 Panzer. Ein Teil davon war in Jerusalem stationiert, der andere Teil war in den Städten, die er extra für die Soldaten gebaut hatte. 27 In der Zeit, wo Salomo an der Macht war, konnte man Silber auf dem Schrott finden, es war so viel wert wie ein Stück Schrott aus der Müllpresse in Juda. 29–28 Sein Fuhrpark bestand aus Luxuskarossen, die extra in Babylon und in Ägypten für ihn gebaut wurden. Seine Händler bestellten die dort. Die Autos kosteten zusammen 2,5 Millionen Euro, die Motoren dazu noch mal 500000! Die Händler, von denen Salomo die Karren bekam, belieferten auch die anderen Präsidenten von den Hetitern und von den Syrern.

11 Salomo wird verführt, zu Plastikgöttern zu beten

1 Irgendwann schnappte Salomo etwas über. Außer der einen Tochter vom ägyptischen Präsidenten heiratete Salomo noch viele andere ausländische Frauen. Dabei waren auch Frauen von den Moabitern, Ammonitern, Edomitern, Phöniziern und Hetitern. Es war damals möglich, mit mehreren Frauen gleichzeitig verheiratet zu sein, wenn man sich das leisten konnte. 2 Allerdings hatte Gott allen Israeliten eindeutig verboten, sich auf Frauen aus den anderen Völkern einzulassen. Seine Ansage war: „Ihr sollt nichts mit denen zu tun haben! Ich will nicht, dass sie euch dazu verführen, zu Plastikgöttern zu beten!" Aber Salomo verliebte sich nun mal auch in diese Ausländerinnen. 3 Alles zusammen hatte Salomo 700 Ehefrauen und dann noch 300 Nebenfrauen geheiratet. Diese Frauen hatten alle einen großen Einfluss auf ihn. 4–5 Je älter er wurde, desto mehr waren sie in der Lage, ihn dazu zu bringen, auch mal zu Plastikgöttern zu beten. Er lebte irgendwann nicht mehr radikal mit Gott, so wie es sein Vater David getan hatte. Als er schon echt alt war, betete er zum Beispiel auch zu Astarte, der Göttin von den Phöniziern, oder zu Milkom, der ein Gott von dem Ammonitern war. 6 Er brachte also auch Dinge, die Gott total ätzend findet. Anders als

sein Vater David war Salomo Gott nicht immer treu. 7 Dann ließ er sogar einen Tempel für Kemosch bauen, den widerlichen Plastikgott der Moabiter, und auch für diesen Milkom, der auch Moloch heißt, tat er das. 8 Seine ausländischen Frauen durften ihre eigenen Tempel haben, in denen sie ihrem Plastikgott Sachen schenken und Opferpartys abhalten konnten, wenn sie das wollten. 9 Gott wurde langsam richtig sauer. Obwohl er zweimal bei Salomo höchstpersönlich vorbeigekommen war, hatte sich der von ihm entfernt und einfach das getan, was ihm gerade in den Kram passte. 10 Gott hatte ihm gesagt, er sollte nichts mit diesen Plastikgöttern zu tun haben, aber es ging ihm wohl am Arsch vorbei. 11 Schließlich sagte Gott: „Hör zu, Salomo, du hast unseren Vertrag gebrochen! Du hast nicht das getan, was ich dir gesagt hatte. Darum werde ich deiner Familie das Amt des Präsidenten wegnehmen und es einem deiner Leute geben. 12 Nur weil dein Vater David so korrekt gelebt hat, werde ich damit warten, bis du tot bist. Aber wenn einer deiner Söhne die Macht hat, zieh ich das durch. 13 Aber auch ihm werde ich nicht für immer die Macht wegnehmen. Ein Familienstamm soll noch bleiben, den er regieren soll. Das aber nur, weil ich David so geliebt habe und weil Jerusalem einfach die geilste Stadt überhaupt ist!"

Gott sorgt für starke Gegner

14 Gott holte dann einen Gegner an den Start, der kriegstechnisch stärker war als die Armee von Salomo. Der Typ hieß Hadad, er war ein Sohn vom Präsidenten der Edomiter. 15 Hadad war bei Davids Schlacht um Edom mit einigen Freunden von seinem Vater nach Ägypten geflohen, als David alle Männer dort töten ließ. General Joab war damals mit dem Heer von Israel in Edom einmarschiert. Sie begruben die gefallenen Soldaten und töteten alle Männer in Edom. 16 Sechs Monate war Joab mit der ganzen israelitischen Armee dort, bis der letzte Mann unter der Erde war. 17 Hadad und einige andere Männer, die für seinen Vater gearbeitet hatten, stellten einen Asylantrag in Ägypten. Hadad war zu der Zeit noch ein Jugendlicher. 18 Er war dann mit seinen Männern über die Grenze bei Midian in die Oase Paran gekommen. Dort lernten sie ein paar Leute kennen, die sich ganz gut in der Gegend auskannten. Die brachten sie bis zum Präsidenten nach Ägypten. Der Präsident sorgte für Hadad, er stellte ihm ein Stück Land zur Verfügung und zahlte für seinen Lebensunterhalt. 19 Anscheinend mochte er ihn richtig doll, denn er organisierte für ihn sogar die Hochzeit von der Schwester seiner Frau und ihm. Die Frau hieß übrigens Tachpenes. 20 Sie wurde dann schwanger und kriegte einen Sohn, den sie Genubat nannten. Als das Kind nicht mehr die Muttermilch trinken musste, organisierte Tachpenes eine kleine Party in der Präsidentenresidenz. Von dem Zeitpunkt an hing Genubat dort nur noch mit der Familie vom Präsidenten ab. 21 Später las Hadad in der Zeitung, dass David gestorben war und auch sein General Joab nicht mehr lebte. Er ging zum Präsidenten und fragte ihn: „Darf ich wieder in mein Land zurückgehen?" 22 „Warum denn?", fragte der zurück. „Sie haben hier doch alles, was Sie brauchen!" Hadad wollte aber unbedingt wieder in sein Land zurück. 23 Jetzt sorgte Gott noch für einen zweiten Feind von Salomo. Der Typ hieß Reson und kam aus der Familie von Eljada. Er war früher ein Soldat in der Truppe von Hadad-Eser, dem Präsidenten von Zoba, gewesen. Er war auch geflohen, 24 als David die syrischen Hilfstruppen von Hadad-Eser plattgemacht hatte. Auf der Flucht gründete Reson eine kleine Gang von ehemaligen Soldaten. Mit dieser Truppe zog er später dann sogar nach Damaskus, führte Krieg gegen die Stadt und nahm sie ein. 25 Auf die Art nahm Reson immer mehr Land ein und wurde schließlich der Präsident von ganz Syrien. Reson hasste die Leute von Israel über alles. Genauso wie Hadad zeckte er die ganze Zeit gegen Israel rum, während Salomo an der Macht war. 26 Sogar einer der Beamten in Salomos Regierung stellte sich gegen Salomo. Der Typ hieß Jerobeam und kam aus Zereda, was im Gebiet vom Familienstamm Efraim lag. Sein Vater war bereits tot und seine Mutter lebte in Zerua. 27 Und das ging folgendermaßen ab: Und zwar hatte Salomo auf der Nordseite von Jerusalem einen Wall aufschütten lassen, der Jerusalem-City vor Angreifern besser schützen sollte. 28 Jerobeam war in der Zeit als wehrpflichtiger Soldat eingezogen worden und hatte als Gefreiter an dem Wall mitgebaut. Salomo bekam mit, wie gut der Typ arbeiten konnte, und beförderte ihn zum obersten Chef über die Arbeiter aus den Familienstämmen Efraim und Manasse. 29 Während dieser Arbeiten verließ Jerobeam einmal Jerusalem. Draußen traf er den Prophetentypen Ahija, der in Schilo wohnte. Der trug einen nagelneuen Trenchcoat. Zu der Uhrzeit war kein Mensch mehr auf den Straßen, sie waren ganz alleine, keiner konnte die beiden beobachten. 30 Plötzlich zog Ahija seinen Mantel aus, packte ihn an den Enden und zerriss ihn in

zwölf kleine Teile. 31 Dann sagte er zu Jerobeam: „Sie
können sich zehn von diesen Teilen wegnehmen!
Ich hab eine Nachricht von Gott, dem Chef von
Israel, für Sie: „Ich werde Salomos Familie die
Macht wieder wegnehmen. Zehn von den zwölf
Familienstämmen von Israel wirst du regieren, weil
ich das will. 32 Nur Juda und Benjamin, die jetzt ein
Familienstamm sind, werden für Salomos Familie
übrig bleiben, und das auch nur wegen David.
Außerdem hab ich mir Jerusalem von allen Städten
in Israel extra ausgesucht, sie soll mir gehören.
33 Auf diese Art werde ich Salomo bestrafen, weil er
mich wie Luft behandelt hat. Er hat mit der Plastik-
göttin Astarte von den Phöniziern rumgemacht, und
auch mit dem moabitischen Gott Kemosch, und
auch mit dem Gott der Ammoniter Milkom ist er
mir fremdgegangen. Er hat nicht das getan, was ich
von ihm wollte. Er hat richtig Mist gebaut. Er war
anders als sein Vater David und hat sich nicht an
die Gesetze gehalten, die ich gegeben hatte. 34 Aber
wegen seinem Vater wird er selbst nicht dabei drauf-
gehen, er wird weiter das Sagen haben in Israel.
Solange er lebt, soll er der Chef von meinen Leuten
bleiben. 35 Aber seinem Sohn werde ich die Macht
wegnehmen. Und dann wirst du der neue Chef von
den zehn Stämmen werden. 36 Wie gesagt, einen
Familienstamm werde ich aber seinem Sohn lassen.
Ich will nicht, dass die Familie von David ganz vom
Erdboden verschwindet. Es soll immer einen aus
seiner Familie geben, der in Jerusalem das Sagen
hat. Ich habe diese Stadt extra für mich ausgesucht,
ich will dort wohnen. 37 Ich werde dich dafür zum
Präsidenten über alles das machen, was du willst.
Du sollst der neue Präsident von Israel werden.
38 Eins kann ich dir versprechen: Wenn du alles tust,
was ich dir sage, wenn du so lebst, wie ich es will,
wenn du die Dinge tust, die ich in den Gesetzen
und Regeln gesagt habe, wenn du so drauf kommst,
wie David drauf war, dann werde ich immer bei dir
sein. Ich werde dafür sorgen, dass immer einer aus
deiner Familie an der Macht sein wird. Ich werde dir
Israel zur Verfügung stellen. 39 Die Familie vom
David will ich dadurch bestrafen. Aber nicht für
immer.'" 40 Salomo wollte Jerobeam am liebsten
töten lassen. Aber der floh zu Schischak, dem aktu-
ellen Präsidenten von Ägypten. Dort wohnte er auch
so lange, bis Salomo gestorben war.

Salomos Zeit als Präsident ist abgelaufen

41 Die anderen Geschichten, die man noch von
Salomo erzählen könnte, was er sonst noch so in
der Zeit gemacht hat, als er der Präsident war, auch
über seinen Schnall vom Leben, das kann man in
den Geschichtsbüchern von Salomo nachlesen.
42 Vierzig Jahre lang hatte er von Jerusalem aus das
Sagen über Israel. 43 Als er gestorben war, wurde
seine Leiche auf einem Friedhof in Jerusalem begra-
ben. Sein Sohn Rehabeam wurden zum nächsten
Präsidenten gemacht.

12 Der neue Präsident hat keinen Bock auf gute Tipps

1 Rehabeam fuhr dann nach Sichem, weil er
dort zum neuen Präsidenten vom ganzen Volk
Israel eingesetzt werden sollte. 2 Jerobeam, der
Sohn von Nebat, war da noch in Ägypten, als er von
der Sache hörte. Er war dorthin geflohen, weil
Salomo hinter ihm her gewesen war. Jetzt war die
Luft rein, und er kehrte ins Land zurück. 3 Die Chefs
aus allen Familienstämmen von Israel kamen dann
mal mit Jerobeam bei Rehabeam vorbei und sagten
zu ihm: 4 „Ihr Vater hat uns ganz schön hart range-
nommen, wissen Sie das? Wir mussten echt hart für
ihn schuften. Bitte erlassen Sie uns die harte Arbeit,
dann werden wir Sie auch als neuen Präsidenten
voll unterstützen!" 5 „Ich überleg mir das, kommen
Sie morgen noch mal vorbei", antwortete Reha-
beam. Als sie wieder weg waren, 6 sprach er noch
mal mit seinen Beratern über die Sache. Das waren
alles Männer, die schon für seinen Vater Salomo
gearbeitet hatten. „Was würden Sie mir raten? Wie
soll ich mich verhalten?" 7 „Seien Sie nett zu den
Leuten", war ihre Antwort. „Kommen Sie ihnen ent-
gegen! Wenn Sie jetzt einmal tun, was die von Ihnen
wollen, werden die Ihnen in Zukunft aus der Hand
fressen!" 8 Aber Rehabeam fand den Tipp total
beknackt. Er fragte darum auch noch seine jungen
Freunde, die mit ihm aufgewachsen waren, was er
machen sollte. 9 „Was denkt ihr? Wie soll ich mich
verhalten? Die wollen von mir, dass ich es ihnen
leichter mache, dass sie nicht mehr so hart für mich
arbeiten müssen!" 10 Seine Kumpels meinten zu
ihm: „Also, wenn die bei dir ankommen und sich
beschweren, dass dein Vater ihnen zu harte Arbeit
aufgedrückt hat, und jetzt wollen, dass du sie davon
befreist, dann sag doch Folgendes zu denen: ‚Was
mein Vater konnte, das kann ich schon lange!
11 Wenn mein Vater euch harte Arbeit aufgedrückt
hat, dann werde ich euch noch härtere Arbeit auf-
drücken. Wenn er euch am Fließband im Akkord
arbeiten ließ, denn werde ich das Fließband schnel-

ler machen und von euch unbezahlte Überstunden
verlangen.'" 12 Nach drei Tagen kamen Jerobeam
und alle anderen Leute wieder bei Rehabeam an.
13 Der neue Präsident Rehabeam erteilte ihnen aber
eine Abfuhr. Er folgte nicht dem guten Rat von den
Männern, die schon mit Salomo am Start waren
und etwas mehr Peilung vom Leben hatten. 14 Er
hörte auf seine Freunde. „Mein Vater hat euch harte
Arbeiten aufgedrückt, richtig?", sagte er zu Jero-
beam und den anderen. „Ich werde euch noch här-
tere Arbeit aufdrücken! Mein Vater wollte von euch
Akkordarbeit am Fließband? Aber ich werde das
Fließband schneller machen und unbezahlte Über-
stunden von euch verlangen." 15 Dem Präsidenten
war es egal, was diese Leute von ihm wollten. Gott
hatte dafür gesorgt, weil er wollte, dass sich die Vor-
hersagen durch den Prophetentypen Ahija erfüllen,
die er in Schilo Jerobeam gegenüber losgelassen
hatte.

Israel spaltet sich: Nordstaat „Israel" und Südstaat „Juda"

16 Als alle Israeliten mitkriegten, dass dem neuen
Präsidenten ihre Wünsche total egal waren, trafen
sie sich, um über die Sache zu diskutieren. „Was
geht uns die Familie von David eigentlich an? Seit
wann gehört der Isai, der aus dem Familienstamm
Juda kommt, überhaupt zu uns? Alle Männer von
Israel sollen mal nach Hause gehen! Die Leute vom
Stamm Juda sollen doch sehen, wie sie ohne uns
klarkommen." So gingen sie wieder auseinander.
17 Die Familien von Israel, die in den Städten von
Juda wohnten, akzeptierten Rehabeam als Präsiden-
ten, der Rest nicht. 18 Es war sogar so, dass Reha-
beam einmal versuchte, Adoniram als seinen
Vertreter über die Familienstämme im Norden ein-
zusetzen. Adoniram war der Arbeitsminister und
auch für die Asylanten in Israel zuständig. Aber als
der ankam und aus dem Auto ausgestiegen war,
schmissen die Leute mit Steinen nach ihm, so
lange, bis er tot war. Der Präsident, der auch mit im
Wagen saß, konnte sich so gerade noch mal retten
und floh nach Jerusalem. 19 Der Norden erklärte sich
für selbständig und verabschiedete sich von der
Regierung, die von der Familie vom David gestellt
wurde. Deswegen waren sie lange Zeit voneinander
getrennt: Der Nordstaat nannte sich weiterhin
„Israel", während der Südstaat „Juda" genannt
wurde. 20 Bei den Familien aus dem Norden sprach
sich das schnell rum, dass Jerobeam wieder da war.
Es wurde ein Brief an ihn geschrieben, in dem man
Jerobeam zu einem Treffen einlud. Bei diesem Tref-
fen wurde er von allen zu ihrem neuen Präsidenten
vom Nordstaat Israel bestimmt. Keiner hielt mehr
zur Familie von David, außer dem Familienstamm
Juda.

Gott sagt nein zum Plan, Krieg gegen den Nordstaat Israel zu führen

21 Rehabeam kam dann zurück nach Jerusalem. Aus
den Familienstämmen Juda und Benjamin zog er
alle Soldaten ein, so dass er am Ende ein Heer von
180 000 Mann aufstellen konnte. Die Soldaten
waren alles altgediente Kämpfer. Der Plan war, einen
Krieg gegen den Norden anzuzetteln und dann das
ganze Land wieder durch ihn selber, den Sohn von
Salomo, weiter zu führen. 22 Gott fand aber, das
wäre keine so gute Idee. Er sagte zu dem Prophe-
tentypen Schemaja: 23 „Ich hab eine Nachricht, die
du bitte Rehabeam von mir ausrichten sollst. Reha-
beam ist der Präsident von Juda und ein Sohn von
Salomo. Diese Nachricht gilt aber für alle Menschen
aus dem Familienstamm Juda und auch von Benja-
min. Sag ihnen Folgendes: 24 ‚Diese Ansage kommt
von Gott: Ihr sollt keinen Krieg gegen eure eigenen
Geschwister führen, versteht ihr? Geht nach Hause!
Es ist alles okay so, ich hab das geregelt.'" Als Reha-
beam das hörte, gehorchte er Gott. Er kehrte mit
seinen Leuten um und ging nach Hause.

Jerobeam feiert mit Plastikgöttern

25 Jerobeam ließ die Stadt Sichem, die in den Bergen
von Efraim lag, weiter ausbauen, weil er von dort
aus seinen Regierungsgeschäften nachgehen wollte.
Als er damit fertig war, machte er das Gleiche auch
mit der Stadt Pnuel. 26 Innerlich wurde er aber
immer unruhiger. „Irgendwann wird man mich von
diesem Posten stürzen, und die Familie von David
bekommt wieder die ganze Macht. 27 Schließlich
müssen die Leute ja regelmäßig nach Jerusalem
zum Tempel, dem Haus von Gott, wenn sie ein paar
Opferrituale durchziehen wollen. Vermutlich werden
sie sich dort dann immer an ihren alten Präsidenten
erinnern, an die schöne Zeit damals, als der Präsi-
dent aus dem Familienstamm Juda noch an der
Macht war. Und dann sagen sie plötzlich, Reha-
beam ist der echte, neue Präsident! Sie werden
bestimmt versuchen, mich von meinem Posten zu
stürzen und das Land wieder unter die Regierung
von einem Präsidenten zu bringen, der von Juda
abstammt. Und am Ende bringen sie mich noch
um." 28 Dann hatte Jerobeam eine Idee, was man

dagegen tun könnte. Er ließ zwei große Kühe anfertigen, überzog die mit purem Gold und gab dann die Nachricht raus: „An alle: Ab sofort braucht man nicht mehr extra zum Tempel nach Jerusalem zu latschen! Die Götter von Israel, die uns damals aus Ägypten rausgeholt haben, sind jetzt hier!“ 29 Die eine Kuh stellte er in Bet-El auf, die andere in Dan. 30 Damit verführte er die Leute dazu, richtig Mist zu bauen. Bei dem Transport von der einen Kuh nach Dan zogen die Männer von Israel vorneweg, bis sie in Dan waren. 31 Dazu ließ er auch noch an anderen Stellen im Land Plätze bauen, wo man Opfern konnte. Betreut wurden diese Opferplätze von irgendwelchen Arbeitslosen, die nicht aus dem Familienstamm Levi kamen, wie das bei Priestern sein musste. 32 Schließlich setzte er am 15. November eine landesweite religiöse Feier an, die so eine Art schlechte Kopie vom Fest der Blätterbuden war. Er stieg an dem Tag höchstpersönlich die Stufen zum Altar hoch, den er in Bet-El aufgestellt hatte, und zog dort ein Opferritual vor diesem Plastikgott durch. Die Priester mussten ihm dabei sogar helfen. 33 Wie gesagt, wurde dieser Feiertag nur auf Befehl von Jerobeam am 15. November festgesetzt, er hatte sich den selbst ausgedacht. An dem Tag gab es dieses Fest in Bet-El. Alle Leute, die in Israel lebten, waren eingeladen, und er selbst opferte auf dem Altar Sachen für Gott.

13

Ein Prophetentyp sagt Jerobeam, wo der Hammer hängt

1 Gott beauftragte dann einen Prophetentypen aus Juda, mal in Bet-El vorbeizuschauen. Als er ankam, war Jerobeam gerade dabei, wieder ein Opferritual am Altar für seinen tollen Plastikgott durchzuziehen. 2 Der Typ stellte sich am Altar auf und fing an, Sachen zu sagen, die er direkt von Gott hatte. Er sprach zuerst direkt in Richtung von dem Altar: „Hey, du Opfertisch, du Altar! Hör zu, Gott hat dir was zu sagen: ‚Es wird bald einen jungen Mann geben, der aus der Familie von David kommen wird. Sein Name ist Joschija. Und der wird die Priester alle umnieten, die auf dir irgendwelche Sachen geopfert haben. Ihre Leichen wird man auf deiner Oberfläche abfackeln!‘“ 3 Dann drehte er sich zu den Zuhörern um und sagte zu ihnen: „Gott wird das bestätigen, er wird etwas tun, an dem alle sehen können, dass genau das passieren wird, was ich gerade gesagt hab. Und zwar wird der Altar explodieren, und die Asche wird voll aufwirbeln und sich überall im Raum verteilen.“ 4 Jerobeam war voll angefressen. Er stand gerade auf den Stufen, die vor dem Altar waren, als der Prophetentyp das alles gesagt hatte. Er streckte seine Hand aus und befahl: „Nehmt den Mann fest!“ Aber als er seinen Arm ausgestreckt hatte, wurde der plötzlich total steif, er konnte ihn nicht mehr bewegen! 5 Und dann explodierte der Tisch mit einem lauten Knall, die Asche wurde überall auf dem Boden verteilt, alles passierte genau so, wie der Prophetentyp es im Auftrag von Gott gesagt hatte. 6 Der Präsident meinte sofort: „Ähh, hallo, könnten Sie nicht ein gutes Wort für mich bei Gott einlegen? Könnten Sie Gott wieder etwas runterbringen? Zumindest so, dass ich meinen Arm wieder bewegen kann?“ Der Prophet betete kurz zu Gott, und sofort war der Arm wieder so wie vorher. 7 Jetzt fragte der Präsident: „Darf ich Sie vielleicht zu mir nach Hause zum Essen einladen? Ich würde Ihnen gerne auch noch einen Scheck überreichen.“ 8 „Nee, nee, ich werde auf keinen Fall mit Ihnen mitkommen, und selbst wenn Sie mir die Hälfte von Ihrem Bankkonto schenken würden. Ich würde noch nicht mal einen Drink von Ihnen annehmen, geschweige denn etwas zu essen. 9 Gott hat mir eindeutig gesagt, dass ich hier nichts essen und auch nichts trinken darf. Außerdem soll ich eine andere Route für meinen Rückweg nehmen.“ 10 Dann packte er seine Sachen und verließ Bet-El. Er suchte sich einen anderen Rückweg aus, um nach Hause zurückzufahren.

Ein Prophetentyp lässt sich dazu verführen, etwas zu tun, was Gott nicht korrekt findet

11 In der Zeit lebte noch so ein älterer Prophetentyp in Bet-El. Seine Söhne erzählten ihm von der Aktion, die der Prophet aus Juda gebracht und was er zu dem Präsidenten gesagt hatte. 12 „Wisst ihr, auf welcher Route er wieder nach Hause gefahren ist?“, fragte er seine Söhne. Weil sie den Typen ein Stück verfolgt hatten, wussten sie die Strecke ungefähr. 13 „Okay, dann holt mal meinen Wagen aus der Garage!“, befahl er. Er setzte sich in sein Auto, 14 und fuhr dem Propheten in Richtung Juda hinterher. Irgendwann hatte er ihn eingeholt, als der gerade am Rastplatz auf einer Bank saß. Er ging zu ihm hin und fragte: „Sind Sie dieser Prophet, ein Mann von Gott, der aus Juda stammt?“ – „Ja, das bin ich“, antwortete der. 15 „Okay, ich würde Sie gerne zu mir nach Hause zum Essen einladen! Kommen Sie mit?“ 16 „Tut mir leid“, antwortete der Prophet aus Juda. „Das geht gegen die Abmachung:

ich darf an diesem Ort mit niemandem etwas essen oder trinken. [17] Gott hat mir das verboten. Er hat mir auch gesagt, ich sollte unbedingt eine andere Route nehmen, wenn ich wieder nach Hause fahre."
[18] „Hey, Mann, entspannen Sie sich! Ich bin auch ein Prophet, genau wie Sie! Gott hat mir sogar durch einen Engel die Ansage gemacht, dass ich Sie mit zu mir nach Hause zum Essen einladen soll!" Das war natürlich totaler Schwachsinn, er hatte ihn einfach angelogen. [19] Der Typ glaubte das aber und ging mit ihm mit, und sie aßen zusammen bei ihm zu Mittag. [20] Plötzlich, noch während sie am Tisch saßen, redete Gott durch den älteren Prophetentypen, der den anderen gerade zu sich nach Hause eingeladen hatte. [21] Er machte seinen Mund auf und sagte zu seinem Gast: „Gott sagt dir Folgendes: ‚Du hast nicht das getan, was ich, dein Gott, dir gesagt hatte. [22] Du bist doch umgedreht und hast was gegessen und getrunken. Und das, obwohl ich dir gesagt habe, dass du das nicht machen sollst. Das ist jetzt der Grund, warum du nicht auf dem Friedhof beerdigt werden kannst, wo der Rest deiner ganzen Familie liegt.'" [23] Nachdem sie zu Ende gegessen hatten, ließ der Prophetentyp aus Juda seine Maschine noch mal betanken [24] und machte sich auf den Heimweg. Auf der Landstraße stand in der Kurve ganz plötzlich ein Stier mitten auf der Straße. Er versuchte noch auszuweichen, aber bretterte frontal in das Teil rein. Er starb noch an der Unfallstelle. [25] Einige Schaulustige kamen vorbei und sahen den Toten auf der Straße liegen. Daneben lag das tote Tier. In der Stadt, in der auch der alte Prophetentyp lebte, erzählten sie von der Geschichte.
[26] Als er davon hörte, sagte er: „Da kann man mal sehen, das ist auf jeden Fall dieser Typ, der sich nicht an das gehalten hat, was Gott von ihm wollte. Darum hat Gott ihm diesen Stier auf die Straße gestellt. Der hat dafür gesorgt, dass er jetzt zerfetzt auf dem Asphalt liegt. Gott hatte das schon vorher so angekündigt." [27] Er sagte dann zu seinen Söhnen, sie sollten ihm auch sein Auto klarmachen, und [28] fuhr zu der Stelle hin, wo der Unfall war. Alles lag da noch so, wie man ihm erzählt hatte. Das Motorrad lag noch auf dem Boden und der Stier auch. Seine Leiche war auch noch nicht von Ratten angefressen worden. [29] Der alte Prophetentyp legte die Leiche hinten ins Auto und brachte sie zurück nach Bet-El, damit er dort eine anständige Trauerfeier und Beerdigung für ihn organisieren konnte.
[30] Er gab ihm sogar einen Platz in seinem eigenen Familiengrab. Die Anwohner kamen alle zur Beerdigungsfeier, weinten und riefen: „... wie schrecklich, einer von uns ist tot!" [31] Nach der Beerdigung sagte der alte Prophetentyp zu seinen Söhnen: „Wenn ich mal tot bin, möchte ich auch hier beerdigt werden, im selben Grab wie dieser Mann Gottes. Mein Sarg soll neben seinem Sarg landen. [32] Denn seine Ansagen, die er für Bet-El und für die ganzen Opferplätze im Nordstaat Israel gemacht hat, die werden bestimmt auch genau so passieren. Er hat das nämlich alles im Auftrag von Gott erzählt." [33] Jerobeam blieb aber stur und lernte nichts aus diesen Vorfällen. Jeder Hanswurst, der sich bei ihm bewarb, wurde zu einem Priester gemacht. Die durften dann auch überall im Land Opferrituale durchziehen und so. [34] Er war damit so weit von dem abgekommen, was Gott eigentlich wollte, dass irgendwann seine ganze Familie und auch sein Amt als Präsident dabei draufgehen musste.

14 Ahija sagt, dass Gott Israel bestrafen wird

[1] In der Zeit wurde Abija, ein Sohn von Jerobeam, plötzlich schwer krank. [2] Jerobeam sagte zu seiner Frau: „Schatz, bitte geh du doch mal nach Schilo und besuch den Propheten Ahija. Er hatte ja früher mal die Ansage gemacht, dass ich der neue Präsident werden sollte. Am besten du verkleidest dich ein bisschen, damit niemand mitkriegt, dass du meine Ehefrau bist. [3] Back ihm einen Apfelkuchen und nimm dazu noch zehn Brötchen und ein paar Milchschnitten mit. Der Typ wird dir dann bestimmt sagen konnen, ob die Krankheit bald weggeht oder schlimmer werden wird." [4] Seine Frau packte die Sachen ein und fuhr nach Schilo, zu dem Haus, in dem der Prophetentyp Ahija wohnte. Der Prophet war mittlerweile schon voll alt und konnte auch nicht mehr richtig sehen. [5] Aber Gott hatte ihm schon vorher angekündigt, dass die Frau von Jerobeam zu ihm kommen würde. „Sie wird dich fragen, wie es mit der Erkrankung von ihrem Sohn ausgehen wird. Dabei wird sie sich aber verkleiden", sagte er zu ihm. Und dann steckte ihm Gott auch noch die Antwort, die er dieser Frau geben sollte. [6] Bevor sie noch an der Tür klingelte, hörte Ahija schon ihre Schritte: „Kommen Sie doch rein, junge Frau! Sie sind doch die Ehefrau von Jerobeam, lieg ich da richtig? Warum verkleiden Sie sich denn? Also, ich hab wirklich üble Nachrichten für Sie. [7] Gehen Sie mal nach Hause, und sagen Sie Jerobeam Folgendes von mir: ‚Diese Ansage kommt von Gott, dem Chef von Israel: Ich hatte dich extra

ausgesucht und dir die Macht anvertraut über meine Leute. [8] Ich hatte die Präsidentschaft über Israel der Familie von David wieder weggenommen und an dich weitergegeben. Aber du hast nicht so gelebt wie David. Der war immer gut drauf, hat radikal alles durchgezogen, was ich ihm gesagt habe. Er hat nur Dinge getan, die ich voll gut finde. [9] Aber du hast es an üblen Taten echt übertrieben, mehr als irgendein anderer vor dir. Du hast mich wie Luft behandelt, hast dir deinen eigenen Gott gebastelt, aus Plastik, Metall und Holz. Das war für mich, als hättest du mir mitten ins Gesicht gerotzt. [10] Darum werde ich dafür sorgen, dass es deiner Familie voll schlechtgeht. Jeder Sohn von dir muss sterben, die Kinder und auch die Erwachsenen. Keiner soll übrig bleiben, ich werde sie auf die Müllkippe schmeißen, so wie auch die Müllabfuhr den ganzen Dreck da hinkippt. [11] Wenn einer von ihnen in der Stadt ermordet wird, wird seine Leiche von den Ratten gefressen werden, und wer auf einer Wiese umkommt, den fressen die Raben auf.' Diese Ansage kam von Gott höchstpersönlich." [12] „So, jetzt gehen Sie mal wieder nach Hause. Sobald Sie in der Stadt sind, wird Ihr Sohn sterben", redete Ahija weiter zu der Frau. [13] Dann sagte er noch: „In Israel werden alle deswegen weinen. Er wird auf jeden Fall der Einzige aus der Familie von Jerobeam sein, der auch ein anständiges Grab bekommt. Er war auch der Einzige, der wenigstens eine einigermaßen gute Beziehung zu Gott hatte. [14] Gott, der Chef, wird dann einen neuen Präsidenten über Israel organisieren, und der wird die ganze Familie von Jerobeam an einem bestimmten Tag komplett auslöschen. [15] Gott wird Israel einen herben Schlag auf die Zwölf verpassen. Sie werden fast umgenockt, hin und her wanken, so wie ein Boxer kurz vor dem K. o. Gott wird die Israeliten wieder aus diesem guten Land rausschmeißen, wo er ihre Väter vor langer Zeit mal hingebracht hatte. Er wird sie rauswerfen und in das Land jagen, was auf der anderen Seite vom Eufratfluss liegt. Das ist die Strafe dafür, dass sie überall Plastikgötter aufgestellt haben, denn die sind für Gott wie ein Schlag ins Gesicht. [16] Gott wird die Israeliten ihren Feinden ausliefern, weil Jerobeam versucht hat, ihn zu bescheißen. Er hat sich von solchen Plastikgöttern verführen lassen." [17] Die Ehefrau von Jerobeam ging dann wieder nach Tirza zurück. In der Sekunde, in der sie durch die Haustür reinkam, starb ihr Sohn. [18] Als die Beerdigung war, weinten alle in Israel über seinen Tod. Alles passierte genau so, wie Gott es durch seinen Angestellten, den Propheten Ahija, vorhergesagt hatte. [19] Alles, was es sonst noch über Jerobeam zu erzählen gibt, kann man in den Chroniken der Präsidenten von Israel nachlesen. Dort werden auch alle seine Kriege erwähnt und wird von seinen Entscheidungen berichtet, die er als Präsident getroffen hatte. [20] Insgesamt 22 Jahre lang regierte er über Israel. Als er starb, wurde sein Sohn Nadab der nächste Präsident.

Rehabeams Zeit als Präsident von Juda

[21] Rehabeam, der Sohn von Salomo, war 41 Jahre alt, als er der neue Präsident von Juda wurde. Er regierte siebzehn Jahre lang von Jerusalem aus. Jerusalem war eine ganz besondere Stadt, es war die Stadt, die Gott unter allen anderen extra ausgesucht hatte, dort wollte er wohnen. Die Mutter von Rehabeam war übrigens eine Ammoniterin und hieß Naama. [22] Aber die Leute von Juda bauten wieder großen Mist. Sie taten Sachen, die Gott total fies findet, schlimmer als ihre Vorfahren. Darum wurde Gott richtig sauer auf sie, er hatte voll den Hals. [23] Sie brachten denselben Mist wie die Leute von Israel. Sie bauten überall auf den Bergen oder unter großen Bäumen so kleine Opferplätze für Plastikgötter auf. Viele Leute liefen mit Glücksbringern rum, und an jeder Straßenecke konnte man sein Tageshoroskop lesen. [24] Überall gab es Bordelle, wo Frauen und Männer anschaffen gingen. Die Leute von Juda bauten genau denselben Mist, wie es die Völker getan hatten, die vor ihnen dort gelebt hatten und deswegen von Gott rausgeschmissen worden waren. [25] Im fünften Jahr, seitdem Rehabeam an der Macht war, erklärte der ägyptische Präsident Schischak Juda den Krieg. Es kam zu einer Schlacht in Jerusalem. [26] Schischak ließ dann den ganzen Goldschatz mitgehen, der im Tempel und im Präsidentenpalast war. Auch die goldenen Helme, die Salomo extra angefertigt hatten, waren futsch. [27] Rehabeam musste extra neue Helme für die Soldaten machen lassen, die den Tempel bewachen sollten. Sie waren diesmal aber nur aus Stahl. Er gab sie dem Offizier der Truppe, die am Eingang vom Präsidentenpalast Wache schob. [28] Immer wenn der Präsident in den Tempel gehen wollte, trugen die Wachsoldaten diese Helme. Danach wurden sie in ihrer Kaserne in ihrem Spind gelagert. [29] Alles, was man sonst noch über Rehabeam erzählen könnte, steht in den amtlichen Chroniken der Präsidenten von Juda drin. [30] Aber während der ganzen Zeit, wo er Chef der

Regierung war, gab es zwischen ihm und Jerobeam
Krieg. 31 Nach seinem Tod wurde die Leiche von Re-
habeam in das Familiengrab gelegt, was in der In-
nenstadt von Jerusalem war. Wie gesagt, war seine
Mutter eine Ammoniterin und hieß Naama. Als er
gestorben war, kam sein Sohn Abija an die Macht.

15

Über Abija, den Präsidenten von Juda

1 Im 18. Jahr der Regierungszeit von Jero-
beam als Präsident von Israel wurde Abija
der neue Präsident von Juda. 2 Er regierte das Land
drei Jahre lang von Jerusalem aus. Seine Mutter
hieß Maacha, die wiederum eine Tochter von
Abschalom war. 3 Abija war genauso übel drauf wie
sein Vater. Er lebte nicht radikal mit Gott, wie das
David, sein Uropa, getan hatte. 4 Trotzdem war Gott
so nett und sorgte dafür, dass er einen Sohn bekam,
der sein Nachfolger werden konnte. So starb die
Folge der Familien im Präsidentenamt von Juda
nicht aus. Er passte auch da drauf auf, dass Jerusa-
lem nicht ganz plattgemacht wurde. Gott sorgte
dafür, weil David damals so cool unterwegs war.
5 Der hatte nämlich immer gemacht, was Gott gut
findet. David zog alles durch, was Gott von ihm
wollte, mit nur einer Ausnahme, und das war die
Sache mit dem Hetiter Urija. 6 Zwischen Abija und
Jerobeam war immer Krieg angesagt, die ganze Zeit,
in der sie lebten. 7 Was man sonst noch so über
Abija erzählen könnte, von den Dingen, die er so
gebracht hat, kann man in den amtlichen Chroniken
im Kapitel über die Präsidenten von Juda nachlesen.
8 Als Abija starb, wurde er in Jerusalem auf dem
Stadtfriedhof beerdigt. Als Nächstes wurde dann
sein Sohn Asa zum Präsidenten ernannt.

Noch ein Präsident: Asa

9 Im 20. Jahr, in dem Jerobeam der Präsident von
Israel war, wurde Asa der Präsident von Juda. 10 Er
regierte 41 Jahre lang von Jerusalem aus das Land.
Seine Mutter war Maacha, eine Tochter von Abscha-
lom. 11 Asa war gut drauf, er lebte ähnlich wie David
und zog die Sachen durch, die Gott gut findet. 12 Er
schmiss alle Esoteriker und okkulten Heinis aus
dem Land raus und warf die Plastikgötter in den
Müll, die seine Vorgänger irgendwo aufgestellt hat-
ten. 13 Asa traute sich sogar, seine eigene Mutter von
ihrem Job zu entlassen, weil sie so einen bescheuer-
ten Plastikgott aufgestellt hatte, nämlich diese
Göttin Aschera. Er sorgte dafür, dass das Teil
abtransportiert wurde und im Kidrontal in die Müll-
verbrennungsanlage kam. 14 Leider war er aber nicht
ganz konsequent, weil er diese vielen kleinen Opfer-
plätze, wo man irgendwelchen Pseudogöttern
Sachen opfern konnte, nicht alle vollständig besei-
tigte. Aber ansonsten war er sehr radikal unterwegs
und zog alles durch, was Gott ihm gesagt hatte,
sein ganzes Leben lang. 15 Die Geräte aus Gold und
Silber, die sein Vater einmal Gott geschenkt hatte,
brachte er wieder in das Haus von Gott zurück. Er
schenkte Gott auch noch andere Sachen aus dem-
selben Material. 16 Präsident Asa und Bascha, der
Präsident von Israel, hatten aber die ganze Zeit
Stunk miteinander und führten Krieg. 17 Bascha
rückte zum Beispiel mit seiner Armee gegen Juda
vor. Die ganze Stadt Rama wurde von ihm fast wie
zu einem Bunker ausgebaut, weil er von dort aus
die Grenzen nach Juda kontrollieren konnte. 18 Asa
wollte sich das nicht bieten lassen und schickte des-
wegen seinen Außenminister zu Ben-Haddad, dem
Präsidenten von Syrien. Ben-Haddad war ein Sohn
von Tabrimmon und ein Enkel von Hesjon. Der
Minister von Asa hatte einen fetten Scheck in der
Tasche. Auf dem Scheck stand der gesamte Wert
von allen Dingen, die noch im Tempel waren und
was auf dem Konto der Regierung war. 19 „Wir
möchten mit Ihnen gerne einen ähnlichen Vertrag
machen, wie er schon zwischen Ihnen und unseren
Vätern bestand. Ich gebe Ihnen dieses Geld als ein
Geschenk. Ich wünsche mir von Ihnen, dass Sie den
Vertrag mit dem Präsidenten von Israel aufkündigen
und sein Land angreifen. Dann muss er nämlich
den Krieg an unserer Front erst mal aufgeben."
20 Ben-Hadad war einverstanden. Er schickte seine
Truppen in den Krieg gegen Israel. Die machten die
Städte Ijon, Dan und Abel-Bet-Maacha einfach platt,
auch das ganze Gebiet am See Genesaret. 21 Als
Bascha das hörte, brach er sofort den Ausbau der
Stadt Rama ab und kehrte in die Hauptstadt Tirza
zurück. 22 Präsident Asa zog jetzt alle einsatzfähigen
Männer aus Juda ein, keiner wurde vom Baudienst
freigestellt. Die Männer sollten alle Baumaterialien
transportieren, die Bascha für den Bau bereitgestellt
hatte. Mit dem ganzen Holz und den Fertigplatten
ließ er die Städte Geba und Mizpa weiter ausbauen,
die im Gebiet vom Familienstamm Benjamin lagen.
23 Alles, was man sonst noch über Asa erzählen
könnte, über die Städte, die er gebaut hatte, und die
ganzen anderen Sachen, die er so gebracht hat, das
steht alles in den amtlichen Chroniken der Präsi-
denten von Juda. Vielleicht noch eine Sache: Asa litt
im Alter an einer Fußkrankheit. 24 Nachdem er tot

war, wurde er in der Familiengruft seiner Vorfahren
beerdigt, die in Jerusalem war. Der nächste Präsi-
dent von Juda wurde dann sein Sohn Joschafat.

Der Präsident Nadab von Israel

25 Als Asa zwei Jahre in Juda an der Macht war,
wurde Nadab der neue Präsident von Israel. Nadab
war ein Sohn von Jerobeam. 26 Nadab war link
unterwegs. Er baute nur Mist, genauso wie sein
Vater, der ja auch schon die Israeliten dazu verführt
hatte, zu Plastikgöttern zu beten. 27 Dann gab es
eine kleine Revolte gegen ihn. Bascha, der Sohn von
Ahija aus dem Familienstamm Issachar, tötete
Nadab, als er mit dem Heer von Israel den Philister-
bunker in Gebbeton belagerte. 28 Nadab wurde von
Bascha getötet, als Asa gerade im dritten Jahr Präsi-
dent von Juda war. Dann wurde er selbst zum neuen
Präsidenten über Israel ernannt. 29 Nach seiner
Ernennung löschte er die ganze Familie von Jero-
beam aus. Niemanden aus dieser Familie ließ er am
Leben. Auf die Art wurde das wahr, was Gott durch
einen seiner Leute, nämlich den Prophetentypen
Ahija aus Schilo, vorher angesagt hatte. 30 Das war
die Bestrafung für die linke Tour von Jerobeam, die
er die ganze Zeit mit Gott durchgezogen hatte. Er
hatte die Leute von Israel alle dazu verführt, zu Plas-
tikgöttern zu beten. Darum war Gott richtig sauer
auf ihn. 31 Alle Geschichten, die man sonst noch
über Nadab erzählen könnte, stehen in den amtli-
chen Chroniken der Präsidenten von Israel. 32 Asa
und Bascha führten die ganze Zeit Krieg gegenein-
ander.

Zusammenfassung: Was mit Präsident Bascha von Israel so los war

33 Als Asa drei Jahre der Präsident von Juda war, gab
es in Israel einen Regierungswechsel, und Bascha,
der Sohn von Ahija, kam dort an die Macht. Von
seinem Regierungssitz in Tirza hatte er 24 Jahre
lang das Sagen im Land. 34 Aber er lebte total unkor-
rekt, tat Sachen, die Gott sehr fies findet, und lebte
so weiter, wie es Jerobeam auch getan hatte. Der
hatte ja alle Leute in Israel dazu verführt, zu Plastik-
göttern zu beten.

16

Das Ende von Bascha, dem Präsidenten von Israel

1 Plötzlich redete Gott zu dem Prophetenty-
pen Jehu über die Situation in Israel. Jehu war ein
Sohn von Hanani. Er musste zum Präsidenten
gehen und ihm von Gott Folgendes ausrichten:
2 „Du warst die absolute Nullnummer, bevor ich
dich zum Präsidenten über meine Leute in Israel
gemacht habe. Aber du hattest nichts Besseres zu
tun, als den gleichen Mist zu bauen, wie es dein
Vorgänger Jerobeam auch schon getan hatte. Du
hast meine Leute dazu verführt, zu Plastikgöttern zu
beten und die auch noch toll zu finden. Ich bin des-
wegen echt auf hundertachtzig! 3 Das ist der Grund,
warum deine Familie die gleichen Sachen durchma-
chen wird wie die Familie vom Jerobeam. Ich werde
dafür sorgen, dass keiner aus deiner Familie überle-
ben wird. 4 Deren Leichen werden von Pitbulls auf-
gefressen werden, wenn sie in der Stadt liegen, oder
von Ratten, wenn sie auf dem Land gekillt werden."
5 Den Rest, der noch von Bascha erzählt werden
könnte, über das, was er getan hat, und wo er auch
Erfolg hatte, kann man in den amtlichen Chroniken
der Präsidenten von Israel nachlesen. 6 Nach sei-
nem Tod wurde seine Leiche in Tirza bestattet. Als
Nächstes kam sein Sohn Ela an die Macht. 7 Um
das noch mal zu betonen: Der Prophetentyp Jehu
hatte Bascha vorausgesagt, dass seine ganze Fami-
lie umgebracht werden würde, weil er so viel Mist
gebaut und Gott mit diesen dummen Plastikgöttern
echt beleidigt hatte. Darum sollte er die gleichen
Sachen durchmachen wie die Familie von Jerobeam.
Außerdem hatte Bascha auch noch die ganze Fami-
lie von Jerobeam ausgelöscht, was Gott auch nicht
korrekt fand.

Der nächste Präsident von Israel: Ela

8 Als Asa 26 Jahre die Macht in Juda hatte, wurde
Ela der Präsident von Israel. Ela war ein Sohn von
Bascha. Ela regierte aber nur zwei Jahre lang von
Tirza aus das Land. 9 Und zwar wollte Simri, der
General der Panzergarnison, Ela gewaltsam stürzen.
Als der Präsident gerade auf einer Party vom Mana-
ger seiner Residenz in Tirza war und abends schon
total breit rumhing, 10 überfiel Simri mit seinen Leu-
ten die Party und erschoss ihn. So kam im 27. Jahr,
in dem Asa der Präsident von Juda war, Simri an die
Macht. 11 Nachdem er auch offiziell zum neuen Prä-
sidenten erklärt worden war, war einer seiner ersten
Amtshandlungen, alle männlichen Familienmitglie-
der von Bascha zu töten. Er übertrieb die Sache
noch voll und ließ sogar alle Leute umbringen, die
mit der Familie von Bascha nur befreundet waren.
12 Aber so traf die Voraussage von dem Prophetenty-
pen Jehu ein, die er gegen Bascha ausgesprochen
hatte, denn es wurde ja tatsächlich seine ganze

Familie ausgelöscht. 13 Das war die Bestrafung für den Riesen-Mist, den Bascha und sein Sohn Ela die ganze Zeit verzapft hatten. Denn sie verführten alle in Israel dazu, Gott, den Chef von Israel, mit diesen peinlichen Plastikgöttern volle Kanne zu beleidigen. 14 Was man sonst noch an Sachen über Ela erzählen könnte, was er alles gebracht hatte und so, kann man in den amtlichen Chroniken nachlesen, in dem Kapitel über die Präsidenten von Israel.

Gerangel um die Macht nach Baschas Tod

15 Als Asa 27 Jahre in Juda das Sagen hatte, wurde Simri der Präsident von Israel. Sein Regierungssitz war in Tirza. Er war aber nur sieben Tage lang der Präsident. In der Zeit gab es gerade Krieg zwischen Israel und den Philistern. Das Heer von Israel belagerte die Bunkeranlagen bei Gibbeton. 16 Die Soldaten in der Kaserne bekamen irgendwann mit, dass Simri eine Revolution angezettelt hatte und der Präsident Ela von ihm getötet worden war. Daraufhin wurde sofort Omri, der General des Heeres, zum neuen Präsidenten ernannt. 17 Omri trommelte seine Truppen zusammen und zog mit allen Soldaten von Gibbeton vor die Hauptstadt Tirza. 18 Als die Stadt in kürzester Zeit eingenommen wurde, ließ Simri im ganzen Haus Benzin ausschütten. Danach steckte er das Haus an, schloss sich in sein Büro ein und starb in den Flammen. 19 Das war dann auch seine Bestrafung dafür, dass er die ganze Zeit so ätzend gelebt hatte. Er war dem schlechten Beispiel von Jerobeam gefolgt, hatte zu Plastikgöttern gebetet und damit Dinge getan, die Gott voll unkorrekt findet. 20 Genauere Infos über die Revolution, die Simri angezettelt hatte, und alles über seine Zeit als Präsident kann man in den amtlichen Chroniken der Präsidenten von Israel nachlesen. 21 Die Bevölkerung war sich nicht einig, nur ungefähr die Hälfte fand Omri gut, der andere Teil folgte ihm nicht nach. Dieser andere Teil wählte Tibni zum neuen Präsidenten. Tibni war ein Sohn von Ginat. 22 Allerdings waren die Nachfolger von Omri zahlenmäßig mehr als die von Tibni. Als Tibni starb, wurde Omri dann Präsident über das Nordreich Israel.

Über den Präsidenten Omri von Israel

23 Als Asa im seinem 31. Regierungsjahr der Präsident von Juda war, wurde Omri der Präsident von Israel. Er regierte zwölf Jahre lang, davon die ersten sechs Jahre von der Stadt Tirza aus. 24 Er kaufte von einem gewissen Schemer einen Berg für den Spottpreis von 1000 Euro ab und ließ darauf seine neue Hauptstadt bauen. Omri nannte die Stadt dann Samaria, nach dem ehemaligen Besitzer vom Berg, der Schemer hieß, weil das im Hebräischen so ähnlich klingt. 25 Aber er tat auch die ganze Zeit üble Sachen, die Gott voll fies findet. Er trieb es sogar noch schlimmer als alle seine Vorgänger. 26 Und Omri baute den gleichen Mist, wie es schon Jerobeam getan hatte. Jerobeam hatte die Leute von Israel dazu verführt, Gott voll zu veräppeln, indem sie lieber zu diesen selbstgebauten Plastikgöttern beteten anstatt zu ihm. 27 Die Dinge, die Omri sonst noch so gebracht hat, kann man in den amtlichen Chroniken der Präsidenten von Israel nachlesen. 28 Nach seinem Tod wurde er in Samaria beerdigt. Als Nächstes war sein Sohn Ahab an der Reihe.

Ahab ist der neue Präsident von Israel, und der große Prophetentyp Elija taucht auf

29 Nachdem Asa 38 Jahre lang der Präsident von Juda war, wurde Ahab Präsident von Israel. Ahab war ein Sohn von Omri. Er regierte 22 Jahre lang von Samaria aus das Land. 30 Aber er übertraf sogar noch seine Vorgänger da drin, Dinge zu tun, die Gott richtig übel findet. 31 Dass er weiter solche Opferplätze für irgendwelche Plastikgötter in Betrieb hatte, war dabei nur das eine. Das hatte ja schon Jerobeam getan. Was noch viel übler kam, war, dass er eine Tochter von Etbaal heiratete, die Isebel hieß. Isebel war eine Tochter vom Präsidenten der Phönizier. So kam er auf den Trichter, ausgerechnet für diesen beknackten Plastikgott Baal zu opfern und zu dem zu beten. 32 Er baute in Samaria sogar einen eigenen Tempel für Baal mit einem Altar und allem Drum und Dran. 33 Dann ließ er auch noch ein Bild von dieser Göttin Aschera aufstellen, damit man auch zu der beten konnte. Das war für Gott wie ein nasser Lappen ins Gesicht. Durch diese Aktionen beleidigte er den Gott von Israel aufs derbste, mehr als alle Präsidenten vor ihm. 34 In der Zeit, in der er an der Macht war, baute ein gewisser Hiel die Stadt Jericho wieder auf. Hiel stammte aus Bet-El. Gott fand das nicht so toll, und als er die Fundamente gegossen hatte, starb sein ältester Sohn Abiram. Und als er die Ortsschilder vor den Stadteingängen aufstellen ließ, starb sein jüngster Sohn Segub. Auf die Art erfüllte sich die Ankündigung von Josua, die er vor langer Zeit einmal von Gott bekommen und ausgesprochen hatte.

17 Der Prophetentyp Elija sagt: Bald wird es für lange Zeit nicht regnen

1 Der Prophetentyp Elija wohnte in der Zeit
in dem Dorf Tischbe, was in der Landschaft Gilead
liegt. Irgendwann ging er mal zum neuen Präsiden-
ten Ahab und sagte zu ihm: „Eins ist so sicher wie
das Amen in der Kirche: In den nächsten Jahren
wird hier alles total austrocknen! Es gibt keinen
Regen, keinen Nebel und keinen Tau so lange, bis
ich sage, dass es wieder regnen soll!“ 2 Später
redete Gott mit Elija: 3 „Verzieh dich aus der
Gegend! Verschwinde über den Jordan in Richtung
Osten, bis du am Bach Kerit bist. Dort kannst du
dich verstecken. 4 Von dem Wasser, das aus dem
Bach kommt, kannst du ruhig trinken. Außerdem
hab ich ein paar Raben befohlen, dich mit Essen zu
versorgen.“ 5 Elija gehorchte Gott und ging auf die
andere Seite vom Jordanfluss an den Bach Kerit und
blieb dort. 6 Morgens und abends kamen immer ein
paar Raben vorbei, die im Schnabel Brot und Frika-
dellen hatten. Wasser trank er aus dem Bach. 7 Aber
dann regnete es eine ganze Zeit nicht mehr, und der
Bach trocknete aus.

Elija in Sarepta

8 Dann sagte Gott zu Elija: 9 „Hör zu: Geh mal in die
Stadt Sarepta in Phönizien und bleib da für ne
Weile. Ich habe dort einer Frau, deren Ehemann
gestorben ist, gesagt, dass sie dich mit Essen und
Getränken versorgen soll.“ 10 Elija packte seine
Sachen und ging nach Sarepta. Als er am Ortsein-
gangsschild vorbeikam, traf er dort eine Frau, deren
Ehemann gestorben war. Die Frau sammelte alte
Pfandflaschen. Er fragte sie: „Entschuldigung,
haben Sie vielleicht einen Schluck Wasser für
mich?“ 11 Sie drehte sich um und wollte ihm eine
Cola aus ihrem Haus holen. Er rief ihr noch hinter-
her: „Ach, und können Sie mir auch noch ein Bröt-
chen mitbringen?“ 12 Die Frau antwortete: „Äh,
hallo? Also ich hab selbst kaum noch was zu essen
zu Hause. Da ist noch ein kleiner Rest Mehl und ein
paar Tropfen Öl in der Küche, das ist alles. Ich ver-
suche, hier mit den Pfandflaschen noch ein biss-
chen Geld für die offene Stromrechnung zu organi-
sieren. Vermutlich werden mein Sohn und ich heute
aus den Resten noch ne kleine Pizza backen und die
essen, dann haben wir nichts mehr und müssen
wohl verhungern.“ 13 Elija antwortete: „Sie brauchen
keine Angst zu haben! Gehen Sie nach Hause, und
machen Sie es so, wie Sie es sich gedacht hatten.
Aber bitte backen Sie mir zuerst ein paar Brötchen
von dem Mehl, was noch übrig ist, ja? Die bringen
Sie mir dann bitte her. Den Rest können Sie dann
für sich und Ihren Sohn nehmen. 14 Gott hat mir
gerade Folgendes ganz fest versprochen: ‚Deine
Mehlpackung wird nicht leer werden, und auch
deine Ölvorräte werden nicht ausgehen, bis ich es
wieder regnen lasse.‘“ 15 Die Frau machte alles so,
wie Elija ihr es gesagt hatte. Und es funktionierte
tatsächlich: Seit dem Tag hatten die drei jeden Tag
genug zu essen. 16 Die Tüte, in der das Mehl drin
war, füllte sich immer von alleine wieder auf, und
auch das Öl in der Flasche wurde nicht alle. Alles
passierte genau so, wie Gott es Elija gesagt hatte.

Elija holt den toten Sohn wieder ins Leben zurück

17 Später passierte es, dass der Sohn von der Frau
total krank wurde. Sein Gesundheitszustand ver-
schlimmerte sich täglich, bis er irgendwann starb.
18 Die Mutter dachte sofort, diese Katastrophe habe
mit Elija zu tun. „Was machen Sie überhaupt hier?
Sind Sie nur zu mir nach Hause gekommen, um
Gott zu verpetzen, dass ich ständig Mist baue? Ist
das der Grund, warum mein Sohn jetzt sterben
musste?“ 19 „Geben Sie mir mal den Jungen!“, sagte
Elija. Er nahm ihr das tote Kind ab und ging mit ihm
nach oben auf den Dachboden, auf dem er wohnte.
Dann legte er ihn auf sein Bett. 20 Jetzt fing Elija an
zu beten: „Gott! Mein Gott! Willst du das wirklich
zulassen? Willst du dieser Frau jede Zukunftsper-
spektive nehmen und nichts dagegen unternehmen,
dass ihr einziger Sohn gestorben ist? Sie war immer
sehr nett zu mir und auch sehr gastfreundlich!“
21 Dreimal hintereinander beugte er sich dann über
das tote Kind. Dabei rief er immer: „Gott, mein
Gott, sorg dafür, dass er wieder lebendig wird!“
22 Gott hörte auf das Gebet von Elija. Plötzlich fing
der Junge wieder an zu atmen! 23 Dann stand er
sogar auf, Elija nahm ihn an der Hand, und sie gin-
gen gemeinsam die Treppe runter zu der Mutter.
„Es ist alles wieder in Butter, er lebt!“, sagte Elija.
24 Die Frau war schwer beeindruckt. „Das ist voll der
Beweis für mich, dass Sie ein Mann von Gott sind!
Wenn Sie eine Ansage von Gott weitergeben, kann
man sich hundertprozentig drauf verlassen, dass es
auch passiert!“

18 Elija trifft sich mit dem Präsidenten Ahab

1 Mittlerweile waren schon über zwei Jahre
rum, in denen es nicht geregnet hatte. Plötz-
lich redete Gott wieder zu Elija. Er sagte zu ihm:

„Ich möchte, dass du dich mit dem Präsidenten Ahab triffst. Ich hab nämlich vor, es wieder richtig fett regnen zu lassen.“ [2] Elija zog sich seine Jacke an und ging los, um Ahab zu treffen. Zu dieser Zeit waren in Samaria alle Lebensmittelvorräte aufgebraucht. [3] Ahab wollte in der Zeit unbedingt mal mit Obadja über die Situation reden. Obadja war so was wie sein Manager. Er hatte immer Respekt vor Gott gehabt und war ihm treu geblieben. [4] Als diese fiese Königin Isebel damals viele von den Prophetentypen Gottes töten ließ, hatte er Hunderte von ihnen versteckt. In Gruppen zu je fünfzig Mann ließ er sie in Kellerräumen und Bunkern unterkommen und versorgte sie in der Zeit mit Lebensmitteln. [5] Ahab sagte zu Obadja: „Ich finde, wir sollten jetzt überall im Land nach was Essbarem suchen. An allen Flüssen und ehemaligen Bächen sollten wir nach Gras suchen, damit wir wenigstens unsere Pferde und Esel am Leben erhalten können. Sonst müssen wir noch eine Notschlachtung durchführen.“ [6] Die beiden machten einen Plan, und jeder ging an einer anderen Stelle auf die Suche nach Gras. [7] Mitten auf Obadjas Tour durchs Land lief ihm Elija über den Weg. Obdaja erkannte den Propheten sofort und verneigte sich aus Respekt vor ihm. Dann sagte er: „Guten Tag, mein Herr! Sie sind doch dieser Elija, oder?“ [8] „Ja, der bin ich tatsächlich. Und ich möchte von Ihnen, dass Sie sofort umdrehen und Ihrem Chef sagen, dass ich im Land bin!“ [9] „O nein! Womit hab ich das verdient! Der Präsident wird supersauer auf mich sein und mich sofort erschießen lassen!“, rief Obadja. [10] „Ich schwöre Ihnen bei Gott“, sprach Obadja weiter, „Ahab sucht Sie mittlerweile überall im Land. Sondereinheiten der Polizei haben eine Großfahndung nach Ihnen eingeleitet. Und wenn ein Bürgermeister aus irgendeiner Stadt die Meldung gemacht hat, dass Sie nicht dort sind, musste er das mit einer eidesstattlichen Erklärung beglaubigen lassen. [11] Und jetzt soll ausgerechnet ich zu ihm hingehen und sagen: ‚Elija ist da!‘ [12] Davon mal ganz abgesehen, kann man bei Ihnen ja auch nie wissen. Kann ja jederzeit passieren, dass Gott mit seiner Kraft bei Ihnen vorbeikommt und Sie an irgendeinen, mir unbekannten Ort wegbeamt. Und was dann? Wenn Ahab Sie dann nicht findet, krieg ich den Arsch voll. Er wird mich umbringen! Das hab ich nicht verdient, ich hab, solange ich denken kann, immer das getan, was Gott wollte, und war ihm treu. [13] Hat Ihnen keiner von meiner Rettungsaktion erzählt? Als diese fiese Isebel alle Propheten im Land töten lassen wollte, hab ich Hunderte von ihnen in einem Keller versteckt. Ich hab sie in der Zeit sogar mit Lebensmitteln versorgt. [14] Aber Sie kommen jetzt auf die tolle Idee, dass ich zu Ahab hingehen und ihm melden soll, dass Elija da ist… Wenn ich das mache, bin ich ein toter Mann.“ [15] „Hey, entspannen Sie sich! Ich kann Ihnen nur folgende Sachen sagen, und da bin ich mir hunderpro sicher: Ich werde Ahab noch heute treffen! Das hat mir mein Gott gesagt, der Chef des Universums, für den ich lebe.“

Elija organisiert den Showdown auf dem Berg Karmel

[16] Also ging Obadja doch zum Präsidenten Ahab und sagte ihm das, was er von Elija gesagt bekommen hatte. Der Präsident zog sich sofort einen Mantel über und kam Elija entgegen. [17] Als Ahab um die Ecke bog und Elija sah, sagte er: „Da sind Sie also! Der Mann, der dafür sorgen wird, dass Israel kaputtgeht!“ [18] „Wer macht hier wen kaputt?“, schrie Elija ihn an. „Das bin nicht ich, sondern Sie und Ihre Familie, die hier die ganze Zeit Scheiße bauen!! Sie haben nicht das getan, was Gott wollte. Die Gesetze waren Ihnen total egal! Und Sie beten ja sogar zu diesem Plastikgott Baal! [19] Jetzt gehen Sie mal los und machen überall in Israel ordentlich Werbung. Ich möchte, dass alle Männer aus Israel zusehen, wenn es bei mir auf dem Berg Karmel zu einem großen Showdown kommt. Organisieren Sie alle 450 Priester, die zu diesem Pseudogott Baal beten, und auch die 400 Priester von dieser Aschera sollen kommen, die von Isebel versorgt werden!“ [20] Ahab ließ ordentlich Flyer und Poster drucken und lud die Priester von Isebel alle zum großen „Show-Down“ am Berg Karmel ein. [21] Als alle da waren, stellte sich Elija vorne vor die Menschenmenge hin. „Was ist los mit euch, Leute?“, rief er zu der Menge. „Was seid ihr für Weicheier, wie lange wollt ihr noch mit vielen Göttern gleichzeitig rummachen, he? Wenn Gott der einzige, echte Gott ist, dann lebt mit ihm und tut, was er euch sagt! Wenn das aber dieser Baal ist, dann lebt von mir aus so, wie er euch das vorschreibt!!“ Keiner der Zuhörer sagte auch nur einen Pieps. [22] Also redete Elija weiter: „Ich bin der letzte Prophet von Gott, dem Chef. Auf der anderen Seite stehen 450 Priester, die für den Baal arbeiten. [23] Ich möchte, dass ihr jetzt sofort zwei Kühe anschleppt! Die Priester von Baal können sich die schönere aussuchen und dann schlachten. Die Fleischstücke sollen sie auf einen großen Holzhaufen legen. Aber noch nicht anzün-

den, klar? Ich werde das Gleiche auch machen.
24 Der nächste Schritt wäre dann, dass sie mit ihrem
Baal-Gott mal reden und ihn bitten, das Fleisch von
ganz alleine abfackeln zu lassen. Und ich werde zu
meinem Chef beten und ihn auch bitten, die Teile
anzuzünden. Mal sehen, was passiert! Bei wem der
Haufen zuerst brennt, hat gewonnen! Das ist dann
der einzige echte Gott! Alle einverstanden?" „Yeah!!!
Guter Plan! So machen wir es!", riefen die Leute
zurück.

Welcher Gott ist echt?

25 Elija ließ den Priestern vom Baal-Gott den Vortritt.
„Ihr seid zuerst dran, ihr seid ja auch in der Über-
zahl. Sucht euch ein Tier aus, macht euch fertig für
ein Opferritual und dann betet zu eurem Gott. Aber
lasst eure Feuerzeuge bloß stecken..." 26 Also berei-
teten sie das Opfer gut vor, und dann fingen sie an,
von morgens früh bis mittags, zu ihrem Gott zu
beten: „Baal, o Baal! Höre auf unsere Gebete!", rie-
fen sie die ganze Zeit. Dabei pogten sie wie blöd um
den Altar rum, sprangen auf die Stufen und tanzten
wie verrückt. Es gab aber keine Antwort von oben,
alles blieb so, wie es war. 27 So gegen Mittag fing
Elija an, die Priester lächerlich zu machen: „Ha, ihr
müsst bestimmt lauter rufen! Vielleicht ist euer Gott
ja gerade auf dem Klo? Oder er musste dringend
mal auf Geschäftsreise und ist gerade nicht da?
Oder könnte es sein, das er gerade eingepennt ist?
Dann müsst ihr lauter schreien und ihn aufwecken!"
28 Sie schrien sich mittlerweile echt die Kehle aus
dem Hals und fingen auch an, sich mit Messern
und Scheren in die Arme zu ritzen, das Blut floss
nur so an ihnen runter, sie hatten wohl die Hoff-
nung, das würde Baal beeindrucken. 29 Als dann
12.00 Uhr um war, wurden sie alle richtig psycho.
Das Ganze ging so lange bis zu der Zeit, wo man
normalerweise das Essensopfer abfackelt. Aber es
passierte einfach nichts, Schweigen, keine Antwort
von oben. 30 Jetzt war Elija an der Reihe. Er rief den
Leuten zu: „So, jetzt kommt mal zu mir!" Schließ-
lich drängelten sich alle um ihn herum. Als Erstes
fing er an, den zerstörten Opfertisch, den Altar, wie-
der aufzubauen, der mal für Gott dort hingestellt
worden war. 31 Dafür nahm er zwölf Steine, für jeden
Familienstamm von Israel einen. Gott hatte ja mal
zu Jakob gesagt, dass er Israel heißen sollte. 32 Er
baute also diesen Altar für Gott wieder auf. Als er
fertig war, ließ er um den Altar rum einen großen
Graben ausbuddeln. Der Graben war so tief, dass
man da drin locker sechs Bierkästen hätte überein-
anderstapeln können. 33 Jetzt nahm er Holzstücke
und legte die übereinander. Obendrauf kam der
Stier, den man vorher in kleine Stücke zersägt hatte.
34 Am Ende bat er die Leute sogar noch, vier Eimer
Wasser über das Ganze zu schütten. Diese Aktion
wurde dann noch zweimal wiederholt. 35 Der Altar,
das Holz und das Fleisch trieften nur so von Was-
ser. Das Wasser floss dann nach außen in den Gra-
ben ab, den ließ er dann auch bis oben hin füllen.
36 Als die Zeit gekommen war, zu der man abends
normal immer ein Essensopfer abfackelt, stellte sich
Elija vor dem Altar auf. Er rief laut: „Hallo, Gott! Du
bist der Gott von Abraham, Isaak und auch von
Jakob. Heute sollen alle kapieren, dass du der Gott
von Israel bist. Und alle sollen auch mitkriegen, das
ich bei dir angestellt bin und hier alles genau so
durchgezogen habe, wie du es mir gesagt hast.
37 Hallo, Gott? Hör auf mich, mache, worum ich
dich gebeten habe! Diese Leute sollen kapieren,
dass du Gott bist und dass du der einzige Gott weit
und breit bist. Jeder soll raffen, dass du sie wieder
zu dir zurückholen willst." 38 Und zwosch...!! Plötz-
lich ließ Gott eine riesengroße Flamme aus dem
Himmel schießen!! Das Feuer war so derbe, dass
nicht nur das Fleisch von dem Tier und das ganze
Holz, sondern auch noch alle Steine und die Erde in
einer Sekunde pulverisiert wurden! Selbst das Was-
ser im Graben verdunstete sofort. 39 Alle Leute, die
das sahen, warfen sich platt auf den Boden. „Der
Chef ist Gott, er ist der einzige Gott!", riefen sie
durcheinander. 40 Elija sagte zu ihnen: „Schnappt
euch diese Baals-Priester, keiner darf entkommen!"
Alle wurden festgenommen und zum Bach Kischon
abgeführt. Dort wurde einer nach dem anderen
erschossen.

Es regnet wieder

41 Jetzt ging Elija zu Ahab und meinte zu ihm:
„Gehen Sie mal wieder nach Hause, und essen Sie
was. Ich höre schon so ein heftiges Rauschen, ich
glaube, es wird bald fett regnen." 42 Ahab ver-
schwand dann, um was zu futtern. Elija ging aber
auf die Spitze vom Berg Karmel, um dort mit Gott
zu reden. Er hockte sich auf den Boden und nahm
dabei seinen Kopf zwischen die Knie. 43 Dann sagte
er zu seinem Mitarbeiter, dass er schon mal auf die
andere Seite vom Berg gehen solle, wo man das
Meer sehen konnte, um zu checken, ob schon ein
paar Regenwolken in Sicht waren. Der Typ kam
dann aber zurück und meldete: „Da ist noch
nichts!" Nach einer Zeit sagte Elija: „Jetzt geh noch

mal hin!" Der Helfer ging wieder und kam mit der-
selben Nachricht zurück. Das Ganze passierte sie-
benmal. 44 Beim siebten Mal meldete er aber: „Elija!
Ich hab da hinten so eine kleine Wolke gesehen. Die
ist etwa so groß wie die Hand von einem Mann." –
„Okay", antwortete Elija. „Dann geh jetzt mal zum
Ahab und sag ihm, er soll schon mal ins Auto stei-
gen und losfahren, damit er nicht nass wird!"
45 Ahab befolgte den Rat, stieg in seine Kiste und
fuhr in Richtung Jesreel. Plötzlich wurde der Him-
mel voll dunkel, der Wind blies schwarze Regenwol-
ken über das Land, und es fing heftig an zu regnen.
46 Elija war total froh, er krempelte seine Hosen
hoch und lief abgefüllt mit der Kraft von Gott mitten
im Regen vor dem Auto von Ahab her, bis sie in Jes-
reel waren.

19

Elija kann nicht mehr

1 Ahab erzählte Isebel die ganze Story.
Alles, was Elija gebracht hatte, dass er alle
Priester von Baal hatte umbringen lassen und so,
das sagte er ihr. 2 Isebel war voll angepisst. Sie
schickte eine Mail an Elija, in der drinstand: „Ich
schwör dir, bei allen meinen Göttern, morgen um
diese Zeit bist du genauso tot wie meine Priester!"
3 Elija bekam voll die Panik. Er packte seine Sachen
und versuchte, sich irgendwo zu verstecken, damit
man ihn nicht finden und töten könnte. Auf dem
Weg kam er nach Beerscheba, das zu Juda gehört,
wo er erst mal seinen Mitarbeiter verstecken
konnte. 4 Sein Weg führte dann 35 Kilometer durch
die Wüste, bis er zu einem Platz kam, an dem er
sich mal ausruhen konnte. Er pflanzte sich da unter
eine Hecke und schob dort voll den Depri. „Ich
kann nicht mehr! Gott, lass mich hier sterben! Ich
bin doch genauso ein Idiot wie alle anderen aus
meiner Familie auch. Ich bin kein Stück besser",
heulte er rum. 5 Erschöpft legte sich Elija in den
Schatten von der Hecke und pennte ein. Plötzlich
kam ein Engel vorbei, ein Postbote von Gott. Der
weckte ihn auf und sagte: „Los, komm, jetzt iss mal
was!" 6 Elija sah sich um, und da standen tatsäch-
lich neben seinem Kopf eine Flasche Wasser und
ein Tüte mit Brötchen. Er nahm sich was davon, und
als er fertig gegessen hatte, legte er sich wieder pen-
nen. 7 Noch einmal weckte ihn dieser Engel auf. Er
sagte: „Hey, los jetzt! Steh auf und iss was! Du hast
noch einen langen Fußmarsch vor dir!" 8 Also stand
er auf, nahm sich noch was von dem Essen und
ging dann weiter. Durch dieses Essen hatte er so
viel Kraft getankt, dass er in der Lage war, vierzig
Tage und vierzig Nächte durchzulaufen! Irgendwann
war er am Berg Horeb angekommen. 9 Dort fand er
eine Höhle, in die er sich erst mal pennen legen
wollte. Plötzlich hörte er die Stimme von Gott:
„Elija? Warum bist du eigentlich hier?" 10 „Mann,
Gott, ich hab mich echt voll ins Zeug gelegt für
dich! Deine Leute haben den Vertrag mit dir gebro-
chen, sie haben den Ort, wo man zu dir gebetet hat,
abgerissen, und dann haben sie auch noch deine
Propheten abgeknallt. Ich bin der Einzige, der noch
übrig geblieben ist. Und jetzt sind sie auch hinter
mir her!" 11 „Pass auf, komm mal für kurze Zeit vor
die Höhle. Ich werde höchstpersönlich an dir vor-
beigehen und mich dir zeigen!" Elija stellte sich vor
die Höhle, und es kam plötzlich voll der Sturm auf.
Der Wind knallte gegen die Bergwand, Steine flogen
durch die Luft, aber Gott war nicht in diesem Sturm.
Nachdem sich der Wind gelegt hatte, wackelte
plötzlich die ganze Erde, es gab ein Erdbeben der
Stärke acht, aber Gott war auch nicht in dem Erdbe-
ben. 12 Dann war das Erdbeben vorbei, und plötzlich
kam eine riesengroße Feuerflamme auf den Berg
zu, aber Gott war auch nicht in dem Feuer. Als das
Feuer dann wieder weg war, kam plötzlich ein ganz
leichter Wind auf. 13 Als Elija diesen Wind spürte,
zog er sich seinen Hut über das Gesicht und ging
so vor den Eingang von seiner Höhle. Dann hörte er
eine Stimme, die ihn fragte: „Elija? Was willst du
denn jetzt hier?" 14 Elija sagte Gott dann noch mal,
was ihn fertiggemacht hatte: „Für dich, den Gott
von Israel, hab ich mich voll eingesetzt. Deine Leute
haben den Vertrag mit dir gebrochen, sie haben den
Ort, wo man zu dir betet, einfach abgerissen, und
dann haben sie auch noch deine Propheten abge-
knallt. Ich bin der Einzige, der noch übrig geblieben
ist. Und jetzt sind sie auch hinter mir her!" 15 Gott
antwortete ihm: „Ich möchte, dass du wieder den
Weg zurückgehst, den du hierher gekommen bist.
Wenn du in Damaskus ankommst, musst du zu
Hasael gehen und ihn zum neuen Präsidenten von
Syrien erklären. 16 Dann gehst du zu Jehu, der ein
Sohn von Nimschi ist. Den erklärst du dann zum
neuen Präsidenten von Israel. Und Elischa, ein
Sohn von Schafat, soll dein Nachfolger sein. Er
kommt aus dem Dorf Abel-Mehola und soll von dir
auch zu einem Propheten erklärt werden. 17 Es wird
so laufen, dass die Männer, die es schaffen, vor der
Armee von Hasael zu fliehen, von Jehu geschnappt
und getötet werden. Und wer es schafft, sich vor
Jehu in Sicherheit zu bringen, wird von Elischa

gekillt werden. 18 Trotzdem werde ich dafür sorgen, dass von den Israeliten noch siebentausend Männer übrig bleiben. Das sind alles Leute, die nie zu diesem Pseudogott Baal gebetet haben, die nie sein Bild geküsst oder ihm Blumen hingestellt haben."

Elija nimmt Elischa in die Ausbildung

19 Als Elija vom Horeb-Berg zurückkam, traf er Elischa, den Sohn von Schafat. Der war gerade auf dem Feld am Arbeiten. Elf von seinen Angestellten waren an dem Tag auch mit ihren Traktoren am Start. Er selbst saß auf dem zwölften Traktor. Elija ging an ihm vorbei und warf seinen langen Trenchcoat über ihn rüber, wie ihn Propheten in dieser Zeit normal immer getragen haben. 20 Sofort stieg Elischa vom Sitz runter und folgte Elija. Er fragte ihn noch: „Kann ich mich noch von meinen Eltern richtig verabschieden? Dann komme ich mit dir!" – „Ja, ist okay", antwortete Elija. „Aber vergiss in der Zwischenzeit nicht, dass ich dich gerade mit dem Mantel zum Propheten gemacht habe!" 21 Elischa holte sich erst mal zwei Kühe von der Weide und schlachtete sie. Er zog ein paar Zaunpfähle raus, damit machte er dann ein Feuer und kochte das Fleisch in einem Topf. Dann lud er seine Leute alle ein und verabschiedete sich mit diesem Essen von ihnen. Danach packte er seine Sachen und ging dann ab zu Elija in die Lehre.

20 **Der Präsident von Syrien macht einen auf dicke Hose**

1 Der Präsident der Syrer, Ben Hadad, zog seine ganze Armee zusammen. Zweiunddreißig Bürgermeister von kleineren Städten, die mit ihm gemeinsame Sache machten, hatten auch ihr ganzes Heer und die Panzergarnisonen dazu aufgerufen. Er wollte gegen die Stadt Samaria in den Krieg ziehen, darum umzingelte er bereits deren Grenzen und steckte in den letzten Vorbereitungen, um anzugreifen. 2 Dann schickte Ben Hadad einen offiziellen Brief an Ahab, den Präsidenten von Israel, der in der Stadt wohnte. 3 „Sehr geehrter Herr Ahab. Sie haben keine Chance gegen meine Truppen! Ihr gesamtes Vermögen gehört jetzt schon mir. Auch Ihre Familien, die Frauen und Ihre Söhne, hab ich schon so gut wie im Sack. Geben Sie freiwillig auf! Mit freundlichen Grüßen, Ben Hadad, Präsident von Syrien." 4 Ahab antwortete: „... Ich bin mit Ihren Bedingungen einverstanden. Wir werden alles tun, was Sie sagen. Sie sind ab jetzt der Boss, alles, was mir bis jetzt unterstellt war, gehört nun Ihnen ..." 5 Am nächsten Tag kam aber noch ein Brief von Ben Hadad rein. „Sehr geehrter Herr Ahab! Ich hatte Ihnen geschrieben, dass ich Anspruch auf Ihr gesamtes Vermögen habe, und auch Ihre Frauen und Kinder ab sofort mir gehören sollten. 6 Ich lege jetzt aber noch einen drauf. Morgen werde ich gegen 12.00 Uhr ein paar von meinen Männern zu Ihnen schicken. Sie sollen freien Zugang zu allen Ihren Privathäusern und zu den Häusern von Ihren Ministern haben. Diese Männer werden alles mitnehmen, worauf sie Bock haben. Nur dass das klar ist! Mit freundlichen Grüßen ..." 7 Jetzt organisierte Ahab, der Präsident von Israel, ein Treffen mit allen Leuten, die im Land was zu sagen hatten. „Liebe Anwesende! Sie haben alle davon gehört, was diese Syrer von uns verlangen. Sie wollen uns auf jeden Fall ganz übel abziehen. Ich habe ihnen mein ganzes Vermögen versprochen, sogar meine Frauen und meine Söhne hätten sie mitnehmen können, aber das war denen wohl nicht genug. Sie wollen mehr." 8 „Lassen Sie sich auf keinen Fall darauf ein!", riefen die Leute ihm zu. 9 Also schrieb der Präsident einen Brief an Ben Hadad. „... Was Sie zuerst von uns verlangt haben, hätten Sie sogar noch bekommen. Aber diese neue Forderung ist zu hoch, da kann ich nicht mehr mitgehen ..." 10 Jetzt gab es einen dritten Brief an Ahab. Diesmal wurde Ben Hadad echt sauer und schrieb Folgendes: „... Ihr Pisser, es gibt bei euch in Samaria ja doch nur Schrott zu holen, mehr als ein Müllbeutel pro Mann kommt da sowieso nicht bei rum ..." 11 Da rief Ahab bei ihm an: „Nun nehmen Sie mal den Mund nicht zu voll! Wer Meister werden will, sollte nicht zu früh feiern, sondern erst mal genug Spiele gewinnen!" 12 Ben Hadad war gerade mit seinen Leuten in einer Kneipe am Abfeiern, als er diesen Anruf von Ahab aufs Handy bekam. Er rief sofort den General seines Heeres an und befahl: „Alle Panzer sofort in Position bringen!" Umgehend wurde die Panzergarnison vor der Stadt zum Angriff bereit gemacht.

Gott passt auf seine Leute auf

13 Mitten in dem ganzen Ding kam plötzlich ein Prophetentyp zum Präsidenten Ahab ins Zimmer. Er sagte: „Ich hab eine Nachricht von Gott für Sie: „Gott sagt: Siehst du dieses fette Heer von deinem Feind? Ich werde heute dafür sorgen, dass du es kaputt machen wirst! Du sollst da dran erkennen, dass ich der Chef bin, ich bin Gott!" 14 „Äh, wie soll das denn gehen? Wer wird uns da helfen?", fragte

der Präsident. „Gott sagt Ihnen Folgendes: ‚Die Eliteeinheit der Ministerpräsidenten wird euch helfen, von denen wird der entscheidende Schlag kommen.'" – „Und wer soll zuerst schießen?", fragte Ahab. „Sie!" 15 Also ließ der Präsident Ahab die Eliteeinheit antreten. Es waren insgesamt 232 Soldaten. Als nächster Trupp folgten die Männer der restlichen Israeliten, das waren 7000 Mann. 16 Um 12 Uhr mittags zogen sie in den Krieg. Ben Hadad war zu dieser Zeit mal wieder in der Kneipe und kippte sich einen. Bei diesem Besäufnis waren auch die anderen 32 Bürgermeister von kleineren Städten dabei, die ihm unterstellt waren. 17 Die Eliteeinheit zog als Erstes los. Die Späher meldeten Ben Hadad sofort: „Aus Richtung Samaria gibt es eine Truppenbewegung." 18 „Egal, ob sie jetzt um Frieden betteln wollen oder uns angreifen, schnappt sie euch! Aber ich will sie lebendig haben!" 19 Die Eliteeinheit ging vorneweg, und hinter ihr das ganze Heer von Israel. 20 So zogen sie also gegen die Truppe von Ben Hadad in den Krieg. Im Nahkampf, Mann gegen Mann, machten sie jeden Gegner einfach nieder. Die Syrer ergriffen die Flucht, während die Israeliten sofort die Verfolgung aufnahmen. Ben Hadad konnte aber mit einem Kampfhubschrauber entkommen. 21 Jetzt zogen die Panzertruppen von Israel, geführt durch ihren Präsidenten, gegen sie los und walzten deren Panzereinheit einfach nieder. So wurde den Syrern eine schwere Niederlage beigebracht.

Hat Gott überall auf der Welt die Macht?

22 Später kam wieder mal ein Prophetentyp zum Präsidenten von Israel: „Sie müssen echt aufpassen! Es kommt bald eine neue Angriffswelle. Nächstes Frühjahr wird der Präsident von Syrien noch mal gegen Sie losschlagen!" 23 Die Berater von Ben Hadad sagten zu derselben Zeit zu ihm: „Der Gott von den Israeliten ist in den Bergen zu Hause. Wenn wir gegen deren Armee auf dem flachen Land kämpfen, sehen die keine Schnitte gegen uns. 24 Unser Tipp ist: Erst mal setzen Sie die 32 Bürgermeister ab und ersetzen diese durch Ministerpräsidenten. 25 Dann stellen Sie ein Heer zusammen, das genauso groß ist wie das, was Sie verloren haben. Und auch an Panzern sollten Sie nicht weniger als beim letzten Mal nehmen. Und dann soll noch mal eine neue Schlacht gegen die stattfinden, auf dem flachen Land. Dort werden Sie bestimmt gewinnen!" Der Präsident hörte auf ihren Rat. 26 Im nächsten Frühjahr zog er seine Soldaten ein und führte die Truppe nach Afek. Dort wollte er gegen die Armee von Israel kämpfen. 27 Die Israeliten musterten auch ihre Männer für den Kriegsdienst. Dann zogen sie gegen die Syrer in die Schlacht. Vorher wurde ein Lager genau gegenüber von dem Lager des Feindes aufgebaut. Im Vergleich mit der megagroßen Armee der Syrer wirkten die Israeliten wie ein Fliegenschiss. 28 Der Prophet traf sich dann noch mal mit dem Präsidenten von Israel zur Beratung. „Hören Sie zu, ich hab eine Ansage von Gott für Sie, er sagt: ‚Diese Syrer haben mich mit diesem Spruch krass beleidigt. Von wegen, ich wäre nur ein Gott der Berge, und im flachen Land hätte ich nichts zu melden, und so ... darum werde ich diese ganze riesige Armee durch dich fertigmachen. Wenn das passiert, werden sie kapieren, dass ich der Chef bin.'" 29 Sechs Tage lang machten die beiden Heere nichts, man lag sich nur gegenüber. Aber am siebten Tag kam es zur Schlacht. Die Israeliten machten die Syrer platt, an dem Tag wurden 100 000 Soldaten von denen getötet. 30 Der Rest der Truppe floh in die Stadt Afek. Unter Beschuss stürzte die ganze Stadt in sich zusammen und alle 27 000 Mann wurden in den Trümmern begraben. Ben Hadad floh vor den Verfolgern und versteckte sich in irgendwelchen Kellern.

Ahab macht einen Vertrag mit dem Präsidenten von Syrien

31 Irgendwann traf sich Ben Hadad dann mit seinen Beratern. „Wir haben die Information bekommen, dass die Präsidenten von Israel sich an die Abmachungen halten, die zwischen den Völkern gemacht worden sind", sagten sie zu ihm. „Wir finden, es wäre die beste Idee, sich eine weiße Fahne zu schnappen und damit zum Präsidenten von Israel zu gehen und um Frieden zu betteln. Das könnte unsere letzte Chance sein, dass wir lebend aus dieser Sache rauskommen!" 32 Die Berater setzten die Idee gleich in die Tat um. Sie organisierten sich eine weiße Fahne und gingen zum Präsidenten von Israel. Als der sie ins Büro gebeten hatte, sagten sie zu ihm: „Wir kommen im Auftrag von unserem Präsidenten Ben Hadad. Er bittet Sie darum, sein Leben zu verschonen und ihn nicht zu töten." – „Was, lebt er denn noch?", fragte Ahab. „Der ist doch für mich wie ein Bruder!" 33 Die Berater hatten das Gefühl, diese Reaktion sei eine gutes Vorzeichen. „Ja genau, Ben Hadad ist sozusagen Ihr Bruder!", antworteten sie. – „Dann gehen Sie mal los und bringen ihn her!", befahl der Präsident. Kurze

Zeit später kam Ben Hadad tatsächlich zum Präsidenten von Israel. Der lud ihn dann auf eine kleine Tour mit seiner Limousine ein. 34 Als die beiden im Auto saßen, bot ihm Ben Hadad an: „Ich könnte Ihnen alle Städte zurückgeben, die meine Vorfahren Ihren Vorfahren weggenommen haben. Wenn Sie wollen, könnten Sie auch in unserer Hauptstadt ein paar Kaufhäuser aufmachen, wie das meine Vorfahren in Samaria auch gemacht haben." Der Präsident von Israel war einverstanden. „Okay, wenn Sie mir das vertraglich zusichern, lasse ich Sie laufen!" Also schlossen die beiden einen Vertrag miteinander. Dann durfte er abziehen, ohne dass ihm was passiert war.

So eine Prophetenaktion: Warum der Präsident von Israel bluten muss

35 An einem Tag unterhielten sich zwei Propheten, die beide in einer Propheten-WG wohnten. Der eine sagte ganz plötzlich zum anderen: „Hau mir in die Fresse!". Aber der Typ weigerte sich, er wollte ihn nicht schlagen. 36 Der erste Prophet sagte dann: „Das war ein Befehl von Gott, und du hast ihn nicht ausgeführt! Darum wirst du bei einem Autounfall ums Leben kommen, sobald du von hier verschwindest!" Und tatsächlich: Der Typ ging nach Hause, und auf dem Weg wurde er von einem Auto angefahren und starb noch an der Unfallstelle. 37 Einige Zeit später traf der Prophet einen anderen Typen. „Hau mir in die Fresse!", sagte er auch zu dem. Der Mann schlug voll zu, so lange, bis der Prophet blutig am Boden lag. 38 Dann stellte der Prophet sich auf die Straße, auf welcher der Präsident an diesem Tag vorbeikommen sollte. Er hatte sich einen Verband angelegt, so dass er nicht mehr wie ein Prophet, sondern wie ein Soldat aus dem Krieg aussah. 39 Tatsächlich fuhr der Präsident die Strecke entlang. Er hielt sein Auto an, als er den Typen sah. Nachdem er die Scheibe runtergefahren hatte, sagte der Prophet zu ihm: „Guten Tag, Herr Präsident! Ich war gerade in einem Kriegsgebiet. Mitten auf dem Schlachtfeld kam ein Soldat vorbei und befahl mir, dass ich auf einen Gefangenen aufpassen sollte. ‚Wenn der fliehen kann, kostet dich das dein Leben, oder du zahlst mir hunderttausend Euro, bar auf die Kralle. Ist das klar?', sagte er zu mir. 40 Ich war aber irgendwie zu verpeilt, und auf einmal war der Gefangene weg." Der Präsident fragte: „Und? Was wollen Sie mir damit jetzt sagen? Die Sache ist doch eindeutig! Sie haben das Urteil ja schon von selbst gegen sich gefällt!" 41 Jetzt nahm der Typ seinen Verband ab, und der Präsident erkannte sofort, dass es sich um einen Propheten handelte. 42 Der Prophet sagte: „Diese Ansage kommt von Gott: ‚Du hast den Mann freigelassen, dem ich die rote Karte gezeigt hatte. Ich hatte ihn abgeschrieben, ich war fertig mit dem Typen. Darum werde ich stattdessen dafür sorgen, dass du jetzt sterben musst. Und deine Leute werden dieselben Sachen durchmachen, die seine Leute durchmachen mussten!'" 43 Total angepisst fuhr der Präsident weiter nach Hause, in seine Präsidentenvilla in Samaria.

21 **Ahab baut Mist, und es tut ihm leid**

1 Irgendwann später passierte noch so ne Sache. Und zwar hatte Ahab, der Präsident von Israel, seine Präsidentenvilla in der Stadt Jesreel. Direkt in seiner Nachbarschaft lag ein Weinberg, der Nabot, einem Bewohner von Samaria, gehörte. 2 Ahab war scharf auf das Teil, weil er schon lange auf der Suche nach einem guten Platz für seine Bio-Tomaten-Zucht war. „Können wir einen Tausch machen?", fragte er Nabot. „Sie kriegen dafür einen viel besseren Weinberg. Oder, wenn Sie wollen, kauf ich Ihnen das Ganze für einen guten Preis ab!" 3 Nabot dachte aber gar nicht dran, sein Stück Land zu verkaufen. „Niemals, davor soll mich Gott schützen, dass ich Ihnen dieses Land verkaufe! Es ist ein Erbstück, hier hat schon mein Uropa Weintrauben geerntet!" 4 Der Präsident war ziemlich angepisst von dieser Antwort. Er ging nach Hause, legte sich in sein Bett und schmollte. Schließlich wurde er sogar magersüchtig und wollte nichts mehr essen, nur deswegen! 5 Seine Ehefrau Isebel sagte dann zu ihm: „Was ist los? Warum bist du so depri? Warum isst du nichts mehr?" 6 „Ach", antwortete Ahab. „Zigmal hab ich jetzt versucht, Nabot zu bequatschen, ob er mir seinen schönen Weinberg verkauft. „Ich bezahl Ihnen jeden Preis, oder ich geb Ihnen einen anderen Weinberg dafür im Tausch", hab ich zu ihm gesagt. Aber der Typ schaltet auf stur. „Meinen Weinberg kriegen Sie nicht!", sagt der Depp immer nur zu mir ...!" 7 „Also hör mal! Du bist hier der Präsident im Land und kriegst so was nicht gebacken?", sagte seine Frau. „Jetzt komm mal in die Hufe und fang wieder an zu leben! Und was die Sache mit Nabot angeht, lass mich das mal regeln, okay?" 8 Sie schrieb dann von Ahabs Notebook aus ne Rundmail an alle Chefs der Familienstämme und auch an alle Männer, die in der Stadt vom Nabot was zu sagen hatten. 9 In dem

Brief stand Folgendes: „Sehr geehrte Damen und Herren! Bitte setzen Sie einen Tag in der Stadt an, an dem jeder zu einer zentralen Versammlung eingeladen wird. Nabot soll bei dieser Veranstaltung ganz vorne mit dabei sein. [10] Dann müssen Sie zwei schräge Vögel organisieren, die für Geld alles tun. Die sollen aufstehen und laut sagen: ‚Nabot hat was ganz Schlimmes über Gott gesagt! Und auch dem Präsidenten hat er die Krätze an den Hals gewünscht, er hat ihn verflucht!' Wenn die Stimmung dann voll aufgeheizt ist, schnappen sie sich Nabot, schleppen ihn vor die Stadtgrenze auf die Mülldeponie und verprügeln ihn mit Eisenrohren, bis er tot ist!" [11] Die Chefs und die Männer, die was zu sagen hatten, zogen alles genau so durch, wie Isebel es in der Mail befohlen hatte. [12] Sie organisierten ein Treffen, zu dem alle Bewohner der Stadt zusammenkommen sollten. Nabot bekam einen reservierten Platz, ganz vorne in der ersten Tischreihe. [13] Gegenüber von seinem Platz saßen die beiden schrägen Typen. Mittendrin standen sie plötzlich auf und brüllten: „Nabot hat gerade voll über Gott abgelästert! Und auch dem Präsidenten hat er die Krätze an den Hals gewünscht, er hat ihn verflucht!" Tatsächlich kippte die Stimmung, alle waren auf einmal voll aggro gegen Nabot. Sie packten ihn, schleppten ihn vor die Stadt und prügelten mit Eisenrohren so lange auf ihn ein, bis er tot war. [14] Als die Chefs zurückkamen, meldeten sie Isebel: „Nabot ist tot! Er wurde von einer Menschenmenge mit Eisenrohren erschlagen!" [15] Isebel ging mit der Nachricht sofort zu Ahab. „Hey, die Luft ist rein! Jetzt schnapp dir diesen Weinberg! Nabot kann sich nicht länger weigern, dir das Teil zu verkaufen, er ist tot!" [16] Nachdem Ahab klar war, dass Nabot tatsächlich nicht mehr lebte, ging er sofort ins Rathaus und ließ sich den Weinberg auf seinen Namen überschreiben.

Elija sagt:
Ahab und Isebel müssen dafür bestraft werden!

[17] Nach dieser Aktion redete Gott mit Elija. Er sagte zu ihm: [18] „Los, geh mal zum Präsidenten von Israel, geh zu Ahab. Er hat seinen Regierungssitz in Samaria. Ahab hat gerade den Weinberg von Nabot abgezogen, er hat sich den einfach unter den Nagel gerissen. [19] Richte ihm Folgendes von mir aus: ‚Was ist los mit Ihnen? Sie bringen Menschen um und zocken andere einfach ab. Ich hab ne Ansage von Gott für Sie: „Da, wo die Ratten die Leiche von Nabot angeknabbert haben, werden sie auch deine bald auffressen!" [20] Elija ging dann zu Ahab. Als der ihn zur Tür reinkommen sah, meinte er sofort: „Na, da ist ja mein Erzfeind Elija!" – „Ja, da bin ich, und ich hab Sie gerade auf frischer Tat ertappt! Sie haben sich dazu verführen lassen, Dinge zu tun, die Gott total ätzend findet! [21] Darum hat er folgende Ansage für Sie: ‚Ich werde dafür sorgen, dass deine Familie total den Bach runtergehen wird. Alle Männer in deiner Familie müssen sterben, egal, wie alt die sind! Und du musst auch sterben! [22] Du hast mich gelinkt und hast die Israeliten alle dazu verführt, zu Plastikgöttern zu beten! Darum werdet ihr, du und deine Familie, die gleichen Sachen durchmachen müssen wie die Familien von Jerobeam und Bascha!' [23] Für die Präsidentin Isebel hab ich folgende Ansage von Gott: ‚Auf der Müllhalde von Jesreel werden die Ratten ihre Leiche auffressen.
[24] Alle, die aus deiner Familie in der Stadt sterben, werden von Ratten aufgefressen, und wer draußen auf einer Wiese stirbt, dessen Leiche fressen die Raben.'" [25] Tatsächlich muss man mal festhalten, dass es bis dahin keinen Menschen auf der Welt gab, der so leicht zu verführen war, Scheiße gegenüber Gott zu bauen, wie Ahab. Seine Frau Isebel brachte ihn ständig dazu, Dinge zu tun, die Gott nicht will. [26] Aber das übelste Ding, das er gebracht hatte, war, dass er die Plastikgötter toll fand, die von den Amoritern stammten, die ja vor den Israeliten in dem Land gelebt hatten. Er betete sogar zu denen! [27] Nachdem Elija ihm diese harte Ansage gemacht hatte, schlug Ahab in seinem Zimmer alles kurz und klein, weil er so wütend auf sich selbst war. Völlig fertig ging er in seinem Zimmer auf und ab und konnte auch nichts mehr essen. Dazu zog er sich schwarze Klamotten an, so als wäre jemand gestorben. [28] Irgendwann redete Gott mit dem Prophetentypen Elija noch mal über die Sache. [29] „Hast du auch mitbekommen, dass Ahab das Ganze anscheinend voll leidtut? Weil das so ist, hab ich beschlossen, doch nicht seine ganze Familie dafür zu bestrafen, solange er noch lebt. Erst wenn sein Sohn an der Macht ist, wird das passieren!"

22

Findet Gott diesen Krieg toll oder nicht?

[1] Fast drei Jahre lang gab es keinen Krieg zwischen Syrien und Israel. [2] Nach dieser Zeit fand ein Treffen zwischen Joschafat, dem Präsidenten vom Südstaat Juda, und dem Präsidenten Ahab von Israel statt. Joschafat wurde dabei nach Israel eingeladen. [3] Vorher hatte der Präsident von

Israel mal ne Umfrage unter seinen Leuten gestartet, ob sie eigentlich vergessen hätten, dass die Stadt Ramot in Gilead ursprünglich zu Israel gehört hatte. „Warum holen wir sie uns eigentlich nicht von den Syrern zurück?", wollte er von ihnen wissen. 4 Dann schickte er eine offizielle Anfrage an Joschafat, weil er ihn um Unterstützung im Kriegsfall bitten wollte. „Sind Ihre Truppen dabei, wenn wir Ramot angreifen?" – „Ja, Sie können auf meine Männer zählen! Auch unsere Panzer werden in Ihren Reihen für diese Sache kämpfen!", war seine Antwort. 5 „Allerdings", schränkte Joschaft seine Zusage ein, „fänden wir, dass es eine gute Idee wäre, wenn Sie erst mal Gott fragen, was er über die Sache denkt!" 6 Der Präsident von Israel war einverstanden und organisierte ein Treffen mit allen Prophetentypen im Land. Vierhundert Männer waren gekommen. Er fragte also: „Was sagen Sie, verehrte Propheten, sollen wir die Stadt Ramot angreifen oder nicht?" Alle sagten: „Ja, greifen Sie die Stadt an! Gott wird für einen großen Sieg sorgen!"
7 Joschafat war sich aber noch nicht hunderprozentig sicher. „Hm, gibt es sonst noch irgendwo einen Mann, der einen guten Draht zu Gott hat? Kennt jemand noch einen Propheten, durch den man sich die Meinung von Gott noch mal einholen könnte?"
8 „Ja, einen haben wir noch!", antwortete der Präsident von Israel. „Es gibt noch den Micha, den Sohn von Jimla. Aber ich kann den Typen echt nicht ab, weil der mir immer nur übelste Sachen ankündigt, wenn ich ihn mal befrage." Aber Joschafat stutzte ihn etwas zurecht: „Ich finde, so eine schwache Aussage sollte nicht aus dem Mund von einem Präsidenten kommen!" 9 Also ließ der Präsident über seinen Sekretär an Micha ausrichten, ob er so schnell wie möglich zu einem Treffen mit den anderen Propheten kommen könnte.

Eine seltsame Propheten-Party

10 Das Treffen fand dann vor der Stadt Samaria statt. Vorne standen zwei spezielle Stühle, auf denen die beiden Präsidenten drauf saßen. Die vierhundert Propheten flippten regelrecht aus. Sie waren vom vielen Beten, Singen und Meditieren irgendwie total breit und tanzten auf den Bänken rum. 11 Einer von ihnen, und zwar der Zidkija, ein Sohn von Kenaana, hatte sich ein Trikot von Bayern München angezogen und schrie die ganze Zeit rum: „Gott sagt Ihnen: ‚So wie Bayern München eine Meisterschaft nach der anderen abräumt, werden Sie gegen die Syrer gewinnen! Sie werden die komplett kaputtmachen!'" 12 Die anderen Propheten riefen Sachen, die alle in eine ähnliche Richtung gingen. „Eine Kriegserklärung gegen Ramot ist richtig! Sie werden gewinnen! Gott wird dafür sorgen, dass die ganze Stadt bald Ihnen, dem Präsidenten gehört!"

Ein Prophet ist dagegen

13 Micha wurde extra von einem Fahrer zu dem Treffen gebracht. Bevor sie da waren, erzählte der Typ von den Ansagen, die von den anderen Propheten gekommen waren: „Alle sagen, es wird ein großer Sieg! Passen Sie bloß auf, dass Sie in die gleiche Richtung gehen und nicht etwas anderes sagen!"
14 „Sorry, ich kann nur das weitersagen, was ich von Gott bekommen hab!", antwortete er. 15 Dann kam Micha beim Präsidenten an. „Also, was sagen Sie? Soll ich Ramot angreifen oder nicht?", fragte er Micha. „Null Problemo! Greifen Sie ruhig an, Gott wird für einen großen Sieg sorgen!" 16 Der Präsident war aber noch nicht ganz zufrieden. „Hey, schwören Sie mir, dass das die Wahrheit ist? Hat Gott das wirklich zu Ihnen so gesagt?" 17 „Okay, in Wirklichkeit hat mir Gott gezeigt, wie die Soldaten der Israeliten überall verstreut wurden. Das Ganze sah so aus wie eine Fußballmannschaft ohne einen Trainer. Gott hat mir dann gesagt: ‚Sie haben keinen mehr, der ihnen sagt, wo es langgeht. Der Krieg ist vorbei, sie sollen alle nach Hause gehen!'" 18 Der Präsident von Israel drehte sich zu Joschafat um und sagte zu ihm: „Sehen Sie? Hab ich doch schon vorher gesagt, dieser Typ sagt mir immer nur, dass alles, was ich mache, in die Hose geht!" 19 „Passen Sie gut auf, was Gott Ihnen noch zu sagen hat!", redete Micha weiter. „Ich habe auch gesehen, wie Gott an seinem Chefschreibtisch saß. Rechts und links von ihm konnte ich das gesamte Heer aus dem Himmel sehen, sehr, sehr viele Engel standen da. 20 Dann hörte ich, wie Gott fragte: ‚Und wer bringt Ahab dazu, Ramot anzugreifen? Wer legt den Köder aus? Dann wird er in diesem Krieg sterben!' Dann diskutierten die Engel über diese Idee, einer hatte diesen Vorschlag, jemand anderes einen anderen.
21 Schließlich kam einer der Engel zu Gott und sagte zu ihm: ‚Ich hab eine Idee, wie ich ihn kriegen könnte!' – ‚Und? Wie willst du das anstellen?', fragte Gott zurück. 22 ‚Ich werde ihn einfach anlügen! Dafür benutze ich den Mund von seinen Propheten!' – ‚Okay', antwortete Gott. ‚Das wird funktionieren. Dann geh mal los und leg den Köder aus!' 23 Verstehen Sie jetzt? Gott hat Ihre Propheten mit Absicht lügen lassen! In Wirklichkeit hat er schon lange be-

schlossen, Sie kaputt zu machen!'" 24 Der Prophet
Zidkija war echt angefressen. Er ging auf Micha zu
und schallerte ihm eine ins Gesicht. „Was fällt
Ihnen ein, so einen Schwachsinn zu verbreiten? Sie
behaupten, ich hätte keinen Draht mehr zu Gott
und er würde nicht mehr zu mir, sondern nur noch
zu Ihnen reden, oder was?" 25 „Wir werden ja sehen,
wer recht hat!", grinste Micha. „Spätestens, wenn
Sie sich im Keller von Ihrem Haus in einer Ecke ver-
stecken müssen, wird klar sein, wer die Wahrheit
gesagt hat und wer nicht." 26 „Nehmen Sie diesen
Mann sofort in Gewahrsam", befahl der Präsident
seinen Bodyguards, die mit im Raum waren. „Ste-
cken Sie ihn in Untersuchungshaft, ins Stadtgefäng-
nis, das dem Polizeipräsidenten Amon und meinem
Sohn Joasch unterstellt ist. 27 Richten Sie denen aus,
dass auf meinen ausdrücklichen Befehl dieser Mann
so lange im Knast bleiben muss, bis ich gesund und
unversehrt aus dem Krieg zurückgekommen bin.
Setzen Sie ihn auf die niedrigste Essensration, die
das Gefängnis hergibt!" 28 „Okay", sagte Micha.
„Wenn Sie tatsächlich gesund aus diesem Krieg wie-
der zurückkommen, hat Gott mit Sicherheit nicht
durch mich gesprochen. Das können ruhig alle
Menschen auf der Erde hören!"

Was der Prophet Micha gesagt hat, passiert auch

29 Es kam dann also zum Krieg. Die Armee von
Ahab, dem Präsidenten von Israel, und die Truppen
von Joschafat, dem Präsidenten von Juda, zogen
gemeinsam gegen die syrische Stadt Ramot. 30 Der
Präsident von Israel hatte noch die Idee, sich ein
bisschen zu verkleiden, damit man ihn nicht erken-
nen konnte. „Gehen Sie aber ruhig in Ihrer Präsi-
dentenuniform!", sagte er zu Joschafat. 31 Der Präsi-
dent von Syrien hatte seinen zweiunddreißig
Panzerkommandanten den Befehl erteilt, ihren
Angriff nur auf den Präsidenten von Israel selbst zu
konzentrieren. „Egal, wer vor euch steht, ihr müsst
den Präsidenten erwischen!", war die Annordnung.
Diese Sache war aber bis zum Präsidenten von
Israel durchgesickert, und darum verkleidete er sich,
bevor der Krieg losging. 32 Als die Panzertruppen
Joschafat, den Präsidenten von Juda sahen, ging
über Funk raus: „Dort ist der Präsident von Israel!",
und sie ballerten aus allen Rohren in seine Rich-
tung. Joschafat kriegte es mit der Angst und winkte
wie wild mit den Armen. 33 Nachdem klar war, dass
es sich hier nicht um den Gesuchten handeln
konnte, zielten sie in eine andere Richtung und lie-
ßen ihn in Ruhe. 34 Allerdings schoss ein Soldat mit
seiner Panzerfaust einfach mal in die Menge rein
und traf zufällig genau den Panzer, in dem Ahab
sich versteckte. Das Geschoss schlug unter der Ein-
stiegsluke ein, an einer kaum gepanzerten Stelle,
und explodierte dort. Den Präsidenten hatte es total
erwischt, und er befahl dem Fahrer: „Drehen Sie
sofort um und bringen Sie mich ins Lazarett! Ich
blute wie ein Schwein!" 35 Die Schlacht wurde aber
immer heftiger, an einen Rückzug war nicht zu den-
ken, man musste unbedingt die Stellung halten. Der
Fahrer stützte den Präsidenten und hielt ihn so lang
aufrecht, wie es ging, während das Blut aus seiner
Wunde in den ganzen Innenraum floss. Abends war
er dann tot. 36 Als es dunkel wurde, gab es den
Befehl zum Rückzug und dass jeder nach Hause
gehen sollte. „Alle Männer zurück! 37 Der Präsident
Ahab ist tot!" Sie nahmen seine Leiche mit nach
Samaria und beerdigten ihn dort. 38 Als man seinen
Panzer auf einem Platz in Samaria reinigen wollte,
leckten die Ratten vom Boden das Blut auf. Alles
passierte genau so, wie Gott es vorhergesagt hatte.
39 Die anderen Storys, die man von Ahab erzählen
kann, stehen alle im Buch von den Präsidenten von
Israel. Über sein Luxus-Regierungsgebäude, die vie-
len Städte, die er gebaut hatte und so, kann man
alles da drin lesen. 40 Als er gestorben war, wurde
sein Sohn Ahasja der nächste Präsident.

Der Präsident Joschafat von Juda

41 Zu der Zeit, als Ahab seit vier Jahren der Präsident
von Israel war, wurde Joschafat, der Sohn von Asa,
der neue Präsident von Juda. 42 Joschafat war
35 Jahre alt, als er Präsident wurde. Er regierte
25 Jahre lang das Land von Jerusalem aus. Seine
Mutter hieß Asuba, eine Tochter vom Schilhi. 43 Er
war gut drauf, lebte so, wie sein Vater auch gelebt
hatte, und tat nur Sachen, die Gott cool findet.
44 Leider riss er aber nicht diese Opferplätze auf den
Bergen ab, wo die Leute zu den Plastikgöttern bete-
ten. 45 Joschafat sorgte aber dafür, dass es einen
Friedensvertrag mit Israel gab. 46 Alle Sachen, die er
sonst noch so gebracht hat, über seine Kriege und
seine Siege, kann man in den amtlichen Chroniken
der Präsidenten von Juda nachlesen. 47 Er schmiss
auch diese Tempelnutten aus dem Land raus, die
bei seinem Vater Asa noch eine Aufenthaltserlaub-
nis bekommen hatten. 48 In Edom gab es zu dieser
Zeit übrigens keinen Präsidenten, weil die Regie-
rung dort von einem Ministerpräsidenten geregelt
wurde, der direkt vom Präsidenten von Juda einge-

setzt worden war. 49 Joschafat hatte in der Werft
große Containerschiffe bauen lassen, mit denen er
die Goldtransporte aus Ofir organisierte. Die Schiffe
kamen aber nie zum Einsatz, weil die ganze Flotte
vorher auf hoher See, in der Nähe von Ezjon Geber,
abgesoffen war. 50 Ahasja, der Sohn von Ahab,
meinte damals noch zu Joschafat: „Lassen Sie
meine Leute bitte bei Ihnen mitfahren!" Aber
Joschafat hatte da keinen Bock drauf. 51 Irgendwann
starb Joschafat. Sein Grab wurde dort angelegt, wo
auch sein Vater und seine ganze Familie begraben
lag, auf dem Friedhof in Jerusalem. Als nächster
Präsident war dann sein Sohn Joram an der Reihe.

Der nächste Präsident von Israel: Ahasja

52 Als Joschafat siebzehn Jahre lang der Präsident
von Juda war, wurde Ahasja der Präsident von
Israel. Ahasja war ein Sohn von Ahab. Insgesamt
hatte er zwei Jahre lang die Macht in Samaria.
53 Aber er brachte nur Sachen, die Gott total ätzend
findet. Er lebte genauso daneben wie sein Vater,
seine Mutter und auch wie Jerobeam. Letzterer
hatte ja sogar die Leute in Israel dazu verführt, mit
Plastikgöttern rumzumachen. 54 Er betete zum Bei-
spiel zu diesem Baalsding. Das war für Gott voll die
krasse Beleidigung. Es war genauso übel wie die
Sachen, die sein Vater vorher auch getan hatte.

2. Buch über die Könige

1

Elija hat eine schlechte Nachricht für Ahasja
1 Nachdem der Präsident Ahab gestorben war,
probten die Moabiter den Aufstand gegen Israel.
2 In der Zeit regierte sein Nachfolger Ahasja das
Land. An einem Tag hatte der einen schweren
Unfall. Er stürzte die Treppen runter und verletzte
sich dabei schwer. Irgendwie kam er auf die Idee,
einen von seinen Leuten zu dem Priester von die-
sem Plastikgott Baal-Sebub zu schicken. Der hatte
einen Tempel in der Stadt Ekron, die im Land der
Philister lag. Seine Anfrage war, ob diese Baals-
Priester mal von ihrem Pseudogott rauskriegen
könnten, ob seine Verletzung wieder heilen würde
oder nicht. 3 Gott kriegte das natürlich mit und
schickte sofort einen seiner Postboten, so einen
Engel, zu Elija, der in der Stadt Tischbe wohnte. Er
befahl ihm: „Geh sofort los und fang diesen Mann
ab, der vom Präsidenten geschickt wurde, um sich
mit den Baals-Priestern zu treffen! Frag ihn: ‚Gibt es
in Israel keinen richtigen Gott? Muss man ins Aus-
land fahren, wenn man von Gott eine Antwort
braucht? Ist Baal-Sebub, der ›Gott‹ von Ekron, etwa
die richtige Anlaufstelle?‘ 4 Weil der Präsident so
drauf ist, hat Gott folgende Ansage für ihn: ‚Du
wirst nicht wieder aus dem Bett hochkommen.
Deine letzte Stunde hat geschlagen!‘“ Elija ging
sofort los. 5 Nachdem der Typ Elija getroffen hatte,
drehte der sich sofort um und ging wieder zurück
zum Präsidenten. Als er in dessen Zimmer kam,
fragte der sofort: „Was ist los? Warum sind Sie
schon so schnell wieder da?“ 6 „Ich habe auf dem
Weg einen Mann getroffen. Er sagte zu mir, ich
sollte sofort zu Ihnen zurückgehen. Ich soll Ihnen
Folgendes ausrichten: ‚Gott hat Ihnen was zu
sagen: Gibt es in Israel keinen richtigen Gott? Muss
man ins Ausland fahren, wenn man von Gott eine
Antwort braucht? Ist Baal-Sebub, der ›Gott‹ von
Ekron, die richtige Anlaufstelle?‘ Weil Sie so drauf
sind, hat Gott folgende Ansage für Sie: ‚Du wirst
nicht wieder aus dem Bett hochkommen. Deine
letzte Stunde hat geschlagen!‘“ 7 Der Präsident
fragte noch mal nach: „Wie sah der Typ denn aus,
der Ihnen das erzählt hat?“ 8 „Er hatte so einen
schwarzen Trenchcoat an, und einen weißen Gürtel
mit einer großen Schnalle um“, war die Antwort.
„Typisch Prophetenstyle, das war bestimmt Elija!“,
meinte der Präsident.

Wer hat die Macht?
9 Ahasja rief dann sofort eine Spezialeinheit von
fünfzig Mann zusammen, die die Verfolgung Elijas
aufnehmen sollten. Sie hatten Elija eingeholt, als er
sich gerade ganz oben auf einem Berg ausruhte.
Der Chef der Einheit ging auf Elija zu und sagte zu
ihm: „Mit allem Respekt, Sie sind ein besonderer
Mann, durch den Gott spricht. Aber jetzt kommen
Sie sofort mit! Auf Befehl des Präsidenten sollen wir
Sie abführen.“ 10 „Weil ich wirklich ein so besonde-
rer Mann Gottes bin, soll auch ein ‚Mann-Gottes-
Blitz‘ aus den Wolken kommen und Sie und Ihre
Truppe wegbrennen!“ Und, zwosch, es kam sofort
ein riesenfetter Blitz aus dem Himmel, der voll auf
die ganze Truppe einschlug. Alle waren augenblick-
lich tot und verkohlt. 11 Einige Zeit später schickte
der Präsident einen zweiten Trupp mit fünfzig Mann
los. Als die an dem gleichen Berg waren, rief der
Anführer zu Elija: „Mit allem Respekt, Sie sind ein
besonderer Mann, durch den Gott spricht. Aber
jetzt kommen Sie sofort mit! Auf Befehl des Präsi-
denten sollen wir Sie abführen!“ 12 Elija antwortete
wieder: „Weil ich wirklich ein so besonderer Mann
Gottes bin, soll auch ein ‚Mann-Gottes-Blitz‘ aus
den Wolken kommen und Sie und Ihre Truppe mit
den 50 Mann einfach wegbrennen!“ Gott schickte
wieder so einen heftigen Blitz aus den Wolken, der
alle 50 Mann vollständig verbrannte. 13 Und dann
passierte das Ganze sogar noch ein drittes Mal.
Wieder schickte der Präsident einen Truppenführer
mit 50 Mann. Aber als der bei Elija angekommen
war, bettelte der Truppenführer ihn nur an: „Bitte,
bitte, mit allem Respekt, verehrter Herr: Lassen Sie
mich und meine Leute bitte am Leben! 14 Die Blitze,
die aus den Wolken kamen, haben ja schon die
beiden Truppen vor mir verbrannt. Bitte seien Sie
nett zu mir! Ich will nicht genauso draufgehen, wie
die Männer vor mir!“ 15 Plötzlich hörte Elija eine
Stimme. Ein Engel sagte zu ihm: „Hey, Elija, geh
ruhig mit den Leuten mit, du brauchst keine Angst
vor dem Präsidenten zu haben!“ Also stand Elija auf
und ließ sich von der Truppe zum Präsidenten füh-
ren. 16 Als sie da waren, sagte Elija zum Präsidenten:
„Passen Sie mal auf, was Gott Ihnen jetzt zu sagen
hat: ‚Du hast dir Hilfe von diesem Plastikgott Baal-
Sebub holen wollen, dem Pseudogott von Ekron!
Wie bist du denn bitte drauf? Denkst du echt, es

gibt keinen Gott in Israel, den man mal fragen
könnte? Ich sag dir eins: Du wirst aus deinem Bett
nie wieder aufstehen. Deine letzte Stunde hat
geschlagen, bald bist du tot.'" 17 Die Sachen, die
Gott durch Elija gesagt hatte, passierten alle auch.
Ahasja starb, und weil er keinen Sohn hatte, wurde
sein Bruder Joram der nächste Präsident. In der Zeit
war ein anderer Joram, der Sohn von Joschafat, ge-
rade im zweiten Jahr der Präsident von Juda. 18 Die
Sachen, die man sonst noch über Ahasja erzählen
könnte, was er sonst noch so gebracht hat, stehen
alle in den amtlichen Chroniken der Präsidenten
von Israel.

2

Elija wird weggebeamt

1 Gott hatte geplant, Elija mitten in einem Wir-
belsturm zu sich in den Himmel zu holen. Das
sollte jetzt bald passieren. Elija packte seine Sachen
und wollte aus Gilgal weggehen. Als Elischa das
merkte, wollte er unbedingt mitgehen. 2 „Hey, das
ist keine gute Idee! Bleib mal besser hier. Gott will
nur von mir, dass ich nach Bet-El gehe!" – „Auf kei-
nen Fall, never! Ich bleib immer in deiner Nähe!",
rief Elischa. Also gingen sie zusammen in Richtung
Bet-El. 3 Die Bewohner der Propheten-WG in Bet-El
sahen schon von weitem, dass auch Elischa auf
dem Weg zu ihrem Haus war. Sie kamen ihm auf
der Straße entgegen und fragten: „Dir ist klar, dass
Gott heute deinen Meister wegbeamen wird? Er
wird ihn zu sich holen!" – „Ja, ja, ist schon klar!",
stöhnte Elischa. „Bitte erinnert mich nicht da dran!"
4 Elija machten ihm dann wieder den Vorschlag:
„Warum bleibst du nicht eine Weile hier? Gott will,
dass ich jetzt noch bis Jericho weiterwandere!" Aber
auch diesmal blieb Elischa hartnäckig. „Hey, da
kannst du dich drauf verlassen: Ich werde keinen
Zentimeter von deiner Seite weggehen!" Später
kamen dann beide zusammen in Jericho an. 5 Als sie
dort in einer Propheten-WG übernachten wollten,
kamen auch diese Bewohner abends alle bei Elischa
an: „Dir ist klar, dass Gott dir deinen Meister heute
wegbeamen wird? Er wird ihn zu sich holen?" Und
wieder stöhnte er: „Ja, ja, ist schon klar, bitte erin-
nert mich nicht da dran!" 6 Zum dritten Mal fragte
ihn Elija: „Hey, willst du nicht lieber hierbleiben?
Gott will jetzt von mir, dass ich bis zum Jordan wan-
dern soll!" Von Elischa kam aber wieder die gleiche
Antwort: „Ja, ja, ist schon klar! Aber ich sag dir, bei
Gott, ich werde keinen Zentimeter von deiner Seite
weichen!" Dann gingen sie also zusammen weiter.
7 Fünfzig von den Prophetentypen folgten ihnen bis
zum Jordan. Dann ließen sie die beiden vorgehen
und folgten ihnen in einer gewissen Entfernung.
8 Als sie am Wasser standen, nahm Elija seinen
Trenchcoat, rollte ihn zusammen und schlug damit
einmal auf das Wasser. Plötzlich wich das Wasser
nach rechts und links aus, und sie konnten einfach
durch den Fluss durchgehen, ohne sich die Füße
nass zu machen! 9 Als sie drüben angekommen
waren, fragte Elija Elischa: „Gibt es noch irgendet-
was, was ich für dich tun kann, bevor Gott mich zu
sich holt?" – „Ja, ich möchte gerne von deiner Bega-
bung doppelt so viel abhaben, wie deine anderen
Schüler. Ich möchte deinen Job weitermachen, so
wie du ihn getan hast!" 10 „Das ist zu viel, so was
kann ich gar nicht für dich organisieren. Wenn Gott
es dir erlaubt, mit deinen eigenen Augen zu sehen,
wie er mich von hier wegbeamt, dann wird er
bestimmt auch deine Bitte erfüllen. Wenn nicht,
dann aber auch nicht." 11 Die beiden gingen neben-
einander auf dem Weg. Plötzlich kam ein riesengro-
ßer Ferrari aus dem Himmel, der nur aus Feuer-
flammen bestand. Er holte Elija ab und trennte die
beiden voneinander. Elija bretterte mit quietschen-
den Reifen los, das Teil hob ab wie in einem Wirbel-
sturm und flog in die Wolken. 12 Elischa rief ihm
noch hinterher: „Papa! Du warst mein Papa! Und du
warst wie ein Panzer für Israel und hast sie gut
geführt!" Als die Flammen nicht mehr zu sehen
waren, schmiss sich Elischa auf den Boden. 13 Nach
einer Zeit stand er auf, nahm den Trenchchoat von
Elija und ging wieder zurück zum Jordan. 14 Wie Elija
es ihm vorgemacht hatte, rollte er den Mantel
zusammen und schlug damit auf das Wasser. „Wo
ist jetzt Gott, der Gott, zu dem auch Elija gehört
hat?", sagte er dabei. Zwosch, das Wasser teilte sich
wieder in zwei Hälften, und er ging durch den Fluss,
ohne einen Tropfen abzubekommen. 15 Die anderen
Propheten standen in der Zeit am anderen Ufer und
hatten alles aus der Entfernung beobachtet. „Die
Kraft von Elija ist jetzt in Elischa!", riefen sie laut.
Dann rannten sie ihm entgegen und warfen sich vor
Elischa auf den Boden. 16 „Wir sind fünfzig Männer!
Alle gut gebaut und fit. Sollen wir nicht vielleicht
noch mal einen Suchtrupp bilden und deinen Meis-
ter suchen? Kann ja sein, dass er von der Kraft von
Gott einfach irgendwo auf einen Berg oder in eine
Schlucht gepustet worden ist." Elischa lachte:
„Nein, das ist totaler Quatsch!" 17 Aber die nervten
so lange rum, bis er schließlich sein Okay gab. Drei
Tage lang suchten die fünfzig Propheten Elija über-

all, aber sie konnten ihn nirgendwo finden. 18 Als sie
anschließend Elischa in Jericho besuchen kamen,
sagte er zu ihnen: „Hab ich euch doch gleich ge-
sagt, dass es total beknackt ist, Elija zu suchen!"

Die ersten Wunder von Elischa

19 Die Bewohner von Jericho kamen dann mal bei
Elischa an und sagten: „Verehrter Herr Elischa, wir
haben da ein echtes Problem. Unsere Stadt hat
eigentlich eine voll gute Lage. Nur die Wasserquali-
tät ist mies, wir haben in unserem Trinkwasser ohne
Ende Bakterien und Krankheitserreger. Es verur-
sacht Fehlgeburten bei Menschen und auch bei den
Tieren. Kann man da was machen?" 20 „Bringen Sie
mir mal einen ganz neuen Eimer her, und füllen Sie
den mit Salz!" Nachdem die Leute ihm den Eimer
gebracht hatten, 21 ging er damit vor die Stadt und
schüttete das ganze Salz in die Wasserquelle. Dabei
sagte er: „Diese Worte kommen jetzt von Gott: ‚Ich
mache dieses Wasser wieder sauber und keimfrei.
Ab sofort wird keiner mehr davon sterben oder eine
Fehlgeburt bekommen.'" 22 Seitdem ist das Wasser
bis heute tipptopp. Alles passierte genau so, wie
Elischa es gesagt hatte. 23 Dann verließ Elischa Jeri-
cho und ging weiter nach oben in das Bergland
Richtung Bet-El. Auf dem Weg in die Stadt kamen
plötzlich ein paar Jugendliche von hinten an und
verarschten ihn. „Ey, du Penner, du hast ja keine
Haare auf dem Kopf!", riefen sie die ganze Zeit.
24 Elischa drehte sich um, und als er die Jugendli-
chen sah, wünschte er ihnen im Namen von Gott
die Krätze an den Hals, er verfluchte sie. Plötzlich
bog ein Transporter um die Ecke und hatte einen
ziemlich derben Unfall mit den Jugendlichen. 42
von denen starben noch an der Unfallstelle. 25 Weil
er noch zum Berg Karmel wollte, verließ Elischa
Bet-El. Von dort ging er dann weiter nach Samaria.

3

Joram, der Präsident von Israel

1 Zu der Zeit, als Joschafat seit 18 Jahren der
Präsident von Juda war, wurde Joram der neue
Präsident von Israel. Joram kam aus der Familie
vom Ahab. Von der Hauptstadt Samaria aus hatte er
in Israel zwölf Jahre lang das Sagen. 2 Aber er
brachte nur Sachen, die Gott echt ätzend findet.
Allerdings übertrieb er es nicht so wie seine Eltern.
Die hatten so eine Figur für diesen Plastikgott Baal
anfertigen lassen, und das Ding wanderte bei ihm
gleich auf den Müll. 3 Trotzdem betete er zu diesen
anderen Plastikgöttern, die Jerobeam auch ganz toll
fand. Der hatte damals ja ganz Israel dazu verführt,
diesen Schwachsinn zu machen. 4 Es gab zu der
Zeit einen Präsidenten von den Moabitern, der
Mescha hieß. Israel hatte sein Volk im Krieg
geschlagen und bekam von ihm jedes Jahr 100 000
Schafe und genauso viele einjährige Schafböcke,
sozusagen als Steuer. 5 Nachdem Ahab gestorben
war, wollte Mescha aber die neue Regierung nicht
akzeptieren. Darum weigerte er sich auch, diese
Steuern weiterhin abzudrücken. 6 Joram organisierte
eine Musterung im ganzen Land. Er wollte alle
wehrfähigen Männer in den Kriegsdienst holen, um
gegen Mescha zu kämpfen. 7 Joram schickte auch
einen Brief zu Joschafat, dem Präsidenten von Juda.
„Sehr geehrter Herr Präsident. Der Präsident von
Moab tanzt bei uns leider aus der Reihe und will
nicht mehr seine Steuern bezahlen. Darum habe ich
beschlossen, ihm den Krieg zu erklären. Machen Sie
mit? Sind Sie mit Ihren Truppen dabei? Mit freundli-
chen Grüßen, Joram" Der Präsident Joschafat ant-
wortete sofort: „... ich bin gerne bereit, Sie in diesem
Anliegen zu unterstützen. Meine Truppen unterste-
hen Ihrem Befehl!" 8 „Von welcher Seite aus sollen
wir angreifen?", fragte Joram zurück. „... Nehmen
wir die Strecke durch die Wüste von Edom!", ant-
wortete Joschafat.

Elischa in Aktion

9 Also zogen die Armeen von Israel und von Juda
gemeinsam in den Krieg. Auch der Präsident von
Edom war mit seiner Truppe dabei. Nachdem sie
über einen Umweg sieben Tage lang unterwegs
waren, gingen die Wasservorräte langsam aus. Es
gab für die Soldaten nichts mehr zu trinken, und
auch das Benzin für die Fahrzeuge war alle. 10 Der
Präsident von Israel bekam die ersten Zweifel. „Das
war eine total blöde Idee, dieser ganze Feldzug!
Gott hat das bestimmt nur zugelassen, damit wir
drei alle zusammen von den Moabitern plattge-
macht werden." 11 Joschafat wollte erst mal eine
Ansage von Gott hören. „Gibt es hier keinen Pro-
pheten in der Nähe, der uns mal sagen kann, was
Gott über die Sache denkt?" Einer von den Offizie-
ren antwortete: „Doch, Elischa ist dabei! Er kommt
aus der Familie von Schafat und war bei dem
berühmten Propheten Elija in der Lehre!" 12 „Gut,
dann ist er vielleicht unser Mann! Er kann Gottes
Stimme bestimmt ganz gut hören." Also gingen die
drei Präsidenten zu Elischa. 13 Nachdem Elischa die
Tür von seinem Wohnwagen aufgemacht hatte und
den Präsidenten von Israel sah, machte er ihn gleich

erst mal an: „Was wollen Sie denn bitte hier? Wenn Sie einen Rat von Gott brauchen, können Sie doch auch zu Ihren tollen Pseudopropheten gehen, bei denen auch schon Ihre Eltern immer waren!" „... Die können uns nicht wirklich helfen!", stammelte der Präsident. „Wir haben das Gefühl, dass Gott höchstpersönlich uns drei hier zusammengeholt hat. Er hat wohl vor, dass wir den Krieg gegen die Moabiter verlieren sollen."
14 „Hey, ich schwöre Ihnen bei Gott, dem Chef von dieser Welt, für den ich arbeite: Nur weil Joschafat dabei ist, schmeiß ich Sie nicht sofort wieder raus! Normalerweise würde ich Sie nicht mal mit dem Arsch angucken!
15 Okay, dann setzen Sie sich mal alle hin. Ich leg nur mal eben eine House-Scheibe in den Player." Als die Musik aus den Boxen dröhnte, kam plötzlich die Kraft von Gott, sein Geist, auf Elischa.
16 Er sagte: „Diese Ansage kommt jetzt von Gott: ‚Buddelt hier in diesem Tal überall Gruben!
17 Auch wenn kein Wind aufkommen wird und kein Tropfen Regen vom Himmel fällt, wird sich dieses Tal bald komplett mit Wasser füllen. Und dann werdet ihr ein paar Fässer Sprit in einem Lagerhaus finden. Ihr werdet genug zu trinken haben und auch genug Benzin für die Fahrzeuge.
18 Aber das ist noch nicht alles. Gott wird auch noch dafür sorgen, dass ihr gegen die Moabiter gewinnen werdet!
19 Ihr werdet die fettesten Städte von denen erobern, ihre Obstplantagen plattmachen und die Wasserversorgung zerstören. Felder, wo man vorher gut was anbauen konnte, werden von euch zu Schrottplätzen gewalzt werden.'"
20 Und tatsächlich: Am nächsten Morgen, zu der Uhrzeit, wo normal immer gerade ein Essensopfer am Tempel abgehalten wird, regnete es und vom Berg Edom kam so viel Wasser runter, dass die ganze Gegend überschwemmt wurde.

Sieg gegen die Moabiter

21 In der Zwischenzeit hatten die Moabiter mitbekommen, dass die Präsidenten von Israel, Juda und Edom ihre Truppen zusammengezogen hatten, um gegen sie in den Krieg zu ziehen. Die ganze Armee wurde zusammengetrommelt, um an der Grenze das Land zu verteidigen.
22 Als die moabitischen Truppen am frühen Morgen bei Sonnenaufgang weiterziehen wollten, sahen sie das Wasser aus der Entfernung. Sie hatten das Gefühl, das ganze Meer wäre zu Blut geworden, weil es total rot aussah.
23 „Das ist ja Blut! Bestimmt haben sich die Armeen von den drei Präsidenten auf dem Weg in die Wolle bekommen und sich gegenseitig abgeschlachtet!", war das Gerücht. „Los jetzt, schnappen wir uns die Beute!", riefen sich die Moabiter gegenseitig zu.
24 Als sie mit ihren Truppen in die Nähe vom Lager kamen, starteten die Israeliten einen Angriff und schlugen sie in die Flucht. Von dort zog die Armee der Israeliten weiter in das Land der Moabiter ein. Der Gegner verlor an allen Fronten und musste fliehen.
25 Die Städte wurden alle weggesprengt, und den Bauschutt warfen sie auf die Felder. Alle Wasserquellen wurden zugeschüttet und die Obstbäume abgesägt. Nur die Stadt Kir-Heres konnte dem Angriff eine Zeitlang standhalten, weil sie gute Verteidigungsanlagen hatte. Aber nach einiger Zeit war auch sie komplett umzingelt und stand unter Artilleriebeschuss.
26 Als der Präsident von Moab kapierte, dass die Stadt bald verloren war, wollte er mit 700 Soldaten fliehen. Die schwerbewaffnete Spezial-Einsatztruppe sollte den Belagerungsring an der Stelle durchbrechen, wo der Präsident von Edom mit seinen Leuten stand.
27 Bevor er diesen Plan umsetzte, nahm er seinen ältesten Sohn, der später mal sein Nachfolger werden sollte, und schlachtete den vor den Augen der Israeliten auf der Stadtmauer ab. Er wollte damit wohl den Plastikgott der Moabiter beeindrucken. Die Israeliten waren davon so geschockt, dass sie den weiteren Angriff einfach absagten und sich wieder zurückzogen.

4 Elischa hilft einer Frau, deren Mann gestorben ist

1 In der Zeit war ein Lehrling, der noch in der Prophetenausbildung war, plötzlich gestorben. Seine Frau kam zu Elischa mit einer dringenden Bitte: „Mein Mann ist tot! Sie wissen, dass er Gott immer treu war, er hat alles getan, was Gott von ihm wollte. Jetzt stand gestern so ein Geldeintreiber bei uns vor der Tür. Mein Mann hatte sich von dem etwas Kohle geliehen. Weil ich das Geld aber nicht zurückbezahlen konnte, wollte dieser Typ meine beiden Söhne mitnehmen und sie zur Zwangsarbeit einsetzen."
2 „Hm, wie kann ich Ihnen dabei helfen?", überlegte Elischa. „Sagen Sie mal, was haben Sie denn noch an Wertgegenständen in Ihrer Bude stehen?" – „Eigentlich nichts mehr. Wir haben höchsten noch einen halbvollen Benzinkanister in der Garage stehen."
3 „Okay, dann gehen Sie mal heute in der ganzen Nachbarschaft rum, und leihen Sie sich von denen so viele leere Kanister aus, wie Sie kriegen können!
4 Dann gehen Sie wieder nach Hause und schließen die Tür hinter sich und Ihren

Kindern zu. Danach nehmen Sie den Benzinkanister
und gießen den Rest Benzin in die anderen Kanister
um. Immer wenn ein Kanister voll ist, stellen Sie
den beiseite und gehen zum nächsten. Okay?“ 5 Die
Frau zog alles genau so durch, wie Elischa es ihr
gesagt hatte. Als sie zu Hause war, schloss sie die
Tür hinter sich zu. Die beiden Jungs gaben ihr einen
Kanister nach dem anderen, die sie von den Nach-
barn eingesammelt hatten. Sie füllte das Benzin aus
dem halbvollen Kanister langsam in die anderen
Kanister rein. Es kam dabei immer weiter Benzin
aus dem ersten Kanister raus, ohne dass der leer
wurde. 6 Schließlich waren alle bis zum Rand voll!
„Gebt mir noch einen!“, meinte sie zu einem ihrer
Söhne. „Das waren alle!“, antwortete er. In dem
Augenblick hörte diese Benzinvermehrung auch auf.
7 Voll begeistert rannte die Frau zu Elischa und
erzählte ihm, was sie gerade erlebt hatte. „Okay,
und jetzt verkaufen Sie mal das Benzin. Mit der
Kohle können Sie locker Ihre Schulden bezahlen.
Und was übrig bleibt, müsste zum Einkaufen für
Ihre Familie ausreichen.“

**Eine Frau kann keine Kinder kriegen,
bis sie Elischa trifft**

8 Irgendwann zog Elischa in den Ort Schunem um.
Er kannte dort eine schwerreiche Frau, die ihn zum
Essen einladen wollte. Oft, wenn er spätabends
noch unterwegs war, kam er dort vorbei, um noch
bei ihr was zu spachteln. 9 Irgendwann sagte die
Frau zu ihrem Ehemann: „Dieser Typ, der manch-
mal bei uns vorbeikommt – ich glaub, das ist ein
echt heftiger, besonderer Mann, der nur für Gott
lebt. Er ist voll mit Gott unterwegs. 10 Was hältst du
von der Idee, wenn wir unseren Dachboden aus-
bauen und ihm dort eine Wohnung zur Verfügung
stellen? Da könnte ein Schreibtisch rein, eine Sitz-
ecke und ein paar Lampen. Wenn er dann mal bei
uns zu Besuch ist, kann er sich da ausruhen, wenn
er will.“ Der Mann war einverstanden, und sie setz-
ten den Plan in die Tat um. 11 Als Elischa dann mal
wieder in Schunem war und die beiden besuchte,
ging er nach oben in sein neues Zimmer. Er wollte
sich für ein paar Minuten pennen legen. 12 Nach
seinem Mittagsschlaf bat er seinen Angestellten
Gehasi, die Frau mal nach oben zu holen. Die kam
dann auch hoch, aber blieb erst mal draußen vor
der Tür stehen. 13 Elischa sagte dann zu Gehasi, er
solle sie fragen, ob es nicht irgendetwas gibt, was er
für sie tun könnte. „Sie haben sich so viel Mühe
gemacht! Gibt es vielleicht irgendein spezielles
Anliegen, was ich mit meinem Einfluss bei den
Behörden für Sie durchbringen kann?“ Die Antwort
der Frau war aber: „Nein, ist alles okay so weit, ich
wohne hier ja mit meiner Familie zusammen. Wir
sorgen füreinander, ich habe echt keine Probleme!“
14 Elischa ließ über seinen Angestellten zurückfra-
gen: „Gibt es sonst irgendetwas, was wir für Sie tun
könnten?“ Gehasi meinte dann: „Ja, eine Sache gibt
es da: Sie hat keinen Sohn, und ihr Mann ist schon
so alt, dass er wohl bald sterben wird!“ 15 „Okay,
dann hol sie bitte mal rein!“ Die Frau kam dann in
das Zimmer rein. 16 „Passen Sie auf, im nächsten
Jahr um dieselbe Zeit werden Sie einen Sohn im
Arm halten!“, sagte Elischa. „Au ja, das wäre echt
total genial! Aber bitte machen Sie mir nicht irgend-
welche Versprechungen, die dann doch nichts wer-
den, ja?“ 17 Aber die Frau wurde tatsächlich schwan-
ger. Ein Jahr später bekam sie einen Sohn, und zwar
exakt zu der Zeit, die Elischa vorhergesagt hatte.

Elischa macht einen toten Jungen wieder lebendig

18 Aus dem Baby wurde dann ein kleiner Junge.
Eines Tages wollte der Kleine mal seinen Vater auf
der Arbeit besuchen. 19 Plötzlich hatte er totale Kopf-
schmerzen. Er schrie „Papa, mein Kopf tut so weh!“
und brach zusammen. Der Vater holte ein Taxi und
sagte dem Fahrer, er solle den Jungen nach Hause
zu seiner Mutter bringen, damit er sich dort ausru-
hen könne. 20 Zu Hause saß der Junge noch bis zum
Mittag auf dem Schoß von seiner Mutter, dann
starb er plötzlich. 21 Die Frau trug das tote Kind auf
den Dachboden und legte die Leiche auf das Bett
von dem Propheten. Dann ging sie raus und
machte die Tür hinter sich zu. Anschließend ging sie
zur Arbeitsstelle von ihrem Mann. 22 „Organisier
mir bitte einen Leihwagen! Ich muss so schnell es
geht diesen Propheten finden. Bin bald wieder da!“,
sagte sie zu ihm. 23 „Was willst du denn von dem?
Warum ausgerechnet heute? Wir haben doch heute
noch nicht mal Sonntag oder irgendeinen anderen
Feiertag!?“, fragte sie der Ehemann. „Ist egal jetzt,
frag nicht länger“, bekam er als knappe Antwort.
24–25 Dann holte sie selbst das Auto und fuhr los, in
Richtung des Berges Karmel. Der Prophet sah die
Frau, als sie gerade auf dem Parkplatz anhielt. Er
sagte zu seinem Angestellten Gehasi: „Ach, das ist
doch die Frau aus Schunem! 26 Geh ihr schon mal
entgegen und begrüße sie. Frag nach ihrem Mann
und ihrem Kind!“ Gehasi ging los, und als er sie
fragte, wie es so geht, log sie: „Ja, es geht mir ganz
gut!“ 27 Als sie dann aber oben auf dem Berg bei

Elischa angekommen war, legte sie sich platt vor
ihm auf den Boden, fasste seine Füße an und wollte
nicht mehr loslassen. Gehasi fand das nicht so toll
und versuchte, sie wegzuziehen. Elischa sagte aber
sofort: „Ist in Ordnung! Die Arme ist ja total fertig!
Außerdem hat mir Gott schon vorher gesagt, was
bei ihr passiert ist!“ 28 „Mann, ich hab Sie damals
um einen Sohn gebeten, aber ich hab auch gesagt,
Sie sollen mir keine falschen Versprechungen
machen, oder?“ 29 Elischa sah seinen Angestellten
an und sagte zu ihm: „Hör zu, du fährst so schnell
du kannst, ohne irgendwelche Zwischenstopps,
nach Schunem, klar? Wenn dich zwischendurch
irgendjemand vollquatschen will, dann antworte
ihm nicht! Meinen ganz speziellen Propheten-Geh-
stock nimmst du bitte mit. Wenn du bei dem Jun-
gen bist, legst du den auf sein Gesicht.“ 30 Die Frau
war aber echt hartnäckig. „Ich schwöre Ihnen, bei
Gott, dass ich keinen Zentimeter von hier weggehe,
wenn Sie nicht mitkommen!“ Also packte Elischa
seine Sachen und kam mit nach Schunem. 31 Gehasi
war schon vorgefahren und hatte auch schon den
Stock auf das Gesicht von dem Jungen gelegt. Lei-
der aber ohne Erfolg, der Junge war immer noch
mausetot. Auf dem Rückweg traf er Elischa und
berichtete ihm davon. „Er ist nicht wieder lebendig
geworden!“ 32 Als Elischa dann beim Haus ange-
kommen war, lag der Junge immer noch tot auf sei-
nem Bett. 33 Er ging in das Zimmer, schloss die Tür
hinter sich zu und redete mit Gott über die Sache.
34 Dann beugte er sich über das Kind drüber, und
zwar so, dass sein Mund über dem Mund und seine
Augen über den Augen von dem Kind waren. Nach
einer Zeit fing das Herz von dem Jungen wieder an
zu schlagen, und er wurde warm. 35 Elischa stand
auf und ging einmal durch das Zimmer. Dann
beugte er sich noch mal über den Jungen. Diesmal
fing der Kleine sogar an zu niesen und öffnete seine
Augen! 36 Dann rief Elischa seinen Angestellten
Gehasi rein und sagte ihm, er solle mal die Mutter
herholen. Als sie da war, sagte er zu ihr: „Hier hast
du deinen Sohn wieder!“ 37 Die Frau war total baff.
Sie legte sich vor Elischa flach auf den Boden, weil
sie so einen Respekt vor ihm hatte. Dann nahm sie
ihren Sohn und ging aus dem Zimmer.

Gammel-Gurke

38 Später ging Elischa wieder zurück nach Gilgal.
Irgendwann gab es im ganzen Land plötzlich nichts
mehr zu essen, und die Leute hatten überall voll
den Kohldampf. An einem Tag trafen sich die Män-
ner aus der Propheten-WG mal mit Elischa im
Gemeinschaftsraum. Elischa befahl dann einem der
Angestellten, er solle schon mal in der Küche einen
großen Topf mit Wasser aufsetzen. „Koch den Leu-
ten mal was zu essen!“, sagte er zu ihm. 39 Einer
von den Männern ging raus in den Garten, um ein
paar Kartoffeln zu ernten. Aber alles, was er dort
noch finden konnte, waren so kleine Gurken, die an
einer Schlingpflanze dran waren. Er sammelte
davon eine Plastiktüte voll. In der Küche zerschnitt
er dann die Teile und warf sie in einen Topf. Keiner
hatte mitbekommen, dass diese „Gurken“ gar keine
richtigen Gurken waren, sondern eigentlich voll gif-
tig. 40 Danach gab es Mittagessen, und alle füllten
sich die Teller voll. Mitten im Essen schrie einer
plötzlich los: „Elischa! Die Teile sind giftig!“ Dann
kriegte natürlich keiner mehr einen Bissen runter.
41 Elischa sagte aber nur: „Gebt mir mal etwas
Mehl!“ Dann streute er das Mehl in den Topf und
sagte zu seinem Angestellten: „Jetzt teil das Essen
mal weiter aus!“ Und ab dem Zeitpunkt war der
Gurkeneintopf lecker und nicht mehr giftig.

Brot vermehrt sich

42 Einmal kam so ein Typ zu Elischa, der in Baal-
Schalischa wohnte. Er hatte ein Spende für die Pro-
phetentypen dabei, als Geschenk an Gott von der
ersten Ernte. Und zwar waren das zwanzig Fladen-
brote und ein Beutel mit Getreide. Elischa hatte die
Idee, dass dieses Geschenk für seine Leute sein
sollte, damit die sich mal wieder richtig die Wampe
vollhauen könnten. 43 „Äh, aber wie soll das denn
bitte für hundert Männer reichen?“, fragte der Ange-
stellte, der die Sachen verteilen sollte. „Verteilen Sie
das einfach! Gott hat mir gesagt, es wird dicke rei-
chen, und wir werden sogar am Ende noch Reste
übrig haben!“ 44 Der Mann verteilte das Essen. Tat-
sächlich wurden alle satt, und es blieben sogar noch
einige Reste übrig.

5 Ein Mann, der Elischa nicht abkann, braucht Hilfe

1 Naaman, der Oberbefehlshaber der syrischen
Truppen, bekam eine fiese Krankheit, die man Aus-
satz nannte. Aussatz war so eine ansteckende Haut-
krankheit, woran man sterben konnte. Der Typ war
ein Kriegsheld, und der Präsident hatte fetten Re-
spekt vor ihm, weil Gott durch ihn viele Siege für die
Syrer geholt hatte. 2 Auf einem Kriegszug quer durch
Israel hatte er mal ein junges Mädchen gekidnappt,

was jetzt für seine Frau im Haushalt arbeitete.
3 Irgendwann meinte sie zu ihrer Chefin: „In Sama-
ria wohnt übrigens so ein Prophet, der Ihren Mann
bestimmt von der Krankheit heilen könnte! Warum
geht er nicht zu dem?“ 4 Naama holte sich einen
Termin beim Präsidenten und erzählte ihm von dem
Tipp, den er von dem Mädchen hatte. 5 „Von mir
aus, checken Sie den doch ruhig ab!“, antwortete
der Präsident. „Ich werde ein Empfehlungsschrei-
ben aufsetzen, das Sie dem Präsidenten von Israel
vorlegen können!“ Also packte Naama seine Kla-
motten und fuhr los. Im Gepäck hatte er ein paar
teure Anzüge und 100 000 Euro in Bargeld und
dazu noch einen Scheck mit ebenfalls 100 000 Euro
in der Tasche. 6 Als er in Israel ankam, gab er dem
Präsidenten von Israel das Schreiben. Dort stand
drin: „Sehr geehrter Herr Präsident, ich bitte Sie um
freundliche Aufnahme meines Angestellten Naa-
man. Könnten Sie vielleicht dafür sorgen, dass er
wieder gesund wird? Mit freundlichen Grüßen …
„7 Der Präsident bekam den Brief, las ihn und ras-
tete erst mal pauschal aus. „Was will der Typ von
mir? Bin ich etwa Gott? Nur Gott hat diese Macht!
Er kann da drüber entscheiden, wer leben und wer
sterben soll. Unfassbar, der Präsident von Syrien
will von mir, dass ich jemanden von Aussatz heile!
Der hat doch irgendwas vor! Bestimmt sucht der
nur einen Grund, um gegen uns Krieg zu führen!“
8 Elischa hörte von der Reaktion vom Präsidenten
und schrieb ihm deswegen eine Mail. „Warum sind
Sie so abgegangen, als Sie von der Sache gehört
haben? Schicken Sie mir den Typen her! Wenn er
kommt, wird er halt mal sehen können, dass es in
Israel Propheten gibt und was die so draufhaben!“
9 Naaman packte seine Sachen und stieg in seinen
12-Zylinder-Dienstmercedes. Als er bei Elischas
Haus war, 10 kam ihm auf dem Parkplatz ein Typ
entgegen, den der Prophet geschickt hatte: „Fahren
Sie weiter bis zum Jordanfluss. Dort müssen Sie
siebenmal untertauchen. Wenn Sie das gemacht
haben, ist der Aussatz weg, und Sie sind wieder
gesund!“ 11 Aber Naaman dachte, der Typ wolle ihn
verarschen. „Ich hatte damit gerechnet, das der
große Prophet jetzt rauskommt und sich vor mich
hinstellt. Ich dachte, er würde einfach zu Gott beten
und mir dabei die Hände auflegen oder irgendwie
über die kranken Stellen reiben. Na ja, und dann
würde ich eben geheilt werden. 12 Ich mein, wenn
ich jetzt nur baden muss, kann ich da nicht auch in
den Abana- oder in den Parpafluss springen? Die
sind ja beide in der Nähe von meinem Zuhause bei
Damaskus und dazu viel sauberer als die Flüsse in
Israel. Kann ich nicht da reinspringen, um geheilt zu
werden?“ Obergenervt zog er ab. 13 Seine Angestell-
ten, die mit dabei waren, redeten aber auf ihn ein.
„Chef, überlegen Sie doch mal: Wenn der Prophet
von Ihnen verlangt hätte, dass sie 1000 Seilsprünge
rückwärts machen sollen, dann hätten Sie das doch
bestimmt auch getan, oder? Jetzt sagt er aber nur,
dass Sie mal baden gehen sollen! Also, im Ernst,
warum machen Sie das nicht einfach?“ 14 Nach einer
kurzen Diskussion fuhr Naaman dann doch zum
Fluss. Er tauchte siebenmal in das Wasser, genau
so, wie der Prophet es gesagt hatte. Und plötzlich
wurde seine Haut wieder gesund, sie war so glatt
wie ein Babypopo. Alles war supi. 15 Er drehte mit
seinen ganzen Angestellten, die alle mitgekommen
waren, sofort um und fuhr zu Elischa. Als der ihm
die Tür aufgemacht hatte, rief er begeistert: „Yes, ich
kann das jetzt voll bestätigen: der Gott von Israel ist
der einzige Gott auf der ganzen Welt! Ich bin so
happy, vielen Dank! Bitte nehmen Sie dieses kleine
Geschenk von mir an!“ 16 Elischa wollte aber keine
Bezahlung für das Wunder annehmen. „Nein, bei
Gott, ich will nichts dafür haben!“ Naaman ver-
suchte ihn trotzdem zu belabern, aber Elischa blieb
hart. 17 „Hm, okay, wenn Sie kein Geschenk von mir
annehmen wollen, dann hab ich aber noch eine
kleine Bitte: Erlauben Sie mir, dass ich einen Koffer-
raum voll Erde aus Israel mitnehmen darf? Ich
würde Ihrem Gott gerne bei uns zu Hause einen Ort
bauen, wo etwas von der Erde liegt, wo er wohnt.
Und ich will in Zukunft auch nur noch für Ihren Gott
Sachen abfackeln und nicht mehr irgendwelchen
anderen Plastikgöttern was opfern. Nur noch für
Gott, den Chef! 18 Ich muss allerdings einen Kom-
promiss eingehen: Wenn mein Präsident zu seinem
Plastikgott Rimmon beten will, dann muss ich ihn
dabei immer etwas stützen, weil er das nicht mehr
alleine schafft. Und dann muss ich mich ja auch
automatisch vor diesem Rimmon verbeugen, wenn
er sich vor dem verbeugt. Ich hoffe Gott versteht
das!“ 19 „Machen Sie sich keinen Kopf! Gehen Sie
hin und entspannen Sie sich!,“ antwortete Elischa.
Nachdem der Typ nun schon eine Weile unterwegs
war, 20 hatte Gehasi eine ziemlich abgefuckte Idee:
„Hm, mein Chef hatte hier so einen fetten Typ an
der Angel, der so viel Kohle mitgebracht hat, dass
man das gar nicht mehr zählen konnte, und dann
lässt er den einfach wieder abziehen, ohne dass er
auch nur einen Cent bekommen hat. Also, ich fahr
dem jetzt noch mal auf jeden Fall hinterher und

knöpfe dem wenigstens noch das Bargeld ab!“
21 Gehasi legte sich in die Kurven und holte Naaman
bald ein. Als der ihn schon kommen sah, bremste er
sein Auto und stieg aus. „Na? Alles klar? Ist was
passiert?“ 22 „Nein, nein, alles bestens!“, antwortete
Gehasi. „Es kamen nur gerade, als Sie weg waren,
ein paar Schüler aus der Propheten-WG, die in den
Bergen bei Efraim ist, zu uns. Zwei von den jungen
Leuten haben uns um eine Spende gebeten, und da
dachten wir, Sie könnten uns doch vielleicht die
100 000 Euro für die dalassen. Auch die Klamotten
könnten die gut gebrauchen. Was meinen Sie?“
23 „Ja, klaro! Hier nehmen Sie das Geld! Ich bestehe
da drauf!“, sagte Naaman. Er steckte die Kohle in
zwei Koffer, legte die Kartons mit den Klamotten
obendrauf und ließ sogar noch zwei von seinen
Leute als Begleitung mitkommen. 24 Kurz vor der
Stadtgrenze schickte Gehasi die zwei Männer wie-
der zurück. Im Dunkeln brachte er dann heimlich
die ganzen Sachen über den Hintereingang in Eli-
schas Haus in den Keller. 25 Als er dann in das
Wohnzimmer von Elischa ging, fragte der ihn: „Wo
kommst du denn gerade her, Gehasi?“ – „Äh, ich
war doch gar nicht draußen!“, antwortete der.
26 „Gott hat mir gezeigt, wie der Typ aus seinem
Auto gestiegen ist und auf dich zu ging. Mann, das
ist jetzt echt nicht die Zeit, um Kohle einzustecken
oder teure Klamotten zu bunkern! Das passt auch
gar nicht, sich davon fette Grundstücke, Tiere,
Autos oder Häuser zu kaufen! 27 Also, du wirst dich
an derselben Krankheit anstecken, die Naaman
hatte. Deine ganze Familie wird krank sein, und ihr
werdet die Krankheit nie wieder los!“ Als Gehasi
dann von Elischa abzog, war plötzlich seine ganze
Haut weiß und schuppig.

6

Elischa bringt einen Hammer zum Schwimmen
1 Die Prophetenschüler aus der WG kamen dann
mal mit einem Anliegen zu Elischa. „Hey, wir
finden, dass unser Wohnhaus viel zu klein gewor-
den ist! 2 Wir würden gern in den Baumarkt gehen
und ein paar Sachen einkaufen, um damit einen
neuen Raum an unser Haus zu bauen. Ist das
okay?“ – „Ja, klar, super Idee, macht ruhig!“, antwor-
tete Elischa. 3 Einer von den Schülern fragte Elischa,
ob er nicht Bock hätte mitzukommen, und Elischa
sagte ja. 4 Also fuhren sie zusammen zum Baumarkt
und kauften das Holz und die Rigipsplatten ein.
Beim Zusammenbauen vom Gerüst fiel aus Verse-
hen ein Hammer von einem der Schüler in eine
Baugrube, die mit Wasser vollgelaufen war. „O nein!
Was mach ich jetzt! Das Teil war nur geliehen!“, rief
der Typ. 6 Elischa fragte: „Wo ist denn der Hammer
reingefallen?“ Der Typ zeigte ihm die Grube. Elischa
nahm sich einen Stock und schlug damit einmal auf
das Wasser, und „zack“ schwamm an der Stelle der
Hammer auf der Wasseroberfläche. 7 „Nimm ihn
dir!“, lachte Elischa. Der Typ packte den Hammer
und steckte ihn in seine Tasche.

Elischa sorgt dafür, dass Syrien und Israel einen Friedensvertrag schließen
8 Der Präsident von Syrien hatte den Israeliten den
Krieg erklärt. Mitten in der Vorbereitung zu einem
Angriff traf er sich mit seinen Generälen. Man
wollte eine Entscheidung fällen, von welcher Seite
aus der Angriff gestartet werden sollte. Ziel war, die
Israeliten völlig zu überraschen. 9 Elischa hatte aber
von Gott von diesem Plan erfahren. Er schickte
darum eine Mail zum Präsidenten von Israel, in der
er davon berichtete und sogar den Ort nannte, der
als Erster angegriffen werden sollte. „Passen Sie
auf! Um die Stelle müssen Sie einen Bogen
machen, denn hier will man den Angriff starten!“,
schrieb er. 10 Der Präsident hörte auf den Rat. Er ließ
die Gegend gut abchecken und passte dort ganz
besonders auf. Dass Elischa solche Tipps auf Lager
hatte, passierte schon mal öfter in der Zeit. 11 Das
war für den Präsidenten von Syrien ziemlich krass,
er kriegte das irgendwie nicht so ganz geschnallt.
Seine Vermutung war, dass es in seinen Reihen
irgendwo einen Spion geben musste. Darum orga-
nisierte er ein Treffen mit den Generälen und
befragte die: „Haben Sie eine Ahnung, wer uns hier
ständig verrät?“ 12 „Wir haben keinen blassen
Schimmer!“, antworteten die Generäle. „Aber ver-
mutlich wissen die das von diesem Prophetentypen
Elischa. Der weiß einfach alles, er weiß sogar,
wovon Sie träumen, und könnte Details davon sei-
nem Präsidenten verraten, wenn er das will!“ 13 „Ich
möchte diesen Typen haben, tot oder lebendig!
Kriegt seine Adresse raus!“, befahl er seinen Leuten.
Später kam dann die Meldung, dass Elischa gerade
in Dotan wohnen würde. 14 Also schickte er eine
große Abteilung von seinem Heer dorthin. Mit am
Start waren sogar noch ein paar Panzerfahrzeuge.
Mitten in der Nacht kamen sie in Dotan an und
umzingelten die Stadt. 15 Morgens blickte der Ange-
stellte von Elischa aus dem Dachfenster und sah,
dass die ganze Stadt von feindlichen Truppen
umstellt war. „Was machen wir jetzt nur?“, fragte er

Elischa. 16 „Hey, keine Panik! Nur weil das so viele Soldaten sind, müssen wir keine Angst haben! Auf unserer Seite kämpfen wesentlich mehr!“ 17 Elischa betete dann für seinen Angestellten: „Gott, bitte lass ihn erkennen, wie die Sache wirklich aussieht!“ Plötzlich konnte der Typ ringsrum auf den Bergen Gottes Engelarmee sehen, die nur darauf brannte, für Elischa zu kämpfen. 18 Dann rückten die feindlichen Armeen der Syrer vor. Elischa betete zu Gott: „Mach doch, dass sie total verpeilt sind und nichts mehr checken!“ Und Gott erhörte das Gebet. 19 Elischa ging der Truppe zu Fuß entgegen, und als er bei den ersten Soldaten angekommen war, sagte er zu ihnen: „Ihr müsst irgendwie falsch abgebogen sein, oder? Das ist hier gar nicht die Stadt, gegen die ihr kämpfen wollt! Ich werde euch zeigen, welche Stadt eigentlich euer Feind ist. Mir nach!“ Dann führte er die Truppen nach Samaria, der Hauptstadt vom Nordreich Israel. 20 Als sie dort waren, betete er: „Gott, jetzt mach, dass sie wieder normal sind!“ Und Gott sorgte dafür, dass sie alles wieder so sehen konnten, wie es auch wirklich war. Plötzlich merkten sie, dass sie mitten in Samaria standen! 21 Der Präsident von Israel rief dann bei Elischa auf dem Handy an: „Elischa, was sagen Sie: Sollen wir sie jetzt alle plattmachen, oder nicht?“ 22 „Nein, auf keinen Fall!“, antwortete Elischa. „Sie würden doch auch nicht die Kriegsgefangenen töten. Laden Sie die besser mal zum Essen ein, und geben Sie ihnen ein Bier aus. Wenn die mit dem Essen fertig sind, sollen die wieder zurückgehen, zu ihrem Präsidenten.“ 23 Der Präsident von Israel ließ also in der Stadthalle ein fettes Essen auffahren. Alle Soldaten durften sich bedienen, und nachdem sie fertig waren, konnten sie als freie Männer wieder zurück nach Syrien ziehen. Von dem Zeitpunkt an gab es lange keinen Krieg zwischen Syrien und Israel.

In Samaria gibt’s nichts zu futtern

24 Ein paar Jahre später kam aber Ben-Hadad, der Präsident von Syrien, auf die Idee, Israel anzugreifen. Er zog sein Heer zusammen, startete einen Krieg und kam bis zur Stadt Samaria. 25 Während der Belagerung kamen keine Lebensmittel in die Stadt, und die Bewohner mussten total hungern. Am Ende wurde Essen so teuer, dass man für eine alte Mettwurst 50 Euro hinblättern musste und für einen Keks 25 Euro. 26 Als der Präsident dann mal mit ein paar Leuten checken wollte, ob die Stadtmauer noch in Ordnung war, rief ihm eine Frau zu: „Hilfe, Hilfe! Helfen Sie mir, Herr Präsident!“ 27 „Wenn Gott Ihnen nicht hilft, kann ich Ihnen auch nicht helfen! Es gibt einfach kein Brot mehr und auch kein Bier, alles ist alle. 28 Was wollen Sie denn von mir?“ Die Frau rief zurück: „Diese Frau dort drüben hat heute Mittag zu mir gesagt, dass sie meinen Sohn schlachten will! ‚Den essen wir heute, und morgen essen wir meinen!‘, sagte sie zu mir. 29 Wir haben dann also meinen Jungen getötet und das Fleisch gekocht und aufgegessen. Ein paar Tage später hatte ich aber wieder Hunger. Da habe ich zu ihr gesagt, dass wir jetzt ihren Sohn essen müssen. Aber sie hatte ihn einfach versteckt!“ 30 Als der Präsident diese Story hörte, war er total fertig. Er schmiss sich auf den Boden und heulte. Dabei fiel ihm eine Pillendose mit Antidepressiva aus der Jackentasche, so dass alle mitkriegten, wie sehr er unter der Situation litt. 31 Schließlich sagte der Präsident vor allen Leuten: „Ich will auf der Stelle tot umfallen, wenn ich es nicht schaffe, dem Elischa heute noch den Kopf wegzuballern!“

Elischa sagt: Bald gibt es wieder was zu futtern

32 Elischa hatte gerade ein Treffen mit den Chefs der Stadt bei sich zu Hause. Der Präsident stieg in sein Auto und fuhr zu ihm hin. Allerdings war einer seiner Angestellten schon mal vorgefahren, um den Besuch anzukündigen. Aber bevor der Angestellte da war, sagte Elischa zu den Chefs: „Haben Sie das auch schon gehört? Der Präsident hat einen seiner Angestellten bezahlt, der hierherkommen soll, um mir den Kopf wegzuballern? Falls der Mann gleich klingelt, schieben Sie bitte den Türriegel vor und lassen ihn nicht rein! Der Präsident wird auch gleich nach ihm hierherkommen!“ 33 Er hatte seinen Satz kaum zu Ende gesprochen, da stand schon der Präsident selbst in der Tür. Der sagte: „Unsere Probleme hat Gott uns eingebrockt! Wie soll das gehen, dass ich noch ewig da drauf warte, bis er jetzt endlich in die Puschen kommt und uns da wieder raushilft? Er hat dafür gesorgt, dass wir hier so Probleme haben!“

7 Elischa hat eine Ansage von Gott, und die Feinde sind weg

1 Jetzt sagte Elischa: „Es gibt etwas, das Gott Ihnen heute sagen will: ‚Morgen werden die Preise für Nahrungsmittel in den Keller gehen! Fünf Kilo Bio-Mehl wird man im Supermarkt für 3 Euro kriegen, und zehn Kilo normales Mehl kosten dann dasselbe.‘“ 2 Der Offizier, der den Präsidenten beglei-

tete, sagte dazu nur: „So ein Schwachsinn! Selbst
wenn Gott höchstpersönlich den Lieferservice über-
nehmen würde, ginge das nicht!" – „Sie werden das
noch mitkriegen, aber Sie werden nichts davon
essen können!", war Elischas Kommentar. 3 Im
Stadtpark hingen ein paar Straßenpunks und aids-
kranke Junkys rum, vier Typen. Sie hatten auch
schon lange nichts mehr zu essen gehabt und sag-
ten zueinander: „Sollen wir hier sitzen bleiben und
einfach verhungern? 4 In der City gibt's auch nichts,
das ist auch für'n Arsch, da würden wir auch ver-
hungern. Wenn wir aber nichts tun und hier bleiben,
krepieren wir auch. Vielleicht versuchen wir, uns
was aus dem Armeelager der Syrer zu schnorren?
Wenn die uns nicht gleich umbringen, haben wir
halt Glück gehabt. Und wenn sie uns erschießen, ist
es auch egal, weil wir so oder so vor Hunger bald
sterben." 5 Als es dunkel geworden war, schlichen
sie sich an das Lager der syrischen Soldaten heran.
Sie merkten aber schnell, dass sich die Truppe
anscheinend komplett verpisst hatte! 6 Und zwar
hatte Gott den Soldaten irgendwie ein heftiges
Geräusch vorgespielt, das so klang, als würde
gerade eine riesengroße Panzergarnision anrollen.
Schnell ging das Gerücht im Lager rum, dass der
Präsident von Israel einen Angriffspakt mit den
Hetitern und den Ägyptern geschlossen hatte. „Die
greifen uns jetzt von hinten an!", schrien die Solda-
ten dann überall. 7 So war voll die Panik im Lager
ausgebrochen, und noch bevor es hell wurde, rann-
ten die Soldaten alle um ihr Leben. Die Zelte, die
Panzer, die Waffen, das ganze Lager ließen sie ein-
fach zurück. 8 Die vier Typen machten erst mal ne
Runde und stopften sich mit Essen und Trinken voll,
bis sie pappsatt waren. Als Nächstes packten sie
sich alle Geldbeutel und den ganzen Goldschmuck,
den sie finden konnten, in ihre Taschen. Und zum
Schluss sackten sie auch noch ein paar Jeans ein,
die da rumlagen. Die Sachen versteckten sie alle an
einer Stelle, die außerhalb vom Lager war. 9 Aber
irgendwie passte was nicht. „Es ist echt nicht okay,
dass wir dem Präsidenten nicht Bescheid geben!",
sagte der eine zu den anderen. „Heute ist ein voll
besonderer Tag für unsere Leute! Wenn wir noch bis
morgen damit warten, unserer Truppe davon zu
erzählen, findet das Gott bestimmt total ätzend von
uns! Los kommt, lass uns zum Präsidenten gehen
und ihm davon erzählen!" 10 Sie gingen also zur
Stadt und machten Meldung bei einer Wachtruppe.
„Wir waren gerade im Lager von den Syrern! Da ist
kein Mensch mehr, ist alles total leer! Die haben
sich alle verpisst! Nur die Panzer und ein paar
andere Fahrzeuge stehen da noch rum. Die Zelte
und Wohnwagen sind alle noch tipptopp in Ord-
nung!" 11 Die Wachsoldaten gaben die Nachricht
sofort weiter, und es wurde dann dem Präsidenten
gemeldet. 12 Der Präsident war noch im Schlafanzug
und stand erst mal auf, als man ihm die Meldung
machte. Dann rief er erst mal seine Offiziere zusam-
men. „Männer, ich will euch nur klarmachen, was
die Syrer mit uns anstellen könnten. Die haben
natürlich auch gecheckt, dass wir kaum noch Kraft
haben, weil es so lange bei uns nichts zu essen gab.
Vermutlich haben sie sich irgendwo auf dem offe-
nen Gelände versteckt und warten nur darauf, dass
wir unsere Bunker in der Stadt verlassen. Sobald wir
draußen sind, werden die bestimmt losstürmen,
unsere Stadt einnehmen und uns alle als Kriegsge-
fangene in den Knast stecken!" 13 „Wir sollten viel-
leicht ein paar von unsern Leuten losschicken, um
die Lage mal zu überprüfen", schlug einer der Sol-
daten vor. „Ist eigentlich egal, ob die jetzt hierblei-
ben oder gehen, sterben müssen die sowieso. Es
sind ja jetzt schon ziemlich viele von uns tot."
14 Also schickte der Präsident zwei Jeeps los mit
dem Befehl rauszufinden, wo die Armee der Syrer
jetzt geblieben war. 15 Die Männer verfolgten die
Spur bis zum Jordan. Überall auf dem Weg lagen
Klamotten und Waffen, die von den Syrern einfach
weggeworfen worden waren, damit sie schneller
rennen konnten. Als sie zurück waren, erstatteten
die Soldaten sofort Bericht beim Präsidenten. 16 Da
stürmten die Männer das Lager der Feinde und nah-
men alles mit, was sie tragen konnten. Weil die Isra-
eliten plötzlich so viel zu essen hatten, fielen die
Preise, so dass man fünf Kilo Bio-Mehl im Super-
markt für 3 Euro kriegen konnte und zehn Kilo nor-
males Mehl dasselbe kosteten. 17 Der Offizier, der
als Begleitung vom Präsidenten mit bei Elischa
gewesen war, wurde zum Stadtpark geschickt, weil
er da für Ordnung sorgen sollte. Aber die Leute
waren alle so neben der Spur, dass sie ihn einfach
niedertrampelten. Und das hatte der Prophetentyp
Elischa ja auch vorausgesagt. 18 Er hatte dem Präsi-
denten gesagt: „Fünf Kilo Bio-Mehl wird man im
Supermarkt für 3 Euro kriegen, und zehn Kilo nor-
males Mehl kosten dann dasselbe." 19 Der Offizier
hatte ihm da drauf geantwortet: „So ein Schwach-
sinn! Selbst wenn Gott höchstpersönlich den Liefer-
service übernehmen würde, ginge das gar nicht!"
Elischa hatte ihm da drauf hin geantwortet: „Sie
werden das noch mitkriegen, aber Sie werden nichts

davon essen können!" 20 Und genau so kam es auch: Die Leute trampelten ihn im Stadtpark einfach platt.

8

Elischa hilft der Frau aus Schunem noch einmal

1 Elischa hatte damals zu der Frau gesagt, deren Sohn er wiederbelebt hatte, dass sie aus der Gegend verschwinden sollte. „Es gibt hier bald nichts mehr zu essen, Gott sorgt dafür, dass die Leute hier sieben Jahre lang hungern müssen!", meinte er zu ihr. 2 Also packte die Frau ihre Sachen und zog um. Sieben Jahre wohnte sie im Land von den Philistern. 3 Danach ging sie wieder zurück nach Israel. Als sie erneut in der Stadt angekommen war, wollte sie zum Präsidenten gehen, um dort einen Antrag auf Rückgabe ihres Hauses und des Grundstücks zu stellen. 4 An dem Tag redete der Präsident gerade mit Gehasi, der ja lange für Elischa gearbeitet hatte. Sie waren gerade am Schwärmen über die schöne alte Zeit und die abgefahrenen Wunder, die Elischa getan hatte. „Erzählen Sie mir noch mal so eine Geschichte!", bettelte der Präsident. 5 Also erzählte Gehasi noch mal die Story, wo Elischa einmal den toten Jungen einer Witwe wieder lebendig gemacht hatte. Plötzlich kam diese Frau an und wollte von ihm Unterstützung wegen einem Haus und dem dazugehörigen Grundstück. „Moment mal!", rief Gehasi. „Das ist die Frau, von der ich gerade erzählt hab! Ihr Sohn wurde wieder lebendig! Ach, das hier neben ihr muss der Junge sein!" 6 Der Präsident holte die Frau zu sich und hörte sich noch mal die ganze Geschichte ausführlich von vorne an. Anschließend rief er einen Beamten und sagte dem: „Sorgen Sie dafür, dass diese Frau ihr gesamtes Eigentum zurückbekommt! Außerdem soll sie für die Zeit, in der sie ihre Felder nicht abernten konnte, den vollen Betrag als Schadensersatz erstattet bekommen!"

Elischa und Hasael aus Damaskus

7 Elischa ging dann nach Damaskus. In der Zeit war Ben-Hadad, der Präsident von Syrien, schwer krank geworden. Er hörte davon, dass Elischa gerade in der Stadt war. 8 „Packen Sie ein schönes Geschenk ein, und bringen Sie das Elischa", sagte der Präsident zu Hasael, einem seiner Angestellten. „Fragen Sie ihn mal bitte, ob er sich vielleicht bei Gott erkundigen kann, ob ich wieder gesund werde oder bald sterben muss!" 9 Hasael packte einen ganzen Lkw voller Geschenke ein, alles spezielle Artikel, die aus Damaskus kamen. Damit ging er zu Elischa. „Guten Tag! Ich komme im Auftrag von Ben-Hadad, dem Präsidenten von Syrien, der Ihnen beste Grüße ausrichten lässt. Er würde gerne von Ihnen wissen, ob er wieder gesund werden wird oder nicht." 10 „Sie können ihm ausrichten, dass er von dieser Krankheit wieder gesund werden wird. Aber Gott hat mir auch gesagt, dass er trotzdem bald sterben muss!" 11 Elischa konnte dem Typen gar nicht in die Augen sehen, weil ihm das voll leidtat, so eine Ansage zu machen. Dann fing er plötzlich an zu weinen. 12 „Warum weinen Sie denn jetzt?", fragte ihn Hasael. Elischa antwortete: „Gott hat mir gerade gezeigt, was für ätzende Sachen Sie bringen werden und wie sehr die Leute unter Ihnen zu leiden haben! Sie machen aus allem Kleinholz, fackeln ganze Städte nieder, werden sogar Jugendliche töten, Kinder abstechen und schwangeren Frauen mit einer Rasierklinge den Bauch aufschlitzen." 13 „Aber, Moment mal, das geht doch gar nicht!", rief Hasael. „Ich bin doch nur die letzte Wurst, wie soll ich bitte mal so viel Macht haben, um solche Sachen zu bringen?!" – „Gott hat mir gesagt, dass Sie der Präsident von Syrien sein werden", antwortete Elischa. 14 Nachdem Hasael wieder bei seinem Chef angekommen war, fragte der ihn, wie es gelaufen war: „Und? Was hat er gesagt?" – „Er meinte, Sie werden wieder gesund werden", sagte ihm Hasael. 15 Am nächsten Morgen ging er in das Schlafzimmer vom Präsidenten und presste das Kopfkissen so lange auf sein Gesicht, bis er erstickt war. Und dann übernahm er selbst die Regierung über Syrien.

Der Präsident über Juda: Joram

16 Im fünften Jahr, in dem Joram, der Sohn von Ahab, in Israel an der Macht war, wurde ein anderer Joram, der Sohn von Joschafat, Präsident von Juda. Er führte die Regierungsgeschäfte zuerst gemeinsam mit seinem Vater Joschafat. 17 Als er Präsident wurde, war Joram 32 Jahre alt und regierte insgesamt acht Jahre von Jerusalem aus das Land. 18 Joram hatte eine Tochter von Ahab geheiratet. Er baute auch den gleichen Mist, wie die Familie von Ahab es vor ihm auch schon gemacht hatte. Joram brachte viele Sachen, die Gott total ätzend fand. 19 Aber Gott wollte den Familienstamm Juda nicht komplett kaputtmachen. Er hatte David ja versprochen, dass seine Leute immer weiter existieren würden und dass es immer einen aus seiner Familie gebe, der Präsident sein wird. 20 Die Edomiter hat-

ten die ganze Zeit keinen eigenen Präsidenten
gehabt, sondern waren immer von Juda kontrolliert
worden. Aber als Joram an der Macht war, lösten
sich die Edomiter von Juda und wählten sich ihren
eigenen Präsidenten. 21 Als das klar war, sammelte
Joram seine Panzergarnison und zog mit seiner
Armee nach Edom, bis er zur Stadt Zair kam. Die
Panzer von den Edomitern umzingelten ihn dort
aber heimlich. Nachts starteten sie einen Befrei-
ungsschlag und fügten der Armee von Joram so
eine krasse Niederlage bei, dass die restliche
Truppe wieder nach Hause floh. 22 Edom war seit-
dem von Juda unabhängig. In der Zeit erklärte auch
die Stadt Libna ihre Unabhängigkeit. 23 Alle Sachen,
die man sonst noch über Joram erzählen kann, ste-
hen in den amtlichen Chroniken der Präsidenten
von Juda. 24 Joram wurde nach seinem Tod in das
gleiche Grab gelegt, in dem auch seine ganze Fami-
lie lag. Als Nachfolger wurde sein Sohn Ahasja
bestimmt.

Was der Präsident Ahasja so alles gebracht hat

25 Als Joram zwölf Jahre an der Macht in Israel war,
wurde Ahasja der neue Präsident von Juda. Er war
ein Sohn vom alten Präsidenten Joram. 26 Ahasja
war 22 Jahre alt, als er in das Amt kam, aber er
regierte auch nur ein Jahr lang von Jerusalem aus.
Seine Mutter hieß Atalja, eine Tochter von Omri
(der wiederum war auch mal ein Präsident von
Israel). 27 Leider baute er den gleichen Mist, wie die
ganze Familie von Ahab es vor ihm auch getan
hatte. Mit dieser Familie war er über seine Frau
auch verwandt. 28 Zusammen mit Joram, dem Sohn
von Ahab, führte Ahasja gemeinsam Krieg gegen
Syrien und ihren Präsidenten Hasael. In der
Schlacht wurde Joram schwer verwundet. 29 Man
brachte ihn in das Krankenhaus von Jesreel, um da
wieder gesund zu werden. Dort bekam er dann mal
Besuch von Ahasja.

9

Jehu wird zum neuen Präsidenten von Israel erklärt

1 Irgendwann rief Elischa einen seiner Prophe-
tenschüler zu sich. „Lauf mal mit dieser Flasche in
die Stadt Ramot, die in Gilead liegt. In der Flasche
ist dieses ganz besondere Öl drin, was man
braucht, um Leute in einen Dienst einzusetzen.
2 Wenn du da bist, frag nach Jehu, der ist ein Sohn
von Joschafat und ein Enkel von Nimschi. Sobald
du den gefunden hast, verziehst du dich mit ihm in
eine Ecke, wo ihr ungestört quatschen könnt.
Schnapp ihn dir, auch wenn er gerade mit seinen
Kollegen abhängt. 3 Und dann, wenn ihr alleine
seid, nimmst du das Öl und kippst es auf seinen
Kopf, klar? Dabei sagst du folgenden Spruch: ‚Gott
spricht zu Ihnen: Hiermit bist du der neue Präsi-
dent von Israel!' Wenn du fertig bist, dreh dich um
und hau ab so schnell es geht!" 4 Der Schüler von
Elischa fuhr also nach Ramot. 5 Als er da war, saßen
gerade alle Offiziere zusammen an einem Tisch. Er
ging auf sie zu und sagte: „Herr Oberst, ich habe
eine Nachricht für Sie!" Jehu fragte ihn: „Und für
wen von uns ist diese Nachricht?" – „An Sie, Herr
Oberst!", antwortete der Prophetenschüler. 6 Jehu
stand vom Tisch auf und ging mit ihm ins Haus
rein. Plötzlich packte der Schüler seine Flasche aus,
schüttete das Zeug über den Kopf von Jehu und
sagte dabei: „Diese Ansage kommt von Gott, dem
Chef von Israel: ‚Hiermit setze ich dich als neuen
Präsidenten über Israel ein! 7 Dein erster Job ist,
dass du die ganze Familie von Ahab und alle seine
Nachkommen umbringst. Ich will auf diese Art Ise-
bel dafür bestrafen, dass sie meine Leute, die Pro-
pheten, getötet hat. Für alle meine Männer, die
durch sie umgebracht worden sind, muss sie
bezahlen. 8 Die ganze Verwandtschaft von Ahab
muss sterben! Jedes seiner Kinder, die volljährigen
sowie die Babys, dürfen nicht länger leben! Ihre
Namen müssen endgültig und für immer aus allen
Dateien gelöscht werden. 9 Ich werde mit dieser
Familie genauso so umgehen wie mit der Familie
von Jerobeam und der Familie von Bascha. 10 Die
Leiche von Isebel soll zu Hackfleisch verarbeitet
werden, die frei laufenden Hunde auf den Feldern
von Jesreel sollen ihr Fleisch fressen. Sie darf kein
eigenes Grab bekommen!'" Nachdem der Schüler
seinen Spruch abgelassen hatte, schnappte er sich
schnell seine Sachen und verdünnisierte sich.
11 Als Jehu dann wieder zu den anderen Offizieren
nach draußen kam, wollten sie gleich wissen:
„Und? Was wollte der Spinner von Ihnen? Alles in
Butter?" – „Ach, nichts. Sie kennen doch solche
Idioten, die nur Schwachsinn reden ..." 12 „Los,
erzählen Sie schon! Reden Sie nicht um den
heißen Brei herum!", meinten sie hartnäckig. „Er
meinte, dass Gott zu mir sagt: ‚Hiermit erkläre
ich dich zum neuen Präsidenten über Israel!'"
13 Als die Offiziere das hörten, verbeugten sich alle
sofort vor ihm. Dann setzten sie eine Presseerklä-
rung auf, wo drinstand, dass Jehu jetzt der neue
Präsident ist.

Wie es mit den Präsidenten Joram und Ahasja zu Ende ging

14 Gleich nachdem das passiert war, organisierte
Jehu einen kleinen Regierungsputsch, um Joram
von seiner Position zu stürzen. Joram war zu der
Zeit gerade mit dem ganzen israelitischen Heer im
Krieg. Es ging darum, die Stadt Ramot aus Gilead
gegen den syrischen Präsidenten Hasael zu verteidi-
gen. 15 Joram hatte im Kampf einen Streifschuss
abbekommen und musste deswegen ins Kranken-
haus nach Jesreel. Jehu organisierte ein heimliches
Treffen mit den Offizieren in Ramot: „Niemand soll
lebend die Stadt verlassen, damit keiner später in
Jesreel erzählen kann, was hier abgegangen ist.
Okay?“ 16 Jehu fuhr dann mit einem Jeep nach Jes-
reel, weil dort Joram im Krankenhaus untergebracht
war. Ahasja, der Präsident von Juda war zu der Zeit
auch in Jesreel, um Joram zu besuchen. 17 Von
einem Wachturm an der Stadtgrenze von Jesreel sah
ein Soldat die Jeeps anrollen. Er machte eine Mel-
dung beim Präsidenten. Der antwortete: „Schicken
Sie sofort einen Soldaten los, der den beiden entge-
genfährt. Ich möchte eine anständige Meldung über
die Lage im Kriegsgebiet haben.“ 18 Der Soldat kam
bei der Kolonne an und sagte zu Jehu: „Der Präsi-
dent möchte wissen, wie die Lage im Kriegsgebiet
ist!“ – „Das geht Sie einen Dreck an! Folgen Sie
meiner Truppe!“ Der Wachposten beobachtete das
Ganze mit einem Fernglas und meldete, was er
gesehen hatte: „Der Soldat hat den Trupp erreicht,
aber er kommt nicht wieder zurück!“ 19 Der Präsi-
dent schickte noch mal einen zweiten Soldaten los.
Als der auch bei Jehu ankam und fragte, ob alles
okay sei, antwortete der wieder: „Das geht Sie über-
haupt nichts an. Folgen Sie meiner Truppe!“ 20 Der
Wachposten berichtete Joram, was passiert war.
„Der Soldat ist bis zu ihm gekommen, aber er kam
nicht zurück.“ Dann sagte er noch: „Und der Typ
fährt wie ein Irrer! Das kann eigentlich nur Jehu
sein!“ 21 Joram sagte: „Fahren Sie meinen Jeep vor!“
Der Wagen von Ahasja wurde auch gebracht, und
beide Präsidenten, Joram von Israel und Ahsaja von
Juda, fuhren ihm entgegen. Als die beiden auf Jehu
und seine Männer trafen, waren sie gerade beim
Grundstück von Nabot angekommen. 22 „Und,
Jehu? Alles okay?“, fragte ihn Joram, als er da war.
Aber Jehu sagte: „Was ist das bitte für eine bekackte
Frage! Wie soll alles okay sein, wenn Ihre Mutter
Isebel auf diese fremden Plastikgötter abfährt und
fiesen Zauberkrams macht?“ 23 Der Präsident Joram
legte den Rückwärtsgang ein und schrie aus dem
Auto: „Das ist eine Falle, Ahasja!“ Dann fuhr er mit
quietschenden Reifen davon. 24 Jehu legte sein
Scharfschützengewehr an, zielte einmal und schoss.
Die Patrone durchschlug Jorams Schulterblätter von
hinten und traf genau ins Herz. Die Kugel kam
sogar vorne wieder raus. Joram brach in seinem
Wagen zusammen und war sofort tot. 25 Jetzt befahl
Jehu seinem Offizier Bidkar: „Nehmen Sie seine
Leiche, und werfen Sie die auf das Grundstück von
Nabot. Wissen Sie noch, als wir beide damals in
unserem Auto hinter dem Präsidenten hergefahren
sind? Damals hatte Gott zu Ahab Folgendes gesagt:
26 ‚Ich habe es mitgekriegt, wie Nabot und seine
Söhne gestern getötet worden sind! Hier, auf dem
Grundstück von Nabot, werde ich dich dafür bestra-
fen!‘ Nehmen Sie die Leiche, und schmeißen Sie die
dort hin! Dann geht genau das in Erfüllung, was
Gott schon vorher gesagt hatte!“ 27 Als Ahasja, der
Präsident von Juda, mitkriegte, was da gerade pas-
siert war, floh er in die Richtung Bet-Gan. Jehu jagte
ihm hinterher und befahl seinen Leuten: „Ballert ihn
ab!“ Die Männer knallten drauflos, und als Ahasja
gerade auf dem Weg bei Gur, in der Nähe von Ji-
bleam, bergauf fahren wollte, traf ihn ein Schuss
von hinten. Er kam noch bis Megiddo, wo er dann
aber verreckte. 28 Seine Untergebenen holten die
Leiche und brachten sie in einem Wagen nach Jeru-
salem. Dort wurde er dann auf dem Friedhof bei
seinen Verwandten begraben. 29 Joram war Präsi-
dent von Juda geworden, als Ahasja seit elf Jahren
im Amt war.

Mit Isebel geht es zu Ende

30 Jehu ging wieder in die Stadt Jesreel zurück.
Irgendwer erzählte das dann Isebel. Sie stylte sich
erst mal richtig, zog ihre Lackwäsche an und
schminkte sich die Augenränder schwarz. Dann
stellte sie sich an das Fenster vom Regierungssitz,
in dem sie auch wohnte. 31 Als Jehu durch das Gar-
tentor fuhr und sie im Fenster stehen sah, rief sie
ihm zu: „Na du, wie gehts dir? Du hast schließlich
gerade deinen Chef umgebracht, genau wie dieser
Simri damals!“ 32 Dann stellte Jehu sich unter ihr
Fenster und rief: „Wer von den Angestellten steht
auf meiner Seite?“ Ein paar von den Arbeitern aus
der Residenz sahen auf ihn runter. 33 „Los, ihr da!
Schnappt sie euch und werft sie aus dem Fenster!“,
befahl er. Die Männer packten Isebel und warfen sie
aus dem Fenster. Sie fiel und knallte aus dem vier-
ten Stock auf den Betonboden. Ihr Blut spritzte an
der Mauer hoch, und auch der Wagen bekam was

ab. Jehu fuhr dann einfach noch über ihre Leiche
drüber. 34 Dann ging er in das Regierungsgebäude
und ließ sich ein fettes Essen auftischen. Nachdem
er fertig war, sagte er: „Jemand sollte mal die Leiche
von der Isebel vom Boden abkratzen. Diese Frau
war bei Gott unten durch, sie war verflucht. Begrabt
sie trotzdem anständig, denn sie ist immerhin noch
eine Tochter von einem Präsidenten gewesen!"
35 Die Männer, die sie dann begraben sollten, konn-
ten von der Leiche aber nur noch den Schädel, die
Füße und die Hände finden. 36 Als sie das Jehu
erzählten, sagte er: „Dann ist also doch die Vorher-
sage von Elija eingetroffen. Er hatte ja gesagt: ‚Vor
der Stadt Jesreel werden die wilden Hunde das
Fleisch von Isebel auffressen. 37 Ihre Leiche soll wie
Dünger auf einem Acker verstreut werden. Niemand
wird später mal in der Lage sein zu sagen: Da liegt
übrigens die Isebel.'"

10 Jehu killt die ganze Familie vom Ahab

1 Siebzig Söhne von Ahab lebten in Samaria.
Jehu schickte dann eine Rundmail an alle
Männer in der Stadt, die dort was zu sagen hatten.
Die Mail war auch an die Erzieher von Ahabs Söh-
nen und die Chefs in der Stadt gerichtet. Folgendes
stand drin: 2 „Bei Ihnen befinden sich Familienmit-
glieder vom Ex-Präsidenten Ahab. Sie haben Panzer,
Jeeps, gute Ausrüstung und Waffen. Ihre Stadt ist
außerdem gut geschützt. 3 Suchen Sie sich den fit-
testen Sohn vom Ex-Präsidenten aus, und machen
Sie ihn zum neuen Chef. Setzen Sie ihn an den
Schreibtisch von seinem Vater, und kämpfen Sie ab
dann für seine Sache!" 4 Die Männer hatten aber
Schiss vor Jehu. „Der hat schon zwei Präsidenten
auf dem Gewissen, wie sollen wir da eine Chance
gegen ihn haben?" 5 Also ließen die Leute, die am
Ende die Entscheidung treffen sollten, Jehu einfach
nur eine schriftliche Antwort da. „Wir stehen zu
Ihren Diensten! Was Sie sagen, ist für uns wie ein
Befehl! Wir haben kein Interesse, hier jemanden
zum neuen Präsidenten zu machen. Machen Sie,
was Sie wollen!" 6 Jehu schrieb dann einen zweiten
Brief an sie: „Gut, wenn alle bereit dazu sind, mei-
nen Befehlen zu gehorchen, dann kommen Sie mor-
gen Mittag zu mir nach Jesreel. Als Geschenk
möchte ich, schön in einem großen Paket verpackt,
die Köpfe von den siebzig Söhnen von eurem Ex-
Präsidenten sehen!" Die Söhne wurden in der Zeit
nämlich in einer besonderen Eliteschule in Samaria
erzogen. 7 Diese Männer ließen dann also tatsäch-
lich alle siebzig Söhne töten. Die Köpfe wurden
abgesägt und nach Jesreel gebracht. 8 Nachdem
Jehu die Meldung bekam, dass die Köpfe alle ange-
kommen waren, gab er den Befehl, sie in zwei Hau-
fen vor dem Stadteingang aufzustapeln. Dort soll-
ten sie einen Tag lang liegenbleiben. 9 Am nächsten
Morgen kam er selbst zu dem Platz, wo man die
ganzen Köpfe hingelegt hatte. Vor den Leuten, die
dort rumstanden, machte er dann auf doof, als
hätte er von nichts ne Ahnung. „Ihr habt hier nichts
verbockt, keine Sorge! Ich habe diese kleine Revolu-
tion gegen den Präsidenten angezettelt, und ich
habe ihn auch erschießen lassen. Aber welcher
Ganove hat jetzt diese ganzen Kinder umgebracht?
10 Das ist auf jeden Fall der Beweis, dass alles, was
Gott der Familie von Ahab angedroht hat, auch pas-
siert ist. Gott hat genau das durchgezogen, was er
durch Elija angekündigt hatte." 11 Als Nächstes ließ
Jehu auch noch alle Familienmitglieder von Ahab
töten, die gerade in Jesreel waren. Dazu killte er alle
Priester, Beamten und Berater von Ahab, keiner
wurde am Leben gelassen. 12 Dann machte er sich
auf den Weg nach Samaria. Als er bei Bet-Eked-
Haroim war, 13 lernte er ein paar Verwandte vom
Präsidenten Ahasja kennen. „Wo kommen Sie her,
wer sind Sie?", fragte Jehu die Leute. „Wir sind alles
Verwandte vom Präsidenten Ahasja. Sind gerade auf
dem Weg nach Jesreel, um die Familie mal wieder
zu besuchen! Wir freuen uns besonders auf die
Söhne und die Mutter!" 14 Sofort befahl Jehu den
Soldaten, die bei ihm waren: „Los, alle festneh-
men!" Die ganze Familie wurde abgeführt. Beim
Brunnen von Bet-Eked-Haroim wurden dann alle
per Genickschuss getötet. Von den 42 Mann über-
lebte keiner. 15 Jetzt zog Jehu weiter in Richtung
Samaria. Auf dem Weg traf er Jonadab, den Sohn
von Rechab. Jehu begrüßte ihn und fragte: „Sagen
Sie, sind Sie korrekt drauf? Kann ich mich auf Sie
verlassen, so wie Sie sich auf mich verlassen kön-
nen?" – „Na sicher!", antwortete Jonadab. „Okay,
dann geben Sie mir die Hand drauf!" Jonadab
reichte Jehu seine Hand und stieg zu ihm in das
Auto. 16 „Wollen Sie nicht noch mit zu mir nach
Hause kommen?", fragte Jehu. „Ich würde Ihnen
gerne zeigen, wie radikal ich mit Gott lebe und was
ich für ihn alles tue!" Jonadab sagte ja und fuhr mit.
17 Als sie in Samaria angekommen waren, brachte
Jehu alle Verwandten von Ahab um, die noch am
Leben waren. Die ganze Familie wurde konsequent
ausgelöscht. Alles, was Gott durch Elija angekün-
digt hatte, passierte auch.

Jehu nietet alle Baal-Fans im Land um

18 Jehu organisierte dann ein großes Treffen, bei
dem alle Bewohner von Samaria anwesend waren.
„Der große Baal-Gott wurde von Ahab zu wenig
gefeiert! Das muss ab sofort anders werden!
19 Darum beschließe ich hiermit, dass wir eine rie-
sengroße Opferparty für Baal feiern. Ich möchte,
dass alle Priester und Prophetentypen vom Baal
eingeladen werden. Jeder, der ihn klasse findet,
muss unbedingt kommen! Das ist eine Pflichtveran-
staltung, und wer nicht da ist, kriegt die Todestrafe!"
Sein Plan war aber eigentlich, alle Baal-Fans auf ein-
mal zu töten ... 20 Jehu organisierte also diese große
Party. 21 Er schaltete überall in Israel Anzeigen, ließ
ohne Ende Flyer drucken, und tatsächlich kamen sie
alle. Es gab keinen, der nicht gekommen wäre. Die
ganze Menschenmasse traf sich im Innenhof von
dem Tempel, in dem immer zu Baal gebetet wurde.
Der Platz war brechend voll. 22 Jehu sagte dann zu
dem Mann, der die Aufsicht über die Tempel-Kla-
motten hatte: „Verteilen Sie mal alle Klamotten an
die Fans von Baal!" Als die Sachen verteilt waren,
23 ging Jehu mit Jonadab in den Tempel rein. Dann
rief er laut zu den anwesenden Leuten: „Ich möchte,
dass hier wirklich nur Leute versammelt sind, die
absolute Oberfans von Baal sind! Checkt das bitte
mal! Leute, die den Gott von Israel toll finden,
haben hier nichts zu suchen!" 24 Dann gingen Jehu
und Jonadab zu dem Opfertisch rüber, dem Altar,
um dort Dankopfer und Abfackelopfer für Baal vor-
zubereiten. Jehu hatte aber vor dem Tempel in eini
ger Entfernung bereits eine Truppe von 80 Soldaten
in Position gebracht. Sein Befehl war: „Nietet sie
alle um! Wer einen von diesen Baal-Fans lebend
entwischen lässt, ist selber dran, er muss sterben!"
25 Nachdem sie die Opfersession beendet hatten,
erteilte Jehu den Befehl über ein Funkgerät an seine
Leibwache und die Offiziere der Truppe: „Jetzt
schlagt los! Tötet sie alle! Keiner darf am Leben blei-
ben!" Sofort stürmten die Männer den Tempel und
machten alle Besucher kalt. Die Leichen von den
Baal-Fans schmissen sie nach draußen auf einen
Haufen. Anschließend stürmten sie den inneren
Bereich vom Baal-Tempel 26 und holten die Figuren
von diesen Pseudogöttern und verbrannten sie.
27 Die Figur von diesem Baal-Gott wurde mit einem
Presslufthammer zerstückelt. Und am Ende wurde
der ganze Tempel gesprengt. Bis heute wird dieser
Platz nur noch als öffentliches Klo benutzt. 28 Auf
diese Art machte Jehu mit diesem Baal-Fan-Kult in
Israel kurzen Prozess.

Noch ein paar Worte zur Regierungszeit von Jehu

29 Leider spielte Jehu aber nebenbei auch mit den
Plastikgöttern von Jerobeam rum. Der hatte ja ganz
Israel dazu verführt, zu diesen Stierfiguren aus Gold
zu beten, die in Bet-El und Dan standen. 30 Trotz-
dem sagte Gott zu Jehu: „Du warst gut drauf! Du
hast Sachen gemacht, die ich gut finde! Die Sachen,
die ich mit der Familie vom Ahab vorhatte, hast du
alle durchgezogen. Darum werde ich dafür sorgen,
dass deine Familie noch lange die Präsidenten von
Israel stellen wird. Vier Generationen lang wird das
so sein!" 31 Jehu zog die Gesetze von Gott aber nicht
radikal genug durch. Er baute auch Mist, genauso
wie Jerobeam, der Israel dazu verführt hatte, zu
Plastikgöttern zu beten. 32–33 In der Zeit, in der Jehu
an der Macht war, fing Gott damit an, das Gebiet
von den Israeliten zu verkleinern. Der syrische Prä-
sident Hasael eroberte zum Beispiel das ganze
Gebiet, was östlich vom Fluss Jordan lag. Von der
Stadt Aroer am Arnonfluss bis nach oben in die
Berge von Gilead, dazu die Landschaften von
Baschan (das gehörte alles mal den Familienstäm-
men Gad, Ruben und Ost-Manasse) eroberte er.
34 Alle Sachen, die man sonst noch über Jehu erzäh-
len könnte, stehen in den amtlichen Chroniken der
Präsidenten von Israel. 35 Nach seinem Tod wurde er
in Samaria beerdigt. Als nächster Präsident war sein
Sohn Joahas an der Reihe. 36 Insgesamt war Jehu
28 Jahre der Präsident von Israel gewesen.

11

Atalja versucht, die Prasidentenfamilie von David auszulöschen

1 Atalja, die Mutter von Ahasja, kriegte voll
den Ausraster, als sie hörte, dass ihr Sohn getötet
worden war. Sofort organisierte sie einen Auftrags-
killer, der dann die ganze Präsidentenfamilie umnie-
tete. 2 Eine Tochter vom Ex-Präsidenten Joram mit
Namen Joscheba, also eine Schwester von Ahasja,
rettete den kleinen Joasch (den Sohn von Ahasja)
mit seiner Pflegemutter. Der sollte nämlich in sei-
nem Kinderbett einfach getötet werden, wie die
anderen auch. Sie versteckte ihn vor Atalja, darum
überlebte er dieses Attentat. 3 Der Junge wurde
sechs Jahre lang in einem Hinterzimmer vom Tem-
pel versteckt, in der ganzen Zeit, wo Atalja das
Sagen in Israel hatte.

Revolution gegen Atalja

4 Als Atalja sieben Jahre im Amt war, organisierte
der Priester Jojada ein heimliches Treffen im Tem-

pel. Eingeladen wurden die Offiziere der Feldjäger vom Heer. Bei dem Treffen wurde ein Abkommen getroffen. Alle Anwesenden unterzeichneten einen Vertrag, der die bedingungslose Unterstützung für den Sohn vom Ex-Präsidenten Ahasja garantierte. Dieses Papier zeigte der Priester Jojada dem Joasch, diesem Sohn vom Ahasja. 5 Dann befahl er den Offizieren: „Ein Drittel von ihren Männern, die nächsten Sonntag ihren Dienst schieben, sollen als Wachposten am Regierungsgebäude postiert werden. 6 Das zweite Drittel soll das Tor Sur bewachen. Und das dritte Drittel muss am Eingang hinter dem Haus von der Wache stehen. Diese drei Abteilungen sollen das Gelände abriegeln, damit keiner unbemerkt in den Tempel kommen kann. 7 Aber die zwei Abteilungen, die am Sonntag mit ihrer Schicht fertig sind, müssen sich in der Nähe vom Tempel aufhalten, um den Präsidenten zu schützen! 8 Diese Abteilungen – jeder Einzelne immer mit der Hand an der Waffe – sollen die ganze Zeit einen Kreis um den Präsidenten bilden. Überall, wo er hingeht, müssen sie auch sein! Wenn irgendjemand versucht, in den Kreis reinzugehen, wird er sofort erschossen!" 9 Die Offiziere machten alles genau so, wie Jojada es gesagt hatte. Die Truppe versammelte sich an einer Stelle. Das waren eben einmal die Soldaten, deren Dienst am Sonntag anfing, und dann die, welche ihn beendet hatten. Mit diesen Männern kamen sie zu Jojada. 10 Vom Priester bekamen sie die MPs und Kanonen, die noch aus der Zeit von David stammten und seitdem im Tempel aufbewahrt wurden.
11 Die Leibwächter stellten sich von rechts nach links im Halbkreis auf, jeder mit einer Waffe in der Hand, von der südlichen bis zur nördlichen Ecke. So sollte der Präsident von allen Seiten geschützt werden.
12 Irgendwann führte Jojada dann den Joasch, den Sohn vom Ex-Präsidenten, nach draußen, um ihn zum neuen Chef über das Land zu erklären. In einem feierlichen Akt unterschrieb der die Staatsurkunde und strichen sie ihm das besondere Öl über die Stirn, was man nimmt, um jemanden in sein Amt einzuführen, und machten ihn damit offiziell zum neuen Präsidenten. Am Ende klatschten alle ganz laut und riefen: „Lang lebe unser neuer Präsident!" 13 Atalja hörte die lauten Rufe von den Leibwächtern und den anderen Leuten, die dabei waren. Sie zog sich an und ging auch zum Tempel, um die Lage zu checken. 14 Als sie ankam, sah sie den neuen Präsidenten genau auf dem Platz stehen, auf dem normal Leute zum Präsidenten gemacht werden. Um ihn herum standen die Offiziere und ein paar Musiker. Die Leute machten voll Party, sie feierten wie verrückt, während die ganze Zeit eine Band laute Musik spielte. Aber Atalja rastete komplett aus. „Ihr habt mich beschissen! Das ist eine Revolution!" 15 Weil der Priester Jojada verhindern wollte, dass sie gleich hier, im Bereich des Tempels, von den Leuten getötet wurde, sagte er zu den Offizieren: „Führt sie ab! Stellt euch um die Frau und bringt sie sicher hier raus! Jeder, der hinter euch hergeht, um sie zu verfolgen, wird von euch sofort erschossen!" 16 Also wurde Atalja gepackt, und man schleppte sie über die Garageneinfahrt nach draußen. Dort, noch vor dem Palast vom Präsidenten, wurde sie dann aber einfach abgeknallt. 17 Jojada organisierte, dass der Präsident und alle Leute aus seinem Volk einen Vertrag mit Gott machen mussten. In dem Vertrag verpflichteten sie sich dazu, dass sie als die Leute, die zu Gott gehören, auch ihr Leben mit ihm radikal durchziehen werden.
18 Danach zogen die Männer zusammen zum Haus von diesem Plastikgott Baal. Mit einem Bulldozer wurde das ganze Teil abgerissen. Die Opfertische, wo man Baal Sachen drauf geschenkt hatte, die ganzen Bilder von Göttern, alles wurde verschrottet. Am Ende töteten sie dort auch noch Mattan, den Oberpriester von Baal. Schließlich beauftragte Jojada noch ein paar Soldaten, die vor dem Tempel Wache schieben sollten. 19 Danach holte er die ganze Truppe wieder zusammen. Die Offiziere, die Männer von der Leibwache und die Soldaten, die auf das Regierungsgebäude aufpassen sollten, waren auch dabei. Mit allen zusammen zogen sie vom Tempel aus durch das Tor vom Regierungsbezirk bis zum Regierungsgebäude. Dort setzte sich der neue Präsident, Joasch, dann erst mal feierlich in seinem Büro an den Schreibtisch. 20 Die Leute von Juda waren begeistert, aber die Leute aus der Stadt selbst warteten erst mal ab. Atalja war also mit einer MP in der Nähe vom Haus des Königs erschossen worden.

12 Joasch, der neue Präsident von Juda

1 Joasch wurde schon mit sieben Jahren zum neuen Chef von Juda erklärt. 2 Als Jehu sieben Jahre lang an der Macht in Israel war, wurde Joasch auf den Chefsessel gesetzt und regiert 40 Jahre lang von Jerusalem aus das Land. Seine Mutter Zibja stammte aus Beerscheba. 3 Solange er lebte, machte er nur Sachen, die Gott cool findet. Er lebte so, wie es ihm der Priester Jojada beigebracht

hatte. 4 Nur diese Opferplätze von den Plastikgöt-
tern auf den Bergen riss er leider nicht ab. So konn-
ten die Leute da weiterhin Opfer für die abfackeln.
5–6 Joasch sagte zu den Priestern: „Die ganzen
Spenden für Gott, aber auch alle Steuern und die
Abgaben, die an den Tempel gezahlt werden, müs-
sen den Priestern gegeben werden. Die müssen
dann dafür sorgen, dass mit dem Geld alle Repara-
turen am Tempel erledigt werden. Auch die kaput-
ten Teile sollen von der Kohle ersetzt werden kön-
nen.“ 7 Nach 23 Jahren, in denen Joasch an der
Macht war, hatten die das nämlich immer noch
nicht auf die Reihe bekommen. Die baufälligen Teile
mussten dringend erneuert werden. 8 Der Präsident
orderte also den Priester Jojada und die anderen
Priester zu sich ins Büro. „Leute, was ist da los?
Warum habt ihr den Tempel immer noch nicht voll-
ständig renoviert? Ab sofort setze ich einen Kontrol-
letti bei euch ein, der das Geld in Empfang nimmt.
Denn ihr benutzt die Kohle anscheinend für was
anderes und nicht dafür, um den Tempel wieder in
Schuss zu bringen!“ 9 Die Priester waren mit dem
Vorschlag einverstanden. Ab sofort wurde das Geld
nicht mehr direkt an die Priester gespendet, dafür
waren sie aber auch nicht mehr verantwortlich für
die Renovierungsarbeiten am Tempel. 10 Jojada ließ
eine große Spardose anfertigen und stellte sie
rechts neben dem Opfertisch, dem Altar, auf, vor
dem Tempeleingang. In diese Spardose mussten
die Priester, die am Eingang die Aufsicht hatten,
dann immer das Geld reinstecken, das die Leute
zum Tempel brachten, um es dort zu spenden.
11 Immer wenn das Teil voll war, wurden der Kon-
trollbeamte und der Oberpriester gerufen. Wenn
alle da waren, wurde das Geld aus der Spardose
geholt, gezählt und die Summe notiert. 12 Dann
überwies man die Kohle gleich an die Meister und
Architekten, die den Auftrag für die Renovierungsar-
beiten bekommen hatten. Die bezahlten dann die
Bauarbeiter, Tischler, 13 Maurer und Schweißer. Von
dem Geld wurde auch das ganze Material gekauft,
was man sonst noch für die Arbeit brauchte. 14 Aller-
dings wurden davon keine neuen Geräte für den
Tempel selbst gekauft. Also keine neuen silbernen
Schüsseln, Messer, Schalen oder solche Sachen, die
man im Tempel sonst noch so brauchte. 15 Alles
Geld wurde, wie gesagt, den Meistern überwiesen,
die für die Renovierungsarbeiten am Tempel verant-
wortlich waren. 16 Die Arbeiter hatten keine Bauauf-
sicht zu befürchten, das bedeutet, dass keiner ihre
Arbeit ständig kontrollierte. Man vertraute einfach
den Leuten, dass sie ihren Job gut erledigen wür-
den. 17 Die Einnahmen, die über die Opfer reinka-
men, welche man machte, um Dinge wieder in Ord-
nung zu bringen, gehörten aber den Priestern. Sie
wurden nicht für die Renovierungsarbeiten verwen-
det.

Joasch rettet Jerusalem

18 In der Zeit führte Hasael, der Präsident von
Syrien, Krieg gegen die Stadt Gat. Nachdem er sie
erobert hatte, wollte er sich auch noch Jerusalem
abgreifen und war schon in den Vorbereitungen
dafür. 19 Aber Joasch, der Präsident von Juda, sam-
melte sämtliche Kohle und alle wertvollen Sachen,
die er aufbringen konnte, und schenkte alles
Hasael. Dazu gehörten alle Sachen, die er von sei-
nen Vorfahren geerbt hatte. Das waren Dinge, die
die Präsidenten Joschafat, Joram und Ahasja an
Gott geschenkt hatten. Außerdem schenkte er
Hasael noch alle Goldreserven, die auf dem Tempel-
konto lagen. Nachdem das ganze Geld da war, ver-
zichtete Hasael auf seinen Plan, Jerusalem anzu-
greifen.

Joaschs Tod und sein Nachfolger

20 Alle Sachen, die Joasch noch so gebracht hat,
kann man auch in den amtlichen Chroniken der
Präsidenten von Juda nachlesen. 21–22 Irgendwann
zettelten seine Angestellten im Regierungsgebäude
eine kleine Revolution gegen ihn an. Joschar (ein
Sohn von Schimal) und Josabad (ein Sohn von
Schomer) ermordeten ihn, als er gerade in dem
Haus an der Stadtmauer war. Das liegt an der
Straße nach Silla. Joasch wurde auf dem Friedhof
beerdigt, auf dem schon seine ganze Familie lag.
Dann wurde sein Sohn Amazja der nächste Präsi-
dent von Juda

13

Joahas, der Präsident über Israel

1 Als Joasch 23 Jahre in Juda an der Macht
war, wurde Joahas der neue Präsident von
Israel. Joahas kam aus der Familie von Jehu und
regierte 17 Jahre lang in Samaria. 2 Aber er baute viel
Mist und tat Sachen, die Gott echt ätzend findet. So
wie Jerobeam hörte er nicht damit auf, zu Plastik-
göttern zu beten und die toll zu finden. Jerobeam
hatte ja auch viele Leute aus Israel dazu verführt.
3 Gott war voll sauer auf die Israeliten. Er beschützte
sie deswegen nicht vor den Angriffen durch Hasael,
den Präsidenten von Syrien, und dessen Sohn Ben-

Hadad II. 4 Irgendwann bettelte Joahas aber so lange bei Gott rum, bis der weich wurde. Gott kriegte es auch mit, wie hart der Präsident von Syrien mit Israel umsprang. 5 Darum organisierte er einen Helden, der Israel dabei half, die Syrer abzuschütteln, damit sie wieder in Frieden leben konnten. 6 Trotzdem fanden sie weiter diese Plastikgötter toll und beteten zu denen. Die Familie von Jerobeam hatte die Leute von Israel dazu verführt. Sie machten einfach weiter damit. Sogar diese komische Plastikgöttin Aschera wurde in Samaria verehrt. 7 Das Heer von Israel bestand am Ende nur noch aus 10 Panzerwagen, 50 Jeeps und 10 000 Fußsoldaten. Den Rest hatten die Syrer plattgemacht. Der Präsident von Syrien hatte sie zu Kleinholz geraspelt. 8 Alles, was man sonst noch über Joahas erzählen könnte, steht in den amtlichen Chroniken über die Präsidenten von Israel. 9 Seine Leiche wurde auf dem Friedhof in Samaria verbuddelt. Als Nächstes war sein Sohn Joasch an der Reihe.

Was der Präsident Joasch von Israel so gebracht hat

10 In der Zeit, als Joasch 37 Jahre lang der Präsident über Juda war, wurde ein anderer Joasch der Präsident über Israel. Dieser Joasch war ein Sohn von Joahas und regierte 16 Jahre lang von Samaria aus das Land. 11 Leider baute der Typ auch nur Mist. Er unterstützte die Leute dabei, zu Plastikgöttern zu beten, genauso wie das Jerobeam auch getan hatte. Der hatte ja alle Israeliten dazu verführt, so was zu machen. 12 Alles, was man sonst noch über Joasch erzählen könnte, kann man in den amtlichen Chroniken über die Präsidenten von Israel nachlesen. Dort steht zum Beispiel auch alles über den Krieg gegen Amazja, der mal Präsident von Juda war. 13 Als Joasch dann das Gras von unten sah, wurde Jerobeam II. der neue Präsident. Das Grab von Joasch war auch in Samaria, wo die anderen Präsidenten von Israel beerdigt waren.

Elischa ist totkrank

14 Elischa steckte sich irgendwann ganz fies mit einer üblen Krankheit an. Es ging ihm echt schlecht, und man sah es ihm an, dass er es nicht mehr lange machen würde. Zu der Zeit war Joasch noch in Israel an der Macht. Joasch machte dann einen Krankenbesuch beim Propheten Elischa. Als der an dessen Bett stand, fing Joasch voll an zu heulen: „Mein Vater, mein Vater! Du bist für die Israeliten wie ein Schutzschild gewesen und hast die Leute immer richtig geführt!“ 15 „Hol dir mal ein Frisbee!“, befahl Elischa dem Präsidenten. Als der mit dem Teil wieder da war, 16–17 sagte er weiter: „So, jetzt ziel mal durch das Fenster da, das nach Osten zeigt!“ Joasch machte das. Jetzt legte Elischa seine Hände auf die Hände von Joasch und sagte dann zu ihm: „Jetzt wirf das Teil!“ Das Frisbee flog im hohen Bogen in den Himmel. „Das war jetzt so ein Zeichen dafür, woher deine Hilfe kommen wird! Gott wird auf deiner Seite sein, er wird in euer Mannschaft spielen, er wird im Krieg gegen Syrien an euer Seite kämpfen! Aus dem Grund wirst du sie bei Afek fertigmachen!“ 18 Als Nächstes wollte Elischa vom Präsidenten Folgendes: „Jetzt nimm mal eine Kanone und schieß damit in die Luft!“ Der Präsident nahm seine Pistole und schoss dreimal nach oben. 19 „O Mann, ist das alles, was du willst?“, rief Elischa leicht sauer. „Hättest du fünf oder sechs Schüsse abgefeuert, dann hättest du die Syrer auch komplett und für immer kaputt gemacht. Jetzt wirst du ihnen aber nur dreimal eine Niederlage beibringen.“

Die Leiche von Elischa hat noch genug Power, um einen Toten lebendig zu machen

20 Dann starb Elischa. Seine Leiche wurde auf einem Friedhof beerdigt. Ein Jahr später kamen in der Gegend die Hells Angels an und machten das Land unsicher. 21 Bei einer Beerdigung kam diese Motorradgang gerade mit ihren Maschinen angefahren. Die Leute bekamen voll die Panik, rannten alle weg und ließen den Sarg einfach fallen. Zufällig landete er auf dem Grab von Elischa. Plötzlich sprang der Sargdeckel auf, der Tote wurde wieder lebendig und spazierte aus dem Sarg raus!

Elischas prophetische Ansagen passieren auch nach seinem Tod

22 Hasael, der Präsident von Syrien, führte die ganze Zeit, in der Joahas an der Macht war, einen Krieg mit Israel und machte ständig Probleme. 23 Gott liebte Israel aber immer noch und half ihnen aus der Patsche. Das machte er auch, weil er den Vertrag immer auf dem Schirm hatte, den er früher mit Abrahm, Isaak und Jakob gemacht hatte. Er hatte nicht vor, sie komplett auszulöschen, er hatte ihnen noch nicht vollständig den Rücken zugedreht. 24 Als Hasael tot war, wurde sein Sohn der neue Präsident von Syrien. Dessen Name war Ben-Hadad II.
25 Joasch schaffte es, die Städte wieder zurückzugewinnen, die sein Vater Joahas an Hasael verloren

hatte. Er besiegte ihn dreimal und eroberte die
Städte von Israel wieder zurück.

14

Amazja, der Präsident von Juda

1–2 Als Joasch zwei Jahre in Israel an der
Macht war, wurde Amazja der neue Präsi-
dent von Juda. Er war ein Sohn vom Präsidenten
Joasch. Damals war es üblich, die Regierung immer
an einen Sohn weiterzugeben. Amazja war zu der
Zeit 25 Jahre alt. Er regierte 29 Jahre lang von Jeru-
salem aus das Land. Seine Mutter hieß Joaddan,
und die stammte aus Jerusalem. 3 Amazja war gut
drauf. Er folgte dem Vorbild von seinem Vater
Joasch und machte viele Sachen, die Gott cool fin-
det. Aber an David kam er nicht ran, der war einfach
total genial unterwegs gewesen. 4 Diese Plätze, auf
denen man irgendwelchen Pseudogöttern Sachen
opfern konnte, gab es leider zu seiner Zeit auch
noch überall im Land verstreut. 5 Nachdem er seine
Macht gefestigt hatte, organisierte er Aufragskiller,
die alle Männer erschossen, die am Mord von sei-
nem Vater Joasch beteiligt waren. 6 Deren Söhne
ließ er aber am Leben, weil er in den Gesetzen von
Mose Folgendes gelesen hatte: „Die Eltern sollen
nicht für die Schuld ihrer Kinder bezahlen, und die
Kinder nicht für die Schuld ihrer Eltern. Jeder soll
nur für das bestraft werden, was er auch selbst ver-
bockt hat." 7 Im Krieg schlug Amazja einmal die
Edomiter. Sie waren mit 10 000 Soldaten im Salztal
angerückt, um gegen seine Armee zu kämpfen. Er
eroberte auch die Stadt Sela, die dann von ihm auf
einen neuen Namen getauft wurde. Und zwar
nannte er sie ab dann Jokteel. Bis heute heißt die
Stadt so.

Die Leute von Juda kämpfen gegen die übrigen Israeliten

8 Schließlich schickte Amazja einen Brief an Joasch,
den Präsidenten von Israel. Zur Erinnerung: Joasch
war ein Sohn von Joahas und ein Enkel von Jehu. Er
schrieb ihm: „Ich möchte mal unsere Armeen
gegeneinander antreten lassen. Mal sehen, wer
gewinnt!" 9 Präsident Joasch antwortete: „Der Verein
aus der Kreisklasse fordert den Champions-League-
Gewinner? Unser Sturm überrollt Ihre Abwehr in
der ersten Halbzeit! 10 Nur weil Sie im Krieg gegen
die Edomiter gewonnen haben, brauchen Sie sich
nicht so aufzuspielen! Freuen Sie sich über den
Sieg, und feiern Sie den mal ordentlich! Sie wollen
doch nicht im Ernst Ihr ganzes Land in den Ruin
stürzen?" 11 Amazja wollte es aber wissen. Er nervte
bei Joasch so lange rum, bis es tatsächlich zum
Kampf kam. Bei Bet-Schemesch trafen die Armeen
aufeinander. 12 Die Truppe von Juda bekam ganz
derbe eins auf die Fresse, sie liefen auseinander und
rannten schnell wieder nach Hause. 13 Amazja
wurde bei Bet-Schemesch von Joaschs Leuten fest-
genommen. Als Nächstes zogen die Truppen von
Joasch weiter nach Jerusalem. Dort wurde die Stadt-
mauer vom Efraimtor bis zum Ecktor weggesprengt.
14 Alle wertvollen Sachen aus Gold und Silber, die im
Tempel lagen, zockte sich Joasch. Auch das ganze
Geld von der Bank des Präsidenten, das gesamte
Staatseigentum, riss er sich unter den Nagel. Dazu
nahm er noch viele Geiseln und schleppte die mit
nach Samaria.

Joasch stirbt

15 Alles, was man sonst noch über Joasch erzählen
könnte, steht in den amtlichen Chroniken der Präsi-
denten von Israel. Was er für gute Sachen gebracht
hat, seine Erfolge und auch über seinen Krieg gegen
Amazja, den Präsidenten von Juda, stehen dort drin.
16 Als er tot war, wurde seine Leiche auf dem Fried-
hof in Samaria beerdigt. Er liegt dort, wo die ande-
ren Präsidenten von Israel auch begraben wurden.
Der nächste Präsident wurde dann sein Sohn Jero-
beam II.

Amazja stirbt und Asarja wird der neue Präsident von Juda

17 Amazja lebte nach Joaschs Tod noch 15 Jahre.
18 Was man sonst noch über Amazja erzählen
könnte, kann man in den amtlichen Chroniken der
Präsidenten von Juda nachlesen. 19 Es gab dann eine
Revolution gegen ihn in Jerusalem. Amazja ver-
steckte sich in Lachisch, aber die Macher dieser
Revolte organisierten einen Auftragskiller, der ihn
dort erschoss. 20 Er wurde in einem Leichenwagen
nach Jerusalem gebracht und dort in der Stadt von
seinem Verwandten David auf demselben Friedhof
begraben. 21 Als nächster Präsident wurde sein Sohn
Asarja von allen Männern in Juda gewählt. Er war
gerade mal 16 Jahre alt. 22 Asarja schaffte es, nach
dem Tod seines Vaters, die Stadt Elat zurück zu er-
obern. Er baute die Stadt dann komplett wieder auf.

Was man über den Präsidenten Jerobeam II. erzählen kann

23 Als Amazja 15 Jahre als Präsident von Juda im Amt
war, wurde Jerobeam II. der neue Präsident von

Israel. Jerobeam II. war ein Sohn von Joasch. 42 Jahre lang regierte er von der Hauptstadt Samaria aus das Land. 24 Aber er baute, genau wie der frühere Präsident Jerobeam (der Sohn von Nebat), nur Mist und machte Sachen, die Gott voll fies findet. Jerobeam hatte ja die Leute, die im Gebiet von Israel lebten, dazu verführt, zu Plastikgöttern zu beten. 25 Immerhin schaffte Jerobeam II. es aber, das ganze Land, was mal zu Israel gehörte, zurückzuerobern. Von Lebo-Hamat bis runter zum Toten Meer gehörte wieder alles ihnen. So passierte dieses Ding, was Gott durch seinen Propheten Jona schon vorhergesagt hatte. Jona war übrigens ein Sohn von Amittai und kam aus Gat-Hefer. 26 Gott hatte mitbekommen, dass es den Israeliten voll dreckig ging. Alle waren total fertig, und es gab niemanden, der ihnen wirklich helfen konnte. 27 Aber er wollte die Israeliten auch nicht komplett von der Festplatte löschen, darum half er ihnen durch Jerobeam II. 28 Alles, was man sonst noch über Jerobeam II. erzählen kann, steht in den amtlichen Chroniken der Präsidenten von Israel. Da steht auch, wie er die Gebiete von Damaskus und Hamat für Israel zurückerobern konnte. Die gehörten ja schon früher zu Israel, als der Präsident David noch am Start war. 29 Dann starb Jerobeam II. und wurde auf dem Friedhof beerdigt, auf dem die anderen Präsidenten von Israel auch liegen. Als Nachfolger kam sein Sohn Secharja ins Amt.

15

Asarja, der neue Präsident von Juda

1 Als Jerobeam II. 27 Jahre im Amt als Präsident von Israel war, wurde Asarja der neue Präsident von Juda. Asarja kam aus der Familie von Amazja. 2 Er kam mit 16 Jahren an die Macht und regierte 52 Jahre lang das Land von Jerusalem aus. Die Familie seiner Mutter Jecholja kam auch aus Jerusalem. 3 Asarja war gut drauf, er lebte so wie sein Vater und tat Sachen, die Gott cool findet. 4 Mit der Ausnahme, dass er leider auch nicht diese Opferplätze auf den Bergen abgerissen hat, in denen überall im Land zu Plastikgöttern gebetet wurde. Also machten das die Leute weiter. 5 Gott sorgte bei Asarja für ein ätzendes Problem, er bekam nämlich „Aussatz“. Das war eine fiese, ansteckende Hautkrankheit. Diese Krankheit hatte er dann sein ganzes Leben lang. Er musste deswegen in einem Haus wohnen, was weiter weg lag. Sein Sohn Jotam übernahm alle Geschäfte vom Vater, auch was das Regieren anging. 6 Alles, was man sonst noch so über Asarja erzählen kann, steht in den amtlichen Chroniken der Präsidenten von Juda. 7 Nach seinem Tod wurde er in Jerusalem auf den Friedhof verbuddelt, wo der Rest der Familie auch lag. Als nächster Präsident war sein Sohn Jotam an der Reihe.

Der Präsident Secharja

8 Als Asarja 38 Jahre Präsident von Juda war, wurde Secharja (ein Sohn von Jerobeam II.) der neue Präsident von Israel. Er war aber nur sechs Monate lang in Samaria am Start. 9 Und Secharja war genauso unkorrekt unterwegs wie die Präsidenten vor ihm. Er hörte nicht auf damit, zu den gleichen Plastikgöttern zu beten, wie es Jerobeam vor langer Zeit auch getan hatte. Der hatte ja auch die Leute in Israel dazu verführt. 10 Es gab dann eine kleine Revolution gegen ihn, die von Schallum, dem Sohn von Jabesch, organisiert wurde. Schallum erschoss ihn, als er gerade in Jibleam einkaufen war. So wurde Schallum also sein Nachfolger. 11 Alles, was man sonst noch so über Secharja erzählen könnte, steht in den amtlichen Chroniken der Präsidenten von Israel. 12 So war jetzt auch das passiert, was Gott schon vorher zu Jehu gesagt hatte. Er meinte ja zu ihm: „Bis zur vierten Generation werden deine Söhne die Präsidenten von Israel stellen.“ Genau das ist auch eingetroffen.

Ein neuer Präsident in Israel: Schallum

13 Als Asarja im 39. Jahr die Macht in Juda hatte, wurde Schallum der neue Präsident von Israel. Er regierte aber nur einen Monat lang von Samaria aus das Land. 14 Menahem, ein Sohn von Gadi, marschierte dann mit seiner Armee aus der Stadt Tirza in das Land ein. Er überfiel Samaria, erschoss Schallum und ließ sich zum neuen Präsidenten erklären. 15 Was man sonst noch so über Schallum erzählen könnte, steht in den amtlichen Chroniken der Präsidenten von Israel. Dort kann man auch etwas über seine kleine Revolution nachlesen, die er angezettelt hatte. 16 In einem Kriegszug rächte Menahem sich sehr heftig an der Stadt Tifsach, weil sie ihre Stadttore für seine Truppen nicht öffnen wollte. Er marschierte von Tirza her mit seinen Leuten in die Stadt ein und schlachtete die Bewohner regelrecht ab. Allen Frauen die schwanger waren, wurde zum Beispiel der Bauch aufgeschlitzt…

Der Präsident Menahem

17 Als Asarja 39 Jahre lang in Juda an der Macht war, wurde Menahem der neue Präsident von Israel. Er

kam aus der Familie von Gadi und regierte zehn Jahre lang von Samaria aus das Land. 18 Er brachte nur Sachen, die Gott richtig ätzend findet, betete weiter zu den Plastikgöttern und so was. Dazu hatte ja Jerobeam die Leute in Israel das erste Mal verführt. 19 Dann gab es mal so eine Aktion, wo der Präsident von den Assyrern, der hieß Tiglat-Pileser, gegen Israel in den Krieg ziehen wollte. Menahem bestach ihn mit einer halben Million Euro, damit er ihn als Präsident akzeptieren und bestätigen würde. 20 Die Kohle kriegte er zusammen, indem er eine Steuer von 6400 Euro pro Mann erhob, die aber nur Leute bezahlen mussten, die ganz gut Kohle hatten. Nachdem Tiglat-Pileser das Geld auf seinem Konto hatte, ging er mit seinen Soldaten wieder nach Hause. 21 Alles, was man sonst noch von Menahem berichten könnte, steht in den amtlichen Chroniken der Präsidenten von Israel. 22 Nach seinem Tod wurde sein Sohn Pekachja der Nachfolger.

Pekachja, der neue Präsident von Israel

23 Als Asarja gerade 50 Jahre der Präsident von Juda war, wurde Pekachja der neue Präsident von Israel. Pekachja war ein Sohn von Menahem. Er war zwei Jahre an der Macht. 24 Pekachja machte auch nur Sachen, die Gott total ätzend findet. Er hörte nicht auf damit, zu Plastikgöttern zu beten, wie es Jerobeam den Israeliten vorgemacht hatte. 25 Einer seiner Offiziere, der Typ hieß Pekach, zettelte eine kleine Revolution gegen ihn an. Pekach sammelte fünfzig Männer unter sich, die alle aus Gilead stammten. Mit denen überfiel er den Präsidenten, als der gerade zu Hause in seinem Palast unter der Dusche stand. Nachdem er ihn getötet und aus dem Weg geräumt hatte, machte er sich selbst zum neuen Präsidenten. 26 Alles, was man sonst noch über Pekachja erzählen könnte, steht in den amtlichen Chroniken der Präsidenten von Israel.

Der Präsident Pekach

27 Als Asarja 52 Jahre in Juda im Amt war, wurde Pekach der neue Präsident von Israel. Pekach kam aus der Familie vom Remalja. Er regierte 20 Jahre von Samaria aus das Land. 28 Pekach brachte nur Sachen, die Gott voll übel findet. Er machte auch mit den Plastikgöttern rum, so wie schon Jerobeam, der die Leute in Israel als Erster dazu verführt hatte. 29 In der Zeit, in der Pekach an der Macht war, überfiel Tiglat-Pileser mit seinen Truppen Israel. Er eroberte die Städte Ijon, Abel-Bet-Maacha, Janoach, Kedesch und Hazar. Dazu auch noch die Gegend Gilead und Galiläa und das ganze Gebiet von dem Familienstamm Naftali. Er besetzte mit seinen Truppen das Land und nahm viele Gefangene, die dann nach Assyrien verschleppt wurden. 30 Als Jotam 20 Jahre im Amt als Präsident von Juda war, gab es eine Revolte gegen Pekach. Das Ganze wurde von Hoschea, einem Sohn von Ela, organisiert. Pekach wurde umgebracht, und Hoschea machte sich selbst zum neuen Präsidenten. 31 Alle Sachen, die man sonst noch über Pekach erzählen könnte, kann man in den amtlichen Chroniken der Präsidenten von Israel nachlesen.

Der Präsident Jotam von Juda

32 Als Pekach zwei Jahre in Israel an der Macht war, wurde Jotam der neue Präsident von Juda. Jotam kam aus der Familie vom Asarja. 33 Er war 25 Jahre alt, als er den Job bekam, und regierte 16 Jahre lang von Jerusalem aus das Land. Seine Mutter hieß übrigens Jeruscha, sie war eine Tochter von Zadok. 34 Pekach war gut drauf und tat Dinge, die Gott echt cool findet. Er lebte nach dem Vorbild von seinem Vater Asarja. 35 Leider sprengte er auch nicht diese ganzen Opferplätze auf den Bergen, wo die Leute immer zu den Plastikgöttern gebetet haben. Diese Plätze waren überall im Land verteilt. Er war aber auch verantwortlich dafür, dass die obere Tür im Tempel, dem Haus von Gott, gebaut wurde. 36 Alles, was man sonst noch über Jotam erzählen könnte, steht in den amtlichen Chroniken der Präsidenten von Juda. 37 In der Zeit, wo er an der Macht war, fingen Rezin, der Präsident von Syrien, und Pekach, der Präsident von Israel, an, gegen Juda zu kämpfen. Gott hatte das so organisiert. 38 Jotam starb und wurde auf dem Friedhof beerdigt, wo auch seine Vorfahren liegen. Dieser Friedhof liegt in der Stadt von David. Sein Sohn Ahas wurde dann der nächste Präsident.

16

Ahas, der Präsident von Juda

1 Als Pekach 17 Jahre in Israel an der Macht war, wurde Ahas der Präsident von Juda. Ahas kam aus der Familie von Jotam. 2 Er wurde mit 20 Jahren der neue Präsident und regierte 16 Jahre lang von Jerusalem aus das Land. Aber er tat seinen Job nicht so, wie Gott es gut findet. Sein Ur-ur-ur-und-so-weiter-Opa David war da echt anders gewesen. 3 Ahas lebte so, wie es die vielen Präsidenten von Israel vor ihm auch gemacht hatten. Er verschenkte sogar seinen eigenen Sohn an einen dieser

Plastikgötter, indem er ihn verbrannte! Diese abgefuckte Idee kam von den ursprünglichen Bewohnern des Landes, die Gott rausgeschmissen hatte, um es den Israeliten zu schenken. 4 Er zog solche Opferrituale immer an den Opferplätzen auf den Bergen und unter grünen Bäumen durch.

Ahas holt sich Hilfe vom Präsidenten der Assyrer

5 In der Zeit, in der Ahas an der Macht war, rückte die Armee der Syrer, unter dem Befehl von ihrem Präsidenten Rezin, gegen Jerusalem vor. Der hatte vorher einen Vertrag mit Pekach, dem Präsidenten von Israel, gemacht. Beide zusammen belagerten Jerusalem. Es kam aber nie zu einem Angriff. 6 Rezin schafft es aber, die Stadt Elat wieder zurückzuerobern und alle Leute von Juda dort rauszuschmeißen. Die Edomiter zogen wieder in die Stadt ein, und sie lebten dort erst mal. 7 In der Zeit schrieb Ahas einen Brief an Tiglat-Pileser, den Präsidenten der Assyrer. Dort stand drin: „Sehr geehrter Herr Tiglat-Pileser, ich möchte Ihnen hiermit mitteilen, dass wir bereit sind, alles zu tun, was Sie sagen! Wir gehören Ihnen! Die Präsidenten von Syrien und Israel haben einen Angriffspakt gegen mich geschlossen. Bitte helfen Sie uns! Mit freundlichen Grüßen, Ahas, Präsident von Juda“ 8 Mit dem Brief kam ein Scheck in der Höhe der gesamte Kohle, die man auf den Konten vom Tempel und von denen der Regierung zusammengekratzt hatte. 9 Der Präsident von Assyrien war einverstanden und zog seine Truppen gegen Damaskus zusammen. Er eroberte die Stadt und schickte alle Bewohner zur Zwangsarbeit nach Kir. Der Präsident von Syrien, Rezin, wurde getötet.

Ahas renoviert das Haus von Gott

10 Irgendwann war der Präsident Ahas mal auf Besuch beim Präsidenten Tiglat-Pileser von Assyrien. Bei einer Stadtbesichtigung sah er dort auch einen Opfertisch, einen Altar, den er toll fand. Er machte sofort mit seinem Handy ein Foto und schickte es per MMS an den Priester Urija, zusammen mit einer genauen Beschreibung. 11–12 Urija baute nach diesen Vorgaben in Jerusalem auch so einen Altar. Noch bevor Ahas von seiner Reise aus Damaskus wieder nach Hause kam, war das Teil schon fertig. Er stieg die Stufen zum Altar hoch 13 und zog dort erst mal ein Abfackelopfer, ein Essensopfer und ein Trinkopfer durch und goss das Blut von den Tieren, die als Dankopfer geschlachtet worden waren, an die Wand von dem Altar. 14 Der alte Altar aus Bronze wurde von ihm von der vorderen Seite weggeschoben und nördlich vom neuen Altar aufgestellt. 15 Dann gab der Priester Urija die Order raus, dass ab sofort alle regelmäßigen Opfer, die morgens und abends dort abgefackelt wurden, nur noch auf dem neuen Tisch stattfinden sollten. Das galt für den Präsidenten und auch für alle anderen Menschen. „Auch das Blut, was bei den Opfern gesammelt wird, muss an diesen Tisch gegossen werden. Was ich mit dem alten Altar mache, überlege ich mir noch“, sagte er. 16 Priester Urija zog alles genau so durch, wie es der Präsident angeordnet hatte. 17 Ahas holte sogar die ganzen Töpfe, Zierleisten und Waagen aus dem Tempel raus. Auch diese Rinderfiguren, auf denen das große runde Becken stand, wurden ausgetauscht. Stattdessen bekam das Becken eine Halterung aus Beton. 18 Die überdachte Gottesdiensthalle, die mal für den Präsidenten an den Tempel gebaut worden war, ließ Ahas abreißen und den Seiteneingang zumauern. Er tat das vor allem, um den Tempeleingang ein bisschen zu verstecken, falls die Assyrer mal angreifen würden.

Der Präsident Ahas stirbt

19 Alles, was man sonst noch über Ahas erzählen könnte, steht in den amtlichen Chroniken der Präsidenten von Juda. 20 Nach seinem Tod wurde er auf dem Friedhof begraben, wo auch der Rest der Familie von David lag. Der nächste Präsident war dann sein Sohn Hiskija.

17 Samaria geht verloren, und die Bewohner werden nach Assyrien geschleppt

1 Als der Präsident Ahas 12 Jahre lang in Juda an der Macht war, wurde Hoschea der neue Präsident von Israel. Hoschea kam aus der Familie von Ela. Er regierte neun Jahre lang von Samaria aus das Land. 2 Er machte auch wieder Sachen, die Gott total ätzend findet, aber er war nicht so derb unterwegs wie seine Vorgänger. 3 Irgendwann gab es mal einen Krieg gegen Salmanassar, den Präsidenten von den Assyrern. Hoschea gab auf und musste ab dann jedes Jahr fette Steuern an die Assyrer abdrücken. 4 Einmal bekam Salmanassar von jemandem gesteckt, dass die Israeliten gerade einen Plan aushecken würden, wie sie sich von ihm befreien könnten. Das kam raus, weil auf einmal plötzlich die Steuerzahlungen nicht mehr überwiesen wurden. Zum anderen hatte Hoschea auch einen Agenten nach Ägypten geschickt, um dort in der Stadt Sais bei dem ägyptischen Präsidenten ein heimliches

Treffen klarzumachen. Darum wurde Hoschea auf Salmanassars Befehl verhaftet und in den Knast gesteckt. 5 Der Präsident von den Assyrern fiel dann mit seiner Armee ins Land Israel ein und belagerte Samaria. Als diese Belagerung schon drei Jahre ging 6 (das war in dem neunten Jahr, als Hoschea an der Macht war), schaffte es Salmanassar, die Stadt einzunehmen. Alle Menschen, die in dem Gebiet von Israel lebten, wurden von ihm verhaftet und nach Assyrien verschleppt. Sie wurden dort zwangsangesiedelt in der Provinz Halach und am Haborfluss, in der Provinz Gosan sowie in den Städten von Medien.

Israel ist am Ende, weil sie ständig Mist gebaut haben

7–8 Das passierte alles nur, weil den Leuten von Israel Gott total egal gewesen war. Sie taten immer wieder Dinge, die er nicht okay findet. Gott hatte sie aus Ägypten rausgeholt, er hatte sie aus der Hand von dem Regierungschef befreit, den man dort auch Pharao nannte. Trotzdem taten sie den gleichen Mist, wie es ihre Präsidenten ihnen vorgemacht hatten. Sie beteten zu Plastikgöttern von den anderen Völkern und hatten Respekt vor denen anstatt vor Gott. Sie lebten genauso wie die Völker, die sie eigentlich aus dem Land rausschmeißen sollten, und passten sich deren Gewohnheiten einfach an. 9–10 Sie kamen auf ganz komische Ideen, die Gott einfach nicht okay findet. Sie bauten Opferplätze für diese falschen Götter, überall wo sie sich niedergelassen hatten. Ob das jetzt irgendwo in einer großen Stadt war oder auf dem Land, diese Teile wurden überall aufgestellt. Auf jedem Berg und bei jedem großen Baum musste unbedingt etwas für diese Plastikgöttin Aschera aufgebaut werden. 11 Sie opferten dort diesen Plastikgöttern, und deswegen bekam Gott voll den Hals. Den gleichen Mist hatten auch schon die Leute gebracht, die von ihnen dort rausgeworfen wurden. 12 Und sie beteten auch ständig zu den Bildern von diesen Göttern, obwohl ihnen Gott ganz klar gesagt hatte, dass er das nicht will. 13 Dabei hatte er sie immer gewarnt. Zum Beispiel waren bei den Leuten von Israel und von Juda ständig irgendwelche Propheten am Start, die solche Ansagen machten: „Hört auf damit! Ändert euch! Ihr seid auf dem falschen Weg! Tut das, was Gott euch gesagt hat! Lebt nach den Regeln und Gesetzen von Gott! Diese Gesetze hat er zu euch schon vor Ewigkeiten durch seine Angestellten, die Propheten, gegeben!“ 14 Doch sie hatten wohl keinen Bock drauf. Sie hatten Watte in den Ohren, genauso wie ihre Vorfahren. Die hatten Gott ja auch nie vertraut. 15 Seine Gesetze waren ihnen schnurzegal. Der Vertrag, den die Leute früher mit Gott geschlossen hatten, ging den meisten am Arsch vorbei. Sie standen plötzlich auf Pseudogötter und machten sich auf die Art selbst kaputt. Sie lebten genauso ätzend wie die Völker, die vorher in der Gegend gelebt hatten, und das, obwohl Gott ganz klar gesagt hat, dass er das nicht will. 16 Dauernd übertraten sie die Gesetze von Gott. Sie bastelten sich ihre eigenen Götter aus Plastik und Holz, bauten zwei Stierfiguren, stellten irgendwelche komischen Bilder von der Göttin Aschera auf, fanden Astrologie plötzlich ganz toll und beteten auch noch zu diesem Baal-Gott. 17 Schließlich verbrannten sie auch noch ihre eigenen Kinder in irgendwelchen Opferritualen für diese Plastikgötter! Sie gingen zu Wahrsagern und betrieben total derbe Okkultismus mit Tarotkarten, Horoskopen und Handlesen. Mit anderen Worten: Sie bauten den totalen Bockmist und beleidigten Gott ständig. 18 Schließlich wurde Gott so sauer, dass er die Leute von Israel nicht mehr in seiner Nähe haben wollte und sie aus dem Land rausschmiss, das er ihnen mal geschenkt hatte. Nur noch die Leute vom Südstaat Juda blieben dort wohnen. 19 Aber die waren auch nicht viel besser drauf. Sie hielten sich auch nicht an die Gesetze von ihrem Gott, sie bauten den gleichen Mist wie die Leute vom Nordstaat Israel. 20 Darum schmiss Gott alle irgendwann raus. Er sorgte dafür, dass andere Völker ankamen und im Krieg gegen sie gewinnen konnten. Die plünderten ihre Städte und sorgten für eine harte Zeit. Schließlich wurden sie alle abgeführt, und Gott hatte ihre Faxen dicke und wollte nichts mehr mit ihnen zu tun haben. 21 Die Leute von Israel hatten sich von der Präsidentenfamilie vom David getrennt. Sie hatten damals ja Jerobeam zum neuen Präsidenten gewählt, der aus der Familie von Nebat kam. Und dieser Jerobeam hatte sie dann dazu verführt, ganz beknackte und üble Sachen zu machen. 22 Jerobeam hatte es eingeführt, dass die Leute überall zu Plastikgöttern beten sollten. Und sie taten das auch volle Kanne und wollten damit auch nicht wieder aufhören. 23 Darum konnte Gott ihre Nähe nicht länger ertragen und schmiss sie einfach raus. Das hatte er schon durch seine Propheten lange vorher angesagt. Also wurden die Israeliten gefangen genommen und nach Assyrien abgeführt. Dort mussten sie dann sehr lange Zeit leben.

Ausländer kommen nach Samaria und leben dort

24 In den frei gewordenen Häusern von Samaria, wo
die Israeliten vorher gewohnt hatten, ließ der assyri-
sche Präsident Ausländer einziehen. Von Babylon,
Kuta, Awa, Hamat und Sefarwajim ließ er Menschen
kommen, damit sie sich in Samaria eine Wohnung
abgreifen konnten. Viele kamen und übernahmen
das ganze Land und die Städte. 25 In der ersten Zeit
hatten sie null Respekt vor Gott. Der schickte dann
Pitbulls und so in die Gegend, und viele Einwoh-
ner wurden von denen angefallen und zerfleischt.
26 Schließlich kam eine Meldung beim Präsidenten
von Assyrien rein. „Die Menschen, die von dir nach
Samaria gebracht wurden, um dort zu wohnen,
haben Probleme! Sie wissen nicht, wie man zu die-
sem Gott betet, der dort das Sagen hat! Der hat wild
gewordene Tiere auf sie losgelassen, und viele Men-
schen sind von denen schon getötet worden!"
27 „Holt einen der Priester, der früher in der Gegend
gearbeitet hat!", befahl der Präsident. „Er soll da
hinziehen und den Leuten beibringen, was dieser
Gott dort von ihnen verlangt." 28 Auf die Art kam
einer von den Priester wieder zurück. Er nahm sich
ein Zimmer in Bet-El und brachte den Leuten dort
bei, was Gott gut findet. 29 Die Ausländer bastelten
sich viele Plastikgötter und stellten sie in den Städ-
ten auf, wo vorher die Israeliten ihrem Gott Sachen
geopfert hatten. Bei den neuen Bewohnern hatte ja
jedes Volk auch seinen eigenen Gott. 30 Zum Bei-
spiel hatten die Leute aus Babylon Sukkot-Benot,
die Leute aus Kuta beteten zu Nergal und die Leute
aus Hamat zu Aschima. 31 Die Leute aus Awa bete-
ten zu Nibhas und Tartak. Sie stellten überall Bilder
von diesen Göttern auf und opferten denen. Die
Leute aus Sefarwajim waren ganz schräge drauf, die
verbrannten sogar die eigenen Kinder für ihre Göt-
ter Adrammelech und Anammelech! 32 Zusätzlich
fanden sie auch noch den Gott von Israel ganz okay.
Sie wählten aus ihrem Volk ein paar Priester, die an
bestimmten Orten im Land Opfersessions veran-
stalten sollten. 33 Sie arbeiteten gleichzeitig für den
echten Gott und diese Plastikgötter. Sie hatten ein-
fach ihre alten Götter mitgebracht, zu denen sie
normal auch immer gebetet hatten, als sie noch zu
Hause, ihn ihrem Land, gewohnt hatten. 34 Das
hatte sich auch lange Zeit nicht geändert. In Sama-
ria gab es noch ganz lange solche Feiern. Sie hatten
vor dem echten Gott einfach null Respekt, sie lebten
nicht nach den Gesetzen und Regeln von Gott. Und
das, obwohl sie sich daran halten müssten, weil sie
ja in seinem besonderen Land wohnten. Das Gesetz
von Gott war ihnen pupsegal. Diese Gesetze hatte
Gott Jakob und allen seinen Nachkommen
geschenkt, und dann bekam Jakob auch von ihm
den Namen Israel verpasst. 35 Gott hatte mit der
Familie von Jakob und allen seinen Kindern und
Nachfahren einen Vertrag gemacht. Er sagte ihnen:
„Betet auf keinen Fall zu einem anderen Gott! Fin-
det solche Plastikgötter noch nicht mal toll, tut
nichts für die und schenkt denen auch nichts!" 36 Ihr
sollt nur das tun, was ich euch sage! Ich habe euch
gezeigt, was ich alles kann, als ich euch aus Ägypten
rausgeholt hab. Nur zu mir sollt ihr beten, nur vor
mir sollt ihr Respekt haben, nur für mich sollt ihr
opfern! 37 Haltet euch an die ganzen Sachen, die ich
euch gesagt habe. Die Gesetze und Regeln, alles,
was ich für euch aufgeschrieben habe, soll bei euch
superwichtig sein. Ihr müsst euch alle da dran hal-
ten und dürft sie nicht vergessen! Und noch mal:
Ich möchte, dass ihr keinen Respekt vor irgendwel-
chen anderen Göttern habt! 38 Der Vertrag, den ich
mit euch geschlossen habe, darf auch nie vergessen
werden. Zum dritten Mal: Und ihr sollt keinen Re-
spekt vor irgendwelchen Pseudogöttern haben, ist
das klar?! 39 Aber vor mir, eurem Gott, sollt ihr Re-
spekt haben! Ich werde auf euch aufpassen, ich
werde euch retten, wenn die Feinde gegen euch
kämpfen." 40 Leider hörten sie nicht auf Gott, und
auch die Menschen aus den anderen Völkern hörten
nicht auf ihn. Sie machten einfach mit dem ganzen
Mist weiter, sie taten die übelsten Sachen, die sie
vorher zu Hause auch gemacht hatten, wo sie mal
ursprünglich herkamen. 41 So beteten sie zu Gott
und zu den Plastikgöttern gleichzeitig. Und ihre
Kinder und die Enkelkinder machten es ihnen nach,
alle taten das, und sie haben das total lange so
gemacht.

18

Hiskija, der neue Präsident von Juda

1 Als Hoschea im seinem dritten Jahr Präsi-
dent in Israel war, wurde Hiskija der Präsi-
dent von Juda. Hiskija kam aus der Familie vom
Ahas. 2 Mit 25 Jahren kam er an die Macht und
regierte 29 Jahre lang von Jerusalem aus das Land.
Seine Mutter war die Abi, eine Tochter von Secharja.
3 Hiskija war gut drauf, er lebte so, wie Gott es gut
findet, ganz nach dem Vorbild von David. 4 Als er im
Amt war, ließ er erst mal die Bulldozer anrollen, um
alle Opferplätze und diese Statuen von den Pseudo-
göttern überall im Land kaputt zu machen. Auch die
Figur von dieser Plastikgöttin Aschera wurde platt

gewalzt. Dann zerstörte er auch die bronzene Schlange, die Mose mal gemacht hatte. Vor dieser Schlange hatten die Israeliten die ganze Zeit Räucherstäbchen verbrannt und sie so fast wie einen Gott verehrt. Sie hatten dem Teil sogar einen eigenen Namen gegeben: Nehuschtan. 5 Wenn es darum ging, Gott hunderpro zu vertrauen, war Hiskija die Nummer eins. Keiner der Präsidenten in Juda hatte so radikal an den einen Gott von Israel geglaubt wie er. 6 Hiskija war Gott immer sehr treu und zog alle Gesetze voll durch, die Gott durch Mose gegeben hatte. 7 Das war auch der Grund, warum Gott ihm so krassen Erfolg gab in allen Sachen, die er anpackte. Zum Beispiel schaffte es Hiskija, sich von der Besatzungsmacht durch den Präsidenten von Assyrien zu befreien. 8 Im Krieg besiegte er die Armee der Philister und verfolgte ihre Truppen bis zum Gazastreifen. Alles, was im Weg stand, wurde von seiner Truppe niedergewalzt, vom kleinsten Handymast bis zur größten Stadt.

Die Assyrer führen Krieg gegen Samaria und gewinnen

9 Als Hiskija vier Jahre lang an der Macht war (in Israel war Hoschea gerade sieben Jahre dabei), waren die Truppen von Salmanassar, dem Präsidenten der Assyrer, vor die Stadt Samaria gerückt. 10 Drei Jahre lang hatte er sie belagert, bis er schließlich einmarschieren konnte. Das war, als Hiskija sechs Jahre an der Macht war und Hoschea neun. 11 Salmanassar hatte alle wichtigen Männer in Israel gefangen genommen und sie zwangsumsiedeln lassen. Sie mussten dann in der Provinz Halach und am Haborfluss in der Provinz Gosan leben und arbeiten sowie in den Städten Mediens. 12 Das musste so kommen, weil sie nicht auf das gehört hatten, was Gott ihnen gesagt hatte. Sie brachen einfach den Vertrag mit Gott und lebten nicht nach den Gesetzen, die Mose von Gott bekommen und ihnen weitergesagt hatte.

Kampf um Jerusalem

13 Als Hiskija 14 Jahre im Amt war, gab es Krieg. Sanherib, der nächste Präsident von Assyrien, fiel mit seinen Truppen in Juda ein und eroberte alle größeren Städte. 14 Kurz bevor Sanherib die Stadt Lachisch einnehmen wollte, schickte Hiskija ihm eine Nachricht: „Sehr geehrter Herr Sanherib, ich gebe hiermit zu, dass ich etwas Falsches getan habe. Bitte ziehen Sie Ihre Truppen zurück, und blasen Sie den Angriff wieder ab! Ich werde jeden Betrag bezahlen, den Sie von mir fordern! Mit freundlichen Grüßen, Ihr Hiskija." Die Forderung von Sanherib lag bei 3 Millionen Euro in bar und 15 Millionen in Wertpapieren. 15 Hiskija musste das ganze Tempelkonto und alle Staatskonten plündern, um die Kohle zusammenzukratzen. 16 Man baute sogar die Goldverzierungen von der Tür im Tempel ab, um das für die Assyrer zu verhökern. Diese Verzierung hatte Hiskija noch selbst in Auftrag gegeben. 17 Trotz der hohen Zahlungen schickte der Präsident von Assyrien noch drei seiner Generäle und drei Minister, den Minister für die Verteidigung, den Außenminister und den Innenminister, in Begleitung einer großen Abteilung vom Heer, nach Jerusalem. Bevor sie in die Stadt kamen, machten sie noch einen Zwischenstopp bei McDonald's auf der A14, Ausfahrt Tuchmacherfeld, die direkt vor der Stadtmauer lag. 18 Die Männer verlangten, dass Hiskija dort hinkommen und mit ihnen hier weiter auf dem Parkplatz verhandeln sollte. Als sie da waren, schickte Hiskija seinen Innenminister Eljakim zu ihnen. Mit dabei waren auch Schebna, der Minister für Arbeit und Soziales, und der Wirtschaftsminister Joach. 19 Der Minister vom Auswärtigen Amt der Assyrer sagte: „Machen Sie eine Meldung bei Ihrem Präsidenten Hiskija! Sagen Sie ihm, dass der Präsident von Assyrien folgende Nachricht für ihn hat: ‚Wieso fühlen Sie sich in Ihrer Sache eigentlich so sicher? 20 Denken Sie ernsthaft, dass man mit leeren Worten etwas gegen meine gigantische Armee und meine Erfahrung in der Kriegsführung ausrichten könnte? Worauf setzen Sie Ihr Vertrauen, dass Sie glauben, gegen mich und meine Armee eine Chance zu haben? 21 Hoffen Sie vielleicht auf militärische Unterstützung aus Ägypten? Dann könnten Sie auch gleich Lotto spielen! Da ist die Chance auf sechs Richtige mit Zusatzzahl zigmal größer, als dass der Präsident von Ägypten Ihnen helfen wird. 22 Wenn jetzt von Ihnen so was kommt wie: ›Wir vertrauen auf unseren Gott‹, dann kann ich nur die Frage stellen: Wie können Sie auf den denn noch hoffen, wenn Sie, Herr Hiskija, gerade alle seine Opferplätze im Land weggesprengt haben? Kam der Befehl nicht sogar direkt von Ihnen, dass man nur noch in Jerusalem zu ihm beten und ihm Dinge opfern kann, sonst nirgendwo mehr? 23 Ha, unser Präsident bietet Ihnen übrigens folgende Wette an: Sie bekommen 2000 von seinen Panzern, wenn Sie auch 2000 Soldaten in Ihrer Truppe mit einem Panzerführerschein finden, die die Teile überhaupt fahren können. 24 So viele Soldaten haben Sie noch

nicht mal mehr über, Sie haben in jeder Beziehung keine Chance! Ihr einzige Hoffnung ist doch nur die Panzergarnison aus Ägypten! 25 Falls Sie glauben, ich hätte den ganzen Angriff gegen Ihre Stadt ohne Gott geplant, haben Sie sich geschnitten. Er hat mir gesagt, dass ich dieses Land angreifen und komplett plattmachen soll. ›Mach sie alle kaputt!‹, hat er gesagt.'"

Jerusalem soll aufgeben

26 Eljakom (der Sohn vom Hiskija), Schebna und Joach baten dann: „Wäre es vielleicht möglich, wenn wir uns auf Aramäisch unterhalten könnten? Die Sprachen verstehen wir drei auch ganz gut. Die Security-Leute auf der Stadtmauer hören uns nämlich zu, und die können nur Hebräisch verstehen! Die brauchen es ja nicht mitzukriegen." 27 Der Innenminister der Assyrer war leicht angepisst. „Wie jetzt? War das jetzt nur eine Nachricht von Präsident zu Präsident, oder geht das alle etwas was an? Ich denke jeder, auch die Leute auf der Straße, sollten das hören. Das sind nämlich die Leute, die bald vor Hunger ihre eigene Scheiße fressen werden und ihre eigene Pisse trinken müssen, weil es kein Wasser mehr gibt!" 28 Der Innenminister trat einen Schritt nach vorne und rief voll laut auf Hebräisch, damit es auch die Leute auf der Stadtmauer hören konnten: „Haben das jetzt alle gehört, was der Präsident von Assyrien euch zu sagen hat? Hallo? 29 Er sagt hier allen Leuten: ‚Lasst euch nicht von eurem Präsidenten Hiskija verarschen! Er wird euch nicht vor mir beschützen können! 30 Hiskija wird euch vollquatschen! Er wird euch sagen, dass Gott euch bestimmt helfen wird und dass diese Stadt nie und nimmer an die Armee von Assyrien verloren geht! 31 Hört nicht auf Hiskija, hört auf mich! Der Präsident von Assyrien fordert euch hiermit auf: Ergebt euch bedingungslos! Ihr werdet nicht soooo Schlimmes durchmachen müssen. Jeder wird genug Geld haben, um sich im Supermarkt die nötigsten Lebensmittel zu kaufen. 32 Ich werde euch dann umsiedeln in ein neues Land, das genauso gut ist wie das, wo ihr jetzt wohnt. Es gibt dort auch genug Nahrungsmittel zu kaufen, Brot, Mehl, Bier, Eier, alles kein Problem. Wer sein Leben retten will, sollte das tun, was ich sage. Hiskija ist ein Blender, der macht doch nur leere Versprechungen! Er erzählt euch nur Dünnsinn, wenn er meint, Gott würde euch noch helfen! 33 Gab es denn bis jetzt auch nur ein Land, wo irgendein Gott die Menschen vor meinen Truppen beschützen konnte? 34–35 Wo sind sie denn jetzt, diese ganzen Götter? Was ist mit Hamat, Arpad, Sefarwajim, Hena, Awa und wie sie alle heißen? Gab es irgendeinen anderen Gott bei euch im Nordreich, der seine Leute vor mir retten konnte? Hä?'" 36 Die Security-Leute, die auf der Stadtmauer standen, sagten kein Pieps, weil Hiskija ihnen das verboten hatte. 37 Eljakim, Schebna und Joach waren voll sauer und echt fertig, als sie dort weggingen. Sie berichteten Hiskija alles, was der Innenminister zu ihnen gesagt hatte.

19 **Jesaja tritt auf den Plan**

1 Auch der Präsident Hiskija war voll fertig, als er vom Verlauf des Gesprächs hörte. Er zog dann erst mal schwarze Trauerklamotten an und ging dann in den Tempel, um mit Gott zu reden. 2 Danach schickte er den Innenminister Eljakim, Schebna, den Minister für Arbeit und Soziales, und die wichtigsten Priester zum Propheten Jesaja (Sohn von Amoz). Sie gingen in schwarzen Anzügen zu ihm, die man normal zu einer Trauerfeier anzieht, wenn jemand Wichtiges gestorben ist. 3 Sie sollten vom Präsidenten Folgendes ausrichten: „Gott bestraft uns heute für den Mist, den wir in den letzten Jahren gebaut haben! Wir haben ein fettes Problem, was total peinlich für uns werden könnte. Uns geht es wie jemandem, der vergeblich versucht, beim Bankdrücken in der Muckibude die 150-Kilo-Hantel zu stemmen, bis sie ihm schließlich auf den Kopf fällt. 4 Der Präsident von den Assyrern hat seinen Innenminister bei uns vorbeigeschickt, um den einzig wahren Gott zu verarschen! Soll Gott sich das anhören, wie diese Leute über ihn ablästern? Könnte er sie nicht dafür bestrafen, dafür, dass die so übel über ihn gelästert haben? Bitten Sie Gott da drum! Beten Sie zu ihm! Und beten Sie für die Leute, die vom Volk noch übrig geblieben sind!" 5 Die Minister trafen sich dann mit Jesaja und gaben ihm diese Nachricht. 6 Als der das hörte, antwortete er: „‚Keine Panik!', sagt Gott zu Ihnen! ‚Ihr braucht euch nicht vor den Einschüchterungen fürchten, die ihr von diesen Ministern aus Assyrien gehört habt. 7 Ich kümmere mich darum! Er wird seine Pläne aufgeben und sich ganz schnell wieder nach Hause verpissen. Und wenn er dort ist, sorge ich dafür, dass er sterben wird!'" 8 Sanherib, der Präsident von Assyrien, kämpfte mit seiner Armee in der Zwischenzeit nicht mehr vor Lachisch, sondern rückte schon gegen die Festung Libna vor. Sein Innenminister hatte davon gehört und ging auch dort hin.

Sanherib macht einen auf dicke Hose, während Hiskija still mit Gott redet

9 Bei Sanherib, dem Präsidenten von Assyrien, kam die Nachricht rein, dass der äthiopische Präsident Tirhaka ihnen soeben den Krieg erklärt hatte und mit seinen Truppen bereits unterwegs war. Doch als wenn nichts gewesen wäre, schickte er einen Brief zu Hiskija:
10 „Sie sollten sich Ihrer Sache mal nicht zu sicher sein! Könnte ja sein, dass Ihr Gott Sie auch nur linkt! Sie vertrauen ihm, aber er täuscht Sie vielleicht damit, wenn er sagt, dass ich Jerusalem niemals kriegen werde.
11 Bei Ihnen sind doch wohl auch die ganzen Horrornachrichten angekommen, was die Assyrer mit den Ländern anstellen, die sie im Krieg geschlagen haben, oder? Aber ausgerechnet Sie glauben, Ihnen würde das nicht passieren? Pah!
12 Welcher Gott hat es denn bis jetzt geschafft, auch nur einen meiner Vorgänger daran zu hindern, eine Stadt und ihre Einwohner komplett plattzumachen? Ich mein jetzt so was wie die Städte Gosan, Haran, Rezef oder die Leuten von Eden, die in Telassar gelebt haben.
13 Wo sind denn jetzt die Präsidenten, die in Hamat, Arpad, Sefarwajim, Hena und Awa früher regiert haben, he? Denken Sie mal nach!“
14 Als Hiskija den Brief vom Postboten bekam und gelesen hatte, ging er in den Tempel. Dort redete er mit Gott über die ganze Sache.
15 Er sagte: „Hey, Gott! Du bist der Gott von Israel, du bist dort ganz oben und hast den Überblick über alles! Du hast in Wirklichkeit die Macht über alle Regierungen in der Welt! Du hast den Himmel und die Erde gemacht!
16 Jetzt komm bitte und hore mir zu! Mach deine Augen auf und guck, was die hier vom Stapel lassen! Dieser Sanherib verarscht dich die ganze Zeit! Dich, den einzigen, heftigen Gott!
17 Gott, was die sagen, stimmt ja auch: die Assyrer haben wirklich gegen alle anderen Völker gewonnen und haben sie plattgemacht.
18 Die Plastikgötter von diesen Völkern wurden auch allesamt in die Tonne gekloppt. Das waren ja eben auch nur Götter aus Plastik, die Menschen für sich selbst gebastelt hatten. Darum konnten sie auch verbrannt werden.
19 Jetzt komm, Gott, du bist unser Gott, rette uns vor diesem Typen! Dann werden alle Regierungen in der Welt davon hören und endlich kapieren, dass du der Chef vom Universum, dass du der einzige Gott bist!“

Gott macht den Präsidenten von Assyrien zum Affen

20 Die Antwort von Gott kam dann bei Jesaja rein, der sie dem Präsidenten Hiskija ausrichten ließ. „Hören Sie zu, der Gott von Israel sagt Ihnen Folgendes: ‚Du hast mich gefragt, ob ich dir bei deinem Problem mit dem Präsident von Assyrien helfen kann, und ich werde dir helfen, versprochen.‘
21 Gott sagte zu Sanherib: ‚Ich finde dich lächerlich, ich lache mich kaputt, die ganze Stadt Zion, mein tolles Jerusalem, diese Stadt mit Mut, zeigt dir den Stinkefinger, für immer.
22 Was denkst du denn, auf wen du dich da eingelassen hast? Du hast gegen den einzigen Gott abgelästert, das liegt dir zur Last.
23 Du hast allen von deiner so tollen, unschlagbaren Armee erzählt, du hast ja bis ans Ende der Welt alle deine Feinde weggekegelt, und du dachtest, das alleine zählt.
24 Aber ich habe das Wasser gemacht, ich habe alle Flüsse installiert, und ich sorg für das Wasser, ich machte die ganze Welt!
25 Du hast wohl noch nie was von mir gehört? Ist an dir vorbeigegangen, hattest deine Ohren nicht auf Empfang gestellt, dass ich lange vor dir da war und Sachen hab entstehen lassen, die vorher nicht mal da waren? Und ich hab es zugelassen, dass du Städte einnimmst und sie kaputt machst, dass du alle Menschen dort umbringst! Du hast das noch nicht gerafft!
26 Deine Feinde hatten plötzlich keinen Mumm mehr in den Knochen, hatten Angst und Panik, kamen ganz klein angekrochen. Darum sind sie verbrannt wie getrocknetes Gras, eben war es noch grün, jetzt nur noch das Gegenteil von nass.
27 Ich fass dich an, und ich kenn dich ganz genau, und wenn du aggro gegen mich bist, dann stehle ich dir die Schau.
28 Weil du wütend auf mich warst und weil ich von deinem Ärger gegen mich gehort hab, werde ich dich jetzt ganz straff lenken, so wie ein Radprofi sein Fahrrad, und ich werde dich zurückbringen auf den Weg, von dem du kamst.‘“
29 Gott hatte auch noch eine Nachricht für Hiskija: „Als Beweis dafür, dass meine Vorhersagen auch eintreffen, werde ich Folgendes passieren lassen: In den nächsten zwei Jahren werdet ihr euch von den Dingen ernähren können, die auf den Feldern einfach so wachsen. Aber im dritten Jahr müsst ihr wieder Körner aussäen und ernten. Das gilt auch für die Weinberge.
30 Die Menschen, die vom Familienstamm Juda übrig geblieben sind, werden sich dort niederlassen und wie zu Hause fühlen, dort arbeiten und von ihrer Arbeit leben.
31 Es wird auf jeden Fall ein Rest von diesem Stamm in Jerusalem übrig bleiben, dort auf dem Zionsberg. Ich werde dafür sorgen, weil ich meine Leute einfach total liebhabe.
32 Und ich sag dir auch, was mit dem Präsidenten von den Assyrern passieren wird: Er wird es nicht schaffen, diese Stadt zu erobern. Er

wird es noch nicht mal bis dahin schaffen, nicht
einen Schuss wird er auf die Stadt abfeuern. Keiner
seiner Panzer wird die Schutzmauer zum Einstürzen
bringen, seine Soldaten werden sich auch nicht, mit
ihrem Helmen auf dem Kopf, gegen sie zum Angriff
aufstellen. 33 Er wird auf demselben Weg, auf dem er
gekommen ist, wieder nach Hause fahren. Ich
schwöre dir, er wird nicht einen Fuß in die Stadt set-
zen, weil ich das jetzt sage! 34 Weil ich Respekt sehen
will – und auch wegen David –, werde ich dieser
Stadt helfen und sie retten!" Das war die Nachricht,
die der Prophet Jesaja an Hiskija ausrichten ließ.
35 In der Nacht passierte dann etwas total Heftiges.
Ein Soldatenengel von Gott kam in das Lager von
der assyrischen Armee und tötete dort 185 000
Mann! Als die Sonne aufging, lagen überall Leichen
rum! 36 Als der Präsident von den Assyrern davon
erfuhr, blies er sofort den ganzen Angriff ab. Seine
ganzen Truppen kehrten um, und er selbst zog wie-
der zurück in seine Heimat. Ab dann wohnte er in
der Stadt Ninive. 37 Irgendwann ging Sanherib, der
assyrische Präsident, dort mal in den Tempel von
seinem Plastikgott Nisroch. Plötzlich kamen seine
Söhne Adrammelech und Sarezer von hinten und
schnitten ihm die Kehle durch. Wegen diesem Mord
mussten sie sich dann erst mal verpissen und ver-
steckten sich eine Zeitlang im Land Ararat. Als
nächster Präsident kam sein Sohn Asarhaddon an
die Macht.

20

Hiskija wird doch noch geheilt

1 Später wurde Hiskija dann todkrank. Der
Prophet Jesaja kam auf einen Krankenbe-
such vorbei und hatte auch ein Wort von Gott für
ihn: „Machen Sie sich schon mal für den Sarg fertig!
Sie werden nicht wieder aus dem Bett hochkom-
men!" 2 Als Jesaja wieder weg war, dreht sich Hiskija
in seinem Bett zur Wand und redete mit Gott:
3 „Chef! Bitte vergiss nicht, dass ich dir immer treu
war! Ich hab immer radikal durchgezogen, was du
von mir wolltest, und hab immer so gelebt, wie du
es geil findest, oder?" Dann fing er voll laut an zu
weinen, die Tränen kullerten ihm nur so runter.
4 Jesaja war noch nicht mal bis zur nächsten
U-Bahn-Station gekommen, da redete Gott plötzlich
mit ihm. 5 „Geh noch mal zurück zu Hiskija! Er ist ja
zurzeit der Chef von meinen Leuten, und ich will
ihm noch was sagen. Erzähl ihm: ‚Diese Ansage
kommt jetzt von Gott, der Gott von deinem Ururur-
großvater David. Ich habe deine Gebete gehört, und
ich hab auch gesehen, dass du geweint hast. Pass
auf, ich werde dich gesund machen. Heute in drei
Tagen wirst du wieder in mein Haus, in den Tempel,
gehen können. 6 Ich werde dein Leben noch mal um
fünfzehn Jahre verlängern. Und ich werde dich und
auch Jerusalem vor den Assyrern beschützen. Weil
ich Respekt haben will und weil David so cool unter-
wegs war, werde ich auf Jerusalem aufpassen.'"
7 Jesaja ging dann wieder zurück zu Hiskija und
sagte ihm das. Dann meinte er zu den Hausange-
stellten: „Organisieren Sie mal ein paar Äpfel, und
tuen Sie die in den Mixer. Den Brei legen Sie dann
auf die entzündete Stelle vom Präsidenten. Die wird
dann abheilen, und der Präsident wird wieder
gesund." 8 „Krieg ich irgendwie noch einen Beweis
von Gott, dass diese Worte auch wirklich eintreffen
werden?", fragte Hiskija. „Gibt's vielleicht noch ein
Zeichen, dass ich übermorgen schon wieder in den
Tempel gehen kann?" 9 „Ja, Gott wird Ihnen ein Zei-
chen geben. Das ist dann der Beweis, dass er seine
Versprechen immer einhält. Sie können sich aussu-
chen, was Ihnen lieber ist. Soll er die Uhren auf der
ganzen Welt zehn Stunden zurück- oder zehn Stun-
den vordrehen?", antwortete Jesaja. 10 „Hm, also,
dass man das Gefühl hat, die Zeit vergeht viel
schneller als sonst, ist ja nichts Besonderes. Aber
wenn die Zeit zehn Stunden zurück gehen würde,
das wäre mal echt krass!" 11 Jesaja redete mit Gott,
und plötzlich drehten sich alle Uhren zehn Stunden
zurück!! Auch die große Uhr, die der Präsident Ahas
in der City vor einiger Zeit hatte aufstellen lassen,
tat das sofort.

Verhandlungen mit Babylonien und Hiskijas Tod

12 Als der Präsident von Babylonien, Merodach-Bala-
dan in der Zeitung las, dass es Hiskija wieder bes-
serging, schickte er ein paar seiner Männer mit
einem Geschenk zu ihm. Dabei lag noch ein Brief,
in dem er ihm schrieb, wie sehr er sich darüber
freute, dass Hiskija wieder gesund geworden war.
13 Hiskija nahm das Geschenk und den Brief von
diesen Männern entgegen und machte mit ihnen
anschließend eine Rundfahrt im Regierungsviertel.
Er zeigte denen alles, was ihm gehörte und worüber
er das Sagen hatte. Das Waffenarsenal, die Panzer-
fahrzeuge und Flugkörper, alle Lebensmittelvorräte
und so. Am Ende ging er sogar noch mit denen in
die Staatsbank, wo er ihnen im Tresorraum sämtli-
che Goldreserven und das ganze Staatsvermögen
zeigte. 14 Als sie dann wieder weg waren, kam Jesaja
bei ihm vorbei und fragte ihn: „Sagen Sie mal, was

wollten denn diese Männer von Ihnen? Woher
kamen die?“ – „Die kamen aus dem Ausland, aus
Babylon“, antwortete Hiskija. 15 „Und? Was haben
die sich denn bei uns angesehen? Was haben Sie
denen gezeigt?“, wollte Jesaja wissen. „Ach, eigent-
lich alles! Ich hab ein bisschen angegeben und
ihnen gezeigt, was wir so zu bieten haben. Sogar
unsere Kontoauszüge und die Goldreserven haben
sie gesehen!“ 16 „Hm, hören Sie zu, ich hab eine
Nachricht von Gott für Sie!“, meinte da draufhin
Jesaja. 17 „Alle deine Goldreserven, dein ganzes Geld
auf dem Konto, was schon die Präsidenten vor dir
angespart hatten, wird irgendwann geklaut und
nach Babylonien gekarrt werden. Nichts bleibt
davon mehr über. 18 Sogar einige von den Söhnen,
die du noch bekommen wirst, wird man nach Baby-
lonien verschleppen. Sie werden dort als Kellner im
Präsidentenpalast arbeiten müssen.“ 19 „Wenn Gott
das so will, dann nehme ich diese Entscheidung von
ihm an“, sagte Hiskija. „Aber einen Wunsch hab ich
trotzdem: Ich möchte, dass es keinen Krieg und
keine Terroranschläge mehr in Israel gibt, solange
ich noch lebe!“ 20 Alles, was man sonst noch über
Hiskija erzählen könnte, was er alles an guten
Sachen gebracht hat, kann man in den amtlichen
Chroniken der Präsidenten von Juda nachlesen.
Dort steht auch drin, dass er neue Wasserleitungen
verlegt hat und das Kabelnetz erweitert hatte. 21 Als
Hiskija gestorben war, wurde er auf dem Friedhof
neben seiner Familie verbuddelt. Als nächster Präsi-
dent kam dann sein Sohn Manasse an die Reihe.

21 Präsident Manasse von Juda übertreibt es völlig

1 Manasse war 12 Jahre, als er der neue Prä-
sident von Juda wurde, und er regierte 55 Jahre von
Jerusalem aus das Land. Seine Mutter hieß Hefzi-
Bah. 2 Er war total schräg drauf und tat lauter
Sachen, auf die Gott überhaupt keinen Bock hat. Er
lebte und regierte nach dem Vorbild der ganzen Völ-
ker, die Gott vorher aus dem Land der Israeliten
rausgeschmissen hatte. 3 Er hatte nichts Besseres
zu tun, als diese Opferplätze auf den Bergen wieder
aufzubauen, wo man irgendwelchen Plastikgöttern
Dinge opfern konnte. Sein Vater Hiskija hatte die
alle noch wegsprengen lassen, aber er baute sie
wieder auf. Sogar so ein Teil für diesen Gott Baal
musste er haben, und auch ein Bild von der Plastik-
göttin Aschera ließ er sich machen. So einen Dünn-
sinn hatte ja schon Ahab fabriziert, als er Präsident
von Israel war. Außerdem betete er auch noch ganz
gerne mal zum Mond oder zu anderen Planeten
und ließ sich ständig sein Horoskop machen. 4 Gott
hatte ja immer gesagt, dass er in seinem Haus, dem
Tempel in Jerusalem, wohnen wollte. Und ausge-
rechnet dort baute Manasse auch noch ein paar
Opfertische, so Altäre für andere Götter! 5 Auf dem
Vorplatz vom Tempel stellte er solche Altäre hin, wo
man zu allen Sternen im Himmel gleichzeitig beten
konnte. 6 Aber das war noch nicht alles. Er ging
ständig auf irgendwelche Eso-Treffen, bestellte sich
Wahrsager ins Haus und hing nachts auf Friedhöfen
rum, um mit den Toten zu reden und sich von
denen beraten zu lassen. Einmal ließ er sogar einen
seiner eigenen Söhne in einem Opferritual für
irgend so einen Pseudogott verbrennen! Mit diesen
ganzen Sachen kriegte er Gott auf 180, der war rich-
tig sauer auf ihn. 7 Obwohl Gott zu David und auch
zu seinem Sohn Salomo gesagt hatte, dass im Tem-
pel in Jerusalem nur er wohnen sollte und sonst
keiner, stellte Manasse dort auch ein Bild von dieser
komischen Aschera auf. 8 Gott hatte damals zu
David gesagt: „Wenn meine Leute tun, was ich
sage, und nach den Gesetzen leben, die sie von
Mose, meinem treuen Angestellten, bekommen
haben, dann werde ich dafür sorgen, dass sie nie-
mand mehr aus dem Land rausschmeißen kann,
was ich ihnen vor Ewigkeiten geschenkt hatte.“
9 Aber die Leute aus dem Familienstamm Juda
behandelten Gott wie einen Volltrottel. Sie ließen
sich von Manasse dazu verführen, zu Plastikgöttern
zu beten, und fuhren auch total auf die ab. Sie trie-
ben es dabei noch derber als die ganzen Völker, die
Gott vorher aus der Gegend durch die Israeliten
komplett verjagt hatte. 10 Schließlich brachte Gott
durch die Propheten folgende Ansage: 11 „Was der
Präsident Manasse an üblen Sachen gebracht hat,
ist sogar viel schlimmer als die Dinger der Amoriter,
die vorher dort gelebt haben. Dazu hat er auch noch
die Leute von Juda verführt, zu Plastikgöttern zu
beten und die toll zu finden. 12 Gott, der Chef von
Israel, hat deswegen folgende Nachricht für euch:
‚Ich werde dafür sorgen, dass es Juda und der Stadt
Jerusalem richtig dreckig gehen wird. Es wird euch
so beschissen gehen, dass sogar die Leute, die nur
davon hören, Ohrenschmerzen bekommen. 13 Jeru-
salem hat keine Freikarte mehr, es wird genauso
beurteilt werden wie jede andere normale Stadt in
der Welt auch, wie zum Beispiel Samaria. Und seine
Präsidenten werden genauso verurteilt wie die Fami-
lie von Präsident Ahab. Ich werde Jerusalem auslö-

schen. Die Stadt wird so leer sein wie eine Chips-Tüte, die man umgedreht und leer geschüttelt hat. 14 Ich werde die Reste von dem, was von meinen Leuten übrig geblieben ist, auch noch rausschmeißen. Ich will mit ihnen nichts mehr zu tun haben, ich liefere sie an ihre Feinde aus. Die werden mit ihnen machen, wozu sie gerade lustig sind, sie werden ihnen alles, was sie besitzen, wegnehmen und alle Bewohner gefangen nehmen. 15 Warum? Die Israeliten tun echt nur Sachen, die ich nicht will, die nicht gut sind! Sie haben mich ohne Ende provoziert, das fing schon damals an, als sie aus Ägypten abgehauen sind, und es hat sich bis heute nicht geändert.'" 16 Manasse schlachtete auch viele Menschen ab, die gar nichts verbrochen hatten. In Jerusalem wurden überall sehr viele Leute einfach so getötet. Das kam noch zu seinem Fehler dazu, dass er die Leute von Juda dazu verführt hatte, Sachen zu tun, die Gott total beknackt findet. 17 Alles, was man sonst noch über Manasse sagen könnte, steht in den amtlichen Chroniken der Präsidenten von Juda. Auch wie er zu Plastikgöttern betete und was er sonst noch so getrieben hat, steht da drin. 18 Als er tot war, wurde seine Leiche nicht auf dem Friedhof, sondern in seinem eigenen Garten vor der Präsidentenvilla verbuddelt. Dieser Garten hatte früher auch einem gewissen Herrn Usa gehört. Als nächster Präsident war sein Sohn Amon an der Reihe.

Was der Präsident Amon von Juda so gebracht hat

19 Als Amon an die Macht kam, war er 22 Jahre alt. Er regierte zwei Jahre lang von Jerusalem aus das Land. Seine Mutter kam aus der Familie von Haruz, der aus Jotba stammte. Ihr Name war Meschullemet. 20 Amon war genauso drauf wie sein Vater und tat nur Dinge, die Gott total fies findet. 21 Er lebte genauso wie Manasse, opferte irgendwelchen Pseudogöttern und betete zu denen. 22 Gott, der Chef von seinen Vorfahren, ging ihm am Arsch vorbei, und auch seine Gesetze waren ihm total egal. 23 Einige seiner Angestellten taten sich heimlich zusammen und verübten ein Attentat auf ihn, als er gerade zu Hause war. 24 Die Leute verfolgten aber alle Attentäter und brachten sie um. Als das erledigt war, erklärten sie seinen Sohn Joschija zum nächsten Präsidenten. 25 Alles, was man sonst noch über Amon erzählen könnte, steht in den amtlichen Chroniken der Präsidenten von Juda. 26 Seine Leiche wurde auch in diesem Garten verbuddelt, der früher mal Usa gehört hatte. Als Nächstes kam sein Sohn Joschija an die Macht.

22

Man findet ein Buch, wo die Gesetze drinstehen

1 Als nächster Präsident von Juda kam Joschija an die Reihe. Er war erst acht Jahre alt, als er an die Macht kam, und er regierte 31 Jahre lang von Jerusalem aus das Land. Seine Mutter hieß Jedida, sie kam aus der Familie von Adaja aus Bozkat. 2 Aber Joschija war gut drauf, er lebte ungefähr so, wie es David auch schon getan hatte. Er brachte viele Sachen, die Gott voll gut findet, und er hielt sich radikal an die Gesetze und Regeln. 3 Als er 18 Jahre lang an der Macht war, hatte er einen Auftrag für Schafan. Er schickte ihn damit in den Tempel. Schafan kam übrigens aus der Familie von Azalja, er war ein Enkel von Meschullam. 4 „Gehen Sie zum obersten Priester, zu Hilkija, und bitten Sie, dass mal gecheckt werden soll, was an Spenden in den Dosen im Tempel gelandet ist. Alles, was von den Angestellten am Eingang gesammelt wurde, und auch was durch die Touris reinkam, soll gezählt werden. 5–6 Die Kohle muss dann an den zuständigen Architekten überwiesen werden, der für die Renovierungsarbeiten am Tempel verantwortlich ist. Davon sollen die Gehälter von den Bauarbeitern, Zimmermännern und Tischlern bezahlt werden. Außerdem sollen mit dem Geld die Einkäufe im Baumarkt bezahlt werden, wo die das Material einkaufen. 7 Die Leute brauchen über das Geld keine genaue Buchhaltung führen, das läuft alles auf Vertrauensbasis, klar?" 8 Irgendwann kam der Oberpriester Hilkija ganz aufgeregt bei Schafan an: „Stellen Sie sich vor, ich hab bei den Renovierungsarbeiten ein Buch von Gott gefunden, wo alle Gesetze drinstehen!" Schafan schnappte sich das Buch, setzte sich in eine Ecke und fing an, es zu lesen. 9 Als er damit durch war, ging er zum Präsidenten. „Ihre Priester haben die Spendendose im Tempel geleert. Das Geld hab ich den Männer ausgehändigt, die für die Renovierungsarbeiten verantwortlich sind." 10 Und dann erzählte er ihm auch von dem Gesetzbuch, was er von dem Priester Hilkija bekommen hatte. Schließlich las er dem Präsidenten da draus vor.

Joschija ist total fertig, als er von den Gesetzen hört

11 Als der Präsident von dem Inhalt hörte, der in diesen Gesetzen stand, war er erst mal total geschockt und echt fertig. 12 Er trommelte sofort die folgenden wichtigen Personen zusammen: Hilkija, den Chef der Priester, Ahikam, den Sohn von Schafan, Achbor, den Sohn von Micha, sowie den

Minister für Inneres, Schafan, und den persönli-
chen Sekretär vom Präsidenten, Asaja. Sie beka-
men folgenden Auftrag von ihm: 13 „Ich möchte,
dass Sie sich alle ganz viel Zeit zum Beten neh-
men. Fragen Sie Gott, was wir jetzt mit diesen
Gesetzen machen sollen. Fragen Sie ihn für mich
und auch für alle anderen Leute, die zum Familien-
stamm Juda gehören. Mir ist ganz klar, dass Gott
supersauer auf uns sein muss. Schon die Men-
schen, die vor uns da waren, haben nicht mehr
nach diesen Gesetzen gelebt.“ 14 Die fünf Männer
machten einen Termin bei der Prophetin Hulda,
um ihre Einschätzung der Dinge zu hören. Hulda
war mit Schallum verheiratet, der aus der Familie
vom Tikwa kam und ein Enkel von Hasra war. Er
arbeitete als Designer und entwarf die Anzüge des
Präsidenten. 15 Hulda hatte ein Ansage von Gott zu
dem Thema bekommen. Sie sagte: „Diese Nach-
richt kommt jetzt von Gott, dem Chef von Israel.
Richten Sie dem Typen, der Sie zu mir geschickt
hat, Folgendes von Gott aus: 16 ‚Alle Warnungen,
die ich in dieses Buch hab reinschreiben lassen,
werden so auch passieren. Ich werde dafür sorgen,
dass es den Leuten in dieser Stadt bald total dre-
ckig gehen wird. 17 Sie haben mich abgezogen und
haben angefangen, zu anderen Göttern zu beten.
Weil sie die ganze Zeit mit diesen Plastikgöttern
rumgemacht haben, bin ich so langsam echt auf
180. Ich bin total genervt von diesem Tempel und
allem, was hier so abgeht. Ich bin voll sauer, und
man kann mich auch nicht mehr so mal eben wie-
der beruhigen.‘ 18 Dem Präsidenten, in dessen Auf-
trag Sie ja gekommen sind, können Sie Folgendes
ausrichten. Er wollte ja eine Antwort von Gott
haben. Das kommt jetzt vom Chef, von Gott, dem
Gott von Israel: 19 ‚Du hast diese Ansagen gehört,
die ich gemacht habe. Sie waren für dich und die
Bewohner dieser Stadt bestimmt. Es wird so kom-
men, dass es bald überall auf der Welt so einen
Spruch geben wird. Wenn man jemanden die
Krätze an den Hals wünscht, wird man sagen: ›Dir
soll das Gleiche passieren wie Jerusalem!‹ Aller-
dings soll das alles erst passieren, wenn du schon
tot bist. Denn ich hab gesehen, dass es dir voll
leidgetan hat und wie fertig du warst, als man das
Buch gefunden hat. Darum hab ich auch auf deine
Gebete gehört. 20 Das bedeutet, dass du diese
Katastrophe nicht mehr miterleben wirst, die über
diese Stadt kommen wird. Ich sorge dafür, dass du
ganz friedlich sterben wirst, und man wird dich auf
dem Friedhof beerdigen, wo auch der Rest deiner
Familie liegt.‘“ Die fünf Männer gingen dann wie-
der zum Präsidenten und richteten ihm die Nach-
richt aus.

23

Präsident Joschija räumt auf

1 Jetzt organisierte Joschija ein Treffen in
Jerusalem, wo alle Chefs von den Fami-
lien aus Juda eingeladen wurden. 2 Schließlich
wurde eine kleine Demo veranstaltet, bei der jeder,
der in Jerusalem wohnte, alle Priester und Prophe-
ten, und überhaupt alle Leute, die kommen konn-
ten, gemeinsam zum Tempel zogen. Als der ganze
Trupp dort war, stellte sich einer an das Mikro und
las allen Leuten die Gesetze aus dem Buch vor, was
man ja zufällig im Tempel gefunden hatte. 3 Als der
zu Ende gelesen hatte, stellte sich der Präsident auf
ein Rednerpult, was vor dem Tempel aufgebaut
worden war. Dort machte er einen neuen Vertrag
zwischen Gott und seinen Leuten. Und zwar
musste das ganz Volk versprechen, dass sie radikal
alle Gesetze und Regeln, die in dem Buch standen,
durchziehen wollten. Alle Leute sagten am Ende
laut: „Ja, das werden wir tun!“ Jeder verpflichtete
sich, nach den Gesetzen von Gott zu leben. 4 Jetzt
gab der Präsident den Befehl raus, dass der Ober-
priester Hilkija mit allen seinen Angestellten im
ganzen Tempel mal „klar Schiff“ machen sollte.
Alles, was mit diesen Plastikgöttern zu tun hatte,
sollte er aus dem Tempel rausschmeißen. Die gan-
zen Sachen, die benutzt wurden, um zu diesem
Baal-Gott oder zur Plastikgöttin Aschera zu beten,
wurden verschrottet. Auch die ganzen Esoterikbü-
cher wurden eingesammelt. Den ganzen Haufen,
der dann zusammengekommen war, brachte man
vor die Stadt in die Müllverbrennungsanlage. Die
Asche wurde gesammelt und anschließend nach
Bet-El geschickt, wo nun nicht mehr zu Gott gebe-
tet werden sollte. 5 Alle Pseudopriester, die sich um
die Rituale für die Plastikgötter gekümmert hatten,
wurden fristlos entlassen. Die waren ja vom alten
Präsidenten von Juda extra dafür eingestellt wor-
den, um in den Städten und in der Umgebung von
Jerusalem für diesen Baal Gottesdienste zu veran-
stalten. Dazu sollten sie aber auch noch Opferses-
sions für die Sonne, den Mond und die Sterne oder
irgendwelchen Astro-Schnickschnack veranstalten.
6 Das Bild von dieser Aschera-Göttin wurde wieder
aus dem Tempel von Gott genommen und im Kid-
rontal verbrannt. Die Reste ließ er einsammeln und
in einen Schredder werfen. Anschließend wurde

alles auf einem Friedhof verstreut, damit war
Aschera Geschichte. 7 Dann ließ er noch den Puff
und das Eroscenter abreißen, die im Tempelbezirk
waren. Dort hatten außerdem die Frauen gearbeitet,
die immer für diese Aschera-Göttin Kleider genäht
hatten, die sie der Figur dann anzogen. 8 Die Opfer-
tische, die Altäre, die vor dem Joschua-Tor standen,
wurden auch abgerissen. Die standen, wenn man
es von innen aus betrachtete, auf der linken Seite.
Überall im Gebiet von Juda, von Geba bis Beer-
scheba, sprengte er die Plätze weg, auf denen vor-
her irgendwelchen Plastikgöttern Sachen geopfert
wurden. Alle Priester sollten wieder zurück nach
Jerusalem kommen. 9 Dort hatten sie zwar keine
Genehmigung, am Altar von Gott in Jerusalem zu
opfern, aber sie bekamen immerhin ihren Anteil
von den besonderen Broten. 10 Den Opferplatz in
Tofet, wo sogar mal Kinder für einen Plastikgott
abgeschlachtet wurden, riss er auch ab. Keiner
sollte jemals dort wieder seinen Sohn oder seine
Tochter für diesen Moloch-Gott, der auch Milkom
heißt, verbrennen. 11 Auch diese komischen Pferdefi-
guren mit ihren Wagen verschrottete er. Einige von
den Präsidenten von Juda hatten die mal am Ein-
gang vom Tempel auf dem Parwar-Platz aufgestellt,
gleich neben den Diensträumen von einem gewis-
sen Netan-Melech, um sich beim „Sonnengott“
damit einzuschleimen. 12 Alle Altäre, die auf dem
Flachdach vom Regierungsgebäude aufgebaut wor-
den waren, kamen auf den Sperrmüll. Ahas hatte
die damals auf das Obergeschoss draufbauen las-
sen. Das Gleiche passierte auch mit den Altären,
die Manasse in den beiden Innenhöfen vor dem
Tempel aufgestellt hatte. Beide wurden komplett
weggesprengt und der Schutt ins Kidrontal gewor-
fen. 13 Über die Altäre, die für irgendwelche Plastik-
götter im Osten von Jerusalem aufgebaut worden
waren, ließ er Müll kippen, damit man sie nicht
mehr benutzen konnte. Diese Teile wurden schon
damals vom Präsidenten Salomo aufgestellt. Sie
waren für diese Astarte-Göttin, den Gott der Moabi-
ter Kemosch und den ammonitischen Gott Milkom,
der auch Moloch heißt, gebaut worden. 14 Joschija
ließ auch alle anderen Figuren, die irgendwelche
Götter darstellen sollten, umhauen. Um mit der
Sache auch sicherzugehen, ließ er überall, wo die
Figuren vorher standen, ein paar Knochen drüber
legen. Damit war klar: Das Teil ist beerdigt und vor-
bei. 15 Als Nächstes war Bet-El dran, wo Jerobeam
einen Opferplatz gebaut hatte und damit alle Israe-
liten dazu verführte, zu Plastikgöttern zu beten
anstatt zu dem wirklichen, echten Gott. Der Altar
wurde mit einem Presslufthammer kleingemacht
und dann total zerbröselt. Auch diese Figuren von
der Aschera, zu denen man gebetet hatte, wurden
verbrannt. Anschließend sprengte man den ganzen
Platz einfach in die Luft. 16 Bevor Joschija das Teil
wegsprengte, verdreckte er das Ganze erst mal
anständig und machte es damit unbrauchbar für
irgendwelche Rituale. Und zwar hatte er bemerkt,
dass am Berg dort ein paar Gräber waren. Er ließ
einige Skelette einsammeln und verbrannte die
dann auf dem Altar. Damit war das Teil verdreckt
und unbrauchbar geworden. Übrigens hatte Gott
das ja schon vor einiger Zeit alles durch einen Pro-
pheten angekündigt. 17 Joschija sah dann noch
einen Grabstein. „Wessen Grab ist das da?“, fragte
er die Leute, die dort wohnten. „Das ist das Grab
von einem Propheten, der mal vor einiger Zeit aus
Jerusalem hierhergezogen ist. Er hat alles, was du
jetzt mit dem Altar gemacht hast, schon damals
vorausgesehen!“ 18 Joschija meinte: „Lasst ihn in
Frieden! Keiner soll seine Knochen wegschleppen!“
Darum wurde sein Skelett nicht weggeschafft und
auch das Skelett von dem anderen Propheten, der
aus Samaria kam, blieb dort liegen. 19 Was Joschija
in Bet-El durchgezogen hatte, machte er auch in
den anderen Städten vom Nordstaat Israel. Alle
Tempel für irgendwelche Plastikgötter, die von den
Präsidenten von Israel dort irgendwann mal aufge-
baut worden waren, wurden von ihm plattgemacht.
Diese Tempel hatten ja auch dafür gesorgt, dass
Gott voll sauer und enttäuscht von den Israeliten
war. 20 Viele Priester von diesen Pseudogöttern
bekamen bei ihm sogar die Todesstrafe. Sie wurden
genau an dem Ort hingerichtet, wo sie diesen
Göttern Sachen geopfert hatten, und ihre Leichen
wurden auch dort verbrannt. Als er mit den Auf-
räumarbeiten fertig war, ging er zurück nach
Jerusalem.

Die erste Passaparty nach langer Zeit wieder in Jerusalem

21 Kurze Zeit später gab Joschija den Befehl raus,
dass diese Woche überall im Land die Passaparty
gefeiert werden sollte. „Feiert für euren Gott, macht
es genau so, wie es in den Gesetzen drinsteht! Auf
diese Gesetze seid ihr eingeschworen worden!“
22 So richtig war die Passaparty ewig nicht mehr
gefeiert worden. Es wurde schon in der Zeit nicht
mehr gefeiert, als die Richter in Israel das Sagen
hatten. Und auch als die Präsidenten das Land von

Israel und Juda regierten, hatte man es nicht gefeiert. 23 Nun, im 18. Jahr, wo der Präsident Joschija an der Macht war, wurde die Passaparty in Jerusalem endlich wieder mal so richtig gefeiert.

Trotz großer Aufräumarbeiten: Die Katastrophe kommt

24 Hilkija zog alles genau so durch, wie es in dem Buch stand, was ein Priester zufällig in einer Ecke im Tempel gefunden hatte. Er schmiss alle Okkultisten, Esos, Astrofans und Wahrsager hochkant aus Jerusalem raus. Auch die kleinen Plastikgötter, die überall in den Häusern rumstanden, und auch alle komischen Bilder, zu denen die Leute in Jerusalem gebetet hatten, wurden in die Tonne gedrückt. 25 Vor Joschija gab es keinen Präsidenten, der das Steuer so rumgerissen hatte wie er. Hundertprozentig, radikal, mit allem, was er hatte, lebte er mit Gott und richtete sich nach den Gesetzen von Mose. Auch nach ihm gab es keinen, der das so radikal durchgezogen hatte wie er. 26 Trotzdem reichte das nicht, um Gott wieder zu beruhigen. Manasse hatte Gott deutlich zu krass einen reingedrückt durch den riesen Berg an Mist, den er gebracht hatte. 27 Gott hatte es so beschlossen und ließ sich auch nicht davon abbringen. „Den Leuten von Juda soll das Gleiche passieren wie den Leuten von Israel. Ich werde zulassen, dass sie als Kriegsgefangene in ein anderes Land verschleppt werden, damit ich sie nicht länger vor Augen haben muss. Jerusalem ist mir mittlerweile total egal, ich will mit der Stadt nichts mehr zu tun haben. Auch der Tempel ist mir egal, auch wenn ich früher mal gesagt hatte, dass ich hier wohnen will."

Der Präsident Joschija stirbt

28 Alles, was man sonst noch über den Joschija erzählen könnte, steht in den amtlichen Chroniken der Präsidenten von Juda. 29 Irgendwann zog der Präsident von Ägypten, Pharao Necho, mit seiner Armee zum Eufratfluss, weil er der assyrischen Armee in ihrem Feldzug helfen wollte. Bei Megiddo, in der Nähe vom Eufrat, versuchte Joschija mit seiner Truppe ihn aufzuhalten. Dort wurde er gleich zu Beginn der Kampfhandlung von einer Kugel tödlich getroffen und starb. 30 Seine Männer brachten die Leiche in einem Wagen von Megiddo nach Jerusalem. Dort wurde er dann in dem für ihn vorgesehenen Grab beerdigt. Als nächster Präsident wurde Joahas, ein Sohn von Joschija, von der Führungsriege aus Juda ausgerufen.

Joahas und Jojakim von Juda

31 Joahas war 23 Jahre alt, als er der neue Präsident wurde. Er hatte aber nur drei Monate lang die Macht in Jerusalem. Seine Mutter hieß Hamatual. Sie kam aus der Familie vom Jirmeja und war in Libna geboren und aufgewachsen. 32 Leider brachte er auch wieder nur Bockmist, genau wie die anderen Präsidenten vor Joschija. 33 Der Präsident von Ägypten, Pharao Necho, nahm ihn gefangen und setzte ihn im Knast bei Ribla fest. Das Gefängnis lag in der Provinz Hamat. Die Israeliten mussten dann an den Pharoa jährlich 1,8 Millionen Euro Steuern bezahlen. 34 Joahas wurde von Necho einfach abgesetzt. Stattdessen erklärte er Eljakim, einen anderen Sohn von Joschija, zum neuen Präsidenten. Allerdings änderte er dessen Namen in Jojakim. Joahas musste mit Necho nach Ägypten ziehen, wo er später starb. 35 Um die 1,8 Millionen aufzubringen, musste Jojakim die Leute anbohren. Jeder Einwohner wurde dazu verpflichtet, je nach Größe seines Vermögens eine bestimmte Steuer abzudrücken.
36 Jojakim war 25 Jahre alt, als er zum neuen Präsidenten gemacht wurde. Er regierte elf Jahre lang von Jersualem aus das Land. Seine Mutter war übrigens Sebuda, eine Tochter von Pedaja. Sie stammte ursprünglich aus der Stadt Ruma. 37 Aber er baute so ähnlichen Bockmist wie viele der Präsidenten vor ihm auch und tat Sachen, die Gott total ätzend findet.

24

Noch mehr Geschichten über Jojakim

1 In der Zeit, wo Jojakim an der Macht war, gab es mal einen Krieg gegen Nebukadnezzar, den Präsidenten von Babylon. Der marschierte mit seinen Truppen in Juda ein. Jojakim wedelte mit der weißen Fahne und gab auf. Aber nach drei Jahren organisierte er eine Revolution gegen die Besatzer. 2 Gott sorgte dafür, dass einige Truppen von den Chaldäern, den Syrern, den Moabitern und den Ammonitern gleichzeitig Jojakim angriffen, um Juda plattzumachen. Das hatte er ja schon durch einen Propheten vor einiger Zeit angekündigt. 3 Diese ganzen Probleme kamen eindeutig daher, weil Gott das so organisiert hatte. Er hatte keinen Bock mehr auf Juda, die Leute waren bei ihm komplett untendurch. Das war so, seitdem der Präsident Manasse diese fiesen Feiern für die seltsamen Plastikgötter abgezogen und Gott damit übelst beleidigt hatte. 4 Außerdem hatte er viele Menschen getötet, die absolut nichts ausgefressen hatten.

Gott war hart drauf, er wollte diese Sachen nicht so mal eben durchgehen lassen. 5 Alles, was man sonst noch über Jojakim erzählen könnte, was er so alles in seiner Dienstzeit gebracht hat, kann man in den amtlichen Chroniken der Präsidenten von Juda nachlesen. 6 Nach seinem Tod wurde sein Sohn Jojachin der nächste Präsident. 7 In der Zeit hatte sich der Präsident von Babylon in der ganzen Gegend ausgebreitet. Der Präsident von Ägypten traute sich gar nicht mehr aus seinem eigenen Land raus, weil vom Eufratfluss bis zur ägyptischen Grenze alles fest in babylonischer Hand war. Früher hatte der ägyptische Präsident dort das Sagen gehabt, jetzt aber nicht mehr.

Nebukadnezzar marschiert in Jerusalem ein

8 Jojachin wurde mit 18 der neue Präsident von Juda, aber er regierte nur drei Monate von Jerusalem aus das Land. Seine Mutter hieß Nehuschta und kam aus der Familie von Elnatan, der aus Jerusalem stammte. 9 Er baute denselben Scheiß wie sein Vater Jojakim. 10 In der Zeit zog die Armee von Nebukadnezzar gegen die Stadt Jerusalem, um sie einzunehmen. 11 Mitten in der Schlacht erschien der Präsident Nebukadnezzar höchstpersönlich an der Front. 12 Jojachin kam dann mit einer weißen Fahne nach draußen und ergab sich. Mit ihm kamen seine Mutter und alle seine Minister, Offiziere und alle Angestellten. Er wurde dann gefangen genommen und in den Knast gesteckt. Das passierte im achten Jahr, in dem Nebukadnezzar an der Macht war. 13 Das gesamte Vermögen, was im Tempel lag, das ganze Gold und so, wurde vom babylonischen Präsidenten beschlagnahmt. Gott hatte ja schon vorhergesagt, dass so was passieren würde. Nebukadnezzar ließ alle wertvollen Sachen aus dem Tempel zerkloppen, die Salomo früher mal extra hatte anfertigen lassen. 14 Alle aus der Bevölkerung, die was zu sagen hatten, wurden in Jerusalem festgenommen und verschleppt. Insgesamt waren das 10 000 Männer, sozusagen die „oberen Zehntausend“. Dazu kamen noch erfahrene Bauingenieure sowie die besten Wissenschaftler im Land. Die Einzigen, die bleiben durften, waren die 1-Euro-Jobber und Hartz-IV-Empfänger. 15 Selbst der Präsident mit seiner ganzen Familie und seinen Hausangestellten wurde nach Babylonien verschleppt. 16 7000 Geschäftsleute, die alle sehr viel Kohle auf dem Konto hatten, wurden auch mitgenommen, dazu noch 1000 gute Handwerker, besonders aus dem Bau- und Metallgewerbe. Viele wehrfähige Männer kamen auch noch dazu. 17 Anstelle von Jojachin setzte Nebukadnezzar dessen Onkel Mattanja als neuen Präsidenten ein. Der bekam von ihm aber einen neuen Namen aufgedrückt, er hieß jetzt Zidkija. 18 Als der zum neuen Präsidenten gemacht wurde, war er 21 Jahre alt. Er regierte elf Jahre von Jerusalem aus das Land. Seine Mutter kam aus der Familie vom Jirmeja, war in Libna geboren und hieß Hamutal. 19 Leider baute Zidkija auch wieder nur Bockmist. Er tat Sachen, die Gott voll fies findet, genauso wie sein Neffe Jojakim es vor ihm auch gemacht hatte. 20 Jetzt hatte Gott aber die Schnauze endgültig gestrichen voll. Er war so sauer auf die Leute in Jerusalem und aus dem Gebiet von Juda, dass er sie einfach nicht mehr sehen wollte. Was da jetzt passierte, war die Folge davon. Zidkija zettelte dann eine kleine Revolution gegen Nebukadnezzar an.

25

Jerusalem wird im Krieg plattgemacht

1 Im neuen Jahr, als Zidkija an der Macht war, stellte sich Nebukadnezzar mit seiner ganzen Armee rund um Jerusalem auf. Und zwar ging die Belagerung der Stadt am 10. Dezember los. Er ließ mehrere kleine Stellungen aufbauen und umzingelte die Stadt. 2 Zwei Jahre dauerte die ganze Aktion. 3 Am Ende gab es in der ganzen Stadt nichts mehr zu beißen. Am 9. Juli, es war das elfte Jahr, in dem Zidkija an der Macht war, 4 griff die babylonische Armee die Stadt frontal an. Sie schafften es, an einer Stelle den Schutzwall zu durchbrechen und in die Stadt einzufallen. Zidkija verdrückte sich in der Dunkelheit mit ein paar Soldaten auf einem Schleichweg zwischen den Mauern vom Garten des Präsidentenpalastes und der Stadt und schaffte es so, unbemerkt zu entkommen. Sie verdünnisierten sich dann in Richtung Osten, zur Jordanebene. 5 Als die Babylonier das mitkriegten, nahmen sie sofort die Verfolgung auf. In der Ebene bei Jericho holten sie Zidkija und seine Männer schließlich ein. Seine Truppen ließen ihn im Stich, 6 er wurde ohne Gegenwehr gefangenen genommen und nach Ribla gebracht. Dort machte man ihm in einem Kriegstribunal den Prozess, wobei Nebukadnezzar selbst als oberster Richter eingesetzt war. 7 Vor Zidkijas Augen wurden seine Söhne alle erschossen. Am Ende stach ein Soldat mit einem Schraubenzieher Zidkija die Augen aus. Schwer verletzt wurde er mit Handschellen gefesselt nach Babylonien gebracht. 8 Als Nebukadnezzar 19 Jahre an der Macht war, kam Nebusaradan, der General der babylonischen

Truppe und einer der engsten Berater vom Präsidenten, in Jerusalem an. 9 Unter seinem Befehl wurden der Tempel von Gott, das gesamte Regierungsgebäude sowie alle Villenviertel in Jerusalem abgerissen und angezündet. Die ganze Stadt brannte lichterloh. 10 Auch die Stadtmauern von Jerusalem wurden von seinen Leuten plattgemacht. 11 General Nebusardan ließ die gesamte Bevölkerung von Jerusalem abführen. Auch die übergelaufenen Soldaten wurden verhaftet. 12 Es durften nur ein paar von den ärmeren Leuten dableiben, die sich ein bisschen in der Landarbeit auskannten. Sie sollten sich um die Weinberge und die Äcker kümmern. 13 Im Tempel wurde alles zerstört. Die Säulen aus Bronze, die vor dem Tempel standen, wurden genauso umgehauen wie die Wagen und das große Waschbecken. Das Material wurde zur Altmetallverwertung nach Babylon gebracht. 14 Die Töpfe, die Schaufeln, die Messer, die Pfannen, einfach alles, was man im Tempel zum Opfern brauchte, sackten sie ein. 15 Dazu kamen auch die Becken, in denen die Holzkohle lag. Die Schalen, alles, was aus Gold und Silber gemacht worden war, wurde von Nebusardan weggeschleppt. 16 Alleine für die beiden Säulen und das große Waschbecken hatte Salomo damals voll viel Bronze verbraten. 17 Neun Meter waren die beiden Säulen hoch! Jede Säule hatte oben so einen verschnörkelten Rand, der jeweils eineinhalb Meter dick war. Dieser Rand war mit so Bronzefiguren verziert, die aussahen wie geflochtene Zweige und Äpfel. 18 General Nebusardan ließ auch den Oberpriester Seraja und seinen Stellvertreter Zefanja festnehmen. Und die drei Wachposten wurden genauso von ihm verhaftet. 19 In der Stadt wurden auch noch einige Männer gefunden und festgenommen, die sich dort versteckt hatten. Dazu gehörten: ein ranghoher Offizier, fünf enge Berater vom Präsidenten, der Offizier, der für die Musterung von neuen Soldaten für das Heer zuständig war, sowie sechzig weitere wichtige Männer aus Juda. 20 Sie wurden zum Präsidenten von Babylon abgeführt, der in der Zeit in Ribla, in der Provinz Hamat, seinen Hauptsitz hatte. 21 Alle Männer kamen dort vor das Kriegsgericht, wurden verurteilt und standrechtlich erschossen. So passierte es, dass die Leute von Juda aus ihrem Land rausgeschmissen und nach Babylon geschleppt wurden.

Unter den Leuten herrscht das Chaos

22 Über die paar Menschen, die in Juda geblieben waren, setzte Nebukadnezzar einen General, der als Vertreter der Besatzungsmacht alles regelte, was es zu regeln gab. Den Job bekam Gedalja, ein Sohn von Ahikam und ein Enkel von Schafan. 23 Einige der Offiziere von Juda waren vor den Besatzern geflohen. Als sie nach einiger Zeit die neue Lage ausgecheckt hatten, baten sie alle um ein Treffen mit Gedalja. Das Treffen fand dann in Mizpa statt. Mit dabei waren: Jischmael, der Sohn von Netanja, Johanan, der Sohn von Kareach, Seraja, der Sohn von Tanhumet aus Netofa, und Jaasanja aus Maacha. 24 Nach der offiziellen Begrüßung sagte Gedalja zu den versammelten Männern: „Ich verspreche Ihnen hiermit, dass sie keinerlei Verfolgung und Ärger zu befürchten haben, wenn sie sich hundertprozentig dem Präsidenten von Babylon unterwerfen!" Also blieben sie alle da. 25 Aber im Oktober kam Jischmael, ein Sohn von Netanja und ein Enkel von Elischma (ein Sohn von einem Präsidenten), mit zehn Soldaten nach Mizpa. Erst brachten sie Gedalja um, und dann töteten sie auch noch alle Leute aus Juda und aus Babylonien, die gerade bei ihm waren. 26 Weil sie Schiss hatten, die Babylonier würden sich an ihnen rächen, floh die ganze verbliebene Bevölkerung nach Ägypten. Jeder kam mit, vom einfachen Arbeiter bis zum Professor, auch die Offiziere waren mit dabei.

Jojachin wird freigelassen

27 Dann gab es einen Regierungswechsel bei den Babyloniern. Ewil-Merodach kam an die Macht, und einer seiner ersten Taten war, dass Jojachin, der alte Präsident von Juda, freigelassen wurde. In der Zeit war der schon 37 Jahre im Knast. Der Tag der Freilassung war der 27. März. 28 Der neue Präsident war voll nett zu Jojachin. Er behandelte ihn mit Respekt, gab ihm sogar eine besondere Anstellung in seiner Regierung, die höher war als die von anderen Präsidenten, die Ewil-Merodach auch freigelassen hatte. 29 Er durfte seine Gefängnisklamotten abgeben und lief ganz normal rum. Dazu bekam er Essensmarken für die bessere Kantine, in der auch der Präsident selbst immer zu Mittag aß. 30 Auf Befehl vom Präsidenten wurde alles, was er zum Leben brauchte, direkt bei ihm angeliefert. Das ging dann sein ganzes Leben lang so.

1. Buch der Chronik

1

Wer von wem familienmäßig abstammt

1 Jetzt kommt eine Liste, die beim ersten Menschen Adam losgeht und bei Abraham endet. Sie soll zeigen, wer von wem familienmäßig abstammt. Also zuerst von Adam bis Noah: Das waren nacheinander: Adam, Set, Enosch, 2 Kenan, Mahalalel, Jered, 3 Henoch, Metuschelach, Lamech, 4 Noah. Noah hatte drei Söhne, und zwar Sem, Ham und Japhet. 5 Die Söhne von Japhet hießen: Gomer, Magog, Madai, Jawan, Tubal, Meschech und Tiras. 6 Von Gomer stammen folgende Männer ab: Aschkenas, Rifat und Togarma. 7 Von Jawan stammen Elischa, Tarschisch, die Kittäer und die Rodaniter ab. 8 Die Söhne von Ham waren: Kusch, Mizrajim, Put und Kanaan. 9 Von Kusch stammen Seba, Hawila, Sabta, Ragma und Sabtecha ab. Von Ragma kamen Saba und Dedan. 10 Kusch bekam auch den Nimrod als Sohn. Dieser Nimrod wurde der erste große Bringer auf der Erde, der sehr viel Macht hatte. 11 Mizrajim war der Gründer vom Familienstamm der Luditer, Anamiter, Lehabiter, Naftuhiter, 12 Patrositer, Kasluhiter sowie der Kaftoriter, von denen die Philister abstammen. 13 Die Kinder von Kanaan waren: Sidon (sein erster Sohn) und Het. 14 Außerdem stammen aus seiner Familie die Jebusiter, Amoriter, Girgaschiter, 15 Hiwiter, Arkiter, Siniter, 16 Arwaditer, Zemariter und Hamatiter ab. 17 Die Söhne von Sem waren: Elam, Assur, Arpachschad, Lud, Aram, Uz, Hul, Geter und Meschech. 18 Arpachschad bekam Schelach als Sohn. Der Schelach bekam dann Eber. 19 Eber wurden zwei Söhne geboren. Der eine hieß Peleg, denn zu seiner Zeit verteilten sich die Menschen überall auf der Erde. Der andere hieß Joktan. 20 Joktans Kinder hießen: Almodad, Schelef, Hazarmawet, Jerach, 21 Hadoram, Usal, Dikla, 22 Obal, Abimaël, Saba, 23 Ofir, Hawila und Jobab. Das waren jetzt die Kinder von Joktan. 24 Die Abstammungslinie von Sem bis Abraham sieht so aus: Sem, Arpachschad, Schelach, 25 Eber, Peleg, Regu, 26 Serug, Nahor, Terach, 27 Abram, den man später auch Abraham nannte.

Wer nach Abraham kam

28 Die Söhne von Abraham hießen Isaak und Ismael. 29 Jetzt mal eine Liste von deren Kindern und den Familien, die da draus entstanden sind: Ismaels erster Sohn hieß Nebajot. Dann kamen Kedar, Adbeel, Mibsam, 30 Mischma, Duma, Massa, Hadad, Tema, 31 Jetur, Nafisch und Kedma. Das waren jetzt mal die Söhne von Ismael. 32 Von seiner zweiten Frau Ketura hatte Abraham auch ein paar Söhne bekommen. Es war damals normal mehrere Frauen zu haben. Und zwar waren das: Simran, Jokschan, Medan, Midian, Jischbak und Schuach. Die Söhne von Jokschan hießen: Saba und Dedan. 33 Midian hatte auch mehrere Söhne, und zwar waren das Efa, Efer, Henoch, Abida und Eldaga. Das waren jetzt mal die Söhne von Ketura. 34 Abrahams Sohn Isaak hatte zwei Söhne: Esau und Jakob, der später dann Israel hieß. 35 Esau bekam dann auch ein paar Söhne, und zwar waren das: Elifas, Reguel, Jeusch, Jalam und Korach. 36 Elifas Söhne hießen dann Teman, Omar, Zefo, Gatam, Kenas, Timna und Amalek. 37 Die Söhne von Reguel bekamen die Namen Nahat, Serach, Schamma und Misa. 38 Seirs Söhne waren: Lotan, Schobal, Zibon, Ana, Dischon, Ezer und Dischan. 39 Lotan bekam dann auch zwei Jungs, die folgendermaßen hießen: Hori und Hemam. Lotan hatte eine Schwester, die Timna genannt wurde. 40 Die Söhne von Schobal hießen: Alwan, Manahat, Ebal, Schefi und Onam. Die Söhne von Zibon hießen: Aja und Ana. 41 Der Sohn von Seirs Sohn Ana bekam den Namen Dischon. Die Söhne von Seirs Sohn Dischan hießen: Hemdan, Eschban, Jitran und Keran. 42 Die Söhne von Ezer hießen: Bilhan, Saawan und Akan. Die Söhne von Dischan hießen: Uz und Aran.

Die Präsidenten von Edom

43–50 Bevor man in Israel einen Präsidenten hatte, gab es in Edom folgende Präsidenten, die der Reihe nach hier aufgelistet werden: Bela, aus der Familie vom Beor, mit Regierungssitz in der Stadt Dinhaba. Jobab, ein Sohn von Serach, mit Regierungssitz in der Stadt Bozra. Huscham, aus dem Gebiet vom Familienstamm Teman. Hadad, ein Sohn von Bedad, mit Regierungssitz in Awit (der besiegte die Midianiter in einer Schlacht auf dem Gebiet von den Moabitern). Samla, mit Regierungssitz in Masreka. Schaul, mit Regierungssitz in Rehobot am Fluss. Baal-Hanan, der Sohn von Achbor. Hadad, mit Regierungssitz in Pagu (seine Frau Mehetabel war eine Tochter von Matred und eine Enkelin von Me-Sahab). 51 Nachdem Hadad gestorben war, hatten die Clanchefs der einzelnen Familien die Macht. Das waren die Chefs der Familien Timna, Alwa, Jetet, 52 Oholibama, Ela, Pinon, 53 Kenas, Teman, Mibzar, 54 Magdiel und Iram.

2 Die Söhne von Jakob, auch Israel genannt

1 Die Söhne von Israel waren: Ruben, Simeon, Levi, Juda, Issachar, Sebulon, 2 Dan, Josef, Benjamin, Naftali, Gad und Ascher.

Die Söhne von Juda

3 Die Söhne von Juda waren: Er, Onan und Schela. Diese drei Jungs hatte Juda von der Tochter von Schua bekommen. Sie war eine Kanaaniterin. Sein ältester Sohn tat ständig Sachen, die Gott ätzend findet. Darum ließ Gott ihn sterben. 4 Judas Schwiegertochter Tamar, bekam dann von ihm noch zwei Söhne: Perez und Serach. Insgesamt hatte Juda fünf Söhne. 5 Die Söhne von Perez waren: Hezron und Hamul. 6 Die Söhne von Serach waren: Simri, Etan, Heman, Kalkol und Darda. 7 Simri hatte einen Sohn, der den Namen Karmi bekam. Der kriegte dann auch einen Sohn, den er Achan nannte. Achan sorgte für eine derbe Katastrophe bei den Israeliten, weil er Gott abgezogen hatte. Er zockte sich etwas von der Beute, die eigentlich ganz Gott gehören sollte. 8 Etan hatte einen Sohn, den er Asarja nannte. 9 Die Söhne, die Hezron von seiner Frau bekam, waren Jerachmeel, Ram und Kaleb. 10 Ram bekam dann Amminadab, und Amminadab bekam Nachschon. Nachschon wurde später der Chef vom Familienstamm Juda. 11 Nachschon bekam Salmon, Salmon bekam Boas, 12 Boas bekam Obed, und Obed bekam Isai als Sohn. 13 Isai kriegte als ersten Sohn den Eliab. Dann kamen noch der Abinadab, dann als dritter der Schima, 14 als vierter der Netanel, als fünfter der Raddai, 15 als sechster der Ozem und als siebter der David. 16 Die sieben Söhne hatten auch zwei Schwestern, und zwar Zeruja und Abigal. Zeruja bekam drei Söhne: Abischai, Joab und Asael. 17 Abigal bekam den Sohn Amasa (sein Vater war der Jeter, ein Ismaeliter).

Kaleb und seine Familie

18 Kaleb, der Sohn von Hezron, hatte aus seiner ersten Ehe mit Asuba eine Tochter, die Jeriot hieß. Die Jungs aus dieser Beziehung waren Jescher, Schobab und Ardon. 19 Nachdem Asuba gestorben war, heiratete Kaleb die Efrata. Sie bekam den Sohn Hur. Hur heiratete auch und bekam Uri als Sohn. Und Uri bekam dann mit seiner Frau zusammen den Bezalel. 21 Später heiratete Kalebs Vater Hezron noch einmal. Da war er schon 60 Jahre alt. Mit dieser Frau (das war übrigens eine Tochter von Machir, dem Gründer von der Familie Gilead) bekam er den Sohn Segub. 22 Segub bekam später Jair. Ihm gehörten 23 Städte, die alle im Land Gilead lagen. 23 Die Geschuriter und Syrer klauten ihm dann aber die meisten Städte wieder. Auch die Stadt Kenat mit den dazugehörenden Dörfern zockten sie ihm. Insgesamt waren es 60 Orte, die alle den Nachkommen Machirs gehört hatten. 24 Nachdem Hezron gestorben war (seine Frau hieß Abija), schlief Kaleb mit Efrata. Sie wurde schwanger und bekam Aschhur, der später der Gründer von der Familie Tekoa wurde.

Die Familien, die von Jerachmeel abstammen

25 Jerachmeel, der erste Sohn von Hezron, hatte folgende Söhne: Als Erster kam Ram, danach Buna, Oren, Ozem und Ahija. 26 Jerachmeel hatte noch eine zweite Frau, die Atara hieß. Sie war die Mutter von seinem Sohn Onam. 27 Sein erster Sohn Ram bekam dann auch drei Söhne, und zwar Maaz, Jamin und Eker. 28 Die Söhne von Onam heißen: Schammai und Jada. Schammais Söhne hießen Nadab und Abischur. 29 Die Frau von Abischur hieß übrigens Abihajil. Von der bekam er die Söhne Achban und Molid. 30 Nadab bekam folgende Söhne: Seled und Appajim. Seled starb kinderlos. 31 Der Sohn von Appajim war Jischi, der Sohn von Jischi war Scheschan, und der Sohn von Scheschan war Achlai. 32 Jada, der Bruder von Schammai, bekam zwei Söhne: Jeter und Jonatan. Jeter bekam auch keine Kinder. 33 Jonatans Söhne waren: Pelet und Sasa. Das waren jetzt die Nachkommen von Jerachmeel. 34 Scheschan hatte übrigens keine Söhne, sondern nur Töchter. 35 Eine von ihnen verheiratete er mit Jarha, seinem Angestellten aus Ägypten. Sie kriegten dann einen Sohn, den sie Attai nannten. 36–41 Attai bekam Natan, Natan bekam Sabad, Sabad den Eflal. Weiter folgten in direkter Linie: Obed, Jehu, Asarja, Helez, Elasa, Sismai, Schallum, Jekamja und Elischama.

Noch ein paar Listen von der Familie, die aus Kaleb entstanden ist

42 Die Söhne von Kaleb (ein Bruder von Jerachmeel) waren: Mescha (der erste Sohn von der Familie, die später die Stadt Sif gegründet hat) und als zweiter Marescha (aus der Familie, die später die Stadt

Hebron gegründet hat). 43 Die Familien, die in der Stadt Hebron lebten, waren: Korach, Tappuach, Rekem und Schema. 44 Schema bekam dann Raham, den Gründer von der Stadt Jorkoam. Rekem bekam Schammai, 45 dessen Sohn war Maon, der Gründer von der Stadt Bet-Zur. 46 Kaleb hatte noch eine zweite Frau, die Efa. Von der bekam er die Söhne Haran, Moza und Gases. Haran bekam den Sohn Jahdai. 47 Dessen Söhne waren: Regem, Jotam, Geschan, Pelet, Efa und Schaaf. 48 Maacha, eine andere Frau von Kaleb, bekam die Söhne Scheber und Tirhana von ihm. 49 Später bekam sie auch noch den Schaaf, der der Gründer von der Familie Madmanna wurde. Dazu auch noch Schewa, von dem die Familie Machbena abstammte, der dann in der Stadt Gibea lebte. Kaleb hatte auch eine Tochter, die Achsa hieß. 50 Das ist jetzt mal eine Liste der Nachkommen von Kaleb: Die Söhne von Hur (der älteste Sohn von Kalebs Frau Efrata) waren Schobal, der Gründer von der Stadt Kirjat-Jearim, 51 Salmon, der Gründer von der Stadt Bethlehem, und Haref, der Gründer von der Stadt Bet-Gader. 52 Aus der Familie von Schobal, dem Gründer von der Stadt Kirjat-Jearim, kamen Reaja und die Hälfte der Bewohner von der Stadt Manahat. 53 In Kirjat-Jearim wohnten die Familien der Jeteriter, Putiter, Schumatiter und Mischraiter. Aus ihren Familien kommen auch die Bewohner von Zora und Eschtaol. 54 Aus der Familie vom Salmon kamen die Bewohner von Bethlehem, Netofa und Atrot-Bet-Joab, sowie die andere Hälfte der Bewohner von Manahat und Zora. 55 In Jabez wohnten die Tiratiter, Schimatiter und Suchatiter. Diese Familien stammten ursprünglich aus Sofer und gehörten zu den Kenitern (die von Hammat abstammen, dem Gründer von Bet-Rechab).

3 Die Familie von David: eine Liste

1 David bekam folgende Söhne, die alle in Hebron geboren wurden: Sein ältester Sohn war Amnon, die Mutter dazu hieß Ahinoam, die aus Jesreel stammte. Der zweite Sohn hieß Daniel, seine Mutter war Abigajil aus Karmel. 2 Sein dritter Sohn war der Abschalom, den er mit seiner Frau Maacha zusammen hatte. Maacha war eine Tochter vom Präsidenten Talmai aus Geschur. Davids vierter Sohn war Adonija, den er mit seiner Frau Haggit bekam. 3 Nummer fünf hieß Schefatja, seine Mutter war die Abital. Sein sechster Sohn war Jitream, dessen Mutter war Davids Frau Egla. 4 Das waren jetzt die sechs Söhne, die Davids Frauen in Hebron bekamen. Dort regierte er siebeneinhalb Jahre lang. Anschließend regierte David 33 Jahre von der Hauptstadt Jerusalem aus das Land. 5 In dieser Zeit wurden ihm weitere Söhne geboren. Vier Söhne bekam er von Batseba, der Tochter von Ammiel. Und zwar waren das Schammua, Schobab, Natan und Salomo. 6 Neun weitere Söhne bekam er von anderen Frauen. Diese Söhne waren Jibhar, Elischua, Elifelet, 7 Nogah, Nefeg, Jafia, 8 Elischama, Eljada und Elifelet. 9 Alle diese Jungs und das Mädchen Tamar hatte David von seinen Hauptfrauen. Es war damals normal, viele Frauen zu heiraten, wenn man sich das finanziell leisten konnte. Aber die Jungs der Nebenfrauen sind hier nicht extra aufgezählt. 10 Die Nachfahren vom Präsidenten Salomo, die alle auch das Recht hatten, Präsident zu werden, waren: Rehabeam, Abija, Asa, Joschafat, 11 Joram, Ahasja, Joasch, 12 Amazja, Asarja, Jotam, 13 Ahas, Hiskija, Manasse, 14 Amon und Joschija. 15 Die Söhne von Joschija waren: Johanan (der älteste Sohn), Jojakim, Zidkija, Schallum. 16 Die Söhne von Jojakim waren: Jojachin und Zidkija. 17 Die Söhne von Jojachin (der als Kriegsgefangener im Knast saß): Schealtiel, 18 Malkiram, Pedaja, Schenazzar, Jekamja, Hoschama und Nedabja. 19 Die Söhne von Pedaja waren: Serubbabel und Schimi. Die Söhne von Serubbabel waren: Meschullam und Hananja. Eine ihrer Schwestern hieß Schelomit. 20 Dann gab es noch fünf weitere Söhne von ihm: Haschuba, Ohel, Berechja, Hasadja und Juschab-Hesed. 21 Hananja hatte folgende Söhne: Pelatja, Jeschaja, Refaja, Arnan, Obadja und Schechanja. 22 Jetzt noch die sechs Söhne von Schechanja: Schemaja Hattusch, Jigal, Bariach, Nearja und Schafat. 23 Nearja hatte drei Söhne: Eljoenai, Hiskija und Asrikam. 24 Und schließlich gab es noch sieben Söhne von Eljoenai: Hodawja, Eljaschib, Pelaja, Akkub, Johanan, Delaja und Anani.

4 Der Familienstamm Juda: eine Liste

1 Die Nachkommen vom Perez (der Sohn vom Juda) waren: Hezron, Karmi, Hur, Schobal, 2 Reaja und Jahat. Die Söhne von Jahat waren: Ahumai und Lahad. Von ihnen stammten die Familien ab, die später in Zora wohnten. 3 Die Gründer der Familien von Etam waren: Jesreel, Jischma und Jidbasch. Die Bekannteste von ihren Schwestern war die Hazlelponi. 4 Pnuel war der Gründer der Familie Gedor. Eser war der Gründer von der Familie

Huscha. Beide kamen aus der Familie von Hur, dem ersten Sohn von Kaleb, den er mit seiner Frau Efrata bekam. Kaleb war der Gründer von der Stadt Bethlehem. [5] Aschhur, der Gründer von der Familie Tekoa, hatte zwei Frauen: Hela und Naara. [6] Naara bekam die Söhne Ahusam, Hefer, Temni und Ahaschtari. [7] Die Söhne von Hela hießen: Zeret, Zohar und Etnan. [8] Von Koz stammten Anub und Zobeba ab. Die Familien von Aharhel, einem Sohn von Harum, kamen auch von ihm. [9] Es gab in der Zeit dort einen Typen, der Jabez genannt wurde. Jabez hatte voll den guten Ruf, besser als alle seine Brüder. Er hieß übrigens so, weil seine Mutter nach der Geburt gesagt hatte: „Ich hatte voll die Schmerzen!" Und Jabez klingt so ähnlich wie das Wort Schmerz in Hebräisch. [10] Jabez hatte mal mit Gott so geredet: „Gott, bitte hilf mir immer! Bitte sorg dafür, dass ich Erfolg habe! Vergrößere meinen Einfluss und mein Land! Bleib bei mir und beschütze mich vor irgendwelchem Ärger!" Gott hat dieses Gebet erhört. [11] Kelub, ein Bruder von Schuha, bekam Mehir als Sohn. Mehir wurde später der Vater von Eschton. [12] Dessen Söhne waren: Bet-Rafa, Paseach und Tehinna. Letzterer gründete die Stadt Ir-Nahasch. Ihre Familien wohnten in Recha. [13] Die Söhne von Kenas waren: Otniel und Seraja. Die Söhne Otniels hießen: Hatat und Meonotai. [14] Der Sohn von Meonotai bekam den Namen Ofra. Der Sohn von Seraja hieß Joab. Joab gründete dann später die Stadt, die man „Tal der Zimmerleute" nannte. Es wurde so genannt, weil alle Bewohner in der Stadt Zimmerleute waren. [15] Die Söhne von Kaleb (einem Sohn von Jefunne) waren: Iru, Ela und Naam. Der Sohn von Ela hieß Kenas. [16] Die Söhne von Jehallelel waren: Sif, Sifa, Tirja und Asarel. [17–18] Die Söhne von Esra hießen: Jeter, Mered, Efer und Jalon. Mered hatte eine Ägypterin geheiratet. Die hieß Bitja und war eine Tochter vom ägyptischen Präsidenten. Von ihr bekam er Mirjam, Schammai und Jischbach. Letzterer gründete die Stadt Eschtemoa. Seine andere Frau aus dem Familienstamm Juda bekam von ihm die Söhne Jered (der wurde dann der Vorfahr vom Gedor-Clan), Heber (der Vorfahr vom späterem Socho-Clan) und Jekutiel (der Vorfahr vom späteren Sanoach-Clan). [19] Hodija heiratete eine Schwester von Naham. Aus dieser Ehe kam Hagarmi (der Vorfahr von den späteren Keila- und Eschtemoa-Clans). [20] Die Söhne von Schimon waren: Amnon, Rinna, Ben-Hanan und Tilon. Der Sohn von Jischi war Sohet. Der hatte dann auch einen Sohn. [21] Von Schela, dem Sohn von Juda, stammen folgende Männer ab: Er (der Gründer von der Familie Lecha) und Lada (der Gründer von der Familie Marescha). Dazu kommen noch die Familien, die in Aschbea wohnten. Sie arbeiteten alle in der Textilbranche und stellten ganz edlen Jeansstoff her. [22] Zu den Nachkommen von Schela gehörten auch Jokim und die Bewohner von Koseba. Dann kamen da auch noch Joasch und Saraf zu, die beide eine Zeitlang in Moab gewohnt hatten. Beide sind dann aber wieder nach Bethlehem zurückgekommen. [23] Ihre Familien lebten in Netaim und Gedera und arbeiteten dort am Fließband in einer Fabrik, die dem Präsidenten gehörte.

Der Familienstamm Simeon

[24] Die Söhne von Simeon hießen Jemuel, Jamin, Jarib, Serach und Schaul. [25] Schaul hatte einen Sohn, der Schallum genannt wurde. In dieser Linie gab es dann weitere Söhne, und zwar: Mibsam, Mischma, [26] Hammuel, Sakkur und Schimi. [27] Schimi hatte sechzehn Söhne und sechs Töchter. Aber seine Brüder bekamen nicht so viele Kinder. Generell gab es beim Familienstamm Simeon nicht so starken Nachwuchs wie bei Juda. [28] Die Familien, die auf Simeon zurückgingen, wohnten in Beerscheba, Molada, Hazar-Schual, [29] Baala, Ezem, Eltolad, [30] Betuel, Horma, Ziklag, [31] Bet-Markabot, Hazar-Susim, Bet-Biri und Schaarajim. In diesen Städten und den dazugehörenden Orten wohnten sie, bis David der neue Präsident von Israel wurde. [32] Die Städte Etam, Ajin, Rimmon, Tochen und Aschan gehörten auch ihnen, [33] mit allen dazugehörenden Orten bis runter nach Baal. Das kann man auch alles in den Listen nachlesen, wo die Familien und ihre Wohnorte aufgeführt werden. [34] Die Clanchefs der Familien waren: Meschobab, Jamlech, Joscha, der Sohn von Amazja, [35] Joel, Jehu, der Sohn von Joschibja (und auch ein Enkel von Seraja und Urenkel von Asiel), [36] dann noch Eljoenai, Jaakoba, Jeschohaja, Asaja, Adiel, Jesimiel, Benaja [37] und Sisa. Sisa war ein Sohn von Schifi, der ein Sohn von Allon, der ein Sohn von Jedaja, der ein Sohn von Schimri und der ein Sohn von Schemaja war. [38] Diese Familien wurden übrigens sehr schnell immer größer, weil sie viele Kinder bekamen. [39] Weil sie bald neue Weideplätze für ihre Schafherden brauchten, zogen sie nach Gedor um, in den östlichen Teil des Tales. [40] Dort fanden sie gutes, leckeres Gras zum Weiden ihrer Herden. Das Gebiet war riesig und dehnte sich nach allen Seiten aus.

Außerdem war es dort recht sicher und ruhig. Die
Leute, die dort vorher gelebt hatten, kamen aus
dem Familienstamm von Noahs Sohn Ham. 41 Aber
als Hiskija in Juda an der Macht war, überfielen die
Familien von Ham die kleineren Orte. Auch die
Meuniter, die dort wohnten, wurden überfallen. Sie
machten dort erst mal alles nieder und siedelten
sich dann mit ihren Familien da an. Ab dann wohn-
ten die ne ziemlich lange Zeit in der Gegend.
42 Eine andere Gruppe aus dem Familienstamm
Simeon zog in das Land um den Berg Seir. Es
waren ca. 500 Männer, die von Pelatja, Nearja,
Refaja und Usiel angeführt wurden. Alles übrigens
Söhne von Jischi. 43 Sie killten den Rest der Amale-
kiter, der noch übrig war und sich dorthin gerettet
hatte. Dann ließen sie sich da nieder, bauten Häu-
ser und so was. Diese Leute lebten dort auch ne
lange Zeit.

5

Der Familienstamm Ruben

1 Ruben war der erste Sohn, den Israel (der ja
auch Jakob hieß) bekam. Weil Ruben aber Sex
mit einer Nebenfrau von seinem Vater hatte, wur-
den die Sonderrechte, die man als ältester Sohn
normal hat, auf die beiden Söhne von seinem Bru-
der Josef übertragen. In dem Verzeichnis der Famili-
enstämme wurde Josef aber nicht an die erste Stelle
gesetzt. 2 Und das, obwohl ihm dieses Recht von
seinem Vater zugesprochen wurde. Der Familien-
stamm, der am meisten zu sagen hatte, war Juda.
Das war auch der Grund, warum aus dem Familien-
stamm Juda immer der Präsident von Israel gestellt
wurde. 3 Die Söhne vom ersten Sohn von Israel, von
Ruben, waren: Henoch, Pallu, Hezron und Karmi.
4 Von einem anderen Sohn von Ruben, der Joel hieß,
stammte Schemaja ab. Nach dem kamen in direkter
Nachfolge: Gog, Schimi, 5 Micha, Reaja, Baal 6 und
Beera. Beera war der Typ, der von dem Präsidenten
der Assyrer, Tiglat-Pileser, verhaftet wurde. Er war
damals der Chef vom Familienstamm Ruben gewe-
sen. 7 Dann waren in den Verzeichnissen des Famili-
enstamms Ruben noch folgende Männer mit ihren
Familien aufgeschrieben: Als Chef der Jeiel, dann
Secharja 8 und Bela, der Sohn von Asa und Enkel
von Schema aus der Familie Joel. Der Familien-
stamm Ruben wohnte in dem Gebiet von Aroer bis
Nebo und Baal-Meon 9 und im Osten bis an den
Rand der Wüste, die beim Eufratfluss losging und
sich von dort weiter ausdehnte. Der Familienstamm
Ruben hatte immer große Schafherden in ganz
Gilead. 10 In der Zeit, als Saul an der Macht war,
führten sie Krieg gegen die Hagariter. Sie besiegten
die und besetzten ihr Gebiet, was am östlichen
Rand von Gilead lag.

Der Familienstamm Gad

11 Der Familienstamm Gad wohnte immer Seite an
Seite mit dem Familienstamm Ruben in der Land-
schaft Baschan bis runter nach Salcha. 12 Ihr Chef
war Joel, sein Stellvertreter war Schafam. Dann folg-
ten Janai und Schafat. Diese Familien wohnten alle
in Baschan. 13 Dann kamen noch sieben weitere
Männer inklusive ihrer Familien dazu: Michael,
Meschullam, Scheba, Jorai, Jakan, Sia und Eber.
14 Die kamen alle aus der Familie vom Abihajil,
einem Sohn von Huri. Abihajil hatte noch mehr Vor-
fahren, die jüngsten zuerst aufgezählt: Jaroach,
Gilead, Michael, Jeschischai, Jachdo und Bus. 15 Der
Chef von dieser Gruppe war Ahi (ein Sohn von
Abdiel und ein Enkel von Guni). 16 Sie wohnten in
Gilead, Baschan und in den Städten, die zu dieser
Gegend gehörten. Dann lebten sie auch noch über-
all auf den riesengroßen Wiesen in der Landschaft
Scharon. 17 Man trug sie in die Listen vom Familien-
stamm Gad ein, als der Präsident Jotam in Juda und
Jerobeam in Israel an der Macht war. 18 Das Heer
von den Familienstämmen Ruben, Gad und vom
halben Stamm Manasse (alle wohnten in der Zeit
im Ostjordanland) bestand aus 44 760 Soldaten. Sie
waren mit schusssicheren Westen, MGs und MPs
ausgestattet. 19 Sie kämpften im Krieg gegen die
hagaritischen Stämme Jetur, Nafisch und Nodab.
20 Dabei vertrauten sie voll auf Gott und baten ihn
um Hilfe. Und Gott hörte auf ihre Gebete und half
ihnen in dieser Schlacht. So konnten sie die Hagari-
ter und ihre Verbündeten besiegen. 21 Dabei erbeute-
ten sie 50 000 Motorräder sowie 250 000 Kühe und
2000 Autos. Dazu nahmen sie 100 000 Mann
gefangen. 22 Viele von den Gegnern waren im Krieg
krepiert, weil Gott den Israeliten geholfen hatte. Sie
blieben in diesem Gebiet wohnen, bis sie später
selbst in die Kriegsgefangenschaft weggeführt wur-
den.

Der Familienstamm Manasse, der östlich vom Jordan lebte

23 Eine Hälfte vom Familienstamm Manasse lebte in
dem Gebiet von Baschan bis Baal-Hermon und auf
der anderen Seite bis zum Senirgebirge und dem
Berg Hermon. Es waren sehr viele Menschen in die-
sem Stamm. 24 Die Chefs der einzelnen Familien

waren: Efer, Jischi, Eliel, Asriel, Jirmeja, Hodawja
und Jachdiel. Die Männer in diesen Familien waren
alles gute Männer und mutige Soldaten im Krieg
gewesen, darum hatten alle anderen echt Respekt
vor ihnen. 25–26 Diese andere Hälfte vom Familien-
stamm Manasse wurde aber Gott untreu. Sie mach-
ten mit den Göttern von den Leute rum, die vor
ihnen dort gelebt hatten. Gott hatte diese Völker ja
durch sie von dort rausgeschmissen. Auch die
Familienstämme Ruben und Gad fanden plötzlich
diese Plastikgötter ganz toll. Also organisierte Gott
einen Gegner, und zwar den Präsidenten von Assy-
rien, der Tiglat-Pileser hieß und manchmal auch Pul
genannt wurde. Nachdem der Typ sie im Krieg
geschlagen hatte, wurden die Leute alle in Kriegsge-
fangenschaft gebracht, entweder nach Halach an
den Haborfluss oder nach Hara oder ins Tal von
Godan. Und da lebten sie dann erst mal.

Die Priesterfamilie von Aaron aus dem Familienstamm Levi

27 Levi hatte drei Söhne: Gerschon, Kehat und
Merari. 28 Kehat hatte vier Söhne: Amram, Jizhar,
Hebron und Usiel. 29 Amram hatte zwei Söhne und
eine Tochter. Die Söhne hießen Aaron und Mose
und die Tochter Mirjam. Aarons Söhne waren:
Nadab und Abihu, Eleasar und Itamar. 30–40 Jetzt
kommt eine Liste von den Kindern und Enkelkin-
dern von Aaron und wer von denen den Job als
Priester übernommen hatte: Eleasar bekam als
Sohn den Pinhas, Pinhas bekam als Sohn den Abi-
schua, Abischua bekam als Sohn den Bukki, Bukki
bekam als Sohn den Usi, Usi bekam als Sohn den
Serachja, Serachja bekam als Sohn den Merajot,
Merajot bekam als Sohn den Amarja, Amarja bekam
als Sohn den Ahitub, Ahitub bekam als Sohn den
Zadok, Zadok bekam als Sohn den Ahimaaz,
Ahimaaz bekam als Sohn den Asarja, Asarja bekam
als Sohn den Johanan, Johanan bekam als Sohn den
Asarja. Dieser Asarja war dann der erste Priester,
der in dem allerersten Tempel Dienst schob, den
Salomo in Jerusalem gebaut hatte. Asarja bekam als
Sohn den Amarja, Amarja bekam als Sohn den
Ahitub, Ahitub bekam als Sohn den Zadok, Zadok
bekam als Sohn den Schallum, Schallum bekam als
Sohn den Hilkija, Hilkija bekam als Sohn den
Asarja, Asarja bekam als Sohn den Seraja, Seraja
bekam als Sohn den Jozadak. 41 Jozadak musste mit
in Kriegsgefangenschaft, als Gott alle Leute von
Juda und Jerusalem durch Nebukadnezzar verhaften
und abführen ließ.

6

Die Familien vom Stamm Levi

1 Die Söhne von Levi hießen: Gerschon, Kehat
und Merari. 2 Die Söhne Gerschons hießen:
Libni und Schimi. 3 Die Söhne Kehats hießen:
Amram, Jizhar, Hebron und Usiel. 4 Die Söhne von
Merari hießen: Machli und Moschi. Jetzt kommen
die Namen von den Clanchefs der Levi-Leute. 5 Der
Clan Gerschon: Auf Gerschon folgten der Reihe
nach Libni, Jahat, Simma, 6 Joach, Iddo, Serach und
Jeotrai. 7 Der Clan Kehat: Auf Kehat folgten der
Reihe nach Amminadab, Korach, Assir, 8 Elkana,
Abiasaf, Assir, 9 Tahat, Uriel, Usija und Schaul. 10 Die
Söhne von Elkana waren: Amasai, Ahimot 11 und
Elkana. Auf Elkana folgten der Reihe nach: Zuf,
Nahat, 12 Eliab, Jeroham, Elkana und Samuel. 13 Die
Söhne von Samuel waren: der älteste Joel und der
zweite Abija. 14 Der Clan Merari: Auf Merari folgten
der Reihe nach Machli, Libni, Schimi, Usa,
15 Schima, Haggija und Asaja.

Die Tempelangestellten vom Familienstamm Levi

16 David hatte einem Teil der Levi-Leute extra den Job
gegeben, sich nur um die Musik im Tempel zu küm-
mern, nachdem die Kiste mit den Gesetzen dort
drin stand. Sie stellten einen Gospelchor und die
Band zusammen. 17 Diesen Job hatten sie schon
übernommen, als es den Tempel noch nicht gab
und die Gottesdienste immer vor dem besonderen
Zelt stattfanden. Dabei veranstalteten sie alles
genau nach Vorschrift. 18 Die Levi-Leute, die diesen
Job bekamen, waren: Der Dirigent und Chorleiter
war Heman aus dem Kehat-Clan. Er war ein Sohn
von Joel und ein Enkel von Samuel. 19 Seine weiteren
Vorfahren waren: Elkana, Jeroham, Eliël, Tohu,
20 Zuf, Elkana, Mahat, Amasai, 21 Elkana, Joël, Asarja,
Zefanja, 22 Tahat, Assir, Abiasaf, Korach, 23 Jizhar und
Kehat, der Sohn von Levi und Enkel von Israel.
24 Rechts neben Heman stand Asaf aus dem Ger-
schon-Clan. Er war der Leiter vom zweiten Chor.
Asaf war der Sohn von Berechja und der Enkel von
Schima. 25 Seine weiteren Vorfahren waren: Michael,
Maaseja, Malkija, 26 Etni, Serach, Adaja, 27 Etan,
Simma, Schimi, 28 Jahat und Gerschon, einer der
Söhne vom Levi. 29 Links neben Heman stand Etan,
der aus dem Merari-Clan stammte. Er war der Leiter
vom dritten Chor. Etan war der Sohn von Kischi und
ein Enkel von Abdi. Seine weiteren Vorfahren waren:
Malluch, 30 Haschabja, Amazja, Hilkija, 31 Amzi,
Bani, Schemer, 32 Machli, Moschi und Merari, ein
Sohn von Levi. 33 Auch die anderen Levi-Leute waren
am Tempel angestellt. 34 Den eigentlichen Priester-

job, wie zum Beispiel Gottesdienste leiten, durften
aber nur die direkten Nachkommen von Aaron ma-
chen. Wer da gerade dran war, verbrannte die Opfer-
sachen auf dem dafür vorgesehenen Opfertisch,
dem Altar. Und auch die Räucherstäbchen wurden
nur von ihm auf dem entsprechenden Tisch abge-
brannt. Das waren die Einzigen, die mit den beson-
ders krassen, heiligen Dingen in Berührung kom-
men durften. Und nur die durften auch die Opfer
durchziehen, um den Mist, den die Israeliten gebaut
haben, wieder in Ordnung zu bringen. Das hatte
Mose, der angesagte Typ von Gott, so beschlossen.
35 Jetzt kommt noch mal eine Liste der Priester, die
aus der Familie von Aaron kamen, hübsch der Reihe
nach, unter Nennung der jeweiligen Nachfolger:
Eleasar, Pinhas, Abischua, 36 Bukki, Usi, Serachja,
37 Merajot, Amarja, Ahitub, 38 Zadok und Ahimaaz.

Wo die Levi-Leute gewohnt haben

39 Die Orte mit den Wiesen für ihre Herden wurden
den Leuten vom Familienstamm Levi von den übri-
gen Familienstämmen durch ein Losverfahren zuge-
teilt. Das erste Los fiel auf die Priester, die aus der
Familie von Aaron kamen. Sie zählten auch zu den
Nachkommen von Kehat. 40 Sie bekamen im Gebiet
vom Familienstamm Juda die Stadt Hebron mit den
ganzen Wiesen drum herum. 41 Die Felder, auf
denen man Sachen anbauen konnte und die um die
Stadt herum lagen, bekam dagegen Kaleb, der Sohn
von Jefunne. Auch die umliegenden Dörfer gehörten
dazu. 42–45 Hebron war zu einer von diesen Asyl-
städten bestimmt worden, in die die Leute fliehen
konnten, wenn sie aus Versehen jemanden gekillt
hatten. Dazu bekamen die Priester, die in dem
Gebiet von Juda lebten, noch die Städte Libna, Jattir,
Eschtemoa, Hilen, Debir, Aschan und Bet-Sche-
mesch. Dazu noch folgende Städte aus dem Gebiet
vom Familienstamm Benjamin: Geba, Alemet und
Anatot. Insgesamt waren das dreizehn Städte,
jeweils mit den dazugehörenden Wiesen, wo die
Kühe und Schafe drauf weiden konnten. 46 Die ande-
ren Familien aus dem Kehat-Clan bekamen durch
ein Losverfahren noch zehn Städte, die in der westli-
chen Hälfte vom Gebiet vom Familienstamm
Manasse lagen. 47 Die verschiedenen Familien vom
Gerschon-Clan bekamen dreizehn Städte zugeteilt,
die alle im Gebiet der Familienstämme Issachar,
Ascher und Naftali lagen. Dazu kamen noch die
Gebiete von der östlichen Hälfte von Manasse, die
in Baschan waren. 48 Der Merari-Clan bekam durch
das Los zwölf Städte aus dem Gebiet der Familien-
stämme Ruben, Gad und Sebulon zugeteilt. 49 Die
Israeliten gaben also den Nachkommen vom Levi
diese Städte. Dazu kam immer noch das Weideland,
was drum herum lag. 50 Die Levi-Leute erhielten
durch das Los die bereits genannten Städte im
Gebiet der Familienstämme Juda, Simeon und Ben-
jamin. 51–55 Die anderen Familien vom Kehat-Clan
bekamen folgende Städte: Im Gebiet vom Familien-
stamm Efraim: die Asylstadt Sichem, die im Berg-
land Efraim lag. Dazu kamen noch Geser, Kibzajim,
Bet-Horon, Ajalon und Gat-Rimmon. Und dann
kamen wie immer auch noch die Wiesen drum
herum dazu. Aus dem Gebiet vom Familienstamm
West-Manasse erhielten sie Aner und Jibleam.
56–61 Die Familien vom Gerschon-Clan bekamen
auch ein paar Städte zugeteilt. Aus dem Gebiet vom
Familienstamm Ost-Manasse: Golan (was in
Baschan lag) und Aschtarot; aus dem Gebiet von
Familienstamm Issachar: Kedesch, Daberat, Ramot
und Anem; aus dem Gebiet vom Familienstamm
Ascher: Mischal, Abdon, Hukok und Rehob; aus
dem Gebiet vom Familienstamm Naftali: Kedesch
(was in Galiläa lag), Hammon und Kirjatajim.
62–66 Der Merari-Clan bekam auch Städte mit den
dazugehörenden Wiesen zugeteilt. Aus dem Gebiet
vom Familienstamm Sebulon: Rimmon und Tabor;
aus dem Gebiet vom Familienstamm Ruben (die
von der Ostseite vom Jordan): die Stadt Bezer, die
gegenüber von Jericho lag, dazu Jahaz, Kedemot
und Mefaat; aus dem Gebiet vom Familienstamm
Gad bekamen sie: Ramot (was in Gilead lag), Maha-
najim, Heschbon und Jaser.

7 Listen von den Familienstämmen Issachar, Benjamin, Naftali, Manasse, Efraim und Ascher

1 Die Söhne von Issachar hießen: Tola, Puwa,
Jaschub und Schimron. 2 Die Söhne von Tola hie-
ßen: Usi, Refaja, Jeriel, Jachmai, Jibsam und Sche-
muel. Das waren die Chefs von ihren Familien, alles
echt gute Soldaten. Als David noch an der Macht
war, gab es alleine in der Familie von Tola 22 600
Männer. 3 Usi hatte nur einen Sohn, der Jisrachja
hieß. Jisrachja und seine vier Söhne Michael,
Obadja, Joel und Jischija wurden alle auch Chefs in
ihren Familienclans. 4 Sie hatten so viele Frauen und
Kinder, dass ihre Familien locker 36 000 Soldaten
für das Heer stellen konnten. 5 Ihre Brüder aus den
anderen Familien vom Familienstamm Issachar
waren auch alles gute Soldaten und konnten 87 000
Mann für das Heer aufbringen.

Die Familien von den Stämmen Benjamin und Naftali

6 Benjamin hatte drei Söhne: Bela, Becher und Jediael. 7 Die Söhne von Bela waren: Ezbon, Usi, Usiel, Jerimot und Ir. Alle fünf waren auch voll gute Soldaten und führten ihre Familien gut an. Laut Liste kamen bei denen 22 034 Soldaten zusammen. 8 Jetzt zu den Söhnen von Becher. Sie hießen: Semira, Joasch, Elieser, Eljoenai, Omri, Jeremot, Abija, Anatot und Alemet. 9 In der Liste von ihrer Familie waren 20 200 Männer verzeichnet, die alle kriegsdiensttauglich waren. 10 Jediael hatte einen Sohn, der Bilhan hieß. Seine Söhne waren wiederum: Jeusch, Benjamin, Ehud, Kenaana, Setan, Tarschisch und Ahischahar. 11 Das wurden auch die Chefs in ihren Familienclans. Alles sehr gute Soldaten übrigens. Im Ernstfall konnten sie für das Heer 17 200 Mann stellen. 12 Ir hatte zwei Söhne, Huppim und Schuppim. Aher hatte nur einen Sohn, den Huschim. 13 Die Söhne von Naftali hießen: Jachzeel, Guni, Jezer und Schallum. Die waren ja auch alles Nachkommen von Naftalis Mutter Bilha.

Die Familien von dem Stamm Manasse

14 Manasse hatte einen Sohn der Asriel hieß. Von einer zweiten Ehefrau bekam er einen Sohn, den sie Machir nannten. Machir wurde zum Gründer der Gileads. 15 Machir heiratete eine Schwester von Huppim und Schuppim. Sie hieß Maacha. Sein zweiter Sohn war der Zelofhad. Zelofhad bekam keine Söhne, sondern nur Töchter. 16 Maacha bekam zwei Söhne. Den einen nannten sie Peresch, den anderen Scheresch. Scheresch bekam später zwei Söhne mit den Namen Ulam und Rekem. 17 Ulam hatte einen Sohn, den er Bedan nannte. So, das war jetzt eine Liste von der Familie von Gilead. Zur Erinnerung: Gilead war ein Sohn von Machir und ein Enkel von Manasse. 18 Seine Schwester Molechet bekam die Söhne Ischhod, Abieser und Machla. 19 Die Söhne von Schemida waren: Achjan, Schechem, Likhi und Aniam.

Die Familien vom Stamm Efraim

20 Efraim hatte einen Sohn, der Schutelach hieß. Dessen Sohn war Bered. Aus dieser Familie kamen dann noch Tahat und dessen Sohn Elada und dessen Sohn Tahata 21 und dessen Sohn Sabad. Neben Schutelach hatte Efraim noch zwei andere Söhne, Eser und Elad. Sie gingen irgendwann mal nach Gat, um von den Bewohnern, die dort lebten, die Tierherden zu zocken. Dabei wurden sie erwischt und getötet. 22 Efraim, ihr Vater, war deswegen voll lange traurig. Seine Verwandten besuchten ihn, um ihn wieder gut draufzubringen. 23 Schließlich schlief er wieder mit seiner Frau, und sie wurde schwanger. Die kriegte dann einen Sohn, den er Beria nannte. Beria heißt so viel wie „im Frust", denn er hatte diesen Jungen bekommen, als er gerade total frustriert und traurig war. 24 Efraim hatte auch eine Tochter, die Scheera hieß. Scheera arbeitete später für die Städteplanung und war am Aufbau vom oberen Bet-Horon sowie Usen-Scheera beteiligt. 25 Weitere Söhne von Efraim waren Refach und Reschef. Reschef hatte einen Sohn, der Telach hieß. Der hatte wiederum einen Sohn, der Tahan hieß, 26 der wiederum einen Sohn, der Ladan hieß, der einen Sohn, der Ammihud hieß, der einen Sohn, der Elischama hieß, 27 und der einen Sohn, der Nun hieß, und dessen Sohn war Josua. 28 Das Land, in dem die Familien von Efraim wohnten, ging von Bet-El, mit den umliegenden Dörfern, über nach Naara (nach Osten), in westlicher Richtung nach Geser und im Norden bis nach Sichem und Aja. Alle Städte mit den umliegenden Dörfern gehörten dazu. 29 Die Familien von Manasse wohnten in den Städten Bet-Schean, Taanach, Megiddo und Dor, mit den umliegenden Dörfern. In diesen Orten lebten also die Familien aus dem Familienstamm Josef, der ein Sohn von Israel war.

Die Familien vom Stamm Ascher

30 Die Söhne von Ascher hießen Jimna, Jischwa, Jischwi und Beria. Einer seiner Töchter hieß Serach. 31 Die zwei Söhne von Beria hießen: Heber und Malkiel. Er wurde der Gründer vom Birsajit-Clan. 32 Heber bekam folgende Söhne: Jaflet, Schemer und Hotam sowie eine Tochter, die Schua hieß. 33 Die Söhne von Jaflet hießen: Pasach, Bimhal und Aschwat. 34 Die Söhne von Schemer hießen: Ahi, Rohga, Hubba und Aram. 35 Und die Söhne von seinem Bruder Hotam hießen: Zofach, Jimna, Schelesch und Amal. 36 Die Söhne von Zofach hießen: Suach, Harnefer, Schual, Beri, Jimra, 37 Bezer, Hod, Schamma, Schilscha, Jitran und Beera. 38 Die Söhne von Jitran hießen: Jefunne, Pispa und Ara. 39 Die Söhne von Ulla hießen: Arach, Hanniel und Rizja. 40 Das waren jetzt die Kinder und Familien, die aus Ascher entstanden sind. Alles übrigens sehr gute Clanchefs und sehr fitte Soldaten. Sie stellten an wehrfähigen Männern für die Armee 26 000 Mann.

8
Noch eine Liste vom Familienstamm Benjamin
1–2 Benjamin hatte fünf Söhne. Der erste Sohn
hieß Bela, der zweite Aschbel, der dritte Ach-
rach, der vierte Noha und der fünfte Rafa. 3 Die
Söhne von Bela hießen: Ard, Gera, Abihud, 4 Abi-
schua, Naaman, Ahoach, 5 Gera, Schefufan und
Huram. 6 Die Söhne von Ehud waren die Chefs von
den Familien, die in Geba wohnten. Irgendwann
wurden sie dort gefangen genommen und nach
Manahat entführt. 7 Das passierte Naaman, Ahija
und Gera. Ein anderer Gera war es, der sie dorthin
entführt hatte. Die Söhne von Belas Sohn Gera hie-
ßen Usa und Ahihud. 8–9 Schaharajim wohnte in
den Bergen von Moab. Er hatte sich von seinen ers-
ten beiden Frauen Huschim und Baara scheiden
lassen. Dann heiratete er die Hodesch. Von ihr
bekam er die Söhne Jobab, Zibja, Mescha, Malkam,
10 Jeuz, Sacheja und Mirma. Jeder Sohn wurde der
Chef von einem eigenen Familienclan. 11 Von
Huschim, einer seiner früheren Frauen, stammten
die Söhne Abitub und Elpaal ab. 12 Die Söhne von
Elpaal hießen: Eber, Mischam und Schemed. Sche-
med baute die Städte Ono und Lod mit den umlie-
genden Orten auf. 13 Die Brüder Beria und Schema
waren die Chefs der Familienclans, die in Ajalon
lebten. Die hatten vorher die Einwohner von Gat
dort rausgeschmissen. 14 Die anderen Brüder von
den beiden hießen: Elpaal, Schaschak und Jeroham.
15–16 Beria hatte auch Söhne, die folgende Namen
hatten: Sebadja, Arad, Eder, Michael, Jischpa und
Joha. 17–18 Elpaals Söhne hießen: Sebadja, Meschul-
lam, Hiski, Heber, Jischmerai, Jislia und Jobab.
19–21 Und die Söhne von Schimi waren: Jakim, Sichri,
Sabdi, Elienai, Zilletai, Eliel, Adaja, Beraja und
Schimrat. 22–25 Schaschak hatte folgende Söhne
bekommen: Jischpan, Eber, Eliel, Abdon, Sichri,
Hanan, Hananja, Elam, Antotija, Jifdeja und Pnuel.
26–27 Und die Söhne von Jeroham hießen: Scham-
scherai, Scheharja, Atalja, Jaareschja, Elija und
Sichri. 28 Das wurden alles die Chefs von ihren Fami-
lienclans. Alle oben genannten wohnten übrigens in
Jerusalem. 29 Jeiel wohnte in Gideon, der diese Stadt
auch gegründete hatte. Er war mit der Maacha ver-
heiratet. 30 Jeiel erster Sohn hieß Abdon. Die weite-
ren Söhne hatten folgende Namen: Zur, Kisch, Baal,
Ner, Nadab, 31 Gedor, Achjo, Secher und Miklot.
Miklot hatte einen Sohn, der den Namen Schima
bekam. 32 Die suchten sich auch alle eine Bude in
Jerusalem, wie ihre anderen Brüder. 33 Der Sohn von
Ner war der Abner. Und Kischs Sohn war der
berühmte Präsident Saul. Saul bekam dann auch
Söhne, die folgende Namen hatten: Jonatan, Malki-
schua, Abinadab und Eschbaal, der auch Isch-
Boschet genannt wurde. 34 Jonatan hatte dann einen
Sohn, der Merib-Baal hieß. Und Merib-Baal bekam
einen Sohn, der den Namen Micha kriegte.
35 Michas Söhne hießen dann: Piton, Melech, Tach-
rea und Ahas. 36 Ahas bekam den Sohn Joadda,
Joadda bekam die Söhne Alemet, Asmawet und
Simri. Und Simri bekam den Sohn Moza. 37 Moza
bekam den Sohn Bina, Bina bekam den Sohn Rafa,
Rafa bekam den Sohn Elasa, und Elasa bekam den
Sohn Azel. 38 Azel hatte sechs Söhne: Asrikam,
Bochru, Jischmael, Schearja, Obadja und Hanan.
39 Die Söhne von Azels Bruder Eschek hatten fol-
gende Namen: Der älteste Sohn hieß Ulam, der
zweite Jeusch und der dritte Elifelet. 40 Ulams Söhne
waren alles sehr mutige Soldaten, die mit ihren MGs
voll genau schießen konnten. Sie bekamen sehr
viele Söhne und Enkel, zusammengerechnet kamen
sie auf 150 Mann! Die Familien und ihre Clans, die
oben aufgezählt wurden, gehörten alle zum Famili-
enstamm Benjamin.

9
Alle Leute, die in Jerusalem leben, kommen in Kriegsgefangenschaft
1 So wurden also alle Leute registriert, die in
Israel lebten, und in einer Datei gespeichert. Das
stand dann alles in dem Ordner mit dem Namen
„Amtliches Verzeichnis der Präsidenten von Israel".
Die Leute, die zu Juda gehörten, hatten Gott ja total
vergessen. Deswegen kamen die alle in Kriegsgefan-
genschaft und wurden nach Babylon abgeführt.
2 Nach einer gewissen Zeit wurden aber die Ersten
wieder freigelassen. Sie siedelten sich in ihrem alten
Gebiet von Juda an. Es waren einige normale Leute
und auch viele Priester, Tempelangestellte und
Leute, die am Tempel die Drecksarbeit erledigten.
3 Aus den Familienstämmen Juda, Benjamin, Efraim
und Manasse zogen einige wieder nach Jerusalem.
Folgende Männer kamen als Erstes zurück: 4 Vom
Familienstamm Juda: Utai, der Sohn von Ammihud,
der ein Sohn war von Omri, der ein Sohn war von
Imri, der ein Sohn war von Bani, der ein Sohn war
von Perez, der ein Sohn war von Juda. 5 Die Familie
von Judas Sohn Schela sah so aus: Asaja war der
älteste Sohn, der wiederum auch Söhne hatte, die
hier jetzt nicht aufgelistet werden. 6 Judas Sohn
Serach hatte den Sohn Jeuel. Insgesamt waren es
hier mit allen Brüdern 690 Mann. 7 Aus dem Famili-
enstamm Benjamin kamen folgende Leute: erst mal

Sallu, der ein Sohn von Meschullam war. Meschullam war wiederum ein Sohn von Hodwawjas, der war ein Sohn von Senuas, 8 der war ein Sohn von Jibneja, der war ein Sohn von Jeroham. Dann noch Ela, der war ein Sohn von Usi und ein Enkel von Michri. Meschullam, ein Sohn von Schefatja, der war ein Sohn von Reguel und Jibnija. 9 Insgesamt gab es unter allen Brüdern, nach ihren Familien sortiert, 956 Clanchefs. 10 Von den Priestern kamen folgende zurück: Jedaja, Jojarib, Jachin und 11 Asarja (der Sohn von Hilkija, der früher der Chef vom Tempel war). Er kam aus folgender Abstammungslinie: Asarja war ein Sohn von Hilkija, der war ein Sohn von Meschullam, der war ein Sohn von Zadok, der war ein Sohn von Merajot, der war ein Sohn von Ahitub. Ahitub war eine Zeitlang der Chef im Tempel. 12 Weiter ging die Abstammungslinie so: Adaja, der ein Sohn von Jeroham war, der war ein Sohn von Paschhur, der war ein Sohn von Malkija und Masai. Masai war ein Sohn von Adiel, der war ein Sohn von Jachsera, der war ein Sohn von Meschullam, der war ein Sohn von Meschillemot, der war ein Sohn von Immer. 13 Insgesamt waren es mit ihren Brüdern 1760 Clanchefs, die alle eine Lizenz dafür hatten, am Tempel den Opferdienst zu schieben. 14 Von den Tempelangestellten kamen folgende zurück: Schemaja vom Merari- Clan (seine Vorfahren waren Haschub, Asrikam und Haschabja), 15 Bakbakar, Heresch, Galal und Mattanja. Mattanja war ein Sohn von Micha und Enkel von Sichri, aus der Familie vom Asaf. 16 Abda, ein Sohn von Schammua und ein Enkel von Galal, aus der Familie von Jedutun. Berechja, ein Sohn von Asa und ein Enkel von Elkana, der früher in den Siedlungen von Netofa gewohnt hatte. 17 Die Security-Leute vom Tor: Schallum, Akkub, Talmon und Ahiman. Ihr Chef war der Schallum. 18 Seine Familie stellte noch lange die Security-Einheit vor dem Eingangstor des Hauses vom Präsidenten, was auf der Ostseite der Stadt lag. Ihre Vorfahren haben schon auf dem Weg durch die Wüste als Security-Leute im Lager von den Levi-Leuten gearbeitet. 19 Schallum und die Männer aus seiner Familie kontrollierten auch als Sicherheitsdienst den Eingang vom besonderen Zelt von Gott. Schallum kam aus der Familie Korach, sein Vater war Kore, und dessen Vater war Abiasaf, und dessen Vater war Korach. Ihre Vorfahren hatten schon immer den Eingang vom Zeltlager bewacht, auch, als sie noch in der Wüste rumgezogen waren. 20 Pinhas, der Sohn von Priester Eleasar, war damals ihr Anführer. Der war übrigens echt krass mit Gott unterwegs gewesen. 21 Secharja, der Sohn von Meschelemja, arbeitete als Security-Mann am Eingang vom besonderen Zelt. 22 Insgesamt waren 212 Security-Männer ausgesucht worden. Ihre Namen wurden in ihren Dörfern in das Familienverzeichnis eingetragen. Für diesen Job wurden sie damals durch David und den Propheten Samuel eingesetzt. 23 Sie schoben am Eingang zum besonderen Zelt im Schichtwechsel die Wache. Später haben sie dann den gleichen Job beim Tempel von Gott übernommen. 24 Die Security-Leute waren in vier Richtungen aufgestellt, einer nach Osten, einer nach Westen, einer nach Norden und einer nach Süden. 25 In ihrer Freizeit konnten die Männer immer nach Hause fahren und dort pennen. Nur wenn sie im Dienst waren, mussten sie sieben Tage lang ihre Schichten schieben. 26 Die vier obersten Chefs der Security-Einheit, alles Levi-Leute, hatten die 24-Stunden-Nonstop-Schicht. Ihr Job bestand darin, auf die Vorratsräume und den Tresorraum vom Tempel aufzupassen. 27 Sie pennten im Anbau vom Tempel, weil sie auch nachts alles bewachen und morgens die Haupttür aufschließen mussten. 28–29 Wieder andere Levi-Typen hatten den Job, die ganzen Geräte in Schuss zu halten, die für die Gottesdienste gebraucht wurden. Jedes Gerät wurde in einer Liste eingetragen, bevor es in den Tempel kam, und auf der Liste durchgestrichen, wenn man es wieder nach draußen brachte. Einige Leute waren dafür da, um sich um das ganze Material zu kümmern, was man im Tempel brauchte. Zum Beispiel das Mehl, den Wein, das Olivenöl, die Räucherkerzen oder das Parfüm für das besondere Öl. 30 Dieses Öl (was man braucht, um Leute in einen besonderen Job einzusetzen) durfte aber nur von den obersten Priestern zusammengemischt werden. 31 Der Tempelangestellte Mattitja (der erste Sohn von Schallum aus der Korach-Familie) war dafür verantwortlich, dass immer genug Fladenbrot für die Essensopfer da war. 32 Die Brüder aus dem Kehat-Clan waren dafür zuständig, dass am Sonntag immer genug von den besonderen Broten vorhanden war. 33 Die Tempelangestellten, die immer die Band und den Chor für den Tempel gestellt hatten, wohnten in kleinen Wohnungen, die direkt nebenan lagen. Sie waren von allen anderen Diensten befreit, weil sie auch 24 Stunden Dienst schieben mussten. 34 Das waren jetzt die Clanchefs der Tempelangestellten vom Stamm Levi, in der Reihenfolge, wie sie geboren wurden. Sie wohnten alle in Jerusalem.

Die Leute aus der Familie von Saul, die vor und nach ihm gelebt haben

35 Jeiel, der Gründer von der Stadt Gibeon, wohnte
früher auch dort. Seine Frau hieß Maacha, 36 sein
erster Sohn hieß Abdon, die anderen Söhne hießen:
Zur, Kisch, Baal, Ner, Nadab, 37 Gedor, Achjo, Secher
und Miklot. 38 Miklot hatte einen Sohn, der Schima
genannt wurde. Auch sie ließen sich in Jerusalem
nieder und wohnten dort, wie die anderen von ihrer
Familie. 39 Der Sohn von Ner war Abner, der Sohn
von Kisch war dann der Saul. Saul bekam folgende
Söhne: Jonatan, Malkischua, Abinadab und
Eschbaal, der auch Isch-Boschet genannt wurde.
40 Jonatan hatte einen Sohn, der Merib-Baal genannt
wurde. Merib-Baal hatte einen Sohn, der Micha
hieß. 41 Die Söhne von Micha waren: Piton, Melech,
Tachrea und Ahas. 42 Ahas bekam einen Sohn der
Joadda hieß. Joadda hatte dann auch Söhne, die
folgende Namen bekamen: Alemet, Asmawet und
Simri. Der Sohn von Simri wurde Moza genannt.
43 Moza bekam als Sohn Bina, Bina bekam als Sohn
Refaja, Refaja bekam als Sohn Elasa, Elasa bekam
als Sohn Azel. 44 Azel hatte sechs Söhne: Asrikam,
Bochru, Jischmael, Schearja, Obadja und Hanan.

10 Rückblick: Sauls letzter Kampf und sein Tod

1 Und zwar war das so: Es gab damals im
Gilboa-Gebirge einen Krieg zwischen Israel
und den Philistern. Israel musste vor den Philistern
abhauen, weil die einfach stärker waren. Viele Solda-
ten von der israelitischen Armee wurden auf der
Flucht im Gilboa-Gebirge erschossen. 2 Die Philister
verfolgten auch den israelitischen Präsidenten Saul
und seine Söhne Jonatan, Abinadab und Malki-
schua. Alle drei Söhne wurden dabei getötet. 3 Um
den Präsidenten Saul gab es einen voll heftigen
Kampf. Schließlich setzte der Feind ein paar Scharf-
schützen auf Saul an. Saul wurde verwundet und
bekam voll Schiss. 4 Er befahl einem seiner Solda-
ten: „Los, nehmen Sie Ihre Knarre und erschießen
Sie mich! Sonst werden mich diese Schweine gefan-
genen nehmen, mich foltern und ihre Witze über
mich machen!“ Aber der Soldat wollte das nicht tun.
Also nahm Saul seine Pistole selbst in die Hand
und schoss sich eine Kugel in den Kopf. 5 Der Soldat
gab sich auch sofort die Kugel, nachdem er das
gesehen hatte. 6 So starben Saul und seine drei
Söhne. Damit war es vorbei mit seiner Macht, und
auch seine Familie war jetzt am Ende. 7 Als alle
Leute in Israel davon erfuhren, dass Saul und seine
Söhne tot waren und die ganze Armee auf der
Flucht war, packten sie schnell ihre Koffer und ver-
pissten sich aus ihren Städten. Die Armee der Phi-
lister kam in ihr Land und übernahm einfach alle
Städte. 8 Einen Tag nach der Schlacht durchsuchten
die Philister die Leichen von den israelitischen Sol-
daten nach wertvollen Sachen. Sie fanden dabei
auch Saul und seine Söhne auf dem Gebirge Gilboa.
9 Von Saul sägten sie den Kopf ab und zogen ihm
seine Uniform aus. Beides wurde dann im ganzen
Gebiet rumgezeigt. Das war die Art der Philister, um
deutlich zu machen, dass ihre Leute und ihre Plas-
tikgötter diesen Krieg gewonnen hatten. 10 Später
wurde die Uniform von Saul in einen Tempel von
einem ihrer Plastikgötter gelegt. Seinen Kopf brach-
ten sie in den Tempel von ihrem Gott Dagon und
nagelten ihn dort an die Wand. 11 Die Männer aus
Jabesch (das liegt in Gilead) hörten, was die Philis-
ter mit der Leiche von Saul angestellt hatten. 12 Man
stellte sofort eine Spezialtruppe zusammen, und in
einer Nacht-und-Nebel-Aktion wurden die Leichen
von Saul und seinen Söhnen geholt und nach
Jabesch gebracht. Dort erhielten sie ein anständiges
Begräbnis auf dem Stadtfriedhof. In der Woche der
Beerdigung wurde angeordnet, dass tagsüber nichts
gegessen werden durfte und alle in schwarzen Kla-
motten rumlaufen mussten. 13 Der Grund, warum
Saul sterben musste, war klar: Er war Gott untreu
geworden. Saul hatte nicht das getan, was Gott von
ihm wollte, er war sogar bei einer Hexe gewesen,
die für ihn mit einem Toten Verbindung aufgenom-
men hatte. 14 Er war nicht zu Gott gegangen, um
sich einen Tipp geben zu lassen. Darum ließ der ihn
sterben und setzte David als nächsten Präsidenten
ein. David war ein Sohn von Isai.

11 Rückblick: Wie David der neue Präsident wurde

1 Irgendwann kamen voll viele Leute aus Israel
bei David an, als er noch in Hebron wohnte. „David!
Sie sind doch einer von uns! Das gleiche Blut ist in
unseren Adern. 2 Schon damals, als Saul noch unser
Präsident war, haben Sie uns im Krieg immer raus-
gehauen! Sie haben die Armee angeführt! Und dann
hatte Gott zu Ihnen gesprochen, dass Sie auch alle
seine Leute anführen und beschützen sollen. ‚Du
sollst der Chef von Israel sein!‘, meinte Gott da-
mals.“ 3 Alle Chefs und Führer von Israel sagten das
zu David, dafür waren sie extra nach Hebron ge-
kommen. Schließlich machten sie Verträge, und

Gott war als Zeuge mit dabei. Sie beteten zusammen für David und machten ihn dann ganz offiziell zum neuen Präsidenten von Israel. Samuel, der Prophetentyp, hatte das alles so organisiert, wie Gott es ihm vorher gesagt hatte. 4 Dann zog David mit allen Männern von Israel nach Jerusalem. Damals nannte man Jerusalem noch Jebus, weil dort die Jebusiter wohnten. 5 Die Jebusiter hatten gelacht: „Ha, du wirst hier nie und nimmer reinkommen!" Aber David schaffte es trotzdem und eroberte die Stadt mit allen Stellungen und Bunkern. Zion, so nannte man diese Stadt auch, wurde dann zur Davidsstadt. 6 David hatte vorher einen kleinen Wettbewerb gestartet. Er sagte zu seinen Soldaten: „Wer den ersten Jebusiter erschießt, wird befördert!" Joab rannte sofort los und war als Erster in der Stadt am Kämpfen. Er wurde dann der oberste General vom Heer. 7 David zog dann in die Stadt und wohnte dort. Darum nannte man sie auch die Davidsstadt. 8 Als Nächstes ließ er überall neue Wohnungen und Häuser bauen. Von der Stadtmauer aus ließ er ringsrum neue Gebäude errichten. Joab war verantwortlich für die Renovierung der Altstadt. 9 David bekam mit der Zeit immer mehr Macht und Einfluss im Land. Gott, der Chef des ganzen Universums, stand eindeutig auf seiner Seite.

Die besten Leute von David, seine Stars und Helden

10 Jetzt kommt etwas über die absoluten Helden aus der Armee von David. Alles treue Soldaten, die sich für ihn oft den Arsch aufgerissen hatten, gemeinsam mit der ganzen Truppe von Israel. Sie waren es, die ihm dabei halfen, Präsident in Israel zu werden, weil Gott das so wollte. 11 Jetzt kommen ihre Namen: Jischbaal kam aus der Familie Hachmoni. Er war der Anführer von Davids Elitetruppe. Das war voll der wilde Kämpfer, der hat im Nahkampf einmal mit einem Armeemesser dreihundert Männer abgestochen. 12 Als Nächstes soll hier Eleasar genannt werden, der aus der Familie von Dodo kam und aus Ahoach stammte. Er war einer von den berühmten „drei Stars". 13 Eleasar war auch mit bei David dabei, als die Armee der Philister in Pas-Dammim gegen Israel angetreten war. Auf dem Gelände gab es ein großes Maisfeld, und als sie am Verlieren waren, flohen die Israeliten in das Feld rein. 14 Aber die Truppe um Eleasar stellte sich mittendrin auf, erkämpfte sich das Gebiet zurück und schlug die Philister. Auf die Art sorgte Gott für einen großen Sieg. 15 Bei einer anderen Aktion hatte das Heer der Philister in der Ebene Refaim gelagert. Drei von den „dreißig Helden" besuchten abends David, als er gerade im Bunker bei Adullam war. 16 In der Zeit, in der David dort war, rückte eine Abteilung von den Philistern gegen Bethlehem vor. 17 Irgendwie hatte David gerade Bock auf eine Cola und sagte deswegen mehr aus Spaß zu den Männern: „Ich hab voll Durst! Wer bringt mir eine Cola aus dem Automaten, der in Bethlehem-City steht?" 18 Die drei zogen sofort los, schlichen sich nachts durch das Lager der Philister und zogen für David eine Cola aus dem Automaten, der in der Innenstadt stand. Die brachten sie dann bei David vorbei. Aber das Ding war echt zu heftig für ihn, David wollte die nicht so mal eben austrinken. Darum spendierte er das Teil Gott, er goss die Cola auf die Erde und sagte dazu: 19 „Nein, Leute, die Cola ist mir zu wertvoll geworden. Das wäre so, als wenn ich das Blut von meinen Männern trinken würde. Sie haben ihr Leben dafür aufs Spiel gesetzt! Das wäre nicht korrekt, wenn ich das tun würde." Er wollte sie einfach nicht trinken. Das war zum Beispiel so eine Sache, die diese drei Helden gebracht haben. 20–21 Der Anführer von den Dreißig war Abischai, ein Bruder von Joab. Einmal brachte er in einer Schlacht mit einer MP dreihundert Männer um. Bei den berühmten „dreißig Helden" war er schon ganz vorne dabei, er wurde irgendwann sogar deren Anführer. Aber den „drei Stars" konnte er nicht das Wasser reichen. 22 Dann war da noch der Benaja aus Kabzeel. Er kam aus der Familie vom Jojada und hatte auch einige heftigen Sachen gebracht. Zum Beispiel tötete er die zwei berüchtigten Soldaten, die auch als „Pitbulls von Moab" bekannt geworden waren. Er war auch einmal in einem Keller von einem fiesen Kampfhund angefallen worden und hatte den dann mit einem Fausthieb auf den Kopf getötet. 23 Außerdem hat er mal einen Ägypter umgenietet, der zweieinhalb Meter groß war. Der Ägypter hatte eine Pumpgun in der Hand, die so dick war, wie der Mast einer Straßenlaterne. Dabei hatte Benaja nur einen Stock in der Hand gehabt. Er sprang auf den Ägypter zu, riss ihm die Knarre aus der Hand und erschoss ihn damit. 24 Das waren so Dinger, die Benaja gebracht hatte, dadurch wurde er sehr berühmt. 25 Er hatte einen besseren Ruf als die „dreißig Helden", aber er war nicht so angesagt wie die berühmten „drei Stars". Später machte ihn David zum Chef von seiner privaten Security-Einheit. 26 Jetzt mal die Namen von Davids Kämpfern: Asael, der Bruder von Joab; Elhanan, der Sohn von Dodo, aus Betlehem; 27 Schammot aus Harod; Helez aus Pelon; 28 Ira, der

Sohn von Ikkesch, aus Tekoa; Abieser aus Anatot; 29 Sibbechai aus Huscha; Ilai aus Ahoach; 30 Mahrai aus Netofa; Heled, der Sohn von Baana, aus Netofa; 31 Ittai, der Sohn von Ribai, aus Gibea (was im Gebiet von Benjamin liegt); Benaja aus Piraton; 32 Hiddai aus Nahale-Gaasch; Abiel aus Bet-Araba; 33 Asmawet aus Bahurim; Eljachba aus Schaalbim; 34 Haschem aus Gison; Jonatan, der Sohn von Schage, aus Harar; 35 Ahiam, der Sohn von Sachar, ebenfalls aus Harar; Elifal, der Sohn von Urs; 36 Hefer aus Mechera; Ahija aus Pelon; 37 Hezro aus Karmel; Naarai, der Sohn von Esbai; 38 Joel, der Bruder Natans; Mibhar, der Sohn von Hagri; 39 Zelek, der Ammoniter; Nachrai aus Beerot (der sich immer um die Waffen von Joab gekümmert hatte); 40 Ira aus Jattir; Gareb aus Jattir; 41 Urija, der Hetiter; Sabad, der Sohn von Achlaia; 42 Adina, der Sohn von Schisa (das war einer der einflussreichsten Männer vom Familienstamm Ruben, er hatte dreißig Männer unter sich); 43 Hanan, der Sohn von Maacha; Joschafat aus Meten; 44 Usija aus Aschtarot; Schama und Jeiel, die Söhne von Hotam, der aus Aroer stammte; 45 Jediael, der Sohn von Schimri; sein Bruder Joha aus Tiz; 46 Eliel aus Mahanajim; Jeribai und Joschawja, die Söhne von Elnaam; Jitma, ein Moabiter; 47 Eliel; Obed und Jaasiel aus Zoba.

12

Davids Leute, als Saul an der Macht war

1 Es gab schon viele Männer in Davids Gruppe, als der noch in Ziklag wohnte. Sie waren schon länger Mitglieder von seiner Truppe und kämpften an seiner Seite. In Ziklag musste er sich ja vor dem Präsidenten Saul verstecken. 2 Diese Männer waren alle mit einer MP bewaffnet und konnten im Stehen und Liegen supergut schießen. Sogar vom Familienstamm Benjamin waren ein paar Leute dabei, obwohl die aus dem gleichen Stamm wie Saul kamen. Ihre Namen waren: 3 Ahieser (das war der Anführer), Joasch, die Söhne von Schemaa aus Gibea, Jesiel, Pelet, die Söhne von Asmawet, Beracha und Jehu aus Anatot, 4 Jischmaja aus Gibeon (das war einer von den „dreißig Helden" und ihr Anführer), 5 Jirmeja, Jahasiel, Johanan und Josabad aus Gedera, 6 Elusai, Jerimot, Bealja, Schemarja und Schefatja aus Haruf, 7 Elkana, Jischija, Asarel, Joeser und Jaschobam von den Nachkommen Korachs, 8 Joela und Sebadja, die Söhne von Jeroham aus Gedor. 9 Vom Familienstamm Gad gab es auch einige Soldaten, die bei David mitmachen wollten, alles kampferprobte Männer. Sie kamen bei ihm an, als er gerade in seinem Bunker in der Wüste von Juda wohnte. Alle hatten eine schusssichere Weste und waren mit einem MG bewaffnet. Diese Soldaten waren alle sehr gute und schnelle Einzelkämpfer, sie hatten alle eine Nahkampfausbildung und den schwarzen Gürtel in Karate. 10–14 Es waren: der Anführer: Eser, der Zweite: Obadja, der Dritte: Eliab, der Vierte: Mischmanna, der Fünfte: Jirmeja, der Sechste: Attai, der Siebte: Eliël, der Achte: Johanan, der Neunte: Elsabad, der Zehnte: Jirmeja, der Elfte: Machbannai. 15 Alle Männer hatten einen Offiziersdienstgrad in der Armee. Die waren so heftig unterwegs, dass selbst der Schwächste von denen es mit hundert Gegnern auf einmal aufnehmen konnte und der Stärkste sogar mit tausend. 16 Bei schlimmstem Hochwasser schafften sie es, im April den Jordan zu überqueren, obwohl alle Täler im Osten und im Westen nicht passierbar waren. 17 Dann gab es noch ein paar Leute, die aus den Familienstämmen Benjamin und Juda zu Davids Bunker kamen. 18 David kam vor den Eingang und sagte zu ihnen: „Seid ihr meine Freunde oder meine Feinde? Warum seid ihr hier? Als Freunde seid ihr bei mir auf jeden Fall gerne gesehen. Aber wenn ihr gegen mich seid und mich an meine Feinde verraten wollt, dann wird euch unser Gott dafür ganz krass bestrafen. Ich habe nämlich bis heute immer korrekt gehandelt und niemanden abgezogen." 19 Plötzlich kam die Kraft von Gott auf Amasai, und der sagte laut: „David, wir gehören zu Ihnen! Wir wollen, dass Sie alles abräumen, Sie sollen gewinnen, Sie sollen es packen und auch alle, die Ihnen dabei helfen! Gott spielt in Ihrer Mannschaft!" David nahm sie in seine Truppe auf und gab ihnen Führungspositionen in seiner Armee. Amsai wurde später sogar der Chef von der Elitetruppe vom David. 20 Dann liefen irgendwann auch noch ein paar Männer vom Familienstamm Manasse zu Davids Truppe über. Das war, als David bei den Philistern mitmachte und dann gegen Saul in den Krieg ziehen sollte. Allerdings musste er dann ja doch nicht gegen Saul kämpfen, weil die Generäle vom Heer der Philister Schiss davor hatten, er könnte während der Schlacht plötzlich die Seiten wechseln und zu Saul überlaufen. Dann wären sie vermutlich gekillt worden. 21 Als David wieder nach Ziklag gezogen war, liefen folgende Männer zu seiner Truppe über: Adnach, Josabad, Jediael, Michael, Josabad, Elihu und Zilletai. Das waren alles Soldaten mit dem Dienstgrad eines Oberleutnants. 22 Es waren alles gute Soldaten, die

ab dann David im Krieg unterstützten. Sie halfen ihm gegen die Banden von den Amalekitern. Sie bekamen den Dienstgard Oberleutnant in seinem Heer. 23 Jeden Tag kamen neue Leute dazu, die freiwillig in Davids Truppe mitmachen wollten. Irgendwann hatte er eine richtig große Armee unter sich.

Davids Armee in Hebron

24 Nachdem Saul gestorben war, kamen viele Männer aus allen Familienstämmen nach Hebron, um David dort zu besuchen. Sie wollten ihn zum neuen Präsidenten machen, weil Gott das so gesagt hatte. 25 Jetzt kommt eine Auflistung der Leute, die alle dabei waren. Vom Familienstamm Juda: 6800 Mann, mit schusssicherer Weste und MG ausgerüstet. 26 Vom Familienstamm Simeon: 7100 mutige Soldaten. 27 Vom Familienstamm Levi: 4600 Mann. 28 Unter ihnen war auch der Priester Jojada, der Chef von der Familie vom Aaron, mit 3700 Mann. 29 Zadok war auch dabei. Damals war der noch echt jung, aber trotzdem ein sehr mutiger Soldat. Er kam mit seiner ganzen Familie, dabei auch 22 Obersten. 30 Vom Familienstamm Benjamin: 3000 Mann. Die kamen ja aus demselben Stamm wie Saul, darum war das besonders heftig. Der größere Teil des Stammes hielt damals aber noch zur Familie von Saul. 31 Vom Familienstamm Efraim: 20 800 Soldaten, alles Männer mit echt gutem Ruf. 32 Vom Familienstamm West-Manasse: 18 000 Soldaten. Jeder von denen hatte höchstpersönlich den Auftrag bekommen, nach Hebron zu gehen, um David dort zum neuen Präsidenten zu machen. 33 Vom Familienstamm Issachar: 200 Obersten mit ihren Männern. Sie kamen, weil sie sich gut informiert hatten und einfach wussten, dass sich in Israel bald was verändern musste. 34 Vom Familienstamm Sebulon: 50 000 Soldaten, kriegsmäßig gut ausgerüstet und kampfbereit. Die waren ganz wild da drauf, David zu helfen. 35 Vom Familienstamm Naftali: 1000 Obersten und 37 000 Soldaten, alle ausgerüstet mit schusssicherer Weste und MG. 36 Vom Familienstamm Dan: 28 600 Mann, alle kampfbereit. 37 Vom Familienstamm Ascher: 40 000 Mann, alle einsatzfähig und kampfbereit. 38 Von den Familienstämmen Ruben, Gad und Ost-Manasse, die von der anderen Seite vom Jordan stammten: 120 000 Mann, mit allem bewaffnet, was man im Krieg braucht. 39 Diese ganzen Soldaten kamen in ihren Abteilungen nach Hebron marschiert mit nur einem Ziel in der Birne: David zum neuen Präsidenten zu machen. In der Zeit wollte das einfach jeder in Israel, dadrin war man sich einig. 40 Der Besuch bei David in Hebron dauerte drei Tage. Essen und Trinken organisierten die Leute, die dort wohnten. 41 Aber auch die Bewohner aus der Umgebung sorgten für die Truppe von David mit Lebensmitteln. Sogar aus dem Gebiet, wo die Familienstämme Issachar, Sebulon und Naftali zu Hause waren, kamen die Leute angefahren. Sie brachten in ihren Jeeps und Lkws Ladungen von Mehl, Eiern, Obst, Öl, Wasser und Bier vorbei. Dazu auch sehr viele Rinder und Schafe. Alle waren voll aufgeregt und freuten sich.

13

David will die Kiste mit den Gesetzen nach Jerusalem holen

1 Irgendwann hatte David eine Idee. Er organisierte ein Treffen mit den Chefs von Israel und allen Offizieren der Armee. 2 Dann hielt er eine Rede vor der Versammlung: „Liebe Leute und Kameraden! Mir kam neulich folgender Gedanke: Vorausgesetzt, ihr findet die Idee auch gut und Gott hat auch nichts dagegen, dann sollten wir erst mal ein großes Treffen veranstalten. Alle Leute von unserem Volk sollen angemailt werden und eine Einladung bekommen. Auch die Geschwister aus unseren Familienstämmen, die zu Hause geblieben sind, und alle Priester und die anderen Levi-Leute, die Zeltangestellten, jeder soll versuchen hierherzukommen. 3 Und dann machen wir gemeinsam eine ganz große Sache: Wir holen die Kiste mit den Gesetzen von Gott nach Jerusalem! Die ganze Zeit, in der Saul an der Macht war, haben wir ja so gut wie gar nichts mit ihr am Hut gehabt und sie irgendwo links liegenlassen." 4 Alle Leute, die anwesend waren, fanden den Vorschlag geil. Sie beschlossen, es genau so durchzuziehen. 5 David schickte also Einladungen überallhin, von der ägyptischen Grenze, die im Süden lag, bis nach Lebo-Hamat im Norden. Alle sollten nach Kirjat-Jearim kommen, um gemeinsam die Kiste abzuholen. 6 Dort stand die nämlich schon seit einiger Zeit. Es war die Kiste, in der die Gesetze aufbewahrt wurden, die Gott durch Mose gegeben hatte. Auf die Kiste waren zwei große Engelsfiguren geschraubt, und bei diesen Figuren war Gott immer mit am Start. Vor dieser Kiste hatte man in der Vergangenheit ganz oft mit Gott direkt sprechen können. David ging also mit der ganzen Versammlung nach Baala (das war ein anderer Namen für Kirjat-Jearim) zum Haus von Abinadab. 7 Sie packten die Kiste auf die Ladefläche von einem funkelnagelneuen Truck,

der bis zu dem Zeitpunkt noch nie gefahren worden war. Usa und sein Bruder Achjo saßen in der Fahrerkabine. 8 Auf dem Weg dahin folgte eine riesen Menschenmenge dem Wagen. Alle tanzten und jubelten um das Teil rum. Aber sie taten das nicht, weil es besonders cool aussehen sollte, sondern sie machten das für Gott. Dazu sangen sie ein paar Lieder, die von einer Band begleitet wurden, die ebenfalls auf einem Hänger mitfuhr. E-Gitarre, Bass und Drumcomputer, alles, was ging, wurde aufgefahren. 9 Als sie am Kidonsplatz waren, verwechselte Usa aus Versehen das Kupplungspedal mit der Bremse. Danach hatte Usa Schiss, die Kiste würde von der Ladefläche runterrutschen. Deshalb stieg er aus, um sie neu zu befestigen. Dabei berührte er die Kiste. 10 Gott fand das überhaupt nicht toll. Er ließ ihn dort auf der Stelle sterben. 11 David bekam voll die Panik. Ab dem Zeitpunkt nannte man diesen Platz „Usa-Riss", weil Usa dort aus dem Leben gerissen wurde. 12 Wegen dieser Sache kriegte David fetten Respekt vor Gott. „Ob das wirklich so eine gute Idee ist, die Kiste zu uns nach Hause zu holen?", fragte er sich. 13 Das war der Grund, warum er sie dann doch nicht zu sich nach Jerusalem holte. Stattdessen wurde das Teil in das Haus von Obed-Edom gebracht. Obed-Edom stammte aus Gad. 14 Die Kiste blieb dann für drei Monate dort stehen. In der Zeit ging es Obed-Edom voll gut, Gott beschenkte ihn, und er bekam immer noch mehr.

14

David in Jerusalem

1 Irgendwann hatte Hiram, der Präsident von Tyrus, die Idee, Holz und anderes Material an David zu schicken, damit er sich davon ein eigenes großes Haus bauen konnte. Dazu lieferte er auch noch die Bauarbeiter und Architekten. 2 Für David war das ein weiteres Zeichen von Gott, dass er ihn zum Präsidenten von Israel gemacht hatte und dass seine neue Macht von ihm kam. Und Gott tat das nur, weil er selbst seine Leute so wahnsinnig liebte. 3 Nachdem David nach Jerusalem umgezogen war, heiratete er noch ein paar mehr Frauen und bekam von denen viele Söhne und Töchter. Wie früher schon mal erwähnt, war es damals normal, mehrere Frauen zu heiraten, wenn man das wollte und es sich leisten konnte. 4 Die Söhne, die in Jerusalem geborenen wurden, bekamen folgende Namen: Schammua, Schobab, Natan, Salomo, 5 Jibhar, Elischua, Elpelet, 6 Nogah, Nefeg, Jafia, 7 Elischama, Beeljada und Elifelet.

Die Philister greifen an

8 Als die Philister mitkriegten, dass David der neue Präsident in Israel geworden war, sammelten sie ihre Truppen, um gegen David und seine Armee zu kämpfen. David bekam aber rechtzeitig einen Tipp und kam ihnen mit seinen eigenen Truppen entgegen. 9 Die Armee der Philister lagerte dann in der Ebene von Refaim. 10 David redete dann erst mal mit Gott über die Sache. „Was meinst du? Soll ich angreifen oder besser nicht? Hilfst du mir? Wirst du dafür sorgen, dass wir diesen Krieg gewinnen?" Und Gott sagte: „Kein Problem, hau sie weg! Ich werde dafür sorgen, dass du gegen sie gewinnen wirst!" 11 Also griff David die Philister an und besiegte sie. Das Ganze passierte in Baal-Perazim. Anschließend meinte David dazu: „So wie eine Flutwelle einen Damm durchbricht, hat Gott die Reihen der Soldaten meiner Feinde einfach durchbrochen." Aus dem Grund hat man später diesem Platz den Namen „Baal-Perazim" gegeben. Das bedeutet so viel wie „Der Chef bricht durch". 12 Die Philister mussten so schnell fliehen, dass sie noch nicht mal ihre Plastikgötter mitnehmen konnten. David befahl seinen Leuten, die Teile alle zu verbrennen. 13 Später versuchten es die Philister noch einmal, gegen David einen Krieg zu gewinnen. Sie besetzten wieder die Ebene Refaim. 14 Wieder quatschte David erst mal mit Gott über die Sache. Der sagte zu ihm: „Mach diesmal keinen Frontalangriff! Schlag einen Bogen um die Truppen, bis du zu diesem Wald dort kommst. Aus dieser Richtung musst du dann einen Angriff starten! 15 Ich werde dir ein Zeichen geben, wenn du losschlagen sollst. Sobald du ein Rascheln in den Bäumen hörst, so als würde jemand in den Bäumen rumklettern, dann musst du loslegen! Das soll ein Zeichen für dich sein, dass ich am Start bin. Ich werde dann sozusagen vor deiner Truppe hergehen, weil ich die Philister besiegen werde." 16 David zog alles genau so durch, wie Gott es gesagt hatte. Und er besiegte wieder die Philister, er vertrieb die Soldaten sogar von Gibeon bis nach Geser. 17 Durch solche Geschichten wurde David voll berühmt. Alle Völker in der Gegend bekamen totalen Respekt vor ihm.

15

Die Kiste mit den Gesetzen wird nach Jerusalem gekarrt

1 Neben den vielen Häusern, die sich David in Jerusalem bauen ließ, plante er auch, einen ganz speziellen Platz einzurichten, wo die Kiste mit den

Gesetzen hinkommen sollte. Er ließ dafür ein extra Zelt bauen. 2 Er gab auch den Befehl raus, dass nur die Leute vom Stamm Levi die Kiste mit den Gesetzen tragen dürfen. „Gott hat sie dafür extra ausgesucht, diese Männer werden immer für Gott am Start sein!", meinte er. 3 David ließ dann eine Rundmail an alle Leute in Israel rausschicken, dass jeder, der kann, nach Jerusalem kommen sollte, damit alle am Start sind, wenn die Kiste an den Ort gebracht wird, der von ihm extra dafür vorbereitet worden war. 4 Für den Familienstamm Levi war das natürlich eine Pflichtveranstaltung. Die Priester aus der Familie vom Aaron und die anderen Levi-Leute, die Zeltangestellten, bekamen eine Extraeinladung. 5 Die ganze Chefetage der Levi-Leute kam also zu dem Treffen. Die Liste geht folgendermaßen: 6–10 Aus dem Kehat-Clan kam Uriel mit 120 Mann; aus dem Merari-Clan kam Asaja mit 220 Mann; aus dem Gerschon-Clan kam Joel mit 130 Mann; aus dem Elizafan-Clan kam Schemaja mit 200 Mann; aus dem Hebron-Clan kam Eliel mit 80 Mann; aus dem Usiel-Clan kam Amminadab mit 112 Mann. 11 Die Priester Zadok, Abjatar und sechs von den Clan-Chefs der Levi-Leute ließ David zu sich ins Büro kommen. 12 Dort sagte er zu ihnen: „Liebe Leute! Sie alle sind die Chefs in dem Familienstamm Levi. Gemeinsam mit den anderen Männern aus Ihrer ganzen Familie müssen Sie sich jetzt vorbereiten. Bald müssen Sie nämlich voll in Ordnung und sauber für Gott sein, verstanden?! Sie haben nämlich den Job, die Kiste mit den Gesetzen von Gott, unserem Chef, auf den Platz zu bringen, den ich dafür klargemacht habe. 13 Beim letzten Versuch waren Sie nicht sauber und gottmäßig genug drauf. Darum hat Gott uns auch eins übergebraten. Wir hatten es einfach total vergessen, ihn überhaupt erst mal vorher zu fragen, wie man so was am besten machen sollte." 14 Die Priester und die Zeltangestellten gingen dann erst mal duschen und machten sich auch gottmäßig sauber. 15 Als sie fertig waren, gingen ein paar von den Zeltangestellten los, holten die Stangen, schoben sie in die Halterung an der Kiste und packten das ganze Teil auf ihre Schultern. Alles wurde genau so durchgezogen, wie Mose es mal gesagt hatte. 16 Die Chefs der Levi-Leute bekamen von David den Befehl, sich mal ein paar besonders hippe Musiker aus ihrem Familienstamm zu suchen. Die sollten dann bei dem Zug die Musik machen und ein paar nette Lieder spielen. Mit Schlagzeug, Bass und Gitarrenbegleitung sollte das Ganze dann losgehen. 17 Also wurde eine Band zusammengestellt, die aus folgenden Leuten bestand: Heman, einem Sohn von Joel, sowie Asaf, dem Sohn von Berechja, und Etan, dem Sohn von Kuschaja, der zum Merari-Clan gehörte. 18 Dazu kamen noch ein paar Levi-Leute, die eine nicht ganz so hohe Stellung hatten: Secharja, Jaasiel, Schemiramot, Jehiel, Unni, Eliab, Benaja, Maaseja, Mattitja, Elifelehu, Mikneja, Obed-Edom und Jeiel. 19 Der Solosänger war Heman. Asaf und Etan bedienten den Drumcomputer. 20 Secharja, Jaasiel, Schemiramot, Jehiel, Unni, Eliab, Maaseja und Benaja waren mit der E-Gitarre dabei. 21 Mattitja, Elifelehu, Mikneja, Obed-Edom, Jeiel und Asasja spielten abwechselnd den Bass. Die Band war vor allem zur Gesangsbegleitung gedacht. 22 Für den gesamten Transport war Kenanja verantwortlich. Er war total gut im Organisieren und hatte schon Erfahrung damit, wie man das mit der Kiste am besten hinkriegt. 23 Berechja und Elkana gingen als Security-Leute voraus. 24 Direkt vor der Kiste gingen die Levi-Leute Schebanja, Joschafat, Netanel, Amasai, Secharja, Benanja und Elieser. Dabei bliesen sie die ganze Zeit auf ihren Trillerpfeifen. Dahinter kamen Obed-Edom und Jehija, die auch als Security-Kräfte dabei waren.

Jetzt geht's los

25 Die Chefs von Israel mit David vorneweg und die Generäle und Offiziere der einzelnen Truppenverbände waren alle bei dem Zug dabei, als die Kiste mit den Gesetzen aus dem Haus von Obed-Edom abgeholt wurde. Alle waren voll gut drauf und freuten sich total über die ganze Aktion. 26 Gott half diesmal den Levi-Leuten, damit sie die Kiste tragen konnten, ohne dass ihnen was passierte. Allein schon deswegen wurden für Gott sieben Stiere und zwei männliche Schafe abgefackelt, um sich bei ihm zu bedanken. 27 David hatte seinen besten Anzug an, Spezialanfertigung von Armani aus reiner Seide. Die Levi-Leute, die die Kiste trugen, die Band, der Chor und auch Kenanja, der den ganzen Transport organisiert hatte, alle hatten sich besonders schick gemacht. David hatte sich so einen besonderen Umhang angezogen, den eigentlich normal nur Priester anhaben. 28 Als der Zug losging, jubelten alle Israeliten total laut. Alle sangen die ganzen Lieder mit, die die Band spielte. Auf die Art wurde die Kiste mit den Gesetzen zu ihrem neuen Aufbewahrungsort gebracht. 29 Michal, die Tochter von Saul und eine Frau von David, beobachtete das Ganze von einem Fenster aus. Sie fand das total dämlich, wie David dort vor der Kiste abtanzte. Für Michal

war das zu peinlich für einen Präsidenten, sich so
zu benehmen. „... Das ist echt soooo uncool!",
dachte sie.

16

Party, weil die Kiste mit den Gesetzen wieder da ist

1 Man brachte die Kiste in die Mitte von dem
Zelt, was David dafür extra gebaut hatte. Als Nächs-
tes wurde erst mal eine kleine Opfersession durch-
gezogen, mit Abfackelopfern und Dankopfern.
2 Nachdem das erledigt war, stellte sich David vor
die Israeliten und betete für alle. 3 Nach der Veran-
staltung bekam jeder Teilnehmer noch ne Tüte
Chips, ein Paket Müsliriegel und einen Sechserpack
Hanuta mit auf dem Weg. 4 David war so begeistert
von einigen der Levi-Leuten, die bei der Band und
im Chor mitgemacht hatten, dass er ihnen sofort
einen Plattenvertrag vermitteln wollte. Außerdem
sollten sie auch den gleichen Job in dem Raum
machen, in dem die Kiste stand. Dort durften sie für
den Gott von Israel Musik spielen und Lieder sin-
gen. 5 Asaf wurde als Chef und Secharja als sein
Stellvertreter eingesetzt. Dazu wählte er noch Musi-
ker aus: Jaasiel, Schemiramot, Jehiel, Mattitja, Eliab,
Benaja, Obed-Edom und Jeiel. Sie alle sollten den
Chor mit E-Gitarren und Bass begleiten, während
Asaf für den Drumcomputer zuständig war. 6 Die
Priester Benaja und Jahasiel bekamen den Job,
24 Stunden jeden Tag vor der Kiste mit den Geset-
zen Saxophon zu spielen.

Ein Song von David, mit dem er sich bei Gott bedankt

7 An dem Tag ließ David die Band das erste Mal
einen Song spielen, den er extra für Gott geschrie-
ben hatte. Der Text ging so:
8 „Dankt Gott, alle Menschen müssen von ihm
hören,
erzählt von ihm überall, was er getan hat, um uns zu
betören.
9 Singt für ihn, spielt gute Songs, um ihn groß raus-
zubringen,
erinnert euch an seine genialen Taten, er lässt alles
gelingen. 10 Seid stolz drauf, dass ihr diesen krassen
Gott kennt,
geht ab vor Freude, jeder, dessen Namen er nennt.
11 Redet mit Gott, ihm ist nichts unmöglich,
sucht seine Nähe, immer, ständig, täglich.
12 Erinnert euch an alle coolen Sachen, die er getan
hat,
an seine Wunder, wie korrekt und richtig war seine
Tat.
13 Das geht euch alle an, die ihr zu Israel dazugehört,
alle aus der Familie von Jakob, habt ihr das kapiert?
14 Er ist unser Gott, er ist der Chef, er hat die Macht,
er ist überall auf dieser Welt, er hat die Erde mal
gemacht.
15 Vergesst nie den Vertrag, den wir mit ihm haben,
sein Versprechen gilt für uns, auch noch in tausend
Jahren.
16 Das hat er vor langer Zeit Abraham versprochen,
und auch mit Isaak wurde der Vertrag nicht gebro-
chen.
17 Auch Jakob wurde von ihm radikal erwählt,
es gab einen Vertrag auf immer, für ganz Israel.
18 Gott hatte gesagt: ‚Ich gebe euch Kanaan,
das könnt ihr jetzt behalten, mit allem Drum und
Dran.'
19 Es waren damals nur ein paar Leute, von denen
wir hier reden,
vielleicht ne Handvoll, die konnte man leicht zählen.
20 Sie zogen umher, von einen Land zum nächsten,
sie waren immer am Wandern in dieser Gegend.
21 Gott passte auf sie auf, keiner durfte sie fertigma-
chen,
wegen ihnen verging so manchem Präsidenten das
Lachen.
22 ‚Finger weg von meinen Leuten, sie gehören mir,
tut keinem meiner Männer was und behandelt sie
nie unfair.'
23 Alle Leute auf der ganzen Erde sollen für Gott sin-
gen,
erzählt überall, dass er gut ist, hilft bei allen Dingen.
24 Erzählt allen Menschen von seiner gigantischen
Art,
schreibt Bücher, klebt Plakate, erzählt allen, was er
tat.
25 Gott kann alles, nichts kann er nicht tun, wie fett!
Kein Plastikgott kann das behaupten, nur Gott ver-
dient Respekt.
26 Diese Plastikgötter der anderen Völker sind nur
schwach,
aber unser Gott ist stark, hat das ganze Universum
gemacht.
27 Schönheit und krasses Licht ist um ihn herum,
er hat das Sagen über alles, Freude ist in seiner
Wohnung.
28 Los, geht alle zu ihm, gebt ihm die Macht über
euer Leben,
werft euch vor ihm hin, gebt ihm Respekt, lebt nicht
daneben.

29 Gebt ihm den Respekt, unserm Gott, der nieman-
den disst.
Schenkt ihm Sachen, betet zu ihm, weil er der
Größte ist.
30 Alle Menschen sollen Mörderrespekt vor ihm
haben;
wenn er nicht wäre, könnte man kein neues Pro-
gramm für sein Leben runterladen.
31 Das Universum soll Party machen, die Erde hat's
nicht verpennt.
Alle Menschen sollten sagen: ‚Gott ist der einzig
echte Präsident!'
32 Auch das Meer und alle Tiere sollen sich voll
freuen,
der Boden, auf dem Sachen wachsen, keiner wird's
bereuen.
33 Die Bäume im Wald sollen anfangen zu singen,
weil Gott kommt, und er wird Gerechtigkeit bringen.
34 Bedankt euch bei Gott, weil er gut zu uns ist,
er liebt uns immer weiter, dass ihr das bloß niemals
vergesst.
35 Betet zu ihm und sagt ihm, dass er uns retten soll.
Gott, du hast uns immer rausgehauen, das war
immer toll.
36 Weil du das tust, werden wir uns bei dir bedanken,
wir werden dich mit Lob und Dankliedern betan-
ken."
Als David diesen Song zu Ende gesungen hatte,
klatschten die Leute wie verrückt. „Yeahhh, genau
so soll es sein! Gott ist der Größte! Danke, Gott!",
riefen sie durcheinander.

Der Job von den Priestern

37 Weil David das so wollte, blieben Asaf und die
anderen Männer von seiner Familie bei der Kiste
mit den Gesetzen. Dort erledigten sie den Job, der
jeden Tag gemacht werden musste. 38 Obed-Edom,
aus der Familie von Jedutun, nahm mit seiner Fami-
lie den Job der Security am Tor auf. Hosea war auch
einer von ihnen, insgesamt bestand das Team aus
68 Männern. 39 Zadok und seine Verwandten taten
den Priesterjob weiter in dem besonderen Zelt, weil
David das so wollte. Dieses Zelt stand ja in Gibeon
auf einem besondern Berg. 40 Sie hatten den Auf-
trag, dort weiterhin jeden Morgen und Abend auf
dem Opfertisch, dem Altar, ein Abfackelopfer für
Gott zu verbrennen. Alles, was in den Gesetzen von
Gott drinstand, sollte dort durchgezogen werden.
41 Von der Band und dem Chor blieben Heman und
Jedutun und ein paar andere, die dazu speziell aus-
gesucht wurden, auch in Gibeon. Dort sollten sie
weiter Lieder für Gott singen, so im Stil von dem
Song „Gott liebt ohne Ende!". 42 Die Lieder, die dort
nur für Gott gespielt wurden, mussten alle von einer
Band begleitet werden. Schlagzeug, Keybord, Bass,
das ganze Programm. Als Security waren dort die
Söhne von Jedutun angestellt. 43 Als alles so lief, wie
es laufen sollte, gingen die Leute wieder dorthin
zurück, wo sie herkamen. David ging auch nach
Hause, um mit seiner Familie abzuhängen.

17 Gott verspricht: Einer aus Davids Familie wird immer das Sagen haben

1 Irgendwann verabredete sich David mit
dem Prophetentypen Natan. Im Gespräch meinte er
zu Natan: „Also, ich wohn hier in dem fettesten
Palast, mit edlem Holzfußboden und allem Drum
und Dran, aber die Kiste mit den Gesetzen steht nur
in einem billigen Aldizelt. Das ist doch nicht okay,
oder?" 2 Natan fand den Gedanken richtig: „Das
stimmt! Dann lassen Sie sich mal was einfallen.
Gott ist dafür und auf Ihrer Seite!" 3 In der Nacht
kam bei Natan aber eine Nachricht von Gott rein. Er
sagte zu ihm: 4 „Bitte geh mal zu meinem David
und richte ihm was von mir aus. Sag ihm Folgen-
des: ‚Das kommt jetzt von Gott: Hör mal zu, DU
willst MIR ein Haus bauen, wo ich dann wohnen
soll, oder was? 5 Ich hab mich noch nie auf ein fes-
tes Haus beschränken lassen, solange ich mit euch
unterwegs war! Von der Zeit an, als ich euch aus
Ägypten rausgeholt und in dieses neue Land
gebracht habe, hab ich die ganzen Jahre nur in
einem Zelt gewohnt. 6 Auch die Zeit, wo ich mit den
Israeliten von einem Ort zum nächsten gezogen
bin, hab ich doch nie von euch verlangt, mir ein
ganzes Haus aus Holz oder Beton zu bauen, oder?
Ich hab das von niemanden verlangt! Keiner, von
dem ich wollte, dass er eine Führungsposition bei
meinen Leuten übernimmt, hat so eine Ansage von
mir gehört.' 7 Hör zu, ich will, dass du zu David
gehst und ihm Folgendes von mir ausrichtest: ‚Das
sagt jetzt Gott zu dir, der Chef vom ganzen Univer-
sum: Ich habe dich damals von einer Schafherde
weggeholt und dich ganz nach oben gebracht.
Heute bist du der Chef von meinen Leuten, vom
Volk Israel! 8 Egal, was du gemacht hast, ich war
immer bei dir und hab dir geholfen. Alle deine
Feinde wurden von mir plattgemacht. Ich hab dafür
gesorgt, dass dein Foto auf den Titelseiten von allen
Zeitungen im ganzen Land steht. Du gehörst schon
jetzt zu den Top Ten der wichtigsten Männer der

Welt. 9 Ich habe meinen Leuten ein Zuhause gege-
ben, ein Stück Land, wo sie in Sicherheit sind. Hier
brauchen sie keine Angst vor irgendwelchen Heinis
zu haben, die sie ausbeuten und fertigmachen wol-
len, so wie damals in Ägypten. 10 Seit der Zeit, in der
ich diese Heldentypen, diese Richtertypen, für euch
an den Start gebracht habe, ist das so. Ich habe
auch dafür gesorgt, dass du dich mal entspannen
kannst, deine Feinde lassen dich jetzt in Ruhe.
David, ich mach dir heute mal eine Ansage: Du
wirst für mich kein Haus bauen, aber ich werde für
dich etwas machen! Ich werde dafür sorgen, dass
aus deiner Familie immer wieder die Leute kom-
men, die in Israel das Sagen haben, deine Familie
wird bleiben. 11 Wenn deine Zeit hier auf der Erde
vorbei ist und du das Gras von unten siehst, werde
ich dafür sorgen, dass einer aus deiner Familie nach
dir zum Präsidenten gemacht wird, 12 und der wird
dann tatsächlich ein Haus für mich bauen! Und ich
werde dafür sorgen, dass seine Regierung auf stabi-
len Füßen steht und nie enden wird. 13 Ich will mit
dem eine ganz enge Beziehung haben. Ich werde so
was wie sein Vater sein, und er ist dann mein Sohn.
Ich werde immer für ihn sein, egal was passiert, es
wird nicht so laufen wie bei deinen Vorgängern.
14 Und wenn der an der Macht ist, wird er dort auch
für immer bleiben, für immer. Dafür werde ich sor-
gen, und ich werde auch allen Leuten klarmachen,
dass ich voll hinter ihm stehe.'"

David ist baff und bedankt sich bei Gott

15 Natan erzählte David alles, was Gott ihm über
sein Leben und die Zukunft seiner Familie gesagt
hatte. 16 David war echt baff. Er ging erst mal in das
Zelt zu der Kiste mit den Gesetzen und kniete sich
auf den Boden. Dann sagte er: „Gott, du bist so
heftig! Du hast die Macht! Ich bin doch die letzte
Wurst, es ist für mich kaum zu fassen, dass du
meine Familie und mich so weit nach oben gebracht
hast! 17 Aber das war wohl noch nicht genug für
dich, oder? Gott, du heftiger Gott! Du bist mit mir
gerade so umgegangen, als wäre ich was Besonde-
res. Wie krass! Was du mir gerade versprochen
hast, betrifft ja sogar noch meine Ur-ur-ur-und-so-
weiter-Enkelkinder! 18 Was soll ich dir jetzt hier noch
groß sagen? Du weißt sowieso genau, was in mir
vorgeht. Gott, du heftiger Gott! Ich bin echt sprach-
los nach diesem gigagroßen Versprechen, das ich
da gerade bekommen hab! 19 Ich glaube, das tust du
nur, um mir zu zeigen, dass du mich liebst, und
weil du wolltest, dass ich deinen Plan erkenne, der
dahintersteckt. Und du wolltest auch, dass alle von
den genialen Sachen erfahren, die du tust. 20 Gott,
du heftiger Gott, du bist einfach genial! Keiner kann
dir das Wasser reichen. Alles, was wir bis heute von
dir mitgekriegt haben, macht für uns ganz klar: Es
gibt keinen anderen Gott, du bist der einzige, der
diese Bezeichnung wirklich verdient hat! 21 Und
deine Leute, das Volk Israel, haben auf der Erde echt
eine Sonderstellung für dich. Keine andere Nation
wurde von dir aus solchen Knebelverträgen befreit,
keine wurde zu deinem persönlichen Eigentum
erklärt, kein Volk wurde durch dich so berühmt, und
für kein anderes Volk hast du so heftige Dinge
getan, die anderen Menschen echt Angst machen.
Du hast uns aus Ägypten rausgeholt! Du hast die
anderen Völker für uns einfach dort rausgeschmis-
sen, wo wir anschließend wohnen sollten! 22 Du hast
Israel für immer zu deinen Leuten, zu deinem Volk
erklärt. Du bist ihr Gott! 23 Ich bitte dich: Mach
doch, dass deine Versprechen, die du mir gegeben
hast, für immer gültig sind! Sie sollen für immer
und für meine ganze Familie passen! 24 Dann wird
man auch für immer gut von dir reden. Die Men-
schen werden sagen: ‚Gott ist der Gott von Israel!
Der Chef vom Universum ist ihr Gott! Da drauf
kann man sich verlassen!' Und dann wird es auch
immer einen Präsidenten aus meiner Familie geben,
aus der Familie von David. 25 Gott, nur du bist mein
Gott! Ich hab mich jetzt mal echt getraut, so mit dir
zu reden, weil du auch direkt zu mir gesprochen
hast. Du hast zu mir persönlich gesagt: ‚Ich will für
dich ein Haus bauen.' 26 Also, Gott, du heftiger
Gott, du bist der einzig echte Gott weit und breit!
Du hast mir diese vielen genialen Sachen einfach so
versprochen. 27 Du hast das klargemacht, dass
meine Zeit als Präsident und auch meine Familie
von dir unterstützt werden. Du bist für mich und
segnest mich und meine Familie. Und weil du das
getan hast, wird das auch immer so bleiben, meine
Familie wird von dir gefördert werden, du stehst
hinter uns und segnest uns, für immer."

18

David räumt in der Nachbarschaft auf

1 Etwas später startete David wieder einen
Angriff gegen die Philister. Diesmal besiegte
er sie aber richtig krass. Er nahm ihnen dabei die
Stadt Gat und die umliegenden Dörfer ab. 2 Als
Nächstes gewann er den Krieg gegen die Moabiter.
David sorgte dafür, dass die Moabiter alles tun
mussten, was er wollte. Er zwang sie dazu, regelmä-

ßig Steuern an ihn abzudrücken. 3 Schließlich besiegte David auch noch die Armee von Hadad-Eser, dem Präsidenten von Zoba. Zoba liegt in der Gegend von Hamat. Hadad-Eser war zu der Zeit gerade selbst auch auf Kriegstour, um seine Macht im Gebiet vom oberen Eufratfluss weiter auszubauen. 4 Davids Truppe nahm 1000 Panzerwagenfahrer, 7000 Soldaten in Jeeps, sowie 20000 Fußsoldaten gefangen. Von deren Panzern zerstörte er überall die Ketten an den Rädern, damit sie nicht mehr fahren konnten. Nur hundert einsatzfähige Panzer ließ er ganz und benutzte sie selbst. 5 Präsident Hadad-Eser forderte bei den Syrern in Damaskus Hilfe an. Aber auch deren Armee wurde von David plattgemacht. 22000 Soldaten starben in dieser Schlacht. 6 In deren Städte wurden Besatzungstruppen stationiert, die auch hier dafür sorgten, dass alle regelmäßig ihre Steuern an Daivd abdrückten. Gott war einfach die ganze Zeit voll auf seiner Seite. Alles, was er anfing, wurde ein voller Erfolg. 7 David zockte auch die ganzen goldenen Medaillen, die die hohen Offiziere von Hadad-Eser immer getragen hatten. Die Teile wurden auf seinen Befehl hin nach Jerusalem verfrachtet. 8 In den Städten Tibhat und Kun, die auch zu dem Gebiet gehörten, wo Hadad-Eser das Sagen hatte, gab es auch noch viele Bodenschätze für sie zu holen. Vor allem Bronze gab es dort. Aus den Vorräten ließ Salomo später die beiden Säulen bauen und die ganzen anderen Sachen, die im Tempel aus Bronze waren. Später nannte man diesen Teil im Tempel auch „das Meer aus Bronze". 9 Der Präsident von Hamat, der Toi hieß, hörte von dem großen Sieg, den David gegen die Armee von Hadad-Eser eingefahren hatte. Darum schickte er seinen Sohn Hadoram zu ihm. Der hatte eine Nachricht in der Tasche, in der Toi einfach mal „Hallo" sagen wollte und ihm zu seinem gigantischen Sieg gratulierte. Hadad-Eser hatte nämlich auch schon oft probiert, den Toi in einem Krieg zu schlagen, aber immer ohne Erfolg. 10 Hadoram hatte auch noch ein paar Geschenke in der Tasche, um sich bei David einzuschleimen: Goldketten, ein paar Brillanten und anderen Schmuck. 11 David nahm die Geschenke an und legte sie alle zu der besonderen Kiste mit den Gesetzen von Gott. Das machte er mit allen Geschenken so, auch mit den Sachen, die von anderen Völkern reinkamen, die er besiegt hatte (zum Beispiel den Edomitern, den Moabitern und Ammonitern, den Philistern und Amalekitern). 12 Abischai, ein Sohn von Zeruja, besiegte dann sogar noch die Edomiter im Salztal. Alleine in dieser Schlacht starben 18000 Männer. 14 Überall in Edom setzte David Verwalter ein, alle Bewohner mussten ihm ab dann Steuern bezahlen und tun, was er sagte. Gott war eindeutig auf der Seite von David. Auch hier stimmt der Satz: Alles, was David anpackte, wurde ein voller Erfolg.

Die Minister in Davids Regierungmannschaft

14 Als Präsident von ganz Israel war David immer korrekt. Er sorgte dafür, dass die Gesetze durchgezogen wurden und alles gerecht zuging. 16 Joab, der Sohn von Zeruja, wurde von ihm als Verteidigungsminister ernannt. Als Außenminister wurde Joschafat von ihm eingesetzt. Joschafat kam aus der Familie von Ahilud. 17 Zadok, der Sohn von Ahitub, und Ahimelech, der Sohn von Abjatar, waren Priester. Und Seraja war Minister für Bildung und Soziales. Benaja, der Sohn von Jojada, wurde der Chef von Davids Bodyguards. Die Söhne von David bekamen alle eine Führungsposition in der Regierung, gleich neben ihrem Vater.

19

Der neue Präsident von den Ammonitern verarscht David

1 Irgendwann später starb Nahasch, der Präsident von den Ammonitern. Danach wurde sein Sohn Hanun der neue Präsident. Es war damals üblich, den neuen Chefposten von einem Land an seinen Sohn weiterzuvererben. 2 David dachte, weil er sich mit Nahasch voll gut verstanden hatte, würde es mit seinem Sohn Hanun auch keine Probleme geben. Um da gleich mal ein gutes Zeichen zu setzen, schickte er ihm einen netten Grabkranz zur Beerdigung von seinem Vater. Dafür beauftragte er sogar extra zwei seiner Leute, die die Sachen persönlich vorbeibringen sollten. Als die zwei mit dem Kranz in der Hauptstadt der Ammoniter ankamen, 3 sprach sich das ganz schnell rum. Einige Männer, die dort was zu sagen hatten, trafen sich mit dem neuen Präsidenten und erzählten ihm davon. „Sie glauben doch nicht im Ernst, dass David diese Typen losgeschickt hat, nur um zu zeigen, dass er Respekt vor Ihrem Vater hatte! Der will garantiert auch nicht damit klarmachen, wie leid ihm der Tod von Nahasch tut! Diese Männer sind bestimmt nur Spione, die unsere Verteidigungsanlangen abchecken sollen. Israel will uns bestimmt bald angreifen!" 4 Hanun hörte auf die Leute, organisierte ein paar Hooligans, die sich die Männer mal vorknöpfen sollten. Die überfielen die Männer und fesselten

sie. Dann rasierten sie den beiden einen Iro, zogen ihnen die Klamotten komplett aus und legten ihnen stattdessen Strapse an, was total schwul aussah. So angezogen, wurden die dann wieder zurückgeschickt. [5] David bekam dann eine Nachricht von dem Vorfall. Als Erstes schickte er einen Kleinbus los und holte die beiden ab. Weil sie einfach so peinlich aussahen und man die so schlimm zugerichtet und echt gedisst hatte, ließ er ihnen ausrichten: „Bleiben Sie erst mal eine Zeitlang in Jericho und bringen Sie sich wieder in Ordnung. Gehen Sie zum Friseur und kaufen sich schnell noch ein paar anständige Klamotten!"

Die Ammoniter und Syrer tun sich zusammen und werden von David besiegt

[6] Schließlich kapierten die Ammoniter, dass sie David und seine Leute übelst beleidigt hatten. Es war klar, dass die Sache in einem derben Krieg enden würde, darum brauchten die Ammoniter dringend Verstärkung von einigen benachbarten Völkern. Mit Schecks im Gesamtwert von 3,8 Milliarden Euro in der Tasche schickte er ein paar Unterhändler nach Mesopotamien, nach Maacha in Syrien und nach Zoba. Ziel war es, so viele Panzer wie möglich zur Unterstützung im Krieg von den anderen Ländern zu kaufen. [7] Insgesamt kam auf die Art ein Heer mit 3200 Panzern zusammen. Mit dem Präsidenten von Maacha machten sie Bündnisverträge. Maachas Armee rückte vor bis zur Stadt Medeba. Dazu kam dann die Armee der Ammoniter, um bei diesem Krieg mitzumischen. [8] David erfuhr von den Kriegsvorbereitungen und ließ daraufhin seine besten Truppen klarmachen, die von General Joab angeführt wurden. [9] Die Armee der Ammoniter zog ihre Männer vor dem Tor ihrer Hauptstadt Rabba zusammen. Die anderen Truppenverbände, die gekommen waren, um Israel zu helfen, blieben erst mal in einiger Entfernung vom Schlachtfeld stehen, um sich dort auf den Kampf vorzubereiten. [10] Joab kapierte sofort, dass man ihn mit dieser Aufstellung an zwei Fronten angreifen wollte, von vorne und von hinten. Darum organisierte er eine Spezialeinheit, die sich nur gegen die Syrer stellen sollte. [11] Der Rest der israelitischen Armee sollte unter dem Befehl von seinem Bruder Abischai gegen die Ammoniter kämpfen. [12] „Wenn ich es gegen die Syrer nicht packen sollte, musst du mit deinen Leuten kommen und uns helfen, klar?", sagte Joab zu Abischai. „Und wenn die Ammoniter bei dir zu stark werden, dann machen wir es umgekehrt, und ich komm mit meiner Truppe dir zu Hilfe! [13] Hey, das packen wir! Wir brauchen keine Angst zu haben! Wir kämpfen für unsere Leute und für die Städte, die Gott uns geschenkt hat! Gott wird dafür sorgen, dass das Ding so laufen wird, wie er es gut findet!" [14] Joab startete also mit seinen Soldaten einen Angriff und schlug die Syrer in die Flucht. [15] Als die Ammoniter mitbekamen, dass die Syrer vor Schiss schon geflohen waren, kriegten sie auch die Panik. Sie flohen vor Abischai und seinen Männern und verschanzten sich in ihrer Stadt. Nach diesem Sieg hatte Joab keinen Bock mehr, noch weiter gegen die Ammoniter zu kämpfen. Er sammelte seine Leute und zog wieder zurück nach Jerusalem. [16] Den Syrern, unter Führung von Machaa, war klar, dass sie gerade von den Israeliten geschlagen wurden. Sofort schickten sie ein paar E-Mails an die anderen Familienstämme der Syrer, die nördlich vom Eufratfluss wohnten. Auf diesen Hilferuf hin kam eine ganze Truppe, die von General Schobach angeführt wurde. [17] David ließ sofort alle wehrfähigen Männer einberufen, überquerte mit seiner Armee den Jordan und zog der syrischen Armee entgegen. Nachdem er seine Truppe in Position gebracht hatte, kam es zu einer großen Schlacht. [18] Die Soldaten von Israel schlugen das Heer der Syrer in die Flucht. David und seine Leute zerstörten mit Panzerfäusten 700 Panzer, inklusive der Besatzung. 40 000 Fußsoldaten wurden im Kampf getötet. Unter den Toten war auch der General Schobach. [19] Alle Minister der Staaten, die bis zu dem Zeitpunkt von Hadad-Eser kontrolliert wurden, kapierten bald, dass sie jetzt auch von den Israeliten besiegt worden waren. Also gaben sie auf und unterschrieben einen Friedensvertrag mit David. Ab dem Zeitpunkt trauten sich die Syrer nicht mehr, den Ammonitern im Krieg zu helfen.

20

Joab erobert Rabba

[1] Zu der Zeit war es langsam normal, jedes Jahr im Frühjahr irgendwo einen Krieg zu führen. In diesem Frühjahr schickte David General Joab und seine Truppen in den Krieg gegen die Ammoniter. Und die israelitische Armee machte das ganze Land platt. Sie kamen sogar bis zur Hauptstadt Rabba und belagerten die. Schließlich eroberte Joab die Stadt und zerstörte sie völlig. David blieb aber erst mal zu Hause in Jerusalem. [2] Er kam dann später nach und schnappte sich von Milkom, dem Plastikgott der Ammoniter, die goldene Krone. Das Teil wog alleine 35 Kilo und bestand aus Gold und

Diamanten. David nahm sie mit zu sich nach Hause. Die ganze Stadt war echt reich, und viele wertvolle Sachen wurden von der Armee auf Befehl von David mitgenommen. 3 Die Bewohner wurden zu Zwangsarbeit in der Müllverbrennungsanlage verdonnert. Außerdem mussten sie auf dem Bau Steine schleppen und andere schwere Arbeiten machen. Das zog David auch mit anderen Städten der Ammoniter durch. Nachdem alle Kriege zu Ende waren, kehrte er mit seinen Leuten wieder zurück nach Jerusalem.

Weitere Kriege gegen die Philister

4 Einige Zeit später gab es dann doch wieder einen Krieg gegen die Philister in der Nähe von Geser. Damals tötete Sibbechai, der aus Huscha kam, den Sippai. Sippai kam aus einem Volk, wo die Menschen größer als normale Leute werden konnten, man nannte die auch Riesen. Auch dieser Krieg wurde gewonnen. 5 Bei einem weiteren Krieg tötete Elhanan den Philister Lachim aus Gat. Lachim war ein Bruder von Goliat. Goliat war auch ein sehr großer Philister, der hatte immer eine Pumpgun dabei, die so dick war wie der Mast einer Straßenlaterne. 6 Bei einem anderen Kampf bei der Stadt Gat war so ein Mutant bei den Gegnern, der sechs Finger an der Hand und sechs Zehen an jedem Fuß hatte. Insgesamt hatte der Typ also 12 Finger und 12 Fußzehen! 7 Er verarschte die Israeliten so lange, bis Jonatan ankam, der Sohn von Davids Bruder Schima, und ihn tötete. 8 Diese Typen in Überlänge kamen eigentlich alle aus Gat und stammten von Rafa ab. Sie wurden alle von David und seinen Männer getötet.

21

David will seine Leute zählen, aber Gott will das nicht

1 Es gab da noch so eine Geschichte, wo die Israeliten richtig Scheiße bauten und Gott richtig sauer auf sie war. Und zwar war das so, dass der Satan David mal richtig austesten durfte. Er verführte ihn dazu, die Israeliten mal zu zählen und alle Leute in einer Datei zu speichern (obwohl Gott das verboten hatte). 2 David sagte dann seinem General Joab, er solle das für ihn organisieren. „Gehen Sie mal durch die ganzen Familienstämme von Israel und machen Sie eine Liste von allen Männern, die wir zur Truppe einziehen könnten. Ich will wissen, wie viele Männer wir zur Verfügung haben von Dan im Norden bis nach Beerscheba im Süden!" 3 Joab war nicht so begeistert. „Hey, mein Chef, mein Präsident, also, ich bin ja auch dafür, dass Gott unser Volk noch hundertmal größer macht. Die stehen alle auch hunderprozentig hinter Ihnen. Aber warum jetzt die Menschen zählen? Gott will das doch nicht!" 4 Aber David ließ nicht locker, obwohl Joab nicht so begeistert von der Idee war. Also führte er den Befehl aus. 5 Als er fertig war, meldete er David das Ergebnis. Es gab 110 000 Männer in Israel, die man zum Bund einziehen konnte, und in Juda 470 000 . 6 Dabei hatte er die Stämme Levi und Benjamin nicht mitgezählt, weil er da keinen Bock mehr hatte. Den ganzen Befehl von David fand er völlig daneben.

Gott findet das nicht so toll

7 Gott fand das auch nicht so toll, was David da gemacht hatte. Und darum wurden die Israeliten auch gleich bestraft. 8 Plötzlich hatte David voll Gewissensbisse: „Gott, ich glaub, ich hab gerade großen Mist gebaut! Bitte verzeih mir das! Ich war zu verpeilt und hab nicht richtig nachgedacht!" 9 Gott sagte dann dem Prophetentypen Gad: 10 „Geh mal zu David und richte ihm Folgendes von mir aus: ‚Du kannst dir eine von drei möglichen Bestrafungen aussuchen.'" 11 Also ging der Prophetentyp zum Präsidenten und brachte ihm die Nachricht. „Gott hat mich geschickt. Was ist Ihnen lieber? 12 a) Drei Jahre, wo es nichts zu essen gibt, oder b) drei Monate Flucht vor Ihren Feinden, die Sie mit ihren MPs verfolgen, oder c) dass drei Tage überall in Ihrem Land viele Leute plötzlich eine tödliche Krankheit bekommen und überall im Land der Tod umgeht und die Menschen reihenweise verrecken. Überlegen Sie es sich gut, und dann sagen Sie mir Ihre Antwort. Ich werde die dann Gott ausrichten!" 13 David war geschockt: „Da kann ich ja nur zwischen Not und Elend wählen. Heftig! Wenn das so sein muss, dann ist es mir lieber, dass Gott die Kontrolle über mich hat als irgendein Mensch. Es ist besser, wenn unser Gott das regelt, ich möchte nicht, dass irgendwelche Typen Macht über mich haben." 14 Also sorgte Gott dafür, dass überall in Israel tierisch viele Leute krank wurden. 70 000 Menschen starben in kurzer Zeit. 15 Er schickte die tödliche Krankheit auch nach Jerusalem, um die Stadt kaputt zu machen. Aber als Gott die Leute leiden sah, sagte er laut „Stopp", weil es ihm so leid tat. Zu dem Zeitpunkt stand der Vollstrecker Gottes, so ein Engeltyp, gerade vor dem Parkplatz vom Jebusiter Arauna. 16 David kriegte das mit, wie dieser

Todesengel die Leute mit dieser Krankheit ansteckte. Er sah ihn, wie der über Jerusalem hin und her flog mit einem Laserschwert in der Hand. Die Chefs der Stadt und David zogen sich sofort Trauerklamotten an und legten sich platt auf den Boden.
17 David sagte zu Gott: „Das versteh ich jetzt aber echt nicht! Ich bin doch derjenige, der Mist gebaut hat, die Idee mit der Zählung kam von mir! Ich, der Präsident, hab mit meiner Entscheidung voll danebengelegen! Meine Leute sind unschuldig, die sind alle ganz lieb, die haben doch nichts ausgefressen! Wenn jemand bestraft werden muss, dann bin das ich und meine Familie! Aber bitte lass meine Leute in Ruhe!"

David kauft ein Stück Land, wo später der Tempel hinkommt

18 Später kriegte der Prophetentyp Gad von Gott eine Nachricht rein. Er sollte David sagen, dass der mal zum Parkplatz von dem Jebusiter Arauna gehen soll. Dort sollst du einen Opfertisch, so einen Altar, für Gott bauen!"
19 David gehorchte sofort und zog diesen Befehl durch, den er von dem Prophetentypen bekommen hatte.
20 Arauna war gerade bei der Arbeit. Als er den Präsidenten und seinen Begleitung kommen sah, war da plötzlich ein krasser Engel vor ihm, so ein Postbote von Gott. Seine Söhne kriegten voll die Panik und liefen weg.
21 David ging auf den Arauna zu, und der stand auf, als er David erkannte, und kam ihm vom Parkplatz aus entgegen. Er machte aus Respekt gleich eine tiefe Verbeugung.
22 „Guten Tag!", begrüßte ihn David. „Ich möchte gerne Ihren Parkplatz kaufen und dort einen Altar für Gott drauf bauen, damit diese Krankheit aufhört. Ich zahle auch einen guten Preis."
23 „Sie können alles haben, mein Präsident!", sagte Arauna. „Machen Sie damit, was Sie wollen! Ich schenke Ihnen das Teil gerne! Ziehen Sie dort gerne auch ein paar Abfackelopfer durch, so wie Sie es für richtig halten. Sie können sich dafür auch gerne an meinen Rindern bedienen, und als Holz könnten Sie einfach diesen Zaun dort zerlegen und den Heuwagen von mir aus auch."
24 „Ne, passt schon!", antwortete der Präsident. „Ich möchte den Platz von Ihnen für den normalen Kaufpreis kaufen! Ich will Sie nicht abziehen. Und ich will auch keine Opfer dort abfackeln, für die ich nichts blechen müsste."
25 Darum kaufte David den Platz und die Rinder für insgesamt 6400 Euro.
26 Dann ließ er dort einen Altar bauen mit allem Drum und Dran. Auf dem Tisch schenkte er Gott dann Dankopfer und Abfackelopfer. Gott fand das cool und zeigte das, indem er einen fetten Blitz vom Himmel kommen ließ, genau auf das Opfer drauf. Davon fing das Tier sofort an zu brennen.
27 Diesem Engeltyp, dem Vollstrecker Gottes, befahl Gott damit aufzuhören, Leute anzustecken.
28 David kriegte dadurch mit, dass Gott seine Gebete erhört hatte, als er Opfer für ihn auf dem Parkplatz von diesem Jebusiter Arauna abgefackelt hatte.
29 Das besondere Zelt, wo sich Mose immer mit Gott getroffen hatte, und auch der dazugehörige Altar standen zu der Zeit noch immer auf dem Berg in Gibeon.
30 David hatte ab dann aber echt Schiss, sich dort noch mal blicken zu lassen, nachdem er diesen Vollstreckerengel von Gott in Aktion gesehen hatte.

22

Der Tempel für Gott

1 David hatte dann die Idee, ein Haus zu bauen, wo Gott drin wohnen sollte. „Dieses Haus soll nur ihm gehören", meinte er. „Und hier drin soll auch sein Opfertisch, der Altar, stehen. Auf dem können dann die Israeliten die Opfer für Gott abfackeln!"
2 Also ließ David erst mal sehr viele Gastarbeiter von überall aus Israel ankarren, die er als Maurer für den Tempel anstellte. Sie mussten auch die großen Ziegelsteine herstellen und verarbeiten, aus denen das Haus von Gott gebaut werden sollte.
3 Dann ließ er sich aus dem Baumarkt ohne Ende Schrauben und Nägel organisieren, die für die großen Türen gebraucht wurden. Dazu auch Stahlklammern für die Mauern und auch noch anderes Baumaterial aus Bronze. Das Ganze war so schwer, dass es keine Waage im Land gab, die die Mengen richtig abmessen konnte!
4 Aus Sidon und Tyrus wurde David mit Mengen von Kiefernholz beliefert. Auch das war zu viel, um es wirklich zählen zu können.
5 Er fing mit den Vorbereitungen schon an, weil er sich dachte: „Salomo ist einfach noch zu jung, der kriegt das alleine nicht gebacken. Das Haus von Gott muss aber richtig fett werden! Ich will, dass das Teil so krass aussieht, dass man in der ganzen Welt davon spricht und alle den Tempel genial finden! Darum fang ich schon mal mit den Vorbereitungen an." Also kaufte er das ganze Material ein, bevor er starb, und stellte die Sachen für Salomo bereit.
6–7 Als alles zusammen war, traf er sich mit Salomo in seinem Büro: „Mein lieber Sohn Salomo! Du weißt ja, dass ich mir immer vorgenommen hatte, dieses Haus für den Chef, meinen Gott, zu bauen, oder?
8 Gott hat dann aber irgend-

wann zu mir gesagt, dass ich einfach zu viel Blut an den Händen kleben habe, wegen den vielen Kriegen und so. „Du hast immer irgendwelche Leute im Krieg abgemurkst, von dir möchte ich nicht so gerne ein Haus gebaut bekommen", meinte Gott zu mir. [9] „Aber du hast doch einen Sohn, den Salomo. Er wird ein entspannteres Leben führen können als du, dafür sorge ich. Wenn er an der Macht ist, wird es eine ganze Zeitlang keinen Krieg geben, niemand wird euch angreifen. [10] Salomo soll das Haus für mich bauen, okay? Ich werde mit ihm eine ganz enge Beziehung haben, ich bin sein Vater, und er ist mein Sohn. Und dass jemand aus seiner Familie das Sagen in Israel hat, das wird nie aufhören." [11] Also, dieses Projekt, von dem ich dir gerade erzählt habe, kann jetzt losgehen! Gott steht auf deiner Seite! Er soll dir helfen, dass das ganze Bauprojekt funktioniert. Er hat das ja auch versprochen! [12] Ich bete auch dafür, dass Gott dir die Schlauheit gibt, die du für diesen Job brauchst. Es war seine Idee, dass du der neue Präsident von Israel wirst. Und er will von dir, dass du seine Gesetze radikal durchziehst. [13] Wenn du das machst, wirst du alles schaffen, was du dir vornimmst. Wenn du dich an die Gesetze hältst, die Gott dem Mose für seine Leute gegeben hat, dann klappt alles. Zieh das Ding radikal durch! Hab keine Angst, lass dich nicht unterkriegen, du schaffst das! [14] Vielleicht kann dich ja die Tatsache ermutigen, dass ich trotz der ganzen Probleme immerhin fast 3,5 Millionen Kilo Gold und 35 Millionen Kilo Silber zusammengesammelt habe! Ganz zu schweigen von den anderen Metallen wie Eisen und Bronze, das war so viel, dass man es nicht mal mehr wiegen konnte. Auch die ganzen Steine, das Holz, den Zement, das hab ich alles organisiert. Vermutlich wirst du aber noch mehr Kram besorgen müssen. [15] Ich hab für dich eine große Truppe von Bauarbeitern angestellt. Maurer, Klempner, Elektriker und Zimmerleute. Dazu auch noch einige Kunsthandwerker, [16] die sich um die ganzen Arbeiten aus Gold, Silber, Eisen und Bronze kümmern sollen. Also, jetzt geh das Projekt mal an! Gott wird dich dabei auf jeden Fall unterstützen!" [17] Dann schrieb David noch Briefe an die führenden Politiker, Wirtschaftsbosse und Manager im Land, dass sie alle dieses Bauprojekt von seinem Sohn Salomo unterstützen sollen. [18] Er schrieb ihnen: „Vergessen Sie niemals, dass Gott dafür gesorgt hat, dass wir zurzeit keine Kriege mehr haben. Alle Völker um uns herum haben Respekt vor uns. Die Menschen, die vor uns dort gelebt haben, konnte ich alle besiegen, da hat Gott für gesorgt. Es gehört jetzt alles Gott und uns. [19] Es ist total wichtig, dass Sie sich immer voll auf Gott einstellen! Seien Sie gottmäßig drauf, leben Sie so, wie er es will. Und jetzt legen Sie los, und bauen Sie für ihn diesen ganz besonderen Tempel auf. Denn hier soll die Kiste mit den Gesetzen dann rein und auch die ganzen besonderen, heiligen Geräte. Dieses Haus wird nur für Gott gebaut werden!"

23 Der alte David lässt noch mal die Levi-Typen zählen

[1] David war mittlerweile schon ein alter Opa. Er hatte ein krasses Leben gehabt und war damit voll zufrieden. Weil er aber keinen Bock mehr auf Regieren hatte, setzte er seinen Sohn Salomo als neuen Präsidenten über Israel ein. [2] Um das Ganze mit einer netten Feier durchzuziehen, lud er alle Leute, die in Israel was zu sagen hatten, und auch alle Priester und andere Leute dazu ein. [3] David hatte vorher mal alle Levi-Leute durchzählen lassen, die älter als dreißig waren. Da kam man auf insgesamt 38 000 Levi-Typen in Israel. [4] Er ließ 24 000 von denen für die Aufsicht über den Tempelbau abstellen. Weitere 6000 bekamen einen Job in der Behörde und beim Gericht als Richter. [5] Weitere 5000 arbeiteten in der Security. 4000 waren hauptberufliche Musiker und Sänger im Gospelchor. Für die Band hatte David ja extra Instrumente anfertigen lassen. [6] Die Levi-Typen wurden von David in drei Gruppen eingeteilt, jeweils nach ihrem Familienclan. Die drei Söhne von Levi waren ja Gerschon, Kehat und Merari gewesen. [7] Die Gruppe von Gerschon hatte wieder folgende Untergruppen, die ihre Namen von ihren Söhnen abkriegten: Ladan und Schimi. [8] Ladan hatte drei Söhne. Jehiel war der älteste, danach kamen Setam und Joel. [9] Schimi hatte drei Söhne, und zwar den Schelomit, Hasiel und Haran. Alle waren die Chefs von ihren Großfamilien, die von Ladan abstammten. [10] Schimi hatte vier Söhne: Jahat, Sisa, Jeusch und Beria. [11] Der Chef war Jahat, an zweiter Stelle kam Sisa. Jeusch und Beria hatten nur wenige Kinder bekommen. Darum wurden ihre Familien zu einer Gruppe zusammengefasst, die auch nur in einer Schicht arbeiten mussten. [12] Bei der Gruppe von Kehat war das anders. Die war nach Kehats Söhnen Amram, Jizhar, Hebron und Usiel unterteilt. [13] Amram hatte zwei Söhne: Aaron und Mose. Aaron und seine Familie waren für immer für den Job als Priester ausgewählt. Die Sa-

chen, die sie machen mussten, waren superheftig
und heilig. Nur sie durften die Opferrituale am Altar
für Gott durchziehen. Sie konnten für die Israeliten
auch besonders beten und sie segnen. 14 Die Leute
aus der Familie von Mose, der so krass mit Gott
unterwegs war, gehörten auch immer zum Familien-
stamm Levi. 15 Mose hatte zwei Söhne: Gerschom
und Elieser. 16 Einer von den Söhnen von seinem
Ältesten, Gerschom, wurde der oberste Macker,
nämlich Schubael. 17 Elieser hatte nur einen Sohn,
der Rehabja hieß. Rehabja hatte dann sehr viele
Söhne. 18 Von den Söhnen von Jizhar wurde Schelo-
mit der oberste Don. 19 Hebron bekam folgende
Söhne: Der älteste war Jerija, der zweite Amarja, der
dritte Jahasiel und der vierte Jekamam. 20 Von den
Söhnen von Usiel war der älteste Micha und der
zweite Jischija. 21 Bei der Gruppe von Merari war das
folgendermaßen: Sie bestand aus den Söhnen von
Meraris Söhnen Machli und Moschi. Machli hatte
dann zwei Söhne: Eleasar und Kisch. 22 Als er starb,
hinterließ Eleasar keine Söhne, sondern nur Töchter.
Diese verheirateten sich mit ihren Vettern, den Söh-
nen von Kisch. 23 Moschi hatte drei Söhne: Machli,
Eder und Jeremot. 24 Das waren jetzt alle Chefs in
den Familien, die von Levi abstammten. Sie beka-
men den Job, am Tempel von Gott Dienst zu schie-
ben. Bei der Aufzählung, wer da mitmachen sollte,
wurden nur die Männer ab zwanzig gezählt. Alle
Namen wurden in einer Datei gespeichert. 25 David
hatte Folgendes gesagt: „Der Gott von Israel hat
dafür gesorgt, dass unsere Leute friedlich leben kön-
nen, ohne ständig Kriege führen zu müssen. Er hat
das auch gemacht, damit er hier immer bleiben und
in Jerusalem wohnen kann. 26 Das ist auch der
Grund, warum die Levi-Leute nicht mehr das Zelt
von Gott und die ganzen Geräte, die dazugehören,
überall mit rumschleppen müssen.“ 27 So wie David
das kurz vor seinem Tod noch mal gesagt hatte,
wurden alle Levi-Leute und ihre Familien gezählt, die
über zwanzig Jahre alt waren. 28 Davids Befehl sah
so aus: „Die Levi-Leute haben den Job, die Priester
künftig als Tempelangestellte bei ihrer Arbeit im
Tempel zu unterstützen. Das bedeutet, sie sollen
den Hof vom Tempel putzen und dort auf alles auf-
passen. Dann sollen sie auch noch die ganz beson-
deren Geräte sauber halten und alle anderen Jobs
machen, die sonst noch so am Tempel anliegen.
29 Zum Beispiel sollen sie dafür sorgen, dass immer
genug von dem besonderen Brot, Mehl für das Es-
sensopfer und Fladenbrote da sind. Dazu müssen
sie auch immer mal wieder checken, ob die Waage
noch richtig funktioniert. 30 Zu ihren Aufgaben ge-
hört es, jeden Morgen auf der Matte zu stehen, um
für Gott Lieder zu singen. Abends soll das auch
noch mal passieren. 31 An den Tagen, wo wir Gott
extra Abfackelopfer schenken, sollen alle zum Tem-
pel kommen, die dort nach Vorschrift hinkommen
müssen (das sind so Tage wie der Sonntag, der
erste Tag im Monat und die anderen besonderen
Feste).“ 32 Die Priester schoben im besonderen Zelt
Dienst. Die Levi-Leute unterstützten sie dabei.

24 Die unterschiedlichen Gruppen, in denen die Priester ihren Dienst schoben

1 Auch die Priester (alle aus der Familie
von Aaron) wurden in unterschiedliche Gruppen
aufgeteilt, um ihre Dienste zu schieben. Aaron hatte
insgesamt vier Söhne, die folgende Namen hatten:
Nadab und Abihu, Eleasar und Itamar. 2 Nadab und
Abihu starben schon, als Aaron noch lebte. Sie hat-
ten leider keine Söhne. Das war der Grund, warum
ab dann nur noch Eleasar und Itamar den Priester-
job machten. 3 David teilte die Priester in unter-
schiedliche Dienstgruppen ein, wobei ihm Zadok
(der kam aus dem Clan Eleasar) und Ahimelech
(der kam aus dem Clan Itamar) halfen. 4 Er merkte,
dass Eleasar wesentlich mehr Kinder und Enkelkin-
der bekommen hatte als Itamar. Darum bekamen
die Chefs in den Familien aus der Linie von Eleasar
doppelt so viele Schichten (16) wie die von Itamar
(nur 8). 5 Die einzelnen Schichten wurden per Los-
verfahren ausgewählt. Beide Gruppen waren näm-
lich total gleichberechtigt, was den Job im ganz
besonderen Zelt (und später dann im Tempel)
anging. Die Priester, welche die Gruppen anführten
(sowohl vom Clan Eleasar als auch vom Clan Ita-
mar), waren für die Verteilung verantwortlich. 6 Bei
dem Treffen, wo das alles vereinbart wurde, hatte
Schemja aus der Familie Netanel die Aufgabe, Pro-
tokoll zu führen. Laut Anwesenheitsliste waren da:
der Präsident, die führenden Männer von den Israe-
liten, die Priester Zadok und Abjatar, der Sohn von
Ahimelech. Dazu waren auch noch die Clanchefs
der Priester und deren Angestellte, die anderen
Levi-Leute, anwesend. Abwechselnd wurden zwei
Familien aus dem Clan Eleasar und eine Familie aus
dem Clan Itamar gezogen. 7–18 Folgende 24 Dienst-
gruppen wurden dann durch das Losverfahren
bestimmt: Jojarib, Jedaja, Harim, Seorim, Malkija,
Mijamin, Koz, Abija, Jeschua, Schechanja, Eljaschib,
Jakim, Huppa, Jeschebab, Bilga, Immer, Hesir, Piz-

zez, Petachja, Jeheskel, Jachin, Gamul, Delaja,
Maasja. 19 Der Schichtdienst im Haus von Gott
wurde durch diese Verteilung der Aufgaben und
Schichten geregelt. Jede Schicht musste sich radikal
an die Sachen halten, die Aaron direkt von Gott,
dem Chef von Israel, mal bekommen hatte.

Eine Liste von Tempelangestellten

20 Jetzt kommt noch mal eine Liste von den Ange-
stellten, die im neuen Tempel arbeiten sollten, alles
Levi-Leute. Aus der Familie Amram kam: Schubael.
Von den Söhnen von Schubael kam: Jechdeja. 21 Von
den Söhnen von Rehabja: Jischija, der den Chefpos-
ten bekam. 22 Von den Söhnen von Jizhar: Schelo-
mit. Von den Söhnen Schelomits: Jahat 23 Von den
Söhnen Hebrons: Jerija (der Älteste), Amarja (der
Zweite), Jahasiel (Nummer drei) und Jekamam (der
Jüngste). 24 Von den Söhnen von Usiel: Micha. Von
den Söhnen von Micha: Schamir. 25 Von den Söhnen
von Jischija (übrigens: ein Bruder von Micha):
Secharja. 26 Aus der Familie von Merari stammen
Machli, Moschi und Jischija. 27 Noch ein paar Män-
ner, die von Merari abstammen, nämlich die Söhne
von Jischija: Schoham, Sakkur und Ibri. 28 Die Söhne
von Machli hießen: Eleasar (der konnte keine Kinder
kriegen) 29 und Kisch. Der Sohn von Kisch war Jer-
achmeel. 30 Die Söhne von Moschi hießen: Machli,
Eder und Jerimot. Das waren jetzt die Familien von
den Levi-Typen. 31 Die Reihenfolge wurde ausgelost,
und als Zeugen waren auch der Präsident David da
sowie Zadok und Ahimelech, dazu die Clanchefs
aller Priester und deren Angestellte, die anderen
Levi-Leute. Alle wurden dabei gleichberechtigt
behandelt, egal ob man jetzt aus einer Familie von
den Clanchefs oder nur von einer jüngeren Familie
abstammte.

25 Tempelangestellte: die Bands und der Gospelchor im Tempel

1 David suchte sich dann zusammen mit
ein paar Offizieren ein paar Levi-Leute als Tempe-
langestellte aus, die die Bands und den Chor für
den Tempel stellen sollten. Den Job bekamen die
Söhne von Asaf, Heman und Jedutun. Sie sollten
mit E-Gitarre, Bass, Keyboard und Schlagzeug die
Mucke im Tempel machen. Es war ausdrücklich
erwünscht, dass sie dabei total mit und für Gott
abgehen sollten. Die Männer, die dazu ausgesucht
wurden, waren: 2 von den Söhnen von Asaf: Sakkur,
Josef, Netanja und Asarela. Sie standen unter der
Leitung ihres Vaters, der Gott heftig danken sollte.
Der Präsident hatte das so angeordnet. Dabei
konnte er auch ruhig total abgehen, wie das auch
Propheten manchmal machen. 3 Von den Söhnen
von Jedutun: Gedalja, Zeri, Jeschaja, Schimi,
Haschabja und Mattitja, insgesamt waren sie zu
sechst. Sie sollten mit der E-Gitarre oft einfach nur
Solos spielen und sich dabei von Gott voll inspirie-
ren lassen. Ihr Vater leitete dabei die ganze Aktion.
4 Von den Söhnen von Heman waren dabei: Bukkija,
Mattanja, Usiel, Schubael, Jerimot, Hananja,
Hanani, Eliata, Giddalti, Romamti-Eser, Joschbeka-
scha, Malloti, Hotir und Mahasiot. 5 Heman, einer
der ganz speziellen Prophetentypen vom Präsiden-
ten, hatte sehr viele Söhne bekommen. Gott hatte
ihm mal versprochen, dafür zu sorgen, dass er rich-
tig Kariere machen könne. Darum bekam er voll
viele Kinder, insgesamt vierzehn Söhne und drei
Töchter. 6 Es war so vom Präsidenten festgelegt,
dass diese Leute unter der Leitung ihrer Väter Asaf,
Jedutun und Heman die Musik im Tempel machen
sollten. 7 Insgesamt kamen zahlenmäßig, inklusive
Chor und der Bands, 288 Männer zusammen, alles
voll gute Musiker. 8 Bei denen wurden auch die ein-
zelnen Schichten untereinander ausgelost. Alle hat-
ten die gleichen Chancen, egal ob man jetzt zu den
Älteren oder Jüngeren gehörte, sogar die Ausbilder
hatten nicht mehr Rechte. 9–31 Es wurden 24 Dienst-
gruppen ausgelost, und jede bestand aus 12 Män-
nern. Folgende Leute bildeten mit ihren Söhnen und
Verwandten je eine Gruppe: 1. Josef (aus der Familie
von Asaf); 2. Gedalja; 3. Sakkur; 4. Zeri; 5. Netanja;
6. Bukkija; 7. Asarela; 8. Jesaja; 9. Mattanja; 10.
Schimi; 11. Asarel; 12. Haschabja; 13. Schubael; 14.
Mattitja; 15. Jeremot; 16. Hananja; 17. Joschbeka-
scha; 18. Hanani; 19. Malloti; 20. Eliata; 21. Hotir;
22. Giddalti, 23. Mahasiot; 24. Romamti-Eser.

26 Tempelangestellte: Die Security-Abteilung

1 Auch die Security-Abteilung, die als Tür-
steher vom Tempel arbeitete, war in unter-
schiedliche Gruppen unterteilt. Aus dem Korach-
Clan kam zum Beispiel Meschelemja. Er war ein
Sohn von Kore und ein Enkel von Abiasaf. 2 Seine
Söhne hießen folgendermaßen: Der älteste Sohn
war Secharja, der zweite Jediael, der dritte Sebadja,
der vierte Jatniel, 3 der fünfte Elam, der sechste
Johanan und der siebte Eljoenai. 4 Obed-Edom war
auch bei der Security dabei. Seine Söhne hießen
folgendermaßen: Der älteste Schemaja, der zweite

Josabad, der dritte Joach, der vierte Sachar, der fünfte Netanel, 5 der sechste Ammiel, der siebte Issachar und der achte Peulletai. Gott hatte ihn mit total vielen Söhnen beschenkt. 6 Die Söhne von Obed-Edoms Sohn Schemaja kamen alle in Führungspositionen in ihren Familien, weil sie alle ziemlich beliebt waren. 7 Die Namen von denen waren: Otni, Refael, Obed und Elsabad sowie ihre Brüder Elihu und Semachja, die beide auch eine Menge draufhatten. 8 Diese Männer kamen alle aus der Familie von Obed-Edom, und sie waren alle voll fit für diesen Job. Insgesamt kamen von Obed-Edom 62 Leute. 9 Von Meschelemja und seinen Verwandten kamen 18 Männer dazu, die auch alle richtig fit waren. 10–11 Hosa kam aus dem Merari-Clan. Er hatte vier Söhne, und zwar den Schimri, Hilkija, Tebalja und Secharja. Schimri war zwar nicht der älteste Sohn, wurde aber trotzdem so behandelt, weil der Älteste schon gestorben war. Zu der ganzen Familie von Hosa gehörten insgesamt dreizehn Söhne und Verwandte. 12 Die Chefs der Security-Einheiten sowie die anderen erwachsenen Männer mussten alle im Tempel von Gott Dienste übernehmen. 13 Mit einem Losverfahren wurde ausgewählt, welche Familie welches Tor bewachen sollte. Dabei hatten alle die gleichen Chancen, egal wie groß oder wie klein jemand war. 14 Das Tor im Osten bekam Meschelemja zugelost. Das Tor im Norden bekam sein Sohn Secharja. Secharja war bekannt dafür, dass er richtig schlau war und Leute gut beraten konnte. 15 Das Tor im Süden bekam Obed-Edom, und um die Lagerhallen mussten sich seine Söhne kümmern. 16 Das Tor im Westen und das Schallechet-Tor an der Straße, die so steil bergauf ging, bekamen Schuppim und Hosa, eine Abteilung hinter der anderen. 17 An der Ostseite mussten jeden Tag sechs Männer Wache stehen. An der Nordseite und Südseite sollten jeweils vier Leute arbeiten. Und dann standen noch zwei Männer am Lagerhaus, 18 und im Westen an der Straße und beim Parkplatz auch noch mal vier. 19 Das war jetzt mal eine Liste von den einzelnen Security-Einheiten. Sie kamen alle aus den Clans Korach und Merari.

Tempelangestellte:
die Security vom Tresorraum und andere Mitarbeiter

20 Andere Levi-Leute passten auf die Wertgegenstände und die ganzen besonderen Sachen auf, die man extra für den Tempel gespendet hatte. 21 Mit dabei waren die Söhne von Ladan, der aus dem Gerschon-Clan stammte. Sie waren alle die Chefs in ihren Familien. Dabei waren Jehiel 22 und seine Söhne Setam und Joel. Die bewachten vor allem den Tresor. 23 Außer ihnen hatten auch noch die Kinder von Amram, Jizhar, Hebron und Usiel diesen Job zu erledigen. 24 Schubael war früher mal der oberste Aufseher über die wertvollen Sachen, die im besonderen Zelt rumlagen. Schubael war ein Nachkomme von Gerschom, der wiederum einer von den zwei Söhnen von dem berühmten Mose war. 25 Von dessen anderen Sohn Elieser stammte Rehabja ab. Dessen Sohn war wiederum Jeschaja. Weitere Söhne aus dieser Linie waren Joram, Sichri und Schelomit. 26–27 Schelomit hatte ab dann den Job, zusammen mit seinen Brüdern, auf die besonderen Sachen aufzupassen, die man alle radikal Gott geschenkt hatte. Dazu gehörten die Dinge, die der Präsident David mit seinen Generälen und den Chefs aus den Familien mal im Krieg aus anderen Ländern hatten mitgehen lassen. Die Sachen waren dafür bestimmt, den Tempel von innen zu stylen. 28 Vor David hatten auch schon andere Männer dafür gesammelt. Zum Beispiel Samuel, der Prophet. Aber auch Saul, der Sohn von Kisch, Abner, der Sohn von Ner, und Joab, der Sohn der Zeruja, hatten das getan. Diese Spenden wurden von Schelomit und seinen Brüdern verwaltet. Wenn jemand so ein Geschenk vorbeibrachte, musste er damit immer zu denen gehen.

Büroarbeiten der Levi-Leute

29 Kenanja und seine Söhne (aus der Familie von Jihar) hatten überall in Israel Büros angemietet. Von dort waren sie als Richter tätig oder arbeiteten für die Behörden. 30 Aus dem Hebron-Clan waren Haschabja und seine Familie für den Westen eingesetzt. Sie sollten vom Büro aus Verwaltungsaufgaben übernehmen, einmal für den Tempel, aber auch für den Präsidenten. Insgesamt waren in dieser Abteilung 1700 Männer, alles sehr fitte Leute. 31 Der Chef vom Hebron-Clan war Jerija. Damals, als David gerade 40 Jahre im Amt war, wurden gute Männer für so einen Job überall gesucht, bis man in Jaser im Land Gilead fündig wurde. 32 Zusammen mit Jerija bekamen sie von David die obersten Jobs in den Behörden, die das ganze Gebiet verwalteten, wo die Familienstämme Ruben, Gad und der halbe Stamm Manasse wohnten. Sie mussten dort Verwaltungsaufgaben für Gottes Sache und auch für den Präsidenten regeln. Insgesamt kamen hier 2700 Männer zusammen, die alle Chefs in ihren Familiengruppen waren.

27 Wie die Armee von Israel organisiert war

[1] Jetzt kommt eine Auflistung der Abteilun-
gen vom Heer von Israel. Diese Abteilun-
gen wurden jeden Monat ausgewechselt, jede
bestand aus jeweils 24000 Soldaten. Für die Orga-
nisation waren die Clanchefs, die Obersten, die
Hauptleute und die Beamten aus der Verwaltung
verantwortlich, die in der Behörde vom Präsidenten
angestellt waren. [2–15] Jetzt kommt eine Liste von den
Chefs in den Abteilungen vom Heer im jeweiligen
Monat: 1. Monat: Jaschobam, der Sohn von Sabdiel
aus dem Perez-Clan. Er war der Befehlshaber über
alle Offiziere, die in seiner Abteilung dienten;
2. Monat: Dodai aus Ahoach. Der höchste Offizier
von seiner Abteilung war Miklot; 3. Monat: Benaja,
der Sohn des Oberpriesters Jojada. Er gehörte übri-
gens zu diesen berühmten „dreißig Helden“. Als er
zum Anführer von den „dreißig Helden“ befördert
wurde, übernahm sein Sohn Ammisabad den Befehl
über seine Abteilung; 4. Monat: Asael, der Bruder
Joabs; später erledigte sein Sohn Sebadja den Job;
5. Monat: Schamhut vom Serach-Clan; 6. Monat: Ira,
der Sohn von Ikkesch, aus Tekoa; 7. Monat: Helez
aus Pelon vom Stamm Efraim; 8. Monat: Sibbechai
vom Serach-Clan aus Huscha; 9. Monat: Abieser
aus Anatot vom Stamm Benjamin; 10. Monat: Mah-
rai vom Serach-Clan aus Netofa; 11. Monat: Benaja
aus Piraton vom Stamm Efraim; 12. Monat: Heldai
vom Otniel-Clan aus Netofa; [16–22] Die Führungs-
spitze der Familienstämme bestand zu der Zeit aus
folgenden Männern: Ruben: Elieser, der Sohn von
Sichri; Simeon: Schefatja, der Sohn von Maacha;
Levi: Haschabja, der Sohn von Kemuel; Aarons
Nachkommen: Zadok; Juda: Elihu, ein Bruder
Davids; Issachar: Omri, der Sohn von Michael;
Sebulon: Jischmaja, der Sohn von Obadja; Naftali:
Jerimot, der Sohn von Asriel; Efraim: Hoschea, der
Sohn von Asasja; West-Manasse: Joel, der Sohn von
Pedaja; Ost-Manasse: Jiddo, der Sohn von Secharja;
Benjamin: Jaasiel, der Sohn von Abner; Dan: Asarel,
der Sohn von Jeroham. Dies waren jetzt alle Famili-
enstämme von Israel. [23] David hatte übrigens keine
komplette Zählung von allen Männern in Israel
durchgezogen, zumindest nicht bei den Jugendli-
chen unter 20. Er hatte sich dazu entschieden, weil
Gott ihm gesagt hatte, er würde sowieso dafür sor-
gen, dass sie sich so krass vermehren, dass man die
irgendwann nicht mehr zählen könnte. [24] Joab (aus
der Familie von Zeruja) hatte schon damit angefan-
gen, die Männer aufzulisten, die in Israel lebten.
Aber dann bemerkte er, dass Gott voll sauer über
diese Aktion war und brach sie deshalb ab. Darum
kann man da drüber auch keine Liste finden, in die-
sem Buch der Chroniken von David.

Eine Liste der Leute, die sich um die Sachen vom Präsidenten kümmern sollten

[25] Asmawet, der Sohn von Adiel, musste sich um die
Finanzen von dem jeweiligen Präsidenten küm-
mern, der in Jerusalem gerade am Start war. Jona-
tan, der Sohn von Usija, verwaltete die Lagerhäuser
in den Dörfern, auf dem Land, in den Städten und
in den Bunkern. [26] Esri, der Sohn Kelubs, war
zuständig für die Menschen, die in der Landwirt-
schaft arbeiteten. [27] Schimi aus Rama musste sich
um die Weinberge kümmern. Sabdi aus Schefam
war zuständig für die Weinvorräte in den Weinber-
gen. [28] Baal-Hanan aus Bet-Gader überwachte die
Obstbäume im Hügelland. Joasch war zuständig für
die Benzin- und Ölvorräte. [29] Schitrai aus der Scha-
ronebene war dort für die Traktoren verantwortlich.
Schafat, der Sohn von Adlai, musste sich um alle
Verwaltungsaufgaben kümmern, die bei der War-
tung der Traktoren so anfielen. [30] Der Ismaeliter Obil
war verantwortlich für die Autos im Fuhrpark. Jech-
deja aus Meronot war verantwortlich für die ganzen
Transporter. [31] Der Hagariter Jasis war verantwortlich
für die Motorräder. Das war jetzt eine Liste von den
Verwaltern, die sich um die Sachen vom Präsiden-
ten kümmern mussten.

Der Beraterkreis um David

[32] David hatten einen Onkel, der Jonatan hieß. Der
war voll schlau und hatte von vielen Dingen echt
Ahnung. Diesen Typen fragte er oft, wenn er mal
einen Rat brauchte. Dann war da auch noch Jehiel,
der Sohn von Hachmoni. Er war der Erzieher von
den Söhnen des Präsidenten. [33] Ahitofel war auch
noch ein Berater. Huschai, ein Arkiter, war ein enger
Freund vom Präsidenten. [34] Nachdem Ahitofel
gestorben war, übernahmen Jojada (ein Sohn von
Benaja) und Abjatar den Job. Und Joab war der
General vom Heer, das dem Präsidenten unterstellt
war.

28 David hält eine Rede vor den Chefs von Israel: Salomo soll den Tempel bauen

[1] Irgendwann organisierte David ein großes
Treffen, wo alle Männer eingeladen wurden, die in
Israel was zu sagen hatten. Die Chefs von den Fami-
lienstämmen, die Generäle der Armee, alle Offi-

ziere, die Verwalter von dem Landbesitz und den Viehherden von der Familie des Präsidenten, die Angestellten, die am Präsidentenpalast arbeiteten, alle Soldaten mit Auszeichnungen und überhaupt alle irgendwie wichtigen Leute aus Israel mussten kommen. 2 Als alle da waren, erhob David das Glas und hielt eine Rede. „Liebe Leute, meine Männer, meine Brüder, hört mir mal gut zu! Was ich euch jetzt sagen will, ist superwichtig! Einige von euch wissen es ja: Ich hatte immer schon diesen Plan im Kopf, ein extra Haus zu bauen für die Kiste mit den Gesetzen drin. Diese Kiste ist so was wie unser heißer Draht zu Gott. Ich hatte auch schon damit angefangen, das ganze Material zu sammeln, das wir für diesen großen Bau brauchen. 3 Dann meinte aber Gott zu mir, dass ich nicht der richtige Mann für diese Aufgabe sei. ‚Du hast zu viel Blut an deinen Händen kleben durch die vielen Kriege, die du geführt hast!', sagte er zu mir. 4 Trotzdem hat Gott mich aus der großen Familie von meinem Vater extra dafür ausgesucht, dass ich in Israel Präsident sein soll. Und das wird mit meinen Kindern und deren Kindern immer weitergehen. Das bedeutet doch auch, dass er aus den ganzen Familienstämmen von Israel mit dem Stamm Juda was Besonderes vorhat. Und von den Familien aus Juda hat er meinen Vater ausgesucht, und von allen Söhnen, die mein Vater hatte, gefiel ich ihm wohl am besten. Darum wurde ich von Gott zum neuen Präsidenten von Israel gemacht. 5 Jetzt hab ich ja auch sehr viele Söhne geschenkt bekommen, aber als mein Nachfolger kam für Gott nur Salomo in Frage. Er soll in das Büro vom Präsidenten einziehen und von dort aus Israel regieren. 6 Und dann meinte Gott noch zu mir: ‚Mein Haus und das ganze Drumherum sollen von deinem Sohn Salomo gebaut werden. Ich hab ihn dafür extra bestimmt, wir werden eine ganz enge Beziehung haben, so Vater-Sohn-mäßig. 7 Ich werde mich an seine Seite stellen und dafür sorgen, dass einer aus seiner Familie immer das Sagen haben wird in Israel. Aber das gilt nur, wenn er sich weiter an meine Gesetze und Regeln hält, wie er das ja jetzt schon macht.' 8 Leute, das ist mir total ernst, was ich jetzt hier vor Zeugen sage. Gott hört auch zu! Also: Zieht die Gesetze von Gott radikal durch! Nur dann werdet ihr in diesem schönen Land bleiben können, und nur dann werdet ihr dieses Land auch an eure Kinder weitervererben. 9 Und, Salomo? Was echt total wichtig ist: Lerne Gott immer besser kennen! Zieh radikal durch, egal was Gott auch zu dir sagt. Mach das fröhlich, radikal, leidenschaftlich. Gott weiß alles, und er sieht auch alles. Selbst, was du gerade eben gedacht hast, hat Gott mitbekommen, er kann unsere Gedanken lesen. Wenn du ihn brauchst und dich auf die Suche nach ihm machst, dann versteckt er sich nicht, du wirst ihn treffen können. Aber wenn du keinen Bock mehr auf ihn hast und lieber dein eigenes Ding durchziehst, dann hat er keinen Bock mehr auf dich, für immer. 10 Vergiss niemals, dass Gott nur dich extra dafür ausgesucht hat, für ihn ein ganz besonderes Haus zu bauen. Also, jetzt leg mal los und zieh das durch!"

Baupläne vom Tempel

11 Als David mit seiner Rede fertig war, übergab er die Baupläne für den Tempel an seinen Sohn Salomo. Die Zeichnungen waren auch für die Vorhalle, den Hauptraum, den Tresorraum, den Raum, wo die Kiste mit den Gesetzen drinstehen sollte, die Hausmeisterwohnung und die Räume im Inneren vom Tempel. 12 Auch der Vorplatz und die Hallen drum herum waren dort eingezeichnet. Die Baupläne hatte David so anfertigen lassen, wie es Gott ihm gesagt hatte. Dazu hatte David auch einen genauen Plan gemacht, was mit den Konten und den Sachen im Tresor und allen anderen Spenden passieren sollte, die man Gott geschenkt hatte. 13 Auch die Einteilung der Schichten von den Priestern und den Tempelangestellten. Zum Beispiel, wie man mit den ganzen Geräten umgehen sollte, alles war in dem Papier geregelt. 14 Dort stand genau drin, wie viel Gramm Gold oder Silber für die Herstellung der einzelnen Geräte verwendet werden sollte. 15 Auch die nötige Menge an Material, das zur Herstellung der Kerzenleuchter oder der Halogenlampen benötigt wurde, mit den dazugehörigen Leuchtmitteln, wurde dort genau aufgelistet. Dabei gab es auch Unterschiede, je nach dem, wofür die gebraucht wurden. 16 Die Menge an Gold, die man braucht für die Tische, wo die besonderen Brote drauf gelegt werden sollten, war genauso festgesetzt wie die Mengen an Silber für die anderen Tische. 17 Er machte dort eine genau Aufstellung vom Material für die Gabeln, die Teller, die Kannen, die alle auch aus purem Gold gemacht wurden. Was man an Silber oder Gold für die einzelnen Becher brauchte, war dort auch alles beschrieben. 18 Wie viel von dem ganz edlen Gold für den Kerzenständer gebraucht wurde, wo man die Räucherkerzen reinstecken konnte, bestimmte er auch. Salomo bekam von ihm auch einen Bauplan für den Wagen, wo die Kiste mit den Gesetzen draufstehen sollte.

Und natürlich war auch die Menge an Gold aufgeschrieben, die für die beiden Engelsfiguren benötigt wurde, die mit ihren ausgebreiteten Flügeln über der Kiste an beiden Seiten angeschraubt werden sollten. 19 David sagte: „Ihr müsst wissen, dass ich für alles, was hier am Bau gemacht werden muss, von Gott ein Handbuch aus dem Himmel bekommen habe." 20 Er ermutigte Salomo noch mal voll und meinte zu ihm: „Hey, mein Sohn, du braucht echt keine Angst zu haben! Wenn dich irgendjemand runterziehen will, dann lass das nicht zu! Gott, der Chef, dein Gott, ist auf deiner Seite. Er wird dich immer unterstützen, er gibt dich nie auf und haut auch nicht plötzlich ab. Gott wird dir helfen, bis alle Arbeiten am Tempel erledigt sind. 21 Die Priester und die Levi-Leute stehen schon in den Startlöchern und werden in ihren Schichten dafür arbeiten. Du hast für jeden Job einen guten Mann am Start, und alle Männer, die in Israel was zu sagen haben, werden dich unterstützen!"

29 Spenden, die für den Tempel reingekommen sind

1 Schließlich drehte sich der Präsident David um und sagte noch Folgendes zu allen Anwesenden: „Liebe Leute aus Israel, ich habe eine echt große Bitte an euch. Mein Sohn Salomo ist der Einzige, der von Gott ausgesucht wurde, dieses gigantische Bauvorhaben anzupacken. Salomo ist aber noch echt jung und hat von solchen Sachen auch noch nicht so viel Ahnung. Außerdem ist das ganze Ding sowieso viel zu groß für ihn. Ich mein, dieser riesen Bau, den er jetzt an den Hacken hat, soll ja am Ende nicht eine Luxuswohnung für irgendeinen Menschen sein, sondern für Gott! Unser gigantischer Chef höchstpersönlich soll da drin wohnen! 2 Ich habe echt alles gegeben, um für das Haus von meinem Gott genug Material ranzukarren. Wir haben jetzt Unmengen von Gold, Silber, Bronze, Eisen und Holz im Lager gesammelt. Aus dem ganzen Zeug sollen die Geräte gemacht werden, die wir für das Haus brauchen. Auch die Edelsteine, Halbedelsteine und so weiter, in unterschiedlichen Farben, sind dafür bestimmt. Genauso auch die weißen Marmorplatten. 3 Für mich ist dieser Bau vom Tempel eine superwichtige Sache. Darum hab ich aus meinem Privatbesitz 4 noch mal über 100 000 Kilo bestes Gold sowie 350 000 Kilo bestes Silber gespendet. Ein Teil davon soll verwendet werden, um damit die Platten herzustellen, mit denen die Wände von innen getäfelt werden sollen. 5 Der Rest wird von den Künstlern für die Dinge verbraten, die aus Silber oder Gold im Tempel gebraucht werden. Jetzt bleibt mir nur noch, jedem von euch eine Frage zu stellen: Wer ist dabei? Wer macht mit und gibt heute eine fette Spende für Gott, damit wir die ganze Kohle zusammenkriegen?" 6 Nach dieser Rede zeigten die Israeliten, wie spendenbereit sie tatsächlich waren. Die Clanchefs, also die Chefs von den Familienstämmen, die Generäle und Offiziere von der Armee und andere Beamte 7 legten ihre ganze Kohle auf den Tisch. Insgesamt wurden in dieser Veranstaltung für den Bau vom Tempel 5000 Zentner Gold, 10 000 Zentner Silber, 18 000 Zentner Bronze und 100 000 Zentner Eisen, sowie 12 Millionen Euro gespendet. 8 Wenn irgendjemand noch einen Edelstein irgendwo rumliegen hatte, wurde selbst der für den Tresorraum vom Tempel geschenkt, der von Jehiel verwaltet wurde. Jehiel kam aus der Familie von Gerschon. 9 Alle in Israel waren total von den Socken, weil anscheinend jeder so richtig gerne Gott sein Geld schenken wollte. Aber am meisten freute sich der Präsident David darüber.

David sagt Gott danke

10 Vor allen Leuten dankte David in einem heftigen Gebet Gott für das, was da gerade passiert war. „Du bist einfach gigantisch! Du bist schon immer unser Gott gewesen, du warst auch der Gott von dem Gründer unseres Stammes Israel. Du warst immer unser Gott, und das wirst du auch für immer bleiben! 11 Gott, du bist der absolute Maßstab für das, was man schön nennt! Du bist einfach heftig, genial, krass, gigantisch, weil du alles gemacht hast, was es auf der Erde oder im ganzen Universum gibt! Und darum gehört dir auch alles, und du bist der Chef von allem, was es gibt! 12 Wenn du willst, kannst du jedem X-Beliebigen ganz viel Geld, eine fette Karriere und den nächsten Oscar organisieren. Wenn du jemanden unterstützt, bekommt er von dir alle Kraft, die er braucht. Du bist der absolute Chef, keiner ist wie du. 13 Gott, wir wollen dich so richtig feiern, wir wollen dir danken und richtig krassen Applaus geben. 14 Ich bin der letzte Idiot, und auch meine Leute bringen es nicht. Aus eigener Kraft wären wir nie und nimmer in der Lage gewesen, dir solche fetten Geschenke zu machen. Also kommen auch diese ganzen Dinge eigentlich von dir, wir haben sie von dir geschenkt bekommen. 15 Im Grunde hat sich die Situation im

Gegensatz zu unseren Vorfahren kaum verändert: Wir sind auch nur Ausländer in einem fremden Land, was du uns geschenkt hast. Jedes Leben auf dieser Erde geht irgendwann mal kaputt, keine Chance, es läuft ab wie das Guthaben auf einer Prepaidkarte. [16] Auch das ganze Geld, das Gold und so, was wir hier jetzt zusammen gesammelt haben, kommt eigentlich von dir. Wir wollen damit für dich, den ganz besonderen, krassen Gott, ein Haus bauen. [17] Ich hab kapiert, dass man dich nicht mit irgendwelchen Äußerlichkeiten beeindrucken kann, du kannst ins Innere von Menschen sehen. Du freust dich, wenn jemand korrekt drauf ist. Ich hab versucht, mit einer korrekten Einstellung mein Geld zu spenden, und ich hab mich total da drüber gefreut, dass meine Leute auch sehr viel gespendet haben, die jetzt auch alle hier sind und mir zuhören! [18] Ich bitte dich, Gott, dass deine Leute diese Einstellung nie verlieren, dass sie immer radikal auf dich abfahren. Du bist immer schon der Gott von unseren Leuten gewesen. Das war bei Abraham, Issak und auch Israel schon so. [19] Bitte hilf meinem Sohn Salomo dabei, dass er deine Gesetze und Regeln radikal durchzieht. Ich hab jetzt alles für den Bau vorbereitet, aber bitte sorg dafür, dass er diesen Tempel auch wirklich fertigbekommt." [20] Jetzt feuerte David alle Leute an, die da waren: „Los, Leute, lasst uns zusammen Gott feiern und ihm danke sagen!" Sofort jubelten die Israeliten voll laut los. Sie feierten ihren Gott, der schon immer der Gott von Israel gewesen ist. Einige machten eine La-Ola-Welle, andere klatschten laut, und noch andere schmissen sich flach auf den Boden. [21] Und am nächsten Tag starteten sie eine fette Opfersession. Tausend Stiere, Schafe und Lämmer wurden geschlachet und als Abfackelopfer verbrannt. Die gesetzlich vorgeschriebenen Trink- und Essensopfer, wo alle Leute mitmachten, wurde auch durchgezogen. [22] Das Ganze endete mit einer großen Grillparty, es gab viel zu essen und zu trinken, und Gott war die ganze Zeit dabei. Alle waren happy. Dann wurde Salomo noch einmal offiziell zum neuen Präsidenten erklärt, er sollte ab dann die Israeliten führen. Zadok wurde bei der Feier zum neuen Oberpriester ernannt. [23] Salomo setzte sich dann das erste Mal im Präsidentenbüro an den Schreibtisch von seinem Vater. Alle in Israel standen hunderprozentig hinter ihm. [24] Auch die Manager in Führungspositionen, die Generäle und Offiziere der Armee und seine Brüder akzeptierten Salomo als neuen Präsidenten und folgten ab da seinen Befehlen. [25] Und Gott sorgte dafür, dass Salomo in der Öffentlichkeit immer beliebter wurde. Er wurde mit Abstand der erfolgreichste und mächtigste Präsident von Israel.

Rückblick:
Was David als Präsident alles gebracht hat

[26] David kam aus der Familie von Isai, und er wurde der Präsident von ganz Israel. [27] Er regierte vierzig Jahre lang das Land. Sieben Jahre war sein Regierungssitz in Hebron und dreiunddreißig in Jerusalem. [28] Als er starb, war er schon richtig alt und hatte ein intensives und langes Leben hinter sich. David hatte alles erreicht, was man an Geld und Ruhm erreichen konnte. Dann wurde sein Sohn Salomo der neue Präsident. [29] Die Sachen, die David in seiner Amtszeit gebracht hat, kann man auch noch in den Berichten der Propheten Samuel, Natan und Gad nachlesen. [30] Die drei haben sein ganzes Leben aufgeschrieben, alle Siege, die er im Krieg erkämpft hat, und überhaupt alles, was er selbst und seine Leute und auch die anderen Völker in der Zeit so gebracht haben.

2. Buch der Chronik

1 Salomo bittet Gott, dass er ihm Schnall fürs Leben gibt

1 Salomos Macht wurde immer größer. Gott war einfach auf seiner Seite und sorgte dafür, dass er überall voll den Einfluss hatte. 2 An einem Wochenende organisierte er ein Treffen mit allen Männern aus ganz Israel, die irgendwie was zu sagen hatten. Die gesamte Führungsebene, alle Richter und die Generäle der Armee waren da. 3 Er ging dann mit den Männern nach Gibeon, wo auch immer Opfersessions für Gott veranstaltet wurden. Dort stand ja das besondere Zelt, das Mose damals noch in der Wüste hatte bauen lassen. Mose hatte immer alles getan, was Gott gesagt hatte. Er hatte seine Macht von Gott bekommen. 4 Für die Kiste mit den Gesetzen drin hatte David in Jerusalem ein anderes Zelt aufbauen lassen und die dann von Kirjat-Jearim dorthin geholt. 5 Der Ausflug hatte also Gibeon als Ziel. Dort stand auch der Tisch aus Bronze, den Bezalel damals gebaut hatte. Bezalel kam aus der Familie von Uri und war ein Enkel von Hur. 6 Als sie dort waren, wurden auf dem Tisch vor dem besonders krassen Zelt erst mal tausend Tiere als Abfackelopfer verbrannt. 7 In der Nacht da drauf kam Gott bei Salomo im Traum vorbei. Er sagte: „Ich finde voll cool, was du machst, darum hast du jetzt einen Wunsch frei. Kannst dir was aussuchen, egal was!" 8 „Gott! Du warst immer so treu zu mir!", antwortete er. „Auch meinem Vater warst du immer treu, und jetzt hast du auch noch dafür gesorgt, dass ich nach ihm Präsident geworden bin! 9 Mein Wunsch ist, dass du das Versprechen, was du meinen Vater gegeben hast, jetzt erfüllst. Du hast mich zum Präsidenten über dieses riesige Volk gemacht. 10 Ich wünsch mir von dir einfach nur, dass du mir voll die Peilung gibst, dass ich immer genau weiß, was du von mir willst. Wenn ich deine Ansagen hören kann, bin ich auch in der Lage, deine Leute zu führen, und bei Gerichtsurteilen werde ich immer gerecht sein. Sonst ist kein Mensch in der Lage, dieses riesengroße Volk korrekt zu führen!" 11 Gott fand diesen Wunsch voll gut: „Du hättest dir jetzt sonst was wünschen können, dass du nie krank wirst und über 100 Jahre alt wirst zum Beispiel, oder auch 10 Millionen Euro und eine Jacht in Monaco. Oder du hättest dir wünschen können, dass deine Feinde alle verrecken sollen. Aber stattdessen wolltest du, dass ich dir die Gabe schenke, gerechte Urteile zu fällen, damit du in der Lage bist, dieses riesengroße Volk zu führen! 12 Das finde ich echt mal cool! Ich werde deine Bitte erfüllen! Du wirst ab sofort voll den Durchblick haben! Du wirst immer so korrekt sein und so viel Peilung von allen Dingen bekommen, dass kein Mensch vor dir und keiner nach dir da mithalten kann. Ich werde dir aber auch die anderen Sachen schenken, um die du nicht gebeten hast. Ich werde dafür sorgen, dass du ein fettes Bankkonto bekommst, und man wird dir viele Auszeichungen verleihen und Orden umhängen. In der Zeit, wo du lebst, wird es keinen geben, der mit dir mithalten kann." 13 Salomo ging dann vom ganz besonderen Zelt zurück nach Jerusalem und regierte von dort aus über Israel. 14 Salomo hatte insgesamt ungefähr 1400 Motorräder und 12 000 Autos. Die kamen alle in seine große Privatgarage in Jerusalem. 15 Präsident Salomo schaffte es, dass es in Jerusalem am Ende so viel Gold wie Steine gab. 16 Seine Limousinen und Motorräder bestellte Salomo übrigens in Ägypten und Babylonien, wo sie seine Privathändler für ihn einkauften. 17 Die behielt er allerdings nicht alle selbst, sondern verkaufte einen Teil davon weiter nach Syrien und an den Präsident der Hetiter. 18 Dann erteilte Salomo offiziell den Auftrag zum Bau des Tempels. Er baute den, um allen Menschen zu zeigen, wie gigantisch groß Gott ist. Für sich selbst ließ er auch einen Regierungssitz bauen.

2 Letzte Vorbereitungen zum Bau

1 Salomo ließ 80 000 1-Euro-Jobber in der Materialverarbeitung in den Bergen von Juda arbeiten. 70 000 Mann wurden für ein Transportunternehmen eingestellt, die für den Transport von Ziegeln und Zement zuständig waren. 3600 Männer waren als Vorarbeiter und Ingenieure eingestellt. 2 Irgendwann schickte er eine Mail an Hiram, den Präsidenten von Tyrus: „Sehr geehrter Herr Präsident Hiram, wir hatten schon vor einiger Zeit mal Kontakt. Damals ging es um eine Holzlieferung für die Residenz meines Vaters David. Vielen Dank noch mal, dass Sie damals diese Lieferung ausgeführt haben. 3 Heute komme ich mit einem neuen Anliegen zu Ihnen. Ich stecke gerade in den letzten

Vorbereitungen, um für den Chef, meinen Gott, ein Haus zu bauen. Wir haben vor, in diesem Haus ständig Räucherkerzen für Gott abzubrennen, und so besondere Brote sollen dort auch die ganze Zeit rumliegen. Dort sollten morgens und abends, an jedem Sonntag, am Ersten jeden Monats und auch an allen anderen Feiertagen Abfackelopfer für unseren Gott verbrannt werden. Für uns Israeliten ist das normal, das müssen wir machen, solange es uns gibt. 4 Das Haus, was ich für unseren Gott bauen will, muss richtig krass werden, weil unser Gott einfach viel krasser ist als jeder Plastikgott. 5 Eigentlich kann das gar nicht gehen, für ihn ein Haus zu bauen. Er ist nämlich so gigantisch groß, dass selbst das riesengroße Universum für ihn zu klein ist. Wie soll ich ihm da ein Haus hinstellen, das groß genug für ihn ist? Aber ich kann ihm zumindest ein ganz besonderes Haus bauen, eine Art Kirche, einen Tempel, wo man ihm Sachen schenken kann. 6 Ich hab jetzt eine große Bitte an Sie: Wäre es eventuell möglich, dass Sie mir einen Ihrer besten Künstler ausleihen würden? Er sollte gut Metalle wie Gold, Silber, Bronze und Eisen bearbeiten können. Es wäre auch gut, wenn er sich mit Stoffen und Holzarbeiten gut auskennen würde. Dieser Künstler wird in einem Team von Künstlern aus Jerusalem und ganz Juda arbeiten. Diese Künstlergruppe hatte schon für meinen Vater gearbeitet, und sie stehen mir zur freien Verfügung. 7 Ich bitte auch um die Zusendung von Eichen- und Buchenholz sowie Mahagoni und andere edle Hölzer. Mir ist bekannt, dass Sie eine sehr gute Holzfällertruppe haben. Meine Leute sollen aber überall mit anpacken. 8 Wir brauchen sehr viel Holz für den Bau, weil der Tempel einfach gigantisch groß werden muss. 9 Für die Verpflegung der Arbeiter werden von mir unterschiedliche Cateringfirmen beauftragt, die für reichlich Schnittchen, Suppe, Kaffee und Bier sorgen werden. Ich hab bereits 4000 Brötchen, 4000 Brote und 4000 Fässer Pils bestellt.“ 10 Hiram ließ über seine Sekretärin eine Antwort an Salomo schreiben. „Sehr geehrter Herr Präsident Salomo! Gott muss seine Leute echt sehr lieben, wenn er so einen coolen Präsidenten für die an den Start gebracht hat! 11 Der Gott von Israel ist der Beste! Er hat das ganze Universum und die Erde gemacht! Und er hat dafür gesorgt, dass der alte Präsident David einen wirklich schlauen Sohn bekommen hat. Ich finde, es ist eine sehr coole Idee, für Gott so einen Tempel zu bauen. Und sich selbst ein Haus zu bauen finde ich auch okay. 12 Also, ich werde gerne für dieses Bauvorhaben einen echt krassen Künstler zur Verfügung stellen. Ich dachte da an einen Meister, der auch Hiram heißt. 13 Seine Mutter stammt aus dem Familienstamm Dan, und sein Vater ist hier in Tyrus geboren worden. Er hat es wirklich drauf, was solche Kunsthandwerksachen angeht. Mit Gold, Silber, Bronze, Eisen, Stein, Holz und auch mit der Verarbeitung von roter und blauer Wolle und Leinen kennt er sich voll gut aus. Er kann auch sehr gut Muster in Holz schnitzen. Dazu ist er auch einer der besten Designer, und er kann auch gut im Team arbeiten. Also, er würde sicher auch bestens mit den Künstlern von Ihrem Vater David arbeiten können, vor dem ich echt Respekt hatte. 14 Seien Sie bitte so freundlich, und bezahlen Sie die Ware (in Nahrungsmitteln) schon mal im Voraus. 15 Ich werde in der Zeit sofort ein paar Leute losschicken, die schon mal das Holz, das Sie brauchen, aus dem Libanon-Gebirge organisieren. Ich werde das Zeug dann in Containerschiffe laden und alles runter bis nach Jafo bringen lassen. Da könnten Ihre Leute das Ganze dann abholen und weiter nach Jerusalem transportieren.“ 16 Salomo ließ dann in Israel erst mal alle Gastarbeiter zählen, die einen Antrag auf ein Arbeitsvisum gestellt hatten. Sein Vater David hatte das auch schon mal gemacht. Es kam raus, dass insgesamt 153 600 Gastarbeiter in Israel lebten. 17 Salomo stellte 80 000 davon in den Fabriken an, die den Zement und die Steine herstellen sollten. 70 000 kamen in der Transportfirma unter, die für das Baumaterial verantwortlich war. 3600 bekamen einen Job als Schichtführer am Bau.

3 Salomo baut ein Haus für Gott

1 Mitten auf dem Berg Morija in Jerusalem baute Salomo jetzt das Haus für Gott. An genau der Stelle hatte sein Vater David vor vielen Jahren mal ein Treffen mit Gott gehabt, darum hatte er diesen Ort dafür ausgesucht. Es war mal der große Parkplatz, der dem Jebusiter Arauna gehört hatte. 2 Salomo fing mit dem Bauvorhaben an, als er bereits vier Jahre und zwei Monate im Amt war. 3 Der ganze Tempel war 30 Meter lang und zehn Meter breit. 4 Vorne lag eine große Vorhalle, die zehn Meter breit und fünfzehn Meter hoch war. Damit war sie genau so breit wie der Hauptbau. Von innen wurden alle Wände dieser Halle mit Gold überzogen. 5 Der Hauptraum wurde mit Mahagoniholz vertäfelt und dann mit feinen Goldplatten überzogen. Auf das Gold wurden dann noch so kleine

Figuren angeschraubt, Palmen und so Zöpfe, die auch mit Gold angemalt waren. 6 Überall in dem Haus waren unterschiedliche Glas- und Edelsteine an die Wände geklebt. Das Gold, was man für den Tempelbau benutzte, kam aus Parwajim. 7 Das ganze Teil wurde von innen überall mit Gold überzogen. Balken, Treppen, Wände, Türen, einfach alles. In die Holzwände hatten die Künstler noch überall so Engelsfiguren reingeschnitzt. 8 Dann gab es dort noch den ganz besonderen, allerderbsten Bereich. Salomo hatte für diesen Bereich, einen Raum von zehn mal zehn Metern abgeteilt. Er war also so breit wie das ganze Haus. Dieses Zimmer wurde von innen auch komplett vergoldet. Alleine dafür wurden über 20 000 Kilo davon verbraten! 9 Auch alle Schrauben und Nägel wurden vergoldet, wofür auch noch mal 650 Gramm draufgingen. 10 Salomo ließ für den allerderbsten, heiligen Bereich zwei große Engel aus Holz anfertigen und ließ die Teile auch mit Gold überziehen. 11–12 Jeder Engel hatte zwei große, ausgestreckte Flügel mit einer Spannweite von über fünf Metern. Dabei waren sie so aufgestellt, dass jeder Engel mit seinem Flügel an der einen Seite die Wand berührte und vorne, mit der Spitze, den Flügel von dem anderen Engel, der ihm gegenüberstand. 13 So waren die Flügel fast wie ein Dach über den ganzen Raum von zehn Meter Breite ausgespannt. Beide Engel standen sich aufrecht gegenüber, mit dem Gesicht zur Eingangstür. 14 Der Vorhang, der vor diesem allerderbsten Bereich hing, wurde aus besonderem Leinenstoff gemacht. Auf ihm waren mit roter, blauer und gelber Wolle Bilder von Engeln draufgestickt worden.

Zwei Säulen aus Bronze

15 Vor dem Tempel ließ Salomo noch zwei große Säulen aus Bronze aufstellen. Beide waren siebeneinhalb Meter hoch. Oben und unten hatten sie eine Abstufung mit verzierten Enden dran, die alleine zweieinhalb Meter breit waren. 16 Die Säulen waren mit geflochtenen Streifen verziert, die oben einmal ringsrum angeklebt wurden. Dazu war noch eine Kordel um die Säule gelegt, wo Hunderte kleiner Äpfel drangepinnt worden waren. 17 Diese Säulen wurden von Salomo, wie gesagt, vor dem Haupteingang aufgestellt, eine auf der rechten und die andere auf der linken Seite. Beide bekamen von ihm einen Namen, und zwar nannte er die rechte „Jachin", was so viel bedeutet wie „Gott macht dich wieder gerade", und die andere hieß „Boas", was so viel bedeutet wie „Gott hat viel Power".

4 Was in dem Tempel alles drin war

1 Salomo ließ einen Tisch aus Bronze aufstellen. Er war fünf Meter hoch, hatte eine Länge von zehn und eine Breite von fünf Metern. 2 Dazu ließ er ein riesiges Waschbecken aus Metall bauen, was man „das Meer" nannte. „Das Meer" hatte einen Durchmesser von fünf Metern und eine Höhe von zweieinhalb Metern. 3 Am Rand waren drum herum kleine Kühe in zwei Reihen. Sie waren nicht draufgeschraubt, sondern das ganze Becken war aus einem Guss. Auf 50 cm Länge kamen jeweils zehn kleine Kühe. 4 Das ganze Becken wurde von zwölf Figuren getragen, die aussahen wie Kühe. Die Kühe standen dabei in Dreiergruppen, wobei jede Gruppe in eine andere Richtung schaute. Die eine schaute nach Osten, die andere nach Westen usw. 5 Das Waschbecken hatte einen dicken Rand, wie so eine Blüte. Das Metall war dabei zehn Zentimeter dick. In das Becken gingen über 40 000 Liter rein! 6 Außerdem baute Hiram noch zehn große Waschbecken aus Metall. Es wurden auf jeder Seite je fünf davon aufgestellt. In dem Waschbecken wurden die Tiere gewaschen, bevor man sie auf dem Opfertisch, dem Altar, als Abfackelopfer verbrannte, aber in dem anderen, großen Becken war nur das Wasser drin, was für die Priester zum Waschen bestimmt war. 7 Dann wurden von Salomo auch noch zehn Lampen aus Gold in Auftrag gegeben, genau so, wie Gott es gesagt hatte. Fünf von den Lampen wurden an der rechten Seite im Hauptraum aufgestellt, die anderen fünf auf der linken Seite. 8 Genauso wurden auch noch zehn Tische für den Raum gemacht, fünf für jede Seite. Und dazu wurden noch hundert Schüsseln aus Gold geliefert. 9 Er ließ einen Vorhof bauen, wo nur die Priester reingehen durften. Dann wurde auch noch der große Vorhof aufgebaut, der außerhalb vom Tempel lag. Für diesen Hof wurden extra Türen angefertigt, die mit Bronze überzogen waren. 10 Vom Eingang aus gesehen wurde auf der rechten Seite das große Waschbecken aufgestellt. Es stand dort in der einen Ecke, im Südosten von dem Gebäude.

Eine Liste der Sachen, die für den Tempel gemacht worden waren

11 Alle Geräte, die man im Tempel brauchte, die Töpfe und Gabeln, alle Becher, wurden von dem Künstler Hiram designt und angefertigt. Er erledigte diesen Auftrag als Teil vom ganzen Projekt, das Salomo organisierte hatte. 12–16 Im Auftrag vom Präsidenten Salomo baute der Künstler Hiram für das

Haus von Gott viele Gegenstände. Die Teile waren
alle aus Metall gegossen, und die Oberflächen wur-
den anschließend poliert und glatt gemacht. Hier
jetzt mal eine Liste von allen Sachen: 2 Säulen, 2
verzierte Rahmen für die Säulen, 2 Gitter aus Stahl-
bändern für die Zierrahmen, 400 Äpfel aus Stahl,
die alle über den Bändern von jedem Rahmen in
zwei Reihen zu je hundert Stück aufgehängt worden
waren, fahrbare große Gestelle wie Einkaufswagen,
die Stahlkessel zum Einsetzen in die Gestelle, das
große Waschbecken und 12 Rinderfiguren als Unter-
satz für das Becken. Dazu noch Schaufeln und
Haken, um die Asche wegzumachen. 17 Die Fabrik,
wo diese Sachen hergestellt wurden, lag im Jordan-
tal, zwischen Sukkot und Zaretan. Dort wurden
dann Formen aus Lehm gemacht, in die das Metall
gegossen wurde, um es zu formen. 18 Salomo ließ
dort so viele Stücke anfertigen, dass man nicht so
genau wusste, wie viele es eigentlich waren.
19–22 Alle besonderen Geräte aus Metall, die für das
Haus von Gott sonst noch gebraucht wurden, ließ
er dort auch herstellen. Das waren der Tisch für die
Räucherkerzen, der Tisch, wo die besonderen Brote
drauf lagen, die Halterungen von den Kerzenleuch-
tern, die Lampen, die Schalter für die Lampen, die
Schüsseln, Gabeln und Löffel, der untere Teil vom
Holzkohlegrill, die Türen vor dem allerderbsten
Bereich und die Haupttüren vom Tempel. Diese
eben genannten Sachen wurden alle komplett aus
Gold gemacht.

5 Der Tempel wird eingeweiht

1 Irgendwann stand der Bau, und der Tempel
war komplett fertig. Salomo, der das Teil ja in
Auftrag gegeben hatte, brachte dann die ganz be-
sonderen Dinge dort rein, die sein Vater David für
Gott gemacht hatte. Das ganze Geld, das Gold und
alle Geräte kamen in den Tresor vom Tempel. 2 Der
Präsident Salomo beorderte dann alle Chefs von
den Familienstämmen sowie die anderen führenden
Leute und Manager aus Israel nach Jerusalem. Die
Idee war, dass sie alle zusammen die Kiste mit den
Gesetzen von Gott aus der Davidsstadt nach oben
auf den Berg Zion bringen sollten, wo der Tempel
stand. 3 Alle Männer aus Israel kamen darum zum
„Fest der Blätterbuden" im Oktober beim Präsiden-
ten vorbei. 4–5 Als auch alle Chefs der Familien-
stämme von den Israeliten da waren, nahmen die
Levi-Leute die langen Tragestangen in die Hand,
stemmten sie auf die Schultern und trugen damit
gemeinsam die Kiste mit den Gesetzen nach oben
zum Tempel. Dann wurde gemeinsam das beson-
dere Zelt abgebaut und auch dorthin geschleppt.
Alle Priester und Tempelangestellte packten mit an.
Die ganzen Geräte nahmen sie auch mit. 6 Vor der
Kiste startete Salomo mit allen Anwesenden jetzt
eine richtig krasse Opfersession. Es wurden dabei
so viel Schafe und Rinder geschlachtet, dass man
mit dem Zählen irgendwann aufhörte. 7 Schließlich
wurde die besondere Kiste an den dafür vorgesehe-
nen Platz gebracht im hintersten Raum vom Tem-
pel. Dieser Raum war das Allerderbste, Heiligste
vom ganzen Haus. Die Kiste wurde unter die Flügel
von den zwei großen Engelsfiguren gestellt. 8 Die
Flügel von diesen Figuren wirkten dabei wie ein
Dach, weil sie ganz über die Kiste und auch über die
Stangen rübergingen. 9 Die Tragestangen waren
dabei so lang, dass die Enden rausguckten, wenn
man direkt vor der Tür zu diesem Bereich stand. Von
außen waren sie aber nicht zu sehen. Genauso stan-
den sie dort für ne lange Zeit. 10 In der Kiste waren
nur die beiden Stahlplatten drin, die Mose am Ho-
reb-Berg von Gott bekommen und dort reingelegt
hatte. Auf den Platten standen die Gesetze drauf,
mit denen der Vertrag zwischen Gott und den Israe-
liten geschlossen wurde, nachdem sie aus Ägypten
abgehauen waren. 11 Als sie das Teil dort abgestellt
hatten, gingen die Priester wieder nach draußen.
Vorher hatten sie sich sehr gut auf die Aktion vorbe-
reitet. Alle waren total sauber. Sie hatten sich nicht
mit irgendwelchen Sachen dreckig gemacht. Das
galt sogar für die Priester, die an dem Tag eigentlich
frei hatten. 12 Der Chor von den Tempelangestellten
war auch da, Asaf, Heman und Jedutun und alle ihre
Söhne und Verwandten. Jeder hatte sich voll schick
gemacht, sie trugen alle einen schwarzen Boss-An-
zug und standen mit ihren Instrumenten an der
Ostseite vom Altar. Auf dieser Seite waren hundert-
zwanzig Priester, die alle Trompete spielten. 13 Auf
ein Zeichen fingen die Sänger und die Band gleich-
zeitig an zu spielen. Das Ganze war voll gut einstu-
diert, man hatte beim Chor fast das Gefühl, sie wür-
den wie aus einem Mund singen. Der Text ging
ungefähr so: „Gott geht total gut mit uns um, er
liebt uns immer, und das hört auch nie auf!" Plötz-
lich kam eine fette Wolke auf den Tempel, und über-
all war ganz weißer, leuchtender Rauch! Gott war da!
14 Die Priester mussten mit ihrer Arbeit aufhören,
weil die Wolke so krass war, dass sie nicht weiterma-
chen konnten. Gottes geniale, heftige Art war plötz-
lich überall in das Haus reingekommen.

6

Salomo hält eine Rede

1 Als das passierte, fing Salomo sofort an zu
beten: „Gott, du hast mal gesagt, dass du auch
im Dunkeln ganz krass anwesend bist. 2 Ich hab
dieses Haus für dich gebaut, sogar mit einem ganz
dunklen Raum. Hier kannst du für immer wohnen,
wenn du willst!“ 3 Dann drehte er sich um zu der
ganzen Gemeinschaft der Israeliten und hielt eine
lange Rede. Erst mal begrüßte er die Leute, die alle
da waren. Dann sagte er: 4 „Gott ist der Größte,
unser Gott, der Gott von Israel! Er hat sein Verspre-
chen gehalten, was er meinem Vater David gegeben
hat! Er sagte damals zu ihm: 5 ‚Ich bin schon ne
ganze Zeit mit meinen Leuten unterwegs. Ich hab
sie aus Ägypten rausgeholt und sie hierhergebracht.
Dabei hatte ich mir in diesem Land keine Stadt aus-
gesucht. Es gab keinen Ort, den ich bevorzugt hätte.
Ich hab auch von mir aus nicht gewollt, dass ihr
euch einen Präsidenten aussucht, der über meine
Leute regiert. 6 Aber jetzt hab ich mich doch für
Jerusalem entschieden. Hier will ich wohnen, hier
soll mein Namensschild an der Tür hängen. Und
David hab ich mir ausgesucht als den Präsidenten
über meine Leute, über Israel.‘ 7 Die Idee, ein Haus
für den Gott von Israel zu bauen, hatte schon mein
Vater gehabt. 8 Gott sagte dann aber zu ihm, dass er
sich zwar über die Idee freut, aber 9 dass er dieses
Haus nicht von David gebaut haben möchte. Statt-
dessen soll aber Davids Sohn für ihn dieses Haus
bauen. 10 Gott hat sein Versprechen gehalten! Ich
bin der Sohn vom Präsidenten David, und ich hab
dieses Haus für Gott, den Gott von Israel, gebaut.
11 Ich hab jetzt auch die Kiste mit den Gesetzen dort
drin gelagert. Darauf beruht ja der Vertrag, den Gott
mit uns, seinen Leuten, geschlossen hat.“ 12 Als
Salomo mit seiner Predigt fertig war, ging er vor
allen Leuten zum Opfertisch von Gott, dem Altar.
Dort stellte er sich mit ausgebreiteten Armen hin.
13 Dazu hatte er sich extra eine kleine Bühne aus
Bronze bauen lassen und das Teil mitten in den Vor-
hof gestellt. Die Bühne war zweieinhalb Meter lang,
genauso breit und eineinhalb Meter hoch. Als er
oben war, breitete er noch mal seine Arme aus
14 und sagte: „Gott, du bist der Gott von Israel! Nir-
gendwo im ganzen Universum gibt es noch mal so
einen Gott wie dich! Wenn du etwas versprichst,
dann hältst du es auch, deine Verträge ziehst du
durch. Und du gehst immer total liebevoll mit den
Leuten um, die dir radikal nachfolgen. 15 Meinem
Vater gegenüber hast du immer alles gehalten, was
du versprochen hast. Was du sagst, ziehst du auch
durch, da kann man sich voll drauf verlassen. Was
hier heute passiert, ist der Beweis dafür, dass das
auf jeden Fall stimmt. 16 Ich bitte dich, Gott, dass du
jetzt auch die anderen Versprechen erfüllst, die du
meinem Vater David gegeben hast. Du hattest ihm
gesagt, dass immer einer aus seiner Familie der
Präsident in Israel sein wird. Voraussetzung war
aber, dass sie alles genau so durchziehen, wie du es
von ihnen willst. Also dass sie treu sind und nach
deinen Gesetzen leben. 17 Ich bitte dich, Gott, sorg
doch dafür, dass dieses Ver sprechen jetzt auch
wirklich passiert. 18 Oft denke ich, dass du, Gott,
eigentlich viel zu groß bist, um hier bei uns mickri-
gen Menschen zu wohnen, weißt du? Ich mein,
selbst das ganze Universum ist doch eigentlich zu
klein für dich. Dann ist dieses Haus, was ich dir
jetzt gebaut habe, auf jeden Fall viel zu winzig
geworden. 19 Trotzdem bitte ich dich, dass du auf
meine Gebete hörst und sie erfüllst. 20 Bitte, Gott,
verliere dieses Haus nie aus den Augen! Du hast
gesagt, dass du hier wohnen willst, dein Name soll
vorne an der Türklingel stehen. Und du hast mir
auch ganz fest versprochen, dass du auf meine
Gebete hörst. 21 Gott? Bitte höre mich und höre
auch die Gebete von deinen Leute hier! Wenn wir
von hieraus mit dir reden, dann mach bitte, dass wir
einen heißen Draht direkt zu dir bekommen, dort-
hin, wo du im Universum bist. Höre auf unsere
Gebete und vergib uns, wenn wir wieder Mist
gebaut haben!“

Am Haus von Gott soll man beten

22 „Gott, und ich bitte dich, wenn irgendjemand
einen anderen abgezogen hat, aber keiner kann das
beweisen, dann musst du dafür sorgen, dass ein
gerechtes Urteil getroffen werden kann. Wir werden
das dann so regeln, dass man den herbringt, und
dann wird er verflucht, man wünscht ihm die Krätze
an den Hals. 23 Wenn er jetzt tatsächlich Mist
gebaut hat, dann muss der Fluch auch wirken, er
muss für seine Aktion dementsprechend bestraft
werden. Wenn er aber keinen Mist gebaut hat, dann
darf ihm nichts passieren, und seine Ehre muss
auch öffentlich wiederhergestellt werden. 24 Wenn
deine Leute von irgendwelchen Feinden niederge-
macht werden, weil sie nicht das getan haben, was
du wolltest, gib ihnen noch eine Chance. In dem
Augenblick, wo es ihnen leidtut und sie sich ändern
und wieder anfangen zu dir zu beten und dich toll
zu finden, 25 dann komm und hilf ihnen. Vergib
ihnen, wo sie Mist gebaut haben, und bring sie wie-

der zurück in das Land, was du ihnen vor Ewigkeiten schon lange versprochen hattest. 26 Wenn es länger nicht regnet und so alles vertrocknet, liegt das vielleicht daran, dass die Leute, die dort wohnen, nicht getan haben, was du wolltest. Wenn sie nun peilen, dass das der Grund ist, warum es gerade nicht regnet, und wenn sie sich dann ändern und wieder anfangen mit dir zu reden, wenn sie dann wieder hier beim Tempel beten und dich wieder toll finden, 27 dann höre ihre Gebete von dem Ort aus, wo du bist! Verzeih ihnen, wenn sie Mist gebaut haben! Verzeihe auch den Präsidenten und sag ihnen auch ganz konkret, was sie machen sollen, damit es wieder in dem Land regnet, was du ihnen für immer geschenkt hast. 28 Und wenn es mal für längere Zeit nichts zu essen gibt und alle voll Hunger kriegen, wenn die Sonne nur so vom Himmel knallt, so dass alles Getreide vertrocknet, wenn durch Parasiten und Bakterien die Ernte flöten geht, wenn plötzlich überall die Leute voll krank werden oder wenn eine feindliche Armee in das Land einfällt, 29 dann höre bitte auf die Gebete von deinen Leuten, egal, ob das jetzt nur ein einziger Mensch ist oder alle zusammen. Falls es jemanden richtig dreckig geht und er voller Verzweiflung seine Hände in die Richtung von diesem Tempel ausstreckt und zu dir betet, 30 dann hör auf seine Gebete von dort aus, wo du bist. Verzeihe ihm, wenn er Mist gebaut hat. Aber geh mit den Leuten immer so um, wie sie es verdient haben. Vor dir kann es keine Geheimnisse geben, du kannst ja Gedanken lesen und kennst jedes Gefühl, was wir fühlen. 31 Wir werden dann immer Respekt vor dir haben. Wir werden tun, was du sagst, für immer! Das gilt für die Leute, die hier in dem Land leben, was du schon vor langer Zeit unseren Leuten geschenkt hast. 32 Ich wünsch mir auch noch was von dir. Vielleicht kommt ja mal ein Ausländer von irgendwoher zu diesem Tempel, weil er von jemandem gehört hat, was für krasse Sachen du tust, wie powervoll du bist. Wenn er dann mit seiner Bitte hierher zu dir gekommen ist, 33 dann tue das bitte auch und erhöre seine Gebete. Wenn du so was bringst, werden alle Völker auf der ganzen Erde Respekt vor dir haben. Sie werden kapieren, dass du der einzige, echte Gott bist, und sie werden vor dir genauso Respekt haben wie wir, deine Leute. Und sie werden auch kapieren, dass dieses Haus, was ich für dich gebaut habe, dir gehört, dass du hier wirklich wohnst. 34 Und wenn deine Leute mal wegen einem Krieg im Ausland sind, weil du das von ihnen wolltest, und wenn sie dann in die Richtung von deiner Stadt sehen und in die Richtung von diesem Tempel, den ich dir gebaut habe, und dabei zu dir beten, 35 dann höre bitte auf ihre Gebete und sorg dafür, dass sie gewinnen. 36 Könnte ja auch passieren, dass die Israeliten plötzlich keinen Bock mehr auf dich haben, kann ja mal passieren, jeder baut mal Mist, und dann bist du total sauer auf sie und willst sie nicht mehr beschützen, und dann werden die Feinde den Krieg gewinnen und sie als Kriegsgefangene verschleppen, egal ob gleich um die Ecke oder voll weit weg. 37 Aber vielleicht kapieren sie dann dort im Knast, dass sie Mist gebaut haben. Vielleicht kümmern sie sich dann wieder um dich und sagen: ‚Ja, wir haben echt Mist gebaut, wir haben nicht getan, was du wolltest.‘ 38 Wenn sie sich dann wirklich radikal zu dir umdrehen und ihr Leben ändern, wenn sie dort wieder anfangen zu beten und dabei in die Richtung von diesem Land beten, was du ihren Familien vor Ewigkeiten versprochen hast, wenn sie dann auch in die Richtung von diesem Tempel beten, den ich für dich gebaut habe, 39 dann höre bitte auf ihre Gebete, wo auch immer du dann gerade bist! Sorg dafür, dass alles in Ordnung kommt, verzeih ihnen, wenn sie etwas gegen dich getan haben. 40 Gott, bitte liebe die Leute, die hier zu dir beten, und erhöre ihre Gebete! 41 So, jetzt komm vorbei und sei ganz nahe bei der Kiste mit den Gesetzen, zeig dort, was du draufhast! Sie ist wie ein Beweis für deine Macht! Komm zu diesem Platz und entspann dich dort! Sorg dafür, dass deine Priester genug Kraft haben, um uns zu zeigen, wie du uns helfen kannst. Bring die Menschen, die dir treu sind, gut drauf. 42 Und was den Präsidenten angeht, den du eingesetzt hast: Bitte schick mich nicht weg, wenn ich zu dir komme. Vergiss nicht, was du David mal versprochen hast, er hat immer alles getan, was du von ihm wolltest!“

7

Der erste Gottesdienst im neuen Tempel

1 Als Salomo zu Ende gesprochen hatte, passierte etwas total Heftiges: Wie ein großer Flammenwerfer kam ein Feuer aus den Wolken direkt in den Tempel rein! Die Flammen schlugen auf den Tisch auf und verbrannten alle Sachen, die dort drauf waren. Und dann war plötzlich Gott höchstpersönlich mit seiner ganzen Kraft da, jeder konnte das spüren. 2 Das war so heftig, dass die Priester nicht mehr in den Tempel gehen konnten! 3 Die Leute von Israel sahen, wie die Feuerflammen

aus dem Himmel auf den Tempel schlugen, und sie sahen auch Gottes ganz besondere, krasse Art über dem Haus. Alle warfen sich sofort hin, mit dem Gesicht zum Boden. Sie beteten zu Gott, dankten ihm und sagten so was wie: „Gott ist echt gut zu uns! Er liebt uns für immer, seine Liebe hört nie auf!“ 4 Jetzt fing der Präsident Salomo an mit allen Leuten gemeinsam die ersten Tiere für Gott zu schlachten. 5 22 000 Rinder und 120 000 Schafe wurden Gott geschenkt. Mit dieser Aktion wurde das Haus von Gott, zusammen mit allen Leuten und dem Präsidenten, eingeweiht. 6 Die Priester nahmen ihre Position ein, und auch die Tempelangestellten aus der Band kamen mit ihren Instrumenten an, die David extra für den Gebrauch im Gottesdienst hatte machen lassen. Die Band fing an Mucke zu spielen und begleitete damit die Lieder, die David geschrieben hatte. Die Leute standen draußen und hörten zu. Ein Hit, der immer wieder gespielt wurde, war das Lied: „Gott liebt ohne Ende!“ 7 Für die Menge an Fleisch, die bei diesem ersten Opfer gegrillt werden sollte, war der Tisch einfach zu klein. Darum öffnete Salomo den ganzen Mittelteil vom Vorhof und ließ dort auch andere Opfer duchziehen. Zum Beispiel das Abfackelopfer, oder die Fettstücke vom Fleisch vom Dankopfer wurden dort verbrannt. 8 Nach dieser Einweihungsparty vom Tempel setzte Salomo eine Woche lang das Fest der Blätterbuden in Israel an. Alle Leute, die jetzt dazugehörten, feierten das. Aus dem ganzen Land kamen viele Menschen. Von der Stadt Lebo-Hamat aus dem Norden bis zu dem Tal, das die Grenze nach Ägypten im Süden darstellte, waren alle gekommen. 9 Erst wurde sieben Tage lang die Einweihung gefeiert, dann noch mal sieben Tage das Fest der Blätterbuden. Am fünfzehnten Tag war dann eine fette Abschlussparty geplant. 10 Es war dann am 23. Oktober, als Salomo die Leute nach Hause schickte und die Feier damit beendete. Alle waren total gut drauf, weil jeder sehen konnte, dass Gott David, seinen Sohn Salomo und auch generell alle seine Leute fett beschenkt hatte.

Gott redet mit Salomo

11 Salomo hatte also das Ding wirklich durchgezogen. Das Haus für Gott und sein eigenes Haus waren fertiggeworden. Alles, was er auf seiner To-do-Liste hatte, war jetzt erledigt. 12 Plötzlich kam Gott in einer Nacht bei ihm vorbei. „Ich habe deine Gebete gehört“, sagte er zu ihm. „Und ich hab mir diesen Ort dazu ausgesucht, dass ihr mir dort Sachen opfert. 13 Es könnte ja mal wieder passieren, dass ich dafür sorgen muss, dass es nicht mehr regnet, weil ihr wieder Mist baut und es einfach nicht kapiert. Oder es könnte sein, dass es wieder eine Plage gibt, dass überall Heuschrecken kommen und alles ratzekahl leer fressen. Oder ich muss für irgendwelche üblen Krankheiten sorgen, dass meine Leute eine tödliche Grippe bekommen und dann endlich aufwachen. 14 Aber wenn dann meine Leute mit mir reden und zu mir beten, wenn sie ihren Kopf wieder klar kriegen und ihr Leben ändern, dann will ich ihre Gebete erhören. Ich werde es verzeihen, wenn sie Mist gebaut haben, und ich werde sogar dafür sorgen, dass der Schaden im Land wieder beseitigt wird. 15 Ich werde offen und nett mit den Leuten umgehen, die mit mir reden, und ich werde ihre Bitten erfüllen. 16 Diesen Tempel hab ich mir ausgesucht, er soll etwas ganz Besonderes sein. Hier will ich wohnen, mein Name soll praktisch vorne an der Tür stehen, für immer. Ich werde dieses Haus nie aus dem Blick verlieren, meine ganze Aufmerksamkeit und meine ganze Liebe gelten diesem Ort. 17 Wenn du so drauf bist, wie dein Vater David und alle Gesetze befolgst, 18 dann werde ich dafür sorgen, dass deine Regierungszeit sehr erfolgreich sein wird. Du und die Leute aus deiner Familie werden dann immer das Sagen in Israel haben. Ich und dein Vater hatten einen Vertrag gemacht. Dort hatte ich ihm versprochen, dass immer einer aus seiner Familie in Israel an der Macht sein wird. 19 Falls ihr aber irgendwann keinen Bock mehr auf mich habt und euch die Gesetze egal sind, wenn ihr irgendwann anfangt zu Plastikgöttern zu beten, 20 dann schmeiß ich euch aus diesem Land, was ich euch geschenkt habe, einfach raus. Auch der Tempel, mein Haus, wird mir dann egal sein. Überall in der Welt wird man über dieses Haus ablästern und es einfach lächerlich finden, wenn das passiert. 21 Leute, die früher noch mit Respekt auf dieses große Haus gesehen haben, werden dann auf einen Haufen Schrott blicken. „Was ist denn hier passiert?“, wird man dann fragen. „Warum hat Gott das zugelassen, dass dieses Land und dieses Haus derart kaputt gemacht wurden?“ 22 „Tja, das liegt da dran, weil sie Gott wie einen alten Mann behandelt haben“, wird man dann antworten. „Er hatte sie zwar aus Ägypten rausgeholt, aber sie hatten nichts Besseres zu tun, als zu Plastikgöttern zu beten und denen sogar Sachen zu opfern. Darum hat Gott dafür gesorgt, dass es ihnen jetzt so dreckig geht.“

8 Was Salomo sonst noch so gemacht hat

1 Die Bauzeit vom Tempel und vom eigenen Haus von Salomo betrug insgesamt 20 Jahre. 2 Als er damit fertig war, wurden als Nächstes die Städte ausgebaut, die er von Hiram bekommen hatte. Wegen seiner Order zogen dort dann auch viele von den Israeliten hin. 3 Dann war dieses Projekt auch erledigt, und als Nächstes zettelte Salomo einen Krieg gegen die Stadt Hamat-Zoba an, den er auch gewann. 4 Er baute dann noch ein paar Städte auf, zum Beispiel Tadmor, was in der Wüste lag. Aber auch die Städte aus dem Gebiet von Hamat wurden von ihm vergrößert und ausgebaut. Hier stellte er auch ein paar neue Lagerhallen hin. 5 Die Stadt Bet-Horon wurde von Salomo zu einem Militärstützpunkt umgebaut, mit Stacheldrahtzäunen, bewachten Eingängen und so. 6 Auch die Stadt Baalat wurde vergrößert, wie alle anderen Städte auch, wo er eine Panzergarnison stationiert hatte und Lagerhallen mit Lebensmitteln waren. Alle Bauvorhaben in Jerusalem, im Gebiet vom Libanon-Gebirge und auch anderswo im Land zog er durch. 7–8 Die Bauarbeiten wurden dabei von Billiglohnarbeitern und Männern mit Knebelverträgen ausgeführt. Besonders die Leute aus den Familien von den Ureinwohnern des Landes, die vor den Israeliten dort gewohnt hatten und nicht komplett plattgemacht worden waren, mussten hier arbeiten. Der ganze Rest von den Hetitern, Amoritern, Perisitern, Hiwitern und Jebusitern musste solche Arbeiten noch lange für die Israeliten erledigen. 9 Die Söhne von den Israeliten mussten aber nicht am Bau arbeiten, sie waren vor allem für den Wehrdienst vorgesehen. Die bekamen eine Soldatenausbildung und schlugen eine Laufbahn im Heer oder in der Panzergarnison ein. 10 Salomo hatte 250 Leute eingestellt, die die Aufsicht über die Arbeiter hatten. 11 Er hatte ja auch eine Tochter vom ägyptischen Präsidenten geheiratet. Sie bekam von ihm eine extra Villa gebaut, damit sie aus Jerusalem dorthin umziehen konnte. Sein Gedanke dabei war: „Ist bestimmt keine so gute Idee, wenn meine Ehefrau in dem gleichen Haus wohnt, wo mein Vater David früher gelebt hat. Die Kiste mit den Gesetzen war hier ganz in der Nähe, und dadurch ist bestimmt alles, wo diese Kiste war, extrem besonders geworden, es ist heilig!" 12 Als der Tempel fertig war, zog Salomo regelmäßig Abfackelopfer auf dem Tisch durch, der vor der Vorhalle vom Tempel stand. 13 Das Ganze hatte Gott ja dem Mose so vorgeschrieben. Er hatte gesagt, dass am Sonntag, am Neujahrstag und an den anderen drei großen Festen im Jahr dort gefeiert werden sollte. Diese großen Feste sind das Fest der Fladenbrote, der Sieben-Wochen-Rave und das Fest der Blätterbuden. 14 Salomo organisierte auf die Art, wie David es ihm erklärt hatte, verschiedene Gruppen von Priestern. Jeder Priester hatte seine Schicht, und die Tempelangestellten halfen ihnen dabei. Sie organisierten auch die Musik im Tempel, die dort jeden Tag gespielt werden sollte. Die Security-Leute wurden auch in Schichten für jeden Tag eingeteilt, alles nach dem Plan, der von David gemacht worden war. 15 Alles, was mit den Priestern zu tun hatte, wurde ganz genau so durchgezogen, wie David es gesagt hatte. Auch die Vorgaben, die den Tresor betrafen, wo das ganze Geld drin lagerte, wurden eins zu eins umgesetzt. 16 Irgendwann war dann alles fertig. Alles, was Salomo sich vorgenommen hatte, war auch passiert. Von dem Tag an, wo die Bauzeichnung fertig war und das Gelände vermessen wurde, bis zu dem Tag der Fertigstellung, wo der Bau komplett war. 17 Mal so nebenbei: In der Zeit kam Salomo auf der Durchreise auch mal in Ezjon-Geber und Elat vorbei. Das lag an der Küste vom Roten Meer im Land Edom. 18 Dort lagen ein paar Containerschiffe, die von Präsident Hiram kamen. An Bord war eine erfahrene Crew, die mit einigen Männern von Salomos Truppe gemeinsam in das Land Ofir schipperten, um für Salomo dort 420 Zentner Gold abzuholen.

9 Die Präsidentin aus Saba testet Salomos Wissen

1 Salomo wurde voll berühmt, überall in der Welt redete man von ihm. Auch in Saba hörte die dortige Präsidentin von Salomo und wollte ihn deswegen unbedingt mal kennenlernen. Sie kam also auf Besuch in Jerusalem vorbei. Vor allem wollte sie austesten, ob es stimmte, dass Salomo so megaschlau war, wie man ihr erzählt hatte. Sie kam also mit ihrem ganzen Personal an Hausangestellten in einer Wagenkolonne dort an. Im Gepäck hatte sie sehr viel Geld und auch ganz teure Parfüms dabei. Dann gab es das erste Treffen. Im Laufe des Gespräches stellte sie Salomo ganz schwere Fragen, die sie sich extra ausgedacht hatte. 2 Aber Salomo blieb die ganze Zeit locker. Jede Frage, egal, wie schwer die auch war, konnte er leicht beantworten. Sogar bei der Eine-Million-Euro-Frage hatte er keine Probleme. 3 Die Präsidentin bekam echt Respekt vor

Salomo, weil er so schlau war. Abends machte er dann mit ihr noch einen Rundgang durch die Präsidentenvilla. 4 Sie war sogar bei einem Essen der Staatsminister dabei. Hier kriegte sie auch mit, wie das ganze Essen serviert wurde. Alle Minister saßen geordnet nach ihren Aufgaben an einem langen Tisch. Die Servicekräfte hatten alle einen teuren Armani-Anzug an. Sie konnte Samuel auch zusehen, wie er im Tempel ein Abfackelopfer durchzog. Die Frau kriegte ihren Mund vor lauter Staunen nicht mehr zu. 5–6 „Also, ich muss ja sagen, dass die ganzen Storys, die ich über Sie gehört hatte, wirklich nicht übertrieben waren", sagte sie zu ihm. Ich hab es zwar echt nicht glauben können, aber alles, was von Ihnen erzählt wird, stimmt wirklich. Ich hab den Beweis dafür jetzt ja mit meinen eigenen Augen gesehen. Was Sie alles draufhaben, ist viel mehr, als man mir vorher erzählt hatte. Nicht einmal die Hälfte von dem, was ich hier erleben konnte, hatte man mir gesagt. 7 Die Menschen, die täglich um Sie herum sind, müssen echt glücklich sein. Ihre Minister und die anderen, die Ihnen immer zuhören können, wenn Sie so schlaue Sachen sagen, haben es echt gut! 8 Ihr Gott ist einfach genial! Er hatte wohl Spaß da dran, Ihnen die Macht in seinem Land zu geben. Er wollte wohl, dass Sie als Präsident seine Sache vertreten. Und Ihr Gott scheint seine Leute echt sehr zu lieben. Er sorgt für sie, damit sie nie aussterben. Das war bestimmt auch ein Grund, warum er Sie als Präsidenten haben wollte. Und Sie sollten dafür sorgen, dass in Ihrem Land alles gerecht und richtig zugeht." 9 Sie schenkte Salomo dann noch 4000 Kilo Gold, einige wertvolle Parfüms und ein paar Diamanten, die sie dabeihatte. Die Parfüms von der Präsidentin von Saba waren so krass teuer, dass man so was Edles seitdem nie wieder in Israel gesehen hat. 10 Mal so nebenbei erzählt, bekam Salomo von den Leuten aus Hiram, die den Import von Gold aus dem Land Ofir übernommen hatten, auch Edelholz und Diamanten geliefert. 11 Aus dem Holz ließ sich Salomo die Treppen bauen, die für den Tempel und für seine Residenz gebraucht wurden. Dann wurden da draus auch noch einige E-Gitarren gemacht, die für die Musiker am Tempel vorgesehen waren. So krasses Holz hatte es bis zu dem Zeitpunkt in ganz Juda noch nie gegeben. 12 Salomo las der Präsidentin von Saba jeden Wunsch von den Lippen ab. Er schenkte ihr alles, was man sich nur vorstellen konnte. Das war im Endeffekt sogar mehr, als sie ihm geschenkt hatte. Irgendwann packte sie ihre Sachen dann wieder ein und fuhr mit ihren Angestellten zurück nach Hause.

Wirtschaftswachstum unter Salomo

13 Salomo machte so viel Umsatz, dass er in nur einem Jahr über 7,5 Millionen Euro einahm. 14 Außerdem kam noch das Geld dazu, was er von den Handelsunternehmen an Steuern einkassierte. Und natürlich auch noch die Steuereinnahmen von seinen Provinzen in Arabien. 15 Salomo kaufte sich so mal eben 200 teure Gemälde, die jeweils 150 000 Euro wert waren. 16 Dazu kamen noch andere wertvolle Kunstgegenstände, die insgesamt auch noch mal 11 Millionen Euro kosteten. Die Sachen wurden alle in seine private Kunsthalle gestellt, die man auch den „Libanonwald" nannte. Sie lag direkt neben seiner Präsidentenvilla. 17 Er ließ sich eine Spezialanfertigung von einem Schreibtischstuhl machen, wobei der Sitz aus feinstem Leder war und die Beine und Armlehnen komplett aus Gold bestanden. 18–19 Um in seinem riesengroßen Büro direkt an den Schreibtisch zu kommen, musste man erst mal sechs Stufen hochgehen. Auf jeder Stufe stand rechts und links eine Figur, die wie ein Löwe aussah. Neben seinem Stuhl hatte er auch noch mal zwei solcher Figuren in Groß stehen. Der Schreibtisch selbst stand noch auf einem Podest, der nur aus Gold bestand. Es gab zu der Zeit keinen Präsidenten auf der ganzen Welt, der so ein krasses Büro hatte wie er. 20 Alle Tassen und Teller, die in der großen Kunsthalle „Libanonwald" im Regal standen, waren aus reinem Gold. Silber war zu der Zeit, wo Salomo am Start war, so wertlos wie Plastiktüten. 21 Dazu hatte er auch ein sehr gutes Transportsystem aufgebaut. Das meiste lief über Schiffe, die mit den Leuten von Hiram bis nach Tarschisch fuhren. Alle drei Monate kamen die Schiffe wieder zurück und hatten immer wieder neues Gold, Autos, Klamotten und Elektroartikel geladen. 22 Salomo war einfach der beste Präsident auf der ganzen Erde, keiner war so reich und gleichzeitig so schlau wie er. 23 Die Präsidenten kamen aus der ganzen Welt bei ihm an, um mal eine gute Rede von Salomo live zu hören. Sein Schnall vom Leben und seine Schlauheit hatte er ja von Gott bekommen. 24 Wenn Leute zu Besuch waren, brachten sie immer total viele Geschenke mit. Teures Porzellan, Rolexuhren, teure Parfüms, Rolls-Royce und Harleys waren dabei keine Seltenheit. So ging das jahrelang. 25 Salomo hatte eine gigantisch große Garage, wo 4000 Stellplätze nur für seine privaten Autos drin

waren. Er hatte eine eigene Security-Truppe von
12 000 Mann. Ein Teil davon war in Jerusalem stati-
oniert, der andere Teil wohnte in den anderen Städ-
ten, die Salomo ausgebaut hatte. 26 Er hatte voll den
Einfluss auf alle Präsidenten in der ganzen Gegend
vom Eufratfluss, dem Gebiet, wo die Philister und
Ägypter lebten. 27 In der Zeit, in der Salomo in Jeru-
salem regierte, war Silber, wie gesagt, nicht viel
wert. Es war so normal wie der Sand am Meer oder
wie das Gras auf den Wiesen von Ostfriesland.
28 Die Autos importierte Salomo aus Europa und
auch von anderen Kontinenten.

Wie es mit Salomo zu Ende ging

29 Alles, was man sonst noch so über Salomo erzäh-
len könnte, kann man in dem Bericht vom Prophe-
ten Natan lesen. Dann stehen noch ein paar Sachen
in den Artikeln von Ahija aus Schilo über ihn drin.
Der Prophet Jedo hat auch was aufgeschrieben, als
er ein paar Sachen von Gott zum Thema „Jero-
beam“ gesagt bekommen hatte. 30 Salomo regierte
40 Jahre lang von Jerusalem aus das Land. 31 Als er
dann gestorben war, beerdigte man ihn auf dem
Staatsfriedhof von Jerusalem. Als nächster Präsi-
dent kam sein Sohn Rehabeam an die Macht.

10

Die Israeliten teilen sich in zwei Lager

1 Rehabeam fuhr nach dem Tod seines Vaters
nach Sichem, weil er dort von allen Israeliten
zum neuen Präsidenten gewählt werden sollte. 2 Als
Jerobeam, ein Sohn aus der Familie Nebat, davon
hörte, packte er seine Sachen und kam zurück nach
Israel. Er hatte die ganze Zeit in Ägypten gewohnt,
weil er vor Salomo fliehen musste. 3 Die Chefs der
einzelnen Familienstämme organisierten ein Tref-
fen, wo er auch eingeladen werden sollte. Reha-
beam kam da dann auch hin. Die Männer sagten zu
ihm: 4 „Hören Sie mal, Ihr Vater hat uns ziemlich
heftige Steuern aufgedrückt. Einige von unseren
Männern mussten sehr hart für ihn arbeiten. Wenn
Sie uns jetzt aber versprechen, dass wir von Ihnen
nicht so stark mit Arbeit und Steuern belastet wer-
den, dann gehören unsere Stimmen Ihnen!“ 5 „Hm,
ich werde mir das durch den Kopf gehen lassen.
Wie wäre es mit einem weiteren Treffen übermor-
gen?“, antwortete Rehabeam. Als sie weg waren,
6 diskutierte er die Sache mit einigen erfahrenen
Beratern, die schon lange für seinen Vater Salomo
gearbeitet hatten. „Was meinen Sie? Wie soll ich
mich verhalten?“ 7 Die Männer sagten einstimmig:
„Gehen Sie freundlich mit diesen Leuten um. Seien
Sie nett zu ihnen. Wenn die das merken, fressen die
Ihnen bestimmt bald aus der Hand.“ 8 Aber Reha-
beam fand diesen Tipp total beknackt. Er fragte
darum auch noch mal ein paar alte Freunde, die mit
ihm aufgewachsen waren und jetzt bei ihm arbeite-
ten. 9 „Was denkt ihr? Wie soll ich mich jetzt verhal-
ten? Die wollen von mir, dass ich es ihnen leichter
mache und dass sie nicht mehr so hart für mich
arbeiten müssen.“ 10 Die jungen Männer meinten zu
ihm: „Also, wenn die bei dir ankommen und sich
beschweren, dass dein Vater ihnen zu harte Arbeit
aufgedrückt hat, und wollen, dass du sie davon
befreist, dann sag doch einfach: ‚Was mein Vater
konnte, das kann ich erst recht! 11 Wenn mein Vater
Ihnen harte Arbeit aufgedrückt hat, dann werde ich
Ihnen noch härtere Arbeit aufdrücken! Wenn er Sie
am Fließband im Akkord arbeiten ließ, denn werde
ich das Fließband schneller machen und von Ihnen
unbezahlte Überstunden fordern.‘“ 12 Nach drei
Tagen kamen Jerobeam und alle Leute bei Reha-
beam an. 13 Der Präsident gab ihnen eine Abfuhr, er
folgte nicht dem Rat von den Männern, die schon
mit Salomo am Start waren und etwas mehr Peilung
von Politik hatten. 14 Er hörte auf seine Freunde.
„Mein Vater hat Ihnen harte Arbeiten aufgedrückt,
richtig?“, sagte er zu den Leuten. „Ich werde Ihnen
noch härtere Arbeit aufdrücken! Mein Vater wollte
von Ihnen Akkordarbeit am Fließband? Aber ich
werde das Fließband schneller machen und unbe-
zahlte Überstunden von Ihnen verlangen.“ 15 Dem
Präsidenten war es egal, was diese Leute von ihm
wollten. Gott hatte dafür gesorgt, dass sich die Vor-
hersagen erfüllten. Die hatte er dem Propheten
Ahija gesagt, der sie in Schilo Jerobeam mitgeteilt
hatte.

Das Volk spaltet sich in Nord- und Südreich

16 Als der Nordteil des Volkes mitkriegte, dass dem
neuen Präsidenten ihre Wünsche piepsegal waren,
trafen sie sich, um über die Sache zu diskutieren.
„Was geht uns die Familie von David an? Seit wann
gehört der Mann, der aus dem Familienstamm von
Isai (also Juda) kommt, überhaupt zu uns? Alle
Männer von Israel, lasst uns nach Hause gehen!
Die Familie von David soll sehen, wie sie alleine
klarkommt!“ Schließlich gingen sie wieder zurück
nach Hause und gründeten ihren eigenen Staat, das
Nordreich „Israel“. 17 Die Familien vom Südteil, die
in den Städten von Juda wohnten, akzeptierten
Rehabeam als Präsidenten, der Rest aber nicht. Sie

nannten ihren eigenen Staat, das Südreich, einfach
„Juda“. 18 Einmal startete Rehabeam noch einen
Versuch, um sich mit den Männern zu einigen. Er
schickte Adoniram zu den Familien im Norden.
Adoniram war der Arbeitsminister und auch für die
Asylanten in Israel zuständig. Als der aber ankam
und aus dem Auto ausgestiegen war, schmissen die
Leute mit Steinen nach ihm, so lange, bis er tot war.
Der Präsident, der auch mit im Wagen saß, konnte
sich so gerade noch mal eben retten und floh nach
Jerusalem. 19 Der Norden erklärte seine Selbständig-
keit und verabschiedete sich von der Regierung, die
aus der Familie von David gestellt wurde. Deswegen
waren sie ab dann voneinander getrennt.

11

Gott sagt nein zum Plan, Krieg gegen Israel zu führen

1 Rehabeam kam irgendwann zurück nach
Jerusalem. Aus den Familienstämmen Juda und
Benjamin zog er einige Soldaten ein, so dass er am
Ende ein Heer von 180 000 Mann aufstellen konnte.
Die Soldaten waren alles altgediente Kämpfer. Der
Plan war, einen Krieg gegen das Nordreich Israel zu
führen und dann das ganze Volk unter seiner Herr-
schaft, dem Sohn aus der Familie von Salomo, wei-
ter zu regieren. 2 Gott fand das aber keine so gute
Idee. Er sagte zu dem Prophetentypen Schemaja:
3 „Ich hab eine Nachricht, die du bitte Rehabeam
von mir ausrichten sollst. Rehabeam ist der Präsi-
dent von Juda und ein Sohn von Salomo. Diese
Nachricht gilt aber für alle Menschen aus dem
Familienstamm Juda und auch für die Leute aus
dem Familienstamm Benjamin. Sag ihnen Folgen-
des: 4 „Diese Ansage kommt von Gott: ‚Ihr sollt kei-
nen Krieg gegen eure eigenen Geschwister führen,
hört ihr, Leute? Geht nach Hause! Es ist alles okay
so, ich hab das geregelt.‘“ Als Rehabeam das hörte,
gehorchte er Gott. Er kehrte mit seinen Leuten um
und ging nach Hause. 5–10 Rehabeams Hauptstadt,
von wo aus er regierte, war Jerusalem. Im Gebiet
von Juda und Benjamin baute er um einige Städte
große Schutzmauern auf. Das waren die Städte
Bethlehem, Etam, Tekoa, Bet-Zur, Socho, Adullam,
Gat, Marescha, Sif, Adorajim, Lachisch, Aseka,
Zora, Ajalon und Hebron. 11 Rehabeam ließ ein
Minenfeld und Stacheldrahzaun um die Städte auf-
bauen. Dann setzte er für jede Stadt einen General
ein. In den Städten wurden große Hallen gebaut, wo
Lebensmittel, Bier und Wein gelagert wurden.
12 Dann sorgte er auch noch für große Waffenlager,
wo MGs, Helme und schusssichere Westen drin
waren. So konnten die Städte gut verteidigt werden.
Auf die Art sicherte Rehabeam seine Macht in Juda
und Benjamin.

Die Priester und die Tempelangestellten laufen zu Rehabeam über

13 Alle Priester und die Tempelangestellten, die in
Israel lebten, stellten sich auf die Seite von Reha-
beam. 14 Denn sie hatten von Jerobeam und seinen
Nachfolgern ein Arbeitsverbot bekommen. Also
verließen sie ihren kompletten Besitz und zogen alle
um ins Südreich Juda bzw. nach Jerusalem. 15 Jero-
beam hatte für Ersatz gesorgt, indem er einfach
irgendwelche Leute als Priester angestellt hatte,
obwohl die gar keine Ausbildung dafür hatten. Die
sollten dann die Opferrituale für ihn im Land durch-
ziehen. Wobei es hier um Rituale für irgendwelche
Statuen und andere Plastikgötter ging, die aussahen
wie Stiere oder Ziegen. Er hatte die extra dafür
anfertigen lassen. 16 Aber die Levi-Leute blieben
ihrem Gott, dem Gott von Israel, treu. Ihnen folgten
auch viele andere Israeliten. Sie kamen alle immer
wieder nach Jerusalem, um dort dem Gott ein Opfer
zu schenken, an den schon ihre Väter und die Väter
von ihren Vätern geglaubt hatten. Das hatte man
früher auch immer so gemacht. 17 Sie unterstützten
außerdem die Regierung in Juda und stärkten Reha-
beam so den Rücken. Das ging über drei Jahre. In
der Zeit hielten sich die Leute an die Sachen, die
David und Salomo immer gesagt hatten.

Die Familie von Rehabeam

18 Rehabeam heiratete Mahalat. Ihr Vater war Jeri-
mot, ein Sohn von David. Ihre Mutter war Abihajil,
eine Tochter von Davids Bruder Eliab. Sie war also
eine Enkelin von Isai. 19 Mahalat bekam mit Reha-
beam drei Söhne, die sie Jeusch, Schemarja und
Saham nannten. 20 Danach heiratete Rehabeam
auch noch Maacha, eine Tochter von Abischalom.
Von ihr bekam er die Söhne Abija, Attai, Sisa und
Schelomit. 21 Insgesamt hatte Rehabeam achtzehn
Ehefrauen und sechzig Nebenfrauen. Es war damals
möglich, öfter zu heiraten, wenn man sich das
finanziell leisten konnte, wobei Ehefrauen mehr
Rechte hatten als Nebenfrauen. Diese vielen Frauen
bekamen von ihm 28 Söhne und sechzig Töchter.
Maacha war aber eindeutig seine Lieblingsfrau.
22 Das war auch der Grund, warum er Abija als
nächsten Präsidenten bestimmte, denn der kam aus
der Beziehung mit Maacha. Abija wurde seinen

anderen Brüdern immer vorgezogen. 23 Die anderen Söhne wurden von ihm aber auch geschickt in bestimmte Jobs eingesetzt. Er verteilte nämlich an alle ein Stück Land in Juda und Benjamin, was sie verwalten sollten. Dazu bekamen sie den Bürgermeisterposten in den Großstädten im Land. Jeder Sohn bekam ein spitzen Managergehalt. Und er sorgte auch dafür, dass jeder von seinen Söhnen genug Frauen am Start hatte.

12

Die Ägypter greifen an

1 Nachdem Rehabeam voll im Geschäft war und keiner ihm seine Macht in Juda mehr nehmen konnte, gingen ihm irgendwann Gott und seine Gesetze am Arsch vorbei. Den Menschen in ganz Juda ging es genauso. 2 In seinem fünften Jahr als Präsident gab es dann Krieg gegen Schischak, den Präsidenten von Ägytpen. Das war Gottes Strafe, weil Rehabeam ihn wie Luft behandelt hatte. 3 Schischak kam mit 1200 Panzern und über 6000 anderen Kampffahrzeugen an, die sein Heer in die Schlacht begleiteten. Dazu kamen noch total viele Soldaten aus Libyen, Sukkihit und Äthiopien, die als Hilfstruppen mit dabei waren. 4 Als Erstes nahm er die großen Städte von Juda ein. Dann rückte er gegen Jerusalem vor. 5 Der Prophet Schemaja klingelte in der Zeit mal beim Rehabeam an und wollte sich mit ihm und den anderen führenden Männern von Juda treffen. Die hatten sich vor den Truppen von Schischak alle nach Jerusalem zurückgezogen. Bei dem Treffen sagte er dann zu ihnen: „Ich hab eine Ansage von Gott für Sie: ‚Weil ihr mich wie Luft behandelt habt und ich euch egal war, seid ihr mir jetzt auch egal. Ich werde dafür sorgen, dass Schischak diesen Krieg gegen euch gewinnt.'" 6 Die Chefs von Juda und auch der Präsident mussten zugeben: „Gott hat recht! Wir haben Mist gebaut!" 7 Gott bekam mit, dass sie ihre Fehler zugaben. Darum sagte er zu Schemaja: „Die haben anscheinend kapiert, dass sie richtig Mist gebaut haben. Ich werde deswegen nicht zulassen, dass alle in diesem Krieg sterben. Ich bin jetzt nicht so sauer, dass ich Schischak deswegen Jerusalem komplett plattmachen lasse. Bald rette ich die Israeliten. 8 Trotzdem müssen sie erst mal eine Niederlage hinnehmen und eine Zeitlang für Schischak arbeiten. Sie sollen einfach mal den Unterschied mitkriegen, was es bedeutet, das zu tun, was ich von ihnen will, oder das zu tun, was andere Präsidenten von ihnen wollen. 9 Schischak kämpfte also gegen Jerusalem und gewann diesen Krieg. Er nahm die Stadt ein und zockte aus dem Tempel alles, was irgendwie wertvoll war. Auch den Tresor von der Präsidentenvilla knackte er und die ganzen teuren Gemälde und Kunstschätze ließ er auch mitgehen, die alle noch von Salomo stammten. Auch die goldenen Helme, die Salomo extra hatte anfertigen lassen, waren futsch. 10 Rehabeam musste extra neue Helme für die Soldaten machen lassen, die das Haus von Gott bewachen sollten. Sie waren diesmal aber nur aus Stahl. Er gab sie dem Oberst der Einheit, die am Eingang von der Residenz Wache schob. 11 Immer wenn der Präsident in das Haus von Gott gehen wollte, trugen die Wachsoldaten diese Helme. Danach wurden sie in ihrer Kaserne im Spind gelagert. 12 Weil Rehabeam aber schnell kapierte, dass er Mist gebaut hatte, war Gott nicht so lange sauer auf ihn und machte ihn nicht völlig kaputt. In der Zeit war nämlich nicht alles daneben, was in Juda so abging.

Die Zeit von Rehabeam ist vorbei

13 Rehabeam konnte mit der Zeit seine Macht wieder etwas ausbauen. Er war übrigens 41 Jahre alt, als er Präsident wurde, und regierte 17 Jahre von Jerusalem aus das Land. Jerusalem war eine Stadt, die Gott extra ausgesucht hatte, er wollte hier unter seinen Leuten wohnen. Die Mutter von Rehabeam war übrigens eine Ammoniterin und hieß Naama. 14 Alles in allem lebte er nicht so, wie Gott es gut findet, weil es ihm irgendwie egal war, was der von ihm wollte. 15 Die ganzen Geschichten aus der Zeit, als Rehabeam an der Macht war, kann man auch noch mal in den Berichten von den Propheten Schemaja und Iddo nachlesen. Dort gibt es auch eine Liste, wo die einzelnen Familienstämme aufgeschrieben sind. Solange er an der Macht war, gab es die ganze Zeit Krieg mit Jerobeam. 16 Seine Leiche wurde dann in Jerusalem, der Stadt von David, auf dem Friedhof beerdigt. Als nächster Präsident war dann sein Sohn Abija an der Reihe.

13

Abija wird der Präsident von Juda

1 Im 18. Regierungsjahr von Jerobeam als Präsident von Israel wurde Abija Präsident in Juda. 2 Er regierte drei Jahre lang von Jerusalem aus das Land. Seine Mutter hieß Michaja, die wiederum eine Tochter von Uriel war, der aus Gibea stammte. Auch zwischen Abija und Jerobeam gab es Krieg. 3 Er stellte sein Heer mit 400 000 guten

Soldaten zusammen, um gegen das Heer von Jero-
beam mit 800 000 guten Männern zu kämpfen.
4 Während sich die Armeen so gegenüberstanden,
griff sich Abija das Megaphon und stellte sich auf
einen Hügel, der Zermarajim genannt wurde. Das
Ganze passierte in den Bergen von Efraim. Er schrie
in das Megaphon: „Jerobeam und alle anderen
Männer: Hört mir zu! 5 Ihr könnt doch unmöglich
vergessen haben, dass der Gott von Israel mit
David einen Vertrag gemacht hatte, der immer noch
gilt. In diesem Vertrag hat er David und seiner Fami-
lie versprochen, dass sie für immer die Macht in
Israel haben sollen. 6 Jerobeam hatte da aber keinen
Bock drauf. Er hat sich gegen einen der Söhne von
David gestellt und eine kleine Revolution angezet-
telt. 7 Mit einer Gruppe von Gangstern hat er es
geschafft, Rehabeam die Macht abzuknöpfen. Reha-
beam war ein Sohn vom Salomo und kam aus der
Familie vom David. Zu der Zeit war er aber noch viel
zu jung, er konnte sich nicht wirklich dagegen weh-
ren. 8 Und jetzt glaubt ihr im Ernst, ihr könnt gegen
den Präsidenten aus der Familie vom David gewin-
nen? Gott selbst hat die Familie vom David dafür
bestimmt! Nur weil ihr so viele seid, glaubt ihr, dass
dieser Krieg schon so gut wie gewonnen ist, oder?
Oder glaubt ihr etwa, diese Plastikgötter, die Jero-
beam für euch hat anfertigen lassen, werden euch
helfen? 9 Ihr habt alle Priester von Gott einfach raus-
geschmissen, die aus der Familie von Aaron stamm-
ten. Auch die übrigen Levi-Leute habt ihr einfach
rausgekickt. Stattdessen wurden dann solche Pseu-
dopriester eingestellt, die die anderen Länder auch
haben. Bei euch kann ja jeder Trottel ein Priester
werden, er braucht nur einen Stier und sieben
Schafe mitbringen, zack, gleich ist er befördert.
Dabei ist er dann der Priester von so einem Pseudo-
gott, der in Wirklichkeit gar kein echter Gott ist!
10 Wir bleiben auf jeden Fall unserem Gott treu! Wir
leben weiter mit ihm und ziehen ihn nicht ab. Bei
uns ist es normal, dass die Männer aus der Familie
von Aaron als Priester arbeiten, und die anderen
Levi-Leute machen auch ihren Job als Tempelange-
stellte. 11 Zum Beispiel ziehen sie jeden Morgen und
jeden Abend ein Abfackelopfer durch und das Opfer
mit den Räucherstäbchen. Sie legen auch immer die
besonderen Brote auf den Tisch und machen jeden
Abend die Kerzen am goldenen Leuchter an. Alles,
was wir hier arbeiten, geht streng nach Vorschrift,
so wie Gott es gesagt hat. Ganz im Gegenteil zu
euch, ihr habt Gott wie einen Volltrottel behandelt!
12 Vergesst eine Sache niemals: Gott kämpft auf
unserer Seite! Er führt unsere Armee höchstpersön-
lich an! Die ganze Band und der Chor von den
Priestern sind sofort da, wenn der Angriff losgeht,
und werden das Zeichen zum Angriff geben. Män-
ner von Israel, macht keinen Fehler! Kämpft nicht
gegen Gott! Da könnt ihr nur verlieren!" 13–14 Wäh-
rend Abija noch am Reden war, hatte sich das Heer
von Jerobeam in zwei Gruppen aufgeteilt. Er hatte
eine Truppe heimlich einmal um das Schlachtfeld
geschickt, so dass sie Juda von zwei Seiten angrei-
fen konnten. Als die Soldaten das mitbekamen,
kriegten sie voll die Panik und riefen zu Gott. Jetzt
drehte die Priesterband ihre Verstärker voll auf und
machte erst mal laut Musik. 15 Dann fing die ganze
Armee wie blöd an zu schreien. In dem Augenblick
übernahm Gott die Sache, er selbst schlug die
Armee von Jerobeam in die Flucht. 16 Die Soldaten
rannten wie wild gewordene Ameisen auseinander,
und so war es für die Armee von Juda ein leichtes
Spiel, sie so zu besiegen. Gott hatte dafür gesorgt,
dass es so passierte. 17 Abijas Armee verpasste dem
Gegner eine sehr heftige Niederlage, von den Solda-
ten aus Israel starben alleine 500 000 Mann. 18 In
dieser Schlacht kriegten die Leute aus Israel richtig
eins auf die Mütze. Die Männer von Juda gewannen
diesen Krieg, weil sie an den Gott geglaubt hatten,
dem schon die Leute vor ihnen immer vertraut hat-
ten. 19 Jerobeam wurde von Abija noch an anderer
Stelle geschlagen. Er eroberte die Städte Bet-El,
Jeschana und Efron mit den umliegenden Dörfern.
20 Von diesem Schlag erholte sich Jerobeam nie
mehr. Schließlich sorgte Gott dafür, dass er den
Löffel abgeben musste. 21 Abija wurde immer stär-
ker. Er heiratete übrigens insgesamt 14 Frauen, die
zweiundzwanzig Söhne und sechzehn Töchter von
ihm bekamen. 22 Alles, was man sonst noch über
Abija erzählen könnte, was er so gebracht und
gesagt hat, kann man in dem Bericht vom Prophe-
ten Iddo lesen. 23 Nach seinem Tod wurde er in der
Stadt von David auf dem Friedhof beerdigt. Als
nächster Präsident kam dann sein Sohn Asa an die
Reihe. In der Zeit, wo Asa das Sagen hatte, gab es
mal zehn Jahre lang keinen Krieg.

14

Noch ein Präsident: Asa

1 Asa war gut drauf, er zog die Sachen
durch, die Gott gut findet. 2 Er warf alle
Plastikgötter in den Müll, sprengte die Tempel von
den Göttern der anderen Völker und ließ alle Zau-
bersachen verschrotten. 3 Asa forderte die Leute von

Juda auf, radikal mit Gott zu leben, an den ihre
Familien schon immer geglaubt hatten. Sie sollten
nach seinen Gesetzen leben und alles tun, was dort
drinsteht. 4 Auch in den anderen Städten in Juda, wo
diese Opferplätze von irgendwelchen komischen
Plastikgöttern aufgebaut waren, räumte er radikal
auf. Alles kam in den Müll, auch die Altäre, wo man
immer Räucherkerzen für diese Götter angezündet
hatte. 5 Gott sorgte dafür, dass in der Zeit, wo Asa in
der Regierung saß, keiner Juda angreifen wollte.
Darum konnte er die Zeit dazu nutzen, einige der
Städte in Juda besser auszubauen und auch vor
Angriffen zu schützen. 6 Sein Befehl lautete so: „Die
Städte brauchen alle eine Schutzmauer, Stachel-
drahtzäune und Wachtürme drum herum. Dazu
muss es gesicherte Eingänge mit Schranken geben.
Zurzeit können wir solche Projekte in Ruhe realisie-
ren. Weil wir immer getan haben, was Gott von uns
wollte, hat er dafür gesorgt, dass es zurzeit keinen
Krieg gibt. Unsere Grenzen sind sicher." Also fing
der Bautrupp an loszulegen und alle Arbeiten wur-
den auch rechtzeitig beendet. 7 Die Armee von Asa
bestand aus 300 000 Soldaten, die vom Familien-
stamm Juda kamen. Alle waren mit einer MG
bewaffnet und hatten schusssichere Westen an.
Dann gab es noch 280 000 Soldaten von Familien-
stamm Benjamin, die ähnlich bewaffnet waren.
Übrigens alles gut ausgebildete, mutige Soldaten.
8 Einmal drang Serach, ein Typ aus Äthopien, mit
seiner Armee, eine Million Mann stark und mit drei-
hundert Panzerwagen, bis nach Merescha vor, um
gegen Juda zu kämpfen. 9 Asa zog mit seinen Leu-
ten auf das Schlachtfeld bei Marescha im Zefata-Tal,
wo sich dann beide Truppen gegenüberstanden.
10 Als er die megagroße Armee sah, betete Asa zu
Gott: „Gott, mein Chef, nur du kannst helfen, wenn
man in so einer Verliererposition ist wie wir gerade.
Es gibt echt niemanden außer dir, der uns hier raus-
hauen könnte. Bitte, Gott, hau uns da raus! Wir
verlassen uns nur auf dich! Nur weil wir an dich
glauben, haben wir eine Chance gegen diese Über-
macht. Du bist der Chef, du bist unser Gott. Und
wer kann es schon mit dir aufnehmen?" 11 Gott
übernahm dann die Sache für Asa und die Männer
von Juda. Er schlug die Äthiopier im Kampf zurück,
so dass sie fliehen mussten. 12 Sie wurden von Asas
Männer bis nach Gerar verfolgt. Auf der Flucht wur-
den so viele Soldaten von ihrer Armee niederge-
schossen, dass Serach nicht mehr genug Männer
für einen Gegenschlag zusammenbekam. Gott hatte
dafür gesorgt, dass er eine heftige Niederlage beige-
pult bekam. Die Soldaten von Juda sammelten dann
noch sehr viele coole Sachen ein, die die Armee
vom Feind zurückgelassen hatte. 13 In einem Streich
konnten sie dann auch noch die ganzen Vororte von
Gerar einnehmen. Gott hatte dafür gesorgt, dass
die Bewohner so krasse Angst vor den Leuten aus
Juda hatten, dass sie sich wirklich nicht wehren
konnten. Auch diese Orte wurden ausgeraubt, dort
gab es eine Menge Sachen zu holen, die man gut
gebrauchen konnte. 14 Die ganzen Ziegen und Kuh-
herden und auch viele Pferde konnten sie von den
Hirten abziehen, die dort gerade am Lagern waren.
Die Beute war gigantisch groß. Als alles erledigt
war, gingen sie wieder zurück nach Jerusalem.

15

Asa erneuert den Vertrag mit Gott

1–2 Irgendwann gab es ein Treffen zwischen
dem Propheten Asarja, einem Sohn vom
Oded, und Asa. Die Kraft von Gott kam da auf
Asarja runter, er ging zu Asa und sagte ihm: „Herr
Präsident Asa, hören Sie mir bitte mal gut zu! Das
gilt auch für alle anderen Leute von Juda und aus
dem Familienstamm Benjamin. Gott hält zu euch,
solange ihr zu ihm haltet. Wann immer ihr ihn
braucht, wird er für euch da sein. Wenn ihr aber kei-
nen Bock auf ihn habt, dann hat er auch keinen
Bock mehr auf euch. 3 Die Israeliten waren eine
lange Zeit so drauf gewesen, dass sie ohne den ein-
zigen Gott, den es gibt, gelebt haben. Es gab noch
nicht mal irgendwelche Priester, die ihnen was von
Gott erzählen konnten. Und die Gesetze hatte man
auch vergessen. 4 Immer wenn es ihnen dann wie-
der beschissen ging, fiel ihnen Gott wieder ein, und
sie kamen dann wieder bei ihm angedackelt. Sie
wollten wieder zurück zu Gott, und er sorgte dafür,
dass man ihn auch finden konnte. 5 In der Zeit war
es sogar total gefährlich, zu trampen oder sonst wo
hin zu reisen, weil es überall Kriege gab, totales
Durcheinander und Chaos. 6 Die einzelnen Völker
hatten sich gegenseitig den Krieg erklärt, und auch
die Städte kämpften gegeneinander. Gott hatte alles
total durcheinandergebracht, indem überall irgend-
welche Katastrophen am Start waren. 7 Ich fordere
euch hiermit auf, nicht länger nur schlaff rumzuhän-
gen! Gott wird euch belohnen, wenn ihr jetzt in die
Hufe kommt und die Plastikgötter zerschrottet!"
8 Diese Worte schlugen bei Asa ein wie eine Bombe.
Sofort gab er die Order raus, überall, wo die Famili-
enstämme Juda und Benjamin wohnten, die ganzen
ätzenden Plastikgötter zu verschrotten. Das Ganze

wurde auch in den Städten durchgezogen, die er in
den Bergen von Efraim eroberte hatte. Dann
beschloss er noch umfangreiche Renovierungsmaß-
nahmen an der Vorhalle vom Tempel durchzufüh-
ren. 9 Als alles fertig war, organisierte er ein Treffen,
wo die Männer aus Juda und Benjamin zusammen-
kamen. Die Männer aus den Familienstämmen
Efraim, Manasse und Simeon, die sich gerade in der
Gegend aufhielten, waren auch eingeladen. Es
waren nämlich sehr viele Männer zur Armee von
Asa übergelaufen, als sie mitbekommen hatten,
dass Gott bei ihm echt voll am Start war und in sei-
nem Team mitspielte. 10 Es war gerade das 15. Jahr,
in dem Asa in Jerusalem an der Macht war, als sie
sich alle dort trafen. 11 Zusammen wurde erst mal
eine große Opfersession durchgezogen. 700 Rinder
und 7000 Schafe wurden für Gott geschlachtet. Die
kamen alle aus der Beute vom letzten Kriegszug.
12 Der Vertrag, den Gott mit ihren Vorfahren
geschlossen hatte, wurde noch mal erneuert. Alle
beschlossen, ab sofort nur noch ganz krass das zu
tun, was Gott von ihnen wollte. Mit allem, was geht,
wollten sie radikal Gott folgen. 13 Wenn irgendje-
mand von den Leuten da nicht mitmachen wollte,
sollte er sogar die Todesstrafe kriegen! Und das galt
für jeden, egal ob das ein Professor war oder die
Frau beim Aldi an der Kasse, es war also auch egal,
ob Mann oder Frau. 14–15 „Das versprechen wir dir,
hundertprozentig!", jubelten sie dann alle los. Plötz-
lich fing die Band spontan an ein paar Songs zu
spielen. Alle in Juda waren total begeistert. Dieses
Versprechen, was sie Gott gemacht hatten, kam
nämlich voll aus dem Herzen. Und weil alle so radi-
kal mit Gott unterwegs sein wollten, kam er ihnen
auch wieder ganz nahe. An allen Grenzen von Juda
gab es ab dann keinen Krieg mehr. 16 Der Präsident
Asa verklagte sogar seine eigene Mutter Maacha,
weil die so eine ätzende Statue von dieser Plastik-
göttin Aschera hatte aufstellen lassen. Das Teil ließ
er wegsprengen und die Holzreste auf den Schrott-
platz im Kidrontal verbrennen. 17 Leider verschrot-
tete er aber nicht alle Opferplätze in Israel, wo für
irgendwelche Plastikgötter geopfert wurde. In allen
anderen Dingen zog Asa aber die Sachen durch, die
Gott von ihm wollte, und er lebte immer radikal mit
ihm. 18 Die Geräte aus Silber und Gold, die sein
Vater Gott mal geschenkt hatte, holte er alle wieder
zurück in den Tempel. Er schenkte Gott auch noch
mehr solche Sachen aus Gold und Silber. 19 In den
ersten 35 Jahren, wo Asa an der Macht war, gab es
keinen Krieg mehr.

16

Asa führt Krieg gegen Israel

1 Als Asa 36 Jahre regierte, erklärte ihm Ba-
scha, der Präsident von Israel, plötzlich den
Krieg. Er zog seine Truppen zusammen und baute
die Stadt Rama als Stützpunkt für seine Soldaten
aus. Er wollte von dort aus die Straßen von und
nach Juda kontrollieren. 2 Asa versuchte sofort,
einen Verbündeten mit ins Boot zu holen. Er
schickte ein paar seiner Leute nach Damaskus zu
Ben-Hadad, dem Präsidenten von Syrien. Im Ge-
päck hatten sie einen Koffer mit dem Bargeld, was
noch auf den Staatskonten und dem Konto vom
Tempel drauf war. Mit dabei lag ein Brief, in dem
stand: 3 „Sehr geehrter Herr Präsident Ben-Hadad.
Ich möchte Ihnen hiermit einen Vertrag anbieten. So
etwas Ähnliches hat es ja schon mal zwischen unse-
ren Vätern gegeben. Ich werde Ihnen richtig viel
Geld bezahlen, wenn Sie dafür Ihren Nichtangriffs-
pakt mit Bascha, dem Präsidenten von Israel, auf-
kündigen. Wenn Sie ihn angreifen würden, müsste
er seine Truppen von meiner Grenze wieder abzie-
hen. Über eine positive Antwort würde ich mich sehr
freuen. Mit freundlichen Grüßen, Präsident Asa."
4 Ben-Hadad ging auf den Deal ein. Er schickte seine
Truppen gegen Israel, sie griffen das Land an und
machten die Städte Ijon, Dan und Abel-Mijam platt.
Dazu wurden auch alle Lagerhäuser der Städte im
Gebiet vom Familienstamm Naftali ausgeraubt. 5 Ba-
scha musste darum erst mal damit aufhören, Rama
weiter auszubauen. 6 Jetzt rief Asa sämtliche Män-
ner von Juda zusammen und schickte sie auf die
Baustelle in Rama. Sie transportierten die Betonmi-
scher, das Holz und alles Material weg, was Bascha
dort zum Ausbau von seinem Stützpunkt gelagert
hatte. Mit dem Zeug ließ er dann die Schutzmauer
der Städte Geba und Mizpa ausbauen.

Hanani, ein neuer Prophet

7 In der Zeit gab es so einen Prophetentypen, der
Hanani hieß. Der kam dann bei Asa mit einer Nach-
richt von Gott vorbei. „Warum hast du den Präsi-
denten von Syrien um Hilfe gebeten, anstatt erst
mal bei Gott, dem Chef, anzufragen? Jetzt hast du
die Chance versiebt, auch noch die Armee von
Syrien zu besiegen. 8 Kannst du dich noch an den
Krieg gegen die Kuschiter und Libyer erinnern? Die
hatten auch so eine megagroße Armee mit fetten
Panzern und allem Drum und Dran. Damals hast
du dich auf Gott verlassen, und er hat dafür gesorgt,
dass sie von dir besiegt wurden. 9 Gott hat den
Überblick, er sieht die ganze Erde gleichzeitig. Und

er achtet da drauf, wem er helfen kann, wenn Leute
radikal mit ihm leben. Aber diesmal hast du so
getan, als hättest du einfach gar nichts kapiert! Das
ist der Grund, warum du ab jetzt einen Krieg nach
dem anderen haben wirst." 10 Asa wurde voll sauer
auf den Propheten und ließ ihn sofort festnehmen
und in den Knast stecken. In der Zeit war er generell
gegen einige Leute aus dem Volk ziemlich aggromä-
ßig unterwegs.

Wie es mit Asa zu Ende ging
11 Alles, was man sonst noch so über Asas ganze
Regierungszeit erzählen könnte, steht im Buch über
die Präsidenten von Juda und Israel. 12 Als er
39 Jahre an der Macht war, bekam er eine echt fiese
Krankheit an den Füßen. Diese Krankheit war sehr
ernst, trotzdem ließ er nie dafür um Heilung beten.
Anstatt zu Gott ging er immer nur zu den Ärzten.
13 In seinem 41. Jahr als Präsident starb Asa. 14 Er
wurde in dem Grab beerdigt, was er extra für sich
selbst auf dem Jerusalemer Friedhof hatte bauen
lassen. Dort legte man ihn in einen Sarg, der von
innen mit gut riechenden Parfüms und Salben ein-
geschmiert worden war. Die Sachen wurden von
Leuten ausgesucht, die Ahnung von so was hatten.
Bei seiner Beerdigung machte man ein riesengro-
ßes Lagerfeuer, weil man damit zeigen wollte, dass
er Respekt verdient hatte.

17 **Joschafat, ein guter Präsident**
1 Nachdem Asa tot war, wurde sein Sohn
Joschafat zum neuen Präsidenten ernannt.
Joschafat wurde ein sehr starker und mächtiger
Mann. 2 Er baute in den größeren Städten von Juda
Kasernen, stationierte seine Streitkräfte im ganzen
Land, auch in den Städten im Gebiet Efraim, die
sein Vater früher mal erobert hatte. 3 Gott war auf
der Seite von Joschafat, weil er so lebte, wie David
es auch getan hatte. Er hatte keinen Bock auf diese
Baal-Plastikgötter 4 und blieb nur dem einen Gott
treu, an den auch sein Vater immer geglaubt hatte.
Er zog die Gesetze alle durch – ganz im Gegensatz
zu dem Präsidenten aus Israel, der das nicht tat.
5 Darum sorgte Gott dafür, das Joschafat immer fest
im Sattel saß und keiner ihm seine Macht streitig
machen konnte. In Juda hatten alle Leute Respekt
vor ihm. Er wurde auch sehr reich, und viele Leute
fanden ihn voll gut. 6 Weil er genau das durchzog,
was Gott ihm sagte, wurde er auch immer mutiger.
So ließ er alle Plätze wegsprengen, wo man Plastik-
göttern Sachen schenken konnte. Auch diese Figu-
ren von der Plastikgöttin Aschera, die überall in Juda
rumstanden, ließ er verschrotten. 7 Als Joschafat drei
Jahre an der Macht war, setzte er „Reliunterricht für
alle" in sämtlichen Städten an. So sollte den Leute
aus Juda beigebracht werden, was alles in den Ge-
setzen steht. Als Relilehrer wurden einige seiner
Beamten eingestellt. Das waren Ben-Hajil, Obadja,
Secharja, Netanel und Michaja, 8 dazu die Levi-Leute
Schemaja, Netanja, Sebadja, Asael, Schemiramot,
Jonatan, Adonija, Tobija und Tob-Adonija sowie die
Priester Elischama und Joram. 9 Sie zogen von Stadt
zu Stadt und hielten überall öffentliche Relistunden.
Mit dem Buch unterm Arm, wo die Gesetze drin-
standen, unterrichteten sie die Leute im Land. Der
Präsident hatte das so befohlen. 10 Alle angrenzen-
den Staaten hatten totalen Respekt vor Juda, Gott
hatte dafür gesorgt, dass das so war. Keiner traute
sich, Joschafat anzugreifen. 11 Die Philister zahlten
Steuern an ihn und brachten ständig irgendwelche
Werbegeschenke vorbei. Die Araber lieferten 7700
männliche Schafe und 7700 männliche Ziegen. 12 So
wurde die Macht von Joschafat im Laufe der Zeit
immer größer. In Juda baute er viele neue Kasernen
und große Lagerhallen für Lebensmittel. 13 Solche
Lagerhallen legte er auch in den anderen Städten
von Juda an. Die Elitetruppen vom Heer waren di-
rekt in Jerusalem stationiert. 14 Die Einteilung, wer
wann Dienst hatte, war nach den Familien geregelt.
Die Generäle der Truppe von Juda waren so: Adna,
Oberst und Befehlshaber über 300 000 gute Solda-
ten; 15 Johanan, Oberst und Befehlshaber über
280 000 Mann; 16 Amasja, der Sohn von Sichri, Be-
fehlshaber über 200 000 Mann (er hatte sich freiwil-
lig zur Armee von Gott gemeldet). 17 Die Truppen-
führer des Stammes Benjamin waren: Eljada, auch
ein guter Soldat, Befehlshaber über 200 000 Mann,
die mit MGs bewaffnet waren (die hatten auch jeder
eine schusssichere Weste dabei); 18 Josabad, Be-
fehlshaber über 180 000 gut ausgerüstete Soldaten.
19 Diese Männer standen alle dem Präsidenten zur
Verfügung, wenn es mal wieder Krieg geben sollte.
Dazu natürlich auch noch die ganzen Truppen, die
aus Zeitsoldaten bestanden und ständig in den Bun-
kern und Wehranlagen in Juda stationiert waren.

18 **Es gibt einen Vertrag zwischen den Präsidenten von Israel und Juda**
1 Irgendwann hatte Joschafat eine Menge
Kohle auf seinem Konto. Außerdem hatte er einen

sehr guten Ruf. Sein Sohn heiratete dann eine Tochter vom Präsidenten Ahab. 2 Nach ein paar Jahren besuchte er mal Ahab, den Präsidenten von Israel, in dessen Hauptstadt Samaria. Als er da war, veranstaltete der erst mal eine große Grillparty, wo viele Schafe und Rinder geschlachtet wurden. Abends bequatschte Ahab ihn dann zu einem gemeinsamen Krieg gegen die Stadt Ramot, die in Gilead lag. 3 „Wie sieht's aus? Sind Sie dabei, wenn ich Ramot angreife?", fragte ihn Ahab. „Hm, okay, bin dabei!", antwortete Joschafat. „Sie können sich auf meine Leute verlassen, die werden so kämpfen, als würden sie zu Ihrer Armee gehören!" 4 „Aber wäre es nicht noch eine gute Idee, vorher noch mal Gott zu fragen, was er da drüber denkt?", warf Joschafat dann noch ein. 5 Ahab organisierte sofort eine Prophetenkonferenz. Etwa 400 Propheten waren dort. Er fragte die Versammlung: „Liebe Propheten, ich hab eine wichtige Frage: Sollen wir die Stadt Ramot angreifen oder nicht?" – „Klar, hauen Sie sie weg!", riefen die Propheten. „Gott hat sie Ihnen jetzt schon geschenkt!" 6 Joschafat war sich aber noch nicht hundertprozentig sicher. „Hm, gibt es sonst noch irgendwo einen Mann, der einen guten Draht zu Gott hat? Kennt jemand noch einen Propheten, durch den man sich die Meinung von Gott einholen könnte?", fragte er Ahab. 7 „Ja, einen haben wir noch!", antwortete der Präsident von Israel. „Es gibt noch Micha, den Sohn von Jimla. Aber ich kann den Typen nicht leiden, weil der mir immer nur die übelsten Sachen ankündigt, wenn ich ihn mal befrage." Aber Joschafat stutzte ihn etwas zurecht: „Ich finde, so eine schwache Aussage sollte ein Präsident nicht bringen!" 8 Also ließ der Präsident dann über seinen Sekretär bei Micha anfragen, ob er so schnell wie möglich zu einem Treffen mit den Propheten kommen könnte.

Ein seltsamer Propheten-Treff

9 Das Treffen fand dann auf einem Platz statt, der vor der Stadt Samaria lag. Vorne standen zwei spezielle Stühle, wo die beiden Präsidenten drauf saßen. Die vierhundert Propheten tanzten dabei die ganze Zeit rum. Sie waren vom vielen Meditieren und Beten irgendwie total breit und tanzten immer im Kreis. 10 Einer von ihnen, und zwar Zidkija, der Sohn von Kenaana, hatte sich ein Trikot von Bayern München angezogen und schrie die ganze Zeit rum: „Ha, ha! So wie Bayern München eine Meisterschaft nach der nächsten abräumt, werden Sie gegen die Syrer gewinnen! Sie werden die komplett plattmachen!" 11 Die anderen Propheten riefen Sachen, die in die gleiche Richtung gingen. „Eine Kriegserklärung gegen Ramot ist richtig! Wir werden gewinnen! Gott wird dafür sorgen, dass die ganze Stadt bald dem Präsidenten gehört!"

Ein Prophet ist dagegen

12 Bevor sie am Ort waren, erzählte der Sekretär, der Micha extra abgeholt hatte, von der Ansage, die von den anderen Propheten gekommen war: „Alle Propheten sagen, es wird ein großer Sieg! Passen Sie bloß auf, dass Sie in die gleiche Richtung sprechen und nicht etwas anderes sagen!" 13 „Sorry, ich kann nur das weitersagen, was ich von Gott bekommen hab!", antwortete er. 14 Als Micha beim Präsidenten ankam, fragte der Micha. „Also, was sagen Sie? Soll ich Ramot angreifen oder nicht?" – „Null Problemo! Greifen Sie ruhig an, Gott wird für einen großen Sieg sorgen!" 15 Der Präsident war aber noch nicht ganz zufrieden. „Hey, schwören Sie mir, dass das die Wahrheit ist? Hat Gott das wirklich so zu Ihnen gesagt?" 16 „Okay, in Wirklichkeit hat mir Gott gezeigt, wie die Soldaten der Israeliten überall verstreut wurden. Das Ganze sah so aus wie eine Fußballmannschaft ohne Trainer, die chaotisch durcheinanderläuft. Gott hat mir dann gesagt: ‚Sie haben keinen mehr, der ihnen sagt, wo es langgeht. Der Krieg ist vorbei, sie sollen alle mal nach Hause gehen!'" 17 Der Präsident von Israel drehte sich zu Joschafat um und sagte zu ihm: „Sehen Sie? Hab ich doch schon vorher gesagt, dieser Typ sagt mir immer nur voraus, dass alles, was ich anfange, in die Hose geht!" 18 „Passen Sie gut auf, was Gott Ihnen zu sagen hat!", redete Micha weiter. „Ich habe weiter gesehen, wie Gott an seinem Chefschreibtisch saß. Rechts und links von ihm konnte ich das gesamte Heer aus dem Himmel sehen, sehr, sehr viele Engel standen dort bei ihm. 19 Dann hörte ich, wie Gott fragte: ‚Und wer bringt Ahab dazu, Ramot anzugreifen, wer legt den Köder aus? Dann wird er in diesem Krieg sterben!' Dann diskutierten die Engel über diese Idee, einer hatte diesen Vorschlag, ein anderer jenen. 20 Schließlich kam einer der Engel zu Gott und sagte zu ihm: ‚Ich hab eine Idee, wie wir ihn kriegen könnten!' – ‚Und? Wie willst du das anstellen?', fragte Gott zurück. 21 ‚Ich werde ihn einfach anlügen! Dafür benutze ich den Mund von seinen Propheten!' – ‚Okay', antwortete Gott. ‚Das wird funktionieren. Dann geh mal los und leg den Köder aus!' 22 Verstehen Sie jetzt? Gott hat Ihre Propheten lügen lassen! In Wirklich-

keit hat er schon lange beschlossen, Sie kaputt zu
machen!" 23 Der Prophet Zidkija war echt angefres-
sen. Er ging auf Micha zu und schallerte ihm eine
ins Gesicht. „Was fällt Ihnen ein, so einen Schwach-
sinn zu verbreiten? Sie behaupten, ich hätte keinen
Draht mehr zu Gott und er würde nicht mehr zu
mir, sondern nur noch zu Ihnen reden, oder was?"
24 „Wir werden ja sehen, wer recht hat!", lachte
Micha. „Spätestens, wenn Sie sich im Keller von
Ihrem Haus in einer Ecke verstecken müssen, wird
das klar sein." 25 „Nehmen Sie den Mann sofort in
Gewahrsam", befahl der Präsident seiner Wachpoli-
zei, die mit im Raum stand. „Führen Sie ihn in
Untersuchungshaft, in das Staatsgefängnis, was
dem Polizeipräsidenten Amon und meinem Sohn
Joasch unterstellt ist. 26 Richtet denen aus, dass
dieser Mann, auf meinen ausdrücklichen Befehl
hin, so lange im Knast bleiben muss, bis ich
gesund und unversehrt aus dem Krieg zurück-
gekommen bin. Setzen Sie ihn auf die niedrigste
Essensration, die das Gefängnis hergibt!"
27 „Okay", sagte Micha. „Wenn Sie tatsächlich
gesund aus diesem Krieg wieder zurückkommen,
hat Gott mit Sicherheit nicht durch mich gespro-
chen. Das können ruhig alle Menschen auf der Erde
hören!"

Was der Prophet Micha gesagt hat, passiert auch

28 Es kam dann also zum Krieg. Die Armee vom
Präsidenten von Israel, Ahab, und die Truppen von
Joschafat (dem Präsidenten von Juda) zogen
gemeinsam gegen die syrische Stadt Ramot. 29 Der
Präsident von Israel hatte noch die Idee, sich ein
bisschen zu verkleiden, damit man ihn nicht erken-
nen konnte. „Sie können ruhig ihre Präsidentenuni-
form anbehalten, ich werde das nicht tun!", sagte
er dabei zu Joschafat. 30 Der Präsident von Syrien
hatte seinen Kommandanten den Befehl erteilt,
ihren Angriff nur auf den Präsidenten von Israel zu
konzentrieren. „Egal, wer vor euch steht und was
für einen Dienstgrad der hat, kümmert euch nicht
um die. Ihr müsst den Präsidenten wegballern!",
war die Anordnung. Diese Sache war aber bis zum
Präsidenten von Israel durchgedrungen, und darum
verkleidete er sich, bevor der Krieg losging. 31 Als
die Panzertruppen Joschafat sahen, ging über Funk
raus: „Dort ist der Präsident von Israel!" Und sie
schossen aus allen Rohren in seine Richtung.
Joschafat kriegte es mit der Angst und schrie wie
wild zu Gott. Gott half ihm und sorgte dafür, dass
die Kugeln alle an ihm vorbeiflogen. 32 Nachdem
klar war, dass es sich hier nicht um den Gesuchten
handeln konnte, zielten sie in eine andere Richtung
und ließen ihn in Ruhe. 33 Allerdings schoss ein
normaler Soldat mit seiner Panzerfaust einfach mal
in die Menge rein und traf zufällig genau den
Panzer, in dem Ahab sich versteckte. Das Geschoss
schlug unter der Einstiegsluke ein, an einer
schwach gepanzerte Stelle, und explodierte dort.
Den Präsidenten hatte es total erwischt, und er
befahl dem Fahrer: „Drehen Sie sofort um, und
bringen Sie mich ins Lazarett! Ich blute wie die
Sau!" 34 Die Schlacht wurde aber immer heftiger,
an einen Rückzug war nicht zu denken, man
musste unbedingt die Stellung halten. Der Fahrer
stützte den Präsidenten und hielt ihn so lang auf-
recht, wie es ging, während das Blut aus seiner
Wunde in den ganzen Innenraum floss. Abends war
er dann tot.

19

Joschafat organisiert die Gerichte neu

1 Präsident Joschafat kam nach der
Schlacht aber voll gut drauf wieder in Jeru-
salem an. 2 Vor seiner Haustür bog plötzlich der
Prophetentyp Jehu um die Ecke. Jehu kam aus der
Familie von Hanani. Er sagte zu ihm: „Seit wann ist
es okay, Leuten zu helfen, die ohne Gott leben? Ist
das jetzt plötzlich bei Ihnen angesagt, sich mit
Menschen anzufreunden, die Gott hassen? Gott ist
deswegen voll sauer auf Sie! 3 Aber Sie haben auf
der anderen Seite auch diese Plastikgötter im Land
verschrotten lassen, und Sie versuchen ja auch das
zu tun, was Gott von Ihnen will." 4 Joschafat blieb
dann erst mal in Jerusalem. Er ging von dort aus
ständig auf Predigttour, bereiste das ganze Land
und kam so von Beerscheba bis in die Berge nach
Efraim. Sein Ziel war es, die Leute aus Juda wieder
zurück zu Gott zu bringen, zu dem Gott, an den
schon die Menschen vor ihnen immer geglaubt
hatten. 5–6 In allen größeren Städten installierte er
ein Gericht, wo dann Richter eingestellt wurden,
um für Recht und Ordnung zu sorgen. Im Bewer-
bungsgespräch sagte er zu denen: „Bitte vergessen
Sie nicht, was das für eine krasse Aufgabe ist, die
Sie dort haben. Sie sollen ja nicht im Auftrag von
Menschen handeln, sondern im Auftrag von Gott!
7 Sie müssen Respekt vor Gott haben und Ihren Job
anständig erledigen. Gott lässt so was nicht lange
durchgehen, wenn hier versucht werden sollte,
irgendjemanden abzuziehen. Auch Bestechungsver-
suche wird er nicht durchgehen lassen." 8 In der

Hauptstadt Jerusalem wurde ein Bundesgericht
eingesetzt. Als Richter wurden Männer berufen, die
vorher einen Job als Priester oder Levi-Leute hatten
oder aber den obersten Posten in einem Familien-
clan besetzten. Diese Gruppe von Richtern ent-
schied im Auftrag von Gott über bestimmte Dinge,
die das ganze Land betrafen. Außerdem mussten
sie aber auch noch bei normalen Streitsachen von
den Bewohnern aus Jerusalem entscheiden.
9 Joschafats Ansage für diese Richter war folgender-
maßen: „Sie müssen ihren Job so erledigen, dass
Sie immer auf Linie mit den Gesetzen von Gott
sind. Sie sollen dabei treu und radikal mit Gott
leben. 10 Wenn Richter und Leute, die im Gericht
arbeiten, aus anderen Städten zu Ihnen kommen,
weil sie eine Frage haben, dann müssen Sie versu-
chen, die Fragen zu beantworten. Dann sollten Sie
die auch immer davor warnen, Mist zu bauen. Das
könnten so Fragen sein, wo es um Mord, Totschlag
oder andere Gesetze, Ordnungen oder Vorschriften
geht. Wenn Sie das nicht tun, steht das zwischen
Ihnen und Gott, und er könnte deswegen sauer auf
Sie werden. 11 Rechtsfälle, wo es um die Gesetze
von Gott geht, werden letztendlich vom Oberpries-
ter Amarja entschieden. Wenn es um Gesetze vom
Staat geht, soll Sebadja das letzte Wort haben. Seb-
adja kommt aus der Familie von Jischmael, dem
Chef vom Familienstamm Juda. Die Levi-Leute sol-
len für Sie als Sekretäre arbeiten. Ziehen Sie Ihren
Job voll durch! Gott wird Ihnen dabei helfen!"

20 Joschafat gewinnt einen Krieg gegen die Ammoniter

1 Kurze Zeit später kam eine Kriegserklä-
rung von einem Zusammenschluss der Moabiter
und Ammoniter rein, die durch einige Truppenver-
bände von den Meunitern unterstützt wurden.
2 Eine Gruppe von Spähern kam bei Joschafat an
und sagte ihm: „Eine riesengroße Armee kommt
von der anderen Seite des Toten Meeres aus Edom
hierher, um gegen Sie zu kämpfen. Sie sind jetzt
schon bei Hazezon-Tamar!" Diese Stadt, um die es
hier geht, wurde auch En-Gedi genannt. 3 Joschafat
bekam voll Schiss. Sofort ging er auf die Knie und
verbrachte viel Zeit mit Beten. Dazu setzte er über-
all in Juda einen Tag an, wo die Leute auf Essen
verzichten und stattdessen ganz viel beten sollten.
4 Von überall kamen die Leute nach Jerusalem zum
Tempel angefahren, weil sie Gott um Hilfe bitten
wollten. 5 Im Hof vor dem Tempel kamen viele Men-
schen aus der Stadt spontan zusammen. Schließ-
lich kam Joschafat dazu und fing an, laut und für
alle hörbar zu Gott zu beten: 6 „Chef! Du bist schon
immer der Gott von unseren Leuten gewesen! Du
bist der Gott des Universums, du bist der Chef
über alle Regierungen in dieser Welt! Du hast eine
unvorstellbare Kraft, du hast die Macht, und keiner
kann dir das Wasser reichen! 7 Wir wissen, dass du
schon früher die Menschen, die hier gelebt haben,
einfach rausgeschmissen hast. Dann hast du uns
dieses Land für immer geschenkt, uns, die wir aus
der Familie von Abraham stammen, und der war dir
ja immer total treu gewesen. 8 Die Leute, die vor
uns hier gelebt haben, bauten nur für dich diesen
ganz besonderen Ort. Damals haben sie gesagt:
9 ‚Falls mal etwas ganz Übles passiert, wenn es
Krieg gibt oder wir nichts mehr zu essen haben
oder ganz viele Leute solche fiesen Krankheiten wie
Aids oder eine schwere Grippe kriegen, dann soll-
ten wir hierher zu diesem Haus kommen. Wir soll-
ten dich hier treffen, denn du wohnst hier. Und
wenn wir das tun, dann kommst du und hilfst uns!'
10 Genau das ist jetzt unsere Lage, Gott! Die Ammo-
niter, die Moabiter und die Leute aus dem Bergland
von Seir wollen uns angreifen! Als die Israeliten
damals aus Ägypten abgehauen sind, hattest du
gesagt, sie sollten einen Bogen um diese Leute
machen. Das haben sie auch getan, es wurde kein
Krieg gegen sie geführt, keins von diesen Völkern
wurde von uns plattgemacht. 11 Aber jetzt bezahlen
sie unsere Nettigkeit damit, indem sie uns angrei-
fen! Dazu wollen sie uns ausgerechnet aus dem
Land wieder rausschmeißen, was du uns geschenkt
hast! 12 Gott, willst du das wirklich so mal eben
zulassen? Willst du nicht dazwischengehen? Wir
haben nicht genug Soldaten, um gegen diese
Armee etwas auszurichten! Im Moment sind wir
echt planlos. Das Einzige, was wir jetzt noch tun
können, ist, uns an dich zu wenden und auf dich zu
hoffen!" 13 Alle Leute aus Juda, inklusive der Frauen
und Kinder, standen jetzt vor dem Tempel. 14 Plötz-
lich griff Gott ein. Er kam mit seiner Kraft auf einen
Typen von den Levi-Leuten, der Jahasiel hieß. Jaha-
siel war der Sohn von Secharja, der wiederum ein
Sohn von Benaja, der wiederum ein Sohn von Jeiel
und Mattanja war, alle aus der Familie Asaf. 15 Er
schrie: „Hört mir mal gut zu! Ich mein jetzt alle
Leute aus Juda, Jerusalem und wo ihr sonst noch
herkommt. Ganz besonders soll mir auch unser
Präsident Joschafat zuhören! Gott hat folgende
Ansage für euch: ‚Ihr braucht keine Angst vor dieser

fetten Armee zu haben! Keine Panik Leute! Dieser Krieg ist meine Sache, ich habe ihn zur Chefsache erklärt! 16 Sammelt eure Truppen und zieht damit morgen in Richtung Ziz, von wo aus euch die Feinde entgegenziehen werden. Die Schlacht wird am Ende vom Tal stattfinden, wo die Wüste von Jeruel anfängt. 17 Dabei werdet ihr selbst gar nicht wirklich kämpfen müssen. Bleibt locker und seht einfach zu, wie ich, euer Gott, die Sache für euch schaukeln werde.' Das war es, was ich euch ausrichten sollte. Leute aus Jerusalem, Leute von Juda, keine Panik, okay? Zieht morgen mit euren Truppen dem Feind entgegen, Gott wird an eurer Seite für euch kämpfen!" 18 Als Joschafat diese Worte gehört hatte, kniete er sich auf den Boden. Alle Leute von Juda und die Bewohner von Jerusalem, die da waren, machten es ihm nach. Alle beteten zu Gott und dankten ihm. 19 Schließlich fingen die Levi-Leute aus dem Korach-Clan an, ein paar krasse Lieder zu singen, mit denen man dem Gott von Israel für alles dankte. 20 Am nächsten Morgen traf man sich ganz früh, bevor die Truppen in die Schlacht bei der Wüste von Tekota zogen. Joschafat trat noch mal vor alle Soldaten und hielt eine kleine Rede. „Hört mal alle her! Männer von Juda und Jerusalem, vertraut dem Chef, eurem Gott! Wenn ihr so drauf seid, wird euch das ganz viel Kraft geben. Vertraut auch seinen Propheten, dann werdet ihr einen genialen Sieg einfahren!" 21 Nach einer kurzen Besprechung mit seinen Männern stellte er die Band und den Chor vom Tempel ganz vorne beim Heer auf. Die hatten für ihren Auftritt eine extra Uniform angezogen. Von dort sollten sie einen der Hits von Juda spielen, und zwar das Lied „Danke für diesen guten Morgen". 22–23 Kaum hatte die Band angefangen, dieses Lied zu spielen, brach bei den Feinden ganz plötzlich das totale Chaos aus! Zuerst taten sich die Ammoniter mit den Moabitern zusammen und kämpften gegen die Truppen aus dem Bergen von Seir. Als sie die alle kaputt gemacht hatten, fingen sie auch noch an, sich gegenseitig umzunieten. 24 Die Männer von Juda gingen auf einen Aussichtspunkt, von dem man auf die Wüste sehen konnte. Dort sahen sie überall die Leichen auf der Erde rumliegen, anscheinend war keiner entkommen. 25 Die Truppe von Joschafat musste nur noch auf das Schlachtfeld gehen und die liegengebliebenen Wertgegenstände einsammeln. Sie fanden sehr viele Sachen, die man noch gut gebrauchen konnte: iPods, Fotohandys, teure Klamotten und sonst noch einiges wertvolles Zeug. Es war so viel, dass man drei Tage brauchte, um alles einzusacken, was noch irgendwie wertvoll war. 26 Am vierten Tag wurde ein Gottesdienst im Tal Beracha angesetzt, in dem man Gott für diesen genialen Sieg danken wollte. Seitdem nennt man diese Gegend nur noch das „Danke-Tal". 27 Mit Joschafat vorneweg kamen die Truppen wieder in Jerusalem an. Alle waren voll happy, weil Gott ihnen in diesem Krieg so krass geholfen hatte. 28 Die Band spielte voll laute Musik, überall konnte man die E-Gitarren, den Bass und das Schlagzeug hören. Gemeinsam zogen sie in Jerusalem zum Tempel von Gott. 29 Die ganze Geschichte war überall in den Nachrichten. Alle anderen Länder bekamen totalen Respekt vor Juda, als sie hörten, wie Gott höchstpersönlich diesen Sieg für Juda klargemacht hatte. 30 Die nächsten Jahre hatte Joschafat erst mal seine Ruhe. Gott sorgte dafür, dass es keine Kriege mehr mit den angrenzenden Völkern gab.

Wie die Regierungszeit von Joschafat zu Ende ging

31 Joschafat war also in der Zeit der Präsident von Juda. Er wurde mit 35 Präsident und behielt über 25 Jahre diesen Job in Jerusalem. Seine Mutter hieß übrigens Asuba und war eine Tochter von Schilhi. 32 Er war gut drauf, lebte so, wie sein Vater auch gelebt hatte, und tat nur Sachen, die Gott richtig gut findet. 33 Leider riss er aber nicht diese Opferplätze ab, wo die Leute zu den Plastikgöttern beteten. Die Leute waren einfach nicht wirklich hundert Prozent auf den einen Gott eingestellt, an den die Menschen vor ihnen schon immer geglaubt hatten. 34 Alles, was man sonst noch über Joschafat erzählen könnte, kann man in dem Bericht von Jehu nachlesen. Wie sein ganzes Leben war, von Anfang bis Ende, hat er in das Buch der Präsidenten von Israel aufgeschrieben. Joschafat kam aus der Familie von Jehu. 35 Joschafat zog einmal einen Deal mit dem Präsidenten Ahasja von Israel durch, obwohl der einen voll ätzenden Lebensstil hatte. 36 Die Idee war, dass beide Parteien gemeinsam ein paar Schiffe bauen sollten, um damit nach Tarschisch zu fahren. Die Werft dafür lag in Ezjon-Geber. 37 Als die beiden gemeinsame Sache machten, kam der Prophet Elieser mal bei Joschafat vorbei. Elieser kam aus der Familie Dodawa und wohnte in der Stadt Merescha. Er sagte zu ihm: „Gott wird Ihre ganze Flotte kaputt machen, weil Sie mit Ahasja gemeinsame Sache gemacht haben." Kurze Zeit später sanken alle Schiffe in einem heftigen Sturm, keins kam jemals in Tarschisch an.

21

Der Präsident Joram

1 Als Joschafat gestorben war, wurde er in
dem Familiengrab in Jerusalem beigesetzt.
Der nächste Präsident wurde sein Sohn Joram.
2 Joram hatte mehrere Brüder: Asarja, Jehiel,
Secharja, Asarja, Michael und Schefatja. Das waren
alles Söhne vom Präsidenten Joschafat. 3 Von ihrem
Vater bekam jeder ein fettes Bankkonto und Kredit-
karten ohne Limit. Sie kriegten den Verwaltungspos-
ten über einige große Städte in Juda. Als Präsident
setzte er aber nur Joram ein, weil er der älteste Sohn
war. 4 Kaum hatte der den Posten von seinem Vater
bekommen und alle Machtverhältnisse in der Regie-
rung geregelt, organisierte er einen Auftragskiller,
der alle seine Brüder und ein paar von den führen-
den Männern im Land umnieten sollte. 5 Mit 32 Jah-
ren wurde Joram Präsident, und er regierte acht
Jahre von Jerusalem aus das Land. 6 Joram tat lauter
Sachen, die Gott echt ätzend findet. Er lebte nach
dem schlechten Vorbild der Präsidenten in Israel.
Vor allem machte er dem Präsidenten Ahab alles
nach, weil Joram auch mit einer seiner Töchter ver-
heiratet war. 7 Trotzdem hatte Gott die Nase von der
Familie vom David noch nicht endgültig voll. Er
hatte mit David einen Vertrag gemacht und ihm
ganz fest versprochen, dass es immer einen Mann
aus seiner Familie geben wird, der Präsident von
Jerusalem sein sollte. 8 Die Edomiter hatten die
ganze Zeit keinen eigenen Präsidenten gehabt, son-
dern waren immer von Juda kontrolliert worden.
Aber als Joram an der Macht war, lösten sich die
Edomiter von Juda und wählten sich ihren eigenen
Präsidenten. 9 Joram erklärte denen sofort den Krieg
und zog mit seinen Generälen und der Panzergarni-
son nach Edom. Die Armee der Edomiter schaffte
es zwar, die Garnison zu umzingeln, aber im Dun-
keln setzte Joram zum Gegenangriff an und
besiegte sie. 10 Dennoch ist Edom seitdem von Juda
unabhängig. In der Zeit seilte sich auch die Stadt
Libna von der Herrschaft von Juda ab. Das konnte
alles nur passieren, weil Joram ohne den Gott lebte,
dem die Leute vor ihm immer vertraut hatten. 11 Er
baute sogar in den Bergen von Juda ein paar kleine
Opferplätze für Plastikgötter auf. Dadurch verführte
er die Menschen aus Jerusalem und Juda dazu, Gott
abzuziehen. 12 In der Zeit schrieb der Prophet Elija
einen Brief an Joram, wo Folgendes drinstand: „Prä-
sident Joram, ich habe eine Nachricht von Gott für
Sie: ‚Du hast nicht so gelebt, wie es dir dein Vater
Joschafat und dein Opa Asa vorgemacht haben.
13 Stattdessen hast du den gleichen Dünnsinn fabri-
ziert, den der Präsident von Israel auch gebracht
hat. Du hast mich voll abgezogen, und auch die
Leute von Juda und Jerusalem hast du dazu
gebracht, mich zu betrügen. Und deine eigenen
Brüder, die wesentlich besser drauf waren als du,
hast du auch noch alle abknallen lassen! 14 Pass auf,
ich werde dir ganz hart eins auf die Nuss geben.
Deine Leute, deine Söhne, deine Frauen und alles,
was dir gehört, wird es treffen. 15 Du wirst eine ganz
heftige Krankheit bekommen, die sehr lange dauern
wird, und am Ende musst du jeden Tag so lange
kotzen, bis dein Magen rauskommt.'" 16 Gott
brachte dann die Philister und die Araber, die neben
den Kuschitern wohnten, auf die Idee, Joram anzu-
greifen. 17 Die Armeen rückten gegen Juda vor,
maschierten in das Land ein und eroberten alles.
Die Sachen, die in der Residenz vom Präsidenten
waren, wurden alle gezockt. Auch alle Frauen und
Söhne von Joram wurden entführt, nur der jüngste
Sohn Joahas konnte sich verstecken. 18–19 Schließ-
lich wurde der Präsident selbst auch todkrank, Gott
sorgte dafür. Es war so eine Art Darmkrebs, der
zwei Jahre ganz fiese Schmerzen verursachte, bis er
schließlich die eigenen Eingeweide auskotzen
musste. Normalerweise gab es immer eine große
Trauerfeier, wenn ein Präsident gestorben war, mit
einem Trauerfeuer und so, aber bei ihm kam keiner
auf die Idee, so was zu machen. 20 Joram war
damals 32 Jahre alt, als er der neue Präsident wurde,
und er regierte acht Jahre lang von Jerusalem aus
das Land. Wie gesagt, weinte ihm niemand eine
Träne nach, als er tot war. Man beerdigte ihn auch
in Jerusalem, aber sein Grab war nicht auf dem Teil
vom Friedhof, wo die anderen Präsidenten lagen.

22

Der Präsident Ahasja

1 Das Wahlergebnis in Jerusalem ergab
dann, dass Ahasja der neue Präsidenten
wurde. Er war der jüngste Sohn vom Präsidenten
Joram. Seine anderen Söhne waren von den Arabern
und ihren Komplizen entführt und getötet worden.
Und zwar wurden die beim Überfall auf eine
Kaserne von einer Gruppe Rocker getötet. 2 Als
Ahasja an die Macht kam, war er 20 Jahre alt. Er
regierte nur ein Jahr von Jerusalem aus das Land.
Seine Mutter war eine Tochter vom Präsidenten von
Israel, Omri, sie hieß Atalja. 3 In seiner Zeit als Prä-
sident baute er den gleichen Mist, wie die Männer
aus der Familie Ahab es vor ihm auch schon
gemacht hatten. Seine Mutter bequatschte ihn

dazu, Dinge zu tun, die Gott richtig ätzend findet. 4 Er lebte so, wie Gott es nicht will, genauso wie die anderen Männer aus der Familie Ahab. Er hatte sich von denen auch schlecht beraten lassen, als sein Vater gestorben war. Das kostete ihm letztendlich den Hals. 5 Zum Beispiel brachten ihn seine Berater dazu, mit dem Präsidenten von Israel, Joram (dem Sohn vom Ahab), zusammen einen Krieg gegen Syrien anzuzetteln. Syriens Präsident war zu der Zeit Hasael. Die Schlacht fand bei Ramot statt, und Joram wurde im Kampf schwer verwundet. 6 Er versteckte sich in Jesreel in einem Krankenhaus, um erst mal wieder gesund zu werden. Ahasja, der Präsident von Juda, besuchte ihn dort. 7 Für Ahasja brachte dieser Besuch den Tod, das hatte Gott so eingefädelt. Als er nämlich gerade bei Joram weg war, kriegte er einen Anruf von Jehu, einem Enkel von Nimschi, dass er auch gleich da sei. Ahasja stieg zusammen mit Joram ins Auto, um ihm schon mal entgegenzufahren. Jehu war aber von Gott dafür ausgesucht worden, der nächste Präsident zu werden. Sein Auftrag war darum, jetzt alle Männer aus der Familie Ahab kaputt zu machen. 8 Bei dieser Strafaktion, die Jehu bei der Präsidentenfamilie Ahab durchzog, gab es zufällig auch ein Zusammentreffen mit den Truppenführern aus Juda und den Neffen von Ahasja. Die wurden von ihm auch getötet. 9 Er war auch hinter Ahasja her und fand ihn schließlich in einem Versteck in Samaria. Ahasja wurde festgenommen, abgeführt und hingerichtet. Seine Leiche wurden dann aber doch anständig auf einem Friedhof bestattet. Sie meinten nämlich, dass er immerhin ein Nachfahre vom Joschafat war, und der hatte sein ganzes Leben radikal mit Gott gelebt. Von der Familie von Ahasja gab es jetzt niemanden mehr, der alt genug war, um Präsident zu werden.

Die Präsidentin Atalja

10 Atalja, die Mutter von Ahasja, kriegte voll den Ausraster, als sie hörte, dass ihr Sohn getötet worden war. Sofort organisierte sie einen Auftragskiller, der die ganze Präsidentenfamilie von Juda umnietete. 11 Eine Tochter vom Ex-Präsidenten Joram mit Namen Joscheba, die also eine Schwester von Ahasja war, rettete den kleinen Joasch (den Sohn von Ahasja) mit seiner Pflegemutter. Der sollte nämlich in seinem Kinderbett einfach getötet werden wie die anderen auch. Sie versteckte ihn aber vor Atalja, darum überlebte er dieses Attentat und wurde nicht mit den anderen Söhnen vom Präsidenten umgebracht. Joscheba war übrigens mit dem Priester Jojada verheiratet. 12 Der Junge wurde sechs Jahre lang, in der Zeit, wo Atalja das Sagen in Israel hatte, im Tempel versteckt.

23 Revolution gegen Atalja, die Familie von David soll wieder den Präsidenten stellen

1 Als Atalja sieben Jahre im Amt war, organisierte der Priester Jojada zusammen mit einigen Offizieren eine Verschwörung gegen sie. Mit dabei waren Asarja (der Sohn von Jeroham), Jischmael (der Sohn von Johanan), Asarja (der Sohn von Obed), Maaseja (der Sohn von Adaja) und Elischafat (der Sohn von Sichri). 2 Dann zogen sie durch alle Städte in Juda, holten mit einem Shuttleservice alle Priester, Tempelangestellten und die Clanchefs von Israel ab und brachten sie nach Jerusalem. 3 Bei dem Treffen im Tempel wurde der Pakt unterzeichnet. Jojada sagte zu allen Männern: „Der Sohn vom alten Präsidenten soll anstelle von Atalja der neue Präsident werden. Das hatte Gott auch so versprochen, dass immer einer aus der Familie von David in Jerusalem der Präsident sein soll. 4 Der Plan sieht jetzt so aus: Ein Drittel von den Priestern und Tempelangestellten, die am Samstag sowieso im Tempel Dienst schieben werden, sollen die Eingänge vom Tempel bewachen. 5 Das zweite Drittel passt auf den Palast vom Präsidenten auf, und der Rest stellt sich am Eingang der Stadt hin. Die normalen Leute sollen sich vorne vor dem Tempel versammeln. 6 In das Haus von Gott darf niemand rein, nur die Priester und Tempelangestellten dürfen das, wenn sie gerade Schicht haben. Alle müssen dieses Gesetz respektieren. 7 Die Tempelangestellten bilden dann einen dichten Kreis um den neuen Präsidenten. Sie sind alle bewaffnet und folgen ihm ganz eng. Und wer versucht, in das Haus von Gott, den Tempel, reinzulaufen, der wird sofort erschossen!" 8 Diese Ansage wurde von den Männern und den Tempelangestellten, die dabei waren, ganz genau so durchgezogen. Jeder rief seine Leute zu sich. Alle, auch die, die an dem Tag keinen Dienst, sondern eigentlich freihatten, waren da. Jojada hatte noch keinen ins Wochenende entlassen. 9 Von ihm bekamen sie auch die MPs und Kanonen, die noch aus der Zeit von David stammten und seitdem im Tempel aufbewahrt wurden. 10 Jeder Mann bekam eine Waffe in die Hand. Als Nächstes wurden sie alle von Jojada vor dem Tempel in einem Halbkreis aufgestellt, von der Ecke im Süden am Opfertisch, dem Altar, vorbei bis zur Ecke im Norden. Dort soll-

ten sie dann den neuen Präsidenten beschützen, wenn der reinkam. 11 Jetzt holte Jojada mit seinen Söhnen den neuen Präsidenten raus, damit er dort in sein Amt eingesetzt werden konnte. Er bekam einen Orden und die Präsidentenurkunde. 12 Die Leute aus Israel veranstalteten ein Straßenfest und grölten überall laut los. Atalja hörte den Lärm und ging auch zum Tempel, um zu checken, was da los war. 13 Dann sah sie Joasch am Eingang auf dem Platz stehen, wo normalerweise immer die Präsidenten standen. Um ihn herum standen die Generäle, die Band vom Tempel und der Chor. Die Musiker spielten gerade ein paar Lieder, wo alle Leute mitsingen konnten. Als Atalja das alles sah, ging sie vor Wut voll ab. „Beschiss! Ich bin verarscht worden! Gemeinheit!", schrie sie rum. 14 Weil der Priester Jojada verhindern wollte, dass sie gleich hier, im Bereich des Tempels, von den Leuten umgebracht würde, sagte er zu den Offizieren: „Führt sie ab! Stellt euch um die Frau und bringt sie sicher hier raus! Jeder, der hinter euch hergeht, um sie zu verfolgen, wird von euch sofort erschossen!" 15 Also wurde Atalja gepackt, und man schleppte sie über die Garageneinfahrt nach draußen. Dort, noch vor dem Palast vom Präsidenten, wurde sie dann aber einfach abgeknallt. 16 Jojada organisierte, dass der Präsident und alle Leute aus seinem Volk einen Vertrag mit Gott machen mussten. In dem Vertrag verpflichteten sie sich dazu, dass sie alle ganz Gott gehören und auch ihr Leben mit ihm radikal durchziehen werden. 17 Danach zogen die Männer zusammen zum Tempel von diesem Plastikgott Baal. Mit einem Bulldozer wurde das ganze Teil abgerissen. Die Opfertische, wo drauf man Baal Sachen geschenkt hatte, die ganzen Bilder, wo irgendwelche Götter drauf gemalt waren, alles wurde verschrottet. Am Ende töteten sie dort auch noch Mattan, den Oberpriester vom Baal. 18 Schließlich beauftragte Jojada noch ein paar Tempelangestellte, dass die vor dem Tempel Wache schieben sollten. David hatte die Familie damals in unterschiedliche Gruppen unterteilt, damit sie dort die Abfackelopfer so durchziehen konnten, wie es im Gesetz von Mose steht. Wenn sie Dienst im Tempel schoben, sollte dabei immer schöner Gesang im Hintergrund laufen. Das hatte David damals so gesagt. 19 Am Eingang stellte Jojada eine Security-Einheit auf. Die mussten den Tempel bewachen und dafür sorgen, dass kein Mensch, der irgendwie dreckig oder unrein war, hineinging. 20 Jetzt holte Jojada die Offiziere, die angesagtesten mächtigen Männer von Israel und sonst noch alle anderen Menschen, die gerade da waren. Mit diesen Leuten begleitete er dann den Präsidenten vom Tempel runter durch das obere Tor bis zur Residenz. Als sie angekommen waren, wurde der Präsident zu seinem Büro begleitet und auf seinen Bürostuhl am Schreibtisch gesetzt. 21 Alle Leute, die in Israel auf dem Land wohnten, freuten sich voll über die Aktion. Aber die Leute in der Stadt selbst blieben etwas gelassener. Atalja wurde ja per Genickschuss hingerichtet.

24 Präsident Joasch lässt den Tempel renovieren

1 Joasch wurde schon mit sieben Jahren zum neuen Chef von Juda erklärt. Er war vierzig Jahre in Jerusalem an der Macht. Seine Mutter kam aus Beerscheba und hieß Zibja. 2 Joasch war gut drauf. Er lebte so, wie Gott es cool findet, zumindest solange der Priester Jojada dabei war. 3 Jojada suchte ihm zwei Frauen aus, die er auch beide heiratete. Es war damals möglich, mehrere Frauen zu heiraten. Aus diesen Ehen kamen mehrere Söhne und Töchter. 4 Nachdem er einige Zeit an der Macht war, hatte er plötzlich die Idee, mal das Haus von Gott komplett zu renovieren. 5 Er organisierte ein Treffen, zu dem alle Priester und die Tempelangestellten eingeladen waren. „Führen Sie in allen Städten in Juda eine Spendenaktion für die Renovierungsarbeiten am Tempel durch. Es muss so viel Kohle zusammenkommen, dass wir jedes Jahr die nötigen Arbeiten am Haus von Gott durchführen können. So und jetzt los!" Die Tempelangestellten ließen das Ganze aber sehr entspannt angehen. 6 Als der Präsident das mitbekam, holte er sich den Oberpriester ins Büro. „Sagen Sie mal, wie kann das angehen? Es war schon immer so, dass die Israeliten regelmäßig Kirchensteuer bezahlen mussten. Warum haben Sie nicht dafür gesorgt, dass die Tempelangestellten diese Steuer auch in Juda und Jerusalem durchgedrückt haben? 7 Diese verdammte Atalja ist schuld! Die alte Schlampe hat ja mit lauter Plastikgöttern rumgemacht. Ihre Anhänger haben sich nicht mehr um den Tempel gekümmert und alles vergammeln lassen. Und die Sachen, die dort Gott allein geschenkt worden sind, wurden für diese Plastikgöttern wie Baal und so verbraten!" 8 Der Präsident bestimmte dann, dass am Eingang vom Tempel so ein Spendenkasten aufgestellt wurde. 9 Als alles fertig war, wurden Anzeigen in die Zeitungen gesetzt. Dort stand drin, dass jeder den Betrag an

Geld aufbringen sollte, den Mose damals in der
Wüste festgelegt hatte. Mose war ein ganz beson-
ders heftiger Mann von Gott gewesen. 10 Die
Anzeige stieß auf große Bereitschaft bei den führen-
den Männern der Israeliten. Aber auch alle anderen
freuten sich voll über diese Aktion. Jeder kam vorbei
und steckte ein paar Euros in den Kasten, bis er voll
war. 11 Der Kasten wurde jeden Tag von den Tempe-
langestellten gecheckt, so hatte es der Präsident
angeordnet. Wenn viel Kohle in dem Teil drin war,
kamen ein Typ vom Finanzamt und ein Angestellter
vom Oberpriester, um gemeinsam den Kasten zu
entleeren. Anschließend wurde das Teil wieder dort
hingestellt. Auf die Art kam eine Menge Kohle
zusammen. 12 Der Präsident und Jojada gaben das
Geld an die Architekten weiter, die für die Baurbei-
ten am Tempel verantwortlich waren. Von der Kohle
wurden dann die Gehälter der Maurer, Maler und
Elektriker bezahlt, die an den Renovierungsarbeiten
vom Tempel beteiligt waren. 13 Sie legten gemein-
sam los und kamen gut voran. Der ganze Tempel
wurde wieder in den Zustand gebracht, wie er früher
mal war. 14 Nachdem alle Arbeiten beendet waren,
wurden die Gelder, die nicht verbraucht wurden,
wieder auf das Konto von Jojada eingezahlt. Von
dem Geld ließ Jojada die Geräte bauen, alle Schalen
und die anderen goldenen und silbernen Schüsseln,
die man für den Gottesdienst brauchte. In der Zeit,
wo Jojada am Leben war, gab es am Tempel regel-
mäßig die Abfackelopfer. 15 Er wurde dann richtig alt
und starb erst mit 130 Jahren. Er hatte insgesamt
gesehen ein reiches, erfülltes und langes Leben
gehabt. 16 Beerdigt wurde der Oberpriester Jojada in
Jerusalem (der Stadt von David) auf dem Friedhof,
wo sonst nur Präsidenten lagen. Das war auch ein
Zeichen von Respekt für die ganzen Sachen, die er
in Israel für Gott und auch für seinen Tempel
gebracht hatte.

Präsident Joasch baut Mist

17 Nachdem Jojada gestorben war, kamen irgend-
wann die Männer, die im Familienstamm Juda was
zu sagen hatten, zu einem Treffen beim Präsiden-
ten. Sie erklärten ihm alle, dass sie voll Respekt vor
ihm hätten. Ab dann ließ sich der Präsident ab und
zu auch mal auf die Tipps von denen ein. 18 Die
Leute von Juda kamen dann irgendwie so drauf,
dass sie nicht mehr in den Tempel gingen, um zu
dem Gott zu beten, der schon immer bei ihnen am
Start gewesen war. Sie fingen an zu komischen
Pseudogöttern und sogar zu Statuen von irgendwel-
chen Plastikgöttern zu beten. Das fand Gott total
daneben, er wurde richtig sauer auf Juda und auf
die Leute in Jerusalem. 19 Er organisierte ein paar
Prophetentypen, um ihnen mal den Kopf zu
waschen, aber sie wollten einfach nicht hören.
20 Schließlich kam die Kraft von Gott auf Secharja,
so dass er voll die Peilung von Gott hatte. Secharja
war ein Sohn vom Priester Jojada. Er stellte sich auf
den Marktplatz und brüllte: „Gott hat euch Folgen-
des zu sagen: ‚Warum brecht ihr meine Gesetze? So
werdet ihr es nie zu was bringen! Weil ich euch total
egal geworden bin, seid ihr mir jetzt auch total
egal!'" 21 Als die Feinde von Secharja von dem
Spruch hörten, gründeten sie den Verein „Secharja
muss sterben e. V.". Sie ergriffen ihn, schleppten
Secharja vor den Tempel und bewarfen ihn dort so
lange mit Ziegelsteinen, bis er tot war. 22 Der Präsi-
dent Joasch hatte da schon lange wieder vergessen,
was der Vater von Secharja, Jojada, alles für ihn
getan hatten. Kurz vor seinem Tod schrie Secharja
noch: „Gott sieht zu, und er wird mich rächen!"
23 Um Neujahr rum gab es dann einen Krieg, die
Armee der Syrer rückte gegen Joasch an. Sie dran-
gen in Juda und Jerusalem ein und erschossen alle
Männer, die irgendwie was zu sagen hatten. Die
Häuser wurden ausgeraubt und alle Wertgegen-
stände nach Damaskus gebracht, zum Präsidenten
von Syrien. 24 Obwohl die Truppen der Syrer viel klei-
ner waren als die von Juda, besiegten sie deren
Armee. Gott hatte dafür gesorgt, weil sie ihn, den
Gott von ihren Vorfahren, wie einen alten Mann
behandelt hatten, er war ihnen egal. Also haben
sozusagen die Syrer eine Bestrafung von Gott an
Joasch durchgezogen. 25 Als die Schlacht vorbei war,
ließen sie Joasch schwer verwundet mitten auf dem
Feld liegen. Sogar seine Angestellten waren mittler-
weile nicht mehr auf seiner Seite, weil er den Sohn
vom Priester Jojada umgebracht hatte. Sie besuch-
ten Joasch später im Krankenhaus, um ihn dort im
Bett zu erschießen. Seine Leiche wurde in Jerusalem
beerdigt, aber er bekam keinen Platz auf dem Fried-
hof, wo alle anderen Präsidenten alle lagen. 26 Ange-
zettelt wurde diese Revolution von Josachar (seine
Mutter war die Ammoniterin Schimat) und Josabad
(seine Mutter war die Moabiterin Schomer). 27 Was
für Söhne er hatte, die vielen Warnungen und Worte
von Propheten, die gegen ihn gesprochen wurden,
und den Bericht über die Renovierungsarbeiten am
Tempel, kann man in dem Buch von den Präsiden-
ten lesen, dem Buch der Könige. Als Nächster kam
sein Sohn Amazja an die Macht.

25

Der neue Präsident von Juda: Amazja

[1] Amazja war 25 Jahre alt, als er der neue Präsident von Juda wurde. Er regierte 29 Jahre lang von Jerusalem aus das Land. Seine Mutter kam auch aus Jerusalem und hieß Joaddan. [2] Er lebte ganz okay und hielt sich zwar grob an die Sachen, aber innerlich war er nicht radikal mit Gott unterwegs. [3] Als keiner im Land mehr etwas gegen ihn sagen konnte, befahl er, alle früheren Mitarbeiter von seinem Vater umzunieten, die bei dessen Ermordung mitgemischt hatten. [4] Deren Söhne ließ er aber in Ruhe, weil in den Gesetzen von Mose drinsteht, dass Kinder nicht für die Schulden ihrer Väter bezahlen sollen und Väter nicht für die Schulden ihrer Söhne. Jeder soll für seinen eigenen Mist geradestehen und nur dafür bestraft werden.

Amazja zettelt einen Krieg gegen Edom an

[5] Amazja ließ dann eine landesweite Musterung von den Familienstämmen Juda und Benjamin durchführen. Jeder Mann musste sich nach seiner Familienzugehörigkeit aufstellen und wurde so in eine Gruppen eingeteilt. Jede Gruppe bekam einen Hauptmann und einen Offizier. Nachdem man die Musterung aller Männer über zwanzig durchgeführt hatte, kam man auf 300 000 wehrfähige Soldaten. Alle wurden mit einer MG und einer schusssicheren Weste ausgestattet. [6] Aus dem Nordreich Israel wurden für eine Million Euro noch 100 000 Männer angeworben, die als Berufssoldaten in der Armee mitkämpfen sollten. [7] Ein Prophetentyp kam schließlich bei Amazja an, um ihn zu warnen. „Herr Präsident, Sie sollten die eingekauften Berufssoldaten aus Israel nicht mitnehmen. Gott steht zurzeit nicht hinter den Männern aus dem Familienstamm Efraim. [8] Wenn Sie sich dadurch eine Stärkung der Truppen erhoffen, dann wird Gott dafür sorgen, dass Sie die Schlacht verlieren. Gott kann das, er hat die Macht, einem zu helfen oder einen kaputt zu machen." [9] „Und was ist mit der ganzen Kohle, die ich schon in die Truppen aus Israel investiert habe?", fragte ihn Amazja. „Gott ist in der Lage, dir zehnmal so viel wiederzugeben, wenn er will!", antwortete er. [10] Amazja hörte auf den Typen und schickte die Söldnertruppen aus Efraim wieder nach Hause. Die waren deswegen voll sauer und gingen wütend wieder weg. [11] Weil er nun richtig drauf war, zog Amazja mit seinen eigenen Leuten in den Kampf. Im Salztal kam es dann zur Schlacht, und sie schafften es, die Edomiter zu besiegen, und es wurden dort 10 000 Soldaten gekillt. [12] Noch mal 10 000 wurden gefangen genommen und von den Soldaten aus Juda auf eine sehr hohe Klippe gebracht. Von dort stießen sie die Männer einfach runter, so dass die ewig weit runterfielen und auf dem Boden aufklatschten. [13] Die Söldnertruppen aus Efraim, die Amazja zurückgeschickt hatte, hatten auf ihrem Rückweg ein paar Städte von Juda überfallen. Von Samaria bis Bet-Horon machten sie dabei 3000 Männer kalt und zockten sich eine Menge Sachen. [14] Als Amazja von seinem Sieg zurückkam, hatte er die ganz tolle Idee, sich noch ein paar Plastikgötter von den besiegten Feinden abzugreifen. Die Teile stellte er dann bei sich auf, verbeugte sich vor denen und verbrannte für die auch ein paar Räucherkerzen. [15] Das fand Gott total ätzend. Er schickt einen Prophetentypen zu ihm: „Was soll das? Warum beten Sie zu diesen ausländischen Pseudogöttern, die noch nicht mal in der Lage sind, ihre eigenen Leute zu beschützen?" [16] „Halt's Maul!", unterbrach ihn Amazja. „Hab ich Sie was gefragt, oder wie? Wollen Sie was auf die Fresse?" Der Prophet drehte sich um und sagte den Rest seiner Nachricht nicht mehr. Beim Weggehen meinte er nur noch: „Ich hab jetzt kapiert, dass Gott schon lange beschlossen hat, Sie kaputt zu machen, weil Sie zu diesen Plastikgöttern beten und nicht auf meinen Rat hören wollen." [17] Präsident Amazja bequatschte sich dann mit seinen Angestellten und schickte anschließend einen Brief an Joasch, den Präsidenten von Israel, mit eine Kampfansage. „Was halten Sie von einem Krieg Juda gegen Israel? Wollen wir doch mal sehen, wer von uns stärker ist!" [18] Präsident Joasch antwortete: „Der Verein aus der Kreisklasse fordert den Champions-League-Gewinner heraus? Unser Sturm wird Ihre Abwehr bereits in der ersten Halbzeit total überrollt haben. [19] Nur weil Sie im Krieg gegen die Edomiter gewonnen haben, brauchen Sie hier nicht anfangen den Obermacker zu markieren! Freuen Sie sich über den Sieg und feiern Sie ordentlich! Sie wollen doch nicht im Ernst Ihr ganzes Land in den Ruin stürzen?" [20] Amazja wollte es aber echt wissen. Gott hatte es so eingefädelt, denn er wollte, dass die Leute aus Juda von Israel besiegt werden, weil sie sich auf irgendwelche Pseudogötter eingelassen hatten. [21] Joasch ließ sich auf den Krieg ein. In der Nähe von Bet-Schemesch im Gebiet von Juda trafen die beiden Armeen aufeinander. [22] Die Männer von Juda verloren diesen Kampf. Am Ende rannten sie auseinander und liefen nach Hause. [23] Amazja wurde auf der Flucht bei Bet-Schemesch festgenommen

und nach Jerusalem abgeführt. Joasch ließ dann die
Mauer um die Stadt, vom Efraimtor bis zum Ecktor,
auf einer Länge von 200 Metern wegsprengen. 24 Er
klaute das ganze Gold und Silber aus dem Tempel.
Obed-Edom war zu der Zeit der Verwalter im Tem-
pel, er musste sich aber auch um die ganzen Tre-
sore kümmern, die in der Residenz vom Präsiden-
ten waren. Zusätzlich nahm Joasch noch ein paar
Geiseln, die mit nach Samaria verschleppt wurden.
25 Präsident Amazja von Juda lebte noch fünfzehn
Jahre, als der Präsident von Israel, Joasch, schon
gestorben war. 26 Alles, was man sonst noch von
Amazja erzählen könnte, steht in dem Buch über
die Präsidenten von Juda und Israel. 27 Von der Zeit
an, wo er keinen Bock mehr da drauf hatte, das zu
tun, was Gott wollte, bildete sich eine Gruppe von
Männern, die ihn verfolgten und umbringen woll-
ten. Irgendwann versuchte er, sich in Lachisch zu
verstecken, wurde aber bald von denen entdeckt
und kaltgemacht. 28 Mit einem Leichenwagen holte
man seinen toten Körper in die Hauptstadt und
beerdigte ihn dort. Er bekam ein Grab auf dem
Friedhof, wo schon seine ganze Familie lag.

26 Usija, der Präsident von Juda

1 Usija wurde von allen Männern in Juda
zum neuen Präsidenten bestimmt. Er
wurde der Nachfolger von seinem Vater Amazja, wie
es damals so üblich war. Zu der Zeit war Usija erst
sechzehn Jahre alt. 2 Nachdem sein Vater gestorben
war, führte Usija einen Krieg gegen die Stadt Elat
und eroberte sie zurück. Dann zog er dicke Beton-
mauern um die Stadt und baute sie zu einer Fes-
tung aus. 3 Wie gesagt, war er sechzehn Jahre alt, als
er der neue Präsident wurde, und er regierte
53 Jahre lang von Jerusalem aus das Land. Seine
Mutter hieß Jecholja und stammte aus Jerusalem.
4 Usija war gut drauf, er lebte so ungefähr wie sein
Vater, aber vor allem lebte er auch so, wie Gott es
gut findet. 5 Der Prophet Secharja ermutigte ihn
immer dazu, radikal das zu tun, was Gott will. Und
solange er das tat, klappte alles super, und er hatte
viel Erfolg. 6 Zum Beispiel führte er einen Krieg
gegen die Philister. Dabei konnte er die Mauern von
den Städten Gat, Jabne und Aschdod wegsprengen.
Und außerdem konnte er einige seiner eigenen
Städte im Gebiet von Aschdod und bei den Philis-
tern mit neuen Sicherheitsanlagen gut schützen.
7 Gott half ihm im Krieg gegen die Philister, gegen
die Meuniter und gegen die Araberstämme, die in
der Gegend von Gur-Baal lebten. 8 Von den Meuni-
tern bekam er jedes Jahr Steuerzahlungen. Usija
hatte so einen krassen Ruf, dass man seinen
Namen sogar in Ägypten kannte. 9 An der Stadt-
mauer von Jerusalem ließ er Wachtürme am Ecktor,
am Taltor und am sogenannten Winkel aufbauen.
Dadurch war die Stadt wesentlich besser geschützt.
10 In dem Gebiet, wo sonst nur Wüste war, baute er
ein paar Wachtürme auf. Außerdem ließ er dort
noch einige Brunnen bohren, weil er große Herden
besaß, die in den Bergen und in der Ebene grasten
und Wasser brauchten. Er hatte sehr viele Ange-
stellte, die in den Bergen und auf Feldern für ihn
arbeiteten. Landwirtschaft fand er total wichtig.
11 Die Armee von Usija war auch fit. Sie bestand aus
einem riesigen Heer, das in verschiedene Truppen
aufgeteilt war. Jeiel und Maaseja hatten den Job
bekommen, alle Männer die zum Wehrdienst einge-
zogen wurden, in Listen aufzuschreiben. Als Auf-
sicht war Hananja eingesetzt, der einen ganz hohen
Posten in der Behörde vom Präsidenten hatte. 12 Die
2600 Chefs in den Familien waren gleichzeitig auch
die Chefs in der Armee über ihre Leute. 13 Insgesamt
gab es 307500 Soldaten in der Armee! Die Truppe
war so gut geführt und stark, dass Usija es mit
jedem aufnehmen konnte. 14 Seine Soldaten waren
top ausgerüstet, mit schusssicheren Westen, Hel-
men, MGs, MPs, Handgranaten, Panzerfäusten und
allem Drum und Dran. 15 Er ließ Flugkörper bauen,
mit denen man auch über große Distanz mächtig
viel kaputt machen konnte. Sie wurden auf den
Wachtürmen in der Stadtmauer von Jerusalem auf-
gestellt.

Usija baut Mist und wird Gott untreu

16 Gott half Usija dabei, immer mächtiger zu wer-
den. Leider wurde der deswegen irgendwann ziem-
lich arrogant und fing an, ziemlich viel Mist zu
bauen. Damit schadete er sich im Endeffekt aber
nur selber, weil Gott da echt keinen Bock drauf
hatte. Irgendwann ging er in den Tempel, weil er
sich in den Kopf gesetzt hatte, auf eigene Faust ein
paar Räucherkerzen für Gott anzuzünden. 17 Der
Chefpriester Asarja und noch 80 andere mutige
Priester liefen ihm hinterher, um ihn zu stoppen.
18 Sie stellten sich Usija in den Weg und sagten:
„Das dürfen Sie nicht tun! Präsident Usija, Sie dür-
fen hier für Gott keine Räucherkerzen anzünden!
Das dürfen nur die Priester, die aus der Familie von
Aaron kommen und dafür extra ausgesucht wurden.
Hauen Sie bloß ganz schnell ab! Sie haben jetzt

schon richtig Mist gegen Gott gebaut. So können Sie bei Gott keinen Blumentopf gewinnen!“ 19 Usija stand da gerade mit ein paar Räucherkerzen in der Hand neben dem Altar, wo die immer angezündet wurden, als Asarja in den Tempel stürmte, um ihn zu stoppen. Usija regte sich voll auf und wollte gerade den Priester richtig zur Sau machen, als er ganz plötzlich einen fiesen Hautauschlag mitten auf der Stirn bekam! 20 Asarja und die anderen Priester sahen das sofort und versuchten panisch, ihn aus den Tempel rauszuschmeißen. Er rannte so schnell es ging nach draußen, weil auch ihm plötzlich klarwurde, dass das nur eine Bestrafung von Gott sein konnte. 21 Diese Hautkrankheit wurde er bis zu seinem Tod nicht mehr los. Der Präsident Usija musste in einem abgeschlossenen Bereich in seinem Haus wohnen und durfte nie wieder in den Tempel. Sein Sohn Jotam erledigte in der Zeit die Geschäfte und regierte anstelle seines Vaters das Land. 22 Alles, was man sonst noch über das ganze Leben von Usija erzählen könnte, hat der Prophet Jesaja in seinem Buch aufgeschrieben. Jesaja kam aus der Familie von Amoz. 23 Usija wurde nach seinem Tod auf einer Wiese neben dem Gelände verbuddelt, wo die Gräber der Präsidenten lagen. Das machte man vor allem wegen seiner fiesen Hautkrankheit. Als nächster Präsident kam sein Sohn Jotam an die Macht.

27

Der Präsident Jotam

1 Als Jotam 25 Jahre alt war, wurde er der neue Präsident von Juda. Er regierte 16 Jahre von Jerusalem aus das Land. Seine Mutter hieß Jeruscha, sie war eine Tochter von Zadok. 2 Jotam war gut drauf, er machte es so wie sein Vater Usija und lebte, wie Gott es gut findet. Und er kam nicht auf die gleiche dumme Idee, einfach in den Tempel reinzuspazieren. Die Leute von Juda bauten aber weiter ständig Mist. 3 Er ließ das Tor am Tempel von Gott bauen und verbreiterte die Sicherheitsmauer im Stadtteil Ofel an vielen Stellen. 4 Dazu vergrößterte er auch einige Städte, die in den Bergen von Juda lagen. Dann ließ er auch noch ein paar Bunkeranlagen und Wachtürme in den Wäldern von Juda aufbauen. 5 Im Krieg gegen die Ammoniter fuhr er einen Sieg ein. Anschließend mussten die ihm für drei Jahre Steuern zahlen: 500 000 Euro plus Lebensmittel, nämlich 1500 Tonnen Mais und Weizen. 6 Weil er immer genau das tat, was sein Gott von ihm wollte, wurde Jotam sehr mächtig. 7 Alles, was man sonst noch über Jotam erzählen könnte, steht in dem Buch der Präsidenten von Israel und Juda. Auch alle seine Kriege und was er sonst noch so gemacht hatte, wurde dort aufgeschrieben. 8 Er wurde mit 25 Jahren Präsident und regierte 16 Jahre von Jerusalem aus das Land. 9 Nach seinem Tod wurde er auch in der Stadt von David, in Jerusalem, begraben. Als nächster Präsident war sein Sohn Ahas an der Reihe.

28

Ahas, der Präsident von Juda

1 Ahas wurde mit zwanzig der neue Präsident und regierte sechzehn Jahre lang von Jerusalem aus das Land. Er lebte nicht so, wie das David vor Jahren allen vorgemacht hatte. 2 Stattdessen baute er den gleichen Mist, wie es die Präsidenten von Israel auch machten. Er ließ sich ein paar Plastikfiguren von diesem Baal machen 3 und zündete für den im Hinnom-Tal ständig Räucherkerzen an. Er kam sogar so schräge drauf, dass er einen seiner eigenen Söhne für einen Plastikgott verbrennen ließ. Das war so ein voll beknacktes Ritual, was schon die Völker gebracht hatten, die früher in der Gegend gewohnt hatten, bevor sie von den Israeliten dort rausgeschmissen wurden. 4 Auf den Opferplätzen von diesen Plastikgöttern (auf den Bergen und unter ganz besonderen Bäumen, die man für „heilig“ erklärt hatte) wurden Räuchersachen für die abgefackelt und Dankopfer veranstaltet. 5 Weil er diesen ganzen Scheiß baute, wollte Gott ihn nicht mehr beschützen. Er sorgte dafür, dass der Präsident von Syrien ihn im Krieg besiegte. Viele Männer aus Juda wurden dann als Kriegsgefangene nach Damaskus verschleppt. Dann sorgte Gott auch noch für eine Niederlage an der Kriegsfront mit Israel. Präsident Pekach, der Sohn von Remalja, brachte ihm eine schwere Schlappe bei. 6 An nur einem Tag starben 120 000 superfitte Soldaten! Das war die Strafe, weil die Männer aus Juda nicht mehr mit dem Gott, an den ihre Vorfahren schon immer geglaubt hatten, leben wollten. 7 Dann brachte Sichri noch den Sohn vom Präsidenten Maaseja um. Auch den Innenminister Asrikam und den Vizepräsidenten Elkana ließ er töten. 8 Die Soldaten der israelitischen Armee nahmen dazu noch 200 000 Frauen und Kinder aus Juda gefangen, obwohl sie ja eigentlich alle aus der gleichen Familie kamen. Schließlich zockten sie sich noch richtig viele Sachen von dort und kamen vollbepackt wieder nach Samaria zurück.

Die Gefangenen werden freigelassen

9 Es gab in der Zeit einen Propheten von Gott, der
Oded hieß. Oded lebte in Samaria, und als das
Heer dort vorbeikam, ging er aus seinem Haus und
sprach zu allen Soldaten. „Männer! Es ist ein klarer
Fall, dass der Gott, an den eure Leute schon immer
geglaubt haben, richtig sauer auf die Menschen von
Juda ist. Das ist der Grund, warum ihr diesen Krieg
gewonnen habt. Und ihr habt voll zugeschlagen, bis
das Blut zum Himmel gespritzt ist! 10 Aber jetzt
wollt ihr auch noch alle Gefangenen mit nach
Hause nehmen, damit sie für euch arbeiten? Reicht
es nicht langsam, Leute? Habt ihr nicht auch schon
einige Male Mist gebaut und Sachen getan, die
Gott nicht so toll findet? 11 Also, Männer, hört mal
gut zu! Diese Gefangenen gehören alle irgendwie
zu eurer Familie! Es sind eure Schwestern und eure
Brüder! Lasst sie laufen und nach Hause gehen!
Wenn ihr das aber nicht macht, wird Gott auf euch
sehr sauer sein!“ 12 Jetzt kamen noch ein paar Män-
ner dazu, die aus dem Familienstamm Efraim
stammten und dort was zu sagen hatten. Das
waren Asarja, der Sohn von Johanan, Berechja, der
Sohn von Meschillemot, Jehiskija, der Sohn von
Schallum, und Amasa, der Sohn von Hadlai. 13 „Das
ist nicht in Ordnung, wenn ihr die Gefangenen hier-
herbringt!“, riefen sie den Soldaten zu. „Auf unserer
Schuldenliste von Gott stehen schon genug Sachen
drauf. Gott ist ja von uns zurzeit sowieso nicht so
begeistert. Wollt ihr das Ganze jetzt noch schlim-
mer machen, als es eh schon ist?“ 14 Als sie diese
Ansagen gehört hatten, beschlossen die Generäle,
alle Gefangenen sofort freizulassen. Sie gaben
ihnen sogar die Sachen zurück, die sie ihnen abge-
nommen hatten. 15 Ein paar Männer wurden ausge-
sucht, dass sie sich um die Gefangenen kümmern
sollten. Es wurden sogar Hosen und Schuhe
zurückgegeben, die man vorher auch noch von
ihnen gezockt hatte. Ein Party-Service wurde beauf-
tragt und alle bekamen genug zu essen und zu trin-
ken. Sie kümmerten sich auch um die Verwunde-
ten. Wer zum Gehen zu schwach war, wurde in
einen Bus gesetzt und bis nach Jericho gefahren.
Von dort war es nicht mehr so weit bis nach Hause.
Nachdem sie die Leute nach Jericho gebracht hat-
ten, gingen die Israeliten wieder zurück nach
Samaria.

Ahas bittet um Hilfe, aber bekommt sie nicht

16 In der Zeit schrieb der Präsident Ahas einen Brief
an den Präsidenten von Assyrien, weil er ihn um
Hilfe bitten wollte. 17 Die Edomiter waren nämlich
wieder in das Land eingefallen, hatten die Armee
von Juda besiegt und viele Gefangene mitgenom-
men. 18 Auch die Philister hatten mittlerweile einen
Krieg gegen Juda angezettelt und waren in das
Hügelland und in das Südland eingefallen. Die
Städte Bet-Schemesch, Ajalon, Gederot, Socho,
Timna und Gimso, mit den dazugehörigen Dörfern,
waren in ihrer Gewalt. 19 Das war die Strafe von
Gott wegen dem Mist, den der Präsident Ahas die
ganze Zeit gebaut hatte. Ahas war Gott fremdge-
gangen und hatte es auch zugelassen, dass die
Leute überall machten, was sie wollten. 20 Der Prä-
sident von Assyrien, Tiglat-Pileser, kam dann
schließlich mit seinen Truppen angerückt. Er unter-
stützte ihn aber nicht, sondern griff ihn auch noch
an. 21 Ahas hatte ihm schon das ganze Geld über-
wiesen, was auf dem Tempelkonto war. Auch die
Goldschätze und sogar die wertvollen Sachen aus
der Präsidentenresidenz hatte er ihm geschenkt.
Trotzdem half der ihm nicht so, wie er gedacht
hatte. 22 Obwohl Ahas jetzt echt Muffen hatte, tat er
immer noch nicht das, was Gott von ihm wollte. Er
legte sogar noch einen drauf! 23 Ahas opferte dann
nämlich sogar Sachen für die Plastikgötter von
Damaskus. Und das, obwohl ihn deren Armee frü-
her schon mal geschlagen hatte. Seine Idee war
nämlich folgende: „Diese Götter haben den Syrern
auch geholfen. Wenn ich diesen Göttern jetzt mal
was schenke, werden sie mir bestimmt auch hel-
fen“, sagte er sich. Das war aber totaler Schwach-
sinn, und damit ritt er sich und sein Volk nur
immer weiter in die Scheiße. 24 Dann ließ Ahas
auch noch alle Geräte im Tempel zusammenholen
und kaputt machen. Das Tor wurde auf seinen
Befehl hin zugenagelt. Stattdessen ließ er überall
in Jerusalem kleine Opfertische für Plastikgötter
aufstellen. 25 Das zog er dann auch in anderen Städ-
ten in Juda durch, damit man dort den Plastikgöt-
tern von irgendwelchen Ausländern was opfern
konnte, wenn man wollte. Diese ganzen Aktionen
brachten Gott auf 180. Er hatte voll den Hals.
26 Alles, was man sonst noch über Ahas erzählen
könnte, kann man in dem Buch der Präsidenten
und Könige von Juda und Israel nachlesen. Was
er so alles gebracht hat, von Anfang bis Ende,
steht dort drin. 27 Als Ahas tot war, wurde er in
Jerusalem begraben. Allerdings bekam er keinen
Platz auf dem Friedhof, wo auch die anderen Präsi-
denten liegen. Sein Nachfolger wurde sein Sohn
Hiskija.

29 Der Präsident Hiskija räumt im Tempel auf

1 Als Hiskija der neue Präsident wurde, war er 25 Jahre alt. Er regierte 29 Jahre lang von Jerusalem aus das Land. Seine Mutter hieß Abi, sie kam aus dem Secharja-Clan. 2 Hiskija war gut drauf, er lebte so, wie Gott es cool findet, genau wie David damals. 3 Eine der ersten Aktionen, die er gleich im ersten Jahr brachte, war, die Türen vom Tempel wieder in Ordnung zu bringen. 4 Dann organisierte er ein Treffen von allen Priestern und Tempelangestellten auf dem Platz im Osten. 5 Dort sagte er zu ihnen: „Liebe Leute aus dem Familienstamm Levi! Ich möchte, dass ihr den Tempel von Gott einmal anständig aufräumt und sauber macht. Er gehört schließlich unserem Gott, der schon immer unser Gott war. Schmeißt alle Sachen auf den Müll, die den Tempel total verdreckt und unrein und ätzend für Gott gemacht haben. 6 Die Leute, die vor uns lebten, haben Gott abgezogen und Sachen getan, die er zum Kotzen findet. Sie haben ihn links liegen lassen, und auch sein Haus war ihnen egal. 7 Sie haben sogar die Türen der Vorhalle zugenagelt und alle Lampen abgeschraubt. Es wurden schon ewig lange keine Räucherkerzen mehr für Gott angezündet und ihm auch lange Zeit kein Abfackelopfer mehr geschenkt. 8 Das ist auch der Grund, warum Gott so sauer auf Juda und Jerusalem geworden ist. Wir sind zurzeit das Antibeispiel für alle. Wenn man gruselige Geschichten erzählen will, erzählt man von uns. Wenn die Leute von uns hören, kriegen alle voll den Horror. Das könnt ihr alles bestätigen, denke ich. 9 Darum sind die Soldaten im Krieg, wo unsere Väter mitgekämpft haben, auch getötet worden, und die Frauen und Kinder kamen in Kriegsgefangenschaft. 10 Ich hab mir jetzt folgende Sache ganz fest vorgenommen: Ich möchte mit Gott einen neuen Vertrag schließen! Was ich mir davon erhoffe? Ich will, dass er einfach nicht mehr sauer auf uns ist! 11 Also, Leute, jetzt fangt mal an, den Tempel anständig zu putzen! Ihr seid von Gott schon immer dafür ausgesucht worden, in seiner Nähe zu sein und ihm Sachen zu schenken."

12–14 Dem Aufruf folgten sofort einige von den Levi-Leuten. Das waren aus dem Clan Kehat: Mahat, der Sohn von Amasai, und Joel, der Sohn von Asarja; aus dem Clan Merari: Kisch, der Sohn von Abdi, und Asarja, der Sohn von Jehallelel; aus dem Clan Gerschon: Joach, der Sohn von Simma, und Eden, der Sohn von Joach; aus dem Clan Elizafan: Schimri und Jeiel; aus dem Clan Asaf: Secharja und Mattanja; aus dem Clan Heman: Jehiel und Schimi; aus dem Clan Jedutun: Schemaja und Usiel. 15 Die holten ihre Verwandten dazu und machten sich für die Arbeit im Tempel erst mal richtig sauber. Als Nächstes putzten sie den ganzen Tempel, sie brachten alles wieder in Ordnung, so wie der Präsident es ihnen gesagt hatte, und der hatte die Idee dazu von Gott bekommen. 16 Die Priester gingen in den Innenraum, um dort erst mal den Boden zu wischen. Alle Sachen, die nicht in Ordnung und unrein waren, wurden auf einen Haufen im Vorhof geschmissen. Von dort kamen sie dann auf einen Hänger und wurden zur Müllverbrennungsanlage außerhalb der Stadt, ins Kidrontal gebracht. 17 Die Reinigungsarbeiten fingen am 1. April an. In der ersten Woche kamen sie bis zur Vorhalle. In den folgenden acht Tagen wurde die Vorhalle geschrubbt und gereinigt. Nach 16 Tagen waren sie mit der ganzen Reinigung fertig. 18 Stolz kamen sie beim Präsidenten Hiskija an und meldeten ihm: „Das war's! Wir haben den ganzen Tempel sauber gemacht! Auch der große Opfertisch, der Altar, sieht wieder aus wie neu. Und der Tisch, wo die besonderen Brote drauf liegen, und die ganzen Geräte, die dazugehören, haben wir auch sauber gekriegt. 19 Alle Geräte, die von Präsident Ahas in seiner Regierungszeit verdreckt wurden, haben wir wieder in Ordnung gebracht und können nun für Gott wieder benutzt werden. Alles ist voll einsatzbereit und an seinem Platz!"

Wiedereröffnung vom Tempel

20 Am nächsten Morgen stand der Präsident ganz früh auf. Er rief alle Männer, die im Land was zu sagen hatten, zu einem Treffen in die Stadt. Dann gingen sie zusammen zum Tempel von Gott. 21 Mit dabei hatten sie sieben Stiere, sieben Schafe und sieben Lämmer, die für Abfackelopfer gebraucht wurden. Dann gab es noch sieben Ziegenböcke für dieses Opfer, das man macht, wenn man aus Versehen Mist gebaut hat. Das war für den Mist, den die Präsidentenfamilien und alle Leute von Juda gebaut hatten. Auch der Schrott, der im Tempel passiert ist, wurde damit wieder in Ordnung gebracht. 22 Nacheinander wurden zuerst die Stiere, dann die Schafe und die Lämmer geschlachtet. Das Blut wurde von den Priestern aufgefangen, damit sie etwas davon an den Altar schmieren konnten. 23 Am Ende wurden die Tiere gebracht, die man für das Opfer brauchte, das man macht, wenn man aus Versehen Mist gebaut hat. Man stellte sie vor

den Präsidenten und die versammelten Israeliten, die dann ihre Hände auf den Kopf der Tiere legten.
24 Dann wurde das Tier von einem Priester getötet und das Blut an den Opfertisch, den Altar, geschmiert. Damit wurde alles wiedergutgemacht, was sie verbockt hatten. Der Präsident hatte dieses Opfer nämlich organisiert, damit es die Schuld von allen Israeliten in Ordnung brachte.
25 Die Band von den Levi-Leuten war auch mit am Start. Sie hatten ihre Instrumente mitgebracht und machten so Musik, wie es der Präsident David damals angeordnet hatte. Die Idee kam von Gott, der das durch den Berater Gad und den Propheten Natan damals dem David gesagt hatte.
26 Die Priester und Tempelangestellten stellten sich mit ihren Instrumenten auf, alles Spezialanfertigungen, die von David früher mal in Auftrag gegeben worden waren.
27 Nachdem Hiskija laut den Befehl gegeben hatte, das erste Opfer (ein Abfackelopfer) zu starten, fing die Band an auf den Instrumenten von David zu spielen. Einige Priester starteten damit, laut ein paar Lieder zu singen, während die anderen mit ihren Saxophonen und Trompeten die Songs begleiteten.
28 Alle Israeliten, die da waren, schmissen sich auf den Boden und beteten zu Gott. Der Priesterchor sang weiter Lieder, und die Band spielte im Hintergrund, bis die Opfersession zu Ende war.
29 Am Ende schmissen sich der Präsident Hiskija und die ganzen anderen Männer gemeinsam noch mal auf den Boden, um zu Gott zu beten.
30 Schließlich machte Hiskija mit den Chefs eine Ansage zu allen Priestern, dass sie Gott mit den Liedern von David und vom Propheten Asaf noch mal danke sagen sollten. Alle fingen sofort an, diese Songs zu singen, und sie hatten voll Spaß dabei. Am Ende warfen sie sich wieder alle auf den Boden und beteten mit Respekt zu Gott.
31 Schließlich machte Hiskija noch einen kleinen Spendenaufruf: „Liebe Leute! Keiner von euch ist hier mit leeren Taschen gekommen. Jetzt habt ihr die Möglichkeit, Gott etwas zu schenken, was man essen kann oder womit ihr ihm einfach danken wollt. Bringt alles zum Tempel!" Sofort gingen die Leute los und brachten ihre Geschenke. Die besonders viel geben wollten, schenkten zusätzlich Tiere für ein Abfackelopfer.
32 So kamen für das Abfackelopfer 70 Rinder, 100 männliche Schafe und 200 Lämmer zusammen.
33 Für alle anderen Opfer waren es 600 Rinder und 3000 Schafe.
34 Es waren viel zu wenig Priester da, um die ganzen Opfer auch anständig vorzubereiten und den Tieren das Fell abzuziehen. Die Tempelangestellten mussten alle mit anpacken, bis alles fertig war. In der Zwischenzeit konnten sich dann die Priester für den Job vorbereiten. Die Tempelangestellten waren beim Sich-Reinigen gründlicher als die Priester.
35 Es waren an dem Tag einfach zu viele Tiere, die als Abfackelopfer verbrannt werden mussten. Dazu kam ja auch noch die Arbeit mit den Fettstücken von dem Dankopfer, die verbrannt werden mussten, ganz zu schweigen von den Trinkopfern, die zum Abfackelopfer einfach dazugehörten. Mit dieser Aktion war der Tempel wieder in Schuss, ab dann konnte man dort regelmäßig wieder Gottesdienste feiern.
36 Der Präsident und die Leute freuten sich alle voll da drüber! Gott hatte dafür gesorgt, dass alles wieder gut wird und das sogar viel schneller, als man es erwartet hatte.

30 Hiskija feiert die Passaparty und das Fest der Fladenbrote

1 Hiskija machte eine Anzeige in der Tageszeitung und schrieb ein paar Rundmails an alle Leute, die im Gebiet von Israel und Juda lebten. Auch die Familienstämme Efraim und Manasse waren eingeladen. Alle sollten zum Tempel nach Jerusalem kommen, dem Haus von Gott, damit man dort gemeinsam für Gott eine Passaparty feiern könnte.
2 Bevor die Einladung rausging, gab es noch ein Treffen mit den Chefs und der ganzen Gemeinschaft in Jerusalem. Dort wurde beraten, ob man die Passaparty erst im Mai veranstalten sollte.
3 Normal wurde die nämlich immer im April gemacht, aber das ging diesmal nicht, weil bis dahin noch nicht genügend Priester sauber waren. Die mussten sich für den Dienst ja erst noch vorbereiten und für Gott in Ordnung sein. Außerdem hätten die Leute es auch reisetechnisch nicht alle so schnell geschafft, in Jerusalem zu sein.
4 Der Präsident und die Versammlung hatten dieser Verschiebung zugestimmt.
5 Dort wurde auch noch mal beschlossen, dass alle in Israel zu dem Fest eingeladen werden sollten. Von Beerscheba bis Dan, vom Süden bis zum Norden, alle sollten nach Jerusalem kommen! Das hatte es auch echt lange nicht mehr gegeben, dass alle Familienstämme die Passaparty zusammen feierten.
6 Überall wurden Anzeigen geschaltet und auch Plakate aufgehängt. Der Text, der da draufstand, ging so: „An alle Israeliten! Kommt wieder zurück zu eurem Gott! Kommt wieder zu dem Gott, an den Abraham, Isaak und Israel

geglaubt haben! Wenn ihr das tut, dann wird er
auch zu euch zurückkommen! Er wird euch helfen,
allen die nicht von den Assyrern entführt und weg-
geschleppt worden sind. 7 Baut nicht den gleichen
Mist wie so viele Leute, die vor euch lebten. Sie
haben Gott wie einen alten Mann behandelt und
ihn abgezogen. Das war der Grund, warum er dafür
gesorgt hat, dass sie heute wie in einem schlechten
Film leben, den echt keiner sehen will. Das habt ihr
doch alle mitbekommen, oder? 8 Jetzt seid nicht so
daneben wie die Leute, die vor euch gelebt haben!
Schlagt bei Gott ein, gebt ihm die Hand! Alle sollen
zum Tempel kommen, er hat diesen Ort extra aus-
gesucht, er sollte etwas ganz Besonderes sein, er
ist heilig. Tut das, was Gott sagt, und dann wird er
auch nicht mehr sauer auf euch sein. 9 Wenn ihr
wieder mit Gott lebt, dann werden eure Geschwis-
ter und eure Kinder von den Assyrern plötzlich bes-
ser behandelt werden. Die Assyrer werden die ein-
fach abhauen lassen, damit sie wieder zurück nach
Hause kommen können. Gott, der Chef, liebt euch
ohne Ende! Er wird sich nicht vor euch verstecken,
wenn ihr zu ihm zurückkommen wollt!" 10 In jeder
Stadt lief diese Ansage sogar im Radio. Vom
Stamm Efraim über Manasse bis nach Sebulon
hörte man davon. Die Leute lachten sich aber dar-
über kaputt, fast alle nahmen diese Nachricht nicht
ernst. 11 Nur ein paar Leute aus dem Familienstäm-
men Ascher, Manasse und Sebulon kamen zu dem
Treffen nach Jerusalem. 12 Von Juda waren allerdings
alle Männer dabei. Sie folgten dem Aufruf vom Prä-
sidenten und von den Chefs vom Volk. Diese
Ansage war auch voll auf der Linie von Gott. 13 Im
Mai war es dann so weit. Mega viele Leute trafen
sich in Jerusalem bei der Passaparty und direkt
danach zum Fest der Fladenbrote. Es waren wirk-
lich sehr, sehr viele Menschen gekommen. 14 Als
Erstes wurden mal wieder alle Plastikgötter und die
Tische, wo man denen Räucherkerzen und so was
ansteckte, auf den Schrottplatz im Kidrontal gewor-
fen. 15 Am 14. Mai wurden die Passalämmer
geschlachtet. Weil es für die Priester und die Tem-
pelangestellten peinlich war, dass sie beim letzten
Mal nicht alle richtig sauber dafür gewesen waren,
hatten sie sich diesmal alle voll Mühe gegeben und
waren okay, sauber und richtig vorbereitet für die-
sen Job. 16 Jeder ging auf seinen Platz, genau so,
wie Mose es in den Gesetzen vorgeschrieben hatte.
Die Priester nahmen von den Tempelangestellten
das Blut, was von den Tieren kam, die man vorher
Gott geschenkt hatte. Das Blut wurde dann überall
an den Opfertisch, den Altar, gespritzt. 17 Weil einige
der Teilnehmer nicht richtig sauber und rein waren,
besorgten die Tempelangestellten das Schlachten
der Passalämmer. Auf die Art waren die dann auch
okay für Gott. 18 Einige von den Leuten, zum Bei-
spiel von den Familienstämmen Efraim, Manasse,
Issachar und Sebulon, hatten sich nicht gut auf das
Ganze vorbereitet. Sie hatten einfach mit dem
Essen angefangen, ohne die richtigen Reinigungsri-
tuale dafür vorher gemacht zu haben. Aber Hiskija
legt ein gutes Wort bei Gott für sie ein. „Du bist der
liebevollste Gott, den es gibt, bitte sei nicht sauer
auf die Leute, 19 die sich nicht richtig auf das Ganze
vorbereitet haben, wie man das normal für so eine
besondere Party macht! Sie sind auf jeden Fall voll
dabei und wollen echt nur das tun, was du sagst!
Ehrlich!" 20 Gott hörte auf Hiskija und bestrafte nie-
manden. 21 Die Leute feierten in Jerusalem die Pas-
saparty und danach eine Woche lang die Party mit
den Fladenbroten. Alle freuten sich voll. Die Pries-
ter und die Tempelangestellten sangen die ganze
Zeit Lieder und dankten Gott. Dazu spielten auch
die Jungs von der Band mit ihren Instrumenten
Musik. 22 Hiskija war voll begeistert von den Levi-
Leuten, weil sie diesen Job für Gott super machten.
Die ganze Party ging über eine Woche. Sie aßen
miteinander das Dankopfer und waren die ganze
Zeit dabei, Gott für alles zu danken. Irgendwann
war dann die Party vorbei. 23 Weil es aber so cool
war, beschloss die ganze Gemeinschaft, die Feier
noch mal um eine Woche zu verlängern. Und auch
diese zweite Woche waren alle total gut drauf.
24 Präsident Hiskija hatte für diese Party 1000 Rin-
der und 7000 Schafe gespendet. Die Führungsriege
von Juda hatte auch noch mal 1000 Rinder und
10 000 Schafe draufgelegt. Unheimliche viele Pries-
ter meldeten sich für diesen Job. 25 Es war eine voll
gute Stimmung unter allen Anwesenden. Die Leute
von Juda, die Priester und die Tempelangestellten
vom Familienstamm Levi, alle Leute, die aus den
anderen Familienstämmen von Israel, und auch alle
Ausländer, die aus Israel mitgekommen waren oder
dort in Juda wohnten, machten mit. 26 In Jerusalem
steppte der Bär, die ganze Stadt war in Partystim-
mung. So was hatte es lange nicht mehr gegeben.
Das letzte Mal hatte es ein Fest in der Größenord-
nung gegeben, als noch Salomo, der Sohn von
David, der Präsident von Israel war. 27 Am Ende
stellten sich die Priester alle vorne hin. Dann bete-
ten sie für die Leute, sie segneten sie. Dieses Gebet
kam bei Gott an, er hörte es.

31

Das Land wird anständig sauber gemacht

1 Als die Party vorbei war, machten die Isra-
eliten erst mal einen Zug durch die anderen
Städte im Gebiet Juda. In jeder Stadt zertrümmer-
ten sie die Figuren von den Plastikgöttern. Sie ris-
sen alle Opfertische und Minitempel ab, wo irgend-
welchen Pseudogöttern Sachen drauf geopfert
wurden, sie machten alles platt, bis nichts mehr
davon übrig war. Das wurde nicht nur in Juda, son-
dern auch im Gebiet von den Familienstämmen
Benjamin, Efraim und Manasse radikal durchgezo-
gen. Erst danach gingen alle wieder in die Orte
zurück, wo sie herkamen. 2 Hiskija organisierte die
ganzen Dienstpläne der Priester und der Tempelan-
gestellten. Jeder bekam eine Schicht entsprechend
seinem Job, sowohl die Priester als auch die Tem-
pelangestellten. Damit war geregelt, wer wann wie
das Abfackelopfer und das Dankopfer duchzuziehen
hatte. Auch die musikalische Begleitung, um Gott
mit Mucke danke zu sagen, wurde in dem Plan
geregelt. 3 Einen Anteil für das Abfackelopfer stellte
der Präsident aus seinem Privatbesitz zur Verfü-
gung. Das wurde für die Teile gebraucht, die jeden
Morgen, jeden Abend, am Sonntag, am Ersten
jeden Monats und an allen Festen gebraucht wur-
den. 4 Er ordnete auch an, dass die Priester und die
Tempelangestellten von den Leuten, die in Jerusa-
lem wohnten, regelmäßig Kirchensteuer und
Lebensmittel geschenkt bekommen sollten. Denn
nur so konnten die sich voll auf ihren Job konzen-
trieren, der in den Gesetzen von Gott genau
beschrieben ist. 5 Nachdem sich das rumgespro-
chen hatte, brachten die Israeliten sehr viele
Lebensmittel vorbei. Wein, Bier, Butter, Obst und
Gemüse, Süßes, alles, was man so zum Leben
braucht. Dabei hielten sie sich an die Zehn-Prozent-
Regel, das heißt, dass zehn Prozent von der Ernte
und den Sachen, die sonst so reinkamen, immer an
Gott geschenkt werden musste. 6 Die Menschen aus
anderen Städten vom Gebiet Judas und die Leute
aus Nordisrael brachten zehn Prozent von ihren
Rindern, Schafen und andere Sachen, die sie ihrem
Gott, dem Chef, geschenkt hatten. Alle Geschenke
wurden nebeneinander auf einem Platz gesammelt.
7 Die ganze Spendenaktion fing im Juni an und war
erst im Oktober zu Ende. 8 Hiskija und die Chefs der
Gemeinschaft besichtigten den Platz und waren
total begeistert, als sie den großen Haufen sahen,
der sich dort in der Zeit angesammelt hatte. Sie
dankten Gott dafür und auch den Israeliten, die das
alles zusammengetragen hatten. 9 Hiskija wollte
dann noch mal von den Priestern und den Tempel-
angestellten wissen, wie der ganze Kram überhaupt
hergekommen war. 10 Asarja, der Chefpriester aus
der Familie von Zadok, meinte: „Seitdem die Leute
angefangen haben, ihre Spenden zum Tempel zu
bringen, haben wir fett zu essen, alle sind immer
satt geworden, und wir konnten sogar einiges davon
noch für schlechte Zeiten bunkern. Gott hat seine
Leute anscheinend wirklich voll beschenkt, dass so
viel davon übrig ist und wir deswegen so viele Spen-
den bekommen haben.“ 11 Hiskija hatte dann die
Idee, einige Räume im Tempel als Lagerräume zu
benutzen. Nachdem die Halle fertig war, 12 wurden
die Lebensmittel dort ordentlich gelagert. Alle Abga-
ben, die zehn Prozent der Ernte und die anderen
Geschenke, wurden dort reingestellt. Die Aufsicht
bekam der Levi-Typ Konanja, sein Stellvertreter
wurde Schimi. 13 Als weitere Aufseher unterstanden
den beiden folgende Männer: Jehiel, Asasja, Nahat,
Asael, Jerimot, Josabad, Eliel, Jismachja, Mahat und
Benaja. Diese Order kam direkt vom Präsidenten
Hiskija und vom Chefpriester Asarja, der auch die
Aufsicht über den Tempel hatte. 14 Die freiwilligen
Spenden wurden von dem Levi-Typ Kore verwaltet.
Kore war ein Sohn von Jimna, dem die Security-Ein-
heit am Osttor unterstand. Kore sollte auch die
Geschenke, die man für Gott zum Tempel brachte,
an die Priester weiterverteilen. Das betraf auch die
besonderen Teile von den Opfern, die sowieso nur
von Priestern gegessen werden durften. 15 Unter
seiner Leitung standen Eden, Minjamin, Jeschua,
Schemaja, Amarja und Schechanja. Die arbeiteten
auch in den Wohnsiedlungen der Priester und
waren dafür zuständig, dass alle Priester aus den
verschiedenen Schichten immer einen korrekten
Anteil bekamen, egal, wie alt oder jung sie waren.
16 Es wurden Dienstpläne geschrieben, in denen
geregelt wurde, wer in Jerusalem im Tempel die
Arbeit tat, die jeden Tag gemacht werden musste. In
den Dienstplänen war auch eine Liste, wo alle
männlichen Einwohner ab drei Jahren erfasst wur-
den. 17 Die Schicht ging der Reihe nach, je nach
Familienzugehörigkeit. Alle Priester und Tempelan-
gestellten ab zwanzig Jahren wurden in einer Liste
erfasst, wo sie nach ihren Aufgabengebieten drin-
standen. 18 In der Liste wurden auch die Frauen, Kin-
der und alten Leute aufgeführt. Weil die Männer die
ganze Zeit jobmäßig direkt für Gott arbeiteten,
bekam auch die ganze Familie einen besonderen
Status. 19 Die Männer aus der Familie von Aaron,
also die Priester, die nicht in den Städten wohnten,

wurden auch alle versorgt. In jeder Stadt wurde ein Mann ausgesucht, der dafür sorgen musste, dass an alle Priester und Tempelangestellten die Anteile von den Spenden ausgeliefert wurden. 20 So also organisierte Hiskija die Dinge in Juda. Hiskija war gut drauf, er lebte so, wie Gott es gut findet, und er war Gott immer treu. 21 Alles, was er für Gott, für sein Haus und für seine Gesetze tat, machte er sehr leidenschaftlich und mit vollem Einsatz. Darum hatte er auch so viel Erfolg.

32

Die Assyrer greifen an

1 Nach der Zeit, in der Hiskija Gott gezeigt hatte, dass er ihm treu sein würde, erklärte Sanherib, der Präsident von Assyrien, Juda plötzlich den Krieg. Er zog mit seinen Truppen in Juda ein und belagerte die größeren Städte, weil er sie einnehmen wollte. 2 Hiskija peilte sofort, dass Sanherib vor allem scharf auf Jerusalem war. 3 Darum hatte er eine Idee. Und zwar wollte Hiskija die Wasserwerke der Stadt lahmlegen. Er traf sich mit seinen Ministern und den Offizieren, um das mit denen zu besprechen, und alle waren damit einverstanden. 4 „Gute Idee, wenn die Armee kommt und Jerusalem belagert, sollten sie hier kein Trinkwasser mehr kriegen können!", sagten sie. Also wurden einige Leute organisiert, die alle Wasserwerke lahmlegen sollten. Auch die Rohre zu den Wasserhähnen, die unterirdisch durch die Stadt gingen, wurden gekappt. 5 Die Schutzmauer um die Stadt wurde auch von Hiskijas Leuten an den Stellen ausgebessert, wo sie am Bröseln oder einfach kaputt war. Die Wachtürme bekamen noch ein Stockwerk obendrauf, und um die Schutzmauer wurde sogar noch eine zweite Mauer gezogen. Dann wurde an der Verteidigungsanlage, dem sogenannten Millo, im Norden von Jerusalem auch noch mal die Sicherheitszone verstärkt. Die Schutzanlagen wurden auch noch mit Flak-Geschützen und Stahlpanzerung ausgestattet. 6 Alle wehrfähigen Männer bekamen von Hiskija einen Truppenführer zugeteilt, der bei einem Angriff die Befehle geben sollte. Als alle Vorbereitungen fertig waren, rief er die Soldaten auf den Platz am Stadttor zusammen und hielt eine leidenschaftliche Rede. 7 „Soldaten, Männer! Habt keine Angst! Ihr seid die Besten! Wir brauchen keinen Schiss vor der Armee von den Assyrern zu haben! Bei uns kämpft jemand mit, der tausendmal stärker ist als diese kleinen Assyrerfuzzis da drüben. 8 Der Präsident von denen baut seine Macht auf etwas, was aus der Welt kommt. Wir haben aber den Chef, unseren Gott, auf unser Seite! Gott wird uns helfen, er wird uns in diesem Krieg helfen!" Diese Rede von Hiskija schlug bei den Leuten von Juda voll ein.
9 Präsident Sanherib von Assyrien kämpfte zu der Zeit mit seinem ganzen Heer gegen die Stadt Lachisch. Dann schickte er ein paar Männer nach Jerusalem. Diese stellten sich mit einem Megaphon vor der Stadt auf, und einer brüllte voll in das Teil rein, damit Hiskija und alle anderen in der Stadt es hören konnten. 10 „Das hier ist eine Nachricht von unserem Präsidenten Sanherib für euch: ‚Warum seid ihr eigentlich so positiv drauf, woher nehmt ihr eure Hoffnung? Warum gebt ihr Jerusalem nicht auf, obwohl die Stadt belagert wird? 11 Hiskija, euer Präsident, ist doch total durchgeknallt! Er versucht euch einzureden, dass euer Gott euch schon retten wird, wenn ich mit meinen Truppen anmarschiere. Er wird schuld an eurem Tod sein, wenn ihr alle verhungert oder verdurstet seid! 12 Der hat doch dafür gesorgt, dass die ganzen Plätze weggesprengt wurden, wo man vorher noch überall in Juda Sachen für Gott opfern konnte. Stattdessen will er jetzt von euch, dass man zu Gott nur noch von einer einzigen Stelle aus beten kann? Es soll nur noch okay sein, wenn man ihm von dort aus etwas schenkt? Ha! 13 Ihr müsst doch auch Nachrichten gehört haben, oder? Habt ihr mitbekommen, was ich überall mit den Menschen anstelle, wenn ich dort eingefallen bin und die besiegt habe? Und haben deren Götter ihnen irgendwie geholfen? 14 Nein, kein Gott konnte uns aufhalten! Es gibt nicht eine Nation, die von mir und meinen Vorgängern nicht plattgemacht wurde, da gab es keinen Gott, der sie retten konnte! Und jetzt soll das ausgerechnet bei eurem Gott anders sein? Ha, ich mach mir vor Lachen in die Hose. 15 Lasst euch von diesem Hiskija bloß nicht verarschen! Der Typ spinnt! Es gibt keinen Gott, egal von welcher Nation oder welcher Regierung, der gegen meine Truppen oder gegen die Truppen von den Präsidenten vor mir gewinnen konnte. Und bei eurem Gott klappt das erst recht nicht!'" 16 Das Ganze ging in dem Ton so weiter. Der Typ lästerte die ganze Zeit über Gott, den einzigen Gott weit und breit, und auch über Hiskija. 17 Immer wieder schrie er, dass die Götter aus den anderen Ländern auch nichts gegen ihre Truppen ausrichten konnten und dass der Gott von Hiskija seine Leute auch nicht vor ihrer Übermacht retten wird. 18 Das Ganze wurde in hebräischer Sprache durchgesagt, und alle Bewohner von Jerusalem, die auf der Stadtmauer

standen, hörten zu. Die Idee dahinter war, allen erst
mal ordentlich Angst einzujagen, um dann im Krieg
die Stadt leichter erobern zu können. 19 Sanheribs
Boten redeten dabei von Gott, als stünde er auf der
gleichen Stufe mit den ganzen anderen Plastikgöt-
tern, die von Menschen selbst gebastelt wurden.
20 Hiskija und der Prophetentyp Jesaja fingen wie
blöd an zu Gott zu beten. 21 Und Gott legte los. Er
schickte einen Todesengel in das Lager der Assyrer.
Alle Soldaten, die Offiziere und Unteroffiziere star-
ben in einer Nacht! Der Präsident von Assyrien
erlitt die peinlichste Niederlage überhaupt, und er
musste wie ein geprügelter Hund wieder in sein
Land zurückgehen. Später, als er dann mal in den
Tempel von seinem Plastikgott ging, wurde Sanherib
von hinten durch einen seiner Söhne erschossen.
22 Auf die Art rettete Gott Hiskija und alle Bewohner
von Jerusalem vor Sanherib, dem Präsidenten von
Assyrien. Von dem Zeitpunkt an gab es für eine
lange Zeit an allen Grenzen Frieden. 23 Aus der
ganzen Welt kamen in Jerusalem bei Hiskija Ge-
schenke für Gott rein. Seit dieser Aktion bekam er
sehr viel Respekt von allen anderen Ländern und
Regierungen.

Das Ende von Hiskija

24 Irgendwann wurde Hiskija einmal schwer krank.
Dann redete er mit Gott, und der sagte ihm, dass er
bald wieder gesund werden würde. Dieses Verspre-
chen wurde sogar mit einem krassen Wunder bestä-
tigt. 25 Leider wurde Hiskija aber echt arrogant, und
anstatt sich dafür zu bedanken, tat er so, als wäre
das selbstverständlich. Gott wurde deswegen richtig
sauer auf ihn. Auch auf Juda und Jerusalem war er
nicht mehr gut zu sprechen. 26 Hiskija merkte
schnell, dass er Mist gebaut hatte, und auch den
Bewohnern von Jerusalem tat das voll leid. Sie
baten alle Gott um Verzeihung, und darum bestrafte
er sie nicht. 27 Solange Hiskija lebte, hatten alle
Leute Respekt vor ihm. Er hatte auch immer genug
Geld auf dem Konto und musste sich einige Tresore
kaufen, um sein ganzes Gold, das Silber, die Dia-
manten und Kunstschätze dort zu lagern. 28 In sei-
ner Regierungszeit baute er große Lagerhallen für
Lebensmittel, wie Getreide, Wein, Öl usw. Dazu ließ
er noch viele Ställe für die Rinderzucht im Land auf-
bauen. 29 Um seine großen Rinder und Schafherden
zu beschützen, ließ er einige Grenzposten bauen.
Sein ganzer Reichtum kam eindeutig von Gott. 30 Er
ließ eine Unterwasserleitung von der Gishon-Quelle
bauen, die unterhalb von Jerusalem lag, die das
Wasser vom Westen nach Jerusalem-City rein-
pumpte. Alle Sachen, die Hiskija anpackte, klappten
supergut. 31 Einmal kamen ein paar Politiker aus
Babylon zu Besuch. Die wollten dieses heftige Wun-
der, dass Hiskija plötzlich so reich und erfolgreich
war, mit eigenen Augen sehen. Gott ließ Hiskija in
dieser Sache selbst entscheiden, ob er damit prot-
zen wollte. Gott wollte ihn testen, wie er charakter-
mäßig drauf war. 32 Alles, was man sonst noch über
Hiskija erzählen könnte, was er alles so gebracht
hat und wie treu er Gott gegenüber war, kann man
auch noch in dem Buch von Jesaja nachlesen. Jesaja
ist ein Sohn von Amoz. Auch in dem Buch über die
Präsidenten von Israel und Juda steht einiges von
ihm drin. 33 Hiskijas Leiche wurde nach seinem Tod
auf demselben Friedhof beerdigt, wo alle aus der
Familie von David begraben waren. Er bekam aber
einen Spezialplatz. Alle Leute aus Juda und Jerusa-
lem zeigten ihren Respekt, als Hiskija gestorben
war. Als nächster Präsident war sein Sohn Manasse
an der Reihe.

33

Der Präsident Manasse

1 Manasse war erst 12 Jahre alt, als er der
neue Präsident von Juda wurde. Er
regierte 55 Jahre lang von Jerusalem aus das Land.
2 Er baute nur Mist, tat Sachen, die Gott total ätzend
findet, ganz im Stil der anderen Völker, die nicht mit
Gott lebten. Die hatte Gott ja vorher aus dem Land
rausgeschmissen, in dem die Israeliten jetzt wohn-
ten. 3 Zum Beispiel baute er die Opferplätze von den
Plastikgöttern wieder auf, die sein Vater alle extra
hatte abreißen lassen. Er stellte überall Opfertische,
so Altäre, auf für diese komischen Pseudogötter
Baal und Aschera. Außerdem betete er zu den Ster-
nen und opferte sogar Sachen für die. 4 Im Tempel
von Jerusalem stellte er noch ein paar Altäre für
andere Götter auf, obwohl Gott immer gesagt hatte:
„In Jerusalem will ich allein wohnen, und zwar für
immer!“ 5 Im Vorhof vom Tempel wurden sogar
Altäre für irgendwelche Sterne und Götter aufge-
stellt. 6 Er ließ sogar seinen eigenen Sohn im Hin-
nontal im Rahmen einer Opfersession für den Pseu-
dogott Moloch verbrennen! Aber damit nicht genug,
er hing den ganzen Tag auf irgendwelchen Eso-Mes-
sen rum, war Mitglied im Satanistenclub und
bezahlte Wahrsager dafür, mit den Toten zu reden
und die Zukunft vorauszusagen. Weil er so lebte,
war Gott voll sauer auf ihn. 7 Manasse ließ sich
sogar ein paar eigene neue Plastikgötter machen

und stellte die Teile dann auch noch im Haus von Gott auf. Und das, obwohl Gott schon zu David und auch zu seinem Sohn Salomo immer gesagt hatte, dass in diesem Haus nur er wohnen will, und zwar für immer. Dieses Haus hatte Gott sich extra ausgesucht, genauso, wie er sich das Volk Israel extra ausgesucht hatte. 8 „Wenn sie so leben, wie ich es ihnen gesagt habe, und alle meine Regeln und Gesetze durchziehen, dann werde ich dafür sorgen, dass sie niemand mehr aus dem Land rausschmeißen kann, was ich ihnen versprochen hab!“, meinte Gott damals zu ihnen. 9 Aber Manasse verführte die Bewohner von Jerusalem und die Leute von Juda dazu, es noch übler zu treiben, als es die Leute tun, denen Gott total egal ist. Die Sorte Leute hatte Gott ja durch die Israeliten eigentlich alle kaputt gemacht. 10 Gott sagte zwar Manasse und seinen Leuten, dass sie gerade voll danebenlagen, aber die hörten einfach weg. 11 Also ließ er die Offiziere der Assyrer mit ihren Truppen gegen Juda kämpfen und gewinnen. Manasse wurde festgenommen, ein Soldat schlug einen Fleischerhaken durch seinen Kiefer und dann wurde er an einer Kette zu Fuß nach Babylon geschleift.

Manasse erinnert sich an Gott

12 Manasse ging es also echt beschissen, und weil er nicht mehr weiterwusste, fing er an, wieder mit Gott zu reden. Er betete zu dem Gott, zu dem schon die Leute vor ihm immer gebetet hatten, gab seinen ganzen Mist zu und schmiss sich Gott vor die Füße. 13 Er bettelte bei Gott um Hilfe. Und Gott erhörte dieses Gebet. Manasse wurde nach einiger Zeit wieder freigelassen und kam zurück nach Jerusalem. Dort bekam er sogar seinen Posten als Präsident zurück. Weil das alles so passierte, war für Manasse ganz klar, wer der einzige echte Gott ist. 14 Nachdem er wieder in Jerusalem gelandet war, ließ er erst mal eine ganz hohe Mauer um die Stadt bauen, mit Stacheldraht und so. Die Mauer ging von der Gihon-Quelle über den Abhang vom Kidrontal, von dort in Richtung Fischtor und um den Ofel rum. Dann setzte er Generäle ein, die ab sofort das Kommando in den größeren Städten von Juda übernehmen sollten. 15 Dann räumte er auch im Tempel auf, schmiss die ganzen Bilder und Figuren von fremden Plastikgöttern auf den Müllplatz vor der Stadt. Auch die große Figur aus Stein, die er dort früher mal aufgestellt hatte, musste weg. 16 Der Altar von Gott wurde komplett renoviert. Dort zog er ab dann die Dankopfer durch. Und er ordnete an, dass alle Leute von Juda ab sofort nur noch zu dem echten Gott, dem Gott von Israel, beten sollten. 17 Zwar wurden immer noch auch anderswo im Land Opfersessions gemacht, aber jetzt waren die nur noch für den echten Gott, ihren Gott, bestimmt. 18 Alles, was man sonst noch über Manasse erzählen könnte, über sein spezielles Gebet, und auch was die Propheten in seiner Zeit so zu sagen hatten, kann man im Buch über die Könige und Präsidenten von Israel lesen. 19 Dieses spezielle Gebet zu Gott und wie Gott dieses Gebet erhört hat, kann man dazu noch in dem Buch von den Propheten finden. Aber auch die vielen üblen Sachen, die er gebracht hat, und sogar eine Liste von den Orten, wo er Tempel, Bilder und Figuren von irgendwelchen Pseudogöttern aufgestellt hatte, stehen dort drin. Diese Sachen brachte er aber nur in der Zeit, bevor er radikal mit Gott lebte. 20 Nach seinem Tod wurde Manasse in einem Grab im Garten hinter seinem Haus beerdigt. Als nächster Präsident war sein Sohn Amon an der Reihe.

Der Präsident Amon

21 Als Amon an die Macht kam, war er 22 Jahre alt. Er regierte zwei Jahre lang von Jerusalem aus das Land. 22 Amon war genauso drauf wie sein Vater am Anfang auch und tat nur Dinge, die Gott total ätzend findet. Er betete zu irgendwelchen Plastikgöttern, die sein Vater hatte basteln lassen, und zog für die sogar Opfersessions durch. 23 Aber im Gegensatz zu seinem Vater bemerkte er nicht, was für einen Schwachsinn er tat, und kam nicht wieder zu Gott zurück. Seine Schuld gegenüber Gott wurde immer größer. 24 Irgendwann gab es dann eine kleine Revolution gegen ihn. Einige seiner Mitarbeiter planten ein Attentat gegen Amon. Dann wurde er in seinem eigenen Haus umgebracht. 25 Die Chefs aus den Städten verfolgten alle Attentäter, die an dem Attentat gegen Amon beteiligt waren, und brachten sie um. Als das erledigt war, erklärten sie seinen Sohn Joschija zum nächsten Präsidenten.

34

Präsident Joschija räumt mit den Plastikgöttern auf

1 Joschija wurde schon mit 8 Jahren zum neuen Präsidenten ernannt. Er regierte 31 Jahre von Jerusalem aus das Land. 2 Joschija war gut drauf und lebte so, wie sein Vorbild David es auch gemacht hatte, indem er so lebte, wie Gott es gut findet. Er hielt sich ganz radikal an die Gesetze und

Regeln von Gott. 3 Als er acht Jahre lang an der Macht war (da war er echt noch ziemlich jung), fragte er sich ernsthaft, was es mit diesem Gott auf sich hat, zu dem auch sein Vorfahr David schon immer gebetet hatte. In seinem zwölften Jahr als Präsident räumte er in Juda und Jerusalem auf. Alle Plätze, wo irgendwelchen Götter geopfert wurde, selbstgemachte Plastikfiguren, zu denen die Leute beteten, alle Astrologiebücher und so weiter, wurden von ihm komplett verschrottet. 4 Er beauftragte auch ein Abrissunternehmen, das die Opferplätze von diesem Plastikgott Baal wegsprengen sollte. Die Opfertische, wo für Baal Räucherkerzen geopfert wurden, ließ er mit Presslufthämmern zu Kleinholz verarbeiten. Die Figuren von diesen Plastikgöttern ließ er durch einen Schredder jagen und die Brösel, die unten rauskamen, wurden auf die Gräber von den Leuten gestreut, die zu diesen Teilen gebetet hatten. 5 Die Leichen von den Priestern, die auf den Opfertischen diesen Pseudogöttern Sachen geopfert hatten, wurden auf den gleichen Opfertischen verbrannt. Auf die Art macht Joschija Juda und Jerusalem wieder sauber. 6 Das Ganze zog er auch im Nordreich Israel in den Städten von Manasse, Efraim, Simeon und Naftali durch. Er ordnete sogar Hausdurchsuchungen an! 7 Bei allen Familienstämmen im Norden ließ er die Opfertische kaputt hauen, Plastikgötter wegsprengen und Tische, wo Räucherkerzen für Plastikgötter abgebrannt wurden, in Stücke hauen. Als der Job erledigt war, kam er wieder zurück nach Jerusalem.

Renovierungsarbeiten am Tempel

8 Als Joschija 18 Jahre lang an der Macht war, startete er mit umfangreichen Renovierungsarbeiten am Tempel. Nebenbei war er selbst ja auch noch dabei, im Land überall aufzuräumen. Für die Renovierung stellte er drei Männer ein: Schafan (ein Sohn von Azalja), Maaseja (der Bürgermeister der Stadt) und Joach (ein Sohn von Joahas, der auch noch die öffentliche Vertretung vom Präsidenten übernommen hatte). 9 Die stellten dann einen Antrag beim Oberpriester Hilkija und bekamen von ihm das Geld ausgehändigt, was für die Renovierung vom Tempel gespendet worden war. Der Betrag war durch die Sammeldosen reingekommen, die von dem Security-Personal am Eingang vor dem Tempel aufgestellt worden waren. Alle Mitglieder von den Familienstämmen Manasse, Efraim und den anderen Stämmen aus dem Norden wie auch Juda, Benjamin und die Bewohner von Jerusalem hatten dort ihre Kohle reingeschmissen. 10 Das Geld wurde an die Architekten weitergeleitet, die den Auftrag für die Arbeiten bekommen hatten. 11 Davon wurde dann das Gehalt von den Handwerkern und Bauarbeitern bezahlt. Auch das Material, was für die Renovierung gebraucht wurde, wurde davon gekauft. Das betraf das Holz, die Rigipsplatten und die Dachbalken, die dringend erneuert werden mussten. Joschija wollte den Tempel von seinem Gott wieder richtig schön machen. Denn bei Joschijas Vorgängern war der echt vernachlässigt worden und deswegen total heruntergekommen. 12 Die Bauarbeiter arbeiteten alle sehr genau und pingelig. Die Priester Jahat und Obadja (aus der Familie von Merari) sowie Secharja und Meschullam (aus der Familie von Kehat) beaufsichtigten die Arbeit. Einige Tempelangestellte legten im Tempel die ganze Zeit Musik auf, 13 damit zu den Beats die Arbeit der Leute schneller ging und mehr Spaß machte. Andere Tempelangestellte halfen mit, indem sie zum Beispiel an der Buchführung arbeiteten oder bei der Security aushalfen, wo sie gerade gebraucht wurden.

Man findet zufällig ein altes Buch, wo die Gesetze drinstehen

14 Irgendwann, als man das Geld aus den Spendendosen holen wollte, entdeckte der Priester Hilkija zufällig das Buch, wo die Gesetze von Gott drinstanden, die er Mose damals gesagt hatte. 15 Er ging damit zum Bildungsminister Schafan und sagte zu ihm: „Ich hab beim Aufräumen im Haus ein Buch von Gott gefunden, wo die Gesetze drinstehen, die Gott Mose gegeben hatte!" Nachdem er Schafan das Buch in die Hand gedrückt hatte, 16 brachte der das Teil dem Präsidenten. „Herr Präsident, wir haben alles so gemacht, wie Sie es befohlen haben! 17 Auch die Spenden aus den Dosen wurden an die Architekten und Bauarbeiter ausbezahlt. 18 Der Priester Hilkija hat jetzt beim Saubermachen zufällig ein Buch gefunden, wo die Gesetze von Gott drinstehen!" Schließlich saßen die zwei am Tisch, und Hilkija las dem Präsidenten aus dem Buch vor.

Präsident Joschija ist mit den Nerven fertig

19 Als der Präsident von dem Inhalt hörte, der in diesen Gesetzen stand, war er erst mal geschockt und echt fertig. 20 Sofort stellte er eine Gruppe von Leuten zusammen, die sich um die Angelegenheit kümmern sollten. Mit dabei waren: der Priester Hilkija, Ahikam, der Sohn von Schafan, Achbor, der Sohn von Micha, der Kanzler Schafan und Asaja,

der Ratgeber vom Präsident. 21 Die Leute bekamen von ihm folgenden Auftrag: „Reden Sie mal alle mit Gott über die Sache! Fragen Sie ihn, was wir jetzt mit diesen Aussagen anstellen sollen, die in dem Buch drinstehen. Tun Sie das stellvertretend für mich und alle anderen aus Juda und Israel, die noch übrig geblieben sind. Gott ist garantiert total sauer auf uns, weil wir und die Menschen, die vor uns gelebt haben, nicht nach seinen Ansagen unterwegs waren. Wir haben ja fast nix von dem getan, was in diesem Buch drinsteht!" 22 Hilkija ging dann mal mit den anderen Männern, die der Präsident dafür ausgesucht hatte, bei der Prophetin Hulda vorbei. Die wohnte in der Jerusalemer Neustadt. Schallum, ihr Mann, arbeitete mit ihrem Sohn Tokhat und dem Enkel Hasra in einem Klamottenladen. 23 Sie sagte zu den Männern: „Ihr könnt dem Präsidenten folgende Ansage von mir ausrichten: Alle angedrohten Strafen, die in diesem Buch stehen, wenn man die Gesetze nicht befolgt, werden passieren. Gott sagt, dass er diese Stadt und die Leute, die da drin wohnen, kaputt machen wird. Er meint wörtlich: 25 ‚Sie waren mir untreu, haben mich die ganze Zeit abziehen wollen. Irgendwelche Plastikgötter, die sie sich auch noch selber gebastelt haben, waren ihnen wichtiger als ich. Zu denen haben sie gebetet anstatt zu mir. Das hat mich echt sauer gemacht, ich bin gerade so aggro drauf, dass mich keiner mehr so schnell davon runterholen kann.' 26 Speziell für den Präsidenten, der euch hergeschickt hat, um eine Antwort von Gott zu bekommen, hab ich noch folgende Nachricht von Gott: ‚Du hast die Ansagen gehört, 27 die ich über diese Stadt und die Leute, die dort wohnen, gemacht habe. Und dir war das nicht egal, dich hat es echt betroffen gemacht. Du hast gezeigt, dass es dir wirklich irre leidtut, und hast sogar geweint deswegen. Das ist der Grund warum ich auf dein Gebet gehört habe. 28 Diese Katastrophe, die ich in dieser Stadt und mit den Leuten, die dort wohnen, passieren lassen werde, wirst du nicht mehr mitkriegen. Du wirst nämlich vorher noch ganz alt werden und in aller Ruhe sterben. Man wird dich auf demselben Friedhof begraben, wo alle Leute aus deiner Familie liegen!'" Die Männer gingen dann wieder zum Präsidenten und erzählten ihm, was Hulda gesagt hatte.

Joschija schwört die Leute neu auf die Gesetze ein

29 Nachdem die Männer weg waren, holte sich der Präsident alle Familienchefs von Juda und Jerusalem in sein Büro. 30 Nach dem Treffen organisierte er einen Umzug von allen Männern aus Juda, allen Bewohnern aus Jerusalem, allen Priestern und Tempelangestellten, die gemeinsam hoch zum Tempel gehen sollten. Jeder war mit dabei, von den Bonzen bis zum einfachen Arbeiter. Als alle da waren, musste einer mit einem Megaphon in der Hand die ganzen Gesetze vorlesen, die man im Tempel gefunden hatte. 31 Danach ging der Präsident an den Platz vor dem Tempel (wo er sonst auch immer bei Gottesdiensten stand), um von dort einen neuen Vertrag mit Gott klarzumachen. Alle Leute mussten ganz fest versprechen, ab sofort radikal mit Gott zu leben und volles Rohr nur noch das zu tun, was in den Gesetzen steht und was er sonst noch so will. Die Sachen, die in dem Buch drinstanden, sollten ab jetzt auch getan werden. 32 Er wollte, dass alle diesen Vertrag unterzeichnen, die aus Jerusalem oder aus dem Gebiet vom Familienstamm Benjamin anwesend waren. Die Bewohner von Jerusalem unterschrieben diesen Vertrag, sie wollten ab dann radikal mit Gott leben, dem Gott, an den schon die Leute vor ihnen immer geglaubt haben. 33 Joschija ließ die Abrissbirne auch in allen anderen Gebieten von Israel kreisen, wo irgendwelche Figuren von Plastikgöttern aufgestellt worden waren. Er befahl den Menschen, die dort wohnten, nur noch für ihren Gott, den Chef, zu leben. In der Zeit, wo Joschija regierte, waren sie auch alle Gott treu, dem Gott, an den schon die Menschen vor ihnen immer geglaubt hatten.

35

Joschija feiert eine Passaparty

1 Joschija feierte am 14. April in Jerusalem die Passaparty für Gott. Dazu wurden extra die besonderen Lämmer geschlachtet, das Passalamm. 2 Er hatte vorher alle Priester noch mal ganz neu auf ihren Job im Tempel heißgemacht und daran erinnert, was man als Priester alles machen sollte. 3 Zu den Levi-Leuten, die überall in Israel den Reli-Unterricht machten und auch die Lizenz hatten, für Gott am Tempel zu arbeiten, sagte er: „Ihr braucht ja nicht mehr wie früher die Kiste mit den Gesetzen die ganze Zeit rumschleppen. Die ist jetzt im Tempel gelandet, den Salomo, der Präsident von Israel, gebaut hat. Salomo war ja ein Sohn von David. Ihr könnt also ab sofort nur noch hier im Tempel für Gott den Oberchef und für seine Leute arbeiten. 4 Macht euch schon mal bereit. Stellt euch nach den Familien und Dienstgruppen auf, nach der Ordnung, die David und sein

Sohn Salomo aufgeschrieben haben. [5] Sortiert euch im Tempel gruppenweise, je nach Familie. [6] Dann macht euch mal anständig sauber, für die nächste Schicht. Als Nächstes sollt ihr dann für die Leute aus dem Volk ein paar Passalämmer grillen. Alles soll genau so durchgezogen werden, wie Mose es gesagt hat!“ [7] Joschija spendierte für die Leute 30 000 Schafe und Ziegen aus seinem Privatbesitz, um die bei der Passafeier Gott zu schenken. Dazu kamen noch 3000 Rinder. [8] Die Minister seiner Regierung spendeten freiwillig für die normalen Leute, für die Priester und für die Tempelangestellten auch noch Sachen dazu. Die Oberpriester vom Tempel, Hilkija, Secharja und Jehiel, spendeten allen Priestern noch mal 2600 Tiere für das Passaopfer und dazu auch noch 300 Rinder. [9] Die Chefs der Levi-Leute (wie zum Beispiel Konanja, Haschabja, Jeiel und Josabad) spendeten an die Tempelangestellten 5000 Tiere für das Passaopfer und packten noch 500 Rinder dazu. [10] So wurde die ganze Veranstaltung geregelt. Nach dem Befehl vom Präsidenten stellten sich die einzelnen Priester dann an ihrem Platz auf. Dazu kamen die Tempelangestellten in ihren Dienstgruppen. [11] Die Tempelangestellten schlachteten die Passalämmer, gaben das Blut an die Priester weiter, die es dann an den Tisch spritzten. Dann wurde den Tieren von den Tempelangestellten noch das Fell abgezogen. [12] Die Teile, die als Abfackelopfer verbrannt werden sollten, legten sie auf die Seite. Die sollten später an die einzelnen Familien verteilt werden, damit die Teile später auf genau die Art Gott geschenkt werden konnten, wie es in den Gesetzen drinstand. Mit den Rindern machte man es genauso. [13] Genau nach Vorschrift wurden dann die Passalämmer über der Feuerstelle gegrillt. Das Fleisch von den Rindern, das für das Opferessen bestimmt war, wurde in großen Töpfen gekocht. Alles wurde dann, so schnell es ging, an die Leute verteilt. [14] Anschließend machten sie für sich selbst und die Priester das Essen. Die Arbeit mit dem Verbrennen von den Abfackelopfern und den Fettstücken vom Dankopfer auf dem Altar hatte nämlich fast die ganze Nacht gedauert. [15] Der Chor, der aus der Familie vom Asaf bestand, blieb dabei die ganze Zeit an seinem Platz stehen. So war es ja von David und seinem Prophetenteam (Asaf, Heman und Jedutun) vorgeschrieben worden. Auch die Security-Einheit verließ nicht ihren Posten an den Eingängen. Die brauchten sich auch nicht von ihrem Dienst zu entfernen, weil ja die anderen Tempelangestellten für sie das Passa-Essen zubereiteten. [16] Auf die Art lief an diesem Tag der Gottesdienst ab. Das Passa-Essen und die Opfersession auf dem Opfertisch von Gott, dem Altar, wurde genauso durchgezogen, wie Joschija es gesagt hatte. [17] Nachdem die Passaparty zu Ende war, feierten die Israeliten noch sieben Tage lang das Fest der Fladenbrote. [18] So eine fette Passaparty hatte es in Israel schon ewig nicht mehr gegeben. Nur zu der Zeit, als der Prophet Samuel noch gelebt hatte, war es ähnlich abgegangen. Auf die Art, wie das Joschija jetzt feierte, hatte es bis jetzt kein Präsident gemacht. Es waren ja diesmal auch noch alle Priester, die anderen Levi-Leute, alle Leute, die in Juda und Israel wohnten, und alle Einwohner von Jerusalem dazu eingeladen worden. [19] Diese Feier passierte im 18. Jahr, in dem Joschija an der Macht war.

Die Zeit von Joschija ist abgelaufen

[20] Nachdem die Renovierungsarbeiten am Tempel beendet waren, die Joschija in Auftrag gegeben hatte, gab es plötzlich wieder Krieg. Necho, der Präsident aus Ägypten, zog mit seinen Truppen gerade vom Eufratfluss in Richtung Karkemisch. Joschija versuchte, ihn auf dem Weg dorthin abzufangen. [21] Necho schickte ihm sofort eine Mail, als er davon erfuhr. „Betreff: Ihre Truppenbewegung in Richtung Karkemisch. Sehr geehrter Herr Präsident Joschija, wie mir zu Ohren gekommen ist, marschieren Sie mit Ihren Truppen gerade in Richtung Ägypten. Was soll das? Warum kümmern Sie sich um meine Angelegenheiten? Mein Krieg gilt nur der Regierung von Babylon, mit Ihnen will ich keinen Ärger haben. Ich habe diesen Krieg mit Gott abgesprochen, und er hat mir gesagt, ich soll mich damit beeilen. Er kämpft auf meiner Seite, darum sollten Sie sich nicht gegen mich stellen, weil Sie sonst von ihm plattgemacht werden könnten. Mit freundlichen Grüßen, Präsident Necho.“ [22] Joschija war es aber egal, was Necho ihm zu sagen hatte. Obwohl Gott selbst dadurch zu ihm reden wollte, zog er seine Truppen nicht zurück. Er selbst verkleidete sich, setzte sich eine Perücke auf und zog dann mit seiner Armee in den Kampf. Die Schlacht fand in der Ebene von Megiddo statt. [23] Im Kampf wurde er von einem Scharfschützen der Ägypter schwer getroffen. „Schnell, ich bin verwundet! Bringen Sie mich hier weg!“, befahl er einem seiner Soldaten. [24] Er wurde dann aus seinem Jeep in einen anderen Wagen gesetzt und ins Jerusalemer Militärkrankenhaus gefahren. Dort erlag er wenig später seinen Verletzungen. Seine Leiche wurden im Familiengrab beerdigt. In

ganz Juda und Jerusalem wurden die Flaggen auf
Halbmast gesetzt, man trauerte überall wegen ihm.
25 Jeremia, ein Prophetentyp, schrieb sogar einen
Song über Joschija. Dieses Lied wurde seitdem von
allen möglichen Musikern gecovert. Dass man Lie-
der schreibt, wenn jemand gestorben ist, kam ab
dann in Israel schwer in Mode. Viele von diesen
Songs stehen in dem Buch „Trauerlieder“ drin.
26–27 Alles, was man sonst noch so über Joschija er-
zählen könnte, kann man auch in dem Buch von den
Präsidenten und Königen von Juda und Israel lesen.
Alles, was er so gebracht hat, wie er immer radikal
die Gesetze durchziehen wollte, von seiner Geburt
bis zu seinem Tod, kann man dort drin finden.

36 Drei Präsidenten: Joahas, Jojakim und Jojachin

1–2 Die Männer von Juda wählten Joahas
als nächsten Präsidenten von Juda. Joahas war ein
Sohn von Joschija. Er war 23 Jahre alt, als er der
neue Präsident wurde, und regierte nur drei Monate
von Jerusalem aus das Land. 3 Necho, Präsident von
Ägypten, der Juda zu dem Zeitpunkt unter seiner
Kontrolle hatte, setzte Joahas dann einfach ab. Juda
musste 1,8 Millionen Steuern pro Jahr an Ägypten
abdrücken. 4 Necho setzte Eljakim, den Bruder von
Joahas, als neuen Präsidenten von Juda und Jerusa-
lem ein. Allerdings musste er sich in Jojakim umbe-
nennen. Seinen Bruder Joahas, den ehemaligen Prä-
sidenten, nahm Necho fest und führte ihn nach
Ägypten ab. 5 Jojakim war 25 Jahre alt, als er der
neue Präsident wurde. Er regierte 11 Jahre von Jeru-
salem aus das Land. Er war richtig mies drauf und
tat nur Sachen, die Gott total ätzend findet. 6 Der
Präsident von Babylonien, der hieß Nebukadnezzar,
besiegte ihn dann in einem Krieg und nahm Jojakim
gefangen. Er wurde in Handschellen nach Babylon
abgeführt. 7 Einen Teil von den wertvollen Sachen
aus dem Tempel zockte Nebukadnezzar und hängte
die in seinem Wohnzimmer in Babylonien an die
Wand. 8 Alles, was man sonst noch über Jojakim
erzählen könnte, steht auch in dem Buch von den
Präsidenten und Königen von Israel und Juda drin.
Was er für ätzende Sachen gebracht hat und was
aus ihm geworden ist, kann man dort nachlesen.
Als nächster Präsident war sein Sohn Jojachin an
der Reihe. 9 Der war 18 Jahre alt, als er der neue Prä-
sident wurde. Er regierte drei Monate und zehn
Tage von Jerusalem aus das Land. Jojachin lebte
auch so, wie Gott es nicht will. 10 Anfang des Jahres
wurde auch er von Nebukadnezzar nach Babylon
abgeführt. Wieder wurden viele wertvolle Sachen
aus dem Tempel mit nach Babylonien genommen.
Als nächsten Präsidenten setzte Nebukadnezzar
Zidkaja ein, der mit Jojakim verwandt war.

Juda ist fertig: der Präsident Zidkija

11 Mit 21 Jahren wurde Zidkija der neue Präsident,
und er regierte elf Jahre lang von Jerusalem aus das
Land. 12 Er lebte auch nicht so, wie Gott es will, und
er änderte sich auch nicht, obwohl Gott ihn durch
den Propheten Jeremia gewarnt hatte. 13 Zidkija ver-
suchte, eine kleine Revolution gegen Nebukadnez-
zar anzuzetteln. Das tat er, obwohl er ihm in einem
Vertrag ganz fest versprochen hatte, treu zu ihm zu
stehen. Dabei hatte er sich auf Gott berufen und
gesagt, dass der sein Zeuge ist. Total stur und knall-
hart zog er seinen falschen Weg durch, ohne wieder
zu Gott zurück zu kommen, dem Gott von Israel.
14 Alle Männer in Führungspositionen, sowohl bei
den Priestern als auch beim Rest der Leute, trieben
es immer derber. Sie ließen Gott die ganze Zeit links
liegen und lebten so, wie die anderen Völker ohne
Gott es auch taten. Dazu verdreckten sie auch noch
den Tempel in Jerusalem, obwohl der eigentlich
immer nur radikal ihrem Gott gehören sollte. 15 Gott
gab immer wieder ein paar Warnschüsse durch ein
paar Propheten ab. Das tat er vor allem, weil er mit
seinen Leuten voll Mitleid hatte, und um den Tem-
pel tat es ihm auch leid. 16 Aber die Leute stellten
sich taub. Was die Propheten sagten, war ihnen
piepegal. Das ging so lange, bis Gott irgendwann
die Nase voll hatte. Ab dann gab es keine Möglich-
keit mehr, dass alles wieder gut werden könnte.
17 Also tat Gott diesmal nichts dagegen, als Nebu-
kadnezzar aus Babylonien gegen Juda anrückte.
Jetzt wurde auch der Rest von den Soldaten von
Juda getötet, als sie in der letzten Schlacht um den
Tempel kämpften. Nebukadnezzar machte kurzen
Prozess. Sogar die jungen Mädchen, die Omas und
Opas und auch die Behinderten wurden von ihm
niedergemetzelt. Gott hatte sie aufgegeben. 18 Nebu-
kadnezzar zockte dann auch noch die letzten wert-
vollen Gegenstände aus dem Tempel. Egal wie groß
oder klein die Geräte waren, alles wurde nach Baby-
lonien abtransportiert. Die ganzen goldenen und
silbernen Sachen und natürlich sämtliche Kohle
vom Tempelkonto, alles Wertvolle vom Präsidenten
und was die Chefs der Familien noch so hatten, riss
er sich unter den Nagel. 19 Die babylonische Armee
warf am Ende noch ein paar Molotow-Cocktails in

den Tempel, bis das ganze Haus von Gott verbrannt
war. Die Stadtmauern von Jerusalem wurden wegge-
sprengt und die größeren Häuser vernichtet, wo die
Reichos wohnten. Auf die Art wurde alles in Jerusa-
lem plattgemacht, was irgendwie wertvoll war. 20 Der
Rest von den Leuten, die noch übrig geblieben
waren, wurde von Nebukadnezzar verhaftet und
nach Babylonien in Kriegsgefangenschaft geführt. In
Babylonien mussten sie, und später auch noch ihre
Kinder, unter Knebelverträgen für die Bewohner dort
schuften. Das ging so lange, bis die Perser in Baby-
lonien an die Macht kamen. 21 So passierte, was der
Prophet Jeremia früher mal gesagt hatte: „Siebzig
Jahre lang soll in diesem Land nichts mehr los sein.
Es soll nicht mehr bearbeitet werden, und niemand
wird in der Zeit etwas ernten."

Endlich frei

22 Später, als Kyrus, der Präsident von Persien, ein
Jahr an der Macht war, passierte der zweite Teil von
dem, was der Prophet Jeremia früher schon gesagt
hatte. Nach siebzig Jahren sorgte Gott dafür, dass
dieser Präsident folgende Anzeige in den Zeitungen
im ganzen Land schalten ließ: 23 „Bekanntmachung.
Der Gott, der dieses Universum gemacht hat, gab
mir die Macht über alle Länder und Regierungen,
die es auf der Erde gibt. Er hat mir jetzt gesagt, dass
ich für ihn den Tempel in Jerusalem wiederaufbauen
soll. Darum befehle ich hiermit, dass alle Men-
schen, die zu seinen Leuten gehören, ab sofort wie-
der nach Hause gehen können. Gott soll sie auf
dem Weg beschützen! Gezeichnet: Präsident
Kyrus."

Das Buch Esra

1 Die Israeliten dürfen wieder nach Hause

1 In dem ersten Jahr, als Kyrus Präsident von Per-
sien war, passierten die Sachen, die durch den
Propheten Jeremia schon vorher angekündigt wur-
den. Gott sorgte plötzlich dafür, dass Kyrus auf die
Idee kam, überall Spots im Radio und Fernsehen
laufen zu lassen. 2 Der Inhalt war so: „Hiermit gebe
ich, Kyrus, der Präsident von Persien, Folgendes
bekannt: Ich habe von dem höchsten Gott, der über
das ganze Universum das Sagen hat, einen Auftrag
bekommen. Er will, dass ich für ihn in Jerusalem
einen Tempel baue. Dieser Gott hat auch dafür
gesorgt, dass ich der mächtigste Mann der ganzen
Welt geworden bin. Alle Länder sind in meiner
Gewalt! Darum ordne ich Folgendes an: 3 Jeder
Mensch aus dem Volk, das zu diesem Gott gehört,
kann ab sofort wieder nach Juda und Jerusalem
zurückgehen. Dort sollen sie das Haus von Gott
wieder aufbauen. Denn es ist der Gott von den Isra-
eliten, der dort in Jerusalem wohnt. Gott soll euch
auf eurem Weg beschützen. 4 Alle Leute von diesem
Volk, die jetzt irgendwo verstreut leben, sollen für
ihre geplante Reise von den Nachbarn vor Ort
unterstützt werden. Es geht um Geldspenden,
Essen, Tiere und was man sonst noch so brauchen
kann. Auch alle Sachen, die sie für die Renovierung
vom Haus von Gott, dem Tempel in Jerusalem,
benötigen, sollten wir ihnen mitgeben." 5 Gott über-
zeugte dann einige Leute, mit nach Jerusalem zu
kommen, um an seinem Haus mitzubauen. Mit
dabei waren die Clanchefs der Familienstämme von
Juda und Benjamin inklusive ihrer Familien. Die
Priester und die Tempelangestellten vom Familien-
stamm Levi waren auch alle mit am Start und viele
andere auch. 6 Die Nachbarn unterstützten sie mit
Geldspenden, Werkzeug, Proviant und vielen ande-
ren Dingen, die sie gut gebrauchen konnten. Auf die
Art kam einiges an Spenden für den Tempel rein.
7 Der Präsident Kyrus rückte sogar die ganz beson-
deren Geräte raus, die Nebukadnezzar damals aus
dem Jerusalemer Tempel gezockt hatte. Die Sachen
wurden damals von ihm in den Tresorraum des
Tempels von seinem Plastikgott gebracht. 8 Alles
wurde damals ordentlich dem Finanzverwalter Mi-
tredat übergeben. Der ließ eine schriftliche Aufstel-
lung der Geräte anfertigen. Diese Liste hatte übri-
gens auch der Befehlshaber der Besatzungsmacht
von Juda, Scheschbazzar, angefordert. 9–10 In dieser
Liste standen unter anderem folgende Gegenstände
drin: goldene Schalen: 30, silberne Schalen: 1000,
ausgebesserte silberne Schalen: 29, Becher aus
Gold: 30, Becher aus Silber, kaputt: 410, andere
Geräte: 1000. 11 Aus Gold und Silber waren das ins-
gesamt 5400 Geräte. Diese ganzen Sachen nahm
Scheschbazzar mit. Gemeinsam mit seinen Leuten
zog er von Babylon wieder nach Jerusalem.

2 Eine Liste der Leute, die aus Babylonien wieder zurück nach Hause kamen

1 Jetzt kommt eine Liste von den Leuten, die
früher mal in dem Gebiet Juda gelebt hatten. Sie
wurden vom Präsidenten Nebukadnezzar nach
Babylonien verschleppt, was später von Persien
besiegt worden war. Die kamen jetzt alle wieder
zurück nach Jerusalem und Juda. Man nannte diese
Leute ab jetzt auch „Juden". 2–35 Ihre Clanchefs hie-
ßen: Serubbabel, Jeschua, Nehemja, Seraja, Reelaja,
Mordochai, Bilschan, Misperet, Bigwai, Rehum und
Baana. Nun eine Liste der israelitischen Männer
und Familien, in Klammern die Anzahl der Leute,
die dabei waren. Parosch (2172), Schefatja (372),
Arach (775), Pahat-Moab, die Nachkommen von
Jeschua und Joab (2812), Elam (1254), Sattu (945),
Sakkai (760), Bani (642), Bebai (623), Asgad (1222),
Adonikam (666), Bigwai (2056), Adin (454), Ater,
die Nachkommen von Hiskija (98), Bezai (323), Jora
(112), Haschum (223), Gibbar (95), aus Betlehem
(123), aus Netofa (56), aus Anatot (128), aus Asma-
wet (42), aus Kirjat-Jearim, Kefira und Beerot (743),
aus Rama und Geba (621), aus Michmas (122), aus
Bet-El und Ai (223), aus Nebo (52), Magbisch (156),
Elam – ein anderer (1254), Harim (320), aus Lod,
Hadid und Ono (725), die Männer aus Jericho (345),
Senaa (3630). 36–39 Von den Priestern gingen
folgende wieder nach Hause zurück: Jedaja, die
Nachkommen von Jeschua (973), Immer (1052),
Paschhur (1247), Harim (1017). 40 Von den Tempel-
angestellten: die Familie Jeschua, die Nachkommen
von Kadmiel, Binnui und Hodawja (74). 41 Der Tem-
pelchor: die Nachkommen von Asaf (128). 42 Und
die Security-Leute im Tempel: die Familien Schal-
lum, Ater, Talmon, Akkub, Hatita und Schobai (139).
43–54 Von den Männern, die im Tempel die Drecksar-

beit machten, gingen folgende Familien wieder zurück: Ziha, Hasufa, Tabbaot, Keros, Sia, Padon, Lebana, Hagaba, Akkub, Hagab, Salmai, Hanan, Giddel, Gahar, Reaja, Rezin, Nekoda, Gasam, Usa, Paseach, Besai, Asna, die Meuniter und die Nefusiter, Bakbuk, Hakufa, Harhur, Bazlut, Mehida, Harscha, Barkos, Sisera, Temach, Neziach, Hatifa. 55–57 Von den Familien der Leute, die schon beim Präsidenten Salomo fest angestellt waren, kamen folgende zurück: Sotai, Soferet, Peruda, Jaala, Darkon, Giddel, Schefatja, Hattil, Pocheret-Zebajim, Ami. 58 Insgesamt kamen von den Männern, die im Tempel die Drecksarbeit machten, und den Männern, die seit Salomo für die Präsidenten fest angestellt waren, 392 Leute zurück. 59–60 Aus Tel-Melach, Tel-Harscha, Kerub-Addon und Immer waren folgende Familien dabei (die hatten leider ihre Ausweise verloren und konnten deswegen nicht beweisen, dass sie wirklich Israeliten waren): Delaja, Tobija und Nekoda: 652. 61–62 Auch bei den Priestern gab es ein paar Männer, die ihre Pässe nicht finden konnten. Dazu zählten die Familien von Habaja, Koz und Barsillai. Der Ururgroßvater dieser Familie hatte eine Tochter von Barsillai aus Gilead geheiratet und dann dessen Namen angenommen. Weil diese drei Familien ihre priesterliche Identität nicht beweisen konnten, verloren sie ihre Priesterlizenz und wurden vom Dienst ausgeschlossen. 63 Der Befehlshaber der Besatzungsmacht verbot ihnen so lange, an dem Essen teilzunehmen, bei dem die ganz besonderen Sachen gegessen wurden, bis es wieder einen Oberpriester gab. Der sollte sich dann um ihre Probleme kümmern. 64–67 Insgesamt kamen 42 360 Israeliten wieder zurück nach Hause. Dazu kamen noch: Angestellte und Gastarbeiter von außerhalb (7337) und der Chor: 200. An Material konnten mitgenommen werden: Pkws (736), Transporter (245), Motorräder (435), Fahrräder (6720). 70 Alle gingen wieder zurück an die Orte, in denen sie früher mal gewohnt hatten. Das betraf die Priester und die Tempelangestellten, den Chor, die Männer von der Security vom Tempel und die Leute, die im Tempel die Drecksarbeit machten, aber auch alle anderen Israeliten.

3

Die ersten Opfer und ne fette Party

1 Nachdem alle Israeliten wieder dort wohnten, wo sie ursprünglich mal herkamen, gab es Anfang Oktober ein großes Treffen in Jerusalem. 2 Als Erstes wurde dieser Opfertisch, der Altar, wiederaufgebaut, auf dem immer Sachen für Gott verbrannt werden. Das erledigten Jeschua (der Sohn von Jozadak) mit seinen Brüdern (die waren Priester) und Serubbabel (der Sohn von Schealtiel) mit seinen Brüdern. An der Stelle sollten ab sofort wieder die Abfackelopfer für Gott durchgezogen werden, und zwar genau auf die Art, wie es in den Gesetzen von Mose drinsteht, der so krass mit Gott unterwegs gewesen war. 3 Der Tisch wurde genau an der gleichen Stelle aufgestellt, wo er früher immer gestanden hatte. Einige Nachbarstaaten waren zwar dagegen, aber sie machten es trotzdem. Ab sofort wurden dort wieder morgens und abends Abfackelopfer für Gott verbrannt. 4 Das „Fest der Blätterbuden" wurde auch wieder gefeiert, genau so, wie es vorgeschrieben war. Also jeden Tag ein Abfackelopfer, eine Woche lang. 5 Ab dann wurden also wieder regelmäßig, jeden Morgen und Abend, diese Opfer durchgezogen. Das galt auch für die Opfer am Neujahrstag und an allen anderen Feiertagen, und natürlich auch für die Sachen, die einfach so Gott geschenkt wurden. 6 Das Ganze startete am 1. Oktober, ab dem Tag ging das wieder mit den Opfersessions los. In der Zeit war aber beim Wiederaufbau vom Tempel noch nicht wirklich viel passiert. 7 Einige Bauarbeiter und Fliesenleger bekamen einen Zeitvertrag. Aus Sidon und Tyrus wurden ein paar Gastarbeiter eingeflogen, die bei dem Transport von Holzlieferungen aus dem Libanon halfen. Das Holz kam über den Meerweg und wurde im Hafen von Jafo abgeliefert. Die Bezahlung lief in Form von Naturalien ab, wie z. B. Wein oder Benzin. Der Präsident Kyrus hatte das ja alles genehmigt.

Es wird ein Fundament für den neuen Tempel gegossen

8 Im Mai, zwei Jahre nachdem man wieder nach Israel zurückgekehrt war, begannen die Arbeiten am neuen Tempel in Jerusalem. Serubbabel, Jeschua und ihre Brüder, die Priester und Tempelangestellten, die aus der Kriegsgefangenschaft zurückgekommen waren, arbeiteten mit. Die Levi-Leute, die schon zwanzig Jahre alt oder älter waren, hatten die Bauaufsicht. 9 Jeschua nahm alle Arbeiter in die Lehre, die auf der Baustelle am Schuften waren. Auch seine Söhne und Brüder taten das, dazu noch Kadmiel und seine Söhne und die Kinder von Hodawja. Zu den Chefs am Bau gehörten auch noch die Priester der Familie von Henadad. 10 Nachdem das Betonfundament fertig war, kamen die Priester in ihren Priesterklamotten an. Dazu kam auch die

Band der Tempelangestellten aus der Familie Asaf mit ihren E-Gitarren und Verstärkern. Sie hatten auch einen Drumcomputer mitgebracht. Alle wollten zusammen Gott auf die Art und Weise, wie David es angeordnet hatte, danken. 11 Und zwar dankten sie Gott mit einem Song, der immer im Wechsel gesungen wurde. Die einen sangen „Gott ist so super gut zu uns!", dann wiederholten es die anderen „Ja, unser Gott, der ist super gut!" – „Er liebt uns immer, das macht Mut!", und die anderen wiederholten „Er liebt uns immer, das macht Mut!". Nachdem die Priester mit dem Lied angefangen hatten, stimmte das ganze Volk mit ein. Und dann klatschten sie alle voll laut und jubelten los, weil das Fundament vom Haus für Gott endlich fertig war. 12 Die Älteren unter ihnen, vor allem die Priester und Clanchefs, hatten ja noch den ersten Tempel in Erinnerung. Als sie nun mit eigenen Augen sehen konnten, dass das Fundament vom neuen Tempel fertig war, fingen sie vor Freude voll an zu weinen. Einige gingen dabei aber auch total ab und fingen laut an zu schreien. 13 Der Lärm, den die Leute dabei machten, war so laut, dass man das Schreien vor Freude von dem Weinen kaum noch unterscheiden konnte. Den Lärm hörte man auch noch einige Kilometer weiter weg.

4

Die Leute aus Samaria dürfen nicht mitbauen

1 Es gab im Land der Israeliten einige Gruppen, die sich gegenseitig nicht so gut abkonnten. Da waren auf der einen Seite die Samariter. Sie wohnten im ehemaligen Nordreich, mit Samaria als Hauptstadt. Dort hatten sich Einheimische mit Ausländern vermischt. Auf der anderen Seite waren die Juden, das sind die Familienstämme Juda und Benjamin. Vielen von ihnen waren gerade aus der Kriegsgefangenschaft nach Hause gekommen. Als jetzt die Samariter mitbekamen, dass die Juden den Tempel wiederaufbauen wollen, wollten sie unbedingt auch mitmachen. 2 Darum machten sie Serubbabel, Jeshua und den Clanchefs einen Vorschlag: „Warum können wir nicht mit anpacken? Wir glauben schließlich an den gleichen Gott wie ihr! Seitdem Asarhaddon, der Präsident von den Assyrern, uns hierhergeschickt hat, machen wir für Gott regelmäßig Opfersessions." 3 Serubbabel, Jeschua und die andern Clanchefs von Israel waren aber nicht so begeistert von dieser Idee. „Was haben wir mit euch zu tun? Das ist gar nicht eure Baustelle, nur wir dürfen dem Gott von Israel ein Haus bauen. Das hat Kyrus, der Präsident von Persien, so festgelegt!" 4 Nach dieser Ansage waren die anderen ziemlich sauer. Ab dann versuchten sie den Leuten von Juda, die man seit einiger Zeit auch Juden nannte, nur noch Steine in den Weg zu legen, um den Bau irgendwie zu verhindern. Sie taten alles, damit die Juden keinen Bock mehr hatten, den Tempel fertigzubauen. 5 Man versuchte sogar, mit Bestechungsgeldern die Minister vom Präsidenten dazu zu bringen, den ganzen Bau zu stoppen. Diese Anti-Tempel-Politik wurde von der Zeit an, in der Präsident Kyrus an der Macht war, bis in die Zeit von Präsident Darius gnadenlos durchgezogen.

Eine Anzeige gegen die Juden beim Präsidenten von Persien, um den Bau zu verhindern

6 Gleich nachdem der neue Präsident von Persien, Xerxes, an die Macht kam, reichte die „Protestbewegung gegen den Tempelbau" eine schriftliche Anklage gegen die Leute aus Juda und Jerusalem ein. 7 Als die abgeschmettert wurde, dauerte es eine Weile, bis die nächste Initiative an den Start kam. Bischlam, Mitredat, Tabeel und ihre Kollegen schrieben dann erst einen neuen Beschwerdebrief, als der nächste Präsident von Persien, Artaxerxes, an der Macht war. Der Brief war in der Sprache Aramäisch verfasst, die damals in den Behörden gesprochen wurde. 8 Der oberste Befehlshaber der Besatzungstruppen von Samarien, General Rehum, schrieb gemeinsam mit seinem Sekretär Schimschai auch einen Brief an den Präsidenten Artaxerxes. In diesem Brief schilderte er den Stress, der bei ihnen gerade abging. Als Absender stand auf dem Umschlag: 9 „Oberbefehlshaber Rehum, Sekretär Schimschai, alle Amtskollegen, Richter, Verwaltungsbeamte, Schreibkräfte, die Bewohner von Erech, Babylon, Susa 10 und alle Vertreter der andern Völker, die der berühmte Präsident Assurbanipal in der Stadt Samaria und an anderen Orten in der Gegend, westlich vom Eufrat, angesiedelt hat." 11–12 In dem Brief stand Folgendes: „Sehr geehrter Herr Präsident Artaxerxes! Wir, die Menschen aus dem von Ihren Truppen besetzten Gebiet im Westen der Provinz, haben eine Anfrage an Sie: Die Juden sind nach einer langen Kriegsgefangenschaft wieder nach Jerusalem zurückgekommen. Jetzt wollen sie diese schlimme Stadt wiederaufbauen, obwohl von hier immer ganz üble Revolutionen ausgegangen sind. Es wurde bereits damit begonnen, die Stadtmauern wieder hochzuziehen. Einige Fundamente sind auch bereits gegossen worden. 13 Wir wollen

Sie nur darauf aufmerksam machen, dass, wenn diese Mauer erst mal wieder steht, die Bewohner garantiert keine Steuern mehr an Sie abdrücken wollen. Das würde Ihre Einnahmen um einiges verkleinern. 14 Wir sehen es nicht ein, dass wir einfach nur dabei zusehen und nichts dagegen tun können. Wir sind Ihnen gegenüber immer treu gewesen, darum wollen wir Sie mit diesem Brief über alles, was da gerade passiert, in Kenntnis setzen. 15 Wenn Sie mal in den Geschichtsbüchern nachschauen, wäre es leicht zu beweisen, dass von dieser Stadt immer revolutionäre Kräfte ausgegangen sind, die der Politik große Probleme bereitet haben. Menschen von dort haben fast immer aufgemuckt und finden es anscheinend gut, immer Ärger zu machen. Das ist auch der Grund, warum die Stadt vor einiger Zeit überhaupt komplett kaputt gemacht worden ist. 16 Und noch was sollte man bedenken: Wenn die Stadt wieder steht und die Mauern hochgezogen wurden, könnte das ganze Gebiet westlich vom Eufrat wieder eigenständig werden. Und dann könnten Sie es abschreiben, es wäre für Sie verloren." 17 Die Antwort vom Präsidenten sah so aus: „An den General Rehum, seinen Sekretär Schimschai und ihre Kollegen in Samaria und der Westprovinz. Sehr geehrte Herren, 18 freundlich bestätige ich dem Empfang Ihres Schreibens. 19 Ich habe umgehend die Geschichtsbücher gewälzt und musste feststellen, dass Ihre Angaben überall bestätigt wurden. Solange es diese Stadt gibt, gingen von ihr immer Revolutionen aus, die sich gegen die Regierung gewandt haben. Sie war ein Nest von gewaltbereiten Anarchos. 20 Es gab immer mal wieder Bürgermeister und Präsidenten in Jerusalem, die das Sagen über die ganze Gegend westlich vom Eufratfluss hatten. An sie wurden immer die Steuern und Zolleinahmen bezahlt. 21 Kurzum, dies ist meine Anordnung an Sie: Die Bauarbeiten sind sofort zu stoppen. Diese Stadt sollte erst wiederaufgebaut werden, wenn ich mein O. k. dazu gegeben habe. 22 Bitte sorgen Sie umgehend dafür, dass diese Anordnung befolgt wird. Sonst könnte dieses Unternehmen unserem Land schaden. Mit freundlichen Grüßen, Ihr Präsident Artaxerxes." 23 Nachdem Rehum, Schimschai und ihre Kollegen den Brief gelesen hatten, wurden sofort Truppen nach Jerusalem geschickt, die alle weiteren Arbeiten in der Stadt stoppten. 24 Dieser Baustopp betraf auch den Tempel von Gott in Jerusalem. Bis zum zweiten Regierungsjahr des nächsten Präsidenten von Persien, Darius, passierte erst mal nichts mehr.

5 Proteste beim zweiten Versuch, den Tempel wiederaufzubauen

1 Zu der Zeit waren in Israel zwei Propheten am Start. Der eine hieß Haggai und der andere Sacharja. Sacharja kam aus der Familie Iddo. Die beiden sagten im Auftrag von Gott viele nette Sachen zu den Juden, die in Juda und Jerusalem lebten, und ermutigten sie dadurch. 2 Daraufhin nahmen Serubbabel und Jeschua die Arbeit an der Baustellen vom Tempel in Jerusalem wieder auf. Die Propheten fanden die Idee gut und unterstützten das Ganze. 3 Kurze Zeit später kam Tattenai, der von der Besatzungsmacht für die ganze Provinz westlich vom Eufratfluss eingesetzt war, mit Schetar-Bosnai und einigen Beratern nach Juda. Sie fragten die Leute: „Wer hat Ihnen eigentlich die offizielle Erlaubnis erteilt, den Tempel wiederaufzubauen? 4 Wer ist für diesen Bau verantwortlich?" 5 Gott hatte aber die Situation im Griff und passte auf die Juden auf. Er sorgte dafür, dass sie weiter am Tempel arbeiten konnten, bis der Brief von Darius da war. 6 Folgendes stand in dem Brief, der damals an den Präsidenten Darius geschickt wurde. Geschrieben wurde er von Tattenai, Schetar-Bosnai und seinen Beratern, die für das Land im Beamtendienst tätig waren. 7 Sie schrieben an den Präsidenten einen Bericht: „Sehr geehrter Herr Präsident Darius, 8 wir würden Ihnen gerne von einer Sache im Bezirk Juda berichten. Dort konnten wir beobachten, dass die Leute wieder an einem Tempel für ihren Gott bauen. Es werden bereits Betonfundamente gegossen und Gerüste aufgebaut. Sie arbeiten schnell, supergenau, und die Arbeit geht megaschnell voran. 9 Wir gingen zu den Chefs der Stadt und fragten sie, von wem sie überhaupt die Genehmigung hätten, den Tempel wieder hochzuziehen. 10 Dann haben wir auch noch versucht ein paar Namen und eine Liste von den Verantwortlichen zu bekommen. 11 Sie gaben uns folgende Antwort: „Wir leben für den Gott, der das Universum und auch diese Erde gemacht hat. Wir bauen den Tempel wieder auf, der lang an dieser Stelle gestanden hat. Ein großer Präsident von Israel hatte den mal hier gebaut. 12 Leider haben die Menschen, die vor uns lebten, diesen Gott richtig gelinkt. Darum hat er sie an Nebukadnezzar ausgeliefert, den Präsidenten von Babylonien. Der hat übrigens auch diesen Tempel plattgemacht. Alle Juden wurden von ihm nach Babylonien entführt. 13 Als dann aber Kyrus, der Präsident von Persien, die Macht in Babylonien übernommen hatte, entschied er sich schon im ersten Jahr, dass

dieser Tempel wiederaufgebaut werden sollte. 14 Prä-
sident Kyrus rückte sogar alle Geräte aus Silber und
Gold wieder raus, die Nebukadnezzar vorher aus
dem Haus von Gott gezockt und in den Tempel von
seinem Gott nach Babylonien gebracht hatte. Diese
wertvollen Sachen wurden in mehrere Geldtranspor-
ter geräumt und Scheschbazzar, dem neuen Verwal-
ter von Juda, übergeben. 15 Kyrus gab ihm den Auf-
trag, alle Geräte zusammenzupacken und in den
neuen Tempel nach Jerusalem zu verfrachten. „Pas-
sen Sie auf, dass der Tempel wieder an genau dem
Platz hochgezogen wird, wo er vorher schon gestan-
den hatte', sagte er zu ihm. 16 Schließlich kam
Scheschbazzar höchstpersönlich nach Jerusalem
und legte den Grundstein für das Fundament vom
Tempel. Seitdem wird da dran gebaut, aber der Tem-
pel ist bis jetzt noch nicht fertig.' 17 Wir bitten
darum, einmal in den Akten in Babylonien nachse-
hen zu dürfen, ob es so einen Befehl vom Präsident
Kyrus auch tatsächlich gegeben hat. Soll der Tem-
pel, das Haus von diesem Gott, wirklich wiederauf-
gebaut werden? Es wäre gut, wenn wir ganz bald
von Ihnen hören könnten, wie Sie sich in der Sache
entschieden haben. Mit freundlichen Grüßen, Tatte-
nai, Schetar-Bosnai und einige Berater aus der Pro-
vinz im Westen."

6

Der Tempel darf doch gebaut werden

1 Daraufhin ließ der Präsident Darius zuerst ein-
mal alle Aktenordner durchforsten. 2 Schließlich
fand man eine Notiz in einem Ordner, der in der
Ferienwohnung des Präsidenten im Schrank stand.
Diese Wohnung lag in der Provinz Medien. Auf dem
Papier stand Folgendes: 3 „Dieser Brief wird im ers-
ten Jahr geschrieben, in dem der Präsident Kyrus an
der Macht ist. Kyrus ordnete hiermit Folgendes in
der Sache „Tempel in Jerusalem" an: Dieses Haus
von Gott soll wieder ganz neu aufgebaut werden! Es
soll dafür da sein, um da Opfer abzufackeln. Der
Tempel soll dreißig Meter hoch und dreißig Meter
breit werden. 4 Nach jeder dritten Lage von Steinen
wird ein Balken eingezogen. Die Kosten für den Bau
trägt der Staat. 5 Alle Geräte aus Gold und Silber, die
Nebukadnezzar aus dem alten Tempel hat mitgehen
gelassen, sollen wieder zurückgegeben werden.
Alles soll an seinen alten Platz kommen, an dem es
vorher auch schon gestanden hat. Gezeichnet, Prä-
sident Kyrus". 6 Deswegen schrieb der neue Präsi-
dent schnell eine Mail an Tattenai und Schetar-Bos-
nai und auch an alle Beamten: „Sehr geehrte
Damen und Herren, lassen Sie die Männer bitte in
Ruhe arbeiten! 7 Stören Sie die Juden nicht dabei,
ihren Tempel wiederaufzubauen. Es ist voll okay,
dass die Chefs von diesem Volk das Haus von Gott
wieder an der Stelle aufbauen, wo es früher mal
gestanden hat. 8 Ich möchte, dass Sie die bei der
Arbeit unterstützen! Das ist ein Befehl! Alle Gelder,
die für den Bau vom Haus Gottes gebraucht wer-
den, sind durch die Steuereinnahmen aus der Pro-
vinz im Westen zu bezahlen. Die Überweisungen
müssen pünktlich laufen, damit der Bau weiterge-
hen kann. 9 Die ganzen Dinge, die man braucht, um
ein Abfackelopfer für Gott durchzuziehen, sollten
auch von euch täglich angeliefert werden. Dieser
Lieferservice betrifft alles: Stiere, Schafböcke, junge
Schafe, das Weizenmehl, Salz, Bier, Wein und Öl.
Diese Dinge sollen den Priestern in Jerusalem
gebracht werden. Alles muss genau so ablaufen, wie
die es gerade brauchen. 10 Ich möchte, dass die
Juden dem Gott dieses Universums ständig Räu-
cherstäbchen anzünden, und sie sollen für mich,
den Präsidenten, und für meine Familie beten.
11 Damit das auch alles so durchgezogen wird, gilt
folgender Befehl: Falls jemand das nicht tut, was ich
gerade gesagt habe, soll man bei ihm zu Hause
einen Stützbalken aus dem Dach rausreißen. Der
Balken wird auf dem Grundstück in den Boden
gerammt, und der Hausbesitzer wird da drangeta-
ckert. Das Haus muss anschließend von Bulldozern
abgerissen werden. 12 Der Gott, der sich diesen Tem-
pel ausgesucht hat, um da drin zu wohnen, wird
jeden Präsidenten plattmachen und jede Nation
auslöschen, die sich an diese Sachen, die ich gerade
gesagt habe, nicht hält. Das gilt auch für jeden, der
den Tempel in Jerusalem wieder kaputt machen will.
Dieser Befehl kommt von mir, dem Präsidenten
Darius, und er muss Punkt für Punkt umgesetzt
werden!"

Der neue Tempel ist fertig

13 Ab dem Zeitpunkt zogen Tattenai, der Oberbür-
germeister der Provinz im Westen, Schetar-Bosnai
und seine Mitarbeiter radikal alle diese Befehle
durch, die vom Präsidenten kamen. 14 Die Chefs der
Juden konnten also weiterbauen, und man kam
ganz gut voran. Das lag vor allem auch da dran,
weil die Prophetentypen Haggai und Sacharja es
immer schafften, jeden wieder gut draufzubringen.
Gott hatte seinen Leuten durch die beiden nämlich
immer wieder Mut zum Tempelbau gemacht. Das
ganze Projekt wurde also zu Ende gebracht, und

zwar so, wie es der Gott von Israel befohlen und die Präsidenten von Persien, Kyrus, Darius und Artaxerxes, gesagt hatten. 15 Am 18. März, im dritten Jahr, wo Präsident Darius an der Macht war, war der Tempel endlich fertig. 16 Alle Israeliten, inklusive Priester und Tempelangestellten, die aus der Kriegsgefangenschaft wieder nach Hause gekommen waren, feierten bei der Wiedereröffnungsparty vom Tempel wie verrückt. 17 Zur Eröffnungsparty spendierten sie 100 Stiere, 200 männliche Schafe und 400 junge Schafe, die alle abgefackelt wurden. Dazu gab es noch zwölf männliche Ziegen, für jeden Familienstamm einen. 18 Es gab dann auch wieder neue Dienstpläne, in denen die einzelnen Priester für ihre Schichten eingeteilt wurden. Alles passierte genau so, wie es in den Gesetzen von Mose drinstand.

Die Passaparty

19 Am 14. April stieg dann das große „Nach-Hausekommen-Fest“ im Rahmen einer Passaparty. 20 Die Priester und die Tempelangestellten hatten sich dafür schon sauber gemacht, alle waren total rein. Als Erstes wurden die Passalämmer geschlachtet, einmal für die Leute, die zurückgekommen waren, dann aber auch für alle anderen und auch für sich selbst. 21 Alle nahmen am Passa-Festessen teil: die Leute, die wieder nach Hause gekommen waren, und auch die Leute, die in der Gegend schon länger wohnten (die aber bei dem ganzen Mist, den die anderen Menschen dort gebaut hatten, nie wirklich dabei gewesen waren). Sie sollten mit den Israeliten zusammen feiern und zu Gott, dem Gott von Israel, beten. 22 Die Party ging über eine Woche. Man feierte das Fest der Fladenbrote, und alle waren voll gut drauf. Für das „Gutdraufsein“ hatte Gott selbst gesorgt. Schließlich hatte er den Präsidenten von Persien (der übrigens auch Chef von Assyrien war) dazu gebracht, nett mit ihnen umzugehen. Und Gott hatte sich auf die Art auch da drum gekümmert, dass der Tempel, das Haus vom Gott von Israel, wiederaufgebaut werden konnte.

7

Esra bekommt einen Spezialauftrag

1–5 In der Zeit, in der Artaxerxes als Präsident von Persien an der Macht war, wohnte in Babylon ein Typ, der Esra hieß. Sein Familienstammbaum ging bis zum allerersten Priester Aaron zurück. Und zwar war das so: Sein Vater hieß Seraja. Die anderen Vorfahren hießen Asarja, Hilkija, Schallum, Zadok, Ahitub, Amarja, Asarja, Merajot, Serachja, Usi, Bukki, Abischua, Pinhas und Eleasar, und der war ein Sohn von Aaron. 6 Esra zog aus Babylonien weg und nahm sich ein Zimmer in Jerusalem. Er arbeitete als Reli-Lehrer, weil er sich voll gut mit den Gesetzen von Mose auskannte. Gott war ganz krass bei ihm am Start, vermutlich hatte er deswegen beim Präsidenten einen Stein im Brett. Der tat nämlich immer alles, was Esra von ihm wollte. 7 In der Zeit, in der Präsident Artaxerxes im siebten Jahr im Amt war, wanderten sehr viele Israeliten, Priester, Tempelangestellte, Musiker, Leute von der Security-Einheit und Leute, die im Tempel immer die Drecksarbeit machten, zum Tempel nach Jerusalem. 8 Im Mai kamen sie in Jerusalem an. 9 Esra hatte vorher mal die Idee gehabt, dass sie am 1. April losgehen und am 1. Mai ankommen sollten. Gott war mit am Start, und so erreichten sie Jerusalem genau zur richtigen Zeit. 10 Für Esra waren die Gesetze immer superwichtig gewesen. Er hatte sie sich reingezogen, sie auswendig gelernt und versucht, alles genau so umzusetzen, wie es dort drinstand. Außerdem versuchte er auch, den Israeliten alles, was er über die Gesetze und Regeln wusste, beizubringen, damit sie sich an die Sachen, die dort drinstanden, halten konnten. 11 Präsident Artaxerxes schrieb dann irgendwann mal einen Brief an Esra, in dem er einige Ansagen machte, die für alle Israeliten gelten sollten. Der Brief ging folgendermaßen: 12 „Absender: Artaxerxes, der oberste Präsident der ganzen Welt. An: Esra, Priester und Religionslehrer von den Gesetzen, die vom Gott des ganzen Universums kommen. Sehr geehrter Esra, 13 hiermit ordne ich Folgendes an: Jeder Mensch, der in meinem Land wohnt und zu den Israeliten gehört, also auch die Priester und die Tempelangestellten, darf, wenn er will, von mir aus mit Ihnen nach Jerusalem abhauen. 14 Außerdem würden ich und meine sieben Minister gerne von Ihnen erfahren, ob es in Jerusalem und in ganz Juda jetzt wirklich so abgeht, wie es in den Gesetzen von Gott drinsteht. Sie kennen sich da ja sehr gut aus. 15 Außerdem bitten wir Sie, das ganze Geld, was wir für den Gott von Israel und den Bau von seinem Haus in Jerusalem gespendet haben, dort auf das richtige Konto einzuzahlen. 16 Nehmen Sie bitte auch noch das ganze Silber und Gold mit, was aus Babylonien noch reinkommt. Dazu sollten Sie auch ein Spendenkonto einrichten, damit die Leute und auch die Priester, die Bock da drauf haben, dort Geld für den Tempelbau in Jerusalem einzahlen könnten. 17 Sie bekommen diese Spenden, weil davon ganz viele Stiere, Widder, junge Schafe und auch die anderen Essens- und Trinkopfer gekauft werden können. Die sollten dann alle auf dem Opfertisch, dem Altar im Haus von Gott in Jerusalem, abgefackelt werden. 18 Falls von der Kohle noch was übrig ist, können Sie damit machen, was Sie wollen. 19 Alle Geräte, die für die Arbeit im Haus von Gott gebraucht werden, sollen Ihrem Gott in Jerusalem geschenkt werden. 20 Wenn es jetzt noch ein paar Sachen gibt, die noch zusätzlich gekauft werden müssen, können wir die Rechnung aus der Staatskasse bezahlen. 21 Ich habe meinen Finanzministern in den Provinzen im Westen gesagt, dass Sie alles, was Sie brauchen, auch bekommen sollen. Ich sagte denen: ‚Was dieser Priester und Religionslehrer braucht, soll ihm sofort geliefert werden! Das betrifft eine Menge, die bis zu 350 Kilo Silber geht, 5 Tonnen Weizen, 500 Liter Wein und genauso viel Öl. Salz und so was kann er so viel haben, wie er braucht. 23 Alles, was der Gott des Universums für den Dienst im Tempel nötig hat, soll zu seiner vollsten Zufriedenheit erledigt werden. Wir wollen auf keinen Fall, dass er sauer auf uns, auf unser Land und die Familie vom Präsidenten wird. 24 Außerdem gilt ab sofort folgendes Gesetz: Keiner darf von folgenden Berufsgruppen Steuern nehmen: Priestern, Tempelangestellten, Sängern im Tempel, Leuten von der Security und Leuten, die im Tempel die Drecksarbeit machen.‘ 25 Ich möchte von Ihnen sehen, lieber Esra, dass Sie sofort ein Gericht im Land organisieren, das für Recht und Ordnung sorgt. Außerdem sollen Sie Religionslehrer einstellen, die viel über die Gesetze wissen und das an die Leute weitergeben können. Überall in der Provinz im Westen sollen die ab sofort auch Gerichtsverhandlungen führen und Urteile sprechen, wenn es Probleme gibt. Und die Leute, die das Gesetz noch nicht kennen, denen soll es beigebracht werden. 26 Alle Leute, die sich nicht da dran halten wollen, müssen vor Gericht. Dort sollen sie dann verurteilt werden, je nachdem, was sie verbockt haben. Das kann vom Rausschmiss aus der Gemeinschaft über eine Geldstrafe oder Gefängnis bis zur Todesstrafe gehen.“ 27 Später fing Esra dann an, voll laut zu Gott zu beten, weil er sich so über die coole Entwicklung freute. Er sagte: „Gott, du bist einfach genial! Du bist der Gott, an den unsere Leute schon immer geglaubt haben. Du hast dem Präsidenten überhaupt erst die Idee gegeben, dass wir den Tempel wieder hochziehen dürfen. So bekommen die Leute wieder Respekt vor deinem Haus in Jerusalem! 28 Du hast dafür gesorgt, dass ich beim Präsidenten einen Stein im Brett habe, dass er mich irgendwie mag, und auch seine Berater und die hohen Beamten finden mich wohl ganz nett. Du hast mich unterstützt und mir die Kraft dazu gegeben, du hast mich super in diese ganze Aufgabe reingeführt. Nur so hab ich es geschafft, einige Clanchefs davon zu überzeugen, dass es richtig ist, wieder hierher nach Hause zu kommen.“

8

Eine Liste von den Clanchefs

1 Esra schreibt: „Jetzt kommt eine Liste von den Clanchefs und den anderen Männern, die mit mir von Babylon nach Jerusalem gefahren sind. Das passierte in der Zeit, als Präsident Artaxerxes an der Macht war. 2–3 Von der Familie Pinhas: Gerschom; von der Familie Itamar: Daniel; von der Familie David: Hattusch, der Sohn von Schechanja; von der Familie Parosch: Secharja und mit ihm 150 Männer, die in einer Liste standen. 4 Aus der Familie Pahat-Moab: Eljoenai, der Sohn von Serachja, und außer ihm noch 200 andere Männer; 5 von der Familie Sattu: Schechanja, der Sohn von Jahasiel, und außer ihm noch 300 andere Männer; 6 von der Familie Adin: Ebed, der Sohn von Jonatan, und außer ihm noch 50 andere Männer; 7 von der Familie Elam: Jeschaja, der Sohn von Atalja, und außer ihm noch 70 andere Männer; 8 von der Familie Schefatja: Sebadja, der Sohn von Michael, und außer ihm noch 80 andere Männer; 9 von der Familie Joab: Obadja, der Sohn von Jehiel, und außer ihm noch 218 andere Männer; 10 von der Familie Bani: Schelomit, der Sohn von Josifja, und außer ihm noch 160 andere Männer; 11 von der Familie Bebai: Secharja, der Sohn von Bebai, und außer ihm noch 28 andere Männer; 12 von der Familie Asgad: Johanan, der Sohn von Katan, und außer ihm noch 110 andere Männer; 13 von der Familie Adonikam auch noch die letzten Mitglieder: Elifelet, Jeiel und Schemaja und außer ihnen noch 60 andere Männer; 14 von der Sippe Bigwai: Utai und Sabbud und außer ihnen noch 70 andere Männer. So, das war es.

Esra trommelt die Priester und Tempelangestellten zusammen

15 Dann ließ ich die ganze Gruppe bei dem Wasserkanal antreten, der in die Stadt runter in Richtung Ahawa führt. Das Treffen ging über drei Tage. Plötzlich bemerkte ich, dass zwar irre viele normale Leute und Priester am Start waren, aber keiner von

den Tempelangestellten dabei war. [16] Ich rief also bei ein paar Clanchefs an, und wir trafen uns bei mir im Büro. Eingeladen waren Elieser, Ariel, Schemaja, Jonatan, Jarib, Elnatan, Natan, Secharja, Meschullam sowie Jojarib und Elnatan, die beide eine Menge auf dem Kasten hatten. [17] Nach dem Treffen sollten sie mal bei Iddo reinschneien. Er war der Chef von Kadifja, einem Dorf, wo nur Levi-Leute lebten. Sie sollten ihm und seinen Brüdern ein paar Takte von mir ausrichten, damit sie auch mal einige Leute von ihrer Familie dafür abstellen, im Tempel von Gott ein paar Jobs zu übernehmen. [18] Vermutlich, weil Gott mal wieder nett zu uns ist, kriegten wir Kontakt mit einem Typen, der echt locker drauf war. Er gehörte zu den Levi-Typen von der Merari-Sippe und hatte auch seine Söhne und Brüder gleich mitgenommen. Insgesamt waren das 18 Leute. [19] Dazu kamen auch noch Haschabja und Jeschaja, die auch aus der Familie Merari waren. Sie brachten ihre Söhne mit, und die Brüder von Haschabja waren auch dabei. So kamen noch mal 20 Männer dazu. [20] Und dann gab es da noch eine Liste mit 220 Männern, die im Tempel immer die Drecksarbeit machten. Deren Familien waren noch aus der Zeit, als David und die damaligen Chefs sie für die Arbeit im Tempel freigestellt hatten, damit sie den Levi-Leuten bei der Arbeit helfen konnten.

Vorbereitung auf eine lange Reise

[21] Als wir da am Ahawa-Kanal unser Lager aufgeschlagen hatten, setzte ich erst mal einen Tag an, wo jeder auf Essen verzichten musste und dafür mehr beten sollte. Es ging mir da drum, dass sich jeder noch mal ganz klarmacht, wie sehr wir Gott brauchen. Wir wollten Gott auch da drum bitten, dass die Reise gut läuft und dass unsere Familien und die ganzen Klamotten gut zu Hause ankommen würden. [22] Mir war es zu peinlich, jetzt noch mal den Präsidenten um eine extra Schutztruppe anzuhauen. Die hätten wir eigentlich ganz gut gebrauchen können, damit wir unterwegs nicht überfallen werden. Aber die jetzt um Hilfe zu bitten wäre auch etwas blöd gekommen, denn wir sind ja schließlich mit der Ansage dort abgehauen: ‚Unser Gott ist so stark, er beschützt alle, die ihr Leben auf ihn gesetzt haben und tun, was er sagt. Sauer ist er nur auf die Leute, die keinen Bock auf ihn haben!‘ [23] Also beteten wir ne Runde und fragten Gott, ob er uns bitte beschützen könnte. Das tat er dann auch. [24] Später schnappte ich mir die leitenden Priester, dazu noch Scherebja und Haschabja und noch zehn Tempelangestellte. [25] Sie waren dann Augenzeugen, als ich die ganze Kohle gezählt hab, das Gold und Silber und die wertvollen Sachen, die wir bekommen hatten. Das Ganze war ja von dem Präsidenten, seinen Ministern und Mitarbeitern sowie den Israeliten, die dabei waren, für den Tempel gespendet worden. [26–27] Schließlich überreichte ich ihnen alles, was zusammengekommen war. Insgesamt waren das: 455 Zentner Silber, 100 Geräte aus Silber, die alle zusammen einige Zentner schwer waren, 100 Zentner Gold, 1,2 Millionen Euro in Bar, [2] sehr schöne Schalen aus polierter Bronze, die genauso teuer waren, als wären die Teile aus Gold. [28] Dann meinte ich zu ihnen: „Männer, ihr gehört ganz radikal Gott und diese Gegenstände hier auch. Das ganze Geld und die Sachen aus Gold und Silber wurden freiwillig an Gott gespendet, den Gott, an den unsere Leute schon immer geglaubt haben. [29] Ihr müsst auf diese Sachen unbedingt aufpassen, ist das klar? Bis alles im Tempel gelandet ist, darf davon nichts wegkommen. Wenn ihr da seid, soll alles in den Nebenzimmern im Tempel noch mal durchgezählt und gewogen werden. Dann müssen die Sachen an die Chef-Priester, die obersten Tempelangestellten und die anderen Clanchefs übergeben werden.“ [30] Der Transport dieser wertvollen Waren wurde dann von den Priestern und den Tempelangestellten übernommen. Sie brachten alles nach Jerusalem in den Tempel von Gott.

Großes Kino in Jerusalem

[31] Die Reise ging am 12. April los. Vom Startpunkt Ahawa-Kanal ging es Richtung Jerusalem. Weil Gott uns liebt, beschützte er uns vor Überfällen von irgendwelchen Gangs auf dem Weg dorthin. [32] Als wir dann in Jerusalem ankamen, waren wir so platt von der Reise, dass wir erst mal drei Tage Ruhe brauchten. [33] Danach brachten wir das ganze Material und auch das Geld in das Haus von Gott. Alles wurde dort noch mal gewogen und nachgezählt, bevor es dann dem Priester Meremot übergeben wurde. Meremot kam aus der Familie Urija. Als wir bei ihm ankamen, waren Eleasar, der Sohn von Pinhas, und Josabad, der Sohn von Jeschua, und Noadja, der Sohn von Binnui, (alles Levi-Leute) auch da. [34] Nachdem alles noch mal gezählt und gewogen war, wurde das Ergebnis in ein Buch eingetragen. [35] Jetzt gab es eine große Opfersession. Alle Leute, die aus der Kriegsgefangenschaft wieder nach Hause gekommen waren, machten mit. Für jeden Familienstamm wurde ein Stier als Abfa-

ckelopfer verbrannt, also insgesamt 12 Stück. Dazu kamen noch 96 männliche Schafe und 72 junge Schafe. 12 Ziegen wurden auf die Art geopfert, wie man es macht, wenn einer aus Versehen Mist gebaut hat. Die Tiere wurden verbrannt, um Gott zu sagen, dass wir Respekt vor ihm haben. 36 Schließlich gab man den Ministerpräsidenten von der Provinz westlich vom Eufratfluss noch einen Brief vom Präsidenten mit. Der Brief machte die Unterstützung für die Israeliten und ihre Tempel-Baustelle klar."

9 Einige Israeliten machen mit Frauen von Nachbarvölkern rum

1 Esras Bericht geht weiter: „Irgendwann kamen ein paar Männer aus der Führungsetage zu mir: ‚Esra, es gibt einige Männer bei unseren Leuten, sowohl von den Priestern als auch von den Tempelangestellten, die richtig Mist gebaut haben! Die konnten nicht die Finger von den Frauen aus der Gegend hier lassen! Wir meinen damit Frauen von den Völkern, die hier schon früher gewohnt haben und immer noch zu irgendwelchen Plastikgöttern beten. Also von den Kanaanitern, Hetitern, Perisitern, Jebusitern, Ammonitern, Moabitern, Ägyptern und Amoritern. 2 Einige von den jüdischen Männern haben diese Frauen sogar geheiratet! Auf die Art wurden unsere Familien mit fremden Völkern vermischt, obwohl das eigentlich verboten ist. Es sind auch einige Männer aus Leitungspositionen dabei und auch Politiker, die das den anderen Leuten sogar noch vorgemacht haben!‘ 3 Als man mir das erzählt hatte, war ich erst mal völlig fertig und zerriss vor Wut mein Hemd in zwei Teile. Das war wie ein Schlag in die Magengrube, ich musste mich erst mal vor dem Tempel auf den Boden setzen und in Ruhe überlegen. Was war das denn bitte für eine Riesenkatastrophe?! 4 Nach und nach kamen immer mehr Leute zu mir. Die hatten alle richtig Panik, weil jedem klar war, dass Gott die Aktion völlig ätzend findet und uns deswegen bestrafen müsste. Viele von den zurückgekommenen Kriegsgefangenen hatten einfach ihren Gott verraten. 5 Schließlich wurde es Abend. Ich rappelte mich vom Boden auf und kniete mich mit meinem kaputten Hemd hin, hob die Hände zum Himmel und redete mit Gott: 6 ‚Das ist mir alles total peinlich, Gott! Ich schäme mich echt, ich kann dir gar nicht in die Augen sehen. Wir haben so viel Kacke gebaut, dass wir da dran fast ersticken. Unser Misthaufen ist echt riesig und stinkt bis zum Himmel. 7 Du weißt ja, solange es uns gibt, bauen wir immer wieder Scheiße. Darum wurden unsere Präsidenten und Priester von anderen Ländern besiegt und verhaftet. Wir wurden im Krieg abgeschlachtet, als Gefangene verschleppt, ausgeraubt und wie Dreck behandelt. Das ist bis heute noch so. 8 Nach so langer Zeit war jetzt doch endlich mal wieder etwas Land in Sicht. Du, unser Gott, hast die restlichen Leute, die noch übrig waren, an diesen ganz besonderen Ort gebracht, hier sind wir in Sicherheit. Wir hatten plötzlich wieder Hoffnung, du hast dafür gesorgt, dass wir durchatmen konnten, und hast uns aus der Kriegsgefangenschaft befreit. 9 Wir gehören immer noch radikal zu dir! Du hast uns nicht verlassen. Du hast dafür gesorgt, dass der Präsident von Persien uns mag und wir deinen kaputten Tempel wieder aufbauen dürfen. Du hast uns in Juda und Jerusalem die Wohnungen und Häuser organisiert, wo wir uns vor Angreifern schützen können. 10 Aber jetzt bin ich echt sprachlos. Was kann man dazu noch sagen? Wir haben etwas getan, was eindeutig gegen deine Gesetze verstößt. 11 Du hattest diese Ansage durch die Propheten immer wieder klargemacht. Sie sollten uns immer sagen: ›Das Land, was ihr bekommen werdet, ist sehr verdreckt, es ist unrein. Das liegt da dran, weil die Leute die dort wohnen, die ganze Zeit mit Plastikgöttern rumgemacht haben. Die haben das Land derbe versifft. 12 Darum sollt ihr euch nicht auf die Frauen oder Männer von denen einlassen! Eure Töchter dürfen mit keinem Typen ausgehen, der aus der Gegend kommt. Und auch eure Jungs sollen die Finger von den Frauen lassen, die dort herkommen. Ihr sollt euch auch nicht mit denen anfreunden oder Verträge mit denen machen. Das gilt für immer. Ich möchte, dass ihr aus eigenen Kräften stark werdet. Ihr sollt von den leckeren Sachen leben, die ihr dort erntet. Und das Stück Land, was euch jetzt gehört, soll auch euren Kindern für immer gehören.‹ 13 Unsere Leute haben nicht auf dich gehört, darum haben sie diesen Fehler überhaupt erst begangen. Trotzdem hast du uns nicht komplett plattgemacht, du hast uns nicht so hart bestraft, wie wir es eigentlich verdient hätten. Darum sind einige von uns noch übrig geblieben. 14 Wie konnten wir nur so blöd sein? Warum haben wir Idioten uns bloß auf Menschen eingelassen, die zu Plastikgöttern beten? Es wäre normal, wenn du jetzt so sauer auf uns wärst, dass du uns komplett von der Weltkarte löschst. Eigentlich ist ja jetzt alles zu spät, wir können nicht mehr gerettet werden.

15 Gott, Chef von Israel, aus irgendwelchen Gründen
hast du uns aber dort rausgeholt! Wir sind der
kleine Rest, der noch von deinen Leuten übrig
geblieben ist. Dass wir heute noch hier sind, bestä-
tigt das. Wir stehen jetzt hier, mit dem ganzen Mist
vor unserer Nase. Uns ist schon klar, dass wir so,
wie wir gerade sind, vor dir sofort wieder einpacken
könnten!'"

10 Mischmaschehen zwischen Juden und den anderen Völkern werden rückgängig gemacht

1 Während Esra vor dem Tempel auf dem Boden
kniete und mit Gott redete, weinte er dabei die
ganze Zeit voll laut. Er bat ihn um Verzeihung für
den Mist, den die Leute gebaut hatten. Nach einer
Weile kamen sehr viele Männer, Frauen und Kinder,
der Platz wurde immer voller. Alle fingen heftig an
zu weinen. 2 Schechanja, der Sohn von Jerhiel (der
kam aus der Familie Elam), meinte zu Esra: „Okay,
wir haben Gott echt verarscht! Wir haben uns auf
Frauen von den Leuten eingelassen, die vorher hier
gewohnt haben! Trotzdem haben wir noch eine
Chance! 3 Wir machen mit Gott einfach einen Ver-
trag. Wir verpflichten uns, alle Frauen und Kinder
rauszuschmeißen, die nicht von uns abstammen.
Das war ja auch dein Tipp, und jeder, der Respekt
vor den Gesetzen hat, findet die Idee bestimmt gut.
Was die Gesetze sagen, ist total wichtig, das hat
immer Vorfahrt. 4 Jetzt komm hoch! Du musst das
wieder in Ordnung bringen. Du brauchst keinen
Schiss zu haben, wir stehen alle voll hinter dir!"
5 Schließlich stand Esra auf. Alle Chefs von den
Priestern und Tempelangestellten und die anderen
Chefs der Israeliten ließ er sofort antreten. Und
dann musste jeder schwören, dass er die Idee von
Schechanja durchziehen würde. Alle machten das.
6 Esra verschwand dann vom Platz, der vor dem
Haus von Gott lag. Er pennte die Nacht bei Johanan
im Zimmer. Er konnte den ganzen nächsten Tag
nichts essen oder trinken, weil er so traurig darüber
war, dass die zurückgekommenen Kriegsgefange-
nen Gott so derb verarscht hatten. 7 Am nächsten
Tag veranstaltete Esra dann ein großes Treffen in
Juda. Die Leute, die aus der Gefangenschaft wieder
zurückgekommen waren, sollten sich in Jerusalem
treffen. 8 Das Ding war eine absolute Pflichtveran-
staltung für jeden. Die Führungsetage hatte
beschlossen: Wer mehr als drei Stunden unent-
schuldigt zu spät kommt, soll aus der Gemeinschaft
rausfliegen. Sein ganzer Besitz würde dann einge-
sackt werden. 9 Am 20. Dezember waren also alle
Männer der Familienstämme Juda und Benjamin
pünktlich in Jerusalem. Das Treffen fand auf dem
Platz vor dem Tempel statt. Die Männer setzten
sich auf den Boden. Viele zitterten wie verrückt, weil
sie Schiss vor dem Treffen hatten – und auch, weil
es wie blöd anfing zu regnen. 10 Schließlich stand
Esra auf: „Männer! Weil ihr Frauen von anderen Völ-
kern unbedingt heiraten musstet, habt ihr Gott ver-
arscht. Der Berg von dem Mist, den wir verbockt
haben und der deshalb zwischen Gott und uns
steht, ist riesig! 11 Es gibt jetzt nur eine Chance: Gebt
offen zu, dass ihr Mist gebaut habt! Und dann
macht das, was Gott von euch will. Schmeißt alles
raus, was zu den anderen Völkern gehört, trennt
euch von den Frauen der Völker, die schon früher in
dieser Gegend gelebt haben! Sofort!" 12 Die Männer
riefen laut durch einandern: „Ja, genau! Das müs-
sen wir machen! Richtig! Was du sagst, stimmt!"
13 Dann meinten aber einige: „Wir sind eigentlich
viel zu viele hier, um das gut über die Bühne zu krie-
gen! Außerdem schüttet es wie aus Eimern. Wir
können hier nicht mehr lange draußen rumstehen,
sonst holen wir uns alle eine Erkältung. So was
kann man auch nicht mal eben an einem Tag regeln,
so was braucht Zeit. Es sind ja nicht nur ein paar
Leute, sondern total viele, die das gemacht haben!
14 Vielleicht sollten das die Chefs miteinander
besprechen, wie man das Ganze am besten geregelt
kriegen könnte. Die sollten dann Sprechstunden
einrichten, und jeder von uns, der eine fremde Frau
geheiratet hat, soll zu den Öffnungszeiten dort
erscheinen. Am besten immer in Begleitung von
dem Bürgermeister und einem Richter aus dem Ort,
wo er herkommt. Wir wollen ja, dass das ganze
Ding wieder in Ordnung kommt, damit Gott nicht
mehr total sauer auf uns ist." 15 Die Mehrheit, bis
auf Jonatan (ein Sohn von Asael) und Jachseja (ein
Sohn von Tikwa), war einverstanden. Die beiden
wurden allerdings noch von den Tempelangestellten
Schabbetai und Meschullam unterstützt. 16 Das
Ding war dann beschlossene Sache. Esra rief jeden
einzelnen Chef von den Familien zu sich ins Büro.
Die bekamen dann von ihm die Verantwortung, das
Ganze in ihrer Familie zu organisieren. Ende
Dezember gab es ein Treffen, bei dem die Vorge-
hensweise noch mal besprochen wurde. 17 Jeder
Mann, der eine fremde Frau geheiratet hatte,
musste dort angedackelt kommen. Nach zwei
Monaten war die Sache durch.

Eine Liste der Männer, die Frauen geheiratet hatten, die keine Juden waren

[18] Übrigens gab es auch einige Priester, die ausländische Frauen geheiratet hatten. Das waren aus der Familie von Jeschua (ein Sohn von Jozadak) und aus den Familien von seinen Brüdern: Maaseja, Elieser, Jarib und Gedalja. [19] Die versprachen hoch und heilig, dass sie sich von ihren Frauen trennen und die nach Haus schicken würden. Zusätzlich wurde noch ein männliches Schaf fällig, was abgefackelt werden musste. [20] Aus der Familie Immer waren das: Hanani und Sebadja. [21] Aus der Familie Harim: Maaseja, Elija, Schemaja, Jehiël und Usija. [22] Aus der Familie Paschhur: Eljoënai, Maaseja, Jischmaël, Netanel, Josabad und Elasa: Das waren jetzt alle Priester. [23] Bei den Tempelangestellten betraf das folgende Männer: Josabad, Schimi, Kelaja, der auch Kelita genannt wurde, Petachja, Juda und Elieser. [24] Aus dem Chor war das nur Eljaschib. Von der Security-Einheit vom Tempel waren Schallum, Telem und Uri betroffen. [25] Der Rest waren ganz normale Israeliten. Und zwar: aus der Familie Parosch: Ramja, Jisija, Malkija, Mijamin, Eleasar, Malkija und Benaja; [26] aus der Familie Elam: Mattanja, Secharja, Jehiel, Abdi, Jeremot und Elija; [27] aus der Familie Sattu: Eljoënai, Eljaschib, Mattanja, Jeremot, Sabad und Asisa; [28] aus der Familie Bebai: Johanan, Hananja, Sabbai und Atlai; [29] aus der Familie Bani: Meschullam, Malluch, Adaja, Jaschub, Scheal und Jeremot; [30] aus der Familie Pahat-Moab: Adna, Kelal, Benaja, Maaseja, Mattanja, Bezalel, Binnui und Manasse; [31] aus der Familie Harim: Elieser, Jischija, Malkija, Schemaja, Simeon, [32] Benjamin, Malluch und Schemarja; [33] aus der Familie Haschum: Mattenai, Mattatta, Sabad, Elifelet, Jeremai, Manasse und Schimi; [34] aus der Familie Bani: Maadai, Amram, Uel, [35] Benaja, Bedja, Keluhi, [36] Wanja, Meremot, Eljaschib, [37] Mattanja, Mattenai, Jaasai, [38] Bani, Binnui, Schimi, [39] Schelemja, Natan, Adaja, [40] Machnadbai, Schaschai, Scharai, [41] Asarel, Schelemja, Schemarja, [42] Schallum, Amarja und Josef; [43] aus der Familie Nebo: Jeiel, Mattitja, Sabad, Sebina, Jaddai, Jool und Benaja. [44] Diese Männer hatten alle nichtjüdische Frauen geheiratet. Einige von denen hatten sogar ein paar Kinder von denen bekommen.

Das Buch Nehemia

1 Nehemias Bericht

[1] Diese Geschichte, die jetzt kommt, hat Nehemia aufgeschrieben. Nehemia kam aus der Familie Hachalja. Und zwar schreibt er Folgendes: „Das Ganze passierte im 20. Jahr, in dem Artaxerxes an der Macht war. Artaxerxes war der Präsident der Perser. Es war gerade Dezember. Ich wohnte in der Zeit in einem Gästezimmer in der Präsidentenvilla in Susa. [2] Irgendwann bekam ich Besuch von Hanani, einem Bruder von mir, der mit einigen Männern aus Juda zufällig reinschneite. Ich fragte ihn gleich erst mal ein paar Löcher in den Bauch: ‚Wie geht es den Juden dort? Was machen die Leute, die nicht entführt worden sind? Wie sieht Jerusalem jetzt aus?', wollte ich von ihm wissen. [3] ‚Den Menschen in Juda geht's echt beschissen! Die Leute, die wieder aus der Kriegsgefangenschaft zurückgekommen sind, leben in ganz miesen Verhältnissen. Jerusalem hat keine Schutzmauern mehr, die sind überall weggesprengt worden. Auch die Stadttore und Grenzanlagen sind kaputt.' [4–5] Die Nachricht zog mir echt den Boden unter den Füßen weg. Tagelang heulte ich nur rum und redete viel mit Gott über die Sache. Ich sagte ihm: ‚Mann, Gott, du bist der Chef vom ganzen Universum. Auf dich kann man sich immer hundertprozentig verlassen, du bist treu! Du stehst auch immer zu den Verträgen, die du mit den Leuten abschließt, die dich lieben und denen deine Gesetze wichtig sind. [6] Jetzt hör mir mal zu, Gott! Bitte hör meine Gebete! Ich rede jetzt schon nonstop 24 Stunden mit dir und bitte dich die ganze Zeit für die Menschen, die tun, was du sagst, für deine Leute, für Israel! Ich gebe es ja zu, wir haben richtig Mist gebaut! Wir Israeliten haben Sachen getan, die richtig daneben waren. Auch ich und meine Verwandten haben da mitgemacht. [7] Wir haben dich total verarscht. Deine Gesetze und Regeln, die wir von Mose bekommen haben, waren uns egal. [8] Gott? Du hast doch mal zu Mose gesagt, wenn wir dir untreu werden, dann wirst du dafür sorgen, dass wir überall verstreut leben müssen. [9] Aber du hast auch gesagt, wenn wir wieder zu dir zurückkommen und alles wieder radikal mit dir durchziehen, dann wird alles gut. Du meintest, wenn wir wieder so leben, wie es in den Gesetzen steht, dann wirst du uns alle zurückholen, egal, wie weit wir auseinanderwohnen. ›Ich will sie nach Hause bringen, zurück zu dem Ort, den ich extra für sie ausgesucht hab, damit ich dort wohnen kann!‹, hast du gesagt! [10] Hey, Gott, ich meine, das sind ja immer noch deine Leute! Sie gehören zu dir! Du hast sie früher mal aus Ägypten rausgeholt und hast ihnen gezeigt, was du alles draufhast! [11] Gott, bitte hör auf das, was ich dir jetzt gesagt habe, ja?! Bitte, Gott, mach das, worum die Leute dich bitten, die Respekt vor dir haben und tun, was du willst! Mach das noch heute, bitte hilf mir dabei, wenn ich mit dem Präsidenten rede!' Ich arbeitete zu der Zeit übrigens als Privatkellner für den Präsidenten.

2 Nehemia darf nach Jerusalem reisen

[1] Was ich jetzt erzähle, passierte im 20. Jahr, in dem Präsident Artaxerxes an der Macht war. Wir hatten gerade April, und der Präsident war in seiner Bar. Das Bierfass war kühl gestellt, und ich zapfte ihm gerade ein kühles Blondes. Der Präsident hatte mich bis zu dem Zeitpunkt noch nie wirklich so richtig fertig erlebt. [2] Irgendwann sagt er zu mir: ‚Sagen Sie mal, was ist denn heute mit Ihnen los? Warum ziehen Sie so eine Fresse? Sind Sie krank? Haben Sie gerade eine totale Depriphase, oder was ist los?' Ich war erst mal echt geschockt, weil er mir das angesehen hatte. [3] ‚Sie sind der beste Präsident, wirklich! Aber wie kann ich denn zurzeit gut drauf sein? Die Stadt, aus der meine Familie ursprünglich herkommt, ist total kaputt! Die Eingänge und Mauern sind weggesprengt worden, alles dort ist nur noch Schrott!' [4] ‚Kann ich irgendwas für Sie tun?', fragte mich der Präsident. Ich schickte in Gedanken eine Gebets-SMS zu Gott und [5] antwortete ihm: ‚Also, wenn Sie mich wirklich mögen und mir vertrauen, dann wäre es wirklich sehr nett, wenn Sie mir erlauben würden, nach Juda zu reisen. Ich würde wirklich gerne die Stadt, in der auch meine Familie begraben liegt, wieder aufbauen!' [6] ‚Hm, was meinen Sie, wie lange braucht das Ganze? Wann könnten Sie wieder hier sein?', fragte der Präsident. Seine Frau war auch gerade da und saß neben ihm. Ich sagte ihm, wie viel Zeit wir ungefähr brauchen. Und schließlich bekam ich geilerweise sein Okay! [7] ‚Ich bräuchte dann noch irgendeinen Wisch von Ihnen, damit sie mich an den Grenzen überhaupt durchlassen', rief ich ganz happy. ‚Und irgendwie einen besonderen

Pass oder so was, mit einem Stempel von Ihnen drin! [8] Dann wäre es auch noch richtig cool, wenn Sie mir einen Einkaufsgutschein für den Baumarkt geben könnten. Den würde ich dann Asaf geben, der davon das Material für die Grenzschranken, die Verteidigungsanlagen und für die Stadtmauer besorgen könnte. Außerdem brauch ich auch noch ein Zimmer, wo ich in der Zeit wohnen kann.' Der Präsident war mit allem einverstanden. Gott war einfach auf meiner Seite und half mir. [9] Ich bekam sogar von ihm ein paar Bodyguards gestellt, die mich auf der Reise begleiten sollten. Dann machte ich einen Termin in der ‚Verwaltungsbehörde für die besetzten Gebiete in der Westprovinz' klar. Ich übergab dem höchsten Beamten dort den Brief, den ich vom Präsidenten bekommen hatte. [10] Die Typen am Amt flippten erst mal total aus. Es waren Sanballat (ein Horoniter) und sein Stellvertreter Tobija (ein Ammoniter), die dort das Sagen hatten. Die Idee, dass jemand den Israeliten helfen wollte, passte den beiden gar nicht. [11] In Jerusalem angekommen, wartete ich erst mal drei Tage ab. [12] Dann fuhr ich in einer Nacht mal durch die City und sah mich ein bisschen um. Auf diese Tour nahm ich ein paar von den Männern mit, die mit mir gekommen waren. Bis zu dem Zeitpunkt hatte ich noch niemandem erzählt, was Gott mit mir in dieser Stadt geplant hatte. Außer meinem eigenen Fahrrad nahm ich sonst nichts mit. [13] Ich fuhr damit also nachts durch das ‚Taltor' und von dort weiter in Richtung Drachenquelle und Misttor. Ich checkte die ganze Mauer ab, um zu sehen, an welchen Stellen genau die jetzt eingerissen und wo die Eingänge zerstört worden waren. [14] Ich fuhr weiter Richtung Norden zum ‚Quelltor' und zum ‚Präsidentensee'. Die Straße dort war leider nicht mehr befahrbar, [15] darum fuhr ich noch weiter ins Tal runter. Ich wollte mal sehen, wie gut die Mauer dort noch in Schuss war. Dann kam ich wieder an den Ausgangspunkt zum ‚Taltor' zurück. [16] Die politische Führungsriege hatte noch nichts davon mitbekommen, wo ich unterwegs gewesen war und was ich vorhatte. Ich hatte bis zu dem Zeitpunkt keinem Juden von meinen Plänen erzählt, auch keinem Priester oder irgendeinem von den Reichen oder sonst irgendeinem Menschen, der an der Sache mitarbeiten sollte. [17] Jetzt änderte sich das aber. Ich ging zu denen hin und redete mit ihnen ganz offen. ‚Leute, ihr habt doch auch mitgekriegt, wie übel das hier aussieht! Jerusalem ist ja ein riesengroßer Schrottplatz! Sogar die Grenzanlagen sind kaputt. Lasst uns doch wenigstens die Mauer wieder zusammen hochziehen! Dann kann uns auch keiner mehr so leicht verarschen, weil wir ohne Mauer dastehen!' [18] Ich erzählte auch allen, wie Gott mir die ganze Zeit geholfen hatte, und auch, was ich vom Präsidenten an Zusagen bekommen hatte. Schließlich konnte ich sie für das Projekt begeistern. ‚Yes! Los, wir packen das! Lasst uns das Teil wieder aufbauen!', riefen sie. Wir trafen uns ab dann öfter und erledigten die ganzen Vorbereitungen, um dieses wichtige Projekt gemeinsam anzupacken. [19] Als Sanballat, Tobija und Geschem (der Araber) von unserem Treffen hörten, verarschten sie uns nur. ‚Is' klar! Das ist ja genau euer Ding …! Und am Ende wollt ihr noch eine Revolution gegen den Präsidenten anzetteln, oder was?' [20] Meine Antwort da drauf war: ‚Der Gott, der dieses Universum voll im Griff hat, wird uns dabei helfen! Wir gehören ihm und tun das, was er sagt. Wir werden diese Mauer hochziehen! Jerusalem kann euch doch egal sein! Ihr seid hier nicht aufgewachsen, kein Grundstück in der Stadt gehört euch! Ihr habt hier nichts verloren, ihr gehört hier gar nicht hin!'

3

Eine Liste der Bauarbeiter, die die Mauer wieder hochgezogen haben

[1] Der Oberpriester Eljaschib baute mit seinen Brüdern (auch alles Priester) das sogenannte Schafstor wieder auf. Als die Türpfosten standen, gab es erst mal eine Einweihungsparty. Dann kam die Tür rein. Dasselbe zogen sie auch bei der Mauer durch, die an den ‚Turm von den Hundert' vorbei bis zum ‚Hananel-Turm' ging. [2] Ein paar Männer aus Jericho packten bei dem Mauerabschnitt daneben mit an. Der nächste Teil wurde dann von Sakkur übernommen, der aus der Familie Imri stammte. [3] Die Familie Senaa kümmerte sich um das sogenannte Fischtor. Sie bauten den Rahmen zusammen und setzten die zwei großen Türen rein. Am Ende kamen noch ein fettes Schloss und einen Sicherheitsriegel ran. Dazu wurden noch ein paar Überwachungskameras und eine Alarmanlage installiert. [4] Der nächste Mauerabschnitt war dann für Meremot, der einiges ausbessern musste. Meremot war ein Sohn von Urija und ein Enkel von Hakkoz. Der Teil, der dann drankam, wurde von Meschullam repariert. Meschulallam war ein Sohn von Berechja und ein Enkel von Meschesabel. Ab da arbeitete Zadok weiter. Zadok war ein Sohn von Baana. [5] Die Leute aus Tekoa besserten den nächsten Abschnitt aus. Blöderweise machten die Promis nicht mit,

denn die wollten sich nicht die Finger schmutzig machen bei dieser Arbeit, die ja für Gott war. [6] Das Jeschana-Tor wurde dann von Jojada, einem Sohn von Paseach, und Meschullam, einem Sohn von Besodja, in Ordnung gebracht. Sie stellten den Rahmen für das Tor auf, setzten die Türen rein und bauten ein Schloss und einen Sicherheitsriegel an die Tür. Auch hier wurden zusätzlich noch Überwachungskameras und eine Alarmanlage installiert.
[7] Am nächsten Abschnitt der Mauer arbeiteten Melatja (der stammte aus Gibeon) und Jadon (der kam aus Meronot). Außerdem ein paar Männer aus Gibeon und Mizpa. Deren Chef war der Oberbürgermeister für die Provinz westlich vom Eufratfluss.
[8] Usiel, ein Goldschmied aus der Familie Harhaja, kümmerte sich um den nächsten Abschnitt. Der nächste Part war für Hananja, von Beruf ein Apotheker. Insgesamt bauten die den ganzen Abschnitt bis zur breiten Mauer. [9] Ab hier war Refaja am Start. Refaja kam aus der Familie Hur und hatte den Bürgermeisterposten von der einen Hälfte von Jerusalem. Er reparierte die Mauer ab dieser Stelle weiter.
[10] Jetzt kam Jedaja dran, ein Sohn von Harumaf. Er arbeitete an der Stelle, wo auch sein Haus gegenüberlag. Im nächsten Abschnitt war Hattusch dabei, der Sohn von Haschabneja. [11] Maljija (ein Sohn von Harim) besserte mit Haschub (ein Sohn von Pahat-Moab) den nächsten Teil der Mauer aus. Dieser Part ging bis zum Ofenturm. [12] Schallum war dann mit seinen zwei Töchtern am Bauen. Er war ein Sohn von Lohesch und der Oberbürgermeister vom zweiten Teil in Jerusalem. [13] Hanun und die Bewohner von Sanoach bauten das Taltor wieder auf. Alle Türen wurden repariert und auch ein paar neue Schlösser eingesetzt. Dazu arbeiteten sie auch noch an dem Mauerstück von dort bis zum Misttor. Dieser Teil war ungefähr 500 Meter lang. [14] Das Misttor wurde von Malkija hochgezogen. Malkija war ein Sohn von Rechab und arbeitete als Bürgermeister vom Bezirk Bet-Kerem. Er baute auch die zwei Türen an der Stelle wieder ein und schraubte die Schlösser vorne dran. [15] Das Quelltor wurde von Schallun repariert. Schallun war ein Stadtrat im Bezirk Mizpa und ein Sohn von Kolhose. Zusätzlich kümmerte er sich auch noch um die Mauer am Teich, wo die Wasserleitungen im Garten vom Präsidentenpalast langgingen. Dieses Mauerstück ging bis zu den Stufen, die aus der City von Jerusalem raus gingen.
[16] Am nächsten Teil schuftete Nehemja. Der war ein Sohn von Asbuks und der Bürgermeister der einen Hälfte vom Bezirk Bet-Zur. Sein Part ging auf der anderen Seite vom Friedhof los, wo David und die anderen Präsidenten lagen, und endete an der Kaserne der ‚dreißig Helden'. [17] Ab jetzt waren ein paar Männer von den Tempelangestellten unter der Leitung von Rehum (ein Sohn von Bani) dran. Der nächste Abschnitt war dann für Haschabja bestimmt, der den Job als Bürgermeister vom Bezirk Keila hatte. Er machte das für seinen Bezirk. [18] An dem nächsten Teil arbeiteten deren Brüder unter der Leitung von Binnui. Der war ein Sohn von Henadad und Bürgermeister der anderen Hälfte vom Bezirk Keila. [19] Jetzt war Eser dran, der Sohn von Jeschua. Eser war auch ein Stadtrat von Mizpa. Sein Abschnitt war auf der anderen Seite von der Treppe, die zur Waffenkammer führte, bei dem sogenannten Winkel. [20] Zwischen dem ‚Winkel' und dem Eingang zum Haus von Oberpriester Eljaschib arbeitete Baruch volles Rohr. Er war ein Sohn von Sabbai.
[21] Meromot besserte den nächsten Abschnitt aus, der vom Hauseingang von Eljaschib bis zum Ende des Hauses ging. Meromot war ein Sohn von Urija, sein Opa war Koz. [22] Was dann kam, wurde von den Priestern erledigt, die in der Umgebung von Jersualem lebten. [23] Benjamin und Haschub schufteten an dem Teil, der gegenüber von ihrem Haus lag. Ab da arbeitete Asarja (der Sohn von Maaseja und der Enkel von Ananeja) an der Mauer weiter. [24] Nach ihm werkelte Binnui weiter. Seine Strecke ging vom Haus Asarjas über den ‚Winkel' bis weiter zur sogenannten Ecke. Binnui kam aus der Familie Henadad. [25] Gegenüber vom ‚Winkel' war Palal am Bauen. Dazu machte er noch den hohen Turm, der an der Präsidentenresidenz vorspringt, gleich um die Ecke vom Wachthof. Palal war ein Sohn von Usai. [26] Pedaja, der Sohn von Parosch, arbeitete dann weiter. Sein Teil ging bis zum Wassertor auf der Ostseite und zu dem einen Turm, der etwas weiter vorne stand. Die Tempelangestellten wohnten damals auf einem Hügel im Süden von Jerusalem, den man Ofel nannte. [27] Von dem Turm bis zur Mauer am Ofel machten die Leute aus Tekoa weiter.
[28] Der Part beim Rosstor wurde von den Priestern repariert, jeder machte das Stück, was gegenüber von seinem Haus lag. [29] Nach ihnen war Zadok, der Sohn von Immer, dran. Der arbeitete auch gegenüber von seinem Haus. Was danach kam, wurde von Schemaja erledigt. Schemaja war ein Sohn von Schechanja, der in der Security-Einheit vom Osttor arbeitete. [30] Der nächste Teil wurde von Hananja erledigt, der aus der Familie Schelemja stammte. Mit dabei war Hanun, der sechste Sohn von Zalaf.

An dem Abschnitt gegenüber seiner Wohnung baute
Meschullam weiter. 31 Nach ihm war Malkija dran. Er
hatte einen Job als Goldschmied. Sein Part ging bis
zum Haus, wo die Leute, die im Tempel die Drecks-
arbeit machten, und die Händler lebten. Das lag
gegenüber vom Wachttor und ging bis zum Anfang
der Nordost-Ecke. 32 Der letzte Abschnitt von dort
bis zum Schafstor wurde dann von den Goldschmie-
den und den Händlern wieder in Schuss gebracht.

Die Mauer wird hochgezogen, obwohl die Feinde rumnerven

33 Als Sanballat mitbekam, dass wir jetzt tatsächlich
die Mauer wieder hochzogen, wurde er richtig
sauer. Er verarschte uns Juden in einer Tour,
34 machte ständig dumme Sprüche, wenn er mit
seinen Freunden unterwegs war oder vor den Solda-
ten sprach. ‚Wie sind die denn bitte drauf, diese
peinlichen Juden? Pah, die glauben doch nicht im
Ernst, dass sie das zu Ende kriegen! Denken die
echt, dass ihre komischen Opferrituale Gott beein-
drucken würden? So eine Mauer baut man nicht
eben mal zwischendurch … Oder wollen sie die
kaputten Mauern einfach hochzaubern?‘ 35 ‚Lass sie
doch machen!‘, rief Tobija, ein Ammoniter, der bei
ihm war. ‚Pass auf, wenn dann später ein Dackel an
ihre Mauer pinkelt, stürzt das ganze Ding in sich
zusammen!‘ 36 Ich fing dann an, mit Gott über die
Sache zu reden: ‚Jetzt zieh dir das mal rein, wie die
Leute dumme Sprüche über uns reißen! Ich bitte
dich, sorg dafür, dass sie an ihren fiesen Worten
ersticken! Sorg dafür, dass sie bald im Krieg besiegt
und verhaftet werden. Sie sollen mal am eigenen
Körper spüren, wie das ist, wenn man verarscht
wird! 37 Wenn sie dich um Verzeihung bitten, hör
nicht hin! Zahle es diesen Leuten heim! Sie haben
sich über deine Leute lustig gemacht. Alle, die
gerade an der Mauer bauen, haben das gehört!‘
38 Obwohl wir von allen Seiten angezeckt wurden,
haben wir einfach weitergebaut! Die Mauer stand
wieder auf der ganzen Strecke und war schon halb
so hoch wie geplant. Jeder hatte mit angepackt und
alles gegeben, damit das Teil fertig werden würde.

4

Störaktionen gegen den Bau

1 Irgendwann kriegten Sanballat, Tobija, die
Araber, die Ammoniter und die Bewohner von
Aschod mit, dass wir mit der Mauer bald fertig sein
würden. Das fanden die gar nicht so toll und wur-
den richtig aggro deswegen. 2 Sie taten sich zusam-
men und zogen mit einigen von ihren Truppen nach
Jerusalem. Ihr Ziel war es erst mal, die Arbeiter auf
der Baustelle zu verwirren. 3 Darum starteten wir
zwei Maßnahmen. Zum einen wurde eine heftige
Gebetssession angesetzt, und zum anderen wurde
eine Security-Einheit zusammengestellt, die dann
24 Stunden durchgehend an der Baustelle Wache
schob. 4 In der Zeit gab es einen Spruch bei uns
Juden, der auch ein Gebet war. Der ging ungefähr
so: ‚Wir haben bald keine Kraft mehr, an der Bau-
stelle geht es drunter und drüber, wir können schon
ganz bald nicht mehr die Mauer bauen. Gott, bitte
hilf uns!‘ 5 Die Feinde von der anderen Seite hatten
sich das so ausgerechnet: ‚Bevor die Juden was
bemerkt haben, sind wir schon in der Stadt, hauen
alles kurz und klein, und dann hat die Sache mit
dem Bau der Schutzmauer ein Ende.‘ 6 Womit sie
wohl nicht gerechnet hatten, war, dass die Juden,
die in der Umgebung wohnten, uns kurz vor dem
Angriff Bescheid gaben, aus welcher Richtung die
Truppen angreifen wollten. 7 So konnte ich alle Män-
ner, die gut mit einer Waffen umgehen können,
rechtzeitig an den Stellen postieren, wo die Mauer
noch Lücken hatte. Die Truppen waren nach ihren
Familienverbänden gegliedert. Jeder hatte ein
Armeemesser, ein MG und einige Handgranaten
dabei. 8 Als ich mitkriegte, dass einige etwas Schiss
vor dem Angriff hatten, stellte ich mich auf einen
Bierkasten und hielt eine kleine Rede: ‚Ihr braucht
wirklich keine Angst vor denen zu haben! Denkt an
Gott, er kann alles, er hat die Macht! Kämpft für
eure Familien! Kämpft für eure Söhne und Töchter
und für eure Frauen! Und kämpft für alles, was euch
gehört!‘ 9 Schließlich bekamen unsere Feinde
gesteckt, dass wir auf einen Angriff vorbereitet
waren. Gott hatte ihnen einen Strich durch die
Rechnung gemacht. Also konnte jeder von uns wie-
der zurück an seinen Platz und mit dem Bau der
Schutzmauer weitermachen. 10 Ab dem Zeitpunkt
unterteilten wir die Arbeiter in zwei Gruppen. Die
eine Hälfte war mit dem Bau beschäftigt, während
die andere Hälfte Wache schob. Dabei war die
Wachschicht immer mit voller Ausrüstung am Start,
also mit schusssicherer Weste, MG, Armeemesser
usw. Die stellten sich dann immer zum Schutz auf
für die Männer, 11 die am Bau aktiv beteiligt waren.
Die Leute, die das Material ranschafften, hatten
auch immer eine Knarre dabei. 12 Auch die Bauarbei-
ter trugen die ganze Zeit ihre Waffen mit sich rum.
Und ich hatte immer ein Handy dabei. 13 ‚Die Bau-
stelle ist einfach riesig,‘ sagte ich zu den Leuten.

,Wir müssen uns irgendwie über die ganze Mauer verteilen. Allerdings werden so unsere Truppen auch weit auseinandergerissen. 14 Wenn ihr jetzt übers Handy eine Ansage bekommt, dass an der und der Stelle gerade angegriffen wird, müsst ihr sofort vorbeikommen. Gott kämpft auf unserer Seite!' 15 So arbeiteten wir von ganz früh, wenn es hell wurde, bis spät in die Nacht. Dabei war, wie gesagt, die Hälfte der Männer immer voll bewaffnet. Nämlich die, die gerade Wache hatten. 16 Ich hatte den Befehl rausgegeben, dass die Helfer von außerhalb auch nachts in Jerusalem pennen sollten. So konnten die tagsüber arbeiten und nachts abwechselnd ihre Wache schieben. 17 In der ganzen Zeit haben weder ich noch einer von meinen Freunden oder Verwandten einmal duschen können, geschweige denn die Klamotten gewechselt. Das betraf auch meine Bodyguards, die immer bei mir waren und auf mich aufpassten. Jeder lief dabei mit seiner Waffe im Anschlag rum.

5 **Die ersten Beschwerden von den eigenen Leuten kommen rein**

1 Langsam wurden aber einige ungeduldig und fingen an rumzunerven. Zum Beispiel beschwerten sich ein paar Frauen und Männer bei mir, auch über ihre eigenen Leute. 2 Einige meckerten rum, weil sie zu wenig Essen hatten, um ihre Familien zu versorgen. 3 Andere waren unzufrieden, weil sie so arm dran waren, dass sie ihre Häuser und Felder verkaufen mussten, sonst wären sie verhungert. 4 Eine dritte Gruppe war sauer, weil sie ihre Felder und Weinberge verkaufen mussten, um die Steuern bezahlen zu können. 5 ,Wir kommen doch letztendlich alle aus derselben Familie!', sagten sie. ,Warum müssen unsere Söhne und Töchter unter miesesten Bedingungen arbeiten? Warum wurden einige von unseren Töchtern sogar schon vergewaltigt, und wir können uns nicht mal dagegen wehren? Und die Felder und Weinberge, auf denen wir wie blöd schuften, gehören uns noch nicht mal selbst!' 6 Die Infos waren für mich neu. Als ich von dieser Ungerechtigkeit hörte, wurde ich richtig sauer. 7 Man musste sofort irgendwas dagegen unternehmen, aber wie stellt man das an? Nachdem ich lange überlegt hatte, organisierte ich ein Treffen mit der Chefetage der Juden. Bei diesem Treffen sagte ich allen ganz direkt meine Meinung: ,Wie können Sie nur so was bringen? Eine absolute Notsituation von ihren eigenen Leuten derart schamlos auszunutzen, das ist wirklich allerunterste Schublade!' Schließlich gab es eine Versammlung, bei der alle anwesend waren. 8 Vor allen Leuten machte ich die Schuldigen richtig zur Sau: ,Wir alle haben teuer dafür bezahlt, dass die Leute aus unserer eigenen großen Familie wieder bei uns sein können. So viele wie möglich haben wir damals aus der Gefangenschaft freigekauft. Habt ihr jetzt wirklich vor, dass sie sich wieder in Schulden stürzen müssen, damit man sie noch einmal freikaufen muss?' Keiner sagte auch nur einen Pieps, weil niemand eine gute Antwort dazu geben konnte. 9 ,Was ihr da macht, ist nicht in Ordnung, Leute! Ihr solltet mehr Respekt vor Gott haben! Wenn ihr so drauf seid, lachen uns die anderen Völker nur aus, und unsere Feinde werden uns nur noch verarschen. 10 Ich bin mit gutem Beispiel vorangegangen und habe Geld und Nahrungsmittel verliehen, so viel ich nur konnte. Meine Geschwister, Verwandten und Freunde haben es auch so gemacht. Lasst uns doch auf die Kohle verzichten, die uns die anderen noch schulden! 11 Gebt den Leuten ihr Land zurück! Auch die Weinberge, Obstplantagen, Häuser und all das soll an den ursprünglichen Besitzer zurückgegeben werden. Erlasst jedem seine Schulden, egal, ob das jetzt Geld, Getreide, Bier, Öl, Benzin oder sonst was gewesen ist!' 12 Die Rede schlug ein wie eine Bombe. ,Okay, wir verzichten auf unsere Forderungen!', riefen die Leute durcheinander. ,Du hast recht, wir geben alles wieder zurück und ziehen das so durch, wie du es gerade gesagt hast!' Ich rief sofort einen Notar an, der gleich vorbeikam, um dieses Versprechen schriftlich aufzunehmen und unterschreiben zu lassen. 13 Vor allen Leuten zog ich einen Schuh von mir aus und schüttete den darin angesammelten Sand auf den Boden. Dann sagte ich: ,Jeder, der sich an dieses Versprechen nicht hält, soll von Gott genauso aus seiner Familie und seiner Gegend rausgeschüttet werden. Und so leer wie dieser Schuh jetzt ist, soll er dann auch leer sein.' Alle, die da waren, riefen ganz laut ,Yes, so soll es laufen! Wir sind dafür!' Und dann dankten alle Gott für diese klare Ansage. Jeder der dabei war, hielt sich auch an diese Absprache. 14 Ich selbst verzichtete auf alle Gehaltszahlungen, die mir als Ministerpräsident der Provinz Juda zugestanden hätten. Alle aus meiner Familie taten das Gleiche, und zwar über die gesamte Dauer von zwölf Jahren. Das war genau die Zeitspanne vom 20. bis zum 32. Jahr, in dem der Präsident Artaxerxes an der Macht war. 15 Die Ministerpräsidenten vor mir hatten von den Leuten heftige Steuerzahlungen verlangt. Neben Nahrungsmit-

teln mussten sie auch noch 1500 Euro Steuern im Monat aufbringen, die die Typen dann nur für ihren Luxus ausgegeben hatten. Und die von den Ministerpräsidenten angestellten Beamten gingen auch total übel mit den Leuten um. Ich hatte Respekt vor Gott, und darum kam so was bei mir nicht in die Tüte. 16 Ich steckte meine ganze Energie in den Bau der Schutzmauer, und meine Freunde haben mir dabei sehr geholfen. In der Zeit hat sich keiner von uns ein Grundstück gekauft, weil wir die ganze Kohle in das Projekt gesteckt haben. 17 Ich musste mich um genügend Essen für 150 Beamte, kümmern, die in der jüdischen Bezirksverwaltung arbeiteten. Auch die Gäste aus der Umgebung mussten versorgt werden. 18 In der Kantine wurden jeden Tag eine Kuh, sechs Schafe (beste Qualität) und dazu noch einiges an Hühnern zu Essen verarbeitet. Alle zehn Tage kam eine neue große Wein- und Bierlieferung mit unterschiedlichsten Sorten an. Ich habe trotz der vielen Arbeit auf mein Gehalt verzichtet, was mir als Ministerpräsident eigentlich zugestanden hätte. Die Leute hatten schon genug Belastungen durch den Bau der Schutzmauer zu tragen.
19 Ich bitte dich, Gott, dass du das nicht vergisst! Vergiss nicht, was ich für deine Leute getan habe!

6

Die Feinde von Nehemia machen den Lauten

1 Irgendwann hatte sich die Nachricht bis zu unseren Feinden rumgesprochen, dass die Schutzmauer schon fast fertig war. Sanballat, Tobija, der Araber Geschem und die anderen bekamen aber auch gesteckt, dass wir die großen Türen noch nicht in die Mauer eingesetzt hatten. 2 Ich kriegte in der Zeit einen Brief von Sanballat und Geschem, in dem sie mich zu einem Treffen nach Kefirim, im Ono-Tal, einluden. Mir war klar, dass die nur versuchen wollten, mich irgendwie abzuziehen, 3 darum schrieb ich zurück: ‚... Leider hab ich zurzeit zu viel zu tun und kann Ihre Einladung nicht annehmen. Es würde zu viel Arbeit liegen bleiben, wenn ich mir jetzt die Zeit für ein Treffen rausnehmen würde.' 4 Ganz dreist bekam ich die Einladung noch viermal hintereinander geschickt, und jedes Mal kam von mir die gleiche Antwort zurück. 5 Sanballat war echt hartnäckig. Im fünften Brief, der dann kam, stand Folgendes:
6 ‚Mir ist zu Ohren gekommen, und Herr Geschem hat dies auch bestätigt, dass sie gerade mit Ihren Juden einen Krieg gegen uns vorbereiten. Das sei auch der Grund, warum Sie die Mauer wieder hochziehen, hat man mir erzählt. Ihr Ziel ist es, der neue Präsident zu werden. 7 Sie sollen Propheten dafür bezahlt haben, dass sie zu einem bestimmten Zeitpunkt überall erzählen, dass es in Juda wieder einen neuen Präsidenten gibt. Diese Gerüchte werden bestimmt auch bald beim jetzigen Präsidenten landen, darum ist es vielleicht eine gute Idee, wenn wir beide einmal miteinander reden würden.' 8 Meine Antwort sah so aus: ‚Was Sie da erzählen, ist absoluter Schwachsinn. Die ganze Geschichte haben Sie sich gerade selbst ausgedacht. 9 Sie wollen uns nur schocken, damit wir unsere Arbeit nicht zu Ende bringen. So was motiviert mich eher, das Ganze jetzt erst recht bis zum Ende durchzuziehen!' 10 An einem anderen Tag ging ich zu Schemaja, der aus der Familie Delaja kam und ein Enkel von Mehetabel war. Er hatte es nicht geschafft, zu mir zu kommen, darum ging ich zu ihm. ‚Komm, lass uns in den Tempel gehen', meinte er plötzlich zu mir. ‚Wir schließen uns dort ein, damit sie dich nicht umbringen können. Ich hab gehört, dass sie heute Nacht ein Attentat auf dich geplant haben!' 11 ‚Quatsch, ein Mann in meiner Position versteckt sich nicht! Außerdem hab ich nichts im Tempel zu suchen, das ist verboten! Wenn ich das tun würde, hätte ich die Todesstrafe verdient. Auf keinen Fall werde ich das machen!', antwortete ich. 12 Mir war klargeworden, dass diese Idee von Schemaja und unmöglich von Gott kommen konnte. Er kam zwar wie ein Prophet rüber, aber tatsächlich hatte er nur Bestechungsgelder von Tobija und Sanballat bekommen, um mich mit einem Trick in den Tempel zu locken. 13 Ihre Idee dahinter war, ihn letztendlich zu benutzen, um mir Angst einzujagen. Wenn ich den Rat befolgt hätte, hätte ich großen Mist gebaut. So wäre es für sie eine Spitzengelegenheit gewesen, mich vor allen Leute fertigzumachen. Mein Ruf wäre ruiniert gewesen, und meine eigenen Leute hätten keinen Respekt mehr vor mir gehabt. 14 Gott? Vergiss bitte nicht, was Tobija und Sanballat mit mir vorhatten! Und vergiss auch nicht, wie die Prophetin Noadja und die anderen Propheten mich einschüchtern wollten.

Die Mauer ist endlich fertig

15 Trotzdem konnte die Mauer fertiggestellt werden. Am 25. September, nach 52 Tagen, hatten wir es endlich geschafft. 16 Unsere Feinde hörten das in den Nachrichten und bekamen richtig Schiss vor uns. Keiner konnte mehr arrogant auf uns runtersehen, es war klar, dass Gott voll hinter der Sache stand. 17 In der Zeit gab es recht viel Mail- und Briefverkehr zwischen Tobija und einigen Familien von

Juda. 18 Viele der Juden hatten nämlich Verträge mit
ihm, weil er ein entfernter Verwandter von
Schechanja war, einem Sohn von Arach. Außerdem
hatte sein Sohn die Tochter von Meschullam gehei-
ratet, der aus der Familie Berechja kam. 19 Die waren
echt so drauf, dass sie immer, wenn ich da war, von
den tollen Sachen erzählten, die Tobija angeblich
gebracht haben sollte. Und dann verpetzten sie
auch jeden Pups, den ich zu irgendeiner Gelegen-
heit irgendwo gesagt haben sollte. Tobija hörte nicht
auf damit, mir die ganze Zeit in irgendwelchen Brie-
fen zu drohen. Er wollte mir einfach Angst machen,
weiter nichts.

7

Security und Wachdienste für Jerusalem

1 Nachdem wir die Mauer wieder hochgezogen
hatten, wurden die großen Türen eingesetzt. Ab
dem Zeitpunkt schoben die Security-Leute wieder
ihre Schichten. Auch im Tempel probten ab dann
wieder regelmäßig die Band und der Chor, und auch
die anderen Tempelangestellten nahmen ihre Arbeit
wieder auf. 2 Die Verteidigung von Jerusalem über-
gab ich an meinen Bruder Hanani und an Hanaja,
der auch der Kommandant der Bunkeranlage war.
Hananja war wirklich gut drauf, man konnte sich
immer hundertprozentig auf ihn verlassen, und er
hatte mehr Respekt vor Gott als viele andere. 3 Ich
meinte zu ihm: ‚Die Türen werden erst aufgemacht,
wenn die Sonne voll da ist. Abends, wenn die meis-
ten Leute noch wach sind, werden sie aber dicht
gemacht und abgeschlossen. Organisieren Sie
einen Wachplan, in den sich alle Männer der Stadt
eintragen müssen. Wir brauchen Wachen an den
Schwachstellen der Mauer. Die restlichen Männer
sollen auf ihre eigenen Häuser aufpassen.'

Eine Liste der Leute, die zurückgekommen waren

4 Jerusalem war eine riesengroße Stadt, die sich
nach allen Seiten ausgedehnt hatte. Die Leute, die
jetzt dort wohnten, waren aber nicht so viele, und es
gab auch noch reichlich ungenutztes Bauland. 5 Ich
hatte dann von Gott eine gute Idee. Und zwar soll-
ten sich die Männer der obersten Familien, die
Stadträte und alle anderen Bewohner, in eine Datei
eintragen. In der Planungsphase fand ich auf dem
Rechner noch eine alte Datei, in der die Namen der
ersten Leute drinstanden, die damals wieder nach
Hause gekommen waren. Dort drin stand Folgen-
des: 6 ‚Das ist eine Liste der Einwohner von der Pro-
vinz Juda. Sie kamen aus der Kriegsgefangenschaft
raus, in die sie von Nebukadnezzar, dem Präsiden-
ten von Babylonien, verschleppt worden waren. Sie
kamen alle wieder zurück nach Jerusalem und Juda.
7–38 Ihre Chefs waren: Serubbabel, Jeschua,
Nehemja, Asarja, Raamja, Nahamani, Mordochai,
Bilschan, Misperet, Bigwai, Rehum und Baana. Jetzt
kommen die Namen der anderen Familien aus Is-
rael und jeweils die Anzahl der Leute: Parosch 2172,
Schefatja 372, Arach 652; Pahat-Moab (die Nach-
kommen von Jeschua und Joab) 2818, Elam 1254,
Sattu 845, Sakkai 760, Bani 648, Bebai 628, Asgad
2322, Adonikam 667, Bigwai 2067, Adin 655, Ater
(die Nachkommen von Hiskija) 98, Haschum 328,
Bezai 324, Harif 112, Gibeon 95, Netofa aus Betle-
hem 188, aus Anatot 128, aus Bet-Asmawet 42, aus
Kirjat-Jearim, Kefira und Beerot 743, aus Rama und
Geba 621, aus Michmas 122, aus Bet-El und Ai 123,
Nebo 52, Elam 254, Harim 320, aus Jericho 345, aus
Lod, Hadid und Ono 721, Senaa 3930. 39–42 Von den
Familien der Priester kamen folgende wieder nach
Hause: Jedaja, von der Familie Jeschua, 973, Immer
1052, Paschhur 1247, Harim 1017. 43 Tempelange-
stellte: die Familie Jeschua, die Nachkommen von
Kadmiel, Binnui und Hodawja 74. 44 Vom Tempel-
chor: die Nachkommen von Asaf 148. 45 Von der Se-
curity-Einheit vom Tempel: die Familien Schallum,
Ater, Talmon, Akkub, Hatita und Schobai 138.
46–56 Von den Leuten, die im Tempel die Drecksar-
beit machten, kamen folgende Familien wieder nach
Hause: Ziha, Hasufa, Tabbaot, Keros, Sia, Padon,
Lebana, Hagaba, Salmai, Hanan, Giddel, Gahar,
Reaja, Rezin, Nekoda, Gasam, Usa, Paseach, Besai,
die Meuniter, die Nefusiter, Bakbuk, Hakufa, Harhur,
Bazlut, Mehida, Harscha, Barkos, Sisera, Temach,
Neziach, Hatifa. 57–59 Von den Angestellten, die
schon unter Präsident Salomo gearbeitet hatten,
kamen folgende mit: Sotai, Soferet, Peruda, Jaala,
Darkon, Giddel, Schefatja, Hattil, Pocheret-Zebajim,
Amon. 60 Die Gesamtzahl der Leute, die im Tempel
die Drecksarbeit machten, und der Familien, die
noch unter Salomo gearbeitet hatten, betrug 392.
61–62 Aus Tel-Melach, Tel-Harscha, Kerub-Addon und
Immer kamen folgende Familien mit (die konnten
allerdings nie beweisen, dass sie israelitischer Ab-
stammung waren, weil sie ihre Pässe verloren hat-
ten): Delaja, Tobija und Nekoda 642. 63–64 Bei den
Priestern gab es auch ein paar Männer, die ihren
Pass nicht finden konnten. Und zwar waren das
Männer aus der Familie von Habaja, Koz und Barsil-
lai. Der Opa der Familie von Barsillai hatte sich in
eine Tochter vom Barsillai aus Gilead verliebt, die

geheiratet und ihren Namen angenommen. Leider konnten sie nicht mehr beweisen, dass sie aus einer Priesterfamilie kamen, und wurden deshalb nicht zum Priesterdienst zugelassen. 65 Der Bürgermeister von Jerusalem verbot ihnen, bei den Dankopfern mitzuessen. Dieses Verbot galt so lange, bis ein Oberpriester für sie die besonderen Lose gezogen hatte. 66–68 Die gesamte Zahl der Leute, die wieder zurückgekommen waren, betrug: 42 360. Dazu kamen noch: Die Billiglohnarbeiter (7337) sowie Männer und Frauen vom Chor (245). Es wurden insgesamt noch 435 Motorräder und 6720 Fahrräder mit in die Stadt gebracht. 69–71 Viele Leute spendeten was für den Bau der Mauer und für den Tempel: der Oberbürgermeister: 1,2 Millionen Euro, 50 Opferschalen, 530 Arbeitsklamotten für die Priester. Ein Teil der Clanchefs spendete: 2,4 Millionen Euro und 342 000 Euro in Aktien. Durch die restlichen Leute kamen folgende Spenden rein: 2,4 Millionen Euro, 375 000 Euro in Aktien und 67 Priesteranzüge. 72 Alle Israeliten zogen wieder an den Ort, aus dem sie ursprünglich herkamen. Auch die Priester, die Tempelangestellten, die Leute, die im Tempel immer die Drecksarbeit machten, die Security-Leute und der Chor vom Tempel, die Angestellten vom Tempel und alle anderen auch. Anfang Oktober wohnten dann die meisten Israeliten wieder in ihren alten Städten." Das ist das Ende von Nehemias Bericht.

8 Das Fest der Blätterbuden und eine Lesung aus den Gesetzen

1 Wirklich alle Bewohner trafen sich dann auf dem Platz vor dem Wassertor. Plötzlich meinten ein paar Leute zu Esra: „Hol doch mal das Buch her, wo die Gesetze drinstehen, die Gott durch Mose den Israeliten gesagt hatte!" 2 Er zog dann los, holte das Teil und las daraus vor. Alle Männer, Frauen und auch die Kinder, die das verstehen konnten, waren da. Die Lesung war dann am ersten Oktober, 3 von ganz früh morgens bis zum Mittagessen. Esra saß auf dem Platz vor dem Wassertor auf einem Barhocker und las die ganze Zeit aus den Gesetzen vor. Der ganze Platz war voll, und alle hörten ihm gespannt zu. 4 Man hatte dafür dort extra eine kleine Bühne aufgebaut. Hinter ihm standen auf der rechten Seite Mattitja, Schema, Anaja, Urija, Hilkija und Maaseja, auf der linken Pedaja, Mischael, Malkija, Haschum, Haschbaddana, Secharja und Meschullam. 5 Esra legte das Buch auf das Lesepult und öffnete es auf der ersten Seite. Weil er durch die Bühne etwas höher stand als alle anderen, konnten ihn auch die Leute sehen, die ganz hinten standen. 6 Als Erstes dankte Esra Gott. Er sagte, dass Gott einfach gigantisch ist. Alle streckten ihre Hände zum Himmel und riefen laut: „Yeah, so passt es, Amen!" Dann knieten sie sich auf den Boden und verbeugten sich so tief, dass sie mit dem Kopf auf den Boden kamen. Das war in der Zeit so üblich, um Gott damit zu zeigen, dass man totalen Respekt vor ihm hat. 7 Die Tempelangestellten Jeschua, Bani, Scherebja, Jamin, Akkub, Schabbetai, Hodija, Maaseja, Kelita, Asarja, Josabad, Hanan und Pelaja gingen zu den Leuten hin und erklärten ihnen die Sachen, die gerade vorgelesen wurden. 8 Sie übersetzten den Leuten volxbibelmäßig, was in den Gesetzen steht, so dass jeder kapieren konnte, was damit gemeint war. 9 Als die Leute diese heftigen Sachen hörten, die in den Gesetzen drinstanden, fingen sie voll an zu weinen. Der Oberbürgermeister Nehemia, der Priester und Theologe Esra und die Tempelangestellten mussten sie erst einmal alle etwas beruhigen. „Hey, Leute, hört auf zu flennen! Heute ist ein voll besonderer Tag, heute wollen wir Gott feiern, unseren Gott!" 10 „Jetzt geht erst mal schön essen und auch was trinken!", meinte Esra schließlich. „Gönnt euch was richtig Gutes! Und gebt auch was an die Leute ab, die gerade pleite sind. Heute ist ein ganz besonderer Tag, wo wir alle Party für Gott machen sollten. Macht euch keine Sorgen! Sich an Gott zu freuen ist wie eine Impfung gegen Frust!" 11 Die Tempelangestellten versuchten auch die Leute zu beruhigen. „Keine Panik, heute sollten wir erst mal nur feiern! Ihr braucht euch echt keine Sorgen zu machen!" 12 Also gingen dann alle nach Hause und feierten in ihren Partykellern. Überall gab es was Leckeres zu essen und zu trinken. Wer nichts hatte, bekam von den Nachbarn etwas ab. Denn sie hatten kapiert, was man ihnen vorgelesen hatte.

Die Leute feiern die Blätterbudenparty

13 Einen Tag später kamen die Clanchefs, die Priester und die Tempelangestellten alle beim Priester Esra an. Sie wollten eine genaue Einführung über die Gesetze von ihm bekommen. 14 Schließlich kam man in dem Buch an die Stelle, an der Mose den Befehl von Gott über das Fest der Blätterbuden aufgeschrieben hatte. Dort stand, dass die Israeliten im Oktober in solchen Hütten wohnen sollten, die aus Zweigen mit ganz vielen Blättern drangemacht werden. 15 Sie sollten in allen Städten, besonders in

Jerusalem, dafür sorgen, dass alle sich in den Parks und im Wald mit Zweigen eindecken sollen. Also Zweige von Birken, Eichen, Kastanien, Buchen, eben von Bäumen mit vielen Blättern dran. Aus denen sollten dann die Blätterbuden gemacht werden, so wie es früher mal aufgeschrieben wurde. 16 Also ging jeder los, sammelte im Park ein paar Zweige und baute sich damit eine kleine Bude im Garten. Wer keinen Garten hatte, stellte sich so ein Teil auf den Balkon oder die Dachterrasse. Und wer in einer Siedlung wohnte, baute sich seine Blätterbude auf der Wiese im Park, auf irgendeinem freien Platz, oder zur Not auch direkt vor dem Tempel, oder am Efraimtor, auf. 17 Jeder, der aus der Kriegsgefangenschaft wieder nach Hause gekommen war, baute sich so eine Hütte. Alle nahmen ihre Penntüten dort mit rein und wohnten da drinnen für ein paar Tage. Das war jetzt das erste Mal seit Ewigkeiten, dass sie das wieder gemacht hatten. Alle waren voll happy und freuten sich über die ganze Aktion. 18 Parallel wurde eine 24-Stunden-Lesung angesetzt, bei der die ganze Zeit jemand aus den Gesetzen vorlas, Tag und Nacht. Diese ganze Party ging sieben Tage lang, bis dann am achten Tag die Abschlussparty des Festes veranstaltet wurde, die so auch in den Gesetzen vorgeschrieben war.

9

Die Israeliten geben es zu: Wir haben Mist gebaut!

1 Am 24. Tag von diesem Monat kamen die Israeliten noch mal zusammen. Alle hatten sich schwarze Trauerkleidung angezogen, so als ob man zu einer Beerdigung gehen würde. 2 Die Ausländer wurden für diesen Tag nach Hause geschickt, denn das ging jetzt nur die Israeliten etwas an. In diesem Gottesdienst gaben dann alle offen zu, dass sie und die Leute, die vor ihnen gelebt hatten, ständig Mist gebaut hatten. 3 Jeder stand von seinem Platz auf, und dann wurde drei Stunden lang aus den Gesetzen von Gott vorgelesen. Schließlich schmissen sich die Leute alle auf den Boden und sagten Gott ganz offen, wo sie in ihrem Leben danebengelegen und Mist gebaut hatten. Auch das ging über drei Stunden. 4 Die Tempelangestellten Jeschua, Bani, Kadmiel, Schebanja, Bunni, Scherebja, Bani und Kenani, alle vom Familienstamm Levi, stellten sich auf die Bühne und schrien ganz laut zu Gott, dem Chef über alles. 5 Jeschua, Kadmiel, Bani, Haschabneja, Scherebja, Hodija, Schebanja und Petachja forderten dann die Leute alle auf: „Bedankt euch bei Gott! Sagt ihm jetzt, wie genial er ist! Applaudiert ihm und macht ne La-Ola-Welle für Gott! Hört nicht auf damit! Er ist der absolut Größte!" 6 Die Levi-Leute machten das den Leuten vor. Sie riefen: „Gott! Du bist der absolute Chef! Du bist der King, keiner kann dich so sehr loben, dass es reicht! Du bist der einzige Gott überhaupt! Du hast das ganze Universum gebastelt! Den Himmel hast du gemacht und die Erde, das Meer, alles, was lebendig ist, das kommt von dir! Das ganze Universum, jeder Stern und alle Planeten müssen zugeben, wie genial du eigentlich bist. 7 Gott, du hast dir ausgerechnet Abram ausgesucht. Du hast ihn aus der Stadt Ur rausgeholt, die in Chaldäa liegt. Und dann hast du ihm einen neuen Namen gegeben, ab dann hieß er Abraham. 8 Du weißt, dass er dich nie gelinkt hat, dass er dir treu war und immer das radikal durchgezogen hat, was du von ihm wolltest. Darum hast du mit ihm einen Vertrag abgeschlossen. Du hast ihm versprochen, dass du ihm und seiner Familie für immer das Land schenken willst, in dem zu diesem Zeitpunkt noch andere Leute wohnten. Das Gebiet von den Kanaanitern, Hetitern, Amoritern, Perisitern, Jebusitern und Girgaschitern hast du ihm geschenkt. Und du hast deine Seite des Vertrages erfüllt, du ziehst deine Sachen immer durch, auf dich kann man sich hundertpro verlassen, du bist cool drauf. 9 Ganz früher wurden unsere Leute in Ägypten noch fertiggemacht, sie arbeiteten unter Knebelverträgen und hatten nichts zu lachen. Aber du hast das gesehen, es war dir nicht egal. Als sie dann auf der Flucht bei diesem Schilfmeer gelandet waren, da hatten sie echt ein Problem und haben dich um Hilfe gebeten. Du hast die Gebete erhört, warst sofort da und hast sie gerettet. 10 Der Regierungschef von den Ägyptern, dieser Pharao, aber auch seine Minister und alle anderen Ägypter sind mit unseren Leuten damals voll arrogant umgesprungen. Dann hast du ihnen aber gezeigt, wo der Hammer hängt! Du hast deine Muskeln spielen lassen und echt heftige Sachen gebracht. Auf die Art wurdest du auch berühmt, und bis heute wissen alle von dir. 11 Dann hast du das Meer in zwei Teile aufgeteilt, und unsere Leute konnten mittendurch gehen, ohne nasse Füße zu kriegen. Und dann kamen die Feinde hinterher, und du hast das Wasser plötzlich zurückkommen lassen. Die sind dann alle wie fette Sandsäcke im Meer untergegangen und ersoffen. 12 Unsere Leute wurden dann von dir durch die Wüste geführt. Tagsüber gab es immer eine Säule aus Wolken vor ihnen. Und nachts war da diese Säule aus Feuer, mit der du

den Weg ausgeleuchtet hast. [13] Ja und dann bist du auf den Berg Sinai runtergekommen und hast mit deinen Leuten gesprochen. Man konnte eine Stimme aus dem Himmel hören, die ihnen ganz klar gesagt hat, was du von ihnen willst. Du hast ihnen einfache Gesetze gegeben, etwas, nach dem man sich richten kann, gute Regeln für das Leben. Du hast sie Mose erzählt, und er hat den Israeliten deine Gesetze ausgerichtet. [15] Irgendwann hatten alle ganz derben Hunger, und du hast Essen für alle organisiert. Es gab dann so eine Art Brot, was plötzlich da war. Das nannte man dann Manna. Und auch zu trinken gab es genug. Deine nächste Ansage war, dass sie das Land erobern sollen. Dieses Land hattest du ihnen ganz fest versprochen, du hast geschworen, dass du ihnen das schenken wirst. [16] Aber irgendwann sind die Leute, die vor uns gelebt haben, irgendwie übergeschnappt. Sie machten einen auf dicke Hose, deine Gesetze waren ihnen egal. [17] Sie hatten keinen Bock auf das, was du gesagt hast. Und die ganzen krassen Wunder, mit denen du ihnen geholfen hattest, hatten sie auch ganz schnell wieder vergessen. Plötzlich wollten sie unbedingt wieder zurück nach Ägypten, wollten wieder unter Knebelverträgen für die Ägypter arbeiten und so. Aber zum Glück bist du ein netter Gott, du liebst die Menschen und verzeihst, wenn man fies zu dir war. Du hast total viel Geduld mit deinen Leuten, und du hast sie nicht im Stich gelassen. [18] Und dann haben sie sich sogar noch so einen Plastikgott gebaut, der aussah wie ein Stier. Sie fingen an, zu dem zu beten, und meinten, dass dieses Ding ihnen aus Ägypten rausgeholfen habe. Was für eine krasse Beleidigung war das denn bitte?! [19] Trotzdem hast du sie geliebt und hast sie nicht in der Wüste alleine gelassen. Deine Wolkensäule war immer noch da, und sie blieb tagsüber weiterhin bei ihnen. Auch die Feuersäule war nachts da und hat den Weg weiter ausgeleuchtet. [20] Du warst mit deiner Power immer bei ihnen und hast so dafür gesorgt, dass sie wissen, wo es langgeht. Deine Essensversorgung war auch immer am Start, du hast ihnen weiter dieses Brot und auch Wasser gegeben, keiner musste verdursten. [21] Insgesamt waren sie vierzig Jahre unterwegs, und trotzdem hatten sie die ganze Zeit genug zu essen. Auch ihre Klamotten gingen nicht kaputt, und sie bekamen auch keine Blasen an den Füßen. [22] Du hast dafür gesorgt, dass sie einige Kriege gewonnen haben, viele Präsidenten und Völker wurden besiegt. Zum Beispiel das Land, das man Heschbon nannte und was vom Präsidenten Sihon regiert wurde. Und auch das Land Baschan, wo der Präsident Og regierte, haben sie sich gegriffen. [23] Sie bekamen so viele Kinder, dass man sie nicht mehr zählen konnte. Es waren so viele, wie es Sand am Meer gibt. Erst diese Kinder wurden von dir in das Land gebracht, was die eigentlich schon früher haben sollten. So hattest du es mal gesagt. [24] Jetzt waren die dort einmarschiert und hatten das Land eingenommen. Die Leute, die dort vorher gelebt hatten, die Kanaaniter, wurden von dir plattgemacht. Du hast deinen Leuten die Kontrolle über sie gegeben inklusive aller ihrer Präsidenten. Die anderen Völker, die dort vorher lebten, konnten nichts gegen dich ausrichten. [25] Auch die größeren Städte, mit Schutzmauern und so, haben sie eingenommen. Felder, auf denen man gut Sachen drauf anbauen konnte, Häuser von irgendwelchen Promis, Fabriken, Wasserquellen, Brauereien, Supermarktketten, alles konnten sie sich dort abgreifen. Es ging ihnen voll gut, sie hatten immer fett zu essen und konnten die vielen Sachen, die sie hatten, auch echt genießen. [26] Irgendwann kamen sie aber schräg drauf. Sie hatten keine Lust mehr auf dich und auf das, was du wolltest. Sie ermordeten deine Propheten, weil die ihnen immer sagten, dass sie gerade richtig Mist bauten. Dabei wollten die Propheten sie eigentlich alle nur wieder zu dir zurückbringen. Das war richtig übel für dich, und sie haben dich damit auch ganz schön verletzt. [27] Das war der Grund, warum du sie dann nicht mehr vor ihren Feinden beschützt hast. Die Feinde kamen von überall und haben deine Leute echt fertiggemacht. Trotzdem war es immer so, dass, wenn sie nicht mehr weiterwussten und anfingen, laut um Hilfe zu schreien, du dann da warst. Du liebst deine Leute einfach und hast deswegen immer einen großen Helden vorbeigeschickt, der sie aus der Scheiße rausholte. [28] Aber sobald es ihnen etwas besserging und sie sich mal ein bisschen entspannen konnten, bauten sie schon wieder Mist. Wieder hast du dann dafür gesorgt, dass die Feinde sie richtig gegen das Schienbein getreten haben. Dann schrien sie ganz schnell nach Hilfe, und du hast geholfen. Du hast einfach bewiesen, dass du sie liebst, kamst immer wieder von oben aus dem Himmel bei ihnen vorbei und hast eingegriffen. [29] Du hast ihnen ins Gewissen geredet, hast gesagt, sie sollten unbedingt wieder so leben, wie es in den Gesetzen steht. Aber ihnen ging es wohl zu gut, deine Gesetze waren nicht mehr so wichtig. Und das, obwohl du gesagt hast: ‚Wer sich da dran hält, dem wird es gutgehen.' Sie zeigten dir den Stinkefinger, behandelten dich wie einen Volltrottel und weigerten sich, das zu tun, was du von ihnen wolltest. 30 Trotzdem bist du nicht gleich ausgerastet, du hattest viele Jahre Geduld. Immer wieder hast du sie durch die Propheten gewarnt, mit denen du vorher gesprochen hattest. Aber ihnen war das egal, sie saßen irgendwie auf ihren Ohren. Darum hast du schließlich dafür gesorgt, dass andere Völker gegen sie im Krieg gewonnen haben. 31 Trotzdem hast du sie weiter geliebt, deine Liebe hört nicht mal so eben auf. Du hast das ganze Ding mit ihnen nicht beendet, du hast sie nicht verlassen, weil du einfach so liebevoll und gut bist. 32 Gott, bitte nimm das ernst, den ganzen Ärger, den wir jetzt haben! Du bist ein gigantischer, großer Gott, jeder muss dich respektieren! Und du hast mit uns einen Vertrag gemacht, und auf dich kann man sich immer hundertprozentig verlassen. Unsere Präsidenten haben üble Sachen durchgemacht, auch unsere Priester und Propheten, eigentlich alle Leute haben das, seitdem wir in Kriegsgefangenschaft waren. 33 Ist schon klar, Gott, du hattest keine Schuld da dran! Wir haben Mist gebaut, wir waren dir untreu. 34 Angefangen bei unseren Präsidenten, über die gesamte Führungsriege, die Priester bis hin zu jedem normalen Typen, keiner hat das getan, was in den Gesetzen steht. Alle Warnungen waren uns egal, wir haben sie nicht beachtet. 35 Du hattest deinen Leuten ein eigenes Stück Land gegeben. Du hast sie ohne Ende beschenkt. Das Land, was du ihnen gegeben hast, war richtig fett. Trotzdem hatten sie keinen Bock drauf, das zu tun, was du wolltest. Sie haben nicht aufgehört, ständig Mist zu bauen. 36 Darum sind wir jetzt wie Gefangene in unserem eigenen Land. Dieses Land hast du schon unseren Vorfahren geschenkt. Du wolltest, dass es ihnen gutgeht und sie die Sachen genießen können, die hier wachsen. Aber jetzt sitzen wir hier sozusagen in unserem eigenen Knast fest. 37 Was wir erwirtschaften, bekommen fremde Präsidenten, die über uns herrschen. Du hast dafür gesorgt, dass sie uns besiegt haben, das war die Strafe. Sie sind die Chefs und haben das Sagen über uns und unsere Tiere. Sie können mit uns machen, was sie wollen. Darum geht es uns so beschissen!“

10

Die Leute versprechen alle ganz fest, ab sofort die Gesetze einzuhalten

1 Die Priester sagten nach diesem langen Gebet zu allen Leuten, die da waren: „Weil das so ist, wie ihr es gerade gehört habt, wollen wir jetzt einen radikalen Vertrag abschließen. Die Chefs von unseren Leuten, alle Priester und die Tempelangestellten werden diesen Vertrag unterschreiben. Der wird dann in eine Folie eingepackt und verschweißt. 2 Die folgenden Männer werden ihren Namen da drunter setzen: Der Oberbürgermeister Nehemia, der Sohn von Hachalja, danach die Priester: Zidkija, 3–9 Seraja, Asarja, Jirmeja, Paschhur, Amarja, Malkija, Hattusch, Schebanja, Malluch, Harim, Meremot, Obadja, Daniel, Ginneton, Baruch, Meschullam, Abija, Mijamin, Maasja, Bilga und Schemaja. 10–14 Danach die Tempelangestellten: Jeschua, der Sohn von Asanja, Binnui aus der Familie Henadad und Kadmiel. Dazu ihre Brüder Schebanja, Hodija, Kelita, Pelaja, Hanan, Micha, Rehob, Haschabja, Sakkur, Scherebja, Schebanja, Hodija, Bani und Beninu. 15–28 Dann auch noch folgende Männer aus der Führungsebene: Parosch, Pahat-Moab, Elam, Sattu, Bani, Bunni, Asgad, Bebai, Adonija, Bigwai, Adin, Ater, Hiskija, Asur, Hodija, Haschum, Bezai, Harif, Anatot, Nebai, Magpiasch, Meschullam, Hesir, Meschesabel, Zadok, Jaddua, Pelatja, Hanan, Anaja, Hoschea, Hananja, Haschub, Lohesch, Pilha, Schobek, Rehum, Haschabna, Maaseja, Ahija, Hanan, Anan, Malluch, Harim und Baana. 29 Alle anderen schließen sich diesen Männern an. Das sind die restlichen Priester und die Tempelangestellten, die Leute von der Security, der Chor und die Band vom Tempel und die Leute, die im Tempel immer die Drecksarbeit machen. Es ist auch klar, dass sie sich damit von den anderen Völkern radikal abgrenzen wollen, ebenso ihre Frauen und Kinder, vorausgesetzt, die haben kapiert, um was es geht. 30 Die versprechen alle ganz fest, dass sie sich ab sofort an die Gesetze halten werden! Die Gesetze, die wir durch Mose von Gott bekommen haben. Alle Regeln, Anweisungen und Gesetze von Gott werden wir tun!“

Worum es bei dem Versprechen geht

31 „Wir versprechen ganz konkret Folgendes: Unsere Töchter werden nicht an Ausländer verheiratet, und wir suchen uns auch keine Frauen von Ausländern für unsere Söhne. 32 Wir gehen am Sonntag oder einem anderen Feiertag nirgendwo einkaufen, auch wenn die Läden von den Ausländern offen haben. Alle sieben Jahre werden die Schulden von allen Leuten erlassen. In dem Jahr wird auch nichts angepflanzt, die Felder bleiben

einfach so, wie sie sind. 33 Wir zahlen jeder 50 Euro
Kirchensteuer im Jahr, damit die laufenden Kosten
vom Tempel davon bezahlt werden können.
34 Davon werden folgende Dinge bezahlt: die
besonderen Brote, die regelmäßigen Essensopfer,
die Abfackelopfer, das Sonntagsopfer und das
Opfer am Anfang des Monats und die Opfer, die
an allen anderen Feiertagen durchgezogen werden.
Auch die Opfer, wenn man Gott etwas schenken
will, und das Opfer, was den Mist, den Israel baut,
wiedergutmacht, und auch alle anderen Jobs im
Tempel werden damit finanziert. 35 Mit dem Priester
und den Tempelangestellten wird jedes Jahr ausge-
lost, welche Familie nach Dienstplan neues Öl und
Holz für den Tempel organisieren muss. Das wird
für die Opfersessions gebraucht, wo Dinge für
Gott auf dem Altar verbrannt werden. Alles soll
genau so abgehen, wie es in den Gesetzen steht.
36 Wir werden auf jeden Fall jedes Jahr die ersten
Sachen, die wir an Obst und so ernten, in den
Tempel bringen und Gott schenken. 37 Wir verspre-
chen, dass wir unsere ältesten Söhne, die ersten
Kühe und die ersten Schafe, die bei uns geboren
werden, alle zum Tempel bringen. Dort stellen wir
sie den Priestern zur Verfügung, die im Tempel
gerade Dienst für Gott haben. 38 Der Teig, den wir
vom ersten Getreide machen, soll jedes Jahr zu
den Priestern gebracht werden. Auch die leckersten
Früchte von unseren Obstbäumen, den ersten
Wein, das erste Bier und das erste Gemüse sollen
sie bekommen. Diese Sachen werden wir alle zum
Lagerraum vom Tempel bringen. Zehn Prozent von
dem, was unsere Felder hergeben, werden wir den
Levi-Leuten spenden. 39 Das Ganze wird von einem
Priester kontrolliert, wenn die Tempelangestellten
diese zehn Prozent einsammeln. Zehn Prozent von
diesen zehn Prozent sollen die Angestellten gleich
beim Tempel abliefern. Dort muss es in den Lager-
raum, der dafür vorgesehen ist. 40 In diese Räume
sollen alle Sachen rein, die von den Leuten von
Israel und den Tempelangestellten gebracht wer-
den. Das ganze Getreide, der Wein und das Bier,
das erste Gemüse, das Olivenöl, alles das soll dort
gelagert werden. In diesem Raum werden auch die
anderen Geräte aufbewahrt, die die Priester für
ihren Job im Tempel brauchen. Und das ist auch
der Aufenthalts- und Backstage-Raum von den
Priestern, dem Chor, der Band und der Security
vom Tempel. Wir versprechen hiermit, dass wir das
Haus von Gott nicht runterkommen lassen wer-
den, wir werden uns da drum kümmern!"

11

Die neuen Bewohner von Jerusalem

1 Die Chefetage von Israel wohnte schon län-
ger in Jerusalem. Wer sonst noch dort einzie-
hen sollte, wurde mit einem Losverfahren bestimmt.
Jede zehnte Familie sollte in Jerusalem wohnen. Der
Rest konnte in den kleineren Städten und Dörfern
bleiben, die außerhalb der Stadt lagen. 2 Es war zu
der Zeit nämlich nicht so angesagt, in Jerusalem zu
wohnen. Deshalb bekamen die Familien auch viel
Respekt von den anderen, wenn sie freiwillig eine
Wohnung oder ein Haus in Jerusalem gekauft hat-
ten. 3 Jetzt kommt eine Liste der Clanchefs aus der
Provinz Juda, die in Jerusalem und in den Städten in
Juda wohnten. Das Land, auf dem sie lebten, hatten
sie geerbt. Die Liste besteht aus den Juden, den
Priestern, den Tempelangestellten, den Leuten, die
im Tempel die Drecksarbeit machten, und den Kin-
dern, die aus den Familien kamen, wo die Väter
noch als Billiglohnarbeiter von Salomo angestellt
waren. 4 Aus dem Familienstamm Juda: Ataja, der
Sohn von Usija (er stammte über Secharja, Amarja,
Schefatja und Mahalalel von Judas Sohn Perez ab).
5 Maaseja, der Sohn von Baruch (er stammte über
Kolhose, Hasaja, Adaja, Jojarib und Secharja von
Judas Sohn Schela ab). 6 Insgesamt wohnten 468
Leute aus der Familie Perez in Jerusalem. Das waren
übrigens alles sehr fitte Soldaten. 7 Aus dem Famili-
enstamm Benjamin: Sallu, der Sohn von Meschul-
lam. Seine weiteren Vorfahren waren Joed, Pedaja,
Kolaja, Maaseja, Itiel und Jeschaja. 8 Dann noch
Gabbai und Sallai. Insgesamt waren es 928. 9 Ihr
Anführer war Joel, ein Sohn von Sichri. Zu ihnen
gehörte auch Juda (ein Sohn von Senua, der zweite
Bürgermeister). 10 Von der Priesterfamilie: Jedaja,
Jojarib und Jachin. 11 Seraja (der Sohn von Hilkija,
der Verwaltungschef vom Tempel). Seine weiteren
Vorfahren waren Meschullam, Zadok, Merajot und
Ahitub. 12 Alle zusammengerechnet, gehörten zu
diesen Familien insgesamt 822 Männer, die einen
Job als Priester im Tempel hatten. Dann noch Adaja,
der Sohn von Jeroham. Seine weiteren Vorfahren
waren Pelalja, Amzi, Secharja, Paschhur und Mal-
kija. 13 Zusammen mit seinen Verwandten waren es
242 Clanchefs. Jetzt kommt Amaschsai, der Sohn
von Asarel. Seine weiteren Vorfahren waren Achsai,
Meschillemot und Immer. 14 Zusammen mit ihren
Verwandten kam man auf 128 fitte Soldaten. Ihr Chef
war der Sabdiel, ein Sohn von Haggedolim. 15 Von
den Tempelangestellten: Schemaja, der Sohn von
Haschub. Seine weiteren Vorfahren waren Asrikam,
Haschabja und Bunni. 16 Schabbetai und Josabad,

beides Clanchefs, die Verwaltungsaufgaben am Tempel zu erledigen hatten. [17] Mattanja, der Sohn von Micha und Enkel von Sabdi. Er kam aus der Familie Asaf. Mattanja leitete den Tempelchor und fing beim Gebet immer als Erster an zu singen. Dann kam noch Bakbukja dazu. Er war einer seiner Verwandten und sein Stellvertreter. Abda, der Sohn von Schammua und Enkel von Galal, aus der Familie Jedutun. [18] Insgesamt wohnten 284 Tempelangestellte in der ganz besonderen Stadt. [19] Die Security-Leute vom Eingangstor: Akkub und Talmon und ihre Verwandten, die an dem Tempeltor Wache schoben, waren insgesamt 172 Männer. [20] Die übrigen Israeliten, einschließlich der Priester und der Tempelangestellten aus dem Familienstamm Levi, wohnten alle auf ihrem Stück Land, das in den Städten und Dörfern vom Gebiet Juda lag. [21] Die Leute, die im Tempel immer die Drecksarbeit machten, wohnten in Jerusalem auf dem Ofelhügel. Sie erledigten ihren Job unter der Aufsicht von Ziha und Gischpa. [22] Der Chef von den Tempelangestellten, die in Jerusalem lebten, war Usi, der Sohn von Bani. Seine Familie hatte folgende Vorfahren: Haschabja, Mattanja und Micha. Der kam wiederum aus der Familie Asaf, die beim Gottesdienst im Tempel für die Band und für den Chor zuständig war. [23] Der Präsident hatte genau geregelt, wie der Dienstplan der Tempelangestellten aussehen sollte. [24] Petachja (ein Sohn von Meschesabel, der aus der Familie Serach kam, der wiederum ein Sohn von Juda war) beriet den Präsidenten in allen möglichen Fragen, wenn es um die Leute ging.

Eine Liste der Orte, die außerhalb der Stadt lagen

[25] Die Leute aus dem Familienstamm Juda wohnten auch noch auf Bauernhöfen in der ganzen Umgebung verstreut. Und zwar waren das folgende Orte und Dörfer: Kirjat-Arba mit den dazugehörigen Dörfern, Dibon mit den dazugehörigen Dörfern, Kabzeel mit den dazugehörigen Bauernhöfen, [26] Jeschua, Molada, Bet-Pelet, [27] Hazar-Schual, Beerscheba mit den dazugehörigen Dörfern, [28] Ziklag, Mechona mit den Dörfern, die dort drum herum lagen, [29] En-Rimmon, Zora und Jarmut. [30] Dann noch Sanoach und Adullam mit den dazugehörigen Bauernhöfen, Lachisch und das dazugehörige Gebiet sowie Aseka und die Dörfer, die dazugehörten. Das ganze Gebiet, in dem sich der Familienstamm Juda angesiedelt hatte, reichte von Beerscheba, ganz im Süden, bis runter zum Hinnom-Tal. [31] Die Orte, in denen die Leute von Familienstamm Benjamin lebten, waren: Geba, Michmas, Aja, Bet-El (inklusive der Dörfer, die dazugehörten), [32] Anatot, Nob, Ananeja, [33] Hazor, Rama, Gittajim, [34] Hadid, Zeboim, Neballat, [35] Lod, Ono und dann noch der Ort, wo die ganzen Handwerker wohnten. [36] Einige der Levi-Leute, die aus dem Gebiet von Juda kamen, zogen in das Gebiet vom Familienstamm Benjamin.

12

Eine Liste von den Priestern und den Tempelangestellten

[1] Jetzt kommt eine Liste der Priester und der Tempelangestellten aus dem Familienstamm Levi, die mit Serubbabel aus der Kriegsgefangenschaft befreit wurden und wieder nach Hause gekommen sind. Serubbabel war ein Sohn von Schealtiel. Die Priester: Seraja, Jirmeja, Esra, [2] Amarja, Malluch, Hattusch, [3] Schechanja, Harim, Meremot, [4] Iddo, Ginneton, Abija, [5] Mijamin, Maadja, Bilga, [6] Schemaja, Jojarib, Jedaja, [7] Sallu, Amok, Hilkija und Jedaja. Das waren jetzt die Priester in Leitungspositionen und ihre Brüder in der Zeit, als Jeschua an der Macht war. [8] Von den Tempelangestellten: Jeschua, Binnui, Kadmiel, Scherebja, Juda und Mattanja. Diese Männer mussten sich um den Chor kümmern, der im Gottesdienst Lieder für Gott sang. [9] Bakbukja und Unni und ihre Verwandten, die den Teil vom Chor übernommen hatten, welcher den Wechselgesang machte. [10] Jeschua bekam den Sohn Jojakim. Jojakim bekam den Sohn Eljaschib. Eljaschib bekam den Sohn Jojada, [11] Jojada bekam den Sohn Jonatan. Jonatan bekam den Sohn Jaddua.

Die Clanchefs bei den Priestern und den anderen Levi-Leuten

[12–21] In der Zeit als Jojakim an der Macht war, gab es folgende Priester, die auch die Clanchefs in ihren Familien waren: In der Familie Seraja: Meraja, in der Familie Jirmeja: Hananja, in der Familie Esra: Meschullam, in der Familie Amarja: Johanan, in der Familie Malluch: Jonatan, in der Familie Schebanja: Josef, in der Familie Harim: Adna, in der Familie Meremot: Helkai, in der Familie Iddo: Secharja, in der Familie Ginneton: Meschullam, in der Familie Abija: Sichri, in der Familie Mijamin: unbekannt, in der Familie Maadja: Piltai, in der Familie Bilga: Schammua, in der Familie Schemaja: Jonatan, in der Familie Jojarib: Mattenai, in der Familie Jedaja: Usi, in der Familie Sallu: Kallai, in der Familie Amok: Eber, in der Familie Hilkija: Haschabja, in der Familie Jedaja: Netanel. [22] In der Zeit, wo Elijaschib,

Jojada, Johanan und Jaddu im Amt waren, wurden die Levi-Leute, die was zu sagen hatten, in eine Liste eingetragen. Auch mit den Clanchefs der Priester machte man das, als Darius, der Präsident von Persien, an der Macht war. 23 Die Clanchefs vom Familienstamm Levi, die bis zur Amtszeit von Johanan gelebt hatten, stehen in den amtlichen Chroniken. Johanan kam aus der Familie von Eljaschib.
24–25 Ihre Clanchefs hießen: Haschabja, Scherebja und Jeschua, der ein Sohn von Kadmiel war. Sie und ihre Verwandten Mattanja, Bakbukja und Obadja standen einander in zwei Chören immer gegenüber. Mit ihren Songs dankten sie Gott, wobei jeder Chor nacheinander im Wechsel singen konnte. Die Idee kam ja damals von David, übrigens ein angesagter Mann von Gott. Meschullam, Talmon und Akkub gehörten zur Security vom Tor. Außerdem bewachten sie die Vorratsräume, die hinter der Tür im Tempel lagen. 26 Diese Leute lebten alle in der Zeit, in der der Priester Jojakim am Start war. Jojakim war ein Sohn von Jeschua und ein Enkel von Jozadak. Er lebte in der Zeit, als Nehemia der Oberbürgermeister war und Esra ein Priester und Lehrer im Unterrichtsfach „Die Gesetze".

Die Schutzmauer wird eingeweiht

27 Jetzt kommt noch mal ein Teil aus Nehemias Bericht: „Für die Einweihungsparty von der neuen Stadtmauer wurden die Priester von überallher nach Jerusalem eingeladen. Die sollten mit ihrem Chor und der Band ordentlich Party machen. Mit Keyboard, E-Gitarren und Drumcomputer sollten ihre Lieder begleitet werden. 28–29 Die Sänger vom Chor kamen aus den Orten, die ringsherum von Jerusalem lagen. Ein paar kamen sogar aus Siedlungen in Netofa, Bet-Gilgal und aus der Gegend von Geba und Asmawet. 30 Mit diesem speziellen Wasser, was einen gottmäßig sauber machen sollte, besprenkelten sie sich erst mal selbst und danach auch die anderen Leute. Zum Schluss wurden so auch noch die Mauer und die Türen gereinigt. 31 Ich, Nehemia, hab dann noch alle Chefs aus Juda nach oben auf die Mauer geholt. Dann kamen auch noch zwei Gospelchöre dazu. Ein Chor ging dann auf der Mauer rechts rum, Richtung Misttor. 32 Und hinter dem Chor zuckelte Hoschaja mit der einen Hälfte der Gruppe der Chefs von Israel los. 33–35 Dahinter kamen die Priester Asarja, Esra, Meschullam, Juda, Benjamin, Schemaja und Jirmeja, die die ganze Zeit in ein paar Trillerpfeifen bliesen. Dahinter liefen die Tempelangestellten aus dem Familienstamm Levi: Secharja, der über Jonatan, Schemaja, Mattanja, Michaja und Sakkur von Asaf abstammte. 36 Dann auch noch seine Brüder Schemaja, Asarel, Milalai, Gilalai, Maai, Netanel, Juda und Hanani. Sie trugen genau solche Gitarren, wie sie früher schon der Präsident David immer gespielt hatte. David war immer krass mit Gott unterwegs gewesen. Vorneweg ging Esra, der alles über die Gesetze wusste.
37 Der Umzug ging weiter bis zum Quelltor. Dort stieg man auf die Mauer, die nach oben in die Davidsstadt, nach Jerusalem-City, führte. Die Strecke ging an der ehemaligen Präsidentenresidenz von David vorbei, bis man oben zum Wassertor kam. Das lag ganz im Osten der Stadt. 38 Und der zweite Chor zog genau in die entgegengesetzte Richtung. Hinter ihm ging die zweite Gruppe der Chefs. Ich bin mit dieser Gruppe mitgegangen, die dann Richtung Ofentor und zur ‚Breiten Mauer' ging. 39 Von dort über das Ephraimtor, das Jeschanator, das Fischtor, weiter am Hananeel-Turm und am „Turm der Hundert" und Schafstor vorbei, bis wir am Wachtor stehenblieben. 40 Jetzt stellten sich die beiden Chöre auf dem Vorplatz vom Tempel auf, und die eine Hälfte von den Chefs der Stadt, bei denen ich auch dabei war, stellten sich dazu. Neben uns waren noch die Priester Eljakim, Maaseja, Mijamin, Michaja, Eljoenai, Secharja und Hannanja, die alle Trillerpfeifen dabeihatten. 42 Auf der anderen Ecke standen dort Maaseja, Schemaja, Eleasar, Usi, Johanan, Malkija, Elam und Eser. Unter der Leitung von Jisrachja fingen die Sänger damit an, Lieder zu singen, in denen es darum ging, wie gut und genial Gott ist. 43 Jetzt wurden auch noch ein paar Tiere für das Opferessen geschlachtet. Die Leute waren alle voll gut drauf, weil Gott dafür gesorgt hatte, dass alles super über die Bühne lief. Die Frauen und die Kinder machten auch mit bei der Party. Die Party und die Musik konnte man noch weit über Jerusalem hinaus mitkriegen." Hier endet Nehemias Bericht wieder.

Wie die Priester und die Tempelangestellten ihr Essen bekamen

44 An diesem Tag wurden auch ein paar Männer eingestellt, die als Aufsichtspersonal in den Lagerräumen arbeiten sollten. In diesem Lager wurden die Vorräte aufbewahrt und auch die Sachen, die von den Leuten als Kirchensteuer am Tempel abgegeben wurden. Das betraf auch die erste Ernte und zehn Prozent von allem, was im Jahr so reinkam. Auch von den Sachen, die von den Feldern geerntet wur-

den, die rings um die Stadt lagen, musste der gesetzlich geregelte Anteil dort abgeliefert werden. Davon lebten dann nämlich die Priester und die Tempelangestellten. Alle Juden machten das freiwillig, weil sie die Priester voll gut fanden und auch mit der Arbeit der Tempelangestellten sehr zufrieden waren. 45 Alleine wie sie die ganzen Opfer immer für alle durchzogen und auch diese Saubermachaktionen – das kam gut bei den Leuten an. Auch der Chor und die Security-Einheit vom Tempel erledigten ihren Job so, wie es David und sein Sohn Salomo immer gesagt hatten. 46 In der Zeit, als David noch lebte, war ja noch Asaf der Chef vom Gospelchor, der mit seinen Songs Gott immer dankte. 47 In der Zeit, in der Serubbabel an der Macht war, und auch in der Zeit, in der Nehemia lebte, gaben wirklich alle Israeliten ihre Steuern und Geschenke freiwillig ab. Davon lebten die Leute von der Band und dem Gospelchor genauso wie die Security-Einheit vom Tempel. Die Bevölkerung übergab ihre Sach- und Geldspenden für Gott an den zuständigen Typen von den Tempelangestellten, und die verteilten den vorgeschriebenen Anteil weiter an die Priester.

13

Alles, was nicht von Israel abstammt, muss raus

1 Nehemia berichtet dann weiter: „Irgendwann in der Zeit gab es mal eine öffentliche Lesung aus dem Buch, in dem Mose alle Gesetze aufgeschrieben hatte. Dabei kam man an die Stelle, in der stand, dass Völker wie die Ammoniter und die Moabiter nicht zur Gemeinschaft der Leute von Gott dazugehören sollen. 2 Weiter stand dort ‚... Diese Menschen hatten damals keinen Bock darauf, den Leuten aus Israel was zu essen oder zu trinken zu geben, als sie auf dem Weg aus Ägypten bei ihnen vorbeikamen. Der Präsident von Moab hatte sogar versucht, den Prophetentypen Bileam mit Geld zu bestechen, damit der einen bösen Zauberspruch loslassen sollte. Gott hat das aber verhindert und was total Gutes draus gemacht ...‘ 3 Nachdem die Leute das gehört hatten, wurden sofort alle Ausländer, die sich unter sie gemischt hatten, aus der Gemeinde rausgeschmissen.

Der Tempel muss richtig sauber gemacht werden

4 Vorher war aber noch was anderes passiert. Der Priester Eljaschib, der verantwortlich für die Nebenräume vom Tempel war, 5 hatte seinem Verwandten Tobija einen großen Raum als Lager zur Verfügung gestellt. In diesem Raum wurden normalerweise das Mehl für die Essensopfer, die Räucherstäbchen, die Getreidespenden, der Wein und das Olivenöl reingestellt, was für die Priester, die Tempelangestellten, den Chor und die Security-Einheit bestimmt war. 6 Als das passierte, war ich gerade nicht in Jerusalem. In dem 32. Jahr, als Präsident Artaxerxes an der Macht war, bin ich nämlich von da weggezogen und hatte einen Job im Regierungsviertel in Babylon angenommen. Ich stellte also beim Präsidenten einen Urlaubsantrag, um wieder nach Jerusalem gehen zu können. 7 Der wurde genehmigt, und als ich dann dort war, fiel mir sofort auf, was Eljaschib gerade für einen Mist gebaut hatte. Er hatte Tobija bevorzugt behandelt und ihm diesen Lagerraum im Vorhof vom Tempel zur Verfügung gestellt. 8 Ich fand das höchst ungeil und schmiss die ganzen Sachen von Tobija erst mal auf den Sperrmüll. 9 Dann ließ ich den Raum und alle angrenzenden Zimmer anständig sauber machen. Danach haben wir die Geräte aus dem Tempel, das Mehl, die Räucherkerzen und das Essensopferzeug dort wieder reingestellt.

Um die Levi-Leute muss man sich kümmern

10 Als Nächstes bekam ich auch noch mit, dass die Steuern und Spenden, von denen die Levi-Leute lebten, oft nicht bezahlt und abgegeben wurden. Das war der Grund, warum einige von denen sich einen Nebenjob suchen mussten und z. B. Zeitungen ausgetragen haben. 11 Ich ging sofort in die Behörde und sprach mit dem zuständigen Mann dort: ‚Wie kann das angehen, dass der Tempel, das Haus von Gott, für euch so was von unwichtig geworden ist?‘ Ich holte die Levi-Leute wieder zurück an ihre Arbeit. 12 Jetzt fingen die Juden auch wieder an regelmäßig ihre Steuern und Spenden abzudrücken. Zehn Prozent von ihrer Ernte, dem Getreide, Wein, Olivenöl und so, kam dann wieder in die Lagerräume im Tempel. 13 Als Chef über das Lager und die Vorräte setzte ich den Priester Schelemja, den Buchhalter Zadok und den Tempelangestellten Pedaja ein. Dazu wurde noch Hanan als Hilfskraft eingestellt. Hanan kam aus der Familie Sakkur, sein Opa war Mattanja. Auf die konnte man sich immer hundertprozentig verlassen, darum sollten sie ab jetzt die Lebensmittel an ihre Leute verteilen. 14 Gott? Bitte vergiss mich nicht! Vergiss auch nicht, was ich hier für dich gerissen hab, für dich und für deinen Tempel. Vergiss nicht, was ich alles für dich erledigt habe, ja?!

Der Sonntag ist superwichtig

15 Irgendwann konnte ich Leute beobachten, die tatsächlich sonntags am Arbeiten waren! Der eine war beim Schweißen in der Autowerkstatt, ein anderer hing in seinem Büro am Schreibtisch und ein Dritter hatte in der Fussgängerzone seinen Obststand aufgebaut. Ich bin zu den Leuten hingegangen und hab sie echt gewarnt, denn so was war im Gesetz ja ganz klar verboten worden.
16 Es gab auch ein paar Leute aus Tyrus, die bei uns als Gastarbeiter lebten. Die hatten einen Stand aufgebaut, wo man Hot Dogs und Pizza kaufen konnte. Die Leute aus Juda und Jerusalem taten das auch.
17 Ich habe mir sofort die obersten Chefs von Israel vorgenommen. ‚Sagen Sie mal, sind Sie noch ganz dicht? Sie ziehen damit den Sonntag, unseren gesetzlichen Ruhetag, total in den Dreck!
18 Die Leute haben früher so was schon mal gebracht, und dann musste Gott sie ganz hart bestrafen. Der ganzen Stadt wurde dadurch geschadet! Wenn Sie so was bringen und Ihnen der Sonntag egal ist, wird Gott richtig sauer!‘
19 Ich gab den Befehl raus, dass am Abend vorm Sonntag die Stadttore verschlossen werden sollen. Und zwar, sobald es dunkel wurde, sollten die Teile zugemacht werden, und erst, wenn der Feiertag rum war, sollte man sie wieder aufmachen. Dann organisierte ich noch ein paar von meinen Männern, die an dem Tag aufpassen sollten, dass kein Lkw mit Waren in die Stadt fährt.
20 Jetzt übernachteten allerdings einige der Händler und Lkw-Fahrer für ein bis zwei Tage auf einem Parkplatz vor Jerusalem.
21 Ich bin mal raus und hab die verwarnt. ‚Was soll das? Warum pennen Sie hier auf dem Parkplatz?‘, meinte ich zu ihnen. ‚Wenn das noch mal vorkommt, werde ich Sie alle verhaften lassen!‘ Ab dann war Ruhe, keiner kam mehr am Sonntag mit seiner Ladung in Jerusalem an.
22 Den Tempelangestellten sagte ich, dass sie sich schon mal gottmäßig sauber machen sollten. Als sie fertig waren, mussten sie sich dann an den großen Türen von der Mauer aufstellen und die bewachen. Keiner darf am Sonntag dort rein- oder rausgehen, dieser Tag muss respektiert werden. Gott, ich bitte dich: Vergiss die ganzen Sachen nicht, die ich für dich gebracht habe! Liebe mich mit deiner gigantischen Liebe!

Was gegen die Ehen zwischen Juden und Nichtjuden getan wurde

23 In der Zeit bekam ich mit, dass es einige Juden gab, die Frauen von ausländischen Völkern geheiratet hatten. Einige hatten sich Frauen aus Aschod geschnappt, andere von den Ammonitern oder Moabitern und die geheiratet.
24 Die Kinder waren nicht zweisprachig aufgewachsen und konnten oft nur die ausländische Sprache, zum Beispiel die von Aschod. Hebräisch, die Sprache der Israeliten, konnten sie aber weder sprechen noch schreiben.
25 Ich hab mir die Männer dann mal vorgeknöpft. Einigen hab ich echt die Krätze an den Hals gewünscht, anderen hab ich richtig eine geballert. Ich hab die echt zusammengeschissen: ‚Sind Sie noch ganz dicht? Sie dürfen doch nicht Ihre Töchter mit einen von diesen Männern verheiraten! Und auch Ihre Söhne dürfen sich nicht eine Frau von denen abgreifen!
26 Wegen so einer Sache hat schon Präsident Salomo derart Mist gebaut! Salomo war der angesagteste Präsident in seiner Zeit. Keiner konnte es mit ihm aufnehmen. Gott hatte ihn total lieb und hat ihn zum Präsidenten über ganz Israel gemacht. Und sogar der ist von ausländischen Frauen verführt worden und wurde Gott dadurch untreu.
27 Das kann doch nicht angehen, dass Sie den gleichen Mist wie er noch mal bringen? Sie können doch nicht unseren Gott verarschen und ausländische Frauen heiraten!‘
28 Sogar einer von den obersten Priestersöhnen, Jojada, der aus der Familie Eljaschib kam, war mit einer ausländischen Frau verheiratet. Die kam aus der Familie vom Horoniter Sanballat. Ich schmiss den Typen im hohen Bogen raus und erteilte ihm ein Stadtverbot auf Lebenszeit.
29 Gott, ich bitte dich: Vergiss das nicht, wie diese Leute den Beruf des Priesters in den Dreck gezogen haben! Sie haben den Vertrag mit dir gebrochen, den du mit den Priestern und den anderen Levi-Leuten geschlossen hattest.

Schlussworte

30 Auf diese Art hab ich unsere Leute wieder sauber und gottmäßig draufgebracht. Alle negativen Einflüsse von Ausländern wurden beseitigt. Ich stellte einen Dienstplan für die Priester und die Tempelangestellten auf. Jeder bekam eine genaue Jobbeschreibung von mir.
31 Die einzelnen Vereinbarungen (zum Beispiel für die Lieferung von Heizöl oder die Steuerzahlung sowie die Abgabe von den ersten Früchten der Ernte) wurden von mir auch geregelt. Gott, ich bitte dich: Vergiss die ganzen Sachen nicht, die ich für dich getan habe! Bitte denk an mich und lass mich nicht leer ausgehen.“

Das Buch Ester

1
Der Präsident von Persien hat viel Kohle
1 Was hier jetzt erzählt wird, ist in der Zeit pas-
siert, als der Präsident Xerxes in Persien an der
Macht war. Sein Gebiet, über das er regierte, reichte
von Indien bis ganz nach Äthiopien und bestand
aus 127 Provinzen. 2 Sein Regierungssitz war in der
Stadt Susa. 3 Als er drei Jahre an der Macht war,
organisierte Xerxes eine große Promi-Party, wo alle
Männer aus Führungspositionen im gesamten Land
eingeladen waren. Generäle aus Persien und
Medien, viele „Richtig-wichtig-Leute" und auch
einige Bürgermeister der einzelnen Provinzen waren
da. 4 Die Party wurde zu einem 24-Stunden-Dauer-
rave. Die ganze Geschichte ging 180 Tage lang.
Dabei sollte vor allem jeder Gast mitkriegen, wie
gigantisch reich der Präsident war. 5 Danach gab es
gleich die nächste Privatparty im Garten von seiner
Villa, für alle Leute, die im Regierungsbezirk wohn-
ten. Wobei die Promis genauso eingeladen worden
waren wie die Toilettenfrauen vom Hauptbahnhof.
Die ganze Feier ging über sieben Tage. 6 Für diese
Party hatte er extra einen Innenarchitekten kommen
lassen, der den Raum ganz krass designt hatte.
Überall hingen lange Samtvorhänge in blauer oder
weißer Farbe. Die waren mit weißen und roten Bän-
dern, die durch silberne Ringe geführt wurden, an
die Wände gehängt. Überall standen coole Sofas mit
goldenen und silbernen Füßen rum. Der Fußboden
war auch schweineteuer, er bestand aus echten
Marmorplatten in unterschiedlichen Farben. 7 Die
Getränke wurden aus echten Kristallgläsern getrun-
ken, wobei jedes Glas eine Einzelanfertigung war.
Edlen Wein und gutes Bier gab es an der Bar ohne
Ende, und der Champagner floss in Strömen, „Flat-
rate-Saufen" sozusagen. 8 Die Kellner hatten vom
Präsidenten die Anweisung bekommen, dass jeder
so viel trinken konnte, wie er wollte. Es sollte aber
auch keiner zwangsweise einfach abgefüllt werden,
das war ihm auch wichtig.

Die Ehefrau vom Präsidenten spielt nicht mit
9 Die Frau vom Präsidenten, sie hieß übrigens
Waschti, hatte zur gleichen Zeit eine kleine Privat-
feier mit ihren Freundinnen am Laufen, die im sel-
ben Haus in der oberen Etage stattfand. 10 Als die
Party schon eine Woche ging, rief der Präsident das
Team von seinen Privatkellnern mal zu sich, insge-
samt sieben Männer. Ihre Namen waren: Mehu-
man, Biseta, Harbona, Bigta, Abagta, Setar und Kar-
kas. Weil er zu dem Zeitpunkt schon ganz gut was
intus hatte, 11 kam er plötzlich auf die Idee, dass
seine Frau sofort in ihrem hautengen Designerkleid
zur Party kommen sollte. Er wollte nämlich ein biss-
chen mit ihr vor seinen hohen Gästen angeben, weil
sie voll modelmäßig aussah und eine spitzen Figur
hatte. 12 Seine Frau hatte aber keinen Bock zu kom-
men und weigerte sich einfach. Da rastete der Präsi-
dent völlig aus. 13 Er rief sofort ein paar von seinen
Beratern zu sich an den Tisch. Das waren alles
schlaue Leute, die sich in Psychologie, Jura und
Mathe voll gut auskannten. 14 Die Namen dieser
Berater waren Karschena, Schetar, Admata, Tar-
schisch, Meres, Marsena und Memuchan. Diese
Leute hatten alle einen besonders guten Job in der
Regierungsmannschaft und kamen im Grunde
gleich nach dem Präsidenten. Sie waren alle gut
miteinander befreundet und konnten jederzeit beim
Präsidenten ins Büro, auch wenn sie keinen Termin
hatten. 15 „Hey, Freunde, wisst ihr, was gerade pas-
siert ist? Ich hab meiner Frau durch einen Hausan-
gestellten befohlen, sich hier mal blicken zu lassen,
aber die Alte wollte einfach nicht kommen! Was soll
ich jetzt mit ihr machen? Was sagen unsere Gesetze
zu so einem Fall?" 16 Memuchan war der Erste, der
antwortete: „Also, ich finde, das ist absolut dane-
ben! So was geht gar nicht! Sie hat damit nicht nur
den Präsidenten verarscht, sondern eigentlich alle
Leute, die in unserem Land leben! 17 Denn das, was
sie gerade gebracht hat, wird sich schnell rumspre-
chen. Dann werden uns alle Frauen in Zukunft auf
der Nase rumtanzen. Sie werden sagen: „Selbst die
Frau vom Präsidenten macht nicht das, was ihr
Mann sagt! Dann brauchen wir das schon gar
nicht!" 18 Von der Geschichte werden bald alle
Frauen im Land Wind bekommen. Vermutlich geht
das schon heute los, dass die nicht mehr auf ihre
Männer hören. Warte nur, am Ende wird das für uns
alle eine ganz üble Kiste. 19 Wenn es für dich klar-
geht, solltest du deine Frau sofort rausschmeißen!
Du musst das sofort regeln, indem du ein neues
Gesetz erlässt. Dann solltest du dir schleunigst eine
neue Frau suchen und die heiraten. Aber bitte eine
Frau, die gut genug ist, an deiner Seite zu sein.
20 Das Ganze würde sich dann bestimmt überall

schnell rumsprechen. Und ab dann hätten die Frauen, egal ob sie jetzt zur High Society oder zu den Normalos gehören, auf jeden Fall Respekt vor ihren Ehemännern und würden sich so ein Verhalten nicht mehr leisten können." [21] Der Präsident und seine ganze Regierungsmannschaft fanden die Idee gut. Also wurde der Vorschlag von Memuchan umgesetzt [22] und ein neues Gesetz erlassen. Dieses Gesetz wurde in allen Zeitungen im Land abgedruckt und auch in unterschiedliche Sprachen übersetzt. Er wollte letztendlich damit erreichen, dass jeder Mann in seinem Haus der Chef ist.

2 Es wird eine neue Frau für den Präsidenten gesucht

[1] Als der Präsident sich langsam wieder beruhigte, dachte er immer öfter daran, was Waschti gemacht und wie er darauf reagiert hatte. Er wurde dabei voll traurig. [2] Seine Hausangestellten kriegten das mit und unterhielten sich da drüber. „Der Präsident braucht schleunigst wieder eine Braut! Am besten eine ganz junge, die noch nie mit einem Mann im Bett war. [3] Vielleicht könnte er sich ja mal in seinen Provinzen umschauen, ob es da noch ein paar schöne Mädchen gibt, auf die beides zutrifft. Die müsste man dann alle zu ihm nach Hause bringen. Dort könnten sie in der Hotelanlage in Susa wohnen, wo die anderen Frauen vom Präsidenten auch untergebracht sind. Hegai, der Modedesigner, soll sich dann mal um die kümmern, sie gut schminken und richtig schön stylen. [4] Die Frau, die der Präsident am geilsten findet, soll dann seine neue Ehefrau werden und Waschti ablösen!" Es war damals übrigens normal, mehrere Ehefrauen zu haben, wenn man es sich leisten konnte. Der Präsident fand die Idee sehr gut und leitete alles in die Wege.

Eine von den Bewerberinnen ist eine Jüdin

[5] Im Regierungsbezirk von Susa wohnte ein Typ, der Mordechai hieß. Er kam aus der Familie Jair und war ein Jude. Er gehörte zum Familienstamm Benjamin. Sein Opa hieß Schimi, und sein Uropa hieß Kisch. [6] In der Zeit, als der Präsident von Babylonien Israel im Krieg plattgemacht hatte, waren einige Juden, unter anderem auch der Präsident Jojachin, aus Jerusalem verschleppt worden. Zu den Kriegsgefangenen gehörte auch die Familie von Mordechai. [7] Mordechai hatte eine Cousine, die Hadassa oder auch Ester genannt wurde. Ester war voll hübsch, sie hätte bei jeder Supermodel-Wahl den ersten Preis gewonnen. Leider waren ihre beiden Eltern früh gestorben, weshalb sie von Mordechai adoptiert worden war. [8] Nun war ja das Bewerbungsverfahren am Laufen, und die Mädels kamen alle nach Susa, um dort von Hegai gestylt zu werden. Ester gehörte auch dazu. Sie wurden in die Hotelanlage, die zum Regierungsbezirk gehörte, gebracht und dort Hegai übergeben. [9] Hegai mochte sie gleich an von Anfang an sehr gut leiden. Er sorgte dafür, dass sie sofort zum Visagisten gehen konnte, sie bekam einen ganz speziellen Ernährungsplan, Bauch/Beine/Po-Training und so weiter. Sie kriegte von ihm sogar eine eigene Suite im Hotel, er stellte ihr die schönsten Blumen aufs Zimmer und stellte ihr ein paar Servicekräfte zur freien Verfügung, die sie rund um die Uhr bedienen sollten. [10] Ester hatte niemanden davon erzählt, dass sie eigentlich Jüdin war, weil Mordechai ihr dazu geraten hatte. [11] Mordechai besuchte sie jeden Tag und hing ständig dort in dem Haus rum, wo die anderen Mädchen auch wohnten. Er wollte auch immer gut informiert sein, wie es ihr ging und was gerade los war. [12] Normalerweise wurde jede Frau ein Jahr trainiert und fit gemacht, bevor sie das erste Mal mit dem Präsidenten zusammenkommen durfte. Alleine sechs Monate wurde sie jeden Tag mit besonderen Hautcremes am ganzen Körper eingecremt! Dann kamen noch mal sechs Monate, wo andere Cremes und Hautöle angewandt wurden. Erst dann konnte das Mädchen zum Präsidenten gebracht werden.
[13] Jedes Mal, wenn ein neues Mädchen in das Haus vom Präsidenten umzog, durfte die sich vorher alles aussuchen, was sie an Schmuck und Kleidern haben wollte. [14] Abends wurde sie schließlich zum Präsidenten gebracht, und am nächsten Morgen zog sie in das zweite Haus, wo die anderen Ehefrauen wohnten. Dieses Haus war für die Nebenfrauen vom Präsidenten und wurde von einem Typen betreut, der Schaaschgas hieß. Keine Frau durfte zweimal mit dem Präsidenten schlafen, es sei denn, er fand sie ganz besonders sexy. Dann wurde sie noch mal angerufen und durfte ihn für eine weitere Nacht besuchen.

Ester wird die neue Frau vom Präsidenten

[15] Irgendwann war auch Ester an der Reihe. Zur Erinnerung: Ester war eine Tochter von Abihajil, der ein Onkel von Mordechai war, und der hatte sie adoptiert, als ihr Vater gestorben war. [16] Auf die Art kam Ester beim Präsidenten in seiner Residenz an. Das Ganze passierte Mitte Dezember, als Xerxes schon

sieben Jahre an der Macht war. [17] Der Präsident verknallte sich voll in Ester, er fand, sie war mit Abstand die schönste Frau, die er je gesehen hatte. Schließlich wollte er, dass Ester für immer an seiner Seite blieb. Darum heiratete er sie, so dass sie anstelle von Waschti seine neue Hauptfrau wurde. [18] Präsident Xerxes veranstaltete für sie eine Riesenfeier, zu der alle führenden Männer aus seinem Gebiet eingeladen wurden. Vor lauter Freude erließ er sogar den einzelnen Provinzen in dem Jahr ihre Steuern und verschickte überallhin größere Geschenke.

Esters Pflegevater rettet den Präsidenten

[19–20] Irgendwann wurden wieder ein paar neue Mädchen für den Präsidenten gesucht. Da hatte Ester noch nicht erzählt, dass sie eine Jüdin war. Dieser Rat kam ja von Mordechai. Ester hörte immer noch sehr auf das, was er ihr sagte, sie war ja auch von ihm adoptiert und erzogen worden. Mordechai hatte inzwischen eine Anstellung bei der Stadt und saß jeden Tag in einem Büro in der Torhalle im Regierungsviertel. [21] In der Zeit gab es eine kleine Terrorgruppe, die von Bigtan und Teresch angeführt wurde. Beide arbeiteten in der staatlichen Security, die die Tore bewachen sollte. Sie waren gegen die Politik vom Präsidenten und planten ein Attentat gegen ihn. Mordechai, der ja auch in der Security arbeitete, [22] bekam das von jemandem gesteckt und informierte Ester. Mordechai beauftragte Ester, und die ging sofort zum Präsidenten und erzählte ihm davon. [23] Der Geheimdienst untersuchte den Fall, beide Männer wurden schließlich verhaftet, kamen vors Gericht und wurden zum Tod verurteilt. Der Präsident sorgte dafür, dass diese Sache in den Akten offiziell aufgeführt wurde.

3 Der Innenminister hat ein Problem mit dem Juden Mordechai

[1] Einige Zeit danach beförderte Präsident Xerxes den Haman zu seinem offiziellen Stellvertreter und gab ihm auch den Job des Innenministers. Haman war ein Sohn von Hammedata und kam aus der Familie Agag. [2] Alle Beamten, die für den Präsidenten arbeiteten, mussten zu einem Treffen kommen, und dort musste sich jeder einzeln dem Haman vor die Füße werfen. Das hatte der Präsident so angeordnet. Mordechai kam auch, aber er weigerte sich und blieb vor dem Typen einfach stehen. [3] Die anderen Beamten fragten ihn, warum er das nicht machen wollte. [4] „Weil ich ein Jude bin und mich nur vor Gott auf den Boden werfe!", antwortete er. Ab dem Tag kamen täglich einige Männer bei Mordechai an, um ihn zu überreden, sich doch vor Haman auf den Boden zu werfen. Aber er wollte einfach nicht. Schließlich steckte man Haman auch den Grund, warum Mordechai sich nicht vor seine Füßen werfen wollte. [5] Haman war stocksauer, als er mitbekam, dass sich Mordechai nicht vor ihm auf den Boden werfen wollte. [6] Da Haman erfahren hatte, von welchen Leuten Mordechai abstammte, war es ihm zu wenig, ihn allein kaputt zu machen. Er beschloss, ab sofort sein ganzes Volk, also alle Juden, die in Persien lebten, zu töten. [7] Es war mittlerweile das zwölfte Jahr, in dem Präsident Xerxes das Sagen hatte. Anfang April beschloss Haman, jeden Tag in diesem Jahr die Horoskopseite in den Zeitungen zu lesen, weil er herausbekommen wollte, wann der beste Zeitpunkt sei, um alle Juden zu töten. [8] An einem Abend traf er sich mit dem Präsidenten und sagte beim Essen zu ihm: „Sagen Sie mal, es gibt in Ihrem Land ein Volk, das überall verstreut lebt. Sie machen ganz seltsame Rituale, haben auch ganz andere Gesetze wie wir. Die Gesetze, die hier üblich sind, beachten sie gar nicht. Ich finde, dass sich ein Präsident von Ihrem Kaliber so was nicht gefallen lassen kann. [9] Wenn Sie damit einverstanden sind, würde ich sofort organisieren, dass die Leute alle eingesammelt und sofort erschossen werden. Wir könnten dann deren Besitz für den Staat beschlagnahmen, das könnten so um die 100 Millionen Euro sein. [10] Der Präsident zückte seinen Kugelschreiber und unterschrieb den Befehl, den der Judenfeind Haman schon ausgestellt hatte. [11] „Das Geld können Sie beschlagnahmen und verwalten. Machen Sie mit den Juden, was Sie für richtig halten!" [12] Am 13. April ließ Haman ein Schreiben aufsetzen, in dem der Befehl drinstand. Dieser Befehl ging an alle Bürgermeister, die Polizeipräsidenten der Provinzen und an die Chefs der einzelnen Völker. Jedes Papier wurde in die jeweilige Landesprache übersetzt. Der Befehl war zwar kopiert, aber hatte die Original-Unterschrift vom Präsidenten drauf. [13] Das Ganze sollte auf ein Plakat gedruckt und dann von einem Kurierdienst in die einzelnen Provinzen gebracht werden. Der Text ging folgendermaßen: „... alle Juden, egal ob Männer, Frauen und Kinder, sollen am 13. März getötet werden. Ihren Besitz kann sich jeder abgreifen, der will!" [14] Dieses Teil sollte man in allen Provinzen aufhängen. Ziel war es, dass sich

jeder auf den Tag schon mal vorbereiten konnte. 15 Der Kurierdienst zog dann auf Befehl vom Präsidenten los. Überall im Land wurden die Plakate aufgehängt. Auch in dem Stadtteil Susa, wo die Residenz vom Präsidenten lag, hingen ein paar davon an den Bushaltestellen. An dem Tag wurde abends noch eine große Party veranstaltet, wo sich der Präsident und Haman volllaufen ließen. In der Stadt waren aber alle wegen der Sache echt entsetzt.

4 Mordechai plant durch Ester, die Juden zu retten

1 Als Mordechai davon hörte, war er echt total fertig. Er zog sich eine kaputte schwarze Hose an, machte sich weißes Puder ins Haar, schminkte sich die Augen schwarz und schnitt sich ein paar Löcher in sein T-Shirt. So ging er durch die ganz Stadt und weinte dabei laut vor sich hin. 2 Er ging bis vor den Regierungsbezirk, kam aber wegen seinen Klamotten nicht bei der Security durch. 3 In allen Provinzen, in denen Juden wohnten, bekamen die Leute natürlich den Horror, als sie dieses komische Plakat gelesen hatten. Schließlich wurde eine Zeit für alle Juden angesetzt, wo man aufs Essen verzichten und stattdessen intensiv beten sollte. Viele weinten auch wegen dieser Sache, einige hingen depressiv in der Ecke rum und vergaßen dabei sogar, sich zu duschen. 4 Die Angestellten von Ester erzählten ihr, dass Mordechai so abgewrackt rumlaufen würde. Sie war ziemlich erschrocken deswegen und schickte ihm sofort einen neuen Anzug, damit er wieder in den Bezirk reinkam und sie besuchen konnte. Er wollte seine alten Klamotten aber nicht ausziehen. 5 Ester schickte Hatach, einen von den Angestellten vom Präsidenten, zu Mordechai, um ihn zu fragen, was mit ihm los ist. 6 Hatach traf Mordechai, als der gerade auf dem großen Platz war, der vor dem Regierungsbezirk lag. 7 Die beiden unterhielten sich lange, und Mordechai erzählte ihm die ganze Geschichte, wie viel Kohle Haman dem Präsidenten für die Staatskasse versprochen hatte, wenn er alle Juden töten dürfte, usw. 8 Er gab ihm auch eine Kopie von dem neuen Gesetz, was die totale Vernichtung aller Juden anordnete. Er bat Hatach, dieses Papier mal Ester zu zeigen und ihr die ganze Sache zu erzählen. Sie sollte dann unbedingt mit dem Präsidenten reden und ihn dringendst bitten, nicht alle Juden umbringen zu lassen. 9 Hatach sprach mit Ester und erzählte ihr alles, was ihm Mordechai gesagt hatte. 10 Ester wollte dann, dass Hatach wieder zur Mordechai ging, um ihm Folgendes auszurichten: 11 „Es gibt ein Gesetz, und das kennt hier jeder: Keiner, der für den Präsidenten arbeitet, keiner von seinen Leuten, egal, wo der herkommt, darf in seinen Privatbereich! Wer das trotzdem tut, wird sofort erschossen. Auf keinen Fall darf man in den Palastteil gehen, wo der Präsident wohnt, das geht einfach nicht! Es sei denn, er zeigt den Daumen nach oben, wenn man ihn fragt, dann passiert nichts. Ich selbst war schon die letzten dreißig Tage nicht mehr bei ihm." 12–13 Mordechais Antwort war: „Liebe Ester, du bist dir hoffentlich da drüber im Klaren, dass du die Sache auch nicht überleben wirst, nur weil du in der Präsidentenvilla wohnst. Wenn schon alle anderen Juden umgebracht werden, dann bist du auch dran! 14 Du musst dich jetzt zu deinen Leuten stellen! Wenn du den Juden jetzt nicht hilfst, werden es andere tun. Aber dann sind du und deine Familie am Ende. Ihr werdet alle ganz übel sterben. Hey, und es könnte doch echt gut sein, dass das jetzt genau der Grund ist, warum du die neue Braut vom Präsidenten bist!" 15–16 Ester schrieb dann eine Antwort, die folgendermaßen ging: „Lieber Mordechai, ich hab folgende Idee: Alle Juden in Susa sollen für mich drei Tage lang auf Essen und Trinken verzichten und dafür viel für mich beten. Ich werde das hier mit meinen Angestellten auch tun. Danach geh ich zum Präsidenten und rede mit ihm. Ist mir egal, ob ich damit gegen das Gesetz verstoße oder nicht. Wenn ich getötet werde, ist das eben so!" 17 Mordechai erledigte alles genau so, wie es Ester ihm gesagt hatte.

5 Ester beim Präsidenten

1 Am dritten Tag war es dann so weit. Ester zog sich ihr hautenges Gucci-Kleid an und spazierte in den Privatbereich vom Präsidenten. Der Präsident saß gerade am Schreibtisch und hatte seine Bürotür offen gelassen. 2 Plötzlich stand Ester in der Tür. Zum Glück war er gerade gut drauf. Er streckte den Daumen nach oben, was so viel bedeutet wie: „Es ist okay, dass du da bist!". Sie kam in das Büro rein und schloss die Tür hinter sich. Dann machte Ester erst mal eine höfliche Verbeugung. 3 Der Präsident fragte sie: „Warum bist du hier? Was willst du von mir, meine Prinzessin! Du hast einen Wunsch frei, ich will dir ein richtig fettes Geschenk machen, wenn du willst, sogar die Hälfte von allem, was mir gehört!" 4 „Ach, mein lieber Präsident!", antwortete Ester. „Wenn du nichts dagegen hast, dann würde

ich dich heute furchtbar gerne zum Essen einladen. Innenminister Haman kann gerne auch kommen. Ich habe uns schon ein total schönes Restaurant ausgesucht!" 5 „Klar, ruf Haman von mir aus gleich mal an!", antwortete er. „Ich bin sehr gerne dabei!" Also gingen der Präsident, Ester und Haman zusammen essen. 6 „Also, was willst du denn jetzt von mir?", fragte der Präsident bei einem Glas Wein. „Ich mach alles, was du willst, echt jetzt! Bis zur Hälfte von dem, was ich besitze, kannst du alles haben!" 7 „Ich hab aber eine wirklich ganz große Bitte an dich", sagte sie. 8 „Wenn du mich wirklich magst und ich mir echt was von dir wünschen darf, dann komme doch bitte morgen mit Haman noch mal zu mir. Ich würde dir gerne was total Leckeres kochen. Und dann sag ich dir auch, was ich mir wirklich wünsche. Okay?"

Haman will Mordechai um die Ecke bringen

9 Haman ging an dem Tag richtig gut gelaunt von dem Essen wieder nach Hause. Er traf an dem Eingangstor zur Präsidentenresidenz zufällig Mordechai. Aber der sah ihn nicht mal mit dem Hintern an, geschweige denn, dass er irgendwie Respekt oder sogar Angst vor ihm zeigte. Haman war kurz davor, total abzudrehen, 10 konnte sich aber gerade noch unter Kontrolle bringen. Als er zu Hause war, schnappt er sich das Telefon und rief bei seinen Freunden und auch bei seiner Frau Seresch an. 11 Erst mal machte er einen auf dicke Hose, erzählte von seinem aktuellen Kontostand, von seiner großen Familie und wie toll seine Söhne alle geraten waren und so. Und dann erzählte er auch ganz stolz, wie der Präsident ihn gelobt hatte, und von seiner Beförderung und dass er jetzt über allen Ministern und Bürgermeistern im ganzen Land stehe. 12 „Und stellt euch vor", erzählte er zum Schluss: „Die Frau vom Präsidenten, Ester, will nur mich und den Präsidenten morgen bei sich zu Hause bekochen! Ist das fett, oder was? 13 Aber ganz ehrlich, so richtig freuen kann ich mich erst, wenn dieser Jude Mordechai endlich weg ist und ich ihn nicht mehr ständig am Eingang von dem Bezirk, wo der Präsident wohnt, treffen muss!" 14 Seine Frau und auch seine Freunde hatten dann die Idee: „Hey, lass eine Hinrichtung organisieren! Wir bauen im Keller einen elektrischen Stuhl auf und übertragen das ganze weltweit mit einer Webcam im Internet. Wir müssen uns nur noch irgendwie die Erlaubnis vom Präsidenten holen. Wenn der Typ endlich weg ist, kannst du ganz entspannt mit dem Chef essen gehen!" Haman fand die Idee super! Sofort rief er bei ein paar Leuten an und ließ schon mal den Stuhl im Keller aufstellen.

6

Haman muss öffentlich zeigen, dass er Respekt vor Mordechai hat

1 In dieser Nacht konnte der Präsident Xerxes nicht richtig einschlafen. Nachdem er sich hin und her gewälzt hatte, stand er auf und setzte sich an seinen PC. Er öffnete die ganzen alten Dateien, in denen die Geschichten und Chroniken von den einzelnen Präsidenten drin aufgeschrieben waren. Als er anfing, die Teile zu lesen, 2 kam er schließlich an eine interessante Stelle. Dort stand, dass es Mordechai gewesen war, der die geplante Revolution von den Security-Leuten Bigtan und Teresch verhindert hatte. Damit hatte er ja ihm, dem Präsidenten Xerxes selbst, das Leben gerettet. 3 Er versuchte dann herauszufinden, wie hoch die Belohnung gewesen war, oder ob Mordechai zumindest einen Orden dafür bekommen hatte. Das war aber nicht der Fall. 4 Am nächsten Morgen klingelte es an der Tür. Er fragte einen seiner Sicherheitsleute: „Wer ist da draußen?". Es war Haman, der sich vom Präsidenten die Unterschrift holen wollte, um Mordechai öffentlich hinrichten zu lassen. 5 Der Mann antwortete ihm: „Haman steht draußen!" – „Lassen Sie ihn rein!", befahl Xerxes. 6 Nachdem sie sich begrüßt hatten, fragte ihn der Präsident: „Sagen Sie mal, haben Sie eine gute Idee, was man für jemanden tun kann, der sich besonders verdient gemacht hat? Was kann man so jemandem schenken, wie kann man ihm zeigen, dass man Respekt vor ihm hat?" Haman dachte sofort, dass er und niemand sonst damit gemeint sein könnte … 7 „Also, wenn einer etwas besonders Krasses für den Präsidenten getan hat, 8 dann wäre es voll angesagt, wenn man ihm einen sechsstelligen Scheck ausstellen, einen Boss- oder Armani-Anzug und dazu vielleicht noch einen Porsche Carrera aus der Oldtimer-Sammlung vom Präsidenten schenken würde. 9 Alles sollte von einem Minister höchstpersönlich übergeben werden. Der müsste ihn dann am besten von zu Hause abholen und mit ihm anschließend in einer Autokolonne mit dem Porsche bis zu dem Platz vor dem Rathaus fahren. Vorne und hinten sollten möglichst noch zwei Wagen mit großen Boxen drauf sein, wo einer durch ein Mikrophon immer einen Spruch bringt. So etwas nach dem Motto: ‚Seht, was der Präsident mit jemandem macht, der für ihn ne Spit-

zenleistung gebracht hat!'" 10 „Okay, gute Idee!", antwortete der Präsident Haman. „Das ist jetzt Ihr Job: Kaufen Sie den Anzug, und holen Sie den Wagen aus meiner Garage! Bringen Sie das Ganze zum Juden Mordechai. Der sitzt gerade vor dem Haupteingang vom Regierungsviertel. Ich möchte, dass Sie alles genauso durchziehen, wie Sie es gerade vorgeschlagen haben!" 11 Haman war ziemlich angefressen, aber führte den Befehl vom Präsidenten aus. Er organisierte die Anzüge, holte das Auto und fuhr Mordechai damit zum Platz vor dem Rathaus. Aus den Boxen, die auf den Autos im Konvoi montiert waren, hörte man den Spruch: „Seht, was der Präsident mit jemandem macht, der ihm ne Spitzenleistung gebracht hat!" 12 Nach der Aktion wurde Mordechai wieder zu seinem Arbeitsplatz am Tor vom Regierungsviertel zurückgefahren. Haman ging aber völlig deprimiert wieder nach Hause. 13 Er erzählte seiner Frau und allen seinen Freunden, was gerade passiert war. Die hatten dann nur den einen Rat für ihn übrig: „Hey, auf eins kannst du wetten: Weil Mordechai, mit dem das ja grade passiert ist, ein Jude ist, kannst du jetzt schon mal einpacken. Deine Zeit ist abgelaufen!" 14 Die hatten gerade den Satz zu Ende gesprochen, da kamen schon ein paar Angestellte vom Präsidenten ins Zimmer. Sie wollten Haman abholen und zu dem Essen bringen, was Ester organisiert hatte.

7 Ester sagt dem Präsidenten, dass sie auch eine Jüdin ist

1 Schließlich waren alle Gäste zu dem Essen gekommen. Sowohl der Präsident als auch Haman saßen am Tisch. 2 Beim Verdauungsschnaps nach dem Essen fragte der Präsident Ester noch einmal dieselbe Frage, die er einen Tag vorher auch schon gestellt hatte: „Also, was kann ich denn jetzt für dich tun? Was für einen Wunsch hast du, liebe Ester? Sag, was du willst, ich werde es dir erfüllen! Du kannst alles haben, sogar die Hälfte von dem, was mir gehört!" 3 „Also, wenn du mich wirklich magst und du mir wirklich etwas Großes schenken willst, dann bitte ich dich da drum, mir mein Leben zu schenken und auch das Leben von meinen Leuten! 4 Wir wurden verraten und abgezogen, man will uns alle umbringen, kaputt machen, töten. Wenn es jetzt nur so wäre, dass wir alle mit fiesen Knebelverträgen für euch arbeiten müssten, wäre das ja noch okay. Ich hätte auf jeden Fall nichts gesagt und wäre dir mit diesem Anliegen nicht auf die Nerven gegangen. Aber jetzt plant man, uns alle komplett auszulöschen!" 5 Xerxes war leicht irritiert: „Was? Wer plant denn so was? Welcher Mann ist dafür verantwortlich?" 6 „Unser schlimmster Feind sitzt gerade neben dir: Haman!" Haman blickte leicht geschockt den Präsidenten und dann dessen Ehefrau an. 7 Der Präsident sprang von seinem Stuhl auf und ging megawütend nach draußen auf die Terrasse, um erst mal eine zu rauchen. Haman kniete sich vor Ester hin und bettelte rum, dass sie eine Todesstrafe gegen ihn verhindern sollte. Ihm war schon klar, dass ihm das jetzt wohl blühen würde. 8 Als der Präsident wieder reinkam, kniete Haman gerade vor Ester. „Jetzt begrabscht der Typ auch noch meine Frau, ich glaub ich spinne. Und das sogar in meinen vier Wänden!", brüllte der Präsident. Von dem Geschrei alarmiert, kamen zwei Männer von der Security in den Raum reingelaufen, die Haman sofort Handschellen anlegten. 9 Einer von ihnen, Harbona, sagte: „Da steht übrigens noch der elektrische Stuhl im Keller, den Haman für Mordechai dort aufgebaut hat. Und das, obwohl Mordechai doch den Präsidenten mal vor einem Anschlag gerettet hatte! Der Stuhl steht auf einem Podest und die Kameras sind auch schon alle installiert und fertig!" – „Okay, dann tötet Haman dort sofort!", befahl der Präsident. 10 So wurde Haman auf dem Stuhl hingerichtet, den er eigentlich für Mordechai vorbereitet hatte. Nach der Hinrichtung entspannte sich der Präsident langsam wieder etwas.

8 Mordechai wird befördert

1 Am gleichen Tag schenkte der Präsident seiner Frau Ester alles, was vorher diesem Haman gehört hatte, der die Juden so übel gehasst hatte. Präsident Xerxes holte Mordechai zu sich ins Büro, weil Ester ihm gesteckt hatte, dass der eigentlich ihr Pflegevater war. 2 Der Präsident übergab Mordechai alle Vollmachten, die vorher Haman gehabt hatte. Ester stellte Mordechai dann noch als Verwalter über alle Sachen ein, die früher Haman gehört hatten. 3 Schließlich redeten Ester und Mordechai noch mal mit dem Präsidenten, wegen diesem Befehl, der jetzt ja überall im Land bekannt war. Sie kamen in sein Büro, knieten sich vor ihm hin und baten ihn, dieses Verbrechen an den Juden zu verhindern, was sich Haman ausgedacht hatte. 4 Der Präsident streckte seinen Daumen nach oben als Zeichen, dass er ihr Anliegen richtig fand und das Verbrechen auf jeden Fall verhindern wollte. 5 Ester sagte

zu ihm: „Wenn du mich echt magst, du mich liebst
und ich nach deiner Meinung keinen Quatsch vor-
schlage, dann mach diesen gemeinen Befehl bitte
rückgängig! Diese Idee kam von Haman! Der wollte
dafür sorgen, dass alle Juden in deinem Land kom-
plett ausgelöscht werden. 6 Ich kann nicht mit anse-
hen, dass meine eigenen Leute kaputtgehen!“ 7 Xer-
xes antwortete: „Ich hab Ester das ganze Vermögen
von Haman übertragen. Er wurde auf den elektri-
schen Stuhl hingerichtet, weil er alle Juden umbrin-
gen wollte. 8 Ihr könnt jetzt einen Befehl formulie-
ren, so wie ihr es für richtig haltet. Den
unterschreibe ich euch. Der Wisch soll dann bestim-
men, dass alle Juden gerettet werden müssen. Und
einen Befehl, den ich unterschrieben habe, den
kann man nicht mehr rückgängig machen.“ 9 Mor-
dechai holte dann die Sekretärin vom Präsidenten
ins Büro und diktierte ihr einen neuen Befehl. Die-
ses Papier ging an alle Bürgermeister und Minister-
präsidenten im Land. An jede der 127 Provinzen,
von Indien bis Äthiopien, jeweils in der Landesspra-
che. Auch an alle Juden wurde eine Kopie ver-
schickt. Das Ganze passierte am 30. Mai. 10 Der
Befehl wurde vom Präsidenten unterschrieben und
von einem Notar beglaubigt. Ein Kurierdienst wurde
beauftragt, den in alle Provinzen zu bringen. Der
Text ging folgendermaßen: 11 „Hiermit wird allen
Juden die Erlaubnis erteilt, sich in den Städten in
unserem Land öffentlich zu treffen und bewaffnete
Schutzeinheiten zu bilden, um sich vor eventuellen
Angriffen zu schützen. Diese Einheiten haben die
Erlaubnis, jeden zu töten, der ihre Frauen und Kin-
der bedroht hat. Das gilt in allen Provinzen und
überall, wo das sonst noch vorkommen sollte. Alles,
was die Feinde der Juden besitzen, kann sich jeder
abgreifen. 12 Diese Sache passt nur für einen Tag,
und zwar am 13. März, überall im Land.“ 13 Der
Befehl sollte dann auch auf Plakaten überall aufge-
hängt werden. Die Juden hatten die Möglichkeit,
sich auf diesen Tag gut vorzubereiten, damit man
sich an allen Leute rächen konnte, die ätzend mit
ihnen umgegangen waren. 14 Die Kurierfahrer düs-
ten sofort mit diesem Papier los, hängten die Pla-
kate überall auf und verteilten die passenden Flyer
im ganzen Land. Auch im Regierungsbezirk von
Susa wurde das bekanntgemacht. 15 Als das Ding
gerade überall hing, spazierte Mordechai aus dem
Regierungsbezirk. Er hatte eine Ausgehuniform
angezogen, die seiner Stellung im Staat entsprach.
Die Uniform war in Marineblau mit silbernen Bän-
dern. Dazu hatte er einen schwarzen Mantel an und
einen roten Schal um den Hals. An seinen Mantel
hatte er ein paar fette Orden drangehängt. 16 Die
Juden waren alle richtig gut drauf, weil sie plötzlich
so viel Respekt von überallher bekamen. 17 In jeder
Provinz und in jeder Stadt, wo der Befehl vom Präsi-
denten hing, gingen die Juden voll ab. Im ganzen
Land wurden fette Partys veranstaltet, man lud sich
gegenseitig zum Essen ein und feierte gemeinsam.
Die Menschen, die keine Juden waren, bekamen
zum Teil richtig Angst. Teilweise liefen sie sogar
zum jüdischen Glauben über, weil die Juden so
krass drauf waren.

9

Rache an den Feinden der Juden

1 Und dann war er da, der 13. März, an dem
dieser Befehl vom Präsidenten ausgeführt wer-
den sollte. Eigentlich hatten die Feinde der Juden
damit gerechnet, dass sie an diesen Tag feiern könn-
ten. Aber jetzt war es genau umgekehrt passiert, die
Juden feierten, weil ihre Feinde im Arsch waren. 2 Die
Juden organisierten sich in den einzelnen Städten im
Land von Präsident Xerxes. Jeder, der was gegen sie
hatte, bekam seine Strafe ab. Es gab niemanden, der
sich gegen sie wehren konnte. Alle hatten Mega-
angst vor den Juden. 3 Die Ministerpräsidenten der
Provinzen, alle hohen Beamten, die Oberbürger-
meister und sogar der Finanzminister schleimten
sich jetzt bei den Juden ein. 4 Sie hatten nämlich
davon gehört, was für eine Position Mordechai mitt-
lerweile in der Regierung bekommen hatte und dass
seine Macht weiter zunahm. 5 Die Juden machten
mit ihren Feinden kurzen Prozess. Jeder, der was
gegen sie hatte und sie kaputt machen wollte,
kriegte eins übergebraten oder wurde getötet. 6 Al-
leine in Susa wurden 500 Männer umgenietet.
7–10 Auch die zehn Kinder vom Judenhasser Haman
wurden getötet. Das waren: Parschandata, Dalfon,
Aspata, Porata, Adalja, Aridata, Parmaschta, Arisai,
Aridai und Wajesata. Aber die Sachen, die denen
gehörten, zockten sie sich nicht. 11 Abends wurde
dem Präsidenten die Zahl der Leute gemeldet, die
allein in Susa getötet worden waren. 12 Er ging dann
zu Ester und erzählte ihr: „Du, alleine in Susa haben
deine Juden 500 Männer umgebracht. Auch die Kin-
der von Haman wurden alle getötet. Und das ist erst
der Anfang, wenn man bedenkt, dass so was überall
im Land heute passiert ist. Gibt es sonst noch etwas,
was ich für dich tun kann?“ 13 „Ja, ich hab noch eine
Bitte“, antwortete Ester. „Wenn es okay für dich ist,
möchte ich, dass die Juden morgen in Susa noch

damit weitermachen dürfen, was man ihnen heute erlaubt hat. Und ich möchte, dass Fotos von den Leichen der zehn Söhne von Haman ins Internet gestellt werden." 14 Der Präsident war einverstanden und leitete die Sache in Susa in die Wege. Die Leichen von den Söhnen von Haman wurden fotografiert und die Bilder ins Internet gestellt. 15 Die Juden, die in Susa lebten, organisierten auch an diesem Tag ein paar Schlägertrupps. Die erledigten noch mal 300 Männer. Aber was diesen Männern gehörte, ließen sie in Ruhe, es wurde nichts angerührt. 16 Auch die Juden, die anderswo im Land lebten, hatten sich organisiert, um gegen ihre Feinde vorzugehen. Insgesamt wurden 75 000 Männer getötet, die alles bekennende Judenhasser waren. Die Sachen, die denen gehörten, rührten sie aber nicht an. 17 Das alles passierte am 13. März. Ab dem 14. wurde niemand mehr getötet. Stattdessen feierten sie eine fette Party. 18–19 Seitdem gab es bei den Juden in dieser Gegend einen neuen Feiertag, der am 13. März gefeiert wurde. An dem Tag wurde ein großes Essen aufgetischt, und abends wurde auch ordentlich einer gehoben. Die Juden in Susa feierten das aber erst einen Tag später, weil sie ja einen Tag länger, nämlich zwei Tage, gegen ihre Feinde vorgehen konnten.

Ein neues Fest: die Purim-Fete

20 Mordechai schrieb alles auf, was in diesen Tagen passierte, und schickte den Bericht an alle Juden, die in den Provinzen von Präsident Xerxes lebten, egal wie weit weg die wohnten. 21 In diesem Brief setzte er einen neuen Feiertag an, der am 13. und 14. März gefeiert werden sollte. 22 An diesem Datum sollten sie sich immer da dran erinnern, wie ihre Feinde an dem Tag nichts mehr gegen sie machen konnten. Hier wurde aus Angst Freude und aus Weinen wurde Lachen. Der Tag sollte immer mit einem fetten Essen und viel Bier und Wein gefeiert werden. Außerdem sollten die Juden, die nur von Hartz IV lebten, Geschenke von den anderen bekommen. 23 Dieser Befehl von Mordechai wurde ab dann jedes Jahr durchgeführt, an diesem Tag wurde immer die Rettung gefeiert, die damals passiert war. 24 Denn Haman, der Feind von den Juden, hatte geplant, sie alle töten zu lassen. Er hatte sogar ausgewürfelt, an welchem Tag das passieren sollte, um sie unter Druck zu setzen und durcheinanderzubringen. 25 Als der Präsident davon Wind bekam, beschloss er, dass dieser fiese Anschlag, den Haman gegen die Juden geplant hatte, Haman selbst den Kopf kosten sollte. Er wurde auf dem elektrischen Stuhl hingerichtet. 26 Darum wurde dieser Tag „Pur" genannt, denn Pur bedeutet so viel wie „Los" oder „Würfel". Weil das alles passiert war, was in dem Brief stand, und auch weil sie alle mitbekommen hatten, was da draus am Ende geworden war, 27 wurde dieser Tag zu einem gesetzlichen Feiertag ernannt. Dieser Tag wird jedes Jahr immer nach den gleichen Regeln gefeiert, er wurde zu einer Pflichtsache für alle Juden. Auch für die Kinder und die Enkelkinder, sogar für die Leute, die keine Juden, aber Teil ihrer Gemeinschaft waren, wurde dieser Tag festgesetzt. 28 Diesen Feiertag sollte es ab dann immer geben, um sich da dran zu erinnern, was damals passiert war. Jede jüdische Familie sollte den feiern, egal wo sie in der Welt lebten. Das sollte nie mehr vergessen werden. 29 Ester, die Frau vom Präsidenten, veröffentlichte mit Mordechai zusammen noch einen kleinen Prospekt, in dem alles über das Purim-Fest drinstand. Diese Anweisungen waren ab dann für alle Juden Pflicht. 30 Der Prospekt war für alle gedacht, die in den 127 Provinzen lebten, über die der Präsident Xerxes das Sagen hatte. Der erste Satz war aber erst mal eine freundliche Begrüßung. 31 Durch dieses Papier sollten die Regeln von Mordechai und Ester überall bekannt werden und ab dann verpflichtend für alle gelten. Die Regeln vom Purim-Fest legen auch fest, dass man eine Zeitlang nichts essen darf und schwarze Kleidung tragen muss, bevor die Party losgeht. 32 Dieser Prospekt von Ester wurde dann zu einer festen Vorschrift, an die sich alle halten mussten. Der Text wurde auch noch mal in ein Buch geschrieben und gedruckt.

10

Mordechai passt auf die Juden auf

1 Präsident Xerxes verlangte von seiner ganzen Bevölkerung, bis in die letzten Ecken des Landes, regelmäßige Steuerzahlungen. 2 Alles, was er sonst noch so an coolen Sachen gebracht hat, auch seine heftigen Aktionen, die allen gezeigt haben, wo der Hammer hängt, kann man in den amtlichen Chroniken der Präsidenten von Medien und Persien nachlesen. Dort kann man auch noch mal genauere Informationen finden, was für einen Hammer-Job der Mordechai gemacht hatte. 3 Mordechai, der Jude, war die rechte Hand vom Präsidenten. Alle hatten fett Respekt vor ihm, und er war sehr beliebt, weil er sich um die Anliegen seiner Leute kümmerte. Es war Mordechai immer total wichtig, dass es allen gutging.

Das Buch Hiob

1

Hiob ist gut drauf, und es geht ihm auch voll gut

1 Früher lebte mal so ein Mann, der den Namen Hiob hatte. Er wohnte in dem Land Uz und war einfach total gottmäßig unterwegs. Hiob hatte großen Respekt vor Gott und machte um alles, was link und nicht gut war, einen großen Bogen. 2 Mit seiner Frau hatte er zehn Kinder, und zwar sieben Söhne und drei Töchter. 3 Dazu hatte er auch einige Fabriken, in denen Computer, Handys und Flachbildfernseher produziert wurden. In seinem Konzern arbeiteten total viele Menschen. Er war einfach echt reich, und es gab zu der Zeit keinen Menschen in dem ganzen Gebiet im Osten, vor dem die Leute mehr Respekt hatten als vor ihm, Hiob. 4 Seine Söhne hatten sich angewöhnt, in regelmäßigen Abständen eine Party bei sich zu feiern, wozu die ganze Familie, inklusive der drei Schwestern, eingeladen wurde. Dabei wechselten sie sich immer ab. Dort wurde richtig abgefeiert, mit kaltem Buffet und Freibier bis zum Abwinken. 5 Immer wenn so eine Party vorbei war, zog Hiob am nächsten Morgen für jedes seiner Kinder ein Abfackelopfer durch, damit mit Gott wieder alles okay war. Seine Idee war dabei, dass ja vielleicht während der Party einer von ihnen aus Versehen etwas gemacht hatte, was Gott nicht so toll findet. „Vielleicht haben sie ja im breiten Zustand irgendetwas Ätzendes über Gott gedacht, und das steht jetzt zwischen ihnen und Gott", war seine Überlegung.

Satan fragt bei Gott an, ob er Hiob abziehen darf

6 Im Himmel spielte sich in der Zeit folgende Szene ab: Alle Minister, die zu Gott gehörten, trafen sich zu einem großen Meeting. Plötzlich ging die Tür auf, und Satan, der Feind von Gott, dessen Ziel es ist, Menschen kaputt zu machen, kam in den Raum rein. 7 „Hä? Was willst du? Wo kommst du denn her?", fragte ihn Gott. „Äh, ich war gerade unterwegs und hab mir die ganze Welt mal genauer angesehen." 8 „Und?", fragte ihn Gott. „Hast du auch mal bei meinem Hiob vorbeigeschaut? Ich kann dir eins versprechen: So einen wie den findest du nirgendwo sonst auf der Erde! Der ist cool drauf, er lebt korrekt, er hat Respekt vor mir und macht um alle miesen Sachen einen großen Bogen!" 9 „Das macht der doch nicht einfach so!", konterte Satan. „Der kriegt ja auch was dafür, dass er so drauf ist. 10 Du hast ja höchstpersönlich dafür gesorgt, dass es ihm und seiner Familie richtig gutgeht. Alles, was er anpackt, läuft super, er verdient megaviel Kohle und wird jeden Tag reicher. 11 Ich schwör dir, wenn du ihm nur mal seinen ganzen Besitz wegnehmen würdest, dann würde der voll abdrehen. Hiob würde dir öffentlich die Krätze an den Hals wünschen und dich verfluchen!" 12 „Deal!", antwortete Gott. „Du kannst ab sofort mit allen Sachen von Hiob machen, was du willst. Aber seinen Körper selbst, also seine Gesundheit und so, musst du in Ruhe lassen. Ist das klar?" Satan war einverstanden und zog ab.

Hiob wird ausgetestet

13 Irgendwann später war Hiobs ganze Familie im Haus von seinem ältesten Sohn zum Essen eingeladen. Es gab lecker Pizza und genug zu trinken. 14 Hiob selbst war aber in seinem Büro. Plötzlich klingelte es an der Tür, und einer von seinen Angestellten kam hechelnd in den Raum rein. „Chef, ich war gerade noch im Industriegebiet, wo alle unsere Computer produziert werden. 15 Plötzlich sind ein paar Mafiosi aus Seba in die Halle gestürmt und haben wie wild um sich geschossen! Alle Angestellten wurden getötet! Und das gesamte Lager haben die auch ausgeräumt! Ich bin der Einzige, der fliehen konnte, darum bin nur ich hier, um Ihnen das zu erzählen!" 16 Er war gerade fertig mit seiner Ansage, da klingelte es schon wieder an der Tür. Ein Mann kam rein und sagte: „Ich komme gerade aus der Halle, wo Ihre neue Handykollektion hergestellt wird. Ein Blitz hat in das Dach eingeschlagen, es gab einen Riesenknall, und dann ist alles abgebrannt. Es gab viele Tote, ich bin der Einzige, der die Sache heil überlebt hat. Darum bin ich jetzt hier." 17 Der Typ hatte gerade seinen letzten Satz ausgesprochen, da klingelte es zum dritten Mal an der Tür. „Chef, etwas Schreckliches ist passiert", rief der Mann. „Eine Gang hat gerade Ihre Fabrik für Flachbildfernseher überfallen. Die kamen mit einem großen Lkw an und haben das ganze Lager leer geräumt. Alle Arbeiter wurden in die Ecke getrieben und erschossen! Ich bin der Einzige, der das Massaker überlebt hat." 18–19 Kaum hatte der Typ zu Ende gesprochen, da klingelte es zum vierten Mal an der Tür. Diesmal war es der Butler von Hiobs ältestem

Sohn: „Ich komme gerade aus dem Haus von Ihrem
ältesten Sohn. Dort gab es eine große Naturkata-
strophe. Ihre Kinder hatten sich gerade mal wieder
bei ihm zum Essen getroffen, als ein ganz heftiges
Erdbeben der Stärke sieben losging. Dabei ist das
ganze Haus in sich zusammengestürzt. Keiner hat
überlebt, nur ich konnte mich aus den Trümmern
befreien, um Ihnen die schreckliche Nachricht zu
bringen." 20 Nachdem Hiob diese ganzen heftigen
Sachen nacheinander gehört hatte, war er natürlich
voll fertig. Er schmiss sich lang auf den Boden, um
mit Gott zu reden. 21 „Als kleines Baby, gleich nach-
dem meine Mutter mich geboren hatte, gehörte mir
gar nichts. Und so arm werde ich auch wieder ster-
ben. Gott hat mir viel geschenkt, und er hat mir viel
wieder weggenommen. Es ist sein Ding, er ist und
bleibt der Boss, und ich will ihm dankbar sein!"
22 Obwohl Hiob diese ätzenden Sachen passiert
waren, ließ er nichts zwischen sich und Gott kom-
men. Er beschwerte sich noch nicht mal bei ihm.

2

Satan will Hiob weiter austesten

1 Irgendwann später gab es wieder mal ein
Meeting mit allen Ministern, die zu Gott gehör-
ten. Satan, der Feind von Gott, der immer gerne
Leute kaputt macht, kam auch plötzlich zur Tür rein.
Er kam zu Gott, weil er mit ihm reden wollte.
2 „Na? Wo hast du dich denn schon wieder rumge-
trieben?", fragte ihn Gott. „Ach, ich war mal hier
und da auf der Erde", antwortete er. 3 „Und?", fragte
ihn Gott. „Hast du auch mal bei meinem Hiob vor-
beigeschaut? So einen wie den findest du nirgends
sonst wo auf der Erde! Der ist cool drauf, er lebt voll
korrekt, er hat Respekt vor mir und macht um alle
miesen Sachen einen großen Bogen! Und er zieht
das auch immer noch durch, obwohl du mich dazu
überredet hast, ihm übel eins reinzudrücken. Dabei
hatte er das nullstens verdient." 4 „Hm, er ist ja
auch noch ganz gut bei der Sache weggekommen,
weil es ihm nicht ans eigene Leder ging. Nur um ihr
eigenes Leben zu retten, geben die Menschen ja
normalerweise alles, was sie haben. 5 Wie wäre es,
wenn es jetzt mal an seine Gesundheit gehen
würde? Wetten, dass er dann keinen Bock mehr auf
dich hat und dir den Stinkefinger zeigen würde?"
6 „Topp, die Wette gilt!", antwortete Gott. „Du
kannst ihm von mir aus die fiesesten Krankheiten
schicken, aber töten darfst du ihn nicht!" 7 Dann
verschwand Satan wieder von der Bildfläche. Jetzt
sorgte er dafür, dass Hiob am ganzen Körper Eiter-
pickel bekam, die auch noch wie verrückt juckten.
Die Teile waren überall, sogar unter seinen Füßen.
8 Hiob war total fertig, er setzte sich auf die Straße
und kratzte sich mit einer Glasscherbe an den
Pickeln rum, weil die so juckten. 9 Seine Frau meinte
zu ihm: „Sag mal, Hiob, hast du nicht langsam die
Schnauze voll von deinem Gott? Meinst du immer
noch, er wäre der beste Gott überhaupt? Vergiss
ihn! Sag ihm, er kann dich mal, und dann gib dir die
Kugel!" 10 „Sag mal, hast du denn überhaupt keinen
Respekt vor Gott? Du redest gerade totalen Dünn-
sinn! Wenn Gott etwas Gutes tut, sind wir doch
auch nicht dagegen, oder? Warum haben wir denn
jetzt plötzlich das Recht, die schlechten Sachen
abzulehnen?", antwortete Hiob und blieb einfach
gottmäßig drauf. Aus seinem Mund kam keine
Beschwerde gegen Gott.

Die Freunde von Hiob kommen zu Besuch

11 Hiob hatte eine Clique mit drei echt guten Freun-
den. Als die drei von den ganzen üblen Sachen hör-
ten, die Hiob passiert waren, kamen sie alle aus den
unterschiedlichen Orten, wo sie wohnten, um ihn
zu besuchen. Elifas kam aus Teman, Bildad aus
Schuach und Zofar aus Naama. Sie trafen sich bei
Hiob zu Hause, um ihn etwas aufzubauen und ihm
auch zu sagen, wie leid ihnen die ganze Sache tat.
12 Als sie aus ihren Autos gestiegen waren und er
ihnen aus dem Haus entgegenkam, konnten sie ihn
zuerst gar nicht erkennen, weil er so kaputt aussah.
Schließlich liefen sie zu ihm, fingen voll an zu wei-
nen und umarmten ihn. 13 Sie gingen in sein Haus
und setzten sich erst mal in seinem Wohnzimmer
auf den Boden. Sieben Tage und Nächte blieben sie
dort sitzen, ohne auch nur ein Wort zu sagen. Die
ganze Situation mit Hiob war echt zu heftig. Jeder
bekam ja live mit, was für Gigaschmerzen er die
ganze Zeit hatte und wie er auch psychomäßig total
am Ende war.

3

Hiob schiebt den Depri

1 Schließlich fing Hiob wieder an zu reden. Er
kotzte sich so richtig aus, er wünschte sich,
dass er nie geboren worden wäre. 2 Und zwar sagte
er Folgendes: 3 „Was soll der ganze Scheiß? Warum
bin ich überhaupt geboren worden? Dieses Datum
kannst du aus dem Kalender streichen! Diese
Nacht, als sie jubelten: Hurra, es ist ein gesunder
Junge! 4 Gott, tu mir einen Gefallen und lösch die-
ses Datum! An diesem Tag gibt es nix zu feiern.

5 Dieses Datum soll schwarz sein im Kalender. Kei-
nen Tag sollte man da draus werden lassen, einen
umgedrehten Eimer sollte man über die Sonne stel-
len. 6 Auch die Nacht sollte sich verstecken. Ver-
dammt, diese Geburtsnacht vergisst man am bes-
ten. 7 In dieser Nacht hätte man keine Geburt feiern
sollen und 8 diejenigen, die sich mit Verwünschun-
gen und Beschwörungen auskennen, sollen diese
Nacht verfluchen. Also die Typen, die mit solchen
Monstern wie dem Leviathan, dieser Art Monster-
krokodil, rummachen. 9 In dieser Nacht hätte es so
finster sein sollen, dass man keine Sterne sehen
kann, und die Sonne hätte nicht aufgehen sollen,
10 weil meine Mutter mich in dieser Nacht auf die
Welt gebracht hat und mir dieses Drecksleben nicht
erspart geblieben ist. 11 Warum bin ich nicht schon
gestorben, als ich noch im Bauch meiner Mutter
war? 12 Warum hat sie mich auf ihren Schoß gesetzt?
Warum bekam ich an ihrer Brust überhaupt Mutter-
milch zu trinken? 13 Wenn ich jetzt tot wäre, hätte
ich auf jeden Fall meine Ruhe. Ich würde in meinem
Grab liegen und könnte mich entspannen. 14 Wahr-
scheinlich könnte ich dann neben irgendwelchen
Präsidenten und Bürgermeistern liegen, die für sich
ganz fette Gräber haben bauen lassen. 15 Ich könnte
mit irgendwelchen Reichos abhängen, die zig Millio-
nen auf dem Konto hatten, von denen jeder vier
Porsche und zwei Swimmingpools zu Hause hatte.
16 Wenn ich doch nur eine Fehlgeburt gewesen wäre!
Dann wäre ich tot auf die Welt gekommen und
gleich begraben worden. Ich hätte nie die Sonne
gesehen. 17 Wenn man tot ist, kann einem keiner
mehr was. Auch die fiesesten Schlägertypen haben
als Leiche keine Kraft mehr. 18 Die Leute, die im
Knast sitzen, wären dort frei. Es gibt im Tod keine
Gefängniswärter, die einem ständig auf die Eier
gehen. 19 Egal, ob du Mr. Richtigwichtig oder ein
Hartz-IV-Empfänger bist, wenn man tot ist, sind alle
gleich. Auch Arbeitsverträge sind dort ungültig, es
gibt keinen großen Chef und keinen kleinen Ange-
stellten. 20 Warum hat Gott überhaupt dafür gesorgt,
dass auch die Leute, die depressiv drauf sind, das
Tageslicht sehen? Warum müssen die Menschen
überhaupt leben, die sich am liebsten die Kugel
geben würden? 21 Sie schauen ständig auf die Uhr
und warten sehnsüchtig drauf, endlich zu sterben,
aber nichts passiert. Sie sind so heiß dadrauf, end-
lich tot zu sein, als wäre es der Jackpot im Lotto am
Samstag. 22 Die können es kaum abwarten, bis sie
endlich den Löffel abgeben können, es macht ihnen
Spaß, schon jetzt ihre Beerdigung zu planen. 23 Ich
bin ein Mann, der nicht mehr weiß, wie es weiterge-
hen soll. Es kommt mir so vor, als hätte Gott mir
irgendwie den Weg abgeschnitten, und jetzt steh ich
hier mit 'nem Brett vorm Kopf. 24 Ich krieg keinen
Bissen runter, zu essen tut mir weh. Und ich heule
den ganzen Tag, mir fließen die Tränen nur so run-
ter, und ich hör nicht auf zu schreien, weil es mir so
beschissen geht. 25 Ich habe totale Angstzustände,
Paranoia und Panik. Der größte Horror, den ich
befürchtet hatte, ist nun eingetroffen. 26 Ich konnte
mich von der einen Katastrophe noch nicht mal
richtig erholen, da kam gleich die nächste um die
Ecke!"

4

Elifas' Meinung zu Hiobs Krise

1 Nachdem seine Freunde ihm lange zugehört
hatten, versuchte Elifas, dem Hiob irgendwie
zu helfen. Er sagte: 2 „Ach Mann, Hiob! Dir ist
vielleicht im Moment nicht nach Reden, aber auch
wenn es dir grad nicht so in den Kram passt, ich
muss da was loswerden! 3 Hör mal, du warst
es doch immer, der die Leute wiederaufgebaut hat,
wenn es ihnen dreckig ging. 4 Wenn jemand total
down war, dann warst du zur Stelle und hast ihn
wieder ermutigt. 5 Und jetzt, wo es dir selbst mal
so richtig beschissen geht, machst du schlapp.
6 Glaubst du nicht mehr, dass dein Respekt vor Gott
dir hilft, wenn du immer alles radikal mit ihm
durchziehst? 7 Überleg doch mal: Ist das schon mal
vorgekommen, dass einer kaputtgegangen ist, der
immer voll gottmäßig gelebt hat? 8 Also, nach
meiner Erfahrung ist es immer so, dass Menschen,
die ständig Mist bauen, auch irgendwann in der
Scheiße landen. 9 Wer mies lebt, wird irgendwann
von Gott umgepustet. Er niest nur einmal, und die
sind weg vom Fenster. 10 Leute, die so drauf sind,
haben laut gebellt und geknurrt wie ein Kampfhund,
aber Gott hat ihnen das Maul gestopft und ihnen
die Zähne gezogen. 11 Sie verhungern, weil ihnen
das Herrchen kein Chappi mehr gegeben hat, und
ihre Welpen verrecken auf der Straße. 12 Ich hab mal
geträumt, wie mir jemand 'ne Ansage machte. Der
hat mir was ins Ohr geflüstert, und ich hab voll die
Panik bekommen und am ganzen Körper gezittert.
13 Das war echt wie ein Horrortrip, den man im Tief-
schlaf manchmal erlebt, und morgens wacht man
auf und muss immer noch dran denken. 14 Das war
echt übel, der reinste Alptraum. 15 Es war so, als
hätte jemand die Tür aufgemacht, und mir würde
ein eiskalter Wind über das Gesicht blasen, ich

bekam voll die Gänsehaut. 16 Plötzlich stand so ein
Geist vor mir, wie aus einem schlechten Horrorfilm.
Ich konnte sein Gesicht nicht erkennen, nur die
Umrisse von seinem Körper. Es war unheimlich still.
Und dann fing er an zu reden: 17 ‚Ist es möglich,
dass jemand besser drauf ist als Gott? Schließlich
hat er die Menschen geschaffen, da kann ihm nun
mal keiner das Wasser reichen. 18 Gott kann noch
nicht mal den Leuten, die für ihn arbeiten, vollstän-
dig vertrauen. Auch seine Engel, die ja seine Bot-
schafter sind, kriegen was von ihm auf die Ohren,
wenn sie Fehler machen. 19 Du glaubst doch nicht
im Ernst, er würde dann den Menschen vertrauen,
die er selber gemacht hat und die er so mal eben
zermatschen kann, wenn er will, wie eine Fliege mit
einer Fliegenklatsche. 20 Nach dem Aufstehen kom-
men sie für ein paar Stunden in die Puschen, und
jeden Abend fallen sie wieder wie tot ins Bett. Und
irgendwann sterben sie alle, und keiner erinnert sich
lange an sie. 21 Stimmt doch, oder? Ist deren Uhr
abgelaufen, legen sie sich hin und sind tot. Und
gelernt haben sie in der Zeit, in der sie leben, ein-
fach gar nichts.'"

5

Es ist nicht gut, schlecht drauf zu sein

1 Elifas redete weiter: „Du kannst rumheulen,
solange du willst, Hiob, aber wer soll dir denn
helfen? 2 Depression ist doch Sterben auf Raten.
Und einer, der die Sachen nicht peilt, stirbt an dem
Ärger, den er sich ständig macht. 3 Ich kenn solche
Leute! Zuerst richtet sich so ein Idiot schön ein in
seiner Bude, doch im nächsten Augenblick hat der
Toaster einen Kurzschluss, und die ganze Bude
fackelt ab. 4 Ihre Kinder kommen nie wirklich klar im
Leben, und wenn die mal 'ne Anzeige am Hals
haben, finden sie keinen Anwalt, der ihren Fall über
nehmen würde. 5 Die Kohle, die sie mühsam ver-
dient haben, verprassen andere mit vollen Händen.
Die Ganoven zocken sich ihr Geld, selbst wenn es
fest angelegt auf der Bank liegt. Wie die Geier grei-
fen die sich alles, was ihnen nicht gehört."

Elifas' Idee: Geh zu Gott und rede mit ihm

6 Elifas sagte dann: „Katastrophen passieren nicht
automatisch, das ist einfach nicht normal, was dir
passiert ist, Hiob. 7 Viel Stress bekommt man nur,
weil die Probleme in einem selbst liegen. Das ist
normal, jeder Mensch hat das. Dass so was pas-
siert, ist genauso normal, wie dass der Rauch von
einer Kippe immer nach oben steigt. 8 Weißt du, was
ich an deiner Stelle machen würde? Ich würde mal
bei Gott anklopfen, ihm alles schildern und ihn fra-
gen, was das Ganze überhaupt soll. 9 Gott ist nichts
unmöglich, er kann alles. Er hat die Macht, Dinge
zu tun, die wir nie auf die Reihe bekommen würden,
er kann Wunder tun ohne Ende. 10 Er besprenkelt
zum Beispiel alle Felder auf der Erde mit Regen,
damit sie genug Wasser haben. 11 Wenn jemand
gefrustet ist, baut Gott ihn wieder auf. Wer ganz
unten ist, wird von ihm wieder hochgebracht. Wenn
jemand traurig ist, wird er durch Gott wieder fröh-
lich. 12 Die Schlaumeier legt er rein, wenn sie was
Übles planen. Wenn sie es probieren, geht das Ding
nach hinten los. 13 Die Leute, die sich was auf ihre
Bildung einbilden, zieht er einfach ab. Und die mie-
sen Typen, die immer alles besser wissen, fallen auf
die Fresse. 14 Obwohl es überall hell ist, können sie
nichts sehen, selbst gegen zwölf Uhr Mittag tappen
sie total im Dunkeln. 15 Die Kaputten und Fertigen
beschützt er. Wenn sie angeklagt oder mit Waffen
bedroht werden, dann ist er da. 16 Die Leute, die
ganz unten sind, bekommen so wieder Hoffnung,
und fiese Typen müssen ihre Fresse halten. 17 Hey,
wer von Gott bestraft wird, kann sich echt freuen!
Wenn Gott gerade ein paar Erziehungsmaßnahmen
mit dir durchzieht, dann wehre dich nicht dagegen.
18 Wenn er jemanden verwundet, dann sorgt er auch
für die Heilung. Wenn seine Hand mal zuschlägt,
dann kann er mit derselben Hand auch alles wieder-
gutmachen. 19 Egal, wie oft du in eine Katastrophe
reinschlitterst, er holt dich da immer wieder raus. Er
passt auf dich auf, dass dir niemand wirklich was
kann. 20 Bei der nächsten Wirtschaftskrise sorgt er
für dich, damit du immer genug zu essen auf dem
Tisch hast. Und wenn es Krieg gibt, passt er auf,
dass die Kugeln dich nicht treffen. 21 Er beschützt
dich, wenn Gerüchte über dich verbreitet werden.
Und selbst, wenn etwas wie eine Bombe in dein
Leben einschlägt, musst du keine Angst haben.
22 Über Angst und Schläge wirst du nur noch lachen,
und auch die fiese Skinheadgang aus der Nachbar-
schaft kann dich völlig kaltlassen. 23 Selbst in der
gegnerischen Fankurve bist du sicher, und der
gefürchtete Schlägertyp aus der Siedlung lässt dich
in Ruhe. 24 Keiner betritt dein Zimmer, niemand
fackelt euer Haus ab, und dein Fahrrad wird auch
nicht geklaut. 25 Du wirst sehen, wie sich deine Kin-
der vermehren, es werden so viele wie die Gras-
halme im Stadtpark. 26 Und wenn du dann schließ-
lich stirbst, wirst du richtig alt sein. Das ist so, wie
man den Weizen auch erst erntet, wenn er schön

reif und goldgelb ist. 27 Wir haben das alles ausge-
checkt, Hiob, das stimmt echt! Das musst du dir
gut merken, hörst du?!"

6 Hiobs Reaktion auf Elifas' Ansage

1 Hiob antwortete: 2 „Wenn man versuchen
würde, meinen Frust zu messen und meine
Depression und meine Schmerzen auf eine Waage
zu packen, würde das Teil sofort kaputtgehen. 3 Die
wiegen mehr als eine Million Tonnen! Ist doch nor-
mal, dass ich da etwas verwirrte Sachen sage, oder?
4 Ich bin durch die Kugeln von Gott schwer verwun-
det worden. So heftig, als hätte er mich mit einem
Kopfschuss getroffen, er greift mich wie eine Armee
im Krieg an. 5 Hunde, die ihr Chappi bekommen,
hören sofort auf zu bellen, eine Katze, die ihr Whis-
kas bekommt, hört auf zu miauen. 6 Aber wer mag
schon ein Essen ganz ohne Salz? Und wer mag ver-
gammelten Käse aus der Mülltonne? 7 Genauso
krieg ich das Kotzen, wenn ich nur an meine üble
Situation denke. 8 Warum sitzt Gott auf seinen
Ohren, wenn ich zu ihm bete? Ich hoffe so sehr,
dass er das tut, was ich mir von ihm wünsche. 9 Er
soll sich endlich dazu entschließen, mich aus sei-
ner Datei zu löschen. Er soll aufhören, in meinem
Leben rumzufuchteln, und mich einfach töten.
10 Damit würde er mir noch ein letztes Mal einen
Gefallen tun, ich würde mich noch mal freuen kön-
nen, obwohl es mir total dreckig geht. Ich wäre sehr
happy, weil ich Gottes Worte nicht in den Dreck
gezogen habe. Denn ich habe immerhin die ganze
Zeit echt alles mit ihm durchgezogen. Ich hab alles
getan, was dieser ganz besonders krasse Gott von
mir wollte. 11 Wo soll ich jetzt noch Kraft herneh-
men, um weiterzuleben? Wo soll ich meine Hoff-
nung herkriegen? 12 Wofür der ganze Scheiß über-
haupt? Seh ich so aus, als ob ich die Kraft vom
Terminator hätte oder so gebaut wäre wie Rambo?
Heiß ich Chuck Norris, oder was? Was soll aus mei-
nem Leben noch werden? Warum sollte ich das
Ganze noch länger aushalten? 13 Es gibt keine Hilfs-
organisation, die mir jetzt helfen könnte! Es gibt
keinen, der mich aus der Situation noch wirklich gut
rausholen könnte. 14 Wenn in so einer Sache jemand
keine Freunde mehr hat, die nett zu ihm sind, dann
ist er echt am Ende. Er wird dann auch den Respekt
vor Gott verlieren. 15 Aber auch meine Freunde ste-
hen anscheinend nicht wirklich zu mir. Sie sind so
wie Bierfässer, die auf der Party plötzlich leer sind.
16 Die Feier läuft schon ein paar Stunden, und dann
ist plötzlich nur noch Schaum in den Fässern. 17 Der
Partykeller war wohl zu warm, die Fässer sind fast
ausgetrocknet. 18 Einige Gäste verlassen die Party,
sie sterben vor Durst. 19 Sie suchen 'ne Tanke oder
'nen Kiosk, um noch irgendwo ein Bier aufzutrei-
ben. 20 Aber sie haben keinen Erfolg: Obwohl sie die
ganze Nacht suchen, stehen sie doch nur frustriert
vor verschlossenen Türen. 21 Genauso seid ihr ge-
rade für mich! Ihr seht die ganzen bescheuerten
Sachen, dir mir passiert sind, und bekommt da-
durch selber Angst. 22 Hab ich euch vielleicht
gefragt, ob ihr für mich einen Hilfsfonds gründen
und auf Spendensammlung gehen sollt? Oder
wollte ich irgendwas von eurer Kohle haben? 23 Oder
wollte ich vielleicht von euch, dass die GSG 9 hier
antanzt, um mich von irgendwelchen Entführern zu
befreien? 24 Wenn ihr eine gute Antwort auf meine
Probleme habt, dann nix wie her damit! Ich werde
mein Maul halten und euch zuhören, versprochen!
Wenn ich irgendwo danebenliege, dann erklärt mir
das bitte! 25 Die Wahrheit bringt's voll, aber euer
Gelaber hilft mir echt nicht weiter. 26 Habt ihr vor,
mich anzuzählen, weil ich so einen Müll geredet
hab? Ich bin voll fertig, und ihr glaubt auch noch,
ich laber nur rum! 27 Wie seid ihr denn bitte drauf?
Ihr würdet ja sogar Heimkinder bei E-Bay verstei-
gern, und wenn der Preis stimmt, würdet ihr auch
noch einen Freund an die Bullen verraten. 28 Jetzt
macht mal eine Ansage: Denkt ihr, dass ich euch
nur Schwachsinn erzählt habe, oder was? 29 Denkt
doch mal in eine andere Richtung! Seid nicht unge-
recht, Leute! Ich hab nichts verbrochen, das ist doch
ganz eindeutig! 30 Ich hab es echt nicht übertrieben!
Aus meinem Mund kam immer nur die reine Wahr-
heit! Ich würde es doch merken, wenn hier etwas
falsch läuft!"

7 Kann Gott die Menschen nicht mal in Ruhe lassen?

1 Hiob war aber noch nicht fertig: „Besteht das
ganze Leben nicht nur aus Krampf, Quälerei und
Nervkram? Jeden Tag muss ein Mensch wie blöd
arbeiten und bekommt dafür gerade mal einen
Hungerlohn. 2 Im Grunde ist es so wie bei einem
Arbeiter, der in der stechenden Mittagssonne auf
der Baustelle schuften muss und die ganze Zeit
davon träumt, in einen kühlen Pool springen zu
dürfen. Oder es ist so wie bei der Frau beim Lidl an
der Kasse, die sich schon am Monatsanfang auf die
Gehaltsüberweisung freut. 3 Mir geht es genauso.

Seit Monaten dämmer ich hier sinnlos vor mich hin. Viele Nächte lag ich wach in meinem Bett und hatte Depressionen. [4] Morgens zähle ich die Stunden, bis der Tag endlich vorbei ist. Und wenn ich mich pennen gelegt hab, frag ich mich, wann diese schreckliche Nacht endlich zu Ende geht. [5] An meinem Körper hab ich überall Pickel, die voll von gelbem Eiter sind; sie stinken, und es tummeln sich sogar weiße Maden drin. [6] Jeden Tag schieb ich voll den Depri und hab überhaupt keine Hoffnung, dass es mal besser werden wird. Mein Leben ist so schnell vorbei wie 'ne Fahrt in der Achterbahn. [7] Ich werde nie mehr vergessen, dass mein Leben im Grunde nur wie ein Furz ist. Mir wird es nie wieder richtig gutgehen. [8] Im Moment lebe ich noch, und ihr könnt euch noch mit mir treffen, wenn ihr wollt. Aber bald bin ich tot, dann bin ich nicht mehr da, ihr werdet mich dann nicht mehr sehen. [9] Die Wolken am Himmel kommen und gehen, mal lösen sie sich auf, dann sind sie wieder da. Genauso ist das, wenn einer stirbt. Er ist einfach nicht mehr da. Aus dem Grab kommt man nicht wieder zurück. [10] Er wird nie mehr nach Haus kommen, und bald hat man ihn vergessen. [11] Darum werde ich mein Maul nicht halten. Ich will alles sagen, was mir gerade so einfällt. Ich lasse meinen Frust einfach raus. [12] Hey, Gott, bin ich irgendwie zu gefährlich, oder was? Bin ich irgend so ein Top-Terrorist, dass du mich so krass bewachen musst? [13] Wenn ich mich unter der Bettdecke verkriechen will, damit ich mich da wenigstens etwas ausheulen kann, [14] dann sorgst du dafür, dass ich irgendwelche Horrorträume hab! Auch mit diesen schlimmen Nächten [15] sorgst du dafür, dass ich lieber tot wäre, als weiterzuleben. [16] Ich hab die Schnauze gestrichen voll! Ich will nicht ewig so weitermachen. Lass mich in Ruhe! Mein Leben ist sowieso für 'n Arsch. [17] Warum ist dir der Mensch überhaupt so wichtig, Gott? Warum kümmerst du dich überhaupt so um ihn? [18] Jeden Morgen testest du ihn wieder neu aus. Jeden Tag checkst du ihn ab. [19] Kannst du mich nicht mal für einen Moment in Ruhe lassen? Darf ich bitte wenigstens einmal atmen, ohne dass du mir dabei zusiehst? [20] Was hab ich denn jetzt so Großes verbrochen, verdammt? Hab ich irgendwas getan, was du nicht so toll fandest, du großer Oberschiedsrichter der Menschen? Was hast du plötzlich gegen mich, dass ich zu deiner Zielscheibe geworden bin? Nerv ich dich, oder was? [21] Kannst du mir nicht einfach den ganzen Mist vergeben, den ich gemacht habe? Kannst du meine Fehler nicht einfach mal vergessen? Bald bin ich endlich tot, dann wird meine Leiche verbuddelt, und gut ist. Dann kannst du mich lange suchen, ich bin dann mal weg."

8 **Der nächste Freund warnt Hiob**

[1] Als Nächstes fing Bildad von Schuach an, Hiob zuzutexten: [2] „Wie lange willst du noch so rumlabern, Hiob? Das ist doch alles heiße Luft, was du hier von dir gibst! [3] Glaubst du echt, Gott dreht fiese Dinger? Denkst du wirklich, er hält sich nicht an seine eigenen Gesetze? Meinst du, er dreht sich die Sachen so, wie er gerade lustig ist? [4] Ganz bestimmt nicht! Bestimmt haben deine Kinder richtig Mist gebaut, und darum hat er sie auch dafür bestraft. [5] Ich sag dir, wenn du nur wirklich anfangen würdest zu beten, wenn du Gott anbetteln würdest, dass er wieder nett zu dir ist, [6] dann würde er dir bestimmt helfen. Natürlich vorausgesetzt, du hast selbst keinen Mist gebaut. Er würde extra für dich auftauchen und alles wiedergutmachen. Er würde dafür sorgen, dass die ganzen Sachen mit dir und deiner Familie wieder in Ordnung kommen. [7] Irgendwann wirst du zurückschauen und feststellen, dass Gott am Ende alles wieder genial zusammengebastelt und gutgemacht hat. [8] Lies doch mal ein paar Geschichtsbücher! Forsche mal nach, was die Leute, die vor dir gelebt haben, so alles lernen konnten. [9] Wir leben ja im Verhältnis dazu gerade mal ein paar Sekunden, wenn man bedenkt, wie alt die Erde ist. [10] Die Männer, die vor dir gelebt haben, können dir noch 'ne Menge beibringen, sie haben voll viele gute Gedanken und Erfahrungen gesammelt. [11] Nur in einem sehr feuchten Gebiet, wo sehr matschiger Boden ist, kann auch Schilf wachsen. [12] Wenn das Wasser aber weg und der Boden trocken ist, vertrocknet die Schilfpflanze. Das geht schneller, als du gucken kannst, da ist sie schon verwelkt. [13] Und genau das Gleiche passiert mit allen Menschen, die Gott vergessen haben. Wenn jemand ohne Gott lebt, lebt er ohne Hoffnung. [14] Er hat seine Hoffnung auf heiße Luft gesetzt, er hat sein Leben an einen dünnen Wollfaden gehängt. [15] Wenn er denkt, dass er in seinem Haus sicher ist, dann bricht es in sich zusammen; er versucht, sich daran anzulehnen, aber die Mauer stürzt dabei ein. [16] Aber wenn die Sonne scheint, dann geht es ihm gut. Sein Leben entwickelt sich super, genauso wie eine Pflanze in der Sonne voll abgeht. Ihre Zweige werden immer länger und ranken sich an der Wand hoch. [17] Sie wuchern an der Steinmauer entlang, die

Wurzeln wachsen zwischen den Steinen durch und
finden dort ihren Halt. 18 Wenn sie dann aber mal
unten aus dem Boden rausgerissen wird, vertrock-
net sie schnell, und dann weiß nach einer Zeit kei-
ner mehr, wo sie überhaupt mal gewachsen ist. 19 So
funktioniert das auch mit den Menschen. Ihr Leben
ist irgendwann zu Ende, und an ihrer Stelle kom-
men schnell andere Leute. 20 Wer korrekt lebt, wird
von Gott nicht im Stich gelassen, aber wer link
drauf ist, bekommt keine Hilfe von ihm. 21 In der
Zeit, wo Gott dich wieder zum Lachen bringt und
dafür sorgt, dass du vor Freude rumbrüllst, 22 wer-
den die Leute, die dich nicht abkönnen, dumm aus
der Wäsche gucken, sie werden ziemlich blöd daste-
hen, es wird nur peinlich für sie werden. Menschen,
die nicht mit Gott leben, werden auf Dauer von der
Bildfläche verschwinden."

9

Hiob sagt: Gott sitzt sowieso immer am längeren Hebel

1 Hiob antwortete: 2 „Ja, ich hab auch kapiert,
dass es so läuft. Es gibt aber einfach keinen Men-
schen, der für Gott vollkommen okay ist. 3 Wenn ein
Mensch Bock drauf hätte, gegen Gott Anzeige zu
erstatten, dann könnte er ihm vor Gericht jede
Menge fieser Fragen stellen, Gott hätte immer die
bessere Antwort parat. 4 Gott hat einfach so einen
krassen Schnall von allem, und er hat so eine gigan-
tisch große Power, da gibt es keinen, der ihm das
Wasser reichen könnte. Und wer ihm widerspricht,
kriegt am Ende eins auf die Mütze. 5 Gott kann
ganze Berge von einer auf die nächste Sekunde an
eine andere Stelle beamen. Und wenn er sauer ist,
dann könnte er so ein Teil locker mit einem Blick
wegsprengen. 6 Er tritt mit seinem Fuß gegen die
Erde, und der ganze Planet fängt an zu wackeln.
7 Gott braucht nur ein Wort zu sagen, und die Sonne
hört auf zu leuchten und die Sterne auch. 8 Er hat
das ganze Universum organisiert. Übrigens kann
auch nur Gott auf dem Wasser gehen. 9 Die ganzen
Planetensysteme und Sternenkonstellationen hat er
auch gemacht. Den Großen Wagen, den Orion, das
Siebengestirn, die Milchstraße, das war alles seine
Idee. 10 Gott kann einfach so gigantisch große Dinge
tun, dass kein Wissenschaftler sie wirklich richtig
erforschen kann. Und die ganzen Wunder von ihm
kann niemand wirklich korrekt auflisten, es sind zu
viele. 11 Dabei ist er wie ein Geist, er ist unsichtbar.
Gott ist zwar in meinem Zimmer, aber ich kann ihn
nicht sehen. Er geht an mir vorbei, aber ich spüre
das noch nicht mal. 12 Er nimmt das Leben von
einem Menschen, und keiner kann ihn dadran hin-
dern. Niemand kann ihn von der Seite anmachen,
so nach dem Motto: ‚Hey, Mann, was soll das?'
13 Wenn Gott sauer ist, dann kann ihn keiner stop-
pen. Selbst die fiesesten Dämonen müssen ihm
gehorchen. 14 Wie soll dann ausgerechnet ich kleine
Wurst mit ihm reden? Wie soll ich mich da rich-
tig ausdrücken können? Was wären die richtigen
Worte? 15 Selbst wenn ich überhaupt nichts ausge-
fressen hätte, könnte ich mich nicht gegen ihn weh-
ren. Er ist der Chef, er macht die Ansagen, er ist der
Richter. Selbst wenn ich total okay leben würde,
könnte ich auf Gottes Fragen nix Korrektes antwor-
ten, sondern nur bei ihm um Gnade winseln. 16 Und
selbst wenn er mir antworten würde, auf meine
Wünsche würde er garantiert nicht eingehen. 17 Gott
schickt mir einen heftigen Orkan, er bläst mich ein-
fach um. Er macht mich ohne Vorwarnung einfach
fertig, er schlägt mich so, dass ich überall blaue
Flecken bekomme. 18 Ich kann zwischendrin noch
nicht mal Luft holen, da kommt gleich der nächste
Schlag in den Magen. So sorgt er dafür, dass ich
ganz finster draufkomme. 19 Mal im Ernst, er ist mir
doch in allen Belangen haushoch überlegen! Zum
Beispiel in Sachen Macht und Power, da hab ich
keine Chance! Und wenn man ihn vor Gericht zer-
ren will, ist doch echt die Frage, wer ihn dazu zwin-
gen könnte, überhaupt zur Verhandlung zu kom-
men. 20 Und selbst wenn ich in allen Punkten
hundertprozentig recht hätte, ich brauch nur den
Mund aufzumachen, und schon bau ich wieder
Mist. Auch wenn ich superokay leben würde, könnte
Gott mir immer noch einen reindrücken und mich
verurteilen, wenn er will. 21 Dabei lebe ich echt kor-
rekt! Aber jetzt hab ich keinen Bock mehr zu leben.
22 Das ist der Grund, warum ich jetzt der Meinung
bin: Egal, ob man das tut, was Gott will, oder ob
man es nicht tut, kaputt macht er sie alle. 23 Wenn
plötzlich das Chaos da ist, wenn Menschen leiden,
obwohl sie nichts ausgefressen haben, dann macht
er sich doch über sie lustig. 24 Die Welt ist in der
Hand von Betrügern, denen das Gesetz egal ist. Mal
im Ernst, wenn da nicht Gott selbst für gesorgt hat,
wer dann? 25 Mein Leben vergeht schneller als der
Schall, und ich hab in der ganzen Zeit einfach kein
Glück gehabt. 26 Es ging so schnell vorbei wie ein
Düsenjet, der über einen wegfliegt. Wie ein Schlit-
ten auf der Rodelbahn zischt es an einem vorbei.
27 Manchmal führe ich mit mir Selbstgespräche.
Dann sag ich: ‚Nun komm schon, ist doch alles

halb so wild. Mach dir nicht in die Hose. Jetzt lach doch mal wieder!‘ 28 Aber dann hab ich im nächsten Augenblick schon wieder voll die Panik vor den ganzen Schmerzen, die kommen könnten. Mir ist einfach klargeworden, dass du, Gott, mich nicht ungestraft davonkommen lässt. 29 Ich mein: Ich muss ja irgendwas ausgefressen haben! Sonst macht der ganze Scheiß einfach keinen Sinn! 30 Selbst wenn ich drei Stunden duschen und meine Haut mit einer Scheuermilch reinigen würde, 31 würdest du mich vermutlich im nächsten Augenblick in die nächste Güllegrube schmeißen. Dann würde ich so sehr stinken, dass sich sogar meine Klamotten vor mir ekeln würden. 32 Wenn Gott ein Mensch wäre, würde ich ihn sofort anzeigen. Das wäre meine Antwort auf die Art und Weise, wie er gerade mit mir umspringt. 33 Wenn es doch nur einen Schiedsrichter geben würde, der zwischen uns beiden vermitteln könnte! 34 Wenn es den gäbe, müsste Gott endlich aufhören, mir ständig eine reinzuhauen, und er dürfte mir dann keine Angst mehr machen. 35 Dann würde ich meinen Fall vortragen können, ohne dabei Angst zu haben. Ich kann mich nicht dadran erinnern, irgendetwas Falsches gemacht zu haben.“

10 Hiob sagt: Gott macht mich fertig

1 Hiob redete weiter: „Mein ganzes Leben kotzt mich an! Und ich will meinen Frust hier auch rauslassen, ich will dadrüber reden, was mich so kaputt gemacht hat und was mir weh tut. 2 Und ich sage dabei zu Gott: Bitte mach mich nicht total kaputt! Und sag mir endlich, warum du mich überhaupt so anzählst! Was hab ich denn so Schlimmes verbrochen? 3 Bist du so sadomäßig unterwegs, oder was? Macht es dir Spaß, wenn du Leute kaputt machst, die du mal gebaut hast? Und den ganzen fiesen Typen hilfst du auch noch, wenn sie irgendwelche Leute abziehen? 4 Kannst du dich nicht in die Menschen einfühlen? Kannst du die Dinge nicht so sehen, wie wir Menschen sie sehen? 5 Vergeht denn für dich die Zeit so wie für uns? Hast du nicht ein ganz anderes Zeitgefühl als wir? 6 Warum sind dir meine Fehler so wichtig? Warum checkst du mein Leben so krass ab, ob ich irgendwo Mist gebaut habe? 7 Und das, obwohl du weißt, dass ich nichts ausgefressen habe. Außerdem weißt du auch, dass es niemanden gibt, der mich vor dir retten kann. 8 Zuerst wurde ich von dir in Handarbeit hergestellt, und jetzt wirfst du mich in den Müll. 9 Denk doch mal dran: Du hast mich aus Matsch gemacht! Willst du mich jetzt wirklich wieder zu einem Matschklumpen zerquetschen? 10 Hast du mich nicht damals wie aus Knetmasse geformt und dann aushärten lassen? 11 Hast du nicht dafür gesorgt, dass an mir Haut, Knochen, Sehnen und Muskeln gewachsen sind? 12 Weil du mich liebst, hast du mir erlaubt, dass ich überhaupt leben darf, und mein Innerstes wurde von dir beschützt. 13 Aber jetzt ist mir klar, dass du die ganze Zeit eigentlich was ganz anderes mit mir vorhattest. 14 Du wolltest mich austesten, ob ich irgendwann mal Mist baue oder nicht. Und dann hättest du mir meinen Mist nicht verziehen, und ich wäre dran gewesen. 15 Wenn ich Mist baue, dann krieg ich richtig eins drauf! Und wenn ich keinen Mist baue, kann ich immer noch nicht aufrecht rumlaufen, ich muss ständig den Kopf einziehen. Ich bin total blamiert und als Krönung noch in der absoluten Krise. 16 Und wenn ich mal was auf die Reihe kriege, dann wärst du sofort hinter mir her und würdest mir eine Mordsangst einjagen, weil du einfach viel stärker bist als ich. Aber dann würdest du wieder gute Sachen bringen, über die ich einfach nur staunen kann. 17 Es wäre kein Problem für dich, vor Gericht noch ein paar mehr Zeugen aufzufahren, die gegen mich aussagen würden. Dann hättest du noch mehr Grund, sauer auf mich zu sein. Es würden wie im Schichtwechsel immer wieder neue Feinde auftauchen und gegen mich kämpfen. 18 Warum bin ich überhaupt geboren worden, Gott? Wenn ich wenigstens bei der Geburt gestorben wäre, dann hätte mich nie ein Mensch gesehen. 19 Am besten alles in einem Abwasch: direkt aus der Gebärmutter ins Grab, dann wäre es so, als wäre ich nie am Leben gewesen. 20 Ich bin sowieso bald tot. Also lass mich bitte in Ruhe noch meine letzten Tage leben, damit ich wenigstens wieder etwas besser draufkomme als jetzt. 21 Bald verschwinde ich von hier. Dann bin ich endlich tot, im absoluten Nichts. 22 Dort ist es nur megadunkel, und das totale Chaos herrscht da. Selbst wenn man dort eine Lampe anmachen würde, wäre das Licht schwarz.“

11 Zofar ist an der Reihe: Nicht Gott, sondern du bist schuld

1 Jetzt fing Zofar aus Naama an, Hiob seine Meinung zu sagen: 2 „Was schwallst du uns hier so zu, Hiob? Auf diesen Stuss, den du da von dir gibst, muss man einfach was antworten! Oder glaubst du, wer viel redet, hat immer recht? 3 Willst du uns jetzt

vollabern, damit dir auch ja keiner mehr richtig antworten kann? 4 Du meintest ja, dass alles, was du sagst, hundertpro stimmt und dass du immer alles richtig gemacht hast. 5 Am liebsten wär's mir jetzt, dass Gott dir mal die Meinung geigen würde. 6 Gott würde als Erstes ganz deutlich machen, dass er voll den Überblick hat und dass wir überhaupt nicht schnallen können, was in Wirklichkeit alles passiert. Kapierst du nicht, dass Gott viele von deinen Fehlern nicht bestraft hat? 7 Glaubst du im Ernst, du könntest vollkommen ausloten, wie Gott eigentlich drauf ist? Denkst du wirklich, du könntest dem perfekten und gigantischen Gott in die Karten gucken? 8 Hey, Mann, Gott ist noch viel größer als die Strecke von hier bis zu den Wolken da oben! Er ist so gigantisch, dass du nie in der Lage sein wirst, ihn wirklich ganz zu begreifen. 9 Er ist viel größer als die ganze Erde und breiter als das ganze Meer. 10 Wenn Gott jemanden anzeigen und vor ein Gericht schleppen will, wer sollte ihn bitte daran hindern können? Niemand! 11 Er kennt die Menschen ganz genau, die link unterwegs sind. Er muss sich keine große Mühe geben, um mitzubekommen, wenn jemand Mist baut. 12 Kann ein total bekloppter Hirni den Physiknobelpreis gewinnen? Oder ist ein Esel in der Lage, ein menschliches Baby zu zeugen? 13 Also, mein Tipp für dich sieht so aus: Fang an zu beten! Denk nur noch an Gott, rede mit ihm, bete zu ihm! 14 Aber bevor du das tust, solltest du dich erst mal anständig sauber machen, auch innerlich. Und lass nicht zu, dass bei dir zu Hause Scheiße gebaut wird. 15 Dann kannst du ganz locker mit Gott reden, ohne schlechtes Gewissen. Du brauchst dann auch keine Angst mehr vor ihm zu haben, du bist ja dann sauber. 16 Zieh das durch, und dann kannst du den ganzen Scheiß, der dir passiert ist, bald vergessen. Der wird einfach wegfließen, wie das Wasser, das in deiner Dusche durch den Abfluss rauscht. 17 Dann wird alles wieder gut. Dein Leben kommt wieder in Ordnung, und alles wird sogar noch viel besser werden, als es vorher war. Ist doch immer so, nach jeder Nacht kommt wieder ein Tag. 18 Du wirst wieder in der Lage sein zu vertrauen, weil es Grund dafür gibt, Hoffnung zu haben. Du kannst wieder nach vorne gucken, ohne Angst, weil du in Sicherheit bist. 19 Voll entspannt wirst du auf deinem Bett liegen, und keiner wird dir was anhaben können. Es werden sogar viele Leute bei dir angekrochen kommen und sich bei dir einschleimen wollen. 20 Aber Menschen, die ohne Gott leben, werden irgendwann versagen. Sie haben keinen Ort, wohin sie fliehen können, und wenn sie voll depressiv sind, ist ihre einzige Hoffnung, sich die Kugel zu geben."

12

Hiob ist unzufrieden mit seinen Freunden

1 Hiob antwortete: 2 „Ganz toll, Leute! Was für ein Glück, dass es solche Intelligenzbolzen wie euch noch gibt, sonst würde der Durchschnitts-IQ der ganzen Welt schwer absacken ... 3 Mann, ich bin doch kein Vollhorst! Ich hab genauso viel im Hirn wie ihr! Das kann euch jeder bestätigen, der mich kennt. 4 Ich habe Gott um Hilfe gebeten und werde dafür von meinen Freunden verarscht? Obwohl ich nichts ausgefressen habe, werde ich zum Schwachmaten abgestempelt. 5 Echt super! Wer unten liegt, auf den wird auch noch getreten, und wenn jemand eine Pechsträhne hat, lachen die anderen ihn noch aus. 6 Die Häuser, wo die Terroristen wohnen, kriegen keinen Kratzer ab. Und die Leute, die Gott provozieren und meinen, sie wären toll und könnten alles, die leben in Sicherheit! 7 Wir könnten ja mal die Tiere interviewen... Die Kühe oder die Vögel würden euch bestimmt dasselbe erzählen. 8 Auch die Fische wären der gleichen Meinung, selbst die Pflanzen, wenn ihr sie fragen könntet. 9 Alles, was lebt, die ganze Natur, weiß, dass sie von Gott gemacht wurde. 10 Er hat die Macht, er kann bestimmen, was leben darf und was nicht. Das gilt auch für die Menschen. 11 So wie man mit der Zunge testen kann, ob ein Essen schmeckt oder nicht, so kann das Ohr Worte aufnehmen und sie mit dem Verstand testen. 12 Man sagt ja, dass die Omas und Opas viel kapiert hätten, weil sie schon so lange leben und in der Zeit viel lernen konnten. 13 Aber Gott dürfte doch viel mehr wissen, er hat die besten Ratschläge, er hat den Schnall vom Leben. 14 Und wenn er etwas kaputt macht, wird keiner das wieder aufbauen können. Wenn er jemanden in den Knast steckt, kommt der nie wieder frei. 15 Wenn Gott den Hahn zudreht, wird es nicht mehr regnen, und wenn er ihn aufdreht, kommt eimerweise Wasser vom Himmel runter und überflutet die ganze Erde. 16 Er hat die Power, er hat den Schnall vom Leben, er weiß alles. Egal, ob man selbst verwirrt ist oder andere dazu bringt, verwirrt zu sein, jeder gehört letztendlich ihm. 17 Der Matheprofessor scheitert beim Einmaleins, wenn Gott das will. Richter und Anwälte verarscht er. 18 Diktatoren, Präsidenten und mächtige Politiker lässt er in Handschellen abführen. 19 Er setzt Pastoren und Priester ab. Ganze Generationen lässt er aussterben. 20 Ange-

sagte Talkmaster bringt er zum Stottern, schlaue Menschen werden durch ihn bekloppt. 21 Leute, die von allen Respekt bekommen haben, macht er lächerlich. Und dem Boxchampion lässt er die Hosen runterrutschen. 22 Er sorgt dafür, dass Verschwörungen auffliegen und nicht länger geheim bleiben. 23 Gott sorgt dafür, dass ganze Länder stark werden und wachsen, und er sorgt auch dafür, dass sie pleite- und zugrunde gehen. Er macht sie groß, und er vernichtet sie auch wieder. 24 Die Präsidenten, Bundeskanzler und die anderen Mächtigen der Welt macht er lächerlich. Er führt sie in die Irre, in den Wahnsinn und lässt sie dort auch. 25 Sie sind wie in einem Zimmer, wo man die Fenster komplett verdunkelt und das Licht ausgemacht hat. Oder sie sind wie einer, der total stoned und besoffen auf der Straße rumtorkelt, weil er überhaupt nix mehr peilt."

13 Hiob: Haltet doch bloß mal die Fresse

1 Hiob war noch nicht fertig: „Ich hab euch jetzt lange zugehört und alles mitbekommen, was ihr mir so erzählt habt. 2 Die ganzen Sachen hab ich ja auch schon lange kapiert, ich bin doch nicht doof. 3 Eigentlich sollte ich gar nicht mit euch über das alles hier labern, sondern mit Gott! Mit ihm, dem gigantischen Gott, hab ich ja ein Problem. 4 Ihr seid ja auch nur dumm wie Brot, ihr habt überhaupt keinen Schnall, was hier gerade abläuft. Ihr seid wie arrogante Ärzte, die so tun, als hätten sie eine Wundermedizin gegen jede Krankheit erfunden. 5 Wenn ihr wenigstens mal euren Mund gehalten hättet, dann hätte man nicht bemerkt, dass ihr nichts in der Birne habt. 6 Jetzt stellt eure Lauscher auf Empfang, damit ich euch mal was reindrücken kann: 7 Macht ihr das eigentlich für Gott, dass ihr hier so einen Dünnsinn verbreitet? 8 Seid ihr auf seiner Seite? Wollt ihr etwa Gottes Anwalt spielen? 9 Was denkt ihr, wie würdet ihr abschneiden, wenn er jetzt eure Gedanken liest? Denkt ihr, dass ihr Gott genauso täuschen könnt, wie man Menschen gern mal verarscht? 10 Er wird bestimmt ganz schön sauer sein, wenn er mitbekommt, dass ihr so ungerecht seid und ihn bevorzugt, nur weil er Gott ist. 11 Dann werdet ihr mächtig Schiss vor seiner heftigen Art bekommen. 12 Eure tollen Sprüche könnt ihr euch sonst wohin stecken, und eure Argumente sind echt für den Arsch. 13 Haltet endlich die Fresse, jetzt sag ich mal meine Meinung! Es ist mir egal, was dann mit mir passiert! 14 Was hab ich noch zu verlieren? Warum sollte ich mich jetzt noch zusammenreißen? 15 Gott wird mich sowieso töten. Ich warte schon die ganze Zeit dadrauf. Aber vorher will ich ihm noch mal meine Meinung ins Gesicht sagen! 16 Wenn ich so weit komme, wäre das schon mal die halbe Miete, ich wäre gerettet. Denn normalerweise kommen Leute, die immer nur Mist bauen, und so einer soll ich ja sein, nicht wirklich bis zu ihm durch. 17 Jetzt hört mir mal zu! Ich will euch meinen Fall noch mal ausführlich verklickern. 18 Ich bin für eine Gerichtsverhandlung gut vorbereitet und bin mir ganz sicher, dass ich die gewinnen würde. 19 Es gibt keinen Gegner, mit dem ich es dabei nicht aufnehme. Wenn einer kommt und mich besiegt, sag ich nichts mehr, versprochen. 20 Nur zwei Sachen möchte ich von dir, Gott, dann werde ich mich dir hundertprozentig stellen. 21 Erstens will ich, dass du mir mal eine Pause gönnst! Hör auf damit, mir immer wieder diese Depressionen und Angstzustände reinzudrücken! 22 Wenn du das machst, werde ich dir auf jede Frage eine ehrliche Antwort geben. Oder ich stell dir Fragen, und du antwortest mir. 23 Und dann beantworte mir zweitens mal ein paar Fragen. Ich würde zum Beispiel gerne wissen, wie viel Mist ich denn jetzt konkret gebaut habe? Was steht alles zwischen uns? Ich will endlich hören, was ich alles verbrochen haben soll! 24 Warum bist du plötzlich nicht mehr nett zu mir? Warum versteckst du dich? Warum bin ich auf einmal dein größter Feind, hä? 25 Macht dir das Spaß, auf einer halbtoten Maus auch noch rumzutrampeln? Findest du das witzig, einem kleinen Schmetterling die Flügel auszureißen? 26 Du hast mich zu echt harten Strafen verknackt, und den Mist, den ich als Jugendlicher irgendwann mal verbockt habe, muss ich jetzt wohl ausbaden. 27 An meine Füße hast du eine elektronische Fußfessel gelegt, über einen Peilsender verfolgst du jeden Schritt von mir, alles, was ich tue, wird aufgezeichnet. 28 Ich setze schon Schimmel an, wie ein alter Apfel in einer Plastiktüte. Wie eine angematschte Banane gammel ich langsam vor mich hin."

14 Hiob: Für Gott sind die Menschen der letzte Dreck

1 Hiob sagte weiter: „Menschen werden irgendwann von einer Frau geboren, leben dann ein paar Jahre auf der Erde, und in dieser Zeit sind sie immer voll hektisch unterwegs. 2 Im Grunde ist es bei ihnen so wie mit einer Tulpe. Eben war sie noch aufgeblüht, und ein paar Stunden später ist sie

schon welk, matschig und kaputt. 3 Trotzdem beob-
achtest du, Gott, den Menschen die ganze Zeit.
Und am Ende kommt es zu einer Gerichtsverhand-
lung, wo er von dir auch noch verurteilt wird.
4 Eigentlich hättest du doch von Anfang an schon
wissen müssen, dass der Mensch es nicht packen
würde. Wer von Natur aus dreckig ist, der kann
auch nichts Sauberes erzeugen. 5 Die Zeit, wie lange
er leben soll, hast du schon festgelegt, diesen Rah-
men kann er nicht überschreiten. 6 Also lass die
Menschen doch endlich in Ruhe, Gott! Dann kann
er wenigstens in der Zeit feiern gehen und sein
Leben genießen. 7 Bäume haben wenigstens die
Möglichkeit nachzuwachsen, wenn man bei ihnen
Zweige absägt. 8 Und selbst wenn die Wurzeln
schon total alt sind und sein Stamm fast vertrock-
net ist, 9 dann muss man ihn nur anständig mit
Wasser begießen, und alles ist paletti: Es wächst
aus einem alten Stamm ein neuer Baum raus!
10 Aber wenn ein Mensch stirbt, dann ist es vorbei,
dann geht gar nichts mehr. Und wo ist er dann,
wenn er tot ist? 11 Eins ist sicher: Es kann passieren,
dass ein Fluss plötzlich kein Wasser mehr hat und
austrocknet. Es kann sogar passieren, dass ein gan-
zes Meer plötzlich leer läuft. 12 Aber wenn Men-
schen tot sind, dann sind sie für immer weg und
werden nicht wieder lebendig. Bevor ein Toter wie-
der lebt, gewinnt St. Pauli die Champions League,
oder der Mond fällt auf die Erde. 13 Gott? Kannst du
mich nicht einfach irgendwo bei den Toten verste-
cken, bis du dich wieder beruhigt hast? Du kannst
die Zeit auch festlegen, bis du mich dort rausholst
und wieder an mich denkst, okay? 14 Noch mal:
Wenn ein Mensch stirbt, ist es dann möglich, dass
er wieder lebendig wird? Nein! Übrigens: Ich würde
ja diesen ganzen Mist aushalten, wenn ich wüsste,
dass das irgendwann mal vorbei ist. 15 Dann wäre
immerhin irgendwann wieder alles gut. Wir würden
wieder miteinander reden, du sagst was, und ich
antworte dir. Du würdest dich wieder über mich
freuen und dich wieder nach mir sehnen, weil du
mich ja mal gemacht hast. 16 Dann würdest du
immer ganz nahe bei mir sein und mein Leben auch
abchecken. Aber du würdest keine Datei haben, wo
der ganze Mist detailliert drinsteht, den ich verbockt
habe. 17 Meine Fehlerliste würdest du in einen Um-
schlag tun und für immer wegschließen. Meinen
Mist würdest du einfach vergessen. 18 Trotzdem
können Berge nach einem Erdrutsch in sich zusam-
menfallen, und auch ein großer Fels kann von einer
Stelle an eine andere verfrachtet werden. 19 Das
Meer kann durch die Bewegung große Steine ganz
klein zerreiben, und durch die Flut kann es den
Sand vom Strand einfach wegspülen. Auf die glei-
che Art nimmst du Menschen die Hoffnung. 20 Du
nimmst den Menschen in den Dauer-Schwitzkas-
ten, und er stirbt so langsam vor sich hin. Sein
Gesicht zerdellst du, bis es faltig wird, und dann
lässt du ihn damit rumlaufen. 21 Egal, was mit sei-
nen Kindern passiert, ob die jetzt einen Friedens-
nobelpreis bekommen oder als Junkies auf der
Straße landen, das lässt den Menschen völlig kalt.
22 Er denkt irgendwann nur noch an sich selbst, an
seine eigenen Schmerzen und hängt vor Selbst-
mitleid nur noch traurig in der Ecke rum."

15

Elifas sagt: Jeder baut mal Mist

1 Elifas aus Teman sagte daraufhin: 2 „Hiob!
Das ist doch alles heiße Luft, was du hier
von dir gibst! 3 Da ist doch absolut nichts dahinter,
und das bringt dich auch kein Stück nach vorne.
4 Wenn du so weiterredest, sorgst du noch dafür,
dass du keinen Respekt mehr vor Gott hast! Und
Beten geht dann schon gar nicht mehr. 5 Du ver-
suchst, dich doch nur rauszureden, vermutlich hast
du irgendwo richtig Mist gebaut. Darum versuchst
du dich hier mit tollen Argumenten aus der Schuss-
linie zu nehmen. 6 Dabei verurteilst du dich durch
deine eigenen Aussagen nur selbst. Alles, was aus
deinem Mund kommt, bestätigt nur deine Schuld
an der Sache. Ich muss das gar nicht mehr für dich
tun, das tust du schon von ganz alleine. 7 Wie ist
das jetzt, hä? Warst du vielleicht der erste Mensch,
der jemals geboren worden ist? Warst du schon da,
bevor die ersten Berge entstanden sind? 8 Gehörst
du jetzt zum Beraterstab von Gott, oder was? Hast
du dir einen Zugang zu seinen geheimen Dateien
gehackt? 9 Was weißt du, was wir nicht wissen? Was
hast du schon kapiert, was wir noch nicht blicken?
10 Bei uns gibt's ein paar Rentner, die 'ne Ahnung
davon haben, was so abgeht, weil sie schon ein
bisschen länger auf dieser Erde leben als z. B. dein
Vater. 11 Ist es dir zu wenig, dass Gott dich irgendwie
trösten will und dass er dir ein paar nette Worte
durch uns sagt. 12 Was ist los mit dir, Mann? Warum
wirst du gleich so aggro? 13 Du bist sauer auf Gott
und unterstellst ihm ganz üble Sachen! 14 Glaubst
du echt, es gibt auch nur einen Menschen, der
immer total korrekt für Gott gelebt hat? 15 Er vertraut
ja noch nicht mal hundertprozentig seinen Engeln,
und selbst der ganze Himmel ist für Gott nicht total

sauber. 16 Der Mensch ist generell einfach link drauf.
Was er so alles bringt, ist eigentlich zum Kotzen.
Mistbauen ist für ihn so normal wie Wassertrinken.
17 Ich will dir mal was verklickern, hör mir mal gut
zu. Ich werde dir jetzt alles erzählen, was ich selber
erlebt habe 18 oder was mir andere Leute erzählt
haben, die es wissen müssen. Es kommt von Leute,
die was kapiert haben, die richtig schlau sind und
die Sachen von den Menschen gelernt haben, die
früher lebten. 19 Damals gehörte denen noch das
ganze Land, es gab bei denen noch keine Leute aus
dem Ausland. 20 Menschen, die ohne Gott unter-
wegs waren, hatten ein hartes Leben und ständig
Angst vor dem letzten Tag in ihrem Leben. 21 Die
hatten die ganze Zeit Alpträume, und immer, wenn
sie dachten, sie könnten sich mal entspannen, kam
die nächste Katastrophe, und alles ging kaputt. 22 So
jemand sollte nicht meinen, dass es ihm jemals
wieder gutgeht. Irgendwann wird er gekillt. 23 Er
sucht in den Mülltonnen nach einem Stück Brot,
und er hat kapiert, dass ein Tag genauso finster sein
wird wie der andere. 24 Probleme und Angst haben
die Kontrolle bei ihm übernommen. Sie haben ihn
überwältigt, wie ein Präsident im Krieg ein Land mit
seiner Armee besetzt. 25 Das kommt, weil er Gott
mit der Faust gedroht hat und versucht hat, gegen
ihn zu kämpfen. 26 Er ist gegen Gott gelaufen wie
mit dem Kopf gegen eine Betonwand. Er will es
unbedingt mit ihm aufnehmen. 27 Dabei tut er so,
als wäre er der große Larry, und macht einen auf
dicke Hose. 28 Er wohnt in besetzten Häusern und
kaputten Stadtteilen, wo man eigentlich nicht
wohnt. Dort sollte eigentlich nur noch ein Schrott-
platz hin. 29 Finanziell kommt er nie zu was, seine
Aktien werden wertlos, und seine Firmen gehen alle
pleite. 30 Auch er wird irgendwann mal sterben. Man
kann ihn mit einem Baum vergleichen, der so aus-
getrocknet ist, dass er Feuer fängt und abbrennt
und am Ende von einem Blitzschlag aus dem Him-
mel getroffen wird. 31 Er sollte sich nicht auf Dinge
verlassen, die nichts wert sind, denn dann wird er
getäuscht werden. Er bekommt für das, was er gibt,
auch nichts zurück. 32 Noch bevor er tot ist, wird er
schon völlig alt, morsch und kaputt sein. Aus ihm
wird kein neues Leben kommen können. Er ist
eigentlich schon vorher total durch, bevor er über-
haupt wirklich alt geworden ist, und er wird nie wie-
der neues Leben hervorbringen. An ihm wächst
nichts Grünes mehr. 33 Wie bei einem Apfelbaum
lässt er irgendwann die gammeligen Äpfel von sel-
ber fallen. Oder wie ein Strauß Tulpen, von dem die
alten Blüten einfach abfallen. 34 Die Leute, die link
drauf sind, bekommen auch keine Babys. Wer
andere abzockt, bei dem schlägt der Blitz ins Haus
ein und fackelt es ab. 35 Sie drehen die ganze Zeit
krumme Dinger und beschäftigen sich nur mit Mist!
Raus kommt dabei nur übles Zeug, und dabei lügen
sie sich selbst noch was in die Tasche."

16

Hiob antwortet: Ihr seid ja tolle Freunde

1 Hiob war fassungslos: 2 „Es reicht! Von der
Art von Ermutigung hab ich jetzt echt den
Hals voll. Ihr seid ja alle echt super Therapeuten,
vielen Dank ... 3 Bist du jetzt fertig mit deinem
Rumgeschwalle? Mach endlich den Kopf zu! Was
bringt dir das überhaupt, mir zu antworten? 4 Wir
können gerne die Rollen tauschen! Eure Kommen-
tare könnte ich auch alle locker aus dem Ärmel
schütteln! Ich könnte die Therapeutenfresse ziehen,
mich im Sessel zurücklehnen, intelligent aus der
Wäsche gucken und dabei ein paar ganz schlaue
Sprüche vom Stapel lassen. 5 Ich würde euch aber
aufbauen mit dem, was ich sage. Ganz im Gegen-
satz zu dem, was ihr macht. Und ich würde euch
bemitleiden und mich in eure Situation reinverset-
zen. 6 Wenn ich mich hier auslasse, geht es mir
dabei nicht unbedingt besser, aber wenn ich nichts
sage, hilft mir das auch nicht. 7 Gott hat es ge-
schafft: Ich kann nicht mehr, ich bin müde, völlig
durch und am Ende. Und dazu haben mich alle
meine Freunde auch noch verlassen. 8 Er hat mich
gepackt, Gott hat dafür gesorgt, dass ich voll das
Faltengesicht bekomme. Und nun sehe ich aus wie
ein magersüchtiges Model. Schon klar, das sind
alles Fakten, die gegen mich sprechen. 9 Gott ist
bestimmt megasauer auf mich, er zerfleischt mich
mit seinen Zähnen. Wie ein Hund knurrt er mich
an, ich bin sein Feind, und er lässt mich nicht aus
den Augen. 10 Die Leute zerreißen sich das Maul
über mich, sie lästern voll ab, und einige hauen mir
sogar mit der Faust ins Gesicht. 11 Gott liefert mich
an miese Typen aus, er hat Menschen die Kontrolle
über mich gegeben, die ihn noch nicht mal kennen.
12 Ich hatte gerade null damit gerechnet, alles war zu
dem Zeitpunkt eigentlich gut. Da kam er plötzlich
an und hat mich an den Haaren gepackt, mich auf
den Boden geschleudert und mir eine Zielscheibe
auf die Stirn gemalt. 13 Jetzt fliegen mir seine Kugeln
nur so um die Ohren. Er tritt mir volle Kanne in den
Magen, dass ich Galle kotzen muss. 14 Immer wie-
der schlägt er zu, haut mich um, wie ein Wrestling-

star oder Sumo-Ringer seinen Gegner plattmacht. 15 Ich trag nur noch schwarze Trauerklamotten und liege den ganzen Tag im Dreck. 16 Mein Gesicht ist schon ganz rot vom vielen Weinen, und um die Augen hab ich schwarze Ringe. 17 Und das, obwohl ich echt nichts Schlimmes verbrochen habe; wenn ich zum Beispiel bete, mach ich das immer voll korrekt. 18 Ich will nicht, dass ich jetzt schon sterbe, mein Rumgemecker bei Gott soll weiterlaufen und nicht aufhören. 19 Es gibt im Himmel jemand, der mich in einer Gerichtsverhandlung vertreten wird! Dort existiert ein Anwalt, der mir hilft. 20 Sogar meine Freunde verarschen mich mittlerweile. Ich kann nur noch auf dich hoffen, Gott, und das sag ich dir mit Tränen in den Augen. 21 Du bist mein Freund! Bitte, du bist der Einzige, der mir noch helfen kann. Sorge dafür, dass ich korrekt behandelt werde, auch vor meinen Freunden! 22 Bitte, mach hinne! Ich werde bald sterben, meine Zeit ist bald abgelaufen. Ich werde wieder dorthin zurückgehen, wo ich mal hergekommen bin."

17 **Hiob: Alle verarschen mich**

1 Hiob redete weiter: „Ich bin total fertig und verwirrt, mein Grab ist schon geschaufelt. 2 Alle verarschen mich nur noch. Ich bin nur noch aggro und krieg die ganze Nacht kein Auge zu, weil sich alle nur noch das Maul über mich zerreißen. 3 Hey, Gott, setz du dich doch selber für mich bei dir ein und gib mir deine Hand drauf. Wer könnte mir sonst noch helfen? 4 Du hast doch dafür gesorgt, dass die es einfach nicht raffen. Dann wirst du auch dafür sorgen, dass sie am Ende nicht als die großen Helden dastehen. 5 Oder ziehst du es so durch wie in dieser einen Geschichte? Dort, wo ein Typ eine große Party für seine Freunde veranstaltet, jeder bekommt von ihm ein fettes Geschenk, aber seine eigenen Kids verhungern. 6 Gott hat mich zur Witzfigur des Jahres gemacht. Die Leute zeigen mir den Stinkefinger und rotzen mir ins Gesicht. 7 Ich hab so viel geheult, dass mir die Augen fast rausfallen. Und meine Knochen tun mir überall weh. 8 Die Leute, die korrekt gelebt haben, werden das richtig übel finden. Warum? Weil die Menschen, die nie was ausfressen, sich über die Leute aufregen werden, die Mist bauen. 9 Wer aber okay lebt, zieht sein Ding auch durch. Und wer ein gutes Gewissen hat, der wird immer stärker werden. 10 Kommt ruhig wieder her! Ich seh jetzt schon, ich werde unter euch keinen finden, der wirklich kapiert hat, was im Leben abgeht. 11 Meine Zeit ist abgelaufen. Alles, was ich mir vorgenommen hatte, kann ich vergessen. Die Sachen, die ich mir voll gewünscht habe, kann ich jetzt alle vergessen. 12 Meine Freunde sagen mir, dass ja alles nur halb so wild ist. Sie machen einfach aus dunkel hell und aus der Nacht einen Tag. Dabei stecke ich voll in der Krise fest, bei mir ist alles dunkel. 13 Wäre ja schön, wenn das anders wäre. Aber tatsächlich lebe ich wie ein Zombie, der sich in einem dunklen Keller eingerichtet hat. 14 Ich wohne auf dem Friedhof in einem Grab, und meine besten Freunde sind die Maden. 15 Wo soll ich bitte noch einen Grund herbekommen, dass ich auf bessere Zeiten hoffen kann? Hallo? Wer kann mir echt noch neue Hoffnung geben? 16 Die Hoffnung ist mir flötengegangen, die geht mit mir in mein Grab, wenn ich dort in meine Einzelteile zerfallen werde."

18 **Freund Bildad meint: Fiese Menschen sterben auch auf eine fiese Art**

1 Schließlich meldete sich Bildad zu Wort. Bildad kam aus der Stadt Schuach. Er sagte: 2 „Wann machst du endlich mal den Kopf zu? Schalte erst mal dein Hirn ein, dann können wir weiterreden! 3 Und denkst du, Hiob, wir sind vielleicht alle dumm wie Brot oder was? 4 Du gehst doch hier nur so ab, weil du eigentlich total wütend auf dich selber bist! Wenn es nach dir gehen würde, sollten sich am besten alle Menschen auf der Erde in Luft auflösen, und die Alpen müssten auch sofort verschwinden, nur damit du deinen Willen durchkriegst, oder? 5 Hey, ich schwöre dir: Menschen, die ohne Gott leben, sterben schneller. Und so richtig abgehen im Leben werden die auch nie. 6 Die Kerze auf dem Esstisch brennt genauso schnell ab, wie so ein Leben zu Ende geht. 7 Wenn ein Mensch vorher noch mutig und krass unterwegs war, läuft er jetzt wie auf Eiern rum, und was er für sein Leben geplant hat, geht total in die Hose. 8 Er geht in die Falle, verfängt sich in einem Netz und fällt in ein tiefes Loch. 9 Die Falle schnappt zu, er verheddert sich mit seinen Füßen in den Seilen. 10 Eine Tretmine wurde auf seinem Weg in der Erde versteckt; sie wartet schon drauf, dass er auf sie drauftritt. 11 Um ihn herum passiert ein Unglück nach dem nächsten, das macht ihm totale Angst. Es verfolgt ihn. 12 Das Pech verfolgt ihn wie die Motten das Licht und wartet nur drauf, dass er auf die Fresse fliegt. 13 Er wird es nicht mehr aushalten vor Hunger und sogar sein eigenes Fleisch zum Abendbrot ver-

spachteln. Sein Körper wird von Krebs zerfressen
und zerfleddert werden. Das ist sein sicheres Todes-
urteil. 14 Er wird aus seiner Wohnung rausgeschmis-
sen werden. Das war der letzte Ort, wo er sich noch
sicher gefühlt hat. Dann kommt er zum Präsidenten
des Todes und muss bei dem antreten. 15 Irgendwel-
che Leute werden dann seine Bude besetzen, weil
dort keiner mehr wohnt. Dann wird man da erst mal
alles desinfizieren und sauber machen. 16 Er ist wie
ein Baum, von dem die Wurzeln vergammelt sind,
und die Zweige hängen schlaff an ihm runter. 17 Sei-
nen Namen wird man schnell vergessen, nach kur-
zer Zeit wird sich keiner mehr an ihn erinnern kön-
nen. 18 Er wurde ausgestoßen. Aus seiner heilen
Welt, wo mal alles gut war, hat man ihn mitten in
die Dunkelheit geschickt. 19 Er hat keine Kinder und
auch keine Enkel, seine Familie stirbt aus. Da, wo
er wohnte, lebt dann bald keiner mehr von seiner
Verwandtschaft. 20 Jeder, der von dieser üblen
Geschichte hört, kriegt voll die Krise, egal, wo er
lebt. 21 So geht das ab bei jemandem, der Sachen
tut, die Gott überhaupt nicht leiden kann. Jeder, der
Gott nicht wirklich kennt, wird so enden."

19

Hiob sagt: Gott ist link zu mir

1 Hiobs Antwort dadrauf war: 2 „Wie lange
wollt ihr mich noch zutexten? Wie lange
wollt ihr mir noch mit euren Sprüchen auf die Ner-
ven gehen? 3 Jetzt durfte jeder mal anständig auf mir
rumtrampeln. Und das ist euch noch nicht mal
peinlich, mich nun zum x-ten Mal hier fertigzuma-
chen. 4 Selbst wenn ich wirklich Mist gebaut hätte,
dann wäre ich doch der Einzige, der dadrunter zu
leiden hat, oder? 5 Ihr glaubt ja anscheinend wirk-
lich, dass ich ganz üble Sachen verbrochen habe,
und beschuldigt mich deswegen. Aber wenn ihr das
schon tut, 6 könnt ihr dann nicht wenigstens kapie-
ren, dass Gott mich an der Nase herumführt? Er hat
mich in die Falle gelockt! 7 Rafft doch endlich, dass
ich echt um Hilfe schreie, aber er hat mir nicht ge-
holfen! Ich habe gerufen: ‚Gott, das ist nicht fair!',
aber er hat wohl auf seinen Ohren gesessen oder
hatte Kopfhörer auf. 8 Gott hat sich mir in den Weg
gestellt, und ich komme nicht an ihm vorbei. Er hat
das Licht ausgemacht, und wo ich hingehe, da ist es
stockdunkel. 9 Er hat dafür gesorgt, dass niemand
mehr Respekt vor mir hat, meine ganze Ehre ist hin.
Er hat mir sogar meine gesamte Kohle weggenom-
men, die ich mal hatte. 10 Gott hat mein ganzes
Leben zum Einsturz gebracht, darum bin ich echt
am Ende. Er hat mir jeden Grund genommen, dass
ich noch mal auf bessere Zeiten hoffen könnte. Das
machte er so gründlich, wie wenn man einen Baum
mit allen seinen Wurzeln rausreißt. 11 Gott hat seine
Wut an mir ausgelassen. Er ist mit mir umgesprun-
gen, als wäre ich sein größter Feind. 12 Er kam mit
seiner ganzen Armee bei mir an und hat mich
umzingelt. 13 Selbst meine eigenen Geschwister
gehen auf Distanz zu mir. Leute, die mich gut ken-
nen, behandeln mich wie Luft. Da hat Gott für
gesorgt. 14 Menschen, die mit mir verwandt sind,
wollen nichts mehr mit mir zu tun haben. Selbst
Freunde, denen ich vertraut hab, kennen mich plötz-
lich nicht mehr. 15 Meine früheren Angestellten tun
so, als hätten sie nie bei mir gearbeitet. Die behan-
deln mich, als käme ich vom Mars oder so. 16 Wenn
ich bei meinen Angestellten anrufe, gehen sie ein-
fach nicht ans Telefon. Ich muss schon bei ihnen
vorbeikommen und sie direkt anbetteln, wenn ich
mal was brauche. 17 Meine Frau sagt, ich hab voll
den ekligen Mundgeruch. Sogar meine Geschwister
finden mich nur noch zum Kotzen. 18 Selbst kleine
Kinder haben keinen Respekt mehr vor mir. Wenn
ich mühsam von einer Parkbank aufstehe, dann
verarschen sie mich in einer Tour. 19 Alle Männer, die
mal meine dicksten Kumpel waren, haben keinen
Bock mehr auf mich. Menschen, die ich geliebt hab,
wollen mit mir nichts mehr zu tun haben. 20 Ich bin
mittlerweile nur noch Haut und Knochen, und die
Zähne fallen mir auch langsam aus. 21 Leute, jetzt
seid mal nett zu mir und helft mir bitte! Der Grund,
warum es mir so beschissen geht, liegt alleine bei
Gott. 22 Jetzt gebt mir mal eine Pause! Warum seid
ihr genauso hinter mir her wie er? Reicht euch das
nicht, habt ihr nicht langsam die Schnauze voll?
23 Ich wünsch mir, dass das hier irgendjemand fil-
men würde für die Nachwelt 24 und es dann bei You-
tube reinstellt, damit die Sache mal an die Öffent-
lichkeit kommt."

Hiob: Gott wird dafür sorgen, dass ich wieder hochkomme

25 „Trotzdem bin ich mir in einer Sache hundertpro
sicher: Gott ist da! Er ist mein Anwalt, der für mich
kämpft, er existiert wirklich! Und auch wenn die
Welt untergeht, wird er als Letzter übrig sein, er ist
derjenige, der die Tür zumacht. 26 Und auch, wenn
ich körperlich noch so alle bin, werde ich Gott live
und in Farbe sehen. 27 Ich will ihm direkt in die
Augen schauen, aber nicht als jemandem, den ich
noch nie gesehen hab. Ich hab da so einen Bock

drauf, ich kann es kaum abwarten. 28 Hey, Leute,
wenn ihr hinter mir her seid und denkt, dass der
Grund für diese ätzenden Sachen nur bei mir liegt,
29 dann kann ich euch nur den einen Tipp geben:
Passt auf, ihr seid auch irgendwann mal an der
Reihe! Denn so aggromäßig unterwegs zu sein, wird
auch heftigst bestraft werden. Ihr dürft nicht verges-
sen, dass auch auf euch eine Gerichtsverhandlung
mit einem Richter wartet."

20 Jetzt redet Zofar: Wer Mist baut, geht kaputt

1 Dann fing Zofar von Naama an zu reden.
2 „Mann, ich krieg mich gleich nicht mehr ein, ich
koche! Ich muss dir jetzt einfach mal was verkli-
ckern, sonst platze ich gleich. Warum? 3 Erst mal
werde ich hier von dir voll angemacht. Aber ich hab
nun mal den Durchblick und komme zu einem
komplett anderen Ergebnis als du! 4 Sag mal, hast
du nicht kapiert, dass eine Sache immer gleich ist,
seitdem Gott die Menschen auf die Erde losgelas-
sen hat? 5 Leute, die link drauf sind, haben nicht viel
Spaß! Und wer krumme Dinger dreht, dem vergeht
schnell das Lachen! 6 Auch wenn sein Ego bis an
den Himmel reicht und sein Kopf schon in den Wol-
ken hängt – 7 irgendwann spült man ihn im Klo run-
ter, und die Leute, die ihn kannten, fragen sich alle:
‚Wo ist der Typ jetzt bloß geblieben?' 8 Wie ein selt-
samer Traum, an den man sich am nächsten Mor-
gen nicht mehr erinnern kann, ist er plötzlich ver-
schwunden. Oder wie ein Depri-Gedanke, den man
dann schnell verdrängt, ist er plötzlich nicht mehr
da. 9 Menschen, die ihn früher noch gesehen haben,
werden ihn dann nicht mal mehr anrufen können.
Seine Wohnung wird renoviert und an jemand ande-
ren vermietet. 10 Die Söhne von ihm müssen mit
den Leuten verhandeln, bei denen er noch Schulden
hatte. Anschließend hängen sie alle beim Sozialamt
im Wartezimmer. 11 Früher hat er jeden Tag im Fit-
nesscenter Hanteltraining gemacht, jetzt turnt seine
Leiche nur noch auf dem Friedhof. 12 Gemeine Ge-
danken fand er früher irgendwie auch gut, er hat es
fast genossen, fiese Dinger zu drehen. 13 Wie ein
Stück Schokolade ließ er so was langsam in seinem
Mund zerschmelzen, damit er den Geschmack noch
lange genießen konnte. 14 Aber als er es dann run-
terschluckte, verwandelte es sich in seinem Magen
in Gammelfleisch. Es ist, als ob er Zyankali ge-
schluckt hätte. 15 Die ganze Kohle, die er von ande-
ren abgezogen hatte, musste er wieder auskotzen.
Gott hat dafür gesorgt, dass es ihm schwer im
Magen lag. 16 Er hatte dieses Gammelfleisch geges-
sen, das auch noch mit Gift verseucht war. Das hat
ihn umgebracht. 17 Von diesen ganzen netten Sa-
chen, die hier in dem Land sind, wo es alles gibt
und davon reichlich, davon darf er nichts mehr ab-
kriegen. 18 Was er sich verdient und zusammenge-
spart hat, muss er alles zurückgeben, er kann es
nicht behalten. Von seiner Kohle darf er sich nichts
Schönes kaufen, um sich darüber mal zu freuen.
19 Er hat nämlich die Obdachlosen, die auf der Stra-
ße lagen, auch noch getreten und ist dann einfach
weitergegangen. Leerstehende Häuser hat er für
wenig Geld aufgekauft und teuer weiterverkauft,
anstatt sie zu renovieren. 20 Dabei konnte er den
Hals nicht voll kriegen, es war nie genug, er wollte
immer mehr haben. 21 Er war so gierig wie ein Fress-
süchtiger nach Essen. Nichts konnte ihn aufhalten.
Und darum wird es ihm auch nicht lange wirklich
gutgehen. 22 Trotz seines ganzen Luxus wird er
irgendwann richtig Probleme kriegen. Die Leute,
denen es dreckiger geht als ihm, werden zuschla-
gen. 23 Und dann wird Folgendes passieren: Wenn
man Wut essen könnte, würde Gott ihm so viel
davon vorbeischicken, dass er sich den Bauch damit
vollschlagen könnte, so verdammt sauer wird er auf
ihn sein. Davon würde er so pappsatt werden, dass
sonst nichts mehr reingeht. 24 Und wenn er einen
Autounfall überlebt, dann wird er kurze Zeit später
bei einer Schießerei getötet. 25 Die Kugel durch-
dringt sein Herz, aus der Wunde tropft das Blut.
Der Schock fährt ihm so heftig in seine Körperteile,
dass er sich davon nicht mehr erholt. 26 Das Pech
verfolgt ihn. Ätzende Sachen, die nicht von Men-
schen kommen, treffen ihn und machen ihn kaputt.
Und auch die Leute aus seiner Familie werden es
ganz hart abbekommen. 27 Die Gerichtsverhandlung
im Himmel wird zeigen, wo er überall richtig Mist
gebaut hat, und viele Menschen werden dort gegen
ihn aussagen. 28 Sein ganzes Vermögen geht verlo-
ren. Wenn Gott richtig sauer ist, wird alles wegge-
spült werden, was mal dem Typen gehört hat, wie
wenn ein Riesen-Tsunami über sein Leben rollt.
29 Das passiert mit Menschen, die ohne Gott leben,
das wird für sie dabei rausspringen."

21 Hiob antwortet: Wer link unterwegs ist, wird von Gott nicht bestraft

1 Hiob antwortete: 2 „Hey, wenn ihr wenigs-
tens mal eure Fresse halten und mir nur zuhören

würdet, wäre das schon eine echte Hilfe. 3 Haltet das doch einfach mal aus, wenn ich euch zutexte. Wenn ich dann fertig bin, könnt ihr mich ja immer noch fertigmachen. 4 Ich beschwere mich ja nicht bei einem Menschen. Deshalb hab ich ja auch die Nase gestrichen voll! 5 Schaut euch doch mal mein Leben an! Ihr würdet den Horror kriegen und ganz schnell eure Klappe halten. 6 Mir geht es echt so, wenn ich mir mein Leben ansehe, dann bin ich voll fertig. Da kriege ich echt das Kotzen. 7 Kann mir jemand auch nur einen Grund nennen, warum Gott die Leute weiterleben lässt, die ständig Kacke bauen? Die werden sogar immer stärker und gesünder, je älter sie werden! 8 Sie erleben noch, wie ihre Kinder und Enkelkinder eine schöne Kindheit haben. 9 Bei ihnen passiert nie etwas Schlimmes in der Familie. Sie leben einfach entspannt und bekommen nie was davon ab, wenn Gott mal sauer ist. 10 Ihre Kohle vermehrt sich, keine Investition geht daneben. 11 Die Kinder von denen können überall, wo sie wohnen, frei rumlaufen und spielen, ohne Angst zu haben. 12 Sie machen immer nur die fettesten Partys und gehen dabei voll ab. 13 Die haben ein langes und glückliches Leben und sterben irgendwann einen voll entspannten Tod. 14 Aber Gott lassen sie einen alten Mann sein. Sie sagen ihm: ‚Was willst du überhaupt von uns, alter Sack? Was du sagst, ist uns pupsegal! 15 Du kannst alles, ja? Müssen wir deswegen tun, was du sagst, oder wie? Und was bringt uns das überhaupt, wenn wir uns mit dir beschäftigen und zu dir beten?‘ 16 Die Leute denken, sie könnten ihren Erfolg selbst steuern, aber das ist falsch. Deshalb will ich mit dem, was die sich so denken, auch nichts am Hut haben! 17 Ich meine, wann haben wir das schon mal erlebt, dass einer kaputtgegangen ist, der ohne Gott lebt? Wie oft passiert es, dass Gott so jemanden mal richtig fertigmacht? 18 Wie oft werden die von einem Sturm weggeblasen? Wie oft werden sie wie Dreck von seinem Wind weggepustet? 19 Die Leute, denen Gott egal ist, werden nicht bestraft. Dafür aber ihre Kinder. Aber es wäre besser, wenn jeder für seinen eigenen Mist bestraft würde. 20 Solche Typen sollten dann live dabei sein, wie sie langsam kaputtgehen. Sie sollten es mitbekommen, wenn Gott seine Wut an ihnen auslässt. 21 Wenn sie tot sind, kann es ihnen auch egal sein, wie es ihren eigenen Kindern später mal gehen wird. 22 Sollte man Gott vielleicht noch ein paar Sachen beibringen? Muss der Gott, der die Gerichtsverhandlung über die Mächtigen der Welt abhält, vielleicht selbst noch mal die Schulbank drücken? 23 Der Eine wird sein ganzes Leben lang nie wirklich krank, und wenn er stirbt, schläft er gemütlich in seinem Bett im Altersheim ein. 24 Bis zum Schluss hatte er nie Probleme mit dem Essen und konnte jeden Tag Sport treiben. 25 Aber der andere stirbt total verbittert, ohne sein Leben wirklich jemals genossen zu haben. 26 Beide liegen auf dem Friedhof nebeneinander, verbuddelt unter der Erde, und die Würmer fressen sich an ihren Leichen satt. 27 Leute, ich weiß ja genau, worauf ihr hinauswollt. Ich hab schon längst gepeilt, wie ihr mich fertigmachen wollt, 28 wenn ihr solche Sprüche macht wie: ‚Na, was ist denn jetzt mit dem steinreichen Hiob? Was wird von seiner großen Hütte noch übrig bleiben?‘ 29 Habt ihr schon mal mit Leuten geredet, die schon länger im Leben unterwegs sind? Habt ihr noch nie gehört, was die so erzählen? 30 An dem Tag, wo es drauf ankommt. Dann, wenn Gott die große Gerichtsverhandlung abhält, dann werden fiese Leute ganz locker davonkommen. 31 Wer wird denen dann ihren ganzen Mist auflisten? Wer wird ihnen die Rechnung für ihr Leben präsentieren? 32 So ein Mensch wird mal eine richtig schöne Beerdigung haben, mit jeder Menge herzerweichender Ansprachen und Security-Leuten an seinem Grab. 33 Dermaßen viele Leute werden den Sarg begleiten, dass es aussieht, als wäre gerade Loveparade. Sein Grab auf dem besten Friedhof wird das teuerste und exklusivste, das man für Geld kriegen kann. Und außer Blumen und Kränze spenden die Leute auch noch Geld. 34 Freunde, ihr versucht mich hier doch nur mit billigen Sprüchen einzunebeln. Alles, was ihr mir sagt, ist doch letztendlich nur Beschiss.“

22 Elifas meint: Gott bestraft dich, weil du link drauf bist

1 Jetzt meldet sich Elifas aus Teman zu Wort: 2 „Was hat Gott schon von einem Menschen, was bringt der ihm? Aber für sich selbst kann ein Mensch immer was rausschlagen, wenn er schlau ist. 3 Was hat Gott davon, wenn du korrekt lebst? Was hat er davon, wenn du immer alles korrekt durchziehst? 4 Sollte er dich am Ende auch noch dafür bestrafen, dass du immer Respekt vor ihm gehabt hast? Oder soll er dich deswegen anzeigen und verklagen? 5 Sei doch mal ehrlich, Hiob: Dir geht's doch nur so dreckig, weil du immer wieder totale Kacke baust. 6 Zum Beispiel, wenn einer von unseren Leuten dir Geld schuldet, dann willst du,

dass er dir seine Klamotten als Pfand dalässt, ob-
wohl er dann nackt wäre. 7 Wenn jemand Durst hat,
bekommt er von dir nicht mal ein Glas Wasser. Und
einer, der voll Hunger hat, kriegt von dir noch nicht
mal ein Brötchen spendiert. 8 War ja immer so: Wer
sich mit der Faust durchsetzt, gewinnt am Ende das
Land. Wer sich Respekt erkämpft, darf dort auch
wohnen. 9 Frauen ohne Mann und ohne Job haben
von dir noch nie was bekommen. Kinder, die keine
Eltern mehr haben, kriegen von dir auch noch einen
reingedrückt. 10 Das ist der Grund, warum sozusa-
gen überall um dich herum Tretminen verbuddelt
sind, und darum hast du plötzlich Angstattacken
bekommen. 11 In deinem Leben ist es so, als wür-
dest du vor lauter Dunkelheit nicht mehr sehen, wo
du langläufst. Bei dir ist es so, als wärst du am
Ertrinken und würdest keine Luft mehr bekommen.
12 Ich meine, Gott hat doch den Überblick, oder?
Überleg doch mal, was für eine Perspektive er hat,
wenn er von der höchsten Stelle im Universum auf
dein Leben runtersieht! 13 Du sagst: ‚Gott hat doch
keinen blassen Schimmer! Er ist so weit weg, wie
kann er von da oben ein korrektes Gerichtsurteil
fällen? 14 Der versteckt sich doch nur hinter den Wol-
ken. Wenn Gott spazieren geht, tut er das irgendwo
am Rande der Galaxie.‘ 15 Und nun? Hast du vor,
genau die gleichen Dinger zu bringen wie die gan-
zen fiesen Typen, die früher mal gelebt haben? 16 Sie
wurden schon vor Ewigkeiten alle plattgemacht! Sie
brachen zusammen wie ein Haus, das von einer
Flut unterspült wurde. 17 Das waren so Leute, die zu
Gott sagten: ‚Hau ab, Alter! Was willst du, Gott,
überhaupt von uns?‘ 18 Und das, obwohl ihre ganze
Kohle letztendlich von ihm gekommen war. Aber es
ist mir total egal, was solche Leute sagen, die ohne
Gott leben. 19 Leute, die korrekt leben, beobachten
so was und freuen sich dadrüber. Wer nichts verbro-
chen hat, verarscht sie sogar. Er sagt: 20 ‚Da gehen
sie hin, unsere Feinde. Sie wurden alle vernichtet!‘“

Lebe wieder mit Gott

21 „Vertrag dich wieder mit Gott! Entspann dein Ver-
hältnis zu ihm. Wenn du das machst, wird es dir
bald wieder gutgehen. 22 Wenn er dir etwas sagt,
dann nimm das auch ernst! Kapier das nicht nur
mit deinem Hirn, sondern nimm es dir auch zu
Herzen. 23 Leb wieder mit ihm, das baut dich dann
auch wieder auf. Hör auf mit dem ganzen Mist, den
Gott total schlecht findet. 24 Schmeiß auch alle
Aktien und so ins Altpapier. 25 Verlass dich nicht auf
deine Kohle, sondern verlass dich nur auf Gott. Er
wird deine Lebensversicherung sein. Denk dran,
ihm ist nichts unmöglich! 26 Wenn du das machst,
dann wird es nur noch einen geben, der dich wirk-
lich versorgt. Nur einen, der dir Freude macht – und
das ist Gott selber! 27 Du redest mit ihm, und er hört
dich. Du bittest ihn um etwas, und er wird es tun.
Und du wirst die Versprechen, die du ihm gegeben
hast, auch bis zum Ende durchziehen. 28 Wenn du
dich dann für irgendwas entscheidest, dann klappt
das auch. Wo du unterwegs bist, wird immer die
Straßenbeleuchtung an sein. 29 Leute, die ganz
unten sind, bringt Gott wieder hoch und baut sie
auf. Aber wer einen auf dicke Hose macht, kriegt
von ihm eins auf die Mütze. 30 Sogar die Leute, die
nicht ganz unschuldig sind, wird er retten. Er greift
in die Situation ein und hilft.“

23

Hiob beschwert sich, weil Gott nicht zu finden ist

1 Hiob antwortete auf den Text von Elifas
folgendermaßen: 2 „Ich bin total anderer Meinung
bei den Sachen, die du gerade gesagt hast! Das
fühlt sich an, als würde Gott mir eine Riesenlast auf
die Brust drücken, so dass mir echt die Luft weg-
bleibt. 3 Wenn ich nur wissen würde, wo Gott jetzt
gerade ist! Dann könnte ich zu ihm hingehen 4 und
mit ihm über meine Sache quatschen. Ich würde
ihm alle Beweise vorlegen. 5 Ich möchte es echt
gerne mal von ihm persönlich hören, ich wäre ge-
spannt auf das, was er mir antwortet. 6 Wie würde er
wohl reagieren? Ob er gleich den Baseballschläger
rausholt? Das glaub ich nicht. Er würde bestimmt
Respekt vor mir haben. 7 Wenn ich mit ihm verhan-
deln würde, wäre ich ihm nicht unterlegen. Ich hab
nichts ausgefressen! Das müsste jeder faire Richter
bei einer Gerichtsverhandlung einsehen! 8 Aber wo
ist Gott? Wenn ich ihn im Osten suche, ist er da
nicht. Aber auch im Westen hab ich ihn nicht gese-
hen. 9 Wenn ich nach Norden schaue, dann ist er da
auch nicht gerade unterwegs. Und auch im Süden
ist keine Spur von Gott. 10 Umgekehrt weiß er aber
immer über alles Bescheid. Er weiß immer, wo ich
gerade bin. Falls Gott mich testen würde, könnte er
nichts Dreckiges finden, bei mir ist alles super in
Ordnung. 11 Ich hab immer radikal das getan, was er
gesagt hat. Ich war die ganze Zeit in seiner Spur
und bin nirgends mal falsch abgebogen. 12 Seine
Gesetze waren mir superwichtig, und ich habe alles
radikal umgesetzt, was er jemals gesagt hat. 13 Gott
ist einfach die unangefochtene Nummer eins! Wer

sollte es mit ihm aufnehmen? Er macht, worauf er
gerade Bock hat. 14 Und er wird das auch durch-
ziehen, was er mit mir machen will. Und vermutlich
hat er noch einige fiese Sachen für mich geplant.
15 Darum bin ich auch echt fertig und kaputt, wenn
ich an ihn denke. Das macht mir total Angst. 16 Gott
hat dafür gesorgt, dass ich ein Schisser geworden
bin, er hat mir mächtig Angst eingejagt. 17 Trotzdem
wird das alles nicht dazu führen, dass ich meinen
Mund halte. Ich bin noch nicht am Ende, auch wenn
ich gerade bis zum Hals in der Scheiße sitze und
fast nichts mehr sehe.“

24 Warum lässt Gott die Mächtigen einfach machen?

1 Hiob redete weiter: „Warum läuft für die
Menschen, die ohne Gott leben, nicht endlich mal
die Frist ab? Warum legt er nicht einfach mal einen
Termin fest? Und warum dürfen die Leute, die mit
ihm leben, nichts davon wissen, wann das passie-
ren wird? 2 Diese Leute ziehen andere Menschen
voll ab, sie zocken sogar deren private Sachen. 3 Sie
klauen dem Hartz-IV-Empfänger auch noch sein
Fahrrad. Von einer alleinerziehenden Mutter wird
das Auto gezockt. 4 Menschen, die keine Kohle
haben, werden behandelt wie Müll. Ihnen werden
Prügel angedroht, und sie müssen sich verstecken.
5 Wie Hunde, die ihr Herrchen verloren haben,
suchen sie im Abfall nach altem Brot. Für ihre Kin-
der versuchen sie, irgendwie was Essbares zu orga-
nisieren. 6 Sie kramen in der Mülltonne vom Millio-
när nach Essensresten und versuchen, dort noch
ein paar alte Knochen zu finden. 7 Nachts müssen
sie ohne Decke unter einer Brücke pennen, ohne
Schlafsack oder Kopfkissen. 8 In der Wohnsiedlung
stehen sie rum, klatschnass bis auf die Haut vom
Regen. Sie haben kein Zimmer, wo sie sich zurück-
ziehen können. Sie können sich nur unter den Brü-
cken verstecken. 9 Einer Frau wird das Baby vom
Amt weggenommen. Männern, die mit ihrer Firma
in Konkurs gegangen sind, nimmt man sogar noch
die letzten Anzüge ab. 10 Leute, die keine Kohle
haben, müssen ohne Klamotten rumlaufen. Weil sie
nichts zu essen bekommen, schieben die voll den
Kohldampf, und das, obwohl sie für irgendwelche
Reichos arbeiten. 11 Sie schuften in einer Brauerei,
aber dürfen keinen Schluck Bier trinken. Sie arbeiten
bei der Apfelernte, aber kriegen selbst keinen einzi-
gen Apfel ab. 12 Die Menschen, die in der Stadt woh-
nen und dort im Sterben liegen, stöhnen laut vor
sich hin. Die psychisch Kranken und Verletzten
schreien, aber Gott ist das egal. 13 Fiese Menschen
meiden das Licht, genau wie Verbrecher. Sie wollen
nichts davon wissen, was Gott von ihnen will. Die
leben nicht danach, was er sagt. 14 Ganz frühmor-
gens steht der Mörder auf und tötet Leute, die arm
sind und von niemandem verteidigt werden. Nachts
geht er im Viertel rum und bricht in Wohnungen
ein. 15 Auch der Typ, der seiner Frau untreu ist oder
verheiratete Frauen gerne flachlegt, macht das am
liebsten im Dunkeln. Er sagt sich, dass man ihn
dann nicht so gut dabei beobachten kann. Das ist,
als hätte er eine Maske auf dem Gesicht, damit ihn
keiner erkennt. 16 Wenn es dunkel wird, bricht der
Dieb in die Häuser ein. Tagsüber gehen sie nie vor
die Haustür, sie verkriechen sich in ihrer Bude. 17 Sie
fangen erst an, wenn es dunkel wird. Das ist bei
denen so üblich. Vor der Nacht haben die keine
Angst. 18 Solche Leute haben nirgends festen Halt,
sie sind wie ein Blatt im Wind. Sie werden aber alles
wieder verlieren und pleitegehen. 19 Sie werden so
schnell sterben und verschwunden sein, wie der
Schnee schmilzt, wenn die Sonne draufscheint.
Schwups, sind sie weg. 20 Dann wird man ihn ganz
schnell vergessen, sogar seine eigene Mutter denkt
nicht mehr an ihn. Die Würmer freuen sich schon
auf seine Leiche, sie werden sich an ihm lecker den
Bauch vollschlagen. Wer Mist baut, wird wie ein
Stück Papier durch den Schredder gejagt. 21 Das
sind solche Typen, die Frauen schlagen, weil sie
keine Kinder bekommen können. Die sind auch link
zu Frauen, deren Mann schon gestorben ist. 22 Die
Leute, die die Macht haben, werden von Gott
geschlagen. Wenn Gott loslegt, kann sich keiner
mehr schützen. 23 Er tut so, als wären sie in Sicher-
heit; sie denken, alles wäre paletti. Dabei beobach-
tet er sie die ganze Zeit. 24 Er sorgt dafür, dass es
einem wieder gutgeht, aber nur für kurze Zeit, bis
alles vorbei ist. Dann macht er ihn fertig, haut ihm
auf den Kopf und lässt ihn vertrocknen wie eine
Tulpe, die auf der Heizung liegt. 25 Ist doch so, oder?
Gibt es hier jemanden, der behauptet, ich erzähle
nur Stuss? Kann mir hier irgendjemand das Gegen-
teil beweisen?“

25 Bildad sagt noch mal was

1 Schließlich meldete sich Bildad noch mal
zu Wort. Bildad stammte aus Schuach.
2 „Hör mal: Gott ist doch der absolute Obermacker!
Er hat die Macht, und er setzt seine Sachen auch

heftig durch. Er sorgt dafür, dass in der anderen
Dimension, im Himmel, alles friedlich abgeht.
3 Gott hat so eine fette Armee von Engeln, die keiner
zählen kann! Und jeder kann erkennen, wie mächtig
er ist. Seine Kraft kann man überall mitkriegen,
oder? 4 Wie soll bei so einem riesigen Gott ein
Mensch es überhaupt schaffen, wirklich klarzukom-
men? Wie will einer, der ja nur von einer Frau gebo-
ren wurde, für Gott korrekt sein? 5 Selbst Mond und
Sterne scheinen nicht korrekt genug für Gott. Sie
geben kein so sauberes Licht wieder, wie Gott sau-
ber ist. 6 Da ist doch der Mensch erst recht für ihn
wie die letzte Wurst, wie eine Made oder wie eine
Schmeißfliege."

26 Hiob sagt: Gott hat es drauf, du nicht

1 Hiob antwortete: 2 „Ganz toll, wirklich!
Der Wahnsinn, wie du mir gerade geholfen
hast! Und das, obwohl ich echt total am Ende bin.
3 Du hast die tollsten Tipps parat für so einen alten
Sack wie mich, der gar nichts gepeilt hat. Danke,
dass du deine Peilung vom Leben an so einen
Schwachmaten wie mich verschwendet hast ...
4 Wie bist du auf diese oberschlauen Sachen über-
haupt gekommen, woher hast du das? Aus was für
einer Ecke kommt das? 5 Hey, ich will dir mal was
sagen: Gott ist so krass! Sogar die fiesen Dämonen
aus der Hölle haben Schiss vor ihm. 6 Gott sieht
auch die Toten. Da gibt es keine Beschränkung für
ihn, er kann das. 7 Er hat das ganze Universum in
seiner Hand, er hat diese Erde mitten in die Milch-
straße gepinnt. 8 Das ganze Wasser hat er in den
Wolken gespeichert, ohne dass sie zerplatzen.
9 Dort, wo er wohnt, kann keiner reinschauen. Er
hat einen großen Vorhang aus Wolken davorge-
schoben. 10 Da, wo das Meer und der Himmel auf-
einandertreffen, ist auch die Grenze zwischen Licht
und Dunkelheit. 11 Das ganze Universum bekommt
Angstschweiß und zittert, wenn er sauer ist. 12 Er
hat die Kraft, das Meer voll aufzuwühlen, und er
macht seine Feinde einfach kaputt. 13 Er pustet ein-
mal, und alle Wolken werden weggefegt. Und mit
einem Schuss aus der Hüfte kann er den Feind,
diese Schlange, erlegen. 14 Das, was wir von ihm
mitkriegen, ist aber nur die Spitze vom Eisberg.
Wer kann seine heftige, krasse Art wirklich ganz
kapieren?"

27 Hiob sagt: Ich hab nichts verbrochen

1 Hiob redete dann weiter: 2 „Gott hat mir
alle Rechte genommen, er hat mir eine
echt bittere Pille zu schlucken gegeben. 3 Trotzdem
schwör ich euch bei diesem Gott, und das tue ich,
solange ich noch lebe und Gott mir mit seiner Kraft
noch etwas Luft zum Atmen gibt: 4 Ich hab noch nie
gelogen, ich erzähle keinen Schwachsinn! 5 Nie und
nimmer werde ich sagen, dass ihr recht habt!
Solange ich noch lebe, bleib ich bei meiner Aus-
sage: Ich hab nichts verbrochen! 6 Ich habe recht,
und darum werde ich auch für meine Sache kämp-
fen! Mein Gewissen ist clean, ich hab null Schuldge-
fühle für irgendwas. 7 Allen Leuten, die gegen mich
sind, soll mal das Gleiche passieren wie mir. So was
passiert sonst nur Typen, die ohne Gott leben und
die ständig Mist bauen. 8 Bei denen ist in Sachen
Hoffnung nämlich Fehlanzeige. Wenn Gott dafür
sorgt, dass sie sterben, dann ist es für immer vorbei
mit denen. 9 Wenn sie Probleme haben und plötz-
lich zu Gott um Hilfe schreien, dann sitzt er auf
seinen Ohren. 10 Kann so einer sich über Gott
freuen? Kann er immer zu ihm kommen, wenn er
ihn braucht? 11 Ich will euch mal verklickern, wie
Gott eigentlich drauf ist. 12 Mann, Leute, ihr habt
das doch alles mitbekommen! Warum redet ihr nur
so einen Müll! 13 Folgendes passiert mit Leuten, die
ohne Gott leben. Ich mein jetzt auch solche Men-
schen, die so leben wie ein Verbrecher und andere
nur fertigmachen. 14 Es ist egal, wie viele Söhne so
einer hat, die Söhne werden alle im Krieg getötet.
Und die Enkel werden deswegen voll hungern müs-
sen. 15 Wer das überlebt, wird durch Aids oder eine
andere ansteckende Krankheit sterben. Und die
Frauen werden dann nicht mal eine Beerdigung für
die organisieren. 16 Und selbst wenn er ein fettes
Bankkonto hat und so viele Designerklamotten,
dass die sich aufstapeln wie Altpapier, kann ihm so
was passieren. 17 Jemand, der korrekt mit Gott lebt,
wird dann dessen Anzüge geschenkt bekommen
und auch anziehen. Und dessen ganze Kohle wird
einer erben, der nichts ausgefressen hat. 18 Er hatte
seine Villa ganz schnell hochgezogen, das ging so
schnell, wie eine Spinne ihr Netz baut oder wie ein
Camper sein Zelt aufstellt. 19 Megareich und fett
gestopft legt er sich zu Hause in sein Bett. Aber er
könnte am nächsten Morgen aufwachen, und alles
ist weg. 20 Wie eine Tsunamiwelle überkommt ihn
das Chaos. Mitten in der Nacht ist plötzlich ein
Wirbelsturm über seinem Leben und macht alles
kaputt. 21 Der Orkan wirbelt seine Bude in die Luft

und reißt ihn mit sich. Alles wird von diesem Sturm
weggeblasen. 22 Der Sturm kommt auf, ohne dass
die Wettervorhersage ihn gewarnt hätte, mit voller
Wucht trifft er ihn. Er versucht noch zu fliehen, aber
schafft es nicht. 23 Die Leute werden sich das Maul
über ihn zerreißen und hinter seinem Rücken über
ihn ablästern."

28 Woher kommt es, dass man den Schnall vom Leben und Überblick bekommt?

1 Hiob war noch nicht fertig: „Es gibt Orte
auf der Welt, wo man Silber findet, und auch Orte,
wo man Gold finden kann. Es wird dort vom Dreck
getrennt und sauber gemacht. 2 Eisen holt man
auch aus der Erde. Kupfer bekommt man, wenn
kupferhaltige Steine so stark erhitzt werden, bis das
Kupfer rausschmilzt. 3 Menschen graben tiefe Tun-
nel in die Erde und holen sich von dort das Zeug
hoch. Die Dunkelheit ist ihnen dabei egal. 4 Diese
Schächte liegen weit unter der Erdoberfläche, sie
liegen viel tiefer als Maulwurfsbauten. Man gräbt
diese Tunnel ganz tief in die Erde rein. 5 Oben an der
frischen Luft wächst der Weizen, aus dessen Körner
später Mehl und dann Brot gemacht wird. Unter der
Erde aber, in den Tunneln, wird nur der Boden um-
gewühlt. Dort sieht es aus wie nach einem Feuer.
6 In den Steinen, die dort unten sind, findet man
aber coole Edelsteine und auch Gold. 7 Da unten
war noch nie ein Adler, und auch eine Eule kann da
nicht leben. 8 Kein Pitbull kann dort existieren, dort
war auch noch nie irgendein anderes Tier. 9 Men-
schen sprengen die harten Steine weg und graben
tief durch die Berge. 10 In diesen Tunneln kann man
einige nette Sachen finden, die echt wertvoll sind.
11 Wenn dort irgendwo Wasser reinkommt, dichtet
man die Stelle ab. Und die Schätze, die noch nie
jemand gesehen hat, werden an die Oberfläche, ins
Licht, gebracht. 12 Aber jetzt mal eine Frage: Wo fin-
det man den Schnall vom Leben? Wo bekommt
man Schlauheit her? 13 Es gibt keinen Menschen,
von dem man das wirklich lernen kann! Man kann
das auch nirgends in der Erde finden, da kannst du
noch so tief buddeln. 14 Wenn man in den tiefsten
Höhlen die Arbeiter danach fragen würde, bekäme
man nur die Antwort, dass sie da nicht ist. Und
wenn man im Meer danach tauchen würde, hätte
man genauso wenig eine Chance. 15 Man kann sie
nicht im Supermarkt kaufen, und auch im Inter-
net gibt es keine Seite, wo man sie bestellen kann.
16 Und selbst mit der Platin-Kreditkarte und einem
Konto ohne Überziehungslimit ist es nicht möglich,
Schlauheit zu kaufen. 17 Auch mit einem Sechser im
Lotto kann man sie sich nicht organisieren. Auch
bei E-Bay kommst du da nicht wirklich dran. 18 Die
besten Aktien und die teuersten Wertpapiere kannst
du dagegen echt vergessen. Der größte und teu-
erste Diamant, den es auf der Welt gibt, ist nicht
so viel wert. 19 So was ist sogar teurer als der kras-
seste Klunker aus Paris, es ist einfach unbezahlbar.
20 Schnall vom Leben, den Durchblick haben, das
Wissen, woher kriegt man das nur? 21 Niemand, der
auf der Erde lebt, hat es mit seinen Augen jemals
sehen können. Und auch mit Aufklärungssatelliten
kann man das nicht orten. 22 Wenn man sich vor-
stellt, der Tod könnte reden, und man würde ihn
fragen, dann wäre seine Antwort: ‚Hab mal jeman-
den über so was quatschen gehört, aber mehr weiß
ich auch nicht.' 23 Es gibt nur einen, der wirklich
den Schnall hat, und das ist Gott! Er alleine weiß,
wie sich das anfühlt, den Überblick zu behalten.
Er weiß, wie das geht, und er hat den Durchblick.
24 Denn er kann überall gleichzeitig sein: am Nord-
pol und am Südpol, im Himmel und auf der Erde.
25 Er hat bestimmt, wie stark ein Wind wehen darf.
Er hat die Menge vom Wasser auf der ganzen Erde
festgelegt. 26 Als er organisiert hat, wie das mit dem
Regen funktioniert und mit den Regenwolken und
Blitz und Donner, 27 da hat er auch festgelegt, wie
das mit diesem Thema abgehen soll. 28 Er hat dann
zu den Menschen gesagt: ‚Wenn man Respekt vor
Gott hat, dann hat man die absolute Peilung. Und
wer keinen Bock auf unkorrekte Sachen hat, der hat
wirklich Schnall vom Leben.'"

29 Hiob sehnt sich nach früher zurück

1 Hiob textete weiter: 2 „O Mann, wäre es
doch alles so wie früher! Da hat Gott mich
noch vor ätzenden Sachen beschützt. 3 Er hat auf
mich aufgepasst. Wenn es dunkel wurde, hat er mir
mit seinem Licht den Weg ausgeleuchtet. 4 Damals,
als ich noch jünger war, da war Gott immer auf mei-
ner Seite und hat mir Tipps gegeben. 5 Gott war
immer bei mir, und meine Kinder lebten alle noch.
6 Die Produktion lief super, meine Firma warf immer
genug Gewinn ab. Es kamen immer mehr
Geschäftspartner dazu, und wir konnten den
Betrieb sogar vergrößern und mehr Leute einstellen;
alles lief supergut. 7 Wenn ich mal in die Stadt
musste, um irgendwelche Erledigungen zu machen,
8 dann hatten die Jugendlichen, die ich traf, immer

Respekt vor mir. In der vollen U-Bahn wurde mir
zum Beispiel immer sofort ein Sitzplatz angeboten.
9 Selbst in den Chefetagen wurde es ganz leise,
wenn ich den Raum betrat. 10 Männer, die im Land
richtig was zu sagen hatten, hörten auf zu reden,
wenn ich reinkam. 11 Alle Leute sprachen nur gut
über mich, man hatte Respekt vor mir und vor dem,
was ich gemacht habe. 12 Ich habe Obdachlosen
Essen spendiert, Junkies ein Dach über dem Kopf
organisiert und Kindern ohne Eltern geholfen.
13 Frauen, deren Mann gestorben war, hab ich auch
geholfen. Viele Menschen konnte ich voll ermuti-
gen, so dass sie zum Dank für mich gebetet haben.
14 Ich war eigentlich Mr. Korrekt in Person. Alles an
mir, sogar meine Jacke, mein Anzug, mein Hut, war
perfekt, ich wollte total korrekt drauf sein. 15 Wenn
jemand blind war, dann habe ich ihn geführt und
ihm vorgelesen. Wenn jemand nicht gehen konnte,
hab ich seinen Rollstuhl geschoben. 16 Ich wurde zu
einem Vater für die Leute, die keine Kohle mehr
hatten und auf der Straße leben mussten. Wenn
jemand ein Problem mit dem Gericht bekam, hab
ich dem einen Anwalt besorgt, auch wenn ich den
Typen gar nicht kannte. 17 Wenn jemand aber total
link drauf war, hab ich ihm so lange auf die Fresse
gehauen, bis sein Kiefer Matsche war. Wenn er was
von anderen gezockt hatte, hab ich es ihm wieder
abgenommen, auch wenn er noch so verbissen
daran festhielt. 18 Ich hab mir immer gewünscht,
über 100 Jahre alt zu werden und irgendwann in
einem schönen Haus zu sterben. 19 Ich hatte immer
die Hoffnung, ich wäre wie ein großer Baum, der
seine Wurzeln ganz tief, bis zum Wasser, im Boden
hat. Der Regen sollte nachts noch meine Zweige
bewässern. 20 Ich hatte gehofft, ich würde langsam
immer berühmter werden und meine Kraft würde
zunehmen. 21 Alle Leute hörten mir zu, wenn ich
was zu sagen hatte, und jeder hat meine Ratschläge
akzeptiert. 22 Wenn ich angefangen habe zu spre-
chen, dann hielten alle die Klappe. Die Leute hörten
mir wie gebannt zu, sie hingen sozusagen an mei-
nen Lippen. 23 Man hatte so einen Bock dadrauf,
dass ich anfange zu reden, dass viele dafür sogar
Schlange standen, wie im Sommer an der Eisbude.
24 Ich brauchte nur einmal zu lächeln, und alles war
wieder gut. Wenn ich die Menschen, die nieman-
dem mehr vertrauen konnten, nur einmal anlachte,
konnten sie auch wieder lachen und vor Freude
strahlen. 25 Dann war ich derjenige, der ihnen gesagt
hat, was sie machen sollen. Ich war der Chef, saß
auf meinem Chefsessel und konnte von dort aus die
Dinge regeln. Und wenn jemand traurig war, dann
konnte ich ihn wieder gut draufbringen."

30

Zurzeit ist alles echt ätzend

1 Hiob sagte dann: „Jetzt machen sich
sogar schon Leute über mich lustig, die
viel jünger sind als ich! Das sind so Typen, wo ich
schon mit den Vätern immer Probleme hatte. Diese
Männer konnte man noch nicht mal als Hilfskraft
einstellen. 2 Wofür soll man solche Leute überhaupt
gebrauchen? Die sind doch total abgeschlafft! 3 Weil
sie nichts zu essen bekommen, haben die keine
Kraft mehr in den Muckis. Sie kauen den ganzen
Tag auf den Fingernägeln rum und wohnen in total
runtergekommenen Gegenden. 4 Sie kramen in der
Mülltonne vor dem Imbiss nach Resten und essen
die abgelaufenen Lebensmittel aus dem Super-
markt. 5 Keiner will was mit denen zu tun haben,
und sie werden von allen gedisst. Solche Menschen
werden weggejagt wie jemand, der beim Klauen
erwischt wurde. 6 Sie wohnen in einem feuchten
Keller, unter der Brücke oder im Stadtpark. 7 Manch-
mal bellen sie wie ein Hund. Sie kriechen unter den
Brombeerbüschen rum. 8 Sie sind der letzte Dreck.
Eben Menschen, die ohne Gott leben. Man hat sie
rausgeschmissen aus der Gesellschaft. 9 Sogar für
diese Leute bin ich jetzt der größte Witz. Die lästern
den ganzen Tag über mich. 10 Sie rotzen mir ins
Gesicht oder gehen mir aus dem Weg. 11 Gott hat
mir sogar die Möglichkeit genommen, mich zu ver-
teidigen. Das ist auch der Grund, warum die mir
hemmungslos auf die Fresse hauen. 12 Sie greifen
mich an, wie eine Schlange. Sie locken mich aus der
Reserve. Die machen alles mobil, um mich fertigzu-
machen. 13 Den Fluchtweg haben sie mir abge-
schnitten. Alle helfen, damit ich kaputtgehe, und
niemand hält sie dabei auf. 14 Wie eine wild gewor-
dene Meute kommen sie angerannt und machen
voll die Randale. 15 Ich bekomme dauernd Panikatta-
cken. Das ist, wie wenn ein eiskalter Wind über
mein Leben fegt und den Respekt wegbläst, den
Menschen mal vor mir hatten. Meine Hilfe ist dabei
in weiter Ferne. Wie eine Wolke am Himmel ist sie
kilometerweit an mir vorbeigezogen. 16 Mein Leben
ist für mich nur noch eine einzige Quälerei. Die
Depression hat mich voll im Griff. 17 Nachts hab ich
heftigste Schmerzen in den Knochen, die bleiben
die ganze Nacht und gehen nicht weg. 18 Gott hat
mich am Kragen gepackt. Wie mit einem engen
Gurt um die Brust drückt er mir die Luft ab. 19 Er hat

mich einfach in den Dreck geschmissen, und ich
muss Scheiße fressen ohne Ende. 20 Ich hab bei dir,
Gott, um Hilfe gebettelt, aber du hast mich nicht
gehört! Ich bin da, aber du behandelst mich wie
Luft. 21 Du bist so oberfies zu mir! Es macht dir wohl
Spaß, mir zu zeigen, wer die Macht hat, he? 22 Ich
werde von dir wie ein Blatt vom Wind hin und her
geweht. Ein heftiges Gewitter knallt voll auf mich
drauf und macht mich kaputt. 23 Mir ist schon klar,
was du vorhast: Ich soll einfach sterben und auf
dem Friedhof vergammeln. 24 Einen Schrotthaufen
kann man eben nicht mehr reparieren. Ob Gott mir
in letzter Sekunde helfen wird, bevor es so weit ist?
25 Ich habe oft Mitleid gehabt, mit den Leuten,
denen es dreckig ging. Wenn einer schlecht drauf
war, hat mich das voll mitgenommen. 26 Ich hab
immer mit dem Besten gerechnet, aber jetzt kam
der schlimmste Alptraum meines Lebens. Ich hatte
auf das Licht gewartet, aber es kam die schwarze
Nacht. 27 Ich bin total aggromäßig drauf! Mir geht
mein ätzendes Leben mittlerweile höllisch auf die
Nerven! 28 Ich hänge den ganzen Tag depressiv in
der Ecke rum. Wenn ich draußen auf der Straße bin,
schreie ich laut um Hilfe. 29 Ich bin jetzt zu einem
verlausten Köter geworden und ziehe mit der gan-
zen stinkenden Meute heruntergekommener Hunde
durch die Straßen. 30 Meine Haut ist schon ganz
schwarz vor lauter Dreck. Teilweise blättert sie von
mir ab. Dazu hab ich auch noch schlimmes Fieber
bekommen. 31 Ich hör nur noch depri Mucke. Statt
cooler House-Musik und Rap läuft jetzt bei mir nur
noch Emo."

31

Hiobs Grundsätze

1 Hiob war noch nicht fertig: „Ich hatte
schon vor einiger Zeit so eine Art Vertrag
mit meinen Augen geschlossen. Pornos gucken und
im Playboy blättern kamen für mich nicht in Frage.
2 Wenn ich das nicht packen würde, was hätte ich
dann noch von Gott groß an Geschenken zu erwar-
ten? Was hätte mir dieser Gott, der einfach alles
kann, von da oben noch runterreichen können? 3 Es
ist doch so: Der Typ, der Mist baut, kriegt auch den
Mist ab, oder? Da sorgt Gott schon für. Solche
Leute gehen kaputt. 4 Gott sieht doch ganz genau,
was ich mache! Er verfolgt jeden Schritt von mir auf
einer riesigen Leinwand im Himmel. 5 Wenn ich
rumlüge oder die ganze Zeit Leute betrüge, 6 würde
Gott das alles genau mitkriegen. Er schreibt jede Tat
von mir auf, er hat eine Datei mit meinem Namen
auf seinem Rechner. 7 Auch wenn ich in anderen
Bereichen Mist gebaut hätte, wenn ich mir was
reingezogen hätte, was Gott nicht möchte, oder
wenn ich mir irgendwie die Hände schmutzig
gemacht hätte, 8 dann könnte ich noch so viele gute
Sachen in Gang bringen, am Ende würden nur
andere davon profitieren, aber ich nicht. Alles, was
ich anfangen würde, wär umsonst. 9 Wenn ich mich
voll in die Braut von einem Freund verknallt hätte
und ich jeden Tag vor ihrer Wohnung rumlungern
würde, 10 dann könnte meine Frau unsere Beziehung
abhaken. Sie könnte ab sofort mit anderen Männern
in die Kiste springen, wenn sie will. 11 Das, was ich
gemacht hätte, wäre nämlich voll schlimm, und es
müsste hart von einem Gericht bestraft werden.
12 Die Strafe müsste so krass sein, dass ich mich
davon nicht mehr erholen würde. Die Strafe müsste
alles kaputt machen, was mir gehört, restlos.
13 Wenn ich mal einen meiner Angestellten unkor-
rekt behandelt hätte und der mich anzeigen würde,
14 was könnte ich dann noch sagen, wenn Gott
selbst die Untersuchung des Falls führen würde?
15 Gott hat doch meine Angestellten genauso
gemacht, wie er mich gemacht hat, als ich noch als
Embryo im Bauch von meiner Mutter lag. Gott
kennt mich! 16 Ich hatte in meinem Leben ein paar
Grundsätze. Wenn ein Typ von der Straße etwas von
mir wollte, hab ich es ihm gegeben. Wenn alleiner-
ziehende Frauen, die von Hartz IV lebten, bei mir
ankamen, hab ich ihnen geholfen. 17 Wenn ich am
Essen war, hab ich immer etwas an andere abgege-
ben. Wenn jemand Hunger hatte, hab ich meine
Pommes mit ihm geteilt. 18 Schon als Kind hab ich
mich immer um die kaputten Leute gekümmert,
und ich kümmere mich heute noch um diese Men-
schen, wie ein Vater um seine Kinder. 19 Ich sag euch
mal, wie ich so drauf war: Wenn ich zum Beispiel
jemanden gesehen hab, der nichts Anständiges
zum Anziehen hatte und bei dem nicht mal mehr
die Kohle für eine Decke da war, 20 dann hab ich ihm
sofort einen anständigen Daunenschlafsack organi-
siert. 21 Wenn ich jemals einem Kind ohne Eltern
einfach eine reingehauen hätte, weil ich wusste,
dass keiner kommt, um mich anzuzeigen, und kei-
ner da wäre, um dieses Kind zu verteidigen, 22 dann
sollte man mir sofort eine Schulter brechen und
meinen Arm aus dem Gelenk drehen. 23 Ich habe
totalen Respekt vor Gott und hab Angst davor, von
ihm eins reingedrückt zu bekommen. 24 Ich habe
meine Sicherheit nie auf meinem Bankkonto aufge-
baut, von mir kam nie so ein Spruch wie ‚Geld

macht glücklich'. 25 Ich bin nie abgehoben, obwohl ich sehr viel Kohle hatte, und auch wenn ich viel erreicht hab, war ich nie arrogant unterwegs. 26 Ich habe nicht an Horoskope geglaubt, ich habe auch nie meine Hoffnung auf Wahrsager und Kartenleger gesetzt. 27 Ich hab niemals dran gedacht, zu den Sternen zu beten oder die Sonne so toll zu finden, dass ich sie anhimmele. 28 So was müsste vor Gericht hart bestraft werden, wenn ich so was mal tun würde. Denn dann hätte ich ja Gott selbst damit beleidigt. 29 Ich hab mich auch nie gefreut, wenn meine Feinde kaputtgingen. 30 Ich habe auch nie anderen Menschen die Krätze an den Hals gewünscht und sie verflucht. 31 Wenn ich Leute bei mir zu Besuch hatte, wurden sie immer fett bedient; jeder ist satt wieder nach Hause gegangen. 32 Wenn Leute auf der Durchreise einen Pennplatz brauchten, durften sie immer bei mir übernachten, das war nie ein Problem für mich. 33 Hab ich vielleicht versucht, meine Fehler zu vertuschen, damit keiner meinen Mist mitbekommt? 34 Das hätte ich ja vielleicht machen können, aus Angst vor den Folgen. Und auch, weil mich sehr viele Leute aus meiner Familie dann fertiggemacht hätten. Das wäre ein Grund gewesen, besser zu Hause zu bleiben und da deprimiert rumzusitzen. 35 Ach Mann, wenn es doch nur einen Menschen geben würde, der mir mal zuhört! Eins garantiere ich euch: Gott, dem nichts unmöglich ist, hört mir zu! Er wird auf die Anzeige von meinen Gegnern die passende Antwort haben. 36 Die Antwort würde ich mir dann aufschreiben und auf ein T-Shirt drucken lassen, damit jeder sie lesen kann. 37 Ich würde meinen Gegner über jeden von meinen Schritten informieren. Ich würde mich ihm gegenüber verhalten wie ein Star. 38–40 Wenn ich jemals meine Arbeiter ausgebeutet und mir mit dem Geld ein schönes Leben gemacht haben sollte, dann sollen alle meine Firmen pleitegehen und meine ganzen Felder verrotten!" Das war der letzte Satz von Hiobs Rede.

32

Freund Elihu muss auch noch was sagen

1 Schließlich gaben es die drei Freunde auf, Hiob die ganze Zeit vollzulabern. Es gab keine Chance, ihn davon zu überzeugen, dass er irgendwo Mist gebaut hatte. Für Hiob war klar: Er hatte nichts ausgefressen. 2 Aber Elihu fing jetzt erst richtig an auszurasten. Elihu kam aus der Familie von Barachel, ein Busiter aus dem Familienclan Ram. Er war voll stinkig auf Hiob, weil der sagte, Gott wäre nicht korrekt, aber von sich selbst meinte, immer korrekt gegenüber Gott zu sein. 3 Dazu war er auch noch sauer auf die drei Freunde von Hiob, weil keiner von ihnen es geschafft hatte, Hiob zu überzeugen, dass er an seiner beschissenen Lage selbst schuld war. 4 Elihu hatte bis zu dem Zeitpunkt den Mund gehalten, weil die anderen Freunde alle älter waren als er. 5 Als er aber mitbekam, dass die anderen drei Männer nichts mehr zu sagen hatten, kotzte er sich erst mal richtig aus. 6 Er sagte: „Schon klar, ich bin hier der Jüngste von allen, ihr seid alle viel älter als ich. Darum hab ich bis jetzt den Mund gehalten, weil ich einfach Schiss davor hatte, mich vor euch zu blamieren. 7 Ich hab mir gedacht: ‚Lass erst mal die Alten reden, die haben viel mehr Lebenserfahrung als du ...' 8 Aber jetzt glaube ich, dass nicht das Alter einen schlau macht, sondern es ist die Kraft von Gott, die uns wie ein Wind um die Ohren pustet. 9 Die Oldies haben die Weisheit nicht gepachtet. Was korrekt ist und was nicht, kann man kapieren, auch wenn man nicht besonders alt ist. 10 Darum will ich jetzt auch mal meine Meinung zur Sache sagen! 11 Ich war die ganze Zeit auf eure schlauen Antworten gespannt. Ich dachte mir: ‚Gleich kommt bestimmt einer, der was Richtiges sagt!' 12 Die ganze Zeit hab ich sehr genau zugehört. Aber ich musste feststellen, dass keiner von euch die Argumente von Hiob wirklich widerlegen konnte. 13 Und jetzt kommt bloß nicht an, so auf die Tour: ‚Wir haben zwar echt die Peilung, aber Hiob richtig bestrafen, das kann nur Gott!' 14 Was Hiob bis jetzt gesagt hat, überzeugt mich null. Und den Dünnsinn, den ihr die ganze Zeit von euch gegeben habt, werde ich nicht noch mal wiederholen. 15 Euch sind wohl die Argumente langsam ausgegangen, oder? 16 Ich hab mich gefragt, ob ich weiter den Mund halten soll, nur weil euch nix mehr einfällt. Schließlich sagt ja keiner mehr was. 17 Also, ich will jetzt auch mal meinen Senf dazugeben. Immerhin hab ich schon eine Menge vom Leben kapiert und will das auch mal loswerden. 18 Ich hab ständig innerlich mit Gott diskutiert, das muss jetzt einfach mal ausgesprochen werden. Die Kraft von Gott in mir zwingt mich, das zu sagen. 19 Ich stehe innerlich total unter Strom. Ich platze gleich, wenn ich das nicht loswerden kann, was ich zu sagen hab! 20 Ich muss das rauslassen, um wieder durchatmen zu können. Das muss endlich raus! 21 Es geht mir nicht dadrum, mich auf irgendeine Seite zu stellen, echt nicht. Ich hab es auch nicht nötig, mich bei einem von euch

einzuschleimen. 22 Rumschleimen kann ich gar
nicht, und wenn ich es könnte, würde mich Gott
dafür schon schnell genug mit dem Tod bestrafen."

33 Elihu meint: Gott redet mit den Menschen

1 Elihu sagte: „Hiob, du musst mir jetzt
mal wirklich gut zuhören, ja? 2 Ich werde auch noch
mal was konkret zu der Sache sagen. 3 Du weißt, ich
bin korrekt, ich laber keinen Stuss. 4 Durch die Kraft
von Gott bin ich entstanden. Er hat mich angepus-
tet, und darum lebe ich überhaupt! 5 Wenn du was
zu sagen hast, dann sag es jetzt! Hast du irgendwas
an dem zu meckern, was ich gerade gesagt habe?
6 Ich bin genauso viel wert wie du! Für Gott sind wir
beide gleich. Ich bin aus demselben Material wie
du. 7 Du brauchst keinen Schiss vor mir zu haben!
Ich werde dir nicht noch mehr zumuten. 8 Also, ich
hab das so verstanden, was du gerade gesagt hast.
9 Du meintest: ‚Ich kann mich nicht dadran erin-
nern, irgendwie Mist gebaut zu haben. Ich hab ein
reines Gewissen! 10 Aber Gott erfindet immer wieder
neue Sachen, die er an mir zu meckern hat. Er tut
so, als wäre ich sein Feind. 11 Er legt mir Handschel-
len an, er spioniert mein ganzes Leben aus.' 12 Hey,
ich sag dir mal was: Das ist nicht korrekt, wenn du
so was behauptest! Wir reden hier immerhin von
Gott, der tausendmal mächtiger ist als jeder
Mensch! 13 Was hast du gegen ihn, hä? Bist du
sauer, weil er dir nicht die passende Antwort auf
deine Fragen gibt? 14 Ich bin der Meinung, dass Gott
immer zu uns redet. Wir bekommen es bloß nicht
immer mit! 15 Manchmal redet er nachts durch
Träume zu uns, wenn wir im Tiefschlaf in unserem
Bett liegen. 16 Es kann passieren, dass Gott zu
einem redet und auf etwas aufmerksam macht.
Oder er warnt jemand davor, 17 wenn der irgendwo
Mist baut. Er versucht, dafür zu sorgen, dass man
sein Leben ändert. Auch wenn man glaubt, die
Weisheit mit Löffeln gefressen zu haben. 18 Auf die
Art sorgt er dafür, dass der Mensch sich nicht durch
seinen Lebensstil selbst umbringt oder einfach so in
den Tod rennt. 19 Ich glaube ja, er macht so was
auch durch Krankheiten, wenn jemand voll die
Schmerzen in den Knochen hat und im Bett liegen
muss. 20 Man verliert jeglichen Appetit, sogar beim
Lieblingsessen kriegt man nur noch das Kotzen.
21 So wird man fast magersüchtig, ist nur noch Haut
und Knochen. 22 Der Tod guckt schon um die Ecke,
die Beerdigung kann schon mal geplant werden.
23 Wenn dann ein Botschafter von Gott vorbei-
kommt, so ein Engel, das wäre schon was. So ein
Typ, einer von tausend, der dem Menschen seine
Rechte vorlesen soll. 24 Der Engel wird dann voll nett
sein und sagen: ‚Er soll noch nicht sterben! Ich habe
Geld für ihn in der Tasche, um ihn freizukaufen!
25 Sein Körper soll sich wieder erholen. Er soll wieder
vor Kraft sprühen, so als wäre er wieder ein Teen-
ager!' 26 Dann wirst du wieder mit Gott reden, und
er wird auf dich hören. Du darfst wieder in seine
Nähe kommen und dich mit ihm freuen. Mit ihm,
der dich vollkommen wiederhergestellt hat. 27 Dann
wirst du im Fernsehen allen Menschen sagen, dass
du in Wirklichkeit richtig Mist gebaut hattest: ‚Ich
hab mir das alles so hingebogen, wie ich wollte!
Aber Gott hat mich dafür nicht bestraft. 28 Er hat
mich gerettet, obwohl ich schon mit einem Bein im
Grab stand. Er hat mir erlaubt, dass ich die Sonne
wieder sehen darf.' 29 So ist Gott drauf, und er kann
so was mit jedem machen, auch zwei- oder dreimal.
30 Er kann jeden retten, der dachte, er wär so gut wie
tot, und er kann einem auch die Freude am Leben
zurückgeben! 31 Pass gut auf, was ich dir zu sagen
habe, Hiob! Halt noch mal für ein paar Minuten
deinen Mund, damit bei dir ein paar Leuchter ange-
hen, wenn ich weiterrede, klar? 32 Wenn du aber
irgendwas Sinnvolles zu dem zu sagen hast, was ich
gerade gesagt habe, dann nur zu! Ich wäre mehr als
froh, wenn ich unrecht hätte. 33 Aber wenn du nichts
dazu sagen kannst, dann musst du halt den Mund
halten und mir weiter zuhören. Ich werde dir noch
ein paar richtig schlaue Sachen beibringen. Dinge,
die du noch nicht gewusst hast."

34 Elihu: Hiob darf nicht sagen, dass Gott unkorrekt ist

1 Elihu sagte dann zu seinen Freunden:
2 „Leute, ihr habt doch echt Ahnung vom Leben,
oder? Jetzt hört mir doch mal richtig zu! 3 Wenn
man austesten will, ob ein Essen in Ordnung ist,
nimmt man davon einen Löffel in den Mund. Wenn
man bei Worten checken will, ob die in Ordnung
sind, muss man mit den Ohren erst mal richtig
zuhören. 4 Lasst uns das ganze Ding gemeinsam
überprüfen. Was okay ist und was nicht, müssten
wir zusammen doch rauskriegen. 5 Hiob hat ja
schließlich gesagt, dass er okay gelebt hat und Gott
das nur nicht wahrhaben will. 6 Er behauptet, dass
er immer korrekt gelebt hat, und findet es nicht
okay, dass er plötzlich als Lügner dargestellt wird.

Sein Leben ist jetzt voll gegen die Wand gefahren, obwohl er angeblich nichts Schlimmes verbrochen hat. 7 Gibt es noch jemanden außer Hiob, der in einer Tour über Gott ablästert, so wie andere den ganzen Tag Kaffee trinken? 8 Oder gibt es noch so einen wie Hiob, der nur noch mit Ganoven rumhängt und dessen Freunde Gott alle den Stinkefinger zeigen? 9 Hiob hat außerdem noch behauptet: ‚Einem Menschen bringt es überhaupt nichts, wenn er mit Gott befreundet ist!' 10 Alle Leute, die was auf dem Kasten haben, sollen mir jetzt mal gut zuhören. Eins ist für mich ganz klar: Gott baut keinen Mist! Gott ist nie unkorrekt! 11 Er behandelt die Menschen nur so, wie sie es verdient haben. Ein Mensch bekommt von ihm immer nur die Quittung für das, was er getan hat. 12 Der korrekte Gott tut keine unkorrekten Sachen! Und wenn etwas okay ist, dann macht Gott nicht plötzlich den größten Mist daraus. 13 Hat Gott denn von einer noch höheren Macht die Welt übergeben bekommen, oder was? Wer sollte Gott das Universum in die Hand gedrückt haben? 14 Wenn Gott der Egotyp wäre und nur an sich denken würde, 15 dann würde alles Leben, was es gibt, sofort kaputtgehen. Und auch jeder Mensch würde dann sofort sterben und vergammeln. 16 Hiob, wenn du nur ein bisschen was im Hirn hast, dann hörst du mir jetzt gut zu, ja? 17 Ist es überhaupt möglich, dass einer, der das Korrekte hasst, das Leben lenkt? Oder willst du jetzt behaupten, dass der Gott im Himmel Mist gebaut hat? 18 Ich mein, eigentlich kann doch nur Gott einem Präsidenten sagen, dass er ein Schwachmat ist, oder? Und nur Gott kann einen Filmstar dafür beschuldigen, dass er ohne ihn gelebt hat. 19 Gott ist es doch völlig egal, ob jemand einen Ministerjob in der Regierung hat oder nicht. Er würde einen Millionär nicht besser beurteilen als einen Hartz-IV-Empfänger. Schließlich hat er alles, was lebt, einmal selber gemacht. 20 Solche Leute kriegen plötzlich vor dem Fernseher einen Herzinfarkt und sind tot. Dagegen können die Menschen eine Demo veranstalten, eine Unterschriftenaktion laufen lassen oder sonst was, das hilft alles nichts. Gott regelt es einfach, er räumt Politiker aus dem Weg, ohne dass Menschen das verhindern können. 21 Gott checkt jeden ab, er sieht genau, was wir machen. 22 Es gibt keine Chance, irgendwas vor ihm zu verheimlichen, er sieht alles. Kein Verbrecher kann sich vor ihm wirklich verstecken. 23 Keiner weiß, wann er zur Gerichtsverhandlung vor Gott zu erscheinen hat, und wenn's mal so weit ist, gibt's keine Chance, sich daran vorbeizudrücken. 24 Er macht auch die Mächtigen dieser Welt einfach platt, ohne vorher eine lange Untersuchung anzuordnen. Sie werden einfach durch neue Leute ersetzt. 25 Das kann er machen, weil er die ganze Zeit ihre Taten abcheckt und alles mitbekommt, was sie so tun. Darum kann er sie von einem Tag auf den anderen kaputt machen. 26 Er kann sie genauso behandeln wie Menschen, die nicht mit ihm leben. In den Acht-Uhr-Nachrichten werden sie von ihm öffentlich fertiggemacht. 27 So was bringt er, wenn sie nicht das getan haben, was er ihnen gesagt hatte, und wenn sie nie an das gedacht haben, was er wollte. 28 Das hat zur Folge gehabt, dass die Kaputten bei Gott anklopfen und um Hilfe bitten, und er hat auf sie gehört und ihnen geholfen. Auf die Gebete von den Fertigen hörte er dann. 29 Falls Gott sich jetzt aber dazu entschließen sollte, nichts zu unternehmen, wer sollte dann zu ihm sagen, dass das nicht in Ordnung wäre? Wenn er sich dazu entschließt, sich einfach zu verstecken, dann würde ihn auch niemand mehr finden können, oder? 30 Und was, wenn Gott einen Faschisten als neuen Regierungschef einsetzt, der die Menschen fertigmacht, was könnte man dagegen unternehmen? 31 Wenn jetzt einer zu Gott sagt: ‚Ich habe Mist gebaut, ich sehe es ein! Ich will das in Zukunft nicht mehr tun. 32 Hilf mir bitte, wenn ich irgendwo unkorrekte Sachen mache! Ich könnte das sofort ändern!' 33 Was würdest du denn machen? Willst du immer noch, dass Gott denjenigen bestraft? Nur, weil du gefrustet bist? Willst du jetzt für Gott entscheiden? Jetzt komm mal raus damit, wie du über die Sache denkst! 34 Leute mit Peilung vom Leben werden mit mir bestimmt einer Meinung sein, und auch die Intelligenzbestien wissen das: 35 Was Hiob sagt, klingt nicht so, als hätte er es wirklich kapiert. Seine Argumente sind ziemlich hohl. 36 Ihr solltet ihn noch viel genauer testen. Seine Argumente muss man noch besser widerlegen. Er redet wie jemand, der keine Ahnung von Gott hat. 37 Zu dem ganzen Haufen Dreck, der in seinem Leben ist, legt er jetzt auch noch die Untreue zu Gott obendrauf. Vor unseren Augen macht er einen auf dicke Hose, seine Argumente gegen Gott werden immer mehr."

35

Elihu redet mit Hiob

1 Elihu sagte dann zu Hiob: 2 „Sag mal, Alter, bist du noch ganz dicht? Glaubst du im Ernst, du bist korrekter als Gott? 3 Was ist das

überhaupt für eine Frage: ‚Was hab ich davon, wenn ich das tue, was Gott richtig findet?‘ 4 Dazu muss ich dir jetzt echt was reindrücken und deinen Freunden gleich mit: 5 Schau mal nach oben, sieh dir mal die Wolken an! Die sind doch gigantisch weit oben, die Entfernung ist zigmal mehr, als du groß bist. 6 Dir muss doch klar sein, dass der Mist, den du in deinem Leben baust, Gott nicht wirklich schaden kann, oder? Egal, wie viele Fehler du machst, Gott steht doch voll dadrüber. 7 Und selbst wenn du oberkorrekt leben würdest, kann er sich davon auch nichts kaufen. 8 Aber die Leute, die mit dir zusammenleben, für die ist das ätzend, die bekommen deinen Mist ab. Und wenn du korrekt lebst, haben die auch was davon.“

Gott ist entspannt drauf

9 „Erst wenn Menschen fette Probleme haben, fangen sie an rumzuweinen. Sie fangen an, um Hilfe zu schreien, wenn sie von den Mächtigen derbe Schläge abbekommen. 10 Viele Menschen fragen nicht, ob Gott existiert und wo er jetzt ist. Sie haben keine Ahnung, dass Gott in finsteren Situationen das berühmte Licht am Ende des Tunnels ist und so plötzlich Hoffnung aufkommt. 11 Und das, obwohl wir mehr Grips in der Birne haben als die Tiere, wir sind schlauer als die. Auch die Vögel können intelligenzmäßig nicht mit uns mithalten. 12 Manchmal, wenn wir dringend Hilfe brauchen und bei ihm anrufen, dann kriegen wir keine Verbindung zu ihm, weil wir innerlich einfach nur link sind und die Leitung zu ihm dadurch gestört ist. 13 Wir können uns die Lunge aus dem Leib brüllen und uns die Finger wund wählen, er antwortet nicht, wegen unserer Arroganz und Gemeinheit. 14 Jetzt behauptest du, Hiob, Gott wäre nicht mehr da. Aber ich bin mir sehr sicher: Er ist da, und er kennt deine Geschichte sehr gut! 15 Gott hat dich noch nicht spüren lassen, wie sauer er wirklich auf dich ist. Er hat sich bisher noch nicht um den Schwachsinn gekümmert, den du die ganze Zeit von dir gibst. 16 Deshalb laberst du die ganze Zeit nur Mist. Das ist nur heiße Luft, aber da ist nichts dahinter.“

36 Elihu: Gott ist immer schon total korrekt gewesen

1 Elihu sagte weiter: 2 „Du musst mich noch etwas länger aushalten, denn ich hab noch ein paar andere Sachen, die Gott dir sagen will. 3 Ich greif jetzt mal richtig tief in die Kiste, um dir klarzumachen, dass Gott einfach gut ist. 4 Hey, ich schwör dir, ich erzähle keinen Stuss! Ich hab echt viel studiert und weiß eine Menge Zeugs. 5 Gott hat die Macht, trotzdem macht er niemanden mal eben so fertig. Er hat ein großes Herz. 6 Menschen, die ohne ihn leben, müssen sterben, dafür sorgt er schon. Aber Leute, die Probleme haben, denen hilft er. 7 Jemand, der korrekt lebt, kann sich drauf verlassen, dass Gott immer bei ihm ist. Wenn das Präsidenten sind, passt er dadrauf auf, dass sie immer wieder gewählt werden und lange an der Macht sind. 8 Wenn sie aber plötzlich Probleme kriegen und es ihnen richtig dreckig geht, 9 dann ist das oft ein Zeichen von Gott, dass sie irgendwo Mist gebaut haben. Sie haben sich vielleicht arrogant verhalten 10 und saßen auf ihren Ohren. Auf die Art hat er sie aufgeweckt, ihnen einen Warnschuss verpasst, damit sie mit dem Quatsch aufhören. 11 Wenn sie dann aber auf Gott hören und das tun, was er ihnen sagt, dann werden sie lange und glücklich leben. 12 Falls sie das aber nicht tun, werden sie kaputtgehen. Sie rennen ins offene Messer, ohne es kapiert zu haben. 13 Menschen, die link drauf sind, geben Gott immer die Schuld. Und wenn er sie in eine Situation bringt, wo sie nicht mehr weiterkönnen, rufen sie nicht um Hilfe. 14 So einer stirbt noch als Jugendlicher, die werden oft nicht älter als 18. 15 Wenn es einem aber mal dreckig geht, dann kann er dadraus auch was lernen. Durch die Probleme, die er hat, fängt er plötzlich an, wieder auf Gott zu hören. 16 Gott hat das mit dir ja auch schon so gemacht, Hiob. Als es dir beschissen ging, hat er dir geholfen. Plötzlich war wieder alles supi, und du konntest dich irgendwann wieder an den leckersten Sachen bedienen. 17 Wenn du aber total aggro drauf bist wie die Menschen, die ohne Gott leben, dann bist du jetzt schon bei ihm unten durch, er hat dich bereits verurteilt. 18 Hiob, pass bloß auf, dass du dich nicht zum depressiven Oberkritiker entwickelst, weil du so schlecht drauf bist. Rechne nicht damit, dass du eine hohe Entschädigungszahlung bekommst. 19 Willst du mit deiner Beschwerde dafür sorgen, dass man dir hilft? Meinst du, dieser Kraftakt lohnt sich? 20 Oder wartest du nur noch auf den letzten Tag der Erde, wenn alles dunkel wird und alle Menschen sterben müssen. 21 Pass auf, mein Freund, dass du nicht total verbitterst und schräge draufkommst! Du hast ja schon damit angefangen, so eine depressive Lebenseinstellung zu bekommen, damit du mit deinem Leiden besser klarkommst.“

Du brauchst Megarespekt vor Gottes Größe
22 „Denk mal drüber nach, wie gigantisch groß Gott
eigentlich ist. Wo gibt es einen besseren Chef als
ihn? 23 Wer sollte ihm noch was beibringen können?
Wer sollte ihm sagen, wo es langgeht? Und wer ist
in der Position, um Gott sagen zu können: ‚Was du
da gerade getan hast, war nicht okay'? 24 Vergiss
nicht, dich bei ihm für die vielen Sachen zu bedan-
ken, die er gemacht hat! Dadrüber gibt es ja auch
viele Lieder. 25 Überall auf der Welt beobachten die
Leute das und schnallen das trotzdem nicht. Auch
wenn sie es mit großem Abstand betrachten,
packen sie das nicht. 26 Gott ist einfach gigantisch!
Wir können es nicht wirklich begreifen. Auch wie alt
Gott eigentlich ist, kann kein Mensch in sein Hirn
kriegen. 27 Er hat das Prinzip erfunden, dass Wasser
verdunstet und sich in Regenwolken sammelt.
28 Dann nieselt es irgendwann aus den Wolken auf
die Erde runter, und die Menschen werden nass.
29 Wäre ja schön, wenn man genau berechnen
könnte, wie sich Wolken ausbreiten und wann und
wo genau es mal donnert. 30 Dann ist der Himmel
plötzlich taghell von grellen Blitzen erleuchtet. Aber
im Meer, in 200 Meter Tiefe, sieht man davon
nichts mehr, da ist alles dunkel. 31 Gott steht über
den Dingen, und er wird von dort oben auch über
jeden Menschen ein korrektes Urteil fällen. 32 Er
steuert jeden Blitz und wirft ihn mit seinen Händen
auf die Erde, und dort trifft er die, die ohne ihn
leben. 33 Wenn man aus einiger Entfernung einen
Donner hört, weiß man, dass bald ein Gewitter
kommt. Genauso kündigt es sich auch an, wenn
Gott megasauer auf jemanden ist."

37

Elihu: Gott kann alles
1 „Ich habe auch riesengroßen Respekt vor
Gott! Mein Herz bleibt stehen, wenn 2 ich
seine Stimme wie einen Donner höre. 3 Überall vom
Himmel kommt dieses Grollen, und die Blitze knal-
len auf die Erde runter. 4 Dann brettert ein Donner
los, gleich nach dem Blitz. Das klingt sehr heftig.
Dieser Donner ist wie seine Stimme, und wenn er
loslegt, hält er mit seinen Blitzen nicht zurück.
5 Diese Stimme von Gott, dieser Donner, klingt ein-
fach irre gut! Gott macht Sachen, die wir nie wirk-
lich kapieren können. 6 Er sagt dann zum Beispiel
zum Schnee: ‚Jetzt leg los, fang an, auf die Erde zu
schneien!' Und auch die Gewitterwolken dürfen es
erst krachen lassen, wenn er es gesagt hat. 7 Gott
zieht uns manchmal absichtlich für eine Zeit aus
dem Verkehr, damit wir mal kapieren, wo er in unse-
rem Leben die ganze Zeit gute Sachen bringt. 8 So
wie sich auch die Tiere im Wald bei schlechtem Wet-
ter in ihrer Höhle verstecken. 9 So sorgt Gott für
einen kalten Sturm im Winter, der aus dem Norden
kommt. 10 Der Wind ist wie der Atem von Gott,
durch den alles friert. Dadurch wird auch der See so
fest, dass man dadrauf Schlittschuh laufen kann.
11 Er sorgt dafür, dass die Regenwolken voll mit Was-
ser sind, und er lässt die Blitze überall auf die Erde
runter. 12 Mit seinem Joystick lenkt er die Wolken
dorthin auf der Erde, wo er sie haben will. Dort
müssen sie dann tun, was er von ihnen will. 13 Ent-
weder schickt er sie dahin, um die Menschen zu
bestrafen oder um sie zu beschenken. 14 Hör mal
gut zu, Hiob! Beobachte mal diese ganzen krassen
Wunder, die Gott tut! 15 Hast du kapiert, warum Gott
es in den Wolken blitzen lässt, weißt du, was das
soll? 16 Kannst du mir erklären, warum Wolken über-
haupt fliegen? Hast du dieses Wunder wirklich
begriffen? 17 Dir wird ja schon zu warm in deinen
Klamotten, wenn wir Hochsommer haben und ein
heißer Wind aus dem Süden kommt. 18 Bist du in
der Lage, das Universum so zu verteilen, wie es
jetzt ist? Kannst du die Planetensysteme zusam-
menstellen? 19 Weißt du, wie man mit Gott richtig
redet? Erzähl mal, raus damit! Wir haben nämlich
keinen blassen Dunst, wie man das richtig anstellt.
20 Oder muss man ihm erst ansagen, dass etwas
angesagt wird? Oder hat sich jemals einer freiwillig
gemeldet, um von ihm plattgemacht zu werden?
21 Oft ist es doch so, dass wir die Sonne nicht sehen
können, weil der Himmel voller dunkler Wolken ist.
Und dann kommt plötzlich Wind auf und fegt die
Wolken weg. 22 Aus dem Norden kommt dann Licht
her. Und wenn Gott mit seinem ganz krassen Licht
kommen würde, dann würden wir uns mördermä-
ßig erschrecken. 23 Keiner kann Gott das Wasser
reichen, er ist einfach gigantisch groß. Er ist korrekt
und auch sehr heftig, er würde niemals etwas
Unkorrektes machen. 24 Das ist auch der Grund,
warum wir Respekt vor ihm haben. Aber alle, die
glauben, sie hätten die Weisheit mit Löffeln gefres-
sen, an denen sieht er vorbei, die nimmt er gar
nicht wahr."

38

Gott antwortet Hiob höchstpersönlich
1 Plötzlich passierte etwas sehr Abgefahre-
nes: Es kam ein heftiger Sturm auf, und
aus dem Wind konnte Hiob die Stimme von Gott

hören! Der sagte zu ihm: 2 „Was bist du überhaupt
für einer, dass du über meine Entscheidungen
diskutieren willst? Du hast doch überhaupt keinen
Plan! 3 Jetzt zeig mal, dass du kein Weichei bist!
Ich will dir mal ein paar Fragen stellen und bin
gespannt, wie deine Antworten ausfallen. 4 Also,
Hiob, wo warst du eigentlich, als ich die Erde
gemacht hab? Im Ernst, wenn du das weißt, dann
sag es mir bitte! 5 Wer hat die Größe der Erde festge-
setzt? Wer hatte überhaupt so ein Maßband, das
lang genug war? Hallo? 6 Und wie ist das geregelt,
dass sie sich um ihre eigene Achse dreht? Wer hat
das alles perfekt geplant, so dass das ohne Pro-
bleme funktioniert? 7 Als das passiert ist, haben die
Sterne erst mal einen Gospelchor gegründet, und
auch die Minister von Gott sind voll abgegangen
vor Freude. 8 Noch ein paar Fragen: Wer hat das
Meer so gemacht? Wer hat es mit genau der Menge
Wasser aufgefüllt? Wer sorgte dafür, dass die Was-
serquellen nicht aufhören zu sprudeln? 9 Das war
ich! Ich habe auch dafür gesorgt, dass es die Regen-
wolken gibt, als wären sie die Windeln vom Meer,
wo das verdunstete Wasser drin aufgesogen wird.
10 Ich habe es begrenzt, und ich habe die Dämme so
gebaut, damit es dort nicht weiter ins Land fließen
kann. 11 Meine Ansage war: ‚Meer, bis hierhin und
nicht weiter! Weiter dürfen deine heftigen Wellen
nicht ins Land rein.‘ 12 Wie ist es, Hiob, hast du
schon einmal einen neuen Tag entstehen lassen?
Wann hast du deinen letzten Sonnenaufgang orga-
nisiert? 13 Wann hast du der Sonne gesagt, sie sollte
mal hinter dem Meer untergehen, damit sie das
ganze Böse hinter sich lässt und morgen ein neuer
Tag anfangen kann. 14 Die Erde verändert ihre Farbe
wie ein Blatt im Herbst, und die ganze Atmosphäre
wird zu ihrem Kleid. 15 Wer fies drauf ist, bekommt
kein Licht ab, er bleibt im Dunkeln sitzen. Und
wenn auf Dauer kein Licht da ist, wird es auch bald
zu Ende mit ihm sein. 16 Und wie ist es damit: Warst
du schon mal an der tiefsten Stelle vom Atlanti-
schen Ozean? Bist du dort schon mal spazieren
gegangen? 17 Hast du vielleicht schon mal eine Tour
zu dem Ort gemacht, wo alle Menschen sind, die
nicht mehr leben? Warst du schon mal da unten, in
der absoluten Dunkelheit? 18 Rechne doch mal bitte
aus, was für einen Durchmesser die Erde genau
hat? Wenn du damit fertig bist, kannst du mir ja
Bescheid geben. 19 Weißt du denn auch, woher Licht
eigentlich kommt? Und kannst du mir wissenschaft-
lich erklären, wie das mit der Dunkelheit funktio-
niert? 20 Kannst du denn erklären, wie die entstan-
den ist, und das mit einem Experiment belegen?
21 Das kannst du doch bestimmt, oder? Du warst ja
von Anfang an dabei und bist auch immerhin schon
ein paar Jahre alt. 22 Ach, und kannst du mir auch
mal sagen, wie viel Schnee genau gerade auf der
Erde liegt und wo der herkommt? Und wie ist das
mit den Hagelkörnern? 23 Die gebrauche ich ja
immer mal, wenn es Krieg gibt und ich bei einem
Kampf dazwischenhauen muss. 24 Wie genau funkti-
oniert das mit dem Licht, wenn es sich von Osten
her über die Erde verteilt? 25 Wer hat den Regen
erfunden? Wer hat das Gewitter organisiert? 26 Wer
hat dafür gesorgt, dass es regnet, damit auch in der
Wüste, wo keine Menschen leben, mal Wasser hin-
kommt? 27 Wer macht das Land, das schon lange
ausgetrocknet war, wieder nass, damit dort grünes
Gras wachsen kann? 28 Denk mal an den Regen! Ist
der von einem Vater gezeugt worden, so wie ein
Baby? Und der Tau? Wie ist das mit dem? 29 Wer hat
das Eis erfunden? Wer hatte die Idee dazu? Wie ist
das plötzlich auf die Erde gekommen? Vielleicht wie
ein Kind zu seinen Eltern? Und der Tau und der
Nebel, wie ist das damit? 30 Wie kommt es denn,
dass plötzlich das Wasser friert, dass es so hart wird
wie Stein? Wer hat das gemacht, dass man auf dem
Wasser plötzlich Schlittschuh laufen kann? 31 Und
wie ist das mit den Sternbildern am Himmel?
Kannst du die vielleicht mal anders arrangieren?
Fang doch mit dem ‚Großen Wagen‘ an! Oder
schaffe den Orion einfach ab. 32 Kannst du vielleicht
die Sternzeichen mal alle woanders hinlaufen las-
sen? Kannst du sie überhaupt an den Himmel pin-
nen? 33 Vielleicht könntest du auch zwischendurch
die Naturgesetze ändern? Oder einfach mal regeln,
dass die Sonnen in der Milchstraße sich anders auf-
stellen? 34 Wie wäre es, wenn du den Wolken sagen
würdest, dass sie anfangen sollen zu regnen, aber
nur auf deinen Befehl? 35 Und dann könntest du ja
auch noch ein paar Blitze zaubern. Die hören doch
auf dich, oder? 36 Wer hat den Menschen überhaupt
erst die Intelligenz gegeben? Wer hat dafür gesorgt,
dass sogar ein Hahn mitkriegt, dass es anfängt zu
regnen, und deswegen kräht. 37 Wer hat genug
Schnall, um alle Wolken im Blick zu haben? Wer hat
das im Griff, dass genug Wasser in ihnen ist? 38 Die
Erde braucht dieses Wasser, wenn es lange nicht
geregnet hat und der Boden hart wie Beton gewor-
den ist. 39 Hast du eigentlich auch den Essenskreis-
lauf der Tiere erfunden? Organisierst du den Hun-
den ein Kaninchen, 40 wenn sie auf der Wiese
umherstreunen, um sich so ein Teil aus dem Kanin-

chenbau zu ziehen? 41 Wer sorgt dafür, dass die Els-
tern auch immer genug zu essen bekommen, wenn
die jungen Elstern im Nest sitzen und dort nichts
mehr zu futtern finden?"

39

Gott redet weiter mit Hiob

1 „Kannst du mir sagen, wann genau die
Katzen ihre nächsten Jungen kriegen?
Und wie ist das mit den Kühen, kannst du das bei
denen steuern? 2 Hast du den Plan, wie viele Tage
sie genau brauchen, um ein Baby zu gebären? Okay,
wann genau ist der Geburtstermin von dir angesetzt
worden? 3 Sie legen sich auf den Boden, dann krie-
gen sie ihre Jungen, und nach einer Zeit sind die
Krämpfe und Wehen vorbei. 4 Die Jungen wachsen
im Freien auf, sie werden stark, und irgendwann
sind sie so groß, dass sie ohne die Eltern klarkom-
men und von ihnen weggehen. 5 Wie war das mit
den Rehen im Wald? Wer hat sie gemacht, wer hat
dafür gesorgt, dass sie überhaupt laufen können?
6 Im Wald und auf den Wiesen sind sie zu Hause.
Sie leben überall auf der Welt. 7 Sie halten sich fern
von den großen Städten, und auch der Förster kann
sie nicht zwingen, dorthin zu gehen. 8 Sie suchen ihr
Futter im Wald, dort, wo grüne Pflanzen wachsen.
9 Denkst du vielleicht, ein wilder Bär würde tun, was
du sagst? Denkst du, du könntest den dressieren?
10 Würde er sich von dir einfangen lassen, für dich
rumtanzen und Bälle jonglieren? 11 Würdest du dich
trauen, ihn alleine in deiner Wohnung zu lassen?
Würde er dort nicht alles kaputt machen, was grade
so rumsteht? 12 Oder denkst du, er würde deine
Bude sogar aufräumen und erst mal das Bad
schrubben? 13 Und wie ist das mit dem Hahn und
den Hennen? Meinst du, ein Hahn könnte auf ein-
mal fliegen wie ein Adler, wenn er da Bock drauf
hat? 14 Ein Henne legt die Eier einfach in ein Nest
und wartet dadrauf, dass ihre Küken schlüpfen.
15 Sie hat keine Angst, dass irgendwelche Leute vor-
beikommen und die Dinger zertrampeln. 16 Ihre
Küken lässt sie schnell laufen, so als wären die gar
nicht von ihr. Wenn sie umsonst geschuftet hätte,
wäre es ihr auch egal. 17 Als ich die gemacht habe,
haben sie von mir nicht gerade die große Intelligenz
abbekommen. 18 Aber wenn man sie aus ihrem Nest
scheucht, dann springen sie hoch und laufen total
schnell weg. Der Bauer und jeder Mensch, der dran
vorbeifährt, lachen sich schlapp dadrüber. 19 Hast
du eigentlich auch Pferde gemacht? Hast du ihnen
die Stärke gegeben und sie mit einer Mähne gestylt?
20 Hast du dafür gesorgt, dass Pferde springen kön-
nen? Wenn ein Pferd ganz plötzlich schnaubt,
erschrecken sich die Menschen. 21 Es scharrt vor
einem Rennen mit den Hufen, weil es so heiß dar-
auf ist, gleich loszulaufen. 22 Angst kennt es nicht,
es hat keinen Schiss vor Gefahren. 23 Die Peitsche
knallt, und die Scheinwerfer werfen ihre Strahlen auf
die Rennbahn. 24 Dann galoppieren sie wie wild über
die Bahn, nach dem Start kann sie keiner mehr hal-
ten. 25 Vor dem Schuss heißt es: ‚Auf die Plätze, fer-
tig, los!' Und dann geht das Rennen ab, und das
Publikum fängt an zu brüllen. 26 Ach ja, und die
Gänse, waren die bei dir in der Flugschule? Hast du
ihnen beigebracht, wie man seine Flügel ausstreckt
und Richtung Süden fliegt? 27 Und bist du derjenige,
der einer Taube sagt, dass sie wegfliegen soll, wenn
ein Auto kommt? Sagst du ihr auch, wo sie ihr Nest
bauen muss? 28 Im U-Bahn-Schacht oder oben unter
der Supermarktwerbung baut sie sich ihr Zuhause.
29 Von dort sieht sie auf die Straße runter und kriegt
genau mit, wenn irgendwas Essbares dort liegt.
30 Denn ihre Jungen brauchen was zu essen und
sind hungrig. Wenn da mal ein Stück Pizza landet,
sind gleich ganze Schwärme von Tauben dort."

40

Hiob nimmt alles zurück

1 Gott fragte Hiob noch eine Sache: 2 „Du
willst echt Stress haben mit mir? Mit mir,
dem Gott, dem nichts unmöglich ist, ja? Willst du
mir immer noch sagen, was ich alles nicht richtig
gemacht habe, oder war's das jetzt?" 3 Hiob antwor-
tete Gott: 4 „Hey, Gott, ich weiß ja, dass ich die
letzte Wurst bin! Was kann ich gegen dich sagen?
Ich halte jetzt echt lieber die Schnauze. 5 Ich hab
mich wohl doch etwas weit aus dem Fenster
gelehnt, hab wohl ein paar Texte zu viel gebracht,
als ich eigentlich sollte. Das passiert mir nicht noch
mal." 6 Gott antwortete, indem er aus einem lauten
Wind raus zu Hiob sprach: 7 „Jetzt komm in die
Puschen, Hiob! Zeig, was du draufhast! Ich werde
dir noch ein paar Fragen stellen, und du musst mir
die Antworten geben, klar? 8 Willst du ernsthaft
bezweifeln, dass ich im Recht bin? Möchtest du,
dass ich am Ende dumm dastehe, damit du recht
hast? 9 Kannst du es kräftemäßig überhaupt mit mir
aufnehmen? Wie laut ist denn deine Stimme, wenn
du mal so richtig schreist? 10 Dann zeig doch mal,
was du so alles draufhast, Hiob! Leg los, lass deine
Muskeln spielen! Zeig deine Macht! 11 Brüll mal
rum! Du musst dich jetzt nicht mehr zusammenrei-

ßen. Mach die ganzen arroganten Fratzen, die du siehst, mal so richtig runter. 12 Wenn dir stolze, hochnäsige Menschen begegnen, mach die fertig! Mach die Verbrecher kalt! 13 Töte sie von mir aus, schmeiß die Leichen alle auf die Mülldeponie. 14 Wenn du das geschafft hast, werde ich auch sofort ein tolles Lied über dich schreiben und dir den ganzen Tag applaudieren. 15 Jetzt zieh dir mal diesen Behemoth rein, der so eine Art Tyrannosaurus Rex ist. Den hab ich auch gemacht, genauso wie dich! 16 Zieh dir mal rein, wie stark der ist. Was für Muskeln so einer hat, auch in seinen Beinen. 17 Sein Maul ist so groß, dass dort ein ganzer Kleinwagen reinpasst, und er ist dabei so stark, dass er damit ganze Bäume ausreißen kann. 18 Die Knochen sind so stabil wie Stahlrohre und die Rippen so hart wie Eisenstangen. 19 So ein Tier ist ein absolut geniales Einzelstück. Ich habe das gemacht, und das macht mir keiner nach. 20 In den Bergen, wo wilde Tiere rumspielen, gibt es Futter für ihn. 21 In der freien Wildbahn legt er sich unter Bäume und Büsche, um etwas Schatten abzubekommen. Und er versteckt sich dort, wo ein Sumpfgebiet ist. 22 Der T. Rex Behemoth bekommt etwas Schatten durch die dichten Zweige von den riesigen Bäumen, die am Ufer stehen. 23 Und auch wenn eine Flut kommt, bleibt er ganz ruhig. Er haut nicht ab, selbst wenn der Jordanfluss in seinen Mund reinfließen würde. 24 Wer kann ihn dort so mal eben einfangen? Wer ist in der Lage, ihm eine Schlinge um den Hals zu legen? 25 Und wie ist das mit einem Leviathan, dieser Art Monsterkrokodil? Kann man dieses Tier mit einer Angel fangen? Soll der Leviathan am Haken anbeißen, und dann ziehst du ihn an Land und drückst sein Maul runter, oder was? 26 Wirst du ihm dann einen Faden durch die Nase ziehen und ihm einen Stahlhaken durch den Kiefer schlagen? 27 Und wird er dann erst mal rumbetteln und sich bei dir einschleimen? 28 Denkst du, dass er mit dir erst mal einen Vertrag machen will, dass er für immer für dich arbeiten wird? 29 Oder willst du mit ihm vielleicht auf der Wiese spielen gehen, so als wäre es ein kleiner Dackel? Oder legst du dem Riesenteil eine Leine um, damit die Mädchen damit spielen können? 30 Oder wirst du den Dino auf dem Markt verkaufen oder bei E-Bay versteigern? Soll er vielleicht zerschnitten und unter den Käufern aufgeteilt werden? 31 Kannst du mit einer Kanone ein paar Löcher in seinen Körper reinschießen? Oder ihm mit einer Pumpgun den Kopf wegballern? 32 Du kannst es ja mal probieren. Das machst du aber auch nur einmal, dann lässt du die Finger davon, die Aktion wirst du nicht so schnell wieder vergessen."

41

Dinos sind stark

1 „Wer glaubt, so einen Tyrannosaurus Rex fangen zu können, der hat sich geschnitten. Wenn man ihm nur in die Augen sieht, ist man ja schon völlig fertig. 2 Wer hat so viel Mut, um ihn zu provozieren? Ihr kommt doch nicht mal gegen so einen Dino an, und wer soll es dann erst mit mir aufnehmen können? 3 Von wem hab ich denn mal ein so geniales Geschenk bekommen, dass ich ihm jetzt was zurückgeben müsste? Ich mein, eigentlich gehört ja alles, was es gibt, eh mir! 4 Dieser Leviathan, dieses Monsterkrokodil, sieht so gut gestylt aus, und er hat total viel Kraft in seinen Muskeln. 5 Wer traut sich denn, so ein Teil zu fangen und ihm den Bauch aufzuschlitzen? Wer schneidet mit einem Messer in seinen dicken Panzer rein? 6 Wer öffnet das große Maul, wo die ganzen fiesen Zähne drin sind? 7 Sein Rücken besteht aus ganz festen Platten, die wie Schuppen aneinandergereiht sind. 8 Eine dicht neben der anderen. Dazwischen gibt es kaum Spielraum, alles ist luftdicht verschlossen. 9 Die Platten hängen so fest zusammen, dass man sie nicht auseinanderreißen kann. 10 Wenn er niesen muss, dann kommt Feuer aus seinem Mund, und seine Augen glühen wie die Sonne. 11 Aus seinem Mund kommt es raus wie aus einem Flammenwerfer. Überall sprühen die Funken. 12 Qualm kommt aus seiner Nase, so wie aus einem Kochtopf, der auf dem Herd überkocht. 13 Mit seiner Puste kann man einen Grill anzünden, Feuer kommt aus seinem Hals. 14 Er hat fette Halsmuskeln, und jeder, der ihn sieht, bekommt voll die Panik. 15 Sein Bauch ist ganz fest. Alles dort ist so, als wäre es aus hartem Plastik gegossen worden, es ist total unbeweglich. 16 Sein Herz ist so hart wie ein Stein, so ein Tier kennt keine Gnade. 17 Wenn es loslegt, kriegen selbst die Mächtigen auf der Welt Angstzustände. Sie fliehen vor ihm. 18 Sein Panzer ist so dick, dass dort keine Kugel durchgeht. Der Panzer ist wie eine große schusssichere Weste. 19 Dicke Eisenrohre zerknickt es wie einen Strohhalm. Und fette Stahlplatten zerdrückt es wie Alufolie. 20 Man kann ihm mit einer Knarre keine Angst einjagen, und auch mit einem MG kriegt man es nicht zum Stolpern. 21 Ein Panzerrohr ist für es wie ein Witz, und über automatische Waffen lacht es sich schlapp. 22 An seinem

Bauch gibt es eine Platte, die aussieht, als hätte es
dort ganz viele spitze Glasscherben drin. Wenn es
durch den Schlamm geht, ist das so, als würde es
den Boden gerade umgraben. 23 Wenn es im Meer
schwimmt, dann kann das Tier dafür sorgen, dass
das Wasser anfängt zu kochen. Alles um es herum
kocht dann wie eine Hühnerbrühe im Topf. 24 Wenn
es im Meer schwimmt, zieht es eine helle Spur hin-
ter sich her. Das sieht dann aus, als wäre ein fettes
Speedboot da durchgefräst. 25 Es gibt kein vergleich-
bares Tier auf der Erde. Nichts hat so wenig Angst
wie dieses Teil. 26 Dabei ist es so groß, dass es sogar
auf die anderen großen Tiere runterschaut. Es
herrscht über alle wilden Tiere, es ist deren Ober-
chef!“

42

Hiob merkt, dass Gott die Macht hat

1 Hiob antwortete Gott: 2 „Mann, mir ist
echt klargeworden, dass dir nichts unmög-
lich ist! Du hast die Macht, und was du planst,
ziehst du auch durch. 3 Du hast gefragt, ob ich dei-
nen Plan verstehe. Darum hab ich dir gesagt, wie
ich dadrüber denke. Aber alles, was ich gesagt habe,
war wohl ziemlicher Schwachsinn. Ich hab es ein-
fach nicht verstanden, es war zu viel und zu abge-
fahren für mich, ich konnte das nicht begreifen.
4 Vorhin hast du gesagt, ich sollte dir jetzt mal in
Ruhe zuhören und dann erst auf deine Fragen ant-
worten. 5 Im Grunde kannte ich nur Gerüchte von
dir, die mir irgendwelche Leute mal erzählt haben.
Aber jetzt hab ich dich persönlich kennengelernt.
6 Tut mir leid, ist mir jetzt echt voll peinlich, was ich
gesagt habe. Ich nehme alles wieder zurück. Sorry,
das war echt beknackt von mir!“

Hiobs Freunde haben verpennt, mit Gott zu reden

7 Nachdem Gott mit Hiob alles klargemacht hatte,
sagte er noch mal was zum Elifas von Teman: „Ich
bin megasauer auf dich und auf deine Freunde. Ihr
habt eure Fragen nicht mit mir beredet, so wie Hiob
es korrekterweise getan hat. 8 Jetzt geh mal los,
organisiere sieben junge Stiere und sieben männli-
che Ziegen. Besucht dann Hiob und macht mit ihm
ein Abfackelopfer, weil ihr Mist gebaut habt. Mein
Freund Hiob soll dann eine Runde beten für euch.
Nur auf die Gebete von ihm werde ich hören, und
dann werde ich euch nichts Schlimmes tun. Denn
ich sag's euch noch mal: Ihr habt eure Fragen nicht
mit mir beredet, so wie Hiob es korrekterweise
getan hat.“ 9 Elifas aus Teman, Bildad aus Schuach
und Zofar aus Naama zogen sofort los und mach-
ten alles, was Gott ihnen gesagt hatte. Gott hörte
dann auf die Gebete von Hiob.

Gott gibt Hiob volle Kraft, er segnet ihn

10 Und Gott veränderte die miese Lage, in der Hiob
sich befand. Nachdem Hiob für seine Freunde gebe-
tet und ihnen Kraft von Gott zugesprochen hatte,
ging es ihm immer besser. Bald war er wieder voll-
kommen gesund. Sein Leben ging weiter bergauf.
Bald hatte er sogar doppelt so viel Sachen wie vor-
her! 11 Seine ganzen Verwandten kamen irgendwann
angefahren, und sie feierten gemeinsam eine fette
Party. Alle Brüder, Schwestern und auch seine alten
Freunde wurden zu ihm nach Hause eingeladen. Sie
sagten ihm, dass der ganze Mist, den Gott in sei-
nem Leben zugelassen hatte, ihnen voll leidtat. Alle
umarmten ihn ganz fest, und er bekam von jedem
Gast einen Goldring und eine Goldkette. 12 Ab dann
war Gott wieder voll auf Hiobs Seite, er beschenkte
und segnete ihn noch mehr als früher. Er bekam 140
Autos und Motorräder und 20 Boote und Privatjets.
Dazu kaufte er sich irgendwann über 20 Lkws für
seinen Betrieb. 13 Hiob kriegte noch mal sieben
Söhne und drei Töchter. 14 Die älteste Tochter bekam
den Namen Jemima. Die zweite nannte er Kezia,
und die jüngste hieß Keren-Happuch. 15 Seine Mäd-
chen wurden die absoluten Topmodels; es gab in
der Gegend keine Frauen, die besser aussahen als
sie. In seinem Testament legte Hiob fest, dass sie
genauso viel von seinem Vermögen kriegen sollten
wie seine Söhne. 16 Nach diesen heftigen Sachen
lebte Hiob noch mal 140 Jahre. Er konnte sogar
noch seine Enkel und auch die Urenkel auf den
Schoß nehmen. 17 Als er starb, war Hiob uralt. Er
hatte ein langes, erfülltes und richtig cooles Leben
gehabt.

Das Buch der Psalmen

1 Wer voll glücklich ist

1 Voll glücklich ist, wer nicht auf das hört, was die
sagen,
die null Bock auf Gott haben.
Voll glücklich ist, wer nicht den gleichen Mist mit-
macht
wie jemand, der ständig über Gott lacht.
Voll glücklich ist, wer nicht mit den Leuten, die läs-
tern, rumsitzt
und jeden und alles abdisst.
2 Gut drauf ist, wer Bock hat rauszufinden,
was Gott von ihm will, täglich, 24 Stunden.
Wer in seinen Verträgen liest Tag und Nacht
und sich darüber voll den Kopf macht.
3 Der ist wie ein Baum, an einem riesigen Fluss,
die dicksten Früchte wachsen an ihm, ich erzähl
euch keinen Stuss.
Seine Blätter werden nie gelb, die fallen auch nicht
ab,
was er anfasst, gelingt ihm, und er wird niemals
schlapp.
4 Aber, die ohne Gott leben, sind eben nicht so.
Die sind wie weggespült in irgendeinem Bahnhofs-
klo.
5 Bei der letzten Gerichtsverhandlung sagt Gott:
„Nein, nicht so."
Denn bis jetzt wollten sie nie etwas von Gott wis-
sen,
jetzt werden sie aus seiner Familie rausgeschmis-
sen.
6 Um seine Freunde kümmert sich Gott.
Wer korrekt für ihn ist, dem hilft er in der Not.
Doch wer immer noch keinen Bock auf ihn hat,
rammt mit 200 eine Mauer, macht sich selber platt.

2 Was ist los?

1 Was ist los mit den Schlaffos, was ist los mit
den Völkern,
sie machen sich den Kopf, bleiben planlos und selt-
sam.
2 Die Präsidenten der Welt,
gegen unseren Held,
gegen Gott und sein Reden,
gegen ihn und auf jeden,
gegen den der uns rettet.
3 „Lass uns sprengen die Kette,
und zerschneiden, aufreiben,
die ganze Angst vertreiben."
4 Gott lacht sich schlapp über diese Schlaffos,
macht Witze, sagt: „Bei denen ist ja nichts los."
5 Aber dann wird er ernst, stocksauer,
Gott wird voll aggro, ja, genau er,
redet mit ihnen, er will sie erschrecken,
sie sollen seinen Plan dahinter entdecken.
6 „Hey, muss ich euch alles zweimal sagen?
Euch meinen Präsidenten hinterhertragen?
Er hat jetzt das Sagen, in der City, in Zion,
in der ich jetzt schon seit einiger Zeit wohn."
7 Und ich mach jetzt noch 'ne Ansage,
die von Gott kommt, das ist keine Frage.
Er sagte: „Mein Sohn, du bist jetzt dran, du führst.
Ich setze dich auf den Chefsessel, von wo aus du
regierst.
8 Fordere von mir jede Nation, ich werde sie dir
geben,
einfach alles gehört dir, jedes Volk, jedes Leben.
9 Du kannst sie zerquetschen, wie 'ne faule
Tomate!"
10 Darum sag ich: „Respekt, peilt die Lage, volle Gra-
nate,
hier im Staate, die ihr das Sagen habt in unserer
Welt.
11 Werft euch nieder, akzeptiert ihn als Sieger.
Tut, was er sagt, habt Respekt vor ihm, immer wie-
der.
12 Sonst könnte Gott richtig sauer werden,
mit dem netten Leben wäre Schluss, ihr würdet ster-
ben.
Es gehört nicht viel dazu, um ihn auf die Palme zu
bringen.
Aber wer Gott vertraut, dem wird alles gelingen."

3 Auf der Flucht

1 Dieser Song ist von David, als er fliehen
musste.
2 „Mann, Gott, alle sind hinter mir her, ich bin voll
gefrustet.
3 Sie machen mich fertig, sagen, ich sei ein Loser,
4 aber du bist mein Gott, bist mein Schutzschild,
und dieser baut mich auf. Gott, du hilfst mir echt,
ich komm gut drauf, weil du mich rächst.
5 Ich tippe deine Nummer und schrei ins Telefon:

‚Chef, hilf mir, ich brauch dich!' Und du antwortest schon.
6 Egal, wo ich bin, egal, was ich tue,
bist du immer bei mir, du gönnst dir keine Ruhe.
7 Ich hab nullstens Schiss vor den ätzenden Leuten,
vor den Feinden und Denkern, die andere nur ausbeuten,
die auf mich lauern, hinter Mauern kauern,
mich umringen, umbringen wollen, andauernd.
8 Schlag zu, steh auf, hilf mir, mein Gott,
box denen auf die Nase, hau ihre Fresse kaputt!
9 Auf Gott kann man bauen, er hilft in der Not,
seine Leute vertrauen auf ihn als Rettungsboot,
und er sorgt für Glück, er hilft im Leben.
Bei seinen Freunden nennt man so was auch „Segen".

4 Song für die Beatbox

1 Ein Song für die Beatbox,
von David geschrieben.
2 Gott, wenn ich schreie,
dann zähl nicht erst bis sieben,
sondern antworte mir
und erhöre mein Gebet.
Du bist immerhin Gott,
der für Gerechtigkeit steht!
Du passt auf mich auf,
wenn es eng für mich wird,
hörst mich beim Beten,
hast mich in Freiheit geführt!
3 Ihr Reichen habt die Macht
und missbraucht sie zum Lügen,
schmiedet miese Intrigen,
von morgens acht bis abends um sieben.
Zieht meinen Ruf in den Dreck,
hört ihr erst auf, wenn ich verreck?
4 Erkennt ihr denn nicht,
dass Gott hinter alldem steckt,
dass er seine Leute immer führt,
dass er immer auf mich hört,
dass er dabei total entspannt ist,
dass ihn so was niemals stört?
5 Regt euch nur auf,
aber baut keinen Mist,
passt auf euch auf
und dann seht, wie er ist.
Halt mal die Fresse,
werd leise und still,
6 gönn Gott mal 'ne Pause,
und gib ihm, was er will.
Er will, dass es korrekt zugeht,
er will echt Freundschaft,
und er will dein Vertrauen,
mit dir labern, bis in die Nacht.
7 Viele machen den Lauten:
„Auf den kann man nicht bauen!
Bitte, Gott, es ist ja schon nach acht!
Will es mir mit dir nicht versauen!"
8 Aber ich, David, bin gut drauf,
dafür hast du gesorgt.
Du gibst mir Freude am Leben,
geschenkt, nicht geborgt.
Ich hab mehr Spaß als die Blöden,
wenn sie noch so viel feiern und feten,
sich breithaun mit Weed, Psylos, Trompeten.
9 Ich bin entspannt, freu mich an dem Leben.
Ohne Pillen, lieg in der Rille und chille.
Sollen die Gegner sich selbst bekriegen,
mich kann keiner mehr belügen,
Gott lässt alleine mich siegen.

5 Gott hört meine Bitten

1 Ein Rap für die Beatbox.
2 Hör mir zu, Gott, ich will mich ja nicht beschweren,
aber bitte, du musst dir meine Sorgen anhören.
3 Mir scheint es, als schreie ich gegen 'ne Wand,
ich befinde mich im totalen Ausnahmezustand.
4 Früh am Morgen hast du meine Stimme im Ohr,
voll Ungeduld trag ich dir meine Bitten vor.
5 Du bist ein Gott, der keinen Bock auf Unrecht hat.
Kein fieser Typ hat in deiner Nähe Platz.
6 Die Pseudos können nicht mit dir gehen.
Du bist Feind von denen, die mit Plastikgöttern leben.
7 Du adoptierst nicht die Kinder der Lüge,
verabscheust die Killer und Betrüger.
8 Mich lässt du in dein Haus, weil deine Liebe mich deckt.
Ich bete dich an, vor dir habe ich Respekt.
9 Chef, zeig ihnen, dass du hinter mir stehst!
Leite mich und führ mich auf den richtigen Weg.
Ich glaub, dass ich da eh schon bin,
aber mach es wegen denen, die gegen mich sind.
10 Denn sie reden in den meisten Fällen nur Mist.
Es ist ihr gesamter Kern voller Gift.
Schimmel durchdringt ihr Gelaber wie Würmer eine Leiche,
auch ihre Worte klingen weich wie Kreide.
11 Gott, hau sie weg und lass sie bezahlen!

Sie sollen untergehen mit dem Kurs, den sie fahren.
Wann wirst du sie für ihre Taten bestrafen?
Denn sie versuchen, dich seit Jahren zu verarschen.
12 Alle, die zu dir halten, sollen Freude haben
und dich feiern an allen Tagen.
Sie lieben deinen Namen und gehen mit dir ab,
denn du hast seit langem auf ihr Leben aufgepasst.
13 Du bist für den, der auf dich setzt,
du schützt ihn und machst ihn völlig korrekt.

6 Depris schieben

1 Dieser Reim kommt von David, dieser Rhyme
mit dem Blaster.
2 Gott, du bist wohl voll sauer, stiftest an ein Desaster?
Bitte lass mich nicht zahlen, für den Mist, den ich tat,
3 wo ich lahm war, ohne Scham war. Ich bin krank,
brauche deinen Rat.
Bin total durch, alle, fertig, kaputt,
4 hab die Orientierung verloren, fühl mich wie Schrott.
Mann, Gott, wie lange schaust du nur zu?
5 Jetzt hilf mir endlich, befrei mich, du kannst doch Kung-Fu.
6 Wenn ich tot bin, kann ich dir nicht mehr sagen:
„Du bist ein Ass!"
7 Ich bin schon voll schlapp vom ewigen Heulen,
mach mich nachts nass,
wein aus den Augen mir den Hass, tropf ganz krass
wie ein Fass.
8 Schlaff werde ich, faltig, kalt, richtig down,
weil meine Feinde mir bald auf die Fresse haun.
9 Ich sag zu ihnen: „Verpisst euch, ihr miesen Spießer!"
Gott hört auf mich, er kriegt mit, wenn ich heul, er,
10 hat mich gehört, als ich zu ihm rief.
11 Peinlich für die Feinde, sie flohen zurück in ihren Mief.

7 Wenn einer gedisst wird ...

1 Ein Reim von David, als er mies drauf war und
festsaß.
Er ließ den raus, als der Kusch ihn verklagte,
der war wirklich ein „pain in the ass".
2 „Auf dich, mein Gott, ja auf dich allein bau ich!
Rette mich, entkette mich,
befrei mich, verpiss dich nich!
3 Mein Feind zerfleischt mich
wie ein wild gewordener Kampfhund,
Lois Lane schreit sich die Kehle wund,
aber kein Supermann kommt.
4 Gott, mein Oberchef, wenn das stimmt, was da kochte,
hab ich Dreck am Stecken, ums Verrecken.
5 Wenn ich das Vertrauen meines Freundes missbrauchte,
oder wenn ich den beraubte, der mich ohne Grund
in die Enge trieb.
6 Sollen die Ätztypen ihren Wagen hinter mich lenken,
überholen, sich verrenken, mich versenken,
dann hätte ich diesen Tod echt verdient.
7 Leg los, mein Gott, verpass denen 'nen Haken,
zeig denen die Stirn, die sich gegen mich wagen.
Mach sie endlich fertig, hau ihnen auf die Schnauze,
verpass denen 'nen Zettel, bügel ihnen die Plauze.
8 Alle sollen vorbeikommen, zu deinem Gericht,
wenn der spricht, der sie anficht, das ist bald in Sicht!
9 Gott ist der Richter über alle Nationen,
hilf mir, denn ich war unschuldig in allen Situationen.
10 Es muss mal vorbei sein mit den üblen Gesellen,
die kein' Bock auf dich haben, dich um Ehre prellen.
Gott kann man niemals bestechen, belügen,
etwas ihm verheimlichen oder ihn betrügen.
11 Yes, Gott, fahr das Schutzschild aus,
hol den Laser raus, du passt auf die auf,
die gottmäßig drauf sind, eben heilig.
12 Du kommst ehrlich, unbestechlich,
gerecht sprichst du täglich im Gericht.
Du lügst niemandem ins Gesicht.
13 Mein Feind ist schon wieder am Start,
er wirft mit 'nem spitzen Dart,
er schlägt mich mit dem Schlagstock,
er trifft mich voll am Kopf.
14 Hat seine Waffen mit Gift ausgestattet,
ist dann am Ende selbst dran ermattet.
15 Er plant gegen mich fiese Attacken,
in seinen Träumen krieg ich auf die Backen.
16 Er plant eine Falle, wollte mich nur bescheißen,
am Ende fiel er selbst rein, und ich kann noch was reißen.
17 Den Dreck, den er sich für mich ausgedacht hatte,
kotzt er sich selbst auf die eigene Matte.
18 Für Gott will ich reimen, nur für ihn will ich singen.
Er passt auf mich auf, ist mein Anwalt im Ring.

8

Gott hat alles gemacht

1 Ein Psalm von David, ja ein Lied. Instrument ist
egal. Hauptsache, Beat,
nur fett muss er sein.
2 Gott, unser Chef, dein Name so fett, so genial,
ich kann dich entdecken, überall.
3 Wenn die Kleinen und Schwachen für dich was singen,
nimmst du diese Lieder, um deine Feinde in die Knie
zu zwingen.
4 Wenn ich mich umschau: Alles hast du erschaffen,
Sonne, Sterne und Mond.
Ich kann's nicht fassen, egal, ob am Tag oder Abend.
5 Was ist da schon ein Mensch, und doch denkst du
an ihn.
Bist bei all seinem Sein, Schein und Ziehn.
6 Nur wenig kleiner als dich hast du ihn gemacht.
Versehen mit Schönheit und Respekt, du hast an
alles gedacht.
7 Er ist auch der Chef über all deine Sachen,
sie liegen zu seinen Füßen und können gar nix dagegen machen.
8 Zum Beispiel Schafe und Rinder, dazu auch der
wilde Bär,
9 die Vögel am Himmel und Fische im Meer.
10 Gott, unser Chef, ich sag's jetzt noch mal,
wie's anfing, soll's enden. Dein Name ... genial!

9

Gott hat den Überblick

1 Ein Reim von David, nach dem Beat aus der
Beat-Machine.
2 Ich danke Gott, und ich erzähl euch von ihm
über die Wunder, die er überall getan hat.
3 Ich raste aus vor Freude, tanze mir den Zahn ab!
Du bist der Größte, und ich liebe deinen Namen,
du bist ganz oben, ich besinge dich jetzt, Amen.
4 Ja Mann, meine Feinde fressen Gras, suchen das
Weite.
5 Du bist total korrekt, von der Sohle bis zum Scheitel.
Bist nicht eitel, du hast die Macht, bist der korrekte
Richter,
6 und alle Feinde wurden glatt zu kleinen Lichtern.
Du Hirni, ganz ohne Gott sind sie verloren, ohne
Namen,
werden vergessen, gelöscht, nicht nur die Damen.
7 Der Feind hat ausgekämpft, ist kaputt jetzt für
immer.
In seinem Zimmer hast du die letzte Tür zertrümmert.
8 Gott regiert, auf ewig und für alle Zeiten,
von seinem Chefsessel wird er das Urteil mal halten.
9 Nicht verwalten, er wird richten über diese ganze
Welt,
ja, jedes Volk wird an dem Tag in sein Büro bestellt.
10 Die Kleinen werden beschützt, wenn man sich auf
dich einlässt.
11 Hey, Gott, ich vertraue dir, du bist mein großer
Chef.
Seitdem ich dich kenn, hast du mich nie im Stich
gelassen,
du bist megazuverlässig, ich kann das kaum fassen.
Darum will und werde ich dir immer vertrauen.
Wer sich auf dich verlässt, den kann nichts so leicht
umhauen.
12 Leute, dankt Gott und singt für ihn coole Lieder,
erzählt euren Freunden, was er tut, immer wieder.
13 Gott hört, wenn du wehrlos bist und dich verschanzt,
und er vergisst dich nicht und rächt, was du nicht
rächen kannst.
14 O Gott, erbarme dich, du siehst doch, wie dreckig
es mir geht!
Du lebst, wenn meine Feinde mich umzingeln,
kommst du nie zu spät!
15 Dann werd ich überall erzählen, Gott, wie heftig du
bist,
ohne Schiss, in Berlin, in Frankfurt oder auch auf
Sylt in List.
16 Die ohne dich leben, basteln eine Falle und fallen
selber rein.
Der Feind stellt uns nach und bleibt am Ende doch
allein.
In ihrem eigenen Netz verfingen sie sich mit ihren
Taten.
So hat uns Gott gezeigt: Sie haben sich selbst verraten.
17 Gott legt die Karten auf den Tisch, macht klare
Sache,
die ohne Gott peilen's nicht, verstricken sich in
Rache.
18 Leute ohne Gott, fahrt jetzt runter, dorthin zu den
Toten,
ihr habt Gott einfach vergessen, und das war verboten.
19 Wenn jemand es nicht bringt, so hat er wieder
Hoffnung,
weil Gott ihn nie vergisst, er zahlt die letzte Rechnung.
20 O Gott, steh auf und zeig den Menschen deine
Muskeln.

Greif ein und lass nicht zu, dass Leute dich verschaukeln.
Hol die Menschen, die ohne dich leben, in deinen Gerichtssaal,
und dann verkünde laut ihr Urteil. Ja, Gott, das mach mal!
21 Lass sie vor Angst erzittern, lass sie schreien wie ein kleines Kind
und mach ihnen klar, dass sie nicht mehr als auch nur Menschen sind!

10 Ohne Gott

1 Gott, wo bist du? Warum bist du so weit weg?
Warum hilfst du uns nicht, holst uns raus aus dem Dreck?
2 Miese Bazillen, arrogant hoch zehn,
haben es auf uns abgesehen, aber sie werden vergehen,
weil sie es nie bestehen, sie werden in ihre eigene Falle gehen.
3 Diese Pisser sind Schisser,
sind stolz wie Clarissa,
gehen ab auf ihre Kohle.
Fette Scheine mit Banderole
sind ihnen wichtig,
aber Gott ist für sie nichtig.
4 Die Leute ohne Gott sagen: „War ja nur Evolution!"
Weiter denken sie nicht, das ist doch voll der Hohn!
5 Noch passt ihr Leben, noch geht alles klar.
„Und was kommt nach dem Tod?" „Das ist mir doch egal!
Euer Gott, ach, der ist ja so ewig weit weg!
6 Wir sind stark wie Arnold, uns haut nichts in den Dreck!"
7 Wenn sie nur den Mund öffnen, dann kommt Mist dabei raus,
Flüche und Lügen, Intrigen in ihrem eignen Haus.
8 Wenn keiner hinsieht, bringen sie die Leute um
im Dunkeln der Nacht, dann macht es „bum, bum".
9 Wie ein Pitbull auf Jagd liegen sie auf der Lauer,
jagen hinter Schwachen her, die sind für sie nur wie 'n Bauer.
10 Sie zerfleischen den derbe, kloppen ihn windelweich,
11 und der wird dann ganz still, denkt: „Ist Gott wohl verreist?
Oder hat er mich einfach so vergessen?
12 Gott, wo bist du denn jetzt? Ich muss hier Scheiße fressen!
Vergiss mich jetzt nicht, komm schnell mit hundertachtzig Sachen!
13 Warum lässt du das zu? Warum darf der das machen?
Wie kann es denn sein, dass so 'ne miese Bazille,
deinen Namen in'n Dreck zieht, und du bist nicht zur Stelle?"
Ja, der denkt doch bei sich: „Das ist Gott pupsegal!"
14 Dabei siehst du ihm zu, siehst das Elend allemal.
Du kümmerst dich drum, sorgst für die fertigen Leute,
du holst sie da raus, rettest sie vor der Meute.
Dir kann jeder vertrauen, auch wenn niemand mehr da ist,
dann bist du uns ganz nahe, denn du bist kein Faschist.
15 Mach Alarm bei denen, die sich was Übles ausdenken,
und das so lange planen, bis sie sich fast verrenken.
16 Gott ist der Präsident, und der ist nicht bescheuert!
Seine Feinde sind mies, werden alle gefeuert.
17–18 Von denen, die am Ende sind mit ihrem Leben,
hast du die Gebete erhört, ja, so ist mein Gott eben.
Du gibst neuen Mut, und du sorgst für das Recht,
bist zur Stelle für die Kaputten, ja, so bist du, in echt!
Immer wenn Leute fertiggemacht werden,
dann ist Gott für sie da, er ist der Helfer auf Erden.

11 Bei Gott verstecken

1 Ein Psalm, der wurde von David erfunden.
Bei Gott kann ich mich verstecken, hab bei ihm Schutz gefunden.
Wieso sagt ihr dann zu mir:
„Flieg fort wie ein Vogel, fliehe wie ein scheues Tier?"
2 Checkt es doch, am besten noch heute,
längst stehen die Namen der Gottesleute
auf den schwarzen Listen
dieser miesen Atheisten.
3 Alles, was bis jetzt zählte,
wollen sie einfach umhauen.
Was kann man da machen,
außer dumm zuschauen?
4 Gott wohnt in seinem Tempel, echt krasser Boden.
Gott regiert vom Himmel,
schaut von dort oben
auf uns Menschen runter, tut jeden beachten.
Egal, ob sie ihn lieben oder verachten.

5 Doch Menschen mit voll derben Trieben,
die auch noch die Gewalt lieben,
kriegen nichts von seinem Frieden,
viel mehr seinen ganzen Hass.
6 Für diese Gottlosen ist sein Regen auch kein
Segen,
kein erfrischendes Nass.
Feuer und Schwefel kommen auf sie und verhindern
das.
7 Denn Gott ist korrekt
und liebt gerecht sein echt,
und wer echt ist, ist gerecht,
und das tut Gott ja lieben,
dieser wird niemals sterben,
sondern Gott sehen und siegen.

12 Worte und Lügen

1 Ein Lied von David geschrieben.
DJ, mach lauter,
ihr werdet es lieben.
2 Hilfe, mein Gott!
Die an dich glauben, sind alle fort.
Keinem kann man mehr trauen.
3 Alle betrügen.
Jeder tut jeden nur noch belügen.
Was sie auch sagen, ist einerlei,
ob Kompliment oder Fluch, keine Wahrheit dabei.
4 Gott, rotte aus diese Schmeichelei,
sie ist doch nur leer.
Verbale Kritzelei, gibt nicht viel her, eben.
5 Und damit wollen sie auch noch angeben,
sagen, über uns kann sich keiner erheben!
6 „Doch", so sagt Gott, „jetzt greif ich ein. Die Erde
wird beben.
Kann ja nicht sein, dass die Armen und Schwachen
zu Boden krachen.
Ich werd ihnen helfen, ihr jedenfalls werdet sie nicht
fertigmachen."
7 Und die Worte von Gott sind wahr, ganz klar,
oft kopiert, doch nie erreicht.
So weiß wie Weißes – mit Domestos gebleicht.
8 Gott, wenn du was versprichst, dann tust du das
auch halten.
Wirst uns beschützen vor diesen kranken und kalten
fiesen Betrügern.
9 Die Welt ist voll von solchen Lügnern,
und besser wird das niemals nicht,
wenn du nicht ein Machtwort sprichst.

13 Sorgen und Hoffnung

1 Ein Lied, das David einst schrieb.
Gleich geht's los, also bitte den Beat!
2 Gott, wie lange noch willst du nicht mehr an mich
denken?
Gott, wie lange noch willst du mir nicht mehr
schenken,
dass ich dich sehen kann?
3 Wie lange sollen meine Sorgen mich denn noch
quälen, Mann?
Wie lange soll ich noch Angst haben, mir die Sorgen
geben?
Wie lange soll mein Feind sich noch über mich
erheben?
4 O mein Gott, ich bitte dich, gib mir wieder deine
Nähe, zeig mir, dass du mich siehst.
Bitte rede mal wieder mit mir.
Mach doch, dass ich hier
auf dieser Erde wieder froh werde
und nicht sterbe.
5 Denn mein Feind, der Derbe,
würde darauf schmeißen ein Fest,
weil ich die Radieschen von unten zähl jetzt.
Der Sack würd noch meinen, er wär „The Best",
und diese Spinner,
die mich fertigmachen, wären die „Winner".
6 Für Gott alleine mach ich diese Reime,
hier in den Locations.
Er alleine gibt mir Fun, Freude
und die „Good Vibrations".

14 Menschen, die nicht an Gott glauben

1 Dieser Song ist von David geschrieben,
es ist ein Rhyme, und auch den werdet ihr
lieben.
Menschen, die nichts peilen,
sagen: „Gott gibt es nicht!"
Sie haben Dreck am Stecken,
und was sie tun, ist abscheulich.
Es gibt keinen bei denen,
der noch Gutes tut.
2 Und Gott sieht auf die Menschen,
und er sucht und er sucht,
ob er jemanden findet,
der so drauf ist,
wie er's sich mal dachte,
der nach seinem Willen fragt,
der ihn sucht, nach ihm trachtet.
3 Aber alle haben sich von ihm weggedreht,
gehen ab in dem Dreck.

Da gibt's keinen, der noch steht,
um Gutes zu tun,
um die Stange zu halten.
4 Sag mal, schnallen die es nicht,
diese Ungestalten?
Merken die noch was,
kriegen die's auf die Reihe?
Sind die fit im Schritt,
haben die es gepeilt?
Sie verschlingen mein Volk,
verspeisen es wie 'nen Döner
und vergessen dabei,
nur mit Gott leben macht schöner!
Sie haben verlernt,
zu ihm zu beten.
So was kommt dabei raus,
wenn sie zu viel feten.
5 Es dauert nicht mehr lange,
dann überkommt sie die Panik.
Angst und Schrecken wachsen in ihrer Hirnbotanik,
aber Gott ist denen treu,
die gerecht und gut drauf sind.
6 Eure miesen Aktionen,
gegen Frauen mit Kind,
gegen Leute, die sich nicht wehren,
auf die passt Gott gut auf,
er beschützt alle Schwachen,
ja, so ist mein Gott drauf.
7 Mann, Gott, komm jetzt da runter
und hilf deinen Leuten
und befrei sie von den „Huntern",
von den falschen Therapeuten.
Israel wird sich freuen
und 'ne Party für dich feiern,
Jakob wird pogen und nicht länger rumeiern.
Weil du immer das Schicksal deiner Leute drehst,
darum wissen wir, dass du mit uns gehst.

15 Wer darf bei dir bleiben?

1 Ein Psalm, David tat ihn schreiben.
Gott, wer darf in deinem besonderen Zelt
bei dir bleiben?
Wer dich auf dem Berg Zion anbeten?
2 Menschen, die echt ehrlich leben,
die Korrektheit von anderen mit vertreten
und vor allem keinen Mist reden.
3 Dann bitte nicht lügen und außerdem
den anderen keine reindrücken, trotz alledem.
Nun bleibt noch zu sagen,
seinen Nachbarn nicht in die Fresse schlagen.
4 Sie lassen alle abblitzen, von denen Gott nichts
wissen will,
und feiern die, die an Gott glauben, und ganz still
stehn sie zu dem, was sie bereit warn zu schwören,
auch dann, wenn sie dadurch alles verlieren.
5 Sogar einem mit Geld mal aushelfen,
das ganz ohne Zinsen, einfach von selber.
Keine Bestechungskohle annehmen,
wenn unschuldige Leute vor Gericht stehen.
Wer das alles tut, wer so draufkommt,
den bringt ab heute, das sag ich dir prompt,
ab hier, überhaupt und überall,
nie wieder irgendwas zu Fall.

16 Du lässt mich nie im Stich

1 Hey, Gott, pass auf mich auf, denn ich
suche deinen Schutz!
2 Du bist mein Chef, mein Glück, ziehst mich aus
dem Schmutz.
3 Freu mich an den Leuten, die es außer mir noch so
gibt,
sie sind wie dein Schmuck, und ich bin fast schon
verliebt.
4 Doch die, die andern Plastikgöttern nachjagen,
leiden Schmerzen.
Werd ihre Abfackelopfer nicht machen, ihre Namen
ausmerzen,
5 nicht mehr aussprechen. Denn du, Gott, bist der
Becher, aus dem ich trink,
6 der bestimmt, was aus mir wird und worin ich ver-
sink.
Hab weites, schönes Land einfach so von dir geerbt,
und es taugt mir, glaub mir, wirklich absolut derb.
7 Ich lobe dich, Gott, denn du hast mich richtig cool
gemacht,
meine Nieren funktionieren ohne mein Zutun,
sogar während der Nacht.
8 Hab dich pausenlos vor Augen, du bist immer zu
meiner Rechten,
9 und ich werde nicht wanken, selbst wenn sie mich
ächten.
Meine Gedanken sind voller Freude, mein Herz
tanzt und groovt,
denn mein Körper ist sicher in dir, er folgt deinem
Ruf.
10 Du lässt mich nicht im Stich. Auf dass ich nicht
untergeh,
11 lehrst du mich das wahre Leben in krasser Freude,
egal, wo ich steh!

17 Pass auf mich auf

1 Ein Gebet von David. O Gott, hör auf meine Bitte,
verschaffe mir Recht, ich hab keinen Bock mehr auf Fußtritte.
Ich will dir nichts vormachen, nicht „mehr Schein als Sein" markieren.
2 Wenn du dein Urteil über mich fällst, kann ich nur auf Freispruch plädieren.
3 Du kennst mich ganz genau, weißt doch schon längst, was in mir vorgeht,
weißt Bescheid über den ganzen Mist, der sich jeden Tag in meinem Hirn dreht.
Aber wenn du mich auch prüfst, du kannst da absolut nichts finden,
noch nicht mal abgelästert hab ich, konnte keinen Hass empfinden.
4 Ich hab mich immer radikal nach deinem Wort ausgerichtet,
auch wenn den andern das egal war, ich hab stets auf Rache verzichtet.
5 Das, was du zu uns gesagt hast, war für mich wie ein Gesetz,
deine Worte waren mir wichtig, ohne doppelten Boden und Netz.
6 Mann, Gott, ich rufe jetzt zu dir, und ich bin sicher, du erhörst mich!
Gott, bitte schenk mir dein Ohr, hör auf mein Schreien, denn ich brauch dich!
7 Beweise deine große Liebe, du bist der Held für alle Zeit,
wer dir vertraut, hat keine Angst, er ist vor Feinden stets gefeit.
8 Pass auf mich auf, verwahre mich wie ein Fast-Blinder seine Brille,
pass auf mich auf, beschütze mich, bevor ich hier noch ganz abtille.
9 Menschen, die ohne dich leben, sind echt hinter mir her,
Feinde hab ich überall, fast so viel wie Sand am Meer.
10 Sie sind hart unterwegs, kommen arrogant rüber,
11 welche Straße ich auch geh, stehen sie mir gleich gegenüber.
Sie warten auf die Gelegenheit, mich einfach fertigzumachen.
12 So muss es auf Drogenentzug sein, wenn du kämpfst mit den Affen.
Sie geiern nach mir wie der Pitbull nach einem Knochen.
13 Jetzt mach endlich los, Gott, und fang an zu kochen,
deine Suppe wird sie in die Knie zwingen.
Es kommt peinlich für den, der versucht, mit dir zu ringen.
Rette mich, mein Gott, vor diesen fiesen Gesellen.
Du hast es doch drauf, dir kann man keine Falle stellen.
14 Pass auf mich auf, du, mein Gott, ich verschanz mich bei dir,
und lass es nicht zu, dass die so leben wie bisher.
Du wirst denen schon die Rechnung präsentieren,
sie bekommen das von dir, womit sie versuchen, uns zu verführen.
Sogar ihre Kinder werden dafür noch übelst blechen
und ihre Enkel genauso, ja, so wirst du mich rächen.
15 Ich aber werde von dir einfach freigesprochen,
mit meinen Augen werde ich dich anschauen, ich hab niemand bestochen.
Ich kann mich an dir dann so richtig sattsehen,
kann dich selbst betrachten, ja, da werde ich drauf abgehen.

18 David und seine Feinde

1 Das Lied ist von David, dem Präsidenten, geschrieben, während er vor Saul wegrennt.
Genauer gesagt, ist seine Flucht nun zu Ende,
denn dank Gott bekam ihn Saul nicht in die Hände.
2 Hey, Gott, ich liebe dich so sehr,
über mein ganzes Leben bist du der Herr.
3 Gott ist mein Schutzschild, immer ganz nah,
wenn ich ihn brauche, ist er für mich da.
Er ist für mich wie große Schutzmauern,
kann mich dahinterkauern, muss nicht trauern.
4 „Du bist der Beste", ruf ich zu Gott.
Und er hört mich, rettet mich in der Not.
5 Ich war fast schon am Ende, fast schon tot,
6 schon kurz vor der Hölle, doch dann sah ich rot.
7 Ich schrie zu Gott: „Los komm und hol mich hier raus!"
Und er hörte es, als ich rief in seinem Haus.
8 Die ganze Erde fing an zu wackeln und zu schwanken,
denn voller Zorn waren Gottes Gedanken.
9 Er spie Feuer, so wie ein Drachen,
Rauch und Funken kamen aus seinem Rachen.
10 In einer dunklen Wolke kam Gott auf die Welt.
11 Er flog auf einem Engel, und der Wind hält
ihn auf seinem Kurs bis zu seinem Ort.
12 Er versteckte sich im Dunkeln, er tarnte sich dort.
13 Um ihn herum flogen Feuerfunken,
er war versteckt, ganz in ihnen versunken.

14 Und Gott sprach mit sehr lauter Stimme,
dabei vergingen den Menschen echt alle Sinne.
15 Gott fing dann an mit Blitzen und Pfeilen,
die Menschen packten's nicht, hingen in den Seilen.
16 Die Erde brach auf, und jeder konnte es sehn,
wenn Gott wütend ist, kann ihm nichts im Weg stehn.
17 Ich war wie in einem Meer, in dem ich fast ersoff.
Gott zog mich raus, rettete mich, als ich vor Wasser troff.
18 Meine Feinde machten mich fertig, hatten viel Macht,
doch Gott, der hat mehr, das wär ja gelacht.
19 Als es mir schlechtging, schlugen sie zu,
doch Gott half mir, er war da im Nu.
20 Gott schlug meine Feinde, sie sahen keinen Stich.
Er holte mich raus, denn er liebt mich!
21 Gott soll mir immer helfen und treu sein,
denn nach seinen Gesetzen bin ich immer sauber und rein.
22 Ich hab immer gemacht, was er von mir wollte,
tat immer nur das, was ich auch sollte.
23 Ich weiß immer genau, was er von mir will.
24 Außerdem mach ich nicht mit und bin still,
wenn andere miese Sachen über Gott sagen.
25 So gibt es für mich keinen Grund zum Klagen.
Gott behandelt mich so, wie ich mich verhalte.
Jetzt kommt etwas, was ich vor langem schon schnallte.
26 Gott ist treu, wenn man treu ist.
Wenn man gut lebt, er das nicht vergisst.
27 Wer Gutes tut, der wird belohnt.
Wer Schlechtes tut, wird nicht geschont.
28 Gott rettet die Armen mit einem Knall,
doch die Reichen, die bringt er zu Fall.
29 Wo du bist, Gott, da ist das Licht,
die Dunkelheit erschreckt mich nicht.
30 Mit dir kann ich die Feinde schlagen
und den Sprung über die Mauer wagen.
31 Was Gott sagt, stimmt zu hundert Prozent.
Glück hat der, der zu ihm rennt.
32 Es gibt nur einen echten Gott,
die anderen sind aus Plastik, purer Schrott.
33 Gott macht mich stark, er gibt mir Kraft,
es gibt nichts, was man mit ihm nicht schafft.
34 Er macht mich so schnell wie ein Reh,
er stellt mich auf einen hohen Berg voller Schnee.
35 Er zeigt mir, wie ich kämpfen kann,
ich fang bei ihm mit Schießunterricht an.
36 Du bist wie mein Schutzschild und mein Retter,
du bist immer da, egal, bei welchem Wetter.
37 Du sorgst dafür, dass ich immer grade stehe
und immer das Licht am Ende des Tunnels sehe.
38 Ich hab meine Feinde gnadenlos gejagt
und, als ich sie hatte, zu Tode geplagt.
39 Ich machte sie fertig, warf sie in den Dreck.
Sie knieten sich nieder, doch ich kickte sie weg.
40 Du hast mir dazu die Kraft gegeben,
dank dir konnte ich überleben.
41 Meine Feinde hauen nun alle ab,
und die, die mich hassen, die bring ich ins Grab.
42 Sie wollten, dass du kommst und sie rettest,
dass du sie befreist und auf Rosen bettest.
Doch du bist nicht gekommen, hast sie überhört,
keiner wollte sie retten, das hat sie empört.
43 Doch ich hab sie fertiggemacht, sie vernichtet.
Sie hatten es verdient, ich hab sie gerichtet.
44 Du hast mir geholfen, Präsident zu werden,
nun habe ich Macht, Macht hier auf Erden.
45 Die Leute hier gehorchen mir aufs Wort,
dabei bin ich eigentlich fremd in diesem Ort.
46 Die Leute hier haben Angst vor mir,
wenn sie mich sehn, zittern sie wie 'n Tier.
47 Halleluja, mein Gott lebt!
Schreit es raus, bis die Erde bebt!
48 Gott hat dafür gesorgt, dass ich mich rächen kann,
mit ihm fing mein Siegeszug an.
49 Ich bin jetzt der Chef über die Leute,
die gegen mich waren und mit der ganzen Meute
versucht haben, mich kaltzumachen, mich zu killen.
50 Du hast mir geholfen, und deswegen bin ich am Abtillen.
Gott, du bist einfach so superkrass,
Gott, du machst meine Gegner nass.
51 Danke, Gott, dass du bei mir bist
und auch meine Kinder niemals vergisst.

19 **Er ist da, niemals war er weg**

1 Schon vor so vielen Jahren hat David dieses Lied vorgerappt
und so das Geheimnis der Größe Gottes aufgedeckt.
2 Der Himmel hat sich damals auch über David ausgestreckt,
perfekt, hast du's jetzt gecheckt? Reck dein' Kopf hoch, und
ich sag: „Herzlich willkommen, du hast Gottes Dimension entdeckt."
Durch die Sternenfraktion, die nachts über uns aufleuchtet,

durch den Mann im Mond wird Gottes Macht leicht angedeutet.
Hast du mal versucht, die Sterne durch 'n Sieb durchzupressen?
Genauso schwer wär's, Gottes Größe mit 'nem Meterstab zu messen!
Das kannst du vergessen!
3 Wenn die Sonne auf die Erde scheint,
sich früh am Morgen mit dem Tag vereint.
Kannst du dir vorstellen, wie hell Gott erscheint,
da wirkt die Sonne auf einmal nanoklein.
Der Tag erzählt's der Nacht und die Nacht dem nächsten Tag,
und ich sag es nun dir, dass Gott schon immer richtiglag.
4 Doch wir brüllen hier dumm rum, das ist nich dringlich.
Gottes Stimme wirst du hör'n – denn sie durchdringt dich.
REFRAIN:
Er ist da, niemals war er weg!
Er ist da, näher als du denkst!
Er ist da, hörst du seine Worte reden?
Er ist da, der Boss über Tod und Leben!
5 Unüberhörbar an jeder Ecke, über jeden Lautsprecher
bis ans Ende der Welt, auffällig wie 'n Durchstarter und Draufgänger
ist seine Stimme, so überdurchschnittlich.
Hörst du sie? Gott ist und bleibt der Chef im Business.
Er, der selbst der Sonne ein Zuhause gibt,
6 damit sie jeden Morgen gut drauf ist und so aussieht,
als wäre sie im Siegeszug und unverkäuflich.
Die Nummer eins im All, die Nummer eins eindeutig.
7 Wo sie aufgeht, fängt der Himmel an zu leben.
Ihr Untergang präsentiert das tägliche Kommen und Gehen.
Wie vor der Sonne kannst du vor Gott niemals entfliehen,
8 denn seine Gesetze sind nicht umsonst niedergeschrieben.
Sie sind perfekt und makellos,
sie ziehen uns zurück zu seinem Glück. Gott ist groß,
auf ihn ist Verlass permanent.
Er meint es gut, komm, und zwar jetzt.
REFRAIN
9 Was Gott uns gibt, benutzt er nicht zum Unterdrücken.
Sein Gesetz verursacht bei uns keinen schmerzend krummen Rücken.
Was er von uns will, sagt er deutlich und klar.
Er verschweigt uns nichts, denn er ist heut für uns da.
Es gibt keinen Vertrag, in dem was Kleingedrucktes steht.
Wir bleiben auf sein'm Weg, und er zeigt uns, wie es geht.
10 Plus, wir brauchen keine Angst zu haben,
denn Gottesfurcht bedeutet frei von Hass und Qualen, die an seiner Wahrheit nagen.
11 Das Gesetz führt uns in Länder, durch die Milch und Honig fließen,
und zergeht uns auf der Zunge so wie 'n Kinderschokoriegel.
Silber, Gold und Knete sind beschissen gegen das,
was Gott in seinem Wort für uns hinterlassen hat.
12 Und wenn wir uns dran halten, werden wir dafür belohnt,
weil ab diesem Tage seine Liebe in uns wohnt.
Vater, deck die Fehler auf, die ich heimlich in mir trage,
und zeig mir deine Liebe, wenn ich scheiter und versage.
REFRAIN
13 Wer kann schon sicher sein, dass er sich nicht verlaufen hat?
Vergib mir, wenn der Mist, der vor mir steht, sagt: „Schachmatt!"
Ich dreh am Rad, wenn ich mal wieder richtig Mist bau,
dabei mehr in die Bild anstatt in meine Bibel schau.
14 Pass auf mich auf, beschütze mich vor Arroganz.
Halte die stolzen Menschen immer wieder auf Distanz,
dass sie nie Macht bekommen über mich und meine Wege,
dann werde ich immer radikal mit dir, Gott, leben.
Ich werd dir treu sein, mich von Fehlern stets fernhalten,
15 hilf mir dabei, auch meine Rede zu gestalten,
dass auch mein Denken dich verehrt, du daran Freude hast.
Ich bin in Sicherheit bei dir, ich bin dein Dauergast,
und nicht nur fast, du bist mein Fels, du bist mein Retter,
du bist der Herr, du bist Chef und bist ein netter.
REFRAIN

20 Gott macht Hoffnung

1 Für den Meister des Beats ein Text von David:
2 Wenn es drauf ankommt, hilft dir Gott,
weil er alle Angriffe wie ein Schild abblockt.
3 Er schickt dir Hilfe aus der himmlischen Zentrale
und gibt dir Unterstützung aus der irdischen Filiale.
4 Gib alles für ihn und opfer dich auf,
denn er vergibt dir deinen Mist und macht Hoffnung daraus.
5 Er schenkt dir Gelingen für dein Leben
und lässt deine Träume in Erfüllung gehen.
6 Wenn er dir geholfen hat, dann lass es uns erfahren,
dann singen wir und tanzen und schwingen seine Fahnen.
Wir freuen uns und geben ihm Ehre und Ruhm.
Was immer du ihn bittest, soll er auch tun.
7 Jetzt kann ich mit ziemlicher Sicherheit sagen,
Gott hilft denen, die ihm mit Bitten in den Ohren lagen.
Er wird sie hören, auch in den Himmelsregionen,
und sie mit Kraft aus der Klemme holen.
8 Manche vertrauen auf Knarren und Messer,
wir aber setzen auf Gott, unseren Retter.
9 Sie gehen zu Boden mit der ganzen Mannschaft,
wir bleiben aufrecht und standhaft.
10 Gott überschreibt der Regierung Vollmacht
und greift ein, wenn uns die Sorge packt!

21 Gott findet jeden

1 Ein Psalm als Lied mit Hip-Hop-Beat von David:
2 Gott, Gott, Gott.
Der Präsi freut sich über deine Kraft,
und ihm geht einer ab, weil er alles durch deine Hilfe schafft.
3 Die Wünsche aus seinem Herzen erfüllst du gern.
Die Bitten aus seinem Mund tust du nicht abschmettern.
4 Du beschenkst ihn mit guten Dingen,
und seinen Kopf schmückst du mit goldnen Ringen.
Da sind auch so Zapfen dran.
Hey... das nennt man Krone, Mann.
5 Um Leben hat er dich gebeten,
und nach dem Beten hast du ihm Leben gleich für immer gegeben.
6 Er strotzt vor Schönheit und Respekt, allein nur durch dich.
Leidenschaft und Coolness kleben an ihm wie der Geruch am Fisch.
Das ist hier positiv gedacht.
7 Hast ihn zum Segen für immer und jeden gemacht.
Und deine Nähe, glaubt mir, Leute, gibt ihm ungeteilte Freude.
8 Der Präsident vertraut alleine auf Gott,
deshalb bekommt der Präsident alleine von dort
Unkündbarkeit auf Lebenszeit.
9 Seine Feinde wird er finden,
jetzt wisst ihr gleich Bescheid.
Das Verstecken könnt ihr also ganz getrost lassen.
Er findet echt alle, also auch die, die ihn hassen.
10 Wenn du dich den Feinden gibst zu erkennen,
werden sie wie im Feuer verbrennen.
Denn Gott ist voll sauer und wird sie versengen.
11 Selbst ihre Kinder werden kaputtgehen und sterben.
Du tust sie sozusagen von der Erde enterben,
ich mein halt vertreiben.
Ja, nicht mal ihre Nachkommen dürfen dauerhaft bleiben.
12 Hatten sie doch wirklich schon
eine Terrororganisation
gegen dich und deinen Thron,
ich meine damit deinen Chefsessel,
von wo aus du regierst, deine Macht entfesselst.
Nur den Anschlag, den hat es nie gegeben.
13 Denn wenn du auf sie zielst,
tun sie sich nicht mehr erheben.
Weil du triffst und nicht schielst,
sieht jeder zu, dass er die Flucht noch schafft.
14 Gott, Gott, Gott.
Erhebe dich, zeige deine Kraft.
Und wir wollen für dich singen und dir danke sagen,
weil du das Unmögliche möglich machst, ohne vorher zu fragen.

22 Warum hast du mich verlassen?

1 Ein Lied von David, vorzusingen nach der Melodie von dem Jodelsong „Der Hirsch, der morgens früh gejagt wird", bitte mit Akkordeon.
2 Mann, Gott, mein Gott, warum hast du mich nur verlassen?
Hast du mich vergessen? Kann es sein, dass meine Schreie verblassen?
3 Gott, ich bete zu dir täglich, doch es scheint vergeblich.
Die ganze Nacht liege ich wach und denke, nicht mal du verstehst mich.

4 Aber ganz tief in meinem Inneren weiß ich,
du besitzt die Macht, bist besonders, bist heilig.
5 Die Leute vor uns hofften auf dich, sie haben dir vertraut.
6 Und schien es noch so aussichtslos, du halfst ihnen aus allen Gefahren raus.
7 Ich bin nur eine kleine Wurst, kein Mensch, eher ein Haufen Mist,
alle Menschen lachen mich aus, werd von jedem Heinz gedisst.
8 Sie kichern und reden – und sie verstehen mich gar nicht.
9 Sie sagen: „Wenn Gott dich ganz toll findet, hilft er dir, sei nicht panisch!"
10 Gott, du hast meine Geburt zugelassen und seit meiner Kindheit auf mich aufgepasst.
11 Und von Anfang an warst du mein Gott, bis zu diesem Tag.
12 Bitte, komm in meine Nähe, ich hab Angst und fühl mich alleine,
so viel Hilflosigkeit, aber Hilfe erkenne ich keine.
13 Ich sehe so viele Gefahren und Probleme, Angst und Verderben.
14 Ich fürchte die Angriffe, die Fallen, den Tod und das Sterben.
15 Ich fühl mich ausgelaugt, kraftlos, ohne Saft, einfach schwach.
Mein Herz fühlt sich an wie zerschmolzenes Wachs.
16 Ich bin völlig ausgepowert, mein Mund ist vertrocknet.
Ich warte auf die Hilfe meines großen Gottes.
17 Ich bin umgeben von Hunden, Ganoven und bösen Menschen,
und sie alle greifen nach meinen Füßen und Händen.
18 Ich bin total abgemagert, aber sie machen weiter.
19 Sie rauben mich aus und teilen sich meine Kleider.
20 Aber du kommst, um mir zu helfen, du siehst, ich liege ganz unten.
21 Befreie mich von Verbrechern, Ganoven, den Hunden!
22 Hilf mir aus allen Gefahren – ja, du bist wieder da für mich.
23 Ich will allen erzählen, wie obergenial du bist.
24 Alle sollen ihn loben, Gott, den Allerbesten.
Alle Menschen im Norden, Süden, Osten und Westen.
25 Er hat mich nicht vergessen, nicht verlassen, nicht verstoßen.
Als er mich hörte und mich dort liegen sah, hat er mich aufgehoben.
26 Ich will allen sagen, wie groß du bist, auch in der Gemeinde.
Alle, die an dich glauben, sollen sehen, dass ich mein Versprechen halte.
27 Wenn jemand am Ende ist und Hunger nach dir hat,
zeigst du dich ihm, und du machst ihn wieder satt.
28 Die Menschen, die nach dir suchen, werden dich finden,
und ihr Herz wird sich für immer mit dir verbinden.
28 Und irgendwann wird dich die ganze Welt anbeten.
29 Denn Gott macht keine Ausnahmen, er liebt jeden.
30 Selbst die Toten werden nur noch von dem einen Gott reden.
Alle werden ihm Respekt geben, ob sie gestorben sind oder leben.
31 Es wird Prediger geben in allen Generationen,
32 und diese sprechen von Gottes Korrektheit zu den Nationen.
Und irgendwann können sie vielleicht das Unfassbare fassen:
Gott ist treu und gut, auf ihn kann man sich hundertprozentig verlassen.

23 Gott ist mein Dauergastgeber

1 Gott höchstpersönlich ist mein Dauergastgeber, [whoa]
der mich nonstop erfüllt, denn seine Power ist unfehlbar.
2 Er bringt mich zu einer All-you-can-eat-Bar
mit allem, was mein Herz begehrt und liebt [whoa/ja].//
3 Darauf folgt 'ne lange Ruhepause im Chill-out-Raum.
Somit kann ich erfrischt und gestärkt zu ihm aufschauen.
Er allein zeigt mir, wie ich mit Qualität leben kann.
Letztlich geht es um ihn, wie ich seinen Namen ehren kann.//
4 Und wenn ich mal keinen Ausweg sehe, mich die Depression packt
wie 'ne dunkle Wolke, hab ich dennoch keine Angst.
Denn ganz egal, wie verfahren die Situation auch ist,
vertrau ich ihm, weil er mich sicher wieder herauszieht.//
Und die Krönung ist, er setzt sogar noch einen drauf:

5 Er bereitet vor mir ein Buffet, so lang wie ’n Reihenhaus,
und das, obwohl alles um mich herum nach Kampf aussieht.
Er spricht ’nen Toast auf mich aus, weil er mich nie aufgibt.//
Es kommt noch besser, er rollt den roten Teppich vor mir aus,
6 er ehrt mich, denn ich nehme Anteil an seinem Haus.
Mein Leben lang gibt er mir Gutes und hält nie was zurück.
Nur bei ihm bin ich zu Hause, in jedem Augenblick!//

24

Es kommt der Präsident, der König!
Ein Psalm von David,
explosiver als organisches Peroxid.
1 Alles und jeden, den du kennst,
und was du vielleicht dein Eigen nennst,
gehört dem Chef, für den will ich laut schrein.
Denn die Welt, die Menschen und allgemein,
jeder Sonnenschein, der Seniorenverein,
jeder Legobaustein, der Kinogutschein,
alles ist sein.
2 Er hat die Fundamente der Erde gelegt
und die Menschen erst mal reingelegt.
Die dachten anfangs, die Erde sei ’ne Scheibe, von ihm glatt gefegt,
die auf dem Meer und dem Ozean ruht, völlig unbewegt.
3 O Mann, wer kann vor ihm bestehen,
so was ist echt kein Alltagsgeschehen.
Wer darf auf den Berg gehen,
an der besonderen Stätte stehen,
wo der Chef selbst ist, ohne kaputtzugehen?
4 Egal, ob Loser-Sister oder Bundesinnenminister,
Hauptsache ohne Vorstrafenregister.
Und mit dem Herz am rechten Fleck,
am Stecken kein Dreck.
Leute, die keine falschen Versprechen geben,
die keine anderen Götter lieben.
Die können das Ganze locker angehen
und an seiner besonderen Stätte stehen.
5 Sie kommen im Überfluss in den Genuss
von Gottes Segen und Gerechtigkeit,
von seiner liebenden Aufmerksamkeit.
6 Das gilt für alle, die nach ihm suchen,
die seine Gegenwart für sich buchen,
seine Liebe versuchen wie ’n Stück Kuchen,
die nach ihm fragen und sich zu ihm wagen.
– Beatbox, mach du mal weiter ’ne Weile,
das Ganze hier hat nämlich zwei Einzelteile. –
7 Der gigantische Präsident zieht jetzt ein.
Tore, ihr müsst jetzt offen sein.
Ihr uralten Türen, geht jetzt auf,
der echt krasse Präsident kommt herauf.
8 „Wer ist dieser Präsi?“, fragst du dich daraufhin.
Er ist der Lebenssinn, er heißt „Ich bin“.
Der Präsident der Größe, stark und mächtig.
Der Präsident der Ehre, strahlend und prächtig.
9 Öffnet euch weit, ihr Panzertüren,
ihr dürft dem Präsi Eintritt gebühren.
Knackt euer Schloss, denn die Schönheit kommt,
zur Not mit den Rambos, öffnet euch prompt.
10 Diese Gestalt ist die höchste Majestät,
unser Held sprüht von Genialität.
Der siegreiche Gott hat die Präsidentenwürde;
Herrscher über alles, überwindet jede Hürde.
DJ, lass noch ’n Zwischenspiel hörn.
Ich bin jetzt raus, will dich dabei nicht weiter störn …

25

Mist gebaut
1 Von David: Mann, o Gott, ich sehne mich so nach dir.
2 Mein Gott, ich brauche dich, ich setze heute alles hier,
auch mein Vertrauen, auf deinen guten Namen.
Lass mich nicht fallen, ich will’s checken, sag dazu amen.
Denn meine Feinde solln den letzten Schrei nicht hören.
Ich will nicht, dass sie mich auslachen, sich betören,
wenn ich „ablose“, es nicht packe und dann scheiter.
3 Ich weiß, wer auf dich traut, der bleibt doch immer heiter.
Wer aber treulos ist, dich disst,
dann meistens Gras frisst.
4 O Gott, ich brauche jetzt dein gutes GPS-System,
mit dem du mich führst, das mich lenkt, sonst wird’s bald unbequem.
5 In jeder scharfen Kurve lässt du mich immer erfahren,
dass ich vertrauen kann, du lenkst schon meinen Wagen.
Du bist ein Gott, der immer da ist, wenn’s mir dreckig geht.

Du bist die Hoffnung in der Not, selbst wenn die Peilung fehlt.
6 Bis heute konnte ich mich stets auf dich verlassen,
und deine Liebe macht mich immer mehr gelassen.
7 Verzeih mir doch, wo ich schon früher anfing, Mist zu bauen,
vergiss den ganzen Dreck, wo ich dir konnte nicht vertrauen.
Wo ich mein eigenes Ding ganz ohne dich hab durchgezogen,
zeig mir deine Liebe, wo ich dich hab belogen.
8 Gott ist verlässlich, und er führt auf seinen Weg zurück.
Wenn wir uns verfahren haben, zieht er uns dann Stück für Stück
wieder auf seinen guten, besten, straighten, wahren Weg,
den wir verlassen hatten, als wir kämpften unsern Krieg.
9 Jeder, der merkt, dass er sein Leben gegen den Baum fährt,
dem zeigt Gott, wie er es anstellen soll, dass er drauf abfährt.
10 Denn seine Wege sind nur von Liebe geprägt.
Er ist dem Menschen treu, der Wert auf seine Worte legt.
11 Tu doch, was dir entspricht, vergib mir meine Schulden.
Die sind so groß, erdrücken mich, kann's kaum erdulden,
mit diesem miesen Schuldgefühl vor dir zu erscheinen.
12 Wo ist der Typ, der Respekt hat vor Gott, dem Einen?
Gott zeigt ihm seinen Weg, er gibt ihm eine Peilung.
Wo er dann längsgeht, ist aber alleine seine Entscheidung.
13 Wer so drauf ist, der wird von Gott ganz fett gesegnet.
Der wird dann das Land bekommen, was Gott ihm ebnet.
14 Gott flüstert mir ins Ohr, was er so alles tun will,
ja, er vertraut mir voll, auch wenn ich bei ihm rumchill.
Er gebraucht mich ganz für seine großen Pläne.
Ich bin sein Freund, ich bin jetzt nie mehr ganz alleene.
15 Ich sehe Gott, und wenn ich wieder in der Klemme sitz,
dann wird er kommen, er wird da sein, schneller als der Blitz.
16 Gott, komm vorbei und sieh doch nicht auf meine Taten,
auf all den Mist, ich fühl mich absolut missraten.
Ich bin hier allein, ich kann keinen Schritt mehr weiter.
17 Ich habe Angst, in meinem Herzen stinkt's nach Eiter.
Zehntausend Steine liegen schwer auf meiner Seele.
18 Oh, sieh mich an, mein Gott, vergib mir, Chef, ich quäle
mich mit dem Mist ab, den ich schon wieder mal getan hab.
19 Und meine Feinde werden mehr, und sie sind voll auf Trab.
Sie hassen mich und wollen mir immer nur ans Leder.
20 O Gott, bewahre mich und rette mich, komm schnell her!
Pass auf mich auf, o Gott, ich will nicht wieder „losen",
ich kuschel mich an deine Seite, auch beim „Bluesen".
21 Gott, ich bitte dich, dass du mir hilfst zu leben,
aufrichtig, ehrlich, nach den richtigen Dingen zu streben.
22 Befreie uns bitte aus der Not, denn eins ist klar:
Du bist und bleibst der einzige Gott, ja, das ist wahr!

26 Scanne mein ganzes Leben, Gott!

1 Dies ist ein weiterer Track Davids;
nur damit klar ist, wer hier und jetzt mal wieder am Start ist.
Gott, sorg du für mein Recht, denn ich bin unschuldig.
Gott, ich weiß, dass deine Treue kein Betrug ist,
darum such ich voll und ganz dein Vertrauen,
denn ich weiß, dies kann mir nichts und niemand rauben./[whoa]
2 Geheim vor dir zu bleiben ist mir nicht möglich.
Gott, darum scanne mein Herz, denn ich habe es nötig.
All meine Gefühle und all meine geheimen Gedanken,
mein geheimes Innerstes soll nur vor dir erwachen./[yes]
3 Mir ist bewusst, dass du mich liebst, und zwar nonstop.
Du bleibst mir treu, auch wenn der Tod mir zuvorkommt.

4 Gestohlen bleiben können mir Diebe und Betrüger.
Moralprediger, die nicht tun, was sie sagen, sind
Lügner./[whaa]
5 Zwischen Verbrechern und Dieben habe ich nichts
verloren,
unter Gottlosen erst recht nicht, also merk dir mein
Wort.
6 Zum Zeichen meiner Unschuld trag ich 'ne weiße
Weste,
und so komme ich in deine Nähe und feier die
derbsten Feste./
7 Dabei schreibe ich die dicksten Rhymes nieder,
denn deine Wunder stecken mich an wie Fieber.
Ja – denn nur von dir handeln meine besten,
härtesten, schönsten und fettesten Lieder./
8 Gott, du wohnst in jedem Winkel deines Hauses.
Ich lieb diesen Ort, denn alles andere taugt nichts.
9 Gott, verschone mich und bringe mich nicht um
wie die,
die dich verachten oder den Blutrausch lieben./
10 Denn viele Verbrechen lasten auf ihren Gewissen,
oder an wie viel Schwarzgeld wollten sie sich vergif-
ten.
11 Aber ich kann, ohne Vergehen, auf meinem Kerb-
holz,
wandeln. Gott, bitte bleib meinem Herzen treu./
12 Bei dir bin ich sicher, bei dir bin ich nie vergessen.
So sicher, kein Kugelhagel könnte mich je treffen.
Darum sollen meine Rap-Songs nur von dir spre-
chen.
Vor dir will ich sie performen, vor dir, dem Allerbes-
ten!/

27 Ich habe keine Angst

1 Der Chef ist mein Licht und mein Retter –
vor wem sollte ich mich ängstlich ver-
stecken?
Der Chef ist meine Zuflucht, mein Schutz – vor
wem sollte ich mich denn erschrecken?
2 Ihr Deppen könnt schon versuchen, mich nieder-
zumachen,
doch es bleibt beim Versuch, denn zuletzt werde ich
lachen.
3 Ich hab keine Angst, selbst wenn ein ganzes Heer
mich mobbt.
Ich vertrau auf meinen Chef, weil er euch alle locker
toppt.
4 Ich bin Bewohner seines Hauses, dort für immer
geborgen.
Denk nach über seine Freundlichkeit, die bleibt,
auch morgen.
5 Gehoben von ihm auf sein Fundament, wenn alles
um mich vergeht.
6 Deshalb lobe ich ihn, auch weil er immer zu mir
steht.
7 Höre, meine Stimme, Chef, das rufe ich:
Bitte sei lieb zu mir und erhöre mich.
8 Und ich erinner mich, Gottes Nähe suche ich.
Genau das mache ich, ich schaue nur auf dich.
Weis mich nicht ab, auch wenn du grade sauer bist.
9 Sei meine Hilfe, auf ewig, Chef, verlass mich nicht.
10 Meine Eltern haben's getan, doch ich weiß, du
bleibst,
11 und lehrst mich deine Wege, leitest mich, ver-
treibst
12 meine Feinde, gibst mich ihnen nich in die Hände.
Selbst wenn sie Rufmord betreiben, es kommt die
Wende.
13 Dessen kann ich mir sicher sein und voller Über-
zeugung sagen:
14 Hab Geduld, sei mutig, hab 'n starkes Herz. Er
wird dich tragen!

28 Du befreist mich aus Gefahren

1 Von David.
Gott, ich bitte dich, bleib bei mir, sonst
würde ich sterben.
Wenn du plötzlich schweigst, wäre das die Hölle auf
Erden.
2 Hör auf meine Stimme, sonst wäre das mein abso-
lutes Ende.
3 Stell mich nicht auf eine Stufe mit den Menschen,
die schön reden und schlecht denken.
4 Solche Menschen sollen das bekommen, was sie
verdienen.
5 Du wirst sie nicht aufbauen – Zerstörung sollen sie
kriegen.
6 Yeah, Gott, mein Chef hat mich erhört, weil er
mich liebt.
7 Und weil ich dich liebe und dir vertraue, schreibe
ich dir dieses Lied.
8 Der Chef passt auf sein Volk auf und hat es schon
oft von Gefahren befreit.
9 Hilf deinen Leuten und pass auf sie auf bis in alle
Ewigkeit.

29 Ein Song von David

[1] Feiert Gott, erkennt seine Größe an.
[2] Feiert ihn, den, der alles kann.
[3] Gott, dich hört man, deine Stimme dröhnt über das Meer,
[4] sie ist phantastisch, unnachahmlich und noch vieles mehr.
[5] Sie ist so laut, einfach gigantisch,
dass alles erzittert, stark und gewaltig.
[6] Wenn ich sie hör, spring ich vor Freude wie ein junges Reh
oder wie ein kleines Schaf, denn dann tut mir nichts mehr weh.
[7] Deine Stimme, Gott, ist wie eine riesige Flamme.
[8] Alles erbebt, das ganze Land, aus dem ich stamme.
[9] Das Meer und die Wüste, der Wald, alle Städte und sämtliche Leute,
die sich in deinem Haus befinden, die feiern dich heute.
[10] Du bist der Größte im Universum, größer als alles, was existiert.
Warst immer da und wirst's immer sein, das ist's, was mich fasziniert.
[11] Du wirst deine Leute immer über alles lieben,
wirst dich um sie kümmern, du gibst ihnen Frieden.

30 Du hast mich gehört

[1] Ein Psalm vom Präsident David, weil der Tempel eingeweiht ist.
[2] Ich will dir danken, Gott, als es mir schlechtging,
hast du Hilfe geleistet.
Wer nicht mehr lacht, das sind meine Feinde.
Das Lachen der Leute, die mich ätzend behandeln,
hat ein Ende.
[3] Du hast mich gesund gemacht, als ich krank war.
[4] Mich aus der Hölle gezogen, dafür bin ich dir dankbar.
[5] Und deshalb bring ich dieses Lied, über frischem Beat,
und das ist nur für dich, Gott, denn du hast es verdient.
[6] Du bist zwar manchmal sauer auf mich, für einen Augenblick,
aber mein ganzes Leben lang hast du Liebe und Treue aufgetischt.
Und selbst wenn ich am Abend manchmal heule,
schrei ich am nächsten Morgen wieder vor Freude.
[7] Früher war ich dumm und dachte: „Ich werde niemals wanken."
[8] Aber du hast mich zurückgewiesen in meine Schranken.
[9] Ich betete: „Wo bist du, Gott, bloß, wenn ich dich brauch?
[10] Willst du mich sterben lassen – Asche zu Asche, Staub zu Staub?
[11] Ich bitte dich, hilf mir, denn alleine schaff ich es nicht!
Ich hab nämlich das Gefühl, dass ich den ganzen Mist abgekriegt!"
[12] Und du hast mich gehört, in all dem Trubel.
Aus Weinen wurde Lachen, aus Trauer wurde Jubel.
[13] Und deshalb kann ich hier nur performen und nicht schweigen.
Chef, mein Gott, in Ewigkeit will ich für dich Songs abreißen.

31 Rette mich vor schlechten Menschen

[1] Ein Song von David.
[2] Gott, bitte hilf mir vor Gegnern, weil ich wieder richtig Ärger hab.
[3] Höre meine Gebete und sei bitte mein Bodyguard.
[4] Ja, ich weiß, du hilfst mir, egal, wie die Dinge liegen.
[5] Die Gegner wollen mich dissen, doch du wirst mich aus der Schlinge ziehen.
[6] Ich vertraue dir, denn du hast oft bewiesen, dass ich dir vertrauen kann,
mit dir zusammen nach vorne schauen kann, nicht nur dann und wann.
[8] Ich hasse es, wenn Menschen nur Mist hinterherlaufen.
Du bist immer da; das ist Liebe, die kann man sich nicht kaufen.
[9] Du hast mich vor Feinden bewahrt, jetzt bin ich endlich frei.
Ist klar, dass ich jetzt wieder feiern kann bis nachts um drei.
[10] Bitte hilf mir, ich hab mir die Augen aus dem Kopf geheult.
[11] Ich hab viel Mist gebaut, jetzt werde ich ganz schön dafür gekeult.
[12] Niemand will was mit mir machen, weder Bekannte noch Nachbarn.
[13] Ich bin für sie wie tot, obwohl wir früher viel zusammen gemacht haben.
[14] Ich höre, wie sie über mich reden, ich merke, wie sie mich hassen.
[15] Doch ich habe dir immer vertraut, und ich kann es auch jetzt nicht lassen.

16 Rette mich bitte vor den schlechten Menschen in meiner Umgebung.
17 Bitte schenk mir wieder bessere Zeiten ohne Trauer und Wehmut.
18 Gott, pass auf mich auf. Bitte lass mich nicht verenden.
Lass doch die Menschen sterben, die sich gegen dich wenden.
19 Sie sollen alle still sein, die Redner und Schwätzer.
20 Dank deiner Liebe geht's denen, die dich lieben, sowieso besser.
21 Vor den Verschwörungen der Menschen wirst du sie schützen.
Es wird über sie geredet, doch du beschützt sie vor den Gerüchten.
22 Du bist der Beste, Chef. Denn ich war total gefangen,
doch dank Gott hab ich das alles überstanden.
23 Ich dachte für kurze Zeit: „Gott hat sich von mir abgewandt."
Doch als ich um Hilfe rief, nahmst du mich an meine Hand.
24 Alle, die an ihn glauben: Hört nie auf, Gott zu lieben!
Die Treuen wird er beschützen, die Treulosen kriegen, was sie verdienen.
25 Seid stark und mutig, alle, die auf Gott vertrauen.
Hört nicht auf, Gott zu mögen, denn Gott liebt euch auch.

32 Freispruch

1 Dieser Track soll euch zum Nachdenken bringen. [(who ouh)]
Dieser Track ist ernst gemeint, wie 'ne Reality-Show. 'ey!
Wirklich gut geht es nur all denen,
die von Gott Vergebung für ihren Mist im Leben erleben./
2 Ich betone es noch einmal: Wirklich gut geht es denen,
deren Schuld vorm letzten Richter ein für alle Mal vergeben
und ausgelöscht ist. Wirklich gut sind die dran,
die nicht so tun, als wäre Gott nur ein Niemand./
3 All den Dreck, den ich am Stecken habe,
wollte ich verschweigen, verstecken und vergraben.
Doch ich war innerlich so zerrissen. Ich war dem Strick nah,
weil es vom Gefühl wie eine Injektion von Gift war./
4 Tagtäglich war mir dein Zorn bewusst.
Mein Lebenssaft verrottete und wurde zu Frust.
Verzweifelt suchte ich 'nen rettenden Anker, denn ich fühlte mich wie gefangen in einer Wüste ohne Wasser./
5 Doch am Höhepunkt meiner Depression
lernte ich, Gott sei Dank, eine letzte Lektion,
als das endgültige Ende mir spürbar nah war.
Auf Knien gab ich ihm den Müll, den ich getan hab;/
einfach alles; was befreiend, aber auch hart war,
und Gott sagte: „Hey, meine Liebe ist für dich da!"
6 Ich will, dass jeder Mensch das versteht,
dass jeder, der vor Gott seine Schuld niederlegt,/
ohne jeden Zweifel wahre Liebe erlebt,
ohne jeden Zweifel ein neues Leben lebt,
doch für alle, die zu spät kommen, hat es fatale Folgen,
also triff 'ne Entscheidung besser heut als morgen./
7 Immer wieder schützt du mich und stehst mir bei,
du lässt nicht zu, dass die Angst mich zu Tode treibt,
darum verschweig ich meine Begeisterung nicht,
die ich für dich hab, nein, ich schrei so laut wie nie./
8 Du lehrst mich wahre Lebensqualität.
Du bleibst bei mir, auch wenn die Welt untergeht.
9 Ey, Leute, bitte seid nicht naiv wie ein Tier, [who]
ohne Verstand und ohne jede Manier./
Denn wenn sie durchdrehen, muss man sie bändigen,
damit sie einem folgen, ohne rumzustressen.
10 Denn wer Gottes Rat einfach so anpisst,
bei dem dauert es nicht lange, bis er den Löffel abgibt./
Wer sich aber entscheidet, Gott ernst zu nehmen,
der wird lernen, ein gutes Leben zu leben. 'ey!
11 Alle, die ihr an Gott glaubt, feiert und flippt aus,
wenn es um ihn geht. Machen wir 'n Hit draus./
Jeder, der sein Leben Gott anvertraut hat,
jeder, der sein Leben auf ihn gebaut hat,
soll sich freuen wie noch nie. Freuen im Sieg,
freuen, weil es so etwas nicht zweimal gibt./

33 La Ola für Gott

1 Sagt Gott, wie krass ihr ihn findet, das gilt für seine Leute,
macht ihn zum Star, macht 'ne La Ola, das ist seine Ausbeute.
2 Sagt ihm „danke" und dreht für ihn den Musikhahn voll auf,
schreibt ihm Lieder und, wieder, nimm die Beatbox noch drauf.

3 Schreibt für ihn neue Songs, nehmt nicht die alten,
die verstaubten Langweiler, die schon kalten.
Bring den coolen DJ ganz krass zum Vibrieren,
gebt ihm die fettesten Beats auf die Nieren.
4 Denn das, was Gott sagt, das ist nicht nur ein
Spruch.
Das steht fest, ist stabil, musst du lesen im Buch.
5 Er liebt Gerechtigkeit, keinen Streit, seine Güte
steht für alle Zeit.
Ist überall da, von Berlin bis Amsterdam, von Dres-
den bis Angola.
6 Er machte nur 'ne Ansage, und der Himmel war
entstanden,
auch die Sonne und der Mond konnten so bei ihm
landen.
Selbst die Sterne waren bei seinem Befehl sofort da,
Gott hat Kreativpower, das ist doch schon mal klar.
7 Gott sammelt das Wasser in seiner Badewanne,
daraus wurden Meere, Ozeane, mitten in der
Savanne.
8 Die ganze Welt sollte großen Respekt vor ihm
haben,
ihn ehren, ihn fürchten, ihm kein Lob mehr abgra-
ben.
9 Denn er sprach, es geschah, und die Erde war da.
10 Wer sich gegen ihn stellt, hat bald Chaos am Start.
Was die Nationen auch planen, er hat immer 'ne
Antwort parat.
11 Leute, das, was Gott vorhat, das zieht er auch
durch.
Seine Pläne sind gültig, jederzeit. Denn dadurch
12 werden glücklich die Leute, die ihn als ihren Chef
haben.
Sein Volk kriegt's fett, kann sich an seinen Gaben
satt laben.
Die Menschen, die er sich als sein Eigentum erwählt
hat,
können Party machen, sich freuen, volles Format.
13 Der Chef sieht von oben auf die Menschen runter,
keiner entgeht ihm, ganz sicher. Und jetzt wird es
noch bunter:
14 Von seinem Schreibtisch aus kennt er sogar jeden
beim Namen,
15 und er lenkt unser Herz, er gibt acht auf die Armen.
Und er registriert alles das, was wir sonst noch so
bringen.
16 Egal, wie mächtig man ist, es bringt nichts, mit
ihm zu ringen,
auch der Meister aller Klassen kann sich nicht mit
ihm messen,
seine Kraft ist zu groß, das darf man niemals ver-
gessen.
17 Wer glaubt, Gott mit einer Harley zu beeindru-
cken,
der hat's schlicht nicht kapiert, der kann lange rum-
mucken.
Denn egal, wie viel PS er unterm Hintern hat,
ist Gott im Endeffekt immer viel schneller am Start.
Und du wirst immer jedes einzelne Rennen verlie-
ren,
gegen Gott ist das so wie gebückt auf allen vieren.
18 Er passt auf die auf, die Respekt vor ihm haben,
die auf ihn vertrauen, ihren Stolz mal begraben,
sich auf seine Liebe einfach mal ganz verlassen.
19 Denn er passt auf sie auf, wird ihr Leben nicht
verprassen,
und wenn sie hungern, organisiert er auch was zu
essen.
20 Wenn wir hoffnungslos sind, dann kommt er
unvermessen.
Ganz ohne Bedingungen hilft er uns. Wie am
Schutzschild
prallen die Pfeile ab, alle Schüsse, weil er uns dann
hilft.
21 Alles in mir freut sich, weil ich ihn kennen darf,
ich vertrau ihm ganz, weil er mich mal entwarf.
Gott ist besonders, niemand ist so, und er ist reich.
22 Gott, zeig mir deine Liebe. Und wenngleich
es mir immer wieder mal richtig mies geht,
hoffe ich auf dich, bei dir gibt's kein „Zu spät!".

34 Gott ist mein Held

1 Dieser Song kommt von David, und er
ist kein Abschiedslied, denn er hat
ihn geschrieben,
als er einen auf „voll doof" machte, sich verrückt
stellte, Abimelech ihn genervt wegtrieb:
2 Gott will ich immer und ständig danke sagen, ewig
und lebendig ihm Applaus klatschen.
3 Mit allem, was geht, will ich ihn zum Star machen,
alle Leute, die kaputtgehen, sollen lachen.
Die Sachen, die er getan hat, sind genial, das sollen
all die netten Menschen auch mal hören.
4 Kommt und helft mir, Gott zuzujubeln, ihn zu
loben, er soll immer ganz nach oben zurückkehren.
Er soll die Nummer eins sein, unangefochten, der
jetzige Spitzenreiter, ewiger Tabellenführer.
5 Gott ist mein ständiger Wegbegleiter, wenn ich ihn
etwas frage, dann antwortet er mir immer.

Er holt mich raus, wenn ich Angst und Depressionen habe, mich irgendwelche Zwänge plagen.
6 Wenn ihr ihn anschaut, werdet ihr leuchten, nichts muss peinlich sein, das kann ich sagen.
7 Echt jetzt, als ich völlig kaputt war, am Boden, hab ich zu ihm gebetet, und er hörte mich.
Wenn du nicht mehr weiterweißt, in der Ecke stehst, keinen Ausweg mehr hast, rettet er dich.
8 Gottes Spezialtruppe, Soldaten aus dem Himmel, beschützen den, der Respekt vor ihm hat.
Er befreit ihn, sorgt für Sicherheit, nimmt die Einsamkeit, holt ihn raus aus dem Schachmatt.
9 Probiert es aus, ihr werdet es erleben, wie Gott drauf ist, er liebt die Menschen ohne Ende.
Wie glücklich sind die Leute, die sich von ihm beschützen lassen, einkuscheln in seine Hände.
10 Das geht an seine besonderen Leute: Ihr sollt heute Respekt vor ihm haben, alle Tage.
Wer das macht, wer tut, was er sagt, dem geht es gut jeden Tag, in jeder verzwickten Lage.
11 Rumstreunende Hunde haben mal Hunger, sie lungern am Müllplatz rum und knurren,
die auf Gott setzen, sind nicht blöd, haben immer genug, sie gehören nie zu den Dummen.
12 Das geht jetzt an die Jugendlichen: Hört mir zu, wenn ich euch was dichte, will euch beibringen,
Respekt vor Gott zu haben, ihn als Nummer eins einzusetzen, ist wichtiger als alle anderen Dinge.
13 Wo sind die Leute, die voll Spaß am Leben haben, die es radikal aussaugen wollen, jeden Tag?
Wer will lange glücklich sein? Wer will gute Sachen erleben? Kommt her, dann hört, was ich sag!
14 Pass auf, was du laberst, achte auf deine Worte, du solltest keinen Schwachsinn reden.
15 Hör auf, Mist zu bauen, fang an, auf Gutes zu schauen, mach das radikal in deinem Leben.
16 Gott hat alle die korrekten Menschen auf der ganzen Welt überall ständig im Blick.
Er hört auf sie, hört ihre Gebete, hat ein offenes Ohr, wenn sie zu ihm rufen wie verrückt.
17 Aber die Menschen, die nur noch linke Dinger drehen, verwegen andere ständig abziehen,
die löscht er aus der Lebensdatei, dann ist es vorbei, keiner kennt sie mehr, so wie sie es verdienen.
18 Nur auf seine Leute hört Gott, er hilft ihnen immer aus jeder noch so üblen Situation.
19 Die kaputt sind, depressiv, fertig, am Ende, abgekämpft, befreit er dann ganz bald schon.
20 Wer korrekt ist und gottmäßig lebt, kämpft sich auch durch viele Probleme und Not.
Gott, er hilft ihm schnell, er rettet und greift ein, er befreit ihn auch, denn er ist ja Gott.
21 Er passt auf ihn auf, dass ihm nichts passiert, man ihm nicht die Knochen brechen kann.
22 Wer ohne Gott lebt, kriegt selbst Ärger, so viel derber, es geht ihm selbst an den Kragen.
23 Gott befreit das Leben von seinen Leuten, die zu ihm gehören, werden von ihm gerettet.
Wer sich bei ihm verkriecht, hat nichts mehr zu befürchten, Gott durchtrennt jede Stahlkette.

35 Pass auf mich auf, Gott

1 David sagt: Gott, kämpfe für mich mit den Menschen, die mich abschießen wollen.
2 Zieh die schusssichere Weste an, mit der Knarre geh vor gegen diese Prolls.
3 Voll Power stell dich mit der MG auf den Weg vor die, die hinter mir her sind.
Bau mich auf, sag mir dann, dass du mir helfen wirst, weil ich doch dein Kind bin.
4 Meine Feinde sollen dumm dastehen, es soll ihnen nur noch peinlich sein.
Die fiese Pläne für mich aushecken, sollen verrecken, würg ihnen bitte eins rein.
5 Wie Toastbrotkrümel auf dem Teller werden sie von dir einfach weggepustet.
Dein Angestellter aus dem Himmel, so ein Engel, hat sie ganz schnell weggehustet.
6 Ihr Leben soll nur noch im Dunkeln, im totalen Siff und Schlick verlaufen.
Ein Engel soll sie jagen, sie verfolgen, bis sie ganz und vollkommen absaufen.
7 Denn ohne Grund waren sie hinter mir her und haben mir Fallen gestellt.
Ohne Grund machten sie mir ständig Probleme, haben mich schlichtweg reingelegt.
8 Plötzlich soll mein Feind von dir kaputt gemacht werden, du musst ihn reinlegen!
In die Falle, die er für mich aufgebaut hatte, soll er jetzt selbst reintreten.
9 Ich werde feten, eine große Party feiern, weil mein Gott mir geholfen hat.
10 Mit allem, was ich hab, werde ich sagen: „Gott, du sprengst total den Maßstab!
Du hilfst den schlaffen Leuten, die keine Kraft mehr haben, um zu kämpfen,
rettest sie vor Menschen, sorgst dafür, dass sie gerade noch rechtzeitig wegrennen.“

11 Am Ende stehe ich vor ihrem Gericht, und sie kommen mit falschen Zeugen.
Sie fragen mich Sachen, die ich nicht weiß, versuchen, das Gesetz zu beugen.
12 Für meine guten Dinge, die ich getan habe, wollen sie mich jetzt bestrafen.
Alle meine Freunde, Verwandten und Geschwister haben mich im Stich gelassen.
13 Kann's kaum fassen, denn als es ihnen früher selber mal beschissen ging,
hab ich mit ihnen gelitten, für sie gebetet, was anderes kam mir nicht in den Sinn.
14 Ich hab sie behandelt wie meine besten Freunde, wie einen meiner Brüder,
hab mit ihnen geweint, wie bei der Trauerfeier meiner eigenen Mutter.
15 Jetzt reiben sie sich die Hände und freuen sich sehr, weil ich gefallen bin.
Sie treffen sich mit fiesen Hooligans und zerreißen sich ihr Maul über mich.
16 Ich werde fertiggemacht, ich hab mich versteckt, sie ziehen ein Fratzengesicht, zeigen mir den Fuckfinger, ballen die Faust, mal nett sein kennen sie nicht.
17 Gott, wie lange wirst du noch zuschauen und nichts tun, bitte hilf mir!
Rette mich vor diesen Monstern jetzt, beschütze mich vor diesem Tier.
18 Ich werde mich dann immer bei dir bedanken, vor der ganzen Gemeinde.
Egal, wer dort steht, ich werde für dich Lieder singen, auch vor deinen Feinden.
19 Sie sollen sich nicht dadrüber freuen können, wenn ich versage und falle.
Die mich ohne Grund hassen, sollen nicht vor Freude in die Hände klatschen.
20 Wenn sie den Mund aufmachen, kommen da nie wirklich gute Sachen bei raus.
Gegen nette Leute in der Gemeinschaft denken sie sich fiese Attacken aus,
21 reißen ihr Maul auf, sagen: „Wie lustig, jetzt haben wir es ja selbst gesehen!"
22 Gott, leg endlich los, du bist mein Zeuge, du darfst jetzt nicht einfach gehen.
23 Setz dich für mich ein, kämpf für mein Recht, Gott, mach das zu deiner Sache.
24 Sorge für Gerechtigkeit, mach es korrekt, Gott, dass sie nicht mehr über mich lachen.
25 Ich will nicht, dass sie sagen: „So ist es gut, wir haben gewonnen! Er ist kaputt!"
26 Sie sollen sich schämen, es soll denen peinlich sein, die dachten, ich wäre jetzt Schrott.
Die mich arrogant von oben betrachten, sollen den Schwanz einziehen und abdampfen.
27 Und die Leute, die sich mit mir freuen, die sollen dann nur noch ablachen.
„Gott ist der Größte, er ist obergenial", kommt aus ihrem Mund nur noch raus.
„Er sorgt dafür, dass sein Mann mit Frieden regiert in seinem Haus!"
28 Ich werde allen Leuten erzählen, dass du, Gott, immer total treu zu mir warst.
Du bist korrekt, das sag ich ganz laut und wiederhole es an jedem Tag.

36 Menschen sind link drauf, aber Gott ist korrekt

1 Für den gesamten Chor von David, dem Angestellten von Gott.
2 Ein böser Mensch wird von seinen Fehlern selbst zerrissen.
Je mehr er sich von Gott entfernt, umso weniger will er von ihm wissen.
3 In seinen Augen ist es gut, Hass auszuüben.
4 Er macht nichts Gutes mehr, er braucht nur Betrug und Lügen.
5 Je linker, umso besser, er handelt völlig unbesonnen.
Will nichts Gutes mehr wissen, ist vom guten Weg abgekommen.
6 Aber, Gott, deine Treue ist grenzenlos, deine Liebe wird nicht enden.
7 Du bist total korrekt, und du hilfst Tieren und Menschen.
8 Es gibt nichts Schöneres als das Gefühl deiner Liebe.
9 Egal, was Menschen brauchen: Bei dir sollen sie es haben.
10 Denn ein Leben hat mit dir erst richtig begonnen.
11 Die Gläubigen sollen deine Korrektheit zu spüren bekommen.
12 Weder Arrogante noch die miesen Typen sollen mich kriegen.
13 Die Bösen sind gefallen und bleiben für immer liegen.

37 Ohne Gott ist alles Schrott

¹ Der Psalm ist von David, auf ihn nun den Spot.
Krieg keinen Hals auf die Übeltäter,
beneide sie auch nicht, denn früher oder später
² welken sie dahin, wie 'ne Blume ohne Wasser,
verdorren sie wie Gras, nur noch heftiger und krasser.
³ Setz deine Karten auf Gottes Rat
und leb nach dem Motto „Jeden Tag 'ne gute Tat!".
Geh mit der Wahrheit Hand in Hand
und bleib bei Gott und in seinem Land!
⁴ Deine Herzenswünsche erfüllt dir der Chef, unser Gott.
Hey, mach einen Freudensprung, werd vor Freude mal rot!
⁵ Vertrau doch dem Gott, er lässt dich nicht im Stich,
er ist der Checker und hat 'nen geilen Plan für dich!
⁶ Seine Gerechtigkeit und Treue sieht jeder, wie das Sonnenlicht.
Keiner kann das leugnen, darauf hat jeder klare Sicht.
⁷ Sei geduldig und halt mal den Rand.
Warte mal gespannt auf Gottes große Hand!
Wenn den Gangstern was gelingt, scheiß doch drauf!
Zur rechten Zeit kommt der Chef, nimm das Warten in Kauf!
⁸ Werde nicht aggro, pass auf, sei auf der Hut!
Denn auf falschen Wegen lauft man, wenn man was mit Wut tut.
⁹ Die auf Gott hoffen und ihm vertrauen,
bekommen ihr Stück vom Kuchen, müssen es nicht klauen.
Aber wer Böses tut, den wird Gott vernichten.
¹⁰ Nirgends auf der Welt wird man den mehr sichten.
Es ist aus mit ihm, denn Gott wird ihn gerecht richten.
¹¹ Und die, die immer frei von Gewalt waren,
werden bald den fetten Lohn einfahren.
Freudenpartys sieht man dann in Scharen.
¹² Die Korrekten haben die Gottlosen satt,
Leute, in deren Herzen Gott die Hosen anhat.
Sie planen, diese Leute grausam zu stürzen,
merken aber nicht, sie selber ziehn den Kürzren.
¹³ Deswegen lacht Gott, denn er weiß,
der Tag der Abrechnung kommt auf dem Schnellzuggleis.
¹⁴ Die Gangster laden ihre Waffen wie in Trance,
wollen die Armen killen, lassen ihnen keine Chance.
Die Leute, die mit Gott gehn, wollen sie töten,
doch wir werden sehn, bald gehen sie selber flöten!
¹⁵ Denn die Kugel prallt ab, die Rakete fliegt zurück,
trifft sie ins eigne Herz, zu Ende ist ihr Waffenglück.
¹⁶ Weniger ist mehr – das Motto der Gerechten!
Viel besser als der Überfluss, als all die unechten,
angeblich lebenserfüllenden Sachen,
die letztendlich nicht wirklich glücklich machen.
¹⁷ Denn die Bösen wird Gott anfechten, ächten
mit gewaltiger Kraft, nicht nur mit schwachen Wortgefechten!
Nichts und niemand kann sie davor schützen,
aber die Gott treu sind, die wird er stützen!
¹⁸ Der Chef kennt unser Leben, jede Stunde, jeden Tag.
Das Gute steht uns zu durch seinen ewigen Vertrag!
¹⁹ Wenn man überall nur Not sieht,
hat man's gut, wenn man zu Gott flieht.
Denn er bewahrt uns in jeder Gefahr,
macht uns satt, sogar im Hungerjahr.
²⁰ Aber die Feinde von Gott gehen zugrunde.
Selbst mit Macht, Reichtum und Schönheit gehen sie vor die Hunde.
Im Himmel verschwinden sie wie der Zigarettenrauch.
Sie werden zu nichts und ihr Geldhaufen auch.
²¹ Manchmal borgen sie Geld, lassen aber das Payback weg,
Doch der Korrekte kann geben, allein mit dem Endzweck,
freundlich zu sein und auf Gott zu hören.
²² Denn die Leute von Gott wird in seinem Reich niemand stören,
das ganze Land wird ihnen gehören.
Die Gottlosen aber wird er zum Tod beschwören.
²³ Wenn ein Mensch seinen Weg zielstrebig geht,
hat er das vom Chef, der hat es in ihn gesät.
²⁴ Fällt er, so wird er nicht weggeweht,
denn nah ist Gott, der immer bereitsteht.
Der Chef hält ihn an seiner Hand,
stützt ihn in jedem Ausnahmezustand.
²⁵ Jetzt bin ich ein Rentner, war aber auch mal klein.
Ich sah niemanden, der Gott liebte,
der gezwungen wurde, ohne ihn zu sein.
Der, der Gott liebt, wird von ihm nicht verlassen,
selbst die Kiddies haben Essen in Massen.
²⁶ Jederzeit werden die Leute wissen:
„Alter, wer Gott liebt, den braucht man echt nicht zu dissen!
Der ist gut drauf, und wenn ich Geld brauch,

mach ich von seiner Liebe Gebrauch.
Selbst die Kinder, seine nächste Generation,
bekommen es fett von höherer Dimension."
27 Ich geb dir 'nen Tipp: Das Gute ist hip!
Die schlechte Seite frisst dich von innen auf!
Lass doch den Mist und komm mal gut drauf!
Dann hast du den Sieg schon in der Tasche
und machst 'nen Bogen um die Höllenasche.
28 Denn Gottes Liebling ist die Gerechtigkeit.
Er ist dir treu und allzeit bereit,
um auf dich aufzupassen für alle Zeit
und um die Gottlosen zu vernichten mit Genauigkeit.
29 Die auf der Seite des Siegers stehen,
werden dann in Gottes Land einziehn.
30 Diese Sieger lallen aber keinen Stuss,
jeder weiß, die haben vom Leben keinen Verdruss.
Sie erzählen von Recht und besitzen Weisheit
und leben in Gottes Abhängigkeit.
31 Bestimmt vom Gesetz ist ihr Herzensbeat,
sie verirren sich nicht, selbst im Nebelgebiet.
32 Die Gangster aber lauern ihnen auf,
an ihre Köpfe halten sie den Pistolenlauf.
33 Doch der Chef lässt sie nicht in die Grube fallen,
er bewahrt sie in diesen harten Krawallen.
Wegen Gottes Schutz kann sie keiner verurteilen
für Zeugs, das nicht sie, sondern andere verpeilen.
34 Vertrau auf Gott, bleib auf seinem Weg,
wenn du diesen Lauf läufst, hast du dein' Beleg!
Und wirst von ihm in sein Reich geholt,
die Gottlosen aber werden verkohlt.
35 Da war mal ein Obergangster, ein Tyrann;
in seinem Clan hatte der die Hosen an.
Von allen gefürchtet, er war aggro drauf,
Vorstrafen im Register hatte er zuhauf!
Trotzdem kletterte er die Karriereleiter rauf.
Er erinnerte mich an einen Riesenkran
auf 'ner Baustelle am Flughafen Frankfurt-Hahn.
Er hielt jedem Sturm stand, mit geringem Aufwand.
36 Doch nach 'ner Weile kam ich an seinem Viertel vorbei,
ohne Spur war er verschwunden, wie 'ne gelöschte Datei!
Nirgends war er zu finden, zweifelsfrei!
Auch wenn es anfangs so scheint:
Mit seiner Tour kommt man nicht weit!
37 Schau dir doch die anderen an,
Die Aufrichtigen, die sind gut dran!
Die Zukunft gehört ganz allein ihnen,
weil sie dem Frieden schon immer dienen.
38 Doch Menschen, die Gott den Rücken kehren,
wissen nicht, dass sie das Gute entbehren.
Auf diese wartet schon der Untergang,
sie stürzen sich direkt vom hohen Abhang.
39 Leuten, die nach Gottes Willen leben,
wird er Schutz in schlechten Zeiten geben.
Die Rettung der Korrekten kommt vom Himmel,
40 er rettet sie von gottlosem Ankläger-Gebimmel.
In der Stunde der Not ist er bei ihnen geblieben,
weil sie auf seine Karten setzten und ihn so sehr lieben.

38 Total fertig und am Ende

1 Dieser Rhyme kommt von David, man kann ihn immer dann bringen,
wenn man an Gott denkt und wenn wir ihm Lieder singen.
2 Gott, du lässt es mich spüren, dass du sauer auf mich bist,
doch ich bitte dich jetzt: Gib mir endliche 'ne Schonfrist!
3 Deine Pfeile stecken in mir wie in einer Dartscheibe.
Deine Hand drückt mich nieder, während ich das hier schreibe.
4 An meinem Körper ist schon alles total kaputt,
weil mein Mist mich anklagt, fühle ich mich fast wie Schrott.
5 Mein Mist ist mir schon über den Kopf gewachsen,
sie hängt an mir dran, ich spür überall Lasten.
6 Warum war ich so blöd? Meine Wunden, die stinken.
7 Ich bin fertig, am Ende, Depression bis zum Abwinken.
8 Und Fieber hab ich auch noch, meine Haut ist gerötet,
9 und mein Geist ist kaputt, innerlich abgetötet.
Doch ich schreie zu dir, aus der Tiefe des Herzens.
10–11 Gott, du weißt, was ich brauche, ja, du kannst es abschätzen.
Und du hörst, wenn ich stöhne, wenn mein Herz vor Schmerz abgeht.
Wenn meine Augen verblassen und das Licht in mir ausgeht.
12 Wenn meine Freunde das Kotzen kriegen, wenn sie den Eiter sehen,
der aus den Geschwüren quillt, die auf meiner Haut aufgehen.
Wenn sogar meine Verwandten mit mir nichts mehr zu tun haben wollen
13 und meine Todfeinde mich verfolgen, mich umgeben mit Fallen.

Wenn sie mir alle nur noch die Pest an den Hals wünschen,
wenn sie Pläne schmieden, wie sie mich dann gleich lynchen.
14 Wenn ich taub und noch stumm bin, nicht mehr reden kann
15 und mich die ganze Zeit ausschweigen muss, ja was mach ich dann?
16 Dann hoff ich auf dich, denn du wirst mir jetzt helfen.
17 Du passt auf mich auf, bin ein Schaf unter Wölfen.
Die würden voll abgehen, wenn ich nur wieder falle.
18 Dazu fehlt nicht mehr viel, und der Schmerz sticht wie Pfeile.
19 Darum bekenne ich dir, wo ich wieder Mist gebaut hab,
und es tut mir voll leid, das bringt mich noch mal ins Grab.
20 Meine Feinde sind heftig und stark unterwegs.
Sie hassen mich voll, gehen mir krass auf den Keks.
21 Sie bezahlen mit Hass, wo ich Gutes getan.
22 Aber Gott, bleib bei mir, sei mir nahe, komm nah ran!
23 Bist mein Rettungsring in der stürmischen Welle,
bist der Kapitän im Boot und die Anlegestelle.

39 Pass auf, was du sagst

1 Von David, für DJ Jedutun und den Chor.
2 Ich hab gesagt:
Ich will aufpassen, dass ich Gott nicht mit meinem Gelaber quäle.
Und dass ich aufpasse, wer bei mir ist, wenn ich irgendwas erzähle.
3 Also war ich leise, hab kein Wort mehr gesagt.
4 Aber innerlich wurde ich von Schmerzen geplagt.
5 Da hab ich gesagt: Gott, zeig mir, wie lang ich noch zu leben habe,
6 und meine Lebenszeit ist wie nichts vor dir. Nur ein Hauch sind meine Tage.
7 Wie Schatten irren die Menschen umher, was sie tun und machen, hat keinen Wert.
8 Ist es bei mir etwa genauso? Nein, denn ich glaube an dich, mein Herr.
9 Rette mich vor meinem Mist, mach mich nicht zum Narren.
10 Ich lasse dich machen und bin leise, und ich werde hier ausharren.
11 Bitte lass mich nicht weiterleiden, wende alles zum Besten.
12 Denn einen Mann kannst du wegen seiner Schuld wie eine Mücke zerquetschen.
13 Höre mein Schreien und bitte hilf mir, sieh doch meine Tränen.
14 Drück noch mal ein Auge zu und gib mir das Leben, nach dem ich mich sehne.

40 Gott haut einen raus

1 Dieses Lied kommt von David, und das soll man vortragen.
2 Ich bin sicher, dass Gott hilft, und er hört all meine Klagen.
3 Er hat mich aus meiner Kotz-Situation rausgeholt.
Ich steckte bis zum Hals in Problemen, war mit Dreck eingeölt.
Aber dann kam Gott und hat einfach zugepackt,
holte mich raus aus dem Sack, gab mir Halt, gab mir Takt.
Konnte wieder Boden unter die Füße kriegen,
fühl mich sicherer jetzt, muss nicht mehr unten liegen.
4 Und in meinen Mund legte er einen neuen Beat,
ein Liebeslied, an den Gott von David.
Viele Leute werden diesen Song dann bald hören,
werden abgehen vor Freude, dadrauf könnte ich schwören.
Werden Gott wieder achten und Respekt vor ihm haben,
werden ihm dann vertrauen, werden sich an ihm laben.
5 Gut drauf kommt, wer seine Hoffnung auf Gott allein setzt
und sich nicht nach dem richtet, der ihn immer nur hetzt;
der meint, er wär der Geile; der nur Dünnsinn erzählt;
der mit seinen Storys alle Leute nur quält.
6 So oft hast du, Gott, fette Wunder getan,
und wie du alles planst, wie du Dinge anbahnst,
wie du Sachen tust, die unmöglich waren,
wenn ich nur versuche, all das aufzufahren,
dann stelle ich fest: Du bist mit nichts zu vergleichen!
Du tust einfach zu viel, wer kann da etwas streichen?
7 An den Opfern, die ich bringe, nur um dir zu gefallen,
hast du nie wirklich Freude, ja, das konnte ich rallen.
Aber Ohren zum Hören, die hast du mir gegeben,

um zu kapieren, was du willst, und zu tun, was im Leben
du mir an vielen Befehlen gegeben hast.
8 Darum antworte ich dir: Ich bin hier, ohne Last.
Du hast mir das Buch der Bibel anvertraut,
und ab jetzt wird auch kein Mist mehr gebaut.
Gerne will ich tun, was du von mir willst.
9 Denn das, was du möchtest, das steht in meinem Geist.
Dein Programm tickt bei mir in meinem Herzen tief drin,
und das gibt mir Halt, macht mir Mut, gibt mir Sinn.
10 Und ich erzähle deinen Leuten, was du korrekt nennst,
und es macht mir voll Laune, und ich red ungebremst,
niemand ist wirklich in der Lage, mich aufzuhalten.
Und das weißt du, mein Gott, kannst mein Leben gestalten.
11 Ich werd niemals auch nur einmal meine Fresse halten,
weil du mir immer hilfst; mich kann keiner hier fallten.
Von deiner großen Liebe, die du für alle hast,
erzähle ich jedem, denn du bist ja kein Hans.
12 Du, mein Gott, wirst immer mit Liebe bei mir sein.
Du passt auf mich auf, mich legt keiner mehr rein.
13 Richtig üble Sachen hab ich gerade am Start,
Riesenprobleme, Schwierigkeiten, Megaverrat.
Meine ätzenden Sünden sind wie eine Wolke über mir,
ich kann gar nichts mehr sehen, ich hab Angst wie ein Tier.
14 Gott, ich bitte dich jetzt, komm schnell mal vorbei
und hol mich hier raus, hörst du mich, wenn ich schrei?
15 Die Leute, die mir alle ans Leder wollen,
sollen scheitern und fallen, sollen sich endlich trollen.
Jeder von denen soll sich ganz schnell verpissen.
Wer sich lustig über mich macht, den wird man bald vermissen.
16 Und alle, die schadenfroh Fehler entdecken,
die über mich ablachen, die solln sich erschrecken.
17 Aber alle, die sich dir wirklich ganz anvertrauen,
werden abgehen vor Freude, weil sie nur auf dich bauen.
Wer dich kennt und dich liebt, dich als Retter annimmt,
der wird rappen „Gott ist groß", und er weiß, dass das stimmt.
18 Ich bin hilflos, allein, auf dich angewiesen.
Gott, du versorgtest mich stets, hast deine Treue bewiesen.
Du befreist mich und hilfst, bist der Retter in Not.
Darum komm jetzt, mein Held, hilf mir schnell. Du bist Gott!

41 Ein Lied von David, als Rap oder Lied geschrieben

1 Ein Lied von David, als Rap oder Lied geschrieben.
2 Wer für die Schwachen sorgt, der kommt gut drauf.
Wenn er in Not gerät, holt Gott ihn raus.
3 Er wird ihn beschützen und am Leben erhalten.
Er rettet ihn vor seinen gierigen Feinden.
4 Es wird ihm gutgehen, weil Gott es schaukelt
und ihm mit Kraft aus Krankheit aufhilft.
5 Deswegen sprach ich: „Chef, hab Erbarmen,
ich hab gesündigt gegen deinen Namen!
Heile mich! Bitte, heile mich!
6 Ich werd von meinen Feinden gedisst:
‚Wann stirbt der Sack, so dass sein Name verschwindet?'
7 Alles, was sie hören, wird gegen mich verwendet.
Und dann kommen sie an und wollen plötzlich Freunde sein.
Doch eigentlich suchen sie nur neue Sticheleien.
Und haben sie irgendwas, dann werden sie's kundtun.
8 Es tuschelt überall, denn sie finden mich uncool.
Sie hoffen das Schlimmste und wollen mich anecken:
9 ‚Der Typ ist verflucht; der wird bald verrecken!'
10 Selbst der, der früher mein bester Freund war,
mit dem ich alles teilte, weil ich ihm vertraut hab,
will nichts von mir wissen und sich gegen mich erheben.
11 Du aber, Chef, lass mich nicht im Regen stehen!
Hilf mir wieder hoch wie eine Seilbahn,
denn dann kann ich's meinen Feinden heimzahlen.
12 Daran seh ich, dass du auf meiner Seite bist,
dass der, der zuletzt lacht, nicht mein Feind ist.
13 Eigentlich war ich immer korrekt, und du hast mich bewahrt,
deswegen häng ich mit dir ab und bin am Start.
14 Hey, Gott von Israel, auf dich feiern wir Feten
für immer bis in Ewigkeit, ja, Mann, auf jeden!"

42 Ohne Gott ist alles trocken

1 Von Korachs Söhnen – Think about it.
2 Ohne Gott ist Leben so wie Wüste ohne
Trinken.
3 Gott, wann kann ich dir wieder Lieder singen?
4 Tag und Nacht weine ich, Tränen sind meine tägli-
che Speise.
Sie fragen mich: „Wo bleibt dein Gott, warum lässt
er dich alleine?"
5 Früher war ich, wenn's um Gott ging, immer ganz
vorne mit dabei.
6 Warum bin ich traurig? Ich weiß, es kommt auch
wieder 'ne bessere Zeit.
7 Ich bin weit weggegangen von der Gemeinde, war
traurig, musste mich verpissen.
8 Ich weiß nicht, was mit mir los ist, fühl mich auf-
gewühlt und wie zerrissen.
9 Die ganze Zeit bete ich, singe ich Lieder und
warte.
Gott, gib mir mein Leben zurück und schenk mir
wieder Gnade.
10 Chef, du bist und bleibst doch mein einziger Halt.
Erlöse mich bitte ganz bald von Leid und Gewalt.
11 Mein Herz platzt fast vor Trauer, wenn andere fra-
gen, wo du bleibst.
12 Aber ich hör nicht auf zu hoffen, denn ich weiß:
Ich werde dir immer danken, du bist mein Gott, du
wirst mir beistehen.
Wenn ich auf dich hoffe, werd ich nicht wie 'ne
Pflanze eingehen.

43 Ich will, dass alles korrekt zugeht

1 Gott, sorg dafür, dass bei mir alles kor-
rekt zugeht,
verteidige mich gegen die Anzeigen von denen,
die unkorrekt leben, Leute nur bescheißen,
die versuchen, mich mit in den Dreck zu reißen.
2 Du bist mein Gott, bei dir verstecke ich mich!
Warum muss ich mit so einem Depri-Gesicht
rumlaufen? Hast du keinen Bock mehr auf mich?
Warum geht es mir schlecht, sag's mir ins Gesicht!
Warum dürfen mich meine Feinde so quälen?
3 Komm mal vorbei mit deinen Lichtsäulen.
Sorg dafür, dass ich von deiner Wahrheit
geführt werde in Klarheit, ohne Streit,
zu deinem besonderen Berg, wo du wohnst.
4 Ich hoffe, dass du mich belohnst,
wenn ich zu deinem Opfertisch trete,
mich dort freue und vor dir fete,
mit meiner Gitarre dir Lieder singe
und dir meine Opfersachen bringe.
5 Ich sage zu mir selbst: „Was ist los?
Warum bist du so finster drauf, so kopflos?
Woher kommt diese Depression?
Aber ich weiß die Lösung schon:
Ich werde einfach auf Gott hoffen,
ich werde ihm danken, ganz offen,
vor allen Leuten für ihn singen,
er hilft mir in solchen Dingen."

44 Warum siehst du weg

1 Song von Korachs Söhnen. Zum Nach-
denken.
2 Gott, unsere Väter haben uns erzählt, was du für
Wunder getan hast.
3 Als du sie groß gemacht hast, hast du ganze Nati-
onen geschasst.
4 Denn nicht alleine haben sie geschafft, das Land
einzunehmen,
du hast für sie gekämpft und ihnen alles gegeben.
5 Gott, du bist mein Präsident, steh uns bei, hilf uns
weiter bei allen Dingen.
6 Durch dich werden wir Feinde besiegen, jeden
Gegner bezwingen.
7 Ich weiß, du rettest mich, und ich vertraue nicht
meinen Waffen.
8 Du rettest uns vor den Feinden, nur mit dir können
wir was schaffen.
9 Dich wollen wir loben und dir den ganzen Tag dan-
ken, dich ehren.
10 Doch du hast uns verworfen, nicht mehr gekämpft
mit unsern Heeren.
11 Wir haben gekämpft und verloren, die Feinde
haben sich gefreut.
12 Du hast uns zur Beute gemacht und uns unter die
Feinde zerstreut.
13 Du hast uns verkauft und dabei noch nicht mal
Gewinn gemacht.
14 Du hast uns lächerlich gemacht und vor den Nati-
onen dahingerafft.
15 Wir sind ein Witz für die anderen, ein Kopfschüt-
teln, ein Achselzucken.
16 Es ist so peinlich für mich, ich kann ihnen nicht
mal in die Augen gucken.
17 Denn ich höre sie ablästern, ich höre sie über uns
lachen,
ich spüre täglich die Feinde, und ich fürchte ihre
Rache.
18 Dies alles mussten wir ertragen, doch wir haben
an dich geglaubt,

[19] immer an dir festgehalten und dir immer vertraut.
[20] Selbst als wir merkten, wie du uns zerschlagen hast,
als du uns fallengelassen und nicht mehr getragen hast,
[21] haben wir zu dir gehalten, haben an dich geglaubt in unserem Herzen.
[22] Denn wir wussten, du kennst uns, würdest jedes Misstrauen merken.
[23] Ja, deinetwegen werden wir gekillt, werden behandelt wie Schlachtvieh.
[24] Ich frage mich, ob du wach bist, denn eigentlich schläfst du doch nie.
[25] Warum guckst du weg, siehst du nicht, wie wir hier leiden?
Willst du weiterhin jeden Kontakt mit uns vermeiden?
[26] Denn wir sind schon ganz unten, unser Bauch liegt auf Erden.
[27] Steh auf und hilf uns und lass uns bitte nicht sterben.

45 Ein Beat, zum Hochzeitslied

[1] Mal was zum Nachdenken, von Korach gereimt,
nach dem Beat von Schoschannim, als Liebeslied gemeint.
[2] Ich bin abgefüllt mit Freude, will dem Präsidenten was singen,
wie ein Rapper seine Verse will ich dir coole Worte bringen.
[3] Du bist der schönste Mann im Westen, selbst deine Lippen sehen gut aus,
man kann dadraus sehen: Gott hat dich geformt in seinem Haus.
[4] Binde den Gurt um deine Hüften, lege die Waffe dorthinein,
jeder soll sehen, wie heldenhaft und krass du wirst sein.
[5] Sei stark und kämpfe für die Wahrheit, regiere weise, recht und gut,
dann wird es dir zum Sieg verhelfen, denn du regierst mit Kraft und Mut.
[6] Deine Kanone ist geladen,
mit scharfem Pulver und Granaten.
Sie werden treffen in die Herzen,
du wirst die Feinde bald ausmerzen,
wirst alle Völker unterwerfen,
[7] deine Regierung wird ewig nicht mehr sterben,
denn du regierst korrekt und grade.
[8] Du liebst Gerechtigkeit, und lade
die Bösen ein in ihre Taten.
Darum hat Gott sie jetzt verraten,
dass er dich einsetzt als den Obermacker,
der uns beschenkt mit Glück, viel derber,
er lässt dich baden in der Freude
vor deinen Freunden ihrer Treue.
[9] Er kleidet dich wie ein Top-Model,
gibt dir den besten Duft von Chanel.
Gott baut dir 'ne Hütte im Luxusstyle,
er zahlt den Top-DJ mit fettem Anlagenteil'.
[10] Die Misses World der letzten Jahre
gehören alle stets zu deiner Garde.
Der Ehrenplatz zu deiner Rechten
gehört der Braut, geschmückt mit Flechten,
aus feinstem Gold bestückten Teilen.
[11] „Jetzt hör mal zu, Tochter des Einen!
Lass hinter dir die ganze Familie,
[12] du bist so schön wie 'ne Königslilie,
der Präsident ist voll heiß auf dich,
er ist Chef, und er ist richtig mächtig!
[13] Die Leute, die in Tyrus wohnen,
kommen mit Geschenken, soll sich lohnen.
[14] Die Tochter des Präsidenten sieht super krass aus,
ihr Kleid ist aus Goldfäden, die leuchten voll raus.
[15] In topmodischen Kleidern wird sie zu ihm gebracht,
und ihre Freundinnen begleiten sie in ihrer Pracht.
[16] Mit Applaus und Gejohle begleitet man sie,
bis kurz vor den Palast, wo der Präsident sie sieht."
[17] „Präsident, du wirst viele Kinder haben,
und auf sie wird dann mal deine Macht übertragen.
[18] Mit meinem Rap wird dein Name bekannt
über alle Familien, den ganzen Bestand.
Darum werden alle dir weiter Lieder singen,
dir Respekt und Achtung entgegenbringen."

46 Keine Angst

[1] Dieser Song ist für x-treme Rapperinnen, die mit der Beatbox einen Song vom Korach-Clan singen.
[2] Bei unserm Gott kann man sich immer gut verstecken,
denn er ist stark, und er beschützt uns vorm Verrecken.
[3] Wir haben keinen Schiss, auch wenn es mal ein Beben gibt,
selbst wenn die Zugspitze wegfliegt und sich ins Meer begibt.
[4] Auch wenn Tsunamiwellen brechen
und sich die Berge bei uns rächen,

5 dann kommt ein fetter Strom von oben,
der zieht uns hoch, der lässt uns loben.
Der strömt in Gottes City rein,
die Stadt des Höchsten, echt krass, fein.
6 Gott selbst wohnt in ihr mittendrin,
und er beschützt sie wie sein Kind.
Schon morgens früh ist er am Start,
passt auf sie auf, er ist parat.
7 Auch wenn ringsum die Völker pogen,
ist es bald aus mit ihrem Toben,
denn ihre Macht ist bald verloren,
dann gibt's von Gott was auf die Ohren!
Er spricht ein Wort mit lauter Stimme,
dann ist's vorbei, „ab in die Rinne".
8 Der Chef vom Himmel und der Erde,
der ist mit uns, der gibt uns Würde.
Der Gott von Jakob, der passt auf,
9 er zeigt die Muskeln, hat's voll drauf.
Jetzt sieh dir an, was er getan hat:
Das war doch voll das Liebes-Attentat!
10 Und wo er ist, verschwinden Kriege,
da implodieren Kriegestriebe.
Die Pumpgun wird zersägt in Teile,
der Panzer brennt schon eine Weile.
11 „Jetzt hört mal auf", ruft er. „Seid leise!
Hört mal zu, erkennt auf die Weise,
dass ich es bin, der mit euch redet.
Ich bin der Gott, der Siege schmiedet.
Und ich steh über allen Völkern,
ich hab die Macht, kommt euch das seltsam?"
12 Der große Gott,
der ist mit uns.
Der Gott von Jakob unser Schutz,
wir brauchen keine Angst haben,
wir fahren in 'nem Panzerwagen!

47 Applaus für den King

1 Dieser Rhyme stammt von den Söhnen
vom Korach:
2 Ladies and Gentlemen, wir bitten um Applaus,
3 denn der oberste King ist im Haus.
Steht auf, kreischt, jubelt, tanzt und singt,
bis in aller Welt sein Lied erklingt.
4 Unter unseren Füßen liegen unsre Feinde,
dort müssen sie büßen.
5 Wir haben ein fettes Erbe erhalten,
als seine Kinder, geliebt und gehalten,
getröstet und geborgen,
heute und morgen.
6 Der Name von Gott ist erhoben,
und Liebe wird sichtbar, wenn wir ihn loben.
7 Singt, rappt und textet allein für ihn,
dann kommt das Licht, die Nacht muss flieh'n.
8 Gott ist der Chef der Welt,
singt ein Lied, das ihm gefällt.
9 Er gestaltet die Welt, wie es ihm gefällt.
Uns hat er ausgewählt.
10 Sein Name ist groß,
wir heben ihn hoch.

48 Gott ist verknallt in seine Stadt

1 Dieser Song ist von den Söhnen vom
Korach, ein Lied mit Beat.
2 Gott ist gigantisch, wir sollten ihm in seiner Stadt
zum Unterschied
mal fette Lieder singen, auf seinem Berg, unbedingt.
3 Der liegt nicht am Stadtring, sondern fern im Norden,
dort können wir die Stadt des Präsidenten orten.
4 In dem Regierungsviertel wissen alle am besten:
Gott beschützt
seine Stadt, er wird nicht weichen noch flüchten, ist
nie unnütz.
5 Feinde, Soldaten, Regierungen zogen gegen Jerusalem,
6 kaum waren sie da, kriegten sie schon Paras und
zogen von dannen.
7 Ihre Knie waren weich, wurden schwach wie 'ne
Frau, die Wehen hat.
8 Wie ein Mercedes mit Totalschaden machst du sie
einfach platt.
9 Wir hatten nur davon gehört, jetzt kapieren wir es:
Gott hat das Sagen.
Egal, ob Himmel oder Erde, keiner kann sich an
Jerusalem ranwagen.
Seine Stadt wird immer bestehen, von wegen kaputt
und so.
10 In der Kirche, mein Gott, denken wir an deine
Liebe am Mikro.
11 Dein Name ist bekannter als der von Prominenten,
du regierst besser als alle Präsidenten.
12 Darum gehen wir ab vor Freude auf dem Berg
Zion.
Wenn du richtest, bist du korrekt, darum tanzen die
Menschen auch schon.
13 Los, geht mal um den Berg Zion und zählt, ganz
dumm, seine Türme.
14 Und bestaunt die Mauern, die Paläste, die stehen,
trotz aller Stürme.

15 Erzählt allen Kindern, wie endlos gut Gott ist.
Er passt auf uns auf, und er führt uns auf ewig,
ohne Abgabefrist.

49 Gott ist nicht käuflich

1 Von Korachs Söhnen an den Chorleiter,
gebt den Rhyme jetzt immer weiter.
2 Das geht raus an alle sieben Kontinente:
eine Message, die ich an alle sende,
3 an jeden, der das hört, alle zusamm'.
Egal, ob reich, arm, groß, klein, dick oder schlank,
4 jetzt habe ich's gecheckt, hört meine Schlauheit.
5 Gott hat mir gesagt, ich soll sprechen, also geb ich
nicht klein bei.
6 Ich hab keine Angst vor Menschen, die sich in meinen Weg stellen.
7 Sie vertrauen auf ihr Vermögen, sie hoffen auf ihr
Geld.
8 Man kann seinen Bruder nicht freikaufen, Gott
nimmt kein Lösegeld.
Kohle zählt bei Gott nicht, nur hier, in dieser miesen
Welt.
9 Denn Gott weiß, eine Seele ist viel zu wertvoll,
er denkt anders als ihr, weil ihr nur immer mehr
wollt.
10 Von dem Gedanken, Gott zu kaufen, verabschiedet euch ewig.
Mit Geld der Hölle zu entkommen, das geht nicht.
11 Denn eins ist klar, das gilt für Arme und Reiche:
Sterben müssen wir alle, nur nicht auf dieselbe
Weise.
Irgendjemand wird dann euer Vermögen erben,
12 aber glaubt ihr wirklich, dass eure Häuser für
immer stehen werden?
Ihr könnt noch so bekannt sein, eins müsst ihr euch
merken:
13 Irgendwann wird der Reichste wie der ärmste Penner sterben!
14 Folgende Worte sollten sich in euer Gehirn einbrennen,
denn ich prophezeie euch jetzt schon euer Ende:
15 Ihr fühlt euch heute wie ein King auf dem Thron,
aber morgen schon werdet ihr in der Hölle
schmorn.
16 Aber mein Leben wird Gott retten,
und ihr werdet ewig leiden wie Gefangene in Ketten.
17 Keine Angst, wenn ein Mann reich ist und glaubt,
er sei wichtig,
18 denn in die Hölle nimmt er seine Kohle nicht mit
sich.
19 Er hat ein gutes Leben, und andere schleimen sich
ein,
20 aber er kommt in die Dunkelheit, wo die Sonne
nie scheint.
21 Der Mensch, der Ansehen hat, aber keine Ahnung,
bewegt sich auf dünnem Eis, und es ist klar, dass er
einbricht.

50 Drauf sein, wie Gott es gut findet

1 Ein Beat von Asaf, der klarmacht, dass,
wenn Gott redet, alles stillsteht.
Wenn Gott gerufen hat, die Erde auf ihn hören soll,
egal, wo man grad geht,
ob du im Osten bist, in Bagdad oder in Bahrain,
in München, in New York oder in Köln am Rhein.
2 Auf dem Berg Zion kommt Gott an, mit seinem
Ultraglanz.
3 Und er kommt nicht nur an mit Hans und Franz,
er kommt mit Feuer, und es bricht um ihn ein
Tosen,
auf Wellen reitet er, er braucht keine Almosen!
4 Denn nur der Himmel und die Erde stehen als
Zeugen,
wenn er die Völker zu sich ruft, dass sie sich beugen.
5 „Zieht meine Leute ein und bringt alle zusammen,
mit denen ich Verträge hab, die werd ich nicht verdammen.
Sie haben mir schon damals ihre Treue fest
geschworen
und standen stets zu ihrem Wort, waren auserkoren."
6 Gott ist immer korrekt, er ist der Richter,
das bestätigen der Himmel und auch ich als Psalmdichter.
7 „Hör mir mal zu, du, Israel, ich klag dich an!
Ich bin dein Gott und ich muss dich jetzt mal verwarn'!
8 Nicht weil du dein Opfer korrekt hast durchgezogen,
auch was du für mich sonst abgefackelst, ungelogen.
9 Aber dein Opfer ist mir, ehrlich gesagt, total egal,
weder die Plattensammlung aus dem Schrank noch
das CD-Regal.
10 Die Sachen gehören mir sowieso, brauch ich nicht
mehr,
und auch den MP3-Spieler gibt's im Himmel doch
viel besser.
11 Ich kenne jeden Beat auswendig, kann dir jedes
Lied vorsingen,

nicht nur die Top-Ten-Hits sind mein, auch Punk-
songs kann ich dir bringen.
12 Und wenn ich Hunger hätte, würde ich dich nicht
um Essen bitten,
weil mir ja alles eh gehört, die ganzen Steaks und
alle Fritten.
Ja, alles, was auf dieser Erde mal gewachsen ist,
gehört mir,
und alles was da auf ihr lebt, jede Pflanze, jedes Tier.
13 Glaubst du in echt, ich wollte dir den Burger vom
Teller stehlen,
was soll das für ein Opfer sein? Willst mich mit dem
Zeug wohl quälen!
14 Das Opfer, wo ich voll drauf steh, ist ein Verspre-
chen,
was du mir mal gegeben hast. Das darfst du nicht
brechen.
15 Wenn du am Ende bist, dann ruf mich schnell her-
bei,
ich rette gerne und habe Kraft für drei.
Du kannst mir gerne für die Sachen wieder danken
und meinen Weg mit krassen Lobliedern flanken."
16 Wenn jemand Gott disst, geht Gott richtig ab und
sagt:
„Was laberst du über die Ansagen, die ich gemacht
hab?
17 Aber das, was ich von dir wollte, war am Ende
trocken Brot.
Du tust, was du für richtig hältst, wirfst meine Pläne
über Bord.
18 Mit denen, die andere abzocken, steckst du voll
unter einer Decke,
mit Ehemännern, die betrügen, ziehst du noch
abends um die Ecke.
19 Fiese Wortattacken kommen dir wie Spucke von
der Lippe,
wenn du auch nur den Mund aufmachst, dann
stinkt es schon nach kalter Kippe.
20 Über die Leute, die dich mögen, lästerst du den
ganzen Tag
und streust lauter fiese Gerüchte über Leute, die du
magst.
Über deinen Bruder ziehst du total fies her,
21 bis jetzt hab ich dazu geschwiegen, aber, Mann,
das geht ab jetzt nicht mehr.
Vielleicht hast du dabei gedacht, du bist mir plötz-
lich völlig wurscht,
aber ich mach dir heut die Ansage: Hör auf damit,
du Horst!
Ich halte dir mal deine ganze fiese Untreue vor die
Nase,
22 du hast mich schlicht einfach vergessen, mich so
behandelt wie 'ne Luftblase.
Jetzt höre auf die Worte, die ich dir zu sagen habe,
sonst muss ich dich ganz einfach plattmachen,
dann hilft auch kein Gehabe.
Es kommt für dich dann jede Rettung glatt zu spät.
23 Wer mir fett ‚danke' sagt, für den bin ich sein
Held.
Ich freu mich über jeden, der mir was aus Dankbar-
keit bringt, seine Zeit, Lieder oder Geld,
wer sich an mich wendet, den werd ich retten aus
seiner Not.
Für den, der immer zu mir hält, steh ich bereit, ich
bin sein Gott."

51 Nimm die Lasten von mir weg, Gott

1 Dieses Teil hier wurde geschrieben, als
David totale Scheiße machte
2 und in dieser Nacht mit Bathseba fremdgeschlafen
hatte.
Nathan hat ihn anschließend übelst angepisst
und ihn ernsthaft gefragt, was für ein Idiot er doch
ist.
3 Jetzt betet er zum Chef: „Hab Mitleid mit mir,
nimm meinen Mist weg und tu so, als wäre das nie
passiert.
4 Wasch mir den Kopf und spül den Müll aus mir
raus,
5 ich peil jetzt meinen Fehler, doch er bleibt vor mei-
nem Auge.
6 Ich habe dich verarscht, und ich wollt dich hinter-
gehen.
Du bist im Recht, und deswegen musst du mir auch
nicht vergeben.
7 Seit mein Dad mich gezeugt und meine Mum
mich ausgetragen hat,
merk ich, wie der Scheiß in mir aus mir einen Skla-
ven macht.
8 Ich weiß, dass du es feierst, wenn man ehrlich und
authentisch ist,
darum zeig mir jeden Tag aufs Neue, wo die Gren-
zen sind.
Mach aus mir 'nen Mann, der weiß, was gut und
richtig ist,
9 und nimm den Dreck von mir, der allmählich bis
zum Himmel stinkt.
Dann weiß ich, was es heißt, wirklich sauber zu
sein.
Ich schau auf dich, und sofort ist mein Glaube
gereinigt.

10 Du hast mich bestraft, und zwar so hart wie noch
nie.
Verschränk nicht auf ewig deine Arme vor mir,
bitte nimm mich wieder an – gib mir die Atemluft
zurück.
11 Und nimm die Lasten von mir – jeden Tag ein klei-
nes Stück.
12 Veränder die Gedanken – gib mir Kraft, es durch-
zustehen.
13 Schenk mir deine Energie – ich will das alles noch
erleben.
14 Zeig mir, was es heißt, in wahrer Freiheit zu leben,
ich will dir folgen, bis ich mal das Zeitliche segne.
15 Ich will den Leuten zeigen, die fertig und ausge-
brannt sind,
dass es einen Weg zurück in deinen weiten Arm
gibt.
16 Ich hab jemand einfach den Atem genommen,
und das nur, um mal 'ne kleine Runde mit der Alten
zu poppen.
Mach mich frei von diesem Müll, der mich quält.
Ich will dann losziehn, um deine Größe weiterzuer-
zählen.
17 Gib mir dazu die Worte und die Fähigkeit zu den-
ken,
und ich fange an, für dich ein paar Berge zu verset-
zen.
18 Ich will mich nicht verstecken hinter Gottesdienst-
besuchen.
Du gibst 'nen Scheiß darauf, wenn wir vor dir knien
und rufen
und es nicht ehrlich meinen – das ist alles aufge-
setzt.
19 Du willst lieber einen Menschen, der am Arsch ist
und verletzt,
wenn er gegen dich voll die Scheiße gebaut hat.
Wenn er sich dann bemüht, dir zu gefallen, ist das
ehrlich und vernünftiger.
20 Gib uns deine Liebe – mach uns stark und unsre
Hoffnung groß!
21 Dann nimmst du's ernst, wenn wir beginn'n, dich
als unsern Gott zu loben.
Wir schrein dann wieder laut: „Der Chef ist wieder
da!"
Und schicken die Gebete zu dir auf den Altar.

52 Ich vertrau Gott

David sagt ...
1 Ich muss mal wieder jemanden unterwei-
sen.
Gott ist mein Zeuge, dabei werde ich bestimmt
nicht übertreiben.
2 Doeg, der Edomiter, hat mich auf meiner Flucht an
Saul verraten,
und Saul war sofort hinter mir her mit seinen Solda-
ten.
3 Warum bist du nur so stolz auf deine Bosheit?
Gottes Liebe gilt den ganzen Tag und deshalb für
ihn diesen Lobpreis.
4 Du planst nur Böses, redest Scheiße am laufenden
Band.
5 Nicht einmal sagst du Wahres, aber Lügen für tau-
send Mann.
6 Du liebst das Böse und Schlechte, du Betrüger,
aber hör mir zu: Da steh ich voll drüber!
7 Gott wird dich zerstören, wo du auch bist, er wird
dich kriegen.
Es wäre besser, du fängst schon mal an, dich zu
verabschieden.
8 Die Korrekten werden sich fürchten und gleichzei-
tig lachen:
9 „Der Mann hat Gott nicht vertraut, sich nur auf
seinen Reichtum verlassen."
10 Ich hingegen bin wie ein blühender Baum im
Hause Gottes,
ich vertraue auf ihn und seine Liebe, auch wenn ihr
mich verspottet.
11 Ich werde für immer mit Gott dort sein, auf der
Straße und im Hauskreis.
Ich werde dir danken, weil du mein Gott bist, und
das ohne Aufpreis.

53 Gott macht Feinde platt

1 Diese Verse kommen von David und
sind zum Nachdenken.
2 Nur Durchgeknallte denken: „Da ist kein Gott am
Lenken!"
Du kannst sie getrost in die Tonne drücken,
sie lachen über Gott, sehen in ihm 'nen alten Mann
auf Krücken.
Es gibt nicht einen von denen, die wirklich gut drauf
sind.
3 Gott sieht vom Universum runter auf sein „Men-
schenkind".
Und er versucht, jemanden zu finden, der mal den
Schnall hat,

der prall nach seinem Willen lebt und ihn auch mal
was fragt.
4 Aber sie gehen ab in Ätzkram, haben sich abgewandt,
da gibt's nicht einen, der nach Gottes Willen sein
Leben plant.
5 Haben die es denn nicht kapiert, die üble Sachen
machen?
Die mein Volk zum Frühstück fressen wie ein Hund
den Knochen.
Sie rechnen gar nicht mehr mit Gott und seinem
Eingreifen.
6 Aber jetzt kriegen sie Panikattacken, er wird sie
einseifen.
Gott wird die Feinde seiner Leute total vernichten,
er sorgt dafür, dass sie nicht länger Reime dichten.
7 Mann, Gott, wenn du jetzt kommen würdest vom
Berg Zion,
dein Volk wird jubeln und sich freuen vor dem
Thron.
Wenn du das Schicksal deines Volkes endlich wendest,
dann steigt für uns die Party auch hier ohne Ende.

54 David funkt SOS an Gott

1 Für den Leadsänger mit E-Gitarre ein
Song von David.
2 Als meine Feinde kamen, um mich bei Saul zu verpetzen,
da wollte er seine Killer eiskalt auf mich hetzen.
3 O bitte, Gott, nur du kannst mich retten,
du wirst für mich eintreten, darauf könnt ich wetten.
4 Erhör mein Hilfegeschrei und das, was ich sage,
5 denn meine Feinde sähen mich am liebsten tot
und im Grabe.
6 Aber sie hatten dich nicht mit auf ihrer Rechnung
Du bist bei mir, sorgst für meine Vergeltung.
7 Du wirst sie plattmachen, so wie sie's verdienen,
wie's dir gefällt, nicht ich muss mich bemühen.
8 Dafür will ich dir ganz fett „danke" sagen und dich
dafür feiern,
9 du hilfst mir mit meinen Gegnern, ich muss hier
nicht länger alleine rumeiern.

55 Vom Freund verraten

1 Von David zum Grübeln, kannst du mit
der Beatbox dübeln.
2 Hör zu, mein Gott, wenn ich mit dir rede,
versteck dich nicht, wenn ich zu dir hier flehe.
3 Hör meine Fragen und antworte mir,
meine Sorgen gehen mir auf die Nerven wie Tier.
4 Hör, wie die Feinde ankommen wie Maden,
sie wollen mir schaden, hassen mich, woll'n mir
an'n Kragen.
5 Mein Herz ist in der Hose, ich sterbe vor Angst.
6 Mir schlottern die Knie, bin gelähmt, festgestanzt.
7 Hätte ich jetzt 'ne Boeing, dann würde ich fliegen,
würde fliehen auf die Insel, um dort peacig zu liegen.
8 Ich würde den letzten Fleck auf der Landkarte wählen,
9 würde schnell vor dem Gewitter und Sturm hier
entfliehen.
10 Gott, verwirre die Leute, die hinter mir herrennen,
damit sie sich nicht mehr verständigen können.
In der Stadt geht es grade drunter und drüber.
11 Tag und Nacht sind sie drauf, diese Stadt ist hinüber.
12 In den Straßen geht der Punk ab, wo sie lügen
und betrügen,
ohne Ende geht das von morgens acht bis abends
um sieben.
13 Wären das jetzt Leute, die mich sowieso hassen,
dann könnt ich es fassen, könnt von Rache ablassen.
14 Aber es sind die Freunde, die mich hintergehen,
meinen besten Freund hab ich dort auch gesehen.
15 Das waren noch Zeiten, als wir Abende verbrachten,
wo wir ohne Ende quatschten, in der Kirche rumlachten.
16 Der Tod soll sie holen, er soll sie bestrafen,
sie sind einfach nur link, sie werden's nie raffen.
17 Aber ich schreie zu Gott, ja, ich rufe zum Herrn,
dann wird er mir helfen, er wird auf mich hören.
18 Von morgens bis abends will ich vor ihm klagen,
ich weine so lange, dann wird er bestimmt was
sagen.
19 Er rettet mich, gibt mir garantierte Sicherheit.
Das ist wie ein Schutzschild, bin vor Feinden gefeit.
20 Gott herrscht in Ewigkeit, und er wird mich erhören,
er wird's denen zeigen, die sich nicht um Gott scheren.
Sie wollen auch überhaupt gar nichts an sich
ändern.
21 Und denk ich an meinen Freund, dann krieg ich
voll Ränder
unter die Augen, denn er hat sein Versprechen
gebrochen.

22 Aalglatt kam er angekrochen, aber in seinem Herz
war Hass am Hochkochen.
Er lächelt so schleimig, als wüsste er es besser,
aber mit seinen Worten sticht er zu wie mit einem
Messer.
23 Gebt eure Sorgen ab an Gott und dann seht,
er wird sich drum kümmern, er macht, dass es gut-
geht.
Wer treu zu dir hält, den lässt du, Gott, niemals im
Stich.
24 Nur die Mörder, Abzocker kommen in dein
Gericht.
Du nimmst von ihrem Leben die Hälfte wech.
Ich vertrau auf dich Gott, ja, du bist der Chef!

56 Gott befreit mich

1 Ein Song von David nach einem bekann-
ten Beat:
Philister hatten mich abgegriffen, deshalb mach ich
dieses Lied.
2 Hilfe, Gott, ich werde verfolgt von meinen Feinden.
Sie hören nicht auf, mich zu attackieren, sie sehen
mich gerne leiden.
3 Gott, man will mich foltern, verfolgt mich den gan-
zen Tag,
Feinde rücken mir auf die Pelle und bekämpfen
mich hart.
4 Manchmal hab ich das Gefühl, eine heftige Angst
gewinnt in mir die Oberhand.
5 Ich vertraue dir, hab keine Menschenfurcht, dein
Wort ist wie 'ne Panzerwand.
6 Sie folgen mir, ich fühl mich wie auf dem Rad mit
Gegenwind.
7 Sie greifen mich an und quälen mich, solang ich
noch am Leben bin.
8 Wenn sie gerettet würden, wäre das etwa fair?
Nein, Gott stürze sie nieder und falle über sie her!
9 So lange war ich auf der Flucht, du hast meine
Tränen gesehen,
10 aber wenn ich dich um Hilfe bitte, müssen alle
Feinde gehen.
11 Ich vertraue dir, Gott, nur dir gehört der Ruhm.
12 Wenn du für mich bist, was sollten Menschen mir
dann tun?
13 Ich bringe dir Opfer, als Zeichen meiner Dankbar-
keit,
14 du hast mich wieder gerettet, aus des Feindes
Hand befreit.

57 Auf der Flucht

1 Dem Chef von der Band. Nach der Melo-
die: „Verdirb nicht!"
Von David. Als er vor Saul in die Höhle floh. Aber
keine Angst, er stirbt nicht.
2 Sei nett zu mir, Gott, sei mir gnädig,
mein Innerstes versteckt sich bei dir auf ewig.
Im Schatten deiner Flügel berge ich mich nie ver-
geblich,
so lange, bis die Gefahr endlich aus dem Weg ist.
3 Ich glaub dir, Gott, dass du meine Dinge gut für
mich zu Ende bringst.
4 Rette mich vor meinem Feind, bis er händeringend
zu Boden sinkt.
Rette mich vor den Feinden, wie wilde Tiere wollen
sie mich beißen,
5 mich mit ihren Waffen reißen, mit ihrem Gerede
zerfleischen.
6 Erhebe dich über den Himmel, zeig allen, wie
gigantisch du bist.
Wenn du auf mich aufpasst, weiß ich, heute sterbe
ich nicht!
7 Sie haben mir Fallen gestellt und mir so die linke
Seite der Welt gezeigt.
Aber wer andern eine Grube gräbt, fällt selber hin-
ein.
8 Und deshalb hab ich keine Angst, diese Zeit hat
mich hart gemacht.
9 Ich will Musik machen und rappen so lange, bis
der Tag erwacht.
10 Und ich hör nicht auf, bis diese Story die ganze
Welt erfährt.
Ich weiß, manche sagen, heute gibt es keine Helden
mehr,
11 aber Gott, du bist mein Held, und ich weiß, mit
dir werd ich alt.
12 Erhebe dich über den Himmel und zeig allen
deine heftige Art.

58 Was mit Leuten passiert, die gegen Gott sind

1 Und wieder, nach der Melodie von „Ver-
dirb nicht", ein Song von David:
Plastikgöttern, Zauberei und Magie geb ich einen
Megaarschtritt!
2 Seid ihr wirklich gerecht, ihr Politiker, seid ihr fair
und ehrlich?
3 Ihr seid böse und schlecht und deshalb sehr
gefährlich.

4 Kaum geboren, sind sie schon auf der schiefen
Bahn,
erzählen Lügen und Geschichten, weil sie keine
Liebe hab'n.
5 Sie nehmen sich, was sie wollen, sagen nicht bitte,
nicht danke.
Sind gefährlich, weil sie Gift spritzen wie die Schlan-
gen.
6 Gott hat sie nicht bestimmt, sie haben sich selbst
auserkoren.
Wenn Gott mit ihnen sprechen will, stößt er auf
taube Ohren.
7 Und deshalb schlag ihnen die Zähne aus, nimm
ihnen ihre Stimme,
schalte sie ab wie einen Wecker, der nervig klingelt.
8 Wenn er sich wehrt, zeige ihm deinen Zorn, Herr,
9 er soll sich auflösen, als ob er nie geboren wär.
10 Verbrenne ihn wie ein Feuer, das lodert und knis-
tert.
Reiß ihn von der Erde weg, so wie bei einem Twister.
11 Wer gottmäßig drauf ist, freut sich, wenn er die
Rache sieht,
wenn das Blut des Gottlosen wie Wasser fließt.
12 Und deshalb kann ich jedem hier freilich versi-
chern:
Gott ist auf der Erde der einzige Richter.

59 Angst und Hoffnung

1 Für den Leadsänger geschrieben,
nach der Melodie „Über sieben
Brücken". David, der hat den gemacht,
als Saul sein Haus umstellt hat.
Er setzte ihn damit ins Schachmatt.
2 Gott, Hilfe! Befreie mich von den Feinden!
Beschütze mich vor den Heinis,
die alle total gegen mich sind.
3 Pass auf mich auf, bin dein Kind.
Bewahre mich vor diesen Typen,
diese Mörder wollen mich töten.
4 Sie wollen mich überfallen,
stellen Fallen, zeigen ihre Krallen.
Mächtige Feinde sind hinter mir her,
dabei ist mein Schuldenregister leer.
Ich hab nichts getan, hab nichts verbrochen.
5 Ich bin okay, die kommen nicht angekrochen.
Nein, sie greifen mich an, Gott, pass auf mich auf!
6 Wach auf, Chef, stell dich in ihren Lauf.
Verpass den Verbrechern ein hartes Urteil.
7 Jeden Tag kommen sie bei mir vorbei.
Ziehen durch die Szene wie ein Straßenhund,
8 aus ihrem Mund kommt Dreck und Schund,
Dum-Dum-Geschosse aus den Lippen.
9 Dich kann man damit nicht beeindrucken,
lachst dich tot, wenn die Menschen so reden.
10 Ich zähl auf dich, nur so kann ich leben.
Du machst mich stark, bei dir finde ich Schutz.
11 Du liebst mich, befreist von diesem Kotz.
Du lässt mich über meine Feinde siegen.
12 Versuch nicht, alle gleichzeitig zu kriegen.
Sonst würden meine Leute es schnell vergessen.
Mach sie planlos, Gott, sie sollen wie besessen
rumirren, den Weg nicht finden, damit jeder abtillt.
Du bist doch wie unser großes Schutzschild.
13 Aus ihrem Mund kommt nur Müll, sie reden
Scheiß,
sie denken, sie wären die Geilen, wären oberheiß.
Dabei voll der Verriss, wünschen mir Krätze an den
Hals.
Wollen mich kaputt sehen, mein Leben ist ihr Preis.
14 Sei hassig gegen sie, mach sie alle kaputt.
Ihre Leichen sollen ganz schnell auf den Schrott.
Gott, dann werden sie alle sehr bald kapieren,
dass du das Sagen hast hinter Israels Türen.
15 Jeden Abend kommen sie wieder, kläffen wie Köter,
umkreisen die Stadt, voll die Nervtöter.
16 Sie schnüffeln im Müll, suchen was zu fressen.
Wenn sie nicht satt werden, knurren sie stattdessen.
17 Ich werde aber rappen und singen über deine
Macht,
schon morgens fang ich damit an, so gegen halb
acht.
Denn du hast mich beschützt, in der Not hast du
mich versteckt.
18 Ich habe für dich ein paar neue Songs ausgeheckt.
Du bist Gott, mein Bunker, mein Schutzschild,
und liebst mich, das rappe ich, weil du mir hilfst.

60 Gott ist gegen uns

1 Ein Lied von David, ein Lied zum Lehren.
2 Als er mit Syrern und Edomitern kämpfte,
und sie sich wehren.
Aber das ist vorbei, aus ist der Kampf,
seine Gegner wurden geschlagen – zwölftausend
Mann.
3 Gott, du hast uns verworfen, zerstört, uns in Teile
zerrissen.
4 Deine Leute waren zerstreut und verteilt, heile die
Risse.
5 Wir waren gebrochen wie Wellen an steinigen Rif-
fen,

waren verwundet, als hätten sie uns mit Steinen
beschmissen.
6 Wir hatten Angst, auf uns waren die Kanonen
gerichtet,
aber dank dir konnten wir fliehen mit reinem Gewis-
sen.
7 Bitte hilf uns, wir müssen die Feinde vernichten,
halt unsere Verluste gering, wir möchten keinen
vermissen.
8-9 Gott hat geredet in seinen Heiligen Hallen:
„Ich will abgehen vor Freude und die Länder vertei-
len.
Sichem, Sukkot, Gilead und Manasse sind mein,
auch Efraim und Juda gehörn mir allein.
10 Moab und Edom will ich an mich reißen,
und auch Philistäa wird mich loben und preisen!"
11 Wer wird mich denn bis nach Edom begleiten?
12 Gott, willst du etwa wieder mit uns kämpfen und
streiten?
13 Hilf du uns vor den Bedrängern, Hilfe von Men-
schen ist wertlos.
14 Gott, ein Wort von dir, und ich zieh direkt mit mei-
nem Heer los.

61 Bei Gott bin ich in Sicherheit

1 Für den Leadsänger mit E-Gitarre und Bass
von David.
2 O Gott, ich schrei zu dir, ziemlich heftig und laut,
3 am andern Ende der Welt sitz ich, wie wenn einer
abhaut
und nicht mehr zu dir findet, bitte hol mich zurück.
4 Du bist mir das Wichtigste geworden, ich hatte
das Glück,
dich kennen- und lieben zu lernen. Du bist mein
Anker in größter Not.
5 Komm, hol mich für immer zu dir auf dein Boot!
Ich will bei dir sein, solang ich bin,
du bist für mich alles, gibst meinem Leben wieder
Sinn.
6 Denn du gibst mir Antwort, du bleibst nicht
stumm
und gabst mir die Power, ich mach mich nicht
krumm,
weil du mir alles schenkst für meine Belange.
7–8 So lass unsern Präsi uns noch möglichst lange
regieren und gib ihm ein erfülltes Leben,
dass er mit dir geht, das lass ihn erstreben.
9 Dann will ich dich feiern, wo immer ich sein werde,
du hilfst mir im Leben, hier auf dieser Erde.

62 Nur bei Gott kann ich entspannen

1 Dieses Lied ist von David geschrieben, für
den Chorleiter Jedutun.
2 Nur bei Gott kann ich entspannen, werd ich still
und warte dann.
Denn er wird helfen und nicht ruhn.
3 Er ist mein Bunker im Luftkrieg, er steht zu mir, bei
ihm ist Sieg.
Nichts kann mir da noch wirklich schaden.
4 Wie lange wollt ihr einem Mann noch ans Leder,
ihn lieber tot als lebend
haben?
Wollt ihr ihn unterm Schrott begraben, in einem
eingestürzten Keller
verschaben?
5 Sie denken nur, wie sie ihn stürzen, bei jeder Lüge
gehen sie ab.
Mit ihrem Mund beten sie für jeden, aber im Herz,
da ist ein Grab.
6 Da bleibt nur Gott, dem ich vertraue, ich haue
mein Gebet zu ihm raus,
denn nur bei ihm finde ich Ruhe, er gibt mir Hoff-
nung hier im Haus.
7 Er ist mein Fels und auch mein Bunker, ich werde
stark sein und nicht
wanken.
8 Gott rettet mich und meine Ehre, er schützt, ich
will ihm dafür danken.
9 Hey, Leute, setzt auf Gott im Leben, schüttet euch
völlig aus vor ihm.
Bei Gott, da sind wir ganz zu Hause, zu ihm, da
können wir immer fliehen.
10 Das Leben des Menschen ist so schnell vorbei wie
eine gelöschte Datei,
egal, ob der ein feiner Pinkel ist oder auch ein billi-
ger Lakei,
jeder Mensch wiegt nur so viel wie sein Gewicht in
CO_2.
11 Verlasst euch nicht auf miese Sachen und auch
nicht auf Betrügerei,
und wenn ihr etwas Kohle erbt, dann hängt euch
nicht daran.
12 Gott hat schon oft zu mir gesagt: „Ich hab die
Macht, gerade dann!"
13 Du, Gott, alleine, du bist die Liebe und bist
gerecht. Das kann man sehen,
wenn du die Bösen krass bestrafst, und einen Guten
lässt du ziehen.

63 Ein Lied über das Bedürfnis, mit Gott zusammen zu sein

1 Diesen Reim hat David geschrieben, als
er in der Wüste Juda war.
Er hing dort rum, länger als nur einen einzigen Tag.
2 David sagt: Gott, du bist der Boss, nach dir such
ich!
Du fehlst mir so krass, wie das Wasser in der Wüste
fehlt.
3 Ich such nach dir, in deinem gigantischen Haus,
und ich hab beschlossen, ich geh da nicht eher
raus,
bis ich deine ganz krasse Art dort mal gesehen hab,
wie oberheftig du bist, das ist mir total klar.
4 Von dir geliebt zu sein ist mir mehr wert als das
Leben,
deshalb sag ich dir, weder irgendwo im Himmel
oder auf Erden
gibt es jemand, der größer und heftiger ist als du.
Das rappe ich dir jetzt, wer macht 'ne Beatbox dazu?
5 Ich bin dir ewig dankbar, und wenn ich mit dir rede
und mich dir mit meinen absolut leeren Händen
hingebe,
6 dann füllst du mich ab wie beim besten Festessen,
ich fühl mich satt, hab mich mit Liebe vollgefressen.
Denn du machst mich so happy, und ich geh voll
dabei ab,
deswegen schreib ich dir immer wieder einen neuen
Rap.
7 Wenn ich nachts nicht schlafe, muss ich über dich
nachdenken,
8 ich kann dir vor Freude immer wieder nur neue
Lieder schenken.
Du hast mir geholfen, mich mit deinen Flügeln
beschützt.
Deine große schützende Kraft jedem etwas nützt.
9 Ich will so nah bei dir sein, wie's nur irgendwie
geht,
du hältst mich ganz fest und hilfst mir, wo's gerade
fehlt.
10 Alle, die drauf warten, dass ich krepier und den
Löffel abgebe,
sollen selbst sehen, wie's ist, nicht mehr weiterzule-
ben.
11 Sie sollen alle verrecken, als Fraß für die Meute,
12 bei Gott bekomme ich als Präsident meine große
Freude.
Wer schwört auf deinen Namen, der kann sich „was
Besonderes" nennen,
aber die, die Lügen verbreiten, werden sich daran
das Maul verbrennen.

64 Gott als Freund

1 Für den Leiter der Band
ein Reim, ungehemmt.
2 Hilfe, Gott, hör mich, mir geht es beschissen,
meine Feinde sind übel, haben schon viele gerissen.
3 Sie sind schlimm wie die Mafia, ham sich gegen
mich verschworen,
sie planen den Aufstand, wolln' mir glatt an die
Ohren.
4 Ihre Worte sind schärfer als die schärfste Rasier-
klinge,
und mit ätzenden Sätzen verletzen sie Dinge.
5 Schleimig kommen sie aus dem Hinterhalt gekro-
chen
und schießen auf die Schuldlosen ununterbrochen.
Ohne Vorwarnung und Alarm schießen sie skrupel-
los,
6 reizen sich zu Bösem, wollen ganz famos
uns Fallen stellen, unsere Zechen prellen,
hämisch fragen: „Wer wird es schon mitkriegen, die
Dellen?"
7 Sie überlegen sich fiese Sachen
und protzen dabei: „Genial, wie wir's machen!"
Oberlink und fies ist ihr Herz,
8 doch jetzt schießt Gott und macht endlich Terz,
und er trifft sie genau, sie fangen an zu bluten.
9 Durch ihre eigenen Worte, die nicht absoluten,
kamen sie zu Fall, sie wollten nicht hören.
Wer sie am Boden liegen sieht, schlackert nur mit
den Ohren.
10 Alle haben Respekt, sagen: „So ist Gott drauf!
Er hat das getan, und er gibt niemals auf!"
11 Wenn du Gott treu bleibst, wirst du dich an ihm
freuen.
Du findest Schutz bei ihm, bei Gott, dem treuen.
12 Und jeder, der ehrlich und straight unterwegs ist,
wird stolz auf sich sein, weil du immer sein Freund
bist.

65 Du bist treu

1 Ein Lied von David:
2 Dem King of Kings kann man auf dem
Zionsberg begegnen.
Wenn man für ihn rockt, wird er einen segnen.
3 Du erhörst unsre Bitten,
erkennst die Schmerzen, die wir erlitten.
Deswegen kommen die Menschen zu dir, jeder
braucht dich hier.
4 Trotz Mist, der uns auf den Boden drückt,
trotz Untreue, die uns von dir wegrückt,

wirst du uns vergeben,
schenkst uns das wahre Leben.
5 Alle haben Glück, die du erwählt hast,
im allerderbsten Bereich machen sie nun Rast.
Dort in deinem Tempel stillst du die Sehnsucht,
mit dem Besten vom Besten ist von dort keiner auf der Flucht.
6 Wenn wir dich dringend brauchen, bist du uns treu,
lässt deine Muskeln spielen, ganz und gar nicht scheu.
Von Ost nach West, von Süd bis Nord
wissen die Leute: „You are the Lord!"
7 Mit deiner Kraft hast du die Berge gebracht,
alle sehen es, du hast die Macht!
8 Das Brausen des Meeres besänftigst du,
das Tosen der Wellen verstummt im Nu.
9 Genau, wie das Geschrei der Leute erlischt,
ja Mann, ich glaube, die hat's erwischt.
Überall jubeln sie und freuen sich über dich,
vor deinen Taten erschrecken sie sich.
10 Das ganze Land ist von dir umsorgt,
mit Fruchtbarkeit hast du es versorgt.
11 Du schenkst Wasser zuhauf, machst Flüsse zur Idylle,
so wächst das Getreide in Hülle und Fülle.
Auf das gepflügte Land lässt du es regnen,
Die Dürre tränkst du und wirst die Pflanzen zum Gedeihen segnen.
12 Die reiche Ernte ist die Jahreskrönung,
für alle die krasse Bereicherung.
13 Und anstatt vor Hitze zu glühen,
beginnt selbst die Steppe zu blühen.
14 Auf den Weiden ist jetzt full house,
alle Schafherden gehn dorthin raus.
Das Korn bedeckt den ganzen Hang,
und alles ist erfüllt von Jubel und Gesang!

66 Gottes Liebe ist da

1 Ein Rap
für den Bandleaderdepp,
auch zum Singen gedacht.
„Gott hat die ganze Welt gemacht!"
2 Geht ab auf Gottes Macht,
lobt ihn in seiner Pracht!
3 „Du hast die ganze Welt erdacht, wie gigantisch war das denn?
Da müssen alle Feinde sich vor Respekt verbeugen!"
4 Alle Völker der Erde werden zu dir beten, dir danken.
Werden dir Loblieder singen, erheben ihre Pranken.
5 Seht euch das an, was Gott Geiles mit uns gemacht hat!
Gigantisch ist das, kein Mensch hat in der Tat
6 so wie er das Meer geteilt, ließ seine Leute trocken durchgehen.
Wir haben uns voll über Gott gefreut, das konnte jeder sehen.
7 Er hat die Macht, und er hat das Sagen,
und das für immer, das will ich hier ansagen.
Er sieht einfach alles, ihm entgeht schlichtweg nichts.
Wer kann sich gegen ihn erheben, der ist doch nur ein kleines Licht?
8 Lobt unseren Gott, ich mein jetzt jede Nation,
und macht das voll laut, jeder weiß von seinem Ruhm.
9 Du erhältst uns am Leben und du passt auf uns auf.
10 Du hast uns abgecheckt und du reinigst uns auch!
Damit wir so sauber werden wie das Silber auf Erden,
das gereinigt wurde in dem Ofen mit den Scherben.
11 Wir waren wie im Knast, hatten Lasten zu tragen,
es ging uns voll schlecht, konnten es kaum ertragen.
12 Du hast andere Menschen auf uns rumtrampeln lassen,
wir wurden geprüft, doch wir hatten noch alle Tassen
im Schrank, und so hast du uns, Gott sei Dank,
dort auch rausgeholt und dann fett beschenkt,
uns mit Freude geölt, alles wieder eingerenkt.
13 Ich will dir jetzt geben, was ich dir hab versprochen,
will dort in dein heftiges Krassestes kommen,
14 wie ich damals geschworen hab, mitten in meiner Krise,
15 will dir die Opfer bringen, was Krasses singen.
Diese Brise
soll zu dir aufsteigen wie der Duft einer Rose.
16 Hört mir mal alle zu! Ich mein nicht die Mimose,
sondern alle, die fett Respekt für Gott zeigen,
ich will euch mal die Wahrheit vorgeigen,
was er mit mir getan hat, davon will ich erzählen.
17 Als ich total am Ende war, ich war mich voll am Quälen,
da wusste etwas in mir drin, Gott ist da, ich kann auf ihn zählen.
Darum dankte ich meinem Gott, das muss ich hier mal erwähnen.

18 Wäre ich link drauf, hätte miese Gefühle im
Bauch,
würde Gott nie was für mich reißen, das weiß ich
doch auch.
19 Aber er hat es getan, hat meine Gebete gehört.
20 Darum danke ich ihm, weil er mich nicht nur
betört,
nein, er nimmt mich ernst, er erhört meine Bitten,
seine Liebe bleibt da, das ist ganz unbestritten.

67 Gott danken

1 Ein Top-Ten-Hit, ein Ritt mit Gitarrenriffs.
2 Gott, bitte geh liebevoll mit uns um,
lass dein Liebeslicht leuchten über uns.
3 Dann wird man überall erkennen deine Führungs-
kunst.
Alle Menschen werden sehen, verstehen, du willst
retten.
4 Die Menschen sollen dir danken, für dich steppen.
5 Jeder, der lebt, soll unentwegt jubeln und sich
freuen,
weil du gerecht bist, richtest die Fiesen und die
Treuen.
6 Danke sagt dir jede Nation, ungelogen. Alle prei-
sen dich
7 für die Ernte, und du sorgst für einen voll fetten
Tisch.
8 Du hilfst uns, die anderen Nationen werden dich
nicht verhöhnen.
Sie werden ab sofort immer mit viel Respekt bei dir
wohnen.

68 Gott ist der Meister aller Klassen

1 Dies ist ein Lied von David, zum Rappen
geschrieben.
2 Gott steht auf, macht dich grade, dann werden
sieben
deiner Feinde und Freunde, die dich hassen, fliehen.
3 Werden sich verziehen, wie die Wolken am Him-
mel verfliegen.
Sie werden ganz auseinandergetrieben,
wie Wachs im Feuer langsam zerschmilzt,
werden die Leute, die ohne dich leben, in deiner
Nähe zerfilzt.
4 Aber die dir treu sind, immer tun, was du willst,
gehen ab vor Jubel, Freude aus ihrem Herzen raus-
quillt.
5 Rappt für den Gott, macht Beats für seinen
Namen,
macht Bahn dem, der durch die Wüste schrubbt,
sich als Chef entpuppt. Amen.
Freut euch, wenn er auftaucht. Besingt ihn im Solo,
denn er fliegt im Universum schneller als Han Solo.
6 Er vertritt alle Witwen, ist der Vater der Waisen,
zu seiner heftigen Wohnung, da kann jeder hinrei-
sen.
7 Bei Gott kannst du sein, wenn du einsam bist,
wenn du im Knast sitzt, er innere Freiheit gibt, nie-
mals disst.
Wem aber die Sachen, die Gott sagt, egal sind,
der wird verdursten, ohne Leben und Sinn.
8 Gott, als du vor dem Volk durch die Wüste gingst,
9 bebte rechts die Erde, und es regnete links.
Dort, wo du dich gezeigt hast, am Berg Sinai,
10 da drehst du den Hahn auf, lässt es regnen wie nie.
So wurde sogar die trockne Erde wieder fruchtbar
und schön.
Dieses Land war das Erbe, kann man heute noch
sehn.
11 Deine Leute haben sich da dann niedergelassen,
ein Zuhause für die Obdachlosen. Du bist gut,
kann's kaum fassen.
12 Und Gott machte die Ansage, und die Frauen
sagen's weiter,
ja, wir haben gesiegt, wir sind fröhlich und heiter.
13 Die anderen Machthaber sind alle auf der Flucht,
wir verteilen die Beute, viel Geld wird abgebucht.
14 Wenn wir uns die Zahlen ansehen, ist's wie ein
Lottogewinn,
wie ein Scheck mit vielen Nullen, tausend Liter Ben-
zin.
Was hält euch auf den Stühlen? Warum geht ihr
nicht ab?
15 Gott jagt unsere Feinde, bringt sie völlig auf Trab!
Er bedeckt unsern Garten mit der Beute von Geg-
nern.
Wie der Schnee im Winter alles zudeckt am Berg-
hang.
16 Dieser Berg von dem Gott ist ein Berg mit vielen
Hügeln.
17 Warum schaut ihr so neidisch auf den Zionsberg
da drüben?
Den hat Gott sich erwählt, ja, nur da will er wohnen.
18 Und die Panzer Gottes? Er wird über sie thronen.
Er regiert übers Heer der Soldaten des Kosmos,
und vom Sinai aus zieht er ein in sein Schloss.
19 Du hast es gepackt, bist der Champ aller Zeiten,
hast gefangen genommen die stärksten Gewalten.
Auch die härtesten Feinde mussten sich unterwer-
fen.

20 Du bist der Größte! Schickst die weg, die uns nerven!
Und du trägst unsre Lasten, Gott, du bist unsere Rettung.
21 Sind wir mal in der Not, finden wir bei dir Deckung.
Selbst in Todesängsten bist du da und passt auf.
22 Doch die Feinde bekommen von dir einen drauf.
Du plättest die Köpfe derer, die noch rumzecken.
23 Gott sagte zu ihnen: „Braucht euch nicht zu verstecken,
egal, wo ihr seid, ich finde euch doch,
ob auf der Zugspitze oder im tiefsten Loch.
24 Ihr müsst euch verantworten für das Blut, was ihr vergossen,
eure Hunde werden sich an dem Blut noch verkosten."
25 Gott, alle werden es sehen, wenn du siegreich dort einziehst,
in dein Heiligtum gehst, wenn der Chef das durchzieht.
26 Die Sänger gehen vor, dicht gefolgt von Gitarren,
und die Bassdrum wird getreten, begleitet von Knarren.
27 „Sagt Gott danke, klatscht ihm laut,
eine ganze Westkurve, geboren von der Braut,
die man eben auch Israel nennen könnte."
28 Und dann kommt Stamm Benjamin, geht als Letztes in Rente.
Dahinter von Juda die Chefetage,
begleitet von seiner gesamten Bagage.
Am Ende kommen dann noch Sebulon
und die Chefs von Naftali, seht mal da vorn!
29 Gott, zeig, was du draufhast, mach es wie früher!
30 Dein Tempel ragt über die ganze Stadt drüber.
Präsidenten werden dir Sachen schenken.
31 Verwarn Ägypten, die ganz miese Geschäfte lenken!
Tritt denen entgegen, die nur Kohle haben wollen,
die nach Dollars schielen, die den Krieg noch bezollen.
32 Aus Ägypten und Äthiopien wird man Hände sehen,
die sich nach Gott ausstrecken, Dinge von ihm erflehen.
33 Schreibt Texte für Gott, rappt zu seiner Ehre,
das gilt allen Leuten, die ihn kenn' auf der Erde.
34 Er surfte auf den Wolken, die er immer schon föhnt.
Hört ihr seine Stimme, wie sie überall dröhnt?
35 Gebt Gott alle Power, er soll alles lenken.
Seine Macht ist grenzenlos, übersteigt unser Denken.
36 Die Menschen kriegen Panik und geraten ins Staunen,
wenn Gott wirklich auftaucht, dann bleibt nur ein Raunen.
Der Gott Israels gibt uns Stärke und Kraft,
wir danken dir Gott, danke für deine Macht!

69 Ich werde bedroht

1 Dieses Lied ist von David, nach der Tune von „Die Lilie".
2 Gott, hilf mir jetzt, das Wasser geht mir bis zur Kehle!
3 Ich versinke im Siff,
wo kein Boden mehr is,
bin in den Schlamm geraten,
ich versinke in Raten.
4 Ich hab geschrien und geweint,
meine Stimmbänder sind verschleimt,
meine Augen total verweint,
wir sind nicht mehr vereint!
Zu lange warte ich jetzt schon auf dich.
5 So viele Leute, Gott, hassen mich,
und das ganz ohne Grund.
Ich hab Feinde wie Flöhe ein Straßenhund.
Und der Gegner ist stark, sind alle voll mächtig.
Sie sind mordverdächtig, das ist echt heftig.
Die wollen mich töten,
und sie fordern von mir Kröten,
treiben angeblich Schulden von mir ein.
Doch ich hab bei denen keinen Schuldschein,
6 bin nicht mehr allein. Gott, du weißt, wie blöd ich oft bin.
Und meine Fehler keine Geheimnisse für dich sind.
7 Du hast das Sagen über die Armee aus'm Himmel,
und du bist der Chef über ganz Israel.
Gott, bring mich nicht in eine peinliche Situation,
denn sonst werden bald schon alle denken: „Das ist voll der Hohn."
Deine Leute werden verzweifelt sein, wären voll entmutigt.
8 Sie machen Witze, lachen sich schlapp über mich,
weil ich zu dir gehöre, darum lachen sie mich aus.
9 Selbst meine Geschwister kennen mich nicht mehr im Haus,
auch mein Onkel, meine Tante und selbst meine Oma
behandeln mich wie Luft, so als wär ich im Wachkoma.

10 Ich geh ab, ja, für den Tempel, das ist total mein
Ding.
Wenn Menschen dich beleidigen, das krieg ich voll
nicht hin.
11 Ich weine wie ein Kind über den Zustand deines
Tempels,
ich faste wie Hempel, und jetzt machen sie mich
zum Depp, ey.
12 Als ich mir wegen dir einfache Klamotten anzog,
da waren sie am Lästern, das war wohl nicht mehr
in Mode.
13 Auf dem Schulhof lästern sie ab wie verrückt,
und in der Kneipe am Tisch krieg ich Verarsche am
Stück.
14 Aber ich bete zu dir, du allein bist mein Gott,
und die Zeit ist jetzt da, wo du mir hilfst aus der Not.
Du bist ja nicht tot, ich kann mich auf dich verlas-
sen.
15 Hol mich hier raus, übernimm du meine Lasten.
Rette mich vor diesen Freaks, die mich hassen und
dissen.
Zieh mich hier raus aus den tödlichen Flüssen.
16 Sonst ersaufe ich bald, es zieht mich unter Was-
ser,
ich ersticke im Schlamm, komm, jetzt hilf mir, mein
Herr.
17 Hör auf meine Gebete, deine Liebe tröstet mich,
wende dich mir zu, denn du bist doch herzig.
18 Hör auf mit dem Versteckspiel, ich gehör doch zu
dir!
Ich weiß keinen Ausweg, darum antworte mir.
19 Nicht erst um vier, sondern jetzt, damit meine
Feinde nicht gewinnen.
20 Du weißt doch, wie das ist, wenn sie am Ablachen
sind.
Ich bin dein Kind, und du kennst jeden, der mich
bedrängt.
Du kennst das, weißt, wie so was immer anfängt.
21 Das ist so voll peinlich, ich sterbe fast vor Scham.
Ich hoffte auf Mitleid, aber alles, was da kam,
war das Gegenteil von Trost, ich konnte niemanden
finden,
der mir half, meine Herzenswunden zu verbinden.
22 Sie mischten mir Zyankali in meinen Salat
und gaben mir Essig anstatt Fruchtsaftkonzentrat.
23 Wenn sie feiern, soll es ihre Falle werden,
stürz sie ins Verderben, sie sollen alle dran sterben.
24 Blende ihre Augen, dass sie nichts mehr sehen,
als total Blinde durch das Leben gehen.
Hau ihnen auf die Hüften, damit sie humpeln müs-
sen.
25 Schütte deinen Ärger über sie aus, fang an, sie zu
dissen.
26 Ihre Wohnung wird zerschlissen, da soll niemand
mehr pennen.
27 Denn sie rennen hinter Leuten her, die deinen
Namen kennen,
und diese Leute wurden von dir schon mal hart
getroffen,
sie lästern gern, sind von den Problemen anderer
fast besoffen.
28 Lass sie abgehen in ihren Mist und vergib ihnen
nichts!
29 Lösch ihre Datei aus dem Ordner des Lichts,
vernichte ihre Namen von der Liste der Guten!
30 Mir geht es so schlecht, Gott, hab voll Herz-
schmerzbluten.
Hilf mir, Gott, bring mich in Sicherheit,
31 dann will ich auch im Streit bringen dir Dankbar-
keit.
Ich will Lieder für dich singen,
32 dich nicht nur ehren mit Dingen,
Kohle, Geschenke, Opfer und so was,
daran hast du vermutlich überhaupt keinen Spaß.
33 Wenn die fertigen Leute das dann sehen,
werden sie abgehen, weil sie deine Liebe verstehen.
34 Gott hört auf die Armen, die kaputten Leute,
die Süchtigen liebt er, mit Problemen von heute.
35 Das Universum und die Erde sollen Gott voll
loben,
auch die Meere sollten sich im Loben austoben.
36 Denn Gott wird den Berg Zion einfach retten
und Judas Städte aufbauen, ihre Häuser und Betten.
37 Und die Kinder seiner Kinder werden alles mal
erben,
unser Gott wird niemals sterben, er ist der derbste
der Derben.
Alle, die ihn über alles lieben, wird man niemals
besiegen,
die kann man dort niemals ganz und richtig weg-
kriegen.

70 Gott, hilf mir!

1 Ein Hit
von David,
beim Essensopfer zu bringen,
natürlich auch zum Singen.
2 Gott, ich bitte dich,
komm und rette mich.
Mach dich auf die Socken,
fang an, meine Feinde zu schocken.

3 Wer mir mein Leben nehmen will,
dem soll gar nichts gelingen.
Vor allen Leuten, während ich chill,
soll ihm das Schande bringen.
Wer sich über mein Unglück lustig macht
und über mein Pech hämisch lacht,
bitte, Gott, mach den platt.
Jag ihn davon in 'ne andre Stadt.
4 Jeder, der schadenfroh lästert,
über mein' Schaden ganz begeistert,
belädt sich die Schultern selbst mit Dreck
und schleicht ganz kleinlaut weg vom Fleck.
5 Aber alle, die an deiner Seite stehn
und dich als ihren Retter sehn,
knien sich vor Freude nieder,
jubeln und singen dir Lieder.
„Gott ist groß!",
rufen sie immer wieder.
6 Ich bin völlig hilflos,
bin grad beim Fallen, so wie Dominos.
Bin total auf dich angewiesen, Herr,
ohne dich läuft hier alles so schwer.
Trage mich, erbarme dich,
sorge für mich und sei mir behilflich.
Denn du bist mein Versorger, mein Befreier,
doch ich versinke im Nebelschleier.
Komm rasch zu mir, befreie mich,
alleine pack ich's nich!
Mein Gott, zögere nicht länger,
ich bin doch dein Sänger!

71

Faltig und ohne Bodyguard?

1 Gott, ich suche Schutz bei dir,
lass nicht zu, dass ich mein Leben verlier.
Meine Feinde wollen mich völlig zerstörn,
hilf mir, du musst mich endlich erhörn.
Verhindere, dass meine Feinde mich killen,
wenn's so weitergeht, kann ich nie wieder chillen.
2 Gott, mein Chef, du bist gerecht,
drum hilf mir und schütz mich im Gefecht.
Hilf mir doch, erhöre mein Gebet,
rette mich, sonst ist es zu spät!
3 Schenke mir Geborgenheit,
zu dir kommen können will ich jederzeit.
In deinen Tempel nach dem Fight,
meine erste Anlaufstelle weit und breit.
Mich zu retten ist doch dein Beschluss,
dann rette mich aus dem reißenden Fluss.
Du bietest mir Schutz in deinem Bunker
und liebst mich so, als wär ich ein Klunker.
4 Gott, die Leute, die dich nicht schnallen,
halten mich gefangen in ihren Fallen.
Sie schrecken vor keiner Gewalttat zurück,
gehen gegen mich vor jeden Tag, Stück für Stück.
Rette du mich aus ihren Klauen.
5 Dir will ich vertrauen, immer auf dich bauen.
Bist meine Hoffnung, Gott, immer mehr,
ohne dich wäre ich so leer.
Schon immer, seit ich laufen kann,
vertraue ich dir, ich bin dein Mann!
6 Ja, seitdem ich das Licht der Welt erblickte,
hast du mich gehalten, wenn ich einknickte.
Wie der Stiel die Blüte hält,
bist du bei einem, wenn man fällt.
Vom ersten Tag an hast du mich versorgt,
mir immer deine Liebe geborgt.
Und jetzt will ich dich loben mein Leben lang,
dich ehren, dir danken, mit Jubel und Gesang!
7 Viele sahen meine Not und mein Leiden
und dachten, Gott wird mich für immer meiden.
Doch du hast dich als Beschützer gezeigt,
machtvoll, stark, nicht wie Cola light.
Denn du stehst nicht auf fettarm und Diät,
wenn's um die Errettung deiner Schöpfung geht.
8 Deswegen bist du meine Nummer eins,
dich zu loben ist der Grund meines ganzen
Daseins.
Tag für Tag will ich dich preisen
mit allen möglichen Lebensweisen.
9 Jetzt, da ich alt bin und Faltencreme brauch,
mich meine Kräfte verlassen und auch mein
Lebenshauch:
Verlass du mich nicht, sondern bleib bei mir,
verstoß du mich nicht, mir geht's nur gut bei dir.
10 Meine Feinde treffen sich schon zusamm',
ich bin hilflos wie ein gefallenes Lamm.
Sie wollen wieder an mich ran,
planen einen Anschlag, bald greifen sie an.
11 Sie sagen: „Gott ist nicht mehr bei ihm geblieben,
keiner schützt ihn jetzt mehr vor unseren Hieben.
Nun ist der beste Zeitpunkt, Leute.
Auf ihn, packt ihn, die ganze Meute."
12 Gott, warum bist du so weit weg?
Ich verzweifle hier in meinem Dreck.
Komm doch, schnell, ich brauche dich.
Bitte lass mich jetzt nicht im Stich!
13 Sie wollen mich ins Unglück stürzen,
mit jedem Mittel mein Leben verkürzen.
Nichts lassen sie unversucht,
sehen mich schon tot, haben mich verflucht.
Bitte, Chef, lass ihnen nichts gelingen,

befreie mich aus diesen Todesschlingen.
Ich hab keine Kraft, um mein Leben zu ringen.
Aber du kannst sie zu Boden zwingen.
14 Meine Hoffnung auf dich stirbt zuletzt,
ich will für dich rocken, dass es fetzt.
Immer mehr, immer länger,
für immer bin ich dein „Dankliedsänger".
15 Auf diese Aussage mach ich den Lauten,
alle, die beharrlich auf dich bauten,
wissen genau, auf dich ist Verlass,
du errettest Mengen ohne Hass ‚en masse'.
Ich will erzählen, wie du aus der Not befreist,
du tust viel mehr als jeder erfundene Schutzgeist.
16 Deine machtvollen Taten sind die besten,
das werd ich jedem eintrichtern,
allen Dichtern, allen Gesichtern,
auch den Hochzeitsgästen auf allen Festen.
Du hältst Wort, gehst nicht hinfort,
bei dir ist der Heilort, du heilst sofort.
Das allein werde ich allen verchecken,
auf der ganzen Welt, an allen Ecken.
17 Von dir habe ich alles gelernt,
schon als ich ein Teen war, hast du dich nicht von mir entfernt.
Seit damals bis heute, von diesen Ausgangsdaten,
erzähle ich allen von deinen Wundertaten.
18 O Gott, lass mich jetzt bloß nicht im Stich,
ich bin alt, grau und bitte dich ausdrücklich:
Gib mir noch so viele Lebenstage,
dass meine Kinder und Enkel deine Ansage
in meinem Leben noch von mir erfahren,
deine mächtigen Taten in all den Jahren.
19 Deine Treue geht bis zum Mond und zurück,
du gibst uns den ganzen Kuchen, nicht nur ein kleines Stück.
Gibt es jemand, der so cool ist wie du?
Niemand, mein Gott, so „I really love you!".
20 Not und Leiden hast du mir zwar nicht erspart,
aber mich vor dem sicheren Tod bewahrt!
21 Du schenkst mir mehr Ansehen als je zuvor
und gibst mir mehr Kraft als jeder Atomreaktor.
Du ehrst mich, hebst mich von der Gesellschaft empor,
das tröstet mich mehr als jeder Seelendoktor.
22 Drum schließ ich die Gitarre am Verstärker an
und danke dir für deinen genialen Plan.
Mit dem E-Bass lob ich die Treue
des heiligen Gottes Israels, weil ich mich so freue.
23 Ich singe und springe vor lauter Freude,
während ich keine einzige Sekunde dabei vergeude,
dich zu loben ohne Rast,
weil du mich mal wieder gerettet hast.
24 Du hast wirklich Wort gehalten,
mit Liebe mich immer aufrechterhalten.
Meine Feinde haben es nicht geschafft,
und nun sind sie dahingerafft!

72 Ganz besonderer Rap Nr. 72

1 Gott, verleih dem Präsident dein Richteramt!
Rechtmäßig erbte er den mächtigen Stand.
2 Sein Regiment bringe Gerechtigkeit
und helfe dem sozial Schwachen wie dem Rest des Volks!
3 Frieden soll hochragen wie Berge und Hügel,
4 Kaputte sollen Hilfe erfahren mit Kind und Kegel.
Die fiesen Herrscher hingegen sollen ins Gras beißen.
5 Dieser Präsident soll das volle Alter erreichen!
Ja! Er soll so lange leben wie Sonne und Mond
6 und sei den Leuten gleichgestellt wie in einem Boot!
Er sei für sie so wie Wasser für den Rasen.
7 In seinen Tagen haben Gerechte gute Karten.
Solange der Mond scheint, wird Frieden bestehn.
8 Seine Macht soll sich über die Meere ausdehnen
und von diesem Fluss bis an die Enden der Erde reichen!
9 Die Bewohner der Wüste sollen sich vor ihm verneigen!
Die, die Feindschaft zeigen und den Mittelfinger strecken,
sollen den Staub zu seinen Füßen lecken!
10 Die Präsidenten aus Tarschisch und den entferntesten Inseln
sollen ihm hervorragende Geschenke bringen!
Die Präsidenten aus Seba und Saba
stehen hinter ihm als beste Partner.
11 Alle Völker sollen ihm verpflichtet sein
und ihre Präsidenten vor ihm niederfallen.
12 Denn er wird Arme retten, die um Hilfe schreien,
Fertige und Schwache lässt er nicht allein.
13 Er weint über sie und hat Erbarmen.
Er rettet ihr Leben und das der Armen.
14 Er wird Fertige aus Gewalt erlösen,
denn so wertvoll wie ihr Leben ist ihm kein Vermögen.
15 Gold von Saba wird man ihm geben. Er soll leben!
Den ganzen Tag soll man ihn segnen, viel für ihn beten.
16 Getreide ohne Ende und ertragreiche Ernten

soll es geben im Land und in den höchsten Bergen.
Früchte sollen gedeihen wie im Libanon,
und so wie die Grashalme auf der Wiese kommen.
17 Die Macht des Präsidenten soll immerfort beste-
hen,
um ihn soll sich alles wie um die Sonne drehen.
In seinem Namen wird man sich Gutes wünschen;
durch ihn werden alle Völker Hoffnung finden.
18 Danke an den krassesten Gott, den Gott von
Israel,
den Einzigen, bei dem es nicht an Wundern fehlt.
19 Danke sagen wir ihm für alle Zeit in jedem Format,
die ganze Erde fülle sich mit seiner krassen Art.
Jawohl, da war jetzt nicht nur Vibration,
20 das waren Gebete von David, Isais Sohn.

73 Ganz besonderer Rap Nr. 73

1 Check das! Gott ist gut zu Israel.
Ich mein zu den Leuten, die er zu sich
zählt.
2 Doch eine Sache hätt mich beinah verwirrt.
Genauso wie ein Irrer, der den Verstand verliert.
3 Ich hab Menschen, denen Gott egal ist, beneidet.
4 Denn ich sah, dass ihr Leben qual- und sorgenfrei
ist.
Sie sind gesund und stark noch dazu.
5 Trotz ihrer miesen Art geht es ihnen ganz gut.
6 Arroganz umgibt sie wie Schmuck den Hals.
Das Hemd, das sie tragen, ist Grausamkeit.
7 Sie tun, was sie wollen, und triefen vor Fett,
8 hängen den Macho raus und lästern ohne Respekt.
9 Sie reden schlecht, meinen, sie wären Gott persön-
lich,
und freuen sich, dass ihr Geschwafel überall zu
hören ist.
10 Somit schaffen sie es, das Volk mitzureißen,
denn es fährt auf ihren Stil ab wie heiße Reifen.
11 Sie glauben nicht an Gott, doch das ist, was sie
sagen:
„Wie sollte Gott 'ne Peilung davon haben?
Checkt der da oben denn überhaupt, was abgeht?"
12 Mühe und Stress haben sie noch nie erlebt.
Trotzdem vermehrt sich ihre Kohle wie von selbst.
13 Schon seit ich denken kann, war ich ein treuer
Mensch.
Ich war immer korrekt und so sauber wie ein Schaf,
doch ich hab das Gefühl, das war alles für'n Arsch!
Ich dachte an Unrecht nicht mal im Schlaf,
14 doch den ganzen Tag werde ich vom Schicksal
geplagt.
'ne fette Reihe Sorgen ist jeden Morgen da.
15 Doch Worte dieser Art hätte ich an keinem Ort
gesagt.
Denn mit solchen Dingen kann man sich's leicht
vergeigen.
Ich will ja nicht eigene Leute in die Scheiße reiten.
16 Ich hab sehr viel drüber nachgedacht,
doch es hat mich nur um meinen Schlaf gebracht.
17 Irgendwann kam ich dann in Gottes Gelände
und dachte dort nach über ihr Lebensende.
18 Du stellst sie auf einen superdünnen Ast
und lässt sie im Dunkeln tappen – nicht nur in der
Nacht.
19 In einem Augenblick sind die Schall und Rauch.
Sie sterben mit Schrecken und Angst im Bauch.
20 Wie einen Traum, der nach dem Aufstehen Luft
ist,
so verachtest du, Chef, ihren Umriss.
21 Ich hab mich erwischt, als ich im Zorn war
und mein schlechtes Gewissen mich aufs Korn
nahm.
22 Meine Güte! Was ging denn ab mit mir?
Ich hab mich vor dir aufgeführt wie ein Tier.
23 Ich bleibe trotz alledem bei dir.
Du hältst mich fest, so kann mir nichts passieren.
24 Du zeigst mir den Weg, denn du kennst dich aus
und nimmst mich einmal in dein krasses Land auf.
25 Wen habe ich außer dir im Überirdischen?
Die Sachen auf der Erde sind so unbefriedigend.
26 Selbst wenn der Tod mir mein Leben entreißt:
Gott ist mein Trost, und er bleibt in Ewigkeit.
27 Die werden draufgehen, sich von dir entfernen.
Du machst die mundtot, die dein Ding verwerfen.
28 Ich komm aber näher zu dir, und das ist gut für
mich.
Du bist mein ganzes Glück und meine Zuversicht.
Ich will es jedem erzählen, der mich fragt,
was für Versprechen du uns gegeben hast.

74 Gott, dein Haus ist nur noch Schrott

1 Mal was zum Nachdenken, von Asaf
geschrieben:
Gott, wo bist du jetzt nur, wo bist du bloß geblie-
ben?
Hast du kein' Bock mehr auf uns, bist du sauer auf
deine Leute?
Wir gehören doch zu dir, wie das Gestern zum
Heute!
2 Bitte denke doch an uns und dass wir noch dein
Volk sind,

schon vor Ewigkeiten hast du uns geboren als dein Kind.
Hast uns rausgeholt aus dem Knast dieser Welt,
hast uns ganz adoptiert, uns als Erben erwählt.
Denke an den Berg Zion, auf dem du mal gewohnt hast,
3 und komm rüber zu dem, was dort liegt im Morast,
was vergammelt und stinkt, haben deine Feinde verwurstet,
den ganzen heiligen Ort einfach umgebürstet.
4 Sie machen den Lauten mitten in deiner Kirche,
hängen ihre Fahnen dort auf, schlagen dort ihre Furche.
5 Überall kann man sehen, wie sie mit Bulldozern kommen.
6 Sie machen alles platt, hauen wech, was die Frommen
7 in ihren Kirchen alles so aufbewahrt haben.
Schmeißen Mollis auf den Ort, wo wir dir Geschenke gaben.
8 Sie wollten uns einfach vernichtend schlagen,
überall haben sie deine Wohnung zugegraben.
9 Man hat das Gefühl, du bist nicht mehr am Start,
und auch die Propheten stehen nicht mehr parat.
Und keiner von uns weiß, wann das zu Ende ist,
10 wann du endlich kommst und uns erlöst von dem Mist.
Willst du denn wirklich, dass die Feinde über dich lachen,
dass sie Späße machen?
11 Willst du nicht endlich erwachen?
Jetzt mach mal los und zeig denen, was du draufhast.
12 Du, mein Gott, bist der Meister, und du hast nicht nur fast,
nein, ganz und vollständig uns immer gerettet,
13 hast das Meer zerteilt und die Monster geplättet.
14 Ja, selbst die fiesesten Viecher hast du abgeschlachtet,
kriegt der Pitbull zum Mittag, hast die alle entmachtet.
15 Ob das Wasser aus der Quelle oder den Sprudel am Rhein,
die hast du mal gemacht, ohne dich würden die nicht sein.
Aber du kannst auch jede große Quelle verschließen.
16 Selbst die Nacht gehört dir. Die Planeten umfließen
die Erde nach einer Bahn, wie mit einem Schiff.
17 Alle Grenzen auf der Erde tragen deine Handschrift.
18 Gott, vergiss nicht, wie dich deine Feinde missbrauchen,
wie sie Witze über dich machen, deinen Namen in der Pfeife rauchen.
19 Bitte liefere uns an dieses Pack nicht aus,
du weißt, wir sind zu laff, sind die Schwachmaten im Haus.
20 Vergiss nicht die Verträge, die noch zwischen uns stehen,
egal, wo wir gehen, können wir grad nur Feinde sehen.
21 Lass die Leute, die ganz unten sind, nicht mehr alleine sein,
hilf den Schwachen jetzt auf, sie werden dir 'nen Orden verleihen.
22 Steh auf, Gott, und ziehe gegen deine Feinde vors Gericht.
Die ganzen Beknackten sollen zahlen, oder etwa nicht?
23 Vergiss nicht, wo Leute den Lauten machten.
Gott, da bitte ich dich, lass dich nicht länger verachten.

75 Einfach mal die Fresse halten!

1 Dieser Psalm wurde wieder vom Asaf gewonnen,
und die Töne hat er von diesem Lied entnommen,
wo es dadrum geht, dass wir nicht ganz kaputt sind.
2 Gott, wir danken dir hier, du bist Vater, wir Kind.
Und du bist uns ganz nahe, wir erzählen von deinen Taten,
wir schwärmen von dir, werden denen deine Wunder verbraten.
3 Gott machte die Ansage: „Wann es passt, werde ich richten!
Doch ich bin nur gerecht, werde nicht grundlos vernichten.
4 Die Welt kann wackeln und schwanken die Erde,
aber ich stehe fest, und mich bringen nicht mal zehn Pferde
dazu, ihr Fundament nur ein Stück zu verrücken."
5 Darum sag ich zu den Horsts, den Prolls, den Verrückten:
Jetzt haltet die Fresse! Alle, die gegen mich sind,
bläht euch nicht fett auf, sonst komm ich wie ein Sturmwind.
6 Hört auf, die ganze Zeit den Lauten zu machen,

passt auf, ihr stolzen Affen, sonst wird es bald kra-
chen.
7 Denn die wirklichen Stars werden nicht von Men-
schen gemacht,
ganz egal, wer das ist, da hat Gott nur gelacht.
8 Nur unser Gott allein ist der Chef hier im Saal,
und den einen bringt er hoch und den andern zu
Fall.
9 Gott hat 'ne Tüte in der Hand, an der müssen die
ziehen.
Da sind Holzteile drin und so Filter zum Drehen.
Von dem bitteren Zeug kriegst du nur voll das Kot-
zen,
und es schmeckt einfach eklig, kannst du nur noch
ausrotzen.
Er schenkt aus und lädt ein, jeder trinkt seinen Wein.
Und wer Gott immer disst, wird bald am Ende sein.
Ja, auch der muss den bittersten Tropfen dann trin-
ken.
10 Aber ich will in Liedern Gottes Liebe verkünden.
11 Gott wird die Gewalt aller Spinner beenden,
doch die Treuen wird er am Ende beschenken.
Mit Einfluss und Macht, mit Gerechtigkeit,
das bekommt nur der, wer sich über Gott freut.

76 An Gott kommt keiner ran

1 Dieser Song wird heftig und mit Beat
gespielt,
2 für unseren Gott, den jeder kennt in unserer klei-
nen Welt.
Nicht nur in Israel kennt jeder seinen Namen,
und wenn wir zu ihm beten, sagen wir oft „Amen".
3 In der City bauten wir Gott mal 'ne Hütte,
in Zion wohnte er direkt in unserer Mitte.
4 Von dort zerstörte er die Waffenarsenale,
Kanonen, Panzer, Kriegsgeräte, alle Male.
5 Du bist genialer und so viel krasser
als diese ganzen Tausendsassas,
die aus den Ghettos kommen und plündern,
das Essen rauben von den Mündern.
6 Gestern, da waren sie noch ganz oben,
prollig am Start und abgehoben.
Doch jetzt, da hat man sie entwaffnet,
kaltgemacht und abgezeichnet,
sie werden nie mehr zur Waffe greifen,
man findet sie nur noch in Streifen.
7 Du hast nur einmal laut gesprochen,
dann haben sie vor Angst gebrochen.
8 Gott, du bist heftig, wer kann's wagen,
auch nur 'nen Pieps gegen dich zu sagen?
9 Wenn du nur anfängst, mit uns zu reden,
dann fängt hier alles an zu beben.
Wenn du begonnen hast zu richten,
dann ist's vorbei auch mit dem Dichten.
10 Als du begonnen hast mit 'm Gericht,
und dann begannst, mitten im Licht,
all die Kaputten aufzusammeln
und denen zu helfen, die nur stammeln,
die nix mehr sagen können vor Schmerzen,
du fingst sie dann mal an zu herzen.
11 Selbst wenn Menschen voll ablästern
und dich mit Sprüchen nur zupflastern,
dann kommst am Ende du groß raus,
du bist der Größte hier im Haus,
12 Hey, Leute, macht mit Gott Verträge,
haltet sie ein, vermeidet Wege,
die euch in die falsche Richtung lenken.
Wir alle sollten ihm was schenken,
denn er ist groß, ihm kann man danken.
13 Er weist den Stolzen in die Schranken,
er zwingt die Macher in die Knie,
Regierungen auf die Mülldeponie.
Wer Herrscher ist, ab jetzt bedenkt,
dass Gott für ihn das Schicksal lenkt.

77 Gott steht zu uns, hat man ja gesehen

1 Was für den Bandleader, den Jedutun, ein
Beat mit Tune.
2 Ich rufe Gott, ich schrei zu ihm, er soll endlich was
tun.
3 Ich schieb die Panik und seh gar nicht mehr die
Lösung.
Ich bete ohne Ende, strecke die Hände aus zu ihm.
Und
4 wenn ich an Gott denke, fang ich gleich an zu heu-
len,
ich mach mir den Kopf über mein Leben, krieg dicke
Augen.
5 Kann nicht mehr pennen, weil du mich wach hältst
in meinem Haus,
bin wie auf Speed, zum Unterschied, krieg kein
Wort raus.
6 Ich denke an die alte Zeit, an die Jahre, die lange
vorbei sind.
7 Ich grübel wie blöd, führ nachts Selbstgespräche
wie ein Kind.
8 Hat Gott uns denn jetzt für immer und ewig
gedisst?
Wird er nie mehr zu uns freundlich sein, das hab ich
so vermisst.

9 Ist sein Liebestank für uns am Ende, alle und leer?
Gelten die Zusagen und Versprechen für uns nicht mehr?
10 Hat Gott seine Liebe zu uns schließlich völlig vergessen?
Oder haben wir wegen dem Ärger bei ihm verschissen?
11 Das tut mir voll weh, das schmerzt am meisten,
dass Gott sich anders verhält als vor Zeiten.
12 Ich kann mich noch gut an die Sachen erinnern,
die du, Gott, getan hast, das war doch der Hammer!
13 Zu gerne denke ich an die Wunder von damals,
was du hier gebracht hast, war einfach nur krass.
14 Gott, was du machst, ist einfach ganz besonders,
wer kann dir das Wasser reichen? Du bist einfach anders!
15 Du bist der Gott, der Wunder tun kann,
das hast du bewiesen, das weiß jeder Mann!
16 Und dann hast du deine Leute befreit,
aus der Truppe der Gefangenen in die der Freien eingereiht.
17 Als das Wasser kam und dir in die Augen sah,
da wurde es schwach, kriegte Panik sogar.
18 Aus den Wolken kamen die Regentropfen,
Donner und Blitze fingen an zu schocken.
19 Doch dein Donner ist lauter als der fetteste Sturm,
deine Blitze leuchten weiter als der größte Leuchtturm.
20 Du gehst durch ein Meer, dein Weg geht durch Ozeane,
aber die Spuren verlieren sich in der Savanne.
21 Durch Mose und Aaron hast du uns geführt,
deine Angestellten wie ein Trainer trainiert.

78 Gott war da

1 Von Asaf, zum Aufs-Sofa-Bügeln und Nachgrübeln.
Mein Volk, pass auf, was ich euch tu nun kund,
also hängt eure Lauscher an meinen Mund.
2 Denn den mach ich jetzt auf und erzähl euch das mal breit.
Es geht um Geschichten und Rätsel aus uralter Zeit.
3 Was wir gehört haben,
weil's unsere Väter uns gaben,
4 wollen, nein, müssen wir eben
an die nächste Generation weitergeben.
Nämlich die Macht und großen Taten von Gott, unserm Herrn,
und natürlich auch seine Wunder.
5 Jakob bekam seine Gebote ins Herz.
Israel das Gesetz, echt jetzt, kein Scherz.
Denn das ist voll ernst, und unsere Väter sollten sich eilen,
alles möglichst rasch ihren Kindern mitzuteilen.
6 Generation für Generation soll somit Gottes Weisungen checken.
Auch die, die erst noch geboren werden, können sie so noch entdecken.
Also, Jungs und Mädels, lasst es krachen.
Ihr könnt für immer und ewig so weitermachen.
7 Sie alle sollen voll und ganz auf Gott vertrauen
und auf das, was er getan hat und heute noch tut, schauen.
Was er ihnen sagt, daran sollen sie sich halten
8 und nicht so 'nen Mist bauen wie ihre Alten,
die sich Gott widersetzten und widerstrebten
und lieber so, wie sie wollten, lebten.
9 Die Typen aus Efraim hatten echt gute Schützen,
aber im Kampf kamen sie trotzdem ins Schwitzen.
10 Weil die Beziehung zu Gott war nicht mehr erbeten,
und sein Gesetz hatten sie nur noch mit Füßen getreten.
11 Gottes Taten – vergessen!
Gottes Wunder – vergessen!
Aus den Augen, aus dem Sinn!
12 Wenigstens sahen ihre Vorfahren noch hin. Wie? Wann? Na dann,
als Gott Wunder tat in Ägypten im Gebiet von Zoan.
13 Er teilte das Meer,
und sie kamen davon,
denn das Wasser hielt wie eine Mauer aus Stahlbeton.
14 Er leitete sie mit einer Wolke,
so kamen sie am Tag gut voran,
und in der Nacht mit Feuer,
weil man da keine Wolke sehen kann.
15 Er spaltete die Felsen in der trockenen Wüste,
darauf stand ihnen das Wasser gleich bis zur Büste.
16 Voll oberkrass, plötzlich Wasser überall.
Nein, kein Rinnsaal, sondern ein kleiner Niagarafall.
17 Trotzdem bauten sie weiter Mist gegen Gott
und führten einen Streit mit ihm vor Ort.
18 Ja, sie forderten ihn eigentlich direkt heraus.
Denn jetzt wollten sie was Gescheites zu essen im Haus.
19 So fragten sie Gott schon früh am Morgen,
kann er uns überhaupt Leckereien besorgen?
20 Okay, den Fels hat er geteilt,
und das Wasser ist herausgeeilt.

Aber kann er uns geben in unserer Not
ein Steak medium und getoastetes Brot?
21 Als Gott das dann hörte, war er echt sauer,
und sein Zorn war deswegen auch nicht nur ein lauer.
Sondern ungeheuer
und kam über Israel wie zerstörendes Feuer.
22 Weil sie einfach nicht auf ihn schauten,
nicht auf ihn bauten.
23 Doch Gott ist so drauf
und machte trotz all dem Gemotze die Versorgungsklappen des Himmels weit auf.
Sozusagen „drive in".
24 Denn er schickte das Manna direkt zu ihnen hin.
Warf Unmengen genau vor ihre Füße.
25 Und sie aßen Engelsfood in all seiner Süße,
bis sie waren pappsatt.
26 Dann gingen plötzlich Ost- und Südwind voll ab.
27 Und brachten ihnen ohne Break
zum Engelstoast das medium Steak.
28 Mitten in ihr Lager rein,
echt viel zu viel,
29 sie warn gemästet wie ein Schwein.
Was sie wollten, kriegten sie.
30 Doch zufrieden waren sie nie.
Noch immer platt vom Essensschauer,
31 wurde Gott aufs Neue sauer.
Und tötete nach dem Geschlemmer
junge Krieger, starke Männer.
32 Doch Mist bauten sie wieder,
und seine Wunder waren für sie wie nie da.
33 Da ließ Gott ihr Leben ohne Sinn verstreichen.
Angst schlich sich ein, ließ sie erbleichen.
34 Nur in Zeiten von Tod, großer Not und Bankrott
gingen sie wieder auf die Suche nach Gott.
35 Dann erinnerten sie sich wieder ganz recht und klug
an Gott und wie er sie beschützte und aus der Gefangenschaft trug.
36 Doch sie belogen Gott,
betrogen Gott.
37 Weil ihr Vertrauen zu ihm war einfach fort.
Der Bund, der mal mit Gott geschlossen,
wurde in den Wind geschossen.
38 Aber Gott blieb voll Liebe
und gab ihnen keine Hiebe.
Gab seiner Wut keinen Raum,
hielt sie lieber im Zaum.
39 Er wusste ja, wie vergänglich sie sind.
Heute Kind, morgen alt und dann weg wie der Wind.
40 Die Stirn, wie oft haben sie sie ihm geboten?
Wie oft verletzten sie Gott im Himmel oben,
während sie da in der Wüste waren?
41 Wie oft haben sie ihn beleidigt und angefahren?
42 Ja, einfach vergessen,
wie er sie befreite und vertrat ihre Interessen.
43 Er hat Wunder in Ägypten getan,
geographisch korrekt gesehen war es in Zoan.
44 Flüsse und Bäche verwandelte er in Blut,
sie konnten nicht mehr daraus trinken,
weil Bluttrinken geht eben nicht so gut.
45 Er jagte Insekten über sie, die sie plagten,
und auch Frösche, so dass sie sich fragten:
„Alter, was geht?"
46 Auch für ihre Ernte kam jede Hilfe zu spät.
Denn Heuschreckenschwärme sind darüber hergefalln.
47 Und Hagel knallte voll in die Weinstöcke rein.
Zermetzelte auch Feigenbäume
48 und das Vieh und deren Lebensräume.
49 Sein Zorn auf die Ägypter war echt riesengroß,
deswegen schickte er Todesengel los.
50 Gott hielt seine Wut nicht mehr länger zurück,
keine Bewahrung mehr,
und die Pest, so was wie Aids, brach ihnen das Genick.
51 Er tötete von den Ägyptern jeden ältesten Sohn.
52 Dann führte er sein Volk in die Wüste davon.
Und nach diesem Aufraffer war Gott selbst ihr Aufpasser.
53 Nun hatten sie keine Angst mehr,
denn Gott höchstpersönlich ging ja vor ihnen her.
Doch ihre Feinde und Verfolger starben alle im Meer.
54 Jetzt führte er sein Volk in das ganz besondere Land.
Bis an den Berg Zion,
den Gott als sein Heiligtum ernannt hat.
55 Dann machte er die Völker dort platt.
Ihr Land verteilte er unter Israels Stämmen,
und sie durften in den Häusern dort wohnen,
sich wohl fühlen und schlemmen.
56 Doch wieder mal war ihnen Gott bald egal.
Wollten von seinen Geboten überhaupt nichts mehr wissen
und taten Gott damit ganz gewaltig dissen.
57 Drehten ihm einfach den Rücken zu
und sagten, wie schon ihre Vorfahren: „Lass uns bloß in Ruh!"
Sie waren so unzuverlässig wie ein „No-Name"-Tempo
oder eine Billigwindel, und man schafft es nicht aufs Klo.

58 Dann bauten sie an vielen Orten
Tausende Anbetungspforten
für fremde Götter.
War ja klar, dass Gott da wieder sauer war.
59 Ja, so sauer sogar,
dass er sie diesmal nicht mehr wollte hinbiegen
und ließ Israel diesmal einfach links liegen.
60 Kurzum verließ Gott seinen Tempel.
Aus dem Zelt, also von dem Ort,
wo er den Menschen nahe war, ging er einfach fort.
61 Er hatte auch nicht eingegriffen,
keine Helfer hergepfiffen,
lediglich nur zugeschaut,
wie die Bundeslade geklaut
worden war.
Vom Feind verschleppt, von hier nach da.
62 Als Gott voller Zorn dann so ausstieg,
verweigerte er seinem Volk jeden Sieg,
deswegen starben die meisten im Krieg.
63 Junge Männer, vom Feuer einfach so umgehauen.
Plötzlich niemand mehr da, der entjungfert die Jungfrauen.
64 Die ganze Welt war verkehrt.
Priester starben durchs Schwert.
Und die Witwer und Witwen
konnten nicht einmal die Totenklage anstimmen.
65 Doch von dem einen auf den anderen Moment
stand Gott auf, als hätte er nur kurz gepennt.
Er stand da wie ein Krieger, und zwar ein starker,
bei dem vielleicht der Suff gestern bisschen arg war.
66 Machte dann aber nicht ewig rum.
Die Feinde mussten weg.
Also haute er sie einfach um.
Zog sie durch den Dreck.
67 Josefs Nachkommen ließ er fallen,
so machte er es auch mit allen
vom Stamm Efraim.
68 Gottes Herz zog es zu Juda nur hin,
dem Berg Zion, dem seine Liebe gehört.
69 Dort baute er sein Heiligtum, ungestört.
Fest, hoch und unkaputtbar, so wie die Erde, so steht es da.
70 Direkt aus der Weide heraus
wählte Gott David als Diener nun aus.
71 Eben noch luschiger Schafe-Aufpasser,
plötzlich ein Präsident, und was für ein krasser.
Nämlich nicht über ein Land, das wenig gezählt hat,
sondern über das Volk, das Gott selbst erwählt hat.
72 Und David regierte mit kluger Hand,
aufrichtig, ehrlich und mit viel Verstand.

79

Wir werden fertiggemacht

1 Asaf sagt hier was zu Gott: Da sind fremde Völker eingefallen,
nehmen dein Land ein, was eigentlich nur für uns sollte da sein.
Sie siffen in deinen heiligen Tempel rein, entweihen den
und machen aus Jerusalem einen Schrottplatz mit Krähen.
2 Ratzfatz haben sie alle umgebracht, die dir gedient haben.
Ihre Leichen wurden zu Chappi für Hunde, Geier konnten sich dran satt laben.
3 Auch in den Nachbarstaaten wurde viel Blut vergossen,
das Blut ihrer Leichen ist noch nicht abgeflossen.
Und keiner war da, um sie auch anständig zu beerdigen.
4 Und unsere Nachbarn lachen uns aus, verarschen uns, anstatt uns zu würdigen.
5 Gott, wie lange noch willst du denn sauer auf uns sein?
Soll denn dein Zorn denen wie unser Straffeuer erscheinen?
6 Lass deinen Ärger doch an den anderen Nationen aus,
die nicht zu dir beten, die ignorieren dein Haus!
7 Denn die haben doch deine Leute ganz klar auf dem Gewissen,
haben ihre Zelte zerrissen, auf ihr Leben geschissen.
8 Bestrafe uns doch nicht für den Mist unserer Väter,
komm schnell vorbei, besser jetzt als noch später,
zögere bitte nicht, sei bitte gut mit uns,
denn wir sind jetzt am Ende mit unserer Kunst.
9 Hilf uns, Gott, du bist unser Retter, komm denen in die Quere,
sei da und verzeih unsere Schuld, es geht auch um deine Ehre!
10 Warum sollen die Völker, denen du total egal bist,
ablachen und sagen: „Na, sagt uns doch mal, wo euer Gott jetzt ist?"
Diese Trottel sollen es nicht packen, wenn du dann erst recht
das Blut deiner Freunde rächst, wenn du die Feinde ächt'st.
11 Die Schreie der Gefangenen, verdammt, Gott, höre!
Du hast den Joystick der Macht, kannst sie alle, voll Möhre,
12 retten, die man töten will. Gott, die ganzen anderen Völker machen Witze über dich.

Zahl es ihnen heim, siebenmal mehr fürchterlich.
13 Wir aber gehören zu dir wie ein Team zu seinem Trainer,
Du wirst niemals entlassen, denn du bist nicht so einer,
der einen verlässt, du passt auf uns auf.
Wir machen 'ne La Ola, und wir sind voll gut drauf.
Wir erzählen unseren Kindern, wie gigantisch du bist,
damit jeder das weiß und es niemals vergisst.

80 Kümmer dich um uns

1 Für den Leiter von der Band, nach dem Tune vom „Liliensong":
Wenn deine Denke „wrong" ist, kannst du dieses Lied, dingel dong, mäßig singen.
2 Gott, du bist der Chef von allen Dingen, die zu Israel gehören,
strahle uns an, von deinem Chefsessel aus sollst du uns mit deiner Gegenwart betören.
3 Zeig uns, was du draufhast, den Leuten von Efraim und so,
auch dem Volk von Benjamin und dem von Manasse genauso.
Komm und hilf uns!
4 Tröste uns, bau uns wieder auf.
Zeig uns dein Gesicht, dann kommt die Rettung,
und wir gehen nicht drauf.
5 Gott, du bist der Chef über allem, wie lange bist du noch sauer?
Wir beten doch jetzt alle zu dir, sowohl der Arzt als auch der Bauer.
6 Trauer ist unser Hauptgericht, und du begießt das literweise mit Tränen,
7 unsere Feinde können das sehen, wähnen sich in Siegesserien.
8 Gott, du hast das Universum und die Erde geschaffen,
bau uns wieder auf, tröste uns, befreie uns von den Lasten.
Wenn du kommst, dann ist klar, wir sind gerettet.
9 Du hast uns ja schon aus Ägypten rausgelötet
und uns in ein neues Land reingeschweißt,
hast die Völker verjagt, uns hier eine neue Zukunft verheißt.
10 Extra für uns hast du diesen Boden klargemacht,
dass unsere Pflanzen überall Wurzeln schlagen, so hast du dir das gedacht.
11 Und überall haben wir uns ausgebreitet, sind gewachsen und geweitet,
haben uns vom Norden bis zum Süden durchgefightet.
12 Bis zum Mittelmeer konnten wir unsere Leute bringen.
und sogar am Euphrat konnten wir unsere Siegeslieder singen.
13 Vor allen Dingen frag ich dich nach deinem Schutz jetzt,
wir sind wie ein Kirschbaum voller Vögel, ganz ohne Netz.
14 Diebe kommen von überall, und sie beklauen uns ungehemmt,
sie nehmen uns das letzte Hemd, weil nichts mehr sie bremst.
15 Gott, du bist der Präsident der Präsidenten, hilf uns jetzt bitte!
Sieh, was passiert, rette uns, komm zurück mit schnellem Schritte.
16 Kümmere dich um uns, du hast uns gemacht!
Du hast uns gepflanzt, wir wurden stark durch deine Macht.
17 Unsere Feinde haben diese Pflanze abgehackt,
ins Feuer geworfen, packten sie in den Müllsack.
Doch wenn du sie packst, werden sie fertig und klein sein.
18 Beschütze deine Leute, ich schenk dir hier reinen Wein ein.
Du hast sie nämlich erwählt, nur durch dich wurden sie stark.
19 Wenn du das tust, werden wir nie mehr ‚autark'.
Dieses Wort bedeutet, dass wir nie mehr von deiner Seite weichen,
wenn du uns leben lässt, werden wir dir Loblieder zum Frühstück reichen.
20 Denn reich bist du, Gott, Chef über Himmel und Erden,
bau uns mit Liebe wieder auf, dann werden wir hier nicht sterben.

81 Die echte Party

1 Jetzt kommt Asafs Psalm 81, Leute.
Ihr hört aber das Ganze mal anders heute.
Denn früher spielte man zu diesem Psalm die Gittith,
heutzutage passt da eher 'n DJ mit Beat!
2 Lasst mal was hören, bringt die Halle zum Beben,
lasst uns unsern Gott, den Chef, anbeten!
Denn nur er ist mächtig, stark und alles in einem,
die allerhöchste Ehre gebührt nur ihm und sonst keinem.
3 Schaltet das Mikro an und rockt das Haus,
wir feiern unsern Gott mit Beatbox und Applaus.

4 Wir eröffnen unsre Party mit Trompetenklang
und beenden sie später mit coolem Rapgesang.
Aber jetzt feiern wir erst mal 'ne Weile unsre Party,
und die Trompeten erkling'n laut, denn die hab'n
Garantie!
5 Aber nicht nur zum Spaß, denn für Israel
ist das hier ein von Gott gebrachter echter Befehl.
6 Denn als er für sie kämpfte gegen Ägyptenland,
hatte er für sie schon dieses Gesetz in der Hand!
Einmal sprach Gott zu mir, das war der übelste
Flash,
eine noch nie gehörte Stimme, die sagte Folgendes:
7 „Von der Last, die dich disste, habe ich dich befreit,
deine Hände gerettet von der schweren Arbeit.
Keine einzige Minute schlägt dich das mehr nieder,
diese Zeit ist vorbei, denn ich bin für meine Mitglieder!
8 Du hast zu mir geschrien, als es dir richtig
schlechtging.
Du warst völlig fertig, aber ich allgegenwärtig.
Und ich half dir da heraus, riss dich aus deiner Not.
Kam zu dir angerast in meinem Rettungsboot.
In Blitz und Donner war ich verborgen eingehüllt,
ich hab dir Antwort gegeben und dich damit erfüllt.
Weißt du noch in der Wüste? Nirgends Wasser an
kein'm Fleck,
dein Vertrauen zu mir hab ich da in Meriba abgecheckt."
//Yeah, darauf mal einen Toast, denn unser Gott
meint es ernst,
darauf einen harten Beat, weil er sich nie von uns
entfernt.//
9 „Mein Volk, pass mal auf, jetzt kommt 'ne wichtige
Ansage.
Denn wenn ich euch so seh, geht in mir die Alarmanlage.
Israel: Klappe zu, denn das geht so gar nicht an!
Hängt eure Ohren jetzt an meine Lippen dran.
10 Setzt eure Karten nicht auf Plastikgötter, die sind
tot.
Erkennt doch, die helfen euch niemals aus der Not.
Selbst wenn die im Ausland total verehrt werden,
nicht die, sondern ich bin der Hirte meiner Schafherden.
11 Und ich bin auch dein Chef, dein Retter und
Befreier,
ich führte dich raus, weit weg vom Ungeheuer
Ägypten, das dich ganz mies abhängig machte.
Ich holte dich zurück, und der Pharao erst lachte,
bevor er dich befreit sah, weil er nicht an mich
dachte.
Komm jetzt mal her und lass dich beschenken,
Israel, lass dich doch sacht zu mir lenken.
Denn bei mir wirst du völlig gratis aufgetankt,
bekommst nur das Beste vom Besten in die Hand.
12 Aber mein Volk will mich nicht haben,
sie hören mir nicht zu.
Drehen sich von mir weg,
spielen mit ihrem Leben Blindekuh.
13 Also hab ich sie gelassen, überließ sie ihrem Starrsinn,
sie gingen ihrem Herzen nach, und das zeigte ihnen
ihren eigenen Weg, ohne mich, ganz allein.
Sie gingen ihren Wünschen nach und fanden das
fein.
14 Ich wünsch mir so, dass sie die Spur noch mal
wechseln.
O Mann, ich wäre so froh, sie wären meine Helden.
Das wäre so cool, wenn sie wieder drauf Bock hätten,
mir treu zu sein und sich auf meine Wege zu retten.
15 Ich würde ihre Feinde in die Knie zwing'n,
ihre Unterdrücker niederwerfen und sie bezwing'n.
Meine Hand gegen unsre Gegner erheb'n,
ihre Feinde schlagen, ich würde alles geb'n.
16 Sie hätten keine Chance, hissten die weiße Fahne,
doch sie hassen mich, auf sie wartet die Schikane.
Ihr Untergang wär besiegelt und Schicht im Schacht,
aber Israel lacht, macht für immer Party, dass es
kracht.
17 Und sie würden besser als von dem besten Fünfsternekoch
bekocht, denn ich selbst füllte ihr Herzensloch.
Die auserwähltesten Zutaten füllen mein Rezept,
denn die Delikatesse ‚Liebe' ist mein Konzept."

82 Richte die Richter

1 Ein Lied, ein Psalm, von Asaf geschrieben
für alle Leute, die unsern Gott lieben.
Richter haben Macht, doch Gott hat mehr,
und zu allen Richtern dieser Welt sagt er:
2 „Ihr fällt eure Urteile, so wie es euch grad passt.
Wem ich egal bin, kommt frei, wer arm ist, in'n
Knast.
3 Helft lieber den Leuten, die ganz unten sind:
den Pennern, den Junkies, dem einsamen Kind.
Behandelt sie gerecht, so sollte es sein,
denn diese Menschen sind meist ganz allein.
4 Die Gottlosen haben die Macht in der Welt.
Damit unterdrücken sie die Leute ohne Geld.
Helft endlich den Armen, los, macht mal hin!

5 Doch ihr schaut nur dumm, fragt: ‚Wo ist der Sinn?'
Ihr kapiert überhaupt nix, ihr habt keinen Plan,
ihr rennt in die Dunkelheit voller Elan.
Doch Licht zu machen, auf die Idee kommt ihr nicht.
Kein Wunder also, dass fast die Erde zerbricht.
6 Klar, ich hab zu euch mal gemeint:
‚Ihr seid wie Götter, fast schon mit mir vereint!'
7 Doch nun sag ich euch: ‚Ihr werdet bald sterben!
Wie ein Soldat ruhmlos im Dreck verderben!'"
8 Gott, bitte mach das, richte die Richter,
knips sie ihnen aus, ihre letzten Lichter.
Gott, du bist der Chef, die Erde ist dein
und – das ist auch gut so – dir ganz allein!

83 Sie planen Anschläge gegen mich

1 Dieser Liedbeat kommt von Asaf daher.
2 Der sagt: „Gott, jetzt schweige bitte nicht mehr!"
Wie kannst du hier nur so rumsitzen?
3 Siehst du nicht, wie deine Feinde 'ne Rebellion anspitzen?
Alle, die dich hassen, machen auf dicke Hose, sind siegesgewiss.
4 Sie planen nicht nur lose, nein, heimtückisch
Anschläge, sagen: „Friss
Dreck!" Planen strategisch gegen die, die du geschützt hast:
5 „Los jetzt, lasst uns die fertigmachen, ausschlachten. Hassofass!
Ausradieren von der Landkarte, niemand soll an Israel länger denken!"
6 Dadrin sind sich alle einig, mit Verträgen dadrüber im Rennen
7 die Bewohner von Edom und Co.
Die Ismaeliter, Moabiter und die Hageriter sowieso.
8 Die von Gebal und Ammon, von Amalek und die Philister,
und auch die Leute aus Tyrus stehen für diese Geschwister.
9 Sogar die Assyrer haben sich auf ihre Seite geschlagen.
Sie helfen den Moabitern, sind bei den Ammonitern am Traben.
10 Gott, jetzt mach sie fertig, schlag sie in die Flucht,
wie damals bei den Midianitern, die hast du krass heimgesucht.
Schlage sie, wie den Präsidenten aus Kannan, so in dem Ton,
wie den Jabin und seinen General Sisera am Fluss Kischon.
11 Bei Endor wurden sie in der Schlacht geschlagen,
der Ackerboden hat ihre Leichen als Dünger gut vertragen.
12 Bring bei denen die Leute um, die das Sagen haben,
ich mein damit Oreb und Seeb und die anderen Kameraden,
wie Sebach und Zalmunna, die werden jetzt zerstört.
13 Die hatten alle mal gesagt: „Wir erobern das Land, das Gott gehört!"
14 Blase sie weg, Gott, wie der Herbst seine Blätter.
15 Wie ein Feuer den Wald killt, mache es wie im Splatter-
Movie, versenge die Berge,
16 verfolge sie ganz derbe
mit Tsunamis und Beben, genau das ist ihr Erbe.
17 Lass es ihnen peinlich sein, dass sie rot werden, sich schämen.
Dann werden sie sich endlich voll nach dir sehnen.
18 Sie sollen versagen, sie sollen scheitern,
damit sie sich schämen, sich nicht länger erheitern.
Sie sollen dran krepieren, schlag ihnen auf die Nieren.
19 Denn sie müssen kapieren,
dass du alleine die Macht hast,
dass du die ganze Welt umfasst.

84 Wo Gott ist, will ich auch sein!

1 Die Verfasser dieses Psalms sind die Korachiter,
DJ, rock das Haus mit einem deiner Beats, ja!
2 Gott, du bist der Chef über alles und jeden.
Ich hab so Bock drauf, in dei'm Angesicht zu leben!
Ich liebe so sehr den Ort, an dem du wohnst.
3 Tief in mir sehn ich mich nach dir und wo du thronst!
Mich zieht es hin zu dir, denn du bist mein Chef,
flipp aus, wenn ich dich seh, bist real und lebendig!
4 Gott, du bist der Chef über alles und jeden
und lässt auch die Vögel in deiner Nähe leben.
Im Sommer suchen sie sich ihren Brutplatz aus,
selbst sie entscheiden sich für dein besonderes Haus.
5 Die Leute, die direkt an deinem Standort leben,
können gar nicht anders, als dir die Ehre zu geben.
Wie Fans von Tokio Hotel, so jubeln sie dir zu,
rocken die Lobpreisbühne mit immer vollem Akku.

//DJ, mach du mal bitte ein Stück weiter,
ich mach jetzt kurz Pause, bin nur der Wegbereiter.//
6 Gut drauf sind die Leute, die Stärke bei dir finden
und ihre Herzen ewig an deine Wege binden.
7 Selbst wenn sie durch wasserlose Gegenden ziehn,
können sie in Wasserpfützen niederknien,
denn Gott gibt ihnen Segen in Form von frischem Regen.
8 So werden sie immer wieder mit Kraft abgefüllt,
bis du ihnen dein Gesicht in Jerusalem enthüllst.
9 Gott, du bist Chef über alles und jeden.
Ich weiß ganz genau, du hast keine Gehörschäden.
Nimm meine Schreie wahr, darum bitte ich dich.
Erhöre mein Gebet, ich leg sie vor dein' Tisch.
//DJ, hau noch mal ein Zwischenspiel raus,
Leute, gebt alles, flippt vor Freude aus!//
10 Gott, schau dir doch mal unsre Bundeskanzlerin an,
sie regiert unser Land mit ihr'm Ministerclan.
Unterstütze ihren Dienst, all das ist in deinem Plan.
11 Das muss ich noch loswerden, auch nur ein Tag bei dir
ist tausendmal geiler als Jahre mit Drogen und Bier.
Lieber bin ich eine Fußmatte an der Schwelle deiner Tür
als bei Leuten, die dich hassen, gegen dich sind statt dafür.
12 Denn Gott ist wie die Sonne, strahlt Licht in unser Leben.
Er liebt uns so sehr und wird uns Gnade geben.
Nichts kann das ersetzen, was unser Herr uns gibt.
Nichts wird uns vorenthalten, denn er zeigt, dass er uns liebt.
13 Gott, du bist der Chef über alles und jeden,
und die, die ihr Herz in deine Hände geben
und dir vertrauen, flippen aus, bei dir finden sie Frieden.

85 Alles wird gut

1 Dieser Psalm ist von den Söhnen von Korach,
spielt ihn laut, macht viel Krach.
2 Gott, du hast uns befreit aus unserem Knast,
weil du wieder Bock auf dein Land hast.
3 Du hast unseren ganzen Mist vergessen,
hast vergessen, wie wir dich stressen.
4 Du bist nicht mehr böse auf dein Land,
von deiner Aggro-Tour hast du dich abgewandt.
5 Hilf uns, dass alles wieder wie früher ist,
dass es uns gutgeht und du nicht mehr sauer bist.
6 Willst du zornig sein bis in alle Ewigkeit?
Wann ist es endlich wieder so weit,
7 dass dein Volk wieder mit dir chillt,
dass dein Volk vor Freude abtillt.
8 Gott, unser Chef, zeig uns deine Liebe,
pass auf uns auf, bewahr uns vor Hieben.
9 Sperrt eure Lauscher auf, hört mal gut hin,
denn was unser Gott sagt, das hat einen Sinn.
Er sagt, dass wir bald in Frieden leben
und nie wieder nach unserm früheren Mist streben.
10 All die Leute, die Gott lieben,
werden gerettet, haben ewigen Frieden.
11 Es gab eine Hochzeit, alle waren da.
Liebe und Treue sind das Brautpaar.
Sind nun vereint für die Ewigkeit,
genauso wie Frieden und Gerechtigkeit.
12 Die Treue, die wächst wie ein Baum,
Gerechtigkeit fällt vom Himmel wie im Traum.
13 Gott wird uns tolle Sachen geben,
und wir werden im Wohlstand leben.
14 Die Gerechtigkeit baut einen Weg vor Gott her,
von dem wird er nicht weggehen, o nein, nie mehr.

86 Bin ich am Ende, kommt die Gottwende

1 David betet hier, Gott, hör mir bitte mal zu,
antworte mir endlich, ich schieb Depris, finde keine Ruh.
2 Ich pack's nicht mehr lang, darum rette mich schnell,
hilf mir, ich vertrau dir, du bist mein Lebensquell.
3 Sei bitte nett zu mir, ich rufe zu dir schon den ganzen Tag,
4 weil ich dich mag, mich nach dir sehne, komm aus dem Quark.
Im Ernst, du gibst mir Freude in meine Seele.
5 Du bist genial gut, auch wenn ich fehle,
danebenlieg mit meinen blöden Taten,
bist du nicht gleich dabei, mir eins überzubraten.
Deine Liebe gibt's nicht auf Raten,
jeder bekommt sie, der mal bei dir anfragt.
6 Darum hör jetzt auch mich, der das gerade zu dir sagt.
7 Ich weiß nicht mehr weiter, bin total am Ende,
dann kommt doch die Gottwende, davon könnte ich Bände
8 schreiben, keiner ist so wie du! Niemand kann das,
was du kannst, keiner bringt so was, echt krass das.
9 Du hast alle Menschen gemacht, alle werden bei dir ankommen.

Anrobben. Sich vor dir hinwerfen, mit Applaus
zubomben.
10 Weil du einfach gigantisch und so heftig bist,
ein Gott, der gut ist, Wunder tut, bis das Fass voll
ist.
11 Bring mir doch bei, wie ich in meinem Leben
abgehen soll.
Ich will dir treu sein, nicht leben wie ein Proll,
leg diesen Wunsch in mein Herz, ganz tief und
schwer.
Dass ich dich ehren will, Respekt hab vor dir, Herr.
12 Mit allem, was ich hab, will ich dir „danke" sagen,
Lagen von Lobliedern zu deinem Chefsessel tragen.
13 Denn deine Liebe zu mir kennt wohl keine Gren-
zen.
Du hast mich vom Tod gerettet, ich kann die Hölle
schwänzen.
14 Schleimis und arrogante Menschen wollen mir
ans Leder,
sie tun sich zusammen, planen Mord, das weiß
jeder.
Bei dieser Sorte Mensch will keiner was von dir wis-
sen.
Sie werden dich dissen,
15 du aber, Gott, lässt hier Rache vermissen.
Du bist nett, treu und freundlich, hast ein gigagro-
ßes Herz.
16 Darum helfe mir jetzt, komm her, rette mich vor
dem Schmerz.
Gib mir deine Power, dir will ich immer ganz treu
sein.
17 Schick mir 'ne SMS rein, damit ich weiß, dass du
es gut meinst.
Dann werden alle Leute, die mich jetzt noch voll
hassen,
von mir ablassen, sich schämen, können es dann
nicht fassen,
dass du, mein Gott, mich einfach getröstet hast.
Und du tröstest mich voll, ja, du nimmst mir die
Last.

87 Gott liebt seine Stadt

1 Ein Song, den haben die Söhne von
Korach geschrieben.
Dort oben, siehst du sie da liegen? Die Stadt auf
Berg Zion, da drüben?
2 Gott liebt diese Stadt, sein tolles Jerusalem
mit seinen schönen Toren, schöner als die anderen.
3 Auf der ganzen Welt spricht man über dich,
Jerusalem, du bist der höchste Stich,
einfach nichts geht über dich.
Du bist Gottes Stadt, und er sagt von dir:
4 „In Ägypten, in Babylon gibt es Menschen, die hier
zu mir beten, die mich vielleicht ganz gut kennen,
auch bei den Philistern und in Tyrus liege ich ganz
gut im Rennen.
Und dann auch in Äthiopien betet man hier und da
zu mir.
5 Aber von meinem Jerusalem, da hört man nur:
‚Wirklich jeder in der Stadt, alle kennen diesen Gott!
Ja, er hat gebaut das Zion, und er stärkt es in der
Not!'
6 Gott führt eine Liste über Leute, die mal in dieser
Stadt waren.
7 Sie alle werden pogen, singen und 'ne fette Party
haben,
sie sagen: ‚Dir haben wir alles zu verdanken!
Danke, Stadt, aus deiner Quelle konnten wir tan-
ken!'"

88 Hör mir zu, Gott

1 Ein Psalmenbeat der Korachiter. Esrachiter
Heman
war der Reimer und sonst keiner, er wollte was zum
Nachdenken haben.
2 Meister, mein Gott, nur du kannst mir jetzt noch
helfen!
Ich schreie Tag und Nacht zu dir, 24 Stunden bin
ich am Beten!
3 Höre auf mein Reden! Sperr deine Lauscher auf,
auf jeden.
4 Mein Herz ist voll Schmerz, es drückt mich voll
nieder,
ich bin schon fast tot, mein Leben ist mir zuwider.
5 Jeder rechnet damit, dass ich jetzt hier bald sterbe,
so schwach bin ich heute, Gott, mir geht es echt
derbe
6 schlecht, als wäre ich schon tot. Meine Not ist so
groß,
ich komme mir vor wie die Toten im Grab, die das
Los
zogen, vergessen zu werden, von dir verlassen auf
Erden.
7 Du hast mich in das tiefste Loch gezogen, ungelo-
gen,
in die finsterste Tiefe, da gibt's keinen Lichtbogen.
8 Du bist so sauer auf mich, auf die Dauer krieg ich
das mit,
als wenn Wellen über mir brechen, als würdest du
dich rächen damit.

9 Alle meine Freunde haben sich von meiner Seite
verpisst.
Du hast dafür gesorgt, dass man mich disst, mich
mit Ekel wegschmiss.
Ich bin gefangen und weiß nicht, wie ich hier raus-
kommen soll.
10 Meine Augen sind vom Weinen schon total ver-
quolln.
Jeden Tag rufe ich zu dir, Gott, strecke meine
Hände nach dir aus.
11 Wirst du an den Toten noch ein Wunder tun?
Holst du sie raus
aus dem Tod, wirst sie holen, ganz verstohlen,
damit sie dich loben?
12 Wird man im Land, wo die Toten wohnen, von
deiner Liebe singen?
Wird man dort aufstehen und dir danken, dir Lob-
lieder bringen?
13 Vor allen Dingen, werden dort deine Wunder auch
erzählt?
Wissen die, die man vergessen hat, dass du Ver-
sprechen einhältst?
14 Gott, ich schreie zu dir, schon morgens um vier
ruf ich bei dir an.
Ich brauch deine Hilfe, es geht mir so schlecht, ich
brauch dich jetzt, Mann!
15–16 Schon als kleiner Junge war ich krank, hatte
den Todespunkt immer am Start,
du hast mich nicht davor bewahrt, jetzt komm ich
nicht mehr aus dem Quark.
Bin total am Ende, ich kann die Last einfach nicht
mehr tragen.
17 Dein Zorn macht mich fertig, bin am Ende mit
meinen Fragen.
18 Die Angst übernimmt die totale Kontrolle bei
mir,
sie umgibt mich wie Wellen in einem tosenden
Meer.
19 Das kam von dir, dass Freunde jetzt Fremde für
mich sind.
Alle behandeln mich, als wäre ich Luft, so als wäre
ich Wind.

89 Gott ist Liebe

1 Dieser Psalm kommt von Etan, ist zum
Nachdenken.
2 Ich will rappen, über Gottes Liebe singen.
Die hört nie auf, er ist hundertpro verlässlich.
3 Das weiß ich, da gibt es kein Verfallsdatum, auf
ewig,
seine Treue ist immer gültig, solang das Universum
tickt.
4 „Ich hab Verträge mit diesem auserwählten Freak
David, der mir voll dient, dem hab ich was geschwo-
ren:
5 Auf ewig werden du, und wer nach dir geboren
das Sagen haben über Israel, für immer!“
6 Tust fette Wunder, vom Himmel aus, dein Wohn-
zimmer
und auch die Engel freu’n sich voll, weil du so treu
bist.
7 Denn wer dort ist, muss ich mal fragen, der sich
mit dir misst,
zu vergleichen, mit dir? Selbst im Himmel gibt’s da
nix,
das ist für mich schon lange fix.
8 Wenn die Auserwählten im Himmel bei dir sitzen,
haben sie bis in die Spitzen Respekt, sind am
Schwitzen.
9 Chef, du bist Gott über das ganze Universum!
Darum ist keiner so mächtig, gibt’s kein’ Irrtum.
Auf dich kann man sich hundertpro verlassen.
10 Du hast den Joystick in der Hand, regelst die kras-
sen
Wellen, die wie Mauern voll riesig werden.
Auch die Derben gehorchen dir, machen, was du
sagst.
11 Sogar das Ungeheuer von Loch Ness, das machst
du nass.
Du hast mit deiner krassen Kraft den Feind
geschasst.
12 Der Himmel und die Erde, alles gehört dir,
das Land und alles, was dort lebt, jedes Tier.
13 Du gabst der Karte unsrer Erde ihren Rahmen,
Berg Tabor und das Hermon jubeln deinen Namen.
14 Mit Armen, stärker als die von Bud Spencer,
machst du die Becker-Faust als großer Siegesfetzer.
15 Gerechtigkeit, das ist dein Ding, da ist auf dich
Verlass.
Und alles, was du sagst und tust, zeigt deine Lie-
beslast,
16 die du hast für deine Leute, die können sich echt
freuen,
du bist ja da in ihrer Mitte, dort können sie fett fei-
ern, ohne sich zu reuen.
17 Sie machen Party jeden Tag, sind fröhlich wegen
dir,
weil man sich auf dich verlassen kann, da freuen sie
sich wie Tier.
18 Wer hat sie denn so stark gemacht? Das warst
alleine du!

Durch deine Liebe kam die Kraft, so kamen Ruhm und Macht dazu.
19 Gott, dir gehört der Präsident, der Chef von Israel, der uns beschützt. Er passt auf uns auf, wenn uns etwas fehlt.
20 Du hast im Traum zu denen geredet, die dir total vertrauen.
„Ich hab mir einen Typ erwählt, auf den könnt ihr echt bauen.
Den mache ich zu einem Star, sogar zu einem Held.
21 David, ja, so heißt der Mann, hab ich zum Chef erwählt!
22 Ich werde immer bei ihm sein, mit meiner Kraft und Stärke,
stark und heftig soll er sein, ich bin in ihm am Werke.
23 Niemand wird ihn niedermachen, kein Aufstand kann ihn stürzen.
24 Seine Feinde werde ich kleinkriegen, sie um 'nen Kopf mal kürzen.
Wirst lachen, alle, die ihn hassen, werde ich vernichtend schlagen.
25 Will sagen, ich werde ihm treu sein, durch mich wird er alles überragen.
Er wird mächtig, und
26 dann werde ich seine Macht ganz kräftig stärken, ausbreiten über die Welt.
27 Wenn er betet, dann wird bestellt, er erzählt: ‚Du bist mein Gott, hast Power ohne Ende!'
28 Und dann gebe ich ihm alle Vollmachten, ich mache ihn zum ‚El Presidente',
29 ich lass ihn nie allein, das kann er ruhig wissen, ich liebe ihn, steh zu meinem Vertrag, der wird nie zerrissen.
30 Seine Familie wird nie zerschlissen, sie werden immer regieren,
solange dies Universum tickt, werden sie die Macht nie verlieren.
31/32 Wenn sie aber meine Gesetze brechen, muss ich sie abservieren
33 auf allen vieren, ich muss ihren Mist dann bestrafen,
muss dazu raten, ihnen einfach einen zu verbraten.
34 Aber David will ich immer lieben, meine Zusagen werde ich halten.
35 Meinen Vertrag mit ihm, der wird niemals gespalten.
Was ich versprochen hab, das wird auch nicht gebrochen.
36 Für immer hab ich das Versprechen ausgesprochen.
Ich bin der Chef, einzigartig, David werde ich nicht täuschen,
das hab ich ihm versprochen vor vielen Zeugen.
37 Seinen Kindern werde ich für immer Macht verschaffen,
sie sitzen am Hebel, da kannst du einen drauf lassen,
38 so sicher, wie der Mond da ist und genauso die Sonne,
volle Omme, das kommmt nie und nimmer in die Tonne."
39 Aber jetzt hast du, Gott, deinen Präsidenten doch verstoßen.
Den du mal ausgesucht hast, dem schlottern die Hosen.
40 Du hast deinem Angestellten die Verträge gekündigt,
seine Macht aufgelöst, hast ihn gedemütigt.
41 Die Schutzmauer um seine Stadt hast du weggesprengt,
versenkt seinen Bunker, alles niedergekämpft.
42 Jeder, der vorbeikam, konnte sich dadran vergreifen,
auch die Nachbarländer lachten sich kaputt, sind am Rumkeifen.
43 Du hast die Länder groß gemacht, die uns bedrängen,
und hast die mit Freude bedacht, die gegen uns kämpfen.
44 Zerschlagen hast du die Armee deiner Truppe,
nahmst das Siegesglück weg, wie 'ne Mutter die Puppe.
45 Den Ruhm und die Ehre hast du kaputt gemacht
und über ihre Macht einen Lacher gelacht.
46 Achtzig wurde, was mal achtzehn war,
mit Peinlichkeit und Dreck, damit kam er jetzt klar.
47 Gott, willst du dich denn für immer verstecken?
Willst du mich weiter anzecken, soll dein Zorn mich weiter bedecken?
48 Überleg doch mal, mein Leben ist so kurz,
du hast uns geschaffen gerade für 'nen Furz?
49 Welcher Mensch ist denn wirklich unsterblich?
Wer kann vorm Tod weglaufen, wer verreckt nicht?
50 Gott, wo sind die Beweise deiner Liebe geblieben?
Du hast doch Treue versprochen, du kannst doch nicht lügen!
51 Kriege von den Feinden nur Verarsche und Spott.
Das tut mir voll weh, ich ertrage das „not".
52 Deine Feinde sehen rot, wenn sie an den Chef denken,

machen Witze über den, welchen du warst am Lenken.
53 Beschenken will ich dich mit „Danke-Raps" auf ewig.
So soll es sein, das sagt dir dein Präsi.

90 Rap von Mose

1 So hat der Mose mal gebetet, der ein Mann Gottes war:
Chef, bei dir fühl ich mich sicher, du beschützt mich sonnenklar.
2 Du warst schon da, bevor der erste Berg geboren wurde,
noch bevor das Universum stand, und auch noch vor der Erde.
Du bist der allererste Anfang und bist auch der letzte Schluss.
3 Jeder Mensch wird wieder zu Erde, ja, ich rede hier kein'n Stuss.
4 Tausend Jahre sind für dich nur wie ein einziger Tag,
sie sind so lange wie für uns ein kurzer Augenaufschlag.
5 Menschen sind für dich wie eine kleine Welle am See,
sie fließen, sind so wabbelig und fest wie Himbeergelee.
6 Morgens blühte noch ihr Leben wie eine Blume am Strand,
und doch am Abend sind sie tot wie eine Qualle an Land.
7 Denn wenn du sauer bist, vergammeln wir und müssen dann sterben.
8 Der ganze Dreck, den wir uns leisten, den kann keiner verbergen.
9 Weil du so wütend mit uns bist, verkürzt du unser Leben,
es geht vorbei fast wie ein Wind, so wenn wir weinen im Regen.
10 Mit Glück, da feiern wir den achtzigsten oder neunzigsten Geburtstag,
doch was bringt's, es ist ja auch nur wie ein ganz kurzer Augenaufschlag.
Das Leben geht vorbei im Sturzflug, und die Jahre, die fliegen,
11 ja, wer kann denn deinen Zorn auch nur mit Zahlen abwiegen?
12 Bring uns bei, die Tage zu zählen, damit wir es endlich mal schnallen.
13 Gott, komm und hör uns doch mal zu, wie könnten wir es sonst rallen?
Bitte, sei nett mit uns, liebe uns, wir gehören zu dir.
14 Und schenke uns deine Liebe, auch schon morgens um vier.
Dann gehen wir ab vor Freude, bis an das Ende der Zeit.
15 So viele Jahre war das Leben voller Schmerzen und Leid.
16 Lass deine Kinder wieder sehen, was du für sie getan hast,
zeig uns deine ganze Macht und was du alles so machst.
17 Du bist ein guter Gott, freundlich, bist uns nahe in der Not,
bitte gib unsern Händen Kraft, wenn wir schuften für Brot!

91 Ganz besonderer Rap Nr. 91

1 Setz auf den Chef und seine Versicherung!
Dann ist der Schatten vom Allergrößten um dich herum.
2 Du merkst, dass er deine Schutzmauer ist.
Du sprichst: „Mein Gott, ich vertraue auf dich!
3 Keine Bärenfalle kann dich jemals zermalmen,
Bakterien und Viren können dich nicht befallen."
4 Unter seinem Schutz bist du unverwundbar.
Seine Treue ist für dich wie ein Bunker.
5 Trotz aller Gefahren schläfst du sorgenfrei,
Jedes Geschoss geht dir am Arsch vorbei.
6 Du fürchtest dich nicht vor Aids und Pest
und bist selbst im nuklearen Winter relaxt.
7 Auch wenn deine Nachbarn den Löffel abgeben,
du bleibst am Leben, denn du bist immun dagegen.
8 Du wirst es mit eigenen Augen sehen,
wie die bestraft werden, die nichts auf ihn geben.
9 Nicht umsonst suchst du bei Gott Unterschlupf.
Der Chef kümmert sich dann um deinen Schutz.
10 Das Böse macht um dich einen Bogen,
Plagen kommen nicht in deine Wohnung.
11 Denn er lässt für dich seine Engel antreten,
die dir überall, wo du bist, Deckung geben.
12 Sie werden dich auf den Händen tragen,
so bist du geschützt wie im Geländewagen.
13 Pitbulls sind für dich keine Gefahr,
Schlangen zertrittst du, als wären sie nicht da.
14 Gott sagt: „Wenn jemand an mir hängt,
befreie ich ihn von dem, was ihn kränkt.
Ich will ihn schützen, weil er meinen Namen schätzt.

15 Er ruft mich, und ich erledige den Rest.
Ich bin bei ihm, wenn er in der Krise steckt;
ich hol ihn raus und verschaffe ihm Respekt.
16 Ich gebe ihm ein erfülltes Leben
und lass ihn meine Hilfe sehen."

92 Du bist der Allergrößte

1 Dieser Psalm soll am besten sonntags
gespielt werden.
2 Es kommt so voll gut, Gott, dir zu danken mit Versen!
3 Schon frühmorgens dir Liebeslieder zu bringen
oder bis spät in die Nacht deine Treue zu besingen
4 mit Hilfe von so Dingen wie einer E-Gitarre,
'nem fetten Marshallverstärker, der lauter ballt als 'ne Knarre.
5 Das Pralle ist: Was Gott macht, kommt einfach obergenial.
Das macht mich froh, ich sing über dich vom Berg bis ins Tal.
6 Wie cool sind deine Werke, deine Gedanken so tief.
7 Instinktiv sag ich, nur der Dummbatz mit Brief schnallt das nicht, kriegt das nicht mit.
8 Und auch, wenn die ohne Gott mit einem Karriereritt
ganz nach oben kommen, sind die doch nicht wirklich fit.
Denn wenn sie sterben, sind sie für immer tot.
9 Du aber, Gott, bist immer der Größte im Boot.
10 Ich seh rot, deine Feinde werden sicher sterben.
Die nur Mist bauen, müssen in alle Länder zerstreut werden.
11 Mir gibst du derbste Kraft, wie sie ein Formel-1-Motor hat,
bin bei dir in der Tat am „Mut-Apparat", am „Freuden-Stromaggregat".
12 Wenn ich weiter durchstart, werde ich sehen, wie meine Feinde abkacken,
ich werde hören, wenn sie mit Heulattacken um Gnade betteln, die Ratten.
13 Wer auf seinem Zettel hat, Gott zu lieben, ist wie eine Pflanze,
die immer weiter wächst, die stark wird wie ein fetter Panzer.
14 Der wird wie ein Baum, der vor dem Tempel gepflanzt steht,
der dort in Ruhe wachsen kann, der dort nullstens eingeht.
15 Ist nie zu spät, auch wenn er schon ein Opabaum ist,
vermisst er nie Früchte, sind immer gut und frisch.
16 An jedem Tisch erzählt man, wie geil Gott es gebracht hat.
Dass er verlässlich ist, gerecht, nie verkehrt, volles Format.

93 Respekt für Gott

In den heutigen Zeiten gibt es noch
freundliche Zeilen,
deshalb will ich betonen den 93. Psalm,
1 in dem es heißt, Gott allein gehört aller Respekt,
den man aufbringen kann, denn nur er allein ist perfekt.
Sein ganzes Auftreten ist edel und stark,
er ist von Macht umgeben, so dass man vor seinem Wesen erstarrt.
Mit Perfektion erschuf er das Fundament der Welt,
es ist sein Handwerk, der Grund, warum es nicht zerfällt.
2 Gott, dein Amt ist unzerstörbar, denn bevor die Welt da war,
war deine Position als Gott schon unantastbar.
3 Das Meer tobt und wirkt unbesiegbar,
Wassermassen, die so laut wie Bomben im Krieg waren.
4 Doch viel stärker als jede Kraft des Meeres
ist Gottes Macht, die höher als jeder Stern ist.
5 Gott, du hältst dein Wort, was du sagst, passiert.
Definitiv, damit jeder dich als Gott kapiert.
Makellos wie ein Diamant ist deine Gegenwart,
und da, wo du wohnst, ist sie ewig da!

94 Leg los, Gott

1 Gott der Rache, los jetzt, mache das
Rachefass auf,
nimm einen großen Anlauf.
2 Komm raus, zeig, was du draufhast.
Du bist der Richter der Welt und verpasst.
denen, die arrogant rumlaufen, 'nen Einlauf,
weil sie es verdient haben.
3 Wie lange sollen die noch so rumlabern,
lachen, dumme Witze machen?
4 Die haben da einen Wettkampf am Start. Wer ist parat?
Sie geben groß an, in der Art,
dass sie sich für ihre miesen Taten noch selbst loben.

5 Gott, die kommen von oben! Sind wie Faschos am
Weltkrieg Proben.
Sie machen deine Leute echt fertig, zerschlagen sie
derbe,
sie bekriegen dein Erbe.
6 Sie töten die Frauen, Kinder, Ausländer,
brutal machen sie die weg, kann man nicht ändern.
7 Und lästern rum: „Der Gott ist doch nicht da!
Wunderbar!
Der Gott unserer Eltern merkt das nicht, ist doch
klar."
8 Ihr beknackten Trottel! Rafft ihr das nicht?
Warum seid ihr so unverständig, ihr seid ein kleines
Licht!
9 Gott, der den Menschen Ohren hat gegeben,
ist doch auch fähig, Stimmen zu verstehen, so mal
eben!
10 Er, der wirklich jedes Volk an den Ohren langzieht,
ist doch nicht zu laff, dass er nicht auch euch
erzieht?
11 Er sieht eure Gedanken und er misst ihre Tiefe,
die sind flacher als Bretter, aalglatt ohne Riefe.
12 Glücklich ist jeder Mensch, den du, Gott,
anzählst,
den du erwählst, durch deine Gesetze unterrich-
test.
13 Denn du schichtest Ruhe über sein Leben,
Entspannung und Abstand von den bösen Reden.
Bis die fiesen Leute ihr Fett abgekriegt haben,
begraben waren. Bei den Toten lagen.
14 Aber Gott wird seine Leute nicht im Stich lassen,
kannst du echt fassen, er bleibt in ihren Straßen!
15 Die Richter werden wieder gerecht richten.
Und die Straighten werden Gott sichten, werden zu
ihm flüchten.
16 Wer ist mit mir, wer steht an meiner Seite?
Gegen diese Verbrecher, wer wird mit mir streiten?
17 Wenn Gott nicht da wäre, dann wäre ich längst
tot.
18 In der Not dachte ich oft: „Ich geh hier gleich
schrott!"
Doch dann kamst du mit Liebe bei mir an.
19 Als die Sorgen mich fertigmachten, da warst du
dran.
Du hast mich beruhigt, hast mich getröstet.
20 Bist nicht so bestechlich wie der Richter, der am
Gericht richtet.
Die missbrauchen das Gesetz, die bauen nur Mist.
21 Die treffen sich und machen den fertig, der Lügen
hasst,
verurteilen den zu Knast, obwohl keine Anklage passt.
22 Aber Gott beschützt mich, er passt auf mich auf,
er spielt in meiner Mannschaft, und er ist gut drauf.
23 Er wird diesen Richtern noch fett Krieg geben.
Für ihr böses Reden müssen sie ihr Leben geben.
Auf jeden.

95

Fetten Applaus für Gott

1 Kommt doch mal bitte mit, eben,
wir wollen Gott jetzt fetten Applaus
geben.
Machen für ihn eine riesige Feier,
schließlich ist er unser Befreier.
2 Werden dankbar tanzen und hüpfen und steppen
und ihm natürlich die Volxbibel-Psalmen vorrappen.
3 Egal, ob hier oder dort,
einfach an jedem Ort
ist der Chef ein gigantischer Gott.
Echt, check's.
Er ist nämlich cheffer als alle anderen Chefs.
4 Täler und Berge gehören Gott,
macht ihn nicht schmäler.
Ja, er alleine ist einfach der Herr.
5 Auch über das Festland und über das Meer.
Denn mit eigenen Händen stellte er alles her.
6 Los, beten wir zu ihm, auf unseren Knien.
Vor ihm verbeugen ist jetzt voll angebracht.
Weil er der Macher ist, hat uns erdacht und
gemacht.
7 Gott ist Chef von uns allen,
wir seine Angestellten.
Und als Chef lässt er uns nicht fallen,
nicht mal selten.
Gott als Chef zu haben ist optimal, genial,
eben einfach wunderbar,
denn bei ihm
sind wir hundertprozentig unkündbar.
8 Hört jetzt bitte hin, was Gott zu euch spricht:
„Macht eure Schotten ausnahmsweise mal nicht
dicht.
Wie es eure Vorfahren früher gerne machten,
als sie in der Wüste immer nur maulten
und Vorwürfe gegen mich brachten.
9 Fast jeden Tag forderten sie mich heraus aufs
Neue.
Fast jeden Tag erlebten sie neu meine Treue
mit Worten und Taten.
10 Vierzig Jahre war ich auf sie sauer
und musste dann sagen:
Alles, was sie machen und wonach sie streben,
ist vollkommen verkehrt und total daneben.

Als sie meine Wege dann ganz aus den Augen verloren,
11 hab ich in meinem Zorn mir selber geschworen,
die Ruhe,
die ich selbst nur habe für sie,
kriegen sie niemals.
Nein,
wirklich nie!“

96 Chef vom Universum

Überall, an allen Ecken, sollen die Leuten
das mal checken:
Mein Gott ist der Chef vom Universum!
Mein Gott richtet die Welt und nicht andersrum!
1 Singt unserm Gott ein neues Lied mit immer härter werdendem Beat!
Schreibt neue Texte, neue Zeilen,
die alle allein auf den Chef hinweisen!
2 Jeder soll es checken, jeder soll singen,
überall sollen Lieder für Gott erklingen.
3 Erzählt den Leuten, dass er liebt und nicht disst,
lasst die Story raus, wie krass unser Gott denn überhaupt ist!
Erzählt die Wunder, die nur jemand bringen kann
wie er,
weil die, die ihn nicht kennen, brauchen ihn schwer!
4 Denn mein Papa im Himmel ist der allerbeste,
nur für mein'n Papa im Himmel gibt's die geilsten
Feste.
Gegen ihn ist Zeus 'n Scheiß und packt ein.
Im Vergleich mit Gott erscheint Bill Gates miniklein.
5 Was haben diese Leute denn schon drauf?
Sie scheffeln Geld ohne Ende beim Aktienkauf.
Kommen sich mächtig vor, Zigarre im Mund, die sie paffen.
Mein Gott aber hat den ganzen Himmel geschaffen!
6 Von seiner krassen Art und Pracht wird man umgeflasht,
seine Macht ist krasser als eine Million Cash!
Seine Schönheit strahlt heller als 'ne Flutlichtanlage,
Stärke und Macht gehen von ihm aus, keine Frage!
7 Hey, hört mal zu, macht die Lauscher auf,
macht euch auf und startet den Lauf!
Der Chef wartet auf euch, gebt ihm euch hin,
8 ehrt seinen Namen, denn er ist der Sinn!
Kommt in seinen Tempel und kniet euch vor ihn
hin.
9 Wenn er in seiner Größe erscheint und sich euch
zeigt,
gebt alles, werft euch nieder, wenn er sich zu euch
neigt.
Die ganze Welt soll seine Macht endlich erkennen,
und alle Leute solln ihn als ihren Präsidenten bekennen.
10 Sagt den andern: Gott allein ist von allem Chef.
Und die Erde, den Himmel schuf er aus dem Effeff.
Die Nationen sollen wissen: Er ist der Herr!
Er wird alle richten, und das gerecht und fair.
11 Himmel und Erde, schmeißt jetzt 'ne Feier,
auch das Meer, mach Party, selbst die Seeungeheuer!
12 Das Land und die Wälder, freut euch, Mann.
Ihr Flüsse und Täler, macht euch mal ran!
13 Denn Gott ist am Start, er selbst ist jetzt da,
macht alles für das große Gericht schon mal klar.
Er kommt, um die Menschen zur Rechenschaft zu
ziehn.
Sein Urteil ist gerecht, unbestechlich und clean!

97 Gott ist der Chef

1 Gott ist der Chef über die Welt,
die deshalb eine Party abhält.
2 Keiner kann Gott wirklich sehn und verstehn,
aber er wird nie ohne Gerechtigkeit losgehn.
3 Jeder, der über Gott lacht,
bekommt auf die Schnauze, so dass es kracht.
4 Jeder kriegt das mit, alle sehen das,
wenn Gott dein Feind ist, ist es aus mit dem Spaß.
5 Selbst die Berge werden weich wie Wachs,
wenn sie Gott sehn. Ist für ihn 'n Klacks.
6 Im Himmel wird gerappt von seiner Gerechtigkeit.
Auf der Erde wird gesteppt wegen seiner Schönheit.
7 Es gibt auch Leute, die sind echt peinlich drauf,
die verehren Plastikgötter, und das auch noch
zuhauf.
8 Gott ist der Herrscher über die Welt.
Zion ist froh, und auch Juda gefällt,
9 dass es so ist, dass Gott hier Chef ist
und dass er all die Plastikgötter disst.
10 Hey, an alle Gottesleute,
bitte werdet nicht zur Beute
von dem Bösen, dem Schlimmen, dem Schlechten,
11 Gott wird euch helfen, ihr seid die Gerechten.
Er bringt euch gut drauf, das kann er echt,
was er mit euch macht, das ist nicht schlecht.
12 Ihr seid die Leute von Gott, unserm Boss,
lobt ihn für alles, denn er ist famos.

98 Double-Time-Rap

1 Schreibt Gott neue Rhymes, neue Verse,
neue Strophen.
Schreibt Gott neue Oktaven, neue Lieder, neue
Noten,
denn er hat übernatürliche Dinge getan und macht
sie weiter
aus eigener Kraft, denn unaussprechlich, übernatür-
lich ist seine Macht./
2 Gott hat die Rettung, die er bringt, wirklich allen
gezeigt.
Seine Korrektheit hat er denen klargemacht, die ihn
verneinen.
3 Er hat sich erinnert, dass er Israel treu und gnädig
bleibt.
Die ganze Welt soll die Rettung Gottes sehen, denn
es wird Zeit./
4 Jubelt Gott zu und singt ihm einfach nur die derbs-
ten Lieder.
Feiert, bis der Arzt kommt, ey, bitte, tut es von Her-
zen wieder.
5 Schneidert für Gott die derbsten Beats, dicksten
Bässe und tiefsten Klänge –
6 textet für ihn die besten Rhymes und die derbsten
Freestyle-Bände./
7 Selbst das Meer soll toben und alles, was darin
lebt, ya.
Die ganze Erde und alle Völker sollen geben, was
geht, ya.
8 Berge, Winde, Wälder sollen auch bitte laut in die
Hände klatschen,
denn Gott kommt bald wieder, um der ganzen Welt
ihr Gericht zu
verpassen.
9 Er wird für Gerechtigkeit sorgen auf der ganzen
Erde, in jedem Volk.
Jeder Mensch wird zurechtgewiesen, denn er ist
schließlich immer noch
Gott.
Yha, und das wird er bleiben, egal, was noch
kommt, ya.
Der 98. Psalm, und ich hoffe, er rockt, ya!/

99 Gott hört auf Gebete

1 Unser Gott ist der absolute Oberpräsi-
dent.
Durch Respekt gedämpft,
kommen die Völker voll gehemmt
vor seinen Thron,
dadrunter warten die Engel schon.
Die Erde bekommt deswegen sogar Angst!
2 Ja, unser Gott, der bringt's,
er regiert nicht erst neuerdings
über Jerusalem und auch über alle anderen Völker.
3 Ihm sollen sie immer doller
danke sagen,
sich an den gigagroßen Gott ranwagen,
der heilig ist.
4 Mächtiger Macher, der Korrektheit liebt, nie disst.
Du hast Korrektsein überhaupt erst erfunden.
Deinen Leuten hast du das Gesetz auf die Stirn
gebunden.
5 Betet zu ihm, sagt ihm, wie geil er kommt,
habt Respekt, geht auf die Knie, denn er ist ein kras-
ser Gott.
6 Angefangen bei Mose und Aaron bis zu Samuel
beteten alle zu dem großen Gott, und er erhörte sie
schnell.
7 Er redete mit ihnen durch eine Wolke als Säule,
und sie hielten sich an die Gesetze wie Keule.
8 Chef, unser Gott, du hast unsere Gebete beantwor-
tet,
aber hast uns für unsere Taten auch verantwortet.
9 Macht Gott zum Star,
lobt ihn, er ist wunderbar,
ganz klar,
heilig ist er.
Unser Gott wohnt ganz derb
auf seinem ganz besonderen Berg.

100 Eine Ansage an alle, Gott allen Respekt zu geben

1 Dankbarkeit soll durch jede dieser Zei-
len fließen.
Jedes Dorf, jede Stadt, jedes Land soll das bieten …
„Wem?“
Unserem Gott, dem Chef der Gezeiten,
soll die ganze Welt die derbste Party schmeißen./
2 Ihr sollt vor Freude ausflippen, wenn ihr Gott
dient.
Flippt aus in seiner Nähe und zeigt, dass ihr Gott
liebt.
3 Ihr sollt verstehen: Er ist der einzig Wahre
und Lebende! Er hat jeden von uns in seiner Farbe/
kreiert von Kopf bis Fuß als sein Eigentum.
Für uns Menschen eine unmögliche Leistung.
4 Und wenn wir sein Grundstück betreten,
dann seid ohne Ende dankbar wie noch nie im
Leben./
5 Gott ist einfach so verdammt gut zu dir.

Freundlich als Person, immer gerecht und fair.
Seine Liebe nimmt ununterbrochen kein Ende,
seine Treue erst recht nicht, darum hebt jetzt eure Hände./

101 Strophen Davids

1 Ich kann's einfach nicht lassen, ey, ich muss davon reden.
Am liebsten 24/7 Schluss mit ätzenden Themen.
Ich möchte Gottes Liebe erwähnen, denn sie ist es wert,
und seine Gerechtigkeit, Gott, nur du bist mein Herr.
2 Hilf mir, ein Chef zu sein nach deinen Maßstäben,
denn in meiner Firma will ich deiner Weisheit nachgehen.
Ich will mit dir an den Start gehen, und das von Anfang an.
Ich will nur das tun, was ich vor dir verantworten kann.
3 Und auf alles, was Zeitverschwendung ist, gebe ich 'n Dreck,
bei Leuten mit blöden Ideen geh ich einfach nur weg.
Denn ich hasse es, wenn einer absichtlich gegen Gott rebelliert.
Mir soll das keiner nachsagen, der mein Herz registriert.
4 Und alle, die von Gutem reden, aber selbst Böses tun, sollen fernbleiben,
denn Heuchler sind so lästig wie Herzleiden.
5 Außerdem bringe ich zum Schweigen, wer Mitmenschen heimlich beleidigt,
wer seinen Stolz über alles eifrig verteidigt.
Denn Arroganz hat bei mir keinen Platz, merk dir das!
Nimm es ernst, weil ich keine Scherze mach! (ouh)
6 Wer aber ehrlich, treu, echt und zuverlässig tickt,
darf sich freuen, denn auf so jemand werfe ich meinen Blick.
Ja, ich brauch nur die besten Mitarbeiter in meiner Firma,
denn nur wer den Ruf pflegt, genießt ein gutes Klima.
7 Ich will, dass jeder auch weiß, und zwar im Klartext,
wer lügt und klaut und betrügt, bleibt ganz weg.
8 Und jeden Morgen, tagtäglich feuer ich jeden, der
Verbrechen und Böses tut und nicht Gott verehrt.
Denn alle, die Stress und Ärger bevorzugen, werden dann
ihren Platz versäumen in Gottes Herz und Hand.
Die Stadt von Gott wird voll sein mit denen, die treu waren,
und die anderen werden im Sterben bereut haben.

102 Bitte hilf mir, Gott

1 Dieser Rap ist ein Gebet von dem, der total fertig ist,
von einem, der Gott seine Probleme klagt, der festsitzt in seinem Mist.
2 Gott, bitte höre auf mein Beten, auf den Hilfeschrei.
3 Ich bin in großer Not, komm bitte endlich schnell vorbei!
Versteck dich nicht vor mir, mein Gott, und hör mir zu,
4 denn meine Tage, die verfliegen fast im Nu.
Mein ganzer Körper wird von Krankheit voll geschüttelt,
5 mein Herz ist innerlich kaputt und durchgerüttelt.
Ich fühl mich trocken wie ein Grashalm oder Knäckebrot.
Ich kann nichts essen, hab's vergessen in der Not.
6 Ich bin so dürr und abgemagert wie ein hungerndes Kind,
die Depression erdrückt mich voll, ich heule wie der Wind.
7 Ich schreie laut, so wie die Eule jede Nacht im Wald.
Ich weine rum wie 'ne Hyäne, hab es nicht gerallt.
8 Ich kann nicht pennen, lieg alleine hier in meinem Bett,
fühle mich verlassen wie ein Solosänger im Duett.
9 Denn jeden Tag erzählen die Feinde Witze über mich,
und wenn sie andern Schlechtes wünschen, dien als Beispiel ich.
10 Ich esse Sand anstatt der Brötchen und als
Getränk trinke ich Tränen.
Ref:
11 Denn deine Wut hat mich getroffen (getroffen),
ich wurd mit Bungee hochgeschossen (geschossen),
doch es fehlte dort ein großes Netz (Netz),
ich bin zerschmettert und völlig zerfetzt (zerfetzt).
12 Mein Leben lebt sich wie ein Schatten, der in der Dunkelheit verschwindet,
ich bin wie ein kaputter Motor, wie ein Pferd, das bald verendet.
13 Du aber bleibst und endest nie, du wirst regieren in allen Zeiten,

und immer wird man sich erzählen von deinen
Taten, den Gewalten.
14 Du wirst aufstehen, du wirst dich erbarmen
(erbarmen),
denn deine Stadt ist am Erschlaffen, am Erlahmen
(Erlahmen),
die Zeit von Zion ist jetzt endlich gekommen
(gekommen),
dass du begnadigst die Leute, die dort wohnen
(dort wohnen).
15 Dein Volk, das liebt die Mauern Zions, und es
beweint ihre Zerstörung.
16 Wir wollen, dass alles wieder steht und alle ohne
Gott vor Empörung.
Respekt vor deinem Namen haben,
und auch die Präsidenten sagen:
„Gott, er ist mächtig, er ist heftig."
17 Denn du baust Zion auf und wirklich,
Gott wird erscheinen dort mit Macht.
18 Er hört Gebete von denen, über die jeder lacht.
Er wird ihre Gebete nicht vergessen (vergessen).
19 Das steht jetzt hier, ganz unvermessen (unver-
messen),
für alle Generationen aufgeschrieben (geschrieben),
die Gott nur loben, übertrieben? (übertrieben).
20 Denn er hat dort auf sie gesehen,
vom Himmel aus, nicht übersehen.
21 Er hat gehört von den Gefangenen
und er will lösen, die gebunden sind,
er holt sie raus aus Todeskämpfen.
22 Das Lob für Gott kann niemand dämpfen,
ja, wir erzählen davon in Zion
und in Jerusalem auch schon,
23 wenn dort mal alle Völker hinziehen
und die Nationen Gott dort dienen.
24 Er hat mir meine Kraft genommen,
mich auf dem Weg dorthin zerbrochen.
25 Ich sagte Gott: Lass mich nicht sterben,
ich bin noch jung, will nicht verderben.
Doch deine Jahre sind unzählbar,
du überlebst sie, bist unfehlbar.
26 Du hast die Erde mal gemacht und auch den
Himmel.
27 Sie werden auch mal gammelig sein und voller
Schimmel.
Aber du bleibst, du bist verlässlich und beständig,
dich kann man nicht mal eben abziehen, machst
lebendig.
28 Und du veränderst dich niemals, wirst niemals alt.
29 Die Kinder deines Volks bleiben in Sicherheit.

103

Ganz besonderer Rap Nr. 103
Das hier ist von David.
1 Egal, wie ich drauf bin, ich feier Got-
tes Namen,
und geb ihm Respekt durch all meine Organe.
2 Hey, mein Herz, ich muss dich ermahnen:
Freu dich, denn er hat viel Gutes getan!
3 Er vergibt dir alle deine Sünden
und lässt alle deine Krankheiten verschwinden.
4 Er trennt dich von den Sorgen und dem Selbstmit-
leid
und gibt dir Leidenschaft und Barmherzigkeit.
5 Er füllt dir ein Leben lang Gutes ein
und erneuert deine Kraft, hält dich auf den Beinen.
6 Er, der Chef, vollbringt nur gerechte Taten
und bringt Recht denen, die Unrecht erfahren.
7 Er hat seine Wege dem Mose mitgeteilt
und seine Werke Israel gezeigt.
8 Er hat Liebe und gönnt dir das Gute.
Nichts und niemand bringt ihn aus der Ruhe.
9 Er trägt nichts nach und macht keinen zur Sau,
und sein Zorn hört bald wieder auf.
10 Er behandelt uns echt zu gut
und schaut nicht auf unseren Mist, wenn er uns
besucht.
11 Seine Liebe ist so groß wie die Galaxien
gegenüber Menschen, die ihn achten und lieben.
12 Er entfernt unsere Schuld und Last
und lässt sie verschwinden wie die Sonne in der
Nacht.
13 Wie ein Vater, dem seine Kinder viel bedeuten,
so geht Gott um mit allen, die ihm treu sind.
14 Er kennt die Beschaffenheit unserer Kreatur
und das Ticken unserer Lebensuhr.
15 Der Mensch kommt und geht im Grunde wie Gras,
er blüht wie eine bunte Blume im Park.
16 Aber ein größerer Sturm lässt sie draufgehen,
so dass Leute aus der Gegend nur noch Staub
sehen.
17 Die Liebe von Gott, unserem Himmelspapa,
hält für immer, Tag und Nacht, sie ist immer da.
Sie ist für alle, die ihn schätzen, real.
Sein Plan macht sich für die Enkel bezahlt.
18 Nämlich von denen, die bei ihm bleiben
und sich an seine Weisungen halten.
19 Im Himmel hat Gott seinen Chefsessel gebaut.
Das ganze Universum steuert er von dort aus.
20 Gebt ihm Respekt, ihr Wesen voll Kraft,
ihr Repräsentanten und Vertreter seiner Macht.
Gott ist euer Boss, weil ihr ihm vertraut;
was er sagt, das führt ihr dann aus.

21 Gebt ihm Respekt, ihr Leiterteams,
ihr tut genau das, was der Meister liebt.
22 Ihr, seine Werke, kommt mal in Gang,
gebt ihm Respekt, ja, ihr alle zusammen,
überall, an jedem Ort, wo er als Präsident herrscht.
Ich will, dass auch du, mein Herz, ihn ehrst!

104

Gott ist genial

1 Ich will Gott volle Kanne loben, mit
allem, was ich hab,
ich will ihm Lieder singen, mein Leben lang, bis ich
bin im Grab.
Du bist so unbeschreiblich schön, bist Mr. Stylish in
Person.
2 Du kleidest dich aus purem Licht, da wirkt Armani
wie ein Hohn.
Den Himmel hast du aufgebaut wie ich die Plane
meines Zeltes,
die Wolke, die dort oben fliegt, das ist dein Teppich,
ja so ist es.
3 Du wohnst doch überall im All und fliegst so
schnell wie'n Düsenjet.
4 Das Wetter spricht aus, was du denkst, die Blitze
sind dein Alphabet.
5 Du hast die Erde fest gebaut, der Untergrund wird
niemals sterben.
6 Die Ozeane decken zu, fast wie ein Kleid, ganz
derbe Berge.
7 Selbst wenn du nur mit Worten drohst, gehn sie
zurück, wenn du's verlangst,
wenn du mit einem Donner sprichst, dann fliehen
sie vor lauter Angst.
8 Die Berge wuchsen aus der Erde, und alle Täler
senkten sich.
9 Die Strände kamen mal von dir, und weiter darf
das Wasser nicht.
10 Du gibst den Druck auf jede Quelle, das Wasser
sprudelt in die Flüsse.
Es findet seinen Weg für sich, es fließt durch Berge,
Täler, Risse.
11 Die Kühe trinken davon ständig, und auch der
Hund braucht es zum Leben.
12 Und in den Bäumen sitzen Vögel und singen Lie-
der, so mal eben.
13 Du machst vom Himmel alles nass und lässt es
auf die Berge regnen,
die Erde saugt es völlig auf und bringt hervor ganz
neues Leben.
14 Das Gras ist für die Kühe, den Weizen konnten wir
abzwacken,
du hast es für uns wachsen lassen, damit wir uns
damit Brot backen.
15 So hat der Mensch für seinen Spaß von dir den
Wein und für den Körper
das Öl, damit cremt er sich ein, und gutes Brot, das
macht ihn stärker.
16 Die ganzen Bäume, die Gott macht, die sind fett
grün und haben Äste.
17 Dadrin ziehen die Vögel ein, und auch die Störche
bauen Nester.
18 Oben auf dem hohen Berg, da wohnt das kleine
Murmeltier,
gleich daneben haben der Steinbock und seine
Freunde ihr Revier.
19 Du hast den Mond gemacht, und auch die Zeit
war allein deine Idee,
die Sonne weiß immer Bescheid, zu welcher Zeit sie
untergeht.
20 Die Nachtidee kommt auch von dir, da geht's im
Wald noch richtig ab.
21 Der Pitbull bellt, wenn er Hunger hat, er will's von
dir und wird nicht
schlapp.
22 Und wenn es wieder heller wird, verlässt der Bär
auch sein Versteck.
23 Jetzt kommt der Mensch hoch, geht zur Arbeit,
und er bleibt da, bis es wird spät.
24 Gott, was du machst, das machst du richtig, mit
Weisheit hast du es begonnen.
Die ganze Erde ist voll davon, sie ist perfekt und voll
in Ordnung.
25 Da ist das Meer so voller Tiere, dass keiner sie
mehr zählen kann.
26 Und auch die Schiffe, die drauf fahren, kommen
niemals gegen sie an.
27 Alles, was du hier mal gemacht hast, das braucht
von dir auch was zu essen.
28 Du gibst Nahrung im Überfluss, wir brauchen nur
noch zu genießen.
29 Bloß wenn du weg bist, sind wir tot, dann ist das
Leben auch vorbei,
wir sterben, gammeln, werden Erde, dann löscht du
unsere Datei.
30 Doch brauchst du nur einmal zu pusten, dann
werden wir ganz neu gemacht,
du schenkst der Erde neues Leben, 'nen neuen Style
hast du erdacht.
31 Gott wird ganz klar für immer powern, er hat die
Macht, er ist der Chef.
Er soll sich freuen an seiner Erde, an dem Geschaf-
fenen an sich.

32 Mit einem Blick erbebt die Erde, mit seinem
Touch rauchen die Berge.
33 Ich will Gott lauter Lieder singen, ihm Respekt
geben, das ganz Derbe.
34 Ich freue mich so, dass ich ihn kenne, mein Reim,
der soll ihm gut gefallen.
35 Die Menschen, die nicht mit Gott leben, die ihn
bekämpfen, die rumprollen,
die sollen sterben, sollen vergehen, die brauchen
nicht mehr hier zu leben.
Ich will Gott lauthals Lieder singen, ihm Respekt
geben, das auf jeden.
„Halleluja" ist mein Song, und ich sing: „Gott ist so
genial!"
Und alles in mir singt ihm das, aus meinem Her-
zen, radikal.

105 Gott führte seine Leute

1 Bedankt euch bei Gott und schreit sei-
nen Namen raus,
erzählt von seinen Taten im Haus, schreit sie in die
Welt hinaus.
2 Rappt mit Beatbox zu seiner Ehre, erzählt von sei-
nen Wundern.
3 Und freut euch an ihm, gibt Zunder, macht es run-
der.
Ich mein die „Leute", die zu ihm gehören, die nach
Gott fragen,
4 die auch an Problemtagen seine Macht angraben.
Kommt zu Gott, kommt immer wieder zu ihm.
5 Denkt in euch drin an seine Wundermaschin'.
Und denkt auch an die Urteile, die er gerecht gefällt
hat
6 an den Kindern von Abraham und Jakob, in der
Tat.
7 Er ist unser Gott, der Chef von allem, er hält das
Gericht.
Ob wir durchkommen oder nicht, wird entschieden
vor seinem Angesicht.
8 Er denkt ewig an seine Verträge, er hält, was er
verspricht.
Kannst du dich voll drauf verlassen, sein Wort er
niemals bricht.
9 Schon mit Abraham hat er diese Verträge damals
gemacht,
und auch bei Isaak hat er immer dadran gedacht.
10 Du lachst? Jakob genauso, auch ihm hat er es auf
ewig versprochen!
11 Er sprach: „Ich gebe euch Kanaan, es soll euch
gehören, doch, hm,
ihr könnt es dann auch gerne weiter vererben."
12 Und da waren es noch wenig Leute, dazu fremde,
voll derbe.
13 Sie zogen damals von einem zum anderen Land,
14 Gott erhob die Hand, keiner durfte sie an den
Rand
der Verzweiflung bringen, er warnte vor allen Din-
gen,
die fremden Völker und deren Chefs können ein
Lied davon singen.
15 „Hände weg von meinen Leuten! Die hab ich
erwählt!
Sind alle gezählt, auch meine Propheten werden
nicht gekillt!"
16 Und dann drehte Gott den Essenshahn zu, Brot
und Kartoffeln waren aus im Nu.
17 „Mach den Schuh!", sagte Gott dann und schickte
Josef dazu,
als Sklave wurde er jetzt nach Ägypten verkauft.
18 Er kam in Handschellen in'n Knast, aber er war
nie schlecht drauf.
19 Und das ging so lange, bis das passiert war,
was Gott vorhergesagt hatte, Josef war unschuldig,
ganz klar!
20 Und da befahl der Präsident, ihn von den Fesseln
zu befreien,
der Chef von vielen Völkern, das konnte nicht länger
sein.
21 Ihm fiel ein, dem Josef dann die fetteste Stelle zu
geben,
machte ihn zum Verwalter von seinem ganzen Ver-
mögen.
22 Selbst die hohen Beamten mussten tun, was er
sagte,
und die Manager vom Präsidenten hörten zu, wenn
er tagte,
wenn er den Leuten zeigte, wie man weise entschei-
det.
23 Dann kamen Jakob und seine Familie nach Ägyp-
ten gereiset,
und sie wohnten ab dann in diesem fremden Land.
24 Gott war der Garant für so viele Babys wie Sand
am Meer, machte sein Volk mächtiger als seine
Unterdrücker.
25 Und er sorgte für Hass unter den vielen Ägyptern
gegen seine Leute, die schoben voll den Film.
Am Ende behandelten sie die wie Leute ohne Hirn.
26 Darum schickte Gott seinen Mose und Aaron,
die er ausgewählt hatte, die wussten das schon.
27 Voll der Hohn, sie taten in Ägypten heftige Zeichen
und Wunder,

womit Gott vorher schon drohte, Mann, das gab
Zunder!
28 Er machte es finster, dunkler als die Nacht,
die Ägypter, ganz unbedacht, hatten keine Angst vor
seiner Macht.
29 Ihre Flüsse und Seen machte er rot wie Blut,
ließ die Fische drin sterben, das kam gar nicht gut.
30 Salut! Dann kam die fetteste Froschplage,
die trat überall zutage, sogar in der Königspalast-
etage.
31 Dann schickte Gott Kakerlaken und Schnaken,
ganze Schwärme, überall, kannst du voll abhaken.
32 Und als die Ägypter auf Regen warteten,
schickte Gott Hagel und Blitze, es brannte in den
Staaten.
33 Er machte den Weinanbau damit völlig platt,
setzte auch die Feigenernte schachmatt.
34 Dann rückten auf Befehl die Heuschrecken an,
fette Schwärme waren das, die man nicht mehr zäh-
len kann.
35 Und dann fraßen die alles ratzekahl leer.
36 Schließlich tötete Gott auch noch die ältesten
Söhne der Ägypter!
37 Ja, und am Ende führte Gott seine Leute aus dem
Land,
gesund und stark, beladen nicht mehr mit Sand,
sondern mit Gold und so Sachen, er machte sie reich.
38 Die Ägypter feierten 'ne fette Party sogleich,
sie hatten kein' Bock mehr, und sie hatten auch
Angst.
39 In 'ner Wolke als Schutzschild war Gott da, und in
der Nacht,
wie ein Riesenhalogenstrahler, leuchtete er ihnen
den Weg.
40 Und wenn sie Hunger hatten, kam das Essen nie
zu spät.
Lecker wie Steak, Hendln kamen vom Himmelslie-
ferservice,
und auch lecker Brot war da, das ist heut kein
Geheimnis.
41 Und wenn sie Durst hatten, machte Gott 'ne
Quelle klar,
aus einem Felsen kam Wasser, Apollinaris am Start.
42 In der Tat, Gott hatte das Versprechen an Abra-
ham nicht getillt.
43 Er führte sie dort raus, seine Leute, ganz abge-
chillt,
sangen ihm Lieder und feierten ihn mit Freude.
44 Und Gott dachte sich: „Leute, ich geb euch das
ganze Land heute,
was die ohne mich vorher besessen hatten,
45 damit sie mit ihren Taten meine Ansagen verbra-
ten.
Denn meine Gesetze sollt ihr radikal bewahren,
die sind nur gut, da kann man Halleluja zu sagen."

106

Gott hörte das Hilfeschreien

1 Es gibt da so ein Wort, das heißt „Hal-
leluja",
es meint, dieser Gott ist so geil einfach unvorstell-
bar.
Seine Liebe kann absolut nie ein Ende finden,
2 ihr Blinden, wer hat denn die vollständige Liste
seiner Taten?
Soll ich mal raten? Keiner hat hier vollständige
Daten!
3 Gut drauf kommen die Tanten, die sich an seine
Gesetze halten,
und auch die Onkels sollten es so veranstalten.
4 Gott, behalte mich im Auge, vergiss mich nicht,
so wie du deine Leute nie lässt im Stich.
5 Jo, ich will mit eigenen Augen zusehen,
wie du deinen Leuten hilfst, es wird ihnen gutgehen.
Wir verstehen, dass wir zu dir gehören, sind dein
Privateigentum.
6 Haben uns nicht gerade mit Ruhm bekleckert, sind
Mist am Tun.
Schon die Väter unserer Väter waren da schwer
dabei,
sie lebten ohne dich, was du sagst, war ihnen einer-
lei.
7 Unsere Alten, als sie noch in Ägypten waren,
wollten nicht glauben, hatten alles vergessen. Wie
abgefahren,
was für krasse Wunder du getan hast, Mann,
hey, die hatten alle doch voll den Wahn.
Sie machten eine große Demo gegen dich,
lehnten sich auf, einfach unglaublich!
8 Und trotzdem hast du sie da rausgeholt,
sie da befreit, mit sehr viel Geduld,
weil du es ihnen ja versprochen hast.
So zeigtest du deine Macht, die ist einfach krass.
9 Du sagtest zum Meer, es soll sich teilen.
Das passierte sofort, deine Leute mussten sich be-
eilen.
Du hast sie mit trockenen Füßen durchgeführt.
10 Doch die Verfolger wurden zugeschnürt,
sie wurden alle einfach abserviert.
11 Das Wasser kam zurück und ertränkte die Feinde.
12 Ab dann reimten sie Lieder auf deine
Worte und glaubten an dich, an das, was du sagst.

[13] Aber nur für ein paar Jahre, dann vergaßen sie
deinen Rat.
[14] Sie geierten nach Fleisch, mitten in der Wüste,
wollten was von Gott fordern, was der schon lange
wusste.
[15] Also gab er ihnen, was sie sich so sehr wünsch-
ten.
Und das in der Menge, bis ihnen kam das Kotzen,
[16] sie fingen gleich bei Mose an zu motzen,
auch gegen Aaron wollten sie sich fetzen.
[17] Plötzlich öffnete sich die Erde, verschlang ihren
Anführer,
Datan und Abiram mit Familie, ab in den Rührer.
[18] Alle, die zu den Verführern standen,
verbrannten, weil sie Gott verdammten.
[19] Und am Berg Horeb gossen sie sich eine Kuh aus
Gold.
Israel betete zu der, denn sie dachten, das Glück
wäre ihnen dann hold.
[20] Die Macht und Schönheit ihres Gottes
tauschten sie gegen das Bild eines Tieres.
[21] Aus Ägypten gerettet, mit fetten Wundern am
Stück. Hey!
[22] Das hatten sie schon wieder vergessen, die hefti-
gen Wunder, verrückt, ey,
was Gott am Schilfmeer tat, er war da am Richten.
[23] Und dann warst du, Gott, echt zu, wolltest alle
vernichten,
doch Mose machte sich grade, trat für seine Leute
ein.
Nicht nur zum Schein, auf keinen Fall, nein,
er wollte auf jeden Fall deine Laune verbessern.
[24] Doch ihre Einschätzung war am Verwässern,
sie glaubten deinen Zusagen nicht, dachten, sie
wüssten es besser.
[25] Sie fingen an zu lästern über Gott, sie nahmen ihn
nicht mehr ernst.
[26] Da war es ihm zu viel, und er versprach äußerst
derbe:
„Ich will, dass sie alle in der Wüste sterben.
[27] Und ihre Kinder sollen den Tod erben, in der Welt
verderben.
[28] Sie waren so drauf, den Gott vom Berg Peor, den
Baal, anzubeten,
sie aßen das Fleisch von Opfertieren, auf religösen
Feten."
[29] Durch ihr ganzes Auftreten reizten sie Gott total,
da kam eine Seuche über sie, alle waren krank in
dem Quartal.
[30] Pinhas kam an den Start und sprach ein Urteil
aus.
[31] So fand Gott ihn cool im Haus, für immer war
seine Famile fein raus.
[32] Und dann das Ding, an der Quelle von Meriba,
ja, da forderte Israel Gott schon wieder.
Es ging dann nieder mit Mose, das krachte.
[33] Er war so sauer, dass er Dinge sagte, über die er
nicht nachdachte.
[34] Sie beachteten nicht die Ansage Gottes, alles zu
plätten.
[35] Stattdessen vermischten sie sich mit Fremden,
sie übernahmen sogar die ausländischen Sitten,
[36] sie beteten zu deren Göttern, das hat sie in die
Scheiße geritten.
[37] Sie opferten diesen Blechfratzen sogar ihre Kin-
der!
Merken die noch was? Geht das noch blinder?
[38] Sie verdreckten ihre Seele, indem sie die den Göt-
tern gaben.
Damit beschmutzen sie sich, die Schuld wurde zu
einem tiefen Graben.
[39] Ihre Taten waren echt ätzend für Gott anzuse-
hen,
waren nicht korrekt, brachen die Treue, konnten
nicht zu ihm stehen.
[40] Gott konnte nicht mehr zusehen, er hatte seine
Leute satt.
[41] Er gab sie in die Hand der Feinde, die setzten sie
im Krieg schachmatt.
[42] Diese Feinde machten sie platt, und sie konnten
nichts dagegen tun.
[43] Gott konnte nie ruhen, befreite sie ohne ihr Dazu-
tun.
Aber denen war das wohl egal, sie waren zu prall,
gehorchten ihm nicht, darum wurden sie erstickt in
ihrem Schwall
von bodenloser, übelster Ungerechtigkeit.
[44] Doch dann hörte er ihren Hilfeschrei.
Ihre Not ging ihm nicht am Arsch vorbei.
[45] Er dachte an die Verträge, die sie miteinander hat-
ten,
seine Liebe war nicht kalt, ey, Mitleid kam nicht auf
Raten.
[46] So war er mit Mitleid am Start bei denen, die sie
gefangen hielten.
[47] „Rette uns, Gott, aus der Hand dieser vielen,
die dich nicht kennen, dann werden wir dich prei-
sen!
Wir werden stolz auf dich sein, werden Lobpreis
abreißen."
[48] Am meisten sollst nur du, Gott, gelobt werden
von uns,

und das gilt für immer, diese Lobpreiskunst.
Das soll von allen deinen Leuten immer wieder gesagt werden.
So soll es sein! Du bist der Größte, weit über die Erden.

107 Gott hat uns gerettet

1 Bedankt euch bei Gott, denn er ist gut, und seine Liebe ist unendlich.
2 Das sollen alle die sagen, denen er half aus der Bedrängnis.
3 Die er gesammelt hat, von Osten, von Süden, Westen und Norden.
4 Sie irrten durch die Wüste auf der Suche nach bewohnbaren Orten.
5 Sie hatten Hunger und Durst, ihr Innerstes trocknete aus.
6 Da schrien sie zu Gott, und er kam und rockte das Haus.
7 Er zeigte ihnen den Weg, sie fanden die Städte.
8 Sie sollen Gott danken, er hat sie durch ein Wunder gerettet.
9 Denn er hat Körper und Seele gesättigt mit Wasser und Speisen.
10 Die Bewohner des Dunkels lagen gefesselt, in Elend und Eisen.
11 Denn sie hatten sich gegen Gott aufgelehnt, das hat Gott aufgeregt.
12 Er hat ihnen Unheil, Angst und Lasten auferlegt.
13 Da schrien sie zu Gott, und er rettete sie aus den Bedrängnissen.
14 Er führte sie heraus aus der Finsternis, hat ihre Fesseln zerrissen.
15 Und deshalb sollen sie Gott danken, ihn und seine Wunder.
16 Denn sie waren hochnäsig, aber er holte sie wieder runter.
17 Viele Dumme litten wegen ihrer Sünden und befanden sich in Not.
18 Ihr gottloses Getue führte sie fast bis in den Tod.
19 Dann erkannten sie die Schuld, die sie auf sich luden.
20 Sie schrien zu Gott, und er holte sie aus ihren Gruben.
21 Und deshalb sollen sie Gott loben, ihn und seine Wunder,
denn sie waren hochnäsig, aber er holte sie wieder runter.
22 Sie sollen Dankopfer bringen und Gottes Taten bekannt machen,
nicht nur in ihrem Dorf, sondern ringsum in allen Landen.
23 Die Seeleute, die sich mit Schiffen aufs Meer hinaus begaben,
24 konnten viel erzählen über Gottes Wundertaten.
25 Mitten auf dem Meer erfasste sie ein Unwetter,
26 hohe Wellen erwischten das Schiff, und es wurde zerschmettert.
27 Es war kein Ufer in Sicht, sie konnten nicht an Land klettern.
28 In ihrer Not riefen sie zu Gott, ihrem Retter.
29 Er verwandelte Sturm in Stille, nahm sie mit seiner Hand
30 und führte die Männer bis hin auf das Land.
31 Sie sollen Gott danken und seine Wunder bezeugen.
32 Sie sollen allen Menschen erzählen, bis sie sich vor Gott beugen.
33 Er macht Flüsse zur Wüste, Regierungsgebäude zu Ruinen.
34 Gutes macht er schlecht, wenn die Menschen es verdienen.
35 Er macht die Wüste zum Wasserteich, dürres Land fruchtbar.
36 So können Hungrige dort wohnen und Städte bauen, wo vorher nichts war.
37 Sie bauten Felder und Weinberge, und Gott gab seinen Segen.
38 Ihre Herden ließ er wachsen, und sie konnten glücklich leben,
39 doch das Geld stieg ihnen zu Kopf, sie wurden reich und abgehoben.
40 Und deshalb schickte Gott sie weg von dem fruchtbaren Boden,
41 doch die Armen beschenkte Gott mit vielen Gaben.
42 Dies ist gerecht, man kann nichts dagegen sagen.
43 Wer weise ist, merkt sich diese Verse und lässt sich von Gott leiten.
Und hört auf ihn, gerade wenn's ihm gutgeht und nicht nur in schlechten Zeiten.

108 Gott hilft

1 Das hier kommt von David,
für Gott ist es ein Lied.
2 Ich vertrau auf dich, mein Gott,
du hilfst mir immer, in jeder Not.
Diese Lieder kommen von mir
und zeigen meinen Respekt vor dir.
3 Spielt jeden Tag ein neues Lied,
4 denn Gott, du bist der Beste, den es gibt.

Du bist der Chef von allem hier,
5 und deine Liebe brennt in dir.
Du liebst uns und bleibst immer da.
6 Zeig deine Power und mach allen klar,
7 dass du keinen von deinen Leuten vergisst.
Hey, Gott, befrei uns aus unserem Mist!
8 Gott hat einmal in seinem Büro gesagt:
„Jetzt mach ich das so, wie ich es mag.
Ich verschenk jetzt Sichem und mess das Gebiet,
wo das Tal von Sukkoth liegt.
9 Gilead gehört mir und Manasse erst recht.
Efraim ist mein Helm und Juda auch nicht schlecht.
Das benutz ich als Stab zum Chefsein,
10 Moab als Waschbecken ist auch mein.
Edom ist mein Schuhschrank,
und über Philistäa freu ich mich krank."
11 Wer hilft mir auf dem Weg nach Edom?
12 Machst du das, Gott? Kommst du vom
Himmel und leitest unsere Armee?
13 Wir haben grad totale Probleme, o weh!
Hilf uns, Gott, kein Mensch bringt es jetzt.
14 Aber mit Gott werden unsere Gegner zerfetzt.
Wir werden dann noch krassere Sachen machen
und mit Gott zusammen darüber lachen.

109 Wie einer, der unschuldig angeklagt ist, zu Gott um Hilfe ruft

1 Von David.
Du, Gott, dir bin ich immer dankbar gewesen, sag
endlich was!
2 Ich bin angeklagt von Leuten, die keine Skrupel
haben
und nur Lügen über mich verbreiten, um sich dran
zu laben.
3 Sie drohn mir und erzählen echt üble Storys über
mich
4 und ziehen mich und meine Freundschaft übern
Tisch,
und ich hab für sie, bei Gott, nur Gutes eingeholt.
5 Alles Gute von mir zahlen sie zurück mit Bösem,
und alle Liebe kommt zurück mit Hass.
6 Sie sagen: „Wenn wir einen Richter finden,
der ihn für Geld verurteilt, das wär echt krass,
und einen Anwalt, der ihn, statt zu verteidigen, ver-
klagt.
7 So dass er am Ende schuldig ist, egal, wer sonst
noch was dazu sagt.
Auch wenn er sich mit seinem Gott beratschlagt,
soll das als Verbrechen zählen,
8 sein Leben hier soll eh nur ein paar Jahre dauern,
und für seinen Job soll man einen andern wählen.
9 Seine Familie soll man dann genauso quälen,
die Kinder ohne Vater, seiner Frau ohne Schutz auf-
lauern.
10 Als Obdachlose und Penner sollen sie um ihr
Essen betteln gehen,
11 und alles, was er je besaß, wird dann im Pfand-
haus stehn,
und von der Kohle aus seinem Job kann sich jeder
was nehmen.
12 Es soll niemand mehr geben, der ihn in guter Erin-
nerung behält
oder Mitleid hat mit seinen Kindern.
13 Seine Kinder und von denen die Kinder
sollen ausradiert werden, und sein Name
soll komplett verschwinden von dieser Erde wie ein
Same,
der im Boden verwelkt.
14 Gott, lass ihn büßen für die Schuld von seinen
Vätern,
und auch die Schuld seiner Mutter nimmt ihm kei-
ner mehr ab.
15 Gott, du wirst davon nichts mehr vergessen,
und ihre Namen, nimm sie weg wie in ein tiefes
Grab,
die will sowieso keiner mehr wissen, und dass kei-
ner mehr nur an sie denkt, nein,
16 denn er hat nie dran gedacht, zu anderen groß-
zügig zu sein.
Den Armen, die's nötig gehabt hätten, pisste er
noch ans Bein,
und die überhaupt keine Hoffnung mehr hatten, lud
er gleich zur Selbstmordparty ein.
17 Er hat andere verflucht, wo er nur konnte,
bis es ihn selbst traf, weil er absolut nicht wollte,
dass es anderen gutging, er konnte anderen nichts
Gutes geben,
und so trifft ihn selbst nichts Gutes mehr im Leben.
18 Er sagte ja selber ‚Bin ich schuldig, dann bin ich
verflucht',
und so hat er versucht,
den Fluch wie eine Decke um sich drumzuhüllen,
so wie man 'ne Bodylotion verwendet oder 'ne Cola
trinkt gegen den Durst,
so wird der Fluch ihn von innen füllen.
19 Und so soll der Fluch immer bei ihm bleiben, der
armen Wurst,
wie ein Gürtel ihn für immer umschließen oder ein
T-Shirt auf seiner Brust!"
20 Gott, du sollst sie genauso bestrafen,
alle, deren Beschuldigungen und Lügen mich trafen.

[21] Du, mein Gott, bist immer vollkommen korrekt, und nun
wirst das Richtige tun,
bitte hol mich hier raus.
[22] Ich bin hilflos, innerlich verletzt und arm wie 'ne Kirchenmaus.
[23] Ich fühl mich nur noch wie ein Schatten von mir,
man schüttelt mich ab wie lästiges Getier.
[24] Ich denk, ich besteh nur noch aus Haut und Knochen,
hab nichts mehr Richtiges gegessen, und das schon seit Wochen,
ich bin matt und schlapp.
[25] Wenn meine Gegner mich sehen, lästern sie nur ab über mich und recken arrogant ihre Hälse und Köpfe.
[26] Gott, bitte, sei bei mir, ich zähle fest auf dich,
[27] und zeig ihnen, es sind deine Töpfe
auf ihrem Tisch.
[28] Ihren Fluch wirst du ins Gegenteil kehren,
sie wollen mich packen,
du wirst sie abwehren.
[29] Ich werd mich voll freun,
denn alle, die mir was wolln,
wirst du mit voller Kraft in die Knie zwingen.
[30] Und ich werd dir so danke sagen, dass alle es hören sollen,
mitten in der Meute werd ich dir mein Lied singen.
[31] Denn du wirst es letztendlich wieder mal voll bringen und so handeln,
um denen zu helfen, die sich nicht selbst helfen können,
ein drohendes Todesurteil in Freispruch umzuwandeln.

110 Gott ist unbesiegbar

[1] Ein Psalm für meinen Gott:
Setz dich zu mir, bis alle meine Feinde kaputt sind.
[2] Hilf mir zu kämpfen, bis sie alle unterworfen sind.
[3] Dein Volk ist ausgeruht und frisch wie der Morgenwind.
Wir stehen hinter dir, egal, wie groß die gegnerischen Horden sind.
[4] Gott hat mir versprochen: „Du wirst Priester in Ewigkeit!"
[5] An meiner Seite hilfst du mir im Kampf, und ich bin für diesen Weg bereit.
[6] Er wird richten unter den Nationen, er füllt Täler mit Leichen.
Er zwingt Präsidenten zu fliehen und Gegner zu weichen.
[7] Er trinkt unterwegs aus dem Bach und stärkt sich wieder,
darum bleibt er für alle unbesiegbar.

111 Gott macht super Sachen

[1] Halleluja! Danken will ich Gott, ich mein es ehrlich.
[2] Seine Taten sind groß und herrlich, weil er der Chef ist.
[3] Seine Werke sind unglaublich, keiner kann es leugnen.
[4] Seine Wunder wurden weitererzählt von seinen Zeugen.
[5] Er hat die, die glauben, gesättigt, seine Verträge nie aufgehoben.
[6] Seine Leute wurden zur mächtigsten aller Nationen.
[7] Die Taten seiner Hände sind Recht und Wahrheit.
[8] Seine Gebote werden befolgt, in Wahrheit und Gradheit.
[9] Seinen Leuten hat er Befreiung geschenkt, das kann keiner mehr stehlen.
Er hält für immer zu uns, auf Gott kann man zählen.
[10] Gott ist für alle da, vom Ersten bis zum Letzten,
man muss ihn nur mit Respekt behandeln, ihn lieben und schätzen.
Es ist niemals vorbei, sein Erfolg bleibt immer wie das Licht.
wer ohne Gott lebt, hat noch nicht kapiert, was Leben ist.

112 Gott ist genial

[1] Gott ist genial, Applaus für unsern Gott!
Und gut drauf ist, wer ihn nicht behandelt wie Schrott,
wer Respekt vor Gott hat und sich freut an seinem Wort.
[2] Seine Leute sind echt viele, kommen groß raus an jedem Ort.
Weil Gott sie beschenkt, jede Generation,
für die ist unser Gott niemals ein Hohn.
[3] Bei solchen Leuten ist alles voll da,
sie sind reich, haben alles, das ist schon mal klar.
Es geht ihnen gut und auf ewig okay.
[4] Selbst in finsteren Tagen wird aus „Night" schnell ein „Day".

Der ist voller Liebe, hat ein großes Herz,
5 und wer nett zu den Schnorrern ist,
der bekommt auch niemals Terz.
Gut drauf ist, der Leuten normal Kohle verleiht,
seine Sachen korrekt macht, liebt Gerechtigkeit.
6 Denn er wird für immer stehen, nichts bringt ihn
zu Fall,
man wird an ihn denken, nicht nur „von Mal zu
Mal".
7 Keine Angst vor der schlechten Nachricht, sein
Herz gibt nie auf,
er hofft stets auf Gott, ja, so ist man dann drauf.
8 Sein Herz ist gefestigt, und er hat keine Furcht,
denn er weiß, seine Feinde werden „losen", sind
durch.
9 Er verschenkt, was er hat, und er gibt es voll gern,
an die Leute, die es brauchen, und man wird ihn
krass ehrn.
10 Allen Menschen, die das sehen, denen Gott ganz
egal ist,
knirschen laut mit den Zähnen, gehen ab in ihr'm
Driss.
Denn was solche Typen sich immer erträumten,
zerfließt in ein Nichts, weil sie es versäumten.

113

Gott ist unser Star

1 Hört euch das an, Gott ist unser Star,
ruft es jetzt raus,
ihr Angestellte vom Chef, bitte seid mal derbst laut.
2 Macht mal Lärm für seinen Namen und noch viel,
viel mehr.
Hebt die Hände, denn er ist immer noch der Herr,
3 und das 24 Stunden, 7 Tage am Stück
bleibt er die Eins, ganz egal, welche Armee anrückt.
4 Er bleibt die Eins über die Erde und über jede
Nation,
denn mächtig, unantastbar bleibt und ist sein Thron.
5 Sag mir, wer ist wie er und wer kommt ihm nah?
Sag mir, wer außer unserem Gott ist da,
6 der jedes Detail auf der Erde sieht
und jedem Detail eine Form gibt?
7 Er, der dem „kleinen Mann" 'ne neue Bedeutung
gibt
und den Penner im Dreck niemals aufgibt.
8 Er lässt ihn abhängen bei denen mit Schlips und
Kragen,
zwischen denen, die im Land Einfluss haben.
9 Und der Frau, die ihr Leben lang kinderlos war,
hat er neue Hoffnung gegeben, und zwar
hat er erfüllt ihr den größten Traum,
Mutter zu sein, denn sie wird wohl kaum
drüber traurig sein, denn Gott ist einfach erste
Sahne,
kommt, macht Party für ihn, als Langzeitmaßnahme.

114

Die Israeliten verschwinden aus Ägypten

1 Als das Volk Israel aus Ägypten die
Biege machte,
als Jakob den Stamm hinter sich brachte,
der nicht verstand, was man redete und dachte,
2 machte Gott den Bezirk Juda zu seinem besonde-
ren Land,
verband Israel mit sich zu 'nem besonderen, heili-
gen Verband.
3 Das Rote Meer verschwand, als es Israel sah,
und der Jordan verzog sich ganz fix, als das Volk da
war.
4 Die Berge hüpften beiseite, wie ein Hund das
Stöcklein apportiert,
und die Hügel machten Platz, wie das Zirkuspferd
auf die Peitsche reagiert.
5 Was ist passiert mit dir, liebes Meer? Warum bist
du plötzlich weg?
Jordan, was ist los? Warum hörst du auf zu fließen,
wo hast du ein Leck?
6 Ihr Berge, was geht? Warum seid ihr gerannt wie
ein Hund,
und warum seid ihr wie ein Zirkuspferd wegge-
sprungen?
7 Erde, ich sag dir, mach Krawall, wenn der Gott von
Jakob erscheint.
8 Er verreimt, macht aus Felsen einen Wasserteich,
und zugleich lässt er überall neue Quellen entsprin-
gen,
wo vorher Schrott lag, harte Steine vor allen Dingen.

115

Nur Gott verdient Respekt

1 Gott, du verdienst den größten Respekt,
und zwar wegen mehr als nur einem
Aspekt,
Deine Treue ist größer als alles, was es gibt,
du bist derjenige, der uns alle liebt.
2 Irgendwelche Spinner, die dich noch nicht kennen,
rufen: „Wo ist euer Gott, vielleicht grade am Pen-
nen?"
3 Unser Gott ist im Himmel, in einer anderen Welt,
und er kann echt alles machen, nichts, was ihn auf-
hält.
4 Eure Plastikgötter sind nur aus Gold oder Eisen,

sie sind von euch gemacht. Sie können nicht mal
speisen,
5 denn der Mund, den sie haben, der ist nicht echt.
Sie haben auch Augen, doch sehen sie schlecht.
Besser gesagt gar nichts, denn die Augen sind nur
Schein.
Ihr wollt, dass sie aussehen, als würden sie real sein.
6 Sie hören nichts trotz ihrer Ohren,
sie haben eine Nase, doch in der können sie nicht
bohren.
7 Denn Fakes sind ihre Hände und Füße,
und aus ihrer Kehle kommen keine Grüße.
8 Und genauso wie die sollen alle die werden,
die diese Statuen verehren, hier unten auf Erden.
9 Doch wir Leute von Israel, wir vertrauen
auf den Chef, unsern Gott, auf den können wir
bauen.
10 Und alle die, deren Vorfahr der Aaron ist,
denkt daran, dass Gott euch niemals vergisst.
11 Er wird euch immer helfen, euch und allen,
die endlich Folgendes schnallen:
Gott ist der Chef, der Herrscher der Welt,
und er kann damit machen, was ihm gefällt.
12 Deshalb kann er uns helfen, und das tut er,
durch ihn bekommen wir Erfolg, immer mehr.
13 Er sorgt dafür, dass alle gut drauf sind.
14 Und jede Familie bekommt mehr als ein Kind.
15 Gott liebt euch und passt auf euch auf.
Er ist der krasse Gott, er sorgte für den Lauf
16 der Welt, und der Himmel ist sein,
aber die Erde ist unser, dein und mein.
17 Kein Laut kommt von denen, die „abgelost“
haben,
sie sind nun tot und im Graben.
18 Doch wir sagen Gott, wie geil wir ihn finden,
wir werden uns ewig an ihn binden.

116 Gerettet vom Chef

1 Den Chef liebe ich, als wär ich high,
denn er sieht, was ich brauch, hört mei-
nen Schrei.
2 Er hört mir zu, hat für mich Zeit,
neigt sein Ohr zu mir und
schenkt mir Aufmerksamkeit.
3 Mit einem Bein stand ich schon im Grab,
und der Schrecken des Todes, der mich umgab,
4 zerrte nach mir, aber ich rief nach dir:
„Gott, rette mich, drück auf die Tube,
ich brauche dich, sitz hier allein in der Grube.“
5 Mein Daddy ist gnädig und voller Erbarmen,
auch für die Loser und für die Armen.
6 Die Leute, die ganz unten liegen,
werden, wie ich, seinen Schutz kriegen.
7 Jetzt kann ich wieder beruhigt chillen,
weil er mir Gutes tut, nur seinetwillen.
8 Meine Seele hat er vor dem Tod beschützt
und meine Beine vor dem Fall gestützt.
9 Solange ich lebe, darf ich vor ihn treten,
zu ihm selbst hingehen und ihn anbeten.
10 Als kein Ausweg mehr da war, hab ich ihm ver-
traut.
Als nichts mehr klappte, hab ich zu ihm geschaut.
11 Ich sagte: „Alle Menschen lügen nur rum,
ihre Versprechen fliegen davon wie Helium.“
12 Wie kann ich dem Chef nur „danke“ sagen
dafür, dass er angedüst kam im Rettungswagen.
13 „Den Kelch des Heils will ich trinken“ ist ein Bibel-
zitat
und bedeutet: das Gute annehmen, das Gott für
mich hat.
Ja, das will ich und den Chef meinen Retter nen-
nen,
das alles will ich vor ihm beim Opferessen beken-
nen.
14 Meine Versprechen an ihn erfülle ich,
vor allen Augen seines Volkes, ganz verbindlich.
15 Gottes Leute sind ihm so kostbar,
für ihn sind sie wertvoller als Milliarden von Dollar.
Wenn einer seiner Leute stirbt, trauert er.
So ein Tod betrübt auch Gott schwer.
16 Mein Familienclan hat dir schon immer gedient,
doch dieses Mal hast du mich bedient.
Als mein Held hast du die Fesseln zerrissen
und mich den Klauen des Todes entrissen.
17 Ich sage: „Du bist mein Chef, du bist mein Herr!“
Dir will ich danken, will von dir immer mehr!
18 Ja, Mann, dein ganzes Volk soll es sehen,
meine Versprechen zu dir sollen geschehen!
19 Dir danke ich, mein Gott! Halleluja!
Im Haus von Gott in Jerusalem, genau da!

117 Jeder soll Gott loben

1 Alle, einfach jeder, soll Gott für immer
loben,
auch denen Gott egal ist, sollten das proben. Wird
nicht verschoben.
2 Warum? Weil er die Wahrheit sagt! Und liebevoll
über alle Zeiten ragt.
Danke Gott, du bist genial, groß, phänomenal,
nicht zu messen mit einem Lineal.

118 Gott liebt ohne Ende

1 Dankt unserm Gott, er ist gut, weil er
ohne Ende liebt,
2 seine Leut solln sagen, dass er ohne Ende Liebe gibt.
3 Die Pastoren müssen rufen: „Seine Liebe hört nie
auf!"
4 Alle, die Gott voll Respekt geben, legen da noch
einen drauf.
5 Als ich fertig war, am Boden lag, schrie ich zu dir,
mein Gott:
„Jetzt, bitte hilf mir!" Und du kamst, holtest mich
aus meinem Loch.
6 Gott spielt in meiner Mannschaft, er ist mit mir,
ich hab null Angst,
wer kann mir was, wo sind die Gegner? Denn du
bist da, schon längst
7 bist du mit mir, du hilfst, dann bekomme ich doch
voll Oberwasser,
8 auf Gott kann man immer bauen, denn er ist kein
„Im-Stich-Lasser".
Menschen lassen einen doch ja mal öfter im Stich.
9 Ist gut, dir zu trauen, denn bauen kann man auf
Prolls nicht.
10 Die Leute, die über dich lachen, waren um mich
herum.
Aber in deinem Namen kriegten sie von mir eins
mit Wumm.
11 Die kamen von überall. Mit deiner Hilfe bring ich
sie zu Fall.
Ich schlug sie voll in die Flucht, mit dir da geht das
allemal.
12 Sie fielen über mich wie ein Schwarm Wespen
aufs Erdbeereis,
aber mit deiner Hilfe schlug ich sie zu Brei, ohne
Scheiß.
Sie waren dann schneller weg, wie so ein Jet mit
Überschall,
13 sie kämpften gegen mich, ganz prall, damit ich
einfach hinfall.
Aber mein Gott war dann zur Stelle, und er half mir
schnell auf.
14 Gott allein gibt mir alle Power, mein' Sieg, mein'
Lebenslauf.
15 Hört ihr die Songs über den Sieg, den er für uns
erkämpft hat?
Gott schreibt die heftigen Geschichten und wird
dabei nicht matt.
16 Er schwingt die Fahne in der Luft, als Zeichen für
seinen Sieg.
17 Ich werde nicht sterben, sondern leben, sing nur
sein Siegeslied.
18 Er hat mich hart bestraft und doch beschützt er
mich vor dem Tod.
19 Jetzt macht die Tür auf, ich will im Tempel Gott
danken in der Not.
20 Wer Gott die Treue hält, der darf hier immer gern
reinkommen.
21 Ich danke dir, mein Gott, durch dich bin ich dem
Feind entronnen.
22 Der Eckstein in der Mauer, den die Bauarbeiter
wegwarfen,
den hast du genommen, dein Haus genau danach
entworfen.
23 Was keiner für möglich hielt, das hast du einfach
klargemacht.
24 Wir machen Party heute nur und feiern jetzt bis in
die Nacht.
25 Mann, Gott, jetzt komm doch schnell vorbei und
mach, dass alles gut wird.
26 Willkommen, der einen Auftrag von Gott hat, für
den beten wir wie Tier.
27 Denn Gott ist unser Chef, und er ist immer voll
gut zu uns.
Verschönert sein Haus mit Lampen, macht es rich-
tig schön bunt.
28 Du bist mein Gott, und ich danke dir, ich klatsch
dir laut Applaus,
29 macht alle mit, dankt unserm Gott, den er kommt
dann ganz groß raus.
Und er ist voll freundlich, nett und gut, und das
ständig.
Das bedeutet korrekt, gestern, heute, für immer und
ewig.

119 Das ABC von Gott

1 Auf jeden Fall gut dran sind die, denen
man nichts Fieses nachsagen kann,
die sich nach Gottes Plan ausrichten, und das nicht
nur dann und wann.
2 Auch gut am Start ist, wer Gottes Worte draufhat,
wer sich danach richtet, sich für Gott reinkniet, auch
mit der Tat.
3 Als Erstes sind sie cool und krass, wie Gott es will,
am Machen.
4 Ansagen, die von dir kommen, da sollten wir nicht
drüber lachen.
5 Am liebsten will ich die noch viel krasser durchzie-
hen,
damit ich dir richtig nützlich bin.
6 Auch deine Gebote verlier ich nicht aus dem Blick,
darum bekomm ich auch keine Panik.

[7] Aber stattdessen kann ich dich voll loben,
denn deine Gebote kenne ich jetzt nicht nur von oben.
[8] An deinen Ansagen will ich mich ausrichten,
lass mich dabei deine Nähe stets sichten.
[9] Bitte, Gott, ich frag dich, verrate mir,
wie kann ein Teen heute korrekt leben mit dir?
Vermutlich nur, indem er danach fragt,
was du für ihn und sein Leben sagst.
[10] Bei dir, Gott, will auch ich immer bleiben,
lass mich bitte nie von deinem Weg abgleiten.
[11] Behalten, nicht vergessen, will ich immer dein Wort, damit ich dir keine reindrücke, immer wieder, fort und fort.
[12] Bedanken will ich mich bei dir und dich loben.
Für das, was du sagst, reiß ich auf meine Ohren.
[13] Babbeln, labern, reden will ich immer vor mich hin,
aber nur, was von dir kommt, das ergibt wirklich Sinn.
[14] Bereiten mir deine vielen Gebote doch
mehr Freude als Reichtum in einem finanziellen Loch.
[15] Brain, denk nach über das, was Gott sprach,
und unter Garantie liegen meine Wege dann nicht brach.
[16] Bodenlos glücklich über dein Gesetz bin ich,
und was du sagst und sagen wirst, ich denke daran und vergess es nich.
[17] Creme mich bitte ein, ich mein das natürlich symbolisch,
denn alles zum Leben kannst nur du mir geben, so wie das Fleisch und den Honig.
[18] Cancel doch auch meine total innere Blindheit.
Dann kapier ich die Wunder in deinem Gesetz und weiß endlich Bescheid.
[19] Check ich ein, check ich aus, wie in einem Hotel,
vielleicht nicht ganz so in Eile, vielleicht nicht ganz so schnell.
Denn ich bin nur kurz hier, und das auch nur touristisch.
Das ist es, genau deswegen brauch ich dich,
deine gigantische Liebe, deine genialen Gesetze,
zeigst mir die Wahrheit, damit ich mich nicht verletze.
[20] Clou in meinem Leben ist, immer mehr danach zu streben,
das, was du sagst, nicht nur zu hören, sondern es mir echt zu geben.
[21] Cholera, Pest und der Rest sind für die Eingebildeten und Stolzen.
Du wünscht denen die Krätze an'n Hals, die mit deinen Gesetzen rumbolzen.
[22] Crash, boom, bang ... macht es in meinem kleinen Leben,
weil ich nach dem, was du sagst, versuche zu streben.
[23] Chefs treffen sich, natürlich besprechen sie sich
und schmieden Pläne gegen mich. Doch ich will dich
besser kennen und deine Gesetze auswendig lernen.
[24] Copyright auf „immer freuen", wenn es das gäbe,
ich wäre im Rennen.
Denn da bin ich gut, weil mir deine Gesetze immer Rat geben und gaben.
[25] Du, Gott, ich lieg im Dreck! Hol mich da raus
durch deine Ansagen.
[26] Dir erzähl ich doch immer, was ich grad so tu.
Und du hilfst mir ja auch immer, du hörst mir zu.
Gerade jetzt, wo es wohl eher schlecht um mich steht,
zeige mir bitte, bitte, wie es weitergeht.
[27] Das, was du zu mir sagst, lass es mich checken,
und ich werd erzähln von dir, damit sie dich entdecken.
[28] Dermaßen unten bin ich grad, völlig gebrochen.
Gott, hilf mir wieder hoch, du hast es versprochen.
[29] Dann gib mir auch die Kraft, das Lügen zu lassen.
Ich will richtig sehn und verstehn, um deinen Weg nicht zu verpassen.
[30] Denn auf genau diesen deinen Wegen
will ich gehen und für immer mein Leben leben,
und eine Sache soll immer sein vor mir,
ich will dich selbst haben und alles von dir.
[31] Dafür muss ich festhalten an allem, was du sagst.
Und mach, dass ich nicht ausgelacht werde, weil du das ja auch nicht magst.
[32] Deswegen laufe ich geradeaus auf deinem Weg,
weil meiner Zukunft dann nichts mehr im Weg steht.
[33] Es ist nicht so einfach, sich an deine Gesetze zu halten,
ich will's lernen von dir und tun, mein Leben dementsprechend verwalten.
[34] Ein Kapieren, und es dann tun, soll wachsen in mir,
[35] eben deinen Weg zu gehen als mein' Genuss und Spaß an dir.
[36] Egoisten kennen nur sich selbst, ich aber will dich hören und sehn,
[37] einen Dreck geb ich drauf, was andere sagen und wo sie grad stehn.

38 Erfüll mir das, was du mir zusagst, wenn ich dir
vertrau.
39 Einfach nimmst du mir meinen ganzen Scheiß
weg, der mich bedrückt hat wie Sau.
40 Eine Sehnsucht hab ich nach dir, so dass es
schon weh tut,
weil du der Einzige bist, der mir wirklich guttut.
41 Feinster Gott, zeig mir immer wieder, wie sehr du
mich liebst,
und hilf mir auf die Art, wie man in deinem Wort
liest.
42 Finde dort die passenden Worte, wenn mich
jemand anmacht und disst.
Ich vertraue dadrauf, dass du dein Wort auch hältst.
43 Faktor „Wort Gottes", das ist meine Hoffnung,
bitte nimm das nicht von mir, denn ich brauch
deine Peilung.
44 Feierlich verspreche ich, immer das zu tun, was
du sagst.
45 Für mich ist immer viel möglich, denn ich tue,
was du magst.
46 Feigheit kenne ich nicht, ich erzähl es auch vor
Präsidenten.
47 Freude macht mir, zu tun, was du willst, ohne
dabei zu enden.
48 Finger nach oben, zu deinen Geboten die Pfoten.
Was du gesagt hast, liebe ich, denke ich nach, will
ich ausloten.
49 Gott, vergiss nicht deine Worte, ich zähle dadrauf.
Was du uns gesagt hast, kam nicht nur aus dem
Bauch raus.
50 Gut ist, was du versprochen hast, das macht total
Mut.
51 Ganz klar, die stolzen Typen ziehen vor mir nicht
den Hut.
Trotzdem ziehe ich deine Sache immer radikal durch.
52 Gesetze? Bei dem Thema komme ich gut drauf
wie Lurch.
53 Grimmig werde ich, wenn Leute keinen Bock drauf
haben.
54 Geil sind deine Regeln, hab sie als Lied rumgetra-
gen.
55 Gedacht hab ich an dich jede Nacht, war mir wich-
tig.
56/57 Glücklich werd ich, denn nach deinen Regeln
lebe ich.
58 Hab mir geschworen, radikal für dich zu leben,
bitte hilf mir dabei, du hast es versprochen in dei-
nen Reden.
59 Heute denke ich noch mal über mein Leben rich-
tig nach
und beschließen, das zu tun, was du schon lange zu
mir sagst.
60 Hallo, Gott, ich beeile mich dabei, und ich streng
mich an,
zu tun, was du gesagt hast, schneller als die Eisen-
bahn.
61 Hinterhältig versuchen Leute, die dich echt has-
sen,
mich zu fassen, aber ich werde niemals von dir
ablassen.
62 High Noon um zwölf, stehe ich nachts schon auf
der Matte,
zu danken, denn Korrektheit ist für dich nicht Latte.
63 Hey, wer Respekt vor dir hat, dir folgt, ist mein
Freund.
64 Hinter jeder Ecke sehe ich deine Liebeslektion
hier auf der Welt.
65 Ich fühl mich beschenkt von dir, das ist echt der
Hammer, Mann.
66 In deinen Gesetzen steht's, wie ich dich verstehen
und erkennen kann.
67 Ich war früher klein und hatte wenig Ahnung von
dir,
heute aber will ich ständig viel mehr wissen von dir.
68 Ideen, wie du mir Gutes tun kannst, hast du ohne
Ende.
69 Immense Lügen wurden gegen mich erhoben,
und ganz behende
hast du dafür gesorgt, dass sie mir nicht schaden,
du nahmst's in deine Hände.
70 Ihre Herzen sind so gefühlos und eiskalt wie
Stahl,
doch ich hab mich für dich entschieden, ich hatte
die Wahl.
71 Immer muss ich dran denken, wie ich früher war
und was ich durch dich geworden bin.
72 Immens wertvoll, mehr als alles Geld der Welt, ist
das, was ich bei dir find.
73 Ja, du hast mich gemacht, mir gezeigt, wie ich bei
dir lerne.
74 Jeder, der dein Freund ist, ist auch meiner und
gerne,
75 je nachdem, wie ich mich verändert hab durch
dich,
76 jag ich dir nach, deiner Freundlichkeit, sie tröstet
mich.
77 Ja, du gibst mir Leben, wie's sonst keiner kann.
78 Jeder, ja alle, die nichts von dir wissen wollen, bla-
mier sie, weil sie mir unrecht getan.
79 Jetzt zeig mir die, die noch an dich glauben und
mit dir gehn,

80 ja, ich will mich immer auf dich verlassen, dann
wird mir nichts Schlimmes geschehn.
81 Keiner lässt sich blicken, aber ich hoffe, dass du,
Gott, mir helfen kannst.
82 Komm, tröste mich, ich halt schon Ausschau
nach dir, und dann
83 kann ich mich auch mal fühlen wie ein Schlaffi,
matt und kraftlos,
aber deine Worte, die lassen mich nicht wieder los.
84 Kurz ist mein Leben, keiner weiß, wie lang es
kann dauern,
wann machst du die endlich platt, die mir ständig
auflauern?
85 Kamele sind die, die mir das Leben schwerma-
chen und absolut nicht nach dir fragen.
86 Krank sind sie, die mir ihre Lügen anhängen wol-
len, bitte hilf mir, es zu ertragen.
87 Kompromisslos hätten die meinem Leben fast ein
Ende gemacht,
ich hab deine Hilfe ganz real erlebt, wie du's mir
zugesagt.
88 Kurz gesagt, du hast mein Leben wiederherge-
stellt,
das kann ich sofort unterschreiben vor aller Welt.
89 Lang, lang, für immer bist du Gott, dein Wort hat
totalen Bestand.
90 Logisch hast du die ganze Erde gemacht, und du
hast alles in deiner Hand.
91 Leben hast du erweckt, die ganze Kreatur, dir zur
Freud
92 lässt du mich dran teilhaben und mich nicht hän-
gen in meinem Leid.
93 Luft zum Atmen sind mir deine mutmachenden
Worte.
94 Letztere habe ich immer beachtet, drum gehöre
ich zu dir und nicht zu der Sorte,
95 Leute ohne Skrupel, die machen mir das Leben
schwer,
aber ich weiß, du bist bei mir und stark wie ein Bär.
96 Leben ohne dich ist wie ein Alptraum für mich,
du aber bist vollkommen, und darum liebe ich dich.
97 Mir gehen deine Worte nicht mehr aus dem Kopf
raus,
sie beschäftigen mich, ich bin ganz wild drauf,
98 mal schlauer zu sein als die, die mir ans Bein pin-
keln wollen.
99 Manchmal denke ich, bei dir ist es so, als schöpfe
ich aus dem Vollen.
100 Männer, die voll alt sind, benehmen sich unreifer
als ich,
ich frag, was du willst, ich höre nur noch auf dich.
101 Mein Entschluss, das zu tun, was dir gefällt, steht
für mich fest,
102 mehr will ich gar nicht, und du machst den Test,
103 mit Schokolade belohnst du mich durch dein
Wort.
104 Milch und Honig ist es für mich, ich will nie wie-
der von dir fort.
105 Nun, wenn du zu mir sprichst, so ist das wie ein
Licht,
das mir alles hell macht, auch in der oberfinsteren
Nacht.
106 Nach dem, was du sagst, will ich mich richten.
107 Nebel ist das, was ich sehe, drum lichte
108 nachher du das, was ich nicht sehn kann,
zeig mir meinen Weg, und ich bin dir immer dank-
bar, Mann.
109 Nur Gefahr ist's, in der ich hier leben muss,
deine Worte dagegen sind mir wie ein sanfter Kuss.
110 Niederträchtig gehen meine Gegner mit mir um,
ich aber halte mich, ich bin ja nicht dumm,
111 nur an deine Regeln, denn sie beleben mich.
112 Nonstop sind wir ein Team, für immer, du und
ich!
113 Oh, wie ich die hasse, die gegen deine Regeln
sind.
114 Ob du mich beschützt, als wär ich dein Kind,
115 oder als ob alle meine Feinde vor mir geflohen
sind,
116 obendrauf bekomme ich noch so viele Geschenke
von dir,
Leben statt Tod, Unterstützung und Hoffnung, das
gibst du mir.
117 Oft hilfst du mir und baust mich wieder auf,
118 Opfer werden die, die nicht ehrlich mit dir sind,
du gibst ihnen eins drauf.
119 Offensichtlich für alle, wirst du sie irgendwann
gerecht bestrafen,
120 o Mann, du bist so groß, wenn ich dran denk,
und kann nicht mehr schlafen.
121 Panik schieb ich, wenn ich an meine Gegner
denke,
eine Bitte hab ich: Gib mich nicht in ihre Hände.
122 Probier's für mich und halt sie mir alle vom
Hals,
wenn sonst keiner so was kann, aber du kannst's.
123 Power gibst du mir, ich warte schon sehnsüchtig
drauf,
124 pure Liebe kommt von dir und als Krönung oben-
drauf
'ne Riesenportion vom allerbesten Leben,
das alles willst du mir einfach so geben.

125 Pul du mir bei, was ich wissen muss, um dich zu verstehn,
126 punkten werden die nicht bei dir, die ohne dich ihren Weg gehn.
127 Pures Gold ist's für mich, wenn ich mich an dich halte,
128 profitieren werd ich davon, wenn ich mit dir zusammen mein Leben gestalte.
129 Rettung sind deine Worte für mich und meine Seele,
130 richtiger Durchblick sind sie für alle, die sie wählen.
131 Ruhig kann ich nicht mehr sein, denn ich hab Sehnsucht nach dir,
132 Respekt gibst du allen, die dich lieben und leben mit dir.
133 Riesige Schritte komm ich voran, denn du gehst mit mir mit,
und keiner, der mir ans Leder will, hält mit mir Schritt.
134 Rette mich vor meinen Feinden, und ich will nur noch mit dir gehn,
135 ratzfatz lässt du alles nur erdenklich Gute an mir geschehn.
136 Ratlos bin ich, weil ich's überhaupt nicht kapier,
dass es Leute gibt, die gar nichts wissen von dir.
137 Supergut und gerecht bist du, du weißt's besser als wir,
138 schon immer warst du's, der alles, Menschen und Tier,
gemacht hat, so wolltest du's, und so passiert's mir,
139 sie machen mich rasend, die Gegner von dir.
140 So klar ist das, was du zu mir sagst,
ich mag es total, wie du immer nach mir fragst.
141 Sehr klein bin ich, nichts Besondres vor anderen Augen,
aber was du von mir willst, das will ich befolgen, in mich reinsaugen.
142 Sicher und wahr ist das, was du sprichst,
143 Schmerz und Elend fühl ich, aber du ermöglichst mir, dass ich dich in vollen Zügen genießen kann.
144 Sinn gibst du meinem Leben, du bist eben kein Tyrann.
145 Tagaus und tagein, Gott, ruf ich nun zu dir,
so hilf mir doch endlich, schenk mir dein Gehör.
146 Tapfer liege ich dir in den Ohren,
147 tief in der Nacht und früh schon am Morgen
schreie ich und warte auf deine Antwort.
148 Trau ich auf dich, so geh ich an den Ort
149 täglich, an dem ich dich um Hilfe bitte,
und du kommst zu mir und gehst mit mir die Schritte.

150 Tausende wollen von dir überhaupt gar nichts wissen,
fragen nicht nach dir, wolln sich einfach nur verpissen.
151 Torpedomäßig kommst du, ich kann immer auf dich zählen,
152 toll, du hilfst mir, ich muss mich nie mehr alleine abquälen.
153 Und guckst du nach mir, dann hilf mir bitte,
ich hab dich nicht vergessen, du bist meine Mitte.
154 Unmöglich ist dir doch eigentlich gar nichts, und darum
hol mich bitte raus aus meinem Tief, und ich, ich kümmer mich nicht drum,
155 mir um die auch noch viele Gedanken zu machen,
die nicht nach dir fragen, die nur über dich lachen.
156 Unvorstellbar groß bist du, und doch ist's dir nicht egal,
wie es mir geht, und jetzt, zum hundertsten Mal,
157 übertrumpfst du meine Gegner, die mir nur ans Bein pinkeln wollen,
158 und ich krieg den Ekel vor denen, denn alle die sollen
dich mal von deiner unangenehmen Seite erleben.
159 Unangenehm, weil, du lässt sie erbeben,
ich aber ziehe mich hoch an dir, mein Gott,
160 um alles in der Welt, ich will nie mehr von dir fort.
161 Wer mir alles das Leben schwermacht und hinter mir her ist,
den schmetterst du ab, aber ich kenn dich, und du bist,
162 wann immer ich zu dir komme und Hilfe brauch, für mich da,
du bist besser als jeder menschliche Papa.
163 Wen sollte ich lieber haben als dich, mein Gott?
Lügerei bringt meinem Leben ja doch nur den Bankrott.
164 Wenn ich dir siebenmal am Tag danke sagen will,
dann wird in mir drin plötzlich alles ganz still.
165 Wo gibt's tieferen Frieden als nur bei dir?
Nichts haut mich mehr um, du bist mein „big leader".
166 Was ich mir erhoffe, du willst es mir schenken,
167 was ich bei dir erbitte, du wirst an mich denken.
168 Wegen dir, das will ich gern aller Welt berichten,
geht's mir bestens, bringt's überall in den Abendnachrichten.
169 Zu dir, Gott, bring ich meine Probleme,
bring mir deine Worte bei, damit ich es verstehe.

170 Zu dir, Gott, lass mein Bitten kommen
und hilf mir schnell, wenn du es vernommen.
171 Zu dir, Gott, will ich mit meinem Mund singen,
denn du tust mir deine Gesetze beibringen.
172 Zunge, da in mir, soll immer singen, Gott, zu dir,
weil allein deine Gesetze sind gut hier.
173 Zögere nicht und strecke deine Hand aus zu mir,
ich habe deinen Willen letztendlich kapiert.
174 Zieh mich bitte ganz nah hin zu dir,
denn allein deine Gesetze erzeugen Freude in mir.
175 Zusagen von dir für ein langes Leben,
die wünsche ich mir, und ich will dir dafür Applaus
geben.
Dein Gesetz soll mir helfen, korrekt zu sein.
176 Ziellos werde ich sonst und verlorengeh'n.
Bitte pass auf mich auf, lasse mich nicht im Stich,
denn deine Gesetze vergesse ich niemals nicht.

120

Fiese Verräter

1 Ein Lied, was man dann singen kann,
wenn man auf eine Opfersession zum
Tempel geht.
Ich schrie unentwegt zu Gott, es ging mir beschis-
sen in der Not, aber er hörte mein Gebet.
2 „Gott“, sagte ich, „rette mich vor diesen Lügnern,
vor diesen übelst fiesen Betrügern!“
3 Wie soll Gott es dir heimzahlen? Hast gelogen
beim Rumprahlen, und das nicht mal ungern!
4 Soll er Patronen nehmen, soll man auf euch schie-
ßen, glühende Kohlen auf euch gießen?
Oder hast du es am liebsten, wenn er mit einem
Brenner Teer über deine Hände lässt fließen?
5 Es ist am fiesesten, als Ausländer zu leben bei
Menschen, die meinen Gott gar nicht kennen.
6 Ich penn schon zu lange hier, wohne bei den Leu-
ten, die Frieden gerne in Krieg umbenennen.
7 Selbst wenn ich mich ruhig verhalte, eher Frieden
verbreite, ich bin noch nicht mal kess,
dann brauch ich nur den Mund aufzumachen,
irgendwas zu sagen, und es gibt sofort Stress.

121

**Ganz besonderer Rap Nr. 121,
ein Party-Track**

1 Ich guck mich um und starr die Berge an.
Ich frag mich, wo meine Hilfe herkommen kann.
2 Natürlich ist der Himmel ihre Herkunft:
der Macher und Erfinder vom Universum.
3 Er beschützt dich; keiner stellt dir ein Bein.
Er tut seinen Job, er pennt nicht ein.
4 Guck! Was wir für einen Hirten haben!
Er schläft nicht – oder hörst du ihn schnarchen?
5 Gott persönlich kümmert sich um dich.
Er ist dein Schatten; er lässt dich nicht im Stich.
6 Am Tag wird dich die Sonne nicht stechen,
noch der Mond bei Nacht dich schwächen.
7 Gott bewahrt dich vor jedem Unglück;
du bist sicher, weil er deine Seele beschützt.
8 Er passt auf dich auf, wenn du kommst und gehst,
jetzt und solange du lebst.

122

Extrem glücklich

Dies ist ein musikalischer Beitrag
Davids,
nur damit ihr wisst, wer hier und jetzt am Start ist.
1 Eins macht mich so extrem glücklich!
Noch etwas vorweg, alles andere nützt nichts,
denn wenn andere sagen: „Kommt, lasst uns jetzt
unseren Gott besuchen“, dann gibt das mir den Rest.
2 Dann endlich, vor den Toren in Jerusalem
haben wir Land gewonnen und lassen es uns gut-
gehen.
3 Eine Stadt, die rundherum perfekt funktioniert,
so schön und einmalig und noch nie kopiert.
4 Überall da, wo Gottes Generation
ans Tageslicht kommt wie Revolution,
repräsentiert es Israel, um nur eins zu zeigen,
man soll dem Boss im Kosmos allen Respekt erwei-
sen.
5 Denn dort erhebt sich der Stuhl des Gerichts,
aus dem Haus Davids strahlt ein voll krasses Licht.
6 Also gebt alles für den Frieden in Israel,
damit ihr nicht Gottes ewiges Ziel verfehlt,
denn wahrhaftig chillen sollen alle, die dich, Gott,
von ganzem Herzen lieben und respektieren als
Boss.
Darum, Freunde, wünscht nur das Beste seiner Stadt,
ihr werdet wahrhaftig leben und wahrhaftig „satt“.
7 Die Atmo in dieser Stadt soll nur die beste sein,
damit ist wahres Glück in den höchsten Tönen
gemeint.
8 Wegen meiner Brüder und Homies sag ich es laut,
wahrer Friede soll dich treffen, bis es dich umhaut.
9 Schließlich, im Namen unseres ewigen Gottes
will ich, bis mein Leben alt, verbraucht und morsch
ist,
nonstop nur das Beste für dich suchen, also Kopf
hoch,
denn man soll von dir sagen, der Ort, wo man Gott
lobt.

123 Warten auf ein Zeichen von Gott

1 Dieser Song geht durch den Bong,
wenn Leute auf 'ne Party gehen,
die in der City feten.
Gott, ich richte meine Blicke auf dich,
ich seh nach oben in den Himmel an sich,
weil ich denke, dass du da wohnst, auf deinem Chefsessel thronst.
2 So wie ein Hund auf das Pfeifen des Herrchens wartet,
wie ein Soldat nach dem Befehl erst startet,
so blicken wir auf Gott und warten auf sein Zeichen,
werden nicht von seiner Seite weichen,
bis er dabei ist, Liebe zu beichten.
3 Geh liebevoll mit uns um, Gott, man macht uns grad fertig,
reichlich Geläster geht gegen mich.
4 Die lachen uns aus, machen Witze mit Spitze,
und ich sitze und halt es aus,
aber ich renn hier bald raus,
die verarschen uns richtend,
aggromäßig, vernichtend.

124 Endlich Freiheit!

1 Wie ein Lied, was man rappen sollte,
wenn man zum Fest hochgeht,
nicht zu 'ner Revolte.
Israel und seine Leute sollen mal sagen:
Wenn Gott nicht bei uns wäre, dann läg alles im Argen
2 Wenn Gott nicht bei uns wäre, wenn wir angegriffen werden,
3 dann würde man uns töten, wir würden garantiert sterben!
Bei lebendigem Leib würde man uns dann verbrennen,
wenn alle voller Hass sind, dann kannst du nur noch rennen.
4 Dann hätte uns die Flutwelle weggeschwemmt,
die Elbe und der Rhein: alle Dämme gesprengt.
5 Dann wäre über uns ein Tsunami gekommen,
6 doch, Gott, wir haben es mitbekommen,
dass du auf uns aufpasst, wenn der Feind uns kaputtmacht.
7 Wir konnten dort fliehen, das hast du so gemacht.
Wie eine Robbe, die ins Netz eines Fängers ging,
hast das Netz zerschnitten, als wir uns dort verfing'n.
Hast uns rausgeholt, uns erlöst, wir sind frei!
8 Du bist es, der mir hilft in der Not, wenn ich schrei.
Meine Hilfe kommt vom Chef, ohne Unterschied,
machte den Himmel, die Erde und auch diesen Beat.

125 Wer auf Gott steht

1 Ein Lied, das man immer dann singen kann, wenn's nach Jerusalem geht.
Wer auf Gott steht, auf ihn setzt, niemals untergeht.
Der ist wie der Berg Zion, unverwüstlich.
2 So, wie die Berge Jerusalem beschützen, sicherer geht's nicht.
Genauso schützte Gott seine Leute vor dem Erdbeben.
3 Wir leben, und er wird von diesen Präsidenten, die ohne Gott gehen,
ihr Land bald nehmen, denn er hat es denen gegeben,
die okay, richtig und gerecht leben und reden.
Sonst könnten die auch anfangen, Scheiße zu bauen,
die bis jetzt Gott vertrauen, ihm glauben, auf ihn schauen.
4 Gott geht nett mit Leuten um, die Gutes tun.
Diese Frommen,
die nicht ruhen, die im Herzen gottmäßig draufkommen.
5 Die aber Mist bauen, sich von dir wegtrauen, die ganzen Verräter,
die du nicht willst, sollen abtreten, verstoßen werden, wie alle Übeltäter.
Und nicht viel später soll Frieden kommen überall nach Israel,
das ist es, wofür ich mich entscheide, das ist es, was ich wähl.

126 Ein Lied für Leute im Knast

1 Der Psalm ist ein besonderes Lied für die Israelis
und handelt von Gefangenschaft, z. B. in 'nem Bunkerverlies.
Egal ob du versklavt bist von Drogen oder Partys,
mein Gott kann dich befreien und alle deine Homies.
Wenn der erst mal am Start ist, haut das richtig rein,
du bist total frei, und zwar nicht nur nach dem Anschein.

All das macht dich baff, du verlierst dein Bewusstsein,
denn Gott schenkt dir einen Freiheitsgutschein.
Kommst dir vor wie im Traum und machst 'nen Purzelbaum.
2 Du bist frei und wirst wahre Freude verspür'n,
wie niemals zuvor, denn in dir drin wird es glühn!
Vor Freude wirst du ausrasten, kannst dein Glück kaum fassen,
wie 'n Baby im Sandkasten, laut lachend, ausgelassen.
Im Umfeld andrer Leute, sogar in andren Staaten,
können's die Leute nicht packen, müssen drüber beraten.
„Sein Gott schafft Krasseres als unsere Soldaten!"
Das Topthema sind dann Gottes coole Taten.
Und alle Zeitungen schreiben über diese Daten.
3 Unser Gott hat echt was Krasses mit dir getan,
er hat dich erlöst und mit dir auch deinen Clan.
Über beide Ohren kannst du jetzt echt grinsen,
denn das ist cooler als Millionen Zinseszinsen.
4 Chef, ich hab jetzt auch noch die eine wichtige Bitte,
rette uns doch schnell direkt in deine Mitte.
Die wir gefangen gehalten werden von anderen Ländern,
bitte, Gott, kannst du das denn nicht mal ändern?
Genau wie das Gletschereis zu Talwasser schmilzt,
bring uns in unsere Heimat, ich weiß doch, dass du's willst!
5 Und ich bin sicher, wenn man mit anfänglicher
Traurigkeit in etwas investiert und damit assoziiert,
irgendwann den Gewinn draus zu ziehen,
wird man high dabei rauskommen, aber dennoch ganz clean.
6 Denn den Samen säst du völlig fertig und weinend,
aber die reiche Ernte wirkt effizient, ein echtes Happy End!
Fette Ernte bringt dir dieser Samen
durch Gottes Liebe, und dazu sag ich Amen!

127 Ganz besonderer Rap Nr. 127

1 Würde Gott einen Bau alleinlassen,
könnten alle Bauleute gleich einpacken.
Würde Gott eine Stadt nicht bewachen,
könnte keine Security sie sicher machen.
2 Es bringt euch nichts, dass ihr früh aufsteht
und euren Arbeitstag bis in die Nacht ausdehnt.
Ihr bezahlt damit, was ihr esst und trinkt,
aber Gottes Leute kriegen es, wenn sie am Pennen sind.
3 Ach, wie schön sind doch Söhne und Töchter,
eine Erfindung von unserem Schöpfer.
4 In der jugendlichen Altersklasse
sind Kinder eine starke Waffe.
5 Gut geht es denen, die viele davon haben,
denn so leicht kann niemand sie verarschen.
Sind sie am Ende mit ihrem Latein,
passiert ihnen nichts, denn sie sind nicht allein.

128 Gut ist drauf, wer sich Gottes Gesetz gibt

1 Ein Reim für den Menschen, der auf
die Party nach Jerusalem geht,
der Reim will dir sagen, dass jeder gut draufkommt,
der sich die Gesetze von Gott reinzieht.
Der tut, was er sagt,
der wird immer versorgt sein
2 durch seine Arbeit mit Händen,
das Glück wird sich nie von dir wenden.
3 Deine Frau wird dir viel Kinder schenken;
mehr, als die Zweige eines Ölbaums sich renken.
4 So hilft dir Gott,
weil du Respekt vor ihm hast,
weil du weißt, wer er ist,
und er kennt keine Rast.
5 Gott will das Beste für dich und für jeden,
spricht Glück und Segen aus der City,
für dich und dein Leben.
6 Deinen Enkeln wünscht er totalen Frieden,
und auch deine Kinder will er lieben.

129 Ihr seid echt peinlich

1 Auf dem Weg zu Gott könnt ihr das
hier singen,
in ganz Israel soll das Lied erklingen.
2 Sie haben oft versucht, mich fertigzumachen,
schon in meiner Kindheit hielten sie mich zum Affen.
Aber sie haben nicht geschafft, mich zu brechen,
3 ich habe nur Narben von ihrem Stechen.
4 Gott ist gut, Gott ist gerecht,
er hat mich befreit, er hat mich gerächt.
5 Ihr seid echt peinlich, ihr Zions-Hasser.
6 Ihr seid so wie das Wasser,
das austrocknet, kurz bevor man es trinkt.
7 Jeder fühlt sich davon gelinkt.
8 Zu euch sagt keiner: Gott soll euch schützen!
Und selbst wenn, es würde nichts nützen.

130 Ganz besonderer Rap Nr. 130

1 Ich schreie zu dir, denn ich bin seelisch bankrott,
Hey! Hörst du meine Stimme, mein Gott?
2 Ich schicke ein lautes Gebet zu dir raus.
Zieh dir das rein: Ich bin mies drauf!
3 O Mann! Würdest du nur auf unsre Fehler sehen,
wer würde es packen, wer würde das bestehen!
4 Doch zum Glück vergibst du und nimmst sie weg,
damit wir deine Größe sehen, mit Respekt.
5 Ich vertrau auf Gott mit allen meinen Sinnen;
das Blatt wendet sich, wenn seine Worte erklingen.
6 Ich dreh mich um Gott, mit allen Gedanken,
beobachte ihn mehr als Banker ihre Finanzen.
7 Höre auf Gott, du ganz besonderes Volk!
Suche nur ihn, so wie Einbrecher Gold.
8 Denn er kommt mit Liebe und rettet seine Leute,
er befreit und heilt jede Beule, damals wie heute.

131 David ist am Kuscheln

1 Dieser kurze Rap von David ist Wegzehrung
für die Fahrt nach Jerusalem, zur Gottes-Ehrung.
Gott, ich denk nicht, ich bin der Geile,
ich schau auf niemanden runter
und will gar nicht die Teile,
die unerreichbar und einfach weit weg von mir sind.
2 Nein, entspannt bin ich jetzt, ganz ruhig wie ein Kind,
das satt und warm bei der Mutter liegt,
sich in ihren Armen ganz nah an sie schmiegt.
3 Hey, Israel, Mann, vertrau deinem Gott!
Tu es jetzt, tu es für immer, er hilft in der Not!

132 Gott was geschworen

1 Dieser Beat gilt für jeden, der zum Fest zieht
nach Jerusalem, und dort ein Gebet aufgibt:
Gott, vergiss bitte nicht, wie David für dich malocht hat.
2 Und vergiss bitte nicht, wie er dir bei allem, was heilig ist, geschworen hat,
er hat es dir geschworen, dem heftigen Gott von Jakob.
3 Er sagte: „Ich will nicht mehr nach Hause, in den alten Trott,
will nicht mehr rumdröhnen,
4 nicht mal mehr rumdösen,
will endlich durchziehen,
5 bis ich einen Platz für dich finde, dann kannst du umziehen.
Wo du starker Gott dann wohnst
und thronst."
6 Als wir in Efrata die Nachricht bekamen,
wo deine Kiste mit den Gesetzen war,
im Gebiet von Jaar,
7 sagte ich: „Kommt, lasst uns zu Gott nach Hause gehen,
wir wollen zu ihm beten,
ihn anflehen!"
8 Gott, mach los, beschütze die Kiste,
das Zeichen von Macht.
Lass dich da blicken, wo es heilig ist,
in deiner Kraft.
9 Die Prediger, die dir dienen, sollen sich an die Sachen halten,
die du gesagt hast, keine Show mehr veranstalten.
Denn wer dich liebt, kann laut jubeln und lachen!
10 Gott, vergiss bitte nicht, was du David versprochen,
und lehne den bitte nicht vorschnell ab,
den du zum Präsi gemacht, den du erwählt hast.
11 Yes, Gott hat David seine Treue versprochen,
und dieser Schwur wird von ihm niemals gebrochen.
Er versprach David, dass auch sein Sohn ein Präsident wird,
12 „wenn der sich an das hält, auf die Gebote hört.
Ich werde sie ihm einprägen für alle Zeit,
und dann werden auch seine Kinder Präsidenten sein bis in Ewigkeit."
13 Denn Gott hat Zion erwählt, es gefällt ihm dort sehr:
14 „Ich will hier ewig ruhen, finde es schön hier.
15 Ich will sie beschenken und den Armen Brot geben,
alle sollen es haben, genug zum Leben.
16 Ihre Priester sollen vor allen bezeugen,
dass ich es gut mit ihnen mein, will sie heilen, nicht beugen.
Und alle, die mich lieben, sollen abgehen vor Freude.
17 In dieser Stadt sollen David und seine Leute
ihre Macht ausbauen,
ihre Familien dadrauf vertrauen,
dass sie ihre Herrschaft dort für immer in Felsen hauen.
18 Doch seine Feinde werden peinlich abgehen,
sie werden ‚ablosen' und es nicht mehr bringen, wirst sehen.
Aber der Ruhm des Präsidenten, von dem
wird man noch ewig reden."

133

Ein Lied für unterwegs

1 Von David, ein Lied für unterwegs.
Das ist stark, wenn Gottes Leute
gestern wie heute
zusammen wohnen, sich alles teilen,
Essen, Kohle, Schweres und Freuden.
2 Das ist so, wie das teuerste Öl für die Haut
bei Aaron, dem Priester, gegossen aufs Haupt,
herunterläuft an ihm und seinen Klamotten
3 wie der Tau, der morgens liegt auf den Bergen,
Tälern und Orten.
So fett und gut will uns Gott beschenken,
hier, jetzt und länger, als wir vermögen zu denken.

134

Loben nachts im Tempel

1 Noch ein Lied für unterwegs.
Na los, alle, die zur großen Party gehn,
die für Gott arbeiten und nachts in seiner Hütte
stehn,
2 streckt ihm alle eure Hände zum Himmel entgegen.
3 Denn er, der alles gemacht
und ausgedacht,
lässt ganz fett nur Gutes auf euch regnen.

135

Eins stimmt immer: Gott ist krass!

1 Halleluja, Gott ist krass! Yes, feiert
ihn!
Das gilt für alle, die für ihn arbeiten, die sollen ihn
besingen.
2 Die Leute, die im Haus von Gott arbeiten.
3 Macht Lob-Alarm! Gott geht freundlich mit uns
Arm in Arm.
4 Der Chef hat die Kinder von Jakob ausgesucht,
hat Israel als sein Eigentum eingebucht.
5 Ich bin mir sicher, Gott ist der fetteste Bringer,
er ist mächtiger als die ganzen anderen Götterdinger.
6 Denn alles, was er will, das tut er einfach,
hier auf der Erde oder auch auf dem Himmelsdach
und in den Meeren, unter den Erden, zieht er sein
Ding durch.
7 Er lässt die Wolken aufziehen, knallt mit Blitzen
wie Lurch,
lässt es schütten aus Eimern, bläst den Wind aus
seiner Lunge.
8 Er hatte von allen Ägyptern die ersten Jungen,
und auch von den Kühen und Schafen, abschlachten lassen.
9 Er tat dann derbe Wunder, die kann man kaum
fassen,
am Präsident von Ägypten und an seinen Dienern.
10 Gott hat sie besiegt, er war immer der Sieger
über Präsidenten, die waren heftig und mächtig.
11 Ich nenn mal ein paar: Sihon gilt da als stark verdächtig,
der Chef der Amoriter. Oder Og, der in Baschan
regierte.
Und die ganzen Chefs von Kanaan? Auch nur 'ne
Niete!
12 Ihre Länder gab Gott seinem Volk, so als Erbe.
13 Gott, dein Name ist geil, ist heftig, voll derbe.
Und dein Ruhm, der wird nie und nimmer vergehen.
14 Schon allein, weil du gerecht bist, das wird man ja
sehen.
Und Gott liebt seine Leute, er mag, die ihm dienen.
15 Die Götter der andren, aus Gold und Platin,
die haben sie alle doch nur selbst gemacht,
wurden von ihren eigenen Hirnen erdacht.
16 Sie haben zwar Münder, aber können nicht reden,
sie haben zwar Augen, aber können nix sehen.
17 Und mit ihren Ohren kriegen sie auch nichts mit,
sie sind so wie ein Auto ganz ohne Sprit.
18 Wer sich so einen Gott macht, der ist auch nicht
anders,
wer auf so was dann hofft, der braucht wieder die
Pampers.
19 Doch ihr, die ihr zu unserm Gott gehört, feiert,
macht Party!
Israel pogt! Ihr Pastoren, los dankt ihm!
20 Und auch die vielen Gottesleute,
los, lobt unseren Gott! Gestern, morgen und
heute!
21 Gott ist der Größte. Er, der in Jerusalem wohnt!
Halleluja zu ihm, der in Zion rumthront.

136

Seine Liebe zu uns er niemals vergisst

1 Los, Homies, Gott danke sagen, weil
er nett zu uns ist,
und seine Liebe zu uns er niemals vergisst.
2 Los, Homies, Gott danke sagen, weil er der Gott
aller Götter ist,
und seine Liebe zu uns er niemals vergisst.
3 Los, Homies, Gott danke sagen, weil er der Chef
aller Chefs ist,
und seine Liebe zu uns er niemals vergisst.
4 Nur er tut voll heftige Wunder, weil nur er allein so
drauf ist,

und seine Liebe zu uns er niemals vergisst.
[5] Er hat mit viel Schnall das Universum gemacht, so
was macht er mit links,
und seine Liebe zu uns er niemals vergisst.
[6] Gott baute die ganze Erde auf ein festes Funda-
ment, tief unter dem Meer das ist,
und seine Liebe zu uns er niemals vergisst.
[7] Seine Sterne im Universum, die leuchten immer,
was wirklich krass ist,
und seine Liebe zu uns er niemals vergisst.
[8] Die Sonne hat er gemacht, um am Tag das Sagen
zu haben, echt hell die ist,
und seine Liebe zu uns er niemals vergisst.
[9] Und für die Nacht kammen der Mond und die
Sterne, damit es im Dunkeln etwas heller ist,
und seine Liebe zu uns er niemals vergisst.
[10] Er hat die Ägypter fertiggemacht in der Nacht,
ihre ersten Söhne gedisst,
und seine Liebe zu uns er niemals vergisst.
[11] Er führte seine Leute aus Ägypten raus, wo es
ihnen schlechtging, wo es finster ist,
und seine Liebe zu uns er niemals vergisst.
[12] Und er hat das mit seiner ganzen Macht gemacht,
jeder konnte sehen, wie stark er ist,
und seine Liebe zu uns er niemals vergisst.
[13] Dann zerteilte er das Meer, zwei Wassermauern,
eine rechts und eine links,
und seine Liebe zu uns er niemals vergisst.
[14] Wir, seine Leute, zogen mitten hindurch, auch
nicht einer dabei nass geworden ist,
und seine Liebe zu uns er niemals vergisst.
[15] Den Präsident Pharao samt Armee ließ er ersau-
fen, als das Wasser zurückgekommen ist,
und seine Liebe zu uns er niemals vergisst.
[16] Er führte seine Leute dann durch die Wüste, da,
wo es trocken und voll heiß ist,
und seine Liebe zu uns er niemals vergisst.
[17] Gott killte die mächtigsten Herrscher, Könige,
Regierungen, weil er so stark ist,
und seine Liebe zu uns er niemals vergisst.
[18] Sogar die hochgerüsteten Nationen mit Atom-
bomben und dem ganzen Driss,
und seine Liebe zu uns er niemals vergisst.
[19] Sihon starb, der nun nicht mehr Chef der Amori-
ter ist,
und seine Liebe zu uns er niemals vergisst
[20] Og, Präsi von Baschan, half gegen Gott keine List,
und seine Liebe zu uns er niemals vergisst.
[21] Gott gab seinen Leuten Land zum Leben, ihr Erbe
von Ewigkeiten das ist,
und seine Liebe zu uns er niemals vergisst.
[22] Sein Volk bekam ein Stück Land, sein Diener, der
für ihn auf der Erde ist,
und seine Liebe zu uns er niemals vergisst.
[23] Er hat uns nicht vergessen, als man uns fertig-
machte, als wir ganz unten lagen im Mist,
und seine Liebe zu uns er niemals vergisst.
[24] Er befreite uns von den Feinden, die uns verfolg-
ten, wie krass das bitte ist,
und seine Liebe zu uns er niemals vergisst.
[25] Jedem Menschen gibt er zu essen, und auch für
die Tiere genug da ist,
und seine Liebe zu uns er niemals vergisst.
[26] Sagt Gott danke, dem Obermächtigen, der der
Chef im Universum ist,
und seine Liebe zu uns er niemals vergisst.

137 In Babylon

[1] In Babylon, da wurden wir fertig-
gemacht,
haben oft geweint und an Zion gedacht.
[2] Dort hängten wir die Instrumente an den Nagel.
[3] Doch von unseren Feinden kam ein Worthagel,
sie wollten von uns Gute-Laune-Lieder hören,
[4] aber das tat uns gewaltig stören.
Wir können Gott hier keine Songs bringen,
in Gefangenschaft keine Lieder singen.
[5] Jerusalem, du bist die tollste Stadt von allen,
dich zu vergessen wär, wie auf die Fresse zu fallen.
[6] Meine Zunge sollte sofort verrecken,
würde ich je meine Freude über Jerusalem verstecken.
[7] Gott, vergiss nie den Plan der Leute von Edom,
die sagten: „Wir reißen Jerusalem nieder, los jetzt,
komm!"
[8] Babylon, wer dich vernichtet und hinrichtet,
wird von uns geliebt und abgelichtet.
[9] Wer deine ganzen Kinder umbringt,
ist bei uns von Geschenken umringt.

138 Respekt vor Gott

[1] Dieser Beat kommt von David, es soll
zu der Drum-Machine rattern.
Gott, aus meinem Innersten singe ich dir, aber nie-
mals den Plastikgöttern.
[2] Ich schmeiß mich auf den Boden in deinem beson-
deren Tempel,
um dir zu danken. Gott, von deiner Liebe will ich
jedem erzählen.
Du bist treu und korrekt, auf dich kann man sich
immer verlassen,

erfüllst jedes Versprechen, da müssen die Plastikgötter erblassen.
Und du tust sogar noch mehr, als wir von dir je erwartet hatten.
3 Hast meine Gebete gehört, als ich rief, war ich dir nicht latte.
Du forderst mich raus, noch viel größere Sachen zu träumen.
4 Gott, du bist der Präsident vor allen anderen Präsidenten.
Sie sollen dich loben, wenn sie deine Worte gehört haben,
5 sollen rappen und singen: „Gott ist groß, seine Macht ist erhaben!"
6 Er sieht von da oben jedes Kind, aus der Ferne des Universums.
Und die Arroganten erkennt er schon aus weiter Entfernung.
7 Geht's mir gerade beschissen, hab ich viele Probleme am Start,
dann hilfst du mir zu leben, beschützt mich stets vor Verrat.
Stellst dein Schutzschild auf, befreist mich von Feindesketten.
Mit deiner schützenden Hand wirst du mich wieder mal retten.
8 Gott, du bringst für mich das ganze Ding schließlich zu Ende.
Weil du mich immer noch liebst, trägst du mich auf Händen.
Hör nie auf damit, Dinge für mich zu tun, mein großer Gott.
Zieh dein Ding mit mir durch, dann geh ich niemals schrott.

139 Gott ist überall

1 Dieser Reim kommt von David, und auch der Beat kommt dazu:
Gott, du beschützt mich, und du lässt mich nicht mehr in Ruh.
2 Ob ich in der Kneipe häng oder ob ich in mein'm Bett schlafe,
du bist für mich da, deshalb möcht ich dir, meinem Gott, danken.
3 Egal, ob ich am Joggen bin oder häng in meiner Hängematte,
du umgibst mich wie die Luft, die ich tagtäglich atme.
4 Wie krass, selbst wenn ich ein'n Gedanken grad in meinem Kopf hab,
weißt du schon vorher, was ich sage, als wär er von dir beordert.
5 Du bist ein Schutzschild, umgibst mich mit schützender Kraft,
du befreist mich von der Angst, nimmst meine zitternde Hand.
6 Nur ein Verdacht? Nein, das hab ich kapiert, ist wichtig für mich,
es ist zu viel für mein Hirn, es überfordert mich gedanklich.
7 Vor deiner unsichtbaren Kraft kann ich nicht wirklich fliehen,
egal, wohin ich mich verstecke, du kannst mich immer sehen.
8 Steige ich in ein Raumschiff und fliege ins Universum,
das wäre voll dumm, wartest du auf mich schon vor dem Saturn.
Würde ich mich töten, fliehe ich in das Land der Toten,
wärst du schon vor mir da, du hast überall deine Boten.
9 Ich muss es ausloten, nehm den nächsten Jet nach Fernost,
kauf mir ein Haus am Pazifik, flieh auf die Insel von „Lost".
10 Doch auch da begleitest du jeden kleinen Schritt von mir.
Ich könnte jeden Tag versagen, ich weiß, dass du mich liebst.
11 Würde ich erklären, ich will nur noch im Dunkeln leben,
anstatt Licht und Sonne soll mich nur die Nacht umgeben.
12 So wäre selbst die finsterste Finsternis nicht tief genug,
ohne Betrug, mit deinem heftigen Nachtsichtgerät du mich suchst.
Selbst im dunkelsten Raum kannst du mich noch sehen,
auch das schwärzeste Schwarz ist für dich kein Problem.
13 Du hast auch einen Charakter nur für mich gemacht,
und schon im Bauch meiner Mutter hast du einen Plan für mich gehabt.
14 Kein Gelaber, du hast alles an mir genial zusamm'ngestellt,
bin dein Meisterwerk, von dir gemacht, wie der ganze Rest der Welt.

15 Du warst dabei, als mein Körper nur ein Haufen Matsche war,
mein Design wurde von dir 24 Stunden überwacht.
16 Hast an alles, gedacht, als ich im Bauch entstanden bin,
und alles, was bei mir geht, stand schon lang in dein'n Gedanken drin.
17 Die Synapsen kollabier'n, wenn ich versuch, dich zu verstehen,
das kann nicht gehen, muss man sehen, es ist zu viel für 'n Menschenleben.
18 Würde ich versuchen, deine Gedanken zu zählen,
es würd mich quälen,
es sind mehr als die Sandkörner am Strand der Insel Seychellen.
19 Zerstör die falschen Menschen, die ohne dich leben,
ich will die Blutsauger nicht sehen, ich muss mich gleich übergeben.
20 Sie lästern über dich, lachen über dich und deinen Namen,
21 ich will alle schlagen, die über dich nur Schwachsinn labern.
22 Ich hass sie wie die Pest, deine Feinde sind auch zu meinen geworden,
23 check mich, sieh, wie ich drauf bin, egal zu welchen Tageszeiten.
24 Zeig mir, ob ich okay für dich lebe oder gerade voll danebenlieg.
Führe mich auf dem guten Lebensweg, auf dem wir immer zusammen sind.

140 Giftworte von fiesen Leuten

1 Ein Lied von David,
mal mit Beat, zum Unterschied.
2 O Gott, rette mich,
pass auf, beschütze mich.
Die fiesen Leut sind unterwegs,
gehen mir mit Muckis auf den Keks,
machen den Lauten dann und wann,
machen sich an die Leute ran,
3 die ganze Zeit sind sie dabei,
planen nur Streit und Schlägerei,
4 was aus deren Mund kommt, schneidet tief,
Giftworte schreiben sie im Brief!
Die Zunge ist fast wie ein Schwert,
sie tötet alles unter Wert.
5 Pass auf mich auf, mein Gott, schlag zu,
es sind deine Feinde, Chef. Siehst du
6 die arroganten Fratzen da?
Sie machen jede Falle klar,
damit ich falle, knalle rein,
kein Weg kann da mehr sicher sein!
7 Ich sag zu dir: „Du bist mein Gott!
Du musst mich hören in der Not!
8 O Gott, du bist mein Supermann,
bist mir ganz nah und immer dann,
wenn da Probleme sind am Start,
dann passt du auf, du gibst mir Rat!
9 Die Leute, Gott, die auf dich scheißen,
gib ihnen nichts, worum sie sich reißen!
Was sie beginnen, lass es scheitern,
sie könnten sich sonst dran erheitern.
10 Was meine Feinde für mich wünschen,
soll auf sie selbst komm'n, sie selbst lynchen!"
11 Du sollst mit Feuer sie begießen,
und dann soll nur noch Wasser fließen,
dass sie sich nicht mehr können erheben,
das wäre cool, das mach mal eben!
12 Aus wessen Mund nur Lüge kommt,
der wird's nicht packen in dem Land,
und wer's versucht mit Zank und Treten,
der wird sich dabei selbst erledig'n.
13 Ich weiß, dass Gott auf Gerechtigkeit steht,
dass er vertritt, dem es schlechtgeht,
er ist der Anwalt für die Armen
und vor Gericht hat er Erbarmen.
14 Drum sag ich: Du bist mein Held!
Ich werde dir treu sein in der Welt!
Und wer dir treu ist, wird dir danken,
wer niemals lügt,
wird niemals wanken.
Und alle, die dich ham erfahren,
sagen dazu noch einmal „amen!".

141 Hak dich bei mir ein, Gott

1 Ein David-Beat.
Gott, ich brauche dein Feedback,
ich rufe zu dir, hak
dich schnell bei mir ein.
2 Gebete, die ich nicht runterleier
auf jeder Feier,
sollen mit erhobenen Händen
wie ein Abfackelopfer für dich sein.
3 Gott, hilf mir, die Fresse zu halten,
ich soll schweigen, als die loslallten.
4 Wenn ich Bock hab auf Mistbauen,
dann darfst du nicht wegschauen,
will ich nicht gottlos rumsauen
nach deren Protokoll.

Das, was die Leckeres bieten,
soll mich nicht gleich umnieten.
5 Wenn einer Gott gehorcht,
soll er mein Erzieher sein.
Dort, wo ich danebenliege,
meinen Trieben obliege,
lass ich den als Lehrer rein.
Er wird mir den Spiegel vorhalten,
ich werd mich nicht spalten,
Hauptsache, mein Glaube wird nicht erkalten,
ich werd weiter beten,
wenn sie auch gegen mich antreten.
6 Ihre Anführer sollen stürzen,
ihren Kopf soll man kürzen,
dann wird man sehen, dass ich recht gehabt hab.
7 Ihre Knochen sollen verteilt werden
als Knochenmehl auf Erden,
wie Dünger für ihr Grab.
8 Gott, auf dich sehen meine Augen,
ich trau dem, der mich geschaffen hat.
Du passt auf mich auf,
dass der Lauf nicht auf mich zielt,
die mich nicht aufsaugen.
9 Bewahre mich vor der Falle,
denn sie alle werden mich auslaugen,
wollen mich kalt sehen,
die fiesen Bazillen.
10 Die gottlosen Mimosen
sollen um ihre eigene Falle losen,
aber ich werde in Ruhe chillen.

142 Rette mich

1 Gebet von David, als er im Loch saß.
2 Ich schrei zum Chef, und ich tu's laut,
3 ich brauch dich, denn es sieht nicht so gut aus.
Ich lege meine Klagen vor, fühl mich grad total verloren.
4 Ich bin am Ende, also, Gott, leih mir deine Ohren!
5 Oder siehst du jemanden, der einen Ausweg weiß?
Meine Not interessiert die Leute doch 'n Scheiß!
6 Hilf mir, Gott, ich trete vor deine Tür.
Ich habe keine Hoffnung mehr, doch ich bete zu dir.
Ich leg mich auf den Boden und fleh.
Sei nett mit mir, lass mich Hilfe sehen!
7 Rette mich, denn meine Feinde sind mir auf den Fersen!
Sie sind mir überlegen, und ich kann mich nicht entfernen.
8 Gib mir einen Grund, dir zu danken!
Und alle deine Leute werden sich versammeln.

143 Gott, hör mir zu

1 Ein Lied von David.
Gott, jetzt hör mir mal zu!
Ich kann echt nicht mehr,
mich drückt voll der Schuh!
Auf dich konnte ich mich schließlich immer verlassen,
nur du hältst dein Versprechen, dadrauf kann man einen lassen.
2 Bitte, zähl mich nicht an, lass mich nicht vor Gericht,
denn für dich ist kein Mensch wirklich unschuldig.
3 Der Feind stellt mir nach, treibt mich voll in die Enge,
sie stellen mir nach, egal, wo ich grad abhänge.
4 Ich weiß nicht mehr weiter, bin vor Angst fast gelähmt
5 und ich träume von früher. Gott, das war fast schon unverschämt,
was du damals getan hast. Mann, das war echt so krass,
hast voll Wunder getan, machtest alle nur nass,
hast die Sache durchgezogen,
du bist genial, ungelogen.
6 In deine Richtung strecke ich meine Hände
und bete zu dir, Gott, dann wackeln die Wände.
Ich warte auf dich, ich hab Sehnsucht nach dir
wie nach einem heißen Tag auf ein kühles Glas Bier.
7 Gott, antworte mir, ich bin völlig am Ende,
komm jetzt mal her, geh doch nicht vom Gelände.
8 Zeig mir schon morgens, dass du es gut mit mir meinst,
dann vertraue ich dir, ich hab Sehnsucht wie Heinz.
Gott, ich brauch dich so sehr, bitte zeig mir den Weg
9 und rette mich, Herr, denn sonst ist es zu spät.
Nur bei dir finde ich einen Schutz und den Frieden,
10 Gott, ich brauche dich jetzt, um mal richtig zu leben.
So, wie du es für mich vorgesehen hast,
führe mich durch deine Kraft, das macht Spaß und ist krass.
Dann werde ich sehen, wie du Felsen bewegst,
wie du meinen Weg lenkst, alles glatt bei mir geht.
11 Gott, halt dein Versprechen, führe mich aus der Not,
damit du ganz groß rauskommst, denn du bist schließlich Gott.
12 Vernichte meine Feinde, mach die fertig, die mich hassen,

weil ich dir ganz gehöre, kann ich mich ganz auf dich verlassen.

144 Wenn der Präsi betet

1 Der kommt von David: Gott, du bist
einfach gigantisch,
du bist mein Fels, bist mein Schutz, und, ist klar, ich
werde von dir zum Kämpfen trainiert.
Du bist wie mein Yoda, zeigst mir, wie man ein
Laserschwert führt.
2 Alle Hilfe, jeder Schutz, zu dir kann ich immer flie-
hen.
Bist mein Schutzschild, wenn was abtillt, und du
hilfst mir zu siegen.
3 Gott, was ist schon der Mensch für ein Schwach-
mat, am Abkacken,
warum gibst du ihm nicht mal eins auf den Nacken?
4 Sein Leben verdunstet wie das Wasser auf dem
Fenster,
die Zeit, die er hat, ist so kurz wie das Gestern.
5 Gott, komm doch mal runter und berühre die
Berge,
dass sie rauchen wie Vulkane, dass sie qualmen
ganz derbe.
6 Zieh mal ein paar Blitze über die drüber, ja, streue
die aus,
jag mit Gewehren und Patronen die Feinde hinaus.
7 Strecke deine Hand aus, rette mich aus dem Tsu-
nami,
hol mich raus, befreie mich von den Feinden, mein
Homie.
8 Die schwallen nur rum und erzählen nur Lügen.
9 Gott, dir will ich singen, etwas bringen, dir genü-
gen,
und ich will meine Songs mit der Beatbox begleiten,
auf diesen Beats sollen die Reime dann reiten.
10 Denn du hilfst zu siegen und befreist auf die
Schnelle,
auch bei David warst du beim Retten zur Stelle.
11 Hol mich hier raus, rette mich vor Pseudo-
denkern,
die nur Dünnsinn labern, rumwabern, rumlügen,
rumstänkern.
12 Unsere Kinder sollen groß werden ohne Stress
und viel Panik,
sollen krass wachsen wie ein Baum in fetter Bota-
nik.
Und unsere Töchter sollen so schön sein wie die
Topmodels auf dem Steg,
so dass Heidi Klum eine Herzattacke kriegt.
13 Unser Kühlschrank ist voll, wir haben mehr, als wir
brauchen.
Und die Kohle kommt rein, die kann niemand ver-
rauchen.
14 Und die Autoindustrie produziert wie nie Karren,
da muss niemand mehr streiken oder depressiv
plärren.
15 Gut drauf sind die Menschen, die so was erleben,
gut drauf sind die Menschen, die Gott immer erhe-
ben.

145 Gott liebt ohne Ende

1 Dies ist ein Song, um Gott zu loben,
ich will ihn ehren, ihn da oben.
Er ist mein Boss, ungelogen,
dir will ich auf ewig danke sagen!
2 Jeden Tag will ich deinen Namen ansagen,
will dafür sorgen, dass alle über dich reden,
3 Gott ist gigantisch, er ist der fetteste Segen.
Seine Größe kann niemand begreifen.
4 Alle Generationen, die da so ranreifen,
sollen mal von seinen irren Taten berichten,
sollen Lieder dazu schreiben, Reime dichten.
5 Sie sollen abgehen, auf deine gigagroße Macht,
alle werden drüber reden, und auch ich werde in der
Nacht
über die Wunder nachdenken, die Gott so tut.
Werde träumen davon, wenn ich abends ruhe.
6 Jeder Mensch soll immer wieder davon reden,
was das soll, wie das passt auf jeden,
den Menschen Respekt beibringt,
vor der krassen Sache, die dir gelingt.
7 Sie sollen dir singen, auf deine Korrektheit Lieder
anstimmen.
8 „Gott ist voll Liebe, ‚Mr. Liebevoll' kann man ihn
nennen,
und in Sachen Geduld ist kein Ende bei ihm zu
erkennen.
Er ist die absolute Gerechtigkeit in Person,
9 Gott ist gut zu allen, das Leben kommt von sei-
nem Thron.
10 Alle sollen dir danken, Gott, alles, was du
gemacht hast,
jedes Geschöpf, jeder Mensch, findet dich krass.
11 Und sie sollen davon reden, wie obergenial du
regierst,
12 damit die Menschen hören, wie du sie sicher
führst.
Sie sollen erkennen und benennen deine königliche
Macht.

13 Deine Herrschaft besteht viel länger als nur eine Nacht.
Sie wird weitergehen, von Generation zu Generation bestehen.
Auf deine Worte kann man hundertprozentig zählen.
In allem, was du tust, muss man Liebe erkennen.
14 Wer gefallen ist, wer stolpert, den stützt du,
du hilfst denen auf, die kaputt sind, im Nu.
15 Alle sehen zu dir und erwarten Support,
du gibst was zu essen, just in time, an jedem Ort.
16 Du öffnest deine Hand und gibst einfach jedem,
was sie brauchen, die nach deinem Willen leben.
17 Gott ist gerecht, man kann sich voll auf ihn verlassen,
18 und er ist denen nahe, die sich wirklich auf ihn einlassen,
die zu ihm beten, wenn er eingreifen soll.
19 Er antwortet denen, die ihm Respekt zollen.
Er hört ihr Schreien und rettet sie gern.
Bei Problemen kann man zählen auf den Herrn.
20 Gott passt auf die auf, die ihn lieben,
die keinen Bock auf ihn haben, wird er umnieten.
21 Aus meinem Mund soll nur fettes Lob für Gott kommen,
und alles, was lebt, soll für immer dafür sorgen,
dass wir Gott loben, denn er ist ganz besonders, ewig, vollkommen.

146 Gott ist mein King

1 Ich flipp aus, wenn ich sag, Gott, du bist mein King.
Ich will dich ehren mit allem, was mich ausmacht, was ich bin.
2 Und ich schrei mein Leben lang: Yea, yea.
Ich texte dir, bis ich sterbe, denn ich tue das gern.
3 Ey, Leute, vertraut nicht auf die Reichen, nee, nee,
denn es sind nur Menschen mit den gleichen Problemen,
4 auch sie werden eines Tages den Tod sehen,
und ihre Ideale werden mit ihnen verlorengehen.
5 Sei froh, wenn deine Hilfe von Gott kommt,
dein Leben, deine Hoffnung, denn ich weiß, er rockt noch.
6 Er, der Himmel, Erde und Meer gemacht hat.
Er, der treu bleibt, weil er unendliche Macht hat.
7 Gefangene werden frei, Hungernde werden satt,
Gerechtigkeit bekommen die, denen man sie entsagt hat.
8 Blinde werden wieder sehen, Gebeugte gehen aufrecht.
Er liebt die, die ihm treu sind und von Herzen her echt.
9 Gott ist denen nah, die mit Leid kämpfen, er richtet sie auf;
doch denen, die ihn hassen, hat er den Weg verbaut.
10 Kein Tag vergeht, an dem er nicht die Nr. 1 ist.
Leben vergehen, doch Gott vergeht nicht!

147 Wie Gott drauf ist

1 Yeah, es tut gut, für unseren Gott coole Sounds zu bringen,
es bringt Laune, viel Freude, ihm Lobeslieder zu singen.
2 Gott baut seine City auf, unser Jerusalem wird wieder leben,
und er bringt seine Leute zurück, die entrückt wurden so mal eben.
3 Er macht den gesund, der innerlich total kaputt war,
er verbindet seine Wunden, macht alles wieder klar.
4 Er hat die genaue Anzahl der Sterne gespeichert
und sie mit einem eigenen Namen bereichert.
5 Unser Gott ist so groß, gigantisch seine Macht,
wer kann das schon fassen, was seine Weisheit umfasst?
6 Die Leute, die fertiggemacht wurden, richtet er wieder auf.
Und die sie unterdrückt haben, drückt er in den Staub.
7 Los jetzt, singt Gott Lieder, um ihm zu danken!
Packt die E-Klampfe aus, spielt ihm Punk bis zum Abwinken.
8 Er hat die Wolken gebastelt, durch Regen macht er die Erde nass.
Lässt das Gras auf den Bergen wachsen, auf den Wiesen wächst so was.
9 Er gibt den Tieren, selbst den vielen Raben, was zu fressen,
auch auf ihren lauten nervigen Schrei gibt's was zu essen.
10 Gott hat keinen Bock auf Kriegstreiber und ihre Panzer,
und auch wenn man sich auf seine eigene Stärke verlässt, das hasst er.
11 Er geht ab vor Freude über jeden, der Respekt vor ihm hat,
der auf ihn vertraut, auf seine Liebe baut, da geht er voll drauf ab.
12 Große City, Jerusalem, sag deinem Gott danke!

Zion auf dem Berg, gib Gott eine Liebeslobflanke.
13 Er hat auf dich aufgepasst, dich beschützt vor den Chaoten,
hat die Tür zugemacht, deine Kinder mit Segen umwoben.
14 Er sorgt dafür, dass es Frieden gibt, fährt das beste Essen auf.
15 Wenn er etwas sagt, klar, sofort passiert das dann auch.
16 Gott macht für uns Schnee und lässt auch den Tau überfrieren.
17 Dicke Hagelkörner knallen auf die Erde, es wird kalt wie in Sibirien.
18 Und dann sagt er, es soll schnell wieder wärmer werden,
ja, dann weht gleich ein Wind, und es taut hier auf Erden.
19 Auch an sein Volk hat er eine gute Message gerichtet,
seine Gebote ihnen erzählt, sein Gesetz für sie gedichtet.
20 Und dadrin ist sein Volk voll privilegiert, ja,
denn nur sie kennen das und sie leben danach, Halleluja.

148 Alles soll Gott danken

1 Gott ist gigantisch,
sagt ihm danke, ganz frisch,
er sitzt am Himmelstisch,
ganz oben,
dort soll man ihn loben.
2 Ungelogen,
alle Engel von droben,
die Armee des Himmels,
startet Gebimmel,
um Gott zu ehren,
seine Ehre zu vermehren.
3 Auch die Sonne und der Mond
sollen, ganz ungewohnt,
ihm danken und die leuchtenden Sterne, ohne zu wanken,
Loblieder tanken.
4 Auch im Universum
der Orion
und das ganze Drumherum
im hintersten Winkel soll ihn loben,
da oben.
Und auch die Regenwolken
müssen, ganz unbescholten,
laut „danke" sagen.
5 Alle müssen das wagen,
Gott zu ehren,
denn auf seinen Befehl hin
wurden sie alle erschaffen.
6 Wer kann das raffen?
Er hat jedem Planeten
seinen Platz zugewiesen.
Den Plan hat er klargemacht,
hat viel drüber nachgedacht.
Den Plan dürfen sie nicht übertreten.
7 Lobt Gott auf dem Planeten,
auch der Walfisch soll ihm singen
und alle Tiere im Meer für ihn klingen.
8 Und der Donner, der Blitz, auch Hagel und Schnee,
genauso der Nebel, der Wind auf dem See,
gehorcht Gott auf Befehl,
9 und in den Bergen, im Gebirge,
soll die Tanne mit der Birke
Gott loben,
10 wie auch die Tiere,
die Vögel von oben,
die Kühe, der Wurm und die Ziege.
11 Und dann auch die Chefs,
jeder Bürgermeister mit Fliege,
die Kanzler und die Kings,
wer die Macht hat im Ring,
soll Gott danke sagen,
12 junge Männer es wagen
und auch alle Sweeties,
Omas und Teenies,
die Jugend und die Senioren,
13 gebt's Gott auf die Ohren,
denn nur bei ihm ist das korrekt,
kommt das gut, ist das nett.
Nur er ist der Größte.
Seine Macht, die flößte
mir Respekt ein,
nicht nur zum Schein,
nein, ohne Ende,
er ist höher als die Wände
des ganzen Universums,
14 und ich komm nicht drum herum.
Sein Volk hat durch ihn gewonnen,
Macht bekommen,
Schlaffheit hat er genommen.
Darum loben wir ihn, ja,
wir, sein Volk, sind ihm nah
und wir halten zu ihm,
ganz egal, wo wir hinziehen.
Halleluja, Gott ist so fett,

Israel findet er nett,
er sieht uns wie sein Kind,
weil wir treu zu ihm sind.

149 Applaus für Gott

1 Gott ist der Größte, Rap für den Herrn,
Applaus für den Höchsten, denn das hat er gern!
Die Familie soll ihn loben, wenn wir alle vor ihm toben,
Party machen ohne Ende, klatschen laut in die Hände.
2 Sein ganzes Volx wird sich freuen
über ihn, den Treuen;
sie werden Loblieder singen,
werden abgehen und bringen
dem Präsidenten die Ehre.
3 Werden pogen und toben,
mit der Beatbox ihn loben,
mit dem Marshall-Verstärker
voll und laut mit Verzerrer.
4 Und jetzt kommt ein Zitat:
„Gott befreit den, der Stress hat!"
5 Freu mich tot, und ich gebe
ihm mein Leben, so mal eben.
6 Sollen ihn loben in der Nacht,
ihn erheben bis um acht,
sollen mit der MG für ihn kämpfen,
7 sollen die strafen, die ihn dämpfen,
sollen das Ding für ihn jetzt durchziehen,
sollen sein Urteil dann auch durchglühen.
8 Sie werden die Macker binden,
die Politiker verschwinden,
die Mächtigen abziehen.
Dann kann keiner mehr fliehen
9 vor dem Gericht Gottes,
wenn er das Urteil spricht, rockt es.
Er hat das Gesetz geschrieben,
zieht das durch, doch die ihn lieben,
wird es dann nicht mehr treffen,
denn sie haben es begriffen,
trinken Sekt mit Maracuja,
singen laut „Halleluja"!

150 Danke, Gott

1 Danke, Gott, du bist der Größte! Sagt ihm das im Tempel!
Er hat die Macht, Gott kann alles, ist der Chef im Himmel.
2 Bedankt euch bei ihm, weil er krasse Sachen getan hat.
Er kann alles, nichts ist unmöglich, er hat die Macht.
3 Sagt ihm ‚danke' mit verzerrter Gitarre und Verstärker,
noch krasser und härter mit E-Bass und lautem Verzerrer.
4 Macht Musik für ihn mit der fettesten Drum-Machine.
Pogo und Breakdance mit lautem Basssolo gefallen ihm.
5 Schlag auf die Becken, bring die Hi-Hat zum Vibrieren.
6 Alles, was atmet, soll mit lauter Stimme Gott ehren.
Danke, Gott, ja, du bist als der große Chef immer da,
du bist gigantisch gut, man ruft dann auch „Halleluja".

Das Buch der Sprüche

1

Warum dieses Buch geschrieben wurde

1 Dieses Buch ist voll von schlauen Gedanken und Tipps, die Salomo hatte. Salomo war ein Sohn von David und lange Zeit der Präsident von Israel. 2 Diese Gedanken sollen uns kapieren helfen, wie es funktionieren kann, dass einer voll den Durchblick bekommt. Sie sollen zeigen, wie gute Tipps dabei helfen können, sein Leben besser im Griff zu haben. 3 Wenn man diesen Durchblick hat, ist es viel leichter, in den Kopf zu kriegen, was okay ist und was nicht. Korrekt und ehrlich sein, dabei soll dieses Buch helfen. 4 Auf die Art können ihn auch Leute, die nicht so viel Grips im Hirn haben, schlauer werden. Und Jugendliche können ebenfalls dadurch eine Menge lernen, zum Beispiel auch, wie man entspannt lebt. 5 Wer auf die Art Peilung vom Leben hat, lernt auch immer mehr dazu. Wer das mal kapiert, ist immer heiß auf neue, gute Tipps und Ratschläge. 6 Zum Beispiel lernt er, abgefahrene und komplizierte Vergleiche zu verstehen. Wenn ein schlaues Kerlchen ihm ein Rätsel aufgibt, kann er es lösen. 7 Alles fängt damit an, dass man Respekt vor Gott hat. Nur absolute Schwachmaten haben keine Lust dazu, schlau zu werden und etwas Disziplin ins Leben zu bekommen.

Falsche Freunde

8 Also, Junge oder Mädchen, hör mal gut zu, was deine Eltern dir so erzählen! Wenn sie dir einen Tipp geben, dann nimm den ernst und vergiss ihn nicht gleich wieder. 9 Das würde dir echt gut zu Gesicht stehen, wenn du so drauf wärst, es wäre fast wie eine Goldkette um deinen Hals. 10 Hey, wenn irgendwelche Deppen dich dazu verführen wollen, Mist zu bauen, dann hör nicht auf die! 11 Wenn die zum Beispiel ankommen und sagen: „Hey, Bock auf 'ne kleine Schlägerei heute Abend im Viertel?! Los, komm mit, du Weichei! Wir verstecken uns im Park und hauen dem Erstbesten, der vorbeikommt, den Kopf weg! 12 Wir spielen mal den Sensenmann, das wird lustig! Wir nieten einfach ein paar Menschen um und machen Hackfleisch aus ihnen. 13 Dann nehmen wir uns die Brieftasche und den Haustürschlüssel und räumen die Bude von denen leer! 14 Was dabei rumkommt, wird geteilt! Bist du dabei?" 15 Wenn Leute so ankommen, kann ich dir nur den guten Rat geben: Lass die Finger davon! 16 Denn solche Typen haben Dreck am Stecken, die sind link drauf, und denen macht es nichts aus, auch mal jemanden umzunieten, der ihnen im Weg steht. 17 Eine Maus kapiert ja auch nicht, dass das, wo das Stück Käse draufliegt, eine Mausefalle ist, und sie tritt dann einfach hinein. 18 Bei diesen fiesen Bazillen ist das ähnlich. Sie sitzen vor ihrer Falle und kapieren nicht, dass ihr eigenes Leben der Köder ist. 19 Jemand, der auf unkorrekte Art viel Kohle macht, wird auch irgendwann sterben. Was sie sich geklaut haben, dadran werden sie ersticken.

Pass auf: Wer nicht schlau ist, kriegt Probleme

20 Schlau zu sein ist eine krasse Sache, und wer das kann, wird überall bemerkt. Auf den Straßen, auf den Plätzen in der Stadt wird man dadrüber reden. 21 In den Kneipen, wo sich die Leute treffen, ist das der höchste Trumpf. Egal, wie laut es dort manchmal ist, man kann das mitkriegen, wenn einer richtig was draufhat. Man bemerkt das aber nicht nur in der City, überall in der Stadt, auch am Ortseingang kriegt man das mit. 22 Leute, die richtig schlau sind, sagen dann solche Sachen wie: „Wie lange wollt ihr noch so dumm sein? Wann werdet ihr endlich erwachsen? Wie lange noch macht man bei euch nur dumme Witze und findet sich dabei auch noch ganz toll? Wie lange dauert es noch, bis die Schwachmaten bei euch endlich mal anständig was in ihre Birne kriegen und anfangen zu lernen? 23 Jetzt hört doch mal auf das, was ich euch sage! Dann werde ich euch mal ein paar heftige Sachen beibringen, ich will euch mal richtig einen einschenken. 24 Ich hab mir schon den Mund fusselig geredet, aber ihr hattet keinen Bock, auf mich zu hören. Ich hatte meine Hand gehoben, damit ihr leise werdet und ich mal was sagen kann, aber keiner hat mich beachtet. 25 Alle meine guten Tipps waren euch egal. Der Rat, den ich euch geben wollte, war euch wohl total egal. 26 Okay, ihr habt es so gewollt. Wenn es euch dann beschissen geht, dann lache ich mich tot. Ich werde euch nur noch auslachen, wenn ihr im Dreck festsitzt. 27 Wenn ihr Panik kriegt, weil euch plötzlich etwas Ätzendes passiert, wenn man euch bedrängt und ihr Angst kriegt, 28 dann könnt ihr mich noch so oft auf dem Handy anrufen, ich geh einfach nicht ran. Und wenn ihr bei mir vorbeikommt, dann bin ich nicht da, ihr

könnt mich nicht finden. 29 Wenn ihr es hasst, dass
jemand etwas besser weiß als ihr und ihr keinen
Respekt vor Gott habt, 30 wenn ihr keinen Bock auf
meine Tipps habt und euch alle meine Warnungen
egal sind, 31 dann müsst ihr eure Suppe selbst aus-
löffeln und die Konsequenzen tragen. 32 Wer keine
Tipps annimmt, wem der Ratschlag von jemandem
egal ist, der geht an seinem Stolz und an seiner
Scheißegal-Haltung kaputt. 33 Aber wer auf mich
hört, der kann ganz entspannt bleiben. Er ist in
Sicherheit, ihm kann nichts wirklich Schlimmes
passieren."

2

Warum es gut ist, den Durchblick zu haben

1–5 Weißt du, wie man es schafft, Gott richtig
gut kennenzulernen und Respekt vor ihm zu
haben? Das kriegst du hin, wenn du erstens auf die
Sachen hörst, die ich dir gesagt habe. Zweitens,
indem du dein Ohr auf Empfang stellst, wenn es
dadrum geht, schlaue Dinge zu verstehen. Und drit-
tens muss es dir superwichtig sein, Dinge zu ler-
nen, du musst so heiß dadrauf sein wie der Bundes-
ligaprofi auf die Meisterschaft. 6 Gott sorgt schon
dafür, dass man Ahnung vom Leben bekommt.
Wenn er etwas sagt, ist das immer super abgeklärt,
schlau und sehr weise. 7 Leute, die okay für ihn
leben, denen hilft er immer. Wer korrekt drauf ist,
wird von ihm beschützt. 8 Er passt auf die Men-
schen auf, die sich richtig entscheiden und ihm treu
sind. 9 So versteht man auch, was es bedeutet, kor-
rekt, gerecht und gerade zu sein und so zu leben,
wie Gott es richtig findet. 10 Denn dann bekommt
man auch den Überblick über das Leben, man kann
hirnmäßig plötzlich alles kapieren und auch ausein-
anderhalten. Leute, das macht Laune! 11 Auf einmal
fängst du an, locker zu werden, du wirst viel abge-
klärter als früher und kapierst viel mehr. 12 Dadurch
passiert es dir nicht mehr so schnell, dass du fal-
sche Entscheidungen triffst oder auf Leute hörst,
die nur Dünnsinn labern. 13 Damit meine ich solche
Typen, die schon lange auf die schiefe Bahn gekom-
men sind und nur noch ganz finstere und üble
Sachen bringen. 14 Die finden das ganz toll, Leute
abzuzocken, und bei den durchgeknalltesten
Sachen geht denen einer ab. 15 Sie drehen gerne
krumme Dinger, bauen ständig Mist, sie verlaufen
sich im Leben. 16 Wenn du das machst, was ich
oben gesagt habe, wirst du dich auch nicht so
schnell in die falsche Frau verlieben. Damit meine
ich auch die Frauen, die dir schöne Augen machen
oder mit tiefem Ausschnitt und hautenger Jeans
dich auf einer Party verführerisch anlächeln. 17 So
eine hat ihren Ehemann, mit dem sie schon ewig
zusammen war, plötzlich verlassen. Damit bricht sie
ja auch den Vertrag mit Gott, den sie durch die Ehe
hatte. 18 Wenn du zu ihr nach Hause gehst, riskierst
du dein Todesurteil, du rutschst mit ihr ganz schnell
in Richtung Hölle ab. 19 Jeder, der sich auf so eine
Frau einlässt, wird nie wieder den Weg zurück in ein
normales Leben finden. 20 Wie auch immer: Triff die
richtigen, guten Entscheidungen und lebe so, wie
Gott es geil findet. 21 Die korrekten Menschen wer-
den nämlich bleiben. Diejenigen, die ihr Leben rich-
tig regeln, können hier auf der Erde auch immer gut
wohnen. 22 Wer aber ohne Gott lebt, wird rausge-
schmissen, und wer Gott nicht treu ist, fliegt auch
raus.

3

Es ist voll wichtig, Respekt vor Gott zu haben

1 Also vergiss bitte nie diese Dinge, die ich dir
beigebracht habe! Denk über meine Tipps
nach und vergiss sie nicht! 2 Wenn du das machst,
wird es dir immer gutgehen, du wirst glücklich und
zufrieden sein. 3 Es wird auch immer Leute geben,
die dich lieben und die dir treu sind. Auch das
darfst du nicht vergessen, schreib es dir auf einen
Zettel und häng den über dein Bett. 4 Versuch, so
zu leben, dass Gott gut findet, was du so machst.
Das gilt übrigens auch für die Menschen: Versuch,
auch so zu leben, dass die Menschen es auch gut
finden, was du machst. 5 Verlass dich immer hun-
dertprozentig auf Gott und baue deine Entschei-
dungen nicht auf das, was du in deinem Hirn hast.
6 Egal, was du machst, versuche immer, einen
guten Draht zu Gott zu haben. Dann wird er dafür
sorgen, dass alles bei dir glattläuft. 7 Sei nicht ein-
gebildet, denk nicht, du wärst der Ober-Schlau-
meier. Du musst einfach nur Respekt vor Gott
haben und miesen Sachen aus dem Weg gehen.
8 Wenn du das machst, ist es wie die Aspirintablette
für die Kopfschmerzen, es wird dir guttun. 9 Du
kannst auch daran zeigen, dass du Respekt vor
Gott hast, wie du mit den ganzen Dingen, die dir
gehören, umgehst. Zum Beispiel, indem du ihm
einen bestimmten Betrag von der Kohle schenkst,
die du bei deinem Job bekommst. 10 Wenn du das
machst, wirst du immer einen guten Job kriegen,
bei dem du immer genug Kohle verdienst. 11 Hey,
und wenn Gott dir mal die Ohren langzieht, dann
akzeptiere das und wehr dich nicht dagegen.

12 Wenn Gott jemanden unheimlich liebhat, dann haut er dem auch mal auf die Finger. Das macht ein Vater mit seinen Kindern ja auch so.

Warum es cool ist, weise zu sein und den Überblick zu haben

13 Ein Mensch, der gelernt hat, weise zu sein und sein Hirn einzuschalten, bevor er Sachen macht, der ist voll glücklich. 14 Auf die Art Schnall vom Leben zu haben ist besser als ein Sechser im Lotto und wertvoller als die Millionen bei „Wer wird Millionär?". 15 Es bringt dir mehr als die teuerste Rolex an deinem Arm. Nenne mir, was du willst, nichts ist so wertvoll wie das. 16 Einerseits wirst du dadurch erst mal länger leben, andererseits bekommst du so sehr viel Respekt von Leuten und kannst damit zusätzlich noch 'ne Menge Kohle machen. 17 Wenn du weise drauf bist, geht es dir gut, du bist glücklich, und du kannst entspannt leben. 18 Mit der Weisheit ist das so, als hätte man ein richtig geiles Leben, das nie mehr aufhört. Denn wer so etwas hat, der würde es nie wieder hergeben. 19 Als Gott den Himmel und die Erde gemacht hat, ist er auch total weise vorgegangen. Er hat sich bei jedem noch so kleinen Detail etwas gedacht. 20 Er hatte die Idee, Wolken zu machen, die ihr Wasser auf die Erde regnen lassen. Dieses Wasser versickert dann in den Boden und kommt bei den Quellen wieder raus. Und dadraus sind dann die Flüsse entstanden. 21 Mein Junge, wenn ich dir einen Tipp geben darf: Streng immer dein Hirn an und versuche, alles erst mal abzuchecken, bevor du wichtige Entscheidungen triffst! 22 Wenn du auf die Art genug Peilung vom Leben hast, dann wird dich das immer gut aussehen lassen. Weisheit macht einen hübsch. 23 Und du wirst dich dann leichter entscheiden können und lebst sicherer, weil deine Entscheidungen dich vor schlimmen Fehlern schützen. 24 Du wirst einfach viel entspannter leben! Wenn du dich abends in dein Bett legst, kriegst du nachts keine Panikattacken mehr und erholst dich im Schlaf. 25 Vor großen Katastrophen brauchst du keine Angst mehr zu haben, das passiert nur Menschen, die keinen Bock auf Gott haben. 26 Gott passt auf dich auf, er beschützt dich davor, in irgendeine Falle zu treten.

Wie man mit anderen Menschen umgehen sollte

27 Weigere dich nicht, jemandem etwas Gutes zu tun, wenn der das verdient hat. Auf jeden Fall gilt: Wenn du ihm helfen kannst, solltest du es auch machen. 28 Schick die Leute nicht weg, wenn sie Hilfe brauchen. Solange du noch helfen kannst, solltest du auch helfen. 29 Denk dir keine fiesen Aktionen gegen deinen Nachbarn aus, solange er noch in deiner Nähe wohnt und dir vertraut. 30 Zoff dich nicht mit Leuten, die dir eigentlich gar nichts getan haben. Zeige auch niemals einfach so jemanden an. 31 Du sollst auch nicht neidisch auf den Schlägertypen aus der Nachbarklasse sein, solche Typen sollen keine Vorbilder für dich werden. 32 Gott findet Leute, die krumme Dinger drehen, zum Kotzen. Aber die Menschen, die korrekt drauf sind, werden seine besten Freunde. 33 Menschen, die Schnall vom Leben haben und den Überblick, kriegen am Ende den Applaus. Die verrückten Nervos werden irgendwann nur noch verarscht. 34 Die arroganten Heinis, die auf die Menschen von oben runterschauen, die lässt er links liegen. Aber die Leute, die kein gutes Selbstwertgefühl haben, denen zeigt er, wie sehr er sie liebt. 35 Menschen, die weise sind und den Schnall vom Leben haben, kommen am Ende groß raus. Aber Schwachmaten werden am Ende nur dumm dastehen, und jeder wird sie auslachen.

4 Eine Portion „Schnall vom Leben" ist das Beste, was du kriegen kannst

1 Hey, das geht jetzt an alle Jugendlichen, hört mir mal gut zu! Ich rede jetzt zu euch, als wäre ich euer Vater, und ich will euch mal ein paar Takte erzählen, damit ihr etwas kapiert. 2 Was ich euch beibringen will, ist voll gut. Haltet euch dadran, das ist echt wichtig! 3 Mir sind diese Dinge auch von meinem Vater beigebracht worden, als ich noch ein kleiner Junge war. In der Zeit war ich noch Mamas Liebling, 4 da hat mein Vater mich in die Lehre genommen. Er sagte: „Was ich dir beibringen will, ist superwichtig, das musst du unbedingt speichern! Wenn du dich an das hältst, was ich dir sage, dann wirst du ein gutes Leben haben! 5 Du musst Schnall vom Leben bekommen und schlau werden! Behalte die Dinge unbedingt, vergiss sie nicht wieder und setze das, was ich dir beigebracht habe, auch um. 6 Lösch diese Worte nie von deiner Festplatte, behalte immer die Übersicht, also sei weise. Wenn du diese Worte magst und dich sogar in sie verliebst, dann wird dich das vor schlimmen Fehlern bewahren. 7 Alles geht damit los, dass du damit anfängst, überhaupt erst mal lernen zu wollen! Du bekommst diese Peilung nur, wenn du auch lernen

willst, schlau zu sein. 8 Zieh dich daran hoch, das
funktioniert! Wenn du erst mal so drauf bist, wird es
bewirken, dass Menschen Respekt vor dir haben.
9 Wenn du so lebst, wird dir das gut bekommen. Es
macht dich hübscher und attraktiver, wenn du die
Peilung hast.“

Weisheit geht immer

10 „Junge, hör mir gut zu, was ich dir zu sagen hab!
Wenn du das tust, wirst du nämlich auch länger
leben. 11 Ich will dir mal was beibringen, du sollst
den ‚Weisheitsführerschein‘ von mir bekommen.
12 Wenn du das kapierst, dann wirst du dein Leben
ganz locker leben, nichts wird dich so schnell fertig-
machen. Und du wirst auch nicht auf die Fresse
fallen. 13 Zieh das durch, was du gelernt hast, gib
niemals auf! Behalte diese Ansagen und vergiss sie
nicht. Die werden dir helfen, richtig gut zu leben.
14 Du solltest auf keinen Fall Leuten alles nachma-
chen, denen Gott total egal ist. Was miese Typen dir
vormachen, muss dich kaltlassen. 15 Lass sie links
liegen, geh nicht auf sie ein, beachte die gar nicht.
16 Solche Leute kommen nicht zur Ruhe, sie können
nicht einschlafen, bevor sie nicht irgendjemanden
anständig abgezockt haben. 17 Für sie ist das ein
gefundenes Fressen, Menschen einfach abzulinken.
Das ist für sie wie ein Drogenrausch, wenn sie
anderen Leuten in die Fresse hauen. 18 Aber wenn
jemand korrekt ist und mit Gott lebt, bei dem ist
das wie bei einem Sonnenaufgang. Es wird mit der
Zeit immer heller und heller, bis der Tag voll da ist.
19 Die Menschen, die ohne Gott leben, tapsen die
ganze Zeit im Dunkeln. Sie kriegen gar nicht mit,
worüber sie eben mal wieder gestolpert sind.
20 Junge, hör mir gut zu, was ich dir zu sagen habe!
21 Lern diese Worte am besten auswendig! Denk
immer darüber nach! 22 Wenn du das tust, werden
dir diese Tipps helfen, rundum gesund zu bleiben.
23 Noch was: Das Wichtigste ist echt dein Herz, dein
Innerstes, deine Gedanken! Da musst du unheim-
lich drauf aufpassen. Von dort werden nämlich viele
deiner Entscheidungen gesteuert. 24 Aus deinem
Mund sollten keine Lügen rauskommen, nichts, was
die Wahrheit verdreht, und auch kein Ablästern über
andere. 25 Schau nicht nach hinten oder zur Seite,
sondern immer nach vorne! 26 Pass auf, wo du hin-
trittst, überleg gut, wofür du dich entscheidest, und
dann zieh das auch durch. 27 Geh nicht nach rechts
oder links, sondern nur geradeaus, sonst könntest
du irgendwie abrutschen und auf die schiefe Bahn
kommen.“

5 Achtung: Nicht mit irgendwelchen Frauen im Bett landen

1 Mein Vater redete weiter: „Mein Junge, ich hab
dir noch eine wichtige Sache zu sagen. Bitte hör gut
zu und setze das um, was ich aus dem Leben
gelernt habe. 2 Du musst einfach abgeklärt sein.
Wenn du deinen Mund aufmachst, sollte da kein
Schwachsinn rauskommen. 3 Es gibt immer Frauen,
die sich bei dir einschleimen wollen. Sie verführen
dich mit süßen Worten und flirten mit dir wie ver-
rückt. 4 Aber im Endeffekt ist alles, was sie sagen,
wie pures Gift. Es ist so tödlich wie Zyankali oder so
gefährlich wie eine superscharfe Rasierklinge. 5 Sol-
che Frauen stehen mit einem Bein in der Hölle, und
das ist auch die Richtung, in die ihr ganzes Leben
geht. 6 Damit du vom richtigen Weg abkommst und
nicht aufpasst, wo du hingehst, lenken sie dich voll
ab, aber du bekommst das gar nicht wirklich mit.
7 Junge, hör mir gut zu! Halte dich an das, was ich
gesagt habe, und zieh das radikal durch! 8 Mach
einen großen Bogen um solche Frauen! Wenn du
weißt, wo sie wohnen, solltest du ihrer Haustür
nicht zu nahe kommen. 9 Sonst verschleuderst du
deine ganze Kraft an etwas, das es echt nicht bringt.
Dein ganzes Leben verschenkst du an jemanden,
der link drauf ist und keine Rücksicht auf dich
nimmt. 10 Wenn du nicht aufpasst, wird deine ganze
Kohle irgendwann jemand anderem gehören,
irgendeinem, den du nicht kennst. Wofür du dein
Leben lang geschuftet hast, wird dann andere satt
machen. 11 Am Ende, wenn du schon fast tot bist,
stöhnst du voll rum. 12 Dann sagst du: ‚Ich Idiot, wie
konnte ich nur so wenig Disziplin haben? Warum
hab ich mich so gehenlassen? Warum hab ich nicht
auf die Warnungen gehört? 13 Ich hätte mal auf das
hören sollen, was mir meine Lehrer verklickern woll-
ten. 14 Um ein Haar hätte ich noch mehr Mist
gebaut, öffentlich vor allen Leuten. Das wäre noch
richtig peinlich geworden.‘ 15 Um mal in einem Bild
zu sprechen: Du kannst doch auch aus deinem
eigenen Wasserhahn trinken, wenn du Durst hast!
Damit meine ich, dass deine eigene Ehefrau dir voll
ausreichen sollte! 16 Oder willst du, dass deine Frau
es mit jedem x-Beliebigen treibt, der ihr auf der
Straße begegnet, weil es dir egal ist? 17 Wenn du
eine Frau hast, dann sollte sie auch nur dir gehören,
du brauchst sie nicht mit irgendeinem Heini zu tei-
len. 18 Gott will dafür sorgen, dass ihr viele Babys
bekommt. Freu dich, wenn du die erste Frau, in die
du verknallt warst, auch heiraten kannst. 19 Die ist
für dich wie das schönste Topmodel. Ihr Busen ist

so unglaublich scharf, der soll dich voll high
machen. Wenn ihr Sex habt, dann kann dich das
echt breitmachen, und das immer wieder neu.
20 Also, mein Junge, warum solltest du die Brüste
von einer fremden Frau befummeln? Was hast du
davon, mit einer anderen Frau rumzumachen?
21 Gott sieht alles, er weiß genau, was wir tun, und
checkt dein Leben ab. 22 Wenn du Mist baust, wird
dich das die ganze Zeit verfolgen. Jeder, der ohne
Gott lebt, baut ständig Mist. Dadurch tapst er in
eine Falle, aus der er nicht mehr rauskommt. 23 Weil
er sich nicht beherrschen kann und sich nicht im
Griff hat, fällt er ständig auf die Fresse und muss
irgendwann auch die Konsequenzen tragen."

6

Noch mal vier Sachen, auf die man aufpassen sollte

1 Noch ein paar Sachen, die mir mein Vater
gesagt hat: „Wie ist das, mein Junge, hast du einem
Freund von dir schon mal viel Geld geliehen? Oder
hast du ihm vertraglich zugesichert, seine Schulden
zu übernehmen? 2 Oder hast du dich irgendwie ver-
plappert? Hast du irgendwas versprochen, was du
gar nicht halten kannst? 3 Da gibt es dann nur eins:
Gib dir selbst einen Tritt in den Hintern, damit du
aus der Sache schnell wieder rauskommst! Geh zu
dem Typen hin und bitte ihn, das Ding unbedingt
rückgängig zu machen! 4 Bettel nächtelang bei ihm
rum, bis er das tut. Schlafen ist jetzt nicht mehr
drin. 5 Du musst das so lange machen, bis du es
geschafft hast. Gib alles, kämpfe darum, wie der
Aufsteiger um den Klassenerhalt oder wie ein Rin-
ger, der versucht, sich wieder aus dem Schwitzkas-
ten von seinem Gegner zu befreien. 6 Nimm dir mal
ein Beispiel an einer Ameise, du fauler Sack! Zieh
dir rein, wie die arbeitet, da kannst du was von ler-
nen! 7 Sie hat keinen, der ihr ständig in 'n Arsch tritt,
keinen, der sie anfeuert oder ihr Befehle gibt. 8 Trotz-
dem sorgt sie im Sommer dafür, dass sie das ganze
Jahr über genug zu essen hat. Wenn Ernte angesagt
ist, macht sie ihre Speisekammer voll. 9 Jetzt komm
mal in die Hufe, wie lange willst du noch im Bett
liegen bleiben? Wann willst du endlich aufstehen
und duschen? 10 Du sagst: ‚Och, ein bisschen will
ich noch liegen bleiben, nur noch eine Minute, ein-
mal will ich mich noch rumdrehen ...' 11 Und plötz-
lich bist du pleite und stehst beim Sozialamt in der
Schlange. Auf einmal wirst du ein armer Schlucker
sein, der vor dem Aldi um ein paar Euro betteln
muss. 12 Überall gibt es Menschen, die einen abzo-
cken wollen. Die verbreiten auch in der Welt nur den
größten Schwachsinn. 13 Sie zwinkern dabei gerne
mit den Augen, um Leute auszutricksen. Manchmal
winken sie einem mit der Hand zu oder machen
irgendwelche geheimen Zeichen. 14 Aber ganz tief
innen drin sind sie oberlink, sie sorgen dafür, dass
sich Menschen streiten, und planen die ganze Zeit
den größten Unsinn. 15 Das ist auch der Grund,
warum sie dann ganz plötzlich sterben. Sie haben
einen Unfall, man konnte nichts mehr machen. Im
Krankenhaus wird nur noch der Tod festgestellt.
16 Es gibt sechs Sachen, bei denen Gott richtig übel
wird, und bei der siebten dreht sich ihm der Magen
um. 17 Erstens: oberarrogante Typen. Zweitens: wenn
man ohne Ende lügt. Drittens: wenn jemand getötet
wird, der nichts verbrochen hatte. 18 Viertens: einer,
der die ganze Zeit überlegt, wie man Menschen
abzocken kann. Fünftens: Leute, die schlechten Vor-
bildern hinterherlaufen. 19 Sechstens: wenn ein
Zeuge vor Gericht nicht die Wahrheit sagt. Und
siebtens: Menschen, die Geschwister gegeneinan-
der aufhetzen."

Wer seine Frau oder seinen Mann betrügt, hat schlechte Karten

20 „Junge, zieh diese Ratschläge von deinem Vater
radikal durch! Und vergiss niemals die Tipps, die dir
deine Mutter gegeben hat. 21 Wenn deine Eltern dir
was sagen, dann denk lange und intensiv dadrüber
nach, du darfst das nie vergessen. 22 Das wird dir
helfen, im Leben die richtigen Entscheidungen zu
treffen. Rund um die Uhr werden dich diese Tipps
begleiten. 23 Sie sind wie eine Fahrradlampe, die dir
im Dunkeln hilft, den richtigen Weg zu finden. Wenn
diese Worte dich kritisieren, ist das total okay,
24 denn sie können dich davor beschützen, dir die
falsche Frau auszusuchen. Und sie machen dich
auch wach, dass du nicht auf irgendwelche Schlei-
mereien von Frauen reinfällst. 25 Egal, wie geil die
aussehen, und wenn sie dir auch schöne Augen
machen, dann schau einfach nicht hin. Lass dich
auf die Tour gar nicht erst ein. 26 Wenn du auf den
Straßenstrich gehst oder in irgendeinem Puff mit
einer Frau auf dem Zimmer verschwindest, dann
kostet dich das nur so viel wie ein Mittagessen.
Aber wenn du mit einer verheirateten Frau rum-
machst, zerstört das dein Leben. 27 Ist es möglich,
die glühenden Kohlen von einem Grill in der Jacken-
tasche zu transportieren, ohne dass du dir dabei ein
Loch in die Jacke brennst? 28 Oder kann man sich
auf eine heiße Herdplatte stellen, ohne dass man

sich dabei Brandblasen an den Füßen holt?
29 Genauso wenig kannst du mit der Frau von einem
anderen Mann ins Bett steigen, ohne dafür bestraft
zu werden. 30 Schon jemand, der klaut, ist bei den
Menschen unten durch. Auch wenn er das nur
macht, weil er sonst verhungern würde. 31 Wenn
man ihn erwischt, muss er das Ganze siebenfach
erstatten, schlimmstenfalls wird sein ganzes Eigen-
tum verpfändet. 32 Aber wenn dann jemand sogar
mit einer Ehefrau fremdgeht, dann hat er vermutlich
einen Sprung in der Schüssel. Nur Leute, die sich
selbst umbringen wollen, tun so was. 33 So einer
wird erst mal total verprügelt, und dazu ist er auch
noch die Lachnummer der Nation, und zwar für den
Rest seines Lebens. 34 Wenn der Ehemann das raus-
bekommt, ist der megawütend, er hat kein Mitleid,
sondern will nur eins: Rache! 35 Irgendwelche
Schmerzensgeldzahlungen lassen ihn völlig kalt.
Egal, was du ihm an Kohle anbietest, da wird er sich
wohl nicht drauf einlassen."

7 Lass dich nicht dazu verführen, deine Braut zu betrügen

1 Noch ein paar Tipps von meinem Vater: „Also,
mein Junge, vergiss nicht, was ich dir gesagt habe!
Meine Texte sind super wertvoll und können dich
echt weit nach vorne bringen. 2 Du willst doch ein
geiles Leben haben, oder? Dann halte dich an die
Tipps von mir und passe darauf auf, genauso wie du
auf dein iPhone aufpasst. Vergiss es einfach nicht!
3 Schreib dir diese Sachen auf und häng sie an dei-
nen Spiegel, speicher das auf deiner Festplatte im
Hirn. 4 Dieses ‚Weise-drauf-sein' muss Teil von dei-
nem ganzen Leben werden, du musst es total verin-
nerlichen. Du solltest es so behandeln, als wäre es
eine Person, die ein Teil deiner engsten Familie ist.
Schnall vom Leben zu haben muss dir so wichtig
sein wie deine beste Freundin oder dein bester
Freund. 5 Wenn du das befolgst, wird dir das sehr
helfen. Es wird dafür sorgen, dass du dich nicht auf
eine Frau einlässt, die mit einem anderen Typen zu-
sammen ist, auch wenn sie dir sonst was erzählt,
schöne Augen macht und mit dir rumflirtet. 6 Es gab
mal einen Tag, wo ich am Fenster von meinem Haus
stand und draußen Menschen beobachten konnte.
7 Dort standen einige Jugendliche, die noch nicht so
viel vom Leben kapiert hatten. Unter anderem stand
da auch ein Junge, der wohl echt ein bisschen hohl
in der Birne war. 8 Zumindest ging er über die Straße
an ein Eckhaus, wo so eine Tusse wohnte. 9 Es
wurde gerade dunkel, und die Sonne ging unter, so
früher Abend. 10 Schließlich konnte ich die Frau auch
sehen, wie sie ihn begrüßte. Sie hatte einen Mini-
rock an und sah ziemlich nuttig aus. Die wusste
ganz genau, was sie mit diesem Jungen anstellen
wollte. 11 Sie war voller Leidenschaft, obersexy und
so heiß auf Männer, dass sie nicht ruhig daheim
sitzen bleiben konnte. 12 Ich konnte sehen, wie sie
vorher auf dem Marktplatz umherging, wie sie sich
dort am Kiosk an die Wand lehnte und auf den
nächstbesten Mann wartete. 13 Als der Jugendliche
da war, ging sie langsam auf ihn zu. Dann umarmte
sie ihn plötzlich, knutschte ihn ab und sagte: 14 ‚Hey
du! Eigentlich war ich hier, weil ich in den Gottes-
dienst wollte. Dort war ich auch gerade. 15 Aber dann
hab ich an dich gedacht und wollte dich unbedingt
kennenlernen. Deswegen hab ich nach dir gesucht
und dich endlich gefunden! 16 Hast du nicht Lust,
mit mir nach Hause zu kommen? Ich hab übrigens
ein echt schönes Schlafzimmer, was ich dir gerne
mal zeigen würde. Satinbettwäsche und alles mit
rotem Plüsch überzogen, sehr gemütlich ... 17 Bei
mir sind auch immer ein paar Nagchampa-Räucher-
stäbchen an, und dann hab ich auf dem Nachttisch
noch ein nettes Aloe-vera-Massageöl stehen. 18 Hey,
komm doch mit! Wir könnten die ganze Nacht
durchpoppen, wenn du Lust hast, alle möglichen
Stellungen ausprobieren, wir könnten durch die Or-
gasmen voll high werden. Hast du Lust? Wie wär's
damit, Süßer? 19 Weißt du, mein Mann ist gerade auf
Geschäftsreise, er ist also nicht zu Hause. 20 Er hat
seine Kreditkarte dabei und wird wohl frühestens in
zwei Wochen wieder zurück sein ...' 21 Die Frau la-
berte ihn zu, und plötzlich hatte sie ihn überredet,
und er ging mit. 22 Er ging hinter ihr her wie ein Da-
ckel hinter seinem Herrchen oder wie eine Kuh, die
zur Schlachtung beim Metzger geführt wird. 23 Der
Typ kapierte gar nicht, in was für eine Gefahr er sich
gerade begab: Es ging dort gerade um Leben und
Tod! Plötzlich saß er in der Falle, wie eine Maus, die
durch ein Stück Käse angelockt wurde. 24 Also, alle
jungen Männer sollten mir gut zuhören! 25 Lasst
euch nicht von so einer Frau abziehen! Geht ihr
nicht hinterher, wenn sie euch zu irgendwas einla-
den will. Haltet Abstand und verliebt euch nicht in
so eine! 26 Es gibt viele Männer, die auf so eine
Schlampe reingefallen sind, und die meisten leben
heute nicht mehr. 27 Die Wohnungstür von solchen
Frauen ist wie der Eingang zur Hölle, es ist wie eine
Rutsche, die direkt in die absolute Dunkelheit führt,
direkt in den Tod."

8 Stelle dir vor, die Weisheit könnte reden

1 Was denkst du, würde die Weisheit sagen, wenn sie eine Person wäre? Stell dir vor, sie könnte sprechen und würde mit dir reden wollen. 2 Sie würde vermutlich in den Acht-Uhr-Nachrichten, zur Top-Sendezeit, eine Ansprache halten; zu einer Zeit, wo alle zuhören. 3 Die Weisheit hätte bestimmt auch eine eigene Domain im Internet, und sie würde den Leuten vermutlich Folgendes mitteilen: 4 „Hallo, ihr! Ich spreche heute einmal zu allen Menschen! 5 Ich hab das Gefühl, ihr seid alle noch etwas feucht hinter den Ohren. Werdet endlich mal etwas abgeklärter und schlauer, das gilt besonders für die Leute, die irgendwie nichts raffen! 6 Hört mir mal gut zu! Ich habe da einen heißen Tipp für euch. Und was ich euch sage, ist auf jeden Fall sehr korrekt. 7 Ich erzähl keinen Scheiß! Was ich sage, stimmt, und ich hasse es, wenn jemand unkorrekte Sachen behauptet. 8 Noch mal zum Mitschreiben: Alles, was ich sage, stimmt! Ich rede keinen Mist, und ich lüge auch nicht. 9 Wenn ich was sage, ist es immer leicht verständlich, und es hilft den Leuten, die ihr Hirn einschalten. 10 Ich möchte, dass ihr heiß werdet auf das, was ich zu sagen hab! Es soll euch wichtiger sein als der Aktienkurs oder euer Kontostand. Versucht, so viel Wissen wie möglich aufzusaugen, anstatt so viel Kohle wie möglich einzusacken. 11 Es ist besser, Schnall vom Leben zu haben, also weise zu sein, als ein Sechser im Lotto. Das ist schon mal sicher! Nichts ist so wertvoll wie das! 12 Ich stell mich noch mal vor. Mein Name ist Prof. Weisheit! Ich wohne gleich neben Dr. Intelligenz, und ich hab den Überblick. 13 Wenn man Respekt vor Gott hat, bedeutet es auch, das Fiese zu hassen. Prollige Einstellung, überheblich sein, zu denken, man ist der Geile, so was finde ich zum Kotzen. 14 Ich bin gut darin, Menschen zu helfen und Ratschläge zu erteilen. Ich bin schlau, ich hab den Schnall vom Leben. 15 Durch mich regieren viele Präsidenten, und durch mich fällen die Bürgermeister die richtigen Entscheidungen. 16 Mit meiner Hilfe regieren die Chefs im Land, und auch die Richter fällen durch mich korrekte Urteile. 17 Wer mich mag, den mag ich auch. Und wer was von mir will und mich sucht, der wird mich auch finden. 18 Die Leute, die sich auf mich einlassen, werden dadurch fett absahnen. Sie werden viel Geld und auch viel Respekt durch mich bekommen, sie bekommen viel Land und auch ein gutes Gehalt. 19 Was ich mache und was bei mir rumkommt, ist wichtiger als alle Kohle der Welt. 20 Wenn Leute versuchen wollen, möglichst korrekt zu leben, dann bin ich dabei. 21 Ich möchte solchen Menschen viel geben. Alle, die mich lieben, sollen fett was abbekommen. 22 Übrigens bin ich von Gott gemacht worden, er hat mich ganz zu Anfang entstehen lassen. 23 Schon vor Ewigkeiten, als die Zeit gerade anfing, hat er mich gemacht. 24 Als ich entstanden bin, gab es noch kein Wasser, es gab noch keine Quellen und auch kein Meer. 25 Die Berge waren auch noch nicht da, und auch die kleinen Hügel gab es noch nicht. 26 Es war sogar noch vor dem Zeitpunkt, als Gott den Planeten Erde gemacht hat, bevor es Länder, Felder und so was gab. 27 In dem Augenblick, als er das Universum gemacht hat, da war ich auch dabei. Ich war dabei, als er die Erdatmosphäre baute, und auch, als er überlegte, wie tief die einzelnen Meere werden sollten. 28 Auch als er die Idee mit den Wolken hatte und die dann in den Himmel installiert hat, als er die ersten Wasserquellen sprudeln ließ, 29 als die Größe der einzelnen Meere festgelegt wurde (damit es durch die Flut nicht überall nass wird) und als er den gesamten Umfang der Erde festlegte, 30 da saß ich die ganze Zeit auf seinem Schoß. Ich hab jeden Tag voll Spaß gehabt und konnte immer viel spielen, wenn er da war. 31 Eigentlich war die ganze Erde mein Spielplatz, und mit den Menschen hatte ich ganz besonders viel Spaß. 32 Weil ich schon so lange da bin, wäre es echt gut, ihr würdet auf mich hören! Damit meine ich besonders die Jugendlichen! 33 Hört auf das, was ich zu sagen habe! Vergesst das nicht, was ich euch erzähle! Dann werdet ihr auch schlau werden. 34 Menschen, die auf mich hören, denen geht es voll gut. Leute, die ständig in meiner Nähe sind, die jeden Tag vor meiner Wohnung auf mich warten, die sind richtig glücklich. 35 Wer mich kennenlernt, lernt das Leben kennen. Und Gott freut sich voll über ihn. 36 Aber Menschen, die nicht mit mir leben, vergewaltigen sich selbst. Jeder, der mit mir nichts zu tun haben will, der mich sogar hasst, der ist eigentlich in den Tod verliebt."

9 Einladung von Frau Weisheit und Frau Dummheit

1 Stell dir vor, Frau Weisheit hat sich eine fette Villa gebaut, mit einem großen Garten, einem beheizten Pool und allem Drum und Dran. 2 Zur Party wurden die besten Filetsteaks eingekauft. Der Grill wird angeschmissen, und das leckerste Bier und der edelste Wein werden aufgefahren. Ein großer Essenstisch wurde auch extra dafür aufgebaut

und eingedeckt. 3 Jetzt schaltet sie eine Anzeige in den größten Zeitungen und sendet sogar einen Werbespot vor den Nachrichten. 4 „Jeder, der was lernen will, soll bei mir vorbeikommen! Wer noch nicht so viel Erfahrung im Leben hat, wer sich dumm fühlt, ist hiermit herzlich eingeladen. 5 Ihr könnt alle zu mir nach Hause kommen und bei mir lecker was essen. Ich hab alles da: Steaks, Getränke, bedient euch einfach. 6 Wer keinen Bock auf Lernen hat, der kann gerne zu Hause bleiben. Aber wer mehr Schnall vom Leben bekommen möchte, der ist herzlich eingeladen." Ich hoffe, du wirst kommen. 7 Wenn man versucht, einem arroganten Hirni etwas zu verklickern, wird man nur verarscht. Wenn man jemandem, der ohne Gott lebt, sagt, was er falsch macht, bekommt man nur selbst Probleme. 8 Kritisiere niemals so eine eingebildete Fratze, die wird dich dafür nur hassen. Wenn du aber jemanden kritisierst, der weise ist und was vom Leben kapiert hat, dann liebt der dich sogar dafür. 9 Schlaue Leute solltest du versuchen, noch schlauer zu machen. Es lohnt sich, den Menschen, die korrekt drauf sind, Sachen beizubringen. 10 Weisheit fängt da an, wo jemand Respekt vor Gott bekommt. Den ganz besonderen oberkrassen Gott zu kennen bedeutet, etwas sehr Wichtiges kapiert zu haben. 11 Wer weise drauf ist, lebt länger. 12 Wenn du weise lebst, dann bringt dir das selbst auch was. Aber wenn du nur rumlästerst, dann musst du auch mit den Konsequenzen leben. 13 Um mal in dem Bild zu bleiben: Frau Dummheit verführt gerne die Männer, das kann sie gut. Aber sonst hat sie nichts in der Birne. 14 Sie sitzt jede Nacht am Tresen an der Bar, die in der Innenstadt ist. 15 Wenn jemand an ihrem Platz vorbeikommt, lädt sie ihn gern auch mal zu sich nach Hause ein. 16 „Hey du, willst du nicht mitkommen? Du siehst so aus, als ob ich dir noch 'ne Menge beibringen könnte, wenn du willst! 17 Etwas Verbotenes zu tun macht voll Spaß! Mal eine Regel zu brechen ist doch aufregend!" 18 Aber wer mit ihr mitgeht, hat keine Ahnung, was ihn erwartet. Es ist so, als würde er einen Schritt in die Hölle machen, wenn er ihre Wohnung betritt. In der Hölle sind Menschen, die schon tot sind.

10

Ein paar Tipps vom Präsidenten Salomo

1 Jetzt kommen ein paar kurze Tipps von Salomo: Über einen schlauen Sohn freut sich der Vater, aber über einen dummen Sohn muss sich eine Mutter ständig Sorgen machen. 2 Kohle, die durch einen Lottogewinn oder aus krummen Geschäften kommt, bringt es nicht. Korrekt drauf sein kann vor dem Tod retten. 3 Wenn jemand Hunger nach Gott hat, macht Gott den auch satt. Menschen, die Gott wie einen alten Mann behandeln, werden diesen Hunger nie loswerden, dafür sorgt er schon. 4 Jemand, der den ganzen Tag nur schlaff rumhängt und nichts auf die Reihe kriegt, wird nie zu Geld kommen. Jemand, der viel arbeitet, wird richtig viel Kohle verdienen. 5 Wer zur richtigen Zeit, wenn die Ernte reif ist, anfängt, die Felder abzuernten, ist schlau. Wer den richtigen Zeitpunkt aber verpennt, ist ein Loser. 6 Wer korrekt drauf ist, wird von Gott fett beschenkt, der segnet ihn dann. Aber die Leute, die ohne Gott leben, provozieren einen die ganze Zeit, als wenn sie sich ständig prügeln wollen. 7 Wenn einer korrekt drauf ist, dann vergisst man den auch nicht so schnell, er bleibt einem im Gedächtnis. Aber den Namen von jemandem, der ohne Gott lebt, vergisst man sofort wieder. 8 Wenn einer abgeklärt ist, freut er sich über jeden Tipp. Aber Menschen, die nur dumm rumlabern, fahren ihr Leben irgendwann gegen die Wand. 9 Wer straight und korrekt lebt, lebt in Sicherheit. Wer ständig krumme Dinger dreht, wird irgendwann dabei erwischt. 10 Jemand, der dir beim Reden nicht gerade in die Augen schauen kann, bringt dir nur Probleme. Wenn einer die ganze Zeit nur dumme Sprüche macht, wird der irgendwann in seinem Leben scheitern. 11 Leuten, die korrekt drauf sind, sollte man gut zuhören. Was sie sagen, bringt einen weiter. Menschen, die ohne Gott leben, bringen einen mit ihrem Gelaber nur dazu, aggromäßig draufzukommen. 12 Hass sorgt für Streit und Aggression. Liebe sorgt dafür, dass man Ärger gut wegstecken kann. 13 Aus dem Mund von Leuten, die was vom Leben kapiert haben, kommen viele schlaue Worte raus. Leute, die nichts kapiert haben, brauchen öfter mal einen Tritt in den Hintern. 14 Schlaue Menschen müssen mit ihrem Wissen nicht überall rumprollen. Aber solche Typen, die nichts kapiert haben, machen sich mit ihren Sprüchen selbst kaputt. 15 Jemand, der fett Kohle hat, lebt in Sicherheit. Menschen, die arm sind, gehen an ihrer Armut kaputt. 16 Wenn jemand korrekt lebt, hat er ein schönes Leben. Jemand, der ohne Gott lebt, bleibt auch von Gott getrennt. 17 Richtig gutes Leben bekommt derjenige, dem Disziplin wichtig ist, denn er weiß, wo es langgeht. Wer auf keine Warnung hört, verirrt sich irgendwann. 18 Menschen, die versuchen, ihren Hass zu überspielen, müssen oft

lügen. Menschen, die überall Scheiß über andere erzählen, sind bescheuert. [19] Leute, die einen die ganze Zeit nur zutexten, sind auch immer in der Gefahr, richtig Mist zu bauen. Aber wer es hinkriegt, seinen Mund zu kontrollieren, ist schlau unterwegs. [20] Ein Ratschlag oder Tipp von einem Menschen, der korrekt lebt, ist mehr wert als ein fettes Monatsgehalt. Aber was die Menschen, die ohne Gott leben, dir vorschlagen, kannst du gleich vergessen. [21] Das, was einer sagt, der mit Gott unterwegs ist, das ist wie ein gutes Essen, man kann davon leben. Aber Dumme werden an ihrer Dummheit krepieren. [22] Wenn Gott einen Menschen fett beschenkt und ihn segnet, dann macht den das reich. Auch wenn man sich sonst wie abrackert, reicher als so wird man nicht werden. [23] Leute, die nichts kapiert haben, finden es ganz toll, Scheiß zu bauen. Leute, die schlau sind, freuen sich dadran, noch schlauer und weiser zu werden. [24] Das, was einem total Angst macht, wird dem auch passieren, der ohne Gott lebt. Aber den Leuten, die mit Gott unterwegs sind, gibt er das, was sie sich wünschen. [25] Nach einer fetten Krise sind die unkorrekten Menschen plötzlich alle tot. Die korrekten Leute kann aber nichts so schnell wegpusten, die bleiben immer da. [26] Wie Zucker für die Zähne oder wie eine qualmende Kippe für die Augen ist ein Schlaffo für seinen Arbeitgeber. [27] Jemand, der Respekt vor Gott hat, der lebt länger. Wer Gott links liegenlässt, stirbt früher. [28] Wenn einer korrekt ist, lohnt es sich für den, Geduld zu haben und zu warten. Er wird sich am Ende freuen können. Menschen, die ohne Gott leben, haben keine echte Hoffnung. [29] Leute, die sich an das halten, was Gott sagt, leben in Sicherheit. Die Leute, die nicht so leben, gehen kaputt. [30] Wer korrekt ist, den kann so schnell nichts mehr aus der Ruhe bringen. Menschen, die ohne Gott leben, werden sowieso bald aus der Gemeinschaft rausgeschmissen. [31] Aus dem Mund von Leuten, die korrekt leben, kommen viele schlaue Sachen raus. Menschen, die link drauf sind, sollte man die Zunge rausschneiden. [32] Wenn ein Mensch, der gottmäßig lebt, dir etwas sagt, tut dir das gut. Was Leute sagen, die ohne Gott leben, geht immer nach hinten los.

11 **Wer gerne Sachen verschenkt, hat am Ende mehr**

[1] Wer beim Geschäftemachen den anderen übern Tisch zieht, ist bei Gott unten durch. Wer korrekte Deals macht, den findet Gott gut. [2] Menschen, die sich für was Besseres halten und rumprollen, bringen am Ende nur peinliche Sachen. Jemand, der schlau ist, gibt nicht so viel an. [3] Gradlinige, korrekte Menschen lassen sich durch ihre korrekte Einstellung leiten. Miese Typen bringen sich mit ihrer miesen Tour irgendwann selbst um. [4] Ein dickes Bankkonto hilft nicht, wenn Gott sauer auf einen ist. Leute, die korrekt leben, werden durch ihre Lebensweise davor gerettet, früh zu sterben. [5] Korrekte Menschen haben es leichter, weil ihre korrekte Art Dinge klärt. Aber Menschen, die ohne Gott leben, werden irgendwann auf die Fresse fallen, weil sie eben ohne Gott leben. [6] Leute, die ehrlich sind, bekommen keine Probleme deswegen. Aber die, denen man nicht glauben kann, weil sie oft rumlügen, sitzen in ihrem eigenen Gefängnis, weil sie den Hals nicht vollkriegen. [7] Wenn ein Mensch stirbt, der ohne Gott gelebt hat, dann stirbt auch seine Hoffnung. Alles, was er sich gewünscht hatte, war für den Arsch. [8] Menschen, die korrekt leben, kommen aus Notsituationen immer wieder raus. Aber Leute, die ohne Gott leben, rutschen dort immer wieder rein. [9] Fiese Typen lästern über ihre Freunde ab und schaden denen durch üble Gerüchte. Durch ihr Wissen werden korrekte Menschen aus ihrer miesen Situation rausgeholt. [10] Wenn es einem korrekten Mann gutgeht, freuen sich alle in dem Ort. Wenn ein unkorrekter Typ stirbt, feiern alle 'ne Party. [11] Weil einige Leute in einer Stadt gottmäßig leben, sorgt Gott dafür, dass es dort allen gutgeht, er segnet sie. Wenn aber viele Leute in einer Stadt über Gott ablästern, dann geht die Stadt irgendwann kaputt. [12] Wer über andere ablästert, ist hohl im Kopf. Schlaue Menschen halten auch mal die Fresse und reden nicht ständig. [13] Jemandem, der alles weitererzählt, kann man kein Geheimnis anvertrauen. Denn so einer würde alles nur sofort weitertratschen. Jemand, dem man vertrauen kann, behält ein Geheimnis auch nur für sich. [14] Ohne eine anständige Regierung geht jede Nation kaputt. Gerettet werden Regierungen dadurch, dass sie sich viele gute Ratgeber organisieren. [15] Richtig schlecht dran ist jemand, der die Garantie dafür übernimmt, dass ein Fremder ihm seine Schulden zurückbezahlt. Wer nicht ständig mit irgendwelchen Leuten Verträge abschließt, kann besser schlafen. [16] Frauen bekommen auch dadurch Respekt, dass sie auf ihr Äußeres achten und sich stylen. Aber eine Frau, die nur schlechte Sachen macht, muss sich schämen. Menschen, die kräftig anpacken können, werden auch

immer gutes Geld verdienen können. [17] Wenn man zu anderen Menschen nett ist, hilft einem das selbst. Miese Abzocker schaden sich nur. [18] Menschen, die ohne Gott leben, werden von ihrer Kohle, die sie verdienen, nie wirklich Sicherheit bekommen. Leute, die dafür sorgen, dass Sachen korrekt abgehen, werden am Ende immer ihr Geld in der Tasche haben. [19] Jemand, der radikal das durchzieht, was richtig ist, wird ein gutes Leben haben. Menschen, die immer wieder Mist bauen, sterben früher. [20] Gott hat keinen Bock auf Leute, auf die man sich nicht verlassen kann. Aber Menschen, die ihr Ding durchziehen und korrekt leben, findet er gut. [21] Auf eins kannst du wetten: Menschen, die miese Dinger drehen, kriegen auch ihre Strafe ab. Aber die Familien von den Leuten, die immer korrekt gelebt haben, kommen ohne Strafe davon. [22] Ein Topmodel mit einer Traumfigur und schicken Klamotten, das sich aber total danebenbenimmt, ist wie ein goldener Ring in einem Hundehaufen. [23] Wenn du korrekt lebst, wirst du auch nur korrekte Sachen erleben. Menschen, die ohne Gott leben, erleben am Ende den Horror. [24] Jemand, der gerne Sachen verschenkt, wird reicher als einer, der jeden Cent dreimal umdreht. [25] Anderen was Gutes tun tut einem selbst gut. Anderen was zu trinken spendieren löscht auch den eigenen Durst. [26] Menschen, die Lebensmittel bunkern, während andere Hunger haben, denen wünscht man die Krätze an den Hals. Wer in Notzeiten sein Lager leer räumt, wird von Gott beschenkt, Gott segnet ihn dann. [27] Wer so drauf ist, immer das Beste zu wollen und Leuten zu helfen, den findet Gott richtig cool. Menschen, die aber immer nur miese Dinger drehen, werden selbst auch abgezockt. [28] Wenn jemand denkt, nur weil er viel Kohle hat, kann ihm nichts passieren, dann wird er plötzlich eine Katastrophe erleben. Aber die korrekten Typen sind wie grüne Blätter, die überall an den Bäumen wachsen und immer mehr werden. [29] Jemand, der es nicht schafft, seine Familie gut zu führen, der wird pleitegehen. Irgendwann wird der nur noch einen Ein-Euro-Job haben, sonst nichts. [30] Einen korrekten Menschen kann man mit dem Baum vergleichen, dessen Früchte lecker sind. Wenn man davon isst, dann geht es einem richtig gut. Schlaue Menschen schaffen es, viele Leute auf ihre Seite zu bringen. [31] Korrekte Menschen haben auch noch zu Lebzeiten etwas davon, dass sie korrekt sind. Und die Menschen ohne Gott kriegen das auch noch zu spüren, während sie hier auf der Erde leben.

12 Wenn man tut, was Gott sagt, kommt man weiter im Leben

[1] Wer es gut findet, richtig erzogen zu werden, mag es auch, viel zu lernen. Wer es nicht abkann, kritisiert zu werden, ist bescheuert. [2] Einen netten Menschen findet Gott auch nett. Miese Typen werden von ihm verurteilt. [3] Menschen, die ohne Gott leben, kann man leicht umpusten. Leute, die korrekt und gottmäßig leben, stehen so fest, als wären sie in Beton gegossen. [4] Eine Frau, die gut arbeiten kann, ist für ihren Mann wie ein Hauptgewinn im Lotto. Eine faule Schlampe an seiner Seite ist für ihn wie ein verrosteter Kotflügel am Auto. [5] Ein Typ, der gut drauf ist, denkt ständig dadrüber nach, wie man Dinge gerecht regeln kann. Jemand, der nicht mit Gott lebt, denkt dagegen ständig dadrüber nach, wie er jemanden abziehen kann. [6] Wenn jemand, der nicht mit Gott lebt, den Mund aufmacht, dann kommen oft nur Aggression und Tod rüber. Aber Menschen, die korrekt leben, sagen Sachen, die Leute aus tödlichen Situationen rausholen. [7] Leute, die ätzende Sachen tun, fallen auf die Schnauze und stehen nicht wieder auf. Aber Leute, die korrekt leben, werden nicht so schnell umgepustet. [8] Menschen, die was kapiert haben im Leben, bekommen Applaus. Aber beknackte Hirnis lacht man nur aus. [9] Wer keinen guten Ruf hat, aber dafür genug zu essen, ist besser dran als jemand, der angesehen ist, aber dafür nichts zu beißen hat. [10] Korrekte Menschen haben ein Herz für Tiere. Miese Menschen stehen auf Tierquälerei. [11] Wenn du jeden Tag zur Arbeit gehst, hast du immer genug im Kühlschrank. Aber wer den ganzen Tag nur mit dummen Dingen beschäftigt ist, hat nichts in der Birne. [12] Leute, die ohne Gott leben, haben Bock auf miese Aktionen. Auf korrekte Menschen kann man sich verlassen, sie sind stabil. [13] Betrüger lügen so viel, dass sie sich in Widersprüchen verstricken und dadurch versagen. Korrekte Menschen finden immer einen Ausweg, wenn es eng wird. [14] Das, was bei dem, was man sagt, rumkommt, kann dich ernähren und satt machen. Wenn jemand gute Sachen bringt, dann wird er dafür auch belohnt. [15] Nur bekloppte Menschen glauben, dass alles, was sie tun, gut und korrekt ist. Schlaue Menschen hören auf den Rat von anderen. [16] Nur Idioten haben keine Kontrolle über ihre Gefühle. Wenn man sie anmacht, explodieren sie sofort. Leute, die es schaffen, sich den Ärger nicht anmerken zu lassen, sind schlau. [17] Wenn jemand im Gericht die Wahrheit sagt, dann sorgt das dafür, dass die Gerechtig-

keit gewinnt. Menschen, die dort aber nur lügen, sind nicht korrekt. 18 Es gibt Leute, die mit ihrem Gelaber andere voll verletzen. Ihre Worte sind so scharf wie Rasierklingen. Worte von Menschen, die was im Leben kapiert haben, können Wunden heilen. 19 Die Wahrheit ist nicht kaputtzukriegen, sie gilt immer. Was jemand sagt, der nur rumlügt, kann man aber in der nächsten Sekunde gleich wieder vergessen. 20 Wer Leute abzocken will, zockt am Ende sich selbst ab. Wer Leuten Gutes tun will, tut sich selbst was Gutes. 21 Jemandem, der gottmäßig lebt, wird nichts Schlimmes passieren. Aber die Menschen, die ohne Gott unterwegs sind, erleben eine Katastrophe nach der nächsten. 22 Gott kann es nicht ab, wenn Menschen die ganze Zeit nur Mist erzählen und rumlügen. Menschen, auf die man sich verlassen kann, findet er toll. 23 Schlaue Leute binden nicht jedem gleich auf die Nase, was sie alles draufhaben. Nur Schwachmaten quatschen dich den ganzen Tag voll. 24 Wer gut arbeiten kann und sich immer anstrengt, bekommt auch Einfluss und Macht. Aber die Faulen müssen die ganze Zeit arbeiten, ob sie wollen oder nicht. 25 Depression drückt auf die Stimmung, Lob und Ermutigung bauten einen wieder auf. 26 Korrekte Menschen wissen immer, wo es was Gutes zu holen gibt. Aber Menschen, die ohne Gott leben, verlaufen sich ständig. 27 Wer den ganzen Tag nur auf dem Sofa rumsitzt, wird zu nichts kommen. Menschen, die richtig krass arbeiten können, sind reich und erreichen auch viel im Leben. 28 Wenn man immer korrekt ist, hat man ein besseres Leben. Aber wer sich ständig rächen will, stirbt schneller.

13 Auf die Schnelle Kohle machen bringt es nicht

1 Ein schlauer Sohn lässt sich von seinem Vater was beibringen. Einen Schwachmaten lassen die Tipps vom Vater völlig kalt. 2 Jemand, der gute Sachen zu sagen hat, kann davon auch leben. Aber Menschen, die mies drauf sind, wollen sich ständig nur prügeln. 3 Wer seinen Mund unter Kontrolle hat, sorgt dafür, dass er länger lebt. Wer die Fresse zu weit aufreißt, stirbt früher. 4 Der Schlaffo ist heiß auf alles Mögliche, aber er bekommt es nicht. Leute, die richtig gut arbeiten können, bekommen dafür alles und davon reichlich. 5 Wer korrekt lebt, hasst es, wenn rumgelogen wird. Menschen, die ohne Gott leben, lästern gerne und labern viel Scheiß. 6 Korrekt zu leben hilft dabei, immer besser zu werden. Menschen, die ohne Gott sind, werden durch den Mist, den sie ständig bauen, kaputtgehen. 7 Es gibt Leute, die tun so, als hätten sie fett Kohle, leben aber von Hartz IV. Und es gibt Leute, die haben sehr viel Kohle, aber tun so, als hätten sie gerade Stütze beantragt. 8 Wenn jemand richtig viel Asche hat, kann man ihn auch leicht erpressen. Bei Leuten, die kein Geld haben, ist das sinnlos. 9 Jemand, der korrekt lebt, ist wie eine helle Halogenlampe. Jemand, der nicht korrekt lebt, ist wie eine 40-Watt-Birne. 10 Arroganz sorgt nur dafür, dass sich Menschen zoffen. Aber Leute, die sich auch mal was sagen lassen, werden schlau, also weise. 11 Wenn man beim Aktienhandel oder anderswo ganz schnell unheimlich viel Geld gemacht hat, dann ist die Kohle meist auch ganz schnell wieder weg. Wenn man aber sein Geld jeden Tag langsam vermehrt, dann wird es sich auch weiter vermehren. 12 Ewig auf etwas hoffen, was dann doch nicht passiert, macht einen krank. Wenn man sich etwas wünscht, und es passiert auch, dann geht da Energie von aus. Die hilft einem zu leben. 13 Einen richtig guten Tipp sollte man beachten. Wer das nicht tut, muss dafür irgendwann mal viel Kohle abdrücken. Wer auf so einen Tipp hört und den umsetzt, wird dafür belohnt werden. 14 Wenn jemand, der was auf dem Kasten hat, einen guten Ratschlag gibt, dann ist das wie ein Wasserhahn, aus dem Leben raussprudelt. Wenn man so einen Ratschlag befolgt, kann das helfen, nicht in irgendwelche Fallen zu tapsen und dabei zu sterben. 15 Menschen, die was geschnallt haben, sind beliebt. Menschen, die nicht treu sein können, gehen kaputt. 16 Jemand, der schlau ist, denkt erst mal nach, bevor er was tut. Nur Dumpfbacken zeigen allen, dass sie nichts draufhaben. 17 Ein Angestellter, der seinen Chef bescheißt, reitet sich immer tiefer rein, aber ein zuverlässiger Typ kann sogar festgefahrene Dinge wieder in Gang bringen. 18 Jemand, der keinen Bock auf Erziehung hat, wird irgendwann nur noch peinlich und von Hartz IV leben müssen. 19 Wenn man sich etwas sehr wünscht und es passiert, dann freut man sich wie verrückt. Idioten fällt es unheimlich schwer, keinen Mist mehr zu bauen. 20 Wer mit Leuten, die schlau sind, viel Zeit verbringt, wird durch sie auch selbst schlauer. Wer aber nur mit Vollidioten abhängt, dem wird es schlechtgehen. 21 Wer Scheiß baut, wird von der Scheiße verfolgt. Die Menschen, die korrekt leben, werden dadurch belohnt, dass sie oft Glück haben. 22 Wer korrekt gelebt hat, ist in der

Lage, alles, was ihm gehört, seinen Kindern zu vererben. Die Sachen von den Menschen, die ohne Gott leben, bekommen irgendwann die guten Menschen. 23 Obwohl auch arme Leute Kohle machen können, sterben sie früher, weil sie oft unkorrekt behandelt werden. 24 Eltern, die ihr Kind nicht bestrafen wollen, zeigen damit, dass sie es eigentlich hassen. Eltern, die ihr Kind lieben, erziehen es auch. 25 Wer korrekt lebt, hat auch immer genug zu essen im Kühlschrank. Wer ohne Gott lebt, dessen Kühlschrank bleibt leer.

14

Gerecht und korrekt zu sein ist wichtig

1 Schlaue Frauen ziehen Häuser hoch, Volltrottel kommen mit Bulldozern und machen alles platt. 2 Korrekt leben und Respekt vor Gott haben, das gehört irgendwie zusammen. Wer Sachen tut, die nicht okay sind, hat auch keinen Bock auf Gott. 3 Was aus dem Mund von Idioten rauskommt, schadet ihnen nur selbst. Leute, die schlaue Sachen sagen, beschützen einen. 4 Wenn der Schweinestall leer ist, dann stinkt es zwar nicht, aber man verdient auch nichts daran, wenn man sie nicht gut füttert und dann schlachtet. 5 Ein Zeuge, der ehrlich ist, wird vor Gericht nicht lügen. Ein falscher Zeuge wird vor Gericht nur Lügen erzählen. 6 Arrogante Fratzen würden gerne mehr Schnall vom Leben haben, aber sie kapieren es einfach nicht. Aber die Leute, die locker drauf sind und Sachen schnell kapieren, denen fällt das leicht. 7 Lass dich nicht von irgendwelchen Honks volllabern, da kommt sowieso nichts bei rüber, was man nachvollziehen kann. 8 Schlaue und weise Menschen wissen genau, wie sie sich entscheiden müssen. Beknackte Menschen täuschen sich selbst. 9 Leute, die nichts kapiert haben, erzählen sich gegenseitig, wo sie gerade mal wieder Mist gebaut haben, und finden sich dabei ganz toll. Leute, die korrekt leben, sind entspannt, und es geht ihnen gut. 10 Wenn man innerlich total traurig und depri ist, kann das niemand wirklich nachempfinden. Und auch, wenn man sich richtig krass freut, kann das keiner wirklich verstehen. 11 Die Wohnung von jemandem, der ohne Gott lebt, ist irgendwann nur noch Schrott. Aber dort, wo Leute leben, die korrekt sind, blühen die Pflanzen, und alles wird immer schöner. 12 Es gibt Leute, die glauben, alles richtig zu machen, aber in Wirklichkeit fabrizieren sie den größten Mist. 13 Man kann äußerlich laut lachen, aber innerlich dabei voll traurig sein. Irgendwann kann aus Freude auch plötzlich Trauer und Depression werden. 14 Wer link drauf ist, wird durch die Folgen von seinen miesen Aktionen die Rechnung dafür bekommen. Die Bezahlung, die gute Menschen für ihre guten Aktionen bekommen, ist viel besser. 15 Ein Mensch, der einfach gestrickt ist, glaubt einem jeden Mist. Schlaue Menschen checken jede Entscheidung vorher genau ab. 16 Schlaue Menschen haben Respekt und machen einen Bogen um Sachen, die schräge oder einfach mies sind. Beknackte rasten ganz plötzlich aus, weil sie sich nicht unter Kontrolle haben. Dabei fühlen sie sich auch noch als die Oberhelden schlechthin.
17 Jemand, der sich schnell aufregt und sofort auf 180 ist, bringt oft blöde Aktionen. Jemand, der alles eiskalt berechnet, wird oft gehasst. 18 Das Einzige, was Pseudos draufhaben, ist, dass sie nichts draufhaben. Die schlauen Menschen kriegen auch noch einen Preis, weil sie so schlau sind. 19 Fiese Menschen müssen sich vor guten Menschen verbeugen. Menschen, die ohne Gott leben, müssen sich vor den Menschen verbeugen, die gottmäßig leben.
20 Wer überhaupt keine Kohle hat, wird von niemandem gemocht, noch nicht mal von seinen Nachbarn. Aber Reichos haben tausend Freunde. 21 Wer seine Nachbarn und die Menschen in seiner Umgebung nur wie Doofe behandelt, lebt an dem vorbei, was Gott will. 22 Menschen, die nur miese Sachen im Kopf haben, verirren sich im Leben. Menschen, die gute Pläne im Kopf haben, werden geliebt, und man ist ihnen treu. 23 Bei jeder Arbeit, die man erledigt, kommt am Ende für einen irgendwie etwas Gutes raus. Menschen, die nur dummes Zeug labern, fehlt es an allen Enden und Ecken. 24 Leute, die richtig schlau sind, bekommen als Belohnung auch noch eine Menge Kohle obendrauf. Dumme Menschen bekommen als Belohnung nur wieder ihre Dummheit zurück. 25 Jemand, der vor Gericht die Wahrheit sagt, kann dadurch das Leben von Menschen retten. Leute, die lügen, sind ätzende Abzocker. 26 Respekt vor Gott zu haben bringt Sicherheit. Auch Kinder werden sich so vor Problemen schützen können. 27 Respekt vor Gott zu haben, ist wie ein Wasserhahn, aus dem flüssiges Leben rauskommt. Wenn du so drauf bist, wirst du Fehler vermeiden, die tödlich enden könnten.
28 Umso größer die Bevölkerung ist, desto mehr Macht hat der Präsident. Wenn aber viele Menschen auswandern, wird auch seine Macht immer weniger, und am Ende verliert er sie ganz. 29 Entspannte Menschen sind locker drauf. Aggressive Menschen

sind nicht ganz dicht in der Birne. 30 Entspannt und
locker drauf zu sein, hält den Körper gesund.
Aggression macht die Knochen kaputt. 31 Wer hilf-
lose Menschen unterdrückt, beleidigt den, der sie
mal gemacht hat. Gott zu respektieren bedeutet
auch, sich um Leute zu kümmern, die Hilfe brau-
chen. 32 Menschen, die ohne Gott leben, kriegen
auch noch eins auf die Ohren, wenn es ihnen
gerade schlechtgeht. Menschen, die mit Gott leben,
geht es noch gut, selbst wenn sie todkrank sind.
33 Wenn jemand innerlich locker drauf ist, dann hat
er auch Schnall von Dingen und ist weise. Idioten
wissen gar nicht, wie man Schnall buchstabiert.
34 Gerecht und korrekt sein sorgt dafür, dass es
einem ganzen Volk gutgeht und es nach vorne
kommt. Wenn aber alle an dem vorbeileben, was
Gott will, wird es für sie voll peinlich, und alle ande-
ren Völker lachen über sie. 35 Ein Präsident wird sei-
nen Sekretär mögen, wenn der gut arbeitet. Wenn
der aber nur Fehler macht, wird er voll sauer über
den sein.

15

Jemand nett anlächeln kommt gut an

1 Wenn man auf Aggression erst mal nett
antwortet, entspannt sich die Lage. Aber
wenn man in so 'ner Situation blöde Sprüche reißt,
sorgt man dafür, dass das Ganze total eskaliert.
2 Aus dem Mund von Leuten, die abgeklärt sind,
kommen Dinge, die einen weiterbringen. Leute, die
nichts in der Birne haben, verbreiten nur Schwach
sinn. 3 Gott ist überall, und er kann alles sehen. Er
sieht die guten Sachen, die Menschen bringen, und
auch die schlechten. 4 Nette, entspannte Worte kön-
nen einem im Leben weiterhelfen. Fiese Worte tun
weh und machen einen innerlich kaputt. 5 Nur
Schwachmaten hören nicht auf die Warnungen von
ihrem Vater. Wer Wert auf die Korrekturen vom Vater
legt, ist schlau. 6 Menschen, die korrekt leben,
haben zu Hause alles im Überfluss gebunkert. Bei
Menschen, die ohne Gott leben, kommt am Ende
nur Zerstörung bei raus. 7 Aus dem Mund von Leu-
ten, die Schnall vom Leben haben, kommen nur
schlaue Sachen raus. In den Gedanken von Idioten
ist nur Müll. 8 Wenn Menschen, die ohne Gott
leben, eine Opfersession durchziehen, dann findet
Gott das zum Kotzen. Auf Gebete von Menschen,
die korrekt leben, steht er. 9 Was Leute, die ohne
Gott leben, so bringen, ist für ihn total übel. Men-
schen, die radikal durchziehen, was er sagt, liebt er.
10 Eine fiese Bestrafung bekommt einer, der vom
guten Weg abkommt. Wer keinen Bock auf Kritik
hat, muss kaputtgehen. 11 Selbst in den hintersten
dunklen Winkel, sogar in das Land, wo die Toten
sind, kann Gott reinsehen. Also kann er erst recht in
die Köpfe von den Menschen schauen und ihre
Gedanken lesen. 12 Labertaschen mögen es nicht,
wenn man sie kritisiert und angreift. Darum hängen
die auch nicht so gerne mit Menschen ab, die den
Durchblick haben. 13 Wenn jemand gut drauf ist,
dann strahlt er über beide Backen. Depressionen
nehmen den Mut zu leben. 14 Ein abgeklärter
Mensch will immer mehr lernen. Idioten haben nur
Bock auf dummes Zeug. 15 Wer depressiv ist, für den
sind alle Tage schwarz. Wer gut drauf ist, feiert
jeden Tag eine Party. 16 Es ist besser, keine Kohle zu
haben, aber dafür Respekt vor Gott, als voll viel
Geld zu haben und sich ständig über alles Mögliche
Sorgen machen zu müssen. 17 Mit Freunden zusam-
men Nudeln mit Ketchup zu essen schmeckt besser
als ein Rumpsteak mit Menschen, die man hasst.
18 Ein stressiger Typ sorgt schnell dafür, dass man
sich zofft. Entspannte Menschen sorgen dafür, dass
man sich wieder verträgt. 19 Wenn ein Schlaffo los-
geht, dann ist das für ihn wie ein Hindernislauf.
Aber einer, der mit Gott unterwegs ist, startet direkt
durch. 20 Über einen abgeklärten, schlauen Sohn
freut sich jeder Vater. Dumpfbacken verarschen
sogar ihre eigene Mutter. 21 Menschen, die nichts in
der Birne haben, freuen sich über jeden Scheiß.
Leute, die abgeklärt und vollkommen locker sind,
treffen die richtigen Entscheidungen und gehen
ihren Weg. 22 Pläne gehen in die Hose, wenn man
sich nicht vorher anständig beraten lässt. Umso
mehr Leute einen beraten, desto größer ist die
Chance, dass aus der Sache was wird. 23 Es ist ein
super Gefühl, wenn man die richtige Antwort weiß.
Das richtige Wort zur richtigen Zeit zu haben ist
geil. 24 Leute, die es kapiert haben, entscheiden sich
im Leben so, dass ihr Weg immer weiter nach oben
geht. Sie werden nicht so schnell unter die Erde
gebracht werden. 25 Das Haus von arroganten Men-
schen wird von Gott abgerissen. Aber das Grund-
stück, wo Obdachlose leben, verteidigt er. 26 Gott
findet es zum Kotzen, wenn Menschen fiese
Anschläge planen. Er findet es aber cool, wenn man
sich nette Sachen sagt. 27 Wenn jemand nur ohne
Ende Kohle verdienen will, macht er seine Familie
damit kaputt. Menschen, denen Geld aber egal ist
und die man deswegen auch nicht bestechen kann,
die werden gut leben. 28 Ein korrekter Mensch schal-
tet erst mal sein Hirn ein, bevor er loslabert. Aus

dem Mund von fiesen Typen sprudelt der größte Mist raus. 29 Gott hilft den Leuten nicht, die ohne ihn leben. Aber auf Gebete von korrekten Menschen, die mit ihm am Start sind, hört er gerne. 30 Wenn jemand einen anderen nett anlächelt, ist der sofort gut drauf. Auch eine gute Nachricht gibt voll den Energieschub. 31 Jemand, der auf einen guten Rat hört, hat im Leben was kapiert, er gehört zu den Schlauen. 32 Wer keinen Bock auf Kritik hat, hat auch keinen Bock auf sich selbst. Wer auf Kritik hört, wird dadurch schlau. 33 Respekt vor Gott zu haben ist die erste Sache, die man lernen muss, wenn man kapieren will, wie das Leben funktioniert. Wer ein Held sein will, muss erst mal schnallen, dass er es von sich aus eigentlich überhaupt nicht bringt.

16 Menschen denken, aber Gott hat das letzte Wort

1 Viele Leute machen Pläne für ihr Leben, aber Gott hat dazu das letzte Wort. 2 Für einen Menschen sieht es oft so aus, dass alles, was er tut, voll in Ordnung geht. Aber Gott ist derjenige, der alles wirklich abcheckt und beurteilen kann. 3 Alles, was du planst, solltest du radikal an Gott übergeben, dann wird er dafür sorgen, dass das, was du vorhast, auch funktioniert. 4 Gott hat alles so gemacht, dass es einen Zweck erfüllt. Das gilt auch für die Menschen, die ohne Gott leben; an einem bestimmten Tag werden sie dafür bestraft. 5 Arrogante, schleimige Typen kann Gott nicht ab. Ich sag's dir, solche Leute kriegen ihr Fett weg. 6 Wenn man Mist baut, kann das auch wieder in Ordnung gebracht werden, indem man nett mit anderen Menschen umgeht und treu an Gott dranbleibt. Wenn jemand wirklich Mörderrespekt vor Gott hat, hat derjenige auch keinen Bock mehr auf fiese und falsche Sachen. 7 Wenn Gott mit dem Leben von einem Menschen einverstanden ist und gut findet, was der so bringt, dann sorgt er auch dafür, dass sogar dessen Feinde mit ihm Frieden schließen. 8 Es ist besser, wenig Kohle zu verdienen, die dann aber auf korrekte, ehrliche Art reinkommt, als den fetten Gewinn zu machen, der nur aus Betrug und Abzocke stammt. 9 Menschen machen sich voll den Kopf über alles Mögliche, aber eigentlich lenkt Gott das Leben. 10 Wenn der Präsident eine Entscheidung trifft, dann steht Gott oft dahinter. Er redet keinen Unsinn und liegt in seiner Sache richtig. 11 Beim Abwiegen von Ware darf nicht beschissen werden, das will Gott so. Er hat bestimmt, wie schwer ein Kilo ist. 12 Präsidenten finden es sehr ätzend, wenn in ihrem Land Sachen passieren, die Gott nicht will. Wenn es gerecht zugeht, dann ist auch ihre Regierung nicht in Gefahr. 13 Leute, die keinen Mist erzählen, findet der Präsident gut. Menschen, die immer die Wahrheit sagen, liebt er. 14 Wenn der Präsident richtig aggromäßig drauf ist, dann gibt es Tote. Wenn jemand schlau ist, dann versucht er, den in so einer Situation wieder runterzubringen. 15 Leuchtende Augen beim Präsidenten bedeuten, dass alles supi läuft. Wenn er gut drauf ist, kann man das mit einer Wolke vergleichen, die im Hochsommer erfrischenden Regen bringt. 16 Schnall von Dingen zu haben, Wissen und Abgeklärtheit, ist wichtiger als ein fettes Bankkonto oder steigende Aktien. 17 Menschen, die korrekt leben, gehen oft an der Katastrophe vorbei. Wer gut auf sich aufpasst, guckt genau, wo er gerade hinläuft. 18 Bevor jemand auf der Fresse landet, war er meistens arrogant. Bevor jemand scheitert, dachte er oft, er wäre der Geile und ihm könnte so was nicht passieren. 19 Es ist besser, arm zu sein, aber dafür mit coolen Leuten abzuhängen, als ein fettes Bankkonto zu haben, aber dafür mit lauter arroganten Typen zusammen zu sein. 20 Wer auf die Sachen achtet, die Gott gesagt hat, wird glücklich. Wer auf seine Worte setzt, hat gewonnen. 21 Schlaue Menschen nennt man weise. Wer gut reden kann, ist ein guter Lehrer. 22 Wer etwas im Hirn hat, kann in seinem Wissen eine Quelle finden, aus der Leben rauskommt. Schwachmaten werden durch ihre eigene Blödheit bestraft. 23 Abgeklärte Menschen können mit Worten Wissen unter die Leute bringen. Durch das, was aus ihrem Mund rauskommt, bringen sie anderen etwas bei. 24 Nette Worte sind wie sonnengereifte Erdbeeren. Lecker im Mund und gesund für die Psyche und den Körper. 25 Manchmal denkt man, eine Entscheidung ist richtig und bringt einen nach vorne, aber am Ende stirbt man sogar dadurch. 26 Wenn ein Arbeiter Hunger bekommt, dann feuert ihn der knurrende Magen an, noch schneller zu arbeiten. 27 Fiese Typen sorgen dafür, dass etwas kaputtgeht. Aus deren Mund kommen Worte, die alles zerstören können, fast wie ein Flammenwerfer. 28 Männer, die schräge drauf sind, sorgen oft dafür, dass es Zoff gibt. Männer, die wie blöd rumschleimen, bringen Freunde auseinander. 29 Hooligans und Männer, die sich gerne prügeln, verführen ihre Freunde dazu, Dinge zu machen, die nicht gut sind. 30 Wenn jemand dich von der Seite anblinzelt, dann hat er

was Ätzendes vor. Wenn jemand verkrampft aus der Wäsche guckt, hat er gerade Mist gebaut. [31] Wer graue Haare bekommt, kann sich drüber freuen. Das ist wie ein Schmuckstück, das man mit der Zeit kriegt, wenn man immer reifer und korrekter wird. [32] Entspannt drauf zu sein ist besser, als einen auf großer Held zu machen. Es ist besser, sich selbst unter Kontrolle zu haben, als eine Stadt zu kontrollieren. [33] Wenn Menschen sich nicht entscheiden können, dann ziehen sie das Los oder werfen eine Münze. Gott ist aber derjenige, der die Entscheidungen trifft.

17 Gut drauf sein ist gesund

[1] Einen Zwieback in entspannter Runde zu genießen ist besser als ein kaltes Buffet, wo man die ganze Zeit Stress hat. [2] Ein Angestellter in einer Firma, der richtig gut arbeiten kann, wird irgendwann der Chef über den schlaffen Sohn vom Eigentümer, der das Ganze mal erben wird. Er wird sogar mit den anderen Brüdern zusammen gleichwertig behandelt, wenn der Besitzer stirbt. [3] Für E-Mails gibt es Virenprogramme und für Autos den TÜV, aber wie ein Mensch innerlich drauf ist, das prüft alleine Gott. [4] Ein Verbrecher hört auf das, was fiese Leute erzählen. Wer gerne lügt, hört auf Leute, die über andere ablästern. [5] Wer über Penner und Obdachlose schlecht redet, macht damit auch Witze über Gott, denn der hat alle Menschen gemacht. Wenn jemand abfeiert, weil ein anderer ein fettes Problem hat, dann wird er irgendwann dafür bestraft. [6] Die Großeltern sind stolz auf ihren Enkel, und die Kinder sind stolz auf ihre Eltern. [7] Es passt nicht zu einem Hirni, wenn er plötzlich eine hochintellektuelle Rede halten soll. Genauso wenig passt es, wenn ein Typ, der voll respektiert wird, anfängt zu lügen. [8] Es gibt Leute, die glauben, den Schiedsrichter zu bestechen bringt es. Sie denken, nur so würde man dafür sorgen, dass die Mannschaft jedes Spiel gewinnt. [9] Wer immer wieder schlimme Fehler verzeiht, die ein Mensch gemacht hat, zeigt damit, dass er Frieden und Liebe mag. Wer aber immer wieder eine alte Sache hochkocht, die schon lange gegessen ist, sorgt dafür, dass Freunde sich zerstreiten. [10] Bei jemandem, der offen für Kritik ist, bringt eine deutliche Ansage mehr, als wenn man einem Idioten den Hintern versohlt. [11] Fiese Typen versuchen eine unangemeldete Demo anzuzetteln. Solche Menschen werden von der Polizei festgenommen und von der Stadt verklagt. [12] Es ist besser, sich mit einem Kampfhund anzulegen, dem man gerade ein Junges geklaut hat, als vollkommen einem Idioten ausgeliefert zu sein, der nichts im Hirn hat. [13] Wenn einem etwas Gutes getan wurde, aber seine Antwort darauf etwas Gemeines war, dann wird seine Familie vom Pech verfolgt werden. [14] Wenn sich zwei Leute anfangen zu streiten, kann man das gut mit einem Dammbruch am Meer vergleichen. Solange das Wasser noch nicht wirklich durchgebrochen ist, solange der Streit noch nicht richtig laut wurde, kann man das Ding noch stoppen. [15] Die Menschen, die schuldig sind, einfach so vor Gericht freizusprechen und korrekte Menschen für Sachen zu verklagen, die sie gar nicht getan haben, das sind beides Sachen, auf die Gott überhaupt keinen Bock hat. [16] Einem Vollidioten für viel Geld Nachhilfe zu geben, bringt es nicht. Intelligenz kann man nicht kaufen. [17] Ein richtig guter Freund ist da, wenn du ihn brauchst, egal um welche Uhrzeit. Er hilft dir, wenn Not am Mann ist, fast so, als wäre er dein eigener Bruder. [18] Wenn du die Schulden von einem Nachbarn einfach übernimmst, ohne dich abzusichern, dann hast du nicht mehr alle Tassen im Schrank. [19] Wer sich gerne streitet, der liebt es auch generell, Mist zu bauen. Wer das Maul weit aufreißt, sorgt dafür, dass er auch bald auf die Fresse fliegt. [20] Menschen, die link drauf sind, werden nicht wirklich glücklich. Wer übel rumlästert, bekommt Probleme. [21] Wer einen Sohn hat, der zu dumm ist, wird durch den viel Ärger bekommen. Ein Vater von einem durchgeknallten, verrückten Jungen wird wenig Spaß mit ihm haben. [22] Lustig sein und Spaß haben, ist gut für die Gesundheit. Depressionen trocknen die Seele aus und machen einen kaputt. [23] Richter, die ohne Gott leben, kann man mit Geld bestechen. Auf die Art werden Gesetze verdreht. [24] Schlaue Menschen wollen immer noch mehr Lernstoff vor ihre Nase kriegen. Dumme Menschen interessieren sich nur für irgendwelchen Schwachsinn. [25] Ein Sohn, der nichts draufhat, ist für seine Eltern eine peinliche Sache, und sie müssen sich ständig über ihn ärgern. [26] Leuten, die nichts ausgefressen haben, ungerechterweise eine Geldstrafe aufzubrummen, ist übel. Einen korrekten Menschen, der nichts getan hat, in U-Haft zu stecken, ist gegen das Gesetz. [27] Wer das, was er sagt, unter Kontrolle hat, ist schlau. Wer immer die Ruhe bewahrt, ist ein kluger Kopf. [28] Wenn ein Volltrottel mal seine Fresse halten würde, könnte man sogar denken, dass der die Intelligenzbestie schlechthin wäre.

18

Was aus dem Mund kommt, ist gefährlich

1 Ein Einzelgänger macht nur das, was ihm gerade in den Kram passt. Wenn man ihn darauf hinweist, kann es passieren, dass er total ausrastet. 2 Idioten und Dumpfbacken finden es einfach nicht cool, Sachen wirklich zu kapieren, aber sie machen gerne einen Seelenstriptease in der Nachmittagstalkshow. 3 Wenn man etwas ohne Gott macht, dann wird das schnell oberpeinlich. Keiner hat dann mehr Respekt vor demjenigen, und man lacht ihn aus. 4 Erkenntnisse von einem Menschen, der was im Leben kapiert hat, sind oft sehr tief und heftig. Manchmal sprudelt da förmlich Weisheit und Ahnung raus, so wie aus einem Wasserhahn. 5 Es ist nicht okay, wenn bei einer Gerichtsverhandlung der Typ, der richtig Mist gebaut hat, freigesprochen wird, aber der Typ, der in Ordnung ist, verurteilt wird. 6 Durchgeknallte Menschen sorgen immer nur dafür, dass man sich streitet. Wenn so einer den Mund aufmacht, dann fordert er es geradezu heraus, dass man ihm die Fresse poliert. 7 Was Volltrottel so alles aus ihrem Mund rauslassen, sorgt nur dafür, dass sie irgendwann selbst kaputtgehen. Ihre Worte sind wie eine Fliegenfalle, in die sie selbst reintapsen. 8 Die Sätze von Schleimern schmecken oft sehr lecker, die gehen einem runter wie Öl. 9 „Schlaffmate-Paul“ und „Kaputtnik-Gerd“ bei der Arbeit sind wie Brüder aus derselben Familie. 10 Gott ist wie ein Atombunker. Wer korrekt drauf ist, geht zu Gott, um von ihm beschützt zu werden. Dem wird dann auch nichts passieren. 11 Für einen Reicho ist sein Bankkonto wie ein Bunker. Er glaubt, seine Kohle beschützt ihn, was natürlich totaler Schwachsinn ist. 12 Bevor er richtig abstürzt, ist der Mensch meistens sehr ehrgeizig, und er hat hohe Ziele. Wer mal einen fetten Applaus bekommen möchte, muss aber zuerst lernen, bescheiden zu sein und kleine Brötchen zu backen. 13 Jemand, der nicht richtig zuhören kann und schon anfängt zu antworten, bevor der andere überhaupt zu Ende geredet hat, ist meistens ziemlich dumm und peinlich. 14 Die Einstellung, die ein Mensch zu seiner Krankheit hat, hilft ihm, gesund zu werden. Leute, die depressiv sind, kann man auch schwer aufbauen. 15 Menschen, die schlau sind, wollen immer mehr lernen. Wer intelligent ist, ist auch heiß aufs Lernen. 16 Jemandem etwas zu schenken kann dafür sorgen, dass sich Türen öffnen. Es sorgt dafür, dass man mit wichtigen Leuten ins Gespräch kommt. 17 Wenn einer bei einem Streit als Erster loslabert, denkt man oft, dass er recht hat. Aber dann kommt jemand anderes zu Wort, und der checkt die Sache erst wirklich. 18 In einem Streit kann es helfen, wenn man am Ende Lose zieht oder würfelt. So wurden schon einige Probleme, auch zwischen mächtigen Leuten, geregelt. 19 Wenn jemand abgezogen wurde, dann lässt er erst mal keinen an sich rankommen, so als hätte er einen Panzer um sein Herz gebaut. Durch einen richtig krassen Streit kann man wie ein Bunker aus Beton werden, da gibt's kein Durchkommen. 20 Das, was ein Mensch mit seinen Argumenten erreicht, sorgt dafür, ob er innerlich glücklich und zufrieden ist oder nicht. 21 Mit der Sprache kann man heftige Sachen erreichen. Worte haben die Macht, jemanden zu töten oder am Leben zu lassen. Wer Worte liebt, kann davon auch leben. 22 Wenn jemand seine Traumfrau gefunden hat, dann hat er echt den Hauptgewinn gezogen! Gott freut sich auch dadrüber, es ist ein Zeichen, dass er ihn wohl sehr mag. 23 Penner betteln vor dem Supermarkt um Kohle, aber der Reicho klatscht ihnen eine und geht weg. 24 Es gibt Freunde, die machen sich gegenseitig kaputt, und es gibt Freunde, die halten ganz dicke zusammen, so als wären sie Brüder.

19

Menschen, denen es dreckig geht, soll man helfen

1 Besser von Sozialhilfe zu leben und radikal mit Gott unterwegs zu sein, als nichts in der Birne zu haben und fies zu sein. 2 Sich total zu bemühen, aber das Ganze ohne Peilung von der Sache zu machen bringt es einfach nicht. Wer immer nur voll gestresst ist, fällt dabei oft auf die Schnauze. 3 Weil einige Menschen so blöd sind, bringen sie sich selbst in Schwierigkeiten und geben am Ende Gott dafür die Schuld. 4 Wer viel Kohle hat, hat auch viele Freunde. Wer wenig Kohle hat, von dem trennen sich die Freunde. 5 Wenn jemand eine Falschaussage vor Gericht macht, kriegt er irgendwann seine Strafe dafür. Menschen, die lügen, werden ihr Fett abbekommen. 6 Alle wollen sich bei den Promis und mächtigen Typen einschleimen. Wer viele Geschenke verteilt und die Rechnung im Restaurant bezahlt, ist von jedem der Freund. 7 Jemand, der keine Kohle hat, ist noch nicht mal bei seinen Geschwistern beliebt. Da werden doch seine Freunde erst recht keinen Bock auf ihn haben. So ein Typ will unbedingt, dass jedes Versprechen eingehalten wird, auch wenn die Zeit dafür längst abgelaufen ist. 8 Wer viel lernt, hat sich auch selbst lieb. Wer immer dafür sorgt, die richtige Einstellung zu

behalten, wird Glück haben. 9 Ein Zeuge, der vor
Gericht lügt, wird garantiert bestraft werden. Wer
etwas schwört und das nicht einhält, oder wenn es
nicht stimmt, was er geschworen hat, der wird bald
am Ende sein. 10 Ein richtig fettes Leben passt nicht
zu einem Volltrottel. Aber was noch weniger passt,
ist, wenn ein kleiner Angestellter über seinen Chef
das Sagen hat. 11 Jemand, der Schnall vom Leben
hat, wird dadurch auch entspannt. Er wird zum Hel-
den, weil er einfach dadrüber steht, wenn jemand
ihn abziehen will. 12 Man kann das Knurren von
einem Pitbull ganz gut mit der Wut vergleichen, die
ein Präsident manchmal hat. Aber wenn er nett
drauf ist, dann kann man das eher mit dem feuch-
ten Nebel vergleichen, der nachts auf der Wiese ist.
13 Einen Schlaffo als Sohn zu haben, ist für den Vater
eine totale Katastrophe. Eine Ehefrau, die den gan-
zen Tag rummeckert, ist genauso nervig wie ein
Wasserhahn, der die ganze Nacht tropft. 14 Man
kann ein Stück Land und auch ein Haus von den
Eltern erben, aber eine richtig coole Ehefrau kommt
nur von Gott. 15 Wer den ganzen Tag zu Hause rum-
hängt, pennt ein. Wer nie in die Hufe kommt, hat
einen leeren Kühlschrank und muss hungern. 16 Wer
sich an die Gesetze hält, beschützt damit sein
Leben. Wem die Gesetze egal sind, der wird deswe-
gen früher sterben. 17 Wenn jemand einem armen
Schlucker hilft, dann hilft er Gott. Und der wird
ihm alles zurückgeben, was er dort investiert hat.
18 Solange du deine Kinder streng erziehst, gibt es
noch eine Chance, dass aus ihnen etwas wird. Du
darfst sie aber auf keinen Fall so streng erziehen,
dass sie daran sterben. 19 Jemand, der sehr aggro-
mäßig drauf ist, muss dafür eine Strafe verpasst
kriegen. Wenn du ihm diese Strafe erlässt, ver-
stärkst du nur noch seine schräge Einstellung und
machst es schlimmer, als es eh schon ist. 20 Hör auf
gute Ratschläge, und wenn dich jemand korrigiert,
denk drüber nach. Auf die Art wirst du mal ein abge-
klärter und schlauer Mensch werden. 21 Menschen
haben ständig neue Ideen in ihrer Birne, aber Gott
zieht mit ihnen sowieso das durch, was er will.
22 Jemand, der Mitleid mit anderen Menschen hat
und ihnen auch mal Geld schenkt, ist ein Gewinner.
Es ist besser, keine Kohle zu haben, als ein falscher
Fuffziger zu sein. 23 Vor Gott Respekt zu haben hilft
im Leben. Man hat alles und muss nicht ständig
neue Sachen kaufen. Man kann nachts entspannt
pennen, ohne ständig von fiesen Alpträumen aufzu-
wachen. 24 Schlaffos greifen sich aus einer Schüssel
die Chips, aber sie schaffen es nicht mehr, die auch
in den Mund zu stecken. 25 Wenn du dem Typen, der
die ganze Zeit ablästert, ein paar Schläge verpasst,
dann wird sich das auch der Frischling hinter die
Ohren schreiben. Wenn du jemanden kritisierst, der
was auf dem Kasten hat, dann wird er dadrüber
nachdenken und daraus lernen. 26 Wer mit seinem
Vater schlecht umgeht und seine Mutter aus dem
Haus rausschmeißt, ist ein ganz mieser Sohn, der
nur peinlich und link ist. 27 Mein Junge, wenn du
nicht mehr zuhörst, wenn man dich kritisiert, dann
wirst du auch nichts lernen können. 28 Ein Zeuge,
der es nicht bringt, verarscht das Gericht. Aus
einem Mund von jemandem, der nicht an Gott
glaubt, kommt nur Müll raus. 29 Für arrogante Witz-
figuren gibt es Gerichte, wo sie verklagt werden kön-
nen. Idioten kriegen einfach nur auf die Fresse.

20

Noch ein paar Tipps

1 Wer zu viel Bier trinkt, fängt an, rumzuläs-
tern und das Maul aufzureißen, und von
Schnaps wird man zum Tier. Sich zu besaufen
bringt es auf die Dauer nicht, dadurch wird man
auch nicht schlauer. 2 Wenn ein Präsident richtig
sauer wird, ist er so gefährlich wie ein knurrender
Kampfhund. Wer sich mit ihm anlegt, wird zer-
fleischt. 3 Ein Mann, der es schafft, sich aus einem
Streit rauszuhalten, verdient Respekt. Nur Schwach-
maten fangen ständig Streit mit anderen Leuten an.
4 Schlaffos kriegen es nicht auf die Reihe, rechtzeitig
ihre Bewerbungen zu schreiben. Als Folge davon
kriegen sie dann auch keinen Job ab. 5 Die guten
Ideen und Gedanken liegen oft tief in einem drin.
Kluge Menschen holen sie an die Oberfläche. 6 Es
gibt viele Menschen, die ständig davon reden, wie
gut und nett sie doch sind. Aber wenn du mal wirk-
lich jemanden brauchst, auf den du dich verlassen
kannst, wo sind die dann? 7 Die Kinder können sich
glücklich schätzen, die gute Eltern haben, die kor-
rekt und ehrlich sind. 8 Wenn der Präsident etwas
Wichtiges entscheiden muss, merkt er sofort, wer
mies drauf ist oder nicht. 9 Welcher Mensch kann
ehrlich von sich behaupten, dass er immer hundert-
prozentig clean und in Ordnung gelebt, nie Mist
gebaut und ein superreines Gewissen hat? 10 Ande-
ren einen schlechten Deal zu machen oder Freun-
den Schrott anzudrehen und sie dabei noch zu
bescheißen, beides findet Gott total ätzend. 11 Schon
bei einem Jugendlichen sieht man, ob das später
mal ein korrekter oder ein fieser Mensch wird. 12 Mit
den Ohren kann man hören, mit den Augen kann

man sehen, und beides hat Gott auch extra dafür gemacht. 13 Verlieb dich nicht in dein Bett. Wer zu viel schläft, lebt bald von Sozialhilfe. Halte deine Augen offen, dann hast du auch immer genug zu essen im Kühlschrank. 14 „Das ist ja kaputt! Viel zu teuer das Ganze!", ruft der Typ, der deine Sachen kaufen will. Aber wenn er es dann für einen guten Preis bekommen hat, macht er vor seinen Freunden einen auf dicke Hose. 15 500-Euro-Scheine und teure Brillantringe gibt es auf der Welt ohne Ende. Aber gute Tipps und Ratschläge von jemandem, der einen wirklich versteht, gibt es nur ganz selten. 16 Wenn einer von dir Geld leihen will, der für die Schulden eines entfernten Bekannten mit unterschrieben hat, dann sicher dich ab und leih ihm nur was gegen ein Pfand. 17 Ständig zu lügen schmeckt am Anfang vielleicht ganz lecker. Aber nach einer Zeit kommt es einem übel hoch, fast so, als hätte man Sand im Mund. 18 Berate dich erst mal und mache einen guten Plan, wenn du etwas Konkretes vorhast. Das gilt besonders, wenn du einen Krieg führen willst. 19 Menschen, die Geheimnisse einfach weitererzählen, sind mies unterwegs. Wer ständig das Maul aufreißt, sollte nicht dein Freund sein. 20 Wenn du deinem Vater oder deiner Mutter die Krätze an den Hals wünschst, dann wird es dir so gehen, als ob du dich nachts in einem Wald verlaufen hast und die Batterien von deiner Taschenlampe langsam ausgehen. 21 Falls deine Alten mal sterben und du etwas von ihnen erbst, dann versuch nicht sofort, an die Kohle ranzukommen. Denn wenn du das tust, wird Gott am Ende nicht mehr bei dir sein und dir auch nicht mehr helfen. 22 Wenn dich jemand abgezogen hat, dann sag nicht, dass du dich sofort bei ihm rächen willst. Überlass das Ding Gott, er wird es schon regeln. 23 Gott findet es ätzend, wenn man andere Leute bei einem Geschäft über den Tisch zieht oder ihnen Schrott andreht. 24 Jedes Leben auf dieser Erde wird letztendlich von Gott gelenkt. Wie sollte da ein Mensch richtig verstehen, was alles mit ihm abgeht? 25 Es ist eine große Falle, wenn einer zu schnell zu Gott sagt: „Das und das verspreche ich dir hundertprozentig", ohne vorher richtig darüber nachgedacht zu haben. 26 Ein Präsident, der gut drauf ist, lässt alle Verbrecher verhaften und sorgt dafür, dass sie in einer Gerichtsverhandlung für ihre Taten verknackt werden. 27 Gott kennt das Gewissen von jedem Menschen, und er checkt alle Gedanken ständig ab. 28 Wenn der Präsident gut drauf ist und sich seinen Bürgern gegenüber fair verhält, wird er an der Regierung bleiben. 29 Jugendliche können stolz auf ihre Muckis und ihren Waschbrettbauch sein. Ältere Menschen können stolz auf ihre grauen Haare sein. 30 Einem Kind, wenn es Mist gebaut hat, auf die Finger zu hauen, ist gut. Denn dadurch bewahrt man es davor, eine fiese Bazille zu werden. Das gilt auch für ein paar Schläge auf den Hintern.

21

Schlaffos erreichen nichts im Leben

1 Einen Fluss kann man mit einem Kanal umleiten. Genauso kann Gott, wenn er Bock drauf hat, auch die Gedanken von einem Präsidenten umleiten. 2 Jeder Mensch denkt von sich, dass sein Verhalten in Ordnung ist. Gott checkt dabei aber immer auch die innere Einstellung ab. 3 Korrekt und okay zu leben findet Gott besser, als ihm irgendwelche Opfer zu schenken. 4 Eine arrogante Art oder von oben auf andere runterzusehen, das bringen Menschen, die ohne Gott leben, und das ist großer Mist. 5 Wenn jemand etwas plant und auch sehr fleißig ist, dann wird das Ganze ein Erfolg. Aber jemand, der voll panisch Sachen durchzieht, der bringt es nicht. 6 Wer seine Kohle nur durch Abzockerei und Lügen bekommen hat, wird sie auch schnell wieder verlieren. Das dauert so lange, bis das Wasser nach dem Regen auf dem Fensterbrett verdunstet ist. So was kann zu einer Falle werden, an der man schnell stirbt. 7 Der brutale Schläger, der ohne Gott lebt, sorgt selbst dafür, dass er sterben muss. So einer weigert sich einfach, korrekt zu leben. 8 Jemand, der ständig lügt, schlängelt sich so durchs Leben. Jemand, der straight unterwegs ist, dessen Leben läuft gerade und ohne große Schnörkel. 9 Es ist besser, auf dem stickigen Dachboden hinten in einer Ecke alleine ein kleines Zimmer zu haben, als den Tag mit einer nervigen Frau im Haus zu verbringen. 10 Fiese Typen, die ohne Gott leben, sind ständig heiß dadrauf, irgendwelchen Mist zu bauen. Auch mit ihren Nachbarn gehen sie hart um. 11 Wenn man den Leuten, die ständig das Maul zu weit aufreißen, eine Geldstrafe reindrückt, dann hilft das auch den einfachen Menschen, weil sie es denen dann nicht nachmachen werden. Wenn man jemandem, der abgeklärt und weise ist, noch etwas beibringen kann, dann weiß der am Ende noch mehr, als er vorher schon wusste. 12 Gott passt auf, was in der Wohnung von den Menschen abgeht, die ohne ihn leben, und er sorgt dafür, dass es denen schlechtgeht. 13 Wer so tut, als würde er es nicht hören, wenn einer auf der

Straße um Hilfe schreit, wird auch mal in eine Situation kommen, in der er Hilfe braucht, und keinen wird es interessieren. 14 Wenn du mit jemandem Zoff hast, dann schenke ihm was, aber so, dass es nicht jeder mitbekommt. Auf die Art kannst du seinen Ärger runterfahren. 15 Vor Gericht ist ein korrektes Urteil für den, der nicht schuld ist, ein Grund zu jubeln. Für einen Typen, der was verbrochen hat, ist das aber voll übel. 16 Ein Mensch, der immer verwirrter wird und irgendwann nichts mehr kapiert, wird bald sterben. 17 Wer gerne Party macht, dem geht schnell die Kohle aus. Wer gerne essen geht und dabei einen bechert, wird nie viel Geld haben. 18 Als Bezahlung für den, der immer korrekt gelebt hat, wird es mal so laufen, dass der Mensch, der ohne Gott unterwegs war, für ihn die Rechnung begleichen muss. 19 Es ist besser, in der Wüste zu leben, als eine Ehefrau zu haben, die die ganze Zeit meckert und rumnervt. 20 High-End-Stereoanlagen und Plasmafernseher stehen in den Häusern von Leuten, die was draufhaben. Idioten schmeißen ihr Geld zum Fenster raus. 21 Jemand, der nett, fair und korrekt mit anderen Menschen umgeht, mit dem geht man auch korrekt um und hat Respekt vor ihm. 22 Selbst wenn eine Stadt von Soldaten besetzt ist, kann ein Held sie einnehmen. Er sprengt den Schutzwall einfach weg, auf den sich die Soldaten verlassen hatten. 23 Wer kontrolliert, was er sagt, sorgt dafür, dass er keine größeren Probleme bekommt. 24 Der eingebildete Schwachmat, man nennt ihn auch „Doc Lästermaul", tut immer so, als wäre er der Geile. 25 Die Wünsche von einem Oberschlaffo bringen ihn irgendwann um, weil ihm seine eigenen Hände diese Wünsche nicht erfüllen können. 26 Es gibt Leute, die geiern den ganzen Tag nur rum. Wer korrekt ist, kann sich kontrollieren, gibt gerne und das mit vollen Händen. 27 Wenn jemand, der ohne Gott lebt, ein Opfer durchzieht, hat Gott da keinen Bock drauf. Erst recht hat Gott da keinen Bock drauf, wenn seine Einstellung für ein Opfer nicht okay ist. 28 Jemand, der die ganze Zeit rumlügt, wird irgendwann kaputtgehen. Ein Mann, der gut zuhören kann, kann auch gut und lange reden. 29 Wer korrekt ist, hat alles unter Kontrolle, was er tut. Aber der Typ, der ohne Gott lebt, zieht nur eine dumme Fratze und zeigt den Stinkefinger. 30 Du kannst noch so schlau sein, noch so viel kapiert und die besten Tipps im Ärmel haben, gegen Gott hast du keine Chance. 31 Dein Panzer kann noch so gut bewaffnet und geschützt sein, im Krieg kann dich nur einer retten, und das ist Gott.

22

Aus ätzenden Aktionen kommen ätzende Sachen

1 Es ist besser, wenn man einen guten Ruf hat als ein gutes Gehalt und ganz fett Kohle auf dem Bankkonto. Nett zu sein ist mehr wert als eine steigende Aktie oder ein großer Scheck. 2 Egal, ob man viel Geld hat oder von Hartz IV lebt, jeder Mensch wurde von Gott gemacht. 3 Schlaue Menschen peilen schnell, wenn eine Sache schiefläuft und bald Chaos am Start ist. Leute mit nicht so viel Erfahrung tapsen in die Situation einfach rein und müssen dann die Konsequenzen ausbaden. 4 Wenn jemand nicht einen auf dicke Hose macht und immer Respekt vor Gott hat, dann wird er mal viel Geld haben, und man wird ihn respektieren. 5 Miese Abzocker drehen ständig krumme Dinger; wer mit ihnen befreundet ist, verstrickt sich auch schnell in solche Sachen. Darum ist es besser, mit diesen Menschen nicht so viel abzuhängen. 6 Einen Jugendlichen sollte man immer so erziehen, dass er sein Leben gut packt. Was er in dieser Zeit lernt, vergisst er sein Leben lang nicht mehr. 7 Menschen, die viel Geld besitzen, haben Macht über Menschen, die keine Kohle haben. Wenn man sich Geld leihen muss, wird man abhängig von dem, der einem die Kohle leiht. 8 Aus ätzenden Aktionen kommen immer auch ätzende Sachen raus. Wenn einer einen verprügelt, wird er auch verprügelt. Wenn das dann passiert, hat der, der mit der Klopperei angefangen hat, erst mal die Schnauze voll von Gewalt. 9 Nette Menschen bekommen alles von Gott, sie sind gesegnet. Warum? Weil sie auch mal einen Obdachlosen zum Essen einladen. 10 Lästermäuler solltest du, so schnell es geht, rausschmeißen. Dann wird es auch mit dem Streiten und der Rumdiskutiererei schnell aufhören. 11 Jemand, der kein schlechtes Gewissen hat und immer gute Sachen sagt, freundet sich oft mit Präsidenten an. 12 Gott ist es total wichtig, dass die Wahrheit ans Licht kommt. Wenn Leute nur Mist erzählen, andere verpetzen und andere Menschen abziehen, sorgt er dafür, dass sie auf die Schnauze fallen. 13 Schlaffos sagen: „Draußen ist die Hölle los! Meine Wohnung zu verlassen ist mir viel zu gefährlich. Da werde ich am Ende doch nur umgenietet." 14 Frauen, die dich von Gott wegbringen wollen, flirten gerne und legen einen mit ihrem Charme rein. Wenn Gott sauer auf dich ist, trittst du voll in ihre Falle. 15 Kinder haben oft einfach Bock drauf, Mist zu bauen. Mit Bestrafungen kann man sie aber davon fernhalten. 16 Wenn man einen Armen

abzockt, wird der dadurch nur reicher. Und wenn man einem Reichen was schenkt, sorgt das nur dafür, dass er hinterher weniger hat.

Dreißig Tipps

17 Hör mal gut zu! Es gibt ein paar echt abgefahrene, total schlaue Dinge, die ich dir erzählen will! Nimm diese Sachen bitte ernst. 18 Ist vielleicht sogar eine gute Idee, diese Tipps jetzt auswendig zu lernen. Du solltest sie einfach draufhaben und jederzeit runterspulen können. 19 Das ist wichtig, damit du Gott immer radikal vertraust, darum erzähle ich dir das jetzt. 20 Ich hab jetzt mal dreißig Tipps für dich aufgeschrieben. Alles echt gute Ratschläge, 21 die dir helfen werden, die Wahrheit zu verstehen. Wenn du die draufhast, bist du immer in der Lage, eine gute Antwort zu geben, wenn dich jemand was fragt. 22 Erstens: Die Schwäche von jemandem ausnutzen, nur weil er schwach ist, geht gar nicht! Zum Beispiel Sozialhilfe-Empfänger vor Gericht fertigmachen, das ist nicht gut. 23 Gott beschützt die Leute, die von niemandem sonst noch beschützt werden. Wer die beklaut, wird von Gott gekillt. 24 Zweitens: Befreunde dich nicht mit jemandem, der ständig sofort ausrastet und sich nicht im Griff hat. 25 Könnte sein, dass das irgendwann auf dich abfärbt und du auch so draufkommst. Das würde dich irgendwann umbringen. 26 Drittens: Halte nie den eigenen Kopf für die Schulden eines anderen hin. 27 Dann wird man dir sogar den Stuhl unterm Hintern wegziehen, wenn bei dir sonst nichts zu holen ist. 28 Viertens: Versuche nicht, dein Grundstück illegal zu vergrößern, indem du deinen Zaun einfach verlegst. 29 Fünftens: Wenn du einen Mann triffst, der seinen Job supergut macht, dann kannst du drauf wetten, dass er für die „hohen Tiere" arbeiten wird, aber nicht für die, die nur Hartz IV kriegen.

23

Tipp sechs bis achtzehn

1 Sechstens: Wenn du bei einem Bürgermeister zum Essen eingeladen wirst, dann benimm dich anständig und vergiss nicht, wer da vor dir sitzt! 2 Füll dir bei dem nicht gleich Berge auf den Teller, auch wenn du voll den Hunger hast. 3 Und pass auf, wenn er dir etwas total Leckeres vor die Nase setzt. Dann könnte es nämlich sein, dass er versucht, dich abzuziehen, und das Essen dabei als Köder benutzt. 4 Siebtens: Reiß dir nicht um jeden Preis den Arsch auf, nur um fett Kohle zu haben, wenn du dabei auf Bildung verzichten musst. 5 Es geht schneller, als du denkst, da ist die Kohle plötzlich alle, und die Firma ist pleite. Geld bekommt manchmal Flügel, und plötzlich ist alles weg. 6 Achtens: Lass dich nicht von jemandem zum Essen einladen, der obergeizig ist. Du solltest auf keinen Fall scharf auf dessen Essen sein, egal, wie lecker es auch riecht. 7 Der Typ hat nämlich garantiert jedes Stück Fleisch auf dem Tisch abgezählt. Auch wenn er dich auffordert: „Los, hau rein!", meint er das nicht wirklich so. 8 Dir wird jeder Bissen im Hals stecken bleiben, oder du musst gleich alles wieder auskotzen. Dein ganzes Lob für das gute Essen war dann letztendlich umsonst. 9 Neuntens: Mit Idioten solltest du nicht zu viel reden, denn denen ist ein Tipp von dir eh total egal. 10 Zehntens: Vergrößere nicht dein Grundstück, indem du den Zaun heimlich verschiebst. Die Grenze steht schon seit Ewigkeiten fest. Das Land gehört deinen Nachbarn und nicht dir, auch wenn die ansonsten kein Geld haben. Dort hast du einfach nichts zu suchen. 11 Diese Leute haben Gott auf ihrer Seite, und der ist sehr stark. Er würde dich höchstpersönlich vor Gericht verklagen. 12 Elftens: Innerlich solltest du so drauf sein, dass du immer bereit bist, dich zu verändern, wenn es nötig ist. Man sollte immer offen für Kritik sein. 13 Zwölftens: Es bringt nichts, seinen Sohn vor Strafen zu bewahren. Von einem leichten Schlag auf den Hinterkopf wird er nicht sterben. 14 Vielleicht musst du ihn hauen, aber das wird im Endeffekt dafür sorgen, dass sein Leben gerettet wird. 15 Dreizehntens: Mein Junge, wenn du was kapiert hast und weise bist, dann freu ich mich voll dadrüber. 16 Wenn ich irgendwann merke, dass du korrekte Sachen sagst, dann freu ich mich erst recht. 17 Vierzehntens: Reg dich nicht unnötig über Leute auf, die ohne Gott leben. Versuche stattdessen, jeden Tag, Respekt vor Gott zu haben. 18 Wenn du so drauf bist, musst du dich vor nichts mehr fürchten, du kannst entspannt auf die Zukunft warten. Die Hoffnung, dass es dir immer gutgeht, kann nicht kaputt gemacht werden. 19 Fünfzehntens: Hör mir mal gut zu, mein Junge! Versuche, Schnall vom Leben zu bekommen, werde vernünftig und sorg dafür, dass du auch innerlich straight unterwegs bist. 20 Häng nicht mit Drogis und Alkis ab, denn die hauen sich nur breit. Halt dich auch von denen fern, die ständig einen Fressflash haben. 21 Menschen, die nur breit rumhängen oder den ganzen Tag essen, bringen es nicht. Und wer den ganzen Tag nur im Bett liegt, wird irgendwann nur noch

Klamotten aus der Altkleidersammlung zum Anziehen haben. 22 Sechzehntens: Jeder sollte Respekt vor seinem Vater und seiner Mutter haben. Die haben dich schließlich gezeugt. Auch wenn deine Mutter alt geworden ist, solltest du immer gut mit ihr umgehen. 23 Zu wissen, was die Wahrheit ist und was nicht, schlau zu sein und Disziplin zu haben, das sind super wertvolle Dinge, um die du dich bemühen solltest. 24 Ein Vater freut sich total, wenn er einen Sohn hat, der kein Weichei und noch dazu schlau ist. 25 Deine Eltern sollen sich über dich freuen und stolz dadrauf sein, dass sie dich bekommen haben. 26 Siebzehntens: Jetzt noch eine Sache, die echt wichtig ist, mein Junge. In dieser Sache solltest du genauso wie ich drauf sein. 27 Um Nutten, Nachtclubs und Puffs musst du einen großen Bogen machen, denn dort könntest du dich voll auf die Schnauze legen. Auch mit der Frau von einem anderen Typen solltest du nicht rumknutschen. Du könntest dabei nämlich in eine Falle treten und dort steckenbleiben. 28 Es gibt solche Frauen, die sind echt gefährlich. Sie lauern einem auf, wie jemand, der dich in einem Wald ausrauben will. Solche Mädels sorgen dafür, dass viele Männer ihre Ehefrauen betrügen. 29 Achtzehntens: Mal eine Frage: Soll ich dir sagen, wer die ganze Zeit rumjammert und sich ständig selbst bemitleidet? Möchtest du wissen, wer ohne Grund den nächsten Streit anfängt? Das sind so Leute, die auch schon ganz glasige Augen haben. 30 Die sitzen bis spät in die Nacht noch mit einem Glas Bier am Tresen. Oder sie machen einen auf „Weintester" und besaufen sich jeden Abend. 31 Lass dich nicht vom Wein reinlegen! Auch wenn der so schön rot auf dem Tisch steht, lecker riecht und so nett durch die Kehle zischt. 32 Denn am Ende beißt er dich, du hast sein Gift in deinem Körper, es dreht sich bald in deinem Kopf. 33 Plötzlich siehst du alles total verschwommen oder sogar doppelt und fängst an, nur noch Scheiße zu labern. 34 Und dann wird dir auch noch übel, und du kotzt das Klo voll, fast so, als würdest du gerade auf einem Schiff mit hohen Wellen fahren. 35 Am nächsten Morgen wachst du mit einem dicken Schädel auf und fragst dich: „Mit wem hab ich mich denn gestern geprügelt? Aber ich hab ja gar keine Beule am Kopf! Man hat mir bestimmt auf den Kopf gehauen, trotzdem hab ich keinen blauen Fleck. Ich muss am besten noch mal in die Kneipe gehen, um einen drauf zu trinken."

24

Tipp neunzehn bis dreißig

1 Neunzehntens: Neidisch auf Menschen zu sein, die link drauf sind, bringt es nicht. Häng nicht bei solchen Leuten rum, triff dich noch nicht mal mit denen. 2 Die sind sowieso nur gerade wieder dabei, die nächste Schlägerei zu planen. Wenn die ihren Mund aufmachen, kommt da nur Schwachsinn raus. 3 Zwanzigstens: Fachwissen und etwas in der Birne zu haben hilft sehr, wenn du ein Haus bauen willst. Durch dein Wissen hält der Bau besser. 4 Wer viel lernt und was draufhat, füllt diesen Bau mit vielen coolen und wertvollen Sachen. 5 Einundzwanzigstens: Ein Mann, der was draufhat, bringt es mehr als ein Mann mit vielen Muskeln. Ein Mann, der viel kapiert hat, bringt es mehr als ein Mann, der viel Kraft hat. 6 Einen Krieg gewinnst du nur, wenn du ihn auch richtig gut planst. Je mehr Ratgeber man hat, desto besser ist das. 7 Zweiundzwanzigstens: Für jemanden, der nichts draufhat, wird es zu kompliziert, wenn diskutiert oder debattiert wird, da mitzuhalten. Deswegen sollten die in so einer Runde besser die Klappe halten. 8 Dreiundzwanzigstens: Wer die ganze Zeit irgendwelche fiesen Aktionen plant, der wird auch bald von seinen Freunden „Doc Fiese" genannt. 9 Idioten haben nur eine Sache im Kopf: Scheiße bauen. Jemand, der keine Disziplin hat, ist bei allen Menschen total unbeliebt. 10 Vierundzwanzigstens: Vielleicht denkst du, dass du eigentlich locker drauf und der Held bist, aber erst, wenn es fett Probleme gibt, zeigt sich, ob du auch wirklich was kannst. 11 Fünfundzwanzigstens: Versuch, die Leute zu retten, die ein Todesurteil bekommen haben. Versuche alles, um die vor der Todesstrafe zu bewahren. 12 Du solltest dich nicht irgendwo rausreden, indem du sagst, du hättest ja nichts davon gewusst. Gott ist überall, er sieht alles, und er kann auch Gedanken lesen. Jeder Mensch bekommt von ihm das, was er verdient hat. 13 Sechsundzwanzigstens: Schokolade und Weingummi sind lecker und schmecken total gut, wenn sie im Mund sind. 14 Genauso ist das auch, wenn man was geschnallt hat und weise ist. Wenn du so drauf bist, dann hast du eine Zukunft, dann gibt es immer einen Grund zu hoffen. 15 Siebenundzwanzigstens: Häng nicht die ganze Zeit bei korrekten Menschen vor der Tür und geh ihnen nicht auf die Nerven. 16 Wer korrekt ist, wird Folgendes erleben: Selbst wenn er ewig oft auf die Fresse fällt, steht er immer wieder auf und geht weiter. Leute, die ohne Gott leben, fallen auch hin, aber sie stehen nicht wieder auf. 17 Achtundzwanzigstens: Wenn einer

deiner Feinde plötzlich ein fettes Problem hat, dann
freu dich nicht darüber. Wenn er irgendwie stolpert,
solltest du nicht gleich eine Party feiern. [18] Denn es
könnte sein, dass Gott das mitbekommt und das
total blöd von dir findet. Und dann hilft er deinem
Feind vielleicht mit seinem Problem. [19] Neunund-
zwanzigstens: Mach dir keinen Kopf über Leute, die
link drauf sind. Ärger dich nicht über Menschen, die
ohne Gott leben! [20] Solche Leute haben keine
Zukunft, das Leben von denen wird so schnell alle
sein wie die Batterien von einer Taschenlampe.
[21] Dreißigstens: Du solltest immer Respekt vor Gott
haben! Und auch vor der Regierung und dem Präsi-
denten solltest du Respekt haben. Mit Leuten, die
nur Stunk machen, solltest du nichts zu tun haben.
[22] Denn solche Typen fahren ihr Leben ganz plötz-
lich gegen die Wand. Wer kann wissen, wie sie am
Ende drauf sind?

Noch ein paar Tipps

[23] Jetzt kommen noch mal ein paar Tipps von Leu-
ten, die echt was drauf haben: Ein Richter, der nicht
fair richtet und ungerecht ist, der tut etwas, was
Gott nicht will. [24] Wenn so einer jemanden bei einer
Gerichtsverhandlung freispricht, obwohl der ganz
klar Mist gebaut hat, dann sind alle Menschen voll
aggro auf ihn, alle Leute wünschen dem die Krätze
an den Hals. [25] Korrekte Richter werden aber bei
allen Leuten beliebt sein, und Gott wird auf ihrer
Seite stehen und ihnen Kraft geben, er wird sie seg-
nen. [26] Wenn man eine gute und ehrliche Antwort
auf eine Frage oder ein Problem gibt, bedeutet das
auch immer, dass man ein echter Kumpel und ein
guter Freund ist. [27] Kümmere dich erst mal um
deine Ausbildung! Dann such dir einen guten Job.
Erst anschließend solltest du eine Familie gründen,
ein Haus bauen und so was. [28] Du darfst auf keinen
Fall eine falsche Aussage bei der Polizei machen,
egal gegen wen. Du willst doch nicht ernsthaft mit
deiner Aussage andere betrügen, oder? [29] Solche
Sprüche „Wie du mir, so ich dir!" oder „Jeder soll
das bekommen, was er verdient!" gehen gar nicht!
[30] Eine kleine Geschichte: Ich bin mal an einem
Weinberg vorbeigegangen, der einem echten Hirni
gehörte. [31] Das ganze Feld war dicht mit Brennnes-
seln und anderem Unkraut bewachsen, und der
Zaun um das Feld war auch total kaputt. [32] Ich hab
mir das angesehen, drüber nachgedacht, und dann
hab ich was kapiert: [33] Man muss sich nur ein biss-
chen zu viel ausruhen, ein bisschen zu lange schla-
fen, ein bisschen zu lange Däumchen drehen.
[34] Und dann stehst du plötzlich beim Sozialamt in
der Schlange oder lebst auf der Straße und musst
die Leute am Bahnhof anbetteln.

25 Noch ein paar echt schlaue Tipps von Salomo

[1] Jetzt kommen noch mal ein paar Tipps
von Salomo. Sie wurden von einigen Männern auf-
geschrieben, die in der Regierung von Hiskija gear-
beitet haben. Hiskija war ein Präsident von Juda.
Und zwar gingen die Sprüche so: [2] Für Gott ist es
okay, einfach mal so Sachen zu machen, auch wenn
davon keiner was mitkriegt und er deswegen auch
keinen Applaus dafür bekommt. Präsidenten
bekommen aber bei jeder neuen Sache, die sie brin-
gen, sofort eine La-Ola-Welle. [3] Drei Dinge sind
schwer auszurechnen: wie hoch der Himmel genau
ist, wie tief man in die Erde runtergraben kann und
worüber der Präsident gerade wieder nachgrübelt.
[4] Erst wenn du den Dreck aus dem flüssigen Silber
entfernt hast, kannst du einen schönen Ring daraus
formen. [5] Schmeiß die Männer, die nicht an Gott
glauben, aus dem Beraterstab vom Präsidenten
raus. Dann wird seine Macht nicht so schnell ange-
fochten, und er wird korrekt und gerecht regieren.
[6] Wenn du beim Präsidenten arbeitest, solltest du
nicht einen auf dicke Hose machen und denken, du
wärst plötzlich der oberwichtigste Mensch im Team.
[7] Es ist besser, nach und nach befördert zu werden,
als wenn man von einem höheren Posten eine Stufe
nach unten versetzt wird. [8] Wenn du irgendwo das
Gefühl hast, etwas geht nicht mit rechten Dingen
zu, dann geh damit nicht gleich zur Polizei und
erstatte Anzeige. Es wird dann für dich ja nur pein-
lich, wenn sich das Ganze als Flop herausstellt und
du dich getäuscht hast. [9] Wenn es doch mal zu einer
Gerichtsverhandlung mit einem Nachbarn kommt,
dann solltest du nicht als Beweis etwas aufführen,
was dir irgendein Typ mal heimlich gesteckt hat.
[10] Denn dann wissen alle, dass du keine Geheim-
nisse für dich behalten kannst, und alle Leute wer-
den für lange Zeit ein voll schlechtes Bild von dir
haben. [11] Ein Scheck mit sechs Nullen, das ist es
ungefähr wert, wenn jemand zur passenden Zeit
das Richtige sagt. [12] Ein guter Tipp für jemanden,
der offen dafür ist, ist wertvoller als eine goldene
Rolex oder ein Ring mit vielen Brillanten. [13] Wenn
man einen Auftrag, den der Chef einem gegeben
hat, gut erledigt, dann freut der sich dadrüber
genauso wie auf eine eisgekühlte Coke nach einem

Fußballspiel. 14 Einen Menschen, der wilde Verspre-
chungen macht und die dann nicht einhält, kann
man gut mit einer Wettervorhersage vergleichen,
die blauen Himmel versprochen hat, und dann reg-
net es den ganzen Tag. 15 Wer es schafft, lange zu
diskutieren und mit guten Argumenten und genialer
Rhetorik seine Sache vorzubringen, kriegt jeden
Richter rum. 16 Iss nur so viel Süßigkeiten, wie es
gut für dich ist. Wer zu viel Schokoriegel, Chips und
Weingummis isst, bekommt irgendwann Magen-
schmerzen, und am Ende muss er alles wieder aus-
kotzen. 17 Wenn du zu viel bei deinen Freunden rum-
hängst, gehst du ihnen irgendwann auf die Nüsse,
und sie haben keinen Bock mehr auf dich. 18 Eine
Falschaussage gegen einen Freund ist vor Gericht
so gefährlich wie eine Neunmillimeter oder eine
Pumpgun oder ein scharfes Armeemesser. 19 Noch
ein Vergleich: Ein Zahn, wo die Amalgamfüllung
rausgebrochen ist, oder ein Bein mit einer fetten
Oberschenkelzerrung, das ist so wie ein Freund,
den man bräuchte, wenn es einem echt schlecht-
geht, und der dann nicht da ist. 20 Jemandem, der
schlimme Depressionen hat, die ganze Zeit Witze
zu erzählen, das geht gar nicht. Das ist genauso, als
würdest du jemandem im Winter beim Spazierenge-
hen die Klamotten klauen oder als würde man Essig
in eine offene Wunde schütten. 21 Wenn jemand, der
dich nicht abkann, Hunger hat, dann lade ihn zum
Essen ein. Und wenn er Durst hat, dann gib ihm
eine Cola aus. 22 Das würde der gar nicht auf die
Reihe kriegen, er wäre total überrascht, und dann
seid ihr plötzlich keine Feinde mehr. Und Gott
würde das auch bestimmt belohnen. 23 Auf zwei
Sachen kannst du echt wetten: Wenn der Wind aus
dem Norden kommt, gibt's bald Regen. Und wenn
rumgelästert wird, gibt's bald Ärger. 24 Es ist besser,
auf dem stickigen Dachboden hinten in einer Ecke
ein kleines Zimmer zu haben, als den ganzen Tag
mit einer nervigen Frau in einem Haus zu verbrin-
gen. 25 Eine gute Nachricht von jemandem, der
gerade im Ausland wohnt, das ist so wie eine eisge-
kühlte Apfelsaftschorle im Hochsommer. 26 Ein Glas
mit Wasser, wo noch ganz viel Dreck drin ist, oder
ein Radler mit K.-o.-Tropfen gemischt, das sind zwei
Bilder für einen korrekten Menschen, der sich von
einem Typen beeindrucken lässt, der nicht mit Gott
lebt. 27 Zuckerwatte und Applaus, beides macht
Bauchschmerzen, wenn man zu viel davon
bekommt. 28 Einen Mann, der sich selbst nicht im
Griff hat, kann man mit einer Stadt vergleichen, die
keine Schutzmauer besitzt.

26

**Wer anderen eine Falle stellt,
tritt selber rein**

1 Respekt für einen Schwachmaten? Das
passt genauso wenig zusammen wie Sommer und
Schnee oder Regen in der Erntezeit. 2 Jemandem die
Krätze an den Hals zu wünschen, der es eigentlich
nicht verdient hat, funktioniert nicht. Das ist
genauso, wie ein kleiner Spatz oder eine fliegende
Schwalbe sich nie auf die Schulter von einem Men-
schen setzen würde. 3 Ein Pferd braucht eine Peit-
sche, um zu gehorchen. Ein Esel braucht einen
Stock, um zu gehorchen. Ein Idiot braucht ein paar
hinter die Ohren, um zu gehorchen. 4 Versuch, dich
nicht auf die gleiche Stufe mit einem Trottel zu stel-
len, rede ganz normal mit ihm. Sonst denken die
Menschen, du wärst genauso bekloppt wie der.
5 Antworte so einem auf der gleichen Ebene, auf der
er sich gerade befindet, damit er nicht von sich
selbst denkt, wie toll er doch ist. 6 Wenn ein Typ
einen Trottel losschickt, um eine Nachricht zu über-
bringen, dann kann sich der Trottel die Nachricht
vielleicht nicht merken. Da könnte sich der Typ auch
gleich selbst die Füße abhacken, und er bleibt mit
den Problemen, die er damit hat, sich selbst über-
lassen. 7 So, wie die Beine von einem Gelähmten
keine Kraft haben, so ist auch der Rat von einem
Trottel schlaff und ohne Kraft. 8 Einem Volltrottel
einen Orden zu verleihen ist genauso schlau, wie in
den Lauf von einem Revolver Sand reinzustopfen.
9 Ein Stück Stacheldraht in der Hand von einem
Mann, der total besoffen ist, ist genauso gefährlich
wie ein schlauer Spruch aus dem Mund von jeman-
dem, der nichts kapiert hat. 10 Wie ein Sportschütze,
der plötzlich auf alles Mögliche schießt, genauso
gefährlich ist es, einen Idioten einzustellen. Das gilt
auch, wenn man dem nächstbesten Typen, der
gerade zufällig vorbeikommt, den Job gibt. 11 So, wie
ein Hund seine eigene Kotze frisst, so wiederholt
ein Trottel seinen Dünnsinn. 12 Hast du schon mal
einen Mann kennengelernt, der sich für ganz beson-
ders schlau hält? Für einen Volltrottel gibt es mehr
Hoffnung als für ihn. 13 Ein Schlaffo sagt: „Huch,
draußen ist ja voll der schlimme Verkehr! Ich bleib
besser zu Hause, da kann mir nichts passieren!"
14 Eine Tür dreht sich in den Scharnieren, und
genauso dreht sich ein Schlaffo im Bett. 15 So ein
Honk greift gerne mal in die Chipstüte, aber die
Hand zu seinem Mund zu führen, ist ihm zu viel
Arbeit. 16 Ein Nichtstuer glaubt, er habe mehr
kapiert als sieben Nobelpreisträger zusammen.
17 Sich in einen Streit einzumischen, mit dem man

eigentlich nichts zu tun hat, bringt es nicht. Das ist genauso, als würde man versuchen, einen entlaufenen Hund zu fangen und ihn an seinen Ohren festzuhalten. 18 Wie ein Wahnsinniger, der wie verrückt um sich schießt und Menschen dabei tötet, 19 so ist ein Mann, der seinen Nachbarn bescheißt und dann am Ende sagt: „War doch nur Spaß!“ 20 Wenn das Holz alle ist, geht das Feuer aus. Wenn es keinen Tratsch mehr gibt, hört das Streiten auf. 21 Holzkohle sorgt dafür, dass der Grill heiß bleibt, Holz sorgt dafür, dass das Lagerfeuer weiterbrennt, und ein stressiger Typ sorgt dafür, dass der Stress immer weitergeht. 22 Jemand, der andere Leute abzieht, labert zwar nur rum, aber was er sagt, klingt erst mal voll nett. Seine Worte gehen runter wie Öl. 23 Wie eine überlackierte Rostlaube, so wirkt eine rhetorisch perfekte Rede, die aber was Mieses im Sinn hat. 24 Ein fieser Mensch schauspielert nach außen hin, als wäre er voll nett. Aber innen drin ist er total mies drauf. 25 Wenn er auch noch so nette Sachen sagt und rumschleimt wie blöd, vertrau ihm nicht! Denn er hat ganz üble Dinge vor. 26 Vielleicht schafft er es, seinen Hass zu verstecken. Aber irgendwann werden alle mitkriegen, wie er wirklich drauf ist. 27 Wer für andere eine Falle aufbaut, wird selbst in sie reintreten. Wer einen Stein in die Luft schmeißt, auf dessen Kopf fällt er. 28 Jemand, der mit seinen Lügen andere total fertigmacht, hasst sie eigentlich. Schleimer rutschen auf ihrem eigenen Schleim aus und brechen sich dabei das Genick.

27 Selbstlob stinkt

1 Gib nicht heute schon mit Sachen an, die du erst morgen erledigen wirst. Woher willst du denn wissen, was dir bis dahin noch alles passiert? 2 Es ist besser, wenn andere dich loben und du dich nicht selbst in den Vordergrund spielst. 3 Ein Betonklotz ist schwer, ein Felsen auch. Aber viel schwerer wiegt der Ärger, den man über irgendeinen Vollpenner hat. 4 Aggromäßig drauf sein ist übel, da verliert man schnell die Kontrolle. Aber wie heftig ist es erst, wenn man eifersüchtig ist? 5 Jemanden offen zu kritisieren ist besser, als jemanden zu lieben und es ihm nicht zu zeigen. 6 Wenn ein Freund dir ordentlich die Meinung sagt, ist das gut gemeint, aber wenn sich ein Feind bei dir einschleimt, musst du echt aufpassen. 7 Wer keinen Hunger mehr hat und pappsatt ist, der kriegt selbst ein Stück Schokolade nicht mehr runter. Aber jemand, der echt Hunger hat, der isst sogar vergammeltes Obst. 8 Ein Mann, der, weit entfernt von seiner Heimat, irgendwo hinzieht, fühlt sich wie ein Vogel, der weit entfernt von seinem Nest ist. 9 Schöne Räucherstäbchen und ein gutes Duftöl machen eine schöne Atmosphäre im Zimmer. Aber noch schöner ist es, wenn man sich mit einem guten Freund ausführlich bequatschen kann. 10 Vernachlässige nicht die Beziehung zu deinen Freunden und auch nicht zu den Freunden deines Vaters. Wenn du Probleme hast, dann renn nicht gleich zu deinem Bruder. Ein Nachbar, der dir hilft, ist besser als ein Bruder, der weiter weg wohnt. 11 Es ist wichtig, mein Sohn, dass du eine gute Bildung und was auf dem Kasten hast. Ich würde mich sehr dadrüber freuen. Und wenn dann mal jemand behauptet, ich hätte es in meinem Leben zu nichts gebracht, dann kann ich immer auf dich zeigen. 12 Schlaue Leute ahnen schon, dass es ein Problem gibt, bevor die Katastrophe überhaupt da ist. Dumme Leute leben einfach weiter und rennen voll in ihr Verderben rein. 13 Wenn jemand für einen anderen die Bürgschaft übernommen hat und der dummerweise abgezogen wurde, dann kannst du von ihm ruhig auch seine Klamotten als Pfand verlangen, wenn er sich Kohle von dir leihen will. 14 Wer seinen Nachbarn jeden Morgen überschwenglich begrüßt, dem glaubt man das irgendwann nicht mehr und vermutet sogar, er würde ihm heimlich die Krätze an den Hals wünschen. 15 Eine Ehefrau, die den ganzen Tag nur rumnölt, ist wie ein Loch im Dach, aus dem es die ganze Zeit raustropft. So was nervt einfach. 16 Wer weiß denn, wie man eine Frau gebremst kriegt? Es ist leichter, den Wind zu stoppen oder Öl mit einer Hand festzuhalten. 17 Ein Messer schärft man mit einem Schleifgerät. Und ein Mensch wird durch den Umgang mit anderen Menschen geschärft. 18 Wer sich um einen Pflaumenbaum kümmert, bekommt als Belohnung die Pflaumen zu essen. Wer sich gut um seinen Chef kümmert, bekommt als Belohnung dafür ein fettes Lob. 19 In einem Spiegel kann man sein Gesicht sehen. In den Gedanken kann man sein Innerstes erkennen, es spiegelt sich dort. 20 Die Welt, wo die Toten sind, funktioniert wie ein riesengroßer Staubsauger, der ohne Ende Menschen dorthin befördern will. Diese Totenwelt kann nie genug kriegen. Die Augen von Menschen funktionieren ähnlich, sie können auch nie genug sehen, sie saugen alles auf, sie werden auch nie satt. 21 Den Wert von Aktien stellt man an der Börse fest. Den Wert von Menschen kann man an ihrem Ruf ablesen.

22 Selbst wenn du einen Volltrottel mit seinen Klamotten in eine Waschmaschine stecken würdest und auf Vollwaschgang stellst, dann würde selbst die billigste Unterhose anders rauskommen, aber der Trottel wäre immer noch genauso schlau wie vorher. 23 Kümmere dich um deine Herden und sieh zu, dass es allen Viechern gutgeht. 24 Ein fettes Bankkonto gibt dir keine echte Sicherheit, da kannst du dich nicht drauf verlassen. Man kann auch nicht garantieren, dass das Geld immer seinen Wert behält, wenn es an die nächste Generation weitervererbt wird. 25 Wenn der Gewinn eines Geschäftes gut angelegt wird, dann bringt er einem gute Zinsen. 26 Davon kannst du dann leben, dir Klamotten kaufen, deine Miete bezahlen und so weiter. 27 Du hast genug, musst nicht hungern und kannst dir sogar den einen oder anderen Luxus erlauben oder mehr Personal einstellen.

28 Besser keine Kohle haben und dafür korrekt leben

1 Jemand, der unkorrekt lebt, ist ständig auf der Flucht, auch wenn eigentlich niemand hinter ihm her ist. Jemand, der korrekt lebt, fühlt sich die ganze Zeit sicher, wie ein Wachhund in seiner Hütte. 2 Wenn in einem Land das große Chaos herrscht, gibt es viele Männer, die irgendwo in einer Ecke Macht haben. Aber wenn dann ein kluger Mann, der es echt draufhat, an die Spitze kommt, wird über eine lange Zeit alles gut geregelt werden. 3 Wenn ein Typ, der ohne Gott lebt, armen Leuten ihre Kohle wegnimmt, dann ist das so, wie wenn ein heftiger Regen auf ein Feld knallt und die ganze Ernte wegschwemmt. 4 Menschen, die nicht das tun, was Gott will, klopfen den Leuten, die ohne Gott leben, ständig auf die Schultern. Aber Menschen, die das tun, was Gott will, werden von ihnen bekämpft. 5 Miese Typen kapieren erst gar nicht, was korrekt ist und was nicht. Leute, die sich an das halten, was Gott sagt, verstehen alles. 6 Es ist besser, keine Kohle zu haben, aber dabei radikal so zu leben, wie Gott es will, als viel Kohle zu haben und dabei lebensmäßig die ganze Zeit rumzueiern und mal dies und dann wieder jenes zu machen. 7 Ein Sohn, der was im Leben kapiert hat, zieht die Gesetze von Gott voll durch. Ein Sohn, der mit schrägen Typen rumhängt, wird für den Vater nur peinlich. 8 Banker, die ihr Geld dadurch vermehren, dass sie Zinsen für Kredite nehmen, sollten ihren Gewinn Leuten zur Verfügung stellen, die mit Obdachlosen arbeiten. 9 Wer keinen Bock mehr auf die Gesetze von Gott hat, auf dessen Gebete hat Gott auch keinen Bock mehr. 10 Wer Menschen, die korrekt mit Gott unterwegs sind, dazu verführt, ätzende Sachen zu tun, der wird selbst in seine eigene Falle reinlaufen. Die Menschen, die korrekt leben, werden fett beschenkt werden. 11 Jemand, der viel Geld hat, glaubt, dass er sehr schlau sei. Jemand, der nicht so viel Kohle hat, hat ihn aber schon lange durchschaut. 12 Wenn ein korrekter Mensch an der Macht ist, dann läuft im Land für diese Zeit alles supergut. Wenn irgendein Hirni, der ohne Gott lebt, an die Macht kommt, dann herrscht Panik im Land, und die Leute verstecken sich alle. 13 Menschen, die niemandem von ihrem Mist erzählen, den sie ständig bauen, haben keinen Erfolg im Leben. Leute, die sich aber ganz offen zu ihren Fehlern bekennen und diese dann auch in Zukunft seinlassen, denen verzeiht Gott gerne. 14 Typen, die die ganze Zeit Gott respektieren, werden echt glücklich. Menschen, die sich aber total zumachen und Gott nicht an sich ranlassen, werden kaputtgehen. 15 Wie ein wild gewordener Pitbull oder ein hungriger Kampfhund, so sind Präsidenten drauf, die mit miesen Methoden über ihre Leute herrschen. 16 Es gibt Vorgesetzte bei der Arbeit, die haben nichts in der Birne und gehen mit ihren Untergebenen sehr schlecht um. Wenn ein Vorgesetzter aber nicht dabei mitmacht, wenn der Gewinn der Firma auf miese Art erzielt werden soll, dann wird er lange leben. 17 Ein Mensch, der jemand anderen umgebracht hat, wird so lange fliehen, bis er selbst gestorben ist. Keiner soll so einem helfen. 18 Wer korrekt lebt, wird auch immer jemanden finden, der ihm hilft. Wer aber unkorrekt lebt, fällt voll auf die Fresse. 19 Jemand, der eigene Felder hat und dort Sachen anbaut, wird immer genug zu essen haben. Jemand, der nur schräge Jobs annimmt, wird nie etwas zu essen haben. 20 Menschen, auf die man sich hundertprozentig verlassen kann, haben Glück, und vieles klappt bei ihnen im Leben. Menschen, die nur hinter ihrer Kohle her sind und unbedingt reich werden wollen, kriegen irgendwann ihr Fett ab. 21 Sich immer auf die Seite von einer bestimmten Person zu schlagen, egal, was die gemacht hat, bringt es nicht. Es gibt Situationen, da wird aus einem Menschen ein Terrorist, und das nur für ein Stück Brot. 22 Jemand, der jeden Euro dreimal umdreht, will unbedingt reich werden. Er kriegt dabei gar nicht mit, dass er eigentlich immer ärmer wird, umso mehr er daran

arbeitet, reich zu sein. 23 Wenn du jemanden auch
mal kritisierst, mag der dich am Ende mehr, als
wenn du ihm immer nur sagst, wie toll er doch sei.
24 Menschen, die behaupten, es sei total okay, seine
Eltern zu beklauen, gehören zu den Schwerverbre-
chern. 25 Leute, die immer noch mehr Kohle wollen,
zoffen sich mit jedem. Leute, die Gott vertrauen,
sind happy, weil sie genug haben. 26 Wer sich nur
auf sein Hirn verlässt, ist ein ziemlicher Idiot. Wer
sich aber bei seinen Entscheidungen auf seinen
Schnall vom Leben, auf seine Weisheit, baut, der
wird es packen. 27 Wer den Menschen, die keine
Kohle haben, hilft, der wird immer genug haben.
Wer wegsieht, wenn es jemandem schlechtgeht,
dem werden viele Leute die Krätze an den Hals
wünschen. 28 Wenn die, die Gott wie Luft behan-
deln, an die Macht kommen, dann hauen die ab,
die mit Gott unterwegs sind. Sie werden aber in der
Überzahl zurückkommen und richtig aufleben,
wenn diese Herrscher umgekommen und nicht
mehr da sind.

29 Kritik und leichte Schläge auf den Hinterkopf

1 Wenn man einem Mann klar gesagt hat,
was falsch bei ihm läuft, er aber immer so weiter-
macht, dann wird er ganz plötzlich kaputtgehen,
und es gibt keine Chance mehr, ihm zu helfen.
2 Wenn ein korrekter Mensch an die Macht kommt,
dann freuen sich die Leute. Wenn ein unkorrekter
Mensch an die Macht kommt, dann stöhnen alle.
3 Ein Junge, der es voll gut findet, viel zu lernen, ist
eine Freude für seinen Vater. Ein Junge, der ständig
mit Huren abstürzt, schmeißt sein Geld zum Fens-
ter raus. 4 Ein Präsident, der gerecht regiert, sorgt so
für Stabilität. Ein Präsident, der jedes Jahr die Steu-
ern erhöht, zerstört sein Land. 5 Wenn einer die
ganze Zeit bei einem anderen rumschleimt, stellt
der vermutlich gerade eine Falle für den anderen
auf. 6 Fiese Typen legen sich durch ihren Mist, den
sie ständig bauen, irgendwann selber rein. Korrekte
Menschen sind die ganze Zeit super drauf. 7 Gute
Menschen sorgen dafür, dass Obdachlose einen
Anwalt bekommen, wenn sie vor Gericht müssen.
Menschen, die ohne Gott leben, haben dafür kein
Verständnis. 8 Lästertypen haben die Macht, Leute
aggromäßig draufzubringen und sie in großer
Menge auf die Straße zu kriegen. Abgeklärte Leute
holen Menschen eher runter und sorgen für Ent-
spannung. 9 Landen ein schlauer und ein dummer
Mensch vor Gericht, dann wird der Dumme die
ganze Zeit Sprüche klopfen oder voll ausrasten.
Aber sich mal ruhig zu verhalten, das kriegt der
nicht hin. 10 Mörder hassen diejenigen, die nie was
ausgefressen haben. Korrekte Menschen kümmern
sich um solche Leute und wollen das Beste für die.
11 Ein Hirni kann seinen Ärger nicht kontrollieren
und haut den einfach ungefiltert raus. Weise und
schlaue Menschen haben sich im Griff. 12 Wenn ein
Bundeskanzler auf Lügen reinfällt, dann werden alle
Beamten unehrlich und link. 13 Ein-Euro-Jobber und
ihre Chefs treffen sich. Aber beide wurden von Gott
geschaffen. 14 Ein Präsident, der dafür sorgt, dass
die kleinen Leute ihr Recht bekommen, der wird
lange regieren, und seine Macht wird nie aufhören.
15 Kritik und leichte Schläge auf den Hinterkopf kön-
nen dabei helfen, schlau zu werden und Dinge zu
kapieren. Ein Junge, der nicht erzogen wird und
machen kann, was er will, wird für seine Mutter
irgendwann voll peinlich. 16 Je mehr miese Typen es
gibt, desto mehr miese Aktionen passieren. Aber
Menschen, die korrekt leben, kriegen mit, wie sol-
che Leute kaputtgehen. 17 Wenn du deinen Sohn
erziehst, dann lass bei ihm nichts durchgehen.
Wenn du das tust, wird dir eine Menge Ärger
erspart bleiben, und er wird dich oft aufbauen und
dir viel Freude machen. 18 Wenn eine Nation nichts
mehr von Gott hören will, dann gibt's bei denen
irgendwann nur noch Chaos. Wenn sie aber immer
auf die Gesetze von Gott achten, werden sie gut
drauf sein. 19 Einem Mann, der in seiner Firma aus-
gebeutet wird, wirst du mit noch so vielen Worten
doch nichts beibringen können. Er versteht zwar,
was du sagst, aber es lässt ihn kalt. 20 Schon mal
einen Mann getroffen, der die ganze Zeit dumm
rumlabert? Für Gehirnamputierte gibt es mehr Hoff-
nung als für die. 21 Wenn man seine Angestellten
von Anfang an zu sehr verwöhnt, dann tanzen sie
einem irgendwann auf den Tischen rum und
machen nur noch, worauf sie Bock haben.
22 Jemand, der schnell ausrastet, bekommt auch
schnell Zoff mit anderen. Wer sich nicht im Griff
hat, macht auch viele Fehler. 23 Menschen, die mei-
nen, sie seien die Obergeilen, werden irgendwann
auf die Fresse fallen. Menschen, die nicht so viel
von sich halten, werden irgendwann groß rauskom-
men. 24 Wer bei einem Diebstahl mitmacht, der
kann sich vermutlich selbst nicht ab. Er hat gehört,
was das für Folgen hat, wenn man klaut, aber
anstatt den Dieb anzuzeigen, macht er mit ihm
gemeinsame Sache. 25 Wer Angst vor Menschen hat,

hat ein Problem. Wer Respekt vor Gott hat und ihm vertraut, ist in Sicherheit. 26 Viele versuchen, sich bei demjenigen einzuschleimen, der die Macht hat. Doch der Einzige, der für Gerechtigkeit sorgt, ist Gott. 27 Korrekte Menschen kriegen den Horror, wenn sie einen Verbrecher sehen. Menschen, die ohne Gott leben, kriegen den Horror, wenn sie auf Menschen treffen, die korrekt leben.

30

Noch ein paar Tipps

1 Jetzt kommen noch mal ein paar Tipps von Agur. Agur war ein Sohn von Jake, der aus Massa kam. Er sagte: „Ich sag euch mal was. Ich hab echt alles versucht, wie ein Beknackter hab ich wirklich alles ausprobiert. Aber jetzt bin ich echt am Ende. 2 Ich bin wohl zu bescheuert für die Menschheit, ich hab einfach nichts in der Birne, war auch nie besonders gut in der Schule. 3 Ich hab nie gelernt, wie man viel Schnall vom Leben bekommt, und weiß auch nicht, wie man Weisheit buchstabiert. Darum hab ich keinen blassen Schimmer, wie das Ding mit dem ganz besonderen Gott läuft. 4 Gab es überhaupt mal einen, der dort oben bei ihm war? Hat jemand mal eine Pauschalreise zu Gott unternommen? Ist er dumm wie Brot hingefahren und voll schlau wieder zurückgekommen? Gibt es jemanden, der es geschafft hat, den Wind in eine Dose zu packen? Oder hat es schon mal jemand geschafft, das ganze Wasser auf der Erde in ein Handtuch zu bekommen? Wer hat festgelegt, wie groß die Erde werden soll und wo die Grenzen liegen? Wie hieß der Typ noch mal? Und wie war der Name von seinem Sohn? Kannst du mir das sagen? 5 Alles, was Gott sagt, ist abgecheckt und stimmt hundertprozentig. Wer bei ihm dabei ist, wird von ihm auch beschützt, dann ist man in Sicherheit. 6 Ergänze nicht die Sachen, die er gesagt hat, mit deinen eigenen Gedanken. Gott bekommt das mit, zählt dich an, und am Ende stehst du dumm da, als hättest du ihn betrügen wollen. 7 Folgendes habe ich zu Gott gesagt: ‚Es gibt zwei Sachen, um die ich dich bitte, Gott. Das musst du mir unbedingt geben, noch bevor ich tot bin. 8 Erst mal bitte ich dich, mir dabei zu helfen, immer ehrlich zu sein und nicht zu lügen. Und beschütze mich auch vor Leuten, die falsch sind und denen man nicht trauen kann. Und das Zweite ist, dass ich nicht zu viel Kohle haben will, aber auch nicht zu wenig. Ich möchte von dir das, was ich jeden Tag zum Leben brauche, und das werde ich auch genießen. 9 Ich kenn mich ja. Wenn ich zu viel hab, dann werde ich zu schlaff, müde und satt und denke, ich bräuchte dich dann nicht mehr. Vielleicht fang ich dann plötzlich mit solchen blöden Fragen an wie: „Gott? Wer war das noch mal?“. Wenn ich aber zu wenig habe, dann könnte es passieren, dass ich kriminell werde. Ich müsste anfangen, im Supermarkt zu klauen, und wenn sie mich erwischen, dann wäre auch dein Ruf ruiniert, weil alle wissen, dass ich mit dir lebe.‘ 10 Noch was anderes: Verpetze nicht einen Angestellten bei seinem Chef. Könnte sonst sein, dass er dir dann die Krätze an den Hals wünscht und du irgendwann dafür bezahlen musst. 11 Pass auf: Es gibt Menschen, die wünschen ihrem eigenen Vater die Krätze an den Hals, und ihre Mutter ist ihnen völlig egal. 12 Pass auf: Es gibt Menschen, die glauben, dass sie für Gott total in Ordnung und sauber sind. Aber in Wirklichkeit haben sie total viel Dreck am Stecken und sind überhaupt nicht in Ordnung. 13 Pass auf: Es gibt Menschen, die glauben, sie seien die Obergeilen. Arrogant hoch zehn, sehen sie auf die anderen runter, als wären alle außer ihnen nur Dreck. 14 Es gibt Menschen, die können sich so krass ausdrücken, dass ihre Worte wie Waffen sind. Sie schießen damit aus ihrem Mund und machen alle kaputten Leute fertig, und die Menschen, die kein Geld haben, grenzen sie aus. 15 Es gibt Menschen, die haben so eine Art unsichtbares Saugrohr an ihrem Kopf. Die kommen bei dir an und saugen dich aus. Dabei können sie nie genug kriegen, satt bekommt man die nicht. Und es werden dann oft immer mehr. Zuerst stehen da nur zwei, dann drei und dann plötzlich vier, die den Hals nicht voll kriegen können. 16 Generell können einige Dinge einfach nie genug kriegen, sie werden nie satt und zufrieden: das Land, wo die Toten sind, eine Frau, die keine Kinder bekommen kann, aber gerne welche hätte, die Erde, welche immer mehr Wasser haben möchte, und das Feuer, was immer weiter brennen will. 17 Wenn jemand seinen Vater in einer Tour verarscht und wenn er nicht das macht, was die Mutter ihm sagt, dann wird irgendwann eine Elster kommen und ihm ein Auge aushacken. Und seine Leiche wird von Ratten aufgefressen werden. 18 Drei Sachen kapier ich einfach nicht, und die vierte werde ich nie verstehen. 19 Und zwar ist das: Wie funktioniert das bei einem Adler, wenn er oben am Himmel fliegt? Wie funktioniert das bei einer Schlange, wie kann die sich fortbewegen? Wie kommt es, dass ein Schiff mitten auf dem Meer in

eine bestimmte Richtung weggetrieben wird? Und das Vierte ist: Warum sind Männer die ganze Zeit scharf auf Frauen? 20 Noch was anderes: Eine Frau, die fremdgeht, pennt zuerst mit dem Mann, dann geht sie ins Bad und duscht sich, und alles ist für sie wieder paletti. Fast so, als hätte sie sich nach dem Essen einfach den Mund abgewischt, die Hände gewaschen und gut ist. 21 Es gibt drei Dinge, die alles erschüttern. Wenn das Vierte auch noch passiert, geht der Punk ab, dann kann man es kaum noch ertragen. 22 Wenn ein Hartz-IV-Empfänger plötzlich ein Präsident wird, das ist das eine. Das Zweite ist, wenn ein Idiot, der ohne Gott lebt, im Lotto gewinnt und plötzlich total viel Kohle hat. 23 Das Dritte ist: wenn ein Mann eine total durchgeknallte Frau geheiratet hat. Und das Vierte: wenn ein kleiner Angestellter in einer Firma plötzlich der Chef vom ganzen Laden wird. 24 Es gibt vier Tiere auf der Erde, die total klein sind, aber echt was draufhaben. 25 Zum Ersten die Ameisen. Die haben ja nicht besonders viel Kraft, und trotzdem sind sie so schlau, dass sie sich genug zu essen bunkern, um über den Winter zu kommen. 26 Außerdem die Hasen: Sie haben auch nicht viel Kraft, aber sie wohnen zwischen den Felsen und sind dort total sicher. 27 Und die Heuschrecken kann man auch nennen: Die haben keinen Chef, und trotzdem ziehen sie ganz geschlossen immer weiter, wie eine Armee. 28 Und als Letztes noch die Eidechsen: Sie sind leicht mit der Hand einzufangen, trotzdem sind sie überall, sogar im Regierungsviertel beim Präsidenten kann man sie finden. 29 Es gibt drei Tiere, die immer nur herumstolzieren. Und das vierte Tier kann das am besten von allen. 30 Zum einen ist das der Löwe, den man auch den Chef der Tiere nennt. Der flieht vor niemandem, er hat keine Angst. 31 Als Nächstes ist das der Hahn, der aufrecht in seinem Gehege umherspaziert. Und dann der Ziegenbock, der auch mit erhobenem Kopf rumläuft. Als Letztes muss man den Präsidenten noch nennen, der bei der Musterung vor seinen Soldaten auch aufrecht umhergeht. 32 Noch was anderes: Wenn du plötzlich den Drang verspürst, allen zu sagen, wie toll du doch eigentlich bist, dann halte dir schnell den Mund zu. Egal, ob das jetzt stimmt oder nicht. 33 Und zum Abschluss noch ein Tipp: Wenn du Milch in den Mixer tust, dann wird daraus Butter. Wenn du jemandem auf die Nase haust, dann fließt Blut da raus. Wenn du deinen Ärger so richtig hochkochst, dann wird daraus irgendwann ein fetter Streit."

31

Tipps für einen Präsidenten

1 Jetzt kommen ein paar Tipps, die für Lemuel, den Präsidenten von Massa, bestimmt waren. Sie kamen alle von seiner Mutter. 2 Was soll ich dir für Tipps geben? Du bist mein Sohn Lemuel, du bist der Erste, den ich bekommen habe. Ich habe voll lange dafür gebetet, und hab Gott auch was versprochen, wenn ich dich bekomme. Hör mal bitte gut zu! 3 Verpulver nicht deine ganze Power mit Frauengeschichten! Und investiere auch nicht zu viel Kraft in Menschen, die schon andere Präsidenten früher mal kaputt gemacht haben. 4 Sauf nicht zu viel Bier und fang nicht mit Drogen an, das passt nicht zu Präsidenten! Es ist nicht gut, wenn Menschen, die was zu sagen haben, andere Leute fragen: „Hat einer von euch was zu kiffen dabei?" 5 Wenn die dann breit rumhängen, vergessen sie ihren Job, sie sorgen nicht mehr dafür, dass Leute, die keine Kohle haben, das bekommen, was ihnen gesetzlich zusteht. 6 Drogen und Alk mögen ja ganz gut für Leute sein, die irgendwie Depressionen haben oder total verbittert und traurig sind. 7 Solche Leute können sich ja gerne mal die Kante geben, damit sie für eine Zeit nicht an den ganzen Frust denken müssen. 8 Das soll aber nicht dein Ding sein! Du musst dich vor allem darum kümmern, dass im Land alles gerecht zugeht und dass auch die Kaputten zu ihrem Recht kommen. 9 Mach deinen Mund auf und sag was Korrektes zu den Menschen, denen es dreckig geht. Sorg dafür, dass sie gerecht behandelt werden!

Eine Frau, die was draufhat, ist cool

10 Eine Frau, die was draufhat, ist wertvoller als ein Sechser im Lotto mit Zusatzzahl. Wo findet man noch solche Frauen? 11 Auf so eine kann sich ein Mann hundertprozentig verlassen. Es lohnt sich, eine Frau von so einem Kaliber zu haben. 12 Sie ist immer gut zu ihm und nie link oder fies, solange sie lebt. 13 Sie kümmert sich um die Klamotten und strickt Wollsocken für die ganze Familie. 14 Sie fährt einmal die Woche zum Aldi und zu anderen Supermärkten und kauft überall Lebensmittel ein. Wie ein Lkw aus der ganzen Welt seine Waren ankarrt, so geht sie überall in der Stadt einkaufen und bringt die Sachen nach Hause. 15 Morgens früh, wenn alle noch schlafen, steht sie auf und macht für die Familie das Frühstück klar. Dann schreibt sie „To-do-Listen" für die Putzfrau und die Haushaltshilfe. 16 Sie liest den Anzeigenteil und checkt, ob es da

vielleicht ein gutes Grundstück gibt, was man kaufen könnte. Und wenn sie etwas findet, dann kauft sie es und pflanzt dort dann zum Beispiel Wein an. [17] Sie krempelt die Ärmel hoch, macht ein paar Liegestütze, streckt sich noch einmal, und dann legt sie mit voller Kraft los. [18] Es ist ihr wichtig, gute Arbeit abzuliefern, und deswegen macht sie auch mal eine Nacht durch und arbeitet die ganze Zeit. [19] Wenn sie Zeit dazu hat, dann sitzt sie auch noch an der Nähmaschine. [20] Sie spendet viel an „Brot für die Welt", und Leuten, denen es dreckig geht, hilft sie immer gerne. [21] Vor Schnee und Kälte hat sie keine Angst, weil sie für alle im Haus schon dicke Wollpullis gestrickt hat. [22] Sie häkelt schöne Decken und näht sich ihre Kleider aus feinster Baumwolle und Satin selber. [23] Vor ihrem Mann haben alle Respekt. Er ist überall bekannt und beteiligt sich auch an den politischen Diskussionen im Rathaus. [24] Ihre selbstgemachten Tischdecken und Gürtel verkauft sie an den Großhändler in der City. [25] Weil sie genug Feuer im Hintern und dabei auch einen guten Ruf hat, muss sie keine Angst vor der Zukunft haben. [26] Wenn sie den Mund aufmacht, kommen schlaue Sachen raus, sie hat einfach viel im Leben gelernt. Darum kann sie auch immer gute Tipps weitergeben, wenn sie gefragt wird. [27] Sie hat ihren ganzen Haushalt fest im Griff, da passiert nichts, was sie nicht mitbekommen würde. Schlaff rumhängen kennt sie nicht, das kommt bei ihr nicht vor. [28] Ihre Kinder sind voll stolz auf sie. Der Ehemann lobt sie sehr oft. Er sagt so was wie: [29] „Es gibt ja einige Frauen auf der Welt, die was draufhaben, aber du bist mit Abstand die beste von allen!" [30] Eine gute Figur und eine sexy Ausstrahlung gehen irgendwann mal vorbei, wenn man älter wird, dadrauf kann man nicht bauen. Aber wenn eine Frau Respekt vor Gott hat, muss man sie einfach immer toll finden. [31] Sie soll für ihre Arbeit fett belohnt werden. Überall in der Stadt soll man gut über sie reden und auch über das, was sie getan hat.

Das Buch Prediger

1 Was auf der Erde abgeht, ist letztendlich egal

1 Jetzt kommen ein paar Sachen, die ein Predi-
ger aufgeschrieben hat. Er war ein Sohn vom
Präsidenten David, der von Jerusalem aus das
Land regiert hat. 2 Genau dieser Lehrer, ein echt
schlauer Mann, sagt: Eh alles egal! Unwichtig!
Alles für den Arsch! Das bringt es nicht, geht
sowieso alles den Bach runter! 3 Sein ganzes Leben
lang buckelt der Mensch jeden Tag und arbeitet,
bis er umfällt. Was bringt das? 4 Die Menschen
kommen und gehen, ständig werden welche gebo-
ren, und andere sterben. Nur die Erde wird es
immer geben. 5 Alles dreht sich im Kreis. Zum Bei-
spiel die Sonne. Erst geht sie auf, dann wieder
unter, dann wieder auf, dann wieder unter und so
weiter. 6 Bei dem Wind ist es ähnlich. Er dreht sich
mal nach Norden, dann dreht er sich wieder nach
Süden und dann dreht er sich wieder zurück.
7 Obwohl alle Flüsse ins Meer fließen, läuft es nie
über. Das Wasser kommt irgendwie immer zurück,
es sprudelt dann aus der Quelle in Richtung Meer.
8 Genauso drehen sich auch die Menschen im
Kreis: Sie versuchen krampfhaft, mit Worten etwas
auszudrücken, aber sie kriegen es nicht gebacken.
Man ist auch nicht in der Lage, jedes Detail immer
ganz genau wahrzunehmen. Und alles, was gerade
abgeht, gleichzeitig mitzukriegen, geht schon mal
gar nicht. 9 Was mal passiert ist, wird noch einmal
passieren. Und alles, was man mal getan hat, wird
auch wieder getan werden. Man kann alles testen,
und vieles ist schon mal getestet worden. 10 Gibt
es irgendwas, das wirklich radikal neu ist? Klar, das
wird immer wieder behauptet. Aber wenn man es
sich mal genau ansieht, hat es so was Ähnliches
früher auch schon mal gegeben. 11 Aber wer erin-
nert sich schon jetzt noch dadran, was unsre
Omas und Opas und die noch Älteren damals
gemacht haben? Genauso wird es auch mit den
Sachen sein, die wir jetzt gerade tun, und auch mit
den Sachen unserer Kinder. Man wird alles irgend-
wann vergessen.

Immer nur lernen bringt es auch nicht

12 Ich, der Prediger, war in Jerusalem der Präsident
von Israel. Ich heiße übrigens Salomo. 13 Ich kon-
zentrierte mich dadrauf, alles zu erforschen, was
es so gibt. Ich wollte genau wissen, was das Ganze
überhaupt soll, was hier auf der Erde passiert. Ich
hatte den Verdacht, dass das Leben eine Riesen-
abzocke von Gott ist, die er jedem Menschen auf-
gebrummt hat. 14 Um zu checken, was all das, was
die Menschen den ganzen Tag treiben, eigentlich
bringt, habe ich mal eine Untersuchung angestellt.
Und mein Ergebnis war: Es ist alles für den Arsch.
15 Aus einer Sechs kann man ja nun mal keine Eins
machen, und wo nichts ist, kann man auch nichts
zählen. 16 Ich hab mir echt den Kopf gemacht und
dachte so bei mir: „Mann, ich bin ziemlich schlau
und hab mir mehr Wissen in die Birne gekloppt als
alle anderen Präsidenten, die vor mir in Jerusalem
waren.“ 17 Dann hab ich aber mal überlegt, was mir
das eigentlich bringt. Was hat ein Abiturient, was
ein Hauptschüler nicht hat? Ist ein Mann mit Uni-
abschluss glücklicher als ein Typ, der seine Sonder-
schule abgebrochen hat? Und mir wurde ziemlich
schnell klar: Das ganze Wissen ist eigentlich auch
umsonst, es bringt es nicht. 18 Denn wer viel weiß,
der hat auch viele Probleme, und je schlauer man
wird, desto größer ist die Wahrscheinlichkeit,
Depressionen zu kriegen.

2 Auch Party oder Karriere machen bringt es nicht

1 Also hab ich mir überlegt, ab sofort nur noch
Party zu machen. Ich wollte das Leben genießen
und es mir einfach gutgehen lassen. Aber dann
musste ich feststellen: Auch das bringt es nicht.
2 Mal ehrlich, was bringt es dir wirklich, den gan-
zen Tag zu lachen? Auch bei Spaß kommt am
Ende nichts Richtiges bei rum. 3 Also hab ich
beschlossen, mich ab sofort nur noch breit zu
hauen. Ich nahm Drogen, um mein Bewusstsein
zu erweitern und versuchte, high zu meditieren.
Ich dachte mir: So bekomme ich vielleicht voll den
Wissens-Flash und krieg ganz sicher raus, was
man am besten mit seinem Leben anstellt. 4 Dann
hab ich mal ein paar größere Projekte gestartet.
Ich hab mir eine Villa gebaut und zwei, drei Wein-
berge gekauft. 5 So ein paar Obstplantagen mit
ganz vielen tollen Bäumen hab ich mir auch
gekauft. 6 Ich habe einige Teiche angelegt und mit
dem Wasser einen ganzen Wald bewässert.
7 Schließlich habe ich meinen eigenen Öko-Anbau-

Betrieb mit vielen Angestellten auf die Beine gestellt, von denen einige früher schon bei meinem Vater gearbeitet haben. Mir gehörten viele Rinder und Schafe, und in ganz Jerusalem gab es keinen, dem so viele gehörten wie mir. [8] Das Geschäft lief super, und bald hatte ich ein fettes Schweizer Bankkonto, einen Haufen Aktien und den Tresor bis oben hin voll mit Goldbarren. Das hatte ich mir alles durch meine Beziehungen besorgt. Ich hatte meine eigene Plattenfirma, einen Vergnügungspark usw. Und Frauen hatte ich auch bis zum Abwinken. [9] Meine Macht wurde immer größer, mein Konto wuchs immer weiter, kein Präsident vor mir hatte so viel wie ich. Außerdem war ich total schlau. [10] Was ich haben wollte, konnte ich mir auch leisten. Jeder Wunsch wurde mir erfüllt, alles, worauf ich Bock hatte, bekam ich. Ich war eine Zeitlang voll geflasht, dass ich es so weit gebracht hatte, ich war richtig glücklich. [11] Irgendwann hab ich mich zurückgelehnt und mir mein ganzes Leben angeschaut. Ich hab mal überlegt, was ich mir bis dahin aufgebaut hatte und was mich das alles gekostet hat. Und ich kam zu dem Schluss, dass letztendlich alles umsonst ist, das bringt es einfach nicht. Wie man es auch dreht und wendet, für nichts von den Sachen, die ich erreicht hatte, hat es sich wirklich gelohnt, sich derart reinzuhängen.

Bringt es das, schlau zu sein?

[12] Ich hab dann auch mal über was anderes nachgedacht. Ich wollte checken, was das eigentlich genau ist, das „Wissen“. Und ich wollte im Gegensatz dazu auch mal rauskriegen, was „Dummheit“ ist, wie das abgeht, wenn man nicht viel kapiert. Denn der Kerl, der nach mir Präsident wird, wird auch nur mit Wasser kochen und Sachen bringen, die ein anderer schon mal gebracht hat. [13] Mir wurde erst mal klar, dass es besser ist, klug und schlau zu sein, als nichts in der Birne zu haben. Es ist ja auch besser, das Licht anzumachen, als die ganze Zeit im Dunkeln rumzutapsen. [14] Leute, die ihren Kopf nicht nur zum Haarewaschen haben, können eins und eins zusammenzählen und sich ausrechnen, was wann passieren wird. Idioten laufen im Dunkeln und sehen nicht, was auf sie zukommt. Trotzdem wurde mir auch schnell klar, dass mit jedem Menschen am Ende immer das Gleiche passiert: Er stirbt. [15] Also kam ich zu dem Schluss, dass das, was dem dummen Menschen passiert, auch mir passieren wird. Was sollte also die ganze Lernerei? Was bringt mir die ganze Intelligenz? Wofür die Weisheit? Mir wurde klar, dass das ganze Wissen eben auch umsonst ist. [16] Schlaue Menschen müssen genauso sterben wie dumme Menschen, und man wird sich an beide genauso lange erinnern können. Und ehe man sich umguckt, hat man sie schon vergessen. [17] Als mir das klar wurde, bekam ich plötzlich voll den Hass gegen das Leben. Denn jetzt war ich mir sicher, dass ich machen kann, was ich will, es ist eh alles für den Arsch. Nichts hat wirklich Bedeutung im Leben, es ist so, als würdest du versuchen, einen Furz einzufangen. [18] Ich hatte ab da keinen Bock mehr auf meine Arbeit. Denn was ich mir auch von dem Lohn kaufen würde, am Ende bekommt es ja doch jemand anders, wenn ich tot bin. [19] Und wer kann mir jetzt schon sagen, ob der Typ, der es bekommt, dann überhaupt Grips in der Birne haben wird? Ich habe mir das schließlich mit Mühe und durch mein Wissen erarbeitet. Aber trotzdem kann er dann damit machen, was er will. Auch das ist doch letztendlich umsonst! [20] Schließlich bekam ich voll die Depressionen, weil ja alles, was ich bis zu dem Tag gemacht hatte, alles, was ich angespart und gelernt hatte, umsonst war. [21] Ist doch so! Da arbeitet man wie blöd, lernt wie verrückt und versucht, mehr und mehr Sachen zu kapieren, und muss sie am Ende an einen Menschen weitervererben, der das gar nicht zu schätzen weiß, weil er nichts dafür getan hat. Auch das ist doch letztendlich umsonst, das bringt es nicht. [22] Was bleibt einem am Ende für die ganze Maloche, Arbeit und Anstrengung? [23] Nichts! Jeden Tag hat man nur Ärger am Hals, man macht sich die ganze Zeit über irgendwas Sorgen, das ist schon fast eine Sucht. Und nachts kann man nicht pennen, weil man an so viele Sachen denken muss. [24] Es gibt erst mal nichts Besseres für den Menschen, als richtig gut zu essen und zu trinken. Einfach mal locker lassen und sich was gönnen von den Dingen, für die man gearbeitet hat. Als ich drüber nachdachte, wurde mir klar, dass das von Gott kommen muss. [25] Er sagt ja: „Wer kann essen, trinken und dabei Spaß haben, und das ohne mich?“ [26] Gott gibt den Menschen, die Bock auf ihn haben, Schnall vom Leben und Freude daran. Aber bei den Menschen, die keinen Bock auf ihn haben, sorgt er dafür, dass sie viel Geld verdienen, damit sie das den Menschen abgeben müssen, die für Gott okay leben. Aber letztendlich ist auch das alles umsonst, es ist unwichtig, ohne Bedeutung.

3 Es gibt für alles eine richtige Zeit

1 Alles, was auf der Erde passiert, läuft nach
einem bestimmten Plan. Und für alles gibt es
einen Zeitrahmen. 2 Es gibt eine bestimmte Zeit
zum Kinderkriegen und eine Zeit zum Sterben. Es
gibt eine Zeit, um Sachen anzupflanzen, und eine
Zeit, wo man Pflanzen aus dem Boden ausreißt.
3 Es gibt eine Zeit zum Töten und eine Zeit zum
Heilen. Es gibt eine Zeit, wo alles kaputtgeht, und
eine Zeit, wo alles neu gemacht wird. 4 Es gibt
eine Zeit zum Heulen, und es gibt eine Zeit zum
Lachen. Es gibt eine Zeit, wo man den Depri
schiebt, und eine Zeit, wo man nur rumhüpft vor
Freude. 5 Es gibt eine Zeit zum Steinewerfen und
eine Zeit zum Steinesammeln. Es gibt eine Zeit, wo
man Leute umarmt, und eine Zeit, wo man auf
Umarmen überhaupt keinen Bock hat. 6 Es gibt eine
Zeit, wo man ständig Sachen sucht, und eine Zeit,
wo man ständig Sachen verliert. Es gibt eine Zeit,
wo man sein ganzes altes Zeug noch aufhebt, und
eine Zeit, wo man es komplett auf den Sperrmüll
schmeißt. 7 Es gibt eine Zeit zum Zerstören und
eine Zeit zum Reparieren. Es gibt eine Zeit, wo man
sich nichts zu sagen hat, und eine Zeit, wo man
voll viel labert. 8 Es gibt eine Zeit zum Hassen und
eine Zeit zum Lieben. Es gibt eine Zeit für Krieg
und eine Zeit für Frieden. 9 Wenn man das weiß,
was bringt es dann einem, jeden Morgen ins Büro
zu fahren, wofür dann überhaupt noch arbeiten? Ist
doch eh alles schon festgelegt. 10 Ich hab mir das
einfach mal reingezogen, was für eine harte Auf-
gabe Gott den Menschen gegeben hat, wenn das
alles stimmt. Sie arbeiten jeden Tag wie blöd, und
am Ende kommt für sie nichts dabei rum. 11 Dabei
hat Gott für alles gesorgt, es passt so, wie es ist –
aber erst, wenn die Zeit dafür kommt! Er hat uns
Menschen eine Sehnsucht gegeben, nach etwas,
das nie aufhört und dass wir uns fragen, was es
damit eigentlich auf sich hat, aber richtig kapieren
kann das keiner. 12 Mir wurde klar, dass es nichts
Besseres gibt, als einfach happy zu sein und sein
Leben zu genießen, solange man das noch kann.
13 Ich mein, dass ein Mensch genug zu essen im
Kühlschrank hat, dass er immer was zu trinken hat,
dass es ihm gutgeht bei den Sachen, die er unter-
nimmt, das ist doch alles voll das Geschenk von
Gott! 14 Dann wurde mir noch was klar: Alles, was
Gott macht, hält für immer. Es kann nicht kaputtge-
hen, es hat kein Verfallsdatum. Man kann auch
nichts davon wegdiskutieren oder dazudichten.
Gott hat die Sachen gemacht, damit wir Respekt
vor ihm haben. 15 Weil also nichts neu entsteht, ist
alles, was war, und alles, was noch passieren wird,
schon längst beschlossene Sache.

Komische Sachen passieren

16 Dann hab ich noch ein Ding auf der Welt gese-
hen: Da, wo es eigentlich gerecht zugehen sollte,
zum Beispiel in einer Gerichtsverhandlung, da gibt
es überall totale Ungerechtigkeiten. 17 Ich hab mich
dann beruhigt. Gott wird schon dafür sorgen, dass
die guten und auch die fiesen Menschen alle ein
korrektes Urteil bekommen. Er ist ja schließlich der
höchste Richter! Gott hat einen bestimmten Zeit-
punkt festgelegt, wo über alles, was man gemacht
hat, abgerechnet wird. 18 Mein nächster Gedanke
war: Gott will die Menschen einfach austesten, sie
sollen kapieren, dass sie auch nicht mehr als ein
Zellklumpen sind und auch nicht viel besser als ein
Tier. 19 Tiere und Menschen haben ja einiges ge-
meinsam: Beide müssen irgendwann mal sterben,
beide haben nur einmal die Energie, um zu leben.
Der Mensch ist nicht besser als ein Tier, beides
wird mal vergammeln, dann war das Leben um-
sonst und vorbei. 20 Es muss alles wieder dahin
zurück, wo es mal hergekommen ist. Alles besteht
aus Erde, und alles wird irgendwann wieder zu
Erde. 21 Wer hat denn schon mal die Lebensenergie
von einem Menschen messen können? Wer hat
untersucht, ob diese Energie, wenn man tot ist,
nach oben in den Himmel fliegt? Und wer kann das
wissenschaftlich belegen, dass die Lebensenergie
von Tieren im Boden versickert? 22 So kam ich zu
dem Schluss, dass es das Beste für einen Men-
schen ist, einfach das zu genießen, was er selbst
gemacht hat, denn das gehört nur ihm. Wer hat
schon eine Ahnung davon, was sein wird, wenn er
gestorben ist?

4 Das Leben macht keinen Spaß, wenn man ausgenutzt und fertiggemacht wird

1 Dann hab ich mir mal angesehen, wie viele
Menschen auf der Welt einfach ausgenutzt werden.
Ich habe unheimliche viele Leute gefunden, die voll
fertiggemacht wurden, und es gab nicht mal Men-
schen, die sie getröstet hätten. Die Typen, die sie
ausnutzten, haben sie dabei fast vergewaltigt, aber
es gab nicht einen, der da war, um die Opfer zu
trösten. 2 Ich fing an, die Menschen zu beneiden,
die tot sind. Denen geht es besser als den Men-
schen, die leben, dachte ich mir. 3 Am glücklichsten

sind doch diejenigen, die noch gar nicht geboren wurden. Denn sie haben den ganzen Mist noch nicht erlebt, weil sie noch nicht auf der Erde waren. 4 Ich habe das Arbeitsleben beobachtet. Dort schuftet man bis zum Umfallen, es wird überall gemobbt, das kann es doch auch nicht sein. 5 Man sagt ja, dass nur ein Idiot den ganzen Tag rumschlonzt und nichts tut, bis er vor Hunger seine eigenen Popel essen muss. 6 Aber ich meine, dass es besser ist, entspannt zu leben und im Zweifelsfall mal ein bisschen zu chillen, als voll verkrampft 24 Stunden zu arbeiten, sieben Tage die Woche. Denn das ist letztendlich sinnlos. 7 Schließlich entdeckte ich noch mehr Sachen, die umsonst und sinnlos waren. 8 Es gibt Menschen, die sind Singles, haben keine Kinder und auch keine Geschwister. Trotzdem arbeiten sie wie blöd und wollen immer mehr Kohle auf dem Konto haben. Wofür oder besser für wen machen die das eigentlich? Warum kann man nicht einfach mal locker lassen und das Leben genießen?

Es ist besser, mit mehreren Leuten was zu machen als alleine

9 Wenn man zu zweit ist, gehen viele Dinge leichter als alleine. Zu zweit kriegt man die Sachen einfach besser gebacken. 10 Und wenn man unterwegs ist, und einer legt sich voll auf die Fresse, dann ist der Zweite da, um ihm wieder hochzuhelfen. Wie schlimm ist das, wenn man alleine ist und keiner einem wieder auf die Beine hilft, wenn man hinfällt. 11 Wenn zwei nachts im Zelt liegen, dann können sie sich auch gegenseitig wärmen. Aber wenn man alleine daliegt, wie soll man dann warm werden? 12 Wenn man nachts um die Häuser zieht, dann ist man zu zweit immer sicherer. Alleine kann man schnell überfallen werden, aber wenn man zu zweit ist, geht das nicht mehr, weil man sich viel besser verteidigen kann. Und wenn man zu dritt ist, hat der Gegner sowieso keine Chance. Es gibt ja auch diesen Spruch: Eine Schnur aus drei Bändern kann man nicht so leicht zerreißen.

Mal finden einen alle toll, und mal hassen sie dich

13 Es gibt ja auch noch diesen Spruch, dass ein Jugendlicher, der keine Kohle hat, aber dafür weiß, wie man sein Leben in den Griff bekommt, besser dran ist als ein alter, seniler Präsident, der sich nichts sagen lässt. 14 Lasst diesen Jungen mal aus dem Gefängnis frei, wo er drin war. Macht ihn sogar zum Präsidenten, egal, ob er aus einer sozial schwachen Familie stammt und dort in der Zeit aufgewachsen ist, als der andere schon lange Präsident war. 15 So was finden die Leute toll: einen „Underdog", mit dem keiner rechnet und der dann zum Nachfolger wird, der bald die Leitungsstelle einnimmt. 16 Viele Menschen laufen ihm hinterher. Aber das dauert nicht lange, dann ist er plötzlich unten durch, und man jubelt dem Nächsten zu. Also gilt die Regel auch hier: Es ist alles für den Arsch.

Es ist wichtig, Respekt vor Gott zu haben

17 Wenn du in den Gottesdienst gehst, dann mach das ganz bewusst und nicht so nebenbei. Geh rein, setz dich hin und hör zu. Das ist besser, als wenn du ohne groß nachzudenken da einfach reinstolperst und auf die Schnelle ein paar Scheine in den Klingelbeutel wirfst. So etwas bringen nur Leute, die nichts kapiert haben und irgendwie link drauf sind.

5

Man sollte nicht unvorbereitet in den Gottesdienst gehen

1 Schalte erst mal dein Hirn an, bevor du mit Gott redest! Du musst ihm nicht jeden Scheiß erzählen, was dir grade in die Birne kommt. Gott lebt im Universum, aber du lebst nur auf der Erde. Darum konzentrier dich auf das Wesentliche. 2 Man sagt ja auch, dass man schlecht träumt, wenn man zu viele Sachen im Kopf hat, und wenn man viel redet, labert man auch viel Dünnsinn. 3 Wenn du Gott etwas versprichst, dann musst du das auch durchziehen. Leute, die große Sprüche machen, aber nichts davon einhalten, kann Gott nicht ausstehen. 4 Es ist besser, nichts zu versprechen, als etwas zu versprechen und sich dann nicht dran zu halten. 5 Du musst dafür sorgen, dass aus deinem Mund kein Müll kommt. Und wenn es dir doch mal passiert ist, dann versuch nicht, dich rauszureden, falls der Pastor dich drauf anspricht. Oder willst du etwa, dass Gott sauer auf dich wird und dafür sorgt, dass bei dir nichts mehr läuft? 6 Wer nämlich den ganzen Tag nur vor sich hin träumt und nichts zustande bringt, redet meist auch ziemlich viel Mist. Ich sag nur: Hab Respekt vor Gott!

Kohle macht auch nicht glücklich

7 Wenn du irgendwo mitbekommst, dass Menschen, die kein Geld haben, in einem Land ungerecht behandelt werden, brauchst du dich nicht dadrüber zu wundern. Leute, die was zu sagen haben, halten

zusammen, und wenn einer viel Macht hat, dann wird es über ihm noch einen geben, der ihn kontrolliert, weil er noch mehr Macht hat. Aber auch dieser Typ wird kontrolliert von demjenigen, der noch mehr Macht als er hat. 8 Eigentlich wäre es das Beste, wenn der Präsident sich auch wirklich um die Angelegenheiten kümmern würde, die in seinem Land passieren. 9 Wenn einer nur scharf aufs Geldverdienen ist, dann kann er auch nie genug davon kriegen. Jemand, der unbedingt reich sein will, wird nie genug Kohle haben können. 10 Je mehr Geld jemand auf dem Konto hat, desto mehr Schnorrer gibt es, die was davon abhaben wollen. Was bringt einem am Ende die ganze Kohle, außer den schönen Kontoauszügen mit vielen Nullen, die man sich dann an die Wand hängen kann?! 11 Jemand, der viel arbeitet, kann auch gut schlafen. Und das gilt unabhängig davon, ob er viel oder wenig gegessen hat. Das fette Bankkonto hilft einem Reichen allerdings nicht beim Einschlafen, ganz im Gegenteil. 12 Es gibt noch eine fiese Sache, die ich auf der Welt beobachtet habe: sehr viel Kohle, die von ihrem Besitzer ängstlich aufbewahrt wird, was ihn am Ende krank macht. 13 Wenn er dann sein Geld durch einen Aktiencrash oder sonst was verliert, hat er plötzlich nichts mehr, was er seinem Sohn vererben könnte. 14 So, wie ein Mensch geboren wird, komplett nackt und alles auf null, so wird es auch sein, wenn er tot ist. Er wird absolut nichts von dem, was er sich im Leben erarbeitet hat, mit in den Tod nehmen können. 15 Das muss man sich mal vorstellen! So arm, wie er auf die Erde gekommen ist, genauso arm wird er sein, wenn er tot ist. Wo ist denn dann der Gewinn dafür, dass er sein ganzes Leben wie blöd geschuftet hat? 16 Aber dafür hat er die ganze Zeit auf Feiern verzichtet, war krank, hatte Rückenschmerzen, musste sich Sorgen machen usw.

Darum: das Gute genießen

17 Also, als Ergebnis von meinen Gedanken kam bei mir Folgendes raus: Wir arbeiten echt hart und schuften jeden Tag, den wir auf der Erde leben, und da müssen wir auch einfach durch. Es ist deswegen vollkommen in Ordnung, wenn wir es uns auch mal gutgehen lassen, ins Kino oder lecker essen gehen und auch mal was trinken. 18 Nun gibt es ja Menschen, die haben von Gott fett Kohle geschenkt bekommen. Er hat ihnen damit auch die Erlaubnis gegeben, das, was sie haben, zu genießen und es sich auch mal gutgehen zu lassen von dem Gewinn, der erwirtschaftet wurde. Auch das ist ein Geschenk von Gott. 19 Wenn einer feiert und gut drauf ist, denkt er auch nicht so viel dadran, dass er mal sterben muss. Gott lenkt ihn von Depri-Gedanken ab, indem er ihm innerliche Freude gibt.

6

Kohle ohne Ende bringt es nicht

1 Es gibt noch eine Sache, die ich bei Menschen beobachtet habe, und die finde ich echt zum Kotzen. Viele Menschen leiden voll dadrunter. 2 Und zwar geht das meistens so ab: Ein Typ hat ganz viel Kohle, Gott hat dafür gesorgt, dass er reich ist und viele Menschen Respekt vor ihm haben. Er hat alles, was man sich nur wünschen kann. Und trotzdem erlaubt Gott ihm nicht, die ganzen Sachen einfach mal zu genießen, sondern er stirbt, bevor er in Rente ist. Und alles, was ihm gehört, erbt dann oft jemand, den er noch nicht mal kennt. Das zeigt für mich noch mal: Eigentlich ist eh alles für den Arsch. Echt übel, oder? 3 Selbst wenn ein Mann hundert Kinder kriegen und auch echt lange leben würde, es wäre doch alles für die Tonne, wenn er das Ganze nicht auch mal richtig genießen kann. Und am Ende bekommt er noch nicht mal ein anständiges Begräbnis. Ich bin der Meinung, dass eine Fehlgeburt besser dran war als so einer. 4 Die kommen ja im Dunkeln auf dieser Welt an, verschwinden sofort wieder, und keiner wird sich an ihre Namen erinnern. 5 Fehlgeburten haben auch nie die Sonne gesehen und wissen gar nicht, wie sich das Leben anfühlt. Die haben es echt besser gehabt als der Typ, von dem ich gerade gesprochen habe. 6 Der hatte ja gar nichts von seinem Leben, selbst wenn er zweitausend Jahre alt geworden wäre. Und am Ende kommen eh alle Toten an denselben Ort. 7 Der Mensch muss den ganzen Tag arbeiten, um genug Essen im Kühlschrank zu haben. Trotzdem kann sein Hunger nach Leben nicht wirklich gestillt werden. 8 In dem Punkt geht es einem Uni-Professor genauso wie dem Mann, der bei Ford am Fließband arbeitet. Und was bringt es dem Hartz-IV-Empfänger überhaupt, wenn er viel Bildung hat? Satt wird er dadurch auch nicht. 9 Besser wenig zu haben und sich darüber zu freuen, als die ganze Zeit damit beschäftigt zu sein, was man alles nicht hat. Denn auch das ist letztendlich für den Arsch, das bringt es nicht.

Eine Demo gegen Gott bringt es nicht

10 Alles, was mit einem Menschen so passiert und was aus ihm werden wird, ist schon lange vorher

festgelegt worden. Wer sollte sich dadrüber jetzt
beim gigantisch großen Gott, der tausendmal grö-
ßer ist als wir, beschweren? 11 Wer das auch ver-
sucht, kann so viel labern, wie er will, es wird eh
nichts dabei rumkommen. 12 Ich mein, wer hat denn
den Überblick über unser Leben? Wer kann wirklich
abschätzen, was gut für uns ist und was nicht, in
der kurzen Zeit, wo wir hier auf der Erde sind? Das
Leben geht so schnell vorbei. Und wer kann eine
Auskunft darüber geben, was auf der Erde passiert,
wenn wir mal tot sind?

7 Was mit dem Tod abgeht

1 Es ist besser, einen guten Ruf zu haben als ein
dickes Konto. Und wenn jemand stirbt, ist das
besser, als wenn er geboren wird. 2 Bei einer Trauer-
feier dabei zu sein bringt es mehr, als zu einer
Hochzeit zu gehen. Schließlich muss jeder Mensch
mal sterben, deshalb geht das auch jeden Men-
schen etwas an. 3 Es ist besser, zu weinen, als stän-
dig zu lachen. Trauer ist ein eindeutiges Gefühl, und
die Leute, die traurig sind, haben bessere Chancen,
innerlich korrekt draufzukommen. 4 Der Schlaue
merkt, wenn es an der Zeit ist, ernst zu sein oder zu
trauern, aber der Dumme checkt gar nix, der macht
immer nur Party. 5 Aus der Kritik von einem
schlauen Menschen kann man mehr lernen, als
wenn tausend Hirnis einem die ganze Zeit auf die
Schultern klopfen und einen ganz toll finden.
6 Wenn Idioten sich über etwas freuen, ist das, als
wenn man Popcorn im Kessel beim Knallen zuhört.
Es bringt nichts und ist völlig umsonst. 7 Durch
Bestechung mit Geld kann auch ein schlauer, weiser
Mensch zum Vollidioten werden. Geld verdirbt den
Charakter!

Wie das ist mit der Geduld

8 Es ist besser, sich kurz zu fassen, als jemanden
ohne Ende vollzulabern. Entspannt zu sein ist bes-
ser als ehrgeizig und stolz. 9 Raste nicht so schnell
aus. Wut ist die Lebensenergie von Beknackten.
10 Mach nicht solche Sprüche nach dem Motto: „Ja,
früher, da war alles noch viel besser!" Denn wenn
du so was sagst, bedeutet es nur, dass du noch gar
nichts kapiert hast. 11 Was im Leben gecheckt zu
haben und schlau zu sein, ist genauso viel wert, wie
eine Menge Kohle geerbt zu haben. Es ist sogar bes-
ser als das, und das gilt für alle Menschen. 12 Beides
verspricht einem Sicherheit, aber wenn man viel
gelernt und was gecheckt hat, dann hilft es einem
auch, durchzuhalten und am Leben zu bleiben. 13 Da
musst du dir mal anschauen, was Gott alles ge-
macht hat! Wer will ihm da in die Arbeit reinpfu-
schen? Wer kann etwas wieder gerade biegen, was
er krumm gemacht hat? 14 Wenn du an einem Tag
mal voll Glück gehabt hast, dann freu dich drüber!
Und wenn du am nächsten Tag voll die Pechsträhne
hast, dann solltest du Folgendes nicht vergessen:
Beide Tage hat Gott gemacht! Und ein Mensch ist
nicht in der Lage rauszukriegen, was am nächsten
Tag alles passieren wird. 15 Was ich jetzt schreibe,
hab ich wirklich getestet. In der Zeit, wo ich ganz
unten war, wurde mir eins klar: Es gibt Menschen,
die korrekt für Gott gelebt haben und trotzdem
plötzlich sterben. Und andere, die die ganze Zeit
Sachen machen, die Gott total ätzend findet, haben
ein superlanges Leben. 16 Mein Tipp dazu ist: Tu
nicht so, als wärst du der superkorrekte, gottmäßig
lebende Hypergläubige, der einfach alles weiß. Was
bringt dir das? Warum willst du dir selbst eine Falle
stellen? 17 Übertreib es nicht, klar? Sei nicht blöd!
Warum willst du früher sterben als vorgesehen?
18 Es ist gut, zweigleisig zu fahren. Gib beide Seiten
nicht ganz auf. Menschen, die Respekt vor Gott
haben, entscheiden sich auf jeden Fall richtig.
19 Schnall vom Leben zu haben hilft schlauen Leuten
mehr, als wenn zehn Präsidenten in ihrer Stadt
wären. 20 Und es gibt keinen Menschen, der nur
superkorrekt lebt und nie Mist baut. 21 Du musst
auch nicht immer alles mitkriegen, was die Leute so
erzählen. Sonst kriegst du am Ende doch nur mit,
wie einer deiner Leute dir die Krätze an den Hals
wünscht. 22 Schließlich hast du das ja auch schon
oft gemacht, oder hast du das schon wieder verges-
sen?

Zum Thema „Wo neue Erkenntnisse überhaupt herkommen"

23 Ich habe diese ganzen Sachen ausgetestet, weil
ich unbedingt mehr vom Leben kapieren wollte.
Aber am Ende war ich immer noch meilenweit
davon entfernt, auf jede Frage eine Antwort zu
haben. 24 Wie und warum alles genau passiert, das
war alles zu heftig für mich. Wer ist überhaupt in
der Lage, wirklich alles zu verstehen? 25 Ich bin zu
folgendem Ergebnis gekommen: Ich wollte rausfin-
den, was es eigentlich ausmacht, viel vom Leben
gecheckt zu haben und alles für sich selbst richtig
beurteilen zu können. Außerdem hat es mich inter-
essiert, ob es einen Zusammenhang gibt, wenn
man ohne Gott lebt und bestimmte Dinge in sei-

nem Leben einfach nicht erkennt. Und ob es eine
Verbindung gibt zwischen Dummheit und der Tatsa-
che, eigene Fehler nicht einzusehen. 26 Zum Beispiel
gibt es da so eine Frau, die superfinster drauf ist.
Wenn man sich auf die einlässt, dann sitzt man in
der Falle. Männern, die radikal mit Gott leben, kann
sie vielleicht nichts anhaben, aber Männer, die ohne
Gott leben, fallen voll auf sie rein. 27 Geb dir das
mal, was ich herausgefunden habe! Ich habe wirk-
lich geforscht und unterschiedliche Quellen her-
angezogen, um zu einem korrekten Ergebnis zu
kommen. 28 Ich kann sagen, dass ich das, was ich
eigentlich immer gesucht habe, bis jetzt nirgends
finden konnte. Einen Mann hab ich gefunden unter
Millionen, aber eine Frau war nicht dabei. 29 Folgen-
des ist mir am Ende klargeworden: Gott hat den
Menschen einfach gemacht, aber der Mensch will
unbedingt immer alles wissen.

8

Was die Regierung sagt, sollte man auch tun

1 Wer hat Ahnung? Wer hat es drauf, Fakten aus-
zulegen? Wenn Menschen viel kapiert haben,
dann haben sie eine gute Ausstrahlung und lächeln,
anstatt nur finster aus der Wäsche zu schauen. 2 Ich
sag noch mal was: Hör auf das, was der Präsident
anordnet, aber wenn du was in Gottes Namen
schwören sollst, dann mach langsam und denk erst
mal darüber nach. Sei immer mit Gott unterwegs.
Zieh nicht irgendetwas durch, wenn du feststellst,
dass das Ding eventuell nach hinten losgehen
könnte. Präsidenten ziehen in der Regel ihre Ent-
scheidungen durch, die sie mal getroffen haben.
4 Der Präsident hat die Macht im Land. Wenn er
etwas will, kann er das auch durchsetzen. Wer geht
denn schon zum Präsidenten und sagt: „Ey, Mann,
was machst du da für 'nen Schwachsinn?" 5 Wer die
Gesetze von Gott durchzieht, hat noch nie eine
miese Aktion gebracht. Wer schlau drauf ist, der
weiß genau, wie man sich zu welchem Zeitpunkt
am besten verhalten muss. 6 Es gibt für jedes Pro-
jekt und für jede Sache auch den richtigen Zeit-
punkt, wann sie umgesetzt werden und passieren
sollen. Und dann weiß man auch, wie man sich
richtig verhält. Es gibt aber auch immer etwas, was
jeden Menschen belastet: Er baut ständig Mist.
7 Denn der Mensch kennt die Zukunft nicht, er hat
keine Ahnung, was alles noch abgehen wird. Wer
sollte ihm das auch erzählen? 8 Das ist genauso wie
mit dem Wind. Den kann man auch nicht kontrollie-
ren. Übrigens kann auch keiner darüber bestimmen,
an welchem Tag er sterben muss. Es gibt ja auch im
Krieg nicht den Fall, dass ein Soldat ohne Grund
plötzlich entlassen wird. Wer Mist gebaut hat, muss
auch dafür bezahlen. 9 Diese ganzen Dinge habe ich
beobachtet, ich habe mich damit beschäftigt, was
jeden Tag in der Welt so abgeht. Menschen haben
Macht über Menschen, und die Schwächeren gehen
dabei oft kaputt.

Schwer zu kapieren: Warum geht es Menschen, die ohne Gott leben, so gut?

10 Genauso hab ich beobachtet, wie Menschen, die
keinen Bock auf Gott haben, ein fettes Begräbnis
bekamen, mit Gottesdienst und allem Drum und
Dran. Aber andere, die immer korrekt gelebt hatten,
wurden aus der Kirche rausgeschmissen, und als
sie tot waren, hatte man sie schnell wieder verges-
sen. Also kann man auch hier mal wieder sagen: Es
ist alles eh für den Arsch. 11 Wenn Menschen, die
miese Verbrechen begehen, noch nicht mal anstän-
dig bestraft werden, kommen andere auch auf die
Idee, miese Dinger zu drehen. 12 Einige haben echt
schon die fiesesten Sachen gebracht und leben
immer noch fröhlich vor sich hin. Trotzdem weiß ich
natürlich auch, dass es den Leuten, die immer Res-
pekt vor Gott hatten, auch gutgehen wird. 13 Wer
Sachen macht, die Gott nicht so geil findet, dem
wird es auf Dauer auch nicht gutgehen. So einer
wird nur kurz leben, und er wird im Dunkeln sein,
weil er keinen Respekt vor Gott hatte. 14 Aber Fol-
gendes passiert auch auf der Welt: Es gibt Leute, die
korrekt leben, aber denen es so geht, als würden sie
die ganze Zeit Mist bauen. Und es gibt Leute, die
total unkorrekt leben, denen geht es so gut, wie es
eigentlich den Korrekten gehen müsste. Auch das
ist letztendlich für den Arsch. 15 Ich finde es voll gut,
wenn man sich am Leben freuen kann. Es gibt doch
nichts Besseres als ein leckeres Essen und was
Gutes zu trinken. Das sind so Sachen, die den All-
tag erleichtern und dabei helfen, die Aufgaben zu
erledigen, die Gott einem gegeben hat.

Was man davon hat, schlau und abgeklärt zu sein

16 Dann hab ich auch noch mal untersucht, was man
davon eigentlich hat, weise, schlau und abgeklärt zu
sein. Was bringt es einem, zu kapieren, was auf der
Erde alles so abgeht? Der Mensch ist ja eigentlich
24 Stunden lang damit beschäftigt zu arbeiten.
17 Schließlich hab ich mal dadrüber nachgedacht,
was Gott alles gemacht hat. Und da wurde mir klar,
dass das alles viel zu krass für einen Menschen ist;

wie soll einer das in sein Hirn kriegen können? Wie sehr er auch forscht, studiert, Versuche macht, Bücher liest usw., es wird nie reichen, um wirklich alles zu kapiern. Und selbst wenn der nächste Physiknobelpreisträger oder sonst ein schlauer Heini behauptet, dass er alles wisse, dann lügt er einfach, weil das gar nicht geht.

9

Spaß haben am Leben

1 Also, ich hab mir echt den Kopf über das alles gemacht, und ich bin zu folgendem Schluss gekommen: Es ist egal, ob man jetzt radikal gottmäßig lebt und ganz viel gecheckt hat oder nicht, jeder Mensch ist total abhängig von Gott. Er versteht ja noch nicht mal ganz, was Liebe oder Hass wirklich sind. Das sind für ihn Sachen wie von einem anderen Planeten. Außerdem kann keiner in die Zukunft gucken. Es zu versuchen, ist also völlig für umsonst. 2 Alle müssen mal sterben. Egal, ob man jetzt so gelebt hat, wie Gott es geil findet, oder nicht, ob man die ganze Zeit gute Sachen gebracht hat oder fiese, ob man sauber oder dreckig gelebt hat. In dem Punkt geht es demjenigen, der immer Mist gebaut hat, genauso wie demjenigen, der sein ganzes Leben lang das getan hat, was Gott möchte. 3 Das finde ich total übel. Jedem Menschen, der lebt, passiert am Ende das Gleiche. Während ihrer Zeit auf der Erde sind Menschen oft voll link unterwegs, sie haben böse Gedanken, bringen total verrückte Sachen, und irgendwann sterben sie. 4 Aber solange ein Mensch noch lebt, gibt es für ihn noch Hoffnung. Übrigens: Es ist besser, eine lebende Ratte zu sein, als ein toter Superheld. 5 Wer lebt, weiß, dass er mal sterben muss. Aber wer tot ist, weiß erst mal gar nichts, er hat nichts davon, tot zu sein, und auf der Welt hat man ihn auch schnell wieder vergessen. 6 Wen auch immer der Mensch geliebt oder gehasst hat, alles, was ihm wichtig war, wird dann total egal. Er wird nie mehr dabei sein bei dem, was auf der Welt abgeht, er ist einfach weg und mausetot. 7 Darum genieße jeden Tag, genieße jedes Essen, genieße jedes Bier oder jeden Wein und freu dich dadran. Gott findet das gut. 8 Kauf dir schicke Klamotten, style dich hübsch, leg einen guten Duft auf. 9 Genieße jeden Tag, den du mit der Frau hast, in die du verknallt bist, und mach das so lange, bis du stirbst. Das ist nämlich im Grunde wie eine Bezahlung für den ganzen Ärger, die Schufterei und was man sonst noch so jeden Tag zu bewältigen hat. 10 Pack alles an, was dir vor die Füße kommt, und erledige das volles Rohr. Denn wenn du tot bist, gibt es nichts mehr, was du anpacken und erledigen kannst. Dort, wo du dann sein wirst, warten keine Aufgaben auf dich und auch keine Lektionen, die du lernen könntest, oder sonst noch was.

Kann jeder selbst bestimmen, ob er glücklich wird?

11 Dann hab ich noch ein paar Dinge gelernt: Nicht die Schnellsten packen ihr Leben. Nicht die Stärksten gewinnen jeden Krieg. Gute Bildung garantiert einem nicht, dass man reich wird. Und viel draufzuhaben, sorgt auch nicht dafür, dass man der Klassenliebling wird. Jeder hat mal eine Pechsträhne, jedem passieren mal dumme Sachen. 12 Kein Mensch weiß vorher, wann genau er sterben wird. So, wie eine Maus plötzlich in die Mausfalle tapst oder wie eine Fliege plötzlich am Klebestreifen hängen bleibt, so gehen auch die Menschen dem Tod in die Falle. Wenn man nicht damit rechnet, ist er plötzlich da.

Wissen und Dummheit

13 Noch etwas, was ich lernen konnte: Es geht wieder um das Thema Wissen, was mir ja wichtig ist. Ich erzähl es mal in einer Geschichte: 14 Es war einmal eine kleine Stadt, in der nur wenig Leute wohnten. Schließlich kam eine große Armee, die ein Präsident geschickt hatte, und wollte die Stadt mit Panzern einnehmen. 15 In der Stadt wohnte ein alter Mann, der total arm war. Aber dieser Typ hatte es voll drauf, und mit seinen Tipps hätte man die Stadt retten können. Trotzdem hat man ihn noch nicht mal gefragt. 16 Jetzt sagt man ja, dass Wissen besser ist als Macht. Trotzdem ist das Wissen von einfachen Menschen egal, sie werden gar nicht beachtet, keiner fragt sie um ihren Rat. 17 Noch was: Es ist besser, auf den Rat von einem schlauen Menschen zu hören, der das Ganze entspannt vorträgt, als auf den Rat von einem hektischen Typen zu hören, der etwas durchgeknallt ist. 18 Etwas zu wissen ist wichtiger, als die tödlichsten Waffen zu besitzen. Jemand, der ohne Gott lebt, kann viel Gutes kaputt machen.

10

Noch ein paar schlaue Texte

1 Eine tote Motte in der Cola sorgt dafür, dass das ganze Teil eklig wird. Wenn jemand etwas von diesem total besonderen Öl hat, braucht nur eine tote Fliege in dem Zeug drin zu sein, und schon fängt das Ganze an zu gammeln und stinkt.

Eine einzige dumme Aktion von dir kann dafür sor-
gen, dass dein ganzer Ruf ruiniert ist und keiner
mehr Respekt vor dir hat. 2 Das Hirn von einem
schlauen Menschen hilft ihm, die richtigen Ent-
scheidungen zu treffen. Das Hirn von einem dum-
men Menschen bringt ihn dazu, ständig Fehler zu
machen. 3 Egal, was ein Idiot auch anstellt, es fehlt
ihm einfach der Grips. Das erkannt man sofort
daran, dass er sich für den Schlauesten hält und
jeden anderen als Schwachmaten bezeichnet.
4 Wenn dein Chef aggromäßig gegen dich unterwegs
ist, dann bleib, wo du bist, und wehr dich nicht. Ent-
spannt und locker auf Aggression zu reagieren sorgt
dafür, dass man keine großen Fehler macht. 5 Es
gibt da noch eine ganz üble Kiste, die ich bei vielen
Menschen beobachtet habe, welche in der Regie-
rung sitzen: 6 Trottel und Hirnis bekommen die fet-
testen Ministerposten, und Leute, die es draufha-
ben, bekommen kein Amt. 7 Ich habe Volltrottel in
fetten Porsches sitzen sehen, während Leute, die
voll intelligent sind, zu Fuß gehen mussten. 8 Wer
anderen eine Falle stellt, wird selbst in seine eigene
Falle reintreten. Wer über einen Zaun klettert, kann
vom Wachhund gebissen werden. 9 Wer als Schwei-
ßer arbeitet, kann sich dabei verbrennen, und wer
als Tischler arbeitet, kann einen fiesen Splitter in
den Finger bekommen. 10 Mit einer stumpfen Säge
braucht man doppelt so viel Kraft, um Holz klein zu
kriegen. Mit einem Fahrrad ohne Luft in den Reifen
braucht man mehr Zeit, um sein Ziel zu erreichen.
Es ist ein Vorteil, wenn man sich schlau verhält
und nachdenkt, bevor man handelt. 11 Ein Löwen-
dompteur im Zoo kann seinen Beruf nicht mehr
ausüben, wenn er von seinen Löwen gebissen wur-
de. 12 Schlaue Menschen kriegen Applaus für die
weisen Sprüche, die aus ihrem Mund kommen.
Dumme Menschen werden verarscht, weil sie an-
dere mit ihrem Blödsinn zugeschwallt haben.
13 Zuerst fangen sie nur mit belanglosem Gelaber
an, aber am Ende ist es nur noch nerviger Schwach-
sinn, der bei ihnen rauskommt. 14 Sie labern dich
ohne Punkt und Komma zu und machen einen auf
superschlau. Dabei kann kein Mensch wirklich
sagen, was in der Zukunft passieren wird, und das
erzählt ihm auch keiner. 15 Das sinnlose Rumgelaber
des Idioten macht ihn total müde. Das ist so einer,
der läuft völlig planlos in der Gegend rum und weiß
nicht, mit welchem Bus er wieder in seine Stadt
kommt. 16 Wenn ein Land einen jungen Präsidenten
hat und sich die Minister jeden Morgen am kalten
Buffet erst mal die Wampe vollschlagen, dann steht
es sehr schlecht um das Land. 17 Glück hat ein
Land, in dem der Präsident aus einem guten Haus
stammt, wenn seine Minister erst abends lecker
essen gehen und sich dabei nicht immer die Birne
dicht ziehen. 18 Wenn ein Hausbesitzer zu schlaff ist,
um sich regelmäßig um sein Dach zu kümmern,
dann regnet es überall rein. Das Holz verfault, und
das Gebäude könnte bald in sich zusammenstür-
zen. 19 Um gut draufzukommen, sollte man sich ein
leckeres Essen gönnen. Alk kann das Leben lustiger
machen. Wenn man genug Kohle hat, ist beides
locker drin. 20 Lästere nicht über den Präsidenten,
denk noch nicht mal dadran, ihm die Krätze an den
Hals zu wünschen! Meckere nicht über Leute, die
viel Geld haben, noch nicht mal, wenn keiner zuhört
und du alleine bist. Es könnte immer irgendwo ein
Mikrophon versteckt sein, und über Spionage-Satel-
liten kann man eh alles mithören.

11

Was in der Zukunft abgeht, weiß keiner

1 Wenn du deine Klamotten auf den Sperrmüll
schmeißt, kann es sein, dass die Sachen
Jahre später irgendwo wieder auftauchen. 2 Pack
dein erspartes Geld bei mehreren Banken auf ver-
schiedene Konten, dann ist es sicherer. Es kann dir
allerdings trotzdem passieren, dass es eine fette
Wirtschaftskrise gibt und deine ganze Kohle flöten
geht. 3 Wenn die Wolken genug Feuchtigkeit aufge-
sogen haben, wird es bald übelst regnen. Wenn ein
Baum abgesägt wird und sein Stamm in irgendeine
Richtung fällt, dann sollte er dort auch erst mal lie-
gen bleiben. 4 Wenn du ständig nur darauf wartest,
dass ein Zettel vom Himmel kommt, der dir sagt,
was du zu tun hast, wirst du nie was zustande brin-
gen! 5 Hör auf, ständig in die Wolken zu gucken und
dich zu fragen, was Gott mit dir vorhat. Du weißt es
genauso wenig, wie du sagen kannst, ob ein Kind
kopfüber oder mit den Füßen zuerst aus dem Bauch
seiner Mutter kommt. Gott macht das alles, du hast
da keinen Einfluss drauf. 6 Also leg los und arbeite
hart, von morgens bis abends. Wage etwas und
bring dich voll ein. Du weißt ja nicht, was von der
Arbeit, die du dir machst, letztendlich auch etwas
bringt. Aber du weißt, dass Gott alles in der Hand
hat! 7 Und er wird dir als Belohnung für deine Malo-
che die Sonne auf den Kopf scheinen lassen, über
die du dich dann richtig freuen kannst. 8 Auch wenn
man weiß, dass es noch viele Jahre gibt, in denen
man auf der Erde lebt, so sollte man doch jeden
Tag, an dem es einem gutgeht, auch voll genießen.

Es wird nämlich auch Tage geben, wo alles ganz finster aussieht, das darf man nicht vergessen. Wie es auch kommt, es ist eh alles für den Arsch.

Spaß als Jugendlicher

9 Hey, Kid! Ich mein jetzt alle Jugendlichen: Freu dich am Leben und hab Fun! Du kannst echt glücklich sein, solange du noch jung bist. Deshalb mach das, worauf du Bock hast. Probier dich aus! Vergiss dabei aber bitte nicht, dass du irgendwann mal alles, was du im Leben gemacht hast, vor Gott verantworten musst. 10 Wenn du ständig über irgendwas genervt bist, dann leg das mal beiseite. Lass das nicht zu sehr an dich ran. Pass auf dich auf, auch auf deinen Körper. Die Zeit als Jugendlicher wird nämlich auch mal vorbei sein, und nur, weil du blond bist, wirst du auch nicht länger leben.

12 An die Jugendlichen: Ihr solltet Gott nicht vergessen

1 Vergiss Gott nicht, auch wenn du noch ein Jugendlicher bist und vielleicht gerade andere Sachen im Kopf hast. Es wird nämlich auch für dich eine Zeit geben, wo du alt werden wirst. Dann passieren einige nicht so tolle Dinge mit dir, und dann kommen so Kommentare wie: „Auf so was hab ich jetzt überhaupt keinen Bock!" 2 Plötzlich wird alles ganz düster, du kannst kein Licht mehr sehen, brauchst eine Brille und verlierst beim Spazierengehen die Orientierung. Und das wird nicht mehr besser werden, auf Regen folgen dunkle Wolken, auf schlecht folgt noch schlechter, auf ätzend folgt Scheiße. Irgendwann wirst du dann gar keine Sonne mehr sehen können und auch keinen Mond oder Sterne. 3 In der Zeit geht voll die Depri-Stimmung bei dir los. Du frierst ständig und bist dann nicht mehr in der Lage, dich mit deinen eigenen Händen und Armen warm zu halten. Und du wirst den ganzen Tag am Fenster hocken und die Nachbarn dumm anmachen. Deine Beine werden zu schwach, du wirst nicht mehr richtig gehen können, und du fängst an, beim Essen zu sabbern. Deine Zähne fallen dir aus, und du wirst eine Brille mit ganz dicken Gläsern brauchen. 4 Und dann kannst du plötzlich nicht mehr richtig hören, kriegst nicht mit, wenn ein Auto angebrettert kommt, und auch den Gesang von deiner Tochter kannst du kaum noch verstehen. Als Nächstes ist dann also ein Hörgerät angesagt. 5 Treppensteigen wird der reinste Horror, ständig hast du Angst zu stürzen. Im Garten blüht der Kirschbaum, das Kaninchen frisst den Löwenzahn, es gibt Spargel zu kaufen, aber bei dir ist langsam Schicht im Schacht. Schließlich bist du tot, und man organisiert deine Beerdigung. 6 Also kann ich dir nur den Tipp geben: Genieße das Leben in vollen Zügen, bevor dein Körper streikt, der Handyvertrag abgelaufen, das Moped kaputt und sowieso alles für den Arsch ist. 7 Denn wenn du tot bist, ist alles vorbei. Dein Körper verwest und wird zu Erde, wo er ja auch herkommt. Und dein Innerstes, deine Gedanken, dein Geist wird dann zu Gott ziehen, wo der ja auch herkommt. 8 Alles geht mal vorbei, nichts bleibt ewig. Im Grunde ist alles für den Arsch!

Nachwort: Was am Ende bei rauskommt: Respekt haben vor Gott

9 Der Prediger, der es echt draufhatte, musste den Leuten noch ein paar wichtige Sachen beibringen. Er hat nachgedacht, geforscht und kam dann zu diesen Sprüchen, die hier aufgeschrieben wurden. 10 Er hat versucht, das Ganze in gute Formulierungen zu packen, und es war ihm wichtig, dabei immer straight und ehrlich zu bleiben. 11 Ein Rat von einem Menschen, der viel Ahnung vom Leben hat, kann einen total herausfordern. Das ist wie ein Trainer, der am Seitenrand steht und einen die ganze Zeit anfeuert. Ratschläge wie diese hier können wie große Schrauben sein, die ein ganzes Gebäude zusammenhalten. Sie kommen letztendlich von Gott, dem besten Trainer, den es gibt. 12 Am Ende will ich für dich noch mal eine Warnung aussprechen: Bei Amazon kann man Millionen von Bücher kaufen, und jeder Hans oder Franz schreibt seine Lebensgeschichte auf. Das alles zu lesen und zu studieren, das macht keiner, da pennt man nur bei ein. 13 Noch mal zusammengefasst, sozusagen das Endergebnis: Du musst Respekt vor Gott haben und alles das tun, was er gesagt hat! Daran sollte sich jeder Mensch halten. 14 Gott wird über alles, was auf der Erde läuft, einmal eine Gerichtsverhandlung abhalten. An dem Tag kommt alles raus, man kann nichts mehr verstecken, egal, ob es gut war oder schlecht.

Das Hohelied

1 Du sollst mein Held sein

1 Jetzt kommt eine sehr krasse Lovestory, die von
Salomo stammt. Sie: 2 „Bitte küss mich! Ich bin
so heiß auf deine Liebe, sie macht mich breiter als
der beste Rotwein. 3 Du riechst so gut, ich dreh total
durch, wenn ich dein Aftershave rieche! Und ich
krieg Herzrasen, wenn ich nur deinen Namen höre.
Darum stehen die anderen Frauen auch so auf dich.
4 Komm, lass uns, so schnell es geht, von hier
verschwinden! Wollen wir zu dir gehen, auf deine
Bude? Ich geh überall mit dir hin. Du bist der
Größte für mich! Ich finde es so genial, dass aus-
gerechnet ich dich kennen darf, du machst mich
glücklich! Dass du mich liebst, ist wie ein Haupt-
gewinn für mich, denn alle anderen Frauen wollen
auch was von dir. 5 Was wollt ihr von mir? Ich meine
euch Mädels aus Jerusalem! Obwohl ich so blass
bin wie Schnee, bin ich doch so schön, dass ich jede
Miss-Wahl gewinnen würde. 6 Meine Familie war
total ätzend zu mir, ich musste den ganzen Tag das
Haus putzen. Nur mein Zimmer musste dreckig
bleiben, weil ich nie dazu kam, das sauber zu
machen. 7 Mein geliebter Schatz, wo warst du heute
Mittag? Ich hab dich überall gesucht! Warst du in
den Kaufhäusern in der City?" Er: 8 „Weißt du das
wirklich nicht, meine einzige Schönheit? Du hättest
mich doch auf dem Handy anrufen können, dann
hättest du mich auch gefunden! Ich muss dir noch
mal was sagen: Du siehst einfach supergeil aus!
9 Du bist wirklich die schönste Frau der Welt, schö-
ner als jede Miss World der letzten Jahrzehnte!
10 Dein Gesicht wird eingerahmt von goldenen Ohr-
ringen, und um deinen Hals liegt eine weiße Perlen-
kette. 11 Du sollst die schönsten Brillanten haben,
die man kaufen kann, eingefasst in das reinste
Gold!" Sie: 12 „Wenn mein Held mit mir essen geht,
riecht er total lecker. Besser als alles, was ich jemals
gegessen habe. 13 Wenn wir kuscheln und du auf
meinem Busen liegst, dann riechst du so toll, dass
ich dich am liebsten anknabbern würde. 14 Du
riechst so phantastisch, besser als jeder Bratapfel."
Er: 15 „Du bist so gigantisch schön, mein Schatz, du
siehst so supergeil aus! Deine Augen strahlen wie
die Sonne!" Sie: 16 „Du siehst auch superschön aus,
mein Schatz – ich freu mich so sehr, dass ich dich
kenne! Wollen wir uns auf der Wiese treffen? 17 Da
könnten die Tannen unser Dach sein und die Eichen
wie unsere vier Wände."

2 Du bist gigantisch

Sie: 1 „Ich bin nur eine normale Frau, die ganz
okay aussieht." Er: 2 „Nein! Du bist die hüb-
scheste von allen Frauen, die ich kenne, keine sieht
so gut aus wie du! Du bist der absolute Hauptge-
winn!" Sie: 3 „Wie ein Porsche Cabrio unter den
Autos, so ist mein Typ im Gegensatz zu anderen
Männern. Ich hab total Bock dadrauf, mit ihm eine
Spritztour zu machen. Mit ihm zusammen zu sein
ist so toll wie ein leckeres Himbeereis. 4 Er ist mit
mir in ein schickes Restaurant ausgegangen. Dort
hat er mir seine Liebe gebeichtet. 5 Ich brauchte was
für meinen Magen, denn sonst wäre ich vor Liebe
fast verhungert. Die Liebe zu ihm macht mich fast
krank. 6 Er lag neben mir und umarmte mich dabei
zärtlich. 7 Hey, ihr Frauen aus der Gegend, dampft
ab! Wir wollen unsere Ruhe haben und alleine sein,
wir kommen dann eben später zu euch. 8 Da kommt
mein Schatz. Er fährt einen heißen Reifen, nur um
zu mir zu kommen. 9 Er nimmt die Kurven, so
schnell er kann. Bald ist er an meinem Haus ange-
kommen. Dann flüstert er durch mein Fenster:
10 ‚Steh auf, mein Schatz, meine Schönheit! Los,
komm, Traumfrau, lass uns abhauen! 11 Draußen ist
super Wetter! Es hat aufgehört zu regnen, der Win-
ter ist vorbei. Wir könnten noch ein wenig um die
Häuser ziehen! 12 Es gibt ein paar Läden, die noch
aufhaben, wo ein guter DJ ein paar nette Scheiben
auflegt. 13 Komm, steh schon auf, Liebste! Wir trin-
ken noch einen Wein und genießen uns, komm,
meine Traumfrau! 14 Spiel jetzt nicht Verstecken mit
mir! Ich will dein schönes Gesicht sehen, ich will
deine geniale Figur betrachten, ich möchte deine
wunderschöne Stimme hören! Du hast so eine geni-
ale Figur und eine supererotische Stimme!' 15 Wir
lassen uns unsere Liebe nicht kaputt machen, von
niemandem! Bei uns geht es gerade richtig ab!
16 Mein Liebster gehört nur mir, und ich gehöre
alleine ihm, dem Mann, der immer total zärtlich zu
mir ist. 17 Abends, wenn es langsam dunkel wird,
dann komm vorbei, mein Schatz! Gib Gas, steig in
dein Auto und komm zu mir!"

3

Wo bist du?

Sie: [1] „Als ich heute Nacht im Bett lag, hatte ich voll die Sehnsucht nach meinem geliebten Schatz. Ich hatte voll Sehnsucht nach seiner Nähe, aber er war nicht da ... [2] Ich bin aufgestanden, hab mich schön gemacht und bin durch die Straßen gezogen. Ich war in den Clubs, ich musste ihn unbedingt heute noch sehen! Überall hab ich ihn gesucht, den Mann, welchen ich über alles liebe, aber er war nicht da. [3] Schließlich haben mich sogar die Bullen angehalten und wollten meinen Perso sehen. ‚Entschuldigung! Haben Sie den schönsten Mann der Welt gesehen, in den ich total verknallt bin?', hab ich sie gefragt. [4] Als ich dann gerade um die nächste Ecke war, stand er plötzlich da, mein Traummann! Ich bin auf ihn zugelaufen, hab ihn umarmt und nicht mehr losgelassen. Dann musste ich ihn einfach in meine Wohnung entführen. [5] Hey, ihr Frauen aus der Gegend, dampft ab! Wir wollen unsere Ruhe haben und alleine sein, wir kommen dann eben später zu euch."

Salomos Hochzeit

Die Mädchen von Jerusalem: [6] „Wer kommt da aus dem Dorf angefahren, mit 'nem fetten Mercedes Cabrio, voller Chrom und coolen Felgen? [7] Es ist die Karre vom Präsidenten Salomo, sechzig seiner besten Leute begleiten ihn, und seine Spezialgarde ist auch am Start. [8] Die haben alle eine Spezialkampfausbildung. Sie tragen ihre MGs vor der Brust, die Waffen sind im Anschlag, falls es nachts mal Probleme gibt. [9] Das Auto von Salomo ist eine Spezialanfertigung aus reinem Gold. [10] Die Felgen sind aus Platin, die Ledersitze aus feinstem Nappa, so weich wie Handschuhleder. [11] Das müsst ihr euch ansehen, alle Frauen, kommt raus! Da kommt der neue Präsident Salomo! Er hat seinen Hochzeitsanzug an, denn es ist sein Hochzeitstag, der schönste Tag in seinem Leben!"

4

Du siehst einfach total geil aus

Er: [1] „Du siehst einfach total geil aus, du bist echt meine Traumfrau! Deine Augen leuchten wie zwei Brillanten, deine Haare legen sich wie roter Samt um deinen Hals. [2] Deine Zähne sind so weiß wie frisch gefallener Schnee. Du brauchtest keine Zahnspange, alle Zähne sind am richtigen Platz, und keiner fehlt. [3] Wie eine knallrote Kirsche, so leuchten deine Lippen, sie sind so superschön geformt. Hinter deinen Haaren leuchten deine Wangen wie zuckersüße Äpfel, in die man am liebsten gleich reinbeißen würde. [4] Ich steh total auf deinen schlanken Hals, der ist wie ein wunderschönes Schmuckstück für mich. [5] Dein Busen ist so schön weich, er erinnert mich an das Fell von den zwei kleinen Kätzchen, die ich heute Morgen auf der Straße gestreichelt hab. [6] Abends, wenn es kalt wird, wenn es dunkel wird und keiner mehr unterwegs ist, dann will ich zu dem Treffpunkt kommen, auf den Berg, der so schön nach Kräutern riecht. [7] Du siehst einfach perfekt aus. An dir gibt es nichts, was anders sein sollte!"

Du hast mich verzaubert

[8] „Komm schon, mein Schatz, lass uns zusammen abhauen. Wir müssen weg hier, weg von den Plätzen, wo die Schläger und Hooligans sich treffen, es könnte gefährlich werden. [9] Du hast mein Herz erobert! Ein Blick hat genügt, und ich war komplett weggetreten. Allein dein Schmuck hat mich schon voll angemacht. [10] Dass du mich liebst, macht mich total glücklich, ich genieße deine Liebe mehr als den besten Tropfen Wein oder den neusten Duft von Chanel. [11] Deine Küsse schmecken besser als Erdbeereis. Wenn du mich küsst, fühlt sich das an wie süße Schlagsahne im Mund. Und deine Kleidung riecht wie der edelste Duft von Armani."

Ein Laden voller Süßigkeiten

[12] „Mein Mädchen ist wie ein Laden voller Süßigkeiten, aber ich darf davon noch nicht naschen, wie eine eiskalte Cola, die ich nicht öffnen kann. [13] Dein Körper ist wie leckeres Weingummi, er schmeckt nach Erdbeere, Kirsche und Nektarine. [14] Wie Lakritze vom Feinsten, Vollmilch-Nuss-Schokolade, Trüffelpralinen und noch besser schmeckst du. [15] Du bist so erfrischend wie ein köstlicher Fruchtsaft oder eine eiskalte Cola." Sie: [16] „Egal, zu welcher Jahreszeit, egal, woher der Wind kommt, ich will für dich immer so gut riechen! Du kannst dich an mir gerne bedienen und mich genießen, mein Liebster. Trink von mir, iss von mir, es gehört alles dir."

5

Die Freundin sucht ihren Freund in der Stadt

Er: [1] „Bei dir zu sein ist, wie in meinen Garten zu gehen. Dort organisiere ich mir ein paar leckere Früchte. Ich hol mir Pfirsiche und Erdbeeren und dann noch die beste Flasche Wein aus dem Keller. Kommt an den Start, meine Freunde, wir machen ein Fass auf! Wir werden high von der

Liebe!“ Sie: 2 „Als ich so im Halbschlaf war, hörte
ich, wie du an meine Tür geklopft hast. Sofort war
ich wach: Mein Schatz kommt! Endlich! Du sagtest:
‚Wach auf, mein Mädchen! Du bist mein größter
Schatz, du bist meine Freundin, du bist einfach per-
fekt für mich! Wach auf! Ich hab total nasse Haare
vom Regen und hol mir sonst noch einen Schnup-
fen.‘ 3 ‚Aber ich habe mich doch schon ausgezo-
gen!‘, meinte ich zu ihm. ‚Soll ich mich wegen dir
wieder anziehen? Ich stand doch schon unter der
Dusche und hab keine Lust, mir noch mal die Füße
dreckig zu machen.‘ 4 Aber dann sah ich, wie er
durch ein Fenster reinschaute. Da fing mein Herz
wie verrückt an zu schlagen, bloß weil er wieder in
meiner Nähe war. 5 Ich rannte zur Tür, um meinem
Schatz aufzumachen, dabei war ich noch voller
Bodylotion, und meine Hände waren voller Feuch-
tigkeitscreme, die dann auch auf dem Türgriff lan-
dete. 6 Aber als ich, so schnell es ging, die Tür aufge-
macht hatte, da war er schon wieder weg! Ich war
total fertig: ‚Er ist abgehauen!‘ Ich zog sofort los
und suchte ihn überall, doch ich konnte ihn nir-
gends finden. Ich versuchte, ihn anzurufen, aber
sein Handy war ausgeschaltet. 7 Schließlich bekam
ich Probleme mit ein paar Türstehern. Sie haben
mich gepackt und mich verprügelt, ich hatte viele
blaue Flecken am ganzen Körper. Dann haben sie
mir sogar meine Jacke geklaut. 8 An alle Mädchen in
Jerusalem: Ihr müsst mir helfen! Wenn jemand von
euch meinen Schatz sieht, dann richtet ihm was
aus. Sagt ihm, dass ich total in ihn verknallt bin, ich
bin krank vor Liebe für ihn!“ Die Mädchen: 9 „Was
textest du uns so zu? Du bist sowieso schöner als
das schönste Topmodel! Warum hast du den denn
überhaupt nötig? Was ist bei dem Typ denn nun so
besonders, im Gegensatz zu den anderen Männern,
dass du uns hier volllaberst?“ Sie: 10 „Mein Schatz
sieht super aus und hat einen coolen Körper. Es gibt
niemanden, der so gut aussieht wie er! Er ist von
zigtausend Männern mit Abstand der beste! 11 Seine
Haut ist so superglatt, seine Haare sind total
schwarz, er hat traumhafte schwarze Locken, die
lang runterhängen. 12 Seine Augen sind einfach wun-
derschön, ich schmelze wie ein Stück Schokolade in
der Sonne, wenn er mich ansieht. Sie erinnern mich
auch an zwei dunkle Smaragde, die ich mal beim
Juwelier gesehen hab. 13 Seine Wangen riechen total
gut, so gut wie geröstete Mandeln, nein, noch bes-
ser. Seine Lippen sind so rot wie eine Kirsche, und
er schmeckt auch so gut. 14 Seine Hände sind so
schlank, die sehen aus wie ein Kunstwerk. Sein gan-
zer Körper ist supermuskulös, und er hat einen
Waschbrettbauch wie Brad Pitt. 15 Seine Beine sind
so schlank wie die eines Marathonläufers und dabei
so stark wie die eines Gewichthebers. 16 Und er
küsst so zärtlich, einfach alles an ihm ist genial.
Seine Küsse schmecken so gut. So ist er, mein
Freund, mein Schatz, nur dass ihr Bescheid wisst!“

6

Endlich wieder zusammen

Die Mädchen: 1 „Wo ist denn dein Schatz nun
hin? Wir helfen dir, ihn zu suchen. Hast du jetzt
’ne Idee, wo er sein könnte? Du bist einfach die
schönste Frau von allen!“ Sie: 2 „Er ist in seinen Gar-
ten abgehauen. Da, wo das leckere Obst wächst und
die tollen Blumen blühen. Er pflückt dort vermutlich
eine Lilie. 3 Er gehört nur mir, und ich gehöre nur
ihm. Er wird mich immer mit den besten Sachen
versorgen, er passt auf mich auf.“

Du bist die Schönste auf der Party

Er: 4 „Du siehst so megageil aus, meine Traumfrau!
Du bist so schön wie Venedig, du bist so sexy wie
Paris. Du hast mich eingenommen, genauso wie
eine große Armee ein Land einnimmt. 5 Bitte sieh
mich nicht so an, sonst dreh ich noch durch. Deine
Frisur ist total genial, sie steht dir voll gut. 6 Dein
Mund macht mich total an, sogar deine Zähne sind
perfekt angeordnet. 7 Unter der Mütze, die du tief
ins Gesicht gezogen hast, kann ich deine wunder-
schönen Wangen sehen! Sie sehen aus wie eine
Nektarine, zum Anbeißen lecker. 8 Selbst wenn ich
im Nachtclub wäre und die hundert schönsten
Frauen aus der Stadt haben könnte, wäre mir das
egal. 9 Ich liebe nur eine Frau. Die schönste und die
beste, die perfekte Frau. Sie ist die einzige Frau auf
diesem Planeten, die ich liebe. Sie war die einzige
Tochter von ihren Eltern. Wenn die Frauen vom Prä-
sidenten sie sehen könnten, sie würden sich nicht
mehr einkriegen. 10 Sie sieht so schön aus! Wenn
man sie ansieht, ist es, als würde man einen Son-
nenaufgang sehen. Sie kann einen anlachen, wie der
Mond einen anlacht, sie strahlt wie die Sonne. Sie
flirtet wie keine andere Frau, sie kann das Herz von
jedem Typ im Handumdrehen erobern.“

Sehnsucht

Sie: 11 „Ich ging runter ins Tal in den Garten, wo die
Apfelbäume sind. Ich wollte mal nachsehen, ob sie
schon blühen und was die Weinberge und die Nuss-
bäume so machen. 12 Was ist bloß los mit mir? Ich

kann mich kaum noch beherrschen. Und das, obwohl ich eine gute Erziehung von meinen Eltern bekommen hab."

7

Lass uns 'ne Runde abtanzen

Die Mädchen aus Jerusalem: 1 „Los, schwing deine Hüften, Sulamit, beweg dich zum Beat, wir haben Bock, dir beim Tanzen zuzusehen. Was wollen wir sehen? Wie wäre es mit einer Runde Breakdance?" Sie: „Was ist da denn so toll daran, wenn ich das mache?" Er: 2 „Es sieht einfach cool aus, wie du tanzt! Wenn du deine Hüften bewegst, das sieht echt krass aus, so als wärst du ein lebendes Kunstwerk. 3 Deine Scheide ist für mich wie ein kostbar geschliffenes Kristallglas, das immer mit leckerem Wein gefüllt ist. Dein Bauch ist wie ein weißer Sandstrand, und er riecht dazu wie ein Strauß voller Rosen. 4 Deine beiden Brüste sind so weich wie zwei Kissen aus Samt oder wie das Fell von zwei Kätzchen. 5 Deine Beine sind so lang wie die von einem Topmodel. Deine Augen sind wie zwei blaue Diamanten, und deine Nase ist einfach zum Anbeißen schön. 6 Dein ganzer Kopf ist so traumhaft hübsch, du siehst aus wie eine Prinzessin. Wenn du deine blonden Haare öffnest, leuchten sie in der Nacht, alleine nur mit deinen Locken könntest du jeden Filmstar verführen."

Dass du mich liebst, macht mich glücklich

7 „Du siehst einfach nur geil aus, keine ist so schön wie du! Dass du ausgerechnet mich liebst, kann ich nicht fassen, das macht mich total glücklich. 8 Mit deiner Figur würdest du jede Miss-Wahl gewinnen, zu deinem Busen fällt mir nichts mehr ein, ich möchte ihn am liebsten vernaschen. 9 Ich will mit dir spielen, ich will was von deinen reifen Früchten haben, ich will sie genießen. Ich möchte breit werden vom Rausch an der Liebe zu dir, an deinem Busen, an deinem Atem. Ich will dich trinken, ich möchte dich riechen. Du riechst so gut wie ein frischer Apfel! 10 Deine Lippen will ich zärtlich auf meinen Lippen spüren. Sie schmecken für mich wie ein süßer Tropfen Rotwein." Sie: 11 „Ich gehöre nur ihm, meinem Schatz, und sein Herz sehnt sich auch nach mir. 12 Hey, mein Liebster, lass uns heute Nacht draußen pennen. Lass uns auf der Wiese in einem Zelt schlafen! 13 Morgens ganz früh können wir dort spazieren gehen. Wir können nachsehen, ob es dort schon Blumen gibt und wie der Wein wächst. Lass uns checken, ob der Apfelbaum schon angefangen hat zu blühen. Dort will ich dich vernaschen, dort will ich mich dir ganz hingeben. 14 Die Äpfel riechen voll gut, und es liegen noch jede Menge leckere Früchte vor der Tür, frisch geerntete und welche, die ich extra für dich gekauft habe."

8

Wenn wir nur einmal unsere Ruhe hätten

Sie: 1 „Puh, wenn die uns nicht so beobachten würden, könnten wir ungestört zusammen sein. Wir könnten uns einfach so küssen, wenn wir uns auf der Straße treffen, und niemand würde deswegen rumstressen. 2 Wir würden einfach zu uns nach Hause gehen. Dann könnten wir zusammen Glühwein trinken und in Ruhe schmusen. 3 Seinen linken Arm würde er unter meinem Kopf legen, und mit dem anderen Arm würde er mich ganz fest an sich drücken. 4 Hey, ihr Frauen aus der Gegend, dampft ab! Wir wollen unsere Ruhe haben und alleine sein, wir kommen dann eben später zu euch." Die Mädchen aus Jerusalem: 5 „Was ist das für eine, die da Arm in Arm mit ihrem Typen in der Stadt ankommt?"

The Power of Love

„Unter dem Apfelbaum, da hab ich dich dazu gebracht, mich zu lieben. An der Stelle, wo auch deine Mutter mit deinem Vater geschlafen hat, wo du gezeugt wurdest. 6 Ich will dir ganz nahe sein. Ich will so nahe an deinem Herz sein wie der Anhänger an deiner Kette, die du um den Hals trägst. Ich möchte immer zu dir gehören, so wie der Armreif um dein Handgelenk immer zu dir gehört. Es gibt keine Kraft, die stärker ist als die Liebe, sie ist stärker als der Tod. Und ihre Leidenschaft ist so heftig, da kommt nichts gegen an. Wer richtig verliebt ist, der kennt dieses Gefühl, zu brennen. Und dieses Feuer, was dort brennt, das kommt von Gott. 7 Nichts kann dieses Feuer wieder löschen, kein Wasser, kein Feuerlöscher, einfach nichts! Man kann die Liebe nicht mit Geld kaufen, und selbst wenn der reichste Mann der Welt alles dafür geben würde, man würde ihn nur auslachen."

Sorge der Brüder um ihre kleine Schwester

Die Brüder: 8 „Unsere Schwester ist noch ein kleines Ding, sie ist noch so richtig in der Pubertät, sie hat noch nicht mal einen richtigen Busen. Trotzdem wird es irgendwann mal so sein, dass jemand was von ihr will, dann müssen wir bereit sein! 9 Wenn sie überhaupt keinen Bock auf Männer hat und nur Sperrmüllklamotten anzieht, dann gehen wir mal mit ihr shoppen. Aber wenn sie mit wirklich jedem Typen rummacht, dann werden wir auch was dagegen unternehmen." Sie: [10] „Ich bin nicht so leicht rumzukriegen, da muss man schon einiges auffahren. Auch an meine Brüste kommt keiner so schnell ran. Aber bei meinem Schatz bin ich sofort weich geworden. Ich hatte bei ihm das Gefühl, endlich angekommen zu sein."

Mehr Kohle als Salomo

Er: [11] „Salomo ist der reichste Präsident! Ihm gehört ein fetter Weinberg in Baal-Henoch. Er ließ den bewachen, denn die Weintrauben davon waren zusammen 120 000 Euro wert. [12] Die 120 000 kannst du gerne haben, Salomo, und auch die Security kann ruhig 24 000 einsacken. Denn ich hab meinen eigenen Weinberg direkt vor meiner Haustür." [13] An die Frau, die so oft im Garten ist: „Die Freunde warten darauf, dass du was sagst. Jetzt komm schon und ruf mich endlich an. Ich freu mich schon, deine Stimme zu hören." Sie: [14] „Komm schnell her, mein geliebter Schatz! Komm, so schnell es geht, steig auf deine Maschine, leg dich in die Kurven, fahr, so schnell es geht, zu mir!"

Der Prophet Jesaja

1
Gott warnt seine Leute

[1] Jetzt kommen einige Sachen, die der Prophetentyp Jesaja direkt von Gott hatte. Jesaja ist der Sohn vom Amoz. Gott hat ihm einiges über das Land Juda und die Hauptstadt Jerusalem erzählt. Diese Nachrichten, die von Gott bei ihm reinkamen, hörte er in der Zeit, als Usija, Jotam, Ahas und Hiskija nacheinander als Präsidenten von Juda an der Macht waren. [2] Das hier war das Erste, was Jesaja gesagt hat: Alle mal herhören! Das gilt jetzt für alles und für jeden! Gott sagt Folgendes: „Die Israeliten waren wie Kinder für mich. Denen hab ich immer genug zu essen organisiert. Und hab sie erzogen, bis sie erwachsen waren. Aber jetzt haben sie plötzlich keinen Bock mehr auf mich! [3] Jeder Hund weiß, wer sein Herrchen ist und von wem er sein Chappi bekommt, aber Israel hat das nicht gecheckt. Meine Leute kapieren es einfach nicht. [4] Ihr müsst jetzt extremst aufpassen! Ihr habt es laufend total überzogen, ihr baut ständig Mist. Ihr könnt anscheinend nicht anders, als in einer Tour nur Blödsinn zu machen. Ihr seid alle total kaputt! Ihr seid von mir weggelaufen, habt mich, den ganz besonderen Gott von Israel, einfach links liegenlassen. [5] Wohin soll ich euch noch schlagen? Was braucht ihr noch, damit ihr endlich aufhört, in der Scheiße zu sitzen und euch da auch noch wohl zu fühlen? Ich mein, ihr habt doch schon im ganzen Gesicht blaue Flecken und habt dazu noch heftige Depressionen bekommen! [6] Von der Augenbraue bis zum großen Zeh, überall habt ihr schon Schusswunden, offene Stellen und Eiterpickel. Die sind noch nicht mal ausgedrückt, da ist auch keine Schminke und auch keine Penatencreme drauf. [7] Euer Land ist komplett kaputt, und eure Städte sind verbrannt. Vor euren Augen haben irgendwelche Heinis eure Felder abgeerntet und leben jetzt davon. Bei euch ist alles komplett zerstört worden. Es sieht aus, als wäre bei euch im Ort eine Riesen-Demo gewesen und irgendwelche fremden Leute hätten alles platt getreten. [8] Das Einzige, was noch steht, ist die Stadt Jerusalem, die man auch die ‚Tochter von Zion' nennt. Sie steht da wie ein alter überdachter Garagenstellplatz auf einem Hügel, wie eine Holzhütte in einem Kartoffelfeld, wie eine Stadt, die ringsum von ihren Feinden belagert wird." [9] Wenn Gott, der Chef über alles, nicht so nett gewesen wäre und einen kleinen Rest übrig gelassen hätte, dann wären unsere Stadt und wir jetzt genauso platt wie die Städte Sodom und Gomorra. Die haben totalen Mist gebaut und wurden deshalb von Gott zerstört.

Ein Gottesdienst, der es nicht bringt

[10] Ihr Leute aus Jerusalem, die ihr so drauf seid wie die Typen in Sodom und Gomorra damals. Hört mal, was Gott euch zu sagen hat: [11] „Leute, was sollen eigentlich diese ganzen Opfersessions von euch noch? Was bringt das? Ich kann diese ganzen verbrannten Schafe echt nicht mehr riechen! Noch eins von diesen Fettstücken von einer Kuh, und ich muss kotzen! Das ganze Blut von den Stieren, Lämmern und jungen männlichen Ziegen, ich hab da keinen Bock mehr drauf! [12] Wenn ihr zu meinem Haus kommt, dann zertrampelt ihr nur die schönen Vorgärten und Anlagen. Wer hat das bitte schön von euch verlangt? [13] Hört auf mit diesen dummen Essensopfern, und wenn ich noch eine Räucherkerze rieche, krieg ich einen Anfall! Eure ganzen religösen Feiern, Neumond, Sonntag und wie sie alle heißen, kann ich echt nicht ausstehen! [14] Ich hasse eure Neumondfeste! Die gehen mir voll auf die Nerven, und ich bin total angekotzt, weil ich das die ganze Zeit ertragen muss. [15] Wenn ihr anfangt zu beten, dann stelle ich auf Durchzug. Ihr braucht nur eure Hände zu falten, dann bin ich schon weg. Und wenn ihr mich den ganzen Tag nur volllabert, ich höre euch einfach nicht zu. Warum? Weil eure Hände voll Blut sind, ihr habt alle Dreck am Stecken. [16] Geht mal anständig duschen! Macht euch innerlich sauber! Hört auf damit, die ganze Zeit Scheiße zu bauen! Ich will nicht länger dabei zusehen, wie ihr die ganze Zeit miese Dinger dreht. [17] Fangt damit an, gute Sachen zu tun. Sorgt dafür, dass Sachen wieder in Ordnung kommen. Lebt korrekt! Tretet den Menschen, die andere Leute fertigmachen, mal gegen das Schienbein. Sorgt dafür, dass Hartz-IV-Empfängern und Leuten von der Straße geholfen wird und dass die auch korrekt behandelt werden." [18] Gott sagt weiter: „Okay, wir sollten mal eine kleine Gerichtsverhandlung abhalten. Wenn an euren Händen Blut klebt, wenn ihr so viel Mist gebaut habt, dass ihr am ganzen Körper rot und damit dreckig seid, dann soll alles wieder total sauber und weiß werden, so weiß wie Schnee.

Wenn ihr so rot wie Tomatenketchup seid, dann sollt ihr wieder so weiß werden wie Schnee. [19] Es geht nur dadrum, dass ihr das tut, was ich von euch möchte. Wenn ihr dazu bereit seid, dann kommt alles wieder in Ordnung, und ihr könnt euch wieder von den leckeren Sachen ernähren, die in diesem Land wachsen. [20] Wenn ihr da aber keinen Bock drauf habt und voll den Aufstand macht, dann werdet ihr alle sterben. Diese Ansage kommt direkt von Gott, dem Chef!"

Die ganze Stadt Jerusalem ist gegen Gott

[21] Jerusalem, wie konnte das passieren, dass du zu so einer billigen Nutte abgewrackt bist? Du warst doch mal eine so nette Stadt! Alles, was bei dir passierte, war in Ordnung, und viele korrekte Leute wohnten bei dir. Aber jetzt ist alles voller Terroristen und Mörder! [22] Was bei dir früher sauber ablief, ist jetzt versifft. Wo man früher Schmuck eingekauft hat, gibt es jetzt Drogen. Früher warst du wie ein edler Wein, jetzt bist du wie eine abgestandene billige Cola. [23] Dein Bürgermeister gehört zur Mafia, die Menschen in der Regierung werden bestochen und sind alle nur scharf auf irgendwelche Werbegeschenke. Sie kümmern sich nicht mehr um die Leute von der Straße, und wenn eine alleinstehende Mutter bei ihnen im Büro anklopft, schmeißen sie die raus. [24] Aber jetzt sagt der Chef, der Gott über dieses Universum, mal ein paar Takte zu euch: „Passt auf! Ich hab so einen Hals! Ich werde euch jetzt mal richtig in den Hintern treten und meinem Zorn freien Lauf lassen. Denn ihr seid jetzt meine Gegner geworden, und an meinen Feinden räche ich mich. [25] Aus euch mach ich Hackfleisch, oder noch besser, ich werde euch unter Druck setzen, damit das Gute am Ende übrig bleibt. Ihr werdet gefiltert, wie man Wasser filtert, damit ihr sauber seid und der ganze Dreck bei euch verschwindet. [26] Ich werde dafür sorgen, dass es wieder ein paar gute Richtertypen und Chefs bei euch gibt, die für Ordnung sorgen, so wie das früher mal bei euch war. Wenn das vorbei ist, wird man Jerusalem wieder solche Spitznamen geben wie ‚korrekte Stadt' oder ‚treue Stadt'. [27] Wenn die Leute, die dort wohnen, wieder korrekt leben, wenn man dort wieder mit mir, eurem Gott, gemeinsam alles durchzieht, dann wird es Jerusalem, der Stadt Zion, gutgehen. [28] Die Leute, die dort Scheiße gebaut haben, die mir den Stinkefinger gezeigt haben, werden alle plattgemacht. Wer nicht mehr mit mir lebt, wird sterben. [29] Es wird ihnen oberpeinlich sein, dass sie diese Zauberbäume so supertoll fanden. Sie werden rot im Gesicht und anfangen zu schwitzen, weil sie so blöd waren, sich auf diese beknackten Gartengötter einzulassen. [30] Dann werdet ihr wie ein vergammelter Blumenstrauß dastehen, dessen Blüten schon matschig sind. Oder ihr seid wie ein alter Fußballplatz, der ewig kein Wasser mehr gesehen hat und schon ganz vertrocknet ist und braune Stellen hat. [31] Die Menschen, die was draufhaben, werden wie ein Karton voll explosiver Munition sein. Und das, was sie dann tun, ist wie ein Feuerzeug. Wenn beides zusammenkommt, macht es ‚bum', und das Ganze fliegt in die Luft. Keiner kann das aufhalten."

2 Gott sorgt für eine neue Zeit, wo alles friedlich abgeht

[1] Jetzt kommt noch eine Nachricht von Jesaja, die er direkt von Gott reinbekommen hatte. Die war für den Staat Juda und die Hauptstadt Jerusalem bestimmt: [2] In den letzten Tagen von dieser Erde wird Folgendes passieren: Alle werden über den Berg reden, auf dem der Tempel von Gott steht. Er wird der heftigste von allen Bergen auf der Welt sein, und aus der ganzen Welt werden die Menschen zu ihm kommen. [3] Viele Menschen aus der ganzen Welt werden mit Bussen und Reisegesellschaften dorthin fahren. Sie werden sagen: „Los, kommt, lasst uns einen Trip zum Berg von Gott machen! Kommt mit, wir fahren zu dem Haus, wo der Gott von diesen Leuten, die von Jakob abstammen, wohnt! Wir wollen von ihm lernen, was okay ist und was nicht. Wir wollen tun, was er uns sagt!" Denn von diesem Berg, der Zion heißt, werden die heftigsten Ansagen herkommen, von Jerusalem aus wird man hören, was Gott zu sagen hat. [4] Gott wird Gerichtsurteile sprechen über die Länder auf der Erde, er wird für alle Völker der Richter sein. Dann werden sie ihre MGs einschmelzen lassen, um aus dem Metall Mähdrescher zu bauen, und ihre Handgranaten werden zu Flaschenöffnern umfunktioniert. Es wird keinen Krieg mehr zwischen den Ländern geben, und die Bundeswehr wird abgeschafft. Es wird keine Armeen mehr geben. [5] An alle Leute, die von Jakob abstammen: Los, lasst uns ab sofort nur noch in der Nähe von Gott leben, denn wo er ist, da geht's voll ab.

Ein Tag, an dem Gott die Abrechnung präsentiert

[6] Ja, Gott, du hast deinen Leuten, dem Volk, das von Jakob abstammt, die kalte Schulter gezeigt. Überall

wohnen bei denen jetzt diese okkulten Zauberheinis und Esoteriker, die aus dem Osten eingereist sind oder früher bei den Philistern gearbeitet haben. Und jetzt fangen sie an, deren komische Rituale nachzumachen. 7 Dabei schwimmen die förmlich in Kohle. Alle haben ein dickes Bankkonto, Aktien und Bargeld bis zum Abwinken. Überall stehen Luxuskarossen rum, es sind so viele, dass sie keiner mehr zählen kann. 8 Echt schlimm ist, dass an jeder Ecke so ein beknackter Plastikgott aufgestellt wurde. Die Leute gehen vor denen auf die Knie und beten zu ihnen. Dabei haben die sich diese Teile doch selber zusammengebastelt! 9 Sie werden in die Knie gezwungen, und dann kommen sie auf allen vieren bei dir angekrochen. Aber wenn sie das machen, darfst du ihnen nicht vergeben, Gott, hörst du? 10 Wenn Gott in seiner ganz besonderen Art ankommt, sollt ihr euch schleunigst verpissen. Dann zeigt er, wie heftig er eigentlich ist, wie powervoll und krass. 11 Die Menschen, die immer dachten, sie seien was Besseres, werden dann ganz klein sein. Wenn ein Typ dachte, er sei der große Held, dann wird er merken, dass er in Wirklichkeit der letzte Trottel ist. An diesem Tag wird Gott ganz groß rauskommen, nur er wird ganz oben sein. 12 Und Gott, der Chef über alles, hat sich einen bestimmten Tag ausgesucht, an dem die, die denken, sie seien was Besseres, runtergemacht werden. 13 Er wird dann alles zu Kleinholz schreddern, die großen Tannenbäume vom Libanon genauso wie die Eichen, die in Baschan rumstehen. 14 Gott wird alles plattmachen: die großen Berge und die kleinen Hügel, 15 den Eiffelturm und die Freiheitsstatue, 16 die ganzen Flugzeuge und alle Übersee-Luxusliner auch. 17 Alles, worauf die Menschen so stolz waren, wird er vom Sockel runterholen. Nur Gott selbst wird der Größte sein, nur er wird am Ende groß rauskommen. 18 Aber die ganzen Plastikgötter sind dann total out, keiner wird sich mehr um die kümmern. 19 An dem Tag, an dem Gott anfängt, auf der Erde den Punk abgehen zu lassen, wird man sich in Bunkern und Kellern vor ihm verstecken, weil alle Panik vor ihm haben, vor seiner Macht und seiner heftigen Art. 20 Dann werden die Menschen ihre ganzen Plastikgötter aus Kunststoff, Silber oder Gold zur nächsten Müllkippe bringen, wo die ganzen Ratten und Mäuse sind. 21 Die werden sich in dunklen Kellerräumen und U-Bahn-Schächten verstecken, weil sie Schiss vor Gott und seiner oberheftigen Art haben, wenn er ankommt, um die Leute auf der Erde in Panik zu versetzen. 22 Die Menschen könnt ihr echt vergessen. Die sind nicht viel mehr als heiße Luft. Warum sollte man vor denen Respekt haben?

3 Gott wird als Erstes die Führungsschicht plattmachen

1 Gott, der Chef von allem, wird den Leuten, die in Jerusalem und Juda wohnen, alles wegnehmen, was ihnen Sicherheit gegeben hat und worauf sie sich immer verlassen konnten. Die Nahrungsmittelversorgung wird zum Beispiel zusammenbrechen und Trinkwasser wird es auch nicht mehr geben. 2 Alle Stars und Helden, die Generäle der Bundeswehr, die obersten Richter, die Prophetentypen, die Clanchefs, alle Ober-Esoteriker, 3 die Offiziere, die obersten Regierungsbeamten, Therapeuten und Chefärzte, Ober-Astrologen, alle wird er abschaffen. 4 Dann wird er ihnen junge Männer vor die Nase setzen, die ab dann das Sagen haben. Die regieren dann aber so, wie sie gerade lustig sind, ohne vorher groß darüber nachzudenken. 5 Es wird dann überall drunter und drüber gehen, jeder wird gegen jeden kämpfen, ein Nachbar gegen den anderen usw. Jugendliche werden keinen Respekt mehr vor Erwachsenen haben, und Leute von der Straße werden einem Professor ans Bein pinkeln. 6 In der Zeit werden die Brüder einer Familie sich einen ausgucken und zu dem sagen: „Hey, du hast doch noch einen ordentlichen Anzug im Schrank hängen! Wie wäre es, wenn du unser Chef bist? Das ganze Chaos sollst du ab sofort regeln!" 7 Aber seine Antwort wird sein: „Bin ich Uri Geller? Kann ich zaubern? Ich hab auch nichts zu futtern im Kühlschrank, und meine Klamotten sind auch alle schon durch. Mich könnt ihr auf keinen Fall zum Chef machen!" 8 In Jerusalem ist das totale Chaos, und Juda ist am Ende. Sie haben einfach zu viele ätzende Sachen gesagt und auch getan, Dinge, die gegen Gott waren. Es ließ sie völlig kalt, dass Gott der Größte ist. 9 Dass sie dabei auch noch dumme Grimassen schneiden, zeigt nur, dass sie richtig Dreck am Stecken haben. Mit dem ganzen Mist, den sie bauen, geben sie auch noch an. Da wird nichts verheimlicht, es ist im Grunde genauso wie damals in Sodom. Damit machen sie sich selbst kaputt. 10 Den Leuten, die korrekt leben, wird es gutgehen. Die können sich auf dem, was sie in ihrem Leben erreicht haben, voll ausruhen. 11 Aber der Typ, der ohne Gott lebt, sollte echt aufpassen. Denn dem wird es sehr dreckig gehen, er wird so behandelt, wie er andere behandelt hat. 12 „Meine lieben

Leute!", sagt Gott. „Irgendwelche Faschos, Schau-
spieler und Menschen, die euch nur aussaugen wol-
len, sitzen bei euch in der Regierung. Sie verwirren
alle und sorgen dafür, dass ihr nicht mehr die richti-
gen Entscheidungen trefft." 13 Gott hat sich aufge-
stellt, um die Gerichtsverhandlung abzuhalten. Er
wird über alle Menschen ein Urteil fällen. 14 Er
macht mit den Chefs und Ministern von seinen Leu-
ten kurzen Prozess. „Ihr habt die Wirtschaft kaputt
gemacht! Ihr habt euch selbst die fetten Gehälter
überwiesen mit dem Geld, was von den Steuern der
armen Leute reingekommen ist. 15 Seid ihr noch
ganz dicht? Meine Leute macht ihr fertig, und den
Kaputten tretet ihr noch mal anständig in die
Fresse?" Dieser Spruch kam von Gott, dem Chef der
ganzen Welt.

Die arroganten Schlampen in Jerusalem

16 Gott sagte noch: „Achte mal auf die ganzen
Schlampen, die in Jerusalem rumlaufen. Von oben
herab schauen sie auf die Männer. Sie schminken
sich die Augen schön mit Kajalstift und versuchen,
mit ihren aufreizenden Blicken die Jungs im Park zu
verführen." 17 Darum wird Gott dafür sorgen, dass
die alle ganz fiese Schuppen bekommen und dazu
noch Haarausfall. 18–23 Es wird mal ein Tag kom-
men, wo Gott ihnen die ganzen Klamotten einfach
wegnehmen wird. Ihre schicken Schuhe und den
ganzen Schmuck, den sie um den Hals tragen, die
Ohrhänger und Armbänder, die Baseballcaps, die
Kopftücher, die Fußkettchen, die Modegürtel, alle
Parfüms und Deoroller, die Badges, ihre Ringe,
Ohrringe und Piercings, die Designerklamotten,
Jacken und Handtaschen, die Schminkschatulle, die
Satinhemden, die Halstücher, einfach alles. 24 Dann
werden sie nach Gülle riechen anstatt nach Chanel,
statt eines schönen Gürtels haben sie dann ein
Stück Schnur um die Hose. Statt einer Föhnfrisur
mit Strähnchen haben sie dann eine rasierte Glatze
auf dem Kopf. Statt eines Designerkleides haben
sie dann Klamotten aus der Altkleidersammlung an.
Sie werden dann nicht mehr hübsch sein, sondern
hässlich! 25 Die stärksten Männer aus Jerusalem
werden im Krieg sterben, und auch die größten
Helden kommen um. 26 In den Bahnhöfen wird
man überall das Weinen der Frauen hören, die
alleine und einsam irgendwo auf dem Boden sit-
zen.

4 Nach dem Chaos wird es schön

1 Während des ganzen Chaos wird es so sein,
dass auf sieben Frauen nur ein Mann kommt.
Die werden bei den Männern Schlange stehen und
sich gegenseitig überbieten. „Hey, du brauchst für
uns auch kein Geld zu verdienen, das machen wir
selber! Du brauchst uns auch keine Kleider oder
Mäntel zu kaufen. Wir wollen nur, dass du uns hei-
ratest und wir deinen Namen annehmen können.
Bitte hilf uns, es ist so peinlich, keinen Ehemann zu
haben!" 2 Aber dann wird es eine Zeit geben, wo
Gott dafür sorgen wird, dass das ganze Obst und
die Getreidesachen wieder voll gut wachsen und
man eine fette Ernte einfahren kann. Alle werden
sehr stolz dadrauf sein. Auf die Art wird der gute
Ruf der Leute, die noch übrig geblieben sind, wie-
derhergestellt werden. 3 Die Überlebenden in Jerusa-
lem und die Leute, die dann auf dem Zionsberg
wohnen, wird man dann als etwas „ganz, ganz
Besonderes" bezeichnen. Die Namen von den Leu-
ten, die weiterleben werden, stehen alle in der Datei.
4 Gott wird den ganzen Dreck der Bewohner von
Jerusalem abwaschen und die schlimmen Sachen,
die dort gebracht wurden, alle wegspülen. Das
macht er, indem dort einmal anständig alles aufge-
räumt und entmüllt wird. 5 Über dem Berg Zion und
allen Leuten, die sich dort versammelt haben, wird
er dann eine Wolke erscheinen lassen. Diese Wolke
wird tagsüber aus Rauch bestehen, und nachts wird
sie wie ein riesiges Feuer leuchten. Seine krasse Art
wird überall in der Stadt sichtbar werden. 6 Er wird
wie ein großer Schutzschirm sein, der gegen die
heftige Sonne Schatten gibt und wo man sich drun-
ter verstecken kann, wenn ein Gewitter aufzieht
oder ein Orkan aufkommt.

5 Die Leute von Gott sind wie ein Weinberg, der es nicht bringt

1 Hört mal zu, ich, Jesaja, will euch mal ein Lied
vorsingen
über meinen Freund, dabei geht es um folgende
Dinge:
Auf einem fetten Hügel hatte er mal einen Weinberg,
2 er grub den um, machte ihn sauber von Steinen
und Sträucherwerk.
Dann pflanzte er besonders edle Weintrauben dort
an
und baute in der Mitte noch einen Wachturm dran.
Dazu kam noch eine Kelter, um später Wein dort zu
machen.

Jetzt fehlten nur noch gute Weintrauben. Das wär
doch zum Lachen,
wenn er das nicht auch noch hinbekommen würde.
Aber stattdessen gab es nur eklig saure Beeren zur
Ernte.
3 „An alle, die in Jerusalem wohnen, ihr Menschen
von Juda:
Fällt eine Entscheidung zwischen mir und dem da!
4 Was hätte man noch tun können, was nicht schon
ist?
Warum wartete ich auf gute Trauben, und es kam
nur so ein Mist?
Hat es an mir gelegen? War es meine schlechte
Pflege?
Oder kam ich mir selbst ständig ins Gehege?
5 Ich will euch jetzt sagen, was ich mit dem Berg
mache:
Seinen Zaun bau ich ab, und dann sollen die Schafe
und auch die Rinder den ganzen Wein abfressen,
die Aktion sollte man am besten ganz schnell ver-
gessen.
6 Dort soll ab sofort nichts mehr angebaut werden,
das Unkraut kann sich ab heut dort vermehren.
Dornen und Disteln werden jetzt wachsen,
durch Dauerregen werd ich es voll nass machen
lassen.
7 Ihr Israeliten seid der Weinberg von Gott! Die
Männer aus Juda, die findet er gut. Er hofft auf kor-
rekte Gerichtsurteile, aber stattdessen kommen
nur so unkorrekte Teile. Er hoffte immer auf Gerech-
tigkeit, stattdessen gab es nur Zank und Streit.

Wer nicht tut, was Gott will, kriegt was auf die Mütze

8 Die Leute, die sich ein Haus nach dem nächsten
bauen und so viele Grundstücke kaufen, dass der
Markt leer gefegt ist, müssen echt aufpassen! 9 Gott
hat mir was Heftiges zu dem Thema gesagt. Er hat
geschworen, dass diese ganzen großen und schö-
nen Häuser bald leer stehen und verfallen werden.
Die Preise für Häuser und Wohnungen gehen in
den Keller. 10 Es wird bald einen derben Preisverfall
geben, und die Ernten werden schrumpfen. 5000
Quadratmeter Land kriegt man dann schon für
1000 Euro. Und 100 Kilo Getreidesamen bringen
nur noch 50 Kilo an Ernte ein. 11 Den Alkis geht es
auch bald an den Kragen! Wer sich schon morgens
erst mal ein Bier in die Rübe kippt und nachts beim
Kiffen ewige Diskussionen führt, hat ein Problem.
12 Punk, Techno und Housemusic kann man bei die-
sen Partys überall hören, außerdem besaufen sich
dort alle hemmungslos. Aber was Gott für krasse
Sachen in der Welt macht, davon haben sie keinen
Schimmer. 13 Das ist der Grund, warum alle meine
Leute bald in Kriegsgefangenschaft kommen wer-
den. Es fehlt ihnen einfach an Peilung, sie sind nicht
informiert. Auch die oberen Zehntausend werden
dann nichts zu essen haben, und die Masse an
Menschen wird vor Durst fast sterben. 14 Der Tod
wird viele wegreißen, wie ein Tsunami nach einem
starken Seebeben. Und weg sind sie mit all ihrem
Prunk und Luxus, ihren fetten Bankkonten und noch
fetteren Vorstadtvillen in Jerusalem und ihrem ewi-
gen Partygegröle und Abfeiern ohne Ende. 15 Alle
Menschen werden dort auf die Mütze kriegen, es
wird sehr peinlich für sie. Auch den Leuten, die
immer dachten, sie seien die Geilen, wird es nicht
bessergehen. 16 Gott, der Chef über dieses Univer-
sum, wird von oben eine Gerichtsverhandlung
abhalten. Der ganz besondere Gott wird zeigen,
dass er wirklich anders ist, indem er ganz krass für
Gerechtigkeit sorgt. 17 Auf den zerbombten Grund-
stücken werden irgendwann Schafe weiden, und
Ziegen werden sich an den Nahrungsmitteln satt
essen, die von den geflohenen Menschen zurückge-
lassen wurden. 18 Die Leute, die diesen ganzen Mist
provoziert haben, werden von ihrer Scheiße förm-
lich verfolgt, fast so, als hätte man sie mit einem
Gummiband dran festgebunden. 19 Die provozierten
Gott, indem sie sagten: „Jetzt soll der besondere
Gott von Israel endlich seine Sache durchziehen!
Wenn er was machen will, dann soll er mal loslegen!
Er soll sich mal zeigen, damit wir ihn live erleben
können!" 20 Die Leute sollten echt aufpassen, wenn
sie voll fiese Aktionen als okay durchgehen lassen.
Wenn bei denen aus dunkel plötzlich hell, aus
schwarz weiß und aus sauer süß oder aus süß
sauer werden soll, stimmt etwas nicht. 21 Besonders
die müssen sich in Acht nehmen, die immer einen
auf schlau machen und glauben, sie hätten die
Schlauheit mit Löffeln gefressen. 22 Sie sind die
Weltmeister, wenn es um Bierflaschenkonsum pro
Abend geht oder um das Mixen von Cocktails oder
wer den geilsten Joint bauen kann. 23 Wenn solche
Leute als Richter arbeiten, sind sie leicht mit Geld
zu bestechen. Dann werden Schuldige plötzlich frei-
gesprochen und Unschuldige verknackt. 24 Das ist
der Grund, warum sie kaputtgehen wie eine Blume
über einem Feuer. Sie werden verbrannt wie trocke-
nes Stroh, in das man ein Streichholz geworfen hat.
Ihre Wurzeln werden abfaulen und ihre Blüten ver-
gammeln. Sie hatten keinen Bock auf die Gesetze

von Gott, dem Chef über die Armee des Himmels. Seine Warnungen waren ihnen egal. 25 Darum ist Gott supersauer auf seine Leute. Er hat seine Hand gehoben und ihnen eine geklatscht. Die Berge fingen durch ein Erdbeben an zu wackeln, überall lagen ihre Leichen auf der Straße, so als wären sie Sperrmüll. Er ist immer noch sauer, und er holt immer noch aus und wird noch mal zuschlagen. 26 Er wird irgendwo auf der Erde seine Flagge hissen, für alle Menschen sichtbar. Und dann wird er sie von überall herbeipfeifen. Und sie werden sich alle sehr beeilen, um, so schnell es geht, zu ihm zu kommen. 27 Keiner wird schlappmachen, keiner wird umfallen, keiner wird pennen oder rumschlaffen, keiner wird auf dem Weg seine Hose verlieren, und keinem wird ein Schnürsenkel reißen. 28 Ihre Waffen sind geölt, das Zielfernrohr ist eingestellt. Die Autos und Motorräder wurden gewartet. Sie cruisen über die Straßen, und man sieht nur eine Staubwolke hinter ihnen. 29 Wenn man sie hört, klingt das so wie das Knurren von einem gefährlichen Kampfhund. Er knurrt, packt den Gegner mit seinem Gebiss am Nacken und schleift ihn hinter sich her. Keiner traut sich, ihm die Beute zu entreißen. 30 Es wird ein Tag kommen, wo sie über das Land hereinbrechen wie eine große Tsunamiwelle. Überall sieht man dann nur noch Verwüstung, man hat Angst vor dem Dunkeln, und selbst die Sonne wird durch eine schwarze Wolke verdeckt sein.

6 Jesaja erzählt, wie das gekommen ist, dass er ein Prophetentyp wurde

1 Damals, in dem Jahr, als der Präsident Usija gestorben war, passierte etwas total Heftiges mit mir. Ich hatte eine Vision, so einen inneren Film, in der ich Gott gesehen hab, wie er auf dem Chefsessel an seinem gigagroßen Schreibtisch saß. Er hatte dabei einen strahlend hellen Mantel an, der so groß war, dass der ganze Boden von seinem Tempel damit bedeckt wurde. 2 Um ihn herum standen seine Botschafter, solche riesigen Engel! Jedes Exemplar hatte sechs Flügel. Mit zwei davon verdeckte jeder Engel sein Gesicht und mit zwei anderen seine Füße. Die letzten zwei Flügel brauchte er zum Fliegen. 3 Die redeten dabei miteinander und schwärmten die ganze Zeit: „Gott ist so oberheftig! Ja, er ist ganz besonders, er ist total krass, er ist heilig, und er ist der Chef von der ganzen Welt! Man kann überall auf der Erde sehen, dass das so ist!" 4 Nur von ihrer Stimme fing der Türrahmen voll an zu zittern. Und dann wurde der ganze Tempel plötzlich mit weißem Rauch zugenebelt! 5 Ich bekam echt die Panik und fing an zu schreien: „Hilfe! Ich bin verloren! Ich bin voll dreckig! Mein Mund ist versifft, und ich lebe unter Leuten, die alle total versifft sind! Und jetzt hab ich in diesem dreckigen Zustand Gott gesehen, den Chef über das ganze Universum!" 6 Plötzlich flog einer dieser heftigen Engel auf mich zu. In seiner Hand hatte er ein Stück glühende Grillkohle, die er vorher mit einer Zange vom Opfertisch genommen hatte. 7 Mit dieser Kohle berührte er meine Lippen und sagte dabei: „Pass auf, dadurch, dass die glühende Kohle jetzt deinen Mund berührt hat, ist der ganze Mist, den du verbockt hast, jetzt vergessen, vergeben und vorbei."
8 Und dann sprach Gott höchstpersönlich mit mir. Er sagte: „Wer ist bereit, einen Auftrag für mich auszuführen? Wen kann ich losschicken?" Und ich antwortete ihm: „Okay, Gott! Ich mach das! Ich bin bereit dazu! Nimm mich!" 9 „Gut", antwortete er. „Geh zu den Leuten und sag ihnen Folgendes: ‚Ihr habt alle eure Lauscher auf Empfang gestellt, aber verstehen tut ihr gar nichts. Und ihr seht zwar alles und kriegt auch alles mit, und trotzdem kapiert ihr gar nichts.' 10 Dann texte die Leute voll! Schwall ihnen die Ohren zu, so dass sie gar nichts mehr mitbekommen. Sie sollen blind werden, sie sollen es nicht blicken und es nicht verstehen. Sie sollen es einfach nicht kapieren, und deswegen wird sich auch nichts in ihrem Leben ändern können. Denn dann würde es ihnen ja bessergehen, sie würden wieder richtig draufkommen und geheilt werden."
11 „Wie lange willst du das durchziehen?", fragte ich Gott. Und er antwortete: „Bis alle Städte kaputt sind, alle Häuser leer stehen und das ganze Land, in dem sie wohnen, plattgemacht wurde. 12 Ich werde alle Menschen hier rausschmeißen, das ganze Land soll wie leer gefegt sein. 13 Und selbst wenn noch zehn Prozent von ihnen übrig bleiben, werden die nicht lange durchhalten. Sie werden wie eine trockene Wiese einfach abgefackelt. Aber wie bei einer Eiche, die gefällt wurde, wächst am Stumpf wieder ein neuer Zweig raus. Dieser Stumpf ist wie ein ganz besonderer Neustart für diese Leute, den ich selber für sie organisieren werde."

7 Präsident Ahas ist depressiv

1 In der Zeit, als Ahas der Präsident von Juda war, gab es einen Krieg gegen Jerusalem. Ahas war der Sohn von Jotam und ein Enkel von Usija.

Rezin, der Präsident von Syrien, und Pekach, der
Präsident von Israel (ein Sohn von Remalja), griffen
mit ihrer Armee seine Stadt an. Aber sie schafften
es nicht, diesen Krieg zu gewinnen. 2 Als damals im
Präsidentenpalast, den David gebaut hatte, die Mel-
dung gemacht wurde, dass die Truppen aus Syrien
bis zum Gebiet von Efraim vorgerückt waren,
bekam er Angst. Allen Leuten in Jerusalem schlot-
terten voll die Knie. 3 Schließlich sprach Gott mit
Jesaja über die Sache. Er meinte zu ihm: „Geh mal
mit deinem Sohn Schear-Jaschub zum Präsidenten
Ahas. Er ist gerade am Ende der Wasserleitung vom
oberen Teich. Das liegt bei der Straße, die zur Textil-
fabrik führt. 4 Dann sagst du zu Ahas Folgendes:
‚Bleiben Sie locker, Ahas, entspannen Sie sich! Las-
sen Sie sich nicht von der Aggressivität von Rezin
und Pekach provozieren! Die sind nur wie eine qual-
mende Kippe, die bald ausgeht. 5 Syrien und der
Nordstaat Israel planen etwas echt Übles mit dir.
6 Sie sagen: „Lass uns mal in Juda einmarschieren
und ihnen ordentlich Angst einjagen. Dann erobern
wir das ganze Land und machen dort den Sohn von
Tabeal zum neuen Präsidenten!" 7 Aber Gott sagt dir
jetzt, dass das nicht funktionieren wird, es wird
nicht so passieren. 8 Die Hauptstadt von Syrien ist
Damaskus, und der Chef von Damaskus ist ja nur
der Rezin, der nichts draufhat. In 65 Jahren ist die
Sache vorbei, den Nordstaat Israel wird es dann
nicht mehr geben. 9 Die Hauptstadt vom Nordstaat
Israel ist Samaria, und der Chef von Samaria ist ja
nur dieser peinliche Sohn von Remalja, dieser
Pekach. Aber wenn ihr nicht auf Gott setzt und ihm
vertraut, dann wird keiner von euch überleben.'"

Gott hält sein Versprechen

10 Gott hatte Ahas noch mehr zu sagen: 11 „Wenn du
Bock hast, kannst du ja eine Bestätigung dafür for-
dern, irgendein übernatürliches Zeichen oder so.
Wenn du willst, könnte dir irgendein toter Mensch
erscheinen oder auch ein Engel, kannst du dir aus-
suchen!" 12 Aber Ahas meinte: „Nee, keine gute
Idee, ich will Gott nicht herausfordern, und ich will
ihn auch nicht austesten." 13 „Hallo?", sagte Jesaja.
„Es reicht Ihnen und der Präsidentenfamilie vom
David wohl nicht, dass Sie den Menschen auf die
Nerven gehen, jetzt müssen Sie auch noch Gott auf
die Nerven gehen! 14 Gott wird Ihnen eine Bestäti-
gung, ein Zeichen geben! Passen Sie auf, eine junge
Frau, die noch nie mit einem Mann geschlafen hat,
wird schwanger werden. Sie kriegt dann einen Jun-
gen, und der wird den Namen Immanuel bekom-
men. Immanuel bedeutet so viel wie ‚Gott ist bei
uns'. 15 Er wird sich nur von Milch und Toastbrot
ernähren, bis er in der Lage ist, das Gute zu tun und
das Schlechte zu lassen. 16 Bevor das passiert, wird
das Land der beiden Präsidenten, vor denen Sie
jetzt Angst haben, kaputt und am Boden sein.
17 Gott wird organisieren, dass dann auch für Sie,
Ihre Leute und Ihre Familie eine ganz ätzende Zeit
kommen wird. Es wird im ganzen Land so ätzend
sein, wie es noch nie gewesen ist, seit Israel und
Juda nicht mehr ein Staat sind. Dazu wird Gott den
Präsidenten von Assyrien benutzen."

Die Zukunft wird finster

18 Irgendwann wird es eine Zeit geben, wo Gott eure
Feinde zusammenführen wird. Die Gegner, die am
Fluss von Ägypten wohnen, und die, die aus Assy-
rien kommen, wird er versammeln, 19 und sie wer-
den alle kommen und überall wohnen, sogar in der
Kanalisation. Sie werden ihr Lager in den Abbruch-
häusern und Hinterhöfen, den U-Bahn-Schächten
und auf den Parkbänken aufbauen. Sie werden die
Tankstellen überfallen und auch dort leben. 20 Gott
wird dann den Präsidenten von Assyrien wie einen
Friseur benutzen, der euch die Schamhaare, die
Haare auf dem Kopf und auf den Beinen abrasiert.
Das wird sehr peinlich. 21 In der Zeit wird jeder von
euch eine Kuh und zwei Schafe halten können,
mehr nicht. 22 Ihr werdet euch von Milch und Toast-
brot ernähren müssen, sonst wird es nichts mehr
zu essen geben. 23 Dann wird es so sein, dass man
von seinem Weinberg nichts mehr ernten kann, das
gilt auch für die ganz großen Weinberge mit tau-
send Pflanzen drauf, wo jede einzelne 130 Euro wert
war. Diese Weinberge werden von Brennnesseln
und Disteln voll zugewachsen sein. 24 Überall im
Land werden sich die Brennnesseln und Disteln wie
blöd vermehren. Der einzige Grund, um dort mal
hinzufahren, ist, weil man dort auf die Jagd gehen
will, um vielleicht was zu essen zu bekommen.
25 Selbst die Felder, die auf den Bergen liegen, wird
man nicht mehr beackern, weil man so viel Schiss
vor den Brennnesseln und Distelbüschen hat.
Irgendwann werden dort Rinder grasen, und Schafe
werden die Weinpflanzen zertreten.

8

Der Prophetentyp bekommt einen Sohn

1 Jetzt kommt ein Bericht von Jesaja: Gott redete
mal wieder mit mir. Er sagte: „Jesaja? Organi-
sier dir mal ein großes Blatt Papier und einen

Edding. Schreib da Folgendes drauf: ‚Schnelle Kohle, gleich geklaut!'" 2 Nachdem ich das gemacht hatte, ging ich mit dem Papier zu zwei Priestern, nämlich Uria und Secharja (aus der Familie von Jeberechja), auf die man sich echt verlassen konnte. Sie sollten einfach bestätigen, dass dieser Propheten-Spruch wirklich von Gott war. 3 Als ich das nächste Mal mit meiner Frau schlief, wurde sie schwanger. Meine Frau war übrigens auch eine Prophetin. Neun Monate später bekam sie unseren Sohn. Gott sagte mir, dass ich ihm unbedingt den Namen „Schnelle Kohle, gleich geklaut!" geben sollte. 4 „Bevor dein Sohn ‚Mama' und ‚Papa' sagen kann, wird sämtliches Geld aus Damaskus und die ganze Kohle aus Samaria vom Präsidenten aus Assyrien im Krieg erbeutet werden." 5 Gott redete weiter mit mir: 6 „Diese Leute haben keine Lust mehr auf das saubere Wasser, was aus den eigenen Rohren vom Schiloachkanal in die Stadt läuft. Sie wollen wohl lieber Rezin oder Pekach, diesen Sohn von Remalja, als ihren Präsidenten haben, anstatt einen Mann, der aus ihren eigenen Reihen kommt. 7 Darum werde ich jetzt mit einer mächtigen Armee wie ein Tsunami über sie rüberschwappen. Der Präsident von Assyrien wird mit seinem ganzen Heer kommen wie eine gigantisch große Welle. 8 Diese Welle wird auch über Juda drüberfegen, es überschwemmen und überfluten. Das Wasser wird ihnen bis zum Hals stehen, und es wird sich auf der ganzen Fläche ausbreiten." Gott, hilf uns! 9 Ich rufe zu allen Völkern: Aufwachen! Passt auf! Macht euch bereit, kriegt Angst, nehmt eure Waffen! 10 Ihr könnt jetzt die tollsten Pläne schmieden, davon wird eh nichts funktionieren. Diskutiert nur wieder über einen neuen Beschluss, aber der wird eh nicht zustande kommen. Gott ist nämlich auf unserer Seite.

Gott warnt den Prophetentypen

11 Gott warnte mich davor, es den Leuten nachzumachen. 12 Nicht alles, was nach einer Verschwörung aussieht, ist auch eine, auch wenn es die Leute dafür halten. Wovor sie alle Schiss haben, davor braucht ihr euch nicht zu fürchten. 13 Der Einzige, vor dem ihr Respekt haben sollt, das ist Gott! Behandelt ihn wie etwas ganz Besonderes. 14 Er ist eine Falle, die man erst sieht, wenn man reingelaufen ist. Aber auch einer, über den man sich streiten wird, weil er provoziert. Die beiden Staaten Israel und Juda werden in diese Falle reintreten, sogar die Einwohner von Jerusalem. 15 Viele werden stolpern und werden sich mit ihren Füßen in Stricken verheddern. Sie werden unfrei, sie werden auf die Fresse fallen und sich die Knochen dabei brechen.

Gott fragen und nicht die Toten

16 Ich will die Warnungen von Gott ernst nehmen. Ich will sie sorgfältig aufschreiben und sie meinen Schülern beibringen. Sie sollen die dann abspeichern und die Daten sichern und aufbewahren. 17 Ich will auf Gott warten, der zurzeit nicht bei seinen Leuten wohnt. Er versteckt sich, aber ich hoffe, dass er bald wieder da ist. 18 Passt auf, Gott hat mich und meine Kinder zu Leuten gemacht, die für Israel wie eine Nachricht von Gott samt Unterschrift sind. Eine Nachricht von dem Gott, der der Chef der Welt ist und der auf dem Berg Zion wohnt. 19 Wenn die Leute euch auffordern, doch mal eine spiritistische Sitzung anzuzetteln und mal mit ein paar Geistern von Toten zu labern, dann müsst ihr Folgendes antworten: „Wäre es nicht viel besser, wenn unser Volk seinen Gott befragt? Soll das etwa eine gute Idee sein, wenn man tote Menschen befragt, wenn es um Probleme von lebenden Menschen geht?" 20 Haltet euch an das, was ich euch gesagt habe, beachtet diese Warnung! Wer das nicht tut, könnte morgen schon tot sein.

Wer nicht mehr weiterweiß, darf hoffen

21 Depressiv und mit knurrenden Mägen leben sie auf der Straße und ziehen um die Häuser. Es kann passieren, dass man vor Hunger ausrastet und dass man der Regierung, oder sogar Gott, die Krätze an den Hals wünscht. 22 Die sehen sich um und schauen auf die Erde, aber überall ist nur vollkommene Hoffnungslosigkeit, nur Probleme, alles schwarz und dunkel. Da ist man jetzt also gelandet. 23 Doch wenn es einem schlechtgeht, kommt der da auch wieder raus. Genauso hat Gott die Leute von Naftali und Sebulon in eine voll peinliche Situation gebracht, aber irgendwann wird er die Leute am Meer und in Galiläa wieder groß rausbringen.

9 Gott verspricht, dass ein Kind geboren wird, das alles gutmachen wird

1 Menschen, die im Dunkeln tappen, werden plötzlich ein krasses Licht sehen. Leute, die dort wohnen, wo es richtig finster ist, sehen plötzlich was ganz Helles über sich. 2 Gott, du sorgst dafür, dass sie abgehen vor Freude. Die machen 'ne Party,

so als hätte der Lieblingsverein überraschend die Meisterschaft gewonnen. Sie freuen sich so, als hätten sie sechs Richtige im Lotto. 3 Denn du hast sie befreit, sie müssen die schweren Lasten plötzlich nicht mehr mit sich rumschleppen. Die Peitsche, mit der sie den ganzen Tag rumgescheucht wurden, hast du kaputt gemacht. Du machst es genauso wie damals mit den Midianitern. 4 Die Stiefel von den Soldaten, mit denen sie laut die Straße entlangmarschiert sind, werden jetzt im Feuer verbrannt. Auch die Uniformen, alle noch voller Blut, werden verbrannt. 5 Es wird nämlich ein Baby geboren, das der zukünftige Präsident sein wird. Der wird in Zukunft das Sagen haben. Und dieser Präsident hat viele ganz besondere Namen. Er heißt: Der, der immer einen guten Tipp hat, heftiger Gott, Chef über die Zeit, Friedensbringer. 6 Er hat die absolute Macht, und dieser Frieden, für den er sorgen wird, der wird nie aufhören. Auch seine Regierungszeit kann nie aufhören, sie läuft ewig weiter. Er wird vom selben Chefsessel aus wie der Präsident David über sein Land regieren. Er wird es stabil und fest machen und er wird für Gerechtigkeit sorgen. Er regiert korrekt. Gott, der Chef vom Universum, ist da voll heiß drauf, er will das unbedingt tun.

Gott bestraft den Nordstaat Israel

7 Gott hat einen Spruch gegen die Israeliten gesagt, und der Nordstaat Israel wird es zuerst zu spüren bekommen. 8 Alle kapieren das, auch die Leute vom Nordstaat Israel und die Menschen, die in der Hauptstadt Samaria wohnen. Trotzdem sind sie voll stolz, sie denken, sie wären die Obergeilen. Sie behaupten: 9 „Die Häuser sind zwar eingestürzt, aber egal, wir bauen sie schon wieder auf. Die Balken aus Buchenholz wurden zersägt, aber egal, wir setzen da Kiefernholz ein.“ 10 Aber Gott wird ihre Feinde gegen sie aufbringen, er macht die voll aggressiv, er macht sie stark. 11 Aus dem Osten kommen die Syrer und aus dem Westen die Philister. Sie werden sich den Magen vollschlagen an Israel. Gott wird aber weiterhin sauer sein, er gibt sich damit nicht zufrieden. Er holt weiter aus, um ihnen eins überzubraten. 12 Trotzdem machen seine Leute einfach weiter wie bisher, sie ändern sich nicht. Gott schlägt ihnen in die Fresse, aber sie drehen sich nicht mal um und fragen nicht danach, was das soll und was er denn eigentlich will.

13 Darum hat Gott dem Nordstaat Israel den Kopf abgerissen und das Hinterteil abgeschnitten. An einem Tag waren plötzlich oben die Blätter und unten die Wurzeln weg. 14 Der Kopf bzw. die Blätter waren die Chefs im Volk und die Leute, die Einfluss hatten. Die Prophetentypen, die nur Schwachsinn erzählt haben, waren das Hinterteil bzw. die Wurzel. 15 Die Menschen, die euch führen sollten, verführten euch dazu, Mist zu bauen, und jetzt sind alle total verwirrt. 16 Darum wird Gott nicht nett mit ihren jungen Männern umgehen. Er wird sich auch nicht um die Hartz-IV-Empfänger und die einsamen Menschen, die keinen mehr haben, kümmern. Die haben nämlich alle keinen Bock mehr auf Gott. Sie reden nur Müll und bauen ständig Scheiße. Deshalb ist Gott supersauer. 17 Ohne Gott zu leben scheint irgendwie modern zu werden, es breitet sich aus wie eine Grippe, es steckt alles an, was in die Nähe kommt. Man kann es auch mit einem Waldbrand vergleichen, der alle Brombeer- und Brennnesselsträucher in der Umgebung abfackelt, und der Rauch wirbelt nach oben in die Luft. 18 Weil der Gott, der über dieses Universum das Sagen hat, so megasauer ist, verbrennt das ganze Land. Die Menschen sind wie Stroh geworden, das sofort Feuer fängt, und keiner hat Mitleid mit den anderen. 19 Nach allen Seiten wird gebissen. Von überall organisiert man sich was zu essen und wird trotzdem nicht satt. Jeder klaut sich das Steak vom Teller seines Nachbarn. 20 Der Familienstamm Manasse greift sich Efraim, Efraim greift sich Manasse, und dann tun sie sich zusammen und greifen sich Juda. Aber Gott hört nicht auf, sauer zu sein, er holt immer noch aus, um gleich wieder voll zuzuschlagen.

10

Eine Warnung

1 Die Leute, die ätzende Gesetze erlassen, müssen echt aufpassen! Wer beknackte Vorschriften macht, sollte vorsichtig sein! 2 Dadurch werden Hartz-IV-Empfänger unkorrekt behandelt und Menschen, die eigentlich Hilfe bräuchten, abgezockt. Frauen, deren Ehemann gestorben ist, und Kinder ohne Eltern werden auf die Art ausgeraubt. 3 Was wollt ihr denn machen, wenn der Tag da ist, an dem abgerechnet wird? Was geht, wenn das große Donnerwetter aufzieht? Wohin wollt ihr euch dann verziehen? Wer wird euch helfen? Bei wem könnt ihr eure Kohle verstecken? 4 Man wird sich nur noch zwischen Knast und Tod entscheiden können. Aber Gott bleibt dabei so oder so sauer, das wird nicht weniger werden, und er wird sie auch weiter bestrafen.

Assyrien übertreibt es

5 Gott sagt: „Pass bloß auf, Assyrien, jetzt geht es dir richtig an den Kragen! Du wurdest von mir benutzt, um andere zu bestrafen! 6 Ich hab etwas gegen Länder unternommen, die ohne mich leben. Diese Länder haben mich provoziert. Und deswegen dürfen die Assyrer diese Leute jetzt abzocken, sie dürfen gegen die gewinnen, sie dürfen die kaputt machen, sie dürfen das Land behandeln wie einen Hundehaufen, der auf der Straße liegt. 7 Der Chef von den Assyrern hat es aber nicht so ganz geschnallt, und er dachte sich: ‚Warum nicht gleich noch mehr Völker plattmachen? 8 Alle Offiziere in meiner Armee könnten eigentlich Präsidenten von einem Land werden! 9 Kann man Kalne nicht mit Karkemisch vergleichen, Hamat nicht mit Arpad, Samaria nicht mit Damaskus? 10 Ich habe diese ganzen Länder eingenommen, obwohl dort mehr Plastikgötter rumstehen als in Samaria und Jerusalem zusammen! 11 So wie ich Samaria und seine Plastikgötter kaputt gemacht habe, werde ich auch Jerusalem und seine Plastikgötter kaputt machen!'"
12 Gott wird aber, wenn er das zu Ende gebracht hat, was er sich für Jerusalem und den Berg Zion vorgenommen hat, mit dem arroganten Präsidenten von Assyrien kurzen Prozess machen, er wird diesem stolzen Gockel zeigen, wo der Hammer hängt.
13 Der hat zum Beispiel so was gesagt wie: „Weil ich der große Held bin, hab ich das alles geschafft! Nur weil ich so schlau bin, konnten wir die anderen Völker besiegen und ausrauben! Ich habe alle Grenzen plattgemacht, hab alle ausgeraubt und alle Bewohner kaputt gemacht. Ich bin wie der Terminator.
14 Wie ein Dieb eine Brieftasche klaut, hab ich den Völkern ihre ganze Kohle gezockt. Wie jemand die Eier aus dem Nest von einem Vogel aufsammelt, so habe ich viele Länder eingesammelt. Es gab keinen, der sich dabei gewehrt hätte, der die Eier verteidigt hätte, der das Maul aufgemacht hätte, um zu schreien." 15 Kann der Akkubohrer den Lauten machen und bei dem angeben, der ihn gebraucht? Kann die Stichsäge sich für wichtiger halten als der, der sie in der Hand hält? Das wäre ja fast so, als würde das Brett sich selbst unter der Säge bewegen. Oder noch besser, als ob ein totes Stück Holz einen lebendigen Menschen dazu bringt, sich zu bewegen! 16 Darum wird Gott, der Chef über die ganze Welt, eine üble Schweinegrippe nach Assyrien schicken, die dafür sorgt, dass dieses reiche Land bluten muss. Er wird das vor lauter Reichtum protzende Land mit einem Feuer anstecken, das alles abfackeln wird. 17 Der Gott der Israeliten, der bei ihnen das Licht macht, wird zu einer Stichflamme. Er wird die Brennnesseln und Disteln anzünden und an einem Tag verbrennen. 18 Die wunderschönen Wälder und leckeren Obstplantagen werden komplett kaputt gemacht, da bleibt kein Blatt mehr übrig. Es wird so sein wie ein todkranker Mensch, der in seinem Bett liegt und langsam stirbt. 19 Den Rest von den Bäumen, die mal in dem großen Wald standen, wird man an einer Hand abzählen können. Es werden so wenige sein, dass sogar ein Kleinkind sie zählen könnte.

Ein Rest von den Israeliten wird gerettet

20 Es wird einen Tag geben, da wird der Rest, der von Israel noch übrig geblieben ist, sich nicht mehr auf Assyrien stützen müssen. Die Leute, die sie mal fertiggemacht haben, brauchen sie dann nicht mehr. Dann werden sie sich nur noch auf Gott stützen, der besondere Gott von Israel, und sie werden ihm treu sein. 21 Ein kleiner Rest wird zurückkehren, die Leute von Israel, die noch übrig geblieben sind, die werden alles wieder mit ihrem heftigen Gott durchziehen. 22 Israel, selbst wenn du noch Millionen von Leuten hättest, so viele, wie Sandkörner am Strand liegen, es würden nur wenige sein, die zurückkehren. Es ist beschlossene Sache, dass dein Ding zu Ende geht. Es wird so übel sein wie ein Tsunami, der alles kaputt macht. Aber es wird korrekt sein, dass es so passiert. 23 Gott hat es sich ganz fest vorgenommen, dich komplett kaputt zu machen. Vor den Augen von allen Menschen auf der Erde will er das durchziehen.

Vor Assyrien braucht ihr keinen Schiss zu haben!

24 Der Gott, der über das ganze Universum das Sagen hat, sagt euch Folgendes: „Das geht an alle Leute, die auf dem Berg von Zion wohnen: Ihr braucht keine Angst vor den Assyrern zu haben, selbst wenn die euch genauso ärgern, wie das die Ägypter früher auch gemacht haben. 25 Es dauert nicht mehr lange, dann bin ich nicht mehr sauer auf euch. Und dann werde ich nur noch aggro gegen Assyrien sein und die kaputt machen. 26 Ich, der Chef vom ganzen Universum, werde den Assyrern eins überbraten. Es wird genauso laufen, wie ich es damals bei den Midianitern gebracht habe, am Fels Oreb. Ich werde im richtigen Augenblick meinen Stock über das Meer halten, wie ich es damals bei den Ägyptern auch gemacht habe. 27 An dem Tag wird der ganze Druck, den ihr von den

Assyrern habt, von euch genommen. Mit den gan-
zen Problemen, die von denen kommen, ist dann
Schluss."

Die feindliche Armee rückt gegen Jerusalem an

28 Die Assyrer überfallen Aja, ziehen mit ihrer Armee
durch Migron, lassen ihr Gepäck in Michmas,
29 marschieren durch das Tal und pennen in Geba.
In der Stadt Rama zittern alle vor Angst, und die
Menschen fliehen alle aus Gibea, wo Saul früher
mal gewohnt hat. 30 Fang an zu kreischen, Frau Gal-
lim. Hör mal zu, Lajescha! Du arme Anatot! 31 Die
Menschen von Madmena fliehen, die Leute aus der
Stadt Gebim bringen sich in Sicherheit. 32 Schon
heute Nacht steht der Feind mit seiner Armee in
Nob. Er setzt zum Angriff gegen Jerusalem an,
gegen den Berg Zion. 33 Passt mal auf, wie Gott, der
Chef über dieses Universum, mit einem heftigen
Knall die ganzen Äste von den Bäumen weghaut.
Die großen Bäume werden niedergemäht oder
umgehauen. 34 Der dichtbewachsene Wald wird
abgeholzt, der schöne Libanonwald wird vom hefti-
gen Gott zu Kleinholz verarbeitet.

11

Eine Zeit, in der Gott mit den Menschen Frieden macht

1 Der Familienstamm Isai ist wie ein abgesäg-
ter Baumstumpf. Isai war ja der Vater vom großen
Präsidenten David gewesen. Aber aus diesem
Baumstumpf wächst jetzt ein neuer Zweig raus, das
heißt, in dieser Familie wird ein neuer Mensch
geboren. 2 Die Kraft von Gott wird in diesem Men-
schen sein, eine Kraft, die alle Fragen beantworten
kann, die schlau ist, die für jedes Problem eine
Lösung hat, die sehr viel Power hat und die voller
Respekt vor Gott ist. 3 Dieser Mensch steht voll
dadrauf, das zu tun, was Gott will. Er hat den
Durchblick, er sieht nicht nur das, was man von
außen erkennen kann, und er wird niemanden ein-
fach so verurteilen, weil ihm irgendjemand etwas
über diesen Menschen erzählt hat. 4 Er wird den
Kaputten helfen, er sorgt dafür, dass sie korrekt
behandelt werden. Was er sagt, wird dafür sorgen,
dass die Leute, die in diesem Land leben, wieder ihr
Recht bekommen. Wenn er jemanden entdeckt, der
gewalttätig ist, dann wird dieser nur durch einen
Satz aus dem Mund dieses besonderen Menschen
schon tot umfallen. 5 Dieser Typ ist so oberkorrekt,
als würde er sich die Korrektheit jeden Morgen wie
eine Jacke überziehen. Und er ist so ultratreu, als
würde er Treue wie einen Gürtel an seiner Hose
haben. 6 Wenn er dann regiert, werden die folgen-
den Sachen passieren: Der Pitbull wird mit einer
Katze auf dem Sofa liegen, und beide werden sich
nicht anzecken. Der Dackel wird neben dem Kanin-
chen liegen und wird sich mit ihm anfreunden. Die
Babys von einer Kuh werden mit den Babys von
einem Löwen im selben Stall aufwachsen, und ein
kleiner Junge wird sich in den Stall trauen, um alle
zu füttern. 7 Katzen und Mäuse, Kühe und Bären
werden nebeneinander was zu fressen kriegen, und
ihre Kinder werden sogar miteinander spielen.
Kampfhunde oder Löwen werden sich nur noch von
Grünzeug ernähren, genau so, wie die Kühe es ja
immer schon taten. 8 Babys werden mit Giftschlan-
gen spielen, kleine Kinder könnten ihre Hand in
das Maul von einem Löwen stecken, und er wird
ihnen nichts tun. 9 Auf dem besonderen Berg, dem
Berg Zion, werden keine krummen Dinger mehr
gedreht werden. Überall werden die Leute ganz viel
Schnall von Gott haben. So, wie im Meer überall
Wasser ist, wird man überall kapieren, was Gott
will. 10 Wenn diese Zeit angebrochen ist, wird dieser
Mensch aus dem Familienstamm Isai wie eine
Fahne für alle Nationen sichtbar sein. Die Leute
werden ankommen, um ihn zu besuchen und sich
bei ihm Hilfe zu holen. Dort, wo er wohnt, wird
es heftig sein, es wird da eine sehr gottmäßige Aus-
strahlung geben.

Die Leute, welche weggeführt wurden, kommen nach Hause

11 In dieser Zeit wird noch was passieren. Gott legt
noch einmal los, weil er den Rest von seinen Leu-
ten rausholen will, die nach Assyrien, Ägypten, Äthi-
opien, Elam, Babylonien und nach Hamat, bis hin
zu den weit entfernten Küsten verschleppt wurden.
12 Gott wird als Zeichen für die ganze Welt eine
Flagge aufstellen. Er bringt die Leute von Israel und
Juda wieder zusammen, die über die ganze Welt
verstreut sind. 13 Dann ist der Zoff zwischen Efraim
und Juda endlich begraben. Efraim wird nicht mehr
neidisch auf Juda sein, und Juda wird nichts mehr
gegen Efraim unternehmen. 14 Sie tun sich zusam-
men und werden gemeinsam mit ihren Armeen
gegen die Philister kämpfen, die am Berghang woh-
nen. Sie werden die Völker, die im Osten leben,
zusammen ausrauben. Sie greifen sich Edom und
Moab, und die Ammoniter müssen ihnen am Ende
auch gehorchen. 15 Gott wird dafür sorgen, dass das
Meer bei Ägypten verschwindet. Er wird einmal

seine Hand über die Quelle halten oder er pustet einmal ganz heftig gegen die Bäche, und sie trocknen so aus, dass man durch das Flussbett gehen kann, ohne nasse Füße zu bekommen. 16 So wird eine Straße entstehen, die der Rest von seinen Leuten benutzen kann, die die Gefangenschaft in Assyrien überlebt haben. Es wird genauso passieren wie damals in Ägypten, als Israel von dort abgehauen war.

12 Danke, Gott

1 An diesem Tag wird man Folgendes hören können: „Yes, Gott, vielen Dank! Du bist der Größte! Ja, du warst richtig sauer auf mich. Bitte, sei nicht mehr sauer, ich brauch dich jetzt. Bitte tröste mich! 2 Gott ist der Einzige, der mir wirklich helfen kann! Ich vertraue ihm hundertprozentig. Ich habe keine Angst mehr! Gott, der Chef, gibt mir Kraft, er ist meine Kraft. Und er gibt mir einen neuen Song, meinen ganz eigenen Song. Er hat mir geholfen. 3 Ihr werdet ohne Ende kostenlos leckere Drinks bekommen, und zwar an der Bar, wo es die Sachen zu trinken gibt, die einen gesund machen.“ 4 An dem Tag werdet ihr sagen: „Gott ist genial! Sprayt seinen Namen an jede Wand! Erzählt überall von ihm und erzählt, was für geniale Sachen er gebracht hat. Sagt allen, wie gigantisch groß Gott ist! 5 Spielt Songs für Gott, rappt Lieder, um ihn groß rauszubringen. Er hat aber geile Sachen gebracht. Davon soll man auf der ganzen Welt reden. 6 Macht Party, jubelt, so laut ihr könnt, macht eine La-Ola-Welle! Das geht an die Leute, die in der Zionsstadt wohnen. Der Gott, der mitten unter euch lebt, ist gigantisch. Er ist der ganz besondere Gott von Israel.“

13 Ansage: Babylon wird kaputtgehen

1 Schließlich redete Gott zu Jesaja über die Stadt Babylon: 2 „Stellt eine Fahne oben auf einen Berg, wo gerade nichts wächst. Dann schaltet große Anzeigen in allen Zeitungen und zieht die Freiwilligen zum Wehrdienst in die Kasernen ein. 3 Ich habe alle Männer, die sich mir ganz radikal zur Verfügung gestellt haben, zusammengerufen. Alle meine Helden, die mir zugejubelt haben, sollen kommen und mein Urteil durchziehen.“ 4 Hört ihr das auch? Das laute Dröhnen, was da vom Berg herkommt? Es sind sehr viele Soldaten, von allen möglichen Nationen. Gott hat sein Heer zusammengerufen und zieht gerade die Musterung durch. 5 Sie kommen zum Teil vom anderen Ende der Erde. Es ist Gott, der mit Waffen anrückt, weil er sauer ist. Er wird das ganze Land kaputt machen. 6 Heult nur rum. Denn der besondere Tag, den Gott bestimmt hat, ist jetzt gekommen. Er wird alles plattmachen. Für Gott ist alles möglich. 7 Darum werden alle Menschen abschlaffen und weiche Knie bekommen. 8 Sie werden total fertig sein. Dazu bekommen sie Muskelkrämpfe und schlimme Magenschmerzen. Sie werden sich vor Schmerzen krümmen, wie eine Frau, die gerade ein Baby bekommt. Ohne Peilung starren sie sich nur noch an, ihre Gesichter werden glühen. 9 Jetzt ist er da, der letzte Tag, wo abgerechnet wird. Er wird hart sein, grausam und heftig. Die ganze Erde wird komplett abgefackelt, er löscht überall das Leben aus, und alle Menschen, die nicht das tun, was Gott wollte, werden sterben. 10 Es wird keine Sterne mehr geben, die am Himmel funkeln. Auch den Großen Wagen oder den Orion wird man nicht mehr am Himmel sehen können. Die Sonne wird zwar aufgehen, aber sie hat keine Kraft mehr, sie leuchtet nicht mehr, sie ist ausgegangen. Darum wird der Mond auch nicht mehr leuchten können. 11 „Ich werde die ganze Erde bestrafen, weil sie überall total link drauf sind. Die Leute, die ohne mich, ihren Gott, leben, werden ihre Schulden bezahlen müssen. Die Menschen, die immer dachten, sie wären die Geilen, werde ich von ihrem Sockel runterholen. Die Arroganz der Anführer von Regimen werde ich komplett runtermachen. 12 Von den Menschen werde ich nur ein paar übrig lassen. Sie werden so selten sein wie besonders reines Gold. Es wird noch weniger Menschen geben als Gold aus der Gegend von Ofir. 13 Darum wird es im Universum mal so richtig knallen. Es wird derbe Erdbeben geben, weil ich, Gott, total sauer bin.“ Wenn Gott loslegt, wird sogar die Erde aus ihrer Umlaufbahn rausgeschleudert. 14 Wie aufgescheuchte Kaninchen oder wie eine Herde von Schafen, die keinen Hirten hat, so wird jeder seine Sachen packen und in das Land fliehen, wo er ursprünglich mal herkam. 15 Wer auf der Flucht gefasst wird, wird erschossen oder erstochen werden, je nachdem. 16 Man wird vor ihren Augen die eigenen Kinder töten. Ihre Häuser und Wohnungen werden geplündert, und ihre Frauen vergewaltigt man. 17 Gott sagt: „Ich werde die Armee von den Medern losschicken. Denen ist Geld egal, die kann man nicht bestechen. 18 Mit ihren Gewehren werden sie sogar Kinder erschießen. Sie werden keine Rück-

sicht auf Schwangere nehmen, es macht ihnen nichts aus, sogar Babys zu ermorden.“ 19 So wird es Babylon am Ende genauso gehen, wie Gott es mit Sodom und Gomorrha auch gemacht hat. Das Schmuckstück vom ganzen Land, die schönste Stadt der Babylonier, wird komplett plattgemacht. 20 Sie wird so kaputt sein, dass man dort nie wieder wohnen kann. Nie mehr werden sich dort Menschen ansiedeln. Es wird auch keinen Zeltplatz dort geben, keine Feriensiedlung oder sonst was. Und Hirten werden ihre Schafe dort auch nicht mehr hinführen. 21 Nur Tiere, die sowieso in der Wüste leben, können es dort aushalten. Die zerfallenen Häuser werden von Elstern bewohnt. Nur noch Ratten und Mäuse werden dann dort Partys feiern. 22 Ausgesetzte Hunde werden in den leeren Regierungsgebäuden in die Ecken pissen. In den Villen wird es überall nach Urin stinken, weil dort die Hunde wohnen. Babylons Zeit ist bald abgelaufen. Es gibt keine Verlängerung.

14

Der babylonische Diktator wird gestürzt

1 Gott wird den Israeliten noch eine Chance geben. Weil er sie so sehr liebt, wird er sie noch einmal auswählen. Er wird sie in sein Land zurückbringen. Ausländer werden Asyl bei ihnen beantragen und es bekommen. 2 Andere Völker werden da sein und ihnen helfen, wieder nach Hause zu kommen. Sobald sie da sind, werden die Israeliten diese Leute einstellen, und die werden für sie arbeiten. Die Leute, von denen die Israeliten damals verknackt wurden, werden jetzt selbst verknackt. Wer früher über Israel das Sagen hatte, wird dann von ihnen beherrscht werden. 3 Gott wird Israel befreien! Er wird dafür sorgen, dass sie endlich Frieden haben nach dem ganzen Ätzkram und dem Ärger, den sie durchmachen mussten, weil man sie dazu gezwungen hat. 4 Israel wird am Tag der Befreiung ein Lied singen, in dem über den Präsidenten von Babylonien abgelästert wird:

„Der Typ, der uns fertiggemacht hat, ist jetzt selbst am Boden.
Wegen seinem ständigen Druck kriegt er heute auf die Hoden.
5 Gott hat die Macht der Menschen gebrochen.
Die ohne ihn regieren, kommen jetzt gekrochen.
6 Ohne Ende hat er die Völker geschlagen,
Nationen einfach eins übergebraten.
7 Jetzt ist es peacig auf der Erde, alles freut sich,
8 auch der Fliederbaum freut sich über dich.
Genauso die Zedern aus dem Libanon
sagen: ‚Hey, was macht das schon:
Seitdem du da bist,
haben wir Schonfrist.‘
9 In der Hölle geht gerade der Punk ab.
Man macht sich klar, weil du dich angekündigt hast.
Die Toten werden deinetwegen aufgeweckt,
die Herrscher, denen man früher die Füße geleckt.
Es erschrecken die Präsidenten,
und die Völker sind voll Entsetzen.
Alle springen auf von ihren erhabenen Plätzen.
10 Alle fangen an, das Gleiche zu dir zu sagen:
‚Du bist genauso fertig wie wir, die sich hier plagen!‘
11 Mitgestorben ist auch deine ganze Pracht,
deine E-Gitarre, der Sound haben hier keine Macht.
Deine Matratze besteht aus weißen Maden,
die Würmer an der Decke schlagen auch auf den Magen.
12 Wie konnte das passieren, dass ein Star so gestürzt ist?
Früher warst du mal ein General, der Nationen zu Boden riss.
13 Du hattest dir ganz fest vorgenommen:
‚Ich werde bis ganz nach oben kommen!‘
Ich werde dort oben mir einen Chefsessel hinstellen,
ich will ganz nach oben, dort kann mich niemand mehr prellen.
Ganz im Norden setz ich mich auf den Berg,
14 ich will mein Büro über den Wolken, ganz derb.
Dort oben bin ich auf einer Stufe mit Gott!
15 Doch Gott machte die Idee gleich zu Schrott,
Du wurdest nach unten in die Unterwelt gestoßen,
wo die Toten und ihre Freunde wohnen.
16 Die Leute, die dich ansehen, sie checken dich ab:
‚Ist das der Mann, der ganze Länder hielt auf Trab?
Der mit seiner Macht die Erde zum Beben brachte?
Der viele Präsidenten zu Kleinholz machte?
17 Hat der nicht auf die ganze Welt geschissen?
War er es, der die Städte niedergerissen?
Hat er nie einen Gefangenen entlassen?‘
18 Beim Grab der Präsidenten ging's ‚Hoch die Tassen‘,
ihr Begräbnis wurde respektvoll gehalten.
19 Dein Sarg liegt aber bei den Müllanstalten.
Wie 'n alter Besenstiel, wie 'ne vergammelte Ratte,
auf der man rumtritt, wie auf 'ner Fußmatte.
Über dir liegen noch tote Soldaten.
20 Aber du wirst nicht wie die anderen Toten begraben,

du kriegst weder Grabmal noch eine Gruft,
hast dein Land volle Kanne an die Wand gefahren,
dein eigenes Volk umgebracht, du mieser, elender
Schuft.
Du und deine Familie, ihr brachtet nur Tod und Ver-
derben,
drum sollt ihr für immer vergessen werden.
21 Die Söhne vom Präsidenten sollen auch sterben.
Sie müssen bezahlen für den Mist ihrer Eltern,
sie sollten nicht noch mal die Erde bevölkern.
Auch aus den Städten sollen sie sich raushalten.
22 ‚Ich werde mich nicht lange mit ihnen aufhalten,
ich mach sie kaputt', so sagt es der Chef,
‚Babylon mach ich fertig, den ganzen Überrest.
Keine Kinder bekommen sie ab jetzt, ratzfatz.
23 Ich mach aus Babylon einen Müllplatz.
Dort wohnen nur Ratten, ich werde dort alles
räumen,
werde es ausfegen mit dem Besen der Alpträume.'
Diese Ansage kam von dem gigantischen Gott,
dem Chef über die Armeen aus dem Himmels-
Pott."

Assyrien wird kaputt gemacht

24 Gott hat sich eins ganz fest vorgenommen: „Es
bleibt dabei, was ich mal gesagt habe, zieh ich
auch durch. Was ich beschlossen hab, wird auch
gemacht. 25 Ich zerstöre die Macht von Assyrien. Ich
werde sie plattmachen, auf sie treten, auf die Assy-
rer, die auf meinem Land und meinen Bergen sind.
Dann werden sie meine Leute nicht mehr länger zu
allen möglichen Sachen zwingen können. Diese
Belastung wird von ihnen genommen." 26 Das hat
Gott so beschlossen, und dieser Beschluss gilt für
alle. Er bestraft jedes Volk. 27 Wenn Gott sich etwas
in den Kopf gesetzt hat, wer soll ihn davon abbrin-
gen können? Wenn er mit seiner Hand ausholt, wer
sollte dazwischengehen?

Die Philister kriegen eins auf die Mütze

28 In dem Jahr, als der Präsident Ahas krepierte,
bekam Jesaja folgende Botschaft von Gott rein:
29 „Das geht jetzt an alle Philister. Ihr denkt wohl,
der Typ, der euch ständig kaputt gemacht hat, ist
jetzt weg. Aber freut euch nicht zu früh! Denn aus
dieser Familie werden noch schlimmere Präsidenten
hervorgehen. Wenn dieser Präsident wie eine kleine
Giftschlange war, dann wird der nächste eine große
Giftschlange werden, und der dann folgt, wird wie
ein Monster sein. 30 Zwar werden die Leute in Israel,
die total pleite sind, immer genug zu essen haben,
und auch den Hartz-IV-Empfängern wird nichts pas-
sieren. Aber deine Leute werden so wenig zu essen
haben, dass sie verhungern. Und wer von ihnen
übrig bleibt, wird umgebracht. 31 Heult nur rum, ihr
Idioten! In der Stadt können von mir aus alle ganz
laut ‚Hilfe' schreien. Gebt endlich auf, ihr Philister!
Denn man kann schon von Norden her die Staub-
wolke sehen, die anzeigt, dass da gerade eine ganz
fette Armee kommt. Vor denen wird keiner entkom-
men können. 32 Und was soll man den Philistern
antworten, wenn sie eine Anfrage starten? Wie wäre
es mit: ‚Gott selbst hat das Fundament von der
Stadt Zion gegossen! In diese Stadt können seine
Leute fliehen und sich dort schützen!'?"

15 Mit Moab geht's zu Ende

1 Jetzt kommt eine Ansage von Gott, die
Moab betrifft: „Mitten in der Nacht wird
Ar-Moab plattgemacht. Auch Kir-Moab wird zer-
stört. 2 Die Menschen gehen zum Tempel von ihrem
Plastikgott. Sie gehen auf den Berg Dibon, um dort
zu trauern. Auf dem Nebo und in Medeba jammert
Moab rum. Alle haben sich eine Glatze rasiert und
den Bart abgeschnitten. 3 Auf den Straßen sieht man
überall Leute in schwarzen Trauerklamotten. Auf
den Marktplätzen, in der Fußgängerzone, auf den
Balkons und in den Gärten, überall weint man. 4 Die
Leute aus Heschbon und Elale schreien um Hilfe.
Bis zur Stadt Jahaz hört man ihre Schreie. Darum
fingen auch die Soldaten von Moab an zu schreien,
sie bekamen voll die Panik und hatten Angst um ihr
Leben." 5 Ich fange auch an, ganz tief von meinem
Herz aus zu schreien, damit Moab und den Flücht-
lingen aus Moab geholfen wird. Sie fliehen bis nach
Zoar, nach Eglat-Schelischia. Mit lautem Weinen
steigen sie den Berg von Luhit hoch. Auf dem Weg
nach Horonajim hört man auch überall das
Geschrei, weil es mit ihnen zu Ende geht. 6 Früher
gab es in Nimrim noch ganz viel Wasser, jetzt ist
da eine Wüste. Das ganze Gras ist vertrocknet, es
gibt dort nichts Grünes mehr. 7 Darum haben die
Bewohner ihr Minimum an Klamotten in einen
Rucksack gepackt und sind über den Pappelbach
gestiegen. 8 Überall in Moab kann man hören, dass
sie laut rumheulen, weil sie so traurig sind. Sogar in
Eglajim und Beer-Elim ist das angekommen. 9 Gott
sagt: „Im Fluss von Dimon schwimmt ganz viel
Blut, denn ich habe noch mehr Strafen für Dimon
beschlossen. Die Leute, die überlebt haben, werden
nämlich von Hunden angefallen."

16

Moab geht es an den Kragen

1 „Bringt ein paar Schafe aus Sela zum Präsi-
denten des Landes an den Berg Zion, denn
er hat das Sagen.“ 2 Folgendes passiert gerade: Die
Leute von Moab sind wie aufgescheuchte Hühner
und rennen an den Grenzen vom Arnonfluss hin
und her. 3 „Hilf uns, eine Entscheidung zu treffen!
Beschütze die Menschen, die vertrieben wurden. Sie
sollen sich in deinen Schatten stellen, sich bei dir
verstecken. 4 Lass die Flüchtlinge aus Moab bei dir
Asyl beantragen. Verstecke sie vor den Männern, die
sie kaputt machen wollen.“ Aber wenn der, der sie
unterdrückt und das Land zerstört, nicht mehr da
ist, 5 dann wird eine Regierung installiert, genau da,
wo David das Sagen hatte. An deren Spitze wird
einer sein, der absolut fähig ist, gerecht zu entschei-
den, der voll die Ahnung von Gerechtigkeit hat und
der für immer an der Macht sein wird. 6 „Wir haben
gehört, dass die Leute von Moab alle total arrogant
sind. Sie denken, sie wären die Geilsten, geben die
ganze Zeit an wie blöd und labern dabei nur Dünn-
sinn. 7 Darum werden sie bald über ihre Situation
weinen. Sie werden sich nach ihrem leckeren Rosi-
nenkuchen sehnen, den sie in Kir-Hareset immer
bekommen haben. Völlig fertig werden sie rumheu-
len und depressiv sein. 8 Die Terrassen von Heb-
schon sind alle vertrocknet. Die Weinstöcke von
Sibma, mit dessen Wein sich die Chefs der Völker
alle totgesoffen haben, sind vergammelt. Ihre
Zweige wuchsen bis nach Jaser, bis in die Wüste, bis
zum Toten Meer rankten sie. 9 Ich trauer über die-
sen Verlust genauso wie die Bewohner von Jaser. Ich
weine auch über Heschbon und Elale, denn mitten
in der Obst- und Weinernte sind die Feinde in euer
Land eingefallen. 10 In den Obstplantagen wird keine
Party mehr gefeiert. Und aus den Weinbergen kann
man auch keine Lieder mehr hören, da freut sich
keiner mehr. In den Hallen wird kein Wein mehr
gekeltert, dort werden auch keine fröhlichen Lieder
mehr gesungen. 11 Darum bin ich voll fertig wegen
Moab, und ich weine wegen Kir-Heres. 12 Obwohl
man in Moab ohne Ende Opfer am Tempel abfackelt
und dort wie blöd betet, es wird nichts bewirken.“
13 Das waren jetzt alles Sachen, die Gott Jesaja
schon vor einiger Zeit über Moab erzählt hatte.
14 Jetzt sagt Gott aber noch konkreter, dass es genau
in drei Jahren so weit sein wird. Genau dann wird
man über Moab ablachen. Es wird nur noch einen
winzigen Rest von denen geben, den kann man
ebenso gut vergessen.

17

Damaskus und der Nordstaat Israel bekommen Probleme

1 Jetzt kommt etwas von Gott, das für Da-
maskus gilt: „Bald bist du keine Stadt mehr, son-
dern nur noch ein Haufen Sperrmüll. 2 Alle Leute
sind dann aus ihren Wohnungen in Aroer ausgezo-
gen, kein Schwein lebt mehr dort. Das Einzige, was
da noch ist, sind Schafe. Die lagern dort, und keiner
stört sie. 3 Der Schutz von Efraim wird verschwin-
den, und mit dem Regieren von Damaskus aus ist
dann auch Schluss. Aber dem Rest von Syrien wird
es nicht besser gehen als den Israeliten. Das kommt
jetzt von Gott, dem Chef dieser Welt. 4 In der Zeit
wird von Jakobs Stärke, dem Uropa Israels, nichts
mehr übrig sein, es wird schwach und mickrig wer-
den wie ein abgemagertes Tier, nur mit Haut und
Knochen. 5 Dann wird es so sein wie bei der Ernte
vom Weizen. Der Mähdrescher fährt über das Feld,
und am Ende kommen die Armen aus der Stadt und
sammeln die Ähren auf, die danebengefallen sind,
so wie man das in der Talebene Rafaim vor Jerusa-
lem beobachten kann. 6 Aber bei Israel wird es nicht
viel zum Sammeln geben. Das wird so ablaufen wie
bei der Ernte von Äpfeln. Man steigt auf die Leiter
und pflückt sie mit einem Gerät ab. Zwei, drei reife
Äpfel oben in der Baumspitze, vier, fünf an den
Zweigen. Diese Ansage kommt direkt vom Chef,
dem Gott von Israel.“ 7 Dann wird eine Zeit kom-
men, wo die Menschen Gott wieder beachten wer-
den, den Gott, der sie ja mal gemacht hat. Und er
wird auch seine Leute wieder beachten, seine beson-
deren Leute von Israel. 8 Sie werden dann keinen
Bock mehr auf die Plastikgötter haben, diese Teile,
die sie sich mal selber gebastelt hatten. Diese Sta-
tuen der Pseudogöttin Aschera und die Opfertische,
wo Räucherkerzen abgefackelt wurden, wird man
nicht mehr beachten. 9 In der Zeit wird keiner mehr
in den Städten leben. Sie werden verlassen sein, leer
und öde wie die Wälder und die Berge, die man da-
mals verlassen hatte, als die Armee von Israel dort
einmarschiert ist. 10 Israel, du hast deinen Gott total
vergessen. Den Gott, der dich immer rausgehauen
hat, der es gut mit dir meint, der für dich wie ein
Bunker war, bei dem du dich immer schützen konn-
test. Deshalb lege ruhig ein paar nette Beete für die
fremden Götter an, pflanze nur ein paar Weinstöcke
von anderen Völkern dort an. 11 An dem Tag, wo du
sie einpflanzt, werden sie sofort anfangen zu wach-
sen. Am nächsten Morgen fangen sie schon an zu
blühen. Aber wenn du ernten willst, wird es super-
schmerzhaft sein, es wird dir Krankheit bringen und

Tod. 12 Hört ihr das? Da kommt eine riesengroße
Welle von Menschen auf euch zu! Sie ist so laut wie
das Rauschen vom Meer. Wie eine riesengroße
Tsunamiwelle, so heftig rollen die Menschen an.
13 Diese Welle von Menschen kommt angerauscht
wie eine Flut. Doch Gott sagt einen Befehl, und sie
weichen zurück. Sie werden weggeblasen wie die
Pollen von einer Pusteblume. Wie ein paar trockne
Blätter, die der Wind und der Sturm wegfegten.
14 Abends sind die Leute dort total fertig. Und bevor
es hell wird, ist das ganze Schauspiel schon wieder
vorbei. So wird es garantiert allen passieren, die
ankommen, um uns auszurauben.

18

Schlechte News für Äthiopien

1 Pass mal auf, Äthiopien, das Land, das
nahe an der Quelle vom Nil liegt und wo es
total viele Insekten gibt. 2 Du schickst Botschafter
den Fluss runter, in irgendwelchen Fähren fahren sie
über das Wasser. Hier hab ich eine Ansage von Gott
für euch: „Geht zu dem Volk, wo die Menschen alle
sehr groß sind und eine glatte Haut haben. Geht zu
dem Volk, vor dem man überall Angst hat, zu dem
Volk, das in der Lage ist, ganz punktgenau alles zu
zerstören. Geht zu dem Volk, dessen Land durch
zwei Flüsse zerschnitten wird!" 3 Das geht an alle
Menschen, die auf der Erde leben, die festen Boden
unter den Füßen haben: Wenn man eine Fahne auf
einem Berg aufstellt, dann schaut dorthin! Und
wenn man eine Sirene heulen hört, dann macht die
Lauscher auf. 4 Denn Gott hat mir, Jesaja, Folgendes
gesagt: „Ich werde mich zu Hause in den Sessel
setzen und einfach nur zuschauen. Ich werde mich
genau so verhalten wie die heftige Wärme, die um
zwölf Uhr mittags durch eine knallige Sonne im
Sommer kommt, oder wie eine Nebelwolke an
einem Tag, wo geerntet wird." 5 Aber wenn der Wein-
stock aufgehört hat zu blühen und die Blüten anfan-
gen, zu kleinen Trauben zu werden, dann wird er die
Reben, wenn die Trauben reif sind, mit einer Schere
abschneiden und die trocknen Zweige entfernen
und wegschmeißen. 6 Genauso passiert es auch mit
den Äthiopiern. Sie werden weggeschmissen, und
ihre Leichen werden die Raubvögel auffressen, die
auf den Bergen leben. Auch die Tiere haben den
ganzen Sommer und auch noch den Winter reich-
lich daran zu knabbern. 7 In dieser Zeit wird dem
Gott vom ganzen Universum ein Geschenk gemacht
werden. Es kommt von den großen Menschen mit
der glatten Haut, vor denen man überall Angst hat,
weil sie so brutal sind. Sie kommen aus dem Land,
das durch zwei Flüsse zerschnitten ist. Diese Leute
werden Gott ein Geschenk machen, und sie kom-
men zu dem Ort, wo Gott wohnt, auf den Berg Zion.

19

In Ägypten geht der Punk ab

1 Jetzt kommt eine Nachricht von Gott
für Ägypten rein. Er kommt auf einer Tur-
bowolke angeflogen, und er fährt nach Ägypten.
Die Plastikgötter dort kriegen die Panik, die Ägypter
kriegen ganz weiche Knie vor Angst. 2 Gott sagt:
„Ich werde dafür sorgen, dass die Ägypter sich der-
art in die Wolle kriegen, dass sie anfangen, gegenei-
nander zu kämpfen. Jeder gegen jeden, eine Stadt
gegen die andere, die Regierung von einem Teil
gegen die Regierung vom anderen Teil. 3 Die Ägypter
werden total durcheinander sein, sie werden nicht
mehr wissen, auf wen sie hören sollen, ihre Ratge-
ber werden sie nur noch mehr verwirren. Dann
gehen sie zu ihren Plastikgöttern oder Wahrsagern
oder zu Hexen, die mit Toten reden, um sich einen
Rat zu holen. 4 Ich will Ägypten in die Hand von
einem fiesen Diktator bringen." Das kam jetzt von
dem Gott, der der Chef über die ganze Welt ist.
5 Der Nil wird trockengelegt, es wird dort kein Was-
ser mehr fließen, weil alles verdunstet ist. 6 Die
Flussarme werden anfangen zu stinken. Die Kanäle
von Ägypten werden ohne Wasser sein und ver-
trocknen. Das Schilf und die anderen Pflanzen, die
dort wachsen, werden alle vergammeln. 7 Auch das
Binsengras am Nil, das an der Mündung wächst,
wird verfaulen. Die Felder am Ufer werden alle
durch den heißen Wind total vertrocknen. 8 Erst
machen die Fischer eine Demo, und die Angler heu-
len rum. Dann müssen die Fischer, die vorher dort
ihre Netze ausgeworfen haben, zum Arbeitsamt,
weil die plötzlich ohne Job dastehen. 9 Auch die
Leute, die das Binsengras vom Nil früher mal wei-
terverarbeitet hatten, haben jetzt die Arschkarte
gezogen. 10 Sie sind völlig fertig, alle, die dort ange-
stellt waren, schieben jetzt voll den Depri. 11 Die
Chefs von Zoan sind alles Idioten! Die Tipps von
den angeblich so schlauen Beratern vom Präsiden-
ten haben sich als völlig hirnrissig herausgestellt.
Sie meinten zu ihm: „Wir kommen aus einer Fami-
lie, die sehr viel weiß. Wir kommen aus der Familie
von früheren Präsidenten!" 12 Und wo sind sie jetzt
alle geblieben, deine schlauen Ratgeber, lieber ägyp-
tischer Präsident? Wollten sie dir nicht sagen, was
Gott beschlossen hat, was mit Ägypten passieren

soll? 13 Aber die Chefs von Zoan sind die Obertrottel, und die Chefs von Nof sind beschissen worden. Die Chefs von ihren Provinzen haben Ägypten zum Stolpern gebracht. 14 Gott hat dafür gesorgt, dass bei denen so eine Atmosphäre von Lügen existiert. Sie sind so verwirrt, als wären sie besoffen. Ägypten kann nicht mehr gerade gehen, es fällt überallhin, sogar in seine eigene Kotze. 15 Ägypten wird nichts mehr auf die Reihe bekommen. Egal, ob das jetzt die Leute an der Macht sind oder die einfachen Arbeiter. Keiner kriegt es gebacken.

Ägypten und Assyrien zusammen mit Israel

16 Es wird einen Zeitpunkt geben, da werden die Ägypter richtig Schiss bekommen und werden zittern wie Espenlaub. Sie werden zittern vor Gott, sie werden weiche Knie bekommen, wenn er seine Hand gegen sie ausstreckt. 17 Das Land Juda wird für sie zu einem Horrortrip. Immer wenn jemand in Gegenwart von einem Ägypter diesen Namen erwähnt, fangen sie an zu zittern. Dann geht das nämlich los, dass sie sich an das erinnern, was Gott beschlossen hat, was mit ihnen passieren wird. 18 In der Zeit wird es in Ägypten fünf Städte geben, in denen Hebräisch gesprochen wird und die Gott gegenüber treu geblieben sind. Eine davon wird Ir-Heres genannt werden. 19 Dann wird man mitten in Ägypten einen Opfertisch, einen Altar für Gott, aufbauen. An den Grenzen von Ägypten wird man ein Denkmal für Gott hinstellen. 20 Dieses Denkmal soll die Leute immer dadran erinnern, dass Gott der Chef dieser Welt ist. Wenn sie mal Probleme haben, andere sie unterdrücken oder so, dann können sie dort immer zu Gott beten, und er wird ihnen jemanden schicken, der für sie kämpft und sie da rausholt. 21 Auf die Art wird sich Gott den Ägyptern vorstellen, und sie werden kapieren, was für ein Gott das ist. Und dann werden auch sie für ihn Opferrituale durchziehen, Essensopfer und Dankopfer zum Beispiel. Und sie werden ihm Dinge versprechen und diese Versprechen auch halten. 22 Gott wird die Ägypter zuerst bestrafen, und dann wird er sie wieder heilen. Und die werden dann anfangen, mit Gott zu leben, er wird ihre Gebete erhören und dafür sorgen, dass bei ihnen alles gut wird. 23 In der Zeit wird es eine Autobahn geben, die von Ägypten nach Assyrien geht. So werden die Ägypter die Assyrer besuchen und die Assyrer die Ägypter, und beide werden für den gleichen Gott leben. 24 Dann wird Israel der Dritte sein, der zu den Ägyptern und den Assyren dazukommt. Und sie werden für die ganze Erde etwas Gutes bringen. 25 Gott, der Chef dieser Welt, wird mit ihnen sein und sie unterstützen. Er wird ihnen Folgendes sagen: „Ägypten hat Erfolg auf der ganzen Linie, die gehören auch zu meinen Leuten. Auch Assyrien geht es gut, denn die hab ich auch mal gemacht. Und für Israel läuft es super, denn die gehören nur mir!"

20 Assyrien wird gegen Ägypten und Äthiopien gewinnen

1 Tartan, der General von der Armee von Assyrien, wurde von seinem Präsidenten Sargon losgeschickt, um einen Kampf gegen die Stadt Aschdod zu führen. 2 In der Zeit redete Gott mit Jesaja. Jesaja kam aus der Familie von Amoz. Gott sagte zu ihm: „Zieh mal deine Klamotten und deine Schuhe aus!" Er machte das sofort und war ab dann total nackt. 3 Später sagte Gott dann durch ihn zu allen Leuten: „Seit drei Jahren läuft mein Prophet jetzt nackig und ohne Schuhe rum. Das hat er getan als ein Zeichen für das, was mit Ägypten und Äthiopien abgehen wird. 4 Der Präsident von Assyrien wird nämlich alle Ägypter und Äthiopier, egal welchen Alters, festnehmen und abführen lassen. Dabei werden sie nichts anhaben. Jeder wird ihren blanken Hintern sehen können, das wird megapeinlich für die Ägypter. 5 Die Leute werden voll Angst haben, und sie werden sich wegen Äthiopien echt schämen, obwohl sie sich so viel von denen erhofft hatten. Und auch fur Ägypten, auf das sie fruher voll stolz waren, wird man sich schämen. 6 Dann werden die Leute von Juda und die Philister sagen: ‚Auf die hatten wir mal gesetzt, das war also unsere Hoffnung ...? Wenn wir Probleme hatten, sind wir immer zum Präsidenten von Assyrien gerannt! Wer wird uns jetzt noch helfen können?'"

21 Eine Vision davon, wie Babylon kaputtgehen wird

1 Jetzt kommt eine Nachricht für die Stadt Babylon bei mir rein, und die geht so: „Es kommt etwas sehr Heftiges auf dich zu, Babylon! Etwas, das wie ein Wirbelsturm aussieht, und dieses Etwas kommt aus einer superätzenden Gegend." 2 Was Gott mir für dich gesagt hat, ist echt hart. Er sagte: „Der Schläger muss immer zuschlagen, der Dieb muss immer klauen. Leg los, Elam! Fangt an mit der Belagerung, ihr Meder! Ich will dieses Elend endlich zu Ende bringen." 3 Ich war voll fertig, als ich diese

Vision bekam. Ich zitterte am ganzen Körper, mein Magen verkrampfte sich voll, fast so, als hätte ich Wehen; so wie eine Frau, die ihr Baby bekommt. Ich krümmte meinen ganzen Körper, ich konnte vor Krämpfen schon nichts mehr hören. Ich war so fertig, dass ich irgendwann gar nichts mehr mitbekam. 4 Mein Puls ging auf 180. Mir liefen in einer Tour Schauer über den Rücken. Die Atmosphäre abends, die ich sonst immer so liebe, war an dem Tag voll übel, ich bekam die totale Paranoia. 5 Dann sah ich in einer Vision, wie man in Babylon die Tische deckt und die Sofas zurechtrückt, wie man isst und feiert. Dann hörte ich: „An die Gewehre, Kameraden! Offiziere zum Rapport!“ 6 Gott hatte mir dann noch Folgendes gesagt: „Organisier dir einen Wachposten, der dich immer auf dem Laufenden hält. 7 Und egal, ob er eine Wagenkolonne, einen Bus, ein Motorrad oder ein Fahrrad sieht, er soll sich das alles gut merken und hundertprozentig wach sein!“ 8 Dann sah ich den Wachposten, und er schrie: „Ich bin den ganzen Tag hier auf Streife! 24 Stunden bin ich hier und bewache das Ganze! 9 Jetzt kommt ein ganzer Zug von Soldaten mit Motorrädern!“ Dann hörte ich, wie jemand anderes sagte: „Babylon ist gefallen, die Stadt ist kaputt! Alle Plastikgötter wurden weggesprengt!“ 10 Diese Nachricht ging an meine Leute, die ganz schön was durchgemacht haben! Sie wurden wie durch eine Mühle gedreht. Ich habe euch gesagt, was mir Gott, der Chef über diese Welt und der Gott von Israel, beigepult hat.

Einen Spruch für Duma und Arabien

11 Dieser Spruch geht jetzt an die Stadt Duma. Ich höre Stimmen aus der Stadt Seir, die rufen mir zu: „Aufpasser, wir haben eine Frage: Wie lange dauert es noch, bis es wieder hell wird? Wann ist die Nacht vorbei?“ 12 Der Aufpasser antwortet: „Der nächste Morgen kommt bestimmt, aber noch ist es dunkel! Wenn ihr noch Fragen habt, könnt ihr jederzeit wieder kommen!“ 13 Dieser Spruch geht jetzt an Arabien: An alle Arbeiter, die im Reisedienst unterwegs sind, an die Männer von Dedan. Ihr müsst mit euren Wohnmobilen im Wald übernachten! 14 An die Bewohner der Stadt Tema: Bringt den Leuten, die Durst haben, mal einen Schluck Wasser vorbei! Bringt den Flüchtlingen was zu essen! 15 Die sind auf der Flucht vor den Soldaten, vor MPs und MGs, sie fliehen vor dem ätzenden Krieg. 16 Gott hat mir gesagt: „Noch genau ein Jahr, dann wird es vorbei sein mit den tollen Soldaten von Kedar. 17 Von den vielen Scharfschützen, auf die ihre Armee immer so stolz war, sind nicht mehr viele übrig geblieben. Diese Nachricht kam jetzt vom absoluten Chef über alles, dem Gott von Israel.“

22

Israel wird gewarnt

1 Jetzt etwas über das Hinnom-Tal. Das liegt in der Nähe von Jerusalem. Was ist los bei dir? Wie bist du drauf? Warum sind alle bei euch auf die Dächer gestiegen? 2 Warum ist in der Stadt so ein Alarm, warum ist da so viel los, warum feiert man überall Partys? Sind vielleicht die Soldaten aus dem Krieg alle am Leben geblieben? Wurde in den Schlachten nicht einer getötet? 3 Deine Generäle sind alle abgehauen! Aber sie wurden gefangen genommen, ohne auch nur einen Schuss abzugeben. Obwohl sie sehr weit weg fliehen wollten, hat man sie alle gekriegt. 4 Darum sag ich: Haut ab! Lasst mich alleine! Ich muss mich erst mal in Ruhe ausweinen. Bedrängelt mich nicht die ganze Zeit, ich will nicht von euch getröstet werden, weil meine Leute alle zerstört wurden. 5 Gott hat eine Zeit bei uns anfangen lassen, wo alle total fertig, kaputt und verwirrt sind. Der Oberchef von allem, unser Gott, hat im Hinnom-Tal dafür gesorgt, dass viele Leute um Hilfe schreien. Man kann das bis zu den Bergen hören. 6 Die Elamiter kommen mit Armeewagen, mit Motorrädern und bewaffneten Soldaten, ausgerüstet mit schusssicheren Westen und Helmen. 7 Es wird so passieren, dass in Jerusalems wunderschönen Tälern alles voller Panzer und Motorräder steht. Sie beziehen Stellung vor dem Ortseingang. 8 Der letzte Schutz von Juda wird weggenommen. Du wirst in der Zeit in einem Lager im Wald nach deinen Waffen suchen. 9 Was ist los? Ihr seht die vielen Risse in der Mauer von der Stadt, die David gehört hat. Ihr staut im unteren Teich Wasser an. 10 Ihr zählt die Häuser in Jerusalem und schreibt sie in Listen auf. Dann reißt ihr ein paar Häuser ab, damit keiner von dort auf die Schutzmauer steigen kann. 11 Ihr baut ein Sammelbecken zwischen den Mauern, um dort das Wasser aus dem alten Teich reinzuleiten. Aber auf die Idee, dass Gott das Ganze zugelassen hat, seid ihr nicht gekommen, er hat euch schlicht überhaupt nicht die Bohne interessiert. 12 In der Zeit wird Gott, der Chef über alles, die Leute aufrufen, eine gemeinsame Trauersession zu starten. Alle sollen sich schwarze Klamotten anziehen und schwarze Ringe unter die Augen malen. 13 Aber ihr startet stattdessen eine große Party. Ihr stellt einen großen Grill auf, Rinder und Schafe werden

geschlachtet, und dann gibt es Fleisch und Alk bis zum Abwinken. „Komm, wir feiern erst mal richtig, morgen müssen wir sowieso alle sterben!“, ist dann euer Motto. 14 Gott hat mir aber ins Ohr geflüstert: „Dafür werdet ihr bezahlen, das vergesse ich nicht, diese Schuld wird nicht so mal eben verziehen werden. Das sagt euch Gott, der Chef dieser Welt.“

Ansagen, die Schebna und Eljakim betreffen

15 Irgendwann sagte Gott, der Chef über die ganze Welt, Folgendes zu mir: „Los jetzt! Geh zu diesem Verwalter, diesem Schebna, der die Sachen vom Präsidenten regeln muss. Sag ihm Folgendes: 16 ‚Was machen Sie hier? Was glauben Sie eigentlich, wer Sie sind, dass Sie sich einfach erlauben, hier eine eigene Grabkammer, sozusagen Ihre letzte Wohnung, in den Fels hauen zu lassen? 17 Passen Sie mal auf, Gott wird Sie mit einer Hand wegschleudern. Er wird Sie packen und dann hin- und herschütteln. 18 Dann macht er aus Ihnen einen Flummi und schmeißt Sie weit weg, in ein großes Land, was sich nach allen Seiten ausdehnt. Da werden Sie dann kaputtgehen und mit Ihnen Ihre tollen Luxusautos. Sie sind superpeinlich für Gott und für seine Leute. 19 Ich entlasse Sie aus Ihrem Amt, man wird Ihnen Ihren Job wegnehmen und dann im hohen Bogen rausschmeißen. 20 Dann werde ich an einem bestimmten Tag meinen Mann, den Eljakim, der aus der Familie von Hilkija stammt, rufen. 21 Ich zieh dem Priesterklamotten an, pack einen Schlips an sein Hemd und werde ihm die komplette Macht übergeben, die Sie jetzt haben. Er wird für die Leute aus Jerusalem und die Leute von ganz Juda eine echte Vaterfigur werden. 22 Er wird die Schlüssel vom Regierungspalast bekommen, der immer für die Familie von David bestimmt war. Wenn er die Tür aufmacht, wird sie niemand mehr zuschließen können. Und wenn er sie zuschließt, kriegt sie niemand mehr auf. 23 Ich werde seine Position so stabil und fest machen wie eine Schraube, die ganz fest mit einem Dübel in eine Wand gedreht wurde. Er wird in seiner ganzen Familie eine ganz besondere Stellung einnehmen, vor der man echt Respekt hat. 24 Dann wird sich die ganze Familie voll an ihn dranhängen, die Kinder und die Kinder der Kinder, die Tanten und auch die Onkel. Es wird mit ihm so sein wie mit einer Schraube in der Wand, an die man den großen Schrank für das Geschirr mit allen Tellern und Schüsseln gehängt hat. 25 Gott sagt, dass an diesem Tag die Schraube, die ganz fest mit einem Dübel in der Wand war, plötzlich rausbrechen wird. Alles, was an dieser Schraube hängt, wird kaputtgehen. Das hat Gott so gesagt.“

23

Tyrus und Sidon gehen kaputt

1 Dieser Prophetenspruch geht jetzt an die Stadt Tyrus: „Die Marine von Tarsis kann jetzt anfangen zu heulen. Denn der Hafen und die Stadt von Tyrus wurden plattgemacht. Auf dem Weg, als man von Zypern wieder nach Haus fuhr, kam diese Nachricht rein. 2 Alle Leute, die an der Küste wohnen, sind traurig. Auch die Händler, die mit dem Schiff aus Sidon kommen, sind gefrustet. 3 Sie waren im Im- und Exportgeschäft tätig und führten Korn aus Ägypten ein. Die Ernte vom Nil war ihr Geschäft, es machte einen Großteil vom Handel für viele Länder aus. 4 Schäm dich, Sidon! Das Meer, wo du immer zu Hause warst und was dich beschützt hat, das spricht jetzt zu dir. Es sagt: ‚Ich habe keine Kinder mehr bekommen, niemand wurde geboren, keine Jungs durfte ich aufwachsen sehen, auch keine Mädchen.‘ 5 Wenn die News in Ägypten gesendet werden, dass Tyrus kaputt ist, fangen die auch an zu zittern. 6 Jetzt ist Trauern angesagt für alle Menschen, die an der Küste wohnen! Fahrt doch mal rüber nach Tarsis! 7 Ist das jetzt wirklich noch eure Partymeile? Die Stadt mit der langen Geschichte? Die Stadt, von der so viele Leute in die entlegensten Winkel der Erde ausgesandt worden sind? 8 Wer hat das jetzt beschlossen, dass es mit Tyrus zu Ende geht? Tyrus, die Stadt, wo früher die Anzüge der Präsidenten gemacht wurden, wo die Chefetagen zu Hause waren und wo es das große Bankenviertel gab. 9 Gott hat das beschlossen! Er wollte das ganze, stolze, hochnäsige Ding zu Matsch machen. Dadurch sollten alle Leute auf der Erde, die glauben, total toll zu sein, mal sehen, wo der Hammer hängt. 10 An die Bewohner von Tarsis: Ihr könnt schon mal damit anfangen, eure Wirtschaft umzustellen. Mit Handel und Hafen ist es jetzt vorbei. Bewässerung von Land, wie man das am Nil macht, Anbau von Weizen, das ist jetzt angesagt. 11 Gott hat seine Hand über das Meer gehalten, er hat Regierungen aufgerüttelt, wie bei einem Erdbeben. Gott hat gesagt, dass die Bunker der Phönizier kaputt gemacht werden sollen“. 12 Für die Stadt Sidon hat er folgende Nachricht: „Hör auf damit, Partys zu feiern! Du bist wie eine Jungfrau, die vergewaltigt wurde.“ An die Bewohner von Sidon: „Flieht rüber nach Zypern! Obwohl ihr dort auch nicht wirklich sicher seid. 13 Denkt an Babylon!

Die Leute, die da mal wohnten, gibt es alle nicht
mehr. Die Assyrer haben die Stadt mit Belagerungs-
stürmen eingenommen, die Bunker sind gesprengt
worden, alle Gebäude wurden zerstört. Dort leben
zurzeit nur noch Ratten.“ 14 Für alle großen Schiffe
gilt: „Ihr könnt echt rumheulen, denn die Hafen-
stadt Tyrus gibt es nicht mehr.“ 15 Siebzig Jahre
lang (also ungefähr so lange, wie ein Präsident lebt)
wird man Tyrus vergessen. Aber dann wird es mit
Tyrus so abgehen wie in diesem Lied über eine
Nutte:

16 „Nimm dir eine Gitarre und dann geh damit
durch die Stadt,
sing deine Songs, spiel die ganz satt.
Du Nutte willst doch, dass man sich an dich erinnert!
Vielleicht kommen deine Kunden dann ja wieder
angezimmert.“
17 Nach siebzig Jahren wird Gott sich wieder um
Tyrus kümmern.
Aber trotzdem wird sie dann wieder zu ihrem alten
Geschäft übergehen,
der Prostitution. Sie wird es mit allen Regierungen
der Welt treiben.
18 Aber was sie damit an Kohle reinholt, wird sie
radikal an Gott übergeben.
Es wird nichts auf ein Sparkonto mit Zinsen einge-
zahlt und auch nicht
in einen Tresor gesteckt, sondern es wird an die
Leute gehen, die für Gott
arbeiten. Sie sollen sich davon richtig gut ernähren
und sich schöne Klamotten kaufen.

24

Die ganze Erde wird verurteilt

1 Passt auf, Gott wird die ganze Erde
plattmachen, er fegt alles weg. Er gräbt die
Oberfläche einmal um, er sorgt dafür, dass die
Bewohner überallhin verstreut werden. 2 Alle werden
gleich behandelt. Die Priester, die Angestellten, die
Chefs, die Käufer und die Verkäufer, die Leute mit
Schulden und die Leute, die anderen Geld geliehen
haben. 3 Wie leer gefegt wird die Erde aussehen,
ausgeraubt und geplündert. Gott hat ein Machtwort
gesprochen und sie verurteilt. 4 Alles vertrocknet,
die ganzen Pflanzen vergammeln, und alles hat
wahnsinnigen Durst. Überall auf der Erde ist alles
trocken, und auch die Politiker sind mit ihrem
Latein am Ende. 5 Die Erde wurde vollgekotzt, sie
wurde verdreckt von den Menschen, die auf ihr
wohnen. Denn sie hatten alle keinen Bock auf
das, was Gott wollte, die Gesetze waren ihnen egal,
die guten Verträge mit Gott wurden gebrochen.
6 Darum hat er die Erde verflucht, alle, die dadrauf
leben, müssen jetzt die Rechnung bezahlen. Das ist
der Grund, warum es plötzlich immer weniger Men-
schen gibt, so dass bald nicht mehr viele davon
übrig sind. 7 Der Weinstock ist vertrocknet, die Bier-
fässer sind leer, mit den lustigen Partys ist es end-
gültig vorbei. Das merken die Partyleute, und sie
stöhnen deswegen. 8 Der Ghettoblaster ist aus, die
Band hat aufgehört zu spielen, der Applaus ist vor-
bei, die Party ist zu Ende. 9 Man gönnt sich kein Bier
mehr und singt dabei auch nicht mehr irgendwelche
Lieder. Auch mit dem Weintrinken ist Schluss. Denn
das Bier schmeckt schal, und der Wein schmeckt
nach Putzmittel. 10 Die Stadt ist kaputt und leer,
überall ist Chaos. Jedes Haus ist verschlossen, kei-
ner kommt mehr rein. 11 Auf den Straßen schreien
die Leute: „Wir wollen Alk! Wir wollen Bier!“, aber es
gibt nichts mehr. Mit Partys und Spaß hat es sich
abgefrühstückt, überall auf der Erde. 12 Von der Stadt
ist nur noch ein Schrotthaufen übrig. Das Stadttor
ist weggesprengt worden, dort liegt nur noch ein
Berg von Trümmern. 13 So wird das passieren, über-
all auf der Erde, mitten bei den Leuten. Es wird so
sein wie nach der Apfelernte, wie bei der Nachlese
vom Weinberg, nachdem das große Erntefest vorbei
ist und überall nur noch Reste rumliegen.

Einige freuen sich zu früh

14 Die Leute, die der Zerstörung entkommen sind,
werden sich freuen, man wird das ganz laut hören
können. Sie werden davon singen, wie cool und gi-
gantisch Gott doch ist. Vom Westen aus werden sie
diese Lieder anstimmen. 15 Darum sollten die Leute
im Osten Gott applaudieren, an den Küsten sollte
man den Gott von Israel toll finden. 16 Wir hören
von überall, von Hintertupfingen bis zum Urwald,
Sprechchöre: „Gott soll Applaus bekommen, er ist
der Größte!“ Meine Antwort war: „Ich kann nicht
mehr, ich bin durch, wie soll das nur enden?“ Diebe
rauben einen aus, man wird von ihnen abgezogen
und abgezockt. 17 Fallen, Tretminen und Netze wer-
den euch erwarten, ihr Menschen, die ihr auf der
Erde lebt! 18 Wer vor den angsteinflößenden Schreien
flieht, tritt in eine Falle. Und wer es schafft, die Falle
zu umgehen, wird sich in einem Netz verfangen.
Die Fenster im Himmel werden aufgehen, und es
wird fiese Erdbeben geben. 19 Die Erde wackelt, sie
scheint zu explodieren, sie zerbröckelt förmlich.
20 Als wäre sie besoffen, torkelt sie hin und her, sie

wackelt wie ein Zelt im Sturm. Sie bricht unter der
Schuld zusammen, es belastet sie total, sie fällt hin
und schafft es nicht, wieder aufzustehen. 21 In der
Zeit wird Gott nicht nur im Himmel aufräumen,
sondern auch auf der Erde für klare Verhältnisse
sorgen. 22 Die Präsidenten werden alle in eine Zelle
gesperrt werden, in einen dunklen Kellerraum. Nach
langer Zeit bekommen sie endlich ihre Strafe.
23 Wenn das passiert, werden sich sogar der Mond
und die Sonne schämen, sie werden rot werden.
Denn der Gott wird vom Berg Zion aus regieren und
in Jerusalem das Sagen haben. Und die Chefs vom
Volk werden alle kapieren, dass er alles kann und
das er der Größte ist.

25

In der neuen Zeit wird alles peacig abgehen

1 Gott, du bist mein Gott! Ich will immer
deutlich machen, dass du der Größte bist!
Ich will dir immer Lieder singen, weil ich dich so ge-
nial finde. Du hast fette Wunder getan! Was du schon
immer vorhattest, das ziehst du auch durch. Du bist
treu! Du erzählst keinen Stuss! 2 Aus der Stadt, wo
dich keiner kannte, hast du einen Haufen Schrott
gemacht. Die Stadt, wo alle dachten, dass man gegen
sie nie gewinnen kann, hast du plattgewalzt. Die Bun-
ker sind kaputt, das Regierungsgebäude ist zerstört,
die Stadt wird man nie mehr aufbauen können.
3 Darum wird eine große Nation Respekt vor dir be-
kommen, starke Regierungen werden Angst vor dir
haben. 4 Du bist für die Kaputten wie ein Schutzraum,
bei dir können sich die Armen verstecken, wenn es
ihnen dreckig geht. Bei dir kann man sich unterstel-
len, wenn es anfängt, total viel zu regnen. Und wenn
die Sonne vom Himmel knallt, dann gibst du kühlen
Schatten. Die Aggressionen von Präsidenten sind wie
ein heftiger Schneesturm im Winter 5 oder wie bren-
nende Sonne in einer Gegend, wo es nie regnet. Du
sorgst dafür, dass die Leute, die nichts mit dir zu tun
haben wollen, das Maul halten müssen. So, wie Hitze
im Sommer vom Schatten einer Wolke gemildert
wird, so bekommen auch die Siegeslieder der aggres-
siven Leute einen Dämpfer.

Ein großes Festessen

6 Auf diesem Berg Zion wird der Chef über das
ganze Universum für jeden Menschen ein geniales
Festessen vorbereiten. Dort soll es das leckerste
Bier, die edelsten Weine und auch das beste Essen
geben. 7 Dann wird Gott von diesem Berg aus die
Maske von den Gesichtern aller Menschen wegneh-
men, er wird die Decke entfernen, die auf den Nati-
onen draufliegt. 8 Er wird ein für alle Mal den Tod
beseitigen, den gibt es ab dann nicht mehr. Gott
wird alle Menschen trösten, er wird dafür sorgen,
dass keiner mehr weinen muss. Als Nächstes sorgt
er dafür, dass seine Leute aus ihren peinlichen Situ-
ationen rauskommen, überall auf der Erde. Das hat
mir der Chef, Gott höchstpersönlich, gesagt. 9 An
dem Tag werden die Leute sagen: „Da ist unser
Gott, der Chef! Auf ihn haben wir immer unsere
Hoffnung gesetzt, wir hatten gehofft, dass er uns
hier rausholt. Jetzt ist er da, unser Gott, mit ihm
haben wir gerechnet. Jetzt können wir uns nur noch
freuen, weil er uns gerettet hat!"

Mit Moab ist Schluss

10 Gott beschützt den Berg Zion, aber Moab wird
von ihm plattgemacht. Sie werden so platt sein wie
ein Hundehaufen, auf den man draufgetreten ist
und der dann in eine Kläranlage geworfen wurde.
11 Es versucht noch krampfhaft, in dieser Brühe zu
schwimmen, es will nicht ertrinken. Aber Gott hat
keinen Bock auf diese hochnäsige Art, auch wenn
Moab geschickt mit seinen Kraulbewegungen in der
fauligen Brühe oben bleibt. Letztendlich wird er sie
runterdrücken. 12 Die hohen, gutbefestigten Schutz-
mauern der Stadt wird er wegsprengen. Er überrollt
sie, und dann liegen sie im Dreck.

26

Israel ist okay, Gott, wir brauchen dich

1 In der Zeit kommt dann folgendes Lied in
die Top Ten von Juda:
Wir haben eine stabile Stadt, wir werden geschützt
durch fette Mauern und Waffen.
2 Lasst alle Leute rein, die tun, was Gott sagt, die
ihm treu sind; könnt ihr das raffen?
3 Menschen, die ihre Sache durchziehen, weil sie
Gott vertrauen, gibt er seinen Frieden.
4 Vertraut Gott, macht das immer. Auf ihn ist Ver-
lass, echt egal, ob um acht oder um sieben.
5 Die Leute, die mal ganz oben waren, hat er runter-
geholt, niedergemacht hoch zehn,
er hat die Stadt zu Boden geworfen, in den Dreck
getreten; da kannst du mal sehen ...
6 Die Tritte der einfachen Leute, der Leute von der
Straße, kriegen sie jetzt ab.
7 Menschen, die korrekt leben, gehen geradeaus, du
hältst sie auf Trab.
8 Selbst wenn wir mit einer Bestrafung von dir rech-
nen, warten wir auf dich.

Wir hatten einfach voll die Sehnsucht nach dir, wollten dir singen, unendlich.
9 Nachts wird es voll schlimm, da möchte ich dich unbedingt immer sehen.
Wenn du deine Gerichtsurteile zeigst, lernen Menschen erst, korrekt zu leben.
10 Leute, die ohne dich leben, werden nicht lernen, was es bedeutet, korrekt zu sein,
wenn du sie nie bestrafst. Selbst dort, wo deine Gesetze gelten, sind sie dreckig, nicht rein,
blicken sie es nicht, wie heftig du bist, sie werden deine besondere Art nie sehen.
11 Gott, du hast ausgeholt, willst sie schlagen, mach doch, dass sie sich schämen.
Zeig ihnen, wie krass du deine Leute verteidigst, schicke Feuer gegen die Feinde.
12 Du wirst dafür sorgen, dass wir Frieden haben, du hast uns hierhergebracht.
13 Gott, unser Gott, andere Chefs hatten das Sagen bei uns, aber wir lieben nur dich.
14 Tote kann man nicht lebendig machen, du hast die Feinde ausgelöscht, auf ewig.
15 Nur deine Leute werden von dir supportet, du hast sie sehr groß gemacht,
du hast ihre Grenzen ausgeweitet, so ist klar: Du bist der Chef, hast die Macht!
16 Als es ihnen so richtig dreckig ging, als deine Strafen sie trafen, da schrien sie zu dir.
17 Wie eine Schwangere in den Wehen, die ihr Baby bekommt und schreit wie ein Tier,
so war es, als wir bei dir gewesen sind, als wir ständig nur zu dir gebetet haben.
18 Wir lagen in den Wehen, mit gleichen Schmerzen, obwohl bei uns nichts los war.
Befreien konnten wir die Erde nicht, nicht den Menschen helfen, das ist uns allen klar.
19 Tote werden wieder lebendig, die Leichen meiner Leute feiern ein Comeback,
sie werden feiern, Lieder singen, Party machen wie blöd, ich schmeiß mich weg.
Du bist wie eine eisige Cola, eine kalte Dusche, ein spannendes Fußballderby.
Darum wird die Erde die Toten entlassen, sie werden neu geboren wie ein Baby.
20 An meine Leute: Versteckt euch eine Zeitlang, so lange, bis die Strafe vorbei ist.
21 Passt auf, Gott zieht los, um die letzte Abrechnung mit allen Menschen zu starten.
Jetzt kommt alles raus, jeder Mord wird aufgedeckt, dann wird er es ihnen verbraten.

27

Den großen Weltmächten geht es an den Kragen

1 Wenn diese letzte Zeit der Erde kommt,
wird Gott mit seinen besten Waffen ankommen und den fiesen Gegner aufs Korn nehmen. Diese schleimige Schlange, die sich immer überall rausgewunden hat, und dieses komische Monsterkrokodil wird er dann abschlachten.

Ein neues Lied über Gottes Weinberg

2 Wenn das passiert, wird man überall sagen: „O ja, ich habe einen so schönen Weinberg! Lasst uns ein paar Lieder über den schreiben!
3 Ich, Gott höchstpersönlich, pass auf ihn auf, jeden Augenblick, damit ihm nichts passiert. Ich schieb dort 24 Stunden Schichten.
4 Ich bin null sauer. Aber wenn ich ein paar Disteln oder Brennnesseln finden würde, ich würde sie alle rausreißen und verbrennen.
5 Es sei denn, sie wollen sich von mir beschützen lassen, sie wollen mit mir Frieden machen.“
6 Dann wird eine Zeit kommen, wo die Familie Jakob, das Volk Israel sich wieder fest im Land von Israel ansiedeln wird. Sie werden sich ganz krass vermehren, sie werden aufblühen wie eine Blume. Die Leute von Israel werden überall auf der Erde vertreten sein und dort von dem leben, was durch ihre Arbeit reinkommt.
7 Hat Gott seine Leute genauso geschlagen, wie er den anderen Nationen eine geklatscht hat, die ätzend mit ihm umgegangen sind? Hat er sie genauso getötet wie ihre Mörder?
8 Nein, Gott, du hast es langsam angehen lassen. Du hast sie verklagt und sie dann gerecht bestraft, indem du sie verstoßen hast. Du hast sie rausgeschmissen, mit deinem heftigen Atemzug hast du sie einfach weggepustet, gerade als der Ostwind aufkam.
9 Der ganze Mist von den Israeliten wird sich dann erledigt haben. Das ist die logische Folge, wenn der ganze Mist weggenommen wird, den sie zwischen sich und Gott aufgeschichtet haben. Sie müssen die ganzen Gebäude und Tempel von diesen Plastikgöttern wegsprengen. Die Statuen dieser komischen Pseudogöttin Aschera müssen in den Schredder und zu Kleinholz verarbeitet werden, damit es die nie wieder gibt.
10 Die große Stadt mit ihren hohen Schutzmauern ist wie leer gefegt. Kein Schwein wohnt da mehr, sie ist verlassen und leer, fast so wie eine große Wiese, wo nur noch ein paar Kühe grasen. Dort lagern diese Tiere und fressen das Grünzeug von den Zweigen weg.
11 Wenn die Bäume und Sträucher leer gefressen sind, dann sterben sie ab und vertrocknen. Die Frauen holen sich dann ein

paar Zweige als Brennholz. Hey, diese Leute haben
einfach gar nichts geschnallt! Darum ist Gott (der
Gott, der sie ja alle mal gemacht hat) nicht mehr
nett zu ihnen. 12 Aber irgendwann wird er kommen,
um die letzten Körner aufzusammeln. Er wird vom
Eufrat-Fluss bis zur Grenze von Ägypten jeden ein-
sammeln, einen nach dem anderen. Wie ein Kind,
das seine verlorenen Murmeln im Zimmer sucht, so
wird Gott jedes Mitglied vom Volk Israel suchen
und aufsammeln. 13 An dem Tag wird man auf der
ganzen Welt ein lautes Hupen hören, einen sehr
lauten Ton. Und dann werden sie alle kommen, die
vermissten Israeliten, die in Assyrien, Ägypten oder
sonst wo leben. Sie werden alle zu dem ganz beson-
deren Berg kommen, und dann werden sie sich dort
auf den Boden schmeißen und zu Gott beten.

28

In Samaria geht der Punk ab

1 Passt bloß auf, ihr besoffenen Heinis von
Efraim, pass bloß auf, Samaria, die Stadt,
auf die alle immer so stolz waren. Ihr wart mal wie
eine wunderschöne Blume, aber jetzt seid ihr gam-
melig und verwelkt. Du liegst oben auf einem
fruchtbaren Berg, Samaria. Aber der gehört jetzt
Leuten, die ständig breit sind, die voll süchtig nach
Alk sind und davon kontrolliert werden. 2 Gott
schickt einen heftigen Mann, der es wirklich drauf-
hat. Der wird dich einnehmen wie ein ganz krasses
Gewitter, wie ein Sturm mit Windstärke 12, wie ein
Tsunami wird er über dich kommen und alles
plattmachen. 3 Dann wird auf den Stolz der Leute
von Efraim nur noch gekotzt, die betrunkenen und
breiten Leute werden vollkommen kaputt gemacht.
4 Diesem vergammelten Blumenkranz mit vielen
großen Blumen dran wird genau das Gleiche pas-
sieren wie einer Kirsche, die früher als die anderen
rot und reif geworden ist. Kaum hat sie jemand
gesehen, wird sie sofort gepflückt und aufgegessen.
5 Zu der Zeit wird es so sein, dass Gott, der Chef
über alles, für den Rest von seinen Leuten plötzlich
wieder der absolute Held ist. Sie werden ihn zur
Nummer eins machen, er wird ihr ganzer Stolz sein.
6 Dann wird Gott den Richtern die richtige Einstel-
lung geben, so dass sie korrekte Urteile fällen. Und
den Soldaten, die gegen die Feinde kämpfen, die
gerade die Stadt angreifen, wird er Kraft und Mut
geben. 7 Hey, so weit ist es schon gekommen! Sogar
die Priester torkeln völlig besoffen in der City rum!
Sie kiffen sich den Kopf zu, Propheten schlucken
Ecstasy. Wenn sie eine Nachricht von Gott weiterge-
ben, sind sie total verstrahlt. Wenn sie ein Gerichts-
urteil fällen, haben sie mehr als 3 Promille im Blut.
8 Die Tische, an denen sie gesessen haben, sind
anschließend übersät mit ihrer Kotze. 9 Dann kom-
men von denen so Sprüche wie: „Was will dieser
Jesaja eigentlich von uns?“, „Wem will der was bei-
bringen?“, „Was denkt der eigentlich, wer wir sind?“
„Hält der uns für hirnamputiert?“, „Sind wir für
den wie kleine Babys, die gerade anfangen, Brei zu
essen?“ 10 „Was bedeutet dieses ständige: ‚Hsn
bla blup, töff doff, brasel brasel, bla blup bla‘? Mal
erzählt er das und dann wieder was anderes!“
11 Gott wird in Sprachen zu euch reden, die ihr über-
haupt nicht kennt und von denen ihr nix kapiert.
12 Gott hat zu euch gesagt: „Wenn ihr dies und das
macht, könntet ihr entspannt leben. Erholt euch von
dem Stress! So kommt ihr wieder gut drauf!“ Aber
sie wollten nicht auf ihn hören. 13 Also wird Gott
ihnen auf diese Art Antworten geben: „Hsn bla
blup, töff doff, brasel brasel, bla blup bla.“ Er will,
dass sie nicht wissen, wo es langgeht, dass sie stol-
pern und auf die Fresse fallen, dass sie sich die Grä-
ten brechen, dass sie in die Falle gehen, dass sie
verhaftet und abgeführt werden. 14 Darum sollt ihr
diese Ansagen hören! Das geht besonders an die
Männer, die denken, sie wären die Obergeilen. Und
das geht an die Menschen, die in Jerusalem über
die Leute regieren! 15 Ihr glaubt, euch wird nichts
passieren, weil euch die Hölle beschützt, schließlich
habt ihr euch auf okkulte Sachen eingelassen, Sata-
nismus praktiziert und ein paar schwarze Messen
abgehalten. Ihr glaubt, wenn die nächste Katastro-
phe kommt, wird sie an euch vorbeigehen. Ihr fühlt
euch in Sicherheit, weil ihr euch auf Lügen und
Betrug eingelassen habt. 16 Darum sagt euch euer
Gott, der Chef über allen: „Passt auf, ich werde ein
neues Fundament auf dem Zionsberg bauen, das
unzerstörbar und fest ist. Dieses Fundament bedeu-
tet, dass derjenige, der mir vertraut, nie mehr Angst
haben muss. 17 Ich werde Regeln aufstellen, die
klarmachen, was richtig ist und was nicht. Daran
werdet ihr wie an einer Waage abmessen können,
was korrekt ist und was nicht. Dann werden eure
Lügen und Ausreden auffliegen wie ein Kartenhaus
im Wirbelsturm. 18 Die Hölle wird euch nicht mehr
beschützen, egal, wie viel okkulte Sachen ihr macht.
Wenn die Katastrophe kommt, dann werdet ihr alle
kaputtgehen. 19 Jeden Morgen kommt eine neue
Katastrophe über euch, wie eine Welle schwappt sie
täglich über euch drüber. Wenn man dann eine
Predigt hört, werden alle anschließend voll betroffen

und fertig sein." 20 Es wird so sein wie in diesem
Sprichwort: Das Bett ist zu kurz, um sich darin rich-
tig langzumachen, und die Decke ist zu klein, um
sich damit richtig zuzudecken. 21 Gott wird genauso
handeln, wie er es am Berg Perazim gemacht hat,
oder im Tal von Gibeon. Was er dann tut, wird erst
mal voll seltsam für euch sein, seine Aktion kann
dann keiner so richtig nachvollziehen. 22 Hey, Leute,
hört auf damit, mich verarschen zu wollen! Es
könnte sein, dass eure Probleme dann nur noch
größer werden. Ich habe von Gott gehört, dass er
sich ganz fest entschlossen hat, Dinge kaputt zu
machen. Das hat er gesagt, der Gott über alles, der
Chef über die ganze Welt.

Gott hat Ahnung von allem

23 Hört mal, passt gut auf, was ich erzähle! Konzen-
triert euch auf das, was ich jetzt sage! 24 Ein Bauer,
der seine Aussaat auf einem Feld vorbereitet, der
buddelt doch auch nicht den ganzen Tag dasselbe
Feld um? 25 Das läuft doch so: Nachdem er ein Feld
richtig vorbereitet hat, streut er Samen dort aus. Dill
oder Kümmel oder Petersilie, außerdem Weizen,
Hirse, Gerste und Hafer an die Ränder. 26 Das hat
Gott ihm alles mal so gezeigt, er hat ihm das beige-
bracht. 27 Er fährt nicht mit dem Traktor und einem
Pflug hintendran über den frisch ausgesäten Dill,
und er versucht auch nicht, mit den Reifen den
Kümmel platt zu fahren. Er arbeitet ganz vorsichtig
und probiert sogar noch mit einem Stock, die
Samen aus den Reifen rauszukratzen. 28 Getreide,
woraus man Mehl macht, bearbeitet er nicht zu
lange, weil es sonst zu Brei wird. Wenn er mit dem
Traktor den Rückwärtsgang einlegt, fährt er ganz
vorsichtig, um das Korn nicht zu überfahren und
plattzumachen. 29 Dieses Wissen hat er alles Gott
zu verdanken, dem Chef über diese Welt. Gott
macht abgefahrene Sachen, und er zieht sein Ding
immer genial durch.

29

Panik, und dann kommt Hilfe

1 Und Gott sagte: „Pass bloß auf! Ich
meine jetzt die Leute, die in der Stadt
wohnen, wo früher der Präsident David mal sein
Lager aufgeschlagen hatte. Ihr macht eine Party
nach der anderen. 2 Aber ich werde euch so auf die
Pelle rücken, dass alle Angst bekommen und anfan-
gen zu weinen. So soll eure ganze Stadt zu so einer
Art Feuerstelle werden, auf der man Opfer abfackelt.
3 Ich werde um die Stadt herum eine Armee aufstel-
len, ich werde einen Belagerungsring gegen dich
organisieren, ich werde dich umzingeln. 4 Dann
wirst du völlig fertig sein, du wirst am Boden liegen,
und von da unten aus dem Dreck kommt deine
Stimme ganz finster rüber. Es klingt so, als würde
ein Zombie mit mir reden, oder wie ein Geist aus
der anderen Dimension. 5 Aber wie ein feiner Staub
werden auch deine Feinde sein. Sie sind überall, es
sind so irre viele. Wie Stroh, das vom Wind wegge-
pustet wird, so werden deine Angreifer über dich
kommen. Dann wird ganz plötzlich etwas passieren,
von einer Sekunde auf die andere: 6 Ich, Gott, der
Chef über alles, werde kommen und euch da raus-
hauen! Ich komme mit einem megalauten Knall, mit
einer heftigen Explosion, mit einem Erdbeben und
mit Donner. Es wird heftigen Wind geben, einen
Sturm, und gigantische Blitze werden einschlagen,
die alles kaputt machen. 7 Dann werden riesige
Armeen aus anderen Ländern gegen die Stadt in
den Krieg ziehen. Alle werden sie bedrängen und sie
bekämpfen. Das wird wie ein schlimmer Alptraum.
8 Das wird so sein, wie wenn man tierischen Hunger
hat und dann von einem leckeren Essen träumt.
Man isst sich im Traum satt, und dann wacht man
auf und schiebt voll den Kohldampf. Oder wenn
jemand voll Durst hat und dann davon träumt, dass
er eine eiskalte Cola in der Hand hat, und dann
wacht er auf und stellt fest, wie trocken sein Mund
ist und wie schlecht es ihm geht. So wird es allen
Nationen gehen, die Krieg gegen Jerusalem und
seine Umgebung führen."

Die Leute peilen es einfach nicht

9 Ihr Kapiert es nicht und staunt einfach nur. Peilt es
nicht, ihr könnt es einfach nicht blicken. Denn ihr
seid total breit, aber nicht vom Alk. Ihr könnt nicht
mehr gerade gehen, aber es liegt nicht dadran, dass
ihr breit in der Birne seid. 10 Gott hat etwas in euch
reinkommen lassen, was dafür sorgt, dass ihr wie in
Trance seid. Er hat dafür gesorgt, dass sogar die
Propheten, mit einem besonders guten Draht zu
ihm nichts mehr kapieren. Den Prophetentypen, die
sonst bei euch immer wissen, wo es langgeht, hat
er die inneren Augen verbunden. 11 Die Ansagen, die
solche Leute von Gott bekommen, sind wie in einer
anderen Sprache, ihr versteht sie einfach nicht. Das
ist so, wie wenn man diese Sachen in eine ver-
schlüsselte Datei packt und die jemandem schickt.
Auch wenn der lesen kann, wird er antworten: „Hä,
was soll das? Ich kann es nicht verstehen, denn ich
kann die Datei nicht öffnen!" 12 Wenn man den Text

einem Typen zeigt, der überhaupt nicht lesen kann, dann antwortet der natürlich: „Ich kapier hier rein gar nichts!“ 13 Gott sagt dann: „Diese Leute behaupten, sie hätten Respekt vor mir, aber die reden viel, wenn der Tag lang ist. Innerlich sind sie meilenweit von mir entfernt. Der Respekt, den sie mir zeigen, ist nur geschauspielert. Es ist für sie nur eine Pflichterfüllung, ein weiterer Programmpunkt, weiter nichts. 14 Darum werde ich weiterhin seltsame Sachen mit diesen Leuten anstellen. Ich werde Dinge tun, die sie nicht auf die Reihe kriegen. Die ganz Schlauen von ihnen werden sich voll schämen, weil sie es nicht erklären können. Und selbst die größte Intelligenzbestie wird alt aussehen, weil sie es nicht kapiert.“ 15 Die Leute, die ihre Aktionen gerne ganz heimlich durchziehen, weil sie denken, Gott kriegt das nicht mit, müssen echt aufpassen. Die denken: „Wer kann mich schon erwischen? Wer wird meine Aktion bemerken?“ 16 O Mann, ihr seid echt voll doof! Stehen denn der Kfz-Mechaniker und das Auto auf einer Stufe? Kann ein Auto zu seinem Mechaniker sagen: „Du darfst mich nicht reparieren!“ Oder kann das Auto von seinem Mechaniker behaupten: „Der hat keine Ahnung von Motoren!“

Alles wird umgekehrt

17 Es dauert nicht mehr lange, dann wird sich der Libanonwald in einen Obstgarten verwandeln, und die jetzigen Obstgärten verwandeln sich zu Wäldern. 18 An dem Tag werden Menschen, die nicht sehen konnten, aus Ihrer Dauer-Dunkelheit rauskommen und anfangen, in der Zeitung zu lesen. Menschen, die nicht hören konnten, werden dann plötzlich am Radio sitzen und alles verstehen. 19 Die Leute, denen es immer beschissen ging, werden sich total über Gott freuen, und die kaputten Typen werden abgehen vor Freude, wegen des ganz besonderen Gotts von Israel. 20 Der Brutalo, der andere immer fertiggemacht hat, wird dann weg sein, und die Leute, die immer ablästern, gibt es nicht mehr. Alle Menschen, die Dinge immer nur kaputt machen wollten, werden vernichtet. 21 Auch Menschen, die andere zu Unrecht verklagen, die anderen gerne mal eine Falle stellen, gibt es dann nicht mehr. Typen, die Richter bestechen, sind dann ausgestorben. Leute, die andere daran hindern, sich vor einem Gericht zu verteidigen, obwohl die nichts ausgefressen hatten, werden abgeschafft. 22 Darum sagt Gott, der damals schon Abraham aus seinen Schwierigkeiten rausgehauen hat, zu den Leuten von Israel: „Jetzt ist Schluss mit den Peinlichkeiten, Israel muss sich nicht mehr schämen. 23 Wenn ihr mitkriegt, was ich bei euch wieder an den Start bringe, dann werdet ihr mich auch wieder respektieren, dann müsst ihr mich, den Gott von Jakob, wieder toll finden. Ihr werdet vor dem Gott von Israel dann wieder Respekt haben. 24 Selbst die ganz verpeilten Leute werden es kapieren, und die Meckerheinis werden das akzeptieren, wenn man es ihnen verklickert.“

30 Ägypten kannst du vergessen, wenn du Hilfe brauchst

1 Gott sagt: „Passt bloß auf, ihr Heinis, zieht doch immer nur euer eigenes Ding durch. Ihr plant irgendwelche Sachen, ohne mich da mit einzubeziehen. Ihr macht Verträge, die ich überhaupt nicht gut finde. Damit macht ihr den Misthaufen nur noch größer, der zwischen euch und mir steht. 2 Anstatt erst mal mich zu fragen, was ich über die Sache denke, geht ihr gleich zum Präsidenten von Ägypten, um euch von dem beschützen zu lassen und euch hinter dem zu verstecken. 3 Aber wovon ihr euch Schutz versprochen habt, wird euch nur Nachteile bringen. Eure Flucht nach Ägypten wird ganz peinlich enden. 4 Die Chefs bei euch im Volk sind bis nach Zoan gegangen, und eure Botschafter sind bis nach Hanes gezogen. 5 Doch sie werden auch dort enttäuscht werden, denn die Leute dort können niemandem wirklich helfen. Was die einem bringen, sind am Ende nur Niederlagen und Peinlichkeiten hoch zehn.“ 6 Gott sagte über die Lkws und Fahrzeuge noch Folgendes: „Sie werden durch ein Land fahren, was große Probleme hat. Überall hat man Angst, gefährliche Tiere laufen frei herum, Giftschlangen, tödliche Spinnen und große Monster. Die Lkws sind beladen mit dem ganzen Geld, was dem Volk gehört. Damit will man ein Volk beschenken, was am Ende nicht wirklich helfen kann. 7 Denn die Hilfe von Ägypten bringt nichts. Darum nenn ich das Land ‚den zahnlosen Tiger‘.“

Die Leute wollen nur hören, was ihnen in den Kram passt

8 Jetzt sagte mir Gott: „Jesaja, ich möchte, dass du eine Internetseite ins Netz stellst. Auf diese Seite sollst du ein paar Sachen schreiben, die ich dir gleich sagen werde. Es soll für immer dort stehen als ein Beweis. 9 Diese Leute machen sowieso nur das, was ihnen gerade in den Kram passt. Sie tun so, als wären sie meine Kinder, aber diese Möchte-

gern-Kinder tun nicht das, was ich, Gott, ihnen gesagt habe. [10] Zu den Prophetentypen, die von Gott hören, was alles abgeht, sagen sie: ‚Ihr sollt ab jetzt keine Ansagen mehr machen, die von Gott kommen. Und wenn doch, dann bitte nur Sachen, die wir auch hören wollen. Was uns nicht passt, ist verboten! Ihr dürft uns nur sagen, was uns auch gefällt, egal, ob das jetzt stimmt oder nicht! [11] Ihr sollt nicht mehr korrekt euren Job machen, und lasst uns bloß in Ruhe mit eurem tollen, ganz besonders abgefahrenen Gott von Israel ...‘ [12] Darum sage ich, der ganz besonders abgefahrene Gott von Israel, jetzt Folgendes zu euch: Weil euch diese Worte furzegal sind, weil ihr eher Betrügern und Abzockern vertraut als mir, [13] wird euch dieser Dreck kaputt machen. Es wird sein wie ein Riss in einer tragenden Wand, der ganz plötzlich immer größer wird und dann das ganze Teil zum Einstürzen bringt. [14] Es wird so sein wie bei einem Totalschaden am Auto, wo man nicht mal mehr die Batterie oder die Autoreifen auf dem Schrottplatz verkaufen kann, weil einfach das ganze Teil total platt ist.“ [15] Der Chef, der ganz besondere Gott von Israel, sagt euch: „Ihr könnt euch retten, wenn ihr einfach mal Ruhe gebt und mir vertraut.“ Aber ihr hattet da ja keinen Bock drauf. [16] Ihr sagt: „Nein, wir wollen auf den schnellsten Maschinen in den Urlaub fahren.“ Und ihr werdet tatsächlich auf der Flucht sein. Ihr sagt: „Nein, wir wollen mit 180 in die Kurve brettern“, aber eure Verfolger werden 190 auf dem Tacho haben. [17] Vor einem Feind werden tausend von euren Männer fliehen. Und wenn da nur fünf stehen und euch bedrohen, dann laufen alle weg. Am Ende wird von eurer Armee nur noch eine Fahne übrig bleiben, die auf der Spitze von einem Berg steht.

Gott wird seinen Leuten helfen

[18] Gott wartet aber die ganze Zeit nur dadrauf, euch endlich wieder helfen zu können. Er wird zu euch kommen und euch lieben. Gott ist nämlich korrekt, und die Leute, die mit ihm leben, können sich echt glücklich schätzen. [19] An alle Menschen, die in Jerusalem wohnen, auf dem Berg von Zion: Ihr müsst nicht mehr weinen! Gott wird euch ganz bestimmt wieder zeigen, dass er euch liebt, wenn er eure Stimme hört, die nach Hilfe ruft. Sobald er die hört, wird er auch reagieren. [20] Auch wenn Gott euch bis jetzt noch nicht so viel zu essen und zu trinken gegeben hat, wird er sich dann auf jeden Fall nicht mehr länger vor euch verstecken. Ihr werdet ihn mit euren Augen sehen können, euren Gott, der euch was beibringen will. [21] Und wenn ihr irgendwelche Entscheidungen treffen müsst und nicht wisst, ob jetzt dies oder jenes angesagt ist, dann werdet ihr eine Stimme hören, die euch sagt: Das ist die Richtung, hier geht's lang! [22] Dann werdet ihr eure selbstgebastelten Plastikgötter, die mit Silberfolie beklebten Bilder, dreckig und unrein machen. Du wirst sie in die Tonne kloppen und wirst so was sagen wie: „Bloß weg mit dem Scheiß!“ [23] Gott wird dafür sorgen, dass es genug regnet, damit die Samen auf den Feldern aufgehen und wachsen können. Aus dem Boden werden schöne Kornpflanzen wachsen, aus denen man sehr viel Mehl machen kann. Dann hast du fett und reichlich zu essen. Deine Tierherden werden in dieser Zeit auf großen Wiesen genug Gras finden können. [24] Die Trecker werden immer genug Diesel zum Tanken haben. Für die Pferde und Kühe gibt es leckeres Futter zum Fressen, das man mit großen Spaten und Gabeln gemischt und dann in ihren Futtertrog geschmissen hat. [25] An dem Tag wird es vielen an den Kragen gehen, ganze Städte werden zerstört werden, und von jedem hohen Berg und von jedem größeren Hügel werden Sturzbäche runterfließen. [26] Das Licht vom Mond wird so hell sein wie das normale Licht von der Sonne. Und das Licht von der Sonne wird siebenmal heller sein als normal, und dann wird sich das Licht von sieben Tagen auch noch auf einen Tag konzentrieren. An dem Tag wird Gott die Verletzungen von seinen Leuten heilen, die Wunden, die von ihm kommen, wird er wieder in Ordnung bringen.

Assyrien

[27] Gott kommt total sauer aus einiger Entfernung angerauscht und haut voll rein, er lässt es brennen. Aus seinem Mund kommen harte Sachen raus, seine Worte bedeuten Vernichtung, wie von einer Phosphorbombe. [28] Wenn er nur pustet, ist das so, als würden bei einem Fluss alle Dämme brechen, der Wasserspiegel steigt, es geht einem bis zum Hals. Er lässt über alle Völker seinen Virenscanner fahren, er wirft sie alle in ein Sieb und sortiert die schlechten Menschen aus. Er wirft sie weg wie einen Sack Hausmüll. Er gibt den Menschen so eine Art GPS-System für ihr Leben, aber führt sie damit in die Irre. [29] Aber seine Leute werden abfeiern, sie werden nachts Party machen und dabei Lieder grölen. Sie werden vor Freude abgehen wie bei einem guten Open-Air-Konzert, denn es ist der

Start für eine Reise zum Zionsberg, dem Berg,
der Gott gehört, der Berg von Israel. 30 Dann wird
Gott ganz groß auftrumpfen, er wird seine krasse
Stimme hören lassen, er wird vor allem mit seiner
Hand voll zuschlagen. Er wird wie ein Flammenwer-
fer vom Himmel kommen, wie ein heftiger Platz-
regen mit Hagelkörnern, wie Blitz und Donner.
31 Nur mit seiner Stimme wird Gott Assyrien kaputt
machen, er schlägt voll zu, wie mit einem Baseball-
schläger. 32 Folgendes wird dabei passieren: Jeder
Schlag, der von Gott runterkommt, wird von total
düsterer Musik begleitet, mit E-Gitarren, Schlag-
zeug und Bass. Gott wird selbst eingreifen, er wird
mit seiner Faust ausholen und gegen sie kämpfen.
33 Der Ofen ist schon lange vorgeheizt. Da passen
auch Präsidenten rein, er ist groß genug dafür. Es
gibt genug Benzin und Holzkohle zum Anfeuern.
Gott pustet nur einmal, und es kommt eine große
Stichflamme wie aus einem Gasbrenner und setzt
alles in Brand.

31 **Gott wird beim Problem mit den Assyrern helfen**

1 Die Leute, die extra nach Ägypten lat-
schen, um sich dort Hilfe zu holen, müssen echt
aufpassen! Sie denken, weil Ägypten so eine fette
Armee hat, mit vielen Panzern und Motorrädern,
könnten die was reißen. Dabei ist denen der ganz
besondere Gott von Israel völlig egal, und sie fragen
ihn nichts. 2 Aber Gott ist nicht dumm. Er sorgt
dafür, dass es denen bald dreckig geht, und er
nimmt seine Drohungen nicht zurück. Ganz im
Gegenteil wird er gegen diese Bande von Hooligans
etwas unternehmen, und auch die Leute, die denen
helfen, kriegen von ihm eins auf die Mütze. 3 Auch
die Ägypter sind nur Menschen, sie sind nicht wie
Gott. Ihre Panzer sind auch nur von Menschen
gemacht worden, sie sind keine übermächtigen
Maschinen. Gott braucht nur einmal seine Hand
auszustrecken, dann fällt Ägypten auf die Fresse.
Und Israel, das von ihnen beschützt wird, geht dann
natürlich auch kaputt, und dann sind sie beide
Schrott. 4 Gott hat mir Folgendes gesagt: „Ein Bär,
egal, wie alt, verteidigt seine Beute. Und auch wenn
man eine ganze Gruppe von Hirten zusammenruft,
wird der Bär seinen Fang nicht so schnell raus-
rücken. Die können noch so viel rufen oder in die
Hände klatschen, das beeindruckt den null. Ge-
nauso werde ich, Gott, der Oberbefehlshaber über
die Armee des Himmels, auf den Berg Zion runter-
kommen und ihn verteidigen. 5 So, wie ein Toptor-
hüter auf seinen Kasten aufpasst, wie ein guter Ver-
teidiger seinen Strafraum verteidigt, wie ein Vogel
sein Nest beschützt, so werde ich, der Chef über die
Armee des Himmels, auf Jerusalem aufpassen. Ich
werde es beschützen und retten, ich werde darauf
aufpassen und es befreien." 6 Dreht um, Leute von
Israel! Kommt zurück zu eurem Gott! Ihr seid schon
viel zu weit von ihm entfernt. 7 An diesem Tag, wo
das passiert, wird jeder von euch seine ganzen Plas-
tikgötter auf den Müll schmeißen. Die Teile aus
Gold und Silber, die ihr euch selbst gebastelt habt,
schmeißt ihr auf den Schrott. Dass ihr euch die
gemacht habt, war ganz großer Mist! 8 Gott sagt:
„Assyrien wird kaputtgehen! Sie werden im Krieg
vernichtet! Aber dieser Krieg wird nicht mit Waffen
von Menschen geführt werden. Sie werden alle flie-
hen, und die jungen Soldaten werden dann alle zur
Zwangsarbeit verknackt. 9 Ihr starker Präsident wird
vor Panik wie gelähmt sein, die Generäle verpissen
sich und begehen Fahnenflucht!" Diese Ansage kam
von Gott, der sein Lagerfeuer auf dem Zionsberg
angezündet hat und auch in Jerusalem einen Ofen
stehen hat.

32 **Eine neue Zeit, und alles wird gut**

1 Aber bald wird es einen neuen Präsiden-
ten geben. Der wird ultrakorrekt regieren,
und die Leute, die dann im Land das Sagen haben,
werden ihre Macht auch korrekt ausüben. 2 Jeder
von diesen Typen wird gut zu den Leuten sein. Sie
werden die Menschen beschützen, wie ein Strand-
korb vor dem Wind schützt oder wie ein Regen-
schirm bei einem heftigen Regen. Sie werden für
viele wie ein Bach sein, der in einer ausgetrockne-
ten Gegend plötzlich anfängt zu fließen, oder wie
eine Eisdiele, wo man sich in der knalligen Hitze
unterstellen und erfrischen kann. 3 Dann brauchen
die Kurzsichtigen plötzlich keine Brille mehr, und
die Leute mit Hörproblemen kriegen wieder alles
mit. Wer es nicht geblickt hat, kapiert es plötzlich,
und wer es nicht gerallt hat, versteht auf einmal
alles. 4 Die Leute, die nie was kapiert haben, bekom-
men plötzlich voll den Durchblick. Menschen, die
sich nie richtig ausdrücken konnten, halten plötz-
lich fließend einen 5-Stunden-Vortrag. Wer früher
ein Problem mit Stottern hatte, kann dann normal
sprechen. 5 Dann ist Schluss mit dem ‚alles schön-
reden'. Dumme Aktionen werden dann auch als
‚dumm' bezeichnet, und Betrüger kriegen nicht

auch noch einen Orden für ihren Mist verliehen.
6 Beknackte Menschen reden nämlich auch nur
beknacktes Zeug. Was so einer plant, ist total dane-
ben, in seinen Gedanken will er nur alles kaputt
machen. So einer beleidigt Gott in einer Tour.
Leute, die einen innerlichen Hunger und Durst
nach dem Sinn im Leben haben, werden von sol-
chen Menschen noch leerer zurückgelassen, als sie
vorher schon waren. 7 Fiese Menschen arbeiten mit
fiesen Methoden. Sie planen miese Attacken, um
kaputte Leute durch seltsame Theorien zu verwir-
ren und sie noch kaputter zu machen, als sie so-
wieso schon sind. Und selbst wenn in einer Diskus-
sion oder vor Gericht andere eigentlich im Recht
sind, drehen sie denen auch noch das Wort im
Mund um. 8 Korrekte Menschen haben auch nur
korrekte Sachen im Kopf und setzen sich auch nur
für korrekte Sachen ein.

Die Frauen in Jerusalem müssen echt aufpassen

9 Das geht jetzt an die Frauen und Mädels, die sich
einfach über gar nichts den Kopf machen. Passt mal
gut auf! 10 Es dauert noch circa ein Jahr, dann wird
bei euch die Panik ausbrechen. Ihr werdet anfangen
zu zittern, weil die ganze Weinlese futsch ist und die
Obsternte auch. 11 Diejenigen, die immer superent-
spannt sind, sollen Angst bekommen! Die, die sich
immer in Sicherheit fühlen, sollen anfangen zu zit-
tern. Zieht euch um, wechselt die Kleidung, tragt
jetzt nur noch Schwarz, als Zeichen dafür, dass ihr
trauert. 12 Kriegt einen Heulkrampf, weint euch die
Augen aus, trauert über die schönen Felder und
Weinstöcke, die jetzt kaputt sind. 13 Trauert auch um
die Felder von meinen Leuten, die jetzt nicht mehr
bearbeitet werden und ungenutzt daliegen. Sie sind
nun voll mit Brennnesseln und Disteln. Fangt an zu
heulen, denn es gibt keine Partys mehr, die Stadt ist
wie leer gefegt, und alle Discos haben zu. 14 Die
Regierungsgebäude wurden aufgegeben. Auf den
Straßen ist niemand. Die Schutztürme sind herun-
tergekommen und leer, dort wohnen nur noch Rat-
ten, und die Befestigungsanlagen sind beliebt bei
den Hasen, die jetzt dort leben.

Durch die Kraft von Gott wird alles anders

15 Das wird so lange sein, bis die Kraft von Gott, sein
Geist, aus seiner anderen Dimension zu uns runter-
kommt. Dann macht er aus dem ausgetrockneten
Land einen leckeren Obstgarten, und aus einem
stinknormalen Obstgarten wird ein großer Wald.
16 Das, was korrekt ist, wird dann wieder überall voll
angesagt sein. In der Wüste, genauso wie im Obst-
garten wird das so sein. 17 Da, wo man korrekt und
freundlich ist, wird man in Frieden und in Sicherheit
locker leben können. 18 Meine Leute werden dann
dort sein, wo kein Krieg mehr ist, sondern nur noch
Frieden. Sie werden in Sicherheit leben und sich
keine Sorgen mehr machen müssen. 19 Der Wald
von den Feinden wird niedergemäht, und ihre
Städte werden untergehen. 20 Aber ihr könnt glück-
lich sein. Ihr werdet dort eure Saat aussäen, wo es
immer genug Wasser gibt und wo eure Rinder und
Esel frei rumlaufen können.

33

Jerusalems Probleme und Chancen

1 Pass bloß auf! Ich meine jetzt dich, der
du alles kaputt gemacht hast, der aber
selber noch nie kaputt gemacht wurde. Und ich
meine dich, der andere abgezockt hat, aber selber
noch nie abgezockt worden ist. In dem Augenblick,
wo du mit dem Kaputtmachen fertig bist, wirst du
selber kaputt gemacht werden. In dem Augenblick,
wo du fertig damit bist, andere Menschen abzuzo-
cken, wirst du selber abgezockt werden. 2 Gott! Bitte
sei nett, hab uns lieb! Wir hoffen darauf, dass du
uns helfen wirst! Hilf uns, morgens in die Gänge zu
kommen, unterstütze uns! Gott, du musst uns ret-
ten, wenn es uns dreckig geht! 3 Es gibt einen Rie-
senknall, und alle Völker ergreifen die Flucht. Wenn
du aufstehst, flüchten die Völker in alle Richtungen.
4 Alles, was sie besitzen, wird abgegriffen, wie die
Geier stürzen sich die Menschen auf die Beute;
genauso wie zehn Katzen sich um eine Dose Whis-
kas schlagen, oder wie beim Aldi, wenn eine neue
Kasse aufmacht. 5 Gott ist der Größte, keiner kann
ihm das Wasser reichen. Er lebt in einer anderen
Dimension, das Weltall ist sein Wohnzimmer. Und
er sorgt dafür, dass man auf dem Zionsberg sehen
kann, was es bedeutet, wirklich korrekt zu sein. Er
sorgt dafür, dass dort alles gerecht zugeht. 6 Es wird
dann eine Zeit geben, wo man in Sicherheit leben
kann. Ganz viele Leute werden gesund, Menschen
werden ganz viel verstehen, sie werden plötzlich die
abgefahrensten Geheimnisse kapieren können. Was
für sie aber das Genialste und Wertvollste von allem
sein wird, ist, dass in der Zeit jeder heftigen Respekt
vor Gott hat.

Gott tritt in Aktion

7 Ich sehe in einer Vision, wie die Bewohner von
Jerusalem schreiend durch die Gegend laufen! Die

Männer, die laut verkündet hatten, dass jetzt alles gut wird und Frieden kommt, fangen laut an zu weinen. 8 Die Straßen sind ausgestorben, und kein Mensch ist draußen, denn keiner wagt sich vor die Tür. Eine feindliche Regierung hat irgendwie den Friedensvertrag gebrochen, den man vorher ausgehandelt hatte. Ein Menschenleben hat für die keinen Wert. 9 Das ganze Land vertrocknet, alles stirbt langsam ab. Das schöne Libanongebiet sieht echt peinlich aus, es trauert in Schwarz. Die Scharon-Ebene, früher ein Hauptanbaugebiet, sieht aus wie eine Wüste. Baschan und Karmel sind so trocken, dass die Bäume ihr Laub verlieren. 10 Jetzt höre ich Gott, wie er sagt: „Ich werde loslegen und zeigen, was ich draufhab. 11 Eure Pläne sind wie Klopapier; was dabei rauskommt, landet im Müll. Ihr werdet an eurer eigenen Wut ersticken, sie wird euch wie ein Feuer verbrennen. 12 Die Völker werden zu Asche verbrannt, sie werden wie ein vertrockneter Brombeerstrauch ins Feuer geworfen und verbrannt. 13 Alle Völker, egal, wo sie wohnen, sollen hören, was ich gemacht habe, und daran sehen, was für eine Power ich hab!“ 14 Menschen in Jerusalem, die ohne Gott leben, kriegen voll die Panik, sie fangen an zu zittern und sagen: „Wer von uns ist denn in der Lage, so nahe an einem so krassen Feuer zu wohnen, in dessen Nähe man sofort verbrennt? Wer von uns kann sich hier an der krassen Hitze lange aufhalten?“ 15 Es gibt ein paar Regeln: immer korrekt leben, keinen Stuss erzählen, bei der Wahrheit bleiben, an der Erpressung und dem Unterdrücken von anderen nicht verdienen, sich nicht durch Geschenke oder Kohle erpressen lassen, nicht weghören, wenn jemand ein Attentat plant, nicht wegsehen, wenn Leute abgezogen oder link und ungerecht behandelt werden. 16 Wer das durchzieht, wird immer in Sicherheit sein, er wird wie in einem Bunker wohnen, ihm kann nichts passieren. Er wird auch immer genug zu essen und zu trinken haben.

Gott ist unser Chef

17 Dann wird ein Zeitpunkt kommen, wo du den Chef, eben Gott selbst, live sehen wirst. Du wirst seine geniale Schönheit bewundern. Es wird so sein, als würde man von einem Berg auf ein ganz weites Land runtersehen. 18 Alles, was einem früher an ätzenden Sachen passiert ist, hat man dann vergessen: „Wie war das noch, damals? War das wichtig? Wo ist der Typ, dem ich früher mein Geld abdrücken musste? Wo ist der Typ, der immer alles kontrolliert hat? Hmm?“ 19 Diese nervigen Leute, die immer komische unverständliche Dinge gesagt haben, sind dann ganz weit weg. 20 Alle sollen mal sehen, was in Zion gerade passiert, der Stadt, wo wir unsere Partys für Gott feiern! Dort wirst du dann ein Jerusalem sehen, in dem man wohnen kann, ohne sich Sorgen machen zu müssen. Man muss nicht mehr ständig umziehen, es wird dort stabil und sicher zugehen. 21 Der gigantische Gott wird bei uns sein. Es wird dort viele Kanäle und Flüsse und einen Hafen geben. Aber die Kriegsmarine hat da im Hafen nichts verloren, und auch die großen Containerschiffe legen dort nicht an. 22 Denn Gott ist da. Unser Chef, der das Sagen hat, der uns anführt, der Chef, unser Präsident. Und er wird uns raushauen. 23 Wenn dort doch mal ein Schiff anlegt, dann ist es leichte Beute. Es hat keinen großen Motor und kann nicht schnell abhauen. Man kann es leicht plündern und die Waren an die Leute verschenken. Da bekommen alle was ab, auch die körperlich behinderten Menschen kriegen ihren Anteil. 24 Kein Bewohner wird in der Zeit sagen: „Mir geht's so schlecht! Ich bin gerade voll depressiv!“ Die Leute werden gut drauf sein, weil ihnen ihr Mist verziehen wurde.

34

Edom ist am Ende

1 Alle mal herhören! Das geht jetzt an jede Nation auf der ganzen Welt. Hört mir gut zu! Die ganze Welt soll das mitbekommen, jeder und alles, was auf ihr lebt. 2 Gott ist supersauer auf alle Menschen, er ist voll aggro gegen jede Armee. Er hat erklärt, dass bei allen, die nicht zu ihm gehören, die Rote-Karte-Aktion durchgezogen werden soll. Das heißt, jeder von denen soll getötet werden. 3 Alle Toten werden einfach so liegengelassen, man wird sie nicht begraben. Der Gestank von den Leichen ist dann überall. Das Blut wird in Bächen von den Bergen runterfließen. 4 Das Planetensystem wird durcheinandergeraten, es zerfällt in sich. Das ganze Universum wird aufgerollt wie ein alter Teppich, es wird zugeschlagen wie ein großes Buch. Alle Sterne, die „Soldaten im Universum“, gehen einfach kaputt. Sie fallen runter wie die Blätter von einem Apfelbaum im Herbst, sie verwelken wie eine Tulpe in der Vase. 5 Gottes Waffen stehen im Himmel bereit, er wird auf Edom draufhauen, wo schon lange Feinde von Israel leben. Gott wird auf die Leute hauen, mit denen er mal Verträge hatte. Es ist Zahltag, das Urteil aus der Gerichtsverhandlung wird jetzt vollstreckt. 6 Ich sehe in einer Vision ein

großes Messer in Gottes Hand, es ist voll Blut und trieft von Fett. Dieses Blut und dieses Fett kommt von Schafen. Gott zieht gerade eine Opfersession durch, die in Bozra stattfindet. Dasselbe passiert gerade auch in Edom. 7 Auch große Büffel, Rinder und andere starke Tiere werden geschlachtet. Die ganze Erde ist bedeckt mit Blut, der Boden saugt das Blut förmlich auf, es trieft überall von Fett. 8 Denn Gott hat einen Tag angesetzt, wo er sich an den Feinden von Zion rächen wird, ein Jahr, in dem die für ihre Taten den Kopf hinhalten müssen. 9 Die Flüsse in Edom werden schwarz von Öl sein, und der Boden stinkt dann nach Chemieabfall. Dann fängt überall im Land das Öl zu brennen an. 10 Dieses Feuer geht nicht aus, immer weiter steigen die Rauchwolken zum Himmel. Das Land wird für immer kaputt sein, man wird dort noch nicht mal mehr durchreisen können. 11 Ratten und Mäuse übernehmen dann die Kontrolle, Tauben und Raben wohnen dort. Gott nimmt ein riesengroßes Metermaß und misst das ganze Wüstengebiet aus. Jetzt steckt er dort ein Schild rein, wo draufsteht: „Hier ist es öde, hier ist nichts los." 12 Aus der Oberschicht gibt es keinen, den man zum Präsidenten machen könnte, von den leitenden Männern ist auch keiner mehr da. 13 Die Regierungsgebäude stehen schon lange leer, Unkraut und Brennnesseln wachsen davor. In der Villengegend sind überall Disteln gewachsen. Dort leben auch die wilden Hunde und Katzen. 14 Hasen und Hunde treffen sich in der Gegend. Dunkle Geister können sich da ausruhen. 15 Die Schlangen nisten sich ein, legen ihre Eier und brüten sie aus. Und viele Elstern fliegen dort überall rum. 16 Checkt das ab, lest es im Buch von Gott noch mal nach! Keins von den Tieren wird fehlen, und kein Tier wird ein anderes vermissen. Gott, der Chef, hat es so befohlen, seine Kraft hat sie alle zusammenkommen lassen. 17 Gott hat das Land aufgeteilt und es den unterschiedlichen Tieren zugelost. Jedes Gebiet wurde von ihm genau abgemessen. Es wird ihnen immer gehören, auf ewig. Auch ihre Kinder und Enkel werden dort noch wohnen können.

35 Die Leute von Israel kommen nach Hause

1 Die Wüste wird zur Partymeile. Das ausgetrocknete Land wird total glücklich sein. Da, wo sonst nichts wächst, wird man feiern. 2 Dort wird dann nämlich alles mit Blumen voll sein, man wird sich nur noch freuen und laut losjubeln. Es soll so schön werden wie im Libanonwald, es soll so krass aussehen wie der Berg Karmel und die Ebene Scharon. Und dann werden alle Menschen die ganz heftige Seite von unserem Gott sehen, seine oberkrasse Art. 3 Die Müden und Abgeschlafften sollen wieder stark werden. Die kraftlosen Arme sollen wieder Muckis bekommen. Die weichen Knie sollen wieder fest und kräftig werden. 4 Den Schissern unter euch sollt ihr zurufen: „Du brauchst keine Angst mehr zu haben! Nur Mut! Euer Gott ist schon da! Er ist da, um euch aus dem ganzen Müll rauszuholen! Er ist da, um sich an euren Feinden zu rächen! Er wird es denen heimzahlen!" 5 Dann können Blinde wieder sehen, und Menschen, die nicht hören konnten, werden es plötzlich wieder können. 6 Der Typ, der vorher noch im Rollstuhl saß, tanzt auf einmal Pogo, und wer vorher nicht reden konnte, jubelt voll los. Denn in der Wüste kommen plötzlich Wasserquellen aus dem Boden, und es entstehen überall Bäche, wo vorher keine waren. 7 Da, wo vorher noch eine Bullenhitze war, entsteht plötzlich ein Badesee. Mitten in einem total ausgetrockneten Land gibt es auf einmal Wasserquellen. An der Stelle, wo sonst nur Ratten lebten, wachsen dann überall Gras und anderes Grünzeug. 8 Dann wird dort eine Straße gebaut werden, die man „den ganz besonders krassen Weg" nennen wird. Diese Straße darf niemand betreten, der nicht okay für Gott ist. Dort dürfen nur die Leute von Gott drauf gehen. Aber wer auf diesem Weg ist, wird sich nie mehr verlaufen, selbst wenn es einfache Menschen sind, die sonst nicht viel kapiert haben. 9 Dort wird es keine Gefahren geben, es gibt keine wilden Tiere, die einen plötzlich von hinten anfallen. Nur die Menschen, die es gepackt haben und gerettet wurden, werden dort rumlaufen. 10 Die Menschen, die von Gott befreit wurden, kommen wieder zurück nach Zion, dem Berg, wo Gott wohnt. Sie sind gut drauf und jubeln laut, sie freuen sich so krass, sie strahlen bis über beide Ohren und sind abgefüllt mit Freude, für immer. Depressionen, Trauer, Sorgen, das wird es für sie nicht mehr geben.

36 Jerusalem wird von einer feindlichen Armee belagert

1 Im vierzehnten Jahr, in dem Präsident Hiskija an der Macht war, fiel Sanherib, der Präsident von Assyrien, in das Land Juda ein. Er eroberte alle großen Städte. 2 Sanherib befahl dann seinem Innenminister, mit einer riesengroßen Armee von

Lachisch aus Jerusalem und dessen Präsidenten
Hiskija anzugreifen. Mit seinen Truppen stellte der
sich dann entlang der Wasserleitung am oberen
Teich auf, an der Straße, die von der Textilfabrik
kommt. 3 Der Innenminister Eljakim (ein Sohn von
Hiskija), der Minister für Arbeit und Soziales
Schebna und der Wirtschaftsminister Joach (ein
Sohn von Asaf) kamen dann mal zu einem Treffen
im Büro vom Innenminister von Assyrien. 4 Der
Innenminister von Assyrien fing gleich an zu reden:
„Machen Sie eine Meldung bei Ihrem Präsidenten
Hiskija! Sagen Sie ihm, dass der Präsident von
Assyrien folgende Nachricht für ihn hat: Herr Präsi-
dent, wo nehmen Sie ihr Vertrauen eigentlich her?
5 Glauben Sie im Ernst, Sie könnten mit Ihrem lee-
ren Gelaber mich mit meiner langjährigen Erfah-
rung und meinem Wissen in der Kriegsführung
schachmatt setzen? Auf was vertrauen Sie eigent-
lich, dass Sie hier derart gegen mich anstänkern?
6 Hoffen Sie vielleicht auf militärische Unterstüt-
zung aus Ägypten? Dann könnten Sie auch gleich
Lotto spielen! Da ist die Chance auf sechs Richtige
mit Zusatzzahl zigmal größer, als dass der Präsi-
dent von Ägypten Ihnen helfen wird. Der Präsident
von Ägypten geht so mit jedem um, der dadrauf
vertraut, von ihm Hilfe zu bekommen. 7 Wenn jetzt
von Ihnen so was kommt wie: ‚Wir vertrauen auf
unseren Gott', dann kann ich nur die Frage stellen:
Wie können Sie auf den denn noch hoffen, da Sie,
Herr Hiskija, gerade alle seine Opferplätze im Land
weggesprengt haben? Kam der Befehl nicht sogar
direkt von Ihnen, dass man nur noch in Jerusalem
zu ihm beten und ihm Dinge opfern kann, sonst
nirgendwo mehr? 8 Ich habe hier einen Deal, den
mein Chef, der Präsident von Assyrien, Ihnen anbie-
ten will. Es geht um eine Wette. Er ist bereit, Ihnen
zweitausend von seinen Panzern zur Verfügung zu
stellen, wenn Sie die dafür benötigten Soldaten
zusammenkriegen können. 9 Aber Sie schaffen es ja
noch nicht mal, gegen einen popeligen Unteroffizier
von der Armee meines Chefs anzukommen. Sie hof-
fen ja nur, dass Ihnen noch rechtzeitig die Armee
der Ägypter mit ihren Panzern und Motorrädern zu
Hilfe kommt. 10 Ich soll Ihnen von meinem Chef
außerdem noch ausrichten, dass Sie bloß nicht
glauben sollen, er hätte seine Absicht, ihr Land
anzugreifen, geplant, ohne sich vorher das Okay
von Gott geholt zu haben. ‚Leg los! Mach dieses
Land platt!', hat Gott selbst gesagt.'" 11 Eljakim,
Schebna und Joach unterbrachen in dem Augen-
blick den Innenminister: „Reden Sie doch bitte in
Aramäisch mit uns, das können wir auch verstehen.
Die Leute auf der Stadtmauer hören uns nämlich
zu, und die können nur Hebräisch verstehen! Die
brauchen es ja nicht mitzukriegen." 12 Der Innenmi-
nister von Assyrien antwortete: „Hat mich mein
Chef vielleicht nur zu Ihnen und zu Ihrem Chef
geschickt, oder wie? Bestimmt nicht, er wollte, dass
auch die Männer, die da oben auf der Mauer sitzen,
das mitkriegen. Mit denen werdet Ihr nämlich bald
eure eigene Scheiße zu Mittag essen und eure Pisse
dazu trinken, weil Ihr nichts anderes zu essen fin-
det." 13 Er stand auf und ging einen Schritt nach vor-
ne. Dann rief er voll laut: „Hey! Hört mal gut zu,
was der mächtige Präsident von Assyrien euch aus-
richten lässt: 14 ‚Lasst euch nicht von Hiskija be-
scheißen! Der kann euch auch nicht helfen! 15 Der
Typ versucht, euch nur wieder auf Gott einzu-
schwören, indem er sagt: ‚Gott wird uns bestimmt
helfen, er wird nicht zulassen, dass diese Stadt
in die Hände des Präsidenten von Assyrien fällt!'
16 Hört nicht auf Hiskija! Ich, der Präsident von
Assyrien, mache euch heute ein Angebot. Ergebt
euch, kommt raus und lasst uns einen Übergabe-
vertrag abschließen! Ich verspreche euch, dass jeder
von seinem Weinstock, seiner Apfelernte und von
seinem Wasser eine Zeitlang weiterleben darf.
17 Zumindest so lange, bis wir euch in ein Land brin-
gen, das so ähnlich ist wie das Land, wo ihr jetzt
lebt. Es gibt dort reichlich Möglichkeiten, Korn
anzupflanzen und Obstanbau zu betreiben, dort
habt ihr dann volle Kühlschränke und Weinregale.
18 Lasst euch nicht von Hiskija verführen! Er labert
euch voll mit solchen Sprüchen wie: ‚Gott wird uns
schon raushauen!' Pah, die Götter von den anderen
Nationen, gegen die ich Krieg geführt habe, konnten
auch nichts gegen mich ausrichten. 19 Wo sind sie
denn geblieben, die Götter von Hamat und Arpad?
Wo ist der Gott von Sefarwajim? Und haben die
Götter von Samaria die Bewohner vor mir beschüt-
zen können? Nein! 20 Nenne mir nur einen Gott
von den anderen Ländern, der stark genug war, um
die Bewohner vor mir zu schützen? Und jetzt soll
ausgerechnet euer Gott, der in Jerusalem wohnt,
eine Chance gegen mich haben?'" 21 Die Leute, die
auf der Stadtmauer standen, sagten keinen Pieps,
weil Hiskija ihnen das verboten hatte. 22 Eljakim,
Schebna und Joach waren voll fertig, nachdem sie
diese Sprüche gehört hatten. Mit verheulten Augen
kamen sie bei Hiskija an und erzählten ihm, was
der Innenminister von Assyrien gerade alles von
sich gegeben hatte.

37

Hiskija bittet Jesaja um Hilfe

1 Als der Präsident Hiskija von der Sache hörte, war er auch total fertig und traurig. Um das zu zeigen, zog er sich schwarze Klamotten an und ging zum Beten in den Tempel von Gott. 2 Danach schickte er den Innenminister Eljakim, den Minister für Arbeit und Soziales, Schebna, und die obersten Priester, ebenfalls alle in schwarzen Trauerklamotten, zum Prophetentypen Jesaja. Jesaja war ein Sohn von Amoz. 3 Sie sollten ihm Folgendes von Hiskija ausrichten: „Heute ist ein ganz übler und peinlicher Tag! Gott bestraft uns! Es ist so, wie wenn Babys bei der Geburt im Geburtskanal stecken bleiben, weil die Mutter keine Kraft mehr hat, das Kind richtig rauszupressen. 4 Der Präsident von Assyrien hat seinen Innenminister hierhergeschickt, um Gott zu verarschen! Es wäre so gut, wenn Ihr Gott sich das mal anhören würde, was der Typ da alles vom Stapel lässt. Wir wären dafür, dass Gott dem dafür mal anständig eine reindrückt. Bitte, könnten Sie mit ihm nicht mal dadrüber reden? Könnten Sie nicht einmal bei Gott ein gutes Wort einlegen für den mickrigen Rest von seinen Leuten, die noch leben?" 5 Mit dieser Nachricht kamen die Männer dann etwas später bei Jesaja an. 6 Seine Antwort war: „Sie können dem Präsidenten Folgendes von mir ausrichten: Gott sagt zu Ihnen: ‚Du brauchst keinen Schiss zu haben! Lass dich nicht von den Worten, die du gehört hast, beeindrucken. Die Mitarbeiter und der Präsident von Assyrien haben ja eigentlich über mich abgelästert. 7 Pass auf, ich werde dafür sorgen, dass der seine Pläne nicht durchzieht. Er wird bald ein Gerücht aus seiner Heimat hören und deswegen schnell seine Sachen packen und zurückfahren. Und dann werde ich dafür sorgen, dass er in seinem eigenen Land getötet wird.'" 8 Als der Innenminister wieder zurückkam, kämpfte der Präsident von Assyrien gerade gegen Libna, weil er den Krieg gegen Lachisch abgebrochen hatte.

Sanherib macht einen auf dicke Hose, und Hiskija betet einfach

9 Der Präsident von Assyrien hörte davon, dass eine Armee vom äthiopischen Präsidenten gegen ihn in den Krieg gezogen war. Er schickte deswegen einen Brief an Hiskija. 10 „Sehr geehrter Präsident Hiskija, wenn Sie einen Tipp von mir wollen, dann würde ich mich an Ihrer Stelle in dieser Sache nicht zu sehr auf Ihren Gott verlassen. Glauben Sie das nicht, wenn solche dummen Behauptungen kommen wie: ‚Jerusalem wird nie und nimmer vom Präsidenten von Assyrien eingenommen werden!' 11 Ihnen wird doch nicht entgangen sein, was die Präsidenten von Assyrien generell mit allen Ländern gemacht haben? Bei jedem, der besiegt wurde, hat man die Rote-Karte-Aktion radikal durchgezogen. Alles, was lebt, jeder Mensch und jedes Tier, wurde getötet. Und jetzt glauben ausgerechnet Sie, dass Sie heil davonkommen werden? 12 Denken Sie mal an die Götter der Völker, gegen die meine Vorgänger gekämpft haben. Gosan, Haran, Rezef und wie sie alle heißen. Oder die Söhne von Eden, die in Telassar wohnten. Haben deren Götter diese Leute vielleicht retten können? 13 Oder wie ist das mit dem Präsidenten von Hamat, von der Stadt Arpad oder der Stadt Sefarwajim, Hena oder Awa? Hä? Überlegen Sie mal. Hochachtungsvoll, Ihr Sanherib." 14–15 Die Typen übergaben den Brief an Hiskija. Als der den gelesen hatte, ging er erst mal in den Tempel, um eine Runde zu beten. 16 „Gott, du bist der wirkliche Chef dieser Welt! Du bist der Gott von uns Israeliten, und du bist zwischen den Engelsfiguren über der Kiste immer ganz krass anwesend. Du bist der einzige Gott, du bist der eigentliche Chef über alle Regierungen auf der Welt. Und du hast das Universum und die Erde gemacht. 17 Bitte hilf uns, wir brauchen dich! Siehst du, was dieser Sanherib hier macht? Hast du gehört, wie er dich, den einzigen Gott, verarscht hat? 18 Es stimmt zwar, mein Gott, dass die Präsidenten von Assyrien eine Nation nach der nächsten plattgemacht haben. 19 Deren Götter kamen dann in den Schredder oder wurden verbrannt. Aber das waren ja auch keine echten Götter, die waren ja nur aus Plastik oder aus Holz. Irgendein Mensch hatte die selber gebastelt, darum konnte man sie auch so leicht kaputt machen. 20 Gott, unser Chef, bitte rette uns vor diesem Präsidenten! Dann werden alle anderen Nationen auf der Erde sehen, dass du der einzige echte Gott weit und breit bist!"

Gott macht sich über den Präsidenten von Assyrien lustig

21 Schließlich meldete sich Jesaja zu Wort. Er ließ dem Präsidenten Hiskija Folgendes ausrichten: „Was Sie jetzt hören, kommt direkt vom Gott von Israel. Er sagt Ihnen: ‚Du hast mich um Hilfe gebeten wegen deinen Problemen mit dem Präsidenten von Assyrien, diesem Sanherib? 22 Ich, dein Gott, habe ihm Folgendes zu sagen: Alle Menschen aus der Stadt Zion lachen sich über dich tot! Sie verar-

schen dich, sie zeigen dir den Stinkefinger, sie verachten dich. 23 Ist dir klar, gegen wen du überhaupt gelästert hast? Weißt du, auf wen du dich da einlässt? Es ist der krasse Gott von Israel, ja, mir hast du direkt ins Gesicht gespuckt.'" 24 Die Angestellten vom Präsidenten von Assyrien haben durch das, was sie auf seinen Befehl hin gesagt haben, nur Schwachsinn über Gott erzählt. Sie verbreiteten ja überall dieses tolle Lied:

„Mit tausend Wagen hab ich sogar die Spitze der Berge eingenommen.
Ich bin bis zum äußersten Ende vom Libanon gekommen.
Ich habe den Zedernwald oben auf dem Berg plattgemacht.
Die besondere Sorte Apfelbaum hab ich auch mitbedacht.
Ich kam bis ganz nach oben, wo die Bäume ganz dicht stehen,
25 am ganz fremden Wasserhahn musste ich drehen.
Dann hab ich mit nur einem Tritt Ägyptens Flüsse austrocknen lassen, da gab es im Boden nur noch Risse."
26 Doch Gott antwortet: „Hast du nicht kapiert, dass ich schon lange vor dir Dinge tat?
Das war beschlossene Sache, das war alles geplant.
Alles, was du gemacht hast, ließ ich geschehen.
Du könntest bei der ganzen Zerstörung zusehen,
wie sich alle Städte in Schrott verwandeln.
27 Ihre Bewohner konnten nicht mehr verhandeln.
Sie waren erschrocken, verbrannten wie Gras,
das jetzt ausgetrocknet ist und nicht mehr nass.
28 Ich weiß, was du so machst, wohin du auch gehst
und ob du dich gerade gegen mich auflehnst.
29 Weil du gegen mich demonstrierst und gegen mich kämpfst,
weil dein Stolz zurzeit völlig ungehemmt ist,
werde ich dir ein Extra-Halsband anpassen
und dir dazu einen Maulkorb verpassen.
Auf dem alten Weg treibe ich dich Stück für Stück
die ganze lange Strecke wieder zurück!

30 Und damit du, Hiskija, das auch glaubst, werde ich, Gott, Folgendes passieren lassen: In den nächsten zwei Jahren werdet ihr euch von den Dingen ernähren können, die auf den Feldern einfach so wachsen. Aber im dritten Jahr müsst ihr wieder Körner aussäen und ernten. Das gilt auch für die Weinberge. 31 Alle Bewohner von Juda, die ihr Leben retten konnten, werden sich dort wieder fest verwurzeln. Sie werden wie eine Pflanze unten mit den Wurzeln in den Boden wachsen und oben viele Früchte tragen. 32 Es werden nämliche einige Menschen aus Jerusalem übrig bleiben, sie werden der Katastrophe auf dem Berg Zion entkommen. Das wird so sein, weil ich, der Chef vom Universum, meine Leute immer noch total liebe und immer bei ihnen bin. 33 Darum sage ich, Gott, noch einmal zum Präsidenten von Assyrien: ‚Du wirst diese Stadt nicht einnehmen! Du wirst nicht einen Schuss auf sie abfeuern. Du wirst nicht mit einem Panzer dort einfahren. Du wirst nicht einmal dazu kommen, eine Angriffsrampe gegen sie aufzustellen. 34 Auf dem Weg, auf dem du hergekommen bist, wirst du auch wieder zurückgehen. Du wirst nicht in die Stadt einziehen. Das garantiere ich, Gott, dir höchstpersönlich. 35 Denn ich werde einen Schutzschirm um diese Stadt aufbauen. Ich werde sie retten, weil ich das so will und auch wegen David.'"

Die Stadt wird gerettet

36 Plötzlich kam ein übernatürliches Wesen von Gott, so ein Engel, in das Lager der assyrischen Armee. Dort tötete der Engel mit einem Mal 185 000 Soldaten! Am nächsten Morgen lagen dort überall nur Leichen rum. 37 Als der Präsident Sanherib das sah, brach er den Angriff ab und zog wieder zurück nach Hause, in die Stadt Ninive. 38 An einem Tag, er war gerade im Tempel von seinem Gott Nisroch am Beten, kamen seine zwei Söhne Adrammelech und Sarezer von hinten und schnitten ihm die Kehle durch. Anschließend mussten sie in das Land Ararat fliehen. Als Nächstes kam Asarhaddon, ein anderer Sohn von Sanherib, an die Macht.

38

Gott hört auf das Gebet von Hiskija

1 Dann gab es mal eine Zeit, wo Hiskija plötzlich todkrank wurde. Der Prophetentyp Jesaja kam auf Besuch vorbei und hatte keine so tollen Nachrichten. „Gott hat mir gesagt, Sie können sich schon mal dadrauf einstellen, dass Sie bald sterben werden!" 2 Hiskija drehte sich in seinem Bett zur Wand und fing an zu beten: 3 „Mann, Gott, das kann doch nicht wahr sein! Hör mal, ich hab doch immer alles getan, was du wolltest, ich war dir treu. Ich hab immer radikal mit dir gelebt und alles durchgezogen, was du zu mir gesagt hast." Hiskija heulte voll los. 4 Plötzlich redete Gott mit Jesaja. Er sagte ihm: 5 „Geh noch mal zum Hiskija und richte ihm Folgendes aus: ‚Das kommt jetzt

von Gott, dem Gott, an den auch dein Urgroßvater
David geglaubt hat: Ich habe deine Gebete gehört,
und ich hab auch gesehen, wie du geweint hast.
Pass auf, du kriegst noch mal 15 Bonusjahre dazu.
6 Ich werde dir auch bei dem Problem mit diesem
Präsidenten von den Assyrern helfen, und Jerusalem
werde ich auch beschützen. 7 Damit du glaubst,
dass diese Nachricht auch wirklich von mir, Gott,
kommt, werde ich folgendes fette Wunder tun.
8 Und zwar werde ich die Zeit jetzt einfach mal zehn
Stunden zurückdrehen." Und als er das Hiskija
sagte, passierte genau das! Zack, plötzlich drehten
sich alle Uhren um zehn Stunden zurück!

Ein Gebet von Hiskija

9 Als Hiskija wieder gesund war, hat er folgendes
Gebet aufgeschrieben: 10 Als ich völlig kaputt und
am Ende war, sagte ich: ‚Gott, soll ich etwa jetzt
schon sterben? Und das, obwohl ich gerade mal
vierzig bin? Zockt man mir meine letzten Jahre ein-
fach weg? 11 Ich werde bald tot sein, und dann darf
ich Gott nicht mehr live und in Farbe erleben. Wenn
ich bei den Toten bin, kann ich ja auch keine Men-
schen mehr treffen, die noch lebendig sind. 12 Mein
Haus wird abgerissen, alles wird mir weggenom-
men. Sie bauen mein Leben ab wie ein altes Zelt.
Wie einen Socken, der fertiggestrickt wurde, so wur-
de mit mir Schluss gemacht. Ich wurde von seinem
Wollknäuel losgeschnitten. Die ganze Zeit spüre
ich, dass es bald mit mir zu Ende geht. 13 Schon
frühmorgens bin ich total fertig. Ich schreie um
Hilfe, aber wie ein Pitbull einen Knochen zerbeißt,
so wurde ich zermalmt. Jeden Tag hab ich ständig
das Gefühl, dass du meinem Leben heute ein Ende
machen wirst. 14 Wie eine Schwalbe oder eine
Drossel zwitschere ich zu dir, oder wie eine Taube
gurre ich dich an. Ich sehe mit meinen schlaffen
Augen zu dir nach oben. Es geht mir beschissen,
Gott! Jetzt hilf mir endlich!‘ 15 Aber mal im Ernst,
was soll ich mir den Mund fusselig reden, nachdem
er mir diese Ansage gemacht und mir geholfen hat?
Stattdessen will ich Gott jeden Tag sagen, wie genial
er ist, ganz egal, wie ich gerade drauf bin. 16 Gott,
ich vertraue dir! Du hast mich abgecheckt. Du hast
mich gesund gemacht. 17 Du hast mich immer aus
den fiesesten Situationen rausgeholt. Du hast mich
davor beschützt, zu sterben. Den ganzen Mist, den
ich gebaut hab, hast du einfach hinter dir in den
Müll geschmissen. 18 Wenn man erst mal tot ist,
gibt es keinen, der einen noch toll findet. Niemand
schreibt dort ein Lied über dich, und auf deine Hilfe,
Gott, kann man dann erst recht nicht mehr hoffen.
19 Nur die Menschen, die noch leben, können dich
toll finden und dir danke sagen, so wie ich das ge-
rade mache. Ein Vater schwärmt seinen Kindern vor,
wie treu du bist. 20 Gott war bereit, mich aus der
Scheiße zu holen, er war bereit, mich zu retten.
Darum sollten wir ihm immer Lieder singen oder
mit Bands für ihn gute Songs in seinem Tempel
spielen.

Jesajas Behandlungsmethode

21 Jesaja sagte noch, als er bei Hiskija war, dass des-
sen Angestellte etwas Apfelbrei nehmen und den
auf seiner Haut verstreichen sollten. Dadurch wurde
Hiskija dann ja wieder gesund. 22 Der fragte aber
vorher noch: „Krieg ich irgendwie noch einen
Beweis von Gott, dass diese Worte auch wirklich
eintreffen werden?" Und dieser Beweis war, wie
gesagt, dass sich alle Uhren um zehn Stunden
zurückstellten.

39

Gott findet es nicht so toll, was Hiskija dann macht

1 In der Zeit war in Babylonien gerade
Merodach-Baladan an der Macht, der aus der Fami-
lie von Baladan kam. Als der hörte, dass Hiskija
schlimm krank gewesen war, es ihm jetzt aber bes-
serging, schickte er einen Blumenstrauß, einen gro-
ßen Obstkorb, Schokolade und einen Brief. Das
Ganze wurde von ein paar Angestellten Hiskija per-
sönlich überbracht. 2 Hiskija freute sich voll dadrü-
ber. Er lud die Angestellten zu sich nach Hause ein
und zeigte ihnen sein ganzes Anwesen. Schließlich
gab es sogar noch eine Führung durch das ganze
Regierungsgebäude und seine eigene Villa. Er zeigte
ihnen seinen privaten Waffenschrank, seinen gro-
ßen begehbaren Kühlschrank mit Spezialitäten aus
aller Welt, seine Sammlung von voll teuren Par-
füms, seine Antiquitätensammlung, den ganzen
Goldschmuck, den er besaß, und am Ende ließ er
sie sogar in seine Kontoauszuzüge sehen, um zu
zeigen, wie reich er ist. 3 Als die Männer wieder weg
waren, kam der Prophetentyp Jesaja mal auf Besuch
vorbei. „Was wollten diese Männer eigentlich hier?",
fragte er Hiskija. „Und woher kamen die?" – „Die
kamen aus dem Ausland, aus Babylonien", antwor-
tete er. 4 „Und was haben die sich in Ihrem Haus
alles angesehen?" „Eigentlich alles", lachte Hiskija.
„Es gibt nichts, was ich ihnen nicht gezeigt hätte,
inklusive meiner Kontoauszüge und des ganzen

Goldschmucks, der mir gehört." 5 „Hm, hören Sie mal, was der Chef von allem, Gott selbst, dazu zu sagen hat: 6 ‚Es wird eine Zeit geben, da kommt alles, was dir gehört, also der ganze Besitz, inklusive der Sachen, die du von deinem Vater geerbt hast, nach Babylon. Nichts wird davon hierbleiben. 7 Viele deiner Söhne werden nach Babylon verschleppt, und zwar auch die, die du erst noch bekommen wirst. Sie werden direkt beim Präsidenten in seinem Privathaushalt Zwangsarbeit machen müssen.'" 8 „Gut, wenn Gott das so sagt, dann ist das wohl okay für mich", meinte Hiskija. Dabei dachte er: „Solange alles friedlich abgeht, während ich noch lebe, ist das für mich okay so."

40 Gott tröstet seine Leute, die nach Babylonien verschleppt wurden

1 Gott sagt: „Bringt meine Leute wieder gut drauf! Tröstet sie! 2 Ermutigt die Menschen, die in Jerusalem wohnen! Ihr könnt ihnen sagen, dass die Zeit der Zwangsarbeit jetzt vorbei ist. Eure Schulden sind bezahlt! Ihr habt zwar die Höchststrafe für euren Mist bekommen, aber jetzt ist es vorbei!" 3 Ich höre jemanden, der schreit: „Macht den Weg frei für Gott! Baut eine Straße für Gott durch die Wüste! 4 Die Berge sollen plattgemacht werden, und die Täler sollen aufgeschüttet werden, so dass alles flach wird und auf eine Ebene kommt. 5 Gott höchstpersönlich wird in seiner ganz krassen Art auftauchen. Alle Menschen werden das sehen können. Das hat Gott so gesagt." 6 Dann hörte ich wieder eine Stimme, die zu mir sagte: „Schrei los!" Und ich fragte: „Was soll ich denn schreien?" „Dass alle Menschen mal vergammeln werden, und wenn sie auch noch so gut drauf waren, am Ende verwelken sie doch wie ein Tulpenstrauß auf der Fensterbank 7 Das Gras vertrocknet und die Blumen verwelken, wenn Gott dort seinen heißen Atem drüberbläst. Ja, die Leute sind eigentlich wie Gras!" 8 „Das Gras vertrocknet, die Blumen verwelken, aber das, was Gott gesagt hat, bleibt für immer, die Wirkung davon hört nie auf."

Eine Nachricht, über die man sich freut

9 Das geht an die Stadt Jerusalem: „Dreh das Mikro voll auf! Ruf es, so laut es geht! Du hast eine Nachricht, über die man sich freuen kann! Hab keine Hemmungen! Rede zu den anderen Städten von Juda. Sag ihnen: Passt auf, da kommt euer Gott! 10 Und Gott kommt heftig, mit viel Power, er kommt als Sieger. Er bringt seinen Pokal gleich mit. Die Leute, die er befreit hat, sind nämlich bei ihm. 11 Er führt sie wie ein guter Pilot sein Flugzeug. Er will das Beste aus ihnen rausholen, wie ein guter Fußballtrainer aus seiner Mannschaft. Er leitet sie wie ein Hirte, der auf seine Schafe aufpasst. Er trägt die Babyschafe auf dem Arm, die Muttertiere führt er und beschützt sie."

Gott ist gigantisch groß

12 Wer kann in einer Hand das ganze Wasser der Erde halten? Wer kann mit seinem Arm das ganze Weltall ausmessen? Wer weiß genau, wie viele Staubkörner es auf der Erde gibt? Wer kann sagen, wie viel alle Berge und Hügel wiegen, wenn man sie auf eine Waage legen würde? 13 Wer kann abschätzen, was Gott gerade denkt? Wo gibt es einen Typ, der Gott in schwierigen Fragen beraten könnte? 14 Wer könnte mit ihm auf einem Level diskutieren? Von wem könnte Gott noch was lernen? Wer hat es so drauf, dass Gott in dessen Schule gehen würde? 15 Pass auf, für Gott sind alle Nationen zusammen so groß wie ein kleiner Tropfen am Wasserhahn oder wie ein paar Krümel Mehl auf einer Personenwaage. Wenn er Bock drauf hat, dann hebt er jede Insel mit seinem kleinen Finger hoch, so als wäre die ein Stück Watte. 16 Selbst wenn du alles Holz aus dem Thüringer Wald sammeln und zusammen mit allen Tieren, die dort leben, anzünden würdest, wäre das noch nicht genug, um ein Abfackelopfer in der Größenordnung zu veranstalten, wie das für ihn passen würde. 17 Alle Nationen zusammen sind im Vergleich zu Gott winzig klein. Sie zählen so gut wie nichts und sind total unwichtig. 18 Mit wem oder was wollt ihr Gott vergleichen? Was für ein Bild kann man malen, das ihn wirklich realistisch darstellt? 19 Ist doch verrückt, da basteln sich irgendwelche Typen solche Plastikgötter. Sie machen die Form fertig, gießen dort flüssiges Eisen rein, dann sprühen sie das Ganze schön mit Goldfarbe an und behängen das Teil mit ein paar Ketten aus Gold und Silber. 20 Zum Abschluss organisiert man sich noch etwas Mahagoniholz für einen passenden Sockel, wo die Figur dann draufstehen soll. Ein besonders guter Künstler wird für diese Arbeiten ausgesucht, damit das Ding am Ende auch nicht wackelt. 21 Schnallt ihr das denn nicht? Geht das nicht in eure Birne rein? Hat man euch das nicht schon immer erzählt? Kann man das nicht schon ab dem Zeitpunkt der Entstehung der ganzen Erde sehen? 22 Gott ist der Chef! Er sitzt auf seinem

Chefsessel in einer parallelen Dimension. Von dort
sehen die Menschen aus wie kleine Ameisen. Er
hat das Sternensystem, die Milchstraße im Himmel,
wie ein großes Bettlaken ausgespannt oder wie eine
Zeltplane, unter der die Menschen leben. 23 Die
Präsidenten dieser Welt sind Nullnummern im Ver-
gleich zu ihm. Die Menschen, die auf der Erde
was zu sagen haben, werden von ihm kaltgestellt.
24 Gerade haben sie angefangen, ihre Macht aus-
zubauen und sich auszubreiten, kaum fangen sie
an, Wurzeln zu schlagen, da werden sie von Gott
auch schon wieder weggepustet. Sie vertrocknen
wie Grashalme in der Sonne, es braucht nur ein
Wind aufzukommen, dann werden sie auch schon
weggeweht. 25 „Mit wem wollt ihr mich auf eine
Stufe stellen?", fragt euch Gott. „Mit wem wollt ihr
mich vergleichen?" 26 Schaut euch doch nur mal
die Sterne am Himmel an! Wer hat die gemacht?
Das war Gott, jeder einzelne kommt von ihm. Und
er hat jedem auch einen Namen und eine Bedeu-
tung gegeben. Und wenn dieser heftige Gott alle zu
sich ruft, dann traut sich keiner, dieses Treffen ein-
fach zu schwänzen.

Gott hilft dabei durchzuziehen

27 Warum meckert ihr rum? Ich meine jetzt die Leute
von Israel. Warum sagt ihr so was wie „Gott interes-
siert sich nicht für mein Leben, und er lässt es zu,
wenn ich von anderen abgezogen werde"? 28 Habt
ihr das noch nie gehört, oder habt ihr es einfach
noch nicht kapiert? Gott gab es schon immer und
es wird ihn immer geben. Er hat die Erde gemacht,
und er wird nie müde, er schlafft nie ab. Gott weiß
alles, er hat es voll drauf, er ist superschlau. 29 Den
Menschen, die nicht mehr weiterkönnen, gibt er
Kraft. Leuten, die es nie packen würden, hilft er, er
macht sie stark. 30 Auch Jugendliche schlaffen mal
ab und haben keine Kraft mehr. Sie fallen dann auf
die Fresse oder brechen zusammen. 31 Aber alle, die
auf Gott setzen, werden neue Kraft bekommen. Sie
stehen über den Dingen, sie können plötzlich flie-
gen wie ein Hubschrauber. Sie laufen und laufen
und werden dabei nicht müde, sie gehen kilometer-
weit, ohne dabei die Power zu verlieren.

41

Gott fordert die Plastikgötter zum Kampf raus

1 „Jetzt haltet mal alle den Mund und hört
zu!", sagt Gott. „Jede Nation soll zu mir kommen
und ihre Sache vortragen. Sie sollen alle zusammen
bei der Gerichtsverhandlung erscheinen. 2 Wer hat
diesen Präsidenten aus dem Osten an die Macht
gebracht, diesen Typ, der alles immer superkorrekt
durchzieht? Wer hat ihm dabei geholfen, dass er
gegen alle Nationen im Krieg gewinnt und die
Regierungen dort absetzt? Seine Panzer machen
alles platt, seine Waffen metzeln alles nieder. 3 Er
jagt den Feinden hinterher, ohne dabei auch nur
eine Schramme abzukriegen. Dabei scheint er fast
zu fliegen, so schnell geht das. 4 Wer hat dafür
gesorgt, dass er das packt? Das war die Macht, die
schon von Anfang an Menschen an den Start
gebracht hat. Das war ich, der Chef, Gott. Ich war
der Erste, der da war, und ich werde der Letzte sein,
der die Tür zumacht. 5 Die Menschen, die am Ende
der Welt wohnen, haben das auch beobachtet, und
sie haben Angst. An den Polen der Erde gibt es Erd-
beben, und die Menschen kommen deswegen
zusammen. 6 Plötzlich helfen sie sich gegenseitig,
jeder ermutigt den anderen. 7 Der Künstler feuert
den Goldschmied an. Der Bildhauer ermutigt den
Kunstschweißer, er sagt zu ihm: ‚Sieht super aus!
Das hält!' Dann schraubt er den neuen Plastikgott
auf ein Podest, damit er nicht wackelt."

Gott hält zu seinen Leuten

8 Gott sagt: „Israel, ihr seid meine Leute. Euch hab
ich mir als Mitarbeiter extra ausgesucht! Ihr kommt
aus der Familie von Abraham, mit dem ich gut
befreundet war. 9 Du, Israel, bist der, den ich aus
den letzten Ecken der Erde zu mir gerufen hab. Zu
dir habe ich gesagt: Du sollst mein Mitarbeiter sein,
ich habe dich extra dafür ausgesucht. Ich hab dich
nicht fallengelassen und dich nicht rausgeschmis-
sen. 10 Keine Angst! Ich bin bei dir! Du brauchst kei-
nen Schiss zu haben, ich bin dein Gott! Ich werde
dich aufbauen und dir Kraft geben. Ich werde dir
helfen, ich beschütze dich, ich sorg dafür, dass alles
korrekt läuft. 11 Pass auf: Alle, die gegen dich anstän-
kern, werden alt aussehen. Wer gegen dich ist, wird
kaputtgehen, und wer dich vor Gericht anklagt, wird
die Verhandlung verlieren. 12 Die Leute, die sich mit
dir gestritten haben, wird man suchen, aber nicht
mehr finden. Sie werden sich in Luft auflösen, sie
werden verschwinden. 13 Ich, der Chef, dein Gott,
werde dich an die Hand nehmen. Ich sage dir: Du
brauchst keine Angst zu haben! Ich helfe dir! 14 Habt
keine Panik, ihr kleiner Rest von den Israeliten. Ich
werde euch helfen, versprochen! Das sagt der ganz
besonders krasse Gott, der die Leute von Israel ret-
tet. 15 Ich mache euch zu einem Mähdrescher mit

neuen Schneiden, die auf beiden Seiten scharf sind. Damit könnt ihr sogar Felder abernten, die auf einem Berg liegen, und ihr werdet ganze Hügel damit plattmachen und zerquetschen. 16 Ihr werft die Ernte mit einem Gebläse in die Luft, damit der Wind das Korn von dem Dreck trennt. Dann werdet ihr euch freuen, freuen an mir, dem ganz besonders krassen Gott von Israel."

Gott hilft seinen Leuten in heftigen Zeiten

17 Dann sagt Gott: „Die kaputten Leute suchen was zu trinken, aber sie finden nichts. Sie haben einen trocknen Mund. Aber ich bin Gott, und ich werde ihre Gebete erhören. Ich werde sie nicht im Stich lassen. 18 Aus unmöglichen Quellen wird plötzlich Wasser sprudeln. Wo keiner mit gerechnet hat, wird es was zu trinken geben. Ich werde das Gebiet, in dem es nie regnet, zu einem Badesee machen. Ich werde dort Quellen entstehen lassen, wo es total trocken ist. 19 Mitten auf dem Land, wo es kein Wasser gibt, werde ich Bäume hinpflanzen. Tannen, Birken, Eichen, Apfelbäume, Buchen und Hecken werden dort hinkommen. 20 Das mach ich, damit sie kapieren, dass Gott das organisiert hat. Sie müssen es schnallen, dass der besondere Gott von Israel so was tut."

Die Plastikgötter sollen zeigen, was sie draufhaben

21 Gott, der Chef von Israel, sagt zu den Plastikgöttern der anderen Völker: „Los, zeigt eure Beweise! 22 Jeder soll mal eine klare Ansage machen und erzählen, was er alles gebracht hat und was er in Zukunft noch alles bringen wird. Schießt los, ihr Plastikgötter, wir werden alles ernst nehmen. Erzählt uns allen mal, was in der Zukunft alles passieren wird, damit wir uns dadrauf einstellen können. 23 Auch die Sachen, die mal irgendwann noch viel später abgehen werden, wollen wir von euch hören, damit wir auch sehen, dass ihr wirklich echte Götter seid! Egal, ob das jetzt was Schlimmes oder was Gutes ist, wir werden es ernst nehmen und Respekt davor haben. 24 Doch Tatsache ist, dass ihr die absoluten Nullnummern seid, ihr könnt so was gar nicht! Die Menschen, die sich für euch entscheiden, finde ich zum Kotzen. 25 Ich habe denjenigen, der zu mir gebetet hat, aus dem Norden geholt. Er kam aus Richtung Osten, und er hat sehr viel Kraft, und er macht alle Offiziere platt, wie einen Pfannkuchen – wie eine Straßenwalze, die den Asphalt niederwalzt. 26 Wer hat denn von vornherein gesagt, dass das so passieren wird? Wenn dem so wäre, hätten wir ja gerufen: ‚Das stimmt!' Es gibt keinen, der so was vorausgesagt hat, keinen, von dem so ein prophetischer Spruch gekommen wäre, keinen, von dem man etwas in der Richtung gehört hätte. 27 Ich war der Erste, der das zu den Leuten aus Jerusalem gesagt hat! Ich meinte: ‚Da, passt auf! Da sind sie!' Ich sorge dafür, dass in Jerusalem jemand ist, der eine gute Nachricht hat, über die man sich freuen kann. 28 Jetzt schau ich mich um, aber keiner von den Plastikgöttern ist mehr da. Es gibt keinen, den sie um Rat fragen könnten, und auch ich bekomme keine Antwort mehr auf meine Fragen. 29 Diese ganzen Pseudogötter sind der größte Scheiß. Sie bringen es nicht, sie sind wie Luft in einem Wasserglas, ihre ganzen Figuren und Bilder haben keine Funktion, die haben nichts drauf, sie können nichts."

42

Der Mitarbeiter von Gott wird für Frieden sorgen

1 Gott sagt: „Passt mal auf, das ist mein Mitarbeiter, auf den ich total abfahre. Ich habe ihm meine Kraft gegeben, er wird dafür sorgen, dass es bei den Völkern, die ohne Gott leben, bald korrekt zugeht. 2 Dabei wird er nicht wild rumbrüllen, er wird auch keine großen Reden im Fernsehen schwingen. 3 Den halb abgebrochenen Ast wird er nicht ganz abreißen, und das Feuer, das gerade noch so brennt, wird er nicht mit einem Eimer Wasser übergießen. Der Mitarbeiter Gottes sorgt dafür, dass alles korrekt zugeht, wirklich korrekt. 4 Er selbst wird nicht zusammenbrechen und auch nicht ausbrennen, man kann ihn nicht so leicht fertigmachen. Er zieht sein Ding so lange durch, bis dafür gesorgt ist, dass alles gut läuft. Überall, auch auf den entferntesten Inseln, wartet man auf seine Ansage. 5 Das sage ich, Gott, der Chef, der das Universum gemacht hat. Ich habe die Erde geformt und alles, was auf ihr wächst. Alles, was auf der Erde rumläuft, habe ich mit meiner Kraft angepustet, damit es leben kann. 6 Ich habe dich gerufen. Ich habe dich dafür ausgesucht, ich hab dich an die Hand genommen. Und ich werde auf dich aufpassen, und ich sorge dafür, dass du einen neuen Vertrag möglich machst. Durch dich werden alle Völker wieder kapieren können, wo es wirklich langgeht. 7 Menschen, die gefangen sind, wirst du aus ihrem Knast rausholen. Leute, die unfrei sind, wirst du befreien. 8 Das kommt von Gott, dem absoluten Chef, so ist mein Name. Ich möchte, dass ihr nur

mich respektiert, und in dieser Sache bin ich auch sehr radikal. Ich allein möchte den Applaus bekommen, die Plastikgötter dürfen davon nichts abhaben. 9 Was ich schon früher angekündigt hatte, ist auch eingetreten. Jetzt sage ich neue Sachen, und bevor die passieren, kündige ich euch das heute an." 10 An alle: Singt ganz neue Lieder für Gott, erfindet eine neue Musik für ihn! Er ist der Größte, das weiß man auch in der letzten Ecke der Welt. Selbst das Meer freut sich darüber und alles, was im Meer lebt, und auch die Bewohner auf den Inseln freuen sich. 11 Die Menschen, die in der Steppe leben, aber auch die Menschen, die in den Bergen, den Städten und Dörfern leben, sollen ihm laut zujubeln! 12 Alle sollten Gott zeigen, dass man Respekt vor ihm hat, und seine Siege sollen überall gefeiert werden. 13 Gott startet durch wie ein Held, er führt sein Heer wie ein General in den Krieg und sorgt dafür, dass alle Soldaten voll ehrgeizig bei der Sache sind. Er feuert sie an, er sagt laut „Aaaatackeeee!". Gott zeigt, dass er der Held ist, wenn es im Kampf gegen die Feinde geht.

Gott sagt, er kann nicht länger still sein und nichts sagen

14 „Schon ewig lang hab ich nichts mehr dazu gesagt", meint Gott. „Ich habe mich zusammengerissen und meinen Mund gehalten. Aber jetzt muss ich einfach laut schreien, so wie eine Frau, die gerade ihr Baby kriegt. Ich ringe nach Luft, ich stöhne vor mich hin, beides gleichzeitig. 15 Auf den Bergen wächst kein einziger Grashalm mehr. Und Flüsse sollen kein Wasser mehr haben, Seen trockne ich auch aus. 16 Dann werde ich meine Leute an die Hand nehmen, denn sie können ja nicht mehr richtig sehen, sie sind wie blind. Ich werde sie auf meinen Weg führen, einen Weg, den sie nicht kennen und wo sie noch nie vorher waren. Was vor ihnen dunkel war, werde ich dann ausleuchten, und dort, wo man stolpern könnte, werde ich alles glatt machen. Das sind Dinge die ich einfach tue, und davon kann mich auch keiner abbringen. 17 Aber die Leute, die auf Plastikgötter setzen, werden kaputtgehen. Die zu den selbstgemachten Figuren gesagt haben ‚Ihr seid jetzt unsere Götter werden voll peinlich dastehen und am liebsten im Boden versinken. 18 Macht mal eure Lauscher auf! Das geht an diejenigen, die auf ihren Ohren sitzen. Und die ganzen Blindis sollen mal die Augen öffnen und hierherschauen! 19 Wer ist so blind wie mein Angestellter? Wer kann so wenig hören wie der Typ, den ich geschickt hatte? Wer ist so blind wie der Typ, dem ich vertraut hatte? Wer sitzt auf seinen Ohren wie der Angestellte von Gott? 20 Er kann sehen, aber er blickt es nicht. Er kann hören, aber er versteht es nicht." 21 Gott fand, es wäre eine gute Idee, die Gesetze so perfekt zu machen, wie sie jetzt sind. 22 Aber ihr habt jetzt nichts mehr, man hat euch beklaut und ausgeplündert. Ihr habt Handschellen an, und ihr werdet in irgendwelchen dunklen Löchern festgehalten. Ihr seid Gefangene, und es gibt keinen, der euch da rausholen könnte, der sagen würde: Die gehören zu mir, gebt sie wieder frei! 23 Wer von euch nimmt das ernst? Wer von euch wird daraus etwas für die Zukunft lernen? 24 Wer hat denn die Leute von Israel schutzlos den Feinden ausgeliefert, dass man sie so einfach ausrauben kann? Gott hat das gemacht, weil sie Mist gebaut hatten. Sie wollten nicht das tun, was er gesagt hat, seine Gesetze waren ihnen total egal. 25 Darum hat er sie bestraft, er war voll sauer und hat deswegen dafür gesorgt, dass ein fieser Krieg in ihrem Land tobte. Er hat dafür gesorgt, dass alles um sie herum in Brand gesteckt wurde. Trotzdem kapieren die es nicht. Er hat alles angezündet, aber denen ist es wohl egal, sie nehmen das nicht ernst.

43

Gott holt seine Leute da raus, weil er sie liebt

1 Aber jetzt redet Gott zu euch. Er ist der Chef, der euch mal gemacht hat. Er spricht zu jedem Menschen von Israel. Gott sagt: „Du brauchst keine Angst zu haben! Ich habe dich da rausgeholt, ich hab dich befreit. Ich kenne dich sehr gut. Ich habe echt nur dich gemeint, als ich dich gerufen habe, denn du gehörst zu mir. 2 Wenn du mal große Probleme hast, bin ich bei dir, egal, wie heftig die auch sind. Das ist so, als würdest du im Meer schwimmen, aber die großen Wellen würden dich nicht unterkriegen können. Und wenn es mal so schlimm ist, als würdest du in einem brennenden Haus eingeschlossen sein, dann pass ich auf dich auf. Die Flammen werden dich nicht verkohlen, du wirst dich nicht verbrennen, versprochen. 3 Denn ich bin Gott, der Chef. Ich bin der ganz besondere Gott von Israel, ich rette dich! Ich würde jeden Preis für dich bezahlen, wenn Terroristen dich kidnappen würden. 1 Milliarde, 1 Billion? Kein Problem, das bist du mir wert. Auch andere Länder würde ich für dich geben, vielleicht Ägypten, Amerika, den Sudan oder Europa? 4 Weil du superwertvoll für mich bist

und ich dich wahnsinnig liebhabe, gebe ich alles für dich. Auch andere Menschen oder Völker würde ich gegen dein Leben eintauschen.
5 Hab keine Angst, ich bin immer bei dir! Vom Nordpol bis zum Südpol werde ich meine Leute einsammeln, die überall verstreut leben.
6 Ich werde zu den Regierungen im Norden sagen: ‚Lasst meine Leute gehen!' Und zu den Regierungen im Süden sage ich: ‚Ihr dürft sie nicht festhalten!' Meine Söhne und Töchter sollen von überall her zu mir kommen, aus den entlegensten Winkeln der Erde!
7 Alle sollen zurückkommen, die ich mal gemacht habe, damit ich am Ende groß rauskomme. Alle die Menschen, die ich mal gebastelt habe, die zu mir gehören, sollen dabei sein."

Gott ist der Einzige, der wirklich helfen kann

8 Gott sagt: „Jetzt sollen mal meine Leute nach vorne kommen. Ich meine diese Blindis, die zwar Augen hatten, aber es nicht geblickt haben, und die, die zwar Ohren hatten, aber es nicht verstehen konnten.
9 Wir halten eine Gerichtsverhandlung ab. Alle Nationen sind versammelt. Wer war in der Lage, die Zukunft richtig vorauszusagen? Auch die Sachen, die schon passiert sind, sollen sie mal richtig deuten! Sie müssen auch ein paar Zeugen auffahren, die das bestätigen können. Sie sollen zuhören und am Ende bezeugen, dass das alles so stimmt."
10 „Vor Gericht seid ihr dann meine Zeugen", sagt Gott zu Israel. „Ihr seid meine Leute und meine Mitarbeiter, ich hab mir euch extra ausgesucht. Ihr werdet es sehen, glauben und kapieren, dass Ich das getan habe. Vor mir gab es keinen Gott, und nach mir wird es auch keinen geben.
11 Ich bin der einzige Gott, ich bin der Chef, außer mir gibt es niemanden, der Menschen aus dem Dreck rausholen kann.
12 Ich hatte es angekündigt, dass ich euch retten werde. Keiner von diesen fremden Plastikgöttern war bei euch. Ihr könnt das bestätigen", sagt der Chef. „Nur ich bin der einzige, echte Gott!
13 Und ich werde auch weiter der einzige Gott sein. Es gibt niemanden, der mir meine Leute wegnehmen könnte. Wenn ich etwas mache, dann kann das keiner mehr rückgängig machen."

Der Weg durch die Probleme

14 Gott, der Chef, der euch aus dem Dreck rausholt, sagt Folgendes zu euch: „Euretwegen hab ich Soldaten nach Babylonien geschickt. Ich haue alle Grenzen weg, ich sprenge alle Türen auf, und die Babylonier werden mit Handschellen abgeführt.
15 Ich bin der Chef, ich bin euer ganz besonders krasser Gott. Ich habe Israel gemacht, ich bin euer wirklicher Präsident!
16 Früher habe ich für euch schon einmal einen Weg gebaut, der sogar durch ein Meer ging, wo es ziemlich viel Wasser gab.
17 Dann kamen die Soldaten hinter euch her, mit ihren Panzern und Motorrädern. Aber ich habe sie dort kaputt gemacht, sie waren tot und standen nicht wieder auf. Sie sind für immer aus, wie eine kaputte Glühbirne.
18 Vergesst das, was früher war. Die Sachen, die vor langer Zeit gelaufen sind, könnt ihr abhaken.
19 Passt auf, ich werde etwas total Neues und Frisches machen! Es fängt jetzt schon langsam an, merkt ihr das nicht? Ich werde durch die Gegend, in der niemand wohnt, fette Straßen bauen. Ich werde dafür sorgen, dass große Flüsse entstehen, wo es vorher überhaupt kein Wasser gab.
20 Ich möchte, dass meine Leute immer was zu trinken haben, dass auch die Tiere, die Hühner und auch die Hunde, genug Wasser bekommen. Es sollen Flüsse fließen, wo vorher alles trocken war. Das alles tue ich für meine Leute.
21 Diese Leute, die ich mir gemacht habe, sollen mich mögen. Sie sollen allen davon erzählen, was für heftige Sachen ich für sie getan habe."

Gott sagt was zu den Vorwürfen von seinen Leuten

22–23 Gott sagt: „Du hast es immer wieder vergessen, Israel, mir ein Lamm als Abfackelopfer zu schenken. Du hast mir keine Freude mit einem Dankopfer gemacht. Ich hab dir keinen Stress gemacht, du brauchtest keine großen Geschenkaktionen für mich zu veranstalten, und auch mit irgend welchem Räucherkerzenkram hab ich dich nicht genervt.
24 Du hast dir das ganze Geld für die Räucherkerzen gespart. Von dir kam kein Fett oder Fleisch, was du für mich verbrannt hast. Stattdessen hast du mir total viel Arbeit gemacht mit dem ganzen Mist, den du ständig baust. Deine beknackten Aktionen waren total daneben. Die gingen mir auf die Nerven.
25 Obwohl ich das wirklich nicht tun müsste, verzeihe ich dir den ganzen Mist, ich nehme das von dir weg. Ich vergesse den ganzen Mist am besten ganz schnell wieder. Ich tue das nur, weil ich das will.
26 Wenn du willst, kannst du mich ja bei der Polizei anzeigen! Ich hätte nichts dagegen, vor einem ordentlichen Gericht zu klären, wer von uns im Recht ist. Dort kannst du deine Beschuldigungen in Ruhe vorbringen.
27 Der ganze Kram ging schon mit Jakob los, dem Gründer deiner Familie. Aber deine jetzigen Chefs haben es echt übertrieben und alle Verträge mit mir gebrochen.

28 Ich habe darum beschlossen, dem obersten Pries-
ter in meinem Tempel, der das allerderbste Heilige
bewacht, seinen Job wegzunehmen. Der soll dort
nicht mehr arbeiten, dafür sorge ich. Ich werde den
Israeliten die Rote Karte zeigen, und alle werden
über sie lachen."

44

Gott sorgt für seine Leute

1 Gott sagt: „Hört mal gut zu, Leute von
Israel! Das betrifft alle, die für mich leben.
Ich habe euch ja extra als meine Mitarbeiter ausge-
sucht! 2 Folgendes sage ich, euer Gott. Der Gott, der
euch mal gemacht hat, der euch wie ein Stück Knet-
masse geformt hat, als ihr noch im Bauch von eurer
Mutter wart, und der euch immer helfen wird: Du
brauchst keine Angst zu haben! Du gehörst zu mir,
Familie von Israel. Du bist etwas ganz Besonderes
für mich, ich habe dich extra als meinen Mitarbeiter
ausgesucht! 3 Ich werde es regnen lassen, auf ein
Land, wo alles trocken ist. Ich werde ganz viel Was-
ser ausschütten über diejenigen, die Durst haben.
Ich werde meine Kraft ausschütten auf meine Kin-
der, meinen Geist werde ich in sie reingießen. 4 Sie
werden aufgehen wie eine Blume in einer Vase, sie
werden wachsen wie Gras nach einem Regen, wie
Birken, die an einem Fluss stehen." 5 Dann werden
viele Leute plötzlich sagen: „Ich gehöre zu Gott!"
Und andere sagen: „Ich gehöre zu den Israeliten!"
Einige werden sich auf die Hände „Eigentum von
Gott" tätowieren. Andere werden sich den zusätzli-
chen Namen „Israel" in ihren Pass eintragen lassen.

Israel kann sich auf seinen Gott verlassen

6 Das kommt jetzt von Gott, dem Chef von Israel,
der seine Leute immer wieder raushaut, der Chef
über diese Welt. Er sagt: „Ich bin der Erste, der da
war, und ich werde der Letzte sein, der da sein wird.
Es gibt keinen anderen Gott, ich bin der einzige!"
7 Wer kann es mit mir aufnehmen, mit wem sollte
ich mich vergleichen? Ich spreche etwas aus, und es
wird Realität. Wer hat schon immer gewusst, was
alles passieren wird, und es auch gesagt? Raus da-
mit, wenn es noch jemanden gibt, der soll es sagen!
8 An die Leute von Israel: „Keine Panik! Lasst euch
nicht verwirren! Hab ich euch nicht schon vor Ewig-
keiten gesagt, was jetzt gerade passiert? Ihr seid
Zeugen, ihr könnt es beweisen. Gibt es noch einen
anderen Gott außer mir? Gibt es noch etwas ande-
res, auf das man sein Leben sicher bauen kann?
Wohl kaum, ich hab noch nie davon gehört!"

Plastikgötter bringen es nicht

9 Die Typen, die sich irgendwelche Plastikgötter bas-
teln, sind total verpeilt, die bringen es nicht. Ge-
nauso wenig, wie diese Figuren selbst irgendwas
bringen können. Wenn man die Leute fragt, was für
Wunder so ein Plastikgott für sie schon getan hat,
dann kommt nur heiße Luft. Sie raffen es einfach
nicht, dass ihre tollen Lieblinge einfach nur total
peinlich sind. 10 Wie kann jemand nur so beknackt
sein, sich so einen Plastikgott zu basteln, der es am
Ende doch nicht bringt? 11 Die Leute, die zu so was
beten, werden am Ende alle kaputtgehen. Die
Künstler, die so was herstellen, sind ja auch nur
ganz normale Menschen. Sie sollten sich mal alle
treffen und das Ganze austesten. Es würde nur
peinlich für sie werden, denn da kommt nichts bei
rüber. 12 Der Handwerker nimmt ein Stück Eisen
und bearbeitet es. Er formt es mit einem Hammer
und feilt mit seinen starken Armen dadran rum.
Irgendwann kriegt er Kohldampf und hat auch keine
Kraft mehr, und weil er kein Wasser getrunken hat,
wird er müde. 13 Der Tischler nimmt sich ein Stück
Holz und misst mit einem Zentimetermaß die
Länge aus. Er zeichnet mit einem Bleistift die Form,
die das Teil dann haben soll. Das soll mal aussehen
wie ein Mann oder besser wie ein Supermann. Die
Figur wird dann in irgendeinem Haus aufgestellt,
und ab dann wohnt sie da. 14 Für das Holz sucht
man sich eine schöne Buche aus oder eine dicke
Eiche, die im Wald steht. Oder man nimmt eine
Fichte, die im Regen schön groß gewachsen ist.
15 Mit diesem Holz macht der Mensch normal Feuer,
um die Bude im Winter warm zu kriegen. Andere
gebrauchen es auch fürs Lagerfeuer oder zum Gril-
len, um damit die Würstchen zu braten. Und den
anderen Teil von dem Holz verarbeitet man dann zu
einem Gott und betet zu dem, schmeißt sich vor
dem auf den Boden und so. Ganz toll. 16 Die andere
Hälfte verbrennt er also irgendwie. Noch mal: Mit
dem einen Teil von dem Holz grillt er sich seine
Steaks, macht sich Essen warm und haut sich damit
die Wampe voll. Vielleicht verfeuert er auch etwas
davon im Kamin, damit es nachts wärmer wird. Er
sagt: „Hach, ist das nicht schön gemütlich, mit der
warmen Glut und so?" 17 Und aus dem Rest macht
er sich dann einen Gott!? Wenn der fertig ist, ver-
beugt er sich ganz tief vor ihm und redet mit dem
sogar. Er sagt: „Gott, bitte hilf mir! Du bist doch
mein Gott!" 18 Wie bescheuert ist das denn bitte?!
Sie kapieren es einfach nicht, sie sind blind, als hät-
ten sie Tomaten auf den Augen. Ihr Verstand ist

ausgeschaltet, sie schnallen es einfach nicht. [19] Wer sich so einen Plastikgott macht, schaltet irgendwie sein Hirn nicht ein, bevor er das tut. Denn sonst müsste er doch kapieren, dass das nicht geht. Er müsste sich eigentlich sagen: „Hä? Die eine Hälfte vom Holz hab ich verbrannt, hab mir über der Glut ein Steak gegrillt und dadrin Stockbrot und Alukartoffeln fertiggemacht. Und aus der anderen Hälfte soll jetzt plötzlich ein Gott werden? Soll ich zu einem dummen Holzklotz beten, oder was? [20] Dann könnte ich ja gleich mit Holzkohle reden!" Das wäre doch totaler Beschiss, er würde von seinen komischen Gedanken selbst verarscht. So wird er sein Leben nie retten können. Aber er ist nicht in der Lage, das zu erkennen, er kann sich nicht retten, er sagt nicht: „Was ich hier in der Hand halte, ist doch totaler Quatsch!"

Gott hat schon was getan

[21] Gott sagt zu seinen Leuten, zu der Familie von Israel: „Bitte vergesst nicht, dass ihr zu mir gehört, ihr seid meine Mitarbeiter! Ich habe euch gemacht, ihr seid für mich da. Ich werde euch niemals hängenlassen! [22] Den ganzen Mist, den du, Israel, gebaut hast, habe ich dir schon verziehen. Ich hab den Dreck weggewischt, er hat sich aufgelöst wie ein Nebel in der Sonne. Jetzt komm wieder zurück zu mir, ich werde dich befreien!" [23] In der anderen Dimension, im Himmel, da soll jetzt die Party abgehen. Überall auf der Erde soll man feiern. Die Berge sollen auch feiern und auch der Wald und alle Bäume. Denn Gott hat Israel befreit und ihnen gezeigt, was er alles draufhat und wie gigantisch er ist.

Gott macht Geschichte

[24] Gott will dir noch was sagen. Er hat dich befreit, er hat dich aus dem Dreck rausgeholt, und er hat dich gekannt, schon als du noch im Bauch von deiner Mutter warst: „Ich bin Gott, ich mache alles, ich habe den Himmel gemacht, ich habe die Erde gemacht, ganz alleine, keiner musste mir dabei helfen. [25] Ich habe die Voraussagen der Esoteriker und Astrologen alt aussehen lassen, ich habe die Wahrsager lächerlich gemacht. Ich habe dafür gesorgt, dass die schlauen Menschen bei euch umdenken müssen, und ich hab gezeigt, dass ihr ganzes Wissen letztendlich für die Tonne ist. [26] Aber die Worte von meinem Mitarbeiter stimmen. Das, was er vorausgesagt hat, wird auch eintreffen, da sorg ich für. Der Plan, den er von mir hat, wird funktionieren. Er sagt über Jerusalem: ‚Hier soll man ab jetzt wieder wohnen können!' Und über die Städte von Juda sagt er: ‚Sie sollen wieder aufgebaut werden. Den ganzen Schrott, die zerstörte Stadt, werde ich wieder hochziehen!' [27] Ich sage zum Meer: ‚Hör auf mit den Flutwellen, du musst jetzt austrocknen!' [28] Und zu Kyrus sage ich: ‚Du bist mein Bodyguard, du musst auf meine Leute aufpassen. Alles, was ich dir sage, musst du tun. Du wirst befehlen: Jerusalem wird wieder aufgebaut! Der Tempel wird wieder hochgezogen!'"

45

Der Präsident von Persien wird unfreiwillig von Gott benutzt

[1] Kyrus, der Präsident von Persien, wurde von Gott extra für seinen Job ausgesucht und eingesetzt. Gott sagt zu ihm: „Ich habe dich an die Hand genommen und geführt, weil ich von dir wollte, dass du viele Länder eroberst. Ich möchte von dir, dass du viele Präsidenten aus ihrem Amt kickst. Darum werde ich dafür sorgen, dass du leichtes Spiel hast. Du wirst überall einmarschieren können, denn die Türen sind für dich weit geöffnet. [2] Ich werde vor dir hergehen. Ich werde die Schutzmauern der Städte plattmachen, Stahltüren sprenge ich in die Luft, und Sicherheitsschlösser knack ich auf. [3] Ich werde dafür sorgen, dass du Geld aus Quellen kriegst, von denen niemand was wusste. Du wirst aus Vorratslagern versorgt werden, die keiner kennt. Du sollst daran erkennen, dass ich Gott bin. Ich habe genau dich gemeint, ich habe dich gerufen, und ich habe dich angestellt. [4] Das hab ich getan wegen der Leute von Israel, die ich mir extra ausgesucht habe. Ich werde dir einen besonderen Titel verpassen, du sollst ab jetzt mein Mitarbeiter sein. Ich habe dir diesen Job gegeben, obwohl du nicht mal weißt, wer ich bin. [5] Ich bin Gott, ich bin der einzige Gott weit und breit. Es gibt keinen anderen Gott, nur mich. Ich werde dir alles geben, was du dafür brauchst. Ich rüste dich aus, und das, obwohl du mich gar nicht kennst. [6] Ich möchte, dass man auf der ganzen Erde, einfach überall kapiert, dass es nur einen Gott gibt, nämlich mich! [7] Ich habe das Licht gemacht, ich habe auch die Dunkelheit gemacht. Ich sorge dafür, dass alles gut läuft, und ich sorge dafür, dass es Ärger gibt. Ich bin Gott, und das alles passiert durch mich. [8] Es soll anfangen, aus dem Himmel zu regnen, aber nicht Wassertropfen, sondern Tropfen, die alles korrekt werden lassen, was unkorrekt ist. Aus der Erde sollen solche Sachen wachsen wie ‚Alleswirdgutbäume' und ‚Frie-

densbüsche'. Dafür werde ich sorgen, ich, euer Gott, werde die basteln."

Gott braucht sich vor niemandem zu rechtfertigen

9 Die Menschen, die meinen, dass Gott sich für seine Taten rechtfertigen muss, sollten mal echt aufpassen! Der menschliche Körper besteht ja eigentlich nur aus Erde. Er ist letztendlich nur ein Klumpen Matsch unter vielen Klumpen Matsch. Vergleichen wir das mal mit einem Töpfer, der Blumentöpfe herstellt. Kann der Blumentopf vielleicht zum Töpfer sagen: „Hallo? Was machst du für einen Mist?" Oder kritisiert der ihn: „Das war ja wohl gar nichts, du hast wirklich zwei linke Hände!" 10 Auch solche Typen sollten echt aufpassen, die ihren Vater mit Sprüchen provozieren wie: „Warum hast du überhaupt mit Mama geschlafen und mich gemacht?" Oder die zu ihrer Mutter sagen: „Warum hast du mich überhaupt geboren?" 11 Der besondere Gott von Israel, der sie mal gemacht hat, sagt: „Wie jetzt? Wollt ihr mir etwa Vorschriften machen für das, was ich hab entstehen lassen? Wollt ihr mir etwa Vorwürfe machen wegen meiner Kinder? 12 Ich habe die Erde gebastelt, und ich hab auch alle Menschen gemacht, die darauf leben. Ich habe das ganze Universum gebaut, und ich hab den Oberbefehl über alle Planeten und Sterne. 13 Ich habe Kyrus aus der Versenkung geholt, ich habe ihm geholfen, die Kriege zu gewinnen, ich habe seinen Weg vorbereitet. Er wird für mich meine Stadt Jerusalem wieder aufbauen, und er wird meine Leute, die in der Kriegsgefangenschaft sind, befreien. Er wird sie nach Hause holen. Und das macht er ganz ohne Kohle oder einen Orden dafür zu kriegen."

Gott hilft seinen Leuten

14 Gott sagt: „Alles, was den Ägyptern gehört, was die Leute vom Sudan und die großgewachsenen Äthiopier an Gewinn erwirtschaftet haben, wirst du bekommen, es wird dir gehören. Diese Völker werden in Handschellen bei dir ankommen, und sie werden sich vor dir verbeugen und dich zu ihrem Chef machen. Sie werden zu dir sagen: ‚Ganz klar, bei euch ist Gott! Es gibt keinen anderen Gott, nur euren!'" 15 Du bist ein Gott, der nicht immer auf der Bühne stehen muss, du versteckst dich, aber du bist der Held von Israel, du bist der Retter. 16 Alle, die zu Plastikgöttern beten, werden kaputtgehen. Diese „Jeder-bastelt-sich-seinen-eigenen-Gott-Typen" werden peinlich enden. 17 Aber die Leute von Israel werden gerettet, und zwar auf ewig. Sie werden es packen, und nichts wird sie kaputt machen können, für immer. 18 Gott hat das Universum gemacht, nur er ist Gott. Er hat auch die Erde gebastelt und geformt. Er hat sich die Mühe nicht gemacht, damit auf der Erde nur tote Hose ist, nein, er wollte, dass man dort leben kann. Und Gott sagt zu euch: „Ich bin Gott, und es gibt sonst keinen anderen Gott. 19 Ich habe mich nicht vor euch versteckt, ich hatte es nicht nötig, mich im Dunkeln zu verkriechen. Ich habe zu den Leuten von Israel nicht gesagt, dass sie mal versuchen sollten, mich zu finden, aber es würde eh nicht klappen. Ich bin Gott, was ich sage, ist korrekt, und ich rede keinen Stuss. 20 Alle sollen sich mal zu einem Treffen verabreden. Alle Menschen, die geflohen sind, als ihre Nation kaputt gemacht wurde, sollen bei mir vorbeikommen. Wer seinen Plastikgott als Schmuckstück um den Hals trägt, ist voll doof, wer zu einem Gott betet, der nicht helfen kann, hat nichts kapiert. 21 Steckt eure Köpfe zusammen, untersucht alles genau und bringt Beweise! Wann hat jemals ein Gott so was schon mal angekündigt? War das nicht nur ich, euer Gott? Es gibt sonst keinen anderen. Einen korrekten Gott, der seinen Leuten hilft, wenn es ihnen dreckig geht, gibt es sonst nicht, ich bin der Einzige! 22 Das geht jetzt an alle Menschen: Redet mit mir! Kommt zu mir! Ich kann euch helfen! Ich bin Gott, es gibt keinen anderen! 23 Ich hab es mir geschworen, und wenn ich so was mache, dann passiert das auch. Was ich sage, ist korrekt. Jeder wird sich irgendwann mal vor mir hinknien, und jeder wird irgendwann mal folgenden Satz sagen müssen: 24 ‚Nur Gott kann retten, nur Gott ist korrekt, nur Gott kann mich beschützen!' Alle Menschen, die gegen mich gearbeitet haben, werden ganz klein angekrochen kommen. 25 Aber die Leute von Israel werden durch mich, Gott, korrekt gemacht werden, sie werden sich freuen und stolz sein."

46

Plastikgötter bringen es nicht, Gott bringt es

1 Gott sagt Folgendes: „Der Plastikgott Bel wird umknicken, dieser Nebo wird umfallen. Die großen Figuren von diesen Plastikgöttern werden auf einem Hänger durch die Gegend gefahren, die Motoren fangen schon an zu stottern, weil das Gewicht zu groß ist. 2 Diese Götter sind eingeknickt, sie brechen alle zusammen, sie können sich ja nicht mal selber tragen, sie werden auch verhaftet und gefangen genommen. 3 Leute von Israel, hört mir

zu! Seit es euch gibt, passe ich auf euch auf! Ihr seid mir unheimlich wichtig. Seit ihr geboren seid, habe ich euch in meinen Armen getragen wie eine Mutter ihr Baby. 4 Ich hab mich nicht verändert und ich werde auch immer noch genauso drauf sein, wenn ihr alle Rentner seid. Selbst wenn ihr graue Haare und Falten im Gesicht habt, werde ich euch noch tragen. Ich habe es immer schon getan, und ich werde es auch weiter tun, ich selber werde euch durch die Gegend schleppen, und ich werde euch retten. 5 Mit wem wollt ihr mich vergleichen? Wer steht mit mir auf einer Stufe? Wer ist mir ähnlich? 6 Da holen sie ein paar Barren Gold aus dem Tresor, wiegen das Gold ab und bringen es zu einem Goldschmied, damit er daraus einen schönen Plastikgott bastelt. Und dann schmeißen sie sich vor dem auf den Boden und beten zu ihm. 7 Sie tragen ihn auf der Schulter durch die Stadt, sie parken ihn an irgendeiner Stelle, und dann steht er dort rum. Er kann ja nicht von alleine gehen, er muss dort stehen bleiben. Und dann schreien sie zu ihm, aber er antwortet nicht, den er kann ja nicht hören, er hilft keinem bei seinen Problemen. 8 Denkt mal dadrüber nach, Leute! Erinnert euch gegenseitig dadran! Kapiert das endlich, ihr Hirnis!"

Gott hilft bald

9 „Leute, erinnert euch doch mal an das, was ich schon vor Ewigkeiten alles getan habe!", sagt Gott. „Es gibt keinen anderen Gott als mich! 10 Ich habe schon von Anfang an gesagt, wie das ganze Ding ausgehen wird, ich hab es vorausgesehen, obwohl es noch nicht passiert war. Ich sage euch: Was ich beschlossen hab, wird auch so passieren! Alles, worauf ich Bock hab, zieh ich auch durch! 11 Es gibt da einen Mann, der von ganz weit her kommt. Den hab ich mir ausgesucht, um meinen Plan auszuführen. Er kommt aus dem Osten, er ist wie ein Raubvogel. Ich hab das begonnen, und ich werde das auch zu Ende bringen. 12 An alle trotzigen Leute, die weit weg sind von dem, was ich eigentlich will: Hört auf mich! 13 Ich werde euch da rausholen, ich rette euch! Wartet noch kurz, es dauert nicht mehr lange. Wenn ich helfe, muss man nicht erst eine Nummer ziehen und im Wartezimmer Platz nehmen. Ich werde Israel da raushauen, ich sorge dafür, dass alles wieder gut wird und Israel wieder supergut aussieht."

47 **Jesaja sagt, dass die Stadt Babylon bald am Ende sein wird**

1 Gott sagt: „Komm weg von deinem Chefessel und setz dich mal in die Mülltonne. Ich rede mit dir, der Stadt Babylon. Ab sofort wird niemand mehr so was Nettes zu dir sagen wie: ‚Ach, dieser kleine süße, niedliche, mein kleiner Puschel ...!' 2 Ab sofort wirst du am Fließband schuften. Krempel dir die Ärmel hoch, zieh dein Shirt und deine Hose aus, jetzt geht es durch den Matsch. 3 Jeder soll deinen nackten Hintern sehen können, jeder soll sehen, wie peinlich du bist. Ich werde mich an dir rächen, und keiner soll verschont werden." 4 Unseren Gott nennt man auch den Chef über alles, der ganz besondere Gott von Israel, und der sagt zu Babylon: 5 „Setz dich hin, halt den Mund und mach das Licht aus, Babylon. Denn ab sofort soll man dich nicht mehr als die Hauptstadt vom ganzen Gebiet bezeichnen, die über alle das Sagen hat. 6 Ich war supersauer auf meine Leute, deswegen habe ich mein Land dreckig und unrein gemacht, indem ich es an dich ausgeliefert habe. Aber du warst nicht nett zu meinen Leuten, du hast sogar die Rentner schwer schuften lassen. 7 Du meintest: ‚Ich werde ab jetzt für immer der Chef sein.' Du hast nicht nachgedacht, dir war nicht klar, was das am Ende für dich bedeuten würde. 8 Du lebst richtig fett und denkst, dir könnte nichts passieren. Du sagst dir: ‚Ich bin die Größte, und sonst gibt es gar nichts! Ich werde nie so sein wie eine Frau, deren Ehemann gestorben ist. Und ich werde nie so sein wie ein Ehepaar, das keine Kinder kriegen kann.' 9 Aber denkste, beides wird dir an einem Tag gleichzeitig passieren: Du verlierst deine Kinder und deinen Mann. Du wirst einsam sein, keiner wird da sein, um dich zu beschützen. Es wird dich hart treffen, da kannst du noch so viele Zaubersprüche ablassen oder sonst was für einen Hokuspokus veranstalten. 10 Dabei denkst du auch noch, dass es sich lohnt, link drauf zu sein. Du sagst dir: ‚Kriegt ja eh keiner mit.' Was du alles gelernt hast, was in deiner Birne ist, das hat dich falsch gelenkt. Du hast solche Gedanken wie: ‚Zuerst komme ich, und dann kommt erst mal lange gar nichts!' 11 Aber es werden jetzt ganz ätzende Sachen auf dich zukommen, die man auch nicht mit irgendeinem Harry-Potter-Zauber wegkriegen kann. Es wird so eine Katastrophe über dich hereinbrechen, dass du nichts dagegen unternehmen kannst. Plötzlich wird ein Hurrikan über dein Leben hinwegfegen, den keine Wettervorhersage angekündigt hatte. 12 Probiere es doch mal

mit den tollen Zaubersprüchen, hol mal das Zau-
berbuch raus und schwing den Zauberstab. Da hast
du ja schon viel Übung darin, schon als Kind hast
du damit angefangen. Vielleicht klappt es ja. Viel-
leicht kannst du ja die Pechsträhne beenden. 13 Aber
vom vielen Reden bist du schon müde. Warum
kommen nicht die Esoteriker und die Astrologen
vorbei, die an jedem Neumond genau wissen, was
passieren soll? Sollen die dich doch retten! 14 Die
werden wie Zeitungspapier vom Feuer verbrannt
werden. Keiner kann sie vor den Flammen retten.
Das Feuer, das dann brennt, ist nicht gut, um damit
einen Kamin anzuzünden, man kann sich nicht
davorsetzen und sich wärmen. 15 So sind die Leute
drauf, für die du dich starkgemacht hast, mit denen
du Handel betrieben hast, schon in der Zeit, als du
noch eine Jugendliche warst. Sie wanken hin und
her, jeder geht in die Richtung, in die er gerade
gehen will, auf keinen ist Verlass, niemand wird dich
retten."

48

Gott sagt, es passiert bald was Neues

1 Jetzt hört mal zu! Das geht an die Leute
vom Volk Israel, die aus dem Familien-
stamm Juda kommen. Wenn ihr Verträge macht,
dann beruft ihr euch immer auf Gott. Ihr sagt, ihr
gehört zu Gott, dem Gott von Israel, aber seid da-
bei nicht offen und ehrlich. 2 Ja, ihr seid ganz stolz
drauf, dass ihr in der ganz besonderen heiligen
Stadt wohnt, und lasst das auch gerne mal raushän-
gen. Ihr sagt, dass der Gott von Israel, den man
auch den Oberchef von allem nennt, euch suppor-
tet. 3 Dieser Gott sagt jetzt Folgendes zu euch: „Ich
hab schon vor Ewigkeiten Dinge vorausgesagt. Die-
se Ansagen kamen von mir, und jeder konnte sie
hören. Ganz plötzlich habe ich es dann auch ge-
macht, und alles ist genau so passiert, wie ich es
gesagt hatte. 4 Weil mir schon immer klar war, dass
du ein Dickschädel bist, Israel, und dass du hartnä-
ckig bleiben wirst und dazu auch noch ein Brett vor
dem Kopf hast, 5 hatte ich diese Sachen schon
einige Zeit früher angekündigt, bevor es tatsächlich
passiert ist. Ich wollte, dass du nicht auf die schräge
Idee kommst, das hätte dein Plastikgott, diese
selbstgemachte Figur, irgendwie hinbekommen.
6 Du hast alles gehört, und jetzt hast du den Salat.
Schau es dir an! Willst du das jetzt nicht mal öffent-
lich zugeben, damit alle es hören? Egal, ich werde
ab sofort etwas Neues erzählen, etwas, das noch
nie jemand gehört hat, auch du wusstest das nicht.
7 Es ist gerade eben erst passiert, das Ding ist noch
nicht alt. Du hattest davon früher noch nie etwas
gehört, weil ich nicht wollte, dass du dann sagen
kannst: ‚Hey, ich wusste, dass das passiert!' 8 Nein,
du hast noch nie was davon gehört, und du hast es
auch nicht einfach so gewusst. Mir war klar, dass du
sowieso nicht treu sein kannst. Du hast ja schon
immer den Spitznamen gehabt: ‚Sie geht fremd, seit
sie auf der Welt ist'. 9 Um aber nicht meinen eige-
nen Namen in den Dreck zu ziehen, reiße ich mich
jetzt zusammen, und weil mein Ruf dann ja auch
auf dem Spiel steht, werde ich mich für dich ent-
scheiden und dich nicht komplett von der Landkarte
auslöschen. 10 Ich hab dich abgescannt und ausge-
testet, indem ich dich in größte Probleme und Elend
gebracht habe. 11 Es ging mir dabei am Ende nicht
mehr um dich, sondern nur noch um mich, deswe-
gen habe ich dich da rausgeholt. Sonst würden die
anderen Völker ja nur noch dumme Sprüche über
mich reißen. Ich lasse es nicht zu, dass man mich
nicht respektiert."

Der Präsident der Perser bekam seine Order von Gott

12 Gott sagt: „Hört mir mal zu, ihr Leute von Israel!
Ich meine jetzt euch, die ich mir extra ausgesucht
hatte. Ich bin es! Ich bin der einzige Gott! Ich bin
der Erste, der da war, und ich werde der Letzte sein,
der das Licht ausmachen wird. 13 Ich habe die Erde
mit meinen eigenen Händen gebastelt. Ich habe
das ganze Universum gemacht! Ich hab nur einmal
laut gerufen, und dann war alles da. 14 Jeder soll
herkommen und zuhören! Wer, außer mir, hat
irgendwie so was schon mal vorausgesagt? Es gibt
einen Mann, den ich, Gott, sehr liebe. Und dieser
Typ wird mit Babylonien das machen, worauf er
gerade Bock hat. Durch seine Macht werden die
Babylonier eins auf die Mütze kriegen. 15 Ich habe
das alles vorausgesagt, und ich habe ihn dazu aus-
gesucht, das zu tun. Ich habe ihn hochgebracht,
und ich habe dafür gesorgt, dass er Erfolg hat.
16 Kommt mal her und hört, was ich euch konkret
zu sagen habe! Ich habe noch nie Sachen heimlich
gesagt, es war immer öffentlich, von Anfang an,
seitdem ich da bin!" Gott, der Chef von allem, hat
mich hierhergeschickt, seine Kraft hat mir den Auf-
trag gegeben. 17 Jetzt kommt etwas, dass Gott, der
ganz besonders krasse Gott von Israel, der euch
aus dem Mist rausgeholt hat, sagen will: „Ich bin
Gott, ich bin dein Gott, Israel! Ich bringe dir etwas
bei, damit du besser klarkommst im Leben. Ich

führe dich auf einen Weg, den du unbedingt gehen
solltest. 18 Ach, Mensch, wenn du nur auf das ge-
hört hättest, was ich dir gesagt habe! Dann würde
es jetzt bei dir ganz friedlich zugehen, jeder würde
wissen, dass du eigentlich korrekt bist. Dieser Frie-
de hätte sich ausgebreitet wie eine Welle auf dem
Meer. 19 Du hättest ohne Ende Kinder bekommen,
es wären so viele, dass keiner sie mehr zählen
könnte. Keiner hätte es je schaffen können, sie ganz
kaputt zu machen, niemand hätte sie von mir weg-
nehmen können."

Voraussage, wie Israel aus Babylonien abhauen wird

20 Gott sagt zu euch: „Packt eure Sachen und zieht
aus Babylonien aus! Verlasst das Land! Haut ab, so
schnell es geht! Jubelt laut los, jeder soll das mit-
kriegen, überall auf der Erde soll man davon hören.
Eure Sprechchöre sollen so gehen: ‚Gott, der Chef,
hat seine Leute rausgeholt, hat das Volk Israel be-
freit! 21 Er hat sie durch Gebiete geführt, wo alles
zerstört war und es auch kein Wasser mehr gab,
aber trotzdem mussten sie nie Durst haben. War-
um? Er hat aus einem Felsen einen Wasserhahn
kommen lassen, aus einem zerbrochenen Felsen
kam ganz viel Wasser raus.'" 22 „Menschen, die
nicht mit mir leben, sollen sich nie richtig entspan-
nen können", sagt Gott.

49

Der Mitarbeiter von Gott

1 Jetzt hört mir mal zu! Ich mein jetzt die
Menschen, die am anderen Ende der
Welt leben, Völker von der anderen Seite des Plane-
ten. Gott hat mir einen Auftrag gegeben, und zwar
schon, bevor ich überhaupt geboren wurde. Er hatte
mir einen Namen gegeben, als ich noch im Bauch
von meiner Mutter lag. 2 Gott hat mir einen Mund
gegeben und die Begabung, dass ich Worte aus-
sprechen kann, die gefährlicher sind als ein Maschi-
nengewehr. Dabei hält er seine Hand über mich wie
einen großen Schutzschirm. Er hat mich zu einer
scharfen Waffe gemacht, zu einer Patrone, die
abschussbereit im Magazin liegt. 3 Er hat zu mir
gesagt: „Du bist mein Mitarbeiter, dir hab ich stell-
vertretend für Israel einen Auftrag gegeben! An dir
will ich zeigen, was ich alles draufhabe!" 4 Ich ant-
wortete: „War alles für die Katz? Hab ich mich
umsonst abgeschuftet, den ganzen Ärger für nichts?
Aber egal, Gott wird schon dafür sorgen, dass ich
das bekomme, was ich verdient habe. Er wird dafür
sorgen, dass ich erfolgreich bin, und mich ange-
messen belohnen!" 5 Gott hatte schon damit ange-
fangen, mich als seinen Mitarbeiter vorzubereiten,
als ich noch im Bauch meiner Mutter war. Er wollte
von mir, dass ich die Israeliten wieder zu ihm
zurückbringe, dass ich die Leute von Israel wieder
zu ihm führe. Gott hat gezeigt, dass er Respekt vor
mir hat, und Gott ist zu meiner größten Kraft
geworden. 6 Er hat zu mir gesagt: „Ich finde es zu
wenig, dass du als mein Mitarbeiter nur den Job
hast, Israel wieder hochzubringen und alle zurück
nach Hause zu führen, die von den Israeliten noch
übrig geblieben sind. Darum werde ich dich zu
einem Leuchtturm für alle Menschen machen. Jeder
soll sich an dem, was du sagst, orientieren können.
Durch dich sollen alle Menschen, egal, wo sie leben,
Hilfe bekommen." 7 Gott, der Israel aus seinem
Gefängnis rausholt, sagt weiter etwas zu seinem
ganz besonderen Mitarbeiter. Dieser Mitarbeiter
von Gott wird von anderen Völkern gedisst. Keiner
hat Bock auf ihn. Gott sagt zu ihm: „Präsidenten
und Bürgermeister werden vor dir Respekt haben
und sich vor dir auf den Boden schmeißen." Das
passiert, weil Gott treu ist und weil er sich Israel
extra ausgesucht hat, er hat es erwählt.

Gott holt seinen Mann raus und auch seine Leute

8 Außerdem sagt Gott: „In der Zeit, wo alles gut ist,
habe ich deine Gebete gehört. An dem Tag, wo alles
wieder in Ordnung gekommen ist, habe ich dir
geholfen. Ich pass auf dich auf. Ich werde Verträge
mit dir machen, werde das Land wieder in Ordnung
bringen, Ich werde dir helfen. Du sollst das kaputte
Land, wo alles total trocken war, wieder schön
machen. Das Land, das du geerbt hast und das für
immer dir gehören wird, sollst du unter deinen Leu-
ten aufteilen. 9 Du wirst zu den Menschen, die im
Knast sitzen, abhängig oder gefangen sind, sagen:
„Kommt raus! Ihr seid jetzt frei!" Und zu den Leu-
ten, die im Dunkeln sitzen, wirst du sagen:
„Kommt hierher, ins Licht!" Auf dem Weg wird es
ihnen gutgehen, sie werden genug zu essen finden,
wie Schafe, die sogar noch Gras entdecken, wo
sonst nichts mehr wächst. 10 Sie werden keinen
Hunger haben und keinen Durst. Die Sonne wird
sie nicht verbrennen, weil ihr Freund sie begleiten
wird. Ich werde sie zu Quellen führen, wo es genug
zu trinken gibt. 11 Alle Hindernisse, die ihnen im
Weg stehen, räume ich aus. Berge werde ich zu
einer Straße plattwalzen, ich werde asphaltierte
Straßen für sie bauen. 12 Pass auf, meine Leute
kommen aus dem Ausland, sie kommen aus Nor-

den und aus Westen und auch aus dem Land Sewe-
nim, dem südlichsten Teil von Ägypten!" 13 Macht
Party, freut euch! Das ganze Universum soll sich
freuen und abgehen! Auch die Berge sollen Beifall
klatschen! Denn Gott hat seine Leute wieder gut
draufgebracht. Er hat die Kaputten geliebt, und er
hat seinen Leuten geholfen.

Gott liebt seine Leute sehr

14 Die Leute aus Jerusalem, der Stadt Zion, heulen
rum: „Wo ist Gott? Er hat uns verlassen! Gott hat
uns einfach vergessen!" 15 Aber Gott antwortet:
„Hey, was denkt ihr denn? Glaubt ihr im Ernst, eine
Mutter würde ihr Baby einfach nicht mehr lieben,
sie würde keinen Bock mehr auf das Kind haben,
das aus ihrem Bauch rausgekommen ist? Und
selbst wenn es Mütter gibt, die so was tatsächlich
tun, ich werde dich trotzdem nie vergessen, Jerusa-
lem! 16 Hier, siehst du? Ich hab deinen Namen auf
beide Hände tätowiert! Deine Mauern sind mir die
ganze Zeit vor den Augen. 17 Die Männer, die dich
wieder aufbauen werden, sind bald da. Die Männer,
die dich kaputt gemacht haben, werden bald ab-
hauen. 18 Schau dich doch mal um! Siehst du, dass
gerade ganz viele Menschen zu dir kommen? Ich
verspreche dir hoch und heilig: Du wirst dafür sor-
gen, dass alle diese Menschen bei dir leben werden,
sie werden wie ein Schmuckstück für dich sein, wie
eine Kette, die man der Braut bei der Hochzeit um
den Hals legt. 19 Bis jetzt ist ja alles bei dir mehr
oder weniger ein Trümmerhaufen. Du hast kaum
Einwohner, und alles ist kaputt. Aber es wird wieder
so voll werden, dass es den Bewohnern innerhalb
der Stadt sogar zu eng wird. Und die Leute, die dich
kaputt machen wollten, werden dann nicht mehr da
sein. 20 Du warst wie eine Frau, die keine Kinder
bekommen konnte. Aber jetzt wird man von dir
sagen: Das ist viel zu eng dort, sie brauchen mehr
Platz! Es sind zu viele Kinder. Wir müssen mehr
Raum schaffen, damit die alle hier wohnen können.
21 Du wirst dich dann vielleicht fragen: ‚Wo kommen
die alle her? Wer hat die alle geboren? Ich war doch
unfruchtbar, konnte keine Babys kriegen. Meine
eigenen Kinder sind alle verhaftet und abtranspor-
tiert worden. Ich selbst war auch in Haft, keiner
wollte was von mir wissen. Wer hat die Kinder für
mich großgezogen? Es gab doch sonst keinen mehr,
ich war ganz alleine übrig. Wo kommen die alle
her?'" 22 Der heftige Gott, der Chef von allem, sagt
dazu: „Pass auf, ich geb dir jetzt mal ein Zeichen.
Ich werde meine Hand so hoch heben, dass alle
Völker auf der Erde das mitkriegen. Ich werde meine
Fahne hochziehen, damit jeder sie sehen kann.
Dann werden sie deine Kinder auf den Armen zu
mir bringen, man wird sie auf den Schultern zu mir
tragen. 23 Bundeskanzler werden dir das Fläschchen
geben, Präsidenten werden deine Betreuer sein. Sie
werden dir die Füße küssen und vor dir auf der Erde
kriechen. Wenn das passiert, wirst du kapieren, dass
ich der absolute Chef bin. Wer mir vertraut, wird am
Ende nie enttäuscht werden." 24 Kann man einem
mächtigen Diktator einfach seine Beute zocken?
Können Gefangene so mal eben aus einem schwer-
bewaffneten Hochsicherheitstrakt befreit werden?
Geht das so einfach? 25 Aber Gott sagt: „Ja! Das wird
so passieren. Die Gefangenen von einem starken
Diktator werden befreit, und die Beute wird man
ihm abnehmen. Wer dich angreift, den werde ich
angreifen. Deine Kinder werde ich retten. 26 Ich
werde dafür sorgen, dass die Männer, die dich fer-
tigmachen, sich gegenseitig umbringen. Sie werden
sich an ihrem eigenen Blut besaufen und ihr eige-
nes Fleisch essen. Alle Menschen werden dann mit-
bekommen, dass ich Gott bin. Dass ich der heftige
Gott von Jakob bin, dass ich der bin, der dich über-
all raushaut."

50

Gottes Antwort

1 Gott sagt: „Ihr glaubt also, ich hätte
Israel, eure Mutter, einfach so rausge-
schmissen? Wo ist denn bitte die Urkunde, die so
was bestätigt? Andere denken, ich hätte euch
irgendwo abgegeben, weil ihr eure Schulden nicht
bezahlen könnt. So was ist ja normal üblich. Aber
wo ist der Typ, an den ich euch angeblich verkauft
haben soll? Der Grund, warum man euch aufgege-
ben hat, ist ganz klar: Weil ihr ständig Mist baut,
weil ihr die ganze Zeit krumme Dinger dreht,
darum habe ich Israel, eure Mutter, entlassen.
2 Warum war keiner von euch da, als ich da war?
Warum hat mir niemand geantwortet, als ich euch
gerufen hab? Glaubt ihr denn, ich bin zu schwach,
um euch dort rauszuhauen und zu befreien? Ich
sag nur ein Wort, und das ganze Wasser aus dem
Meer verschwindet. Ich mache aus Flüssen im
Handumdrehen ein Trockengebiet, so dass alle
Fische verfaulen, weil es kein Wasser mehr gibt.
3 Ich kann dafür sorgen, dass der ganze Himmel
schwarz wird, so schwarz, als hätte er sich einen
Traueranzug angezogen."

Der Mitarbeiter von Gott wird fertiggemacht
4 Gott, der Chef, hat mir eine ganz besondere Spra-
che gegeben, damit ich den Schlaffos mit diesen
Worten einen Tritt in den Hintern verpassen kann.
Er weckt mich jeden Morgen, und jeden Morgen
freue ich mich total dadrauf, seine Stimme zu
hören. Es ist, wie wenn ich meine Lieblingsmusik
im Radio höre. 5 Gott hat mir tatsächlich die Ohren
geöffnet, und ich bin nicht trotzig geworden. Ich
hab mich nicht dagegen gewehrt. Und jetzt kann ich
alles hören, was Gott sagt. 6 Wenn sie mich schla-
gen wollten, hab ich meinen Rücken hingehalten,
und wer sich mit mir prügeln wollte, durfte mir ins
Gesicht hauen. Ich hab mich nie versteckt, auch
wenn man mich verarscht und angespuckt hat.
7 Gott steht auf meiner Seite. Darum hat man mich
nie wirklich kaputt machen können. Ich hab mir ein
dickes Fell zugelegt, einen Schutzpanzer so hart wie
Beton. Ich halte das aus, weil ich weiß, dass ich
nicht den Kürzeren ziehe. 8 Derjenige, der dafür
sorgt, dass alles korrekt laufen wird, ist immer in
der Nähe! Wer will mich anklagen? Der kann gerne
kommen, wir werden zusammen vors Gericht
gehen. Wer ist mein Gegner, wer verklagt mich? Der
soll sich mal bei mir melden! 9 Gott, der Oberchef
über das ganze Universum, hilft mir. Wo ist derje-
nige, der sagt, ich wäre schuldig, wer will mich ver-
urteilen? Passt auf, die werden alle kaputtgehen! Sie
werden wie ein morscher Baum umfallen, sie wer-
den verrotten wie eine alte Rostlaube, die schon
jahrelang auf dem Schrottplatz steht. 10 Wer von
euch hat denn noch Respekt vor Gott? Wer hört
noch auf das, was sein Mitarbeiter sagt, der für ihn
arbeitet? Wer total am Ende ist, der kann sich im-
mer noch voll auf Gott verlassen und hundertpro-
zentig auf ihn bauen. 11 Den Leuten, die gerne Krieg
führen, die sich gerade aufrüsten, denen sagt er:
„Rennt ihr in euer eigenes Verderben, ihr werdet
von euren eigenen Waffen getötet. Ich habe das für
euch organisiert. Ihr sollt mit den heftigsten
Schmerzen sterben.“

51 **Die Leute von Gott werden wieder mehr**
1 Gott sagt: „Das gilt jetzt für alle Leute, die
heiß dadrauf sind, dass alles korrekt zugeht,
und die ganz viel beten. Schaut doch mal darauf, wo
ihr eure Roots habt, wo ihr herkommt, auf eure Her-
kunft. 2 Denkt mal an Abraham, der eure Familie
gegründet hat. Oder an Sara, eure erste Mutter. Das
waren zwar nur zwei einzelne Menschen, aber ich
habe sie unterstützt. Ich habe sie gesegnet und
dafür gesorgt, dass sie sich krass vermehren.“ 3 Gott
will seine Leute trösten, er will die Menschen, die in
Jerusalem in ihren Trümmern leben, ermutigen. Er
wird aus einem Gebiet, wo nichts wächst, den ulti-
mativen Garten machen, wo es dann alles gibt. Er
macht aus einer Wüste das Paradies, den Garten
von Gott. Dort wird Party angesagt sein, man wird
sich nur noch freuen, eine Band wird spielen, und
man wird geniale Lieder für Gott singen. 4 Gott sagt:
„Hört auf mich! Achtet auf das, was ich zu sagen
habe! Denn ich weiß, wo es langgeht, und ich weiß
auch, was korrekt ist und was nicht. Alle Völker wer-
den sich danach richten. 5 Es dauert nicht mehr
lange, dann wird es überall gerecht zugehen, alles
wird gut werden. Ich werde mit meiner Macht die
Völker zurechtrücken. Die entferntesten Länder hof-
fen auf mich. Sie warten darauf, dass ich etwas tue.
6 Seht nach oben zum Himmel, der wird sich dann
in Luft auflösen. Seht nach unten auf die Erde, sie
wird in Rauch aufgehen. Sie wird verfallen wie ein
vergammeltes Kleid. Alle Bewohner werden sterben
wie die Fliegen. Aber das, was ich organisiert habe,
die Rettung meiner Leute, wird nie kaputtgehen. Die
Gerechtigkeit, die von mir kommt, kann keiner weg-
nehmen, niemals! 7 Hört auf mich! Ich meine jetzt
die korrekten Leute, also mein Volk, bei denen
meine Gesetze gespeichert sind. Ihr braucht keine
Angst zu haben, auch wenn Leute sich über euch
lustig machen oder euch Angst einjagen. 8 Die wer-
den zerfressen, wie ein Kleid, das von Motten zer-
fressen wurde. Ich werde dafür sorgen, dass alles
korrekt und gerecht abgehen wird, und das hält
dann auch für immer. Ich sorge dafür, dass alles gut
wird, für jeden Menschen, der ab dann noch leben
wird.“

Seine Leute schreien um Hilfe, und Gott antwortet
9 „Hallo! Gott! Wach auf! Wach endlich auf!“, ruft
ihr. „Zeig, was du draufhast! Mach dieselben Sa-
chen, die du schon früher gemacht hast. Damals,
bei den Ururgroßeltern, da hast du es den Ägyp-
tern gezeigt! Du hast den heftigen Feind einfach
kaputt gemacht! 10 Hast du damals nicht das Meer
trockengelegt? Hast du in der Zeit nicht den Weg
für deine Leute vorbereitet, mitten durch das Meer,
damit sie dort einfach durchziehen konnten?“ 11 Die
Leute, die Gott befreit hat, werden wieder zurück
nach Zion kommen. Sie werden sich freuen und
ewig dankbar sein, das kann man aus ihren Augen
lesen. Sie werden total abgehen, und es wird ihnen

gutgehen. Sorgen, Frust und Trauer sind dann vor-
bei. 12 „Ich tröste dich!“, sagt Gott. „Was denkst du,
wer du bist, dass du dich vor Menschen fürchtest?
Jeder Mensch muss irgendwann sterben, er vergam-
melt wie Gras. 13 Vergiss mich niemals! Ich bin Gott,
der dich gemacht hat! Ich habe auch das Universum
geschaffen und den Planeten Erde mittendrin. Du
brauchst keine Panik vor irgendeinem aggressiven
Typen zu haben, der die ganze Zeit hinter dir her ist.
Er zielt mit seiner Kanone, um dich wegzupusten,
aber was kann er dir wirklich anhaben? 14 Es dauert
nicht mehr lange, dann werden die Gefangenen frei-
gelassen. Sie sollen nicht in der Haft verhungern.
Sie sollen nicht sterben. 15 Ich bin Gott, ich bin der
Chef! Ich sorge dafür, dass sich die Wellen bewegen,
ich sorge für den Wind auf dem Meer. Man nennt
mich auch Gott, der Oberchef! 16 Ich habe meine
Worte in deinen Mund gelegt! Ich bin immer ganz
nahe bei dir, ich beschütze dich, ich halte meine
Hand über dir. Ich habe den Himmel wie ein riesen-
großes Zelt über dir aufgebaut, und die Erde soll
dein Boden und dein Fundament sein. Zu den Leu-
ten, die in Zion wohnen, habe ich gesagt: ‚Ihr gehört
zu mir!‘“

Jerusalem muss nicht mehr leiden

17 Jetzt komm in die Puschen, Jerusalem! Steh auf!
Gott hat dich spüren lassen, dass er voll sauer auf
dich war. Du hast seine Wut ausgehalten, du warst
kurz vor dem Ende, du hast dir das ganze Pro-
gramm voll gegeben. 18 Keines von den Kindern, die
du großgezogen hast, war da und hat dir geholfen.
Keiner von denen, die in deinen Häusern erwachsen
geworden sind, hat dich unterstützt. 19 Du wurdest
zweimal hart getroffen, aber keiner war da, der dich
bemitleidet hat. Krieg, Zerstörung, Zusammenbruch
und Hunger haben dich getroffen, aber keiner war
da, um dich zu trösten. 20 Deine Kinder sind ohn-
mächtig auf den Straßen zusammengebrochen.
Überall lagen sie rum, so wie tote Hasen, die in die
Falle gegangen sind. Gott war sauer, und das haben
alle zu spüren bekommen. 21 Jetzt hör mal zu! Du
bist echt ins Wanken geraten, aber nicht, weil du zu
viel Alk getankt hast. 22 Gott, dein Gott, der dich
verteidigt, sagt Folgendes zu dir: „Ich nehme dir das
jetzt ab! Ich nehme dir das jetzt ab, damit du nicht
länger leiden musst! Ich war sauer auf dich, aber du
musst die Konsequenzen nicht länger ertragen.
23 Stattdessen werde ich dafür sorgen, dass die
Männer, die dich kaputt gemacht haben, bald unter
deiner Kontrolle stehen. Das waren ja Leute, die zu
euch gesagt haben: ‚Auf den Boden, wir wollen auf
euch drauftreten, wir wollen über euch drüberge-
hen.‘ Dann musstest du dich vor denen platt auf
den Boden legen, und sie sind einfach über dich
drübergetrampelt.“

52

Jerusalems Zukunft

1 Komm hoch, Jerusalem, komm hoch!
Zieh dir deine besten Klamotten an, du
bist eine ganz besondere Stadt, du bist heilig! Ab
sofort soll keiner mehr in dir leben, der dreckig und
unrein ist. 2 Geh duschen, wasch den ganzen Dreck
von dir ab. Steh auf und setz dich wieder hin. Be-
freie dich von den Handschellen, du bist keine
Gefangene mehr! 3 Gott sagt zu dir: „Du wurdest
verkauft, ohne Geld dafür zu bekommen. Und jetzt
sollst du auch freikommen, ohne dass man was
dafür bezahlen muss. 4 Am Anfang mussten meine
Leute in Ägypten als Gastarbeiter leben. Später, als
sie wieder in ihrem eigenen Land waren, kamen die
Assyrer und haben sie fertiggemacht. 5 Aber was ist
denn hier jetzt passiert? Man hat sie abgeführt wie
Schwerverbrecher! Die Männer, die sie besiegt
haben, machen einen auf dicke Hose, sie verar-
schen mich, sie lachen mich aus, den ganzen Tag
lästern sie über mich. 6 Darum werden meine Leute
noch mal sehen, was ich draufhabe. An einem ganz
bestimmten Tag werden es alle merken, wenn ich
sage: ‚Hallo, hier bin ich!‘“

Gott kommt mit seinen Leuten wieder zurück

7 Wie gut kommt es, wenn man schon von weitem
den Briefträger sieht, der gute Nachrichten bringt.
Der Typ kommt und sagt zu Zion: „Dein Gott ist der
Chef, er ist der Chef über die ganze Welt!“ 8 Hört
her! Die Securityleute, die auf die Stadt aufpassen,
fangen vor Freude an, voll laut zu schreien. Denn
sie können mit ihren eigenen Augen sehen, wie
Gott auf den Berg Zion zurückkommt. 9 Fangt an zu
brüllen, freut euch! Die kaputte Stadt Jerusalem soll
abgehen vor Freude, denn Gott hat seine Leute lieb,
er tröstet sie, und er befreit Jerusalem. 10 Er zeigt,
was er draufhat, er lässt seine Muskeln spielen vor
den Augen aller Menschen. Jeder bekommt mit,
wie unser Gott uns rettet. 11 Haut ab, haut ab! Ver-
schwindet von da und rührt nichts von den Sachen
an, die für Gott nicht okay sind. Haut ab, lasst das
Ganze radikal hinter euch. Macht euch sauber von
allem, besonders die Leute, die die Geräte aus dem
Tempel tragen. 12 Denn diesmal müsst ihr nicht

panisch eure Sachen packen und fliehen, weil Gott höchstpersönlich vor euch hergeht. Er wird auch hinter euch hergehen und euch beschützen.

Der Mitarbeiter von Gott

13 Gott sagt: „Pass auf, mein Mitarbeiter wird cool drauf sein, er wird immer mit Köpfchen handeln. Er wird ganz oben sein, alle werden Respekt vor ihm haben, er steht über allem. 14 Viele fanden ihn total schrecklich, weil er so gruselig aussah. Er sah so gruselig aus wie ein Zombie, er war so potthässlich, dass man ihn eigentlich als Mensch gar nicht mehr erkennen konnte. 15 Außerdem werden viele Völker über ihn sehr erstaunt sein, viele Präsidenten kriegen den Mund nicht mehr zu, wenn sie ihn erleben. Denn sie werden von ihm Sachen hören, die man vorher noch nie ausgesprochen hat, sie werden Dinge sehen, die man vorher noch nie gesehen hat."

53

Der neue Held kommt von unten

1 Wer hat damals diese Nachricht wirklich geglaubt? Wer hat die Kraft von Gott wirklich live mitbekommen? 2 Der neue Held kam ganz von unten, wie eine kleine Pflanze wuchs er aus einem ausgetrockneten Boden raus. Er kam nicht heftig rüber, er sah nicht wie ein großer Held aus. Als wir ihn bemerkten, machte er keinen großen Eindruck auf uns, es war nicht so, dass wir ihn sofort supergeil gefunden hätten. 3 Die Menschen hatten überhaupt keinen Bock auf ihn und behandelten ihn wie den letzten Dreck. Er musste heftige Schmerzen kennenlernen. Es war so, dass wir ihn einfach ätzend fanden, wir hatten keinen Respekt vor ihm. 4 Aber er hat die Bestrafung für unsere Fehler übernommen. Wir dachten uns, dass er das verdient hat, dass das eine Bestrafung von Gott wäre und dass der ihn schlägt und runterdrückt. Dadurch ging es ihm auch echt dreckig. 5 Aber in Wahrheit musste er wegen unserem Mist so heftig leiden. Weil wir Dinge tun, die Gott uncool findet, wurde er fertiggemacht. Er übernahm die Strafe für uns, damit wir frei werden. Durch seine Schmerzen und Verletzungen kam bei uns alles wieder in Ordnung. 6 Wir waren total durcheinander, wir hatten uns alle verlaufen, so als wären wir in einer fremden Stadt ohne Stadtplan. Jeder hat getan, was er gerade für richtig hielt. Trotzdem hat Gott ihn für unseren ganzen Mist bluten lassen. 7 Er wurde geschlagen, aber er hat alles mit sich machen lassen und sich nicht beschwert. Es war fast so wie bei einem kleinen Schaf, was man zum Metzger bringt, damit es dort getötet und geschlachtet wird. Oder es war wie bei so einem Schaf, das sich ohne zu blöken die Wolle abrasieren lässt. Er hat einfach nichts gesagt. 8 Der Knast und die Gerichtsverhandlung haben ihm den Rest gegeben, aber kein Schwein hat sich dadrum gekümmert. Man hat ihn aus dem Leben rausgekickt, er wurde zum Tod verurteilt, wegen der Verbrechen, die eigentlich seine Leute gemacht hatten. 9 Sein Grab war in der Ecke vom Friedhof, wo nur Verbrecher wie Geldhaie und andere Abzocker liegen. Denn er hatte nichts ausgefressen, er hatte noch nicht mal gelogen oder so was. 10 Trotzdem wollte Gott das so. Er wollte, dass er kaputt gemacht wird, und er hat ihn leiden lassen. Weil er sein eigenes Leben einsetzt für den Mist, den andere gebaut haben, wird er wieder lebendig werden. Sein Leben wird verlängert, und er wird noch mit seinen Kindern und Enkelkindern spielen können. Alles, was Gott will, wird dann durch ihn passieren. 11 Weil er so derbe gelitten hat, wird sehr viel Gutes daraus entstehen. Er wird wieder nach oben kommen und satt werden. Er hat kapiert, worum es geht. Dieser korrekte Typ, der Mitarbeiter von Gott, wird vielen helfen, gut draufzukommen. Er wird die Strafe abbekommen für den Mist, den andere gemacht haben. Er macht alles wieder gut. 12 Darum will ich, dass er einer von den ganz Großen wird. Er wird sich mit den Mächtigen dieser Welt die Beute teilen. Weil er komplett tot war und weil er sich wie ein Schwerverbrecher behandeln ließ, wird das so sein. Er ließ sich für die Verbrechen der Leute bestrafen. Er hat sich für die, die Mist bauen, eingesetzt.

54

Im neuen Zion wird alles gut

1 Gott sagt: „Die Frau, die keine Kinder kriegen konnte, wurde deswegen von ihrem Mann verlassen, aber jetzt kann sie schon mal feiern. Denn diese Frau wird total viele Kinder kriegen! Es werden mehr sein als die Kinder von den Frauen, die verheiratet sind. 2 Denke groß, ‚think big'! Wenn du planst, ein Haus zu bauen, dann plane es jetzt doppelt so groß, als du es ursprünglich haben wolltest. Sei nicht geizig, mach fette Pläne, verdopple die Zahlen und mach das Ganze hieb- und stichfest. Verlängere die geplanten Maße von deinem Haus und lass ein extra festes Fundament gießen." 3 Denn du wirst dich nach Süden und nach Norden ausbreiten. Deine Kinder

werden ganze Nationen einnehmen, sie werden
Städte besiedeln, die total kaputt und zerfallen
sind. 4 Du brauchst keinen Schiss zu haben! Dir
wird nichts passieren! Dir braucht auch nichts
mehr peinlich zu sein. Der ganze Müll, den du in
deiner Jugend gemacht hast, ist dann vergessen.
Und auch, dass du keinen Mann gefunden hast, ist
dann egal. 5 Du wirst nämlich mit Gott verheiratet
sein, der Chef von allem wird dein Ehemann. Gott
ist der Typ, der dich raushaut, er befreit dich, er, der
ganz besondere Gott, dem die ganze Erde gehört.
6 Du bist wie eine Ehefrau, die von ihrem Mann
verlassen wurde, was ja total übel für eine Frau ist.
Aber Gott hat dich gerufen, er hat aus dir seine
große Jugendliebe gemacht. Das hier kommt jetzt
von Gott. 7 „Ich war mal für einen kurzen Moment
weg", sagt er. „Aber weil ich total in dich verknallt
bin, werde ich dich wieder nach Hause holen. 8 Als
ich anfing, wütend zu sein wegen dem ganzen
Mist, den du gebaut hast, hab ich mich ganz kurz
von dir weggedreht. Aber weil ich schon immer
ganz besonders in dich verknallt war, werde ich
alles wiedergutmachen. Das sagt dir Gott, der dich
da rausholt, der dich befreit. 9 So wie damals bei
Noah. Da hatte ich ganz fest versprochen, dass es
nie wieder so eine heftige Flut geben soll, bei der
die ganze Erde unter Wasser steht. Genauso hab
ich dir jetzt versprochen, dass ich nie mehr super-
sauer auf dich sein werde. Ich werde nie mehr
sagen, dass ich dich total kaputt mache. 10 Selbst
wenn Berge plötzlich verschwinden würden oder
Hügel anfangen zu wackeln, würde meine Liebe zu
dir sich nie ändern. Den Friedensvertrag, den ich
mit dir schließe, werde ich nie brechen. Das sagt
Gott, der dich sehr liebt."

Gott sorgt dafür, dass Jerusalem nicht mehr besiegt werden kann

11 „Hey, du arme Stadt Jerusalem! Du bist echt
gequält worden, man hat dir hart zugesetzt, und
keiner hat dich getröstet. Pass auf, ich werde dir ein
neues Fundament organisieren, eins aus Stahlbe-
ton. Deine Mauern werden mit Granitsteinen ver-
stärkt, die keiner kaputt machen kann. 12 Die Be-
schläge oben auf der Mauer werde ich aus Rubinen
basteln, deine Stadttore aus Edelstahl herstellen,
und deine Mauern werden mit Edelsteinen beklebt.
13 Alle Kinder, die bei dir wohnen, werden bei mir in
die Schule gehen. Sie werden groß und stark, und
sie werden keine Kriege erleben. 14 Weil alles korrekt
und gottmäßig bei dir zugeht, wird man dir so
schnell nichts anhaben können. Du wirst keinen
Ärger bekommen, und du brauchst auch keine
Angst zu haben, weil sich kein Feind in deine Nähe
traut. 15 Wenn dich jemand angreift, dann kam die
Idee dazu nicht von mir. Darum werden alle, die
dich kaputt machen wollen, selbst kaputtgehen.
16 Der Typ, der in der Waffenfabrik die Maschine
bedient, um Gewehre herzustellen, ist genauso von
mir gemacht worden wie der Soldat, der mit dem
Teil dann Menschen erschießt. 17 Aber es wird keine
Waffen geben, die dich besiegen könnten. Und jede
Aussage, die vor einem Gericht gegen dich gemacht
wird, kann von dir ganz leicht entkräftet werden.
Das ist eine Garantie von mir an meine Leute. Dass
sie korrekt und gut dastehen, das hab ich organi-
siert." Das kam jetzt alles von Gott.

55

Gott macht allen ein Angebot

1 Gott sagt zu euch: „An alle, die richtig
Durst haben: Kommt her, hier gibt es fett
zu trinken! An alle, die pleite sind: Kommt her und
holt euch was zu essen, für lau! Es ist alles kosten-
los: Von Bier und Cola bis hin zu Milch! Langt zu!
2 Warum drückt ihr Kohle für so eine Art von Essen
ab, das gar keine richtige Nahrung ist? Warum gebt
ihr euer Geld für Dinge aus, die nicht wirklich satt
machen? Hört auf mich! Esst hier von diesen lecke-
ren Sachen, dann wird es euch immer gutgehen.
3 Jetzt hört mir doch mal zu! Macht, was ich euch
sage, und ihr werdet gut draufkommen, ihr werdet
leben! Ich biete euch einen Vertrag, der für immer
gelten soll. Dieser Vertrag ist auf der Grundlage von
den Versprechen gemacht, die ich der Familie von
David immer wieder gegeben habe. 4 Ich hatte ihn
eingesetzt, damit er der ganzen Welt klarmacht,
dass Gott der Chef ist, der die absolute Macht über
alle Menschen hat. 5 Du wirst zu anderen Völkern
reden, die du überhaupt nicht kennst. Und Men-
schen aus anderen Völkern, die dich nicht kennen,
werden zu dir rennen und bei dir mitmachen. Das
passiert wegen mir und wegen meinem besonderen
Typen, dem Mitarbeiter Gottes, den ich zum großen
Helden gemacht hab."

Kann Gott sein Versprechen halten?

6 Verbringt Zeit mit Gott, solange er noch da ist!
Redet mit ihm, solange er noch in der Nähe ist.
7 Wenn jemand ohne Gott gelebt hat, dann soll er
damit aufhören. Wenn jemand link drauf war, dann
ist jetzt die Chance, sein Leben zu ändern. Komm

wieder zu Gott! Wenn du das tust, wird er liebevoll mit dir umgehen. Komm wieder zu Gott, weil er selbst den größten Mist immer wieder vergeben wird. 8 Gott sagt: „Meine Gedanken, Ideen und Vorstellungen sind in einer anderen Dimension als eure Vorstellungen. Die Sachen, die ich tun kann, laufen auf einer anderen Ebene ab als die Sachen, die ihr tut. 9 Genauso, wie das Weltall viel größer als die Erde ist, genauso sind auch die Dimensionen, in denen ich denke, viel größer als bei euch. Meine Gedanken sprengen eure Vorstellungen. 10 Wenn Regen vom Himmel fällt, fliegt er nicht wieder dorthin zurück. Er fällt auf die Erde und bewässert sie. Dadurch kriegen Pflanzen Wasser, sie fangen an zu wachsen und zu blühen, bis sie Früchte tragen, die ein Bauer ernten kann. Und daraus macht man dann Brötchen fürs Frühstück. 11 Genau das Gleiche passiert auch mit den Worten, die ich spreche. Nichts von dem, was ich sage, wird einfach so zurückkommen, ohne dass damit etwas passiert ist. Es wird genau das bewirken, was ich will. Es wird dafür sorgen, dass das passiert, was ich vorhabe."

Die Menschen freuen sich, weil sie endlich frei sind

12 Gott sagt außerdem: „Ihr werdet euch voll freuen, weil ihr endlich frei seid und jemand dafür sorgt, dass es euch supergut geht. Sogar die Berge und Hügel werden sich mit euch freuen, wenn sie das sehen. Und auch die Bäume stehen in der Westkurve, machen eine La Ola und klatschen Beifall. 13 Anstatt stachligen Büschen werden überall Johannisbeeren wachsen, und anstatt Brennnesseln gibt es Erdbeeren." Das soll passieren, damit Gott am Ende groß rauskommt, es soll ein Zeichen sein, an das man sich noch ewig erinnern wird. Keiner wird dieses Denkmal zerstören können, das er sich damit baut.

56

Was später alles noch passieren wird

1 Gott sagt: „Lebt korrekt, haltet euch an meine Gesetze! Bald ist es so weit, dass ich alles gutmachen werde, bald wissen alle, dass ich wirklich gut bin. 2 Die Menschen, die nach meinen Regeln leben, haben echt Glück gehabt! Wer sich dadran hält, wer Respekt vor dem Sonntag hat, wer diesen Tag nicht in den Dreck zieht, wer seine Finger von ätzenden Sachen lässt und wer keine fiesen Dinger dreht, der wird echt glücklich sein! 3 Ausländer, die gläubig geworden sind, brauchen nicht zu sagen: ‚Gott wird mich bestimmt bald aus seiner Truppe rausschmeißen!' Auch der Typ, dem man seine Hoden abgeschnitten hat, braucht nicht zu sagen: ‚Ich bin wie ein Nussbaum ohne Nüsse!' 4 Denn ich, Gott, sage: Wenn jemand, dem die Hoden abgeschnitten wurden, respektvoll mit meinem besonderen Tag, dem Sonntag, umgeht und wenn er meine Gesetze ernst nimmt, 5 dann kriegt er auch ein Denkmal in meinem Haus, auf dem sein Name eingraviert ist. Das ist dann mehr wert, als Kinder zu bekommen. Er bekommt einen eigenen Namen, an den man sich immer erinnern wird, niemand kann den löschen. 6 Auch für die Ausländer gilt das. Wenn die sich meinen Leuten anschließen, wenn sie tun, was ich sage, und mich lieben, wenn sie Respekt vor dem Sonntag haben, das tun, was in den Gesetzen steht, und wenn sie sich an die Verträge halten, die ich mit meinen Leuten gemacht habe, 7 dann dürfen auch sie auf den ganz besonderen, heiligen Berg kommen. Dort können sie genauso ihre Abfackelopfer und Dankopfer auf dem Opfertisch, dem Altar, durchziehen. Mein Haus wird bekannt dafür sein, dass dort alle Leute beten können, egal, wo sie herkommen und was für eine Nationalität sie haben." 8 Das kommt jetzt von Gott, der seine Leute wieder zusammenbringt, die vorher in allen Ecken der Erde verstreut gelebt haben. Er sagt: „Ich werde dafür sorgen, dass zu den Leuten, die sich jetzt versammelt haben, noch viel mehr dazukommen."

Wer nicht mit Gott lebt, wird sich nie wirklich entspannen können

9 Gott sagt: „An alle Nationen: Los, fallt über meine Leute her, fallt über sie her wie ein Hund über ein saftiges Kotelett! 10 Ihre Politiker sind alle blind. Die kapieren einfach nichts. Sie sind wie Wachhunde, die nicht bellen können. Die dösen immer nur rum, pennen die ganze Zeit und merken gar nichts mehr. 11 Auf der anderen Seite sind sie aber voll gierig und können den Hals nicht voll kriegen. Ganz tolle Führungskräfte, wirklich ... Die können schlichtweg gar nichts. Sie denken nur an sich, wollen nur das Beste für sich rausschlagen, und da gibt es auch leider keine Ausnahmen. 12 ‚Los, lasst uns 'ne Kiste Sekt kaufen!', sagen sie. ‚Organisiert noch jemand ein paar Flaschen Schampus? Wir machen heute Party, wie eigentlich jeden Tag. Morgen hauen wir auch richtig auf die Kacke! Wir saufen alles leer!'"

57

Wie Leute abgehen, die ohne Gott leben

1 Gott sagt: „Wenn jemand stirbt, der kor-
rekt gelebt hat, dann kräht nach kurzer
Zeit kein Hahn mehr nach ihm. Und Männer, die
immer treu waren, sterben, ohne dass sie irgend-
jemand mal gelobt hat. Der Typ, der immer korrekt
war, stirbt sogar vor demjenigen, der nur link unter-
wegs ist. 2 Er stirbt und ist dann für immer ent-
spannt, er hat Frieden. Er liegt in seinem Grab und
ruht sich aus. 3 Ihr aber, die ihr zu Plastikgöttern
gebetet habt, kommt alle mal her! Ihr seid wie die
Kinder von einem Typen, der mit einer Nutte fremd-
gegangen ist. 4 Über wen macht ihr gerade Witze?
Über wen reißt ihr das Maul auf? Wem zeigt ihr
gerade den Stinkefinger? Ihr kommt doch aus einer
Verbrecherfamilie! Ihr seid das Ergebnis von einer
Lüge! 5 Ihr seid so scharf auf eure Plastikgötter,
ständig denkt ihr nur an die, sogar wenn ihr nur bei
irgendeinem großen Baum vorbeikommt. Und das,
obwohl sogar Kinder in irgendwelchen dunklen
Ecken für die als Menschenopfer geschlachtet
werden! 6 Sogar die dummen Betonplatten vom
Gehweg bekommen von euch ein Essens- und
Trinkopfer, ganz toll. Soll ich mir das noch länger
ansehen, ohne was zu unternehmen? 7 Oben auf
einem hohen Berg hast du ein Picknick gemacht
und dann gleich die Gelegenheit genutzt, um dort
auch noch ein Opfer abzufackeln. 8 An die Türen
hängst du irgendwelche Traumfänger und schnitzt
dir ein paar magische Zeichen in die Türrahmen.
Das ist für mich der Beweis, dass du keinen Bock
mehr auf mich hast. Stattdessen gehst du mit Plas-
tikgöttern fremd und machst mit denen rum. Du
gehst mit denen ins Bett und vögelst die. Du liebst
es, sie nackt zu sehen. 9 Zum Plastikgott Melech
bist du gegangen, um dort ein paar von den teuren
Parfüms und Salben an ihn zu verschenken. Du
organisierst dir sogar Hexen, die mit Menschen
reden sollen, die schon lange tot sind! 10 Du hast
schon viel ausprobiert, bist langsam müde und
kaputt, trotzdem kapierst du nicht, dass es das
alles nicht bringt. Irgendwie hast du dich immer
wieder gepuscht, darum hast du bis jetzt noch
nicht schlappgemacht. 11 Vor wem hast du denn so
einen Schiss, dass du gelogen hast? Vor wem hat-
test du so eine Angst, dass du mich ganz vergessen
hast, dass ich dir egal war? Hast du nicht mitbe-
kommen, dass ich die ganze Zeit geschwiegen und
mir die Augen zugehalten habe? Aber anscheinend
hast du vor mir sowieso keinen Respekt mehr. 12 Ich
werde offenlegen, wie es mit deiner Korrektheit so
steht. Und deine ganzen Aktionen werden dir eh
nichts nützen. 13 Wenn es dir schlechtgeht und du
laut ‚Hilfe' schreist, können ja deine Plastikgötter
mal angerannt kommen und dir helfen. Die Lu-
schen kann man ja mit einem Atemzug wegpusten.
Aber wer sich von mir beschützen lässt, der wird
das Land geschenkt bekommen. Ihm gehört dann
mein ganz besonderer Berg."

Gott hilft den Kaputten

14 Gott sagt weiter: „Platz da! Alle aus dem Weg!
Schafft alle Hindernisse weg, baut eine Straße!"
15 Der gigantische Gott, der von ganz oben kommt,
der schon immer da war und den man auch „den
ganz besonders abgefahrenen und total krassen
Gott" nennt, sagt: „Ich komme aus einer anderen
Dimension. Wo ich wohne, ist es ganz anders, dort
ist es heilig. Aber ich bin auch den Leuten ganz
nahe, die kaputt sind und Depressionen haben, weil
ich sie erfrischen und aufbauen möchte. Ich will sie
wieder gut draufbringen. 16 Ich werde euch nicht
immer weiter verklagen, ich werde nicht für immer
sauer auf euch sein. Denn wenn ich das machen
würde, würden meine fertigen und kaputten Leute
bald sterben, und das will ich nicht, schließlich hab
ich die ja mal gemacht. 17 Weil sie den Hals nicht
voll gekriegt haben und immer mehr wollten, bin
ich sauer geworden. Ich hab sie bestraft in der
Form, dass ich einfach nicht mehr da war. Sie hat-
ten sich in ihren Gedanken total von mir entfernt.
18 Ich habe ihr Leben gesehen, und ich hab vor, alles
wiedergutzumachen. Ich werde sie führen, und ich
werde die Leute bei ihnen, die total gefrustet sind,
alle trösten. 19 Als Ergebnis davon werden sie wieder
Lieder singen. Egal, ob sie gerade hier sind oder
weit weg, alle werden entspannt sein, sie haben
Frieden. Dafür sorge ich, sagt Gott, der Chef. Ich
werde alles wiedergutmachen. 20 Die Leute, die
ohne Gott leben, sind wie ein Meer mit heftigen
Wellen. Es kann nicht ruhig sein, es ist immer in
Bewegung. In seinem Wasser schwimmt überall
Müll. 21 Die Menschen, die ohne Gott leben, werden
sich nie wirklich entspannen können, sie haben kei-
nen Frieden."

58

Ein Gottesdienst, der es bringt

1 Gott sagte zu mir: „Schrei, so laut du
kannst, volles Rohr! Sag meinen Leuten in
der Lautstärke, mit der ein Feuermelder losgeht, wo
sie Mist gebaut haben! 2 Jeden Tag wollen sie von

mir wissen, wie und warum ich sie so und so geführt habe. Sie tun so, als hätten sie immer korrekt gelebt und alles getan, was ihr Gott gut findet. Und aus der Position heraus glauben sie, Forderungen an mich stellen zu können? Sie wollen, dass ich faire Entscheidungen treffe, und finden es ganz toll, in meine Nähe zu kommen. 3 Dann kommen so Sprüche wie: ‚Hey, Gott, wir verzichten hier für dich auf Essen, beten wie die Weltmeister, und du merkst es noch nicht mal?' Meine Antwort ist: An den Tagen wo ihr eigentlich auf Dinge verzichten und nur beten sollt, habt ihr stattdessen irgendwelche fetten Deals abgezogen, und eure Angestellten mussten Überstunden schieben. 4 Obwohl ihr eigentlich krass beten wolltet, zofft ihr euch die ganze Zeit, ihr schlagt euch gegenseitig brutal in die Fresse. So, wie ihr diese Gebetszeiten macht, werde ich garantiert nicht auf euch hören. 5 Glaubt ihr echt, ich steh auf solche Aktionen? Meint ihr, das beeindruckt mich, wenn ihr auf Essen und Trinken verzichtet und dabei depressiv in der Ecke rumhängt und euch gammelige Klamotten anzieht? Bezeichnet ihr das als eine radikale Art zu beten, die ich geil finde? 6 Ich sag euch mal, auf was für eine Art von Beten ich stehe: zum Beispiel Leuten aus ihren Süchten und Abhängigkeiten rauszuhelfen, in denen sie festsitzen, weil sie ohne mich leben. Die Eisenketten, mit denen sie gefangen gehalten werden, einfach mal durchzusägen, oder die Handschellen aufzuschließen, mit denen sie gefesselt wurden, um sie zu befreien. 7 Sieht eine coole Art zu beten nicht auch so aus, dass man Leute, die nichts zu beißen haben, mal zum Mittagessen einlädt? Dass man Obdachlosen ein Zimmer organisiert? Dass man mit jemandem, der keine anständigen Klamotten hat, mal shoppen geht? Dass man seiner eigenen Familie hilft, wenn sie Hilfe braucht, und nicht einfach abhaut?" 8 Wenn du so draufkommst, wirst du glücklich werden. Du wirst strahlen wie die Sonne, wenn sie morgens aufgeht. Du wirst schnell gesund werden, und jeder wird sofort davon hören, wie korrekt du lebst. Gottes krasse Art wird wie ein Schutzschirm immer bei dir sein, und er wird dir auch den Rücken freihalten. 9 Wenn du dann eine Frage an Gott hast, wird er dir sofort antworten. Wenn du ein Problem hast und ihn um Hilfe bittest, wird er sagen: „Ich bin schon da!" Wenn du damit aufhörst, andere fertigzumachen, über andere abzulästern oder sie zu verarschen, 10 wenn du Menschen, die nichts zu essen haben, auf einen Döner einlädst und frustrierten, depressiven Menschen einfach mal zuhörst, dann wird alles, was bei dir vorher düster und schwarz war, plötzlich hell werden. Es wird so hell werden wie die Mittagssonne. 11 Gott sagt: „Ich, dein Gott, werde dich immer führen. Ich werde dafür sorgen, dass du genug zu essen hast, auch wenn es da, wo du bist, gerade nichts zu essen geben sollte. Ich werde dir Kraft geben. Dann wirst du so sein wie ein Garten, der immer gut bewässert wurde. Du wirst sein wie eine Wasserquelle, die niemals austrocknet. 12 Dinge, die schon vor Ewigkeiten kaputt gemacht wurden, werden von dir wieder aufgebaut. Aus dem, was Leute vor dir gebaut haben, wirst du etwas Neues entstehen lassen. Man wird dich auch so nennen: ‚Ein Maurer, der Löcher wieder zuspachtelt' oder ‚ein Bauarbeiter, der Straßen wieder fit macht' oder ‚ein Maler, der die Wohnung wieder renoviert'. 13 Habt unbedingt Respekt vor dem Sonntag! Wenn du an dem Tag nicht arbeitest und auch keine Deals abziehst, wenn du diesen Tag als den Tag von Gott liebst, wenn du in der Zeit nicht zur Arbeit gehst und auch nicht dumm rumlaberst, 14 dann werde ich dich immer gut draufbringen! Ich werde dafür sorgen, dass du über den Problemen stehst. Du wirst dich gut von dem Land ernähren können, das du ja von deinem Uropa Jakob geerbt hast." Das kam jetzt von Gott höchstpersönlich.

59

Der Prophet sagt: Ihr baut alle Mist!

1 Glaubt ihr echt, Gott hat nicht die Möglichkeiten, euch zu helfen? Glaubt ihr echt, Gott sitzt auf seinen Ohren und kann euch nicht hören? 2 Nein, der Grund, warum er weg ist, liegt in dem ganzen Mist, den ihr gebaut habt! Das steht zwischen euch wie eine große Betonwand Weil ihr so viel Mist gebaut habt, musste er sich von euch verabschieden, darum hört er euch nicht. 3 An euren Händen klebt Blut, mit euren Fingern habt ihr in der Scheiße gewühlt und Sachen getan, die Gott nicht wollte. Mit eurem Mund habt ihr Schwachsinn verbreitet, Lügen ohne Ende kommen dort raus. 4 Sogar bei einer Gerichtsverhandlung seid ihr nicht ehrlich, da ist keiner, der die Wahrheit sagt. Ganz im Gegenteil: Bei euch läuft es so ab, dass man bei der Verhandlung falsche Beweise vorlegt. Man stellt falsche Behauptungen auf, und am Ende kommen dabei nur neue Probleme bei raus, die alles kaputtmachen. 5 Es ist fast so, als würdet ihr faule Eier ausbrüten, wo bald gefährliche Gift-

schlangen rauskommen. Wer eins von den Eiern
isst, muss sterben, und wenn man eins davon aus
Versehen kaputt macht, kommt eine Giftschlange
raus und beißt einen. Oder es ist so wie bei einer
Riesenspinne, die ein Netz webt. 6 Aus ihren Fäden
kann man keinen Schal stricken, man kann sich
damit auch keine Decke machen oder so. In ihrem
Netz verfangen sich Leute und sterben. So eine
Spinne bringt Leute um. 7 Diese Menschen werden
von miesen Sachen wie ein Magnet angezogen,
und sie wollen unbedingt Leute töten, die unschul-
dig sind. Was sie im Kopf haben, ist nur gemein.
Sie wollen alles kaputt machen und zerstören, egal,
wo sie gerade sind. 8 Wie es ist, einfach entspannt
zu sein, wissen sie nicht. Alles, was sie bringen, ist
unkorrekt. Alles, was sie planen, ist daneben, ihre
Pläne sind total uncool. Jeder, der dort mitmacht,
wird nie richtig glücklich.

Die Leute geben zu, dass sie Mist gebaut haben

9 Das ist der Grund, warum wir so ungerecht
behandelt werden, darum geht alles so unkorrekt
mit uns ab. Wir hatten gehofft, es wird alles besser,
aber stattdessen geht es weiter den Bach runter.
Wir hatten gehofft, es wird langsam hell, aber es
wird immer dunkler. 10 Wir laufen rum, als wären
wir blind, wir tasten uns an der Wand entlang.
Selbst mittags fallen wir auf die Fresse, als würde
es gerade dunkel werden und wir hätten den Weg
nicht gesehen. Obwohl wir eigentlich top drauf
sein müssten, hat man das Gefühl, wir sind schein-
tot. 11 Wir kläffen wie Hunde und quaken wie Enten.
Wir hoffen dadrauf, dass alles korrekt zugeht, aber
irgendwie ist da keine Gerechtigkeit, die ist mei-
lenweit entfernt. 12 Wir haben ohne Ende Mist ge-
macht, wir haben echt viel zwischen uns und dich,
unseren Gott, gebracht. Dabei wissen wir genau,
wo wir wieder Mist gebaut haben, wir kennen
unsere Fehler. 13 Wir waren dir untreu, Gott. Wir
haben so getan, als würden wir dich nicht kennen.
Wir haben mit Worten unsere Mitmenschen fertig-
gemacht. Wir wollten nichts mehr mit dir zu tun
haben. Wir sind total falsch und lügen nur rum.
14 Auf diese Art werden die Gesetze umgangen. Ge-
rechtigkeit gibt es nicht mehr. Die Wahrheit wird
abgeschafft, in der City hat man sich davon verab-
schiedet. Die Menschen sind nicht mehr gerade
und straight, sondern schräge drauf. 15 Darum kann
man sich auf nichts mehr verlassen. Und selbst wer
es schafft, den unkorrekten Leuten aus dem Weg zu
gehen, wird hintenrum irgendwie abgezockt. Gott
hat das gesehen, und er fand es absolut daneben,
dass es keine Gerechtigkeit mehr gab und dass nie-
mand mehr korrekt lebte. 16 Er bemerkte, dass es
keinen mehr gab, der Bock auf Beten hatte. Darum
griff er ein und handelte. Er wollte seinen guten
Willen einfach durchsetzen. 17 Gott war mit allem,
was ihn ausmacht, superkorrekt, und diese Gerech-
tigkeit zog er an, wie eine schusssichere Weste.
Dann setzte er sich einen Helm auf, der ein Symbol
dafür war, dass er die Menschen rettet. Und dann
zog er einen Mantel an. Das ist ein Zeichen, dass
er volles Rohr dafür kämpfen wollte, dass alle, die
Mist bauen, bestraft werden. 18 Jeder wird sein Ge-
richtsurteil bekommen, alles wird abgecheckt in
seinem Leben, wie er drauf war und was er getan
hat. Die Leute, die gegen ihn waren, bekommen
seine Wut zu spüren, seine Feinde kriegen eins auf
die Ohren, egal, wo sie herkommen. 19 Dann wer-
den sie überall, vom Osten bis zum Westen, Res-
pekt vor dem gigantischen Gott haben. Er kommt
dann nämlich wie ein heftiger Fluss, der total heftig
und powervoll ist, weil Gott auf ihn pustet. 20 Für
seine Leute auf dem Zionsberg wird er als derjenige
kommen, der sie aus dem Dreck rausholt. Für alle
Leute aus dem Volk Israel wird das gelten: Jeder,
der zu ihm kommt, wird gerettet! 21 Gott sagt: „Ich
werde einen Vertrag mit ihnen abschließen. Ich ver-
spreche ihnen Folgendes: Ich werde meine Kraft,
meinen Geist, den du von mir bekommen hast,
auch an die Leute geben, die nach dir leben. Du,
deine Familie und alle deine Nachkommen, ihr wer-
det weitergeben, was ich zu euch sage. Das wird
immer so sein, versprochen!“

60

In Zion wird es dann sehr genial

1 Gott sagt zu Zion: „Steh auf, komm in die
Hufe! Deine Zeit ist gekommen, du sollst
anfangen, wie Licht zu strahlen. Meine Kraft, meine
gigantische Art, ist wie eine Flutlichtanlage über dir
angemacht worden. 2 Überall auf der Erde ist es
stockdunkel. Die Menschen haben kein Licht, aber
über dir strahlt Gott wie ein fetter Halogenschein-
werfer, seine krasse Art kann man über dir leuchten
sehen. 3 Alle Menschen kommen zu deinem Licht,
alle Präsidenten wollen auch mal diese heftigen
Strahlen spüren, die über dir sind. Die leuchten wie
eine Sonne. 4 Schau dich mal um! Alle sind zu dir
gekommen! Deine Söhne kommen aus dem Aus-
land angefahren, und deine Töchter trägt man auf
den Armen zu dir. 5 Dann wirst du es sehen und

dich voll freuen. Dein Herz wird einen Luftsprung
machen vor Freude. Und du wirst dich innerlich
öffnen, weil die ganze Kohle von den Menschen,
die sogar auf der anderen Seite der Erde wohnen,
zu dir gebracht wird. 6 Ganze Lastzüge aus Midian
und Efa werden bei dir angekarrt. Menschen aus
Seba kommen auch vorbei. Sie bringen viel Geld
und wertvolle Räucherstäbchen mit, und sie werden
gut drauf sein und von den heftigen Sachen erzäh-
len, die Gott getan hat. 7 Alle Schafherden von der
Kedarsippe und auch die großen männlichen Scha-
fe von Nebajot werden für dich da sein. Sie werden
als ein Abfackelopfer auf den Opfertisch kommen,
weil ich mich darüber freue. Ich werde mein Haus,
den Tempel, richtig schön stylen, so dass er total
gut aussieht. 8 Was ist denn das da, was wie eine
Wolke hergeflogen kommt? Oder das, was wie ein
Schwarm von Tauben aussieht, die zu ihrem Tau-
benschlag fliegen? 9 Das sind Schiffe von anderen
Nationen, denn auf mich hoffen auch die Völker
vom anderen Ende der Erde. Ihre Schiffe kommen
aus Tarsis und bringen deine Kinder her. Dazu
haben sie viel Kohle an Bord, Gold und Silber, das
mir, deinem Chef, geschenkt werden soll. Ich bin
der ganz besondere Gott von Israel, und ich will
auch dich groß rausbringen. 10 Ausländer ziehen
deine Mauern wieder hoch, und ihre Präsidenten
werden dich bedienen. Weil ich voll sauer auf dich
war, hab ich dich geschlagen. Aber weil ich dich
auch sehr gernhab, habe ich dir wieder geholfen.
Ich liebe dich! 11 Deine Stadttore werden die ganze
Zeit offen stehen. 24 Stunden werden sie geöffnet
sein, damit dir die Menschen aus anderen Natio-
nen ihr Geld bringen können, die Präsidenten vor-
neweg. 12 Alle Länder, die keinen Bock haben, dir zu
dienen, werden kaputtgehen. Sie werden komplett
plattgemacht. 13 Die wunderschönen Bäume im
Libanongebirge werden alle zu dir gebracht, um
meinen besonders krassen Tempel zu schmücken.
14 Die Leute, die dich verarscht haben, werden dann
ganz klein bei dir ankommen. Sie werden sich vor
dir auf den Boden schmeißen, vor deine Füße. Und
sie werden dir diesen Namen geben: ‚die Stadt von
Gott, Zion, die Stadt vom ganz besonders krassen
Gott von Israel'. 15 Du wirst dann nicht mehr die
gehasste Stadt sein, auf die keiner Bock hat und
durch die niemand gehen will, sondern du bist
dann die gigantisch tolle Stadt, wo sich immer wie-
der Leute treffen und ihren Spaß haben. 16 Du wirst
behandelt werden wie Mamas Lieblingsbaby, die
Chefs von allen Nationen werden dir den besten
Babybrei anliefern. Und du wirst kapieren, dass ich,
dein Gott, auch dein Retter bin. Ich bin mächtig,
ich kann das, ich bin der starke Gott von Jakob, ich
hol dich immer aus dem Dreck, ich rette dich.
17 Statt Blech werde ich dir Gold bringen, statt Eisen
bring ich dir Silber. Statt billigen Spanplatten be-
kommst du Bronze, und anstatt Betonplatten be-
kommst du Eisen. Du brauchst kein Wachpersonal
mehr, weil ich dir Frieden garantiere, und deine
Chefs werden korrekt und fair regieren. 18 In deinem
Land wird es keine Verbrechen mehr geben, es wird
nichts mehr kaputt gemacht werden, nichts wird
mehr von deiner Schutzmauer weggesprengt. Diese
Mauer wird von allen ‚Die Rettung' genannt wer-
den, und deine Stadttore nennt man ‚Erfolg'. 19 Du
wirst dann nicht mehr die Sonne brauchen, damit
man bei dir tagsüber auch was sehen kann. Und
nachts brauchst du auch nicht mehr nur den Mond,
um die Straßen auszuleuchten. Ich selbst werde es
hell machen, ich werde das Licht sein, ich werde
mit meinem Strahlen die Stadt beleuchten. 20 Das
Licht wird nicht irgendwann ausgehen, so wie die
Sonne immer wieder untergeht. Und auch nachts
wird es weiter leuchten, nicht so wie der Mond, der
irgendwann verschwindet. Das passiert, weil ich für
immer und ewig das Licht sein werde. Der Frust
und deine Trauer werden dann für immer vorbei
sein. 21 Deine Leute werden alle cool unterwegs
sein, sie werden das tun, was ich von ihnen will.
Das Land wird ihnen gehören, für immer. Sie wer-
den wachsen, wie eine Pflanze wächst, die ich
selbst gepflanzt habe, damit alle sehen können,
was für eine coole Sache ich da gemacht habe.
22 Das Volk wird schnell wachsen, selbst der kleinste
Familienclan wird tausend Leute haben. Ich, Gott,
werde es machen, wenn die Zeit dafür reif ist, und
dann mach ich es ganz schnell."

61 Eine gute Nachricht über das, was in der Zukunft passiert

1 Die Kraft von Gott, sein Geist, hat bei mir
die Kontrolle übernommen. Das kommt daher, weil
Gott mich extra ausgesucht und für meinen Job ein-
gesetzt hat. Er hat mir den Auftrag gegeben, Men-
schen, die arm dran sind, eine gute Nachricht zu
erzählen. Ich soll die fertigen, depressiven und
kaputten Leute gesund machen. Ich soll bekannt-
machen, dass die Gefangenen jetzt befreit werden.
Den Leuten, die in irgendeinem Knast sitzen, soll
ich die Tür aufschließen und sie da rausholen. 2 Ich

soll bekanntmachen, dass Gott eine Zeit gestartet hat, wo er den Leuten seine Liebe ganz besonders heftig zeigen wird. Es wird aber auch einen Tag geben, an dem er sich an den Leuten rächt, die gegen ihn waren. Und er wird die Leute trösten, die depressiv und traurig sind.
3 Den Menschen aus Zion, die kaputt und traurig sind, wird er Frieden bringen. Anstatt dass sie sich Dreck auf den Kopf schütten, sollen sie ein cooles Baseballcap tragen. Anstatt dass sie depressiv in der Ecke hängen, sollen sie eine Party feiern und sich freuen. Sie sollen sich mit dem besonderen Öl klarmachen, damit sie in einen ganz besonderen Dienst eingesetzt werden können. Anstatt einer depressiven Einstellung sollen sie abgehen vor Freude! Man wird ihnen so Namen geben wie „Eichen, die voll korrekt sind" oder „Ein Garten von Gott, durch den er zeigt, wie krass er eigentlich ist".
4 Ihr werdet die uralten, zerstörten Städte wieder hochziehen, und das, was kaputt war, baut ihr wieder auf. Und ihr werdet die ausgestorbenen Städte mit Leben füllen. Häuser, wo schon ewig keiner mehr gewohnt hat, werdet ihr renovieren.
5 Ausländer werden kommen und für euch arbeiten, sie werden sich um eure Schafherden kümmern, sie werden euer Land beackern und euren Wein abernten.
6 Ihr werdet nur noch als Priester arbeiten, man nennt euch dann „Die Priester von Gott" oder „Gottes Mitarbeiter". Die Kohle von den anderen Nationen werdet ihr absahnen, und dann könnt ihr diese Kohle ohne Ende raushauen.
7 Weil ihr von euren Feinden doppelt hart einen reingewürgt bekommen habt, weil sie euch um euren Anteil abgezockt haben, werden sie in ihrem Land das Doppelte bezahlen müssen. Ihr werdet euch total freuen.
8 Gott sagt: „Ich liebe es nämlich, wenn alles korrekt zugeht, und ich hasse es, wenn jemand abgezockt wird, ich hasse Betrug. Ich werde euch auch in der Form ausbezahlen, dass ich immer bei euch bleiben werde. Wir werden einen Vertrag miteinander schließen, der ewig halten wird.
9 Eure Kinder werden voll berühmt werden, und alle auf der Welt werden von ihnen hören. Jeder, der eins von ihnen mal sieht, weiß sofort: Das ist ein Kind von Gott, das ist eines aus der Familie, mit der Gott ganz besonders krass am Start ist!"

Die Leute freuen sich

10 Yes, wir freuen uns richtig! Wir freuen uns über Gott! Aus meinem Innersten sprudelt nur Freude über meinen Gott raus! Er hat mich fit gemacht, er hat alles wiedergutgemacht! Er hat mich mit einer dicken Jacke eingewickelt, um mich zu schützen, er hat mir einen besonderen Pulli angezogen, der mich für ihn wieder korrekt gemacht hat. Wie ein Bräutigam, der ganz nach der Sitte der Priester einen Hut auf den Kopf hat, oder wie eine Braut, die sich mit ihrem Hochzeitsschmuck hübsch macht, so werden wir für ihn fit sein.
11 Gott macht es mit uns genauso wie mit den Pflanzen: So, wie die aus der Erde einfach rauswachsen, nachdem man vorher die Samen eingesät hat, so wird Gott, der Chef, dafür sorgen, dass die Leute automatisch immer mehr Respekt vor uns haben. Wir werden groß rauskommen, damit alle anderen Nationen mitbekommen, wie gut wir sind.

62 Gott versucht alles, um Israel wieder an den Start zu kriegen

1 Wegen Zion kann ich meine Klappe nicht halten, wegen Jerusalem kann ich mich nicht auf die faule Haut legen. Erst wenn dort alles wieder ultrakorrekt zugeht, so, als würde plötzlich ein 1000-Watt-Halogenstrahler in der Stadt angehen, könnte ich mich entspannen.
2 Alle Menschen werden sehen, wie korrekt du bist, Zion. Alle Präsidenten werden von dir voll geflasht werden. Man wird dir einen neuen Namen geben, dieser Name kommt direkt von Gott.
3 Und du, Israel, wirst wie ein goldener Diamantring an Gottes Finger sein und wie die teuerste Rolex an seinem Handgelenk.
4 Man wird dich nicht mehr „Die Entlassene" nennen. Dein Land wird man nicht mehr als „Totale Öde" bezeichnen. Es wird für dich solche Namen geben wie „Gottes Liebling" oder „Das Hochzeitsgeschenk". Denn Gott wird sich über dich total freuen, so, wie sich ein Typ über seine Braut freut.
5 Denn genauso, wie ein Jugendlicher mal seine Freundin heiratet, so wird Gott dich heiraten. Und so, wie sich ein Bräutigam über seine Braut freut, wird Gott sich auch über dich freuen.
6 Ich habe Securityeinheiten auf den Mauern von Jerusalem postiert. Sie werden 24 Stunden Dienst schieben, und sie werden Tag und Nacht keine Ruhe geben. Ich sage zu diesen Leuten: „Ihr habt den Auftrag, Gott wegen Israel in den Ohren zu liegen! Deswegen dürft ihr nicht einpennen.
7 Ihr dürft Gott keine Ruhe lassen, bis er dafür gesorgt hat, dass Jerusalem wieder steht und die Stadt wieder so aufgebaut ist, dass die ganze Welt an ihr sieht, wie krass Gott ist.
8 Gott hat es ganz, ganz fest versprochen, und er ist stark genug,

es auch zu tun." Er sagt: „Ich werde deine Feinde
nicht einmal von deinem Butterbrot abbeißen las-
sen, und ich werde auch nie irgendwelchen Aus-
ländern was von deinem Wein zu trinken abgeben,
den du dir mit viel Stress selbst gemacht hast. 9 Wer
die Ernte einfährt, der soll sie auch essen und sich
bei mir dafür bedanken. Wer die Weintrauben abern-
tet, soll auch den Wein trinken, wenn ihr vor mei-
nem Tempel feiert." 10 An alle Bewohner von Jeru-
salem: „Zieht durch die Stadttore! Macht den Weg
frei für die Leute, die zurückkommen! Macht die
Straßen sauber, hisst die Fahnen, damit alle ande-
ren Nationen sie sehen können." 11 Passt auf, Gott
lässt Folgendes überall rumerzählen: „Sagt den Leu-
ten aus der Zionsstadt, dass ihre Hilfe unterwegs
ist. Alle Menschen sind bei Gott sicher. Die, die er
befreit hat, sind wie sein Pokal, den nur er gewon-
nen hat." 12 Man wird sie „Gottes ganz besondere
Leute" nennen oder „Leute, die Gott gerettet hat".
Die Stadt selbst wird man „Die Stadt, von der alle
reden" oder „Die Stadt, die nicht mehr leer steht"
nennen.

63

Gerichtsurteile gegen Edom und andere Nationen

1 Wer ist das, der da gerade aus Edom
kommt? Er hat einen roten Anzug an, er kommt
aus der Stadt Bozra, er sieht gut aus, er hat voll
die Power. Er sagt: „Ich bin der Typ, der hier für
Gerechtigkeit sorgt! Ich habe die Macht, Leuten zu
helfen!" 2 Warum ist sein Anzug rot? Warum sieht
das so aus, als würde er in einer Firma arbeiten,
die Rotwein herstellt? 3 Er antwortet: „Ich hab ganz
alleine den Wein ausgepresst, keines von den
anderen Völkern hat mir geholfen. Ich habe die
Weintrauben zerstampft, ich hab meine Wut an
ihnen ausgelassen, ich war voll aggro. Der Saft ist
mir überall auf die Hose gespritzt, mein ganzer
Anzug ist voll. 4 Mir war klar, dass es an der Zeit
war, die Leute zu befreien, und es war auch an der
Zeit, mich zu rächen. 5 Ich schaute mich um, aber
da war keiner, der mir dabei helfen wollte. Ich hab
mich sehr darüber gewundert, aber es gab nie-
manden, der mich unterstützen wollte. Also hab
ich mir selbst geholfen, meine eigenen Hände
haben mich unterstützt, meine Wut hat mich an-
getrieben. 6 Ich hab die Nationen in meiner Wut
plattgemacht, ihr Blut ist überall auf den Boden
geflossen."

Die Leute beten, dass Gott hilft

7 Ich erinnere mich an die coolen Sachen, die Gott
getan hat. Er hat es voll gebracht, das waren alles
Dinger, die ihn echt bekannt gemacht haben. Die
ganzen Beweise, die er für uns gebracht hat und mit
denen er uns gezeigt hat, dass er seine Leute liebt.
Er hat es ihnen auch bewiesen, indem er ihnen auch
wieder ihren Mist verziehen hat. 8 Gott hat sich ge-
sagt: „Okay, es ist einfach meine Familie, sie ge-
hören zu mir. Die werden mich schon nicht ent-
täuschen." Also kam er und hat sie immer wieder
gerettet. 9 Gott hat uns keinen Engel, so einen Bot-
schafter aus dem Himmel, vorbeigeschickt. Er kam
selbst vorbei und hat uns gerettet! Weil er uns ein-
fach total liebt, hat er uns da rausgeholt! Er hat uns
immer wieder hochgebracht, schon seit Ewigkeiten
macht er das. 10 Aber wir sind es, die immer wieder
voll den Aufstand machen, wir haben ihn traurig
gemacht, wir haben ihn und seine Kraft in den
Dreck gezogen. Deshalb wurde er zu einem Feind,
er hat angefangen, gegen seine eigenen Leute zu
kämpfen. 11 Als das passierte, haben wir uns wieder
an früher erinnert, als Mose noch bei uns am Start
war: „Wo ist Gott nur geblieben? Wo ist die Macht,
die damals unsere Truppe durch das Meer geführt
hat? Wo ist der Gott, der mit seiner besonderen
Kraft auf seine Leute gekommen ist. 12 Wo ist der
Gott, der uns immer geholfen hat mit seiner hefti-
gen Kraft, der immer ganz krass mit Mose unter-
wegs war, der das Wasser geteilt hat und dadurch
nie mehr vergessen wird? 13 Wo ist der Gott, der uns
so sicher durch das tiefe Meer geführt hat, als wür-
den wir mit Fahrrädern auf einer asphaltierten
Straße fahren? 14 Wo ist der Gott, der uns wie ein
Tourguide immer auf gutausgebauten Wegen führte
und zu Rastplätzen, wo wir uns entspannen konn-
ten? Auf die Art hast du deine Leute immer geführt,
damit alle Welt weiß, wie genial du bist! 15 Gott?
Bitte schau von da oben, wo du wohnst und von wo
du mit deiner heftigen Art das Universum regierst,
mal auf uns runter! Wo ist die Liebe, die du für uns
hast? Wo sind deine heftigen Wunder? Bist du jetzt
eiskalt uns gegenüber geworden? Sind wir dir jetzt
egal? 16 Du bist doch unser Vater! Abraham kennt
uns alle nicht mehr, Jakob genauso, die sind ja
schon lange tot. Aber du bist unser Papa! Wir nen-
nen dich auch: ‚Der, der uns schon seit Ewigkeiten
immer wieder raushaut!' 17 Warum hast du das
zugelassen, dass wir vom Weg abgekommen sind?
Wie konnte das passieren, dass wir innerlich so hart
draufgekommen sind und wir keinen Respekt mehr

vor dir hatten? Komm bitte wieder zurück! Komm,
und wenn es nur wegen der Leute ist, die tun, was
du sagst, oder weil wir einfach zu dir gehören!
18 Nur für kurze Zeit haben die Feinde deine beson-
dere Truppe vertrieben, aber in der Zeit haben sie
dein ganz besonderes Haus kaputt gemacht und
total versifft. 19 Wir sind fast so geworden wie die
Leute, bei denen du noch nie gewesen bist, die dich
noch nie gekannt haben und die noch nie zu dir
gehört haben. Gott, bitte tritt die Tür im Himmel ein
und komm wieder zu uns runter, so dass es ein
Erdbeben gibt und die Berge anfangen zu wackeln,
weil du da bist."

64

Gott soll bitte zeigen, was er alles draufhat

1 Gott, komm doch bitte wie eine Stich-
flamme aus einem Flammenwerfer. Brenn
los und lass das Wasser von der Hitze verdampfen.
Tu das, damit die Menschen, die nicht mit dir leben,
mal sehen, was du so alles draufhast. 2 Wenn du
solche Aktionen bringst, mit denen keiner gerechnet
hat, dann geht das voll ab. 3 Wenn du so Sachen
machst, die man vorher noch nie gesehen, gehört
oder gelesen hat, dann schockt das. Ich meine so
Dinge, die nur du tun kannst und sonst keiner und
die du nur für Leute bringst, die dir vertrauen. 4 Ach
Mann, hoffentlich ist dann jemand da, der gerne so
lebt, wie du es cool findest, der das tut, was du
willst, und der immer an dich denkt. Ist schon klar,
du bist sauer auf uns, weil wir schon seit Ewigkeiten
Sachen getan haben, die du ätzend findest. Wir
haben die Verträge mit dir immer wieder gebrochen.
5 Jeder von uns hat Dreck am Stecken, wir sind alle
versifft, und selbst wenn wir was richtig Gutes getan
haben, war das oft mit einer dreckigen Motivation.
Wir sind alle wie ein Strauß vergammelter Blumen,
wir wurden von unseren Fehlern richtig kontrolliert,
die haben uns mitgerissen wie ein heftiger Sturm.
6 Keiner war da, der zu dir gebetet hat, keiner hat
sich mal zusammengerissen und an dir festgehal-
ten. Denn du hast dich verzogen, du warst nicht
mehr da, du hast uns im Stich gelassen, weil wir
uns von dir entfernt hatten. 7 Trotzdem bist du
immer noch unser Chef! Du bist unser Vater! Wir
sind wie Knetmasse, aber du bist der Künstler, der
aus uns etwas Schönes formt. Wir sind alle durch
deine Hände gemacht worden. 8 Bitte sei nicht allzu
sauer auf uns! Erinnere dich nicht zu lange an den
ganzen Mist, den wir gebracht haben! Überleg
doch mal, wir sind alle deine Leute! 9 Die Städte, die
ganz radikal dir gehörten, sind alle unbewohnbar
geworden, sie sind kaputt und leer. Da wohnt kein
Schwein mehr, Jerusalem steht leer, und Zion ist
kaputt. 10 Der wunderschöne, gottmäßige, heilige
Tempel, wo schon unsere Väter zu dir gebetet
haben, ist verbrannt, alle Schätze sind kaputt.
11 Willst du das alles zulassen, ohne etwas dagegen
zu unternehmen, Gott? Willst du wirklich nichts
dazu sagen, willst du, dass wir total am Boden und
deprimiert sind?

65

Wer mit Gott geht und wer nicht

1 Gott sagt: „Ich wäre da gewesen, wenn
Leute nach mir gefragt hätten. Man hätte
mich finden können, wenn man nach mir gesucht
hätte. Ich hab immer wieder zu den Leuten gesagt:
‚Hallo! Ich bin hier!' Aber keiner wollte mit mir
reden! 2 Die ganze Zeit war ich da. Ich war bereit
und hab meine Hände nach ihnen ausgestreckt!
Aber meine Leute wollten ihr eigenes Ding ohne
mich durchziehen. Sie wollten Dinge tun, die nicht
gut sind. 3 Menschen, die mich übelst beleidigen,
tun mir weh. Die, die in ihren Vorgärten auf wacke-
ligen Ziegelsteinen Opferrituale für Plastikgötter
machen, 4 die nachts auf Friedhöfen übernachten,
die Gammelfleisch essen und ein total übles Gesöff
zusammenbrauen, 5 die immer so Sprüche bringen
wie ‚Bleib weg von mir, ich bin gerade ganz beson-
ders für Gott unterwegs', das sind Leute, die mich
echt aggro gemacht haben, weil ich ihnen in Wirk-
lichkeit total egal bin. Ich bin so sauer, meine Wut
brennt wie ein Feuer, das nicht mehr so schnell
ausgeht. 6 Ich hab es alles aufgeschrieben, ich ver-
gesse das nicht. Und ich werde meinen Mund nicht
halten, bis ich es ihnen heimgezahlt habe. 7 Das gilt
für den Mist, den sie gebaut haben, und den Mist
der Menschen, die vor ihnen da waren. Alle, die auf
den Bergen diese ätzenden Opferrituale gemacht
haben und mich damit voll beleidigt haben, werde
ich gerecht bestrafen. 8 Wenn jemand noch einen
Schluck Saft in der Flasche aus dem Kühlschrank
findet, dann sagt man zu ihm: ‚Schütte das nicht
weg, es könnte noch gut sein!' Genauso will ich
auch meine Leute nicht komplett kaputtmachen
wegen der Leute, die immer getan haben, was ich
wollte. 9 Es soll auch in Zukunft weiter Leute geben,
die aus Israel und Juda stammen. Denen hatte ich
mal das ganze Land geschenkt, damit sie es im-
mer weitervererben können. Die Menschen, die ich
mir extra ausgesucht habe, denen soll es gehören,

meine Leute sollen dort wohnen. [10] In der Scharon-Ebene werden sie ihre Schafe weiden lassen, und im Tal Achor werden ihre Rinder sein. Es ist für meine Leute bestimmt, die immer mit mir gelebt haben. [11] Die anderen, die mich wie einen alten Mann behandeln, die von meinem besonderen Berg abgehauen sind, die den Plastikgöttern Gad und Meni was zu essen und zu trinken geopfert haben, für die gilt Folgendes: [12] Ich will, dass ihr alle durch den Krieg sterben müsst. Ihr werdet abgeschlachtet, wie man die Tiere abschlachtet, bevor sie geopfert werden. Denn ihr habt mir nicht geantwortet, als ich euch gerufen habe. Ihr habt getan, was ich nicht leiden kann, ihr habt euch für das entschieden, was ich nicht möchte. [13] Darum sage ich, euer Gott, Folgendes zu euch: Die Leute, die mir treu waren, werden immer genug zu essen haben. Aber die Leute, die mich abziehen, werden hungern. Die Leute, die etwas für mich getan haben, werden trinken können, aber die, die mich abgezogen haben, werden Durst haben. Meine Leute werden sich freuen, aber ihr anderen werdet depressiv draufkommen und euch schämen.
[14] Meine Leute werden abgehen vor Freude, aber ihr werdet einen Heulkrampf kriegen vor Frust, Depressionen und Verzweiflung. [15] Meine Leute, die ich mir ausgesucht habe, werden euch als Negativ-Beispiel benutzen, wenn man etwas ganz Schlimmes erklären will. Sie werden sagen: ‚So übel, wie es bei denen damals abgegangen ist, so soll Gott euch auch umbringen.' Das wird wie ein Fluch gebraucht werden, als wenn man jemandem die Krätze an den Hals wünscht, den man nicht leiden kann. Aber mit meinen Leuten wird man anders umgehen, man wird sie anders bezeichnen, man wird andere Sachen über sie sagen. [16] Wenn sich meine Leute dann irgendwo treffen und begrüßen, wird man sagen: ‚Ich grüße dich, bei dem treuen Gott!', und wenn man füreinander betet, dann wird man sagen: ‚Ich segne dich bei dem treuen Gott!' Alles, was früher war, wird man nämlich vergessen haben, der ganze Stress wird dann vorbei sein.
[17] Passt auf: Ich werde einen ganz neuen Himmel machen und eine ganz neue Erde. Den alten Kram wird man schnell vergessen, man wird nicht mehr dran denken, der ist gelöscht. [18] Ihr könnt abgehen vor Freude, ihr könnt echt Party machen, und zwar immer wegen der neuen Sachen, die ich machen werde. Ich werde ein neues Jerusalem aufbauen, in dem die Bewohner alle nur noch glücklich sind.
[19] Ich werde mich über Jerusalem wieder freuen können und auch über meine Leute. Dort wird man nicht länger rumheulen und depressiv in der Ecke hängen. [20] Es wird nicht mehr passieren, dass Babys ein paar Tage nach der Geburt sterben. Und es wird keinen Menschen geben, der nicht so alt wird, wie es normal ist. Der jüngste wird nicht sterben, bevor er die hundert erreicht hat. Wenn Leute vor ihrem hundertsten Geburtstag sterben, wird man denken, sie haben was Schlimmes verbrochen.
[21] Sie werden Häuser bauen und dadrin auch alt werden, sie werden Weinberge anlegen und von der Ernte leben. [22] Sie werden nicht schuften, damit andere davon reich werden, sie werden nicht ernten, und andere leben davon. So alt, wie ein Baum wird, so alt sollen auch meine Leute werden. Den Ertrag ihrer Arbeit sollen sie selbst genießen können. [23] Sie werden nicht umsonst schuften. Und die Mütter werden keine Kinder bekommen, die dann schnell sterben. Denn sie kommen alle aus der Familie der besonderen Leute von Gott, darum werden ihre Kinder bei ihnen aufwachsen. [24] Ich werde ihnen antworten, bevor sie überhaupt angefangen haben zu fragen. Bevor sie mich um etwas gebeten haben, werde ich ihre Bitte schon erhören. [25] Der Pitbull und das Kaninchen, oder die Katze und die Maus, werden dann gemeinsam essen und sich nicht angreifen. Hunde fressen dann nur noch Gras, genauso wie eine Kuh. Nur die Schlange wird sich von Dreck ernähren. Auf dem besonderen Berg Zion wird man nichts Schlechtes mehr tun und keine miesen Dinger mehr drehen. Das kam jetzt von Gott, dem Chef!"

66 Gottesdienst: Nur so tun als ob, bringt's nicht

[1] Gott sagt: „Ich habe meinen Schreibtisch im Himmel, von dort aus regiere ich das Universum. Meine Füße habe ich auf einem Hocker, und das ist die Erde. Ich würde gerne von euch wissen, wie ihr das denn gebacken kriegen wollt, mir ein Haus zu bauen, in das ich auch reinpasse? [2] Ich habe doch alles, was es in diesem Universum gibt, mit meinen eigenen Händen gemacht! Trotzdem pass ich auf jeden auf, dem es dreckig geht. Ich habe auch den Kaputten gesehen, der völlig fertig ist und trotzdem Respekt vor meinen Worten hat. [3] Aber so sind sie: Sie opfern mir eine Kuh, und für mich ist es, als würden sie ein Kind für mich abschlachten. Sie opfern mir Schafe, und für mich ist es, als ob sie einen Hund totprügeln. Sie ziehen

für mich Essensopfer durch, aber nehmen dazu dreckiges Blut von Schweinen. Auf der einen Seite schenken sie mir Räucherkerzen, aber auf der anderen Seite werden die gleichen Räucherkerzen auch Plastikgöttern geschenkt und damit okkulte Opfer durchgezogen. Das ist so, als würde man dafür beten, dass ganz ätzende Sachen passieren. Weil sie sich dafür entschieden haben, ihr eigenes Ding durchzuziehen, weil ihnen der ganze Dreck auch noch Spaß macht, 4 darum werde ich mich dafür entscheiden, dass sie richtig Probleme bekommen. Es werden Sachen passieren, vor denen sie schon immer Angst hatten. Ich habe sie gerufen, aber es kam keine Antwort zurück, ich habe sie gewarnt, aber sie haben nicht auf mich gehört. Ganz im Gegenteil, sie haben weiter Mist gebaut und sich für Sachen entschieden, die ich ätzend finde."

Jerusalem wird getröstet

5 Hört mal zu, was Gott euch zu sagen hat: „Das geht an alle, die Respekt vor mir haben. Eure Geschwister, die euch hassen, die wegen mir keinen Bock mehr auf euch haben, sagen zu euch: ‚Gott soll euch doch mal seine ganz besondere Art zeigen! Wir würden uns echt dadrüber freuen.' Und dann wird es peinlich für sie laufen. 6 Hört mal den Lärm, der aus der Stadt kommt. Aus dem Tempel kommt voll der Alarm! Der Krach kommt von Gott, der sich an seinen Feinden rächt. 7 Hat man schon mal davon gehört, dass eine Frau ein Kind bekommen hat und danach erst die Wehen eingesetzt haben? Hat man schon mal davon gehört, dass dein Kind zur Welt kam, bevor die Schmerzen anfingen? 8 Wer hat das schon mal erlebt? Wer hat das schon irgendwo gehört? Wird eine Nation an einem Tag gemacht, erschafft man ein Land innerhalb von einer Sekunde? Aber bei Zion wird es anders laufen, denn sie wird ihre Kinder kriegen, bevor sie irgendwelche Wehen hatte. 9 Glaubt ihr im Ernst, ich bringe eine Sache nicht zu Ende? Werde ich die Geburt einleiten und dann das Ganze stoppen, bevor das Kind da ist, und die Gebärmutter wieder zunähen lassen? 10 Jetzt freut euch mal mit Jerusalem! Klatscht ihr Applaus, das geht jetzt an alle, die diese Stadt lieben! Freut euch voll über sie, auch alle Leute, die früher wegen ihr geheult haben. 11 Ihr werdet alle was von ihr zurückbekommen. Ihr werdet euch bei ihr satt essen und trinken können, wie sich ein Baby an der Brust der Mutter satt trinkt. Ihr könnt euch an ihrer gigantischen Schönheit voll berauschen. 12 Passt auf, ich werde dafür sorgen, dass es total friedlich in ihr zugeht. Alles wird gut werden in Jerusalem, auch das Geld wird in die Stadt reinfließen, so wie ein übervoller Fluss. Ihr werdet euch alle gut ernähren können, ihr werdet von ihr auf den Arm genommen und getragen wie ein Baby. Sie knutscht euch ab, wenn ihr wie ein kleines Kind auf ihrem Schoß sitzt. 13 Ich werde euch trösten, wie eine Mutter ihr Kind tröstet. Jerusalem wird euch wieder gut draufbringen. 14 Ihr werdet es mitkriegen und werdet euch voll darüber freuen. Ihr werdet wieder voller Kraft sein, so wie das grüne Gras im Frühling werdet ihr schnell wachsen. Man wird mich erleben durch das, was ich bei meinen Leuten tue. Aber meine Feinde kriegen eins auf die Mütze."

Bestrafung, aber die Leute kommen alle wieder zurück

15 Passt auf, Gott wird seiner Wut freien Lauf lassen. Er kommt wie mit einem Blitz, er lässt Feuer vom Himmel auf die Erde kommen. Es wird voll den Orkansturm geben, eine Welle von Feuer wird über das Land kommen. 16 Ich sehe, wie er mit einem Laserschwert dasteht, einem Schwert aus Feuer, und dann gibt es eine große Gerichtsverhandlung, zu der jeder hinmuss. Überall liegen voll viele Leichen, Menschen, die von ihm getötet wurden. 17 Gott sagt, dass allen, die sich den Plastikgöttern in ihrem Tempel geschenkt haben, ganz übel enden werden. Er sagt weiter: „Auch die Menschen, die gammeliges Schweinefleisch und Mäuse gegessen haben, werden dort sterben. 18 Ich weiß genau, was sie getan haben, ich kenne sogar ihre Gedanken. Ich bin jetzt da, um alle Menschen, die jemals auf der Erde gelebt haben, zu treffen. Alle werden dann meine ganz krasse Art zu sehen bekommen. 19 Ich werde ein Zeichen bei ihnen aufstellen und Menschen zu ihnen schicken, die eine Nachricht von mir haben. Diese Menschen werden aus allen Nationen kommen, die mit mir leben. Diese Leute werde ich in die entlegensten Gegenden schicken. Nach Tarschisch, Put und Lud, nach Meschech, Tubal und Jawan. Auch die Nationen, die noch nie was von mir gehört haben, werden von meiner krassen Art erfahren. 20 Auf dem Rückweg werden sie alle eure Geschwister mitbringen, die noch bei den anderen Nationen leben. Sie werden alle auf Mopeds, in Pkws, Bussen und Lkws zum besonderen Berg nach Jerusalem kommen. Sie werden wie ein ganz besonderes Geschenk an mich sein, das man in total sauberen, reinen Schüsseln in mein Haus bringt, so

ähnlich wie bei einem Essensopfer. [21] Ich werde sogar einige von ihnen zu Priestern und Tempelangestellten machen. [22] Ich sehe das vor mir: Genauso, wie ich einen neuen Himmel und eine neue Erde mache, damit es die für immer geben wird, genauso werde ich auch dafür sorgen, dass es euch immer geben wird. [23] Es wird passieren, dass jeden Monat und jeden Sonntag wieder alle Menschen zu mir kommen, um zu mir zu beten. [24] Und dann werde ich losziehen und mir die Leichen der Menschen anschauen, die mich abgezogen haben. Die werden nämlich nicht wirklich ganz sterben, sie werden ewig leiden, und alle anderen Menschen werden sich vor ihnen ekeln."

Der Prophet Jeremia

1 Jeremia bekommt den Job als Prophet

1 Jetzt kommt ein Kapitel, wo Ansagen von Jere-
mia drinstehen. Jeremia war ein Sohn von Hil-
kija, der gehörte zur Priestertruppe von Anatot. Er
lebte an einem Ort, der in dem Gebiet vom Famili-
enstamm Benjamin lag. 2 Das erste Mal, dass Gott
zu ihm geredet hatte, war, als der Präsident Joschija
gerade dreizehn Jahre in Juda an der Macht war.
Joschija war ein Sohn von Amon. 3 Dann redete er
auch mit ihm, als Jojakim der Präsident von Juda
war. Jojakim war ein Sohn von Joschija. Auch so-
lange der nächste Präsident Zidkija (der Sohn von
Joschija) an der Macht war, sprach Gott mit ihm. In
dessen elftem Regierungsjahr, im fünften Monat,
wurde die Bevölkerung von Jerusalem verhaftet und
als Kriegsgefangene in ein anderes Land ver-
schleppt.

Wie Jeremia ein Prophet wurde

4 Irgendwann hat plötzlich Gott mit mir, Jeremia,
gesprochen. Er sagte: 5 „Hör zu, ich hatte schon
große Pläne mit dir, bevor du überhaupt im Bauch
deiner Mutter gewesen bist. Bevor du geboren wor-
den bist, hatte ich schon die Idee, dass du ein Pro-
phetentyp werden sollst. Deine Aufgabe war seit-
dem schon klar, allen Menschen zu erzählen, was
ich dir sage.“ 6 „Nein, nein, Gott“, war meine Reak-
tion. „Das ist keine so pralle Idee! Ich kann mich
gar nicht richtig gut ausdrücken, außerdem bin ich
noch viel zu jung für so einen Job!“ 7 Aber Gott
sagte: „Hey, sag nicht, dass du zu jung bist, das ist
Quatsch! Geh dorthin, wo ich dich hinschicken
werde, und dort musst du dann den Leuten erzäh-
len, was ich dir sagen werde. 8 Du brauchst keinen
Schiss vor den Menschen zu haben! Ich bin immer
bei dir, ich pass auf dich auf, ich beschütze dich.
Das kommt jetzt von mir, Gott, dem Chef.“ 9 Dann
streckte Gott plötzlich seinen Arm aus und berührte
mit seiner Hand meinen Mund. „Hier, pass auf, ich
lege jetzt meine Worte in deinen Mund! 10 Ab sofort
gebe ich dir einen Job in der Welt, durch den du
richtig Macht haben wirst. Du wirst in der Lage sein,
Regierungen einzusetzen und abzusägen, ganze
Länder wirst du kaputt machen können. Aber du
wirst sie auch wieder neu aufbauen!“ 11 Später kam
Gott wieder bei mir vorbei und sagte: „Jeremia?
Schließ mal deine Augen! Was kannst du jetzt vor
deinem inneren Auge sehen?“ Ich antwortete: „Äh,
also da ist eine Mutter, die auf ihr Kind aufpasst!“
12 „Richtig“, antwortete Gott. „Genauso werde ich
nämlich dadrauf aufpassen, dass die Sachen die ich
gesagt habe, auch passieren werden.“ 13 Schließlich
gab Gott mir noch mal so ein inneres Bild, eine
Vision. Dann fragte er mich: „Und? Was siehst du?“
„Ich sehe einen Topf auf einem Herd, in dem das
Wasser am Kochen ist. Die Vorderseite von dem
Topf zeigt dabei in Richtung Norden“, war meine
Antwort. 14 „Genau! Das bedeutet, dass die ganzen
ätzenden Sachen, die über alle Leute in diesem
Land kommen werden, aus Richtung Norden kom-
men. 15 Pass auf, ich werde alle Völker, die im Nor-
den wohnen, zusammenrufen. Jeder Präsident, der
dort regiert, wird kommen und seinen Schreibtisch
an allen Stellen der Stadtmauer von Jerusalem auf-
bauen, einmal ringsrum. Das Gleiche soll auch bei
den anderen größeren Städten in Juda passieren.
16 Ich will nämlich eine Gerichtsverhandlung abhal-
ten und jeden von ihnen verurteilen. Sie waren näm-
lich total link unterwegs, haben für diese Plastikgöt-
ter Räucherkerzen abgefackelt, sich auf den Boden
geschmissen und zu denen gebetet. Und das, ob-
wohl sie die alle selbst zusammengebastelt haben!
17 Aber von dir will ich, dass du dich schon mal be-
reit machst. Wenn es so weit ist, dann geh dahin
und rede mit ihnen. Erzähle alles, was ich dir sagen
werde. Vor denen brauchst du keine Angst zu ha-
ben! Und falls du doch Angst bekommst, dann wer-
de ich dafür sorgen, dass du allen Grund haben
wirst, richtig Schiss zu kriegen. 18 Pass auf, ich wer-
de heute dafür sorgen, dass du so geschützt bist
wie eine Stadt mit einer hohen Stadtmauer, wie eine
Säule aus Stahl oder wie eine Stahlbetonwand. Alle
werden gegen dich sein, alle Präsidenten, alle hohen
Beamten, alle Priester, ja sogar alle Menschen, die
dort wohnen. 19 Sie werden dich bekämpfen, aber
sie werden es nicht schaffen, dich zu besiegen. Ich
bin nämlich auf deiner Seite, ich werde dich retten.“
Das kam von Gott, dem Chef.

2 Die Leute aus Israel sind Gott nicht treu

1 Und Gott fing wieder an, mit mir zu sprechen:
2 „Jeremia, geh mal los und erzähle allen Leuten
in Jerusalem Folgendes von mir: Ich, euer Gott,

kann mich noch gut dadran erinnern, als du, Israel, noch wie eine Jugendliche warst. In der Zeit bist du mir treu gewesen, du hast mich geliebt, als wären wir miteinander verlobt. Du warst heiß auf mich, bist mir gefolgt, sogar in die Wüste, in das Land, wo nichts wächst und das Leben echt hart ist. 3 Du gehörtest nur mir, so, wie die allerersten Früchte der Ernte auch komplett mir gehören. Jeder, der ungefragt von dir naschen wollte, bekam ein Problem mit mir. Die wurden plötzlich vom Pech verfolgt und wurden irgendwie bestraft. So war das damals, sagt der Chef, euer Gott." 4 Jetzt hört mal, was Gott der Familie von Jakob zu sagen hat, das geht an alle Familien, die von Israel abstammen. 5 Gott sagt Folgendes zu euch: „Was hat den Leuten, die vor euch gelebt haben, eigentlich nicht gepasst? Was hatten sie gegen mich, dass sie sich derart von mir distanziert haben? Warum sind sie auf einmal diesen Nullnummern hinterhergelaufen? Damit wurden sie selbst zu Versagern und Nullen. 6 Warum kamen von ihnen niemals solche Fragen wie: ‚Wo ist nur der Gott geblieben, der uns damals aus Ägypten rausgehauen hat? Wo ist der Gott, der uns den Weg durch die Wüste geführt hat, der in den trocknen Gebieten oder in den dunklen Schluchten immer bei uns war, in einem Land, wo kein Schwein gewohnt hat?' 7 Es stimmt, ich habe euch in dieses neue Land gebracht, wo es die besten Sachen gibt und davon reichlich. Ihr seid dort gelandet, und was habt ihr als Erstes gemacht? Ihr habt das Land total verdreckt, ihr habt es unrein gemacht! Das, was mir gehört, habt ihr total versifft. 8 Selbst die Priester hatten es nicht geblickt. Von denen kamen auch keine Fragen, so nach dem Motto: ‚Wo ist Gott nur geblieben?' Alle Leute, die sich in den Gesetzen gut auskannten, hatten keine Ahnung von mir. Und auch die Chefetage und die Politiker hatten keinen Bock mehr auf mich. Die Prophetentypen gaben nur noch Nachrichten weiter, die angeblich vom Plastikgott Baal stammten. Sie sind irgendwelchen Pseudogöttern hinterhergelaufen, obwohl die es null bringen. 9 Darum muss ich euch weiter bestrafen, und auch eure Kinder und die Kinder von euren Kindern werde ich verurteilen müssen. 10 Fahrt doch rüber zu den Inseln, wo die Kittäer wohnen! Schickt doch mal jemanden in den Westen oder in den Osten, egal wohin, und fragt da mal nach, ob die so was schon mal erlebt haben! 11 Hat es das schon mal irgendwo gegeben, dass ein Land einfach seinen Gott gewechselt hat wie seine Hose? Dabei haben die nicht mal einen echten Gott! Aber meine Leute machen das einfach, sie haben mich gegen irgendeinen Plastikgott ausgetauscht. Den genialsten Gott gegen einen Pseudogott, der es null bringt." 12 Gott sagt: „Das ganze Universum soll sich das mal anschauen und den totalen Schock bekommen. 13 Meine Leute haben mich gleich in zwei Sachen abgezogen. Sie haben mich verlassen, dabei bin ich die Quelle, aus der kühles, frisches Wasser sprudelt, Wasser, das lebt. Stattdessen trinken sie jetzt abgestandenes altes Wasser aus Plastikeimern, die auch noch Löcher haben. 14 Israel, du benimmst dich, als wärst du ein Billiglohnarbeiter, als hätte man dich mit irgendwelchen Knebelverträgen angestellt, als wärst du total unfrei. Wie konnte das passieren, wie bist du so draufgekommen? 15 Knurrende, hungrige Hunde sind über dich hergefallen. Deine Städte sind kaputt, dein Land ist verwüstet, alles ist verbrannt, die Leute sind alle weggezogen. 16 Jetzt kommen auch noch die Ägypter, die Soldaten von Memfis und Tachpanhes, und rasieren dir die Haare ab. 17 Da bist du selbst schuld daran! Du hast mich, den Chef, einen alten Mann sein lassen. Du hattest auf mich keinen Bock mehr, obwohl ich dich durch die Wüste geführt hatte. 18 Was bringt dir das nun, wieder zurück nach Ägypten zu tigern, um dir Wasser aus dem Nil zu organisieren? Was bringt dir das, wenn du dich auf den Weg nach Assyrien machst, um dort das Wasser vom Eufrat-Fluss zu trinken? 19 Weil du selbst link unterwegs bist, rächt sich das nun. Weil du immer untreu warst, kriegst du jetzt die volle Packung. Kapierst du jetzt, dass es nur Ärger und Schmerzen bringt, wenn man nicht das tut, was ich von einem will? Dann kommt von mir nichts Gutes mehr zu dir! Das sage ich dir. Ich bin Gott, der Chef über alles."

Juda betet zum Plastikgott Baal

20 Gott sagt: „Du hattest eigentlich noch nie wirklich Bock, das zu tun, was ich von dir wollte. Du hast dich immer dagegen gewehrt, du hast dich dagegen entschieden, du hast immer gesagt: ‚Nein! Ich hab keinen Bock, das zu tun, was du von mir willst, Gott!' Du hast dich wie eine billige Nutte auf dem Straßenstrich an den nächstbesten Laternenmast gestellt. 21 Ich hatte ganz Großes mit dir vor. Du solltest eine ganz besondere Weinrebe werden. Du warst etwas Besonderes, eine Delikatesse. Aber was ist jetzt aus dir geworden? Du hast dich in eine andere Weinrebe verwandelt, in eine ganz eklige Pflanze mit komischen Früchten, so eine Art von

Pflanze, die mir fremd ist. 22 Selbst wenn du dich mit Sagrotan abschrubben und in Meister Proper baden würdest, wärst du immer noch total dreckig. Denn ich sehe den ganzen Mist, den du gebaut hast. 23 Wie kannst du nur so was sagen wie ‚Ich hab mich doch nicht dreckig gemacht, ich hab keinen Mist gebaut, ich bin doch keinem Plastikgott nachgelaufen!'? Schau dich doch mal um! Kapier doch endlich, was du da getan hast! Du läufst diesen Göttern hinterher wie eine Schlampe den Männern. 24 Du bist wie eine wilde Stute, die in der Wüste lebt. Wenn die heiß auf einen Hengst ist, dann kennt das Tier kein Halten mehr. Es schnappt nach Luft und wird ganz wild. Die Hengste brauchen nicht lange nach ihr zu suchen, denn wenn die Zeit ist, wo sie schwanger werden könnte, lässt sie sich gerne von jedem Hengst bespringen. 25 Pass auf deine Füße auf, Israel, lauf dir nicht die Sohlen ab. Pass auf, dass du nicht verdurstest! Aber du sagst: ‚Das bringt es doch nicht! Du kannst mich nicht aufhalten! Ich bin in die Fremden verknallt, und ich laufe denen hinterher!' 26 Aber ich, Gott, sage dir: So, wie es voll peinlich ist, wenn man im Laden was geklaut hat und dabei erwischt wurde, so peinlich wird es auch für ganz Israel sein. Auch allen Präsidenten, den hohen Beamten, den Priestern und den Propheten wird es so gehen. 27 Sie haben zu einem Stück Plastik gesagt: ‚Du bist mein Vater!' Und zu einem Stück Beton: ‚Du bist meine Mutter!' Sie haben mir den Rücken zugedreht, sie können mir nicht mehr in die Augen sehen. Wenn es ihnen aber beschissen geht, dann beten sie plötzlich: ‚O Gott, komm! Bitte hilf uns!' 28 Wo sind denn jetzt eure selbstgebastelten Götter? Sollen die doch kommen und helfen, wenn es euch beschissen geht! Mittlerweile habt ihr ja genauso viele Götter wie Städte. 29 Warum beschwert ihr euch jetzt noch bei mir? Ihr habt mich alle abgezogen! Ihr wolltet nichts mehr von mir wissen! 30 Immer wieder hab ich dafür gesorgt, dass es Probleme bei euch gab. Aber ihr habt es nicht kapiert. Ihr habt sogar alle Propheten abgeknallt, als wären sie ein wütender Kampfhund, der euch bedroht."

Die Leute von Juda haben vergessen, dass es einen Gott gibt

31 Gott sagt: „An alle Menschen von Israel: Hört die Ansagen, die ich, Gott, für euch habe! Ich frage euch: War das denn so schlimm mit mir? War das so fies, mit mir zu leben? War das so, als hättet ihr die Zeit in einer Wüste verbracht oder als wärt ihr für immer in einem Kellerloch ohne Licht eingesperrt gewesen? Warum sagen meine Leute, dass sie nichts mehr mit mir zu tun haben wollen und dass sie nicht mehr zu mir zurückkommen? 32 Vergisst eine Frau, dass sie Schmuck hat? Vergisst eine Ehefrau, dass sie einen Ehering trägt? Aber meine Leute haben mich einfach vergessen, und das schon vor Ewigkeiten. 33 Du bist gut dadrin, einen neuen Lover zu finden, jemanden, der in dich verknallt ist. Darum merkst du es gar nicht mehr, was du für einen Mist baust. 34 An deinen Händen klebt das Blut von unschuldigen Menschen. Du hast diese Menschen nicht auf frischer Tat ertappt, als sie in deine Bude einbrechen wollten. Dann könnte man das mit dem Blut ja noch verstehen. Aber so wirst du für diese ganzen Aktionen einmal bezahlen müssen. 35 Aber du behauptest steif und fest, du wärst unschuldig! Du sagst sogar: ‚Gott ist nicht mehr sauer auf mich!' Darum werde ich dich anzeigen und vors Gericht bringen. 36 Warum bemühst du dich noch darum, deine Partner zu wechseln? Egal, ob es jetzt die Ägypter sind oder die Assyrer, die haben es ja auch nicht gebracht. 37 Wenn du zu denen gehst, wirst du genauso leer und enttäuscht wieder nach Hause kommen, wie du hingegangen bist. Ich habe diesen Regierungen, auf die du gehofft hast, nämlich schon lange eine Absage verpasst, die werden es dir nicht bringen."

3 **Die Leute von Israel kapieren nicht, wie krass sie danebenliegen**

1 Gott sagt: „Wenn ein Mann seine Frau rausschmeißt und sie einen anderen Typen heiratet, darf er dann irgendwann wieder zu ihr zurückgehen? Nein, denn dann würde sogar die ganze Gegend, in der sie leben, dreckig werden. Aber du hast dich nicht nur auf einen Typen eingelassen, du hattest Dutzende. Und trotzdem glaubst du, du darfst einfach so zu mir zurückkommen? 2 Schau dich doch mal um! Auf welchem Berg hast du es denn nicht schon mit Männern getrieben? Wie eine Bande, die sich an Fußwegen im Wald versteckt, um irgendwelche Spaziergänger zu überfallen, so hast du an den Wegen gesessen und auf sie gewartet. Du hast das ganze Land dreckig gemacht, weil du es mit jedem x-beliebigen Typen gemacht hast und weil du einfach link drauf bist. 3 Das war der Grund, warum es nicht geregnet hat, nicht mal im Herbst. Aber du warst so dreist und warst auch noch stolz auf deinen Job, genauso wie eine richtige Nutte. Du hast

dich geweigert, zuzugeben, dass du Mist baust. 4 Stimmt doch, oder? Du hast sogar versucht, dich bei mir einzuschleimen, indem du zu mir sagst: ‚O Gott, du bist doch mein Vater! Du bist mein bester Freund, das war schon immer so! 5 Willst du jetzt ewig sauer auf mich sein, oder was?‘ Solche Kommentare kamen von dir, dabei hast du mit deinem Mist einfach weiter gemacht. Du hast es getrieben, so viel du nur konntest.“

Israel und Juda: Beide bauen Mist

6 Gott sagte mir dann noch einmal etwas, in der Zeit, als der Präsident Joschija an der Macht war: „Hast du mitbekommen, was Israel, meine Braut, schon wieder gebracht hat? Die ist einfach nicht treu! Sie ist auf den hohen Berg gegangen und hat es dort unter jedem Baum getrieben, den sie finden konnte. Sie hat mich betrogen! 7 Zuerst hatte ich noch die Hoffnung, dass sie irgendwann genug davon hat und dann wieder zu mir zurückkommt. Aber sie ist nicht zurückgekommen. Juda, die ja wie ihre Schwester ist, hat sich das alles zuerst nur angesehen. 8 Sie hatte auch mitbekommen, dass ich die Untreue von Israel bestraft habe, sie hat ja unsere Ehe gebrochen und ist fremdgegangen. Darum hatte ich sie rausgeschmissen. Sie bekam die Scheidungsurkunde und war weg. Aber jetzt hat ihre Schwester genau das Gleiche gebracht! Sie hatte keine Angst vor der Sache und hat es genauso getrieben wie Israel. 9 Weil sie einfach, ohne mit der Wimper zu zucken, mit anderen rumgemacht hat, hat sich auch das ganze Land verdreckt. Denn sie ist ja mit Götzen aus Beton und Plastik im Bett gelandet. 10 Trotz allem ist ihre Schwester Juda auch nicht wirklich zu mir zurückgekommen, sie hat nur so getan, als ob, es war mehr ein Fake als echt. Das sagt Gott.“ 11 Und Gott sagte noch was zu mir: „Israel, die mich beschissen hat, hat noch eher eine Chance bei mir als Juda, die mir nicht treu war. 12 Ich möchte von dir, dass du in Richtung Norden Folgendes sagst: ‚Komm zurück, Israel! Du bist abgehauen! Ich bin nicht sauer! Ich liebe euch! Ich werde nicht ewig wütend auf dich sein! Das kommt jetzt von Gott. 13 Kapier doch endlich, dass du Mist gebaut hast! Du hast mit mir Schluss gemacht, mit mir, deinem Gott! Stattdessen bist du mit allen möglichen Plastikgöttern fremdgegangen, die unter irgendwelchen Bäumen stehen. Ich hab dich gewarnt, aber du hast nicht auf mich gehört! 14 Komm zurück! Ihr seid wie Kinder, die weggelaufen sind! Ihr gehört immer noch zu mir, ich bin euer Chef! Ich werde einige von euch aus den Städten rausnehmen, immer ein oder zwei, und werde die nach Zion bringen. 15 Ich werde euch ein paar Chefs organisieren, bei denen ich denke, dass sie gut drauf sind. Die werden auf euch aufpassen, die haben was in der Birne und sind schlau.‘“ 16 Dann sagte Gott noch Folgendes: „Und wenn ihr dann wieder in dem Land lebt und euch unheimlich vermehrt, dann wird man gar nicht mehr nach der Kiste mit den Gesetzen fragen. Alle werden sie vergessen, man wird nicht mehr an sie denken oder sie suchen. Und auf die Idee, eine neue Kiste zu basteln, kommt auch keiner. 17 Denn dann werde ich in ganz Jerusalem wohnen, die ganze Stadt ist wie mein Chefsessel. Menschen aus der ganzen Welt werden sich dort bei mir treffen. Sie werden aufhören, nur noch das zu tun, was ihnen gerade an Mist in den Kopf kommt. 18 In dieser Zeit werden die Leute von Juda wieder mit den Leuten von Israel an einem Strang ziehen. Gemeinsam werden sie aus dem Land im Norden wieder zurückkommen in das Gebiet, das ich schon ihren Vorfahren für immer geschenkt hatte.“

Das Volk Israel ist untreu

19 Gott sagte dann noch: „Ich hatte mir das eigentlich so überlegt, dass ich dir eine Sonderstellung unter allen Völkern geben werde. Ich hatte vor, dir ein wunderschönes und supertolles Stück Land zu geben, in dem du für immer wohnen kannst. Es sollte wie ein Schmuckstück für dich sein. Ich hatte gehofft, dass du mich dann als deinen Vater ansiehst und dass du nicht mehr von mir abhauen würdest. 20 Tatsächlich bist du mir aber genauso untreu geworden wie eine Frau, die ihren Mann betrügt und verlässt. So bist du drauf gewesen, Israel!“ 21 Oben vom kahlen Berg hört man eine Stimme, jemand weint dort. Es sind die Leute von Israel, die merken, dass sie vom richtigen Weg abgekommen sind, dass sie ihren Chef, ihren Gott, vergessen haben. 22 „Kommt zurück zu mir! Kommt wieder her, ihr Ausreißer!“, sagt Gott. „Ich mach alles wieder gut, und ich sorge dafür, dass wir wieder zusammenkommen können.“ Ja, Gott, wir sind hier! Wir kommen wieder zu dir zurück, weil du unser Gott bist. 23 Das Geschreie dort auf den Bergen und die Gebete zu den Plastikgöttern, das ist doch der totale Beschiss! Nur du, der Chef, unser Gott, kann Israel wieder in Ordnung bringen, nur du kannst uns helfen! 24 Der ätzende Plastikgott Baal hat uns alles geklaut, was wir von unseren Vätern geerbt hatten. Schon seit wir kleine Kinder waren,

hat man für ihn unsere Schafe und Rinder geopfert, und auch unsere Söhne und Töchter stehen jetzt auf ihn. 25 Wir haben uns peinlich benommen, wir müssen uns echt schämen. Denn wir haben richtig Mist gebaut, wir haben unseren Gott betrogen. Und unsere Väter haben das auch getan, schon als Kinder haben wir nicht auf das gehört, was Gott uns zu sagen hatte.

4

Israel soll zurückkommen

1 Gott sagt: „Wenn du dich ändern wirst, wenn du wieder mit mir leben willst, wenn du sofort diese ätzenden Plastikgötter auf den Müll schmeißt, dann brauchst du auch nicht länger vor mir zu fliehen. 2 Wenn du das schwörst, so nach dem Motto ‚So wie es ganz sicher ist, dass Gott existiert, so sicher werde ich mich auch ändern!', und wenn du ab dann ehrlich bist und korrekt lebst, dann wird alles gut werden. Ja, sogar die anderen Völker werden von mir alles Gute bekommen. Sie werden stolz dadrauf sein, von mir zu wissen." 3 Das kommt jetzt von Gott und ist für die Männer von Juda bestimmt und für die Leute, die in Jerusalem wohnen: „Grabt euer Feld noch mal komplett um! Sät eure Samen nicht auf einem Feld aus, wo ganz viele Disteln und Brombeerbüsche wachsen. 4 Zieht dieses Beschneidungsritual bei euch durch, aber beschneidet jetzt euer Innerstes, euer Herz. Das geht an die Menschen, die in Jerusalem und ganz Juda wohnen. Denn sonst könnte ich voll sauer werden. Meine Wut wäre so groß wie ein heftiges Feuer, das die Feuerwehr nicht löschen kann. Ihr habt einfach zu viel Mist gebaut."

Es gibt Krieg

5 Lasst die Sirenen losgehen in Juda, in Jerusalem soll es jeder hören. Schreit das, so laut ihr könnt: Kommt alle zusammen! Bringt euch in Sicherheit! Geht in die Bunker! Versteckt euch in den großen Städten, die eine Schutzmauer haben! 6 Baut ein paar Schilder auf, wo draufsteht, in welche Richtung es nach Jerusalem geht. Und dann flieht, bleibt nicht stehen! Es wird eine große Katastrophe kommen, sie kommt aus Richtung Norden, es wird ein großes Chaos geben. 7 Ein Typ wird an die Macht kommen, der alle Völker kaputt machen kann. Er kommt wie ein gefährlicher Kampfhund aus seinem Versteck, um euer ganzes Land komplett kaputt zu machen. Eure Städte werden verfallen, und kein Schwein wird da mehr wohnen. 8 Darum habt ihr allen Grund, schwarze Trauerklamotten zu tragen. Es passt, wenn ihr rumheult: „Gott ist immer noch voll aggro auf uns!" 9 Gott sagt: „Irgendwann wird der Tag kommen, da werden der Präsident und seine Minister das Herz in der Hose haben. Die Priester werden gelähmt sein vor Schock. Auch die Prophetentypen werden total verpeilt sein. 10 Sie werden sagen: ‚Hey, Gott, unser Chef, du hast uns echt reingelegt! Du hast diese Leute und Jerusalem echt abgezogen. Denn du hast ja versprochen, dass es Frieden geben wird. Und jetzt ist das Gegenteil der Fall, wir haben ein Messer an der Kehle.'"

Wer kann sich retten?

11 Wenn das passiert, wird man zu den Bewohnern von Jerusalem sagen: „Da kommt ein heißer Wind aus den Bergen und aus der Wüste voll auf euch runter." Das ist nicht so eine Art Wind, der sauber macht, mit dem man nach der Ernte den Dreck von den Weizenkörnern entfernt. 12 Nein, dieser Wind ist viel heftiger, und er kommt, weil ich ihn geschickt habe. Und dann geht es los mit meiner Gerichtsverhandlung. 13 Passt auf, der Feind kommt wie eine dunkle Gewitterwolke oder wie ein heftiger Sturm. Er kommt schneller als ein Düsenjet. Meine Fresse! Wir sind verloren! 14 Mach dich sauber von deinem inneren Dreck, Jerusalem, damit du gerettet wirst! Wie lange sollen diese ätzenden Gedanken noch in deinem Kopf kreisen? 15 Man hört es schon im Radio, vom Familienstamm Dan, und aus den Bergen, der Gegend, wo die Leute von Efraim wohnen. Da kommen echt üble Nachrichten. 16 Die Meldungen gehen um die ganze Welt, und man erzählt das auch in Jerusalem: Aus dem entfernten Ausland kommen die Feinde anmarschiert. Man kann ihre lauten Rufe hören, wenn sie die Städte von Juda angreifen. 17 Die Soldaten umstellen Jerusalem, so wie sich die Securityleute nachts um eine Bank postieren. Sie sind da, weil sich diese Leute gegen Gott aufgelehnt haben. 18 Das ist eine Folge von dem, was ihr alles gebracht habt, ihr Leute von Juda! Ihr seid so link unterwegs, eure fiesen Aktionen sind wie ein bitteres Gift, und sie sorgen jetzt dafür, dass ihr Herzschmerzen bekommt. 19 Ich, Jeremia, bekomme voll Magenkrämpfe. Aua, das tut echt weh! Mein Herz verkrampft sich und schlägt wie verrückt. Ich kann nicht länger den Mund halten. Ich höre Schüsse, ich höre Granaten und Kanonendonner, ich höre Krieg. 20 Die Verteidigung bricht zusammen, überall hört man von Niederlagen. Das ganze Land ist eingenommen worden. Unsere Häuser

wurden platt gewalzt und unsere Dächer wegge-
sprengt. 21 Ich fragte Gott: „Wie lange dauert das
Ganze? Wie lange muss ich diesem Krieg zusehen,
wie lange muss ich diesen Kriegslärm noch hören?"
22 Gott antwortete: „Meine Leute sind neben der
Spur. Sie kennen mich nicht wirklich. Sie sind wie
dumme Kinder, die nichts raffen. Sie sind nur gut
darin, Mist zu bauen. Aber wie man Gutes tut, da
haben sie keine Ahnung von." 23 Ich hab mir die
Erde angesehen und musste feststellen, dass über-
all das totale Chaos herrscht. Dann hab ich mir den
Himmel angesehen, und da war auf einmal die
Sonne weg! 24 Schließlich hab ich die Berge und
Hügel gecheckt, und die waren alle am Wackeln, wie
bei einem Erdbeben. Die Natur spielt verrückt.
25 Dann hab ich mich nach Menschen umgesehen,
aber ich konnte keine finden. Auch die Vögel waren
alle weg. 26 Fruchtbares Land hat sich in Wüste ver-
wandelt. Die Städte sind alle ein Trümmerhaufen.
Alles ist zerstört worden, weil Gott voll sauer ist.
27 Gott sagte dann: „Ich werde fast alles kaputt
machen, aber ich will das Leben nicht ganz been-
den. 28 Die Erde wird deswegen weinen, und der
Himmel wird Schwarz tragen. Aber ich hab das so
beschlossen, und da gibt es auch kein Zurück mehr.
Es tut mir auch nicht leid, ich werde das durch-
ziehen." 29 Vor dem Lärm der Panzer und vor dem
Geschrei der Soldaten fliehen die Menschen aus
den Städten. Sie verstecken sich im Wald, sie stei-
gen in die Berge. Die Städte stehen leer, kein
Mensch wohnt da mehr. 30 Was machst du jetzt,
Jerusalem? Selbst wenn du dich noch mal chic
anziehst, mit einem engen Designerkleid und Gold-
schmuck, selbst wenn du dir mit Kajalstift die
Augen schminkst, es ist alles umsonst. Die Männer
haben keinen Bock mehr auf dich, sie wollen dich
sogar töten. 31 Eine Stimme fängt an zu schreien,
das klingt so wie eine Frau, die das erste Mal We-
hen hat, weil sie ein Baby bekommt. Sie brüllt, sie
streckt ihre Hände aus, sie sagt: „O nein! Hilfe!
Ich bin in der Hand von Mördern!"

5

Gott und Jeremia unterhalten sich

1 Gott sagt: „Geht mal durch die Straßen in
Jerusalem und checkt die Fußgängerzone und
die anderen Plätze, ob es noch Leute gibt, die kor-
rekt leben. Wenn ihr auch nur einen findet, der mir
treu ist, der korrekt ist, dann will ich allen vergeben.
2 Wobei man davon ausgehen kann, dass jeder, der
in Jerusalem auf etwas schwört, garantiert lügt."
3 Gott, du stehst doch auf Treue und Zuverlässig-
keit, oder? Du hast diese Leute bestraft, aber es hat
ihnen nicht wirklich weh getan. Du hast sie gewarnt,
aber sie haben sich trotzdem geweigert, ihr Leben
zu verändern. Sie bleiben total hart, härter als Be-
ton. Sie haben sich einfach geweigert und wollten
weiter so leben wie bisher. 4 Ich hab mir noch ge-
dacht: So sind bestimmt nur die einfachen Leute,
die bringen manchmal dumme Sachen, weil sie
deine Verträge und Gesetze nicht kennen. Die wis-
sen halt nicht, was du willst. 5 Vielleicht sollte man
die Intellektuellen ansprechen, die schlauen Leute,
die müssten doch eigentlich deine Gesetze studiert
haben. Aber gerade die haben keinen Bock mehr auf
Gott und haben alle Verbindungen zu ihm abgebro-
chen. 6 Darum werden sie von den Feinden plattge-
macht. Wie ein Bär, der am Waldrand sitzt, oder wie
ein Kampfhund, der hinter der Ecke auf dich lauert,
so werden die feindlichen Armeen vor den Städten
auf dich warten. Jeder, der dann die Stadt verlässt,
wird getötet. Sie haben einfach total viel Mist ge-
baut, sie haben Gott ohne Ende betrogen und
waren ihm nicht treu. 7 „Warum sollte ich denen das
verzeihen?", fragt Gott. „Die hatten keinen Bock
mehr auf mich! Sie haben angefangen, auf irgend-
welche Plastikgötter zu schwören. Obwohl sie mir
einen Vertrag unterschrieben haben, sind sie fremd-
gegangen. Tausende haben mich betrogen und hin-
tergangen. 8 Scharf auf Sex, wie ein wilder Hengst,
sind sie jeder Frau hinterhergestiegen, egal, ob die
zum Nachbarn gehört oder nicht. 9 Soll ich sie ein-
fach machen lassen?", fragt Gott. „Oder sollte ich
mich an solchen Leuten rächen?" 10 Geht auf deren
Weinberge und baut die Schutzmauern ab. Macht
sie aber nicht ganz kaputt, aber reißt alle Pflanzen
aus, die gehören nicht zu Gott.

Wer glaubt, in Sicherheit zu sein, muss aufpassen

11 Gott sagt: „Die Leute von Juda und Israel waren
mir untreu, sie haben mich abgezogen. 12 Der Fami-
lienstamm Juda hat mich abgezogen. Die haben
behauptet, ich wäre gar nicht da. ‚Es wird keinen
Krieg geben und auch keinen Hunger', haben sie
gesagt. 13 ‚Was die Prophetentypen gesagt haben,
war sowieso nur heiße Luft. Die haben gar nichts
von Gott gehört. Was sie an Katastrophen voraus-
gesagt haben, soll ihnen mal selbst passieren.'"
14 Darum sagt Gott, der Chef der ganzen Welt: „Weil
die so einen Schwachsinn erzählt haben, werde ich
dafür sorgen, dass aus deinem Mund Worte kom-
men, die wie ein Flammenwerfer wirken. Die Leute

werden wie ein Stück Holz sein, das nur durch
deine Worte anfängt zu brennen." 15 Gott sagt, dass
eine Nation aus dem Ausland gegen uns aufmar-
schieren wird. Er meinte: „Ihr kennt deren Sprache
nicht, ihr könnt sie nicht verstehen. Es ist eine
Nation, die es schon ewig gibt und die noch nie
jemand besiegt hat. 16 Durch die Kanonen von
deren Soldaten mussten schon viele sterben. Sie
haben alle viel Erfahrung im Krieg. 17 Sie werden
über eure Ernte herfallen und eure ganzen Essens-
vorräte vernichten. Sie werden eure Söhne und
Töchter töten. Sie werden eure Schafe und Rinder
kaputt machen. Sie werden eure Apfelbäume und
euren Weinstock abholzen. Eure großen Städte, auf
die ihr eure Verteidigung gebaut habt, werden von
Panzern niedergewalzt. 18 Trotzdem will ich auch
jetzt nicht alle von euch töten lassen, es soll nicht
zu Ende mit euch sein. 19 Wenn sie dann bei dir
ankommen, Jeremia, und fragen: ‚Warum hat Gott
das zugelassen?', dann antworte ihnen einfach:
‚Weil ihr Gott verlassen habt und in eurem Land ja
unbedingt zu Plastikgöttern beten musstet, darum
sollt ihr jetzt im Ausland leben und dort für Auslän-
der arbeiten.'"

Die Leute wollen es nicht kapieren

20 „Erzähl den Leuten von Israel und Juda Folgen-
des", sagte Gott zu mir. 21 „Jetzt hört mal her! Das
geht an diese dummen Leute, die einfach nichts
kapieren. Die haben zwar Augen, aber blicken es
nicht, sie haben zwar Ohren, aber verstehen es
nicht. 22 Ihr solltet eigentlich totalen Respekt vor mir
haben! Ich hab schließlich das Meer gemacht und
ihm eine Begrenzung gesetzt, nämlich den Strand.
Das ist wie eine Schranke, die da immer bleiben
wird, und es kann dort auch nicht drüberspringen.
Wenn die Wellen auch dagegen schlagen, wenn das
Wasser es auch probiert, es wird nicht viel weiter
kommen. 23 Aber ihr seid innerlich total beschränkt,
ihr blickt es nicht und wollt es auch nicht kapieren.
Ihr habt euch von mir entfernt, ihr seid weggelau-
fen. 24 Ihr seid nicht auf den Gedanken gekommen,
mal zu überlegen: ‚Wäre es nicht besser, Respekt
vor Gott zu haben? Schließlich hat er die Macht,
dafür zu sorgen, dass es regnet, sowohl im Früh-
ling, als auch im Herbst, immer genau richtig. Er
hat auch die Zeit festgelegt, wann man ernten
kann.' 25 Weil ihr Mist gebaut habt, ist das alles
durcheinandergeraten, deswegen kommen die
guten Sachen nicht mehr bei euch an!"

Es geht nur noch um Kohle

26 Gott sagt: „Bei meinen Leuten gibt es Menschen,
die ohne mich leben. Die versuchen die ganze Zeit,
andere Leute abzuziehen, sie brechen Autos auf
und zocken sich da die Anlagen raus. 27 So, wie ihre
Läden voller geklauter Autoradios sind, so sind ihre
Wohnungen voller Diebesgut, das sie anderen Men-
schen gezockt haben. Auf die Art sind sie echt reich
geworden. 28 Hinterhältig und fett sitzen sie in
ihrem Sessel. Sie sind so link, dass man das gar
nicht mehr in Worten ausdrücken kann. Sie geben
nichts an Obdachlose ab, und sie geben Armen
nicht das, was denen rechtlich zusteht. 29 Und das
soll ich alles so mal eben durchgehen lassen? Sollte
ich sie dafür nicht vor ein Gericht bringen? Oder
sollte ich mich nicht an solchen Leuten rächen?
30 Es ist einfach total ätzend und sehr übel, was hier
gerade abgeht! 31 Dazu kommt, dass die Propheten-
typen auch nur noch Schwachsinn erzählen und die
Priester ihr eigenes Ding drehen, so, wie es ihnen
gerade in den Kram passt. Meine Leute finden das
auch noch toll. Wo soll das alles mal enden?"

6

Jerusalem wird bald kaputt gemacht

1 Gott sagt weiter: „Haut ab aus Jerusalem! Das
geht an den Familienstamm Benjamin! Startet
die Sirene, hisst die Flagge, gebt einen Funkspruch
raus. Aus dem Norden kommt eine große Bedro-
hung, die alles komplett plattmachen wird. 2 Schö-
nes Jerusalem, du verhätschelte Stadt, dich mach
ich platt. 3 Chefs von ganzen Ländern werden mit
ihren Armeen vor dich ziehen, sie bauen ihr Lager
um dich auf. Jeder bekommt seinen Teil, wo er alles
abfressen wird, was dort steht. 4 Man hört solche
Rufe wie: ‚Startet einen Krieg gegen die Stadt! Los
jetzt! Lasst uns noch vor Mittag zuschlagen!' Dann
sagt wieder einer: ‚Passt auf! Bald wird es dunkel,
acht Uhr ist schon durch!' 5 ‚Egal, dann greifen wir
eben in der Nacht an und machen ihre Häuser im
Dunkeln kaputt.'" 6 Gott hat nämlich zu den Fein-
den gesagt: „Fällt die Bäume und baut eine Angriffs-
rampe gegen die Stadt auf. Jerusalem soll getroffen
werden, denn in dieser Stadt werden Leute brutal
unterdrückt und fertiggemacht. 7 Wie aus einem
Wasserhahn immer neues Wasser kommt, so
kommt aus dieser Stadt ständig ätzender Kram
raus. Die Bewohner sind voll gewalttätig, brutal und
machen alles kaputt. Die Leute sind einfach krank.
Immer weiter werden dort Menschen gequält und
geschlagen, und ich muss dabei zusehen. 8 Ich will

dich nur warnen, Jerusalem! Denn wenn du dich nicht änderst, muss ich mich von dir losreißen, auch wenn es mir schwerfällt. Ich mach dich dann einfach platt, keiner wird mehr in dir wohnen können, wenn ich mit dir fertig bin."

Es reicht langsam

9 Gott sagte dann zu mir: „Wie man es auch bei der Weinernte macht, so wird man auch bei Israel gründlich Nachlese betreiben, um zu checken, was von dem Rest noch zu gebrauchen ist und was nicht. Darum will ich von dir, dass du wie ein Weinbauer noch einmal ganz Israel abcheckst." 10 „Zu wem soll ich denn noch reden? Wen soll ich noch warnen? Die hören ja doch nicht auf mich!", war meine Antwort. „Die sitzen doch auf ihren Ohren, die kriegen gar nichts mehr mit! Wenn ich ihnen Worte von dir sage, dann denken die, ich will sie auf den Arm nehmen. Es gefällt ihnen überhaupt nicht, was ich sage. 11 Du hast mich mit deiner Wut angesteckt! Ich hab es probiert, diese Wut zu kontrollieren, aber es klappt nicht." Gott antwortete: „Lass deine Wut raus! Lass sie an den Kindern auf der Straße raus, ebenso an den Jugendlichen, den Erwachsenen und auch an den Omas und Opas. 12 Ihr Besitz, die Häuser und Grundstücke, wird an andere übergehen. Auch ihre Frauen werden von Fremden entführt. Ich werde in Aktion treten, ich werde die Leute bestrafen, die in diesem Land wohnen. Diese Ansage kommt von Gott. 13 Alle, vom Arbeiter bis zum Millionär, sind nur auf Kohle aus, die nicht korrekt verdient wurde. Vom einfachen Priester bis zum Prophetentypen, alle lügen wie gedruckt. 14 Die tiefen Verletzungen bei meinen Leuten versuchen sie mit ein paar Sprüchen zu heilen, weiter nichts. Sie sagen: ‚Ach, das wird schon wieder' oder ‚Ist doch alles okay', aber da wird nichts ‚schon wieder', und gar nichts ist ‚okay'. 15 Sie werden sich irgendwann derbe schämen wegen dem ganzen Mist, den sie gebaut haben. Bis jetzt ist ihnen das aber total egal. Sich für etwas zu schämen, das kennen sie gar nicht. Darum werden sie auf die Fresse fallen, wenn alles andere auch fallen wird. In der Zeit, wenn ich komme, werden sie hinfallen und nicht wieder aufstehen." Das sagt jetzt Gott. 16 Gott sagt auch: „Schaut euch mal an, was die Leute früher gemacht haben. Betretet deren Wege, macht es denen nach, wenn sich die Entscheidung im Nachhinein als gut herausgestellt hat. Lernt von den Leuten, die vor euch gelebt haben! Dann werdet ihr euch innerlich entspannen können. Aber eure Antwort auf diesen Tipp ist: ‚Nö, wir haben da keinen Bock drauf!' 17 Ich hatte Leute organisiert, diese Prophetentypen, die auf euch aufpassen sollten. Ich meinte zu euch: ‚Passt auf, wenn die Alarm schlagen!' Aber eure Antwort war: ‚Nö, da haben wir keinen Bock, auf so was zu achten!' 18 Darum sollen alle Menschen jetzt mal aufpassen und sehen, was mit ihnen passieren wird. 19 Diese Ansage geht an die ganze Erde: Ich werde dafür sorgen, dass es diesen Leuten voll schlechtgehen wird. Sie werden fiese Depressionen bekommen, weil sie total mies drauf sind. Ihnen war nämlich total egal, was ich gesagt habe, und meine Gesetze haben sie überhaupt nicht beachtet. 20 Was soll ich mit den tollen Räucherkerzen aus Saba? Was soll ich mit den leckeren Gewürzen aus dem Ausland? Eure Abfackelopfer interessieren mich nicht die Bohne, eure Dankopfer laufen mir nicht gut rein. 21 Ich werde deswegen meinen Leuten Hindernisse in den Weg legen, etwas, worüber sie fallen müssen. Das betrifft alle, Väter und Söhne, Nachbarn und Freunde."

Ein übler Feind aus dem Norden

22 Gott sagte zu mir: „Es gibt da eine sehr große Nation, die aus dem Norden vom anderen Ende der Erde stammt. 23 Ihre Soldaten haben Spezialwaffen. Sie sind übelst grausam und kennen keine Gnade. Sie kommen auf schnellen Fahrzeugen, es wird dabei so ein lautes Geräusch geben wie die Wellen vom Meer. Sie wollen gegen Jerusalem kämpfen, gegen die Stadt Zion, so wie ein Soldat im Krieg. 24 Die Bewohner der Stadt werden sagen: ‚Als wir von dem Truppenaufmarsch gehört haben, verloren wir jeden Mut. Wir hatten keine Kraft mehr, die nackte Angst hat uns gepackt, und wir hatten Krämpfe, wie bei einer Geburt.' 25 Geh dann nicht vor die Tür, geh nicht auf die Straße. Der Feind hat überall Scharfschützen aufgestellt, überall herrscht Panik. 26 Meine Leute können schon mal ihre schwarzen Trauerklamotten rausholen und sich auf heftige Zeiten vorbereiten, so, als wäre der einzige Sohn gestorben. Denn ganz plötzlich ist der Feind da, der alles kaputt machen wird."

Jeremia soll die Leute austesten

27 Gott sagte zu mir: „Ich hab dir den Job gegeben, meine Leute richtig krass zu testen. Du solltest sie immer wieder abchecken und rausbekommen, wie sie so leben. 28 Ich kam zu dem Ergebnis, dass sie die größten Abzocker sind. Sie ziehen die Leute ab. Ihr Herz ist so hart wie Beton, sie kennen kein Mit-

gefühl und bringen anderen nur Unglück. 29 Sie
wurden ausgetestet, und alles wurde aus ihnen
rausgequetscht, es wurde versucht, das Gute vom
Schlechten zu trennen, aber es kam nichts bei rüber.
Es war alles umsonst, das Schlechte konnte nicht
rausgeschnitten werden." 30 Man nennt sie auch:
„Das Blech, was auf den Schrott kommt". Denn
Gott hat sie auf den Schrott geschmissen.

7 Wer mit Plastikgöttern rummacht, kriegt auf die Ohren

1 Folgendes hat Gott zu Jeremia gesagt: 2 „Geh
mal bitte zu meinem Haus, dem Tempel. Stell dich
dort am Eingang auf und ruf ganz laut: Alle mal her-
hören! Ich habe eine Nachricht vom Chef an alle
Menschen in Juda! Es geht an die Leute, die gerade
durch diese Tür gehen wollen, um mit mir zu reden!
3 Ich, der Chef über alles, was es gibt, sage euch
Folgendes: Verändert euer Leben! Bessert euch! Nur
wenn ihr das tut, dürft ihr hier auch weiter wohnen
bleiben! 4 Auf eure tollen Sprüche könnt ihr euch
nicht verlassen. Ihr könnt auch noch so oft rufen:
‚Der Tempel gehört Gott! Der Tempel gehört Gott!
Der Tempel gehört Gott!' Das bringt es nicht! 5 Nur
wenn ihr euer Leben wirklich radikal verändert,
wenn ihr alles gutmacht, wenn ihr korrekt miteinan-
der umgeht, 6 wenn ihr Ausländer, Obdachlose,
Jugendliche ohne Eltern und Frauen, deren Mann
gestorben ist, nicht länger ausnutzt und disst, erst
dann kann alles wieder gut werden. Erst wenn ihr
aufhört, einfach Leute zu töten, die nichts ausge-
fressen haben, und wenn ihr nicht mehr zu diesen
beknackten Plastikgöttern betet, 7 werde ich euch
hier weiter wohnen lassen, in dem Land, das ich
schon den Leuten vor euch geschenkt hatte und das
ihnen für immer gehören sollte. 8 Kapiert doch end-
lich, dass ihr euch selbst in die Tasche lügt! 9 Ihr
bezockt euch gegenseitig, bringt Leute um, betrügt
euren Ehepartner, schwört Sachen und tut es dann
nicht, schenkt eure Sachen diesem komischen Plas-
tikgott Baal, betet zu irgendwelchen anderen Plas-
tikgöttern, die gar nichts mit euch zu tun haben,
usw. 10 Und dann kommt ihr hierher zu meinem
Haus, was nur für mich gemacht wurde, und beru-
higt euer Gewissen mit solchen Kommentaren wie:
‚Bei Gott sind wir in Sicherheit!' Und am nächsten
Tag macht ihr mit dem gleichen Mist weiter. 11 Ist
dieser Tempel, den ihr für mich gemacht habt, jetzt
plötzlich ein Hotel für Gangster und Schwerverbre-
cher geworden? Meint ihr im Ernst, ich sehe nicht,
was hier wirklich abgeht? Das sage ich euch jetzt,
euer Gott! 12 Macht doch mal eine Tour nach Schilo,
wo ich früher immer gewohnt habe! Schaut euch
mal an, was ich da gemacht hab wegen dem ganzen
Mist, den meine Leute von Israel gebaut haben.
13 Ihr bringt gerade dieselben Sachen wie die damals
auch. Ich hab jetzt mit euch geredet, ich bin früh
aufgestanden und hab euch alles gesagt, was es zu
sagen gab. Aber euch war das wohl egal, ihr habt
nicht auf mich gehört. Ich habe euch gerufen, aber
ihr habt nicht geantwortet. 14 Das ist der Grund,
warum ich mit diesem Haus genau das Gleiche
mache, wie ich es mit Schilo auch getan habe. Ihr
verlasst euch auf dieses Haus, ich hab es euch und
den Leuten geschenkt, die vor euch gelebt haben.
15 Ich will euch nicht mehr vor der Nase haben! Ich
hab keinen Bock mehr auf euch! Genauso, wie ich
auch auf die anderen Völker, die mit euch verwandt
sind, diese ganzen Leute von Efraim, auch keinen
Bock mehr habe."

Gott sagt: Du darfst nicht mehr für die Leute beten

16 Gott meinte dann zu Jeremia: „Ich will nicht, dass
du noch länger für die Leute betest, hörst du? Hör
auf, für sie rumzujammern, nerv mich nicht länger!
Ich werde nicht auf dich hören! 17 Kriegst du nicht
mit, was die in den Städten in Juda alles so treiben?
Hast du gesehen, was sie auf den Straßen von Jeru-
salem machen? 18 Die ganze Familie macht da mit.
Die Kinder sammeln das Holz, die Frauen backen
das Brot, der Vater schmeißt den Grill an, und am
Ende wird alles so einer Pseudogöttin geschenkt.
Für andere Plastikgötter spenden sie Trinkopfer, und
das machen sie nur, um mir eins reinzudrücken.
19 Aber drücken sie denn wirklich nur mir einen rein?
Eigentlich schädigen sie sich dadurch doch nur
selbst. Im Endeffekt ist das Ganze für sie viel peinli-
cher als für mich. 20 Ich, Gott, der Chef, habe Fol-
gendes beschlossen: Ich bin voll sauer, und ich
werde das in ganz Juda auch rauslassen. Alle Men-
schen, jedes Tier und auch die Bäume im Wald, ein-
fach alles, was hier wächst, werde ich vernichten.
Ich werde alles abfackeln, und keiner wird das Feuer
löschen können."

Die Leute sitzen auf ihren Ohren

21 Gott, der Chef über das Universum, der Gott von
Israel, sagt Folgendes: „Macht nur weiter eure Abfa-
ckelopfer, Dankopfer und was auch immer für Opfer
euch noch einfallen. 22 Ich hatte den Menschen, die
vor euch gelebt haben, nie was dazu gesagt. Ich

hatte auch nichts von einem Abfackelopfer und einem Dankopfer gesagt, als ich eure Leute damals aus Ägypten rausgeholt habe. 23 Meine Ansage war eine andere: ‚Tut das, was ich euch sage! Wenn ihr das macht, werde ich euer Gott sein, und ihr werdet meine Leute sein, wir gehören dann zusammen. Macht alles genau so, wie ich es euch gesagt habe!‘ 24 Aber sie hatten keinen Bock, auf mich zu hören, sie saßen auf ihren Ohren. Sie haben sich von ihren eigenen Gedanken und Ideen beraten lassen, anstatt auf meinen Rat zu hören. Sie haben mir den Hintern zugedreht, anstatt mir ins Gesicht zu schauen. 25 Das war schon immer so. Seit damals, als ich eure Chefs aus Ägypten rausgeführt habe, bis heute hab ich ständig irgendwelche Prophetentypen zu euch geschickt. Jeden Tag hab ich schon frühmorgens solche Leute organisiert, damit sie zu euch sprechen. 26 Aber euch war das total egal, ihr habt mir nicht einmal zugehört. Ihr habt stur euer Ding durchgezogen und habt es sogar echt übertrieben, schlimmer noch als die Leute, die vor euch gelebt haben. 27 Du wirst dir den Mund fusselig reden, Jeremia, aber sie werden doch nicht auf dich hören. Egal, wie sehr du sie auch herausforderst, sie werden nicht reagieren. 28 Darum solltest du ihnen Folgendes reindrücken: ‚Ihr seid die Leute, die nicht das tun, was Gott ihnen sagt. Ihr kriegt euer Leben nicht in den Griff. Was Treue eigentlich ist, habt ihr noch nie kapiert, das ist wohl von eurer Festplatte gelöscht worden.‘ 29 Zieh deinen schwarzen Anzug an und wirf deine anderen Klamotten auf den Müll. Dann starte eine Trauerfeier auf dem Berg. Ich bin total sauer auf die ganze Generation von Leuten. Ich hab keinen Bock mehr auf euch, ich will nichts mehr mit euch zu tun haben. 30 Die Leute von Juda haben Sachen getan, die ich superätzend finde. Sie haben diese ekligen Plastikgötter sogar in den Tempel gestellt, obwohl dort an der Klingel nur mein Name steht. Nur ich wohne dort. Aber sie wollten ihn einfach versiffen. 31 Und sie haben im Hinnom-Tal diesen ätzenden Tofet-Tempel aufgebaut, um dort ihre eigenen Söhne und Töchter lebendig als Opfer zu verbrennen! Die Idee kam nicht von mir, ich würde so was nie und nimmer wollen. 32 Darum wird es bald so sein, dass man diesen Platz nicht mehr Tofet oder Hinnom-Tal, sondern ‚Menschenschlachthof‘ nennen wird. Dort wird man in Zukunft die Toten begraben, weil es woanders keinen Platz mehr dafür geben wird. 33 Ratten und Elstern werden sich an den Leichen satt fressen, und niemand wird sie wegscheuchen. 34 Ich werde dafür sorgen, dass es in den Städten in Juda und in den Straßen von Jerusalem nichts mehr zu lachen gibt. Es werden keine Partys mehr steigen und keine Hochzeiten mehr gefeiert werden, denn das ganze Land ist ein einziger Schrotthaufen.“

8

Die Friedhöfe von Jerusalem werden versifft

1 Gott sagte dann: „In der Zeit wird man die Leichen von den Präsidenten von Juda, von den obersten Beamten, von den Priestern, von den Prophetentypen und überhaupt von allen Leuten, die in Jerusalem gewohnt haben, aus ihren Gräbern rausholen. 2 Man wird sie dann auf den Boden legen, überallhin verstreut, so dass tagsüber die Sonne und nachts der Mond und die Sterne direkt draufscheinen. Diese Teile haben die nämlich ihr Leben lang verehrt, für die haben sie alles getan, vor denen haben sie sich auf den Boden geschmissen und denen sind sie nachgelaufen. Ihre Leichen wird man nicht wieder einsammeln und begraben, sie bleiben liegen und werden dort vergammeln. So wird ihr Körper zu so einer Art Dünger für den Boden werden. 3 Es wird so kommen, dass man überall lieber sterben als leben möchte. Alle, die von diesem fiesen Pack noch übrig sind, werden das so empfinden. Alle, die ich rausgeschmissen habe, egal, wo sie gerade wohnen.“ Das kommt von Gott, dem Chef von allem.

Man wird es nicht einsehen, dass man Mist gebaut hat

4 „Dann sag den Leuten Folgendes von mir, Gott: Wenn jemand auf die Fresse fällt, versucht er normalerweise, so schnell es geht wieder hochzukommen, oder? Wenn sich jemand verlaufen hat, will er dann nicht so schnell es geht wieder zurück auf den richtigen Weg? 5 Warum bleiben die Leute, die in Jerusalem wohnen, alle bei ihren Plastikgöttern? Sie lassen sich lieber betrügen, sie weigern sich, zu mir zurückzukommen! 6 Ich hab drauf geachtet, was die so alles erzählen. Es gibt bei denen nicht einen, der kapiert hat, wie mies er eigentlich drauf ist. Keinem tut es leid, was er getan hat. Ganz im Gegenteil, sie gehen weiter in die falsche Richtung, sie laufen vor mir weg wie ein Auto, das direkt auf den Abgrund zufährt. 7 Selbst die Störche, Tauben, Schwalben und Drosseln wissen immer, welche Jahreszeit gerade angesagt ist, die wissen, in welche Richtung sie fliegen müssen, die kennen sich aus. Nur meine Leute, die haben keine Ahnung, was gerade abgeht,

die kennen die Regeln nicht, die ich gemacht habe. 8 Wieso könnt ihr nur solche Sprüche bringen wie: ‚Wir haben es gepackt, wir wissen Bescheid, wir kennen uns mit den Gesetzen von Gott gut aus'? Ja klar, ihr kennt die Gesetze, aber sie sind durch die Theologen bei euch völlig falsch ausgelegt worden. 9 Den intelligenten und schlauen Leuten bei euch wird es voll peinlich sein, sie werden geschockt sein. Denn sie hatten keinen Bock auf das, was ich gesagt habe. Was ist jetzt mit ihrer Intelligenz? Wo ist ihre Schlauheit geblieben? 10 Ich werde dafür sorgen, dass ihre Frauen und ihr Besitz an andere gehen werden. Es gibt bei ihnen keinen, der korrekt ist. Vom Kleinsten bis zum Größten, vom Arbeiter bis zum Professor, alle wollen nur irgendwie Kohle machen. Und auch die Propheten, Priester und Pastoren erzählen nur Stuss und lügen sich die Tasche voll. 11 Sie besänftigen meine Leute mit Sprüchen, so nach dem Motto: ‚Alles wird gut' und ‚Passt schon'. Aber es wird nichts gut, und es passt gar nichts. 12 Eigentlich müssten sie sich voll schämen wegen dem ganzen Mist, den sie gebaut haben. Aber sie schämen sich null. Sie wissen gar nicht mehr, wie sich das anfühlt. Und darum werden sie auf die Fresse fallen. Wenn alles kaputtgeht, dann gehen sie auch kaputt. Wenn es so weit ist und ich sie bestrafe, dann werden sie alle kaputtgehen." Das kommt jetzt von Gott. 13 Er sagt: „Ich wollte mal sehen, was bei meinen Leuten an guten Früchten entstanden ist, aber da war nichts! Es gab keine Trauben zu ernten, keine Äpfel, und selbst die Blätter waren verwelkt. Darum ist es okay, wenn der Feind sie im Krieg kaputt macht." 14 „Warum sitzen wir hier noch rum?", sagen die Leute in Juda. „Los, wir treffen uns alle und gehen in die großen Städte! Dort können wir uns verstecken. Gott will uns alle umbringen. Er hat uns vergiftetes Wasser zu trinken gegeben, weil wir Mist gebaut und ihn abgezogen haben!" 15 Dann werden sie hoffen, dass irgendwie alles doch noch gut wird, aber es passiert nicht. Sie glauben, dass Gott alles wieder in Ordnung bringt, aber es wird alles nur noch schlimmer. 16 Die feindliche Armee steht mit ihren Panzern schon vor der Stadt Dan. Sie kommen und werden alles kaputt machen, alle Städte und alle Menschen, die dort leben. 17 Gott sagt: „Ich werde giftige Schlangen zu euch schicken, die man nicht fangen oder vertreiben kann, auch nicht mit einem Zauberspruch. Sie werden euch einfach beißen." 18 Aber mir kommen dabei die Tränen, ich kriege voll den Depri, es macht mich krank. 19 Überall schreien meine Leute. Auch aus den entferntesten Gegenden hört man sie rufen: „Ist Gott nicht mehr in Zion am Start? Ist unser Chef nicht mehr da?" Aber ich frage sie zurück: Warum habt ihr mich bis zum Geht-nicht-mehr provoziert? Durch eure selbstgemachten Plastikgötter habt ihr mich echt gereizt, diese beknackten Dinger aus dem Ausland, die es sowieso nicht bringen! 20 Die Leute beschweren sich: „Die Erntezeit ist jetzt vorbei, auch die Zeit, wo man das Obst geerntet hat, und es geht uns immer noch beschissen. Gott hat uns nicht geholfen!" 21 Ich bin deswegen voll fertig, weil meine Leute nun auch fertig sind. Es hat mich total traurig gemacht und geschockt, das zu sehen, wie finster meine Leute drauf sind. 22 Gibt es in der Apotheke keine Pille, die sie wieder gesund machen könnte? Gibt es keinen Arzt, der sie heilen könnte? 23 Ich glaube, es gibt nicht genug Wasser in mir, um die Toten angemessen beweinen zu können. Und selbst wenn ich 24 Stunden ohne Unterbrechung heulen würde, wären es nicht genug Tränen.

9 Die Leute sind einfach so drauf, dass Gott sie bestrafen muss

1 Wenn ich irgendwo in der Wüste ein Zimmer angemietet hätte, dann würde ich da sofort hinziehen. Ich würde meine Leute verlassen und dort wohnen. Das sind doch alles Abzocker. Die sind Gott nicht treu, betrügen ihren Ehepartner und so weiter. 2 Gott sagt: „Ihr Mund ist wie ein geladenes Gewehr, mit Worten schießen sie die Leute ab. Im Lügen sind sie Weltmeister, und mit der Wahrheit nehmen sie es nicht so genau. Sie sind einfach gemein. Eine fiese Aktion jagt die nächste, aber von mir wollen sie nichts wissen. 3 Passt auf, was ihr sagt! Man kann noch nicht mal seinem Bruder vertrauen, geschweige denn seinen Freunden. Die Geschwister ziehen sich gegenseitig ab. Auch die eigenen Freunde reden hinter dem Rücken schlecht über einen. 4 Jeder haut den anderen übers Ohr, keiner erzählt die Wahrheit. Sie bringen sich gegenseitig bei, wie man am besten lügt. Jeder versucht, der Beste darin zu sein, andere abzulinken. 5 Wo du wohnst, zockt jeder jeden ab. Die sind alle so in diesem ‚Wer bescheißt den anderen am besten' drin, dass sie keinen Bock darauf haben, mich kennenzulernen." 6 Darum sagt der Chef dieses Universums, darum sagt Gott: „Ich werde sie austesten, ich werde sie filtern. Was soll ich sonst mit meinen Leuten anstellen? 7 Die Worte, die aus ihrem Mund

kommen, sind wie Patronen aus einem Gewehr. Man tut so, als ob man ganz friedlich mit dem anderen umgehen will, aber in Wirklichkeit versucht man, ihm nur eine Falle zu stellen. 8 So etwas muss ich einfach bestrafen, das kann ich nicht durchgehen lassen", sagt Gott. „Oder soll ich diese Nation etwa nicht bestrafen?"

Die Leute aus Jerusalem und Juda werden sterben

9 Gott sagt: „Ich will ein trauriges Lied über den Tod von meinen Leuten singen. Dieses Lied soll man überall in den Bergen und auf den Wiesen hören, wo die Schafe und Kühe weiden. Denn alles wird verbrannt sein, keiner wird dort mehr leben können. Man wird keinen Lärm von den Tieren mehr hören, und auch die Vögel sind nicht mehr da. 10 Ich werde Jerusalem in einen Schrotthaufen verwandeln, dort werden nur noch Ratten wohnen. Die Städte von Juda werde ich austrocknen, dort wird niemand mehr wohnen." 11 Leute fragen: „Wo ist der Typ, der so viel Schnall hat, das zu erklären? Wer hat mit Gott über die Sache geredet, wem hat er erklärt, warum das ganze Land plattgemacht worden ist, warum dort jetzt überall eine Wüste ist, so dass dort niemand mehr wohnen kann?" 12 Gott antwortet: „Der Grund ist, dass sie nicht auf mich gehört haben. Die Sachen, die ich für sie aufgeschrieben hatte, waren ihnen egal. Sie haben nicht danach gelebt, sie haben nicht auf mich gehört. 13 Stattdessen haben sie nach dem gelebt, was ihnen gerade in den Sinn gekommen ist. Sie waren total verpellt und sind sogar dem Plastikgott Baal hinterhergelaufen! Das hatten ja schon die Leute, die vor ihnen gelebt haben, immer mal wieder gemacht. 14 Darum sagt Gott, der Chef dieses Universums, der Gott von Israel: Pass auf, ich werde meinen Leuten etwas zu essen geben, was ihnen gar nicht schmecken wird, aber sie müssen diese bittere Pille schlucken. 15 Ich werde sie rausschmeißen, ich werde sie überallhin in die Welt treiben. Sie werden dort leben, wo sie noch nie vorher waren. Die Leute, die vor ihnen gelebt haben, hatten auch noch nie etwas von diesen Ländern gehört. Ich werde dafür sorgen, dass überall, wo sie hingehen, Krieg ausbrechen wird, und das mach ich so lange, bis alle tot sind. 16 Ich, der Chef vom ganzen Universum, sage jetzt Folgendes: Passt auf! Holt ein paar Leute zusammen, die gut Todesanzeigen schreiben können. Holt die Frauen zusammen, die gut Beerdigungen organisieren können. 17 Sie sollen so schnell es geht eine große Trauerfeier planen, es soll voll traurig dort abgehen, alle sollen dort weinen, bis nichts mehr geht." 18 Hört mal, in Jerusalem, in der Stadt Zion, heulen alle. Sie schreien: „Alles ist kaputt! Wir sind am Ende! Wir mussten von zu Hause fliehen, alle Wohnungen sind kaputt!" 19 Alle Frauen mal herhören, hört, was er zu sagen hat! Das kommt jetzt direkt von Gott! Und bringt auch euren Töchtern bei, wie man anständig trauert. Bringt einander dieses Depri-Lied bei, das man singt, wenn jemand gestorben ist: 20 „Der Tod ist wie ein fieser Mörder bei uns nachts durchs Fenster eingestiegen. Er ist in den Regierungsbezirk gekommen, er holt unsere Kinder von der Straße, er holt die jungen Männer vom Sportplatz!" 21 Gott meinte dann noch zu mir, dass ich Folgendes sagen soll: „Das kommt jetzt von Gott: Die Leichen der Menschen werden überall rumliegen, sie werden wie Dünger auf den Feldern sein. Wie ein Rasenmäher das Gras abschneidet, so werden die Menschen abgemäht werden. Aber niemand wird ihre Leichen aufsammeln."

Worauf man stolz sein kann und worauf nicht

22 Gott sagt: „Wenn jemand besonders schlau ist, soll er deswegen nicht einen auf dicke Hose machen. Und wenn jemand krasse Muskeln hat, soll er deswegen nicht rumprotzen. Und wenn jemand viel Kohle hat, soll er deswegen nicht angeben. 23 Wenn jemand stolz auf etwas sein will, dann soll er stolz dadrauf sein, dass er mich kennt und kapiert hat, was ich von ihm möchte. Ich bin Gott, ich bin Liebe, ich bin total fair. Das macht mir Spaß, so will ich gerne sein." 24 „Es wird einen Tag geben", sagt Gott, „da werde ich mit allen Männern abrechnen, die sich die Vorhaut abgeschnitten haben, und auch mit denen, die das nicht getan haben. 25 Egal, aus welchem Volk die kommen, aus Ägypten, Juda, ob das die Edomiter, Ammoniter, Moabiter sind oder die Leute, die in der Wüste leben und sich einen Iro-Haarschnitt zugelegt haben. Denn eigentlich sind alle Menschen nicht okay für mich, denn alle sind in ihrem Herz nicht sauber. Sie haben dieses Beschneidungsritual nicht innerlich machen lassen."

10

Plastikgötter sind tot, Gott lebt

1 Das geht jetzt an alle Leute von Israel, hört mal gut zu! 2 Gott sagt: „Passt euch nicht an die Leute an, die nicht mit mir leben. Ihr braucht auch nicht beeindruckt von irgendwelchen Zeichen am Himmel zu sein, wie Blitzen oder so was. Bei den anderen Völkern ist das ja oft so. 3 Ihre Art zu

leben bringt's überhaupt nicht. Sie gehen in den Wald und holen sich da ein Stück Holz. Dann geben sie das einem Künstler, der daran etwas rumschnitzt. Und dann wird das ganze Teil für sie plötzlich zu einem Gott ... 4 Es wird dann noch mit Goldfarbe lackiert, dann hängt man noch ein paar Silberkettchen dran, und fertig ist das Teil. Zum Schluss wird noch ein Ständer gebastelt, damit das Ding auch fest steht und nicht wackelt. 5 Die Teile stehen dann nur rum wie eine Vogelscheuche in einem Erdbeerfeld. Sie können nicht reden, und sie können auch nicht gehen, man muss sie sogar tragen. Vor solchen Dingern braucht ihr echt keinen Respekt zu haben, die können einem nichts Böses tun, aber auch nichts Gutes." 6 Hey, Gott, nichts kann man mit dir vergleichen! Du bist so gigantisch! Du bist so unwahrscheinlich stark. 7 Wer sollte keinen Respekt vor dir haben? Du bist der Chef über alle Menschen! Es ist einfach richtig, dich zu respektieren, weil niemand es mit dir aufnehmen kann, auch nicht die schlausten Menschen, die es auf dieser Welt gibt. 8 Diese anderen sind alle voll doof, dumm wie Brot. Sie haben ja auch niemanden, der es ihnen beibringen könnte, denn ihr „Gott" ist nur ein Stück Holz. 9 Ein Künstler hat ihn gebastelt, weiter nichts. Er hat etwas Alufolie bei Aldi in Tarsis gekauft, ein bisschen Goldfarbe aus dem Baumarkt in der Stadt Ufas drübergepinselt, das war's. Dann hat noch jemand einen Umhang aus lila Samtstoff genäht und fertig. Es wurde alles nur von Menschen gemacht. 10 Aber der echte Gott ist unser Gott, er ist der Chef. Er existiert wirklich, er lebt, und er ist schon immer der oberste Chef gewesen, der alles in der Hand hat. Wenn er sauer ist, wackelt die ganze Erde, wenn er aggro ist, kann das keiner aushalten. 11 Gott sagt: „Ich möchte, dass von meinen Leuten solche Kommentare kommen, wie: ‚Diese ganzen Plastikgötter, die nicht dabei waren, als die Erde und das Universum gemacht wurden, sie werden aus dieser Welt verschwinden. 12 Dieser Gott hat mit seiner Kraft die ganze Erde gemacht. Er hat auf geniale Art das Festland entstehen lassen. Er hat außerdem den Himmel und das Weltall gebastelt. 13 Gott hat ein Wort gesagt, und dann fing es plötzlich an, aus dem Himmel zu regnen. Er sorgt für Wolken, die überall rumfliegen, er macht den Regen, er hat die Blitze organisiert, und er sorgt dafür, dass der Wind bläst.' 14 So richtig fassen kann das kein Mensch. Sie peilen es einfach nicht, wie das entstehen konnte. Genauso muss irgendwann auch jeder Künstler seinen Kopf schütteln, dass er so einen dummen Plastikgott gebaut hat. Diese Götter sind der reine Beschiss, denn sie sind tot und können gar nicht leben. 15 Sie sind reif für die Mülltonne, man kann sich nur über sie beeumeln, sie sind zum Totlachen. Wenn die Zeit gekommen ist, werden sie alle kaputtgehen, und dann ist es zu Ende mit ihnen." 16 Bei dem Gott von Israel läuft das anders ab! Der hat nämlich das ganze Universum gemacht, und dieser Gott hat erklärt, dass die Leute von Israel alle für immer ihm gehören. Man nennt ihn auch „Gott, der Chef von allem!".

Die Bewohner von Jerusalem werden alle in Kriegsgefangenschaft kommen

17 Alle Leute, die in der belagerten Stadt Jerusalem leben, können schon mal ihre Sachen packen. 18 Gott sagt: „Passt auf, diesmal werde ich alle Menschen, die in diesem Land wohnen, in hohem Bogen rausschmeißen! Ich werde euch in Schwierigkeiten bringen, damit ihr für eure Feinde leichte Beute werdet." 19 Jerusalem weint: „O nein, bei mir geht alles kaputt! Ich habe eine unheilbare Krankheit! Bis jetzt dachte ich immer, dass ich mit dieser Krankheit leben kann. 20 Aber jetzt ist alles kaputt! Mein Haus ist eingestürzt, meine Kinder sind abgehauen, sie sind nicht mehr da! Es gibt niemanden, der auf mich aufpasst. Es gibt keinen, der mir ein Haus baut." 21 Die Politiker sind einfach zu doof, und Gott war ihnen egal. Darum hatten sie keinen Plan vom Regieren, und darum sind alle Menschen, auf die sie aufpassen sollten, kaputt und am Ende. 22 Hörst du das? Da kommt ein ganz lautes Knallen aus dem Norden! Es ist ein Krieg ausgebrochen, der die Städte von Juda komplett plattmachen wird. Dort werden nur noch Ratten wohnen. 23 Gott, ich hab kapiert, dass der Mensch letztendlich keine Macht über sein Leben hat. Am Ende ist es nicht der Mensch selbst, der sein Leben steuert. 24 Bestrafe uns Gott, aber bitte bleib dabei fair. Lass nicht deine ganze Wut an uns aus, damit wir nicht völlig abnippeln. 25 Wenn du wütend bist, dann lass es besser an den Völkern aus, die ohne dich leben. Die sind über deine Leute hergefallen, die haben sie aufgefressen und vernichtet. Und ihr Land wurde von denen auch komplett zerstört.

11

Die Leute von Gott haben die Verträge gebrochen

1 Gott redete mal wieder mit mir, Jeremia. Er sagte zu mir: 2 „Ich will den Leuten von Juda und

den Menschen, die in Jerusalem wohnen, noch mal etwas zu einem anderen Thema sagen. Und zwar geht es mir um die Verträge, die sie mit mir haben und die sie auch einhalten sollten. [3] Sag ihnen: Das kommt jetzt von Gott, dem Gott von Israel! Der Mensch, der sich nicht an die Verträge hält, soll verrecken. Ich wünsch ihm die Krätze an den Hals, ich verfluche ihn! [4] Ich habe diese Verträge mit den Leuten gemacht, die vor euch gelebt haben. Und zwar war das an dem Tag, als ich sie aus Ägypten rausgeholt habe, aus dieser Schrottpresse, wo sie sonst gestorben wären. Ich hab damals mit ihnen gesprochen, ich hab zu ihnen gesagt: ‚Lebt so, wie ich es euch sage! Haltet euch an das, was ich euch befehle. Wenn ihr das macht, dann gehören wir zusammen, ihr seid meine Leute, und ich bin euer Gott. [5] Ihr müsst das tun, weil ich mich nur dann an das Versprechen halten kann, was ich den Leuten vor euch gegeben habe.‘ Das Versprechen war ja, dass ich ihnen ein Land schenken werde, wo es alles gibt und davon reichlich. In diesem Land lebt ihr heute.“ Meine Antwort dazu ist: „Ja, so passt es, Gott! [Amen]“ [6] Dadrauf mein Gott zu mir: „Predige ab sofort Folgendes in den Städten von Juda: Achtet alle auf die Sachen, die in den Verträgen stehen! Lebt so, wie es dort drinsteht! [7] Überlegt doch mal, was ich den Leuten vor euch schon immer gesagt habe. Schon ab dem Tag, als ich sie aus Ägyptern rausgeholt hatte, hab ich ihnen immer wieder eingetrichtert, dass sie auf das hören sollen, was ich ihnen sage! Und bis heute hab ich sie ständig daran erinnert. [8] Aber die saßen anscheinend auf ihren Ohren und haben einfach so weitergemacht. Sie waren zu verpeilt und zu link drauf. Darum hab ich dafür gesorgt, dass alle Sachen passieren, die in den Gesetzen stehen, für den Fall, dass sie meine Gesetze brechen und nicht so leben, wie es da drinsteht.“ [9] Dann sagte Gott noch zu mir: „Unter den Leuten von Juda und den Menschen, die in Jerusalem leben, gibt es so eine Art Revolution gegen mich. [10] Sie leben wieder so wie früher. Sie bauen den gleichen Mist, wie es ihre Väter auch schon getan haben. Die hatten sich ja auch immer wieder geweigert, so zu leben, wie ich es ihnen gesagt hatte. Sie sind dann Plastikgöttern nachgelaufen und fanden die toll. Die Leute von Israel und die Leute von Juda haben meine Verträge gebrochen, die ich mit den Leuten geschlossen hatte, die vor ihnen gelebt haben. [11] Deshalb werde ich dafür sorgen, dass es ihnen ganz dreckig geht. Es wird bei ihnen ganz übel abgehen, und sie werden davor nicht fliehen können. Und selbst wenn sie dann anfangen, ganz laut ‚Hilfe‘ zu rufen, werde ich nicht auf sie hören. [12] Die Leute von Juda und die Bewohner von Jerusalem werden dann erst einmal bei den Plastikgöttern anklingeln, bei denen sie vorher immer Räucherkerzen angezündet hatten. Aber die werden ihnen nicht aus ihrer ätzenden Situation helfen können. [13] Denn mal ehrlich: In Juda gibt es genauso viele verschiedene Plastikgötter wie Städte. In jeder Straße von Jerusalem steht ein anderer Opfertisch, ein Altar, wo man für den komischen Baal Räucherkerzen anzünden kann. [14] Jeremia? Hör auf, für diese Leute zu beten! Hör auf damit! Ich werde sowieso nicht auf sie hören, egal, wie laut sie zu mir schreien, wenn es ihnen dann schlecht geht!“

Israel ist wie ein Apfelbaum für Gott

[15] Gott sagt: „Warum sind meine geliebten Leute von Juda immer noch in meinem Tempel, was wollen die da? Die haben doch sowieso nur linke Sachen in der Birne! Glaubt ihr im Ernst, dass ihr mit einem netten Opferritual dafür sorgt, dass ihr plötzlich gut werdet und euch wieder freuen könnt?“ [16] Gott hat euch mal mit einem Apfelbaum verglichen, der schöne Äpfel trägt. Aber jetzt wird er mit einem lauten Knall für ein großes Durcheinander sorgen und ein Feuer legen. Dadurch vertrocknen die Äste von dem schönen Baum und brechen ab. [17] Gott, der Chef über alles, hat euch mal gepflanzt. Aber jetzt hat er beschlossen, dass es euch dreckig gehen soll, weil ihr so mies drauf seid! Die Leute von Israel und die Leute von Juda haben ihn provoziert, sie haben es bis zum Äußersten getrieben, weil sie für den Plastikgott Baal Räucherkerzen angezündet haben.

Attentat gegen Jeremia, und was Gott dazu sagt

[18] Gott hat mir schon vor einiger Zeit gesagt, was die Menschen vorhaben. Seitdem weiß ich Bescheid. [19] Ich war wie ein kleines, zahmes Lamm, das zum Schlachten geführt wird, wo man es tötet. Ich hatte gar nicht gepeilt, dass sie mich umbringen wollten. Ihr Plan war: „Lasst uns den Jeremia wie einen Baum mitsamt den Wurzeln rausreißen, damit er endgültig von der Bildfläche verschwindet und sich keiner mehr dran erinnert, wer er war und wie er hieß.“ [20] Ich betete: „Gott, du bist der Chef über alles! Bitte lass mich das noch erleben, wenn du dich an ihnen rächst. Ich hab dir in dieser Sache immer vertraut. Du bist immer korrekt, du checkst

alles genau ab!" 21 Die Leute aus Anatot wollen mich
killen! Sie verbieten mir, Worte von Gott weiterzuge-
ben, und sagen, wenn ich es doch tue, bringen sie
mich um. 22 Darum sagt euch Gott: „Ich werde es
ihnen heimzahlen! Die jungen Männer werden im
Krieg erschossen, die Söhne und Töchter werden
verhungern. 23 Es wird keiner mehr übrig bleiben.
Ich werde dafür sorgen, dass die Leute aus Anatot
kaputtgehen, in dem Jahr, wo ich ihnen die Rech-
nung präsentiere."

12

Jeremia hat ein paar Fragen an Gott

1 Ich habe dann zu Gott gesagt: „Gott? Sag
mal, du liegst ja generell immer richtig, und
wenn man mit dir streitet, zieht man immer den
Kürzeren. Trotzdem möchte ich mit dir über ein
paar Sachen diskutieren. Warum ist das so, dass die
Leute, die ohne dich leben, oft so erfolgreich sind?
Warum geht es denen gut, obwohl ihnen total egal
ist, was du sagst. Die wollen doch sowieso nichts
von dir wissen. 2 Ich sag das jetzt mal in einem Bild:
Du hast sie gepflanzt, sie haben Wurzeln bekom-
men und sind gut gewachsen, haben Früchte be-
kommen und so. Die reden zwar ständig von dir,
aber innerlich sind sie meilenweit entfernt von dir.
3 Mich kennst du gut, wir sind sozusagen befreun-
det. Du checkst mich die ganze Zeit ab, du weißt,
wie ich ticke und dass ich zu dir stehe. Kannst du
diese Leute nicht einfach mal verhaften? Kannst du
sie nicht alle, wie Kühe, schon mal für ihre Schlach-
tung klarmachen? 4 Weil diese Leute schon immer
so link unterwegs waren, sind alle Kühe und auch
die Vögel krank oder gestorben. Das Land ist ver-
trocknet und die Pflanzen auf den Feldern auch.
Diese Leute glauben dabei auch noch, dass du ein
Auge zudrückst und das Ende davon nicht sehen
kannst." 5 Gott antwortete mir: „Wenn du schon
dabei schlappmachst, neben Fußgängern zu gehen,
wie willst es dann schaffen, bei einem Radrennen
mitzuhalten? Und wenn du dich nur sicher fühlst in
einem Land, wo gerade kein Krieg abgeht, was willst
du dann machen, wenn du im dichten Schilf am
Ufer vom Jordanfluss stehst? 6 Alle deine Verwand-
ten, sogar deine Brüder, haben dich fallengelassen!
Die reden nur noch schlecht über dich, und das so
laut, dass jeder es hören kann. Vertrau denen nicht,
auch wenn sie versuchen, sich bei dir einzuschlei-
men."

Gott ist traurig über das Urteil, das er als Richter fällen muss

7 Gott sagte weiter: „Ich hab meine Leute verlassen,
ich hab sie aufgegeben. Mein Liebling, der mir so
ans Herz gewachsen war, ich musste ihn fallenlas-
sen, direkt in die Hand der Feinde. 8 Es ist, als ob
jemand aus meiner Familie für mich plötzlich ge-
fährlich geworden ist, so gefährlich wie ein toll-
wütiger Hund von der Straße. Er hat angefangen zu
knurren, wenn ich ihm zu nahe gekommen bin,
darum hasse ich ihn. 9 Sind mein Land und meine
Leute jetzt wie ein Kanarienvogel, der frei im Zim-
mer rumfliegt, bis die Katzen ankommen und ihn
auffressen? Bringt alle wilden Tiere her, damit sie
was zum Fressen haben! 10 Irgendwelche Präsiden-
ten sind angekommen und haben meinen Weinberg
zerstört. Sie haben meinen Acker zertreten. Meinen
wertvollen Acker haben sie einfach plattgewalzt, da
wächst jetzt nichts mehr. 11 Das ganze Land wurde
zu einer Wüste, das ist echt traurig. Keiner hat sich
darum gekümmert, es war ihnen egal." 12 Über die
Berge, wo nichts drauf wächst, rücken Armeen ins
Land ein. Gott kommt mit seinen Waffen und macht
überall im Land alles platt, von einem Ende bis
zum anderen Ende. Kein Mensch kann sich vor die-
sem Krieg drücken. 13 Sie haben Weizen gesät, aber
Brennnesseln geerntet. Sie haben alles gegeben,
aber es hat nichts gebracht. Gott war total sauer, er
hat alles kaputt gemacht.

Juda und die Völker, die nebenan leben

14 Gott sagt: „Das geht jetzt an alle fiesen Nachbar-
völker, die sich das Land von meinen Leuten unter
den Nagel reißen wollen. Dieses Land hab ich ihnen
für immer geschenkt. Ich werde sie zwar aus ihrem
Land rausschmeißen, und die Leute von Juda werde
ich auch von dort wegschicken. 15 Nachdem ich das
erledigt habe, werde ich aber wieder nett mit ihnen
umgehen und sie zurückbringen. Jeder wird wieder
dort in dem Gebiet wohnen können, das ich ihnen
mal geschenkt hatte. 16 Folgendes hab ich beschlos-
sen: Wenn diese Ausländer wirklich so leben wollen,
wie meine Leute auch leben, wenn sie auch auf mei-
nen Namen schwören, dann soll es ihnen voll gut-
gehen in meiner Truppe. So wie sie vorher meinen
Leuten beigebracht haben, zu diesem Plastikgott
Baal zu beten, so sollen meine Leute ihnen beibrin-
gen, wie man zu mir betet. 17 Falls sie da aber keinen
Bock drauf haben, dann werde ich sie endgültig ver-
nichten. Ich werfe sie auf den Müll, sie sind verlo-
ren!"

13

Es wird eine harte Gerichtsverhandlung geben

1 Folgendes hat mir Gott gesagt: „Kauf dir eine Badehose aus Baumwolle und zieh die an. Die darfst du aber nie waschen, okay?“ 2 Also organisierte ich mir eine Badehose und lief damit die ganze Zeit rum. 3 Dann redete Gott wieder mal mit mir: 4 „Jetzt zieh das Teil, das du gekauft hast, mal aus und bring es an eine Stelle vom Eufrat-Fluss. Dort versteckst du es unter zwei Felsen.“ 5 Ich machte alles genau so, wie Gott es mir gesagt hatte. 6 Sehr viel später redete Gott wieder mit mir: „Jetzt geh mal zu dem Fluss und hole die Badehose, die du dort versteckt hast.“ 7 Ich ging dann wieder an die Stelle vom Eufrat und holte das Teil wieder. Die ganze Badehose war total vergammelt, und man konnte sie nicht mehr anziehen. 8 Jetzt erzählte mir Gott endlich, was die ganze Aktion sollte. 9 „Das war ein Zeichen dafür, was ich mit den Stolzen von Juda und diesen Überheblichen in Jerusalem machen will. Sie werden genauso vergammeln wie diese Badehose. 10 Denn sie sind einfach link unterwegs, und sie haben keinen Bock, auf das zu hören, was ich ihnen sage. Sie ziehen gnadenlos ihr Ding durch, laufen anderen Plastikgöttern hinterher, sie beten zu denen und schmeißen sich sogar vor denen auf den Boden! Diese Leute sollen so kaputtgehen wie diese Badehose, die man nur noch in den Müll werfen kann. Denn sie ist echt nicht mehr zu gebrauchen. 11 Denn so eng, wie eine Badehose am Körper ist, so eng wollte ich die Leute von Israel und Juda um mich haben. Ich wollte, dass sie meine Leute sind, auf die ich stolz sein kann, die gut aussehen und über die ich mich freuen kann. Aber leider wollten sie das nicht.“
12 Gott sagte weiter zu mir: „Erzähl den Leuten Folgendes: ‚Das kommt jetzt vom Chef, von dem Gott, an den Israel glaubt. Biergläser sind dazu da, dass man sie mit Bier füllt!‘ Wenn sie dann antworten: ‚Das ist ja eine ganz tolle Neuigkeit! Als würden wir nicht wissen, wofür Biergläser da sind …‘, 13 dann sag ihnen: ‚Das kommt jetzt von Gott: Passt auf, ich werde alle Leute, die hier leben, inklusive des Nachfolgers vom Präsidenten David, alle die Priester und Propheten, alle Menschen, die in Jerusalem sind, total breitmachen. 14 Ich werde sie kaputt machen, indem sie sich gegenseitig schlagen, einer gegen den anderen, auch Kinder und Eltern wird das betreffen. Ich hab dabei kein Mitleid. Es tut mir nicht weh, dass ich sie kaputt mache.‘“

Eine letzte Warnung

15 Gott hat zu euch geredet, also nehmt das ernst und kommt von eurem hohen Sockel mal runter. 16 Macht endlich klar, dass Gott für euch der Größte ist, bevor es zappenduster wird und ihr im Dunklen stolpert, wenn ihr auf den Bergen rumkraxelt. Normalerweise kommt nach der Nacht ein neuer Tag, aber gerade das wird nicht passieren, es wird voll finster für euch bleiben. 17 Und wenn ihr auf diese Warnung nicht hört, werde ich mich einschließen und mir vor lauter Traurigkeit die Augen ausheulen, weil ihr es echt nicht kapiert. Denn die Leute von Gott werden dann alle unfrei. Sie werden als Gefangene abgeführt. 18 Gott sagt nämlich zum Präsidenten und zu seiner Mutter: „Kommt runter von eurem hohen Sockel und kommt mal auf den Boden der Tatsachen. Denn eure Macht ist am Ende, sie ist euch genommen worden, ihr habt sie verspielt. 19 Die Städte, die im Süden von Juda liegen, werdet ihr verlieren. Keiner wird sie wieder zurückbringen können. Alle Menschen aus Juda werden in Kriegsgefangenschaft geraten.“

Jerusalem ist wie eine Frau, die vergewaltigt wurde

20 Schau dich mal um, Jerusalem! Siehst du, wie die feindlichen Armeen aus dem Norden anrücken? Wo sind die vielen Menschen, die in dir mal wohnen sollten. Wo sind die vielen Leute, auf die du aufpassen solltest? 21 Was würdest du sagen, wenn Gott deine Berater, die du dir ja selbst ausgesucht hast, plötzlich zu deinen Chefs machen würde, die dann über dich bestimmen könnten? Würdest du nicht Magenschmerzen bekommen und fiese Krämpfe, so wie eine Frau, die ein Kind bekommt? 22 Und wenn du dann denkst: „Warum ist ausgerechnet mir so was passiert?“, dann ist der Grund, weil der Mist, den du gebaut hast, einfach zu groß geworden ist. Gott hat dafür gesorgt, dass man dich gepackt, dir die Kleider vom Leib gerissen und dich vergewaltigt hat. 23 Wie ist das denn, kann ein Mensch seine Hautfarbe mal eben ändern? Oder kann eine braune gefleckte Katze sich plötzlich weiße Flecken zulegen? Wenn das so wäre, könntet ihr ja auch plötzlich nur noch gute Sachen bringen, obwohl ihr euch schon dadran gewöhnt habt, link und schlecht zu sein. 24 Gott sagt: „Darum werde ich euch verteilen wie die Samen von einer Pusteblume, die vom Wind in alle Richtungen verteilt werden. 25 So wird das mit dir passieren, Jerusalem! Du hast mich einfach vergessen und hast auf Lügen gebaut anstatt auf meine Wahrheit. 26 Ich werde dafür sorgen, dass du

ganz peinlich dastehen wirst. Es wird so sein, als würdest du plötzlich nackt in der Innenstadt stehen, mitten in der Fußgängerzone. 27 Deinen ätzenden Lebensstil hab ich sehr wohl bemerkt. Deine Gier nach Sex und deine große Klappe sind mir nicht entgangen. Und auch nicht, dass du mich ständig betrügst mit deinen komischen Götzen da draußen auf den Hügeln. Pass bloß auf, Jerusalem! Du wirst nicht von selber wieder sauber, du bist dreckig. Wie lange willst du es noch so treiben?"

14

Es wird ganz eng werden

1 Jetzt kommen ein paar Sachen, die Gott zu mir gesagt hat, als es ewig nicht mehr geregnet hatte. 2 „Alle Leute in Juda trauern. Die Stadt liegt im Sterben. Sie ist am Boden, und man hört überall, wie die Leute laut weinen und jammern. 3 Die Mächtigen werden ein paar Angestellte zum Getränkemarkt schicken. Sie kommen dort an, aber es gibt keine Getränke mehr, denn das Wasser ist ausgegangen. Wenn sie zurückkommen, haben sie nichts im Lieferwagen. Sie sind extrem traurig, und es ist ihnen sehr peinlich. 4 Auch die Bauern sind frustriert und total down. Der Boden ist so trocken, dass es überall Risse gibt, weil es ewig nicht geregnet hat. 5 Sogar das Reh verlässt sein Kind, weil es kein Gras mehr gibt, wovon es sich ernähren könnte. 6 Die Pferde stehen auf den Flächen, wo kein Gras mehr wächst, es ist heiß, und sie schnappen nach Luft wie ein Hund. Ihre Augen sind ganz trübe, weil es nichts mehr zu fressen gibt." 7 Gott, wir haben Mist gebaut! Die ganzen ätzenden Sachen, die wir gebracht haben, sind Beweise dafür. Wir sind dir immer wieder untreu geworden, wir haben dich verletzt, und wir haben immer unser eigenes Ding gemacht. Trotzdem bitten wir dich, dass du uns hilfst, einfach, weil du Gott bist. 8 Du bist die einzige Hoffnung, die Israel noch hat! Wenn es uns beschissen geht, bist du der Einzige, der uns retten kann. Warum tust du plötzlich so, als hättest du gar nichts mit uns zu tun? Warum bist du plötzlich wie ein Typ, der nur auf der Durchreise mal eben für eine Nacht reingeschaut hat? 9 Warum willst du so tun, als wärst du total überfordert wie einer, der nicht wirklich helfen kann. Du bist doch bei uns dabei, Gott! Wir gehören dir! Bitte verlass uns nicht!

Gott will nicht, dass Jeremia für seine Leute betet

10 Gott sagt über diese Leute Folgendes: „Sich einfach treiben lassen, das macht ihnen Spaß. Mal hier sein und dann wieder dort, das lieben sie." Aber Gott gefällt das nicht. Er mag sie nicht mehr. Darum fängt er jetzt an, sich an den ganzen Dreck zu erinnern, den sie früher schon gebracht hatten, und bestraft sie für ihren Mist. 11 Dann sagte Gott zu mir: „Hör auf, für meine Leute zu beten! 12 Sie können noch so viel auf Essen verzichten und sich die Seele aus dem Leib beten, ich werde trotzdem nicht auf ihre Gebete hören. Sie können noch so viele Opferrituale durchziehen, Abfackelopfer oder Essensopfer, es ist mir egal. Ich gehe nicht dadrauf ein. Stattdessen werde ich sie durch Krieg vernichten. Ich werde sie durch Hunger und tödliche Krankheiten kaputt machen." 13 „Ach Mann, Gott, das kannst du nicht ernst meinen!", antwortete ich. „Das liegt doch alles an den Prophetentypen, die ihnen diesen Schwachsinn erzählt haben. Sie haben gesagt, dass Gott sie nicht vernichten wird. Es wird keinen Krieg geben, haben sie gesagt, und dass es immer genug zu essen geben wird. ‚Er hat sogar versprochen, dass wir hier lange Frieden haben werden', haben sie den Leuten erzählt." 14 Gott antwortete mir: „Die Propheten bei euch erzählen den größten Mist und behaupten auch noch, das würden sie alles in meinem Auftrag tun. Aber ich hab denen nie irgendeinen Auftrag gegeben. Schon gar nicht, den Mund aufzumachen und so einen Stuss zu erzählen. Sie lügen in einer Tour, und was sie machen, ist schwarze Magie. Von denen kommt nur heiße Luft, sie wollen die Menschen eigentlich nur betrügen, weiter nichts." 15 Gott hat eine Ansage für diese Propheten, die so tun, als würden sie in Gottes Auftrag reden, obwohl das gar nicht stimmt: „Sie behaupten, dass es keinen Krieg bei euch geben wird und dass ihr auch keine Probleme mit Hunger bekommen werdet. Genau diese Propheten werden alle in einem Krieg getötet oder durch Hunger sterben. 16 Aber auch den Leuten, die sich diese prophetischen Ansagen angehört haben, wird das passieren. Sie werden entweder vor Hunger sterben oder im Krieg. Überall in Jerusalem werden ihre Leichen liegen. Niemand wird die Toten begraben, weder Frauen noch Söhne oder Töchter. Der Mist, den sie gebaut haben, kommt auf sie zurück, und wie eine Welle wird es über sie schwappen."

Jeremia gibt zu, dass seine Leute richtig Mist gebaut haben

17 Gott meinte dann: „Ich will, dass du den Leuten Folgendes klarmachst: Sag ihnen, wie fertig du bist, erzähle ihnen, wie traurig und frustriert dich das

Ganze macht. Dass du den ganzen Tag wegen ihnen heulst und damit nicht mehr aufhören kannst. Erzähl, dass es für dich so schlimm ist, weil gerade alles über den Leuten zusammenbricht. Deine geliebten Freunde liegen schwer verwundet im Krankenhaus, sie sind innerlich zerbrochen, und alles tut ihnen weh. 18 Wenn du aufs Land gehst, liegen dort überall Leichen rum, die im Krieg gefallen sind. Und wenn du in die Stadt kommst, dann sind da lauter Leute, die vor Hunger fast sterben. Die ganzen Pastoren und die Propheten sind sprachlos. Sie wissen nicht, was man da noch sagen sollte, denn sie haben es selbst nicht kapiert." 19 Ich fragte Gott: „Hast du Juda vollkommen aufgegeben? Und hast du überhaupt keinen Bock mehr auf den Zionsberg? Warum hast du dafür gesorgt, dass es uns so mies geht und wir nichts tun können, damit sich das ändert? Wir hoffen auf Frieden, aber es wird nur noch schlimmer. Wir hoffen auf Heilung, aber es passieren Dinge, die uns echt Angst machen. 20 Gott, wir geben es ja zu: Wir haben ohne dich gelebt! Wir und die Leute vor uns haben richtig Mist gebaut. 21 Bitte, lass uns jetzt nicht fallen! Es geht doch auch um dich und um deinen Ruf! Wenn du das tust, ziehst du doch auch deinen genialen Namen in den Schmutz. Vergiss uns nicht! Kündige nicht die Verträge, die wir mit dir haben. 22 Es gibt bei den anderen Völkern keinen Gott, der die Macht hat, es regnen zu lassen. Regen kommt auch nicht von selbst einfach aus dem Himmel. Der kommt doch letztendlich immer von dir, Gott! Du bist unsere einzige Hoffnung, du hast alles gemacht, was es im Universum gibt."

15 Gott hat das Gerichtsurteil bereits gesprochen

1 Gott sagte zu mir: „Selbst wenn Mose und Samuel zusammen vor mir stehen und mich anbetteln würden, dass ich wieder gut zu meinen Leuten sein soll, es würde nichts an meiner Entscheidung ändern. Schmeiß sie raus! Sie sollen verschwinden, und ich will sie nicht mehr sehen! 2 Wenn sie dich fragen, wo sie hingehen sollen, dann richte ihnen Folgendes aus: ‚Gott sagt, wer sterben soll, wird sterben. Wer im Krieg sterben soll, wird im Krieg sterben. Wer durch eine Krankheit sterben soll, wird durch eine Krankheit sterben. Wer durch Hunger sterben soll, wird verhungern. Und wer in Kriegsgefangenschaft gehen soll, wird ein Kriegsgefangener.' 3 Ich werde vier Arten von Strafen zu ihnen schicken. Das eine ist der Krieg, der Menschen tötet. Dann die Ratten, die die Leichen auffressen. Die wilden Hunde, die um die Knochen der Toten kämpfen. Und schließlich die Elstern und Geier, die sich an den Resten satt essen, bis am Ende alles weg ist. 4 Alle anderen Nationen auf der Erde werden entsetzt dadrüber sein. Das mach ich wegen dem Präsidenten Manasse, der ein Sohn von Hiskija ist. Es ist seine Strafe für das, was er in Jerusalem gebracht hat."

Jerusalem ist am Boden

5 Gott sagt: „Wer wird noch Mitleid mit dir haben, Jerusalem? Wer wird sagen, wie leid es ihm tut, was mit dir passiert ist? Wer wird dich besuchen, um zu fragen, wie es dir geht? 6 Du hattest keinen Bock mehr auf mich! Du hast mir die kalte Schulter gezeigt! Darum habe ich mit meiner Hand ausgeholt und zugeschlagen. Ich hatte auch keinen Bock mehr, dir zum tausendsten Mal zu verzeihen. 7 Ich werde meine Leute mit einem Bagger aus dem Land rausschmeißen. Ich werde dafür sorgen, dass sie keine Kinder mehr kriegen können, ich werde sie aufgeben. Denn sie haben einfach so weitergemacht, und sie wollten sich nicht verändern. 8 Es wird bei ihnen total viele Frauen geben, deren Mann gestorben ist. Noch vor Mittag bekommen die Mütter die Nachricht rein, dass ihre Kinder gestorben sind. Ganz plötzlich werden sie Angst und Panik kriegen. 9 Eine Frau, die sieben Söhne hatte, wird an dieser Nachricht zugrunde gehen, so wie eine Blume ohne Wasser. Sie atmet noch einmal, dann ist sie tot. Das, was ihr Kraft gegeben hat, ist auf einmal weg. Und das mitten am helllichten Tag, als kurz vorher noch alles okay war. Sie ist fertig, sie hat keine Hoffnung mehr und fühlt sich betrogen. Aber auch der Rest der Leute wird sterben. Sie fallen im Krieg durch ihre Feinde." Das kam jetzt von Gott.

Jeremia hat keinen Bock mehr auf seinen Job

10 „Warum hat mich meine Mutter überhaupt geboren", beschwerte ich mich bei Gott. „Wenn ich was sage, geht sofort der Punk ab. Die Leute streiten sich mit mir, und überall im Land werde ich gehasst. Obwohl ich niemandem Geld schulde oder jemand bei mir total viele Schulden hat, wünschen mir alle die Krätze an den Hals." 11 Gott antwortete mir: „Jeremia, ich habe dir doch immer geholfen, oder? Ich habe oft dafür gesorgt, dass deine Feinde am Ende bei dir ganz klein ankamen, weil es ihnen

so beschissen ging und sie total die Probleme hatten! 12 Wie ist das? Kann man eine dicke Eisenstange mit der bloßen Hand zerbrechen, besonders, wenn das Eisen aus dem Norden kommt? Und wie ist das, wenn die Stange aus Bronze ist? 13 Ich werde all das freigeben, was die Leute in Juda besitzen, damit sich andere dadran bedienen können. Die müssen dafür dann nicht mal was bezahlen. Das mach ich wegen dem ganzen Mist, den sie überall in ihrem Land gebaut haben. 14 Ich werde dafür sorgen, dass sie Kriegsgefangene bei ihren Feinden im Ausland werden und dort schwer schuften müssen. Es wird ein Land sein, was sie nicht kennen und was sehr weit weg ist. Ich bin total sauer auf sie, ich bin richtig wütend. Das ist wie ein heftiges Feuer, in dem sie alle verbrennen werden." 15 Ich antwortete: „Gott, du weißt ja über alles Bescheid. Bitte vergiss mich nicht! Ich bitte dich, dass du den Leuten, die gegen mich waren, eine reindrückst. Bitte pass auf mich auf, dass ich nicht sterben muss. Ich vertraue auf deine Geduld. Bitte vergiss nicht, dass ich das alles wegen dir durchmachen muss. 16 Immer wenn du zu mir gesprochen hast, hab ich deine Worte fast verschlungen. Ich hab mich immer total gefreut, wenn du mir was gesagt hast. Innerlich bin ich dabei voll abgegangen. Denn das bedeutet ja auch, dass du mich extra ausgesucht hast und dass ich etwas Besonderes für dich bin. Du bist Gott, der Chef über die ganze Welt! 17 Bis heute konnte ich noch nie mit den Leuten lachen, wenn die zusammengesessen sind und Witze gerissen haben. Weil du mich ausgesucht hast, war ich immer alleine. In mir war die ganze Zeit voll die Wut über deine Leute. 18 Warum muss ich eigentlich immer diesen Schmerz durchmachen? Warum kann diese innere Wunde nie richtig heilen? Manchmal hab ich das Gefühl, du bist wie ein Fluss, von dem man dachte, dass man immer daraus trinken könnte, bis er dann doch vertrocknet." 19 Gott antwortete mir: „Du musst nur alles voll mit mir durchziehen, dann werde ich auch bei dir alles wieder in Ordnung bringen. Dann sind wir uns nämlich wieder ganz nahe. Wenn du geniale Sachen sagst und keinen Schwachsinn verbreitest, werde ich aus deinem Mund zu den Menschen reden. Die anderen sollen nach deinem Vorbild leben und nicht umgekehrt. 20 Du wirst für die Leute wie eine Mauer sein, an der sie sich die Nase blutig schlagen. Sie werden dich bekämpfen, aber sie werden dich nicht besiegen können. Ich bin nämlich auf deiner Seite, ich werde dich retten und dich befreien. Das sag ich, Gott, dir! 21 Ich will dich von denen befreien, die dich herumschubsen. Ich helf dir, wenn ein brutaler Mensch dir auf die Pelle rückt!"

16

Jeremia soll nicht heiraten

1 Gott redete mal wieder mit mir: 2 „Jeremia, ich möchte nicht, dass du dir eine Frau suchst. Du sollst nicht heiraten und auch keine Kinder haben, solange du in dieser Gegend lebst. 3 Ich, Gott, sage dir jetzt, was mit den Kindern passiert, die hier geboren werden. Auch was mit den Frauen passiert, die diese Kinder bekommen, und was mit den Vätern passiert, das sag ich dir jetzt auch. 4 Die werden alle an einer fiesen Krankheit sterben. Es wird keine Beerdingungsfeiern geben, geschweige denn, dass sie in die Erde verbuddelt werden. Dann hätten sie wenigstens den Boden gedüngt. Manche werden auch im Krieg umkommen, entweder durch eine Waffe oder durch Hunger. Die Leichen werden nicht verbuddelt, daran werden sich die Ratten und Elstern satt fressen. 5 Ich möchte nicht, dass du an irgendeiner Trauerfeier teilnimmst. Du sollst auch keine Beileidsbriefe verschicken oder Todesanzeigen schalten. Ich habe nämlich meinen Friedensvertrag mit diesen Leuten beendet. Ich habe keinen Bock mehr auf sie, ich mag sie nicht mehr. 6 Sowohl Millionäre als auch Hartz-IV-Empfänger werden sterben, ohne dass sie eine anständige Beerdigung bekommen. Keiner wird wegen ihnen Schwarz tragen, traurig sein oder eine Anzeige wegen ihrem Tod in die Zeitung setzen. 7 Keiner wird für die Trauerfeier einen Kuchen backen, keiner wird die Trauernden trösten, und keiner wird sich mit ihnen betrinken, um die Trauer zu ertränken, weil der Vater oder die Mutter gestorben ist. 8 Ich möchte, dass du keine Einladung zu irgendeiner Party oder einem Festessen annimmst. Du sollst nicht mit ihnen essen oder trinken. 9 Der Grund dafür ist, weil ich, der Chef über alles, der Gott von Israel, Folgendes beschlossen habe: Ich werde dafür sorgen, dass man bei euch keinen Grund mehr zum Freuen hat. Die Freude wird euch im Hals steckenbleiben. Es wird auch keine Hochzeit mehr geben, wo sich wenigstens das Brautpaar noch freuen könnte. 10 Du kannst davon ausgehen, dass die Leute mit solchen Fragen kommen, wenn du ihnen diese Nachricht erzählst: ‚Warum hat Gott diese fiesen Sachen für uns beschlossen? Was haben wir denn Schlimmes verbrochen? Wo haben wir was gegen unseren Gott unternommen, dass wir das

verdient hätten?‘ [11] Dann kannst du ihnen antworten: ‚Hey, so was hat doch bei euch schon Geschichte! Eure Vorfahren hatten immer wieder keinen Bock auf Gott. Sie haben zu irgendwelchen Plastikgöttern gebetet, denen gedient, sich vor denen auf den Boden geschmissen und so was. Was Gott aber von ihnen wollte, Respekt vor seinen Gesetzen, das war ihnen total egal! [12] Aber ihr habt es echt noch mehr übertrieben. Was ihr gemacht habt, war noch ätzender als das, was die gemacht haben. Jeder bei euch tut, wozu er gerade Lust hat. Alle sind total stur, sie sind link drauf, und keiner hört mehr auf Gott. [13] Deshalb hat er beschlossen, euch aus diesem Land rauszuschmeißen. Er wird euch in eine Gegend verfrachten, von der ihr noch nie was gehört habt und die Leute vor euch auch nicht. Dort werdet ihr irgendwelchen Plastikgöttern 24 Stunden am Tag dienen müssen, aber Gott wird nicht mehr bei euch sein und euch lieben.‘“ [14] Gott sagt: „Irgendwann wird es dann aber eine neue Zeit geben, wo dieser eine Spruch nicht mehr gesagt werden wird. Ich meine jetzt: ‚Ich schwöre bei dem Gott, der Israel aus Ägypten rausgeholt hat.‘ [15] Dann wird es einen neuen Spruch geben, der so geht: ‚Ich schwöre bei dem Gott, der Israel aus den ganzen Ländern rausgeholt hat, in die sie von ihm abgeführt wurden!‘ Ich habe nämlich vor, sie aus diesen unterschiedlichen Ländern wieder aufzusammeln, und ich werde sie in das Land zurückbringen, das ich ihnen vor Ewigkeiten mal versprochen hatte.“

Jeder, der was ausgefressen hat, muss dafür bezahlen

[16] „Pass auf, ich werde aus Menschen so eine Art Fischer machen“, sagt Gott. „Ihr neuer Job soll sein, meine Leute wie mit Netzen zusammenzutreiben. Und dann werde ich viele Leute als Jäger berufen. Die sollen Jagd auf meine Leute machen, egal, ob sie sich hinter irgendeinem Berg, in irgendeinem Wald oder in irgendeiner Wohnsiedlung versteckt haben. [17] Ich kann doch überall hinsehen, ich kriege alles mit. Sie können sich nicht vor mir verkriechen. Auch den Mist, den sie bauen, können sie vor mir nicht verheimlichen. [18] Die ganzen Schulden, die sie bei mir haben, müssen doppelt zurückbezahlt werden. Mit diesen ekligen toten, unreinen Tieren, die sie für diese seltsamen Opferrituale benutzt haben, wurde mein ganzes Land versifft. Das Land, das ich ihnen für immer geschenkt hatte, wurde durch diese ätzenden Sachen dreckig gemacht.“

Die anderen Nationen erkennen, wer der echte Gott ist

[19] Gott, du gibst mir Kraft, du beschützt mich, und bei dir kann ich mich verstecken, wenn ich in Gefahr bin! Irgendwann werden alle Menschen bei dir ankommen und sagen: „Unsere Väter haben uns über diese Götter nur Schwachsinn erzählt! Es gibt keinen Gott außer dir, der es wirklich bringt! [20] Wie kann man nur auf die Idee kommen, sich seinen Gott selbst zu basteln? Alles, was dabei rumkommt, ist auf keinen Fall ein Gott!“ [21] Gott wird antworten: „Genau! Ich werde dafür sorgen, dass sie das endlich kapieren! Diesmal werde ich ihnen zeigen, was ich wirklich draufhab. Sie werden merken, dass ich, Gott, der absolute Chef bin!“

17

Juda muss bestraft werden

[1] Gott sagt: „Der ganze Mist, den Juda getan hat, ist wie mit einem Diamantenbohrer in eine Stahlplatte eingefräst worden. Diese Platte ist in ihrem Gewissen. Auch an den Opfertischen dieser Plastikgötter steht es groß dran, dass es eigentlich Mist ist, was sie da machen. [2] Sie kümmern sich um die Opfertische der Plastikgötter mehr als um ihre eigenen Kinder! An die Statuen der Plastikgöttin Aschera, die auf irgendeinem Berg oder unter einem Baum stehen, denken sie mehr als an ihre Babys. [3] Deshalb wird alles, was für sie wichtig ist, also ihre ganze Kohle, das Sparkonto, das Grundstück, das ganze Eigentum usw., für einen Euro bei E-Bay versteigert. Das ist die Strafe für den Mist, der überall von ihnen gemacht wurde. [4] Deswegen wirst du, Juda, auch aus dem Gebiet rausgeschmissen, was ich dir eigentlich für immer geschenkt hatte. Ich werde dafür sorgen, dass du unter Knebelverträgen im Ausland arbeiten musst, in einem Land, wo deine Feinde wohnen. Denn du hast mich so derbe sauer gemacht. Ich bin so aggro gegen dich und so wütend, dass keiner mich je wieder davon runterbringen kann.“ [5] Gott sagt: „Der Typ, der mehr auf die Kraft von Menschen vertraut und auf das, was Menschen möglich ist, und deswegen keinen Bock mehr auf Gott hat, der soll die Krätze kriegen, der ist verflucht! [6] Solche Menschen sind wie ein kleiner abgenagter, vertrockneter Baum, der in der Wüste steht. Er wird nie mitbekommen, wenn etwas Gutes passiert. So einer wird nur dort wohnen, wo es immer trocken ist, wo nichts wächst, wo der Boden mit Chemiemüll verseucht ist und wo sonst niemand wohnen würde.

7 Gottmäßig drauf kommen die Leute, die mir
immer vertrauen, die ihr Leben auf mich setzen.
8 Die sind wie so ein Baum, der direkt an einem
Fluss wächst, dessen Wurzeln immer genug Wasser
bekommen. Die brauchen keine Angst vor dem
Hochsommer zu haben, wenn es heiß wird. Er hat
immer grüne Blätter, und auch wenn es mal ein
Jahr lang nicht regnet, macht ihm das nichts aus.
Bei ihm werden trotzdem immer gute Früchte
wachsen. 9 Auf den Verstand kann man sich nicht
verlassen, der betrügt einen am laufenden Band.
Wenn man einmal link draufgekommen ist, kann
man da kaum was machen, weil es keine Leute
gibt, die sich wirklich damit auskennen. 10 Ich bin
Gott, und ich kenne jeden Gedanken und jedes
Gefühl, und ich checke alles ab. Jeder bekommt
das, was er verdient, je nachdem, was aus sei-
nem Leben geworden ist und wie er gelebt hat.
11 Jemand, der ganz viel Kohle besitzt, die er aber
nicht durch korrekte Arbeit, sondern durch Abzocke
bekommen hat, den kann man gut mit einem Huhn
vergleichen, das auf Eiern sitzt, die es aber nicht
selbst gelegt hat. Mitten im Leben muss der seine
Kinder gehen lassen, und kurz vor seinem Tod wird
er noch von allen verarscht."

Die einzige Hoffnung von Israel

12 Unser Tempel sieht einfach genial aus, er ist ein
abgefahrenes Haus, ein krasser Ort, von dem aus
Gott regiert. 13 Er ist die einzige Hoffnung von Israel!
Jeder, der keinen Bock mehr auf dich hat, Gott, wird
kaputtgehen. An so einen wird man sich nicht mehr
lange erinnern. Es ist so, als ob sein Name einfach
von der Festplatte gelöscht wurde. Denn solche
Leute haben Gott verlassen, die Quelle, an der es
immer frisches Wasser gibt. 14 Gott! Bitte heile mich,
damit ich wieder gesund werde! Rette mich, damit
ich nicht absaufe! Ich bin dir echt dankbar, du bist
der Beste! 15 Leute sagen zu mir: „Wie ist denn das
jetzt mit der Ansage von Gott? Wir warten darauf!
Nun mach mal hinne!" 16 Ich hab meinen Job immer
durchgezogen, ich bin nie abgehauen. Was du von
mir wolltest, hab ich immer getan. Ich hab mir auch
nie gewünscht, dass die Katastrophe kommt und
alles kaputtgeht. Du bist mein Zeuge, du weißt, was
ich alles gesagt habe, du warst die ganze Zeit da
und hast zugehört. 17 Du willst doch nicht, dass ich
jetzt nur noch Angst vor dir hab, oder? Du bist doch
derjenige, zu dem ich immer kommen kann, wenn
es mir beschissen geht. Bei dir kann ich mich ver-
stecken. 18 Mach die Leute fertig, die hinter mir her
sind! Aber bau mich wieder auf! Jag ihnen einen
Schrecken ein, aber lass mich keine Angst mehr
haben. Mach diese Leute kaputt, mach sie fertig
und zerstöre sie komplett!

Respekt vor dem Sonntag zu haben kommt gut

19 Gott sagte zu mir: „Geh zum Haupteingang, zu
dem Stadttor in Jerusalem, durch das auch die Prä-
sidenten von Juda immer rein- und rausgehen.
20 Dann rede dort mit den Leuten. Sag ihnen: ‚Hört
mal zu, was Gott euch zu sagen hat! Das geht jetzt
an die Präsidenten von Juda und an alle Leute, die
in Jerusalem und in dem Gebiet von Juda wohnen.
Es betrifft jeden, der durch diesen Eingang geht!
21 Gott sagt: Hab Respekt vor dem Sonntag! Ihr
dürft an dem Tag keine schweren Sachen rumtra-
gen, auch nichts in die Stadt reinbringen. Es geht
hier um euer Leben! 22 Ihr sollt noch nicht mal
irgendwas Schweres aus eurem Haus raustragen,
wenn Sonntag ist! Auch sonst irgendeine anstren-
gende Arbeit ist an dem Tag verboten! Ist das klar?
Der Sonntag ist etwas total Besonderes, er ist heilig!
Darum müsst ihr den auch wie einen ganz beson-
deren Tag behandeln. Das habe ich, Gott, schon
immer den Leuten gesagt, auch denen, die vor euch
gelebt haben. 23 Die haben das leider oft nicht
durchgezogen. Sie waren zu verpeilt, sie haben
nicht richtig zugehört, und sie wollten sich nicht
von mir erziehen lassen. 24 Ich garantiere euch:
Wenn ihr auf mich hört, wenn ihr am Sonntag nicht
irgendwelche Sachen durch den Eingang der Stadt
schleppt und wenn ihr diesen Tag als etwas Beson-
deres anseht, an dem ihr nicht arbeitet, 25 dann
werde ich dafür sorgen, dass durch diesen Eingang
auch in Zukunft Präsidenten und hohe Beamte rein-
und rausgehen, die aus der Familie vom David
stammen. Sie werden mit fetten Stretch-Limousinen
vorfahren, und es wird für immer Leute geben, die
in Jerusalem wohnen. 26 Auch in Zukunft werden
immer wieder Menschen aus den anderen Städten
von Juda hierherkommen, auch aus der Umgebung
von Jerusalem, aus dem Land vom Familienstamm
Benjamin, aus dem Hügelland und aus dem Ge-
birge, das im Süden liegt. Die werden dann Abfa-
ckelopfer, Dankopfer, Essensopfer, Räucherstäbchen
und so was in meinem Haus abfackeln. 27 Wenn ihr
aber nicht auf mich hört, wenn ihr den Sonntag
nicht als einen besonderen Tag behandelt, an dem
man keine schweren Sachen rumschleppen und
auch keine großen Reisen machen sollte, dann
werde ich in Jerusalem ein Feuer legen, und die Ein-

gänge bis hin zu den Regierungsgebäuden werden
alle komplett verbrennen, niemand wird dieses
Feuer löschen können.'"

18 Knetmasse als Vergleich, wie Gott mit Menschen umgeht

1 Irgendwann redete Gott mal wieder mit mir,
Jeremia. Er sagte: 2 „Zieh mal deine Schuhe an und
geh in das Haus, wo so ein Kunsthandwerker aus
Knetmasse Vasen macht. Ich will dir etwas erklä-
ren!" 3 Also bin ich dann in die Werkstatt von einem
Typen gegangen, der aus Knetmasse Vasen formt.
So was macht der immer auf einer Scheibe, die sich
dreht. 4 Ich sah also dem Typen bei der Arbeit zu. Er
hatte gerade ein Stück von dem Zeug in der Hand
und versuchte, auf der Scheibe dadraus eine schöne
Vase zu machen, aber irgendwie klappte das nicht.
Schließlich nahm er die Reste von der Scheibe, kne-
tete das Ganze noch mal durch und machte statt-
dessen einen Aschenbecher dadraus, da hatte er
grade mehr Bock drauf. 5 Schließlich redete Gott zu
mir: 6 „Wie ist es? Kann ich mit den Leuten von
Israel nicht genau das Gleiche machen, was dieser
Mann gerade mit der Knetmasse gemacht hat? So,
wie die Knetmasse in der Hand vom Handwerker
ist, so seid ihr auch in meiner Hand. 7 Wenn ich
zum Beispiel einmal sage, dass ich ein Volk und
eine Regierung komplett vernichten und kaputt
machen will, dann kann ich das doch tun, oder?
8 Wenn aber die Leute von diesem Volk sich jetzt
plötzlich ändern und aufhören, miese Dinger zu
drehen, dann tut es mir voll leid, dass ich sie
plattmachen wollte. 9 Auf der anderen Seite könnte
es passieren, dass ich zu einem bestimmten Volk
sage, dass ich sie ganz nach oben bringen will, dass
ich sie aufbauen und vergrößern möchte. 10 Wenn
die jetzt aber Sachen bringen, die ich total ätzend
finde, indem sie zum Beispiel nicht das tun, was ich
ihnen sage, dann tut es mir auch leid, dass ich
ihnen so tolle Sachen versprochen hatte, und
mache das ab dann nicht mehr. 11 Darum sag jetzt
mal den Leuten, die in Jerusalem wohnen, und den
Leuten von Juda, Folgendes von mir: ‚Das kommt
jetzt von Gott: Ich bin gerade am Überlegen, euch
komplett zu zerstören, ich plane ein Attentat! Än-
dert euch! Hört auf, diesen Mist zu bauen! Bringt
euer Leben in eine neue Richtung!'" 12 Aber sie ant-
worten: „Nö, da kannst du lange reden, daraus wird
nichts! Wir wollen das machen, was uns in den
Kram passt." Sie tun also weiter stur das, was sie
gerade in ihren dreckigen Gedanken haben. 13 Gott
fragt: „Macht doch mal eine Umfrage bei den ande-
ren Nationen! Wo gibt es Leute, die so eklige Dinge
machen wie das ach so ‚jungfräuliche' Israel? 14 Ist
es schon mal passiert, dass der Schnee auf dem
Libanongebirge geschmolzen ist? Oder kam es
schon mal vor, dass große Flüsse, die voller fri-
schem, kaltem Wasser sind, plötzlich vertrocknet
sind? 15 Aber bei meinen Leuten ist anscheinend
alles möglich, denn sie haben mich sogar verges-
sen. Sie haben damit angefangen, für irgendwelche
Plastikgötter Räucherkerzen anzuzünden! Sie sind
auf ihrem Weg ins Stolpern gekommen. Die Wege
von früher haben sie verlassen, und jetzt gehen sie
einen Weg, der total unsicher ist. 16 Darum wird das
ganze Land komplett plattgemacht werden, und die
Menschen, die das sehen, werden die Hände über
dem Kopf zusammenschlagen und die Krise krie-
gen. 17 Ich werde dafür sorgen, dass feindliche
Armeen über das Land kommen, wie ein heftiger
Wind aus dem Osten, der alles wegbläst. Ich werde
ihnen die kalte Schulter zeigen an diesem Tag, wo
ich sie für immer kaputt machen werde."

Jeremia will, dass Gott seine Feinde bestraft

18 Die Leute fühlten sich von dem, was ich gesagt
hatte, so provoziert, dass sie mich unbedingt aus
dem Weg räumen wollten. „Wir müssen diesen Jere-
mia töten! Wir sollten ein Attentat auf ihn verüben!
Der erzählt doch nur Lügen! Unsere Priester würden
nie und nimmer vergessen, was in den Gesetzen
steht! Auch die Intellektuellen bei uns werden weiter
richtige Ratschläge geben. Und die Propheten be-
kommen auch immer noch richtige Ansagen von
Gott. Wir sollten ihm das Maul stopfen und keinen
Cent darauf geben, was er sagt." 19 Ich betete zu
Gott: „Pass auf mich auf! Du hörst doch, was meine
Gegner alles erzählen. 20 Ich meinte es doch nur
gut, aber sie wollen mich trotzdem fertigmachen.
Jetzt haben sie schon mein Grab ausgebuddelt. Ver-
giss bitte nicht, dass ich für sie gebetet habe. Ich
hab sie vor dir in Schutz genommen, damit du nicht
mehr so sauer auf sie bist. 21 Aber jetzt will ich, dass
ihre Kinder verhungern und sie alle im Krieg sterben
müssen. Sorgst du bitte dafür, Gott? Ihre Frauen
sollen keine Kinder mehr kriegen können, ihre Ehe-
männer sollen sterben und ihre Söhne im Krieg kre-
pieren. 22 Aus ihren Wohnungen soll man Schreie
hören, weil du dafür gesorgt hast, dass feindliche
Soldaten eingedrungen sind. Denn diese Leute
haben mir eine Falle gestellt, sie wollten mich ein-

fangen, sie wollten, dass ich auf die Fresse falle.
23 Gott, du weißt genau, dass sie ein Attentat auf
mich verüben wollen. Bitte verzeihe ihnen ihren
Mist nicht. Nimm ihre Schulden nicht weg, die sie
deswegen bei dir haben. Ich will, dass sie vor dir auf
den Knien rutschen. Wenn du richtig sauer bist,
dann hau ihnen mal richtig auf die Mütze."

19

Eine Flasche geht zu Bruch

1 Gott sagte zu Jeremia: „Geh mal in den
Supermarkt und kauf eine Flasche Wein.
Dann ruf einige von den Männern an, die bei euch
was zu sagen haben, und triff dich mit denen. Auch
ein paar von den Priestern sollten als Zeugen mit
dabei sein. 2 Treffpunkt ist das Tal Ben-Hinnom, vor
dem Eingang vom sogenannten ‚Scherbentor'.
Wenn alle da sind, musst du ein paar Sachen sagen,
die ich dir jetzt erzählen werde. 3 Und zwar sagst du
Folgendes: ‚An alle Präsidenten von Juda, an alle
Leute, die in Jerusalem wohnen. Hören Sie sich an,
was Gott, der Chef über alles, der Gott von Israel,
zu sagen hat: Passt auf, ich werde diesen Ort kaputt
machen! Es wird alles so krass sein, dass jedem,
der davon hört, die Ohren fiepen. 4 Meine Leute
haben mich nämlich alle verlassen, und dieser
besondere Ort wurde in den Dreck gezogen. Ihr
habt hier für irgendwelche Pseudogötter Räucher-
kerzen angezündet, Götter, die ihr noch nicht mal
kennt und zu denen ihr noch nie gebetet hattet.
Auch die Leute, die vor euch gelebt haben, kannten
die nicht, geschweige denn irgendeiner von den
alten Präsidenten. Außerdem wurden hier unschul-
dige Menschen abgeschlachtet und geopfert! 5 Sie
haben Opfertische und Altäre für den Plastikgott
Baal aufgestellt und ihre eigenen Kinder darauf als
Abfackelopfer verbrannt! So was wollte ich nie, ich
bin total dagegen! Von mir kommt so eine schräge
Idee nie und nimmer. 6 Darum wird es eine Zeit
geben, wo dieser Ort einen neuen Namen be-
kommt. Man wird ihn nicht mehr Tofet oder das
Hinnom-Tal nennen, sondern ‚Das Tal, in dem
gemordet wurde'. 7 Was die Leute von Jerusalem
und Juda hier auch immer geplant haben, es ist mir
egal. Ich werde dafür sorgen, dass sie im Krieg von
schießwütigen Soldaten umgenietet werden. Ihre
Leichen werden von Hunden und Ratten aufgefres-
sen, und was dann noch übrig bleibt, fressen die
Elstern, Geier und Raben. 8 Ich werde diese Stadt
komplett plattmachen. Jeder Mensch, der dort mal
vorbeigeht, kriegt voll den Schock, weil sie so kaputt
ist. 9 Die gegnerische Armee wird die Stadt so lange
belagern, bis es nichts mehr zu futtern gibt. Dann
wird man sich nur noch von Menschenfleisch
ernähren. Das Fleisch von den eigenen Töchtern
wird man auf den Grill schmeißen, und die eigenen
Söhne werden zu Wurst verarbeitet.' 10 Nachdem du
das gesagt hast, musst du vor den Augen der Män-
ner, die mitgegangen sind, die Flasche auf dem
Boden zerdeppern. 11 Und dann sagst du zu ihnen:
‚Gott, der Chef über das Universum, sagt Folgen-
des: Ich werde diese Leute und diese Stadt genauso
zerdeppern wie diese Flasche. Keiner kann sie mehr
zusammenflicken, man kann sie nicht mehr ganz
machen. Es wird so übel werden, dass man die
Leute sogar im Tofet, also außerhalb der Stadt,
begraben wird, weil es auf den Friedhöfen in der
Gegend keinen freien Platz mehr gibt. 12 Genauso
werde ich es mit diesem Ort machen und mit den
Leuten, die hier wohnen. Die Stadt wird genauso
blutig aussehen wie das Tofet, der Platz, wo ihr
immer die Kinder abgeschlachtet habt. 13 Die Häu-
ser in Jerusalem und die Häuser der Präsidenten
von Juda werden genauso dreckig und unrein sein,
wie diese Opferplätze, auf denen sie für alle mögli-
chen Sternzeichen und Plastikgötter Räucherkerzen
angezündet haben. Das gilt auch für die Orte, wo
man Trinkopfer für die durchgezogen hat.'" 14 Jere-
mia hatte also im Auftrag von Gott in Tofet gere-
det. Von dort ging er wieder zum Tempel von Gott.
Im Vorhof hielt er wieder eine Rede für alle Leute.
15 „Gott, der Chef über alles, der Gott von Israel, will
euch Folgendes sagen: Passt auf, ich werde alles
passieren lassen, was ich an ätzenden Sachen über
diese Stadt und auch die anderen Städte in Juda
gesagt habe. Denn sie haben alle auf stur geschal-
tet, sie haben sich hart gemacht und nicht auf das
gehört, was ich ihnen gesagt habe."

20

Jeremia bekommt Schläge

1 In der Zeit war gerade der Priester Pasch-
hur (er stammte aus der Familie des
Immer) der Chef im Tempel. Als er mitbekam, was
Jeremia gesagt hatte, 2 befahl er der Tempelpolizei,
ihn zu verprügeln und anschließend zu verhaften.
Er wurde in Handschellen an einen Ort abgeführt,
der am oberen Benjamintor, in der Nähe vom Tem-
pel, lag. 3 Am nächsten Morgen kam Paschhur bei
ihm an und befreite ihn. Da sagte Jeremia: „Gott
nennt Sie ab sofort nicht mehr Paschhur, sondern
‚Panikverbreiter'. 4 Gott sagt Ihnen Folgendes: ‚Ich

werde dafür sorgen, dass du vor dir selbst Angst bekommst, und auch alle deine Freunde werden Panik vor dir haben. Du wirst mit deinen eigenen Augen sehen, wie sie von den Feinden umgenietet werden. Ich werde das ganze Land an den Präsidenten von Babylonien ausliefern. Dann werden die Männer als Kriegsgefangene nach Babylonien abgeführt werden. Dort angekommen, werden alle erschossen. 5 Die ganze Kohle, die in dieser Stadt ist, werde ich den Feinden geben. Jedes Haus, jedes Auto, jedes Schmuckstück, auch die Sachen aus der Präsidentenvilla werden sie plündern und nach Babylonien verfrachten. 6 Auch du wirst mit deiner ganzen Familie abgeführt werden. In Babylonien wirst du sterben, und man wird dich auch dort beerdigen. Allen deinen Freunden, denen du falsche Voraussagen gemacht hast, wird es genauso ergehen.'"

Jeremia beschwert sich bei Gott

7 Jeremia betete: „Gott, du hast mich verführt, aber ich hab mich auch von dir verführen lassen. Du hast mich gepackt und aufs Kreuz gelegt. Ich bin zur größten Witzfigur geworden, die Leute lachen mich den ganzen Tag aus. 8 Immer, wenn du mir Sachen gibst, die ich den Leuten sagen soll, sind es irgendwelche Katastrophen. ‚Ihr brecht das Gesetz!' und ‚Gott wird euch alle plattmachen' sind meine Hauptbotschaften. Überall lachen sich die Leute über mich schlapp. 9 Ich hab versucht, diese Worte zu verdrängen, wollte mich einfach ablenken und nicht mehr in deinem Auftrag reden. Aber dann hat es in mir derart gebrannt, ich hatte so einen Überdruck, es musste einfach raus. Ich hab es echt versucht, mich zusammenzureißen, aber es ging einfach nicht. 10 Ich hab schon mitbekommen, wie die Leute über mich ablästern. Man hat mir schon den Spitznamen ‚Angstmacher' gegeben. Sie haben schon einen Verein gegen mich gegründet, planen eine Anzeige gegen mich. Sogar meine Freunde warten nur dadrauf, dass ich einen Fehler mache. Sie sagen: ‚Vielleicht können wir ihn irgendwie dazu bringen, Mist zu bauen. Dann hätte er einen Skandal am Hals, und wir könnten uns an ihm rächen.' 11 Gott, du bist mein Held! Du hast die Macht, darum werden die Leute, die hinter mir her sind, auf die Fresse fallen. Sie kriegen mich nicht und werden kaputtgehen, weil sie nicht nachgedacht haben. Diese beknackte Aktion gegen mich wird man aber nie vergessen. 12 Gott, du bist der Chef über alles! Du checkst jeden ab, der korrekt leben will. Ich bitte dich, dass ich das noch erleben darf, wenn du dich an ihnen rächst. Ich hab dir meinen Fall übergeben! 13 Singt für Gott ein cooles Lied, bedankt euch bei ihm. Denn er hat sich um die armen und fertigen Leute gekümmert, er hat sie gerettet, die Feinde konnten ihnen nichts anhaben. 14 Ich wünsche mir, dass es den Tag nicht gegeben hätte, an dem ich geboren wurde! Der Tag, an dem meine Mutter mich geboren hat, sollte aus dem Kalender gestrichen werden. 15 Der Typ, der meinen Vater angerufen hat, als ich geboren wurde, und gesagt hat: ‚Hurra, es ist ein Junge, freu dich', dem wünsche ich die Krätze an den Hals. 16 Dieser Tag soll genauso behandelt werden wie die Tage, an denen Gott, ohne mit der Wimper zu zucken, einige Städte zerstört hat. An dem Tag soll man morgens schon weinen, und mittags soll man überall Schüsse hören, weil ein Krieg ausgebrochen ist. 17 Denn Gott hat mich keine Fehlgeburt werden lassen, ich durfte nicht sterben, als ich noch im Bauch von meiner Mutter war. Schade, denn dann wäre sie so was wie mein Grab geworden, sie wäre für immer schwanger geblieben. 18 Warum bin ich denn überhaupt geboren worden? Damit ich diese ganzen ätzenden und fiesen Sachen erleben muss? Damit sich alle Leute über mich totlachen und ich dann irgendwann unglücklich sterben muss?"

21

Jerusalem wird von Feinden erobert werden

1 Irgendwann redete Gott wieder mit Jeremia. Diesmal war das, als der Präsident Zidkija zwei Männer in sein Büro geschickt hatte. Diese zwei waren Paschhur, ein Sohn von Malkija, und der Priester Zefanja, ein Sohn von Maaseja. Die beiden kamen mit folgender Nachricht bei Jeremia an: 2 „Haben Sie davon gehört, dass der Präsident von Babylonien, Nebukadnezzar, uns den Krieg erklärt hat? Könnten Sie bitte mal bei Gott für uns eine Anfrage starten, ob er wieder, so wie früher, ein Wunder machen könnte, damit Nebukadnezzar mit seiner Armee wieder abzieht?" 3 Jeremia antwortete: „Folgendes können Sie Zidkija ausrichten: 4 Das kommt jetzt von Gott, dem Gott von Israel: ‚Passt auf, ich werde dafür sorgen, dass sich eure eigenen Waffen gegen euch wenden. Die Kanonen, die ihr gegen den Präsidenten von Babylonien und sein Heer gerichtet habt, werden nach hinten losgehen. Ihr werdet euch in das Innere der Stadt zurückziehen müssen. 5 Ich gehöre zu euren Feinden, ich kämpfe bei den anderen mit. Ich bin so sauer auf

euch, ich hole mit meinem starken Arm aus und
schlag bei euch voll zu. Ihr habt mich aggressiv
gemacht! 6 Und ich werde auch dafür sorgen, dass
die Bewohner und die Tiere in der Stadt eine tödli-
che Grippe kriegen und verrecken. 7 Dann werde ich
dafür sorgen, dass der Präsident Zidkija von Juda,
seine Minister und der Rest von den Menschen, die
bis zu dem Zeitpunkt noch nicht an dieser Grippe
oder im Krieg gestorben oder verhungert sind, von
Nebukadnezzars Leuten gefangen genommen wer-
den. Ich werde euren Feinden die Macht über euch
geben. Also Männern, die euch lieber tot als lebend
sehen wollen. Nebukadnezzar wird kurzen Prozess
mit euch machen. Er wird alle töten, und keiner wird
am Leben bleiben. Denn er hat kein Mitleid.' 8 Den
Bewohnern von Jerusalem können Sie Folgendes
von Gott ausrichten: ,Ich lasse euch die Entschei-
dung! Ihr könnt zwischen Tod und Leben wählen,
ganz wie ihr wollt. 9 Wer in der Stadt bleibt, wird
sterben. Entweder durch den Krieg, durch diese töd-
liche Krankheit oder durch Hunger. Die andere
Möglichkeit ist, die Stadt zu verlassen und zum
Feind überzulaufen. Wer sich den Babyloniern
ergibt, verliert die Freiheit, aber gewinnt sein Leben.
10 Ich habe mich entschlossen, diese Stadt nicht
mehr zu verschonen, ich werde sie kaputt machen.
Sie wird in die Hand des Präsidenten von Babylo-
nien fallen, und er wird ein Feuer legen und sie
komplett vernichten.'"

Ein paar Sätze an den letzten Präsidenten von Juda

11 Dann sagte Gott zu Jeremia, er solle dem Präsi-
denten und seiner Familie Folgendes sagen: „Das
kommt jetzt von Gott, bitte hören Sie mir gut zu!
12 Es geht an die Angehörigen aus der Familie von
David: ,Ihr sollt jeden Tag eine Gerichtsverhandlung
abhalten, in der die Leute freigesprochen werden,
die von Menschen angeklagt und unterdrückt wur-
den. Wenn ihr das nicht tut, werde ich richtig sauer,
meine Wut wird wie ein Feuer über euch ausbre-
chen, das keiner mehr löschen kann. Ihr habt ein-
fach zu viel Mist gebaut!' 13 Gott sagt Ihnen: ,Ich will
etwas mit den Leuten machen, die in Jerusalem
wohnen und sich da in Sicherheit fühlen. Sie glau-
ben, dass kein Feind gegen sie eine Chance hätte
und dass niemand bis in die Stadt zu ihren Woh-
nungen eindringen kann. 14 Aber ich werde bei euch
vorbeikommen wegen dem ganzen Mist, den ihr
gebaut habt. Ich werde ein heftiges Feuer in dem
Wald anzünden, der um eure Stadt herum ist, und
dieses Feuer wird alles vernichten.'"

22

In der Präsidentenvilla wird es abgehen

1 Gott sagte zu Jeremia, er solle mal run-
ter zur Villa vom Präsidenten von Juda
gehen. Dort sollte er Folgendes ausrichten: 2 „Hören
Sie mal gut zu, was Gott Ihnen, dem Präsidenten
von Juda, zu sagen hat. Sie sitzen an demselben
Schreibtisch, von wo aus schon David das Land
regiert hat. Was ich sage, gilt auch für alle Ihre
Angestellten, alle Beamten und generell auch für
alle Leute, die in Ihrem Haus ein- und ausgehen.
3 Gott sagt Ihnen: ,Sorg dafür, dass bei euch alles
korrekt zugeht! Befreie die Leute, die von anderen
unterdrückt werden. Ausländer, Menschen, die von
Hartz IV leben, und Frauen, deren Männer gestor-
ben sind, sollt ihr nicht ausnutzen oder missbrau-
chen. Und hört auf damit, unschuldige Menschen
zu töten! 4 Das ist die Bedingung dafür, dass weiter-
hin Männer aus der Familie von David eure Präsi-
denten sein werden, dass sie in diesem Haus ein-
und ausgehen, mit Staatskarossen vorfahren und so
weiter. Auch, dass alle Leute weiterhin in dieses
Regierungsgebäude kommen können, wird nur so
möglich sein. 5 Ich schwöre euch, Leute, wenn ihr
nicht das umsetzt, was ich gerade gesagt habe,
dann werde ich dieses ganze Haus sprengen und in
einen Trümmerhaufen verwandeln. Das sagt euch
Gott!' 6 Dann sagt er über den Regierungsbezirk
vom Präsidenten von Juda noch Folgendes: ,Du
warst für mich wie ein schöner grüner Wald oder
wie die höchste Bergspitze im Libanongebirge.
Trotzdem werde ich dich in eine Wüste verwandeln,
wo nichts mehr wächst. Keiner wird mehr in dir
wohnen können. 7 Ich werde mir ein paar Männer
extra für dich aussuchen, die dich dann kaputt
machen. Sie werden deine schönen Tannen mit
einer Spezial-Motorsäge umsägen und ins Feuer
schmeißen. 8 Menschen aus der ganzen Welt wer-
den sich im Internet Bilder und Videos von dir anse-
hen, und sie werden sagen: ,Boah, warum hat Gott
das zugelassen? Warum hat er diese Stadt so kaputt
gemacht?' 9 Dann wird man antworten: ,Das war,
weil sie die Verträge mit Gott gebrochen haben. Sie
fanden plötzlich irgendwelche Plastikgötter toll und
haben zu denen gebetet.'"

Trauerfeier wegen dem Präsidenten Schallum

10 Startet keine Trauerfeier wegen dem da! Fangt
nicht an zu weinen, nur weil Joschija tot ist. Weint
lieber dem Schallum nach, der wird nämlich nie wie-
der in das Land zurückkommen, in dem er geboren
wurde. 11 Gott sagt, dass der Präsident von Juda,

Schallum, der Sohn von Joschija, nicht wieder in die
Stadt zurückkehren wird. 12 Er wird dort sterben,
wohin man ihn als Kriegsgefangenen verschleppt
hat. Er wird seine Heimat nie wiedersehen.

Eine Ansage gegen den Präsidenten Jojakim

13 Gott sagt: „Pass auf! Du hast deine Macht auf
unkorrekten Sachen aufgebaut! Du lässt deine Leute
für dich arbeiten, ohne sie zu bezahlen, keiner kriegt
von dir ein anständiges Gehalt. 14 Du sagst: ‚Als
Nächstes baue ich mir eine 2000 Quadratmeter
große Präsidentenvilla mit riesengroßem Schlafzimmer, Swimmingpool, Sauna im Keller und einem
Balkon.‘ Dann besprichst du mit deinem Architekten, wo die großen Fenster hinsollen. Du lässt den
Boden mit feinstem Edelholz täfeln und lässt dein
Haus von außen mit roter Farbe anmalen. 15 Glaubst
du, man wird erst dann ein richtiger Präsident,
wenn man eine größere Villa hat als alle anderen?
Hatte dein Vater nicht auch ein normales Haus und
hat von dort das Land korrekt und gut regiert? Und
ging es ihm nicht gut damit? 16 Er hat dafür gesorgt,
dass die Leute, die kein Geld haben oder auf der
Straße leben, immer korrekt behandelt wurden. Das
ist der Grund, warum es ihm so gutging! Weil er so
gehandelt hat, konnte man meine Handschrift in
seiner Regierung erkennen. 17 Aber du interessierst
dich nur für dein Bankkonto und wie du noch mehr
Leute abziehen kannst. Dir ist es viel wichtiger,
irgendwelche unschuldigen Menschen zu verknacken, zu unterdrücken und zu töten." 18 Darum sagt
Gott über dich, Jojakim, den Sohn vom Joschija:
„Für den soll es keine Beerdigungsfeier geben! Keiner soll ihm eine Träne nachweinen, keiner soll
sagen: ‚Ach, warum ist er nur gestorben! O Schreck,
unser Präsident ist tot!‘ 19 Er wird keine anständige
Beerdigung bekommen, man wird seine Leiche in
einen Plastiksack stecken und sie auf die Müllkippe
werfen, draußen vor der Stadt."

Mit Jerusalem geht es zu Ende

20 Gott sagt: „Israel, kletter mal auf das Libanongebirge und schrei, so laut du kannst, im Gebirge
Baschan. Man soll dein Geschrei auch in der Landschaft von Abarim hören. Alle deine Lover sind tot!
21 Ich hab dich schon in der Zeit gewarnt, als es
dir noch gutging. Du wolltest aber nicht auf mich
hören. Schon seit du eine Jugendliche bist, hörst du
nicht mehr auf das, was ich dir sage. 22 Deine Präsidenten und alle deine Chefs, alle deine Freunde werden in Kriegsgefangenschaft kommen. Sie werden
weggeblasen wie durch einen Sturm. Dann wird es
dir voll peinlich sein, was du alles für fiese Dinger
gedreht hast. 23 Zurzeit fühlst du dich noch ganz
toll, da oben im Wald auf dem Libanongebirge. Aber
dann wird man dich nur noch bemitleiden. Es wird
sein, als hättest du fiese Krämpfe, so wie bei einer
Geburt."

Gott spricht ein Gerichtsurteil über den Präsidenten Jojachin aus

24 Das ist von Gott für den Präsidenten Jojachin, den
Sohn von Jojakim: „Auf eins kannst du dich verlassen: Selbst wenn du wie ein Ehering an meiner rechten Hand wärst, ich würde mir lieber den Finger
abhacken, als dich weiter zu behalten. 25 Ich werde
dich an Nebukadnezzar, den Präsidenten von Babylonien, und an seine Leute ausliefern. Sie sind hinter dir her, sie wollen dich töten, und du hast Angst
vor ihnen. 26 Dich und deine Mutter werde ich ins
Ausland verfrachten, und dort werdet ihr sterben.
27 Das Land, wohin ihr gerne zurückwollt, wonach
ihr euch total sehnt, werdet ihr nie mehr sehen."
28 Ist denn dieser Jojachin wirklich die letzte Wurst,
den man nur noch in die Tonne kloppen kann? Findet den wirklich kein Menschen einigermaßen nett?
Warum wurden er und seine Familie rausgeschmissen in ein fremdes Land, das keiner kannte?
29 Hallo? Land! Hallo? Hört alle mal genau zu, was
Gott euch zu sagen hat! 30 Schreibt mal in die
Geschichtsbücher, dass es dieser Mann einfach
nicht bringt, noch nicht mal Kinder hat er bekommen. Keiner aus seiner Familie wird deswegen in
der Lage sein, die Macht von der Familie von David
über Juda weiter in der Hand zu halten.

23

Gott wird einen Präsidenten organisieren, der korrekt ist

1 Gott sagt: „Die Männer, die in der Regierung sitzen und eigentlich auf meine Leute aufpassen sollten, müssen echt vorsichtig sein. Denn sie
haben meine Leute kaputt gemacht und auseinandergetrieben! 2 Ich, der Chef und Gott von Israel,
spreche jetzt zu den Männern, die meine Leute führen. Ihr habt sie auseinandergetrieben, anstatt sie
zusammenzuhalten! Ihr habt nicht auf sie aufgepasst! Ich werde euch für eure miesen Taten bestrafen! 3 Meine Leute, die noch in anderen Ländern
verstreut leben, werde ich sammeln und sie dann
wieder nach Hause bringen. Dann werden sie wieder viele Kinder bekommen und sich vermehren.

[4] Ich werde mir ein paar Leute suchen, die auf sie aufpassen und sie beschützen. Ich möchte, dass sie keine Angst mehr haben und sich vor nichts erschrecken müssen. [5] Es wird ein Tag kommen, an dem ich einen Nachfolger für den Präsidenten David organisiere. Der wird ein guter Präsident sein, er wird das Land abgeklärt und korrekt regieren. Er wird dann wie ein frischer Zweig aus einem alten Baumstumpf wachsen. [6] In der Zeit wird es Juda gutgehen, und Israel wird in Sicherheit leben. Dieser Präsident wird einen Spitznamen bekommen, und zwar nennt man ihn: ‚Gott ist korrekt und hilft uns!'. [7] Dann wird man irgendwann diesen Spruch nicht mehr hören: ‚Bei Gott, der die Leute von Israel aus Ägypten rausgeholt hat!' [8] Stattdessen wird man sagen: ‚Bei Gott, der die Leute von Israel aus dem Norden und auch aus den ganzen anderen Ländern, in die er sie getrieben hatte, wieder rausgeholt hat. Aber jetzt sollen sie wieder in ihrem Land wohnen.'"

Über Pseudopropheten

[9] Jetzt kommt etwas über die Pseudopropheten: Es tut mir innerlich total weh, und ich zittere am ganzen Körper. Ich fühle mich, als wäre ich total breit, und ich fühl mich wie jemand, der zu viel Bier gesoffen hat. Das ist die Nebenwirkung von den besonders krassen Worten, die Gott zu mir sagt. [10] Überall leben Menschen, die ihren Ehepartner betrogen haben. Das Land wurde deswegen verflucht, es regnet nicht mehr. Alles ist vertrocknet, sogar die Wiesen. Alles, was die Leute wollen, ist Mist bauen, denn darin sind sie Weltmeister. [11] Gott sagt: „Sogar die Priester und die Prophetentypen sind schräg drauf. Auch in meinem Haus haben sie fiese Dinger gedreht. [12] Darum wird es in ihrem Leben einige glitschige Stellen geben, auf denen sie ausrutschen werden, besonders wenn es dunkel ist. Sie fallen auf die Schnauze, ich werde ätzende Sachen in ihrem Leben abgehen lassen, die Zeit ist gekommen, wo sie bestraft werden. [13] Die Propheten in Samaria bringen Sachen, die ich total ätzend finde. Sie haben so getan, als bekämen sie Nachrichten vom Plastikgott Baal rein, und haben meine Leute dadurch total verwirrt. Dabei kann der gar nicht sprechen. [14] Aber auch bei dem, was die Propheten in Jerusalem bringen, kommt mir die Galle hoch. Sie gehen mit anderen Frauen ins Bett, obwohl sie verheiratet sind. Sie lügen wie verrückt. Sie unterstützen Verbrechen, anstatt den Verbrechern öffentlich die Meinung zu sagen, damit die endlich aufhören, Mist zu bauen. Die sind für mich kein Stück besser als die Leute, die damals in dieser fiesen Stadt Sodom gelebt haben. Die Leute aus Jerusalem sind kein Stück besser als die Leute aus Gomorra." [15] Darum sagt Gott, der Chef über alles, zu diesen Propheten Folgendes: „Ich werde ihnen eine bittere Pille zu schlucken geben, sie sollen verseuchtes Wasser trinken. Von den Propheten aus Jerusalem kommt ganz viel krankes Zeug, sie haben das Land verseucht. [16] Hört nicht auf das, was die Propheten euch erzählen! Sie belügen euch, sie erzählen euch Sachen, die sie sich selbst ausgedacht haben. Das, was sie sagen, kommt nicht von mir. [17] Sie erzählen den Leuten, die auf meine Gesetze scheißen: ‚Gott sagt euch, dass ihr Frieden haben werdet, alles wird gut!' Und zu Menschen, die gnadenlos ihr eigenes Ding durchziehen, sagen sie: ‚Dir wird nichts Schlimmes passieren!'" [18] Wer von denen hat wirklich schon mal einen Termin in Gottes Büro gehabt? Wer von denen hat ihn schon mal gesehen und seine Worte selber gehört? Wer von denen hat wirklich kapiert, was Gott will? [19] Pass auf, wie ein Orkan wird Gott losschlagen, wenn er sauer ist. Wie ein Orkan mit Windstärke zwölf. Der wird über die Leute wegfegen, die ohne Gott leben. [20] Gott wird seinen Plan nicht ändern, bis er alles bis zum Ende durchgezogen hat. Irgendwann, wenn es mit der Erde zu Ende geht, werdet ihr das verstehen können. [21] „Diese Propheten kamen nicht von mir, ich habe auch nicht zu ihnen gesprochen, und trotzdem haben sie so getan als ob und den Menschen Sachen erzählt, die angeblich von mir kamen", sagt Gott. [22] „Wenn sie mich wirklich kennen würden, hätten sie meinen Leuten nur die Dinge gesagt, die von mir kommen. Und dann hätten sie nur so was verkündet, wie dass die Leute ihr Leben endlich ändern sollen und aufhören müssen, die ganze Zeit Mist zu bauen. [23] Ich bin nicht nur der Gott zum Kuscheln, sondern auch der Gott, der den Überblick hat, der über den Dingen steht. [24] Keiner kann sich in einer Ecke verstecken, in der ich ihn nicht sehen würde. Ich bin überall im Universum und auf der Erde. [25] Ich habe den Schwachsinn gehört, den diese Propheten erzählen. Sie lügen und tun so, als würden sie das in meinem Auftrag tun. Dann erzählen sie von irgendwelchen Träumen, die sie sich aber selbst ausgedacht haben. [26] Wie lange soll das noch so weitergehen? Was haben diese Pseudopropheten noch alles vor? [27] Wollen die als Nächstes vielleicht erreichen, dass meine Leute mich ganz vergessen? Haben sie vor, dass sie sich

gegenseitig diese ganzen erfundenen Träume erzäh-
len und plötzlich mehr an diesen Plastikgott Baal
als an mich glauben? 28 Wenn ein Prophet nur einen
ganz normalen Traum hatte, dann sollte er ihn auch
nur als Traum bezeichnen. Wenn er aber eine An-
sage von mir hat, dann soll er das auch so nennen,
weil es der Wahrheit entspricht. Was hat denn das
Brot mit der Tüte gemeinsam, in der es rumge-
tragen wird? Das Brot ist wichtig, die Tüte nicht.
29 Wenn ich etwas sage, dann brennt das in dir wie
ein Feuer, und es hat die Kraft, eine Betonwand zu
sprengen. 30 Pass auf, ich werde diesen Pseudo-
propheten das Handwerk legen, die ihre Worte von
anderen Propheten nur abkupfern. 31 Ich will denen
ans Leder, die ihre eigenen Worte als meine Worte
ausgeben. 32 Diese Männer, die sich irgendwelche
Träume ausdenken und dann erzählen, ich hätte
ihnen diese gegeben, und damit meine Leute in die
Irre führen, werde ich mir vorknöpfen. Sie haben
keinen Auftrag von mir bekommen, sie kommen
nicht von mir. Sie bringen es nicht, sie sind nutzlos.
Das kommt von mir, Gott!" 33 Gott sagte dann noch:
„Wenn ein Prophet, ein Priester oder jemand ande-
res dich fragt, warum ich ihm schon wieder so einen
schweren Brocken zu schleppen gegeben habe,
dann richte denen Folgendes von mir aus: ‚Der
schlimmste Brocken seid ihr selbst! Aber ich werde
diesen Brocken bald hinschmeißen!' 34 Und wenn
irgendein Prophetentyp oder ein Priester oder sonst
wer sagt: ‚Das ist echt übel, was Gott uns aufgela-
den hat!', dann werde ich ihn und seine ganze Fami-
lie bestrafen. 35 Ihr sollt euch besser gegenseitig
mehr dadran erinnern, was ich eigentlich gesagt
habe und wie meine Ansagen jetzt noch mal genau
waren! 36 Die Frage nach der Belastung oder dem
schweren Brocken will ich nicht mehr hören. Solche
Sprüche werden euch nur selbst Nachteile bringen.
Ihr dreht mir damit das Wort im Mund um, das
Wort von dem heftigen, lebendigen Gott, dem Chef
des Universums. 37 Fragt die Propheten: ‚Was hat
Gott euch gesagt?' oder ‚Was hat er auf eure Fragen
geantwortet?' 38 Aber falls ihr weiterhin mit dieser
Sache rumnervt, sage ich euch Folgendes: 39 Ich
werde euch einfach aus meinem Gedächtnis
löschen. Die Stadt, die ich den Leuten vor euch
geschenkt hatte, werde ich von meiner Festplatte
schmeißen. 40 Ich werde dafür sorgen, dass Dinge
passieren, die euch ewig peinlich sein werden. Es
wird so peinlich sein, dass niemand das vergessen
wird, man wird nicht aufhören, sich über euch lustig
zu machen."

24

Eine Vision von zwei Körben mit Pflaumen

1 Irgendwann bekam ich von Gott einen
inneren Film zugespielt, so eine Vision,
durch die er zu mir reden wollte. Das passierte in
der Zeit, nachdem der Präsident von Babylonien,
Nebukadnezzar, den Präsidenten von Juda, Joja-
chin, mit allen seinen hohen Beamten, Bauarbei-
tern und Handwerkern verhaftet und in die Kriegs-
gefangenschaft nach Babylonien abgeführt hatte.
Jojachin war ja ein Sohn von Jojakim. 2 Und zwar
sah ich zwei Körbe vor mir. In dem einen Korb
waren sehr gute Pflaumen, Güteklasse A. Aber in
dem anderen Korb waren die Teile ziemlich gam-
melig, so dass man sie nicht mehr essen konnte.
3 Gott fragte mich: „Und, Jeremia? Was siehst du?"
„Pflaumen! Einige sehen sehr lecker aus, die ande-
ren vergammelt, so vergammelt, dass man sie
nicht mehr essen kann", antwortete ich. 4 Dann
erklärte mir Gott, was das zu bedeuten hat: 5 „Pass
mal auf. Das kommt jetzt vom Chef, von dem Gott
von Israel: Die Menschen vom Familienstamm
Juda, die in Kriegsgefangenschaft geraten sind, die
sind für mich die guten Pflaumen. Ich freue mich
jedes Mal, wenn ich die Leute sehe, die ich nach
Babylonien verfrachtet habe. 6 Ich werde mich wie-
der um sie kümmern, ich werde sie zurück nach
Hause holen. Ich werde sie neu aufbauen und nicht
wieder kaputt machen. Ich pflanze sie ein und reiße
sie nicht wieder raus. 7 Ich werde dafür sorgen, dass
sie peilen, dass ich der Chef bin. Sie werden zu mir
gehören, und ich werde zu ihnen gehören. Sie wer-
den meine Leute sein, und ich werde ihr Gott sein,
weil sie dann wieder radikal mit mir leben. 8 Mit
dem Präsidenten von Juda, Zidkija, und seinen obe-
ren Beamten sowie mit den restlichen Leuten aus
Jerusalem werde ich anders umgehen. Diese Leute,
egal, ob sie jetzt zu Hause geblieben oder nach
Ägypten abgehauen sind, werde ich so behandeln
wie Pflaumen, die so vergammelt sind, dass man
sie nicht mehr essen kann. 9 Die anderen Men-
schen auf der Erde werden voll fertig sein, wenn sie
davon hören. Überall auf der Welt wird man über
sie lachen. Es wird dann sogar so einen Spruch
geben, den man sagt, wenn man einem die Krätze
an den Hals wünscht, der geht dann ungefähr so:
‚Euch soll das Gleiche passieren wie den Leuten
aus Jerusalem.' 10 Ich sorge dafür, dass sie durch
Krieg, Hunger und Krankheit sterben werden, bis
keiner mehr von ihnen in dem Land leben wird,
das ich ihnen schon vor Ewigkeiten geschenkt
habe."

25

23 Jahre für nichts

1 Ich, Jeremia, bekam dann mal wieder eine Nachricht von Gott für meine Leute. Das passierte in der Zeit, als Jojachin, der Sohn von Jojakim, in seinem vierten Jahr als Präsident über Juda regierte. Nebukadnezzar war gerade in seinem ersten Jahr als Präsident von Babylonien. 2 Ich redete zu allen Leuten von Juda und zu den Menschen, die in Jerusalem wohnten. Ich sagte: 3 „Vom 13. Jahr, in dem Joschija als Präsident von Juda an der Macht war, bis heute hat Gott immer wieder zu mir geredet. Das sind jetzt immerhin schon 23 Jahre! Schon morgens früh hab ich angefangen, euch die Sachen zu erzählen, die er mir gesagt hat, und euch zu warnen. Aber euch war das wohl alles egal. 4 Gott hat schon immer ganz früh alle aus seiner Prophetentruppe zu euch geschickt, aber ihr habt einfach nicht hingehört und eure Lauscher nicht auf Empfang gestellt. 5 Er sagte mir solche Sachen wie: ‚Hört doch endlich auf mit dem Mist! Gebt eurem Leben eine andere Richtung! Wenn ihr das macht, werde ich dafür sorgen, dass ihr in dem Land wohnen könnt, das ich schon den Leuten versprochen hatte, die vor euch gelebt haben. Dort könnt ihr dann für immer bleiben! 6 Betet nicht zu irgendwelchen Plastikgöttern, hört auf damit, denen hinterherzurennen und euch vor denen auf den Boden zu schmeißen! Provoziert mich nicht weiter mit dem, was ihr tut, sonst endet das ganz böse!‘ 7 Jetzt ist es aber zu spät. Gott sagt zu euch: ‚Ihr habt mich herausgefordert und habt es weiter so schlimm getrieben. Ihr habt nicht auf mich gehört, das ist euer Untergang.‘ 8 Gott, der Chef über alles, sagt: ‚Weil ihr nicht auf mich gehört habt, 9 werde ich die Völker aus dem Norden gegen euch aufhetzen. Vornweg Nebukadnezzar, den Präsidenten von Babylonien. Sie werden euch überfallen und euer Land einnehmen und auch die Länder um euch herum. Die werden dann bei euch die Rote-Karte-Aktion durchziehen, das heißt, sie werden alles kaputt machen und jeden töten. Man wird mit dem Kopf schütteln und die Hände überm Kopf zusammenschlagen, wenn man sieht, was mit euch passiert. 10 Ich werde dafür sorgen, dass sich keiner mehr bei euch so richtig freuen kann. Auch die Eheleute, die gerade heiraten, werden nicht jubeln. Alles wird still und dunkel sein, man hört in den Häusern kein Geräusch, auch nicht von der Kaffeemaschine in der Küche, und es wird auch nirgendwo Licht brennen. 11 Das ganze Land wird kaputt sein, und es wird nichts mehr wachsen. Ihr und die Völker, die ohne mich leben, werdet dem Präsidenten von Babylonien siebzig Jahre lang dienen. 12 Aber nach siebzig Jahren werde ich mit dem Präsidenten von Babylonien abrechnen und auch mit seinen Leuten. Sie müssen bezahlen für den Mist, den sie gebaut haben. Ab dann wird ihr ganzes Land ein Schrotthaufen sein. 13 Ich werde bei ihnen genau das passieren lassen, was ich ihnen auch angedroht habe. Alles, was in diesen Kapiteln von Jeremia aufgeschrieben wurde, wird so geschehen, denn ich hab das zu allen Menschen gesagt. 14 Die Leute aus Babylonien werden nämlich später auch mal von großen Präsidenten beherrscht und unterdrückt werden, in der gleichen Art und Weise, wie sie es auch bei euch gemacht haben. Auf die Art werde ich mich an ihnen rächen.‘“

Gott ist voll sauer über die anderen Nationen

15 Folgendes hat mir der Chef, der Gott von Israel, auch noch gesagt: „Nimm mal dieses Weinglas aus meiner Hand, da ist meine ganze Wut drin. Jetzt sollen alle Völker, zu denen ich dich schicken werde, daraus einen Schluck trinken. 16 Sie sollen sich an diesem Wein die Birne dichtziehen, sie sollen breit rumtorkeln und durchdrehen. Das Ganze bedeutet: Ich werde dafür sorgen, dass ganz viele bei ihnen sterben werden.“ 17 In dieser Vision, diesem inneren Film, nahm ich dann dieses Glas und gab es allen Völkern, zu denen Gott mich schickte. Alle tranken daraus. 18 Jerusalem und die Städte von Juda mit ihren Bürgermeistern und Präsidenten tranken zuerst daraus. Denn dadurch werden sie verflucht, und ihre Städte werden plattgemacht. Ab dann wird das alles zu einer Horrorvision, man wird sie als ein schlechtes Beispiel gebrauchen, man wird die Hände über dem Kopf zusammenschlagen. So ist das ja heute. 19 Dann kamen der Präsident von Ägypten, seine gesamte Regierungsmannschaft und auch sein Volk, einer nach dem anderen an. Jeder musste auch aus dem Glas trinken. 20 Auch dieser ganze Mischmasch von unterschiedlichen Leuten, die in Ägypten lebten, musste das. Die Präsidenten aus dem Land Uz, alle Präsidenten aus den Städten der Philister, von Aschkelon, Gaza, Ekron und dem Rest von Aschdod, alle tranken daraus. 21 Dazu alle Edomiter, Moabiter und Ammoniter, 22 die Präsidenten von Tyrus und Sidon und von den Ländern auf der anderen Seite vom Meer, 23 die Leute von Dedan, Tema und Bus. Auch alle Männer, die sich ihre Schläfen rasiert hatten, 24 alle Präsidenten von Arabien und alle Präsidenten von den Wüstenstämmen gehörten dazu. 25 Und auch noch die Präsiden-

ten von Simri, Elam und Medien, 26 und die Präsidenten aus dem Norden waren dabei. Alle kamen sie an. Die, die in der Nähe wohnten, und die, die ganz weit weg wohnten. Von allen Regierungen kamen welche, und jeder musste davon trinken. Als Letzter wird der Präsident von Babylonien einen Schluck aus dem Glas nehmen. 27 Gott meinte dann noch, dass ich ihnen Folgendes sagen sollte: „Das kommt jetzt von Gott, dem Chef, dem Gott von Israel: Gebt euch die Kante! Besauft euch bis zum Umfallen! Trinkt so viel, bis ihr kotzen müsst! Ihr sollt total breit sein wegen dem Chaos, das ich bei euch lostreten werde.“ 28 Falls sie sich weigern sollten, aus dem Glas zu trinken, was du ihnen gibst, dann musst du ihnen Folgendes sagen: „Gott, der Chef vom Universum, befiehlt euch das! Keine Chance, ihr müsst das trinken! 29 Ich werde bei meiner Stadt anfangen. Dort soll die Bestrafung losgehen. Aber glaubt ihr im Ernst, ihr würdet einfach so davonkommen? Ich werde dafür sorgen, dass alle Menschen mein heftiges Urteil zu spüren bekommen. Das kommt von Gott, dem Chef über die ganze Welt.“ 30 Sag allen Menschen auch noch Folgendes: „Der Chef schreit von oben auf die Erde runter, er brüllt wie ein Löwe, er wird richtig laut. Man kann seine Stimme von dem besonderen Ort her hören, wo er wohnt. Er jubelt wie ein Boxer, der gerade seinen Gegner auf die Bretter geschickt hat. 31 Man hört einen lauten Knall bis in den letzten Winkel der Erde. Gott bringt alle Menschen vors Gericht, er hat sie alle angeklagt. Mit den Menschen, die ohne ihn gelebt haben, macht er kurzen Prozess, sie müssen sterben. 32 Es wird ein heftiger Sturm kommen, der über die ganze Erde fegt. Eine Nation nach der nächsten wird davon betroffen sein!“ 33 Die Leichen derer, die durch Gott getötet wurden, liegen an dem Tag überall auf der Erde rum. Kein Mensch wird wegen den Toten weinen. Die Leichen werden auch nicht eingesammelt und begraben. Sie sollen einfach vergammeln und zu Dünger für die Erde werden. 34 Die Präsidenten der einzelnen Länder sollen mal losheulen und um Hilfe schreien! Ihr könnt euch schon mal schwarze Trauerklamotten anziehen, denn als Nächstes seid ihr an der Reihe. Jetzt geht es euch an den Kragen, und ihr werdet abgeschlachtet. Ihr werdet auch in alle Länder vertrieben und dort wie ein wertvolles Glas auf dem Boden zerdeppert, und die Splitter fliegen in alle möglichen Richtungen davon. 35 Die Chefs der einzelnen Länder können nicht fliehen, sie haben keine Chance zu entkommen. 36 Hörst du auch schon die Schreie der Chefs, hörst du, wie die Mächtigen der Welt Angst kriegen? Gott legt los und macht alles platt, er zerstört ihre Länder. 37 Gott wird so wütend, dass seine Wut wie ein vernichtendes Feuer ist, das die ganze friedliche Gegend abfackelt. 38 Gott hat sein Versteck verlassen wie ein gefährlicher Kampfhund, der von der Leine gelassen wurde. Das ganze Land ist zerstört worden, wie mit einem großen Flammenwerfer wurde alles abgefackelt, es waren die Flammen seiner Wut.

26

Jeremia wird verhaftet

1 Als Jojakim erst ganz kurz als Präsident von Juda an der Macht war, sagte Gott Folgendes zu Jeremia: 2 „Geh mal in den Vorhof vom Tempel, und dann rede zu allen Menschen, die aus den Städten von Juda in den Gottesdienst gehen wollen. Sag ihnen alles, was ich dir gesagt habe, lass nichts davon weg! 3 Vielleicht ändern sie sich ja, vielleicht hören sie auf damit, die ganze Zeit Mist zu bauen. Dann würde ich von meinen Plänen ablassen und sie nicht kaputt machen. Die Bestrafung für ihre miesen Aktionen würde nicht stattfinden. 4 Sag ihnen Folgendes: ‚Das kommt jetzt von Gott: Wenn ihr nicht auf mich hört, wenn ihr nicht wieder anfangt, so zu leben, wie es in meinen Gesetzen steht, die ich euch gegeben habe, 5 wenn ihr nicht auf die Sachen hört, die meine Propheten euch die ganze Zeit gesagt haben, dann habt ihr bald ein echtes Problem. 6 Ich werde dann nämlich mit diesem Tempel genau das Gleiche machen, was ich mit dem Teil in Schilo auch getan hab. Und auch eure Stadt werde ich total kaputt machen. Es wird so schlimm sein, dass man sie in der ganzen Welt als Schimpfwort benutzt, wenn man jemandem die Krätze an den Hals wünscht.‘“ 7 Alle Priester, die anderen Propheten und alle Leute hörten ihn, als er diese Sachen vor dem Tempel sagte. 8 Nachdem er fertig war, packten ihn die Priester am Arm und riefen ganz laut: „Dafür müssen Sie sterben! 9 Wie können Sie so was behaupten? Wie kommen Sie dazu, auch noch zu behaupten, das käme von Gott? Wie kommen Sie dazu, so einen Kommentar loszulassen, wie: ‚Dieser Tempel wird genauso kaputt gehen wie Schilo, und diese Stadt wird auch komplett plattgemacht. Hier wird niemand mehr leben!‘ So was können Sie nicht von Gott gehört haben!“ Immer mehr Menschen kamen vor dem Tempel zusammen, um Jeremia fertigzumachen. 10 Schließlich bekamen die Chefs von Juda mit, was dort

abging, und gingen vom Regierungsgebäude zum
Tempel. Als sie am neuen Tor ankamen, setzten sie
sich dort auf einige Stühle, wo sonst immer die
Gerichtsverhandlungen stattfanden. 11 Die Priester
und die anderen Propheten standen auf und erho-
ben vor allen Leuten Anklage gegen Jeremia. „Die-
ser Mann, Jeremia, muss die Todesstrafe bekom-
men! Er hat etwas gegen diese Stadt gesagt und so
getan, als wäre er ein Prophet. Wir haben das alle
gehört, und Sie sind auch Zeugen davon!“ 12 Jeremia
drehte sich um und sagte zu allen Zuhörern und
auch zu den Richtern: „Ich bin im Auftrag von Gott
unterwegs, und ich soll alles sagen, was Gott mir
befohlen hat, um den Leuten, die in dieser Stadt
wohnen, eine klare Ansage zu machen. 13 Ändert
euch, lebt nicht so weiter wie bisher! Hört auf das,
was Gott euch zu sagen hat! Wenn ihr das tut,
könnt ihr Gott noch einmal umstimmen, und er
wird nicht die ganzen ätzenden Sachen machen, die
er angekündigt hat. 14 Ich bin euch ausgeliefert, ihr
könnt mit mir machen, was ihr wollt. 15 Trotzdem
sollte euch eine Sache klar sein: Wenn ihr mich
tötet, dann tötet ihr einen Unschuldigen! Damit
werdet ihr dann schuldig, weil das Blut von einem
unschuldigen Menschen in dieser Stadt vergossen
wurde. Ich schwöre euch: Gott hat mich wirklich zu
euch geschickt, und ich sollte euch genau diese
Sachen sagen!“ 16 Schließlich sagten die Chefs und
auch der Rest der Leute zu den Priestern und den
Propheten: „Dieser Mann hat nichts ausgefressen!
Es wäre nicht korrekt, wenn wir ihm die Todesstrafe
verpassen würden! Er hat wirklich nur Sachen zu
uns gesagt, die direkt von Gott kamen!“ 17 Auch
einige von den Männern, die im Land was zu sagen
hatten, redeten mit den Leuten. 18 „Schon in der
Zeit, als der Präsident Hiskija an der Macht war, gab
es hier einen Propheten, der Micha hieß. Micha
stammte aus Moreschet. Damals hatte er folgende
Ansage für alle Leute aus Juda: ‚Das kommt jetzt
von Gott, dem Chef über das Universum. Dieser
Berg Zion wird einmal umgegraben wie ein Feld.
Jerusalem wird zu einem Schrotthaufen. Der Berg,
wo der Tempel drauf ist, wird nur noch ein Berg mit
einem kleinen Wald sein!‘ 19 Wurde er vom damali-
gen Präsidenten Hiskija getötet, nachdem er das
gesagt hatte? Nein, denn Hiskija hatte Respekt vor
Gott! Damals haben sie dann versucht, das zu tun,
was Gott von ihnen wollte. Sie haben wieder zu
Gott gebetet, damit er seine schlimmen Pläne nicht
umsetzt. Wollen wir jetzt dadurch unser Leben aufs
Spiel setzen, dass wir noch größeren Mist bauen?“
20 Es gab in der Zeit damals noch einen anderen
Propheten. Der Typ hieß Urija und war ein Sohn von
Schemaja. Er stammte aus Kirjat-Jearim. Urija hatte
auch Sachen von Gott gegen die Leute aus Juda und
auch gegen Jerusalem gesagt. 21 Als der Präsident
Jojakim und seine Generäle und Offiziere mitbeka-
men, was Urija gesagt hatte, wollte der Präsident
ihn auch töten lassen. Aber Urija bekam einen Tipp
und floh deswegen nach Ägypten, weil er Angst
hatte, umgebracht zu werden. 22 Präsident Jojakim
schickte Elnatan mit ein paar Soldaten nach Ägyp-
ten. 23 Die nahmen ihn dort fest und brachten Urija
zum Präsidenten. Der erschoss ihn dann und ließ
seine Leiche auf dem Friedhof beerdigen, wo die
armen Leute liegen, die sich kein richtiges Grab leis-
ten können. 24 Aber Jeremia wurde nicht getötet,
weil Ahikam ihn beschützte. Er ließ nicht zu, dass
die Leute Jeremia einfach töten konnten. Ahikam
war übrigens ein Sohn von Schafan.

27 Handschellen und Nebukadnezzar

1 In der Zeit, als Zidkija, der Sohn von
Joschija, erst seit kurzem an der Macht
war, sagte Gott etwas Neues zu mir, Jeremia.
2 „Nimm dir ein Stück Draht und bastel daraus ein
paar Handschellen. Diese Handschellen legst du dir
dann selber an. 3 Anschließend schickst du eine
Nachricht an die Präsidenten von Edom, Moab,
Ammon, Tyrus und Sidon. Das Ganze machst du
über ihre Angestellten, die gerade alle den Präsiden-
ten Zidkija in Jerusalem besuchen. 4 Erzähl diesen
Männern, dass sie ihren Präsidenten Folgendes von
mir ausrichten sollen: 5 ‚Hallo? Ich bin derjenige, der
die Erde gemacht hat! Auch die ganzen Menschen
und alle Tiere auf der Erde sind durch meine gigan-
tische Kraft entstanden. Darum darf ich sie auch
jedem schenken, auf den ich Bock habe, die Ent-
scheidung liegt alleine bei mir. 6 Zurzeit habe ich
beschlossen, sie alle meinem Angestellten Nebu-
kadnezzar zu geben. Er ist der Präsident und wohnt
in Babylon. Die ganzen Tiere hab ich ihm auch
gegeben, er kann mit ihnen machen, was er will.
7 Alle Menschen sollen tun, was er sagt. Ebenso
sollen sie das auch noch bei seinem Sohn und sei-
nen Enkeln tun. So lange, bis er und sein Land von
anderen Präsidenten im Krieg besiegt werden.
8 Wenn jetzt aber ein Land oder ein Präsident keinen
Bock dadrauf hat, das zu tun, was Nebukadnezzar
will, und sich dagegen wehrt, dann werde ich dafür
sorgen, dass Nebukadnezzar mit seiner Armee

gegen ihn aufmarschieren wird. Das wird dafür sorgen, dass alle im Krieg getötet werden oder durch Hunger oder Krankheit sterben, bis sie ganz unter seiner Kontrolle sind. 9 Für euch gilt, dass ihr nicht auf die Pseudopropheten, die Esoteriker, die Typen, die mit Toten reden, und auch nicht auf die Zauberer hören sollt. Die sagen dann nämlich voraus, dass ihr nicht vom Präsidenten aus Babylonien besiegt werdet. 10 Aber die erzählen euch nur Dünnsinn. Sie wollen euch aus dem Land raushaben. Sie wollen, dass ich euch rausschmeiße und dass ihr alle getötet werdet. 11 Wenn eine Nation nicht gegen den Präsidenten von Babylonien aufmuckt und alles tut, was er sagt, dann werde ich dafür sorgen, dass ihnen nichts passiert. Sie werden weiter im Land bleiben, dort wohnen und Sachen dort anpflanzen.'"
12 Für Zidkija, den Präsidenten von Juda, hatte ich folgende Ansage: „Machen Sie alles, was der Präsident von Babylonien von Ihnen will! Wenn Sie tun, was er sagt, werden Sie und Ihre Leute überleben. 13 Oder wollen Sie unbedingt verhungern oder durch eine tödliche Krankheit sterben? Das hat Gott ja allen Leuten vorausgesagt, die nicht bereit sind, zu tun, was der Präsident von Babylonien will. 14 Hören Sie nicht auf den Stuss, den die Propheten zu euch sagen! Sie behaupten ja, dass der Präsident von Babylonien nicht gegen Sie gewinnen wird. Aber die erzählen nur Schwachsinn! 15 Gott weiß, dass er das nicht gesagt hat und dass diese Pseudopropheten nicht von ihm geschickt wurden, um so was zu erzahlen. Darum denken die sich ihre prophetischen Ansagen selbst aus, sie lügen wie gedruckt. Damit erreichen die nur, dass Gott Ihre Leute rausschmeißt, alle werden sterben und diese Pseudopropheten mit Ihnen." 16 Dann hatte ich noch etwas von Gott für die Priester und den Rest der Leute: „Das kommt jetzt von Gott! Hören Sie nicht auf das, was Ihnen die anderen Propheten erzählen! Sie behaupten, dass es nicht mehr lange dauert, bis die besonderen Geräte aus dem Tempel wieder von Babylonien zurückgebracht werden. Das ist totaler Schwachsinn! 17 Hören Sie nicht auf die! Machen Sie das, was der Präsident von Babylonien Ihnen sagt, nur dann werden Sie am Leben bleiben. Wäre doch schade, wenn diese Stadt kaputt gemacht würde, oder? 18 Wenn das echte Propheten wären, die meine Ansagen kennen, dann hätten sie schon lange angefangen, dafür zu beten, dass die paar richtig wertvollen Dinge, die noch im Tempel, im Regierungsbezirk und in der Stadt rumstehen, nicht auch noch nach Babylonien gebracht werden.
19–21 Gott, der Chef, sagt etwas über folgende Sachen: Die beiden Säulen aus Bronze, das große Waschbecken aus Bronze, die beiden Einkaufswagen und die anderen Geräte, diese Dinge hat Nebukadnezzar nicht mitgehen lassen, als er den Präsidenten Jojachin mit allen einflussreichen Leuten aus Jerusalem und Juda in Kriegsgefangenschaft nach Babylonien abgeführt hat. Gott, der Chef über diese Welt, der Gott von Israel, sagt: ‚Mit den wertvollen Sachen aus dem Tempel, aus dem Regierungssitz vom Präsidenten und aus der Stadt soll Folgendes passieren: 22 Sie sollen nach Babylonien gebracht werden und dort bis zu einem bestimmten Tag bleiben. Irgendwann werde ich mich darum kümmern und werde sie wieder zurückholen und sie dorthin bringen, wo sie hergekommen sind.'"

28 Der Pseudoprophet Hananja

1 In der Zeit war Zidkija gerade in seinem vierten Jahr als Präsident an der Macht. Im fünften Monat von diesem Jahr gab es ein Treffen zwischen den Prophetentypen Hananja und Jeremia im Tempel. Hananja war ein Sohn von Asur und stammte aus Gibeon. Die Priester und einige Leute waren auch gerade da. 2 Hananja sagte laut zu Jeremia: „Das kommt jetzt von Gott, dem Chef über alles, dem Gott von Israel: ‚Ich werde die Handschellen kaputt machen, die der Präsident von Babylonien meinen Leuten angelegt hat. 3 In zwei Jahren müssen alle Geräte aus dem Tempel wieder dorthin zurückgebracht werden. Die hatte Nebukadnezzar ja aus meinem Tempel gezockt und nach Babylonien gebracht. 4 Ich werde auch den Präsidenten von Juda, Jojachin, und alle anderen, die in Babylonien in Kriegsgefangenschaft sitzen, von dort befreien. Sie sollen nicht länger vom Präsidenten von Babylonien gefangen gehalten werden.'" 5 Jeremia antwortete ihm, und die Priester und alle Leute, die gerade beim Tempel waren, hörten zu: 6 „Na schön, Gott soll das dann mal bestätigen. Du behauptest also, dass Gott die ganzen Geräte aus dem Tempel und auch alle Gefangenen aus Babylonien zurückholen wird? 7 Aber ich hab was ganz anderes von ihm gehört. 8 Die Propheten von früher, die lange vor mir und dir im Dienst waren, haben auch immer wieder ganz fiese Sachen vorausgesagt, was alles Schlimmes mit den Ländern passieren wird. Es ging dabei oft um Kriege, Katastrophen und Krankheiten. 9 Wenn ein Prophet etwas Gutes wie Frieden voraussagt, muss man immer noch abwar-

ten, ob das auch so passiert. Man weiß meistens erst hinterher, ob das, was er gesagt hat, auch von Gott kam oder nicht." 10 Plötzlich nahm Hananja Jeremia die Handschellen ab und zerdepperte sie mit einem Hammer. 11 Das sollte so eine Art prophetisches Zeichen sein. Dann sagte er zu allen Leuten: „Gott sagt Folgendes: Genauso, wie diese Handschellen nun kaputt sind, werde ich in zwei Jahren die Handschellen zerstören, die Nebukadnezzar meinen Leuten angelegt hat. Ich werde meine Leute von dem Präsidenten von Babylonien befreien. Er wird nicht mehr über alle Nationen bestimmen können." Als Jeremia das hörte, drehte er sich um und ging weg. 12 Kurze Zeit später redete aber Gott noch mal mit ihm über die Sache. Er sagte: 13 „Geh mal zu Hananja und sag ihm Folgendes von mir: ‚Du hast nur Spielzeughandschellen aus Draht zerbrochen, aber ich werde stattdessen Handschellen aus Stahl nehmen. 14 Ich werde allen Nationen Handschellen aus Stahl anlegen. Sie sollen alle von Nebukadnezzar gefangen genommen werden und tun, was er sagt. Sogar alle Tiere werden ihm gehören.'" 15 Dann sagte Jeremia zu Hananja: „Hör mal zu! Was du gesagt hast, kommt gar nicht von Gott! Du hast diesen Schwachsinn nur erzählt, weil du die Leute reinlegen wolltest. 16 Gott sagt dir deshalb: ‚Für dich ist kein Platz mehr auf meiner Erde! Du wirst noch in diesem Jahr sterben, denn du hast Sachen gesagt, die gegen mich waren!'" 17 Und tatsächlich starb der Prophet Hananja noch in diesem Jahr, im Oktober.

29 Jeremia schreibt einen Brief an die Leute in Kriegsgefangenschaft

1 Jeremia war in Jerusalem und schrieb dort einen Brief. Den schickte er nach Babylonien, an den Rest der Chefs von den Leuten, die in Kriegsgefangenschaft waren. Außerdem an die Priester, an die Propheten und an alle anderen, die von Nebukadnezzar gefangen genommen und dorthin verfrachtet worden waren. 2 Der Präsident der Babylonier hatte auch den Präsidenten Jojachin, seine Mutter, die Beamten und die anderen führenden Männer von Juda und Jerusalem abführen lassen. Dazu auch noch alle Bauarbeiter und Metallhandwerker. 3 Jeremia ließ den Brief persönlich durch Elasa und Gemarja überbringen. Elasa war ein Sohn von Schafan, und Gemarja war ein Sohn von Hilkija, beide waren vom Präsidenten Zidkija nach Babylon geschickt worden. Im Brief stand Folgendes: 4 „Liebe Leute! Was ich jetzt schreibe, kommt vom Gott, der das ganze Universum in der Hand hält, der Gott von Israel, und es geht an alle, die er von Jerusalem nach Babylonien hat abführen lassen: 5 ‚Es dauert noch eine ganze Weile, bis ihr wieder zurückkommt. Ihr könnt in der Zeit noch Häuser bauen, Gärten anlegen und das Obst essen, was von den Bäumen kommt, die ihr in der Zeit angepflanzt habt. 6 Sucht euch einen Partner, heiratet und macht Kinder! Sucht für eure Kinder einen Ehepartner, damit die auch noch Kinder kriegen können. Ihr werdet immer mehr Leute werden und nicht weniger. 7 Kümmert euch um die Städte, wo ihr in Gefangenschaft gelandet seid. Betet für die Leute, die dort wohnen. Wenn es denen gutgeht, wird es euch auch gutgehen.' 8 Gott, der Chef über alles, sagt euch Folgendes: ‚Hört nicht auf die Pseudopropheten und Oberesoteriker! Vergesst die komischen Träume, die die haben und dann auch noch als etwas ausgeben, was von mir kommt. 9 Sie erzählen nur Dünnsinn, aber behaupten, das auch noch in meinem Auftrag zu tun. Ich hab sie nicht auf euch losgelassen, von mir kommen die nicht.' 10 Gott sagt euch auch, dass es ganze siebzig Jahre dauern wird, bis die Zeit in Babylonien zu Ende geht. Er sagt: ‚Erst dann werde ich mich um euch kümmern. Dann werde ich mein Versprechen erfüllen, dass ich euch nach Hause zurückbringe. 11 Ich weiß genau, was ich mit euch machen will. Und ich habe einen guten Plan für euch, einen Plan, der Frieden bringt und kein Chaos. Ich will euch eine gute Zukunft schenken, damit ihr die Hoffnung nicht verliert. 12 Wenn ihr mich ruft, dann bin ich da. Wenn ihr zu mir betet, dann werde ich euch antworten. 13 Wenn ihr euch wieder richtig auf die Suche nach mir macht, dann werde ich dafür sorgen, dass ihr mich auch finden werdet. Jeder, der wirklich radikal nach mir fragt und sucht, 14 der wird mich auch finden, da sorge ich für.' Das kommt auch noch von Gott: ‚Ich werde dafür sorgen, dass plötzlich alles gut wird. Ich sammle euch von überall her auf, von den Orten, wo ihr hinverschleppt wurdet. Ich werde euch dahin zurückbringen, wo ihr vor einiger Zeit gefangen genommen und abgeführt wurdet.' 15 Ihr behauptet, dass Gott euch in Babylonien ein paar Propheten organisiert hat? 16 Gott sagt etwas über den Präsidenten, der ein Nachfolger von Präsident David ist, und auch über alle Leute, die in der Stadt wohnen. Das sind ja alles eure Geschwister, die nicht in Kriegsgefangenschaft sind. 17 Und zwar sagt Gott, der Chef über

alles: ‚Ich werde dafür sorgen, dass bei ihnen ein
ganz derber Krieg abgeht, und es wird einige Zeit
nichts mehr zu essen geben, sie werden hungern,
und es wird eine tödliche Krankheit ausbrechen. Sie
werden wie vergammelte Pflaumen sein, die stin-
kend im Korb liegen und die keiner mehr essen will.
18 Ich werde ihnen hinterherjagen. Krieg, Hunger
und Krankheit werden sie verfolgen. Ich werde
dafür sorgen, dass sie ein abschreckendes Beispiel
sind. Die Leute werden die Hände überm Kopf zu-
sammenschlagen, wenn man ihren Namen er-
wähnt, und sie werden die peinlichsten Leute auf
der ganzen Welt sein. 19 Das ist die Strafe dafür,
dass sie nicht auf das gehört haben, was ich ihnen
gesagt hatte. Ich hab meine Propheten bei ihnen
vorbeigeschickt. Meine Angestellten standen bei
ihnen schon ganz früh auf der Matte, aber das hat
sie überhaupt nicht interessiert.‘ 20 Das Folgende
geht jetzt an die, die Gott aus Jerusalem abgeführt
hat und die in Kriegsgefangenschaft in Babylonien
leben. 21 Das kommt von Gott, dem Chef über alles,
dem Gott von Israel. Es geht an Ahab, der ein Sohn
von Kolaja ist, und an Zidkija, der ein Sohn von
Maaseja ist. Beide tun so, als würden sie im Auf-
trag von Gott reden. Tatsächlich kommt aber nur
Müll aus ihrem Mund. Der Gott von Israel, der
Chef über diese Welt, sagt euch: ‚Ich werde sie an
Nebukadnezzar, den Präsidenten von Babylonien,
ausliefern. Er soll sie vor euren Augen töten. 22 Die
beiden werden für euch (den Leuten von Juda, die
nach Babylonien verschleppt worden sind) ein Vor-
bild dafür sein, wie man Leuten die Krätze an den
Hals wünscht. Man sagt dann so was wie: ‚Ich
wünsche dir, dass Gott mit dir das Gleiche macht,
wie er es mit Ahab und Zidkija getan hat. Die wur-
den beide vom Präsidenten von Babylonien auf
einem Feuer gegrillt!‘ 23 Beide hatten nämlich die
idiotische Idee und sind mit den Frauen von ihren
eigenen Leuten fremdgegangen. Dann haben sie
auch noch irgendeinen Schwachsinn erzählt und
dabei so getan, als würden sie in meinem Namen
sprechen, obwohl nichts von dem von mir kam.
Ich, Gott, hab das alles gesehen, ich bin Zeuge!‘“

Jeremia und Schemaja

24 Gott sagte Jeremia, dass er dem Propheten Sche-
maja eine Mail schreiben sollte, um ihm auch etwas
zu sagen. Schemaja stammte aus Nehelam. 25 Das
kommt jetzt von Gott, dem Chef, dem Gott von
Israel: „Du, Schemaja, hast einen Brief geschrieben,
der an alle Leute ging, die in Jerusalem wohnen. Der
Brief war auch an den Priester Zefanja und die
anderen Priester gerichtet. Dort hast du Folgendes
behauptet: 26 ‚Gott hat Sie, Zefanja, anstelle von
Jojada als Priester eingesetzt. Sie sind der Chef im
Haus von Gott, in seinem Tempel. Dort sollen Sie
dafür sorgen, dass jeder durchgeknallte Typ, der
sich als Prophet ausgibt, sofort verhaftet und in
Handschellen weggeschlossen wird. 27 Ich würde
jetzt gerne von Ihnen wissen, warum Sie nichts
gegen diesen Jeremia aus Anatot unternommen
haben? Der hat ja auch so getan, als wäre er ein
Prophet! 28 Er hat ja sogar einen Brief an uns nach
Babylonien geschickt. Dort hat Jeremia geschrieben:
‚Es wird noch lange dauern, bis ihr hier wieder raus-
kommt! Darum baut euch ruhig ein paar Häuser
und wohnt dadrin, pflanzt euch einen Garten und
erntet die Früchte, die dann wachsen!‘ Mit freund-
lichen Grüßen Schemaja‘“ 29 Aber der Priester
Zefanja hatte Jeremia diesen Brief vorgelesen.
30 Wegen dieser ganzen Sache sagte Gott zu Jere-
mia: 31 „Jeremia? Ich will, dass du einen Brief an die
Leute schreibst, die in Kriegsgefangenschaft sind.
Erzähle ihnen, was ich für Schemaja beschlossen
hab, der Nehelamiter ist. Ich weiß, dass Schemaja
so getan hat, als wäre er ein Prophet, obwohl ich
ihn gar nicht dafür ausgewählt hatte. Er hat dafür
gesorgt, dass die Leute sich auf Aussagen verlassen
haben, die total gelogen waren. 32 Darum werde ich
ihn und seine Familie bestrafen. Weder Schemaja
noch einer von seiner Familie darf erleben, wie ich
meine Leute wieder zurück nach Hause führe. Er
hat nämlich die Leute gegen mich aufgestachelt,
und er hat Sachen gepredigt, die dafür gesorgt
haben, dass die Leute nicht mehr das tun, was ich
von ihnen will.“

30

Gott macht irgendwann neue Verträge

1 Dann redete Gott mal wieder über was
anderes mit Jeremia: 2 „Schreibe mal alles
genau auf, was ich dir jetzt diktiere. Da soll dann
später ein Buch draus werden! 3 Es wird eine Zeit
geben, da sorge ich dafür, dass bei meinen Leuten
wieder alles gut wird! Ich werde sie wieder nach
Hause zurückbringen in das Land, das ich ihren
Ururur-und-so-weiter-Opas schon geschenkt hatte.
Dieses Land soll ihnen wieder ganz gehören.“ 4 Und
dann sagte Gott noch ein paar Sachen über Israel
und über Juda. 5 Er meinte: „Ich höre laute Schreie.
Die Leute haben Panik und Angst, keiner ist mehr
entspannt und locker drauf. 6 Fragt doch mal, ob

Männer Babys kriegen können! Können sie natür-
lich nicht, aber warum? Ich sehe ganz viele Männer,
die sich den Bauch vor Schmerzen halten, weil sie
Wehen bekommen, so als wären sie schwanger.
Und alle sind dabei total blass. 7 Das wird echt ein
beschissener Tag sein. So einen Tag hat es noch nie
gegeben. In der Zeit werden die Leute aus Israel
krasse Probleme haben. Trotzdem werden sie am
Ende gerettet.“ 8 Gott sagt, dass an diesem Tag
auch etwas anderes passieren wird. Der Chef über
alles sagt, dass er an dem Tag die Handschellen
seiner Leute für immer zerschneiden wird. Sie müs-
sen nie wieder für Fremde arbeiten, sie werden
keine harten Sachen und keine Folter mehr erleben.
9 Sie werden ganz frei sein, um ihrem Gott zu die-
nen. Und sie werden einem Mann dienen, der aus
der Familie vom Präsidenten David kommt. Diesen
Mann wird Gott für sie organisieren. 10 Gott sagt:
„Alle Leute aus Israel brauchen keine Angst mehr zu
haben und sich nicht mehr zu erschrecken. Ich
werde euch retten, ich hole euch aus dem Ausland
raus, ich befreie euch aus der Kriegsgefangenschaft.
Die Israeliten werden wieder zurückkommen und
ihre Ruhe haben, sie werden in Sicherheit leben
können. Keiner wird ihnen mehr Angst einjagen.
11 Denn ich, der Chef, werde bei euch sein und ich
werde euch immer helfen. Und ich habe auch vor,
alle Völker plattzumachen, bei denen ihr jetzt lebt.
Ich hatte euch ja an unterschiedliche Orte auf der
Welt geschickt, aber damit ist dann Schluss. Ich
werde euch nie und nimmer vollkommen vernich-
ten, ich muss euch nur erziehen! Ich konnte so was
einfach nicht durchgehen lassen. Es musste irgend-
wie Konsequenzen haben, was ihr alles so gebracht
habt.“

Gott bringt Sachen wieder in Ordnung und heilt Verletzungen

12 Gott sagt: „Ich weiß, dass du eine schlimme
unheilbare Wunde hast und dass der Schmerz tief
sitzt. 13 Keiner will dich verteidigen, keiner fühlt sich
dafür zuständig, dich zu heilen, niemand sorgt für
deine Verletzungen, und keiner kann dich wieder
gesund machen. 14 Die Leute, die dich früher geliebt
haben, sind alle weg. Du bist ihnen egal, sie haben
dich schon vergessen, sie fragen nicht mehr nach
dir. Ich hab dich nämlich so krass geschlagen, wie
man einen Gegner im Kampf schlägt. Nun bist du
schwer verwundet. Meine Strafe war so krass, weil
du total üblen Mist gebaut hattest, du hast ohne
Ende Mist gebaut. 15 Warum schreist du plötzlich
rum und willst Hilfe wegen deiner Verletzung und
deinen fiesen Schmerzen? Du bist doch selbst
schuld, ich musste dich bestrafen, weil du einfach
zu viel Mist gebaut hast. 16 Aber alle, die dich ver-
nichten wollen, werden von mir vernichtet. Alle
deine Feinde werden gefangen genommen. Alle
Leute, die dich abgezockt haben, werden selbst
abgezockt. Alle, die dich beklaut haben, werden
selbst beklaut. 17 Weil die anderen über dich lästern
und sagen, ich hätte keinen Bock mehr auf dich,
werde ich dafür sorgen, dass du wieder gesund und
stark wirst. Ich werde deine Wunden heilen. Auch
wenn Leute behaupten, dass Jerusalem die Stadt ist,
von der keiner mehr was wissen will, werde ich sie
wieder hochbringen.“ 18 Gott sagt: „Ich werde dafür
sorgen, dass die Israeliten wieder hochkommen,
ich liebe sie und werde ihnen das auch zeigen. Die
Stadt wird auf einem Berg wieder hochgezogen, und
auch das Regierungsgebäude und das Haus vom
Präsidenten werden an der richtigen Stelle stehen.
19 Ich möchte, dass meine Leute wieder Partys fei-
ern, sie sollen locker sein und auch wieder tanzen
gehen. Ich will dafür sorgen, dass sie immer mehr
und nicht immer weniger werden. Ich will dafür
sorgen, dass sie groß rauskommen, und nicht,
dass man sie peinlich findet. 20 Dann wird es wieder
so familienmäßig wie früher sein. Ich werde sie
beschützen, und die Leute, die sie angreifen, krie-
gen es mit mir zu tun. 21 Ihr Präsident wird einer von
ihnen sein, er stammt aus ihrer Familie. Ich werde
ihm erlauben, dass er in meine Nähe kommen darf.
Denn wer sonst würde alles riskieren, nur um in
meine Nähe zu kommen? 22 Ihr werdet wieder zu
mir gehören und ich zu euch!“

Was Gott verspricht, hält er auch

23 Er wird wie ein heftiger Wirbelsturm auf die Leute
kommen, die ohne Gott leben. Die Leute, auf die
er sauer ist, werden einfach weggeblasen. 24 Wenn
er richtig sauer ist, hört er nicht auf, bis er das ge-
tan hat, was er sich vorgenommen hat. Irgendwann
werdet ihr verstehen, warum das so sein muss.

31

In Zukunft wird für Israel und Juda wieder alles gut

1 Gott sagte zu mir: „Irgendwann werde ich
wieder der Gott von allen Familienstämmen von
Israel sein, und dann werden sie auch wieder ganz
zu mir gehören. 2 Ich werde den Leuten, die zurzeit
in Kriegsgefangenschaft im Ausland leben, meine

Liebe beweisen. Israel wird wieder dorthin zurück-
kehren, wo sie entspannt leben können." 3 Gott hat
aus weiter Entfernung mit mir gesprochen. Er sagte:
„Leute, ich hab nie aufgehört, euch wie verrückt zu
lieben! Darum bin ich euch die ganze Zeit treu
geblieben. 4 Mein geliebtes Israel! Ich werde dich
wieder aufbauen. Ich mach alles noch mal von
vorne und ganz neu. Du wirst wieder schön aus-
sehen. Schön gestylt wird man dich, mit deiner
E-Gitarre, auf der Bühne stehen sehen, und dann
bringst du die Leute wieder zum Tanzen! 5 Du wirst
auf den Bergen in Samaria wieder Wein anpflanzen.
Du brauchst keine Angst zu haben, dass die Ernte
von anderen gegessen wird. Alles, was ihr anpflanzt,
werdet ihr auch selber genießen können." 6 Bald
wird es eine Zeit geben, wo man in den Bergen von
Efraim jemanden sagen hört: „Packt eure Sachen
zusammen! Ihr könnt wieder nach Zion gehen, dem
Berg, wo der Tempel steht. Ihr könnt wieder zum
Chef, zu unserem Gott!" 7 Gott sagt: „Freut euch
über Israel! Macht Party wegen der Nummer eins
von allen Nationen! Erzählt es überall, singt ein
paar Lieder, sagt es jedem: ‚Gott hat seine Leute
gerettet! Den Rest von Israel hat er aus der Gefan-
genschaft befreit!' 8 Pass auf, ich werde sie alle nach
Hause holen! Ganz aus dem Norden, und auch
vom anderen Ende der Erde, werde ich sie zusam-
mentrommeln. Blinde, Gehbehinderte, Schwangere
und Frauen, die gerade ein Kind bekommen haben,
alle werden dabei sein. Ich werde ein großes Treffen
planen, wo sie alle wieder hierher zurückkommen.
9 Mit Tränen in den Augen werden sie ankommen,
ich werde sie trösten und führen. Ich bringe sie zu
einer Stelle, wo es immer genug Wasser gibt. Der
Weg dorthin wird flach sein, nicht bergig oder steil.
Denn ich will nicht, dass einer von ihnen hinfällt.
Ich bin der Vater von Israel, und Efraim ist mein
ältester Sohn. 10 Hört mal gut zu, alle anderen Völ-
ker in der Welt. Was ich jetzt sage, könnt ihr ruhig
mit einer Rundmail an alle verschicken oder bei
Twitter posten. Auch im letzten Winkel der Erde soll
man davon erfahren: Derjenige, der Israel auseinan-
dergetrieben hat, wird sie auch wieder zusammen-
bringen! Ich werde auf sie aufpassen wie ein Fuß-
balltrainer auf seine Mannschaft und wie ein Hirte
auf seine Schafe. 11 Ich habe die Leute von Israel
freigekauft. Ich habe sie befreit aus der Gewalt von
jemandem, der sie besiegt hatte und stärker war als
sie. 12 Sie werden alle auf dem Berg Zion zusam-
menkommen, um eine fette Party für Gott zu feiern.
Sie werden abgehen vor Freude wegen den guten
Sachen, die ich, Gott, ihnen geschenkt habe. Zum
Beispiel haben sie von mir den Wein, das Bier, das
Mehl, die Schafe und die Rinder bekommen. Sie
werden voll gut drauf sein, sie werden aufblühen
wie ein Garten, der immer gut bewässert wird und
wo alles super wächst. Die Zeit, wo es ihnen
schlechtgegangen ist, die ist vorbei! 13 Alte und
junge Leute werden bei der Party dabei sein. Die
Frauen freuen sich und tanzen. Ich will dafür sor-
gen, dass aus Frust Freude wird. Ich will sie trösten,
ich will, dass sie sich nach der Dauerdepression
wieder richtig freuen können. 14 Meine Priester be-
kommen dann wieder die saftigsten Stücke beim
Opfern. Meine Leute werde ich satt machen mit den
vielen guten Sachen, die ich ihnen schenken
werde!" Das kam jetzt von Gott.

Die Leute werden zurückkommen

15 Gott sagt: „Pass auf! Man hört aus der Stadt
Rama viele Menschen weinen, weil jemand gestor-
ben ist. Sie weinen sehr heftig. Rahel weint, eine
Urmutter vom Volk Israel, weil viele ihrer Kinder
nicht mehr da sind. Keiner kann sie trösten." 16 Aber
Gott sagt dann zu ihr: „Du brauchst nicht mehr zu
weinen! Du brauchst keine Tränen mehr zu vergie-
ßen! Es gibt eine fette Belohnung für den Stress,
den du mit deinen Kindern gehabt hast! Sie werden
alle wieder aus dem Ausland zurück nach Hause
kommen! 17 Es gibt Hoffnung für sie in der Zukunft!
Deine Kinder kommen alle wieder zurück!" 18 Gott
sagt: „Ich habe sehr genau gehört, dass die Leute
von Efraim sich bei mir beschweren. Sie meinen:
‚Gott, du hast uns geschlagen, wie man einen stu-
ren Esel schlägt, der nicht gehorchen will. Wir wol-
len wieder zu dir zurückkommen! Du bist schließ-
lich unser Chef, du bist unser Gott! 19 Nachdem uns
das klargeworden ist, tat uns voll leid, was wir getan
haben. Wir wollen nicht mehr so leben, wir kehren
um, denn du bist der Chef, du bist unser Gott! Wir
haben es endlich kapiert, wir schlagen die Hände
über dem Kopf zusammen, weil es uns so peinlich
ist. Wir schämen uns voll, wegen dem ganzen Mist,
den wir gebaut haben. Im Grunde haben wir uns
benommen wie Hirnis, wir werden knallrot im Ge-
sicht. Was wir als Jugendliche an Scheiße gebaut
haben, verfolgt uns bis heute.' 20 Efraim war doch
mein Sohn, den ich immer total gernhatte. Ich hatte
immer meine Freude an ihm. Auch wenn ich oft
sauer auf ihn war und geschimpft habe, musste ich
auf der anderen Seite auch immer wieder an ihn
denken. Mein Herz ist voller Liebe für ihn, ich

muss ihn einfach lieben." Das kam jetzt von Gott! 21 „Israel, du bist für mich wie ein junges Mädchen, das noch nie mit einem Mann geschlafen hat. Hast du dir Schilder und Wegweiser an die Straßen gestellt, auf denen du weggebracht worden bist? Dann komm auf demselbem Weg wieder zurück in deine Städte und Dörfer. 22 Wie lange willst du dich noch wehren? Wie lange zögerst du noch. Du bist doch wie meine Tochter, die jetzt aber ihre eigenen Wege geht." Gott hat auf der Erde etwas total Neues angefangen! Es wird wie bei einem Ehepaar sein, das nach langer Zeit wieder zusammenkommt.

Dem Familienstamm Juda wird es auch wieder gutgehen

23 Gott, der Chef über das Universum, der Gott von Israel, sagt: „Es wird einen neuen Spruch geben, wenn ich in Juda und in den Städten wieder alles gutmachen werde. Und zwar wird man sagen: ‚Gott soll dir das Beste schenken, was es gibt! Das gilt für das Land, wo alles korrekt zugeht, und für den besonderen Berg, der Gott gehört!' 24 In Juda werden die Leute wieder in die Städte ziehen, man wird dort zusammen wohnen. Es wird auch wieder Bauern geben und Hirten, die mit ihren Herden herumziehen. 25 Ich werde alle Leute wiederaufbauen, die fertig und kaputt sind. Ich werde denen, die voll Durst haben, genug zu trinken geben. 26 Man wird sagen: ‚Plötzlich bin ich morgens aufgewacht, und alles war gut, ich hatte mich im Schlaf voll gut erholt.'"

Mit Israel und Juda wird wieder alles gut

27 Gott sagt: „Es wird eine Zeit geben, wo ich dafür sorge, dass in Israel und Juda wieder voll viele Menschen und auch Tiere geboren werden. 28 So, wie ich dafür gesorgt hatte, dass alles kaputtgeht, so werde ich auch dafür sorgen, dass sehr viel Neues entstehen wird. Es war mir wichtig, dass alles zerstört wird, und es ist mir wichtig, dass alles auch wieder aufgebaut wird." Das kommt jetzt von Gott. 29 Dann wird man nicht mehr sagen, dass die Kinder Karies bekommen, weil ihre Eltern Süßigkeiten gegessen haben. 30 Allerdings wird jeder sterben müssen, der Mist gebaut hat. Aber jeder wird nur wegen seinem eigenen Mist bestraft. Nur wer wirklich Süßigkeiten isst, bekommt auch Karies davon. 31 „Passt mal auf, ich werde irgendwann mit den Leuten von Israel und Juda total neue Verträge machen!", sagt Gott. 32 „Diese Verträge werden ganz anders sein als die, die ich mit den Leuten vor euch geschlossen hatte. Das war ja noch in der Zeit, als ich sie an die Hand genommen und aus Ägypten rausgeführt habe. Diese Verträge wurden von ihnen leider ständig gebrochen, obwohl ich doch ihr Chef, ihr Gott war! 33 Diese neuen Verträge, die ich dann mit den Leuten von Israel machen werde, sind anders. Ich werde nämlich das, was ich von ihnen will, nicht auf ein Blatt Papier, sondern in ihr Herz schreiben. Sie werden dann selber wissen, was richtig ist und was falsch. Ich werde ihr Gott sein, und sie werden meine Leute sein. 34 Es ist dann nicht mehr nötig, seinen Bekannten beizubringen, was es bedeutet, mit Gott zu leben. Du musst nicht mehr zu deinem Bruder gehen und ihm erklären, wie man Gott kennenlernt. Denn alle werden mich dann kennen! Vom kleinen Kind bis zum Opa, vom Hartz-IV-Empfänger bis zum Millionär. Ich werde ihnen den Mist vergeben, den sie gebaut haben. Ich vergesse einfach alles, was sie tun." 35 Gott hat die Sonne gemacht, damit man tagsüber was sehen kann. Er hat auch dafür gesorgt, dass der Mond und die Sterne immer richtig stehen. Gott sorgt dafür, dass es Wellen im Meer gibt, teilweise sogar ziemlich heftige Wellen. Derjenige, der das gemacht hat, ist unser Gott. Man nennt ihn auch: Der Chef über alles! 36 Er sagt: „Wenn die Naturgesetze nicht mehr funktionieren würden, dann könnten auch die Leute von Israel keine Nation mehr sein, die für immer zu mir gehört. Da das eine nicht passiert, wird das andere auch nicht passieren. 37 So, wie niemand in der Lage ist, das ganze Universum exakt auszumessen, oder auf den Millimeter genau sagen kann, wie groß die Erde ist, genauso wenig kann ich meine Leute für immer aus meiner Familie rauswerfen, wegen dem ganzen Mist, den sie verzapft haben."

Jerusalem wird wieder aufgebaut

38 Gott sagt: „Es wird eine Zeit geben, wo ich meine Stadt Jerusalem wieder aufbauen werde. Dann wird die Stadtgrenze vom Turm Hananel bis zum Ecktor im Nordwesten verlaufen. 39 Die Grenze wird weitergehen über den Hügel Gareb runter nach Goa. 40 Im Süden wird sie über das sogenannte Tal der Leichen führen, wo der Friedhof ist, bis runter zu der Stelle, wo man die Asche vom Opfern immer hingeschüttet hat. Auch das Gebiet von den Terrassen bis zum Bach Kidron über die Ecke des Pferdetors Richtung Osten wird ganz mir gehören. Damit wird es ganz besonders, also heilig sein. Dieses Jerusalem wird niemand mehr kaputt machen, es wird immer bestehen bleiben, auf ewig."

32

Jeremia kauft ein Stück Land im Auftrag von Gott

1 Im zehnten Jahr, in dem Zidkija als Präsi-
dent von Juda an der Macht war, redete Gott mal
wieder mit mir, Jeremia. Zu der Zeit hatte der Präsi-
dent Nebukadnezzar gerade sein 18. Regierungsjahr
am Laufen. 2 Nebukadnezzar belagerte mit seiner
Armee die Stadt Jerusalem. Ich steckte damals im
Knast, der direkt im Regierungsbezirk vom Präsiden-
ten lag. 3 Der Präsident hatte mich gefangen neh-
men lassen, weil ich prophetische Sachen gesagt
hatte, die dem Präsidenten nicht in den Kram pass-
ten. Ich hatte nämlich erklärt, dass Gott sagt: „Ich
werde dafür sorgen, dass diese Stadt vom Präsiden-
ten von Babylonien eingenommen wird. 4 Präsident
Zidkija wird nicht mehr fliehen können, er wird von
der Armee der Babylonier festgenommen. Dann
werden sie sich gegenüberstehen und müssen mit-
einander reden. 5 Schließlich wird Nebukadnezzar
ihn nach Babylonien abführen lassen, wo er so lange
bleiben wird, bis ich ihn zu mir hole. Ihr könnt noch
so viel gegen die babylonischen Soldaten kämpfen,
ihr könnt nicht gegen sie gewinnen." 6 Schließlich
redete Gott wieder mit mir. Er sagte: 7 „Pass mal auf,
Hanamel, der Sohn von deinem Onkel Schallum,
wird bei dir vorbeikommen. Er wird dich fragen, ob
du ihm nicht ein Stück Land abkaufen könntest, was
in Anatot liegt. ‚Ich hab gerade finanzielle Probleme,
und es ist nach dem Gesetz deine Pflicht, es mir
abzukaufen', wird er sagen." 8 Tatsächlich passierte
alles genauso, wie Gott es gesagt hatte. Mein Cou-
sin Hanamel besuchte mich und meinte: „Sag mal,
kannst du mir vielleicht ein Stück Land abkaufen,
das in Anatot liegt, in der Gegend vom Familien-
stamm Benjamin? Da du ja mein nächster Verwand-
ter bist, bist du gesetzlich dazu verpflichtet, mir zu
helfen, damit das Stück Land immer im Besitz unse-
rer Familie bleibt!" Mir wurde recht schnell klar, dass
Gott hier seine Finger im Spiel hatte und mir durch
die ganze Aktion etwas sagen wollte. 9 Also kaufte
ich Hanamel das Teil ab und gab ihm den Schotter.
Insgesamt circa 30 000 Euro. 10 Der Kaufvertrag
wurde angefertigt und unterschrieben. Ein Kopie der
Verkaufsurkunde wurde vom Notar abgestempelt.
Der Betrag wurde in bar übergeben und gezählt.
11 Den versiegelten Vertrag und die dazugehörigen
Gesetzestexte 12 übergab ich Baruch. Baruch kam
aus der Familie von Nerija, er war ein Enkel von
Machseja. Als Zeugen waren mein Cousin und an-
dere Leute dabei, die den Vertrag ebenfalls unter-
schrieben hatten. Viele Männer aus Juda, die sich im
Hof aufhielten, konnten durch die Fenster dabei
zusehen, wie das Ganze klargemacht wurde. 13 Am
Ende stand ich auf und sagte vor allen Leuten zu
Baruch: 14 „Gott, der Chef über dieses Universum,
der Gott von Israel, hat was zu sagen: ‚Nimm diesen
Kaufvertrag und die ganzen Unterlagen und rahm
sie ein. Das Ganze soll im Wohnzimmer aufgehängt
werden, damit man sich lange dran erinnert und der
Vertrag nicht irgendwo vergammelt.' 15 Gott, der
Chef über alles, der Gott von Israel, sagt nämlich,
dass man bald hier wieder viele Häuser kaufen wird
und auch viele Wiesen, viel Ackerland und auch
Weinberge." 16 Nachdem ich Baruch den Kaufvertrag
gegeben hatte, redete ich noch mal mit Gott über
die Sache. 17 „Gott? Du hast einmal mit deiner hefti-
gen Kraft das ganze Universum gemacht und mit-
tendrin die Erde. Du kannst alles, es gibt nichts, was
du nicht kannst! 18 Immer wieder zeigst du den Men-
schen, wie sehr du sie liebst, über Generationen
hinweg. Aber wenn jemand Mist baut, bestrafst du
ihn auch dafür, sogar über Generationen hinweg. Du
bist der heftige Gott, du bist gigantisch, man nennt
dich auch den Oberchef über alles, was es gibt.
19 Was du machst, ist genial, du hast die Macht, hef-
tige Dinge zu tun. Du siehst alles, was die Men-
schen machen, und jeder bekommt das, was er
durch seine Taten verdient hat. 20 Schon damals in
Ägypten hast du heftige Wunder getan, und das tust
du bis heute. Diese Wunder hast du bei uns in Israel
getan, aber auch bei anderen Menschen. Dadurch
bekamen viele Leute echt Respekt vor dir, das kann
man bis heute sehen. 21 Du hast deine Leute aus
Ägypten rausgeholt und hast dabei heftige Wunder
getan. Du hast gezeigt, was du draufhast, du hast
deine Muskeln spielenlassen, und die Feinde beka-
men echt Angst vor dir. 22 Jetzt hast du dieses Land
deinen Leuten geschenkt. Du hattest das schon den
Menschen versprochen, die vor ihnen gelebt haben.
Es sollte ein Land sein, wo es alles gibt, und davon
reichlich. 23 Aber kaum waren sie in diesem Land
und hatten es eingenommen, da hatten sie schon
keinen Bock mehr auf dich und auf das, was du
sagst. Die haben nicht nach deinen Gesetzen gelebt.
Was du von ihnen wolltest, war ihnen egal. Deswe-
gen hast du schließlich dafür gesorgt, dass alles den
Bach runterging und plötzlich das große Chaos am
Start war. 24 Heute reichen die Angriffswellen vom
Feind schon bis vor die Stadt, sie sind kurz davor, in
Jerusalem einzumarschieren. Sie belagern die Stadt,
es gibt dort nichts mehr zu essen, viele Leute krie-
gen eine tödliche Krankheit und sterben. Bald wer-

den die babylonischen Soldaten Jerusalem einneh-
men. Alles ist genau so passiert, wie du es
vorausgesagt hast. Das kannst du ja alles auch sel-
ber verfolgen. 25 Trotzdem hast du zu mir gesagt, ich
soll dieses Stück Land kaufen. Du meintest: ‚Hol dir
ein paar Zeugen und kauf das Teil für Kohle!' Und
das, obwohl Jerusalem schon so gut wie vom Feind
eingenommen war." 26 Gott antwortete mir: 27 „Hey,
Mann, ich bin Gott, ich bin der Chef über alles, was
es gibt! Gibt es vielleicht irgendwas, was ich nicht
tun kann? 28 Pass mal auf, ich werde diese Stadt an
die Babylonier und an ihren Präsidenten Nebukad-
nezzar übergeben. 29 Seine Armee wird sie einneh-
men, ein Feuer legen und alle Häuser abbrennen.
Auch die Häuser, wo man dem Plastikgott Baal auf
der Dachterrasse gern mal ein paar Räucherstäb-
chen angezündet hat, werden verbrennen. Genauso
auch die Häuser, wo irgendwelchen anderen Plastik-
göttern Trinkopfer geschenkt wurden, nur um mir
eins reinzuwürgen. 30 Die Leute von Israel und Juda
haben sowieso immer nur das getan, was ich total
ätzend finde. Sie haben mich durch das, was sie
machen, immer wieder provoziert. 31 Ständig musste
ich mich über das ärgern, was in dieser Stadt alles
abgeht. Vom ersten Tag, als man sie hochgezogen
hat, bis heute war das so. Ich will sie eigentlich nicht
mehr vor meiner Linse haben müssen, sie soll weg.
32 Es war einfach notwendig zu reagieren, wegen
den ganzen miesen Aktionen, die die Leute von
Israel und Juda dort gebracht haben. Sie haben ver-
sucht, mich zu provozieren, ihre Präsidenten, ihre
Regierungsbeamten, ihre Priester, ihre Propheten,
ihre Einwohner, eigentlich alle haben das getan.
33 Schließlich haben sie mich wie Luft behandelt und
mich gar nicht mehr beachtet. Und das, obwohl ich
ihnen schon ganz früh beigebracht hatte, wie sie
leben sollten. Sie haben einfach ihr eigenes Ding
gemacht, und alle Erziehungsmaßnahmen von mir
waren umsonst. 34 Dann haben sie auch noch in
meinem Haus, wo mein Name an der Klingel steht,
ihre dreckigen Plastikgötter aufgestellt. Damit haben
sie es total versifft, es wurde unrein. 35 Für den Plas-
tikgott Baal haben sie einen Tempel im Hinnom-Tal
gebaut, wo sie ihre eigenen Söhne und Töchter für
ihn verbrannt haben! Mit so was hab ich nichts zu
tun, das hatte ich nicht befohlen. Auf so eine be-
knackte Idee würde ich nie kommen. Durch diese
schrecklichen Aktionen wurden alle Menschen in
Juda dazu verführt, Sachen zu tun, die ich nicht gut
finde. 36 Ihr sagt jetzt, dass die Stadt in die Hand
vom Präsidenten von Babylonien fallen wird. Er wird
sie durch Krankheit und Hunger im Krieg einneh-
men. Aber ich, Gott, der Chef von Israel, sage euch:
37 Ich werde die Bewohner irgendwann wieder hier-
her zurückholen, die zu der Zeit überall verstreut in
der Welt leben. Von dort, wo ich sie hab abführen
lassen, weil ich so krass sauer auf sie war, bringe ich
sie hierher zurück. Dann werden sie in Sicherheit
und in Frieden hier leben können. 38 Und sie sollen
wieder meine Leute sein, und ich werde wieder ihr
Gott sein. 39 Ich werde dafür sorgen, dass sie nur
noch an eine Sache denken und nur noch auf eine
Sache aufpassen werden. Nämlich dass sie immer
Respekt vor mir haben. Dann werde ich auch dafür
sorgen, dass es ihren Kindern immer gutgeht. 40 Ich
werde dann einen Vertrag mit ihnen schließen, der
für immer gelten wird. Ich unterschreibe ihnen, dass
ich sie nie wieder verlassen werde, ich werde gut
mit ihnen umgehen. Und ich sorge dafür, dass sie
immer Respekt vor mir haben und keiner mich ver-
gessen wird. 41 Und dann werde ich mich nur noch
an ihnen freuen, es wird mir Spaß machen, ihnen
Gutes zu tun. Ich werde dafür sorgen, dass sie in
diesem Land Wurzeln schlagen, dafür gebe ich alles.
Von ganzem Herzen und mit aller Kraft bin ich da-
bei. 42 Genau so, wie ich die ganzen ätzenden Sa-
chen organisiert habe, werde ich auch die ganzen
guten Sachen organisieren. Das hatte ich ja auch so
versprochen. 43 Es wird wieder Land verkauft wer-
den, obwohl ihr jetzt sagt: ‚Hier wächst ja nichts,
und Menschen oder Tiere können hier nicht wirklich
leben. Außerdem haben es die Babylonier einge-
nommen.' 44 Man wird wieder Grundstücke kaufen,
Kaufverträge werden mit Zeugen unterschrieben.
Und zwar überall! Im Gebiet vom Familienstamm
Benjamin genauso wie in Jerusalem und Umge-
bung. Auch in den anderen Städten im Gebiet von
Juda, egal, ob die im Gebirge, im Hügelland oder im
Wiesengebiet im Süden liegen. Denn ich mache
alles wieder gut, ich sorge dafür! Das sage ich,
Gott."

33 Gott macht irgendwann ganz neue Verträge mit Juda

1 Gott redete noch mal mit Jeremia über
diese Sache, als der im Knast saß: 2 „Hör mal, das
kommt jetzt von Gott, der alles geplant und ge-
macht hat und der aufpasst, dass alles okay läuft.
3 Wenn du ein Problem hast, dann rede mit mir. Ich
werde dir helfen, ich kann dir ganz heftige Sachen
sagen, von denen du noch nie was gehört hast. 4 Die

Häuser der Leute und auch der Präsidenten wurden abgerissen, damit man mit den Steinen die Schutzmauer verstärken kann, um die Feinde abzuwehren.
5 Es wurde gegen die Babylonier Krieg geführt. In den Häusern wurden die Leichen aufgestapelt. Die sind alle gestorben, weil ich es so wollte. Sie sind tot, weil ich megasauer auf sie war. Ich hatte keinen Bock mehr auf diese Stadt, weil die Leute aus dieser Stadt alle total link unterwegs waren.
6 Aber jetzt will ich sie alle wieder gesund machen, ich will, dass es ihnen gutgeht. Ich will sie zuschütten mit Frieden, es soll keinen Krieg mehr geben. Und ich werde dafür sorgen, dass es weitergeht mit ihnen.
7 Ich werde dafür sorgen, dass bei Israel und Juda wieder alles super läuft, ich will sie wieder ganz neu aufbauen, wie ich es am Anfang auch gemacht habe.
8 Und ich werde sie sauber machen von dem ganzen Dreck, in dem sie gelebt haben, ich vergebe ihnen ihre Schuld. Alles, was sie gegen mich gemacht haben, jeden Vertrag, den sie gebrochen haben, alles werde ich ihnen verzeihen.
9 Wenn ich das Wort Jerusalem höre, will ich mich wieder freuen. Ich will wieder stolz auf diese Stadt sein, und wenn Leute von Jerusalem erzählen, sollen sie auch sagen, dass sie durch diese Stadt wieder Respekt vor mir bekommen haben. Denn sie haben von den vielen guten Sachen gehört, die ich dort gemacht habe, und dass ich für Frieden sorgen kann.
10 Heute sagt man von den Städten von Juda und von Jerusalem, dass da tote Hose ist. Es gibt keine Menschen mehr, die dort wohnen oder arbeiten, noch nicht mal Tiere leben dort noch.
11 Aber bald wird es dort wieder schwer abgehen. Man wird dort wieder Hochzeiten feiern, die Leute werden zum Tempel rennen und Opferpartys feiern. Dabei wird man solche Lieder singen wie: ‚Bedankt euch bei Gott, denn er liebt uns ohne Ende, und er wird uns immer lieben.' Ich werde nämlich dafür sorgen, dass in der Stadt alles wieder gut wird. Es wird wieder so sein, wie es am Anfang war."
12 Dann meinte Gott noch: „Hier werden wieder Schafherden mit ihren Hirten weiden, auch wenn man sich das heute gar nicht vorstellen kann, denn es ist ja alles kaputt, und kein Mensch wohnt hier.
13 In den Städten, die in den Bergen sind, in den Städten, die im Hügelland sind, und in den Städten im Süden des Landes, beim Familienstamm Benjamin, wird man wieder viele Herden sehen. Die Schafe werden von den Hirten gezählt, während sie vorbeiziehen. Auch in der Umgebung von Jerusalem und den anderen Städten von Juda wird man das erleben."

Die Verträge mit David und mit den Levi-Leuten gelten immer noch

14 Gott sagt: „Irgendwann werde ich das Versprechen einlösen, was ich den Leuten von Israel und Juda gegeben habe.
15 Ich hatte ja gesagt, dass ich aus der Familie von David einen Mann raussuchen werde, der dafür sorgen wird, dass es wieder korrekt zugeht bei euch, und vor dem die Leute wieder Respekt haben.
16 Dann werden die Leute von Juda gerettet werden, und in Jerusalem kann man wieder sicher wohnen, ohne Schiss zu haben. Die Stadt wird dann den Spitznamen bekommen: ‚Gott hat dafür gesorgt, dass es bei uns fair zugeht!'"
17 Gott sagt: „Die Familie von David soll immer genug Söhne bekommen, es soll immer einen geben, der ein neuer Präsident von Israel werden kann.
18 Auch die Priester, die ja aus der Familie von Levi kommen, werden immer genug Kinder haben, damit immer einer von ihnen die Abfackel-, Dank- und Essensopfer für mich machen kann."
19 Später redete Gott wieder mit Jeremia:
20 „Ich habe mit dem Tag und mit der Nacht Verträge gemacht, die werden immer wieder kommen, das geht gar nicht anders. Genauso, wie sich dadran nichts ändern wird,
21 kann man auch die Verträge mit meinem Angestellten David nicht ändern. Ich hab ihm einmal versprochen, dass es immer einen aus seiner Familie geben wird, der die Macht hat. Auch der Vertrag, den ich mit den Priestern aus der Levi-Familie gemacht habe, gilt für immer.
22 Ich werde dafür sorgen, dass sich die Familie von David und die Levi-Leute ohne Ende vermehren werden. Es wird megaviele von denen geben, so viele, dass keiner sie mehr zählen kann."
23 Dann sagte Gott noch zu Jeremia:
24 „Hast du eigentlich mitbekommen, was die Leute hier so quatschen? Sie sagen: ‚Gott hat sich zwei Völker extra ausgesucht, aber dann hat er sie beide auch wieder in die Tonne gedrückt.' Solche Menschen haben keinen Respekt vor meinen Leuten. Für die sind meine Leute gar keine echte Nation mehr.
25 Aber ich sage dir jetzt, dass das nicht stimmt. Selbst wenn ich keinen Vertrag mit dem Tag und der Nacht gemacht hätte, selbst wenn diese feste Ordnung durcheinandergeraten würde,
26 die Verträge mit der Familie von Israel und der Familie von David halte ich immer ein. Ich werde dafür sorgen, dass in Zukunft immer Männer aus der Familie von David über die ganzen Leute aus der Familie von Abraham, Isaak und Jakob die Macht haben werden. Ich werde die Sache drehen, ich werde dafür sorgen, dass alles gut wird, weil ich sie liebe."

34

Was mit Präsident Zidkija passieren wird

1 Jetzt kommt eine prophetische Ansage,
die Jeremia gesagt hat. Gott redete zu
ihm in der Zeit, als Nebukadnezzar, der Präsident
von Babylonien, mit seinem ganzen Heer nach Jeru-
salem marschiert ist. Neben seinem eigenen Heer
hatte er auch noch einige Truppenverbände von
anderen Nationen dabei, die er vorher im Krieg
besiegt hatte. 2 Gott meinte zu Jeremia: „Gott, der
Chef von Israel, sagt dir Folgendes: Geh mal zu Zid-
kija, dem Präsidenten von Juda, und erzähl ihm,
dass ich beschlossen hab, diese Stadt in die Hand
vom Präsidenten von Babylonien zu geben. Der soll
das ganze Teil abfackeln. 3 Du, Zidkija, wirst auch
nicht vor ihm fliehen können. Seine Leute werden
dich verhaften, und dann wirst du nach Babylonien
abgeführt werden. 4 Aber ich, Gott, verspreche dir
hiermit, dass du nicht von ihnen erschossen wirst.
5 Du wirst ganz entspannt sterben können. Genauso
wie die Präsidenten vor dir wirst du eingeäschert,
und bei deiner Beerdigung wird man überall Räu-
cherkerzen anzünden. Das wird man machen, um
dir Respekt zu zeigen. Dann wird es eine große
Trauerfeier im Land geben, alle werden so was
sagen wie: ‚O nein, unser Präsident ist tot!' Das
kam jetzt von mir, von deinem Gott!" 6 Jeremia
besuchte den Präsidenten in Jerusalem und sagte
ihm diese Nachricht. 7 In der Zeit belagerte das
Heer vom Präsidenten von Babylonien gerade die
Stadt. Auch gegen die anderen Städte von Juda, wie
Lachisch und Aseka, kämpften sie. Das waren die
einzigen Städte mit einer Schutzmauer, die noch
nicht im Krieg gefallen waren.

Die Leute in Jerusalem glauben Gott nicht

8 Später redete Gott wieder mit Jeremia, diesmal
wegen einer anderen Sache. Der Präsident Zidkija
hatte vorher mit den Bewohnern von Jerusalem eine
Abmachung getroffen. Und zwar hatten sie abge-
macht, 9 dass alle Israeliten freigelassen werden
sollten, die mit Knebelverträgen bei Leuten arbeiten
mussten. Es war ab dann Pflicht, dass keine Frau
und kein Mann aus Juda jemand von den eigenen
Leuten mit solchen Knebelverträgen einstellen
durfte. 10 Alle Chefs in Jerusalem und auch die ande-
ren Leute, die das betraf, hielten sich an diese Ab-
machung und entließen diese Leute in die Freiheit.
11 Aber schon nach einer kurzen Zeit holten sie diese
Arbeiter wieder zurück, die dann wieder mit fiesen
Knebelverträgen für sie arbeiten mussten. 12 Darum
redete Gott noch mal mit Jeremia. Er sollte Folgen-
des zu den Leuten in Jerusalem sagen: 13 „Das
kommt jetzt von Gott, dem Chef von Israel: Damals,
als ich eure Leute aus dieser ätzenden Situation in
Ägypten rausgeholt habe, hatte ich mit ihnen einen
Vertrag gemacht. 14 Teil des Vertrages war, dass nach
sieben Jahren jeder seine Leute entlassen soll, die
unter Knebelverträgen für ihn arbeiten, wenn sie
von den eigenen Leute abstammen. Die Leute, die
vor euch lebten, hatten da aber keinen Bock drauf
und haben sich leider nicht dran gehalten. 15 Ihr seid
zwar erst umgedreht und habt beschlossen, wieder
das zu tun, was ich gut finde. Jeder hat seine Leute
freigelassen. Ihr habt vor meinem Tempel einen
Vertrag darüber unterzeichnet. 16 Aber jetzt habt ihr
euch plötzlich wieder anders entschieden? Ihr habt
die Leute wieder zurückgeholt, die ihr aus den Kne-
belverträgen entlassen habt! Ihr habt ihnen wieder
dieselben miesen Verträge aufgebrummt und sie
weiter für euch arbeiten lassen. Damit habt ihr mich
echt total beleidigt. 17 Weil ihr nicht auf mich gehört
habt und weil ihr die Leute nicht wirklich in die Frei-
heit entlassen habt, werde ich jetzt dafür sorgen,
dass eine andere Sache freigelassen wird. Und zwar
lasse ich hiermit den Krieg frei und einen tödlichen
Grippevirus, ich lasse eine fiese Hungersnot frei,
das alles soll jetzt über euch kommen. Andere Na-
tionen werden die Hände überm Kopf zusammen-
schlagen, wenn sie hören, was mit euch passiert
ist. 18 Ich werde die Männer, die meine Verträge ge-
brochen haben, so behandeln wie eine Kuh, die
geschlachtet und in zwei Hälften geteilt wird. Es ist
ja bei euch manchmal so üblich, dass, wenn ihr
Verträge macht, so eine Kuh in zwei Hälften ge-
schnitten wird, und dann gehen die Vertragspartner
dazwischen durch. 19 Die Chefs von Juda, die ganze
Führungsriege aus Jerusalem, die Regierungsange-
stellten, die Priester und alle Leute, die bei euch
wohnen, sind zwischen diesen zwei Kuhhälften
durchgegangen. 20 Jeden von denen will ich in die
Hand von euren Feinden geben. Die Leute, die
ihnen ans Leder wollen, sollen die Kontrolle über sie
bekommen. Ihre Leichen werden überall verstreut
rumliegen, die Elstern und die Ratten werden sich
daran satt fressen. 21 Zidkija und seine Minister
werde ich an ihre Feinde ausliefern, an Menschen,
die sie gerne töten wollen. Ich werde sie in die Hand
der Soldaten vom Präsidenten von Babylonien über-
geben. Der ist zwar gerade mit seiner Armee abge-
zogen, 22 aber ich werde ihm befehlen, dass er noch
mal nach Jerusalem zurückkommen soll. Er muss
noch einmal gegen die Stadt kämpfen und sie ein-

nehmen. Dann soll er alles abfackeln. Ich werde dafür sorgen, dass die Städte von Juda alle leer geräumt und kaputt sind, niemand wird da mehr wohnen.“

35 Die Familie von Rechab war immer treu

1 Irgendwann redete Gott wieder mal mit mir. Diesmal war das in der Zeit, als Präsident Jojakim an der Macht war. Jojakim war ein Sohn von Joschija. Gott sagte zu mir: 2 „Ich möchte, dass du die Männer aus der Familie Rechab einlädst. Sie sollen zu einem Treffen in den Konferenzraum beim Tempel kommen. Dort gibst du ihnen erst einmal eine Runde Wein aus.“ 3 Ich rief dann bei Jaasanja an und lud ihn zu diesem Treffen ein. Jaasanja war ein Sohn von Jirmeja und ein Enkel von Habazzinja. Alle seine Brüder, seine Söhne und alle Mitglieder der Familie Rechab wurden auch eingeladen. 4 Wir trafen uns in einem Konferenzraum beim Tempel, in dem sonst immer die Schüler vom Propheten Hanan ihren Unterricht hatten. Hanan war ein Sohn von Jigdalja. Der Raum lag neben den Büros von den hohen Beamten und über dem Raum vom Maaseja, der die Securityeinheit vom Tempel organisierte. Maaseja war ein Sohn von Schallum. 5 Als alle da waren, holte ich den Wein und wollte mit ihnen anstoßen. 6 Aber die Männer von Rechab sagten: „Wir trinken keinen Alkohol! Einer der Ersten in unserer Familie, der Typ hieß Jonadab und war ein Sohn von Rechab, hat uns gesagt, dass wir Alk nicht anfassen dürfen. Diese Ansage gilt für immer. 7 Nebenbei sollen wir auch keine Häuser bauen, keine Sachen anpflanzen, keine Weinberge anlegen oder besitzen. Er meinte, wir sollen die ganze Zeit in Wohnwagen und Zelten pennen, dann würden wir hier lange in Sicherheit leben können. Wir kommen ja nicht von hier, wir sind Ausländer. 8 Wir haben bis heute durchgezogen, was uns Jonadab damals gesagt hat. Wir trinken keinen Alk, unsere Frauen auch nicht und unsere Kinder erst recht nicht. 9 Wir bauen uns auch keine Häuser und besitzen auch kein Stück Land, auch keinen Weinberg oder so, und wir pflanzen auch generell nichts an. 10 Wir haben immer in Zelten oder Wohnwagen gewohnt und haben alles durchgezogen, was uns Jonadab damals gesagt hat. 11 Nun ist ja Nebukadnezzar mit seiner Armee ins Land eingefallen, darum haben wir uns entschieden, nach Jerusalem zu ziehen. Dort wollten wir uns vor dem Heer der Babylonier und Syrer verstecken. Das ist der Grund, warum wir jetzt hier sind.“ 12 Jetzt redete Gott mit mir. Er sagte: 13 „Das kommt jetzt von Gott, dem Chef über das ganze Universum: Jeremia, ich will von dir, dass du sofort zu den Leuten von Juda und Jerusalem gehst und ihnen Folgendes von mir ausrichtest: ‚Ich, euer Gott, frage euch, wann ihr denn nun endlich mal in die Hufe kommt und auf das hört, was ich euch zu sagen habe? 14 Jonadab befiehlt seinen Söhnen, keinen Alk zu trinken, und sie ziehen das bis heute radikal durch. Sie haben auf das gehört, was ein Typ vor vielen Jahren ihnen einmal gesagt hatte. Aber wenn ich zu euch rede, dann interessiert euch das überhaupt nicht! 15 Immer wieder hab ich meine Propheten bei euch vorbeigeschickt, damit sie euch ins Gewissen reden. Sie haben zu euch gesagt: ‚Hört auf mit dem Mist! Lebt nicht weiter so! Lauft nicht irgendwelchen Plastikgöttern hinterher! Nur wenn ihr damit aufhört, werdet ihr auch weiterhin in Frieden in diesem Land wohnen können.‘ Ich habe dieses Land den Leuten fest versprochen, die lange vor euch gelebt haben. Aber ihr habt anscheinend auf euren Ohren gesessen, euch war das egal. 16 Sogar die Leute aus der Familie von Jonadab haben getan, was ihr Vater gesagt hat. Aber meine Leute hören nicht auf mich. 17 Darum wird jetzt was passieren. Das sagt Gott, der Chef über alles, der Gott von Israel: Ich werde dafür sorgen, dass die ganzen Katastrophen auch passieren werden, die ich den Leuten von Juda und den Bewohnern von Jerusalem angedroht habe. Denn ich hatte sie gewarnt, aber sie haben nicht auf mich gehört, ich hatte sie etwas gefragt, aber sie haben nicht geantwortet.‘“ 18 Dann sagte ich zu den Leuten von der Familie von Rechab: „Das kommt jetzt von Gott, dem Chef über dieses Universum, dem Gott von Israel: ‚Weil ihr das getan habt, was euer Urvater Jonadab gesagt hat, weil ihr alle durchgezogen habt, was er euch befohlen hat, 19 darum soll jetzt Folgendes passieren: Ich sorge dafür, dass immer genug Babys in eurer Familie geboren werden. Es soll immer jemanden geben, der meine Ansagen umsetzen kann, der für mich lebt und der für mich arbeitet.‘“

36 Die Datei mit den Worten von Jeremia

1 Irgendwann redete Gott mal wieder mit Jeremia. Das war in der Zeit, als Jojakim vier Jahre an der Macht war. Jojakim war ein Sohn von Joschija. 2 Er sagte: „Setz dich mal an den Rechner und schreib mit Word einen längeren Text. Ich

will, dass du alles aufschreibst und speicherst, was
ich dir über Israel, Juda und die anderen Völker
gesagt hab. Und zwar geht das über den Zeitraum,
wo der Präsident Joschija an der Macht war, bis
heute. 3 Ich hab die Hoffnung, dass die Leute von
Juda das lesen und dann voll geschockt sind über
die ätzenden Sachen, die ich ihnen angedroht habe.
Wäre ja gut, wenn sie ihr Leben ändern und ich
ihnen den Mist vergeben kann, den sie die ganze
Zeit bauen." 4 Jeremia organisierte sich einen Sekre-
tär, der Baruch hieß. Er kam aus der Familie von
Nerija. Diesem Typ diktierte Jeremia alles, was Gott
ihm in der ganzen Zeit gesagt hatte. Baruch legte
eine Datei auf dem Rechner an und druckte das
ganze Teil am Ende aus. 5 Dann sagte Jeremia zu
ihm: „Ich hab Hausverbot im Tempel, ich komme
da nicht mehr rein. 6 Besser wäre, wenn du zum
nächsten Gottesdienst dorthin gehst, und dann liest
du den Leuten, die gerade in den Tempel gehen wol-
len, das Teil vor. Alle sollen diese Nachricht hören.
Lies es den Leuten aus Juda vor und auch den ande-
ren, die nur zu Besuch in Jerusalem sind. 7 Ich hoffe,
dass sie dann umdenken und dass sie merken, wie
schlimm das ist, was sie gerade machen. Gott ist
nämlich richtig sauer auf sie, und die Bestrafung
wird superhart sein."

Baruch liest den Text von Jeremia den Leuten vor

8 Baruch zog alles genauso durch, wie Jeremia es
ihm gesagt hatte. Er ging zum Tempel und las da
den ganzen Text vor, den Jeremia ihm diktiert hatte.
9 Das Ganze passierte im fünften Jahr, als der Prä-
sident Jojakim an der Macht war, und zwar im
Dezember. Alle Leute aus Jerusalem und den umlie-
genden Städten von Juda kamen in die Stadt, um
dort einen Tag lang intensiv mit Gott zu reden und
dabei auf Essen zu verzichten. 10 Baruch saß im
oberen Tempelhof und las den Leuten den Text vor,
der ihm von Jeremia diktiert worden war. Dabei war
er in der Nähe von dem neuen Tor, vor dem Zim-
mer, in dem Gemarja sein Büro hatte. Gemarja war
ein Sohn vom ehemaligen Bildungsminister Scha-
fan. 11 Der Sohn von Gemarja, Michaja, hörte genau
zu, als der Text vorgelesen wurde. 12 Danach ging er
in den Regierungsbezirk. Im Zimmer vom Innenmi-
nister gab es gerade eine außerordentliche Sitzung,
wo alle anderen Minister dabei waren. Außer dem
Innenminister Elischama waren auch noch Delaja
(ein Sohn von Schemaja), Elnatan (ein Sohn von
Achbor), Gemarja (ein Sohn von Schafan), Zidkija
(ein Sohn von Hananja) und einige höhere Beamte
anwesend. 13 Michaja erzählte ihnen sofort, was
Baruch gerade den Leuten vorgelesen hatte. 14 Die
Minister baten Jehudi, ob er mal den Baruch vorla-
den könnte (so nebenbei: Jehudi war ein Sohn von
Netanja, sein Opa hieß Schelemja, und sein Uropa
war der Kuschi). Jehudi sagte zu Baruch: „Bringen
Sie bitte die Zettel her, wo der Text draufsteht, den
Sie den Leuten vorgelesen haben!" Baruch holte
sofort die Zettel aus seiner Tasche. 15 „Am besten,
Sie setzen sich da mal hin und lesen uns alles vor,
was da steht!" Also setzte sich Baruch auf einen
Stuhl und begann zu lesen. 16 Als er fertig war,
schauten sich die Minister völlig geschockt an. Alle
waren sich einig, dass man sofort das Teil auch
dem Präsidenten vorlegen sollte. 17 „Können Sie uns
bitte noch mal berichten, wie das genau abgegan-
gen ist, als Sie diesen Text verfasst haben?", fragten
sie Baruch. 18 „Jeremia hat mir alles diktiert, Wort
für Wort. Ich hab das dann nur in Word geschrie-
ben, abgespeichert und ausgedruckt", antwortete
dieser. 19 „Das Beste ist, Sie und Jeremia tauchen
erst mal unter", meinten die Minister zu ihm. „Kei-
ner darf wissen, wo Sie sich aufhalten!" 20 Die
Minister besorgten sich sofort einen Termin beim
Präsidenten im Regierungspalast. Die Zettel hatten
sie beim Innenminister Elischama gelassen. Sie
berichteten dem Präsidenten alles, was Baruch in
Jeremias Auftrag aufgeschrieben hatte. 21 Der Präsi-
dent wollte den Text selber einmal lesen, darum
musste Jehudi noch mal ins Büro vom Elischa, um
die Zettel zu holen. Schließlich las Jehudi dem Prä-
sidenten alles noch mal vor. Mit dabei war die
gesamte Führungsriege von Jerusalem. 22 Damals
wohnte der Präsident in seinem Winterhaus, denn
es war gerade Anfang Dezember. Er saß gerade vor
seinem brennenden Kaminfeuer. 23 Sie machten es
so, dass der Präsident immer, wenn Jehudi einen
Absatz vorgelesen hatte, das Stück von dem Papier
mit einer Schere abschnitt und es dann sofort in
den Kamin ins Feuer warf. Das machten sie so
lange, bis alle Zettel verbrannt waren. 24 Allerdings
ließen die Worte den Präsidenten und seine Minis-
ter völlig kalt. Sie zeigten keinerlei Reaktion, dass
es ihnen leidtun würde. 25 Obwohl Elnatan, Delaja
und Gemarja den Präsidenten eindringlich baten,
die Zettel nicht zu verbrennen, tat er es einfach
trotzdem. 26 Der Präsident erließ dann sogar einen
Haftbefehl gegen Jeremia und seinen Sekretär
Baruch. Diesen Befehl sollten Jerachmeel (der Sohn
des Präsidenten) sowie Seraja (ein Sohn von Asriel)
und Schelemja (ein Sohn von Abedeel) ausführen.

Gott hatte Jeremia aber versteckt, keiner konnte ihn finden.

Jeremia schreibt noch einmal einen Text

27 Nachdem der Präsident die Zettel von Jeremia einfach verbrannt hatte, redete Gott noch mal mit diesem. 28 Er sagte: „Druck genau den gleichen Text bitte noch mal aus! 29 Dann legst du noch einen Zettel für den Präsidenten dazu, wo draufsteht: ‚Das kommt jetzt von Gott: Du hast den ersten Text verbrannt! Du fandest es nicht so toll, dass ich Jeremia gesagt habe, dass der Präsident von Babylonien ganz bestimmt bald kommt und hier alles kaputt macht. Aber er wird kommen und das Land komplett plattmachen, viele Menschen und auch Tiere werden von ihm mitgenommen werden! 30 Weil du das nicht ernst genommen hast, sage ich dir jetzt Folgendes voraus, Jojakim, Präsident von Juda! Du wirst nie einen Sohn haben, der nach dir an der Macht ist. Keiner aus deiner Familie wird an die Position von David rankommen. Du bekommst kein anständiges Grab, deine Leiche wird man irgendwo draußen hinwerfen. Dort wird sie liegen und vergammeln, weil sie tagsüber der Sonne und nachts der Kälte und der Feuchtigkeit ausgesetzt ist. 31 Ich werde dich, deine Nachkommen und auch deine Komplizen bestrafen. Ich werde über alle Leute in Jerusalem und über alle Leute von Juda ein Donnerwetter losgehen lassen. Das, womit ich immer gedroht habe, wird auch passieren, denn keiner hat auf meine Warnung gehört und sein Leben geändert.‘“ 32 Jeremia sagte zu Baruch, er solle sich noch mal an den PC setzen und einen neuen Text schreiben. Baruch setzte sich hin, und Jeremia diktierte ihm noch mal genau den gleichen Text, den Jojakim verbrannt hatte. Allerdings diktierte er noch einiges mehr dazu, was vorher nicht mit dabei gewesen war.

37 Jeremia trifft sich heimlich mit dem Präsidenten Zidkija

1 Der Präsident von Babylonien, Nebukadnezzar, setzte Jojachin, den Sohn von Jojakim, dann irgendwann ab und ernannte Zidkija, den Sohn von Joschija, zum neuen Präsidenten von Juda. 2 Aber auch der neue Präsident hatte keinen Respekt vor dem, was Jeremia von Gott gesagt bekommen und aufgeschrieben hatte. Auch den anderen Politikern im Land waren diese Ansagen pupsegal. 3 Irgendwann schickte der Präsident Zidkija zwei seiner Leute zu Jeremia mit der Bitte, ob er nicht mal für sie zu Gott beten könnte. Die beiden waren Juchal (ein Sohn von Schelemja) und der Priester Zefanja (ein Sohn von Maaseja). 4 In der Zeit war Jeremia noch nicht im Knast und konnte sich frei bewegen. 5 Mittlerweile war nämlich die Armee vom Präsidenten von Ägypten im Krieg nach Jerusalem marschiert. Als die Babylonier, die bis zu dem Zeitpunkt Jerusalem belagert hatten, davon hörten, dass die große ägyptische Armee unterwegs war, hatten sie sich schnell verpisst. 6 Da redete Gott mit Jeremia: 7 „Das kommt jetzt von Gott, dem Gott von Israel: Folgendes sollt ihr, Juchal und Zefanja, dem Präsidenten von Juda ausrichten. Der hat euch ja zu mir geschickt, weil er was von mir wissen wollte. Und zwar sagt ihr ihm, dass die Armee vom Präsidenten von Ägypten, die ja eigentlich unterwegs war, um euch zu helfen, schon wieder auf dem Rückweg ist. 8 Die Babylonier werden wiederkommen, die Stadt angreifen, sie erobern, ein Feuer legen und alles verbrennen. 9 Seid nicht so verpeilt zu glauben, dass die Babylonier tatsächlich für immer ihre Truppen abziehen würden! Das ist auf keinen Fall so! 10 Auch wenn ihr fast die ganze Armee schlagen würdet, die gegen euch antritt, und es blieben nur ein paar verletzte Soldaten übrig, dann würden diese paar Männer kommen und eure Stadt abfackeln.“

Jeremia kommt in den Knast

11 Nachdem die Armee von den Babyloniern von Jerusalem abgezogen war, um gegen die Armee vom Pharao anzutreten, 12 nutzte Jeremia die Gelegenheit, um einen Besuch bei seinen Verwandten zu machen, die im Gebiet vom Familienstamm Benjamin lebten. Dabei wollte er eine Erbangelegenheit von einem verstorbenen Familienmitglied regeln. 13 Als er am Grenzübergang stand, hielt ihn ein Offizier an, der gerade Wache schob. Der Typ hieß Jirija und war ein Sohn von Schelemja und ein Enkel von Hananja. Er sagte: „Moment mal! Wollen Sie etwa zu den Babyloniern überlaufen?“ 14 „Schwachsinn, so was würde ich nie tun! Ich bin kein Verräter!“, antwortete Jeremia ihm. Der Typ glaubte ihm aber nicht und nahm ihn fest. Schließlich landete Jeremia vor den führenden Männern der Stadt. 15 Die waren alle total sauer auf ihn, sie schlugen ihm sogar ins Gesicht und warfen ihn anschließend in eine Gefängniszelle. Diese Zelle lag im Haus vom Staatssekretär Jonatan, das man zu einem Gefängnis umgebaut hatte. 16 Jeremia wurde dort in einem Raum im Keller eingesperrt. In dieser Zelle saß er

sehr lange fest. 17 Irgendwann hatte der Präsident
den Wunsch, noch mal mit ihm zu sprechen. Er
holte Jeremia heimlich in sein Haus und fragte ihn:
„Sagen Sie mal, gibt es was Neues von Gott? Haben
Sie eine neue Nachricht von ihm reinbekommen?"
„Ja, es gibt was Neues", antwortete ich. „Gott hat
mir gesagt, dass Sie bald vom Präsidenten von
Babylonien verhaftet werden. 18 Aber ich hab noch
eine Frage an Sie: Warum sitze ich eigentlich im
Knast? Was hab ich Schlimmes verbrochen, wo hab
ich Ihren Leuten oder dem Volk geschadet, so dass
ich verhaftet werden musste? 19 Dann würde mich
auch noch interessieren, wo jetzt eigentlich die
anderen Propheten stecken, die Ihnen vorausgesagt
hatten, dass der Präsident von Babylonien nicht
kommen wird? 20 Ach, und noch was: Ich bitte in-
ständig darum, nicht wieder in das Haus von Jona-
tan gebracht zu werden! Wenn ich da noch länger
bleiben muss, bin ich bald tot!" 21 Präsident Zidkija
gab dann den Befehl, dass Jeremia in den offenen
Vollzug verlegt werden sollte, daher kam er in den
Gefängnishof. Dort bekam er jeden Tag ein paar
frische Brötchen vom Bäcker zu essen, und zwar so
lange, bis es in der ganzen Stadt kein Brot mehr
gab.

38

Attentat auf Jeremia

1 Einige von den Beamten, die eng mit
dem Präsidenten arbeiteten, hörten, was
Jeremia dem Wachpersonal im Knast ständig
erzählte. Die Beamten waren Schefatja (ein Sohn
von Mattans), Gedalja (ein Sohn von Paschur),
Juchal (ein Sohn von Schelemja) und Paschhur (ein
Sohn von Malkija). 2 Jeremia hatte denen nämlich
geraten: „Verlasst die Stadt! Wer hier bleibt, wird
sterben, entweder durch den Krieg, durch Hunger
oder durch eine todbringende Krankheit. Nur wer
jetzt die Stadt verlässt und sich den Babyloniern
ergibt, hat eine Chance zu überleben. 3 Gott hat mir
ganz klar gesagt, dass diese Stadt fallen wird. Die
Armee vom Präsidenten von Babylonien wird hier
einmarschieren und alles kaputt machen." 4 Die
Beamten petzten das dem Präsidenten. „Diesen Typ
muss man unbedingt aus dem Weg räumen! Die
Sachen, die er sagt, sorgen nur dafür, dass unsere
paar Soldaten, die noch übrig geblieben sind, total
schlaff werden. Auch die Bewohner von Jerusalem
werden durch solche Texte total entmutigt. Dieser
Mann will nicht das Beste für unsere Leute, sondern
er will uns alle zerstören!" 5 „Tun Sie, was Sie nicht
lassen können", antwortete der Präsident. „Ich
werde Sie nicht aufhalten!" 6 Also wurde Jeremia
von einigen Männern aus dem Knast geholt und
anschließend in einen alten Brunnenschacht runter-
gelassen, der im Gefängnishof lag. Dieses Teil hatte
früher mal den Namen bekommen „Der Brunnen
vom Sohn des Präsidenten Malkija". Unten im
Brunnen war kein Wasser mehr drin, es gab dort
nur noch einen matschigen Boden, so eine Art
Schlamm, in dem Jeremia stecken blieb. 7 Von
irgendwo her hörte Ebed-Melech, dass sie Jeremia
in den Brunnen geschmissen hatten. Ebed-Melech
war ein Mann, dem als Junge die Hoden abge-
schnitten worden waren, man nannte so was
Eunuch. Er arbeitete beim Präsidenten. Dieser hatte
an dem Tag gerade wieder eine öffentliche Sitzung
am Benjamintor. 8 Ebed-Melech verließ sofort die
Präsidentenvilla und ging dorthin, um mit ihm zu
reden. 9 „Chef, mein Präsident, ich hab gerade
gehört, was diese Männer mit dem Propheten Jere-
mia gemacht haben. So was kann man nicht brin-
gen, das ist total übel! Wenn er dort nichts zu essen
bekommt, wird er vor Hunger sterben. Denn es gibt
ja sowieso gerade nichts mehr zu futtern in der
Stadt!" 10 Irgendwie überzeugte er den Präsidenten.
Der sagte zu ihm: „Nehmen Sie sich von mir aus
dreißig von meinen Männern und ziehen Sie Jere-
mia aus dem Brunnen wieder nach oben, bevor er
dort verhungert!" 11 Ebed-Melech nahm sich die
Männer und ging mit ihnen zum Haus vom Präsi-
denten. Dort organisierte er sich ein paar abgetra-
gene Klamotten, holte alte Handtücher aus dem
Schrank und tat alles in eine Tüte. Die Sachen ließ
er an einem Seil zu Jeremia nach unten in den Brun-
nen. 12 „Nehmen Sie die Sachen und machen Sie
dadraus eine Rolle!", rief er ihm zu. „Die Rolle tun
Sie unter Ihre Arme, damit das Seil Sie nicht verlet-
zen kann!" Jeremia machte alles, was er sagte. 13 So
wurde Jeremia aus dem Brunnen gezogen und
gerettet. Ab dann wohnte er wieder in seiner Zelle
im Gefängnishof.

Der Präsident trifft sich noch mal heimlich mit dem Propheten

14 Der Präsident Zidkija wollte sich dann noch ein-
mal mit Jeremia treffen, diesmal am Eingang vom
Tempel. „Ich möchte von Ihnen hören, was Gott
genau gesagt hat. Bitte lassen Sie nichts aus!"
15 Jeremia fragte vorsichtig: „Also, wenn ich Ihnen
das jetzt sage, werden Sie mich bestimmt töten wol-
len, oder? Und wenn ich Ihnen etwas raten soll,

dann werden Sie sowieso nicht auf mich hören, stimmt's?" 16 Diesmal schwor ihm der Präsident bei Gott, dass er das nicht tun würde. „Gott hat uns das Leben geschenkt! Darum verspreche ich Ihnen, dass ich Sie nicht töten werde. Ich werde Sie auch nicht an die Männer ausliefern, die Sie gerne umbringen würden!" 17 „Okay, also das ist so", antwortete Jeremia. „Gott, der Chef über alles, hat mir Folgendes für Sie gesagt: ‚Wenn du die Stadt verlässt und dich der feindlichen Armee und den Generälen vom babylonischen Heer ergibst, dann wirst du diesen Krieg überleben. Die Stadt wird vom Feind auch nicht abgefackelt werden, und du und deine Familie, ihr werdet heil davonkommen. 18 Wenn du das aber nicht tust, dann werden die Babylonier diesen Krieg gewinnen. Sie werden die Stadt einnehmen und alles niederbrennen. Und du wirst diesen Krieg auch nicht überleben.'" 19 „Besonders Schiss hab ich vor unseren eigenen Leuten aus Juda, die zu den Babyloniern übergelaufen sind", erwiderte der Präsident. „Wenn die gegen uns gewinnen, werde ich bestimmt an diese Truppe ausgeliefert. Die würden mich dann richtig fertigmachen, foltern und so was." 20 „Nein, auf keinen Fall", rief Jeremia. „Haben Sie nicht kapiert, was Gott zu Ihnen gesagt hat? Man wird Sie nicht ausliefern! Wenn Sie das tun, was ich Ihnen von Gott ausgerichtet habe, wird es Ihnen gutgehen, und Sie werden damit Ihr Leben retten! 21 Aber wenn Sie sich nicht ergeben, wird genau das passieren, was Gott mir gezeigt hat: 22 Ich hab nämlich in so einem inneren Film eine Vision gesehen. Ich sah, wie man alle Frauen abgeführt hat, die noch im Haus vom Präsidenten leben. Sie wurden zu den Chefs der Babylonier gebracht. Ich hab gehört, wie die gesagt haben: ‚Seine eigenen Freunde haben ihn verführt, sie haben ihn voll abgezogen! Und jetzt, wo ihm das Wasser bis zum Hals steht, haben sie sich einfach verpieselt!' 23 Alle ihre Frauen und Söhne wird man festnehmen, und Sie selbst werden vom Präsidenten von Babylonien verhaftet und abgeführt. Und die Stadt wird man komplett zerstören." 24 Zidkija antwortete: „Keins der Worte, die Sie gerade ausgesprochen haben, darf diesen Raum verlassen, klar? Sonst werden Sie sterben! 25 Meine Minister haben das bestimmt spitzgekriegt, dass wir uns getroffen haben. Wenn die jetzt bei Ihnen ankommen und Sie ausquetschen wollen, worum es in unserem Gespräch ging, und selbst wenn die androhen, Sie zu töten, 26 müssen Sie Ihr Maul halten! Erzählen Sie Ihnen irgendwelche Geschichten, dass Sie mich gebeten haben, Sie nicht wieder in das Haus von Jonatan zurückzuschicken oder so, klar? Sie können denen ja erzählen, dass Sie sonst sterben würden, wenn Sie da noch länger bleiben müssten." 27 Die Chefs und Minister kamen tatsächlich kurze Zeit später bei Jeremia an und fragten ihn aus. Jeremia hielt sich an das, was der Präsident ihm befohlen hatte. Schließlich zogen die Chefs und Minister wieder ab, weil sie von Jeremia nichts erfahren hatten. 28 Jeremia blieb dann so lange im Gefängnishof, bis Jerusalem eingenommen wurde.

39

Jerusalem wird zerstört

1 In dem neunten Jahr, wo Zidkija als Präsident von Juda in Jerusalem an der Macht war, zog Nebukadnezzar mit seiner ganzen Armee vor die Stadt, um gegen sie zu kämpfen. 2 Zwei Jahre später, es war am 9. Juli, schaffte es die babylonische Armee, ein Loch in die Schutzmauer von Jerusalem zu sprengen. 3 Die babylonischen Generäle zogen in die Stadt ein und bauten am Mitteltor ihr Lager auf. Unter ihnen waren Nergal-Sarezer, Samgar-Nebu, der Außenminister Sar-Sechim und noch ein anderer Nergal-Sarezer, der im Beraterstab vom Präsidenten der Chef war. 4 Als der Präsident Zidkija und seine Soldaten sahen, wie die gegnerische Armee in die Stadt einbrach, verpieselten sie sich durch einen Hinterausgang nachts aus der Stadt. Dieser Ausgang lag zwischen den beiden Mauern am Garten von der Präsidentenvilla. Sie flohen in östliche Richtung zum Jordan-Fluss. 5 Die Armee von den Babyloniern nahm sofort die Verfolgung auf und holte Zidkija kurz vor der Stadt Jericho ein. Der Präsident wurde verhaftet und nach Ribla gebracht, einer Stadt im Land Hamat. Dort wurde er Nebukadnezzar, dem Präsidenten von Babylonien, vorgeführt. In einem Kriegsgericht fällte der dann auch das Urteil über ihn. 6 Auf Befehl von Nebukadnezzar wurden vor den Augen von Zidkija all seine Söhnen erschossen. Die gesamte Führungsriege von Juda wurde auf die gleiche Weise hingerichtet. 7 Am Ende stachen sie Zidkija mit einem Schraubenzieher die Augen aus. Er wurde in Handschellen abgeführt und nach Babylon gebracht. 8 Die Soldaten steckten den Präsidentenpalast in Brand, und auch die anderen Häuser von Jerusalem wurden angezündet. Die Schutzmauern wurden überall weggesprengt. 9 Alle übrigen Menschen aus Jerusalem, die diesen Krieg überlebt hatten, wurden als Kriegsgefangene nach Babylonien abgeführt. Dazu

zählten auch die Leute, die am Ende zu der babylo-
nischen Armee übergelaufen waren. Das organi-
sierte alles Nebusaradan, der Chef der Securityein-
heit von Nebukadnezzar. Er war als Verwalter
eingesetzt worden. 10 Die ganz armen Leute, die
vorher nur auf der Straße gelebt hatten, durften in
Jerusalem bleiben. Nebusaradan schenkte denen
die ganzen Felder und Weinberge.

Jeremia kommt frei

11 Was Jeremia anging, hatte Nebukadnezzar eine
Extra-Order an Nebusaradan ausgegeben.
12 „Suchen Sie diesen Mann und behandeln Sie ihn
anständig! Alles, was er haben will, soll er auch
bekommen!“ 13 Deswegen schickte Nebusaradan ein
paar ranghohe Offiziere und Beamte los, um Jere-
mia zu holen: den Chef vom Präsidentenpalast
Nebuschasban, den obersten Berater Nergal-Sare-
zer und die übrigen babylonischen Befehlshaber.
14 Sie sollten Jeremia aus dem Gefängnishof be-
freien. Sie übergaben ihn an Gedalja, den Sohn
Ahikams und Enkel Schafans, damit der ihn sicher
nach Hause bringen konnte. So blieb Jeremia weiter
bei seinen Leuten wohnen.

Gott verspricht dem Ausländer Ebed-Melech etwas

15 In der Zeit, als Jeremia noch im Knast saß, hatte
Gott zu ihm über eine Sache gesprochen, die er
bald tun sollte. 16 „Ich möchte, dass du bald zu
Ebed-Melech gehst. Der kommt aus Äthiopien. Sag
ihm Folgendes von mir: ‚Das kommt jetzt von Gott,
dem Chef über das Universum: Pass auf, ich werde
alles durchziehen, was ich über diese Stadt ange-
kündigt hatte. Mit dieser Stadt wird es nicht besser,
sondern schlimmer, davon wirst du noch Augen-
zeuge werden. 17 Du wirst aber davonkommen, ich
werde dich retten. Du wirst nicht an die Leute aus-
geliefert werden, vor denen du so eine Angst hast.
18 Ich werde dafür sorgen, dass du fliehen kannst,
du wirst nicht erschossen. Ich werde dir dein Leben
schenken, weil du mir vertraut hast. Das kam jetzt
von Gott!‘“

40 **Jeremia wohnt beim Gedalja**

1 Ein kurzer Rückblick: Nebusaradan hatte
Jeremia aus dem Knast geholt und ihn frei-
gelassen. Jeremia war zu der Zeit in Rama gewesen.
Dort war er mit allen anderen Männern von Jerusa-
lem und Juda, die als Kriegsgefangene nach Babylo-
nien verfrachtet werden sollten. In der Zeit redete
Gott auch wieder mit Jeremia. 2 Der Chef der Leib-
wache entdeckte Jeremia unter den Gefangenen und
ließ ihn zu sich holen: „Sind Sie nicht der Typ, der
diese ganzen ätzenden Sachen, die hier passieren,
schon vorher von Gott gesagt bekommen hat?
3 Jetzt ist ja alles genau so passiert! Gott hat alles
durchgezogen, was er vorher angedroht hatte. Ihr
Volk hat nämlich gegen Gott gelebt. Sie haben nicht
das getan, was Gott Ihnen gesagt hat. Darum
musste das hier alles so passieren. 4 Ich werde
Ihnen jetzt als Erstes die Handschellen von Ihren
Händen abnehmen. Wenn Sie wollen, können Sie
auch mit nach Babylonien kommen! Ich werde auf
Sie aufpassen, versprochen! Wenn Sie aber nicht
wollen, ist das auch okay für mich. Sie sind frei,
gehen Sie dorthin, wohin Sie möchten!“ 5 Jeremia
überlegte lange, wo er jetzt hingehen sollte. Ne-
busaradan empfahl ihm schließlich: „Gehen Sie
doch zum Gedalja. Er ist ein Sohn von Ahikam und
ein Enkel von Schafan. Der babylonische Präsident
hat den als Oberbürgermeister über alle Städte von
Juda eingesetzt. Sie bekommen bei ihm bestimmt
ein Zimmer und könnten so immerhin in der Nähe
von Ihren Leuten bleiben. Aber ganz, wie Sie wollen,
ich überlasse Ihnen die Entscheidung!“ Nebusara-
dan gab ihm noch ein paar Lunchpakete mit und
packte ihm dazu noch Geschenke in den Rucksack.
6 Jeremia entschied sich, nach Mizpa zum Gedalja
zu gehen. Dort wohnte er mitten unter seinen Leu-
ten, die vom Krieg noch übrig geblieben waren.

Einige Leute kommen zurück

7 Einige Truppenverbände von Juda waren mit ihren
Generälen noch überall im Land verstreut. Sie hör-
ten davon, dass der neue Präsident von Babylonien
den Gedalja, den Sohn Ahikams, zum Oberbürger-
meister über ganz Juda eingesetzt hatte. Alle Män-
ner, Frauen und Kinder und auch die ganzen Hartz-
IV-Empfänger, die nicht als Kriegsgefangene nach
Babylonien abgeführt worden waren, wurden ihm
unterstellt. 8 Schließlich kamen die Generäle dieser
Verbände nach Mizpa, um mit Gedalja über eine
Rückkehr zu verhandeln: Es waren Jischmael, der
Sohn von Netanja, Johanan und Jonatan, die Söhne
Kareachs, Seraja, der Sohn Tanhumets, dazu die
Söhne von Efai aus Netofa und Jaasanja aus
Maacha. 9 Gedalja meinte zu ihnen: „Männer, ich
schwöre Ihnen: Sie brauchen keine Angst davor zu
haben, wenn Sie sich den Babyloniern ergeben. Sie
können alle im Land bleiben, wenn Sie an den
neuen Präsidenten von Babylonien ihre Steuern

bezahlen. Dann wird es Ihnen gutgehen! [10] Ich bin ja auch noch hier in Mizpa, um unsere Angelegenheiten vor den Babyloniern zu vertreten. Sie könnnen in die Städte in der Umgebung ziehen und dort wohnen. Auf dem Land sollten Sie sich dann um den Wein- und Obstanbau kümmern, Öl herstellen und so was. Das Zeug können Sie dann bei sich lagern." [11] Als die Leute von Juda, die bei den Moabitern, Ammonitern, Edomitern oder anderen Völkern lebten, davon hörten, dass der Präsident von Babylonien einigen Männern erlaubt hatte, in Juda wohnen zu bleiben, und dass Gedalja ab sofort der Oberbürgermeister dort war, freuten sie sich. [12] So kamen einige wieder zurück nach Juda und meldeten sich bei Gedalja, der sein Büro in Mizpa hatte. Viele arbeiteten ab dann sehr erfolgreich im Wein- und Obstgeschäft.

Gedalja ist in Gefahr

[13] Irgendwann kam Johanan mit den anderen Generälen der Truppenverbände, die noch im Land waren, nach Mizpa, um Gedalja zu besuchen. [14] Johanan erzählte ihm: „Haben Sie es auch schon gehört, dass Baalis, der Präsident der Ammoniter, den Jischmael beauftragt hat, Sie zu töten?" Aber Gedalja glaubte ihm kein Wort. [15] Johanan sagte sogar heimlich zu Gedalja, dass er den Jischmael sofort um die Ecke bringen würde, wenn Gedalja das will. „Kriegt auch keiner mit! Versprochen!", meinte er zu ihm. „Wir dürfen einfach nicht zulassen, dass Sie umgebracht werden! Wenn das passiert, haben wir wieder das große Chaos am Start, und alle, die sich um Sie gesammelt haben, würden wieder auseinandergehen. Das wäre der Untergang für den Rest von Juda!" [16] „Schwachsinn, das glaub ich nicht!", antwortete Gedalja. „Tun Sie ihm bloß nichts an!"

41

Gedalja wird umgebracht

[1] Im Oktober desselben Jahres kam Jischmael nach Mizpa, um Gedalja zu besuchen. Mit dabei waren noch zehn andere Männer, die ihn begleiteten. Jischmael war ein Sohn von Netanja und ein Enkel von Elischama. Er gehörte zur Präsidentenfamilie und hatte einen ziemlich hohen Offiziersposten in der Privatarmee vom Präsidenten. Man traf sich zu einem großen Festessen. [2] Beim Essen standen Jischmael und seine Männer plötzlich von ihren Plätzen auf, zogen ihre Pistolen und erschossen Gedalja. Gedalja war ein Sohn von Ahikam, der wiederum ein Sohn von Schafan war. Auf die Art kam der Typ ums Leben, der vom Präsidenten von Babylonien als neuer Oberbürgermeister über Juda eingesetzt worden war. [3] Alle anderen Männer bei diesem Essen in Mizpa wurden auf Befehl von Jischmael getötet, genauso wie die Soldaten der babylonischen Armee, die gerade dort waren.

Jischmael bringt noch mehr Leute um

[4] Einen Tag später, zu dem Zeitpunkt wusste noch niemand vom Mord an Gedalja, [5] kamen achtzig Männer in den Ort reinspaziert. Die kamen aus Silo, Sichem und Samaria. Sie hatten alle schwarze Trauerklamotten an und hatten sich sogar ihre langen Bärte abgeschnitten. Dazu ritzten sie sich mit Scherben die ganze Zeit blutige Schrammen in die Haut. Im Rucksack hatten sie ein paar Räucherkerzen und Brote, die sie am Tempel Gott schenken wollten. [6] Jischmael legte eine oscarreife Nummer hin, spielte einen auf extrem traurig und weinte die ganze Zeit, als er ihnen entgegenkam. Dann lud er sie ein, doch mit zu Gedalja zu kommen. [7] Aber kaum waren die Männer in der Stadt, wurden sie alle von Jischmael und seinen Männern abgestochen. Den Leichen banden sie einen Betonklotz ans Bein und warfen sie in den Fluss. [8] Aber zehn von ihnen wurden nicht umgebracht, weil sie zu ihm sagten: „Bitte, lassen Sie uns am Leben! Wir haben noch einen Aktenkoffer mit ganz viel Geld in einem Schließfach!" [9] Die Stelle am Fluss, wo Jischmael die Leichen reinwerfen ließ, war übrigens die gleiche Stelle, die früher mal der Präsident Ahas von Juda hatte ausbauen lassen. Das war zu der Zeit, als Ahas noch Krieg gegen Bascha geführt hatte, den Präsidenten von Israel. Jetzt wurde die ganze Stelle von Jischmael mit Leichen gefüllt.

Die Gefangenen kommen frei

[10] Alle Bewohner von Mizpa, inklusive der Töchter vom Präsidenten, wurden von Jischmael gefangen genommen und abgeführt. Diese Leute waren Gedalja von Nebusaradan anvertraut worden, damit er sich um sie kümmern sollte. [11] Als Johanan und die anderen Generäle hörten, was Jischmael für miese Sachen getan hatte, [12] nahmen sie sich alle zur Verfügung stehenden Männer und verfolgten ihn. Schließlich holten sie ihn und seine Truppe beim großen See von Gibeon ein. [13] Die Gefangenen, die Jischmael mitgeschleppt hatten, freuten sich voll, als sie die Truppen von Johanan und den anderen Generälen aus der Entfernung ankommen sahen.

14 Schließlich rissen sich alle Leute, die Jischmael in
Mizpa gefangen genommen hatte, von ihm los und
rannten zu Johanans Truppe. 15 Jischmael floh, so
schnell er konnte, und versteckte sich mit acht sei-
ner Männer bei den Ammonitern. 16 Ab sofort über-
nahmen Johanan und die anderen Generäle den
Befehl über die Männer, die Jischmael aus Mizpa
mitgenommen hatte, als er Gedalja ermordet hatte.
Johanan hatte diese Leute dann ja bei dem Ort
Gibeon eingeholt und wieder zurückgebracht. Dazu
gehörten viele Männer, Frauen und Kinder. Einige
von den Männern arbeiteten früher für den Präsi-
denten, andere waren nur einfache Soldaten. 17 Die
ganze Truppe zog dann Richtung Süden, bis sie eine
Pause beim Hotel von Kimham einlegten. Dieses
Hotel lag in der Nähe von Bethlehem. Von dort aus
sollte es weiter nach Ägypten gehen. 18 Sie wollten
auf keinen Fall wieder zurück, weil sie Schiss vor
den Babyloniern hatten. Schließlich hatte Jischmael
einen Typen ermordet, der direkt vom Präsidenten
von Babylonien als Verwalter über Juda eingesetzt
worden war.

42 Jeremia sagt: Geht nicht nach Ägypten!

1 Bevor es dann weiterging, kamen die
Generäle, inklusive Johanan und Asarja,
und auch die anderen Leute von Juda bei Jeremia
an. Vom einfachen Mann bis zum Theologieprofes-
sor, alle waren dabei. 2 Sie fragten den Propheten:
„Bitte, bitte, beten Sie für uns zu Gott? Bitte beten
Sie zum Chef für diesen kleinen Rest, den es von
uns noch gibt. Es sind ja echt nur noch ein paar von
den vielen übrig geblieben, wie man sehen kann.
3 Fragen Sie doch Gott für uns, in welche Richtung
wir gehen sollen! Er soll uns sagen, was wir jetzt
machen müssen, damit es irgendwie weitergeht!"
4 Jeremia antwortete: „Okay, mach ich! Ich werde
beten und mit Gott über Ihre Sache reden. Ich ver-
spreche Ihnen, dass ich haargenau alles weiterge-
ben werde, was Gott mir sagen wird." 5 „Wir schwö-
ren bei Gott, dass wir alles genau so umsetzen, wie
Sie es uns sagen werden. Gott kann man nicht be-
stechen, und er soll das bezeugen! 6 Egal, ob wir
das, was er sagt, gut finden oder nicht: Wir werden
gehorchen! Wir wollen alles tun, was Gott durch Sie
zu uns sagt! Dann wird bestimmt wieder alles gut!"
7 Ganze zehn Tage mussten sie warten, bis Gott mit
Jeremia redete. 8 Jeremia rief dann bei Johanan an,
und man organisierte ein Treffen, wo die Generäle
und alle anderen Leute von Juda auch dabei waren.
Von der Oberschicht bis zum letzten Hempel, alle
waren eingeladen. 9 Jeremia sagte ihnen: „Ihr woll-
tet, dass ich mit Gott über euer Anliegen rede. Fol-
gendes hat er mir dazu gesagt: 10 ‚Wenn ihr hier in
diesem Land wohnen bleibt, wird euch nichts pas-
sieren. Ich werde dafür sorgen, dass ihr euch hier
wie zu Hause fühlt, ich werde euch nicht raus-
schmeißen. Ich werde euch aufbauen und nicht
kaputt machen. Es tut mir voll leid, dass ich euch so
einen reindrücken musste. 11 Vielleicht habt ihr jetzt
Schiss vor dem Präsidenten von Babylonien. Aber
ihr braucht keine Angst mehr vor dem zu haben! Ich
bin nämlich ab sofort bei euch, ich werde euch vor
ihm retten. Ich werde euch befreien! 12 Ich werde
dafür sorgen, dass er Mitleid mit euch bekommt
und dass er euch deswegen wieder nach Hause
lässt, in euer Land.‘ 13 Das Ganze gilt aber nur unter
einer Bedingung: Von euch dürfen nicht solche
Kommentare kommen wie: ‚Wir wollen nicht hier-
bleiben.‘ Ihr müsst das tun, was Gott von euch will,
klar? 14 Es soll auch keiner sagen: ‚Wir wollen nach
Ägypten ziehen, da gibt es wenigstens keinen Krieg
und keine Kämpfe mehr, und da müssen wir auch
nicht mehr hungern.‘ 15 Falls ihr das doch wollt, soll
ich euch von Gott, dem Chef dieser Welt, dem Gott
von Israel, Folgendes ausrichten: ‚An alle Leute von
Juda, die noch übrig sind: Wenn ihr wirklich nach
Ägypten ziehen wollt, um dort als Ausländer zu
leben, 16 dann werdet ihr dort die reine Hölle durch-
machen. Der Krieg, vor dem ihr weglaufen wollt,
wird dort erst recht voll abgehen. Der Hunger, vor
dem ihr so einen Schiss habt, wird euch dort voll
treffen, und ihr werdet in Ägypten sterben müssen.
17 Alle Leute, die sich dazu entschließen, nach Ägyp-
ten zu gehen, werden dort krepieren. Entweder
durch Krieg, durch Verhungern oder durch eine tod-
bringende Krankheit. Niemand wird überleben. Das
Chaos, was ich bringen werde, wird für alle tödlich
sein.‘ 18 Gott, der Chef über dieses Universum, der
Gott von Israel, sagt euch: ‚Genauso heftig wie die
Katastrophe, die über Jerusalem gekommen ist,
wird die Katastrophe bei euch sein, wenn ihr lieber
nach Ägypten fliehen wollt. Jeder würde ab dann
nur noch loslachen, wenn man euren Namen aus-
spricht. Ihr würdet als abschreckendes Beispiel
dienen, wenn man was ganz Schlimmes sagen will.
Und es wird peinlich sein, über euch zu reden.
Außerdem werdet ihr dieses Land hier nie wieder
sehen.‘ 19 Gott hat mit euch gesprochen, dem Rest
von Juda. Er sagte, dass ihr nicht nach Ägypten
umziehen sollt! Ich möchte, dass ihr das noch mal

ganz deutlich hört: Ich habe euch gewarnt! [20] Ihr habt euch geirrt, und das kostet euch jetzt das Leben. Ihr wolltet ja von mir, dass ich zu Gott gehe und mit ihm darüber rede. Ihr wolltet, dass ich für euch bete, und ihr habt versprochen, dass ihr alles tun werdet, was Gott euch dann sagen wird. [21] Jetzt hab ich es euch erzählt, aber ihr habt nicht auf Gott gehört. Was ich euch von ihm ausgerichtet hab, war euch egal. [22] Darum sollt ihr jetzt wissen, dass ihr alle umkommen werdet! Entweder im Krieg oder durch Verhungern oder durch eine tödliche Krankheit. Das wird an dem Ort passieren, wo ihr jetzt unbedingt hinziehen wollt, auch wenn ihr dort nur Ausländer seid."

43 Was Gott durch Jeremia sagt, ist den Leuten egal

[1] Schließlich war Jeremia mit seiner Ansprache fertig. Er hatte alles weitergegeben, was Gott ihm erzählt hatte. [2] Asarja, Johanan und einige andere arrogante Typen waren nicht so begeistert von seiner Rede. „Sie labern den größten Schwachsinn! Was Sie sagen, kann nie und nimmer von Gott kommen! Der würde nie behaupten, es sei keine gute Idee, nach Ägypten auszuwandern. [3] Wahrscheinlich haben Sie sich von Ihrem Sekretär, Baruch, besabbeln lassen. Der will doch nur, dass wir unter die Kontrolle der Babylonier kommen. Sie sollen uns alle töten oder gefangen nehmen, damit wir in Babylonien in den Knast wandern." [4] Also hörten Johanan und die ganzen Generäle der Armee von Juda nicht auf das, was Gott ihnen gesagt hatte. Sie blieben nicht in Juda, [5] sondern wanderten unter der Führung von Johanan und den anderen Offizieren nach Ägypten aus. Mit dabei war auch der Rest der Männer von Juda. Die waren vorher in alle möglichen Länder außerhalb von Juda geflohen, jetzt aber zurückgekommen, um dort zu leben. [6] Dann auch alle Frauen und Kinder, die Kinder vom Präsidenten und die anderen Leute, die Nebusaradan, der Chef von den Leibwächtern von Nebukadnezzar, damals bei Gedalja in Mizpa zurückgelassen hatte. Schließlich mussten auch der Prophet Jeremia und Baruch mitgehen. [7] Obwohl Gott genau das Gegenteil gesagt hatte, packten sie ihre Sachen und zogen zur ägyptischen Grenze nach Tachpanhes.

Ägypten hat keinen Bock auf die Ausländer

[8] Als der Zug in Tachpanhes ankam, redete Gott mit Jeremia. [9] „Organisier dir ein paar große Steine und vergrab die am Eingang vom Regierungsgebäude in der Stadt. Am besten, du nimmst dir noch ein paar Zeugen mit, irgendwelche Männer aus Juda, damit die das später bestätigen können. [10] Dann sagst du zu ihnen: ‚Ich habe eine Nachricht von Gott für Sie. Die ist von dem Chef über dieses Universum, dem Chef von Israel: Genau über diesen Steinen, die Jeremia vergraben hat, wird mal ein fettes Regierungsgebäude gebaut werden, in dem der Präsident von Babylonien über das Land regieren wird. Dieser Präsident wird mein Angestellter Nebukadnezzar sein. Genau hier wird er einen fetten Palast hochziehen. [11] Und er wird in Ägypten mit seiner Armee einfallen und es besiegen. Die Leute, die sterben sollen, werden sterben. Die Leute, die in den Knast kommen sollen, werden in den Knast kommen. Die Leute, die im Krieg erschossen werden sollen, werden im Krieg erschossen. [12] Ich, Gott, werde dafür sorgen, dass sämtliche Tempel der Plastikgötter von Ägypten abbrennen. Nebukadnezzar wird alles plattmachen und viele Leute gefangen nehmen. So, wie man am Strand den Sand von einem Handtuch abschüttelt, so werde ich die Plastikgötter aus Ägypten abschütteln. So wie man eine Fliege mit einer Fliegenklatsche tötet, werde ich die Götter in Ägypten wegklatschen. Nachdem Nebukadnezzar das getan hat, wird er von dort wieder abhauen, ohne dass ihm jemand ans Bein pinkeln konnte. [13] Er wird auch die großen Säulen der Plastikgötter wegsprengen, die man in Ägypten bei Heliopolis aufgestellt hat, und auch die Tempel von den ägyptischen Göttern wird er plattmachen.'"

44 Warnung, zu Plastikgöttern zu beten

[1] Und wieder redete Gott mit Jeremia. Diesmal war es eine Nachricht an alle Leute aus Juda, die jetzt in Ägypten wohnten, also in Migdol, Tachpanhes, Memfis und weiter im Süden. [2] „Das kommt jetzt von Gott, dem Chef über alles, dem Gott von Israel: ‚Ihr habt die ganzen ätzenden Sachen live miterlebt, die ich für Jerusalem und die Städte in Juda organisiert habe. Bis heute sind die Städte kaputt, keiner kann da mehr wohnen. [3] Das musste einfach passieren, weil die die ganze Zeit Mist gebaut haben. Sie haben mich voll provoziert mit ihren blöden Räucherkerzenopfern für irgendwelche Plastikgötter, die vorher noch nicht mal jemand kannte. Selbst die Leute, die vor euch lebten, hatten von diesen Pseudogöttern noch nie etwas gehört. [4] Die ganze Zeit hab ich meine

Propheten zu euch geschickt, die euch wie bei einer Dauerdemo den ganzen Tag gewarnt haben: ‚Hört auf mit diesem Ätzkram! Ich hasse so was!', haben sie euch von mir ausgerichtet. [5] Aber das hat euch wohl nicht interessiert. Ihr habt einfach damit weitergemacht. Ihr habt euch nicht davon abbringen lassen, für diese dummen Plastikgötter Räucherkerzen anzuzünden. [6] Deshalb wurde ich richtig sauer. Ich habe diese Wut auch rausgelassen, die Städte von Juda, besonders Jerusalem, haben das zu spüren bekommen. Jetzt ist alles ein einziger Schrotthaufen, bis heute kann man da nicht mehr wohnen. Es sieht dort aus wie auf einer großen Müllhalde.'
[7] Jetzt fragt euch Gott noch einmal: ‚Warum baut ihr schon wieder so einen Mist? Warum bringt ihr euch, eure Männer, Frauen, Kinder und sogar eure Babys, schon wieder in Gefahr? So könnte es passieren, dass bald keiner mehr von euch übrig ist!
[8] Denn wenn ihr mich weiterhin durch das, was ihr tut, derart provoziert, dann kann ich für nichts mehr garantieren. Dadurch, dass ihr in Ägypten für irgendwelche Plastikgötter diese ‚netten' Räucherstäbchen anzündet, bereitet ihr euren endgültigen Untergang vor. Alle Menschen auf der Erde werden dann über euch lachen, weil ihr euch selbst kaputt gemacht habt. [9] Habt ihr denn schon wieder vergessen, was ihr alles gegen mich getan habt, damals in Jerusalem? Die ganzen miesen Aktionen von euch und euren Frauen und auch von euren Präsidenten und von deren Frauen? [10] Bis heute habt ihr nicht einen Fehler wirklich eingesehen. Ihr habt keinen Respekt vor mir, die Gesetze sind euch egal. Die ganzen Regeln, die ich schon den Leuten vor euch gegeben habe, haben euch nicht die Bohne interessiert.' [11] Darum hat Gott, der Chef über alles, was es gibt, der Gott von Israel, Folgendes beschlossen: ‚Ich will mich ab sofort gegen euch stellen. Ich will nichts mehr mit euch zu tun haben. Ich will euch kaputt machen, euch, die Leute von Juda. [12] Nur diejenigen, die unbedingt nach Ägypten ziehen mussten, werde ich umbringen. Die Leute von Juda, die lieber im Ausland leben wollten, sollen sterben. Es wird durch einen Krieg passieren und durch Hunger. Vom kleinen Kind bis zum Opa, vom Hartz-IV-Empfänger bis zum Millionär, alle werde ich vernichten. Es soll so sein, dass man euren Namen in Zukunft benutzen wird, wenn man jemand die Krätze an den Hals wünschen will. Und wenn man ein Beispiel für etwas total Peinliches braucht, wird man von euch reden. [13] Die Leute, die unbedingt in Ägypten leben wollten, werde ich genauso bestrafen, wie ich die Leute in Jerusalem bestraft habe. Das passierte durch Kriege, Hunger und Krankheit. [14] Keiner wird das überleben. Alle Leute, die von Juda nach Ägypten gekommen sind, um dort als Ausländer zu leben, wird das betreffen. Auch wenn sie sich eigentlich immer nach ihrer alten Heimat gesehnt haben, werden sie dahin nie wieder zurückkehren können. Es wird nur ganz wenige geben, die dorthin zurückkehren werden.'"

Gottes Finale

[15] Die Männer, die wussten, dass ihre Frauen für die Plastikgötter Räucherkerzen angezündet hatten, waren richtig sauer auf Jeremia. Auch die Frauen, von denen sehr viele zugehört hatten, und auch die anderen Leute von Israel, die jetzt im südlichen Teil von Ägypten wohnten, waren dagegen. Die Männer sagten zu ihm: [16] „Uns doch egal, was Sie hier erzählen, auch wenn Sie so tun, als käme Ihre Nachricht von Gott höchstpersönlich. Wir werden nicht darauf hören! [17] Wir wollen weiter die Sachen tun, die wir für richtig halten! Die ganzen Versprechen, die wir der ‚Fraugott aus dem Universum' gegeben haben, werden wir auch durchziehen. Wir werden für sie Räucherkerzen anzünden, Trinkopfersessions für sie starten, genauso, wie wir es früher in Jerusalem schon gemacht haben. In den Städten von Juda war das bei uns und unseren Vätern, den Männern aus der Leitungsebene und unseren Präsidenten immer schon ganz normal, so was zu tun. In der Zeit ging es uns voll gut, wir hatten genug zu essen, und alles lief super. [18] Erst seit wir aufgehört haben, für diese ‚Fraugott' Opfer abzufackeln, ging das los mit unserer Pechsträhne. Und jetzt fehlt es an allen Ecken und Enden, und viele von uns sind durch Krieg oder Hunger gestorben." [19] „Ja, wir haben auch immer mit dem Einverständnis von unseren Männern für diese ‚Fraugott' Räucherkerzen angezündet", entschuldigten sich die Frauen. „Sie waren immer damit einverstanden, dass wir für die Trinkopfersessions durchgezogen oder Kuchen gebacken haben!" [20] Jeremias Antwort an alle sah so aus: [21] „Genau dieses Abfackelopfer, das ihr in den Städten von Juda und in Jerusalem durchgezogen habt, ist das Problem! Schon die Leute vor euch, eure Väter, aber auch eure Präsidenten und die anderen Chefs im Land, haben so was getan. Glaubt ihr im Ernst, Gott hätte das nicht mitgekriegt? [22] Er konnte das einfach nicht länger durchgehen lassen. Diese ganzen fiesen Sachen, die ihr getan habt, waren der Grund, warum er alles

plattmachen musste. Euer Land ist zu einem gro-
ßen Müllhaufen geworden. Bis heute reden alle
Leute schlecht von euch, und wenn man jemandem
die Krätze an den Hals wünscht, gebraucht man
euren Namen als schlechtes Beispiel. 23 Ihr habt für
Pseudogötter Abfackelopfer abgehalten und damit
Gott voll beleidigt. Ihr habt nicht auf das gehört,
was Gott von euch wollte. Ihr habt seine Gesetze
vergessen. Was er gesagt hat, war euch egal, ihr
habt euch nicht dadran gehalten. Das ist der
Grund, warum es euch heute so beschissen geht."
24 Dann meinte Jeremia zu allen Männern und
Frauen: „Jetzt hört mal gut zu, was Gott euch zu
sagen hat! Das gilt jetzt für alle, die zurzeit in Ägyp-
ten leben. 25 Gott, der Chef über alles, der Gott von
Israel, sagt: ‚Die Männer und Frauen bei euch ha-
ben es ausgesprochen und auch umgesetzt, was
sie sich vorgenommen hatten. Sie hatten für die
‚Fraugott' Räucherkerzen angezündet und Trinkop-
fer durchgezogen. Das war ihnen wichtig, sie woll-
ten das genau nach Vorschrift tun. Dann macht das
auch, haltet euch an euer Versprechen!' 26 Aber hört
gut zu, was Gott zu dem Ganzen zu sagen hat. Das
geht an alle, die momentan in Ägypten leben: ‚Ich
schwöre euch, dass ab sofort keiner von euch mehr
meinen Namen in den Mund nehmen wird. So ein
Spruch ‚Bei dem Gott, der existiert!' wird nicht
mehr über eure Lippen kommen. 27 Ab sofort werde
ich nicht mehr dadrauf aufpassen, dass euch nichts
Schlimmes passiert, sondern ich pass auf, dass
euch etwas Schlimmes passiert. Alle Männer aus
Juda, die zurzeit in Ägypten leben, werden im Krieg
sterben oder verhungern. Das wird so lange gehen,
bis keiner mehr lebt. 28 Nur ein paar ganz wenige
Leute werden diesem Krieg entkommen, wieder
nach Juda zurückziehen und nicht sterben. Der
Rest von denen, die extra nach Ägypten ausgewan-
dert sind, um dort als Ausländer zu arbeiten, wird
schnell mitkriegen, dass sich meine Vorhersage
und nicht ihre bestätigt. 29 Damit ihr mir glaubt,
werde ich etwas tun, woran ihr erkennen könnt,
dass ich keinen Stuss geredet hab. Was ich sage,
wird hundertprozentig eintreffen, die ganzen ätzen-
den Sachen, die ich ankündige, werden auch pas-
sieren. 30 Und zwar werde ich dafür sorgen, dass
der Präsident von Ägypten, Hofra, gefangen ge-
nommen wird. Sein Todfeind wird ihn in den Knast
stecken. Genauso, wie ich damals Zidkija an seinen
Erzfeind Nebukadnezzar ausgeliefert habe, wird es
hier auch passieren. Das kommt jetzt von mir,
Gott.'"

45 Jeremia warnt Baruch

1 Jetzt kommen noch ein paar Worte vom
Propheten Jeremia, die an Baruch gingen.
Das passierte zu der Zeit, als Baruch alle Worte von
Jeremia aufschrieb und in einer Datei speicherte.
Außerdem war Jojakim zu der Zeit gerade vier Jahre
an der Macht. Jojakim war ein Sohn von Joschija
und für einige Zeit der Präsident über Juda. Der
Text geht folgendermaßen: 2 „Das kommt jetzt vom
Chef, dem Gott von Israel. Und es geht an Baruch.
3 Du beschwerst dich und sagst: ‚Ich arme Sau!
Gott drückt mir die ganze Zeit einen nach dem
anderen rein. Ich bin schon total ausgebrannt und
müde, ich kann gar nicht mehr richtig pennen.'
4 Ich soll dir von Gott Folgendes ausrichten: ‚Was
ich einmal aufgebaut habe, sprenge ich jetzt wieder.
Was ich mal gepflanzt habe, vernichte ich wieder.
Das mach ich jetzt überall im Land. 5 Aber du willst
groß rauskommen und fett Kohle haben? Hör auf
damit! Ich werde bald dafür sorgen, dass es allen
Menschen schlechtgeht. Aber dir schenke ich dein
Leben, das hast du dir erkämpft. Egal, wo du bist,
wirst du es behalten können.' Das kam jetzt von
Gott."

46 Gott hält eine Gerichtsverhandlung über alle Menschen ab

1 Jetzt kommen noch mal ein paar Worte,
die Gott dem Propheten Jeremia gesagt hat. Es
sind alles Ankündigungen für eine große Gerichts-
verhandlung. 2 Zum Thema Ägypten: Als das Heer
vom ägyptischen Präsidenten Necho bei Karke-
misch am Eufrat war und dort den Präsidenten von
Babylonien, Nebukadnezzar, mit seiner Armee
besiegte, bekam Jeremia eine Nachricht von Gott
rein. Das Ganze passierte in der Zeit, als Jojakim,
der Präsident von Juda, vier Jahre an der Macht
war. Jeremia wohnte da gerade in Jerusalem.
3 „Zieht eure schusssicheren Westen an, setzt eure
Helme auf den Kopf! 4 Besteigt die Panzer, Jeeps
und Motorräder. Stellt euch in Reih und Glied auf.
Ölt die Gewehre, setzt den Helm auf, zieht die Wes-
ten an. Es geht los! 5 Aber jetzt sehe ich in einem
inneren Film, so einer Vision, wie die Armee zu-
rückweicht! Was ist da los? Ihre Soldaten haben
keinen Mut mehr, sie sind fertig und kaputt. Sie
fliehen vor dem Feind. Sie sehen sich noch nicht
mal mehr um, denn sie sind total in Panik! 6 Auch
die Männer, die hundert Meter unter 10 Sekunden
laufen, kommen nicht rechtzeitig weg. Die großen

Helden können nicht mehr fliehen. Überall im Nor-
den liegen ihre Leichen, auch am Ufer vom Eufrat-
Fluss. 7 Wer kommt da so angerauscht? Wer fließt
mit seiner Armee in das Land rein wie der Nil? Wer
überflutet das Land? 8 Es sind die Ägypter! Sie wol-
len die ganze Erde mit ihrem Heer einnehmen, sie
wollen das ganze Land überfluten, sie wollen alle
Städte plattmachen und alle Menschen töten, die
dort wohnen. 9 Besteigt eure Motorräder, Panzer
und Jeeps, ihr Soldaten! Die Spezialeinheiten aus
Äthiopien und Put sollen losziehen, die Scharf-
schützen aus Lud genauso. 10 Dieser Tag gehört
Gott, dem Chef über alles, und es soll ein Tag der
Rache sein, wo er sich an seinen Feinden rächen
wird. Die Pumpgun wird so richtig zum Einsatz
kommen, es wird sehr blutig, Tote bis zum Abwin-
ken. Der Chef über diese Welt, Gott, will eine Grill-
party feiern, wo viele Tiere geschlachtet werden. Es
soll im Norden abgehen, um das Ufer vom Eufrat-
Fluss. 11 Du kleines ‚Ägyptilein', jetzt hau mal ab in
die Berge von Gilead, um dort deine Wunden zu
lecken. Kauf dir die beste Medizin in der Apotheke,
aber es gibt nichts, was deine Wunden heilen wird.
12 Alle Menschen haben davon gehört, wie man dich
zur großen Lachnummer gemacht hat. Alle Men-
schen auf der Erde haben mitbekommen, wie du
geschrien hast. Deine ganze heldenhafte Armee
wurde besiegt, alle sind gestorben. Denn sie sind
über ihre eigenen Füße gestolpert und haben sich
gegenseitig abgeschlachtet."

Die babylonische Armee marschiert in Ägypten ein

13 Gott redete mal wieder mit Jeremia, als Nebukad-
nezzar mit seiner Armee anrückte, um in Ägypten
einzufallen. Nebukadnezzar war der Präsident von
Babylonien. 14 „Erzähl den Leuten in Ägypten, was
sie erwartet! Die Menschen aus Migdol, Memfis
und Tachpanhes müssen das hören. Sag ihnen:
‚Stellt eure Armeen auf und nehmt eure Waffen in
die Hand! Denn die Völker um euch herum sind
auch schon alle umgenietet worden.' 15 Warum sind
denn jetzt schon die ganzen Mächtigen bei euch
am Boden? Es war wohl so, dass Gott selbst sie
alle erschossen hat? 16 Gott sorgte dafür, dass die
Berufssoldaten der Ägypter alle auf die Fresse fie-
len. Sie stolperten übereinander. Sie bekamen die
Panik und riefen: ‚Bloß weg hier! Lasst uns schnell
wieder nach Hause gehn. Das ist uns hier zu heftig,
die schießen hier zu scharf!' 17 Der Präsident von
Ägypten macht nur heiße Luft, aber da ist nichts
dahinter. Er ist wie ein Angeber, der alles verpennt
hat, denn er hat den besten Zeitpunkt verpasst,
seine besten Tage sind nun vorbei. 18 Gott sagt: ‚Ich,
der Chef über alles, der wirkliche Präsident über die
ganze Welt, verspreche euch hiermit etwas. Der
heftige Präsident aus Babylonien, der größte Berg
von allen Bergen, der so groß ist, dass er aus dem
Meer herausragt, wird bald kommen. 19 An die
Ägypter: Packt euren Rucksack! Ihr werdet alle in
Kriegsgefangenschaft wandern. Memfis wird bald
eine Wüste sein, alles wird verbrannt, und keiner
kann hier noch leben.' 20 Ägypten ist wie eine sehr
schöne Kuh, die von tausend Stechmücken und
Bremsen angefallen wird. 21 Die bezahlten Soldaten
wurden in Ägypten wie Kühe mit allem, was es gibt,
vollgestopft. Aber auch die hauen jetzt ab. Sie
haben sich umgedreht und sind nur noch gelaufen,
sie konnten sich nicht mehr wehren. Gott ist ge-
kommen und hat die große Abrechnung präsen-
tiert. 22 Das Heer von den Ägyptern verzieht sich.
Sie machen dabei Geräusche wie das Zischen einer
Schlange. Denn sie fliehen mit ihrer Armee, sobald
die Feinde mit ihren Motorsägen anrücken. 23 Über-
all sägen sie die Bäume ab. Man kann sie kaum
noch zählen, denn es sind mehr Soldaten als Amei-
sen, unendliche viele. 24 Die Armee von Ägypten
wird peinlich dastehen, denn die Armee aus dem
Norden hat sie besiegt. 25 Der Gott über dieses Uni-
versum, der Gott von Israel, sagt: ‚Pass mal auf, ich
werde es diesem Plastikgott von Theben, diesem
Amon zeigen. Ich werde es den Präsidenten von
Ägypten und ihren ganzen Plastikgöttern, an die sie
glauben, mal so richtig heimzahlen. 26 Ich werde sie
an ihren schlimmsten Feind ausliefern, an Nebu-
kadnezzar. Ich werde sie in die Hand seiner Solda-
ten geben. Aber später soll man wieder in Ägypten
wohnen können, so wie es früher auch war. Das
kam jetzt von Gott! 27 Aber allen Leuten von Israel
sage ich: Ihr braucht keine Angst zu haben! Ihr
braucht nicht depressiv zu sein! Passt auf, ich
werde euch da rausholen, ich werde euch retten, ihr
kommt wieder aus dem Knast frei! Ihr werdet wie-
der zurückkommen, und dann werdet ihr dort ent-
spannt leben können. Keiner wird euch mehr an-
greifen, ihr werdet Frieden haben. 28 Ihr braucht
echt keine Angst mehr zu haben!', sagt Gott. ‚Ich
bin bei euch! Ich werde alle Nationen, wo ihr von
mir hingetrieben wurdet, plattmachen. Aber euch
mache ich nicht platt. Ich muss euch aber erziehen
und konnte euch nicht ungestraft davonkommen
lassen.'"

47 **Was Gott über die Philister zu sagen hat**
1 Jetzt kommt eine Ansage von Gott, die er
Jeremia gemacht hat. Das war kurz bevor
der Präsident von Ägypten die Stadt Gaza eroberte.
2 „Das kommt jetzt von Gott: Es wird eine Flutwelle
aus dem Norden in das Land kommen. Sie wird zu
einem heftigen Fluss anschwellen, der alles überflu-
tet. Das ganze Land, alles, was dort wächst, auch
die Städte und die Leute, die dort wohnen, einfach
alles wird unter Wasser stehen. Die Bewohner wer-
den um Hilfe schreien und laut weinen, 3 weil sie
plötzlich hören, wie die Panzer anrollen und die
Hubschrauber kommen. Die Leute haben voll die
Panik, es ist so übel, dass Eltern sogar ihre Kinder
vergessen. 4 Das ist der Zeitpunkt, wo alle Philis-
ter vernichtet werden. Ich, Gott, werde alles platt-
machen, keiner wird Tyrus und Sidon noch helfen
können. Ich komme höchstpersönlich vorbei, um
die Leute alle zu töten, die früher mal von der Insel
Kreta kamen.“ 5 Die Bewohner von Gaza tragen
schwarze Trauerkleidung, Aschkelon gibt es nicht
mehr. Der Rest von dem Familienstamm der Anaki-
ter muss sich fragen, wie lange sie sich noch vor
lauter Trauer mit Rasierklingen Wunden in die Haut
ritzen wollen. 6 Ich frage die Kanone von Gott: „Wie
lange willst du noch wie wild um dich schießen?
Geh doch wieder zurück in deinen Waffenschrank.
Entspann dich mal, hör auf damit!“ 7 Die Frage ist
bloß, wie sie sich wirklich entspannen kann, wenn
Gott das so befohlen hat. Gott hat den Auftrag dazu
gegeben, auf Aschkelon und auf das Gebiet an der
Küste zu schießen.

48 **Was Gott über Moab sagt**
1 Das geht jetzt an die Stadt Moab: „Gott,
der Chef über alles, der Gott von Israel,
sagt Folgendes: Die Bewohner von Nebo müssen
echt aufpassen. Alles ist kaputt. Kirjatajim wird er-
obert werden, wie peinlich für die. Der Bunker von
Moab wird eingenommen und gesprengt. 2 Jetzt ist
es vorbei damit, dass Moab so toll ist. In der Stadt
Heschbon saßen die Feinde zusammen und haben
einen Plan ausgeheckt, wie man Moab zerstören
kann. Sie sagten: ‚Lasst uns alle Bewohner komplett
töten, keiner soll diesen Krieg überleben.‘ Und auch
in der Stadt Madmen wird bald alles still sein, kei-
ner wird dort überleben. Die Armee, die dich zer-
stören wird, ist schon auf dem Weg!“ 3 Hört ihr die
Hilfeschreie aus der Stadt Horonajim? Dort wird
auch alles kaputt gemacht, die ganze Stadt wird
gesprengt. 4 Moab ist am Ende. Die Leute von der
Straße schreien so laut, dass man es überall hört.
5 Man steigt den Berg hoch nach Luhit. Alle weinen.
Beim Horonajim-Berg hört man laute Schreie, sie
schreien vor Angst, weil die Leute von dem gro-
ßen Zusammenbruch gehört haben. 6 „Rettet euer
Leben! Haut ab! Zieht in die Wüste und lebt dort
wie eine vertrocknete Blume“, rufen sie. 7 Du hast
dich auf das verlassen, was du gebaut hast. Dein
Bankkonto war deine Sicherheit. Darum sollst du
von den Feinden erobert werden. Deinen Plastikgott
Kemosch wird man auch gleich mitverhaften und in
Kriegsgefangenschaft bringen, zusammen mit den
Priestern und den Männern, die bei euch was zu
sagen haben. 8 Der Feind, der alles kaputt macht,
wird in die Städte kommen, und niemand schafft
es, vor ihm zu fliehen. Das Tal und auch die Hoch-
ebene, alles wird zerstört werden. Das hat Gott so
gesagt. 9 Ihr könnt für Moab schon mal einen Grab-
stein bestellen, denn bald sind die Leute dort alle
tot. Die Städte werden ausgestorben sein, und kei-
ner wird dort noch wohnen. 10 Derjenige, der nur
halbgare Sache mit Gott macht, dem wünsche ich
die Krätze an den Hals. Das gilt auch für denjeni-
gen, der nicht alles abknallt, was ihm in den Weg
kommt. 11 Die Leute von Moab mussten sich nie
einen Kopf um irgendwas machen, solange es sie
gab. Sie lagerten immer ganz ruhig wie eine Wein-
flasche im Keller. Sie wurden nie umgestellt oder
umgefüllt von einer Flasche in die nächste. Darum
schmeckt und riecht dieser Wein auch immer noch
so wie früher, er hat sich nicht verändert, weil er
sich nicht entfalten konnte. 12 Gott sagt: „Aber jetzt
kommt bald der Tag, wo ich den Chef vom Weinkel-
ler nach Moab schicke. Er soll alle Weinflaschen
umfüllen, sie ausschütten und die Flaschen zerdep-
pern. 13 Moab wird von seinem Plastikgott Kemosch
genauso im Stich gelassen werden, wie es die Leute
von Israel mit ihrem komischen Plastikgott in Bet-El
erlebt haben, der aussah wie ein Stier. 14 Wie kommt
ihr zu so einer Aussage wie ‚Wir haben gute Solda-
ten, alles Helden, wie für den Kampf gemacht?
15 Moab ist schon so gut wie plattgemacht, seine
Städte hat man schon eingenommen, und die Elite-
einheit der Armee wurde bereits abgeschlachtet.‘
Das sagt der Präsident über alles, Gott. 16 Mit Moab
ist es so gut wie vorbei, sein Ende steht kurz bevor.
17 Die Nachbarn und Freunde können schon mal
Beileidsbriefe schreiben: ‚Es ging so schnell mit
dem Land vorbei, obwohl es so mächtig war, ob-
wohl es alles konnte!‘“

Was die Flüchtlinge sagen

18 Kommt runter und wohnt jetzt im Dreck! Das
geht an die Leute, die in der Stadt Dibon wohnen.
Die Feinde, die Moab komplett zerstört haben,
kommen gerade zu euch hoch, um auch euch ka-
putt zu machen. 19 An die Bewohner von Aror: Stellt
euch an die Straße und schaut mal, wer da an-
kommt. Es sind Flüchtlinge, die vor einem Krieg
geflohen sind. Fragt sie, wo sie herkommen und
was passiert ist. 20 Sie werden antworten: „Moab ist
Geschichte, die Stadt gibt es nicht mehr. Es ist alles
so schrecklich, es ist total übel. Man kann nur noch
heulen und schreien. Erzählt es auch den Leuten,
die am Arnonfluss wohnen. Moab ist kaputt, Moab
gibt es nicht mehr!" 21 Es gab eine Gerichtsverhand-
lung, und es ist ein Urteil gesprochen worden über
die Leute im Hochland, über Holon, Jahaz und
Mefaat, 22 über Dibon, Nebo und Bet-Diblatajim,
23 über Kirjatajim, Bet-Gamul und Bet-Meon, 24 über
Kerijot und Bozra und alle übrigen Städte der Moa-
biter. 25 Gott sagt: „Moab hab ich die Macht abge-
nommen, ich habe ihm den Arm auf den Rücken
gedreht, ich habe ihm seine Kraft genommen." 26 Ihr
könnt ganz Moab abfüllen, macht sie alle besoffen,
bis sie kotzen. Alle sollen über Moab lachen. Denn
sie haben sich gegen Gott aufgelehnt und einen auf
dicke Hose gemacht. 27 Habt ihr die Leute von Israel
nicht auch immer für dumm verkauft? Ihr habt Isra-
el so behandelt, als hätte man es beim Klauen im
Supermarkt erwischt. Ihr habt beim Gedanken an
Israel den Kopf geschüttelt und euch gedacht, wie
peinlich das doch ist. 28 Die Leute von Moab sollen
ihre Stadt verlassen und in die Berge ziehen. Sie
sollen leben wie eine Taube, die ihr Nest in einem
U-Bahn-Schacht gebaut hat.

Wegen Moab wird getrauert

29 Wir haben mitbekommen, wie arrogant die Leute
von Moab waren, wie sie von oben auf andere run-
tersahen. Sie waren stolz und dachten, sie wären
sonst was für geile Leute. 30 Gott sagt: „Ich hab sehr
wohl mitbekommen, wie sehr sie von sich selbst
überzeugt waren, wie sie rumgelogen und dummes
Zeug gelabert haben. 31 Die Leute von Moab tun mir
leid, ich weine wegen ihnen. Ich mach mir voll den
Kopf um diese Menschen, die Leute von Kir-Heres
machen mich traurig. 32 Ich heule wegen den Leuten
von Sibma noch mehr als über die Leute von Jaser.
Sie sind wie ein Weinstock, dessen Zweige so weit
gewachsen sind, dass sie bis zum Toten Meer rei-
chen und bis ganz nach Jaser. Aber wenn die Zeit
gekommen ist, wo man den Wein erntet, dann kom-
men die Feinde und machen alles kaputt. 33 Das war
es dann mit der Freude und den Partys in den Obst-
gärten von Moab. Den Wein habe ich weggeschüt-
tet, niemand zerquetscht dort mehr die Weintrau-
ben zu Saft und freut sich dabei. Aus dem Schrei
vor Freude ist ein Kampfschrei geworden. 34 Die
Leute von Heschbon rufen auch um Hilfe, man
kann die Schreie bis nach Elale, Jahaz, Zoar, Horo-
najim und Eglat-Schelischija hören. Sogar in Nim-
rim, wo es immer genug Wasser gab, wird alles aus-
getrocknet sein." 35 Gott sagt: „Ich werde Moab bald
zerstören, dort wird keiner mehr auf die Berge stei-
gen, um für irgendwelche Plastikgötter Räucherker-
zen anzuzünden. 36 Ich trauere um die Leute von
Moab, ich lass ein paar Emo-Songs laufen, ich bin
richtig depri wegen den Leuten von Kir-Heres. Alles,
was sie sich mühsam erspart haben, ist verloren.
37 Alle tragen schwarze Kleidung, jeder hat sich die
Augen schwarz geschminkt, um zu zeigen, wie trau-
rig er ist. Sie haben sich an den Händen geritzt und
haben ihren schwarzen Anzug an. 38 Auf den Dach-
terrassen in Moab und auf den Plätzen in der City
weint man überall ganz laut. Gott sagt, dass er
Moab zerschlagen hat, er hat es weggeschmissen
wie ein Weinglas, das einem nicht mehr gefällt.
39 Wie schrecklich! Weint euch die Augen aus! Mit
Moab geht es zu Ende. Es hat sich umgedreht und
wurde von allen ausgelacht. Alle anderen Nachbarn
lachen es aus. Es ist auch schlimm für alle, die die
ganze Szene mitkriegen."

Gott spricht das Urteil

40 Gott sagt: „Wie ein Düsenjet ganz plötzlich aus
dem Himmel angeschossen kommt, so werden sich
auch die Feinde ganz plötzlich auf Moab stürzen!"
41 Die Städte und Bunkeranlagen werden eingenom-
men. Selbst die großen Helden der Armee von
Moab werden an dem Tag so eine Panik bekommen
wie eine schwangere Frau, die plötzlich ihre Wehen
kriegt. 42 Die Leute von Moab werden komplett ge-
tötet, niemand wird mehr übrig bleiben. Denn sie
haben Gott gegenüber eine dicke Lippe riskiert.
43 „Paranoia, Fallen und Handschellen warten auf
euch", sagt Gott zu den Bewohnern von Moab.
44 „Wer es schafft, vor der Katastrophe zu fliehen,
wird in eine Falle tapsen. Wer aus einer Falle wieder
rauskommt, dem passiert eine andere Katastrophe.
Ich werde für Moab ein ganz schlimmes Jahr orga-
nisieren, ich werde sie bestrafen." 45 Viele Flücht-
linge versuchen erschöpft, sich in Heschbon zu ver-

stecken. Heschbon wurde angezündet, es brennt. Das Feuer geht vom Palast des Präsidenten Shion aus, und es wird ganz Moab abfackeln. Es wird alles zerstören, auch die Männer, die immer nur dumm rumlabern, werden sterben. 46 Pass auf, Moab! Die Leute vom Plastikgott Kemosch sind verloren. Deine Männer und Frauen sind verhaftet worden, sie werden in die Kriegsgefangenschaft abgeführt. 47 „Aber ich werde diese Gefangenschaft der Leute von Moab irgendwann beenden, wenn die Zeit dazu gekommen ist", sagt Gott.

49

Was Gott über die Ammoniter zu sagen hat

1 Jetzt kommt etwas für die Ammoniter. Gott fragt euch: „Warum haben die Leute von Israel nicht das Gebiet vom Familienstamm Gad gekriegt? Haben die etwa keine Söhne, die ein Anrecht darauf hätten? Warum hat stattdessen der Plastikgott von den Ammonitern das Teil bekommen? Warum wohnen jetzt seine Leute dort? 2 Passt auf! Irgendwann werde ich gegen Rabba, die Hauptstadt der Ammoniter, eine Armee organisieren, die sie angreift. Die ganze Stadt wird geschrottet, und die umliegenden Orte werden alle abgefackelt. Wenn das passiert, werden die Israeliten die Leute beerben, die vorher das Erbe der Israeliten gezockt hatten." 3 Die Leute, die in Heschbon wohnen, sollen mal alle losheulen. Die Stadt Ai ist nämlich komplett kaputt gemacht worden, da wächst kein Gras mehr. Die Bewohner der Städte, die zu Rabba gehören, sollen schwarze Trauerkleidung tragen. Sie sollen laut weinend auf ihren Feldern rumlaufen. Denn ihr Präsident, ihr Plastikgott, kommt in Kriegsgefangenschaft, inklusive aller Chefs und der Priester. 4 Die Menschen in Rabba finden sich ganz toll, weil sie in einem so fruchtbaren Gebiet leben. Sie vertrauen auf ihren Reichtum und denken, dass ihnen keiner das Wasser reichen kann. 5 Aber Gott, der Chef über die ganze Welt, sagt: „Ich werde dafür sorgen, dass ihr von allen Seiten umzingelt werdet. Ihr sollt alle in Kriegsgefangenschaft kommen, jeder Einzelne wird verhaftet und abtransportiert. Kein Schwein wird sich um die Flüchtlinge kümmern. 6 Aber irgendwann später werde ich dafür sorgen, dass es den Ammonitern wieder gutgehen wird." Das sagt Gott, der Chef über alles.

Was Gott zu den Leuten von Edom sagt

7 Jetzt kommt etwas, was Gott zu den Leuten von Edom sagt. Der Chef über alles meinte zu mir: „Gibt es niemand mehr in Teman, der wirklich was kapiert hat? Sind die schlauen Leute mit ihrem Gehirnschmalz am Ende? Haben sie ihre Intelligenz im Klo runtergespült? 8 Die Bewohner von Dedan sollen ihre Sachen packen und fliehen! Sie sollen sich irgendwo verkriechen. Ich werde Edom kaputt machen. Ich werde ihnen jetzt die Abrechnung präsentieren. 9 Wenn die Weinbauern ernten, lassen sie normalerweise einen kleinen Rest für die Nachlese übrig. Aber diesmal werden nachts Diebe einbrechen und alles vernichten. Sie lassen alles mitgehen, bis sie nichts mehr tragen können. 10 Ich werde höchstpersönlich dafür sorgen, dass die Edomiter von ihren Feinden gefunden und geschlagen werden. Selbst wenn sie sich verstecken wollen, wird man sie finden. Alle Familien von denen werden sterben. Es wird bei ihnen keine Nachbarn mehr geben, die dann noch sagen können: 11 ‚Du kannst ruhig gehen, ich kümmer mich um deine Kinder. Auch auf deine Frau werde ich aufpassen!'" 12 Gott sagt zu den Edomitern: „Passt gut auf! Selbst die Leute, die gar nichts dafür können und nichts verbrochen haben, kriegen trotzdem meine Wut ab. Aber ausgerechnet ihr glaubt, dass ihr einfach so davonkommt, ohne bestraft zu werden? Ihr werdet es erst recht voll abbekommen! 13 Ich habe mir geschworen, dass eure Hauptstadt Bozra als ein Negativbeispiel bekannt werden wird. Alle Leute werden über diese Stadt lästern. Sie wird für etwas stehen, das komplett und für immer plattgemacht worden ist."

Gott will, dass die anderen Völker gegen Edom in den Krieg ziehen

14 Ich habe von Gott etwas gehört. Er hat mir gesagt, dass er jemand schicken wird, der eine Nachricht für alle Menschen hat. Dieser Typ gibt den Befehl raus: „Achtung! Alle Armeen sollen zum Krieg gegen Edom aufmarschieren!" 15 Denn ich, Gott, habe dafür gesorgt, dass du keine Macht mehr hast. Du bist eine kleine Nummer, weiter nichts. 16 Du hast dir selbst ein Bein gestellt. Du hast deine Klappe ziemlich weit aufgerissen und dachtest, keiner könnte dir was. Du hast dich in dein fettes Penthouse im 32. Stockwerk zurückgezogen. Aber selbst, wenn du deine Bude im höchsten Hochhaus der Welt hättest, ich werde dich da runterholen." Das kommt von Gott. 17 Er sagt: „Edom wird kaputtgehen, es wird so zerstört sein, dass alle, die dort durchreisen, Angst bekommen. Die heftigen Sachen, die dort passiert sind, machen die Leute echt fertig. 18 Man kann es mit Sodom und Gomorra ver-

gleichen, Edom wird genauso zerstört werden. Nie-
mand wird dort mehr wohnen können, kein Mensch
wird da mehr leben. 19 Wie ein wilder Kampfhund
aus der dunklen Nebenstraße einen plötzlich anfällt,
so werde ich auch kommen. Dann werden alle Edo-
miter sofort die Flucht ergreifen. Wenn das passiert,
werde ich dafür sorgen, dass ein neuer Chef an den
Start kommt, den ich über Edom einsetzen will. Gibt
es irgendjemanden, der es mit mir aufnehmen
möchte? Gibt es jemanden, vor dem ich mich recht-
fertigen muss? Wo ist der Präsident, der mir das
Wasser reichen kann?" 20 Hört mal zu, was Gott be-
schlossen hat, was mit Edom passieren soll. Hört
auch zu, was er über die Bewohner von Teman
denkt. Er sagt: „Ich werde sie alle zusammentreiben
und wegbringen, wie man eine Schafherde zusam-
mentreibt und wegbringt. Egal, ob es die kleinen
oder die großen Schafe sind, alle werden wegge-
bracht. Dort, wo sie jetzt wohnen, wird man Panik
kriegen, wenn man sieht, was da gerade abgeht.
21 Es wird so laut werden, wenn Edom kaputtgeht,
dass alle Menschen auf der Erde das mitbekommen.
Sogar am Roten Meer wird man davon hören. 22 Wie
ein Kampfjet oben am Himmel fliegt, so kommen
auch die Feinde angeflogen und bekämpfen Bozra.
Selbst den mutigsten Soldaten in Edom rutscht
dann das Herz in die Hose. Sie bekommen Angst
wie eine Frau, die gerade ihre Wehen bekommt, weil
sie kurz vor der Geburt eines Babys ist."

Was Gott über Damaskus zu sagen hat

23 Gott sagt Folgendes zu der Stadt Damaskus: „Die
Leute, die in Hamat und Arpad wohnen, sind voll
fertig. Denn sie haben in den Nachrichten von
schrecklichen Sachen gehört. Die Menschen an der
Küste sind auch sehr beunruhigt, keiner kann sie
wieder runterbringen. 24 Die Menschen in Damas-
kus sind schlaff geworden, sie haben weiche Knie
und hauen alle ab. Sie haben Panik, Angst und
Schmerzen, wie eine Frau bei der Geburt ihres Kin-
des. 25 Kein Schwein will mehr in der Stadt leben, die
früher mal so berühmt war. An dieser Stadt hatte
ich mal solche Freude. 26 Aber jetzt werden die jun-
gen Soldaten in den Fußgängerzonen und auf den
Plätzen sterben, sie werden erschossen." Das sagt
Gott, der Chef über alles, was es im Universum gibt.
27 „Ich werde dafür sorgen, dass die ganze Stadt
brennt, die Schutzmauer von Damaskus wird in
Flammen stehen, das Regierungsviertel und die
Häuser vom Präsidenten Ben-Hadad werden ver-
nichtet!"

Was Gott über Kedar, Hazor und andere Famlienstämme in Arabien zu sagen hat

28 Jetzt kommen ein paar Worte, die Gott durch Jere-
mia zu den Leuten von Kedar gesagt hat. Das war
ein Volk, das immer mit Zelten rumgezogen ist,
ohne festen Wohnsitz. Dann kommen noch ein paar
Worte für die Familienstämme von Hazor, die vom
Präsidenten Nebukadnezzar besiegt worden waren.
Gott sagt: „Zieht los und kämpft gegen Kedar,
macht die Leute aus dem Osten kaputt! 29 Ihr wer-
det die Zelte und die Tiere von denen abzocken
können. Auch die ganzen Geräte und die Motorrä-
der, die sie dabeihaben, werden eure Beute. Diese
Leute müssen dann voller Panik schreien: ‚Hilfe, wir
sterben!'" 30 Für die Menschen, die in der Stadt
Hazor wohnen, hat Gott folgende Nachricht: „Packt
eure Sachen und verschwindet von dort! Versteckt
euch in irgendwelchen Bunkern! Nebukadnezzar hat
beschlossen, euch anzugreifen. 31 Eigentlich war ich
es, der den Leuten aus Babylonien befohlen hat,
dass sie gegen euch in den Krieg ziehen sollen. Sie
sollen gegen die Nation ziehen, die gar nicht mit
einem Angriff rechnet und denkt, dass sie sicher ist.
Sie haben keine Schutzmauer, sie wohnen völlig
ungeschützt. 32 Holt euch deren Motorräder und
holt euch die Schafherden. Ich werde diese Leute in
alle Winde zerstreuen, die sich immer einen Iro
rasieren. Ich sorge dafür, dass sie von allen Seiten
gleichzeitig angegriffen werden. 33 Die Stadt Hazor
wird kaputt gemacht, dort wohnen bald nur noch
Ratten. Niemand wird dort noch bleiben wollen,
kein Mensch wird sich da aufhalten."

Was Gott zu Elam sagt

34 Jetzt kommt, was Gott dem Prophetentypen Jere-
mia über Elam gesagt hatte, einer Provinz in Per-
sien. Das Ganze passierte in der Zeit, als Zidkija
gerade als neuer Präsident von Juda an der Macht
war. 35 Gott sagt: „Ich werde die Scharfschützen aus
der Armee von Elam vernichten. Die beste Truppe
ihrer Armee werde ich wegnehmen. 36 Ich werde
dafür sorgen, dass ein krasser Wind aus allen Him-
melsrichtungen über Elam kommt. Sie werden in
alle vier Himmelsrichtungen zerstreut werden. Es
wird keine Nation auf der Welt geben, in der nicht
jemand aus Elam landen wird. 37 Ich werde dafür
sorgen, dass ihre Armee total am Boden sein wird
durch die Feinde, die sie alle töten wollen. Ich werde
dafür sorgen, dass es ihnen sehr schlechtgeht, denn
ich bin richtig sauer auf sie. Ich werde dafür sorgen,
dass immer eine feindliche Armee hinter ihnen her

ist, so lange, bis sie alle tot sind. 38 Ich werde dafür
sorgen, dass der Präsident von Elam und seine
Minister alle sterben werden. Dann werde ich dafür
sorgen, dass ich dort wieder das Sagen hab. 39 Aber
irgendwann viel später wird alles wieder gut mit
Elam. Das sage ich, Gott."

50 Was Gott über Babylonien zu sagen hat

1 Gott sprach dann noch mal mit dem Pro-
pheten Jeremia über Babylonien. Folgendes
sollte er über die Babylonier sagen: 2 „Ihr könnt das
jetzt in allen Internet-Foren posten, jeder Mensch
auf der Welt soll das hören. Schreit es raus, erzählt
allen Leuten, dass Babylonien jetzt im Krieg einge-
nommen wurde! Die Plastikgötter Bel und Marduk
sind zerstört worden, und auch ihre anderen Plastik-
götter sind in Stücke gehauen worden. 3 Es ist eine
Nation gegen sie angetreten, die aus dem Norden
kommt. Sie wird das Land kaputt machen. Und zwar
so derb, dass niemand mehr dort wohnen kann. Alle
Menschen werden fliehen, es werden auch keine
Tiere mehr dort sein." 4 Gott sagt, dass in der Zeit
die Leute von Israel und Juda zusammenkommen
werden. Sie werden alle voll traurig sein und dann
wieder gemeinsam zu Gott gehen, ihrem Chef. 5 Sie
werden fragen, wo der Berg Zion genau ist, das wird
ihr Ziel sein, wo sie hingehen wollen. Sie werden alle
einladen, mitzukommen, um mit Gott einen Vertrag
zu machen, der für immer gelten wird. Einen Ver-
trag, den niemals jemand vergisst. 6 Gott sagt:
„Meine Leute waren wie eine Herde von Schafen,
die keiner mehr beschützt und geführt hat. Ihre frü-
heren Hirten haben sie verraten, sie wurden von
ihnen verführt. Vor lauter Herumzieherei haben sie
ganz vergessen, auch mal eine Pause einzulegen.
Sie haben vergessen, wo sie sich ausruhen können.
7 Jeder, der ihnen auf dem Weg begegnet ist, hat sie
fertiggemacht. Ihre Feinde sagten dabei: ‚Wir wer-
den keine Probleme mit Gott bekommen, wenn wir
sie angreifen. Die haben Mist gebaut und ihren Gott
verraten. Sie haben die Gegend verlassen, wo noch
alles gut war, und haben ihren treuen Gott, an den
schon die Leute vor ihnen immer geglaubt haben,
einfach betrogen.'"

Babylonien wird bestraft, Israel wird vergeben

8 Gott rät allen Ausländern, aus Babylonien zu flie-
hen. Sie sollen das Land schnell verlassen. Er sagt:
„Brecht aus Babylonien aus. Verhaltet euch so wie
die männlichen Schafe, die immer am Anfang der
Herde laufen. 9 Denn ich werde eine fette Armee
gegen Babylonien aufmarschieren lassen. Eine
große Nation aus dem Norden wird mit ihrem Heer
kommen und gegen Babylonien kämpfen. Das Heer
besteht aus lauter Spezialkämpfern, und wo die
zuschlagen, wächst kein Gras mehr. 10 Alle Leute in
Babylonien werden ihnen in die Hände fallen. Sie
werden von denen ausgeraubt, die werden sich
ohne Ende bedienen. Das kommt jetzt von mir,
Gott. 11 Ja, freut euch nur, ihr Leute aus Babylonien.
Ihr habt fette Beute gemacht, mein ganzes Land
und meine Leute wurden von euch ausgeraubt. Ja,
tanzt ruhig noch eine Runde Pogo und macht 'ne
La-Ola-Welle. 12 Aber bald wird eure Mutter Babylo-
nien sehr peinlich dastehen. Ihr werdet die letzten
Menschen sein, die zu ihr gehören. Bald ist das
ganze Land ausgetrocknet und eine einzige Wüste.
13 Ich bin so sauer auf dieses Land. Ich werde des-
wegen dafür sorgen, dass dort niemand mehr woh-
nen kann. Es wird komplett ausgetrocknet sein.
Jeder, der durch Babylonien durchfährt, wird die
Hände überm Kopf zusammenschlagen, weil es hier
so furchtbar aussieht. Man wird den Kopf schütteln
wegen der schlimmen Sachen, die hier passiert
sind. 14 Alle Scharfschützen sollen sich um die
ganze Stadt aufstellen. Sie sollen volles Rohr losbal-
lern, denn diese Stadt hat Gott betrogen. 15 An die
Soldaten, die die Stadt Babylon umzingeln: Fangt
an, laut loszubrüllen! Greift die Stadt an! Die Stadt
wird sich bald ergeben. Ihre Schutzanlagen sind
gesprengt, die Mauer ist niedergerissen. Das ist
meine Rache. Ich habe Babylon in eure Hände gege
ben. Ich mache mit Babylon genau das Gleiche, was
seine Armee auch mit anderen Städten gemacht
hat, gegen die sie im Krieg gewonnen haben. 16 Tötet
alle Leute, die in der Ernte arbeiten könnten. Den
Arbeiter, der mit dem Traktor den Samen aussät,
müsst ihr genauso umbringen wie den, der den
Mähdrescher fährt. Die Gastarbeiter und alle ande-
ren, die in diesem Land nicht zu Hause sind, sollen
schnellstens in ihr Land zurückgehen. 17 Israel war
wie ein einzelner Hase, der auf einer Wiese lebte.
Alle Hunde haben ihn gejagt. Als Erstes kam der
Präsident von Assyrien an und hat es angeknabbert.
Als Letztes kam der Präsident Nebukadnezzar und
hat noch den Rest Fleisch von seinen Knochen
abgenagt." 18 Darum sagt Gott, der Chef über dieses
Universum, der Gott von Israel, Folgendes: „Pass
auf, ich werde dem Präsidenten von Babylonien die
Rechnung präsentieren. Ich mach es genauso, wie
ich es mit dem Präsidenten von Assyrien getan hab.

19 Ich werde Israel wieder zurückholen. Es soll wie
ein Schaf wieder auf die Wiese, wo es hingehört.
Und zwar ist das Karmel, auf der Hochebene von
Baschan und in den Bergen von Efraim und von
Gilead, das ist sein Zuhause. Wenn es dort ist, wird
es von allem reichlich haben, es wird ihm gutgehen.
20 Dann wird man bei Israel nichts mehr finden, wo
sie danebenliegen. Ihr ganzer Mist hat sich erledigt,
da gibt es nichts mehr, wofür Juda noch bezahlen
müsste. Denn ich habe den Leuten, die ich übrig
lasse, ihren Mist vergeben."

Gott rächt sich, weil der Tempel kaputt gemacht worden ist

21 Gott sagt: „Ich werde gegen das Land Meratajim
kämpfen und gegen die Bewohner von Pekod. Ich
will, dass dort die Rote-Karte-Aktion durchgezogen
wird. Macht alles genau so, wie ich es euch gesagt
habe. 22 Überall im Land hört man Kanonenschüsse
und Explosionen. Es klingt nach Krieg, und alles
geht kaputt. 23 Babylonien, du hast wie ein Hammer
auf der ganzen Erde Städte zu Brei gehauen. Aber
jetzt bist du selbst zerstört, alle Leute sehen es und
sind fertig, weil du komplett kaputt bist. 24 Ich hab
dir eine Falle gestellt, und du bist voll drauf reinge-
fallen, du hast es nicht gecheckt. Ich hab dich ge-
funden und festgenommen, weil du mir den Krieg
erklärt hast." 25 Gott holt seine Wut aus seinem Waf-
fenschrank raus, denn in Babylonien gibt es Arbeit
für ihn. 26 Sein Befehl lautet: „Von überall her sollt
ihr zu dieser Stadt kommen und sie überfallen. Wie
ein Bagger den Sand immer höher auf einen Haufen
schüttet, so sollt ihr in Babylonien einfallen. Fallt in
alle Supermärkte, Metzgereien und Bäckerläden ein,
plündert sie und werft alles, was ihr findet, auf einen
großen Haufen. Dann kippt Benzin drüber und zün-
det alles an! 27 Auch alle Tiere müssen getötet wer-
den, also schlachtet sie ab. Es ist passiert, es geht
los, Panik bricht aus. Denn der Tag ist gekommen,
wo den Babyloniern die Abrechnung präsentiert
wird." 28 Hört ihr das? Aus Babylonien kommen
Flüchtlinge zu uns auf den Berg Zion. Sie erzählen,
wie Gott es den Babyloniern gezeigt hat. Er hat sich
gerächt für das, was sie mit seinem Tempel
gemacht haben.

Die Babylonier waren zu arrogant

29 Holt alle Scharfschützen, sie sollen auf Babylon
zielen. Belagert die Stadt einmal ringsrum. Keiner
darf diesen Krieg überleben. Alles, was sie mit ande-
ren gemacht haben, soll ihnen jetzt auch passieren.
Sie haben sich gegenüber Gott, dem besonderen
Gott von Israel, total arrogant verhalten. Sie dach-
ten, sie wären was Besseres. 30 Gott, der Chef über
alles, sagt: „Deswegen sollen alle jungen Männer
auf den Plätzen der Stadt sterben, alle Soldaten sol-
len an diesem Tag krepieren. 31 Babylon, du arro-
gante Stadt, ich will dir an den Kragen. Dein letztes
Stündchen hat geschlagen, ich werde dich jetzt zer-
stören. 32 Du wirst kaputtgehen, du wirst fallen, und
keiner wird dir helfen. Ich werde bei dir ein Feuer
legen, in deinen Städten wird es brennen, und auch
die ganze Umgebung wird verglühen."

Gott besteht darauf, dass seine Leute freikommen

33 Gott, der Chef dieser Welt, sagt Folgendes: „Die
Leute von Israel und Juda werden hart rangenom-
men, sie werden von anderen unterdrückt. Die Män-
ner, die sie verhaftet haben, wollen sie nicht wieder
freilassen." 34 Aber der, der sie befreien wird, hat es
drauf. Er hat Macht, er ist der Stärkste, es ist Gott,
der Chef über alles, was es gibt. Er wird sich für sie
einsetzen, er wird dafür sorgen, dass es im ganzen
Land Frieden geben wird. Nur in Babylonien wird es
nicht ruhig, dort wird sich keiner entspannen kön-
nen. 35 Gott sagt: „Tod den Babyloniern! Die Chefs,
Politiker, Professoren, Therapeuten, einfach alle Be-
wohner von Babylon müssen sterben. 36 Die Dumm-
schwätzer sind total peinlich und sollen krepieren.
Auch die Eliteeinheit in der Armee soll sterben, sie
werden sich richtig erschrecken und Panik bekom-
men. 37 Die Panzer und Jeeps sollen alle kaputtge-
hen, die ganzen Ausländer sollen Angst bekommen.
Sie werden voll die Weicheier und haben Schiss wie
ein kleines Kind. Auch die Banken sind leer geräumt,
und ihre Vorräte sind weg, weil alles geklaut wurde.
38 Die Wasserleitungen sollen zerstört werden, alles
soll austrocknen. Denn bei ihnen stehen überall
selbstgemachte Götter aus Plastik rum. Deren fie-
sen Gesichter haben sie komplett durchdrehen las-
sen. 39 Darum sollen dort jetzt nur noch die Straßen-
köter wohnen. Elstern und Tauben fühlen sich dort
noch wohl, aber Menschen leben nie wieder da.
40 Genau das, was Sodom und den Städten drum
herum passiert ist, wird Babylon auch passieren",
sagt Gott. „Es wird komplett kaputt gemacht wer-
den. Niemand wird dort noch wohnen wollen. Kein
Mensch wird dort mehr leben!"

Angriff aus dem Norden

41 Es wird eine große Nation kommen, die im Nor-
den lebt. Es werden viele Präsidenten sein, die sich

zusammentun und die vom anderen Ende der Welt kommen. 42 Sie sind schwer bewaffnet, kennen keine Gnade und sind total hart. Sie kommen wie eine Tsunamiwelle aus dem Meer auf das Festland zugefegt. Sie fahren auf Panzern und Motorrädern, und sie kommen zu dir, Babylonien, um dich anzugreifen. 43 Als der Präsident den Anruf bekam, dass diese große Armee im Anmarsch ist, hat er jeden Mut verloren. Er bekam Angstzustände, und er bekam Schmerzen, wie eine Frau, die ein Kind kriegt. 44 „So, wie ein Kampfhund angeschlichen kommt, der sich am Jordan auf einer Wiese versteckt hat, so werde ich auch kommen", sagt Gott. „Alle Leute aus Babylonien werden schlagartig die Flucht ergreifen, ich werde sie vertreiben. Dann werde ich einen neuen Chef über sie einsetzen, einen Mann, den ich dafür ausgesucht habe. Wer ist mit mir auf einer Stufe? Wer will von mir, dass ich mich für das, was ich tue, vor ihm verteidigen muss? Welcher Chef kann es mit mir aufnehmen?" 45 Hört zu, was Gott beschlossen hat. Er hat sich dafür entschieden, dass Babylonien und alle seine Bewohner abgeführt werden. Man wird sie wegtreiben, wie man eine Schafherde wegtreibt. Dort, wo sie lebten, werden alle voll fertig sein deswegen. 46 Jemand wird es im Internet posten, und es steht in allen Schlagzeilen: Babylonien ist erobert! Wer das liest, wird Angst bekommen. Überall auf der Welt gibt es deswegen Geschrei.

51

Gott macht Babylonien platt

1 Gott sagt: „Ich werde eine Katastrophe für Babylonien organisieren. Alle, die gegen mich arbeiten, werde ich kaputt machen. 2 Ich werde eine ausländische Armee holen, die Babylonien leer fegen wird. Es wird so sein wie mit Laub, das vom Wind weggeblasen wurde. So werde ich dort auch alles wegpusten. Die Feinde werden von allen Seiten zuschlagen an dem Tag, wo es mit den Babyloniern zu Ende geht. 3 Ich werde den Befehl rausgeben, dass alle Scharfschützen ihre Gewehre anlegen sollen. Auch die Soldaten mit Panzerfäusten sollen anfangen zu schießen. Die Panzer und die Soldaten in schusssicheren Westen werden beschossen. Ihr dürft kein Mitleid mit den jungen Soldaten haben, zieht die Rote-Karte-Aktion radikal durch, keiner darf überleben. 4 Überall in Babylon sollen tote Menschen rumliegen, erschossene Soldaten liegen auf den Straßen." 5 Israel und Juda wurden von Gott nicht im Stich gelassen. Gott, der Chef über diese Welt, wurde von den Babyloniern schwer gedisst, sie haben Gott beleidigt. 6 Haut ab aus Babylonien, rette sich, wer kann! Leute von Juda und Israel sollten nicht mit dabei draufgehen, wenn dieses Land bestraft wird. Denn jetzt ist es so weit, Gott wird Babylonien die Rechnung präsentieren für den Mist, den sie gebaut haben! 7 Babylonien war wie ein Glas, das Gott in der Hand hielt. Mit dem Wein, der dort drin war, wurde die ganze Welt besoffen gemacht. Die Menschen sind komplett durchgedreht. 8 Plötzlich ist das „Babylonienglas" auf den Boden gefallen und zersplittert. Die Leute sollen deswegen trauern! Sie sollen Aspirin holen, Salbe und Verbandszeug. Vielleicht werden die Schmerzen dann besser, vielleicht heilt die Wunde von Babylonien dann ja. 9 Dann werden die Diplomaten von den anderen Völkern sagen: „Wir haben versucht, Babylonien zu retten, aber es war zu spät, da war nichts mehr zu machen. Wir hauen jetzt ab, wir gehen wieder in unser Land zurück. Diese Gerichtsverhandlung und dieses Urteil sind einfach zu heftig für uns. Es übersteigt unser Denkvermögen, diese Sache ist größer als der höchste Wolkenkratzer." 10 Darum werden die Leute von Israel sagen: „Gott hat dafür gesorgt, dass wir öffentlich wieder anerkannt werden. Lasst uns mal nach Zion gehen, um es dort allen zu erzählen, was für geile Sachen Gott bei uns gebracht hat."

Die Meder werden von Gott benutzt, um sein Urteil zu vollstrecken

11 Gott hat den Präsidenten von Medien die Idee eingegeben, Babylonien anzugreifen. Sein Plan ist es, dass ganz Babylonien zerstört wird. Gott will sich an ihnen für das rächen, was sie mit seinem Tempel gemacht haben. Er sagt: „Gewehr bei Fuß, Munition umgehängt! 12 Gebt den Befehl zum Angriff gegen Babylonien! Zieht eure Soldaten zusammen! Bereitet eine Falle für sie vor!" Was sich Gott vorgenommen hat, zieht er auch durch! Das gilt auch für die Bewohner von Babylonien. 13 Die wohnen in einem fruchtbaren Land mit reichlich Wasservorräten, es gibt auch Geld in Hülle und Fülle. Aber jetzt ist es aus mit ihnen, sie haben genug Leute abgezogen und ausgeraubt. 14 Gott hat sich selbst etwas ganz fest versprochen. Er sagt: „Wenn euer Land auch so voll ist wie ein Ameisenhaufen, wird es trotzdem besiegt werden. Die Soldaten werden ihren Sieg dann laut feiern!" 15 Gott hat die ganze Erde gemacht, er hat gezeigt, was er alles kann und wie mächtig er ist. Er hat damit auch

bewiesen, dass er sehr schlau ist, so wie er das ganze Universum aufeinander abgestimmt hat. [16] Er muss nur ein Wort sagen, und sofort fängt es an zu regnen. Er sorgt dafür, dass sich die Wolken bewegen, dass es Blitze gibt. Er sorgt sogar für den richtigen Wind. [17] Menschen sehen dagegen echt voll doof aus. Und den Künstlern, die irgendwelche Plastikgötter aus Gold basteln, müsste eigentlich total peinlich sein, was sie da machen im Vergleich zu dem, was Gott alles gebastelt hat. Denn diese Plastikgötter leben nicht einmal. [18] Über diese Figuren kann man eigentlich nur noch Witze machen. Spätestens bei der letzten Gerichtsverhandlung von Gott geht es ihnen an den Kragen. [19] Der Gott von Israel spielt in einer anderen Liga als diese Plastikgötter. Er hat das ganze Universum gemacht. Und er hat erklärt, dass seine Leute immer zu ihm gehören werden. Man nennt ihn auch: „Gott, der absolute Chef über alles".

Was Babylonien kann und was nicht

[20] Gott sagt: „Babylonien ist wie meine Atombombe, mit der ich andere Länder und Nationen komplett zerstöre. [21] Ich werde durch sie Motorräder, Panzer, Autos und Flugzeuge kaputt machen, inklusive der Piloten. [22] Auch Männer und Frauen, Opas, Omas, Jugendliche und Kinder werde ich durch Babylonien töten. [23] Genauso wie Arbeiter, Angestellte und ihre Firma, Hirten mit ihrer Herde und Bauern mit ihren Traktoren. Ich werde die Bürgermeister und die Generäle umbringen. [24] Aber ich werde dafür sorgen, dass Babylonien und die Leute, die dort wohnen, dafür bezahlen müssen, was sie mit Jerusalem gemacht haben!" [25] Gott sagt: „Jetzt geht's dir an den Kragen, Babylonien! Du bist wie eine Giftmülldeponie, die alles vergiftet hat, du hast die ganze Erde verseucht. Ich will dich zerstören, dich von der Leiter schubsen und dafür sorgen, dass du in Schutt und Asche gelegt wirst. [26] Du sollst so kaputt sein, dass man bei dir noch nicht mal mehr einen ganzen Ziegelstein finden kann, um dadraus ein neues Haus zu bauen. Du sollst ein großer Schutthaufen sein, für immer!"

Es hat sich „ausgebabylont"

[27] Schaltet eine Anzeige in allen Zeitungen! Kündigt an, dass alle gemeinsam Babylonien angreifen werden. Macht Verträge mit den anderen Nationen und kämpft gemeinsam den ganz besonderen Krieg, den Gott organisiert hat. Alle sollen mitmachen. Die Leute vom Ararat-Berg, die Leute von Minni und Aschkenas. Beruft die Generäle ein, betankt die Panzer und Kampfhubschrauber. Es sollen so viele Soldaten zusammenkommen, wie Mücken an einem Sommerabend zum See kommen. [28] Macht alle Nationen gottmäßig bereit, damit sie an diesem Krieg teilnehmen können. Die Präsidenten von Medien, ihre Bürgermeister, die Generäle und alle Soldaten sollen sich klarmachen. [29] Die ganze Erde bebt, alles zittert. Gott wird seinen Plan durchziehen, den er mit Babylonien hat. Er wird dafür sorgen, dass Babylonien nur noch ein Schrotthaufen ist, es wird zu einer Wüste, in der keiner mehr leben will. [30] Die Helden der Armee von Babylonien haben schon aufgehört zu kämpfen. Sie sitzen in ihren Bunkern und haben nur noch Schiss. Sie sind wie kleine Kinder. Die ersten Häuser wurden bereits angezündet und die Türen aufgebrochen. [31] Ständig kommen neue Nachrichten beim Präsidenten von Babylonien rein. „Die feindliche Armee dringt von allen Seiten in die Stadt", heißt es da. [32] „Die Brücken wurden besetzt, die Verteidigungsanlagen gesprengt. Die Soldaten sind vor Angst wie gelähmt!" [33] Gott, der Chef über dieses Universum, sagt: „Das ist wie mit einem Getreidefeld, wo der Mähdrescher drüberfährt, und dann kommt das Zeug in die Fabrik, wo man die Getreidekörner vom unbrauchbaren Rest trennt. Mit Babylonien ist das eine schon geschehen, und es dauert nicht mehr lange, dann wird das andere auch passieren."

Gott sorgt dafür, dass die Menschen in Jerusalem korrekt behandelt werden

[34] Ich höre, wie die Leute aus Jerusalem sagen: „Nebukadnezzar, der Präsident von Babylonien, hat uns kaputt gemacht! Er hat unsere Stadt leer gefressen. Sie ist nun wie ein leerer Kühlschrank, und nichts ist mehr da. Wie ein Monster kam er an und hat sich den Bauch vollgestopft mit den ganzen leckeren Sachen, die es bei uns gab. Als er satt war, hat er uns einfach weggestoßen." [35] Die Leute, die in Jerusalem leben, sollen deshalb sagen: „Was die Leute von Babylonien bei uns gemacht haben, soll jetzt auch bei denen abgehen! Jeder Mensch, der bei uns getötet wurde, soll bei ihnen auch getötet werden." [36] Darum sagt Gott zu den Leuten aus Jerusalem: „Ich werde dafür sorgen, dass Gerechtigkeit herrscht. Ich werde dich rächen, ich werde den Eufrat trockenlegen. Ich sorg dafür, dass kein Wasser mehr aus den Quellen kommt. [37] Babylonien soll ein Müllberg werden. Hier sollen nur noch Ratten leben, es wird als Antibeispiel dienen, kein Mensch

wird dort mehr wohnen wollen. [38] Sollen sie nur kläffen wie ein Dackel oder knurren wie ein gefährlicher Kampfhund. [39] Wenn sie sich warmgelaufen haben, werde ich ihnen richtig gut einschenken, ich werde sie abfüllen und besoffen machen. Sie werden so breit sein, dass sie irgendwann einschlafen und dann nie wieder aufwachen. Das kam jetzt von Gott. [40] Ich bringe sie wie Schafe mit einem Lkw zum Schlachthof, wo einer nach dem anderen getötet wird." [41] Wie konnte das passieren? Wie hat man Babylonien geschlagen und eingenommen, die große Stadt, die in der ganzen Welt bekannt ist? Wie ist das passiert, dass plötzlich alle von den schrecklichen Dingen hören, die dort geschehen sind? [42] Das Meer ist angestiegen und hat Babylonien überflutet. Mit einer großen Tsunamiwelle wurde es unter den Wassermassen begraben. [43] Alle Städte sind kaputt. Babylonien ist unbewohnbar geworden, dort wächst kein Gras mehr. Es ist ausgetrocknet und leer. Kein Mensch kann dort noch wohnen, man kann da noch nicht mal mehr durchfahren, so zerstört ist es.

Auch Bel wird zerstört, aber Gott liebt seine Leute

[44] Gott sagt: „Ich werde jetzt auch mal bei Bel, dem Gott von Babylonien, vorbeischauen. Ich werde ihm das wieder wegnehmen, was er sich einfach abgegriffen hat. Die Menschen werden nie mehr dort hinfahren, und auch die Verteidigungsmauer um Babylon wird man sprengen! [45] Ich rate meinen Leuten, diese Stadt schleunigst zu verlassen. Rettet euer Leben! Denn ich, euer Gott, komme und ich bin sehr wütend. [46] Die Leute von Israel brauchen sich aber keinen Kopf zu machen, wenn sie diese Nachrichten hören. Ihr braucht nicht depressiv zu werden, lasst den Kopf nicht hängen! Wenn ihr in einem Jahr diese Nachricht hört, dann wird es im nächsten eine andere Nachricht geben. In der Zeit wird es recht brutal im Land zugehen, und ein Präsident kämpft gegen den anderen. [47] Vergesst nicht, es wird eine Zeit geben, wo ich mit dem Plastikgott von Babylonien abrechnen werde. Sein ganzes Land wird zerstört, und überall werden tote Soldaten rumliegen. [48] Alle werden jubeln, wenn Babylonien besiegt ist. Es wird eine große Party gefeiert, im Himmel und auf der Erde. Der Gewinner, der Babylonien fertigmachen wird, kommt aus dem Norden."

Gott hat das ganz fest beschlossen

[49] So, wie die Soldaten von Babylonien die Soldaten von Israel getötet haben, so werden die Soldaten von Babylonien überall auf der Erde sterben. [50] Ein Tipp für die Leute, die den Krieg überlebt haben: Verschwindet von da! Erinnert euch an Gott und an Jerusalem! [51] Ihr denkt ja, dass Gott sich nur lustig über euch gemacht hat. Ihr sagt, die anderen Völker hätten euch nur verarscht und dass ihr euch schämen musstet, weil einige Ausländer den besonderen Tempel von Gott betreten haben. [52] Aber Gott antwortet euch: „Es wird eine Zeit kommen, wo ich mit den Plastikgöttern von Babylonien kurzen Prozess mache. Überall werden dann in Babylonien verwundete Soldaten rumliegen und laut stöhnen. [53] Selbst wenn Babylonien die Möglichkeit hätte, sich über den Wolken zu verstecken, wenn sie sich auf einen ganz hohen Berg zurückziehen würden, werde ich eine Armee finden, die sie dort aufspürt und vernichtet!"

Ein Rückblick

[54] Hört ihr das? In Babylonien schreien die Leute um Hilfe! Das ganze Land bricht zusammen! [55] Gott macht Babylon kaputt, er sorgt dafür, dass aus dieser Stadt nie mehr ein Pieps zu hören ist. Die Feinde sind wie eine große, heftige Welle über Babylon hereingebrochen, man kann das Geräusch ganz laut hören. [56] Denn in Babylon ist eine Armee eingezogen, die alles zerstören wird. Die Soldaten werden verhaftet, und ihre Gewehre werden zersägt. Gott rächt sich, auf seine Rache kann man sich verlassen. [57] „Ich werde die Schlauen besoffen machen, und die Chefs in Babylonien werde ich abfüllen. Alle Bürgermeister, Generale und Soldaten werden so breit sein, dass sie einschlafen. Sie werden schlafen und nie wieder aufwachen." Das sagt Gott, den man auch „Den Chef über alles" nennt. [58] Er sagt auch: „Die große Schutzmauer, die um Babylon gebaut ist, wird komplett weggesprengt werden. Alle Stadttore werden verbrannt!" Viele Völker haben dort gearbeitet und gebaut, aber es war alles umsonst, alles ist zerstört.

Was Seraja machen soll

[59] Jetzt kommt ein Auftrag, den Gott für Seraja hatte. Seraja erfuhr davon durch den Propheten Jeremia. Seraja war ein Sohn von Nerijas und ein Enkel von Machseja. Das Ganze passierte in der Zeit, als Zidjika, der Präsident von Juda, gerade vier Jahre an der Macht war. Zidkija war gerade mit Seraja, seinem Hausverwalter, in Richtung Babylonien unterwegs. [60] Jeremia beschrieb in diesem Text die ganzen ätzenden Sachen, die in Babylonien passieren soll-

ten. Er fasste dort alle Katastrophen zusammen, die
für Babylonien vorausgesagt worden waren. [61] Jere-
mia gab das Teil Seraja und sagte zu ihm: „Sie müs-
sen diesen Text unbedingt in Babylonien vorlesen,
wenn Sie da sind, okay? [62] Wenn Sie damit fertig
sind, sagen Sie: ‚Gott, mit diesen Worten hast du
selbst das Todesurteil gegen diesen Ort gefällt. Du
wirst hier alles kaputt machen. Niemand wird hier
mehr leben. Diese Stadt soll für immer ein Müll-
platz sein, ein Schrotthaufen, weiter nichts.' [63] Wenn
Sie den Text zu Ende gelesen haben, dann wickeln
Sie das Papier um einen großen Stein. Dann werfen
Sie diesen Stein in den Eufrat-Fluss. [64] Dabei müs-
sen Sie sagen: ‚Babylonien wird genauso versinken
wie dieser Text und wird nie wieder hochkommen.
Denn Gott sorgt dafür, dass ganz schlimme Sachen
dort passieren, für Gott hat es sich ‚ausgebaby-
lont'.'" Das alles waren jetzt die Sachen gewesen,
die Jeremia sagen sollte.

52

Zidkija stirbt

[1] Zidkija wurde mit 21 Jahren Präsident und
regierte elf Jahre lang von Jerusalem aus
das Land. Seine Mutter hieß Hamutal. Sie kam aus
der Gegend von Libna und war eine Tochter von
Jirmeja. [2] Er baute in seiner Regierungszeit nur Mist
und machte genau wie Jojakim lauter Sachen, die
Gott nicht gut fand. [3] Schließlich hatte Gott echt die
Nase voll, er konnte den Anblick nicht länger ertra-
gen und schmiss die Bewohner von Jerusalem und
Juda aus dem Land raus. Zidkija startete in der Zeit
eine kleine Revolution gegen Nebukadnezzar, den
Präsidenten von Babylonien. [4] Der bekam das aber
mit und startete einen Angriff mit seiner gesamten
Armee gegen Jerusalem. Das passierte in dem
neunten Jahr, wo Zidkija an der Macht war. Am
10. Dezember ließ er einen Belagerungswall einmal
rund um die Stadt aufschütten. [5] Die ganze Belage-
rung dauerte bis zum elften Regierungsjahr vom
Präsidenten Zidkija. [6] Schließlich gab es in der gan-
zen Stadt nichts mehr zu essen, und die Leute hat-
ten alle richtig Kohldampf. Es war am 9. Juli, [7] als
die babylonische Armee die Schutzmauern der
Stadt durchbrach. Die Soldaten um Zidkija flohen
mit dem Präsidenten in einer Nacht-und-Nebel-
Aktion aus der Stadt. Sie schlüpften durch eine
Geheimtür, die zwischen den beiden Mauern beim
Garten vom Präsidenten war. Obwohl die Babylonier
die Stadt umzingelt hatten, schafften sie es, in Rich-
tung der Jordanebene zu fliehen. [8] Aber das Heer
der Babylonier bekam das mit und jagte dem Präsi-
denten hinterher. Sie holten ihn und seine Truppe
kurz vor Jericho ein. Seine Truppe floh jetzt in alle
Richtungen und ließ den Präsidenten alleine zurück.
[9] Daraufhin wurde er gefangen genommen und zum
Präsidenten Nebukadnezzar abgeführt. Der war
gerade in der Stadt Ribla, die in der Provinz Hamat
lag. Vor dem Kriegsgericht wurde er von Nebukad-
nezzar höchstpersönlich verurteilt. [10] Der Präsident
ließ die Söhne von Zidkija einzeln vorführen und
vor seinen Augen abschlachten. Am Ende wurden
noch alle führenden Männer von Juda hingerichtet.
[11] Zum Schluss wurden Zidkija mit einem Schrau-
benzieher die Augen ausgestochen. Er wurde mit
Handschellen abgeführt und nach Babylon in den
Knast gebracht, aus dem er erst als Leiche wieder
rauskam.

Jerusalem wird zerstört

[12] Im 19. Jahr, wo Nebukadnezzar an der Macht war,
kam am 10. August Nebusaradan nach Jerusalem
zu Besuch. Nebusaradan war der Chef von den per-
sönlichen Leibwächtern von Nebukadnezzar. [13] Auf
seinen Befehl hin wurde der Tempel von Gott, der
Präsidentenpalast und das ganze Wohnviertel, wo
die Elite von Jerusalem lebte, niedergebrannt. Jedes
große Haus wurden angezündet. [14] Die Armee der
Babylonier sprengte die gesamte Schutzmauer um
Jerusalem einfach weg. [15] Nebusaradan ließ den
Rest der Bevölkerung festnehmen. Auch diejenigen,
die noch vor Kriegsende zu ihm übergelaufen
waren, wurden festgenommen. Dabei waren auch
alle Handwerker. [16] Die Bauern und ein paar Leute
von der Straße durften dableiben, damit sie für ihn
den Weinanbau und die Landwirtschaft weiter
betreiben konnten. [17] Die großen Säulen aus Bronze,
die vor dem Tempel von Gott standen, wurden ein-
fach weggesprengt. Auch die Einkaufswagen und
das große Waschbecken aus Bronze wurden ver-
schrottet. Das ganze Altmetall wurde eingesammelt
und nach Babylonien gebracht. [18] Alle Töpfe, die
Gabeln und Löffel, die Schalen und alle Geräte aus
Bronze, mit denen man im Tempel gearbeitet hatte,
wurden gezockt. [19] Auch die goldenen und silbernen
Geräte klaute Nebusaradan aus dem Tempel. Die
Schüsseln, das Becken für die Holzkohle, die Scha-
len und Töpfe, die Kerzenleuchter, die Kannen, die
man für das Trinkopfer brauchte, einfach alles
wurde von ihm mitgenommen. [20] Die beiden Säu-
len, das große Waschbecken, die zwölf Rinder aus
Bronze und die Gestelle, auf denen das Ganze

stand, die noch der Präsident Salomo extra für den Tempel hatte anfertigen lassen. Insgesamt war das so viel Bronze, dass man das gar nicht alles wiegen konnte. 21 Beide Säulen waren neun Meter hoch und sechs Meter breit. Innen waren sie hohl, und die Dicke des Metalls drum herum war acht Zentimeter. 22 Jede Säule hatte so einen verschnörkelten Rand am Ende, der alleine zweieinhalb Meter breit war. Dieser Rand war mit lauter Äpfeln und Zöpfen aus Bronze verziert. 23 An jedem Rand waren hundert Äpfel angebracht, wobei man sechsundneunzig davon von unten sehen konnte. 24 Nebusaradan, der Chef der Leibwache, ließ den Oberpriester Seraja festnehmen. Dazu kamen auch noch sein Stellvertreter Zefanja und die drei Männer von der Securityeinheit in Haft. 25 In der Stadt wurden ebenfalls noch ein paar Männer gefunden und verhaftet. Mit dabei waren ein hoher Offizier, sieben Männer, die aus dem näheren Umfeld vom Präsidenten stammten, der Beamte, der für die Musterung der neuen Soldaten zuständig war, und sechzig weitere Männer aus dem Gebiet Juda, die dort was zu sagen hatten. 26 Sie wurden alle zum Präsidenten von Babylonien nach Ribla abgeführt. 27 Nebukadnezzar ließ sie alle erschießen. Der Rest von den Leuten aus Juda wurde als Kriegsgefangene in ein Lager weggeführt. 28 Jetzt kommt noch mal eine Zählung der Leute, die von Nebukadnezzar in seinem siebten Jahr verhaftet wurden. Insgesamt waren es 3023 Männer aus Juda. 29 In seinem 18. Jahr als Präsident kamen dann noch mal 832 Leute aus Jerusalem dazu. 30 Im 23. Jahr wurden von Nebusaradan noch einmal 745 Männer aus Juda nach Babylonien verschleppt. Insgesamt waren es 4600 Männer, die dort in Kriegsgefangenschaft landeten.

Dem Präsident Jojachin wird seine Schuld erlassen

31 Schließlich gab es einen Regierungswechsel in Babylonien. Der neue Präsident Ewil-Merodach erließ noch im ersten Jahr dem ehemaligen Präsidenten von Juda, Jojachin, seine Schuld und befreite ihn aus dem Knast. Das passierte, als der schon 37 Jahre Gefangener war, am 25. Dezember. 32 Der neue Präsident war sehr nett zu Jojachin. Er gab ihm eine Sonderstellung unter den anderen Ex-Präsidenten, die von den Babyloniern im Krieg besiegt worden waren und jetzt in Babylon lebten. 33 Er durfte zum Beispiel normale Kleidung tragen und musste nicht den ganzen Tag in den Gefängnisklamotten rumlaufen. Es wurde ihm sogar erlaubt, beim Mittagessen mit am Tisch vom Präsidenten zu sitzen. Das durfte er, solange er lebte. 34 Der Präsident von Babylonien gab sogar einen Befehl raus, dass Jojachin sein Leben lang immer so viel Geld auf dem Konto haben sollte, wie er zum Leben brauchte.

Das Buch der Klagelieder

1

Jerusalem geht es schlecht

[1] O Mann, in Jerusalem ist nichts mehr los! Frü-
her lebten hier voll viele Menschen, und überall
auf der Welt hatte man Respekt vor der Stadt. Aber
jetzt ist sie wie ein obdachloser Penner. Sie war mal
die weltweite Nummer eins von allen Städten, aber
jetzt steht sie auf einem Abstiegsplatz in der Kreis-
liga. [2] Sie ist wie eine Frau, die einen üblen Heul-
krampf hat. Sie weint die ganze Nacht, und keiner
tröstet sie. Alle ihre Lover sind weg, sie haben sie
abgezogen und sind sogar zu Feinden geworden.
[3] Den Juden, die dort wohnten, geht es jetzt voll
schlecht, denn sie sind als Kriegsgefangene verhaf-
tet worden. Man hat sie weggebracht. Sie leben jetzt
im Ausland. Die Verfolger haben sie gefasst. Als es
ihnen sehr schlechtging, schlugen sie zu. [4] Die Stra-
ßen, die den Zionsberg hochgehen, verrotten so
langsam, weil keiner sie mehr benutzt. Die Partys
dort finden nicht mehr statt, die Straßen sind leer,
und die Stadttore sind kaputt. Alle Priester schieben
den Depri, und die Frauen heulen den ganzen Tag,
sind traurig und gefrustet. [5] Aber den Feinden geht
es gut, bei ihnen ist alles entspannt. Gott hat dafür
gesorgt, dass es Jerusalem schlechtgeht. Es ist die
Bestrafung für den ganzen Mist, den sie gebaut
haben. Ihre Kinder wurden vom Gegner entführt.
[6] Als es mit dieser Stadt Zion losging, war alles noch
in Butter, sie sah gigantisch aus. Aber jetzt sind ihre
Bürgermeister alle wie streunende Katzen auf der
Straße, die nirgends was zu fressen finden können.
Sie sind total dürr und ohne Kraft, weil sie ständig
von Hunden durch die Straßen gejagt werden.
[7] Jerusalem erinnert sich an die Zeit, als der ganze
Mist losging. Sie ist gefrustet, weil sie so viele wert-
volle Sachen verloren hat. Es wurden Dinge gezockt,
die es dort immer schon gab. Aber jetzt sind die
Bewohner in die Hand der Feinde gefallen, es gibt
keinen mehr, der helfen kann. Die Feinde lachen die
Leute aus und lästern über die Stadt, weil die be-
siegt wurde. [8] Man hat dort einfach richtig schlim-
men Mist gebaut, darum ist es passiert, dass jetzt
alle über sie lachen. Selbst die Menschen, die früher
Respekt vor ihr hatten, finden Jerusalem jetzt pein-
lich. Denn sie haben mitgekriegt, wie schwach die
Stadt ist und dass sie sich nicht mehr verteidigen
kann. Die Stadt ist voll fertig, sie ist gefrustet und
versteckt sich. [9] Ihr ganzer Dreck klebt an ihren Kla-
motten. Sie hatte ganz vergessen, dass es auch mit
ihr einmal zu Ende gehen kann. Deswegen ist sie
total kaputt und fertig, und es gibt niemanden, der
sie wieder hochbringt und aufbaut. Darum bete ich:
„Gott, bitte hilf uns! Der Feind macht den Lauten,
und uns geht es so schlecht!“ [10] Der Gegner hat ein-
fach zugelangt und alle guten Sachen mitgehen las-
sen. Die Stadt musste mit ansehen, wie Ausländer
sogar den Tempel geplündert haben. Leute, denen
es verboten war, den Gottesdienst zu besuchen,
haben alles gezockt. [11] Die Bewohner sind am Ende,
sie suchen verzweifelt nach Nahrung, aber finden
nichts. Auf dem Schwarzmarkt kauft man ein Brot
und bezahlt dafür mit einer Rolex, damit man
irgendwie überleben kann. Die Leute in der Stadt
beten zu Gott: „Chef, sieh doch mal her! Sieh nur,
wie kaputt wir sind!“ [12] Menschen auf der Durch-
reise wird gesagt: „Wir wünschen euch nur, dass
euch nicht das Gleiche passiert wie uns! Habt ihr
irgendwo schon mal erlebt, dass es Leuten so dre-
ckig geht wie hier? Dafür hat Gott gesorgt, er hat
damit angefangen, als er voll sauer auf uns war. [13] Er
hat aus dem Himmel einen Flammenwerfer auf die
Stadt gehalten, und das Feuer hat die Stadt kaputt
gemacht. Deswegen sind wir jetzt am Ende. Er hat
uns eine Falle gestellt, er wollte uns dazu zwingen,
dass wir endlich unser Leben ändern. Er sorgte
dafür, dass keiner mehr hier leben wollte und wir
alle Bauchschmerzen bekamen und unheilbar krank
wurden. [14] Den ganzen Mist, den wir gebaut haben,
hat er zu einem schweren Gewicht gemacht, das
uns wie ein Betonklotz um den Hals gelegt wurde.
Wir sind unter der Last zusammengebrochen. Er
hat uns Handschellen verpasst und uns an Feinde
ausgeliefert, die wir nicht länger bekämpfen konn-
ten. [15] Die Spezialeinheit, welche unsere Stadt vertei-
digt hatte, wurde von Gott einfach wegwischt. Er
hatte ein Treffen unserer Feinde organisiert, weil er
unsere jungen Soldaten alle töten wollte. So, wie
man Orangen auspresst, hat Gott die Leute von
Juda ausgepresst.“ [16] Darüber muss ich die ganze
Zeit heulen, ich zerfließe, das Wasser schießt nur so
aus meinen Augen. Es gibt niemanden, der mich
tröstet, keiner kann mich wieder gut draufbringen.
Meine Kinder sind alleine und durcheinander, weil
der Feind zu stark ist. [17] Die Stadt Zion streckt ihre
Arme aus, aber da ist niemand, der sie knuddeln

will. Gott hat gegen seine Leute einen Feind an den
Start gebracht, der aus der Nachbarschaft kommt.
Die haben Jerusalem zum Erzfeind erklärt, und sie
hassten die Stadt. 18 „Gott ist korrekt. Wenn er mich
bestraft, geht das in Ordnung, weil ich richtig Mist
gebaut habe. Alle anderen Völker sollen von mei-
nem Problem hören: Alle Jugendlichen sind weg,
Jungs und Mädchen wurden verhaftet und kamen in
Kriegsgefangenschaft. 19 Ich hab versucht, die Völker
um Hilfe anzubetteln, die mich früher mal geliebt
haben. Aber alle haben mich abgezogen. Unsere
Priester und die Chefs wurden umgebracht, als sie
in der Stadt nach Lebensmitteln suchten. Sie wären
sonst verhungert. 20 Gott, sieh nicht weg! Ich habe
Angst! Mir ist kotzübel! Mir dreht sich der Magen
um. Warum hab ich nur so einen Blödsinn ge-
macht? Die Leute, die in der Stadt wohnten, wurden
im Krieg erschossen, und die Menschen, die außer-
halb wohnten, starben an einer fiesen Krankheit.
21 Alle haben gehört, wie ich geweint hab, aber kei-
ner hat mich getröstet. Alle meine Feinde haben von
dem Frust gehört und haben sich gefreut, dass du
das zugelassen hast. Du hast dafür gesorgt, dass
ich für meine Taten bestraft wurde. Ich wünsche
mir, dass sie das auch mal erleben müssen. 22 Der
ganze Mist, den sie gebaut haben, soll in deinem
Gericht verhandelt werden. Geh mit ihnen genauso
um, wie du es mit mir getan hast wegen dem gan-
zen Mist, den ich gebaut hab. Mein Frust ist riesig,
meine Depression ist furchtbar, mir geht es sehr
schlecht."

2 Gott hat uns behandelt, als wären wir seine Feinde

1 Gott ist total sauer auf seine Stadt, er hat sie
eingenebelt mit seinem Frust. Jerusalem war mal
die Nummer eins, sie war der Hauptgewinn in
Israel. Aber er hat sie zum Absteiger gemacht, sie
fiel auf den letzten Platz. An dem Tag, als die
Gerichtsverhandlung kam, war es Gott egal, dass
Jerusalem mal so was wie sein Schmuckstück war,
es war wie der Schreibtisch vor seinem Chefsessel.
2 Er hat das ganze Land plattgemacht, ohne Rück-
sicht auf Verluste. Die großen Städte von Juda wur-
den vernichtet, weil er sauer war. Das ganze Land
und seine Regierung erlitten eine peinliche Nieder-
lage. 3 Alles, worauf Israel mal stolz war, hat er in
einem Wutanfall einfach kaputt gemacht. Er hat den
Schutzschirm, den er über seine Leute aufgebaut
hatte, weggenommen, als die Feinde kamen. Wie
mit einem Flammenwerfer hat er Israel angezündet.
So ein Feuer frisst alles auf. 4 Er hat das Gewehr
angelegt und auf Israel gezielt, als wären wir seine
Feinde. Er hat alles zerstört, was für uns wertvoll
war. Auch im Tempel, im ganz besonderen Bereich,
hat er gewütet und alles verbrannt. 5 Gott ist wie
ein Feind für uns geworden. Er hat Israel kaputt
gemacht, alle Regierungsgebäude und alle Städte.
Er hat dafür gesorgt, das die Leute von Juda voll
traurig sind und nun weinen und heulen. 6 Er hat
sein Haus abgerissen, er hat es zusammengeklappt
wie einen alten Gartenstuhl. Die ganzen großen
Feiern in Zion, die an den religiösen Feiertagen
gefeiert wurden, hat man schon wieder vergessen.
Keiner denkt mehr daran, weil Gott gezeigt hat, wie
sauer er ist. Er hat die Präsidenten und Priester alle
rausgeschmissen. 7 Gott hatte keinen Bock mehr auf
seinen Opfertisch, seinen Altar, auf dem die Opfer
für ihn verbrannt wurden. Auch auf sein ganz be-
sonderes Haus, den Tempel, hatte er keinen Bock
mehr. Er hat die Mauern der Stadt und ihre fetten
Häuser den Feinden geschenkt. In seinem Haus
konnte man dann den Lärm der Sieger hören, die
dort genauso laut gefeiert haben wie wir sonst bei
einem Gottesdienst. 8 Gott hatte sich vorgenom-
men, die Stadtmauern von Zion zu zerstören. Er
hat erst alles ausgemessen. Er hat nicht aufgehört,
bis die Mauern komplett am Boden waren. Auch
Schutzwall und Schutzmauer sind jetzt kaputt. 9 Die
großen Eingangstore sind gesprengt worden, die
Schlösser und Sicherheitsriegel wurden zerstört.
Die Bürgermeister und Präsidenten sind in Kriegs-
gefangenschaft bei den Völkern, die ohne Gott
leben. Die Priester sagen nicht mehr, wo es lang-
geht, und auch die Propheten bekommen keine
Ansage mehr von Gott. 10 Selbst die älteren Men-
schen, die eigentlich viel Peilung vom Leben haben,
sitzen schweigend am Boden. Sie haben ihren
schwarzen Anzug an, als Zeichen, dass sie trauern.
Auch die jungen Mädchen, die noch keinen Mann
abbekommen haben, sind gefrustet und hängen
depressiv in der Ecke rum. 11 Meine Augen sind vom
vielen Weinen schon ganz verquollen. Mir zerreißt
es das Herz, ich hab Magenschmerzen, ich bin total
fertig, weil ich sehe, wie kaputt meine Leute sind.
Sogar Kinder und Babys hängen draußen auf der
Straße rum und verhungern. 12 Sie fragen ihre Müt-
ter: „Mama, ich hab Hunger! Wo kriegen wir was zu
essen oder zu trinken her?" Auf den Plätzen in der
Stadt sterben sie, wie Soldaten, die im Krieg er-
schossen wurden. In den Armen ihrer Mütter ster-

ben sie reihenweise. 13 „Jerusalem, was kann ich dir noch sagen, wie kann ich dich ermutigen?“ Das frage ich mich, wenn ich dich sehe. „Womit kann man dich trösten? Womit kann man deine Situation vergleichen?“ Deine Krise ist heftiger als die schlimmste Wirtschaftskrise, die es je gab. Wer kann dir noch helfen? 14 Alles, was die Prophetentypen gesagt haben, war nur, weil sie rumschleimen wollten. Sie haben dir die schönsten Sachen vorausgesagt, sie haben gelogen und dich damit in die Irre geführt. Hätten sie klar gesagt, dass du zurzeit nur Mist baust, und hätten sie dich laut gewarnt, hätte es alles verändern können. 15 Die Menschen, die jetzt an dir vorbeireisen, und die Menschen, die von dir in der Zeitung lesen, reiben sich die Hände und freuen sich. Sie lachen sich kaputt wegen den zerstörten Häusern. „Ha! War das nicht mal die Stadt, welche sämtliche Architekturpreise abgesahnt hat? Hat man diese Stadt nicht mal ‚Das perfekte Kunstwerk‘ genannt, an dem sich jeder freuen konnte?“ 16 Deine Feinde reißen Witze über dich, sie zeigen dir den Mittelfinger. „Die haben wir richtig schön zu Kleinholz verarbeitet! Auf den Tag haben wir schon lange gewartet! Endlich haben wir das erreicht, was wir wollten!“ 17 Gott hat genau das durchgezogen, was er sich vorgenommen hatte. Was er vor Ewigkeiten angedroht hat, ist auch so passiert. Er hatte kein Mitleid mehr, die Feinde durften ganz locker gegen dich gewinnen. Er hat dafür gesorgt, dass die Leute, die dich hassen, dich fertigmachen können. 18 Die Leute aus Jerusalem sollen mal anfangen zu beten und Gott um Hilfe bitten! Sie sollen ihm die Ohren vollheulen, ihre Tränen sollen laufen wie ein aufgedrehter Wasserhahn, 24 Stunden täglich. Ohne Pause dazwischen soll man weinen, die Augen dürfen nicht mehr trocken werden. 19 Wenn es dunkel wird, sollst du weiterweinen, schütte dich vor Gott aus. Falte die Hände oder hebe sie hoch zu Gott, bete für deine Kinder, die bald vor Hunger sterben werden, in den Straßen der Stadt. 20 „Gott, sieh dir das an, mit wem du so umgehst! Willst du wirklich, dass Mütter ihre eigenen Kinder töten und das Fleisch auf den Grill schmeißen, weil sie sonst verhungern? Die Kinder, die sie vorher noch gesund geboren hatten? Und was sagst du dazu, dass sogar im Tempel, im ganz besonderen Bereich, deine Priester und Prophetentypen umgebracht werden? 21 Überall liegen auf dem Boden verstreut die Leichen von Jungs und Mädchen, Omas und Opas. Jugendliche und Frauen, die noch nie mit einem Mann geschlafen haben, alle wurden im Krieg getötet. Sie wurden alle erschossen, an dem Tag, als du so sauer auf uns warst. Sie wurden brutal abgeschlachtet, ohne Mitleid, gnadenlos. 22 Meine ganzen Probleme, die plötzlich da waren, hast letztendlich du organisiert. Sie wurden von dir eingeladen wie zu einer Party, und keiner konnte davor fliehen. Die Kinder, welche von mir liebevoll aufgezogen wurden, hat mein Feind alle erschossen.“

3

Heftige Krise, aber trotzdem noch Hoffnung

1 Leute, ich habe heftige Sachen durchgemacht, ich hab es erlebt, was es bedeutet, wenn Gott sauer ist und einen bestraft. 2 Er hat mich weggeschickt, er ließ mich in eine Situation reinschlittern, wo es keine Hoffnung mehr gab, kein Licht, es war alles finster. 3 Er hat mit seiner Faust auf mich eingeschlagen, immer wieder, jeden Tag. 4 Es war ihm egal, dass meine Haut langsam abfaulte, meine Muskeln wurden wie Wackelpudding, und meine Knochen waren zerbrochen. 5 Das alles war wie Gift für mich und bedeutete jede Menge Stress und Ärger. 6 Er sorgte dafür, dass ich in absoluter Dunkelheit leben musste, es war dort so schwarz wie in dem Land, wo die Toten sind. 7 Gott hat eine Mauer um mein Leben gezogen, ich sitze in einem Gefängnis, wo ich nicht mehr rauskomme. Er hat mir Handschellen aus Edelstahl angelegt. 8 Ich brüllte mir die Seele aus dem Leib, aber er hat mir nicht geholfen. Er stellte sich taub, er hat sich die Ohren zugehalten, wenn ich gebetet hab. 9 Gott hat mir große Steine in den Weg gelegt, darum musste ich Umwege gehen. 10 Wie ein gefährlicher Hund hat er mich aufgespürt, er hat mich aus dem Hinterhalt angefallen und mich gebissen. 11 Er hat sich mir in den Weg gestellt, er hat mich gebissen, er sorgte dafür, dass ich mich einsam fühle. 12 Er hat mir eine Zielscheibe aufgemalt und mich für seine Schießübungen benutzt. 13 Einen Schuss nach dem nächsten hat er auf mich abgefeuert, von hinten durchschlugen die Patronen meinen Bauch. 14 Alle Leute haben sich auf meine Kosten schlapp gelacht, es gibt sogar ein Lied über mich, was sie jeden Tag singen, um es mir so richtig zu zeigen. 15 Gott hat mir eine bittere Pille zu essen gegeben. 16 Ich musste auf Sandpapier beißen und wurde von ihm in den Dreck getreten. 17 Entspannung und Freude sind bei mir erst einmal nicht mehr drin, da hat er für gesorgt. Wie es sich anfühlt, glücklich zu sein, hab ich schon lange vergessen. 18 Ich hab echt die

Hoffnung verloren, dass Gott wirklich helfen kann,
ich kann ihm nicht mehr vertrauen. 19 Wenn ich an
meine Probleme denke und an die Tatsache, dass
ich kein richtiges Zuhause hab, dann kriege ich
Depressionen. 20 Trotzdem lässt mich das nicht los,
es beschäftigt mich die ganze Zeit, und es zieht
mich voll runter. 21 Darum will ich versuchen, mich
an Sachen zu erinnern, die mir wieder Hoffnung
geben. 22 Gott hört nicht auf damit, uns zu zeigen,
dass er uns liebt, darum leben wir überhaupt. 23 Er
liebt uns jeden Tag, als ob es kein Gestern gegeben
hätte, er steht immer zu mir. 24 Gott ist mein Haupt-
gewinn, da bin ich mir innerlich hundertprozentig
sicher. Deswegen setze ich auf ihn, darum hab ich
eine berechtigte Hoffnung, dass alles gut wird.
25 Gott mag die Leute, die nach ihm fragen, er liebt
die Menschen, die immer mit ihm leben wollen.
26 Es ist gut, wenn man einfach mal die Fresse hält
und nur dadrauf hofft, dass Gott helfen wird. 27 Es
ist auch gut für einen Mann, wenn er schon als
Jugendlicher lernt, mit Problemen umzugehen.
28 Wenn Gott will, dass er einsam ist und nichts
sagen soll, dann muss er das einfach mal aushalten.
29 Wenn Gott will, dass er Staub frisst, dann muss er
das einfach mal tun, vielleicht hilft es ja. 30 Wenn ihn
jemand verprügelt, soll er ihm auch noch das
Gesicht hinhalten, damit er da auch noch rein-
schlägt. Er soll sich richtig fertigmachen lassen.
31 Aber Gott ist nicht für immer sauer auf einen.
32 Wenn er dafür gesorgt hat, dass jemand traurig
wird, dann kümmert er sich auch wieder voll um
den und zeigt ihm seine Liebe. 33 Gott hat keinen
Spaß daran, Leute fertigzumachen. Er findet es
nicht toll, wenn seine Kinder leiden. 34 Alle Leute,
die hier im Knast sitzen, wurden getreten und gefol-
tert. 35 Männer, die eigentlich okay gelebt haben,
wurden vor den Augen von Gott total mies behan-
delt. 36 Menschen wurden vor Gericht abgezogen!
Meint ihr, Gott hätte das alles nicht mitbekommen?
37 Hallo? Wer war das noch mal, der nur ein Wort
sagen muss, und es passiert sofort? Ist es nicht so,
dass Gott das alles befohlen hat? 38 Die Sachen, die
Gott sagt, sorgen für ätzende und gute Sachen,
oder? 39 Wie kann da ein Mensch, der noch lebt,
sich bei Gott beschweren? Will er etwa Einspruch
einlegen gegen die Bestrafung für den Mist, den er
gebaut hat? 40 Ich wäre dafür, dass wir alle unser
Leben einmal gründlich abchecken. Wo wir Mist
gebaut haben, sollten wir schleunigst umkehren
und wieder das tun, was Gott von uns will. 41 Wir
sollten anfangen zu beten und uns innerlich wieder
auf Gott eintunen, unsere Gedanken und Gefühle
auf ihn ausrichten. 42 Denn wir haben Scheiße
gebaut, wir waren dir untreu, Gott, und haben
Sachen getan, die du nicht willst. Du hast uns den
Mist auch nicht so mal eben verziehen. 43 Du warst
megasauer und hast uns gejagt, ohne Rücksicht auf
Verluste. Wir wurden von dir umgenietet, du hattest
kein Mitleid mit uns. 44 Du hast dich in einen Beton-
klotz zurückgezogen, damit du keine Gebete mehr
hören kannst. 45 Du hast aus uns den letzten Dreck
gemacht, etwas, vor dem sich alle Völker nur ekeln.
46 Unsere Feinde reißen das Maul auf und machen
sich über uns lustig. 47 Tödliche Katastrophen waren
bei uns an der Tagesordnung, alles ging kaputt, wir
waren am Boden. 48 Ich konnte nicht aufhören zu
weinen, das Wasser schoss nur so aus meinen
Augen, weil ich so traurig wegen meinen Leuten
war. 49 Wie ein Wasserhahn, den man nicht abdre-
hen kann, strömte immer mehr Wasser aus meinen
Augen, es hörte einfach nicht auf. 50 Und das wird
so weitergehen, bis Gott aus dem Universum zu
mir runtersieht und mich wieder beobachtet. 51 Es
tut mir total weh, wenn ich sehe, was mit den
Frauen in meiner Stadt gerade abgeht. 52 Männer
haben mich verfolgt und gejagt. Ich habe Feinde,
obwohl ich nichts gegen sie gemacht habe. 53 Sie
haben mich lebendig in ein Loch geworfen und
schütten mit einem Bagger Kieselsteine obendrauf.
54 Das Wasser steigt mir bis zum Hals. Ich war
schon so weit zu sagen: Das war es jetzt, bald bin
ich tot. 55 Aber dann schrie ich zu Gott, ich rief sei
nen Namen aus, als ich in diesem Loch saß.
56 „Hallo? Gott? Hörst du mich? Bitte hilf mir, halt
dir nicht die Ohren zu!" 57 An dem Tag, als ich dich
brauchte, warst du plötzlich da. Du sagtest zu mir:
„Keine Angst! Es wird alles wieder gut!" 58 Dann hast
du dich um mich gekümmert, du hast mich vertei-
digt und dafür gesorgt, dass alles korrekt zugeht.
Damit hast du mir das Leben gerettet! 59 Gott, du
hast gesehen, wie übel sie mich behandelt haben.
Bitte sorg dafür, dass ich korrekt behandelt werde!
60 Du hast gesehen, dass sie mich echt gehasst
haben! Sie wollten mich reinlegen, sie hatten das
schon alles geplant. 61 Außerdem hast du mitbe-
kommen, wie sie mich gedisst haben, und du hast
von ihren miesen Plänen gehört. 62 Sie lästern die
ganze Zeit über mich. 63 Schau doch mal, was sie
alles so bringen. Am liebsten machen sie sich lustig
über mich! 64 Räche dich an ihnen, Gott. Mach es
so, wie sie es verdient haben. 65 Sorg dafür, dass sie
total verpeilt sind und nichts mehr gerallt kriegen.

Wünsch ihnen die Krätze an den Hals. 66 Verfolge
sie mit deiner Wut und mach sie alle kaputt. Keiner
soll überleben auf deiner Erde.

4 Die Propheten und Priester haben auch Schuld

1 Wie krass! Selbst das Gold ist ganz dunkel
geworden, es ist verdreckt. Die wertvollen Dia-
manten liegen im Dreck, überall auf der Straße.
2 Die Leute, die in Jerusalem gewohnt haben, in der
Zionsstadt, die waren alle mal total wertvoll. Sie
waren unbezahlbar, aber jetzt sind sie so viel wert
wie alte Plastiktüten aus der Recyclingfabrik. 3 Selbst
die Mütter von Ratten geben ihren Jungen genug
Milch zu trinken. Aber die Frauen von meinen Leu-
ten sind total link unterwegs, ihre Babys sind ihnen
so egal, ihr Schreien lässt sie eiskalt. 4 Die Babys
haben einen total trockenen Mund und riesigen
Durst. Auch die Kinder wollen was essen, aber nie-
mand bringt ihnen auch nur ein Brötchen vorbei.
5 Früher bekamen sie den ganzen Tag Schokolade,
heute verhungern sie auf der Straße. Früher wurden
sie auf ein Samtkissen gelegt, heute schmeißt man
sie auf einen Müllhaufen. 6 Meine Leute haben rich-
tig großen Mist gebaut. Was sie getan haben, war
schlimmer als das, was die Bewohner von Sodom
taten. Und Sodom wurde auf einmal plattgemacht,
ohne dass ein Mensch auch nur mit der Hand aus-
geholt hat. 7 Unsere Bürgermeister waren super
drauf, sie sahen gut aus, und was sie gemacht
haben, war gut. Sie glänzten heller als Schnee, ihr
Gesicht war weißer als Milch, ihr Körper war ge-
sund, ihre Haut war schön gebräunt und ihre Mus-
keln waren schön geformt. 8 Aber jetzt sind sie so
schwarz wie Holzkohle, und wenn man sie auf der
Straße trifft, dann erkennt sie keiner mehr. Ihre
Haut sieht aus wie ein Faltenrock und ist so trocken
wie Toilettenpapier. Sie sind so dürr, dass man ihre
Knochen zählen kann. 9 Die Männer, die im Krieg
umkamen, sind besser dran als die Männer, die an
Hunger gestorben sind. Denn die starben qualvoll
und ganz langsam, weil es auf den Feldern nichts
mehr zu ernten gab. 10 Eigentlich ganz liebevolle
Mütter mussten ihre eigenen Kinder töten und zu
Frikadellen verarbeiten, weil es nichts mehr zu
essen gab. Das passierte mitten in der Zeit, als
meine Leute völlig zusammengebrochen waren.
11 Gott war richtig sauer, und er hat das auch ge-
zeigt. Er hat in Zion alles angezündet, das Feuer hat
sogar die Stadtmauern zerstört. 12 Kein Präsident
oder sonst irgendjemand hätte es jemals für mög-
lich gehalten, dass irgendeine Armee es schaffen
könnte, Jerusalems Verteidigungsanlage zu über-
winden. 13 Aber es musste so passieren, weil die
Propheten Mist gebaut hatten und die Priester
auch. Sie haben dafür gesorgt, dass Leute, die
nichts ausgefressen hatten, von ihnen ermordet
wurden. 14 Sie torkelten durch die Straßen, völlig mit
Blut übergossen, und keiner durfte sie anfassen,
weil ihre Klamotten so blutig waren. 15 „Achtung!
Der Typ ist dreckig, er ist unrein!", haben die Leute
dann gerufen. „Geht ihm aus dem Weg! Nicht
anfassen!" Darum mussten sie fliehen, aber wuss-
ten nicht, wohin sie gehen sollten. Denn die ande-
ren Völker sagten: „Nein, bei uns könnt ihr nicht
bleiben!" 16 Gott hat sie selber vertrieben, denn er
konnte ihren Anblick nicht länger ertragen. Auch auf
die Priester hat man keine Rücksicht genommen,
genauso wenig wie auf die Rentner. 17 Eine Zeitlang
haben wir noch gehofft, dass jemand kommt und
uns da rausholt. Aber es war umsonst. Wir warteten
auf eine Rettung durch andere Völker, obwohl sie
uns eigentlich gar nicht wirklich helfen konnten.
18 Wir wurden rund um die Uhr von unseren Feinden
beobachtet. Es gab keinen Ort, wo wir einfach so
hingehen konnten. Unsere Tage waren gezählt, und
das Ende kam näher. 19 Unsere Feinde waren schnel-
ler als ein Düsenjet. Sie hetzten uns die Berge hoch,
und in der Wüste warteten sie schon auf uns. 20 Der
Typ, von dem unser Leben abhing, der besondere
Mann von Gott, wurde gefangen genommen. Wir
hatten gehofft, dass wir mit seinem Schutz mit dem
Leben davonkommen würden. 21 Die Leute von
Edom sollen das ruhig noch mal feiern und sich
drüber freuen. Aber es wird eine Zeit kommen, da
geht es auch euch an den Kragen. Ihr werdet die-
selbe Suppe auslöffeln wie wir. Ihr werdet euch
einen dicken Kopf saufen, und dann wird es sehr
peinlich für euch enden. 22 Zu dem Zeitpunkt wird
Zion seine Strafe abgesessen haben. Es wird ab
dann nicht noch mal passieren, dass Gott Leute
vorbeischickt, die euch gefangen nehmen. Dann
wirst du bezahlen müssen, Edom, Gott wird deine
Verbrechen offenlegen und dich dafür verurteilen.

5 Die Feinde haben das Sagen und machen uns kaputt

1 Gott, bitte vergiss nicht, was für ätzende
Sachen uns passiert sind. Siehst du nicht, wie die
Leute Witze über uns machen? 2 Das Land, was du
uns für immer versprochen hattest, gehört jetzt

Ausländern. Die wohnen in unseren Häusern und
machen sich da breit. 3 Unsere Väter sind alle tot,
unsere Mütter haben ihren Ehemann verloren.
4 Selbst für das Wasser aus der Leitung müssen wir
Kohle abdrücken, und auch das Öl für die Heizung
müssen wir teuer bezahlen. 5 Der Feind sitzt uns im
Nacken, wir sind schlapp und können nicht mehr
laufen, aber die lassen uns nicht in Ruhe. 6 Wir
mussten mit Ägypten Verträge machen und Assy-
rien anbetteln, dass sie uns genug zu essen schi-
cken. 7 Die Leute, die vor uns lebten, haben in einer
Tour Mist gebaut. Jetzt sind sie tot, aber wir haben
immer noch mit den Folgen ihrer Taten zu kämpfen.
8 Menschen aus der untersten Schublade haben die
Macht über uns, und niemand kann uns von ihnen
befreien. 9 Nur in den Supermarkt zu gehen ist für
uns schon lebensgefährlich geworden, weil uns
überall Banden auflauern, die uns überfallen wollen.
10 Unser Körper zerfällt in seine Einzelteile wie ein
Auto auf dem Schrottplatz, weil wir nichts mehr zu
essen haben und hungern. 11 In Jerusalem und in
den Städten von Juda haben sie Frauen vergewaltigt,
auch ganz junge Mädchen, die noch nie mit einem
Mann geschlafen haben. 12 Leute aus der Führungs-
riege wurden erschossen oder erhängt. Vor den
Älteren hat man keinen Respekt mehr. 13 Junge Män-
ner müssen in den Fabriken am Fließband arbeiten,
Jugendliche arbeiten im Bau und schleppen da
schwere Sandsäcke. 14 Die Beratungsstellen sind alle
zu. Konzerte wurden alle abgesagt. 15 Keiner kann
sich innerlich noch freuen. Wo man früher abge-
tanzt hat, da hängt man heute nur noch depressiv
in der Ecke rum. 16 Die gute Zeit ist vorbei. Wir
haben einfach echt Mist gebaut, und das sind jetzt
die ätzenden Folgen davon. 17 Darum sind wir
depressiv geworden, deswegen können wir nicht
aufhören zu heulen. 18 Der Berg von Zion ist nur
noch ein Schrotthaufen, da leben jetzt nur noch
Ratten. 19 Du wirst aber für immer der Chef bleiben,
Gott! Du bist und bleibst der Präsident auf seinem
Chefsessel. 20 Warum willst du uns denn für immer
vergessen? Warum verlässt du uns und willst nicht
wieder zurückkommen? 21 Gott, bitte bring uns wie-
der zusammen! Sorg dafür, dass wir zu dir zurück-
kommen! Mach mit uns einen Neuanfang, es soll
wieder so werden, wie es früher mal war. 22 Oder
hast du uns für immer rausgeschmissen? Warst du
einfach zu sauer auf uns?

Der Prophet Hesekiel

1 Gott sagt zu Ezechiel: Du wirst ein Prophet!

1 Was ich jetzt erzähle, passierte mir an einem
5. Juli, im dreißigsten Jahr. Ich bin Ezechiel,
wobei einige mich auch Hesekiel nennen. Ich war
gerade am Fluss Kebar mit einigen anderen Israeli-
ten, die auch in der Kriegsgefangenschaft waren.
Plötzlich wurde ich irgendwie in eine andere Dimen-
sion gebeamt und sah vor mir einen Film, der von
Gott kam. 2 Das Ganze passierte wie gesagt am
5. Juli, und zwar im fünften Jahr, seitdem Präsident
Jojachin in Kriegsgefangenschaft geraten war. 3 Gott
redete ganz deutlich zu mir, dem Ezechiel. Ich
stamme aus der Familie von dem Priester Busi und
wohnte in der Zeit in Babylonien am Fluss Kebar.
Mit dieser Aktion war ich ab dann im Dienst für Gott
unterwegs, weil er mich dadurch echt berührt hatte.
4 Folgender Film spielte sich vor mir ab: Ich sah eine
riesengroße Wolke, die aus dem Norden her ange-
flogen kam. Um diese Wolke war so ein Leuchten.
Aus der Mitte kamen lauter Blitze, es war wie ein
Feuer, und man sah etwas strahlend Helles dort
drin, wie ein großes Stück poliertes helles Gold. 5 In
der Mitte sah ich dann vier Gestalten, die aussahen
wie lebende Menschen. 6 Trotzdem hatte jeder die-
ser Typen vier Gesichter und vier Flügel. 7 Ihre Beine
waren ganz gerade, aber an den Füßen hatten sie
eher so was wie Hufe, ähnlich wie die von einer Kuh.
Dabei funkelten sie die ganze Zeit wie glühende
Kohlen. 8 Dann konnte ich deutlich sehen, wie jeder
an seinen vier Seiten, unter den Flügeln, auch
Hände hatte. Jeder dieser vier Typen hatte auch vier
unterschiedliche Gesichter, zu jeder Seite mit Flü-
geln ein anderes. 9 Jeder der Flügel berührte einen
anderen Flügel. Wenn sie gingen, mussten sie sich
nicht umdrehen. Denn sie gingen immer in eine
Richtung, in die eines der Gesichter zeigte. 10 Die
Gesichter würde ich folgendermaßen beschreiben:
Das eine Gesicht sah so aus wie bei einem Men-
schen, das andere sah aus wie von einem Löwen,
das nächste sah aus wie von einem Stier, und das
hintere sah aus wie das von einem Adler. 11 Ihre Flü-
gel zeigten nach oben. Jeder hatte an jeder Seite
zwei davon. Mit dem einen Paar bedeckten sie ihren
Körper, das andere Paar hatten sie ausgespannt. Die
Enden dieses Flügelpaares berührten sich oben, in
der Mitte. 12 Sie gingen immer in die Richtung, wo
eines der Gesichter hinzeigte. Und dort, wo Gott sie
hinhaben wollte, dahin gingen sie. Wenn sie ir-
gendwo hingingen, mussten sie sich wie gesagt nie
umdrehen. 13 In der Mitte von diesen Gestalten war
so eine Art Feuer , eine Art glühende Kohlen. Dieses
Feuer ging immer zwischen ihnen hin und her. Es
leuchtete ganz krass, und ständig kamen kleine
Blitze da raus. 14 Sie liefen die ganze Zeit so schnell
hin und her, dass es aussah wie Blitze. 15 Schließlich
änderte sich die Kameraperspektive, und ich konnte
die vier von weiter oben betrachten. Plötzlich ent-
deckte ich vor jedem auf dem Boden ein großes
Rad. 16 Die Räder waren alle gleich groß, sahen aus
wie Edelsteine und waren ähnlich verarbeitet. Und
es sah so aus, als ob ein Rad im anderen wäre. 17 So
waren die Räder in der Lage, in jede Richtung zu
laufen, ohne dass man sie vorher umlegen musste.
18 Die Felgen der Räder waren sehr groß. Als ich ge-
nauer hinsah, konnte ich auf ihren Seiten ganz viele
Augen erkennen, auf allen vier Rädern. 19 Diese
Räder machten immer genau dasselbe, was die vier
Gestalten taten. Wenn sie anfingen zu fliegen, flo-
gen die Räder auch, wenn sie nach vorne gingen,
liefen sie auch nach vorne. 20 Denn in diesen Rädern
war die gleiche Kraft am Wirken, es war die Kraft von
diesen vier. Wohin diese Kraft gehen wollte, dort
rollten die Räder auch hin. 21 Wenn die einen gehen
wollten, mussten die anderen auch gehen. Wenn die
einen stehen wollten, standen die anderen auch.
Wenn die einen fliegen wollten, dann mussten die
anderen mitfliegen. Denn die gleiche Kraft, die in
den Gestalten war, war auch in diesen Rädern drin.
22 Über den Köpfen von diesen Gestalten schwebte
so eine Art fester „Mini-Himmel“. Das ganze Ding
sah so aus wie eine riesengroße Kuppel aus Kristall-
glas. Als ich es mir ansah, bekam ich echt Respekt,
alleine, weil es so riesig war. 23 Unter der festen Kup-
pel hatten diese Figuren ihre Flügel ausgebreitet.
Dabei berührte das Ende eines Flügels den Flügel
von einer der anderen Gestalten. Sie hatten dabei
auf jeder Seite zwei Flügel, das andere Paar hielten
sie vor ihren Körper. 24 Wenn sie sich bewegten,
konnte ich so eine Art Rauschen hören, was von
ihren Flügeln herkam. Das klang manchmal so äh-
nlich wie das Rauschen von Wellen, dann wieder eher
wie das Geräusch, was von einer Fankurve im Fuß-
ballstadion kommt, und dann wieder mehr wie ein
Donner oder eben so wie Gott, wenn er manchmal

spricht. Wenn sie sich nicht bewegten, dann nahmen sie ihre Flügel runter. 25 Dann hörte ich eine Stimme, die aus der Richtung über dem „Mini-Himmel“ aus Kristallglas kam, der über den Köpfen dieser Gestalten schwebte. Wie gesagt, diese Teile ließen immer ihre Flügel hängen, wenn sie sich nicht mehr bewegten. 26 Auf diesem „Mini-Himmel“, der dort oben schwebte, stand so etwas, das aussah wie ein großer Chefsessel. Dieser Sessel war aus blauen Diamanten gemacht. Auf diesem Chefsessel konnte ich jetzt etwas erkennen, das so ähnlich aussah wie ein Mensch. 27 Über dem Körperteil, wo beim Menschen die Hüften anfangen, war etwas, das aussah wie eine polierte Chromfelge. Um diese Felge war ganz viel Feuer. Unterhalb der Hüften war auch ganz viel Feuer. Um das ganze Teil war so eine Art heller Lichtstrahlen. 28 Diese Strahlen sahen dabei so aus wie ein Regenbogen, den man sehen kann, wenn es regnet und gleichzeitig die Sonne scheint. Das Ganze war ein Bild für die ganz besonders krasse Art von Gott. Als ich mir das reingezogen hatte, musste ich mich erst einmal auf den Boden schmeißen, mit dem Gesicht nach unten. Plötzlich hörte ich ganz deutlich eine Stimme, die mit mir redete.

2 Ezechiel bekommt den Auftrag von Gott, sein Prophet zu werden

1 Die Stimme sagte zu mir: „Hey, du! Steh mal auf! Ich muss dir was erzählen!“ 2 In dem Augenblick, als er anfing zu reden, kam plötzlich Kraft in meinen Körper, die mir half aufzustehen. Dann sagte er Folgendes zu mir: 3 „Hey, du! Ich hab einen Auftrag für dich! Und zwar möchte ich, dass du zu den Leuten von Israel gehst. Die sind zurzeit echt finster drauf, haben nur ihr eigenes Ding im Kopf und tun gar nicht mehr das, was ich von ihnen will. Das hat ja schon eine längere Geschichte, die Menschen, die vor ihnen lebten, waren keinen Deut besser drauf als sie. 4 Ich will von dir, dass du zu diesem miesen Volk hingehst, die einfach total hart drauf sind und sich nichts sagen lassen. Trete da so auf, dass du ganz klar sagst: ‚Was ich euch jetzt erzähle, kommt direkt von Gott!‘ 5 Egal, ob sie jetzt drauf reagieren oder nicht, tue es einfach. Diese Leute machen eh immer nur ihr eigenes Ding, die hören auf niemanden. Aber sie werden eines Tages wissen, dass ein Prophetentyp sie gewarnt hat. 6 Du bist ja nur ein ganz normaler Typ, musst aber trotzdem keine Angst vor denen haben. Auch wenn sie dich verarschen oder dir drohen, muss dich das nicht beeindrucken. Und wenn du dir so vorkommst, als wären nur fiese Giftschlangen um dich rum oder du würdest mitten in einem Brombeerbusch mit lauter Dornen sitzen, wird dir nichts passieren, hab keine Angst. 7 Ich möchte, dass du ihnen die Sachen sagst, die ich dir erzählen werde. Soll dir egal sein, ob sie auf dich hören oder nicht. Wie gesagt, diese Leute machen eh immer nur ihr eigenes Ding und hören auf niemanden. 8 Du bist ein ganz normaler Mensch, und ich möchte, dass du gut zuhörst, wenn ich mir dir rede. Ich möchte, dass du offen bist für alles, was ich dir sage, und nicht so pampig reagierst wie diese Leute. So, jetzt mach mal deinen Mund auf und iss das auf, was ich dir jetzt gebe!“ 9 Dann sah ich, wie eine große Hand auf mich zukam, die ein Buch hielt. 10 Schließlich öffnete sich das Buch, und ich konnte die Seiten dadrin überfliegen, die beidseitig bedruckt waren. Die Sätze enthielten nur Deprinachrichten, Trauer, Verzweiflung und Rumgeheule.

3 Gott redet mit Ezechiel

1 Dann sagte Gott zu mir: „Hey, du Mensch! Ich will, dass du dir dieses Buch nimmst und es aufisst. Nachdem du das gemacht hast, sollst du zu den Leuten von Israel gehen und ihnen was von mir ausrichten!“ 2 In dieser Vision öffnete ich dann meinen Mund, und Gott steckte das Buch dort rein, und ich aß es auf. 3 Jetzt sagte Gott: „Hey, ich will dass du dieses Buch ganz aufisst, stopf dir den Magen damit voll.“ Also biss ich in das Buch rein und kaute dadrauf rum. In meinem Mund schmeckte es so süß wie Zuckerwatte. 4 Als Nächstes meinte er zu mir: „Jetzt will ich, dass du zu den Leuten von Israel gehst und ihnen etwas von mir ausrichtest. 5 Ich werde dich nicht zu Ausländern schicken, die eine andere Sprache sprechen als du. Du musst auch keinen schwierigen theologischen Vortrag halten oder so, Sachen, die du selbst nicht kapierst, musst du denen nicht erklären. Du sollst nur zu deinen eigenen Leuten gehen, dem Volk Israel. 6 Wobei man sagen muss, dass die Ausländer wohl eher auf dich hören würden, auch wenn sie eine andere Sprache sprechen als du. 7 Aber die Leute von Israel werden nicht auf dich hören, weil sie auch nicht auf mich hören wollen. Denn die schalten zurzeit alle auf stur, sie haben total zugemacht, sie sind hart drauf, nehmen meine Stimme gar nicht mehr wahr. 8 Ich werde dafür sorgen, dass du genauso hart drauf bist wie sie. 9 Du wirst noch

härter drauf sein, wie ein Granitstein oder wie ein Diamant, die werden sich an dir die Zähne ausbeißen. Du brauchst keine Angst zu haben, wenn sie bei dir ankommen! Die haben einfach keinen Bock, das zu tun, was man ihnen sagt!" 10 Dann sagte Gott noch zu mir: „Hey, du! Hör mir mal gut zu und nimm das sehr ernst, was ich dir jetzt sage! 11 Ich will, dass du zu deinen Leuten gehst, die gerade in Kriegsgefangenschaft stecken. Richte ihnen Folgendes von mir aus: ‚Gott, der Oberchef, will mit euch reden!' Könnte sein, dass sie auf das hören, was du ihnen sagst, könnte aber auch sein, dass sie es nicht tun." 12 Plötzlich beamte Gott mich weg. Ich hörte noch hinter mir eine Stimme, die so laut war wie ein Düsenjet. Dann schwebte Gottes ganz krasse Art, wie eine Wolke, von dem Platz weg, wo sie gerade war. 13 Danach hörte ich ein lautes Brummen von den Flügeln dieser vier Gestalten, die sich aneinander berührten. Dazu kam noch ein Dröhnen von den Rädern, die gleichzeitig angefangen hatten, sich zu bewegen. 14 Jetzt beamte mich die Kraft von Gott nach oben, und ich kam an einer anderen Stelle wieder raus. Ab dem Zeitpunkt war ich ziemlich durch, traurig, erregt und irgendwie schräge drauf. Gott war einfach ganz heftig mit seiner Kraft auf mir. 15 Schließlich kam ich zurück nach Tel-Abib, an den Fluss Kebar, wo die ganzen Israeliten lebten, die in Kriegsgefangenschaft waren. Ich blieb sieben Tage bei ihnen, war aber die ganze Zeit ziemlich durcheinander und wie erstarrt.

Ezechiel soll auf Israel aufpassen

16 Nachdem eine Woche rum war, redete Gott wieder einmal mit mir: 17 „Hey, du Mensch! Ich hab einen Job für dich! Ab heute sollst du der Aufpasser über meine Leute sein! Immer, wenn ich dir etwas sage, musst du das ihnen erzählen und sie warnen! 18 Es könnte zum Beispiel passieren, dass ich eine Warnung für jemanden habe, der ohne mich lebt und nur Mist baut. Du sollst ihm dann so was sagen wie: ‚Wenn du dich nicht änderst, wirst du sterben!' Wenn du das dann nicht tust, verhinderst du ja damit auch, dass er nicht sterben muss, wenn er sich ändern würde. Er würde dann mit Sicherheit wegen seinem Mist sterben, aber ich werde dich dann auch dafür verantwortlich machen, dass er gestorben ist, weil du ihn nicht gewarnt hast. Das wäre dann so was wie Mord. 19 Wenn der Typ, den du gewarnt hast, aber nicht auf dich hört und weiter Mist baut, dann wird er sterben. Aber du hast damit nichts zu tun, hast deinen Job getan und dein Leben damit gerettet. 20 Und wenn jetzt jemand, der immer okay für mich gelebt hat, plötzlich auf die Idee kommt, nur noch Mist zu bauen, und mir das nicht gefällt, dann muss er auch sterben. Wenn du ihn nicht gewarnt hast, wird er sterben, weil er Sachen getan hat, die ich nicht will. Die ganzen guten Sachen, die er in seinem Leben getan hat, sind dann egal, da denkt keiner mehr dran. Wenn du ihn aber nicht gewarnt hast, dann werde ich dich dafür verantwortlich machen. Du wirst dann sterben, genau wie er. 21 Wenn du diesen Typen aber gewarnt hast, und er hat auf dich gehört und sein Leben geändert, dann ist alles supi. Denn er hat sich von dir warnen lassen, das war gut."

Ezechiel hat eine abgefahrene Vision

22 Irgendwann sagte Gott zu mir: „Ich möchte, dass du deine Sachen packst und einen Ausflug runter ins Tal machst. Wenn wir da sind, will ich dir was Besonderes sagen." 23 Also stand ich auf und ging in das Tal. Als ich dort war, konnte ich plötzlich wieder Gottes ganz besonders krasse Art dort sehen. Es war in etwa so wie damals, als ich ihn am Fluss Kebar gesehen hatte. Sofort legte ich mich flach auf den Boden. 24 Dann kam die Kraft von Gott in meinen Körper. Gott stellte mich wieder auf meine Füße und fing an, mit mir zu reden. „Hey, du, geh mal wieder in dein Haus und schließ die Tür hinter dir zu. 25 Folgendes wird dort mit dir passieren. Jemand kommt und legt dir Handschellen und Fußfesseln an, damit du dein Haus nicht mehr verlassen kannst. 26 Dann werde ich dafür sorgen, dass dir die Zunge im Mund festwächst, damit du nicht mehr normal reden kannst. Ab dann bist du den Job los, dass du den Leuten immer sagen musst, was sie zu tun haben. Die hören sowieso auf niemanden und tun nur das, was ihnen gerade in den Kram passt. 27 Aber immer, wenn ich mit dir rede, werde ich auch dafür sorgen, dass du die Nachricht aussprechen kannst. Also, diese ‚Das kommt jetzt von Gott, dem Chef'-Nummer wirst du weiter bringen. Wer dir zuhören will, wird auf dich hören, wer dir nicht zuhören will, der lässt es eben bleiben. Wie gesagt: Die Leute hören zurzeit sowieso auf niemanden!"

4 Was Ezechiel machen muss, um zu zeigen, was Gott über Jerusalem zu sagen hat

1 Dann sagt Gott zu mir: „Hey, du Mensch, ich möchte, dass du dir ein großes Blatt Papier nimmst, es auf den Boden legst und dadrauf den

Stadtplan von Jerusalem zeichnest! 2 Wenn du damit fertig bist, nimmst du ein paar Legosteine und baust eine Mauer dadrum auf. Jetzt stellst du ein paar Spielzeugpanzer von Playmobil und einige Angriffsrampen dorthin, die gegen die Stadtmauern schießen. Dazu musst du in eine Ecke noch ein Truppenlager zeichnen, wo der Gegner sitzt, der die Stadt angreift. 3 Dann nimmst du noch eine elektrische Herdplatte und stellst die wie eine Mauer zwischen dich und die Stadt. Jetzt musst du ganz wütend auf die Stadt sehen und irgendwie klarmachen, dass du sie im Krieg angreifen und belagern willst. Auf die Art sollen die Leute von Israel kapieren, was bald abgehen wird." 4 Später sagte Gott zu mir: „Ich will, dass du den ganzen Mist, den die Leute in Israel gebaut haben, einmal für eine Zeitlang auf dich nimmst. Das sollst du in der Form tun, indem du dich auf eine Seite auf den Boden legst. Die Zeit, wo du das tust, bezahlst du für den Mist, den sie gebaut haben. 5 Wobei ich aus Jahren Tage gemacht hab. Das bedeutet, du sollst 390 Tage auf die Art für den Mist bezahlen, den die Leute von Israel gebaut haben. 6 Wenn du das erledigt hast, dann sollst du dich wieder hinlegen, aber diesmal auf die andere Seite. Damit bezahlst du den Mist, den die Leute von Juda gebaut haben. Das waren ja vierzig Jahre, aber du tust das nur für vierzig Tage, für jedes Jahr einen Tag. 7 Ich will, dass du dabei die ganze Zeit das belagerte Jerusalem beobachtest. Zeig der Stadt den Stinkefinger, hole mit deiner Hand aus, so als würdest du der Stadt in die Fresse hauen wollen. Und dann musst du als Prophet ankündigen, dass sie bald kaputtgehen wird. 8 Pass auf, ich werde dir helfen, indem ich ein paar Gurte bei dir anlege, damit du dich nicht aus Versehen umdrehst, bevor du diese harte Zeit hinter dich gebracht hast." 9 Gott sagte noch zu mir: „Geh los und organisiere dir Weizen, Gerste, Bohnen, Linsen, Kartoffeln und Hirse. Vermisch das Ganze, mach Mehl draus, und dann backe es zu Brot. Von diesem Brot sollst du in den nächsten 390 Tagen leben, solange du auf der einen Seite liegst. 10 Du musst ganz genau 230 Gramm von dem Zeug über den Tag verteilt essen. 11 Dazu bekommst du drei Becher Wasser zu trinken. Auch das musst du über den Tag verteilt zu dir nehmen. 12 Das Brot sollst du genau so backen, wie man es mit Fladenbrot macht. Aber in dem Ofen, wo das Ganze gebacken wird, soll keine Holzkohle oder Holz zum Heizen genommen werden, sondern getrocknete Kackbrocken von Menschen. 13 Diese Aktion soll bedeuten, dass die Leute von Israel bald Sachen essen müssen, die ich eigentlich von der Speisekarte gestrichen hatte, sie sind nicht in Ordnung, sie sind unrein. Davon dürfen sie eigentlich nichts essen, auch wenn sie bei den Menschen wohnen, die nichts mit Gott zu tun haben. Dort werde ich sie nämlich bald hinschicken." 14 Meine Antwort war dann: „O Mann, Gott, du bist doch der heftigste Gott weit und breit! Das kann ich doch nicht machen! Bis heute habe ich seit meiner Geburt nie etwas in den Mund genommen, was für dich dreckig und unrein ist. Noch nicht mal ein Stück Fleisch von einem Tier, was von einem Auto angefahren wurde oder irgendwo tot auf einer Wiese lag, hab ich gegessen!" 15 Gott sagte: „Pass auf, von mir aus kannst du auch getrocknete Kuhscheiße nehmen statt die von Menschen." 16 Weiter sagte er: „Hey, du Mensch! Ich werde dafür sorgen, dass Brot und Brötchen in Jerusalem ausverkauft sein werden. Man wird deswegen Notrationen verteilen und sie pro Person genau abwiegen. Mit dem Wasser wird man es genauso machen. Alle werden Angst haben, ob das Ganze noch reichen wird oder ob sie bald verhungern müssen. 17 Für alle Menschen in Jerusalem werden das Brot und das Wasser sehr knapp werden. Alle werden Panik schieben, die Leute werden sterben wie die Fliegen, weil sie so einen großen Mist gebaut haben."

5 Alle werden kaputtgehen

1 Dann sagte Gott: „Hey, du Mensch! Ich will, dass du dir eine scharfe Rasierklinge organisierst. Damit musst du dir eine Glatze rasieren. Der Bart muss auch ab. Die Haare sammelst du bitte auf einem Stück Zeitungspapier und wiegst sie anschließend. 2 Ein Drittel der Haare musst du mitten in der Stadt irgendwo öffentlich in der Fußgängerzone verbrennen. Das machst du, wenn die Stadt von den Feinden so lange belagert wurde, bis die kurz davor sind, Jerusalem anzugreifen und einzunehmen. Das zweite Drittel musst du nehmen und dann, mit einem MG bewaffnet, einmal um die Stadtmauer herum verteilen. Das letzte Drittel musst du irgendwo in die Luft schmeißen, wenn es gerade voll windig ist. Mein Plan ist nämlich, die Bewohner von bewaffneten Soldaten aus der Stadt zu treiben. 3 Behalte nur ein paar Haarbüschel, die du dann unten an den Saum deiner Jacke nähst. 4 Einen Teil davon musst du aber auch ins Feuer schmeißen. Das wird bewirken, dass sich davon ein Feuer ausbreitet, das alle Leute von Israel verbrennen wird."

Warum Gott durch diese Sachen reden will

[5] Gott weiter: „Dann sagst du zu den Leuten: ‚Das kommt jetzt von Gott, dem heftigsten Chef überhaupt! Es geht hier um Jerusalem. Ich habe festgelegt, dass diese Stadt mittendrin steht, die anderen Länder sind nur drum herum. [6] Aber sie hatten keinen Bock auf meine Gesetze. Sie haben es schlimmer getrieben als die Leute, die ohne mich leben, die in der Gegend wohnen. Meine Gesetze haben sie in die Tonne gedrückt, was ich von ihnen wollte, war ihnen total egal. [7] Deswegen sage ich, der Chef, euer Gott, Folgendes zu euch: Ihr habt es echt übertrieben, ihr habt schlimmer gelebt als die Leute, die nicht an mich glauben. Schlimmer als die Leute, denen meine Gesetze total egal sind. Euch waren ja alle Gesetze egal, sogar die Gesetze der Völker, die ohne mich leben, habt ihr nicht befolgt. [8] Darum sage ich, Gott, dass ich mir das nicht länger anschaue. Ich habe die Macht, und ich werde euch zur Rechenschaft ziehen, ich werde euch vors Gericht schleifen, und alle Völker werden dabei zusehen. [9] Was ich bei euch an Strafe ansetzen werde, hab ich noch nie vorher getan und werde ich auch nie wieder tun. Denn die ätzenden Sachen, die ihr getan habt, waren einfach zu viele. [10] Es wird so heftig bei euch abgehen, dass eure Väter ihre Söhne töten und auf den Grill schmeißen werden. Man wird so einen Hunger haben, dass die Söhne ihre Väter töten, um sie zu essen. Ich werde eine üble Gerichtsverhandlung wegen euch ansetzen, und die Bestrafung wird groß sein. Den Rest von euch, der dann noch übrig sein wird, werde ich überallhin auf der ganzen Welt verstreuen. [11] Ich, Gott, der Chef, schwöre euch hiermit, dass ich kein Mitleid mit euch haben werde. Ihr habt meinen ganz besonderen Tempel versifft, ihr habt die absolut ekligsten Sachen für irgendwelche Plastikgötter dort drin gemacht. Ihr sollt mir egal sein, ich will nicht wegen euch weinen, ich will mir keinen Stress mehr mit euch machen. [12] Ein Drittel von euch soll entweder vor Hunger oder wegen einer todbringenden Krankheit sterben, nämlich der Pest. Ein weiteres Drittel soll im Krieg vor der Stadt erschossen werden. Das letzte Drittel wird in alle Ecken der Welt vertrieben werden. Ich selbst werde euch mit der MP im Anschlag wegtreiben. [13] Ihr sollt spüren, wie sauer ich bin, ich werde meine Wut bei euch austoben. Wenn ich meine Drohungen wahr mache, werdet ihr kapieren, dass ich, Gott, zu euch geredet und euch gewarnt hatte. [14] Ich werde Jerusalem in einen Schrottplatz verwandeln. Es wird die Lachnummer für alle Völker, die in der Umgebung wohnen und ohne mich leben. [15] Ihr werdet zum besten Witz, zur größten Verarsche, zu einer Warnung für die Völker in der Gegend. Wenn ich meine Wut an dir ausgelassen habe, wenn ich dir eins reingedrückt und dich bestraft habe, wird das so sein. Das habe ich, Gott, hiermit beschlossen. [16] Ich werde dafür sorgen, dass ihr alle durch euren Hunger kaputtgeht. Ich werde diesen Hunger total stark machen, und es wird noch nicht mal Brot zu kaufen geben. [17] Ich werde euch aushungern und werde dafür sorgen, dass fiese Viecher euch ärgern. Dann sorge ich dafür, dass ihr keine Kinder bekommen könnt und dass eine todbringende Krankheit bei euch wütet und Menschen durch Kriege sterben. Das habe ich gesagt, ich, der Chef, euer Gott!'"

6 **Bestrafung, weil man zu Plastikgöttern gebetet hat**

[1] Irgendwann sagte Gott Folgendes zu mir: [2] „Hey, du, Mensch! Ich will, dass du dich so aufstellst, dass dein Gesicht in die Richtung der Berge von Israel zeigt. Dann musst du ein paar Sprüche sagen, die von mir kommen. [3] Und zwar sagst du Folgendes: ‚Das geht jetzt an die Leute, die in den Bergen von Israel und in den Tälern und Schluchten wohnen. Passt auf, ich werde dafür sorgen, dass ihr im Krieg angegriffen werdet. Ich will, dass die Orte, wo ihr zu den Plastikgöttern gebetet habt, plattgemacht werden. [4] Die Opfertische, diese Altäre, die ihr für die Sachen abgefackelt habt, sollen alle zerstört werden. Die Leichen von euren Leuten sollen vor euren Plastikgöttern rumliegen. [5] Die Leichen von den Israeliten werde ich vor ihre Plastikgötter schmeißen, ihre Knochen sollen einmal um die Opfertische zerstreut rumliegen. [6] Überall, wo ihr wohnt, werde ich die Städte kaputt machen und die Tempel und Opferplätze sprengen lassen. Eure Plastikgötter und eure Opferplätze sollen nur noch Müllhaufen sein. Die Opfertische, wo ihr Räucherkerzen für die selbstgebastelten Plastikgötter angezündet habt, das soll alles komplett zerstört werden. [7] Die Leichen werden überall bei euch rumliegen. Wenn das passiert, werdet ihr endlich kapieren, dass ich der Chef bin und sonst keiner. [8] Ich werde aber ein paar von euch übrig lassen, die dann überall in der Welt verstreut leben sollen. [9] Diese Leute, die der Strafe entkommen werden und bei Menschen, die mich nicht kennen, in Kriegsgefangenschaft sind, werden sich irgendwann an mich erinnern. Sie hatten mich betrogen, sie

haben sich wie eine Nutte billig verkauft, sie waren mit anderen Plastikgöttern fremdgegangen. Aber dann werden sie plötzlich kapieren, wie eklig das war, was sie gemacht haben, sie werden sich vor sich selbst ekeln. 10 Dann werden sie auch kapieren, dass das nicht nur heiße Luft war, was ich ihnen an Bestrafung angedroht hatte.'" 11 Gott sagte noch zu mir: „Hau dir wütend auf den Schenkel und stampfe mit dem Fuß auf die Erde. Dann sagst du ihnen: ‚Die Leute von Israel müssen echt aufpassen, sie haben richtig üblen Mist gebaut. Sie werden sterben, durch Kriege, durch Hunger und durch Krankheiten. 12 Wer gerade in der Gegend lebt, wird durch den Krieg sterben, und wer gerade außerhalb lebt, wird durch eine Krankheit sterben, und wer davon noch übrig bleibt, wird durch Hunger sterben. Ich werde meine Wut voll an ihnen auslassen. 13 Denn ich möchte, dass sie kapieren, dass ich Gott bin, wenn sie die Toten aufsammeln, die neben den Plastikgöttern liegen oder neben den Opfertischen, die auf den Bergen aufgebaut wurden. Die wurden ja überall hingestellt, unter jeden Baum, auf jeden Hügel, auf jeden kleinen Berg, unter jeder großen Eiche steht so ein Teil. Dort haben sie Räucherkerzen für sie abgefackelt, um sich bei den Plastikgöttern einzuschleimen. 14 Ich werde mich höchstpersönlich um sie kümmern, ich werde dafür sorgen, dass ihr ganzes Land komplett zerstört wird. Von der Wüste bis nach Ribla, alles wird Schrott sein. Sie werden dann endlich kapieren, dass ich Gott bin.'"

7 Die letzte Gerichtsverhandlung kommt

1 Und dann redete Gott wieder mit mir: 2 „Ezechiel? Du, Mensch, Folgendes hab ich dir zu sagen: Das kommt jetzt von Gott und gilt für die Leute, die in dem Gebiet von Israel leben: ‚Es ist bald aus und vorbei. Das ganze Land wird zusammenbrechen. 3 Jetzt mach ich mit euch Schluss, ich bin supersauer und lasse meine Wut auch raus. Ich werde euch verurteilen, weil ihr zu viel Mist gebaut habt. Den ganzen Kack, den ihr fabriziert habt, müsst ihr jetzt selbst ausbaden. 4 Diesmal werde ich kein großes Mitleid mit euch haben, ich zieh das Ding durch. Alles, was ihr an ätzenden Sachen getan habt, wird jetzt dementsprechend Konsequenzen haben. Ihr müsst endlich peilen, dass ich der Chef, dass ich Gott bin! 5 Ich kündige euch hiermit an, dass ganz üble Sachen bei euch passieren werden, es wird sehr, sehr schlimm. 6 Es ist aus mit euch, es ist aus und vorbei. Euer Ende kommt immer näher. 7 Jetzt seid ihr dran! Ihr Leute, die ihr dort wohnt, euch geht es jetzt an den Kragen. Eure Zeit ist abgelaufen, bald wird es bei euch keine Freude mehr geben, sondern nur noch Frust, man wird von den Bergen nur noch Heulen hören und kein Lachen. 8 Ich werde bald meine ganze Wut über euch auskotzen. Ich werde euch bestrafen für die ätzenden Sachen, die ihr alle gebracht habt. 9 Es wird mir nichts ausmachen, ich heule euch keine Träne nach. So, wie ihr gelebt habt, werdet ihr auch bestraft werden. Ihr müsst nun die Suppe auslöffeln, die ihr euch selbst eingebrockt habt. Ihr werdet dabei kapieren, dass ich es bin, der euch bestraft, ich, euer Gott.'"

Der Tag der Gerichtsverhandlung

10 Passt auf, der Tag, wo es die große Abrechnung gibt, der kommt garantiert! Dann wird alles anders. Zurzeit wird es immer krasser, wie die Gesetze gebrochen werden, die Leute übertreiben es immer mehr. 11 Die Brutalität nimmt zu, die Menschen setzen ihre miesen Entscheidungen mit immer fieseren Mitteln durch. Aber von diesen Leuten wird nichts übrig bleiben, ihr ganzer Reichtum, die vielen Aktionen, die sie planen und durchführen, ihre komplette Macht wird bald verschwinden. 12 Ihre Frist ist abgelaufen, der Tag der Abrechnung kommt. Wenn sich jemand gerade etwas Wertvolles gekauft hat, wird er nicht viel Zeit haben, sich dadran zu freuen. Wer gerade noch einen guten Deal durchgezogen hat, muss nicht traurig sein. Denn Gott ist sauer auf alle Leute, auf ganz Israel. 13 Der Verkäufer wird nämlich anschließend nichts mehr verkaufen können, selbst wenn er die Katastrophe überlebt. Denn Gottes Wut wird sich gegen jeden richten. Der Verkäufer wird das nicht zurückbekommen, auch wenn gerade das Jahr ist, wo alle Schulden erlassen werden. Er hat zu viel Mist gebaut, die Schulden sind zu groß, darum wird niemand sein Leben retten können. 14 Man wird die Soldaten plötzlich alle zum Kampf einziehen wollen, aber keiner kommt. Denn die Strafe von Gott war schon vorher da, er hat Israel kaputt gemacht. 15 Der Krieg wütet, die Krankheit wütet, der Hunger wütet. Derjenige, der auf dem Feld ist, wird erschossen werden. Derjenige, der gerade in der Stadt ist, wird verhungern oder eine todbringende Krankheit bekommen. 16 Wenn einige es schaffen, in die Berge zu fliehen, dann werden sie dort leben wie verängstigte Hasen in ihrer Höhle. Alle werden schlecht drauf sein, jedem tut es total leid, dass er

so viel Mist gebaut hat. 17 Die Leute werden sich
vor Angst in die Hosen machen und weiche Knie
bekommen. 18 Sie ziehen schwarze Trauerklamotten
an und zittern am ganzen Körper. Man kann ihnen
im Gesicht ansehen, wie sehr sie sich schämen.
19 Ihre Geldscheine und Münzen werfen sie auf die
Straßen. Ein 500-Euro-Schein wird so viel wert sein
wie Klopapier. An dem Tag, wo die Gerichtsver-
handlung abgeht, wo Gott seine Wut rauslässt, wird
sie nichts mehr retten können. Sie werden sich mit
dem Geld nicht mehr irgendeine Befriedigung ho-
len können, und das Geld wird sie auch nicht satt
machen. Denn die Kohle ist der Grund dafür, war-
um sie dazu verführt wurden, Sachen zu tun, die
Gott nicht will. 20 Sie haben sich mit ihrer Kohle die
ätzenden Figuren machen lassen, die dann ihre
neuen Plastikgötter wurden. Das waren die absolu-
ten Ekelpakete, aber sie waren ganz stolz drauf.
Darum will ich, dass diese Plastikgötter für sie jetzt
auch total ekelig werden. 21 Gott sagt: „Ich werde sie
in die Hand von Ausländern geben, Menschen, die
ohne mich leben. Die sollen sie komplett ausneh-
men, dabei werden sie auch diese Plastikgötter mit
in den Dreck ziehen. 22 Ich werde ihnen den Rücken
zudrehen, und sogar das Allerderbste im Tempel
soll in den Dreck gezogen werden. Diebe werden in
den Tempel einbrechen und dort alles voll verdre-
cken. 23 Sie werden dort ein Blutbad anrichten, über-
all im Land werden Leute abgeschlachtet, in Jeru-
salem regiert die Gewalt. 24 Darum werde ich die
fiesesten Nationen antanzen lassen, die ihre Städte
einnehmen werden. Ich werde mit ihrer Arroganz –
weil sie glauben, ihnen könnte nichts passieren –
kurzen Prozess machen. Alles, was ihnen total wich-
tig und heilig ist, wird verdreckt werden. 25 Überall
wird Panik sein, sie wollen unbedingt den Frieden,
aber der ist in weite Ferne gerückt. 26 Eine Katastro-
phe kommt auf die nächste, eine üble Nachricht
jagt die nächste. Sie werden versuchen, sich von
den Prophetentypen einen Rat zu holen, aber der
bekommt auch keine Meldung von Gott rein. Auch
die Priester wissen nicht weiter, und die Leute in
der Regierung sind völlig planlos. 27 Der Präsident
kriegt Depressionen, und der Bürgermeister ist vom
Schock wie gelähmt. Auch die Leute, die im Land
leben, zittern vor Angst. Ich, Gott, sage, dass ich
jedem ein Gerichtsurteil verpassen werde, was dem
angemessen ist, wie er gelebt hat. Dabei lege ich
knallhart ihre eigenen Gesetze an. Dann werden sie
kapieren, dass ich der Chef bin!"

8

Ezechiel wird in den Tempel gebeamt

1 Im sechsten Jahr, wo wir in Kriegsgefangen-
schaft waren, passiert mir am 5. September eine
heftige Sache. Ich hatte bei mir zu Hause gerade
Besuch von einigen Männern, von der Führungs-
riege von Juda. Plötzlich merkte ich ganz krass, wie
Gott da war. Er berührte mich irgendwie, und 2 ich
sah in einer Vision, wie so eine Art Engel plötzlich
vor mir stand. Der sah aus wie ein Mann, hatte aber
unter den Hüften nur so eine Art Flammen als
Beine. Der obere Teil seines Körpers sah aus wie auf
Hochglanz poliertes Chrom. 3 Dann streckte dieser
Engel mir irgendwie so was wie eine Hand entge-
gen, packte mich dann aber an den Haaren und zog
mich hoch. Gemeinsam schwebten wir zwischen
Himmel und Erde. Er beamte mich dann in einer
Vision nach Jerusalem, vor den Eingang des Tores,
das im inneren Vorhof vom Tempel Richtung Nor-
den zeigt. Hier konnte ich einen Plastikgott stehen
sehen, über den sich Gott wohl total aufgeregt
hatte. 4 Jetzt konnte ich dort an der Stelle die ganz
besonders krasse Art von unserem Gott, dem Gott
von Israel, sehen. Es war so ähnlich wie bei diesem
Treffen, was ich mit Gott früher schon einmal am
Fluss Kebar gehabt hatte. 5 Gott sagte zu mir: „Hey,
du, Mensch! Schau mal in Richtung Norden!" Ich
schaute in Richtung Norden und konnte dort außer-
halb vom Eingang so einen Opfertisch sehen, so
einen Altar. Gleich daneben stand so ein bescheuer-
ter Plastikgott, der Grund, warum Gott mit Recht
so stinksauer war. 6 „Und? Kapierst du, was die da
die ganze Zeit machen? Das sind ganz furchtbar
ätzende Sachen, die die Leute von Israel hier brin-
gen. Tun die das, damit ich von meinem besonde-
ren Haus, so weit es geht, wegbleibe, oder was?
Aber pass auf, das war noch nicht alles, ich werde
dir noch heftigere Sachen zeigen!" 7 Als Nächstes
beamte mich Gott an den Eingang vom vorderen
Teil. Dort war ein Loch in der Mauer. 8 „Hey, du,
brich mal ein Loch durch die Wand!", sagte Gott zu
mir. Ich hab das dann gemacht und landete vor
einer Tür. 9 „Jetzt geh mal durch die Tür und schau
dir an, was für ätzende Sachen die dort treiben!"
10 Ich ging dann in den Raum rein und schaute mich
um. Überall hingen Bilder von ganz ekligen Tieren
an den Wänden, von denen Gott mal gesagt hatte,
dass die nicht sauber, dass sie unrein sind. Irgend-
welche Schlangen, Regenwürmer, komische Tiere
und viele Plastikgötter waren in die Wände einge-
meißelt worden. 11 Siebzig Männer aus der Chef-
etage von Israel standen davor. Jaasanja, der Sohn

von Schafan, war auch dabei. Jeder hatte eine
Pfanne in der Hand, auf der Räucherkerzen abgefa-
ckelt wurden. 12 Gott fragte mich: „Und? Hast du
gesehen, was die leitenden Männer von Israel heim-
lich so alles treiben? Jeder hat wohl seine eigenen
Bilder von Plastikgöttern. Das tun sie wohl, weil sie
glauben, dass Gott gerade nicht zu Hause ist, dass
ich das Land verlassen hab!" 13 Dann meinte Gott
zu mir: „Aber pass auf, es gibt noch schlimmere
Sachen, die sie bringen!" 14 Jetzt beamte mich Gott
an den nördlichen Eingang vom Tempel. Dort saßen
viele Frauen, die voll abheulten, weil so ein Plastik-
gott, mit Namen Tammus kaputt gemacht worden
war. 15 Dann meinte Gott: „Und? Reicht dir das?
Oder willst du noch was Schlimmeres sehen?"
16 Jetzt beamte mich Gott in den inneren Bereich im
Tempel. Dort konnte ich am Eingang, zwischen der
Vorhalle und dem Altar, ungefähr 25 Männer sehen.
Die hatten sich aber vom Tempel weggedreht, war-
fen sich die ganze Zeit Richtung Osten auf den
Boden und beteten zur Sonne! 17 Und Gott sagte zu
mir: „Hast du das gesehen? Haben die Leute von
Juda nicht schon den Hals voll mit dem ganzen
Mist, den sie überall im Land bauen? Reicht es
ihnen noch nicht mit den ganzen Sachen, mit denen
sie mich provozieren? Müssen sie ihren Dreck
sogar hier im Tempel, direkt vor meiner Nase, trei-
ben? 18 Ich hab den Hals voll! Es macht mir auch
nichts mehr aus, ich bin nicht traurig, wenn ich sie
bestrafen muss. Die können noch so laut um Hilfe
schreien, von mir werden sie keine Antwort bekom-
men."

9 Jerusalem geht kaputt

1 Als Nächstes hörte ich, wie Gott ganz laut zu
mir sprach: „Jetzt geht es los! Die Stadt wird
bestraft, die Stadt wird kaputt gemacht! Jeder soll
seinen Vorschlaghammer mitbringen!" 2 Dann sah
ich in einer Vision, wie sechs Männer durch die
nördliche Tür vom Tempel gingen. 3 Plötzlich kam
Gottes ganz krasse Art in den Tempel rein! Der Gott
von Israel flog über die großen Engelsfiguren rüber
zum Eingang des Tempels. Dann redete er mit die-
sem Typen in der Jeans und mit dem Laptop unterm
Arm. 4 Er sagte: „In Jerusalem gibt es einige Leute,
die unter dem ganzen Mist echt sehr gelitten haben,
der in Jerusalem gelaufen ist. Ich mein diesen gan-
zen ätzenden Kram mit den Plastikgöttern und so,
mach denen mal ein Zeichen auf die Stirn." 5 Dann
hörte ich, wie Gott zu diesen Menschen dort sagte:
„Geht hinter ihm her, wenn er durch die Stadt geht,
und nietet die Bewohner einfach um. Ihr braucht
kein Mitleid mit denen zu haben und deswegen
auch nicht traurig sein. 6 Ihr sollt jeden töten, der
euch vor die Flinte kommt. Opas und Omas ge-
nauso wie Jugendliche, Kinder und Frauen. Macht
das so lange, bis wirklich niemand mehr am Leben
ist. Nur die Leute, die das Zeichen an ihrer Stirn
haben, die dürft ihr nicht anrühren, okay? Fangt
gleich hier an bei den Menschen, die gerade im
Tempel sind!" Die Sache wurde sofort umgesetzt.
Alle Männer, die Chefs vom Volk, die gerade zufällig
vor dem Tempel standen, wurden getötet. 7 Dann
sagte Gott: „Jetzt verdreckt den Tempel in der Form,
dass ihr die ganzen Leichen hier aufstapelt. Macht
ihn unrein! Legt los!" Jetzt gingen die Leute alle raus
und töteten jeden, der da rumstand. 8 Nachdem
wirklich jeder tot war, stand ich plötzlich alleine im
Raum. Ich legte mich mit meinem Gesicht auf den
Boden und fing an zu schreien: „Hey, Gott! Du bist
doch Gott! Willst du denn jetzt im Ernst alle Israeli-
ten umbringen, die noch übrig geblieben sind?
Willst du wirklich ganz Jerusalem plattmachen?"
9 Da antwortete Gott: „Die Leute von Israel und
Juda haben einfach zu viel Mist gebaut. Es reicht!
Mehr geht einfach nicht! Überall im Land werden
schlimme Verbrechen begangen. In der Stadt macht
jeder, was er will, die Gesetze sind ihnen total egal.
Sie denken alle, dass ich, ihr Gott, wohl verreist bin
und dass ich das alles nicht mitkriegen würde. 10 Mit
meinem Mitleid ist es jetzt vorbei, ich werde denen
keine Träne nachweinen. Ich werde sie auf den Kopf
stellen und ordentlich schütteln, das haben sie ein-
fach verdient." 11 Jetzt kam in dieser Vision wieder
der Mann auf die Bildfläche, der eine Jeans trug und
einen Laptop unterm Arm hatte. Er meldete Gott:
„Ich habe alles genau so gemacht, wie du es mir
gesagt hast!"

10 Die Vision geht weiter: Jerusalem soll abgefackelt werden

1 Jetzt sah ich mir diese Engelsfiguren mal
genauer an und stellte fest, dass auf dieser Platte,
die über ihren Köpfen schwebte, etwas stand. Es
war ein großer Chefsessel, der aus blauen Edelstei-
nen gebaut war. 2 Der Typ, der auf diesem Chefessel
saß, sagte zu dem Mann in der Jeans: „Hol aus
dem Grill, der zwischen den Engeln ist, mit deinen
Händen ein paar von den glühenden Kohlen raus.
Diese Kohlen sollst du auf die Stadt werfen." Dann

konnte ich sehen, wie der Typ zu dieser Stelle hinging. 3 Diese Engelsfiguren standen jetzt auf der rechten Seite vom Tempelhaus. Der ganze Bereich vor dem Tempel war dabei mit einer leuchtenden Wolke eingenebelt. 4 Plötzlich bewegte sich wieder diese Wolke, wo Gottes besonders krasse Art drin war. Sie schwebte vom Chefsessel weg und kam zum Eingang des Tempels. Die Wolke nebelte den ganzen Bereich, der vor dem Tempel lag, komplett ein. Gott war jetzt voll da. 5 Die Bewegung von den Flügeln der Engel machte ein lautes Geräusch. Es klang so wie ein lauter Donner, so, wie Gott manchmal redet. Man konnte den Lärm bis in den äußersten Bereich vom Vorhof hören. 6 Als Gott dem Typen in seiner Jeans gesagt hatte, dass er dieses Feuer von der Stelle holen sollte, die zwischen den Engelsfiguren lag, tat er das auch. 7 Einer von diesen großen Engeln, der zwischen den anderen Engeln stand, streckte seine Hand aus. Er griff nach den glühenden Kohlen, die zwischen den Engeln lagen, hob sie auf und legte sie in die Hände von diesem Typen in der Jeans. Der nahm sie und ging damit aus dem Tempel raus. 8 Dann sah ich irgendwie so eine Hand, die unter den Flügeln von den Engeln hervorkam. 9 Dazu kamen vier Räder ins Bild, die neben den Engeln standen. Jeder hatte eins davon an seiner Seite. Die Räder hatten die gleiche Farbe wie diese türkisen Edelsteine. 10 Sie waren irgendwie ineinandergesteckt, jedes Rad hatte ein anderes, im rechten Winkel, in seiner Mitte. Dabei sahen sie alle gleich aus. 11 So waren sie in der Lage, in jede Himmelsrichtung zu fahren, ohne dass man sie großartig lenken musste. Die Räder rollten alle in die gleiche Richtung, dorthin, wo das Vorderste hinzeigte. Sie gingen dabei nur vorwärts, nicht rückwärts. 12 Diese Räder hatten überall kleine Augen, alle vier. Auch auf dem Körper von diesen Engeln waren diese Augen, überall. 13 Dann hörte ich, dass diese Räder einen Namen hatten. Sie hießen „Galgal". 14 Jeder Engel hatte irgendwie vier Gesichter. Beim ersten Engel sah das Gesicht, das vorne war, aus wie ein Engel. Das zweite Gesicht sah aus wie ein Mensch. Das dritte Gesicht sah aus wie ein Löwe. Das vierte sah aus wie ein Adler. 15 Dann flogen die Engel plötzlich nach oben in den Himmel. Das war übrigens das gleiche Teil, das ich auch schon am Fluss Kebar in einer Vision gesehen hatte. 16 Immer, wenn die Engel losflogen, schwebten die Räder neben ihnen. Auch wenn sie ihre großen Flügel ausstreckten, um von der Erde loszustarten, flogen die Räder immer parallel zu ihnen. 17 Wenn sie stehen blieben, blieben die Räder auch stehen. Wenn sie anfingen wegzufliegen, flogen die Räder auch weg. In den Rädern steckte nämlich genauso die Kraft von diesen Gestalten, die ich schon mal gesehen hatte. 18 Dann verließ diese Wolke, in der die besonders krasse Art von Gott steckte, den Eingangsbereich vom Tempel wieder und flog rüber an die Stelle über den Engeln. 19 Vor meinen Augen breiteten sie ihre Flügel aus und hoben von der Erde ab. Die Räder flogen parallel zu ihnen auch hoch. Dann verließ diese Wolke mit der besonders krassen Art von Gott den Tempel und flog durch den östlichen Eingang raus. Unter der Wolke flogen die Engel. 20 Mir war sofort klar, dass es sich um die gleichen Teile handeln musste, die ich am Fluss Kebar gesehen hatte. Sie waren dort ja auch unterhalb von Gott. Es waren garantiert ein paar von den heftigsten Engeln. 21 Jeder dieser Engel hatte, wie gesagt, vier Gesichter und vie Flügel. Dabei konnte ich auch so was wie normale Hände von Menschen erkennen, die unter den Flügeln waren. 22 Auch die Gesichter und ihre Körper sahen genau so aus wie die von dem Typen, die ich in der Vision am Fluss Kebar gesehen hatte. Sie konnten, egal, wo sie hingingen, immer mit einem der Gesichter nach vorne schauen.

11 Eine neue Vision: Die übrig gebliebenen Leute in Jerusalem werden zu arrogant

1 In einer anderen Vision wurde ich von Gott zum östlichen Tor gebeamt, das vor dem Tempel liegt und in Richtung Osten zeigt. Vor dem Tor sah ich 25 Männer rumstehen. Einer von ihnen war Jaasanja, ein Sohn von Asur und Pelatja. Pelatja kam aus der Familie vom Benja. Beide gehörten zu der Führungsriege. 2 Gott sagte zu mir: „Hey, du, Mensch, siehst du diese Typen? Das sind ganz fiese Männer, die nur Blödsinn im Hirn haben. Sie wollen die Stadt kaputt machen, planen Terroranschläge und so was. 3 Sie behaupten, dass es Quatsch ist, in Häuser zu investieren, weil sie die Kohle lieber für sich haben wollen. ‚Die Stadt muss uns ernähren und nicht wir die Stadt', sagen sie. 4 Darum musst du dort mal dazwischenhauen und denen was von mir erzählen." 5 Plötzlich übernahm die Kraft von Gott die Kontrolle über mich. Er sorgte dafür, dass ich Folgendes zu den Leuten von Israel sagte: „Das kommt jetzt von Gott! Ich habe mitbekommen, was für einen Stuss ihr euch gegenseitig erzählt, ich weiß auch, was ihr vorhabt! 6 Ihr habt dafür gesorgt,

dass es zigtausend Tote bei euch gibt. Ihre Leichen liegen in den Straßen rum. [7] Darum sage ich, Gott, zu euch: Die ganzen toten Menschen, die ihr bei euch umgebracht habt, sind wie das Fleisch, und die Stadt ist wie ein Topf, in dem das Gulasch gerade schmort. Aber ihr müsst aus der Stadt raus. [8] Ihr habt Angst vor Krieg? Dann werde ich dafür sorgen, dass ihr im Krieg sterben werdet! Das kommt jetzt von Gott. [9] Ich schmeiß euch aus der Stadt raus, und ich sorge dafür, dass Ausländer gegen euch im Krieg gewinnen und euch verhaften. Auf die Art werde ich euch bestrafen. [10] Ihr werdet an der Grenze von Israel erschossen, dort wird das Gerichtsurteil vollstreckt. Ihr müsst endlich kapieren, dass ich der Chef, dass ich Gott bin. [11] Ihr werdet nicht in der Stadt enden wie die Fleischstücke im Gulasch. Aber an der Grenze werde ich euch die Rechnung präsentieren. [12] Ihr müsst einfach kapieren, dass ich Gott bin. Ihr habt meine Gesetze vergessen und nicht danach gelebt. Stattdessen habt ihr euch nach den Gesetzen gerichtet, die Leute erfunden haben, die nicht mit mir leben. Die kamen von den Nationen aus der Gegend." [13] Später hab ich gehört, dass genau in der Zeit, als ich diese Prophetie ausgesprochen hatte, Pelatja gestorben ist. Pelatja war ein Sohn von Benaja. Ich war voll fertig, als Gott mir das alles erzählt hatte. Ich brach zusammen, lag auf dem Boden und schrie: „Mann, Gott, willst du wirklich den kleinen Rest, der von Israel noch übrig geblieben ist, komplett kaputt machen?"

Ein Versprechen für die Leute in Kriegsgefangenschaft

[14] Irgendwann redete Gott mal wieder mit mir. Er sagte: [15] „Hey du, Mensch! Hast du mitbekommen, was die Bewohner von Jerusalem labern, wenn sie über deine Verwandten und über alle anderen Leute von Israel sprechen, die in Kriegsgefangenschaft sind? Die sagen: ‚Sie sind total weit weg von Gott, die sollen bleiben, wo der Pfeffer wächst! Das ganze Land gehört jetzt uns!' [16] Darum wäre es gut, wenn du mal folgenden Spruch vom Stapel lässt: ‚Das kommt jetzt von Gott, dem großen Chef: Richtig, ich habe diese Leute wegbringen lassen, sie sollten in Ländern leben mit Menschen, die nicht an mich glauben. Auf die Entfernung ist mein Wert anscheinend wieder bei ihnen gestiegen, ich bin jetzt plötzlich wieder etwas ganz Besonderes für sie geworden, seitdem sie im Ausland leben. Jedenfalls ein bisschen. [17] Deshalb hab ich, Gott, der Chef über alles, Folgendes beschlossen: Ich werde sie wieder alle zusammenbringen! Ich sammle sie von überall her auf, wo auch immer sie verstreut leben, und bringe sie wieder in dem Land Israel zusammen. Dieses Land werde ich ihnen wieder schenken. [18] Wenn das passiert, werden sie das Land erst einmal komplett ausräumen und sauber machen. Dieser ganze ätzende Kram mit den Plastikgöttern und so muss dort unbedingt verschwinden! [19] Ich werden ihnen eine andere Einstellung zu Dingen schenken, sozusagen ein neues Herz. Sie werden innerlich ganz anders draufkommen, ich spiele ihnen ein neues Programm auf. Ich werde dafür sorgen, dass sie nicht mehr so hart drauf und ohne Gefühle sind. Aus einem Herz aus Stein mach ich ein Herz aus Fleisch und Blut. [20] Wenn das passiert ist, werden sie nach meinen Gesetzen leben können, sie werden meine Regeln nicht mehr so schnell vergessen und sie locker befolgen. Dann sind sie meine Leute, und ich bin ihr Gott. [21] Die Menschen, die sich aber innerlich auf Plastikgötter und andere ätzende Sachen eingelassen haben, werden ein Problem kriegen. Ihre ätzenden Taten kommen wie ein Bumerang wieder auf sie zurück.'"

Jetzt haut Gott aus Jerusalem ab

[22] Nach dieser Ansage fingen die Engel an, mit ihren Flügeln zu schlagen, um langsam vom Boden abzuheben. Gleichzeitig bewegten sich auch diese Räder parallel mit. Gottes oberkrasse Art flog dabei in einer Wolke über diesen Engeln. [23] So schwebte Gott in seiner heftigen Erscheinung langsam nach oben, machte eine Kurve und flog über die Stadt in Richtung des Berges, der im Osten von Jerusalem lag. [24] Ich wurde dann in meiner Vision wieder zurück nach Babylonien gebeamt. Und plötzlich war ich wieder in der Realität, und die Vision war vorbei. [25] Als Nächstes ging ich dann zu den Leuten, die in Kriegsgefangenschaft saßen, um ihnen zu erzählen, was Gott mir gesagt und gezeigt hatte.

12 Gott sagt, was mit den Leuten passiert, die dageblieben sind

[1] Irgendwann redete Gott wieder mal mit mir. Er sagte: [2] „Hey du, Mensch! Du lebst mitten unter diesen Leuten, die eigentlich total rebellisch unterwegs sind und immer was dagegen haben, egal, was man sagt. Sie verhalten sich wie Blinde, obwohl sie eigentlich sehen können, oder wie Leute, die sich zwar alles anhören, aber doch nichts

kapieren wollen. 3 Ich möchte von dir, dass du dir
einen Rucksack so packst, als würdest du dich
gerade auf eine längere Kriegsgefangenschaft vor-
bereiten. Dann nimmst du den auf deinen Rücken
und ziehst damit so durch die Stadt, dass es jeder
sehen kann. Geh damit von einem Ort zum nächs-
ten. Vielleicht kapieren sie dann endlich, was ihnen
bald drohen könnte. Die sind einfach alle total zu
und echt rebellisch unterwegs. 4 Wie gesagt, du
sollst den Rucksack so tragen, als würdest du am
frühen Abend gerade in die Kriegsgefangenschaft
abgeführt werden. 5 Ich möchte, dass du vor ihren
Augen von innen mit einem Vorschlaghammer ein
Loch in die Außenwand von deiner Hütte haust.
Durch dieses Loch musst du dann mit dem Ruck-
sack nach draußen gehen. 6 Jeder soll mitkriegen,
wenn du deine Klamotten auf den Rücken schnallst
und im Dunkeln das Haus verlässt. Dabei musst du
dir bitte eine fette Sonnenbrille aufsetzen, damit du
den Boden und das Land nicht sehen kannst. Auf
die Art will ich aus dir ein Zeichen machen, an dem
die Leute von Israel sehen sollen, was bald passie-
ren wird.“ 7 Ich zog das alles genauso durch, wie
Gott es mir gesagt hatte. Meinen Rucksack trug
ich in der Weise, wie man ihn trägt, wenn du als
Kriegsgefangener abgeführt wirst. Abends schlug
ich ein Loch in die Mauer von meinem Haus und
krabbelte dort durch. Vor den Leuten, die gerade in
der Straße waren, ging ich mit meinem Rucksack
los. 8 Am nächsten Morgen redete Gott wieder mit
mir. Er sagte: 9 „Hey, du, Mensch! Haben dich diese
rebellischen Leute von Israel gefragt, was du vor-
hast? 10 Wenn sie das tun, dann musst du ihnen
Folgendes von mir ausrichten: „Das kommt jetzt
vom Chef, vom heftigen Gott, und es geht an die
Regierungsleute in Jerusalem, aber auch an alle
anderen Leute von Israel, die dort wohnen. 11 Ich
mach das hier, weil es ein Zeichen von Gott für
euch sein soll! Was ich getan hab, wird euch in echt
passieren. Ihr werdet alle in Kriegsgefangenschaft
abgeführt werden! 12 Euer Präsident, der gerade an
der Macht ist, wird auch im Dunkeln seinen Ruck-
sack packen müssen und losziehen. Die Flüchtlinge
werden ein Loch in die Stadtmauer hauen und sich
und ihr Gepäck dort durchzwängen. Der Präsident
wird sein Gesicht auch unter einer Mütze verste-
cken und eine fette Sonnenbrille aufziehen, denn er
wird das Land Israel nie mehr zu Gesicht bekom-
men. 13 Ich werde ein paar Fallen aufstellen und ihn
fangen. Er wird nach Babylonien gebracht und nie
mehr in dieses Land zurückkehren. Dann wird er
dort in Babylonien in Gefangenschaft sterben.
14 Seine Angestellten und auch seine Armee werde
ich überallhin verstreuen. Ich werde dafür sorgen,
dass sie fliehen müssen, weil andere Soldaten mit
ihren Gewehren auf sie zielen. 15 Wenn ich sie in die
Länder verstreut habe, wo Menschen wohnen, die
mit mir nichts am Hut haben, wachen sie vielleicht
wieder auf und kapieren, dass ich ihr Gott bin.
16 Ein paar wenige werde ich übrig lassen. Es wer-
den nicht alle durch Krieg, Hunger oder Krankheit
sterben. Ich möchte, dass sie den Menschen erzäh-
len, was für einen großen Mist sie gebaut haben,
und dass ihre jetzige Situation eine Folge davon ist.
Sie sollen einfach kapieren, dass ich Gott bin.“
17 Dann redete Gott wieder mit mir. Er sagte: 18 „Hey
du, Mensch! Wenn du zu Abend isst, dann sollen
dir dabei die Knie schlottern, wenn du Wasser
trinkst, dann sollst du das mit Angst tun! 19 Geh zu
den Leuten aus Jerusalem, die jetzt in Kriegsgefan-
genschaft sind, und sag ihnen Folgendes: ‚Das
kommt jetzt von Gott, dem Chef von den Leuten
aus Israel. Allen von euch, die zu Hause geblieben
sind, werden beim Abendessen die Knie schlottern,
sie werden Angst haben, wenn sie Wasser trinken!
Denn ihr Land ist kaputt. Bei ihnen ist alles wie leer
gefegt, weil die Leute, die dort leben, brutal und
ätzend unterwegs waren. 20 Die großen Städte wer-
den komplett zerstört sein. Das Land wird total
vertrocknet sein. Dann werdet ihr endlich kapieren,
dass ich Gott bin.‘“

Was Gott sagt, zieht er auch durch

21 Gott redete mal wieder mit mir. Er sagte: 22 „Hey
du, Mensch, was erzählen sich die Leute in Israel so
den ganzen Tag? Ich hab gehört, dass man sagt:
‚Die Uhr dreht sich immer weiter, aber die Voraus-
sagen von den Propheten treffen sowieso nie ein!‘
23 Darum sollst du ihnen Folgendes von mir ausrich-
ten: ‚Ich werde dafür sorgen, dass mit solchen Sprü-
chen bald Schluss ist. Nie wieder soll man in Israel
so einen Stuss hören.‘ Dann sag noch zu ihnen:
‚Die Uhr ist abgelaufen, bald werden die Worte und
Visionen von den Propheten eintreffen! 24 Ab sofort
ist es vorbei mit den ganzen Pseudoprophetien in
Israel von Leuten, die sich nur bei euch einschlei-
men wollen und lauter nette Sachen voraussagen.
25 Denn ab sofort rede nur noch ich, Gott! Und was
ich sage, das passiert auch, und zwar ganz bald! Es
wird nicht mehr auf die lange Bank geschoben. Es
ist die Zeit gekommen, dass ihr das noch erleben
werdet, was ich gegen euch unternehme, gegen

euch rebellischen Leute! Das kommt von mir, dem Chef, dem Gott!'" 26 Kurze Zeit später redete Gott noch mal mit mir. Er sagte: 27 „Hey, du, Mensch! Hast du mitbekommen, wie die Leute in Israel über dich labern? Sie sagen, dass deine Voraussagen und Prophetien sowieso gar nicht für ihre Zeit bestimmt sind, dass die erst viel später eintreffen werden! 28 Dazu sollst du ihnen Folgendes sagen: ‚Das kommt jetzt von Gott, dem Chef: Alles, was ich vorausgesagt habe, wird auch ganz bald passieren. Es wird alles eintreffen, garantiert! Das verspreche ich euch, Gott, der Chef über alles!'"

13

Was mit den Pseudopropheten passieren wird

1 Gott redete mal wieder mit mir. Er sagte: 2 „Hey du, Mensch! Ich will, dass du den ganzen Pseudopropheten in Israel mal was von mir ausrichtest. Diesen Typen, die sich ihre Prophetien alle nur selber ausdenken, musst du mal richtig die Meinung sagen. Sag ihnen: ‚Das kommt jetzt von Gott, hört gut zu! 3 Gott, der Chef über alles, sagt: Passt bloß auf, ihr ganzen dummen Pseudopropheten, die immer nur Sachen sagen, die sie sich selbst ausdenken, also Sachen, die gar nicht von mir stammen!'" 4 Die Propheten von Israel sind wie die Ratten, die auf dem Friedhof leben. 5 Keiner von euch kam mal auf die Idee, sich für die Menschen von Israel wirklich einzusetzen. Ihr habt das Loch nicht repariert, was in der Schutzmauer um meine Leute war. Ihr habt sie nicht geschützt, damit sie an dem Tag, den Gott sich ausgesucht hat, an dem Tag, wo der große Angriff kommt, noch eine Chance haben. 6 Ihre Prophetien und Voraussagen sind gelogen. Sie sagen dann: „Das kommt jetzt von Gott!", obwohl er da gar keine Aktien drinhat. Und dann erwarten sie noch, dass ihre Prophetien auch wirklich eintreffen. 7 Seid mal ehrlich, habt ihr da einfach nur rumgeträumt oder sogar mit Absicht gelogen? Ich mein jetzt die letzten Male, als ihr mit dem Satz ‚Ich hab ein Wort von Gott' aufgetreten seid, obwohl ich gar nicht zu euch gesprochen hatte. 8 Darum sag ich euch, der Gott, der Chef über alles: Weil ihr nur Stuss erzählt habt, Lügen am laufenden Band, will ich euch an den Kragen. 9 Ich werde diesen Propheten, die nur Dünnsinn erzählen, eine klatschen. Die haben bei meinen Leuten nichts mehr zu suchen. Ich will, dass ihre Namen aus dem Telefonbuch gestrichen werden. Sie sollen Hausverbot kriegen, sie sollen aus dem Land rausgeschmissen werden und nie wieder eine Einreisegenehmigung bekommen. Ihr werdet endlich kapieren, dass ich der Chef, dass ich Gott bin. 10 Das soll passieren, weil sie meine Leute verrückt gemacht haben, sie haben sie in die falsche Richtung gelockt. Sie sagten: ‚Alles supi, alles in Ordnung!', obwohl da gar nichts supi und in Ordnung war. Sie bauten eine Wand aus Pappe auf, aber sie haben Steine draufgemalt, so als wäre sie stabil. 11 Darum will ich, dass du zu diesen Leuten hingehst, die diese Pappmauer angemalt haben. Sag ihnen: ‚Eure Mauer wird einstürzen! Es wird ein großer Regen kommen, und dann fällt sie in sich zusammen. Hagelkörner werden vom Himmel kommen, und ein heftiger Sturm wird sie wegfegen. 12 Passt auf, die Mauer wird kaputtgehen! Dann wird man sagen: ‚Wo ist denn jetzt euer schönes Bild, das ihr auf die Mauer gemalt habt?' 13 Ich, Gott, der Chef, sage euch: Es wird einen heftigen Sturm geben, den ich zu euch schicken werde, weil ich echt sauer bin. Und es werden ein heftiger Regen kommen und große Hagelsteine, weil ich so sauer bin, dass ich alles kaputt machen werde. 14 Ich werde die Mauer einreißen, die ihr so schön bemalt habt. Ich werde sie aufweichen, sie wird kaputtgehen, bis man nichts mehr davon sieht. Sie soll zerstört werden. Aber auch ihr, die ihr in diesen Mauern lebt, werdet sterben. Dann glaubt ihr endlich, dass ich der Chef bin. 15 Ich werde meine Wut auslassen, an dieser Mauer und an denen, die sie angemalt haben. Es wird der Zeitpunkt kommen, wo ich zu euch sagen werde: ‚Das war es jetzt mit eurer Mauer, sie ist nicht mehr da. Und auch die Leute, die sie angepinselt haben, gibt es nicht mehr.' 16 Keiner von diesen Propheten, die gesagt haben, dass die Zukunft von Jerusalem nur rosig und nett aussehen wird, wird übrig bleiben, obwohl die Stadt kurz vor der Vernichtung stand. Das sagt Gott, der Chef."

Mit dem ganzen Zauberkram ist jetzt Schluss

17 Dann sagte Gott: „Du Mensch, wasch den Frauen von deinen Leuten mal anständig den Kopf! Ich meine jetzt die Frauen, die so tun, als ob sie Prophetinnen wären, aber es gar nicht sind. Gegen die musst du mal ein paar Texte bringen. 18 Sag ihnen: ‚Das kommt jetzt von Gott, dem Chef. Diejenigen, welche so komische Zauberarmbänder basteln und verkaufen, oder solche Zauberhüte, um damit Menschen einzufangen, müssen mal herhören. Ihr wollt euch Leute aus meinem Volk einfangen, um sie für

eure Zwecke zu benutzen. 19 Ihr zieht damit mich
und meinen Namen in den Dreck. Für ein paar Euro
sorgt ihr dafür, dass einige Menschen, die sonst
nichts ausgefressen haben, sterben müssen. Aber
andere, die eigentlich den Tod verdient haben, rettet
ihr. Das tut ihr, indem ihr meine Leute belügt, und
die fallen auf eure Lügen auch noch rein. 20 Darum
sagt Gott, der Chef, jetzt Folgendes: Ich werde
gegen eure Zauberarmbänder jetzt was unterneh-
men, mit denen ihr die Menschen jagt, wie man
normal Kaninchen jagt. Ich werde euch die Men-
schen wegnehmen. Ich werde sie von euch befreien,
ich werde sie rauslassen, die eingefangen wurden.
Sie sollen weglaufen. 22 Weil ihr den Leuten, die
eigentlich korrekt drauf waren, mit euren Lügen
Angst gemacht habt, obwohl ich ihnen gar nichts
tun wollte, wird es mit euren prophetischen Gaben
vorbei sein. Ihr feuert die Leute an, die ohne Gott
leben, damit sie weiter ohne Ende Mist bauen, um
am Leben zu bleiben. 23 Deswegen werdet ihr über-
haupt nichts mehr voraussagen können, von euch
wird keine Prophetie mehr kommen. Ich werde
meine Leute vor euch retten. Ihr müsst kapieren,
dass ich der Chef, dass ich Gott bin!"

14

Die Leute, die zu Plastikgöttern beten, kriegen keine Antwort

1 Irgendwann kamen einige von den Chefs
der Israeliten zu mir ins Büro. Sie setzten sich dort
auf einen Stuhl, direkt vor meine Nase. 2 Plötzlich
redete Gott mit mir: 3 „Hey, Mensch, diese Männer
haben sich auf Plastikgötter eingelassen und finden
das innerlich auch immer noch ganz toll. Wie
komme ich dazu, solchen Typen eine Frage zu
beantworten? 4 Quatsch ruhig mit ihnen und sage
ihnen Folgendes von mir: ‚Das kommt jetzt von
Gott, dem Chef: Wenn jemand von den Leuten von
Israel sich erstens auf Plastikgötter eingelassen hat,
wenn er das zweitens auch noch ganz toll findet,
obwohl es der größte Mist ist, und dann drittens
auch noch zu einem meiner Propheten kommt, weil
er eine Antwort auf eine Frage haben will, dann soll
er seine Antwort bekommen, aber eine Antwort, die
seinem Leben entspricht. 5 Allen Leuten von Israel,
die sich von mir wegen dieser Plastikgötter entfernt
haben, werde ich mal meine Meinung geigen.' 6 Sag
ihnen: ‚Kommt zurück! Hört auf mit dem Mist!
Hört auf mit diesem ätzenden und ekligen Kram,
den ihr für diese Götter fabriziert! 7 Noch mal
anders: Wenn jemand von den Leuten von Israel
oder auch von den Ausländern erstens keinen Bock
mehr auf mich hat, zweitens sich innerlich für
andere Mächte und Götter öffnet und drittens das
auch noch ganz toll findet, obwohl ihn das nur
noch mehr von mir trennt, und wenn er viertens
dann noch zu einem Propheten von mir geht, weil
er eine Antwort auf eine bestimmte Frage haben
will, dann kriegt er eine Antwort, die sich gewa-
schen hat, von mir persönlich, von Gott! 8 Ich
werde einen solchen Menschen dann nämlich wie
einen Feind behandeln, ich bin gegen ihn. Ich
werde solche Sachen bei ihm bringen, dass es wie
eine Warnung für jeden ist. Man wird von dieser
Warnung noch lange reden, so heftig fällt die aus.
Ihr müsst einfach kapieren, dass ich Gott, dass ich
der Chef bin! 9 Wenn aber selbst der Prophetentyp
verführt wird und seltsame Ansagen vom Stapel
lässt, dann kommt das nur, weil ich ihn dazu
gebracht habe. Ich werde ihn dann bestrafen, ich
kicke ihn aus eurer Gemeinschaft raus, er muss
dann sterben. 10 Beide sollen für ihren Mist bezah-
len, der Typ, der Fragen an mich hat, und auch der
Prophet. Denn beide haben gleich viel Mist gebaut.
11 Ich will, dass meine Leute von Israel sich nicht
mehr verirren. Sie sollen sich nicht mehr mit dem
ganzen Mist, den sie tun, verdrecken, sie sollen
sich nicht mehr unrein machen. Ich will nur, dass
sie meine Leute sind und ich ihr Gott bin. Das
kommt jetzt vom Chef, von Gott.'"

Jerusalem geht's an den Kragen

12 Dann redete Gott noch über eine andere Sache
mit mir: 13 „Hey du, Mensch! Stell dir vor, ein Land
baut die ganze Zeit nur Mist. Die Bewohner sind
mir untreu, machen Dinge, die ich nicht will, usw.
Wenn ich sie dann dafür bestrafen will, indem ich
zum Beispiel dafür sorge, dass sie nichts zu essen
haben. und Menschen und Tiere dann sterben, 14 so
könnte mich niemand und nichts davon abhalten.
Auch nicht, wenn bei ihnen die drei krassen Männer
Noah, Daniel und Hiob gleichzeitig am Start wären!
Die drei würden die Stadt nicht retten können,
obwohl die immer korrekt gelebt haben. Damit
könnten sie nur sich selbst retten. Das kam jetzt
von mir, vom Chef, von Gott. 15 Anderes Beispiel:
Angenommen, ich würde die Leute bestrafen,
indem ich viele fiese Tiere in das Land schicke, die
dann überall die Menschen anfallen und töten.
Plötzlich wäre alles menschenleer, fast so wie in
einer Wüste. Keiner würde sich noch trauen, dort
durchzufahren, wegen diesen gefährlichen Viechern.

16 Selbst wenn diese drei superkorrekten Männer dort leben würden, könnten sie nicht einmal ihre Töchter und Söhne vor den Tieren richtig beschützen. Nur ihnen selbst würde nichts passieren. Der Rest von dem Land wäre komplett leer, niemand würde da mehr wohnen. Das sagt jetzt Gott. 17 Stell dir vor, ich würde dafür sorgen, dass ein derber Krieg in das Land kommt. Ich würde eine Armee in das Land schicken, die alle Menschen und Tiere tötet. 18 Selbst wenn diese drei krassen Typen in dem Land leben würden, sie könnten noch nicht mal ihre Söhne und Töchter retten. Nur ihnen würde nichts passieren. Das garantiere ich euch, Gott, der Chef. 19 Oder angenommen, ich würde eine fiese ansteckende Krankheit in einem Land ausbrechen lassen, und alle Menschen und alle Tiere würden dadran sterben. 20 Selbst wenn diese drei ganz krassen Männer, Noah, Daniel und Hiob, dort leben würden, sie wären nicht einmal in der Lage, ihre eigenen Kinder zu retten, das garantiere ich euch. Nur sich selbst könnten sie retten, weil sie okay und gottmäßig gelebt haben. 21 Jetzt frage ich euch: Wenn ich nun meine vier Bestrafungsaktionen, nämlich Krieg, Hunger, Krankheit und fiese Tiere, in Jerusalem lostrete, glaubt ihr im Ernst, da würde auch nur einer lebend rauskommen? 22 Aber ich werde einige am Leben lassen, die dann übrig bleiben. Die werden aus der Stadt abgeführt und bei euch ankommen. Dann kriegt ihr mal mit, wie übel die drauf gewesen sind, und das wird euch helfen zu verstehen, warum ich Jerusalem so kaputt machen musste. Ihr werdet kapieren, warum ich die ganzen Katastrophen dort habe passieren lassen. 23 Wenn ihr seht, wie unglaublich schräge diese Leute drauf sind, wird euch das helfen zu verstehen, warum ich diese ganzen ätzenden Sachen hab kommen lassen. Das kam jetzt von Gott, dem Chef über alles."

15 Ein Bild: Jerusalem ist wie ein Stück Holz von einer Weinpflanze

1 Irgendwann redete Gott wieder mit mir. Er sagte: 2 „Hey du, Mensch! Was kann ein Weinstock, so eine Pflanze, an der Weintrauben sind, besser als eine Efeupflanze, die auch an einer Wand hochwachsen kann? 3 Kann man aus dem Material vielleicht besonders gutes Holz machen? Oder kann man da draus vielleicht ein Brett basteln, wo man später das Werkzeug dran aufhängt? 4 Nein, man kann es nur noch als Feuerholz gebrauchen! Und wenn es, von einem Ende zum anderen, verkohlt ist, dann war es das, dann ist es nichts mehr wert. 5 Versteht ihr? Selbst bevor es verbrannt wird, kann man es zu nichts wirklich gebrauchen. Und wenn es dann vom Feuer verbrannt ist, erst recht nicht mehr. Man kann damit nicht mehr arbeiten, es ist sinnlos. 6 Darum sage ich, Gott, der Chef, Folgendes: Jerusalem ist wie das Holz von so einem Weinstock. Es ist genauso viel wert wie der letzte Busch im Wald, der auch noch von mir verbrannt wird. Auf die Art werde ich auch die Bewohner von Jerusalem plattmachen. 7 Ich werde gegen sie sein, ich werde sie bekämpfen. Vielleicht könnten sie sich vor dem einen Feuer retten, aber trotzdem werden sie letztendlich im Feuer verbrannt werden. Wenn ich mich gegen sie stelle, dann müssen sie endlich kapieren, dass ich der Chef bin. 8 Ich werde dafür sorgen, dass in dem ganzen Land nichts mehr wachsen wird. Denn sie sind mir untreu geworden, sie haben mich betrogen. Das kommt jetzt von Gott, dem heftigen Gott, dem Chef."

16 Ein Vergleich: Jerusalem ist wie eine Frau, die ihren Mann betrügt

1 Dann redete Gott mal wieder mit mir. Und zwar sagte er Folgendes: 2 „Hey, du, Mensch, ich möchte, dass du den Menschen in der Stadt Jerusalem klarmachst, wie ätzend sie gerade leben! 3 Sage zu den Leuten: ‚Was ich euch jetzt erzähle, kommt von Gott, vom Chef! Du kommst aus der Gegend der Kanaaniter, dein Vater war ein Amoriter und deine Mutter eine Hetiterin. 4 Bei deiner Geburt ist Folgendes passiert: Man hat vergessen, deine Nabelschnur abzuschneiden, man hat dich nicht mit Wasser sauber gewaschen, man hat dich auch nicht desinfiziert und dir auch keine Windeln angelegt! 5 Da ist niemand, der dir sagt: ‚Och, du kleiner Puschel, du tust mir aber leid!' Niemand hilft dir, niemand gibt aus Mitleid etwas ab. Nein, du wurdest einfach rausgekickt, man hat dich auf ein Feld geworfen, weil du schon seit der Geburt so eklig warst. 6 Ich kam in dem Augenblick gerade vorbei und hab dich da in deinem Blut liegen sehen. Du hast nur noch gezuckt, du warst schon so gut wie tot. Aber ich hab zu dir gesagt: ‚Bleib am Leben! Du sollst leben und sollst groß werden! 7 Du sollst wachsen wie eine Pflanze auf einem Feld.' Also bist du gewachsen und bist groß geworden. Du wurdest eine wunderschöne Braut, dein Busen wurde schön rund, deine Haare wurden immer schöner. Und

trotzdem warst du nackt, du hattest nichts an.
8 Dann kam ich später wieder bei dir vorbei und hab
dich angesehen. In der Zwischenzeit warst du eine
junge Frau geworden, du warst bereit, um zu heira-
ten. Also hab ich dich zur Frau genommen, ich hab
dich chic angezogen, damit du nicht mehr nackt
bist. Und ich hab einen Vertrag mit dir geschlossen,
ich hab dir versprochen, treu zu sein. So kamen wir
zusammen, und du wurdest meine Frau. Das sagt
Gott, der Chef. 9 Ich hab dich dann unter die Dusche
gestellt und dich sauber gemacht, hab das ganze
Blut von dir abgeschrubbt und dich mit schönen
Cremes eingeschmiert. Und dann hab ich dir das
Beste gewünscht, ich hab dir Kraft gegeben, ich hab
dich gesegnet. 10 Dann hab ich dir die teuersten
Designerklamotten gekauft, hab dir megascharfe
Schuhe angezogen und einen Mantel aus Seide
umgehängt. 11 Zum Schluss hab ich dir noch ganz
teure Klunker besorgt, einen schönen Ring und eine
Goldkette. 12 Du bekamst ein Nasenpiercing mit
einem Brillanten drin, die teuersten Ohrringe aus
Gold und einen coolen Hut auf den Kopf. 13 Jetzt
warst du voll geschmückt, mit Gold und Silber-
schmuck, und deine Kleidung war stylisch und
bestand aus den feinsten Materialien wie Seide und
Leder. Zum Mittagessen gab es für dich nur vom
Allerfeinsten und einen ‚All you can eat'-Gutschein
für McDonald's auf Lebenszeit. Du warst einfach
übelst hübsch, und es war klar, dass aus dir eine
Präsidentin werden würde. 14 Du warst total be-
rühmt wegen deiner Schönheit. Du sahst einfach
perfekt aus, weil ich dafür gesorgt hab, dass du vor
Schönheit leuchtest. Das sagt jetzt Gott!'"

Jerusalem geht fremd

15 Und Gott sagte weiter: „Aber dann hast du dich zu
sehr auf deine Schönheit verlassen als auf mich. Du
fingst an fremdzugehen, weil du so beliebt warst.
Du hast es mit jedem getrieben, der gerade in der
Gegend war. 16 Zu den Orten, wo zu diesen Plastik-
göttern gebetet wird, bist du hingegangen und hast
deinen Körper für Geld angeboten. Du hast dich
verhalten wie die letzte Hure. So was hätte niemals
passieren dürfen. 17 Von dem verzierten Silber und
Goldschmuck, den ich dir geschenkt hatte, hast du
dir Figuren machen lassen, die aussahen wie ein
Mann. Mit diesem Mann bist du dann fremdgegan-
gen und hast mich mit ihm betrogen. 18 Dann hast
du den Plastikgöttern deine Designerklamotten
angezogen und hast ihnen mein Öl und meine Räu-
cherkerzen geschenkt. 19 Das leckere Brot, was ich
dir geschenkt hatte, aus Weizenmehl, Öl und
Honig, das hast du denen gegeben. Sie sollten sich
dadrüber freuen. Das ist alles echt passiert!", sagt
Gott, der Chef über alles. 20 „Und dann hast du
deine Söhne und deine Töchter genommen, die du
eigentlich für mich bekommen hattest, und hast sie
diesen ätzenden Plastikgöttern geschenkt, du hast
sie sogar für die getötet. Hat dir das nicht gereicht,
warst du in dem Moment noch nicht versifft genug?
21 Nein, du musstest auch noch meine Kinder
schlachten und ihre Leichen für diese Pseudogötter
verbrennen. 22 Du warst so krass dabei, Mist zu
bauen, du warst so damit beschäftigt fremdzuge-
hen, dass du dabei ganz vergessen hast, wie gut es
früher war. Damals, als du noch ohne was an, ganz
nackt, gerade frisch geboren, überall mit Blut ver-
schmiert, im Bett lagst."

Untreu, weil Verträge mit andern Völkern gemacht

23 „Nach dem ganzen Mist, den du gebaut hast, war
klar: Ich muss dich dafür bestrafen. Das sagt Gott,
der Chef über alles. 24 Du hast dir einen Opfertisch,
so einen Altar, auf jedem freien Platz aufgebaut, der
gerade da war. 25 Überall hast du sozusagen dein
Bett aufgebaut, wo du mit anderen Göttern reinge-
sprungen bist und mich abgezogen hast. Du hast
deinen Rock hochgezogen und für jeden die Beine
breitgemacht. Jeder, der vorbeikam, ist mit dir im
Bett gelandet, das war eine ganz normale Sache bei
dir, du hast den Hals nicht voll bekommen können.
26 Du warst sogar mit deinem Nachbarn im Bett, die
Ägypter durften auch mit dir schlafen. Du wolltest
mich damit provozieren. 27 Also hab ich dir einen
Teil von dem, was ich dir geschenkt hatte, wieder
weggenommen. Das sollte eine Strafe für dich sein.
Ich hab dafür gesorgt, dass die Philister bei dir ein-
marschiert sind. Ich hab dich denen ausgeliefert, sie
konnten sich bei dir ausleben, dieses Volk, was
deine Leute hasst. Und selbst die fanden den gan-
zen Dreck, den du machst, voll peinlich. 28 Aber du
hattest den Hals immer noch nicht voll und muss-
test dich weiter billig verkaufen. Du bist mit den
Assyrern im Bett gelandet, hast es mit denen getrie-
ben, aber auch das hat dir nicht gereicht. 29 Also
hast du dir noch die Babylonier gegriffen, die vom
Handel leben. Aber auch die haben dich nicht
befriedigt. 30 Du warst so heiß, so leidenschaftlich,
du warst drauf wie eine billige Hure, die sich auch
noch ganz toll findet. 31 An jeder Straßenecke hast
du dein Bett aufgestellt. Wo du nur einen freien
Platz gefunden hast, musstest du es mit denen trei-

ben. Dabei hast du es noch nicht mal getan, wie es eine normale Nutte tut, nämlich gegen Cash. Du hast sogar umsonst mit denen geschlafen! 32 Du hast deinen Ehemann betrogen, indem du mit anderen Männern ins Bett gegangen bist. 33 Eine normale Nutte bekommen wenigstens mal ein Geschenk von ihrem Freier, aber bei dir war es umgekehrt. Du hast deine Lover mit Geschenken überschüttet. Du wolltest, dass dich alle Männer haben wollen, dass sie von überall her zu dir kommen, um mit dir zu schlafen. 34 Bei dir ist genau das Gegenteil von dem passiert, was man sonst kennt. Du hast deinen Freiern auch noch Kohle bezahlt, während du leer ausgegangen bist. Du hast sogar das auf den Kopf gestellt."

Die Strafe ist verdient

35 Gott sagte weiter: „Darum hör gut zu, was ich, Gott, dir zu sagen habe, du alte Schlampe! 36 Weil du dich komplett nackig ausgezogen hast und nicht mal deinen Schlüpfer angelassen hast, weil dich deine vielen Lover nackt gesehen haben, weil du auch vor diesen bescheuerten Plastikgöttern die Hosen runtergelassen hast und weil du dann auch noch deine Kinder für die töten musstest, 37 werde ich jetzt eingreifen. Ich werde die ganzen Männer, mit denen du es getrieben hast, alle deine Kunden, mit denen du als Nutte im Bett warst, die du alle früher gehasst hast, zusammentreiben. Dann sorge ich dafür, dass sie dich von allen Seiten umzingeln, und wenn sie da sind, dann werde ich denen zeigen, wie nackt du wirklich bist. 38 Ich werde mit dir so umgehen, wie man nach den Gesetzen mit Leuten umgeht, die eine Ehe gebrochen oder jemanden umgebracht haben. Du hast mich echt bis aufs Blut provoziert, und ich lasse meine Wut jetzt bei dir raus. 39 Ich werde dich an sie ausliefern, sie werden deinen Puff kaputt machen, sie werden deine Opfertische, wo du den Plastikgöttern drauf geopfert hast, einfach sprengen. Sie werden dir deinen Schmuck wegnehmen, dir deine Klamotten runterreißen und dich dann nackt einfach auf dem Boden liegen lassen. 40 Dann werden sie eine Gerichtsverhandlung mit dir durchziehen, du wirst verurteilt und bekommst die Todesstrafe. Am Ende landest du auf dem elektrischen Stuhl. 41 Sie werden deine Häuser abreißen und dich fett bestrafen. Und ganz viele Frauen werden dabei zuschauen. Auf die Art werde ich deinen Job als Nutte beenden, und du wirst auch keine Kohle mehr haben, um dir einen Lover zu kaufen. 42 Wenn das passiert ist, werde ich nicht mehr sauer auf dich sein, denn ich habe meine Wut abreagiert, ich konnte mich dann an dir austoben. Ab dann bin ich wieder entspannt, ich werde ruhig sein. 43 Du hattest leider wieder alles vergessen, was ich für dich getan hab, ganz zu Anfang, als du noch jung warst. Du hast mich einfach extrem provoziert, mit deinen vielen ekligen Sachen, die du gebracht hast. Das sind jetzt die Konsequenzen davon. Das kam jetzt von Gott."

Du treibst es noch schlimmer als die Leute in Sodom und Samaria!

44 Das geht an die Leute in Jerusalem: Es wird dann einen Witz geben, einen Spruch, den man über dich bringt. Man wird sagen: Wie die Mutter, so die Tochter! 45 Du bist genauso wie deine Mutter, die hatte keinen Bock auf ihren Ehemann und auch nicht auf ihre Söhne. Du bist genauso wie eine Frau, die keinen Bock hat auf ihren Mann und auf ihre Kinder. Eure Mutter ist wie eine Hetiterin, und euer Vater ist wie ein Amoriter. 46 Deine größere Schwester ist die Stadt Samaria, die im Norden liegt. Dort sind auch ihre ganzen kleinen Tochterstädte, die wie kleine Schwestern für dich sind. Und dann ist da noch die kleine Schwester Sodom, die rechts von dir liegt, und die hat auch wieder ein paar kleine Tochterstädte. 47 Du hast ihnen alle ätzenden Sachen nachgemacht, aber hast nicht nur denselben Mist gebaut, es war kurz davor, dass du sie sogar noch getoppt hättest, bei all dem, was du so getan hast. 48 Gott, der Chef, sagt dir: „Deine Schwester Sodom und ihre kleinen Vorstädte haben nicht so schlimm gelebt wie du. 49 Sie waren arrogant und dachten, sie seien was Besseres. Sie hatten alles fett, der Kühlschrank war randvoll, sie hatten keine Angst um ihre Töchter. Leuten, denen es dreckig ging, waren ihnen egal. 50 Schließlich wurden sie überheblich und haben ganz üble Sachen getan vor meinen Augen. Als ich das mitbekam, hab ich sie wegverfrachtet. 51 Selbst in der schlimmen Stadt Samaria sind nicht mal halb so viel ätzende Sachen passiert wie bei dir. Du hast viel mehr Mist gebaut als sie, dagegen war das, was die anderen Vorstädte, deine Schwestern, gemacht haben, echt noch harmlos. 52 Darum musst du jetzt auch bezahlen, du musst dich dafür schämen, auch weil du es schlimmer getrieben hast als deine Schwestern. Sie sind korrekter als du. Du musst jetzt die Konsequenzen tragen, weil im Gegensatz zu dir deine Schwestern noch gut dastehen."

Gott verspricht, Jerusalem wird bald wieder seinen Leuten gehören

53 „Aber irgendwann werde ich dafür sorgen, dass es mit Sodom und seinen umliegenden Städten, mit Samaria und seinen umliegenden Städten wieder bergauf geht. 54 Du sollst endlich kapieren, dass du großen Mist gebaut und peinliche Sachen gebracht hast. Auch die Dinge, die dafür gesorgt haben, dass du immer dachtest, dir könnte nichts passieren, sollen dir peinlich sein. 55 Deine Schwestern Sodom, und ihre Vorstädte werden wieder den Status haben, den sie früher mal hatten. Und auch Samaria und ihre Vorstädte werden wieder denselben Status haben wie früher. Und auch du, Jerusalem, wirst wieder so sein wie früher, inklusive deiner Vorstädte, deiner Schwestern. 56 Hast du nicht früher, als du noch dachtest, du wärst der Held, auch immer über deine Schwester Sodom abgelästert? 57 Das war noch, bevor klar war, wie mies du eigentlich bist! Heute lästern alle über dich, alle, die um dich herum wohnen, die Edomiter und auch die Philister. 58 Ab sofort musst du die Konsequenzen tragen für die miesen Aktionen und den ganzen Mist, den du getan hast. Das sagt dir Gott! 59 Er, der Chef über alles, sagt dir: Ja, ich werde mit dir genauso umgehen, wie es angemessen ist! Unsere Verträge waren dir egal, du hast sie gebrochen. 60 Aber ich habe unsere Verträge nicht vergessen, die ich schon vor Ewigkeiten mit dir geschlossen hatte, als es dich noch nicht so lange gab, als du noch jung warst. Dieser Vertrag sollte für immer gelten! 61 Wenn du dann endlich kapierst, wie ätzend die Sachen waren, die du gemacht hast, wird es dir voll leidtun, und du wirst dich in Grund und Boden schämen. Das passiert, wenn ich dir deine zwei Schwestern, Sodom und Samaria, als Töchter wiedergeben werde, so dass du über ihnen stehst. Damit hab ich dir noch mehr gegeben, als ich mal vorhatte, als wir die Verträge miteinander gemacht haben. 62 Ich werde diese Verträge mit dir wieder neu schließen, und dann kapierst du endlich, dass ich der Chef bin, der alles kann! 63 Dann wirst du dich auch nicht mehr schämen müssen, du musst nicht mehr über den ganzen Mist reden, den du verbockt hast. Ich habe dir dann nämlich verziehen. Das sagt Gott, der Chef über alles!"

17

Der Vergleich mit Adlern und einem Weinstock

1 Dann sagte Gott mir Folgendes: 2 „Hey du, Mensch! Ich möchte, dass du den Leuten von Israel etwas durch einen Vergleich klarmachst, etwas, worüber sie nachdenken können. 3 Sage zu ihnen: ‚Das kommt jetzt von Gott, dem Chef: Ein großer Adler, mit megagroßen Flügeln und dichten Federn, flog einmal in den Libanonwald. Dort riss er mit seinem Schnabel die Spitze von einem Zedern-Baum ab. 4 Diese Spitze nahm er mit und brachte sie in ein Land, wo unheimliche viele Verkäufer wohnten. Dort legte er sie, mitten in einer Stadt, ab. 5 Als Nächstes flog der Adler auf ein Feld und nahm dort von den ganzen Pflanzensamen einen mit. Diesen Samen pflanzte er neben einen kleinen Fluss in ein Feld, was sowieso auch ganz gut bewässert war. 6 Dort sollte aus diesem Samen ein krasser Weinstock werden, der viele Blätter und Früchte haben sollte, aber nicht so hoch werden sollte. Seine Blätter sollten in die Richtung von dem Adler und seine Wurzeln tief in die Erde wachsen. Der Weinstock wuchs, es entstanden Wurzeln und Zweige. 7 Dann war da aber auch noch ein anderer Adler, der viel größer war, mit großen Flügeln und Federn. Plötzlich drehte sich der Weinstock zu diesem Adler hin und streckte seine Blätter zu ihm aus. Er wollte, dass dieser Adler ihm was zu trinken gab. Das sollte nicht dort passieren, wo er gerade gepflanzt war, sondern woanders. 8 Dabei war das Feld, wo er stand, voll gut. Es gab genug Wasser, um dort große Äste und Früchte wachsen zu lassen. Hier hätte er ein wunderschöner Weinstock werden können.‘ 9 Diese Geschichte sollst du den Leuten von Israel erzählen! Dann sagst du zu ihnen: ‚Das kommt jetzt von Gott, dem heftigen Gott. Glaubt ihr, diese Pflanze wird dort gut wachsen? Wird man nicht ihre Wurzeln ganz schnell rausreißen und ihre Früchte abschneiden? Dann würden alle neuen Blätter bei ihr vertrocknen, bis sie ganz tot ist. Man braucht dann kein Bodybuilder zu sein, um die Wurzel rauszurupfen, und man braucht auch nicht tausend Leute dazu. 10 Glaubt ihr denn, dass sie, sobald man sie eingepflanzt hat, auch garantiert wachsen wird? Ist es nicht viel wahrscheinlicher, dass sie bei den ersten heißen Winden aus dem Osten ganz vertrocknen wird? Sie wird garantiert mitten auf dem Beet, wo sie steht, kaputtgehen.‘“

Was dieser Vergleich zu bedeuten hat

11 Kurz darauf sprach Gott wieder mal mit mir. Er sagte: 12 „Bitte, sag diesen durchgedrehten Leuten Folgendes: ‚Kapiert ihr nicht, was dieser Vergleich zu bedeutet hat? Es bedeutet, dass der Präsident von Babylonien mit seinen Männern nach Jerusalem

gekommen ist und unseren Präsidenten mit seinen
Ministern abgeführt und nach Babylonien gebracht
hat! 13 Dann hat er einen aus der Familie vom Präsi-
denten zum Nachfolger bestimmt. Mit dem hat er
dann einen neuen Vertrag gemacht. Er musste sich
verpflichten, sich ihm ganz unterzuordnen. Die
Chefetage wurde komplett abgeführt und nach
Babylonien gebracht. 14 Er wollte damit erreichen,
dass der Präsident und seine Familie immer schön
klein gehalten werden. Sie sollten nicht wieder
hochkommen und einfach ihren Vertrag einhalten.
15 Dennoch hat dieser Präsident dann den Vertrag
gebrochen. Er schrieb einen Brief an die ägyptische
Führungsetage und bat um Kriegsunterstützung in
Form von Soldaten und Panzern. Ob das gutgeht?
Wenn jemand einen Vertrag bricht, hat er dann eine
Chance zu gewinnen? 16 Ich verspreche euch, dass
er in Babylon sterben wird! In der Stadt, wo der Prä-
sident von Babylonien lebt, der ihn ja erst zum Prä-
sidenten gemacht hat. Mit dem hat er einen Vertrag
gemacht, den er dann auch noch gebrochen hat.
17 Der Präsident von Ägypten wird ihm mit seiner
Armee nicht helfen, wenn er von Feinden angegrif-
fen wird. Von einer übermächtigen Armee, wenn es
kurz bevorsteht, dass viele Menschen sterben wer-
den. 18 Sein Versprechen war ihm egal, er hat die
Verträge gebrochen. Er hat es ganz fest verspro-
chen, aber es dann nicht eingehalten. Er wird vor
seiner Strafe nicht fliehen können. 19 Darum sage
ich, Gott, der Chef, Folgendes: Ich schwöre dir, ich
werde ihm das Versprechen, das er gegeben hat,
und den Vertrag, den er gebrochen hat, in seiner
Fresse explodieren lassen. Denn es waren mein Ver-
trag und ein Versprechen, was er mir gegeben hat.
20 Darum werde ich mein Netz auswerfen und ihn
einfangen. Ich bringe ihn nach Babylon, und dort
bekommt er eine Gerichtsverhandlung, weil er mir
untreu war. 21 Seine Soldaten und seine Sonderein-
heit werden mit dabei sein. Sie werden alle erschos-
sen werden, und die Männer, die übrig bleiben, wird
man in alle Welt davonjagen. Dann werdet ihr kapie-
ren, dass ich geredet habe! Ich, euer Gott!'"

Gott wird dafür sorgen, dass ein Typ aus der Familie von David wieder das Sagen hat

22 Gott, der absolute Chef über alles, sagt Folgen-
des: „Ich werde ganz oben von der Tanne einen jun-
gen Zweig abschneiden und ihn woanders einpflan-
zen. Und zwar wird er auf einem sehr hohen Berg
eingepflanzt werden. 23 Es wird auf dem Berg in der
Mitte von Israel sein. Er wird ganz viele neue Zweige
hervorbringen, wo viele Früchte dran wachsen. Der
ganze Baum wird wunderschön wachsen. In dem
Baum werden ganz viele Vögel leben, unter seinen
Zweigen werden sie Nester bauen. 24 Alle Bäume auf
den Wiesen werden dann kapieren, dass ich, Gott,
den großen Baum klein halten musste. Den kleinen
Baum musste ich aber unterstützen, er sollte groß
werden. Ich musste den grünen Baum vertrocknen
lassen und den vertrockneten Baum zum Blühen
bringen. Ich, Gott, sage das so, und ich werde es
auch so umsetzen, wie ich es gesagt habe."

18

Gott bestraft, aber man kann immer mit ihm neu anfangen

1 Irgendwann redete Gott wieder mit mir. Er
sagte Folgendes: 2 „Ihr habt in Israel ein echt dum-
mes Sprichwort. Das geht so: ‚Die Väter essen
unreife Weintrauben, und die Söhne bekommen
davon Belag auf den Zähnen.' 3 Ich, euer Gott, ver-
spreche euch hiermit, dass ihr diesen Spruch in
Israel nie mehr sagen werdet. 4 Jedes Leben bei
euch gehört letztendlich mir. Das Leben vom Vater
gehört genauso mir wie das Leben vom Sohn.
Beide gehören mir. Nur die Leute, die Sachen tun,
die ich nicht will, sollen sterben. 5 Wenn jemand
korrekt drauf ist, dann wird er auch immer korrekt
und richtig handeln. 6 Er wird auf den Bergen keine
dreckigen Opferessen veranstalten. Er betet auch
nicht zu den Plastikgöttern, zu denen viele andere
von den Israeliten gerade beten. Er schläft auch
nicht mit der Ehefrau von jemand anderem. Und
wenn seine Frau ihre Tage hat, dann schläft er auch
nicht mit ihr. 7 Er wird nie Leute abziehen, und er
gibt demjenigen sein Pfand zurück, der Schulden
bei ihm hat. Er zockt keine Leute ab, er teilt mit den
Menschen, die nichts zu essen haben, seine Nah-
rung, und wenn jemand keine Hose hat und friert,
dann schenkt er ihm eine von seinen Hosen.
8 Wenn er jemandem Geld leiht, dann verlangt er
keinen Horrorzins. Er hat mit unkorrekten Sachen
nichts am Hut, und wenn er mal einen Streit
schlichten oder als Richter in einer Gerichtsver-
handlung ein Urteil fällen muss, dann tut er das
sehr korrekt. 9 So einer lebt immer genau so, wie es
in meinen Gesetzen steht, alle Vorschriften sind
ihm total wichtig, und er setzt sie auch um. Weil er
so korrekt ist, wird er lange leben. Das kam jetzt
vom Chef, von Gott. 10 Angenommen, so ein Mann
hat jetzt aber einen Sohn, der etwas schräge drauf
ist. Vielleicht ist der Typ brutal unterwegs, liebt es,

Leute blutig zu schlagen, oder baut sonst irgendwie Mist. [11] Er macht vielleicht lauter Sachen, die sein Vater alle nie getan hätte. Zum Beispiel nimmt er an Opferessen für Plastikgötter teil oder pennt mit irgendwelchen Frauen von seinen Nachbarn. [12] Vielleicht nimmt er auch die Leute aus, die auf der Straße leben und denen es total dreckig geht. Oder er zahlt das Geld nicht zurück, was er sich geliehen hat, oder betet zu Plastikgöttern. Er baut eben nur Mist und [13] verleiht sogar Geld mit einem Horrorzins. Soll so ein Mensch am Leben bleiben? Nein, er darf nicht leben! Er hat so viel Mist gebaut, dass es nur gerecht wäre, wenn er sterben müsste. Sein Blut sollte fließen, er muss bestraft werden. [14] Angenommen, dieser Typ hat einen Sohn, der die ganze Zeit mitbekommt, wie sein Vater Mist baut. Aber vielleicht macht er es dann später anders und macht es eben nicht wie sein Vater, [15] er betet nicht zu den Plastikgöttern, zu denen die anderen Israeliten beten. Er zieht für die keine Opferessen in den Bergen durch. Er landet nicht mit der Frau von seinem Nachbarn im Bett. [16] Er unterdrückt niemanden. Er fordert keinen Gegenwert, wenn jemand mal etwas Geld leihen will. Er zockt andere Menschen nicht ab, und wenn ein Typ auf der Straße lebt und Hunger hat, lädt der ihn auch mal zum Essen ein oder organisiert ihm neue Klamotten. [17] Er zieht keine Leute ab; wenn er etwas verleiht, tut er das, ohne fette Zinsen dafür zu verlangen. Er lebt immer korrekt nach den Gesetzen. So einer wird nicht wegen der Schuld von seinem Vater bezahlen müssen, er wird ein gutes Leben haben! [18] Aber sein Vater, der andere erpresst oder ausgeraubt hat, der Sachen getan hat, die nicht okay waren, der muss wegen seinem Mist sterben."

Jeder ist verantwortlich für sein eigenes Leben

[19] „Jetzt fragt ihr: ‚Warum kann der Sohn nicht auch etwas von der Strafe vom Vater abbekommen?' Die Antwort ist leicht: Er hat immer korrekt gelebt und getan, was ich von ihm wollte. Darum muss er am Leben bleiben. [20] Nur derjenige, der Mist baut, muss auch dafür bestraft werden. Der Sohn hat mit der Schuld von seinem Vater nichts zu tun und der Vater auch nicht mit der Schuld von seinem Sohn. Wer korrekt gelebt hat, wird auch korrekte Sachen erleben. Wer ohne Gott gelebt hat, dem wird das passieren, was Leuten eben passiert, wenn sie ohne Gott leben. [21] Wenn aber jemand, der ohne Gott gelebt hat, sich ändern will, wenn er aufhört, Mist zu bauen, und anfängt, das zu tun, was ich von ihm will, dann soll er leben und nicht sterben. [22] Für die ganzen miesen Sachen, die er früher getan hat, muss er dann nicht mehr bezahlen. Er wird dafür nicht mehr bestraft. Denn er hat sich verändert und angefangen, korrekt zu leben, darum soll er leben und nicht sterben. [23] Was hab ich davon, wenn jemand stirbt, der ohne mich, ohne Gott, lebt? Glaubt ihr, das macht mir Spaß? Es macht mir viel mehr Freude, wenn er sich von seinem falschen Weg abwendet und sich ändert. [24] Wenn aber jemand, der immer korrekt gelebt hat, plötzlich anfängt, nur noch Mist zu bauen und fiese Dinger zu drehen, die nur Leute machen, die keinen Bock auf Gott haben, soll der dann am Leben bleiben? Nein, alle guten Sachen, die er früher gebracht hat, wird man schnell vergessen. Weil er jetzt untreu ist, soll er sterben."

Bei Gott gibt es immer eine zweite Chance

[25] „Jetzt sagt ihr: ‚Was Gott macht, ist nicht korrekt!' Hallo? Merkt ihr noch was, ihr Leute in Israel? Wer lebt denn hier die ganze Zeit unkorrekt? Das seid doch ihr! [26] Wenn jemand, der immer korrekt gelebt hat, plötzlich anfängt, Mist zu bauen, und deswegen stirbt, dann passiert das, weil er eben angefangen hat, Sachen zu tun, die nicht korrekt waren. [27] Wenn aber umgekehrt jemand, der immer ohne Gott gelebt und die ganze Zeit Mist gebaut hat, sein Leben ändert und plötzlich gottmäßig draufkommt, dann wird er sich dadurch retten können. [28] In dem Augenblick, wo er kapiert, dass er danebenliegt, und dann sein Leben verändert, ist er wieder okay, und er wird nicht sterben. [29] Die Leute von Israel behaupten jetzt, dass ich, ihr Gott, nicht gerecht mit ihnen umgehe. Ich kann nur zurückfragen: ‚Hallo? Wer baut hier gerade Mist? Ich oder ihr?' [30] Ich werde in der letzten großen Gerichtsverhandlung jedem von euch ein korrektes Urteil verpassen, jedem so, wie er es verdient hat. Ändert euer Leben! Hört auf mit dem Mist! Das Ganze könnte für euch sonst ziemlich nach hinten losgehen! [31] Leute von Israel: Schmeißt den ganzen Mist einfach weg! Werft die Sachen auf den Müll, mit denen ihr euch verdreckt habt! Spielt euch ein neues Programm auf den Rechner! Kommt innerlich anders drauf! Was bringt euch das, wenn ihr jetzt alle sterben müsstet? [32] Mir macht es auch keinen Spaß, wenn jemand stirbt, weil er mal wieder Mist gebaut hat. Also hört auf damit, lebt so, wie ich es von euch möchte! Dann bleibt ihr auch am Leben." Das kam jetzt von Gott, dem Chef über alles.

19 Mit den Präsidenten und ihrer Familie sieht es ganz übel aus

1 Gott sagte dann mal zu mir, ich sollte
einen Emo-Song schreiben, ein ganz depressives
Lied, wo es über die Präsidenten von Israel geht.
Das Lied ging dann so:

2 „Das waren noch Zeiten, als deine Mutter wie eine
Löwin in einem Rudel lebte.
Sie zog ihre Kinder groß, hatte viele Löwenbabys,
die sie in ihr Nest legte und pflegte.
3 Ein Baby wurde ihr Liebling. Das wuchs schnell
und fraß viele Menschen auf.
4 Die anderen Nationen zogen aus, als sie das mit-
bekamen, und hauten bei dem drauf.
Es wurde gefangen genommen und in einen Käfig
gesetzt, mit Gitterstäben aus Eisen,
und in fetten Ketten nach Ägypten abgeführt, als
Kriegsgefangener musste es reisen.
5 Als die Mutter das mitbekam, war sie zuerst fertig,
suchte sich dann ein anderes Kind aus.
6 Auch dieses Kind wurde stark, es wurde groß,
lernte rauben und fraß Menschen auf.
7 Es eroberte Städte, ganze Regierungsbezirke
machte es kaputt, brannte sie nieder.
Menschen, die dort lebten, waren voll fertig, wenn
sie sein Brüllen hörten als Krieger.
8 Jetzt organisierten sich die Völker, die dort lebten,
und stellten dem Löwen eine Falle.
Sie fingen ihn ein, mit Netzen und Gruben, fessel-
ten ihn, schleppten ihn in eine Halle.
9 Dort kriegte er einen Ring durch die Nase, wurde
in einem großen Käfig festgesetzt
und schließlich zum Präsidenten von Babylonien
gebracht, dort saß er dann fest in deren Netz.
Er sollte einfach schweigen, seinen Mund für immer
halten, ihm wurde das Maul gestopft,
damit man in Israel nie mehr etwas von ihm hört.
Wie ein toter Vogel ausgestopft.
10 Seine Mutter war wie ein Weinstock, in einem
sehr fruchtbaren Feld gezüchtet.
Er hatte immer genug Wasser, es entstanden neue
Zweige und ganz viele Früchte.
11 Die Zweige wuchsen schlank, man konnte aus
dem Holz einen graden Stock schnitzen.
Dadraus entstanden Stifte, mit denen Präsidenten
ihre Unterschrift auf Papiere ritzten.
Einer von ihnen wuchs besonders hoch und dicht,
höher als die anderen Bäume ringsherum.
12 Jemand wurde aber sauer, packte das Teil, riss es
raus, jetzt lag es auf dem Boden rum.
Durch die heißen Ostwinde sind dann die Früchte
schnell abgerissen und vertrocknet.
Auch der dickste Ast verbrannte im Feuer, vergam-
melte zu Müll, wie ein Auto verrostet.
13 Jetzt ist der Weinstock in eine Gegend verpflanzt
worden, wo es kein Wasser gibt.
14 Seine Zweige fingen Feuer, alle Früchte verbrann-
ten, es kam aus einem höheren Trieb.
Jetzt gibt es keine Zweige mehr, wo noch mal ein
Stift draus gemacht werden könnte
für den Präsidenten, womit er seine Befehle und
Gesetze unterzeichnet hätte."
Dieser Song ist ein Frustlied, ein Emo-Song, mit
dem man seine Trauer ausdrücken kann.

20 Zusammenfassung, wo Israel überall Mist gebaut hat

1 In dem siebten Jahr kamen am 10. August
ein paar Männer zu mir ins Büro. Sie kamen aus
der Regierungsmannschaft von Israel und wollten,
dass ich Gott mal für sie in einer speziellen Angele-
genheit befragen sollte. Nachdem sie sich hinge-
setzt und ihre Anfrage gestellt hatten, warteten wir
gemeinsam, ob Gott mir was dazu sagen würde.
2 Plötzlich kam eine Nachricht von ihm rein. Gott
sagte: 3 „Hey du, Mensch! Richte den Männern aus
der Regierung von Israel Folgendes von mir aus.
‚Das kommt jetzt von Gott, dem heftigen Gott,
dem Chef über alles. Ihr seid jetzt hier, weil ihr eine
Ansage von mir haben wollt? Leute, ich schwöre
euch, da könnt ihr lange warten, von euch lasse ich
mich nicht mehr befragen!'" 4 Dann sagte Gott zu
mir, ich sollte die Leute besser mal warnen, ihnen
ins Gewissen reden und sie verurteilen. „Erinner sie
mal an den ganzen Mist, den schon die Menschen,
die vor ihnen gelebt haben, getan haben!", meinte
er. 5 „Sag Folgendes zu Ihnen: ‚Das kommt jetzt von
Gott, dem Chef! Damals, als die Israeliten noch in
Ägypten waren, da hab ich ganz fest beschlossen,
sie dort rauszuholen und in ein Land zu bringen,
wo es alles gibt und davon reichlich. Ich hab mich
bei ihnen gemeldet und klargemacht, dass ich der
Chef bin und dass ich ihr Gott sein werde. 6 An die-
sem Tag hab ich ihnen hundertprozentig verspro-
chen, dass ich sie aus Ägypten rausholen werde.
Ich wollte sie in ein Land bringen, das ich extra fur
sie ausgesucht hatte, es war ein Fünf-Sterne-Land,
was Besseres gibt es nicht. Da gab es einfach alles
und davon reichlich! 7 Ich hatte aber auch eine
Bedingung. Ich sagte zu ihnen, dass sie ihre gan-

zen ätzenden Plastikgötter auf den Müll schmeißen sollen und dass sie sich auch nicht mit den Plastikgöttern von den Ägyptern verdrecken sollten. Meine Ansage war: ‚Ich bin euer Chef! Ich bin Gott und sonst keiner!‘ 8 Aber sie hatten anscheinend keinen Bock auf mich und wollten nicht tun, was ich ihnen gesagt hatte. Niemand hat seine ‚ach so geliebten Plastikgötter‘, die ich total ätzend finde, auf den Müll geschmissen. Sie beteten sogar weiter zu den Plastikgöttern von den Ägyptern. Darum wurde ich richtig sauer. Ich beschloss, sie alle noch in Ägypten zu töten. 9 Aber dann hab ich doch gemerkt, wie sehr ich sie liebe, und ich wollte auch nicht meinen eigenen Ruf gefährden. Denn die Leute in ihrer neuen Nachbarschaft wussten ja davon, dass ich die Ansage gemacht hatte, Israel aus Ägypten rauszuholen. 10 Also holte ich sie dort raus und führte sie erst einmal in die Wüste. 11 Dort schenkte ich ihnen meine Gesetze und Regeln, durch die sie leben sollten, wenn sie sich dran halten werden. 12 Zum Beispiel hab ich ihnen gesagt, dass man an einem Tag in der Woche, dem Sonntag, nicht arbeiten soll. Dieser Tag sollte wie so ein Zeichen für unseren Vertrag sein, den wir ab dann miteinander hatten. Jeder sollte mitkriegen, dass ich, Gott, meine Leute extra ausgesucht hatte, dass sie etwas wirklich sehr Besonderes sind. 13 Leider drehten sie aber ziemlich schnell am Rad, als sie in der Wüste waren, und taten ständig Sachen, die ich nicht wollte. Meine Gesetze waren ihnen egal, die Regeln befolgten sie einfach nicht, obwohl sie gut waren für die Menschen. Wer danach lebt, dem würde es gutgehen. Sie verdreckten sogar die Idee mit dem Sonntag als Ruhetag. Darum wurde ich mitten in der Wüste wieder richtig sauer auf sie. Ich wollte sie komplett kaputt machen. 14 Trotzdem hab ich es dann nicht getan, weil ich sie so sehr liebte, und auch, um meinen eignen Ruf nicht in den Dreck zu ziehen. Sonst hätten ja alle Menschen in der Welt über mich gelacht, denn ich hatte meine Leute ja noch vorher vor ihren Augen aus Ägypten rausgeholt. Wäre komisch, wenn ich sie kurze Zeit später alle plattgemacht hätte. 15 Ich hab ihnen allerdings gesagt, dass diese Generation nicht in das Land kommen würde, was ich ihnen schenken wollte. Dieses Land, wo es alles gibt und davon reichlich, durften sie nicht mehr sehen, das war sicher. 16 Das war die Bestrafung dafür, dass sie immer noch diese Plastikgötter ganz toll fanden, meine Gesetze und Regeln nicht befolgten und keinen Bock auf den Sonntag hatten. 17 Ich war wegen ihnen voll traurig. Trotzdem hab ich sie nicht alle kaputt gemacht, ich wollte sie nicht alle in der Wüste vernichten. 18 Als diese Generation gestorben war, sagte ich zu ihren Söhnen: ‚Bitte lebt nicht so, wie es eure Väter getan haben! Vergesst diese ganzen Plastikgötter, damit verdreckt ihr euch nur, ihr werdet unrein durch die! 19 Ich bin der Chef, ich bin euer Gott! Tut das, was ich euch in den Gesetzen gesagt habe, ihr müsst diese Regeln respektieren! 20 Achtet dadrauf, dass der Sonntag für euch ein ganz besonderer Tag ist! Das wäre für mich wie ein Zeichen, dass wir einen Vertrag miteinander haben und dass ich, der Chef, euer Gott bin.‘ 21 Aber leider war auch die nächste Generation so drauf, dass ihnen egal war, was ich von ihnen wollte. Sie lebten nicht nach den Gesetzen, die Regeln waren ihnen nicht wichtig. Und das, obwohl man dadurch ein echt gutes Leben haben würde. Sie hatten auch keinen Bock auf meinen Sonntag. Schließlich beschloss ich, ihnen zu zeigen, wie sauer ich auf sie war. Ich wollte sie komplett mitten in der Wüste vernichten. 22 Aber ich nahm mich zusammen, weil ich sie so liebte. Und auch, weil ich nicht wollte, dass mein Name dadurch in den Dreck gezogen werden würde von den Völkern, die ohne mich leben. Die hatten ja die Aktion mitbekommen, als ich sie aus Ägypten rausgeholt hatte. 23 Trotzdem hatte ich ihnen schon damals in der Wüste angedroht, dass ich sie überallhin auf der Welt verstreuen würde. Sie müssten überall in Ländern von Leuten leben, die alle nicht an mich glauben. 24 Das passierte, weil sie nicht nach meinen Gesetzen gelebt hatten. Meine Regeln waren ihnen egal, sie verdreckten meine Idee mit dem Sonntag und waren sogar scharf auf die Plastikgötter, an denen schon ihre Väter so hingen. 25 Dazu forderte ich jetzt Sachen von ihnen, die nicht gut waren, ich ordnete ein paar Regeln an, die man gar nicht befolgen konnte. So brachten diese neuen Regeln den Tod. 26 Ihre Opfer, die sie mir schenkten, verdreckten sie sogar selbst. Denn indem sie mir alles, was als Erstes geboren wird, als ein Abfackelopfer schenken sollten, wollte ich eigentlich nur, dass sie mal aufwachen. Sie sollten kapieren, dass ich alleine Gott bin.‘“ 27 Schließlich meinte Gott noch: „Du, Mensch, ich will, dass du auch noch Folgendes zu den Leuten von Israel sagst: ‚Das kommt jetzt vom Chef, von Gott, dem nichts unmöglich ist.‘ Es gibt noch etwas, womit die Leute, die vor euch lebten, mich derbst beleidigt haben. Damit haben sie mich echt betrogen. 28 Und zwar war das,

als ich sie in das Land brachte, was ich ihnen ja vorher ganz fest versprochen hatte. Kaum waren sie nämlich dort, wurde der nächstbeste Baum oder jeder billige Hügel gleich genutzt, um dort erst einmal ein paar von diesen ekligen Opfern für die Plastikgötter durchzuziehen. Dankopfer, Trinkopfer, Opfer mit Räucherkerzen, alles wurde denen dort
geschenkt. 29 Und ich hab sie noch gefragt: ‚Was ist das für ein Platz auf einem Berg, wo ihr hingeht?' Seitdem nennt man diesen Ort auch: ‚Den Platz auf
dem Berg, wo man Opfer durchzieht'. 30 Darum
sollst du zu den Leuten von Israel sagen: ‚Das kommt jetzt von Gott: Wollt ihr euch genauso verdrecken, wie es die Menschen getan haben, die vor euch gelebt haben? Wollt ihr wirklich diesen ekligen
Plastikgöttern nachlaufen? 31 Indem ihr denen
Sachen schenkt und sogar eure Kinder für die in einem Feuer verbrennt, verdreckt ihr euch total! Dieser Dreck von den Plastikgöttern klebt bis heute immer noch an euch. Und jetzt glaubt ihr im Ernst, ich würde euch immer noch eure Fragen beantworten, die ihr mir stellt? Ich kann euch eins sicher versprechen: Ich, Gott, der Chef über alles, werde mich von euch nicht mehr befragen lassen!'"

Reboot mit Gott

32 „Aber diese komischen Ideen, die ihr plötzlich bekommen habt, die werden niemals passieren. Ihr wolltet ja so sein wie die Völker, die ohne mich leben, und die zu solchen Dingern beten, die nur
aus Holz, Plastik oder Ton gemacht sind. 33 Genauso
sicher, wie ich existiere, werde ich meine Macht zeigen, ich werde meine Muskeln spielenlassen und auch klarmachen, wie sauer ich bin. Denn nur ich bin euer eigentlicher Präsident, ich bin euer Chef.
34 Ich werde euch wieder zusammenbringen. Ich werde jeden von euch aus den Ländern wieder aufsammeln, in die ihr verstreut worden seid. In meiner Wut, aber auch mit meiner Macht, werde ich
das tun. 35 Dann bringe ich euch in eine Wüste, die
zwischen den Nationen liegt. Dort werde ich euch vor Gericht stellen und mit euch abrechnen, Auge in
Auge. 36 So, wie ich mit den Leuten vor euch eine
Gerichtsverhandlung schon mal durchgezogen habe, werde ich es auch mit euch tun. Damals, in
der Wüste hinter Ägypten, hab ich das getan. 37 Wie
ein Schafzüchter, der seine Herde durchzählt, so werde ich euch auch durchzählen, und dann werde
ich euch wieder zurückbringen. 38 Ich werde die von
euch aussortieren, die gegen mich rebelliert haben und nicht das taten, was ich von ihnen wollte. Dann bring ich sie aus dem Land raus, wo sie gerade sind. Aber sie werden nicht nach Hause kommen, in das Land von Israel. Sie sollen kapieren, dass ich
Gott bin. 39 Gott redet mit euch, Leute von Israel!
Er sagt: ‚Haut doch ab zu euren Plastikgöttern und tut, was die von euch wollen! Irgendwann werdet ihr wieder zu mir zurückkommen und das tun, was ich euch sage. Ihr werdet meinen Namen dann nicht länger in den Dreck ziehen mit diesen ganzen Geschenken, die ihr den Plastikgöttern gebt.
40 Denn auf meinem ganz besonderen Berg, auf
dem höchsten Berg in Israel, werden irgendwann wieder alle Israeliten, die im Land leben, mir dienen. Dann werde ich wieder gerne ihre ganz besonderen Geschenke und die ersten Früchte der Ernte anneh-
men. 41 Die Opfer, die sie für mich abfackeln, werde
ich gerne annehmen. Wenn ich euch aus den Ländern rausgeholt habe, wo ihr überallhin verstreut wart, werde ich mich auch wieder zu euch stellen. Ich werde zeigen, dass ich der besondere Gott bin, und alle Völker, die nicht mit mir leben, werden das
mitkriegen. 42 Ich werde euch dann wieder in euer
Land zurückbringen, und ihr werdet merken, dass ich der Chef bin. Ich hatte ja euren Vorfahren ganz fest versprochen, dass dieses Land euch gehört.
43 Wenn ihr dann an eure ätzenden Taten denkt,
durch die ihr euch früher so verdreckt habt, werdet
ihr erkennen, wie voll eklig ihr seid. 44 Ihr werdet
kapieren, dass ich Gott bin, wenn ich das mit euch gemacht habe. Ich werde das tun! Nicht, weil ihr so viel Mist gebaut habt, nicht wegen der vielen kaputten Entscheidungen, die ihr getroffen habt, sondern einfach nur, weil ich das will und weil ich das versprochen habe. Daran werdet ihr erkennen, wie genial ich bin. Das sagt euch Gott, der Chef über alles.'"

21 Krieg und Feuer über Jerusalem

1 Dann redete Gott mal wieder mit mir. Er
sagte: 2 „Hey, du, Mensch! Ich will, dass du
dich so hinstellst, dass du in die Richtung vom Wald
sprichst, der im Süden liegt! 3 Dann sagst du zu die-
sem Wald: ‚Das kommt jetzt von Gott, dem Chef! Hör mal gut zu! Ich werde dafür sorgen, dass es bei dir einen krassen Waldbrand gibt. Jeder grüne und jeder ausgetrocknete Baum wird dabei verbrennen. Die Flammen werden so hoch schlagen, dass man das Feuer nicht löschen kann. Alles, was in dem Wald lebt, vom Süden bis zum Norden, wird dabei
draufgehen. 4 Jeder Mensch soll mitkriegen, dass

ich, Gott, dieses Feuer gestartet habe. Es wird nicht
ausgehen, bis alles verbrannt ist.'" 5 Ich sagte zu
Gott: „Ach Mann, Gott, die kapieren das doch wie-
der nicht, sie werden fragen, was ich da wieder für
einen Stuss verbreite." 6 Gott antwortete mir: 7 „Ich
möchte, dass du dich als Nächstes so hinstellst,
dass du Jersusalem vor der Nase hast. Dann sollst
du einen Spruch loslassen, der sich gegen den Tem-
pel und das ganze Land Israel richtet. 8 Sag Folgen-
des: ‚Das kommt jetzt von Gott: Pass auf, Israel, ich
werde gegen dich die Waffen ziehen und auf dich
zielen. Ich werde jeden bei dir abknallen, egal, ob er
korrekt oder nicht korrekt gelebt hat! 9 Weil ich vor-
habe, jeden bei dir zu töten, egal, ob er korrekt oder
nicht korrekt gelebt hat, werde ich meine Waffe zie-
hen und alles plattmachen, vom Süden bis zum
Norden. 10 Jeder Mensch auf der Welt soll kapieren,
dass ich, der Chef, meine Waffe gezogen habe. Sie
wird nicht wieder in den Waffenschrank zurückwan-
dern.' 11 Ich will von dir, dass du laut anfängst zu
stöhnen. Du sollst zusammenbrechen und vor
Schmerzen losheulen, vor ihren Augen. 12 Wenn sie
dann zu dir sagen: ‚Was soll das? Warum stöhnst
du so?', dann sollst du ihnen antworten: ‚Das tue
ich wegen dieser Nachricht, die ich euch gleich
erzählen werde.' Dann werden alle voll fertig sein,
sie werden depressiv in der Ecke hängen, sie wer-
den vor Angst zittern, sie werden sich buchstäblich
in die Hose machen. So wird das passieren, das ist
sicher." Das kam jetzt von Gott, dem Chef über
alles. 13 Gott sagte zu mir: 14 „Hey, du, Mensch! Ich
will, dass du Folgendes sagst: ‚Das kommt jetzt von
Gott: Da gibt es ein MG, das ist gut justiert und
geölt, es ist einsatzbereit. 15 Es wurde fertig ge-
macht, um damit in den Krieg zu ziehen. Es ist gela-
den, um damit zu töten. Für euch gibt es keinen
Grund, sich zu freuen, denn unser Präsident wird
sich über die Regierenden der anderen Länder lustig
machen. 16 Die Waffe wurde geölt und klargemacht,
um sie in die Hand von jemandem zu legen, der ein
Mörder ist. 17 Du kannst anfangen, zu schreien und
zu heulen! Denn sie richtet sich gegen meine eige-
nen Leute, sie richtet sich gegen die Regierungs-
mannschaft von Israel. Die werden durch diese
Waffe getötet werden, genauso wie meine übrigen
Leute. Darum fang jetzt laut an zu heulen. 18 Ich
habe es ausgetestet. Warum soll das alles denn
nicht so passieren? Du hast es ja schließlich nicht
auf die Reihe bekommen, anständig zu regieren.'
Das sagt jetzt Gott. 19 Du Mensch sollst dir vor Ent-
setzen die Hände über dem Kopf zusammenschla-
gen und etwas sagen: ‚Die Waffen, die auf dich
gerichtet sind, werden sich verdoppeln, ja sogar
verdreifachen. Viele werden getötet. Die Waffen sind
heftig, die Kugeln dringen tief in den Körper ein.
20 Viele sollen wegen diesem Krieg verzweifeln, viele
sollen durch diesen Krieg gestürzt werden. Ich
werde überall Krieg ausbrechen lassen. Die Waffen
sind für den Krieg gemacht, sie schießen scharf.
21 Das MG soll anfangen zu schießen, in alle Rich-
tungen, egal, wohin es gerade gerichtet wird, nach
rechts oder nach links. 22 Ich werde vor Entsetzen
die Hände über dem Kopf zusammenschlagen, und
ich werde meiner Wut freien Lauf lassen. Das sagt
Gott, der Chef.'"

Jerusalem wurde ausgesucht

23 Gott redete mal wieder mit mir. Er sagte: 24 „Hey
du, Mensch! Ich will, dass du zwei Wege auf ein
Blatt Papier malst. Es sollen die Wege sein, die der
Präsident von Babylonien theoretisch mit seinem
Heer einschlagen könnte. Beide Wege sollen vom
selben Punkt ausgehen. Dann steckst du einen
Wegweiser auf die Karte. 25 Das eine Schild soll in
Richtung Rabba, der Hauptstadt der Ammoniter,
zeigen. Das andere soll in Richtung Juda zeigen, wo
Jerusalem die Stadt ist, welche eine Schutzmauer
hat. Dieses Bild soll so eine Art Voraussage sein für
das, was bald passieren wird. 26 Denn der Präsident
von Babylonien steht schon an dieser Kreuzung
und wirft gerade die magischen Würfel, um sich zu
entscheiden, in welche Richtung er gehen soll. Er
versucht, mit okkulten Praktiken rauszubekommen,
was das Bessere wäre. Er liest das Tages-Horoskop
und solche Sachen. 27 Gerade hat er die magischen
Würfel mit seiner rechten Hand geworfen, und sie
fielen auf Jerusalem. Er wird also die Armee gegen
die Stadt ziehen lassen, die Panzer rollen schon in
diese Richtung. Die Armee wird krassen Lärm
machen, sie werden einen Angriffswall um Jerusa-
lem herum aufschütten, mit Panzern gegen die
Stadt ballern und die Schutzmauer zum Einstürzen
bringen." 28 Aber die Leute von Juda glauben, dass
diese Voraussagen nur gelogen sind. Sie denken,
dass das alles nicht stimmen kann, weil man ihnen
bei Gott geschworen hat, dass das nicht passieren
wird. Tatsächlich aber sind diese Voraussagen rich-
tig, denn sie haben den ganzen Mist deutlich ge-
macht, den sie die ganze Zeit gebaut haben. Das
ist der Grund, warum sie bestraft werden. 29 Darum
sagt Gott, der Chef über alles, zu ihnen: „Ihr werdet
hart bestraft, denn ihr habt dafür gesorgt, dass ich

mich an euren Mist erinnere. Alle eure Verbrechen
sind jetzt im Licht, jeder kann sehen, was für miese
Sachen ihr verbockt habt. 30 Und zu dem Präsiden-
ten von Israel, der ohne mich gelebt hat und jetzt
ermordet wurde, sage ich: Dein Tag der Abrech-
nung ist gekommen, du bekommst jetzt deine
Strafe! 31 Nimm deinen Hut vom Kopf, schmeiße
deine Uniform weg. Nichts wird so bleiben, wie es
ist. Die Leute, die ganz unten sind, werden ganz
hochkommen. Und die Leute, die ganz oben sind,
werden ihre Macht verlieren. 32 Jerusalem wird platt-
gemacht, ich sag es noch mal, platt, ganz platt.
Aber auch das wird nicht für immer so sein. Es wird
irgendwann jemand kommen, dem gebe ich die
Macht über die ganze Stadt. Der hat auch die Be-
rechtigung, Jerusalem zu führen." 33 Dann sagte
Gott noch zu mir: „Du, Mensch, ich will, dass du
Folgendes über die Ammoniter aussprichst, die
haben mich nämlich ganz schön gedisst. Sag zu
ihnen: ‚Ich sehe Krieg, einen heftigen Krieg, die
MGs sind schon geladen, um zu töten. 34 In der
Zeit, wo noch die Pseudopropheten, die nur
Schwachsinn vorausgesagt haben, bei dir am Start
waren, hatte man dir schon das Messer an die
Kehle gesetzt. Man hat die Leute, die ohne Gott
leben, tödlich verwundet. Ihre Zeit ist jetzt gekom-
men, sie werden heftig bestraft. 35 Aber jetzt soll
die Knarre wieder in ihre Tasche. Denn ich werde
auch den, der mit diesem MG geschossen hat, dort
bestrafen, wo er ursprünglich herkommt. 36 Ich bin
so sauer auf dich, du sollst meine Wut krass zu
spüren bekommen. Ich werde dafür sorgen, dass
brutale Männer gegen dich im Krieg gewinnen,
die eine Lizenz zum Töten haben. Das sind echte
Profis. 37 In deinem Land wird es überall brennen.
Dein Blut wird überall im Land vergossen werden.
Keiner wird sich bald mehr an euch erinnern. Das
habe ich euch vorausgesagt. Ich, Gott, der Chef
über alles."

22 Jerusalem und Juda haben Mist gebaut und werden bestraft

1 Und dann redete Gott mal wieder mit mir.
Er sagte: 2 „Hey du, Mensch. Ich hab mal eine Frage
an dich. Wärst du bereit, über die Stadt ein Urteil zu
fällen, diese Stadt, wo nur Mörder leben? Sie sollen
kapieren, was für einen großen Mist sie gebaut
haben. 3 Sag zu ihnen: ‚Das kommt jetzt von dem
heftigen Gott. Er sagt zu der Stadt: Innerhalb deiner
Grenzen sind viele unschuldige Menschen gestor-
ben! Damit hast du dir selbst dein Urteil gespro-
chen, deine Gerichtsverhandlung ist schon in vol-
lem Gange. Bei dir stehen überall diese Plastikgötter
rum, alleine damit hast du dich komplett verdreckt.
4 Es gibt viele Menschen, die durch dich gestorben
sind. Das Maß ist jetzt voll, es reicht! Du hast ganz
klar Mist gebaut. Du hast dich durch die Plastikgöt-
ter, die von deinen Bewohnern sogar selbst gebas-
telt wurden, total verdreckt. Damit hast du dafür
gesorgt, dass deine Gerichtsverhandlung gekom-
men ist. Deine Zeit ist abgelaufen. Ich habe dafür
gesorgt, dass du die Lachnummer für alle wirst.
Jeder wird Witze über dich machen. 5 Die Völker, die
in deiner Nähe leben, machen sich lustig über dich,
denn dein Ruf ist ruiniert. Du bist einfach total
durch und am Ende. 6 Die Präsidenten von Israel
waren alle bei dir und haben ihre Macht dazu
genutzt, um Leute umzubringen. 7 Leute, die bei dir
wohnen, haben keinen Bock mehr auf ihre Eltern.
Ausländer werden bei dir abgezockt. Hartz-IV-Emp-
fängern und Obdachlosen wurden alle Rechte ge-
nommen, und man hat sie unterdrückt. 8 Meinen
Tempel, den Sonntag und alles andere, was ich ganz
besonders gottmäßig finde, ziehst du in den Dreck,
du hast keinen Bock dadrauf. 9 Verräter wohnen in
dir, die gerne Menschen abstechen. Auf den Bergen
zieht man Dankopfer für Plastikgötter durch. Und
das ist nicht alles. 10 Söhne sehen ihre Väter nackt,
und Männer haben Sex mit Frauen, obwohl die ge-
rade ihre Tage haben. 11 Einer geht mit der Ehefrau
von seinem Nachbarn fremd, ein anderer landet mit
seiner Halbschwester im Bett, ein Dritter vergewal-
tigt seine Schwester. 12 Es ist normal, dass ein Rich-
ter bei euch bestochen wird, damit er die Todes-
strafe verhängt. Wer Geld verleiht, verlangt einen
Horrorzins und zockt so die Leute ab, die sowieso
schon keine Kohle haben. Aber ich, euer Gott, werde
das nicht so einfach vergessen. Das kommt jetzt
von Gott, dem Chef. 13 Pass auf, ich reibe mir schon
die Hände, ich werde dich bestrafen wegen dieser
Abzockerei, die du tust. Auch weil du Leute bei dir
umgebracht hast, werde ich das tun. 14 Die Frage ist,
ob du das aushalten kannst, wenn ich meine Strafe
durchziehe? Ich habe das beschlossen, und was
ich sage, dass mache ich auch. 15 Ich werde deine
Bewohner auf der ganzen Welt verteilen, ich muss
bei dir einfach einmal radikal alles ausräumen und
sauber machen. 16 Weil du so derben Mist gebaut
hast, wirst du vor allen Menschen ganz peinlich
dastehen. Dann wirst du kapieren, dass ich der Chef
bin, dass ich Gott bin.'"

Israel ist wie wertloser Dreck

17 Dann sprach Gott mal wieder zu mir. Er sagte: 18 „Hey du, Mensch! Die Menschen von Israel sind für mich wie ein Haufen Dreck geworden, wie der Abfall, der entsteht, wenn man Silber aus den Steinen herausschmilzt. Dieser Abfall besteht aus Kupfer, Zinn, Eisen und Blei.“ 19 Gott sagt: „Ihr seid alle zu diesem Abfall geworden, in dem Schmelzofen der Stadt Jerusalem. Ich werde euch alle zusammenkippen. 20 So, wie man Silber, Kupfer, Eisen, Blei und Zinn in einem Schmelzofen zusammentut und die Temperatur dadrin hochdreht, damit es dann schmilzt, so werde ich euch auch zusammentun. Denn ich bin sauer auf euch, und ich werde euch schmelzen lassen. 21 Ich werde euch sammeln, dann ordentlich erhitzen und zusammenschmelzen, denn ich bin echt sauer auf euch. 22 Wie man Metall sammelt und in in einem Ofen erhitzt, so werde ich euch sammeln, und dann kriegt ihr die volle Kante ab. Ihr sollt kapieren, dass ich gerade total sauer auf euch bin. Ich, Gott, der Chef.‘“

Die Chefetage und die Politiker in Juda haben Schuld

23 Gott redete mal wieder mit mir. Er sagte: 24 „Hey du, Mensch! Ich möchte, dass du über das ganze Land etwas aussprichst. Sag von mir: ‚Dieses Land ist total verdreckt, darum wird es bei dir nicht mehr regnen, denn ich bin sauer! 25 Die Leute, die bei dir das Sagen haben, waren so drauf wie hungrige Kampfhunde. Alles, was in ihre Nähe kam, wurde sofort angefallen und gebissen. Sie essen Menschen auf, sie zocken Geld und alles, was wertvoll ist. Durch die haben viele Frauen ihren Ehemann verloren. 26 Deine Priester haben die Aussagen in meinen Gesetzen so gedreht, wie es ihnen in den Kram passte. Sie haben alles, was für mich ganz besonders und wichtig war, in den Dreck gezogen. Zwischen gottmäßig oder dreckig kannten sie keinen Unterschied. Was okay, rein, sauber und was nicht okay, dreckig und unrein war, konnte man bei ihnen nicht mehr auseinanderhalten. Vor den Gesetzen, die für den Sonntag gelten, haben sie die Augen geschlossen. Sie haben die einfach ausgeblendet. Auf die Art hat man mich selbst bei ihnen in den Dreck gezogen. 27 Die Minister aus der Regierung haben sich benommen, als wären sie Hunde, die lange nichts gefressen haben. Es machte ihnen nichts aus, Menschen anzufallen und zu töten. Sie haben Menschen kaputt gemacht und dabei auch noch Geld abgezogen. 28 Ihre Propheten haben diese Verbrechen auch noch gedeckt, von ihnen kamen nur dumme Sprüche, Lügen, die gar nicht von Gott waren. Sie sagten: ‚Gott meint dies und das‘, aber das war gar nicht von Gott. 29 Und die Leute im Land benehmen sich wie die reinsten Verbrecher. Sie erpressen und zocken den Ärmsten auch das bisschen, was die noch haben. Und die Ausländer behandeln sie, als ob es keine Gesetze geben würde. 30 Überall hab ich nach einem Mann gesucht, der bei ihnen leben, diese Fehler ausmerzen und sie vor mir in Schutz nehmen könnte. Er sollte dafür sorgen, dass die Mauer um meine Leute nicht einstürzt, damit ich sie nicht alle kaputt machen muss, aber da war einfach niemand. 31 Darum hab ich meiner Wut freien Lauf gelassen. Ich war richtig krass sauer und hab sie alle plattgemacht. Den ganzen Mist, den sie gebaut hatten, mussten sie jetzt selbst ausbaden.‘“ Das kam jetzt von Gott, dem Chef über alles.

23

Samaria und Jerusalem sind wie zwei Schwestern, die mit jedem Mann ins Bett steigen

1 Gott redete mal wieder mit mir. Er sagte: 2 „Hey du, Mensch! Ich will dir mal über eine Geschichte etwas erklären: Und zwar waren da zwei Frauen, die beide von derselben Mutter abstammten. 3 Sogar in der Zeit, als sie noch in Ägypten lebten und noch Teenager waren, machten sie dort mit den Männern rum. Jeder, der Lust hatte, durfte mal ihren Busen begrapschen und ihre kleinen Brüste kneten. 4 Die ältere von den beiden hieß Ohola und die jüngere hieß Oholiba. Ohola steht jetzt für die Stadt Samaria und Oholiba für Jerusalem. Beide wurden so was wie meine Töchter. Dann bekamen sie auch Kinder, Söhne und Töchter. 5 Dann hat mich Ohola betrogen, sie hatte Bock auf andere Männer und machte mit den assyrischen Soldaten rum. 6 Sie fand deren violette Uniform so toll, die der Bürgermeister und die, welche die Offiziere immer anhatten. Das waren alles schöne Männer, die oft in ihrem schicken Dienstwagen umhergurkten. 7 Die wollte sie unbedingt ins Bett kriegen. Auf die Elite von Assyrien hatte sie es abgesehen. Sie hat sich auf deren Plastikgötter eingelassen und sich damit total verdreckt, sie wurde unrein. 8 Aber sie konnte auch nicht die Finger von den Ägyptern lassen. Mit denen hatte sie es ja schon getrieben, als sie noch jung war. Sie lag in deren Bett, hat sich ihren noch jungen Busen von denen betatschen lassen und hat

mit ihnen geschlafen. [9] Das war der Grund, warum ich sie dann später an die Assyrer ausgeliefert habe. Die waren ja früher so was wie ihr Lover, in den sie total verknallt gewesen ist. [10] Aber die haben ihr nur die Klamotten vom Leib gerissen, ihr die Söhne und Töchter weggenommen und sie dann erschossen. Auf die Art wurde sie bestraft, und alle anderen Frauen haben nur noch über sie abgelästert. [11] Und Oholiba? Obwohl sie das alles mitbekommen hatte, trieb sie diese Hurennummer noch schlimmer als ihre Schwester. [12] Sie war auch voll scharf auf die Soldaten aus Assyrien, auf die Statthalter, die Bürgermeister, die Offiziere und die Soldaten. Die fuhren mit ihren prolligen Autos ständig durch die Stadt. [13] Ich hab gesehen, wie sie sich mit denen verdreckt hat. Beide Schwestern haben sich hier ähnlich verhalten. [14] Trotzdem trieb es die zweite noch etwas heftiger mit ihrer Hurennummer als die erste. Sie hatte nämlich ein Paar Hochglanz-Farbfotos an der Wand gesehen. [15] Das waren Bilder von Soldaten aus Babylonien, mit schicker Uniform und Mütze auf, unter der ihre Haare zu sehen waren. Das waren alles so Model-Typen. Da drehte Oholiba komplett durch. [16] Nur vom Anschauen der Bilder hatte sie sich heftig in diese Männer verliebt. Darum bezahlte sie ein paar Kontaktanzeigen, um diese Soldaten kennenzulernen. [17] Schon beim ersten Date mit den babylonischen Männern landete sie mit denen im Bett. Dadurch verdreckte sie sich total, sie wurde unrein. Nach dieser ersten Nacht, wo sie sich mit denen verdreckt hatte, schmiss sie die Männer aber schnell wieder raus. [18] Schließlich hab ich sie dann auch bei mir rausgeschmissen, wie ich schon ihre Schwester rausgeschmissen hatte. Beide hatten sich vor allen Leuten auf diese Männer eingelassen! [19] Aber die beiden hörten nicht auf, sondern machten alles nur noch schlimmer. Sie fingen nämlich an, sich wieder an die Zeit in Ägypten zu erinnern. Damals waren sie noch sehr jung, sind aber trotzdem bei denen im Bett gelandet. [20] Plötzlich waren sie total heiß auf ihre alten Lover! Sie wollten wieder was von den Männern, deren Penis so groß war wie der Penis von einem Esel und die einen Samenerguss hatten wie ein Pferd. [21] Sie sehnten sich plötzlich wieder nach den Sachen, wo sie schon als Jugendliche immer wieder totalen Mist gebaut hatten. Sie wollten sich wieder von den Ägyptern den Busen begrapschen lassen. Die standen da voll drauf, weil du noch so kleine Brüste hattest."

Zu was die jüngere Schwester im Gericht verurteilt wird

[22] Gott, der Chef über alles, sagt: „Ich werde gegen dich, Oholiba, deinen früheren Lover aufmarschieren lassen. Du hast dich ja ganz plötzlich von ihnen verabschiedet. Sie werden dich von überall her angreifen. [23] Das sind die Soldaten aus Babylonien, die Soldaten aus Pekod, Schoa und Koa, und die Assyrer sind auch dabei. Alles gutgebaute Männer. Die haben alle einen guten Ruf und sind sehr gute Soldaten, die auf Motorrädern und in Jeeps angefahren kommen. [24] Mit Panzern kommen sie aus Norden angerollt, gut bewaffnet. Jeder Soldat hat eine schusssichere Weste an und einen Helm auf. Sie bilden einen Angriffsring gegen dich, werden dich bekämpfen und an die Feinde ausliefern. Sie sollen das Gerichtsurteil vollstrecken, nach ihren Gesetzen. [25] Du hast mich voll eifersüchtig gemacht, du hast es echt übertrieben, darum werden sie auch hart mit dir umgehen. Sie werden dir die Nase und die Ohren abschneiden. Alles, was von dir noch übrig bleibt, wird im Krieg getötet werden. Man wird dir die Kinder wegnehmen, und dich am Ende anzünden und abfackeln. [26] Sie werden über dich herfallen, dir die Klamotten vom Leib reißen und dir deine Goldketten und Ringe zocken. [27] Und ich will den Mist, den du ständig baust, beenden. Damals in Ägypten hast du ja den gleichen Kram gemacht, aber damit ist jetzt Schluss. Du sollst dich nicht mehr nach anderen Männern umsehen, du sollst nicht mehr sehnsüchtig an Ägypten denken." [28] Gott, der Chef, sagt dir: „Ich werde dafür sorgen, dass die Leute, die du hasst, bald die Macht über dich haben. Diese Menschen, von denen du dich ganz plötzlich entfernt hattest. [29] Sie werden voll aggro auf dich sein, sie werden zuschlagen und dir alles einfach wegnehmen, was dir gehört. Dann bist du nackt und ohne Schutz. Dass du mit anderen im Bett gelandet bist und dass du rumgehurt hast, das werden dann alle mitbekommen. [30] Es ist die Strafe dafür, dass du die ganze Zeit mit anderen Nationen rumgemacht hast. Du hast dich auf deren Plastikgötter eingelassen und bist dadurch total verdreckt worden, du wurdest unrein. [31] Weil du es genauso getrieben hast wie deine Schwester, wirst du auch genauso behandelt wie sie und kriegst dieselbe Bestrafung. [32] Das sagt dir Gott, der Chef. Du wirst mit Sicherheit die gleiche Bestrafung bekommen, wie deine Schwester sie auch bekommen hat. Es ist eine heftige Bestrafung, man wird Witze über dich machen.

33 Du wirst nur noch depressiv und traurig sein, die
Konsequenzen werden so hart, so furchtbar, so
ätzend, genauso schlimm wie die von deiner
Schwester Samaria. 34 Bis zum bitteren Ende wirst
du die Strafe ertragen müssen. Du wirst dir mit
einer Rasierklinge deinen Busen zerkratzen, weil
es so schlimm ist. Das hab ich gesagt, Gott! Der
Gott, dem nichts unmöglich ist. 35 Das ist die Folge
davon, weil du mich vergessen hast. Du hast mir
den Rücken zugedreht, darum musst du jetzt auch
die Konsequenzen ertragen von deinen ätzenden
Taten und dass du mit anderen im Bett warst. Das
sagt dir Gott, der heftige Gott."

Die Geschichte mit den beiden Schwestern soll eine Warnung sein

36 Dann sagte Gott zu mir: „Hey du, Mensch! Hast
du Lust, über die beiden Schwestern Ohola und
Oholiba ein Gerichtsurteil zu fällen? Leg los, zähle
ihre miesen Taten auf, die sie getan haben. 37 Sie
sind fremdgegangen und haben ihren Ehemann
betrogen. Blut klebt an ihren Händen, denn sie
haben mich nicht nur mit diesen Plastikgöttern
betrogen, sondern haben ihre eigenen Kinder für
die in einem Opferritual getötet und verbrannt!
Und das, obwohl diese Kinder eigentlich mir gehör-
ten. 38 Was das Ganze noch toppt, ist die Sache,
dass sie noch am gleichen Tag meinen besonderen
Tempel betreten haben. So wurde mein Haus ver-
dreckt. Sie haben damit gezeigt, dass sie meinen
Feiertag nicht respektieren. 39 Morgens haben sie
ihre Söhne für die Plastikgötter abgeschlachtet, und
nachmittags standen sie in meinem Tempel, um
ihn zu verdrecken. Solche Sachen haben sie getan,
obwohl ich die ganze Zeit zugesehen hab. 40 Dazu
haben sie sogar eine Einladung an einige Männer
geschickt, die ganz weit weg wohnten. Dann haben
sie sich lange geduscht, sich ganz besonders sexy
angezogen, schön geschminkt und teuren Schmuck
umgehängt. 41 Anschließend haben sie sich auf das
schönste Sofa gesetzt, vor dem ein großer Tisch
aufgebaut war. Auf diesem Tisch brannten ein paar
Räucherkerzen und Duftöl. 42 Überall konnte man
Menschen labern hören, die dort um sie herum-
standen. Dann waren dort einige Männer, die ziem-
lich besoffen rumgrölten. Und da standen noch
sehr viele andere Leute, die man aus der Wüste
hergeholt hatte. Die Männer legten den zwei
Schwestern schöne Armbänder an und setzten
ihnen wunderschöne Diademe auf den Kopf. 43 Ich
sagte zu mir selbst: ‚Hm, diese alte Schachtel hat
immer noch nicht genug davon, ihren Ehemann zu
betrügen. Sie verkauft sich als billige Hure und
freut sich noch dadrüber ...‘ 44 Die Männer benut-
zen sie, wie man eine Nutte benutzt. Sie trieben es
mit Ohola und Oholiba, den beiden Oberschlam-
pen. 45 Es werden aber ein paar korrekte Männer
kommen, die die beiden vor Gericht bringen wer-
den. Und sie werden dort verurteilt und bestraft,
wie man jemanden bestraft, der seinen Ehepartner
betrogen oder jemanden ermordet hat. Das sind
die Gesetze, die bei ihren Taten angewendet werden
müssen. An ihren Händen klebt noch Blut, und sie
haben ihre Ehepartner betrogen." 46 Gott, der mäch-
tige Chef, sagt: „Es soll eine Bürgerversammlung
extra wegen den beiden einberufen werden. An-
schließend wird man sie an die wütende Menge
ausliefern, damit beide von denen geschlagen,
getreten und ausgeraubt werden. 47 Am Ende sollen
sich alle ein paar Steine nehmen und die beiden
damit so lange beschmeißen, bis sie tot sind. Ihre
Leichen sollen zersägt werden. Die Kinder von
ihnen sollen auch umgebracht werden. Und ihre
Häuser muss man sprengen. 48 Auf die Art werde
ich euren ätzenden Lebensstil beenden. Für die
anderen Frauen soll das Ganze eine klare Warnung
sein, dass sie es euch nicht nachmachen. 49 Ihr seid
gerecht bestraft worden, denn ihr habt heftig Mist
gebaut. Ihr habt mit Plastikgöttern rumgemacht, ihr
wart mir nicht treu, und das ist jetzt die Konse-
quenz davon. Ihr werdet hoffentlich endlich kapie-
ren, dass ich alleine der Chef bin, dass ich Gott
bin."

24 **Der Kochtopf als Vergleich für Jerusalem**

1 Und dann redete Gott mal wieder mit
mir. Diesmal passierte das im neunten
Jahr, im zehnten Monat, seitdem Israel in Kriegsge-
fangenschaft geraten war. Er sagte: 2 „Hey du,
Mensch! Notiere dir mal das Datum von heute.
Denn heute hat der Präsident von Babylonien mit
seinem Heer die Stadt Jerusalem umzingelt. 3 Ich
möchte, dass du zu deinen Leuten gehst und
ihnen was von mir erzählst. Diese Leute machen ja
nur ihr eigenes Ding und tun nicht das, was ich
ihnen sage. Mach ihnen mit folgendem Vergleich
etwas klar. Sag ihnen: ‚Wozu ich euch jetzt auffor-
dere, das kommt von Gott, dem heftigen Gott: Stell
den Topf auf den Herd, schütte Wasser rein und
mach die Kochplatte an! 4 Als Nächstes sollst du
ein paar Stückchen Fleisch reinmachen und eine

Gulaschsuppe dadraus kochen. Schmeiß nur die besten Teile rein, ein Stück aus der Lende, ein Stück aus der Schulter und die besten Knochen. 5 Nimm das Fleisch nur von den besten Schafen! Dann stellst du die Kochplatte auf Stufe drei und lässt das Ganze gut durchkochen. Die Knochen müssen unbedingt mit im Topf sein.‘ 6 Gott, der Gott, dem nichts unmöglich ist, sagt Folgendes: ‚Dieser Stadt, wo so viel unschuldiges Blut vergossen wurde, geht es jetzt an den Kragen, die muss echt aufpassen! Der Topf, der so rostig ist, dass man das niemals ganz entfernen kann. Mit jedem Löffel fischt man ein neues Stück Fleisch aus ihm raus. Und das ohne den Versuch, mit den besonderen Losen herauszufinden, was ich davon halte. 7 In dieser Stadt ist viel Blut geflossen. Das Blut wurde über einem normalen Felsen vergossen und noch nicht mal auf die Erde, wo es hätte versickern können. 8 Ich habe dafür gesorgt, dass man die Leichen überall noch sehen kann, das Blut soll nicht abgewaschen und auch nicht mit Erde überdeckt werden.‘ 9 Gott sagt: ‚Pass auf, du Stadt, wo so viel Blut unschuldig vergossen wurde! Auch ich werde einen Herd anstellen und auf Stufe drei machen. 10 Starte den Herd, mach die Platte an und koche das Fleisch, bis es gar ist. Dann schütte die Brühe weg, aber lass die Knochen im Topf, bis sie angebrannt sind. 11 Stelle ihn dann leer auf den Herd, mit voller Hitze, sein Metall soll heiß werden, es soll glühen. Denn du hoffst, dass er so seinen Dreck loswird und der Rost verschwindet. 12 Aber umsonst. Der viele Rost geht nicht wirklich weg, da kannst du ihn noch so sehr erhitzen. 13 Mein Plan war, dass du, Jerusalem, so von deinem Dreck befreit wirst. Ich wollte dich sauber machen, aber es hat nicht funktioniert. Man konnte dich nicht mehr wirklich entrosten. Weil du nicht mehr sauber zu kriegen bist, werde ich meine Wut an dir auslassen, bis ich genug davon habe. 14 Das habe ich, Gott, jetzt beschlossen. Es wird passieren, ich mach das jetzt einfach, und ich höre nicht mittendrin auf. Es tut mir auch nicht leid, ich zieh das durch. Ich habe ein Urteil über dich gefällt wegen dem ganzen Mist, den du gebaut hast. Das sagt jetzt der Chef, das sagt Gott.‘“ 15 Gott sagte dann noch zu mir: 16 „Hey, du, Mensch! Ich werde dafür sorgen, dass jemand, der dir total wichtig ist, plötzlich sterben wird. Aber ich möchte von dir, dass du nicht dadrüber weinst, keine Trauerfeier veranstaltest und auch keine schwarzen Klamotten anziehst. 17 Setz dich in einen Sessel und beweg dich nicht. Du kannst dabei auch laut stöhnen, aber du darfst auf keinen Fall eine Trauerfeier organisieren. Zieh deinen Hut auf und ziehe deine Schuhe nicht aus, zieh keine schwarzen Sachen an und iss auch nichts von dem Brot, welches dir deine Nachbarn bringen werden.“ 18 Morgens hatte ich den Leuten das alles gesagt, und abends starb meine Frau ganz plötzlich. Am nächsten Morgen machte ich alles genau so, wie Gott es mir gesagt hatte. 19 Schließlich kamen die Leute bei mir an und fragten mich, was das Ganze denn soll: „Wollen Sie uns nicht erzählen, warum Sie sich so verhalten?“ 20 „Gott hat mit mir gesprochen“, antwortete ich. Er hat gesagt: 21 „Sag den Leuten von Israel Folgendes von mir: ‚Das kommt jetzt von dem heftigen Gott! Passt bloß auf! Ich werde meinen eigenen Tempel, der so besonders gottmäßig ist, verdrecken lassen, ich mache ihn unrein. Ihr seid so stolz auf diesen Tempel, ihr denkt, dass ihr euch durch ihn schützen könnt. Ihr findet, dass er einfach voll schön aussieht, und stellt fest, dass ihr euch innerlich sehr nach diesem Tempel sehnt. Eure Kinder, die ihr zurückgelassen habt, werden alle im Krieg sterben.‘ 22 Wenn das passiert, werdet ihr es genauso machen, wie ich es jetzt gemacht habe. Ihr werdet keine schwarzen Trauerklamotten anziehen, ihr werdet nicht dadrüber weinen, und auch an dem Essen nach der Beerdigung werdet ihr nicht teilnehmen. 23 Ihr werdet euer Cape aufbehalten und eure Schuhe nicht ausziehen. Wegen dem ganzen Mist, den ihr gebaut habt, werdet ihr für Proteste keine Kraft mehr haben, ihr werdet alle nur leise seufzen, sonst nichts. 24 Gott sagt euch: ‚Auf die Art wird Ezechiel für euch ein Beispiel sein, so wie er sich verhalten hat, werdet ihr euch auch verhalten. Wenn das so kommt, dann kapiert ihr das erst wirklich, und dann kapiert ihr auch, dass ich Gott, dass ich der Chef bin.‘“ 25 Dann sagte Gott noch zu mir. „Hey du, Mensch! Pass auf, an dem Tag, wo ich den Leuten von Israel ihr Versteck wegnehme, über das sie sich immer so gefreut haben und wo sie so stolz drauf waren, und wenn ich ihnen dann auch noch ihre Kinder wegnehme, dann passiert Folgendes: 26 An dem Tag wird jemand, der der Katastrophe entkommen ist, bei dir vorbeischauen und dir davon berichten. 27 Dann wirst du diesem Typen von der ganzen Sache erzählen können, ab dann darfst du dadrüber sprechen und musst nicht mehr schweigen. Auf die Art sollst du mit deinem Leben zu den Leuten sprechen, und dann werden sie kapieren, dass ich Gott bin.“

25 Was Gott mit den anderen Völkern wie den Ammonitern und Moabitern machen wird

1 Und dann redete Gott mal wieder mit mir.
Er sagte: 2 „Hey du, Mensch! Ich will, dass du zu
den Ammonitern als Prophet etwas sagst, was von
mir kommt! 3 Das ist dein Text: ‚Hört euch mal an,
was Gott, der Chef, alles über euch zu sagen hat! Ihr
lacht euch schlapp über meinen ganz besonderen
Tempel, weil er so verdreckt wurde. Ihr reißt Witze
über das Land Israel, weil es total zerstört wurde.
Ihr lacht über die Leute von Juda, weil sie in Kriegs-
gefangenschaft sind. 4 Darum werde ich euch an ein
Volk ausliefern, das aus dem Osten kommt. Sie wer-
den ihr Lager in eurem Land aufschlagen und wer-
den dort Häuser bauen. Sie werden von den Früch-
ten essen, die bei euch wachsen, und werden von
der Milch trinken, die von euren Kühen stammt.
5 Rabba, eure Hauptstadt, werde ich zu einer Tank-
stelle umbauen. Euer ganzes Land wird zu einer
Raststätte für die Leute, die mit ihren Schafherden
und ihren Transportern auf der Durchreise sind.
Dann werdet ihr kapieren, dass ich Gott bin. 6 Denn
ihr habt laut applaudiert und eine Party gefeiert, als
das Land von Israel zerstört wurde. Ihr habt euch
darüber gefreut und habt euch über Israel lustig
gemacht. 7 Darum werde ich jetzt gegen euch vorge-
hen. Ich werde euch komplett ausradieren, ich
werde euch von der Landkarte streichen. Völker, die
nicht an mich glauben, werden euch plattmachen.
Ihr werdet vernichtet, damit ihr kapiert, dass ich der
Chef bin. 8 Das sagt jetzt Gott, der Chef. Auch die
Moabiter und die Leute aus Seïr machen dumme
Sprüche. Sie sagen: ‚Die Juden sind genauso wie
alle anderen Völker auch, da gibt es keinen Unter-
schied!‘ 9 Darum werde ich dafür sorgen, dass die
eine Seite der Berge von dem Gebiet von Moab
(und zwar komplett alle Städte, ohne Ausnahme)
vom Feind eingenommen wird. Städte, auf die ihr
immer so stolz drauf wart, wie Bet-Jeschimot, Baal-
Meon und Kirjatajim. 10 Ich werde dieses Land dem
Volk geben, das aus dem Osten kommt. Sie bekom-
men euer Land und das Land von den Ammonitern
geschenkt. Ich will, dass sich bald niemand mehr an
die Ammoniter erinnert. Man soll einfach verges-
sen, dass es die mal gegeben hat. 11 Die Moabiter
werde ich auch bestrafen, und dann werden sie
kapieren, dass ich Gott bin.‘ 12 Und Gott, der Chef,
sagt Folgendes zu den Edomitern: ‚Diese Leute
haben sich echt brutal an den Leuten von Juda
gerächt. Damit haben sie richtig übel Mist gebaut.
13 Darum werde ich sie jetzt bestrafen. Ich werde alle
Menschen und alle Tiere der Edomiter sterben las-
sen. Das ganze Land werde ich zerstören. Alle
Bewohner von Teman bis Dedan werde ich durch
einen Krieg töten. 14 Ich werde es meinen Leuten
von Juda überlassen, sich an Edom zu rächen. Sie
werden in dem Umfang mit ihnen umgehen, wie ich
sauer und wütend auf sie bin. Jeder wird merken,
dass ich dahinterstehe. Das kam jetzt von Gott,
dem Chef.‘“

Die Bestrafung für die Philister

15 „Das kommt jetzt von Gott, dem Chef: Weil die
Philister so aggro unterwegs waren und sich an
Juda so blutig gerächt haben, werde ich handeln.
Sie haben meine Leute abgrundtief gehasst, sie has-
sen die Leute von Juda irgendwie schon immer.
16 Darum werde ich jetzt etwas machen, ich werde
die Philister alle töten, das sind die Leute, die von
Kreta hierhergekommen sind. Jeder, der dort an der
Küste lebt, wird sterben. 17 Ich bin sauer, und ich
werde sie krass bestrafen. Sie müssen kapieren,
dass ich Gott bin, wenn ich meine Bestrafungs-
aktion durchgezogen habe.“

26 Die Stadt Tyrus kriegt jetzt Probleme

1 Als wir bereits elf Jahre in Kriegsgefangen-
schaft waren, redete Gott mal wieder mit
mir. Das Ganze passierte an einem ersten Tag von
einem Monat, welcher genau, hab ich vergessen.
2 Gott sagte: „Hey du, Mensch! Die Leute in Tyrus
machen voll die Party, weil die Stadt Jerusalem am
Ende ist. Da kommen so Kommentare wie: ‚Hach,
echt lustig! Die große Stadt, die man mal ‚das Tor
zur Welt‘ getauft hatte, ist kaputt! Die ganze Kohle,
die dort gebunkert wurde, gehört jetzt uns! Die
Stadt ist komplett plattgemacht!‘ 3 Darum sage ich,
der Chef, Gott, Folgendes: ‚Passt mal auf, ihr Leute
von Tyrus! Ich werde dafür sorgen, dass aus der
ganzen Welt Armeen kommen und gegen euch
kämpfen. Sie werden euch überfluten wie die Wellen
aus dem Meer. 4 Sie werden die Schutzmauern von
Tyrus einfach wegsprengen und seine Wachtürme
absägen. Ich werde den ganzen Boden wegspülen,
so dass man nur noch Steine sehen kann. 5 Auf
diese Steine werden dann die Fischer ihre Netze
legen, damit sie dort trocknen können. Die Völker,
die ohne Gott leben, werden dich einnehmen. Das
sagt Gott, der Chef. 6 Die kleineren Städte um dich
herum, die auch noch zu dir gehören, werden auch
im Krieg zerstört werden. Dann werden die Bewoh-

ner endlich kapieren, dass ich Gott bin.'" 7 Dann
sagte der Chef, der heftige Gott, noch Folgendes:
,Tyrus, ich werde den mächtigsten Präsidenten von
allen, den Nebukadnezzar aus Babylon, gegen dich
aufmarschieren lassen. Er wird mit Panzern und
Motorrädern kommen, eine große Armee wird er
aufbringen. 8 Zuerst wird er die umliegenden Städte
erobern und plattmachen. Dann wird er mit Ram-
pen und seinen Panzern einen Angriff gegen dich
starten. Die Truppen werden sich dabei hinter
Schutzschilden aufstellen. 9 Er wird einige Sprengla-
dungen an deiner Schutzmauer anlegen und sie in
die Luft gehen lassen. Auch deine Wachtürme wird
er mit einem Bulldozer platt walzen lassen. 10 Man
wird eine riesige Staubwolke sehen, wenn er mit
seiner ganzen Armee angerollt kommt. Die Panzer
und Wagen werden deine Schutzmauer zum Vibrie-
ren bringen. Und wenn er dann durch die gespreng-
ten Tore in die Stadt einfährt, wird überall der Bo-
den wackeln. 11 Die Panzerketten werden deine
Straßen aufreißen. Die Soldaten werden die Bewoh-
ner erschießen. Deine großen Hochhäuser, auf die
deine Bewohner so stolz sind, werden gesprengt
und in sich zusammenstürzen. 12 Man wird alles,
was etwas wert ist, klauen. Die Konten werden leer
geräumt, und deine Häuser werden eingerissen. Die
Steine und der ganze Schutt werden dann mit Bag-
gern irgendwann ins Meer geschaufelt werden. 13 Ich
werde dafür sorgen, dass bei dir keine Partys mehr
gefeiert werden. Keiner wird mehr laut singen, keine
Band wird mehr spielen, und keine Gitarre wird
mehr gestimmt werden. 14 Ich werde dafür sorgen,
dass am Ende von dir nur noch ein nackter Felsen
übrig bleibt. Auf diesen Felsen werden die Fischer
ihre Netze zum Trocknen hinlegen. Niemand wird
dich je wieder aufbauen. Das hab ich beschlossen.
Ich, Gott, der Chef über alles.'" 15 Gott sagte weiter
über Tyrus: „Die Inseln, welche vor dir im Meer lie-
gen, werden ein Erdbeben erleben, wenn ich dich
plattmache, und die Bewohner werden laut stöhnen,
weil bei dir alle Menschen umgebracht werden.
16 Die Präsidenten der anderen Länder, die noch am
Meer liegen, werden von ihren Schreibtischen auf-
stehen und sich auf den Boden setzen, so geschockt
werden die sein. Sie werden sich umziehen und
Trauerklamotten tragen, weil alle wegen diesen
üblen Dingen total fertig sind. 17 Und dann werden
sie wegen dir eine große Trauerfeier ansetzen. Sie
werden eine Rede halten, wo gesagt wird: ,Wie
konnte das nur passieren? Wie konnte diese großar-
tige Stadt plötzlich ins Meer gekippt werden? Sie
war unter den Seeleuten bekannt als eine mächtige
Stadt! Alle hatten großen Respekt vor ihr!' 18 Jetzt
sind die Bewohner der Inseln drum herum alle voll
fertig, sie haben richtig Angst, weil du so krass
kaputt gemacht worden bist. 19 Aber ich, Gott, sage
zu dir: Ich werde dich zu einer Stadt machen, wo
niemals mehr jemand wohnen kann. Ich werde
dafür sorgen, dass der Meeresspiegel steigt und du
komplett mit Wasser bedeckt wirst. 20 Die Men-
schen, die in dir gelebt haben, werden alle in der
Hölle landen. Das ist der Ort, wo die Leute sind, die
schon vor Ewigkeiten abgenippelt waren. Auf die-
sem Schrottplatz, den es schon immer dort gege-
ben hat, wirst du landen. Ich will, dass niemals
mehr jemand in dir wohnen kann, nie mehr wirst du
ein Land sein, wo Menschen leben können. 21 Ich
werde aus dir für immer ein Antibeispiel machen,
das den Leuten Angst einjagen wird. Man wird dich
suchen, aber nicht mehr finden können, und zwar
für immer. Das sagt Gott, der Chef."

27 Tyrus wird verglichen mit einem kaputten Segelschiff

1 Dann redete Gott wieder mit mir. Er sagte:
2 „Hey du, Mensch! Ich will, dass du einen traurigen
Depri-Spruch über Tyrus schreibst. 3 Tyrus ist die
Stadt, die einen Zugang zum Meer hat. In ihr wird
sehr viel Handel betrieben mit den Menschen, die
von überallher kommen. Sag zu der Stadt Folgen-
des: ,Das kommt jetzt von Gott, dem Chef. Tyrus,
du denkst, du bist die geilste Stadt überhaupt. 4 Du
kamst dir vor wie ein Schiff, das in der Mitte des
Meeres schwimmt. Die Schiffbauer, die dich entwor-
fen haben, konnten ein total schönes Teil bauen.
5 Sie holten von Senir Eichenholz, um dadraus auf
beiden Seiten die Planken zu formen. Aus dem Liba-
non wurde Fichtenholz geholt, aus dem der Mast
gemacht wurde. 6 Das Ruder ist aus Eichenholz von
Baschan. Mit Buchsbaumholz aus Zypern ist das
Deck gezimmert worden. 7 Für das Segel hat man
extra Leinenstoff aus Ägypten eingekauft. Das Segel
diente gleichzeitig auch als Flagge. Violett und rot
war das Dach von der Kajüte, die Stoffe dafür ka-
men von den Inseln Elischas. 8 Die Bewohner von
Sidon und Arwad arbeiteten an Deck. Sie konnten
auch mal rudern oder den Motor anschmeißen,
wenn kein Wind ging. Die Chefs der Familien aus
Tyrus haben in diesem Schiff immer aufgeräumt, sie
waren deine Matrosen. 9 Und die Chefs der Familien
von Gebal und deren Männer, die echt was kapiert

hatten, kümmerten sich um den Boden, wenn dort mal irgendwo Wasser reinkam. Von überallher kamen die Leute, um bei dir Sachen zu kaufen oder zu verkaufen. [10] Aus Paras, Lud und Put kamen Soldaten, die man bezahlen musste. Deine Besatzung bestand aus diesen Söldnern, sie kamen mit ihren Helmen und schusssicheren Westen und sorgten dafür, dass du einfach gut aussahst. [11] Du warst eine große Hafenstadt. Männer aus Arwad verstärkten die Armee, die auf deiner Schutzmauer stand. Und Männer aus Gammad schützten die Aussichtstürme. Sie hängten an der Mauer ein paar Stahlplatten auf. Das sah richtig gut aus, dadurch sah sie perfekt aus. [12] Die Händler aus Tarsis kamen vorbei und haben von deinen Waren alles aufgekauft. Sie lieferten dir im Gegenzug Silber, Eisen, Kupfer und Blei. [13] Die Händler aus Griechenland und von Tubal und Meschech haben mit Kupfer bezahlt oder boten dir Arbeitskräfte im Tausch an. [14] Die Leute von Togarma hatten Motorräder, Lkws und Autos im Programm. [15] Auch die Menschen aus Rhodos und die Bewohner von vielen anderen Küsten haben mit dir Geschäfte gemacht. Sie verkauften edles Holz und Marmor. [16] Von den Edomitern kamen Edelsteine, Schmuck und Designerklamotten. Sie kauften aber auch viel bei dir ein. [17] Juda und Israel verkauften bei dir Weizen, Hafer, Marmelade, Öl und Kosmetik. [18] Die Händler aus Damaskus waren sehr interessiert an deinem großen Angebot an Waren. Sie verkauften dafür Wein aus Helbon und Stoffe aus Zahar. [19] Die Leute aus Wedan und Jawan, das im Gebiet von Usal liegt, handelten mit Werkzeug, aber auch mit Gewürzen wie Zimt. [20] Die Händler von Dedan verkauften vor allem Autozubehör. [21] Auch die reichen Männer aus Arabien und die Führungsriege von Kedar gehörten zu deinen Kunden. Sie verkauften bei dir Schafe und Ziegen. [22] Die Verkäufer von Saba und Ragma gehörten auch zu deinem Kundenstamm. Von ihnen kamen die besten Drogerieartikel und einiges an Schmuck. [23] Haran, Kanne und Eden, Saba, Assyrien und Leute aus ganz Medien waren bei dir am Start. [24] Sie verkauften Kleidung, Mäntel in abgefahrenen Farben und hübsche Teppiche aus unterschiedlichen Materialien. [25] Die Containerschiffe, in denen deine Waren transportiert wurden, kamen aus Tarsis. Du wurdest immer reicher und auch mächtiger, dort auf deiner Insel. [26] Dann kam aber die Katastrophe für dich. Deine Navigation führte dich in einen heftigen Orkan, das Wasser schlug hoch, und mitten im Meer bist du abgesoffen. [27] Alles wird an diesem Tag mit dir untergehen. Dein ganzer Besitz, deine Waren, deine Mannschaft, deine Matrosen, die Männer, welche deine Löcher im Rumpf ausbessern, die Soldaten, die dich bewachen, die ganze Armee, alles, was in dir ist, wird an dem Tag untergehen. [28] Überall an den Küsten wird man die Schreie von den Menschen hören, die auf deinem Deck waren und jetzt im Meer ersaufen. [29] Die Matrosen fliehen, der Maschinenraum ist leer, jeder versucht, an Land zu kommen und dort zu bleiben. [30] Sie werden laut schreien, jeder wird das hören können. Sie schmeißen sich auf den Boden und heulen. [31] Später werden sie sich wegen dir schwarze Trauerkleidung anziehen, sie werden voll fertig sein. Dann werden sie sich deinetwegen sogar eine Glatze rasieren. Es wird so sein wie auf einer Beerdigung, man wird laut weinen. [32] Aus den Boxen kommt Emo-Musik, man hängt dann depressiv in der Ecke, sie trauern über dich. Man wird sagen: ‚Wie schrecklich! Tyrus ist vernichtet worden, diese einzigartige Stadt, die mitten im Meer liegt!‘ [33] Von dem Handel, der bei dir betrieben wurde, haben viele Völker gelebt. Durch deinen Reichtum hast du viele Länder und mit ihnen auch ihre Präsidenten reich gemacht. [34] Aber jetzt bist du abgesoffen, du liegst an einer tiefen Stelle im Meer. Deine ganzen Waren und alles, was man bei dir kaufen konnte, ist mit dir dorthin verschwunden. [35] Die Leute, die an den Küsten wohnen, sind sehr traurig deswegen. Die Präsidenten schlagen die Hände überm Kopf zusammen, die sind völlig durcheinander deswegen. Man kann in ihren Gesichtern sehen, wie verwirrt sie über die Situation sind. [36] Die Kaufleute schütteln nur den Kopf, du bist zum großen Antibeispiel geworden, zur allgemeinen Lachnummer, auf einmal warst du weg, und du kommst auch nie mehr wieder.“

28 Der Präsident von Tyrus macht einen auf Superstar

[1] Und dann redete Gott mal wieder mit mir. Er sagte: [2] „Hey du, Mensch! Sag mal dem Präsidenten von Tyrus Folgendes von mir: ‚Das kommt jetzt von Gott, dem heftigsten Gott von allen! Du denkst, du bist der Superstar, und willst so viel Macht, wie du nur kriegen kannst. Du sagst sogar, dass du ein Gott bist, dass du wie ein Gott auf dem Chefsessel sitzt, mitten auf deiner Insel dort im Meer. Du hast behauptet, du wärst ein Gott, aber in Wirklichkeit bist du nur eine kleine Wurst. [3] Pass auf, du bist

sogar schlauer als der schlaue Daniel. Es gibt kein Wissensgebiet, wo du dich nicht auskennst. 4 Weil du so schlau bist, konntest du auch viel Kohle machen. Dein Bankkonto ist echt gut gefüllt. 5 Weil du so superschlau bist, hast du auch ein gutes Händchen, was die Geschäfte angeht. Du konntest dir sehr viel Geld und Macht schaffen, aber du bist deswegen total überheblich und stolz geworden. 6 Jetzt gehst du sogar so weit und denkst, dass du auf derselben Stufe wie Gott stehst. Darum sagt dir Gott Folgendes: 7 Ich werde eine feindliche Armee bei dir vorbeischicken. Das werden die brutalsten Soldaten sein. Sie werden ihre Waffen auf dich richten und dich abknallen. Dann ist es vorbei mit deiner Schönheit. 8 Du wirst abgeschlachtet und im Meer versinken, wo dann das Reich der Toten auf dich wartet. 9 Wenn dein Mörder dir die Knarre an den Kopf hält, wirst du dann immer noch sagen, dass du Gott bist? Du bist nur ein kleiner Fisch. Nur ein Mensch und nicht Gott. Du wirst den Leuten, die dich töten werden, hilflos ausgeliefert sein. 10 Ausländer werden dich töten, Menschen, die nicht an mich glauben. Das hab ich so beschlossen, ich, Gott, der Chef.'"

Was man über den Präsidenten von Tyrus erzählen wird

11 Dann redete Gott wieder mit mir. Er sagte: 12 „Hey du, Mensch! Ich will, dass du eine Trauerfeier ansetzt wegen dem Präsidenten von Tyrus. Geh zu ihm hin und erzähle ihm Folgendes: ‚Gott, der Chef über alles, sagt dir, dass du früher mal sein absolutes Schmuckstück gewesen bist. Du warst einfach perfekt, ein Traum sozusagen. 13 Du hast mitten im Garten von Gott gelebt. An deine Anzug waren überall Edelsteine genäht. Rubin, Topas, Jaspis, Chrysolith, Karneol, Onyx, Smaragd, Karfunkel und Lapislazuli. Auch Gold hing an dir dran. Das war alles da, an dem Tag, als ich dich gemacht habe. 14 Du warst einer der obersten Engel, der beschützen sollte, ich hatte dich dazu gemacht. Du warst auf dem ganz besonderen Berg von Gott, einem Vulkan mit glühenden Steinen. 15 Du warst vollkommen, absolut perfekt, von dem Tag an, an dem ich dich gemacht hatte, bis ich auf einmal gesehen habe, dass du Scheiße baust. 16 Weil du so viel krasse Geschäfte gemacht hast, wurdest du dazu verführt, Leute zu erpressen. Darum hab ich dich persönlich von meinem Berg geschmissen, obwohl du dich für unbesiegbar und den krassesten Typen schlechthin hieltest! 17 Dir sind deine Schönheit und Weisheit zu Kopf gestiegen, du bist größenwahnsinnig geworden. Deswegen habe ich dich auf die Erde geschmissen und an die anderen Präsidenten ausgeliefert, damit sie dich, wie in einer Peepshow, begaffen können. 18 Weil du beim Geschäftemachen deine Partner abgezogen hast, hast du deinen Tempel verdreckt. Darum hab ich dafür gesorgt, dass ein Feuer von dir selbst kommt, das alles zerstört. Ich habe dich verbrannt, dich zu Asche gemacht, und alle haben dir dabei zugesehen. 19 Alle Völker, die in deiner Gegend leben, sind echt fertig deswegen. Du bist zum abschreckenden Beispiel geworden, und das wirst du auch bleiben, für immer!'"

Was Gott gegen die Stadt Sidon zu sagen hat

20 Dann redete Gott mal wieder mit mir. Er sagte: 21 „Hey du, Mensch! Ich will, dass du mal was in die Richtung der Stadt Sidon sagst. 22 Erzähle ihnen Folgendes: ‚Das kommt jetzt von Gott, dem Chef über alles: Pass auf, Sidon, ich will an dir zeigen, was ich draufhabe! Wenn ich ein Gerichtsurteil fällen und dich bestrafen werde, müssen die Leute, die in dir leben, kapieren, dass ich Gott bin. 23 Ich werde dafür sorgen, dass in der Stadt eine ansteckende Krankheit ausbricht, an der viele sterben müssen. Dann wird es einen Krieg geben, und auf den Straßen liegen dann überall die Leichen, nachdem der Feind dich eingenommen hat. Dann werden sie kapieren, dass ich Gott, der Chef, bin.'"

Israel wird in Sicherheit sein

24 „Für die Leute von Israel wird es keine Feinde mehr geben, die die ganze Zeit rumnerven. Es wird keine Armee da sein, die ihnen, wie ein Stein im Schuh oder ein Stachel im Finger, chronische Schmerzen macht. Niemand wird sie peinlich finden, sie werden von keinem mehr gemobbt. Meine Leute sollen kapieren, dass ich Gott bin. 25 Gott, der Chef, sagt: ‚Wenn ich die Leute von Israel wieder von allen Ecken der Erde aufsammeln werde, wohin sie verstreut wurden, wenn ich der ganzen Welt klarmache, dass ich der ganz besondere Gott bin, dann werden sie wieder in dem Land wohnen, was ihnen gehört. Dieses Land hatte ich ja schon meinem Freund Jakob ganz fest versprochen. 26 Da werden sie dann in Sicherheit sein, werden Häuser bauen und Wein anpflanzen. Keiner wird sie angreifen, denn ich habe bis dahin die Völker, die sie vorher gedisst hatten, bestraft. Und dann werden sie kapieren, dass ich ihr Gott, der Chef, bin.'"

29

Auch Ägypten geht es an den Kragen

1 In dem zehnten Jahr unserer Kriegsgefangenschaft, am 12. Dezember, redete Gott mit mir. Er sagte: 2 „Hey du, Mensch! Ich will, dass du mal etwas in Richtung vom Präsidenten von Ägypten sagst. Erzähle ihm, dass sie bald bestraft werden. 3 Sag Folgendes zu ihm: ‚Das kommt jetzt von Gott, dem heftigen Gott. Pass auf, dir geht es jetzt an den Kragen, Präsident von Ägypten! Du bist wie ein gefährliches Krokodil, das in den Kanälen vom Nil liegt. Das sagt: ‚Dieser Fluss gehört mir, ich habe ihn gebaut!‘ 4 Ich werde dich einfangen und in Ketten legen. Ich hole dich aus dem Nil raus und nehme die ganzen Fische gleich mit, die an deinem Schuppenpanzer hängen. 5 Ich werde dich in die Wüste schicken, und alle Fische aus deinen Flüssen schmeiß ich auch dorthin. Auf dem Sand wirst du dann tot liegen bleiben, und niemand wird dich beerdigen. Ich gebe dich als Futter an Elstern und Ratten. 6 Alle Leute, die in Ägypten leben, sollen mitkriegen, dass ich der Chef, dass ich Gott bin. Die Ägypter haben so getan, als könnten sich die Israeliten auf sie verlassen, aber das war ein Fake, sie waren wie ein dünnes Plastikrohr für sie.‘ 7 Wenn man sich auf dieses Rohr stützen will, dann knickt es ein, man fällt auf die Fresse und bricht sich den Arm oder die Schulter. 8 Gott sagt: ‚Das ist der Grund, warum ich dafür sorgen werde, dass ein heftiger Krieg in deinem Land ausbricht, der alles vernichten wird. Kein Mensch und kein Tier wird den überleben. 9 Ganz Ägypten wird zu einer Wüste werden, zu einem riesengroßen Schrottplatz. Die Leute dort sollen kapieren, dass ich der Chef, dass ich Gott bin. Der Präsident von Ägypten hat ja immer behauptet, dass der ganze Nil-Fluss ihm gehört. Er denkt, er hätte ihn selbst entstehen lassen. 10 Darum werde ich ihm und seinem Fluss jetzt mal eins reinwürgen. Ich mache das ganze Land zu einem großen Schrottplatz, wo alles kaputt ist. Von Migdol den Nil hoch über Syene bis an die Grenze von Äthiopien werde ich alles zu einer Wüste machen. 11 In dem ganzen Gebiet wird kein Mensch mehr leben und auch kein Tier. Über vierzig Jahre wird es unbewohnbar sein. 12 Mitten unter den anderen Ländern, die auch schon kaputt sind, werde ich Ägypten vertrocknen lassen. Das wird über vierzig Jahre so sein. Ich sorge dafür, dass die Ägypter überall auf der Welt verstreut leben müssen. 13 Aber ich, der heftige Gott, sage auch, dass ich nach den vierzig Jahren die Ägypter wieder von dort aufsammeln werde, wo auch immer sie dann leben. 14 Und ich werde dafür sorgen, dass bei den Ägyptern wieder alles gut wird. Ich bringe sie wieder in das Land Patros, nach Oberägypten, wo sie ursprünglich mal herkamen. Dort werden sie leben und wieder stark werden. 15 Aber sie können nie wieder so stark werden wie die anderen Länder um sie herum. Sie sollen nie mehr glauben, dass sie etwas Besseres wären als die anderen. Ich werde sie klein halten, damit sie nie mehr so stark werden, dass sie über andere Völker herrschen könnten. 16 Wenn das so ist, können sie nicht mehr dafür sorgen, dass meine Leute durch sie getäuscht werden. Israel wird ihnen nicht mehr vertrauen. Sie werden aufpassen, dass man sich nicht mehr an die alten Zeiten erinnert. Und sie werden kapieren, dass ich Gott, dass ich der Chef bin!‘“

Nebukadnezzar siegt

17 Am 1. Tag im Jahr, wir waren gerade 27 Jahre in Kriegsgefangenschaft, redete Gott wieder mal mit mir. Er sagte: 18 „Hey du, Mensch! Nebukadnezzar, der Präsident von Babylonien, hat seine Armee richtig hart rangenommen. Seine Soldaten mussten beim Krieg gegen die Stadt Tyrus schuften wie blöd, die haben alle überall blaue Flecken und sich die Hände blutig gescheuert. Aber für sie und auch für Nebukadnezzar war die ganze Mühe umsonst gewesen. 19 Darum hab ich, Gott, der Chef, Folgendes beschlossen: Ich werde Ägypten an Nebukadnezzar verschenken! Er wird das Land einnehmen und die ganzen Schätze von dort mitgehen lassen. Alles, was irgendwie Kohle bringt, wird er sich einsacken. Damit wird er dann seine Soldaten bezahlen. 20 Er hat von mir als Bezahlung das Land Ägypten versprochen bekommen, denn er hat hier für mich gearbeitet. Das sagt der Chef, das sagt Gott. 21 In der Zeit, werde ich auch dafür sorgen, dass die Armee von Israel wieder stark werden wird. Du, Ezechiel, wirst von mir ganz viel Mut bekommen, dass du zu ihnen reden kannst, ohne Schiss zu haben. Sie werden kapieren, dass ich Gott bin.“

30

Gott will Ägypten bestrafen

1 Und dann redete Gott mal wieder mit mir. Er sagte: 2 „Hey du, Mensch! Ich will, dass du den Ägyptern ankündigst, dass ich sie heftig bestrafen werde. Sag ihnen: ‚Das kommt jetzt von Gott, dem Chef über alles. Fangt an zu heulen, schreit los! Was für ein schrecklicher Tag ist das!

3 Denn Gott hat die große Abrechnung begonnen,
er wird eine Gerichtsverhandlung abhalten und uns
bestrafen. Es wird dunkel, wie wenn ein Gewitter
aufkommt. Viele Völker werden jetzt verurteilt wer-
den. 4 Der Krieg wird in Ägypten wüten, und in
Äthiopien wird man vor Angst zittern. Denn die
toten Soldaten liegen überall in Ägypten rum, man
wird das ganze Geld von dort wegschleppen, und
alles wird platt gewalzt. 5 Die anderen Völker, die
dort auch leben, werden auch in diesem Krieg ster-
ben. Das sind die Leute von Äthiopien, Kubd, Lud
und wo auch immer sie herkommen, auch die
bezahlten Soldaten von meinen eigenen Leuten,
mit denen ich Verträge habe. 6 Alle Ägypter und
auch die Menschen, die Ägypten helfen, sollen
kaputtgehen! Ihre Macht wird beendet sein, von
Migdol bis nach Syene werden die Soldaten er-
schossen werden. 7 Genauso wie die Länder, die
um sie herumliegen, wird auch Ägypten komplett
plattgemacht. Es wird zu einer Wüste, wo nichts
mehr wächst, und die Städte werden zu Schrott-
plätzen. 8 Wenn ich dafür sorge, dass ihr ganzes
Land verbrannt ist und alle ihre Helfer kaputt sind,
dann müssen die Ägypter kapieren, dass ich Gott
bin. 9 An dem Tag werde ich dafür sorgen, dass ein
paar Briefe per Luftpost nach Äthiopien geschickt
werden, wo man sich so sicher gefühlt hat. Dort
werden diese heftigen Sachen berichtet. Wenn die
das hören, werden sie sich vor Angst in die Hose
machen. Pass auf, es wird genau so passieren!'
10 Gott, der Chef über alles, sagt: ,Ja, ich werde
mit dem Reichtum von Ägypten kurzen Prozess
machen, damit ist jetzt Schluss. Ich werde für die-
sen Job Nebukadnezzar gebrauchen, den Präsiden-
ten von Babylonien. 11 Ich werde mit den heftigsten
Völkern gegen sie vorgehen. Ich werde das ganze
Land plattmachen. Diese Völker werden sich auf
Ägypten einschießen und das ganze Land mit
toten Soldaten bedecken. 12 Ich werde den Nil aus-
trocknen lassen, und ich werde dafür sorgen, dass
fiese Menschen Ägypten übernehmen. Diese Aus-
länder werden dieses Land, das früher mal voll
reich war, komplett zerstören. Das sage ich, der
Chef, Gott!'" 13 Und Gott sagte weiter: „Und ich
werde die ganzen Plastikgötter, die in Ägypten
rumstehen, alle vernichten. Ich werde sie aus
Memfis rausholen. Es wird bald keinen Präsidenten
mehr in Ägypten geben. Ich werde dafür sorgen,
dass die Ägypter alle nur noch Angst haben.
14 Auch das Land Patros im oberen Ägypten werde
ich kaputt machen. Zoan wird brennen! Die Stadt
No wird verurteilt und bestraft werden. 15 Ich bin
sauer, und das wird auch die Bunkeranlage in Sin
zu spüren bekommen. Auch die ganzen Villen in
No mache ich platt. 16 Ich werde überall in Ägyp-
ten Feuer legen. Sin wird Magenkrämpfe bekom-
men, und die Schutzmauer um die Stadt No wird
gesprengt. Memfis wird am helllichten Tag vom
Feind belagert werden. 17 Die jungen Männer von
On und Pi-Beset werden im Krieg erschossen, der
Rest wird in die Kriegsgefangenschaft verschleppt
werden. 18 In Tachpanhes wird sich der Himmel
verdunkeln, wenn ich dort die Folterinstrumente
verbrennen werde, mit denen die Ägypter die ande-
ren Völker gequält haben. Ich werde die Ägypter
von ihrem hohen Sockel runterholen, ich werde sie
total fertigmachen. Die Macht dieser Stadt ist zu
Ende, eine dunkle Wolke wird über dem ganzen
Land liegen. Und sämtliche Tochterstädte werden
ebenfalls in die Kriegsgefangenschaft gehen. 19 Auf
die Art werde ich Ägypten bestrafen, und dann
werden sie kapieren, dass ich Gott bin."

Der Präsident von Ägypten hat nichts mehr zu melden

20 Als wir jetzt schon elf Jahre in Kriegsgefangen-
schaft waren, redete Gott wieder mal mit mir. Und
zwar sagte er am 7. April: 21 „Hey du, Mensch! Ich
habe dem Präsidenten von Ägypten seinen Arm
gebrochen. Der ist auch nicht verarztet worden
und wird auch nicht heilen. Er wird nie wieder in
der Lage sein, einen Krieg zu führen." 22 Dann wie-
derholte Gott das noch mal: „Pass auf, ich werde
dem Präsidenten von Ägypten seine Arme brechen,
ich werde auch den brechen, der noch gesund ist.
Ich werde dafür sorgen, dass ihm seine Knarre
aus der Hand fällt. 23 Ich werde die Ägypter über-
allhin verstreuen, sie werden auf der ganzen Welt
verstreut leben. 24 Den Präsidenten von Babylonien
werde ich aber unterstützen, ich mache ihn stark.
Er wird für mich Kriege führen. Aber den Präsi-
denten von Ägypten werde ich brechen, er wird
stöhnen vor Schmerzen, weil ich ihn angeschos-
sen habe. 25 Ich werde den Präsidenten von Baby-
lonien stark machen, aber den Präsidenten von
Ägypten werde ich kaputt machen. Die Ägypter
werden kapieren, dass ich Gott bin, wenn ich den
Präsidenten von Babylonien dafür benutze, um
sie im Krieg zu schlagen. 26 Ich werde dafür sor-
gen, dass die Ägypter überall in der Welt verstreut
leben müssen. Sie werden kapieren, dass ich Gott
bin."

31 Mit dem mächtigen Ägypten ist es bald vorbei

1 In dem elften Jahr, wo wir in Kriegsgefan-
genschaft waren, redete Gott mal wieder mit mir.
Und zwar war das am 1. Juni, als er zu mir sagte:
2 „Hey du, Mensch! Geh zu dem Präsidenten der
Ägypter und sag etwas zu ihm und zu seinen Leu-
ten. ‚Du bist der Größte!‘, musst du ihm von mir
sagen. ‚Wer kann sich mit dir und deiner Macht ver-
gleichen? 3 Du warst wie eine riesengroße Zeder, die
auf dem Libanongebirge wächst. Du hattest große
Zweige, die viel Schatten gegeben haben. Du bist so
hoch gewachsen, dass deine Spitze bis zu den Wol-
ken reichte. 4 Diese Zeder hatte immer genug Was-
ser, darum konnte sie so groß werden. Es kam aus
der Tiefe, aus unterirdischen Wasserquellen, die
dort überall waren, wo die Zeder gestanden hat.
Diese Quellen geben auch den ganzen Bäumen und
Wiesen ringsherum Wasser. 5 Darum wurde sie
immer größer, sie wuchs höher als alle anderen
Bäume. Sie bekam auch mehr Äste, die länger
wuchsen als normal. Das lag alles an dem vielen
Wasser, welches ihr zur Verfügung stand. 6 In ihren
Zweigen haben alle möglichen Vogelarten ihre Nes-
ter gebaut. Unter ihr brachten alle möglichen Tiere
ihre Babys zur Welt. In ihrem Schatten lebten ganz
viele unterschiedliche Nationen. 7 Sie war richtig
schön groß gewachsen, sowohl in der Länge als
auch in der Breite. Das lag vor allem an den ausrei-
chenden Wasservorräten. 8 Keine andere Zeder war
mit ihr vergleichbar, keine Kiefer hatte so schöne
Äste. Nicht ein Baum in meinem Garten, dem Gar-
ten von Gott, konnte es mit ihr aufnehmen, sie war
ganz klar der schönste von allen. 9 Ich hatte sie so
schön gemacht, sie so krass wachsen lassen, dass
die anderen Bäume in meinem Garten voll neidisch
auf sie waren. 10 Doch jetzt stelle ich, der Chef, fest,
dass sie wohl zu eingebildet geworden ist. Sie ist
vielleicht etwas zu groß geworden. Ihre Spitze ragt
etwas zu weit in die Wolken, und darum denkt
sie, sie sei jetzt etwas Besseres als die anderen.
11 Darum werde ich sie an einen mächtigen Präsi-
denten ausliefern, der mich nicht kennt. Er soll sie
so behandeln wie jemanden, der ohne mich lebt.
Ich habe keinen Bock mehr auf sie, ich habe sie aus
meinem Garten rausgeschmissen. 12 Aus dem Aus-
land kam eine Nation an, die dafür bekannt ist, sehr
brutal zu sein. Die haben diese Zeder gefällt. Jetzt
liegt sie da auf dem Berg, die abgesägten Äste wur-
den überall in den Tälern im Land verstreut. Die
Völker, die in ihrem Schatten gelebt haben, sind
abgehauen und haben sie einfach da liegenlassen.
13 Auf dem abgesägten Stamm sitzen jetzt die Vögel,
und auf ihren Ästen laufen die Tiere aus dem Wald
rum. 14 Das ist so, damit nie wieder ein Baum, der
direkt an der Quelle steht, so hoch wachsen kann
wie dieser hier. Nie mehr soll so eine Zeder mit
ihrer Spitze bis über die Wolke wachsen. Nie mehr
soll ein Baum sich auf die Art über andere stellen.
Jeder von ihnen wird irgendwann sterben. Jeder
muss irgendwann in das Land, wo die Toten sind,
denn jeder muss mal ins Gras beißen.‘ 15 Gott, der
Chef über alles, sagt: ‚An dem Tag, als die große
Zeder in das Land von den Toten gestoßen wurde,
war das viele Wasser im Untergrund nicht mehr da.
Ich hab den Hahn zugedreht, es ist nicht mehr so
viel Wasser geflossen. Wegen ihr hab ich dafür
gesorgt, dass der ganze Libanonwald frustig war
und alle Bäume auf dem Feld vertrocknet sind.
16 Von dem lauten Krachen, was durch den Fall der
Zeder kam, waren alle Menschen auf der Erde erst
einmal geschockt. Sie wurde damit ja auch in das
Land gestoßen, wo alle Toten sind. Aber die ande-
ren Bäume, die besonderen Bäume, die besten im
Libanonwald, haben sich damit getröstet, dass die
große Zeder ja jetzt auch dort gelandet war, wo sie
sind. 17 Denn die waren auch alle in dieses Land run-
tergezogen worden, dorthin, wo die toten Soldaten
alle liegen. 18 Ach du gigantisch schöne Zeder, wer
kann sich mit dir messen? Welcher Baum in Eden
ist so krass wie du? Bald musst du mit den ganzen
anderen Bäumen aus Eden runter in das Land der
Toten. Mitten unter den Menschen, die ohne mich
gelebt haben, wirst du dann liegen, dort wo die gan-
zen toten Soldaten auch sind.‘ Das war jetzt ein Bild
für das, was mit dem Präsidenten von Ägypten und
seinem ganzen Reichtum passieren wird. Und das
kam von Gott, dem Chef über alles.“

32 Der Präsident von Ägypten im Land, wo die Toten sind

1 Als wir in dem zwölften Jahr unserer
Kriegsgefangenschaft waren, redete Gott am
1. März wieder mal mit mir. Er sagte: 2 „Hey du,
Mensch! Ich will, dass du einen Emo-Song für den
Präsidenten von Ägypten komponierst, den Text geb
ich dir vor. Dann gehst du zu ihm hin und singst
ihm das vor: ‚Du warst mal der größte Präsident
von allen Präsidenten auf der Welt! Du warst wie ein
Seeungeheuer, das tief unten im Meer lebt, das
einen Wasserstrahl aus der Nase spritzen lassen

konnte und das mit seinen Füßen den Boden vom Meer aufwühlt. Du hast jedes Meer durcheinandergewirbelt! [3] Aber ich, Gott, sage dir heute, dass ich dich mit meinem Netz einfangen werde: Durch die Armeen von vielen unterschiedlichen Völkern werde ich dich wie mit einem Netz umschlingen und dich aus dem Meer ziehen! [4] Dann schleudere ich dich auf das Land, und alle Vögel und Tiere werden sich auf dich stürzen. Die essen sich dann an dir satt. [5] Deine Leiche werde ich zwischen die Berge schmeißen und die Täler damit füllen. [6] Dein Blut wird über das ganze Land fließen, sogar von den Bergen fließen die Bäche mit deinem Blut! [7] Wenn ich dich töte, sollen sich die Sterne verdunkeln. Ich werde große Wolken aufziehen lassen, so dass man auch den Mond nicht mehr sehen kann. [8] Wegen dir werde ich alle Sterne im Universum abdunkeln. Ich sorge dafür, dass es pechschwarz wird in deinem Land und du keine Sonne und keinen Mond mehr siehst. Das sagt dir Gott, der Chef über alles. [9] Ich werde viele Völker traurig machen, wenn ich ankündige, dass es mit dir jetzt vorbei ist. Auch Ländern, die du gar nicht kennst, wird es so gehen. [10] Viele werden deswegen voll fertig sein. Ihre Präsidenten werden die Panik kriegen, wenn sie sehen, wie ich dich bestrafe und wie es mit dir zu Ende geht. [11] Denn die Armee vom Präsidenten von Babylonien wird gegen dich in den Krieg ziehen. Das sagt Gott, der Chef, zu dir. [12] Durch die MGs von Soldaten werde ich viele deiner stolzen Männer töten lassen. Durch Völker, die keinen Spaß verstehen, wirst du sterben. Sie werden das ‚ach so tolle Ägypten' kaputt machen. [13] Auch alle Tiere im Land werde ich töten lassen. Dann wird kein Mensch und kein Tier mehr deine großen Flüsse dreckig machen. [14] Damit werde ich dafür sorgen, dass die Flüsse wieder sauber sind und ganz ruhig fließen, so wie Öl. Das sagt jetzt Gott, der Chef über alles. [15] Ich werde Ägypten zu einer Wüste machen, wo nichts mehr lebt. Wenn das Land dann dort völlig kaputt ist und wie leer gefegt daliegt, wenn ich alle, die dort gelebt haben, bestraft habe, dann werden sie kapieren, dass ich Gott bin. [16] Das war jetzt ein Frustlied, ein Lied, was man auf einer Beerdigung singt. Alle Frauen in der Welt sollen dieses Lied singen und so ihre Trauer ausdrücken, dass Ägypten mit seinem ganzen Reichtum am Sterben ist. Das kam jetzt von Gott, dem Chef über alles.'" [17] Im diesem zwölften Jahr der Kriegsgefangenschaft redete Gott dann wieder mal mit mir, diesmal an einem 15. März. Er sagte: [18] „Hey du, Mensch! Ich möchte von dir, dass du damit anfängst, ein Lied zu singen, in dem es um den Untergang von Ägypten geht. Durch dieses Lied wirst du sie, diese mächtige Nation, zum Abstürzen bringen. Sie werden dorthin fallen, wo die anderen Soldaten liegen, die vorher gestorben sind. [19] Sing ihnen Folgendes vor: ‚Wer ist jetzt noch kaputter als du? Weg mit dir, du sollst dorthin, wo alle Toten sind, die ohne Gott gelebt haben!' [20] Sie sollen dorthin, wo die anderen toten Soldaten liegen. Alle aus Ägypten sollten mit ihrem ganzen Reichtum jetzt dort landen. [21] Die anderen toten Soldaten, die schon vor ihnen dorthin geschickt wurden, rufen ihnen zu. Sie sagen: ‚Jetzt seid ihr also auch hier unten angekommen! Jetzt liegt ihr hier, ohne Gott und im Krieg getötet!'
[22] Dahinten liegen die Männer aus Assyrien, das ganze Aufgebot ist dort verbuddelt. Alle wurden im Krieg getötet. [23] Die Soldaten von Assyrien sind in die tiefsten Gräber gesteckt worden. Diese Männer, vor denen früher alle Leute im Land echt Schiss hatten, sind im Krieg erschossen worden. [24] Dort sind auch die Männer aus Elam mit ihrem ganzen Heer. Alles Soldaten, die im Krieg erschossen wurden. Sie haben ohne Gott gelebt und sind so in das Land gekommen, wo die Toten sind. Früher hatten alle Angst vor denen, aber jetzt sind sie nur noch peinlich. [25] Sie bekamen einen einfachen Platz mitten unter den anderen Toten, alles Menschen, die ohne Gott gelebt hatten. Jetzt liegen sie dort, weil sie im Krieg erschossen wurden. Früher hatten alle Angst vor ihnen, aber jetzt sind sie nur noch peinlich. Sie liegen mitten unter den anderen Toten. [26] Da liegt auch der berühmte Meschech Tubal mit seinem riesengroßen Heer. Früher hatten die Menschen Angst vor denen, jetzt wurden sie alle erschossen und beerdigt. [27] Sie haben keinen Platz in der Ecke auf dem Friedhof bekommen, wo die ganzen Helden von früher liegen. Denen hat man ja ihre ganzen Waffen unter den Kopf in den Sarg gelegt und ihre schusssicheren Westen auf sie drauf. Vor diesen Kollegen hatte früher auch jeder Schiss. [28] Und jetzt müssen die Leute aus Ägypten dort auch hin, runter zu den im Krieg erschossenen Soldaten. Du wirst auch kein ordentliches Begräbnis bekommen wie alle Leute, die ohne Gott leben. [29] Da liegen jetzt auch die Menschen aus Edom, inklusive der ganzen Präsidenten und Bürgermeister. Alles Männer, die als gute Soldaten zu den Leuten gelegt wurden, die im Krieg erschossen wurden. Sie liegen bei den Menschen, die nicht zu Gottes Familie gehören, die dort verbuddelt wurden. [30] Dann gibt es da auch die

Männer, die im Norden regiert hatten, und die
Leute aus Phönizien. Die sind ja auch schon tot,
obwohl sie früher ganz angesagte Kämpfer waren,
die vielen Angst eingejagt haben. Auch sie muss-
ten unter die Erde, sie mussten zu den Männern,
die nicht zu Gottes Familie gehören, die im Krieg
gestorben sind. Sie starben dabei auch auf eine
peinliche Art und Weise. 31 Da unten werden sie
auch den Präsidenten von Ägypten wiedersehen.
Vielleicht hilft dem das ja, über den Verlust von sei-
ner riesengroßen Armee hinwegzukommen. Seine
Soldaten werden nämlich alle sterben und er auch.
Das sagt Gott, der heftige Gott! 32 Ich habe dafür
gesorgt, dass früher die Leute überall Angst vor ihm
hatten. Aber jetzt liegt er tot in seiner Kiste, mit sei-
nem ganzen großen Heer. Er ist dort, wo alle Men-
schen, die ohne Gott leben, hinkommen. Das kam
jetzt von Gott, dem mächtigen Gott!"

33

Hesekiel hat den Job als Aufpasser

1 Dann redete Gott mal wieder mit mir. Er
sagte: 2 „Hey du, Mensch! Ich will, dass
du zu deinen Leuten Folgendes sagst: ‚Das kommt
jetzt von Gott: Angenommen, ich sorge dafür, dass
eine Armee ein Land angreift. Angenommen, die
Leute haben sich einen Menschen ausgesucht, der
den Job als Aufpasser hat und vor solchen Angriffen
warnen soll. 3 Weiter angenommen, dieser Typ kriegt
jetzt mit, dass sein Land tatsächlich angegriffen
wird, und er stellt die Sirene an und warnt alle.
4 Wenn jetzt einer diese Sirene hört, aber nicht dad-
rauf reagiert und wenn dann die feindliche Armee
einrückt und alles plattmacht, dann ist er selber
schuld. 5 Er hat die Sirene gehört, aber es war ihm
egal, er hat nichts unternommen. Darum ist er
selbst schuld. Wenn er die Warnung ernst genom-
men hätte, hätte er sich retten können. 6 Aber wenn
jetzt der Aufpasser, der von dem Angriff als Erstes
etwas mitbekommt, nicht die Sirene anstellt und die
Leute warnt, trägt er die Schuld. Natürlich hat jeder
Mensch selbst Schuld an seinem eigenen Tod,
wegen dem ganzen Mist, den er gebaut hat. Aber
ich werde auch den Aufpasser verklagen und ihn
dafür bluten lassen, dass er die anderen nicht ge-
warnt hat. 7 Dir, Ezechiel, hab ich den Job als
Aufpasser von meinen Leuten gegeben. Wenn du
irgendeine Warnung von mir hörst, dann musst du
die auch aussprechen. Du musst sie vor mir war-
nen. 8 Wenn ich sage, dass du zu einem Typen hin-
gehen sollst, der Mist gebaut hat, und du ihm aus-
richten sollst, dass er sterben wird, wenn er so
weitermacht, und du tust das nicht, dann wird der
Typ auch ohne diese Warnung sterben. Aber ich
werde dich dafür anzeigen, weil du ihn nicht ge-
warnt hast, du musst auch dafür bezahlen. 9 Aber
wenn du ihn gewarnt und ihm gesagt hast, dass er
sein Leben ändern soll, ihm das aber total egal ist
und er so weitermacht, dann wird er wegen seinem
Mist sterben. Aber du hast dein Leben dabei geret-
tet, weil du mir gehorsam warst.‘ 10 Und dann sollst
du den Leuten von Israel noch etwas ausrichten.
Von denen kommen immer wieder solche Kommen-
tare wie: ‚Wir haben einfach zu viel Mist gebaut! Wir
sind krank von dem ganzen Mist. Wie können wir
das überleben?‘ 11 Aber Gott sagt euch: ‚Hey, Leute
von Israel, mir macht es auch keinen Spaß, Men-
schen zu töten, die ohne mich leben! Ich finde es
viel cooler, wenn jemand, der nicht an mich glaubt,
sein Verhalten ändert und weiterlebt! Hört auf, Mist
zu bauen! Hört auf, falsche Entscheidungen zu
treffen! Warum wollt ihr sterben?‘ 12 Dann sollst du
deinen Leuten auch noch Folgendes ausrichten:
‚Jemand, der sein ganzes Leben lang korrekt gelebt
hat, kann sich dafür auch nichts kaufen, wenn er
dann plötzlich anfängt, doch Mist zu bauen. Das
kann ihn an dem Tag der Gerichtsverhandlung auch
nicht retten. Wenn aber jemand sein Leben lang
Mist gebaut hat, wird ihm das nicht mehr angerech-
net, sobald er sich wirklich ändert. Und noch mal:
Jemand, der immer korrekt gelebt hat, wird dadurch
nicht gerettet, wenn er dann doch irgendwann an-
fängt, Mist zu bauen. 13 Wenn ich jemandem, der
immer korrekt gelebt hat, verspreche, dass er über-
leben wird, und er sich dann in Sicherheit fühlt,
wäre das ein Problem. Sobald er deswegen nämlich
anfängt, Mist zu bauen, sind die ganzen korrekten
Sachen, die er getan hat, gelöscht. Wegen seinem
Mist wird er sterben müssen. 14 Wenn ich aber einen
Menschen, der ohne mich lebt, warne und ihm
sage, dass er sterben wird, er dann aber sein Leben
verändert und anfängt, korrekt zu sein, 15 dann wird
er am Leben bleiben, er wird nicht sterben. Das
wäre, wenn er dann zum Beispiel armen Leuten die
Schulden erlässt, Sachen, die er geklaut hat, wieder
zurückgibt, einfach gut und sauber lebt und keinen
Mist mehr baut. 16 Der ganze Mist, den er gebaut
hat, ist dann wie von der Festplatte gelöscht, ich
werde nicht mehr dadran denken. Er hat korrekte
Sachen getan, darum soll er leben. 17 Meine Leute,
die Israeliten, sagen: ‚Gott ist nicht korrekt zu uns!‘
Dabei sind sie selber nicht korrekt! 18 Wenn jemand,

der immer korrekt gelebt hat, damit aufhört und anfängt, Mist zu bauen, dann wird er deswegen sterben. 19 Aber wenn jemand, der Mist gebaut hat, sein Leben ändert und damit anfängt, korrekte Sachen zu tun, der wird deswegen nicht sterben. 20 Jetzt kommen von euch solche Kommentare wie: ‚Gott geht nicht korrekt mit uns um!' Aber das stimmt nicht, ich werde mit jedem Israeliten ganz korrekt umgehen, jeder wird genau das Gerichtsurteil über sein Leben bekommen, das er verdient hat.'"

Augenzeugen berichten: Jerusalem ist kaputt!

21 In dem zwölften Jahr, wo wir jetzt in Kriegsgefangenschaft waren, genau am 5. Dezember, hatte ich Besuch von einem Mann, der in Jerusalem lebte. Er war gerade noch aus der Stadt geflohen, bevor sie restlos zerstört wurde. „Die Stadt ist total kaputt! Sie wurde im Krieg eingenommen!", sagte er. 22 Am Abend vorher war Gott mit seiner Kraft so krass und heftig für mich zu spüren, dass ich nicht mehr sprechen konnte. Als der Typ nun morgens in mein Büro kam, öffnete Gott meinen Mund, und ich konnte wieder reden.

Warum ist das passiert? Man hört alles, aber es ändert sich nichts

23 Dann redete Gott mit mir. Er sagte: 24 „Hey du, Mensch! In den Städten, die im Krieg zerstört wurden, sagen die Leute, dass Abraham ja nur ein Einziger war, und Gott hat ihm trotzdem das ganze Land versprochen. Weil sie jetzt aber so viele sind, denken sie, dass es ihnen nun erst recht gehören würde. 25 Darum sollst du ihnen Folgendes von mir ausrichten: ‚Das kommt jetzt von Gott, dem Chef! Ihr macht ganz tolle Opferrituale für diese Plastikgötter und betet zu denen. Ihr bringt sogar Menschen für die um, und jetzt wollt ihr auch noch euer Land wiederhaben? 26 Ihr kennt nur noch das Gesetz der Waffe, baut in einer Tour Mist, landet mit der Frau von eurem Nachbarn im Bett und wollt jetzt auch noch euer Land wiederhaben?' 27 Dann sag ihnen: ‚Das kommt jetzt von Gott, dem Chef! Ich verspreche euch eines: Alle, die in der zerstörten Stadt leben, werden im Krieg sterben. Wenn sie als Bauern auf den Feldern arbeiten, werden sie dort von wilden Tieren angefallen und getötet. Und wenn sie sich in Bunkeranlagen und Höhlen verstecken, sterben sie an einer tödlichen Krankheit. 28 Ich werde das ganze Land leerfegen, dort wird nichts mehr wachsen. Es war ja mal der ganze Stolz, aber damit ist jetzt Schluss. Die Berge von Israel werden zu einer Wüste, niemand wird dort mehr durchreisen wollen. 29 Wenn ich das gemacht habe, werden sie endlich kapieren, dass ich Gott bin. Denn sie haben einfach zu viele eklige Sachen getan, sie haben zu viel Mist gebaut.'" 30 Dann meinte Gott noch: „Hast du eigentlich mitbekommen, dass deine Leute über dich reden? Wenn sie sich vor ihren Häusern treffen, sagen sie zueinander: ‚Lass uns doch mal zum Propheten gehen und hören, was Gott ihm gesagt hat!' 31 Sie werden sich bald bei dir treffen, so wie man sich halt trifft, nur um dir zuzuhören. Trotzdem nehmen sie deine Ansagen nicht ernst. Sie werden dir sagen, was für ein geiler Typ du bist, aber innerlich denken sie nur darüber nach, wie sie dich am besten abzocken können. Dadrauf sind ihre Gedanken ausgerichtet. 32 Sie hören dir zu, wie man der Hintergrundmusik im Kaufhaus zuhört. Die dudelt vor sich hin, eine schöne Stimme singt irgendein Lied, aber man hört nicht richtig zu. Sie nehmen deine Worte nicht ernst und setzen sie nicht um. 33 Wenn es dann aber so passiert, wie du es vorhergesagt hast, und das wird garantiert passieren, dann werden sie kapieren, dass es einen Propheten bei ihnen gegeben hat."

34

Was mit der miesen Regierung in Israel passieren wird

1 Und dann redete Gott wieder mit mir. Er sagte: 2 „Hey du, Mensch! Ich will, dass du den Chefs in Israel Folgendes sagst: ‚Das kommt jetzt vom Chef, von Gott: Die Leute, die bei den Israeliten das Sagen haben, müssen echt aufpassen! Sie sorgen gut für sich, aber die Menschen, die sie versorgen sollten, sind ihnen egal. 3 Um mal in einem Bild zu sprechen: Ihr habt die Milch der Kühe getrunken, aus ihrem Leder habt ihr euch einen Ledermantel genäht. Die fettesten Tiere habt ihr geschlachtet und die Steaks auf den Grill geschmissen. Aber ihr habt nicht dafür gesorgt, dass eure Tiere selbst genug zu fressen hatten. 4 Wenn es einem Tier mal nicht gutging, dann habt ihr ihm nichts gegeben, damit es ihm bessergeht. Wenn ein Tier krank war, habt ihr nicht den Tierarzt geholt. Wenn ein Tier sich ein Bein gebrochen hatte, dann habt ihr es nicht geschient und verbunden. Wenn sich ein Tier mal verirrt hatte, habt ihr es nicht gesucht, es war euch egal. Stattdessen habt ihr die Tiere gequält, ihr habt sie hart geschlagen. 5 Weil sie niemanden hatten, der auf sie aufpasst, wurden sie

von den wilden Tieren angefallen und getötet. Sie
flohen in alle Richtungen 6 und irrten umher. So
wurden sie überallhin verstreut, in die Berge und die
Hügel. Meine Kühe sind zerstreut worden, niemand
hat nach ihnen gefragt, niemand hat sie gesucht.'
7 Darum sagt Gott jetzt Folgendes zu den Leuten,
die das Sagen haben: 8 ‚Ich, der heftige Gott, der
Chef, verspreche euch: Weil ihr dafür gesorgt habt,
dass meine Tiere ohne Schutz waren und von fiesen
Bestien bestohlen und gefressen wurden, weil ihr
sie nicht beschützt habt, weil es den Chefs im Land
egal war, wie es meinen Tieren geht, weil sie sich
selbst wichtiger waren, weil sie darauf geachtet
haben, dass es ihnen gutgeht und nicht meinen
Tieren, 9 sage ich Folgendes zu euch, hört gut zu:
10 Ich, der heftige Gott, meine: Passt auf, ich werde
den Männern, die eigentlich auf meine Leute auf-
passen sollten, an den Kragen gehen. Ich fordere
von ihnen meine Tiere zurück und ich werde ihnen
den Job als Aufpasser wegnehmen! Sie dürfen sich
nicht länger selbst die fette Kohle in die eigene
Tasche schieben. Ich werde meine Leute vor ihnen
retten, ich hol sie da raus, damit sie nicht von
denen gefressen werden.'"

Ein guter Hirte passt auf seine Tiere gut auf

11 „Gott, der Chef über alles, sagt: ‚Pass auf, ich bin
da! Ich werde mich um meine Tiere kümmern, ich
werde sie versorgen. 12 So wie ein Hirte sich um
seine Schafherde kümmert, wenn die mal auseinan-
dergetrieben worden ist, so werde ich mich auch
um meine Schafe kümmern. Ich werde sie dort
rausholen, egal, wohin sie an diesem fiesen, dunk-
len Tag verstreut worden sind. 13 Ich hole sie dort
raus, aus den unterschiedlichsten Ländern, ich rette
sie und werde sie zusammensammeln. Ich bringe
sie wieder in ihr Land, und dort werde ich ihnen zu
essen geben. Sie werden das Gras von den Bergen
Israels essen, an den Bächen und den Wiesen, im
Land werden sie leben. 14 Sie werden auf einer rich-
tig grünen Wiese grasen, auf den Bergen in Israel
wird es immer gut zu essen für sie geben. Die
Wiesen sind dort fett grün. 15 Ich werde höchstper-
sönlich auf sie aufpassen. Ich werde mich um sie
kümmern und ihnen einen guten Pennplatz organi-
sieren. Das sagt Gott, der Chef über alles. 16 Ich
suche alle Tiere, die vermisst wurden, die vertrieben
wurden, und bringe sie zurück. Die verletzten Tiere
werde ich verarzten, die schwachen Tiere werde ich
stärken, die starken Tiere werde ich zähmen. Ich
werde ihr Hirte sein und auf sie aufpassen, so wie
man auf Schafe aufpasst. 17 Euch aber, meinen Tie-
ren, sage ich Folgendes: Ich werde dafür sorgen,
dass jeder korrekt und gleich behandelt wird,
Schafe, Widder, Kühe usw. 18 Ist das für euch zu
wenig, wenn ihr ‚nur' das grüne Gras fressen dürft?
Warum zertrampelt ihr den Rest mit euren Füßen?
Warum verdreckt ihr das saubere Wasser dadurch,
dass ihr den ganzen Schmutz mit euren Füßen auf-
wühlt? 19 Ich will, dass meine Tiere genau das essen,
was sie mit ihren Füßen zertreten haben, und das
trinken, was sie mit ihren Füßen verdreckt haben.
20 Darum sage ich, der Chef über alles: Passt auf,
ich hab hier das Sagen! Ich werde dafür sorgen,
dass jeder korrekt behandelt wird, egal, ob er ein
dickes oder ein dünnes Tier ist. 21 Ihr habt euch ein-
fach mit euren dicken Körpern breitgemacht und die
schwachen Tiere beiseitegeschoben. Ihr habt sie mit
euren Hörnern verdrängt, ihr habt sie weggetrieben.
22 Darum werde ich jetzt meinen Tieren helfen. Ich
will nicht, dass sie euch noch länger ausgeliefert
sind. Ich werde dafür sorgen, dass zwischen den
Tieren ab sofort alles korrekt zugeht.'"

Es kommt eine Zeit, wo alles korrekt und friedlich abgeht

23 „‚Ich werde über meine Tiere einen einzigen Hir-
ten einsetzen! Der wird sich um die kümmern. Er
wird aus der Familie von David kommen, er wird auf
sie aufpassen und ihnen immer genug zu essen
geben. 24 Ich werde ihr Gott sein, und dieser Typ,
der so ist wie David, wird ihr Chef sein. Das hab ich
beschlossen, ich, Gott. 25 Ich werde einen neuen
Friedensvertrag mit ihnen abschließen. Ich werde
die fiesen und bösen Tiere aus ihrem Land raus-
schmeißen. Dann werden meine Leute sogar in der
Wüste in Sicherheit sein und im Wald ohne Angst
schlafen können. 26 Ich sorge dafür, dass ihr ganzes
Land, das um meinen Berg liegt, superfruchtbar
sein wird. Dort kann man dann gut Sachen anpflan-
zen. Ich werde dafür sorgen, dass es immer genau
zum richtigen Zeitpunkt regnet. 27 Dann werden die
Obstbäume immer genug Früchte tragen, und die
Felder werden genug Ernten haben. Sie werden in
ihrem Land in Sicherheit sein. Sie werden kapieren,
dass ich Gott bin, wenn ich ihre Probleme beseitige,
wenn ich sie von den Handschellen ihrer Unterdrü-
cker befreie und wenn ich sie rette. 28 Keine Nation
wird sie dann mehr einnehmen können und sie aus-
rauben. Sie werden auch keine Probleme mit wilden
Tieren haben, die sie beißen. Niemand wird sie
mehr in Panik versetzen können. 29 Ich sorge dafür,

dass ihr Land ein Garten wird, in dem alles gut ist.
Sie werden dort nie mehr hungern müssen, und
keiner wird sich mehr über sie lustig machen.
30 Dann kapieren sie auch, dass ich der Chef, dass
ich Gott bin. Ich bin bei ihnen, sie sind meine Leute,
die Familie von Israel gehört zu mir. Das sagt jetzt
Gott! 31 Ihr seid meine Schafherde! Leute, ihr lebt
auf meiner Wiese, und ich bin euer Gott! Das sagt
der Chef, der heftige Gott.'"

35 Gott wird die Edomiter bestrafen

1 Gott redete mal wieder mit mir. Er sagte:
2 „Hey du, Mensch! Ich will, dass du in
Richtung von den Bergen Seïr etwas sagst. Du
musst ihnen Folgendes von mir ausrichten: 3 ‚Das
kommt jetzt von Gott, dem Chef über das Univer-
sum. Pass auf, du bekommst es jetzt mit mir zu
tun! Ich werde etwas gegen dich unternehmen,
gegen die Leute, die in den Bergen von Edom woh-
nen. Ich werde dafür sorgen, dass dort niemand
mehr wohnen kann, da wird bald nichts mehr leben.
4 Deine Städte werde ich alle sprengen lassen, die
werden zu großen Schrotthaufen, so wie der Rest
von dem ganzen Land auch. Dann wirst du kapie-
ren, dass ich Gott bin. 5 Das muss sein, weil du
noch nie Bock auf meine Leute von Israel hattest,
weil du gerne gegen sie Krieg geführt hast, gerade
in der Zeit, als es ihnen nicht gutging. Das war al-
lerdings immer mein Plan gewesen, ich wollte sie
durch dich endgültig bestrafen. 6 Aber jetzt werde
ich euch selbst an den Kragen gehen, das verspre-
che ich hiermit. Die Wunden, die du anderen zuge-
fügt hast, werden dir jetzt auch zugefügt. Du wirst
dafür bluten müssen, dass du meine Leute so nie-
dergemetzelt hast. 7 Ich werde das ganze Bergland
von Edom zu einer Wüste machen, kein Mensch
wird dort mehr leben können. 8 Die Berge werde ich
mit toten Menschen bedecken. Auf deinen Hügeln,
in deinen Tälern und in deinen Flüssen und Bächen
werden tote Soldaten liegen. 9 Niemals mehr wird
irgendjemand in dir wohnen, deine Städte werden
für immer plattgemacht. Ihr werdet endlich kapie-
ren, dass ich Gott bin. 10 Ihr habt behauptet, dass
die beiden Länder, Juda und Israel, jetzt euch gehö-
ren und ihr sie erobert habt. Aber ihr habt verges-
sen, dass ich selbst dort wohnte. 11 Ich verspreche
euch hiermit, dass ich garantiert genauso mit euch
umgehen werde, wie ihr mit meinen Leuten von
Juda umgegangen seid. So aggro und fies, wie du
zu ihnen warst, werde ich auch zu dir sein, nach-
dem ich dich verurteilt habe. Daran werdet ihr mer-
ken, dass ich Gott, der Chef, bin. 12 Du wirst mitbe-
kommen, dass ich, Gott, alles gehört habe, wenn du
gegen die Leute von Israel abgelästert hast, die in
den Bergen leben. Ihr meintet, dass sie dort total
kaputt und ohne Schutz leben und ihr sie euch
unter den Nagel reißen könntet. 13 Ihr habt das Maul
aufgerissen und Witze über mich gemacht. Aber ich
hab alles gehört. 14 Darum sage ich, der Chef: So wie
ihr euch dadrüber gefreut habt, als das ganze Land
von Israel am Ende war, so werde ich mich dadrüber
freuen, wenn ihr kaputt seid. 15 Weil du dich dadrü-
ber gefreut hast, dass das Land von Israel, das sie
von mir geschenkt bekommen hatten, total zerstört
war, so werde ich mich auch dadrüber freuen, wenn
du zerstört bist. Die Berge von Seïr und ganz Edom
sollen kaputtgehen. Dann werden sie kapieren, dass
ich der Chef bin.'"

36 Israel wird wieder aus der Kriegsgefangenschaft befreit

1 „Hey du, Mensch", sagte Gott mal wieder
zu mir. „Ich will, dass du zu den Bergen von Israel
und den Menschen, die dort leben, Folgendes sagst:
‚Hallo, ihr Berge von Israel! Hört zu, was Gott euch
zu sagen hat! 2 Der Chef über alles sagt: Eure Feinde
behaupten, dass die Berge, die ich euch für immer
geschenkt hatte, jetzt plötzlich ihnen gehören.'
3 Darum sollst du, Ezechiel, mit der Autorität von
einem Propheten zu ihnen sprechen. Sag ihnen:
Das kommt jetzt von Gott, dem Chef! Gerade weil
ihr kaputt gemacht wurdet, weil die Armeen von
allen Seiten bei euch einmarschiert sind, weil ihr
jetzt anderen Völkern gehört, weil die Leute über
euch lästern und über euch lachen, 4 darum hört gut
zu, was Gott euch zu sagen hat, ihr Berge von
Israel. Gott, der Chef über alles, sagt etwas zu den
Bergen, Hügeln und Tälern, zu den Flüssen und
Bächen, zu den zerstörten Städten und zu den Städ-
ten, aus denen die Menschen geflohen sind, zu
dem ganzen Land, das von den Nachbarländern im
Krieg eingenommen und ausgeraubt worden ist. 5 Er
sagt: ‚Ich bin richtig sauer, ich bin nicht mehr zu
bremsen. Ich werde mit den anderen Völkern hart
abrechnen, denn sie haben mein Land eingenom-
men und es ausgeraubt. Und sie machen sich ihren
Spaß daraus und reißen auch noch Witze dadrüber.'
6 Darum sollst du in der Funktion eines Propheten
etwas über das Land Israel aussprechen. Sage zu
den Bergen und den Hügeln, den Flüssen und

Bächen und den Tälern Folgendes: ‚Das kommt jetzt von Gott, dem Chef. Passt auf, was ich über euch ausgesprochen habe, kam nur aus der Motivation heraus, weil ich so sauer dadrüber war, dass die ganzen Völker euch total mies behandelt haben.
7 Darum', so sagt Gott, ‚verspreche ich hiermit hoch und heilig, dass die ganzen Völker genauso mies behandelt werden, wie ihr behandelt worden seid, es wird ihnen genauso ergehen, wie es euch ergangen ist. 8 Aber den Bergen von Israel soll es bald wieder gutgehen. Sie sollen wieder wachsen, grün werden und viele Früchte tragen. Meine Leute, die bald zurückkommen werden, sollen diese Früchte ernten. 9 Ich werde mich um euch kümmern, ich werde für euch sorgen. Euer Land wird wieder bepflanzt werden, man wird wieder Pflanzensamen bei euch ausstreuen und 'ne große Ernte einfahren!
10 Und ich werde dafür sorgen, dass sich die Menschen, die bei euch wohnen, wieder krass vermehren. Alle Leute von Israel werden zurückkommen, sie werden die Städte wieder bewohnbar machen, sie werden sie aus den Trümmern wieder aufbauen.
11 Ich sorge dafür, dass sich die Menschen und Tiere krass vermehren werden. Ich will, dass es bei euch wieder so abgeht, wie es früher der Fall war, ich will sogar noch bessere Sachen tun, als ich ganz zu Anfang bei euch getan habe. Dann werdet ihr kapieren, dass ich Gott bin. 12 Dann werde ich organisieren, dass meine Leute von Israel wieder bei dir wohnen werden. Sie werden euch einnehmen, und dann wirst du für immer ihnen gehören. Du wirst nicht mehr dafür sorgen, dass sie keine Kinder bekommen können.' 13 Gott, der Chef über dieses Universum, sagt: ‚Weil sie Witze über dich gemacht haben, weil sie behaupten, dass bei dir sogar Menschenfleisch gegessen wird, weil sie sagen, dass man in dir keine Kinder kriegen kann, 14 sage ich dir heute: Genau das wird nicht mehr passieren! Menschen werden bei dir nicht mehr gegessen werden, und du wirst nicht mehr dafür sorgen, dass man keine Kinder kriegen kann. Das sagt Gott, der Chef. 15 Ich will, dass du das nicht länger ertragen musst, dass die Leute Witze über dich reißen. Und du sollst kein Volk sein, das keine Kinder bekommen kann. Das sagt dir Gott, der Chef über alles.'"

Ich werde euch helfen, aber nicht wegen euch

16 Und Gott redete mal wieder mit mir. Er sagte Folgendes: 17 „Hey du, Mensch! Als die Leute von Israel noch in ihrem Land wohnten, haben sie es durch das, was sie dort getan haben, total verdreckt. Sie wurden genauso dreckig und unrein, wie eine Frau unrein wird, wenn sie ihre Tage hat. 18 Sie haben mit Plastikgöttern rumgemacht und Menschen getötet, die nichts verbrochen hatten. Darum war ich voll sauer auf sie und hab diese Wut auch rausgelassen.
19 Ich habe dafür gesorgt, dass sie verstreut irgendwo in der Welt bei den Leuten leben mussten, die nicht an mich glauben. Das war eine gerechte Strafe, die ihren Taten angemessen war. 20 So lebten sie also überall verstreut auf der Welt. Aber egal, wo sie waren, immer haben sie meinen Namen in den Dreck gezogen. Das lag dadran, weil die Bewohner dort festgestellt haben: ‚Okay, das sind jetzt also die Leute von Gott. Muss ja ein toller Gott sein, wenn er es zugelassen hat, dass sie ihr Land verlassen mussten.' 21 Irgendwie hat mir das weh getan, dass meine eigenen Leute dafür gesorgt haben, dass die Menschen, bei denen sie gelebt haben, immer schlecht über mich redeten. 22 Darum sollst du jetzt zu den Leuten von Israel Folgendes sagen: ‚Das kommt jetzt von Gott: Ich hab das nicht für euch, sondern für mich getan! Ihr habt nämlich meinen Ruf in den Dreck gezogen, überall, wo ihr gelebt habt, bei den Menschen, die mich nicht kennen.
23 Aber ich werde jetzt dafür sorgen, dass mein Ruf, der durch euch in den Dreck gezogen wurde, wieder in Ordnung kommt. Die Leute werden wieder Respekt haben, wenn sie meinen Namen hören. Alle werden wieder kapieren, dass ich Gott bin, wenn ich an euch beweise, dass ich etwas ganz Besonderes, dass ich heilig bin. Das kam jetzt von Gott, dem Chef über alles. 24 Ich werde euch aus den Ländern rausholen, wo ihr jetzt lebt, ich sammle euch dort auf und werde euch zurück nach Hause bringen.
25 Ich werde euch sauber machen, ich werde euch unter eine Dusche mit sauberem Wasser stellen, damit ihr den Schmutz von den Plastikgöttern loswerdet. 26 Ich werde euch neu machen, ein neues Programm wird in euren Gedanken aufgespielt werden. Ich sorge dafür, dass ihr innerlich nicht mehr so hart drauf seid, ich werde euch ein neues Herz geben, das fühlen und empfinden kann. 27 Ich werd euch meine absolute Power geben, meine Energie wird in euch pulsieren. Und die wird dafür sorgen, dass ihr es schafft, das zu tun, was ich von euch will. So seid ihr dann in der Lage, nach meinen Gesetzen zu leben. 28 Dann werdet ihr auch in dem Land wohnen, welches ich schon den Menschen, die vor euch gelebt haben, versprochen hatte. Wir werden ganz eng zusammen sein, ihr seid meine Leute, und ich bin euer Gott. 29 Ich werde euch von

eurem ganzen Dreck befreien. Ich sorge dafür, dass
ihr immer genug Brot habt, es wird keinen Hunger
mehr bei euch geben. 30 Und ich sorge dafür, dass
es immer genug Äpfel zu ernten gibt, und andere
Früchte, die auf den Bäumen wachsen, wird es
genauso reichlich geben. Auch die Sachen, die auf
den Feldern wachsen, werden gut abgehen, damit
die anderen Völker keine Witze mehr über euch
machen können, weil ihr nichts zu futtern habt.
31 Und wenn ihr euch dann an diese schlimme Zeit
erinnert, als ihr damals noch so viel ätzenden Mist
gebaut habt, dann wird euch selbst das Kotzen
kommen. 32 Das Ganze werde ich aber nicht tun,
weil ihr so toll seid. Was ihr getan habt, soll euch
peinlich sein, ihr sollt euch deswegen schämen!‘,
sagt Gott. 33 Der Chef meint: ‚An dem Tag, an dem
ich den ganzen Mist, den ihr gebaut habt, von euch
abwasche, werde ich auch dafür sorgen, dass man
in euren Städten wieder wohnen kann. Die kaputten
Städte werden wieder aufgebaut werden. 34 Auf dem
zerstörten Land werden wieder Sachen angebaut, es
soll nicht länger verwüstet und kaputt rumliegen.
Leute, die durch das Land reisen, 35 sollen sagen:
Dieses Land war mal total kaputt. Aber jetzt ist es
wieder sehr fruchtbar, es sieht aus wie der Garten
Eden. Die zerstörten und kaputten Städte sind wie-
der aufgebaut worden und haben sogar eine neue
Schutzmauer. 36 Die Völker, die um euch herumle-
ben, werden kapieren, dass ich Bock drauf habe,
kaputte Dinge wieder in Ordnung zu bringen. Ich
baue Sachen wieder auf, die zerstört waren. Und ich
bepflanze Felder, die verbrannt wurden. Das hab
ich, Gott, gesagt, und ich werde das auch durchzie-
hen.‘ 37 Gott, der Chef, sagt: ‚Und dann werde ich
noch ein Anliegen erfüllen, um das meine Leute von
Israel mich dann bitten werden. Und zwar werde ich
dafür sorgen, dass sie so viele Kinder kriegen, dass
eine Schafherde nichts dagegen ist. 38 In den Städ-
ten, die jetzt noch kaputt sind, werden wieder voll
viele Menschen leben. Es werden so viele sein, wie
es früher in Jerusalem Schafe gegeben hat, in der
Zeit, als die großen Opfersessions gefeiert wurden.
Dann werden sie kapieren, dass ich Gott bin.‘“

37

Gott macht aus ein paar alten Knochen etwas Neues

1 Plötzlich spürte ich, wie Gott seine Hand
auf meine Schulter legte. Ich wurde in einer Vision
plötzlich von ihm hochgehoben, und wir flogen
durch die Luft, bis ich mitten in irgendeinem Tal
landete. Dort lagen Knochen und Skelette von toten
Menschen rum. 2 Gott flog mit mir durch das ganze
Tal, und man konnte überall voll viele davon liegen
sehen. 3 Dann fragte er mich: „Hey du, Mensch, was
denkst du? Können diese Skelette wieder lebendig
werden? Kann dadraus wieder ein Mensch entste-
hen?“ „Keine Ahnung, Gott!“, war meine Antwort.
„Aber du weißt das bestimmt, oder?“ 4 Er sagte:
„Ich will, dass du mit der Autorität eines Propheten
zu diesen Knochen sprichst. Sag zu ihnen: ‚Das
geht jetzt an alle Skelette und Knochen, die hier lie-
gen! Hört gut zu, was Gott euch zu sagen hat! 5 Das
kommt jetzt von ihm, vom Chef des Universums:
Ich werde euch mit meinem Atem anpusten! 6 Ich
werde dafür sorgen, dass an den Knochen wieder
Sehnen und Muskeln wachsen. Ich überzieh euch
mit Haut, und ich puste euch mit einer Lebenskraft
an, ihr sollt wieder lebendig werden! Ihr werdet
kapieren, dass ich Gott bin!‘“ 7 Also tat ich genau
das, was Gott mir gesagt hatte. Ich redete mit der
Autorität von einem Propheten zu diesen Knochen.
Ich hatte noch nicht mal zu Ende gesprochen, da
hörte man plötzlich ein heftiges Geräusch, das
immer lauter wurde. Die Knochen fügten sich wie-
der so zusammen, wie sie zusammengehörten!
8 Jetzt konnte man sehen, wie sich neue Sehnen und
Muskeln an den Knochen formten. Dann wuchs
auch neue Haut über das Fleisch. Aber am Ende
lagen die fertigen Körper tot auf der Erde, es war
noch kein Leben in ihnen drin. 9 Jetzt sagte Gott zu
mir: „Hey du, Mensch! Jetzt sprich mit der Autorität
eines Propheten zu der Kraft, die etwas Totes leben-
dig macht. Sag: ‚Gott, der Chef vom ganzen Univer-
sum, befiehlt dir: Du sollst jetzt aus allen Richtun-
gen gleichzeitig auf diese toten Körper kommen!
Puste sie an und mach sie wieder lebendig!‘“ 10 Ich
zog alles genau so durch, wie Gott es mir gesagt
hatte. Und tatsächlich kam die Kraft in die Körper,
und sie wurden wieder lebendig, standen auf und
bildeten eine riesengroße und unübersehbare Men-
schenmenge. 11 Dann erklärte mir Gott, was ich
gerade gesehen hatte: „Hey du, Mensch! Diese Ske-
lette und Knochen stehen für die Leute von Israel.
Die sagen von sich ja gerade: ‚Wir sind am Ende,
unsere Knochen tun uns weh, wir haben keine Hoff-
nung mehr, wir sind verloren, unsre letzte Stunde
hat geschlagen.‘ 12 Darum sollst du mit der Autorität
von einem Propheten zu ihnen sprechen. Du musst
ihnen sagen: ‚Das kommt jetzt von Gott, dem Chef
über alles: Passt auf, ich werde auf den Friedhof
gehen und die Gräber dort öffnen. Ich hole euch,

meine Leute, dort raus. Ich werde euch nach Hause
bringen, in das Land von Israel. 13 Ihr werdet kapie-
ren, dass ich Gott bin, wenn ich eure Gräber aufma-
che und euch aus dem Tod rausholen werde. Ihr
seid doch meine Leute, ihr gehört zu mir! 14 Ich
werde euch meine Kraft geben, meine Power wird in
euch reinfließen. Und dann bringe ich euch wieder
in euer Land. Dann werdet ihr kapieren, dass ich
zu euch gesprochen habe und dass ich das auch
durchziehe, was ich ankündige. Das kommt jetzt
von Gott.'"

Israel und Juda kommen wieder zusammen

15 Später sagte Gott zu mir: 16 „Hey du, Mensch!
Nimm dir mal ein Brett aus Holz und schreibe Fol-
gendes dadrauf: ‚Für Juda und die Leute von Israel,
seine Freunde'. Dann nimm dir noch ein anderes
Holzbrett und schreib dadrauf: ‚Für Josef, das Holz
von Efraim, alle Leute von Israel, seine Freunde'.
17 Dann tackerst du die beiden Bretter so zusam-
men, als wären sie ein Brett. Sie sollen so aussehen,
als gehörten sie zusammen. 18 Wenn deine Leute
dich fragen, ob du ihnen nicht mal erzählen willst,
was das Ganze zu bedeuten hat, 19 dann kannst du
ihnen antworten: ‚Das kommt jetzt von Gott, dem
Chef über das Universum: Passt auf, ich werde das
Brett von Josef, das zurzeit in der Hand vom Fami-
lienstamm Efraim ist, und das Brett von Juda neh-
men und sie zusammenfügen. Sie sollen zu einem
Brett werden.' 20 Du musst die beiden Bretter allen
Leuten zeigen, sie sollen das sehen. 21 Sag zu ihnen:
‚Das kommt jetzt von Gott: Passt auf, ich werde die
Leute von Israel aus dem Gebiet rausholen, wo sie
jetzt leben. Ich sammle sie dort auf, von den Völ-
kern, die ohne mich leben, und bringe sie wieder in
ihr Land zurück. 22 Ich werde sie dort zusammen-
bringen, sie werden nur noch eine Nation sein. Auf
den Bergen von Israel wird es nur noch einen Präsi-
denten geben, für beide Völker. Sie sollen sich in
Zukunft nicht länger in zwei Nationen aufteilen.
23 Dann werden sie sich nicht mehr länger verdre-
cken, indem sie sich auf diese ätzenden Plastikgöt-
ter einlassen. Mit dem ganzen Dreck ist es dann
vorbei. Ich werde sie rausholen, ich befreie sie von
ihrem Mist, den sie gebaut haben, ich mache sie
sauber. Ich werde sie retten, sie werden wieder
meine Leute sein, und ich werde ihr Gott sein.
24 Jemand aus der Familie von David wird ihr neuer
Präsident sein. Sie werden alle nur noch einen Chef
haben, sie werden nach meinen Gesetzen leben.
Meine Regeln werden ihnen wichtig sein, und sie
werden die auch umsetzen. 25 Sie werden in dem
Land leben, das ich meinem Angestellten, dem
Jakob, geschenkt hatte. Dort haben die Leute, die
vor euch lebten, früher schon mal gewohnt. Ihre
Familien werden dann dort leben, die Kinder und
auch die Kinder der Kinder, für immer. Und jemand
wie David wird ihr Chef sein, für immer. 26 Ich werde
mit ihnen einen neuen Vertrag machen. Einen Frie-
densvertrag, der dann für immer gelten wird. Die-
sen Vertrag biete ich ihnen an. Dann werden sie
sich wieder krass vermehren und ein großes Volk
werden. Und mein ganz besonderer Tempel wird
auch für immer bei ihnen stehen. 27 Ich werde bei
ihnen leben. Ich werde ihr Gott sein, und sie werden
meine Leute sein. 28 Alle Menschen auf der Welt
werden dann kapieren, dass ich Gott bin und dass
ich mir Israel extra ausgesucht habe.'"

38

Es wird einen heftigen Feind geben, der Gog heißt

1 Dann redete Gott mal wieder mit mir. Er
sagte: 2 „Hey du, Mensch! Ich will, dass du etwas zu
Gog sagst, der im Land Magog regiert. Er ist der
Präsident über Rosch, Meschech und Tubal. Sprich
mit der Autorität eines Propheten zu ihm. 3 Sag:
‚Das kommt jetzt vom Chef, von Gott! Du be-
kommst es jetzt mit mir zu tun, Gog, Präsident
über Rosch, Meschech und Tubal! 4 Ich steche dir
einen Fleischerhaken in dein Kinn und werde dich
an diesem Haken herumführen. Ich hole dein gan-
zes Heer zusammen, viele gutausgebildete Solda-
ten mit Motorrädern, schusssicheren Westen und
Helmen auf. 5 Deine Armee besteht auch aus Söld-
nern, Soldaten, die du angestellt und bezahlt hast.
Sie kommen aus Paras, Äthiopien und Put, alle aus-
gestattet mit schusssicheren Westen und Helmen.
6 Leute von Gomer mit ihrem großen Heer, Soldaten
aus der Familie von Togarma, die aus dem äußers-
ten Norden stammen, mit ihrem ganzen Heer, und
noch ein paar andere von unterschiedlichen Län-
dern sind auch mit dabei. 7 Mach dich klar, halte
dich bereit, du und dein ganzes Heer, das bei dir ist!
Steht in den Startlöchern, steht zur Verfügung. 8 Das
dauert noch einige Zeit, aber irgendwann wirst du
zum Einsatz kommen, es kommt der Befehl. Dann
wirst du eingesetzt in dem Land, das vom Krieg wie
leer gefegt wurde, alles lag in Trümmern. Seine
Bewohner sind dem Krieg entkommen, und inzwi-
schen haben sich dort viele fremde Völker wieder
zusammengefunden. Sie wohnen auf den Bergen

von Israel, die lange wie leer gefegt waren. Sie wurden von überallher zusammengebracht, und jetzt leben sie dort in Sicherheit. 9 Wie ein plötzliches Gewitter wirst du über sie hereinbrechen, du wirst wie eine dunkle Regenwolke sein, die über ihrem Land liegt. Deine Soldaten, aber auch die Soldaten von den vielen Völkern, die mit dir kämpfen, werden dafür sorgen.‘ 10 Gott sagt: ‚In der Zeit wirst du plötzlich eine ganz fiese Idee bekommen. Du machst dir einen Plan von einer sehr gemeinen Aktion, die du tun willst. 11 Und zwar sagst du dir: ‚Ich werde Krieg gegen ein Land führen, das kaum geschützt ist und wo die Leute sich bis jetzt immer in Sicherheit gefühlt haben. Sie lebten dort friedlich, ohne Schutzmauer, Grenzanlagen oder sonst was.‘ 12 Du hast Bock, die zu besiegen, weil es dort viele schöne Sachen zu klauen gibt. Da wohnen Leute, die aus allen möglichen Ländern mal dort hingezogen sind. Sie bauten die zerstörten Städte wieder auf. Jetzt gibt es wieder reichlich Tiere und andere Sachen dort, im sogenannten Mittelpunkt der Erde. 13 Die Händler und die Besitzer von Im- und Exportfirmen (aus Saba, Dedan oder aus der Stadt Tarschisch, was weit entfernt liegt) werden zu dir sagen: ‚Bist du gekommen, um dir alles zu zocken, was gerade hier ist? Bist du mit deiner großen Armee angerückt, um ganz viel Geld, Gold und auch Tiere von hier abzuziehen?‘ 14 Darum sollst du, als ein Prophet, zu Gog Folgendes sagen: ‚Das kommt jetzt von Gott, dem Chef über alles, was es gibt: Irgendwann, wenn meine Leute nicht damit rechnen, wenn sie denken, alles sei in Ordnung, 15 dann wirst du aus dem Land kommen, wo du zu dem Zeitpunkt wohnst. Vom äußersten Norden her wirst du aufmarschieren, und es werden viele Soldaten aus unterschiedlichen Völkern in deiner Armee mitkämpfen. Es wird ein richtig großes Heer sein! 16 Du wirst gegen meine Leute von Israel ziehen. Es werden so viele sein, dass man das Gefühl hat, eine dunkle Wolke zieht über das Land. Das wird alles passieren, wenn es zu Ende geht mit der Welt. Dann werde ich dafür sorgen, dass du gegen meine Leute in den Krieg ziehst. Ich werde allen zeigen, dass ich etwas ganz Besonderes bin, und jeder kriegt das mit. Sie werden das daran sehen, was ich mit dir mache.‘ 17 Und Gott, der Chef, sagt dir: ‚Bist du nicht der Typ, von dem ich schon immer durch meine Prophetentypen in Israel geredet habe? Schon vor Ewigkeiten hab ich durch die angekündigt, dass ich dich schicken werde, um gegen sie zu kämpfen!‘ 18 An dem Tag, wo dieser Gog in das Land von Israel einmarschiert, da werde ich noch mal richtig sauer werden. 19 Als ich das gesagt habe, war ich ja schon richtig krass sauer. Ich schwöre dir, dass es an dem Tag ein Erdbeben der Stärke 9 in Israel geben wird! 20 Sogar die Tiere werden Angst bekommen: alle Fische, Vögel, Kühe bis hin zum Regenwurm und zur Ameise. Natürlich werden auch alle Menschen auf der Erde Panik bekommen. Die Berge werden explodieren, und die Felsen stürzen zusammen. Jede Mauer wird in sich zusammenfallen, so krass wird das Erdbeben sein. 21 Dann werde ich es so organisieren, dass alle Völker, die in den Bergen leben, Gog den Krieg erklären. Das verspreche ich hiermit, ich, Gott, der Chef! Jetzt wird es heftige Schlachten geben, sie werden sich gegenseitig abknallen. 22 Ich werde sie bestrafen, ich werde dafür sorgen, dass ganz viel Blut fließt oder dass sie mit einer tödlichen Krankheit angesteckt werden. Dazu organisier ich noch ein paar Naturkatastrophen. Einen Tsunami, Regen ohne Ende, Hagelkörner, Blitze und Feuer lass ich auf sie runter, auf sie und auf die vielen Truppen, die mit ihnen dort sind. 23 Alle Nationen werden es mitkriegen, wenn ich zeige, was ich draufhab und dass ich etwas ganz Besonderes bin. Dann werden sie kapieren, dass ich Gott bin.‘“

39 Die letzte Stunde von Gog hat geschlagen

1 „Hey du, Mensch! Ich will, dass du als Prophet zu Gog sagst, dass seine letzte Stunde geschlagen hat! Sag ihm: ‚Das kommt jetzt vom Chef, von Gott! Pass auf, Gog, Chef über die Völker Meschech und Tubal! Ich werde gegen dich kämpfen! 2 Ich werde dich führen, ich werde dir auf die Nerven gehen, ich werde dafür sorgen, dass du vom äußersten Norden wegziehst, in die Berge von Israel. 3 Dort werde ich dir dein MG aus der rechten Hand schlagen, und deine Patronen werden dir aus der linken Hand auf den Boden fallen. 4 Du wirst auf den Bergen von Israel sterben und mit dir zusammen dein ganzes Heer und die Heere der anderen Völker, die mit dir kämpfen. Ich werde dafür sorgen, dass ihre Leichen von Geiern, Elstern und Ratten aufgefressen werden. 5 Deine Armee wird auf einer freien Fläche geschlagen werden. Das habe ich dir angekündigt, ich, der heftige Gott, dem nichts unmöglich ist. 6 Ich werde dafür sorgen, dass die Städte im Land Magog und am Meer alle abbrennen werden. Die Menschen leben dort und machen sich

zurzeit keine Sorgen. Dann werden sie kapieren, dass ich der Chef bin. 7 Und ich werde zeigen, dass ich der heftige, der ganz besondere Gott bin, der mitten unter seinen Leuten, dem Volk Israel, wohnt. Ich lasse es nicht zu, dass mein Name in den Dreck gezogen wird. Alle Völker, die nicht mit mir leben, sollen kapieren, dass ich Gott bin, der ganz besondere Gott von Israel. 8 Passt auf, es wird genau so passieren! Von diesem Tag hab ich schon vor langer Zeit gesprochen.'"

Das Feld, wo der Krieg stattgefunden hat, wird geplündert

9 „Wenn das passiert ist, werden die Bewohner der Städte von Israel losziehen. Sie werden die Waffen einsammeln, die auf dem Schlachtfeld liegengeblieben sind, und die Tanklaster mit Heizöl und Diesel abfüllen und alles mit nach Hause nehmen. Damit werden sie dann ihre Wohnungen heizen. Dazu nehmen sie alles, was aus Holz ist, sowie das Heiz- und Dieselöl, die Schutzanzüge und alles, was brennt. Sie sammeln auch die MGs ein, die Handgranaten und Helme. Dieser Vorrat wird so viel sein, dass man damit sieben Jahre lang heizen kann. 10 Man wird kein Gas oder Öl mehr einkaufen, kein Holz mehr im Wald absägen müssen, sondern nur mit dem geplünderten Material die Öfen heizen. Auf die Art werden die Männer, die Israel eigentlich abzocken wollten, selber abgezockt. Das sagt der Gott, dem nichts unmöglich ist." 11 Gott sagt: „An dem Tag werde ich für Gog einen Platz aussuchen, wo er in Israel begraben wird. Und zwar wird der im Karawanental, östlich vom Toten Meer, sein. Das Grab wird so groß sein, dass es unmöglich ist, einen Umweg dadrum zu machen, wenn man zum Meer im Osten will. Dort wird Gog mit seinem ganzen Reichtum begraben werden. Ab dann wird man dieses Tal nur noch ‚Das Tal, wo die Armee von Gog begraben wurde' nennen. 12 Die Leute von Israel werden sie dort verbuddeln, damit das ganze Land sauber gemacht wird, es soll rein sein. Das wird sieben Monate dauern. 13 Alle Leute, die in dem Land leben, werden sie dort begraben. Dadurch werden sie auch etwas von dem Applaus an dem Tag abbekommen, an dem ich zeige, was ich wirklich draufhab. Das sagt Gott, der Chef über alles. 14 Wenn die sieben Monate rum sind, wird man ein paar Männer losschicken, die das ganze Land absuchen. Sie werden schauen, ob da noch irgendwo ein paar Leichen rumliegen, die nicht beerdigt wurden. Die werden sie dann noch verbuddeln, um das Land sauber zu machen, sie machen es rein. 15 Wenn jemand einen Knochen von einem Menschen findet, dann steckt er eine kleine Fahne daneben in die Erde. Dann sehen das die Leichenbestatter und können es in dem ‚Tal, wo die Armee von Gog begraben wurde' besser verbuddeln. 16 Die Stadt wird auch einen speziellen Namen bekommen, der über den Untergang der Armee von Gog geht. Auf die Art wird das ganze Land sauber gemacht werden." 17 Dann sagte Gott weiter: „Hey du, Mensch! Rede als ein Prophet zu den Elstern und Geiern und zu den Ratten und den wilden Tieren in der Gegend. Befiehl ihnen: ‚Alles mal herhören! Ihr seid von überall her eingeladen, an einem großen Opferessen teilzunehmen! Es gibt Fleisch und Blut bis zum Abwinken! 18 Es dreht sich um die Leichen von den besten Soldaten und das Blut von den Chefs im Land. Sie sind wie fette Schafe, die gut gefüttert wurden, oder wie die Kühe oder Stiere aus Baschan. 19 Ihr sollt so viel essen, bis ihr platzt, und so viel trinken, bis es euch zu den Ohren wieder rausläuft. Es ist wie ein Dankopfer von mir, das ich euch schenke. 20 Ich lade euch ein, langt ordentlich zu. Auch an den ganzen Kriegsgeräten, den Panzern und Motorrädern mit den ganzen guten Soldaten könnt ihr euch bedienen. Das sagt Gott, der Chef über alles!'"

Was mit Israel passieren wird

21 Gott sagt: „Wenn ich Gog bestrafe, wenn ich an ihm zeige, was ich draufhab, dann werden alle Menschen sehen, dass ich der Chef bin. Sie werden mitkriegen, dass ich ein Urteil gesprochen habe und das auch durchziehe. 22 Auch alle Leute von Israel werden das kapieren. Sie werden verstehen, dass ich der Chef, dass ich Gott bin, und sie werden es auch in Zukunft nicht mehr vergessen. 23 Die anderen Völker auf der Welt werden kapieren, dass ich Israel bestrafen musste, weil sie richtig Mist gebaut haben. Sie haben mich abgezogen, sie waren mir nicht treu. Darum hab ich sie alleine gelassen, darum hab ich mich von ihnen entfernt. Das war auch der Grund, warum ich sie in die Hand ihrer Feinde gegeben habe, so wurden sie alle im Krieg abgeknallt. 24 Die Leute von Israel haben sich total verdreckt, sie haben Mist gebaut, darum musste ich sie verlassen und sie bestrafen." 25 Gott sagt: „Aber jetzt werde ich sie da rausholen, und alles wird gut werden bei den Israeliten. Ich werde ihnen wieder zeigen, dass ich die Familie von Israel liebe, und ich werde mich dafür einsetzen, dass mein Name nicht länger in den Dreck

gezogen wird. 26 Wenn ich sie wieder in ihr Land geholt habe und sie dort sicher wohnen, wird es ihnen voll peinlich sein, wie untreu sie mir in der Vergangenheit waren. 27 Das wird passieren, wenn ich sie von überallher wieder aus den Ländern, wo ihre Feinde leben, aufgesammelt und zurückgebracht habe. Ich werde ihnen zeigen, dass ich etwas ganz Besonderes bin, ich bin heilig. Die Völker, die nicht mit mir leben, werden das alle mitkriegen. 28 Sie werden kapieren, dass ich der Chef, dass ich Gott bin. Ich hatte dafür gesorgt, dass sie als Kriegsgefangene verschleppt wurden. Aber ich habe sie auch wieder zusammengesammelt, und ich werde niemanden dort zurücklassen. Das sagt Gott, der Chef. 29 Ich werde mich ab dann nie mehr von ihnen entfernen, ich verstecke mich nie mehr. Ich werde meine Kraft, meinen Geist auf meine Leute ausgießen. Das sagt Gott, der Chef über alles."

40 Eine Vision, wie der Tempel in Zukunft aussehen wird

1 In dem 25. Jahr, seitdem wir in Kriegsgefangenschaft waren, hatte ich ein heftiges Erlebnis. Und zwar passierte das an einem 10. des Monats, es war im 14. Jahr, nachdem Jerusalem von den Feinden eingenommen wurde. Gott legte irgendwie seine Hand auf meine Schulter, und plötzlich war ich wie weggebeamt und hatte eine Vision. 2 In dieser Vision flog er mit mir in das Land Israel und setzte mich auf einem sehr hohen Berg ab. Auf der Südseite von diesem Berg war irgendwie ein Bau, der aussah wie eine Stadt. 3 Gott flog mit mir dahin. Am Ortseingang stand ein Typ, der aussah wie eine Figur aus Metall. In seiner Hand hatte er ein Lineal und dazu einen größeren Zollstock. 4 Der Typ sagte zu mir: „Hey du, Mensch! Sperr mal deine Lauscher auf und schau dich um! Ich will, dass du auf Empfang schaltest, wenn ich dir gleich etwas zeige. Das ist nämlich der Grund, warum du überhaupt hier bist. Du musst den Leuten von Israel unbedingt davon erzählen, was du hier gesehen hast!" 5 Jetzt bemerkte ich, dass der ganze Tempel von einer großen Mauer umschlossen war. In der Hand von dem Typen war ein sehr großer Zollstock, mit einer Länge von ungefähr drei Metern. Mit diesem Teil maß er jetzt die Außenmauer aus. Er kam genau auf eine Höhe von drei Metern und einer Dicke von ebenfalls drei Metern. 6 Als Nächstes ging er in den Eingang, der auf der Ostseite vom Tempel lag. Dort maß er die Türen aus, wie tief die gebaut waren. Auch hier war das Ergebnis drei Meter. 7 Der Raum, wo das Wachpersonal vom Tempel lebte, war auch drei Meter lang und drei Meter breit. Der Raum, der zwischen dem Zimmer vom Wachpersonal lag, war 5,5 Meter lang. Vom Eingang des Tempels bis zum Eingang von der Vorhalle lagen vier Meter. 8 Dann rechnete er auch noch das Tor aus, welches auf der Innenseite in der Vorhalle war. Hier kam er auch auf vier Meter. 9 Jetzt kamen noch mal die Tore in der Vorhalle dazu, die jeweils vier Meter groß waren. Die Pfeiler waren einen Meter dick. Die Vorhalle lag dabei auf der Innenseite des Tempels. 10 Es gab jeweils drei Dienstzimmer, am Osttor auf jeder Seite. Alle waren gleich groß, genauso wie die Pfeiler, die auf der Seite standen. 11 Dann maß er die Entfernung zwischen den Türen und kam auf fünf Meter. Auf der anderen Seite betrugen sie 6,5 Meter. 12 Vor den Dienstzimmern war noch eine Abgrenzung, die einen halben Meter hoch war. Jedes Dienstzimmer hatte die Größe von drei mal drei Metern. 13 Jetzt kam die Breite von der Rückwand der Nischen auf der linken Seite dran, bis zur Rückwand der Nischen auf der rechten Seite. Das waren 12,5 Meter. 14 Als Nächstes kam dann die Vorhalle: Sie war zehn Meter breit und zehn Meter lang. An jeder Seite dieser Halle gab es ein Tor, das in einen neuen Vorhof führte. 15 Von der vorderen Kante des Eingangstores bis zur Vorderseite der Vorhalle war das Innenmaß 2,5 Meter. 16 In den Dienstzimmern waren ringsherum vergitterte Fenster. Auch in der Vorhalle waren überall Fenster. Die Pfeiler in der Vorhalle waren mit Palmen verziert.

Wie der äußere Bereich und die anderen Tore aussahen

17 Jetzt brachte mich der Typ in den äußeren Vorhof. Dort waren ringsherum dreißig Räume, die nebeneinanderlagen. Jeder dieser Räume war am Boden mit Steinplatten ausgelegt. 18 Dieser Belag ging genauso weit in den Vorhof rein wie die großen Tore. Wobei der Teil mit den Steinplatten vom äußeren Vorhof etwas niedriger lag als der Vorhof drinnen. 19 Dann maß der Typ den Abstand von dem Tor von der Vorderseite bis zu dem Tor, was etwas höher lag, im inneren Bereich des Vorhofes. Es waren 50 Meter. 20 Am äußeren Vorhof war auch ein Tor, dessen Vorderseite nach Norden zeigte. Auch dieses Tor wurde ausgemessen. 21 Es war genauso groß wie das Tor im Osten, 25 Meter lang und 12,5 Meter breit. 22 Die Fenster, die Vorhalle und auch die Palmenverzierungen waren genauso wie dort. Hier

gab es auch sieben Stufen, die in den Eingang vom Tor reinführten. 23 Das Tor, was zum inneren Vorhof führte, lag genau gegenüber von den Toren im Norden und Osten. Der Typ maß den Abstand zwischen diesen äußeren und inneren Toren und kam auf 50 Meter. 24 Als Nächstes führte er mich in Richtung Süden. Da gab es auch ein Tor. Wieder maß er die Größe von den Pfeilern und der Vorhalle. Es war alles genau gleich, wie bei der Messung vorher. 25 Auch die Fenster in dem Tor und in der Vorhalle von dem Tor waren genauso angeordnet wie die, die er vorher gemessen hatte. Insgesamt war es auch 50 Meter breit. 26 Sieben Stufen führten dorthin. Auf der Innenseite lag die Vorhalle. Die beiden Pfeiler von diesem Tor waren auch wieder mit ein paar Palmen verziert. 27 Auf der Südseite war wieder ein Tor, das zum Innenhof ging. Wieder wurde von dem Typen die Entfernung gemessen, und er kam auf 50 Meter.

Die Tore im inneren Bereich

28 Schließlich brachte mich der Mann durch das Südtor in den inneren Bereich. Dann maß er die Entfernungen und kam wieder auf die gleichen Maße, wie sie vorher auch waren. 29 Alles war genauso wie vorher, die Dienstzimmer, die Pfeiler und die Vorhalle. Auch hier gab es ringsherum dieselben Fenster. Sie waren 25 Meter lang und 12,5 Meter breit. 30 Ringsherum waren, wie gesagt, Vorhallen, die 25 Meter lang und 12,5 Meter breit waren. 31 Diese lagen am äußeren Vorhof. An den Pfeilern in der Halle waren wieder ganz viele Palmen gefräst. Um dort reinzugehen, musste man eine Treppe mit acht Stufen hochsteigen. 32–37 Jetzt führte mich der Typ noch auf die Ostseite und maß auch das Tor, welches dort lag. Dann vermaß er noch das Tor auf der Nordseite. Beide Tore waren gleich groß wie das Tor im Süden. Auch die Dienstzimmer inklusive Pfeilern und Vorhalle waren gleich groß. Ebenso waren die Eingänge mit den Fenstern und der Vorhalle gleich groß. Diese Vorhallen waren so gebaut, dass sie senkrecht zum äußeren Vorhof standen. Und die Pfeiler dort waren mit Palmen geschmückt. Acht Stufen führten zum Eingang.

Noch ein paar Details im inneren Bereich vom Vorhof

38 Hinter den Pfeilern vom Tor war der Eingang zu einem besonderen Raum. Hier wurden immer die Abfackelopfer sauber gemacht. 39 In der Vorhalle von dem Tor standen an beiden Seiten zwei Tische. Auf diesen Tischen wurden das Abfackelopfer und das Opfer geschlachtet, was man brauchte, wenn jemand Mist gebaut hat. 40 An der Außenwand standen neben dem Eingang von dem Tor im Norden noch mal zwei Tische. An den Wänden auf der gegenüberliegenden Seite der Vorhalle standen auch noch mal zwei Tische. 41 Also standen immer vier Tische an den beiden äußeren Wänden in der Vorhalle vom Tor. Auf diesen Tischen wurden die Tiere getötet, die dann geopfert werden sollten. 42 Die vier Tische waren aus Granitsteinen gebaut. Sie waren 75 Zentimeter breit und 50 Zentimeter hoch. Auf diese Steine stellte man die Geräte drauf, die nur für das Abfackelopfer oder das Opfer, wenn man Mist gebaut hatte, gebraucht wurden. 43 Die Haken, mit denen man das Fleisch aufhängte, waren 30 Zentimeter lang. Diese Haken hingen überall im Gebäude. Das Fleisch legte man immer auf die Tische. 44 Neben dem Tor im Norden und dem Tor im Süden war jeweils noch ein Raum, dessen Tür zum inneren Vorhof ging. Der Raum am Nordtor zeigte in Richtung Süden und der am Südtor in Richtung Norden. 45 Der Typ, der mich dort rumführte, sagte dann: „Dieser Raum, der nach Süden zeigt, ist für die Priester, die im Tempel arbeiten. 46 Der Raum auf der anderen Seite ist für die Priester, die die Schichten für das Opfern am Opfertisch, dem Altar, übernommen haben. Die Männer am Altar kommen alle aus der Familie von Zadok. Sie stammen von Levi ab, es ist also die Familie, welche als Priester in Gottes Nähe kommen dürfen, um zu tun, was er ihnen gesagt hat." 47 Dann vermaß der Typ noch den inneren Vorhof. Er war viereckig angelegt und hatte eine Länge von 50 Metern. Vor dem Tempelhaus stand der Opfertisch, also der Altar. 48 Jetzt brachte er mich in die Vorhalle von diesem Tempelhaus. Dort wurde auch gleich wieder der Zollstock rausgeholt. Die große Tür am Eingang war sieben Meter breit, die kleinen Mauern rechts und links von der Tür waren jeweils 1,5 Meter hoch und 2,5 Meter dick. 49 Die Halle war zehn Meter breit und sechs Meter tief. Es gab zehn Stufen, die man hochsteigen musste, um nach oben zu kommen. Vor den kleinen Mauern stand auf jeder Seite vom Eingang eine Säule.

41

Ein Traum, wie der Tempel mal aussehen wird

1 Schließlich führte der Typ mich in den inneren Bereich des Tempels. Dort musste er wieder erst einmal was messen. Und zwar stellte er fest, dass

die Pfeiler, die an den Seiten standen, drei Meter
dick waren. 2 Die Türen waren fünf Meter breit, und
die beiden Seitenwände neben den Türen waren
auch fünf Meter breit. Dann legte er noch seinen
Zollstock auf den Boden und maß die ganze Länge
der Tempelhalle. Er kam auf 20 Meter in der Länge
und zehn Meter in der Breite. 3 Dann ging er in den
allerderbsten Bereich, der ganz hinten im Tempel
lag. Dort maß er die Pfeiler, die am Eingang standen.
Sie waren einen Meter breit. Der Eingang selbst war
drei Meter breit, und die Seitenwände am Eingang
waren 3,5 Meter breit. 4 Der Raum war 20 Meter breit
und zehn Meter tief. Der Typ sagte zu mir: „Dieser
Raum ist der allerderbste, der heilige Bereich!"

Gebäude vor dem Tempel

5 Jetzt legte der Typ noch mal den Zollstock an die
Tempelmauern. Sie waren drei Meter dick. Die klei-
nen Gebäude, welche direkt an den Tempel drange-
baut waren, hatten eine Dicke von zwei Metern. 6 In
diesem Anbau waren hintereinander auch noch
einige Nebenräume. Insgesamt dreißig Stück mit
jeweils drei Stockwerken waren dorthin gebaut wor-
den. Vor der Mauer von dem Tempel waren überall
kleine Vorsprünge, in welche die Deckenbalken ein-
gesetzt waren. Darum war es nicht nötig, direkt in
die Wand vom Tempel Löcher zu hauen, um die
Balken dort aufzulegen. 7 Durch diese Nebenräume
wurde der ganze Bau auf einer bestimmten Höhe
immer breiter. Das ganze Tempelgebäude war ja
einmal drum herum mit Gebäuden und Mauern
umbaut worden. So war es möglich, über das un-
terste Stockwerk von außen, bis ganz nach oben,
auf das Dach hochzusteigen. 8–11 Die äußeren Mau-
ern waren 2,5 Meter dick. Einmal um den ganzen
Anbau lag eine überdachte Terrasse, die in drei
Metern Höhe angebaut war. Die Terrasse hatte
dabei eine Breite von 2,5 Metern. Jeder Teil der Ter-
rasse hatte zwei Türen, die sich zum Anbau hin öff-
nen ließen. Eine davon war im Norden und eine im
Süden. Direkt an der Terrasse lag ein freier Raum,
der zehn Meter breit war. 12 Dann gab es noch ein
Gebäude, das an der Vorderseite westlich vom Tem-
pelhaus lag. Es war innen 45 Meter breit und 35 Me-
ter lang. Seine Mauern waren 2,5 Meter dick.

Die Maße des Tempels

13–15 Jetzt maß der Typ noch den ganzen Umfang
des Tempelgebäudes. Er kam auf 50 Meter Länge
und 50 Meter Breite, inklusive des unbebauten
Streifens, der auf beiden Seiten lag. Das Gebäude
im Westen vom Tempelhaus war 50 Meter breit und
50 Meter lang, inklusive der freien Flächen. Die Stu-
fen, welche sich auf beiden Seiten des Gebäudes
befanden, waren genauso lang. Alle wurden genau
ausgemessen, sowohl das Innere des Tempels wie
auch die Vorhalle. 16 Übrigens waren die Wände bis
zu den Fenstern, und auch der Boden, rundum mit
Holz verkleidet. Vor den Fenstern gab es die Mög-
lichkeit, Rollläden runterzulassen. 17 Auch die Wand
über dem Eingang und das ganze Tempelhaus war
von außen und innen mit Holz verkleidet. Dabei
passte alles genau zusammen und war exakt ausge-
messen worden. 18 An den Wänden hingen ein paar
Engelsfiguren und Poster von Palmen. Das Ganze
war immer im Wechsel, also zuerst eine Engels-
figur, dann ein Poster, dann wieder eine Engelsfigur.
Die Engel hatten dabei zwei Gesichter. 19 Das eine
Gesicht schaute in Richtung der Palme auf der
einen Seite und das andere in Richtung der Palme
auf der anderen Seite. So war es im ganzen Tempel-
haus gehalten. 20 An der Wand vom Tempelraum
waren beim Eingang, vom Boden bis zur Decke,
diese Engel und die Palmenposter angebracht.
21 Die Tür am Eingang hatte einen Rahmen, der in
vier Ebenen abgestuft war. Vor dem allerderbsten
Bereich im Tempel stand 22 ein Opfertisch, der aus
Holz war. Er hatte die Maße 1,5 Meter hoch und
einen Meter mal einen Meter breit. An jeder Ecke
waren Hörner angebracht. Die Seitenwände von
diesem Tisch waren auch aus Holz. Der Typ sagte
zu mir: „Das ist der Opfertisch, der direkt vor Gott
steht!" 23 Der Eingang zum Tempelhaus hatte zwei
Türen, und auch der Eingang zum allerderbsten
Bereich hatte so eine Doppeltür. 24 Diese Türen
waren wie Salontüren mit zwei Türflügeln. Dann gab
es daneben noch zwei Drehtüren. 25 Die waren alle
genau mit den gleichen Engelsfiguren und einem
Palmenbild versehen worden, wie sie auch auf den
Wänden waren. Vor der Halle war an der Vorderseite
noch eine Regenrinne angebracht worden. 26 An den
beiden Seitenwänden der Vorhalle und den Neben-
räumen vom Tempel waren überall verschließbare
Fenster. Dazu gab es immer wieder ein paar Pal-
men, womit die Wände verziert waren.

42

Die Vision vom zukünftigen Tempel geht weiter

1 Jetzt führte mich der Typ in den äußeren
Vorhof über den Weg, der Richtung Norden geht.
Dort brachte er mich zu einem Gebäude, das viele

kleine Zellen hatte. Es lag rechts neben dem Bau, der hinter dem Tempel und dem freien Platz war. [2] Die Größe von diesem Gebäude betrug 50 Meter, gemessen an der Längsseite vom Nordeingang. Es war dabei 25 Meter breit. [3] Das Haus lag auf der einen Seite von dem freien Platz, der auf der Rückseite vom Tempel war. Auf der anderen Seite stieß er an die Platten von dem Weg, der zum äußeren Vorhof führte. Dieser Weg war wie eine Terrasse angelegt, die drei unterschiedliche Stockwerke hatte. [4] Vor den Zellen auf der Nordseite war ein Gang, der fünf Meter breit war. Dieser Gang führte zum inneren Vorhof und war 50 Meter lang. [5] Die oberen Zellen waren etwas schmaler als die unteren und die in der Mitte von dem Bauwerk, weil sie von den Galerien etwas beschnitten wurden. [6] Sie hatten drei Stockwerke, aber nicht solche Säulen wie die in den Vorhöfen. Der ganze Bau war vom Boden her stufenförmig, von einer Terrasse zur nächsten gebaut worden. Jeder Raum wurde von Stockwerk zu Stockwerk kleiner. [7] Es gab da auch eine Mauer, die draußen parallel zu den Zellen, stand. Sie lag in Richtung zum äußeren Vorhof, an der Vorderseite von diesen Zellen. Diese Mauern hatten eine Länge von 50 Metern. [9] Zu diesen Türen kam man über einen Weg aus Richtung Osten, wenn man vom äußeren Vorhof auf das Gelände ging. [10] Auf der Südseite lag ein Gebäude mit mehreren Räumen, das an die Mauer am äußeren Vorhof angrenzte. Das Ganze lag links neben dem Bau, hinter dem Tempel, auf dem freien Platz vor diesem Gebäude. [11] Hier gab es auch einen Gang, der an der Front vom Eingang entlanglief. Das ganze Gebäude war auf beiden Seiten identisch aufgebaut. [12] Auch zu den Eingängen der Zellen, die im Süden lagen, gab es eine Tür. Die lag am Anfang des Weges, der an der Schutzmauer entlanglief. Dieser Weg war nach Osten hin offen, wenn man dort reinging. [13] Der Typ sagte zu mir: „Diese Zellen im nördlichen Teil des Gebäudes und die Zellen im südlichen Teil entlang von dem abgelegenen Platz sollen ganz besondere Zellen sein. Hier sollen die Priester sich mit Gott treffen. Und dann sollen sie von den ganz besonderen und heiligen Sachen essen, die geopfert wurden. Und auch die besonderen Geschenke, die für Gott sind, das Essensopfer und das Opfer, wenn man Mist gebaut hat, das Wiedergutmach-Opfer, sollen hierher. Dieser Raum ist etwas ganz Besonderes, er ist heilig! [14] Nachdem die Priester ihren Job im besonderen Bereich im Tempel erledigt haben, dürfen sie nicht sofort wieder in den äußeren Vorhof zu den anderen Leuten gehen. Sie sollen sich erst einmal umziehen, ihre Arbeitsklamotten, in denen sie die Opfer durchgezogen haben, müssen ausgezogen werden. Diese Kleidung ist dann nämlich auch etwas Besonderes, Heiliges geworden. Nachdem sie sich umgezogen haben, dürfen sie in den Bereich gehen, wo die normalen Leute auch sind."

Die Größe vom ganzen Tempelbezirk

[15] Nachdem der Typ mit dem Ausmessen vom inneren Teil des Tempelbezirks fertig war, führte er mich nach draußen zum Osttor. Von dort wollte er noch mal den ganzen Tempelbezirk messen. [16–20] Um den ganzen Bezirk war eine Mauer gebaut worden. Als Erstes maß der Typ die Ostseite und kam auf 125 Meter. Danach maß er die drei Seiten, die noch übrig waren, und die waren auch jeweils 125 Meter lang. Diese Mauer sollte das ganz besondere, gottmäßige Land um den Tempel vom normalen Land trennen.

43 Noch eine Vision: Gott kommt wieder in den Tempel

[1] Jetzt führte mich dieser Typ zum Eingang, also dem Eingang, der im Osten lag. [2] Plötzlich sah ich Gottes ganz besonders krasse Art aus Richtung Osten kommen! Es war total heftig, man konnte so ein lautes Rauschen hören, wie an einem riesengroßen Wasserfall. Die ganze Erde fing zu leuchten an, weil Gott da war! [3] Dieses Licht, das ich dort sah, war genau so wie das Licht, als Gott die ganze Stadt plattgemacht hatte. Diese Erscheinung war dieselbe, die ich damals am Fluss Kebar gesehen hatte. Ich legte mich sofort flach auf den Boden. [4] Gottes ganz besonders krasse Art zog durch die Tür im Osten in den Tempel rein. [5] Plötzlich beamte mich die Kraft von Gott mitten in den inneren Vorhof vom Tempel. Von dort konnte ich sehen, wie Gottes ganz besonders krasse Art auf dem Tempel und auch überall im ganzen Tempel gleichzeitig war. [6] Jetzt hörte ich, wie mich jemand aus dem Tempel rief. Dieser eine Typ stand aber die ganze Zeit neben mir. [7] Diese Stimme sagte: „Hey du, Mensch! An diesem Platz steht mein Chefsessel! Davor steht ein kleiner Tisch, auf den ich meine Füße lege. Ich möchte hier für immer sein und bei meinen Leuten wohnen. Die Leute von Israel werden meinen besonderen Namen nicht mehr in den Dreck ziehen. Ihre Präsidenten werden das nicht mehr tun, und auch durch ihren ätzenden Lebens-

stil, in dem sie zu Plastikgöttern beten, wird das nicht mehr passieren. Auch dadurch, dass sie die Leichen von ihren Präsidenten hier verbuddeln, werde ich mich nicht mehr verdrecken lassen. 8 Das passiert auch, wenn ihre Präsidenten gleich neben meinem Haus ihr eigenes Haus bauen, weil sie meine direkten Nachbarn sein wollen, nur noch von einer Wand getrennt. Durch den ganzen Mist, den die gebaut haben, wurde ich auch mit Dreck beschmissen. Dadurch haben sie mich provoziert, und ich musste sie deswegen kaputt machen. 9 Ab jetzt werden sie aber ihren ganzen Ätzkram und auch die Leichen von ihren Präsidenten von mir fernhalten. Ich werde wieder bei ihnen wohnen, und zwar für immer. 10 Deine Aufgabe ist es, den Leuten von Israel zu erzählen, wie der neue Tempel aussieht. Wenn ihnen klarwird, um was für ein Riesenteil es sich hier dreht, wird es ihnen voll leidtun, dass sie so viel Mist gebaut haben. 11 Wenn sie sich wegen dem ganzen Mist schämen, kannst du ihnen noch mal ganz genau die Pläne zeigen, die ich dir vom Tempel gegeben habe. Zeig ihnen, wie er von innen aussehen soll, die Ein- und Ausgänge usw. ... Schreibe ihnen auch genau die Regeln und Gesetze auf, die eingehalten werden müssen, wenn man im Tempel Dienst schiebt. Ich möchte, dass sie sich die merken und sich daran halten. 12 Eine Sache, die den Tempel angeht, gilt auf jeden Fall: Oben auf dem Berg, wo der Tempel steht, soll das ganze Grundstück, inklusive der Umgebung, radikal Gott gehören, er ist heilig! Das ist das wichtigste Gesetz, das den Tempel angeht."

Der Opfertisch, wo die Abfackelopfer durchgezogen werden, wird eingeweiht

13 Jetzt kommen noch mal die genauen Maße, was den Opfertisch angeht, den Altar. Unter diesem Tisch liegt ein kleiner Graben, der 50 Zentimeter breit und 50 Zentimeter tief ist. Vor diesem Graben ist noch mal eine kleine Mauer gezogen, deren Rand 25 Zentimeter hoch ist. 14 Über diesem Graben, auf einem Absatz, steht ein Opfertisch auf einem Sockel. Von dem Sockel, bis zum Absatz, ist es einen Meter, dann geht die Wand vom Tisch wieder um 50 Zentimeter nach hinten. Dann kommt der Sockel, der zwei Meter hoch ist, bis wieder eine Wand 50 Zentimeter nach hinten geht. 15 Von dort geht der Tisch noch einmal zwei Meter nach oben. Auf diesem Teil werden die Opfersachen gekocht. Hier sind an den Ecken jeweils vier Hörner angeschraubt. 16 Dieser Herd, wo die Opfer gekocht werden, hat die Größe von sechs mal sechs Metern. 17 Die nächste Stufe ist sieben Meter lang und sieben Meter breit. Der Graben ist 50 Zentimeter breit und die kleine Mauer um den Graben 25 Zentimeter. Die Stufen gehen in Richtung Osten. 18 Gott sagte zu mir: „Hey du, Mensch! Das kommt jetzt von mir, von Gott, dem Chef über alles! Ich sage dir jetzt die Gesetze, die für den Opfertisch bestimmt sind. Sie gelten von dem Tag an, als er gebaut worden ist, und sie beschreiben, wie man ein Abfackelopfer dort durchzieht und wie man das mit dem Blutbesprengen macht. 19 Nur die Priester aus der Familie von Zadok vom Familienstamm Levi dürfen ja in meine Nähe kommen und mir dort dienen. Ich möchte, dass sie dort einen Stier für mich abfackeln, als ein Opfer, das man macht, wenn einer Mist gebaut hat. 20 Du sollst mit dem Blut von dem Stier die vier Hörner bestreichen, die am Opfertisch angeschraubt sind. Auch die vier Ecken an den Stufen und der kleinen Mauer sollen ganz unten bestrichen werden. Auf die Art machst du das Teil gottmäßig sauber, es wird so von seinem Dreck befreit. 21 Anschließend sollen die Reste vom Stier, die von diesem Opfer übrig geblieben sind, verbrannt werden. Das macht man außerhalb des Gebietes, wo der Tempel steht. 22 Am zweiten Tag sollst du dir eine männliche Ziege organisieren, die keine Fehlbildung hat. Die brauchst du für ein Opfer, das man macht, wenn einer Mist gebaut hat. Der Opfertisch soll vorher genauso gereinigt werden, wie man es am Tag vorher mit dem Stier gemacht hat. 23 Wenn du das erledigt hast, geht das Opfern weiter. Als Nächstes kommen ein junger Stier und ein Widder, beide sollten keine Fehlbildungen haben. 24 Sie sollen beide für Gott geopfert werden. Die Priester müssen Salz drüberstreuen und dann das Ganze als ein Abfackelopfer verbrennen. 25 Das sollst du dann auch an den darauffolgenden Tagen wiederholen. 26 Diese Session soll man sieben Tage lang machen, um den Opfertisch von dem ganzen Mist sauber zu kriegen. Er wird auf die Art radikal an Gott übergeben. 27 Ab dem achten Tag können dann die Priester eure Abfackel- und Essensopfer auf dem Opfertisch durchziehen. Ich werde mich über die freuen und sie alle akzeptieren. Das sagt Gott, der Chef über alles."

44

Was im zukünftigen Tempel sonst noch läuft

1 Schließlich führte mich der Typ wieder zurück zu der Tür, die im Osten vom Tempel lag.

Aber die Tür war verschlossen. [2] Gott sagte zu mir: „Diese Tür soll immer verschlossen sein. Sie darf nicht geöffnet werden, niemand darf dort reingehen. Ich, der Gott von Israel, bin dort einmal durchgegangen. Darum muss das Teil für immer zubleiben. [3] Der derzeit regierende Präsident darf sich dort auf dem Weg von der Vorhalle an einen Tisch setzen, wenn er an dem Opferessen teilnimmt. Das macht er vor Gott, der dabei sein wird. Er soll den Weg vom inneren Vorhof durch die Vorhalle nehmen und später auch auf demselben Weg diesen Platz wieder verlassen."

Gott sagt dem Prophetentypen, was er genau zu beachten hat

[4] Jetzt brachte mich der Typ, auf dem Weg durch die große Tür im Norden, in den inneren Vorhof vom Tempel. Als wir vor dem Eingang standen, konnte ich von dort sehen, wie Gottes ganz krasse Art das ganze Haus ausfüllte! Ich warf mich sofort platt auf den Fußboden. [5] Gott sagte zu mir: „Hey du, Mensch! Schau dir das ganz genau an und höre mir gut zu. Du sollst dir das alles gut merken, was ich dir in Bezug auf die Regeln gesagt habe, die im Haus von Gott gelten. Du wirst jetzt erfahren, wer in den Tempel reingehen darf und wer dort wieder rausgehen darf und wie man das genau machen soll. [6] Sag den Leuten von Israel etwas von mir. Sie sind ja immer so unterwegs, dass sie keinen Bock dadrauf haben, das zu tun, was ich von ihnen will. Erzähle ihnen Folgendes: ‚Das kommt jetzt von Gott, dem Chef über alles. An alle Leute von Israel: Hört endlich auf mit dem ganzen Ätzkram, den ihr immer wieder tut! [7] Ich will nicht, dass irgendwelche Ausländer in meinen Tempel kommen, die nicht zu mir gehören. Das kann man dadran sehen, dass sie zum einen nicht die Vorhaut von ihrem Penis abgeschnitten haben, aber sie sind auch innerlich nicht gottmäßig drauf. Trotzdem waren sie dabei, als ihr Sachen geopfert habt. Auch beim Dankopfer waren sie anwesend. Ihr habt mit diesem ganzen Mist, den ihr getan habt, unsere Verträge gebrochen, ihr habt dadurch meinen Tempel verdreckt. [8] Ihr hattet wohl keinen Bock für mich und dadrauf, die besonderen Dienste im Tempel zu schieben, und habt deswegen ein paar Ausländer angestellt, damit die diesen Job für euch erledigen, oder? [9] Darum sage ich, Gott, der Chef über alles: Niemals soll irgendein Ausländer, der nicht an seinem Penis beschnitten oder innerlich gottmäßig drauf ist, in den besonderen Bereich im Tempel kommen! Das gilt für alle Ausländer, die bei euch leben. [10] Nur die Männer aus der Priesterfamilie dürfen das. Die hatten sich allerdings damals auch von mir distanziert, als Israel ins Chaos gestürzt ist. Auch die Priester hatten in der Zeit keinen Bock mehr auf mich und haben mit Plastikgöttern rumgemacht. Darum müssen sie jetzt auch die Konsequenzen tragen. [11] Sie dürfen nur noch als Securityeinheit an den Türen in meinem Tempel arbeiten. Dann dürfen sie auch noch die Tiere vorbereiten, die für das Abfackelopfer für die Leute gedacht sind. Sie sollen den Leuten dabei helfen, wenn sie diese Opfer durchziehen wollen. [12] Weil sie nebenbei auch noch Plastikgöttern geopfert haben, bauten sie richtig üblen Mist. Darum habe ich mir ganz fest vorgenommen, dass sie für ihren Mist auch bezahlen sollen. Das kommt jetzt von Gott, dem Chef über alles. [13] Sie sollen nicht mehr in meine Nähe kommen. Ich will nicht, dass sie weiter den Job eines Priesters machen, sie dürfen nicht mehr mit den ganz besonderen heiligen Dingen in Berührung kommen. Ich will, dass sie die Folgen von ihren ätzenden Sachen, die sie gebracht haben, voll ertragen müssen. [14] Ich gebe ihnen aber einen Job, wo sie im Tempelhaus ein paar Arbeiten erledigen können, die auch noch gemacht werden müssen. [15] Die Priester aus der Familie von Zadok, die ihren Job im Tempel immer ganz treu durchgezogen haben, sollen ihn auch weiter tun. Als alle Israeliten mir den Rücken zugedreht haben, waren sie weiter bei mir. Darum sollen sie auch in Zukunft meine Priester sein. Sie sollen für mich arbeiten, das Fett und das Blut für mich verbrennen usw. Das sagt Gott, der heftige Gott, der Chef! [16] Nur sie dürfen in den ganz besonders krassen Bereich im Tempel kommen. Nur sie dürfen in die Nähe von meinem Opfertisch, dem Altar, kommen. Nur sie dürfen dort für mich arbeiten. [17] Ich möchte noch Folgendes von ihnen: Sie sollen, wenn sie die Tempelanlage durch die Tore im inneren Vorhof betreten, nur Baumwollsachen tragen. Sie sollen keine Klamotten aus Kunststoff anhaben. [18] Auch nur Capes aus Baumwolle und irgendwie eine Jeans, Pullis oder T-Shirts aus diesem Material, einfach Sachen, wo man nicht so blöd drin schwitzt, sind okay. [19] Bevor sie dann zu den anderen Leuten zurückgehen dürfen, müssen sie ihre Dienstklamotten erst einmal ausziehen. Die sollen in den Wäscheschrank getan werden, der in den besonderen Räumen der Priester steht. Es wäre nicht gut, wenn die normalen Leute mit den ganz besonderen Klamotten von den Priestern in Berührung kom-

men würden. 20 Die Priester sollen regelmäßig zum
Friseur gehen, wobei zwei Frisuren nicht erlaubt
sind: Glatze rasieren oder Rastas wachsen lassen.
21 Außerdem sollen die Priester die Finger von Alk
lassen, wenn sie anschließend in den inneren Be-
reich gehen wollen. 22 Dann gilt noch, dass sie keine
Frau heiraten dürfen, die schon mal mit jemand
anderem verheiratet war. Außerdem sollte die Frau
noch mit keinem Mann gepennt haben und auch
aus der Familie von Israel stammen. Allerdings dür-
fen sie sich Frauen, die schon mal mit einem ande-
ren Priester verheiratet waren, nehmen, wenn der
andere bereits gestorben ist. 23 Die Priester haben
den Job, den Leuten beizubringen, was für Gott
okay ist und was nicht, was sauber ist und was dre-
ckig. 24 Dann sollen sie auch noch den Richter spie-
len, wenn es mal zu einem Streit zwischen euch
kommt. Dabei müssen sie sich aber ganz strikt an
meine Gesetze halten. Sie haben auch den Job, dad-
rauf zu achten, dass die religiösen Partys genau so
durchgezogen werden, wie ich es vorgesehen habe.
Auch wie man den Sonntag feiern soll, gehört dazu.
25 Ich will nicht, dass sie irgendjemanden berühren,
der gestorben ist. Denn damit würden sie sich ver-
drecken, sie wären unrein. Da gibt es nur ein paar
Ausnahmen, nämlich wenn derjenige zur engeren
Familie gehört, also der Vater, die Mutter, der Sohn,
die Tochter, die Schwester, wenn die noch Single ist,
oder auch der Bruder. 26 Hier gilt aber, dass der
Priester auf die Zeit, die er normalerweise braucht,
um wieder sauber zu sein, noch mal sieben Tage
draufrechnen soll. 27 Danach darf er erst wieder in
den Vorhof vom Tempel gehen. Bevor er dort wieder
seinen Job erledigt, sollte er aber noch ein Opfer
durchziehen, das man macht, wenn einer Mist
gebaut hat. 28 Priester dürfen kein Stück Land besit-
zen. Das Einzige, was ihnen immer gehören wird,
das bin ich, ihr Gott. Sie sollen auch von dem Land
Israel nie ein Stück von euch zugewiesen bekom-
men. Denn ihren Ersatz dafür haben sie, indem ich
für sie da bin. 29 Stattdessen bekommen sie alle
Sachen, die geopfert werden sollen. Davon können
sie sich auch ernähren. Alles, was man mir ge-
schenkt hat, dürfen sie benutzen. 30 Dann gehören
ihnen noch die besten Sachen, die bei der Ernte
rumkommen. Aber auch von den anderen Spenden,
die am Tempel abgegeben werden, soll das Beste an
die Priester gehen. Also auch das erste Brot, das ihr
von eurer Ernte gebacken habt. Wenn die Leute das
den Priestern geben, wird Gott dafür sorgen, dass
es ihrer Familie voll gutgeht. 31 Ich will, dass ein
Priester nie irgendetwas isst, was man tot irgendwo
gefunden hat. Das gilt für Kühe, Schafe und so, aber
auch für Vögel.'"

45

Die Vision geht weiter: Wie das Land um den Tempel aufgeteilt wird

1 Dann gab es noch weitere Anweisungen
von Gott: „Wenn ihr das Land unter euch per Los-
verfahren aufteilt, dann sollt ihr ein Stück davon
mir, Gott, schenken. Das Teil muss eine Größe von
11,5 Kilometern in der Länge und eine Breite von
9,2 Kilometern haben. Dieses Stück Land soll zu
hundert Prozent nur mir gehören. 2 Davon soll noch
mal ein Viereck abgetrennt werden, das 230 Qua-
dratmeter groß ist. Um dieses Viereck gibt es noch
mal eine Wiese, die 24 Meter breit ist. 3 Von dem
ganzen Stück sollst du 11,5 Kilometer mal 4,6 Kilo-
meter abstecken. Dort soll der ganz besondere
Raum im Tempel hin, wo der allerderbste, heilige
Bereich ist. 4 Das ganze Gebiet gilt als etwas ganz
Besonderes, es ist heilig! Darum soll es nur den
Priestern gehören, die in meinem Haus ihre Dienste
schieben. Hier sollen sie ihre Häuser draufbauen,
und auf den Wiesen sollen ihre Tiere das Gras es-
sen. 5 Das Stück von 11,5 Kilometer mal 4,6 Kilome-
ter soll für immer den Tempelangestellten gehören.
Sie können dort auch ein Dorf draufbauen, wenn
sie da Bock drauf haben. 6 Für die Stadt Jerusalem
müsst ihr noch neben dem Land, das extra für mich
abgetrennt wurde, ein Stück Land von 11,5 Kilometer
mal 2,3 Kilometer reservieren. Hier sollen alle Men-
schen aus Israel einen Besitzanspruch drauf haben.
7 Auch den Regierungschefs in den einzelnen Städ-
ten und Ländern wird ein Stück Land zugeteilt, das
jeweils auf der Ost- und auf der Westseite liegt. Es
soll so weit gehen, wie auch der Landbesitz der ein-
zelnen Familienstämme geht. 8 Dieses Stück soll wie
gesagt den Regierungschefs gehören. Sie sollen
meine Leute nicht länger nerven, sondern das Land
den einzelnen Familienstämmen überlassen."

Was Gott zu den Chefs von Israel und den Leuten zu sagen hat

9 Und Gott, der heftige Chef über alles, sagte: „Es
reicht jetzt langsam mit euren Foltermethoden und
so! Hört auf damit! Fangt endlich an, korrekt und
fair mit den Leuten umzugehen! Hört auf, meine
Leute von ihrem Stück Land zu vertreiben! 10 Ab
sofort sollt ihr auch aufhören, beim Abwiegen von
Ware zu bescheißen! 11 Die Waagen dürfen nicht

länger frisiert werden. Ein Gramm ist ein Gramm
und ein Kilo ein Kilo! Alles soll genau geeicht sein,
das Maß muss stimmen. 12 Ein halbes Kilo sind
500 Gramm und ein halbes Pfund 125 Gramm. 13 Ich
möchte, dass ihr als Steuer für den Tempel Folgen-
des einsammelt: von Weizen und Gerste 1,5 Pro-
zent, 14 von Olivenöl 0,1 Prozent, 15 von euren Scha-
fen und Ziegenherden ein Tier von zweihundert.
Diese Abgaben müssen die Leute aus ganz Israel
mir schenken. Damit werden dann das Essensopfer,
das Abfackelopfer und das Dankopfer durchgezo-
gen. Damit werden die ganzen Sachen wieder gera-
degerückt, die bei den Leuten falsch gelaufen sind.
16 Jeder, der bei euch lebt, hat die Pflicht, das Opfer
an den regierenden Präsidenten oder Bürgermeister
abzugeben. 17 Der soll dann entscheiden, was für ein
Opfer gerade dran ist: Abfackelopfer, Essensopfer,
Trinkopfer, Opfer, wenn man Mist gebaut hat, also
die Opfer, welche an den jeweiligen Feiertagen
gemacht werden müssen."

Die jeweiligen religiösen Feiertage und was man da machen muss

18 Dann sagte Gott noch: „Am ersten April sollst du
mir einen Stier schenken, der keine Behinderung
hat. Es soll damit ein Opfer durchgezogen werden,
was man macht, wenn einer Mist gebaut hat. Damit
wird der ganz besondere Bereich im Tempel von
dem Dreck sauber gemacht. 19 Von dem Blut, das
beim Schlachten von dem Tier übrig bleibt, müsst
ihr etwas an die Türpfosten vom Tempel streichen.
Auch an die vier Ecken vom Opfertisch und an die
Pfosten im Osttor muss was von dem Zeug gepin-
selt werden. 20 Das Ganze wird am siebten April
noch einmal wiederholt. Damit wird es sauber
gemacht von dem Mist, den irgendjemand aus Ver-
sehen gebaut hat, ohne es richtig zu peilen. 21 Ab
dem 14. April müsst ihr sieben Tage lang die Pas-
saparty feiern. In der Zeit darf man nur das Brot
essen, das ohne Hefe gemacht worden ist. 22 Am
Anfang von diesem Fest muss der regierende Bür-
germeister Gott einen Stier schenken, als ein Opfer,
das man macht, wenn einer Mist gebaut hat. Damit
bringt er seinen eigenen Mist und den Mist, den
alle anderen Leute von Gott gebaut haben, wieder in
Ordnung. 23 Dazu möchte ich, dass er an jedem Tag,
wo ein religiöses Fest angesagt ist, mir ein Abfa-
ckelopfer schenkt. Und zwar in der Zeit jeden Tag
sieben Stiere und sieben männliche Schafe und
alles Tiere, die keine Behinderung haben. Dazu
jeden Tag ein Opfer, das man macht, wenn einer
Mist gebaut hat. Für Letzteres bitte eine männliche
Ziege nehmen. 24 Als Essensopfer könnt ihr jetzt
pro Stier und Schaf jeweils 12 Kilo Weizenmehl und
3,5 Liter Oliven dazurechnen. 25 Am 15. Oktober und
während der anschließenden Woche, wo ihr dieses
Fest der Blätterbuden feiert, soll der Regierungschef
höchstpersönlich sieben Tage lang Opfer durchzie-
hen, und zwar das Opfer, das man macht, wenn
einer Mist gebaut hat, das Abfackelopfer, das
Trinkopfer und das Essensopfer."

46

Die Vision geht weiter: Regeln, Feiertage und andere Details

1 Dann sagte Gott, der Chef über alles, Fol-
gendes zu mir: „Das Tor vom inneren Bereich, das
Richtung Osten zeigt, soll sechs Tage die Woche
abgeschlossen sein. Nur am Sonntag soll man es
aufschließen. Ausnahme: An dem Neumond-Feier-
tag sollte es auch offen sein. 2 An dem Tag soll der
regierende Bürgermeister durch den äußeren Vorhof
auf das Gelände kommen. Wenn er an der Tür ist,
sollen die Priester für ihn ein Abfackelopfer und ein
Dankopfer durchziehen. Dort in der Tür soll er zu
Gott beten und ihm sagen, wie gigantisch groß er
ist. Anschließend kann er wieder gehen. Die Tür
muss dann den ganzen Tag bis abends offen blei-
ben. 3 Die Leute, die dort wohnen, sollen an diesen
zwei Tagen auch an dem Eingang stehen und Gott
sagen, wie genial er ist. 4 Das Abfackelopfer, das der
Bürgermeister durchziehen soll, muss immer am
Sonntag gemacht werden. Dazu braucht er sechs
Schafe, ein männliches Schaf, alles Tiere, die keine
Behinderung haben. 5 Für das Essensopfer braucht
er zu dem männlichen Schaf noch 12 Kilo Weizen-
mehl. Was die Schafe angeht, kann er sich selbst
aussuchen, wie viel er spenden will. Dann kommen
noch 3,5 Liter Olivenöl dazu. 6 Am Neumond-Feier-
tag besteht das Opfer aus einem Stier, sechs Scha-
fen und einem männlichen Schaf. Es sind nur Tiere
erlaubt, die keine Behinderung haben. 7 Zu dem
Stier und dem männlichen Schaf kommen als Es-
sensopfer noch mal 12 Kilo Mehl und 3,5 Liter Öl
dazu. Was das Opfer von den Schafen angeht, kann
er noch so viel Mehl drauflegen, wie er lustig ist.
8 Wenn der Bürgermeister zum Tempel will, soll er
durch die Halle am Osttor gehen. Für den Rückweg
soll er dieselbe Strecke nehmen. 9 Wenn jetzt aber
die normalen Leute von überallher zu den religiösen
Festen zum Tempel gehen wollen, um dort zu beten,
dürfen sie das Gelände nicht durch das gleiche Tor

verlassen, durch das sie reingekommen sind. Wenn jemand also durch das Südtor reingekommen ist, soll er durch das Nordtor wieder verschwinden und umgekehrt. Man soll dort einfach einmal geradeaus durchgehen. 10 Der Bürgermeister oder Ministerpräsident von einem Land soll einfach mit den anderen Normalos in den Bezirk vom Tempel rein- und wieder rausgehen. 11 An den Festen soll das Essensopfer mit 30 Kilo Mehl pro Stier oder 30 Kilo Mehl pro männlichem Schaf gefeiert werden. Für die Schafe kann der Typ so viel spenden, wie er lustig ist. Dazu kommen noch 5 Liter Olivenöl. 12 Wenn der Typ jetzt mal einfach so Gott etwas schenken will, ein Abfackelopfer oder ein Dankopfer, dann soll man für ihn das Tor im Osten aufmachen. Wenn die Priester am Sonntag das Opfer für ihn durchgezogen haben, kann er dadurch wieder den Tempelbezirk verlassen. Hinter ihm sollte man dann das Tor aber wieder abschließen. 13 Er soll Gott jeden Tag ein junges Schaf schenken, das keine Behinderung hat und ein Jahr alt ist. Das soll als ein Abfackelopfer durchgezogen werden, und zwar jeden Morgen. 14 Dazu kommt noch ein Essensopfer, das man auch jeden Morgen machen soll. Dafür braucht er 2 Kilo Mehl und ca. 1 Liter Öl, das auf das Mehl geschüttet wird. Diese Regel ist wichtig, sie gilt für immer. 15 Das Schaf, das Essensopfer und das Öl soll man jeden Morgen für Gott als ein Abfackelopfer verbrennen."

Was die Bürgermeister und Ministerpräsidenten besitzen dürfen

16 Gott, der Chef über alles, was es gibt, sagt: „Wenn ein Bürgermeister oder Ministerpräsident seinen Söhnen etwas von seinem Besitz schenken will, dann gehört es auch für immer ihnen, sie haben das dann geerbt. 17 Wenn er jetzt aber einem seiner Angestellten etwas von seinen Sachen schenkt, dann gehört das nur so lange ihm, bis wieder so ein Jahr kommt, wo alle Schulden erlassen werden. Nur wenn er seinen Söhnen etwas schenkt, gehört es ihnen für immer. 18 Er darf den Leuten, über die er regiert, nicht einfach etwas von dem Land wegnehmen, was ihnen gehört. Nur das Land, was wirklich ihm gehört, darf er weitervererben. Ich will nämlich verhindern, dass meine Leute plötzlich überall verstreut leben, weil sie ihren Grundbesitz irgendwann verlieren."

Die Küchen am Tempel

19 Dieser Typ führte mich, Ezechiel, durch den Eingang, der an der Seite vom Tor lag. Wir kamen zu den ganz besonderen Räumen, wo die Priester sich aufhalten sollten. Diese Räume waren alle nach Norden ausgerichtet. Plötzlich waren wir an einem Ort, der am äußersten, westlichen Ende lag. 20 Der Typ sagte zu mir: „An dieser Stelle ist die Küche, wo die Priester das Fleisch kochen, was man für das Opfer braucht, wenn einer Mist gebaut hat. Das Brot aus dem Mehl vom Essensopfer wird hier auch gebacken. Von dem ganzen Kram darf nichts durch den äußeren Vorhof gebracht werden. Denn dann könnten die Leute ein Problem bekommen, wenn sie das Zeug berühren, weil das etwas ganz Besonderes von Gott ist." 21 Und dann führte er mich in den Vorhof, der im äußeren Bereich lag. Er ging mit mir an den vier Ecken vorbei, und in jeder Ecke war ein kleiner Innenhof. 22 Jeder von diesen kleinen Innenhöfen war 18,4 Meter lang und 13,8 Meter breit. Alle vier waren genau gleich groß. 23 Einmal um jeden der vier Höfe war eine Mauer gebaut worden. In der Innenseite stand jeweils ein kleiner Herd. 24 Der Typ sagte zu mir: „Hier sollen die Angestellten vom Tempel das Fleisch von dem Opfer, wenn man Mist gebaut hat, kochen. Das kommt ja von den ganzen Leuten."

47

Ein Fluss, der vom Tempel ausgeht

1 Der Typ, der mit mir den Rundgang machte, führte mich jetzt wieder zu der Eingangstür vom Tempel, die im Osten lag. Ich konnte hier einen kleinen Fluss sehen, der unter der Tür raussprudelte. Das Wasser floss an der Seite vom Eingang entlang Richtung Süden. Dann bog es ab und floss südlich vom Opfertisch vor dem Tempel längs. 2 Dann brachte er mich raus, wir gingen durch das Tor im Norden und spazierten auf dem östlichen Weg einmal außenrum bis zum äußeren Tor. Ich konnte sehen, wie aus der Mauer, auf der rechten Seite überall Wasser raussprudelte. 3 Der Typ ging weiter Richtung Osten und maß mit seinem Zentimetermaß die Entfernung von 460 Metern ab. Ich sollte dabei die Strecke durch den Fluss gehen. Bis dahin ging mir das Wasser etwas über die Füße. 4 Nachdem wir wieder 460 Meter gelaufen waren, ging mir das Wasser schon bis zu den Knien. Und nachdem wir noch mal 460 Meter gelaufen waren, ging mir das Wasser bis zum Po. 5 Schließlich nahm er wieder Maß und wollte, dass ich noch mal die gleiche Strecke mit ihm gehe. Aber ich konnte es nicht, denn das Wasser war zu tief. Man konnte hier nur noch schwimmen. Durchlau-

fen ist dort einfach nicht drin! 6 Jetzt sagte der Typ zu mir: „Hast du das gecheckt?“ Dann holte er mich aus dem Wasser raus und zurück ans Ufer. 7 Ich konnte dort auf beiden Seiten sehr viele Bäume stehen sehen. 8 Der Mann meinte zu mir: „Dieses Wasser kommt aus dem Teil vom Tempel, der im Osten liegt. Es fließt die Ebene vom Jordan-Fluss runter ins Tote Meer, das bekanntlich so salzhaltig ist, dass kein Leben darin existieren kann. Dieses Wasser aus dem Tempel sorgt dafür, dass da wieder Leben stattfindet. 9 Überall, wo der Fluss hinfließt, entsteht Leben. Es wimmelt nur so von Tieren und Pflanzen. Es wird voll viele Fische geben. Das Süßwasser macht das Salzwasser genießbar, es heilt es, es macht es gesund. Wo der Fluss hingeht, wird alles leben. 10 Folgendes wird passieren: Fischer werden dort sehr viele Fische fangen. Von En-Gedi bis En-Eglajim breiten sie ihre Netze nach den Fischen aus. Alle möglichen Arten von Fischen wird man fangen, es werden so viele sein, wie es Fische im Meer gibt. 11 Das Salzwasser in den Sümpfen und in den Tümpeln wird wieder dreckig und ungenießbar sein. Dort kann man höchstens versuchen, Salz rauszukochen. 12 An beiden Seiten vom Fluss werden sehr viele Bäume stehen, die Früchte an ihren Ästen haben. Von diesen Früchten kann man jeden Tag ohne Ende etwas essen, und die Blätter werden nie gelb oder fallen ab. Jeden Tag, Woche für Woche, werden sie neue Früchte an ihren Ästen haben. Der Grund ist, weil sie ständig mit frischem Wasser versorgt werden, das direkt aus dem Tempel kommt. Man wird diese Früchte essen können, und die Blätter von den Bäumen sind voll die gute Medizin.“

Wo die Grenzen von dem neuen Land liegen werden

13 Und der Gott, dem nichts unmöglich ist, sagt: „Ich sag euch mal, wo die Grenzen liegen sollen, innerhalb von dem Land, was ich euch für immer geschenkt habe. Jeder der zwölf Familienstämme von Israel soll einen Anteil bekommen, nur der große Stamm von Josef bekommt zwei Anteile. 14 Ihr sollt dadrüber verfügen können, es soll euch gehören, damit ihr das auch an die nächste Generation weitervererben könnt. Ich habe das den Leuten, die vor euch gelebt haben, ganz fest versprochen. Dieses Land soll für immer euch gehören. 15 Die Grenze im Norden verläuft vom Mittelmeer über die Orte Hetlon, Lebo-Hamat, Zedad, 16 Berota und Sibrajim, das an der Grenze zwischen Damaskus und Hamat liegt, bis nach Hazar-Enan an der Grenze vom Haurangebiet. 17 Im Norden von dieser Linie zwischen dem Mittelmeer und Hazar-Enan liegt das Gebiet von Hamat und von Damaskus. 18 Die Ostseite fängt da an, wo das Gebiet von Damaskus an den Hauran grenzt. Diese Linie folgt dem Jordan, der das Land von Israel, von der Gegend um Gilead trennt. Es geht bis zum Toten Meer und endet bei Tamar an dessen Südende. 19 Im Süden verläuft die Grenze von Tamar nach Meribat-Kadesch und folgt dann dem Bachtal. Dieses Tal bildet die Grenze zu Ägypten und geht bis zum Mittelmeer. 20 Im Westen stellt die gesamte Mittelmeerküste die Grenze dar, und zwar von der ägyptischen Grenze bis hoch nach Lebo-Hamat. 21 Das ganze Teil müsst ihr dann unter den zwölf Familienstämmen von Israel aufteilen. 22 Am besten macht ihr das mit dem Losverfahren. Jede israelitische Familie bekommt so ihren Anteil vom Land zugewiesen. Genauso auch die Familien der Ausländer, die bei euch leben. Die Ausländer sollen zusammen mit den Familienstämmen von Israel an der Verteilungsaktion vom Land teilnehmen. Ich möchte, dass sie in dieser Sache die gleichen Rechte haben wie die anderen Israeliten auch. 23 Dort, in dem Gebiet von einem Familienstamm, wo die Ausländer gerade leben, sollen die dann auch ihren Anteil am Land zugewiesen bekommen. Das kam jetzt von Gott, dem Chef über alles!“

48

Wie das Land aufgeteilt werden soll

1 Dann sagt Gott noch, wo der Anteil vom jeweiligen Familienstamm im Land liegen wird. Er sagte: „Im äußersten Norden liegt das Land, das der Familienstamm Dan bekommen soll. Das geht über die Grenze im Norden, auf der ganzen Breite von Westen nach Osten. 2–7 Anschließend liegt in südlicher Richtung, jeweils als gleich große Streifen, das Land von der Grenze im Westen bis zur Ostgrenze, die Anteile der Familienstämme Ascher, Naftali, Manasse, Efraim, Ruben und Juda. 8 Auf der Seite, wo das Gebiet von Juda liegt, kommt in Richtung Süden auf der ganzen Länge von Westen nach Osten der Landstreifen, den ihr nur für mich zurücklegen sollt. Der misst in Nord-Süd-Richtung 11,5 Kilometer. In der Mitte von diesem Gebiet liegt der Tempel. 9 Dann gibt es da ja noch dieses Gebiet, das ihr mir ganz besonders zur Verfügung stellen sollt. Dieser Teil soll in Richtung Ost-West auch 11,5 Kilometer in der Länge und 4,6 Kilometer in der Breite betragen. 10–12 Das Land soll man den Priestern zur Verfügung stellen, es sind ja die Nachkommen vom Oberpriester Zadok. Die hatten, im

Gegensatz zu den Tempelangestellten, mir ja nicht
den Rücken zugedreht, als die Israeliten mich betro-
gen haben. Darum gehört denen von dem Land, das
mir ganz speziell zur Verfügung gestellt wird, ein
ganzes Stück. Es ist etwas ganz krass Besonderes,
es ist heilig, denn mittendrin steht ja der Tempel
mit dem ganz besonderen Bereich drin. 13 Die Tem-
pelangestellten erhalten nördlich des Priesterlandes
einen Streifen von derselben Größe, 11,5 Kilometer
in der Länge und 4,6 Kilometer in der Breite. 14 Die-
ses Land dürfen sie nicht verkaufen oder es mit
anderen tauschen. Das gehört für immer ihnen, es
ist der Anteil des Landes, den die Leute von Israel
mir übergeben haben. Man kann das vergleichen
mit dem ersten Teil von jeder Ernte, wo mir ja auch
die ersten Früchte geschenkt werden sollen. 15 Der
Streifen von 2,3 Kilometer, der noch übrig bleibt,
wenn man das Land von den Priestern und den
Tempelangestellten abgezogen hat, ist ganz norma-
les Land. Dieses Stück liegt ja in ost-westlicher Rich-
tung und ist 11,5 Kilometer lang. Auf diesem Teil
kann man eine Häusersiedlung hochziehen. Oder
die Leute aus Jerusalem können dort ihre Tiere gra-
sen lassen. Das liegt ja genau in der Mitte von die-
sem Gebiet. 16 Jerusalem bildet ein Quadrat von
circa 2 Kilometern in der Länge und Breite. 17 Um
die Stadt liegt ein Grünstreifen, der 115 Meter breit
ist. Auf diesem Streifen können die Kühe grasen.
18 Gleich dahinter ist in Richtung Westen und Osten
jeweils ein 4,6 Kilometer langes Stück Land, das auf
der Nordseite an dem Gebiet anstößt, das nur mir,
Gott, gehört. Alles, was man dort anbaut und ab-
erntet, soll für die Menschen sein, die in der Stadt
leben und arbeiten. 19 Das sind ja überwiegend
Menschen aus allen Familienstämmen von Israel.
Sie haben die Aufgabe, auf diesem Land Sachen
anzubauen. 20 Das Land, wo die Priester und die
Tempelangestellten leben, ist von der Größe her,
zusammen mit dem Stadtgebiet und dem zur Stadt
gehörenden Land, ein Quadrat von 11,5 Kilometern.
21–22 Das Gebiet, das sich in beide Richtungen
erstreckt (nach Osten bis zum Jordan und nach
Westen bis zum Meer), gehört dem regierenden
Bürgermeister. Das beinhaltet das Land zwischen
dem Gebiet vom Familienstamm Juda im Norden
und dem vom Familienstamm Benjamin im Süden.
Davon ausgenommen sind das Gebiet vom Tem-
pel, der Grundbesitz der Priester und Tempelange-
stellten und das, was der Stadt gehört. 23–28 In Rich-
tung Süden schließen sich auf der ganzen Strecke
von Westen nach Osten die Gebiete der Familien-
stämme Benjamin, Simeon, Issachar, Sebulon und
Gad an. Und die Grenze im Süden vom Gebiet, wo
der Familienstamm Gad wohnt, fällt mit der Grenze
des Landes zusammen, das ganz im Süden liegt.
29 Das ganze Land gehört allen Leuten von Israel für
immer. Man soll es so auf die Stämme aufteilen,
wie ich es gerade beschrieben habe. Das kommt
jetzt vom Chef, von dem Gott, dem nichts unmög-
lich ist."

Die Stadttore von Jerusalem bekommen einen neuen Namen

30–31 Gott sagte dann noch: „Hier sind die Stadttore
von Jerusalem, jedes Tor hat einen Namen bekom-
men, der sich an den Namen der Familienstämme
orientiert. Die Nordseite ist 2070 Meter lang, und
hier befinden sich drei Stadttore: Das eine heißt
Ruben-Tor, das andere Juda-Tor und das dritte Levi-
Tor. 32 Auf der Seite im Osten gibt es wieder eine
Grenze, die auch 2070 Meter lang ist. Hier gibt es
auch drei Tore, und zwar das Josef-Tor, das Benja-
min-Tor und das Dan-Tor. 33 Auf der Seite im Süden
gibt es auch wieder eine Grenze mit 2070 Meter
Länge. Dort gibt es drei Eingänge, die Simeon-Tor,
Issachar-Tor und Sebulon-Tor heißen. 34 Im Westen
gibt es dann die nächste Seite von der Grenze, die
auch wieder 2070 Meter lang ist. Auch hier gibt es
wieder drei Tore, die folgende Namen haben: Gat-
Tor, Ascher-Tor und Naftali-Tor. 35 Der Gesamtum-
fang der Stadt beträgt 8280 Meter. Ich möchte,
dass ihr die Stadt ab sofort umtauft. Sie soll nicht
mehr Jerusalem heißen, sondern ‚Gott ist da'-
Stadt."

Der Prophet Daniel

1

Daniel und seine Freunde wohnen beim Präsidenten von Babylonien

1 In dem dritten Jahr, wo Jojakim Präsident von Juda war, gab es einen Krieg mit Nebukadnezzar, dem Präsidenten von Babylonien. Der war mit seiner ganzen Armee nach Jerusalem gezogen und belagerte die Stadt. 2 Gott sorgte dafür, dass Nebukadnezzar diesen Krieg gewann. Jojakim wurde festgenommen, und ein Teil der ganz besonderen Geräte aus dem Tempel wurden, auch gezockt. Die Sachen kamen in den Tempel von dem Plastikgott, an den der Präsident von Babylonien glaubte. Dieser Tempel stand in der Gegend von Schinar. 3 Dann erteilte Nebukadnezzar den Befehl an seinen Innenminister Achpenas, ein paar Jugendliche von den Israeliten für ihn auszusuchen. Sie sollten aus der Verwandtschaft vom israelischen Präsidenten oder aus irgendwelchen Familien aus der Oberschicht kommen. 4 „Ich will, dass das ein paar junge Männer sind, die gut gebaut sind und dazu auch noch was auf dem Kasten haben!", meinte er. „Sie sollen in der Lage sein, in meinem Palast gute Arbeit zu leisten. Ich will auch, dass sie Unterricht bekommen und unsere Sprache lesen und sprechen lernen!"
5 Der Präsident legte fest, dass diese Jugendlichen jeden Tag in seinem Haus das beste Essen und Trinken bekommen sollten, also das Gleiche, was er auch kriegte. Nach drei Jahren war die Ausbildung vorbei, und ab dann sollten sie für ihn arbeiten.
6 Unter den Jugendlichen, die ausgesucht wurden, waren Daniel, Hananja, Mischaël und Asarja. 7 Der Innenminister gab ihnen allen einen neuen, babylonischen Namen. Und zwar hieß Daniel dann Beltschazzar, Hananja nannte er Schadrach, Michaël wurde zu Meschach, und Asarja bekam den Namen Abed-Nego.

Weil Daniel Gott treu ist, kommt er gut weg

8 Daniel war fest entschlossen, sich durch das Essen, was der Präsident ihnen vorlegte, nicht dreckig oder eben unrein zu machen. Er bat deshalb beim Innenminister um eine Ausnahmeerlaubnis, dass er nichts von dem Essen anrühren müsste.
9 Zum Glück mochte der Typ Daniel irgendwie, Gott hatte dafür gesorgt. 10 Trotzdem sagte er zu Daniel: „Hey, ich hab echt großen Respekt vor meinem Chef, unserem Präsidenten! Schließlich hat der das Essen extra für Sie ausgesucht. Ich wäre ja schön blöd, wenn der mitbekommt, dass Sie wie Hungerhaken in der Ecke hängen und viel dünner sind als die anderen Jugendlichen in Ihrem Alter – und das nur, weil Sie bestimmte Sachen nicht essen. Wenn er das sieht, macht der mich sofort einen Kopf kürzer!" 11 Daniel hatte eine Idee. Er sagte zu dem Innenminister, der auf die vier aufpassen sollte:
12 „Wie wär's? Warum lassen Sie es nicht einfach mal auf einen Test ankommen? Ab sofort kriegen wir erst einmal nur noch Essen für Vegetarier, eben Grünzeug und Wasser. 13 Nach zehn Tagen checken Sie mal unser Gewicht auf der Waage und vergleichen das mit dem von anderen Jugendlichen. Die sollen weiter die ganze Zeit beim Präsidenten im Speisesaal essen. Danach können Sie immer noch entscheiden, was Sie dann mit uns machen wollen. Okay?" 14 Der Typ ließ sich auf den Deal ein. 15 Nach den zehn Tagen musste er feststellen, dass die jüdischen Jugendlichen viel schöner und auch besser ernährt aussahen als die anderen jungen Männer, die die ganze Zeit mit dem Präsidenten gegessen hatten. 16 Also brauchten sie weiter keinen Wein zu trinken und auch die anderen Sachen nicht zu essen. Sie bekamen nur ihr Gemüse und Wasser.
17 Diese vier Jugendlichen bekamen von Gott total viel Intelligenz und Schlauheit geschenkt. Sie kapierten Dinge viel schneller als andere, und es fiel ihnen leicht, sich Sachen einzuprägen. Bald kannten sie sich in allen Wissensgebieten ganz gut aus. Und dem Daniel hatte Gott die Fähigkeit gegeben, Träume und innere Eindrücke zu verstehen und die richtige Auslegung dafür zu haben. 18 Irgendwann gab es dann mal so was wie eine Prüfung, wo der Präsident sie in sein Büro holen ließ. Der Innenminister musste die Jungs nacheinander zu ihm bringen. 19 Dann unterhielten sie sich eine Weile. In dem Test kam raus, dass Daniel, Hananja, Michaël und Asarja die anderen Jugendlichen locker in die Tasche steckten. Also wurden sie beim Präsidenten angestellt. 20 Immer, wenn der Präsident ein Problem hatte und einen Tipp von jemandem brauchte, konnten die Jungs ihm richtig gut weiterhelfen. Sie waren viel besser als sein gesamter Beraterstab, die Psychologen und die ganzen okkulten Zauberheinis zusammen. 21 Daniel war dann einer von denen, die sehr lange im Staatsdienst tätig waren. Er machte

diesen Job als Berater immer noch, als der persische Präsident Kyrus an die Macht kam.

2 Präsident Nebukadnezzar hat einen seltsamen Traum

1 Als Nebukadnezzar zwei Jahre an der Macht war, hatte er plötzlich in einer Nacht total heftige Alpträume. Die waren so heftig, dass er davon aufwachte und nicht wieder einschlafen konnte. 2 Schließlich organisierte er ein Treffen mit den schlausten Leuten, die in seinem Land wohnten. Von Psychotherapeuten und Ärzten über irgendwelche Wissenschaftler bis hin zu einigen okkulten Heinis wie Astrologen oder Geistheilern war alles vertreten. 3 Nachdem sie da waren, erklärte er ihnen, warum sie zu dem Treffen eingeladen wurden: „Es ist so, dass ich einen sehr heftigen Traum hatte. Ich bin deswegen ziemlich durcheinander und möchte gerne wissen, ob der Traum irgendwie eine Bedeutung hat, und wenn ja, was für eine." 4 Die Astrologen meldeten sich als Erstes: „Lang lebe der Präsident! Erzählen Sie uns, was Sie geträumt haben! Wir werden Ihnen sofort sagen können, was der Traum für eine Bedeutung hat!" 5 Der Präsident antwortete: „Ich kann Ihnen eins versprechen: Falls Sie die Bedeutung nicht wissen, werde ich Sie mit einer MG durchlöchern lassen. Ihre Häuser werden von mir gesprengt und zu einem Schrottplatz umfunktioniert! 6 Ich will sehen, was Sie draufhaben! Erzählen Sie mir doch erst einmal, was ich überhaupt geträumt habe! Und dann will ich auch noch die Auslegung von Ihnen hören. Wenn Sie das schaffen, werde ich Ihnen eine fette Summe Geld ausbezahlen, und Sie bekommen einen Orden mit Auszeichnung von mir!" 7 „Äh, also", stammelte die Truppe rum, „wenn Sie uns den Traum bitte erzählen würden?! Dann können wir Ihnen auch die passende Auslegung liefern!" 8 „Sie versuchen ja nur, Zeit zu gewinnen!", motzte der Präsident zurück. „Da bin ich mir total sicher! Sie haben längst kapiert, dass ich es mit meiner Drohung ernst meine. 9 Wenn Sie es nicht schaffen, mir erst einmal zu sagen, was ich geträumt habe, dann sind Sie bei mir unten durch! Sie haben sich doch bestimmt vorher abgesprochen, mir nur irgendwelchen Dünnsinn zu erzählen, um etwas Zeit zu schinden. Los jetzt: Was hab ich geträumt? Nur wenn Sie das hinkriegen, kann ich mir auch sicher sein, dass Ihre Deutung wirklich passt." 10 Die Psychoexperten sagten alle gleichzeitig: „Hey, so was kann kein Mensch! Es gibt niemanden heutzutage, der so was draufhat! Das hat es auch noch nie gegeben, dass ein Präsident von seinen Experten in Sachen Psychologie, Träumen und okkulten Praktiken so was verlangt. 11 Was Sie von uns wollen, ist eine Nummer zu groß für uns! Die Einzigen, die diese Frage beantworten könnten, sind irgendwelche übernatürlichen Geister und Kräfte. Aber die sind für uns Menschen leider nicht verfügbar." 12 Der Präsident rastete nach dieser Ansage total aus. Er ließ alle Experten sofort festnehmen und verurteilte sie zum Tod. Nicht nur die Leute, welche bei dem Treffen in seinem Büro waren, sondern alle Experten, die zu der Zeit in seinem Land wohnten. 13 Da auch Daniel und seine Freunde zu diesen Experten gehörten, wurden auch sie festgenommen. 14 Arjoch, der Chef der Spezialeinheit vom Präsidenten, sollte das Todesurteil bei ihnen vollstrecken. Aber Daniel laberte erst einmal ganz ruhig mit dem. 15 Er fragte ihn, warum denn die ganze Bestrafungsaktion überhaupt gemacht wurde. Arjoch erzählte ihm die gesamte Story. 16 Daniel bat daraufhin sofort um einen Termin beim Präsidenten. Als er den bekam, bat er um ein paar Tage Frist, anschließend würde er ihm sowohl den Traum als auch die Bedeutung von diesem Traum sagen. Der Präsident ließ sich auf den Deal ein. 17 Also ging Daniel schnell nach Hause und erzählte seinen Freunden von der ganzen Sache. 18 „Hey, Leute", rief er ihnen zu, „fangt an zu beten wie die Weltmeister! Bittet Gott, den Chef über dieses Universum, dass er mir hilft, dieses Geheimnis zu lüften! Wir wollen schließlich nicht mit den anderen Experten zusammen hingerichtet werden!" 19 In der nächsten Nacht hatte Daniel dann selbst einen Traum, in dem Gott ihm den Traum des Präsidenten und auch noch die Deutung zeigte. Am nächsten Morgen war er total happy und freute sich sehr über Gott. 20 Er betete: „Hey, Gott, du bist der Größte, und das wirst du auch immer bleiben! Du hast die Macht, und du hast es einfach drauf, du weißt alles! 21 Du kannst die Zeit zurückdrehen, wenn du da Bock drauf hast. Du setzt Präsidenten ein und setzt sie auch wieder ab. Du sorgst dafür, dass jemand alles weiß und Ahnung von Dingen hat. Wenn einer wirklich schlau ist, dann liegt das nur an dir. 22 Du hast eine Erklärung für die seltsamsten Geheimnisse. Du kapierst Sachen, die niemand kapieren kann. Denn du weißt, was im Dunkeln ist, und bei dir ist immer Licht. 23 Du bist der gleiche Gott, an den schon mein Vater und die Leute vor ihm geglaubt haben. Danke, Gott, du bist der Beste!

Danke, dass du mir Schnall von solchen Sachen
gegeben hast, dass ich so was wie Träume gut aus-
legen kann. Danke, dass du mir gezeigt hast,
worum es in dieser Sache vom Präsidenten geht!“
24 Als er zu Ende war, stand Daniel auf und ging zu
Arjoch, der ja vom Präsidenten den Befehl bekom-
men hatte, alle Experten von Babylonien töten zu
lassen. Daniel betrat Arjochs Büro und sagte zu
ihm: „Bitte warten Sie noch einen Moment mit dem
Vollzug der Todestrafe! Bringen Sie mich vorher
noch mal zum Präsidenten, denn ich glaube, ich
hab die Antwort auf seine Frage gefunden!“ 25 Arjoch
stand sofort von seinem Schreibtisch auf und
brachte Daniel zum Präsidenten. Nachdem er das
Büro betreten hatte, sagte er: „Herr Präsident, drau-
ßen steht ein Mann, der zu den Juden gehört, die
bei uns in Kriegsgefangenschaft festsitzen. Er be-
hauptet, dass er die Bedeutung von Ihrem Traum
weiß!“ 26 Nachdem der Präsident Daniel in sein
Büro gerufen hatte, fragte er ihn sofort: „Sie glau-
ben also zu wissen, was ich genau geträumt habe,
und können mir auch erzählen, was dieser Traum
bedeutet? Dann mal raus damit!“ 27 „Herr Präsident!
Eins will ich mal vorweg sagen: Es gibt keine Wis-
senschaftler, Psychologen, Astrologen oder sonst
was für okkulte Heinis, die Ihre Forderung wirklich
erfüllen können. Keiner von denen kann den Traum
oder seine Bedeutung wissen. 28 Aber es gibt einen
Gott, der so was kann! Er ist der Gott, der über das
ganze Universum regiert. Ich glaube, er möchte
Ihnen mit diesem Traum sagen, was irgendwann
sehr viel später passieren wird. Aber erst einmal zu
den Fakten: Folgendes haben Sie in dieser besonde-
ren Nacht geträumt: 29 Und zwar haben Sie an dem
Abend noch lange wach in Ihrem Bett gelegen und
sich voll die Sorgen über die Zukunft gemacht. Gott
wollte Ihnen mit dem Traum sagen, was in der
Zukunft passieren wird. Der weiß so was nämlich.
30 Vorweg will ich nur noch mal klarmachen, dass
ich das nicht durch irgendeinen besonderen Trick
rausgefunden habe. Ich hab auch nicht irgendwie
mehr Schnall von den Dingen als jeder andere
Mensch. Gott hat mir das deswegen erzählt, damit
Sie kapieren, was in Ihrem Innersten gerade abgeht.
31 Und zwar haben Sie Folgendes geträumt: Da war
so eine riesengroße Figur, und das Teil war echt
richtig groß! Es war auf Hochglanz poliert und sah
einfach sehr krass aus. Man bekam richtig Angst,
wenn man es ansah. 32 Der Kopf von der Figur war
aus Gold. Der Oberkörper war aus Silber. Der Bauch
und die Arme waren aus Bronze. 33 Die Beine waren
aus Metall. Die Füße waren zum Teil aus Metall,
zum Teil aber auch aus Ton. 34 In ihrem Traum
sahen Sie von unten zu dieser Figur hoch. Plötzlich
löste sich irgendwie ein Stein aus der Decke, auf
jeden Fall hatten Sie damit nichts zu tun. Der Stein
traf mit voller Wucht die Füße von der Figur, die ja
aus Metall und Ton bestanden. Durch den Stein
wurden die komplett zerstört. 35 Das Ganze löste
eine Kettenreaktion aus. Eisen, Ton, Bronze, Silber
und Gold fielen nacheinander wie ein Kartenhaus in
sich zusammen und wurden zu Staub. Dann kam
eine Windbrise, und der Staub flog in alle Himmels-
richtungen davon. Am Ende konnte man nichts
mehr sehen. Von der Statue war kein Fitzel übrig
geblieben. Der Stein, der von oben runtergefallen
war, wuchs plötzlich zu einem großen Berg, der die
ganze Erde überragte. 36 So, das war der Traum, den
Sie geträumt haben. Jetzt kommen wir mal zu der
Bedeutung. 37 Herr Präsident, Sie sind zurzeit der
mit Abstand mächtigste Präsident auf der ganzen
Welt! Sie sind die Nummer eins! Der Gott dieses
Universums hat Ihnen diese Macht gegeben, er hat
dafür gesorgt, dass alle Respekt vor Ihnen haben.
38 Egal, wo Menschen auf der Erde wohnen und wo
die Tiere auf den Wiesen grasen oder die Vögel im
Himmel rumfliegen, Sie sind überall der Boss. Was
ich damit sagen will: In ihrem Traum sind Sie der
Kopf aus Gold von der Figur. 39 Wenn Ihre Zeit abge-
laufen ist, wird es einen neuen Präsidenten geben,
der nicht ganz so mächtig sein wird, wie Sie es
waren. Danach kommt noch ein dritter Präsident,
dessen Macht wieder etwas weniger sein wird als
die von seinem Vorgänger, auch wenn er noch
immer über die ganze Erde das Sagen hat. 40 Aber
dann kommt ein Präsident, der wird hart wie Eisen
sein. Damit mein ich, dass er wie ein Eisenhammer
alles zerschlagen wird, was ihm vor die Flinte
kommt. 41 Zu der Bedeutung von den Füßen, die
teilweise aus Ton, teilweise aus Eisen waren: Das
heißt, Ihre Macht wird aufgeteilt, ein Land wird sich
teilen. Trotzdem wird es sehr stabil sein, so wie
Eisen stabil ist. Denn Sie haben ja in dem Traum
gesehen, wie das Eisen sich mit dem lehmigen Ton
vermischt hat. 42 Die Zehen waren ja teilweise aus
Eisen, teilweise aus Ton. Das bedeutet, dass ein Teil
von diesem Reich stark sein wird und ein anderer
Teil eher schwach. 43 Die Vermischung von Ton und
Eisen bedeutet auch, dass sich dort die beiden Rei-
che in der Form verbinden werden, dass die Macht-
haber ihre Kinder miteinander verheiraten. Aber
diese Ehen werden irgendwann geschieden, die hal-

ten nicht lange. Es ist ja bei Ton und Eisen auch so,
dass die beiden Materialien sich nicht so gut verbin-
den lassen. 44 In der Zeit, wo es diese beiden Reiche
gibt, wird der Gott des Universums aber nebenbei
sein eigenes Reich aufbauen, ein Reich, das nie
mehr zerstört werden kann. Keine Regierung wird
es schaffen, noch einmal an die Macht zu kommen,
nachdem dieses Reich entstanden ist. Dieses Reich
wird von Gott installiert werden, und es macht
Schluss mit allen anderen Reichen, die es bis dahin
gibt. Es wird ab dann für immer existieren. 45 Das
haben Sie ja auch in Ihrem Traum gesehen! Erin-
nern Sie sich, wie sich der große Stein einfach so
aus dem Felsen gelöst hat und auf die Figur gefallen
ist? Dieser Stein hat dann ja das ganze Teil aus Ton,
Eisen, Bronze, Silber und Gold kaputt gemacht! Der
Gott, dem nichts unmöglich ist, hat Sie, Herr Präsi-
dent, in das eingeweiht, was in der Zukunft passie-
ren wird. Der Traum ist hundertprozentig von Gott,
und auch meine Auslegung stimmt voll und ganz!"
46 Der Präsident Nebukadnezzar war buchstäblich
platt, als er diese Worte von Daniel hörte. Er
schmiss sich erst einmal pauschal auf den Boden,
auch um Daniel zu zeigen, dass er echt Respekt vor
ihm hatte. Als Nächstes befahl er ein paar Ange-
stellten, erst einmal für ihn ein paar Opfer durchzu-
ziehen. 47 Er sagte zu Daniel: „Auf jeden Fall ist Ihr
Gott der krasseste Gott von allen! Er steckt alle
anderen Götter in die Tasche und die Präsidenten
sowieso. Dieser Gott kennt anscheinend alle Ge-
heimnisse. Er weiß, was sonst niemand herausbe-
kommen wurde. Nur so kann ich mir erklären, dass
er Ihnen diesen Traum gedeutet hat." 48 Der Präsi-
dent richtete für Daniel ein Konto ein und überwies
ihm ohne Ende Kohle. Daniel bekam einen höheren
Posten in der Regierung und hatte ab da das Sagen
über die ganze Provinz Babylonien. Dazu wurde
er ab sofort der erste Berater in allen Fragen des
Präsidenten. 49 Daniel bat den Präsidenten, seine
Freunde Schadrach, Meschach und Abed-Nego als
Verwalter über die Provinz Babylonien einzusetzen,
und der machte das sofort. Daniel wohnte dann
in der Präsidentenvilla und ging im Regierungs-
gebäude ein und aus.

3

Die drei Freunde von Daniel sind heftig drauf

1 Irgendwann kam der Präsident Nebukadnez-
zar auf die beknackte Idee, sich eine große
Figur aus Gold machen zu lassen, die er dann zu
einem Gott erklären wollte. Das Teil war dreißig
Meter hoch und drei Meter breit. Er ließ diese Figur
dann in der Dura-Ebene in der Provinz Babylonien
aufstellen. 2 Nachdem diese Figur fertig war, lud er
die gesamte Führungsriege zu einem großen Treffen
ein. Alle Bürgermeister, die Generäle seiner Armee,
die Finanzminister, der Innenminister, die Beamten
im höheren Dienst und alle Richter bekamen eine
Einladung. 3 Und alle nahmen die Einladung auch
an und kamen zu dieser Einweihungsparty von
Nebukadnezzars Figur. Schließlich war der große
Tag da, und alle Gäste standen vor der Figur und
gafften sie an. 4 Ein Sprecher ging ans Mikrophon
und rief laut: „Dies ist ein Befehl, der an alle Völker
geht, egal, wo sie herkommen und was für eine
Sprache sie sprechen: 5 Wenn Sie gleich die Musik
hören, welche mit E-Gitarren, E-Bass, Drums, Trom-
peten und anderen Instrumenten gespielt wird,
dann müssen Sie sich sofort auf den Boden schmei-
ßen und zu diesem Gott beten, den der Präsident
Nebukadnezzar da aufgestellt hat! 6 Jeder, der sich
nicht auf den Boden wirft und zu ihm betet, der soll
sofort in die städtische Müllverbrennungsanlage
geschmissen und dort verbrannt werden!" 7 Als man
dann die E-Gitarren, E-Bässe, Drums, Trompeten
und die anderen Instrumente in der Stadt dudeln
hörte, warfen sich alle Leute sofort auf den Boden.
Egal, aus welchem Land sie kamen oder was für
eine Sprache sie sprachen, jeder schmiss sich auf
den Boden, um zu diesem Gott zu beten, den
Nebukadnezzar aufgestellt hatte. 8 Ein paar von den
Astrologen hatten dann die Idee, die Gelegenheit zu
nutzen und die Juden beim Präsidenten zu verpet-
zen. 9 Also gingen sie zu Nebukadnezzar und sag-
ten zu ihm: „Sehr verehrter Herr Präsident, wir grü-
ßen Sie recht herzlich! 10 Sie haben doch den Befehl
rausgegeben, dass jeder Mensch sich sofort auf den
Boden schmeißen und zu dem neuen Gott beten
soll, sobald er die E-Gitarren, E-Bässe, Drums,
Trompeten und die anderen Instrumente spielen
hört. 11 Es kam ja sogar die Drohung, dass jeder, der
das nicht macht, sofort in die örtliche Müllverbren-
nungsanlage geschmissen wird. 12 Wir haben da
etwas von einigen Juden gehört, denen Sie die Ver-
waltung der Provinz von Babylonien anvertraut
haben. Ihre Namen sind Schadrach, Meschach und
Abed-Nego. Wir wissen aus zuverlässiger Quelle,
dass diese drei Juden Ihrem Befehl nicht gehorcht
haben. Die haben keinen Respekt vor dem neuen
Gott aus Gold, den Sie aufstellen ließen, und auch
nicht vor Ihnen!" 13 Als Nebukadnezzar das hörte,
rastete er total aus. Er befahl, Schadrach, Meschach

und Abed-Nego sofort festnehmen zu lassen und sie zu sich ins Büro zu bringen. Als die drei Männer da waren, [14] stauchte er sie wütend zusammen: „Was ist los mit Ihnen? Ich hab gehört, dass Sie keinen Respekt vor meinem Gott haben. Sie haben sich geweigert, zu dieser Figur zu beten? [15] Ich geb Ihnen noch eine Chance. Wenn Sie gleich die Instrumente spielen hören und Sie sich dann auf den Boden werfen und zu diesem Gott beten, dann will ich die Sache vergessen. Aber wenn Sie das nicht tun, dann lasse ich Sie sofort in die Müllverbrennungsanlage schmeißen! Der Gott, der euch vor mir beschützen kann, muss erst noch erfunden werden!" [16] Die drei antworteten ihm: „Lieber Präsident Nebukadnezzar! Um ehrlich zu sein, ist uns das etwas zu billig, als dass wir dadrauf jetzt noch eine lange Antwort geben würden. [17] Für uns steht außer Frage, dass unser Gott hundertprozentig in der Lage ist, uns nicht nur vor dem Tod in der Verbrennungsanlage, sondern auch vor Ihnen zu retten! [18] Aber selbst wenn er das nicht tun würde, muss Ihnen eines klar sein: Wir werden niemals zu Ihrem Gott beten, und wir werden uns auch niemals vor so einem Plastikgott auf den Boden schmeißen!" [19] Jetzt platzte Nebukadnezzar der Kragen. Sein Gesicht wurde puterrot, und er bekam voll den Hass auf Schadrach, Meschach und Abed-Nego. Sofort ließ er die Müllverbrennungsanlage auf die höchste Stufe drehen, siebenmal stärker, als sie normal betrieben wurde. [20] Dann befahl er einigen von seinen stärksten Soldaten, die drei zu fesseln, um sie so in die Anlage zu schmeißen. [21] Sofort bekamen die drei Handschellen und Fußfesseln angelegt. Dann klebte man ihre Arme mit Gaffa-Tape und anderem Klebeband ganz fest an ihren Körper, so dass sie sich nicht mehr bewegen konnten. Mit allen Klamotten wurden sie dann in die Müllverbrennungsanlage geworfen. [22] Weil der Präsident angeordnet hatte, dass der Ofen auf der allerhöchsten Stufe laufen sollte, schlugen die Flammen beim Öffnen des Ofens so heftig aus der Luke, dass die Soldaten, welche die drei dort reinschmeißen sollten, sofort getötet wurden. [23] Schließlich schaffte man es doch, Schadrach, Meschach und Abed-Nego gefesselt in die Müllverbrennungsanlage zu schmeißen und die Tür wieder zu schließen.

Gott kann seine Leute aus dem heftigsten Feuer retten

[24] Nebukadnezzar besuchte dann den Ort, wo das Ganze stattfinden sollte. Er schaute durch das kleine Doppelglasfenster am Ofen, sprang erschrocken zurück und rief zu seinen Ministern, die mitgekommen waren: „Äh, hatten wir nicht drei Männer in den Ofen geworfen?" „Ja, genau, Herr Präsident, drei Männer!", antworteten sie. [25] „Seltsam. Wieso sind da jetzt vier Leute in dem Ofen? Und die sind quicklebendig und spazieren in dem Ofen hin und her! Sie haben auch die Handschellen nicht mehr an, und irgendwie sehen sie total unverletzt aus. Aber der Vierte dadrin, der sieht aus wie ein Wesen aus dem Himmel, wie ein Engel oder so was."
[26] Nebukadnezzar ließ sofort die Klappe von der Anlage öffnen und rief: „Hey, ihr drei! Schadrach, Meschach und Abed-Nego! Ihr gehört definitiv zu dem mächtigsten Gott von allen! Bitte kommt raus!" Das ließen sich die Männer nicht zweimal sagen. [27] Der Bürgermeister, sein Stellvertreter und die Minister vom Präsidenten kamen alle an, um die drei Männer abzuchecken. Tatsächlich waren sie in dem Feuer ganz heil geblieben. Nicht ein Haar war verkohlt! Auch ihre Jacken waren noch wie neu, sie rochen nicht einmal nach Feuer! [28] Nebukadnezzar sagte sofort: „Dieser Gott von den dreien ist der Größte! Er hat wohl einen seiner Botschafter aus dem Himmel, einen Engel, zu den Männern geschickt. Der Engel von dem Gott, auf den sie sich verlassen haben, hat sie im Ofen beschützt! Diese drei hatten keine Lust, das zu tun, was ich befohlen hatte. Dadurch haben sie ihr Leben aufs Spiel gesetzt. Sie wollten zu keinem andern Gott beten als ihrem eigenen. [29] Darum mache ich ab heute ein neues Gesetz, was für alle Menschen gilt, egal, wo sie gerade leben oder aus was für einer Nation sie stammen. Wenn irgendjemand auch nur einmal den Gott von Schadrach, Meschach und Abed-Nego irgendwie verarscht, wird der sofort erschossen, und seine Leiche kommt in den Hächsler. Sein Haus wird von einem Bulldozer plattgemacht. Es gibt einfach keinen Gott, der jemanden aus so einer ausweglosen Situation retten kann wie dieser."
[30] Der Präsident war dermaßen beeindruckt, dass er den dreien ab sofort einen höheren Posten in der Regierung von der Provinz Babylonien verschaffte.
[31] Dann schrieb er noch einen Brief, der in alle Sprachen übersetzt und in die ganze Welt verschickt wurde. Dort stand drin: „Sehr verehrte Bürger in der ganzen Welt! Ich wünsche Frieden überall! [32] Mir kam die Idee, dass es eine gute Sache wäre, wenn Sie von diesen heftigen Wundern erfahren würden, die ich erlebt habe. Der oberste Gott von allen Göttern hat dieses Wunder getan, und ich war Augen-

zeuge, ich glaube, er hat es sogar für mich getan.
33 Die Sachen, die dieser Gott tut, sind einfach unbe-
schreiblich, gigantisch, kaum zu fassen, der reine
Wahnsinn. Seine Macht wird nie aufhören. Was er
geschaffen hat, wird immer weitergehen. Von Gene-
ration zu Generation wird man sich davon erzäh-
len!"

4 Nebukadnezzar hat noch einen Traum

1 Nebukadnezzar erzählte in seinem Brief dann
noch weiter, was er mit diesem Gott erlebt hat:
„Es war so, dass bei mir eigentlich alles super lief.
Ich hatte meinen Job gut im Griff und lebte zufrie-
den in meiner Präsidentenvilla. 2 Irgendwann bekam
ich plötzlich in einer Nacht einen sehr heftigen
Traum. Dieses Erlebnis und die ganzen Sachen und
Gestalten, die ich da gesehen hab, machten mich
echt fertig. 3 Ich hab dann am nächsten Tag die bes-
ten Experten von den unterschiedlichsten Wissens-
gebieten zu mir ins Büro geladen. Sie sollten mir
sagen, was dieser Traum zu bedeuten hat. 4 Alle
kamen sie angedackelt, die Psychologen, Ärzte,
Astrologen, Esofuzzis usw. Jedem hab ich meinen
Traum erzählt, aber keiner konnte mir sagen, was er
denn jetzt zu bedeuten hat. 5 Als Letztes hatte ich
den Daniel vorgeladen. Daniel war eigentlich zu
dem Zeitpunkt schon ein neuer Name von uns
zugeteilt worden, er hieß jetzt so wie mein Gott
Beltschazzar. Dieser Daniel hatte irgendwie eine
ganze besondere Kraft in sich, eine Kraft, die wohl
von den heftigen Göttern kommt. Also hab ich ihm
dann von meinem Traum erzählt. 6 Ich meinte zu
ihm: ‚Lieber Beltschazzar! Sie sind die Nummer
eins, wenn es dadrum geht, einen guten Tipp für
den Präsidenten zu haben, keiner ist so gut wie Sie!
In Ihnen ist die Kraft von den ganz besonders kras-
sen Göttern. Es gibt wahrscheinlich kein Rätsel, was
Sie nicht lösen könnten. Sie haben auf jede Frage
die richtige Antwort. Bitte sagen Sie mir, was der
Traum zu bedeuten hat!' 7 Und zwar hatte ich
geträumt, dass ein megagroßer Baum mitten auf
der Erde stand. 8 Er war einfach gigantisch hoch und
auch sehr dick. Seine Spitze ging bis über die Wol-
ken, und man konnte ihn kilometerweit sehen. 9 Die
Tiere stellten sich unter ihn, um sich vor der Sonne
zu schützen. Viele Vögel bauten in seinen Zweigen
Nester, und total viele Tiere ernährten sich von sei-
nen Früchten. 10 Schließlich sah ich, wie ein Engel,
so ein Botschafter von Gott, aus dem Himmel zu
mir runterflog. 11 Er schrie ganz laut: ‚Holt die
Motorsäge! Haut von dem Baum die Äste ab! Ent-
fernt das Laub von den Zweigen! Schleudert seine
Früchte in die Gegend! Die Tiere, welche auf und
unter dem Baum gelebt haben, sollen ganz schnell
verschwinden! 12 Aber der Baumstumpf soll in der
Erde bleiben. Ihr müsst diesen Stumpf mit Ketten
aus Stahl und Bronze am Boden festbinden. Er
muss dortbleiben, wo es grün ist, zwischen den
Gräsern vom Feld. Er soll vom Nebel nass werden.
Er soll genauso hoch sein wie das Gras, er wird zu
einem Teil der Wiese. 13 Aus seinem menschlichen
Verstand soll ein Verstand werden, wie ihn ein Tier
hat. Sieben Jahre lang wird dieser Zustand andau-
ern. 14 Diese Entscheidung ist im Himmel getroffen
worden! Alle Menschen sollen kapieren, dass der
Chef über alles die absolute Macht hat. Er hat das
Sagen über jede Regierung, und er setzt Menschen
als Präsidenten ein, so wie er es will. Wenn er Bock
drauf hat, kann er die letzte Wurst zum neuen Präsi-
denten machen.' 15 So ungefähr ging mein Traum.
Und ich sagte dann zu Beltschazzar: ‚Ich möchte
von Ihnen, dass Sie mir, dem Präsidenten Nebukad-
nezzar, diesen Traum erklären und sagen, was er zu
bedeuten hat. Alle schlauen Leute in meinem Land
hatten keine Ahnung, was er bedeutet. Können Sie
mir weiterhelfen? Ich glaube das, weil Sie die große
Kraft in sich haben, welche von den heftigsten Göt-
tern kommt, die es überhaupt gibt.' 16 Daniel, der ja
den Namen Beltschazzar bekommen hatte, konnte
eine ganze Zeit erst einmal gar nichts sagen, weil er
so fertig war. Die Deutung, welche er für diesen
Traum hatte, war echt eine Nummer zu heftig. Aber
ich fing an, ihn zu nerven: ‚Bitte, haben Sie keine
Angst davor, mir zu sagen, was der Traum bedeu-
tet!' Beltschazzar antwortete: ‚Mein lieber Herr Prä-
sident! Ich wünschte, dass das, was der Traum vor-
aussagt, Ihren übelsten Feinden passieren wird!
17 Aber okay, der Traum hat folgende Bedeutung:
Dieser megagroße und dicke Baum, den Sie gese-
hen haben, der bis über die Wolken ging, 18 der so
viel Blätter und Früchte an seinen Zweigen hatte
und auf dessen Ästen viele Vögel ihre Nester gebaut
hatten und von dem so viele Lebewesen sich er-
nährt haben, 19 dieser Baum sind Sie! Sie sind das,
Herr Präsident, Sie sind so groß und mächtig
geworden, und Ihre Macht reicht bis zum Himmel.
Wenn Sie etwas befehlen, wird das auch noch am
anderen Ende der Welt getan. 20 Sie haben ja dann
in dem Traum gesehen, wie der Botschafter von
Gott, so ein Engel, zu ihnen kam und sagte: ‚Sägt
den Baum ab! Macht ihn kaputt! Nur der Baum-

stumpf soll übrig bleiben! Den müsst ihr mit Ketten aus Stahl und Bronze am Boden befestigen. Er soll dort am Boden liegen. Zwischen dem Gras und den Tieren soll er leben, sieben Jahre lang.‘ 21 Das bedeutet, dass der total mächtige Gott, der Chef über alles, Folgendes beschlossen hat: 22 Sie werden bei den Menschen rausgeschmissen. Sie werden bei den Tieren leben, und Sie müssen sich sogar von Gras ernähren wie eine Kuh. Zu trinken bekommen sie nur den Regen oder das, was aus der Luft an Feuchtigkeit runterkommt, wie zum Beispiel der Tau am Morgen. Das Ganze soll sieben Jahre lang dauern, bis Sie eine Sache endlich kapieren: Der mächtige Gott und Chef über alles bestimmt, wer der Präsident über die Menschen wird und wer nicht. 23 Zu der Bedeutung von dieser Stimme, die meinte, dass man den Baumstumpf in der Erde lassen sollte, noch Folgendes: Sobald Sie bereit sind, Gott als den obersten Chef anzuerkennen, werden Sie wieder Präsident werden. 24 Darum kann ich Ihnen nur den Rat geben, Herr Präsident, dass Sie sofort damit aufhören sollten, Mist zu bauen. Fangen Sie an, korrekte Entscheidungen zu treffen, gehen Sie liebevoll mit den kaputten Leuten um. Setzen Sie diesen Rat sofort um, wenn Sie wollen, dass es Ihnen über längere Zeit gutgeht.‘ 25 Alles, was mir Daniel vorausgesagt hatte, passierte auch! 26 Nach einem Jahr dachte ich noch mal über alles nach. Ich ging gerade auf der Dachterrasse von meiner Präsidentenvilla in Babylon spazieren, als mir das klar wurde. 27 Ich sagte dann zu mir selbst: ‚Was für eine gigantische Stadt! Nur weil ich so eine Macht habe, konnte ich sie so krass hochziehen. Auf die Art wurde die ganze Stadt mit ihrer Präsidentenvilla wie ein Denkmal für mich.‘ 28 Ich hatte gerade das letzte Wort ausgesprochen, da hörte ich eine heftige Stimme, die aus dem Himmel kam. Die sagte: ‚Mit dem heutigen Tag werde ich dir, Präsident Nebukadnezzar, deine Macht wegnehmen! 29 Man wird dich aus der Stadt rausschmeißen, keiner will mehr mit dir zusammen sein. Du wirst mit den Tieren im Wald leben müssen. Man wird dir Gras zu essen geben wie einer Kuh. Sieben Jahre lang wird das so abgehen, bis du kapiert hast, dass der total mächtige Gott derjenige ist, der Menschen zum Präsidenten macht oder sie wieder absetzt, so wie er das gerade will.‘ 30 Und sofort wurde diese Voraussage auch durchgezogen. Ich wurde aus der Stadt rausgeschmissen, kein Mensch wollte mehr was mit mir zu tun haben. Ich musste mich von Gras ernähren wie eine Kuh. Ich pennte im Freien auf einer Wiese und wurde jeden Morgen nass von der Luftfeuchtigkeit, die dort war. Nach einer Zeit hatte ich schulterlange Haare, und meine Fingernägel waren so lang wie die Krallen von Vögeln. 31 Aber nach sieben Jahren gab es da an einem Tag so ein besonderes Erlebnis, wo ich irgendwie in den Himmel sehen konnte. Plötzlich wurde ich wieder klar in der Birne. Ich fing an, Gott zu danken, und sagte: Gott, du bist der Größte, nichts geht über dich! Du wirst für immer das Sagen haben, deine Macht wird nie aufhören! 32 Alle Menschen zusammengerechnet sind ein Pups im Gegensatz zu dir. Du machst mit den übernatürlichen Wesen aus dem Himmel, was du willst. Auch mit den Menschen auf der Erde machst du, was du willst. Es gibt niemanden, der dich kontrollieren könnte und der sagen dürfte: ‚Hey, was machst du da eigentlich, Gott?‘ 33 In diesem Augenblick hatte ich wieder alle Tassen im Schrank. Ich konnte wieder meinen Job als Präsident ausführen, um mein Reich wieder in eine Spitzenposition zu bringen. Meine Minister und die gesamte Führungsriege aus meinen Land standen sofort auf der Matte und setzten mich wieder zum Präsidenten ein. Ich wurde noch mächtiger, als ich jemals vorher gewesen bin. 34 Ich, Nebukadnezzar, muss eins klarstellen: Gott, der im ganzen Universum das Sagen hat, ist der Größte! Alles, was er macht, ist supergut und korrekt! Er kann jeden, der arrogant rumläuft, ganz leicht von seinem Sockel runterholen!“

5 Ein komischer Satz an der Wand

1 Irgendwann hatte der nächste babylonische Präsident Belsazar eine große Party organisiert. Belsazar war der Sohn von Nebukadnezzar. Über tausend der mächtigsten Männer seines Landes waren eingeladen. Das Bierfass war angezapft, und es floss eine Menge Alk. 2 Nachdem Belsazar schon ein paar Gläser in der Birne hatte, kam er plötzlich auf den Trichter, die ganzen Becher aus Gold und Silber, die sein Vater Nebukadnezzar aus dem Tempel der Juden gezockt hatte, mal aufzufahren. Seine Idee war, sich daraus mit den mächtigen Männern und seinen Frauen einen Schluck zu gönnen. 3 Also brachte man die Becher aus Gold, welche, wie gesagt, ursprünglich aus dem Tempel von Gott in Jerusalem stammten. Alle tranken daraus ihr Bier und ihren Wein. 4 Schließlich fingen sie im Suff auch noch an, ein paar Lieder über ihre Plastikgötter zu singen, die ja nur aus Plastik, Metall, Holz oder Stein gemacht waren. 5 In der Sekunde konnte man

plötzlich die Finger einer Hand sehen. Dann schrieb einer dieser Finger ein paar Worte an die Wand von dem Festsaal. Diese Wand wurde von einem Deckenscheinwerfer total hell beleuchtet. 6 Die Szene war so gruselig, dass der Präsident total blass wurde. Er bekam voll die Angst, seine Knie fingen an zu zittern, und er sackte in sich zusammen. 7 Sofort ließ er von seinem Sekretär alle Experten für übersinnliche Ereignisse zusammentrommeln. Wahrsager, Astrologen, Geistheiler, irgendwelche Spiritisten, alle wurden angefragt zu kommen. Als sie dann da waren, sagte er: „Wer von Ihnen die Schrift entziffern kann und in der Lage ist, mir zu erklären, was das alles zu bedeuten hat, wird fett belohnt werden. Der bekommt einen Einkaufsgutschein für den teuersten Designerladen und einen Orden aus Gold. Dazu werde ich ihn sofort in meiner Regierung einstellen und ihm den dritthöchsten Posten geben!" 8 Die Experten untersuchten die Wand und checkten die Buchstaben der Worte ab, aber keiner konnte die Schrift entziffern, geschweige denn verstehen, was sie zu bedeuten hatte. 9 Als klarwurde, dass keiner erklären konnte, was die Aussage von den Worten war, bekam der Präsident noch mehr Angst. Auch die Führungsriege seiner Regierung, die ebenfalls anwesend war, bekam die Panik.

Daniel muss mal wieder ran

10 Schließlich ging die Tür auf, und die Mutter vom Präsidenten kam herein. Sie hatte alles von draußen mitgehört und wollte jetzt zu den Leuten, die auf der Party waren, etwas sagen. „Mein Präsident, du bist der Größte! Du brauchst echt keine Angst zu haben und musst auch nicht gleich blass werden, wegen dieser Sache! 11 Ich kenne einen Typen, der in deinem Land lebt. Er ist abgefüllt mit einer übernatürlichen Kraft, die nur von den Göttern kommen kann. Als dein Vater, Nebukadnezzar, noch an der Regierung war, hatte dieser Mann echt den Durchblick, so dass man glauben musste, keiner hätte so viel verstanden wie er, außer die Götter selbst. Damals hatte ihn dein Vater befördert und ihm den obersten Job als Berater des Präsidenten gegeben. Er stand über allen Intellektuellen, aber auch über den Astrologen, Wahrsagern und den anderen Zauberfuzzis. 12 Das lag einfach daran, dass er eine ganz besondere Kraft in sich hatte. Durch diese Kraft war er in der Lage, unheimlich viele Sachen zu wissen. Er konnte Träume auslegen, und es gab eigentlich kein Rätsel, was er nicht hätte lösen können. Eigentlich hieß der Typ Daniel, er bekam aber von deinem Vater einen neuen Namen, und zwar nannte der ihn Beltschazzar. Ich bin mir echt sicher, dass er diese Schrift entziffern kann und auch weiß, was sie bedeutet!" 13 Der Tipp war gut, und sofort wurde Daniel geholt und zum Präsidenten gebracht. Der Präsident begrüßte ihn: „Guten Tag! Sie sind also einer von den Juden, die mein Vater damals aus Juda hierhergebracht hat? 14 Man hat mir erzählt, Sie hätten eine Kraft in sich, die von den Göttern kommt. Mit dieser Kraft sollen Sie angeblich in der Lage sein, außergewöhnliche Rätsel zu lösen, weil sie einfach so viel wissen. 15 Es geht um diesen Schriftzug da!" Er zeigte auf die Worte, die an der Wand waren. „Ich hab bis jetzt alle Experten in übernatürlichen Sachen befragt, aber keiner konnte mir die Schrift übersetzen, geschweige denn sagen, was sie zu bedeuten hat. 16 Man hat mir erzählt, dass Sie in der Lage sind, die seltsamsten Rätsel zu lösen und die Geheimnisse, die bis dahin noch niemand verstanden hat, zu erklären. Stimmt das? Falls ja, wäre es super, wenn Sie mir diese Schrift übersetzen könnten und auch erzählen würden, was das alles zu bedeuten hat. Wenn Sie das können, werde ich Sie fett belohnen! Sie können sich mit den teuersten Designerklamotten einkleiden, ich zahl die Rechnung. Dazu kriegen Sie einen Orden aus Gold. Ich verspreche Ihnen, dass Sie auch einen hohen Posten in meiner Regierung bekommen. Sie werden nach mir und noch jemandem anders die Nummer drei sein." 17 Daniel antwortete: „Ihren Orden können Sie sich ins Klo hängen, den will ich nicht. Und auch die anderen Sachen geben Sie besser jemand anderem. Aber die Schrift vorlesen und sagen, was sie bedeutet, das mach ich gerne. 18 Herr Präsident, ich glaube ja, dass der fetteste Gott von allen Ihren Vater zum Präsidenten gemacht hat. Er hat dafür gesorgt, dass der so stark wurde und so ein großes Reich abgesahnt hat. 19 Weil Ihr Vater so mächtig war, hatten die anderen Nationen echt Schiss vor ihm gehabt. Wenn er jemanden plattmachen wollte, dann hat er das einfach getan. Und wenn er jemanden befördern oder entlassen wollte, gab es keinen, der Widerspruch einlegen konnte. 20 Erst als er plötzlich arrogant wurde und dachte, er sei was Besseres, hat er seine Macht verloren. Man hat ihm den Job des Präsidenten weggenommen. 21 Dann hat man ihn aus der Gemeinschaft der Menschen rausgeschmissen, er wurde wie ein Tier behandelt und lebte zusammen mit Eseln in der freien Natur. Er musste sich von Gras ernähren wie eine Kuh. Dann

pennte er draußen auf der Wiese und wurde jeden Morgen vom Tau nass. Das ging so lange, bis er kapiert hatte, dass nur der größte Gott von allen die Macht hat, einen Präsidenten einzusetzen, und er tut das, wenn er dazu lustig ist. 22 Jetzt sind Sie, sein Sohn, an der Macht. Und obwohl Sie das alles gewusst haben, war es Ihnen anscheinend egal. Es konnte Sie nicht davor schützen, selbst arrogant zu werden. 23 Sie haben Gott, den Chef über alles, provoziert durch diese Aktion mit den Bechern aus Gold, die aus dem besonderen Tempel stammten. Sie haben sogar mit Ihrer Führungsriege und Ihren Ehefrauen daraus Wein getrunken. Dazu mussten Sie auch noch irgendwelche Lieder singen, die aussagten, wie toll doch diese toten Plastikgötter sind, obwohl die nur aus Holz, Eisen, Stein oder eben Plastik bestehen. Die können nicht hören, nicht sehen und auch nicht denken, sie sind praktisch tot. Aber den Gott, der dafür gesorgt hat, dass Sie überhaupt atmen können und der Ihr ganzes Leben steuert, für den singen Sie keine Lieder?! 24 Darum hat er diese Hand in Ihren Festsaal geschickt, damit sie ein paar Worte an die Wand kritzelt. 25 Dort steht Folgendes: ‚Mene, mene, tekel upharsin'. 26 Ich übersetze das mal. Mene bedeutet ‚gezählt'. Gott will Ihnen damit sagen, dass Ihre Tage als Präsident gezählt sind, bald ist es damit vorbei. 27 Tekel bedeutet ‚gewogen'. Gott will Ihnen damit sagen, dass er Sie und Ihre Taten gewogen hat. Er hat abgecheckt, was Sie so gebracht haben, und es war zu wenig für ihn. Sie sind durchgefallen. 28 Upharsin heißt ‚zerteilt'. Gott will Ihnen damit sagen, dass Ihr Land bald zerteilt wird. Einen Teil bekommen die Meder und einen anderen die Perser." 29 Belsazar befahl daraufhin, Daniel den Gutschein für die Designerklamotten auszuhändigen. Dazu bekam er den goldenen Orden mit der Kette dran und wurde zum drittmächtigsten Mann im Land ernannt. 30 Aber noch in derselben Nacht wurde Belsazar, der Präsident von Babylonien, ermordet.

6 Daniel wird in einem Käfig voll hungriger Kampfhunde von Gott beschützt

1 Nachdem der alte Präsident Belsazar tot war, übernahm der Meder Darius die Macht. Er war zu dem Zeitpunkt schon 62 Jahre alt. 2 Darius dachte, es wäre eine gute Idee, sein Land in hundertzwanzig kleinere Gebiete aufzuteilen. Für jedes Gebiet setzte er einen Bürgermeister ein. 3 Dazu wurden von ihm noch drei Minister ernannt, die die Bürgermeister kontrollieren sollten, damit die keinen Mist bauen. Einer von diesen Ministern wurde Daniel. 4 Ziemlich schnell war klar, dass Daniel den Job viel besser machte als die anderen Minister. Er war ihnen intellektuell und wissensmäßig voll überlegen. Der Präsident plante eines Tages, die Geschäfte von seinem ganzen Land an Daniel zu übergeben. 5 Die Minister und einige Bürgermeister versuchten irgendwie, einen Grund zu finden, um Daniel vor Gericht anklagen zu können, weil ihnen das nicht in den Kram passte. Aber obwohl sie seine Amtsgeschäfte immer wieder überprüften, konnten sie keinen Fehler finden. Er war einfach sehr korrekt und erledigte seine Arbeit zuverlässig und gut. 6 Schließlich berieten sich seine Feinde. „Der einzige Schwachpunkt, den wir vielleicht finden könnten, müsste was mit den Gesetzen von Gott zu tun haben. Die befolgt er ja immer sehr straight!", stellten sie fest. 7 Sie holten sich einen Termin beim Präsidenten, und als alle in seinem Büro standen, sagten sie zu ihm: „Verehrter Präsident! Sie sind der beste Präsident, den wir je hatten, und das soll für immer so bleiben! 8 Wir hatten eine interne Besprechung und sind auf folgenden Vorschlag gekommen. ‚Wir' bedeutet alle Männer, die in ihrem Reich was zu sagen haben, die Minister, die Bürgermeister, die Offiziere, alle Ratgeber und so weiter. Und zwar denken wir, es wäre eine gute Idee, wenn Sie ein neues Gesetz erlassen würden. Dieses Gesetz soll festlegen, dass in den nächsten dreißig Tagen Bitten zu irgendwelchen Göttern verboten sind. Es ist auch nicht erlaubt, andere Menschen um Hilfe zu bitten. Nur eine Bitte an den Präsidenten ist erlaubt. Wer sich nicht dadran hält, wird mit einigen ausgehungerten Kampfhunden in einem Käfig eingeschlossen. 9 Herr Präsident, befehlen Sie dies als ganz offizielles neues Gesetz, das nicht mehr diskutiert oder geändert werden darf. Das ist ja normal bei den Gesetzen der Meder und der Perser." 10 Der Präsident Darius war einverstanden und verfasste dieses Gesetz. 11 Als Daniel davon erfuhr, war er gerade in seinem Haus. Im zweiten Stock hatte er einen Raum, wo er immer am Beten war. Dieses Zimmer besaß viele Fenster, die in Richtung Jerusalem lagen und immer offen standen. Dreimal am Tag war er dort auf seinen Knien und betete, sagte Gott, wie gut er ihn fand, und so was. Diese Zeit zog er auch an diesem Tag normal durch. 12 Seine Feinde warteten nur auf diesen Moment, stürzten sofort in das Haus rein und erwischten Daniel, wie er gerade wieder auf den Knien am Beten war. 13 Sie gingen sofort zum Präsi-

denten und verpetzten ihn: „Sie hatten doch ein
neues Gesetz erlassen, dass jeder, der in den nächs-
ten dreißig Tagen beim Beten erwischt wird oder
auch nur einen anderen Menschen um etwas bittet,
in den Hundekäfig reinkommt, wo die Pitbulls und
Dobermänner drin sind." „Ja, das ist richtig!", ant-
wortete der Präsident. „Dieses Gesetz kann auch
nicht mehr gekippt werden, weil es ja dieses Gesetz
von den Medern und Persern gibt, das eine Rück-
nahme von solchen Sachen verbietet." 14 „Wir haben
den Daniel dabei erwischt, wie er dreimal zu seinem
Gott gebetet hat!", riefen sie laut. „Er gehört ja
eigentlich zu den Kriegsgefangenen aus Juda, und
ihm scheinen Ihre Gesetze total egal zu sein!" 15 Der
Präsident war echt traurig, als er das hörte. Er wollte
Daniel irgendwie retten. Den ganzen Tag überlegte
er, ob es eine Lösung für das Problem geben würde.
16 Aber die Männer ließen nicht locker. Sie kamen
wieder in sein Büro und sagten: „Sie wissen doch
von dem Gesetz, Herr Präsident, oder? Es gibt die-
ses Obergesetz, das festlegt: Was der Präsident mal
gesagt hat, muss auch durchgezogen werden!"
17 Der Präsident konnte nicht anders und ließ Daniel
erst einmal festnehmen. Dann wurde er mit den
gefährlichsten Kampfhunden in einen Käfig einge-
sperrt. Präsident Darius sagte aber vorher noch zu
Daniel: „Ich wünsche mir, dass der Gott, für den Sie
alles tun, Sie dort beschützen wird!" 18 Der Käfig
wurde mit einem ganz speziellen Zahlenschloss
verriegelt, was nur mit einem Code aufgemacht wer-
den konnte, den der Präsident oder sein höchster
Beamter hatte. Man wollte damit einfach sicherstel-
len, dass niemand das Schloss aufmachen würde,
der nicht dazu befugt war. 19 Als alles erledigt war,
ging der Präsident nach Hause. Den Rest des Tages
bekam er keinen Bissen runter, und in der Nacht
drauf konnte er auch nicht schlafen. 20 Sobald am
nächsten Morgen die Sonne zu sehen war, stand er
auf, zog sich was an und ging zum Käfig. 21 Schon
aus einiger Entfernung rief er ängstlich: „Hallo?
Daniel? Hat Ihr heftiger Gott Sie gerettet? Hat der
Gott, dem Sie so treu dienen, Sie vor den Kampf-
hunden beschützen können?" 22 Daniel antwortete:
„Hey, Herr Präsident! Ich wünsch mir, dass Sie für
immer an der Macht sind! 23 Klar hat mein Gott
mich beschützt! Er hat jemanden von seinen
Schutztruppen aus dem Himmel zu mir geschickt,
einen Engel. Der hat den Pitbulls die ganze Nacht
das Maul zugehalten, keiner von denen konnte
mich beißen. Gott findet nämlich, dass ich okay bin
und nichts ausgefressen habe. Und Sie hab ich auch
nie abgezogen, verehrter Herr Präsident!" 24 Der
Präsident war voll glücklich! Er befahl, Daniel sofort
aus dem Käfig rauszuholen. Tatsächlich hatte Daniel
noch nicht mal eine Schramme abbekommen, weil
er auf Gott vertraut hatte. 25 Dann ließ der Präsident
die Männer holen, die Daniel angeschwärzt hatten.
Sie wurden mitsamt ihren Frauen und Kindern in
den Käfig geschmissen. Die Tür war noch nicht mal
ganz zu, da waren die Kampfhunde schon über sie
hergefallen und zermalmten ihre Knochen mit nur
einem Biss. 26 Der Präsident Darius setzte dann ein
Schreiben auf, das in viele Sprachen übersetzt und
dann an alle Nationen und Länder verschickt wurde.
In dem Schreiben stand drin: „Liebe Leute! Ich wün-
sche euch das Allerbeste! 27 Ich ordne hiermit ein
neues Gesetz an, wovon jeder wissen soll. Und zwar
muss man ab sofort überall in meinem Reich Res-
pekt vor dem Gott von Daniel haben! Dieser Gott ist
real, und er ist nicht totzukriegen. Niemand ist in
der Lage, seine Macht zu beenden, sie wird immer
weitergehen. 28 Er kann jeden aus einer gefährlichen
Situation retten, er kann jeden befreien. Dieser Gott
tut heftige Wunder, man kann das überall auf der
Erde und auch im Universum sehen. Und er hat
Daniel vor den Zähnen der Kampfhunde gerettet."
29 In der Zeit, wo Darius der Präsident war, hatten
alle Leute großen Respekt vor Daniel. Auch als sein
Nachfolger Kyrus an der Macht war, war das der
Fall.

7

Daniel hat einen heftigen Traum

1 In dem ersten Jahr, wo Belsazar der Präsident
von Babylonien war, hatte Daniel in einer Nacht
einen heftigen Traum, der von Gott kam. Am nächs-
ten Morgen schrieb er den Traum in sein Tagebuch.
2 „Mitten in der Nacht sah ich plötzlich einen Film
vor meinen inneren Augen ablaufen, also ich hatte
eine Vision. Und zwar konnte ich sehen, wie das
Meer von einem megagroßen Sturm aufgewühlt
wurde. Das Besondere dabei war, dass der Wind
aus allen Richtungen gleichzeitig kam. 3 Plötzlich
kamen vier verschiedene und ziemlich große Tiere
aus dem Wasser raus. 4 Das erste Tier sah aus wie
ein Löwe, der aber ganz große Flügel hatte, so wie
die von einem Adler. Dann konnte ich erkennen, wie
ihm die Flügel ausgerissen wurden. Er richtete sich
dann auf und konnte wie ein Mensch auf zwei Bei-
nen stehen. Schließlich bekam er auch ein mensch-
liches Herz, mit dem er so fühlen und denken
konnte, wie Menschen es tun. 5 Das zweite Tier sah

so ähnlich aus wie ein Bär. Der Bär stand auf seinen
zwei Hinterbeinen und hatte zwischen seinen Zäh-
nen drei Knochen, die aus einer Rippe stammten.
Dann hörte ich eine Stimme, die ihm einen Befehl
erteilte: ‚Los jetzt! Friss dich an dem Fleisch satt!‘
6 Als Nächstes sah ich ein Tier, das aussah wie ein
Leopard. Dieser Leopard hatte aber vier Flügel auf
seinem Rücken. Dazu hatte er auch noch vier Köpfe.
Ihm wurde ganz viel Macht übergeben. 7 Dann sah
ich in diesem Film noch ein viertes Tier. Dieses Teil
sah echt gruselig aus, wie ein fieses Monster, das
sehr viel Power hatte. Es hatte große Zähne aus
Stahl und kaute so lange auf allem rum, bis alles
klein gehackt war. Was nicht gefressen wurde, zer-
trat es mit seinen Füßen. Dieses letzte Tier war total
anders als die anderen Tiere. Dazu hatte es zehn
Hörner auf dem Kopf. 8 Gerade als ich mir die Hör-
ner genauer ansah, wuchs ein neues Horn aus sei-
nem Kopf raus. Es verdrängte drei von den Hör-
nern, die dort vorher waren, sie fielen auf den
Boden. An diesem letzten Horn waren überall so
Augen dran, die aussahen wie die Augen von einem
Menschen. Dazu hatte das Horn auch einen Mund,
und aus dem Mund kamen einige großkotzige Sätze
raus. 9 Schließlich konnte ich in der Vision sehen,
wie überall so Chefsessel aufgestellt wurden, wo
normal Präsidenten draufsitzen. Auf einen setzte
sich einer, der schon sehr alt war. Er hatte einen wei-
ßen Mantel, und seine Haare waren auch weiß, so
weiß wie Baumwolle. Sein Chefsessel sah aus, als
wäre er aus glühenden Kohlen, der brannte die
ganze Zeit. Dazu waren unten an dem Sessel so
große Räder, die auch aus Feuer bestanden. 10 Von
diesem Typen floss ein Lavastrom wie aus einem
Vulkan in das Land. Ein Fluss, der nicht aus Wasser,
sondern aus Feuer bestand. Ich konnte sehen, wie
eine riesengroße Armee bereitstand, um zu tun,
was er sagte. Millionen von Soldaten marschierten
vor ihm her. Schließlich war da so ein Richter, der
sich zu einer Gerichtsverhandlung an einen Tisch
setzte. Auf dem Tisch standen sehr viele Bücher, die
jetzt eins nach dem anderen aufgeschlagen wurden.
11 Dann sah ich, wie das Tier, das eben noch so
große Sprüche geklopft hatte, getötet wurde.
Anschließend zerstörte man seinen Körper, indem
man ihn in das Feuer warf. 12 Die anderen Biester
wurden auch abgesetzt, man nahm ihnen die
Macht, und sie hatten nichts mehr zu sagen. Sie
durften aber noch eine Zeitlang leben, bis ihre Uhr
abgelaufen war. 13 In dieser Nacht gab es noch eine
zweite Vision, die ich vor meinen inneren Augen
sah. In dieser Vision kam jemand, der wie ein
Mensch aussah. Dieser Typ kam auf einer Wolke
angeflogen. Dann führte man ihn zu demjenigen,
der schon total alt war. 14 Dort bekam er die Macht
über alle Menschen. Er kriegte die Vollmacht dafür
und auch die Position, die man dazu braucht. Alle
Menschen und alle Nationen auf der Welt gehorch-
ten ihm. Seine Macht ist gigantisch groß, und sie
hört nie auf. Dass er der absolute Chef ist, das wird
für immer so sein, und niemand wird das aufhalten
oder beenden können. 15 Als ich diesen Film gese-
hen hatte, wurde ich irgendwie traurig und bekam
auch leichte Panik. 16 Darum drehte ich mich in mei-
nem Traum zu einem der Leute um, die in meiner
Nähe standen, und bat ihn, mir das Ganze mal zu
erklären. Einer sagte mir dann, was das Ganze zu
bedeuten hat: 17 ‚Die vier großen Tiere sind vier Prä-
sidenten, die vier große Reiche auf der Welt nachei-
nander regieren werden. 18 Dann werden aber die
ganz besonderen Leute von Gott ein neues Reich
aufbauen. Und dieses Reich wird ihnen für immer
gehören, solange die Welt existiert und auch noch
danach.‘ 19 Nachdem er das erzählt hatte, wollte ich
noch mehr über diese vier Tiere wissen. Besonders
über dieses eine Tier, was anders war als die ande-
ren, was total ätzend aussah, so dass man Angst
davor haben musste. Ich wollte wissen, was es mit
diesen großen Zähnen aus Eisen auf sich hat und
mit den Füßen aus Stahl. Dieses Tier, das alles in
seinen Mund steckte und durchbeißen konnte und
das mit seinen Füßen alles zertrampelte. 20 Ich
wollte auch wissen, warum es diese zehn Hörner
auf dem Kopf hat und warum das eine Horn größer
ist als die anderen drei. Dieses Horn, das etwas
größer war als die anderen, hatte ja so Augen und
auch einen Mund. Aus diesem Mund kamen ziem-
lich arrogante Sprüche. 21 Dann konnte ich sehen,
wie dieses Horn irgendwie einen Krieg mit den
besonderen Leuten von Gott führte und sie am
Ende sogar besiegte. 22 Schließlich trat dieser Typ
auf die Bildfläche, der schon immer da gewesen ist,
jemand Uraltes. Er war der Richter bei dieser
Gerichtsverhandlung. Es sollte eine Zeit kommen,
wo die besonderen Leute von Gott das Sagen über
das ganze Gebiet bekommen sollten. 23 Dann sagte
er: ‚Das vierte Tier bedeutet, dass es eine vierte
Regierungszeit geben wird. Aber diese Phase wird
anders sein als alle anderen Phasen vorher. In die-
ser Zeit werden nämlich alle anderen Völker, die auf
der Erde leben, kaputt gemacht, zerstört und aufge-
fressen werden. 24 Die zehn Hörner bedeuten, dass

aus diesem Reich zehn neue Präsidenten hervor-
gehen werden. Einer nach dem anderen wird die
Macht übernehmen. Aber dann kommt ein Präsi-
dent, der anders sein wird als die vor ihm. Er wird
drei Präsidenten aus ihrem Amt schmeißen. 25 Die-
ser Typ wird über Gott ablästern, den größten Gott
von allen. Er wird seine besonderen Leute fertig-
machen und unterdrücken. Er wird versuchen, die
besonderen Feste für Gott und die besonderen
Gesetze von Gott abzuschaffen. Die Leute von Gott
werden erst ein Jahr, dann zwei Jahre und dann
noch ein halbes Jahr unter seiner Macht leben müs-
sen. 26 Aber dann ist Schluss. Es wird eine Gerichts-
verhandlung geben, und dann wird man ihm seine
Macht nehmen. Zum Schluss macht man ihn ka-
putt. 27 Wenn das vorbei ist, wird der heftige Gott
seinen Leuten die Macht übertragen. Dieses neue
Reich wird immer bestehen bleiben, und es wird die
absolute Macht haben, alle anderen Reiche müssen
sich ihm unterordnen.‘ 28 An dieser Stelle war dieser
Film, diese Vision zu Ende. Was ich da gesehen hat-
te, machte mich echt fertig. Ich wurde total blass.
Trotzdem erzählte ich niemandem von dieser Sa-
che, die ich gesehen hatte, ich behielt es nur für
mich.“

8 Daniel sieht wieder einen Film in seinen Gedanken

1 „Und dann sah ich wieder so einen Film vor
meinen inneren Augen, so eine Vision. Dieser Film
war so ähnlich wie der, den ich früher schon mal
gehabt hatte. Das Ganze passierte in dem dritten
Jahr, wo der Präsident Belsazar an der Macht war.
2 In dieser Vision war ich plötzlich in Susa, der
Stadt, von wo aus der Präsident das Land regiert.
Sie liegt in der Provinz Elam. Irgendwie stand ich
an dem Fluß Ulai. 3 Ich schaute auf den Fluss und
sah dort einen Widder mit zwei Hörnern rumste-
hen. Beide Hörner waren sehr groß, das eine etwas
größer als das andere, wobei das größere als letz-
tes gewachsen war. Das wusste ich irgendwie.
4 Dann konnte ich sehen, wie der Widder mit seinen
Hörnern nach Westen, Norden und Süden stieß.
Kein Tier konnte ihn aufhalten, niemand konnte
sich vor ihm schützen, er war einfach zu stark. Er
konnte tun und lassen, was er wollte, darum wurde
seine Macht immer größer. 5 Als ich noch dabei war,
den Widder zu beobachten, kam aus Westen plötz-
lich ein Ziegenbock angeflogen, der aussah wie ein
Einhorn, weil er ein sehr großes Horn genau zwi-
schen den Augen hatte. Er flog über den Boden,
ohne ihn zu berühren. 6 Dann rannte er full speed
auf den Widder zu, den ich vor dem Fluss gesehen
hatte. Der Ziegenbock war richtig sauer, das konnte
man erkennen. 7 Er stieß mit voller Wucht auf den
Widder, irgendwie hasste er ihn. Bei dem Crash
zerfetzten die beiden Hörner auf seinem Kopf. Der
Widder hatte keine Chance. Der Ziegenbock stieß
ihn einfach um, trampelte auf ihm rum, und keiner
kam dem Widder zu Hilfe. 8 Der Ziegenbock wurde
dann sehr groß. Als er richtig viel gewachsen war,
zerstörte er sein großes Horn, und an der Stelle
wuchsen ihm vier neue große Hörner. Jedes Teil
wuchs dabei in eine andere Himmelsrichtung. 9 Aus
einem der Hörner wuchs dann ein neues Horn
raus, das erst ganz klein war. Aber dann wuchs es
immer mehr und wurde gigantisch groß. Es wuchs
in Richtung Süden und in Richtung Osten und in
Richtung Israel. 10 Dann wuchs es sogar bis in das
Weltall, es traf dort einige Sterne, die dann auf die
Erde fielen. Dort wurden sie dann von dem Tier
zertreten. 11 Schließlich wuchs das Horn bis zu dem
Chef von der Armee des Himmels. Dort nahm es
ihm das Opferritual weg, was man jeden Abend für
ihn durchzog. Der Tempel und der besondere
Bereich im Tempel wurden auch verdreckt. 12 Dann
setzte der Ziegenbock auch noch ein neues Opfer
an. Das Opfer, das man bisher jeden Tag durchge-
zogen hatte, wurde abgeschafft. Aus Wahrheit
wurde so Lüge. Alles, was er anpackte, wurde zu
einem Erfolg. 13 Ich hörte, wie sich zwei Engel von
Gott unterhielten. Der eine fragte den anderen:
‚Wie lange ist diese Vision gültig? Wie lange wird es
verboten sein, jeden Tag zu opfern? Wie lange wird
der ganz besondere heilige Bereich im Tempel ver-
dreckt werden? Wie lange wird das dauern?‘ 14 Der
andere Engel antwortete: ‚Es werden 2300-mal
keine Abend- und Morgenopfer durchgezogen. So
lange dauert das, erst dann wird in dem besonde-
ren Bereich wieder alles so sein, wie es normal
ist.‘“

Was dieser Film zu bedeuten hat

15 „Ich, Daniel, zerbrach mir den Kopf, was dieser
Film, den ich gesehen hatte, jetzt bedeutet. Plötz-
lich stand da so ein Typ vor mir, zumindest sah er
so aus wie ein Typ. 16 Dann hörte ich eine Stimme,
die von der anderen Seite des Ulai-Kanals kam. Die
rief dem Mann zu: ‚Hey, Gabriel! Erklär ihm diese
Vision, die er gerade gesehen hat!‘ 17 Schließlich
kam dieser Typ auf mich zu. Ich erkannte, dass es

sich um so ein Wesen von Gott aus der anderen
Dimension handelt, einen Engel. Mir blieb fast das
Herz stehen, ich erschrak so heftig, dass ich mit
dem Gesicht nach vorne auf den Boden fiel. Der
Engel sagte zu mir: ‚Hey du, Mensch, pass mal auf!
Was du in dem Film gesehen hast, wird erst passie-
ren, wenn es mit dieser Welt zu Ende geht!‘ 18 Wäh-
rend er zu mir redete, lag ich ausgeknockt auf dem
Boden, als hätte mich jemand k. o. gehauen. Plötz-
lich beugte sich der Engel zu mir runter und zog
mich an der Hand wieder nach oben. 19 ‚Pass auf,
ich werde dir jetzt zeigen, was alles passieren wird,
wenn Gott die letzte große Gerichtsverhandlung
ansetzt. Denn dieser Film, den du jetzt siehst,
bezieht sich auf die letzten Tage dieser Welt. 20 Der
Widder mit den beiden Hörnern, den du gesehen
hast, steht für die zwei Präsidenten von den Me-
dern und den Persern. 21 Der Ziegenbock steht für
die Präsidenten von Griechenland. Das große
Horn, was zwischen seinen Augen lag, steht für
den ersten Präsidenten von Griechenland. 22 Dass
dieses eine Horn kaputtgeht und stattdessen vier
neue Hörner an einer anderen Stelle nachwachsen,
bedeutet, dass aus dieser Nation vier neue Natio-
nen entstehen werden. Keine von ihnen wird aber
so stark und mächtig sein, wie die große Nation
vorher war. 23 Am Ende der Zeit von diesem Präsi-
denten, wenn die Leute in dem Land einfach zu viel
Mist gebaut haben, wird es dann einen neuen Prä-
sidenten geben. Er wird hart drauf sein und sehr
link regieren. 24 Seine Macht wird gigantisch groß,
was aber nicht daran liegt, dass er so toll drauf ist.
Er wird viele ätzende Sachen bringen, die echt
schrecklich sind. Aber er wird auch Erfolg haben.
Dieser Präsident wird gegen die besonderen Leute
von Gott angehen und sehr viele von ihnen töten.
25 Weil er ziemlich schlau ist, wird er sehr erfolg-
reich sein. Er weiß, wie man bescheißt und so seine
Macht vergrößert. Er wird einen auf dicke Hose
machen, er wird auf brutale und fiese Art und Weise
viele Menschen töten. Dann wird er aber auch
gegen den obersten Chef von allen Chefs, gegen
Gott, vorgehen, und das überlebt er nicht. Ohne
dass ein Mensch etwas unternimmt, wird er ster-
ben, seine Macht ist dann vorbei. 26 Auch das, was
du gesehen hast, mit den Opfern, die morgens und
abends durchgezogen werden, wird so passieren.
Was ich dir gesagt habe, darfst du keinem weiterer-
zählen, es ist geheim! Es wird nämlich noch sehr
lange dauern, bis das passiert.‘ 27 Als ich, Daniel,
das gehört hatte, war ich erst einmal tagelang
krank. Es hatte mich total viel Kraft gekostet.
Irgendwann ging es mir aber wieder besser, ich
stand auf und erledigte meinen Job, den ich beim
Präsidenten hatte. Aber dieser Film ließ mich nicht
mehr los, ich musste ständig dadrüber nachden-
ken. Ich kapierte einfach nicht, was diese ganze
Vision zu bedeuten hatte.“

9 Daniel sagt Gott, dass es ihm leidtut und dass er mehr verstehen will

1 Irgendwann gab es dann einen Machtwech-
sel, und Darius wurde der Präsident über das Baby-
lonische Reich. Darius war ein Sohn von Xerxes. 2 In
seinem ersten Jahr als Präsident dachte ich, Daniel,
viel dadrüber nach, was wohl diese Zahl zu bedeu-
ten hat, die ich in dem Buch von Jeremia in der
Volxbibel gelesen hatte. Dort war ja von siebzig Jah-
ren die Rede, in denen Jerusalem komplett zerstört
bleiben wird. 3 Ich fing also an zu beten und redete
viel mit Gott. Ich bat ihn, diese Zeit zu beenden,
verzichtete sogar auf Essen und bekniete Gott, den
Chef. 4 Dann bekannte ich den ganzen Mist, den wir
gebaut hatten: „O Mann, Gott! Du bist so gigan-
tisch groß, vor dir muss man Respekt haben. Du
bist immer treu und stehst zu deinen Verträgen,
wenn die Menschen dich lieben und nach deinen
Gesetzen leben. 5 Aber jetzt haben wir richtig Mist
gebaut. Wir haben dich abgezogen, waren dir
untreu, haben Sachen getan, die total ätzend sind.
Wir wollten nicht das tun, was du willst. Deine
Gesetze waren uns egal, und wir haben deine
Regeln nicht befolgt. 6 Und wir haben nicht auf
deine Angestellten, die Propheten, gehört. Obwohl
sie in deinem Auftrag zu unseren Präsidenten,
unseren Chefs, und zu uns gesprochen haben, hör-
ten wir nicht auf ihre Warnung. 7 Gott, du bist
immer sehr korrekt! Aber wir sind peinlich und
müssen uns vor dir schämen. Die Leute von Juda
und Jerusalem und alle Israeliten, egal, wo sie woh-
nen und wo du sie hin vertrieben hast, waren dir
untreu! 8 Gott! Es ist uns nur peinlich, wir kriegen
einen roten Kopf! Alle bei uns, angefangen bei den
Präsidenten und den Politikern bis hin zu den Clan-
chefs unserer Familien, schämen sich wegen dem
ganzen Mist, den wir gebaut haben. 9 Wir hoffen
aber, dass du, unser Gott, uns liebst und uns ver-
zeihst. Wir wissen, dass wir Dinge getan haben, auf
die du keinen Bock hast. 10 Wir haben nicht auf die
Sachen gehört, die du uns durch die Gesetze klarge-
macht hast. Sie wurden uns durch die Propheten

noch mal in Erinnerung gerufen. Sie haben uns
gewarnt, aber es hat nichts gebracht. 11 Alle Leute
von Israel haben deine Gesetze gebrochen, keiner
hat getan, was du gesagt hast. Darum ging es uns
schlecht. Die negativen Folgen, die schon Mose
beschrieben hatte, trafen uns voll. Wenn jemand
nicht tut, was du sagst, geht es ihm beschissen.
12 Was in Jerusalem passiert ist, hat es noch nie
gegeben. Du hast die Stadt kaputtgehen lassen.
Damit passiert aber nur das, was du den Präsiden-
ten und den Politikern im Amt schon vorher ange-
droht hattest, falls sie weiter so viel Mist bauen.
13 Alles, was an schlimmen Konsequenzen in dem
Buch von Mose angedroht wird, ist uns auch so
passiert. Wir haben nicht dafür gesorgt, dass unser
Gott wieder gut draufkommt. Wir haben weiter
ätzend gelebt und hörten mit dem Mist nicht auf.
Anstatt auf das zu achten, was richtig und gut ist,
haben wir einfach so weitergemacht. 14 Und so kam
es, dass du dafür gesorgt hast, dass das absolute
Chaos bei uns angefangen hat. Du bist immer kor-
rekt, alles, was du tust, ist richtig und passt. Trotz-
dem haben wir weiter nicht auf dich gehört. 15 Gott,
wir haben Mist gebaut! Wir haben so gelebt, als
würden wir gar nicht zu dir gehören. Dabei warst du
es doch, der uns damals so krass aus Ägypten raus-
geholt hat. Die ganze Welt hat davon gehört, und
alle haben deswegen bis heute Respekt vor deinem
Namen. 16 Gott, nachdem du so lange gut mit uns
umgegangen bist, darfst du doch jetzt nicht plötz-
lich aggressiv gegen uns und deine Stadt Jerusalem
vorgehen und auch nicht gegen den ganz besonde-
ren Berg Zion! Nur weil wir und die Leute, die vor
uns lebten, so viel Mist gebaut haben, machen sich
jetzt die Völker, die um uns herumleben, über uns
lustig. 17 Aber jetzt bitte ich dich, Gott, dass du das
änderst! Bitte hör auf meine Gebete! Es geht doch
auch um dich! Sei in deinem besonderen Tempel
wieder ganz krass anwesend, der jetzt noch total
kaputt dort rumsteht. 18 Komm runter zu mir, Gott!
Ich will dir meine Gebete direkt ins Ohr flüstern.
Mach deine Augen auf und schau dir unsere zer-
störte Stadt an! Und diese Stadt ist nach dir be-
nannt worden! Wir bitten dich nicht, weil wir so toll
gelebt haben, sondern nur, weil wir auf deine Liebe
hoffen. 19 Hallo? Gott? Hörst du mich? Bitte verzeih
uns! Leg los, Gott, und hilf uns! Warte nicht mehr,
Gott, es geht auch um dich! Diese Stadt gehört
schließlich dir, und deine Leute gehören auch dir!'"

Der Engel erzählt Daniel, was das mit den siebzig Jahren zu bedeuten hat

20 Ich war gerade am Beten, sagte Gott den ganzen
Mist, den ich und seine Leute gebaut hatten, und
bestürmte ihn, auch für seinen besonderen Berg, da
passierte etwas Abgefahrenes. 21 Und zwar kam der
Engel Gabriel vorbei, den ich ja vorher schon mal in
dem Film vor meinen inneren Augen gesehen hatte.
Er flog ganz schnell auf mich zu und berührte mich.
Das Ganze passiert in der Zeit, wo normal das
Opfer durchgezogen wird, was man immer abends
macht. 22 Er hatte alles verstanden und erklärte mir
die ganze Sache. „Daniel", sagte er. „Ich bin vorbei-
gekommen, um dir zu helfen, das alles zu verste-
hen. 23 Als du angefangen hast, Gott um diese Dinge
zu bitten, hat er mir eine Antwort für dich gegeben,
die ich dir jetzt sagen soll. Weißt du, Gott hat dich
unheimlich lieb! Hör mal gut zu, was ich dir jetzt
erzähle, damit du die Sachen verstehst, die du gese-
hen hast. 24 Es wird keine siebzig Jahre dauern, son-
dern siebzig mal sieben Jahre, so hat Gott es ge-
plant. Dann wird er dafür sorgen, dass sich die
Situation von deinen Leuten ändert. Erst ab dem
Zeitpunkt sind alle Sachen wieder in Ordnung, die
sie davor verbockt haben, erst dann ist das alles
vergeben. Und dann macht Gott alles wieder gut! Er
sorgt dafür, dass die Ankündigungen von den Pro-
pheten passieren. Der Tempel wird dann auch wie-
der eröffnet werden. 25 Check mal Folgendes: Von
dem Zeitpunkt an, als der Befehl kam, dass Jerusa-
lem wieder aufgebaut werden soll, bis zu dem Zeit-
punkt, wo ein neuer Chef eingesetzt wird, vergehen
sieben mal sieben Jahre. Es wird 62 mal sieben
Jahre dauern, bis der Schutzgraben um die Stadt
wieder ausgehoben wird. In der Zeit wird es nicht
leicht sein und eine Menge Ärger geben. 26 Wenn die
Zeit vorbei ist, wird einer von den ganz besonderen
Männern ermordet werden. Die Stadt und der Tem-
pel werden durch eine Armee von einer fremden
Macht zerstört. Das Ganze wird durch eine große
Flut zu Ende gehen. Aber bis das so weit ist, wird
alles im Krieg plattgemacht. Das ist von Gott schon
lange so beschlossen worden. 27 Der Typ aus dem
Ausland, der dann die Macht übernehmen wird,
macht dann Verträge mit der Mehrheit der Bewoh-
ner. Diese Verträge halten nur eine Woche. Mitten in
der Woche wird er plötzlich verbieten, dass man am
Tempel weiter Opfer durchziehen darf. Dann wird
dort ein anderer Opfertisch, ein Altar für einen Plas-
tikgott, aufgestellt werden. Das passiert so lange,
bis er ermordet wird. Das hat Gott so geplant."

10

Daniel wird auf die letzten Sachen
vorbereitet, die Gott ihm noch sagen will
1 Irgendwann wollte Gott noch mal mit mir,
Daniel, reden und mir zeigen, was in der Zukunft
alles abgehen wird. Zu dem Zeitpunkt war Kyrus
seit drei Jahren als Präsident von Persien an der
Macht. Ich hatte zu der Zeit auch schon meinen
neuen Spitznamen Beltschazzar bekommen. Die
Sachen, die Gott mir in diesem Film vor meinen
inneren Augen zeigte, stimmten alle hundertpro-
zent. Ich kapierte, was Gott mir sagen wollte, die
Aussage war klar. Und zwar war das Folgendes:
2 Damals war ich über drei Wochen voll depressiv
und traurig. 3 Ich konnte keinen Happen runterkrie-
gen, auch auf Süßigkeiten, Bier oder Wein hatte ich
überhaupt keinen Bock. Es ging sogar so weit,
dass ich nie duschen ging und auch keinen Deo-
roller benutzte. 4 Am 24. April stand ich am Ufer
von dem Fluss Tigris. 5 Ich sah nach oben, und
plötzlich stand da so ein Typ vor mir, der eine helle
Jeans anhatte. Dazu trug er einen Gürtel aus Gold.
6 Sein ganzer Körper sah so aus als, wäre der aus
Kristallglas. Sein Gesicht war so hell wie ein
10 000-Watt-Halogenstrahler, und seine Augen
glühten wie zwei heiße Grillkohlen. Seine Arme
und Füße sahen aus wie blankpolierter Stahl. Wenn
er anfing zu reden, hatte man das Gefühl, er hätte
einen eingebauten Verstärker in der Stimme, so
laut war das. 7 Das Verrückte war, dass nur ich die-
sen Typen sehen konnte. Die Leute, die mich
begleitet hatten, sahen nichts. Allerdings blieben
sie plötzlich wie geschockt stehen, drehten sich
um und liefen weg, um sich zu verstecken. 8 Ganz
toll, ich stand dann also allein mit diesem seltsa-
men Etwas ... Als ich mir dann diesen irre großen
Typen genauer anschaute, wurde ich total blass,
und aus meinen Muskeln wurde Gummi. 9 Und als
ich dann seine Stimme hörte, fiel ich sofort flach
auf den Boden, so als hätte man mir mit dem
Holzhammer eins übergebraten. Ich lag flach mit
dem Gesicht nach unten auf der Erde. 10 Plötzlich
streckte sich mir eine Hand entgegen, klopfte auf
meine Schulter und zog mich wieder nach oben,
so dass ich wenigstens auf allen vieren gebückt
stand. 11 Der Typ sagte zu mir: „Daniel, du musst
wissen, dass Gott dich voll liebt! Hör genau zu,
was ich dir jetzt sage! Dazu musst du dich erst
einmal hinstellen. Gott hat mich zu dir geschickt!“
Also stand ich zitternd auf. 12 „Du brauchst echt
keine Angst zu haben, Daniel!“, sprach er weiter.
„Gott hat alle deine Gebete gehört. Schon von
Anfang an, als du dich darum bemüht hast, alles
zu verstehen, als du klargemacht hast, dass du es
allein nicht packst, hat er damit angefangen, deine
Gebete zu erhören. Eine Folge davon ist, dass ich
jetzt hier bei dir bin. 13 Leider hatte ich noch ein
paar Probleme mit einem großen Dämon, der über
das Gebiet der Perser das Sagen hat. 21 Tage war
ich mit ihm am Kämpfen, bis ich dann Hilfe von
Michael bekam. Michael ist einer der ganz großen
Engel. Er ist so eine Art General aus der Armee
des Himmels von Gott. Nur weil er kam, konnte
ich von dort wieder abhauen, um hierher zu dir zu
kommen. 14 Ich bin da, weil ich dir sagen will, was
mit deinen Leuten passieren wird, wenn die Uhr
abgelaufen ist. Das, was ich jetzt erzähle, wird erst
sehr viel später, in der Zukunft abgehen.“ 15 Schon
als dieser Typ anfing, mit mir zu reden, war meine
Stimme wie abgeschaltet, ich konnte nichts mehr
sagen und schaute nur noch auf den Boden.
16 Dann kam einer, der eher wie ein Mensch aus-
sah. Dieser berührte meine Lippen. Nachdem er
das gemacht hatte, konnte ich wieder reden. Ich
sagte zu ihm: „O Mann! Als ich diesen Film von
dir vor meinen inneren Augen sah, bekam ich
plötzlich voll die Magenkrämpfe, und ich hatte
keine Kraft mehr in den Muskeln. 17 Wie kann ich
kleine Wurst überhaupt mit einem so heftigen
Engel sprechen? Ich kann kaum noch atmen und
bin völlig schlapp.“ 18 Schließlich berührte mich
dieser Typ noch einmal, und ich bekam dadurch
sehr viel Kraft. 19 Er sagte zu mir: „Du brauchst
keine Angst zu haben! Gott liebt dich ohne Ende!
Du kannst dich entspannen! Du kannst ganz viel
Kraft haben und Mut auch noch dazu!“ Als er mir
das so gesagt hatte, war ich plötzlich voll aufge-
baut und stark. Ich sagte zu ihm: „Okay, danke! Du
hast mir gerade ganz viel Kraft gegeben, damit ich
dir zuhören kann. Also leg los, rede mit mir!“
20 „Hast du kapiert, warum ich überhaupt hier
bin?“, fragte er mich. „Ich muss schnell wieder los,
weil ich weiter gegen einen Oberdämon in Per-
sien kämpfen muss. Wenn ich den erledigt habe,
kommt als Nächstes der Oberdämon aus Grie-
chenland an die Reihe. 21 Trotzdem wollte ich zwi-
schendrin mal kurz bei dir vorbeischauen. Ich will
dir sagen, was in der Datei steht, wo alle Dinge
aufgezeichnet wurden, die absolut stimmen.
Leider bekomme ich für diese Kämpfe mit den
Oberdämonen kaum Unterstützung, der Einzige,
der mir wirklich hilft, ist der Chefengel, der Engel
Michael.“

11

Die Präsidenten aus dem Süden und aus dem Norden

1 Der Engel sagte weiter: „Ich sollte den Engel
Michael damals auch unterstützen, als Darius in
seinem ersten Jahr bei den Medern an der Macht
war. 2 Was ich dir jetzt sage, wird auch hundertpro-
zentig passieren. Und zwar werden noch drei wei-
tere Präsidenten über Persien das Sagen haben. Der
vierte wird dann aber anders sein, er hat viel mehr
Kohle als seine Vorgänger. Nachdem er an das
ganze Geld gekommen ist, wird er dadurch auch
mehr Macht kriegen. Dann fühlt er sich stark genug,
auch gegen Griechenland zu kämpfen. 3 Aber dann
kommt ein sehr heftiger Präsident in Griechenland
nach oben. Der wird sehr viel mehr Möglichkeiten
haben, er hat so eine Macht, dass er tun und lassen
kann, was er will. 4 Aber kaum hat er so richtig los-
gelegt, wird sein ganzes Land plötzlich zerteilt. Es
zerbricht in vier Teile, in jede Himmelsrichtung ein
Stück. Das hat zur Folge, dass keins von den Teilen
wieder so eine Macht haben wird, wie sie noch hat-
ten, als sie alle vereint waren. Die Macht wird dort
auch nicht an einen aus der Familie vom Präsiden-
ten weitergegeben werden, denn seine ganze Fami-
lie wird getötet und ausgelöscht. 5 Der Präsident,
welcher über den südlichen Teil regiert, wird schon
noch viel Macht haben. Aber einer seiner Minister
wird ein eigenes Reich starten, was bald mehr
Macht hat als sein eigenes. 6 Einige Zeit später wer-
den die beiden Länder Verträge miteinander ma-
chen. Um diese Verträge zu bekräftigen, wird der
Präsident vom südlichen Teil seine Tochter mit dem
Präsidenten vom nördlichen Teil verheiraten. Diese
Frau hat aber nicht so lange wirklich Einfluss auf
ihren Mann, und auch seine Macht wird weniger
werden, dadurch werden die Verträge hinfällig. Die
Frau wird sterben, alle ihre Angestellten sowie ihr
Vater und ihr Ehemann, sie alle werden umkom-
men. 7 Aus ihrer Familie wird dann einer ihrer Brü-
der die Stelle vom Präsidenten einnehmen. Dieser
neue Präsident wird einen Krieg gegen den nördli-
chen Teil anzetteln, er wird siegen und die Haupt-
stadt im Norden erobern und plündern. 8 Er wird die
ganzen Plastikgötter mitgehen lassen, und die gan-
zen wertvollen Geräte aus Gold und Silber wird er
auch abzocken und nach Ägypten schleppen. An-
schließend lässt er den Präsidenten vom Norden
erst einmal in Ruhe. 9 Der wird dann Krieg gegen
das Reich von dem Präsidenten im Süden führen,
aber er kommt anschließend wieder in sein Land
zurück. 10 Aber seine Söhne haben voll Bock auf
Krieg. Sie werden ihre Armee hochrüsten und eine
riesengroße Streitmacht zusammenstellen. Sie
werden das Land der Gegner dann wie eine Tsuna-
miwelle überfluten. Nachdem sie sich noch mal
zurückgezogen haben, um weiter nachzurüsten,
werden sie sogar bis zu der Stadt marschieren, wo
der Präsident vom Südreich wohnt. 11 Dieser Präsi-
dent wird dann aber voll aggro auf die beiden sein,
und weil er seine Armee so total motiviert hat, wird
er den Gegner aus dem Norden schlagen, obwohl
der ihm zahlenmäßig überlegen ist. 12 Die gegneri-
sche Armee wird zehntausend Soldaten verlieren.
Trotzdem wird er seine Überlegenheit nicht lange
halten können, denn er wird zu eingebildet und
arrogant durch diesen Sieg. 13 Einige Jahre später
wird der Präsident aus dem Norden wieder angrei-
fen, aber diesmal mit einer noch größeren Armee
als vorher. 14 In dieser Zeit wird es viele geben, die
keinen Bock auf den Präsidenten im Süden haben
und Demos gegen ihn anzetteln werden. Einige von
seinen eigenen Leuten werden sogar eine Terror-
gruppe gründen und gegen ihn kämpfen. Damit
wird sich übrigens auch eine Vorhersage erfüllen.
Aber diese Gruppe wird zerschlagen, sie werden es
nicht schaffen, ihn zu stürzen. 15 Der Präsident aus
dem Norden wird mit seiner Armee gegen die Stadt
vorrücken, die sich mit großen Schutzwällen und
einer Mauer verteidigen will. Und er wird die Stadt
einnehmen. Die Armee vom Süden wird den Angrif-
fen nicht standhalten können. Sogar deren Spezial-
einheit wird es nicht packen, sie sind einfach nicht
stark genug. 16 Schließlich hat der Präsident keine
Gegner mehr und kann tun, was er will, und nie-
mand kann ihn dadran hindern. Er wird in dem
ganz besonderen Land von Gott mit seinem Heer
einmarschieren, und überall, wo er hinkommt,
macht er alles platt. 17 Schließlich kann er den Hals
nicht voll kriegen und plant, auch noch den Rest
vom Land unter seine Fuchtel zu bekommen. Er
wird Verträge machen und eine von seinen Töchtern
mit dem Präsidenten vom Süden verheiraten. Trotz-
dem wird er sein Ziel damit nicht erreichen. 18 Als
Nächstes wird er dann viele Inseln erobern. Schließ-
lich kommt dann aber ein General, der gegen ihn
kämpft und seinen Siegeszug beendet, der für
andere echt peinlich war. Dann bekommt er die
Rechnung für seine Aktionen. 19 Plötzlich muss er
gegen seine eigenen Leute kämpfen, wird Krieg füh-
ren gegen die Städte aus seinem Land, und das
überlebt er nicht lange. 20 Dann wird es einen Nach-
folger geben, der jemanden beauftragt, die Steuern

aus dem ganz besonderen Land abzukassieren.
Aber der wird auch nach ein paar Tagen getötet,
wobei er nicht in der Öffentlichkeit und auch nicht
bei einem Kampf umkommt."

Der neue Präsident, ein Feind von Gottes Leuten

[21] Der Engel sagte dann: „An seine Stelle wird dann
ein Typ treten, der superlink unterwegs ist. Der
sollte nie Präsident werden, aber er schafft es trotz-
dem, weil er viele Leute mit Kohle besticht. [22] Er ist
in der Lage, alle Armeen, die in das Land einfallen,
zu vernichten. Dabei stirbt sogar einer von der
oberen Chefetage, einer von Gottes besonderen
Leuten. [23] Dieser Präsident macht dann zwar Frie-
densverträge mit ihnen, aber er hintergeht diese
Verträge und zieht mit seiner Armee gegen die
besondere Stadt in den Krieg. Diese Schlacht ge-
winnt er und nimmt Jerusalem ein, obwohl er nur
eine ganz kleine Truppe hat. [24] Ohne zu zögern,
kämpft er auch gegen die reichen Gegenden. Eine
Stadt nach der nächsten wird von ihm ausgeraubt.
Die Beute verschenkt er an seine Männer. Er
schafft damit etwas, was keinem seiner Vorgänger
gelang. Er plant auch einen Angriff gegen die grö-
ßeren Städte, die eine Schutzmauer besitzen,
verwirft diesen Plan aber nach einiger Zeit wieder.
[25] Schließlich muss er mit allem, was er aufbieten
kann, gegen den Präsidenten im Süden in den
Krieg ziehen. Der hat in der Zeit eine noch größere
Armee zusammengetrommelt. Die Kriegspläne
vom Präsidenten des Südens klappen aber nicht,
weil man einige Anschläge gegen ihn durchführt.
[26] Leute, mit denen er vorher noch jeden Tag zu
Mittag gegessen hat, werden ihn verraten und ka-
puttmachen. Sein Heer wird auseinanderbrechen,
und viele von seinen Soldaten müssen sterben.
[27] Dann werden sich die beiden Präsidenten schließ-
lich an einen Tisch setzen und miteinander ver-
handeln. Aber sie sind nicht ehrlich dabei, der eine
will den anderen nur abziehen. So werden die Ver-
handlungen erst einmal scheitern, denn es ist noch
nicht die Zeit dafür. [28] Der Präsident aus dem Nor-
den wird dann mit sehr viel Kohle und wertvollen
Sachen wieder aus dem Krieg nach Hause kom-
men. Er ärgert sich über die besonderen Verträge,
die geschlossen wurden, und findet die nicht gut.
Darum tut er das, was er sich vorher schon vorge-
nommen hat. [29] Zu einer vorher von Gott festgeleg-
ten Zeit wird er wieder Richtung Süden ziehen,
um gegen die Armee dort zu kämpfen. Aber dies-
mal geht der Krieg anders aus als beim ersten Mal.
[30] Aus Richtung Zypern werden einige Kriegsschiffe
kommen und ihn zur Umkehr zwingen. Er ist so
sauer, dass er voll den Hass gegen die besonderen
Verträge bekommt, die er mit den Leuten geschlos-
sen hatte. Er lässt seine Wut an den Leuten von
Gott aus. Er tut sich mit einigen Männern zusam-
men, die aus den Reihen der Gegner stammen,
welche aber keinen Bock mehr auf Gott haben.
[31] Dann schickt er seine Truppen gegen sie, und
dann nehmen die das besondere Land ein. Sie wer-
den den Tempel total verdrecken, die täglichen
Opferrituale abschaffen und einen ganz ekligen
Plastikgott dort aufstellen. [32] Menschen, die sowie-
so nicht so leben, wie es die Gesetze vorschreiben,
verführt er dazu, dass sie ihren Glauben an Gott
ablegen. Aber die Leute, die ihren Gott gut kennen,
werden sich nicht verführen lassen, sie bleiben
stark und leben weiter so, wie es sein soll. [33] Es wird
einige kluge Männer geben, die dann vielen Leuten
aus dem Volk wieder beibringen, wie man korrekt
lebt. Diese Männer werden aber verfolgt, ausge-
raubt, in den Knast gesteckt und hingerichtet wer-
den. [34] In dieser Zeit, wo man versucht, sie kaputt
zu machen, wird es nur ein paar Leute geben, die
ihnen helfen. Aber es wird viele geben, die so tun,
als ob sie helfen wollen, aber in Wirklichkeit wollen
sie es gar nicht. [35] Auch einige von den klugen Ty-
pen werden scheitern und es nicht packen, straight
zu bleiben. Das Ganze ist wie so ein großer Test,
um zu sehen, wer es ernst meint und wer nicht.
Es sollen am Ende nur die Leute übrig bleiben, die
wirklich gut drauf sind. Aber das ist noch nicht al-
les. [36] Der Präsident wird eine Zeitlang das machen
können, worauf er Bock hat. Er wird dann glauben,
dass ihm nichts unmöglich ist und dass er genauso
mächtig ist wie jeder andere Plastikgott, sogar so
mächtig wie Gott selbst. Er wird über den einzigen
Gott ablästern, aber das geht nur so lange, wie Gott
das will. Er hat das alles genau geplant, und es
passiert nur das, was er beschlossen hat. [37] Diesem
Präsidenten ist sogar der Gott total egal, an den
seine eigenen Leute immer geglaubt haben. Auch
vor dem Lieblingsgott der Frauen, diesem Tammus,
hat er keinen Respekt. Er glaubt, er wäre etwas
Besseres als jeder Gott, den er sich auch nur vor-
stellen kann. [38] Dann fängt er an, plötzlich neue
Götter zu erfinden und zu denen zu beten. Zum
Beispiel den Gott des Bunkers, den es vorher noch
nicht gab. Er wird diesem Plastikgott sogar Gold,
Silber, Edelsteine und andere wertvolle Sachen
schenken. [39] Mit diesem Gott wird er gegen andere

schwer einnehmbare Städte Krieg führen und diese
Kriege sogar gewinnen. Jeder, der zu seinem Gott
betet, wird ganz viel Respekt von ihm bekommen.
Und er wird seinen Leuten ein Stück Land schenken
und ihnen Macht über andere Menschen geben.
40 Aber dann wird seine Zeit zu Ende gehen. Der
Präsident aus dem Süden wird ihn angreifen. Der
Präsident aus dem Norden kommt mit vielen Pan-
zern und Kriegsschiffen von der anderen Seite
gegen ihn. Der wird dann mit seiner Armee in das
Land eindringen, keiner wird ihn aufhalten können,
er kommt wie eine große Flutwelle. 41 Sogar das
ganz besondere Land, das Lieblingsland von Gott,
wird er einnehmen. Zehntausende werden getötet,
nur die Edomiter, Moabiter und ein großer Teil der
Ammoniter wird am Leben bleiben. 42 Er wird dann
auch Bock auf die umliegenden Länder bekommen,
Ägypten wird zum Beispiel auch eingenommen.
43 So kann er sehr viel Kohle einsacken, denn die
ganzen Goldreserven aus Ägypten wird er sich ab-
zocken. Libyen und Äthiopien werden sich ihm an-
schließen. 44 Irgendwann hört er Gerüchte, dass
eine feindliche Armee aus dem Osten und aus dem
Norden in sein Land einmarschiert ist. Er wird
megasauer sein und seine Armeen losschicken,
um bei denen die Rote-Karte-Aktion durchzuziehen,
das heißt, seine Gegner komplett zu vernichten.
45 Wenn er dann in diesem Feldzug gerade seine
Front zwischen dem Meer und dem Berg Zion
aufbaut, wird er getötet, und niemand wird ihm
helfen."

12

Der Chefengel Michael haut dazwischen

1 Der Engel erzählte weiter: „In der Zeit wird
dann der Chefengel Michael seinen großen
Auftritt haben und für die Leute von Gott kämpfen.
Dann wird es Jahre geben, wo das Leben echt hart
sein wird. So eine fiese Zeit hat es noch nicht gege-
ben, seit die Erde existiert. Aber deine Leute werden
sie überleben, sie werden gerettet. Alle Menschen,
deren Namen in der Datei von Gott stehen, kom-
men durch. 2 Dann werden die Menschen, die schon
tot in der Erde verbuddelt wurden, wieder aufwa-
chen! Einige werden gerettet und können ab dann
für immer weiterleben. Für andere wird es aber sehr
schlimm und peinlich, sie werden für immer verlo-
ren haben und dumm dastehen. 3 Menschen, die ein
bisschen was von Gott gepeilt haben, verwandeln
sich zu großen Lampen, die so ein krasses Licht
verbreiten, wie es tagsüber die Sonne tut. Men-
schen, die anderen gezeigt haben, wie man gottmä-
ßig leben kann, werden strahlen wie die Sterne in
der Nacht, die auch nie aufhören zu leuchten."

Wann diese Zeit zu Ende gehen wird

4 Er sagte dann noch: „Daniel? Bitte häng diese
Sachen, die ich dir gerade erzählt habe, nicht an die
große Glocke. Erzähl niemandem davon, schreib es
auf, speicher es irgendwo auf dem Rechner und
versieh den Zugang mit einem Passwort. Das Pass-
wort musst du so lagern, dass man es in der letzten
Zeit wiederfindet, damit man dann die Datei öffnen
kann. In dieser letzten Zeit werden viele Menschen
versuchen, von irgendwoher Peilung zu bekommen.
Und es wird auch immer mehr Leute geben, die
schwierige Dinge verstehen können." 5 Dann sah ich
plötzlich zwei andere Typen dort am Ufer rumste-
hen. Einer stand auf dieser, der andere auf der
gegenüberliegenden Seite. 6 Der eine hatte so einen
Baumwollanzug an. Der wurde von dem, der auf der
anderen Seite stand, dann gefragt: „Sag mal, wie
lange dauert es noch, bis alles vorbei ist? Wann wer-
den diese abgefahrenen Dinge passieren?" 7 Der Typ
in dem Baumwollanzug hob seine Hände nach
oben und sagte: „Ich schwöre bei Gott, den es
immer geben wird: Das Ganze dauert ein Jahr, zwei
Jahre und ein halbes Jahr. Wenn das Zerstreutwer-
den der besonderen Leute von Gott zu Ende ist,
dann wird dies alles passieren." 8 Ich muss geste-
hen, dass ich nicht wirklich geschnallt hatte, was
der Typ gerade meinte. Darum fragte ich noch mal
nach: „Entschuldigung, wie wird das alles zu Ende
gehen, wann ist alles vorbei?" 9 „Geh jetzt heim!",
antwortete er. „Was du gehört hast, soll erst einmal
geheim gehalten werden. 10 Viele werden von Gott
ausgetestet, abgecheckt und auch in Ordnung
gebracht werden. Aber die Menschen, die ohne Gott
leben, werden auch weiter Dinge tun, die Gott nicht
gut findet. Diese Menschen können es einfach nicht
verstehen, was ich dir gesagt habe. Aber die Leute,
die echt die Ahnung haben, werden es peilen. 11 Von
dem Zeitpunkt an, wo man alle Opfer, die regel-
mäßig durchgezogen werden, abschafft, bis zu dem
Zeitpunkt, wo dann dieser eklige, zerstörerische
Plastikgott installiert wird, vergehen 1290 Tage.
12 Die Leute, welche 1335 Tage durchhalten, dürfen
sich glücklich schätzen. 13 Du kannst jetzt aber in
Ruhe sterben! Wenn die Zeit abgelaufen ist, wirst du
auch wieder lebendig werden. Dann bekommst du
auch deine Belohnung, die du für immer behalten
kannst."

Der Prophet Hosea

1 Hoseas Leben soll eine Botschaft für die Israeliten sein

1 Jetzt kommen ein paar Worte, die Gott Hosea gesagt hat. Hosea war ein Sohn von Beeri. Diese Sachen hat er ihm in der Zeit gesagt, als folgende Präsidenten in Juda an der Macht waren: Usija, Jotam, Ahas und Hiskija. In Israel regierte in der Zeit Jerobeam, der Sohn von Joasch. 2 Als Gott anfing, mit Hosea zu reden, war seine erste Nachricht folgende: „Ich möchte, dass du eine Nutte heiratest und ihr ein paar Kinder machst. Ich will dadurch den Leuten klarmachen, dass sie sich auf billige Nutten eingelassen haben, denn sie treiben es die ganze Zeit mit diesen Plastikgöttern." 3 Also ging Hosea an den Straßenstrich und fragte dort Gomer, eine Tochter von Diblajim, ob sie seine Frau werden will. Die beiden heirateten, und Gomer wurde schwanger. Schließlich bekam sie einen Jungen. 4 Nach der Geburt sagte Gott zu Hosea: „Gib deinem Sohn den Namen Jesreel! Ich werde mich nämlich bald an dem Präsidenten Jehu rächen. Er hat in dem Ort Jesreel ein Blutbad angerichtet. Dafür muss seine Familie bezahlen, ich werde dafür sorgen, dass es mit der Präsidentenfamilie in Israel bald vorbei ist. 5 Ich werde an genau diesem Ort, Jesreel, die ganze Armee von Israel an nur einem Tag komplett vernichten." 6 Schließlich wurde Gomer noch einmal schwanger und kriegte diesmal eine Tochter. Gott sagte zu Hosea: „Ich möchte, dass du deiner Tochter den Namen Lo-Ruhama gibst, was so viel heißt wie ‚Kurzer Prozess, keine Gnade'. Ich werde nämlich mit den Leuten von Israel kurzen Prozess machen und ihnen nicht länger alles verzeihen. 7 Aber den Leuten von Juda verzeihe ich noch mal alles, ich werde ihnen helfen. Ich trete als der Chef auf und hol sie da raus. Aber ich werde dafür keine große Armee auffahren. Ich brauch für die Aktion keine MGs, Panzer oder Motorräder." 8 Und als Gomer ihre Tochter Lo-Ruhama nicht mehr stillte, wurde sie noch mal schwanger. Diesmal bekam sie einen Sohn. 9 Gott sagte zu Hosea: „Gib deinem Sohn den Namen Lo-Ammi, das heißt ‚Ihr seid nicht mehr meine Leute'. Denn ich will dadurch klarmachen, dass ich sie nicht mehr als meine Leute bezeichnen kann und dass ich auch nicht länger ihr Gott sein will."

2 Wenn die Bestrafung vorbei ist, wird wieder alles gut

1 Gott sagte außerdem: „Irgendwann wird es so viele Israeliten geben, dass man sie nicht mehr zählen oder sonst wie messen kann. Es werden so viele sein, wie Sandkörner am Strand liegen. Dann wird es passieren, dass man dort, wo früher immer zu ihnen gesagt wurde: ‚Ihr gehört nicht zu uns!', jetzt sagen wird: ‚Ihr seid Söhne und Töchter von dem einen Gott, der wirklich existiert!' 2 Die Menschen aus Juda und Israel werden sich treffen und dann einen gemeinsamen Chef wählen, der über sie regieren soll. Und sie werden sich total vermehren, wie sich Gras auf dem Land vermehrt. Das wird ein guter Tag, ein Tag, an dem ich neue Sachen aussäe. 3 Ihr könnt zu euren Geschwistern sagen: ‚Wir gehören zusammen! Ihr seid aus meiner Familie! Wir werden von Gott geliebt!'"

Gott wird Israel bestrafen, aber dann zurückholen

4 Gott sagt: „Verklagt eure Mutter, verklagt Israel! Wir sind geschiedene Leute, sie ist nicht mehr meine Frau, und ich bin nicht mehr ihr Mann. Sie soll endlich aufhören, mit anderen Plastikgöttern rumzumachen und mich damit zu betrügen! Sie soll aus dem Pascha-Puff aussteigen und sich nicht mehr so nuttig anziehen! Sie soll die Sachen wegschmeißen, die mich dadran erinnern, dass sie fremdgegangen ist. 5 Wenn sie das nicht tut, werde ich sie nackt ausziehen. Sie wird nichts anhaben, so wie bei der Geburt. Ich werde sie plattmachen, in ihrem Land wird kein Gras mehr wachsen, es wird wie in der Wüste sein, wo es kein Wasser gibt. Ich werde dafür sorgen, dass sie vor Durst stirbt. 6 Ihre Hurenkinder tun mir auch null leid. 7 Denn ihre Mutter war mit anderen Männern im Bett und hat sich voll peinlich benommen. Sie ist ihren Freiern sogar nachgelaufen, weil sie von denen Essen und Trinken bekommen hat. Auch ihre Kleidung kam von denen. 8 Darum werde ich ihren Weg mit Stacheldraht und einer Mauer verbauen, damit sie den richtigen Weg nicht finden kann. 9 Wenn sie dann ihrem tollen Lover hinterherlaufen will, wird sie nie ankommen. Sie wird ihn suchen, aber nicht finden. Schließlich wird sie zu sich sagen: ‚Ich will zurück zu meinem ersten Ehemann gehen, bei dem ging es mir viel besser als jetzt.' 10 Sie hatte bis dahin nicht

kapiert, dass ich sie immer gut versorgt hatte. Ich hab ihr Mehl, Öl und Wein organisiert. Ich hab immer dafür gesorgt, dass sie Kohle ohne Ende hatte. Aber sie hat das ganze Gold und Silber von mir zu dem Plastikgott Baal gebracht. [11] Darum werde ich mir jetzt das Mehl und den Wein wieder zurückholen, und zwar in der Zeit, wo sie die Ernte einbringen will. Ich klaue ihr die ganze Baumwolle und das Leinen, damit sie nichts mehr zum Anziehen hat. [12] Ich werde sie splitternackt ablichten und die Bilder ihrem Lover zeigen. Niemand wird sie befreien können, ich halte sie ganz fest verschlossen. [13] Mit den großen Partys mach ich dann Schluss. Die Neumondfeier, das Fest am Sonntag und auch die anderen Feiern, die es über das Jahr verteilt so gibt, sag ich alle ab. [14] Ich werde ihre Weinstöcke kaputt machen, und auch die Apfelbäume werden vertrocknen. Von diesen Teilen hat sie ja noch geschwärmt, sie sagte: ‚Diese Pflanzen sind meine Bezahlung, die ich von meinen Freiern bekommen hab.' Ich werde dafür sorgen, dass sie zuwachsen und dass die Tiere die Blätter abknabbern und kahl fressen. [15] Auf die Art werde ich sie für die Zeit bestrafen, wo sie mich an den Feiertagen mit diesem Plastikgott Baal betrogen hat. An den Tagen hat sie ihm Abfackelopfer geschenkt, sich für ihn chic gemacht mit Schmuck und schönen Klamotten. Aber mich hatte sie vergessen. Das sagt jetzt Gott, der Chef."

Gott ist treu, Israel ist untreu

[16] „Es wird dann aber eine Zeit kommen, wo ich sie wiederhaben will. Ich werde sie in die Wüste führen und sie dort umschmeicheln und ihr Herz berühren. [17] Dort werde ich sie weichkriegen. Es wird so sein wie ganz am Anfang, als sie noch eine Jugendliche war, damals, als sie aus Ägypten abgehauen ist. [18] Dann wirst du mich wieder deinen Ehemann nennen, Israel. Den Plastikgott Baal wirst du nicht mehr als deinen Gott bezeichnen. [19] Ich sorge dafür, dass das Wort ‚Baal' nicht mehr aus deinem Mund kommt, du wirst nicht mehr über den sprechen. [20] An dem Tag werde ich Verträge mit den wilden Tieren in deiner Wohngegend abschließen, dass sie dich nicht mehr belästigen dürfen. Das Gleiche gilt auch für die Vögel und die anderen Tiere. Ich werde alle MGs und Pistolen zersägen und aus dem Land schmeißen. Ich sorge dafür, dass du in Sicherheit wohnen wirst. [21] Ich werde mich mit dir verheiraten, und unser Ehevertrag wird für immer gelten. Als Hochzeitsgeschenk bekommst du von mir, dass ich immer korrekt und liebevoll mit dir umgehen werde, dass ich dich einfach sehr liebe. [22] Ich werde dir immer hundertprozentig treu sein, da kannst du dich drauf verlassen. Du wirst kapieren, dass ich der Chef, dass ich Gott bin. [23] In dieser Zeit werde ich die Gebete hören, die man im Himmel gesprochen hat. Und der Himmel wird auf die Gebete hören, die man auf der Erde gesprochen hat. [24] Die Erde wird die Gebete von Israel erhören, die sich um die Ernte von Korn, Obst und Öl drehen. [25] Ich will euch wie Körner in mein Land einsäen. Früher hat man euch ‚Nicht geliebt und ohne Gnade' genannt. Jetzt werde ich euch einen neuen Namen geben, ihr heißt jetzt einfach ‚Meine Leute'. Und wenn ich euch so rufe, dann werdet ihr antworten: ‚Du bist unser Gott!'"

3 **Hosea macht an einem Beispiel deutlich, wie Gott Israel wieder zu sich zurückholt**

[1] Und Gott sagte zu mir: „Hosea? Ich will, dass du dir noch mal eine Frau suchst. Diese Frau solltest du wirklich lieben, aber es sollte eine Frau sein, die eigentlich in jemand anderes verknallt ist und die die ganze Zeit ihren Ehemann betrügt. Es soll ein Bild dafür sein, dass ich die Leute von Israel total liebe, obwohl sie mich auch die ganze Zeit mit anderen Plastikgöttern betrogen haben. Sie haben in deren Gottesdiensten sogar bei einem Opferritual Sachen gegessen, aber ich liebe sie immer noch." [2] Also suchte ich, Hosea, mir eine Frau und stellte sie für 200 Euro die Woche an. [3] Dann sagte ich zu ihr: „Du musst jetzt sehr lange bei mir bleiben. Ich will, dass du mit keinem Mann im Bett landest, und ich werde auch keinen Sex mit dir haben. [4] Denn die Leute von Israel werden auch eine lange Zeit ohne einen Präsidenten oder einen Chef auskommen. Es wird auch keine Plätze geben, wo man Opfersessions durchziehen kann, es wird keine Opfertische geben, und niemand wird mehr Priesterklamotten anziehen. Auch die Möglichkeit, von Gott durch Lose zu erfahren, was er von den Menschen will, wird es nicht geben. [5] Wenn das alles so ist, werden die Leute von Israel sich endlich ändern. Sie werden wieder mit Gott, ihrem Chef, zusammenleben. Sie kommen zu ihm und zu dem Präsidenten, der aus der Familie von David stammt. Sie werden großen Respekt vor Gott haben, und sie werden auf seine Liebe zählen. Das passiert alles, wenn es mit der Welt zu Ende geht."

4

Israel und seine Priester haben Mist gebaut

1 Jetzt hört mal gut zu, was Gott euch zu sagen
hat! Das geht an die Leute von Israel! Er ver-
klagt euch und die Menschen, die bei euch wohnen.
Er bringt euch vors Gericht! Es gibt nämlich nie-
manden mehr unter euch, der noch wirklich liebt
und treu ist. Und es gibt niemanden mehr, der wirk-
lich gepeilt hat, was Gott eigentlich will, viele Leute
kennen ihn gar nicht mehr. 2 Stattdessen sind jetzt
andere Dinge bei euch in Mode: Lügen, Klauen,
Leute umbringen und den Ehepartner betrügen. Ein
Mord jagt den nächsten! 3 Das ist der Grund, warum
das Land so vertrocknet ist. Die Bewohner bei euch
verdursten, und auch die Tiere haben kein Wasser
zum Trinken. Die Vögel, aber auch die Fische im
Meer sterben in Massen. 4 Gott sagt: „Aber nicht
jeder x-Beliebige bei euch hat Schuld an dieser Lage.
Es sind die Priester, die ich vors Gericht zerren
werde, die klage ich an! 5 Sie werden auf die Fresse
fallen, mitten am Tag. Die Prophetentypen legen
sich auch aufs Maul, aber nicht am Tag, sondern in
der Nacht. Ich werde euch und eure Familien
plattmachen. 6 Meine Leute sterben, weil sie es ein-
fach nicht kapiert haben. Ihr habt euch geweigert,
die Sachen weiterzusagen, die ich euch gezeigt
hatte. Darum weigere ich mich jetzt auch, euch wei-
ter als Priester anzunehmen. Ich schmeiße euch
hiermit raus, ihr seid entlassen! Ihr habt die
Gesetze von mir, eurem Gott, vergessen. Darum
vergesse ich jetzt auch, dass ihr meine Kinder seid.
7 Umso mehr Priester es gab, desto krasser haben
sie Mist gebaut. Anstatt Respekt für ihre Taten zu
bekommen, werden sie jetzt ausgelacht, sie werden
sich bis auf die Knochen blamieren. 8 Sie stopfen
sich den Magen voll mit den Opfern meiner Leute,
die sie eigentlich mir geschenkt hatten. Das ist der
Grund, warum die Priester auch so heiß drauf sind,
dass die Leute ordentlich Mist bauen. 9 Darum wird
mit den Priestern genau das Gleiche passieren wie
mit meinen Leuten. Ich werde sie bestrafen, so wie
sie es für ihre Taten verdient haben. 10 Sie werden
essen, aber sie werden nicht satt. Sie treiben es mit
jeder Frau, die nicht bei drei auf dem Baum ist, aber
sie bekommen keine Kinder. Denn sie haben keinen
Respekt mehr vor mir, ihrem Gott, sie beachten
mich nicht mal mehr."

Israel betet zu Plastikgöttern

11 Gott sagt: „Die Israeliten treiben es mit jedem!
Von dem vielen Alk ist ihre Birne schon ganz weich!
12 Wenn sie einen Rat brauchen, sprechen sie mit
einem Stück Holz. Ein Stock soll ihnen weiterhel-
fen? Ganz toll. Sie lassen sich verführen und wollen
mit jedem rummachen. Weil sie fremdgehen, entfer-
nen sie sich von mir. 13 Oben auf den Bergen ziehen
sie Opferrituale für ihre Pseudogötter durch. Sie
veranstalten Opferessen unter den Eichen, Tannen
und Birken, weil sie dort so gerne im Schatten sit-
zen. Das ist der Grund, warum auch eure Töchter
und eure Schwiegertöchter fremdgehen und ihre
Ehemänner betrügen. 14 Trotzdem werde ich sie
nicht bestrafen. Denn selbst die Priester gehen in
den Puff, sie nehmen sich sogar ein paar Nutten
und ziehen mit ihnen zusammen Opferrituale
durch. Sogar mit den Prostituierten vom Tempel-
strich opfern sie zusammen. Daher kommt es auch,
dass die anderen Leute ihre Fehler nicht einsehen,
daran scheitern alle." 15 Wenn sich jetzt die Leute
von Israel mit Nutten einlassen, dann werden die
Leute von Juda es ihnen hoffentlich nicht gleich
nachmachen. Bitte geht nicht zu den Orten, wo
man zu den Plastikgöttern betet! Macht einen
Bogen um Gilgal und Bet-El mit den ach so tollen
Tempeln. Schwört dort nicht auf Gott und macht
dort keine Sachen vor ihm klar! 16 Israel ist wie eine
dumme Kuh, die nicht tut, was man von ihr will.
Warum sollte Gott diese Kuh jetzt plötzlich auf eine
schöne Wiese führen und ihr frisches Futter geben,
so als wäre sie die ganze Zeit wie ein liebes nettes
Schaf gewesen? 17 Die Leute von Efraim haben sich
auf Plastikgötter eingelassen, sie haben sogar Ver-
träge mit denen gemacht. Sollen sie doch! 18 Das
sind doch alles eh nur Hardcore-Alkis, sie landen
mit jeder x-beliebigen Alten sofort im Bett. Sie fin-
den das auch noch ganz toll, sie lieben ihren ätzen-
den Lebensstil. 19 Aber bald wird ein krasser Sturm
kommen und sie alle wegpusten. Dann werden sie
alle kaputtgehen, inklusive des Tempels für ihre
Plastikgötter.

5

Was die Chefs verbrochen haben und wie Israel bestraft wird

1 Gott sagt: „Jetzt mal alle herhören! Das geht
an euch Priester und alle Leute von Israel! Aber
auch die Familien vom Präsidenten sollen mal die
Lauscher aufmachen. Gott hat ein Urteil gespro-
chen, und das gilt auch für euch. Ihr habt die Leute
von Israel kaputt gemacht, ihr habt sie in eine Falle
gelockt. Die Falle stand in der Stadt Mizpa, aber sie
war auch in Tabor aufgebaut. 2 Und auch in Schittim
stand sie. Diese Leute haben mir den Rücken zuge-

dreht, und sie haben es ganz schlimm getrieben.
Alle werden dafür von mir bestraft werden. 3 Ich
kenne die Leute von Efraim, alles, was Israel macht,
hab ich mitbekommen. Du hast mich betrogen,
Efraim, du warst mit Huren im Bett.“ 4 Sie haben es
so schlimm getrieben, dass es unmöglich geworden
ist, wieder zu Gott zurückzukommen. Es ist eine
übernatürliche Sache, sie sind von einer inneren
Kraft dazu getrieben worden, mit Huren ins Bett zu
gehen, sie sind wie besessen. Aber ihren Gott ken-
nen sie nicht mehr. 5 Die Leute von Israel denken
dabei die ganze Zeit, sie wären total toll, auch das
spricht noch gegen sie. Efraim wird über seinen
eigenen Mist stolpern, und Juda reißt es gleich mit
in den Dreck. 6 Sie werden Gott zig Schafe und Rin-
der schenken, weil sie eine Ansage von ihm hören
wollen, aber er wird nicht da sein. Er hat sich von
ihnen entfernt. 7 Sie haben Gott betrogen, sie haben
mit anderen Frauen sogar Kinder gemacht. Sie
haben okkulte Geisterrituale durchgezogen, weil sie
sich dadurch eine bessere Ernte versprochen haben,
aber es wird ihnen nichts bringen. Ganz im Gegen-
teil, dieses Ritual wird dafür sorgen, dass ihre Felder
kaputtgehen.

Gott redet mit seinen Leuten

8 Gott sagt: „Startet die Alarmsirene in Gibea und
Rama! Kündigt einen Angriff von der Armee aus
Bet-Awen an! Der Feind jagt die Armee vom Famili-
enstamm Benjamin! 9 Wo der Stamm Efraim wohnt,
wird es bald nur noch eine Wüste geben, das ist ihre
Strafe. Was ich, Gott, den Israeliten jetzt ankündige,
wird garantiert auch passieren. 10 Die Chefs in Juda
sind wie solche Leute geworden, die heimlich die
Grenzlinien nach hinten verschieben. Ich bin so
sauer auf sie, meine Wut wird wie eine Welle auf sie
zurollen und über ihnen zusammenbrechen 11 Die
Leute von Efraim werden unterdrückt und haben
keine Rechte mehr. Warum? Weil sie es nicht lassen
konnten, diesen Pseudogöttern hinterherzulaufen.
12 Ich bin für die Leute von Efraim wie eine eiternde
Wunde, und für die Leute von Juda bin ich wie ein
Stück abgefaultes Fleisch. 13 Als sie mitkriegten, wie
übel ihre Krankheit war, als Juda sich die Wunde
genau ansah, versuchten sie, sich Hilfe zu holen.
Efraim wandte sich an Assyrien und fragte beim
Präsidenten Jareb an. Dieser Präsident kann euch
aber nicht gesund machen, und er ist auch nicht in
der Lage, eure faulen Stellen wieder heil zu kriegen.
14 Denn ich werde Efraim ins Bein beißen wie ein
wild gewordener Kampfhund. Wie ein durchgeknall-
ter Pitbull werde ich auch die Leute von Juda anfal-
len. Ich zerfleische sie, und dann lass ich sie einfach
da liegen. Ich werde ihren Körper vielleicht sogar
wegtragen, damit sie niemand finden und retten
kann. 15 Ich werde mich zurückziehen, ich geh wie-
der an den Ort, wo ich zu Hause bin. Das mach ich
so lange, bis sie ihren Mist eingesehen haben, bis
sie sagen, dass es ihnen leidtut, bis sie wieder mit
mir leben wollen. Wenn es ihnen dreckig geht, wer-
den sie wieder nach mir fragen.“

6

Ein Lied, was klarmacht, dass jemand Mist gebaut hat

1 „Los, wir wollen zu Gott gehen. Er hat uns
kaputt gemacht, aber er wird uns auch heilen.
Er hat uns verletzt, aber er wird sich mit dem ‚Wie-
dergutmachen‘ bestimmt beeilen.
2 So zwei oder drei Tage lässt er uns alleine, aber am
dritten Tag holt er uns raus
und macht alles wieder gut, schenkt uns ein neues
Leben in seinem Haus.
3 Los, lasst uns dadrum kämpfen, alles, was er sagt,
zu kapieren und zu verstehen.
So sicher, wie es täglich einen neuen Morgen gibt,
wird er bei uns mal vorbeisehen.
Er kommt wie der Regen, der in jedem Herbst die
ganze Erde total nass macht.
4 Er fragt: Was soll ich mit dir tun, Efraim, was mit
dir, Juda, los? Sag!
Auf eure Treue kann man sich so gut verlassen wie
auf den Fahrplan der Deutschen Bahn
Sie ist so sicher wie die Wettervorhersage oder so
seetauglich wie ein löchriger Kahn.
5 Darum konnte ich euch durch die Ansagen der
Propheten immer wieder den Tag versauen.
Ich hab euch durch meine Verurteilung wie ein Rich-
ter einmal voll auf die Fresse gehauen.
Wenn ich korrekte Urteile fälle, dann kann man sich
daran orientieren, sie machen alles taghell.
6 Ich will, dass ihr mich liebt und treu seid! Aber
eure ganzen Opfer sind mir letztendlich total egal.“

Die Leute brechen die Gesetze am laufenden Band

7 Gott sagt: „In der Stadt Adam haben sie meine
Verträge gebrochen, waren mir untreu und haben
mich abgezogen. 8 In Gilead wohnen nur Verbrecher
und Mörder, die ihre Blutspuren hinterlassen haben.
9 Auf dem Weg nach Sichem liegen die Priester auf
der Lauer, wie Gangster rauben sie die Leute aus,
sie bringen die Leute um und tun viele andere

ätzende Sachen. 10 In Israel hab ich ganz üble Dinge gesehen. Die Leute von Efraim treiben es mit Plastikgöttern, sie machen sich unrein. 11 Aber auch die Leute von Juda werden bald ihre Abrechnung bekommen. Ihre Ernte wird ganz schlecht ausfallen. Aber dann werde ich dafür sorgen, dass für meine Leute irgendwann alles wieder gut wird."

7 Was passiert, wenn Gott Israel wieder gesund macht

1 Gott sagt weiter: „Wenn ich die Leute von Israel wieder gesund mache, wird auch jeder sehen können, was die Leute von Efraim und Samaria für miese Dinge gedreht haben. Sie betrügen ohne Ende, Diebe brechen dort einfach überall in die Häuser ein, und auf der Straße wird man ständig überfallen und ausgeraubt. 2 Sie vergessen dabei, dass ich ihre fiesen Aktionen nicht so schnell vergesse. Jetzt werden sie von ihren miesen Taten, die sie vor meinen Augen getan haben, plötzlich umzingelt. 3 Mit ihrer fiesen Art bringen sie vielleicht einen Präsidenten zum Lachen. Dass sie so falsch und fies unterwegs sind, findet ein Bürgermeister vielleicht mal lustig. Aber ich nicht. 4 Jeder von ihnen hat die Ehe mit mir gebrochen, sie sind so scharf auf andere Frauen wie Peperoni auf der Zunge, oder wie ein Chili, das der Koch nicht mehr würzen muss, weil es von alleine scharf ist. 5 An dem Tag, wo der Präsident eingesetzt wird, füllen sich die Minister derart mit Alk ab, dass sie total breit sind. Noch am selben Abend planen sie im Alkoholrausch, wie man ihn am besten wieder stürzen könnte. 6 Sie würden am liebsten sofort loslegen. In der Nacht halten sie sich noch zurück, aber gleich am nächsten Morgen legen sie dann los. 7 Sie wollen alles kaputt machen und glühen förmlich vor Rache. Ein Präsident nach dem nächsten wird von ihnen gestürzt. Aber keiner von denen kommt mal zu mir und fragt, ob ich vielleicht helfen könnte."

Israel fragt bei den falschen Leuten um Hilfe an

8 Gott sagt: „Die Leute von Efraim haben sich auf die anderen Völker eingelassen. Damit ist Efraim wie ein Pfannkuchen geworden, der nicht gewendet wurde und nur auf einer Seite braun ist. 9 Ausländer saugen ihm seine Kraft aus, aber er merkt es noch nicht mal. Seine Haare werden langsam grau, aber auch das merkt er nicht. 10 Die Leute von Israel denken, sie wären die Geilen, das spricht gegen sie. Sie kommen nicht wieder zurück zu mir, zu ihrem Chef. Sie haben keinen Bock auf mich, sie wollen nicht in meiner Nähe sein. 11 Die Leute von Efraim sind dumm wie Brot, sie lassen sich ganz einfach verführen. Sie rufen nach Ägypten, weil sie Hilfe brauchen, und dann laufen sie wieder den Assyrern hinterher. 12 Während sie noch laufen, werfe ich mein Netz über sie. Ich fange sie ein, wie man Vögel fängt, die in der Luft rumfliegen. Ich werde sie genau so bestrafen, wie man es ihnen schon vorher angekündigt hatte. 13 Sie müssen aufpassen! Sie sind vor mir geflohen. Und jetzt sollen sie kaputtgehen. Sie haben mich verlassen. Ich wollte sie aus dem Mist rausholen, aber sie reden nur Schwachsinn über mich. 14 Sie heulen die ganze Zeit rum, verletzen sich selbst mit einer Rasierklinge und betteln rum, damit ich ihnen Wein und Mehl schenke. Aber das Ganze kommt nicht aus ihrem Innersten, aus ihrem Herz. 15 Ich hatte sie noch vor kurzem im Trainingsprogramm, ich hab es ihnen beigebracht, ich hab ihre Muckis stark gemacht. Aber sie planen nur irgendwelche fiesen Aktionen gegen mich. 16 Sie strecken ihre Arme aus, aber nicht in meine Richtung. Sie sind wie so ein Gewehr geworden, bei dem der Lauf total verbogen ist. Man kann mit ihnen nichts mehr anstellen. Ihre Chefs werden alle durch die Schüsse der Feinde sterben, weil sie die ganze Zeit nur dumme Sprüche über mich abgelassen haben. Darum wird man in Ägypten bald dumme Sprüche über sie ablassen."

8 Was mit Israel passieren wird

1 Gott sagte zu mir: „Schlage Alarm, Hosea! Wie ein Kampfjet-Geschwader stürzt der Feind über meine Leute und über mein Land. Denn sie haben meine Verträge gebrochen, und meine Gesetze waren ihnen egal. 2 Auf der einen Seite schreien sie rum: ‚O Gott! Hallo? Wir kennen uns doch! Wir sind es, die Leute von Israel!' 3 Aber auf der anderen Seite haben sie keinen Bock mehr auf das Gute gehabt. Darum sollen sie jetzt von den Feinden angegriffen und verfolgt werden. 4 Sie haben ständig neue Präsidenten eingesetzt, obwohl ich das nicht wollte. Keiner der Präsidenten war von mir bestimmt. Sie haben neue Chefs in die Regierung geholt, aber ich wurde nicht mal darüber informiert. Ihre ganze Kohle inklusive Goldvorräte wurde dafür benutzt, um sich ein paar neue Plastikgötter zu bauen. Das ist so, als hätten sie alles in eine große Geldvernichtungsmaschine geschmissen. 5 Dieser Plastikgott von Samaria, der aussah wie eine Kuh,

ist für mich der reinste Müll. Ich bin richtig sauer auf euch. Wie lange kriegt ihr das weiter nicht auf die Reihe, diesen Dreck mal bei euch auszuräumen? 6 Leute, dieser ‚Gott' wurde nur von Menschen gebastelt, so was kann doch kein echter Gott sein! Das Teil sollte in den Häcksler geschmissen werden, es soll zerhackt werden. 7 Wenn sie Wind säen, werden sie Sturm ernten. Aus einem Getreidekorn, das keine Ernte bringt, wird man auch kein Mehl machen und Brot backen können, und selbst wenn man etwas Brot daraus bekommen würde, hätten sie nichts davon, weil es ihnen andere wegfuttern würden. 8 Israel ist am Ende. Sie sind wie eine Nation, die man wie einen alten Eimer in die Ecke stellt. 9 Sie haben sogar versucht, bei den Assyrern anzukommen. Ein wildes Kaninchen auf einer Wiese kann man nicht einfangen, es bleibt immer alleine. Aber die Leute von Israel versuchen, sich überall einzuschleimen, sie versuchen, sich Freundschaften mit Geschenken zu kaufen. 10 Aber egal, was für Geschenke sie den Nationen, die ohne mich leben, auch anbieten, ich werde sie jetzt zusammentreiben und einfangen. Sie sollen üble Probleme kriegen, weil ihre neuen Herrscher sie so hart behandeln. 11 Ja klar, die Leute von Efraim haben sich ein paar ganz tolle neue Opfertische aufgebaut. Diese Altäre sind dafür da, um noch mal richtig übel Mist zu bauen. 12 Selbst wenn ich ihnen meine Gesetze auf ihr T-Shirt drucken würde, würden sie die doch nicht lesen. Sie würden so tun, als könnte man sie nicht verstehen. 13 Wenn sie mir ein Opfer schenken, dann geht es eigentlich mehr um ihr Mittagessen. Auf so ein Opfer habe ich überhaupt keinen Bock. Ich werde mich weiter an den Mist erinnern, den sie verzapft haben, und ich werde sie dafür bezahlen lassen. Sie müssen wieder zurück nach Ägypten und dort unter Knebelverträgen schwer schuften 14 Israel hat vergessen, wer sie eigentlich mal gemacht hat. Sie haben große Villen gebaut, einen riesigen Regierungsbezirk, ganze Städte. Aber ich werde diese Gebäude anzünden und alle niederbrennen."

9 Mit dem lockeren Leben ist jetzt Schluss

1 Du kannst mit dem Partymachen aufhören, Israel. Jetzt ist Schluss mit Rumfeiern, auf die Art, wie es die anderen Völker auch machen, die ohne Gott leben. Du gehst Gott fremd, du machst mit anderen Plastikgöttern rum, du entfernst dich von ihm. 2 Die Israeliten werden sich von ihrer Ernte nicht ernähren können, auch die Weinernte wird ausfallen. 3 Auch in dem Land von Gott werden sie nicht bleiben, sie müssen wieder zurück nach Ägypten. In Assyrien werden sie sogar Sachen essen müssen, die eigentlich nicht okay sind, die ‚unrein' sind. 4 Dankopfer und Trinkopfer können sie Gott dort nicht mehr schenken. Das Essen, was sie selber bekommen, wird dreckig sein. Es wird so versifft sein wie das Brot, das in einem Haus liegt, in dem jemand gerade gestorben ist. Jeder, der davon isst, macht sich dreckig. Dieses Brot kann man nur noch selbst essen, aber nicht mehr zu Gott in den Tempel bringen. 5 Wie wollt ihr dann die religiösen Feste feiern, was wollt ihr an den Feiertagen machen? 6 Passt auf, einige werden wegen den ganzen Problemen von dort wegziehen und wieder nach Ägypten auswandern. Dann werden sie in der Hauptstadt Memfis begraben werden. Egal, wie viel ihre Sachen auch wert sind, am Ende wird auf ihren Gräbern auch nur Unkraut wachsen. Und dort, wo ihre Häuser standen, wachsen Brombeerbüsche mit Dornen. 7 Es ist jetzt die Zeit gekommen, wo sie bestraft werden. Es ist die Zeit, wo Israel für seinen Mist bezahlen muss. Die Leute sagen über mich: „Der Prophetentyp Hosea ist ja total durchgeknallt! Der gehört in die Klapse!" Aber wer so aggro drauf ist, hat selber Dreck am Stecken. 8 Ich passe auf Efraim auf, es sind die Leute, die meinem Gott gehören. Aber sie lauern mir mit Netzen auf und wollen mich einfangen, egal, wo ich gerade bin. Sogar die Leute von Gott hassen mich. 9 Sie sind so tief gesunken wie damals in Gibea. Gott wird ihren Mist nicht vergessen, er wird sie deswegen bestrafen.

Israel hat schon immer Mist gebaut

10 Gott sagt: „Israel war für mich damals wie eine eiskalte Cola im Hochsommer. Die ersten Generationen waren wie ein leckerer Obstsalat für mich. Aber dann sind sie nach Baal-Pegor gezogen und haben sich auf die ätzenden Plastikgötter eingelassen. Sie gaben sich den Dingern hin, damit wurden sie genauso ekelig wie diese dummen Teile. 11 Sie waren wie ein kleiner Kanarienvogel, dessen Käfigtür man aufgelassen hatte. Sie flogen davon, haben damit ihr schönes Zuhause hinter sich gelassen und auch die Sicherheit, immer versorgt zu sein. Die Frauen von Israel werden nicht mehr schwanger werden, sie werden keine Kinder mehr bekommen können. 12 Und selbst wenn sie doch noch Babys bekommen und großziehen, werde ich dafür sor-

gen, dass sie die bald wieder los sind. Kein Mensch wird überleben. Sie werden alle kaputtgehen, wenn ich mich von ihnen entferne. 13 Früher war Efraim, waren meine Leute wie ein junger Apfelbaum für mich. Er stand auf einer fruchtbaren Wiese. Jetzt müssen die Leute von Efraim ihre Söhne in den Krieg schicken, wo sie getötet werden.“ 14 Mach, was du willst, Gott. Sorg dafür, dass die Frauen keine Kinder bekommen können und dass nie mehr ein Tropfen Milch aus ihrem Busen kommt. 15 Gott sagt: „Schon in der Zeit, als das mit den Präsidenten losging, damals in Gilgal, haben sie gezeigt, wie link sie eigentlich drauf sind. Schon da hab ich angefangen, sie zu hassen. Weil sie so viele miese Sachen getan haben, schmeiße ich sie bei mir raus. Ich werde sie nicht mehr lieben. Ihre ganzen Chefs haben sowieso keinen Bock auf mich. 16 Die Leute von Efraim sind wie ein Baum, dessen Wurzeln vergammelt sind. Bei ihnen wachsen keine guten Früchte mehr. Und selbst wenn ihre Frauen noch Kinder bekommen, werde ich ihre geliebten Babys töten.“ 17 Hey, Gott, schmeiß sie raus! Sie haben nicht auf dich gehört. Sie sollen ab sofort auf der ganzen Welt als Flüchtlinge gelten.

10

Israel hat Plastikgöttern geopfert

1 Die Leute von Israel hatten immer eine fette Ernte. Aber je mehr sie geerntet haben, desto mehr Opfer schenkten sie auch diesen Plastikgöttern. Umso schöner ihr Land wurde, desto mehr Kohle wurde für so komische Statuen von Plastikgöttern ausgegeben. 2 Sie waren nie ganz bei der Sache, sie waren nicht ganz bei Gott. Dafür müssen sie jetzt bezahlen. Gott wird ihre Opfertische sprengen und die Statuen zerfetzen. 3 Dann werden sie sagen: „Wir haben niemanden mehr, der uns führt! Wir haben keinen Respekt mehr vor Gott gehabt, und der Präsident konnte uns auch nicht weiterhelfen.“ 4 Es wurde viel gelabert, große Reden wurden geschwungen, Versprechungen gemacht, Verträge geschlossen, aber es war alles Fake, es war nicht echt. So wurde aus einem Gerichtsurteil ein Gift-Cocktail.

Mit dem Beten zu Plastikgöttern wird es zu Ende gehen

5 Die Leute aus Samaria werden Angst haben, dass sie ihren Plastikgott verlieren. Diese Figur, die aussieht wie eine Kuh, wird kaputtgehen, und ihre Priester werden rumheulen. Es wird vorbei sein mit ihrer tollen Ausstrahlung, denn die wird ihr weggenommen. 6 Man bringt die Plastikkuh nach Assyrien, als Geschenk für den Präsidenten. Die Leute von Efraim werden deswegen peinlich dastehen, und die Leute von Israel werden sich fürchterlich schämen, weil sie einen falschen Tipp gegeben haben. 7 Samaria wird zerstört werden. Sein Präsident wird wie ein Stück Pappe auf dem Fluss davontreiben. 8 Die Plätze, wo man in Israel den Plastikgöttern geopfert hat, werden gesprengt. An der Stelle, wo früher die Opfertische standen, werden jetzt Disteln und Brennnesseln wachsen. Sie werden sich wünschen, dass es einen Erdrutsch gibt und sie unter den Steinen begraben werden. 9 Gott sagt: „Seit dem großen Sieg, den du mit deiner Armee in Gibea geschafft hast, baust du nur noch Mist, Israel. Von damals bis heute habt ihr euch null verändert. Darum werdet ihr genau dort, in Gibea, einen schlimmen Krieg führen, gegen die Leute, die immer gegen euch waren. 10 Ich will die Leute von Israel auf jeden Fall bestrafen, das hab ich mir fest vorgenommen. Sie haben im Grunde auf zwei Ebenen richtig Mist gebaut. Ich werde dafür sorgen, dass Armeen von vielen Völkern gegen sie in den Krieg ziehen.“

Israel ist für Gott eine große Enttäuschung

11 Gott sagt weiter: „Efraim war wie ein Auto mit einem starken Motor, der super in Schuss war. Als ich mir den Wagen genauer angesehen hatte, wollte ich ihn vor einen großen Hänger spannen, damit er mal voll zum Einsatz kommt. Juda sollte dabei wie ein Mähdrescher sein und Israel wie eine Saatmaschine. Ich sagte zu ihnen: 12 ‚Sät mal so viel Samen aus, wie es korrekt bei euch zuging. Ernten werdet ihr so viel, wie ihr geliebt habt. Rebootet euch, macht einen Neustart. Tut es so wie ein Bauer, der ein Land beackert, wo lange nichts mehr drauf angebaut worden ist. Jetzt ist es angesagt, viel Zeit mit mir zu verbringen! Wenn ihr das tut, werde ich vorbeikommen und dann wird es euch gutgehen. Ich sorge dafür, dass alles korrekt und supergut läuft. 13 Ihr habt sozusagen einen Samen ausgesät, der für fiese Aktionen und Abzocke steht. Was dabei rauskam, war dann auch sehr schlecht. Du hast gedacht, es wäre eine gute Idee, den eigenen Helden zu folgen. 14 Darum werden eure Leute bald nur noch von Krieg hören. Sie werden mittendrin sein, und alle eure Städte und Bunker werden kaputtgehen. Es wird so sein wie bei der Stadt Bet-Arbel, die von Schalman komplett plattgemacht wurde. Die Mütter

und Kinder wurden auch alle umgebracht. 15 Weil ihr
dort in Bet-El unbedingt zu Plastikgöttern beten
musstet, ist das jetzt passiert. Wenn die Sonne auf-
gegangen ist, wird der Präsident von Israel gestor-
ben sein."

11 Gott liebt seine Leute, auch wenn sie ihn abziehen

1 Gott sagt: „Als Israel noch jung war, hab ich
mich in diese Leute verknallt. Als sie in Ägypten
festsaßen, hab ich sie als meine Kinder adoptiert,
ab dann nannte ich sie meine Söhne und Töchter.
2 Ständig hab ich sie zu mir gerufen, aber sobald ich
das getan hab, liefen sie von mir weg. Sie haben
dem Plastikgott Baal Sachen geschenkt, und für
irgendwelche anderen Figuren haben sie Räucher-
kerzen angezündet. 3 Ich hab Efraim das Laufen bei-
gebracht, hab sie immer wieder auf den Arm ge-
nommen. Aber sie haben es nicht kapiert, dass ich
sie heilen und gesund machen wollte. 4 Ich hab ver-
sucht, sie zu führen, wie man ein Pferd an seinen
Zügeln beim Reiten führt. Meine Zügel waren die
Liebe, und damit wollte ich sie leiten. Ich hab ihnen
ganz liebevoll was zu essen gegeben. 5 Das war der
Grund, warum sie nicht mehr nach Ägypten zurück-
mussten. Aber jetzt werden die Assyrer ihnen sa-
gen, wo es langgeht, denn sie hatten keinen Bock,
zu mir zurückzukommen. 6 In ihren Städten werden
überall Menschen sterben. Leute, die dort dumm
rumlabern, werden im Krieg sterben, mit ihren eige-
nen Ratschlägen wird ihnen das Maul gestopft.
7 Aber meine Leute werden nicht zu mir zurückkom-
men. Sie bleiben dabei, Dinge zu tun, die ich nicht
will. Sie beten zu dem Plastikgott Baal, aber der
kann ihnen auch nicht helfen. 8 Trotzdem, Efraim,
ich werde dich nicht im Stich lassen, ich geb dich
nicht auf. Wie könnte ich es zulassen, dass du kom-
plett ausgelöscht wirst wie die Städte Adma und
Zebojim? Ich hab mich umentschieden, ich musste
feststellen, dass du mir total leidtust. 9 Ich kann
nicht länger sauer auf dich sein. Ich will dich nicht
noch einmal komplett vernichten. Ich bin ja nicht
irgendein Mensch, ich bin Gott. Ich bin dein ganz
besonderer Gott, ich bin bei dir, und ich will dich
nicht plattmachen. 10 Alle werden hinter mir herlau-
fen. Ich werde bellen und knurren wie ein gefährli-
cher Kampfhund. Wenn ich das tue, werden meine
Leute mit Schiffen über das Meer von Westen aus
hierherkommen. 11 Sie werden mit viel Respekt und
Schiss aus Ägypten kommen. Auch aus Assyrien
werden sie kommen wie ein Flugzeuggeschwader.
Ich werde alle wieder nach Hause holen, dorthin,
wo sie mal herkamen."

12 Auf die Leute von Israel kann man sich nicht verlassen

1 Gott sagt: „Die Leute von Efraim lügen
mich die ganze Zeit an. Die Leute von Israel ziehen
mich nur ab. Und die Leute von Juda wissen noch
nicht so richtig, ob sie sich auf mich oder lieber auf
andere Götter einlassen sollen, obwohl ich ihnen
treu bin. 2 Efraim versucht, den Wind zu fangen, sie
jagen den ganzen Tag dem Ostwind hinterher.
Brutalität, Abzockerei und Lüge nehmen zu. Sie
machen Verträge mit Assyrien und gleichzeitig auch
einen Handelsvertrag über Speiseöl mit Ägypten."
3 Auch die Leute von Juda wurden von Gott vors
Gericht gezerrt. Die Leute, die von Jakob abstam-
men, also die Israeliten, werden alle bestraft, je
nachdem, wie sie gelebt haben. 4 Schon als Jakob
noch im Bauch seiner Mutter war, hat er seinen Bru-
der betrügen wollen, und als er erwachsen war, hat
er mit Gott gekämpft. 5 Er hat mit einem Engel ge-
catcht und sogar gewonnen. Er hat geweint und den
Engel um Gnade angefleht. Sie trafen sich in Bet-El,
und dort haben sie sich auch unterhalten. 6 Gott,
der absolute Chef über alles, sagt: 7 „Ja, du wirst mit
meiner Hilfe wieder zurückkommen. Aber du soll-
test am Ball bleiben und weiter korrekt leben. Setze
deine Hoffnung auf deinen Gott, auf mich! 8 Du bist
wie ein Händler geworden, der ständig Sachen ver-
kauft. Aber bei dir wird nur abgezockt, du betrügst
alle." 9 Efraim antwortet: „Hey, ich hab doch mein
ganzes Geld ganz korrekt erworben! Keiner wird mir
beweisen können, dass ich irgendwie Mist gebaut
und Leute abgezogen habe!" 10 Aber Gottes Antwort
ist: „Da kannst mir nichts vormachen, ich bin dein
Gott, der dich damals aus Ägypten rausgeholt hat.
Ich werde dafür sorgen, dass du wieder in Zelten
leben musst, so wie damals, als wir diese Feste
draußen gefeiert haben. 11 Ständig hab ich wieder
über die Propheten mit euch gesprochen. Ich hab
ihnen ganz viele Visionen geschenkt, ganz viele
innere Bilder und prophetische Träume. 12 Es war
ihnen wohl egal, denn obwohl sie schon in Gilead
so hart dafür bestraft wurden, dass sie zu Plastik-
göttern gebetet haben, haben sie an derselben
Stelle später noch mal ein paar Stiere für die geop-
fert. Ihre Opfertische werden gesprengt. Es soll nur
noch ein kleiner Haufen Steine übrig bleiben, der

irgendwo am Rand von einem Feldweg liegt."
13 Jakob ist damals geflohen und hat dann im Land
der Aramäer gewohnt. Er hatte wegen einer Frau
jahrelang nur auf Schafe aufgepasst. 14 Später hat
Gott Israel aber durch einen Prophetentypen aus
Ägypten rausgeholt. Dieser Typ passte dann eine
Zeitlang auch auf seine Leute auf. 15 Die Leute von
Efraim haben Gott übelst beleidigt. Darum wird
Gott ihnen die Rechnung präsentieren, er wird sie
dafür bezahlen lassen.

13 Gott hält eine Gerichtsverhandlung über Israel ab, weil sie ihm untreu waren

1 Gott sagt: „Damals war es so, dass alle
vor den Leuten von Efraim Mörderrespekt hatten.
Wenn die nur ein Wort gesagt haben, bekam Israel
Angst. Aber sie haben Mist gebaut, wegen dieser
Baalsgeschichte, und mussten alle sterben. 2 Aber
jetzt machen sie weiter mit dem ganzen Dreck. Sie
basteln einen eigenen Plastikgott, lassen den von
ihren Künstlern schön stylen. Dann sagen sie: ‚Wer
Gott etwas schenken will, muss zuerst diesen Stier
küssen!' 3 Das ist der Grund, warum man von ihnen
bald nichts mehr hören wird. Sie werden plötzlich
verschwunden sein, wie eine Wolke am Himmel
oder wie der Dunst auf den Badezimmerfenstern
oder wie der Qualm, welcher aus einem Kamin nach
draußen zieht, oder wie das Laub vor der Tür, das
vom Wind weggeblasen wird. 4 Vergesst nicht: Ich
bin Gott, euer Gott! Ich kenne euch noch von
damals, aus Ägypten. Ihr kennt keinen echten Gott
außer mir, und ich bin auch der Einzige, der euch
retten kann. 5 Ich war bei euch, als ihr damals durch
die Wüste gewandert seid. 6 Aber als ihr aus der
Wüste rauskamt und in dem neuen, schönen Land
angekommen wart, hattet ihr mich plötzlich nicht
mehr nötig. Es ging euch zu gut, ihr wurdet über-
heblich und habt mich vergessen. 7 So wurde ich wie
eine Gefahr für euch, wie ein bissiger Hund, der
nachts in den Straßen auf euch lauert. 8 Ich falle
euch an, wie eine Bärin, der man die Bärenbabys
weggenommen hat. Ich zerfleische und zerfetze
euch. Ich werde euch auffressen, wie ein wildes Tier
seine Beute frisst. 9 Das war dein Untergang, Israel,
als du dich gegen mich gewendet hast. Gegen mich,
den Einzigen, der dir wirklich helfen wollte. 10 Wo ist
denn jetzt dein toller Präsident geblieben? Warum
kann er deine Städte nicht beschützen? Du wolltest
einen eigenen Präsidenten haben, einen Chef, der
sagt, wo es langgeht. 11 Ich war sauer, aber hab euch
trotzdem einen gegeben. Aber dann war ich wieder
sauer und hab ihn euch auch wieder weggenom-
men. 12 Den ganzen Mist, den Efraim gebaut hat,
hab ich mir aufgeschrieben, es steht alles in einer
Datei. 13 Wenn Efraim ein Kind wäre, das jetzt auf
die Welt kommen soll, dann würde es die Lage nicht
peilen. Es ist so wie ein Baby, das nichts kapiert hat.
Die Geburt wird nicht gut laufen, weil das Baby sich
quer stellt und nicht auf die Welt will. 14 Und ich soll
euch vor dem Land der Toten bewahren? Ich soll
euch vor dem Tod retten? Eher lad ich den Tod ein,
noch mal ein paar fiese Krankheiten zu schicken!
Der Tod soll zeigen, was er draufhat. Und ich werde
kein Mitleid mit euch haben." 15 Gott unterscheidet
zwischen den einzelnen Familienstämmen. Auch
wenn es Efraim im Vergleich zu den anderen ganz
gutgeht, wird ein heißer Wind aus dem Osten kom-
men, der von Gott ist. Er wird sich in der Wüste
erwärmen und dann dafür sorgen, dass es bei den
Leuten von Efraim bald kein Wasser mehr geben
wird, alles ist vertrocknet. Und es kommt eine
Armee aus dem Osten, die alles, was wertvoll ist,
zocken wird.

14 Gott sagt: Ändert euer Leben

1 Samaria wird dafür bestraft werden, weil
sie keinen Bock auf das hatten, was Gott
von ihnen wollte. Viele werden durch einen Krieg
sterben. Der Feind wird gewinnen, das Land einneh-
men und alle Kinder erschießen. Den schwangeren
Frauen werden sie sogar den Bauch aufschlitzen.
2 Hört auf mit dem Mist, Leute von Israel, ändert
euer Leben! Macht wieder ganze Sache mit Gott!
Denn ihr habt nur so viele Probleme, weil ihr so viel
Mist gebaut habt. 3 Dreht euch um, geht zu Gott
und redet mit ihm. Sagt ihm, dass es euch leidtut,
und bittet Gott, dass er euch den ganzen Mist ver-
gibt, den ihr getan habt. Bittet ihn, dass er eure
Geschenke wieder annehmen soll. Sagt ihm: „Ver-
giss den ganzen Mist, den wir gebracht haben, und
schau nur auf die guten Sachen, die wir gemacht
haben. Wir danken dir mit den Worten, die jetzt aus
unserem Mund kommen! Das ist unser Geschenk
an dich! 4 Die Assyrer sollen mit ihrer Armee, mit
den Soldaten und Panzern sonst wo bleiben, die
können uns eh nicht retten. Und wir wollten auch
nicht mehr zu den Sachen, die wir mit unseren eig-
nen Händen gebastelt haben, ‚Gott' sagen. Denn
bei dir finden die Menschen, die keine Eltern haben,
die Liebe, die man braucht." 5 Gott sagt: „Dass sie

immer ihr eigenes Ding machen wollen, ist echt
krank, aber ich will diese Krankheit jetzt heilen.
Denn ich bin nicht mehr sauer auf sie. 6 Ich will für
Israel wie ein Tau sein, an dem sie sich festhalten
und aus dem Schlamm ziehen können. Dieses Tau
wird so schön aussehen wie eine blühende Lilie.
Und an ihm werden Wurzeln wachsen. Diese Wur-
zeln werden ganz tief in die Erde gehen, so wie bei
einer großen Fichte. 7 Dieser Baum soll ganz viele
Zweige bekommen, er soll so groß werden wie ein
Apfelbaum, und seine Blüten sollen duften wie die
von einem Kirschbaum aus dem Libanon. 8 Die Isra-
eliten kommen wieder zurück, sie werden in dem
Schatten von diesem Baum wohnen. Dann werden
sie auch wieder Getreide anbauen, und sie werden
krass blühen wie so ein Baum, der in den Bergen
vom Libanon wächst. 9 Dann werden die Leute von
Efraim sagen: ‚Was wollte ich überhaupt mit diesen
Plastikgöttern?' Ich werde nämlich ihre Gebete er-
hören, und wenn ich sie sehe, dann freue ich mich.
Man kann mich auch mit einem großen, schön ge-
wachsenen Baum vergleichen, an dem ganz viele
Früchte nur für sie wachsen."

Abspann

10 Wer es gepeilt hat, begreift alles, was in diesem
Buch steht. Wer schlau ist, kapiert, was hier drin-
steht. Was Gott sagt, ist komplett richtig, und wer
tut, was er sagt, geht einen geraden Weg. Die kor-
rekten Menschen gehen auf diesem Weg, aber die
miesen Typen, die nicht tun, was er sagt, werden
stolpern und auf die Fresse fallen.

Der Prophet Joel

1 Wer das Buch geschrieben hat und eine große Katastrophe

1 In diesem Buch stehen die Sachen, welche Gott durch mich, Joel, zu den Menschen sagen wollte. Ich bin aus der Familie von Petuel. 2 Alle mal herhören! Das geht an die Chefs, an alle, die schon länger am Start sind, und an die Bewohner in diesem Land. Eine Frage: Ist irgendwann schon einmal eine so heftige Sache bei euch passiert? Gab es so was früher schon mal? 3 Ihr müsst unbedingt euren Kindern davon erzählen, und die müssen es ihren Kinden sagen und die ihren usw. ... 4 Megaviele Tiere sind über die Ernte hergefallen. Was die Hasen nicht gefressen haben, haben die Schnecken gefressen. Und was die Schnecken nicht gefressen haben, haben die Heuschrecken gefressen. Und was die Heuschrecken nicht gefressen haben, haben die Ameisen gefressen. 5 Hey, ihr besoffenen Spinner! Wacht auf! Ihr solltet anfangen zu weinen, weil man euch den Wein vor eurer Nase weggenommen hat. 6 Ein riesengroßes, gefährliches Heer ist über unser Land hergefallen. Es hat so scharfe Zähne wie ein Kampfhund. 7 Damit haben sie die ganzen Weinstöcke einfach abgefressen, und auch die Apfelbäume haben keine Blätter mehr. Sie haben die völlig abgenagt. Sogar die Rinden sind abgefressen, und man kann nur noch das nackte, weiße Holz sehen. 8 Ihr solltet eine Trauerfeier ansetzen, die so veranstaltet wird wie die von einer Braut, deren Bräutigam vor der Hochzeit gestorben ist. 9 Die Essensopfer und Trinkopfer vom Tempel sind gezockt worden. Die Priester, welche dort für Gott arbeiten, sind traurig und weinen. 10 Die Felder sind verwüstet. Der Boden ist vertrocknet. Das Korn ist auch kaputt, der Wein ist verdunstet, und das Öl ist schlecht geworden. 11 Ihr Bauern und Winzer könnt echt traurig sein wegen der Ernte, die jetzt futsch ist. Der Weizen und die Gerste sind kaputt. 12 Der Weinstock ist vertrocknet, und der Feigenbaum ist eingegangen. Birnbäume, Apfelbäume und Kirschbäume sind alle vertrocknet und tot. Damit ist auch die Freude tot, die die Menschen hatten. 13 Das geht jetzt an die Priester, die am Tempel Dienst schieben: Zieht schwarze Sachen an und tragt die über 24 Stunden, man soll merken, dass ihr um etwas trauert. Fangt an zu weinen! Denn es gibt keine Essens- und Trinkopfer mehr am Tempel, damit ist jetzt Schluss. 14 Setzt ganz offiziell einen Tag an, wo jeder auf Essen verzichten und stattdessen beten soll. Organisiert einen großen Gottesdienst! Die Chefs aus der Gemeinschaft und auch alle anderen Leute bei euch sollen sich am Tempel treffen und gemeinsam zu Gott um Hilfe schreien.

Der Prophet kapiert, dass es bald sehr heftig wird

15 O nein, die nächste Zeit wird echt ätzend! Denn es ist bald so weit, dass Gott seine große Gerichtsverhandlung abhalten wird. Dann schlägt die mächtigste Hand des Universums voll zu und macht alles platt. 16 Haben wir nicht selbst mitbekommen, wie unsere Nahrung vernichtet wurde? Waren wir nicht dabei, als die Dinge, über die wir uns immer so gefreut hatten, aus dem Tempel von Gott verschwunden sind? 17 Die Saat ist auch kaputt, und die Körner liegen vertrocknet auf dem Boden. Die Hallen, wo wir die Körner gelagert hatten, sind zerfallen. Auch die Scheunen, wo früher Stroh drin war, sind kaputt. Denn alles ist vertrocknet, alles ist am Ende. 18 Die Rinder und Schafe brüllen vor Hunger, denn sie finden kein Gras mehr. 19 Gott, ich schrei jetzt zu dir: „Hilfe! Hilf uns! Unsere Wiesen sind von der Sonne verbrannt worden! Die Bäume sind von der Hitze alle vertrocknet. 20 Auch die Tiere, welche auf den Wiesen leben, haben großen Durst und schreien nach dir! Es gibt kein Wasser mehr, auch die Bäche sind alle leer. Es gab einen großen Brand, und alle Wiesen sind zerstört worden."

2 Kommt bald die große Gerichtsverhandlung?

1 Startet auf dem besonderen Zionsberg die Alarmsirene! Die Leute, die auf der Welt wohnen, sollen vor Angst zittern. Der letzte Tag der Welt, wo Gott seine große Gerichtsverhandlung abhält, steht kurz bevor! 2 An diesem Tag wird es stockdunkel sein. Düstere Wolken verhängen den Himmel über den Bergen. Plötzlich fällt von überall her eine riesengroße und total starke Armee ins Land ein. Eine so mächtige Armee gab es noch nie und wird es auch nie wieder geben. 3 Vor diesem Heer wird alles verbrennen und hinter ihm auch. Bevor sie dort waren, war alles noch supergrün, es blühte überall so krass, wie in dem besten Garten,

den es je gegeben hat, dem Garten Eden. Aber
wenn das Heer dort durchgezogen ist, dann ist alles
tot, und nichts wächst mehr. Und vor dieser Armee
kann man nicht fliehen. 4 Man hat das Gefühl, sie
rollen wie große Panzer über das Land. 5 Ihre Moto-
ren dröhnen schon von weitem, wenn sie über die
Berge fahren. Das klingt wie ein Subwoofer, der ein-
fach alles umhaut. Unglaublich viele Soldaten, eine
megagroße Armee stürmt heran. Die stärkste Ar-
mee, die es jemals gab, zieht in den Krieg. 6 Wenn
die Menschen diese Armee sehen, kriegen sie alle
Angst, und das Blut gefriert ihnen in den Adern.
7 Die Einzelkämpfer mit Spezialausbildung rennen
los und klettern über die Schutzmauern. Es gibt
nichts, was sie aufhalten kann, denn sie halten an
ihrem Ziel fest. 8 Keiner setzt den anderen unter
Druck oder behindert ihn, sondern sie unterstützen
sich gegenseitig. Sie ziehen durch die Fronten, kei-
ner kann sie aufhalten. 9 Wenn sie in der Stadt sind,
stürmen sie die Häuser und klettern wie Diebe
durch die Fenster. 10 Es sind so viele, und wenn sie
zusammen marschieren, bebt die ganze Erde. Es
wird sehr viel Staub aufgewirbelt, so viel, dass man
die Sonne, den Mond und auch die Sterne nicht
mehr sehen kann. 11 Der General dieser Armee ist
Gott selbst, er führt sie an. Wenn er mit seiner hefti-
gen Stimme einen Befehl erteilt, spricht er so laut,
dass auch der letzte Soldat ganz hinten rechts in
seinem großen Heer, das hört. Diese Armee führt
seine Befehle aus. Wenn dieser Tag kommt, wird es
sehr ätzend. Die Frage ist, wer den Tag überhaupt
überleben kann?

Ändert euer Leben

12 „Ihr könntet aber noch immer zu mir zurückkom-
men!", sagt Gott. „Aber macht das radikal, mit
allem, was geht! Zeigt, dass es euch wirklich leidtut,
was ihr getan habt. 13 Ich will nicht, dass ihr nur
noch in schwarzen Trauerklamotten rumrennt, son-
dern ich will, dass es euch wirklich im Herzen weh
tut, was ihr gemacht habt. Kommt wieder zurück zu
mir, zu eurem Gott! Ich liebe euch ohne Ende! Ich
bin nicht so schnell aggromäßig draufzubringen,
wie ihr denkt. Aber ich bin ganz schnell dabei, wenn
es dadrum geht, Leute zu lieben. Es tut mir ganz
schnell wieder leid, wenn ich euch heftige Strafen
angedroht habe." 14 Wer weiß, vielleicht ändert Gott
ja auch dieses Mal wieder seine Meinung. Vielleicht
tut es ihm leid, dass er euch bestraft hat, und er
sorgt plötzlich dafür, dass alles gut wird. Dann
könnt ihr wieder Essens- und Trinkopfer für ihn fei-
ern. 15 Setzt erneut einen Tag an, wo man auf dem
Zionsberg ganz viel betet, wo die Leute Gott sagen
können, dass sie Mist gebaut haben. Macht das zu
einem neuen Feiertag! 16 Bringt alle zusammen zu
einem Treffen. Die Teilnehmer sollten dafür sorgen,
dass sie sauber, also rein sind. Auch die ganzen
Chefs der Gemeinde sollen kommen, genauso wie
die Kinder, sogar die Babys müssen dabei sein.
Selbst wenn man gerade eine Hochzeit feiert, soll
die Party unterbrochen werden, damit das Braut-
paar auch kommen kann. 17 Dann sollen die Priester,
die für Gott arbeiten, sich zwischen der Vorhalle
vom Tempel und dem Altar aufstellen. Dort müssen
sie laut weinen und beten: „Gott, bitte verzeih dei-
nen Leuten! Wir gehören doch zu dir! Bitte gib das
Land, das du uns für immer versprochen hattest,
nicht an andere Völker! Denn das wäre sehr pein-
lich, und alle Menschen, die ohne dich leben, wür-
den Witze über uns und auch über dich machen. Es
wäre doch nicht so prall, wenn die Menschen über-
all sagen: ‚Na? Wo ist denn jetzt euer Gott geblie-
ben?'"

Gott antwortet

18 Als Gott das mitbekam, bekam er echt Mitleid mit
seinen Leuten, und sein Land wurde auf einmal wie-
der sehr wichtig für ihn. 19 Er sagte: „Passt auf: Ich
werde dafür sorgen, dass ihr genug Essen und Trin-
ken habt! Es wird locker reichen. Die ganzen ande-
ren Völker sollen nicht länger Witze über euch rei-
ßen. 20 Ich werde euch vor den Feinden aus dem
Norden beschützen. Die Vorhut von deren Armee
wird im Toten Meer ersaufen. Die Nachhut werde
ich im Mittelmeer versenken. Den Rest von de-
ren Armee werde ich in die Wüste treiben, wo sie
kaputtgehen. Überall werden ihre Leichen rumlie-
gen und vergammeln. Den Gestank wird man über-
all riechen. Ich werde sie dafür bestrafen, dass sie
einen auf dicke Hose gemacht haben und dachten,
sie wären die Größten. 21 Die Felder brauchen nichts
mehr zu befürchten, ihnen wird nichts passieren.
Ihr könnt euch freuen und laut losjubeln. Ich werde
zeigen, was ich so draufhabe. 22 Die Tiere auf den
Wiesen brauchen auch keine Angst mehr zu haben.
Das Gras wird wieder wachsen, alles wird grün sein.
Die Bäume werden wieder Früchte tragen, auch der
Apfelbaum und der Weinstock werden wieder eine
gute Ernte einbringen. 23 Die Leute, welche in der
Stadt auf dem Zionsberg wohnen, können sich auch
über mich, Gott, euren Chef, freuen. Ich werde euch
zeigen, wie sehr ich euch liebe. Ich sorge dafür, dass

es regnet. Es wird so sein wie früher. Sowohl im Herbst als auch im Frühling wird es immer genug regnen. 24 Die Getreidesilos werden voll sein, und in den Weinkellern werden die Fässer bis zur Decke stehen. Auch Ölfässer werden reichlich vorhanden sein. 25 Ich hatte dafür gesorgt, dass eine Armee gegen euch kämpft. Aber die ganzen Ernten, die euch durch diese riesengroße Armee verlorengegangen sind, werde ich euch zurückgeben. 26 Dann werdet ihr euch wieder die Bäuche vollschlagen. Ihr werdet mir dafür danken, weil ich euch so krass geholfen hab. Meine Leute sollen sich nie wieder schämen müssen. 27 Und dann werdet ihr kapieren, dass ich immer bei euch bin. Ich gehöre zu Israel, ich bin euer Chef, ich bin euer einziger Gott, es gibt keinen anderen. Meine Leute sollen sich nie mehr schämen müssen."

3 Gott wird seine Kraft in alle Menschen schütten

1 Dann sagte Gott noch: „Wenn das alles vorbei ist, dann passiert noch etwas ganz Heftiges. Und zwar werde ich meine Kraft, meine Energie, in alle Menschen schütten. Dadurch sind dann sogar eure Kinder plötzlich in der Lage, wie Propheten Worte von mir zu bekommen. Die Opas und Omas werden nachts Träume haben, die auch von mir sind. Und Jugendliche werden von mir krasse Visionen, also so Filme in ihrem Kopf, kriegen. 2 In der Zeit werde ich auf alle Menschen, egal, ob einfache Arbeiter oder superschlaue Professoren, meine Kraft kommen lassen. 3 Ich werde dafür sorgen, dass am Himmel und im Universum ganz heftige Sachen passieren, die man naturwissenschaftlich nicht erklären kann. Alles wird zum Beispiel blutrot werden, oder es wird heftige Rauchwolken geben. 4 Dann kann man plötzlich die Sonne nicht mehr sehen, und es wird total dunkel sein. Der Mond wird nachts so rot, als hätte man einen Eimer Blut über ihn ausgeschüttet. Das passiert alles, kurz bevor der letzte Tag beginnt, der Tag, wo ich meine große Gerichtsverhandlung ansetze. 5 Aber eins ist sicher: Alle, die in der Zeit zu mir gehören und sich auch dazu bekennen, werden gerettet. Auf dem Zionsberg und in Jerusalem sollen die Leute gerettet werden, so hab ich, Gott, es versprochen. Wer von mir gerufen wurde, kommt durch."

4 Die Menschen, welche ohne Gott gelebt haben, werden bestraft

1 Gott sagt: „In dieser Zeit, wenn ich dafür sorge, dass für die Leute von Juda und Jerusalem alles gut wird, 2 will ich ein großes Treffen ansetzen. Alle Menschen, die auf der Welt leben, sollen dorthin kommen. Es wird im Tal Joschafat stattfinden. Dort werde ich die letzte große Gerichtsverhandlung abhalten. Die Menschen müssen sich dort auch dafür rechtfertigen, was sie mit meinen Leuten von Israel alles angestellt haben. Zum Beispiel, dass sie meine Leute in die ganze Welt verstreut haben, und auch, dass sie dieses Land einfach unter sich aufgeteilt haben. 3 Sie haben sogar meine Leute unter sich versteigert. Ein Junge war so viel wert wie die Nacht mit einer Nutte im Bordell. Ein Mädchen war so viel wert wie eine Kiste Bier, die anschließend auf der Party ausgesoffen wurde. 4 Was wollt ihr von mir? Ihr Leute von Tyrus und Sidon, ihr Philister, wie wollt ihr mich bekämpfen? Glaubt ihr im Ernst, ihr könnt etwas gegen mich ausrichten? Ich werde ganz schnell dafür sorgen, dass alles, was ihr gegen mich unternehmt, auf euch zurückfällt. 5 Denn ihr habt das ganze Geld aus dem Tempel, alles Gold und Silber, einfach gezockt. Die schönsten Sachen habt ihr mitgehen lassen und sie in euren Tempeln ausgestellt. 6 Die jungen Männer aus Juda und Jerusalem habt ihr an die Griechen ausgeliefert. Damit wurden sie sehr weit von ihrem Zuhause weggebracht. 7 Passt auf, ich werde sie von dort wieder zurückholen. Ich bringe sie von dort wieder hierher. Aber das, was ihr ihnen angetan habt, dafür werde ich euch angemessen bestrafen. 8 Ich werde eure eigenen Söhne und Töchter an die Männer von Juda verkaufen. Die werden sie dann weiterverkaufen an die Leute von Saba und an andere Nationen, die von weit weg kommen. Das sage ich, Gott, der Chef. 9 Macht euch bereit für einen ganz besonderen Krieg, der von mir, von Gott, kommt! Bringt die Spezialeinheiten wieder an den Start. Alle wehrfähigen Männer sollen eingezogen werden. 10 Zersägt eure Wasserleitung und baut daraus eine Pumpgun. Nehmt euren Traktor und baut daraus einen Panzer. Selbst die Weicheier unter euch sollen sagen: ‚Ich bin ab sofort ein Held!' 11 Alle Männer, die ohne mich leben, sollen sich mal versammeln. Und wenn alle da sind, schicke ich meine Armee gegen sie in den Krieg! 12 Die Menschen sollen losziehen und sich alle im Tal Joschafat treffen. Dort werde ich, Gott, auf sie warten, um die letzte große Gerichtsverhandlung abzuhalten. Jeder bekommt sein Urteil.

13 Schmeiß den Motor an und fahr mit dem Mähdre-
scher über die Felder. Die Ernte ist reif. Schmeißt
die Maschine an, die aus den Weintrauben den Saft
rauspresst, damit dadraus Wein wird. Es gibt mehr
als genug Weintrauben, es wurde sehr viel abgeern-
tet. Es reicht, die Menschen haben langsam genug
Mist gebaut."

Mit Juda und Jerusalem wird es in Zukunft voll abgehen

14 Gott zeigte mir, dass riesige Menschenmengen
vor das Gericht kommen werden. Es dauert nicht
mehr lange, dann kommt der Tag, wo abgerechnet
wird. 15 Die Sonne und der Mond werden sich ver-
dunkeln, und auch die Sterne funkeln dann nicht
mehr. 16 Man wird Gottes laute Stimme aus der
Richtung von Zion hören, er ruft aus seiner Stadt
Jerusalem. Es wird ein krasses Erdbeben geben, und
Luft und Erde vibrieren. Aber für seine Leute wird
Gott wie ein Bunker sein, die Leute von Israel sind
bei ihm in Sicherheit. 17 Gott sagt: „Wenn das pas-
siert, werdet ihr kapieren, dass ich euer Gott bin
und dass ich hier in Zion, auf dem besonderen
Berg, wohne. Jerusalem wird für mich eine ganz
besondere Stadt sein. Es wird nicht mehr vorkom-
men, dass Leute von außerhalb dort einfach rein-
spazieren. 18 In der Zeit wird die Weinernte so fett
sein, dass die Weinberge fast überquellen und man
so viel Wein machen kann, dass die Fässer überlau-
fen. Auch die Milchproduktion wird so krass abge-
hen, dass man das ganze Jahre über viel zu viel
Milch hat. Und die Bäche von Juda werden auch das
ganze Jahr über Wasser führen. Selbst direkt an
meinem Tempel wird es eine Wasserquelle geben,
aus der so viel Wasser sprudelt, dass man selbst
das supertrockne Tal Schittim damit noch bewäs-
sern könnte. 19 Aber in Ägypten und Edom wird es
kein Wasser geben, weil sie die Leute von Juda so
brutal behandelt haben. Sie haben in ihrem Land
unschuldige Menschen getötet. 20 Aber in Juda sol-
len immer Menschen wohnen, und Jerusalem wird
auch weiter bestehen bleiben, für immer. 21 Ich spre-
che ihnen als Richter zu, dass sie nicht mehr be-
straft werden dürfen für die Dinge, wo sie bis jetzt
noch nicht für bestraft wurden. Ich, der Chef über
alles, Gott, werde in Zion wohnen!"

Der Prophet Amos

1 Was mit den Nachbarn von Israel passieren wird

[1] In diesem Buch stehen die Sachen drin, die Gott früher mal zu Amos gesagt hat. Amos war ein Bauer, der sich speziell um die Aufzucht von Kühen gekümmert hatte. Er wohnte in dem Dorf Tekoa. Gott hat mit ihm ganz viel über die Nation Israel gesprochen. Seine Texte stammen aus der Zeit, die zwei Jahre vor dem großen Erdbeben liegt. Damals regierte der Präsident Usija die Leute von Juda, und Israel wurde vom Präsidenten Jerobeam regiert, einem Sohn von Joasch. [2] Das Folgende ist jetzt ein Bericht von Amos: Wie ein lauter Böllerknall höre ich die Stimme von Gott, wenn er von Zion aus etwas sagt! Ich höre ihn, wie er von Jerusalem aus ruft. Das ist immer voll heftig! Wenn er so spricht, vertrocknen alle Wiesen, und auch auf der Spitze vom Berg Karmel wächst kein Gras mehr. [3] Jetzt hört mal zu, was Gott zu sagen hat: „Die Leute von Damaskus bauen ständig Mist, da kommt eins zum nächsten, der Haufen wird immer größer. Die Stadt Gilead haben sie übelst kaputt gemacht, so als wäre da ein Panzer drübergefahren. [4] Darum werde ich die große Villa von Präsident Hasael abfackeln. Dieses Feuer soll auch die Häuser vom Präsidenten Ben-Hadad zerstören. [5] Ich werde die Türschlösser von dem Stadttor in Damaskus aufsprengen. Die beiden Bürgermeister von Bikat-Awen, diesem Tal, wo nur abgezockt wird, und von Bet-Eden, dieser Pornostadt, werde ich umbringen lassen. Die Leute aus Syrien werden als Kriegsgefangene nach Kir verschleppt. Das sagt Gott, der Chef über alles. [6] Die Menschen in Gaza haben ständig Mist gebaut, der Dreckshaufen wurde immer größer. Das kann man nicht zurücknehmen, ich werde ihnen nichts verzeihen. Sie haben ganze Städte niedergebrannt und die Bewohner als Kriegsgefangene an die Edomiter ausgeliefert. [7] Ich werde dafür sorgen, dass die Schutzmauer von Gaza niederbrennt und dass dieses Feuer auch die Regierungsgebäude erfasst. [8] Ich werde alle Regierungschefs in Aschdod und Aschkelon töten. Ich werde gegen Ekron vorgehen, und der Rest der Philister wird auch sterben. Das kommt von mir, von Gott, dem Chef. [9] Die Leute in Tyrus haben ständig Mist gebaut, der Dreckshaufen wurde immer größer. Sie haben den Friedensvertrag mit Israel einfach gebrochen, sind in das Land eingefallen und haben die Bewohner von ganzen Dörfern als Kriegsgefangene nach Edom gekarrt. Ich werde mit ihnen kurzen Prozess machen. [10] Darum werde ich dafür sorgen, dass ein Feuer an der Stadtmauer von Tyrus ausbricht und die ganze Villengegend abgefackelt wird. [11] Die Menschen, welche in Edom leben, haben ständig Mist gebaut, und der Dreckshaufen wurde immer größer. Sie haben die Israeliten angegriffen und brutal verfolgt, obwohl sie mit ihnen verwandt sind. Anstatt sie zu lieben, haben sie ihre Aggressionen immer höher geschraubt, sie hörten mit ihrem Hass einfach nicht auf. [12] Darum werde ich dafür sorgen, dass das ganze Land brennt. Dieses Feuer wird auch alle großen Häuser und Villen in Bozra vernichten." [13] Hört mir gut zu, was Gott noch zu sagen hat: „Die Leute von Ammon haben es echt übertrieben. Sie haben nur noch Mist gebaut, der Haufen wurde immer größer. Als sie ihr Land verbreitern wollten, haben sie in Gilead sogar schwangeren Frauen mit einem Messer den Bauch aufgeschlitzt. Deswegen kenn ich bei denen keine Gnade. [14] Ich werde ein Feuer legen an der Stadtmauer von Rabba. Dieses Feuer wird alle Villen und den Regierungsbezirk komplett zerstören. Das passiert an dem Tag, an dem sie von einer Armee angegriffen werden. Es wird in der Zeit auch ein krasses Unwetter geben. [15] Der Präsident der Ammoniter wird mit den anderen Ministern im Land als Kriegsgefangener verschleppt werden. Das sagt Gott, der Chef."

2 Moab wird auch bestraft

[1] Gott sagt zu euch Folgendes: „Die Leute von Moab haben ein Verbrechen nach dem nächsten begangen, das kann man nicht so mal eben wiedergutmachen. Schließlich haben sie auch die Leiche vom Präsidenten von Edom komplett verbrannt. [2] Darum werde ich ihr Land anzünden, der Regierungspalast von Kerijot soll verbrennen. Die Soldaten von Moab sollen alle in einer Schlacht sterben, unter den lauten MG-Schüssen ihrer Feinde. [3] Ich werde dafür sorgen, dass alle Chefs und überhaupt alle, die bei ihnen was zu sagen haben, sterben werden. Das sage ich, Gott!"

Juda und Israel müssen aufpassen

4 Hört mal gut zu, was Gott zu sagen hat: „Die Leute von Juda haben ein Verbrechen nach dem nächsten begangen. Der Misthaufen ist zu groß, den kann man nicht übersehen. Sie haben die Gesetze gebrochen und hatten kein Bock auf das, was ich von ihnen wollte. Von irgendwelchen Plastikgöttern haben sie sich verführen lassen. Das sind Plastikgötter, denen schon die Leute vor ihnen hinterhergelaufen sind. 5 Darum werde ich dafür sorgen, dass das ganze Land abbrennen wird. Auch die fetten Villen und die Regierungsgebäude in Jerusalem werde ich abfackeln. 6 Aber die Leute von Israel haben auch richtig krassen Mist gebaut. Der Haufen ist so groß, den kann man nicht übersehen. Ihr habt korrekte Menschen unter ganz fiesen Knebelverträgen angestellt, und als Lohn kamen für die nicht mal ein paar Sportschuhe bei raus. 7 Die armen Leute machen sie fertig und lassen sie im Dreck liegen. Sie finden irgendwelche Schlupflöcher im Gesetz, um sogar Hartz-IV-Empfängern noch den letzten Cent aus der Tasche zu ziehen. Der Sohn schläft mit derselben Frau, die der Vater auch schon im Bett hatte. Damit ziehen sie meinen Namen in den Dreck. 8 In jedem Tempel legt ihr euch auf Klamotten, die ihr vorher von einem Obdachlosen als Pfand gezockt habt. Ihr feiert große Partys im Haus von Gott, und zu trinken gibt es Bier und Wein, die ihr als Anzahlung von Leuten bekommen habt, die ihre Schulden nicht bezahlen konnten. 9 Und das, obwohl ich doch die Amoriter für euch vernichtet habe. Dieses Volk war so riesig wie ein Wolkenkratzer und so unzerstörbar wie Panzerglas. Trotzdem hab ich sie gesprengt und selbst das Fundament noch zu Schrott verarbeitet und vernichtet. 10 Hatte ich euch nicht aus Ägypten rausgeholt und vierzig Jahre durch die Wüste geführt, damit ihr anschließend das Land der Amoriter einnehmen konntet? 11 Ich habe dafür gesorgt, dass einige von euren Söhnen den Job als Prophetentypen bekommen haben. Einige von euren jungen Männern haben sich mir ganz radikal zur Verfügung gestellt. War das nicht so, Leute von Israel? 12 Aber diese jungen Männer habt ihr dann mit Alk abgefüllt, und den Propheten habt ihr verboten, öffentlich die Sachen zu sagen, die sie von mir gehört hatten. 13 Passt auf, ich werde euch so eins auf die Mütze geben, dass euch total schwindelig wird und ihr rumtorkelt, als ob ihr besoffen wärt. 14 Auch der Topsprinter wird nicht schnell genug vor mir fliehen können, und der Boxweltmeister wird nicht lange genug seine Deckung hochhalten können oder ausreichend Schlagkraft haben. Selbst der größte Held wird sein Leben nicht retten können. 15 Der Scharfschütze kann nicht mehr richtig zielen, der 100-Meter-Läufer ist nicht schnell genug, und der Typ auf dem Motorrad kann auch im sechsten Gang sein Leben nicht retten. 16 Und selbst der mutigste Soldat von allen wird so schnell fliehen, dass er sich noch nicht mal die Hose hochziehen kann, wenn er gerade auf'm Klo war. Das passiert alles an diesem bestimmten Tag, sage ich, Gott."

3

Israel wird besonders rangenommen

1 Jetzt hört mal alle zu! Gott hat euch, den Leuten von Israel, was zu sagen. Es geht um alle Israeliten, die er ja damals aus Ägypten rausgeholt hatte: 2 „Ihr seid etwas ganz Besonderes, ich habe extra euch unter allen anderen Völkern ausgesucht. Und das ist auch der Grund, warum ihr für euren Mist besonders geradestehen müsst. 3 Gehen vielleicht zwei Männer den gleichen Weg, wenn sie sich vorher nicht getroffen haben? 4 Bellt der Hund etwa nicht, wenn er ein Karnickel auf einer Wiese gefangen hat? Und die Katze, freut die sich nicht, wenn sie mit ihren Krallen eine Maus festhält, die sie gerade gefangen hat? 5 Kann man einen Fisch mit einer Angel fangen, ohne dass man einen Köder an den Haken macht? Taucht der Schwimmer ab, ohne dass ein Fisch angebissen hat? 6 Sind nicht die Leute alle voll panisch, wenn ganz unangekündigt plötzlich die Sirenen überall in der Stadt losgehen? Kann etwas Schlimmes in einer Stadt passieren, ohne dass Gott da nicht seine Finger mit im Spiel hat? 7 Gott tut nichts, es sei denn, er hat es seinen Propheten vorher angekündigt. 8 Wenn ein Kampfhund vor einem steht, seine Zähne fletscht und laut knurrt, wer sollte da keine Angst haben? Wenn Gott zu einem Propheten geredet hat, wer sagt diese Sachen dann nicht auch weiter?"

Samaria wird zerstört

9 Gott sagt: „Vor dem Regierungspalast der Philister in Aschdod und vor dem Regierungspalast in Ägypten soll man Folgendes sagen: Alle mal herhören! Trefft euch auf den Bergen von Samaria! Schaut euch mal an, wie durchgeknallt die Leute dort sind und wie die Menschen terrorisiert werden. 10 Die wissen gar nicht, wie das ist, korrekt zu leben. Ständig wird bei denen einer umgebracht, ausgeraubt oder Ähnliches, das ist sogar in ihren Regierungs-

gebäuden mittlerweile normal." 11 Darum sagt Gott,
der Chef über das Universum: „Es wird bald jeman-
den geben, der das Land mit seiner Armee umzin-
geln wird. Er wird euch vom hohen Sockel stoßen
und euch kaputt machen. Eure Villen und Regie-
rungspaläste werden geplündert. 12 Von den Israeli-
ten, die in Samaria leben, wird so viel übrig bleiben
wie von einem Karnickel, das man aus dem Maul
von einem Pitbull rausreißen muss. Das trifft für
Israeliten zu, die in Samaria auf den edlen Sofas aus
Nappaleder sitzen." 13 „Hört mal zu und tretet als
Zeugen vor Gericht gegen die Israeliten auf!", sagt
Gott, der Chef, der absolute Oberchef über das Uni-
versum. 14 „Es wird ein Tag kommen, wo ich die
Leute von Israel für den Mist, den sie gebaut haben,
bestrafen werde. Ich sprenge die Opfertische in Bet-
El, reiße die komischen Hörner von den Tischen ab
und zerdepper sie auf dem Boden. 15 Die fetten
Prunkhäuser werde ich kaputt machen, die Som-
mervillen und Winterpaläste werden weggesprengt.
Das sagt Gott, der Chef."

4 Ein Spruch gegen die Frauen aus Samaria, die viel Kohle haben

1 Das geht jetzt an die Frauen aus der Ober-
schicht von Samaria. Ihr seid die fetten Kühe in
Baschan. Die kleinen Leute werden von euch unter-
drückt, die Leute ohne Geld werden von euch fertig-
gemacht. „Bringt uns sofort etwas zu trinken!",
befehlt ihr euren Ehemännern. 2 Gott, der unantast-
bare Chef über alles, hat etwas ganz fest verspro-
chen: „Es wird ein Tag kommen, da wird man die
meisten von euch an der Hundeleine wegschlep-
pen, und der Rest wird mit einem Angelhaken im
Mund abgeführt. 3 Dann werdet ihr, einer nach dem
anderen, durch ein Mauerloch in Richtung Hermon
fliehen. Das sagt Gott, der Chef!"

Überall Mord und Totschlag

4 Der Gott, dem nichts unmöglich ist, sagt: „Alle
Mann auf nach Bet-El, auf nach Gilgal! Geht an den
besonderen Ort zum Opfern und baut da mal wie-
der so richtig Scheiße und beleidigt mich damit, so
wie ihr es immer gerne gemacht habt. Morgens
zieht ihr erst einmal ein Dankopfer durch, und zwei
Tage später liefert ihr die zehn Prozent von eurer
Ernte ab. 5 Dann verbrennt ihr dort erst mal ein
Hefebrot als Dankopfer. Dann macht eine Ansage,
dass die Leute ihre freiwilligen Opfer vorbeibringen
sollen. So was macht ihr doch immer so gerne, ihr
Leute von Israel, oder? 6 Ich habe es zugelassen,
dass es in euren Dörfern und Städten nichts mehr
zu futtern gibt. Sogar das Brot beim Bäcker ist aus-
verkauft! Trotzdem seid ihr nicht zu mir zurückge-
kommen! 7 Ich hab dafür gesorgt, dass es nicht
mehr regnet, ausgerechnet drei Monate vor der
Ernte, wo die Pflanzen das Wasser dringend brau-
chen. In einer Stadt hat es voll geregnet, aber bei
der Stadt daneben ist kein Tropfen Wasser vom
Himmel runtergekommen. Die einen Felder haben
viel Wasser abbekommen und die anderen null.
Alles, was dort wuchs, ist vertrocknet. 8 Die Leute
zogen von einer Stadt zur nächsten, um irgendwo
noch was zu trinken herzubekommen, aber nir-
gendwo konnten sie ihren Durst stillen. Trotzdem
habt ihr weitergemacht mit dem Mist und seid nicht
zu mir zurückgekommen. Das sagt euch Gott, der
Chef über alles. 9 Als Nächstes hab ich dafür ge-
sorgt, dass irgendwelches Ungeziefer eure Ernten
kaputt gemacht hat. Eure Gärten und Weinberge
hab ich vertrocknen lassen. Eure Apfel- und Oliven-
bäume wurden von Heuschrecken abgefressen.
Und trotzdem seid ihr nicht zu mir zurückgekom-
men. 10 Dann hab ich es mit der Schweinegrippe
versucht und mit anderen tödlichen Krankheiten, so
wie damals in Ägypten. Schließlich hab ich dafür
gesorgt, dass eure jungen Männer im Krieg gestor-
ben sind. Eure Panzer und Motorräder wurden von
den Feinden gezockt. In euren Kasernen lagen so
viele Leichen rum, dass es übelst gestunken hat.
Trotzdem seid ihr immer noch nicht zu mir zurück-
gekommen. 11 Dann hab ich sogar ganze Städte
plattgemacht. Das war die Nummer, die ich schon
damals bei Sodom und Gomorra gebracht hatte. Ich
habe euch gerade so aus dem Chaos gerettet, bevor
ihr alle total kaputt wart. Trotzdem seid ihr nicht
wieder zu mir zurückgekommen. 12 Darum werde
ich dich jetzt bestrafen, Israel. Mach dich bereit,
bald wirst du deinen Gott treffen. 13 Dieser Gott hat
alle Berge gemacht, er hat den Wind organisiert und
er hat den Menschen gesagt, was er von ihnen will.
Er sorgt dafür, dass es an jedem Tag irgendwann
dunkel wird. Er ist größer, als die größten Berge auf
der Erde. Sein Name ist so heftig, man kann ihn
nicht wirklich aussprechen. Er ist der absolute Chef
über alles, was es gibt. Und dieser Gott bin ich."

5 Ist Israel noch zu retten?

1 Leute aus Israel, hört mal gut zu, was ich jetzt
sage. Ich werde eine Beerdigungsrede halten,

wegen euch. 2 Israel, die für Gott so was wie seine Frau war, ist tot. Sie hatte noch nie mit einem Mann geschlafen, aber jetzt liegt sie dort auf der Erde und steht nicht mehr auf. Sie wurde auf den Boden gepfeffert, auf einem Stück Land, das eigentlich ihr gehört. Keiner hilft ihr, keiner bringt sie wieder auf die Beine. 3 Gott, der heftige Gott, sagt: „Wenn aus einer Stadt eine Armee mit 1000 Soldaten in einen Krieg zieht, dann kommen nur hundert wieder lebend zurück. Und wenn nur hundert in einen Krieg ziehen, kommen nur zehn zurück. Das wird überall in Israel so sein.“ 4 Gott sagt zu den Leuten von Israel: „Redet mit mir, verbringt Zeit mit mir, und ihr werdet überleben! 5 Geht nicht hoch zu dem Tempel in Bet-El, wenn ihr beten wollt! Bet-El ist am Ende, da geht nichts mehr. Ihr braucht auch nicht bis nach Gilgal zu tigern. Gilgal wird eingenommen, und alle Menschen werden in Kriegsgefangenschaft kommen. Auf keinen Fall solltet ihr nach Beerscheba gehen! Da wird es euch nicht bessergehen.“ 6 Versucht in Kontakt mit Gott zu kommen, nur so werdet ihr überleben! Es könnte sonst passieren, dass Gott Israel mit Feuer töten wird. Dieses Feuer wird auch den Tempel zerstören, weil es so krass ist, dass es niemand löschen kann. 7 Aus dem, was korrekt ist, macht ihr ätzende Sachen. Korrektheit wird bei euch mit Füßen getreten. 8 Gott hat die Milchstraße gemacht. Er macht aus der Nacht einen Tag, aus Dunkelheit macht er Licht und aus Licht wieder Dunkelheit. Er sorgt dafür, dass Wasser verdunstet und dann in Wolken transportiert wird, wo es schließlich über der Erde wieder runterregnen kann. Er hat einen Namen, der so heftig ist, dass man ihn nicht wirklich aussprechen kann, Gott ist der Chef. 9 Er macht die Leute, die Macht haben, mit einem Wimpernschlag kaputt, und genauso leicht kann er jeden Bunker und jede Schutzmauer sprengen. 10 Ihr hasst jeden Richter, der bei einer Gerichtsverhandlung ein gerechtes Urteil spricht. Ihr habt keinen Bock auf Leute, die vor Gericht die Wahrheit sagen. 11 Gott sagt euch: „Ihr bringt es, dass ihr sogar von Hartz-IV-Empfängern eine überteuerte Miete verlangt. Sogar von seinen geringen Einnahmen oder von seiner Ernte aus dem Vorgarten wollt ihr Prozente abhaben. Ihr habt euch von dem Geld fette Luxusvillen gebaut, aber dort werdet ihr nie leben. Diese schönen Weinberge, die ihr euch von der Kohle gekauft und bepflanzt habt, werdet ihr euch nie abernten und den Wein nie trinken. 12 Ich weiß von euren Verbrechen. Ich weiß von dem Mist, den ihr ständig gebaut habt. Ihr habt korrekte Menschen abgezockt, ihr habt euch bestechen lassen und drängelt euch vor Gericht überall vor. Arme Leute haben bei euch keine Rechte. 13 Menschen, die schlau sind, sagen am besten einfach nichts, denn es ist gerade eine sehr fiese Zeit.“ 14 Versucht, wieder gute Sachen zu tun, und hört auf mit den miesen Aktionen! Nur dann werdet ihr überleben, und Gott, der Chef über die ganze Welt, wird immer bei euch sein. Das behauptet ihr ja auf jeden Fall. 15 Gemeine und fiese Aktionen sollt ihr hassen! Was gut und korrekt ist, sollt ihr lieben! Sorgt dafür, dass es im Gericht immer korrekt zugeht. Vielleicht wird Gott, der Chef über alles, dann dem Rest von Israel seine Liebe zeigen. 16 Gott, der Chef über alles, sagt zu euch: „Es wird überall Trauerfeiern geben! Auf den Straßen wird man überall stöhnen: ‚Oh, wie schrecklich!‘ Auch die Fabrikarbeiter werden sich treffen und traurig sein. Sie werden weinen wegen der vielen Toten. 17 Und in den Weinbergen wird man auch überall traurig sein, denn ich werde bei ihnen einmal durchfahren und viele töten.“ 18 Die Leute, die sich danach sehnen, dass Gott endlich was macht, müssen echt aufpassen. Was erwartet ihr denn von diesem Tag? Es wird ein ganz dunkler Tag sein, es wird sehr dunkel, es gibt dort kein Licht. 19 Es wird so sein, dass jemand vor einer Truppe Hooligans flieht, und kaum hat er sie abgehängt, kommt er an ein paar Skins vorbei. Falls er es heil zu seiner Wohnung geschafft hat, wird er dort von einem Kampfhund gebissen und stirbt an Tollwut. 20 Dieser Tag, wo Gott kommt, wird sehr finster sein. Es wird ein schwarzer Tag, da gibt es nichts Nettes und nichts Schönes. 21 Gott sagt: „Ich hasse eure religiösen Feste, und auf eure Partys hab ich überhaupt keinen Bock. 22 Eure Abfackelopfer gefallen mir nicht, und eure Essensopfer finde ich total öde. Auch das Dankopfer gefällt mir null. Die Kuh, die dort geschlachtet wird, kann ich echt nicht mehr sehen. 23 Eure Lieder kommen mir zu den Ohren raus, und wenn ich noch einmal eine Akustikgitarre höre, wird mir übel. 24 Was ich mag, ist, wenn es korrekt bei euch zugeht! Das ist wie ein fließender Bach mit kristallklarem Wasser, der sich durch das Land schlängelt. 25 Wie war das denn damals, als ihr durch die Wüste gezogen seid? Hab ich da von euch irgendwelche Opfer verlangt? 26 Hattet ihr damals schon diese Plastikgötter nötig, die ihr jetzt immer mit euch rumtragt? Ich mein jetzt diesen Sakkut- und Kewan-Gott. 27 Ich werde dafür sorgen, dass ihr in Kriegsgefangenschaft kommt und sehr weit weggebracht werdet. Der Ort wird sogar weiter weg liegen als Damaskus. Das sagt euch Gott, der Chef über alles."

6

Ihr werdet bestraft

1 Die Leute, die in Zion leben und sich keine Sorge um nichts machen, müssen echt aufpassen, ebenso die Menschen in Samaria, die sich in Sicherheit fühlen. Israel ist die Nummer eins von allen Völkern. Die High Society von Israel, bei der sich die Leute gerne treffen, muss sich in Acht nehmen. 2 Schaut doch mal in der Stadt Kalne vorbei oder geht zu der großen Stadt Hamat und auch noch nach Gat, der Stadt von den Philistern. Schaut sie euch an und vergleicht sie mit euren Städten. Haben die vielleicht mehr Land als ihr? Oder seid ihr besser gerüstet als die? 3 Ihr denkt, dass es bis zu dem Tag, wo die große Katastrophe kommt, noch lange hin ist. Und doch habt ihr selbst für ein System gesorgt, wo Brutalität und Ausbeutung an der Tagesordnung sind. 4 Ihr liegt auf euren Ledersofas und kuschelt euch nachts in das große Federbett. Ihr esst nur Rinderfilets und Lammkeulen. 5 Ihr schreibt schlechte Songs, die ihr mit der E-Gitarre vortragen wollt. Dabei kommt ihr euch so vor, als wärt ihr so ein Superstar, wie es der Präsident David früher war. 6 Ihr trinkt literweise Champagner aus den besten Kristallgläsern und kauft euch die teuersten Parfüms und Aftershaves. Aber dass euer Land gerade zusammenbricht, juckt euch nicht die Bohne. 7 Darum werdet ihr jetzt alle als Kriegsgefangene abgeführt. Mit dem Partymachen und Rumfläzen ist jetzt erst einmal Schluss.

Samaria wird kaputt gemacht

8 Gott sagt: „Mir wird schlecht, wenn ich sehe, wie arrogant die Israeliten geworden sind! Ich hasse ihre Villengegenden, und ich werde ihre Hauptstadt, inklusive ihrer Einwohner, an den Feind ausliefern. Das hab ich mir geschworen, und das zieh ich durch. 9 Und selbst wenn zehn Leute es schaffen, sich irgendwo in einem Haus zu verstecken, dann werden sie trotzdem sterben. 10 Angenommen, in einem kleinen Kellerzimmer von einem Haus wohnt noch jemand und es kommt ein Verwandter vorbei, der die Toten aus dem Haus beerdigen will. Wenn er ihn dann fragt: ‚Gibt es noch mehr Leute, die überlebt haben, außer dir?', und der antwortet: ‚Nein, niemand!', dann wird der Typ sagen: ‚Halt bloß dein Maul und sprich nicht den Namen von Gott aus! Du würdest sonst auch sterben!' 11 Gott wird nur ein Wort aussprechen, und das größte Haus wird in die Luft fliegen, und die kleinsten Hütten würden in tausend Stücke zerbrechen."

Wer nicht korrekt lebt, wird bestraft

12 Fahren Autos etwa auf Felsen, oder kann man mit einem Trecker auf dem Wasser rumgurken? Aber ihr habt aus Korrektheit Gift gemacht! Was ihr korrekt nennt, schmeckt so lecker wie Rattengift. 13 Die Leute, die sich dadrauf was einbilden, dass sie die Stadt Lo-Dabar eingenommen haben, sollen echt aufpassen. Sie behaupten: „Wir haben ganz alleine Karnajim eingenommen, da hat uns niemand bei geholfen!" 14 Aber Gott, der Chef über die ganze Welt, antwortet: „Ich werde eine Armee auf euch loslassen, die euer ganzes Land einnimmt. Sie werden euch schwer unter Druck setzen, in dem ganzen Gebiet von Lebo-Hamat bis runter zum Toten Meer."

7

Drei Visionen, die Amos von Gott bekam

1 Gott, der Chef, hat dann so einen Film in meinem Kopf abgespielt, so eine Vision. Und dort sah ich, wie er am Basteln von megavielen Heuschrecken war. Das passierte in der Zeit, als gerade das Gras für den Präsidenten gemäht wurde und die neue Saat im Frühjahr anfing zu wachsen. 2 Die Heuschrecken stürzten sich dann auf das Gras und fingen an, alles aufzufressen. Ich sagte zu Gott: „Bitte, dir ist doch nichts unmöglich, kannst du nicht auch den Leuten ihren Mist verzeihen, den sie gebaut haben? Wie sollen die Leute von Israel sonst die nächste Zeit überleben? Es sind doch nur noch so wenige übrig!" 3 Ich konnte Gott anscheinend umstimmen, und er änderte seine Pläne. „Okay, dann soll das nicht passieren!", sagte er zu mir. 4 Plötzlich wechselte das Bild. Gott, der Chef über alles, zeigte mir jetzt einen anderen Film. Und zwar konnte ich sehen, wie er Feuer vom Himmel fallen ließ. Es wurde so megaheiß, dass das ganze Ackerland und alle Felder verbrannten. 5 Als ich das sah, meinte ich zu ihm: „O Mann, Gott, du kannst doch alles! Bitte hör auf damit! Wie sollen denn deine Leute diese Katastrophe überleben? Es sind doch nur noch so wenige!" 6 Ich konnte Gott umstimmen, und er änderte seine Pläne. „Okay", sagte er, „dann soll das nicht passieren." 7 Schließlich sah ich vor meinem inneren Auge wieder einen anderen Film. Und zwar sah ich, wie Gott auf einer dicken

Mauer stand. In seiner Hand hatte er ein Stück Metall. 8 Dann fragte er mich: „Und, Amos? Was siehst du jetzt?" „Also, unter anderem seh ich ein Teil aus Metall, was du in der Hand hältst!" „Genau, dieses Metall steht für die Waffen, die ich jetzt mitten unter die Leute von Israel abfeuern werde. Ich werde sie ab sofort nicht mehr mit Samthandschuhen anfassen! 9 Die Opferplätze, welche die Familie von Isaak aufgebaut hatte, werde ich plattmachen. Die Leute aus der Präsidentenfamilie von Jerobeam werde ich alle töten lassen."

Amos bekommt Probleme

10 Irgendwann schrieb Amazja, der Chef-Priester in Bet-El, einen Brief an den amtierenden Präsidenten Jerobeam. „Verehrter Herr Präsident! Ich möchte Sie davon in Kenntnis setzen, dass der Prophet Amos gerade versucht, eine Revolution gegen Sie anzuzetteln. Die Sachen, die er verbreitet, sind wirklich übel, und sie tun dem Land nicht gut. 11 Zum Beispiel hat er behauptet, dass Gott ihm gesagt hätte, Sie würden bald in einem Krieg erschossen werden. Er behauptet, dass alle Israeliten bald als Kriegsgefangene verschleppt würden, das wäre sehr sicher. Mit freundlichen Grüßen, Amazja." 12 Amos gegenüber schleimte Amazja aber rum und sagte zu ihm: „Lieber Prophet, hauen Sie möglichst schnell von hier ab! Gehen Sie am besten nach Juda! Dort werden Sie bestimmt auch Ihren Lebensunterhalt verdienen und als Prophet arbeiten können! 13 Aber in Bet-El entziehen sie Ihnen die Arbeitserlaubnis, schließlich hat der Präsident hier seinen Regierungssitz, und auch der Tempel vom Nordstaat Israel steht an diesem Ort." 14 „Eigentlich hab ich ja gar keine Ausbildung als Prophet", antwortete Amos. „Ich bin auch nicht Mitglied in irgendeinem Prophetenclub, ich bin nur ein armer Schafhirte und züchte Apfelbäume. 15 Aber Gott hat mich von meinem Hof weggeholt. Er sagte zu mir: ‚Ich hab einen neuen Job für dich, du bist jetzt ganz offiziell ein Prophet! Du sollst den Leuten von Israel Sachen von mir sagen!' 16 Jetzt hören Sie mal zu, was Gott Ihnen zu sagen hat. Sie fordern mich auf, dass ich nicht mehr so negative Dinge über Israel sagen soll. Und ich soll aufhören, gegen die Familie von Isaak prophetisch zu reden. 17 Darum sagt Gott zu Ihnen: ‚Deine Frau wird bald als billige Nutte am Hauptbahnhof arbeiten. Deine Kinder werden im Krieg sterben. Alles, was dir gehört, wird man bei E-Bay versteigern, und du wirst irgendwohin verschleppt und dort leben. Es wird ein Ort sein, wo lauter Leute sind, die ohne mich leben, es ist ein dreckiger Ort, er ist unrein. Was auch ganz sicher ist: Die Leute von Israel werden alle in Kriegsgefangenschaft kommen und von hier wegziehen müssen.'"

8

Der vierte Film: Samaria wird bestraft

1 Dann sah ich noch eine andere Vision. Und zwar war da ein großer Korb mit ganz viel Obst drin. 2 Gott fragte mich: „Na, Amos? Was siehst du?" „Äh, also da ist so ein Korb mit reifem Obst drin!", antwortete ich. „Genau! Das ist ein Bild dafür, dass meine Leute langsam reif sind. Es ist Zeit für die eine Gerichtsverhandlung, wo ich ein Urteil fälle. Die Schonfrist ist abgelaufen. 3 Aus den schönen Songs, die man im Tempel hört, werden dann traurige Lieder, die man sonst nur auf einer Beerdigung spielt. Überall liegen dann Leichen rum, man wirft sie einfach irgendwohin. Es ist totenstill. Das sagt Gott, der Chef über alles." 4 Die Menschen, welche auch noch auf Obdachlose draufhauen und kaputte Leute am liebsten töten würden, sollen mal gut aufpassen. 5 Solche Leute sagen: „Wann ist endlich das Neumondfest vorbei? Wie lange dauert der Sonntag, der religiöse Feiertag, noch? Wir wollen doch endlich wieder Aktien an der Börse handeln und völlig überhöhte Preise nehmen. Dann wollen wir den Leuten weniger ausbezahlen, als ihnen zusteht, und dann können wir mehr Kohle fur uns behalten. 6 Wir wollen Arbeitslose für einen Hungerlohn anstellen und ihnen als Bezahlung höchstens ein paar Schuhe geben. Außerdem wollen wir unseren Müll als Top-Ware verscherbeln." 7 Aber Gott hat etwas ganz fest versprochen: „Ich werde die ganzen Sachen, die sie verbockt haben, niemals vergessen!" 8 Das ist echt schlimm, jeder Mensch sollte deswegen trauern! Es wird ein krasses Erdbeben geben, der Boden wird sich anheben und senken, wie eine Welle auf dem Nil-Fluss in Ägypten.

An dem Tag der Gerichtsverhandlung wird Gott erst einmal nichts sagen

9 Gott, der Chef über alles, sagt: „An diesem Tag werde ich dafür sorgen, dass es schon gegen Mittag plötzlich dunkel wird. Am helllichten Tag geht auf der ganzen Erde plötzlich das Licht aus. 10 Die Partys, die man dann überall feiert, müssen dann zu Trauerfeiern umfunktioniert werden. Anstatt Party-Musik wird man dann nur noch traurige Lieder

hören. Ich sorge dafür, dass ihr nur noch schwarze Kleidung anziehen werdet, ihr schminkt euch nur noch schwarz, rasiert euch eine Glatze und seid verzweifelt. Es wird so eine Trauer herrschen, wie wenn der einzige Sohn gestorben ist. Diese heftige Zeit wird ganz übel zu Ende gehen." 11 Dann sagte Gott noch: „Ich werde dafür sorgen, dass eine total heftige Zeit anbricht. Ich sorge dafür, dass es überall großen Hunger und großen Durst geben wird. Es ist aber kein Hunger nach einem leckeren Döner oder Durst nach einer eiskalten Cola, sondern ein Hunger, Worte von Gott zu hören! 12 Dieser Hunger wird die Leute in die ganze Welt treiben. Sie gehen in die entferntesten Länder, ganz im Norden und ganz im Osten. Überall werden sie versuchen, diese Worte von Gott zu hören, aber es wird keinen Ort geben, wo man sie findet. 13 In der Zeit werden selbst Jugendliche im besten Alter, bildhübsche Mädchen und junge Männer, vor Durst umkippen. 14 Die Leute, welche sich dann auf diese superätzenden Plastikgötter in Samaria einlassen, werden umfallen und nicht mehr aufstehen. Die, die bei dem Plastikgott Dan ihren Hunger stillen wollen oder sich deswegen auf einen Pilgerweg nach Beerscheba begeben, werden sterben."

9 Der letzte Film von Amos: Keiner wird entkommen

1 Dann sah ich in einer Vision, wie Gott bei dem Opfertisch stand, der direkt vor dem Tempel ist. Er sagte: „Schlag auf das Ende von den Säulen, die im Tempel stehen! Ich will, dass der ganze Bau in seinem Fundament bebt. Spreng die Säulen weg, sie sollen auf die Köpfe der Leute fallen! Den Rest der Menschen werde ich im Krieg töten. Keiner wird entkommen oder sich in Sicherheit bringen können. 2 Selbst wenn sie Selbstmord begehen, werde ich sie aus dem Land, wo die Toten sind, wieder zurückholen. Und selbst wenn sie versuchen würden, ins Weltall zu fliehen, hole ich sie von dort wieder runter. 3 Wenn sie sich auf dem Berg Karmel verstecken, werde ich sie auch dort finden. Und wenn sie sich in ein U-Boot setzen und an die tiefste Stelle des Meeres fahren, dann werde ich sie auch dort mit einem Torpedo treffen. Sie können sich nicht vor mir verstecken. 4 Und wenn sie von ihren Feinden in Kriegsgefangenschaft geführt werden, dann werde ich dafür sorgen, dass sie in dem Land durch MG-Beschuss sterben. Ich werde sie im Auge behalten, ich werde sie die ganze Zeit beobachten. Das mach ich nicht, weil ich auf sie aufpassen will, sondern weil ich möchte, dass es ihnen schlechtgeht."

Gott hat alles gemacht

5 Gott ist der Chef über jede Macht, die es im Universum gibt. Wenn er die Erde auch nur anpustet, fängt der Boden an zu beben. Er kann dafür sorgen, dass der Boden sich anhebt oder senkt, so wie das Wasser im Nil, dem Fluss in Ägypten. So sorgt er dafür, dass die Menschen, die dort wohnen, wegen den Opfern der Naturkatastrophe traurig sind. 6 Er hat den Himmel gebaut, und das ganze Universum hat er gemacht. Dort wohnt er, im Universum steht sein Haus. Er sorgt dafür, dass das Wasser aus dem Meer verdunstet und dann als Regen wieder auf die Erde zurückkommt. Man nennt ihn auch den Oberchef oder einfach Gott!

Israel bekommt keine Sonderwünsche

7 Gott sagt: „Hey, ihr Leute von Israel, glaubt ihr im Ernst, ihr seid besser als die Leute von Äthiopien? Klar, Israel hab ich damals aus Ägypten rausgeholt. Aber die Philister hab ich auch aus Kreta befreit und die Syrer aus Kir. 8 Ich hab genau im Blick, was für ätzende Sachen man in Israel bringt. Darum will ich auch diese Regierung komplett vernichten. Aber ich werde die Israeliten nicht komplett plattmachen. Das sage ich, Gott. 9 Pass auf, ich werde etwas organisieren, und dann müssen die Leute mal ausgetestet werden. Ich werde sie filtern, wie man Kaffee filtert. Nicht eine Kaffeebohne wird dabei auf den Boden fallen. 10 Ich werde dafür sorgen, dass alle Leute, die Mist gebaut haben, im Krieg sterben. Alle Leute, die bis dahin immer behauptet haben, dass Gott sie vor jeder Katastrophe beschützt, müssen dann von den Feinden erschossen werden."

Nach der Katastrophe wird alles gut

11 Gott sagt: „Dann kommt eine Zeit, wo ich dafür sorgen werde, dass das verfallene Haus von David wieder renoviert wird. Die Risse werden zugespachtelt, die kaputten Mauern wieder hochgezogen. Das ganze Teil soll wieder so krass aussehen, wie es damals ausgesehen hatte. 12 Dann werden die Leute von Israel den Rest von Edom und auch die anderen Nachbarländer einnehmen. Alle Länder, die früher mal mir gehört haben, werden dabei sein. Das kommt von mir, dem Chef, und ich werde das auch durchziehen. 13 Es wird eine Zeit kommen, wo das Wetter so gut ist, dass man bei euch das ganze Jahr über säen und ernten kann. Die Sachen wachsen so

schnell, dass der Bauer schon ein paar Tage, nachdem er sein Feld gepflügt hat, die ersten Kartoffeln ernten kann. Und wenn man den Wein abgeerntet hat, kann man sofort neue Pflanzen anlegen, ohne das nächste Frühjahr abzuwarten. Es werden so viele Trauben auf den Weinbergen wachsen, dass sie platzen und ihr Saft die Hügel runterfließt. 14 Ich werde dafür sorgen, dass für meine Leute alles wieder gut wird. Sie werden die heruntergekommenen und zerstörten Städte wieder aufbauen und in die Häuser ziehen. Sie werden ihren selbstgemachten Wein trinken und das Obst von den eigenen Obstbäumen essen. 15 Ich werde meine Leute wieder in ihr eigenes Land bringen, sie werden dort Wurzeln schlagen. Ab dann sollen sie nie mehr aus dem Land rausgerissen werden, diesem Land, was ich ihnen mal geschenkt hatte. Das kam jetzt von Gott, dem Chef über alles."

Der Prophet Obadja

1
Wie Gott die Edomiter bestrafen wird
1 Was jetzt kommt, sind Worte von dem Prophe-
ten Obadja, die er von Gott bekommen hat:
Gott, der absolute Chef über alles, hat etwas zu den
Leuten von Edom gesagt. Er hat jemanden organi-
siert, der zu den Menschen geht, die nicht mit Gott
leben. Seine Nachricht von Gott ist: „Los, kommt in
die Puschen! Wir wollen den Leuten von Edom den
Krieg erklären und gegen sie kämpfen!“ 2 Zu Edom
sagt Gott: „Pass auf, ich werde dich runterputzen,
du wirst eine ganze kleine Nummer, eine von vie-
len. Die anderen Völker werden Witze über dich
machen. 3 Du hast dich selbst reingelegt, weil du
dachtest, dir könnte nichts passieren. Du hast
gedacht, weil du durch Felsen beschützt wirst und
weil deine Stadt sehr hoch liegt, kann dir nichts
passieren. Du meintest: ‚Wer kann mich schon von
hier oben runterholen?‘ 4 Aber selbst wenn du auf
dem Eiffelturm wohnen würdest oder wenn du dich
in der Milchstraße verstecken würdest, ich kriege
dich doch! Das meine ich, Gott, zu dir. 5 Die Mafia
wird bei dir klingeln, man wird dich in der Nacht
überfallen und ausrauben. Man wird dich ausquet-
schen wie eine Apfelsine, und kein Tropfen wird
übrig bleiben. Wenn man dich abernten würde wie
bei einer Weinlese, dann würde man wenigstens
etwas übrig lassen für die zweite Schicht. Aber bei
dieser Aktion jetzt bleibt nichts übrig. 6 Das ganze
Land von Esau (der Kerl, von dem euer ganzes
Land ja abstammt) wird durchsucht und geplün-
dert. Jedes Versteck wird ausgeraubt. 7 Alle Völker,
mit denen du Verträge hattest, lassen dich im Stich.
Sie haben dich abgezogen, deine Freunde haben
dich beschissen und kaputt gemacht. Früher haben
sie auch von deinem Essen gelebt, jetzt stellen sie
dir heimlich eine Falle. 8 An diesem Tag werde ich
die schlauen Leute von Edom alle kaputt machen,
und die Intelligenz von Edom mach ich fertig. 9 Die
mutigen Soldaten von Teman werden Angst bekom-
men. Alle Soldaten, die in den Bergen von Edom
leben, müssen sterben, sie werden umgebracht.
10 Denn sie haben es übel mit den Leuten von Israel
getrieben. Die stammen ja alle vom Jakob ab, der
ein Bruder vom Esau war. Also haben die Edomi-
ter praktisch Leute aus der eigenen Familie abge-
schlachtet. Darum seid ihr einfach daneben, man
kann euch nicht mehr ertragen, ihr müsst komplett
zerstört werden, und zwar für immer. 11 Ihr habt
einfach zugesehen, als ein ausländisches Heer in
Jerusalem einmarschiert ist und viele Männer in die
Kriegsgefangenschaft abgeführt hat. Sie brachen die
Tore von Jerusalem auf und haben unter sich aus-
gewürfelt, wer denn welchen Bewohner bekommen
soll. Und ihr habt fleißig dabei mitgemacht! 12 Seid
nicht so schadenfroh, wenn es den Leuten aus
eurer eigenen Familie schlechtgeht. Freut euch
nicht, wenn die Pech haben. Seht nicht einfach zu
an dem Tag, wo die Leute von Juda kaputtgehen.
13 Stürmt nicht auch noch die Stadt von meinen
Leuten, die sowieso schon am Boden liegt. Freut
euch nicht, wenn es ihnen dreckig geht. An dem
Tag, wo sie kurz vor dem Untergang stehen, solltet
ihr nicht feiern. Und ihr solltet auch nicht scharf auf
die Sachen von denen sein, wenn die Israeliten
kaputt gemacht werden. 14 Ihr sollt euch auch nicht
auf dem einzigen Fluchtweg aufstellen und die
Leute dort töten, die versuchen, vor der Katastro-
phe zu fliehen. Ihr sollt auch keine Gefangenen
nehmen und an die Sieger ausliefern. 15 Der letzte
Tag kommt bald. An diesem Tag werde ich eine
Gerichtsverhandlung über alle Völker abhalten.
Alles, was ihr getan habt, kommt dann raus, und
ihr werdet dementsprechend bestraft bzw. belohnt
werden. 16 So, wie ihr einmal meine Wut auf dem
ganz besonderen Berg zu spüren bekommen habt,
so werden alle anderen Völker sie ständig zu spü-
ren bekommen. Wenn mein Zorn wie ein Getränk
wäre, dann hättet ihr davon mal einen Schluck
abbekommen, aber die anderen Nationen werden
dadrin ersaufen. Es wird sie so hart treffen, dass
man später das Gefühl hat, es hätte dieses Volk nie
gegeben. 17 Aber auf dem Berg Zion wird die Ret-
tung sein, denn dieser Berg wird ein ganz besonde-
rer und gottmäßiger Ort sein. Die Israeliten werden
dann irgendwann wieder das Land übernehmen,
was ursprünglich mal ihnen gehört hatte. 18 Die
Leute von Juda und Israel werden ein Feuer sein,
die Familie von Josef wird ein Flammenwerfer sein,
und sie werden die Familie von Esau brennen las-
sen wie Benzin. Das Feuer wird alle töten. Von der
Familie von Esau wird niemand überleben. Das
sage ich, Gott, der Chef über alles.“ 19 Dann werden
die Leute von Juda, welche in der Steppe im Süden
leben, das Gebiet der Edomiter einnehmen, das in

den Bergen liegt. Die Leute von Juda aus dem Westen werden das Gebiet von den Philistern einnehmen. Der Rest wird das Gebiet von Efraim und das Gebiet von Samaria bekommen. Die Leute von Benjamin kriegen dann Gilead. [20] Die Leute von Israel, die als Kriegsgefangene verschleppt wurden, sollen das Land von den Kanaanitern bis nach Sarepta besetzen. Die Leute, welche in Jerusalem gewohnt hatten, bevor man sie in Kriegsgefangenschaft nach Sefarad abgeführt hatte, sollen die Städte kriegen, welche im Süden von Juda liegen. [21] Eine Truppe wird auf den Berg Zion ziehen und die Leute dort befreien. Dann werden sie das Gerichtsurteil vollstrecken, was für die Leute gilt, welche in dem Gebirge von Edom leben. Gott wird wieder die absolute Nummer eins sein.

Der Prophet Jona

1 Jona hat keinen Bock, das zu tun, was Gott von ihm will

1 Es gab einmal einen Typen, der hieß Jona. Jona war ein Sohn von Amittai. Irgendwann redete Gott mit diesem Jona. Er sagte: 2 „Hey, Jona! Ich will, dass du in die Stadt Ninive in Assyrien gehst. Dort sollst du dich in die Fußgängerzone auf eine Kiste stellen und den Leuten sagen, dass ich die Schnauze voll hab! Ich beobachte schon seit langem ihren fiesen Lebensstil, und ich kann das nicht länger durchgehen lassen." 3 Aber Jona hatte überhaupt keinen Bock drauf, das zu tun, was Gott von ihm wollte. Er packte seine Sachen und fuhr mit dem Bus genau in die entgegengesetzte Richtung. Jona floh vor Gott und auch vor seinem Auftrag. Schließlich wollte er in der Hafenstadt Jafo auf ein Schiff, das nach Tarsis in Spanien fuhr. Er kaufte sich das Ticket und ging an Bord.

Gott schickt einen heftigen Sturm

4 Kaum war die Fähre auf dem Meer, organisierte Gott einen heftigen Sturm. Die Wellen waren so krass, dass man das Gefühl hatte, das Schiff würde gleich auseinanderbrechen. 5 Sogar die Besatzung schob voll die Panik, alle schrien durcheinander, und jeder betete zu seinem Gott. Damit das Schiff in dem Sturm besser fahren konnte, warf man alle Container und Autos über Bord. Aber Jona war in seine Kajüte gegangen und hatte sich pennen gelegt. 6 Schließlich weckte ihn der Kapitän auf und sagte: „Hey, verdammt, was soll das? Wie kannst du dich hier so seelenruhig in die Koje hauen? Los, wach auf und fang an, zu deinem Gott zu beten! Vielleicht wird er ja an uns denken und dafür sorgen, dass wir nicht alle ersaufen müssen." 7 Die Seeleute an Bord kamen dann auf die Idee, dass diese Katastrophe mit jemandem zu tun haben müsste, der auch auf dem Schiff war. „Wir müssen herausbekommen, wer uns diesen Scheiß eingebrockt hat", sagten sie. „Am besten, wir ziehen Lose." Also zog jeder Mann, der an Bord war, einen Zettel aus einem Hut, und bei Jona war dann das Kreuz drauf. 8 „Hey, Mann!", riefen sie, „was hast du getan, dass wir hier so derbe in Gefahr sind? Wo kommst du eigentlich her, und was machst du beruflich? Wie ist deine Nationalität?" 9 „Ich besitze einen hebräischen Pass", antwortete Jona. „Ich habe nur vor dem Gott Respekt, der das ganze Universum, das Land und auch dieses Meer gemacht hat! Zu diesem Gott bete ich." 10 Dann erzählte Jona ihnen, dass er vor Gott auf der Flucht war. Da bekamen die Männer noch mehr Angst und fragten ihn: „Warum bist du denn abgehauen?" 11 Aber bevor er überhaupt antworten konnte, sagten sie dann: „Was sollen wir jetzt mit dir machen? Wie sollen wir mit dir umgehen, damit das Unwetter endlich aufhört?" Die Wellen wurden nämlich immer heftiger, und das Schiff drohte unterzugehen. 12 „Am besten, ihr schmeißt mich einfach über Bord, ins Meer!", rief Jona ihnen zu. „Die Wellen werden dann sofort aufhören. Eure Probleme mit dem Sturm kommen nur wegen mir!" 13 Die Seeleute versuchten, das Schiff irgendwie in Richtung Land zu steuern, aber sie hatten keine Chance. Der Wind war einfach zu heftig, und die Wellen wurden mit der Zeit immer größer. 14 Schließlich fingen sie sogar alle an, zu dem einen Gott zu beten: „Chef, Gott, du darfst uns das nicht übelnehmen, wenn wir diesen Mann jetzt töten! Wir gehen einfach davon aus, dass du das so willst, ja?! Bitte bestrafe uns nicht, falls wir jetzt jemanden töten, der eigentlich nichts verbrochen hat!" 15 Schließlich packten sie Jona am Arm und schmissen ihn über Bord ins Meer. In derselben Sekunde wurde das Wasser wieder ganz ruhig, und der Sturm legte sich! 16 Die Seeleute kriegten dadurch Megarespekt vor Gott. Sofort zogen sie noch auf dem Schiff ein paar Opfer durch, die man macht, wenn man Mist gebaut hat, und versprachen Gott alles Mögliche, was sie ab sofort tun wollten.

2 Jona betet und wird gerettet

1 Kaum war Jona ins Meer gefallen, da kam ein riesengroßer Fisch, öffnete sein großes Maul und verschluckte ihn in einem Happen. Jona verbrachte dann drei Tage im Bauch von diesem Fisch. 2 Und Jona betete zu Gott, seinem Chef, während er im Bauch von dem Riesenfisch saß: 3 „Als es mir richtig dreckig ging, habe ich angefangen, zu dir zu beten, und du hast mir geantwortet! Ich war schon mit einem Bein in der Hölle, und von dort hab ich zu dir gerufen, und du hast mich gehört! 4 Du hast dafür gesorgt, dass ich mitten im Meer krasse Pro-

bleme bekommen hab! Deine Wellen waren gigan-
tisch hoch, sie sind über mir zusammengebrochen.
5 Ich dachte schon, das wäre es jetzt gewesen, du
hättest mich verstoßen und ich würde nie wieder
den besonderen Tempel sehen können. 6 Das Was-
ser stand mir bis zum Hals, und ich bin tief ins
Meer gezogen worden. Mein Kopf war voll mit Al-
gen. 7 Ich sank immer tiefer. Ich war schon fast auf
dem Meeresboden. Schließlich war ich so gut wie
tot. Fast wurde die Tür zum Leben für immer hinter
mir zugemacht. Aber plötzlich hast du, Gott, mich
gepackt und aus dem Tod rausgeholt. 8 Kurz bevor
ich ohnmächtig wurde, hab ich noch an dich
gedacht! Ich habe zu dir gebetet, und meine Worte
haben dich in deinem besonderen Tempel erreicht.
9 Die Leute, welche in solchen Situationen zu pein-
lichen Plastikgöttern beten, sind dir nicht treu.
10 Aber ich will anders sein, ich werde mich bei dir
bedanken, und ich werde für dich ein paar Opfer
verbrennen! Was ich verspreche, werde ich auch
halten! Gott, du bist der Einzige, der wirklich helfen
kann!" 11 Gott sagte dann zu dem Riesenfisch, dass
er Jona beim nächsten Strand ausspucken sollte,
und der machte das auch.

3 Jona predigt in Ninive

1 Dann redete Gott zum zweiten Mal mit Jona
über seinen Auftrag: 2 „Hey, Jona, ich will
immer noch, dass du in die Stadt Ninive gehst und
dort in der Fußgängerzone eine Predigt für alle Be-
wohner hältst!" 3 Jona packte dann seine Sachen
und fuhr sofort nach Ninive, weil Gott ihm das so
gesagt hatte. Ninive war eine recht große Stadt, zu
Fuß brauchte man drei Tage, um sie einmal zu
durchqueren. 4 Als er in der Innenstadt angekom-
men war, stellte er sich auf eine Kiste und rief den
Leuten zu: „Alle mal herhören! Gott sagt: ‚In vierzig
Tagen ist Ninive nur noch ein Schrotthaufen!'" 5 Tat-
sächlich machte seine Ansage die Bewohner voll
betroffen, und viele fingen an, ihr Vertrauen wieder
auf Gott zu setzen. Man organisierte überall Ge-
betstreffen, verzichete auf Essen und zog sich
schwarze Klamotten an, um deutlich zu machen,
wie ernst es ihnen war. Alle machten dabei mit, vom
Hartz-IV-Empfänger bis zum Superreicho. 6 Auch
der Bürgermeister der Stadt hatte die Worte von
Jona gehört. Er stand sofort von seinem Schreib-
tisch auf, zog schwarze Trauerklamotten an, ging
auf die Knie und betete. 7 Dann erließ er ein neues
Gesetz, das für die nächste Zeit jegliches Essen und
Trinken verbieten sollte. Das betraf nicht nur die
Menschen, sondern auch die Tiere! 8 Jedes Lebewe-
sen in der Stadt sollte sich so verhalten, dass deut-
lich wird, wie leid es ihnen tut, dass sie so viel Mist
gebaut hatten. Alle Bewohner sollten volles Rohr zu
Gott beten, aufhören, Mist zu bauen, und ihr Leben
grundlegend ändern. 9 „Vielleicht können wir Gott
noch umstimmen", sagte er. „Vielleicht bringen wir
Gott durch diese Aktion wieder gut drauf, und er ist
nicht länger sauer auf uns. Vielleicht können wir so
überleben!" 10 Gott bemerkte, dass alle Menschen in
Ninive ihr Leben änderten. Es tat ihm leid, dass er
diese Stadt plattmachen wollte, und er änderte
seine Pläne.

4 Jona ist genervt und wird von Gott deswegen gewarnt

1 Jona war mega genervt, dass Gott Ninive
nicht plattgemacht hatte. 2 „O Mann, Gott, war ja
klar, ich wusste es schon vorher! Hab ich das nicht
schon gesagt, als ich noch zu Hause war, bevor ich
losgezogen bin? Du bist einfach zu nett. Du bist so
geduldig, liebst die Menschen ohne Ende, du bist
einfach zu weich! Wenn du jemandem eine Strafe
androhst, tut es dir im selben Augenblick schon
wieder leid, und dann machst du es doch wieder
nicht. Darum wollte ich deinen Auftrag gar nicht
erst annehmen und lieber nach Spanien fliehen.
3 Ach, was soll der ganze Scheiß hier überhaupt!
Von mir aus kannst du mich gerne zu dir holen!
Sterben ist für mich gerade besser als leben!"
4 „Hm, Jona", antwortete Gott. „Denkst du wirklich,
es ist korrekt von dir, dass du jetzt sauer bist?"
5 Jona wollte erst einmal spazieren gehen. Er fuhr
mit dem Bus aus der Stadt und ging in ein Naher-
holungsgebiet, was weiter im Osten lag. Nach eini-
ger Zeit stoppte er am Rand einer Wiese, die auf
einem Berg vor Ninive lag. Er baute sich aus ein
paar Ästen einen kleinen Sonnenschutz und setzte
sich dadrunter, um von dort aus die Stadt zu beob-
achten. 6 Als Jona da so saß, organisierte Gott, dass
direkt neben ihm, im Zeitraffertempo, voll schnell
eine Yuccapalme aus dem Boden wuchs. Die Palme
sollte Jona wie ein Sonnenschirm etwas Schatten
spenden und ihn wieder gut draufbringen. Jona war
happy über das Teil und freute sich wie blöd. 7 Aber
am nächsten Tag organisierte Gott eine Raupe, die
die Rinde von der Palme abknabberte. Dadurch ver-
trocknete die Yucca ein paar Stunden später. 8 Am
nächsten Morgen, die Sonne ging gerade auf, ließ

Gott dann noch einen sehr heißen Wind aus dem Osten aufkommen. Die Sonne knallte Jona voll heftig auf den Kopf, dass er beinahe einen Kreislaufkollaps bekam. Es ging ihm so dreckig, dass er am liebsten gestorben wäre. „Mir geht's total beschissen! Ich hab keinen Bock mehr zu leben! Ich will lieber tot sein!", heulte er rum.
9 Gott fragte ihn: „Sag mal, Jona, denkst du, es ist wirklich okay, dass du dich nur wegen dieser Yuccapalme so aufregst?" „Auf jeden Fall!", antwortete er trotzig. „Ich bin total sauer, und ich will am liebsten tot sein!"
10 „Ach Mann, Jona", stöhnte Gott. „Du bist sauer nur wegen dieser dummen Palme? Hast du denn selbst viel Zeit und Energie in diese Pflanze gesteckt? Hast du sie jahrelang begossen und gedüngt? Nein, sie ist ganz plötzlich, in nur einer Nacht aus dem Boden gewachsen, und eine Nacht später war sie wieder tot.
11 Aber von mir willst du, dass mir die große Stadt Ninive egal ist, obwohl dort über 120000 Menschen und sehr viele Tiere leben! Dazu kommt, dass die alle voll verpeilt sind und gar nicht mehr checken, was richtig und was falsch ist. Denkst du echt, die vielen Menschen sollten mir nicht leidtun?"

Der Prophet Micha

1 Die Leute von Israel und Juda müssen bestraft werden

1 Jetzt kommen die ganzen Texte, die Gott zu Micha gesagt hat. Micha stammte aus dem Dorf Moreschet. Die meisten Sachen erzählte ihm Gott in der Zeit, als in Juda nacheinander die Präsidenten Jotam, Ahas und Hiskija an der Macht waren. Diese Texte gingen entweder an die Leute aus Samaria oder an die Leute, die in Jerusalem lebten. 2 Alle Menschen auf der Erde sollen mal herhören! Gott, der Chef, wird als ein Zeuge in einer Gerichtsverhandlung gegen euch auftreten! Er kommt dafür extra aus seinem Regierungsgebäude im Himmel! 3 Gott verlässt diesen besonders krassen Ort, er kommt von dort oben runter auf die Erde. 4 Er müsste nur mit seinen Füßen auf die Berge treten, und die würden sofort schmelzen wie Eis in der Sonne. Wo er hintritt, spaltet sich die Erde, der Boden wird flüssig wie Wasser und fließt den Abhang runter. 5 Gott kommt, weil er den ganzen Mist gesehen hat, den die Leute von Israel ständig bauen. Wer hat die Israeliten dazu verführt? Waren das nicht die Bewohner aus Samaria? Wer hat die Leute von Juda dazu gebracht, auf den Bergen irgendwelchen Plastikgöttern zu opfern? Waren das nicht die Bewohner von Jerusalem? 6 „Darum werde ich Samaria in einen Schrottplatz verwandeln! Ich werde dafür sorgen, dass die ganzen Steine, aus denen die Stadt gebaut wurde, den Abhang runterstürzen, es werden nur noch die Grundmauern stehen bleiben. Dort, wo Samaria früher stand, wird man bald Wein anpflanzen. 7 Die ganzen selbstgemachten Plastikfiguren kommen in den Schredder, und die ganzen Geschenke, die man denen gemacht hat, kommen in den Ofen. Diese Plastikgötter wurden bezahlt mit der Kohle, die durch die Huren reinkommt, welche auf den Tempelstrich gehen. Und jetzt werden die Huren mit diesen Plastikfiguren bezahlt."

Jerusalem kriegt auch sein Fett weg

8 Darum bin ich voll fertig, Ich krieg einen Heulkrampf und würde am liebsten laut losschreien und verheult durch die Straßen laufen. 9 Denn die Leute aus Samaria werden sich von diesem Schlag nicht mehr erholen, und Juda wird es auch treffen. Die Katastrophe wird meine Leute treffen, bis nach Jerusalem wird es gehen. 10 Erzählt davon aber nichts, wenn ihr in Gat seid, rumheulen gibt's nicht. Aber ihr könnt in Bet-Leafra schwarze Trauerklamotten überziehen. 11 Die Bewohner von Schafir müssen mal verschwinden! Ihre Bewohner sollen ganz peinlich und splitternackt rumlaufen. Die Leute in Zaanan trauen sich nicht mehr, ihre Stadt zu verlassen. Die Bewohner von Bet-Ezel sind auch alle traurig. Gott sorgt dafür, dass man sich bei euch nicht mehr ausruhen kann. 12 Die Leute aus Marot haben Angst, dass sie alles verlieren könnten, was ihnen gehört. Gott bringt eine Katastrophe über Jerusalem. 13 An die Bewohner der Stadt Lachisch: Lasst schon mal die Motoren warm laufen! Ihr müsst bald fliehen, weil bei euch der ganze Mist angefangen hat, der dann in der Stadt Zion weiterging. Aber in Lachisch ging alles los, dort haben die Leute von Israel übelsten Mist gebaut. 14 Darum wirst du dich von der Stadt Morschet-Gat trennen müssen. Die Menschen aus der Stadt Achsib werden für die Präsidenten von Israel eine herbe Enttäuschung sein. 15 An die Bewohner von Marescha: Gott wird jemanden zu euch schicken, der euch alle einkassieren wird. Die Chefs von Israel werden bis nach Adullam kommen und sich dort in Höhlen verstecken. 16 Zieh dir schwarze Trauerklamotten an, schneid dir eine Glatze und mal dir schwarze Ringe unter die Augen. Du sollst trauern, weil deine geliebten Kinder tot sind. Du sollst so aussehen wie eine gerupfte Taube, denn deine Bewohner sind alle verhaftet und in Kriegsgefangenschaft genommen worden.

2 Die Faschos müssen aufpassen

1 Die Menschen an der Macht, welche sich nachts im Bett wieder irgendwelche ätzenden Sachen ausdenken, um sie dann am nächsten Morgen auszuführen, müssen echt aufpassen! 2 Wenn sie Bock auf ein Stück Land haben, dann zocken sie sich das einfach. Wenn sie ein Haus einfach haben wollen, ist das für sie kein Problem. Ohne Rücksicht unterdrücken sie die Menschen und klauen ihnen einfach das Eigentum, was der Familie schon immer gehört hat. 3 Darum sagt Gott: „Passt auf! Ich werde mir etwas ganz Übles für euch einfallen lassen! Ich werde euch eine Falle stellen, aus der ihr euch nicht

so mal eben wieder rauswinden könnt. Ich werde euch etwas Schweres auf die Schultern legen, dass ihr nicht mehr aufrecht gehen könnt. Es wird eine sehr ätzende Zeit für euch anbrechen." 4 Alle werden euch verarschen! Sie werden über euer Leiden auch noch Witze machen. Ihr werdet so was sagen wie: „O nein, wir sind am Boden zerstört! Gott hat Ausländern unser Land gegeben. Sie haben uns alles weggenommen. Weil wir Mist gebaut haben, wurde unser Land unter ihnen aufgeteilt." 5 Es wird niemanden geben, der sich dafür einsetzt, dass ihr euren Anteil bekommt. Bei den Leuten von Gott wird niemand für euch das Land ausmessen wollen, was eigentlich euch gehört. 6 „Hört auf damit, uns Sachen von Gott zu erzählen", sagen sie, und der Sabber läuft ihnen aus dem Mund. „Du kannst uns auch noch so sehr beschimpfen, das trifft eh nicht ein!" 7 Darf man so etwas zu den Israeliten sagen? Wird Gott da nicht irgendwann die Geduld verlieren? Oder steckt Gott nicht sowieso hinter der ganzen Sache? Gelten seine Versprechen nicht nur für Leute, die auch okay leben? 8 Gott sagt: „Meine eigenen Leute starten eine Revolution gegen mich, ihr tut Sachen, die ich nicht will! Zum Beispiel zieht ihr Leute ab, die gerade, völlig alle und schutzlos auf der Heimfahrt von der Front bei euch durchreisen. 9 Die Ehefrauen von meinen Leuten schmeißt ihr aus ihrer warmen Wohnung raus, und von deren Kindern klaut ihr das Erbe, was ihnen eigentlich für immer zusteht. 10 Haut bloß ab! An diesem Ort kann man sich nicht mehr ausruhen. Das liegt daran, dass hier alles verdreckt worden ist. Dieser Dreck macht alles total kaputt. 11 Die Leute würden lieber einen Propheten haben, der ihnen die ganze Zeit nette Sachen erzählt und sie belügt. Einen, der seine Meinung nach dem Wind dreht und mal dies und dann wieder das erzählt, den wünschen sie sich. Oder am besten so einen Typen, der Zeiten voraussagt, wo große Partys abgehen, mit viel Wein und Bier. Auf die Nummer hätten diese Leute jetzt wohl Lust."

Wie Gott seine Leute wieder retten wird

12 Gott sagt: „Ich werde euch alle zusammenholen, die ganzen Leute von Israel, welche übrig geblieben sind, werde ich zusammentrommeln. Wie ein Fußballtrainer seine Mannschaft oder wie ein Hirte seine Schafe, so bringe ich sie wieder zusammen. Voll viele Menschen werden sich dann dort versammeln. Es werden Massen sein, die sich dort treffen. Ich treibe sie zusammen, wie ein Hirte seine Schafe auf einer Wiese zusammentreibt. 13 Es wird einen Mann geben, der den Weg dafür klarmacht. Er geht vor, er durchbricht die Grenzen, und die Leute gehen hinter ihm her. Alle werden durch die Tür nach draußen gehen. Der Präsident geht vorneweg, aber ganz vorne werde ich selbst, euer Gott, sein."

3 Die miesen Typen aus der Führungsschicht müssen aufpassen

1 An alle Chefs, die in Israel das Sagen haben! Ihr müsstet doch eigentlich kapieren, was der Unterschied zwischen richtig und falsch ist. Ihr müsstet erkennen, wann etwas korrekt ist und wann nicht. 2 Aber ihr hasst leider die korrekten Sachen, fiese Aktionen findet ihr stattdessen ganz toll. Ihr zieht meine Leute voll ab. Es ist fast so, wie wenn man einem Tier das Fell abzieht oder das letzte Stück Fleisch von seinen Knochen abpult. 3 Es sind dieselben Menschen, die einerseits meine Leute förmlich auffressen und gleichzeitig bei Gott um Hilfe anklingeln. Sie brechen ihnen die Knochen und zersägen sie passgerecht für den Kochtopf. Auch das Fleisch wird von ihnen zerstückelt und dazugelegt. 4 Aber eins ist sicher: Sie können noch so laut bei Gott um Hilfe bitten, er wird ihnen nicht antworten. Er wird sich vor ihnen verstecken, sie bekommen ihn nicht zu sehen, weil sie so viel Mist gebaut haben. 5 Gott sagt zu den Propheten, die seinen Leuten nur Stuss erzählen und alle in eine total falsche Richtung lenken: „Solange es genug zu futtern gibt, sind alle happy. Aber wenn man ihnen mal keine leckeren Kekse in den Mund steckt, starten sie gleich einen Krieg und tun so, als wollte ich das von ihnen. 6 Darum mache ich es jetzt bei euch dunkel, ich schalte die Lichter aus. Ich werde euch nicht mehr sagen, was in Zukunft abgeht. Die Propheten bei euch werden lange Zeit keine Visionen mehr haben, ich dreh den Bildschirm ab, es wird schwarz." 7 Für die Propheten wird das sehr peinlich sein. Sie werden sich dunkle Kleidung anziehen, so als ginge man zu einer Beerdigung, weil Gott nicht mehr mit ihnen spricht. 8 Aber bei mir, Micha, wird das anders laufen. Ich werde von Gottes Power so abgefüllt sein, dass ich ganz selbstbewusst auftreten kann. Ich werde den Leuten von Israel ihre Fehler vor die Nase halten und werde all ihre Verbrechen aufzählen. 9 An alle Chefs von Israel und an alle, die dort was zu sagen haben: Ihr habt überhaupt keinen Bock, korrekt zu sein! Was

okay ist, versifft ihr, und was nicht okay ist, erklärt ihr für korrekt und richtig. 10 Ihr baut Jerusalem ganz chic auf, aber die Kohle für den Bau kommt aus dunklen Mafiaquellen. 11 Die Chefs machen alles, solange die Bezahlung stimmt. Und die Priester predigen alles, solange sie nur gut genug bestochen werden. Die Propheten erfinden sogar Nachrichten von Gott. Und dann kommen solche Kommentare von euch wie: „Gott ist doch bei uns! Wir sind in Sicherheit, uns kann nichts Schlimmes passieren!" 12 Aber genau deswegen wird der Berg Zion so kaputtgemacht werden, dass man ihn nur noch als ein Ackerfeld benutzen kann. Jerusalem wird zu einem überdimensionalen Schrottplatz. Der Berg, wo der Tempel jetzt draufsteht, wird zu einem Wald, der mit lauter Pflanzen überwuchert ist.

4 Später wird es ein Land geben, wo alles peacig abgeht

1 Irgendwann, wenn die Zeit dafür reif ist, wird Folgendes passieren: Dann wird der Berg, auf dem sich der Tempel befindet, die Nummer eins unter allen Bergen der Welt sein. Außerdem wird er auch höher sein als alle anderen Berge. Sehr viele Menschen werden aus der ganzen Welt dorthin kommen. 2 Viele Leute werden dorthin gehen wollen, sie werden sagen: „Los, kommt mit, wir wollen zu dem Berg gehen, der Gott gehört! Lasst uns zu dem Haus gehen, wo der Gott von Israel ist. Wir wollen ab sofort von diesem Gott lernen und tun, was er sagt." Von diesem Berg Zion werden viele Botschaften ausgehen, an denen sich die Menschen orientieren können. Gott wird von Jerusalem aus zu den Menschen sprechen. 3 Er wird eine Gerichtsverhandlung durchziehen, bei der viele Völker ihr Urteil bekommen. Sowohl ganz große, mächtige Völker wie auch ganz kleine. Dann werden sie aus den MGs Rasenmäher und aus den Handgranaten Flaschenöffner machen. Es wird keine Kriegerklärungen mehr auf der Welt geben. Der Wehrdienst wird abgeschafft, kein Mensch lernt mehr, wie man ein guter Soldat wird oder eine Waffe benutzt. 4 Die Leuten werden friedlich auf den Feldern ihren Obstanbau betreiben, keiner wird sie dabei mehr stören. Das passiert, weil Gott, der Chef über das Universum, es so angekündigt hat. 5 Zurzeit leben die Leute noch ganz unterschiedlich, jeder hat seinen eigenen Gott und betet zu dem. Unsere Leute leben für den Chef, für unseren Gott, und das wird sich auch nie ändern. 6 Gott sagt: „Es wird irgendwann passieren, dass ich alle verletzten und kaputten Leute wieder aufsammle. Auch alle Menschen, die durch mich gelitten haben, werde ich zusammenbringen. 7 Aus diesem verletzten kleinen Haufen von Leuten werde ich eine mächtige Truppe bauen. Es werden ganz besondere, gottmäßige Menschen sein. Ich bin ihr einziger Chef und ich regiere über sie vom Berg Zion aus, für immer. 8 Berg Zion, du bist wie ein Wachturm für meine Leute. Du wirst es noch mitkriegen, wie es bei meinen Leuten wieder richtig abgeht, so wie früher, als die guten Präsidenten noch am Start waren. Jerusalem wird auch wieder die Hauptstadt des Landes sein, von wo aus der Präsident regiert!"

Zurzeit sieht es noch schlecht aus, aber die Wende kommt bald

9 Was ist los, Jerusalem? Warum schreist du so rum? Gibt es keinen Präsidenten mehr bei dir? Oder sind alle deine Ratgeber tot? Warum tust du so, als würdest du gerade ein Baby bekommen? Warum hast du solche Schmerzen wie eine Frau, die ihr Kind kriegt? 10 Kreisch nur rum, stöhne, winde dich hin und her, wie das eine Frau tut, die im Kreißsaal liegt. Denn jetzt ist es so weit, die Leute müssen die Stadt verlassen. Sie werden nur noch im Freien pennen, ohne ein Dach über dem Kopf. Sie gehen bis nach Babylonien. Aber dort wird man euch retten, Gott holt euch dort raus, er befreit euch aus der Gefangenschaft eurer Feinde. 11 Viele Völker haben dir den Krieg erklärt, Jerusalem. Sie haben angekündigt, deine ganz besonderen gottmäßigen Plätze und Gebäude zu versiffen. Sie wollen sich daran sattsehen, wenn Jerusalem zu Schrott gemacht wird. 12 Aber sie haben keine Ahnung, was Gott wirklich vorhat. Sie haben nicht kapiert, was er will. Er hat sie hierhergebracht, damit man sie ganz leicht abmähen kann, wie das Gras im Garten. 13 Gott sagt: „Ich werde euch stark machen, wenn es zu einem Krieg kommt. Ich mache aus deinem Plastikauto einen Stahlpanzer, mit dem du viele Völker platt walzen wirst. Die Sachen, die du ihnen zockst, kannst du dann mir schenken. Ihr ganzes Vermögen soll dem einzigen Chef über die ganze Erde gehören. 14 Zu den Leuten, die in der Stadt wohnen, welche in diesem Krieg belagert wird, sage ich: Zieht schwarze Trauerklamotten an! Holt euch eine Rasierklinge und ritzt euch blutig. Unsere Stadt wird von feindlichen Truppen belagert, und sie foltern sogar unsere Chefs."

5 Der große Chef über Israel kommt aus Bethlehem

1 Zu der Stadt Betlehem sagt Gott Folgendes: „Du bist eine winzige Stadt, eine von Tausenden in Juda. Aber in dir wird der Typ geboren werden, der bald über ganz Israel das Sagen haben wird. Er war schon da, bevor man überhaupt angefangen hat, die Uhrzeit zu messen, vor Ewigkeiten und noch länger. 2 Gott wird es zulassen, dass die Feinde mit seinen Leuten machen können, was sie wollen. Aber nur, bis dann eines Tages eine Frau ein ganz besonderes Kind, ebendiesen Typen, kriegen wird. Wenn das passiert ist, wird der Rest der Israeliten auch wieder zurückkommen. 3 Dieser Typ wird dann seinen Auftritt haben und sich um seine Leute kümmern. Das macht er dann mit voller Power, mit einer Kraft, die nur von Gott kommen kann. Deswegen hat man auch Respekt vor ihm. Dann wird meinen Leuten nichts mehr passieren können, sie sind in Sicherheit. Er wird seine Macht überallhin ausdehnen, über die ganze Erde. 4 Und er wird der Friedensbringer sein. Wenn die Assyrer unser Land angreifen und unsere Regierungsgebäude bombardieren, dann wird dieser Typ sich denen in den Weg stellen. Und der hat sieben- bis achtmal so viel Macht wie ein Präsident. 5 Dieser Typ wird dann Assyrien besiegen und deren Verteidigungsanlagen zerstören. Er wird uns von den Assyrern befreien, wenn sie uns angreifen und in unser Land einfallen.“

Der Rest von Israel

6 Die Überlebenden von Israel werden überall verstreut leben. So, wie es überall Regen gibt, leben sie auch überall auf der Welt, da sorgt Gott für. Sie glauben zu dem Zeitpunkt nicht mehr, dass Menschen ihnen wirklich helfen können, die Hoffnung haben sie aufgegeben. 7 Dieser Rest von Israel wird überall auf der Erde leben, bei Leuten, die nicht an Gott glauben. Sie werden so sein wie ein Wolf unter lauter Schafen oder wie eine Katze in einem Käfig voller Mäuse. Wenn die Katze dort drin ist, tötet sie jede Maus, und keine kann sich retten. 8 Gott, hau auf die Feinde drauf. Keiner soll überleben! 9 Gott sagt: „In der Zeit werde ich alle Panzer und alle Motorräder von euch verschrotten lassen. 10 Ich werde eure Städte zerstören und eure Bunker sprengen. 11 Ich werde alle okkulten Zauberheinis bei euch rausschmeißen, und es wird keine Esoteriker mehr bei euch geben! 12 Die ganzen Plastikgötter kommen in die Schrottpresse, und auch die Zaubersteine schmeiß ich auf den Müll. Dann werdet ihr nicht mehr zu diesen Plastikgöttern beten können. Du wirst dich nicht mehr vor diesen Dingen auf den Boden schmeißen, die du eigentlich mal selbst gebastelt hattest. 13 Ich sprenge eure Statuen einfach weg, und die Städte müssen auch dran glauben. 14 Ich werde mich auch an den anderen Nationen rächen, die nicht auf mich gehört haben.“

6 Was Gott von seinen Leuten will

1 Jetzt hört mal zu, was mir Gott gesagt hat. Er meinte: „Jetzt komm in die Puschen und vertritt mein Anliegen vor den Leuten! Die Berge und Hügel werden dir auch zuhören und später als deine Zeugen auftreten!“ 2 Das geht jetzt an alle Berge, die es schon ewig auf der Erde gibt: Hört auch mal zu, was Gott vor Gericht zu sagen hat. Er verklagt seine Leute, er wird sich bei dieser Gerichtsverhandlung mit Israel beschäftigen! 3 Gott fragt: „Sagt mal, Leute, hab ich euch irgendetwas getan? Hab ich zu viel von euch verlangt, dass ihr jetzt nicht mehr könnt und müde seid? Verklagt mich ruhig, wenn ihr wollt. 4 Ich hab euch aus Ägypten rausgeholt, ich habe euch von den Knebelverträgen befreit, unter denen ihr dort schuften musstet. Mose, Aaron und auch Mirijam hatte ich organisiert, damit sie vor euch hergehen, um euch den richtigen Weg zu zeigen. 5 Leute, erinnert euch doch mal an das, was der Präsident von den Moabitern, dieser Balak, vorhatte. Habt ihr noch auf dem Schirm, was Bileam, der Sohn von Beor, ihm dann antworten musste? Oder denkt doch noch mal an den Part, wo ihr in Schittim über den Jordan, Richtung Gilgal, gegangen seid und was da alles passiert ist. Dann erinnert ihr euch vielleicht an die krassen Sachen, die ich schon damals für euch getan hab.“ 6 „Was soll ich machen, wenn ich wieder zu Gott kommen will?“, fragt ihr euch vielleicht. „Was kann ich tun, wenn ich wieder zu diesem gigantisch großen Gott gehen möchte? Reicht ein Abfackelopfer mit einer Kuh, die erst ein Jahr alt ist? 7 Oder findet Gott es besser, wenn ich ihm tausend Widder und zehntausend Liter Olivenöl schenke? Oder soll ich vielleicht besser meinen ältesten Sohn für ihn töten, damit mein ganzer Mist vergeben wird, den ich in meinem Leben gebaut habe?“ 8 Gott hat den Menschen klargemacht, was gut ist und was er von ihnen will. Er will nur, dass wir korrekt leben und dass wir mit den anderen Menschen liebevoll umgehen. Außerdem sollen wir Respekt vor Gott haben und mit ihm immer in Kontakt bleiben.

Die Menschen in Jerusalem müssen für ihr unkorrektes Leben bestraft werden

9 Hört mal her, was Gott zu den Leuten aus Jerusa-
lem sagt: „Wenn ihr gerettet werden wollt, solltet ihr
Respekt vor mir haben. Passt genau auf, ob das, was
bei euch passiert, vielleicht eine Bestrafung von mir
ist, weil ich euch wieder auf den richtigen Weg brin-
gen will. 10 Ich hab die ganze Kohle gesehen, welche
die Menschen ohne Ende scheffeln, die ohne mich
leben. Sie liegt in ihren Häusern neben den falsch
eingestellten, ätzenden Waagen, womit sie die Leute
beim Kaufen abziehen. Die Waage zeigt immer zu
viel an, und die Leute zahlen deswegen zu viel Geld.
Kann ich das einfach so vergessen? 11 Und sollte ich
sie etwa freisprechen? Sie haben ihre Kunden be-
schissen, haben die Leute abgezogen mit den fal-
schen Gewichten an ihrer Waage. 12 Die Leute mit
dickem Bankkonto zocken die Menschen brutal ab.
Die Bewohner der Stadt lügen alle. Wenn sie nur
den Mund aufmachen, kommt falsches Zeug raus.
13 Jetzt will ich dich dafür zerstören, keiner wird das
wieder in Ordnung bringen können. Ihr habt richtig
krassen Mist gebaut, darum werde ich dafür sorgen,
dass bei euch nichts mehr geht. 14 Ihr werdet nicht
mehr satt werden, egal, wie viel ihr in euch reinfut-
tert. Denn ihr werdet einen inneren Hunger verspü-
ren, der immer da ist. Ihr werdet versuchen, euer
Eigentum in Sicherheit zu bringen, aber retten wer-
det ihr es damit nicht. Die Sachen, die ihr beiseite-
schafft, werden im Krieg von euren Feinden gezockt.
15 Ihr werdet auf den Feldern Samen aussäen, aber
es wird nichts wachsen, und die Ernte fällt aus. Ihr
werdet versuchen, Oliven anzupflanzen, um Öl dar-
aus zu pressen. Aber es wird nicht dazu kommen,
dass ihr mit diesem Öl Essen kocht oder Fleisch
anbratet. Du wirst Wein anpflanzen und die Trauben
ernten, aber den Wein werdet ihr nicht mehr trinken
können. 16 Ihr haltet euch an die Regeln, die der Prä-
sident Omri aufgestellt hat, und lebt so schlimm,
wie es der Präsident Ahab mit seiner Familie vorge-
lebt hat. Darum werde ich dafür sorgen, dass ganz
schlimme Sachen bei euch passieren. Die Leute, die
in Jerusalem wohnen, werden so krass leiden, dass
die anderen Völker nur mit dem Kopf schütteln und
es nicht fassen können. Ihr habt meine Leute kaputt
gemacht, jetzt lacht man über euch."

7

Die Leute sind alle link unterwegs

1 Ach du Schande! Mir ist so etwas Ähnliches
passiert wie einem Typen, der auf Obstplanta-
gen nach liegengelassenen Früchten sucht, nach-
dem die Ernte vorbei ist. Er sucht und sucht, aber
findet keine leckeren Äpfel mehr und auch keine
Trauben, obwohl er so einen Hunger hat. 2 Die Men-
schen, die gottmäßig drauf sind, sind alle weg. Es
gibt keine korrekten Leute mehr. Die Menschen sind
nur noch heiß drauf, den Nächstbesten umzubrin-
gen, jeder jagt den anderen und versucht, ihm eine
Falle zu stellen. 3 Sie planen mit vollem Einsatz, wie
sie einen so gut wie möglich abziehen könnten. Die
Politiker fordern immer höhere Steuern. Die Richter
sprechen dem das Recht zu, der am meisten Kohle
rüberwachsen lässt. Die Mächtigen treffen ihre Ent-
scheidungen danach, wo am meisten für sie raus-
springt. Und jede dieser Gruppen hängt irgendwie
zusammen, gemeinsam verdrehen sie die Gesetze
so, wie es ihnen gerade in den Kram passt. 4 Selbst
an den besten und korrektesten Leuten von ihnen
kann man sich so krass verletzen wie an einem Sta-
cheldrahtzaun. Ich sag jetzt: Der Tag, wo ihr für eure
Taten bestraft werdet, kommt bald! Wenn der da ist,
werden alle erst mal voll fertig sein. 5 Vertraut noch
nicht mal euren Freunden! Auch den Leuten, die
euch sehr nahe sind, könnt ihr nicht trauen. Selbst
der Frau, mit der du im Bett bist, solltest du nicht
alles erzählen! 6 Sogar Söhne werden keinen Res-
pekt mehr vor ihrem Vater haben, sie finden ihn
sogar lächerlich. Die Töchter haben keinen Bock
drauf, das zu tun, was ihre Mutter ihnen sagt. Auch
die Schwiegertochter will von der Schwiegermutter
nichts horen. Der Ehemann hat plötzlich seine
schlimmsten Feinde in der eigenen Familie. 7 Aber
ich werde mich mit Gott beschäftigen und zu ihm
beten. Ich warte auf meinen Gott, der mir immer
geholfen hat. Und wenn ich zu ihm bete, dann
erhört er mich auch.

Die angeschlagenen Leute von Jerusalem werden ermutigt

8 Die Stadt Jerusalem sagt zu ihrem Feind: „Freu
dich nicht zu früh! Ich bin zwar auf die Fresse gefal-
len, aber ich stehe auch wieder auf! Selbst wenn
alles um mich herum dunkel ist, ist Gott doch wie
eine Halogenlampe für mich. 9 Ich habe richtig übel
Mist gebaut, und Gott ist deswegen sauer auf mich.
Aber das ist okay, da muss ich halt durch. Aber Gott
wird dafür sorgen, dass alles wieder gut wird. Er
wird sich um mich kümmern und für Gerechtigkeit
sorgen. Er wird mich aus der Dunkelheit rausholen
und dorthin bringen, wo das Licht ist. 10 Die Leute,
die mich nicht mögen, werden dumm dastehen.

Auch alle, die über mich gelacht haben und meinten: ‚Na? Wo ist denn jetzt dein toller Gott?'. Jetzt wird es ihnen schlechtgehen, und ich seh einfach zu und freu mich dadrüber. Sie werden jetzt behandelt wie ein Stück Hundescheiße, das auf der Straße liegt." [11] Es wird eine Zeit kommen, wo die Mauern von dir, Jerusalem, wieder aufgebaut werden. Vorher werden deine Grenzen sogar noch erweitert. [12] Dann wird man von überallher zu dir kommen. Von Assyrien über die Städte in Ägypten bis hin zum Eufrat. Aus dem ganzen Gebiet, von dem einen Meer im Osten bis zu dem anderen Meer im Westen, von dem einen Gebirge im Norden und dem anderen Gebirge im Süden, werden die ankommen. [13] Aber die Erde wird total kaputt sein. Das liegt an den schlimmen Taten, die alle Menschen bis dahin getan haben.

Gott soll dafür sorgen, dass die Leute von Israel wieder zusammenkommen

[14] Gott, kümmer dich um deine Leute! Wie ein Trainer sich um seine Mannschaft sorgt, sollst du dich auch um uns kümmern! Schließlich gehören wir dir! Auf dem Flecken Erde, wo wir zurzeit leben, ist nicht viel Platz. Dabei ist es ein Ort, wo drum herum voll gutes Land ist, auf dem man super Sachen anbauen kann. Bring uns und unsere Schafherden auf solche grünen Wiesen, wie sie in Baschan und Gilead damals waren. [15] Wir wollen wieder diese krassen Wunder sehen, die du damals schon getan hast, als unsere Leute aus Ägypten abgehauen sind. [16] Die anderen großen Nationen sollen das sehen und nur noch staunen. Sie sollen sich den Mund zuhalten und die Ohren auch, weil sie es nicht ertragen können. [17] Sie sollen alle Staub fressen, wie eine Schlange, die auch nur auf dem Boden rumkriecht. Die Menschen werden superängstlich aus ihren Städten und Bunkeranlagen rauskommen. Dann sollen sie alle bei dir, unserem Gott, ankommen und Respekt vor dir haben. [18] Wo gibt es einen Gott, der so drauf ist wie du? Wer vergibt seinen Leuten ihren Mist? Welcher Gott verzeiht den Mist, den seine Leute gebaut haben? Gott wird nicht ewig sauer sein, denn es macht ihm Spaß, seine Leute zu lieben. [19] Er wird uns den Mist verzeihen, er wird uns lieben, er wird unsere Schulden löschen! Gott, du wirst den ganzen Mist, den sie verzapft haben, in einen riesigen Müllsack packen und den an der tiefsten Stelle im Meer versenken. [20] Der Familie von Jakob, den Israeliten, wirst du immer treu sein. Die Familie von Abraham liebst du ohne Ende. Das hast du den Leuten vor uns schon vor Ewigkeiten ganz fest versprochen.

Der Prophet Nahum

1 Wie Gott drauf ist

1 In diesem Buch stehen die Worte, die Nahum von Gott bekommen hat. Es geht in erster Linie um die Stadt Ninive in Assyrien. 2 Gott ist manchmal richtig eifersüchtig. Wenn er so drauf ist, kennt er keinen Spaß mehr. Dann ist er voll sauer und aggromäßig unterwegs, er rächt sich an den Leuten, die gegen ihn sind. Und seine Feinde haben dann ein fettes Problem. 3 Dabei ist er nicht so schnell aus der Ruhe zu bringen, er ist entspannt unterwegs. Aber wenn er zuschlägt, dann macht er das mit voller Wucht. Gott lässt dabei nichts durchgehen, jeder Fehler wird auch bestraft. Wenn er loslegt, dann brechen total heftige Unwetter los. Die Wolken sind für ihn nur Staub, den er mit seinen Füßen aufwirbelt. 4 Wenn er will, sagt er ein paar Sätze zum Meer, und das ganze Wasser verdunstet in einer Sekunde. Er kann auch alle Quellen stoppen, dann würden die Flüsse trockengelegt. Wenn er das macht, werden die Wiesen in Baschan braun, weil sie vertrocknen. Die Bäume auf dem Berg Karmel sterben, und auf dem Libanon gehen alle Blumen ein. 5 Die großen Berge zittern vor Gott, und die kleinen Berge zerschmelzen wie Schokolade. Die ganze Erde fängt an zu beben, das Festland und alle Menschen, die dort wohnen. 6 Wer kommt heil davon, wenn Gott sauer ist? Wer kann das wirklich aushalten, wenn Gott richtig aggro wird? Seine Wut ist wie ein glühender Lavastrom aus einem Vulkan, er sprengt ganze Felsen weg. 7 Gott ist gut! Er ist wie ein Bunker für die Leute, wenn es ihnen dreckig geht und sie angegriffen werden. Jeden, der sich bei ihm verstecken will, kennt er bei seinem Vornamen. 8 Er wird mit einer großen Tsunamiwelle die ganze Stadt Ninive wegspülen. Seine Feinde wird er in die Dunkelheit jagen. 9 Warum plant ihr Sachen gegen Gott? Er wird sowieso kurzen Prozess mit seinen Feinden machen. Er wird dafür sorgen, dass so etwas kein zweites Mal passiert. 10 Sie können versuchen, sich vor ihm zu schützen. Sie können ihre Schutzschirme ausfahren, ihre Sicherheitszäune aufstellen oder können auch Antidepressiva schlucken, um ihre Angst zu vertreiben, aber es wird nichts bringen. Gott wird sie völlig kaputt machen, sie werden verbrennen wie Zeitungspapier.

Assyrien wird nicht mehr länger das Sagen haben

11 Der Typ, der schlimme Pläne gegen Gott gemacht hat, kam aus Ninive. Er wollte etwas ganz Übles durchführen. 12 Aber Gott ermutigt seine Leute: „Egal, wie viele Feinde ihr habt, egal, wie gut die bewaffnet sind, sie werden trotzdem alle kaputtgehen. Mit denen ist Schluss! Wenn ich auch bis jetzt echt hart mit euch umgegangen bin, werde ich damit jetzt aufhören. 13 Ich werde dafür sorgen, dass bald keine fremden Völker mehr über euch herrschen. Ich hol euch aus der Gefangenschaft raus." 14 Was den Präsidenten der feindlichen Armee angeht, hat Gott Folgendes beschlossen. Er sagt zu ihm: „Du wirst keine Söhne mehr bekommen, mit deiner Familie ist jetzt Schluss. Ich werde dafür sorgen, dass die Plastikgötter aus deinem Tempel verschwinden, deine selbstgebastelten Götter kommen alle auf den Müll. Und dein Grab werde ich auch schon mal ausbuddeln, du hast es einfach nicht gebracht."

2 Ninive wird plattgemacht

1 Passt auf, da kommt schon der Typ angefahren, der eine gute Nachricht im Gepäck hat. Er wird sagen, dass alles gut wird! Es ist Zeit, Partys und Gottesdienste zu feiern! Löst eure Versprechen jetzt ein. Ab sofort wird dieser fiese Feind nicht mehr bei euch zuschlagen, denn er ist komplett plattgemacht worden. 2 Der Terminator greift dich an, Ninive! Pass auf deine Bunkeranlagen auf, behalte deinen Schutzwall im Blick! Reiß dich zusammen, trainier ordentlich, du musst fit sein für den Kampf! 3 Gott wird tatsächlich dafür sorgen, dass die Leute von Israel den Platz wieder einnehmen, der ihnen zusteht. Sie wurden ausgeplündert, man hatte ihre Weinernte zerstört. 4 Der Gegner kommt mit rot angestrichenen Panzern angerollt, seine Soldaten haben rote Armeekleidung an. An dem Tag, wo sie in den Krieg ziehen, glänzt der polierte Stahl der Panzer. Die MPs haben sie schussbereit im Anschlag. 5 Auf den Straßen rasen die Jeeps in der Stadt hin und her. Die Panzer überrollen die Plätze. Sie leuchten so hell wie Feuer und sind so schnell wie der Blitz. 6 Der Feind zieht seine Spezialtruppe zusammen. Aber auch sie packen es nicht, sie stolpern, während sie

versuchen, die Stadtmauer von Ninive einzunehmen. Die Armee von Ninive baut in der Zeit Bunker und Unterstände auf. 7 Aber die Stadttore am Fluss können nicht mehr gehalten werden. Sie werden von den Feinden aufgesprengt, und im Regierungspalast kriegt man langsam die Panik. 8 Der Präsident wird festgenommen und abgeführt. Seine Frau wird vergewaltigt und weggeschleppt. Die Angestellten und Dienstboten von seiner Frau sind sehr traurig und weinen ganz laut. 9 Ninive war schon immer wie so ein Teich, dessen Wasser langsam abfließt und der immer leerer wird. „Geht nicht! Bleibt hier“, ruft man den Leuten zu. Aber keiner dreht sich um. 10 Holt euch das ganze Zeug, zockt euch das Silber und Gold, was man in der Stadt finden kann! Davon gibt es in Ninive ohne Ende, die Leute dort sind sehr reich. 11 Alles ist weg! Alle Bankkonten sind leer! Die Leute sind fertig und kaputt. Sie haben Angst und Schmerzen, ihre Knochen tun ihnen weh, und Fieber haben sie auch noch. 12 Was ist denn jetzt aus dir geworden, Ninive? Du warst mal so was wie eine Hundehütte für den Pitbull. Hier konnte er sich zurückziehen und sich um seine Hundebabys kümmern. Seine Kinder konnten dort in Ruhe aufwachsen, niemand hat sie gestört. 13 Der Pitbull ist losgezogen und hat immer genug Fleisch organisiert, damit die Jungen was zu futtern hatten. Alles, was er erbeutet und gefunden hat, legte er irgendwo in seine Hundehütte. 14 Aber Gott, der Chef über alles, sagt jetzt: „Pass auf, ich will dir an den Kragen! Ich werde dafür sorgen, dass dein ganzes Haus wegbrennt! Deine Kinder werde ich erschießen lassen. Was du erbeutet hast, werde ich wegschaffen. Es wird niemals mehr jemanden geben, der von dir erzählen wird.“

3 **Warum und wie Ninive bestraft werden wird**

1 Pass bloß auf, Ninive! An deinen Händen klebt Blut. Du bist der Weltmeister im Lügen, Brutalität ist bei dir an der Tagesordnung, bei dir wird ohne Ende geklaut. 2 Ich höre lautes Hupen und Motorengeräusche. Panzer und Lkws rollen an. 3 Soldaten auf Motorrädern mit großen Flammenwerfern und MGs im Anschlag. Ich sehe viele Tote, einen großen Haufen Leichen. Man stolpert ständig über eine. 4 Die ganze Armee marschiert gegen Ninive auf, weil sie sich wie eine Nutte an die andern Völker verkauft hat. Sie war Weltmeister im Verzaubern von Menschen, ganze Völker haben sich von ihr abhängig gemacht. 5 Gott sagt: „Jetzt gehe ich gegen dich vor! Ich werde deinen Rock hochheben und ihn dir übers Gesicht ziehen. Alle Völker sollen deinen nackten Hintern sehen, das wird richtig peinlich für dich werden. 6 Ich sorge dafür, dass dich alle verachten. Ich mache das öffentlich, jeder soll es sehen können. 7 Jeder, der dich sieht, wird sich umdrehen und weglaufen. Er wird sagen: ‚Ninive ist endgültig kaputt! Aber wer wird ihr eine Träne nachweinen? Wo soll ich jemanden finden, der sie trösten wird?‘ 8 Glaubst du, es wird dir was Besseres passieren als der Stadt Theben am Nil? Sie war umgeben von Wasser, das Wasser war wie eine Schutzmauer, die man nicht kaputt machen konnte. 9 Sie hatte eine riesengroße Armee mit ägyptischen und äthiopischen Soldaten. Dazu kamen noch viele andere Truppen aus Put und Lydien. 10 Trotzdem kamen auch alle Bewohner von dieser Stadt in Kriegsgefangenschaft. Die Leute aus der Oberschicht wurden unter den Siegern verlost. Die Kinder wurden auf der Straße erschossen. Die Minister aus der Regierung wurden mit Handschellen abgeführt. 11 Du wirst es auch heftig zu spüren bekommen! Du wirst so einen reingedrückt bekommen, dass dir schwarz vor Augen wird. Du wirst versuchen, vor den Feinden zu fliehen. 12 Deine Bunkeranlagen sind so weich wie die ersten Pflaumen. Wenn sie reif sind, musst du nur am Baum schütteln, und sie fallen einem förmlich in den Mund. 13 Deine Soldaten sind alles Weicheier. Der Feind kann in dein Land mal eben so einmarschieren, die Türen sind nach allen Seiten offen. Die Schlösser wurden mit einem Schweißbrenner geöffnet. 14 Geh zum Wasserhahn und mach die Kanister voll, damit du genug zu trinken hast für die Zeit, wo der Feind die Stadt belagert. Verstärke deine Schutzmauern. Misch neuen Beton an, gieß dir Betonplatten. 15 Das Feuer wird trotzdem kommen, und der Krieg wird alle Bewohner töten. Es bleibt bei dir so wenig übrig wie vom Chappi im Fressnapf deines Hundes. Ihr könnt euch so viel vermehren wie die Fliegen, es bringt nichts. 16 Bei dir gibt es mittlerweile sehr viele Geschäftsleute, man kann sie gar nicht mehr zählen. Aber auch sie werden so plötzlich verschwunden sein wie eine Made, aus der die Fliege rausgeschlüpft ist. Zack, und schon ist sie weggeflogen. 17 Die Leute aus deiner Regierung und deine Beamten werden so schnell weg sein, wie die Fliegen weg sind, wenn sie auf einer Mauer sitzen. Solange es kalt ist, hocken die dort, aber wenn

plötzlich die Sonne aufgeht, sind alle sofort verschwunden, und keiner kann sagen, wo sie jetzt sind. 18 Präsident von Assyrien, deine Minister sind am Pennen, die Generäle sind alle tot. Deine Soldaten sind auf den Bergen verstreut, und keiner kann sie wieder zusammenbringen. 19 Niemand wird deine Verletzung heilen! Du bist tödlich getroffen! Alle, die von dieser Nachricht hören, freuen sich wie blöd. Gibt es einen, der nicht unter deinen fiesen Aktionen leiden musste?"

Der Prophet Habakuk

1 **Der Prophet findet es ätzend, was im Land so läuft**

[1] In diesem Buch stehen die Sachen, die Gott zu dem Propheten Habakuk gesagt hat. [2] Habakuk betete zu Gott: „O Mann, Gott, ich bete schon ewig lange zu dir, aber anscheinend sitzt du auf deinen Ohren! Ich schreie: ‚Gott, da passieren furchtbar ätzende Sachen! Du musst was tun, Brutalität ist an der Tagesordnung!' Aber du reagierst nicht. [3] Warum muss ich mir diese unkorrekten Dinge ansehen, warum erlaubst du das? Warum siehst du nur zu, wenn alles den Bach runtergeht? Ich sehe überall Verwüstung und Gewalt, die Leute streiten und kloppen sich über jeden Mist. [4] Weil du nichts machst, verlieren auch die Gesetze ihre Durchschlagskraft. Man kann ja mittlerweile davon ausgehen, dass es nie ein korrektes Gerichtsurteil geben wird. Die Leute, die ohne dich leben, setzen die korrekten Leute unter Druck. So kommt am Ende ein Urteil bei raus, was total daneben ist."

Gott sagt: Die Armee der Babylonier wird angreifen

[5] Gott sagt: „Schaut euch doch mal um, was bei den anderen Nationen so passiert! Ihr werdet aus dem Staunen nicht mehr rauskommen. Ich tue dort jetzt ganz abgefahrene Sachen, die ihr nicht glauben werdet, wenn man euch davon erzählt. [6] Ich bin nämlich gerade dabei, die Babylonier voll aggressiv zu machen. Ich bringe diese heftige Armee an den Start, die auf der ganzen Erde Kriege anzettelt, Länder erobert und keine Gnade kennt. [7] Diese Soldaten sind sehr gewaltbereit und brutal. Wo sie das Sagen haben, legen sie fest, was korrekt ist und was nicht. [8] Ihre Motorräder sind schneller als ein Formel-1-Rennwagen. Sie sind angriffslustiger als ein hochgezüchteter Kampfhund. Ihre Panzertruppe kann weite Strecken zurücklegen. Ihre Düsenjets stürzen sich aus dem Himmel in die Schlacht. [9] Wenn die Armee anrückt, sind die Soldaten zu allem bereit. Sie marschieren unaufhaltsam vorwärts. Sie nehmen Gefangene ohne Ende. [10] Präsidenten, Generäle und hohe Regierungsbeamte sind für sie nur ein Joke. Jede Bunkeranlage und jeder Schutzwall ist für sie eine Lachnummer. Sie nehmen die so mal eben im Vorübergehen ein. [11] Nach der Schlacht ziehen sie weiter. Sie ändern so schnell ihre Richtung, wie der Wind seine Richtung ändert. Sie machen ihre eigene Kraft zu einem Gott."

Habakuk beschwert sich noch mal bei Gott

[12] „Gott, wie ist das jetzt? Warst du nicht immer schon mein ganz besonderer Gott, mein einziger Chef? Lass mich und meine Leute nicht sterben! Du hast diese Armee organisiert, um uns zu bestrafen, ist schon klar. Sie sollten das Urteil durchziehen, was du gegen uns gefällt hast. [13] Aber deine Augen sind zu sauber, damit kannst du dir nicht irgendwelche fiesen Sachen ansehen. Es macht dir keinen Spaß, dabei zuzuschauen, wenn Dinge komplett plattgemacht werden. Aber warum siehst du dir jetzt diese Abzocker an und unternimmst nichts? Warum sagst du nichts dazu, wenn jemand, der korrekt lebt, von Verbrechern abgezogen wird? [14] Stellst du damit nicht die Menschen auf dieselbe Stufe wie Fische oder wie Regenwürmer? Denn die haben ja auch keinen Chef, der sie beschützen kann. [15] Fische werden geangelt oder mit einem Netz gefischt. Genau so, wie man sich über einen Fischfang freut, jubeln jetzt diese Verbrecher, weil sie Menschen eingefangen haben. [16] Darum ziehen sie am Ende ein Opfer für ihr Netz oder ihre Angel durch, so als wäre das ein Gott. Sie zünden ein paar Räucherkerzen für die an und denken, dass diese ‚Götter' ihnen eine fette Beute und genug zu essen organisiert haben. [17] Sollen diese Typen denn immer weiter Krieg führen, sollen sie weiterhin, ohne mit der Wimper zu zucken, ganze Nationen abschlachten?"

2 **Gottes Antwort**

[1] Habakuk sagte: „So, ich hab gesagt, was ich sagen wollte, und geh jetzt erst einmal in Warteposition. Bin voll gespannt, was Gott mir antworten wird, was er auf meine Beschwerde zu sagen hat." [2] Und schließlich antwortete Gott. Er sagte: „Ich werde dir jetzt mal etwas erzählen, was du unbedingt veröffentlichen musst. Schreib es auf, druck die Seite aus und stell den Text ins Internet, damit jeder ihn lesen kann. [3] Was ich dir jetzt sage, wird irgendwann eintreffen, zu einer Zeit, die ich festgelegt habe. Es geht um das Ende der Welt, und das wird hundertprozentig passieren. Wenn es eine

Weile dauert, dann musst du halt Geduld haben.
Aber passieren wird es, das ist ganz sicher. 4 Und
zwar passiert dann Folgendes: Die Menschen, die
nicht korrekt leben, bekommen ihre verdiente Stra-
fe. Korrekte Menschen werden es schaffen, weil sie
zuverlässig sind und mir vertrauen. 5 Aber Brutalos,
Angeber und Leute, auf die man sich nicht verlas-
sen kann, werden ihre Ziele nie erreichen. So einer
kann sein Maul noch so sehr aufreißen, er kann es
so groß machen, dass alle toten Menschen dort
reinpassen würden, es hilft ihm nichts. Selbst wenn
er eine Nation nach der anderen im Krieg zum
Frühstück verspeist und trotzdem nie satt wird, er
kommt nicht an seinem Ziel an."

Die Nation, welche die anderen Völker kaputt macht, wird bestraft

6 Es wird aber eine Zeit kommen, wo alle ein Lied
über diesen Feind singen werden, in dem der total
verarscht wird. Sie werden es nicht direkt ausdrü-
cken, es wird mehr eine Anspielung sein. Dieses
Lied geht ungefähr so:
„Du gehst kaputt, du hast viele Kohle abgezockt,
Geld, was eigentlich nicht dir gehört!
7 Aber dann rocken ganz plötzlich die Abgezockten
los, schlagen einen heftigen Return.
Sie werden dafür sorgen, dass du Angst bekommst,
du selbst wirst von ihnen abgezockt.
8 So, wie du andere Völker ausgeraubt hast, wirst du
von ihnen in die Falle gelockt.
Hast es nicht gecheckt, die Stadt und alle Men-
schen wurden von dir übelst abgezogen.
9 Wer sein Haus mit unkorrekten Mitteln gekauft
hat, kriegt auf die Hoden.
Er hat seine Luxushütte oben auf den Berg gebaut,
in der Hoffnung, dort kann er sich retten.
10 Hast beschlossen, ganze Völker komplett zu ver-
nichten, für dich waren das nur Deppen.
Aber damit hast du dir dein eigenes Grab geschau-
felt, der Mist war einfach zu krass.
11 Steine in der Mauer bezeugen, dass du Mist
gebaut hast, und die Balken bestätigen das.
12 An den Typ, der eine Stadt gründet, die nur durch
einen blutigen Krieg entstanden ist:
Pass auf, auch wenn die Bunker und Schutzwälle
aus Beton sind, ganz ohne einen Riss,
13 siegesgewiss!
War es nicht Gott, der Chef, der dafür sorgte, dass
Völker für dich arbeiten?
Dass ganze Nationen, ohne Kohle zu kriegen, für
dich schuften, ohne einmal zu streiken?
14 So, wie das Meer voller Wasser ist, wird die ganze
Erde voll davon sein,
dass alle Menschen kapieren, wie krass Gott eigent-
lich ist, wie sauber, heftig und rein."
15 Wenn du einer Frau Cola zu trinken gibst, aber da
K.-o.-Tropfen reingemischt hast, kriegst du echt Pro-
bleme. Die Frau wurde von dir breitgemacht, damit
du sie mal nackt sehen kannst. 16 Anstatt dass man
nun Respekt vor dir hat, hast du dafür gesorgt, dass
du jetzt superpeinlich bist. Also, dann mal los, be-
sauf dich auch anständig und zeig allen Partygästen
deinen Penis und lass die sehen, dass du nicht mal
beschnitten bist, also eigentlich nicht zu den Leuten
von Gott gehörst. Gott wird dir auch was zu trinken
geben, aber das schmeckt nicht so lecker. Denn es
ist ein Getränk, mit dem Gott dir eines überbrät,
mit dem er dich bestraft. Er wird auf den, der denkt,
er sei total toll, einfach draufspucken. 17 Du hast ein
derbes Verbrechen begangen, als du den Libanon-
wald abgeholzt hast. Und auch dafür, dass alle Tiere
im Wald vernichtet wurden, trägst du die Schuld.
Du hast dafür gesorgt, dass sehr viele Menschen
gestorben sind und das ganze Land mit seinen
Städten jetzt verwüstet ist. 18 Was bringt dir so ein
komischer Plastikgott aus Kunststoff, Holz oder
Metall? Der wurde von einem Menschen gemacht,
und das ganze Teil ist eigentlich eine einzige Lüge.
Der Künstler, der dieses tote Teil mit seinen eigenen
Händen angefertigt hat, kann doch nicht im Ernst
dadran glauben? 19 Es gibt Leute, die zu so einem
Ding „Ab sofort sollst du leben!" oder „Wach mal
auf!" sagen. Wer das tut, sollte echt aufpassen.
Glaubt wirklich jemand, diese Plastikfigur würde
auch noch antworten? Ja klar, der ist mit echter
Goldfarbe angesprüht, aber er lebt doch nicht wirk-
lich, er kann noch nicht mal atmen. 20 Gott ist aber
in seinem ganz besonderen Haus. Alle Menschen
auf der Erde sollten einfach mal die Klappe halten
und ihm Respekt geben.

3

Habakuk redet mit Gott

1 Habakuk redete mit Gott. Er sagte ihm Fol-
gendes: 2 „Gott, ich hab viel von den genialen
Sachen gehört, die du früher getan hast. Ich habe
auch viele von deinen Wundern selbst erlebt. Bitte,
Gott, mach damit jetzt weiter, gerade in dieser Zeit!
Zeig, was du draufhast! Und wenn du sauer bist,
dann denk bitte daran, dass du uns eigentlich
liebst. 3 Gott kommt gerade aus Teman und von
dem Gebirge Paran. Seine gigantische, heftige Art

macht den ganzen Himmel hell. Die ganze Welt muss Respekt vor ihm haben. 4 Um ihn herum ist so ein krasses Licht, wie das Licht von der Sonne. Es strahlt in alle Richtungen. In diesem Licht steckt seine ganze Macht. 5 Aids und andere fiese Krankheiten sind immer bei ihm, egal, wohin er geht. 6 Wenn er auf der Erde spazieren geht, dann wackelt der ganze Planet. Er muss nur mal eben in die Richtung von einem Land schauen, und sofort zittern alle Menschen vor Angst. Die Berge, welche es schon immer gegeben hat, werden mit einem Blick von ihm gesprengt. So etwas hat er schon früher immer mal wieder gemacht. 7 Ich sehe, dass die Wände der Wohnungen von den Kuschitern und Midianitern wackeln. 8 Auf wen warst du sauer, Gott? Wolltest du auch die Flüsse bestrafen oder das Meer? Wirst du mit deinen Soldaten anrücken, mit deinen Panzern, die bis jetzt viele Siege eingefahren haben? 9 Du ziehst deine Knarre aus dem Halfter, und wenn du losballerst. schickst du noch ein paar ätzende Sprüche hinterher. Du zerteilst die Erde, und aus der Spalte kommen riesige Wasserströme hervor. 10 Die Berge brauchen dich nur einmal anzusehen, und dann fangen sie sofort an zu zittern. Heftige Gewitterwolken ziehen auf. Man hört das laute Rauschen von großen Flutwellen. Die Wellen sehen so aus, als würden große Hände sich zum Himmel ausstrecken. 11 Die Sonne und der Mond bewegen sich nicht. Sie bleiben dort, wo sie sind, in ihrer Wohnung, denn sie haben gesehen, wie du deine Blitze losgeschickt hast, heftige Lichtbogen, die wie Leuchtmunition strahlen. 12 Voll sauer gehst du über die Erde. Du haust auf die Völker voll drauf und machst sie platt. 13 Du bist losgezogen, weil du deine Leute retten wolltest und auch diesen einen besonderen Typen, den du extra ausgesucht hast. Du hast das Dach vom Regierungsgebäude deiner Feinde einfach weggepustet, am Ende standen nur noch die Mauern da. 14 Diesen Feinden hast du mit ihren eigenen Kugeln ein Loch in den Kopf geschossen. Ihre Chefs sind alle abgehauen. Sie hatten sich schon drüber gefreut, uns fertigzumachen, sie wollten uns in ihrer Kaserne zum Mittag verspeisen. 15 Mit deinen Maschinen hast du dir einen Weg gebahnt. Du bist wie ein großes Schiff durch große Wellen gefahren. 16 Ich hab das gehört und fing vor Angst an zu zittern. Nur von dem Klang bin ich so erschrocken, dass ich anfing zu schreien. Trotzdem werde ich ganz gelassen auf den Tag warten, an dem es den Leuten beschissen gehen wird, die uns jetzt angreifen und kaputt machen. 17 Der Apfelbaum blüht nicht, und auch an dem Weinstock wächst keine Traube. Vom Birnbaum kann man auch nichts ernten, und auf den Feldern wächst kein Korn, das man ernten und essen könnte. Die Schafe sind alle verschwunden, und im Stall stehen auch keine Rinder mehr.
18 Trotzdem will ich mich über Gott freuen! Ich will für diesen Gott, der mich gerettet hat, Lieder singen. 19 Gott, der Chef über alles, ist meine einzige Kraftquelle. Er sorgt dafür, dass ich so schnell laufen kann, wie ein Moped fährt. Er erlaubt mir, dass ich über die Berge spazieren kann. So, diese Worte kann man auch mit Begleitung von einem Piano lesen oder ein Lied daraus machen, wenn man das will.“

Der Prophet Zefanja

1 Es kommt eine große Gerichtsverhandlung

1 Gott hat irgendwann auch zum Propheten Zefanja Sachen gesagt. Zefanja stammte aus der Familie von Kuschi und war ein Enkel von Gedalja. Amarja und Hiskija waren auch seine Vorfahren. Und zwar redete Gott mit ihm in der Zeit, als in Juda Präsident Joschija an der Macht war. Joschija kam aus der Familie von Amon. 2 Gott sagte: „Auslöschen, ja, komplett auslöschen werde ich alles, was auf der Erde lebt! 3 Ich werde diese Menschen vernichten, auch die Tiere und sogar die Vögel und Fische werde ich töten. Ich mach alles kaputt, was die Menschen dazu gebracht hat, Mist zu bauen, und ganz besonders die Leute, die echt nichts von mir wissen wollen. 4 Die Leute von Juda kriegen ihr Fett weg, und die Einwohner von Jerusalem werde ich auch bestrafen. Ich werde dort mit allem kurzen Prozess machen, was mit diesem Plastikgott Baal zu tun hatte. Auch die Namen der Priester, die dadran beteiligt waren, werde ich aus meiner Datei löschen, und die Priester selber sollen sterben. 5 Die Typen, welche sich nachts auf der Dachterrasse auf den Boden geschmissen haben, um zu den Sternen zu beten, werde ich vernichten. Ich werde auch die Leute plattmachen, welche Dinge ganz fest versprechen und sich dabei auf mich berufen haben, aber gleichzeitig auch noch auf den Plastikgott Milkom schwören. 6 Alle, die keinen Bock mehr auf mich haben, die nicht mehr mit mir leben wollen und denen ich egal geworden bin, werde ich kaputt machen." 7 Haltet mal euren Mund, wenn Gott da ist! Er ist der Chef! Der Tag, wo die große Gerichtsverhandlung abgeht, kommt bald. Gott hat schon ein Opferessen vorbereitet, und er hat die Gäste, welche eingeladen wurden, dafür auch schon organisiert. 8 Gott sagt: „Wenn dieser Tag da ist, werde ich, Gott, die Chefs und die Männer aus der Präsidentenfamilie verurteilen, außerdem alle, die diese ätzenden Klamotten von anderen Völkern getragen haben. 9 An dem Tag werden mich alle von meiner übelsten Seite kennenlernen, die an Horoskope oder Freitag, den Dreizehnten, glauben, und auch die, die meinen Tempel mit Dingen füllen, die sie von andern gezockt haben. 10 An diesem Tag wird man hören, wie aus der Richtung vom Fischtor Schreie kommen. Aus der Neustadt hört man Angstschreie, und laute Explosionen hört man von den Bergen. 11 Die Leute, welche in dem Viertel wohnen, wo die ganzen Verkaufsläden sind, sollen anfangen zu heulen. Denn die ganzen Verkäufer sind tot, auch die Geldautomaten sind vernichtet worden. 12 Ich, Gott, werde mit einem Lichtstrahler Jerusalem absuchen, weil ich die Männer finden will, die auf ihrer Kohle sitzen. Ich will die bestrafen, welche sich in Sicherheit wiegen. Die, denen alles egal ist, sagen: ‚Gott macht eh nichts, er macht nichts Gutes, aber auch nichts Schlechtes.' 13 Alles, was sie besitzen, werden sich die Leute einfach wegnehmen, und ihre Häuser und Wohnungen werden verfallen. Die Häuser, welche sie gerade gebaut hatten, werden sie nie bewohnen. Die Weinberge, welche sie angelegt hatten, werden sie nicht mehr abernten, und vom Wein kriegen sie keinen Tropfen ab. 14 Der große Tag, wo die letzte Gerichtsverhandlung abgeht, wird bald kommen. Es wird immer dringender. Das wird ein sehr heftiger, schlimmer Tag werden. Selbst die großen Helden werden dann Angst kriegen und anfangen zu schreien. 15 In der Zeit ist alles echt sehr schlimm. Viele Leute werden Angst haben, es wird ihnen beschissen gehen, ganz viel geht kaputt, und ganz viel wird kaputt gemacht. Es wird ein ganz dunkler Tag sein, ein finsterer Tag, ein Tag, wo total schwarze Wolken am Himmel hängen. 16 Es wird ein Tag sein, wo es viele Kriege gibt, wo man überall Sirenen heulen hört. Die großen Städte werden angegriffen und die hohen Fabriktürme bombardiert. 17 Ich werde dafür sorgen, dass die Menschen Angst kriegen, sie werden sich vorkommen wie Blinde, die umhertapsen. Sie können nichts sehen, weil sie Mist gebaut haben, weil sie Sachen tun, die ich nicht will. Sie werden sterben, und ihr Blut wird auf den Boden tropfen, und ihre Eingeweide werden wie Hundescheiße auf den Straßen verteilt rumliegen." 18 Auch ihre ganze Kohle kann sie nicht retten. Wenn Gott diese Gerichtsverhandlung abhält, zählt Reichtum nicht mehr. Weil Gott so sauer ist, wird er wie mit einem Flammenwerfer durch das ganze Land fegen, und vieles wird dabei verbrennen. Er wird viele vernichten, und die Leute überall im Land werden echt entsetzt und fertig sein.

2 Es gibt noch eine Möglichkeit: Dreht um und ändert euch

1 An diejenigen, die keinen Bock mehr auf Gott haben: Leute, reißt euch mal zusammen! 2 Ändert euch, bevor Gott sein Urteil ausgesprochen und auch vollstreckt hat. Das geht schneller als der Schall. Bevor Gott richtig sauer ist, bevor dieser Tag kommt, wo er seine Wut voll rauslässt, sage ich: Ändert euch! 3 Aber auch den Leuten, welche immer das getan haben, was Gott will, sage ich: Lebt so korrekt, wie es geht! Vielleicht werdet ihr dann an dem Tag durchkommen, wo Gott voll sauer seine letzte Gerichtsverhandlung abhält.

Die Feinde von den Leuten von Israel werden auch verurteilt

4 In Gaza ist niemand mehr da, es ist von den Menschen verlassen. Aschkelon wird ein Land, wo nur noch die Asche wohnt und nichts mehr wächst. In Aschdod wohnt der Tod, alle Bewohner werden mitten am Tag plötzlich verhaftet und abgeführt. Die Stadt Ekron gräbt man einmal um. 5 Die Leute, welche an der Küste wohnen, die Leute aus Kreta, müssen echt aufpassen. Gott sagt Folgendes zu euch: „Ich werde das Land, wo die Philister leben, komplett plattmachen. Niemand wird dort mehr wohnen.“ 6 Der Landstrich am Meer wird dann zu einer großen Wiese. Die Hirten werden dort mit ihren Herden sein, dort gibt es genug Wasser für die Schafe und Ziegen. 7 Das ganze Gebiet bekommen die Leute vom Familienstamm Juda, die noch übrig geblieben sind. Sie treiben ihre Herden dorthin. Abends pennen sie in den Gasthäusern von Aschkelon. Gott wird sich nämlich um sie kümmern, er sorgt dafür, dass es ihnen wieder gutgeht. 8 Er sagt: „Ich habe mitbekommen, wie die Leute von Moab und die Ammoniter meine Leute dumm angequatscht haben. Sie haben ganz groß angegeben, wie sie meinen Leuten das ganze Gebiet wegnehmen wollen. 9 Darum hab ich, der Gott von Israel, der Chef über das ganze Universum, Folgendes beschlossen: Den Leuten von Moab und den Ammonitern soll das Gleiche passieren, was mit den Leuten passiert ist, die in Sodom und Gomorra gelebt haben. Ihr Land soll unbrauchbar werden, nur noch Unkraut soll dort wachsen. Es soll eine Wüste werden, wo der Boden total versalzen ist, so dass man nichts mehr dort anpflanzen kann. Der Rest von meinen Leuten wird kommen, gegen sie Krieg führen und gewinnen. Sie werden alle ausrauben und das Land übernehmen.“ 10 Das muss passieren, weil sie dachten, sie wären was Besseres als die anderen. Sie sind voll arrogant mit den Leuten von Gott, dem großen Chef, umgegangen. Sie dachten, sie wären die Besten. 11 Gott wird ganz krass zuschlagen, er wird alle Plastikgötter, die es auf der Erde gibt, vernichten. Jedes Volk, jede Nation wird dann Respekt vor ihm haben und wird machen, was er von ihnen will, egal, wo sie leben. 12 Auch die Äthiopier werden durch eine Bestrafung von ihm sterben. 13 Gott wird sich gegen die Leute wenden, die im Norden leben. Und er wird Assyrien und die Stadt Ninive komplett plattmachen, da wächst anschließend kein Gras mehr. 14 Dort werden dann irgendwann nur noch ein paar Schafherden rumlaufen und noch so ein paar andere Tiere. Eulen wird es dort geben, und Tauben kacken den Boden voll. Alles ist kaputt, die Holzvertäfelung in den Häusern ist runtergerissen. 15 Das passiert in der Stadt, wo die Leute dachten, sie wären in Sicherheit, wo man früher so viel Party gemacht hat, wo man so drauf war nach dem Motto „Wir sind was Besseres“. Jetzt ist sie total kaputt, nur noch wilde Tiere leben dort. Jeder, der dort durchreisen muss, ist voll fertig, schlägt die Hände über dem Kopf zusammen und fährt weiter.

3 Die Gerichtsverhandlung für Jerusalem

1 Diese dreckige, versiffte, rebellische und brutale Stadt Jerusalem muss echt aufpassen. 2 Die Leute dort hören einfach nicht. Wenn man ihnen Strafen androht, lässt sie das völlig kalt. Sie vertrauen Gott nicht mehr, sie wollen nichts mehr mit ihm zu tun haben. 3 Die Bürgermeister und Minister in der Regierung sind nur auf ihren eigenen Profit aus. Sie geiern nach Kohle wie ein Hund nach einem Schnitzel. Die Richter, die dort am Gericht arbeiten, sind alle so geil auf Geld, dass sie wie ein hungriger Hund ihren Napf komplett leer fressen, so dass nichts mehr für den nächsten Tag übrig bleibt. 4 Die Propheten labern nur dummes Zeug, sie betrügen und sind Gott nicht treu. Und die Priester verdrecken den ganz besonderen Teil im Tempel. Was Gott in den Gesetzen geschrieben hat, verdrehen sie so, wie es ihnen gerade in den Kram passt. 5 Aber dabei ist Gott die ganze Zeit korrekt, er zieht niemanden ab. Jeden Tag bestätigt er seine Gesetze und macht klar, dass sie richtig sind. Aber den unkorrekten Leuten macht das nichts aus, die schämen sich nicht mehr. 6 Gott sagt: „Ich habe ganze Völker plattgemacht, ihre

Bunker zerstört und ihre Straßen gesprengt. Niemand kann dort mehr durchfahren. Ihre Städte sind verwüstet, da wohnt niemand mehr. [7] Ich hatte gehofft, ihr würdet dadurch Respekt vor mir kriegen. Ich hatte gehofft, ihr würdet meine Strafen akzeptieren. Wenn dem so gewesen wäre, hätten eure Wohnungen nicht zerstört werden müssen. Jede Strafe, die ich über euch ausgesprochen habe, wäre unnötig. Aber leider habt ihr es noch viel schlimmer getrieben als vorher. [8] Darum wartet nur, bis ich loslege ... Wartet auf den Tag, wo ich dafür sorge, dass andere Völker euch einkassieren. Ich habe euch dazu verurteilt, dass die anderen Nationen gemeinsam gegen euch Krieg führen. Sie werden mein Urteil vollstrecken. Ich bin so megasauer auf euch, und das werdet ihr zu spüren bekommen. Wenn ich sauer bin, dann brennt die Luft, dann wird die ganze Erde abgefackelt."

Der Rest von Israel wird sich ändern

[9] Gott sagt: „Dann werde ich dafür sorgen, dass die ganzen Völker plötzlich mit einer Sprache sprechen können, die für mich sauber und in Ordnung ist. Das tue ich, damit sie gemeinsam zu mir, dem Chef, beten und damit sie zusammen für mich arbeiten können. [10] Sogar aus Äthiopien kommen meine Fans angefahren, um zu mir zu beten. Das sind alles meine Leute, die verstreut überall auf der Welt leben. Es wird wie ein Geschenk für mich sein. [11] An dem Tag brauchen dir die Sachen nicht mehr peinlich zu sein, die du verbockt hast. Du brauchst dich nicht mehr zu schämen, weil du meine Verträge gebrochen hast. Die oberstolzen Heinis, die es unter euch gibt, werde ich rausschmeißen. Dann wird keiner von euch mehr auf meinem ganz besonderen Berg arrogant sein können. [12] Ich werde aus deinem Volk ein paar Leute übrig lassen, die arm sind, denen es dreckig geht. Die werden sich dann an mich wenden und sich von mir beschützen lassen wollen. [13] Der Rest von den Leuten von Israel wird keinen Mist mehr bauen und auch nicht mehr rumlügen. Wenn sie den Mund aufmachen, wird dort kein fieses Zeug mehr rauskommen. Stattdessen wird es ihnen gutgehen, sie werden in Frieden leben, keiner wird sie mehr mit einer Kriegserklärung erschrecken." [14] Geh ab vor Freude! Israel, tanz mal 'ne Runde! Freut euch und rastet aus, ihr Leute in Jerusalem! [15] Gott hat seine Bestrafungsaktion beendet, eure Feinde sind von ihm weggefegt worden. Gott ist euer Präsident, er ist mitten unter euch. Ab sofort wird es euch nur noch gutgehen, es gibt keine Katastrophen mehr. [16] In der Zeit wird man den Leuten in Jerusalem sagen: „Hey, ihr braucht keine Angst mehr zu haben! Gebt nicht auf, lasst euch nicht hängen! [17] Gott, euer Gott, ist bei euch. Er wird euch da raushauen, er wird euch retten! Er freut sich über euch, er ist voll gut drauf wegen euch! Er liebt euch wieder, er freut sich so sehr über euch, wie man sich auf einer guten Party freut, und manchmal verschlägt es ihm vor lauter Liebe sogar die Sprache." [18] Gott sagt: „Ich werde die ganzen Peinlichkeiten von euch wegnehmen. Die Leute, die traurig sind und nicht zur Party gehen, werde ich sammeln und wieder gut draufbringen. [19] In der Zeit werden die Menschen, welche euch fertiggemacht haben, von mir ihre Rechnung präsentiert bekommen. Die Verletzten von euch werde ich heilen, und die Leute, die irgendwohin vertrieben wurden, werde ich zurückholen. Ich werde dafür sorgen, dass alle Leute auf der Erde dann plötzlich Respekt vor Ihnen haben, obwohl die Menschen dort meine Leute vorher noch gequält haben. [20] In der Zeit werde ich euch herholen, ich bringe euch wieder zusammen. Ich werde dafür sorgen, dass ihr einen guten Ruf in der Welt habt. Die Leute werden Respekt vor euch haben, wenn ich dafür sorge, dass bei euch wieder alles gut wird. Das sage ich, Gott, der Chef über alles."

Der Prophet Haggai

1 Gott sagt: Baut den Tempel wieder auf!

1 Irgendwann redete Gott einmal zu dem Propheten Haggai. Und zwar hatte er zum einen eine Nachricht für Serubbabel, der aus der Familie von Schealtiel stammte und der der Oberbürgermeister von Juda war. Außerdem hatte er eine Nachricht für den obersten Priester Jeschua, der aus der Familie von Jozadak stammte. 2 Und zwar war die Nachricht folgende: „Das kommt jetzt von Gott, dem Chef über alles: Meine Leute meinen, dass es von der Zeit her noch nicht angesagt ist, für mich wieder einen Tempel zu bauen.“ 3 Gott hat dann Folgendes zu dem Propheten Haggai gesagt: 4 Er meinte: „Für euch selbst ist es ja anscheinend sehr wohl angesagt, fette Villen mit Marmorplatten und solchem Schnickschnack zu bauen. Aber mein Haus soll die ganze Zeit wie eine Bruchbude aussehen? 5 Leute, hört mal in euch rein: Ist das, was ihr macht, wirklich in Ordnung? 6 Ihr habt dieses Jahr sehr viele Samen auf den Feldern ausgesät, aber die Ernte war echt mickrig. Ihr habt gerade genug, um nicht zu verhungern, aber satt werdet ihr davon auch nicht. Ihr habt gerade so viel Wein, um euch beim Essen noch mal einen Schluck zu gönnen, aber für ein Besäufnis oder eine Party reicht es nicht aus. Ihr habt gerade noch genug Klamotten zum Anziehen, aber so richtig chic lauft ihr nicht gerade rum. Jeder Arbeiter kriegt so viel Kohle, dass er gerade noch über die Runden kommt, aber sonst bleibt nichts übrig.“ 7 Gott, der Chef über alles, was es gibt, sagt zu euch: „Hey, Leute, checkt ihr das nicht, was da gerade abgeht? Kapiert ihr nicht, warum das so ist? 8 Jetzt geht mal in den Wald auf den Bergen und organisiert euch dort Baumaterial. Ich möchte, dass ihr mir davon einen Tempel baut. Wenn ihr das macht, werde ich mich darüber voll freuen, weil das auch zeigt, dass ihr Respekt vor mir habt! 9 Ihr hattet große Pläne, aber schaut mal, wie wenig daraus geworden ist! Wenn ihr gerade eure Kohle gezählt habt, hab ich einmal gepustet, und das Geld war wieder weg. Warum hab ich das gemacht? Ihr habt mein Haus einfach vergammeln lassen, aber für eure eigenen Häuser tut ihr alles, was ihr könnt. 10 Darum kommt kein Wasser vom Himmel, es gibt keinen Nebel und keinen Regen. Auf dem Boden kann deswegen auch nichts wachsen. 11 Ich hatte organisiert, dass es eine ganze Zeitlang überall kein Wasser gibt. Weder auf den Bergen noch auf den Feldern, Weinbergen oder Apfelbaumplantagen konnte etwas wachsen. Die Menschen und auch die Tiere bekamen nichts zu trinken. Alles, was ihr angefangen habt, hat nicht funktioniert, und die Arbeit war umsonst.“

Die Leute antworten Gott

12 Nachdem sie das gehört hatten, wollten alle sofort ihr Leben ändern. Serubbabel, Jeschua und die übrigen Leute von Juda waren echt geschockt, dass sie tatsächlich nicht genug Respekt vor Gott gehabt hatten. Sie kapierten, dass der Prophet tatsächlich im Auftrag von Gott sprach. 13 Schließlich sagte Gott durch Haggai zu den Leuten: „Ich bin bei euch, Leute! Das verspreche ich euch ganz fest!“ 14 Und Gott veränderte die innere Einstellung von Serubbabel, vom Oberpriester Jeschua und vom Rest der Leute. Ab da waren alle heiß drauf, den Tempel von ihrem Gott, dem Chef dieser Welt, wieder aufzubauen. 15 Seit zwei Jahren, sechs Monaten und 24 Tagen war der Präsident Darius an der Macht, als die Bauarbeiten begannen.

2 Es kommt mal eine sehr abgefahrene Zeit für den Tempel

1 An einem 21. Oktober redete Gott wieder mal mit dem Propheten Haggai. 2 Er sagte zu ihm: „Ich will, dass du zu Serubbabel, dem obersten Priester Jeschua und zu dem Rest der Leute gehst und ihnen Folgendes von mir ausrichtest: 3 Wer von euch gehört zu denjenigen, die noch den ganz alten, oberkrassen Tempel gesehen haben? Jetzt schaut euch das Teil mal an, wie der Tempel heute aussieht! Das kann man mit dem, was damals dort stand, echt nicht vergleichen. Das ist doch dagegen voll der Witz! 4 Aber ich, Gott, sage euch jetzt Folgendes: Leute, ihr schafft das, ihr habt die Kraft dazu! Serubbabel, leg los! Jeschua aus der Familie von Jozadak, du bist der Chef von allen Priestern: Krempel die Ärmel hoch und hau rein! Alle Leute von Juda sollen endlich in die Hufe kommen. Ich werde euch bei der Arbeit helfen, ich bin bei euch! Das sagt Gott, der Chef über dieses Universum! 5 Erinnert ihr euch noch? Ich hab damals schon etwas mit euch ausgemacht, als ihr noch in Ägypten

wart. Ihr solltet dort verschwinden, und ich hab
euch versprochen, dass ich mit meiner Kraft immer
bei euch sein werde. Ich sagte: ‚Leute, habt keine
Angst!‘ 6 Ich, der Chef über dieses Universum,
machte euch Mut: Es wird nicht mehr lange dauern,
dann werde ich dieses Planetensystem, die Erde
und auch das Meer kräftig durchschütteln. 7 Ich
werde alle Völker aufmischen, ich werde dafür sor-
gen, dass sie ihre ganze Kohle hierherbringen. Ich
werde dieses Haus mit meiner besonderen Kraft
füllen, es wird ganz besonders krass aussehen. 8 Mir
gehört nämlich alles, was es gibt, und die ganze
Kohle gehört letztendlich auch mir. 9 Dieser Neubau
vom Tempel wird noch viel krasser aussehen als der
alte Kasten. Ich werde dafür sorgen, dass es dort
keine Kriege mehr geben wird. Dort wird es nur
noch friedlich zugehen. Das sagt Gott, der Chef
über alles.“

Sauber oder nicht sauber?

10 Präsident Darius war gerade zwei Jahre, neun
Monate und 24 Tage im Amt, da redete Gott wieder
einmal mit dem Propheten Haggai. Er sagte Folgen-
des: 11 „Das kommt jetzt von Gott, dem Chef über
dieses Universum: Geh mal zu den Priestern und
bitte sie, dir eine Frage zu beantworten: 12 ‚Ange-
nommen, jemand hat ein Stück Fleisch in einer
Plastiktüte dabei, was man vorher Gott geschenkt
hatte. Dieses Fleisch darf ja eigentlich nur ein Pries-
ter essen, denn es ist etwas ganz Besonderes. Wenn
er jetzt mit der Tüte ein Brötchen berührt oder eine
Frikadelle oder eine Flasche Wein oder Öl oder ir-
gendein anderes Nahrungsmittel, wird das dann
auch zu etwas ganz Besonderem, was Gott ge-
hört?‘“ Haggai fragte die Priester, was sie dazu
dachten, und die sagten: „Nein, wird es nicht!“
13 Dann fragte er: „Und wie ist das, wenn jemand
eine Leiche berührt hat? Wird dann alles, was er
anschließend anfasst, auch dreckig und unrein?“
Die Antwort war: „Ja, es wird dann unrein!“ 14 Jetzt
sagte Haggai: „Deswegen sind diese Leute für Gott
auch alle dreckig, sie sind unrein! Er sagt, dass
sogar alles, was sie ihm schenken, und alles, was
sie tun, damit verdreckt ist.“

Wenn sie wieder das tun, was Gott will, kommt für sie was Gutes bei rum

15 Dann sagte Gott: „Konzentriert euch! Passt ab
heute auf, was ihr tut! Wie war das denn, bevor ihr
angefangen habt, den Tempel wieder hochzuziehen?
16 Was ist da abgegangen? Alles wurde weniger!
Wenn man von einem Feld normalerweise zwanzig
Tonnen Getreide ernten konnte, waren es plötzlich
nur noch zehn. Wenn man von einem Weinberg
normalerweise so viel ernten konnte, dass da fünf-
zig Liter bei rumkamen, dann waren es plötzlich nur
noch zwanzig. 17 Ich habe dafür gesorgt, dass eure
Ernte vergammelt. Es kamen Insekten und Unge-
ziefer oder ein fieser Hagelschauer, der viel kaputt
gemacht hat. Trotzdem kommt ihr nicht zu mir
zurück. 18 Passt mal genau auf, was von diesem Tag
an alles passieren wird! Ab heute, dem 24. Dezem-
ber, wo die Grundmauern vom Tempel gelegt wer-
den, wird alles gut! 19 Die Saatkörner sind alle noch
in den Lagerhäusern, und der Wein und die Apfel-
bäume haben noch keine Früchte an ihren Zweigen.
Aber ab heute werde ich dafür sorgen, dass ihr fette
Ernten einfahrt.“

Serubbabel wird ein Präsident, der alles gutmachen wird

20 Irgendwann redete Gott wieder mal mit Haggai.
Diesmal war es am 24. Tag irgendeines Monats.
21 Er sagte: „Erzähle Serubbabel, dem Oberbürger-
meister von Juda, Folgendes von mir: Ich, Gott,
werde das Universum und die Erde zum Wackeln
bringen. 22 Ich setze Präsidenten ab und sorge dafür,
dass ganze Nationen umfallen und vernichtet wer-
den. Ich mache alle Panzer platt, inklusive ihrer Fah-
rer. Motorräder, die im Krieg genutzt werden, müs-
sen umfallen, weil sie Schrott sind. Die Menschen
werden sich im Krieg gegenseitig töten. 23 An die-
sem Tag werde ich dich befördern, Serubbabel. Du
bist ein Sohn von Schealtiel, und du wirst mein
Angestellter sein. Ich werde dich zu etwas extrem
Kostbarem machen, so dass Folgendes klarwird: Du
gehörst zu mir, und du wurdest von mir eingesetzt.
Ich hab dich extra für einen Job ausgesucht. Das
sagt Gott, der Chef über dieses Universum!“

Der Prophet Sacharja

1

Gott sagt: Hört auf mit dem Mist

1 Im achten Monat vom zweiten Jahr, wo Darius, der Präsident von Persien, an der Macht war, redete Gott mit mir, dem Propheten Sacharja, über ein paar Sachen. Ich kam aus der Familie von Berechja und war ein Enkel von Iddo. Ich hatte damals einen Job als Prophet. Und zwar sagte Gott zu mir: 2 „Hey, ich war echt megasauer auf die Leute, die vor euch gelebt haben! 3 Aber zu den Leuten, die jetzt leben, sollst du sagen: Das kommt jetzt von Gott, dem Chef über alles! Hört auf mit dem Mist, lebt wieder mit mir! Wenn ihr euch umdreht und damit aufhört, werde ich mich auch zu euch umdrehen und euch helfen. Das sagt Gott, der Chef über dieses Universum. 4 Macht nicht den gleichen Mist, den schon die Leute taten, die vor euch gelebt haben. Zu denen haben die Propheten ja auch schon gesagt: ‚Hört auf mit dem Mist! Hört auf damit, diese fiesen Sachen zu tun!' Aber sie haben nicht auf mich gehört und mich einfach ignoriert. 5 Wo sind jetzt diese Menschen geblieben, was ist aus ihnen geworden? Sie sind mausetot, genauso wie die Propheten. Ein Prophet lebt halt auch nicht ewig. 6 Trotzdem haben die ganzen Worte und Drohungen, die ich durch meine Propheten gesagt habe, irgendwann dann doch Wirkung gezeigt. Sie haben ihr Leben geändert und gesagt: ‚Gott, der Chef über dieses Universum, hat so gehandelt, wie wir es durch unser Leben verdient haben.'"

Sacharja bekommt nachts Träume von Gott aufgespielt

7 Gott hatte noch mehr Sachen, die er mir sagen wollte. In dem zweiten Jahr, wo der Präsident Darius an der Macht war, redete Gott wieder mal zu mir, und zwar am 24. Januar. Ich kam, wie gesagt, aus der Familie von Berechja, und mein Opa war der Iddo. 8 Ich hatte in einer Nacht heftige Träume, durch die Gott mir etwas zeigen wollte. Und zwar träumte ich in einer Nacht von einem Typen, der auf einem roten Motorrad auf einer Straße fuhr. Er hielt dann zwischen zwei Buchsbäumen im Tal. Hinter ihm kamen plötzlich noch andere Motorräder ins Bild, ein rotbraunes, ein hellrotes und ein weißes. 9 Ich fragte Gott, was das denn jetzt schon wieder zu bedeuten hatte. Die Antwort bekam ich von einem Engel, so einem Botschafter von Gott, der zu mir sagte: „Ich werde dir gleich zeigen, was es mit den Typen auf sich hat." 10 Der Mann, der zwischen den Buchsbäumen stand, fing plötzlich auch an zu reden: „Wir sind die Jungs, die Gott losgeschickt hat, um die Erde mal abzuchecken!" 11 Plötzlich sah ich den Chefengel Gottes zwischen den Buchsbäumen stehen. Die Fahrer von den Motorrädern kamen bei ihm an und sagten: „Wir haben die ganze Erde gecheckt. Alle verhalten sich ruhig, und keiner traut sich mehr aufzumucken." 12 Die Reaktion vom Chefengel war, dass er zu Gott ging, dem Chef über das ganze Universum. Er fragte ihn: „Wie lange willst du noch damit warten? Wie lange wird es noch dauern, bis du wieder nett zu den Leuten von Jerusalem und Juda bist? Schon siebzig Jahre lässt du die Leute dort spüren, dass du sauer auf sie bist." 13 Gott antwortete dem Chefengel auf eine sehr liebevolle und tröstende Art und Weise. 14 Dann drehte der Chefengel sich zu mir um und sagte: „Folgendes musst du den Leuten von Gott, dem Chef, sagen: ‚Ich bin total verknallt in die Leute aus Jerusalem! Ich liebe die Leute, welche auf dem Berg Zion leben! 15 Aber auf die Nationen, die glauben, sie seien die Obergeilen, bin ich richtig sauer. Ich war auf meine Leute nur ein bisschen sauer, darum durften diese Nationen sie etwas ärgern. Aber die haben es total übertrieben und meine Leute kaputt gemacht. 16 Darum will ich, Gott, wieder zeigen, wie sehr ich die Stadt Jerusalem und ihre Bewohner liebe. Ich möchte, dass dort mein Tempel wieder neu aufgebaut wird! Ich habe sogar Pläne, die ganze Stadt wieder neu hochzuziehen.'" 17 Weiterhin sollst du den Leuten Folgendes sagen: „Das kommt jetzt von Gott, dem Chef! Meinen Städten soll es wieder richtig gutgehen! Ich werde die Leute in Zion wieder gut draufbringen, ich habe mir Jerusalem extra als meine besondere Stadt ausgesucht."

2

Der zweite Traum

1 Dann hatte ich noch einen zweiten Traum. Dort sah ich vier große Hörner von einem Stier. 2 Ich fragte den Engel, mit dem ich auch vorher gesprochen hatte: „Was ist das jetzt schon wieder?" „Diese Hörner stehen für die Nationen, die Juda und Israel im Krieg geschlagen und Jerusalem kaputt gemacht haben. Die Bewohner der Stadt

wurden in alle Winde verstreut. 3 Als Nächstes
zeigte mir Gott in diesem Traum vier Typen, die
offensichtlich Handwerker waren. 4 Ich fragte den
Engel: „Und was soll das bedeuten? Warum sind die
jetzt da? Was ist deren Aufgabe?" Er antwortete:
„Sie sollen die Hörner, die ja für diese Nationen
stehen, kaputt machen. Die sollen diese Völker in
Panik versetzen und endgültig zerstören."

Der dritte Traum

5 In der Nacht hatte ich dann noch einen dritten
Traum. Ich hab in dem Traum zum Himmel geguckt
und sah dort so einen Typen mit einem langen Zen-
timetermaß in der Hand. 6 Ich fragte ihn: „Wohin
gehst du?" „Ich geh nach Jerusalem", sagte er.
„Dort will ich ausmessen, wie groß die Stadt mal
sein wird, wie lang und wie breit." 7 Der eine Engel,
mit dem ich gequatscht hatte, ging dann weg, aber
stattdessen kam ihm ein anderer entgegen. 8 Zu
diesem Engel sagt der erste: „Los, ich will, dass du
zu diesem jungen Mann gehst und ihm Folgendes
sagst: Jerusalem wird eine offene Stadt ohne
Schutzmauer werden, weil dort so viele Menschen
und auch sehr viele Tiere leben." 9 Gott sagt: „Ich
selbst werde die Schutzmauer für die Stadt sein. Ich
werde sie mit einem Feuerwall umgeben, und ich
werde mit meiner ganz besonders krassen Art
mitten in ihr leben."

Gott macht alles wieder gut

10 Gott sagt: „Los jetzt! Kommt in die Puschen! Ver-
schwindet schleunigst aus dem Land im Norden!
Ich habe euch in alle Himmelsrichtungen verstreut.
11 Los jetzt! Alle Leute von euch, die noch in Babylo-
nien sind, sollen zum Zionsberg fliehen." 12 Das
sagt euch Gott, der Chef über alles. Er hat mich zu
den Völkern geschickt, die euch früher ausgeplün-
dert und abgezogen haben. Er sagt zu ihnen: „Wer
meine Leute anfasst, fasst mich da an, wo ich am
empfindlichsten bin. Sie sind mir so wichtig wie
meine Augen. 13 Ja, passt auf, ich werde mit meiner
Hand ausholen, und dann werden diese Völker von
den Menschen ausgeraubt, die vorher noch mit fie-
sen Knebelverträgen bei ihnen arbeiten mussten",
sagt Gott. Und ihr werdet kapieren, dass er, der
Chef über das ganze Universum, mich geschickt
hat. 14 Gott sagt: „Die Leute aus der Zionsstadt kön-
nen abgehen vor Freude! Denn ich komme vorbei
und werde in die Stadt einziehen, ich werde dort
wohnen. 15 Dann werden viele Menschen aus ande-
ren Völkern an mich glauben und zu meiner Truppe
gehören. Ich werde auch bei ihnen am Start sein."
Wenn das passiert, werdet ihr kapieren, dass Gott,
der Chef über alles, mich wirklich zu euch geschickt
hat. 16 Die Leute von Juda werden für immer Gott
gehören, wenn sie in dem ganz besonderen Land
leben. Und Jerusalem wird er sich wieder als seine
ganz besondere Stadt aussuchen. 17 Alle Menschen
müssen ihren Mund halten, wenn Gott da ist. Er hat
sich auf den Weg gemacht, um aus seiner ganz
besonderen und abgefahrenen Wohnung zu uns zu
kommen.

3

Der vierte Traum: Gott sagt, der Oberpriester Jeschua ist okay

1 Als Nächstes sah ich den Oberpriester Je-
schua in so einem inneren Film, so einer Vision. Er
stand vor dem Chefengel von Gott. Neben ihm
stand Satan, der Ankläger. Er war da, weil er Jeschua
wie vor einem Gericht verklagen wollte. 2 Aber Gott
sagte zu Satan: „Halt den Mund! Ich erlaube dir
nicht, dass du hier deine Beschuldigungen vor-
trägst! Ich habe mir Jerusalem extra ausgesucht! Du
sollst die Fresse halten! Dieser Mann ist wie so ein
Stück Holz, das man gerade noch aus einem Lager-
feuer rausgeholt hat." 3 Jeschua stand mit total ver-
sifften Klamotten vor dem Engel. 4 „Zieht ihm mal
die dreckigen Sachen aus!", sagte der Engel zu den
Leuten, die um ihn rumstanden. Dann sagte er zu
Jeschua: „Pass auf, ich hab dich jetzt sauber ge-
macht. Der ganze Mist, den du gebaut hast, ist jetzt
weg! Und als Nächstes bekommst du einen schi-
cken Anzug an!" 5 Dann sagte er noch: „Setzt ihm
auch eine Baseballkappe auf, die muss aber sauber
sein!" Also zogen ihm die Engel frische Klamotten
an und setzten ihm die Kappe auf den Kopf. Der
Chefengel von Gott sah die ganze Zeit zu. 6 Als sie
fertig waren, versprach der Chefengel von Gott dem
Jeschua: 7 „Hör zu, das ist jetzt von Gott, dem Chef
über dieses Universum: ‚Wenn du ab sofort das
tust, was ich von dir will, und wenn du nach meinen
Gesetzen lebst, dann darfst du mein Haus verwal-
ten und auch die Plätze vor meinem Haus. Und ich
werde dir erlauben, dass du dort auch hinkommen
darfst, wo alle meine Angestellten auch sind, näm-
lich direkt zu meinem Chefsessel! 8 Hör gut zu,
Chefpriester Jeschua. Du und deine anderen Pries-
ter, ihr seid echt Vorbilder für viele. Passt auf, ich
werde noch einen Mann zu euch schicken, der aus
der Familie von David kommt. 9 Seht ihr den Stein,
den ich vor Jeschua hingelegt habe? Auf diesen

Stein sind sieben Augen draufgemalt. Als Nächstes werde ich auf diesen Stein etwas eingravieren. Und dann werde ich den ganzen Mist, den die Leute in diesem Land getan haben, an einem einzigen Tag löschen. 10 An diesem Tag werdet ihr euch gegenseitig auf Partys und zum Essen einladen können.'"

4

Der fünfte Traum

1 Dann hatte ich mal wieder einen Traum von Gott, wo wieder der Engel vorkam, der schon vorher mit mir gesprochen hatte. Aber diesmal weckte er mich wie jemanden, der gerade eingepennt ist. 2 Er fragte mich: „Hey, was siehst du?" „Ich sehe eine goldene Öllampe", antwortete ich. „Sie hat oben ein Gefäß drauf, wo das Öl reinkommt. Dann gehen von dem Ständer sieben kleine Röhren nach oben ab. Auf jeder Röhre ist eine Schale, die jeweils einen Docht in der Mitte hat. 3 Neben der Lampe stehen zwei Olivenbäume, einer rechts, einer links." 4 „Und was soll das Ganze bedeuten?", fragte ich den Engel. 5 „Schnallst du das nicht?", fragte er zurück, und ich antwortete: „Nö, keine Ahnung!" 6 „Pass auf, das ist jetzt eine Nachricht von Gott an Serubbabel, den Oberbürgermeister von Juda: Es wird nicht durch eine große Armee passieren und auch nicht dadurch, dass Menschen sonst was auf die Beine stellen. Es passiert ganz alleine durch meine Kraft! Das sagt Gott, der Chef über das ganze Universum. 7 Was willst du, großer Berg? Du sollst flach wie ein Brett werden, wenn Serubbabel kommt. Er wird den letzten Stein in der, neuaufgebauten Tempel einsetzen, und alle Leute werden jubeln und sagen: ‚Yes, wie genial der aussieht!'" 8 Dann sagte Gott zu mir: 9 „Serubbabel hat das Fundament für diesen Tempel gelegt, und er wird ihn auch zu Ende bauen." Und dann werdet ihr kapieren, dass Gott, der Chef über dieses Universum, mich zu euch geschickt hat. 10 Wer einen unbedeutenden, kleinen Anfang unterschätzt hat, hat sich getäuscht. Sie werden sich freuen, wenn sie sehen, wie Serubbabel den letzten Stein in den Bau einfügt. Diese sieben Augen, die ich schon mal erwähnt habe, sind übrigens die Augen von Gott, mit denen er die ganze Zeit die Welt beobachtet. 11 Ich fragte ihn dann noch: „Und was hat das mit den zwei Olivenbäumen auf der rechten und der linken Seite von diesem Leuchter auf sich?" 12 Ich bekam keine Antwort, darum fragte ich noch ein zweites Mal: „Und was hat das mit den zwei Zweigen vom Olivenbaum auf sich, die neben den goldenen Röhren sind? Ich mein diese Röhren, wo das Olivenöl rausfließt." 13 „Hast du das auch nicht kapiert, was das bedeutet", sagte Gott. „Nein, Chef, hab ich nicht!", sagte ich. 14 Gott antwortete: „Das sind die beiden ganz besonderen Typen, die ich extra ausgesucht habe. Sie stehen neben mir, dem Chef über diese Welt."

5

Der sechste Traum: ein fliegendes Blatt Papier

1 Schließlich sah ich noch mal nach oben, und da flog auf einmal so ein großes Blatt Papier durch die Luft. 2 Gott fragte mich: „Und? Was siehst du?" „Also, da fliegt so ein großes Blatt Papier durch die Luft, auf dem viele Worte gedruckt sind", antwortete ich. „Das Teil ist ungefähr zehn Meter lang und fünf Meter breit." 3 Gott sagte dann: „Was dort draufsteht, ist so ein Spruch, mit dem man anderen die Krätze an den Hals wünscht. Dieser Spruch wird über das ganze Land ausgesprochen. Jeder, der was geklaut oder etwas geschworen hat, was nicht stimmte, wird die Wirkung von diesem Spruch zu spüren bekommen. Die Zeit ist langsam vorbei, wo man so was machen konnte, ohne bestraft zu werden. 4 Ich habe diesen Spruch gesagt, und er wird wirken bei Leuten, die andere beklaut haben. Aber auch, wer vor Gericht gelogen und sich dabei auf meinen Namen bezogen hat, wird die negative Kraft des Spruches zu spüren bekommen. Dieser Spruch kommt wie eine dunkle Wolke auf das Haus von solchen Leuten und bleibt dort für eine Nacht. Dann wird er dort alles kaputt machen, inklusive der Wände und dem Dach."

Der siebte Traum: eine Frau in einer Tonne

5 Dann kam der Engel, der die ganze Zeit mit mir gequatscht hatte, noch mal an. Er sagte: „Jetzt schau mal genau hin und sag mir, was gerade vor deinen Augen aufgetaucht ist!" 6 „Hä, was ist das denn?", fragte ich ihn. „Das ist eine Tonne. In dieser Tonne ist der ganze Mist drin, den alle Menschen auf der Erde gebaut haben", bekam ich als Antwort. 7 Schließlich kam jemand an und nahm den Deckel von der Tonne. In dem Teil saß eine Frau drin. 8 Er sagte: „Diese Frau ist ein Bild dafür, dass die Leute ohne Gott gelebt haben." Dann steckte er die Frau wieder in die Tonne und schraubte den Deckel drauf. 9 Ich schaute wieder nach oben und sah, wie zwei Frauen angeflogen kamen. Sie hatten so große Flügel wie ein Storch. Die beiden hoben die Tonne hoch und flogen damit weg, in Richtung Himmel.

10 Ich fragte den Engel: „Wohin bringen sie die
Tonne mit der Frau?“ 11 „Sie fliegen damit in das
Land Schinar. Da wird man für die Frau einen Tem-
pel bauen und sie an einem Platz aufstellen.“

6 Der achte Traum: vier Autos

1 Schließlich sah ich in meinem Traum wieder
nach oben. Zwischen zwei Bergen, die komplett
aus Metall bestanden, kamen vier Wagen rausgefah-
ren. 2 Der erste Wagen hatte eine rote Lackierung.
Der zweite hatte eine schwarze Karosserie. 3 Der
dritte war weiß lackiert, und der vierte war mit lauter
Punkten verziert. Außerdem hatte er über 200 PS.
4 Ich fragte den Engel, der mit mir redete: „Und?
Was haben diese Autos für eine Bedeutung?“ 5 Er
antwortete: „Die Autos stehen für die vier Himmels-
richtungen, aus denen der Wind wehen kann. Diese
Winde hat Gott alle organisiert, er hat sie über die
Erde geschickt. 6 Das schwarze Auto wird in Rich-
tung Norden fahren. Das weiße Auto wird nach
Westen fahren. Und das Auto mit den Punkten wird
nach Süden fahren. 7 Der Motor dieses Autos mit
seinen 200 PS heulte auf und puschte den Wagen
regelrecht nach vorne.“ Das Auto wollte unbedingt
auf der Erde umherfahren. Jetzt sagte der Engel:
„Okay, dann los! Fahrt über die Erde, wohin ihr
wollt!“ Plötzlich fuhren die Wagen los und machten
ihre Tour kreuz und quer über die Erde. 8 Zu mir
sagte der Engel: „Siehst du das? Die Wagen sorgen
dafür, dass Gott sich in dem Land im Norden abre-
agieren kann.“

Jeschua unterschreibt die Präsidentenurkunde

9 Gott redete mal wieder mit mir. Er sagte: 10 „Hol
mal etwas aus dem Haus von Joschija, dem Sohn
von Zefanja! In diesem Haus sitzen Heldai, Tobija
und Jedaja, die gerade aus Babylonien gekommen
sind. Da gibt es etwas für dich zu holen. 11 Dann
organisierst du dir gutes Papier und machst daraus
eine Urkunde, die man braucht, um jemanden zum
Präsidenten zu ernennen. Diese Urkunde übergibst
du dann dem Oberpriester Jeschua, der ein Sohn
von Jozadak ist. 12 Erzähl ihm anschließend: ‚Was
ich jetzt sage, kommt von Gott, dem Chef über die-
ses Universum: Es wird mal einen Mann geben, der
aus der Familie von David kommt. Dieser Typ wird
mir einen neuen Tempel bauen.‘ 13 Ja, genau, er wird
den Tempel von Gott bauen! Und er wird mit viel
Respekt regieren. Er sitzt am Präsidentenschreib-
tisch und hat von dort aus die Macht. Es wird in der
Zeit auch einen Priester geben, der mit ihm auf
einer Stufe stehen wird. Beide werden gut miteinan-
der klarkommen und dafür sorgen, dass es Frieden
gibt. 14 Diese Präsidentenurkunde soll im Tempel
aufgehängt werden, und wegen ihrer sollen sich alle
immer an Heldai, Tobija und Jedaja erinnern. Außer-
dem an Joschija, bei dem die anderen drei wohnen
konnten.“ 15 Von großer Entfernung werden die
Leute angefahren kommen, um bei den Bauarbeiten
vom Tempel zu helfen. Dann werden auch endlich
alle kapieren, dass Gott mich geschickt hat. Das
alles passiert aber nur, wenn ihr Gott mal richtig
zuhört und das auch macht, was er euch sagt!

7 Wie das ist mit dem Aufs-Essen-Verzichten und Beten

1 Im vierten Jahr, wo der Präsident Darius an der
Macht war, redete Gott wieder mit mir. Es war am
4. Dezember. 2 In der Zeit war gerade eine Abord-
nung von Männern aus Bet-El in Jerusalem ange-
reist. Mit dabei waren Sar-Ezer und Regem-Melech
und ein paar von ihren Angestellten. Sie waren dort-
hin gekommen, weil sie was ganz Bestimmtes von
Gott wissen wollten. 3 Darum hatten sie sich vorge-
nommen, den Priestern und Prophetentypen dort
eine Frage zu stellen. Sie wollten wissen, ob sie in
Zukunft diesen religiösen Feiertag durchziehen soll-
ten, wo man aufs Essen verzichtet und laut weinen
muss. Das hatte man ja schon seit Jahren so ge-
macht, um sich dadran zu erinnern, dass in der Zeit
die Leute nach Babylonien in Kriegsgefangenschaft
gekommen sind. Die Propheten und Priester sollten
dann diese Frage für Gott beantworten. 4 Gott re-
dete zu mir über die Sache. 5 „Sag den Leuten und
den Priestern Folgendes von mir“, meinte er. „Seit
siebzig Jahren veranstaltet ihr jetzt schon diese Fei-
ertage, wo man aufs Essen verzichtet und laut wei-
nen muss. Das Ding läuft immer im August und im
Oktober jedes Jahr. Aber mal im Ernst, glaubt ihr,
dass das irgendeiner wirklich nur für mich gemacht
hat? 6 Wenn ihr zu Mittag esst und eine Cola trinkt,
dann tut ihr das doch auch nur für euch, weil ihr
Hunger habt. 7 Kennt ihr nicht die Worte, die ich
durch die alten Prophetentypen damals gesprochen
habe? Ich meine jetzt die aus der Zeit, als man in
Jerusalem und in den Städten drum herum noch
wohnen konnte, ohne Angst haben zu müssen. In
der Zeit waren die Städte von Juda, das Gebiet im
Süden und das Land in den Bergen im Westen noch
bewohnt!“ 8 Gott sagte dann noch zu mir: 9 „Ich, der

Chef über dieses Universum, will, dass man über alle Menschen korrekte Urteile fällt und dass man liebevoll und korrekt miteinander umgeht. [10] Unterdrückt nicht die Frauen, deren Ehemänner gestorben sind und die auf der Straße leben müssen! Auch die Kinder ohne Eltern, die Ausländer und generell alle Leute, denen es dreckig geht, sollt ihr nicht fertigmachen. Überlegt euch nicht ständig, wie ihr euch gegenseitig eine reindrücken könnt. [11] Aber leider wollte ja keiner so wirklich auf mich hören. Ihr habt auf euren Ohren gesessen, euch weggedreht oder einfach die Musik lauter gemacht, nur um nicht meine Stimme zu hören. [12] Die Leute machten sich innerlich total hart, nur um bloß nicht auf das zu hören, was ich von ihnen wollte. Sogar die Worte, welche ich den alten Propheten gesagt hab, kamen nicht bei ihnen an. Darum wurde ich total sauer auf sie, ich war richtig aggro unterwegs. [13] Das ist auch der Grund, warum Folgendes passiert ist: Ich, Gott, habe zu ihnen gesprochen, aber sie haben nicht auf mich gehört. Genauso werden sie auch mit mir sprechen, aber ich werde nicht auf sie hören. Das sagt der Chef über dieses Universum. [14] Ich habe dafür gesorgt, dass sie überall verstreut auf der Erde leben mussten. Sie mussten bei Völkern wohnen, von denen sie vorher noch nie was gehört hatten. Ihr Land mussten sie hinter sich lassen, und es vertrocknete und ging kaputt. Keiner wollte dort mehr wohnen. Sie haben aus diesem obergeilen Land eine tote und vertrocknete Wüste gemacht."

8 Gott verspricht: Irgendwann wird alles gut werden

[1] Irgendwann redete Gott wieder mit mir. Er sagte: [2] „Das sagt jetzt Gott, der Chef über das ganze Universum: Ich setze mich voll dafür ein, dass es den Bewohnern der Zionsstadt gutgeht. Ich bin voll verknallt in meine Leute, und wenn jemand etwas gegen sie hat, dann kriegt er von mir was auf die Ohren. [3] Ich werde wieder zurückkommen auf den Berg Zion! Ich werde mitten in Jerusalem wohnen. Die Stadt bekommt dann den Spitznamen ‚Stadt der Treue', und den Berg von Gott wird man ‚Den ganz besonderen, gottmäßigen Berg' nennen." [4] Gott, der Chef über dieses Universum, sagt: „Opas und Omas werden wieder auf den Parkbänken in Jerusalem City sitzen. Sie haben einen Gehstock dabei, weil sie schon so alt sind. Es wird wieder alte Leute bei euch geben, weil die Menschen nicht schon vorher durch Kriege, Hunger oder Krankheit gestorben sind. [5] Auf den Straßen und in den Parks werden wieder voll viele Kinder rumhüpfen und spielen." [6] Das sagt Gott, der Chef über das ganze Universum: „Auch wenn das für die Übriggebliebenen meiner Leute total unvorstellbar ist, ist das noch lange kein Grund, dass es für mich nicht vorstellbar ist." [7] Der oberste Chef über alles in der Welt, Gott, sagt: „Passt auf, ich werde meine Leute aus dem Land rausholen, wo sie festsitzen, egal, ob das im Osten liegt oder ganz im Westen. [8] Und dann bringe ich sie wieder nach Hause. Sie werden in Jerusalem leben. Sie werden meine Leute sein, und ich werde ihr Gott sein. Ich bin treu, und ich bin immer korrekt. [9] Macht nicht schlapp! Das geht an die Leute, die von den Worten von meinen Propheten gehört haben. Ich meine jetzt diese Worte, die an dem Tag gesagt wurden, als die Grundsteinlegung für den Wiederaufbau von meinem Tempel passiert ist. [10] Alles, was vor diesem Tag lag, war sowieso umsonst. Eure Arbeit brachte nichts ein, und die Kühe haben auch nicht zu fressen bekommen. Wer das Haus verließ, war ständig in Gefahr, von Feinden getötet zu werden. Es gab keine Sicherheit, denn ich habe dafür gesorgt, dass die Menschen aufeinander losgegangen sind. [11] Aber ich hab beschlossen, mit dem Rest von meinen Leuten jetzt anders umzugehen, nicht mehr so wie früher." Das sagt Gott. [12] „Ich werde dafür sorgen, dass sich endlich alles entspannt. Die Pflanzen werden gut wachsen und Früchte tragen. Es wird immer genug regnen, und dem Rest vom Volk wird alles gehören. Ich werde es ihnen überlassen, sie haben es geerbt. [13] Früher hat man euch überall auf der Welt als ein Beispiel dafür genommen, wie das ist, wenn ich einem die Krätze an den Hals wünsche und gegen einen bin. Aber durch das, was ich bei euch machen werde, wird man euch als ein Beispiel benutzen, um zu zeigen, wie ich ein Volk aus der Gosse raushole. So werdet ihr für andere etwas Gutes tun. Habt keine Angst! Spannt die Muskeln an, packt zu!" [14] Gott sagt: „Ich hatte mir früher einmal vorgenommen, euch eins reinzudrücken. Das war in der Zeit, als die Leute, die vor euch lebten, mich echt provoziert haben. Es tat mir damals auch null leid. [15] Aber jetzt hab ich mir vorgenommen, euch, die Leute in Jerusalem und Juda, wieder voll zu beschenken. Habt keine Angst mehr! [16] Das sind die Dinge, die ihr machen sollt: Lügt euch nicht gegenseitig an, erzählt immer die Wahrheit! Wenn ihr als Richter arbeitet, solltet ihr im Gerichtssaal nur korrekte Urteile fällen! [17] Denkt euch nicht irgendwelche fie-

sen Sachen aus, zum Beispiel, wie man anderen
Leute schaden und sie ins Unglück stürzen kann
oder so was. Ich möchte, dass ihr es ätzend findet,
wenn man etwas ganz fest verspricht und dann
nicht hält. Denn ich finde das auch total daneben."
18 Dann sagte Gott noch zu mir: 19 „Das kommt jetzt
vom Chef, der über alles das Sagen hat: Die Tage,
wo man auf Sachen verzichten und nicht essen soll,
müssen zu Tagen werden, wo sich die Leute von
Juda freuen und 'ne Party feiern! Ich meine damit
den Juli, August, Oktober und Dezember. Wo man
vorher gefrustet war, wird man sich jetzt nur noch
freuen. Ihr sollt Wahrheit und Frieden ab jetzt total
gut finden." 20 Gott, der Chef über dieses Univer-
sum, sagt: „Es werden sich viele Menschen von
überall her, auch aus den Städten, auf die Suche
machen. 21 Sie werden zu den Leuten gehen, die sie
auf dem Weg treffen, und zu ihnen sagen: ‚Los,
lasst uns Gott suchen, lasst uns gemeinsam mit
ihm reden! Wir wollen ihn bitten, dass er uns unse-
ren Mist verzeiht!' 22 Es werden große und auch
mächtige Nationen bei mir ankommen. Sie werden
in Jerusalem aufkreuzen, um mich dort zu besuchen
und zu mir zu beten." 23 Gott, der Chef über dieses
Universum, sagt: „In der Zeit werden zehn Männer
aus ganz unterschiedlichen Ländern mit unter-
schiedlichen Sprachen sich einen Juden greifen und
zu ihm sagen: ‚Hey, bitte, wir wollen mit euch, den
Juden, zusammen sein! Wir haben gehört, dass der
echte Gott bei euch ist.'"

9

Gott wird die Feinde von Israel bestrafen

1 Jetzt kommt ein Spruch, der direkt von
Gott stammt: Die Worte vom Chef, die Worte
von Gott hat man im Land Hadrach und in Da-
maskus gehört. Alle Leute aus Syrien und auch die
Familienstämme von Israel gehören Gott. 2 Das
gilt auch für die Menschen, die in Hamat leben,
welches an dieses Gebiet angrenzt, und auch für
Tyrus und Sidon stimmt das. Dort gibt es sehr
viele schlaue Leute. 3 Um die Stadt Tyrus wurde eine
große Schutzmauer aufgebaut. In der Stadt gibt
es so viel Geld, die können sich mit den Scheinen
den Hintern abwischen. Auch in den Banktresoren
liegt jede Menge Gold. 4 Aber Gott wird den Leuten
dort ihre Kohle wegnehmen, er wird die Stadt er-
obern und ihre Marineschiffe im Meer versenken.
Die ganze Stadt wird verbrannt. 5 Dann hören die
Philister in ihren Städten Aschkelon, Gaza und
Ekron davon. Sie werden Angst bekommen, weil sie
keine Beschützer mehr haben, die sie vor Feinden
beschützen. Der Präsident aus Gaza wird ver-
schwinden, und die Bewohner der Stadt Aschkelon
werden alle von dort wegziehen. Sie wird dann
menschenleer sein. 6 Viele Ausländer werden in
Aschdod leben. „Auf die Art will ich die Arroganz
der Philister ein für alle Mal beenden", sagt Gott.
7 „Ich werde ihnen die dreckigen und noch blutigen
Fleischstücke aus dem Mund reißen. Diese ekligen
Teile ziehe ich aus ihrem Maul, auch wenn sie
schon dadrauf rumgekaut haben. Dann werden
auch die restlichen Leute der Philister zu mir über-
laufen, sie werden wie eine verwandte Familie vom
Stamm Juda sein. Die Leute von Ekron werden
auf die Art bei ihnen leben, wie man es auch in
Jerusalem mit den Jebusitern sehen kann. 8 Ich,
Gott, werde mich wie ein Securitymann vor mei-
nem Haus aufstellen, um es so vor Feinden zu
schützen. Kein Diktator soll sie mit seiner Armee
mehr angreifen können, denn jetzt stehen sie unter
meinem ganz persönlichen Schutz, ich hab die
ganze Zeit ein Auge auf sie."

Ein neuer Präsident, der Frieden bringt, kommt nach Jerusalem

9 Geh ab, freu dich! Die Leute in der Stadt Zion kön-
nen anfangen zu jubeln. Die Bewohner in Jerusalem
können Party machen! Denn da ist ein neuer Präsi-
dent am Start. Er ist total korrekt, er kann wirklich
helfen und ist dabei nicht arrogant. Er kommt nicht
in einer fetten Limousine, sondern auf einem klei-
nen Moped angefahren. 10 Er sorgt dafür, dass die
Panzer aus Jerusalem auf dem Schrottplatz landen,
auch die Militärmotorräder werden dorthin verfrach-
tet. Die MGs, Pistolen und Handgranaten kommen
dann in die Müllpresse. Er sorgt dafür, dass alle
Völker miteinander Frieden haben. Er hat dann die
Macht, von einem Ende der Welt bis zum anderen
Ende.

Was davor noch passieren wird

11 Gott sagt: „Pass auf, ich werde deine Gefangenen
aus dem Knast befreien. Sie kommen aus der jetzi-
gen Situation raus, wo sie nicht mal was zu trinken
haben. Das passiert wegen den Verträgen, die ich
mit euch ganz fest geschlossen hab. Die wurden
mit Blut unwiderruflich festgemacht und gelten
heute noch. 12 An alle, die im Knast sind, aber die
Hoffnung nicht verloren haben: Kommt wieder
zurück in die Stadt! Ich verspreche euch heute, dass
ihr eine fette Entschädigung bekommt. Ihr werdet

doppelt so viel bekommen wie das, was ihr verloren
habt. 13 Ich werde die Leute von Juda benutzen, um
gegen die Armee der Griechen zu kämpfen. Sie sind
wie meine Pumpgun, mit der ich auf die erfahrenen
Soldaten von den Griechen schießen werde. Die
Leute von Zion werden wie ein MG sein, mit der ich
die Feinde niedermähe.“ 14 Gott wird plötzlich über
ihnen sichtbar werden, er wird mit Blitzen aus dem
Himmel auf sie einschlagen. Dann lässt er die
Sirene losheulen, und plötzlich kommen total hef-
tige Stürme aus dem Süden. 15 Gott, der Chef über
alles, wird auf seine Leute aufpassen und sie be-
schützen. Die Kugeln werden an seiner Schutz-
mauer abprallen und auf den Boden fallen. Sie wer-
den losschlagen, und es wird sehr viel Blut fließen.
Dieses Blut berauscht sie wie Alk. Überall wird die-
ses Blut sein. Es wird so viel sein wie das Blut in
den Opferschalen vom Tempel, die an den Ecken
vom Altar angeschraubt sind. 16 Gott wird seine
Leute an diesem Tag retten, so wie man Schafe ret-
tet, wenn sie bedroht werden. Seine Leute sind für
ihn wie glitzernde Edelsteine, die auf seinem Land
liegen und in der Sonne funkeln. 17 Sie sind einfach
nur wunderschön! Männer werden heranwachsen,
und sie bekommen gute Vollkornnahrung, um stark
zu werden. Und die Frauen kriegen leckeren Wein
zu trinken.

10

Gott bringt die Leute von Israel wieder zusammen und macht sie stark

1 Ihr müsst Gott unbedingt darum bitten,
dass er es zum richtigen Zeitpunkt regnen lässt,
kurz vor der Ernte! Schließlich organisiert er die
dunklen Regenwolken, er organisiert den Regen.
So sorgt er dafür, dass alles auf den Wiesen und
Feldern wachsen kann. 2 Die kleinen Plastikgötter,
die bei den Leute zu Hause rumstehen, erzählen
nur Schwachsinn. Die Eso-Heinis und Wahrsager
lügen wie gedruckt. Die Träume, von denen sie
euch erzählen, haben sie sich nur selbst ausge-
dacht. Sie trösten die Leute mit leeren Sprüchen.
Weil die Leute auf sie gehört haben, wurden sie in
eine falsche Richtung gelenkt. Es ging ihnen dre-
ckig, weil es niemanden gab, der wie ein Beschüt-
zer auf sie aufgepasst hat. 3 Gott sagt: „Auf diese
Anführer bin ich richtig sauer. Aber auch die Typen,
die dann die Führung übernommen haben, werde
ich bestrafen. Ich, der Chef über dieses ganze Uni-
versum, werde mich um meine Leute kümmern.
Die Leute von Juda werde ich wie zu einem Panzer-
wagen aus Stahl zusammenschweißen. Mit ihnen
werde ich in den Krieg ziehen. 4 Der eine besondere
Stein, nach dem der Rest von einem ganzen Haus
ausgerichtet ist, kommt dann von meinen Leuten.
Auch der Zelthering, ohne den jedes Zelt in sich
zusammenfallen würde, kommt von meinen Leu-
ten. Aber auch das MG, mit dem man Krieg führt,
sowie viele mächtige Leute werden aus meinem
Volk kommen. 5 Meine Leute werden kämpfen wie
Helden. Sie werden die Feinde in die Hundescheiße
treten, die auf der Straße liegt. Sie sind nämlich
totale Kämpfer, denn ich bin auf ihrer Seite. Und
darum werden auch die Soldaten auf Motorrädern
und in Panzern nicht gegen sie ankommen. 6 Ich
werde den Leuten von Juda helfen, und ich rette die
Leute von Josef, ich sorge dafür, dass sie in ihrem
Land weiter wohnen dürfen. Ich liebe sie, und es
wird bei ihnen wieder alles gut werden, fast so, als
hätte ich sie nie verlassen. Denn ich bin Gott, ich
bin der absolute Chef über diese Welt, und ich hel-
fe, wenn man zu mir betet. 7 Die Leute vom Fa-
milienstamm Efraim werden die großen Helden
sein. Sie sind wieder gut drauf, fast so, als hätten
sie ein paar Bier getrunken. Die Kinder werden das
mitkriegen, werden abgehen vor Freude und sich
bei mir dafür bedanken. 8 Dann will ich ein lautes
Signal starten, was sie hören. Es ist ein Zeichen,
dass sich alle an einem Ort sammeln sollen, weil
ich sie dann befreien werde. Es werden wieder
genauso viele Menschen sein, wie es auch früher
waren. 9 Ich habe sie ja überall auf die Welt ver-
streut, aber wenn sie dann aus der Distanz wieder
an mich denken und anfangen, wieder mit mir zu
leben, dann sollen sie irgendwann mit ihren Kin-
dern wieder zurückkommen. 10 Ich sorge dafür, dass
sie aus Ägypten und Assyrien auswandern und wie-
der nach Hause kommen, in das Land Gilead und
in den Libanon. Und sie werden sich so krass ver-
mehren, dass dieses Land bald nicht mehr ausrei-
chen wird. 11 Dann helfe ich ihnen. Ich sorge dafür,
dass sie ihr Gebiet erweitern können. Sie werden,
wie damals aus Ägypten, wieder durch einen gro-
ßen Fluss gehen, ohne nasse Füße zu bekommen,
weil ich das Wasser zurücktreibe. Die Quellen
werden aufhören zu fließen. Die Assyrer dachten
immer, sie sind die Geilen, aber jetzt werden sie
runtergeputzt. Auch die Macht von den Ägyptern
wird verschwinden. 12 Ich, Gott, werde meine Leute
stark machen. Nur durch meine Kraft werden sie
leben. Das kommt jetzt von mir, dem Chef über
alles, von Gott.“

11

Ein Bild: Bäume als Präsidenten, die alle abgesetzt werden

1 Libanon soll seine Grenzen öffnen, damit
ein Feuer kommt und die Zedern vernichtet! 2 Die
Birken sollen rumheulen, weil die Zedern vernichtet
wurden. Die krassesten und heftigsten Bäume wur-
den kaputt gemacht. Die Eichen in Baschan sollen
auch heulen, weil der große Wald, der so dicht
bewachsen war, zerstört wurde. 3 Hört ihr das? Die
Präsidenten weinen, weil ihr Schmuckstück, also die
Nation, über die sie regiert hatten, kaputt gemacht
wurde. Hört, wie der Hund jault, weil man seine
Hundehütte zerkloppt hat.

Ein Traum von einem Hirten, auf den die Leute keinen Bock hatten

4 Gott, mein Chef, sagte zu mir: „Kümmer dich um
die Schafe, die bald geschlachtet werden sollen.
5 Die neuen Besitzer werden sie einfach töten, ohne
sich einen Kopf dadrum zu machen. Es tut ihnen
null leid. Vielleicht verkaufen sie die auch und dan-
ken mir dabei auch noch für den guten Deal, den
sie gemacht haben. Sie sagen: ‚Yeah! Wie geil!
Danke, Gott! Ich bin reich!‘ Auch den Leuten, die
auf die Schafe aufpassen, ist es egal, wie es den
Schafen geht. 6 Darum werden mir die Leute auch
nicht leidtun, die auf der Erde leben. Ich überlasse
sie sich selbst. Wenn sie sich nicht untereinander
kaputt machen, dann wird es die Regierung tun. Die
wird auch die Erde zerstören, und ich werde sie
nicht davon abhalten, ich rette euch nicht vor dieser
Regierung.“ 7 Ich tat das, was Gott mir gesagt hatte,
und kümmerte mich um die Schafe, die von ihrem
Besitzer zum Schlachten ausgesucht worden waren.
Ich organisierte mir dazu noch zwei Stöcke, die
man braucht, wenn man auf Schafe aufpasst. Dem
einen Stock gab ich den Namen „Nettsein“ und
dem anderen gab ich den Namen „Zusammengehö-
ren“. 8 In einem Monat kündigte ich drei von mei-
nen Hirten ihren Job, weil sie nicht gut auf die
Schafe aufgepasst hatten. Aber so langsam drehte
ich bei der Arbeit mit den Schafen echt durch, und
die Schafe hatten langsam auch keinen Bock mehr
auf mich. 9 Ich sagte zu ihnen: „Ich will nicht mehr
auf euch aufpassen! Wenn einer von euch unbe-
dingt sterben will, dann soll er doch, ist mir egal.
Wenn sich einer von euch verlaufen will, dann soll
er doch, ist mir egal. Und die dann noch übrig sind,
können sich von mir aus auch gegenseitig ab-
schlachten und die Leichen danach auffressen!“
10 Ich nahm den Stock, wo „Nettsein“ draufstand,
und zerbrach ihn in zwei Teile. Damit machte ich
alle Verträge ungültig, die ich mit irgendwelchen
Ländern gemacht hatte. 11 Auf die Art wurden die
Friedensverträge mit Gott ungültig gemacht. Die
Schafe-Verkäufer, welche mich dabei beobachtet
hatten, kapierten, dass dieses Stockzerbrechen wie
ein Wort war, was Gott zu ihnen gesprochen hatte.
12 Dann sagte ich zu ihnen: „Wenn das für Sie okay
ist, möchte ich jetzt meine Bezahlung haben. Wenn
es für Sie nicht okay ist, dann lassen Sie es von mir
aus bleiben.“ Sie holten sofort ihre Schecks raus
und bezahlten mir 3500 Euro. 13 Plötzlich redete
Gott mit mir. Er sagte: „Ganz toll! So viel Geld bin
ich ihnen also wert! Schmeiß die Kohle in den Kol-
lektenbeutel am Eingang vom Tempel!“ Ich hab
dann die ganzen 3500 Euro in den Kasten geschmis-
sen, der am Eingang vom Tempel hängt. 14 Als
Nächstes stellte ich mich hin und zerbrach den
zweiten Stock, wo „Zusammengehören“ drauf-
stand. Mit dieser Handlung zerstörte ich die Verbin-
dung zwischen Juda und Israel. Die bestand, weil
sie ja verwandt und so was wie Geschwister waren.
15 Dann sagte Gott noch zu mir: „Zieh dir bitte noch
einmal die Arbeitskleidung von einem Hirten an,
inklusive des Stocks, den ein Hirte immer mit sich
rumträgt. Aber dann verhalte dich so wie ein Hirte,
der nicht ganz dicht ist und seinen Job nicht gut
macht. 16 Durch diese Aktion will ich den Leuten
sagen, dass es bald einen Präsidenten geben wird,
der seinen Job auch nicht gut macht. Er kümmert
sich nicht um die kaputten Tiere. Wenn ein Schaf
sich verirrt hat, sucht er es nicht. Wenn sich ein Tier
am Bein verletzt hat, versorgt er die Wunde nicht.
Auch die gesunden Tiere sind ihm egal. Aber wenn
er Hunger hat, greift er sich eins der fetten Schafe,
schlachtet es und grillt sich davon ein Filetsteak.
Weil er so wild auf das Fleisch ist, zersägt er dabei
sogar die Beine von dem Tier. 17 Der Typ, der auf die
Schafe aufpassen sollte, aber eigentlich überhaupt
keinen Bock darauf hat, muss echt aufpassen. Ihm
wird der Arm abgehackt, und er verliert das rechte
Auge. Sein Arm soll vertrocknen, und sein Auge soll
nicht mehr sehen können.“

12

Gott passt auf Jerusalem auf

1 Jetzt kommt noch mal ein Wort von Gott,
was er mir für die Leute von Israel gegeben
hat. Es stammt von dem Gott, der das Universum
gemacht hat. Er hat die Erde mitten in die Milch-
straße gepinnt, und er hat dafür gesorgt, dass die

Menschen in sich eine Kraft haben, die dafür sorgt, dass sie denken, fühlen und leben können. 2 Er sagt: „Passt auf, ich werde dafür sorgen, dass Jerusalem zu einem Stein wird, über den die anderen Völker stolpern werden. Israel wird für die Völker so wie billiger Fusel sein, mit dem sie sich die Birne zudröhnen. Die Leute von Juda werden auch was abkriegen, wenn Jerusalem belagert wird. 3 An dem Tag werde ich Jerusalem zu einer 300-Kilo-Hantel machen, an der sich die Völker, welche sie stemmen wollen, einen Leistenbruch holen. Sie holen sich beim Versuch, dieses Gewicht hochzuheben, Blasen an den Händen. Alle Nationen auf der Erde werden gegen Jerusalem vorgehen. 4 Ich werde dafür sorgen, dass die Motoren ihrer Panzer nicht mehr funktionieren und die Soldaten, welche die Panzer fahren, eine Psychose kriegen. Ich werde dafür sorgen, dass die GPS-Systeme auf der ganzen Welt nicht mehr funktionieren. Aber auf meine Leute pass ich auf, ihnen darf nichts passieren. 5 Die Führungsriege von Juda wird solche Gedanken haben wie: ‚Die Menschen, die in Jerusalem leben, sind nur so stark, weil Gott, der Chef über dieses Universum, sie stark macht!‘ 6 Ich werde dafür sorgen, dass die Generäle der Armee von Juda wie glühende Kohlen zwischen Holzstücken sein werden. Sie werden wie ein Streichholz sein, mit dem man eine ganze Tankstelle in die Luft jagen kann. Jerusalem wird immer dort bleiben, wo es ist, und niemand wird die Stadt zerstören können.“ 7 Gott wird zuerst die anderen Leute von Juda retten, damit die Familie von David und die Bewohner von Jerusalem nicht denken, sie wären etwas Besseres als die. 8 Und dann wird Gott auch die Bewohner von Jerusalem beschützen. Fertige und kaputte Leute werden an dem Tag so groß rauskommen, wie der Präsident David groß rausgekommen ist. Die schwachen Menschen von ihnen werden so stark sein wie David. Die Nachfolger aus der Familie von David werden ganz vorne dabei sein. Sie haben dann sogar die gleiche Power wie der Chefengel von Gott!

Es tut den Leuten voll leid

9 Gott sagt: „An dem Tag bin ich so sauer, dass ich mir vornehme, alle Länder, die gegen Jerusalem Krieg geführt haben, kaputt zu hauen. 10 Dann werde ich mit meiner Kraft dafür sorgen, dass es der Familie von David und den Bewohnern von Jerusalem plötzlich voll leidtut, was sie gemacht haben. Sie werden deswegen anfangen, mich zu bitten, dass ich wieder nett zu ihnen bin. Sie werden mich anschauen, mich, den sie durchstochen haben. Sie werden traurig sein, so wie man traurig ist, wenn der einzige Sohn plötzlich stirbt. Sie werden sehr heftig weinen, wie man weint, wenn der älteste Sohn, der mal alles erben sollte, plötzlich tot ist. 11 In Jerusalem wird man eine so heftige Trauerfeier veranstalten, wie man damals getrauert hat, als die Stadt Hadad-Rimmon in der Ebene von Megiddo im Krieg gefallen ist. 12 Jede Familie wird für sich alleine trauern. Die Familien, die von David abstammen, trauern alleine, und die Familien, die von Nathan abstammen, trauern allein. Und die Frauen haben jeweils noch mal eine eigene Trauerfeier angesetzt. 13 Die Levi-Leute haben eine eigene Trauerfeier, und ihre Frauen haben auch eine eigene Trauerfeier. Die Männer der Familie von Schimi haben eine eigene Trauerfeier und die Frauen der Familie Schimi auch. 14 So ist es bei allen Familien im Land, die Männer und Frauen trauern getrennt voneinander.“

13 Wie das Land dann von Plastikgöttern sauber gemacht wird

1 In der Zeit wird es für die Familie, die von David abstammt, und für die Bewohner von Jerusalem eine besondere Quelle geben. Aus dieser Quelle kommt ein Wasser, das von dem ganzen Mist sauber macht, den man im Leben so baut. Es reinigt einen von dem ganzen Dreck. 2 Gott, der Chef über dieses Universum, sagt: „In der Zeit werde ich jeden Plastikgott aus meinem Land rausschmeißen. Ich werde sogar die Erinnerung an diese Teile aus dem Gedächtnis der Menschen löschen. Man wird nicht mehr über sie reden. Auch die Pseudopropheten werde ich rausschmeißen und ebenso diese Einstellung, dass die Leute immer nur Mist bauen wollen.“ 3 Falls es dann doch mal passiert, dass ein Typ irgendwo als Prophet auftritt, dann werden ihn sogar seine eigenen Eltern verurteilen. Sie werden sagen: „Du hast kein Recht mehr zu leben! Denn du hast so getan, als würdest du Sachen erzählen, die Gott dir gesagt hat. Dabei war das alles gelogen!“ Seine eigenen Eltern werden ihn umbringen, weil er einen auf Prophet gemacht hat. 4 Dann wird es für diese Typen peinlich werden, öffentlich die Sachen zu erzählen, die sie angeblich von Gott haben. Sie werden auch nicht mehr in der Propheten-Dienstkleidung rumlaufen, um so ihre Lügen zu verbreiten. 5 Wenn man so einen dann fragt: „Na, sind Sie auch so ein Prophetentyp?“, wird er antworten: „Niemals! Ich bin ein normaler

Kfz-Mechaniker! Ich lebe von der Reparatur von
Autos. Ich hab schon in meiner Jugend eine Lehre
bei einem Kfz-Meister gemacht, und seitdem
arbeite ich in dem Beruf!“ 6 Und wenn man ihn
fragt: „Was sind denn das für Wunden? Verletzen
Sie sich etwa auch selber, so wie das Propheten
manchmal tun?“, dann antwortet er: „Nein! Die hab
ich noch von einer Schlägerei mit ein paar Hooli-
gans beim letzten Heimspiel!“

Die Menschen haben niemanden, der ihnen sagt, wo es langgeht

7 Gott redet jetzt mit einer Waffe. Er sagt: „Los,
Maschinengewehr! Schieße auf den Typen, der an
meiner Seite steht! Töte den Typen, der auf die
Schafe aufpasst, damit die Schafe anschließend alle
weglaufen. Ich werde mich um die schwachen
Schafe kümmern und sie beschützen. 8 Überall im
Land wird das passieren. Zwei Drittel der Leute
müssen sterben, ein Drittel wird überleben. 9 Dieses
letzte Drittel wird hart getestet. Ich will sie trainie-
ren, sie sollen abgecheckt und geprüft werden, so
wie man eine Rechnung prüft, die man bekommen
hat. Ich will sie filtern, so wie man Öl filtert, denn
der Dreck muss raus. Wenn sie dann zu mir beten,
werde ich ihnen antworten. Ich werde zu ihnen
sagen: ‚Ihr gehört zu mir! Ihr seid meine Leute!‘
Und sie werden antworten: ‚Ja, und du bist der
Chef, du bist unser Gott!‘“

14

Gott wird kommen, um Jerusalem zu retten und eine Gerichtsverhandlung anzusetzen

1 Gott sagt: „Es wird einen Tag geben, wo
man in deinem Land die Beute an die Soldaten ver-
teilt, die dich gerade im Krieg geschlagen haben.
2 Ich werde alle Nationen zusammenbringen, damit
sie gegen Jerusalem Krieg führen. Die Stadt wird
eingenommen, und die Häuser werden geplündert.
Die Soldaten vergewaltigen die Frauen, und die
Hälfte der Bewohner kommt in Kriegsgefangen-
schaft. Aber die andere Hälfte darf in der Stadt blei-
ben.“ 3 Dann wird Gott mit seiner Armee gegen
diese Nationen in den Krieg ziehen. Er wird so
gegen sie kämpfen, wie er schon immer gekämpft
hat, wenn’s brenzlig für seine Leute wurde. 4 Er
stellt sich mit seinen Füßen auf den Ölberg, der,
von Jerusalem aus gesehen, im Osten liegt. Der
Ölberg wird sich dann in vier Teile spalten. Ein Teil
bewegt sich nach Osten, einer nach Westen, einer
nach Süden und einer nach Norden. Und in der
Mitte entsteht ein großes Tal. 5 Ihr werdet dann in
dieses Tal fliehen. Das wird bis nach Azal gehen.
Ihr werdet auf der Flucht sein, so, wie ihr vor dem
Erdbeben geflohen seid, das damals passiert ist, als
Usija der Präsident von Juda war. Und dann wird
Gott höchstpersönlich in Jerusalem einmarschie-
ren, und mit ihm werden alle seine Engel, die Sol-
daten aus dem Himmel, am Start sein. 6 An dem
Tag wird es kein Licht, aber auch keine Kälte geben.
7 Dann wird es plötzlich nicht mehr dunkel für
einen ganzen Tag. Es gibt 24 Stunden Tageslicht,
auch abends und nachts wird es hell bleiben. Wann
das genau passieren wird, weiß aber nur Gott.
8 Und dann wird es in Jerusalem plötzlich eine Was-
serquelle geben, die auf der einen Seite zum Meer
im Osten und auf der anderen Seite in den Westen
fließt. Dieses Wasser sorgt dafür, dass Dinge am
Leben bleiben. Dieses Wasser wird zu jeder Jahres-
zeit fließen, sowohl im Sommer wie auch im Win-
ter. 9 Gott wird dann der Präsident über die ganze
Erde sein. Er wird der einzige Gott sein, den es auf
der Welt gibt, und alle Menschen werden zu ihm
beten. 10 Das ganze Land von Geba wird sich ver-
wandeln. Es wird zu einer Ebene, und nur Jerusa-
lem wird etwas höher liegen als der Rest. Die Stadt
wird dann so groß sein, dass sie sich vom Benja-
mintor über das zugemauerte Tor bis hin zum Eck-
tor erstreckt. Auf der anderen Seite geht es vom
Turm Hananel bis zu dem Ort, wo der Präsident
sein Weinlager hat. 11 Die Leute, die in dem Land
wohnen, werden in Sicherheit sein. Keine Stadt wird
mehr vernichtet werden, und sogar in Jerusalem
wird man sicher sein. 12 Aber die Nationen, die ein-
mal gegen Jerusalem Krieg geführt haben, werden
von Gott ganz heftig bestraft. Die Menschen
bekommen eine superätzende Krankheit, und ihr
Fleisch wird an ihrem Körper vergammeln, während
sie noch am Leben sind. Dann werden auch die
Augen in den Augenhöhlen und die Zunge im
Mund ganz plötzlich vergammeln. 13 An diesem Tag
wird Gott die Leute total verwirren und durcheinan-
derbringen. Dann wird jeder gegen jeden kämpfen.
14 Das passiert auch zwischen Juda und Jerusalem,
sie kämpfen gegeneinander. Und dann wird man
das ganze Geld von den Nationen einsammeln, die
ringsherum um Israel leben. Es werden viele Billio-
nen Euros sein, eine Menge Gold und teure Desi-
gnerklamotten. 15 Genauso wie die Krankheit für
Menschen wird es auch eine für Tiere geben.
Hunde, Pferde und Kühe werden die bekommen,
außerdem die Tiere in den Kasernen.

Die Nationen werden gemeinsam zum Berg Zion pilgern

16 Dann wird es passieren, dass die Menschen, wel-
che von dem Krieg gegen Jerusalem übrig geblieben
sind, jedes Jahr nach Jerusalem pilgern. Sie wollen
dort die Blätterbuden-Party feiern und gemeinsam
zu Gott, dem Chef über dieses Universum, beten.
17 Wenn eine Nation mal keinen Bock darauf hat,
nach Jerusalem zu gehen, um zu Gott zu beten,
dann wird es in dem Land erst einmal nicht mehr
regnen. 18 Wenn die Ägypter sich weigern, dorthin zu
kommen, dann wird Gott sie genauso bestrafen wie
alle anderen Nationen, die sich weigern, zum Fest
der Blätterbuden zu gehen. 19 Dass es für ein Jahr
nicht regnet, wird die Strafe für die Ägypter, aber
auch für alle anderen Nationen sein, wenn sie sich
weigern, das Fest der Blätterbuden zu feiern. 20 Auf
den Heckfenstern der Autos wird in der Zeit ein fet-
ter Schriftzug aufgeklebt sein: „Gott ist etwas ganz
Besonderes!" Die Töpfe, in denen im Tempel von
Gott Sachen gekocht wurden, werden so besonders
sein wie die goldenen Schalen am Opfertisch. Ich
mein damit diese Schalen am Altar, in die das Blut
geschüttet wurde, was man Gott schenken wollte.
21 Alle Kochtöpfe, die es in Jerusalem und ganz Juda
gibt, wird man Gott schenken. Die Menschen, wel-
che eine Opfersession durchziehen wollen, benut-
zen die, um dadrin zu kochen. An diesem Tag wird
es keine Verkäufer mehr geben, die im Tempel ihre
Sachen verkaufen wollen.

Der Prophet Maleachi

1

Gott ist in seine Leute total verknallt

1 In diesem Buch stehen Worte drin, die Gott dem Propheten Maleachi gesagt hat. Es ging dabei immer um seine Leute von Israel. 2 Gott meinte: „Hey, Leute von Israel, ich war immer total verknallt in euch!" Aber eure Antwort war: „Verknallt? In uns? Davon merken wir nichts!" „Da gab es damals doch zwei Brüder, Esau und Jakob. Trotzdem habe ich mich nur in einen, in Jakob, verknallt", sagte Gott weiter. 3 „Esau hab ich gehasst! Ich habe das Land, was er für immer bekommen hat, vertrocknen lassen. Dort wohnen jetzt nur noch Ratten. 4 Die Leute von Edom behaupten: ‚Wir sind komplett kaputt gemacht worden! Trotzdem bauen wir alles wieder auf.' Ich, Gott, sage dazu nur: Ihr könnt so viel bauen, bis ihr schwarz werdet. Ich reiße sowieso alles wieder ab! Dem Gebiet, in dem ihr lebt, wird man den Namen geben: ‚Hier ist tote Hose!' Und die Leute wird man nennen: ‚Das sind die Menschen, auf die Gott für immer richtig krass sauer ist!' 5 Ihr werdet es noch mit euren eigenen Augen sehen und dann solche Kommentare abgeben wie: ‚Gott ist gigantisch! Er sieht weit über das Gebiet von Israel hinaus!'"

Gott findet es nicht gut, wie die Priester ihren Dienst durchziehen

6 Gott, der Chef über dieses Universum, sagt: „Ein Sohn hat Respekt vor seinem Vater, und ein Lehrling hat Respekt vor seinem Meister. Mich nennt ihr euren Vater, aber wo bleibt bitte der Respekt, den ihr vor mir haben solltet? Ihr nennt mich auch euren Meister, aber warum tut ihr nicht das, was ich euch sage?" Das meint Gott zu euch Priestern, weil ihr keinen Respekt vor ihm habt und aus ihm sogar eine Lachnummer macht. Jetzt fragt ihr Gott: „Wo haben wir dich denn wie eine Lachnummer behandelt und keinen Respekt vor dir gehabt?" 7 „Zum Beispiel, als ihr auf meinem Opfertisch, meinem Altar, Sachen verbrannt habt, die total dreckig und unrein waren", ist seine Antwort. Ihr rechtfertigt das, indem ihr sagt: „Ach, der Opfertisch ist ja nicht so wichtig, den kann man ruhig mal verdrecken. Das macht gar nichts." Aber Gott sagt: „Auf die Art kriegt ihr mich nicht! 8 Ihr schenkt mir beim Opfern ein blindes Tier und denkt, das wäre ja nicht so schlimm. Und wenn das Tier verkrüppelt war oder sonst wie krank, dann ist das für euch auch okay. Bringt doch mal so eine Aktion beim Bürgermeister! Glaubt ihr, der würde sich da besonders drüber freuen? Würde er euch anschließend jeden Gefallen tun, weil ihr ihm so was Tolles geschenkt habt?" Das fragt euch Gott, der Chef über diese Welt. 9 „Und jetzt versucht ihr, mich, euren Gott, mit so was wieder gut draufzubringen und mich dazu zu bewegen, dass ich etwas für euch tue? Glaubt ihr im Ernst, das wird es bringen? 10 Wenn es wenigstens einen bei euch geben würde, der die beiden Türen vom Tempel ganz schnell zumacht und verschließt. Dann würdet ihr nicht mehr diese beknackten Opfer abfackeln, ihr würdet noch nicht mal das Feuer vom Grill anschmeißen. Ich mag euch nicht! Und eure Opfergeschenke könnt ihr euch sonst wo hinschieben! 11 Überall auf der Welt hat man Respekt vor mir! Ganz im Osten, ganz im Westen und in allen möglichen Städten dazwischen fackelt man Opfer für mich ab. Man schenkt mir Sachen, und das auf eine coole und saubere Art und Weise. Auf dem ganzen Planeten hat man Respekt vor mir und vor meinem Namen. 12 Nur ihr zieht meinen Ruf in den Dreck! Ihr sagt: ‚Auf den Opfertisch kann man ruhig mal Müll schütten, das macht nix! Auf dem Tisch von Gott kann man ruhig auch mal Sachen drauf verbrennen, die er ätzend findet.' 13 Und dann macht ihr noch voll den Lauten, weil euch das alles viel zu anstrengend ist. Ihr schmeißt die Feuerstelle vom Opfertisch an, bringt eure versifften Tiere, die ihr irgendwo geklaut habt, oder irgendwelche kranken, behinderten Tiere und verbrennt die als ein Opfer für mich. Soll ich mich darüber vielleicht noch freuen? Soll ich so ein Opfer von euch akzeptieren?", fragt euch Gott. 14 „Wer mich betrügt, kriegt die Krätze an den Hals! Wenn einer mir ganz fest verspricht, dass er mir ein gesundes, männliches Tier aus seiner Herde schenkt und dann ein kaputtes, behindertes Tier bei mir vorbeibringt, kriegt fette Probleme. Ich bin nicht irgendeine Wurst, ich bin der oberste Präsident von allen Präsidenten, und überall auf der Welt hat man Respekt vor mir!"

2

Wie ein richtiger und wie ein falscher Priester aussieht

1 „Jetzt kommt noch mal eine deutliche Ansage an die Priester von euch! 2 Wenn ihr nicht auf mich

hört, wenn ihr nicht wirklich dadrauf achtet, immer Respekt vor mir zu haben, dann mach ich euch kaputt und bringe euch die Krätze an den Hals! Wenn ihr für Leute betet, dann werde ich die Gebete umdrehen und was Schlechtes daraus machen. Das hab ich auch schon gemacht, weil ihr euch nicht wirklich Mühe gebt. [3] Ich werd auch eure Kinder zusammenschreien. Ich schmeiß euch Dreck ins Gesicht, den Müll, der von euren Partys noch übrig ist. Ihr werdet selbst auch gleich mit auf den Müllhaufen geschmissen. [4] Ihr sollt kapieren, dass ich das so beschlossen hatte, denn ich hatte ja noch einen Vertrag mit den Levi-Leuten, also den Priestern und den Tempel-Angestellten. [5] Mein Vertrag hat ihnen ihr Leben ermöglicht. Dadurch gab es eine Zeit bei euch, wo Frieden statt Krieg war. Beides, also Leben und Frieden, hatte ich ihnen gegeben, damit sie Respekt vor mir und meinem Namen haben. Den hatten sie ja dann auch. [6] In der Zeit haben sie alle Nachrichten von mir auch richtig an die Leute weitergegeben. Sie waren nie link unterwegs und haben auch nicht gelogen. Sie lebten radikal mit mir. Auf die Art haben die Levi-Leute dafür gesorgt, dass viele Menschen, die Mist gebaut hatten, damit aufhörten und ihr Leben änderten. [7] Die Priester sollen Wissen weitergeben. Sie sollen klarmachen, was ich von den Menschen will. Sie sind Leute, die im Auftrag von mir reden. [8] Aber ihr habt dieses Ding nicht befolgt. Ihr habt dafür gesorgt, dass viele Leute von mir weggelaufen und so kaputtgegangen sind. Ihr habt den Vertrag gebrochen, den ich mal mit dem Familienstamm Levi geschlossen habe. Das sagt Gott, der Chef über dieses Universum. [9] Ich hab auch dafür gesorgt, dass ihr vor dem Volk zur absoluten Lachnummer wurdet, weil ihr nicht das macht, was ich euch sage, und die Leute danach behandelt, wie viel Kohle sie haben."

Die Sache mit der Ehe wurde auch nicht ernst genommen

[10] Leute, haben wir nicht alle denselben Vater? Und hat nicht derselbe Gott uns alle gemacht? Warum sind wir uns dann nicht auch gegenseitig treu? Warum gehen wir nicht korrekt miteinander um? Wir ziehen damit die alten Verträge mit Gott in den Dreck. [11] Die Leute von Juda sind nicht treu, und in Jerusalem und ganz Israel haben die Leute richtig üblen Mist gebaut. Die Leute von Juda haben Menschen aus fremden Ländern geheiratet, die Plastikgötter angebetet haben. [12] Die Menschen, die so was tun, werden von Gott komplett plattgemacht. Sie sollen nicht mehr zu den Israeliten gehören. Das wird passieren, da könnt ihr auch noch so viele Opfer bringen. [13] Es gibt noch eine zweite Sache, die ich total ätzend bei euch finde: Ihr heult euch die Augen aus, wenn ihr am Opfertisch von Gott steht. Ihr weint und schluchzt, weil Gott euch nicht hilft, obwohl ihr ihm so viel schenkt. [14] Ihr fragt euch jetzt, warum ich das ätzend finde? Weil Gott mitbekommen hat, wie ihr eure Ehefrauen betrügt! Ihr habt das getan, obwohl sie zu euren Leuten gehören. Sie haben dieselben Verträge mit Gott wie ihr! [15] Hatte Gott es nicht so vorgesehen, dass ihr ganz fest zusammengehört, so als wärt ihr eins anstatt zwei? Durch die Ehe seid ihr wie ein einziges Lebewesen. Warum hat er das so gemacht? Weil ihr so ähnlich seid wie Gott. Darum reißt euch mal zusammen! Seid der Frau, mit der ihr schon so lange zusammen seid, treu! [16] Gott sagt: „Ich hasse es, wenn sich jemand von seinem Ehepartner scheiden lässt! Ich finde das genauso schlimm, wie wenn jemand totalen Mist baut. Darum passt auf und seid eurem Partner treu!" [17] Ihr langweilt Gott mit eurem Gelaber. Aber ihr fragt ganz blöd: „Wie langweilen wir ihn?" Na, zum Beispiel, indem ihr solche Sachen sagt wie: „Gott hat die Menschen, die link und fies sind, ganz besonders lieb!" Oder so was wie: „Wo ist denn Gott jetzt? Warum haut er nicht zu, wenn jemand Scheiße gebaut hat?"

3 Der Tag, wo die große Gerichtsverhandlung kommt

[1] Gott sagt: „Ich werde jemanden zu euch schicken, der den Weg für mich schon mal vorbereitet. Und dann werde ich ganz plötzlich in meinem Tempel auftauchen. Der Botschafter von mir, der meine Verträge organisiert hat und auf den ihr euch schon lange freut, ist bereits unterwegs." [2] Wer wird den Tag überleben, wenn Gott auf der Bildfläche erscheint? Gott ist wie ein krasses Feuer, wie ein 1 Million Grad heißer Ofen, in dem alles sofort schmilzt. Und er ist wie das Waschpulver in der Waschmaschine, das alles sauber macht. [3] Gott wird am Ofen sitzen, wie jemand, der Silber einschmelzen lässt. Dazu muss er es vom Dreck reinigen. So wird er auch die Levi-Leute, die als Priester und Tempelangestellte arbeiten, reinigen. Er macht sie auf die gleiche Art sauber, wie man Gold und Silber sauber macht. Erst dann sind sie korrekt und sauber genug, um ihm etwas zu schenken, also zu opfern.

4 Und dann wird Gott sich auch über die Geschenke
freuen, die ihm in dem Gebiet von Juda und in Jeru-
salem gemacht werden, so wie früher. 5 Gott, der
Chef über diese Welt, sagt: „Wenn die letzte Ge-
richtsverhandlung kommt, mache ich kurzen Pro-
zess mit den okkulten Zauberheinis genauso wie
mit den Leuten, die ihre Ehe gebrochen haben, mit
den Leuten, die vor Gericht lügen, mit den Leuten,
die Arbeitern zu wenig Kohle ausbezahlen, mit den
Leuten, die Ausländer, Penner und Obdachlose
schlecht behandeln, und mit den Leuten, die keinen
Respekt vor mir haben."

Wer Respekt vor Gott hat, kommt gut dabei weg

6 „Nein, ich habe mich nicht verändert", sagt Gott.
„Aber ihr, die Leute von Israel, habt auch nicht auf-
gehört, Mist zu bauen! 7 Schon damals, bei euren
Ururgroßeltern, war das so. Sie haben nicht das
getan, was in den Gesetzen steht, die waren ihnen
egal. Dreht euch um, lebt wieder mit mir! Dann will
ich mich auch umdrehen und wieder mit euch
leben!", sagt Gott. Aber ihr fragt tatsächlich: „Wor-
über redest du überhaupt? Mit wem sollen wir
leben? Wovon sollen wir uns umdrehen?" 8 Gott
sagt: „Darf ein Mensch etwa mich, Gott, beklauen?
Ja, das ist mein Ernst, denn ihr beklaut mich! Ihr
fragt jetzt: ‚Hä? Was haben wir dir denn geklaut?'
Na, zum Beispiel diese zehn Prozent von eurem
Gehalt und den Anteil, den die Priester bekommen!
9 Euch wurde deswegen die Krätze an den Hals ge-
wünscht, aber ihr hört nicht auf, mich zu beklauen.
10 Jetzt bringt endlich die zehn Prozent in den Tem-
pel, damit es genug Lebensmittel in meinem Haus
gibt. Testet mich doch, ob ich euch dafür nicht ganz
fett beschenken werde! 11 Ich könnte dafür sorgen,
dass das Ungeziefer nicht mehr eure Ernte auffrisst.
Ich könnte dafür sorgen, dass eure Weinernte nicht
so mickrig ausfällt. Das sagt euch Gott, der Chef
über das Universum. 12 Alle Menschen auf der Welt
werden sagen, dass ihr voll Glück gehabt habt. Sie
werden euch beneiden. Es wird euch total gutgehen,
denn in eurem Land wächst alles sehr fett!" 13 Gott
sagt: „Was ihr über mich sagt, ist echt eine Num-
mer zu hart. Aber ihr fragt: ‚Hä, was haben wir denn
zu Hartes über dich geredet, Gott?' 14 Ihr sagt: ‚Es
bringt nichts, für Gott zu leben! Was bringt uns das,
wenn wir tun, was er sagt? Was bringt uns das,
wenn wir einen auf Depri machen und vor Gott auf
dem Boden kriechen? 15 Wir finden, dass die frechen
Leute eigentlich echt Glück haben. Sie haben sogar
noch ihr Leben auf die Reihe gekriegt, obwohl sie
Sachen taten, die Gott nicht will. Sie haben Gott
provoziert, aber sind ohne Konsequenzen davonge-
kommen.'" 16 Die Leute, die Respekt vor Gott haben,
redeten miteinander, und er hat das auch mitbe-
kommen. Er hat die Namen von solchen Menschen
in eine Datei schreiben lassen, damit er sie nie ver-
gisst. 17 Gott, der Chef über dieses Universum, sagt:
„Ich werde einen Tag organisieren, an dem ich
erkläre, dass sie nur mir gehören. Und diese Leute
werde ich dann verschonen, wie ein Vater einen
Sohn verschont, der immer brav gewesen ist. 18 Ihr
werdet dann wieder den Unterschied sehen, wie
es ist, korrekt mit mir zu leben, oder wie es ist,
ohne mich zu leben. Ihr werdet sehen, wie es ist,
für mich zu leben oder gegen mich zu leben.
19 Denn es wird ein Tag kommen, an dem ein sehr
heißes Feuer alles verbrennt. Dann werden alle mie-
sen Menschen, die Dinge ohne mich gemacht
haben, verbrennen wie trockenes Stroh. An diesem
Tag werden sie komplett abfackeln, nichts wird
mehr übrig bleiben, keine Wurzel und kein Zweig.
Das sagt Gott, der Chef über dieses Universum.
20 Aber für die, die Respekt vor mir gehabt haben,
wird an dem Tag die Sonne aufgehen. Diese Sonne
wird es überall hell machen und dafür sorgen, dass
ihr gut behandelt werdet. Die Strahlen der Sonne
sorgen dafür, dass bei euch alle Wunden heilen. Ihr
werdet rumlaufen und vor Freude in die Luft sprin-
gen, wie ein Flummi. 21 Und dann werdet ihr die
Leute, die ohne mich gelebt haben, alle kaputt
machen. Sie werden so sein, wie der Dreck unter
euren Füßen. Ich werde diesen Tag organisieren.
Das sagt Gott."

Es kommt einer, der etwas vorbereiten wird

22 Gott sagt: „Vergesst nicht die Gesetze und Regeln
von Mose! Ich hab sie ihm damals, auf dem Berg
Horeb für alle Leute von Israel gegeben. 23 Ich werde
euch den Propheten Elia schicken, bevor dieser
superheftige letzte Tag der Erde kommt, der ‚Tag
von Gott'. An diesem Tag werde ich die große
Gerichtsverhandlung über alle Menschen abhalten.
24 Elia wird dafür sorgen, dass die Kinder für die
Eltern wieder voll wichtig sind und umgekehrt auch
die Eltern für die Kinder. Das wird passieren, weil
ich sonst kommen müsste, um das ganze Land zu
vernichten."

Neues Testament

Die Geschichte von Jesus, wie Matthäus sie aufgeschrieben hat

1

Die Leute vor Jesus

1 Dies ist die Geschichte von Jesus Christus. Jesus ist ein Ur-ur-ur-und-so-weiter-Enkel von David und Abraham. Die Leute aus seiner Familie, die vor ihm gelebt haben, waren der Reihe nach: 2 Zuerst war da Abraham, dem das Land von Gott gegeben wurde. Abrahams Sohn war Isaak, Isaaks Sohn war Jakob, Jakob war der Vater von Juda und dessen Brüdern. 3 Juda bekam mit Tamar Perez und Seraach, Perez war der Vater von Hezron, Hezron war der Vater von Ram, 4 Ram der von Amminadab und Amminadab der von Nachschon, dessen Kind war Salmon. 5 Der Sohn von Salmon und Rahab, der Hure, die Josua gerettet hat, war Boas. Boas und Rut, die Asylantin, die ihrer Schwiegermutter so viel geholfen hat, bekamen den Obed und der bekam den Isai. 6 Isais Sohn war der Präsident David. David bekam mit der Frau vom Uria, den Davin umbringen ließ, den Salomo. 7 Salomos Sohn war Rehabeam, dessen Sohn war Abija und dessen Sohn war Asa. 8 Asa war der Vater von Joschafat, Joschafat der Vater von Joram, Joram der Vater von Usija, 9 Usija war der Vater von Jotam, Jotam der von Ahas und Ahas der von Hiskija. 10 Hiskija bekam den Manasse, Manasse bekam den Amon, Amon den Josia, 11 Josias Söhne waren Jojachin und seine Brüder (das war in der Zeit, als das Volk Israel nach Babylonien verschleppt wurde). 12 Jojachin bekam den Schealtiel und Schealtiel den Serubbabel (zu der Zeit, als das Volk in Babylonien festsaß). 13 Serubbabel bekam den Abihud, der den Eljakim, der den Asor, 14 Asors Sohn war Zadok, Zadoks Sohn war Achim, Achims Sohn Eliud, 15 Eliud war Eleasars Vater, Eleasar der Vater von Mattan und der war schließlich der Vater von Jakob. 16 Jakob war der Vater von Josef und Josef war der Mann von Maria. Und Maria war die Mutter von Jesus, der Christus genannt wird, das heißt der „Auserwählte Gottes". 17 (Zahlensymbole sind wichtig! Darum:) Von Abraham bis zum Präsidenten David waren es vierzehn Generationen. Und auch von David bis zur Kriegsgefangenschaft in Babylonien waren es vierzehn Generationen und von der Zeit bis zu Jesus noch mal vierzehn. Also 3 mal 14 Generationen. (Da fehlen nur noch 1 mal 7 Generationen bis 7 mal 7 Generationen)

Maria bekommt ein Baby

18 So, und jetzt kommt, wie das mit der Geburt von Jesus war: Seine Mutter Maria war mit Josef verlobt. Obwohl sie noch nicht verheiratet waren und deswegen, wie damals üblich, auch keinen Sex hatten, war Maria plötzlich schwanger. Und zwar hatte Gottes ganz besonderer Geist, seine übernatürliche Kraft, sie geschwängert. 19 Nach den damaligen Gesetzen hätte Josef Maria anklagen können, weil sie schon vor ihrer Heirat schwanger war. Aber Josef wollte immer alles so machen, wie Gott es gut fand. Deswegen wollte er Maria nicht anzeigen. Stattdessen wollte er sich heimlich von ihr scheiden lassen. 20 Er machte sich voll den Kopf darüber, als er plötzlich im Traum einen Engel, so einen Botschafter von Gott sah. Der sagte ihm: „Josef, du Urenkel vom David! Hab keine Angst und heirate Maria! Das Baby, was sie bekommen wird, hat ihr die besondere Kraft von Gott geschenkt. 21 Sie wird einen Jungen bekommen, den musst du unbedingt ‚Jesus' nennen, was so viel wie ‚Gott ist Rettung' heißt. Denn er wird seine Leute aus dem Dreck retten, in dem sie stecken, wegen Sachen, wo sie Mist gebaut haben." 22 Das alles passierte, damit das stimmt, was Jesaja, einer der alten Prophetentypen, gesagt hatte. Prophetentypen sind Leute, die oft Nachrichten von Gott bekommen. Jesaja meinte mal: 23 „Eine junge Frau, die noch nie mit einem Mann geschlafen hat, wird schwanger werden. Sie kriegt dann einen Jungen und den wird man auch Immanuel nennen. Immanuel bedeutet so viel wie ‚Gott ist bei uns'." 24 Als Josef wieder aufwachte, tat er genau das, was der Engel ihm gesagt hatte, und heiratete Maria. 25 Er schlief nicht mit Maria, bis sie ihren Sohn geboren hatte. Josef gab ihm den Namen Jesus.

2

Die Astrologen suchen den neuen Präsidenten

1 Jesus wurde in dem Dorf Bethlehem im Bezirk Judäa in Israel geboren. Herodes war dort damals der Präsident für dieses Gebiet. Irgendwann

kamen Astrologen aus dem Orient in Judäas Hauptstadt Jerusalem und fragten dort alle Leute: 2 „Wisst ihr, wo dieses Kind ist, das in Zukunft der Präsident von allen Juden sein wird? Wir haben bei uns daheim so einen besonderes Sternenbild am Himmel gesehen. Unsere Deutung davon war, dass dieses Kind jetzt geboren worden ist. Deswegen sind wir den ganzen Weg bis hierher gekommen, um ihm den Respekt zu zeigen, den es verdient hat." 3 Der Präsident Herodes war total fertig, als er das hörte, und nicht nur er, alle in Jerusalem waren das. 4 Er organisierte sofort ein Treffen mit den Chefpriestern und den Leuten, die viel studiert hatten und eine Menge wussten. Die fragte er: „Wissen Sie, wo dieser neue Präsident geboren werden soll?" 5 Darauf meinten die zu ihm: „In Bethlehem, das hat Micha schon in seinem Prophetenbuch geschrieben. Dort steht: 6 ‚Bethlehem, du bist nicht die unbedeutendste Stadt in Judäa. Denn aus dir wird ein Typ kommen, der über ganz Israel das Sagen hat und sich gut um meine Leute in Israel kümmern wird!'" 7 Da rief Herodes die Astrologen heimlich zu sich, weil er genau wissen wollte, wann sie den Stern zum ersten Mal gesehen hatten. Anschließend schickte er sie nach Bethlehem: 8 „Sie müssen dort das Kind suchen und mir sofort Bescheid geben, wenn Sie es gefunden haben, okay? Ich gehe dann auch mal dort vorbei, um zu zeigen, dass ich Respekt vor ihm hab, und auch, um zu ihm zu beten." 9 Nachdem sie dies so beschlossen hatten, gingen die Astrologen nach Bethlehem. Dort passierte etwas total Abgefahrenes: Der Stern, den sie im Orient gesehen hatten, leitete sie fast wie ein Navi direkt zu der Hütte, wo das Baby lag. 10 Als sie es gefunden hatten, freuten sie sich total. 11 Sie gingen in die Hütte, über der der Stern stehen blieb, und fanden dort Maria mit ihrem Baby. Sie gingen staunend in die Knie und beteten erst mal zu dem Kind. Anschließend packten sie die Geschenke aus, Gold sowie ganz wertvolle Parfüms und Kräuter, die sie extra aus ihrem Land mitgebracht hatten. 12 In der Nacht sagte Gott durch einen Traum zu ihnen, sie sollten nicht mehr bei Herodes vorbeischauen. Darum wählten sie einen Umweg, um nach Hause zu kommen.

Maria und Josef hauen nach Ägypten ab

13 In der nächsten Nacht hatte Josef einen heftigen Traum: Er sah einen Botschafter Gottes, einen Engel, der zu ihm sagte: „Ab nach Ägypten! Nimm das Baby und deine Frau und macht euch auf die Socken. Ich werde mich bei dir melden, wenn ihr zurückgehen könnt. Herodes will nämlich euer Kind töten." 14 Josef stand sofort auf, und noch in der Nacht floh er mit Maria und dem Baby nach Ägypten. 15 Dort blieben sie, bis Herodes gestorben war. Damit erfüllte sich, was Gott durch die alten Propheten früher schon gesagt hatte: „Ich habe meinen Sohn aus Ägypten rausgeholt."

Jesus soll gekillt werden

16 Herodes wurde voll aggro, als er merkte, dass die Astrologen ihn gelinkt hatten. Er drehte total ab und ließ alle Jungs töten, die unter zwei Jahre alt waren und in Bethlehem und Umgebung wohnten. Pi mal Daumen berechnete er die Geburtszeit nach den Angaben der Astrologen. 17 Mit diesem brutalen Gemetzel wurde wahr, was der Prophet Jeremia schon vor langer Zeit vorhergesagt hatte: 18 „In der Stadt Rama sind alle Leute total am Heulen. Rahel weint, eine Urmutter vom Volk Israel, weil viele ihrer Kinder nicht mehr da sind. Keiner kann sie trösten, denn nicht eins wurde am Leben gelassen."

Wieder in Ägypten ...

19 Als Herodes schließlich tot war, hatte Josef im Traum wieder Besuch von einem Engel, der zu ihm sagte: 20 „Pack deine Klamotten, nimm das Kind und die Mutter und geh wieder nach Israel zurück! Die Männer, die das Kind umbringen wollten, sind tot!" 21 Also machten sich Josef und Maria zusammen mit ihrem Kind auf den Weg zurück nach Israel. 22 Schließlich hörte er das Gerücht, dass Archelaus, der Sohn von Herodes, der neue Präsident von Judäa war. Schlechte Nachrichten!, dachte Josef, denn auch Archelaus war ziemlich berüchtigt. Aber Gott sagte ihm in einem Traum, er solle in das Gebiet Galiläa gehen und sich dort ein Bude suchen. 23 Sie gingen also nach Nazareth und mieteten da eine Wohnung. Dadurch wurde das wahr, was die Propheten über den Auserwählten, den Christus, schon vor Jahrhunderten gesagt hatten. Sie schrieben nämlich: „Man wird von ihm sagen: ‚Das ist doch nur einer aus Nazareth.'"

3

Über Johannes, der die Leute getauft hat

1 Eines Tages tauchte so ein Typ auf, der ‚Johannes, der die Leute tauft' genannt wurde. Er fing an in der Wüste ziemlich krasse Sachen zu sagen: 2 „Lebt nicht weiter so wie bisher! Rennt nicht in euren Untergang. Schlagt einen neuen Weg ein, denn bald wird Gott hier das Sagen haben!"

3 Schon der Prophet Jesaja hatte so was angekün-
digt. Er schrieb: „Jemand ruft in der Wüste: ‚Macht
den Weg frei für den Chef! Baut eine Straße für ihn
durch die Wüste!'" 4 Johannes' Klamotten waren
übrigens aus Kamelhaaren gemacht und wurden
von einem Ledergürtel zusammengehalten. Er
ernährte sich nur von Heuschrecken und wildem
Honig. 5 Zu ihm kamen viele Menschen aus der
ganzen Gegend: aus Jerusalem, dem Jordantal und
auch dem Bezirk Judäa. 6 Sie sagten vor ihm ganz
offen, wo sie Mist in ihrem Leben gebaut hatten.
Dann machte Johannes mit ihnen so eine religiöse
Waschung im Jordan, indem er sie dort unter-
tauchte, man nannte das Taufe. 7 Als Johannes aber
mitbekam, dass auch viele von den religiösen Stre-
bern und politischen Schleimern, nämlich die Phari-
säer und Sadduzäer, sich taufen lassen wollten,
wurde er total wütend und sagte: „Ihr Pseudos! Wer
hat euch erzählt, dass ihr euch so bei Gott wieder
einschleimen könntet? 8 Zeigt doch erst mal durch
euer Leben, dass ihr euch wirklich ändern wollt! 9 Ihr
glaubt doch nicht im Ernst, ihr könntet euch so
durchmogeln mit dem ‚Abraham ist unser Papa'-
Gequatsche! Gott kann sich aus diesen Mülleimern
Kinder von Abraham machen, wenn er will. 10 Eure
letzte Stunde hat schon geschlagen. Die Leute, die
nicht das bringen, was sie bringen könnten, werden
aussortiert und vernichtet. Jeder Obstbaum, an dem
keine Früchte wachsen, wird abgeholzt und ver-
brannt. 11 Alle, die einen neuen Weg in die Richtung
Gottes einschlagen, werde ich mit Wasser taufen.
Ich bin aber nur der Trailer vom Hauptfilm, der Vor-
geschmack auf den, der nach mir kommt. Ich bring
es im Gegensatz zu dem so wenig, dass ich noch
nicht mal seine Schuhe zubinden dürfte. Er wird
euch mit Gottes besonderer Kraft, dem Heiligen
Geist, taufen. Der wirkt wie ein Feuer in euren
Gedanken. 12 Er hat schon den Filter aufgestellt, der
den Dreck vom Guten trennen wird. Den Dreck, der
übrig bleibt, wird er verbrennen, das Gute wird er
sammeln und aufbewahren."

Gott steht zu seinem Sohn

13 Auch Jesus ging aus seiner Heimat in Galiläa zum
Fluss Jordan, weil er sich von Johannes taufen las-
sen wollte. 14 Aber Johannes hielt das für keine so
gute Idee: „Hey, Jesus, es müsste eigentlich umge-
kehrt laufen! Ich habe es eigentlich nötig, von dir
getauft zu werden! Und nun willst du von mir ge-
tauft werden?" 15 Aber Jesus meinte nur: „Es ist okay,
so wie es ist. Das muss so sein, damit alles so läuft,
wie Gott es haben will." Also wurde auch Jesus von
Johannes getauft. 16 Als Jesus wieder aus dem Was-
ser rauskam, öffnete sich plötzlich der Himmel über
ihm, und Jesus sah, wie der Geist von Gott wie eine
Taube auf ihm landete. 17 Zur gleichen Zeit hörte
man eine Stimme aus dem Himmel. Sie sagte: „Das
ist mein Sohn, den ich sehr liebe! Ich freue mich
total über ihn!"

4

Die große Prüfung für Jesus

1 Anschließend wurde Jesus von Gott in die
Wüste geführt, wo der Chef des Bösen, der
auch Satan genannt wird, versuchen sollte, Jesus
von seinem geraden Weg abzubringen. 2 Vierzig
Tage und Nächte verzichtete er ganz auf Essen, und
am Ende hatte er übelst Hunger. 3 Schließlich kam
Satan vorbei. Das ist so ein Anti-Engel, ein Feind
von Gott, der nur Menschen kaputt machen will.
Satan versuchte Jesus reinzulegen und sagte zu
ihm: „Wenn du wirklich der Sohn von Gott bist,
dann kannst du dir doch aus diesen Steinen 'nen
Döner zaubern, wenn du das willst, oder?" 4 Jesus
antwortete ihm: „Vergiss es, das werde ich nicht
tun. Denn Gott hat in den alten Verträgen mit den
Menschen gesagt: ‚Der Mensch braucht nicht nur
Essen, um zu leben. Er braucht vor allem, dass Gott
mit ihm spricht.'" 5 Danach ging Satan mit ihm zur
Stadt Jerusalem und plazierte ihn dort auf dem
obersten Rand der Tempelmauer. 6 „Spring runter!",
foppte er Jesus. „Du bist doch der Sohn von Gott!
In den alten Verträgen kann man ja auch lesen:
‚Gott wird durch seine Engel eingreifen. Sie werden
dich auf Händen tragen, damit du nicht mal eine
Schramme abkriegst.'" 7 Jesus antwortete: „Da steht
aber auch: ‚Du sollst mit Gott, deinem Chef, keine
Spielchen spielen.'" 8 Jetzt nahm Satan ihn mit auf
einen extrem hohen Berg und zeigte ihm von dort
die ganzen Länder auf der Welt, mit ihren Regie-
rungsgebäuden und Staatshäusern, von wo Macht
ausgeübt wurde. 9 „Die kannst du alle haben! Du
musst dich dafür nur vor mich hinschmeißen, mich
zu deinem Gott machen und zu mir beten. Was
hältste davon? Deal?" 10 Aber Jesus ließ ihn abblit-
zen. Er antwortete: „Ey, Satan, mach dich vom
Acker! Denn Gott hat in den alten Verträgen gesagt:
‚Du sollst nur Gott als einzigen Chef akzeptieren
und nur das tun, was er dir sagt!'" 11 Endlich gab der
Satan auf und verzog sich. Und auf einen Schlag
waren dann auch ein paar Engel da, die sich um
Jesus kümmerten.

Es gibt Hoffnung für alle, die von Gott nichts wissen wollen

12 Als Jesus hörte, dass Johannes in den Knast gesteckt worden war, ging er in die Gegend von Galiläa. 13 Er verließ Nazareth und wohnte dann in Kapernaum am See Genezareth, im Gebiet von Sebulon und Naftali. 14 So wurde auch diese Vorhersage vom Propheten Jesaja erfüllt. Der meinte nämlich: 15 „An alle in Sebulon, Naftali und die auf der anderen Seite des Jordans und in Galiläa leben und nix mit Gott zu tun haben wollen: 16 Menschen, die im Dunkeln tappen, sehen plötzlich ein krasses Licht. Leute, die dort wohnen, wo es richtig finster ist, sehen plötzlich was ganz Helles über sich." 17 Ab dann fing Jesus an, den Leuten Folgendes zu sagen: „Schlagt eine ganz neue Richtung für euer Leben ein! Dreht euch zu Gott um! Es beginnt ein neues Kapitel in der Geschichte der Menschen: Gott hat jetzt das Sagen!"

Vier Fischer und Jesus

18 Am See Genezareth lernte Jesus zwei Brüder kennen: Simon, der später den Namen Petrus bekam, und seinen Bruder Andreas. Sie waren von Beruf Fischer und gerade bei der Arbeit, als Jesus vorbeikam. 19 Jesus sagte zu ihnen: „Hey, ihr zwei! Mir nach! Ich will euch beibringen, wie man Menschen dazu bringt, mit Gott zu leben! Ihr sollt jetzt Menschen fischen und nicht mehr Fische!" 20 Beide ließen sofort alles stehen und liegen und folgten ihm. 21 Gleich danach trafen sie am Strand noch zwei andere Fischer, Jakobus und Johannes, die auch Brüder waren. Sie waren mit ihrem Vater Zebedäus gerade im Boot am Netze reparieren. Auch die fragte er, ob sie nicht mit ihm kommen wollten. 22 Beide packten sofort ihre Sachen und verließen das Schiff und ihren Papa, um mit Jesus zu gehen.

Jesus legt los

23 Jesus ging durch das ganze Land von Galiläa, hielt Reden in den Synagogen (dort feiern die Juden immer ihren Gottesdienst) und erzählte den Leuten seine gute Nachricht: „Es ist eine neue Zeit angebrochen, Gott hat das Sagen!" Er machte einfach alle Kranken wieder gesund. 24 Schließlich war er überall das Gesprächsthema Nummer eins. Selbst in Syrien redete man über Jesus. Sie schleppten alle möglichen Menschen zu ihm: Leute, die übelste Schmerzen hatten, total durchgeknallte Psychos, Leute mit Krampfanfällen und Menschen, die nicht mehr gehen konnten oder irgendeine andere Körperbehinderung hatten. Und egal, was sie hatten, Jesus heilte einfach jeden! 25 Seine Fangemeinde wurde immer größer, mittlerweile lief ein Riesenmenge von Leuten Jesus hinterher. Wo auch immer er hinging, alle waren total begeistert von ihm. Leute aus Galiläa, aus dem Gebiet der zehn Städte, aus Jerusalem und dem ganzen Gebiet von Judäa liefen ihm nach. Selbst vom gegenüberliegenden Jordanufer kamen sie angerannt.

5

Jesus macht klar, wer richtig glücklich ist

1 Als Jesus sah, dass ihm so mega viele Leute gefolgt waren, ging er auf einen kleinen Hügel und setzte sich mit seinen Schülern und Freunden hin. 2 Weil er ihnen was beibringen wollte, sagte er Folgendes zu ihnen: 3 „Göttlich glücklich sind die Leute, die kapiert haben, dass sie Gott mit nichts beeindrucken können. Sie werden mit ihm in dem Land leben, wo er das Sagen hat. 4 Göttlich glücklich sind die Traurigen, weil Gott jetzt ihre Tränen abwischen wird. 5 Göttlich glücklich sind die Leute, die nicht so agressiv, sondern friedlich drauf sind, denn ihnen wird einmal alles gehören. 6 Göttlich glücklich sind die Leute, die sich danach sehnen, dass Gott sein Ding durchzieht und für Gerechtigkeit sorgt, denn sie werden genau das erleben. 7 Göttlich glücklich sind die Leute, die ein Herz für die Menschen haben, denen es dreckig geht, denn Gott hat auch ein Herz für sie. 8 Göttlich glücklich sind die, die alles so machen, wie Gott es will, denn sie werden Gott sehen. 9 Göttlich glücklich sind die Streitschlichter, die dafür sorgen, dass sich Menschen wieder vertragen, denn man wird von ihnen sagen: Das sind die Kinder von Gott. 10 Göttlich glücklich sind die Leute, die richtig Ärger kriegen, weil sie das tun, was Gott von ihnen will. Die werden mit Gott in seiner neuen Welt zusammenleben. 11 Wenn ihr verarscht oder gelinkt werdet oder man Gerüchte über euch verbreitet, weil ihr mit mir lebt, dann könnt ihr echt froh sein. 12 Feiert deswegen und freut euch, denn im neuen Leben werdet ihr dafür ganz fett absahnen. Auch die Prophetentypen von früher hat man übel verfolgt."

Von Salz, Kühlschränken und Licht – wie Menschen, die mit Gott leben, abgehen sollen!

13 „Ihr seid genauso wichtig, wie es Salz für diese Welt ist. Ohne euch würde nichts mehr richtig schmecken. Das ist so: Ihr seid wie ein Kühlschrank für diese Welt – ohne euch würde alles vergammeln.

Aber wenn Salz lasch geworden ist und nicht mehr
salzt oder ein Kühlschrank kaputt ist und nicht
mehr kühlt, gehört beides auf den Müll, damit es
dort restlos entsorgt wird. 14 Ihr seid wie Halogen-
strahler in dieser Welt. Wenn eine Stadt oben auf
einem Berg liegt, kann man ihre Beleuchtung
nachts ja auch noch kilometerweit sehen. 15 Wenn
du dir eine Lampe für dein Zimmer besorgst und
sie nachts anmachst, dann stellst du sie doch auch
nicht unters Bett. Ganz im Gegenteil, du stellst sie
nach oben, wo man sie sehen kann und sie alles
beleuchtet! 16 Genauso soll auch euer Licht für alle
Menschen sichtbar sein. Denn durch die guten
Sachen, die ihr bringt, sollen die Leuten euren Papa
im Himmel cool finden."

Was Gott sagt

17 „Ihr glaubt doch nicht im Ernst, ich bin deswegen
hier, um das für null und nichtig zu erklären, was
Gott damals gesagt hat. Das gilt für die Texte von
den alten Propheten genauso wie für das, was von
Mose kam. Ganz im Gegenteil! Ich bin dazu da, um
genau das voll durchzuziehen und die Sachen ein-
zulösen, die dort drin stehen. 18 Denn das müsst ihr
euch klarmachen: Kein I-Punkt und kein Komma
von den alten Verträgen zwischen Gott und Israel
wird unwirksam. Sie werden so lange gültig sein,
wie es diese Erde gibt. 19 Wenn einer behauptet, die-
ser alte Vertrag sei jetzt total egal, und wer andere
dazu bringt, ihr eigenes Ding zu machen, der wird
auch irgendwann für Gottes Ding total egal sein.
Aber wenn jemand anderen Leuten diesen Vertrag
erklärt und ihnen klarmacht, was Gott geil findet
und was nicht, der wird bei Gott mal eine große
Rolle spielen."

Die alten Verträge sind wichtig

20 „Das ist super wichtig: Ihr müsst echt voll aufpas-
sen, dass ihr nicht so werdet wie diese religiösen
Streber und Theologen: sie reden viel, halten sich
aber selbst nicht daran. Nur wenn ihr so lebt, wie
Gott es will, seid ihr dabei. Erst dann lebt ihr in dem
Land, wo Gott das Sagen hat. 21 Zu den Leuten die
vor euch gelebt haben wurde gesagt: ‚Ihr sollt nie-
manden töten! Wenn du aber jemanden umbringst,
dann wirst du dafür angeklagt, verurteilt und
bestraft.‘ 22 Ich sage dazu aber Folgendes: Selbst
wenn du nur voll wütend und aggro auf dein Kolle-
gen bist, musst du damit rechnen, angeklagt zu
werden. Wenn jemand zu seinem Kollegen sagt ‚Du
Oberspacken‘, dann wird er vor dem obersten
Gericht dafür angeklagt werden. Und wer noch
andere ätzende Sachen über ihn sagt, der wird in
der Hölle verkohlen. 23 Wenn du im Gottesdienst
sitzt und dir plötzlich einfällt, dass du gerade gro-
ßen Ärger mit einem Freund von dir hast, 24 dann
lass alles stehen und liegen, geh zu ihm hin und
versuche erst mal das Ding zwischen Euch wieder
in Ordnung zu kriegen, bevor du wieder in den Got-
tesdienst gehst. 25 Und wenn du mal einen Streit
hast, versuch dich um jeden Preis mit deinem Geg-
ner zu einigen, bevor ihr vor dem Richter landet.
Am Ende steckt der dich sonst noch in den Knast.
26 Dort wird man dich dann so lange schmoren las-
sen, bis du den letzten Cent bezahlt hast."

Wie man den alten Vertrag in Sachen Ehe auslegen sollte

27 „Ihr wisst doch zum Beispiel auch, dass im alten
Vertrag steht: ‚Du sollst nicht fremdgehen, wenn
du verheiratet bist!‘ 28 Meine Meinung dazu ist: Wer
auf eine verheiratete Frau auch nur scharf ist und
sie in seiner Fantasie schon fast ausgezogen hat,
ist mit ihr in Gedanken schon fremdgegangen!
29 Wenn du damit Probleme hast und das nicht auf
die Reihe kriegst, dann solltest du lieber deine
Augen rausoperieren lassen und blind rumlatschen.
Ich meine: Besser blind im Himmel als sehend in
der Hölle. 30 Wenn du deine Finger nicht von be-
stimmten Sachen lassen kannst, die Gott nicht gut
findet, dann hack sie lieber ab, als damit Mist zu
bauen. Ich bin der Meinung: Besser einhändig im
Himmel als mit beiden Händen in der Hölle." 31 „Bis
jetzt war die Ansage: ‚Wenn ein Mann keinen Bock
mehr auf seine Frau hat, soll er sich scheiden las-
sen. Dann ist er sie los.‘ 32 Dagegen meine ich:
Wenn ein Mann sich von seiner Frau scheidet,
obwohl die ihn nicht betrogen hat, so bringt er sie
dazu, ihre noch gültige Ehe zu brechen, sobald die
mit einem anderen ins Bett steigt. Das bedeutet
auch, dass jemand, der eine geschiedene Frau hei-
ratet, mit ihr die bestehende Ehe bricht."

Straight sein in Dingen, die man sagt

33 „Ihr habt ja auch gehört, dass zu den Leuten vor
euch gesagt wurde: ‚Wenn du dein großes Ehren-
wort gibst, musst du auch wirklich die Wahrheit
sagen. Und wenn du Gott irgendwas hoch und hei-
lig versprichst, musst du das auch halten.‘ 34 Ich
meine dagegen: Du sollst generell überhaupt kein
Ehrenwort abgeben und auf etwas schwören! Auch
nicht, indem du dich dabei auf den Himmel berufst,

denn da wohnt ja Gott, und er hat da alleine das
Sagen. 35 Das Gleiche gilt im Grunde auch, wenn du
auf Dinge aus der Welt schwörst, wie zum Beispiel
auf deine Mutter oder so. Das ist genauso ein Blöd-
sinn, weil Gott das ja alles geschaffen hat. Das gilt
auch für Städte, wie zum Beispiel Jerusalem, denn
gerade die ist nun wirklich alleine Gottes Stadt.
36 Auf dich selbst kannst du ja auch nicht schwören,
du bist ja noch nicht mal in der Lage, deine Haar-
farbe einfach mal zu ändern. 37 Bleib doch einfach
bei den zwei Worten: sag entweder ‚Ja' oder ‚Nein'!
Alles andere ist total beknackt und es zeigt nur, dass
du irgendwie falsch gepolt bist und es mit der Wahr-
heit nicht so eng siehst, wenn du mal gerade nicht
schwörst."

Lieben ist besser als hassen

38 „In dem alten Vertrag steht: ‚Wenn dir jemand auf
das eine Auge haut, darfst du zurückschlagen, aber
nur so, dass er auch ein Veilchen kriegt. Wenn dir
jemand auf die Schnauze haut, dann darfst du das
auch, aber nicht mehr.' 39 Ich sage dagegen: Haltet
das aus, wenn euch jemand angreift! Wenn dir
jemandem aufs rechte Ohr schlägt, dann sag ihm,
er soll dir auch noch aufs linke draufhauen! 40 Wenn
dir jemand deine Klamotten klauen will, dann gib
ihm auch noch die Schuhe dazu! 41 Falls jemand von
dir verlangt, dass du mit ihm zehn Kilometer joggen
gehst, dann mach zwanzig draus! 42 Sei großzügig
und gib, was man von dir will, auch wenn man sich
etwas von dir leihen möchte. 43 Man meint bei euch
ja auch: ‚Liebe die Leute, die nett zu dir sind, und
hasse die Leute, die ätzend zu dir sind!' 44 Aber ich
sage euch: Liebe die Leute, die ätzend zu dir sind.
Bete für alle, die keinen Bock auf dich haben, miese
Intrigen gegen dich anstiften und dir übel nachstel-
len! 45 Wenn ihr so drauf seid, merkt man euch an,
dass ihr zu einer anderen Familie gehört, nämlich
zu der von eurem Papa im Himmel. Denn er lässt
die Sonne für die guten Leute genauso scheinen wie
für die miesen, und lässt es für die, die auf Gott
Bock haben, genauso regnen wie für die, die ohne
Gott leben wollen. 46-47 Wenn du nur nett zu deinen
Freunden bist, was ist daran schon cool oder beson-
ders? Dann bist du genauso drauf wie die, die nicht
mit Gott leben. 48 Aber euer Ziel sollte sein, so per-
fekt zu werden, wie Gott es ist. Denn der ist ja nun
wirklich total perfekt."

6

Gute Taten nicht an die große Glocke hängen

1 „Passt auf, dass ihr nicht nur gute Sachen tut,
um anschließend vor den anderen damit ange-
ben zu können! Dafür werdet ihr vom Papa im Him-
mel nicht belohnt. 2 Wenn du irgendeinem Obdach-
losen auf der Straße ein paar Cent schenkst, dann
erzähl das nicht gleich im nächsten Gottesdienst,
wie das die Pseudos machen. Sie labern die Leute
voll und erzählen jedem ihre Heldengeschichten, ob
man es hören will oder nicht. Sie wollen als die gro-
ßen Helden dastehen. Ich sag nur: Die haben ihre
Belohnung schon bekommen. 3 Also, wenn du mal
irgendwo jemanden aus der Klemme hilfst, dann
häng das nicht an die große Glocke, behalt es für
dich. 4 Keiner soll mitkriegen, dass du jemanden
hilfst. Dein Papa im Himmel, der auch die geheims-
ten Sachen der Welt sieht, wird dir dafür garantiert
was schenken."

Beten leicht gemacht

5 „Wenn ihr mit Gott redet, dann macht das nicht so
wie die Pseudos, die gerne in den Kirchen oder auf
der Straße herumhängen und Showbeten veranstal-
ten, damit sie jeder bewundern kann. Ich sag dazu
nur eins: Vergesst es! Die bekommen deswegen
keine Belohnung von Gott! 6 Wenn du mit Gott
reden willst, dann hock dich in deinen Keller, wo
dich keiner sieht, mach die Türen hinter dir zu und
red in Ruhe mit ihm. Gott ist ein richtig guter Papa.
Du kannst ihn nicht sehen, aber er kann alles ganz
genau sehen. Er weiß genau, was in dir abgeht, er
wird dir helfen können. 7 Laber deine Gebete nicht
so daher wie die Leute, die keine Ahnung von Gott
haben. Die glauben doch tatsächlich, wenn sie Gott
total zutexten, wird er ihnen schon eine Antwort
geben. 8 Hey, euer Papa weiß schon immer vorher,
worum es euch diesmal geht und um was ihr ihn
bitten wollt. 9 Jetzt mal ein Paradebeispiel, wie ihr
beten könnt: ‚Hey, Papa aus dem Himmel! Es geht
darum, dass du und dein Name in dieser Welt ganz
groß rauskommen! 10 Du sollst hier das Sagen
haben, auf der Erde genauso, wie es da oben im
Himmel ja schon immer der Fall war. 11 Hey, versorg
uns doch bitte mit allem, was wir heute so zum
Leben brauchen! 12 Und verzeih uns die Sachen, wo
wir mal wieder Mist gebaut haben. Wir verzeihen
auch denen, die bei uns was verbockt haben. 13 Pass
auf, damit wir nicht irgendwelchen schlechten
Gedanken nachgeben und dir untreu werden. Führe
uns nicht in Situationen, wo wir Fehler machen
könnten. Rette uns, wenn uns das Böse angreift! So

passt es [Amen]!‘ 14 Wenn ihr denen vergebt, die euch etwas getan haben, dann wird der Papa euch auch vergeben, wenn ihr Mist gebaut habt. 15 Tut ihr das nicht, wird Gott euch auch nicht vergeben.“

Dinge einfach mal sein lassen

16 „Wenn ihr mal aus religiösen Gründen nichts essen wollt, dann zieht dabei nicht so ein Gesicht wie diese Pseudos, bei denen bloß jeder mitkriegen soll, wie hardcoremäßig die doch gerade unterwegs sind. Viel mehr als diese Reaktion von Menschen werden sie dafür nicht absahnen können. 17 Wenn du wirklich mal für Gott auf irgendwas verzichtest, dann zieh dir ganz normale Klamotten über und schminke dich auch ganz normal, 18 damit niemand etwas davon mitkriegt. Nur dein Himmelsvater soll es sehen, der kriegt ja eh alles mit, auch die Sachen, die heimlich passieren. Der wird dir dann was dafür schenken.“

Kohle machen, bis der Arzt kommt, bringt es nicht!

19 „Mach hier auf der Erde nicht ohne Ende Kohle und leg sie dann auf die hohe Kante! Die Kohle ist schneller weg, als du denkst, falls du nicht sogar vorher mal beklaut wirst. 20 Versuch lieber, so viel wie möglich auf dein Konto bei Gott einzuzahlen. Denn das sind Sachen, die nie verloren gehen und die dir auch niemand klauen kann. 21 Denn die Dinge, die ganz besonderen Wert für dich haben, für die lebst du am Ende auch.“

Licht und Dunkel

22 „Mit deinen Augen schaust du dich um und kannst so alles deutlich erkennen. Und wenn mit deinen Augen alles klar ist, geht’s dir erst mal gut. 23 Wenn du aber Dreck auf der Linse hast, verlierst du die Peilung. Wie übel ist es dann erst, wenn du richtig im Dunkeln bist und wenn du dann auch noch Gott aus dem Blick verloren hast!“

Gott muss die Nummer eins in deinem Leben sein!

24 „Niemand kann in zwei Mannschaften gleichzeitig spielen. Wenn er für die eine kämpft, kann er nicht auch noch für die andere da sein. Genauso wenig könnt ihr für Gott und für das Geld kämpfen. Es geht nur eins von beiden. 25 Also lasst keine Panik aufkommen, wenn ihr nichts zu essen habt oder zu trinken oder auch keine Kleidung. Das Leben besteht aus mehr, als nur zu futtern und cool auszusehen. 26 Guckt euch doch mal die Vögel an! Die gehen auch nicht Tag für Tag arbeiten oder sparen, was das Zeug hält, und trotzdem werden sie von ihrem Papa aus dem Himmel gut versorgt. Glaubt ihr nicht auch, dass ihr viel mehr wert seid als diese Vögel? 27 Und selbst wenn du vor lauter Panik einen roten Kopf kriegst: Länger leben kannst du dadurch auch nicht. 28 Warum stresst ihr euch immer damit, dass eure Klamotten total out und sogar peinlich werden könnten? Seht euch doch mal die Blumen auf den Wiesen an! Die gehen auch nicht jeden Tag arbeiten und machen sich keinen Kopf, was sie heute wieder anziehen sollen. 29 Hey, selbst der große Präsident Salomo, der so stylisch gut aussah, hatte längst nicht so coole Klamotten wie eine dieser schönen Blumen. 30 Also, wenn Gott sich schon so einen Kopf macht, wie sein Grünzeug aussieht, was ja heute noch blüht, aber morgen schon wieder vergammelt ist, wie viel mehr wird er sich darum kümmern, dass ihr gut ausseht? Glaubt ihr das etwa nicht? 31 Macht euch also nicht so viele Gedanken, ob ihr genug zu essen und zu trinken haben werdet oder super aussehen werdet. 32 Ihr habt doch nicht ernsthaft Bock drauf, so zu sein wie die Leute, die null Ahnung von Gott haben und sich nur mit so einem Quatsch abgeben? Der Papa aus dem Himmel hat den genauen Plan, er weiß, was ihr braucht und was nicht. 33 Euer Ziel sollte sein, dass Gott immer die Nummer eins in eurem Leben ist. Und macht seine Sache zu eurer Sache, dann wird er euch auch alles andere geben, was ihr so braucht. 34 Also habt keine Angst, was die Zukunft angeht! Es reicht doch, wenn jeder Tag seine eigenen Probleme mit sich bringt.“

7

Leg den richtigen Maßstab an

1 „Verurteile niemanden, sonst könnte Gott dasselbe mit dir auch tun. 2 Denn das Bild, was du dir von jemandem machst, der Maßstab, den du da anlegst, danach wird man dich auch einschätzen. 3 Du machst den Lauten, wenn dein Bruder mal was nicht draufhat, und kapierst dabei aber gar nicht, dass du selbst ein Brett vorm Kopf hast. 4 Du sagst zum Beispiel: ‚Hey, Freundchen, pass auf, ich nehm dir mal die Sonnenbrille von den Augen, damit du siehst, dass dein T-Shirt einen Fleck hat.‘ Dabei bist du total blind für deinen eigenen Dreck, in dem du bis zum Hals steckst. 5 Du alter Klugscheißer! Kümmere dich erst um deinen eigenen Mist, und dann kannst du dich ja immer noch um deinen Bruder kümmern! 6 Was ganz besonders wichtig ist, solltet ihr nicht jedem kostenlos hinterherschmeißen.

Alles, was besonders wertvoll ist, sollt ihr nicht an
die Leute verschenken, die nicht kapieren, wie wert-
voll das eigentlich ist. Die würden euch hinterher
sogar noch aufs Maul hauen wollen."

Beten funktioniert!

7 „Redet mit Gott, bittet ihn um Sachen, dann wird
er sie euch auch geben. Macht euch mit ihm auf die
Suche nach einer Lösung, dann werdet ihr sie auch
finden. Klopft bei Gott an, denn wird er euch auch
die Tür aufmachen. 8 Denn wenn jemand etwas von
ihm haben will, bekommt er es auch. Und wenn
jemand etwas bei ihm sucht, wird er es auch finden.
Genauso wird Gott auch demjenigen aufmachen,
der an seine Tür klopft. 9 Wenn ein Kind seinen Papa
um ein Toastbrot bittet, wird er ihm dann ein Stück
Pappe geben? 10 Und wenn ein Kind bunte Smarties
haben will, wird er ihm dann Rattengift andrehen?
11 Also wenn selbst Menschen, die oft so fies und
brutal sind, ihren Kindern das Beste geben, was sie
haben, dann wird der Papa aus dem Himmel euch
doch erst recht richtig krasse Sachen geben, wenn
ihr mal bei ihm anfragen würdet."

Die goldene Regel

12 „Ich sag nur: ‚Behandle jeden so, wie du auch
behandelt werden möchtest.' Das ist die megakurze
Zusammenfassung von allem, was Gott bisher zu
den Menschen gesagt hat."

Welche Richtung?

13 „Geh nicht einfach den leichten Weg! Der Weg
zum Himmel ist keine Autobahn, die breit genug ist
und auf der man bequem fahren kann. Wenn ihr
den bequemen Weg nehmt, wie das die meisten
tun, dann rennt ihr leicht ins eigene Verderben.
14 Die Abfahrt in Richtung Leben ist dagegen so eng
und steil, dass man sie nur sehr schwer fahren
kann. Darum fahren dort nur so wenige."

Alarmglocken

15 „Passt auf vor den Pseudopropheten, die den gan-
zen Tag nur Lügen erzählen! Sie tun so, als wären
sie ganz friedlich unterwegs, aber in Wirklichkeit
sind sie brandgefährlich. 16 So wie man sofort
schnallt, was für ein Baum das ist, wenn man sieht,
was daran wächst; genauso kann man auch Men-
schen danach einschätzen, wie sie sich benehmen.
Äpfel kann man auch nicht an Brennnesseln pflü-
cken und Karotten wachsen nicht an Tannen. 17 Und
überhaupt: Wenn ein Baum gesund ist, werden
auch seine Früchte gesund sein. Ist er krank, sind es
seine Früchte auch. 18 Ein gesunder Baum wird keine
gammeligen Früchte haben und ein kranker Baum
wohl kaum gute. 19 Wenn ein Baum es nicht bringt,
wird er gefällt, kommt in den Schredder oder wird
verbrannt. 20 Und genauso werdet ihr auch erken-
nen, wie ein Mensch wirklich drauf ist, wenn ihr
euch anseht, wie er lebt."

Fromme Labertaschen

21 „Es gibt Leute, die mich immer ansprechen mit
‚Mein Chef' oder ‚großer Jesus. Aber sie werden
nicht automatisch alle dorthin kommen, wo Gott
das Sagen hat. Dorthin kommen nur die, die wirklich
tun, was mein Papa im Himmel will. 22 Am letzten
Tag auf dieser Welt, da wird abgerechnet. Dann
werden viele große Reden schwingen und sagen:
‚Mann, Jesus, wir haben doch immer weitererzählt,
was du zu uns gesagt hast. Wir waren für dich unter-
wegs und haben ganz derbe Wunder für dich getan
und auch diese bösen Geister aus Menschen raus-
geschmissen!' 23 Ich werde dann nur sagen: ‚Ihr habt
doch die ganze Zeit nur euer eigenes Ding durchge-
zogen! Ich kenne euch gar nicht! Haut bloß ab!'"

Worauf ihr bauen könnt

24 „Wer mir gut zuhört und das tut, was ich sage,
den kann man vergleichen mit jemandem, der für
sein Haus einen fetten Betonboden gegossen hat.
25 Wenn es dann mal total schüttet oder draußen ein
Orkan tobt, wird das Haus nicht kaputtgehen, denn
es hat ja ein festes Fundament, auf das man sich
verlassen kann. 26 Wer mir nur zuhört nach dem
Motto: ‚Hier rein, da wieder raus', den kann man
vergleichen mit jemandem, der sein Haus auf Sand-
boden gebaut hat. 27 Falls mal ein heftiges Gewitter
kommt, das Wasser steigt und der Wind ganz heftig
wird, dann wird der Boden unterspült, und das
ganze Haus bröckelt weg."

Das hat gesessen!

28 Nachdem Jesus mit seiner Rede fertig war, waren
die Leute alle total baff über seine krassen Ansagen.
29 Denn was er sagte, strahlte Kraft aus und war
nicht nur so ein dünnes Rumgelabere, wie es immer
von den religiösen Profis gekommen war.

8

Jesu heilt Kranke

1 Jede Menge Menschen waren hinter Jesus, als
er nach dieser Rede den Hügel wieder runter-

ging. 2 Plötzlich kam einer zu ihm, der eine unheil-
bare Krankheit hatte, die Aussatz heißt und so was
Ähnliches wie Hautkrebs ist, aber total ansteckend
ist. Dieser Typ legte sich vor Jesus flach auf den
Boden und wimmerte: „Hey, eins weiß ich, wenn Sie
es wollen, können Sie mich hier und jetzt gesund
machen!" 3 Jesus streichelte ihm über den Kopf und
sagte: „Okay, dann will ich es auch tun. Ab jetzt bist
du gesund." Und tatsächlich, der Typ stand auf und
war sofort geheilt! 4 Schließlich meinte Jesus zu
ihm: „Erzähl das jetzt nicht überall rum, sondern
mach das, was in den Gesetzen von Mose steht:
geh zu einem Priester, damit der bestätigt, dass
deine Krankheit weg ist. Damit wird auch klar, dass
du wirklich von Gott geheilt worden bist. Und zum
Schluss vergiss nicht für Gott so ein Opfer durchzu-
ziehen."

Ein Soldat hat viel Vertrauen

5 Als Jesus in dem Dorf Kapernaum eintrudelte,
lernte er dort einen Offizier aus der römischen
Armee kennen. 6 Der meinte zu ihm: „Herr Jesus,
können Sie einen meiner Leute nicht auch ge-
sund machen? Der kann seine Beine nicht mehr
bewegen und hat große Schmerzen." 7 Jesus ant-
wortete: „Okay, ich komme mit und werde ihn
gesund machen." 8 Nun winkte der Typ ab und
sagte: „Meister, ich will nicht, dass Sie meinetwegen
Schwierigkeiten bekommen, weil Sie als Jude mein
Haus betreten. Diesen Aufstand müssen wir beide
uns nicht geben. Ich bin überzeugt: Wenn Sie hier
und jetzt einfach nur sagen würden ‚Er ist jetzt ge-
sund', dann wäre er auch gesund. 9 Wissen Sie, ich
habe auch einen Chef, und ich habe auch Leute
unter mir, denen ich sage, was sie tun sollen. Wenn
ich zu dem einen sage: ‚Verschwinde!', dann haut er
ab. Wenn ich zu einem anderen sage: ‚Komm her!',
dann kommt er her. Und wenn ich zu einem Unter-
gebenen sage: ‚Mach mal das und das!', dann tut
der das auch sofort." 10 Jesus war total baff, als er
das hörte. Er meinte zu den Leuten, die um ihn
herum standen: „Krass, so ein heftiges Vertrauen ist
mir in Israel noch nicht begegnet. 11 Euch muss klar
sein: Eines Tages werden viele Leute aus der ganzen
Welt ankommen und mit den alten Glaubenshelden
Abraham, Isaak und Jakob im Himmel eine Riesen-
party feiern. 12 Aber die mal ursprünglich von Gott
ausgesucht worden waren, um mit ihm zu feiern,
denen wird es richtig dreckig gehen, sie werden ein-
sam sein und rumschreien, aber niemand wird sie
hören." 13 Schließlich sagte Jesus zu dem Offizier:
„Sie können jetzt wieder nach Hause gehen. Das,
was Sie wollten und worin Sie mir vertraut haben,
ist auch passiert." Und tatsächlich, genau zur sel-
ben Zeit wurde der Angestellte kerngesund.

Sehr viele Menschen werden von Jesus geheilt

14 Dann kam Jesus in die Hütte von Petrus. Seine
Schwiegermutter hatte gefährlich hohes Fieber und
lag im Bett. 15 Als Jesus nur die Hand von der Frau
nahm, war das Fieber sofort weg. Es ging ihr sogar
so gut, dass sie aufstehen konnte, um den Leuten
was zu essen zu machen. 16 Gegen Abend brachten
sie noch viele Menschen zu Jesus, die irgendwie
besessen waren von einer dunklen Macht. Jesus
musste es nur aussprechen, und die Leute waren
sofort frei von ihren Zwängen und Süchten, und
genauso wurden alle Kranken gesund. 17 Darüber
hatte der Prophetentyp Jesaja schon vor vielen Jah-
ren mal 'ne Ansage gemacht: „Er hat die Bestrafung
für unsere Fehler übernommen und unsere Krank-
heiten für uns durchgemacht."

Alles geben für Gott

18 Als Jesus mitbekam, dass seine Fangemeinde
immer größer wurde, nahm er mit seinen Leuten
ein Boot und fuhr damit über den See an das gegen-
überliegende Ufer. 19 Da kam einer, der sich total gut
mit den alten Verträgen auskannte, auf ihn zu und
meinte zu ihm: „Jesus, ich will bei dir sein und dir
überall nachlaufen, wo du auch hingehst!" 20 Da
sagte Jesus zu ihm: „Selbst ein Hund hat seine
Ecke, wo er pennen kann, und auch der Kanarienvo-
gel kann sich in seinem Käfig mal ausruhen. Aber
der Auserwählte Gottes weiß nicht, wo er sich
abchillen kann." 21 Ein anderer Typ sagte zu Jesus:
„Chef, ich will erst noch meinen Vater unter die Erde
bringen, danach geh ich mit dir auch bis ans Ende
der Welt!" 22 Aber Jesus sagte nur: „Bleib jetzt bei
mir. Lass die Toten sich gegenseitig begraben."

In Seenot

23 Schließlich stieg Jesus mit seinen Leuten in das
Boot. 24 Als sie in der Mitte des Sees angekommen
waren, kam plötzlich ein heftiger Orkan auf. Das
Wasser schlug über die Reling und schwappte ins
Boot. Aber Jesus hatte sich schlafen gelegt. 25 Seine
Leute machten Alarm, weil sie so langsam Angst
hatten unterzugehen, und weckten ihn schließlich
auf: „Chef, hau uns raus, wir gehen unter!" 26 Jesus
blieb ganz cool: „Hey, Leute, was seid ihr denn sol-
che Schisser? Warum vertraut ihr mir nicht ein-

fach?" Dann stand er auf, stellte sich an den Bootsrand und befahl den Wellen ruhig zu werden. Plötzlich wurde es ganz ruhig und es kam eine voll heftige Stille auf. 27 Die Freunde waren total baff und konnten es gar nicht fassen: „Was ist das für ein krasser Typ! Selbst der Wind und die Wellen müssen tun, was er sagt!"

Zwei Psychos werden geheilt

28 Als Jesus mit seinen Leuten auf der anderen Seite vom See in der Nähe von dem Ort Gadara ankam, rannten zwei total durchgeknallte Psychos auf sie zu. Die beiden lebten auf einem Friedhof und waren so krass unterwegs, dass alle Schiss vor ihnen hatten und ihnen aus dem Weg gingen. 29 Die beiden machten den Riesen-Aufstand und schrien: „Was willst du von uns? Du bist doch der Sohn von Gott, willst du uns denn etwa jetzt schon fertigmachen? Unsere Zeit ist noch gar nicht gekommen!" 30 Nicht weit entfernt war gerade eine Schweineherde am Fressen. 31 Die bösen Geister, die in den beiden wohnten und durch ihren Mund sprachen, begannen dann plötzlich rumzubetteln: „Also, wenn wir die beiden schon verlassen sollen, dann wollen wir wenigstens dort in den Schweinen wohnen!" 32 Da sagte Jesus nur ganz trocken: „Verschwindet!", und die bösen Geister ließen die Männer sofort frei und zogen bei den Schweinen ein. Als das passiert war, stürzten sich alle Schweine die Klippen runter und ertranken im See. 33 Völlig fertig rannten die Jungen, die auf die Schweine aufgepasst hatten, in die Stadt und erzählten die ganze Story jedem, der es hören wollte. 34 Da gingen alle Leute aus der Stadt zu Jesus und sagten zu ihm, dass er doch bitte diese Gegend verlassen sollte.

9

Ein Körperbehinderter wird geheilt

1 Schließlich stieg Jesus wieder in ein Boot und schipperte zurück nach Hause. 2 Als sie dort ankamen, brachten ein paar Leute einen Mann, der nicht mehr laufen konnte und deswegen in einem Rollstuhl saß. Jesus bemerkte wie viel Vertrauen sie in ihn hatten. Er sagte zu dem Typen: „Mach dir keine Sorgen, mein Lieber! Und was den ganzen Mist betrifft, den du in deinem Leben so verbockt hast: das ist dir alles vergeben! Für Gott ist das jetzt so, als ob du das gar nicht getan hättest." 3 „Dieser Typ macht sich über Gott lustig!", grummelten da ein paar der Theologen in sich rein. 4 Aber Jesus konnte ihre Gedanken lesen. Er sagte: „Warum seid ihr nur so übel drauf? 5 Was geht denn leichter? Zu sagen: ‚Der Mist, den du getan hast, ist vergeben!', oder diesen Mann gesund zu machen? 6 Ich werde euch zeigen, dass der Auserwählte Gottes jetzt schon die Macht hat, den Mist, den ihr tut, zu vergeben!" Und zu dem Körperbehinderten sagte er dann: „Steh auf, nimm deinen Rollstuhl und geh nach Hause!" 7 Und da stand der Typ tatsächlich auf, klappte den Rollstuhl zusammen und ging nach Hause! 8 Die Leute, die das sahen, waren alle begeistert und gingen voll ab. Sie sangen Lieder für Gott, weil er einem Menschen so eine krasse Vollmacht gegeben hatte.

Der Steuereintreiber Matthäus

9 Jesus schlenderte so durch die Stadt, als er plötzlich einen Steuereintreiber, den Matthäus, traf. Diese Steuereintreiber waren sehr unbeliebt, denn sie zockten von den eigenen Leuten Steuern ab, die dann an die Besatzungsmacht der Römer überwiesen wurde. Jesus sagte nur zu ihm: „Komm mit!", und er stand sofort auf und ging mit ihm. 10 Abends lud ihn Matthäus dann sogar noch zu einer Party bei sich zu Hause ein. Viele seiner Kollegen und andere Leute, die mit Gott bisher überhaupt nichts anfangen konnten, kamen vorbei. 11 „Warum um Himmels willen gibt sich euer Meister überhaupt mit solchen Losern ab?", stänkerten die religiösen Streber. 12 Jesus bekam das natürlich mit und antwortete nur: „Die Gesunden brauchen keinen Arzt, die Kaputten und Kranken aber schon!" 13 Dann sagte er noch: „Kapiert das doch endlich, wenn Gott sagt: ‚Ich will, dass ihr anderen Leuten helft! Eure ganzen Opfer sind mir dabei letztendlich total egal.' Mein Ding ist es, dass die Leute, die von Gott getrennt sind, wieder mit ihm zusammenkommen. Die, die sowieso mit ihm leben, um die geht es mir jetzt nicht."

Das Neue sprengt das Alte

14 An einem anderen Tag kamen dann mal die Leute von Johannes mit einer Frage zu Jesus: „Die Pharisäer, diese religiösen Streber, die essen ja manchmal tagelang nichts, weil sie sagen, dass Gott das sehr geil findet, und wir sind auch regelmäßig dabei. Warum macht ihr das eigentlich nicht auch so?" 15 „Ja, warum sollten wir denn?", antwortete Jesus. „Gerade jetzt ist doch Party angesagt, wie auf einer Hochzeit, weil der Typ, der heiratet, noch da ist. Wenn er aber erst mal weg ist, dann gibt es noch genug Zeit, um auf Essen zu verzichten und

depressiv rumzuhängen. 16 Niemand spielt das neueste Betriebssystem auf einen uralten Rechner. Die Mühle würde Stunden brauchen, um hochzufahrenn und das System würde die Festplatte sprengen. 17 Genauso würdest du auch keinen 200-PS-Porschemotor in eine alte Ente einbauen. Das Teil würde sich bei 180 auf der Autobahn von selbst zerlegen. Diese neue Form zu leben braucht auch einen neuen Rahmen, in dem sie ausgelebt werden kann, sonst funktioniert das nicht."

Jesus ist stärker als Krankheit oder Tod

18 Als Jesus noch am Reden war, kam so ein Leiter von einer jüdischen Gemeinde zu ihm gelaufen, legte sich vor seinen Füßen platt auf den Boden und sagte: „Meine Tochter ist gerade an einer Krankheit gestorben. Verehrter Herr Jesus, kommen Sie doch bitte kurz vorbei und legen Sie meiner Tochter die Hand auf, dann wird sie bestimmt wieder lebendig!" 19 Auf dem Weg zu dem Haus, wo der Leiter wohnte, 20 kam plötzlich eine Frau vorbei, die seit zwölf Jahren ohne Unterbrechung Blutungen hatte und somit nach den religiösen Gesetzen unrein, also nicht in Ordnung, war. Sie schlich sich heimlich von hinten an Jesus heran und berührte nur eine Spitze von seinem Mantel. 21 Sie hatte sich das nämlich so ausgerechnet: „Es reicht, wenn ich ihn mal kurz anfasse, dann werde ich bestimmt gesund werden." 22 Jesus bekam das mit, sah sie an und sagte zu ihr: „Keine Panik! Du hast so sehr darauf vertraut, dass es passiert, darum bist du jetzt auch gesund geworden." Und tatsächlich, die Frau war sofort gesund. 23 Schließlich kam Jesus bei dem Haus von dem Typen an. Als er aber die große Menschenansammlung sah, die dicht gedrängt davorstand, und voll depressive Musik hörte, befahl er: 24 „Haut alle ab! Das Mädchen ist nicht tot, es schläft nur!" Da lachten ihn die Leute aus. 25 Schließlich waren alle gegangen. Jesus ging in das Zimmer des Mädchens, setzte sich an ihr Bett und nahm ihre Hand. Und zack, im nächsten Augenblick stand das Mädchen auf und war kerngesund! 26 Das waren natürlich die News des Tages, und wirklich alle, die in der Gegend wohnten, hörten davon.

Blinde können wieder sehen

27 Jesus machte sich weiter auf den Weg. Am Dorfrand saßen zwei Blinde, die mitkriegten, dass Jesus dort vorbeikam. Sie dackelten hinterher und riefen ihm nach: „Hey, Jesus, du Urenkel von David, bitte hilf uns!" 28 Die beiden folgten ihm so lange, bis sie bei dem Haus ankamen, wo Jesus zu der Zeit wohnte. Dort fragte er sie: „Seid ihr euch denn ganz sicher, dass ich euch helfen kann?" – „Ja klaro", antworteten sie, „du kannst alles!" 29 Da strich er ihnen über die Augen und meinte noch: „Weil ihr das wirklich glaubt, wird es auch passieren." 30 Und tatsächlich, im selben Augenblick konnten sie sehen. Jesus aber schärfte ihnen ein: „Haltet bloß euren Mund und erzählt niemandem davon, klar?!" 31 Aber die beiden gingen überall hin und erzählten jedem davon, ob die es hören wollten oder nicht.

Umso mehr Leute Jesus heilt, desto größer wird der Ärger

32 Kaum waren die beiden weg, brachten die Leute wieder einen Kranken zu ihm, der nicht reden konnte, weil irgendein fieser Geist in ihm drin war. 33 Jesus trieb diesen Dämon, so nannte man diese bösen Geister, aus ihm heraus, und danach konnte der Typ sofort reden. Keiner der Leute peilte so richtig, was da gerade abging, die meisten sagten: „So was Derbes gab's hier noch nie zu sehen!" 34 Aber ein paar religiöse Streber manipulierten sie, indem sie versuchten, ihnen klarzumachen: „Der kann das nur, weil er seine Kraft von der dunklen Seite der Macht, nämlich vom Teufel, hat. Der oberste Dämon hilft ihm dabei, die Biester zu vertreiben."

Es gibt viel zu tun

35 Jesus ging jetzt auf Tour. Er zog durch die Städte und redete in vielen Synagogen. Überall erzählte er davon, dass jetzt alles gut werde und dass eine neue Zeit angebrochen sei, eine Zeit, in der Gott das Sagen hat. Egal, wo er war, überall tat er Gutes und machte kranke Menschen wieder gesund. 36 Als er die Massen sah, die hinter ihm her waren, und alle was von ihm wollten, taten sie ihm voll leid. Denn sie hatten keine richtige Peilung vom Leben und brauchten dringend Hilfe. Sie waren alle wie Kinder ohne Eltern. 37 „Es gibt echt viel zu tun, aber es gibt nur wenige, die bereit sind, auch die harte Arbeit zu machen", meinte Jesus zu seinen Leuten. 38 „Ihr müsst Gott bitten, dass er noch mehr Leute schickt, damit sie die Arbeit tun, die getan werden muss!"

10

Jesus und die Apostel

1 Schließlich sammelte Jesus zwölf von seinen Schülern um sich, denen er beibringen wollte, wie man dieselben Sachen hinkriegt wie er. Er gab ihnen dieselbe Power, die er auch hatte. Sie

bekamen diese Kraft, mit der man die fiesen Geister aus Menschen vertreiben und kranke Leute gesund machen konnte. 2 Das waren zwölf Männer, die von da an auch „Apostel“ (das heißt so viel wie „Botschafter“) genannt wurden, und zwar: Simon, der auch Petrus heißt; sein Bruder Andreas; Jakobus und sein Bruder Johannes, die Söhne von Zebedäus, 3 Philippus; Bartholomäus; Thomas; Matthäus, der früher als Steuereintreiber gearbeitet hatte; Jakobus, der Sohn von Alphäus; Thaddäus; 4 Simon, ein ehemaliger Untergrundkämpfer; und Judas, der Jesus später verraten würde.

Was die Schüler von Jesus machen sollen

5 Diese zwölf Jungs schickte Jesus dann auf die Reise. Er gab ihnen folgende Order mit auf den Weg: „Geht noch nicht bei den Leuten vorbei, die keine Ahnung von Gott haben. 6 Erst mal sollt ihr zu den Israeliten gehen, denn die haben oft überhaupt keine Ahnung, was Gott angeht, obwohl sie es eigentlich besser wissen müssten. 7 Folgendes müsst ihr denen klarmachen: ‚Ab jetzt hat Gott das Sagen!‘ 8 Betet für Leute und macht sie gesund, auch von so schlimmen Krankheiten wie Aids. Wenn jemand irgendwelche Dämonen in seinem Körper hat, holt sie raus! Und wenn jemand gestorben ist, lasst ihn wieder lebendig werden! Und tut das alles, ohne Kohle dafür zu verlangen, denn ihr habt es auch umsonst von mir bekommen.

9 Nehmt generell keine Kohle mit auf die Reise und 10 keinen Rucksack mit Kleidung drin, auch keine Schuhe und so. Um das ganze Zeug braucht ihr euch nicht mehr zu kümmern. Das sollen euch die Leute geben. Denn wer arbeitet, hat auch seinen Lohn verdient. 11 Wenn ihr in irgendeine Stadt kommt oder in einen Ort, dann sucht jemanden, der nichts dagegen hat, wenn ihr bei ihm pennt. Da bleibt dann so lange, bis es weitergeht. 12 Wenn ihr in irgendeine Wohnung oder in ein Haus reinkommt, dann betet kurz dafür, so nach dem Motto: ‚Ich wünsch euch Frieden!‘ 13 Wenn die euch dann bei sich pennen lassen, werden sie Frieden haben, und es wird ihnen gutgehen. Aber denen, die das nicht tun, wird es halt nicht gutgehen. 14 Falls ihr mal in einer Stadt nicht gerne gesehen werdet und man auch nichts davon hören will, was ihr zu sagen habt, dann macht euch aus dem Staub. Diese Leute können euch den Buckel runterrutschen. Und Gott wird denen dann schon zeigen, was sie davon haben. 15 Es wird ihnen irgendwann mal superdreckig gehen. Später werden sie dafür bezahlen müssen, sogar noch schlimmer als damals die Städte Sodom und Gomorra.“

Die Jesus-Leute werden großen Ärger bekommen

16 „Hey, es ist für euch so, wie wenn ihr beim Auswärtsspiel in den gegnerische Fanblock müsst. Darum passt auf euch auf! Ihr müsst so schlau sein wie Albert Einstein und dabei so liebevoll wie Mutter Teresa. 17 Passt auf euch auf und seid auf der Hut vor den Menschen! Die werden versuchen, euch wegen Nichtigkeiten anzuzeigen, und in den Synagogen wird man euch öffentlich zusammenschlagen. 18 Weil ihr zu mir gehört, wird man euch vor den Richter zerren, ihr werdet in den Knast geworfen und verhört werden. Ihr werdet aber hart bleiben und zu den Sachen stehen, die ich euch erzählt habe, denn alle Menschen müssen davon hören. 19 Wenn sie euch im Knast verhören, habt keine Panik davor. Gott wird da sein und euch helfen, das Richtige zum richtigen Zeitpunkt zu sagen. 20 Ihr müsst nur euren Mund aufmachen, dann wird Gott, euer guter Papi, schon dafür sorgen, dass ihr das Richtige sagen werdet. 21 Das wird eine harte Zeit sein: Selbst ein Bruder wird seinen eigenen Bruder an die Polizei verraten. Väter werden ihre eigenen Kinder anzeigen. Kinder werden gegen ihre Eltern aussagen und sogar Auftragsmörder organisieren, um sie zu töten. 22 Die ganze Welt wird euch hassen, nur weil ihr sagt, dass ihr zu mir gehört. Doch wer zuletzt lacht, lacht am besten; ihr werdet am Ende gerettet werden. 23 Wenn die hinter euch her sind, dann flieht von einer Stadt in die nächste. Hey, eins ist ganz sicher: Noch bevor ihr das ganze Ding zu Ende gebracht habt, werde ich zurückkommen. 24 Der Lehrling hat nicht so viel zu sagen wie der Meister, und auch ein Angestellter ist unter seinem Chef. 25 Der Lehrling kann sich schon freuen, wenn er genauso behandelt wird wie sein Meister. Wenn sie zu mir schon gesagt haben, dass ich der Teufel bin, was werden sie dann erst zu euch sagen?! 26 Also, habt keinen Schiss vor den Menschen, die euch verprügeln wollen. Denn bald ist es so weit, da kommt eh alles raus, selbst die geheimsten Geheimnisse werden ans Licht kommen. 27 Alles, was ich euch hier heimlich anvertraue, das dürft ihr ab jetzt rausposaunen. Alles, was ich euch ins Ohr geflüstert habe, das könnt ihr jetzt auf Plakate schreiben. 28 Ihr braucht echt keine Angst vor denen zu haben, die ja sowieso nur euren Körper töten können. Eure Ideen, eure Gedanken, das, was ihr in euch habt, also eure Seele, all das kön-

nen sie nicht töten. Nur vor Gott muss man Re-
spekt haben, denn er kann sowohl euren Körper
als auch eure Seele kaputt machen, indem er euch
in die Hölle schickt. 29 Was müsste man heute für
einen Kanarienvogel bezahlen? 5 Euro? 10? Und
trotzdem fällt keiner so mal eben tot von der
Stange, es sei denn, Gott will das so. 30 Glaubt mir,
selbst jedes einzelne Haar auf eurem Kopf kennt
Gott in- und auswendig. Er hat sie sogar gezählt!
31 Ich sag es noch mal: keine Panik! Ihr seid Gott
weitaus mehr wert als eine ganze Halle voller Kana-
rienvögel! 32 Darum gilt: Wer sich für mich gerade
macht, für den werde ich mich auch vor Gott
gerade machen! 33 Wenn sich aber jemand dafür
schämt, zu mir zu gehören, für den werde ich mich
auch schämen, wenn ich vor meinem Vater im
Himmel stehe und mit ihm rede."

Sich gerade machen für Gott

34 „Ich bin nicht gekommen, um Frieden auf die
Erde zu bringen, sondern Krieg! Wo ich bin, gibt es
Stress und Auseinandersetzungen 35 Vater und
Sohn, Mutter und Tochter, Schwiegertochter und
Schwiegermutter werden sich richtig zoffen wegen
mir. 36 Am derbsten wird es in den Familien abge-
hen. 37 Wenn dir dein Vater oder deine Mutter oder
dein Sohn oder deine Tochter wichtiger ist, als ich
es bin, dann hast du ein Problem. Dann hast du es
eigentlich nicht verdient, mein Schüler zu sein und
zu mir zu gehören. 38 Wer es nicht okay findet, sich
ganz radikal hinzugeben und sogar für mich zu ster-
ben, der sollte lieber zu Hause bleiben. Der hat es
nicht verdient, zu mir zu gehören. 39 Wer zu viel
Angst hat, Dinge aufzugeben, und sein Leben um
jeden Preis festhalten will, der wird am Ende gar
nichts mehr haben. Wer aber alles für mich gibt und
sich so an mich verliert, der wird das richtige Leben
finden!"

Alles zahlt sich irgendwann mal aus

40 „Wenn euch jemand bei sich wohnen lässt, dann
lässt er im Grunde mich bei ihm wohnen. Und
damit wohnt Gott selber bei ihm zur Untermiete.
41 Falls einer jemanden bei sich wohnen lässt, der
ein Prophet ist, wird er ganz fett belohnt werden.
Und wenn man jemanden mal zur Untermiete ein-
ziehen lässt, der einfach nur ein gläubiger Mensch
ist, wird man auch was von Gott dafür bekommen.
42 Eins ist ganz sicher: Für jeden, der einem meiner
Leute auch nur mal 'nen O-Saft gibt, wird dafür
irgendwann mal fett belohnt werden."

11

Jesus spricht über Johannes

1 Nachdem Jesus seinen zwölf Leuten diese
heftigen Ansagen gesagt hatte, ging er weiter
in die anderen Städte, die in der Gegend lagen. Dort
wollte er mit seinen Schülern auch seine Botschaft
unters Volk bringen. 2 Johannes, der Mann, der die
Leute getauft hatte, den hatten sie in der Zeit in den
Knast geworfen. Dort erzählte man ihm von den
heftigen Sachen, die bei Jesus so abgingen. Er
schickte deshalb ein paar von seinen Leuten zu
Jesus, um ihn mal zu testen: 3 „Bist du der Typ, der
uns alle aus dem Dreck ziehen soll, oder müssen
wir noch länger warten?" 4 Jesus sagte dazu nur:
„Geht zu Johannes und erzählt dem, was ihr gese-
hen habt, als ihr bei mir wart: 5 Blinde können wie-
der sehen, Krüppel können wieder gehen, Aids-
kranke können wieder lachen, weil sie gesund sind,
die mit kaputten Ohren können wieder hören, selbst
Tote fangen wieder an zu leben, und den Leuten, die
pleite sind, wird eine gute Nachricht erzählt. 6 Und
dann sagt ihm noch: Die, die keine Probleme mit
mir haben, die haben das große Los gezogen!"
7 Nachdem sie wieder abgehauen waren, hatte Jesus
noch was für den Rest der Zuschauer, die da rum-
standen: „Warum seid ihr eigentlich zu Johannes in
die Wüste gegangen? Wolltet ihr etwa einen Typen
sehen, der immer sofort einknickt, wenn mal ein
Windchen weht? 8 Oder was wolltet ihr sehen? Viel-
leicht einen Bonzen sehen im weißen Boss-Anzug?
Dann hättet ihr nach Monaco fahren sollen! 9 Oder
wolltet ihr einen Propheten sehen, jemand der eine
total enge Verbindung zu Gott hat und von ihm
Sachen gesagt bekommt? Also eins kann ich euch
sagen: Johannes ist auf jeden Fall mehr als nur ein
normaler Prophet. 10 Er ist der Mann, von dem
schon in den alten ganz besonderen religiösen Tex-
ten steht: ‚Ich werde jemanden losschicken, der den
Weg für dich schon mal vorbereitet.' 11 Eine Sache
gebe ich euch schriftlich: Johannes ist der krasseste
von allen Menschen, die je geboren wurden. Trotz-
dem ist der, der dort, wo Gott der Chef ist, am
wenigsten zu sagen hat, immer noch weiter vorne
als Johannes. 12 Und seit Johannes wird von den
Mächtigen mit allen Mitteln zu verhindern versucht,
dass Gott ganz groß rauskommt. 13 Die ganzen
alten Texte und die Jungs mit dem besonderen
Draht nach oben, die Propheten bis hin zu Johan-
nes, hatten das schon vorausgesagt. 14 Falls ihr das
überhaupt kapieren könnt: Er ist der Elija, von dem
schon die Propheten erzählt haben. Die meinten,
wenn er kommt, dann wird er euch zeigen, wo es

langgeht. Dann bricht die Zeit an, in der Gott das Sagen hat. 15 Sperrt eure Lauscher auf und lebt nach dem, was ich euch sage!"

Jesus geht mit den Leuten seiner Zeit hart ins Gericht

16 „Was für Vergleiche fallen mir ein, wenn ich an die Menschen denke, die heute so rumlaufen? Sie sind wie Kids, die im Jugendzentrum rumhängen und nicht so richtig verstanden haben, worum es eigentlich geht. Sie sagen zu ihren Freunden: 17 ‚Wir waren auf 'ner krassen Party, und ihr habt nicht getanzt. Anschließend waren wir auf einer Beerdigung, und ihr wolltet nicht heulen.' 18 Johannes hat zum Beispiel manchmal wochenlang nichts gegessen und getrunken. Da meintet ihr sofort: ‚In dem lebt ein fieser Geist!' 19 Jetzt ist der Typ da, der einer von euch ist und gleichzeitig Gott, der ernährt sich genauso wie ihr. Und ihr motzt gleich rum: ‚Der frisst und säuft sich die Hucke voll und hängt nur mit seltsamen Leuten rum.' Doch Gott wird das irgendwann klarstellen, wer hier richtig liegt und wer falsch." 20 Danach ließ Jesus noch seinen Frust ab über die Städte, in denen er die heftigsten Wunder getan hatte und man sich trotzdem kein Stück verändern wollte. 21 „Oh, Mann, ihr da in Chorazin und Betsaida, wacht endlich auf! Wenn die Wunder, die ich bei euch getan habe, in den ekligen, dreckigen Städten passiert wären, wie zum Beispiel in Tyrus oder Sidon, dann hätten sie alle angefangen, ihr Leben zu hinterfragen, sie hätten eingesehen, dass sie viel Mist bauen, und hätten das geändert! 22 Am letzten Tag der Abrechnung, da werden Tyrus und Sidon besser wegkommen als ihr. 23 Und dir, du eingebildetes Kapernaum, wird es richtig dreckig gehen! Erinnerst du dich noch an Sodom? In der Stadt gingen total derbe Sachen ab, die Gott überhaupt nicht gut fand. Deswegen wurde die Stadt vernichtet. Aber wenn dort die Wunder geschehen wären, die bei passiert sind, dann würde Sodom auf jeden Fall noch stehn! 24 Darauf kannst du dich verlassen: Sodom wird am letzten Tag, wo Gott die große Abrechnung startet, besser dastehen als du!"

Jesus betet zum Vater

25 Und Jesus fing an vor allen mit Gott zu reden: „‚Hey, Papa, du regierst über das ganze Universum. Danke, dass du den Leuten, die meinen, die Weisheit mit Löffeln gefressen zu haben, nicht erzählt hast, was wirklich abgeht. Aber denen, die das Gefühl haben, dass sie dumm sind und nichts begreifen, denen hast diese Sachen gezeigt. 26 Yes, Daddy, du willst, dass es so passiert und nicht anders.' 27 Mein Papa hat mir den Joystick für diese Welt in die Hand gegeben! Nur der Papa kennt seinen Sohn, und keiner kennt den Papa im Himmel so gut, wie ich ihn kenne. Und natürlich auch die, denen ich zeige, wie der Papa ist. 28 An alle, die total unter Druck stehen, weil so viel von ihnen verlangt wird: Kommt zu mir! Ich werde dafür sorgen, dass ihr euch so richtig entspannen könnt. 29 Lasst mich doch der Chef in eurem Leben sein! Ich bin das Vorbild, wie man richtig lebt! Ich bin nicht so drauf, dass ich euch von oben herab zu irgendetwas zwingen will. Bleibt locker. Bei mir werdet ihr Ruhe finden. 30 Ich werde euch nicht unter Druck setzen, und ich will, dass es für euch locker zugeht!"

12

Schluss mit religiösen Gesetzen, die Liebe kommt zuerst!

1 An einem anderen Tag gingen Jesus und seine Leute durch die Felder. Seine Leute hatten einen Riesen-Kohldampf und schnappten sich darum ein paar Äpfel von den Bäumen und aßen die. Das alles passierte ausgerechnet an einem Sabbat, den religiösen Feiertag der Juden, der einmal in der Woche war. An diesem Tag durfte man nicht arbeiten, das war verboten. 2 Als die Pharisäer, die religiösen Streber, das mitbekamen, fingen die gleich bei Jesus an rumzumeckern: „Ihre Leute brechen die Gesetze, die Gott mal in das alte Buch geschrieben hat! Sie holen sich das Zeug von den Pflanzen und essen es, obwohl man das nicht darf. Heute ist doch Sabbat, und unser religiöses Gesetz verbietet das!" 3 Jesus meinte dazu nur: „Haben Sie überhaupt was begriffen? Kennen Sie nicht die Story von David und seinen Kollegen und was die taten, als sie Hunger hatten? 4 Sie gingen in das besondere Haus von Gott, den Tempel, und aßen sogar das Zeug, was nur die Priester essen durften, die dort arbeiten, nämlich das Brot, was man Gott als Opfer schenken wollte. 5 Mann, lesen Sie doch mal in den alten Büchern. Da steht, dass die Priester auch an dem Tag, wo sie eigentlich nicht arbeiten sollten, im Tempel gearbeitet haben. Diese ganzen Sabbatgesetze waren ihnen doch trotzdem nicht egal, sie mussten ja aber im Tempel arbeiten. 6 Ich will nur, dass Sie das eine begreifen: Hier ist jemand, der hat mehr drauf als dieser Tempel.

7 Wenn ihr verstanden hättet, was dieser Satz aus
dem alten Buch bedeutet: ‚Menschen, die andere
Menschen lieben, sind mir wichtiger als irgendwel-
che Opferrituale!‘, dann würdet ihr nicht die Leute,
die keinem was Böses getan haben, fertigmachen
wollen. 8 Als der Mann, der von Gott auserwählt
ist, bin ich auch der Chef vom Sabbat. Darum ent-
scheide ich auch, was an dem Tag erlaubt ist und
was nicht.“ 9 Nachdem er das gesagt hatte, ging er
schließlich weiter und kam noch in eine Synagoge.
10 Da tauchte so einer auf, dessen Hand war total
kaputt. Die Pharisäer fragten Jesus natürlich: „Wie
sehen Sie das denn mit der Sache, dass man am
Sabbat, unserem religiösen Ruhetag, nicht heilen
darf?“ Sie versuchten einfach alles daranzusetzen,
irgendwas zu finden, um gegen ihn Anzeige zu
erstatten. 11 Jesus konterte: „Wenn jemand von
Ihnen einen kleinen Hund hat und der fällt am Sab-
bat in eine Baugrube, dann würde er ihn doch auf
jeden Fall da rausholen, oder? Egal ob Sabbat oder
nicht. 12 Ein Mensch ist doch tausendmal mehr wert
als so ein Hund! Natürlich ist es auch am Sabbat
erlaubt, Gutes zu tun! Kapiert?!“ 13 Dann sagte er
nur zu dem Mann mit der kaputten Hand: „Zeig
mal deine Hand!“ Und tatsächlich, die Hand war
komplett geheilt.

Jesus tut das, was im alten Buch schon lange gestanden hat

14 Die religiösen Streber steckten nach diesem Ding
die Köpfe zusammen: „Wie können wir diesen Jesus
bloß aus dem Weg räumen?“ 15 Als Jesus mitbekam
was sie vorhatten, machte er sich vom Acker, und
viele gingen mit ihm. Und wie immer: Jesus machte
alle Leute, die krank waren, wieder gesund. 16 Jesus
befahl ihnen aber, bloß ihren Mund zu halten, damit
die ihn nicht verraten würden. 17 Damit wurde das
wahr, was der Prophet Jesaja schon lange Zeit vor-
her gewusst hatte: 18 „Dieser Mensch ist ganz
besonders, den hab ich mir ausgesucht, weil ich ihn
liebe und mich riesig über ihn freue. Ich werde ihn
mit einer neuen Kraft ausstatten, mit meinem Geist,
und er wird allen Menschen erklären, was Gott gut
findet und was nicht. 19 Er ist nicht so einer wie
Rocky, der seinen Willen mit den Fäusten durch-
setzt. 20 Er tritt nicht nach, wenn du auf dem Boden
liegst, er versetzt dir keinen Schlag in die Magen-
grube, wenn du schon angezählt wurdest. Er hört
nicht auf, bis das, was richtig ist, am Ende auch
gesiegt hat. 21 Darum kann jeder, und wirklich jeder,
seine Hoffnung auf ihn setzen.“

Jesus heilt einen Mann und stellt ein paar Dinge klar

22 Schließlich brachte man einen zu Jesus, der einen
bösen Geist, so einen Dämon, in sich hatte und
weder etwas sehen noch reden konnte. Jesus
machte ihn wieder gesund, und da konnte er gleich
wieder sehen und auch reden. 23 Da waren die Leute
alle total platt und begeistert von ihm. Sie riefen:
„Hey, das ist doch nicht etwa der Mann aus der
Familie vom Präsidenten David?“ 24 Die religiösen
Streber waren da ganz anderer Meinung. Sie sagten:
„Er trickst euch doch nur aus! Die bösen Geister,
diese Dämonen, kann er nur austreiben, weil er der
oberste der bösen Geister ist! Er ist Satan, der Feind
von Gott!“ 25 Jesus konnte ihre Gedanken lesen und
meinte nur: „Wenn es in einem Land jeder was
anderes will, dann zerstört sich das Land irgend-
wann selbst. Genauso ist das in einer Stadt oder
’ner Familie. Wenn man sich da gegenseitig fertig-
macht, gehen die Stadt oder die Familie irgendwann
kaputt. 26 Und wenn der Satan, der Chef der bösen
Geister, jetzt die anderen bösen Geister vertreiben
würde, dann würde er sich ja selbst bekämpfen und
zerstören! Wie soll er da auf Dauer seine Macht
behalten können? 27 Wenn Sie also sagen, ich ver-
treibe böse Geister mit der Kraft von Satan, dem
Chef der bösen Geister, dann hab ich mal ’ne
Gegenfrage: Wie machen es denn bitte Ihre Leute,
wenn sie Geister austreiben? Fragen Sie die mal,
und dann wird man sehen, wer recht hat. 28 Hey,
schnallt ihr das denn nicht? Die bösen Geister ver-
schwinden, eben weil ein guter Geist, die Kraft von
Gott, sie vertreibt! In jeder Sekunde, wo das pas-
siert, bricht die neue Zeit Gottes rein, wo er das
Sagen hat! 29 Ich will es in einem Bild sagen: Wenn
du einen Einbruch machen willst in einem Haus, in
dem ein Karate-Weltmeister wohnt, was musst du
vorher tun? Du musst ihn ablenken und am besten
auch noch fesseln, erst dann kannst du richtig los-
legen. 30 Eine Sache ist klar: Jeder, der nicht auf
meiner Seite ist, kämpft gegen mich. Jeder, der mir
nicht hilft, die Menschen zu retten, bringt sie nur
weiter von Gott weg. 31 Eins sage ich Ihnen: Es gibt
nichts, was so schlimm ist, dass Gott es nicht ver-
zeihen kann. Sie können sogar über Gott herziehen,
das kann er Ihnen verzeihen. Aber eins wird nicht
verzeihen: Wenn Ihr über die den Geist von Gott,
seine besondere Kraft, herzieht. 32 Auch wenn Sie
mich durch den Dreck ziehen, wird Ihnen das ver-
ziehen. Aber wenn Sie die Kraft Gottes, den Heili-
gen Geist, durch den Dreck ziehen und als Satan
bezeichnen, dann wird Ihnen niemals verziehen

werden: weder hier auf der Erde noch im Leben
nach dem Tod."

Was am Ende dabei rumkommt, das zählt

33 „Es funktioniert im Grunde wie bei Apfelbäumen!
Wenn der Baum gesund ist, hat er auch leckere
Äpfel dran. Ist der Baum aber krank, sind die Äpfel
auch verkrüppelt. Einen guten Baum erkennt man
an seinen Früchten! 34 Ihr blöden Spinner! Wie kann
bei euch, die ihr sowieso nur Schwachsinn redet,
überhaupt was Gutes bei rauskommen! Alles, was
ihr in eurer Birne an Gedanken habt, kommt raus,
wenn man euch mal beim Reden zuhört. 35 Wenn
einer ein gutes Herz hat und sein Herz voll guter
Gedanken ist, dann merkt man das schon an dem,
was er redet. Einem Menschen, der einfach link und
falsch ist, dem merkt man das auch an, wenn er nur
den Mund aufmacht. 36 Eins müssen Sie sich klar-
machen: Am letzten Tag dieser Welt gibt es bei Gott
eine große Abrechnung, auch über alles, was so aus
Ihrem Mund gekommen ist. 37 Was Sie geredet
haben, wird letztendlich über Ihre Zukunft entschei-
den, denn daran wird Gott Sie auch messen. Spä-
testens dann wird es sich zeigen: hopp oder topp!"

„Zeig uns, dass du es draufhast!"

38 Die religiösen Profis und Streber meinten mal zu
Jesus: „Zeigen Sie uns doch, was Sie alles so drauf-
haben! Machen Sie doch noch mal eine Wunder-
show extra für uns, dann glauben wir Ihnen auch,
dass Sie von Gott kommen!" 39 Darauf meinte Jesus
nur: „Nur ganz miese Typen, die an gar nichts glau-
ben, wollen jetzt noch einen Beweis haben. Aber
einen Beweis sollen Sie trotzdem kriegen, und der
hat mit der Geschichte von Jona zu tun. 40 Jona war
drei volle Tage und Nächte im Bauch von einem
riesengroßen Fisch. Genauso werde ich drei volle
Tage in meinem Grab verschwunden sein. 41 Selbst
die Leute aus der Stadt Ninive werden im Gegen-
satz zu Ihnen noch gut dran sein am Tag der letzten
Abrechnung, weil die sich wenigstens geändert
haben. Denn nachdem Jona ihnen klargemacht
hatte, dass sie nur Mist bauen und so nicht weiter-
machen können, wandten sie sich wieder radikal zu
Gott und änderten ihr Leben. Und der, der jetzt mit
Ihnen redet, hat viel mehr zu sagen als Jona, und
trotzdem glauben Sie ihm nicht! 42 Das Gleiche gilt
auch für die Präsidentin, die in dem Land Saba im
Süden das Sagen hatte. Sie wird beim Tag der
Abrechnung sogar als Zeugin auftreten, um gegen
die Menschen in dieser Zeit auszusagen, um sie
fertigzumachen. Ihr war kein Weg zu weit, um vom
damaligen Präsidenten von Israel, dem Salomo, zu
lernen. Und der, der jetzt mit Ihnen redet, hat viel
mehr zu sagen als Salomo, trotzdem wollten Sie
ihm einfach nicht vertrauen."

Passt auf, wen ihr an euch ranlasst

43 „Wenn so ein fieser Geist, so ein Dämon, aus
einem Menschen rausgeschmissen wurde, dann ist
der sozusagen obdachlos und sucht wie verrückt
ein neues Opfer, in dem er wohnen kann. 44 Kriegt
er das nicht hin, versucht er wieder dort einzuzie-
hen, wo er mal zu Hause war. Wenn er dort dann
seine ehemalige Bude super aufgeräumt und pico-
bello und noch leer vorfindet, zieht er dort wieder
ein. 45 Und er lädt noch sieben weitere fiese Geister
ein, die noch viel schlimmer als er selbst sind. Dem
Menschen wird es noch viel schlimmer gehen als
vorher. Genauso wird es mit diesem bösen Pack
hier passieren."

Wer gehört zur Jesus-Familie?

46 Das Haus, in dem Jesus diese Rede hielt, war
supervoll. Schließlich kamen seine Mutter und
seine Brüder an und wollten auch mal was von ihm
haben. 47 Als jemand ihm gesagt hatte, dass seine
Familie draußen auf ihn wartete und mit ihm spre-
chen wollte, 48 sagte Jesus nur: „Wer sind denn
meine Brüder und wer ist meine Mutter?" 49 Dann
zeigte Jesus auf seine Leute und sagte: „Das hier ist
meine Familie. Hier sitzen meine Geschwister und
meine Mutter! 50 Hey, jeder, der das tut, was mein
Vater von ihm will, der ist wie ein Bruder für mich
oder wie eine Schwester oder wie meine Mutter."

13 **Was einen daran hindern kann, Gott zu vertrauen**

1 Abends ging Jesus am See spazieren und
setzte sich an das Ufer. 2 Es dauerte nicht lange, da
sammelte sich wieder eine große Menschenmenge
um ihn herum. 3 Weil er zu ihnen reden wollte,
setzte er sich in ein Ruderboot und fuhr auf den See
aus, so dass ihn von dort aus alle hören konnten.
4 Dann sagte er: „Ein Bauer säte Getreide aus.
Einige der Körner fielen dabei auf die Straße. Sofort
kamen die Vögel und pickten sie auf. 5 Andere Kör-
ner fielen auf sehr steinigen Boden, wo wenig Erde
war. Da keimten sie zwar, 6 aber als die Sonne voll
draufknallte, vertrockneten die Triebe, und weil die
Wurzeln noch nicht richtig in die Erde gewachsen

waren, gingen die Pflanzen kaputt. 7 Ein paar von den Körnern fielen zwischen die Disteln, und die Pflanzen krepierten dort bald, weil sie total von den Disteln überwuchert wurden. 8 Aber der Rest fiel auf guten Boden, ging auf und vermehrte sich, so dass es dreißig-, sechzig- oder hundertmal so viel wurde, wie es mal war. 9 Ich hoffe, ihr habt kapiert, was ich damit sagen will."

Vielleicht würde Jesus die Story heute so erzählen: *Der Vergleich mit der Software*

4 „Ein Programmierer saß an seinem Rechner und schrieb eine neue Software. 5 Die Software war total gut und verkaufte sich schnell. Auf dem alten Rechner lief sie aber überhaupt nicht, die Hardware war schlecht und der Rechner ging kaputt. 6 Bei anderen Rechnern lief sie eine Zeit lang ganz in Ordnung, bloß immer dann, wenn es kompliziert wurde und wenn andere Programme gleichzeitig liefen, stürzte das Ding ganz ab und musste am Ende auch weggeworfen werden. 7 Andere Rechner waren total zugemüllt mit allen möglichen unnötigen Programmen, weshalb nicht genügend Arbeitsspeicher frei war und das Programm nicht laufen konnte. 8 Aber bei Computern, die eine gute Hardware hatten, die man immer in Schuss gehalten hatte und pflegte, da lief das Programm hervorragend und machte sich hundertfach bezahlt. 9 Ich hoffe, ihr habt kapiert, was ich damit sagen will."

Warum benutzt Jesus Bilder, um Sachen deutlich zu machen?

10 Einige Zeit später löcherten ihn seine Leute und wollten wissen, warum er immer in solchen Bildern redete und nicht direkt sagte, was er meinte. 11 Jesus antwortete darauf: „Ihr seid dazu in der Lage, die Geheimnisse zu kapieren, die um diese neue Zeit gehen, wo Gott selbst die Regierung übernimmt. Andere werden es aber nie begreifen. 12 Es wird so laufen, dass die, die viel verstanden haben, bald wirklich alles verstehen werden. Die, die bisher nix verstehen, werden aber das bisschen, was sie kapiert haben, auch noch verlieren. 13 Darum rede ich zu anderen in Bildern: Sie sehen zwar, erkennen aber doch nichts, sie hören zu, aber kapieren überhaupt nichts. 14 Damit wird wahr, was Gott schon durch den alten Propheten Jesaja gesagt hatte: ‚Obwohl sie ihre Lauscher auf Empfang gestellt haben, verstehen sie gar nichts. Sie kriegen zwar alles mit, aber begreifen nicht, was da abgeht. 15 Denn ihnen ist mittlerweile eh alles egal, sie sind eisenhart geworden. Sie sitzen auf ihren Ohren und haben Tomaten auf den Augen. Darum sehen und hören sie nichts. Die wollen es auch gar nicht anders. Würden sie sich zu mir wenden, würde ich sie natürlich sofort heilen. Doch dann müssten sie ja ihr Leben ändern.' 16 Ihr könnt echt happy sein und euch sehr freuen, weil ihr das jetzt mit euren Augen sehen und mit euren Ohren hören könnt. 17 Versteht doch: Tausende von den Prophetentypen, mit denen Gott redet, und auch viele, die okay für ihn gelebt haben, hätten echt sehr viel darum gegeben, das zu sehen und zu hören, was ihr jetzt sehen und hören dürft. Aber damals war einfach noch nicht die Zeit dafür."

Jesus erklärt, was er mit der Story von dem Getreide meinte

18 „Ich will euch mal erklären, was ich mit der Story von dem Typen, der Samen aussät, klarmachen wollte. 19 Bei einem Menschen, der die Worte von dem Reich Gottes hört, diesem Ort, wo Gott das Sagen hat, aber das nicht wirklich schnallt, bei dem kommt der Chef des Bösen, der Satan, an und reißt die ganzen Pflanzen wieder aus seinem Herz raus, die gerade gewachsen waren. Das war mit dem Samen gemeint, der auf dem Weg gelandet ist. 20 Mit dem sehr harten, steinigen Boden waren so Leute gemeint, die die Nachricht zuerst hören und da total drauf abfahren, 21 aber wenn es Probleme gibt, weil sie gläubig geworden sind, oder die Leute sie deswegen sogar in den Knast stecken wollen, dann war es das bei denen auch schon mit ihrem Glauben. 22 Der Boden voller Disteln ist wie einer, der die Worte hört. Aber er hat so viel andere Sorgen und Probleme, dass er das schnell wieder vergisst, und alles ist wieder wie vorher. 23 Mit dem guten Boden ist einer gemeint, der die Worte hört und begreift, was sie bedeuten. Der setzt das dann auch um und geht total für Gott ab. Der bringt dann dreißig-, sechzig- oder hundertmal von dem raus, was gesät wurde."

Oder anders übersetzt: *Jesus erklärt, was er mit seiner Story über die Software meinte*

18 „Ich will euch sagen, was ich mit der Story von der Software meinte. 19 Jeder, der meine Rede über den Ort, wo Gott das Sagen hat, hört, aber meine Worte nicht ernst nimmt, bei dem kommt der Satan, der Chef von allem Bösen, und löscht die Worte gleich wieder aus seinem Herzen. Das meinte ich mit der Software, die auf den alten kaputten Rechner geladen wurde. 20 Ein Mensch, der sich zuerst voll freut über das, was ich sage, ist wie der Rechner, der ganz okay ist, bei dem aber noch viele andere Programme mitlaufen. Es funktioniert eine Weile, [21] *aber sobald es Probleme gibt, Leute ihn ärgern, weil er gläubig ist, dann zieht der schnell den Schwanz ein, und nichts bleibt mehr übrig.* [22] *Mit Rechnern, die im Grunde ganz okay waren, aber zu viele andere schlechte Programme auf ihrer Festplatte hatten, sind Menschen gemeint, die am Anfang auch ganz begeistert über das sind, was ich sage, und das zum Teil auch über Jahre umsetzen. Sobald aber die derben Sorgen abgehen, die das Leben so mit sich bringt, oder sie durch den ganzen Luxus, der sie vielleicht umgibt, abgelenkt werden, dann vergessen sie schnell, was ich gesagt habe, und alles bleibt am Ende doch beim Alten.* [23] *Der gute Rechner, der immer in Schuss gehalten wurde, ist jemand, der meine Worte hört, sie versteht und sofort umsetzt. Er wird lange funktionieren und viel Nutzen bringen."*

Unkraut in einem Feld wo Weizen angebaut wurde: Gott hat das letzte Wort

[24] Jesus erzählte noch eine andere Geschichte: „Diesen Ort, wo Gott das Sagen hat, kann man auch gut mit einem Bauern vergleichen, der supergute Weizensamen auf sein Feld streut. [25] In einer Nacht, als alle pennen, kommt sein Erzfeind und sät einfach ganz viele Brennnesselsamen zwischen die guten Weizenkörner. Danach verschwindet er wieder. [26] Die Samen vom Weizen gehen dann irgendwann auf, aber eben auch die Brennnesseln. [27] Irgendwann kommen die Angestellten vom Bauern an und fragen den: ‚Sie hatten das Feld doch nur mit richtig guten Samen bestreut, oder? Woher kommen dann die vielen Brennnesseln?' [28] ‚Das muss der Typ gemacht haben, der mich nicht abkann, mein Erzfeind', meint der Bauer. Da fragen seine Angestellten: ‚Sollen wir das jetzt einzeln rausrupfen?' [29] Er meint: ‚Nein, dann würden Sie die guten Weizenpflanzen ja auch mit rausrupfen. [30] Lassen Sie mal das Feld in Ruhe wachsen, bis Erntezeit angesagt ist. Dann sehen Sie klar den Unterschied zwischen Unkraut und Weizen. Und dann bekommen Sie den Auftrag: Zuerst das Unkraut entfernen und verbrennen! Und dann den Weizen ernten und ab damit in den Vorratsraum!'"

Kastanie oder Hefeteig

[31] Jesus versuchte mit einem anderen Beispiel, das Ganze noch etwas deutlicher zu machen: „Mit dem Ort, wo Gott das Sagen hat, ist es so wie mit einer Kastanie. [32] Kastanien sind nicht besonders groß, aber wenn du sie im Boden vergräbst, dann wächst daraus ein riesiger Baum, in dem sogar Vögel wohnen können. [33] Man kann den Ort, wo Gott das Sagen hat, auch mit einem Hefeteig vergleichen. Eine Frau will eine Pizza machen. Sie nimmt einen Haufen Mehl und tut nur ein paar Körner Trockenhefe dazu und noch Wasser. Sie verknetet alles. Schließlich geht der ganze Teig voll auf. Die Hefe hat sich total ausgebreitet." [34] Jesus benutzte ständig irgendwelche Beispiele und Bilder, wenn er mit Menschen redete. In keiner seiner Reden durften sie fehlen. [35] Damit wurde das wahr, was die alten Propheten schon damals vorausgesagt hatten: „Ich werde ihnen durch Bilder und Vergleiche klarmachen, worum es geht. Was bis jetzt für alle ein Geheimnis war, was niemand kapiert hat, davon will ich jetzt reden."

Jesus erklärt, was er mit der Story sagen wollte, wo es um die Samen und das Unkraut ging

[36] Schließlich schickte Jesus die vielen Menschen wieder nach Hause. Seine Freunde wollten dann aber noch was genauer wissen: „Was war da eigentlich mit gemeint, als du von Unkraut und Brennnesseln erzählt hast?" [37] „Also, das ist so", sagte Jesus, „der Typ, der Gottes Sohn ist, das ist der Bauer, der die guten Samen aussät. [38] Das Feld ist die Welt, der Samen sind die Leute, die mit Gott zusammenleben und die unter seinem Einfluss stehen, und die Brennnesseln sind die Leute, die das tun, worauf Satan Bock hat. [39] Der Erzfeind, der die Brennnesseln zwischen die guten Samen gesät hat, ist der Satan persönlich. Die Ernte ist ein Bild für die große Endabrechnung, wenn es mit dieser Welt zu Ende geht. Und die Arbeiter sind Engel. [40] Genauso wie das Unkraut vom Weizen getrennt wird und vernichtet werden muss, genauso wird es bei der letzten großen Gerichtsverhandlung abgehen. [41] Der Auserwählte, der Menschensohn, wird seine Engel vorbeischicken. Die werden aus diesem neuen Land, wo Gott das Sagen hat, alle rausschmeißen, die link drauf sind und miese Sachen fabrizieren. [42] Die werden dann in einen Riesen-Ofen geschmissen und vernichtet. Vor Schmerz werden sie voll losheulen, wenn sie da sind. [43] Alle, die das getan haben, was Gott gut findet, werden in der neuen Zeit gut dastehen. Sie werden strahlen wie die Sonne! Denkt mal dadrüber nach, wenn ich euch so was erzähle!"

Alles geben für Gott, das zahlt sich aus!

[44] „Das neue Land, in dem Gott das Sagen hat, kann man auch gut mit einem vergrabenen Schatz ver-

gleichen, den ein Typ zufällig beim Umgraben von
einer Wiese findet. Er verbuddelt den Schatz ganz
schnell wieder. Weil er sich so sehr über das Ding
gefreut hat und es so wertvoll für ihn ist, geht er los
und versteigert alles bei E-Bay, was er sonst noch so
hat. Das macht er nur um diese Wiese kaufen zu
können, denn dann gehört auch der Schatz ihm.
45 Noch 'ne andere Story: Wer Teil von dem neuen
Land sein will, wo Gott das Sagen hat, der sollte so
drauf sein wie ein Aktienhändler, der eine unheim-
lich gewinnbringende Aktie zum Kauf angeboten
bekam. 46 Er verkaufte sein Haus und alles andere,
was er noch hatte, nur, weil er diese eine Aktie
unbedingt haben wollte."

Der Vergleich mit einem Fischernetz

47 „Man kann das Land, wo Gott das Sagen hat,
auch mit einem Netz vergleichen, das in das Meer
ausgeworfen wurde. Sehr viele unterschiedliche
Fische waren dadrin. 48 Wenn das Netz erst mal voll
ist, ziehen die Fischer es ans Land. Dann setzen sie
sich hin und sortieren aus. Die essbaren Fische in
Wannen und die ekligen in den Müll. 49 So wird es
auch am Ende der Welt abgehen. Die Helfer von
Gott, die Engel, werden das Gute vom Schlechten
trennen. 50 Die Schlechten werden im Höllenofen
verfeuert. Dort werden sie heulen und rumflen-
nen, aber niemand wird sie hören. 51 Habt ihr das
kapiert?" – „Ja, haben wir!", sagten sie. 52 Da meinte
Jesus: „Darum ist jeder, der das richtig gut verstan-
den hat und Menschen davon erzählt, wie jemand,
der aus seinen alten und neuen Erfahrungen die
richtigen Konsequenzen zieht und das weitergibt,
was dabei rumkommt."

Jesus hat zu Hause nicht wirklich ein Heimspiel

53 Nachdem Jesus versucht hatte, mit diesen Verglei-
chen den Leuten etwas zu verklickern, 54 ging er in
seine Heimatstadt und hielt dort in der Synagoge
an, um den Leuten etwas zu erzählen. Alle waren
total baff und fragten sich, wo er nur diese Ahnung
vom Leben her hatte und woher die Kraft kam, diese
irren Wunder zu tun. 55 „Der ist doch der Sohn von
einem Zimmermann aus dem Ort. Seine Mutter
Maria und auch seine Brüder Jakobus, Josef, Simon
und Judas kennen wir doch auch. 56 Seine Schwes-
tern haben wir erst neulich beim Einkaufen getrof-
fen. Wie kann der denn bitte etwas Besonderes
sein?" 57 Sie waren sogar total genervt von ihm.
Jesus meinte dazu nur: „Ein Mann, der Gott reden
hört, ein Prophet, ist überall was Besonderes, aber
zu Hause wird er ausgebuht, und seine Familie wird
ihm auch nicht zuhören." 58 Keiner hatte dort gro-
ßes Vertrauen in Jesus, darum konnte er auch nur
wenige Wunder tun.

14 Johannes, der die Leute getauft hatte, wird umgebracht

1 Als Herodes Antipas, der damals in Judäa
das Sagen hatte, mitbekam, was man so über Jesus
redete, bekam er etwas Panik. 2 Er sagte zu seinen
Angestellten: „Das ist garantiert Johannes, der die
Leute getauft hat! Der lebt wieder, obwohl er doch
eigentlich schon tot und 3 Meter unter der Erde sein
müsste. Vielleicht ist er ja auch ein Zombie und
kann deshalb so krasse Wunder tun." 3 Herodes
hatte Johannes einige Zeit vorher in den Knast ge-
steckt – vor allem, weil Herodias, in die er voll ver-
knallt war, das unbedingt wollte. Die war allerdings
eigentlich die Frau von seinem Bruder Philippus.
4 Johannes hatte ihm ganz klar gesagt, dass das total
falsch ist. Man darf sich nicht einfach die Frau von
seinem Bruder greifen und heiraten. 5 Herodes war
so sauer auf Johannes, dass er ihn am liebsten er-
mordet hätte. Er traute sich aber nicht, weil er Angst
vor den Leuten in der Stadt hatte, die alle totale Fans
von Johannes waren. 6 Als Herodes Geburtstag
hatte, machte die Tochter aus der ersten Ehe von
seiner Frau Herodias auf der Party vor allen Leuten
einen Striptease. Das gefiel dem Herodes so super,
7 dass er ihr anschließend hoch und heilig versprach:
„Du kannst von mir heute haben, was du willst!"
8 Ihre Mutter bequatschte sie dann, und schließlich
bettelte die Tochter Herodes an: „Ich möchte, dass
du Johannes den Kopf abschlagen lässt und ihn mir
auf einem Tablett servierst!" 9 Damit hatte Herodes
nun nicht gerade gerechnet, und eigentlich wollte er
das auch gar nicht. Aber schließlich waren da eine
Menge Leute mit ihm am Tisch, die alle mitbekom-
men hatten, wie er ihr dieses Versprechen abgab.
Darum sagte er zu seinen Soldaten, 10 sie sollten
Johannes den Kopf abschlagen. 11 Sie servierten dem
Mädchen dann den Kopf auf einem Tablett, die ihn
wiederum der Mutter übergab, damit sie zufrieden
war. 12 Die Schüler von Johannes holten die Leiche
und verbuddelten sie. Danach erzählten sie Jesus,
was passiert war. 13 Jesus war total geschockt und
echt fertig. Er schnappte sich ein Boot und wollte
irgendwo hinfahren, wo er mal alleine sein konnte.
Die Leute bekamen das aber mit und verfolgten ihn
am Ufer entlang.

Fünftausend bei Jesus' McDonald's

14 Jesus kam mit seinem Boot nach einiger Zeit wie-
der ans Land. Viele Leute waren ihm gefolgt und
wollten Hilfe. Die Menschen taten ihm leid, und
darum heilte er alle, die krank waren. 15 Abends
kamen dann seine Leute zu ihm und meinten:
„Jesus, es is ganz schön spät geworden! Außerdem
ist hier auch die totale Pampa. Lass doch die Men-
schen gehen, damit sie sich bei McDonald's noch
was zu essen holen können!" 16 Jesus sagte dazu
nur: „Nein, das ist überhaupt nicht nötig. Ihr könnt
ihnen auch was zu essen geben!" 17 „Aber wir haben
gerade mal fünf Brötchen und zwei Frikadellen
dabei!", meinten die Schüler zu ihm. „Das reicht nie
und nimmer!" 18 „Locker bleiben, her damit!", sagte
er. 19 „Setzt euch einfach auf die Wiese", sagte Jesus
zu den Leuten. Dann nahm er die zwei Frikadellen
und die fünf Brötchen und bedankte sich bei Gott
für das Essen. Anschließend verteilte er die Teile an
seine Schüler, die es dann an alle anderen weiter-
reichten. 20 Und das Unglaubliche passierte: Es
reichte dicke, und alle waren nach dem Essen papp-
satt! Schließlich sammelten sie anschließend noch
die Reste ein, und da kamen sage und schreibe
zwölf volle Einkaufswagen zurück! 21 Ungefähr fünf-
tausend Männer waren dabei gewesen, dazu noch
die Frauen und die Kinder, die man nicht mitgezählt
hatte.

Jesus kann auf dem Wasser gehen

22 Nach diesem Essen meinte Jesus zu seinen Leu-
ten, sie sollten jetzt in das Boot steigen, um ans
andere Ufer zu fahren. 23 Als er die Menschen weg-
geschickt hatte, hatte er Lust, noch ein wenig allein
mit Gott zu reden. Dazu ging er dann gegen Abend
auf einen kleinen Berg in der Nähe. 24 Seine Freunde
fuhren auf dem See, als plötzlich ein ganz derber
Sturm aufkam. Sie bekamen ziemlichen Schiss, es
war starker Gegenwind, und sie drohten zu kentern.
25 So gegen vier in der Nacht kam ganz plötzlich
eine Gestalt auf dem Wasser auf sie zu: Jesus! 26 Als
seine Leute Jesus da gehen sahen, ging der Punk
erst richtig ab, sie hatten voll die Angst und dach-
ten, es wäre ein Geist oder irgend so was. 27 Aber
Jesus beruhigte sie gleich und rief ihnen zu: „Hey,
Jungs, keine Panik! Ich bin es doch nur!" 28 Petrus
war total geplättet. Er rief zurück: „Jesus, bist du's
wirklich?! Dann sag mir, dass ich jetzt auch zu dir
aufs Wasser kommen soll!" 29 Jesus sagte nur:
„Komm her!" Gesagt, getan, Petrus stieg aus dem
Boot aus, und das Unglaubliche passierte, er konnte
tatsächlich auf dem Wasser zu Jesus gehen! 30 Plötz-
lich bemerkte Petrus aber die großen Wellen, die
um ihn herum waren. Er verlor Jesus aus dem Blick
und bekam plötzlich voll die Panik. „Hilfe, Jesus, ich
ertrinke!", schrie er und ging unter. 31 Jesus ging
schnell zu ihm hin, packte seine Hand und zog ihn
aus dem Wasser raus. Er sagte dann zu Petrus:
„Hast du so wenig Vertrauen, Petrus? Ich hab's dir
doch gezeigt! Mir kannst du echt glauben!" 32 Beide
gingen dann zusammen zum Boot. Sobald sie an
Bord waren, verschwand der Wind von selber. 33 Die
anderen waren alle schwer beeindruckt, knieten sich
vor Jesus hin und sagten: „Ganz sicher, du bist wirk-
lich Gottes Sohn!"

Jesus macht wieder Menschen gesund

34 Sie landeten in einer Stadt namens Genezareth
am Hafen und machten einen Landgang. 35 Als die
Leute, die dort wohnten, spitzkriegten, dass Jesus in
der Stadt war, holten sie alle kranken Menschen.
36 Und es war so, dass die sogar nur einen Zipfel
von seinen Klamotten berühren mussten, dann wur-
den sie schon gesund!

15 **Gottes Regeln müssen richtig ausgelegt werden**

1 Etwas später kamen die religiösen Profis
und Streber, die man Pharisäer und Schriftgelehrte
nannte, bei Jesus vorbei, um ihn mal wieder auszu-
testen. 2 „Warum befolgen Ihre Leute nicht die
Regeln, die alle die an Gott glauben befolgen, zum
Beispiel dass man sich vor dem Essen die Hände
waschen muss?" 3 Jesus konterte nur: „Ja, und
warum tut ihr mit euren Regeln, die ja angeblich
von Gott kommen, genau das, worauf er eigentlich
überhaupt keinen Bock hat? 4 Zum Beispiel möchte
Gott, dass wir unsere Eltern gut behandeln und sie
versorgen, wenn sie alt sind! Wer aber sich nicht um
sie schert und sie verkommen lässt, soll sterben.
Das ist sogar eins von den 10 besonderen Gesetzen
von Gott, und die findet ihr doch auch ganz okay,
oder!? 5 Ihr deutet das dann aber so um: Wenn je-
mand Eltern hat, denen es total dreckig geht, kann
er sie trotzdem links liegen lassen, solange er genug
Geld für irgendwelche wohltätigen Zwecke spendet.
Das ist dann für euch total okay. 6 Dadurch macht
ihr Gottes Regeln echt lächerlich! 7 Ihr seid solche
falschen Spinner! Der alte Prophet Jesaja hatte total
Recht, als er meinte: 8 ‚Diese Typen können ganz
groß Sprüche klopfen und sagen Gott immer, wie

toll sie ihn doch finden. Aber ihr Herz ist in Wirklichkeit meilenweit entfernt von Gottes Herz. 9 Was sie machen, bringt überhaupt nichts: Sie wollen, dass Gott für alle wichtig ist, und erzählen, welche Regeln er angeblich will, dabei haben nur Menschen sich diese Regeln ausgedacht" 10 Jesus winkte die Leute zu sich und sagte zu ihnen: „Bitte, ihr müsst mir jetzt gut zuhören, es ist total wichtig, dass ihr das kapiert: 11 Nicht das, was durch deinen Mund in dich reinkommt, sorgt dafür, dass dreckig und für Gott nicht mehr in Ordnung bist. Nein, sondern das, was man im Schädel hat, die Gedanken und was dann aus dem Mund dabei rauskommt, das sorgt dafür, dass du für Gott dreckig und nicht mehr in Ordnung bist." 12 Schließlich nahmen die Freunde von Jesus ihn mal beiseite und meinten zu ihm: „Hey, Jesus, merkst du nicht, dass die Pharisäer, diese Streber, übelst angefressen sind von dem, was du sagst? Ist dir das denn egal?" 13 Jesus sagte: „Es gibt Leute, die haben bei Gott mittlerweile einfach alles verspielt, mit denen will er nichts mehr zu tun haben. 14 Lasst die ruhig machen und kriegt keine Panik! Die meinen, sie hätten das neuste GPS-System, eins, das genau weiß, wo's im Leben langgeht, aber in Wirklichkeit tappen sie völlig im Dunkeln. Und alle, die ihnen nachlaufen, werden vermutlich irgendwann einmal richtig fies abstürzen." 15 Petrus hatte das nicht so ganz kapiert und fragte noch mal nach: „Wie jetzt, Jesus?" 16 „Oh Mann", stöhnte der, „wenn nicht mal ihr das checkt, wer dann? 17 Es ist doch total klar, wenn du etwas isst, geht es dir durch den Magen, bis du es auf dem Klo irgendwann wieder rauslassen musst. 18 Das, was du sagst, kommt aus dir, aus deinem Innersten, und sorgt dafür, dass du für Gott dreckig und nicht mehr in Ordnung bist! 19 In deinem Inneren, in deinem Kopf, da geht der ganze Mist los. Dort fängst du plötzlich an Mordgedanken zu kriegen, in deiner Fantasie steigst du mit anderen Frauen oder Männern ins Bett, beklaust jemanden oder lügst anderen die Hucke voll. 20 Dort fängt alles an. Dadurch entfernt sich der Mensch von Gott! Und nicht durch das Nichtbefolgen irgendwelcher äußerlichen Regeln, wie zum Beispiel, dass man sich vor dem Essen die Hände waschen muss oder so."

Jesus hilft einer Ausländerin

21 Schließlich wollte Jesus weiter, und er machte sich auf den Weg Richtung Tyrus und Sidon. Das sind zwei kleine Städte in einem Gebiet, wo die meisten Menschen keinen Bock auf Gott hatten. 22 Dort traf er auf eine Frau, die ein großes Problem hatte: „Oh, großer Meister, Sie sind mein Held, bitte helfen Sie mir!", sagte sie zu ihm. „Meine Tochter ist ganz seltsam unterwegs. Irgendwie ist so ein böser Geist, so ein Dämon, in ihrem Körper drin und macht sie total fertig." 23 Aber Jesus behandelte die Frau wie Luft. Seine Schüler waren langsam ziemlich genervt von ihr, weil sie ihnen die ganze Zeit hinterherrief. Sie meinten zu ihm: „Schick sie bitte weg! Die geht uns voll auf die Nerven!" 24 Schließlich sagte Jesus: „Ich soll eigentlich nur den Israeliten helfen, die keinen Plan von Gott haben!" 25 Die Frau ließ aber nicht locker, sie legte sich platt vor ihm auf den Weg und fing an zu weinen: „Meister Jesus, bitte helfen Sie mir!" 26 „Euer Volk ist noch nicht dran", antwortete Jesus. „Das wäre so, als wenn man den, der als Letzter in der Schlange vor der Supermarktkasse steht, einfach nach vorne lässt." 27 „Sie haben ja recht", meinte die Frau, „aber alte Omas und Kranke werden schon mal vorgelassen, oder?" 28 Jesus gab sich geschlagen: „Du bist ganz schön hartnäckig und hast großes Vertrauen in mich. Darum soll das jetzt auch passieren, was du von mir möchtest." Und das total Abgefahrene passierte: Die Tochter wurde in dieser Sekunde ganz gesund!

Jesus ist der beste Arzt weit und breit

29 Irgendwann machte sich Jesus wieder auf den Weg Richtung See Genezareth. Dort schlug er sein Lager auf einem Berg auf. 30 Irre viele Leute kamen bei ihm vorbei. Ganz kaputte Typen: einige konnten nicht mehr gehen, andere waren blind, die nächsten konnten nicht mehr sprechen. Es war wirklich krass, denn alle wurden durch ihn geheilt! 31 Die Leute bekamen das nicht auf die Reihe, weil sie es live miterleben konnten, wie Menschen, die nicht sprechen konnten, plötzlich wieder loslaberten oder andere, die nicht laufen konnten, plötzlich mal 'ne Runde joggen gingen. Oder auch, wie welche, die nicht sehen konnten, sich plötzlich 'ne Zeitung kaufen gingen. Die Menschen dankten Gott dafür und begannen für ihn Lieder zu singen, so sehr freuten sie sich darüber.

Bei Jesus gibt es genug zu essen

32 Am Ende winkte Jesus seine Leute zu sich und forderte sie auf: „Die Menschen, die alle gekommen sind, tun mir irgendwie leid. Sie hängen jetzt schon drei Tage hier mit mir rum und haben noch nichts

gegessen. Ich hab ein wenig Angst, sie könnten den Rückweg vor lauter Hunger nicht mehr schaffen. Ich bin dafür, wir organisieren was zu essen!" 33 Die Freunde waren da anderer Meinung: „Mann, Jesus, wie sollen wir denn so viel zu essen her kriegen? Der nächste ‚Drive in' ist total weit weg, und die Supermärkte haben alle schon zu!" 34 „Holt mal die Sachen raus, die ihr am Start habt", forderte Jesus sie auf, „mal sehen, was da zusammenkommt." – „Sieben Brötchen und noch ein paar Würstchen!", sagten sie schließlich. 35 Jesus bat die Leute, sich einfach hinzusetzen. 36 Dann nahm er die sieben Brötchen und die Würstchen. Er schaute in Richtung Himmel und bedankte sich bei Gott dafür, dann zerteilte er die Brötchen und die Würstchen und gab die seinen Freunden, damit sie die an die Leute weiterreichten. 37 Und etwas total Abgefahrenes passierte: Alle, die da waren, hatten mehr als genug zu essen! Danach gingen seine Leute noch los, um die Reste einzusammeln, und sie kamen mit sage und schreibe sieben Einkaufswagen voller Lebensmittel zurück! 38 Und dabei waren zu der Zeit viertausend Männer plus Frauen und Kinder da gewesen. 39 Erst jetzt sagte Jesus den Leuten, sie sollten mal nach Hause gehen. Er wollte aber weiter und fuhr mit einem Boot zu der Stadt Magdala.

16

„Zeig uns, was du draufhast!"

1 An einem anderen Tag schlugen wieder einmal die religiösen Streber und politischen Schleimer, diese Pharisäer und Sadduzäer, bei ihm auf. Die wollten ihn linken und forderten ständig, dass er irgendwelche Wunder tun sollte, um zu beweisen, dass er wirklich von Gott kam. 2 Jesus schenkte ihnen richtig ein: „Ihr meint, ihr habt voll die Peilung, stimmt's? Wenn die Wettervorhersage Regen ankündigt, dann checkt ihr das ab, und wenn es stimmt, dann glaubt ihr das auch. 3 Genauso mit schönem Wetter. Aber obwohl ihr das, was ihr heute hier erlebt, von vorne bis hinten abgecheckt habt, begreift ihr trotzdem nicht, was tatsächlich gerade passiert. 4 Diese Leute, die keine Ahnung von Gott haben, wollen immer nur Beweise, Beweise, Beweise. Aber sie werden nicht mehr bekommen als denselben Beweis, der mit Jona zu tun hat.*" Dann ließ er sie einfach links liegen und zog ab.

Es gibt Sachen, die sind wichtiger als Essen

5 Schließlich waren Jesus und seine Leute mal wieder mit dem Boot unterwegs. An Land angekommen, bemerkten die Freunde von Jesus, dass sie nichts mehr zu essen hatten. 6 Jesus ließ noch mal einen Spruch ab, indem er sagte: „Leute, passt gut auf! Die Pharisäer und Sadduzäer, diese religiösen Streber und Schleimis, die ständig versuchen, Viren in euer Hirn einzuschleusen, um eure Gedanken zu verseuchen." 7 Die dachten sofort, er wollte ihnen mit diesem Spruch sagen, dass das Essen heute irgendwie verseucht sei, warum auch immer. 8 Jesus konnte aber Gedanken lesen und sich den Spruch nicht verkneifen: „Warum habt ihr schon wieder Panik, dass ihr irgendwie hungern müsst! Traut ihr mir das echt zu? 9 Warum begreift ihr das bloß nicht? Ihr wart doch dabei, als ich den fünftausend Leuten auf dem Berg was zu essen besorgt hab, obwohl wir nur fünf Brötchen dabeihatten. Und da war am Ende sogar noch richtig viel von dem Zeug übrig! 10 Oder das Mal, als ich viertausend Leuten mit sieben Brötchen satt gekriegt habe, und auch da war am Ende noch sehr viel von da! 11 Denkt doch nicht immer mit eurem Bauch, wozu habt ihr eigentlich euren Kopf? Ich versuch es jetzt noch mal: Passt auf, dass die religiösen Streber und Schleimis euch nicht einen Virus in eurem Kopf aufspielen." 12 Erst jetzt kapierten sie, dass Jesus mit dem Virus die falschen religiösen Ansichten meinte, die die religiöse Streber und politische Schleimer unter die Leute brachten.

Glaubenssachen

13 Als Jesus in der Gegend von Cäsarea Philippi ankam, wollte er von seinen Leuten wissen: „Was glauben die Menschen eigentlich, wer ich bin?" 14 „Also, von einigen haben wir gehört, sie glauben, du wärst Johannes, der die Leute getauft hat. Der ist ja eigentlich schon tot, aber sie denken, dass er wieder lebendig geworden ist. Andere meinten, du wärst Elija, Jeremia oder einer von den anderen alten Propheten." 15 „Okay, aber was meint ihr? Was glaubt ihr, wer ich bin?" 16 Da antwortete ihm Petrus: „Du bist auf alle Fälle der Auserwählte, du bist der Christus! Du wirst uns alle hier aus dem Dreck rausholen, du bist der Sohn von dem einzigen heftigen und heiligen Gott!" 17 „Genau! Bingo! Petrus, du kannst dich echt freuen! Das hast du nicht kapiert, weil dir das irgendein Mensch gesagt hat. Das konntest du nur begreifen, weil dir das mein Papa im Himmel gezeigt hat! 18 Ich will dir jetzt was

* Jesus hat das im 12. Kapitel in den Versen 39 und 40 noch ein bisschen genauer erklärt.

sagen: Du bist Petrus, du bist wie ein Stahlbeton-
boden, auf dem ich meine ganze Sache aufbauen
werde. Und die wird so stabil sein, dass keine
Macht, noch nicht mal die Hölle, sie zerstören
kann. 19 Ich werde dir den PIN-Code für den Eintritt
in das Reich Gottes in die Hand geben. Wenn du
jemanden auf der Erde beschuldigst, dass er Mist
gebaut hat, steht Gott dahinter. Wenn du jemandem
sagst, dass der Mist, den er gebaut hat, vergeben
wurde, dann geht das auch für Gott in Ordnung!"
20 Er wollte aber auf keinen Fall, dass seine Leute
das überall rumposaunten, dass er der Auserwählte,
der Christus, ist.

Jesus macht das erste Mal die Ansage, dass er bald sterben wird

21 In diesen Tagen versuchte Jesus irgendwann mal
seinen Leuten klarzumachen, dass er noch ganz
schlimme Sachen durchmachen würde: „Wenn wir
in Jerusalem sind, werden mich diese religiösen
Oberprofis und auch die obersten Chefs vom Tem-
pel foltern und töten. Drei Tage werde ich tot sein,
aber dann kommt mein großes Comeback." 22 Pe-
trus war total fertig, als er das hörte. „Nein, oh,
nein, Jesus, das darf auf keinen Fall passieren, hörst
du?!" 23 Jesus schrie darauf in Richtung Petrus:
„Hau ab, Satan! Du willst mich nur austricksen! Du
siehst die Dinge nicht so, wie Gott sie sieht, son-
dern nur, wie die Menschen sie sehen!"

Jesus fordert die Leute auf, so zu leben, wie er lebt

24 Anschließend sagte Jesus noch etwas zu seinen
Leuten: „Jeder, der mich als Vorbild hat und so
leben will wie ich, der darf sich selber nicht mehr so
wichtig nehmen. Er muss bereit sein, für Gott zu
leben. Sein eigenes Ich steht nicht mehr im Mittel-
punkt. 25 Jeder, der nur dafür lebt, sich ein gutes,
nettes Leben zu schaffen, wird am Ende dumm
dastehen. Aber jeder, der sein Leben und seinen
Besitz für mich und meine Sache einsetzt, der wird
am Ende fett absahnen! Er wird das echte Leben
bekommen. 26 Denn was hast du schon davon,
wenn alle dich supergeil finden, du ein Superstar
wirst und dir alle zujubeln, aber du dafür deinen
Platz im Himmel verlierst? Du kannst noch so viele
Millionen Euro haben, kaufen kannst du dir diesen
Platz im Himmel dafür auch nicht. 27 Denn der
Menschensohn wird irgendwann mit den Engeln
vorbeikommen, und dann werden alle mit Gottes
Speziallaser gescannt werden. Alles wird dann raus-
kommen, was man so im Leben getan hat. Es gibt
dann eine Endabrechnung für das, was so gelaufen
ist. 28 Ich sag euch mal was: Ein paar von euch, die
jetzt hier stehen, werden es noch mitkriegen, wenn
der Auserwählte, der Menschensohn, sein Come-
back feiern wird!"

17

Die Freunde von Jesus bekommen was zu sehen

1 Sechs Tage später ging Jesus mit Petrus
und den Brüdern Jakobus und Johannes auf einen
hohen Berg. Keiner wohnte dort, und sie waren
ganz alleine. 2 Plötzlich passierte etwas echt Hefti-
ges: Jesus fing vor ihren Augen irgendwie an zu
leuchten. Sein Gesicht strahlte so hell wie die
Sonne, und seine Kleidung war so weiß wie ein
Blitz. 3 Und dann standen plötzlich Mose und Elija
da und quatschten 'ne Runde mit Jesus! 4 Petrus
war völlig platt und sagte: „Hey, Jesus, hier ist es
echt cool, und es ist gut, dass wir hier sind! Wenn
du Lust hast, könnten wir drei Häuser hinbauen,
eins für Mose, eins für Elija und eins für dich!"
5 Doch während er noch so vor sich hin redete, wur-
den sie von einer weißen, hellen Rauchwolke einge-
nebelt, und eine Stimme sprach aus dieser Wolke:
„Dieser Mann ist mein Sohn, den hab ich sehr lieb,
und ich freu ich mich unheimlich über ihn. Ihr
müsst unbedingt alles tun, was er euch sagt!" 6 Die
Freunde von Jesus hatten so die Hosen voll, dass
sie sich platt auf den Boden warfen. 7 Jesus ging
schnell zu ihnen und beruhigte sie: „Ihr braucht
keine Angst zu haben! Steht ruhig wieder auf!"
8 Und als sie sich trauten, wieder hochzusehen, war
nur noch Jesus da und sonst niemand. 9 Auf dem
Rückweg ins Tal schärfte ihnen Jesus ein: „Sagt das
bloß keinem, was ihr gerade erlebt habt, und zwar
so lange, bis ich von den Toten wieder zum Leben
gekommen bin." 10 Seine Leute fragten ihn: „Warum
sagen die religiösen Profis denn immer, dass zuerst
Elija kommen muss?" 11 „Das stimmt, was die
sagen", meinte Jesus, „Elija wird wiederkommen
und alles wieder in Ordnung bringen. 12 Aber eins
sag ich euch: Er ist schon da gewesen, aber keiner
hat geschnallt, dass er es ist. Sie haben ihn wie ein
Stück Dreck behandelt. Genauso werden sie es
auch mit dem Auserwählten Gottes machen, dem
wird es auch sehr dreckig gehen." 13 Jetzt begriffen
seine Leute, dass er Johannes meinte, der die Leute
getauft hatte.

Die Freunde von Jesus bringen es nicht – Jesus bringt es voll

14 Schließlich kamen sie wieder an einen Ort, wo schon viele Leute auf sie warteten. Da kam so ein Typ zu Jesus, legte sich flach vor ihm auf den Boden und bettelte: 15 „Großer Meister, bitte kümmern Sie sich um meinen Sohn! Der ist irgendwie krank, krampft ganz oft, neulich so schlimm, dass er mitten ins Lagerfeuer gefallen ist, und einmal auch ins Wasser. 16 Ich war schon bei Ihren Freunden mit ihm, aber die konnten auch nichts für ihn tun." 17 Jesus war etwas genervt: „Ihr habt doch nur voll das eingeschränkte Denken drauf, ich pack's bald echt nicht mehr! Nun bringt den Jungen schon her!" 18 Sie holten den Jungen sofort, und Jesus fing an, so einen dunklen Geist, der in ihm wohnte, rauszuschmeißen. Der haute sofort ab, und von da an war der Junge wieder gesund. 19 Abends wollten seine Leute dann unbedingt wissen, was bei ihnen nun schiefgelaufen war. 20-21 „Ihr müsst dabei nur ganz krass auf Gott vertrauen, wenn ihr so was macht", meinte Jesus. „Wenn euer Vertrauen nur so groß wäre wie so 'ne kleine Kastanie, dann könntet ihr zur Zugspitze sagen: ‚Ab in die Nordsee!', und es würde passieren. Es gibt nichts, was dann unmöglich ist!" 22 An einem anderen Tag ging Jesus mit seinen Leuten durch Galiläa. Dort sagte er zu ihnen: „Der Auserwählte, der Menschensohn, wird bald festgenommen werden. 23 Sie werden ihn umbringen, aber nach drei Tagen wird er von den Toten zurückkommen und wieder lebendig sein." Seine Leute wurden alle voll traurig, als sie das hörten.

Für wen soll man bezahlen?

24 Als sie in Kapernaum aufschlugen, kamen ein paar Steuereintreiber vorbei und wollten von Petrus wissen: „Wie siehst's aus? Zahlt dieser Jesus eigentlich auch ordentlich seine Steuern für den Tempel?" 25 „Na klar!", meinte Petrus und ging schnell zu Jesus, um mit ihm darüber zu quatschen. Jesus fragte ihn: „Also, was meinst du denn, Petrus? Stell dir vor, ein Ehepaar besitzt ein Haus. Von wem würden sie dafür Miete nehmen, von ihren eigenen Kindern oder von Fremden?" 26 „Natürlich von den Fremden", antwortete Petrus. „Dann müssen die Kinder also nichts bezahlen", schlussfolgerte Jesus. 27 „Aber wir wollen ja keinen Ärger mit den Jungs, also pass mal auf: Du nimmst jetzt mal deine Angel und gehst zum See und dann wirfst du die aus, ja?! Da wird gleich ein fetter Brocken anbeißen, und der wird eine Goldmünze im Maul haben, die genug Kohle abwirft, um deine und meine Steuern zu bezahlen."

18

Gott ist anders als die Menschen

1 Irgendwann wollten die Freunde von Jesus wissen, wer dort, wo Gott das Sagen hat, die Nummer eins sein wird. 2 Jesus antwortet erst mal nicht, sondern holte nur ein Kind und stellte es in die Mitte. 3 Dann sagte er in die Runde: „Eins muss euch klar sein: Wenn ihr euch nicht ändert und so werdet wie die Kinder, dann könnt ihr nicht dorthin kommen, wo Gott das Sagen hat. 4 Aber wer mal runterkommt und sich auf dieselbe Stufe wie dieses Kind stellt, der wird die Nummer eins werden im Reich Gottes. 5 Und wer so ein Kind bei sich zu Hause aufnimmt und das tut, weil er mich liebt, der nimmt in Wirklichkeit mich auf."

Eine Warnung

6 „Wenn aber einer so dreist ist und das kindliche Vertrauen, was die Leute in mich haben, irgendwie kaputt macht, der wäre besser dran, wenn er von einer Bahn überfahren werden würde. 7 Ich warne jeden, der meine Leute dazu verführt, Gott nicht mehr zu vertrauen! Es ist unvermeidbar, dass man mal dazu verführt wird, Mist zu bauen. Aber ich will die Menschen echt warnen, die so was mit Absicht machen! 8 Darum: Wenn irgendetwas, was zu dir gehört, dich zu etwas verführt, was Gott nicht will, dann trenn dich radikal davon. Besser einhändig im Himmel als beidhändig in der Hölle, wo man ewig getrennt ist von Gott. 9 Oder wie ist es mit deinen Augen? Wenn dein Auge dich dazu bringt, Mist zu bauen, dann reiß es lieber raus und schmeiß es in den Müll. Besser einäugig im Himmel als mit zwei Augen in der Hölle. 10 Ihr müsst sehr aufpassen, dass ihr nicht arrogant werdet und auf andere runterguckt, die irgendwie nicht so toll sind wie ihr. Hey, glaubt mir, deren Engel wissen den PIN-Code zur Eingangstür, wo mein Vater im Himmel wohnt!"

Jesus ist für die Leute da, die keinen Durchblick mehr haben

11 „Der Auserwählte, der Menschensohn. ist für die da, die nicht mehr wissen, wo es langgeht. 12 Was denkt denn ihr: Wenn jemand hundert Meerschweinchen hat und eines büchst plötzlich aus dem Stall aus und ist verschwunden, was macht der dann? Er wird sich doch sofort aufmachen und sei-

nen ganzen Garten durchsuchen, bis er das eine
Meerschweinchen gefunden hat. [13] Und wenn er es
dann endlich unter einer Hecke findet, wird er sich
voll freuen, und zwar in diesem Augenblick mehr
über das eine als über alle anderen, die sonst noch
im Stall sind. [14] Genauso ist euer Papa drauf: er will
nicht, dass ihm auch nur ein Einziger durch die Lap-
pen geht, er liebt sie alle!"

Passt auf den anderen auf!

[15] „Also, wenn jemand, der auch an Gott glaubt,
Mist gebaut hat, dann sprich mit ihm unter vier
Augen darüber. Sag ihm, was er falsch gemacht hat.
Wenn er das dann einsieht, dann ist alles wieder in
Ordnung. [16] Wenn der aber nicht auf dich hört und
das Versöhnungsangebot ablehnt, dann nimm dir
ein paar Freunde mit und versuch noch einmal, mit
ihm oder ihr zu reden. [17] Wenn es das aber auch
nicht bringt, dann mach das Ding öffentlich und
sprich mit der ganzen Clique darüber. Wenn derJe-
nige jetzt nicht nachgibt, dann hat er selber Schuld,
dann schließt ihn aus eurer Gemeinschaft aus.
Dann soll er für dich wie ein Steuereintreiber sein
oder wie einer, der mit Gott nix am Hut hat. [18] Ihr
müsst wissen: Wenn ihr Leuten sagt, dass alles gut
ist, und ihnen die Schuld erlasst, dann ist das Ding
auch für Gott im Himmel gegessen. [19] Das andere
müsst ihr aber auch wissen: Wenn nur zwei Leute,
die hier leben, sich in einer Sache total einig sind
und Gott darum bitten, dann wird er es ihnen
geben, garantiert! [20] Denn immer da, wo sich zwei
oder drei Leute wegen mir treffen, da bin ich auch
mitten dabei."

Eine Story von jemandem, der nichts verzeihen konnte

[21] Petrus fragte mal Jesus. „Also wie ist das, wenn
einer von uns mal ständig total ätzend zu mir ist,
wie oft muss ich ihm denn dann verzeihen? Reicht
siebenmal?" [22] „Auf keinen Fall", antwortete Jesus,
„nicht nur siebenmal. Vergeben ist grenzenlos. Du
musst einfach immer vergeben, egal wie oft. [23] Den
Ort, wo Gott das Sagen hat, kann man auch gut
vergleichen mit einem Präsident, der mit seinem
Finanzminister den Etat ausrechnen wollte. [24] Da
kam ein Unternehmer vorbei, der hatte beim Staat
sehr hohe Schulden, die er nicht mehr tilgen
konnte, er war total pleite. [25] Weil er seine Schulden
auf keinen Fall selbst bezahlen konnte, wollte der
Finanzminister alles, was der Unternehmer hatte,
verkaufen oder versteigern lassen. Der Unterneh-
mer musste sogar seine Familie loswerden, um
wenigstens einen Teil von seinen Schulden zu
bezahlen. [26] Der Unternehmer ging in das Büro des
Finanzministers, ging auf die Knie und bettelte:
‚Herr Minister, bitte geben Sie mir noch ein paar
Tage Aufschub. Dann hab ich das Geld bestimmt
zusammen!' [27] Der Mann tat dem Minister voll leid,
und er unterschrieb einen Wisch, der ihm alle seine
Schulden erließ. [28] Aber kaum war der Typ auf
freiem Fuß, ging er zu einem seiner Angestellten,
der ihm noch die Kohle für ein Mittagessen schul-
dete, und machte den voll an: ‚Bezahl mir sofort
deine Schulden, das gehört sich so!' [29] Der Ange-
stellte war aber auch pleite und bettelte: ‚Bitte
geben Sie mir noch ein paar Tage Aufschub, dann
hab ich das Geld zusammen, versprochen!' [30] Aber
der Unternehmer war ungeduldig. Er rief die Polizei,
ließ den Mann verhaften und in den Knast stecken,
bis er jeden einzelnen Cent bezahlt hatte. [31] Das
sprach sich schnell rum, und die anderen Angestell-
ten steckten das dann irgendwann auch dem Minis-
ter. [32] Da rief der Finanzminister die Polizei und ließ
ihn abführen. Vor Gericht sagte er dann zu dem
Unternehmer: ‚Mann, wie sind Sie nur drauf? Ich
habe Ihnen die gesamten Schulden erlassen, weil
Sie mich darum gebeten haben, und Sie? [33] Warum
sind Sie nicht auch mal großzügig mit Ihrem Ange-
stellten umgegangen, so wie ich mit Ihnen, he?'
[34] Supersauer ließ er den Unternehmer abführen. Er
sollte so lange unter miesesten Bedingungen im
Knast sitzen, bis der letzte Cent von seinen Schul-
den bezahlt war. [35] Genauso wird es euch auch
gehen, wenn ihr euren Leute nicht verzeiht, falls sie
was gegen euch verbockt haben."

19

Wie das ist, wenn sich ein Ehepaar trennen will?

[1] Als Jesus mit seiner Rede fertig war, ging
er aus Galiläa weg und ging in das Gebiet von Judäa
auf der anderen Seite vom Jordan-Fluss. [2] Sehr viele
Leute liefen ihm nach und er heilte die Leute, die
krank waren. [3] Die Pharisäer, diese religiösen Streber,
versuchten wieder mal ihn irgendwie reinzulegen.
„Was denken Sie denn so zum Thema Eheschei-
dung?", wollten sie plötzlich wissen. „Ist das okay,
wenn man sich aus irgendeinem Grund von seiner
Frau trennt?" [4] „Mann, lest ihr eigentlich nicht in
den alten Verträgen?", fragte Jesus zurück. „Da steht
doch eindeutig drin, dass Gott am Anfang Mann
und Frau geschaffen hat. [5] Da steht: ‚Darum ist das

jetzt so, dass ein Mann irgendwann seinen Vater
und seine Mutter verlässt und mit einer Frau zusam-
menzieht. Die beiden werden dann ganz fest zusam-
menwachsen, sie werden wie ein Mensch sein.‘ 6 Sie
sind dann im Grunde nicht mehr zwei Leute, son-
dern nur noch eine Person. Was Gott auf die Art zu-
sammengeschweißt hat, sollte der Mensch nicht
wieder auseinanderreißen.“ 7 „Aber warum war es
dann für Mose, der ja die alten Verträge von Gott
bekommen hat, okay, dass man sich von seiner Frau
trennt, sobald man ihr einen Wisch unterschreibt?“
8 „Also, Mose hat das nur erlaubt, weil er wusste, wie
link und hart die Menschen oft unterwegs sind. Plan
B sozusagen, aber Gottes ursprüngliche Idee sah
mal anders aus. 9 Ich bin der Meinung, dass jeder,
der seine Ehefrau im Stich lässt und eine andere
heiratet, eine Ehe zerstört hat. Dabei gibt es nur eine
Ausnahme, nämlich wenn die Ehefrau schon vorher
mit einem anderen Mann fremdgegangen ist. Das
bedeutet auch, dass jemand, der eine geschiedene
Frau heiratet, mit ihr die eigentlich noch bestehende
Ehe bricht.“ 10 Seine Freunde waren daraufhin ziem-
lich erschrocken: „Also, wenn das so ist, dann heira-
ten wir lieber gar nicht erst“, sagten sie. 11 „Das be-
greifen aber nicht alle“, sagte er, „Gott wird schon
dafür sorgen, dass jeder das kapiert, der das kapie-
ren soll. 12 Es gibt eben Menschen, die können nor-
mal keine Kinder kriegen, dann gibt es Menschen,
die können es nicht, weil sie mal einen Unfall hatten
oder so. Und es gibt eben auch Menschen, die ver-
zichten ganz darauf, weil sie alles für Gott geben
wollen. Das kann nicht jeder begreifen, aber bei
wem es jetzt klingelt, der sollte auch so leben.“

Jesus und die Kids

13 An einem andern Tag brachten ein paar Eltern ihre
Kids zu Jesus. Sie wollten, dass er für sie betete und
ihnen alles Gute von Gott zusprach. Seine Leute
waren davon aber gar nicht begeistert und wollten
sie nach Hause schicken: „Jesus braucht auch mal
'ne Pause“, meinten sie zu den Eltern. 14 Aber Jesus
war gar nicht nach Pause zumute, als er die Kinder
sah: „Lasst sie durch, die können ruhig zu mir kom-
men! Denn die passen total gut in Gottes neue Zeit
rein, in die Zeit, wo er das Sagen hat.“ 15 Er legte
ihnen sogar seine Hand auf den Kopf und betete für
sie. Erst danach ging er weiter.

Jesus und ein Mann mit viel Kohle

16 Ein junger Mann kam mal mit einer Frage zu
Jesus: „Meister, was muss ich denn alles Gutes tun,
um im Himmel zu landen und ewig dort zu leben?“
17 „Wieso fragst du denn mich?“, fragte Jesus
zurück. „Wirklich gut ist doch sowieso nur einer,
und das ist Gott. Also kannst du ewig leben, wenn
du genau das tust, was er will.“ 18 „Was will Gott
denn von mir?“, fragte der Typ zurück. Jesus ant-
wortete ihm: „Du sollst niemanden töten! Du sollst
deinem Ehepartner treu bleiben. Du sollst nicht
klauen! Und du sollst keinen Mist über andere
Leute erzählen, irgendwelche Sachen, die nicht
stimmen. 19 Hab Respekt vor deinen Eltern und
liebe die Leute so, wie du dich selber auch liebst.“
20 „Das hab ich alles gemacht! Gibt es sonst noch
was?“, wollte der Typ wissen. 21 „Ja“, meinte Jesus,
„wenn du wirklich auf der sicheren Seite sein willst,
dann verkauf alle deine Sachen auf dem Flohmarkt
oder bei E-Bay, gib die Kohle den Obdachlosen auf
der Straße und dann komm und geh mit mir! Dann
wirst du dafür im Himmel fett belohnt werden!“
22 Das war 'ne Runde zu heftig für ihn, und er ging
traurig weg, weil er selber sehr viel Geld hatte.
23 Jesus beugte sich zu seinen Freunden und sagte
zu ihnen: „Hey, eins ist ziemlich sicher: Ein Typ,
der sehr reich ist, der hat es auch sehr schwer, mit
Gott zu leben. 24 Ich sag es noch mal anders, Leute:
Es ist wahrscheinlicher, dass ein Schwein fliegen
lernt, als dass jemand mit sehr viel Kohle in den
Himmel kommt.“ 25 „Puh, wer kann es denn über-
haupt schaffen?“, fragten seine Leute erschrocken.
26 Jesus schaute sie ruhig an und meinte: „Für Men-
schen ist das eh nicht drin, aber Gott kriegt alles
hin!“

So zu leben wie Jesus – das bringt es!

27 Petrus hatte mal 'ne Frage: „Jesus, wir waren doch
bisher richtig radikal, oder? Wir haben alles hinter
uns gelassen und tun, was du sagst. Was bekom-
men wir eigentlich mal dafür?“ 28 „Eins ist ganz klar
für mich: Alle, die mir jetzt so zur Seite stehen, wer-
den eines Tages ganz krass absahnen. Ihr werdet
neben mir sitzen, wenn ich den Joystick dieser Welt
in der Hand halte. Ihr werdet mit mir das Urteil
sprechen über die zwölf Volksstämme aus Israel.
29 Jeder, der irgendwas aufgibt, seien es seine Eltern
oder seine Familie oder einfach alles, was ihm
gehört, um das zu tun, was ich von ihm möchte, der
wird einmal ganz fett absahnen, und er wird als
Bonus noch das neue Leben bekommen, ein Leben,
das niemals aufhört. 30 Viele Menschen, die jetzt
den dicken Macker markieren und was in der Welt
zu melden haben, werden in Gottes Welt eine kleine

Nummer sein. Und viele, die jetzt die Loser sind
und nichts zu sagen haben, werden dann ganz
vorne sein und in der ersten Reihe mitmischen."

20 Noch 'ne Story von Jesus über die Leute vom Bau

1 „Ich will euch noch 'ne Story erzählen",
meinte Jesus. „Da war so ein Bauunternehmer, der
hatte eine große Baustelle in der Innenstadt. Mor-
gens ging er zum Arbeitsamt, um ein paar Arbeiter
für den Bau anzustellen. 2 Er handelte mit den Män-
nern die Kohle aus, die sie für ihren Job dort kriegen
sollten, und ließ sie dann arbeiten. 3 Ein paar Stun-
den später ging er noch mal zum Arbeitsamt und
sah da noch ein paar Leute rumstehen, die keinen
Job hatten. 4 Die schickte er dann auch auf die Bau-
stelle und versprach ihnen eine angemessene Be-
zahlung. 5 Gegen Mittag und um drei Uhr ging er
noch einmal dorthin und gab noch ein paar Männer
einen Job. 6 Als er gegen fünf beim Hauptbahnhof
vorbeikam, sah er da auch noch ein paar Leute rum-
stehen und fragte sie: ‚Haben Sie heute keine Arbeit
gefunden?' 7 ‚Keiner hatte einen Job für uns', sagten
sie. ‚Wenn Sie wollen, können Sie auf meiner Bau-
stelle arbeiten!', rief er denen zu. 8 Abends holte er
dann den Chef von der Baustelle zu sich ins Büro
und sagte ihm: ‚Hey, rufen Sie mal die Leute zusam-
men, die heute gearbeitet haben, und zahlen Sie
denen ihren Lohn aus.' 9 Zuerst bekamen die Leute
ihr Geld, die erst um fünf angefangen hatten. Die
waren sehr überrascht, als man ihnen einen vollen
Tageslohn in die Hand drückte. 10 Nun hatten sich
die anderen Arbeiter die Sache aber durchgerechnet
und dachten, sie würden deshalb noch mehr Kohle
abkassieren, als sie vereinbart hatten. Aber sie krieg-
ten auch nur den Tageslohn, den sie vorher ausge-
handelt hatten. 11 Da wurden sie sauer und meinten:
12 ‚Die haben nur 'ne Stunde gearbeitet und kriegen
dieselbe Kohle wie wir? Dabei mussten wir den gan-
zen Tag in der brüllenden Hitze malochen!' 13 ‚Ent-
spannen Sie sich!', sagte der Chef, ‚es läuft hier
doch alles korrekt ab! Wir hatten genau diesen Lohn
miteinander ausgehandelt, oder?! 14 Nehmen Sie ihr
Geld und gehen Sie nach Hause! Ich gebe den ande-
ren genauso viel Lohn wie Ihnen. 15 Immerhin ist es
ja mein Geld, und damit kann ich auch machen, was
ich will! Oder finden Sie das schlecht, dass ich groß-
zügig bin?' 16 Genauso werden die, die jetzt ganz
vorne sind, irgendwann mal die Loser sein, und die
Loser werden mal ganz vorne sein."

Jesus macht noch mal die Ansage, dass er bald sterben wird

17 Als sie sich dann wieder aufmachten, um nach
Jerusalem zu gehen, sagte Jesus zu seinen 12 Freun-
den: 18 „Wir gehen jetzt nach Jerusalem. Da wird
man mich, den Auserwählten, an die Priester und
Gesetzesfanatiker übergeben. Sie werden mit mir
kurzen Prozess machen und mich zum Tod verurtei-
len. 19 Alle Menschen werden mich als Lachnummer
betrachten, mich brutal quälen und am Ende am
Kreuz umbringen. Aber nach drei Tagen kommt
mein Comeback, ich werde wieder lebendig, obwohl
ich tot war."

Streit über die „Sonderplatz auf der Ehrentribüne"

20 Irgendwann kam mal die Frau von Zebedäus vor-
bei, mit ihren beiden Söhnen Jakobus und Johan-
nes. 21 „Was willst du?", fragte Jesus sie. Sie legte
sich platt vor ihm auf den Boden und bettelte: „Gib
meinen beiden Söhnen einen Sonderplatz auf der
Ehrentribüne, gleich neben dir, wenn diese neue
Zeit da ist, in der alleine Gott das Sagen hat!"
22 Jesus sagte zu ihnen: „Ihr habt doch gar nicht
kapiert, was das bedeutet. Könnt ihr denn so heftige
Sachen durchmachen und so leiden, wie ich das
tun werde?" – „Ja", meinten sie, „das können wir!"
23 „Ja, ihr werdet auch schlimme Sachen durchma-
chen müssen, das ist sicher, aber ich kann das nicht
für euch klarmachen, wer mal neben mir sitzt und
wer nicht. Die Entscheidung liegt alleine beim Papa
im Himmel." 24 Die anderen Freunde waren richtig
angefressen, als sie hörten, was Jakobus und Johan-
nes von Jesus wollten. 25 Also musste Jesus mal wie-
der Frieden stiften. Er holte sie zu einem Treffen
zusammen und sagte: „Ein mieser Chef herrscht
über seine Angestellten wie ein Diktator, und die
Abteilungsleiter können jeden zusammenscheißen,
wenn sie wollen. 26 Aber so soll es bei euch auf kei-
nen Fall abgehen! Wer der Chef sein will, der sollte
wie eine kleine Putzfrau sein, 27 und wer ganz vorne
stehen will, soll sich ganz hinten anstellen. 28 Auch
der Auserwählte, der Menschensohn, ist nicht hier,
um sich bedienen zu lassen. Er kam, um anderen
zu helfen und um ihnen zu dienen. Er wird sogar für
andere sterben und mit seinem Leben ihre Schul-
den bezahlen. So wird er viele befreien.

Jesus macht zwei Blinde gesund

29 Als Jesus dann mit seinen Freunden aus Jericho
abzog, folgten ihnen sehr viele Leute. 30 Zwei Män-
ner, die blind waren, hingen auf der Straße rum. Als

sie hörten, dass Jesus da war, schrien sie wie blöd: „Hallo, großer Meister! Bitte helfen Sie uns!“ 31 Die Leute versuchten krampfhaft den zweien das Maul zu stopfen, aber ohne Erfolg. Sie schrien nur noch lauter: „Bitte helfen Sie uns, Herr Jesus, aus der Familie vom David, bitte helfen Sie uns!“ 32 Schließlich blieb Jesus bei ihnen stehen und fragte sie: „Was ist los? Was wollt ihr von mir?“ 33 „Großer Meister, wir möchten so gerne sehen können!“ 34 Da taten die beiden Jesus voll leid. Er ging zu ihnen, streichelte über ihre Augen, und plötzlich konnten sie sofort sehen! Von diesem Tag an gingen sie mit Jesus mit.

21

Jesus kommt nach Jerusalem

1 Schließlich landete Jesus mit seinen Leuten in Betfage, einem Vorort von Jerusalem. Als sie beim Ölberg angekommen waren, meinte Jesus zu zweien von seinen Freunden: 2 „Hey, ihr beiden, geht schon mal vor! Wenn ihr in den Ort reinkommt, werdet ihr am Zaun ein neues Moped finden, das nicht angeschlossen ist. Bringt das mal bitte zu mir! 3 Sollte jemand fragen, was ihr damit vorhabt, dann sagt einfach: Der Chef braucht es! 4 Das alles soll so sein, damit wahr wird, was Sacharja, einer der Propheten, schon vor langer Zeit vorausgesagt hatte. Der sagte nämlich: 5 ‚Geh ab, freu dich! Die Leute in der Stadt Zion können anfangen zu jubeln. Die Bewohner in Jerusalem können Party machen! Denn da ist ein neuer Präsident am Start. Er ist total korrekt, er kann wirklich helfen und ist dabei nicht arrogant. Er kommt nicht in einer fetten Limousine, sondern auf einem kleinen Moped angefahren‘.“ 6 Die beiden Leute aus seiner Clique taten genau das, was er gesagt hatte. 7 Sie brachten das Teil zu ihm, legten ein paar Klamotten auf den Sitz und setzten Jesus darauf. 8 Als Jesus in die Stadt kam, bejubelten ihn die Menschen, als wäre er der Superstar schlechthin. Sie legten sogar ihre Jacken vor ihm auf den Weg, damit er da drüberfahren konnte. 9 Alle drängelten sich um ihn herum. Sie riefen: „Da kommt er, der Superstar, einer aus der Familie vom Präsidenten David!! Der neue Präsident ist da! Hurra!! Er ist der Mann, den Gott zu uns geschickt hat!! Gott ist der Beste!!“ 10 Ganz Jerusalem flippte total aus: „Was ist denn das für ein Mann?“, fragten die Bewohner. 11 „Das ist Jesus, der große Prophet aus Nazareth, das liegt in Galiläa“, antworteten die Leute, die mit ihm gingen.

Gottes Haus wird zum Konsumtempel

12 Jesus ging erst mal in den Tempel in der Innenstadt. Das war sozusagen das Haus von Gott, in dem auch immer die Gottesdienste gefeiert wurden. Dort machte er voll den Alarm. Jesus schmiss die Händler raus, die ihr Zeug im Tempel verkaufen wollten, und kickte ihre Tapeziertische und Stände einfach um, wo ihre Sachen draufstanden. Auch das Teil, wo man Geld wechseln konnte, zerkloppte Jesus wütend. 13 „Gott sagt: In meinem Haus soll gebetet werden! Ihr habt daraus ein Konsumtempel gemacht!“, rief er. 14 Schließlich kamen die ganzen Kranken vorbei, die verkrüppelt waren oder nicht mehr sehen konnten, und er heilte einfach alle dort im Tempel! 15 Als die Priester und die Theologen ankamen und sahen, was da abging, und mitbekamen, dass sogar die Kids riefen: „Wow, dieser Mann kommt aus der Familie vom großen Präsidenten David! Der ist cool drauf!“, da waren sie richtig angefressen. 16 Sie fragten Jesus: „Hören Sie nicht, was die Kinder da rufen?“ Jesus antwortete: „Na klar! Habt ihr das nie gelesen, was im alten Buch steht: ‚Selbst die Jugendlichen und auch die kleinen Kids werden auf dich abfahren‘?“ 17 Damit ließ er sie links liegen. Er verließ die Stadt, um in den Vorort Betanien zu gehen. Dort wollte er sich einen Pennplatz suchen.

Der Pflaumenbaum, der nichts brachte

18 Am nächsten Morgen, als sie wieder nach Jerusalem kamen, hatte Jesus ziemlichen Kohldampf. 19 Auf dem Seitenstreifen am Straßenrand stand so ein Pflaumenbaum, und weil er Hunger hatte, wollte Jesus sich ein paar Pflaumen pflücken. Aber da war nix außer Blättern. Jesus sagte zu dem Baum: „An dir soll nie wieder irgendwas wachsen!“ Und im selben Augenblick war der Baum vertrocknet und tot. 20 Die Schüler von Jesus, die das mitbekamen, waren echt fertig und fragten ihn: „Was war da denn los?“ 21 Jesus antwortete: „Also, wenn ihr wirklich an etwas glaubt und kein bisschen Zweifel daran habt, dass es auch wirklich passiert, dann könnt ihr noch viel krassere Sachen machen. Ihr könntet sogar zu diesem Berg sagen: ‚Ab mit dir ins Meer!‘, und der würde glatt abheben und sich ins Meer schmeißen! 22 Alles wird möglich sein, alles werdet ihr bekommen können, wenn ihr dabei nur ganz fest glaubt, wenn ihr betet.“

Woher oder von wem hat Jesus diese Power?

23 Schließlich hing Jesus noch ein bisschen im Tempel rum, um dort eine Rede zu halten. Sofort waren

die Priester wieder da und die Leute, die was zu
sagen hatten: „Wer hat Ihnen das Recht gegeben,
hier solche Reden zu halten? Und woher kommen
überhaupt Ihre übernatürlichen Kräfte?" 24 „Ich will
mal 'ne Gegenfrage stellen", sagte Jesus. „Wenn ihr
die beantwortet, werde ich auch antworten. 25 Also:
Hatte Johannes, der die Leute getauft hat, seine
Order direkt von Gott bekommen oder nicht?"
Damit fingen ihre Köpfe an zu rauchen: „Wenn wir
sagen: ‚Er bekam die Order von Gott!', wird er uns
fragen, warum wir Johannes dann nicht geglaubt
haben. 26 Wenn wir aber sagen: ‚Er war nur ein
Spinner!', machen uns die Leute die Hölle heiß, weil
er total beliebt ist und alle glauben, dass er ein Pro-
phet war." 27 Darum antworteten sie: „Keinen blas-
sen Schimmer!" Darauf sagte Jesus: „Dann werdet
ihr auch nicht erfahren, wer mir diese übernatürli-
chen Kräfte gegeben hat."

Die Geschichte von den zwei Söhnen

28 Jesus sprach weiter: „Mal 'ne andere Geschichte,
bin gespannt, was ihr dazu sagt: Da war mal so ein
Typ, der zwei Söhne hatte. Zum ersten sagte er:
‚Geh mal bitte in unsere Werkstatt und reparier das
Auto, das dort steht!' 29 ‚Ich hab aber keine Lust!',
sagte der. Aber später tat es ihm leid, und er ging
doch hin und reparierte die Kiste. 30 Dann ging der
Mann zu dem zweiten Sohn und wollte dasselbe
von ihm. ‚Klar, mach ich', sagte er. Aber dann hatte
er doch keinen Bock und ging einfach nicht hin.
31 Preisfrage: Wer von den beiden hat das getan, was
der Vater wollte?" – „Der erste natürlich!" Jetzt
erklärte Jesus, was er mit der Geschichte sagen
wollte: „Auf eins könnt ihr wetten: Dealer und
Huren werden eher an diesem Ort landen, wo Gott
das Sagen hat, als ihr. 32 Johannes, der die Leute
getauft hat, hatte voll den Plan: Er sagte, ihr müsst
euer Leben ändern, sonst fahrt ihr gegen die Wand.
Aber ihr wolltet nichts von ihm wissen. Die Dealer
und die Nutten aber haben getan, was er gesagt
hat. Und obwohl ihr das sehr wohl mitbekommen
habt, vertraut ihr mir nicht und ändert euch nicht."

Die Geschichte von den fiesen Mietern: Die Rebellion gegen Gott geht nach hinten los

33 Jesus erzählte noch eine Story: „Ich will euch noch
'ne krasse Story erzählen: Da war einer, dem
gehörte ein großes Wohnhaus in der Stadt. Das
Haus hatte er von Grund auf renovieren lassen, mit
Kabelanschluss und allem Drum und Dran. Dann
vermietete er das Teil. 34 Am Ende des Monats
wollte er durch seinen Hausverwalter die Kohle von
den Mietern einziehen, so wie es im Vertrag abge-
macht war. 35 Aber alle Mieter weigerten sich zu zah-
len. Sie gingen sogar auf den Hausverwalter los!
36 Da beauftragte der Hausbesitzer eine Firma, die
bei den Mietern anklingelte, um das Geld einzutrei-
ben. Aber als die ankamen, wurden die von den
Mietern kurzerhand umgebracht. 37 Schließlich
dachte sich der Besitzer: Ich lass das meinen Sohn
erledigen, dem werden sie bestimmt nichts tun, den
werden sie respektieren! 38 Als die Mieter vom Bal-
kon aus den Sohn ankommen sahen, meinten sie
zueinander: ‚Da kommt der Typ, der mal alles erben
wird! Wenn wir den auch noch töten, dann gehört
das Haus uns!' 39 Gesagt, getan. Der Sohn des Ver-
mieters wurde auch noch getötet. 40 Was wird der
Hausbesitzer wohl machen, wenn er davon hört?"
41 Die Priester antworteten: „Er wird das Haus sofort
von der Polizei räumen und die Leute in den Knast
stecken lassen. Und dann wird er sich neue Mieter
holen, die pünktlich ihre Miete bezahlen, das ist
doch klar!" 42 „Genau", sagte Jesus, „schon in dem
alten Buch steht: ‚Der Stein, den die Bauarbeiter für
Schrott hielten und weggeworfen haben, der ist zu
dem Fundament geworden, auf dem das ganze
Haus gebaut wird.' Gott hat das gemacht, direkt vor
unseren Augen. 43 Darum: Das Land, in dem Gott
das Sagen hat, das werden solche Leute wie ihr gar
nicht bekommen. Das kriegen die Leute, die tun,
was Gott von ihnen will. 44 Alle, die nicht mit Gott
leben, werden sterben, und wer nicht auf ihn baut,
wird im Dreck landen." 45 Als die Priester und die
religiösen Streber kapierten, dass Jesus von ihnen
sprach, 46 hätten sie ihn am liebsten gleich festge-
nommen. Aber sie hatten zu viel Angst vor den Leu-
ten, die alle glaubten, Jesus wäre ein großer Pro-
phet.

22 Was abgeht auf der Party Gottes

1 Jesus war mal wieder am Storyserzählen:
2 „Wenn Gott wieder anfängt, den Joystick
der Welt komplett in die Hand zu nehmen, und
seine gute Zeit beginnt, dann ist das, als ob ein Prä-
sident von einem Land eine Hochzeitsparty für sei-
nen Sohn organisiert. 3 Die ganzen VIPs waren ein-
geladen, und nachdem die Vorbereitung klar war,
schickte er seine Angestellten los, um die Gäste ab-
zuholen. Aber keiner hatte Lust zu kommen. 4 Da
schickte er seine Leute noch mal los mit der Nach-
richt: ‚Das kalte Buffet ist angerichtet, der Lachs und

der Hummer sind schon fertig, alles wartet nur auf Sie, nun kommen Sie doch!' 5 Aber die eingeladenen Gäste hatten einfach keinen Bock zu kommen, sie waren so mit ihrem Leben beschäftigt, mit der Arbeit und so. 6 Ein paar waren sogar richtig aggromäßig unterwegs und verprügelten und erschossen die Angestellten. 7 Da rastete der Präsident total aus und schickte ein paar von seiner Spezialeinheit los, um die Mörder zur Rechenschaft zu ziehen. In andere Städte schickte er sogar seine Armee und ließ alles plattmachen. 8 Dann sagte er zu seinen Angestellten: ‚Die Vorbereitung für die Party ist fertig, aber die eingeladenen VIPs haben es gar nicht verdient, mit dabei zu sein. 9 Gehen Sie jetzt zum Hauptbahnhof, auf die Straßen und in die besetzten Häuser und laden Sie alle ein, die Ihnen begegnen.' 10 Jetzt gingen sie los und brachten jeden mit, den sie finden konnten: die Penner unter der Brücke, die Junkies vom Hauptbahnhof, aber auch den Geschäftsmann aus dem Einkaufszentrum. Und so wurde die Partyhalle total voll. 11 Als der Präsident ankam, um die Leute zu begrüßen, war da so ein Penner, der in seinem dreckigen Trainingsanzug rumhing. 12 ‚Mein Freund, wie sind Sie denn so an dem Türsteher vorbeigekommen? Sie haben ja noch nicht mal einen sauberen Anzug an!' Darauf konnte der Penner nichts antworten. 13 Da meinte der Präsident: ‚Legt ihm Handschellen an und führt ihn ab in die Einzelhaft! Dort wird er rumheulen, aber keiner wird ihm helfen können.' 14 Denn sehr viele haben 'ne Einladung bekommen, aber nur wenige waren bereit dazu, sich dafür klarzumachen.'"

Gott oder der Staat?

15 Den Pharisäern, diesen religiösen Strebern, wurde es langsam zu bunt. Sie überlegten sich, wie sie Jesus aufs Glatteis führen könnten. 16 So schickten sie ein paar von ihren Leuten und ein paar Herodesfans zu Jesus, die ihn dann fragten: „Großer Herr, Sie wollen die Wahrheit um jeden Preis. Und Sie wissen genau, was Gott will. Und es scheint Ihnen dabei egal zu sein, ob die Leute das gut finden oder nicht. 17 Darum noch 'ne Frage: Findet Gott es eigentlich gut, dass wir unsere Steuern dem Staat bezahlen, oder eher nicht?" 18 Jesus merkte sofort, was sie eigentlich wollten. „Ihr miesen Spinner!", sagte er. „Warum versucht ihr die ganze Zeit mich reinzulegen? 19 Gebt mir mal 'nen Euro!" Sie gaben ihm einen. 20 „Wessen Wappen ist da hinten drauf? Was ist da eingeprägt?" 21 „Das Staatszeichen eines Eurolandes", antworteten sie. Da sagte Jesus: „Dann gebt dem Staat, was dem Staat zusteht, und gebt Gott, was Gott gehört!" 22 Damit hatten sie nicht gerechnet. Sie zogen sich zurück und ließen Jesus erst mal in Ruhe.

Wie das mit dem Ehepartner ist, wenn jemand gestorben ist

23 Am Nachmittag kamen so ein paar Leute von den Sadduzäer, den politischen Schleimern. Bei denen war eins ganz klar: Wenn einer stirbt, bleibt er tot und fängt nicht wieder in irgendeiner Form an zu leben. Die hatten auch noch 'ne Frage an Jesus: 24 „Also, Meister, Mose hat klar gesagt, wenn ein verheirateter Mann stirbt, ohne ein Kind zu haben, dann soll sein Bruder sich die Frau schnappen, und das erste Kind soll alles erben. 25 Wie ist denn das, wenn da nun sieben Brüder sind? Der erste heiratet und stirbt, ohne ein Kind zu haben. Sein Bruder heiratet die Witwe, weil es so üblich ist. 26 Dann stirbt der zweite Bruder auch schneller als erwartet, und der nächste Bruder nimmt sie zur Ehefrau. So geht das immer weiter, bis sie am Ende mit allen sieben Männern verheiratet war. 27 Irgendwann stirbt die dann auch noch. 28 Wenn alle, nachdem sie gestorben sind, wieder in der anderen Welt lebendig werden, zu wem wird sie dann gehören? Sie war ja mit allen sieben im Bett!" 29 Jesus antwortete darauf: „Oh, Mann, ihr kennt weder die religiösen Texte, noch habt ihr geschnallt, was Gott wirklich draufhat! 30 Wenn wir alle nach dem Tod zu einem neuen Leben kommen, dann gibt es so was wie Ehe gar nicht mehr! Ihr werdet eher wie Engel sein. 31 Wenn ihr aber nicht glaubt, dass nach dem Tod noch was kommt, dann will ich euch gern noch mal in Erinnerung rufen, was in den alten religiösen Text steht: 32 ‚Ich bin der Gott von Abraham, Isaak und von Jakob.' Das bedeutet, dass Gott kein Gott für die Toten ist, sondern für die Lebenden! Kapiert?" 33 Was Jesus da vom Stapel ließ, war für viele der Hammer.

Was superwichtig für Gott ist

34 Als die religiösen Streber hörten, wie Jesus den Schleimis, den Sadduzäern, das Maul gestopft hatte, dachten sie sich eine neue Frage aus. 35 Einer von ihnen ging mit folgender Frage zu Jesus hin: 36 „Meister, was ist das absolut wichtigste Gesetz von Gott, was will er von uns?" 37 „‚Liebe Gott, deinen Chef, mit allem, was du hast, mit deinem ganzen Gefühl, volles Rohr, entscheide dich dafür!' 38 Das ist das wichtigste Gesetz überhaupt! 39 Und

das andere, was genauso wichtig ist: ‚Liebe die
Leute, die mit dir leben, genauso, wie du dich selber
auch liebst!‘ 40 Da steckt alles drin, alle Gesetze und
Forderungen und alles, was die Propheten gesagt
haben.“

Ein Sohn vom Präsidenten David oder ein Sohn von Gott?

41 Jesus hatte dann auch noch ’ne Frage an die reli-
giösen Streber: 42 „Was für ’ne Meinung habt ihr
eigentlich über diesen ‚Messias‘, wie es in Hebrä-
isch heißt, oder wie die Griechen sagen, diesen
‚Christus‘, also den Auserwählten? Der soll ja bald
kommen und alles gut machen. Wessen Sohn ist
der denn?“ Da sagten sie: „Der ist ein Sohn vom
Präsidenten David!“ 43 „Aber warum hat David, als
der total angezappt vom Heiligen Geist war, ihn
plötzlich ‚Chef‘ genannt? Denn David sagte: 44 ‚Gott
sagte zu meinem Chef: Setz dich auf die Ehrentri-
büne an meine Seite, bis ich allen Feinden gezeigt
hab, wer hier das Sagen hat!‘ 45 Wenn David also
‚Chef‘ zu ihm gesagt hat, kann er ja nicht sein Sohn
sein, oder?“ 46 Da waren sie alle einfach sprachlos
und trauten sich nicht mehr, ihm irgendwelche Fra-
gen zu stellen.

23

Jesus warnt die scheinheiligen Theologen und Pharisäer

1 Jesus hielt mal wieder eine Rede zu den
Menschen und auch zu seinen Freunden: 2 „Die
religiösen Profis und Streber versuchen euch
Sachen über die Gesetze von Gott beizubringen.
3 Tut alles, was sie euch sagen! Aber versucht bloß
nicht, sie nachzumachen, weil sie sich selber nicht
an das halten, was sie da so von sich geben. 4 Sie
machen den Menschen das Leben schwer mit
irgendwelchen religiösen Regeln, die jeder befolgen
soll, aber sie selbst kümmern sich null um diese
Regeln. 5 Dabei veranstalten sie voll die Gebets-
Show, als wären sie total gottmäßig unterwegs, und
tragen von morgens bis abends nur ihre Gebets-
klamotten, damit jeder sehen kann, wie religiös sie
sind. 6 Wenn irgendwo ’ne Party steigt, wollen sie
immer auf der Gästeliste stehen, und im Gottes-
dienst stehen sie immer ganz vorne in der ersten
Reihe. 7 Sie finden es ganz toll, dass jeder sie auf der
Straße erkennt, und geilen sich daran auf, wenn sie
von jemanden mit ‚Großer Lehrer‘ angesprochen
werden. 8 So sollt ihr nie werden, lasst euch nicht
‚Großer Meister‘ nennen! Nur Gott ist ein echter
Star und euer Meister, aber ihr seid alle gleich viel
wert. 9 Am besten nennt ihr niemanden mehr ‚Papa‘
außer eurem Papa im Himmel. 10 Ihr solltet euch
auch nicht Lehrer nennen, denn ihr habt nur einen
Lehrer, nämlich mich, Christus, den Auserwählten.
11 Wer für alle da ist und sich nie in den Vordergrund
spielt, der ist der Größte. 12 Wer sich aber für super-
schlau und wichtig hält, wird der letzte Loser sein.
Und wer sich aber selbst zum Loser macht, der wird
durch Gott mal groß rauskommen.

Die religiösen Streber und Profis müssen aufpassen

13 Passt bloß auf, ihr religiösen Streber und Profis!
Ihr tut doch nur so als ob! Durch euer Gelaber
macht ihr Gottes Land für die Menschen unerreich-
bar. Nicht nur, dass ihr selber nicht reingeht, son-
dern ihr steht denen, die reinwollen, auch noch im
Weg! 14 Passt bloß auf! Ihr seid so geil auf die Kohle
der alten Omas aus dem Altenheim, aber euer
Showbeten im Gottesdienst ist doch total unecht.
Gott wird euch dafür einmal bestrafen. 15 Passt bloß
auf, ihr Pseudos! Ihr gebt volles Rohr, wenn es
darum geht, jemanden von Gott zu begeistern, und
wenn er sich dann bekehrt, dann wird er durch eure
Lehren noch mieser als ihr. 16 Passt bloß auf! Ihr
habt selber Tomaten auf den Augen und wollt ande-
ren dabei den Weg zeigen? Zum Beispiel sagt ihr:
‚Wenn ich was hoch und heilig verspreche und auf
den Tempel schwöre, weil da Gott drin wohnt, dann
ist diese Versprechen wertlos, ich muss mich nicht
dran halten. Aber wenn ich auf das Gold schwöre,
das im Tempel rumliegt, dann muss Ich das auch
durchziehen.‘ 17 Ihr Oberblindos! Warum ist denn
das Gold im Tempel überhaupt so besonders und
heilig? Doch gerade deshalb, weil es im Tempel liegt
und nicht irgendwo beim Juwelier. 18 Dann sagt ihr:
‚Wenn ich was verspreche und dabei hoch und hei-
lig auf den Altar schwöre, dann ist der Schwur wert-
los. Wenn ich aber auf ein Tier schwöre, das auf
dem Altar geopfert wird, dann muss ich mein Ver-
sprechen halten.‘ 19 Ihr Non-Checker! Was ist denn
wichtiger, der Altar oder das Opfertier? Das Tier
wird doch dadurch erst so besonders und heilig,
indem es auf dem Altar liegt und nicht auf der
Fleischtheke im Supermarkt. 20 Wenn jemand etwas
verspricht, egal, woran er dabei denkt, ist er dem
gegenüber auch verpflichtet. Wenn er beim Altar
schwört, schwört er natürlich auch auf all das, was
dadraufliegt. 21 Wenn er an den Tempel denkt,
schwört er eben bei dem Tempel und bei Gott, weil
der im Tempel wohnt. 22 Und wer beim Himmel

schwört, der schwört damit sozusagen auf Gottes Chefsessel und auf Gott selbst, weil der dort draufsitzt. 23 Passt bloß auf, ihr religiösen Profis, ihr religiösen Streber und Pseudos! Bei den unwichtigen Regeln seid ihr ganz pingelig. Ihr gebt sogar noch zehn Prozent von jedem Keks für Gott! Aber die wirklich wichtigen Sachen, dass wir fair und korrekt sein sollen, andere lieben und nett mit ihnen umgehen, dass wir Gott vertrauen sollen, das ist euch total egal! 24 Ihr lauft so blind durchs Leben! Ihr macht ein riesen Aufstand, wenn mal eine Fliege in der Suppe ist, merkt aber nicht, dass die Suppe aus Kotze besteht! Ihr wollt anderen sagen, wo es längsgeht, dabei habt ihr doch selber keinen Plan vom Weg. 25 Passt bloß auf, ihr Profis, ihr Streber! Ihr alten Pseudos! Nach außen markiert ihr den Oberheiligen, schick rausgeputzt, aber innen drin ist alles verfault und stinkt. 26 Ihr Blinden, macht doch erst mal bei euch innen drin sauber, dann kommt das Äußere von selbst. 27 Passt bloß auf, ihr religiösen Profis, ihr religiösen Streber! Ihr seid wie toll geschmückte Gräber auf dem Friedhof. Äußerlich alle super gestylt, aber unten drunter stinkt es nach verwester Leiche. 28 Ihr wollt nach außen hin als die coolen Supergläubigen dastehen, aber in Wirklichkeit seid ihr nur link und falsch unterwegs! 29 Passt auf, ihr Profis und Streber! Ihr Oberpseudos! Von den Propheten macht ihr euch ein Starschnitt-Poster und hängt es euch an die Wand. 30 Dann sagt ihr noch: ‚Wenn wir damals gelebt hätten, wir hätten den Propheten kein Haar gekrümmt, wie das unsere Väter ja gemacht haben!‘ 31 Immerhin gebt ihr damit ja zu, dass ihr aus einer Familie von Mördern stammt. 32 Und so ist das auch mit euch, genau so seid ihr auch drauf. 33 Ihr seid so falsch, ihr vergiftet alles! Wie wollt ihr denn noch vor eurer Strafe weglaufen? 34 Ich werde euch noch einige schicken: Propheten und Leute, die total schlau sind und so Leute, die sich mit religiösen Texten richtig gut auskennen. Ein paar von denen werdet ihr umbringen. Andere werden von euch gefoltert und verfolgt. 35 Ihr seid alle daran mitschuldig, dass das passiert. Angefangen von Abel bis Secharja, der von euch vor dem Tempel ermordet wurde. 36 Eins sollt ihr wissen: Die Strafe für diese Sachen werden diese Leute zu spüren bekommen.“

„Ihr wolltet es so haben!“

37 „Mann, Jerusalem, was ist bloß los mit dir? In dir wurden die Propheten ermordet. Die Leute, die ’ne wichtige Nachricht für die Menschen haben, bringst du einfach um die Ecke! So oft habe ich versucht, deine Leute zusammenzukriegen und sie zu beschützen, so wie ein Huhn seine Küken unter die Flügel nimmt! Aber du wolltest einfach nicht! 38 Eh du dich versiehst, wirst du kaputt sein. 39 Ich werde erst dann wiederkommen, wenn ihr kapiert habt, wer ich wirklich bin. Dann werdet ihr mir auch zurufen können: ‚Wie gut, da kommt der Held Gottes, der uns aus dem Dreck rausgeholt hat!‘“

24

Was mit der Welt passieren wird

1 Schließlich gingen sie alle aus dem Tempel raus. Seine Leute drehten sich noch mal um und wollten ihm zeigen, wie fett die ganze Anlage war. 2 Jesus sagte aber nur: „Ja, seht euch das Teil nur noch mal in Ruhe an! Eins ist total sicher: Irgendwann wird hier alles verwüstet und zerstört werden.“ 3 Als sie später auf einer Wiese am Ölberg rumhingen, wollten sie wissen: „Wann passiert das denn? Und was wird abgehen, wenn du wiederkommst und der Countdown der Erde abläuft?“ 4 Jesus antwortete: „Lasst euch auf jeden Fall nicht von irgendwelchen Idioten aufs Glatteis führen! 5 Da werden so manche Spinner ankommen und sagen: ‚Ich bin der Auserwählte!‘ Und einige werden voll auf sie abfahren und sich dadurch verirren. 6 Wenn in den Nachrichten plötzlich überall von Kriegen die Rede ist und von Demonstrationen und Unruhen, dann passt auf, aber habt keine Panik! Das ist schon alles okay so, das bedeutet noch nicht, dass die Erde gleich in die Luft fliegt. 7 Die großen Industrienationen und die Machtblöcke werden einen großen Krieg gegeneinander anzetteln. Nirgendwo wird es was zu essen geben und die Umwelt wird verrückt spielen. 8 Doch das wird erst das Vorspiel sein, der Anfang vom Ende. So wie eine Frau krasse Schmerzen hat, bevor sie ein Kind bekommt. 9 In dieser Zeit wird es euch an den Kragen gehen, sie werden euch in den Knast stecken, foltern und umbringen. Alle werden euch hassen und euch total bescheuert finden, nur weil ihr zu mir gehört. 10 Viele werden so tun, als würden sie nicht an mich glauben, andere werden sich gegenseitig verraten und hassen. 11 Dann werden Pseudo-Propheten aufkreuzen, und sehr viele werden auf sie reinfallen. 12 Und weil den Leuten total egal ist, was Gott will, wird das Schlechte und Böse überall aus seinen Löchern rauskommen. Und der Liebespegel wird bei vielen auf null sinken. 13 Wer aber bis zum Ende durchhält, der wird es auch packen und geret-

tet werden. 14 Und überall auf der ganzen Erde wird man die guten Nachrichten von Gott und seinem Land hören, überall wird man es den Menschen erzählen, damit jeder mal davon gehört hat. Und dann wird es zu Ende gehen mit der Erde. 15 Wer diese Sachen jetzt liest, sollte seine Lauscher auf Empfang stellen! Wenn euch irgendwie so eine Fratze im Fernsehen begegnet, die über die heiligen Orte Witze macht und über sie ablästert, 16 dann packt eure Siebensachen und verschwindet in die Berge, wenn ihr gerade in Judäa seid. Daniel hat das ja auch schon vorhergesehen! 17 Wenn jemand gerade auf der Terrasse liegt, sollte er nicht erst in die Wohnung zurückgehen, um gemütlich seine Sachen zu packen. 18 Wer gerade bei der Arbeit ist, sollte nicht erst nach Hause tapern, um seine Klamotten zu holen. 19 Voll übel wird das Ganze für die Frauen werden, die gerade schwanger sind, und für Mütter mit Babys auch. 20 Ihr müsst jetzt schon beten, dass das Ganze nicht im Winter passiert oder an unserem religiösen Feiertag, dem Sabbat! Weil an dem dürft ihr ja nicht so viel laufen. 21 Denn dann wird es allen Menschen sehr dreckig gehen, es wird so schlimm sein, wie es noch nie auf der Welt gewesen ist und nie wieder sein wird. 22 Wenn Gott das ganze Programm bis zum Schluss gnadenlos durchziehen würde, würde es keiner schaffen, gerettet zu werden! Aber weil Gott seine Spezialleute so wahnsinnig liebt, wird das Ganze jetzt nur verkürzt passieren."

Vorsicht vor der Fälschung!

23 „Und fallt nicht darauf rein, wenn irgendwer plötzlich sagt: ‚Hier ist der Held, der uns da raushilft!', oder: ‚Christus war gerade da und da'. Glaubt denen dann kein Wort! 24 Da werden so einige ankommen und den großen Helden markieren, sie werden sich sogar als Superstars und Retter der Erde anzeigen. Die werden sogar voll die derben Wunder machen können, und sie werden auch versuchen, die Auserwählten von Gott auszutricksen und hinters Licht zu führen. 25 Also vergesst bitte nicht: Ich habe euch hiermit 'ne klare Ansage gemacht! 26 Falls also irgend so ein Heini ankommt und sagt: ‚Da draußen auf die Wiese, da kommt der Retter hin', dann bleibt, wo ihr seid. Wenn sie sagen, er hält sich in der Kanalisation versteckt, dann glaubt auch denen nicht. 27 Wenn ich wiederkomme, werden es alle mitkriegen. Ich werde einen absolut krassen zweiten Auftritt haben, das werden alle deutlich sehen. 28 Und dann wird keiner im Sessel sitzen bleiben."

Der Rechtsanwalt und Richter in einem

29 „Kurz nach dieser üblen Zeit werden ganz plötzlich die Sonne und damit auch der Mond kein Licht mehr ausstrahlen. Der ganze Kosmos wird außer Kontrolle geraten, der absolute Supergau für unser Universum steht dann bevor. 30 Plötzlich wird man das Zeichen vom Auserwählten von Gott am Himmel sehen. Die Menschen werden überall voll die Panik bekommen, und sie werden anfangen zu schreien und zu weinen. Alle werden sehen, wie der Auserwählte Gottes voller Power und strahlend wie der größte Halogenstrahler aus den Wolken rauskommen wird. 31 Aus Gottes P. A. wird mit einem Eine-Million-Watt-Verstärker Musik von der Band der Engel gespielt werden, damit alle von seinen Leuten von überallher ankommen. 32 Ihr kennt das doch vom Apfelbaum: Wenn die Blätter richtig groß sind und die Blüten verblüht sind, dann kommt bald der Sommer. 33 Wenn das alles so passiert, wie ich euch jetzt erzählt hab, dann wisst ihr: Es ist bald so weit. 34 Eins sage ich euch: Die Menschen werden nicht verschwinden können, bis das alles passiert ist. 35 Der Himmel wird sich irgendwann verabschieden, und die Erde wird mal kaputtgehen, aber was ich sage, wird immer seine Gültigkeit behalten! 36 Niemand weiß genau, wann das alles passieren wird, keiner kennt das Datum. Nicht mal die Engel haben 'nen Schnall davon. Sogar der Sohn weiß es nicht, nur der Papa im Himmel weiß das. 37 Wenn der Sohn des Menschen dann kommt, geht es hier ähnlich zu wie damals, als Noah noch lebte und als die große Flut alles kaputtgemacht hat. 38 Damals waren die Menschen genauso verpeilt. Sie dachten sich: ‚Ist doch eh alles egal, wir haben was zu essen und zu saufen, wir haben einen Partner, was soll also das ganze Gelaber?' 39 Sogar als Noah sein Riesen-Rettungsboot fertig hatte, nämlich die Arche, und seine Familie und die Tiere darauf einzogen, glaubten sie ihm noch nicht. Bis das Wasser dann kam und alle ersoffen sind. So wird es auch sein, wenn ich wiederkomme. 40 Wenn zwei Männer am Fließband arbeiten, wird der eine dabei sein, aber der andere nicht. 41 Wenn zwei Frauen im Büro arbeiten, wird die eine dabei sein, die andere nicht. 42 Darum müsst ihr unbedingt zu jeder Zeit total wach sein, denn ich werde garantiert genau dann kommen, wenn ihr nicht damit rechnet. 43 Ist doch logisch: Wenn der Hausbesitzer genau wüsste, wann der Dieb bei ihm einbrechen will, hätte er sich wohl davor geschützt. 44 Ihr müsst auf jeden Fall immer bereit sein, denn wie gesagt,

er kommt hundertpro genau dann, wenn ihr nicht damit rechnet."

Der zuverlässige Abteilungsleiter

45 „Wie ist das denn mit einem guten Abteilungsleiter?", fragte Jesus seine Leute. „Er hat von seinem Chef den Auftrag bekommen, seine Mitarbeiter anständig zu beschäftigen und dafür zu sorgen, dass sie alles haben, was sie so brauchen. 46 Er kann doch total froh sein, wenn der Chef mal vorbeikommt und die Abteilung checkt und alles okay ist. 47 Eins ist ganz klar: Einem so zuverlässigen Abteilungsleiter würde er auch den Rest der Firma anvertrauen. 48 Wenn der Abteilungsleiter aber Mist baut und so bei sich denkt: ‚Ist doch eh egal, solange der Alte nicht da ist', 49 und dann auch noch anfängt, seine Mitarbeiter zu mobben, und jeden Abend voll die Partys in der Firma feiert, 50 ja, wenn dann der Chef plötzlich zurückkommt, dann ist Panik angesagt! 51 Der wird ihm nicht nur kündigen, der wird ihm auch noch 'ne Anzeige an den Hals hängen und ihn in hohem Bogen auf die Straße setzen. Da wird es dem Typen dann total dreckig gehen, er wird voll losheulen und Depressionen kriegen, aber er hat es nicht anders verdient."

25

Noch so ein Beispiel: Die Story von den zehn Frauen, die den Bräutigam zu seiner Hochzeit abholen wollten

1 „Dort, wo Gott das Sagen hat, wird es so abgehen, wie es bei zehn jungen Frauen war, die nach einem alten Brauch den Mann, der heiratet, von zu Hause abholen sollten. 2-4 Sie fuhren mit ihren Mopeds in sein Dorf, aber nur fünf waren schlau genug, auch ausreichend Benzin mitzunehmen. 5 Als der Typ aber nicht zu Hause war, mussten sie durch den ganzen Ort gurken, um ihn zu finden. 6 Gegen Mitternacht fanden sie ihn und wollten zurückfahren. 7 Da setzten sich alle Frauen auf ihre Mopeds und wollten losfahren. 8 Aber die fünf ohne Ersatzkanister stellten fest, dass ihr Tank bald leer war, und baten die anderen, ihnen doch was abzugeben. 9 Die Schlauen rechneten aber vor: ‚Hey, wenn wir euch jetzt noch was abgeben, dann packen wir den Rückweg auch nicht mehr. Geht doch in den nächsten Ort, da gibt es 'ne Tanke!' 10 In der Zwischenzeit waren der Mann, der heiraten sollte, und die jungen Frauen mit genug Benzin im Tank wieder bei der Hochzeit gelandet. Dann wurde die Tür abgeschlossen. 11 Spät in der Nacht kamen dann auch die anderen fünf an. Sie klingelten und sprachen in die Gegensprechanlage: ‚Aufmachen, wir sind da!' 12 Aber der Bräutigam sagte nur: ‚Wer seid ihr denn? Ich kenn euch gar nicht!' 13 Darum macht keinen Blödsinn und seid immer bereit! Denn ihr habt keinen blassen Schimmer, an welchem Datum und zu welcher Uhrzeit ich wiederkommen werde."

Macht das Beste aus eurem Leben

14 „Noch 'ne Story: Da war so ein Typ von einer Vermögensverwaltungsfirma, der sich mal 'ne Auszeit nehmen wollte. Er organisierte ein Treffen mit allen Angestellten und gab jedem die Order, mit seinem Geld das Bestmögliche anzufangen. 15 Dem besten der drei Mitarbeiter gab er 500 000 Euro, der zweite bekam 200 000 und der dritte 100 000 Euro. Dann nahm er den nächsten Flieger und verschwand. 16 Der mit den 500 000 Euro arbeitete viel mit dem Geld, machte eine Menge Aktiengeschäfte und konnte den Betrag verdoppeln. 17 Auch der Zweite war recht erfolgreich, er legte seine 200 000 Euro in Immobilien an und konnte ebenfalls alles verdoppeln. 18 Der Dritte aber wollte auf Nummer sicher gehen. Er packte die Kohle noch nicht mal auf sein Sparbuch, er stopfte es in eine Socke in der untersten Schublade vom Klamottenschrank. 19 Nach ein paar Jahren kam der Chef zurück und traf sich mit seinen Angestellten im Büro, um abzurechnen. 20 Der Typ, der 500 000 Euro bekommen hatte, brachte eine Million zurück. Er sagte: ‚Chef, Sie haben mir damals 500 000 Euro gegeben, ich hab noch mal 500 000 draufgelegt.' 21 Da war der Chef natürlich total begeistert und lobte ihn sehr: ‚Sie haben es echt gebracht! Sie sind mit dem Packen Geld sehr gut umgegangen, ich werde Sie befördern. Wenn Sie wollen, kommen Sie heute Abend zu meiner Gartenparty, Sie sind herzlich eingeladen!' 22 Dann kam der mit den 200 000 Euro und legte seinen Bericht vor. Er hatte seine Kohle auch verdoppelt. 23 Da war der Chef echt happy und meinte auch zu ihm: ‚Sie haben es voll gebracht! Sie sind mit dem wenigen Geld gut umgegangen, ich werde Sie auch befördern. Wenn Sie wollen, können Sie heute Abend auch zu meiner Gartenparty kommen, Sie sind herzlich eingeladen!' 24 Dann kam der Dritte mit den 100 000 Euro an die Reihe. ‚Sie sind doch immer so streng und hart drauf', meinte er, ‚und wenn ich mich auch noch so abrackere, Sie bekommen am Ende ja eh den Gewinn. 25 Und ich hatte irgendwie Angst, dass ich das ganze Geld an

der Börse in den Sand setzen könnte. Darum hab ich es in meine Socken gesteckt, da war es ganz sicher. Hier haben Sie es zurück!‘ 26 Da rastete der Chef voll aus: ‚Sie alter Vollidiot! Wenn Sie schon denken, ich will eh nur so viel Geld wie möglich, 27 dann hätten Sie es doch wenigstens aufs Sparbuch legen können! Da hätte es immerhin ein paar Zinsen gebracht. 28 Nehmt dem sofort das Geld ab und gebt es dem, der eine Million Euro hat. 29 Die nämlich, die das Beste aus ihrem Leben machen und aus den Sachen, die man ihnen gegeben hat, denen kann man auch noch mehr anvertrauen. Die aber mit dem bisschen, was sie haben, auch noch schluderig umgehen, die werden sogar das noch verlieren. 30 Und diesen Assi, der es zu nichts gebracht hat, den könnt ihr sofort rausschmeißen! Er soll bleiben, wo der Pfeffer wächst, und es wird ihm dort total dreckig gehen in der Dunkelheit ohne Licht.‘“

Der letzte Tag der Erde

31 „Wenn der Auserwählte, der Menschensohn, wiederkommt, dann wird er eine krasse Vollmacht von Gott haben, er wird wie Feuer leuchten, und alle Engel, die es gibt, werden seine Bodyguards sein. Er wird auf Gottes Chefsessel Platz nehmen. 32 Dann werden alle Menschen aus allen Nationalitäten auflaufen, und er wird sie in zwei Abteilungen aufteilen, fast so wie zwei Fußballmannschaften. 33 Rechts wird die eine Mannschaft stehen und links die andere. 34 Dann wird der Oberchef (sozusagen der Oberschiedsrichter) ankommen und zu den einen sagen: ‚Hey, ihr! Ihr seid gut unterwegs gewesen, mein Vater fand euch immer super, ihr sollt die Sieger sein und den ganzen Preis sollt ihr auch bekommen! Ihr sollt das Land Gottes haben, Gott hat schon alles dafür vorbereitet! 35 Warum? Ja, als ich Hunger hatte und nichts zu essen da war, da habt ihr mich zum Mittagessen eingeladen. Und als ich großen Durst hatte, da habt ihr mir ’ne Coke angeboten. Ich war ein Ausländer für euch, aber trotzdem durfte ich bei euch wohnen. 36 Sogar als ich total nackt war, habt ihr mir Klamotten vorbeigebracht. Und als ich krank war und im Knast saß, habt ihr mich besucht.‘ 37 Die werden dann komisch gucken und fragen: ‚Also, wann warst du denn bitte schön hungrig, dass wir dir was zu essen geben konnten? Und wann hattest du Durst, und wir haben dir ’ne Cola angeboten? 38 Und wann war das, als du kein Dach über dem Kopf hattest, und du konntest bei uns pennen? Auch das mit den Klamotten, daran können wir uns null erinnern! 39 Und wann warst du im Krankenhaus und wann im Knast, wo wir dich angeblich besucht haben sollen?‘ 40 Dann wird der Oberschiedsrichter antworten: ‚Immer, wenn ihr was für Leute getan habt, die ganz unten waren, die Fertigen und Kaputten, dann habt ihr das im Grunde für mich getan.‘ 41 Dann wird er zu denen auf der anderen Seite sagen: ‚Haut ab, ich will euch nie mehr sehen, ihr sollt alle verbrennen, ihr sollt da landen, wo das Böse auch landen wird, in der Hölle! 42 Ich hab von euch nichts zu essen bekommen, als ich richtig Hunger hatte, und als ich Durst hatte, gab‘s bei euch nichts zu trinken für mich. 43 Ich war als ein Ausländer bei euch, aber meine Not war euch total egal. Als ich Klamotten brauchte, bekam ich von euch nur ein Achselzucken. Als es mir beschissen ging, weil ich im Krankenhaus oder im Knast war, da habt ihr mich nie besucht oder wenigstens mal ’ne Karte geschrieben.‘ 44 Und dann werden die auch verwundert sein und fragen: ‚Hey, wann sind wir dir denn schon mal im Leben begegnet, wo du was zu essen gebraucht hast oder einen Pennplatz, oder wann hattest du mal keine Klamotten oder warst im Knast, wo wir dich hätten besuchen können?‘ 45 Dann wird der Oberschiedsrichter antworten: ‚Wenn ihr nicht bereit wart, etwas für den Abschaum dieser Gesellschaft zu tun, wart ihr auch nicht bereit, etwas für mich zu tun.‘ 46 Und sie werden für immer vom Platz gestellt werden, sie werden dafür ewig bestraft werden. Aber die das getan haben, worauf Gott Bock hatte, die werden richtig absahnen, sie werden ewig leben.“

26

Jetzt soll Jesus umgebracht werden

1 Schließlich war Jesus durch mit seiner Ansprache. Am Ende sagte er zu seinen Leuten: 2 „Ihr wisst ja, dass übermorgen die Passaparty steigt. Dann wird der Menschensohn, der Auserwählte Gottes, verraten und verkauft werden. Sie werden ihn an die Mächtigen ausliefern, und er wird hingerichtet werden.“ 3 Zur gleichen Zeit hatten die religiösen Führer des Landes und einige andere Staatsmänner ein Treffen in der Villa vom Chef der Priester (der hieß Kaiphas). 4 Es ging darum, einen Plan auszutüfteln, wie man Jesus unauffällig töten und verschwinden lassen könnte. 5 Logischerweise war das Ding zu gefährlich, um es während des Passafestes steigen zu lassen, denn dann würden die Leute alles mitkriegen und einen Mega-Aufstand veranstalten.

Viel Kohle auf den Kopf von Jesus
6 Jesus war gerade bei Simon, der in Betanien
wohnte und den er von einer ekligen Hautkrankheit,
die Aussatz hieß, geheilt hatte. 7 Beim Essen kam
plötzlich 'ne Frau mit so einem superteuren Parfüm
in der Hand rein. Mit dem Zeug fing sie dann an,
ganz vorsichtig Jesus die Haare zu besprühen.
8 Seine Leute kriegten voll den Hals und schnauzten
sie an: „Das ist doch so eine Verschwendung! 9 Die-
ses Zeug ist megaviel wert! Wenn wir das bei E-Bay
versteigert hätten, da wäre eine Schweinekohle bei
rübergekommen! Die hätte man dann irgendeinem
Sozialhilfeempfänger geben können." 10 Jesus be-
kam das mit und sagte zu den Jungs: „Warum
macht ihr jetzt diese Frau fertig? Sie meinte es doch
nur gut mit mir! 11 Sozialhilfeempfänger und Penner
werdet ihr immer haben, aber ich bin bald weg.
12 Mit diesem Parfüm hat sie mich schon mal klar-
gemacht für meine Beerdigung. 13 Was sie jetzt für
mich getan hat, davon wird man noch Ewigkeiten
sprechen, zumindest da, wo man meine gute Nach-
richt verbreitet."

Wie Jesus von Judas gelinkt wird
14 Abends ging einer von seinen zwölf Freunden,
und zwar war das der Judas, zu den religiösen Füh-
rern 15 und fragte: „Wie viel Kohle haut ihr raus,
wenn ich euch Jesus ans Messer liefere?" Sie han-
delten einen Preis von dreitausend Euro aus, unge-
fähr einen Monatslohn. 16 Ab jetzt suchte Judas nur
noch nach der nächstbesten Gelegenheit, um Jesus
zu verraten.

Jesus macht noch mal 'ne Passaparty mit seinen Leuten
17 Am ersten Tag der Passaparty, wo man so ein spe-
zielles Brot isst, kamen seine Leute noch mal zu
Jesus und wollten was wissen: „Jesus, wo feiern wir
denn unsere Passaparty?" 18 Jesus sagte: „Geht mal
in die Stadt und sagt dem Dingsda, dass der Meis-
ter jetzt kommt und dass wir bei ihm die Passaparty
feiern wollen. Dann geht das schon klar." Er nannte
ihnen auch den Namen von dem Mann, zu dem sie
gehen sollten. 19 Seine Leute gingen also schon mal
vor und machten alles fertig für die Feier. 20 Abends
saßen sie dann noch mal zusammen am Tisch und
waren am Essen, 21 da sagte Jesus plötzlich: „Einer
von euch wird mich verraten!" 22 Alle waren total
geschockt, und jeder fragte sofort: „Du meinst doch
nicht etwa mich, oder?" 23 Jesus sagte dann: „Der
mit mir das Brot in die Sauce tunkt, der ist es. 24 Der
Auserwählte, der Menschensohn, wird sterben, die
Ansage hab ich euch schon einmal gemacht, das
steht so auch in den alten Texten. Aber der Typ, der
ihn verrät, der ist übel dran. Es wäre besser für ihn,
wenn er nie geboren worden wäre!" 25 Alle fragen
Jesus, ob sie ihn verraten würden, auch Judas:
„Mann, Jesus, du meinst doch nicht etwa mich?" –
„Doch, Judas, genau dich meine ich", antwortete
Jesus. 26 Mitten beim Essen nahm Jesus plötzlich
das Brot vom Teller und dankte Gott dafür. Dann
brach er sich etwas davon ab, gab es weiter und
sagte zu seinen Leuten: „Hier, esst das, das ist jetzt
wie mein Körper." 27 Danach nahm er ein großes
Glas Wein, dankte in einem Gebet Gott dafür und
gab es an seine Leute weiter: „Daraus sollt ihr alle
trinken! 28 Dieser Wein ist jetzt wie mein Blut. Damit
hab ich einen neuen Vertrag abgeschlossen, einen
Vertrag zwischen den Menschen und Gott. Denn
mit diesem Blut wird euer Mist vergeben, den ihr
gebaut habt, eure Rechnung ist dann bezahlt. 29 Ich
mach noch mal eine Ansage, Leute: Ab jetzt trink
ich keinen Wein mehr, bis ich eines Tages im Land
von meinem Papa mit euch feiern werde." 30 Am
Ende sangen sie noch zusammen ein Lied für Gott,
und dann gingen sie zum Ölberg.

Jesus warnt Petrus
31 Auf dem Weg meinte Jesus zu seinen Leuten:
„Diese Nacht wird echt schlimm für euch. Ihr wer-
det überhaupt nicht mehr kapieren, was abgeht, und
ihr werdet Fehler machen. Es steht ja auch schon im
alten Buch, dass Gott ihnen den Plan wegnehmen
wird, und sie werden sich total verlaufen. 32 Aber
wenn ich wieder von den Toten zurückkomme, dann
geh ich gleich nach Galiläa. Dort treffen wir uns."
33 Aber Petrus sagte zu Jesus: „Hey, Jesus, wenn auch
alle keinen Bock mehr auf dich haben, ich werde
immer zu dir stehen!" 34 Da sagte Jesus nur: „Lieber
Petrus, ich sag dir mal eins: Gerade du wirst, noch
bevor die Uhr fünf schlägt, dreimal so tun, als wür-
dest du mich noch nicht einmal kennen." 35 „Nie-
mals! Nur über meine Leiche!", rief Petrus, und alle
anderen stimmten in den Chor mit ein.

Heftige Gebetszeit in Gethsemane
36 Jesus ging in einen Park, der Gethsemane hieß.
„Setzt euch", sagte er, „aber haut nicht ab, sondern
wartet auf mich!" 37 Nur Petrus, Jakobus und Johan-
nes nahm er mit. Jesus bekam plötzlich Angst. 38 Er
sagte zu ihnen: „Mann, das ist echt alles total hart
für mich, ich kann das kaum aushalten! Bitte lasst

mich jetzt nicht alleine!" [39] Ein paar Schritte weiter warf sich Jesus auf den Boden und rief zu Gott: „Vater! Wenn es irgendwie geht, dann sorg doch dafür, dass ich das alles nicht durchmachen muss! Aber nicht das, was ich will, sondern das, was du willst, soll am Ende passieren!" [40] Als er ein Pause machen wollte, ging er wieder zu seinen drei Freunden und musste feststellen, dass sie alle eingepennt waren. Er klopfte Petrus auf die Schulter, um ihn aufzuwecken: „Hey, könnt ihr nicht eine einzige Stunde mit mir wach bleiben? [41] Haltet durch und pennt nicht ein, sonst werdet ihr die nächsten Tage auch nicht packen. Ihr seid ja so nicht schlecht drauf, aber nur mit eurer eigenen Kraft packt ihr das nie und nimmer! Auch wenn man es wirklich will, sind die körperlichen Kräfte sehr begrenzt." [42] Jesus ging wieder weg, weil er weiterbeten wollte: „Papa, wenn ich durch diese ganzen Schmerzen wirklich durchmuss, wenn du das wirklich willst, dann ist das okay für mich, dann werde ich es tun!" [43] Kaum war er zurück, waren seine Leute schon wieder am Schlafen, weil sie einfach total müde waren. [44] Er ging noch mal und sagte Gott zum dritten Mal dasselbe. [45] Schließlich kam er zurück und weckte alle auf: „Genug geschlafen. Es ist Zeit. Jetzt wird der Sohn des Menschen, der Auserwählte, an die Menschen ausgeliefert, die ohne Gott leben. [46] Aufstehen, lasst uns losgehen! Der Typ, der mich verraten wird, ist auch schon da!"

Die bezahlten Securityleute kommen und verhaften Jesus

[47] Jesus hatte seinen Satz noch nicht mal zu Ende gesprochen, da war Judas auch schon mit einer ganzen Horde von Securityleuten eingetroffen. Die hatte der Oberpriester bezahlt. Die waren super ausgerüstet und hatten sogar ihre Knarren und Schlagstöcke dabei. [48] Judas hatte mit denen ausgemacht, dass er als Erkennungszeichen Jesus einen Kuss auf die Wange geben wird. „Dem müsst ihr dann Handschellen anlegen und abführen!", sagte er. [49] Judas ging auf Jesus zu und meinte: „Hey, Jesus! Cool, dass du da bist!" Dann küsste er ihn auf die Wange. [50] Jesus sah ihn an und meinte: „Mein Freund! Was geht? Zieh ruhig durch, wozu du hergekommen bist!" Sofort packten die Männer Jesus am Arm und legten ihm Handschellen an. [51] Einer von seinen Freunden hatte ein langes Messer dabei. Blitzschnell zog er es aus dem Mantel, ging auf einen der Securityleute los und schnitt ihm im Kampf ein Ohr ab. [52] „Hör auf damit!", sagte Jesus, „wer versucht, Sachen mit Gewalt zu regeln, wird durch Gewalt auch getötet werden. [53] Mann, checkst du das nicht? Wenn ich meinen Vater nur darum bitten würde, könnte er sofort eine ganze Armee von Engeln vorbeischicken, die würden hier Kleinholz aus allem machen! [54] Das ist okay so. So stand das doch schon in den alten Texten drin, es muss so passieren, wie es da vorausgesagt wurde." [55] Dann drehte er sich zu den Securityleuten und fragte die Typen: „Bin ich denn ein hypergefährlicher Top-Terrorist, so dass ihr mit Waffen und Schlagstöcken anrücken müsst, um mich festzunehmen? Ich war doch jeden Tag im Tempel und hab da gesprochen, warum habt ihr mich da nicht festgenommen!? [56] Aber das muss wohl so sein, denn die alten Propheten haben auch das schon genau so vorausgesagt." Seine Freunde aber hatten voll die Panik und rannten einfach weg.

Jesus wird ausgefragt

[57] Jesus wurde schließlich in ein Haus gebracht, wo sich der Oberpriester Kaiphas und auch die anderen religiösen Führer versammelt hatten. [58] Petrus schlich der Menge aus sicherer Entfernung hinterher, bis sie im Innenhof vom Haus von Kaiphas angekommen waren. Dort setzte er sich zu der Security, um zu beobachten, wie die Sache weitergehen würde. [59] Alles, was Rang und Namen hatte, war bei der Verhandlung anwesend. Schließlich suchten sie verzweifelt irgendwelche Zeugen, die gegen Jesus aussagen sollten. Ihr Ziel war von vornherein klar: die Todesstrafe! [60] Aber sie fanden niemanden, der wirklich einen Beweis für eine Straftat vorlegen konnte, die so ein Urteil rechtfertigt. Obwohl viele falsche Zeugen aufgefahren wurden, kriegten sie einfach keinen richtigen Anklagepunkt auf die Reihe. [61] Irgendwann kamen dann zwei Männer an, die sagten: „Der Jesus hat behauptet, er könnte unseren Tempel in drei Tagen abreißen und dann wieder aufbauen, und zwar ganz ohne Maschinen!" [62] Die Oberpriester fragten Jesus: „Was haben Sie dazu zu sagen? Stimmt das?" [63] Doch Jesus hielt den Mund und sagte nichts. Da fiel dem Oberpriester noch was ein. Er fragte: „Sie stehen jetzt unter Eid, ist Ihnen das klar? Ich frage Sie vor all den Leuten hier: Sind Sie der uns von Gott versprochene Auserwählte, der Christus, der Sohn von Gott?" [64] „Ja", sagte Jesus, „und ab jetzt werdet ihr den Auserwählten, den Menschensohn, gleich neben Gott sitzen sehen, bis er eines Tages aus dem Himmel zurück auf die Erde kommen wird." [65] „Boahhh", das war zu

viel für den Oberpriester. Der war so fertig, dass er
alles, was er gerade finden konnte, kurz und klein
schlug. Er brüllte: „Er hat eben ganz übel über Gott
gelästert! So was ist strengstens verboten! Wir brau-
chen ihn gar nicht mehr weiter zu befragen, ihr habt
ja alles mitgehört. 66 Was sollen wir mit ihm ma-
chen? Wie sollen wir ihn bestrafen?" Da riefen die
Zuhörer ganz laut: „Todesstrafe, Todesstrafe!"
67 Jetzt kamen sie bei Jesus an, spuckten ihm ins
Gesicht und prügelten mit Fäusten auf ihn ein.
68 Dann fingen sie an, auch noch Witze über ihn zu
machen: „Na, du Held, du! Du bist doch ein Pro-
phet, oder? Dann sag uns doch mal: Wer hat dich
eben geschlagen?" 69 Petrus war immer noch im
Innenhof. Plötzlich kam so ein kleines Mädchen zu
ihm und meinte: „Du bist doch auch in der Gruppe
von Jesus gewesen? Du gehörst doch zu ihm!"
70 Aber Petrus schüttelte nur den Kopf: „Lass mich
in Ruhe! Was willst du von mir?" 71 Dann ging er
etwas weiter weg von dem Haus, aber da kam ein
anderes Mädchen an, das laut sagte: „Der Typ hing
doch auch immer mit Jesus rum!" 72 Aber Petrus tat
wieder so, als wüsste er von nichts. Er sagte laut:
„Ich schwör, ich kenn diesen Jesus nicht!" 73 Kurze
Zeit später kamen noch ein paar Männer vorbei.
Einer sagte: „Ey, du gehörst doch auch zu seinen
Freunden, erzähl mir nichts! Du redest doch genau
so wie der!" 74 Da ging Petrus voll ab und schrie sie
an: „Ich kenne diesen Menschen nicht! Der Schlag
soll mich auf der Stelle treffen, wenn ich lüge!" In
dieser Sekunde schlug die Uhr fünfmal. 75 Da fiel
Petrus wieder das ein, was Jesus noch morgens zu
ihm gesagt hatte: „Bevor die Uhr fünf schlägt, wirst
du so tun, als würdest du mich gar nicht kennen."
Petrus war total fertig und fing voll an zu weinen.

27

Jetzt sind die Römer dran

1 Frühmorgens beschlossen die Oberpries-
ter und die Leute aus dem Volk, die was zu
sagen hatten, Jesus an die Besatzungsmacht, also
die römischen Behörden, auszuliefern. Ihr Ziel war
es dabei, dass Jesus noch am selben Tag im Eilver-
fahren die Todesstrafe bekommen sollte. 2 Darum
legten sie Jesus Handschellen an und zogen mit
ihm zum Bürogebäude des Obersten Gerichtshofes
der Römer.

Judas nimmt sich den Strick

3 Judas (der Typ, der Jesus verraten hatte) bekam
plötzlich große Gewissensbisse, als er mitbekam,
dass man Jesus die Todesstrafe verpassen wollte. Er
ging zu den Oberpriestern und knallte ihnen die
ganze Kohle auf den Tisch. 4 „Ich habe einen großen
Fehler gemacht, ich hab Ihnen einen Unschuldigen
ans Messer geliefert!", sagte er. „Das ist uns doch
egal", meinten die nur, „nimm dein Geld und ver-
schwinde. Wir haben nix mehr mit dir zu tun."
5 Judas rannte wie ein Irrer zum Tempel, nahm das
ganze Geld und schmiss es dort auf den Boden. Und
dann holte er sich einen Strick und erhängte sich im
Park. 6 Die Oberpriester sammelten das Geld auf,
waren sich aber unsicher, was sie damit nun machen
sollten: „Wir können die Scheine nicht im Tempel
lassen, da klebt Blut dran!" 7 Sie bequatschten das
Thema und beschlossen schließlich, eine Stiftung zu
gründen. Zweck der Stiftung war, einen Friedhof für
Leute zu finanzieren, die anderswo nicht begraben
werden konnten. Sie kauften dann das Feld von
einem Grundstücksmakler. 8 Diesen Friedhof nennt
man heute noch „Friedhof, an dem Blut klebt". 9 Und
so wurde auch wieder eine Vorhersage von dem Pro-
pheten Jeremia wahr. Der machte die Ansage: „Sie
nahmen dreitausend Euro, das war er den Leuten
von Israel wert, 10 und kauften damit ein Feld von
dem Töpfer, so wie Gott es wollte."

Das Todesurteil

11 Schließlich brachten sie Jesus zu dem Befehls-
haber der Besatzungsmacht, Pontius Pilatus. Der
fragte Jesus sofort: „Sind Sie jetzt der Präsident von
den Juden?" – „Du sagst es", antwortete Jesus.
12 Jetzt traten die religiösen Führer auf die Bildfläche
und versuchten mit allen Mitteln, einen guten An-
klagepunkt zu finden, für den er verurteilt werden
könnte. Jesus sagte die ganze Zeit keinen Pieps.
13 „Hören Sie das nicht, was die hier so alles gegen
Sie vorbringen?", fragte Pilatus. 14 Aber Jesus sagte
weiter keinen Ton. Pilatus fand das ziemlich merk-
würdig. 15 Die Befehlshaber hatten zu dieser Zeit das
Recht, zur Passaparty einmal im Jahr einen Gefan-
genen einfach so freizulassen, den sich die Leute
aussuchen durften. 16 In diesem Jahr war noch ein
anderer Mann verhaftet worden, weil er einige Men-
schen ermordet hatte. Der hieß Barabbas. 17 Als sich
jetzt sehr viele Menschen in dem Gerichtsaal ver-
sammelt hatten, fragte Pilatus in die Runde: „Wen
soll ich dieses Jahr zur Feier des Tages freilassen?
Barabbas oder Jesus, den ihr auch den Christus
nennt?" 18 Er hatte nämlich schon längst kapiert,
dass hinter der Verhaftung von Jesus nur ein Kom-
plott der religiösen Führung steckte, die neidisch

auf ihn war. 19 Übrigens: Als Pilatus gerade mitten in der Verhandlung saß, kam plötzlich 'ne SMS von seiner Frau rein. Die schrieb: „Du musst diesen Typen in Ruhe lassen! Er hat nichts getan! Ich hatte letzte Nacht einen Alptraum gehabt wegen ihm!" 20 In der Zwischenzeit hatten die Oberpriester und die religiösen Leiter aber schon die ganze Masse aufgestachelt: Wenn Pilatus wiederkommt, sollten alle gleichzeitig rufen, dass Barabbas freikommen soll, aber nicht Jesus. 21 Als der Befehlshaber Pilatus wieder mit der Frage ankam: „Wen soll ich jetzt freilassen?", brüllte die Menge: „Barabbas, Barabbas!" 22 „Und was soll ich mit Jesus machen?" Da schrien alle wie aus einem Mund: „Todesstrafe, Todesstrafe, Todesstrafe durch das Kreuz!" 23 „Weswegen soll ich ihn denn verurteilen? Was hat er denn Schlimmes verbrochen?", rief Pilatus etwas verzweifelt. Doch die Leute waren alle wie im Rausch. Sie brüllten: „Todesstrafe! Todesstrafe! Todesstrafe!" 24 Pilatus war klar, dass er keine Chance gegen die Meute hatte, die immer lauter wurde. Er ging zum Waschbecken, was im Saal angebracht war, und wusch sich vor allen Leuten die Hände. Dann sagte er: „Ich für meinen Teil hab mit der Hinrichtung von diesem Mann nichts zu tun. In meinen Augen hat er nichts verbrochen. Die Verantwortung dafür müsst ihr tragen!" 25 Da brüllten die Leute: „Ja, wir und unsere Kinder, wir stehen dafür gerade, die Verantwortung dafür tragen wir!" 26 Dann entließ er Barabbas aus der Haft, aber Jesus wurde abgeführt. Schließlich gab Pilatus den Soldaten den Befehl, Jesus zu foltern und anschließend zu töten. Er unterschrieb den Vollstreckungsbefehl.

Jesus wird gefoltert und fertiggemacht

27 Die Soldaten nahmen Jesus mit in den Innenhof des Regierungsgebäudes der römischen Besatzungsmacht. Dort traten alle Soldaten aus der Abteilung zusammen. 28 Sie zogen ihm die Kleidung aus und legten Jesus einen roten Umhang um die Schultern. 29 Aus Stacheldraht bog einer so eine Krone zusammen, und die drückten sie ihm auf den Kopf. Dann gaben sie ihm ein Eisenrohr in die rechte Hand, und fingen an, sich auch noch über ihn lustig zu machen: „Oh, großer Meister! Du bist doch der Chef der Juden!" 30 Nacheinander spuckten sie Jesus ins Gesicht und schlugen ihm mit dem Eisenrohr auf den Kopf. 31 Als sie irgendwann den Spaß daran verloren hatten, zogen sie ihm wieder die alten Sachen an und führten ihn ab zum Ort, wo die Hinrichtung stattfinden sollte.

Am Kreuz

32 Auf dem Weg dorthin stand gerade ein Mann am Straßenrand, der Simon hieß und aus der Stadt Kyrene kam. Man befahl ihm, das Holzkreuz zu tragen, an das Jesus genagelt werden sollte. 33 Sie brachten ihn an den Platz vor der Stadt, an dem immer die Hinrichtungen stattfanden. Die Stelle nannte man auch Golgatha, was übersetzt „Schädelplatz" heißt. 34 Die Soldaten wollten Jesus eine Schmerztablette andrehen, damit die Hinrichtung nicht ganz so weh tat, aber er wollte sie nicht. 35 Nachdem sie Jesus an das Kreuz genagelt hatten, verlosten sie unter sich seine Kleidung. 36 Die Soldaten setzten sich neben das Kreuz und beobachteten den Rest der Hinrichtung. 37 Über dem Kreuz hatten sie ein Schild aufgehängt. Da stand drauf: „Das ist Jesus, der Präsident der Juden!" 38 Zur gleichen Zeit fanden noch zwei andere Hinrichtungen statt, die Männer hingen rechts und links von Jesus an ihren Kreuzen. Beides waren Diebe. 39 Die Menschen, die vorbeigingen, rissen Witze über Jesus und machten sich über ihn lustig: 40 „Du wolltest doch sogar den Tempel abreißen und ihn in drei Tagen wieder aufbauen! Und nun? Kümmere dich doch erst mal um dich selbst! Komm vom Kreuz wieder runter, wenn du wirklich der Sohn von Gott bist!" 41 Natürlich war die religiöse Führungsebene, die Theologen und die Leute, die was zu sagen hatten, auch gleich da und machte ihre Späße: 42 „Jedem hat er geholfen, aber für sich selber kriegt er es nicht hin! Wenn du wirklich der Präsident der Juden sein willst, dann mach dich doch los und komm runter von deinem Kreuz! Dann würden sogar wir an dich glauben!" 43 Er hat ja immer sehr auf seinen Gott vertraut, wollen wir doch mal sehen, ob Gott sich immer noch zu ihm stellt und ihm hilft. Er hat doch behauptet: ‚Ich bin der Sohn von Gott!'" 44 Auch die beiden anderen Verbrecher, die neben ihm hingerichtet wurden, machten ihre Witze.

Jesus stirbt

45 Gegen Mittag wurde es plötzlich total dunkel. Über drei Stunden war es überall wie Nacht. 46 Plötzlich schrie Jesus in seiner Muttersprache: „Eli, Eli, lama asabtani?", was so viel heißt wie: „Mein Gott, mein Gott, wo bist du jetzt, warum bist du nicht mehr da?" 47 Einige von den Schaulustigen rafften es nicht und dachten, er würde den Propheten Elija rufen. 48 Einer wollte Jesus was zu trinken geben. Er steckte einen nassen Schwamm auf einen Stab und hielt ihn Jesus an den Mund. 49 Die ande-

ren machten dumme Sprüche: „Bleibt hier! Viel-
leicht kommt ja Elia und hilft ihm.“ 50 Plötzlich
schrie Jesus noch einmal laut auf, dann starb er.
51 In derselben Sekunde zerriss der Vorhang von
oben bis unten, der im Tempel vor dem allerderbs-
ten und heiligen Bereich hing. Es gab ein total hefti-
ges Erdbeben und sogar einige Felsen explodierten!
52 Auf dem Friedhof öffneten sich Gräber und ein
paar von den Leuten, die immer das getan hatten,
was Gott gut findet, wurden wieder lebendig. 53 Die
gingen sogar aus den Gräbern direkt in die Stadt,
wo viele Leute sie gesehen haben. 54 Der Chef der
Armee und die Soldaten, die das Ganze bewacht
hatten, bekamen spätestens beim Erdbeben total
den Schiss. Alle sagten: „Dieser Mann war wirklich
der Sohn von Gott!“ 55 Viele von den Frauen aus der
Gegend Galiläa waren auch mit in Jerusalem. Sie
hatten sich immer um Jesus gekümmert und jetzt
beobachteten sie alles aus einiger Entfernung.
56 Maria (die aus dem Ort Magdala war), eine
andere Maria (die Mutter von Jakobus) und die
Frau von Zebedäus, die Mutter von Jakobus und
Johannes, waren auch da.

Jesus wird beerdigt

57 Abends kam ein sehr reicher Mann aus Arima-
thäa vorbei, der hieß Josef und war auch ein Fan
von Jesus. 58 Er ging zu Pilatus und beantragte die
Überführung der Leiche von Jesus. Pilatus unter-
schrieb den Wisch. 59 Josef nahm die Leiche,
wickelte sie in ein Tuch und übergab sie einem
Leichenbestatter. 60 Dann wurde Jesus am selben
Tag noch auf einem Friedhof begraben, und zwar
an der Stelle, wo Josef eigentlich mal beigesetzt
werden wollte. 61 Die beiden Marias setzten sich
abends an das Grab.

Türsteher am Grab von Jesus

62 Am nächsten Morgen war Sabbat, der religiöse
Feiertag der Juden. Da kamen wieder die Oberpries-
ter und die Pharisäer, die religiösen Streber, zusam-
men zu Pilatus. 63 Sie sagten zu Pilatus: „Dieser
Mann hat mal behauptet, er würde nach drei Tagen
wieder lebendig werden! 64 Es wäre wichtig, dass Sie
bis dahin ein paar von Ihren Securityleuten an das
Grab stellen, nur um auf Nummer sicher zu gehen.
Sonst klauen seine Leute noch nachts die Leiche,
und dann haben wir ein Problem, weil sie das
Gerücht verbreiten könnten, er wäre tatsächlich wie-
der lebendig!“ 65 „Meinetwegen“ war seine Antwort,
„zwei Leute will ich dafür abstellen. Tut, was ihr
nicht lassen könnt, und lasst das Grab bewachen!“
66 Sie gingen sofort dorthin, machten eine Absper-
rung um die gesamte Grabstelle und stellten zwei
Männer als Wache ab.

28 Jesus feiert sein Comeback und wird wieder lebendig

1 Ganz früh am Morgen am Tag nach dem
Sabbat, als es gerade hell wurde, gingen Maria Mag-
dalena und die andere Maria auf den Friedhof zum
Grab, um zu trauern. 2 Plötzlich bebte der Boden
unter ihren Füßen, einer von Gottes Engeln erschien
auf der Bildfläche und sprengte die Erde über dem
Grab mit einem Blick einfach weg. Dann setzte er
sich neben die Kuhle auf einen Stein und wartete
dort. 3 Er leuchtete fast so hell wie ein Blitz, und
seine Klamotten waren weiß wie Schnee. 4 Die Män-
ner, die das Grab bewachen sollten, machten sich
fast in die Hose vor Angst, sie schmissen sich auf
den Boden und blieben total geschockt einfach lie-
gen. 5 Der Engel blickte zu den zwei Frauen und
sagte: „Ihr braucht keine Angst zu haben! Ich weiß,
ihr sucht Jesus, den sie hingerichtet haben. 6 Aber
der ist nicht mehr hier! Genau wie er es vorher-
gesagt hatte, ist er wieder lebendig geworden. Ihr
könnt euch die Stelle ruhig noch mal ansehen, wo
er vorher gelegen hat. 7 Geht also sofort zu seinen
Freunden und erzählt denen, dass Jesus nicht mehr
tot ist, sondern lebt! Er wird nach Galiläa gehen, um
dort noch mal mit euch zusammen zu sein. Das
sollte ich euch ausrichten.“ 8 Völlig fertig rannten
die Frauen vom Friedhof weg, aber auf der anderen
Seite waren sie auch superglücklich. Möglichst
schnell wollten sie seine Freunde finden, um denen
zu erzählen, was sie gerade gehört hatten. 9 Als sie
um die Ecke bogen, stand plötzlich Jesus vor ihnen.
„Hallo, ihr zwei!“, sagte er. Die beiden legten sich
aber nur vor ihm auf den Boden und fassten seine
Füße an. 10 Jesus redete ihnen gut zu: „Entspannt
euch! Ihr braucht keine Angst zu haben! Jetzt geht
erst mal zu meinen Leuten und richtet ihnen aus,
dass wir uns in Galiläa treffen! Dort werden mich
dann auch alle anderen sehen.“

Die Lüge der Securityleute

11 Als die Frauen wieder verschwunden waren, rann-
ten die Securityleute in die Stadt und erzählten den
religiösen Führern, was sie erlebt hatten. 12 Sofort
wurde ein Treffen mit den wichtigen Leuten der
Stadt abgehalten. Man bestach die beiden mit Geld

und befahl ihnen: [13] „Sie müssen überall das Gerücht verbreiten: ‚Als wir eingepennt waren, kamen seine Leute vorbei und haben die Leiche von Jesus geklaut.'" [14] Sie boten den beiden einen Deal an: „Wenn Pilatus das erfährt, dann decken wir euch." [15] Die beiden nahmen das Geld und hielten sich an die Abmachung. So kam dieses Gerücht zustande, das sich bei vielen sehr lange gehalten hat.

Jesus trifft auf seine Leute

[16] Die elf Freunde von Jesus gingen dann nach Galiläa zu dem Treffpunkt, den sie mit Jesus ausgemacht hatten. [17] Dort angekommen, stand Jesus plötzlich vor ihnen. Da waren alle total platt! Sie legten sich vor ihm auf den Boden und fingen an, zu ihm zu beten. Es gab aber auch ein paar, die es noch nicht so richtig glauben konnten, dass es wirklich Jesus war.

Der Auftrag von Jesus an seine Leute

[18] Jesus ging zu seinen Leuten, umarmte sie und sagte ihnen: „Hey, ihr, ich hab von Gott die uneingeschränkte Vollmacht bekommen, und zwar über alles, was es gibt! Über das, was man sehen kann, und auch über das, was man nicht sehen kann.
[19] Darum geht jetzt los, überallhin, an alle Ecken und Enden der Erde! Bringt die Leute dazu, so zu leben, wie ich es euch beigebracht habe! Fangt an, mit ihnen dieses Ritual durchzuziehen, die Taufe. Das soll ein Zeichen dafür sein, dass sie jetzt hundertprozentig zu Gott gehören, zu unserem Vater, genauso wie zum Sohn, also zu mir, und zu seiner besonderen Kraft, dem Heiligen Geist.
[20] Bringt ihnen alles bei, was ich euch beigebracht habe! Auf eins könnt ihr euch jetzt schon verlassen: Ich werde – egal zu welcher Zeit und egal, wo ihr gerade seid – immer bei euch sein und euch nie mehr verlassen!"

Gute Nachrichten durch Jesus Christus: ein Bericht von Markus

1

Johannes der Täufer meint: Ändert euch!

1 Hier geht es um eine sehr coole Sache, wirklich
gute Nachrichten für alle, es geht um Jesus
Christus, den Sohn von Gott! 2 Es fing alles genau
so an, wie es der Prophet Jesaja schon im alten
Buch vorhergesagt hatte: „Pass auf! Ich werde
jemanden losschicken, der den Weg für dich schon
mal vorbereitet. 3 Der ist wie ein Megaphon, man
hört ihn schon von weitem. Er wird in der Wüste
rufen: ‚Macht den Weg frei für den Chef! Baut eine
Straße für ihn!'" 4 Dieser Ansager hieß Johannes. Er
lebte mitten in der Wüste und forderte die Leute
auf, sich bei einem religiösen Ritual waschen zu
lassen, man nannte das Taufe. Es sollte ein Zeichen
dafür sein, dass man sein Leben ändern wollte.
5 Aus der ganzen Gegend kamen die Leute angereist, um sich seine Reden anzuhören. Sie gaben zu,
dass sie Mist gebaut hatten, und dann taufte er sie.
6 Johannes hatte Klamotten aus Kamelhaaren und
trug dazu einen Ledergürtel. Er aß nur Heuschrecken und Honig, so krass drauf war er. 7 Er sagte
allen Leuten: „Bald wird einer da sein, der ist total
wichtig und groß. Im Vergleich zu ihm würd ich
immer den Kürzeren ziehen, ich bin's noch nicht
mal wert, mich vor ihm in den Dreck zu knien, um
ihm die Schuhe auszuziehn. 8 Ich hab euch nur mit
Wasser getauft. Der wird euch aber mit der ganz
besonders krassen Kraft von Gott taufen, mit dem
Heiligen Geist!" 9 Schließlich kam Jesus, der aus der
Stadt Nazareth stammte, mal vorbei. Er wollte sich
auch taufen lassen. 10 Als er nach der Taufe aus
dem Wasser wieder hochkam, öffnete sich der Himmel ganz plötzlich über ihm. Der Geist von Gott
schwebte zu ihm hinunter, und zwar in Form einer
Taube. 11 Und dann hörte man plötzlich eine Stimme
aus dem Himmel, die laut sagte: „Du bist mein
Sohn, den ich sehr liebe. Ich freue mich total über
dich!"

Ab in die Wüste

12 Kurze Zeit später führte Gottes Kraft Jesus in die
Wüste. 13 Vierzig Tage verbrachte Jesus dort. Satan
versuchte ihn dabei die ganze Zeit vom richtigen
Weg abzubringen. Er lebte dort mit den Tieren
zusammen, und es kamen immer mal ein paar
Engel vorbei, die sich um ihn kümmerten.

Jesus sagt: Es geht jetzt los

14 Nachdem Johannes von Herodes Antipas, der
damals die Macht in Israel hatte, in den Knast
gesteckt worden war, zog Jesus nach Galiläa, um
dort allen die gute Nachricht von Gott zu erzählen.
Er sagte dabei so Sachen wie: 15 „Es geht los, Leute!
Es hat eine neue Zeit begonnen, eine Zeit, in der
Gott das Sagen hat. Hört auf, Dinge zu tun, die
Gott nicht will! Setzt euer Vertrauen auf diese neue
gute Nachricht!" 16 Am See Genezareth traf Jesus
auf Simon und dessen Bruder Andreas. Die waren
von Beruf Fischer und gerade bei der Arbeit. 17 Jesus
meinte zu den beiden: „Hey, ihr zwei! Packt eure
Klamotten und kommt mit! Ihr werdet von mir
einen neuen Beruf lernen. Anstatt Fische sollt ihr
jetzt Menschen fischen, ich will euch beibringen,
wie man Menschen dazu bringt, mit Gott zu leben!"
18 Die zwei ließen sofort alles stehen und liegen und
gingen mit ihm mit. 19 Gleich um die Ecke hingen
zwei Brüder in ihrem Boot rum und flickten Netze:
Jakobus und Johannes, die Söhne von Zebedäus.
20 Zu denen sagte Jesus auch nur: „Mitkommen!",
und beide folgten ihm sofort. Sie ließen ihren Vater
bei den Zeitarbeitern, die auch mit im Boot waren,
zurück und gingen mit ihm. 21 Schließlich kamen sie
in die Stadt Kapernaum. An dem besonderen religiösen Feiertag, dem Sabbat, ging Jesus in die
Synagoge, um den Leuten dort was beizubringen. In
der Synagoge wurde am Sabbat immer der Gottesdienst gefeiert. 22 Alle, die da waren, merkten sofort, dass er es total draufhatte. Auf die Art, wie er
Dinge erklärte und mit ihnen redete, merkte man
sofort, dass er etwas Besonderes war. Was er sagte,
strahlte Kraft aus und war nicht nur so ein dünnes Rumgelabere wie bei den religiösen Profis, diesen Schriftgelehrten. Jeder kriegte mit, dass Gott
höchstpersönlich durch Jesus zu ihnen redete. 23 In
der Synagoge war ein Typ, der hatte so einen fiesen
Geist in sich, einen Dämon. 24 Der fing voll an zu
zappeln und schrie: „Was willst du, Jesus? Bist du
da, um uns Dämonen fertigzumachen? Ich weiß

genau, wer du bist. Du bist der Auserwählte von Gott!" 25 „Halt die Klappe!", schrie Jesus zurück. „Verlass diesen Typen!" 26 Der Dämon tobte in dem Typen so, dass es ihn hin und her riss, bis er den Mann mit einem lauten Schrei verließ. 27 Den Zuschauern fiel da erst mal die Kinnlade runter, und sie waren total geschockt! Sie steckten die Köpfe zusammen und meinten: „Was sind das denn für krasse Sachen, die der da erzählt? Und woher hat er diese Power? Sogar die Dämonen müssen tun, was er sagt!" 28 Die News verbreiteten sich wie ein Lauffeuer in ganz Galiläa. 29 Als Jesus aus der Synagoge draußen war, wollten sie noch Simon und Andreas besuchen gehen. Jakobus und Johannes waren auch dabei. 30 Die Schwiegermutter von Simon war sehr krank. Sie hatte Grippe und lag mit 40°C Fieber im Bett. Als sie Jesus das berichtet hatten, 31 ging er in ihr Zimmer und nahm ihre Hand. Dann zog er sie aus dem Bett hoch, und im selben Augenblick war das Fieber weg! Die Frau ging dann in die Küche und machte eine Runde Pizza für alle.

Jesus heilt kranke Menschen

32 Abends nach Sonnenuntergang wurden alle Leute bei Jesus vorbeigebracht, die irgendwie krank waren oder Probleme mit Dämonen hatten. 33 Die ganze Stadt war plötzlich an der Tür und wollte was. 34 Sehr viele Leute wurden an dem Abend von Jesus geheilt. Er bekämpfte viele Dämonen erfolgreich und befahl ihnen, die Menschen zu verlassen. Jesus gab den Dämonen immer die Order, bloß ihr Maul zu halten. Denn die wussten genau, wer ihnen da gegenüberstand. 35 Am nächsten Morgen ging Jesus erst mal an einen Ort, wo er ganz alleine sein konnte, um zu beten. 36 Später kamen Simon und die anderen hinterher. 37 Als sie ihn gefunden hatten, meinte einer: „Hey, Jesus, alle fragen nach dir und wollen wissen, wo du bist!" 38 „Wir haben eine lange Tour vor uns, ich will noch in anderen Städten von Gottes Sache erzählen. Das ist mein Job, dazu bin ich da." 39 Also zog er durch das ganze Gebiet von Galiläa. Er predigte in den Synagogen, und bei vielen Leuten vertrieb er auch die bösen Geister aus ihrem Körper. 40 Irgendwann kam ein Typ bei ihm an, der eine ganz schlimme Hautkrankheit hatte, die sehr ansteckend war. Er kniete sich vor Jesus hin und bettelte: „Herr Jesus! Ich weiß, wenn Sie wollen, dann können Sie mich gesund machen!" 41 Der Typ tat Jesus voll leid. Er fasste ihn an und sagte: „Ist in Ordnung. Du bist jetzt gesund!" 42 Sofort war die Krankheit weg, und er war komplett geheilt! 43 Jesus verpasste ihm aber erst mal einen Maulkorb: 44 „Erzähl das jetzt nicht überall rum, sondern mach das, was in den Gesetzen von Mose steht: Geh zu einem Priester, damit der bestätigt, dass deine Krankheit weg ist. Und zum Schluss vergiss nicht, für Gott so ein Opfer durchzuziehen. Damit wird auch klar, dass du wirklich von Gott geheilt worden bist." 45 Aber der Typ hielt sich nicht an die Abmachung. Völlig begeistert erzählte er jedem, den er traf, von seiner Heilung. Dadurch wurde Jesus berühmt und konnte sich nicht mehr überall blicken lassen. Schließlich war er nur noch an Plätzen, die nicht so viele Leute kannten. Aber auch dort waren schnell viele Menschen versammelt.

2

Ein Körperbehinderter wird gesund

1 Ein paar Tage später war Jesus wieder in Kapernaum. Dass er wieder da war, sprach sich schnell rum. 2 Es dauerte keinen Tag, da war sein Haus schon wieder mit tausend Leuten belagert. Die Sitzplätze waren schnell weg, nicht mal mehr vor den Fenstern und der Tür war noch was frei. Und Jesus erzählte ihnen von Gott. 3 Plötzlich kamen vier Männer, die einen querschnittsgelähmten Freund auf einer Trage trugen. 4 Weil es so voll war und sie einfach nicht durchkamen, kletterten die vier aufs Dach. Einer nahm die Ziegel runter, und dann ließen sie ihren Freund durch das Loch mit ein paar Seilen fahrstuhlmäßig langsam runter. 5 Als Jesus bemerkte, wie groß ihr Vertrauen auf ihn war, redete er mit dem Gelähmten: „Hey, du, der ganze Mist, den du gebaut hast, ist jetzt vergeben und vorbei!" 6 Einige von den Jungs, die viel Ahnung von den religiösen Texten hatten, waren davon nicht so begeistert. 7 „Wie kann der bitte so 'ne Ansage machen? Der macht doch Gott lächerlich! Nur Gott alleine kann unsere Schuld vergeben, nur er kann diese Distanz zwischen ihm und uns wieder wegmachen!" 8 Jesus hatte schon längst bemerkt, was in denen vorging: „Warum machen Sie sich über so was nur solche Gedanken? 9 Was ist denn leichter? Zu dem Behinderten hinzugehen und zu sagen: ‚Dein Mist ist vergeben und vorbei', oder zu ihm zu sagen: ‚Steh auf, nimm dein Zeug unter deinen Arm und lauf wieder'? 10 Ich werde Ihnen beweisen, dass der Auserwählte Gottes die Vollmacht hat, den Mist zu vergeben und die Schulden zu erlassen, die man bei Gott hat." Dann beugte er sich zu dem Typen runter und meinte noch mal zu ihm: 11 „Los, steh auf, Mann! Nimm

deine Sachen und geh nach Hause! Du bist jetzt
wieder gesund.“ 12 Der Typ sprang sofort von seiner
Trage runter, nahm seine Klamotten und drängelte
sich durch die Menschenmasse nach draußen.
Da waren alle total geplättet und dankten Gott für
dieses Wunder. „So was haben wir hier ja noch
nie erlebt!“ 13 Schließlich ging Jesus wieder ans Ufer
vom See. Dort unterrichtete er viele Leute, die sich
da getroffen hatten. 14 Auf dem Weg in eine andere
Gegend traf er Levi, der aus der Familie vom
Alphäus kam. Levi war Steuereintreiber und saß
gerade in seinem Zollhäuschen an der Straße.
„Komm mit!“, sagte Jesus zu ihm. Das ließ der sich
nicht zweimal sagen. 15 Levi organisierte erst mal
’ne große Party. Er hatte neben Jesus und seinen
Freunden auch viele Menschen eingeladen, die in
der Gesellschaft als Dreck galten. Dazu gehörten
auch einige andere Steuereintreiber, die sehr unbe-
liebt waren, weil sie die Menschen abzockten und
den einen oder anderen Euro in die eigene Tasche
wandern ließen. Außerdem waren dort noch andere
Leute, die bisher nichts mit Gott zu tun hatten.
16 Als die religiösen Streber, diese Pharisäer, mit-
kriegten, mit was für Leuten Jesus zusammen war,
fragten sie seine Freunde: „Warum hängt der bloß
mit so einem Gesocks ab?“ 17 Jesus bekam das mit
und meinte: „Die Leute, die gesund sind, brauchen
nicht zum Arzt zu gehen. Aber die Fertigen und
Kranken, die brauchen einen Arzt. Und für genau
die bin ich ja auch da, nicht für die, die sowieso
schon mit Gott leben!“

Neue Sachen passen nicht in alte Formen

18 Die Gruppe um Johannes und auch diese religiö-
sen Streber fasteten öfters mal. Das heißt, sie aßen
aus religiösen Gründen nichts und verzichteten
auch noch auf andere Sachen. Irgendwann kamen
ein paar Typen zu Jesus und wollten von ihm wis-
sen, warum die Leute von Johannes und auch die
Pharisäer fasten, aber seine Leute nicht. 19 Jesus
meinte dazu: „Wie ist das denn bei einer Hochzeit?
Sitzen denn die Gäste da auch frustriert rum, wenn
der Typ, der heiratet, noch dabei ist? Null! Sie feiern,
bis der Arzt kommt, solange der Bräutigam noch da
ist. 20 Aber irgendwann wird der verschwinden, und
dann gibt es noch genug Zeit zum Traurigsein und
zum Fasten. 21 Keiner würde einen 200-PS-Porsche-
motor in eine alte Ente einbauen. Das Teil würde
sich bei 180 auf der Autobahn von selbst zerlegen.
22 Genauso würde niemand, der Wein macht, den
Traubensaft in alte brüchige Flaschen einfüllen.
Wenn der dann gärt und sich ausdehnt, explodieren
die Teile, und alles wäre kaputt. Genauso müssen
die neuen Ideen über Gott auch auf eine neue
Grundlage gestellt werden.“
Oder anders übersetzt: 21 *Niemand würde ein neues
Blech auf einen total verrosteten Kotflügel schweißen.
Das Teil würde nicht lange halten, und das Loch würde
nur noch größer werden. Der ganze Kotflügel muss neu
sein.* 22 *Genauso würde niemand ein neues Betriebssys-
tem auf einen alten Rechner draufladen. Dann würde
die Festplatte nur abrauchen. Genauso müssen die
neuen Ideen über Gott auch auf eine neue Grundlage
gestellt werden.“*

Am Feiertag soll man es ruhig angehen lassen

23 An dem religiösen Feiertag, dem Sabbat, gingen
Jesus und seine Leute durch die Getreidefelder spa-
zieren. Auf dem Weg pflückten sie ein paar Getrei-
dekörner, um darauf rumzukauen. 24 Die religiösen
Streber machten deswegen voll den Aufstand: „Un-
glaublich, sehen Sie sich das mal an! Nach unserem
religiösen Gesetz ist es strengstens verboten, am
Sabbat etwas abzupflücken.“ 25 Jesus blieb aber
ganz cool und meinte nur: „Sagen Sie mal, haben
Sie eigentlich schon mal in den alten Texten gele-
sen? Unser Präsident David und seine Männer
26 haben sich, als ihnen der Magen knurrte, auch
im Haus von Gott, im Tempel, an den Sachen
bedient, die eigentlich für die Priester reserviert
waren. 27 Der Sabbat ist doch als ein besonderer Tag
für den Menschen geplant gewesen. Es sollte kein
Nervtag für ihn sein. 28 Darum hat der Auserwählte
Gottes das Recht zu entscheiden, was am Sabbat
okay ist und was nicht.“

3

Geht es um Regeln oder geht es um Liebe?

1 Jesus ging am Sabbat mal wieder in die Syn-
agoge. Dort sah er einen Mann, der eine ver-
krüppelte Hand hatte. 2 Die Leute, die auf Jesus voll
den Hals hatten, warteten nur auf die nächstbeste
Gelegenheit, um ihn irgendwie anzuzeigen. Es war
gesetzlich verboten, an diesem Tag kranken Men-
schen zu helfen, und sie wollten sehen, wie er
reagieren würde. 3 Jesus sagte zu dem Typen: „Hey,
komm mal her zu mir!“ 4 Dann fragte er in die
Runde: „Sagt mal, was denkt ihr, steht Gott darauf,
dass wir an seinem besonderen Feiertag, dem Sab-
bat, gute Sachen machen oder eher schlechte? Sol-
len einem an diesem Tag die Probleme von anderen
egal sein, oder soll man versuchen, Leuten zu hel-

fen, wo es geht?“ Aber die anderen sagten gar nix dazu. 5 Stinksauer sah Jesus einem nach dem andern in die Augen. Er konnte es einfach nicht fassen, wie hart die Leute drauf waren, und war da total traurig drüber. Dann meinte er zu dem Mann: „Streck mal deine Hand aus!“ Der tat es, und im selben Augenblick war die Hand wieder in Ordnung! 6 Sofort verschwanden die religiösen Streber aus der Synagoge und organisierten ein Treffen mit ein paar Freunden und Fans vom Präsidenten Herodes Antipas. Sie steckten die Köpfe zusammen und heckten einen Plan aus, wie man Jesus schnellstmöglich töten könnte.

Jesus hat ’ne Heilungssession am See bei Genezareth

7 Jesus ging dann mit seinen Freunden wieder an den Strand vom See Genezareth. Aber voll viele Leute kamen ihm hinterher, die Fans kamen aus Galiläa, Judäa, 8 Jerusalem, Idumäa, aus der Gegend, die östlich vom Jordan liegt, und sogar aus den Städten Tyrus und Sidon waren Leute da. Die Sache, dass bei ihm voll die derben Wunder passierten, dass Leute geheilt werden und so, das war überall die Nachricht des Tages. 9 Jesus wurde das manchmal echt zu viel, darum bat er seine Freunde, ein Boot zu organisieren, damit die Leute ihn nicht überrennen würden. 10 Weil er ständig Leute gesund machte, drängelten sich immer irgendwelche kranken Menschen um Jesus herum. Sie wollten ihn einfach nur mal anfassen in der Hoffnung, dann auch geheilt zu werden. 11 Alle, die irgendwelche fiesen Dämonen in sich hatten, schmissen sich platt vor Jesus auf den Boden und riefen: „Du bist der Sohn von Gott!“ 12 Jesus sagte den Dämonen dann, sie sollten bloß ruhig sein und nichts verraten.

Die zwölf Apostel

13 Abends ging er dann auf einen Berg, der ganz in der Nähe lag. Vorher sagte er ein paar ausgewählten Leuten, dass sie mitkommen sollten. 14 Zwölf Leute wurden von ihm ausgesucht, damit sie mit ihm zusammen sein und als seine Schüler von ihm lernen sollten. Ihr Aufgabe war es auch, ab dann überall von Gott zu erzählen. 15 Diesen zwölf Freunden übertrug er alle Vollmachten, die sie brauchten, um Dämonen auszutreiben und Krankheiten zu heilen. Die wurden jetzt auch Apostel genannt. 16 Hier die Namen von den zwölf Männern, die er ausgesucht hatte: Simon (dem Jesus den Namen Petrus gab, was so viel wie „der Fels“ bedeutet), 17 Jakobus (ein Sohn von Zebedäus), und Johannes (ein Bruder vom Jakobus), die beiden nannte er oft auch die „Donnersöhne“. 18 Dann Andreas, Philippus, Bartholomäus, Matthäus, Thomas, Jakobus (ein Sohn von Alphäus), Thaddäus, Simon (der Ex-Terrorist) 19 und noch Judas Iskariot. Das war der, der Jesus später gedisst und verraten hat.

Es gibt Ärger um Jesus

20 Als Jesus wieder nach Hause kam, waren da schon wieder total viele Menschen. Er konnte noch nicht mal in Ruhe was essen, weil ihn alle belagerten. 21 Als die Leute aus seiner eigenen Familie den Andrang mitkriegten, wollten sie ihn wieder nach Hause holen. Sie dachten nämlich, er wäre jetzt total übergeschnappt und durchgeknallt. 22 Die religiösen Profis aus Jerusalem vertraten die These: Er wird von Satan kontrolliert und kann die Dämonen nur vertreiben, weil er einen noch höheren Dämon in sich hat. 23 Jesus holte diese Pharisäer, wie man sie auch nannte, mal zu sich und fragte sie: „Wie geht das denn bitte? Warum soll denn der Satan den Satan rausschmeißen? 24 Wenn in einer Armee die Soldaten gegeneinander kämpfen, werden sie keinen Krieg gewinnen können. 25 Wenn in einer Partei alle gegeneinander arbeiten, würden sie keine Wahl gewinnen. 26 Warum sollte der Satan gegen sich selbst arbeiten, der ist doch nicht blöd?! Das wäre doch sein Ende! 27 Noch ein anderes Bild: Es ist ja auch schwer möglich, einen Einbruch in einer Villa zu organisieren, wenn der Hausbesitzer Weltmeister in Karate ist. Erst wenn es dir gelingt, den Mann irgendwie zu fesseln, kann man das Haus ausräumen. 28 Ich sag euch noch mal was: Gott kann so ziemlich alles vergeben, egal, was für einen Mist man gebaut und wie schlimm man gegen Gott abgelästert hat. 29 Aber wenn jemand bewusst den Geist von Gott, den Heiligen Geist, beleidigt, dem kann das nicht mehr so mal eben verziehen werden, das wird ewig zwischen Gott und ihm stehen.“ 30 Das war sein Kommentar zu der „Er hat einen höheren Dämon in sich“-Behauptung.

Wer für Jesus zu seiner Familie gehört

31 Als Jesus gerade mal ’ne Rede hielt, kamen auch seine Mutter und seine Brüder vorbei. Die wollten ihn auch mal wiedersehen und ließen ihm das ausrichten. 32 Es waren aber gerade sehr viele Leute da. Jemand meinte zu ihm: „Hey, Jesus, deine Familie ist draußen und will dich sehen!“ 33 Aber Jesus fragte zurück: „Wer ist meine Mutter, wer sind

meine Brüder?" 34 Dann schaute Jesus in die Gesichter der Leute, die bei ihm waren, und meinte nur: „Schaut euch mal um. Das hier ist meine Familie! 35 Alle, die das tun, worauf Gott Bock hat, gehören zu meiner Familie. Das sind dann meine Brüder, meine Schwestern und auch meine Mutter."

4

Der Vergleich mit einem Bauern

1 Jesus war am See und wollte den Menschen wieder was beibringen. Es kamen richtig viele Leute, so viele, dass er von einem Boot aus zu ihnen sprechen musste, damit ihn auch alle verstehen konnten. 2 Er benutzte oft praktische Beispiele, um den Leuten klarzumachen, was er eigentlich sagen wollte. Zum Beispiel erzählte er folgende Geschichte: 3 „Hört zu! Ein Bauer ging auf sein Feld, um Samenkörner auszusäen. 4 Einige der Körner fielen dabei auf die Straße. Sofort kamen die Vögel und pickten sie auf. 5 Andere Körner fielen auf sehr steinigen Boden, wo wenig Erde war. Da keimten sie zwar, 6 doch sobald die Sonne voll draufknallte, vertrockneten die Pflanzen, weil die Wurzeln nicht tief genug in den Boden wachsen konnten. 7 Einige fielen unter einen Brombeerbusch. Der Busch wuchs so krass, dass die kleinen Pflanzen keine Chance hatten und auch kaputtgingen. 8 Ein paar fielen aber auf guten Boden. Die gingen dann auf, wuchsen wie blöd, und man konnte später eine fette Ernte einfahren. 9 Ich hoffe, ihr habt kapiert, was ich damit sagen will!" 10 Später war Jesus noch mit seinen zwölf Freunden und einigen anderen zusammen. Einer wollte von ihm wissen: „Warum erzählst du eigentlich immer in diesen Bildern und Vergleichen?" 11 „Ihr habt von Gott die einmalige Chance bekommen, die Geheimnisse von diesem Ort, wo Gott das Sagen hat, zu begreifen. Aber die anderen kapieren das nur, wenn man es ihnen mit Bildern und Vergleichen erklärt. 12 Damit wird die Ansage aus dem alten Buch von Jesaja Wirklichkeit: ‚Sie kriegen alles mit, was ich tue, aber sie peilen die Bedeutung davon nicht. Sie hören, was ich zu sagen habe, aber sie kapieren es einfach nicht. Darum werden sie auch nicht aufhören, Sachen zu tun, die Gott nicht will, und ihnen wird auch nichts vergeben werden.' 13 Leute, versteht ihr diesen Vergleich mit dem Bauern nicht? Wenn ihr das schon nicht begreift, wie wollt ihr dann die anderen Sachen begreifen, die ich noch zu erzählen hab? 14 Der Bauer ist ein Bild für einen, der jemandem was von Gott erzählt. 15 Die Samenkörner, die auf die Straße gefallen sind, waren ein Bild für die Leute, die die Nachricht zwar hören, aber der Satan kommt sofort vorbei und reißt sie wieder aus ihrem Herzen weg. 16 Das mit der dünnen Erdschicht und Felsen drunter ist ein Bild für die Menschen, bei denen zuerst glaubensmäßig voll der Punk abgeht, die am Anfang voll begeistert sind von Gott. 17 Die Sache geht aber noch nicht so in die Tiefe. Und sobald es Probleme gibt oder sie Ärger kriegen, weil sie jetzt an Gott glauben, werfen sie schnell die Flinte ins Korn und geben auf. 18 Dieses Ding mit den Brombeeren war über Menschen, die zwar die neue Nachricht über Gott hören, 19 doch wenn der normale Alltag losgeht und sie plötzlich total Bock auf Kohle und Luxus kriegen, dann kann daraus am Ende auch nichts Anständiges wachsen. 20 Aber mit dem guten Boden sind die Leute gemeint, die die Worte über Gott hören und auch begreifen, was damit gemeint ist. Bei denen werden dann gute Sachen daraus wachsen können, ihre Früchte können sich stark vermehren: dreißig-, sechzig- und sogar hundertmal so viel, wie es am Anfang mal war."

Der Vergleich mit einer Lampe

21 Jesus hatte noch 'ne Frage: „Was denkt ihr, würde jemand eine Lampe anmachen und dann einen Eimer drüberstellen oder sie so weit unters Bett schieben, damit man das Licht nicht mehr sieht? Natürlich nicht! Eine Lampe stellt man so auf, dass es im ganzen Zimmer hell wird. 22 Alles, was jetzt noch ein Geheimnis ist, wird irgendwann mal für alle deutlich und sichtbar sein. Nichts von dem, was jetzt geheim ist, wird auch geheim bleiben. 23 Passt gut auf das auf, was ich euch jetzt gesagt habe, und denkt darüber nach! 24 Merkt euch Folgendes: Man wird euch genauso oder sogar noch härter beurteilen, wie ihr jemand anderen beurteilt habt! 25 Denn die Leute, die verstanden haben, worum es geht, die werden auch noch viel mehr verstehen. Wer es aber jetzt nicht begriffen hat, der wird am Ende überhaupt nichts mehr begreifen. Und das, was er mal kapiert hat, wird er auch noch wieder vergessen."

Der Vergleich, wo es um das Wachsen der Samen geht

26 Dann meinte Jesus: „Mit dieser neuen Zeit, wo Gott das Sagen hat, ist das so, wie mit einem Typen, der Samen auf ein Feld streut. 27 Nachdem er alles ausgesät hat, geht er pennen, und am nächsten Tag

fängt alles schon an zu wachsen, einfach so, ohne dass er was gemacht hat. 28 Die Erde sorgt einfach dafür, dass die Dinge wachsen und sich vermehren. Zuerst sieht es aus wie ein Grashalm, dann wächst es zu einer Ähre und dann ist die Ähre plötzlich voller Weizenkörner. 29 Wenn alles gut gewachsen und die Erntezeit da ist, kommt der Typ vorbei und erntet nur noch."

Der Vergleich mit einer Kastanie

30 Irgendwann sagte Jesus: „Wie kann ich euch mit einem guten Vergleich noch mal klarmachen, wie das mit dem Ort ist, wo Gott das Sagen hat? 31 Ich versuch es mal mit einem Vergleich zu einer Kastanie. So ein Ding ist echt nicht sehr groß. 32 Wenn der aber irgendwo eingebuddelt wird, dann fängt er an zu sprießen, und es wächst daraus ein Baum. Irgendwann ist der Baum größer als die ganzen Büsche drum herum. Er bekommt starke Zweige, und Vögel können dadrin sogar ihre Nester bauen." 33 Jesus benutzte oft irgendwelche Vergleiche, um den Menschen besser klarzumachen, was er eigentlich sagen wollte. 34 In der Öffentlichkeit benutzte er nur solche Vergleiche. Wenn er aber mit seinen Freunden zusammen war, erklärte er ihnen genauer, was er damit sagen wollte.

Jesus hat sogar Macht über den Wind und das Wasser

35 Abends meinte Jesus zu seinen Leuten: „Kommt, lasst uns mit dem Boot auf die andere Seite vom See fahren!" 36 Seine Freunde schickten die Menschen nach Hause, stiegen zu ihm ins Boot und fuhren los. Ein paar andere Boote waren auch noch dabei. 37 Plötzlich ging ein derber Sturm los. Die Wellen waren sehr heftig, das Wasser schwappte in das Boot, bis es schon fast vollgelaufen war. 38 Aber Jesus pennte die ganze Zeit seelenruhig hinten im Boot auf einer großen Decke. Die Freunde von Jesus bekamen voll die Panik, sie weckten ihn schließlich und schrien: „Meister, ist dir das total egal, wenn wir hier jetzt alle ersaufen?" 39 Jesus stand auf, stellte sich an Deck gegen den Wind und redete mit ihm: „Ich warne dich! Hör auf, so krass zu wüten!" Sofort wurde der Wind ruhig und alles war totenstill. 40 Zu den Schülern meinte er nur: „Sagt mal, warum habt ihr so einen Schiss? Habt ihr denn immer noch kein Vertrauen zu Gott?" 41 Völlig verdattert flüsterten sie untereinander: „Boah, was ist das nur für ein Typ! Sogar die Wellen und der Wind tun das, was er ihnen sagt!"

5

Jesus macht jemanden gesund, der einen Dämon in sich hat

1 Schließlich kamen sie mit ihrem Boot auf der anderen Seite des Sees an, dort war das Land der Gerasener. 2 Als Jesus aus dem Boot stieg, rannte ihm ein total durchgeknallter Psycho entgegen. Dieser Mann war von einem Dämon besessen, so einem fiesen Geist, der ihn irgendwie kontrollierte. 3 Der Typ lebte auf dem Friedhof in irgendwelchen Grabhöhlen. Er war so stark, dass er selbst mit Handschellen und Fußfesseln nicht zu halten war. 4 Jedes Mal, wenn man ihn wieder anketten wollte, riss er die Dinger ab und floh. Es gab keinen, der stark genug war, um ihn festzuhalten. 5 Er wohnte die ganze Zeit entweder in einer Grabhöhle oder er streunte in den Bergen herum. Manchmal schrie er irre laut und verletzte sich selber mit einem Stein. 6 Als er Jesus von Weitem sah, rannte er auf ihn zu und schmiss sich vor ihm auf den Boden. 7 Dann fing er wie blöd an zu schreien: „Was willst du von mir, Jesus? Du bist der Sohn von dem superheftigen Gott! Bitte, bei Gott: Mach mich nicht fertig!" 8 Jesus hatte dem Dämon nämlich schon gesagt, er sollte aus dem Mann verschwinden. 9 Dann fragte Jesus den fiesen Geist: „Wie heißt du?" – „Ich bin die Legion, wir sind nicht nur einer hier drin!" 10 Die Dämonen bettelten voll rum: „Bitte, sei so nett, wir wollen wenigstens in dieser Gegend bleiben!", sagten sie. 11 Um die Ecke war gerade eine große Herde von Schweinen. 12 „Bitte, lass uns wenigstens in den Schweinen wohnen!", bettelten die Geister. 13 Jesus sagte nur: „Okay", und im selben Augenblick verdünnisierten sich die Dämonen aus dem Mann und zogen in die Schweine ein. Die drehten total durch und begingen kollektiven Selbstmord: Die ganzen 2000 Schweine sprangen die Klippen runter in den See und ertranken! 14 Die Hirten waren voll geschockt und rannten sofort in die Stadt, um das jedem zu erzählen. Viele Schaulustige kamen daraufhin dort an, um zu sehen, was gerade passiert war. 15 Als sie dann den Typen sahen, der vorher noch total durchgeknallt war und jetzt plötzlich mit ordentlichen Klamotten dasaß und ganz ruhig mit Jesus laberte, kriegten das viele überhaupt nicht auf die Kette. Es machte einigen sogar Angst. 16 Die Augenzeugen erzählten den anderen dann ausführlich, was gerade mit dem Mann und den Schweinen passiert war. 17 Als die Leute das mit den Schweinen hörten, bekamen sie plötzlich Angst um ihr Geschäft. Sie erteilten ihm deswegen ein Platzverbot und wollten, dass er sofort die Gegend verlässt.

18 Der Ex-Besessene wollte gerne auch zu Jesus ins Boot steigen, um mit ihm zusammen zu sein. 19 Aber Jesus fand, das sei keine so gute Idee: „Geh besser nach Hause zu deiner Familie und erzähle allen von dem krassen Wunder, was du erlebt hast, und wie gut Gott mit dir umgegangen ist!“ 20 Das ließ der sich nicht zweimal sagen. Sofort zog er los und erzählte überall im „Zehn-Städte-Landkreis“ den Leuten seine Geschichte und was Jesus mit ihm gemacht hatte. Alle, die das hörten, staunten nicht schlecht.

Krankheit und Tod haben keine Chance gegen Jesus

21 Kaum war Jesus am anderen Ufer angekommen, waren am Strand schon wieder sehr viele Leute bei ihm. 22 Ein Typ, der Jairus hieß, kam bei Jesus an und warf sich vor ihm auf den Boden. Jairus war ein wichtiger Mann, er hatte eine Leitungsposition in der jüdischen Gemeinde vor Ort. 23 „Meine Tochter liegt im Sterben!“, rief er. „Bitte legen Sie ihr die Hände auf und beten für sie, damit sie wieder gesund wird!“ 24 Jesus war einverstanden und ging mit. Die Fangemeinde war ihm dabei dicht auf den Fersen. 25 Eine Frau in der Menge hatte seit zwölf Jahren ohne Unterbrechung Regelblutungen und war somit nach den religiösen Gesetzen ständig unrein, also nicht in Ordnung. 26 Sie war damit schon bei zig Ärzten gewesen und hatte ihre sämtliche Kohle dagelassen, war aber immer noch krank. Anscheinend konnte ihr keiner wirklich helfen. Ganz im Gegenteil, es ging ihr sogar von Tag zu Tag immer beschissener. 27 Als sie davon Wind bekommen hatte, dass Jesus in der Gegend war, drängelte sie sich von hinten durch die Menge und berührte seine Klamotten. 28 Sie hatte sich das nämlich so gedacht: „Wenn ich nur mal sein Hemd anfassen kann, dann werde ich bestimmt wieder gesund.“ 29 Und tatsächlich: In der Sekunde, als sie ihn berührte, war sie wieder kerngesund! Die Blutungen hörten auf, das merkte sie sofort. 30 Jesus merkte, dass gerade irgendwie Kraft von ihm abgezapft wurde. Er drehte sich zu den Leuten um und fragte: „Wer hat gerade meine Klamotten angefasst?“ 31 Seine Freunde schüttelten nur den Kopf. „Mann, merkst du noch was? Hier drängeln tausend Leute um dich rum, und du fragst uns: ‚Wer hat mich gerade angefasst?‘“ 32 Jesus schaute sich um, weil er die Personen finden wollte, die ihn berührt hatte. 33 Da bekam die Frau Angst und zitterte am ganzen Körper. Dann kniete sie sich vor Jesus hin und erzählte ihm die Story. 34 Jesus lächelte sie an: „Weil du so fest dadran geglaubt hast, darum bist du jetzt auch gesund geworden! Entspann dich, bei dir ist jetzt alles in Ordnung!“ 35 In der Zeit, wo Jesus mit ihr redete, kamen ein paar Leute aus dem Haus bei Jairus an. „Zu spät! Deine Tochter ist tot! Der Experte kann sich den Weg sparen!“, sagten sie. 36 Jesus, der das gehört hatte, ging zu Jairus: „Keine Panik! Du kannst mir hundert Prozent vertrauen!“ 37 Als sie beim Haus angekommen waren, sagte er den Leuten, sie sollten ihn mal für einen Moment in Ruhe lassen. Dann ging er nur mit Petrus und den Brüdern Jakobus und Johannes rein. 38 Im Haus hatte schon die große Trauersession begonnen. Alle waren total fertig und heulten rum. 39 „Hey, Leute, was soll das?“, fragte Jesus. „Warum heult ihr? Das Kind ist nicht tot, es schläft nur!“ 40 Fassungslos schüttelten die Anwesenden nur ihren Kopf, ein paar verarschten ihn sogar. Aber Jesus schickte alle aus dem Haus, nur die Eltern und ein paar Freunde sollten drinbleiben. Dann gingen sie zusammen zum Bett des Mädchens. 41 Er nahm die Hand von der Tochter des Jairus und sagte leise zu ihr: „Steh auf, Mädchen!“ 42 Und sofort sprang das das 12-jährige Mädchen aus dem Bett und lief im Zimmer rum! Die Eltern waren echt sprachlos vor Glück. 43 Jesus bat sie sehr eindringlich, niemandem davon zu erzählen. „Und jetzt geht mal mit der Kleinen was spachteln!“, meinte er.

6 Der Mann, der Worte von Gott für die Menschen bekommt, hat in seiner Heimat kein Heimspiel

1 Als nächster Ort auf der Tour war seine Heimstadt Nazareth angesetzt. Seine Freunde waren mit ihm dabei. 2 Und an dem religiösen Feiertag der Juden, dem Sabbat, hing er in der dortigen Synagoge und gab ein paar Unterrichtsstunden in Sachen Glauben. Viele, die da zuhörten, kamen mit Jesus gar nicht klar. „Woher kann er so gut reden? Von wem hat er das gelernt, was er da von sich gibt? Und wie kriegt er diese derben Wunder überhaupt hin?“, waren die gängigen Fragen. 3 „Ist das nicht dieser Zimmermann, einer der Söhne von Maria?“ „Ja genau, der Bruder von Jakobus und Joses, von Judas und Simon?!“ „Wohnen nicht seine Schwestern hier um die Ecke?“ Einige reagierten echt abgegessen auf Jesus. 4 „Ein Prophet hat in seiner Heimat immer ein Auswärtsspiel“, meinte Jesus, „auch wenn er woanders noch so angesagt ist.“ 5 Er war da auch nicht in der Lage, irgendwelche Wunder zu

tun, ausgenommen an ein paar Leuten, die heilte er. 6 Er kriegte das nicht auf die Reihe, dass die Menschen da so wenig Vertrauen hatten. Darum ging er dann in andere Dörfer, die in der Gegend waren, und erzählte dort von Gott.

Jesus schickt seine Leute auf Tour

7 Jesus organisierte ein Meeting mit seinen zwölf Freunden. Er teilte sie in Zweier-Teams auf und übertrug auf sie die Vollmacht, fiese Geister, Dämonen und so weiter auszutreiben. 8 Er sagte ihnen, sie sollten sich keine dicken Sachen einpacken, nur einen Wanderstock, sonst nichts. Keinen Proviant, keinen Rucksack und auch keine Kohle. 9 Auch auf eine zweite Garnitur Klamotten sollten sie verzichten. Nur ein paar Wanderboots waren akzeptiert. 10 „Wenn ihr in irgendeinem Ort seid, dann pennt nur in einer Hütte und wechselt nicht ständig den Gastgeber", gab Jesus noch als Tipp auf den Weg. 11 „Und wenn die Menschen in einem Dorf mal keinen Bock auf euch haben oder keinen Bock auf das, was ihr zu sagen habt, dann habt ihr euren Teil getan, ab jetzt ist es Gottes Sache. Winkt ihnen noch einmal und dann tschüss. Ihr könnt sie dann ruhig ihrem Schicksal überlassen." 12 Ab dann zogen seine Freunde los. Überall sagten sie den Leuten: „Ihr müsst eine total neue Ausrichtung in euer Leben kriegen! Hört auf, Mist zu bauen, lebt mit Gott!" 13 Sie befreiten viele Menschen von fiesen Geistern, die in ihnen lebten, und heilten auch sehr viele Kranke, indem sie sie mit Öl eincremten und dann für sie beteten.

Johannes, der die Leute getauft hat, wird umgebracht

14 Jesus war die News des Tages, und überall redete man von ihm und von dem, was er so draufhatte. Der Präsident Herodes bekam auch Wind davon. „Johannes ist, nachdem er gestorben war, wieder lebendig geworden!", erzählte man ihm. „Er hat den Tod besiegt, darum kann er auch so große Wunder tun." 15 Ein anderes Gerücht war, dass Jesus der Prophet Elia sei. Und andere glaubten, Jesus sei einfach ein derber Prophet, so von der Kategorie der alten Prophetentypen. 16 Herodes bekam Panik, denn er hatte Johannes tatsächlich den Kopf abschlagen lassen. „Der ist vom Tod zurückgekommen und lebt wieder!", meinte er. 17 Herodes hatte Johannes nämlich verhaften lassen, um sich bei Herodias einzuschleimen. Sie war eigentlich mal die Ehefrau von seinem Bruder gewesen, aber Herodes hatte sie trotzdem zur Frau genommen, obwohl das gesetzlich verboten war. 18 Johannes hatte Herodes immer wieder belabert: „Was du tust, ist ungesetzlich! Du darfst nicht die Frau deines Bruders heiraten, das ist verboten!" 19 Herodias schob voll den Hassfilm gegen Johannes. Sie hätte ihn am liebsten sofort töten lassen, aber so mal eben ohne Erlaubnis vom Präsidenten ging das nicht. 20 Herodes hatte dagegen Respekt vor Johannes. Er war der Meinung, Johannes sei gut drauf, und glaubte, dass der immer genau das tat, was Gott wollte. Darum passte er sehr auf ihn auf. Auch wenn Johannes ihn und seinen Lebensstil oft in Frage stellte, hörte er ihm gerne zu. 21 Aber dann bot sich für Herodias eine gute Gelegenheit, Johannes aus dem Weg zu räumen. Und zwar hatte Herodes irgendwann seine große Geburtstagsparty am Start. Alles, was Rang und Namen hatte, war eingeladen. 22 Die Tochter von seiner zweiten Frau Herodias zeigte auf der Party eine kleine Show. Sie machte einen voll erotischen Striptease, und alle waren total begeistert. Der Präsident sagte überschwenglich zu ihr: „Das war so geil, du kannst von mir heute haben, was du willst, 23 egal, worum du mich bittest! Und wenn du die Hälfte von meinem Vermögen haben willst, ich würde es dir glatt geben!" 24 Sie ging gleich zu Mutter: „Was soll ich denn jetzt sagen?", fragte sie. „Sag ihm, er soll dir den Kopf von Johannes bringen!", antwortete die Mutter. 25 Das Mädchen ging zurück und sagte zu ihm: „Ich will den Kopf vom Johannes auf einem Silbertablett von dir serviert haben!" 26 Na ja, da war der Präsident erst mal traurig, aber er wollte vor seinen Gästen auch nicht peinlich rüberkommen. 27 Dann musste der Vollstreckungsbeamte in das Gefängnis gehen, und auf Befehl des Präsidenten wurde dem Johannes der Kopf abgeschlagen. 28 Den Kopf brachte er dann wieder in den Saal rein, auf einem Silbertablett, wie gewünscht. Er gab ihn dem Mädchen, und sie gab ihn an ihre Mutter weiter. 29 Die News kam auch zu den Schülern von Johannes. Sie holten den toten Körper dann gleich ab und beerdigten ihn.

Fünftausend Menschen bekommen fett zu essen

30 Die von Jesus ausgesandten Freunde kamen dann irgendwann aufgeregt wieder zurück, um von ihrer Tour Bericht zu erstatten. 31 Jesus organisierte erst mal eine kleine Freizeit für seine Jungs. „Lasst uns irgendwo hingehen, wo ihr chillen könnt", meinte er. Die ganze Zeit waren massig Leute um sie rum, die irgendetwas wollten. Oft war noch

nicht mal Zeit zum Essen übrig. 32 Sie nahmen ein
Boot und fuhren damit an einen Platz, wo sie ihre
Ruhe hatten. 33 Die Leute kriegten das aber spitz,
und als sie mit dem Boot woanders anlegen woll-
ten, wartete da schon wieder eine ganze Meute auf
sie. 34 Als Jesus aus dem Boot steigen wollte, waren
schon sehr viele Menschen da. Diese Leute taten
Jesus voll leid, sie kamen ihm vor wie Kinder ohne
Eltern. Er nahm sich sehr viel Zeit für sie und
brachte ihnen eine Menge Sachen bei. 35 Am späten
Nachmittag meinten ein paar seiner Freunde: „Hier
ist echt tote Hose, und es wird langsam auch spät.
36 Schick die Leute doch nach Hause, damit sie da
was essen können oder sich irgendwo was zu essen
kaufen." 37 Jesus hatte aber eine andere Idee: „Ihr
könnt sie doch auch zum Essen einladen!" – „Wie
jetzt, wie soll das denn gehen? Keiner von uns
hat so viel Kohle, um hier alle satt zu kriegen!"
38 „Checkt mal ab, wie viele Brote wir zusammenbe-
kommen!", sagte Jesus. Nach einer Zeit kamen sie
zurück: „Fünf Brote und zwei Frikadellen, das ist
alles." 39 Jesus teilte die Menge in Gruppen auf und
sagte ihnen, sie sollten sich mal auf die fette Wiese
setzen. 40 Die Gruppenstärke war entweder fünfzig
oder hundert Männer plus Frauen. 41 Dann nahm er
die fünf Brote und die zwei Frikadellen. Er sah Rich-
tung Himmel und betete für das Essen. Danach
zerteilte er das Brot in kleinere Stücke und übergab
es seinen Freunden. Die verteilten dann die Frika-
dellen und das Brot unter die Leute. 42 Alle hatten
fett zu essen. 43 Anschließend wurden die Reste
eingesammelt, und es kamen tatsächlich über
zwölf Eimer mit Essen zurück! 44 Insgesamt fünftau-
send Männer plus die Frauen waren am Ende papp-
satt! 45 Danach sagte Jesus seinen Freunden, sie
sollten schon mal vorfahren, er wollte noch etwas
bei den Leuten bleiben und sich in Ruhe verab-
schieden.

„Super-Jesus" muss seinen Freunden helfen

46 Endlich war Jesus dann mal alleine. Er ging auf
einen Berg, um mit Gott zu labern. 47 Schließlich
wurde es dunkel, als seine Freunde noch mit ihrem
Boot draußen auf dem Meer waren. 48 Jesus konnte
vom Strand aus sehen, wie plötzlich ein schlimmer
Sturm aufkam und sie voll gegen die Wellen kämp-
fen mussten, um nicht zu ersaufen. Es war wohl
gegen vier Uhr morgens, als er plötzlich auf dem
Wasser an ihrem Boot vorbeischlenderte! 49 Als sie
das sahen, kriegten die aber voll den Horror und
schrien wie blöd rum. 50 Sie dachten, sie wären
wohl auf einem Horrortrip! Aber Jesus rief ihnen
sofort zu: „Keine Panik, Jungs! Ich bin es doch
nur!" 51 Er kam in das Boot, und der Sturm war
plötzlich auch weg. Die Männer kriegten das alle
nicht auf die Reihe, was sie da gerade mal wieder
live miterlebt hatten. 52 Obwohl sie das große Wun-
der mit dem vielen Essen auf der Wiese mitbekom-
men hatten, hatten sie noch nicht wirklich kapiert,
dass man Jesus total vertrauen kann. 53 Als sie auf
der anderen Seite des Sees mit dem Boot anlegten
54 und ausgestiegen waren, hatte sich die Ankunft
von Jesus sofort rumgesprochen. 55 Aus jedem
Kaff kamen die Leute angeströmt, Menschen mit
schwerer Körperbehinderung, viele Leute, die echt
krank waren. 56 Egal, wo Jesus war, ob in der Stadt
oder auf dem Land, überall brachten sie immer
viele kranke Menschen zu ihm. Teilweise fragten sie
ihn nur, ob man mal seine Klamotten anfassen
dürfte. Und wirklich jeder, der ihn berührte, wurde
geheilt!

7 **Was ist okay für Gott und was nicht mehr?**

1 Irgendwann kamen ein paar religiöse Streber,
diese Pharisäer, und ein paar religiöse Profis
aus Jerusalem vorbei, extra um mit Jesus zu reden.
2 Währenddessen konnten sie beobachten, wie die
Freunde von Jesus frühstückten, ohne sich vorher
die Hände zu waschen, wie es nach den religiösen
Regeln der Juden üblich war. 3 Die Juden und ganz
speziell die Streber waren damit nämlich immer
ganz pingelig. Ganz nach alter Vorschrift musste
man sich vor dem Essen immer gründlich die
Hände waschen. 4 Auch Sachen vom Markt wurden
nur gegessen, wenn man sie vorher wenigstens
kurz unters Wasser gehalten hatte. Das war nur
eine von vielen Vorschriften, die ihnen wichtig
waren. Noch dazu gehörten Sachen wie die Reini-
gung von Bechern, Krügen und Töpfen. 5 Die religiö-
sen Streber und Profis fragten Jesus: „Warum leben
Ihre Freunde nicht nach den alten Vorschriften, die
wir schon immer hatten? Sie essen einfach, ohne
sich vorher die Hände zu waschen." 6 „Ihr miesen
Pseudos!", meinte Jesus nur. „Jesaja hat schon über
euch Folgendes vorausgesagt: ‚Ihnen geht es nur
um viel Palaver, aber ihr Herz ist meilenweit von
Gott entfernt: 7 ‚Wenn sie beten, ist dies für den
Arsch und bringt nichts, denn sie vertauschen ein-
fach die alten Gesetze von Gott mit ihren eigenen
Lehren.' 8 Ihr haltet euch nicht an die Regeln von
Gott, seine Gesetze, sondern an eure eigenen

Regeln.“ 9 Dann sagte er noch: „Ihr trickst da-
bei ganz toll rum und hebelt die Gesetze Gottes
aus, damit ihr eure eigenen Regeln halten könnt.
10 Mose hat zum Beispiel die Ansage gemacht: ‚Es
ist wichtig, Respekt vor seinen Eltern zu haben!‘ Er
meinte sogar: ‚Wer seinen Vater oder seine Mutter
beschimpft, hat die Todesstrafe verdient.‘ 11 Ihr
erzählt aber, es ist total okay, wenn jemand zu sei-
nen Eltern sagt: ‚Sorry, ihr beiden: Ich habe eben
Geld gespendet. Ich brauch euch nichts mehr ge-
ben.‘ 12 Durch euren Einfluss lassen nun viele ihre
Eltern links liegen, egal, wie dreckig es denen geht.
13 Und so habt ihr Gottes Gesetze durch eure eige-
nen ausgetauscht. Und das ist nur eins von vielen
Beispielen!“ 14 Dann sah Jesus die anderen Leute an
und rief ihnen zu: „Passt mal gut auf! Versucht zu
packen, was ich sage! 15/16 Menschen werden nicht
dadurch dreckig, dass sie falsche Sachen essen, die
irgendein Gesetz verboten hat. Dreckig wird man
durch die Dinge, die in deinem Inneren ablaufen,
was man denkt und was man sagt; und wie du des-
wegen handelst. Das macht dich echt dreckig und
entfernt dich von Gott.“ 17 Danach ging er von den
Leuten weg in ein Haus. Als er dort ankam befrag-
ten seine Freunde ihn gleich, was genau er eben
damit gemeint hatte. 18 „Habt ihr das auch nicht
kapiert?“, fragte Jesus zurück. „Man kann alles
essen, was man will! Für Gott kannst du durch so
was nicht dreckig werden. 19 Denn egal, was ihr so
in euch reinspachtelt, es geht in den Magen und
danach ins Klo.“ Jesus wollte damit klarmachen,
dass jedes Essen okay ist. 20 Und dann sagte er
noch: „Was an Gedanken aus einem Menschen
rauskommt, macht ihn dreckig. 21/22 Aus dem
Innersten kommen solche bösen Sachen wie: sei-
nen Partner zu betrügen, zu klauen, Mord, anschaf-
fen gehen oder Prostitution, Geiz, böse und link
drauf zu sein, Party zu machen, ohne Grenzen ein-
zuhalten, Neid, über andere oder Gott ablästern,
sich selber als den Größten anzusehen, Dinge zu
tun, ohne das Hirn einzuschalten. 23 Alle diese lin-
ken Dinge kommen aus dem innersten des Men-
schen und machen ihn dreckig.

Eine Nichtjüdin ist cool drauf

24 Jesus zog mit seinen Freunden in die Nähe von
Tyrus, einer Stadt mit einem großen Hafen. Er
wollte eigentlich unerkannt bleiben, aber es sprach
sich wieder sehr schnell rum, dass er da war. 25 Die
News war auch an das Ohr von einer Frau gedrun-
gen, deren Tochter von einem fiesen Geist, einem
Dämon, befallen war. 26 Sie fragte Jesus, ob er das
Ding nicht aus ihrer Tochter rausholen könne. Diese
Frau war allerdings keine Jüdin. 27 Jesus meinte zu
ihr: „Hey, zuerst sind meine Leute dran, die Kinder
vom Volk aus Israel. Es ist nicht okay, wenn man
Kindern das Brot wegnimmt und es den Hunden zu
fressen gibt.“ 28 Die konterte aber sofort: „Da haben
Sie recht, aber kleine Hündchen bekommen doch
auch die Reste ab, die vom Essen noch übrig blei-
ben, oder?“ 29 „Das stimmt. Ist okay, ich werde Ihrer
Tochter helfen. Sie können nach Hause gehen, das
Ding ist schon gelaufen, der fiese Geist ist aus
Ihrem Kind schon verschwunden!“ 30 Und tatsäch-
lich: Als die Frau zu Hause ankam, lag ihre Tochter
ganz gechillt im Bett. Der Dämon hatte sie verlas-
sen, und sie war frei.

Ein Taubstummer kann wieder sprechen und hören

31 Die nächste Station von der Tour von Jesus war
dann Sidon. Und danach ging er wieder an den See
von Galiläa und in den „Zehn-Städte-Landkreis“.
32 Ein Typ, der taub war und so gut wie gar nicht
sprechen konnte, wurde zu ihm in die Sprechstunde
gebracht. Jesus sollte mal für den beten und ihn
heilen. 33 Er ging mit ihm um die Ecke an eine Stelle,
wo es ein bisschen ruhiger war und nicht so viel
Rummel abging. Dann steckte er seinen Finger in
die Ohren von dem Typen. Danach tat er etwas Spu-
cke auf seine Fingerspitzen und berührte damit
seine Zunge. 34 Und dann sah er in Richtung Him-
mel, seufzte kurz und sagte dann zu den Ohren:
„Ihr müsst jetzt funktionieren!“ 35 Und in der
Sekunde konnte der Mann ganz normal reden und
hören! 36 Jesus wollte aber nicht, dass jeder das
sofort erfährt. Er befahl allen, die das mitgekriegt
hatten, bloß ihren Mund zu halten. Aber es pas-
sierte natürlich genau das Gegenteil, und es dauerte
nicht lange, da wusste jeder davon ... 37 Alle kriegten
das irgendwie überhaupt nicht auf die Reihe, was
Jesus so alles brachte. „Ist das nicht voll krass, was
der so alles bringt?! Wahnsinn, sogar die Leute, die
taub sind, und die Stummen kann er wieder gesund
machen!“

8

Viertausend bekommen fett zu essen

1 An einem anderen Tag waren mal wieder irre
viele Leute bei Jesus. Leider hatten die nicht
genug Sachen zum Essen dabei. Darum rief Jesus
seine Freunde zu einem kurzen Meeting zusam-
men. 2 „Die Leute, die hier sind, tun mir voll leid.

Die sind jetzt schon drei Tage da, und wir haben nichts zum Essen am Start. 3 Wenn ich die so nach Hause schicke, krepieren die mir noch auf dem Heimweg. Einige haben noch einen ganz schönen Weg vor sich.“ 4 „Wie sollen wir denn hier in dieser Gegend, wo total tote Hose ist, noch was zu essen herkriegen?“, fragten seine Freunde. 5 „Was habt ihr denn an Essen dabei?“ – „Also, sieben Brote kriegen wir zusammen.“ 6 Jesus sagte den Leuten, sie sollten sich mal auf den Boden pflanzen. Dann nahm er die sieben Brote, ließ ein kurzes Dankgebet Richtung Himmel vom Stapel und gab sie an seine Freunde weiter. Sie sollten die Essensverteilung vornehmen. 7 Und dann waren da auch noch ein paar geräucherte Fische. Jesus betete dadrüber und gab die auch weiter. 8 Alle hatten am Ende fett zu essen. Es war mehr als genug für alle da, und als sie die Reste eingesammelt hatten, kamen satte sieben Plastiktüten voller Essen zurück. 9 Ungefähr viertausend Leute waren dabei. Nach dem Essen sollten sie dann aber verschwinden.

Prophetentest und Hefeteig

10 Anschließend fuhr Jesus mit seinen Freunden auf einem Boot Richtung Dalmanuta. 11 Als die religiösen Streber das spitzkriegten, kamen sie sofort angerannt. Sie wollten den ultimativen Prophetentest mit Jesus abziehen. „Wir wollen ein Wunder sehen!“, war ihre Forderung. 12 Jesus stöhnte so laut, dass es alle hören konnten: „Oh, Mann, warum wollt ihr immer nur irgendwelche Wunder sehen? Ihr werdet an eurer Wundergeilheit noch ersticken! Diese Art von Beweis könnt ihr vergessen!“ 13 Jesus ging wieder zum Boot und schipperte über den See zum anderen Ufer. 14 Die Freunde von Jesus hatten total vergessen, was zum Essen mitzunehmen. Sie hatten nur noch ein Brot dabei, das war alles. 15 Während der Fahrt auf dem See meinte Jesus so nebenbei: „Hey, ihr müsst echt aufpassen wegen diesen Hefeteig-Sachen, die euch die religiösen Streber und auch der Präsident Herodes verkaufen wollen.“ 16 Seine Freunde dachten sofort, er würde das Thema anschneiden, weil nichts mehr zu essen da war. 17 Jesus konnte aber Gedanken lesen und war echt traurig über ihre Sorgen: „Mann, warum habt ihr schon wieder Panik, ihr müsstet verhungern? Kapiert ihr das denn echt nicht? Warum seid ihr so hart unterwegs? Wann begreift ihr das endlich? 18 Ihr habt Augen und seid doch voll die Blindis, ihr habt Ohren und peilt doch gar nichts. 19 Habt ihr gepennt, als ich fünftausend Männer mit fünf Broten satt gemacht habe? Was war da am Ende noch übrig? Hallo?“ – „Zwölf Körbe“, war die Antwort. 20 „Und wie war das, als ich viertausend hungrige Leute mit sieben Broten satt gekriegt habe? Was war da am Ende noch übrig?“ – „Sieben Körbe“, sagten sie. 21 „Kapiert ihr das jetzt endlich?!“

Ein Typ, der blind war, kann wieder sehen

22 Als Jesus dann in Betsaida aufschlug, brachten sie einen Mann zu ihm, der nicht sehen konnte. 23 Jesus nahm die Hand von dem Blinden und ging mit ihm aus dem Ort raus. Dann spuckte er ihm auf seine Augen, legte anschließend seine Hände drüber und betete. Danach fragte er ihn: „Na, wie isses, kannst du was sehen?“ 24 „Ja, schon ein bisschen. Ich kann auf jeden Fall irgendetwas sehen, was sich bewegt, Menschen oder so. Könnten aber auch Bäume sein.“ 25 Jesus ließ nicht locker und legte noch mal seine Hände auf seine Augen. Und danach konnte er alles genau erkennen und war komplett geheilt! 26 Jesus schickte ihn dann erst mal nach Hause: „Geh jetzt! Aber versack nicht im Ort, geh direkt nach Hause, ja?!“

Petrus hat verstanden, wer Jesus ist

27 Irgendwann verließen Jesus und seine Freunde Galiläa. Sie zogen auf die Dörfer, die um Cäsarea Philippi lagen. Unterwegs fragte Jesus mal: „Was reden die Leute eigentlich über mich?“ 28 „Also einige sagen, du wärst Johannes, der die Leute getauft hat, andere glauben, du wärst Elia, der alte Prophetentyp.“ 29 „Und ihr? Was glaubt ihr, wer ich bin?“ Petrus sagte sofort: „Du bist der Auserwählte, du bist der Christus!“ 30 Jesus antwortete voll ernst: „Gut, aber bitte keinem weitersagen, okay?“ 31 Dann weihte Jesus seine Freunde zum ersten Mal in die Dinge ein, die bald passieren würden. Dass er bald ganz derbe Sachen durchmachen muss, dass die Regierung und die Männer, die was zu sagen haben im Land, die obersten Priester und die Theologen, ihn verhaften lassen werden. Und dass sie ihn dann verurteilen und töten. Aber nach drei Tagen wird es ein fettes Comeback geben. 32 Jesus war total ehrlich mit ihnen, aber Petrus hatte auf das, was Jesus ankündigte, überhaupt keinen Bock. Er versuchte ihm das in einem Gespräch von Mann zu Mann auszureden. 33 Der fand das nicht so toll, und sagte zu ihm: „Hau ab, Satan! Das sind nicht Gottes Gedanken, diese Idee kommt aus deinem eigenen, menschlichen Hirn!“

Alles geben, um alles zu gewinnen

34 Jesus rief seine Freunde und die Leute, die das hörten, zu sich. „Wenn jemand so leben will wie ich, wenn er so draufkommen will, wie ich es bin, dann ist komplette Selbstaufgabe angesagt. Nur wenn du bereit bist, alles aufzugeben, was du bist und hast, dann kannst du mir nachfolgen. 35 Wenn jemand versucht, mit aller Kraft um sein Leben zu kämpfen und versucht es festzuhalten, der wird es gerade dann verlieren. Wenn jemand aber sein Leben an mich verliert und sich radikal für meine Sache einsetzt, der hat es gerade erst gewonnen. 36 Was bringt es, wenn jemand Applaus und die Erfolge bekommt, die man auf dieser Welt kriegen kann, aber dafür seine Seele verliert? 37 Gibt es überhaupt etwas Wertvolleres als die Seele? 38 Wenn es jemand mal peinlich sein sollte, dass er an mich glaubt, und sich nicht zu den Sachen, die ich gesagt habe, stellen kann, dann wird es mir auch peinlich sein, wenn er irgendwann mal mit den Engeln vor meinem heiligen Papa stehen wird."

9

Der abgespacete Jesus

1 Jesus hielt mal wieder eine Rede. Er sagte: „Eins verspreche ich euch: Ein paar von euch werden erleben, wie diese neue Zeit losgeht, in der Gott das Sagen hat!" 2 Nach sechs Tagen nahm Jesus Petrus, Jakobus und Johannes mit und machte mit ihnen eine Bergtour. Als sie oben angekommen waren, verwandelte sich plötzlich das Aussehen von Jesus total heftig. 3 Seine Klamotten strahlten wie weißer Phosphor, so ein Weiß, wie man es auf der Erde nicht kennt. 4 Und dann kamen Elia und Mose vorbei und quatschten 'ne Runde mit Jesus. 5 Petrus war völlig high. Er meinte nur: „Oh, Jesus, es ist voll schön, hier zu sein! Lass uns gleich ein Denkmal bauen, drei Häuser, ja? Eins für dich, eins für Mose und eins für Elia!" 6 Er war aber nicht ganz klar in der Birne und hatte wohl einen Adrenalinkick, weil er so eine Angst hatte, genauso wie die anderen auch. 7 Und dann kam plötzlich eine Riesenwolke über sie, und eine Stimme sprach aus dem Off: „Dieser Typ ist mein Sohn. Ich hab ihn sehr lieb. Tut, was er sagt!" 8 Im nächsten Augenblick waren Elia und Mose weg. Nur Jesus war noch da. 9 Auf dem Rückweg schärfte Jesus ihnen ein, niemandem davon zu erzählen, bis er von den Toten zurück wäre. 10 Sie hielten das Versprechen, redeten aber untereinander noch oft über das ganze Thema „Auferstehung von den Toten" und was das überhaupt wäre. 11 Irgendwann kam da die Frage auf: „Warum erzählen die Theologen, dass Elia wiederkommen muss, bevor der Auserwählte, der Messias, am Start ist?" 12 „Das mit Elia stimmt schon", meinte Jesus, „der war sozusagen die Preview vom Hauptfilm. Warum steht denn im alten Buch, dass der eine Typ, der Auserwählte Gottes, schlimme Sachen durchmachen muss, dass man ihn überall verarschen wird und so? 13 Ist doch klar, Elia war schon lange da, und sie haben mit ihm genau das gemacht, was in dem alten Buch schon vorhergesagt wurde."

Wer darf 'ne Order von Gott bekommen?

14 Als sie zurück waren, kamen sie mitten in eine derbe Diskussion zwischen seinen Freunden und den Theologen, die von vielen Zuschauern verfolgt wurde. 15 Die Menschen waren alle total aufgeregt, als Jesus dazukam. Sie rannten ihm entgegen und sagten: „Hallo, Jesus, da bist du ja!" 16 „Worüber diskutiert ihr gerade?", fragte er. 17 Ein Typ aus der Menge sagte: „Mein Herr, ich habe gerade meinen Sohn hierhergebracht. Ich wollte Sie bitten, ihn gesund zu machen. Er kann nicht sprechen, weil ein fieser Geist in ihm ist und ihn kontrolliert. 18 Wenn der Geist richtig loslegt, dann haut er ihn einfach um, seine Spucke wird weiß, er knirscht mit den Zähnen und verkrampft total. Ich hatte ihn schon Ihren Freunden vorgestellt, aber die konnten auch nicht wirklich weiterhelfen." 19 Jesus war etwas genervt: „Oh, Mann, warum habt ihr so wenig Vertrauen in Gott? Wie lange muss ich es noch bei euch aushalten, bis ihr endlich kapiert, wie so was funktioniert? Bringt den Jungen mal her!" 20 Als der Junge gebracht wurde, legte der fiese Geist gleich richtig los, als er Jesus sah. Der Junge krampfte hoch zehn, wälzte sich auf dem Boden hin und her und hatte gleich wieder weißen Schaum vor dem Mund. 21 „Seit wann treten diese Symptome auf?", wollte Jesus wissen. Der Vater sagte: „Schon seitdem er klein ist. 22 Der fiese Geist hat ihn schon oft umgehauen, ihn sogar in eine Feuerstelle und auch ins Wasser geworfen. Ich glaube, er will ihn töten. Bitte, helfen Sie uns! Tun Sie etwas, wenn Sie dazu in der Lage sind!" 23 „Was ist das denn für 'ne Ansage? ‚Wenn ich dazu in der Lage bin'? Alles ist möglich für jemanden, der hundert Prozent vertraut!" 24 Der Vater sagte dann: „Ich habe ein großes Vertrauen in Sie! Aber helfen Sie mir dabei, Ihnen wirklich auf die Art zu glauben, wie es nötig ist!" 25 Jesus kriegte mit, dass immer mehr Zuschauer da

waren. Er bedrohte den fiesen Geist und sagte zu ihm: „Du Geist, der Menschen stumm und taub macht, ich befehle dir jetzt: Hau ab aus diesem Kind! Du darfst da auch nie wieder reinkommen! Verschwinde!“ 26 Der Geist brüllte los, packte den Jungen noch einmal, warf ihn hin und her, und dann verschwand er. Der Junge saß erst mal still da, ohne sich zu bewegen. Alle dachten, er wäre tot. 27 Aber Jesus nahm seine Hand und zog ihn hoch, bis er stehen konnte. 28 Nachdem Jesus sich dann mit seinen Freunden in ein Haus zurückgezogen hatte, wollten die natürlich wissen, warum es bei ihnen nicht geklappt hatte mit der Dämonenaustreibung und so. 29 „Es gibt so eine Art von fiesen Geistern oder Dämonen, die kann man nur rausschmeißen, wenn man voll eng mit Gott lebt.“

Jesus macht mal wieder ’ne Ansage, was seinen Tod angeht

30 Dann hauten sie irgendwann mal aus der Gegend ab und machten ’ne Tour durch Galiläa. Er wollte seinen Freunden noch viel beibringen und hielt es für ’ne gute Idee, mit ihnen dazu alleine zu sein. 31 „Der Auserwählte Gottes wird von jemand verraten werden. Er wird umgebracht, aber nach drei Tagen feiert er sein Comeback unter den Lebenden.“ 32 Sie kapierten null, was er damit sagen wollte, hatten aber Angst, noch mal nachzufragen.

Wer bei Gott groß rauskommt und wer nicht

33 In Kapernaum wohnten sie zusammen in einem Haus. „Worüber habt ihr gerade auf dem Weg hierher gequatscht?“, fragte Jesus. 34 Sie sagten nichts, weil es ihnen voll peinlich war. Sie hatten nämlich gerade dadrüber diskutiert, wer von ihnen wohl der Wichtigste von allen sei, auf wen man am wenigsten verzichten könnte. 35 Jesus pflanzte sich mit den zwölf Freunden in die Sitzecke. „Wer von euch ganz weit vorne sein will, der sollte sich ganz hinten anstellen und den anderen dienen.“ 36 Er holte ein kleines Kind in den Raum, stellte es in die Mitte und umarmte es. 37 „Jeder, der sich um so ein Kind kümmert, weil er mit mir lebt, der kümmert sich gleichzeitig auch um mich und meine Sache. Und wer sich um mich kümmert, der hat sich damit auch der Sache meines Vaters angenommen.“

Wenn jemand nicht gegen uns arbeitet, dann ist er für uns

38 Johannes meinte mal zu Jesus: „Meister, wir haben im Ort so einen Typen getroffen, der fiese Geister, so Dämonen, aus Leuten rausholt. Und der tut das unter Verwendung von deinem Namen. Wir haben ihm das strengstens untersagt, er gehört ja schließlich nicht zu unserer Gruppe.“ 39 „Das war nicht okay“, meinte Jesus. „Wenn jemand unter Verwendung meines Namens gute Sachen macht, wird er auf der anderen Seite meinen Namen nicht in den Dreck ziehen. 40 Wenn jemand nicht gegen uns arbeitet, arbeitet er für uns. 41 Wenn mal einer auch nur ein Glas Wasser rausrückt, weil er zu mir gehört, dann wird er dafür richtig belohnt werden. Das garantiere ich euch!“

Keine halben Sachen machen! Radikal für Gott leben!

42 „Hey, eins will ich euch sagen: Wenn irgendjemand das tiefe Vertrauen zerstört, das ein Mensch in mich hat, für den wäre es besser, er würde mit einem Betonklotz an den Füßen ins Meer geworfen werden! 43/44 Und wenn dich deine Hand zu Sachen verführt, die Gott nicht gut findet, dann säg sie lieber ab. Lieber einarmig im Himmel, als mit beiden Händen in der Hölle. 45/46 Und wenn dein Fuß dich dazu bringt, Sachen zu tun, die Gott nicht gut findet, dann säg ihn lieber ab. Besser einbeinig im Himmel als zweibeinig in der Hölle. 47 Und wenn dein Auge dich dazu verführt, Sachen zu machen, die dich von Gott trennen würden, dann reiß es lieber raus. Besser einäugig im Himmel als mit beiden Augen in der Hölle. 48 In der Hölle ist es total ätzend, du wirst dort ohne Ende Schmerzen haben. 49 Keiner wird um den Check seines Lebens rumkommen können, alle müssen einmal durch dieses Feuer. Das ist die Vorbereitung, und so bekommst du auch Auswirkung auf deine Umwelt. 50 Es ist generell gut, Auswirkung auf seine Umgebung zu haben. Aber was geht dann, wenn ihr nicht mehr auf andere abfärbt? Geht gut miteinander um, das ist wichtig!“

10

Jesus sagt was über die Ehe

1 Irgendwann zog Jesus weiter in die Richtung östlich vom Jordan. Wie immer waren gleich voll viele Menschen um ihn herum, und er brachte denen dann Sachen bei. 2 Einige von den Pharisäern, den religiösen Strebern, kamen vorbei und versuchten ihn wieder aufs Glatteis zu führen: „Wie ist das, dürfen sich Ihrer Meinung nach Ehepaare scheiden lassen?“ 3 „Gegenfrage: Was meinte Mose denn zu dem Thema?“ 4 „Für Mose war das

okay! Er sagt dazu, man sollte seiner Frau nur ein
Papier ausstellen, und dann kann man sie raus-
schmeißen.“ 5 „Oh, Mann, ihr seid so hart unter-
wegs, Leute! Nur darum hat Mose euch das erlaubt.
6 Gott hatte aber ursprünglich eine andere Idee, als
er Männer und Frauen gemacht hat. Ich zitiere:
7 ‚Deshalb wird ein Mann sich von seinen Eltern
verabschieden und sich verbindlich auf eine Frau
einlassen. 8 Beide werden dann total ineinander ver-
schmelzen.‘ 9 Keiner darf sie dann mehr auseinan-
derreißen, Gott hat sie ja zusammengeschweißt.“
10 Später, als alle weg waren und seine Freunde mit
ihm alleine waren, fragten sie noch mal nach.
11 Seine Antwort war dann: „Also, wenn sich einer
von seiner Ehefrau trennt und sich eine neue Frau
sucht und die heiratet, dann zerstört er ihre Ehe.
12 Und wenn eine Ehefrau sich von ihrem Ehemann
trennt und wieder jemand anderen heiratet, dann
zerstört sie auch die Ehe.“

Jesus liebt die Kids

13 Irgendwann brachten einmal ein paar Mütter ihre
Kinder zu Jesus. Sie wollten gerne, dass er für sie
betet und sie segnet. Die Freunde von Jesus hatten
da aber keinen Bock drauf und stießen sie weg.
14 Als Jesus das mitbekam, war er supersauer. Er
brüllte sie an: „Lasst die Kinder durch! Sie haben bei
mir immer Vorzug. Menschen, die so sind wie die,
denen gehört das neue Land, wo Gott das Sagen
hat. 15 Eins kann ich euch versprechen: Wer glau-
bensmäßig nicht so draufkommt wie so ein Kind,
hat keinen Platz in Gottes neuem Reich.“ 16 Er nahm
noch ein paar Kinder ganz fest in die Arme, knud-
delte sie und betete noch ’ne Runde. 17 Gerade als
sie wieder loswollten, rannte ein Typ auf ihn zu,
kniete sich vor ihm hin und fragte: „Lieber guter
Herr Lehrer! Ich habe eine für mich wichtige Frage
an Sie. Was muss ich alles tun, um in den Himmel
zu kommen, wenn ich tot bin?“ 18 „Hey, ich will,
dass Gott der Vater groß rauskommt, er alleine ist
wirklich gut! Bitte nennen Sie mich nicht so. 19 Und
was diese Gesetze angeht, die kennen Sie doch aus-
wendig, oder? Es ist nicht okay, Leute zu töten, die
Ehe kaputt zu machen, zu klauen, rumzulügen,
irgendjemanden abzuziehen. Und man soll seinen
Vater und seine Mutter respektieren.“ 20 „Herr Leh-
rer, was diese Sachen angeht, danach lebe ich
schon, solange ich denken kann!“ 21 Jesus sah den
Typen total liebevoll an und meinte: „Eine Sache
fehlt aber noch. Ziehen Sie mal los und verkaufen
Sie den ganzen Krempel, alles, was Sie haben, und
spenden Sie die Kohle an Leute, die es wirklich brau-
chen. Dann werden Sie im Himmel ein fettes Bank-
konto haben. Und dann lassen Sie alles stehen und
liegen und gehen mit mir.“ 22 Nach dieser Ansage
war er voll entmutigt und lief traurig wieder weg. Er
hatte nämlich sehr viel Kohle. 23 Jesus meinte darauf
zu seinen Freunden: „Leute, die sehr reich sind,
haben es total schwer, ein Ticket für den Himmel zu
kriegen.“ 24 Die waren total fertig, als er das gesagt
hatte. Jesus wiederholte das darum noch mal: „Also
für Menschen, die sehr reich sind, wird es monster-
schwer, in den Himmel zu kommen. 25 Es ist leichter,
dass ein Pferd durch ein Schlüsselloch durchpasst,
als dass einer, der viel Kohle hat, in den Himmel
kommt!“ 26 Seine Freunde waren immer noch total
fertig. „Wer kann es denn überhaupt schaffen? Wer
kriegt das denn noch hin?“ 27 „Keiner kann es schaf-
fen, sich zu Gott hochzuarbeiten, das geht gar
nicht. Aber für Gott ist alles möglich“, war seine
Antwort. 28 „Und wie steht es dann um uns, Jesus?
Wir haben alles stehen und liegen lassen und sind
radikal mit dir gegangen“, fragte Petrus. 29 „Eins ist
sicher: Alle, die ihr Vermögen, ihre Familie, ihre
Wohnung, ihre Kinder aufgegeben haben, weil sie
mit mir gegangen sind, und das tun, was ich gesagt
habe, 30 die werden schon jetzt fett dafür absahnen.
Auch wenn sie dafür Ärger kriegen, weil sie an mich
glauben. In der neuen Welt, die dann mal sein wird,
da werden sie ein ewig geiles Leben haben. 31 Viele
Leute, die jetzt so richtig wichtig sind, werden dann
’ne kleine Nummer sein. Und die Unscheinbaren
werden dann ganz groß rauskommen.“

Jesus macht zum dritten Mal die Ansage, dass man ihm bald ans Leder gehen wird

32 Auf dem Weg nach Jerusalem ging Jesus voraus.
Seine Freunde bekamen Schiss und auch die ande-
ren, die mitgezogen waren. Jesus nahm seine
Freunde noch mal beiseite und machte folgende
Ansage über das, was ihn in Jerusalem erwarten
würde: 33 „Wenn wir da in Jerusalem ankommen,
werde ich an die obersten religiösen Leiter und an
die Theologen ausgeliefert werden. Man wird mich
zum Tod verurteilen und an die römische Besatzung
ausliefern. 34 Dann werden sie mich verarschen,
anspucken, foltern und schließlich umbringen. Aber
nach drei Tagen hab ich mein Comeback.“

Wer bei Gott gut dasteht und wer nicht

35 Jakobus und Johannes (die Söhne von Zebedäus)
hatten mal ’ne Frage an Jesus: „Jesus, wir haben

eine Anfrage an dich." 36 „Um was geht es denn?"
37 „Könntest du das organisieren, dass wir 'ne Reser-
vierung für die Plätze auf der Ehrentribüne bekom-
men, gleich neben dir, wenn wir im Himmel sind?"
38 „Oh, Mann, ihr habt ja keine Ahnung, was ihr da
gerade beantragt habt! Glaubt ihr denn, ihr packt
das? Könnt ihr die gleichen schlimmen Sachen
durchmachen, wie ich sie durchmachen werde?
Könnt ihr den gleichen Tod sterben, wie ich ihn ster-
ben werde? 39 „Klar, das können wir", war ihre Ant-
wort. „Okay", meinte Jesus, „ihr werdet tatsächlich
aus dem gleichen Becher trinken wie ich. Und ihr
werdet tatsächlich mit derselben Taufe getauft wer-
den, wie ich getauft werde. 40 Aber ich kann darüber
trotzdem nicht bestimmen, wer neben mir sitzen
wird und wer nicht. Gott hat das schon lange ge-
plant." 41 Die anderen Freunde hatten das spitzbe-
kommen, wie sich Jakobus und Johannes einschlei-
men wollten, und waren echt sauer. 42 Jesus setzte
sofort ein Meeting an: „Ihr habt mitgekriegt, wie
das hier auf der Erde so läuft. Regierungen behan-
deln ihre Bürger oft wie Dreck, und die Leute, die
was zu sagen haben, beuten ihre Untergebenen nur
aus. 43 Das ist bei euch aber anders, klar?! Wer bei
euch der Boss sein will, der muss bereit sein, sich
ganz hinten anzustellen. 44 Wer bei euch der Chef
sein will, soll die anderen wie ein kleiner Angestell-
ter bedienen. 45 Der Auserwählte, der Menschen-
sohn, kam auch nicht zu euch, um den Lauten zu
machen. Er wollte keine Macht, sondern er kam, um
jedem zu dienen. Er ist gekommen, um mit seinem
Leben viele Menschen freizukaufen."

Ein Typ, der blind war, wird von Jesus gesund gemacht

46 Irgendwann kamen sie in Jericho an. Als sie die
Stadt dann wieder verließen, war voll die große
Menschenmenge hinter ihnen her. Bartimäus war
ein blinder Bettler, der auf dem Weg am Straßen-
rand saß und Kohle schnorrte. Er war ein Sohn von
Timäus. 47 Als der mitbekam, dass dieser Jesus aus
Nazareth in der Nähe war, fing er wie blöd an zu
brüllen: „Jesus, aus der Familie vom David, bitte hilf
mir!" 48 „Maul halten!", blufften ihn die anderen an.
Aber er schrie nur noch lauter: „Sohn von Präsident
David, Jesus, bitte hilf mir!" 49 Als Jesus das mitbe-
kam, blieb er erst mal stehen. „Sagt ihm, er soll her-
kommen!" – „Trau dich!", ermunterten die Leute
den Blinden. „Er hat dich gerade gerufen!" 50 Barti-
mäus schmiss seinen Mantel weg und sprang hoch,
um zu Jesus zu kommen. 51 „Hey, Mann, was kann
ich für dich tun?", fragte ihn Jesus. „Großer Meister,
ich möchte so gerne sehen können!" 52 „Dann mal
los, das Vertrauen, was du in mich gesetzt hast, hat
schon dafür gesorgt, dass du jetzt sehen kannst!"
Und in derselben Sekunde konnte der Typ sehen!
Sofort ging er mit Jesus mit.

11

Großer Auflauf, als Jesus in Jerusalem ankommt

1 Kurz bevor Jesus in Jerusalem ankam, durch-
kreuzten sie noch die Gegend von Betfage und
Betanien (das liegt beim Ölberg). Jesus sagte zu
zwei von seinen Freunden, sie sollten schon mal
vorgehen. 2 „Geht schon mal in das Dorf dahinten.
Gleich hinterm Ortseingang wird so ein ganz neues
Moped stehen, auf dem bis jetzt noch niemand
gefahren ist. Das bringt mal mit. 3 Falls jemand Fra-
gen stellt, sagt einfach: ‚Der Meister braucht das!
Wird aber nach Benutzung wieder zurückgegeben!'"
4 Die beiden machten sich auf den Weg. Sie fanden
das Moped am Straßenrand, er stand auf einem
Parkplatz vor einem Haus. 5 Als sie es gerade weg-
schieben wollten, fragten ein paar Leute, die das
mitbekamen: „Was soll das? Was macht ihr mit dem
Moped?" 6 Sie ließen den Spruch ab, den Jesus
ihnen aufgesagt hatte, und dann war es anschei-
nend für die Leute okay. 7 Sie brachten das Teil zu
Jesus, banden noch einen Mantel über den Sattel,
und Jesus setzte sich drauf. 8 Auf dem Weg nach
Jerusalem-City war plötzlich voll der Menschenauf-
lauf am Start. Die Leute legten ihre Jacken vor dem
Moped auf den Weg, als Jesus ankam! Andere nah-
men Zweige von den Palmen und pflasterten damit
die Straße. 9 Vor Jesus und hinter Jesus waren irre
viele Menschen. Die Fans riefen: „Gott hilft uns
endlich! Yeah! Da kommt endlich der Mann, der uns
von Gott geschickt wurde! 10 Wir freuen uns auf die
Zeit, wo Gott wieder das Sagen hat! Danke Gott, du
bist gut!" 11 Auf diese Art und Weise zog Jesus in
Jerusalem ein. Als Erstes ging er dann in den Tem-
pel. Als er abgecheckt hatte, was da so geht, ging er
mit den zwölf Freunden in den Vorort Betanien, um
da zu übernachten. Es war nämlich schon echt spät
geworden.

Das Ding mit dem Apfelbaum

12 Am nächsten Morgen hatte Jesus wahnsinnigen
Hunger. Auf dem Weg nach Jerusalem 13 sah er
einen Apfelbaum. Der Baum hatte nur noch ein paar
Blätter dran, es war ja noch nicht die Jahreszeit, wo

Apfelernte angesagt war. [14] Jesus war trotzdem sauer. Er sagte: „Von dir soll nie wieder jemand was essen können!" Seine Freunde bekamen das mit.

Terror im Tempel

[15] Als sie in das Haus von Gott, den Tempel, kamen, rastete Jesus plötzlich total aus! Er schrie die ganzen Händler an, die da ihre Souvenirs und Opfersachen verhökerten. Dann schmiss er die Leute einfach raus, pogte wie verrückt rum und zertrat die Tische der Wechselstuben und die Verkaufsstände der Taubenverkäufer. [16] Er protestierte lautstark gegen jede Form von Handel, die im Tempel betrieben wurde. [17] Jesus brüllte sie an: „In der Bibel steht: ‚Mein Haus sollte dafür da sein, dass Leute dadrin beten.' Aber ihr habt daraus ein Einkaufszentrum gemacht!" [18] Von diesem Text hörten dann auch die Theologen und die Priestern. Ab da fingen sie an, Pläne zu schmieden, wie man am besten einen Anschlag auf Jesus verüben könnte. Sie hatten irre Panik vor ihm, denn was er sagte, hatte Hand und Fuß und beeinflusste die Leute stark. [19] Abends hauten die Freunde um Jesus mit ihm aus der Stadt ab.

Gott total vertrauen, mit Leuten Frieden haben, dann ist alles möglich

[20] Am nächsten Morgen kamen sie wieder an dem Baum vorbei, den Jesus verflucht hatte. Er war vertrocknet und tot. [21] Petrus hatte nicht vergessen, was Jesus zu dem Baum gesagt hatte. Er rief ihn und meinte: „Sieh dir das an, Meister! Echt derbe! Der Baum ist total vertrocknet!" [22] Jesus fragte zurück: „Sagt mal, Jungs, vertraut ihr Gott eigentlich? [23] Eins kann ich euch versprechen: Wenn ihr zu diesem Berg sagen würdet: ‚Ab mit dir ins nächste Meer', dann würde das auch passieren. Mörderwichtig dabei ist, dass ihr das auch glaubt und dadran kein bisschen zweifelt. [24] Passt gut auf, was ich euch jetzt sage! Egal, worum ihr betet, wenn ihr echt vertraut und daran glaubt, dass es auch passiert, dann werdet ihr das auch bekommen! [25/26] Wenn ihr betet, ist es aber angesagt, vorher allen Leuten zu vergeben, gegen die ihr irgendwie die Hasskappe schiebt. Und zwar ist das so, damit der Papa aus dem Himmel euch auch euren Mist vergeben kann."

Wer gibt Jesus eigentlich die Kraft?

[27] Mittlerweile waren sie wieder in Jerusalem angekommen. Als Jesus im Tempel war, kamen die Theologen, ein paar von den Leuten, die was zu sagen hatten, und die Oberpriester wieder vorbei. [28] Sie hatten mal 'ne Frage an Jesus: „Wer gibt Ihnen überhaupt das Recht, die Händler aus dem Tempel zu schmeißen? Was nehmen Sie sich da eigentlich raus? Wer hat Ihnen die Vollmacht dazu ausgestellt?" [29] „Das kann ich euch gerne sagen, aber vorher hab ich noch 'ne Gegenfrage", meinte Jesus. [30] „Diese Taufe, die Johannes durchgezogen hat, hat er das getan, weil Gott ihm den Auftrag dazu gegeben hat, oder war das seine eigene Idee? Ich will 'ne Antwort!" [31] Sie steckten kurz die Köpfe zusammen. „Also, wenn wir antworten, das war, weil Gott ihm den Auftrag gegeben hat, dann fragt er bestimmt als Nächstes, warum wir dann nicht das getan haben, was Johannes gesagt hat. [32] Wenn wir aber sagen, das war alles nur menschlich, dann haben wir auch ein Problem." Sie hatten Schiss vor den Leuten in der Stadt. Johannes hatte nämlich einen sehr guten Ruf und war beliebt, alle glaubten, er sei ein Prophet. [33] Also war ihre Antwort: „Wir wissen es nicht!" „Dann brauch ich Ihnen auch nicht zu sagen, mit welchem Recht und mit wessen Vollmacht ich das jetzt getan habe."

12

Die Story von dem Weinbauern

[1] Jesus fing wieder an, ihnen mit Vergleichen aus dem Leben Dinge klarzumachen: „Ein Typ wollte mal Geschäfte mit dem Weinanbau machen. Er organisierte sich einen Weinberg, baute eine Mauer darum, dann buddelte er eine Grube, um den Wein dadrin auszupressen, und baute noch einen Wachturm auf das Gebiet. Er fand schließlich ein paar Pächter für den Weinberg, und dann zog er irgendwann ins Ausland. [2] Als Erntezeit angesagt war, schickte er einen seiner Angestellten los, um die Kohle für seinen Anteil der Ernte einzustreichen. [3] Die Pächter waren aber voll aggromäßig unterwegs, sie verprügelte den Angestellten so schlimm, dass er fast gestorben wäre. Ohne einen Cent wurde er zurückgeschickt. [4] Darauf schickte der Besitzer einen anderen von seinen Angestellten los, aber der wurde genauso verprügelt wie der erste, sie hauten ihm in die Fresse und verarschten ihn sogar. [5] Der dritte Angestellte wurde dann sogar ermordet! Alle, die im Auftrag vom Eigentümer ankamen, wurden entweder halb totgeschlagen oder umgebracht. [6] Am Ende war nur noch der Sohn vom Weinbauern übrig, den liebte er über alles! Irgendwie dachte er, wenn er den schicken würde, den würden sie bestimmt nicht ermorden. [7] Aber denkste. Die Wein-

bauern überlegten: ‚Da kommt ja der Typ, der mal
alles von dem Eigentümer erben wird. Wenn wir den
um die Ecke bringen, haben wir endlich unsere
Ruhe und können das Land behalten!‘ 8 Sie machten
einen Überfall auf den Sohn, ermordeten ihn und
warfen seine Leiche hinter den Weinberg auf den
Müll. 9 Was meint ihr, wie wird der Besitzer jetzt
reagieren?“, fragte Jesus und beantwortete die Frage
gleich selber. „Bestimmt wird er kommen, alle
umbringen und den Weinberg an jemand anders
verpachten. 10 Kommt euch das irgendwie bekannt
vor? Ich zitiere: ‚Der Maßstab, auf den die Bauarbei-
ter keinen Bock hatten, ist zur ultimativen Messlatte
für alles geworden. Auf ihn baut sich alles auf, an
ihm muss sich alles ausrichten.‘ 11 Das hat Gott
gemacht. Ist doch gut, oder?“ 12 Jetzt hatten die
Oberpriester und die Leitungsebene der Bevölke-
rung voll den Hals auf Jesus. Es war nämlich allen
klar, dass mit den Angestellten sie gemeint waren.
Weil sie aber Panik hatten, die Menschen würden
Terror machen, wenn sie ihn jetzt festnehmen wür-
den, ließen sie die Finger davon. So konnte er wie-
der ungehindert weitergehen.

Was Jesus zum Thema „Steuern“ zu sagen hat

13 Irgendwann kamen dann wieder ein paar religiöse
Streber vorbei und ein paar Präsident-Herodes-Fans
dazu. Sie wollten Jesus in eine Diskussion verwi-
ckeln, um ihn dazu zu bringen, etwas Verbotenes zu
sagen. Dann hätten sie zumindest einen Anklage-
punkt, um ihn festzunehmen. 14 „Meister, wir wis-
sen, dass Sie immer total ehrlich sind und straight
edge sagen, was Sie denken. Sie haben Ihre eigene
Meinung und vertreten Sie auch“, schleimten sie
erst mal rum. „Was denken Sie zum Thema ‚Steu-
ern bezahlen‘? Ist es okay, dem ungläubigen obers-
ten Präsidenten in Rom Steuern zu zahlen, oder
nicht?“ 15 Jesus schnallte aber sofort, was sie vorhat-
ten. „Was soll diese linke Frage? Geben Sie mir mal
eine Münze, dann wird die Antwort klar sein.“ 16 Sie
gaben ihm eine, und er fragte: „Na, und wessen
Bild ist auf dieser Münze drauf?“ „Das Bild vom
obersten Präsidenten!“ 17 „Okay, dann geben Sie
dem obersten Präsidenten mal, was ihm gehört,
aber geben Sie Gott auch das, was ihm gehört.“
Mit so einer Antwort hatten sie nicht gerechnet.

Was mit uns passiert, wenn wir sterben

18 Dann kamen ein paar Jungs von der Sadduzäer-
partei bei Jesus an. Die vertraten die Theologie,
dass man, nachdem man stirbt, nicht wieder in
einer andern Form lebendig werden kann. Man
nannte das auch Auferstehung. Sie hatten folgende
Frage an ihn: 19 „Meister, Mose hat uns die Gesetze
gegeben, die unser Leben regeln. Dort heißt es:
Wenn jemand stirbt und da noch ’ne kinderlose
Ehefrau übrig bleibt, dann soll sein Bruder die Frau
heiraten, damit sie noch ’ne Chance auf Nachwuchs
hat. 20 Angenommen, da waren mal sieben Brüder,
und der erste heiratet eine Frau und stirbt dann,
und zwar ohne Kinder in die Welt zu setzen. 21 Und
so geht es weiter mit dem zweiten. Der heiratet sie
auch, aber als der stirbt, gibt es immer noch kein
Baby. 22 So geht es bis zum siebten Bruder. Am Ende
stirbt dann auch noch die Frau. 23 Mit wem ist sie
denn dann im Himmel verheiratet, wenn sie dort
wieder zum Leben kommt? Sie war ja mit jedem der
sieben zusammen!“ 24 „Ihr kapiert überhaupt nichts,
weil ihr keine Peilung von dem alten Buch von Gott
habt und auch keine Peilung, wie Gott eigentlich
drauf ist! 25 In der Zeit, nachdem man gestorben ist,
da gibt es so was wie Heiraten gar nicht mehr. Man
ist dann eher so engelmäßig unterwegs. 26 Aber
noch mal zu der Frage, was passiert, wenn wir tot
sind: Habt ihr nie gelesen, was Mose passiert ist,
als er ein Treffen mit Gott hatte und der aus diesem
Feuer über der Dornenhecke zu ihm gesprochen
hat? Lange nachdem Abraham, Isaak und Jakob
das Gras von unten sahen, hat Gott dort zu Mose
gesagt: ‚Ich bin der Gott von Abraham, Isaak und
Jakob.‘ 27 Gott ist für die Menschen da, die lebendig
sind, nicht für die Toten! Ihr habt es echt überhaupt
nicht gepeilt!“

Welche Regel vom jüdischen Gesetz ist die wichtigste?

28 Einer der Theologen hatte das Gespräch genau
verfolgt. Er merkte, dass Jesus sich gut auskannte
mit der Religion, und fragte darum: „Welche Regel
von Gott, welches Gesetz ist Ihrer Meinung nach
das wichtigste?“ 29 Jesus sagte dazu Folgendes:
„Das allerwichtigste Gesetz ist: ‚Pass auf, Israel! Der
Chef, Gott, er ist der einzige Gott weit und breit.
30 Den sollst du radikal lieben, mit deinen Gedan-
ken, mit deinen Gefühlen, mit allem, was du tust, du
sollst dich total für Gott entscheiden.‘ 31 Das zweite
Gesetz ist genauso wichtig: ‚Liebe den Menschen,
der in deiner Nähe lebt, genauso, wie du dich selber
liebst.‘ Das sind mit Abstand die wichtigsten Ge-
setze.“ 32 Der Theologe meinte dazu: „Gut gespro-
chen, mein Herr. Dass es keinen andern Gott gibt,
sehen wir genauso. 33 Mir ist auch klar, dass es wich-

tig ist, Gott radikal zu lieben, mit meinen Gedanken und meinen Gefühlen, und auch eine Entscheidung für ihn zu treffen. Und dass es genauso wichtig ist, den Menschen zu lieben, der in meiner Nähe ist, halte ich auch für richtig. Das ist wesentlich wichtiger als diese ganzen Opferrituale, die das Gesetz vorschreibt." 34 Jesus hatte das Gefühl, der Typ hatte kapiert, worum es wirklich geht. „Du bist gar nicht so weit davon entfernt, bei Gott dabei zu sein." Nach diesem Gespräch traute sich keiner mehr, Jesus in eine Diskussion zu verwickeln.

Was geht mit dem „Christus", dem „Auserwählten"?

35 Im Tempel hielt Jesus dann mal wieder eine Rede. „Was haben die Theologen noch mal gesagt, dass der Auserwählte, der Christus, aus der Familie vom Präsidenten David kommen soll? 36 David hat gesagt, als er mal von der Kraft Gottes angefunkt wurde: ‚Gott hat zu meinem Chef gesagt: Setz dich auf die Ehrentribüne, gleich neben mich. Ich werde die Leute, die schlecht zu dir waren, schon kleinkriegen.' 37 Wenn sogar David ihn als Chef bezeichnet hat, wie kann er dann gleichzeitig von ihm abstammen?" Die Zuhörer hingen förmlich an seinen Lippen, als er das erzählte.

Passt auf vor den Theologen!

38 Dann sagte Jesus noch: „Passt auf, was euch diese Theologen auf die Festplatte spielen wollen! Sie stehen total dadrauf, wichtig zu sein, sie machen voll die Show mit ihren tollen Klamotten und finden sich ganz toll, wenn die Leute sie ehrfürchtig begrüßen! 39 Sie wollen immer einen besonderen Sitzplatz auf der Ehrentribüne in den Synagogen haben und auf irgendwelchen wichtigen Partys unbedingt auf der Gästeliste stehen. 40 Hintenrum zocken sie die Häuser der Witwen gerne mal eiskalt ab. In der Öffentlichkeit veranstalten sie dabei gerne auch mal 'ne Runde Showbeten, um so zu tun, als wären sie sonst wie fromm. Sie werden mal ein hartes Urteil von Gott dafür bekommen."

Eine Witwe ohne Kohle gibt viel

41 Im Tempel setzte sich Jesus dann mal in Sichtweite vom Spendenkasten und beobachtete, wie viel Geld die Leute da reinschmissen. Einige von den wohlhabenden Leuten schmissen eine Menge Kohle rein. 42 Irgendwann kam dann eine total arme Witwe an, die zwei Euros in den Kasten warf. 43 Jesus holte seine Freunde zu sich. Er sagte zu ihnen: „Eins garantier ich euch: Diese arme Frau hat mehr gegeben als alle anderen! 44 Die anderen haben nämlich nur ein paar Scheine da reingeworfen, obwohl sie ein Riesenvermögen besitzen. Diese Frau, die von der Stütze lebt, hat aber alles gegeben, was sie hatte."

13

Was abgeht, wenn die Welt am Ende ist

1 Als sie wieder aus dem Tempel draußen waren, drehte sich einer von seinen Freunden um und meinte zu ihm: „Hey, Meister, schau dir mal das Riesenteil an, die Architektur und so, ist doch irre, oder?" 2 „Alles, was du hier siehst, wird mal plattgemacht werden! Hier wird nicht ein Stein auf dem anderen bleiben!", antwortete Jesus. 3 Später pflanzten sie sich auf eine Wiese beim Ölberg mit Blick auf den Tempel. Petrus, Johannes und Andreas waren mit Jesus endlich mal alleine. Die drei wollten dann wissen: 4 „Sag mal, Jesus, wann wird das abgehen, wovon du geredet hast, und wie wird das angekündigt werden?" 5 „Passt auf, dass ihr da nicht gelinkt werdet!", meinte Jesus dazu. 6 „Es werden viele auftreten und behaupten, sie wären ich. Sehr viele werden sich verirren und verführt werden. 7 Wenn in den Nachrichten aber viel von Kriegen die Rede ist, dann lasst bloß keine Panik aufkommen. Das muss alles so passieren, ist aber noch nicht das Ende. 8 Völker und Regierungen werden wilde Kriegserklärungen abgeben. In vielen Teilen der Erde wird es zu Erdbeben kommen, und es wird derbe Hungersnöte geben. Das ist aber nur der Anfang von den schlimmen Sachen, die dann passieren werden. 9 Pennt nicht, wenn das alles abgeht! Dann werden viele von euch angeklagt und verurteilt werden, in den Synagogen wird man euch sogar foltern. Weil ihr an mich glaubt, werdet ihr von der Regierung angezeigt werden und müsst euch dafür verantworten. Das ist dann auch immer eine gute Chance, um von mir zu erzählen. 10 Die coole Nachricht von dem neuen Leben mit Gott muss aber davor noch allen Völkern in der Welt erzählt werden. 11 Wenn ihr aber mal in den Knast kommt und die euch vor den Kadi zerren, habt keine Panik wegen eurer Verteidigung. Redet einfach frei von der Leber weg, Gott wird euch die richtigen Antworten in den Mund legen. Ihr redet dann nicht, sondern Gott wird durch euch reden! 12 In dieser Zeit werden aber noch andere Sachen in den Familien abgehen. Brüder werden sich gegenseitig anzeigen und auf Todesstrafe plädieren. Väter werden ihre Kinder an die Bullen verraten und Kinder werden gegen ihre Eltern arbeiten, sie werden sie sogar

umbringen lassen. 13 Alle werden euch hassen, weil ihr mit mir lebt. Die bis zum Ende durchhalten, werden aber gerettet. 14 Wer das jetzt liest: Pass gut auf! Was dann abgehen wird, ist von der übelsten Sorte. Eine fiese Fratze wird als Gott auftreten und den heiligen Ort total versiffen. Sie wird an einer Stelle stehen, wo sie eigentlich nicht stehen darf. Wenn das abgeht, müsst ihr fliehen, geht raus aus Judäa und zieht in die Berge! 15 Wenn jemand nicht zu Hause ist, sollte er nicht mehr dahin zurückgehen, um noch Sachen zu holen. 16 Wenn jemand dann bei der Arbeit ist, sollte er auch vorher nicht mehr nach Hause gehen, auch wenn er seine Jacke vergessen hat. 17 Schlimm wird es in der Zeit für schwangere Frauen sein und Mütter, die ihr Baby noch stillen. 18 Betet, dass das Ganze nicht im Winter passiert! 19 Das werden ganz fiese Tage werden, die schrecklichste Zeit, die die Welt je erlebt hat. So schlimm wird es danach auch nie wieder werden. 20 Und wenn Gott diese Zeit nicht verkürzen würde, keiner würde sie überleben. Doch wegen der Leute, die Gott ausgesucht hat, wird er es tun. 21 Wenn irgendeiner ankommt und behauptet: ‚Seht mal, da kommt der Auserwählte, der Christus!‘, oder einer die Ansage macht: ‚Da ist er ja!‘, dann soll euch das egal sein. 22 Es werden viele Fake-Christusse kommen, und auch falsche Propheten werden ihren Auftritt haben. Sie werden sogar übernatürliche Kräfte haben und Wunder tun können. Man wird auf sie hören, und sie werden viele verwirren. 23 Passt auf, Leute! Ich hab euch gewarnt! 24 Wenn diese üble Zeit vorbei ist, dann wird die Sonne plötzlich dunkel werden, und der Mond wird nicht mehr zu sehen sein. 25 Es werden Meteoriten aus dem Weltall auf die Erde fallen, und das Gleichgewicht der Natur wird aus den Fugen geraten. 26 Der Auserwählte Gottes wird dann sein Comeback feiern. Er wird aus dem Himmel auf die Erde kommen, für alle sichtbar. 27 Der wird dann seinen Engeln die Order geben, seine Leute von überall, aus allen Ecken der Erde, zusammenzuholen.“

Passt auf und pennt nicht!

28 „Von dem Apfelbaum kann man was lernen. Wenn seine Blätter grün werden und die Knospen anfangen zu wachsen, dann kommt bald der Sommer. 29 Genauso solltet ihr auch die Sachen beobachten, die um euch abgehen, damit ihr vorbereitet seid. 30 Auf sicher: Diese Generation wird nicht untergehen, bis das alles passieren wird. 31 Der Himmel wird mal zerstört sein, und diese Welt wird nicht mehr existieren, aber meine Worte gelten für immer. 32 Keiner weiß, wann das zeitlich passieren wird, noch nicht mal die Engel im Himmel wissen das genaue Datum. Nur der Vater weiß das. 33 Weil ihr keinen Plan davon habt, müsst ihr halt immer darauf gefasst sein. 34 Der Sohn von Gott und von den Menschen wird wiederkommen. – Man kann das gut vergleichen mit einem Typen, der sein Haus verließ, um in Urlaub zu fahren. Er gab noch ein paar Anweisungen an seine Angestellten raus und sagte dem Pförtner, er soll aufpassen, wann er wiederkommen würde. 35 So sollt ihr auch aufpassen. Denn keiner weiß, wann er genau wiederkommt, ob abends oder morgens, mitten in der Nacht oder wenn die Sonne aufgeht. 36 Ihr müsst nur dafür sorgen, dass ihr nicht pennt, wenn er wieder da ist. Er kommt nämlich ohne Vorwarnung. 37 Was ich bis jetzt nur euch beibringen wollte, das sage ich allen ganz öffentlich: Passt auf, bleibt wach!

14

Die Oberpriester planen ein Attentat auf Jesus

1 In zwei Tagen sollte das große Passafest steigen. In der gleichen Woche war auch das Fest, wo die Juden nur Brot essen, was ohne Hefe und so gemacht wurde. Die Oberpriester und die Theologen hatten immer noch den Plan, auf Jesus heimlich ein Attentat zu verüben. 2 „Auf keinen Fall beim Passafest, sonst gibt es großen Ärger“, hatten sie dabei beschlossen.

Für Jesus ist nichts zu wertvoll

3 Jesus war inzwischen in Betanien, dort hatte ihn Simon zum Essen eingeladen. Simon war durch Jesus von so was wie Krebs geheilt worden. Beim Essen kam eine Frau in den Raum mit einer irre schönen Flasche in der Hand. In der Flasche war ein megateures Hautpflegemittel, so ein Öl drin. Sie öffnete die Flasche und schüttete das Öl über Jesus' Kopf. 4 Ein paar von den Leuten, die mit am Tisch saßen, kriegten voll den Hals. „Warum wird dieses teure Zeugs einfach so verdaddelt? 5 Sie hätte das doch auch für viel Geld bei E-Bay versteigern können, und von der Kohle wären bestimmt ein paar arme Schlucker satt geworden!“ 6 Jesus war aber anderer Meinung. „Das ist in Ordnung, lass sie ruhig machen! Warum zählt ihr sie deswegen gleich an? Sie hat es nur gut gemeint. 7 Die armen Schlucker wird es immer geben, kümmert euch um sie, wenn ich nicht mehr da bin, okay? Ich werde aber

nicht mehr lange bei euch sein. 8 Sie hat, ohne es zu wissen, mich dadurch schon im Voraus auf mein Begräbnis vorbereitet. 9 Eins garantier ich euch: Was sie hier gemacht hat, davon wird man noch lange reden, mindestens genauso lange, wie man von der guten Nachricht reden wird, die ich verbreitet habe.“

Judas verrät Jesus

10 Judas Iskariot, der zu den zwölf engen Freunden von Jesus gehörte, kam irgendwann auf den Trichter, Jesus an die Oberpriester zu verraten. 11 Die waren natürlich happy und versprachen ihm eine fette Belohnung, falls es klappen sollte. Ab dem Zeitpunkt suchte Judas nur noch die nächstbeste Gelegenheit, um Jesus abzulinken.

Die Passaparty

12 Am ersten Tag von der Passaparty werden immer in einem religiösen Ritual Lämmer geschlachtet. Die Freunde von Jesus wollten von ihm wissen, wo sie denn das Fest feiern sollten. 13 „Geht mal in die City, auf dem Weg werdet ihr einen Typen sehen, der eine Kiste Bier auf den Schultern trägt. Dem müsst ihr hinterhergehen“, meinte Jesus zu ihnen. 14 „Er wird irgendwann in ein Haus einbiegen, und dem Besitzer könnt ihr dann Folgendes ausrichten: ‚Unser Chef lässt anfragen, wo er ’ne kleine Passaparty mit seinen Freunden feiern kann.‘ 15 Der wird euch dann einen großen Raum im ersten Stock zeigen, da könnt ihr dann schon mal alles vorbereiten.“ 16 Die beiden machten sich auf den Weg, und tatsächlich lief alles genau so ab, wie Jesus es gesagt hatte. Dort bereiteten sie alles vor für die Party. 17 Abends schlug Jesus dann mit den zwölf Schülern da auf. 18 Mitten beim Essen, als sie alle so am Tisch saßen, sagte Jesus ganz plötzlich: „Einer von euch wird mich ablinken, einer, der mit mir hier sitzt und isst!“ 19 Alle waren total fertig, als sie das hörten. „Ich doch nicht, oder, Jesus?“ 20 „Der Typ, der mit mir zusammen gleich sein Brot in die Tunke dippt, der macht es. 21 Der Auserwählte Gottes muss sterben. Das ist ganz sicher, das steht auch schon lange im alten Buch drin. Aber dem Typen, der ihn verraten hat, dem wird es sehr dreckig gehen. Für ihn wäre es besser gewesen, gar nicht erst geboren zu werden!“

Der Startschuss für ein besonderes Ritual

22 Ein paar Augenblicke später nahm Jesus ein Stück vom Brot. Dann betete er dadrüber und zerteilte es in ein paar Stücke, die er an seine Freunde weitergab. „Hier, das ist jetzt so wie mein Körper“, meinte er dabei. 23 Danach nahm er noch ein Glas mit Wein drin. Er betete dadrüber und reichte das Teil dann auch an seine Freunde weiter. Einer nach dem anderen trank dann daraus. 24 Und Jesus sagte dazu dann: „Das ist jetzt wie mein Blut. Damit besiegeln wir einen neuen Vertrag zwischen den Menschen und Gott. Dieses Blut muss fließen, damit der ganze Mist vergeben wird, den alle Menschen machen. 25 Eins ist sicher: Das ist das letzte Mal, dass ich Wein trinke, bis ich an einem anderen Tag neu im Reich von Gott am Start sein werde.“ 26 Dann schmetterten sie noch ein Lied zusammen, das wie ein Gebet zu Gott war. Schließlich machten sie sich alle auf den Weg Richtung Ölberg.

’ne Ansage, dass Petrus so tun wird, als würde er Jesus nicht kennen

27 Jesus sagte plötzlich: „Hey, ihr werdet alle irgendwann mal null gebacken kriegen, was bei mir gerade passiert. Das haben die Prophetentypen auch schon vorhergesagt. Die meinten mal: ‚Ich werde der Schafherde den Hirten wegnehmen, und dann werden sie alle total verpeilt rumlaufen.‘ 28 Aber nachdem ich wieder lebendig geworden bin, werde ich schon mal vorausgehen und in Galiläa auf euch warten.“ 29 Petrus war da total anderer Meinung: „Jesus, selbst wenn alle anderen sich verdrücken oder dir den Rücken zudrehen, ich werde immer zu dir halten!“ 30 „Also, Petrus“, antwortete Jesus, „gerade du wirst noch in dieser Nacht, bevor ein Hahn zweimal kräht, dreimal so tun, als würdest du mich nicht kennen!“ 31 „Never!“, meinte Petrus dazu. „Und wenn ich mit dir sterben müsste, ich würde immer zu dir halten!“ Die anderen Schüler stießen in dasselbe Horn, keiner würde sich nicht zu Jesus stellen, wenn es drauf ankommt.

Der Park Gethsemane

32 Schließlich kamen sie an den Gethsemane-Park. Jesus sagte zu seinen Freunden: „Wartet hier auf mich. Ich geh jetzt beten.“ 33 Als Begleitung nahm er sich noch Petrus, Jakobus und Johannes mit. Plötzlich hatte Jesus ganz derbe Panik und Angst. 34 „Leute, ich kann bald nicht mehr. Ich sterbe fast innerlich. Bitte lasst mich jetzt nicht alleine!“ 35 Dann ging er ein Stück weiter weg und schmiss sich auf den Boden. Dort fragte er Gott, ob es irgendeine Möglichkeit geben würde, dass er diesen Tod nicht sterben müsste. 36 „Papa, du kannst doch alles machen, was du willst! Bitte sorg doch dafür, dass ich das alles nicht durchmachen muss. Trotz-

dem soll das laufen, was du geplant hast, nicht das,
was ich möchte.“ 37 Als er etwas später nach seinen
Freunden sehen wollte, waren die glatt eingepennt.
„Hey, Simon! Was geht? Pennst du schon wieder?
Kannst du nicht mal eine Stunde mit mir aushalten?
38 Bleibt wach und betet, ihr drei! So werdet ihr nie
durchziehen können. Denn auch wenn man ’ne
gute Entscheidung getroffen hat, will der Körper
doch oft das Gegenteil.“ 39 Dann ging Jesus wieder
zurück und betete weiter um dieselbe Sache. 40 Als
er dann wieder ’ne Pause machen wollte und zu
seinen Freunden ging, waren die schon wieder ein-
gepennt. Sie packten es irgendwann einfach nicht
mehr, ihre Augen offen zu halten. Sie hatten auch
keine Entschuldigung mehr parat. 41 Beim dritten
Mal sagte Jesus: „Jetzt ist genug mit Schlafen, das
könnt ihr später noch genug. Gleich werde ich an
die Leute ausgeliefert, die sich gegen Gott stellen.
42 Lasst uns losgehen, der Verräter ist auch
schon da!“

Jesus wird gefangen genommen

43 Mitten im Gespräch kommt plötzlich Judas ange-
laufen, gefolgt von einer bezahlten Schutztruppe,
die im Auftrag der Oberpriester, der Theologen und
der Leiter der Gemeinde unterwegs war. 44 Judas
hatte mit den Leuten eine Vereinbarung getroffen.
„Den Typen, dem ich zur Begrüßung einen Kuss auf
die Wange gebe, den könnt ihr dann festnehmen
und abführen.“ 45 Als sie bei Jesus waren, ging Judas
auf ihn zu und sagte: „Hallo, mein Lehrer!“, und
dann küsste er ihn zur Begrüßung auf die Wange.
46 Sofort packten die Männer Jesus am Arm und
führten ihn ab. 47 Einer von den Freunden von Jesus
hatte ein langes Messer dabei. Er fuchtelte damit
rum und schnitt dabei ein Ohr von einem der be-
zahlten Wachleute der Oberpriester ab. 48 Jesus
blieb ganz ruhig und fragte nur: „Bin ich jetzt auch
noch ein Schwerverbrecher, dass ihr hier schwer
bewaffnet anrücken müsst, um mich zu verhaften?
49 Ihr hättet mich ja schon vor Monaten im Tempel
hopsgehen lassen können. Da war ich doch jeden
Tag und hab unterrichtet. Nun ja, es muss wohl
alles so abgehen, wie es schon im alten Buch über
mich vorhergesagt wurde.“ 50 Alle seine Freunde
kriegten aber voll die Panik und rannten davon.
51 Nur ein junger Mann, der bloß mit einem Tuch
bekleidet war, hielt die Stellung. Die Truppe wollte
ihn dann auch noch festnehmen. 52 Als sie versuch-
ten, ihn zu packen, wehrte er sich, verlor seinen
Umhang und rannte nackt davon.

Jesus vor Gericht

53 Jesus wurde abgeführt und vor die Oberpriester
gebracht. Alle religiösen Führer, die Theologen und
die Leiter der Gemeinde waren auch dabei. 54 Petrus
schlich immer im sicheren Abstand hinterher, bis in
den Hof des Oberpriesters. Dort hatten sie eine
Feuertonne aufgestellt, wo er sich wärmte. 55 Die
Oberpriester und die ganze Führungsebene der
Israelis versuchten nun, genug Zeugen zusammen-
zukriegen, um eine Anklage mit Todesstrafe hinzu-
kriegen. Aber vergeblich. 56 Denn viele von den Zeu-
gen, die ins Gericht gerufen wurden, widersprachen
sich in ihren Aussagen total. 57 Ein paar der Zeugen
logen einfach das Blaue vom Himmel. Zum Beispiel
sagten sie: 58 „Wir haben mitbekommen, dass er
behauptete, er würde unseren Tempel plattmachen,
und dann könnte er ihn in drei Tagen wieder ganz
neu aufbauen.“ 59 Aber ihre Aussagen passten
immer nicht so richtig zusammen. 60 Dann griff der
oberste Priester in die Verhandlung ein. Er stand auf
und ging zu Jesus: „Haben Sie nichts zu Ihrer Ver-
teidigung zu sagen?“ 61 Jesus sagte aber nichts. Der
oberste Priester fragte dann: „Sind Sie der Aus-
erwählte, der Christus, der Sohn vom einzigartigen
Gott?“ 62 Jesus antwortete: „Ja, genau der bin ich!
Ihr werdet es alle erleben, wie der Auserwählte, der
Menschensohn, neben Gott im Himmel sitzen wird,
dem Gott, dem nichts unmöglich ist, wenn er sein
großes Comeback feiern wird!“ 63 Supersauer zer-
fetzte der Oberpriester theatralisch seinen Mantel
und schrie: „Es reicht! Wir brauchen keine Zeugen
mehr zu befragen! 64 Das ist eindeutig Gotteslläste-
rung! Das habt ihr alle mitbekommen! Wie wird
euer Urteil ausfallen?“ Einstimmig wurde beschlos-
sen: „Todesstrafe!“ 65 Einige spuckten Jesus an,
dann warf jemand ein Tuch über seinen Kopf und
schlug ihn mit der Faust ins Gesicht. „Na, du Pro-
phet du? Wer war das denn jetzt, wer hat dich
gerade geschlagen?“, verarschten sie ihn. Selbst die
Wachleute prügelten auf Jesus los, als sie ihn
abführten. 66 Petrus war in der Zeit unten im Hof.
Eine Frau, die vom Oberpriester angestellt war,
67 erkannte ihn aber, als er da an der Feuertonne
stand und sich wärmte. Sie beobachtete ihn und
meinte: „Hey, Sie! Sie waren doch auch einer von
den Freunden von diesem Jesus!“ 68 Petrus spielte
den Nonchecker. „Nö, was erzählen Sie da für ’nen
Blödsinn?“, sagte er und verdünnisierte sich aus
dem Innenhof. Und dann krähte auch schon der
Hahn. 69 Draußen traf er die Frau wieder, die sofort
loslegte: „Der Typ hing auch immer mit diesem

Jesus ab!“ [70] Petrus schüttelte wild mit dem Kopf
und sagte: „Nein, hab ich nicht!“ Ein paar Minuten
später sagte einer der Leute, die da rumstanden, zu
Petrus: „Sie müssen doch auch zu ihm gehören! Sie
kommen doch auch aus Galiläa!“ [71] Und wieder
meinte Petrus: „Hey, Mann, ich schwör, ich weiß gar
nicht, wovon Sie reden, ich kenn den Typen über-
haupt nicht!“ [72] Dann krähte in dieser Sekunde der
Hahn zum zweiten Mal. Und dann fiel Petrus wie-
der ein, was Jesus zu ihm gesagt hatte: „Bevor der
Hahn zweimal kräht, hast du schon dreimal so
getan, als würdest du mich nicht kennen.“ Petrus
war völlig fertig und fing voll an zu weinen.

15

Die Gerichtsverhandlung unter Pilatus

[1] Am nächsten Morgen gab es ein großes
Treffen. Ein Gremium der obersten Pries-
tern, der Theologen und der Männer aus dem
Hohen Rat kam zusammen, um über das weitere
Vorgehen in der „Jesus-Sache“ zu beraten. Dann
legten sie Jesus Handschellen an und führten ihn
zum Pilatus, der von der römischen Besatzungs-
macht als Chef für das Gebiet eingesetzt worden
war. [2] Pilatus fragte Jesus: „Sind Sie der Präsident
von den Juden?“ „Ja, Sie sagen es!“ [3] Jetzt legten die
Priester los und ließen erst mal ihre Anklageschrift
vom Stapel. [4] Pilatus fragte zwischendrin Jesus:
„Sagen Sie mal, haben Sie nichts zu Ihrer Verteidi-
gung zu sagen? Merken Sie nicht, was die hier
gegen Sie vortragen?“ [5] Jesus sagte aber nichts. Das
konnte Pilatus echt nicht verstehen.

Die Juden wollen das Todesurteil

[6] Nun war das so, dass Pilatus vor einiger Zeit auf
den Dreh gekommen war, jedes Jahr am Tag von der
Passaparty jemanden aus dem Knast freizulassen.
Die Leute konnten sich den sogar aussuchen!
[7] Unter den verhafteten Verbrechern, die heute ihre
Verhandlung haben sollten, war ein Typ, der Barab-
bas hieß. Er war ein überführter Mörder, der im
Untergrund gegen die Besatzer gekämpft hatte.
[8] Irre viele Leute standen um Pilatus und bedräng-
ten ihn, doch den versprochenen Gefangenen frei-
zulassen. [9] „Soll ich euch ‚den Führer der Juden‘
geben?“, fragte Pilatus. [10] Er hatte nämlich schon
lange kapiert, dass die religiöse Führungsebene der
Juden Jesus nur verhaften ließ, weil sie neidisch auf
ihn war. [11] Die Oberpriester machten aber Stimmung
unter den Leuten, dass Barabbas freigelassen wer-
den sollte. [12] Pilatus war leicht irritiert. „Was soll ich
denn mit dem Typen anstellen, den ihr ‚Präsident
der Juden‘ nennt?“ [13] „Todesstrafe, Todesstrafe!“,
brüllten alle. [14] „Warum denn, was hat er denn
Schlimmes getan?“, fragte Pilatus. Aber die Crowd
flippte bereits total aus: „Todesstrafe, Todesstrafe!“
[15] Weil sich Pilatus bei der Bevölkerung einschlei-
men wollte, wurde Barabbas tatsächlich freigelas-
sen. Jesus wurde auf seinen Befehl ausgepeitscht.
Dann übergab er ihn den Behörden zur Hinrichtung
an einem Holzkreuz.

Jesus wird gefoltert und verarscht

[16] Die römischen Soldaten überführten Jesus in den
inneren Bereich vom Regierungspalast. Die ganze
Truppe wurde dann zusammengerufen. [17] Einer zog
Jesus einen roten Mantel über, ein anderer bastelte
eine Kranz aus einem vertrockneten Brombeer-
zweig, der viele Dornen dran hatte. Diesen Kranz
drückte er Jesus auf den Kopf, die Stacheln drangen
dabei voll tief in seine Kopfhaut. Jesus sollte wie ein
„Olympiasieger“ aussehen, damit wollten sie ihn
vor allen Leuten verarschen. [18] Dann machten sie
nur Witze über Jesus, in einer Tour. Sie verneigten
sich total übertrieben vor ihm und sagten: „Herzlich
willkommen, werter Chef der Juden!“ [19] Schließlich
schlugen sie Jesus auch noch mit einem Eisenrohr
auf den Kopf, spuckten ihm ins Gesicht und lachten
ihn dabei aus. [20] Als das Spielchen keinen Spaß
mehr machte, gaben sie ihm seine Klamotten wie-
der und führten ihn ab, zum Ort, wo die Hinrich-
tung stattfinden sollte.

Die Hinrichtung

[21] Auf dem Weg mussten sie einen Mann zwangs-
verpflichten, das Kreuz zu tragen. Zufällig kam der
Simon gerade auf dem Rückweg von der Arbeit dort
vorbei (Simon stammte aus Kyrene und war der
Vater von Alexander und Rufus). Die Soldaten zwan-
gen ihn dann, das Kreuz zu schleppen. [22] Jesus
wurde zu einem Platz gebracht, den man damals
Golgatha nannte. Das heißt übersetzt: „der Ort, wo
viele Schädel liegen“. [23] Um seine Schmerzen etwas
weniger zu machen, wollten sie Jesus ein Betäu-
bungsmittel geben, Wein mit Myrrhe vermischt,
aber er lehnte das ab. [24] Dann nagelten sie Jesus an
das Kreuz. Seine Klamotten wurden in einem Wür-
felspiel versteigert. [25] Es war neun Uhr morgens, als
das passierte. [26] Über seinem Kopf hatten sie ein
Schild aufgehängt. Dort stand immer drauf, warum
jemand verurteilt wurde. Bei Jesus stand drauf: „Der
Präsident von den Juden!“

27/28 Neben Jesus, der ja wirklich nichts ausgefressen hatte, wurden noch zwei wirkliche Verbrecher hingerichtet. 29 Die Leute, die am Kreuz vorbeigingen, verarschten Jesus auch noch. „Du wolltest doch den Tempel in drei Tagen abreißen und wieder aufbauen?! Da hast du den Mund wohl zu voll genommen, hä?! 30 Jetzt komm doch da runter und zeig, was du drauf hast!" 31 Auch die Oberpriester und die Theologen verarschten Jesus in einer Tour. „Anderen Menschen hast du doch auch geholfen, jetzt hilf dir erst mal selbst!" 32 „Da hängt er also, unser toller Retter, unser Christus. Na, jetzt soll er mal zeigen, was er draufhat, und vom Kreuz runterkommen!"

Jesus stirbt

33 Gegen zwölf Uhr mittags gab es plötzlich eine Sonnenfinsternis! Drei Stunden war es stockdunkel. 34 Um drei Uhr nachmittags schrie Jesus mit aller Kraft: „Mein Gott, mein Gott, wo bist du jetzt, warum bist du nicht mehr da?" In seiner Sprache hieß das: „Eli, Eli, lamá asabtáni?" 35 Ein paar von den Schaulustigen hatten das falsch verstanden und behaupteten später, er hätte den Propheten Elia gerufen. 36 Ein Typ lief plötzlich los, nahm einen Schwamm und tränkte den mit einem Gemisch aus Wasser und Essig. Dann steckte ihn auf eine Stange und hielt ihn Jesus als Erfrischung hin. „Mal sehen, ob Elia vorbeikommt, vielleicht holt der ihn ja runter", lästerte er dabei. 37 Jesus schrie noch einmal voll laut, und dann starb er. 38 Im selben Augenblick zerriss der Vorhang, der im Tempel vor einem superheiligen ganz besonderen Ort hing, von oben nach unten in zwei Teile. 39 Der Hauptmann, der den Befehl über die Hinrichtung hatte, verfolgte die ganze Szene. Als er sah, auf welche Art Jesus gestorben war, meinte er nur: „Auf sicher, dieser Typ war der Sohn von Gott!" 40 Einige Frauen hatten die ganze Sache aus der Distanz miterlebt. Eine von ihnen war Maria, die aus Magdala stammte, dann noch eine andere Maria, die Mutter vom „kleinen Jakobus", von Josef, und Salome.. 41 Alle drei Frauen waren schon lange mit Jesus unterwegs. Seit der Zeit in Galiläa hatten sie für Jesus gesorgt. Sie waren mit vielen anderen Frauen zusammen mit nach Jerusalem gekommen.

Die Beerdigung

42 Abends (es war übrigens Freitag, kurz vor dem religiösen Feiertag der Juden, den Sabbat) 43 nahm ein Typ, der Josef hieß (der kam aus Arimathäa), seinen ganzen Mut zusammen und ging zu Pilatus. Er fragte an, ob die Leiche von Jesus zur Überführung freigegeben werden könnte. 44 Pilatus konnte zuerst nicht glauben, dass Jesus echt schon gestorben wäre. Er fragte bei dem zuständigen Hauptmann an, 45 der seinen Tod offiziell bestätigte. Dann erst gab er die Leiche frei. 46 Josef organisierte ein langes Stück Stofftuch und holte die Leiche vom Kreuz runter. Dann wickelte er sie in das Tuch und legte sie in eine Grabhöhle, die in einen Felsen gehauen war. Abschließend rollte er eine große Steinplatte vor die Höhle. 47 Maria Magdalena und Maria (die Mutter von Joses) beobachteten aber genau, wo er hingelegt wurde.

16

Wo ist die Leiche?

1 Am nächsten Abend, als der wöchentliche Sabbat-Feiertag zu Ende war, kauften Maria von Magdala, Salome und Maria (die Mutter von Jakobus) super teure Cremes ein, um damit die Leiche einzuschmieren. So was tat man damals manchmal mit ganz besonderen Leuten, nachdem sie gestorben waren. 2 Kurz nach Sonnenaufgang machten sich die drei auf den Weg zum Grab. 3 Dabei rätselten sie noch, wie sie wohl den schweren Stein vom Eingang wegbekommen könnten. 4 Als sie da waren, trauten sie ihren Augen kaum: Der riesengroße Stein war zur Seite geschoben worden! 5 Sie betraten die Grabhöhle. Plötzlich saß dort einen junger Mann. Der hatte einen ganz hellen, fast leuchtenden Anzug an. Die drei bekamen erst mal voll den Schiss. 6 Der Typ war ein Engel, und er sagte zu ihnen: „Ihr braucht keine Angst zu haben! Ihr seid auf der Suche nach Jesus, der hingerichtet wurde, oder? Der ist nicht mehr hier! Er ist vom Tod wieder neu lebendig geworden, er lebt! Hier, ihr könnt das auch gerne checken, er lag vorher genau da! 7 Jetzt geht erst mal zu seinen Freunden und sagt denen Bescheid, was passiert ist! Erzählt es auch Petrus! Jesus ist nach Galiläa vorgegangen, dort wird er euch noch mal treffen! Hat er doch auch schon vorher angekündigt, bevor er gestorben ist." 8 Die Frauen rannten panisch davon. Sie waren voll fertig und hatten richtig Angst, nach diesem heftigen Treffen mit dem Engel. Erstmal konnten sie mit niemandem da drüber reden.

Jesus ist wieder da!

9 Ganz früh am Sonntag wurde Jesus wieder lebendig. Als Erstes traf er Maria Magdalena, die Frau, bei der er diese Dämonen rausgeschmissen hatte.

[10] Die rannte dann sofort zu seinen Freunden, die
zu dem Zeitpunkt noch voll depri waren und wein-
ten. [11] Sie erzählte den Männern, dass sie Jesus
getroffen hätte und dass er lebe! Aber sie glaubten
das nicht. [12] Dann traf Jesus in einer anderen
Gestalt zwei seiner Freunde, als die gerade zusam-
men aus Jerusalem verschwinden wollten. [13] Die
gingen sofort wieder in die Stadt und erzählten es
den anderen, aber keiner konnte sich das so richtig
vorstellen. [14] Irgendwann kam Jesus dann aber noch
mal bei seinen restlichen elf Freunden vorbei, als
die gerade am Essen waren. Er war etwas sauer,
dass sie den Berichten nicht geglaubt hatten von
den Leuten, die er schon vorher getroffen hatte.
[15] Er machte noch mal eine wichtige Ansage: „Ihr
müsst jetzt losgehen, überallhin, in die ganze Welt,
und allen Menschen diese neuen guten Nachrich-
ten erzählen. [16] Alle, die ihr Vertrauen auf Gott set-
zen und sich taufen lassen, werden gerettet! Wer
sein Vertrauen aber nicht auf Gott setzt, wird ir-
gendwann für sein Leben verurteilt werden, er ist
für immer verloren. [17] Es gibt noch ein paar Merk-
male, an denen man meine Leute erkennen kann:
Dadurch, dass sie mit meiner Vollmacht abgehen,
werden fiese Geister, Dämonen und so, gehorchen
müssen. Sie müssen die Leute verlassen, in denen
sie wohnen. Und sie werden durch die Kraft von
Gott, durch seinen Geist, neue Sprachen sprechen
können. [18] Dann werden sie in der Lage sein, mit
Giftschlangen zu spielen, sie werden sogar Gift
trinken können, ohne dabei zu sterben. Und wenn
sie für kranke Menschen beten, dann werden sie
gesund.“ [19] Nach dieser letzten Rede wurde Jesus
plötzlich in den Himmel gebeamt. Dort sitzt er jetzt
neben Gott. [20] Seine Freunde aber zogen los und
erzählten überall diese neue Nachricht. Jesus war
aber immer voll dabei und bestätigte alles, was sie
sagten, mit vielen heftigen Wundern.

Die Geschichte von Jesus, so wie sie Lukas in Erinnerung hatte

1

Vorwort

1 Lieber Theophilus! Viele Leute haben schon den Versuch gestartet, alles mal aufzuschreiben, was so bei uns in den letzten Jahren gelaufen ist. 2 Als Grundlage dafür gab es die Berichte von den Augenzeugen, die das live mitgekriegt haben, wie Gott alle seine Versprechen eingehalten hat. 3 Ich habe jeden dieser Berichte genau durchgelesen und kam dann auf die Idee, dir eine ausführliche Zusammenfassung der wichtigsten Ereignisse aufzuschreiben. 4 Du wirst bemerken: Alles, was man dir erzählt hat, stimmt! Es hat sich tatsächlich so abgespielt. Es ist alles wirklich wahr!

Johannes macht den Ansager für Jesus

5 Aber jetzt der Reihe nach. Die ganze Geschichte beginnt in der Zeit, wo Herodes noch in Judäa das Sagen hatte. Damals lebte ein jüdischer Priester in der Gegend, der Zacharias hieß. Zacharias gehörte zu der Gruppe der Abija-Priester, seine Frau Elisabeth kam aber aus der Priesterfamilie von Aaron. 6 Beide waren hardcoremäßig mit Gott unterwegs, sie taten alles genau so, wie Gott es wollte, und lebten streng nach den religiösen Gesetzen und Vorschriften. 7 Sie hatten keine Kinder bekommen können, weil Elisabeth unfruchtbar war. Außerdem waren sie mittlerweile auch schon zu alt dafür. 8 Eines Tages passierte dem Zacharias ein krasses Ding. Er war im Tempel gerade bei der Arbeit, seine Gruppe hatte Schicht. 9 Wie üblich wurde wieder ausgelost, wer in dem Tempel die Räucherkerzen und den Weihrauch anzünden sollte. Das Los fiel diesmal auf Zacharias. 10 Draußen standen in der Zeit sehr viele Leute, um mit Gott zu reden. 11 Als Zacharias in dem Raum gerade rechts von der Stelle stand, wo man dieses Rauchopfer startet, kam plötzlich eine Nachricht von Gott rein – in Form eines Engels. Dieser Engel stellte sich rechts neben den Altar, wo immer das Opferzeugs verbrannt wurde. 12 Zacharias gefror das Blut in den Adern. Er kriegte voll die Panik. 13 Der Engel meinte aber gleich zu ihm: „Hallo, Zacharias! Bleib locker, Gott hat auf dich und deine Gebete gehört. Deine Frau, die Elisabeth, die wird für dich noch einen Sohn kriegen, und der soll dann Johannes heißen. 14 Dieser Sohn wird dich sehr glücklich machen, und nicht nur dich, auch viele andere Menschen! 15 Gott hat was mit ihm vor. Er wird radikal mit Gott leben, keine Drogen oder Alk nehmen. Dafür wird er schon vor seiner Geburt abgefüllt sein mit einer ganz besonderen Kraft von Gott, nämlich mit seinem Geist. 16 Und er wird dafür sorgen, dass viele Israelis sich wieder auf ihren Gott einlassen. 17 Er wird so drauf sein wie der Prophet Elia, und er wird alles dafür vorbereiten, dass Gott kommen kann. Er wird dafür sorgen, dass die Väter sich wieder mit ihren Kindern vertragen. Die Leute, die weg waren von Gott, werden Gott durch ihn wieder finden. Er soll dem Meister für seine Arbeit gut vorbereitete Menschen überlassen." 18 „Hä? Wie soll das denn gehen?", fragte Zacharias etwas überrascht. „Ich bin schon Rentner, und meine Frau ist auch nicht mehr die Jüngste!" 19 „Ich stell mich am besten erst mal vor", antwortete der Engel. „Ich heiße Gabriel und bin einer der Engel, die Gott am nächsten kommen dürfen. Er schickt mich, um dir diese gute Nachricht zu übermitteln, das ist mein Job! 20 Aber weil du mir das nicht glaubst, wirst du erst mal nicht mehr reden können, und zwar so lange, bis das Baby geboren ist. Du wirst sehen, ich hab dir die Wahrheit gesagt, es wird alles genau so passieren, wenn es so weit ist." 21 Inzwischen waren draußen schon zig Leute und warteten auf Zacharias. „Wo bleibt der nur?" 22 Als er dann endlich wieder rauskam, konnte er nicht reden. Damit war eine Sache klar, irgendetwas war ihm dadrin begegnet. Mit Zeichensprache erklärte er ihnen, dass er gerade eine Vision im Tempel gehabt hatte. Zacharias konnte ab da tatsächlich erst mal nichts mehr sagen. 23 Er blieb dann noch die sieben Tage da, bis er Feierabend von seinem Priesterdienst hatte. Erst dann ging er wieder nach Hause. 24 Nur kurze Zeit später war Elisabeth tatsächlich schwanger. Fünf Monate blieb sie alleine auf ihrer Bude und zeigte sich niemandem. 25 „Gott hat mir so sehr geholfen", sagte sie. „Dass ich noch ein Kind kriege, ist so genial! Nun kann mich niemand mehr von oben herab anmachen, weil ich keine Babys bekommen kann."

Ein Bote von Gott macht Maria die Ansage: Dein Baby wird mal ein Präsident sein!

26 Elisabeth war gerade im sechsten Monat schwanger, da schickte Gott wieder den Engel Gabriel los. Diesmal sollte er nach Nazareth gehen, eine Stadt, die in Galiläa liegt. 27 Dort lebte ein Mädchen, das noch nie mit einem Mann geschlafen hatte, sie war noch Jungfrau. Maria, so hieß sie, war mit Josef verlobt, der aus der Familie vom David abstammte. 28 Gabriel klopfte bei ihr an die Tür, und als er im Raum stand, begrüßte er sie: „Hallo, Maria! Gott will dir ein Riesengeschenk machen! Er hat dich unter Millionen von Frauen extra ausgesucht!" 29 Maria stand etwas unter Schock. Sie überlegte schnell, was er mit dieser seltsamen Begrüßung meinen könnte. 30 „Keine Panik!", redete der Engel weiter. „Gott hat dich wahnsinnig lieb, er liebt dich einfach so, und er hat etwas ganz Besonderes mit dir vor. 31 Du wirst bald schwanger werden, und dann wirst du einen Sohn bekommen, der soll dann Jesus heißen! 32 Er wird ganz groß rauskommen, man wird von ihm sagen, dass er der Sohn von Gott ist. Er wird von Gott auf den höchsten Posten gesetzt werden, er wird ein Präsident sein, genauso, wie David einer war. 33 Er wird das Sagen haben über ganz Israel, und seine Macht wird nie zu Ende gehen." 34 Maria war etwas verwundert: „Aber wie soll das denn bitte gehen? Ich hab noch nie mit irgendeinem Mann geschlafen!" 35 „Also, das ist so: Der Geist von Gott wird dir ganz nahe kommen. Gottes Kraft wird dafür sorgen, und darum wird das Kind auch etwas ganz Besonderes sein, es wird ‚der Sohn von Gott' genannt werden. 36 Pass auf, selbst Elisabeth, mit der du ja verwandt bist, ist jetzt im sechsten Monat schwanger, und die ist schon im Rentenalter. Alle Ärzte haben gesagt, dass sie unfruchtbar wäre, und jetzt das ... 37 Für Gott ist nichts unmöglich, Maria!" 38 „Ich will für Gott alles geben, ich gehöre ihm, alles, was du gesagt hast, soll auch so passieren."

Maria und Elisabeth treffen sich

39 Maria hatte dann später einmal die Idee, schnell auf Besuch bei Elisabeth vorbeizuschauen. Die wohnte in den Bergen von Judäa. 40 Als sie in das Haus vom Zacharias kam, umarmte sie Elisabeth. 41 In dem Augenblick, als Maria „Hallo, Elisabeth" gesagt hatte, hüpfte das Baby in Elisabeths Bauch wie verrückt. Und auf Elisabeth kam plötzlich die Kraft Gottes runter, und sie sagte laut zu Maria: 42 „Du bist von Gott ganz besonders krass beschenkt worden, mehr als alle anderen Frauen! Und das, was da gerade in dir wächst, dein Baby, das ist erst recht von Gott voll beschenkt und begabt worden! 43 Womit hab ich das überhaupt verdient, dass die Mutter von meinem Oberchef, von meinem Gott, mich besuchen kommt? 44 Verstehst du? Als du mich vorhin begrüßt hast, hat das Baby in meinem Bauch vor Freude voll rumgepogt! 45 Du kannst so froh sein, dass du Gott geglaubt hast! Alles, was Gott dir versprochen hat, wird auch passieren!"

Maria freut sich

46 Maria war sehr froh, als sie das hörte: „Mit allem, was ich hab, will ich dafür sorgen, dass Gott richtig groß rauskommt. 47 Alles in mir freut sich über dich, du bist mein Gott, du hast mich gerettet! 48 Gott hat mich gesehen, obwohl ich nur eine stinknormale Frau bin. Alle Menschen, die in Zukunft leben werden, werden mich einmal toll finden und mich ehren. 49 Gott hat was ganz Großes mit mir gemacht, ihm ist nichts unmöglich, er ist ganz besonders, er ist echt heilig. 50 Er liebt uns total und diese Liebe gilt allen Menschen, die ihn respektieren. 51 Er hat große Muskeln, er kann Wunder tun! Menschen, die sich sonst was einbilden, wird er alt aussehen lassen. 52 Er hat Regierungen gestürzt und Sklaven befreit. 53 Menschen, die Hunger hatten, kriegten bei ihm was zu essen, aber Menschen, die satt und reich waren, sind bei ihm leer ausgegangen. 54 Er hat uns versprochen zu helfen, und er hat dieses Versprechen nicht vergessen. Er liebt uns. 55 Er hat das schon vor Ewigkeiten Abraham und seiner Familie versprochen." 56 Maria blieb noch drei Monate bei Elisabeth zu Besuch, erst dann ging sie wieder zurück nach Hause.

Er soll Johannes heißen

57 Nach neun Monaten war es für Elisabeth an der Zeit, und sie brachte einen Jungen zur Welt. 58 Das machte schnell die Runde im Ort, und alle Freunde und Bekannten freuten sich mit ihr, dass Gott so gut zu ihr war. 59 Acht Tage nach der Geburt gab es eine kleine Feier, wo Verwandte und Freunde eingeladen wurden. Dort wurde so ein religiöses Ritual mit dem Baby gemacht, bei dem man ihm die Vorhaut vom Penis abschnitt. Das war bei den Juden so üblich. Die Verwandten waren der Meinung, der Sohn sollte nach seinem Vater genannt werden: Zacharias der Zweite. 60 Aber Elisabeth war da anderer Meinung: „Nein, er heißt Johannes!" 61 „Was? Wo hast du den seltsamen Namen denn

her? Keiner in deiner Familie heißt so!" 62 In der Hoffnung, der Vater würde ein Machtwort sprechen, fragten sie ihn, wie er seinen Sohn nennen wollte. 63 Er ließ sich ein Stück Papier und einen Stift bringen und schrieb darauf: „Sein Name ist: Johannes!" 64 Im selben Augenblick konnte Zacharias wieder sprechen, und als Erstes lobte er Gott. 65 Diese Story machte überall die Runde, und alle waren total baff, als sie das hörten. 66 „Was wird wohl aus diesem Jungen mal werden? Ist doch eindeutig, dass Gott etwas ganz Besonderes mit ihm vorhat!"

Zacharias hat 'ne Vision, was mit Johannes passieren wird

67 Sein Vater Zacharias wurde plötzlich mit der Kraft von Gott abgefüllt. Er sagte dann prophetisch: 68 „Gott von Israel, er ist der Größte! Er ist bei uns vorbeigekommen und hat uns einen Ausweg geschaffen! 69 Er hat aus der Präsidentenfamilie vom David jemanden ausgesucht, der uns alle retten wird. 70 Schon die alten Propheten haben das gewusst, denen hatte er es versprochen. 71 Er wird uns retten, wenn unsere Feinde hinter uns her sind. Er rettet uns vor den Leuten, die uns hassen. 72 Schon zu unseren Vorfahren war er gut, er hat immer zu dem ganz besonderen Vertrag gestanden, den wir mit ihm geschlossen hatten. 73 Dieses Versprechen, das er unserem Urvater Abraham gegeben hat, löst er jetzt ein. 74 Er holt uns aus der Zwickmühle raus, er befreit uns von unseren Feinden, damit wir alles für ihn geben können, ohne Angst im Nacken. 75 Wir wollen ihm radikal dienen und tun, was er sagt, für immer! 76 Und von dir, kleiner Junge, wird man noch einiges zu sagen haben. Man wird dich als Prophet vom obersten Gott bezeichnen. Du wirst alles vorbereiten, damit Gott dann richtig loslegen kann. 77 Du wirst seinen Leuten sagen, wo es langgeht, du wirst ihnen erklären, wie sie frei von ihren Schulden werden können, die sie bei Gott haben. 78 Gott verzeiht uns, weil er uns so sehr liebt! Sein Licht wird uns die Richtung zeigen. 79 Dieses Licht wird für alle Leute da sein, die im Dunklen leben, die Angst vor dem Tod haben, die vom Tod bedroht werden. Dieses Licht wird uns den Weg zeigen, wie wir Frieden finden können." – 80 Je älter Johannes wurde, desto besser lernte er Gott kennen. Schon als Jugendlicher ging er oft in die Wüste. Irgendwann fing er dann an, in der Öffentlichkeit in Israel aufzutreten.

2

Jesus wird geboren

1 In dem Jahr machte der oberste Präsident der Römer ein neues Gesetz. In diesem Gesetz stand, dass sich alle Menschen, die in den von der römischen Armee besetzten Gebieten lebten, bei 'ner staatlichen Behörde melden sollten. Dort mussten sie angeben, wie viel Kohle sie im Monat verdienen, um daraus die neue Steuer zu berechnen. 2 So eine Steuerschätzung hatte es zu dem Zeitpunkt noch nie gegeben. Quirinius war gerade der Ministerpräsident von einem der besetzten Gebiete, das Syrien hieß. 3 Alle Menschen mussten in den Ort zurückgehen, in dem sie geboren worden waren, um sich dort in Listen einzutragen. 4 Weil Josef aus der Familie vom David kam, musste er nach Bethlehem reisen, denn da kam seine Familie ursprünglich her. Er machte sich also von Nazareth (das liegt in Galiläa) nach dorthin auf den Weg. 5 Maria, seine Verlobte, nahm er einfach mit. Die hatte da schon einen ziemlich dicken Bauch, sie war nämlich hochschwanger. 6 In Bethlehem passierte es dann, und sie bekam ihr erstes Kind. 7 Weil sie in den Hotels und Jugendherbergen im Ort keinen Pennplatz mehr finden konnten, musste Maria das Kind in einer Autogarage zur Welt bringen. Eine alte Ölwanne war das erste Kinderbett.

Die Hirten und ein Engel

8 In dieser Nacht hatten ein paar Hirten kurz vor dem Dorf ihr Lager aufgeschlagen, um dort auf die Schafe aufzupassen. 9 Plötzlich war da ein riesengroßes überirdisches Wesen aus dem Himmel, das auf sie zukam. Ein helles weißes Licht war um diesen Engel rum, ein Art von Licht, das nur von Gott kommen konnte, so krass war es. Die Hirten bekamen voll die Panik, 10 aber der Engel beruhigte sie. „Entspannt euch, ihr braucht keine Angst zu haben! Ich habe gute Nachrichten für euch und auch für alle anderen Menschen! 11 Heute Nacht ist der Mensch geboren worden, der euch alle aus eurem Dreck rausholen wird! Das ist in der gleichen Stadt passiert, wo auch David herkommt. 12 Ich sag euch mal, wo ihr ihn finden könnt: Er liegt in einer alten Ölwanne, unten in einer Tiefgarage, gut eingewickelt in Windeln!" 13 Plötzlich tauchten neben dem einen Engel noch Tausende anderer Engel auf. Die fingen dort gleich an, zu beten und Gott zu sagen, wie genial er ist: 14 „Der Gott, der im Himmel wohnt, soll groß rauskommen! Er hat all den Menschen ein Friedensangebot gemacht, die bereit sind, dieses Angebot auch anzunehmen!" 15 Nachdem die

Engel wieder verschwunden waren, beschlossen die Hirten, der Sache auf den Grund zu gehen: „Lasst uns mal nach Bethlehem fahren. Mal sehen, was dort jetzt von den Sachen passiert ist, die uns dieser Engel gerade erzählt hat.“ 16 Sie beeilten sich sehr. Als sie im Dorf ankamen, fanden sie tatsächlich Maria, Josef und auch das Baby, das in einer Ölwanne lag. 17 Nachdem die Hirten das Kind angesehen hatten, erzählten sie von ihrem Treffen mit diesem Engel. 18 Alle, die davon Wind bekamen, staunten nicht schlecht. 19 Maria merkte sich aber alle Einzelheiten genau und dachte ständig darüber nach. 20 Anschließend gingen die Hirten wieder zu ihren Schafen zurück. Sie freuten sich total über Gott und über das, was sie in dieser Nacht erlebt hatten! Alles war genauso abgegangen, wie es ihnen vorher angekündigt worden war.

Es wird klar: Jesus ist der Retter

21 Acht Tage später kam der Zeitpunkt, wo man dieses Beschneidungsritual mit Jesus machen wollte, wo man den männlichen Babys die Vorhaut abtrennt. Dabei wurde ihm der Name „Jesus“ gegeben. Das hatte der Engel Maria ja schon vorher gesagt, bevor sie überhaupt schwanger war. 22 Nach den jüdischen Gesetzen (die der Mose aufgeschrieben hatte) sollte eine Frau nach der Geburt mal eine längere Pause machen, man nannte das „die Zeit der Reinigung“. Als die vorbei war, brachten Josef und Maria das Baby nach Jerusalem. Dort wollten sie den Jungen radikal an Gott übergeben. 23 Josef befolgte damit die göttlichen Gesetze, in denen ja steht: „Wenn das erste Kind einer Frau ein Junge ist, dann muss es Gott ganz übergeben und ihm radikal zur Verfügung gestellt werden.“ 24 Genau nach den Vorschriften zogen sie das Opferritual durch, das bei solchen Anlässen normal war: „Zwei Tauben einer besonderen Rasse oder zwei junge Tauben.“ 25 In Jerusalem wohnte ein Mann, der Simeon hieß. Er lebte ein straightes Leben mit Gott, hielt sich genau an die religiösen Gesetze der Juden und wartete schon lange auf den Mann, der die Leute von Israel retten würde. Die Kraft Gottes war voll auf ihm. 26 Diese Kraft von Gott hatte ihm erzählt, dass er vor seinem Tod auf jeden Fall noch den Auserwählten, den Retter, sehen würde, den Gott schicken will. 27 An diesem Tag lenkte Gott ihn in den Tempel. Als er Maria und Josef dort traf und das Kind sah, was sie Gott übergeben wollten, 28 freute er sich plötzlich total! Er nahm das Kind in den Arm und dankte Gott: 29 „Mein Gott, jetzt kann ich entspannt sterben! 30 Ich hab ihn gesehen, den Retter, 31 den du für alle Menschen hergeschickt hast. 32 Er ist wie eine große Lampe, die allen Menschen, die Gott nicht kennen, eine Richtung vorgibt! Er wird dein Volk Israel groß rausbringen!“ 33 Maria und Josef kapierten nicht so richtig, was er da gerade gelabert hatte. 34 Simeon betete für die beiden. Dann sagte er zu Maria: „Dieser Junge wird von vielen Israelis gehasst werden. An ihm werden sich die Geister scheiden. Manche werden über ihn stolpern und hinfallen. Andere werden sich aber auch sehr über ihn freuen und sich an ihm hochziehen. 35 Auch für dich wird es sehr hart werden, es wird dich fast zerreißen. Was viele jetzt heimlich denken, wird dann für alle öffentlich sein.“ 36 Mitten im Vorhof vom Tempel war eine Frau, die Hanna hieß. Hanna war eine Prophetin, sie hatte einen engen Draht zu Gott und hörte manchmal, was er zu den Menschen sagt. Sie kam aus der Familie vom Phanuel, der aus dem Stamm Asser kam. Hanna war sehr alt. Ihr Mann lebte schon lange nicht mehr, sie waren insgesamt nur sieben Jahre verheiratet gewesen. 37 Nun war sie Witwe und mittlerweile schon vierundachtzig. Sie verließ den Tempel nur noch selten. Weil sie Gott sehr liebte, betete sie oft den ganzen Tag und die ganze Nacht und aß dabei nichts. 38 Als Simeon mit Josef und Maria redete, kam sie vorbei und fing plötzlich an Gott zu loben! Ab dann erzählte sie allen Leuten von Jesus, allen, die schon lange auf die Einlösung des Versprechens von Gott gewartet hatten. Dieses Versprechen hatte Gott den Leuten aus Israel schon vor langer Zeit gemacht. 39 Nachdem Josef und Maria alles das getan hatten, was nach den Vorschriften aus den religiösen Gesetzen üblich war, gingen sie wieder zurück nach Nazareth in Galiläa. 40 Jesus erlebte dort seine Kindheit. Er wurde immer größer und stärker. Vor allem war er aber schon ganz früh total weise und schlau, er wusste auf alle Fragen eine gute Antwort. Gott war besonders stark mit ihm, das merkten alle.

Jesus als Teeny

41 Immer wenn das Passafest abging, reisten seine Eltern nach Jerusalem. 42 Als Jesus zwölf Jahre alt war, nahmen sie ihn dort mit hin. 43 Nach der Feier, als sie sich wieder auf den Rückweg Richtung Nazareth machen, war Jesus plötzlich verschwunden. Zuerst bekamen die beiden das gar nicht mit, 44 weil sie dachten, er wäre mit einer anderen Gruppe im Treck unterwegs. Als er abends aber immer noch

nicht bei ihnen war, machten sie sich ernsthaft Sorgen. Überall fragten sie nach Jesus, 45 konnten ihn aber nirgends finden. Schließlich gingen sie noch mal zurück nach Jerusalem, um dort weiterzusuchen. 46 Endlich, nach drei Tagen, entdeckten sie Jesus im Tempel! Er saß dort in einer Runde von Lehrern und diskutierte mit ihnen über Fragen des Glaubens. 47 Und die Leute, die dabei waren, kriegten es nicht gebacken, was für einen Schnall er von den Dingen hatte und wie schlau er antworten konnte. 48 Seine Eltern waren davon aber nicht so begeistert. „Junge, wie konntest du deiner Mutter so was antun? Wir haben dich überall gesucht!", sagte Maria vorwurfsvoll. 49 „Warum habt ihr mich überhaupt gesucht?", fragte Jesus zurück. „Ihr hättet euch doch denken können, dass ich in dem Haus bin, wo mein Vater wohnt!" 50 Sie kapierten aber nicht, was er damit meinte. 51 Er ging dann erst mal wieder mit nach Nazareth und war weiter ein netter Junge, der tut, was die Eltern ihm sagen. Seine Mutter dachte aber noch oft über dieses Erlebnis nach. 52 Jesus kam in die Pubertät und wurde langsam zu einem Mann. Er lernte immer mehr dazu, wurde immer schlauer und hatte auch immer mehr Peilung vom Leben. Gott war eindeutig auf seiner Seite, er liebte ihn. Jesus war zu der Zeit bei allen Leuten sehr beliebt.

3

Johannes macht den Ansager

1 Wir schreiben das fünfzehnte Regierungsjahr vom obersten römischen Präsidenten Tiberius. Pilatus hatte in dieser Zeit als Vertreter der römischen Besatzungsmacht das Sagen in Judäa. Herodes Antipas war der Chef über ganz Galiläa, sein Bruder Philippus regierte in Ituräa und Trachonitis, und Lysanias war der Chef in Abilene. 2 Hannas und Kaiphas hatten den Job des Oberpriesters der Juden. Johannes (aus der Familie vom Zacharias) lebte damals in einer Gegend in Israel, wo es sehr heiß war und wenig Sachen wuchsen, man nannte das auch Wüste. Irgendwann bekam er direkt von Gott einen Auftrag. 3 Johannes ging deswegen sofort in die Gegend vom Fluss Jordan. Er zog da von Ort zu Ort und erzählte den Leuten, sie sollten so ein religiöses Waschritual mit sich machen lassen, das nannte man auch Taufe. Es sollte ein Zeichen dafür sein, dass man aufhört, Sachen zu tun, auf die Gott keinen Bock hat. Mit der Taufe wurde dieser Dreck abgewaschen. Sie sollten ab sofort eine neue Richtung in ihrem Leben einschlagen, eine Richtung zu Gott hin. 4 Darüber hatte auch schon der Prophet Jesaja was gesagt. Der meinte mal: „Da ist jemand in der Wüste, der ruft: ‚Aus dem Weg! Platz da! Der Meister kommt! Räumt alles weg, damit er ungehindert loslegen kann! 5 Asphaltiert die kaputten Straßen, haut die Berge weg, die Steilkurve wird zur flachen Straße gemacht.' 6 Und dann werden wir sehen, wie Gott es hinkriegt, alles wieder gutzumachen!" 7 Sehr viele Leute kamen zu Johannes, um sich taufen zu lassen. Und das, obwohl er nicht gerade nette Sachen zu ihnen sagte. Er meinte zum Beispiel: „Ihr linken Vögel! Wie kommt ihr bloß auf die Idee, ihr könntet euch bei Gott mal eben so durchmogeln? 8 Ändert euer Leben! Hört auf, ständig Mist zu bauen! Zeigt erst mal, dass ihr es ernst meint! Ich sage euch eins: Mit eurem ‚Abraham-ist-unser-Vater'-Gequatsche könnt ihr Gott nicht beeindrucken. Wenn ihr glaubt, euch so in die Familie von Gott reinzumogeln, habt ihr euch getäuscht. Wenn Gott will, kann er sich aus diesen Betonklötzen Kinder machen! 9 Die Motorsäge ist schon warm gelaufen, sie ist bereit, alles umzuhauen, was es nicht bringt. Das Holz kommt dann auf die Feuerstelle und wird verbrannt!" 10 Die Zuhörer meinten: „Und was sollen wir Ihrer Meinung nach jetzt tun?" 11 „Helft anderen Menschen, denen es dreckiger geht als euch! Wenn ihr einen Obdachlosen trefft, der keine Jacke hat, gebt ihm einen von euren zwei Jacken ab." 12 Auch ein paar von den Steuerbeamten kamen bei ihm vorbei, um sich taufen zu lassen. Die hatten die gleiche Frage: „Meister, was sollen wir Ihrer Meinung nach anders machen?" 13 „Knöpft den Leuten nur so viel Kohle ab, wie es gesetzlich vorgeschrieben ist! Zockt sie nicht ab!" 14 „Und wir, was sollen wir anders machen?", wollten ein paar Berufssoldaten wissen. Johannes' Antwort war: „Plündert nicht die Besiegten aus, foltert keine Menschen und seid mit dem Sold zufrieden, den man euch bezahlt!" 15 Zu dieser Zeit redeten alle über den „Auserwählten", den Christus. Man hoffte, dass er bald kommen und alle aus dem Dreck rausholen und auch politisch befreien würde. Nun war natürlich die Frage, ob Johannes dieser Auserwählte sein könnte. 16 Johannes' Antwort war aber ganz klar: „Für meine Taufe nehme ich Wasser, aber der Typ, der nach mir kommt, der ist viel derber und heftiger als ich! Ich bin es noch nicht einmal wert, ihm die Schuhe zu putzen! Er kann euch die Power von Gott geben, seinen Heiligen Geist. Dieser Geist wird wie Feuer in euch brennen. 17 Der „Auserwählte" wird die Menschen auf ein Sieb werfen,

und alles, was unten durchfällt, kommt auf den Müll. Nur der Rest wird aufbewahrt und durchkommen." 18 Johannes' Ding war es, die Leute zu warnen und ihnen gleichzeitig Hoffnung zu machen. 19 Er protestierte auch ganz offen gegen die herrschende Regierungsmacht. Zum Beispiel griff er den Präsidenten Herodes öffentlich an, weil er seinem eigenen Bruder die Ehefrau ausgespannt und geheiratet hatte. Aber es ging auch um andere linke Sachen, die Herodes tat. 20 Herodes toppte seine ganzen Fehler auch noch, indem er später Johannes verhaften ließ und ihn in den Knast steckte.

Jesus lässt sich taufen

21 Als Johannes mal wieder eine große Taufsession mit allen Leuten hatte, kam auch Jesus vorbei, um sich taufen zu lassen. Als Jesus während der Taufe anfing zu beten, schoben sich ganz plötzlich die Wolken auseinander. 22 Dann kam die Kraft von Gott, sein Heiliger Geist, in Form von einer Taube plötzlich für alle sichtbar auf Jesus runter. Und dann hörte man eine Stimme von oben aus den Wolken, die sagte: „Du bist mein heißgeliebter Sohn! Ich freu mich total über dich!"

Die Familie von Jesus – eine Geschichte

23 Als Jesus loslegte, war er ungefähr dreißig Jahre alt. Seine Vorfahrengeschichte sieht so aus: Er war ein Sohn vom Josef, der Vater von Josef war Eli, und dessen Vorfahrenreihe sieht so aus: 24 Mattat, Levi, Melchi, Jannai, Josef, 25 Mattitja, Amos, Nahum, Hesli, Naggai, 26 Mahat, Mattitja, Schimi, Josech, Joda, 27 Johanan, Resa, Serubabel, Schealtiel, Neri, 28 Melchi, Addi, Kosam, Elmadam, Er, 29 Joschua, Elieser, Jorim, Mattat, Levi, 30 Simeon, Juda, Josef, Jonam, Eljakim, 31 Melea, Menna, Mattata, Nathan, David, 32 Isai, Obed, Boas, Salmon, Nachschon, 33 Amminadab, Admin, Arni, Hezron, Perez, Juda, 34 Jakob, Isaak, Abraham, Terach, Nahor, 35 Serug, Regu, Peleg, Eber, Schelach, 36 Kenan, Arpachschad, Sem, Noah, Lamech, 37 Metuschelach, Henoch, Jered, Mahalalel, Kenan, 38 Enosch, Set. Set war ein Sohn Adams, und Adam wurde direkt von Gott gemacht.

4 Satan versucht, Jesus von seinem Weg wegzubringen

1 Abgefüllt mit dem Heiligen Geist, ging Jesus von der Taufsession weg. Gottes Geist nahm ihn erst mal direkt in die Wüste, um ihn da vierzig Tage für seinen Dienst zu trainieren. 2 In der Wüste kam das Dunkle in Person, der Feind höchstpersönlich, bei ihm vorbei, um ihn runterzuziehen. Jesus hatte tagelang nichts gegessen und bekam tierischen Hunger. 3 Der Teufel (so nannte man diesen dunklen Geist) kam bei Jesus an und stellte ihn auf die Probe: „Hey, du, wenn du ein Sohn von Gott bist, dann zauber dir doch aus diesen Steinen ein leckeres Sandwich!" 4 Jesus sagte zu ihm: „In den heiligen Büchern steht: ‚Menschen brauchen mehr als nur Nahrung, um zu überleben!'" 5 Der Teufel ließ nicht locker und brachte Jesus auf einen hohen Berg. Von da konnte man auf alle Staaten der Welt auf einmal runtersehen. 6 Er flüsterte ihm zu: „Wenn du willst, kannst du heute der höchste Präsident von allen Ländern werden, ich überschreibe dir alle Konten, alle Goldreserven, was du nur willst, denn das gehört alles mir! 7 Du kannst echt alles haben, ich möchte nur eine kleine Sache als Gegenleistung: Mach mich zu deinem Gott, bete zu mir!" 8 Jesus holte zum Gegenschlag aus: „Niemals! In der Bibel steht: ‚Es gibt nur einen, zu dem du beten sollst, und das ist Gott, für ihn soll man alles geben!'"
9 Plötzlich war ein Ortswechsel angesagt. Jesus war mit dem Teufel in Jerusalem, und zwar auf der höchsten Stelle vom Tempel. Da flüsterte er ihm zu: „Hey, du! Du bist doch der Sohn von Gott, oder? Dann spring doch mal runter! 10 In der Bibel steht ja auch: ‚Er sagt seinen Engeln, dass sie auf dich aufpassen sollen, dir wird nichts passieren. 11 Sie werden ein Sicherheitsnetz aufspannen, du wirst dich nicht verletzen!'" 12 Jesus ließ sich auf keine Diskussion ein. „In der Bibel steht auch: ‚Du sollst Gott nicht austesten!'" 13 Als der Teufel endlich damit fertig war, verschwand er für eine Weile.

In Nazareth vertrauen Jesus viele gar nicht

14 Abgefüllt mit der Kraft von Gott, kam Jesus wieder in Galiläa an. Bald wurde er überall in der Gegend zu dem Gesprächsthema schlechthin. 15 Er hielt Unterrichtsstunden in den Häusern, wo die Leute sich zum Beten trafen, den sogenannten Synagogen, und alle waren schwer beeindruckt von ihm.
16 Irgendwann ging Jesus mal wieder nach Nazareth, wo er aufgewachsen war. Wie gewohnt verbrachte er den religiösen Feiertag der Juden, den Sabbat, in der dortigen Synagoge. 17 Dann gab man ihm das Buch aus der Bibel, das Jesaja geschrieben hatte. Als er das Buch aufblätterte, kam gleich die Stelle, wo Jesaja schreibt: 18 „Die Kraft Gottes ist in mir, er hat mich dafür ausgesucht, um den Leuten, die arm

sind und nichts haben, eine gute Nachricht zu brin-
gen. Er will von mir, dass ich Gefangene und Süch-
tige befreie und Blinden die Ansage mache, dass sie
wieder sehen können. Ich soll den Unterdrückten
den Weg in die Freiheit zeigen und 19 folgende Nach-
richt an alle ausgeben: Ab jetzt fängt eine gute Zeit
an, eine besondere Zeit, eine göttliche Zeit.“ 20 Jesus
klappte das Buch wieder zusammen, gab es zurück
und setzte sich. Alle sahen gebannt auf ihn. 21 Dann
fing er an zu reden und begann mit dem Satz:
„Heute geht das los, was die Propheten damals vor-
ausgesagt haben.“ 22 Die ganzen Zuhörer waren
anschließend schwer beeindruckt von dem, was
Jesus gesagt hatte und wie liebevoll es rüberkam.
„Was geht? Wie kann das angehen? Wo hat der das
her?“, fragten sie sich. „Ist das nicht der Sohn von
diesem Josef?“ 23 Jesus redete einfach weiter: „Ihr
kommt jetzt bestimmt mit dem Spruch ‚Arzt, hilf dir
mal selber‘ und wollt die fetten Wunder sehen, die
ich auch in Kapernaum gemacht habe. So nach dem
Motto: ‚Zeig uns mal, was du draufhast!‘ 24 Dabei ist
doch jetzt schon klar: Zu Hause haben Propheten
nichts zu melden. 25 Nehmt mal den Propheten Elia
als Beispiel! Zu seiner Zeit ging es vielen Leuten
sehr schlecht. Viele Frauen waren alleine, weil ihr
Mann gestorben war. Und dann hat es auch noch
dreieinhalb Jahre nicht geregnet und überall hatten
die Leute nichts zu essen und hungerten. 26 Trotz-
dem wurde der Elia nicht zu einer Witwe aus
unserm Volk geschickt, sondern zu einer Auslände-
rin, die in Sarepta bei Sidon wohnte. 27 Oder noch
ein anderes Beispiel? Elisa, auch so ein Prophet, der
ließ die vielen Aidskranken aus unserem Volk auch
mal links liegen. Aber den Ausländer, der aus Syrien
kam, den machte er gesund. Erinnert ihr euch?
28 Das war zu viel! Die Leute, die zugehört hatten,
rasteten plötzlich total aus! 29 Sie packten Jesus,
schubsten ihn hin und her und trieben ihn so auf
einen steilen Abhang zu, der außerhalb der Stadt
lag. Ihre Absicht war, ihn dort runterzuschmeißen
und ihn so zu töten. 30 Jesus drehte sich aber um
und ging einfach durch die Menschenmenge hin-
durch. Die Leute wichen ihm aus, keiner traute sich
mehr ihn anzufassen.

Jesus zeigt allen, was er draufhat

31 Jesus ging von da nach Kapernaum, einer Stadt,
die in Galiläa liegt. Da hielt er dann am Feiertag,
dem Sabbat, ein paar Unterrichtsstunden über Gott
in den Synagogen. 32 Auch hier waren die Leute
schwer beeindruckt von dem, was er erzählte, und
der Art, wie er es rüberbrachte. Jeder merkte, dass
eine unbeschreibliche Power dahintersteckte. 33 An
einem Tag war mal so ein Typ in der Synagoge, in
dem wohnte ein dunkler Geist, so ein Dämon. Der
fing plötzlich wie blöd an zu schreien: 34 „Hau ab!
Was willst du von uns, Jesus aus Nazareth?! Willst
du uns kaputt machen? Ich weiß genau, wer du bist!
Du bist der Sohn Gottes!“ 35 „Maul halten!“, machte
Jesus ihn an, „verlass diesen Mann, sofort!“ Der
Dämon warf den Typen einfach um, und dann zog
er Leine. Der Mann blieb dabei unverletzt. 36 Alle
Leute, die das mitbekamen, waren total fertig: „Was
bringt dieser Mann alles für derbe Sachen? Woher
hat er die Vollmacht und diese Power, dass ihm
sogar die dunklen Geister gehorchen müssen?“
37 Diese Story ging rum wie ein Lauffeuer, alle in der
Gegend redeten darüber.

Die Mutter von Petrus’ Frau wird geheilt

38 Nachdem Jesus aus der Synagoge abgehauen
war, ging er noch mal in das Haus, in dem Petrus
wohnte. Die Schwiegermutter vom Petrus hatte tie-
risch hohes Fieber. Jesus wurde um Hilfe gebeten,
und er kam sofort. 39 Er stellte sich an ihr Bett und
sagte zu dem Fieber, dass es sofort verschwinden
müsse. Das passierte auch sofort. Die Mutter stand
auf und machte erst mal einen Imbiss für alle klar.
40 Diese Heilung sprach sich schnell rum. Nach
Sonnenuntergang hatte Jesus Sprechstunde. Jeder
im Dorf, der irgendwie krank war, kam vorbei. Und
egal, was sie auch hatten, er legte den Leuten die
Hände auf und alle wurden wieder gesund! 41 Es gab
auch ein paar dämonisch belastete Menschen, die
da ankamen. Wenn er einen Dämon rausgeschmis-
sen hatte, brüllte der vorher immer: „Du bist Gottes
Sohn!“ Er fand das aber nicht so toll und bedrohte
sie, bloß ihr Maul zu halten. Die hatten sofort
geblickt, dass er der Auserwählte war, dieser Chris-
tus. 42 Am nächsten Morgen stand Jesus ganz früh
auf und verließ das Haus. Er wollte ein wenig alleine
sein und suchte einen Ort, an dem das möglich
sein könnte. Aber die Leute waren hinter ihm her
und suchten ihn überall. Und als sie ihn gefunden
hatten, versuchten sie ihn aufzuhalten, sie wollten
unbedingt, dass er nicht wieder weggehen sollte.
43 Er musste ihnen aber eine Abfuhr erteilen: „Leute,
ich hab noch einiges vor! Ich muss die Nachricht,
dass eine neue Zeit begonnen hat, noch überall wei-
tererzählen. Das ist mein Auftrag, darum bin ich
hier!“ 44 Jesus zog dann weiter. Er wanderte durch
ganz Judäa und sprach in den Synagogen im Land.

5

Jesus organisiert seine Ausbildungstruppe

1 Irgendwann hatte Jesus mal die Idee, eine Predigt vor mega vielen Menschen am See Genezareth zu halten. Die Leuten drängelten sich auf dem Gelände, alle wollten ihn reden hören. 2 Bevor er loslegte, sah er zwei Boote, die am am Ufer festgemacht hatten. Die Fischer, denen die Boote gehörten, waren gerade am Land, um ihre Netze zu waschen. 3 Jesus stieg in eins der Boote und fragte den Besitzer (der hieß Simon), ob er ihn mit dem Boot in eine günstige Position bringen könnte, damit man ihm vom See aus besser hören könnte. Von dort redete er dann zu den Menschen. 4 Anschließend meinte er zu Simon: „Jetzt fahr mal auf den See raus und fisch noch mal 'ne Runde! Da geht heute noch was!" 5 „Meister", antwortete Simon, „wir haben uns letzte Nacht schon die Finger wund gefischt, und da ging gar nichts. Aber okay, weil du es sagst, probieren wir es noch mal!" 6 Sie fuhren wieder raus, warfen die Netze aus und fingen so viele Fische, dass die Netze fast gerissen wären! 7 Schnell riefen sie andere Fischer zu Hilfe, die auch mit ihrem Boot ankamen. Beide Boote waren am Ende so voll mit Fischen, dass sie fast abgesoffen wären. 8 Als Simon (der dann auch „Petrus" genannt wurde) kapierte, was da gerade passiert war, kniete er sich vor Jesus hin und sagte: „Meister, bitte verschwinde! Ich bin ein Loser und viel zu dreckig, ich bin es nicht wert, dass du in meiner Nähe bist." 9 Er war einfach total geplättet von dieser riesenfetten Beute, die sie da gerade gemacht hatten, 10 und den anderen wie Jakobus und Johannes, den Söhnen vom Zebedäus, ging es genauso. Jesus sagte zum Simon: „Keine Angst! Ab jetzt wirst du Menschen für mich ins Netz holen." 11 Sie legten dann mit den Booten wieder an Land an und folgten Jesus.

Ein Mann, der unheilbar krank ist, wird gesund

12 Einmal traf Jesus in einer Stadt einen Mann, dessen Körper von einer unheilbaren Krankheit fast zerfressen war. Man nannte diese Krankheit „Aussatz". Als dieser Mann sah, wie Jesus vorbeikam, lief er zu ihm hin, warf sich vor ihm auf den Boden und bettelte ihn an: „Mein Herr, bitte helfen Sie mir! Wenn Sie wollen, können Sie mich gesund machen!" 13 Jesus beugte sich zu ihm hin und berührte ihn mit seiner Hand. „Ich will das gerne tun. Ab jetzt bist du gesund!" Und tatsächlich, der Aussatz ging sofort weg! 14 Jesus sagte dem Typen, dass er das jetzt nicht an die große Glocke hängen sollte. „Geh mal zum Priester und lass dich von ihm durchchecken. Danach mach ein Opferritual, wie es die Gesetze von Mose für so einen Fall vorschreiben, damit alle mitkriegen, dass Gott dich wirklich geheilt hat!" 15 Das half aber nur wenig weiter, was das Gerede über Jesus anging. Er war die News des Tages und die Leute kamen von überall her, um ihn reden zu hören oder um geheilt zu werden. 16 Jesus ging aber immer wieder irgendwo hin, wo er alleine war, um dort in Ruhe mit Gott zu labern.

Ein Körperbehinderter wird komplett gesund

17 Als Jesus gerade wieder dabei war, Dinge über Gott zu erklären, hörten auch ein paar von den Pharisäer, den religiösen Strebern, und den Schriftgelehrten, den religiösen Profis, zu. Die kamen mittlerweile von überall her, aus jedem Dorf aus Galiläa und Judäa, sogar aus Jerusalem waren welche dabei, nur um ihn einmal live zu erleben. Gottes Kraft war so derbe mit Jesus, dass er sehr viele Leute heilen konnte. 18 Schließlich schoben ein paar Männer einen Körperbehinderten in seinem Rollstuhl durch die Menge zu Jesus. 19 Sie kamen aber durch die Menschenmasse nicht durch, darum überlegten sie sich einen Trick. Die Männer kletterten auf das Dach des Hauses, in dem Jesus war, und nahmen Stück für Stück die Ziegel weg. Dann ließen sie ihren kranken Freund mit einem Seil durch das Loch mitten in den Raum runter, genau vor die Füße von Jesus. 20 Jesus war sichtlich beeindruckt von dem Vertrauen, das sie in ihn hatten. Darum sagte er zu dem Typen: „Was zwischen dir und Gott stand, ist jetzt weg! Der Mist den du gebaut hast, deine Sünde, ist dir jetzt vergeben!" 21 Die religiösen Profis und Streber flüsterten sich zu: „Was für eine unverschämte Arroganz! Was bildet er sich bloß ein? Nur Gott kann so was machen und Sünden vergeben!" 22 Jesus konnte aber auch Gedanken lesen, darum fragte er gleich nach: „Welchen Schwachsinn habt ihr da gerade in der Birne? 23 Was ist denn jetzt leichter zu sagen: ‚Deine Sünden sind dir vergeben!' oder: ‚Steh jetzt auf, du kannst gehen'? 24 Ich werde den Beweis antreten, dass ich die Vollmacht habe, die Sünden zu vergeben!" Dann beugte er sich zu dem Behinderten und sagte: „Steh jetzt auf, pack deine Sachen und geh nach Hause!" 25 Und der Mann stand sofort auf, klappte den Rollstuhl zusammen, auf dem er gesessen hatte, und ging nach Hause. Auf dem Weg sang er fröhlich Lieder und bedankte sich bei Gott für seine Heilung! 26 Die Menschen, die das mitkrieg-

ten, waren voll beeindruckt. „Respekt!", meinten
viele. „Heute haben wir ein echt derbes Wunder
gesehen!"

Wem es gutgeht, der braucht Gott wohl nicht

27 Als Jesus später die Stadt verlassen wollte, traf er
auf dem Weg einen Typen, der für den Zoll der Be-
satzungstruppen arbeitete. Diese Männer waren
sehr unbeliebt, denn sie zockten von den eigenen
Leuten Zollgebühren ab, die dann an die Besat-
zungsmacht der Römer überwiesen wurden. Levi, so
hieß der Mann, saß in seinem Zollhäuschen, als
Jesus ihn von der Seite einfach anquatschte: „Hey!
Komm mal mit!" 28 Das ließ er sich nicht zweimal
sagen. Sofort ließ er alles stehen und liegen und
ging mit Jesus. 29 Kurze Zeit später organisierte die-
ser Levi extra für Jesus eine Riesenparty bei sich zu
Hause. Viele andere Zollbeamte und Freunde vom
Levi waren eingeladen. 30 Das passte den oberfrom-
men Strebern und Profis überhaupt nicht. „Wie kön-
nen Sie es nur mit diesem dreckigen Pack auf einer
Feier aushalten?", fragten sie die Freunde von Jesus.
31 Er antwortete: „Die Menschen, denen es gutgeht,
brauchen keine Hilfe, aber die Menschen, denen es
dreckig geht, die brauchen einen, der ihnen aus dem
Dreck raushilft. 32 Ich bin nicht für die Leute hier, die
sowieso schon korrekt für Gott leben. Ich bin für die
Kaputten gekommen. Ich will dafür sorgen, dass die
Leute ihr Leben ändern, die Mist bauen."

Eine neue Idee vom Leben sprengt alte Strukturen

33 Die religiöse Führungsriege hatte mal wieder was
zu meckern: „Entschuldigen Sie, aber selbst die
Schüler vom Johannes verzichten regelmäßig auf
Essen und beten auch viel. Auch die Schüler von
den religiösen Streber machen das so. Warum hal-
ten sich Ihre Schüler nicht daran? Die essen und
trinken ja, wie sie gerade lustig sind!" 34 Jesus ant-
wortete mit einer Gegenfrage: „Leute, wie ist es
denn, wenn jemand heiratet? Verzichten die Gäste
auch auf das Essen, solange der Typ, der heiratet,
noch auf der Party ist? Null! 35 Wisst ihr, es wird der
Tag kommen, da ist dieser Typ nicht mehr da, und
dann gibt es noch genug Zeit, um aufs Essen zu
verzichten und viel zu beten." 36 Dann erklärte er
das noch mal mit einem Beispiel: „Niemand von
euch würde ein Stück Stoff aus einem nagelneuen
T-Shirt rausschneiden, um damit ein Loch von
einem alten Shirt zu flicken, was schon total zerfled-
dert und dreckig ist. Das neue T-Shirt könnte man
anschließend wegschmeißen, und der Flicken
würde auf dem alten Shirt sowieso total spackig
aussehen. 37 Und keiner würde Traubensaft in alte
dünne Holzfässer zur Gärung abfüllen, damit dar-
aus dann mal Wein wird. Der Saft dehnt sich bei der
Gärung aus, die alten Fässer würden platzen, und
alles wäre dann kaputt. 38 Neuer Wein gehört in
neue Fässer! Dann funktioniert das auch. 39 Übri-
gens: Leute, die auf alten Wein stehen, wollen gar
keinen neuen Wein haben. Die sagen dann: ‚Der
alte Wein ist doch sowieso immer noch besser zum
Chillen.'"

6 Was ist wichtiger, die Gesetze oder die Liebe?

1 An dem religiösen Feiertag der Juden, dem
Sabbat, streunte Jesus mit seinen Schülern mal
wieder durch die Kornfelder. Die Schüler pflückten
dabei ein paar Kornähren ab, zerrieben die zwischen
den Händen und aßen sie. 2 Einige von den religiö-
sen Strebern sahen das und kamen sofort mit dem
Spruch an: „Das dürfen Sie nicht! Das ist verboten!
Die Gesetze schreiben vor, dass man am Sabbat
nichts ernten und nicht arbeiten darf!" 3 Jesus kon-
terte: „Darf ich euch mal an die Geschichte vom
David erinnern? Als er und seine Begleiter Hunger
hatten, was haben sie da gemacht? 4 Sie gingen in
das Haus von Gott und nahmen sich was von dem
Brot, das nach dem religiösen Gesetz nur die Pries-
ter essen durften! Er gab sogar seinen Freunden
was davon ab! Damit haben sie auch die Gesetze
gebrochen, oder? 5 Ich darf als Auserwählter Gottes
auch bestimmen, was am Sabbat erlaubt ist und
was nicht!" 6 Ein paar Wochen später war da so ein
Mann, der hatte eine Behinderung an der Hand. Er
hing in der Synagoge rum, als Jesus dort seine Lehr-
stunde abhielt. 7 Die religiösen Streber und Profis
hatten alles genau im Blick. Sie warteten nur auf die
nächstbeste Gelegenheit, wo sie ihn auf frischer Tat
ertappen könnten. Wenn er jetzt jemanden heilen
würde, wäre das ein guter Grund, Anzeige gegen
ihn zu erstatten. Heilen war am Sabbat nämlich
verboten. 8 Jesus konnte aber ihre Gedanken lesen.
Also bat er den Mann, sich mal in die Mitte zu stel-
len, damit ihn alle sehen konnten. 9 Und dann sag-
te er zu den Kritikern: „Ich hab mal ne Frage an
euch: Wofür ist der Sabbat ursprünglich gedacht
gewesen? Ist dieser Tag dafür da, gute Sachen zu
machen, oder ist dieser Tag dafür da, link drauf zu
sein? Soll man an diesem Tag lieber Menschen ret-
ten oder Menschen kaputt machen?" 10 Jesus blickte
einem nach dem andern in die Augen. Dann meinte

er zu dem kranken Mann: „Mach deine Hand mal
wieder gerade!“ Der Typ tat es, und tatsächlich, sie
war sofort gesund! 11 Die Feinde von Jesus waren
davon total angefressen. Ab diesem Zeitpunkt be-
gannen die Ersten, ein Attentat auf ihn zu planen.

Jesus sucht zwölf Schüler aus

12 Kurze Zeit später zog sich Jesus auf einen Berg
zurück, um ne Runde zu beten. Er quatschte die
ganze Nacht mit Gott. 13 Als die Sonne aufging,
holte er alle Schüler zusammen und wählte zwölf
von ihnen in den engeren Kreis. Diese zwölf
Freunde nannte er ab dann auch „Apostel“ (das
heißt so viel wie „die Botschafter von Gott“). Hier
sind jetzt mal ihre Namen: 14 Simon (den er auch
„Petrus“ oder „den Fels“ nannte), Andreas (der Bru-
der von Simon), Jakobus, Johannes, Philippus, Bar-
tholomäus, 15 Matthäus, Thomas, Jakobus (ein Sohn
von Alphäus), Simon (der früher mal ein Freiheits-
kämpfer war), 16 Judas (ein Sohn von Jakobus) und
Judas Iskariot (der Jesus später verraten wird).

Heilungssession mit Jesus

17 Als Jesus mit seinen Schülern wieder vom Berg
runterkam, waren sie auf einer großen Wiese. Mitt-
lerweile waren hier sehr viele Menschen versam-
melt. Die Leute kamen nicht nur aus der nahen
Umgebung, sogar aus Judäa und Jerusalem bis hin
zum nördlichen Küstengebiet von Tyrus und Sidon
waren welche dabei. Alle wollten die Reden von
Jesus hören, und viele wollten auch geheilt werden.
18 Es gab auch ein paar Leute, die von einem bösen
Geister befreit werden wollten. Und alle wurden von
Jesus gesund gemacht. 19 Zum Teil wollten sehr
viele Leute ihn einfach nur mal anfassen, weil eine
ganz krasse Energie von ihm ausging und jeder
dabei geheilt wurde.

Wer nach Jesus' Ansicht richtig glücklich ist und wer nicht

20 Irgendwann redete Jesus mit seinen Schülern und
meinte zu denen: „Richtig glücklich seid ihr Leute,
die keine Kohle haben, weil euch der Himmel auf
Erden gehört. 21 Richtig glücklich seid ihr Leute, die
ihr jetzt Hunger habt, weil Gott euch fett zu essen
geben wird! Richtig glücklich seid ihr Leute, die jetzt
noch voll traurig sind, denn ihr werdet bald abgehen
vor Freude! 22 Richtig glücklich dran seid ihr, wenn
man euch hasst und ihr gedisst werdet oder euch
auslacht und über Euch irgendwelche Gerüchte ver-
breiten, nur weil ihr zu mir gehört. 23 Wenn das pas-
siert, könnt ihr euch total freuen! Denn im Himmel
wartet eine fette Belohnung auf euch! Und vergesst
dabei nicht: Den Propheten ging es kein Stück bes-
ser. 24 Übel wird es für euch Leute, die jetzt viel
Kohle besitzen. Denn ihr habt ja schon hier auf der
Erde ganz fett gelebt. 25 Übel wird es auch für die
Menschen, die einen prallen Bauch haben und satt
sind. Ihr werdet ständig hungern müssen. Übel für
die Menschen, die jetzt lachen, denn ihr werdet
dann den Frust schieben, Depressionen bekommen
und viel weinen. 26 Wie übel steht es um die Stars
und die Berühmtheiten, die jetzt von allen Seiten
umschleimt werden! Falsche Propheten waren ja
damals auch schon überall beliebt.“

Leute, die ätzend zu dir sind, sollst du lieben

27 „Ich erzähl euch, die ihr mir jetzt zuhört, noch
mal was“, redete Jesus weiter. „Gerade die Men-
schen, die ätzend zu euch sind, sollt ihr lieben!
Geht freundlich mit den Typen um, die euch irgend-
wie dissen oder hassen. Helft denen sogar, wenn sie
Hilfe brauchen. 28 Betet für die Leute, die euch die
Krätze an den Hals wünschen. Betet für die, die
euch verletzt haben, und wünscht ihnen das Beste.
29 Wenn dir einer in die Fresse haut, sag ihm, er soll
dir auch noch in den Magen treten. Wenn dir einer
deine Jacke klaut, dann gib ihm deine Jeans noch
dazu. 30 Wenn jemand dich um etwas bittet, dann
gib es ihm. Wenn du mal angeschnorrt wirst, dann
gib auch was. Wenn dir jemand etwas wegnimmt,
dann fordere es nicht zurück. 31 Behandle die Leute
so, wie du von ihnen auch behandelt werden willst.
32 Oder willst du auch noch ein lautes „Danke“ dafür
hören, wenn du mal nett zu jemanden warst, der
vorher auch nett mit dir umgegangen ist? Das kön-
nen auch die Leute, die ohne Gott leben. Die lieben
jeden, der sie auch liebt. 33 Was ist schon daran
schon so besonders toll, denen etwas Gutes zu tun,
die euch auch gut behandeln? Das kann jeder, auch
die Menschen, die keinen Bock auf Gott haben.
34 Was ist schon so heldenhaft dadran, jemandem
Geld zu leihen, von dem man sowieso ganz sicher
weiß, dass man es zurückbekommt? 35 Ihr sollt
anders drauf sein. Liebte eure Feinde und seid nett
zu den Menschen, die euch dumm finden. Helft
denen, und zwar ohne große Erwartung, dass ihr
dafür was bekommt. Von Gott könnt ihr dagegen
alles erwarten, er wird euch fett dafür belohnen. Ihr
gehört zu seiner Familie, ihr seid dann schließlich
seine Kinder. Gott liebt sogar die miesen Typen und
Leute, die es null verdient hätten.“

Wie du mir, so ich dir?

36 Jesus redete weiter: „Ihr müsst so liebevoll drauf sein wie Gott, euer Vater. 37 Hört auf, über andere abzulästern und sie zu verurteilen, damit Gott euch auch nicht verurteilt. Macht euch nicht vorschnell eine Meinung über jemand, das tut Gott auch nicht mit euch! Wenn ihr anderen verzeiht, wird man euch ebenfalls verzeihen. 38 Seid locker dabei, wenn es darum geht, Sachen zu verschenken, dann wird Gott euch auch fett beschenken können, so viel, dass ihr mehr als genug habt.“ 39 Jesus erzählte dann noch mal so ein Beispiel, was er ja oft tat: „Was bringt es einem Blinden, wenn er von einem Blinden geführt wird? Früher oder später werden beide in die nächsten Baugrube fallen! 40 Ein Schüler kann nur so viel lernen, wie sein Lehrer auch weiß. Selbst wenn er alles von ihm gelernt hat, ist er nur genauso schlau wie sein Lehrer. 41 Warum regst du dich so über ein kleines Problem von deinem Bruder auf und übersiehst dabei, was für ein Mega-Probleme du selber hast? 42 Du sagst dann: ‚Freundchen, komm mal her! Ich will dir mal sagen, wo du überall falschliegst!‘ Und dabei hast du überhaupt nicht kapiert, dass du selber total daneben bist. 43 An einem gesunden Baum können keine schlechten Früchte wachsen, oder? Und so kann ein kranker Baum auch keine gesunden Früchte tragen! 44 Man kann daran erkennen, ob ein Baum gesund ist oder nicht, wenn man sich seine Früchte mal ansieht. Äpfel wachsen auch nicht in Dornenhecken und Weintrauben nicht an Brombeerbüschen. 45 Wenn einer gut drauf ist und ein gutes Herz hat, bringt er gute Sachen. Wenn einer link drauf ist, bringt der auch nur linke Aktionen, weil seine Gedanken und seine Motivation schlecht ist.“

Auf Jesus kann man bauen

46 „Warum sagt ihr ständig ‚Meister‘ und ‚Chef‘ zu mir, tut dann aber doch nicht das, was ich euch sage? 47 Ich gebe noch mal ein Beispiel, wie das abgeht bei Leuten, die das tun, was ich sage. 48 Und zwar ist das so wie ein Mensch, der ein Haus auf einem stabilen Betonfundament baut. Wenn es dann mal eine Überschwemmung gibt, dann können die Wellen das Haus nicht zerstören, weil es eine feste Grundlage hat und solide gebaut wurde. 49 Wer mir aber zuhört und dann so weitermacht wie bisher, der ist zu vergleichen mit einem Haus, das nur auf lockerer Erde ohne ein richtiges Fundament gebaut wurde. Wenn mal eine Flut kommt, dann unterspült das Wasser das Haus und alles bricht zusammen. Und am Ende bleibt nur ein Haufen Schrott übrig.“

7

Fernheilung à la Jesus

1 Nach dieser langen Rede machte sich Jesus wieder auf den Weg in Richtung Kapernaum. 2 Dort lebte ein Berufssoldat, der den Dienstgrad eines Hauptmanns hatte. Er hatte einen Angestellten, den er sehr mochte. Aber dieser Angestellte war todkrank und lag im Sterben. 3 Als der Hauptmann von jemandem hörte, dass Jesus gerade in der Stadt angekommen war, schickte er gleich ein paar angesagte jüdische Männer mit der Anfrage zu ihm, ob Jesus seinen Angestellten nicht vielleicht wieder gesund machen könnte. 4 Als diese Männer bei Jesus ankamen, baten sie Jesus, dass er bitte helfen sollte: „Der Typ ist total okay, wenn jemand Ihre Hilfe verdient hat, dann er! 5 Er liebt die jüdische Bevölkerung sehr und hat uns auch den Bau der Synagoge gesponsert.“ 6 Jesus ging also mit ihnen. Bevor sie aber beim Haus des Hauptmanns angekommen waren, kamen ihnen ein paar von den Angestellten des Hauptmanns entgegen. Sie brachten eine Nachricht mit: „Verehrter Herr, bitte machen Sie sich nicht die Mühe, Sie brauchen nicht bis in mein Haus zu kommen. Das bin ich echt nicht wert! 7 Ich fühl mich noch nicht einmal gut genug, um selber bei Ihnen persönlich vorzusprechen. Mein Vorschlag ist: Bleiben Sie, wo Sie sind, und sagen Sie nur, was auch immer Sie sagen müssen, dann wird mein Angestellter schon gesund werden. 8 Das ist bei mir ja auch so. Ich habe Vorgesetzte, und wenn die mir sagen, was ich tun soll, dann gehorche ich denen. Und wenn ich zu meiner Truppe sage: ‚Abteilung Marsch!‘, dann ziehen die los. Und wenn ich zu einem Soldaten sage: ‚Bringen Sie mir mal einen Becher!‘, tut er das sofort.“ 9 Jesus war echt platt, als er das hörte. Er meinte zu den Leuten, die mitgekommen waren: „Eins ist sicher: So ein Vertrauen ist mir in Israel noch nicht untergekommen!“ 10 Und als die Männer wieder zurück bei ihrem Hauptmann waren, war der Angestellte tatsächlich kerngesund.

Ein totes Kind lebt wieder

11 Kurze Zeit später ging Jesus mit seinen Freunden in die Stadt Nain. Sehr viele Leute waren mittlerweile mit ihm dabei. 12 Als sie kurz vor dem Ortseingang waren, kam ihnen ein Gruppe von Menschen entgegen, die einen Sarg mit einem Jungen

zum Friedhof brachte. Der tote Junge war der ein-
zige Sohn von einer Frau gewesen, deren Mann
auch schon tot war. Viele trauerten mit der Witwe.
13 Als Jesus die ganze Szene beobachtet hatte, tat
ihm die Frau auch sehr leid. „Du musst jetzt nicht
mehr weinen!", sagte er ganz liebevoll zu der Frau.
14 Dann ging Jesus zum Wagen, auf dem der offene
Sarg draufstand. Der Wagen blieb stehen. Und
dann redete Jesus mit dem Jungen, er sagte zu
ihm: „Hey, du, steh auf!" 15 Und das Abgefahrenste
passierte: Der Junge setzte sich auf und begrüßte
alle! Jesus gab der Mutter ihren Sohn zurück, fast
so, als hätte Jesus den Sohn aus dem Schlaf ge-
weckt. 16 Alle, die das miterlebten, waren total
beeindruckt von der ganzen Sache, fast schon
geschockt. Und sie sagten zueinander: „Gott hat
uns einen ganz fetten Propheten vorbeigeschickt!",
und: „Gott hat sein Volk persönlich besucht!"
17 Diese irre Story verbreitete sich sehr schnell im
ganzen jüdischen Gebiet, und sogar im Ausland
redete man darüber.

Die Anfrage von Johannes:
Bist du der Auserwählte, bist du der Messias?

18 Johannes (der die Leute getauft hat) hörte auch
von den derben Wundern, die bei Jesus an der
Tagesordnung waren. 19 Er schickte zwei von seinen
eigenen Schülern mit einer Anfrage zu Jesus: „Sind
Sie der Mann, auf den wir schon so lange warten?
Sind Sie der Auserwählte, der Messias, oder kommt
der noch? Das will Johannes wissen!" 20 Die beiden
kamen gerade mit dieser Frage, 21 als Jesus eine
große Heilungssession hatte. Viele Leute wurden
wieder gesund, fiese Geister verließen Menschen,
Blinde konnten wieder sehen und so. 22 Jesus ant-
wortete: „Leute, geht zurück zum Johannes und
erzählt ihm, was hier bei mir abgeht. Alles, was die
alten Propheten vorhergesagt haben, passiert
gerade: Blinde können wieder sehen, Körperbehin-
derte werden geheilt, Gehörlose können wieder
hören, Aidskranke werden geheilt, sogar Tote wer-
den wieder lebendig, und den Leuten, die nichts
besitzen, wird eine gute Botschaft rübergebracht.
23 Und dann könnt ihr ihm noch sagen, dass sich
alle wirklich freuen können, die sich nicht über mich
ärgern."

Jesus sagt was über Johannes

24 Als die Schüler vom Johannes abgehauen waren,
sagte Jesus noch was zu den Leuten, die gerade
dastanden: „Warum seid ihr eigentlich immer zum
Johannes in die Wüste gelaufen? Wolltet ihr ein
Weichei sehen, das keine eigene Meinung hat?
25 Oder dachtet ihr, da ist so ein feiner Pinkel mit
teurem Anzug? Dann hättet ihr am besten in die
Villengegend und nach Monaco fahren müssen!
26 Oder wolltet ihr einen Propheten in Johannes fin-
den? Bingo, ein Prophet ist er auf jeden Fall, sogar
noch mehr als das! 27 Johannes ist der Typ, von dem
in den alten Schriften schon erzählt wird: ‚Ich werde
dir einen Ansager organisieren. Er wird für dich alles
vorbereiten.' 28 Eins ist auf sicher: Von allen Men-
schen, die mal irgendwann gelebt haben, ist er der
größte Prophet! Und trotzdem will ich hier noch
mal sagen, dass bei Gott egal ist, wer die dicken
Sachen für ihn gerissen hat. In seinem Land ist der
Unwichtigste wichtiger als Johannes. 29 Alle, die auf
Johannes hörten, haben erkannt, dass Gott ihnen
eine Chance gibt, und sie ließen sich von ihm tau-
fen. Übrigens waren da auch Zöllner dabei, die
Steuern für die Römer eintrieben. 30 Nur die religiö-
sen Streber und Profis nicht, die Pharisäer und die
Schriftgelehrten, die hatten keine Lust auf dieses
Angebot, sie ließen sich nicht von ihm taufen. 31 Was
soll man noch über die Menschen von heute sagen?
Womit kann man sie passend vergleichen? 32 Sie
sind wie Kinder, die auf der Straße spielen und sich
bei ihren Freunden beschweren: ‚Wir haben ein coo-
les Lied in die Anlage geschmissen, aber ihr habt
nicht mitgetanzt. Dann haben wir Deprimucke rein-
getan, und ihr habt nicht mitgeweint!' 33 Johannes
hat oft gefastet und auf Sachen verzichtet, er hat
auch keinen Alkohol getrunken. Da meintet ihr
dann: ‚Der ist doch total durchgeknallt!' 34 Jetzt ist
der Auserwählte Gottes bei euch und isst und trinkt
normal wie alle andern auch, und ihr seid schon
wieder nicht zufrieden. Dann kommen so Kommen-
tare wie: ‚Der ist ja fresssüchtig und Alkoholiker!
Junkies und Penner sind seine Freunde!' 35 Aber an
solchen äußerlichen Sachen kann man nicht erken-
nen, wie schlau Gott eigentlich ist. Das merkt man
erst, wenn man tut, was er sagt."

Jesus ist sich nicht zu schade, mit einer Hure zu reden

36 Irgendwann wurde Jesus mal von einem religiö-
sen Streber, der Simon hieß, zum Essen eingeladen.
Jesus nahm die Einladung an und setzte sich ganz
gechillt zu dem ins Wohnzimmer. 37 Plötzlich betrat
eine stadtbekannte Hure das Haus und stürzte in
das Zimmer, wo Jesus mit den anderen saß. Sie
hatte über ein paar Ecken gehört, dass Jesus bei

Simon eingeladen war, und brachte eine Dose mit
wahnsinnig teurer Salbe mit. 38 Die Frau ging zu
Jesus und kniete sich vor ihm hin. Dabei weinte
sie so sehr, dass seine Füße von den Tränen ganz
feucht wurden. Dann trocknete sie die Füße erst mit
ihren langen Haaren, dann küsste sie die Füße und
dann rieb sie auch sie noch mit der Salbe ein. 39 Der
religiöse Streber, der Jesus eingeladen hatte, beob-
achtete die Szene aus großem Abstand. „Wenn die-
ser Mann wirklich Dinge checkt, die man eigentlich
nicht wissen kann, wenn er echt so begabt in pro-
phetischer Hinsicht wäre, dann müsste er doch
auch wissen, dass diese Frau eine Hure ist ...!"
40 Jesus konnte aber seine Gedanken lesen und
sagte zu ihm: „Simon, ich will dir mal was erzählen,
darf ich?" „Ja, klar, Meister, bin ganz Ohr!", war
seine Antwort. 41 „Also, da war mal so ein sehr rei-
cher Mann, so ein Bonze halt, der hatte zwei Leuten
Geld geliehen. Einer hatte von ihm nen halben Rie-
sen bekommen, der andere aber fünf Riesen. 42 Bei-
de waren aber zum Zeitpunkt der geplanten Geld-
rückgabe leergelaufen. Weil das so war, schenkte er
ihnen das Geld einfach. Welcher von den beiden
wird ihm jetzt am meisten dankbar sein?" 43 „Na,
derjenige, der mehr Schulden hatte!", meinte
Simon. „Bingo!", sagte Jesus. 44 Und dann zeigte
Jesus auf die Hure und sagte: „Sieh dir mal diese
Frau genau an. Als ich in dein Haus gekommen bin,
hast du mir da erst mal ein Fußbad angeboten?
Meine Mauken waren ganz schön versaut, weißt du.
Aber sie hat meine Füße sogar mit ihren Tränen
gewaschen und nur mit ihren Haaren abgetrocknet!
45 Und hast du mir zur Begrüßung vielleicht einen
Kuss auf die Wange gegeben, oder High Five ge-
macht oder so was? Sie hat mir ohne Ende die Füße
geküsst, und zwar nonstop, seitdem ich hier bin!
Das ist Respekt! 46 Du hast mir auch nicht, wie es ja
bei VIP-Gästen üblich ist, etwas Creme angeboten.
Sie hat sogar eine total kostbare Myrrhensalbe
genommen und mir damit meine Füße eingecremt.
47 Ich will dir mal was sagen, mein Freund: Weil ihr
selbst auch viel Scheiße verziehen worden ist, war
sie in der Lage, auch viel zu lieben. Wem wenig ver-
ziehen worden ist, der liebt auch wenig." 48 Und
dann sagte Jesus noch mal zu der Frau: „Alles was
zwischen dir und Gott stand, ist jetzt weg, dein Sün-
denregister ist jetzt gelöscht!" 49 Die Männer, die
mit am Tisch saßen, flüsterten untereinander: „Wie
ist der denn drauf? Woher nimmt er sich das Recht
raus, die Trennung zwischen Gott und den Men-
schen einfach aufzuheben? Warum glaubt der plötz-
lich ganze Sündenregister löschen zu können?"
50 Aber Jesus sagte zu der Frau: „Hey, weil du mir
vertraust und glaubst, bist du gerettet! Geh jetzt und
hab Frieden!"

8 Jesus und die Frauen

1 Kurze Zeit später machte Jesus eine Tour
durch die Städte und Dörfer in der Gegend. Mit
dabei waren seine zwölf engeren Schüler 2 und ein
paar Frauen, die von Jesus geheilt worden waren.
Einige von ihnen hatte er von einem fiesen Geist
befreit. Zum Beispiel war auch Maria Magdalena
dabei, bei ihr hatte er gleich sieben Dämonen raus-
geschmissen. 3 Johanna (die mit Chuzas verheiratet
war, der einen Job in der Verwaltung beim Präsiden-
ten Herodes hatte), Susanna und noch ein paar
andere Frauen unterstützten Jesus und seine Schü-
ler finanziell und mit anderen Mitteln, die sie zur
Verfügung hatten.

Der Vergleich mit einem Bauern, der Weizen aussät

4 Irgendwann kamen voll viele Menschen von über-
all her, und alle wollten Jesus hören. Jesus erzählte
wieder so einen Vergleich: 5 „Also, da war so ein
Landwirt, der auf seine Felder Weizenkörner aus-
streute. Einige fielen dabei auf einen Weg, wo dann
Leute drüberlatschten und Tauben die Körner auf-
pickten. 6 Einige Körner fielen auf einen Boden, wo
gleich drunter eine Felsschicht lag. Die Körner keim-
ten zwar schnell, der Boden war aber zu trocken,
und darum gingen die Pflänzchen auch schnell wie-
der ein. 7 Dann gab es Körner, die fielen auf Boden,
wo nebenan Disteln und Brennnesseln wuchsen.
Die wachsen ja viel schneller und breiter, sie nah-
men dem Weizen die Sonne, bis die jungen Pflänz-
chen erstickten. 8 Andere fielen aber auf guten
Humusboden. Die Körner keimten schnell und
wuchsen wie blöd. Am Ende konnte der Landwirt
hundertmal so viel ernten, wie er gesät hatte. Passt
auf und sperrt die Lauscher auf, wenn ich euch was
erzähle!" 9 Abends wollten seine Schüler dann
genauer wissen, was er mit der Geschichte sagen
wollte. 10 „Also, bei euch ist das okay, wenn ich
meine Vergleiche erkläre, ihr sollt diese Geheim-
nisse aus dem Leben mit Gott und wie es bei ihm
abgeht auch kapieren. Den anderen sollen sie aber
durch das Bild, das ich benutze, erst mal ein Rätsel
bleiben. In den alten Schriften steht ja auch: ‚Sie
sehen, was ich tue, aber können es nicht einordnen,
sie hören, was ich sage, aber kapieren nichts.' 11 Der

Vergleich sollte Folgendes klarmachen: Die Körner
sind Worte, die Gott zu den Menschen redet. 12 Die
Körner, die auf dem Weg landen, stehen für Men-
schen, die Worte von Gott hören, aber dann kommt
der Satan und nimmt sie wieder weg. Er verhindert,
dass sie ihr Vertrauen auf Gott setzen und durch-
kommen. 13 Die Körner, die auf dem Boden landen,
wo gleich drunter der Felsen ist, sind ein Vergleich
für die Menschen, die Worte von Gott gerne hören
und alles auch sofort begeistert umsetzen. Aber
dabei ist nur oberflächlich was passiert, die Wurzeln
sind nicht tief gewachsen. Sobald es Probleme gibt,
geben sie die Sache auf. 14 Die Körner, die zwischen
den Disteln und Brennnesseln gelandet sind, damit
meine ich Leute, die eine Zeitlang auf Gott gehört
haben. Dann gab es aber irgendwelche Sorgen, oder
sie konnten sich plötzlich mit Geld alle Wünsche
erfüllen und waren so satt durch den Luxus, das hat
ihrem Glauben die Luft genommen. 15 Die Körner,
die aber auf guten Boden gefallen sind, das sind
Leute, die total offen für Gott waren. Die haben auf
das gehört, was er sagt, und es auch umgesetzt. Bei
denen werden viele richtig krasse Sachen wachsen
können, weil sie an Gott glauben."

Der Vergleich mit einer Lampe

16 „Keiner wäre so blöd und würde über seine Nacht-
tischlampe einen Eimer stellen oder sie unters Bett
schieben! Lampen gehören da hin, wo sie viel Licht
spenden können und wo man sie sieht. 17 Alle
Sachen, die heute noch im Dunklen und geheim
sind, werden irgendwann mal rauskommen. Alles,
wovon heute keiner was weiß, wird mal ans Licht
gebracht werden. 18 Passt gut auf, Leute, damit ihr
versteht, was ich euch erzähle! Die Leute, die sich
mit meiner Lehre beschäftigen und offen sind, die
werden noch mehr kapieren können. Wer aber nicht
zuhören will, der wird sogar die Sachen hinterfra-
gen, von denen er bisher geglaubt hat, er hätte sie
bereits verstanden."

Wer gehört zur Jesus-Familie

19 Irgendwann kamen die Geschwister von Jesus
und seine Mutter bei ihm vorbei. Aber es waren so
viele Leute da, dass es unmöglich war, zu ihm
durchzukommen. 20 Ein Typ meinte zu Jesus: „Ey,
Meister, Ihre Mutter und Ihre Geschwister stehen
draußen und wollen mit Ihnen reden!" 21 Jesus ant-
wortete: „Sieh dich um! Alle, die hier sind und
hören wollen, was ich über Gott zu sagen habe,
gehören zu meiner Familie!"

Das Meer gehorcht Jesus

22 An einem Tag sagte Jesus zu seinen Schülern:
„Lasst uns mal auf die andere Seite vom See fah-
ren!" Sie mieteten sich ein Boot und fuhren los.
23 Jesus legte sich hinten im Boot erst mal pennen.
Mitten auf dem See kam auf einmal ein heftiger
Sturm auf. Die Wellen schlugen so hoch, dass das
Boot immer mehr mit Wasser volllief und sie kurz
davor waren zu sinken. 24 Panisch weckten die Schü-
ler Jesus auf: „Meister", schrien sie, „Hilfe! Wir sau-
fen ab!" Jesus stand ruhig auf. Dann redete er ein
paar ernste Worte mit dem Wind und den Wellen.
Sofort beruhigte sich die See, und alles wurde still!
25 „Was ist jetzt mit eurem Vertrauen?", meinte
Jesus. Die waren aber echt nur geplättet und sagten
zueinander: „Was ist das nur für ein derber Typ!
Sogar der Wind und die Wellen müssen ihm gehor-
chen!"

Jesus trifft auf einen durchgeknallten Mann, der von Dämonen kontrolliert wird

26 Später kamen sie in die Gegend von Gerasa, das
lag auf der anderen Seite vom See Genezareth.
27 Als Jesus aus dem Boot gestiegen war, rannte ihm
so ein Typ entgegen, der von einem Dämonen total
ferngesteuert wurde. Er war obdachlos und lief den
ganzen Tag nackig rum, weil er seine Klamotten
verloren hatte. Er lebte seit einiger Zeit nicht mehr
in einem Haus, sondern wohnte stattdessen auf
dem Friedhof in irgendwelchen Grabhöhlen. 28 Als er
Jesus ankommen sah, fing er voll laut an zu krei-
schen und warf sich vor ihm auf den Boden. „Was
willst du von mir, lass mich in Ruhe, Jesus! Du bist
der Sohn vom derbsten Gott schlechthin! Bitte,
bitte, mach mich nicht fertig!", bettelte er rum.
29 Jesus hatte dem Dämon nämlich schon gesagt,
dass er den Typen gleich verlassen sollte. Der Mann
wurde von diesem fiesen Geist schon sehr lange
kontrolliert. Auch wenn man ihn mit Handschellen
gefesselt hatte, riss er sich wieder los. Dieser
Dämon trieb ihn dann oft in den Wald. 30 Jesus
sprach den Dämon direkt an: „Wie heißt du?" –
„Legion ist mein Name!" Da Legion eine Bezeich-
nung für eine ganze Einheit beim Herr ist, war
sofort klar: Es musste sich um mehr als nur einen
Dämonen handeln! 31 Der Dämon bettelte Jesus voll
an, er wollte nicht in die Hölle zurückgehen müs-
sen. 32 In der Nähe kurz vor einem Bergabhang
waren gerade ein paar Schweine auf einer Wiese am
Start. Da wollten die Dämonen dann gerne rein,
und für Jesus war das okay, er erlaubte es ihnen.

33 Also zogen alle Dämonen aus dem Mann in die
Schweine um. Die Schweineherde beging daraufhin
kollektiven Selbstmord, alle Viecher stürzten sich
den Abhang runter in den See und ertranken! 34 Die
Männer, die auf die Herde aufpassen sollten, rann-
ten vor Angst in die Stadt und erzählten überall, was
dort gerade passiert war. 35 Jetzt kamen aus allen
Ecken die Schaulustigen angelaufen, um das Ganze
mit eigenen Augen zu sehen. Sie konnten den Typen
sehen, den Jesus von seinen Dämonen befreit hatte,
wie er voll ruhig und anständig angezogen bei ihm
saß und mit Jesus laberte. Viele waren deswegen
echt fertig. 36 Die Augenzeugen erzählten jedem, wie
der dämonisierte Mann frei geworden war. 37 Alle
Bewohner bettelten jetzt, dass Jesus möglichst
schnell die Gegend verlassen sollte. Sie waren eben
sehr geschockt. Jesus stieg also in das Boot und
zog ab. 38 Der Typ, der von den Dämonen befreit
worden war, wollte gerne bei Jesus bleiben. Aber
Jesus fand, das wäre keine so gute Idee. Er gab ihm
einen anderen Auftrag: 39 „Geh nach Hause und
erzähl den Leuten, was Gott bei dir für gute Sachen
gemacht hat!", war sein Tipp. Das tat der Mann
dann auch. Er ging durch die ganze Stadt und
erzählte überall, was Jesus für ihn getan hatte.

Ein Mädchen, das tot war, wird wieder lebendig

40 Als Jesus zum andern Ufer übergesetzt hatte,
warteten da schon wieder irre viele Leute auf ihn.
41 Kaum war Jesus an Land, drängelte sich ein Mann
nach vorne zu ihm durch. Er hieß Jairus und leitete
die jüdische Gemeinde im Ort. Jairus warf sich vor
Jesus auf den Boden und bettelte ihn an, mit zu ihm
nach Hause zu kommen. 42 Seine einzige Tochter,
ein zwölfjähriges Mädchen, war todkrank und lag
im Sterben. Jesus ging also mit. Auf dem Weg dort-
hin drängelten sich sehr viele Leute um ihn herum.
43 In dieser Menschenmasse war auch eine Frau, die
seit zwölf Jahren ununterbrochen ihre Tage hatte.
Ihre gesamte Kohle war schon bei zig Ärzten gelan-
det, aber keiner hatte ihr wirklich helfen können.
44 Sie schlich sich vorsichtig von hinten an Jesus ran
und versuchte seine Jacke zu berühren. Und in dem
Augenblick, wo sie den Stoff angefasst hatte, hörten
die Blutungen sofort auf! 45 „Wer hat mich eben
berührt?", wollte Jesus wissen und blieb stehen. Alle
schüttelten den Kopf, und Petrus meinte: „Mann,
Jesus, stell dich nicht so an, bei dieser Masse von
Menschen kommt es halt mal vor, dass dich jemand
anfasst!" 46 Aber Jesus blieb dabei: „Irgendjemand
hat mich absichtlich berührt. Ich hab ganz deutlich
gespürt, wie von mir Kraft abgezogen wurde." 47 Als
die Frau merkte, dass sie erwischt worden war, fing
sie voll an zu zittern. Dann ging sie auf die Knie und
erzählte ihre Story. Sie sagt auch, dass sie bis eben
noch krank gewesen war und ihn berührt hatte und
dass sie jetzt gesund ist. 48 „Du bist wie eine Toch-
ter für mich", sagte ihr Jesus, „und weil du mir so
vertraut hast, bist du auch gesund geworden! Jetzt
geh, entspann dich und hab Frieden!" 49 Mitten in
diesem Gespräch kam ein Hausangestellter vom
Jairus angerannt: „Ihre Tochter ist bereits gestor-
ben. Sie brauchen Jesus nicht mehr zu bemühen."
50 Jesus war da anderer Meinung: „Keine Angst, Jai-
rus, vertrau mir! Es wird alles mit ihr gut werden."
51 Als sie in das Haus vom Jairus kamen, war da
schon die Trauerfeier im vollen Gange. Jesus fragte
nur Petrus, Jakobus, Johannes, den Vater und die
Mutter, ob sie auch mit in das Totenzimmer kom-
men wollten. 52 Im Haus weinten die Leute überall,
aber Jesus sagte zu ihnen: „Hört auf zu flennen!
Das Mädchen ist nicht tot, sie pennt nur!" 53 Jetzt
rissen einige sogar ein paar Sprüche über ihn, weil
alle es wussten: Sie war bereits mausetot! 54 Jesus
nahm die Hand von dem Mädchen und sagte laut
zu ihr: „Steh auf, Kleine!" 55 Und das Abgefahrene
passierte: Sie stand auf! Dann bestellte Jesus ihr
was zu essen. 56 Die Eltern waren total glücklich und
kriegten sich gar nicht wieder ein. Sie mussten
Jesus aber versprechen, nicht allen Leuten davon zu
erzählen.

9

Die zwölf Schüler von Jesus gehen auf Tour

1 Irgendwann organisierte Jesus mit seinen
zwölf Schülern ein Meeting. Dort stellte er
ihnen alle geistlichen Vollmachten aus, die es so
gibt. Sie sollten in der Lage sein, Dämonen auszu-
treiben und Kranke zu heilen. 2 Und dann gab er
ihnen den Auftrag, überall hinzugehen und davon
zu erzählen, dass jetzt eine neue Zeit angefangen
hat, eine Zeit, in der Gott wieder das Sagen hat.
Außerdem sollten sie dort die kranken Menschen
wieder gesundbeten. 3 „Nehmt nichts mit, was euch
irgendwie belasten könnte!", meinte Jesus. „Nehmt
kein Messer mit und keinen Rucksack, keinen Provi-
ant und auch keine Kohle. Noch nicht mal eine
zweite Garnitur Kleidung sollt ihr einpacken. 4 Be-
sucht die Leute in ihren Häusern und bleibt so
lange, bis ihr weitermüsst. 5 Wenn die Menschen
in einer Stadt keinen Bock auf euch haben, dann
macht deutlich, dass euer Job hier erledigt ist, und

geht weiter. Ihr könnt als so ein Zeichen einfach den
Dreck von euren Schuhen abschütteln und wei-
tergehen. Gott wird sich in seiner letzten Gerichts-
verhandlung dann schon um sie kümmern.“ 6 Die
zwölf Schüler von Jesus zogen los und machten
eine große Tour durch Israel. In jedem Ort erzählten
sie über die gute neue Nachricht, die es von Gott
zu berichten gab. Und dann machten sie dabei auch
kranke Menschen wieder gesund.

Herodes peilt es nicht: Wer ist dieser Jesus?

7 Herodes, den man auch den Chef von Galiläa
nannte, bekam es mit der Angst, als er die Storys
über Jesus hörte. Der Grund dafür war, dass einige
behaupteten, Jesus sei der Geist von Johannes. Er
sei jetzt zurückgekommen, um sich an Herodes zu
rächen. 8 Ein anderes Gerücht war, dass er der alte
Elia sei oder irgendein anderer großer Propheten-
typ, der wieder lebendig geworden war. 9 Herodes
sagte dazu: „Johannes habe ich doch höchstpersön-
lich den Kopf abschlagen lassen. Was ist das jetzt
wieder für ein Mann, von dem ich solche seltsamen
Dinge höre?“ Er wollte Jesus deswegen unbedingt
einmal kennenlernen.

Jesus macht mit wenig Essen über 5000 Leute satt

10 Als die Schüler (die man ab jetzt auch Apostel
nannte) wieder zurück waren, erzählten sie Jesus
alles, was sie auf ihrer Tour erlebt hatten. Anschlie-
ßend nahm sie Jesus mit an einen Ort in der Nähe
der Stadt Betsaida. Dort war nicht so viel los, und er
wollte mit ihnen etwas alleine sein. 11 Die Leute
kriegten das aber schnell spitz und folgten ihnen.
Also machte Jesus wieder ein Spontantreffen und
erzählte denen über die neue Zeit, die jetzt begon-
nen hatte. Außerdem heilte er alle Leute, die krank
waren. 12 Gegen 18.00 Uhr gingen seine Schüler in
einer Pause nach vorne, um sich mit ihm zu bespre-
chen. „Schick die Leute nach Hause, Jesus“, sagten
sie, „die müssen alle auch mal was essen und sich
noch einen Pennplatz für die Nacht organisieren.
Hier auf dem Dorf hat jetzt schon alles zu.“ 13 Jesus’
Antwort war: „Hey, Jungs, gebt ihr ihnen doch was
zu essen!“ – „Was? Wir haben gerade mal fünf
Toastbrote und zwei Frikadellen am Start!“ 14 Es
waren ungefähr 5000 Männer da, dazu noch die
Frauen und Kinder. „Sie sollen sich mal gruppen-
weise zusammentun, zu jeweils 50 Leuten“, gab
Jesus die Anweisung. 15 Gesagt, getan. 16 Dann nahm
er die fünf Toastbrote und die Frikadellen, die ihm
die Schüler in die Hand gedrückt hatten. Er blickte
kurz Richtung Himmel, dankte seinem Vater für
das Essen, und gab die Teile Stück für Stück an die
Leute weiter. 17 Nach dem Essen waren alle papp-
satt! Es reichte dicke, und es blieben sogar noch
zwölf Einkaufswagen mit Essen übrig!

Petrus hat es gerafft:
Du kommst von Gott und rettest uns alle!

18 Irgendwann hing Jesus mal mit seinen Schülern
allein rum, und da fragte er sie: „Was reden die
Leute eigentlich über mich? Was glauben sie, wer
ich bin?“ 19 „Also, Jesus, da gibt es einige, die glau-
ben, du bist Johannes, der die Leute getauft hat.
Andere halten dich für die Neuauflage vom alten
Elia. Und dann gibt es Leute, die halten dich für
irgendeinen anderen von den Propheten, der wieder
lebendig geworden ist.“ 20 „Aha, und für wen haltet
ihr mich?“ Petrus sprang sofort auf und meinte:
„Du bist der Auserwählte, du bist der Christus, den
Gott zu uns geschickt hat!“ 21 Jesus wollte, dass sie
das noch nicht weitersagen, das war ihm wichtig.
22 „Der Auserwählte muss aber noch echt üble
Sachen durchmachen. Die Führungsebene von
Israel, die Oberpriester und die Theologen, werden
sich gegen ihn stellen und ihn töten. Aber nach drei
Tagen kommt sein Comeback. Er wird den Tod be-
siegen und wieder lebendig werden!“

Was für Konsequenzen es hat, mit Jesus zu leben

23 Jesus hielt wieder eine Rede und sagte zu den
Leuten: „Wenn jemand zu mir gehören will, sollte er
sich selbst nicht mehr so wichtig nehmen. Wenn er
so lebt wie ich, muss er ständig bereit sein, für sei-
nen Glauben harte Konsequenzen zu ertragen, bis
dahin, dass er sogar getötet wird. 24 Die Leute, die
verkrampft um ihr Leben kämpfen, werden es verlie-
ren. Wenn jemand aber sein Leben mir radikal zur
Verfügung stellt, der wird es für immer gewinnen.
25 Was bringt es denn, wenn einer der totale Super-
star ist und alles erreicht, was er sich vornimmt,
aber der Preis, den er dafür zahlt, das gottmäßige
Leben ist, das nach dem Tod noch weitergeht?
26 Wenn es jemand vor anderen voll peinlich ist, mit
mir zu leben, dann wird es mir auch peinlich sein,
dass er zu mir gehört. Ich werde mich für ihn schä-
men, wenn Ich mit einer grenzenlosen Kraft wieder-
kommen werde, flankiert von den großen Engeln
vom Vater. 27 Ich mach euch noch mal eine Ansage:
Einige von denen, die hier stehen, werden das noch
erleben, bevor sie sterben. Sie werden noch sehen,

wie das neue Land entstehen wird, das Land, wo Gott das Sagen hat."

Jesus leuchtet

28 Ungefähr acht Tage später ging Jesus mit Petrus, Johannes und Jakobus auf einen Berg, um 'ne Runde zu beten. 29 Plötzlich veränderte sich sein Gesicht total, und seine Klamotten fingen an zu strahlen, so wie weiße Sachen unter UV-Licht. 30 Und dann kamen plötzlich zwei Männer an, das waren Mose und Elia, die laberten mit Jesus! 31 Die beiden waren auch von diesem derben Licht umgeben. Sie unterhielten sich darüber, wie es mit Jesus zu Ende gehe und was ihn in Jerusalem erwarte. 32 Petrus und die anderen Schüler waren eingepennt. Aber dann wurden sie wach und sahen Jesus mit den beiden Männern, die neben ihm standen. 33 Als sich Mose und Elia verabschieden wollten, rief Petrus (leicht angebreitet von der ganzen Atmosphäre): „Meister, das ist alles so superkrass hier! Ich habe 'ne coole Idee: Wir bauen euch hier drei Häuser! Eins für dich, eins für Mose und eins für Elia, okay?" 34 Kaum hatte er zu Ende geredet, da kam plötzlich eine große Wolke angeflogen. Diese Wolke legte sich über den Berg. Die Schüler bekamen Riesenpanik. 35 Aus der Wolke sprach eine Stimme zu ihnen, und die meinte: „Das ist mein Sohn, den hab ich unheimlich lieb! Tut das, was er euch sagt!" 36 Und dann waren die Stimme und die Wolke genauso schnell wieder weg, wie sie gekommen waren. Jesus stand dort wieder alleine. So schwer beeindruckt von dem ganzen Film redeten die Schüler nicht über das Erlebte, für eine lange Zeit.

Die Schüler bringen es nicht, aber Jesus bringt es voll

37 Als sie dann am nächsten Morgen wieder runter ins Tal gingen, kamen ihnen unheimlich viele Menschen entgegen. 38 Da war auch ein Typ, der Jesus gleich anbettelte: „Mein Chef, ich bitte Sie inständig, helfen Sie meinem Sohn! Er ist mein einziges Kind! 39 Oft kommt plötzlich ein fieser Dämon in seinen Körper. Dann schreit er laut los, wälzt sich auf dem Boden hin und her, bis weißer Schaum aus seinem Mund kommt. Dieser Geist lässt ihn einfach nicht in Ruhe! 40 Ich war schon bei deinen Schülern mit ihm, aber sie konnten den Dämon nicht austreiben." 41 „Oh, Mann, ihr seid so ungläubig und verdreht, ihr Menschen! Wie lange muss ich mir das noch geben und so was aushalten? Bring den Jungen mal her!" 42 Schon auf dem Weg zu Jesus legte der Dämon voll los. Er packte ihn, warf ihn zu Boden. Der Junge verkrampfte sich dabei total, das ganze war echt übel. Jesus nahm sich den Geist sofort zur Brust. Er befahl dem Dämon, den Jungen in Ruhe zu lassen. So wurde er geheilt. Dann gab Jesus ihn seinem Vater zurück. 43 Die Leute, die das mitbekamen, waren alle total fertig und gleichzeitig voll beeindruckt, weil sie Gottes unvorstellbare Kraft live und zum Anfassen erlebt hatten. Während die Zuschauer noch am Diskutieren waren, machte Jesus zu seinen Schülern eine wichtige Bemerkung:

Jesus kündigt an, dass er sterben wird

44 „Nehmt euch das bitte zu Herzen, was ich euch jetzt sage, ja?! Der Auserwählte wird angezeigt, verraten und an die Behörden ausgeliefert werden." 45 Seine Jungs kapierten das nicht ganz, wollten aber nicht blöd dastehen, darum fragte keiner noch mal nach.

Wer bei Gott groß rauskommt und wer nicht

46 Irgendwann fingen seine Freunde an, sich darüber Gedanken zu machen, wer von ihnen am meisten Einfluss habe, wer von allen die Nummer eins sei. 47 Jesus konnte auch Gedanken lesen und bekam alles mit. Darum griff er sich ein kleines Kind und stellte es neben sich. 48 Er sagte in die Runde: „Jeder, der sich um so ein Kind kümmert, weil er zu mir gehört und mich liebt, der kümmert sich in Wirklichkeit um mich. Und wer sich um mich sorgt, der sorgt sich auch um meinen Vater. Wer am wenigsten bei euch zu melden hat, wer der größte Loser bei euch ist, der ist für mich der Wichtigste von allen!" 49 Dazu meinte Johannes: „Chef, wir haben mitgekriegt, wie einer versucht hat, einen Dämon bei jemandem rauszuschmeißen, und er hat dabei deinen Namen benutzt. Wir haben ihm das dann verboten, er gehört ja schließlich nicht zu unserer Truppe." 50 Jesus war davon nicht so begeistert. „Lasst das! Soll er doch ruhig auf die Art Dämonen rausschmeißen. Wenn jemand nicht gegen uns ist, dann ist er erst mal für uns."

Jesus zieht ab Richtung Jerusalem

51 Langsam kam der Zeitpunkt immer näher, wo Jesus wieder zurück zu Gott sollte. Darum schlug Jesus jetzt fest entschlossen die Route in Richtung Jerusalem ein. 52 Auf dem Weg schickte er jemanden vor, der schon mal einen Pennplatz auf der Strecke in dem Dorf der Samariter klarmachen sollte. 53 Weil Jesus nur auf der Durchreise in Richtung Jerusalem

war, hatten die Vermieter aber überall keinen Bock
auf ihn und seine Schüler. 54 Als Jakobus und Johan-
nes das mitkriegten, kamen beide voll aggromäßig
drauf. „Jesus, sollten wir nicht für ein paar Brand-
bomben vom Himmel beten und hier alles abfa-
ckeln?" 55 Jesus schimpfte sie für diesen Spruch sehr
aus: „Hallo? Schon wieder vergessen, wie ihr in sol-
chen Sachen drauf sein sollt? Ich bin nicht hier, um
Leute kaputt zumachen, sondern um sie zu heilen!"
56 Schließlich zogen sie weiter in ein anderes Dorf.

Wie man radikal mit Gott lebt

57 Auf dem Weg quatschte einer Jesus von der Seite
an und meinte zu ihm: „Ich will radikal mit dir
leben, ich will dahin gehen, wo du auch bist!"
58 Jesus warnte ihn: „Hunde haben ihr Körbchen
und Vögel ihre Nester, wohin sie sich zurückziehen
können. Der Auserwählte hat aber keinen Ort, wo er
sich mal entspannen kann." 59 Bei einer anderen
Gelegenheit sagte Jesus zu einem jungen Mann:
„Komm mit mir!" Der antwortete: „Okay, mein Herr,
ich muss aber zuerst noch mal nach Hause und
meinen Vater beerdigen, danach geht das los."
60 „Ich sag nur: Lass die Leute, die eh schon wie tot
sind, ihre Toten begraben. Du hast jetzt einen
neuen Job: Rede überall von der neuen Zeit, die
jetzt angebrochen ist!" 61 Ein anderer Typ sagte mal
zu Jesus: „Ja, mein Chef, ich will mit Ihnen gehen,
ich muss mich aber zuerst noch von meiner Familie
anständig verabschieden." 62 Dazu sagte Jesus:
„Wer beim Fahren nach hinten guckt, landet am
Baum, und wer sich beim Arbeiten ablenken lässt,
der taugt nicht für Gottes neue Zeit."

10 **Siebzig Schüler auf Tour**

1 Nachdem Jesus seine zwölf Freunde losge-
schickt hatte, suchte er sich noch mal sieb-
zig Schüler aus. Die sollten dann jeweils zu zweit
auf Tour gehen. Jesus schickte sie in die Orte und
Städte, wo er später auch noch hinkommen wollte.
2 Vorher gab er ihnen noch folgende Ansage mit auf
den Weg: „Es gibt sehr viel zu tun, Leute! Die Äpfel
sind sozusagen alle echt reif, aber es gibt zu wenig
Leute, die bereit sind, diese Ernte auch einzufahren!
Bittet Gott darum, dass er noch mehr Arbeiter an
den Start bringt! Denn ihm gehört eigentlich die
ganze Ernte. 3 Jetzt zieht los! Ist echt so, als würde
ich euch als ein paar kleine Mäuse zu hungrigen
Katzen schicken. 4 Ich möchte, dass ihr keine Kohle
mitnehmt und auch keinen Rucksack, noch nicht
mal ein zweites Paar Schuhe. Geht ganz radikal
euren Weg und lasst euch durch nichts aufhalten!
5 Wenn ihr bei jemandem zu Gast seid, dann betet
für die Leute und sagt ihnen: ‚Ich wünsche dir kras-
sen Frieden!' 6 Wenn da Leute wohnen, die friedlich
drauf sind, dann wird dieser Friedensspruch von
Gott auch bei ihnen wirken. Falls die aber keinen
Bock auf euch haben, dann wird dieser Spruch nicht
wirken, und der Frieden von Gott kommt auf euch
zurück. 7 Ihr sollt in einer Stadt nicht von Haus zu
Haus ziehen, sondern bleibt bei einem Menschen
wohnen und lasst euch da bedienen. Braucht euch
echt nicht peinlich zu sein, da zu wohnen, denn wer
arbeitet, soll auch anständig dafür bezahlt werden.
8 Wenn ihr in einer Stadt gut aufgenommen wurdet,
dann esst dort auch alles, was man euch anbietet.
9 Die Menschen, die krank sind, müsst ihr gesund
machen! Erzählt ihnen dabei, dass eine neue Zeit
begonnen hat, eine Zeit, wo der Himmel auf Erden
ist, wo Gott wieder das Sagen hat. 10 Falls aber mal
eine Stadt keinen Bock auf euch hat und euch ab-
lehnt, dann verschwindet wieder. Am Ortseingang
könnt ihr dann noch einen Spruch ablassen, so in
der Richtung: 11 ‚Ihr könnt euren Dreck behalten! Ihr
seid selber schuld! Ihr sollt wissen, dass Gott euch
noch nie so nahe war wie gerade eben!' 12 Eins kann
ich euch versprechen: Selbst so eine dreckige Stadt
wie Sodom wird am letzten Tag dieser Welt besser
dran sein als solche eine von der Sorte. 13 Mann, ihr
Städte Chorazin und Betsaida, euch wird es voll
schlecht gehen! Wenn die Wunder, die ich bei euch
getan habe, in Tyrus und Sidon abgegangen wären,
dann hätte sich die gesamte Bevölkerung dort für
Gott entschieden. Sie hätten ihre Schuld eingesehen
und das auch nach außen deutlich gemacht. 14 Tyrus
und Sidon werden bei der letzten Gerichtsverhand-
lung immer noch besser dastehen als ihr. 15 Und wie
sieht es mit dir aus, Stadt Kapernaum? Was ist mit
den Leuten, die in dir wohnen? Werdet ihr es packen
und im Himmel ankommen? Nein, du wirst in der
Hölle landen, dort, wo die Toten sind." 16 Zu seinen
Schülern meinte Jesus noch: „Alle, die auf das
hören, was ihr sagt, die hören dabei auch auf mich.
Und jeder, der euch ablehnt, der lehnt mich auch
ab. Wer mich ablehnt, zeigt damit auch, dass er kei-
nen Bock auf Gott hat, denn Gott hat mich ja zu
euch geschickt."

Die siebzig Schüler kommen von ihrer Tour zurück

17 Als seine siebzig Schüler von ihrer Tour wieder
zurück waren, erzählten sie total begeistert: „Mann,

Jesus, das war echt sehr krass! Sogar die Dämonen haben uns gehorcht, wenn wir deinen Namen ausgesprochen haben!“ 18 „Ich weiß“, sagte Jesus. „Als ich für euch gebetet habe, konnte ich den Satan sehen, wie er von euch immer wieder k. o. geschlagen wurde. Er ging wie ein nasser Sack zu Boden. 19 Ich habe euch alle Vollmachten ausgestellt, um den Feind zu besiegen. Ihr seid jetzt in der Lage mit lebensgefährlichen Dingen umzugehen, euch kann nichts mehr passieren. Ich habe euch die Macht über das ganze Heer vom Satan gegeben. Er kann euch nicht mehr ans Bein pinkeln, er kann euch nicht mehr schaden. 20 Trotzdem ist es nicht so wichtig, dass ihr jetzt bösen Geistern befehlen könnt. Freut euch lieber über die Tatsache, dass eure Namen auf der Gästeliste für einen Platz im Himmel bei Gott stehen!“

Jesus sagt vor allen Leuten seinem Vater danke

21 Plötzlich ging Jesus voll ab. Abgefüllt mit der besonderen Kraft von Gott, dem Heiligen Geist, sagte er: „Papa, du hast das Sagen über die Erde und über das ganze Universum! Danke, dass du den eingebildeten Menschen, die glauben, die Weisheit mit Löffeln gefressen zu haben, die Wahrheit nicht gezeigt hast. Aber den normalen Leuten, den einfachen Menschen, denen hast du es gezeigt. Ja, Papa, so bist du!“ 22 Dann sagte er weiter: „Mein Vater hat mir alles übergeben, alles, was es gibt! Da ist niemand, der den Vater so gut kennt wie der Sohn, und genauso gibt es auch niemanden, der den Sohn so gut kennt wie der Vater. Es sei denn, der Sohn hat Leuten von dem Vater erzählt und ihn den Vater vorgestellt.“ 23 Als er mit seinen Schülern wieder alleine war, meinte Jesus: „Ihr könnt euch echt glücklich schätzen, dass ihr Augenzeugen dieser ganzen Geschichte seid. 24 Da waren Propheten und Präsidenten, die hätten alles dafür gegeben, in dieser Zeit zu leben und das zu hören und zu sehen, was ihr hören und sehen könnt. Konnten sie aber nicht.“

Ein Typ aus Samarien hat ein gutes Herz

25 Irgendwann kam mal einer von den Theologen vorbei, um Jesus auszutesten. Er stellte ihm folgende Frage: „Herr Lehrer, was muss ich denn Ihrer Meinung nach tun, um ein Leben von Gott zu bekommen, das nie mehr aufhört?“ 26 Jesus antwortete: „Was steht denn zu dem Thema in den Gesetzen, die Gott uns gegeben hat? Was kann man dazu lesen?“ 27 „Du sollst deinen Gott radikal lieben“, sagte der Mann auswendig, was in den Büchern vom Mose stand. „Mit deinen Gefühlen, mit deinen Gedanken, mit allem, was du hast. Und die Menschen um dich rum, deine Nachbarn, die sollst du auch lieben, genauso wie du dich selber liebst.“ 28 „Richtig“, sagte Jesus, „das ist es! Wer das befolgt, bekommt das Leben von Gott, das nie mehr aufhören wird.“ 29 Der Mann kam nicht so richtig darauf klar. Er fragte noch mal nach: „Wer ist denn das konkret, der Mensch um mich rum, mein Nachbar?“ 30 Jesus antwortete mit einer Geschichte: „Es gab da einmal einen Mann, der gerade auf dem Weg von Jerusalem nach Jericho war. Plötzlich kamen ein paar asoziale Hooligans aus dem Gebüsch und verprügelten ihn mit Baseballschlägern. Sie zockten seine Kleidung und seine ganze Kohle. Anschließend stießen sie ihn in einen Graben am Straßenrand und verschwanden. 31 Zufällig kam ein Priester vorbei, doch als der den Mann daliegen sah, wechselte er schnell die Straßenseite und verpieselte sich. 32 Dann kam ein Angestellter von der Kirche vorbei und sah ihn auch daliegen. Aber er wechselte auch die Straßenseite und ging schnell dran vorbei. 33 Und dann kam noch ein Typ aus Samarien vorbei, einer von diesen Leuten, die für euch die letzten Penner sind. Als er den Mann daliegen sah, hatte er voll Mitleid. 34 Er beugte sich zu ihm runter, machte eine Erste-Hilfe-Notversorgung, verband seine Wunden und so weiter. Dann brachte er ihn noch in ein Hotel in der Nähe und versorgte ihn da. 35 Am nächsten Morgen gab er dem Hotelbesitzer 300 Euro und bat ihn, sich um den Mann zu kümmern. ‚Sollte das Geld nicht ausreichen, bezahle ich den Rest, wenn ich das nächste Mal hier bin!‘ 36 Preisfrage: Wer von den drei Männern war jetzt so drauf, wie es sich für einen Nachbarn gehört?“ 37 „Natürlich der Mann, der nett zu ihm war und ihm wirklich geholfen hat!“ – „Genau“, meinte Jesus, „also geh los und mach es genauso!“

Maria und Marta

38 Auf dem Weg nach Jerusalem kamen Jesus und seine Schüler in einen Ort, wo sie von einer Frau namens Marta zum Essen eingeladen wurden. 39 Die Schwester von Marta hieß Maria. Die hing ständig bei ihm rum und hörte Jesus gespannt zu. 40 Marta war die ganze Zeit in der Küche und bewirtete die Gäste. Irgendwann war sie echt genervt und meinte zu Jesus: „Sag mal, Chef, siehst du nicht, wie ich hier rumschufte, und meine Schwester hängt die ganze Zeit nur rum und hilft mir kein Stück! Kannst

du ihr nicht sagen, sie soll mal in die Küche kom-
men und mir helfen?" 41 Jesus meinte zu ihr: „Meine
liebe Marta, du machst dir ständig voll den Kopf um
alle möglichen Sachen. 42 Aber jetzt gibt es gerade
nur eine Sache, die wirklich wichtig ist. Die Maria
hat sich für das Richtige entschieden, und darum
werde ich ihr das auch nicht verbieten!"

11

Wie man am besten mit Gott redet

1 Irgendwann hatte Jesus mal einen Stopp ein-
gelegt, um 'ne Runde zu beten. Als er fertig
war, kam einer seiner Schüler zu ihm und fragte:
„Jesus, bitte bring uns auch bei, wie man betet!
Das hat Johannes mit seinen Schülern auch so
gemacht." 2 „Also, wenn ihr beten wollt, dann tut
das am besten nach diesem Vorbild: ‚Gott, du bist
unser Vater, du sollst groß rauskommen in dieser
Welt, deine Zeit soll jetzt losgehen. 3 Bitte versorge
uns mit den Sachen, die wir jeden Tag zum Leben
brauchen. 4 Verzeih uns den Mist, den wir ständig
bauen. Wir wollen auch den Leuten verzeihen, die
uns verletzt haben. Bring uns nicht in Situationen,
wo wir schwach und dir untreu werden könnten.'"
5 Und dann erklärte er mit folgendem Beispiel noch
mehr zum Thema Beten: „Mal angenommen, ihr
geht gegen 0:00 Uhr nachts zu einem Freund, weil
ihr ihn um drei Pakete Nudeln anschnorren wollt.
Ihr erklärt ihm: 6 ‚Sorry, dass ich noch so spät an-
klingel. Ich hab überraschend Besuch von einem
alten Kollegen bekommen, aber ich hab nichts zu
essen im Haus.' 7 Der Freund würde ihm dann viel
leicht antworten: ‚Sag mal, spinnst du? Es ist jetzt
Mitternacht durch, ich lieg schon im Bett und die
Kinder schlafen auch. Ich kann dir jetzt nicht weiter-
helfen.' 8 Ich garantiere euch: Wenn er ihm schon
nicht der Freundschaft wegen aushelfen wird, dann
tut er es trotzdem, damit der andere endlich aufhört
rumzunerven. 9 Ich mach euch mal 'ne Ansage:
Wenn ihr Gott um etwas bittet, dann werdet ihr das
bekommen! Wenn ihr bei ihm nach Antworten
sucht, dann wird er sie euch auch geben! Und wenn
für euch etwas verschlossen ist, dann klopft bei ihm
an, und er wird die Tür für euch öffnen. 10 Wenn
jemand um etwas bittet, dann wird er es bekom-
men, wenn einer was sucht, wird er es auch finden,
und jeder, der an die Tür klopft, wird auch reingelas-
sen werden. 11 Wie ist das denn mit einem guten
Vater? Würde der seinem Sohn einen Regenwurm
geben, wenn der um einen Lolli bittet? 12 Oder wenn
das Kind ein Überraschungsei möchte, würde er
ihm dann eine giftige Mottenkugel andrehen? Nie-
mals! 13 Wenn selbst die miesen Menschen so gut
zu ihren Kindern sind, wie viel mehr wird dann der
Himmelspapa den Leuten seine besondere Kraft,
den Heiligen Geist, schenken, wenn sie ihn darum
bitten!"

Wer nicht in meiner Mannschaft spielt, ist mein Gegner

14 Irgendwann musste Jesus mal so einen bösen
Geist aus jemandem rausschmeißen, der dafür
gesorgt hatte, dass der Mann nicht reden konnte.
Als der Geist draußen war, quatschte der Typ sofort
los. Die Zuschauer waren alle total baff. 15 Es gab
aber auch ein paar Kritiker, die der Meinung waren:
„Jesus kann das alles nur, weil er die Macht von
der dunklen Seite hat, dem Satan, dem obersten
Dämon von allen!" 16 Andere wollten Jesus immer
wieder austesten: „Machen Sie doch mal schnell
irgendein Naturwunder am Himmel! Dann glau-
ben wir auch, dass Sie wirklich von Gott kommen!"
17 Jesus wusste genau, was die Leute wollten. Darum
sagte er zu ihnen: „Jede Regierung ist dann am
Ende, wenn sie untereinander zerstritten ist. Wenn
es in ihr Grabenkämpfe und Streitereien gibt, kann
sie gleich einpacken. 18 Was geht da also mit dem
Satan? Wenn ein Dämon gegen einen anderen
Dämon kämpfen würde, dann könnte die Macht
von Satan kaum lange anhalten, oder? 19 Angenom-
men, ich würde mit der Kraft von Satan arbeiten,
mit welcher Kraft handeln dann bitte schön eure
Leute? Wenn sie so was behaupten, verurteilen sie
sich damit doch selbst! 20 Wenn ich Dämonen aus
Menschen rausschmeiße, dann tue ich das mit der
Kraft, die Gott mir gibt. Und das bedeutet, dass die
neue Zeit, in der Gott das sagen hat, schon lange
angefangen hat. 21 Ist doch logisch: Solange ein
Karateweltmeister, der dazu noch einen großen Waf-
fenschrank hat, sein eigenes Haus bewacht, kann
niemand bei ihm einbrechen. 22 Wenn jetzt aber
jemand kommt, der stärker ist als er, und der haut
ihn um und besiegt ihn, was dann? Er wird ihm die
Waffen alle wegnehmen und seine Sachen an Leute
verschenken. 23 Wer nicht in meiner Mannschaft
spielt, ist mein Gegner. Wer nicht mit mir arbeitet,
arbeitet gegen mich."

Warum Dämonen zurückkommen können

24 „Immer wenn ein fieser Geist, so ein Dämon,
einen Körper verlassen hat, dann ist er ja obdach-
los", erzählte Jesus weiter. „Er zieht so lange rum,

bis er irgendwo ein neues Opfer gefunden hat. Wenn er keins findet, denkt er sich: ‚Ich kann's ja noch mal bei dem probieren, aus dem ich rausgeflogen bin.' 25 Wenn er dann zurückkommt, ist die alte Bude supersauber, aufgeräumt und leer. 26 Also ruft er seine Leute an und nimmt sieben andere Kollegen dazu, die noch ätzender drauf sind als er. Mit denen zieht wieder in den Menschen ein. Dem geht es dann noch viel schlechter als vorher."

Wer kann sich freuen?

27 Während seiner Rede sprang plötzlich eine Frau auf und rief: „Die Mutter, die dich geboren und großgezogen hat, die kann sich echt freuen!" 28 Aber Jesus sagte: „Wirklich freuen können sich alle Leute, die Worte von Gott hören und sie in ihrem Leben umsetzen!"

Jesus und Jona

29 Als mal wieder mega viele Leute bei Jesus waren, fing er an zu erzählen: „Die Menschen, die heute leben, sind echt finster drauf. Sie fordern ein Wunder nach dem nächsten, weil sie Beweise sehen wollen, aber Beweise werden sie nicht bekommen. Wie war das denn früher mit dem Jona?! 30 Jona war ja damals auch wie so ein Beweis oder Zeichen für die Bewohner von Ninive, dass Gott es ernst meint. So ähnlich wird das, was mit mir, dem Auserwählten passieren wird, auch zu einem Beweis für die Menschen werden. 31 Wenn der letzte Tag dieser Welt kommt, wird es eine riesengroße Gerichtsverhandlung geben. Dort wird auch die Präsidentin aus dem Süden als Zeugin gegen dieses Volk antreten. Sie werden alle verurteilt. Die Präsidentin kam von weit her, weil sie von Salomos Wissen und von seiner Weisheit etwas abhaben wollte. Aber der Typ, der jetzt vor euch steht, hat mehr drauf als Salomo. Trotzdem wollt ihr nichts von ihm wissen. 32 Auch die Leute aus Ninive werden mal auf der Zeugenbank vor Gericht Platz nehmen und ein Wörtchen zu eurer Verurteilung mitreden. Denn die haben damals auf Jona gehört, sie haben ihr Leben geändert. Aber der Mann, der jetzt vor euch steht, hat mehr drauf als Jona. Trotzdem wollt ihr euch nicht ändern."

Alles, was die Sicht nimmt, muss weg

33 „Könnt ihr euch vorstellen, dass jemand seine Nachttischlampe anmacht und sie dann unters Bett stellt oder einen Eimer drüberkippt? Nein, er wird sie irgendwo oben hinstellen, damit er genug Licht im Zimmer hat, wenn jemand auf Besuch vorbeikommt. 34 Dein Auge ist wie ein Fenster vor deinem Innersten. Wenn es okay und sauber ist, dann kommt genug Licht in dich rein, und es ist in dir total hell. Wenn es aber versifft und dreckig ist, dann bleibt es auch in dir dunkel, weil kein Licht durchkommen kann. 35 Darum pass auf deine Augen gut auf! Sie dürfen nicht verdreckt oder etwa blind werden, sonst wird es dunkel in dir. 36 Wenn du voll im Licht stehst und nichts mehr an dir dunkel ist, dann ist dein Leben so hell, als würde dich das Licht der Lampe direkt anleuchten."

Außen oder innen sauber?

37 Jesus war mit seiner Ansprache noch nicht ganz durch, da kam eine Anfrage von einem religiösen Streber zu einem gemeinsamen Mittagessen rein. Jesus ging mit, und sie setzten sich bei ihm an den Esstisch. 38 Sein Gastgeber wunderte sich etwas, dass Jesus sich nicht vor dem Essen nach einem religiösen Ritual die Hände gewaschen hatte. So war es nämlich üblich. 39 Jesus sagte dazu: „Mann, ihr religiösen Streber achtet immer peinlich genau drauf, dass man den Becher und die Teller immer äußerlich ordentlich sauber macht. Was aber in euch drin passiert, ist alles andere als sauber, da seid ihr voll dreckig. 40 Idioten! Wohl noch nicht kapiert, dass Gott für innen und für außen zuständig ist? Er hat beides gemacht! 41 Ihr habt doch mehr als genug! Gebt doch mal von den vielen Sachen, die ihr habt, etwas an die Obdachlosen ab, die auf der Straße leben! Das findet Gott gut, so könnt ihr euch innerlich sauber machen. 42 Ihr seid so übel drauf, ihr Streber! Von jedem Furz gebt ihr zehn Prozent an die Gemeinde ab, in dem Punkt seid ihr superpingelig, was die Befolgung der Gesetze angeht. Aber in Sachen Korrektheit oder in der Liebe zu Gott, da nehmt ihr es ganz locker. Ist ja okay, die zehn Prozent Gott zu geben, aber das, worum es ihm eigentlich geht, das dürft ihr doch nicht unter den Tisch fallen lassen! 43 Ich warne euch, ihr Streber! Im Gottesdienst sitzt ihr auf den VIP-Plätzen und fahrt total dadrauf ab, wenn man euch auch sonst als Promis behandelt. 44 Ich warne euch, ihr Streber! Die Leute gehen bei euch ein und aus, und keiner ahnt, dass in eurem Keller ein paar stinkende Leichen liegen." 45 Einer von den religiösen Profis sagte zu ihm: „Chef, Sie beleidigen damit auch uns!" 46 „Klar, ich meine euch ja auch damit! Gerade ihr, die ihr die Gesetze so gut kennt, packt irre Lasten auf die Schultern der Leute. Aber ihr seid nicht bereit, sie selbst auch zu tragen. 47 Ich warne

euch, ihr Streber! Ihr steckt viel Kohle in die Denkmäler von den alten Propheten, dabei haben eure Vorfahren sie auf dem Gewissen, sie haben sie umgebracht. 48 Damit bestätigt ihr nur die miesen Sachen, die eure Väter gebracht haben. Sie haben die alle getötet, aber ihr hättet es vermutlich genauso gemacht wie sie. 49 Darum hat Gott schon früher gesagt: ‚Ich werde Propheten schicken und Apostel, aber sie werden einige jagen und töten.'
50 Man wird euch zur Rechenschaft ziehen für den Mord an allen Propheten, die es bisher gegeben hat.
51 Von Abel bis zum Zacharias, der ja in unserem Tempel zwischen dem Altar und dem ganz besonders krassen Raum im Tempel umgebracht worden ist. Ihr werdet euch für jeden dieser Morde verantworten müssen. 52 Wie übel wird das für euch sein, weil ihr ja sogar alle Gesetze kennt! Ihr wisst eigentlich, wo es langgeht, aber ihr sagt es den Leuten nicht. Ihr kommt nicht in das neue Land rein, in dieses Reich, wo Gott das Sagen hat. Und das Schlimmste ist, dass ihr auch noch andere daran hindert, dort reinzukommen!" 53 Danach ging Jesus wieder aus dem Haus. Ab jetzt waren viele von den religiösen Strebern total angefressen auf Jesus.
54 Sie versuchten ihn mit allen Tricks dazu zu bringen, irgendetwas Falsches zu sagen, damit sie ihn dafür anzeigen und vor Gericht bringen könnten.

12

Sich für Gott gerade machen

1 Inzwischen waren mega viele Leute da, um die tausend Menschen standen sich gegenseitig auf den Füßen. Jesus flüsterte noch mal zu seinen Schülern: „Leute, passt auf, dass die religiösen Streber nicht alle eure Gedanken mit ihrem Showbusiness und Pseudogetue verseuchen. 2 Alles, was jetzt noch ein Geheimnis ist, wird einmal ganz offen verhandelt werden. 3 Darum wird alles, was ihr jemandem als Geheimnis erzählt habt, auf der Titelseite zu lesen sein, und was ihr euch heimlich zugeflüstert habt, können alle im Radio mithören.
4 Freunde, ihr braucht keine Angst vor den Leuten zu haben, die euch umbringen wollen. Was können die denn schon töten? Doch sowieso nur euren Körper! 5 Vor wem ihr wirklich Respekt haben müsst, das ist Gott! Er hat die Macht, jeden Menschen zu töten und ihn anschließend in die Hölle abzuschieben! Davor solltet ihr Angst haben! 6 Was blättert man für so einen Kanarienvogel hin? Ein paar Euro? Trotzdem kennt Gott jeden einzelnen von ihnen.
7 Gott weiß genau, wie viele Haare ihr auf dem Kopf habt. Ihr braucht echt keine Angst zu haben, weil ihr für Gott unendlich mehr wert seid als eine ganze Halle voll mit Kanarienvögeln. 8 Ich schwör euch: Jeder, der sich hier auf der Erde für mich gerade macht, für den werde ich mich auch bei der letzten Gerichtsverhandlung vor Gott gerade machen!
9 Wenn es jemandem aber vor anderen peinlich ist, zu mir zu gehören, für den wird es mir dann auch vor den Engeln peinlich sein, dass er mal zu mir gehört hat. 10 Trotzdem kann Gott demjenigen verzeihen, der über mich ablästert. Bloß wenn einer über den Heiligen Geist ablästert, das wird er nicht verzeihen. 11 Wenn ihr irgendwann vor Gericht gezerrt werdet, wenn man euch angezeigt hat und verhört, weil ihr mit mir lebt, dann lasst keine Panik aufkommen. 12 Wenn ihr mit eurer Verteidigung dran seid, wird euch der heilige Geist die richtigen Sachen eingeben, die ihr sagen müsst."

Ein Typ mit viel Kohle ist eigentlich arm

13 Ein Mann rief jetzt dazwischen: „Meister, können Sie nicht meinem Bruder sagen, er soll das, was wir von unserm Vater geerbt haben, gerecht unter uns beiden aufteilen?" 14 „Sag mal, soll ich jetzt hier den Richter spielen, um solche Sachen zu entscheiden?"
15 Zu den anderen Zuhörern sagte er: „Leute, passt auf, dass ihr nicht geil auf Kohle seid! Geld macht nicht glücklich, Leben kann man sich nicht kaufen."
16 Er machte das noch an einem Vergleich deutlich: „Einem Millionär gehörte eine große Obstplantage, die jedes Jahr fette Ernte einbrachte. 17 Irgendwann meinte er zu sich selbst: ‚Ich brauch mehr Platz für die ganzen Äpfel. Was mach ich jetzt nur? 18 Guter Plan, ich mach jetzt alle Lagerhallen platt und bau mir doppelt so große. Ich investiere noch mal richtig viel Geld. 19 Und dann werde ich mich zur Ruhe setzen. Ich werde zu mir selber sagen: Mein Freund, du hast jetzt für Jahre im Voraus reichlich geschuftet. Jetzt entspann dich und genieße das Leben! Fahr auf 'ne Insel, mach Party und freu dich deines Lebens!' 20 Aber Gott sagte zu dem Mann: ‚Du Volltrottel! Du wirst noch in dieser Nacht den Löffel abgeben und sterben! Was hast du dann noch von der ganzen Kohle?' 21 Das wird mit jedem passieren, der sein Leben dafür einsetzt, ein fettes Konto bei seiner eigenen Bank zu haben, aber bei Gott mit leeren Händen dasteht."

Gott sagt: Entspann dich!

22 Für seine Schüler wiederholte Jesus es noch mal: „Ihr braucht euch echt keine Sorgen zu machen,

dass ihr eure Miete nicht bezahlen könnt oder die Lebensmittel oder Kleidung, noch nicht mal um eure Gesundheit müsst ihr euch Sorgen machen. 23 Leben besteht aus mehr als nur Nahrung und Kleidung. 24 Seht euch mal die Tauben an! Die arbeiten auch nicht, sie legen sich auch keinen Vorrat an, und doch haben sie immer genug zu essen. Und ihr seid Gott tausendmal wichtiger als irgendwelche Vögel! 25 Könnt ihr euer Leben durch die vielen Sorgen auch nur um eine Sekunde verlängern? Never! 26 Wenn das mit der Lebensverlängerung durch Sorgen nicht funktioniert, warum macht ihr euch dann überhaupt noch welche? 27 Seht euch doch mal so 'ne Rose genauer an. Die kann auch nicht arbeiten, sie kann noch nicht mal ihr Äußeres selber bestimmen. Und trotzdem ist sie so schön, dass kein Top-Model der Welt mithalten könnte. 28 Wenn Gott sich schon um solche Blumen perfekt kümmert, obwohl die zwar heute noch blühen, aber morgen schon wieder vergammelt sind, dann wird er ja erst recht in der Lage sein, für euch zu sorgen! Warum vertraut ihr ihm nicht? 29 Hört auf mit diesem ‚Was werden wir nur morgen essen? Haben wir genug zu trinken?'-Gelaber! Keine Panik! 30 Habt ihr Bock, so zu leben wie Menschen, die nicht wissen, dass Gott ein guter Vater ist? Er weiß genau, was wir brauchen! 31 Kümmert euch in erster Linie um Gottes Sache. Um den Rest wird er sich kümmern! 32 Meine Schüler, auch wenn ihr echt wenige seid, braucht ihr keine Angst zu haben! Es macht Gott großen Spaß, euch zu beschenken. Euch gehört ein Stück von dem neuen Land, in dem Gott das Sagen hat. 33 Verkauft am besten alles, was ihr habt, und spendet die Kohle an Leute, die es brauchen. Wenn ihr das tut, bekommt ihr eine Art von Geld, das seinen Wert nicht verliert. Ihr werdet einen Schatz im Himmel liegen haben, den euch keiner mehr klauen kann und der seinen Wert auch nie verliert. 34 Denn die Sachen, die euch wirklich wichtig sind, bestimmen euer Leben."

Der Vergleich von dem guten und dem fiesen Angestellten

35 „Seid immer klar im Kopf und jederzeit bereit! 36 Ihr müsst so drauf sein wie ein Hausangestellter, der nachts auf die Rückkehr des Hauseigentümers warten muss. Wenn der dann klingelt, kann er ihn sofort reinlassen. 37 Gut drauf werden die Leute kommen, die vorbereitet sind und seine Rückkehr erwarten. Ich schwör euch, er wird sie ins Esszimmer bitten, sich 'ne Schürze umbinden und erst mal fett was zu essen machen. 38 Vielleicht kommt er mitten in der Nacht, vielleicht frühmorgens, wenn die Sonne aufgeht. Egal, wann er kommt, glücklich können die Leute sein, die dann bereit sind! 39 Ich will euch noch mal eine Ansage machen: Da ist ein Typ, der eine Villa hat. Wenn er wüsste, wann die Einbrecher kommen, dann würde er zu Hause bleiben und verhindern, dass sie sein Haus durchwühlen. 40 Ihr habt aber keine Ahnung, wann der Meister zurückkommen wird, er kommt, wenn keiner damit rechnet." 41 Petrus fragte noch mal nach: „Meister, meinst du jetzt nur uns damit oder redest du hier über alle Menschen?" 42 „Petrus, ich meine damit jeden treuen Mitarbeiter, dem Gott eine Aufgabe gegeben hat. Er trägt damit Verantwortung für sein Haus und dafür, seine Leute zu versorgen. 43 Wenn der Meister zurückkommt und alles ist tipptopp in Ordnung, dann wird der Mitarbeiter dafür eine Belohnung einsacken. 44 Ich verspreche euch: Der Meister wird ihm den Leitungsposten über seinen ganzen Betrieb anvertrauen. 45 Wenn der Mitarbeiter aber denkt: ‚Das dauert noch, bis der zurückkommt!', und erst mal anfängt, Party zu machen, die Mitarbeiter mies behandelt und sich jeden Abend die Kante gibt, 46 na ja, dann wird der Meister ganz plötzlich und total unerwartet vor der Tür stehen. Und dann wird er dem Angestellten sofort die Kündigung in die Hand drücken und ihn hochkantig rausschmeißen. 47 Anschließend kriegt er noch 'ne Klage an den Hals, denn er hat seinen Arbeitsvertrag gebrochen, und das, obwohl er genau wusste, was der Meister von ihm wollte. 48 Menschen, die keine Ahnung davon haben, was Gott eigentlich will, werden mit einer leichten Strafe davonkommen. Jeder, der viel von Gott bekommen hat, muss auch viel bringen. Wem viel gegeben wurde, von dem wird auch viel verlangt werden."

Leute werden sich streiten, weil einer an Jesus glaubt

49 „Ich bin zu euch gekommen, damit der Punk abgeht hier auf der Erde, es soll brennen! Ich würde mich so sehr freuen, wenn das schon passiert wäre und ich meinen Job schon erledigt hätte. 50 Auf mich wartet aber noch etwas ganz Übles. Ich muss einen furchtbaren Tod sterben, das macht mir echt Angst, bis ich das hinter mich gebracht habe. 51 Falls ihr gedacht habt, ich würde den Weltfrieden organisieren, dann habt ihr euch gewaltig getäuscht! Nein, wo ich bin, werden sich Menschen streiten, 52 ganze Familien werden wegen mir auseinanderbrechen,

weil drei Mitglieder auf meiner Seite stehen und zwei keinen Bock auf mich haben oder umgekehrt. 53 Es wird Zoff geben zwischen dem Vater und dem Sohn, zwischen der Mutter und der Tochter.“ 54 Jetzt richtete Jesus noch mal ein paar Worte an die Menschen, die drumrum standen: „Wenn ihr zum Himmel seht und ein paar dunkle Wolken kommen aus einer Richtung, dann sagt ihr doch bestimmt: ‚Gleich regnet es!‘ Das ist richtig. 55 Wenn aber die Sonne morgens schon runterknallt, sagt ihr: ‚Heute wird es warm!‘ Und das stimmt auch. 56 Ihr Pseudos! Wie das Wetter wird, könnt ihr euch leicht ausrechnen, aber wenn ihr seht, was in der Welt gerade abgeht, dann kapiert ihr gar nichts! 57 Warum peilt ihr nicht, was jetzt zu tun ist? 58 Wenn du heute einen Gerichtstermin hast und du triffst auf dem Weg zum Gericht den Typen, der dich angezeigt hat, dann versuche, das Ding vorher zu regeln, bevor ihr vor dem Richter landet. Sonst wirst du verurteilt und landest im Knast. 59 Und dann hängst du da so lange, bist du den letzten Cent bezahlt hast.“

13

Mit Gott wieder klarkommen oder sterben

1 In dieser Zeit erzählten ein paar Leute Jesus, dass Pilatus einige Männer hatte abschlachten lassen, während sie gerade dabei waren, ein Opferritual im Tempel zu machen. So hatte sich ihr Blut mit dem Blut der Tiere vermischt, die dort geopfert wurden. 2 „Sagt mal, Leute, glaubt ihr jetzt, dass diese Männer ganz besonders schlimme Verbrecher waren, dass die mehr Mist gebaut haben, als andere Leute? Denkt ihr, das war der Grund für ihren schlimmen Tod? 3 Nein, Leute, das stimmt schon mal gar nicht! Genau das Gleiche kann jeden von euch auch passieren, wenn ihr nicht mit dem Mist aufhört, den ihr täglich baut, und nicht anfangt, mit Gott ganze Sache zu machen! 4 Könnt ihr euch an die achtzehn Männer erinnern, die gestorben sind, als das Hochhaus in Siloah plötzlich eingestürzt ist? Waren das vielleicht die schlimmsten Menschen in Jerusalem? 5 Nein, Leute! Ich sag’s noch einmal: Wenn ihr nicht aufhört mit dem Mist und anfangt, mit Gott ganze Sache zu machen, werdet ihr genauso sterben wie die.“

Die zweite Chance

6 Jesus erzählte dann noch mal eine Geschichte: „Ein Typ pflanzte mitten in seinen Weinberg einen Apfelbaum. Jedes Jahr checkte er, ob jetzt endlich mal einen Apfel ernten könnte. Aber es passierte nichts, an dem Baum wuchsen einfach keine Früchte. 7 Schließlich sagte er zu seinem Gärtner: ‚Drei Jahre hab ich jetzt gewartet, und immer noch passiert da nichts dran! Hau das Teil einfach um. Der Boden ist zu schade für einen Baum, der nichts bringt.‘ 8 Der Gärtner meinte aber: ‚Komm, gib ihm noch ein Jahr! Ich will mich extrem um ihn kümmern, ihn gut düngen und die trockenen Äste raus schneiden. 9 Wenn er im nächsten Jahr wieder nichts bringt, dann haue ich ihn um.‘“

Was ist wichtiger: der Mensch oder die Gesetze?

10 Am religiösen Feiertag, dem Sabbat, gab Jesus in der Synagoge wieder Unterricht in Sachen Glauben. 11 In der Menge entdeckte er dabei eine Frau, die durch einen fiesen Geist körperlich behindert war. Seit 18 Jahren waren ihre Muskeln am Oberkörper total verkrampft, sodass sie einen Buckel auf dem Rücken bekommen hatte. Sie war einfach nicht in der Lage, sich gerade aufzurichten. 12 Jesus sah diese Frau, rief sie zu sich und meinte zu ihr: „Hey du! Du bist jetzt frei von dieser Krankheit!“ 13 Er legte seine Hände auf ihren Körper und sofort verschwand der Buckel. Die Frau war hammerglücklich und dankte Gott für diese Heilung mit allem, was sie hatte! 14 Der Leiter der Synagoge fand das aber ziemlich ungeil, dass Jesus ausgerechnet am Sabbat Leute heilte. Auch ein Arzt durfte nämlich an dem Tag nicht arbeiten. Er sagte zu den Leuten, die da waren: „Die Woche hat doch insgesamt sechs Tage, an denen man arbeiten kann, oder? Also kommt in der Zeit her, um euch heilen zu lassen, ja? Muss doch nicht ausgerechnet am Sabbat sein!“ 15 Jesus war sauer: „Ihr alten Pseudos! Was macht ihr denn, wenn ihr am Sabbat eurem Hund Futter und Wasser hinstellt? 16 War es nicht viel wichtiger, dass ich diese Frau wieder gesund gemacht habe und von dieser ätzenden Krankheit befreien konnte, auch wenn wir gerade Sabbat haben?“ 17 Dazu konnten sie nichts mehr sagen, es war jetzt schon zu peinlich für sie. Alle Leute freuten sich aber voll über die guten Sachen, die Jesus so brachte.

Große Dinge fangen bei Gott immer klein an

18 „Wie kann ich euch klarmachen, wie das mit dem neuen Land abgeht, in dem Gott das Sagen hat? 19 Das ist wie mit einem kleinen Kirschkern. Ein Typ spuckte den Kern in seinen Garten und buddelte etwas Erde da drüber. Dort keimte er dann, schlug Wurzeln und wuchs zu einem riesengroßen Baum, in dem Vögel Nester bauen können.“ 20 Dann

brachte er einen weiteren Vergleich: „Was für ein
Beispiel fällt mir noch zu dem Thema ein, womit
kann man das ganz gut vergleichen? 21 Dieses neue
Land ist wie ein Stück Hefe, das man braucht, um
'ne Pizza zu machen. Eine Frau nimmt ein Kilo Mehl,
vermischt die Hefe mit dem Mehl, tut etwas Wasser
dazu und knetet das ganze Teil durch. Und dann ist
der ganze Teig plötzlich voller Hefe und geht auf."

Warum es einige packen, zu Gott zu kommen, und andere nicht

22 Jesus war auf Tour in Richtung Jerusalem. Überall
machte er Zwischenstopps in den Dörfern und hielt
Unterrichtsstunden in Glaubensfragen. 23 Ein Mann
wollte etwas von ihm wissen: „Entschuldigen Sie,
ich hab da mal 'ne Frage: Können es nur ganz we-
nige mit Gott schaffen? Werden nur ein paar geret-
tet?" 24 Jesus' Antwort war: „Kämpft dadrum, in den
Himmel zu kommen, es ist alles andere als easy!
Die Tür, wo man durchgehen muss, ist ziemlich
klein. Viele werden es versuchen und es nicht schaf-
fen. 25 Wenn der Hauseigentümer abends die Tür
abgeschlossen hat, dann ist sie zu, und man kommt
nicht mehr rein. Egal, wie viele dann draußen ste-
hen, die Klingel drücken und rumbetteln: ‚Bitte ma-
chen Sie auf!' Er wird dann nur antworten können:
‚Wer seid ihr? Ich kenne Euch nicht!' 26 Dann ant-
wortet ihr: ‚Aber wir haben doch zusammen gefei-
ert, gegessen und getrunken, wir waren sogar bei dir
im Gottesdienst und haben deiner Predigt zuge-
hört!' 27 Aber seine Antwort wird sein: ‚Verschwindet!
Ich hab keine Ahnung, wer ihr seid! Mit solchen
unkorrekten Typen wie euch will ich nichts zu tun
haben!' 28 Wenn ihr dann von draußen so Leute wie
Isaak, Jakob und die ganzen Prophetentypen in
Gottes Land seht, werdet ihr voll gefrustet sein, ihr
werdet wütend und heulen. 29 Und dann werden
Menschen aus allen Ecken der Erde dort reinkom-
men und mit Gott eine Party feiern. 30 Macht euch
das klar: Die jetzt ganz hinten anstehen, die die
Letzten sind, die Unwichtigen, die werden dann
groß rauskommen! Und die Leute, die jetzt ganz
vorne stehen, die den dicken Macker markieren, die
werden dann die hintersten Plätze belegen."

Jerusalem wird es übel ergehen

31 Ein paar Minuten später kamen ein paar von den
religiösen Strebern vorbei und warnten Jesus. „Ver-
schwinden Sie besser von hier! Präsident Herodes
plant ein Attentat und will Sie töten!" 32 „Ihr könnt
dem Schlaumeier Folgendes ausrichten", sagte
Jesus, „sowohl heute als auch morgen werde ich
weiter das tun, was ich die ganze Zeit gemacht
habe: Dämonen aus Menschen rausschmeißen und
Leute heilen. Heute und morgen werde ich das auch
noch tun, aber nach drei Tagen wird mein Ding hier
zu Ende sein. 33 Ich muss in drei Tagen diesen Ort
sowieso verlassen. Es nicht angesagt, dass ein Pro-
phet von Gott irgendwo anders getötet wird als in
Jerusalem! 34 Oh, Mann, Jerusalem, was ist bloß mit
dir los? Bei dir werden Propheten ermordet, und
Menschen, die eine Nachricht von Gott haben, wer-
den einfach hingerichtet! Schon so oft wollte ich
euch alle zu mir ziehen, ich wollte euch so nahe
sein, wie eine Henne ihren Küken nahe ist, wenn die
unter ihren Flügeln Schutz suchen, aber ihr hattet
da keinen Bock drauf. 35 Passt auf, euer toller Tempel
wird bald leer sein, Gott zieht dort aus. Ihr werdet
mich nicht mehr sehen, bis ihr es selber kapiert
habt und alle bei euch sagen: ‚Hurra, dieser Typ ist
der Größte! Der da gerade kommt, wurde uns von
Gott geschickt!'"

14

Und wieder: Heilen am religiösen Feiertag, ja oder nein?

1 An einem Sabbat, dem Feiertag der Juden,
wurde Jesus von einem der Chefs von dieser religiö-
sen Streberpartei zu einem großen Essen eingela-
den. Die andern Gäste beobachteten dabei jeden
Schritt von Jesus und nahmen ihn voll unter die
Lupe. 2 Plötzlich stand da ein Typ vor ihm, dessen
Arme und Beine krass dick angeschwollen waren. Er
hatte eine Stoffwechselerkrankung, die man Wasser-
sucht nannte. 3 Jetzt hatte Jesus mal 'ne Frage an
die religiösen Profis und Streber: „Wie sieht's aus,
meine Herren, ist es gesetzlich verboten, Menschen
am Sabbat zu heilen oder eher nicht?" 4 Nachdem
keiner eine Antwort hatte, berührte Jesus den kran-
ken Mann. Der wurde sofort gesund! Danach
schickte ihn Jesus nach Hause. 5 Jesus sagte zu den
Leuten: „Wer von euch würde am Sabbat denn nicht
arbeiten, wenn Not am Mann ist? Wenn euer Sohn
oder nur euer Pferd in eine Baugrube fällt, dann
würdet ihr ihn doch auch da rausholen, egal, ob
heute Sabbat ist oder nicht?!" 6 Wieder wusste kei-
ner, was er dazu sagen sollte.

Wer bekommt die besten Plätze auf der Ehrentribüne im Himmel?

7 Irgendwann beobachtete Jesus, wie die Gäste beim
Essen um die besten Plätze am großen Tisch

kämpften. 8 Er nutzte die Situation als Beispiel und sagte: „Wenn du auf eine Hochzeit eingeladen bist, dann setz dich nicht gleich auf den besten Platz. Könnte ja passieren, dass du zum Beispiel auf dem Sitz vom Brautvater landest. 9 Und dann würde der Gastgeber ankommen und zu dir sagen: ‚Sorry, der Platz war für den Vater der Braut reserviert!' Wie peinlich, dann musst du vor allen Gästen aufstehen und dich auf den allerletzten Platz setzen, gleich neben den Herrenklos! 10 Mein Tipp: Wenn du eingeladen bist, such dir einen Platz in der letzten Ecke. Wenn der Gastgeber dann ankommt und dich da sitzen sieht, wird er sagen: ‚Hallo, mein Freund! Komm doch weiter nach vorne, wir haben bestimmt noch einen besseren Platz für dich!' So stehst du gut vor den anderen da. 11 Jeder, der darum kämpft, besser zu sein als der andere, wird runtergemacht werden. Wer still ist und sich kleiner macht, als er wirklich ist, den wird Gott groß rausbringen."
12 Schließlich sagte Jesus zu seinem Gastgeber: „Wenn du dir was zu essen machst oder eine Party veranstaltest, egal wann, dann lade nicht unbedingt deine Freunde ein oder deine Geschwister, irgendwelche Verwandte oder die Millionäre von nebenan. Was du da bestenfalls als Belohnung erwarten kannst, ist eine Rückeinladung, weiter nichts. 13 Besser ist es, die Obdachlosen von der Straße, die Kranken und die Behinderten einzuladen, nämlich Leute, die es nötiger haben als die Menschen, denen es sowieso gutgeht. 14 Dann hast du Leuten geholfen, die dir das nicht wirklich zurückgeben können. Stattdessen wird Gott dir das zurückgeben, er wird dich krass dafür belohnen, wenn du irgendwann in der anderen Welt nach dem Tod sein wirst."

Die letzte große Party bei Gott

15 Einer von den Gästen hörte Jesus die ganze Zeit zu und rief dann laut: „Wie geil muss das sein, bei der Party von Gott auf der Gästeliste zu stehen!"
16 Jesus antwortete mit einer Geschichte: „Ein Typ organisierte eine ganz fette Party, echt viele Leute waren eingeladen. 17 Als die Vorbereitungen so gut wie abgeschlossen waren, ließ er alle geladenen Gäste von einem Hausangestellten anrufen: ‚Ihr könnt jetzt kommen! Alles ist fertig!' 18 Einer nach dem anderen sagte aber plötzlich ab. ‚Ich hab mir gerade einen neuen Computer gekauft, den muss ich noch einrichten! Tut mir leid!', sagte der Erste.
19 Der Nächste meinte: ‚Ich hab mir gerade ein neues Auto gekauft, das muss ich heute noch unbedingt einfahren.' 20 Der Dritte sagte: ‚Ich hab diesen Abend schon lange meiner Frau versprochen, sorry, geht echt nicht. Wir sind erst ein paar Tage verheiratet!' 21 Der Angestellte erzählte seinem Chef von den Gesprächen und den Entschuldigungen. Der wurde voll sauer und sagte zu ihm: ‚Dann geh los auf die Straßen, zum Hauptbahnhof und unter die Brücken. Lade alle Obdachlosen, Junkies, alle Kranken und Behinderten zu mir ein und bring sie hierher!' 22 Gesagt, getan, und als er wieder da war, meinte er zum Gastgeber: ‚Ist erledigt. Es sind aber immer noch Plätze frei!' 23 ‚Dann geh los und lade jeden ein, der kommen will, geh auf die Straßen und in die Clubs, geh in jede Kneipe und lade alle ein, damit die Bude voll wird! 24 Ich kann euch sagen, Leute: Keiner der Menschen, die von Anfang an eingeladen waren, wird von den fetten Sachen, die ich vorbereitet hatte, auch nur einen Nachtisch abkriegen.'"

Radikal mit Gott leben, das bringt es!

25 Sehr viele Leute waren jetzt mit Jesus unterwegs. Irgendwann drehte er sich zu ihnen um und sagte:
26 „Wer mit mir leben will, muss einen radikalen Schnitt mit seiner Vergangenheit machen. Sein Vater und seine Mutter, seine Frau und seine Kinder und auch seine Geschwister müssen ihm unwichtig werden. Er muss sich sogar selbst total unwichtig sein. Nur wer so drauf kommt, gehört zu meinen Schülern. 27 Wer nicht bereit ist, die heftigen Schwierigkeiten bis hin zur Todesstrafe auszuhalten, die er bekommen wird, nur weil er mit mir lebt, der gehört nicht zu mir. 28 Wenn sich jemand ein Haus bauen will, dann rechnet er doch auch erst mal zusammen, wie viel Kohle er dafür braucht und ob er die überhaupt zusammenkriegt. 29 Sonst steht zwar das Fundament, aber er kann nicht zu Ende bauen, weil das Konto leer ist. Die Leute würden ihn auslachen:
30 ‚Ein ganzes Haus wollte er bauen? Jetzt ist gerade mal ein Fundament daraus geworden.' 31 Oder welche Regierung würde einem anderen Staat den Krieg erklären, wenn die Minister nicht wenigstens vorher beraten hätten, ob ihre Armee überhaupt dazu in der Lage ist, diesen Krieg zu gewinnen? Ob sie es mit einem Flugzeugträger schaffen würden, einen Krieg gegen ein Land mit zwei Flugzeugträgern zu gewinnen? 32 Wenn die Rechnung nicht aufgeht, dann wird die Regierung dem Feind einen Unterhändler vorbeischicken, um die Friedensbedingungen auszuhandeln. 33 Darum sag ich euch noch mal: Keine von euch kann mein Schüler sein, wenn er nicht bereit dazu ist, alles aufzugeben.
34 Anderes Beispiel: Salz ist wichtig zum Würzen

von Essen, aber wenn es nicht mehr salzig ist, kannst du es auch gleich in die Tonne drücken. Man kann Salz nicht wieder salzig machen. 35 Und Salz ohne Wirkung ist für nichts zu gebrauchen. Noch nicht mal als Dünger taugt es. Es gibt nur einen Ort, wo es hingehört: Auf den Müll! Jeder, der mir gut zuhört, soll auch kapieren, was ich sage!"

15

Der Vergleich mit der Kindergruppe und dem einem Kind, was abgehauen war

1 Oft kamen irgendwelche Geldeintreiber und andere Leute, die überall total unbeliebt waren, zu Jesus, um ihm zuzuhören. 2 Die religiösen Streber und die Theologen fanden es nicht so toll, dass er sich mit solchen Ätztypen überhaupt abgab. 3 Deshalb brachte Jesus mal wieder einen Vergleich: 4 Stell dir vor, du bist mit einer Gruppe von 100 Kindern unterwegs und in der Innenstadt verlierst du plötzlich eins davon, mitten am Hauptbahnhof. Du würdest doch den Rest der Truppe schnell an jemand anderen übergeben und das eine verschwundene Kind sofort suchen gehen, oder? 5 Wenn du es dann nach Stunden heulend an einem Kiosk gefunden hast, wirst du dich erst mal voll freuen, es auf den Arm nehmen und nach Hause bringen. 6 Dann am Feierabend, wenn du wieder zu Hause bist, würdest du bestimmt sofort deine Freunde anrufen und ihnen davon erzählen: ‚Hey, mir ist was total Schönes passiert! Ich hatte heute bei der Arbeit mitten in der Innenstadt ein Kind verloren, aber dann hab ich es zum Glück wiedergefunden! Cool, oder? Freust du dich mit mir?‘ 7 Genauso freut man sich im Himmel, wenn auch nur ein Mensch merkt, dass er Mist baut und wieder zu Gott zurückfindet. Man freut sich über den einen mehr als über die 99 Menschen, welche okay für Gott leben und sich deswegen nicht ändern müssen.

Der Vergleich mit dem verlorenen Geldschein

8 Noch ein anderes Beispiel: Eine Frau hatte tausend Euro gespart. Davon verlor sie in ihrer Bude einen Hunderteuroschein, ohne dass sie es gleich bemerkte. Wird sie nicht, wenn sie es dann feststellt, sofort alle Lampen anmachen und ihre ganze Bude auf den Kopf stellen, nur um die hundert Euro wiederzufinden? 9 Und wenn sie die dann wiederfindet, wird sie nicht vor Freude total abgehen, ihre Freundin anrufen, damit die sich mit freuen kann, weil das Geld wieder da ist? 10 Ganz genauso freut man sich im Himmel, wenn auch nur ein Mensch, der nicht an Gott geglaubt hat, anfängt, sein Leben zu ändern und sein Vertrauen auf Gott zu setzen.

Die Geschichte von einem Vater mit zwei unterschiedlichen Söhnen

11 Jesus erzählte mal wieder eine Geschichte: „Es gab mal einen Mann, der hatte zwei Söhne. 12 Irgendwann sagte der jüngere Sohn zum Vater: ‚Papa, mir dauert es zu lange, bis du stirbst und ich meinen Teil von deinem Geld erben werde. Ich möchte das jetzt schon ausbezahlt bekommen. Geht das?‘ Der Vater ließ sich drauf ein und zahlte ihm die Kohle aus. 13 Ein paar Tage später packte der Sohn seine Sachen zusammen und ging auf Weltreise. Er lebte in Hotels und in Spielcasinos, verzockte sein ganzes Vermögen in irgendwelchen Bars und Clubs, bis er pleite war. 14 Plötzlich gab es in der Zeit eine große Wirtschaftskrise im Land. Die Lebensmittelpreise stiegen immer höher und viele Menschen hatten nichts zu essen. Auch der Sohn bekam Hunger. 15 Immerhin kriegte er einen Job als Toilettenmann am Hauptbahnhof. Das war ein echt schlecht bezahlter, dreckiger und total unbeliebter Job. 16 Der junge Mann war so hungrig, dass er am liebsten die Essensreste, die Toilettenbesucher in den Müll warfen, gegessen hätte, aber noch nicht mal das durfte er. 17 Schließlich überlegte er hin und her: ‚Zu Hause bei meinem Vater bekommt jeder Arbeiter in seiner Firma ein Mittagessen und ich sterbe hier fast vor Hunger! 18 Die beste Idee ist es wahrscheinlich, wieder nach Hause zu gehen. Dann sag ich zu ihm: Papa, ich habe großen Mist gebaut, ich hab mich von dir und auch von Gott entfernt! 19 Ich hab es auch echt nicht mehr verdient, zu deiner Familie dazuzugehören. Aber kannst du mir vielleicht irgendeinen Job in deiner Firma geben?‘ 20 Also ging er wieder zurück zu seinem Vater. Als der Sohn gerade durch das Eingangstor vom Grundstück kam, sah der Vater ihn schon aus der Ferne. Mit Tränen in den Augen lief er ihm sofort entgegen, umarmte und küsste ihn. 21 Der Sohn sagte sofort: ‚Papa, ich hab großen Mist gebaut! Ich hab mich falsch verhalten dir und Gott gegenüber! Ich hab es echt nicht mehr verdient, dein Sohn genannt zu werden.‘ 22 Sein Vater hörte ihm aber gar nicht richtig zu. Er rief schnell ein paar Angestellte und beauftragte die: ‚Bringt sofort den besten Designer-Anzug her, den ich im Schrank hängen habe. Holt ein paar gute Schuhe und holt den Familienring. 23 Fahrt das beste Essen auf, die Sachen, die wir extra für einen besonderen Anlass im Lager haben!

Deckt den Tisch und lasst uns eine große Party star-
ten. 24 Es gibt nämlich einen Grund zum Feiern:
Mein Sohn war schon so gut wie tot, aber jetzt ist er
wieder hier und lebt! Ich hatte voll die Sehnsucht
und habe jeden Tag auf ihn gewartet und jetzt ist er
endlich wieder da!‘ 25 In der Zeit war der ältere Sohn
noch bei der Arbeit. Als er nach Hause kam, hörte
er schon von weitem, dass da 'ne Party am Start
war. 26 Er fragte einen der Hausangestellten, was da
los ist. 27 ‚Ihr Bruder ist wieder da! Ihr Vater hat eine
fette Party organisiert und hat das ganz besonders
große kalte Büfett kommen lassen, das für die be-
sonderen Anlässe.‘ 28 Aber der ältere Bruder war
total angefressen und sauer. Er hatte überhaupt
keinen Bock mitzufeiern und blieb draußen vor der
Tür. Schließlich kam der Vater raus und fragte ihn:
‚Warum kommst du nicht rein, mein Junge?‘
29 ‚Mann, Vater! Wie viele Jahre arbeite ich jetzt
schon für dich? Ich hab geschuftet wie ein Blöd-
mann, so als würde ich dafür ein fettes Gehalt
bekommen. In der ganzen Zeit hab ich nicht einmal
etwas getan, was du nicht wolltest. Aber von dir
kamen nicht einmal auch nur ein paar Würstchen
rüber, damit ich mit meinen Freunden mal einen
schönen Grillabend hätte machen können. 30 Jetzt
kommt dein anderer Sohn, der dein ganzes Geld
mit irgendwelchen Schlampen zum Fenster rausge-
schmissen hat, und du fährst hier die Sachen auf,
die eigentlich nur für ganz besondere Feste gekauft
wurden?‘ 31 Sein Vater sah ihn an und meinte nur:
‚Mein Lieber, du bist die ganze Zeit bei mir gewe-
sen, wir beide sind uns sehr nahe! Alles, was mir
gehört, gehört auch dir!‘ 32 Aber lass uns heute eine
große Party feiern! Dein Bruder war für uns schon
gestorben, doch jetzt lebt er wieder! Wir hatten ihn
schon aufgegeben, aber er hat den Weg nach Hause
zurückgefunden!‘"

16

Ungewöhnliche Arten, mit Geld umzugehen

1 Jesus erzählte danach seinen Schülern noch
'ne Geschichte: „Ein Millionär hatte einen
Mann angestellt, der sich nur um die Verwaltung
seines Vermögens kümmern sollte. Irgendwann
entdeckte er Belege von privaten Autokäufen und
anderen Sachen. Es war eindeutig: Der Mann war
ein Betrüger! 2 Er orderte ihn ins Büro und stellte
ihn zur Rede: ‚Sie betrügen mich! Ich möchte sofort
alle Abrechnungen sehen! Außerdem sind Sie gefeu-
ert!‘ 3 Der Mann überlegte sich, was er am geschick-
testen tun sollte. ‚Ich bin rausgeflogen, aber zu
einem Job auf'm Bau bin ich körperlich nicht in der
Lage, und um mich auf die Straße zu stellen und zu
betteln, bin ich zu stolz. 4 Ich hab 'ne Idee, wie ich
klarkommen könnte, wenn ich arbeitslos bin. Dann
sind die Leute, die meinem Chef Geld schulden,
bestimmt nett zu mir und lassen mich sogar bei
sich wohnen.‘ 5 Jetzt telefonierte er rum und traf
sich mit den Leuten, die dem Millionär noch Geld
schuldeten. Zu dem Ersten sagte er: ‚Wie viel Geld
schulden Sie ihm?‘ 6 ‚10 000 Euro!‘ – ‚Okay, dann
füllen Sie bitte dieses Formular aus, es sind nur
noch 5000!‘ 7 Dann redete er mit dem Nächsten
und fragte den auch: ‚Wie viel Geld schulden Sie
meinem Chef?‘ – ‚1000 Euro!‘, war die Antwort. –
‚Okay, machen wir mal 800 draus!‘, sagte der
Mann." 8 Jesus fand die Idee echt gut, sich durch
wirkliche Hilfe Freunde zu machen. Er meinte, dass
die ungläubigen Leute oft klüger im Umgang mit
ihren Mitmenschen sind als die gläubigen Men-
schen, die zu Gott gehören. 9 Er sagte: „Nutzt eure
Kohle für Gott, setzt sie schlau ein. Helft damit
anderen Menschen, das wird sich irgendwann im
Himmel auszahlen. 10 Wer mit wenigen Sachen gut
umgehen kann, wird auch mit viel gut klarkommen.
Wenn ihr aber bei eher unwichtigen Sachen schon
unkorrekt arbeitet, dann wird man euch auch nie
etwas Großes anvertrauen können. 11 Wenn ihr mit
Geld und den Sachen anderer Leute schon nicht
korrekt umgeht, wer wird euch dann die richtig fet-
ten Sachen aus dem Himmel anvertrauen? 12 Und
wenn ihr mit den Sachen von fremden Leuten nicht
richtig umgeht, wer von euch wird euch da noch
sein eigenes Geld zur Verfügung stellen? 13 Niemand
kann gleichzeitig in zwei unterschiedlichen Teams
gegeneinander spielen. Er wird immer das eine has-
sen und das andere lieben. Ihr könnt nicht das tun,
was Gott will, und zugleich auch das, was das Geld
von euch verlangt." 14 Die religiösen Streber, denen
Geld superwichtig war, verarschten Jesus, als sie
das hörten. 15 Darum sagte er zu ihnen: „Wenn alle
zugucken, wollt ihr gut aussehen, aber Gott weiß
genau, was in euch vorgeht. Was für Menschen eine
große Sache ist, findet Gott superätzend. 16 Bis
Johannes angefangen hat zu reden, habt ihr nur auf
die Gesetze vom Mose gehört und auf das, was die
Propheten gesagt haben. Jetzt wird von Gottes
neuer Zeit geredet, und alle wollen unbedingt dabei
sein. 17 Ihr dürft aber eins nicht vergessen: Selbst
wenn diese Welt mal explodiert und das Universum
verschwindet, die Gesetze von Gott behalten bis ins
kleinste Detail immer ihre Gültigkeit. 18 Wenn jetzt

jemand seine Frau rausschmeißt und eine andere
heiratet, der hat Ehebruch begangen. Und das gilt
auch für denjenigen, der eine geschiedene Frau
heiratet."

**Die Geschichte mit dem reichen Mann und
dem armen Lazarus**

19 „Es gab mal einen schwerreichen Mann, der trug
immer nur die teuersten Klamotten von Armani
und lebte im totalen Luxus. 20 Direkt vor seinem
Haus wohnte ein Penner, der Lazarus hieß. Lazarus
war schwer krank, hatte überall offene Geschwüre
und so. 21 Lazarus ernährte sich vom Müll, den
er aus der Tonne vom reichen Mann fischte. Um
ihn herum lebten Hunde, die oft ankamen und
seine offenen Wunden ableckten, wenn er schlief.
22 Schließlich starb der Lazarus und wurde von ein
paar Engeln abgeholt, die ihn zu Abraham brachten;
an einen Ort, wo alles gut wird. Auch der reiche
Mann starb und wurde beerdigt. 23 Als er dann im
Totenreich ankam und es ihm dort total ätzend
ging, sah er ganz weit weg Lazarus, wie der sich in
Abrahams Arme kuschelte. 24 Da brüllte er los: ‚Lie-
ber Vater Abraham, bitte hilf mir! Sag doch dem
Lazarus, er soll mir nur mal einen Spritzer Wasser
vorbeibringen, damit ich wenigstens meine Lippen
etwas nass machen kann! Ich leide hier Höllenqua-
len!' 25 Abraham sagte: ‚Mein Sohn, hast du schon
vergessen, wie gut es dir im Leben ging? Du hattest
wirklich alles, was du wolltest, Lazarus hatte aber
nichts. Jetzt ist es umgekehrt, ihm geht es gut und
dir schlecht. 26 Außerdem ist da ein Riesengraben
zwischen uns. Keiner kann da so mal eben rüber,
selbst wenn er es wollte. Umgekehrt ist es genauso.'
27 ‚Okay, Abraham, aber dann bitte ich dich inständ-
dig, Lazarus zum Haus meiner Eltern zu schicken.
28 Ich hab fünf Brüder, und ich möchte nicht, dass
sie auch hier landen, an diesem üblen Ort, und sich
quälen müssen, wenn sie sterben!' 29 Abraham
schüttelte den Kopf: ‚Die sind schon mehr als
genug von Mose und den Propheten gewarnt wor-
den. Wenn sie sich richtig informiert hätten, wüss-
ten sie Bescheid.' 30 Der Reiche fing an zu diskutie-
ren: ‚Aber, Abraham, wenn sie jetzt einem Toten
begegnen würden, der ihnen sagt, was Sache ist,
dann würden sie bestimmt ihr Leben ändern!'
31 ‚Also, wenn sie auf Mose und die Propheten nicht
gehört haben, dann wird sie ein Toter auch nicht
überzeugen können.'"

17

Vergeben ohne Ende

1 An einem Tag sagte Jesus mal zu seinen
Schülern: „Es wird immer Situationen ge-
ben, wo ihr dazu verführt werdet, Sachen zu ma-
chen, die Gott nicht will. Übel wird es nur für die
Menschen werden, die aktiv dafür sorgen, dass ihr
verführt werdet. 2 Aber echt jetzt, für solche Leute
wäre es besser, man würde sie mit einem Beton-
klotz an den Füßen ins Meer schmeißen, als dass
sie Leute verführen, die wie ein Kind an mich glau-
ben. 3 Leute, passt auf! Wenn dein Bruder etwas
gegen dich getan und dich verletzt hat, dann sag
ihm das. Und wenn es ihm leidtut, dann vergib ihm
das auch. 4 Und wenn er täglich siebenmal link zu
dir ist, es ihm aber jedes Mal am Ende leidtut, dann
musst du ihm auch vergeben."

Wenig Vertrauen reicht aus

5 Die Schüler von Jesus hatten mal eine Bitte: „Je-
sus, kannst du unser Vertrauen in Gott nicht grö-
ßer machen?" 6 „Wenn euer Vertrauen nur so groß
wäre wie ein kleiner Same von einer Senfpflanze,
dann könntet ihr jetzt zu diesem Baum da sagen:
‚Du sollst dich jetzt selber rausreißen und auf den
Müllhaufen schmeißen', und genau das würde
passieren!"

Was normal sein sollte

7 „Wie ist das denn bei euch?", wollte Jesus wissen.
„Wenn ihr eine Putzhilfe angestellt habt und die mit
ihrer Arbeit fertig ist, ladet ihr sie dann direkt ein,
mit am Abendbrottisch Platz zu nehmen und mit
euch zu essen? 8 Oder sagt ihr: ‚Geh duschen, zieh
dich erst mal um und hilf in der Küche. Wenn ich
fertig bin, dann kannst du auch was essen und trin-
ken'? 9 Kann der Angestellte erwarten, dass man
ihm besonders dankbar ist? Er tut ja schließlich nur
seinen Job. 10 Das gilt auch für euch. Wenn ihr
macht, was ich euch sage, sollte euch dabei be-
wusst sein, dass ihr euch deswegen keinen Orden
verdient habt. Ihr habt nur das getan, was man
von euch erwartet."

**Zehn Leute mit einer fiesen Hautkrankheit
werden geheilt**

11 Auf dem Weg nach Jerusalem kam Jesus durch
das Grenzgebiet zwischen Samaria und Galiläa.
12 Als er dort in ein Dorf kam, standen zehn Men-
schen rum, die eine fiese Hautkrankheit hatten, viel-
leicht so was wie Lepra. 13 Sie brüllten gleich los, als
sie Jesus sahen: „Jesus, großer Meister, bitte helfen

Sie uns!" 14 Er sah sie an und sagte zu ihnen: „Geht
mal zum Priester und lasst euch von dem unter-
suchen!" Und auf dem Weg dahin wurden sie alle
plötzlich geheilt! 15 Aber nur einer von den zehn kam
zurück, um sich bei Jesus und bei Gott zu bedan-
ken. Auf dem Weg rief er immer wieder: „Yeah, Gott!
Ich bin gesund!" 16 Er kniete sich vor Jesus hin und
bedankte sich bei ihm. Dieser Mann kam aus Sama-
rien. 17 Jesus fragte ihn dann: „Sag mal, es sind doch
zehn Leute geheilt worden. Wo sind denn die an-
deren neun geblieben? 18 Bist du der Einzige, der
zurückgekommen ist? Und das, obwohl du ein Aus-
länder bist und aus Samarien stammst? 19 Jetzt steh
auf und geh von hier weg! Weil du so ein Vertrauen
gehabt hast, bist du gesund geworden."

Wann startet das Land, in dem Gott das Sagen hat?

20 Die religiösen Streber wollten von Jesus irgend-
wann mal wissen: „Wann geht das eigentlich los mit
dieser neuen Zeit, in der Gott das Sagen hat?" –
„Diese neue Zeit wird nicht abgehen, dass man es
jetzt irgendwie wissenschaftlich belegen könnte,
dass es angefangen hat", antwortete Jesus. 21 „Kei-
ner wird ankommen und sagen können: ‚Da drüben
ist es gerade losgegangen.' Aber ihr sollt ruhig wis-
sen, dass es im Grunde schon angefangen hat. Die-
ses Land ist bereits da, die Zeit hat bereits begon-
nen." 22 Später ergänzte Jesus das noch mal, als er
zu seinen Schülern redete: „Leute, es wird mal eine
Zeit geben, da würden meine Freunde alles dafür
tun, um nur noch einmal einen Tag zu erleben, wo
der Auserwählte, der Menschensohn körperlich bei
ihnen wäre, aber das geht dann nicht mehr. 23 Es
wird in den Nachrichten gemeldet werden, dass er
jetzt wieder da ist oder dass er an einem bestimm-
ten Ort wohnen würde. Wenn solche Meldungen
reinkommen, dann glaubt denen nicht. Ihr braucht
auch nicht nach ihm zu suchen. 24 Denn wenn er
wiederkommt, wird das mit einem Riesenknall pas-
sieren, alle werden es mitkriegen. 25 Vorher muss er
aber noch etwas ganz Schlimmes durchmachen, er
muss ertragen, dass wirklich alle plötzlich keinen
Bock mehr auf ihn haben. 26 Es wird dann so ähnlich
abgehen wie in der Zeit, als Noah noch lebte. 27 Da-
mals waren auch alle Menschen nur damit beschäf-
tigt, Party zu machen und den Partner fürs Leben
zu finden. Bis Noah sein Schiff fertig hatte, einstieg
und die Flut kam – und die ganze Welt ist ersoffen.
28 Man könnte diese Zeit auch mit der von Lot ver-
gleichen. Damals hatte jeder normal zu essen und
zu trinken, jeder hatte Arbeit, man konnte Handel
betreiben, auch die Bauern hatten genug zu tun.
29 Bis zu dem Tag, an dem Lot die Stadt Sodom ver-
lassen hatte. Da ging es dann plötzlich ab, Schwe-
felwolken und Lavaströme kamen von oben runter,
die ganze Stadt wurde dem Erdboden gleichge-
macht. 30 Genauso wird das abgehen, wenn der Aus-
erwählte Gottes, der Menschensohn, wiederkommt.
31 Wer zu dem Zeitpunkt gerade unterwegs ist, sollte
nicht kurz nach Hause gehen, um seine Sachen zu
packen. Und wer gerade auf der Arbeit ist, sollte
auch nicht erst nach Hause fahren. 32 Bitte vergesst
nicht, was damals mit der Frau von Lot passiert ist,
als sie noch mal zurücksehen wollte! 33 Wer mit aller
Kraft um sein Leben kämpft, der wird es verlieren.
Aber wer sein Leben für Gott verliert, genau der
wird ein neues Leben bekommen, ein Leben, das
nie aufhört. 34 Eine Sache sollt ihr wissen: Wenn in
dieser Nacht zwei Leute in einem Bett übernachten,
kann es sein, dass der eine bei Gott landet und der
andere alleine zurückbleibt. 35/36 Wenn zwei Frauen
zusammen am Fließband stehen, ist die eine plötz-
lich weg und die andere bleibt da." 37 „Meister, wo
wird das passieren?", wollten seine Schüler wissen.
„Wenn schwarze Wolken aufziehen, weiß man, dass
es regnen wird. Und wenn ich wiederkomme, wer-
det ihr wissen, dass ich es bin."

18

Bei Gott auch mal rumnerven

1 Jesus benutzte irgendwann mal wieder
einen Vergleich, um klarzumachen, dass
man beim Beten auch mal rumnerven sollte und so
lange durchbeten, bis Gott handelt. 2 „In einer Stadt
lebte ein Typ, der am Gerichtshof den Job eines
Richters hatte. Er war bekannt als harter Hund, dem
total egal war, was Gott und die Menschen über ihn
dachten. 3 Fine alleinstehende Frau, deren Mann vor
einiger Zeit gestorben war, erhob Anklage gegen
jemanden, der sie betrogen hatte. Dafür kam sie
immer wieder persönlich in das Büro des Richters,
um ihm zu sagen: ‚Bitte helfen Sie mir, zu meinem
Recht zu kommen!' 4 Der Richter schob den Fall
immer wieder beiseite. Weil die Frau aber jeden Tag
auf der Matte stand und rumnervte, sagte er sich
schließlich: ‚Also, Gott und die Menschen sind mir
eigentlich total egal, 5 aber diese Alte raubt mir echt
den letzten Nerv! Ich werde Ihren Fall vorziehen und
schnell über die Bühne bringen, damit sie mich end-
lich in Ruhe lässt!' 6 Kapiert ihr, was ich damit sagen
will?", fragte Jesus. 7 „Wenn selbst so ein ätzender
Richter bereit ist, so jemandem Recht zu verschaf-

fen, dann wird Gott doch erst recht sofort zur Stelle sein, wenn seine auserwählten Leute Tag und Nacht zum Himmel schreien. 8 Ich garantiere euch, er wird sofort ankommen und für Recht sorgen! Die Frage ist für mich also nicht so sehr, ob Gott handelt, sondern vielmehr, wie viele Leute noch da sein werden, die dem Menschensohn, dem Auserwählten, auf diese Art und Weise vertrauen, wenn er dann irgendwann auf die Erde zurückkommen wird.

Noch ein Vergleich zum Thema Beten

9 Jesus erzählte mal wieder eine Geschichte. Er wollte diesmal einen Text in Richtung der Menschen ablassen, die sich für die Coolsten überhaupt hielten und auf alle anderen runtersahen. 10 „Also, da waren mal zwei Leute, die im Tempel 'ne Runde beten wollten. Der eine gehörte zu den religiösen Strebern, der andere war ein Geldeintreiber, der für die Besatzungsmacht die Steuern einzog. 11 Der Streber fing an zu beten und sagte zu Gott: ‚Oh, danke, mein Gott, dass ich nicht so bin wie die anderen hier! Ich habe niemanden bestohlen, ich bin sehr gläubig, ich habe meine Ehefrau nie betrogen, wie gut, dass ich nicht so bin wie dieser Geldeintreiber! 12 Ich faste ja auch zweimal die Woche und gebe immer die vorgeschriebenen zehn Prozent meines Einkommens!‘ 13 Der Geldeintreiber blieb total schüchtern am Eingang stehen. Er traute sich noch nicht mal, nach oben zu sehen, als er anfing zu beten. ‚Gott, tut mir total leid, dass ich so viel Mist gebaut habe! Bitte verzeih mir.‘ 14 Ich schwör euch, dieser Mann wird sauber und ohne irgendwelche Schulden bei Gott zu haben wieder nach Hause gehen können. Der eingebildete Streber aber nicht. Denn solche arroganten Menschen, die sich selber in den Himmel loben, werden ganz unten sein; die aber nichts von sich halten, werden am Ende groß rauskommen.

Jesus liebt Kinder

15 Einmal brachten ein paar Eltern ihre Kinder zu Jesus. Sie wollten, dass er für die Kleinen betet. Die Schüler von Jesus fanden das aber nicht so toll, weil sie meinten, Jesus hätte mal Feierabend verdient, und schickten sie einfach wieder weg. 16 Jesus wollte die Kinder aber bei sich haben und sagte zu ihnen: „Jungs, lasst die Kinder doch mal durch! Schickt sie nicht weg! Denn so wie sie muss man drauf sein, um in Gottes neuem Land dabei zu sein. 17 Habt ihr das immer noch nicht kapiert? Wenn jemand nicht so drauf ist wie ein Kind und Gott auf diese Art vertraut, der wird nie in Gottes Land ankommen können."

Zu viel Geld kann Gott im Weg stehen

18 Einmal fragte ein sehr angesagter und reicher Mann Jesus: „Guter Lehrer, können Sie mir sagen, was ich noch tun muss, um in den Himmel zu kommen und ewig zu leben?" 19 „Wie kommst du darauf, dass ich gut bin? Es gibt nur einen, der gut ist, und das ist Gott. 20 Aber zu deiner Frage: Du kennst doch die Gesetze von Gott, oder? ‚Du darfst, wenn du verheiratet bist, nicht mit einer anderen Frau fremdgehen, du darfst niemanden töten, du sollst nicht jemandem was klauen, du sollst nicht über andere ablästern, du darfst nicht rumlügen.'" 21 „Hmm, das hab ich alles befolgt, seit ich ein Kind bin." 22 „Da gibt es noch eine Sache, die du tun kannst", sagte Jesus zu ihm. „Verkaufe deine ganzen Sachen, gib die Kohle den Leuten, die sie dringend brauchen, dann wirst du ein fettes Konto im Himmel dafür bekommen. Und dann geh mit mir und mach, was ich auch tue." 23 Der Typ wurde voll traurig über die Antwort, weil er sehr viel Geld hatte. 24 Als er wieder wegging, sah ihm Jesus hinterher und meinte zu den anderen: „Mann, Leute mit viel Geld haben es echt schwer, in das neue Land Gottes zu kommen! 25 Wahrscheinlich ist es einfacher, einen Strick durch ein Türschloss zu kriegen, als dass jemand in den Himmel kommt, der an seinem Geld total hängt." 26 „Aber wenn es so schwer ist, dort hinzukommen, wer kann es dann überhaupt packen?", fragten die Leute, die das gehört hatten. 27 „Was aus dem Blickwinkel eines Menschen unmöglich ist, ist für Gott ein Kinderspiel!" 28 Petrus wollte von Jesus wissen: „Wir sind doch aber radikal, oder? Wir haben alles hinter uns gelassen und sind mit dir gegangen!" 29 „Ja, Petrus, und ich mach jetzt noch mal 'ne Ansage: Wer sein Zuhause verlassen hat, wer sogar den Ehepartner, die Geschwister oder die Eltern aufgegeben hat, weil Gottes Sache wichtiger war, 30 der wird schon jetzt im Leben hier auf der Erde viel mehr zurückbekommen. Und nach dem Leben wird er in der Welt, die dann kommt, auch noch mal richtig absahnen, er wird ewig leben dürfen."

Jesus erzählt seinen Schülern von den Schmerzen, die er ertragen muss

31 Jesus traf sich mit seinen zwölf Schülern und erklärte ihnen etwas: „Wie ihr wisst, werden wir bald nach Jerusalem gehen. Dort wird das passieren, was

die Propheten über den Auserwählten, den Men-
schensohn, schon vor langer Zeit gesagt hatten.
32 Er wird an die römische Besatzungsmacht ausge-
liefert werden. Man wird ihn nicht ernst nehmen,
fertig machen, schlagen, anspucken und so. 33 Sie
werden ihn foltern und töten. Aber nach drei Tagen
kommt sein großes Comeback." 34 Seine Schüler
verstanden aber kein Wort von dem, was er sagte.
Sie kapierten einfach nicht, was er ihnen damit
sagen wollte.

Ein blinder Mann kann wieder sehen

35 Auf dem Weg nach Jericho trafen Jesus und seine
Schüler einen blinden Mann auf der Straße. 36 Der
Typ hörte, dass sehr viele Leute bei ihm vorbei-
zogen, darum fragte er mal nach, was da gerade
abging. 37 Die Leute sagten: „Jesus, aus Nazareth
kommt hier vorbei!" 38 Da fing er sofort wie blöd an
zu schreien: „Jesus, aus der Familie vom David,
bitte hilf mir!" 39 Die Leute, die um ihn rumstanden,
machten ihn an: „Halt's Maul!" Er brüllte aber
immer lauter: „Jesus, aus der Familie vom David,
bitte hilf mir!" 40 Jesus blieb stehen und fragte
jemanden, ob der ihm den Mann mal herbringen
könne. 41 „Was willst du denn von mir?", fragte
Jesus lächelnd. „Mein Herr, ich möchte so gerne
sehen können!" 42 „Ist in Ordnung, ab jetzt kannst
du wieder sehen. Dein Vertrauen in mich hat dafür
gesorgt, dass das passieren konnte!" 43 Und sofort
konnte der Typ wieder sehen! Er zog dann mit Jesus
und dankte die ganze Zeit Gott für seine Heilung.
Alle, die dabei waren und das mitgekriegt hatten,
sangen auch Lieder zu Gott und bedankten sich bei
ihm.

19

Die Geschichte vom Zachäus

1 Jesus kam auf seiner Reise auch durch die
Stadt Jericho. 2 Da wohnte ein Typ, der
Zachäus hieß. Er war einer von den obersten Steu-
ereintreibern und hatte durch seinen Job sehr viel
Kohle verdient. 3 Zachäus war ziemlich klein. Er
wollte Jesus unbedingt auch mal sehen, aber es
standen immer irgendwelche Leute davor, die ihm
die Sicht versperrten. 4 Darum suchte er sich einen
Baum, auf den er raufklettern könnte, um von da
eine bessere Sicht zu haben. Der sollte natürlich auf
dem Weg liegen, wo Jesus noch vorbeigehen würde.
5 Als Jesus an dem Baum vorbeikam, sah er ihn da
oben sitzen. Er rief ihm zu: „Hey, Zachäus, jetzt
komm mal runter da! Ich würde mich heute gern bei
dir zum Essen einladen!" 6 Zachäus kletterte, was
das Zeug hielt, eilig von dem Baum runter und ging
total aufgeregt mit Jesus zu sich nach Hause. 7 Die
Leute, die das mitbekommen hatten, waren schon
wieder am Lästern. „Er will bei so einem Dreckskerl
zu Gast sein, obwohl der offensichtlich nicht so
lebt, wie Gott das will!", motzten sie. 8 Zachäus
stellte sich vor Jesus hin und meinte zu ihm: „Jesus,
ich werde sofort die Hälfte von meinem Barvermö-
gen an Obdachlose und Sozialhilfeempfänger ver-
teilen. Und wenn ich jemanden in Steuerangelegen-
heiten betrogen hab, dann geb ich es ihm in der
vierfachen Höhe wieder!" 9 Jesus lächelte ihn an:
„Heute ist der wichtigste Tag für dich und für deine
Familie! Weißt du, warum? Weil Gott dich heute mit
in seine Familie aufgenommen hat! Du bist einer
von den Söhnen vom Abraham, die verloren waren.
10 Das genau ist meine Aufgabe. Der Auserwählte,
der Menschensohn, ist gekommen, um die Men-
schen wieder zurück zu Gott zu holen, die aufgege-
ben wurden oder die sich verirrt haben."

Begabungen und wie man sie einsetzt

11 Jesus hatte mitbekommen, dass jetzt viele mit
irgendwelchen deutlichen Wundern und Zeichen
rechneten, bevor sie in Jerusalem waren. Die sollten
ja anzeigen, dass Gottes neue Zeit sofort anfangen
würde. Deswegen hängte er gleich noch einen Ver-
gleich hintendran. 12 „Also, ein echt reicher Manager
von einem gut laufenden Betrieb sollte einmal aus
beruflichen Gründen in ein anderes Land reisen.
Dort sollte er der Chef über einen ganzen Konzern
werden. Später wollte er dann aber wieder zurück-
kommen. 13 Bevor er abhaute, organisierte er noch
schnell ein Meeting mit zehn von seinen Angestell-
ten. Er gab jedem fünftausend Euro und sagte:
‚Nehmt das Geld und macht was draus in der Zeit,
wo ich weg bin! Ich komme auf jeden Fall wieder!'
14 Viele Angestellte des neuen Konzerns waren aber
total unzufrieden mit ihm. Sie organisierten eine
Anti-Demo, um ihn loszuwerden. „Wir wollen die-
sen Mann hier nicht haben!" 15 Trotzdem übernahm
er den Konzern. Als er dann irgendwann wieder
zurückkam, organisierte er ein Meeting in seiner
alten Firma. Er fragte seine Leute, was sie denn
mit der Kohle angestellt hätten. 16 Der Erste, den
er zu sich bestellte, erzählte: ‚Chef, ich hab jetzt
50 000 Euro auf der Tasche!' 17 ‚Super!', meinte der
Typ. ‚Man kann Ihnen anscheinend was anver-
trauen. Sie haben aus wenig viel gemacht, ich werde
Sie dafür reichlich belohnen. Sie können jetzt den

obersten Posten über zehn Abteilungen haben!‘
18 Der zweite Typ kam dann an und sagte: ‚Chef, ich
habe 25000 Euro draus gemacht!‘ 19 ‚Supergut!‘,
meinte der Meister. ‚Sie können ab sofort die Ge-
schäfte von zehn Firmen übernehmen, die ich noch
im Ausland habe!‘ 20 Dann kam zum Schluss noch
ein dritter Mann an. Der gab ihm genau den Betrag
zurück, den er auch bekommen hatte: ‚Ich hab das
Geld in meinem Sparstrumpf versteckt, da war es
sicher. 21 Weil Sie so streng sind, hatte ich einfach
Angst, ich könnte was verlieren. Sie nehmen sich ja
sowieso alles und kassieren, wo Sie nicht einmal
investiert haben.‘ 22 ‚Was für ein unqualifizierter An-
gestellter sind Sie denn!‘, brüllte der Meister los.
‚Wenn Sie mich wirklich kennen würden, dann
wüssten Sie, dass ich wirklich streng bin. 23 Sie hät-
ten das Geld ja wenigstens aufs Sparbuch einzah-
len können. Dann wären immerhin noch ein paar
Zinsen dazugekommen.‘ 24 Der Chef sagte zu
seinen Leuten: ‚Nehmt ihm das Geld sofort ab! Die
5000 Euro gebt dem Mann, der 50 000 daraus ge-
macht hat.‘ 25 ‚Aber warum denn ausgerechnet an
den? Der hat doch schon mehr als genug?‘, wollten
die anderen wissen. 26 ‚Das ist richtig, aber die Leu-
te, die ihre Sachen optimal einsetzen, die bekom-
men noch mehr als das. Die aber ihre Sachen nicht
gut nutzen, denen wird das wenige, was sie haben,
auch noch weggenommen. 27 Jetzt kommen wir
noch zu den Leuten, die gegen mich den Aufstand
geprobt haben, die nicht wollten, dass ich der Chef
werde: Bringt sie her, sie sollen alle hochkant ge-
feuert werden.‘“

Großer Bahnhof in Jerusalem

28 Gleich nachdem Jesus diese Geschichte erzählt
hatte, ging er vor seinen Schülern los in Richtung
Jerusalem. 29 In der Nähe der Dörfer Betfage und
Betanien gleich beim Ölberg um die Ecke schickte
er zwei von seinen Leuten schon mal vor. 30 „Gleich
hinterm Ortseingang werdet ihr einen neues Moped
finden, auf dem bisher noch niemand gefahren ist.
Das bringt mal her. 31 Falls jemand nachfragt, dann
sagt einfach: ‚Ist für den Meister, der braucht das!‘“
32 Die Schüler fanden alles genau so, wie Jesus
gesagt hatte. 33 Als das Moped gerade wegschieben
wollten, kam der Besitzer vorbei und sagte: „Hey,
was macht ihr da mit meinem Moped?“ 34 „Der
ist für den Meister, der braucht das!“, sagten sie.
35 Dann brachten sie das Teil zu Jesus. Einige legten
ihm eine Decke über den Sattel, damit Jesus besser
draufsitzen konnte. 36 Die Zuschauer am Weg feier-
ten Jesus wie einen Pop-Star, sie legten sogar ihre
Kleidung vor ihm auf den Weg. 37 Als der Zug in der
Höhe vom Ölberg angekommen war, jubelten seine
Freunde wie verrückt. Sie sangen laut Lieder und
freuten sich über die krassen Wunder, die sie mit
Jesus erlebt hatten. 38 „Da kommt der Superstar!
Unser Präsident!“,riefen sie durcheinander. „Gott
hat ihn vorbeigeschickt! Gott will Frieden! Gott ist
der Größte!“ 39 Ein paar religiöse Streber fanden das
gar nicht so toll. „Sag den Leuten, sie sollen sofort
damit aufhören!“, meinten sie zu ihm. 40 Aber Jesus
antwortete: „Wenn es die Leute nicht rufen würden,
dann würden es die Steine tun.“

Jesus weint wegen Jerusalem

41 Als Jesus den Panoramablick von Jerusalem vor
sich sah, fing er plötzlich an zu weinen. 42 „Mann,
Jerusalem, das Glück war dir so nahe, der Frieden
lag um die Ecke, aber jetzt ist es zu spät, du wirst
nie Frieden finden. 43 Es wird eine Zeit geben, da
wirst du von Feinden umzingelt werden, sie werden
dich einmauern und von allen Seiten belagern. 44 Sie
werden dich und alle deine Einwohner plattmachen,
nichts wird mehr übrig bleiben, nur weil du deine
Chance nicht erkannt hast.“

Jesus räumt im Tempel auf

45 Als Jesus dann später den Tempel in Jerusalem
betrat, ging der Punk ab. Er pogte überall rum, warf
die Verkaufsstände um und schmiss die Verkäufer
im hohen Bogen raus. 46 Er brüllte sie an: „In mei-
nem Haus sollte gebetet werden, aber ihr habt dar-
aus einen Konsumtempel gemacht!“ 47 Jeden Tag
hielt er dort Unterrichtsstunden. Den Theologen,
den obersten Priestern und der Leitungsebene des
Volkes passte das überhaupt nicht in den Kram. Sie
versuchten die nächstbeste Gelegenheit zu finden,
um ihn töten zu lassen. 48 Aber da gab es noch
keine Chance. Die Menschen hingen an seinen Lip-
pen und hörten auf das, was er sagte.

20

Wer hat Jesus so eine große Vollmacht ausgestellt?

1 Jesus war mal wieder im Tempel, um da
von den guten Sachen über Gott zu erzählen. Die
Oberpriester, die Theologen und die Leitungsebene
der Israelis kamen an, um mal wieder eine Frage
loszuwerden: 2 „Wer hat Ihnen eigentlich diese Voll-
macht dafür ausgestellt, dass Sie die Verkäufer so
mal eben aus dem Tempel rausschmeißen dürfen,

wer hat Ihnen das erlaubt?" 3 „Ich stell mal eine
Gegenfrage, ja?", antwortete Jesus. 4 „Wie war das
mit der Taufe, die Johannes gemacht hat? Hat er
das getan, weil er da gerade Lust drauf hatte, oder
war das Gottes Ding?" 5 Jetzt wurde erst mal bera-
ten, was sie antworten sollten. „Wenn wir sagen, es
war Gottes Ding, dann wird er uns fragen, warum
wir nicht auf Johannes gehört haben. 6 Wenn wir
aber sagen, er hat das getan, weil er da gerade Lust
zu hatte, dass alles nur seine menschliche Idee war,
dann kriegen wir richtig Ärger mit der Bevölkerung.
Die werden uns dann bestimmt lynchen, denn alle
glauben, dass Johannes war ein Prophet." 7 „Also,
keine Ahnung, das wissen wir nicht", war dann ihre
Antwort. 8 „Okay, dann brauch ich ja auf die Frage
auch keine Antwort geben."

Der Vergleich mit einem Typen, dem ein Weinberg gehört

9 Jesus erzählte den Leuten wieder eine Geschichte:
„Ein Mann bepflanzte einen Berg mit Weinstöcken.
Dann verpachtete er das Teil an ein paar Weinbau-
ern und ging für längere Zeit ins Ausland. 10 Als Ern-
tezeit angesagt war, schickte der Typ einen seiner
Angestellten zu den Weinbauern, um den abgespro-
chenen Gewinn aus dem Verkauf abzukassieren. Als
der Angestellte aber ankam, prügelten die Bauern
ihn grün und blau und schickten ihn ohne Geld
nach Hause. 11 Der Mann schickte noch mal jeman-
den los, aber der wurde genauso behandelt wie der
erste. Sie verprügelten ihn und lachten ihn aus,
dann wurde er wieder weggeschickt. 12 Zum dritten
Mal schickte er einen Angestellten von ihm los, aber
es passierte wieder das Gleiche, er wurde verprügelt
und rausgeschmissen. 13 ‚Was nun?', fragte sich der
Besitzer. Schließlich kam er auf die Idee: ‚Ich werde
meinen einzigen Sohn, den ich über alles liebe, da-
mit beauftragen. Wenn sie den sehen, werden sie
bestimmt vor ihm Respekt haben!' 14 Als die Wein-
bauern mitkriegten, dass der Sohn vom Eigentümer
gleich kommen würde, heckten sie einen Plan aus:
‚Da kommt der Junge, der mal alles erben wird.
Wenn wir den töten, gehört der Weinberg uns!'
15 Und als der da war, jagten sie ihn vom Weinberg
und töteten ihn. Was meint ihr, wie wird der Eigen-
tümer jetzt reagieren? 16 Ich schwör euch, er wird
hier alles plattmachen und den Weinberg an je-
mand anders verpachten!". „Oh, nein", riefen die
Leute panisch, „das darf auf keinen Fall passieren!"
17 „Was meint ihr denn, was mit dieser Bemerkung
in den alten Schriften gemeint ist, wo steht: ‚Der
Stein, mit dem die Bauarbeiter nichts anfangen
konnten und den sie auf den Müll geschmissen
haben, der ist als Grundstein und Maßstab für ein
neues Haus genutzt worden'?" 18 Und dann sagte
Jesus abschließend: „Wer über diesen Stein stolpert,
wird in den Tod stürzen, und wer von ihm getroffen
wird, der wird plattgemacht und muss für immer
sterben!"

Gott geben, was ihm gehört

19 Nachdem Jesus diesen Vergleich erzählt hatte,
waren die Oberpriester und die Theologen total
abgefressen auf Jesus. Am liebsten hätten sie ihn
sofort verhaften lassen. Ihnen war klar, dass mit den
Weinbauern in der Geschichte sie gemeint waren.
Sie hatten aber Angst vor der Reaktion der Bevölke-
rung auf eine Festnahme. 20 Also suchten sie die
nächstbeste Gelegenheit, um Jesus in eine Falle zu
locken. Unter anderem organisierten sie ein paar
Leute, die sich einfach dazustellten, wenn Jesus am
Reden war. Es ging darum, Informationen zu sam-
meln, die gebraucht wurden, um eine Anklage
gegen ihn bei der Besatzungsmacht zu rechtferti-
gen. 21 Diese Leute kamen dann bei Jesus an und
fragten ihn: „Meister, wir wissen, dass die Sachen,
die Sie erzählen, gut durchdacht und richtig sind.
Ihnen ist egal, was die Leute hören wollen, Sie
erzählen ganz klar die Dinge über das Leben mit
Gott. Alles, was Sie sagen, stimmt. 22 Jetzt haben wir
noch eine Frage bezüglich der Steuer: Will Gott,
dass wir an diesen gottlosen römischen Staat Steu-
ern bezahlen, oder will er das nicht?" 23 Jesus merkte
sofort, dass er aufs Glatteis geführt werden sollte.
24 „Zeigen Sie mir doch mal eine Münze! Was für
ein Typ ist dadrauf abgebildet und wessen Name
steht darunter?". „Na, der vom römischen Präsiden-
ten", war die Antwort. 25 „Also, dann gebt dem Prä-
sidenten, was ihm gehört und vergesst auch nicht,
Gott das zu geben, was Gott gehört!" 26 Damit war
alles gesagt. Sie schafften es nicht, Jesus vor allen
abzuziehen. Die waren echt sprachlos und sagten
erst mal gar nichts mehr.

Zum Thema, was nach dem Tod passiert

27 Jetzt kamen ein paar Jungs von der Sadduzäer-
Partei an, die nicht daran glauben, dass man nach
dem Tod bei Gott weiter lebt. 28 Die hatten auch eine
Frage an ihn: „Meister, Mose hatte uns mal diese
Ansage gemacht: Wenn ein Ehemann stirbt und eine
Frau ohne Kinder hinterlässt, dann soll sein Bruder
die Frau heiraten. Auf diese Art hat er dann indirekt

auch Kinder, denen er etwas vererben kann. 29 Neh-
men wir mal an, da ist einer, der noch jüngere sechs
Brüder hat. Und der stirbt, ohne ein Kind in die Welt
gesetzt zu haben. 30 Sein Bruder heiratet nun die
Frau, aber er stirbt auch plötzlich. 31 Das Gleiche
passiert jetzt genauso mit den anderen Brüdern, bis
alle sieben die Frau geheiratet haben und gestorben
sind, ohne ihr ein Kind zu machen. 32 Am Ende stirbt
dann auch die Frau. 33 Jetzt kommt unsere Frage: Mit
wem wird sie dann in der Welt nach dem Tod verhei-
ratet sein, wenn wir alle wieder lebendig werden? Sie
war ja immerhin mit sieben Männern verheiratet?"
34 „Hier auf der Erde heiraten Leute und werden ver-
heiratet, das ist normal", antwortete Jesus. 35 „Aber
in der Welt, die in der Zukunft mal an den Start
kommt, wird das ganz anders sein. Die Leute, die es
packen und die für Gott okay sind, die werden in
dieser Welt leben. Und dort wird nicht mehr geheira-
tet, 36 weil man auch nicht mehr sterben kann. Man
wird dort so einen Engelsstatus haben, und man
wird zu Gottes Familie gehören, die in ein neues
Leben durchstartet. 37 Die Frage, ob es generell mög-
lich ist, vom Tod wieder lebendig zu werden, hat
Mose ja schon beantwortet, als er diese Erschei-
nung in der brennenden Dornenhecke gehabt hat.
Da hat er ja Gott als den Meister von Abraham,
Isaak und Jakob bezeichnet. 38 Weil Gott nur für le-
bendige Menschen da ist und nicht für Tote, müs-
sen seine Vorfahren für ihn zu diesem Zeitpunkt
lebendig gewesen sein." 39 „Gut gesprochen!",
meinten die Theologen zu ihm. 40 Jetzt hatte erst
mal keiner mehr irgendeine Frage an ihn ...

**Wer ist der Auserwählte,
wer ist der Christus?**

41 Jesus stellte seinen Zuhörern eine Frage: „Wie
kommt ihr eigentlich darauf, dass der Auserwählte
aus der Familie vom David kommen soll? 42 David
hat doch selbst in den Psalmen geschrieben: ‚Der
Meister sagte zu meinem Meister: Setz dich auf
die Ehrentribüne, direkt neben mich. 43 Ich werde
deine Feinde demütigen, bis sie dir die Füße küs-
sen.' 44 Wenn David aber ‚Meister' zu ihm sagt, wie
kann er dann gleichzeitig sein Sohn sein?" 45 Dann
sagte er zu seinen Schülern, so dass alle mithören
konnten: 46 „Checkt genau ab, was die Theologen
euch erzählen wollen! Sie finden sich ganz toll, wie
sie in ihren schicken Dienstklamotten umherlaufen,
und lassen sich gerne von den Leuten auf der Stra-
ße grüßen. Sie wollen im Gottesdienst immer in der
ersten Reihe sitzen und bei Feiern immer den Platz
gleich neben dem Gastgeber haben. 47 Hintenrum
ziehen sie die Frauen, deren Männer gestorben
sind, ab und zocken deren Häuser. Aber nach
außen veranstalten sie vor allen Leuten ein großes
Showbeten. Sie werden dafür einmal hart von Gott
bestraft werden."

21

Eine arme Witwe gibt viel Geld

1 Jesus saß mit seinen Schülern im Tempel.
Er beobachtete die Besucher, die Geld in
den Opferkasten reinlegten. 2 Schließlich kam eine
sehr arme Frau, deren Mann gestorben war, und
warf zwei Euro in den Opferkasten rein. 3 Jesus kom-
mentierte das: „Ich sag jetzt mal, diese Witwe hat
mehr gegeben als alle anderen. 4 Die anderen haben
im Verhältnis nur ein wenig von dem gegeben, was
sie tatsächlich an Geld haben. Sie hat aber alles
gegeben, was sie hatte."

**Was passieren wird, wenn es mit der Welt
zu Ende ist**

5 Einige von seinen Schülern schwärmten von der
Architektur des Tempels, den schönen Steinen und
den teuren Gemälden, mit denen er ausgestattet
war. Jesus meinte dazu nur: 6 „Seht euch das noch
mal gut an. Denn es wird mal eine Zeit kommen, da
wird hier alles plattgemacht werden, nichts bleibt,
wie es ist." 7 „Wann geht das los? Gibt es irgendeine
Ankündigung davor?", fragten die Jungs. 8 „Passt
nur auf, dass ihr nicht ausgetrickst werdet! Es wer-
den viele Pseudoerlöser ankommen, die so tun, als
wären sie ich! Die werden rumgehen und erzählen:
‚Jetzt geht es los!' Hört nicht auf sie! 9 Wenn plötz-
lich in den Nachrichten überall von Kriegen und
Aufständen geredet wird, dann bekommt keine
Panik. Das muss alles so sein und wird auch noch
nicht das Ende bedeuten. 10 Auf der ganzen Welt
werden sich die Länder gegenseitig den Krieg er-
klären, eine Regierung wird der anderen drohen.
11 Dann wird es überall schlimme Erdbeben geben,
Hungerepidemien und Seuchen werden in der
Welt ausbrechen. Im Weltall werden unerklärliche
Dinge abgehen, und alle werden Angst davor haben.
12 Bevor das alles passiert, wird eine üble Zeit kom-
men, in der alle, die an mich glauben, große Pro-
bleme bekommen werden. Weil ihr zu mir gehört,
wird man euch vor die religiösen und politischen
Machthaber zerren und euch den Prozess machen.
13 Das wird eine gute Gelegenheit sein, euch auf
meine Seite zu stellen und allen Menschen von mir

zu erzählen. 14 Entscheidet euch jetzt schon dafür, nicht großartig an eurer Verteidigung vor Gericht zu basteln. 15 Ich werde ganz nah bei euch sein und euch dabei helfen, die richtigen Sachen zum richtigen Zeitpunkt zu sagen. Keiner eurer Gegner wird euch widersprechen können. 16 Ihr werdet dann sogar von euren Eltern verraten werden. Auch vor euren Geschwistern oder anderen Verwandten, ja noch nicht mal vor euren Freunden seid ihr sicher. Sie werden euch verfolgen und töten. 17 Alle werden überhaupt keinen Bock mehr auf euch haben, und das alles nur, weil ihr zu mir gehört. 18 Aber Gott passt auf euch auf. Kein Haar wird man euch ausreißen, wenn er es nicht zulässt. 19 Werdet nicht weich, zieht euer Ding durch, dann werdet ihr es packen und für immer leben!

Jerusalem wird plattgemacht

20 Wenn Jerusalem komplett von seinen Feinden umzingelt ist, dann wisst ihr Bescheid. Dann geht es zu Ende mit der Stadt! 21 Die Leute aus Judäa sollten in die Berge fliehen, und wer auf dem Weg in die Stadt ist, sollte sofort umdrehen. 22 Denn in dieser Zeit wird Gottes Gericht abgehen, es passiert alles, was in den alten Schriften schon angesagt wurde. 23 Die Frauen, die entweder schwanger sind oder ihre Babys noch stillen, werden eine harte Zeit haben. Es wird eine große Krise losgehen, den Menschen wird es sehr dreckig gehen. 24 Viele werden im Krieg niedergemetzelt werden, die Gefangenen werden überallhin verschleppt. Jerusalem wird besetzt und dann zerstört werden. Aber irgendwann wird die Zeit zu Ende gehen, in der die Menschen das Sagen haben, die nicht mit Gott leben."

Alles wird durcheinandergewirbelt

25 „Die Planeten im Weltall werden durcheinandergeraten, und alle werden das sehen und sich sehr erschrecken. Große Naturkatastrophen werden passieren, überall auf der Welt wird es Überschwemmungen und Tsunamis geben. 26 Viele Menschen werden vor lauter Angst wie gelähmt sein, wenn sie diese Naturkatastrophen erleben, auch das Gleichgewicht der Natur wird ausgehebelt werden. 27 Und dann wird das große Comeback vom Auserwählten, vom Menschensohn, sein. Er wird mit einem großen Knall vom Himmel zurück auf die Erde kommen, und alle werden ihn sehen! 28 Wenn das alles passiert, dann könnt ihr euch schon mal freuen, ihr könnt nach oben sehen, denn eure Befreiung ist gekommen!

Passt auf und pennt nicht

29 Jesus nahm wieder so einen Vergleich, damit die Leute besser kapierten, was er meinte: „Seht euch mal diesen Baum an. 30 Wenn die Blätter grün sind und wachsen, dann wisst ihr, dass Frühling ist und der Sommer bald kommt. 31 Genauso könnt ihr auch die Welt beobachten, dann wisst ihr, wie weit es damit steht. 32 Ich kann euch noch mal 'ne Ansage machen: Diese Generation wird nicht vernichtet werden, bis die ganzen Sachen abgegangen sind, die ich beschrieben hab. 33 Der Himmel wird mal kaputtgehen und unsere Erde wird es irgendwann auch nicht mehr geben, aber was ich gesagt habe, das wird alles überleben."

Nicht schnarchen, besser beten!

34 „Leute, achtet aber darauf, dass ihr euch nicht ständig die Birne dicht zieht mit Alkohol oder anderen Dingen. Genauso sollt ihr euch aber auch nicht von den Sorgen über die alltäglichen Dingen ablenken lassen, damit ihr optimal vorbereitet seid, wenn der ‚letzte Tag der Welt' unerwartet kommt. 35 Denn eine Sache ist sicher: Dieser Tag wird für alle total überraschend kommen! 36 Darum sperrt die Augen auf und stellt eure Lauscher auf Empfang. Betet ohne Ende, damit ihr durch diese Zeit heil durchkommt. Dann könnt ihr eines Tages alle ohne Angst vor dem Auserwählten Gottes stehen." 37 Zu der Zeit hing Jesus jeden Tag im Tempel, um zu unterrichten. Nachts ging er immer auf den Ölberg, um dort die Nacht über zu sein. 38 Morgens standen die Leute immer schon Schlange, um ihn im Tempel reden zu hören.

22

Die Verschwörung

1 In ein paar Tagen sollte die große Passahfestwoche starten (an den Tagen gab es nur ganz spezielles Brot, das nicht mit Hefe gemacht wurde). 2 Die obersten Priester und die Theologen planten ein Attentat auf Jesus. Allerdings hatten sie auch Angst vor den Reaktionen der Menschen. 3 Plötzlich übernahm Satan die Kontrolle über Judas, der einer der Schüler von Jesus war. 4 Judas ging zu den obersten Priestern und dem Chef der Tempelpolizei und heckte mit denen einen Plan aus, wie man Jesus am unauffälligsten festnehmen könnte. 5 Die waren ganz begeistert von Judas und beschlossen, ihm als Belohnung fett Geld dafür zu geben. 6 Sie hatten also einen Deal, und Judas' Aufgabe war es, die nächstbeste Gelegenheit zu

finden, wo man Jesus ohne großen Wirbel verhaften konnte.

Ein letztes Essen mit Jesus und seinen Schülern

7 Es kam der erste Tag des Passahfestes, an dem es normal immer ganz feierlich Lamm und dieses Spezialbrot zum Abendessen gab. 8 Jesus wollte mit seinen Schülern auch feiern, darum schickte er Petrus und Johannes voraus: „Geht schon mal los und bereitet alles vor, damit wir zusammen essen können." 9 Die beiden fragten: „Wo wollen wir denn feiern, Jesus?" 10 „Also, wenn ihr in Jerusalem seid, wird ein Typ auf euch zukommen, der einen Kasten Wasser trägt. Folgt ihm bis zu dem Haus, das er betritt. 11 Dann geht ihr zu dem Besitzer und sagt ihm: ‚Der Meister möchte wissen, wo der Raum ist, der für seine Passafeier mit seinen Schülern gebucht wurde.' 12 Er wird euch im ersten Stock in einen großen Raum mit Ledersesseln führen, der ist schon so weit klargemacht worden. Fangt da schon mal mit der Vorbereitung für das Essen an." 13 Die Schüler zogen los, und es war alles exakt so, wie Jesus es beschrieben hatte. Dort trafen sie die Vorbereitung für das Passaessen.

Das besondere Abendessen: Gott macht mit den Menschen einen neuen Vertrag

14 Als es so weit war, setzten sich Jesus und seine Schüler an den großen Tisch. 15 Jesus hielt erst mal eine kleine Rede: „Liebe Leute, ich hatte schon so lange Lust dadrauf, mit euch dieses Essen zu feiern, bevor die ätzenden Sachen für mich losgehen werden! 16 Nur dass ihr Bescheid wisst: Das wird das letzte Mal sein, dass ich mit euch hier auf der Erde dieses Fest feiern kann. Beim nächsten Mal wird es dann in einer anderen Dimension passieren. Dann wird das, was wir bei dieser Feier symbolisch durchführen, für alle Realität werden." 17 Dann nahm Jesus ein Weinglas, bedankte sich kurz bei Gott dafür und sagte: „Da soll jetzt jeder einmal draus trinken! 18 Ich für meinen Teil werde ab jetzt keinen Wein mehr trinken, bis das neue Land, in dem Gott das Sagen hat, wirklich da ist." 19 Anschließend nahm Jesus etwas von dem Brot, redete wieder kurz mit Gott und dankte ihm dafür. Dann zerteilte er es in kleine Stücke und gab es an seine Schüler weiter: „Das ist jetzt mein Körper. Der wird für euch weggegeben. Feiert dieses Essen ab jetzt immer wieder und denkt dabei an mich und an das, was ich für euch getan habe." 20 Als alle mit dem Essen fertig waren, nahm er noch mal ein Glas Wein und gab es auch an seine Schüler weiter. Dazu sagte er: „Dieser Wein ist jetzt wie mein Blut, mit dem der neue Vertrag unterschrieben wird. Dieses Blut wird für euch fließen."

Der Verräter ist da

21 „Leute, hier am Tisch sitzt auch ein Mann, der mich verraten wird. 22 Aber Gott will das so, der Auserwählte Gottes muss sterben! Trotzdem wird der Typ, der ihn verrät, eine üble Rechnung bekommen." 23 Jetzt ging natürlich sofort das wilde Spekulieren rum, wer so was denn eigentlich tun könnte.

Wer bei Jesus weit vorne ist

24 Und dann kamen sie plötzlich auch noch auf das Thema, wer von ihnen der Beste und Größte sei. 25 Jesus sagte dazu: „In dieser Welt werden die Menschen von Herrschaftssystemen unterdrückt. Und selbst ein fieser Diktator kriegt für sein soziales Engagement noch einen Preis. 26 Bei euch soll das anders laufen. Wer der Größte ist, soll wie der Kleinste sein und wer ganz vorne ist, soll sich erst mal ganz hinten anstellen. 27 Normalerweise sitzt der Chef am oberen Tischende und seine Lehrlinge und Angestellten bedienen ihn. Hier soll es aber umgekehrt laufen! Ich bin bei euch und bediene euch auch. 28 Ihr seid mir treu gewesen in der Zeit, als ich verfolgt wurde und in Gefahr war. Da wart ihr bei mir. 29 Darum vererbe ich euch das Recht, in diesem neuen Land bestimmen zu können. 30 Ihr könnt mit mir am selben Tisch essen und die gleichen Sachen trinken. Ihr werdet sogar mit mir Urteile fällen über die zwölf Volksstämme der Israelis."

Simon Petrus bekommt einen Auftrag

31 „Simon! Ja, genau du! Der Satan war hinter euch her, er wollte euch testen, um das Gute vom Schlechten zu trennen. 32 Aber ich hab schon für dich gebetet, dass dein Vertrauen nicht aufhört. Wenn du später wieder zu mir zurückkommst, dann baue die anderen Jungs, deine Brüder, auf, ja?" 33 Petrus sagte sofort: „Mann, Jesus, ich bin bereit, für dich in den Knast zu wandern, ich würde sogar für dich sterben!" 34 Aber Jesus meinte nur: „Petrus, ich versprech dir, noch vor zwei Uhr morgens wirst du dreimal so tun, als hättest du noch nicht mal eine Ahnung, wer ich überhaupt bin." 35 Und dann sagte er zu allen: „Erinnert ihr euch, als ich euch losgeschickt habe, um die gute Nachricht allen Leuten weiterzuerzählen? Da solltet ihr euch ja nichts mitnehmen, keinen Rucksack oder Kleidung

und so. Habt ihr in der Zeit irgendetwas vermisst?"
Die Jungs antworteten: „Nein, haben wir nicht!"
36 „Okay, aber wenn ihr jetzt losgeht, vergesst nicht,
Geld einzustecken und nehmt einen Rucksack mit.
Wer keine Waffe hat, sollte ein paar seiner Sachen
verkaufen und sich von dem Geld eine Knarre
besorgen. 37 Denn jetzt geht los. Was in den alten
Schriften steht, das passiert jetzt: ‚Er wurde zu
einem Terroristen erklärt.' Alles, was die Propheten
über mich gesagt haben, wird jetzt passieren."
38 „Meister, wir haben aber nur zwei lange Messer
dabei!", antworteten seine Schüler. „Genug jetzt,
ihr checkt es nicht", sagte Jesus.

Im Park Gethsemane

39 Jesus und seine Schüler verließen den Raum. Wie
so oft, gingen sie auch heute zum Ölberg. 40 Als sie
da waren, sagte Jesus zu ihnen: „Ihr müsst jetzt
beten, dass ihr es schafft durchzuhalten, damit ihr
nicht verführt werdet." 41 Gleich um die Ecke kniete
sich Jesus hin und betete: 42 „Lieber Papa, wenn es
für dich okay ist, dann organisier es, dass ich das
nicht durchmachen muss, was mich jetzt erwartet.
Aber ich will das tun, was du möchtest, nicht das,
was ich will." 43 Plötzlich kam ein Engel vorbei und
stärkte ihn. 44 Jesus hatte sehr viel Angst. Er betete
so intensiv, dass sein Schweiß wie Blut aus einer
Wunde floss und auf die Erde tropfte. 45 Jesus sah
nach seinen Schülern und musste feststellen, dass
sie völlig depri und eingepennt waren. 46 „Warum
schlaft ihr jetzt?", rief er ihnen zu, „kommt hoch
und betet mit mir, damit ihr stärker seid als die Ver-
suchung!"

Jesus wird verhaftet

47 Er war noch nicht am Ende, da hörte man eine
Truppe von Männern näher kommen. Vorneweg
ging Judas, einer von den zwölf Schülern von Jesus.
Er ging auf Jesus zu und begrüßte ihn mit einem
Kuss auf die Wange. 48 Jesus sagte zu ihm: „Was,
Judas, du verrätst den Auserwählten mit einem
Kuss?" 49 Jetzt hatten die andern Schüler auch
begriffen, was hier gerade abging. „Sollen wir kämp-
fen?", riefen sie ihm zu. 50 Einer von den Schülern
zog sein langes Messer und griff damit einen der
bezahlten Wachleute der Oberpriester an. Im Kampf
haute er ihm gleich das rechte Ohr ab. 51 Aber Jesus
hielt ihn zurück. „Genug Widerstand geleistet!",
sagte er. Dann ging er zu dem verletzten Wachmann
hin, berührte sein Ohr, und es war sofort geheilt!
52 Danach sagte Jesus zu den obersten Priestern,
dem Befehlshaber der Wachleute und den Gruppen-
anführern: „Bin ich ein Top-Terrorist? Warum müsst
ihr hier gleich schwer bewaffnet anrücken, um mich
festzunehmen? 53 Warum habt ihr nicht die Chance
genutzt, als ich noch jeden Tag im Tempel war? Nun
ja, jetzt ist wohl gerade eure Zeit, heute hat die
Dunkelheit die Macht."

Petrus tut so, als würde er Jesus nicht kennen

54 Sie verhafteten Jesus und brachten ihn in das
Haus vom Oberpriester. Petrus folgte der Men-
schengruppe in sicherem Abstand. 55 Als die Wach-
leute eine Feuertonne im Hof angesteckt hatten,
stellte sich Petrus zu ihnen. 56 Eine Hausangestellte
erkannte im Feuerschein sein Gesicht: „Du gehörst
doch auch zu diesem Jesus!", sagte sie. 57 Petrus
stritt das sofort ab: „Mann, Alte, ich kenne diesen
Typen überhaupt nicht!" 58 Kurze Zeit später sah ihn
ein anderer Mann an und sagte: „Sie gehören doch
auch zu dem da, oder?" – „Nein, verdammt, Sie
verwechseln mich!" 59 Ungefähr eine Stunde später
war sich ein Typ ganz sicher: „Hundertpro! Der
gehörte doch zu seinen Schülern, der kommt auch
aus Galiläa, so, wie der redet!" 60 Petrus tat aber
ganz entrüstet: „Wovon reden Sie eigentlich?" Und
in dieser Sekunde schlug die Uhr zweimal. 61 Jesus
sah sich nach Petrus um. Und da erinnerte der sich,
dass Jesus ihm die Ansage gemacht hatte: „Bevor
es zwei Uhr wird, hast du mich dreimal verraten."
62 Und Petrus ging raus und fing voll an zu weinen.

Die Soldaten schlagen Jesus

63 Die Soldaten, die Jesus bewachen sollten, ver-
arschten ihn und prügelten auf ihn ein. 64 Sie ver-
banden ihm die Augen, schlugen Jesus mit einem
Stock und wollten dann wissen: „Na, wer war das
jetzt?" 65 Auf diese Art folterten sie ihn eine ganze
Zeit. 66 Gegen sechs Uhr morgens kamen die
Führungsriege des Volkes und die Oberpriester
sowie die Theologen zu einer außerordentlichen
Gerichtsverhandlung zusammen. 67 Jesus wurde
befragt: „Sagen Sie uns, sind Sie der Auserwählte,
dieser Christus?" Aber Jesus konterte nur: „Selbst
wenn ich es euch sagen würde, glauben würdet
ihr mir eh nicht. 68 Und wenn ich euch was fragen
würde, bekäme ich auch keine Antwort. 69 Aber
bald werde ich, der Auserwählte, gleich neben Gott
sitzen." 70 Da rasteten alle total aus: „Sie behaup-
ten also, der Sohn von Gott zu sein?" Jesus ant-
wortete: „Genau! Ihr habt es ja selber gerade
gesagt!" 71 „Warum noch eine Zeugenbefragung?

Jetzt hat er es ja selber gesagt!", brüllten sie durcheinander.

23

Die Gerichtsverhandlung vor Pilatus und Herodes

1 Die gesamten Mitglieder des Gerichtshofes führten Jesus ab, um ihn vor den römischen Gouverneur Pilatus zu bringen. 2 Dort erstatteten sie Anzeige gegen ihn: „Dieser Mann versucht gerade, eine Revolution anzuzetteln. Er erzählt den Menschen, dass sie der Regierung in Rom keine Steuern zahlen sollen. Und außerdem sagt er, er wäre der neue Präsident, der Auserwählte, der Christus, den Gott eingesetzt hat." 3 „Entsprechen diese Aussagen der Wahrheit?", fragte Pilatus den Angeklagten. „Sind Sie wirklich der neue Präsident der Juden?" – „Genau so ist das, du hast es kapiert!" antwortete Jesus. 4 Pilatus sagte zu den Oberpriestern und zu den Zuschauern: „Also, ich kann nicht sehen, dass der Mann irgend ein Verbrechen begannen hat. In meinen Augen ist er unschuldig!" 5 Die waren damit aber gar nicht einverstanden: „Überall, wo der ist, gibt es Ärger, in ganz Judäa. In Galiläa hat er damit angefangen, und er ist sogar bis nach Jerusalem gekommen, um die Leute aufzuhetzen!" 6 „Dieser Mann kommt also aus Galiläa?", wollte Pilatus wissen. 7 Als das bestätigt wurde, orderte Pilatus sofort eine Verlegung der Verhandlung zum Präsidenten Herodes Antipas. Galiläa unterstand nämlich seiner Rechtsprechung. Herodes war über die Feiertage gerade in Jerusalem. 8 Der freute sich übelst, Jesus endlich mal persönlich kennenzulernen. Er hatte schon viel über ihn gehört und wollte schon immer mal ein paar Wunder von ihm sehen. 9 Er befragte Jesus einige Zeit, aber der gab einfach keinen Mucks von sich. 10 Schließlich standen die Oberpriester und die Theologen auf und beschuldigten ihn volle Breitseite. 11 Jetzt fingen auch Herodes und seine Soldaten damit an, sich über Jesus lustig zu machen. Dann zogen sie Jesus weiße Klamotten über und schickten ihn wieder zu Pilatus rein. 12 Herodes und Pilatus konnten sich bis zu dem Tag auf den Tod nicht leiden, aber ab dann waren sie plötzlich die dicksten Freunde.

Ein getürktes Urteil: Todesstrafe!

13 Pilatus rief alle in den Raum rein und hielt eine kleine Ansprache vor den Oberpriestern, den Theologen und dem Teil Bevölkerung, der gerade dort war: 14 „Ihr habt diesen Mann zu mir gebracht und beschuldigt ihn, eine Revolution anzuzetteln. Nach meiner gründlichen Befragung, die ja alle Anwesenden auch bezeugen können, kann ich keinen berechtigten Anklagepunkt finden. 15 Herodes, der zum gleichen Ergebnis gekommen ist wie ich, hat ihn zu uns zurückbringen lassen. Im Sinne der Anklage ist er freizusprechen, er hat nichts getan, was nach dem Gesetz die Todesstrafe rechtfertigen würde. 16 Darum hab ich folgendes Urteil beschlossen: Erst kriegt er die üblichen 39 Schläge mit der Nagelpeitsche, dann kann er wieder abhauen." 17 Nun war es so vorgeschrieben, an jedem Passa-Feiertag einen Gefangenen zu entlassen. 18 Aber die Menge tobte, als das Thema angeschnitten wurde. Sie schrien alle wie verrückt: „Tod für Jesus, Barabbas frei! Tod für Jesus, Barabbas frei!" 19 Barabbas war ein Terrorist, der bei einem Anschlag in Jerusalem maßgeblich beteiligt gewesen sein sollte. Außerdem saß er auch noch wegen einer Mordanklage im Knast. 20 Pilatus wollte eigentlich lieber Jesus freilassen und versuchte vergeblich, die Menge umzustimmen. 21 Die waren aber nicht davon abzubringen, sie brüllten: „Todesstrafe, Todesstrafe, ans Kreuz mit ihm, ans Kreuz!" 22 Pilatus unternahm einen dritten Versuch: „Warum denn? Was hat er denn Schlimmes verbrochen? Ich habe keinen wirklichen Anklagepunkt gegen ihn, der ein Todesurteil rechtfertigen würde!" 23 Aber die Leute waren jetzt in Stimmung, sie verlangten noch lauter, dass Jesus hingerichtet werden sollte. Sie schrien so laut, dass Pilatus sein eigenes Wort nicht mehr verstehen konnte. 24 Also gab Pilatus klein bei und nahm den Weg des geringsten Widerstandes. 25 Er ließ wunschgemäß den Typen, der wegen Mord und Terrorismus einsaß, laufen und Jesus wurde verurteilt, so wie es die Schreihälse wollten.

Auf dem Weg zur Hinrichtung

26 Als Jesus abgeführt wurde, kam gerade zufällig ein Mann vorbei, der Simon hieß und aus Kyrene stammte. Er war gerade auf dem Weg von seiner Arbeit nach Hause. Sie zwangen ihn, hinter Jesus herzugehen und das Kreuz zu tragen. 27 Sehr viele Leute folgten dem Zug, darunter auch viele Frauen, die laut weinten. 28 Jesus drehte sich um und rief ihnen zu: „Ihr müsst nicht um mich weinen! Ja, ich meine euch Frauen aus Jerusalem! Weint lieber um euch selbst und um eure Kinder! 29 Es wird mal eine Zeit geben, da wird man der Meinung sein, dass die Frauen, die keine Kinder haben, die noch nie eine anstrengende Geburt hatten und die noch nie ein

Baby stillen mussten, gut dran sind. 30 Den Men-
schen wird es so dreckig gehen, dass sie sich dar-
über freuen würden, bei einer Naturkatastrophe
umzukommen, sie würden am liebsten irgendwie
tot sein. 31 Wenn schon die Menschen, die nichts
verbrochen haben, so leiden müssen, was haben
dann erst die Schuldigen zu erwarten?"

Die Hinrichtung

32 Gleichzeitig mit Jesus wurden noch zwei andere
Verbrecher hingerichtet. 33 Der Hinrichtungsort
nannte sich „Totenschädelplatz". Dort nagelte man
Jesus an ein Holzkreuz. Die andern Verbrecher wur-
den links und rechts von ihm gekreuzigt. 34 Jesus
fing dabei an zu beten. Er sagte: „Papa, vergib das
diesen Menschen, sie haben überhaupt keinen Plan,
was sie da tun." Unter dem Kreuz würfelten die Sol-
daten um die Kleidung von ihm. 35 Es waren viele
Schaulustige da, und die Leitungsebene der Israelis
riss die ganze Zeit ein paar dumme Sprüche über
Jesus: „Er hat so vielen Menschen geholfen, wenn
er wirklich dieser Christus ist, dieser Auserwählte,
dann kann er sich jetzt mal selber helfen!" 36 Auch
die Soldaten machten da mit. Erst gaben sie ihm
einen nassen Schwamm zu trinken, der mit einem
essighaltigen Mischgetränk vollgesogen war.
37 Dann riefen sie ihm zu: „Wenn du ein Präsident
bist, der Präsident der Juden, dann kannst du dir ja
auch selber helfen, oder?!" 38 Über seinem Kreuz
hatte man ein Schild aufgehängt: „Dies ist der Prä-
sident der Juden." 39 Einer der anderen Verbrecher,
die neben Jesus hingerichtet wurden, fing auch an,
Jesus zu verarschen: „Hey, du bist der Auserwählte?
Dann mach mal ein paar deiner Zaubertricks und
hol uns hier runter!" 40 Der auf der anderen Seite
stauchte ihn aber zusammen: „Sag mal, blickst du
es noch?! Du hast noch nicht einmal Respekt vor
Gott, wo du kurz davor bist zu sterben! 41 Wir beide
haben diese Strafe verdient, dieser Mann hier hat
aber nichts verbrochen, er ist unschuldig!" 42 Dann
sah er Jesus an und fragte ihn: „Jesus, kannst du
bitte an mich denken, wenn du in deinem Land im
Himmel angekommen bist?" 43 Jesus antwortete
ihm: „Eins kann ich dir sicher versprechen: Du wirst
heute mit mir im Paradies landen!"

Jesus stirbt

44 Inzwischen war es zwölf Uhr mittags. Plötzlich
wurde es in ganz Israel dunkel, und zwar drei Stun-
den lang! 45 Während dieser Sonnenfinsternis zerriss
plötzlich der Vorhang im Tempel in zwei Teile, hinter
dem die oberderbsten, heiligsten Dinge aufbewahrt
wurden. 46 Jesus schrie noch einmal laut auf: „Papa,
ich lege mein Leben in deine Hände!" Dann starb
er. 47 Als der Hauptmann von den römischen Solda-
ten, der den Befehl über diese Hinrichtung bekom-
men hatte, das alles sah, meinte er nur: „Also, ich
bin mir sehr sicher, dieser Mann war wirklich un-
schuldig!" 48 Und die vielen Schaulustigen, die
das alles miterlebt hatten, schämten sich plötzlich
sehr und gingen voll betroffen nach Hause. 49 Die
Freunde von Jesus, inklusive der Frauen, die aus
Galiläa mitgekommen waren, hatten sich das alles
aus der Entfernung angeschaut.

Jesus wird begraben

50 Zu dieser Zeit lebte in der Gegend ein Mann, der
Josef hieß. Josef war sehr korrekt drauf, er war auch
ein Mitglied des hohen Rates, 51 hatte aber dagegen
gestimmt, als es um die Verurteilung von Jesus
gegangen ist. Er kam aus der Stadt Arimathäa in
Judäa, und er lebte auch in der Erwartung, dass bald
eine neue Zeit beginnen würde. 52 Dieser Josef ging
zu Pilatus und stellte bei ihm einen schriftlichen
Antrag auf „Überführung der Leiche zwecks Bestat-
tung". 53 Dem Antrag wurde stattgegeben. Josef
nahm Jesus vom Kreuz, wickelte ihn in ein langes
Stück Leinenstoff und legte die Leiche in ein neues
Grab, das man aus einem Felsen rausgehauen
hatte. 54 Das passierte alles am Freitagabend, kurz
vor Beginn des Sabbats, des religiösen Feiertags der
Juden. 55 Mit dabei waren auch noch ein paar von
den Frauen, die aus Galiläa nach gekommen waren.
Sie haben gesehen, wie die Leiche von Jesus in das
Grab gelegt wurde. 56 Danach gingen sie wieder
nach Hause. Der Plan war, die Leiche von Jesus
noch mit Öl und Kräutern einzuschmieren. Dies war
so ein Ritual, was man normal eigentlich nur mit
ganz besonderen Menschen machte. Aber als sie
die Sachen fertig vorbereitet hatten, hatte der Sab-
bat schon begonnen und damit war jegliche Arbeit
verboten.

24

Das Grab ist leer

1 Am Sonntag, als der religiöse Feiertag
Sabbat vorbei war, gingen die Frauen ganz
früh mit dem ganzen Zeug für die Einbalsamierung
wieder zum Grab. 2 Als Erstes sahen sie, dass der
Stein, der vor dem Grab lag, weggerollt war. 3 Vor-
sichtig gingen sie in die Grabkammer und bemerk-
ten sofort: Sie war leer! 4 Verwirrt redeten sie dar-

über, was man jetzt tun sollte, als plötzlich zwei Männer in krass strahlend weißen Mänteln vor ihnen standen. 5 Panisch sahen sie auf den Boden, weil sie sich nicht trauten, diesen besonderen Männern in die Augen zu sehen. Einer von denen fragte sie: „Was macht ihr hier? Warum sucht ihr jemanden, der lebt, an einem Ort, wo nur Tote liegen? 6 Jesus ist nicht hier! Er ist wieder lebendig geworden! Schon vergessen, was er euch in Galiläa gesagt hat? 7 Er meinte doch: ‚Der Auserwählte muss an Leute ausgeliefert werden, die Gott dissen. Sie werden ihn töten, aber nach drei Tagen feiert er sein Comeback, er wird von den Toten auferstehen.'" 8 Jetzt kam's den Frauen wieder. 9 Sie rannten, so schnell es ging, zurück in die Stadt, um den elf Schülern von Jesus und den anderen Freunden zu erzählen, was sie gerade erlebt hatten. 10 Zu den Frauen, die dabei waren, gehörten Maria Magdalena, Johanna und Maria, die Mutter von Jakobus. 11 Den Schülern kam die ganze Geschichte aber echt strange vor. Sie konnten das einfach nicht glauben. 12 Nur Petrus ging aus dem Haus, um das Grab zu untersuchen. Er beugte sich rein und konnte auch nichts weiter als die leeren Tücher da rumliegen sehen, in denen die Leiche eingewickelt gewesen war.

Jesus trifft seine Schüler

13 Zwei von seinen Schülern waren an dem Tag auf dem Weg nach Emmaus, das etwa zehn Kilometer von Jerusalem entfernt liegt. 14 Auf dem Weg sprachen sie die ganze Zeit über das, was in den letzten Tagen passiert war. 15 Mitten im Gespräch war Jesus plötzlich auch bei ihnen und ging neben ihnen her. 16 Sie waren aber so verpeilt, dass sie nicht kapierten, wer das war. 17 „Worum geht es gerade?", fragte sie Jesus. Die beiden blieben voll traurig stehen. 18 Der eine von ihnen (der Kleopas hieß) meinte zu ihm: „Mann, Sie sind wohl der einzige Mensch in Jerusalem, der die neusten Nachrichten noch nicht gehört hat?!" 19 „Was für Nachrichten meint ihr denn?" – „Das, was mit Jesus passiert ist, dem Typen aus Nazareth! Er war voll der Prophet, er kam direkt von Gott, er hat irre Wunder getan und heftige Worte zu uns gesprochen. 20 Aber die Chefetage, die obersten Priester und die anderen Leiter haben ihn an die Römer ausgeliefert. Er wurde zum Tod verurteilt und man hat ihn an einem Kreuz hingerichtet. 21 Dabei hatten wir so sehr gehofft, dass er der Auserwählte sei, der Christus, der Israel in die Freiheit führt. Das alles ist vor drei Tagen abgegangen. 22 Heute Morgen waren zwei Frauen von unserer Gruppe bei seinem Grab. Schon vor dem Sonnenaufgang waren sie da, aber sie konnten ihn nicht mehr finden. 23 Stattdessen trafen sie dort zwei seltsame Männer, vielleicht Engel, und die erzählten, dass Jesus lebe! 24 Ein paar von uns haben das gleich abgecheckt. Sie sind dort hingelaufen, konnten aber auch keine Leiche mehr finden. Es war genau so, wie die Frauen es erzählt hatten." 25 Jesus war etwas fassungslos: „Mann, warum kriegt ihr das nicht gebacken? Warum ist das so schwer vorstellbar, was die Propheten in den alten Schriften vorhergesagt haben? 26 Haben sie nicht die Ansage an alle gemacht, dass der Auserwählte durch diesen ganzen Dreck durchmuss, damit Gott ihn auch zum Meister über alles, was es gibt, machen kann?"
27 Und dann erklärte Jesus den beiden die ganze Geschichte, was in den heiligen Schriften über ihn gesagt wurde, von den Büchern von Mose bis zu den Prophetenbüchern. 28 Als sie kurz vor Emmaus waren, tat Jesus so, als wollte er sich von den beiden verabschieden. 29 Die beiden fragten ihn aber: „Wollen Sie nicht noch hier übernachten? Es wird ja schon dunkel draußen!" Also blieb er noch eine Weile bei ihnen. 30 Als sie sich dann zum Essen hinsetzten, nahm Jesus etwas von dem Brot, betete darüber, zerteilte es und gab die Stücke an die anderen weiter. 31 Und ganz plötzlich erkannten sie, dass es Jesus war. Aber in der Sekunde löste er sich in Luft auf und verschwand! 32 Plötzlich war alles ganz klar. „In uns drin haben wir doch voll gespürt, dass es Jesus war, der da mit uns geredet hat, oder? Als er uns aus den alten Schriften zitiert hat, da wurde mir ganz anders!" 33 Sofort machten sich die beiden auf den Weg nach Jerusalem, obwohl es schon richtig dunkel geworden war. Als sie bei den elf Schülern ankamen, die sich gerade alle dort trafen, 34 kam schon gleich die Nachricht an: „Jesus ist wirklich zurückgekommen! Petrus hat ihn getroffen!" 35 Jetzt erzählten die beiden ihre Story, dass sie Jesus auf dem Weg nach Emmaus gesehen hatten und dass sie das erst gepeilt hatten, als er an sie das Brot weitergab.

Jesus kommt und erklärt alles

36 Mitten im Gespräch stand Jesus plötzlich bei ihnen: „Hallo, Leute, alles klar bei euch? Lasst es euch gutgehen!" 37 Alle hatten erst mal totale Paranoia, denn sie dachten, es sei ein Geist oder so was, der da mit ihnen redete. 38 Aber Jesus sagte: „Keine Angst, Leute! Ich bin es nur! Fällt euch das

so schwer zu glauben? Ist das zu strange für euch?
39 Hier, seht euch mal meine Hände an! Oder
untersucht meine Füße, wenn ihr wollt! Ich bin es
wirklich! Einen Geist kann man nicht anfassen, der
hat keinen echten Körper!“ 40 Dann hielt er ihnen
seine Hände und Füße als Beweis hin. 41 Die konn-
ten es aber immer noch nicht fassen, es war so
eine Mischung aus Angst und Freude. Schließlich
fragte er sie: „Habt ihr mal was zu essen da?“ 42 Sie
gaben ihm ein Stück gegrillten Fisch, 43 in den er
dann vor ihren Augen erst mal richtig reinbiss.
44 Danach sagte er: „Ich hab euch doch erklärt, was
Mose und die Propheten über mich geschrieben
haben und was in den Psalmen über mich steht,
oder? Dass alles, was man da lesen kann, auch so
passieren muss!“ 45 Ausführlich erklärte er ihnen,
wie die Sachen aus den alten Schriften gemeint
waren. 46 „Da steht doch: Der Auserwählte muss
schlimme Sachen durchmachen, er wird leiden und
sterben, aber nach drei Tagen kommt er zurück!
47 Alle Menschen sollen das jetzt hören: Es ist mög-
lich, seine Schulden bei Gott loszuwerden! Es ist
möglich, wieder zu Gott zu kommen! 48 Ihr könnt
das bezeugen, denn ihr habt es miterlebt! 49 Passt
auf, ich werde euch die Kraft von Gott schicken,
seinen Geist, genau so, wie mein Papa es verspro-
chen hat. Bleibt erst mal hier in der Stadt und
wartet darauf. Ihr werdet mit der Kraft von Gott
abgefüllt werden!“

Jesus geht wieder zu seinem Papa zurück

50 Dann führte Jesus seine Schüler und Freunde an
einen Ort in der Nähe vom Dorf Betanien. Da ange-
kommen, hob er die Hände hoch und betete für sie.
51 Und während er das tat, wurde Jesus langsam vor
ihren Augen in den Himmel gehoben. 52 Sie warfen
sich vor ihm hin, beteten zu ihm und dankten ihm
für alles, was er für sie getan hatte. Danach gingen
sie wieder nach Jerusalem und waren total glücklich.
53 Immer wieder gingen sie in den Tempel, freuten
sich über Gott und dankten ihm für die vielen guten
Sachen, die er tat.

Die Geschichte über Jesus, so wie Johannes sie aufgeschrieben hat

1

Gott redet durch Jesus Christus mit den Menschen

1 Als Erstes war das absolut richtige und total
planvolle Reden da. Es war mit Gott ganz eng ver-
bunden, ja, es war sogar selbst Gott. 2 Von Anfang
an war es bei Gott. 3 Es hat alles gemacht, was es
so gibt. Nichts ist ohne das gemacht worden. 4 Es
ist das Leben in Person. Es hat die Menschen aus
der Dunkelheit rausgerissen und ihnen die Rich-
tung für ihr Leben gezeigt. 5 Dieses Licht, das davon
ausgeht, macht alles Schwarze hell. Die Dunkelheit
hatte keine Chance gegen sein Licht. 6 Gott schickte
einen Mann bei uns vorbei, der hieß Johannes. 7 Er
sollte als Zeuge auftreten, er sollte klarmachen,
dass Jesus das Licht ist, damit alle ihr Vertrauen auf
ihn setzen und ihm glauben. 8 Johannes war selber
nicht das Licht, er sollte das richtige Licht nur an-
sagen. 9 Jesus Christus ist aber dieses besondere
Licht, es soll für alle Menschen leuchten. 10 Obwohl
er die ganze Welt gemacht hatte, hat die Welt ihn
nicht erkannt, sie haben nicht kapiert, wer er wirk-
lich war. 11 Er kam in seine Welt, aber seine Leute
wollten ihn nicht akzeptieren. 12 Aber die Menschen,
die sich auf ihn eingelassen haben, bekamen da-
durch einen Vertrag, der ihnen die Aufnahme in
Gottes Familie garantierte. 13 Den bekamen sie ein-
fach so, ohne dass sie Mitglied irgendeiner beson-
ders heiligen Familie waren oder weil sie ein super-
heiliges Leben geführt hatten, dieses Angebot kam
einfach so von Gott. 14 Das Wort wurde zu einem
Menschen. Der einzige Sohn von Gott ist als ein
normaler Mensch zu uns gekommen. Wir waren
Augenzeugen, dass uns Gott jetzt so nahe gekom-
men war, dass wir ihn anfassen konnten. In Jesus
Christus konnten wir erst begreifen, wie derbe Gott
eigentlich ist, wie sehr der Vater uns liebt und dass
man sich auf ihn hundertpro verlassen kann, dass
er nie lügt. 15 Johannes machte den Ansager, er
sagte allen: „Das ist der Mann, von dem ich euch
immer erzählt habe! Ich meinte doch: ‚Ich bin nur
die Preview für den Hauptfilm; der nach mir da ist,
hat mehr zu sagen als ich! Und obwohl er nach mir
kommt, war er in Wirklichkeit schon lange vor mir
da!'" 16 Er hat uns immer wieder fett beschenkt, und
zwar mit allem, was geht, mit seiner grenzenlosen
Liebe. 17 Die alten Gesetze kamen von Mose. Dass
Gott uns ohne Ende liebt und immer die Wahrheit
sagt, kann man aber daran erkennen, dass Jesus
Christus zu uns gekommen ist. 18 Kein Mensch hat
je einen Blick auf Gott werfen können. Aber Jesus,
sein einziger Sohn, hat sogar schon mal auf seinem
Schoß gesessen, er hat uns gezeigt, wie Gott wirk-
lich drauf ist.

Was Johannes über sich zu sagen hat

19 Ein paar Männer aus Jerusalem, die bei den
Juden was zu sagen hatten, orderten einmal ein
paar Leute, die zu Johannes mit der Anfrage gehen
sollten: „Was sind Sie eigentlich für einer?"
20 Johannes hatte nichts zu verheimlichen: „Ich bin
nicht ‚der Auserwählte', ich bin nicht ‚der Christus',
auf den wir alle warten!" 21 „Und wer sind Sie
dann?", war sofort die nächste Frage. „Sind Sie
etwa der Elia, der alte Prophet, der jetzt von den
Toten zurückgekommen ist?" „Nein!" „Sind Sie
denn vielleicht dieser Prophet, den Mose damals
schon angekündigt hat?" „Nein", antwortete Johan-
nes. 22 „Ja, wer sind Sie dann? Machen Sie mal 'ne
Ansage, damit wir dem Gremium Bericht erstatten
können, was uns geschickt hat!" 23 Johannes ant-
wortete mit einem Zitat von dem Propheten Jesaja:
„Ich bin der Typ, der aus der Wüste die Durchsage
macht: ‚Platz da! Jetzt kommt der Boss!'" 24 Die
Fans, die von den religiösen Strebern geschickt
wurden, wollten es genau wissen: 25 „Also, Sie sind
nicht der Auserwählte, der Christus, Sie sind auch
nicht der Elia oder dieser andere besondere Pro-
phet. Wer hat Ihnen denn überhaupt die Erlaubnis
erteilt, Leute zu taufen?" 26 Johannes antwortete:
„Ich taufe nur mit Wasser. Da gibt es aber jeman-
den, der lebt schon inkognito bei euch, 27 der wird
nach mir kommen. Und gegen den bin ich 'ne Null,
dem kann ich noch nicht mal die Schuhe zubin-
den!" 28 Dieses Gespräch wurde in Betanien ge-
führt, in einem Dorf, das auf der anderen Seite vom
Jordan liegt. Dort hatte Johannes diese Taufe mit
Menschen durchgezogen.

Johannes sagt: Jesus ist alles

29 Am nächsten Tag kam Jesus am Jordan vorbei. Als
Johannes Jesus sah, sagte er laut: „Passt auf, Leute!
Da ist das Lamm, was Gott für uns opfern wird, er
wird den Dreck wegnehmen, der zwischen Gott und
den Menschen steht! 30 Er ist der Typ, den ich mein-
te mit dem Hauptfilm, er ist viel größer als ich. Er
war auch schon lange da, weit bevor ich hier war.
31 Ich kannte ihn nicht persönlich, aber ich sollte die
Israeliten auf ihn vorbereiten. Darum hab' ich mit
Wasser getauft." 32 Und dann meinte Johannes
noch: „Ich hab gesehen, wie die Power von Gott,
sein Geist, wie eine Taube auf ihn runtergesegelt
kam. Und die blieb auch bei ihm! 33 Ich kannte ihn
vorher echt überhaupt nicht, aber Gott, von dem
ich den Auftrag habe, mit Wasser zu taufen, meinte
zu mir: ‚Der Typ, auf den die Power kommt und
auf dem sie auch bleibt, der ist der Typ, den du
suchst! Er wird ab jetzt mit genau dieser Kraft Leute
taufen.' 34 Und, Leute, weil ich genau das gesehen
habe, kann ich euch nur das eine sagen: Dieser
Mann ist der Sohn von Gott!"

Die ersten Freunde von Jesus sammeln sich

35 Am nächsten Morgen war Johannes wieder mit
zwei von seinen Leuten an genau dieser Stelle.
Irgendwann kam Jesus dort vorbei, 36 und da meinte
Johannes: „Passt auf, da ist das Lamm*, was
von Gott kommt!" 37 Als die beiden das hörten, gin-
gen sie sofort mit Jesus weiter. 38 Jesus drehte sich
um und fragte sie: „Was wollt ihr von mir?" „Gro-
ßer Meister, wir wollen wissen, wo Sie wohnen."
39 „Kommt mal mit, dann werdet ihr es ja sehen!"
Das war gegen vier Uhr nachmittags, als sie dieses
Treffen mit Jesus hatten. Und dann hingen sie den
ganzen Abend zusammen. 40 Einer von den beiden
hieß Andreas. Er war der Bruder von Simon Petrus
und war jetzt bei Jesus, weil Johannes ihm das emp-
fohlen hatte. 41 Er rannte sofort zu seinem Bruder
Simon und erzählte ihm die ganze Geschichte. „Wir
haben den Auserwählten, den Christus, gefunden!"
42 Andreas nahm Simon mit zu Jesus. Als Jesus ihn
kommen sah, meinte er: „Du bist Simon, einer der
Söhne vom Johannes. Ab jetzt sollen dich alle bei
uns Kephas oder auch Petrus nennen. Beides heißt
übersetzt ‚der Felsen'." 43 Am nächsten Tag traf
Jesus auf dem Weg nach Galiläa Philippus. Auch
den quatschte er an und meinte zu ihm: „Komm
mal mit!" 44 Philippus kam genauso wie Andreas
und Petrus aus der Gegend Betsaida. 45 Philippus
meinte dann mal zum Nathanael: „Hey, Nathanael,
stell dir vor, wir haben den Typen gefunden, über
den schon Mose und die Propheten in den alten
Büchern eine Ansage gemacht haben! Er heißt Jesus
und kommt aus der Familie vom Josef aus Naza-
reth!" 46 „Was, aus Nazareth? Da kommt doch eh
nur Schrott her!", meinte Nathanael. „Nun komm
schon", rief Philippus, „du musst ihn einfach mal
kennenlernen!" 47 Als sie dann bei Jesus ankamen,
meinte der sofort zu ihm: „Ach, da kommt ja ein
echter Israeli aus der alten Schule, auf dessen Wort
man sich hundertpro verlassen kann!" 48 „Woher
kennen Sie mich?", wollte Nathanael wissen. „Ich
hab gesehen, wie du unter einem Apfelbaum geses-
sen hast! Kurz bevor Philippus dich gerufen hat",
antwortete Jesus. 49 Nathanael war ganz platt.
„Meister, Sie sind wirklich der Sohn von Gott! Sie
sind der Chef von ganz Israel!" 50 Jesus meinte dazu
nur: „Wie jetzt? Sagst du das nur, weil ich das mit
dem Apfelbaum gesagt habe? Du wirst noch sehr
viel heftigere Sachen erleben als das!" 51 Und dann
sagte er: „Leute, eins kann ich euch versprechen: Ihr
werdet sehen, wie sich der Himmel öffnen wird, und
ihr werdet Engel dabei beobachten, die wie im Fahr-
stuhl zwischen mir und Gott hin- und herfahren!"

2

Auf einer Hochzeitsparty

1 Am übernächsten Tag sollte die übelste Hoch-
zeitsparty in dem Dorf Kana in Galiläa gefeiert
werden. Unter den Gästen war die Mutter von Je-
sus, 2 und auch Jesus war mit seinen Freunden
gekommen. 3 Mitten in der Party stellte sich heraus,
dass zu wenig Wein bestellt worden war. Die Mutter
ging dann zu Jesus und sagte: „Ach, Jesus, übri-
gens, der Wein ist gleich alle!" 4 Jesus war sichtlich
genervt. „Was soll das? Die Zeit, wo ich solche
Sachen bringen soll, ist noch nicht da!" 5 Sie blieb
aber dabei und sagte sogar zu den Servicekräften:
„Egal, was er euch sagt, tut es einfach!" 6 Im Haus
waren sechs riesige Fässer, die man für irgendwel-
che religiösen Waschrituale brauchte. In jedes Teil
passten ungefähr hundert Liter rein. 7 Jesus sagte zu
den Servicekräften. „Füllt die Teile mal randvoll mit
Wasser!" 8 Nachdem sie das getan hatten, sagte er:
„Und jetzt lasst dem Küchenchef mal 'ne Kostpro-
be rüberwachsen!" 9 Der Küchenchef trank einen
Schluck von dem Wasser, das jetzt Wein geworden

* Lamm Gottes. Lämmer wurden damals in einem Ritual Gott übergeben und geschlachtet, sozusagen als Bezahlung und Wiedergutmachung für den Mist, den man getan hatte.

war. Er hatte aber keine Ahnung, woher der Wein
kam, nur die Servicekräfte wussten das. Er traf sich
sofort leicht genervt mit dem Bräutigam und sagte
zu ihm: 10 „Also Entschuldigung, aber jeder normale
Gastgeber bietet doch seinen Gästen zuerst den
guten Tropfen an! Und erst später, wenn alle schon
total breit sind, dann kommt der billige Fusel. Aber
Sie haben ja den besten Wein bis zum Schluss auf-
gehoben!“ 11 Diese irre Geschichte passierte in Kana
in Galiläa. Das war das erste Mal, dass Jesus durch
so ein Wunder zeigte, dass er wirklich von Gott
geschickt worden war. Und seine Freunde glaubten
ihm das. 12 Nach der Hochzeit ging er dann runter
nach Kapernaum. Mit dabei waren seine Mutter,
seine Brüder und seine Freunde. Aber dort hielt er
sich nicht lange auf.

Jesus macht Stunk im Tempel der Juden

13 Kurz bevor das große Passafest in Jerusalem
abging, reiste Jesus auch dorthin. 14 Im Innenbe-
reich vom Tempel beobachtete er die Stände, wo
irgendwelche Händler Rinder und Schafe sowie Tau-
ben verkauften. Auch Geldwechsler trieben sich da
rum. 15 Jesus rastete plötzlich total aus. Er bastelte
sich aus Stricken eine Peitsche und ging damit auf
die Leute los. Alle wurden von ihm aus dem Tempel
rausgeschmissen, inklusive der Rinder und Schafe.
Er pogte gegen die Tische der Geldwechsler und
feuerte die Kohle auf den Fußboden. 16 Anschlie-
ßend ging er zu den Typen, die mit Tauben handel-
ten, und sagte total scharf zu ihnen: „Raus mit dem
ganzen Dreck, sofort! Dieses Haus gehört meinem
Vater, hier hat euer Gedeale nichts verloren, macht
diesen Ort nicht zu einem Einkaufszentrum!“
17 Seine Freunde mussten daran denken, was schon
in den alten Schriften stand: „Die Leidenschaft für
deine Hütte brennt in mir!“

Wer hat Jesus diese Vollmacht ausgestellt?

18 „Wie können Sie sich dieses Recht rausnehmen,
so was hier zu bringen?“, fragten ihn die Juden.
„Wenn Sie dafür eine Vollmacht von Gott ausge-
stellt bekommen haben, dann wollen wir die auch
sehen! Ein Beweis dafür wäre für uns, wenn Sie
zum Beispiel jetzt mal ein Wunder tun würden!“
19 „Okay“, meinte Jesus nur. „Sprengt diesen Tem-
pel, und ich werde ihn in drei Tagen wieder aufge-
baut haben!“ 20 „Was? Es hat sechsundvierzig Jahre
gedauert, das Teil überhaupt aufzubauen! Wie wol-
len Sie das denn bitte in drei Tagen hinkriegen?“
21 Jesus meinte mit dem Tempel aber seinen Körper.
22 Viel später, als er tot war und dann wieder leben-
dig geworden ist, erinnerten sich seine Freunde
daran. Noch ein Grund, warum sie auf Jesus gesetzt
haben und dem, was er gesagt hatte, glaubten. Es
bestätigte auch das, was schon in den alten Schrif-
ten gestanden hat. 23 Durch die krassen Wunder, die
Jesus bei dem Passafest in Jerusalem getan hatte,
fingen viele Leute an, ihr Vertrauen auf ihn zu set-
zen. 24 Jesus erzählte ihnen aber nicht alles, weil er
die Menschen sehr gut kannte. 25 Niemand brauchte
ihm was über die Menschen beibringen. Er wusste
immer Bescheid, wie ein Mensch innerlich so drauf
war.

3

Wie kriegt man ein Ticket für das Land, wo Gott das Sagen hat?

1 Einmal kam einer von den religiösen Strebern,
ein Pharisäer, im Dunkeln zu Jesus. 2 Nikodemus, so
hieß er, gehörte zu den Juden, die in Israel was zu
sagen hatten. „Meister, ich hab eine Frage an Sie.
Wir haben das alles so weit kapiert, dass Sie direkt
von Gott kommen, um uns Dinge beizubringen. Die
Wunder, die Sie tun, sind eindeutig ein Beweis, dass
Gott auf Ihrer Seite steht!“ 3 „Ich sag Ihnen jetzt mal
was“, meinte Jesus, „wenn jemand nicht noch mal
ganz neu geboren wird, bekommt er kein Ticket für
das neue Reich, in dem Gott das Sagen hat.“ 4 „Hä?
Wie geht das denn? Ein Erwachsener kann doch
nicht ein zweites Mal in den Bauch seiner Mutter
zurückgehen, das ist doch wohl logisch!“, fragte
Nikodemus leicht verwirrt nach. 5 „Ich sag es noch
mal anders: Niemand hat eine Chance auf ein Ticket
für das Land, wo Gott das Sagen hat, es sei denn, er
hat sein altes Leben komplett im Wasser der Taufe
hinter sich gelassen und durch den Geist von Gott
einen echten Neustart hingelegt. 6 Wenn Menschen
ein neues Leben machen, dann wird daraus ein
menschliches Baby. Wenn Gott durch seine Power
ein neues Leben macht, dann ist das eine völlig an-
dere Art von Leben, es ist ein Leben aus seiner Kraft.
7 Sie brauchen sich also nicht wundern über meinen
Spruch, dass alle noch mal neu geboren werden
müssen. 8 Ein guter Vergleich dafür ist der Wind.
Man kann ihn hören, aber wo er genau herkommt
oder wo er gleich hinweht, kann man nicht sagen.
Genauso kann auch keiner sagen, wie das abgeht
mit dieser neuen geistlichen Geburt. Aber man kann
sie trotzdem am eigenen Leben erfahren.“ 9 „Aber
wie soll das genau funktionieren?“, wollte Nikode-

mus wissen. 10 „Mann, Sie sind ein angesagter religiöser Profi mit einem guten Ruf in Israel, Sie müssten das echt wissen! 11 Eins ist garantiert: Ich erzähle euch Sachen, die ich hundertprozentig sicher weiß, ich bezeuge euch Dinge, die ich wirklich gesehen habe, und trotzdem glaubt ihr mir nicht. 12 Wenn ihr schon die Sachen nicht schnallt, die hier auf der Erde abgehen, wie wird das dann erst, wenn ich euch von übernatürlichen Sachen erzählen soll? 13 In den übernatürlichen Dingen, die in Gottes Dimensionen abgehen, kennt sich nur einer wirklich aus, und das ist der Auserwählte, der Menschensohn. Der kommt nämlich von da her. 14 Sie wissen doch bestimmt, dass Mose in der Wüste einen Stab mit einer Schlangenfigur hochgehalten hat? Jeder, der seine Augen darauf gerichtet hat, überlebte! Genauso werden die Leute auch zum Auserwählten Gottes hochblicken. 15 Jeder, der dort auf ihn sieht und sein Vertrauen ganz auf ihn setzt, wird für immer leben können. 16 Gott liebte die Menschen ohne Ende, dass er sogar bereit war, seinen einzigen Sohn für sie wegzugeben, damit sie nicht vor die Hunde gehen. Jeder, der ihm vertraut, hat es geschafft: er bekommt ein neues Leben bei meinem Papa, das er nie wieder abgeben muss. 17 Gott hat seinen Sohn nicht in die Welt beordert, um alle erst mal fertigzumachen und zu verurteilen. Nein, er will sie alle durch ihn aus ihrem Dreck rausretten! 18 Wer sein Vertrauen auf ihn setzt, muss keinen Schiss mehr vor einem Urteil bei der letzten Gerichtsverhandlung haben. Wer ihm, dem einzigartigen Sohn von Gott, aber nicht glaubt, der ist dadurch schon jetzt zur Höchststrafe verurteilt worden. 19 Und zwar wird das mit diesem Gericht so abgehen: Ein Licht ist auf diese Welt gekommen. Die Leute in der Welt hatten aber Lust auf das Dunkle, sie wollten kein Licht in ihrem Leben. Sie wollten nicht, dass jemand den ganzen Mist, den sie täglich bauen, auch noch sehen könnte. 20 Jeder, der ein schlechtes Gewissen hat, hasst das Licht, da würde er nie freiwillig hingehen. Er will ja nicht, dass jeder seinen Dreck, den er tut, auch noch sehen kann! 21 Wer aber das tut, was Gott will, hat keine Panik vor dem Licht, er muss sich ja nicht schämen. Alles, was er getan hat, war für Gott super."

Johannes' Zeit ist abgelaufen

22 Danach stattete Jesus mit seinen Freunden noch der Provinz Judäa einen Besuch ab. Dort blieb er eine Weile mit seinen Leuten und machte auch noch ein paar Taufsessions. 23 Johannes war in der Zeit in Änon, das liegt in der Nähe von Salim. Da war der Fluss nämlich tief genug zum Taufen. Sehr viele Leute kamen zu Johannes, um sich von ihm taufen zu lassen. 24 Johannes war zu diesem Zeitpunkt nämlich noch nicht im Knast. 25 Irgendwann kam mal voll die Diskussion auf zwischen den Freunden von Johannes und einigen Juden. Es ging dabei um die religiösen Reinigungsvorschriften. 26 Schließlich kamen sie alle mal bei Johannes an und erzählten ihm: „Chef, der Mann, der damals am Jordan-Fluss bei dir angekommen ist, dieser Mensch, den du als den Hauptfilm bezeichnet hast, der tauft jetzt auch. Die laufen jetzt alle bei ihm auf, wir sind anscheinend out!" 27 „Keiner kann so etwas so mal eben weitergeben, es sei denn, er hat den Auftrag direkt aus dem Himmel dafür bekommen. 28 Ich hab euch schon immer gesagt: ‚Ich bin nicht der Auserwählte, der Christus.' Ich hab nur die Order von Gott, sein Vorprogramm zu sein, nicht mehr und nicht weniger. 29 Da, wo die Braut sich hingezogen fühlt, da ist auch der Bräutigam. Und der Freund vom Bräutigam steht daneben, hört ihm zu und freut sich! Es ist ihm egal, wenn er dann da nur 'ne Nebenrolle spielt. Ich raste total aus, weil ich mich so sehr da drüber freue! 30 Sein Einfluss soll immer größer werden, ich muss mich langsam zurückziehen. 31 Er ist aus Gottes Welt gekommen und hat dadurch voll den Überblick. Ich bin nur von der Erde und kann auch nur über irdische Sachen reden. 32 Was er von dort beobachtet und gehört hat, davon redet er auch. Trotzdem glaubt ihm keiner. 33 Wer ihm glaubt, unterschreibt damit, dass Gott in allen Punkten recht hatte. 34 Jesus Christus ist der Typ, der uns von Gott geschickt wurde. Die Sachen, die er sagt, sind Worte von Gott, er gibt ihm seine Power, und zwar ohne Ende. 35 Gott, der Vater, liebt seinen Sohn, er hat ihm den Joystick für die Welt in die Hand gedrückt. 36 Alle, die ihr Vertrauen auf Jesus setzen und ihm glauben, die werden ewig leben. Aber alle, die keine Lust auf das haben, was er sagt, werden nie ein wirkliches gutes Leben haben können. Gott wird immer gegen sie sein."

4 Gespräch mit einer Frau beim Wasserholen

1 Irgendwann erzählte jemand Jesus, die religiösen Streber hätten Wind davon bekommen, dass er mittlerweile mehr Leute taufte als Johannes. 2 Wobei Jesus die Taufe nicht selber durchzog, das ließ er immer seine Freunde machen. 3 Darum beschloss er, sich aus Judäa zu verabschieden, und

wanderte wieder zurück nach Galiläa. 4 Auf dem
Weg kam er auch durch die Gegend von Samarien.
5 Dort kam er in der Stadt Sychar vorbei, und zwar in
der Nähe von einem Feld, das Jakob vor urlanger
Zeit auf seinen Sohn Josef übertragen hatte. 6 Auf
diesem Feld war ein Wasserbrunnen installiert. Völ-
lig fertig von der langen Wanderung setzte sich
Jesus da erst mal hin. Es war gerade die pralle Mit-
tagssonne am Himmel. 7 Irgendwann kam auch
eine Frau aus der Gegend an der Stelle vorbei, die
etwas Wasser holen wollte. Jesus fragte sie: „Hallo,
du, gib mir doch bitte auch was zu trinken, ja?"
8 Seine Freunde waren gerade in die Stadt unter-
wegs, um Lebensmittel einzukaufen. 9 Die Frau war
etwas platt darüber, dass Jesus sie so mal eben
anquatschte. Es war nämlich für die Juden damals
total out, sich mit Samaritern abzugeben – und
mit Frauen erst recht. Darum sagte sie: „Entschul-
digung, aber Sie sind doch ein Jude, und ich bin
eine Samariterin. Wie kommt es, dass Sie mich
jetzt plötzlich um einen Schluck Wasser bitten?"
10 „Wenn du nur etwas schnall davon hättest, was
für eine Chance Gott dir gerade geben will und wer
hier mit dir redet und dich um Wasser bittet, dann
würdest du mich um frisches Wasser bitten, das
nicht abgestanden ist und wirklich Leben schenkt!"
11 „Also, entschuldigen Sie bitte, aber wie soll das
denn gehen? Sie haben weder einen Eimer noch ein
Seil dabei, und dieser Brunnen ist sehr tief! Wie wol-
len Sie denn das frische Wasser hochbekommen?",
antwortete sie. 12 „Oder kommen Sie etwa aus einer
höheren Liga als unser Stammvater Jakob? Der hat
diesen Brunnen nämlich mal gebaut, und seine Kin-
der und seine Kühe haben früher mal da draus
getrunken." 13 Jesus meinte darauf zu ihr: „Normal
wird jeder, der von diesem Wasser trinkt, irgend-
wann wieder Durst haben. 14 Wer aber von dem
Wasser trinkt, was ich den Leuten gebe, für den wird
Durst ein Fremdwort werden. Das Wasser, was ich
den Menschen spendiere, wird sich nämlich in dir
drin zu einer eigenen Quelle verwandeln, einer
Quelle, die ohne Ende sprudeln wird, über dein
Leben auf dieser Welt raus!" 15 „Oh, bitte, ich möchte
von diesem Wasser gerne etwas haben! Dann
brauch ich nicht mehr jeden Tag her und muss Was-
ser schleppen!" 16 „Okay, dann hol mal deinen Mann
und kommt beide wieder her!", sagte Jesus zu ihr.
17 „Ich bin nicht verheiratet!", war ihre Antwort.
„Stimmt", meinte Jesus, „zurzeit bist du Single,
18 du warst aber schon mit fünf Männern vorher
verheiratet, und der Mann, mit dem du jetzt dein
Bett teilst, dem hast du gar nicht dein Jawort gege-
ben!" 19 „Ich merk schon, das stimmt alles, Sie sind
wohl ein Prophet, oder?! 20 Dann können Sie mir
gleich eine Frage beantworten: Ihr Juden besteht ja
darauf, dass euer Jerusalem der einzige heilige Ort
schlechthin ist, um zu Gott zu beten. Wir Samariter
beten aber immer auf diesem Berg da, weil das un-
sere Vorfahren auch so gemacht haben! Wie sehen
Sie das?" 21 Dazu sagte Jesus ihr: „Eins kann ich
versprechen, es wird eine Zeit geben, wo es egal
sein wird, ob ihr auf irgendeinem Berg zu Gott
redet, ob ihr dazu nach Jerusalem geht oder ob ihr
das irgendwo anders macht. 22 Ihr habt ja gar keine
Vorstellung, zu wem ihr da überhaupt redet, wenn
ihr betet! Wir wissen genau, zu wem wir beten. Die
Rettung für diese Welt kommt aus dem jüdischen
Volk! 23 Es wird aber mal so sein, also im Grunde hat
das schon angefangen, dass Menschen, egal, wo sie
gerade sind, mit Gott reden können. Es ist nur wich-
tig, dass man dabei von seiner Kraft, seinem Geist,
kontrolliert wird. Gott sucht nach solchen Leuten,
die so mit ihm reden! 24 Gott ist nämlich wie eine
unsichtbare Kraft, wie ein Geist. Und wer mit Gott
reden will, muss von diesem Geist abgefüllt werden,
diesem Geist der Wahrheit." 25 Darauf meinte die
Frau: „Ich hab verstanden, dass irgendwann der
Auserwählte, der Messias, da sein wird, den man
auch den Christus nennt. Wenn der da ist, dann
wird er uns das alles erklären!" 26 „Das bin ich, du
redest gerade mit dem Auserwählten!", antwortete
ihr Jesus. 27 Plötzlich bogen seine Freunde um die
Ecke. Sie waren etwas überrascht, dass Jesus sich
mit einer Frau unterhielt. Aber keiner traute sich,
mal nachzufragen. 28 Die Frau ließ alles stehen und
liegen und rannte ins Dorf, um jedem zu erzählen,
was sie gerade erlebt hatte. 29 „Kommt mal alle mit,
da ist ein Mann, den müsst ihr kennenlernen! Der
hat mir ins Gesicht gesagt, was ich alles getan habe!
Besteht vielleicht die Möglichkeit, dass er der Aus-
erwählte, dieser Christus, ist?" 30 Total neugierig
kamen die Leute von überall sofort bei Jesus ange-
laufen. 31 Seine Freunde machten sich etwas um
seinen Magen Sorgen und boten ihm was zu essen
an. 32 Seine Antwort war aber nur: „Nein danke,
Jungs, ich hab eine andere Nahrung als ihr." 33 Seine
Freunde fragten sich sofort: „Hä? Wer war denn in
der Zwischenzeit hier und hat ihm was zu essen
gebracht?" 34 Jesus erklärte das dann so: „Ich lebe
davon, das zu tun, was Gott möchte. Ich will sei-
nen Auftrag erfüllen und bis zu Ende durchziehen.
35 Habt ihr nicht noch vor kurzem gesagt: ‚In vier

Monaten beginnt die Erntezeit'? Leute, macht mal eure Augen auf! Seht ihr nicht, was gerade abgeht? Die Felder können abgeerntet werden! [36] Die Leute, die mithelfen, die Ernte einzufahren, werden fett bezahlt. Und die Sachen, die sie ernten werden, das sind die Menschen, denen man den Weg in ein Leben zeigt, was ewig anhält. Was wird da für 'ne Party abgehen für die einen, die etwas gesät haben, und für die anderen, die die Ernte reinholen! [37] Ihr kennt doch diesen Spruch: ‚Einer streut Samen aus, ein anderer holt die Ernte rein.' [38] Ich hab euch losgeschickt, um eine Ernte einzufahren, mit der ihr vorher gar nichts zu tun hattet. Da haben andere vor euch für geschuftet. Ihr dürft jetzt das Ergebnis ernten." [39] Sehr viele Leute, die da lebten, setzten von da an ihr Vertrauen auf Jesus. Und zwar vor allem, weil die Frau überall rumerzählt hatte, dass Jesus alles über sie wusste. [40] Als sie dann bei Jesus aufliefen, fragten sie ihn gleich, ob er nicht noch länger dableiben wollte. Das tat er dann auch, und zwar für zwei Tage. [41] So konnten noch mehr Leute seinen Reden zuhören und fingen dadurch an zu glauben. [42] Zu der Frau sagten einige: „Zuerst waren wir ja nur da, weil du so von ihm geschwärmt hast. Aber jetzt konnten wir ihm selber zuhören und wissen: Er ist wirklich der Retter dieser Welt."

Der Sohn eines hohen Beamten wird durch Jesus gesund

[43] Zwei Tage später zog Jesus weiter Richtung Galiläa. [44] Er hatte früher selber mal gesagt: „Ein Prophetentyp ist überall der Held, nur nicht dort, wo er herkommt." [45] Aber diesmal nahmen ihn die Leute gut auf. Viele waren nämlich bei der Passafeier in Jerusalem dabei gewesen und hatten mitbekommen, was für coole Sachen er da gemacht hatte. [46] Auf seiner Tour durch Galiläa kam er auch wieder bei Kana vorbei, wo er aus dem Wasser Wein gemacht hatte. Nicht weit von da, in der Stadt Kapernaum, wohnte ein Mann, der einen fetten Beamtenjob bei der Regierung hatte. Sein Sohn war sehr krank. [47] Als ihm jemand erzählte, dass dieser Jesus aus Judäa gerade in der Gegend war, brach er sofort Richtung Kana auf. Dort besuchte er Jesus und fragte ihn, ob er nicht mit nach Kapernaum kommen könnte, um seinen Sohn zu behandeln. Der war nämlich todkrank. [48] Jesus war etwas genervt: „Ihr wollt immer nur irgendwelche Wunder sehen, sonst kommt euer Glaube nicht in die Puschen!" [49] Aber der Beamte bettelte voll los: „Bitte, bitte seien Sie so gut! Mein Kind muss sonst sterben!" [50] „Geh nach Hause! Dein Kind ist schon gesund!", sagte ihm Jesus. [51] Auf dem Rückweg kamen ihm schon ein paar seiner Hausangestellten entgegengelaufen. „Ihr Kind ist gesund!", riefen sie. [52] Auf die Frage, seit wann es dem Kind denn besserging, meinten sie: „Gestern Mittag so gegen ein Uhr war das Fieber plötzlich weg!" [53] Als der Vater die Zeit zurückrechnete, war klar: Es war genau der Zeitpunkt, als Jesus ihm gesagt hatte: „Dein Sohn lebt!" Und der Beamte und seine ganze Familie fingen an, ihr Vertrauen auf Jesus zu setzen. [54] Das war das zweite Wunder, was Jesus getan hatte, nachdem er von Judäa zurückgekommen war.

5

Ein schwer kranker Mann und ein Teich

[1] An einem der jüdischen Feiertage ging Jesus mal nach Jerusalem in die City. [2] In der Nähe vom sogenannten Schaftor lag ein ganz besonderer Teich, der auf Hebräisch „Betesda" genannt wurde. Um ihn herum waren fünf große Hallen mit Säulen drin. [3] Sehr viele kranke Leute hingen da ständig rum, Menschen, die irgendeine Behinderung hatten, Blinde, Hautkranke und so. [4] Es gab nämlich das Gerücht, dass immer mal wieder ein Engel da vorbeikam, und wenn der das Wasser berührte und man als Erster dort reinsprang, würde man geheilt werden. [5] Einer von diesen Leuten, der ständig da war, konnte schon seit achtunddreißig Jahren nicht gehen. [6] Jesus sah den Typen dort sitzen, und einer von den Menschen, die da waren, erzählte ihm seine Geschichte. Darum fragte Jesus ihn dann: „Hey, willst du eigentlich gesund werden?" [7] „Mein Herr, leider bin ich alleine hier, und immer, wenn sich das Wasser mal bewegt, gibt es niemanden, der mich da reinschmeißen könnte. Ich versuch das zwar, aber dann ist immer einer schneller als ich." [8] „Okay, dann pack deine Sachen und lauf mal 'ne Runde!", war die Antwort von Jesus. [9] Und in derselben Sekunde war der Mann kerngesund! Er rollte seine Decke zusammen und rannte los! Das passierte aber an dem religiösen Feiertag der Juden, dem Sabbat. [10] Einer der Juden, die das sahen, meckerte sofort rum: „Hey, Sie, heute ist Sabbat, da ist Deckenrumtragen verboten!" [11] „Aber der Mann, der mich gesund gemacht hat, meinte zu mir, ich sollte meine Decke nehmen und 'ne Runde umherlaufen!" [12] „Und wer war das? Wer hat das zu Ihnen gesagt?" [13] Der Typ, der geheilt wurde, hatte keine Ahnung, wer Jesus eigentlich war. Jesus hatte sich mittlerweile schon wieder unter die Leute gemischt.

14 Später traf er den Mann noch mal im Tempel und
sagte ihm: „Einen Rat hab ich noch: Lass nichts
mehr zwischen dich und Gott kommen, ja? Nicht,
dass dir noch was Schlimmeres passiert als diese
Krankheit!“ 15 Danach ging der Typ zu den Juden
und erzählte, dass Jesus ihn gesund gemacht hatte.
16 Ab diesem Zeitpunkt waren die Juden hinter Jesus
her, nur weil er diese Heilung am Sabbat gemacht
hatte.

Jesus sagt, warum er Leute heilt

17 Jesus’ Antwort auf diese Kritik war so: „Mein Vater
hat nie aufgehört, gute Sachen für die Menschen zu
tun.“ 18 Jetzt hatten die Juden erst recht voll den
Hals auf Jesus, weil ihm anscheinend nicht nur der
Sabbat egal war, er bezeichnete auch noch Gott als
seinen eigenen Vater! Damit tat er ja so, als hätte er
dieselbe Stellung wie Gott. 19 Dazu meinte Jesus
dann: „Eins kann ich euch garantieren: Der Sohn
alleine bringt es nicht, er kann nur das tun, was ihm
der Vater vorgemacht hat. 20 Der Vater liebt den
Sohn, er zeigt ihm alles, was er noch vorhat. Und er
will euch auch noch viel derbere Sachen zeigen,
Dinge, über die ihr euch wirklich wundern werdet!
21 Genauso wie der Vater Tote lebendig machen
kann, kann das auch sein Sohn. 22 Und der Vater
wird auch bei der letzten Gerichtsverhandlung nicht
den Vorsitz führen, das hat er dem Sohn übergeben.
23 Alle sollen nämlich den Sohn gut finden, genau-
so wie den Vater. Wenn jemand keine Lust auf den
Sohn hat, dann hat er auch keine Lust auf den Vater,
denn dieser hat ihn ja geschickt. 24 Passt auf, was
ich euch zu sagen habe: Wenn mir jemand gut
zuhört und sein Vertrauen auf Gott setzt, meinen
Auftraggeber, dann wird er in der Lage sein, ewig zu
leben! Er wird für seine Schulden bei Gott nicht
mehr bezahlen müssen, er hat den Sprung vom Tod
in ein echtes Leben schon geschafft. 25 Ich mach
noch mal ’ne Ansage: Es wird mal eine Zeit kom-
men – sie hat sogar schon angefangen –, wo sogar
die toten Leute die Stimme vom Sohn von Gott
hören werden. Und wer darauf eingeht, wird leben.
26 Gott besteht aus purem Leben, und Gott wollte,
dass sein Sohn das gleiche Leben in sich trägt. 27 Er
hat ihm den Joystick der Welt in die Hand gegeben,
er soll mal der Richter sein, er ist der Auserwählte.
28 Keine Panik, Leute! Es wird mal eine Zeit geben,
da werden die Menschen, die gestorben sind, vom
Sohn Gottes gerufen werden. 29 Dann werden alle
wieder lebendig werden. Die ihr Leben gut geführt
haben, werden durchkommen und für immer leben.
Die aber Mist gebaut haben, werden in einer Ge-
richtsverhandlung verurteilt.“

Dass Jesus Gottes Sohn ist, dafür gibt es Zeugen

30 „Ich unternehme nichts, ohne vorher den Vater zu
fragen, ich richte mich nach seinem Rat. Die Urteile,
die ich fälle, sind total gerecht, sie kommen nicht
alleine von mir, sondern sie entsprechen dem, was
der Vater will. Er hat mich zu euch geschickt, ich
fälle kein Urteil alleine. 31 Wenn ich in den Zeugen-
stand treten würde, um für mich selber auszusagen,
dann würde das nicht viel bringen, ich wäre total
unglaubwürdig. 32 Jemand anders muss für mich als
Zeuge aussagen. Und eins ist auf sicher: Alles, was
der dann sagt, ist die Wahrheit. 33 Ihr habt ein paar
von euren Leuten zu Johannes, der die Leute tauft,
geschickt, damit sie mal auschecken, was er über
mich sagt. Und er hat die Wahrheit gesagt. 34 Und
dabei hab ich eigentlich einen Zeugen gar nicht
nötig. Nur wegen euch hab ich Johannes als Zeugen
aufgeführt, damit ihr mir vertraut und aus euerm
Dreck gerettet werdet! 35 Johannes hat eine Zeitlang
wie die Sonne gestrahlt, und ihr wolltet es euch in
diesem Licht ein wenig gutgehen lassen. 36 Aber
ich kann noch fettere Zeugen aufbringen, und das
sind die Dinge, die ich tue! Alles, was ich tue, hab
ich vom Vater gesagt bekommen. Ich soll alles so
machen, wie er es sagt, damit alle begreifen: Ich
komme von ihm. 37 So tritt Gott selber für mich als
Zeuge auf. Aber ihr sitzt auf euren Ohren und habt
ihn noch nie gesehen. 38 Ihr habt die Sachen, die er
sagt, weder begriffen noch befolgt. Sonst würdet ihr
mir glauben, weil ich von ihm ausgesandt worden
bin. 39 Ihr studiert die alten Bücher, die heiligen
Schriften und so, weil ihr meint, so könntet ihr wirk-
liches Leben bekommen. Und dabei verweisen die
Schriften auf mich! 40 Und trotzdem habt ihr keinen
Bock auf mich, ihr wollt nicht zu mir kommen, da-
bei würde ich euch ein Leben ohne Ende geben!
41 Ist mir auch echt egal, ob ihr mich jetzt toll findet
oder nicht. 42 Ich kenne euch nämlich nur zu gut, ich
weiß, dass ihr keine Ahnung von Gottes Liebe habt.
43 Ich komm ja im Auftrag von meinem Vater, aber
ihr wollt mich nicht akzeptieren. Stattdessen fahrt
ihr auf jeden anderen Popel ab, auch wenn der sich
den Auftrag nur selbst erteilt hat. 44 Kein Wunder,
dass es euch so schwerfällt zu vertrauen. Ihr zögert
nicht, wenn es darum geht, euch gegenseitig zu
puschen. Dabei gibt es nur einen, der euch wirk-
lichen Wert geben kann, und das ist Gott. Das
scheint euch aber total egal zu sein. 45 Großer Irr-

tum, wenn ihr glaubt, dass ich beim Vater gegen euch Anzeige erstatten werde. Das wird euer Mose schon erledigen, gerade der, auf den ihr euch beruft. 46 Wenn ihr nur den Worten von Mose wirklich geglaubt hättet, dann würdet ihr jetzt auch mir glauben. Denn Mose hat ja auch schon von mir geschrieben. 47 Und wenn ihr Mose schon nicht glaubt, dann werdet ihr mir erst recht nicht glauben!"

6

Über fünftausend Leute werden satt

1 Kurze Zeit später ging Jesus auf die andere Seite vom galiläischen Meer, das man auch den See von Tiberias nannte. 2 Sehr viele Fans waren da sofort bei ihm, alle fuhren total auf die Wunder ab, die er tat, viele Kranke wurden durch ihn wieder gesund. 3 Jesus wollte sich ein bisschen mit seinen Freunden zurückziehen, darum verschwanden sie auf einen kleinen Berg. 4 Das war kurz vor dem Passafest, das jedes Jahr bei den Juden gefeiert wird. 5 Jesus wollte mal den Ausblick genießen und dabei sah er, wie wahnsinnig viele Leute auf der Suche nach ihm waren. Die kamen alle schon den Berg hoch. „Hey, Philippus, hast du 'ne Idee, wo wir genug Brot herkriegen, damit wir allen was zu essen anbieten können?", fragte Jesus. 6 Das war ein kleiner Test für Philippus, denn er hatte schon vorher genau geplant, was gleich abgehen würde. 7 Philippus rechnete Jesus vor: „Also, wir bräuchten mindestens 12 000 Euro, um hier alle satt zu kriegen!" 8 Andreas, der ein Bruder von Simon Petrus war, schleppte einen kleinen Jungen an 9 und sagte: „Dieser Knirps hat fünf Vollkornbrote und zwei geräucherte Forellen dabei. Das ist aber echt nur ein Tropfen auf den heißen Stein!" 10 „Okay, sagt mal den Leuten, sie sollen sich irgendwo auf die große Wiese hinpflanzen!" Gesagt, getan, und die etwa fünftausend Männer plus Frauen und Kinder setzten sich dort auf das Gras. 11 Jesus nahm die Brote, sagte Gott danke dafür und verteilte sie an die Leute. Genauso machte er es dann auch mit den geräucherten Fischen. 12 Und tatsächlich: Alle, die da waren und was gegessen hatten, wurden pappsatt! „Jetzt sammelt mal die Reste wieder ein, wir wollen ja keinen Müll hinterlassen, und es soll ja auch nichts vergammeln!", bat Jesus seine Freunde nach dem Essen. 13 Und volle zwölf Körbe mit Essensresten kamen wieder zusammen! Und das war alleine vom Brot übrig geblieben! 14 Als die Leute begriffen, was da gerade für ein Wunder abgegangen war, riefen einige: „Es stimmt, dieser Typ ist wirklich der Prophet, auf den wir schon so lange warten!" 15 Jesus merkte schnell, dass ihn die Leute jetzt schnell zum Superstar und am besten gleich zum Regierungsoberhaupt machen wollten, darum flüchtete er erst mal ganz allein in die Berge.

Jesus kann sogar auf dem Wasser gehen

16 Abends stiegen seine Freunde dann in ihr Boot, weil sie noch eine Tour über den See nach Kapernaum geplant hatten. 17 Es war schon total dunkel draußen, und Jesus war immer noch nicht zurück. Schließlich legten sie einfach ab und fuhren los. 18 Plötzlich kam ein heftiger Orkan auf! 19 Die Freunde waren schon etwa fünf Kilometer vom Ufer weg, zurückrudern ging nicht mehr. Plötzlich sahen sie, wie ihnen Jesus höchstpersönlich auf dem Wasser entgegenkam! Seine Freunde kriegten voll die Para, 20 aber Jesus rief ihnen nur zu: „Keine Panik, Jungs, ich bin es nur!" 21 Sie halfen ihm, ins Boot zu steigen, und in derselben Sekunde waren sie plötzlich genau an dem Zielort angelangt!

Brot, das den Hunger nach Leben stillt

22 Am nächsten Morgen trafen sich die Menschen wieder auf der anderen Seite vom See und warteten da auf Jesus. Sie hatten mitgekriegt, dass er mit seinen Freunden zusammen gekommen war, die dann aber alleine, ohne ihn, mit dem Boot wieder abgehauen waren. 23 Inzwischen hatten mehrere Schiffe aus Tiberias bei der Stelle angelegt, wo Jesus, nachdem er gebetet hatte, so viele mit dem Brot satt machen konnte. 24 Da nun weder Jesus noch seine Freunde dort wieder aufgetaucht waren, stieg alles in die nächste Fähre Richtung Kapernaum. Sie wollten ihn dort suchen. 25 Und tatsächlich fanden sie ihn da mit seinen Freunden. Einer meinte zu ihm: „Großer Lehrer, wann sind Sie denn hierhergekommen?" 26 „Ich weiß genau, warum ihr hier seid!", antwortete Jesus. „Ihr habt mich gesucht, weil ich euch was zu essen organisiert habe und ihr satt geworden seid, stimmt's? Ihr seid nicht hier, weil es euch um mich geht! 27 Macht euch bloß nicht so den Kopf dadrüber, ob ihr genug zu essen kriegt! Denkt lieber darüber nach, wie ihr es hinkriegt, ein Leben zu bekommen, was nie aufhört. Das kann der Auserwählte, der Menschensohn, euch schenken, wenn ihr wollt! Gott hat ihm die Vollmacht dazu erteilt." 28 „Was sollen wir denn machen, damit Gott mit uns zufrieden ist?", fragten sie ihn. 29 „Es gibt nur eine Sache, die Gott von euch

erwartet: Ihr sollt euer Vertrauen auf den setzen,
den er zu euch geschickt hat!“ 30 „Okay, wenn Sie
wollen, dass wir Ihnen vertrauen und an Sie glau-
ben, dann machen Sie mal jetzt als Beweis irgend-
ein Wunder, ja?! Also, was zeigen Sie uns jetzt?
31 Immerhin haben unsere Vorfahren, als sie durch
die Wüste gezogen sind, diesen Brotersatz, das
Manna, als Beweis von Gott bekommen. Steht ja
auch im alten Buch drin: ‚Er gab ihnen Brot aus
dem Himmel zu essen.‘“ 32 Jesus’ Antwort war so:
„Ich schwör, Mose hatte mit diesem Brot nichts zu
tun, Leute. Das Brot kam von meinem Papa, er
kann euch sogar echtes Himmelsbrot geben! 33 Und
dieses Brot bin ich persönlich. Ich will der ganzen
Welt echtes, richtiges Leben schenken.“ 34 „Chef,
geben Sie uns auch was von diesem Brot, am bes-
ten täglich!“, meinten die Leute da zu ihm. 35 „Ich
selbst bin das lebendige Brot. Wer zu mir kommt,
wird nie wieder Hunger haben. Wer mir vertraut,
wird keinen Durst mehr bekommen, für immer!
36 Aber ihr wollt mir nicht glauben, obwohl ihr mich
sogar live gesehen habt. 37 Alle Leute, die mir der
Vater schickt, werden zu mir kommen. Ich werde
keinen draußen stehen lassen. 38 Ich bin aus Gottes
Welt zu euch gekommen, damit ich die Sachen
durchziehe, die Gott von mir will. Es geht mir nicht
um mich. 39 Und Gott will von mir, dass ich keinen
von den Leuten, die er mir gegeben hat, aufgebe,
nicht einen Einzigen. Am letzten Tag dieser Welt
sollen sie alle zum ewigen Leben durchstarten.
40 Denn mein Vater will, dass alle, die blicken, dass
ich sein Sohn bin, und mir vertrauen, für immer
leben können. Die werde ich aus dem Tode rausho-
len, wenn es mit dieser Welt zu Ende ist.“ 41 Ein paar
von den Juden passte das gar nicht, dass Jesus
behauptete, er sei ein lebendiges Brot, das direkt
aus dem Himmel gekommen sei. 42 „Was will der
denn? Ist das nicht dieser Jesus, der Sohn vom
Josef? Wir kennen doch sogar seine Eltern ganz gut!
Wie kommt der zu der Behauptung, er wäre aus
dem Himmel gekommen?!“ 43 „Warum passt euch
das nicht?“, meinte Jesus. 44 „Keiner kann mit mir
was anfangen, wenn ihm der Vater nicht gezeigt
hat, wo es längsgeht. Alle Menschen, die er zu mir
schickt, werde ich am letzten Tag dieser Erde leben-
dig machen. 45 Die Propheten hatten auch schon
geschrieben: ‚Alle werden bei Gott wieder die Schul-
bank drücken müssen!‘ Wenn also jemand auf Gott
hört und von ihm lernt, der kommt zu mir. 46 Damit
will ich nicht sagen, dass schon mal irgendwann
jemand Gott wirklich gesehen hat. Nur einer kennt
ihn wirklich, und zwar der, der von ihm geschickt
wurde. 47 Eine Sache ist ganz sicher: Wer sein Ver-
trauen auf mich setzt und mir glaubt, der hat jetzt
schon das Leben, was nie aufhören wird, in der
Tasche. 48 Ich bin das Brot, das euch dieses Leben
geben kann. 49 Eure Vorfahren haben dieses Manna
in der Wüste gegessen, aber irgendwann sind sie
doch alle gestorben. 50 Dieses Brot, das ihr hier vor
euch seht, kommt direkt aus dem Himmel. Alle, die
davon essen, werden nie mehr sterben! 51 Ich bin
das Brot, das Leben gibt, und das kommt aus dem
Himmel. Alle, die von diesem Brot essen, werden
ewig leben. Dieses Brot ist mein Körper, der wird für
euch wie ein Schuldschein eingelöst. Das tue ich,
damit diese Welt leben kann.“ 52 Diese Ansprache
löste voll die Diskussionen bei den Juden aus. „Will
der etwa, dass wir Kannibalismus betreiben und
sein Fleisch essen, oder was?“ 53 Darum sagte Jesus
noch mal: „Eine Sache ist sicher: Wenn ihr nicht von
dem Fleisch vom Auserwählten essen und auch
nicht sein Blut trinken wollt, könnt ihr das ewige
Leben echt vergessen! 54 Die Leute aber, die mein
Fleisch essen und mein Blut trinken, werden ewig
leben, und am letzten Tag von dieser Erde werde ich
sie alle aus ihrem Tod rausholen. 55 Mein Körper ist
die einzige echte Nahrung, die man braucht, und
mein Blut das wichtigste Getränk. 56 Alle, die mein
Fleisch essen und mein Blut trinken, sind mit mir
ganz eng verbunden. 57 Ich kann nur existieren, weil
die Kraft vom lebendigen Gott in mir ist. Ich bin in
seinem Auftrag unterwegs. Genauso werden alle,
die mit mir verbunden sind, aus meiner Kraft leben.
58 So ist das mit dem lebendigen Brot, das aus dem
Himmel kommt. Wer davon isst, wird nicht mehr
sterben, er wird ewig leben. Anders als eure Vorfah-
ren, die von dem Manna gegessen haben.“ 59 Diese
Rede hielt Jesus in einer Synagoge in Kapernaum,
wo sich die Juden zum Gebet versammelten.

Viele Freunde verlassen Jesus

60 Viele von seinen Freunden kamen darauf nicht
klar. Sie sagten: „Harte Worte, steile Thesen, wer
hat da noch Bock drauf?“ 61 Jesus bekam das natür-
lich mit, darum sagte er zu ihnen: „Schiebt ihr nur
deswegen schon voll den Hals? 62 Was geht dann
erst bei euch ab, wenn ihr seht, wie der Auserwählte
dahin zurückgeht, wo er hergekommen ist? 63 Nur
der Geist von Gott macht Dinge lebendig! Das
kriegt ihr selber nie hin! Die Worte, die ich zu euch
gesprochen habe, bestehen aus diesem Geist.
Darum sind sie in der Lage, Menschen lebendig zu

machen. 64 Ein paar von euch glauben mir aber immer noch nicht." Jesus wusste nämlich von Anfang an, wer ihm nicht vertraute, und er wusste auch, wer ihn später verraten würde. 65 Er sagte darum noch: „Das war der Grund, warum ich die Ansage gemacht habe: Keiner schafft es, mich zu finden, wenn Gott der Vater ihm nicht den Weg zeigt und ihn zu mir bringt!" 66 Nach dieser Rede verabschiedeten sich sehr viele von seinen Freunden und gingen nicht länger mit ihm. 67 Jesus fragte seine zwölf engsten Freunde: „Und was ist mit euch? Wollt ihr euch auch verabschieden und mich alleine lassen?" 68 Da sagte Simon Petrus sofort: „Chef, zu wem sollten wir denn überhaupt hingehen? Du hast Worte, die uns die Richtung zeigen zu einem Leben, was ewig hält! 69 Wir vertrauen dir, wir haben kapiert, dass du der Auserwählte bist, der Christus, der Sohn von Gott." 70 Jesus antwortete: „Ich hab euch zwölf extra ausgesucht, trotzdem ist einer von euch mein Feind." 71 Damit meinte er Judas, den Sohn vom Simon Iskariot. Er war einer der zwölf engsten Freunde, und er linkte Jesus am Ende total ab.

7

„Zeig uns, was du draufhast!"

1 Anschließend zog Jesus weiter in Galiläa herum. In Judäa wollte er nicht rumziehen, weil die Leitungsebene der Juden schon beschlossen hatte, ihn bei der nächsten Gelegenheit zu töten. 2 Kurz vor dem jüdischen Laubhüttenfest 3 drängelten seine leiblichen Brüder rum, er sollte doch die Feiertage unbedingt woanders verbringen. „Geh doch nach Judäa, Jesus, da kannst du noch eine kleine Wundershow für deine Freunde abziehen!", meinten sie. 4 „Wenn du dich immer versteckst, wirst du nie berühmt werden! Wenn du wirklich so derbe Wunder tun kannst, dann musst du sie auch allen zeigen!" 5 Seine Brüder glaubten nämlich nicht an ihn. 6 „Also, ich denke, dass es noch nicht an der Zeit für mich ist, da hinzugehen. Was nicht heißen muss, dass ihr auch nicht gehen solltet. Macht es, wie ihr wollt! 7 Ihr werdet von den Menschen nie gehasst werden, warum auch. Aber mich hassen sie, weil ich ihnen offen ins Gesicht sage, dass sie in einer Tour nur Sachen machen, die Gott nicht will. 8 Ihr könnt ruhig auf die Party gehen, die da stattfindet, aber ich komme nicht mit. Es ist noch nicht die Zeit, wo ich richtig loslegen soll." 9 Jesus blieb dann erst mal in Galiläa. 10 Als seine Brüder abgezogen waren, ging Jesus dann doch noch hinterher. Aber inkognito, damit ihn keiner erkannte. 11 Die Führungsriege der Juden fragte überall nach ihm. 12 In der ganzen Stadt wurde über Jesus getuschelt. Die einen waren der Meinung: „Er ist ein guter Mensch!" Andere meinten wiederum: „Er verführt die Bevölkerung nur!" 13 Aber keiner hatte den Mut, öffentlich über ihn zu reden, weil sie alle Schiss vor der religiösen Führung hatten. 14 Als das Fest gerade Halbzeit hatte, ging Jesus noch in den Tempel, um dort Unterricht in Glaubensfragen zu geben. 15 Die Juden, die ihm dabei zuhörten, kriegten es dabei nicht auf die Reihe, wie gut er dadrin war. „Wie kann jemand so kompetent die heiligen Bücher erklären, obwohl er gar nicht studiert hat?", fragten sie sich. 16 Jesus beantwortete die Frage: „Was ich euch hier erzähle, hab ich mir nicht selbst ausgedacht. Es kommt alles von Gott, in dessen Auftrag ich unterwegs bin. 17 Jeder, der das Ziel hat, nur die Sachen zu tun, die Gott gut findet, versteht schnell, ob das, was ich sage, von Gott kommt oder nur von mir selbst. 18 Wenn jemand seine eigenen Ideen verbreitet, will er am Ende auch immer groß rauskommen. Wenn einer aber im Auftrag von jemand anders arbeitet und nur will, dass der Auftraggeber groß rauskommt, dann kann man ihm vertrauen, er ist gut unterwegs. 19 Mose hat euch die Gesetze gegeben, aber keiner von euch tut, was dadrinsteht. Warum wollt ihr mich überhaupt umbringen?" 20 Einer aus der Menge rief zu ihm: „Du bist ja total durchgeknallt! Wer will dich denn bitte töten?" 21 Jesus fuhr fort: „Warum regt ihr euch überhaupt so auf? Ich hab doch nur einen Menschen am religiösen Feiertag geheilt, weiter nichts! 22 Ihr sagt, das ist nach den Gesetzen verboten, und dabei arbeitet ihr auch an diesem Tag, dem Sabbat, wenn ihr mit einem Menschen zum Beispiel dieses Beschneidungsritual durchzieht. Mose hat dieses Gesetz ja vorgegeben, obwohl der Brauch sogar sehr viel älter ist als das Gesetz vom Mose. Das kommt ja noch von den alten Stammvätern. 23 Wenn diese Beschneidung an diesem Tag völlig legal ist, warum wollt ihr mich dann fertigmachen, wenn ich einen Menschen am Sabbat heile? 24 Denkt mal nach, Leute, seid nicht so oberflächlich!"

Diskussionen über Jesus

25 Ein paar von den Leuten aus Jerusalem fragten sich: „Ist das nicht der Typ, den sie ermorden wollen? 26 Jetzt hält der hier in aller Öffentlichkeit große Reden, und sie unternehmen nichts dagegen. Denken die jetzt vielleicht auch, er wäre ‚der Aus-

erwählte', dieser Messias? 27 Das geht ja gar nicht!
Wir wissen ja schließlich genau, wo er herkommt!
Wenn dieser Auserwählte kommt, dann kommt er
ganz plötzlich, dann weiß man noch nicht mal, wo
er früher überhaupt gewohnt hat." 28 Jesus bekam
das irgendwie mit und rief laut: „Klar, ihr denkt jetzt,
dass ihr mich kennt, weil ihr wisst, wo ich aufge-
wachsen bin. Aber ich komme nicht, um mich
selbst zu vertreten, ich vertrete jemand anders, von
dem habt ihr aber keine Ahnung. 29 Ich kenne ihn
sehr gut, ich hab mal bei ihm gewohnt. In seinem
Auftrag bin ich hier." 30 Als sie das hörten, hätten sie
ihn am liebsten gleich weghaften lassen. Ging aber
nicht, weil seine Zeit noch nicht abgelaufen war.
31 Viele der Leute, die im Tempel saßen und seiner
Rede zugehört hatten, fingen an ihm zu vertrauen.
Ihre Begründung war schlicht und einfach: „Kann
man von dem Auserwählten noch mehr Wunder
erwarten, als dieser Mann bereits jetzt schon getan
hat?" 32 Als die Pharisäer, die religiösen Streber, hör-
ten, was für eine hohe Meinung die Leute über
Jesus hatten, organisierten sie mit dem Segen vom
obersten Priester ein paar Wachmänner vom Tem-
pel, um Jesus verhaften zu lassen. 33 Jesus sagte zu
den Leuten: „Ich werde nur noch kurz bei euch blei-
ben, dann werde ich zurückgehen, wo ich herge-
kommen bin. 34 Ihr werdet nach mir suchen, aber ihr
könnt mich nicht finden, und wo ich dann bin, da
kommt ihr überhaupt nicht hin." 35 Diese Ansage
kapierten die Juden nicht wirklich. „Wo will er hin?
Will er vielleicht fliehen und das Land verlassen?
Vielleicht will er auch 'ne Tour ins Ausland machen?
36 Was meint er jetzt mir diesem Spruch: ‚Ihr werdet
nach mir suchen und mich nicht finden können',
und damit: ‚Wo ich bin, da könnt ihr nicht sein'?
Hä?"

Wer Durst nach Leben hat, kann zu Jesus kommen

37 Am letzten Tag, es war immer der Höhepunkt des
Festes, stellte sich Jesus vor die Leute hin und rief
ihnen zu: „Hat hier jemand Durst? Der soll bei mir
vorbeikommen und sich was zu trinken abholen!
38 Jeder, der sein Vertrauen auf mich setzt, aus dem
wird von innen heraus lebendiges frisches Wasser
sprudeln. Da drüber kann man schon was in den
alten Schriften nachlesen." 39 Damit meinte er die
Kraft, die von Gott kommt, den Heiligen Geist. Alle
sollten den bekommen, alle, die an Jesus glauben.
(Diesen Geist bekamen sie dann erst später, und
zwar nachdem Jesus aus dem Tod wieder zurück ins
Leben gekommen war und von Gott die Macht über
diese Welt bekommen hatte.) 40 Einige von denen,
die zugehört hatten, waren jetzt der Ansicht: „Be-
stimmt ist dieser Mann ein Prophet." 41 Andere
glaubten wiederum: „Er ist der Auserwählte Gottes,
der Christus." Die Nächsten waren da anderer Mei-
nung: „Das geht ja gar nicht. Wie kann der Auser-
wählte denn ausgerechnet aus Galiläa kommen?
42 In den alten Schriften steht doch, dass dieser
Messias aus der Präsidentenfamilie stammt, der
vom David. Und dass er in Bethlehem geboren wer-
den sollte, in demselben Dorf, wo David auch gebo-
ren worden ist!" 43 Es war also voll die Diskussion
im Gange. 44 Ein paar waren dafür, ihn verhaften zu
lassen, aber das traute sich irgendwie keiner. 45 Die
Wachleute vom Tempel kamen mit leeren Händen
zu den Oberpriestern und den religiösen Strebern
zurück. „Was ist los, warum haben Sie ihn nicht
verhaftet?", wollten die wissen. 46 „Entschuldigung,
aber das ging irgendwie nicht. Wir haben einfach
noch nie einen Menschen so reden hören wie ihn!"
47 „Hat er euch etwa auch verführt?", meinten die
religiösen Streber zu den Wachleuten. 48 „Glaubt
auch nur einer aus der religiösen Führung an ihn?
49 Nur diese verfluchten Leute, die sowieso nichts
taugen, laufen ihm hinterher! Alles Leute, die keinen
blassen Schimmer von den alten Büchern haben."
50 Da meinte Nikodemus, der selbst ein religiöser
Streber war und sich mit Jesus schon mal getroffen
hatte: 51 „Ist es jetzt seit neustem etwa gesetzlich
vorgesehen, Leute zu verurteilen, bevor sie eine
ordentliche Verhandlung bekommen haben?"
52 „Kommst du etwa auch aus Galiläa?", wollten die
religiösen Streber gleich wissen. „Überprüf doch
erst mal in den heiligen Schriften, was dazu steht.
Kein Prophet kommt aus Galiläa!" 53 Man kam bei
diesem Treffen zu keiner Einigung. Irgendwann gin-
gen sie alle nach Hause.

8

Jesus vergibt der Frau, die sonst von allen verurteilt wird

1 Jesus ging dann aus der Stadt zum Ölberg.
2 Aber gleich am nächsten Morgen war er wieder im
Tempel. Und ziemlich schnell waren wieder sehr
viele Leute bei ihm, denen er dann Sachen über
Gott beibringen konnte. 3 Plötzlich brachten die reli-
giösen Profis und Streber eine Frau an, die auf fri-
scher Tat ertappt worden war. Sie hatte mit einem
Typen geschlafen, obwohl sie bereits mit einem
andern Mann verheiratet war. Die Männer stießen
die Frau in die Mitte, damit alle sie sehen konnten.

4 Dann sagten sie zu Jesus: „Herr Lehrer, diese Frau
ist gerade mit einem verheirateten Mann im Bett
erwischt worden. Das ist Ehebruch! 5 Nach den
Gesetzen vom Mose müsste sie jetzt von mehreren
so lange mit Steinen beworfen werden, bis sie tot
ist! Was sagen Sie zu diesem eindeutigen Fall?"
6 Das war natürlich nur ein Trick. Sie hofften, sie
könnten Jesus damit in eine Zwickmühle bringen,
sodass er irgendwas Verpeiltes sagen würde, was
sie dann später gegen ihn verwenden könnten.
Jesus blieb aber total cool, er setzte sich auf den
Boden und schrieb irgendwas mit seinen Fingern in
den Sand. 7 Als die Typen aber weiter rumnervten,
sah er nach oben und sagte: „Okay, dann soll mal
der den ersten Stein schmeißen, der noch nie in
seinem Leben Mist gebaut hat!" 8 Dann bückte er
sich wieder und malte irgendwelche Sachen in den
Sand. 9 Als Erstes verschwanden die Älteren. Und
dann folgte ihnen einer nach dem anderen, bis
Jesus zum Schluss mit der Frau alleine war. 10 Jesus
stand auf und fragte sie: „Na, wo sind denn jetzt
die Leute, die 'ne Anzeige erstatten wollten? Hat
etwa keiner von denen das Urteil auch vollstreckt?"
11 „Nein, keiner, mein Herr", antwortete sie. „Dann
werde ich das auch nicht tun. Geh jetzt mal nach
Hause und pass auf, dass du nicht noch einmal so
einen Fehler machst!"

Ein Licht, das die Richtung vorgibt

12 An einem anderen Tag hielt Jesus wieder eine
Rede. Diesmal sagte er: „Ich bin wie eine Halogen-
lampe für diese Welt. Wer mit mir lebt, wird sich
nicht mehr verlaufen, er muss nur dem Licht hinter-
hergehen. Es führt ihn in die richtige Richtung,
nämlich zum Leben." 13 Die religiösen Streber woll-
ten gleich wieder 'ne Diskussion anzetteln. „Also,
wissen Sie nicht, wenn jemand keinen anderen Zeu-
gen auffahren kann als sich selbst, dann ist er
sowieso unglaubwürdig?!" 14 „Alles, was ich über
mich sage, entspricht der vollen Wahrheit, auch
wenn ich mein eigener Zeuge bin. Ich weiß, woher
ich komme, und ich weiß auch, wohin ich mal
gehen werde! Aber davon habt ihr keinen blassen
Schimmer. 15 Ihr verurteilt mich nach euren eigenen
menschlichen Pseudo-Gesetzen. Ich verurteile hier
niemanden. 16 Wenn ich aber mal Menschen verur-
teilen werde, dann tue ich das fair und gerecht. Ich
werde das dann nicht alleine machen, mein Vater ist
dabei. Der hat mich ja auch hergeschickt. 17 Für eure
Gesetze ist eine Aussage vor Gericht ja erst dann
akzeptabel, wenn es dafür mindestens zwei Zeugen
gibt. 18 Also, wenn ich der eine Zeuge bin, dann ist
der Vater mein zweiter Zeuge." 19 „Ja, wo ist denn
Ihr Vater, bitte?", wollten sie wissen. Jesus antwor-
tete: „Sie haben noch nicht mal kapiert, wer ich bin,
wie sollen Sie dann begreifen, wer mein Vater ist?
Wenn Sie mich wirklich kennen würden, dann
würden Sie auch meinen Vater kennen." 20 Diese
Sachen erzählte Jesus in einem besonderen Raum
in dem Tempel der Juden, der sogenannten Schatz-
kammer. Sie konnten ihn aber noch nicht verhaften,
weil die Zeit noch nicht reif dafür war.

Jesus wohnte mal im Himmel

21 Später machte Jesus noch mal eine Ansage: „Ich
werde irgendwann von hier verschwinden. Dann
werdet ihr mich wie blöd suchen und an eurem
Dreck ersticken. Aber da, wo ich dann bin, könnt ihr
nicht hinkommen." 22 Die Juden kapierten null, was
er damit meinte: „Will er vielleicht Selbstmord bege-
hen? Was meint er damit: ‚Da, wo ich bin, könnt ihr
nicht hinkommen'? Hä??" 23 Dazu sagte Jesus nur:
„Eure Heimat ist hier auf der Erde. Meine Heimat
ist aber nicht hier. 24 Das war auch der Grund, war-
um ich gesagt habe, ihr werdet an eurem Dreck
noch ersticken. Weil ihr euer Vertrauen nicht auf
mich setzt und nicht glaubt, dass ich der Aus-
erwählte bin, werdet ihr an eurem Dreck ersticken!"
25 „Wer sind Sie denn überhaupt?", wollten die jetzt
wissen. Jesus meinte nur: „Rede ich mir hier jetzt
den Mund fusselig? Hab ich doch schon gesagt!
26 Es gibt noch einiges, was ich jetzt über euch
sagen könnte, noch viele Sachen, die bei euch echt
ätzend laufen. Ich werde aber nur das weitergeben,
was er mir gegeben hat, und das ist auf jeden Fall
die reine Wahrheit." 27 Sie hatten immer noch nicht
kapiert, dass Jesus die ganze Zeit von Gott, seinem
Vater, gesprochen hatte. 28 „Wenn ihr den Aus-
erwählten Gottes hochgehalten habt, dann werdet
ihr kapieren, wer ich wirklich bin, und dann werdet
ihr auch kapieren, dass ich nicht meine eigenen
Ideen verfolgt habe. Das sind alles Gedanken, die
mir Gott der Vater gegeben hat. 29 Er ist immer bei
mir, auf ihn kann ich mich hundertprozentig verlas-
sen, weil ich nur das tue, was er will." 30 Nachdem
er diese Rede beendet hatte, fingen viele an, ihr Ver-
trauen auf Jesus zu setzen.

Wann ist man wirklich frei?

31 Jesus sagte einmal zu den Menschen: „Alle, die
das, was ich sage, für sich als richtig akzeptieren
und ihr Leben danach ausrichten, gehören wirklich

zu meinen Leuten. 32 Erst dann werdet ihr kapieren,
was wirklich wahr ist und was nicht. Und das wird
euch die Möglichkeit geben, wirklich frei zu sein."
33 „Aber wir sind doch aus der Familie vom Abra-
ham", prollten die Juden rum. „Und wir haben
unser Leben auch nicht mit irgendwelchen Knebel-
verträgen an jemanden übertragen! Wie kommen
Sie darauf, dass wir ‚befreit' werden müssten?"
34 „Also, eins sag ich auf sicher", meinte Jesus,
„jeder, der Dinge tut, die Gott nicht will, wird
dadurch unfrei. Er wird dadurch wie ein Angestell-
ter, der nicht kündigen kann. 35 Ein Angestellter ist
kein Familienmitglied, er gehört zur Firma. Ein Sohn
gehört aber immer zur Familie. 36 Erst wenn der
Sohn von Gott kommt und euch da rausholt, dann
seid ihr wirklich frei!"

Wer wirklich zur Familie vom Abraham gehört

37 „Ich weiß natürlich, dass ihr aus der Familie vom
Abraham kommt. Trotzdem wollt ihr mich töten,
weil ihr keine Lust auf das habt, was ich sage. 38 Ich
erzähle euch nur das, was ich von meinem Vater
gehört habe. Und ihr tut nur das, was euch euer
Vater gesagt hat." 39 „Abraham ist unser Vater!",
sagten sie sofort. Jesus erwiderte: „Nein, das denk
ich nicht. Denn wenn ihr seine Kinder wärt, dann
wäre er auch euer Vorbild. 40 Ich hab euch die Wahr-
heit gesagt. Alles, was ich sage, kommt direkt von
Gott. Trotzdem wollt ihr mich umbringen. Abraham
wäre nie auf so eine Idee gekommen. 41 Ihr dagegen
seid genauso drauf wie euer Vater und tut auch
genau das, was er euch sagt." „Unsere Mutter ist
keine Nutte, ja? Wir haben nur einen Vater, und
zwar Gott!", meinten sie. 42 „Wenn Gott wirklich
euer Vater wäre, dann würdet ihr mich lieben. Ich
komme nämlich von ihm, er hat mir die Order gege-
ben zu euch zu kommen. Das war nicht meine Idee.
43 Wisst ihr, warum ihr nicht kapiert, was ich sage?
Weil ihr überhaupt nicht hören könnt, was ich euch
sage! 44 Euer Vater ist nämlich der Satan höchstper-
sönlich, und ihr seid so drauf wie er. Der Teufel war
schon immer ein Mörder, und er hasst die Wahrheit.
Lügen gehört zu seinem Charakter, er hat die Lüge
erfunden. 45 Wenn ich euch die Wahrheit erzähle, ist
es total logisch, dass ihr mir nicht glaubt. 46 Wer von
euch kann mir denn beweisen, dass ich irgendwo
Mist gebaut habe? Wenn ich euch die Wahrheit er-
zähle, warum glaubt ihr mir nicht? 47 Wer Gott als
Vater hat, der hört auch, was er sagt. Dass ihr das
nicht tut, ist ein Beweis, dass ihr nicht seine Kinder
seid." 48 Die Leute waren total sauer, als er das
sagte: „Du Missgeburt! Wir haben schon immer
gesagt, dass du total durchgeknallt bist!" 49 „Ich bin
total normal, ich will bloß dafür sorgen, dass mein
Vater am Ende groß rauskommt, aber ihr macht
mich nur an! 50 Es geht mir nicht da drum, am Ende
der Held zu sein. Gott will, dass ihr versteht, wer
ich bin. Er wird sowieso am Ende der Richter sein.
51 Eins kann ich euch garantieren: Wer sich an das
hält, was ich sage, der wird niemals sterben!" 52 Die
Leute sagten dazu: „Spätestens mit diesem Spruch
hast du bewiesen, dass du total durchgeknallt bist!
Selbst Abraham und auch die Propheten sind ir-
gendwann gestorben. Wie kommst du dadrauf zu
sagen, wer sich an das hält, was du sagst, wird nie
sterben? 53 Meinst du, du hättest mehr Macht als
unser Urvater Abraham? Selbst der ist gestorben!
Oder glaubst du, du wärst besser als die Propheten?
Die sind auch gestorben! Was bildest du dir eigent-
lich ein?" 54 „Also Leute, wenn ich hier selbst 'ne
dicke Lippe riskieren würde, dann wäre alles so-
wieso egal. Aber weil mein Vater hinter mir steht, ist
das anders. Ihr sagt zwar, dass er euer Gott ist,
55 dabei habt ihr überhaupt keine Ahnung, wie der
wirklich drauf ist. Ich kenne ihn aber sehr gut. Wenn
ich jetzt sagen würde, ich hätte keine Ahnung, wer
Gott ist, dann wäre ich genauso ein Lügner wie ihr.
Aber ich kenne ihn und tue genau das, was er von
mir will. 56 Euer Vater Abraham hatte schon voraus-
gesehen, dass ich kommen werde. Und er freute
sich, als er es erlebte!" 57 „Hä, wie geht das denn?
Du bist doch keine fünfzig, wie willst du denn den
Abraham kennen?" 58 „Ich schwöre euch, ich war
schon da, bevor Abraham überhaupt geboren
wurde!" 59 Als er das gesagt hatte, waren die Juden
total sauer und wollten ihn sofort töten. Aber Jesus
konnte gerade noch rechtzeitig fliehen.

9 Jesus heilt einen Mann, der blind ist

1 Unterwegs traf Jesus einen Mann, der von
Geburt an blind war. 2 „Chef, sag mal, gibt
es einen Grund, warum der Mann blind geboren
wurde? Liegt das daran, weil von vorne herein klar
war, dass er selbst viel Mist bauen wird, oder hat
das eher mit seinen Eltern zu tun?", wollten seine
Schüler wissen. 3 „Das hatte nichts mit seinen Taten
zu tun und auch nicht mit denen seiner Eltern",
antwortete Jesus. „Er wurde als Blinder geboren,
damit Gottes Möglichkeiten bei ihm sichtbar wer-
den können. 4 Ich muss den Auftrag, den Gott mir
ausgestellt hat, erfüllen, und zwar so schnell es

geht. Es dauert nicht mehr lange, dann wird es
dunkel werden, und dann kann keiner mehr was
ausrichten. 5 Solange ich hier bei euch bin, werde
ich der Welt Orientierung geben." 6 Dann spuckte
Jesus auf die Erde und machte aus dem Zeug einen
Brei. Den strich er auf die Augen von dem Blinden.
7 „Geh jetzt mal zum Siloah-Teich und wasch dich
da!" Der Blinde machte das auch, er wusch sich das
Zeug von den Augen ab, und als er zurückkam,
konnte er sehen! 8 Seine Nachbarn und die Leute,
die ihn kannten, kriegten das null auf die Reihe. „Ist
das nicht der Mann, der immer an der Straße sitzt
und bettelt?" 9 Einige glaubten es nicht: „Das geht
ja gar nicht! Der sieht dem Typen nur verdammt
ähnlich." „Doch, ich bin das wirklich!", sagte der
Mann. 10 „Wie kommt das denn, dass du plötzlich
sehen kannst?" 11 „Also, das war so", berichtete er,
„ein Mann, der Jesus heißt, hat mir einen Brei auf
meine Augen gestrichen. Dann hat er gesagt, ich
soll mal zum Teich Siloah gehen und das wieder
abwaschen. Hab ich alles getan, und jetzt kann ich
sehen!" 12 „Und wo ist dieser Jesus jetzt?" „Keine
Ahnung!", war seine Antwort.

Die religiösen Streber wollen es genau wissen

13 Irgendwann brachten sie den „Ex-Blinden" zu reli-
giösen Strebern. 14 Jetzt war es so, dass Jesus den
Typen am religiösen Feiertag, dem Sabbat, geheilt
hatte, und da war arbeiten eigentlich verboten ...
15 Die Streber wollten erst mal einen detaillierten
Bericht von ihm. So erzählte er ihnen die ganze
Story: „... und dann er hat mir einen Brei auf die
Augen gestrichen, und als ich den abgewaschen
hab, konnte ich sehen! ..." 16 Ein paar von den Stre-
bern meinten dann gleich: „Dieser Jesus kann gar
nicht von Gott sein, denn er hat gegen unsere religi-
ösen Gesetze verstoßen und am Sabbat gearbeitet."
Eine andere Meinung war: „Aber wie kann das ange-
hen, dass so ein ganz normaler Typ solche großen
Wunder tun kann?" 17 Von dem Ex-Blinden wollten
sie jetzt noch wissen: „Wie schätzen Sie denn die-
sen Menschen ein, was ist das für einer?" „Der ist
auf jeden Fall mindestens ein Prophet!", war seine
Antwort. 18 Die führenden Juden wollten aber nicht
glauben, dass er wirklich mal blind gewesen war.
Darum wurden die Eltern von ihm auch vorgela-
den. 19 Die Befragung ergab Folgendes: „Ist das Ihr
Sohn? Behaupten Sie, er wäre von Geburt an blind
gewesen? Wenn diese Aussage stimmt, wie kommt
es, dass er jetzt sehen kann?" 20 Die Eltern antwor-
teten: „Wir können garantieren, dass es sich hier
um unseren Sohn handelt und dass er blind gebo-
ren wurde. 21 Warum er jetzt wieder sehen kann und
wie das passiert ist? Keine Ahnung! Er ist alt ge-
nug, um für sich selbst zu sprechen. Fragen Sie ihn
doch!" 22 Diese Aussage kam aber unter Druck zu-
stande. Die Eltern hatten Schiss davor, ein Aus-
schlussverfahren an den Hals zu kriegen und aus
der Synagogengemeinschaft rauszufliegen. 23 So
kam es zu dem Spruch: „Fragt ihn doch selbst!"
24 Also wurde der Typ zum zweiten Mal vorgeladen.
Sie versuchten ihn unter Druck zu setzen: „Schwö-
ren Sie bei Gott! Sagen Sie die Wahrheit und nichts
als die Wahrheit! Wir wissen, dass dieser Jesus
nicht mit Gott lebt und Dreck am Stecken hat."
25 „Ich hab keine Ahnung, ob dieser Jesus jetzt nun
mit Gott lebt oder nicht, aber eins weiß ich ganz
sicher: Ich war mal blind und jetzt kann ich sehen!"
26 „Aber was hat er denn mit Ihnen gemacht, wie
hat er das genau angestellt?" 27 Genervt meinte der
Typ: „Das hab ich Ihnen doch schon hundert Mal
erzählt! Haben Sie was in den Ohren, oder wie?
Oder wollen Sie sich etwa auch seiner Truppe an-
schließen?" 28 Jetzt rasteten die religiösen Streber
wiederum aus und brüllten: „Sie gehören doch zu
ihm! Wir gehören nur zu Mose! 29 Von Mose wissen
wir, dass Gott mit ihm geredet hat. Aber von diesem
Typen wissen wir noch nicht mal, wo er geboren
wurde!" 30 „Schon echt seltwürdig!!", meinte der
Mann. „Er kann immerhin meine Augen so mal
eben heilen, aber Sie haben keine Ahnung, wo der
überhaupt herkommt! 31 Wir wissen doch alle, dass
Gott nicht auf das Gebet von Leuten hört, die Dreck
am Stecken haben. Nur Menschen, die so leben,
wie er das will, auf die hört er. 32 Solange sich diese
Erde dreht, hat noch nie jemand eine Heilung von
einem Blindgeborenen gebracht, oder? 33 Wenn die-
ser Typ nicht von Gott kommt, dann ginge das doch
gar nicht!" 34 Völlig sauer brüllten sie ihn an: „Was?
Jetzt spielen Sie hier auch noch unseren Lehrer?",
und dann schmissen sie ihn einfach raus.

Menschen, die sehen können, sind oft total blind

35 Jesus hörte später, dass sie den Typen aus der
jüdischen Gemeinschaft rausgeschmissen hatten.
Er besuchte ihn daraufhin und fragte ihn: „Würdest
du dein Vertrauen auf den Auserwählten Gottes
setzen?" 36 „Ja klar! Sag mir, wer das ist, ich würde
gerne an ihn glauben!" 37 „Er steht vor dir und du
redest gerade mit ihm." 38 „Ja, Meister! Ich vertraue
dir hundert Prozent!" Dann kniete er sich vor Jesus
hin. 39 „Ich bin hier auf die Welt gekommen, um ein

Urteil über sie zu sprechen. Bei mir werden sich Gut und Schlecht voneinander trennen. Die jetzt glauben, den Durchblick zu haben, werden dann nichts mehr verstehen, und die jetzt noch gar nichts blicken, werden alles plötzlich verstehen können.“ 40 Die religiösen Streber, die das hörten, fragten gleich: „Haben Sie gerade uns als blind bezeichnet?“ 41 „Wenn ihr wenigstens blind wärt, dann könnte man euch nichts vorwerfen“, sagte Jesus. „Aber ihr glaubt ja, den Durchblick zu haben, darum könnt ihr euch auch nicht mehr rausreden!“

10

Jesus ist ein guter Hirte

1 „Passt mal auf, was ich euch jetzt sagen will: Wenn jemand versucht, sich hintenrum einzuschleimen, anstatt vorne geradewegs zu sagen, was Sache ist, der hat garantiert keine guten Absichten, er will euch nur kaputt machen und beklauen! 2 Ein Schafhirte kommt auch immer vorne durch das Haupttor, 3 der Türsteher öffnet ihm und die Schafe erkennen ihn an seiner Stimme. Er kennt den Namen von jedem einzelnen Schaf, und er führt sie sicher nach draußen. 4 Wenn alle zusammen sind, geht er voraus, und die Schafe gehen ihm hinterher, weil sie seine Stimme kennen. 5 Wenn irgendein Fremder sie ruft, folgen sie ihm nicht, sie laufen sogar weg. Sie kennen seine Stimme ja auch nicht.“ 6 Die Leute, zu denen er das sagte, kapierten nicht so ganz, was er damit sagen wollte. 7 Darum erklärte er das dann noch mal. „Das ist wirklich so, Leute: Ich bin das Haupttor, wo die Schafe durchmüssen. 8 Alle, die vor mir da waren und euch die Hirtennummer vorgespielt haben, wollten euch nur austricksen. Aber die Schafe haben nicht auf sie gehört. 9 Ich bin die einzige Tür nach drinnen, und wer durch mich durchgeht und so zur Herde kommt, den werde ich retten. Er wird rein- und rausgehen können, und er wird immer die Weide finden. 10 Der Dieb will nur seinen eigenen Vorteil, er beklaut dich und will alles kaputt machen. Ich will dagegen ein echtes, total erfülltes Leben ermöglichen. 11 Ich bin der gute Hirte. Gute Hirten sind deshalb gut, weil sie bereit sind, für die Schafe alles zu geben, sogar ihr Leben. 12 Ein Hirte, der nur gegen Kohle arbeitet, macht sich aus dem Staub, wenn es gefährlich wird, er haut ab, wenn der Wolf kommt. Er wird alle im Stich lassen, sie gehören ihm ja auch nicht. Er handelt nach dem Motto: ‚Nach mir die Sintflut.‘ Darum wird der Wolf leichtes Spiel mit den Schafen haben. 13 Der bezahlte Hirte flieht, wenn Gefahr im Verzug ist, weil ihm die Schafe ja an sich total egal sind. 14 Ich bin aber ein guter Hirte. Ich weiß, wer meine Schafe sind, und sie wissen, wer ich bin. 15 Genauso ist das auch mit meinem Vater und mir. Wir kennen uns auch gegenseitig total gut. Ich bin bereit, für die Schafe zu sterben. 16 Es gibt auch noch mehr Schafe, die sind jetzt noch nicht da. Die müssen auch noch vorbeigebracht werden, die werden auch auf meine Stimme hören. Wir werden dann eine Herde mit einem Hirten sein. 17 Gott liebt mich, weil ich mein Leben verlieren werde, aber ich werde es zurückbekommen. 18 Mich kann keiner wirklich töten. Aber ich tue das freiwillig. Ich habe die Möglichkeit, mein Leben wegzugeben, und ich habe die Möglichkeit, es mir wiederzuholen. Diese Order hat mir mein Vater gegeben.“ 19 Die Juden bekamen das wieder quer in den Hals und diskutierten über diese Ansprache wie wild. 20 Viele waren aber der Meinung, Jesus habe einen fiesen Geist in sich, einen Dämon, und er sei total durchgeknallt. 21 Wieder andere waren der Meinung: „So kann doch keiner reden, der einen Dämon in sich hat! Und kann denn so ein Dämon überhaupt einen Blinden mal eben heilen?“

Jesus diskutiert mit den Leuten

22 Inzwischen war es Winter geworden. In Jerusalem war das Fest der Tempelweihe im Gange. 23 Jesus war gerade im Tempel, in der Halle vom Salomo. 24 Plötzlich umzingelten ihn die Juden und wollten von ihm wissen: „Wie lange spannen Sie uns jetzt noch auf die Folter? Wenn Sie der Auserwählte, der Christus, sind, dann machen sie jetzt mal ’ne Ansage!“ 25 „Wie oft soll ich es denn noch sagen, aber Sie glauben mir ja eh nicht. Alles, was ich im Auftrag von meinem Vater getan habe, sollte Ihnen locker reichen. 26 Aber Sie glauben mir sowieso nicht, weil Sie auch gar nicht zu meinen Schafen gehören. 27 Meine Schafe erkennen meine Stimme sofort, und sie hören auf das, was ich ihnen sage. 28 Ich gebe ihnen ein Leben, was nie mehr aufhören wird. Ihnen kann nichts mehr passieren. Niemand kann sie mir wieder nehmen. 29 Mein Vater hat sie mir anvertraut, und der ist stärker als alles, was es so gibt. Darum kann sie keiner mehr von meinem Vater wegnehmen. 30 Ich und der Vater, wir gehören zusammen, denn wir sind eins.“

Attentat auf Jesus

31 Wütend hoben die Juden ein paar Steine auf und wollten ihn damit sofort umbringen. 32 Jesus sagte

dann: „Ich habe viele gute Sachen bei euch ge-
macht, weil mein Vater mir die Kraft dafür gegeben
hat. Für welche gute Tat wollen Sie mich jetzt hin-
richten?“ 33 „Nicht, weil Sie so gute Sachen gemacht
haben, sondern weil Sie die ganze Zeit über Gott
ablästern. Sie sind auch nur ein Mensch und be-
haupten trotzdem, Gott zu sein!“ 34 „Ja, aber gibt es
da nicht auch eine Stelle in euren Gesetzen, wo
steht: ‚Ich hab zu euch gesagt: Ihr seid wie Götter‘?
35 Gott nennt sogar die Leute ‚Götter‘, mit denen er
da redet. Und Sie wollen doch nicht etwa sagen, die
alten Schriften wären total egal? 36 Wie sind Sie
überhaupt drauf, wenn Sie ausgerechnet den Mann
beschuldigen, der Ihnen von Gott geschickt wurde?
Was geht bei Ihnen ab, wenn Sie ihn beschuldigen,
er würde über Gott ablästern, nur weil er behauptet,
der Sohn von Gott zu sein? 37 Wenn ich nicht die
Sachen mache, die Gott will, dann brauchen Sie mir
nicht zu glauben. 38 Falls ich aber das tue, was Gott
will, dann glauben Sie doch wenigstens diesen Zei-
chen, die ich tue. Dann könnten Sie auch kapieren,
dass mein Vater mit mir ist und ich ganz nah bei
ihm dran bin.“ 39 Jetzt wollten sie ihn gleich wieder
verhaften, aber er schaffte es irgendwie noch ein-
mal, ihnen durch die Finger zu flutschen. 40 Er wan-
derte rüber zum Fluss Jordan, in die Nähe von der
Stelle, wo Johannes getauft hatte. Da blieb er dann
erst mal. 41 Sehr viele Menschen kamen dort zu ihm.
Alle waren der Meinung: „Johannes war zwar nicht
so wundermäßig unterwegs, aber seine Voraussa-
gen über diesen Mann stimmten total.“ 42 Viele
Menschen setzten ihr Vertrauen dort auf Jesus.

11

Die Geschichte mit Lazarus

1 Lazarus, ein junger Mann, der in Betanien
lebte, war sehr krank geworden. In demselben
Dorf wohnten auch seine Schwestern Maria und
auch Marta. 2 (Maria war die Frau, die Jesus bald
danach mit diesem teuren Öl die Füße einreiben
und sie mit ihren Haaren abtrocknen würde, fast so
wie bei einer Beerdigung.) Weil ihr Bruder so sehr
krank war, 3 schickten sie Jesus einen Brief, in dem
stand: „Lieber Jesus, dein guter Freund Lazarus ist
sehr schwer erkrankt!“ 4 Jesus bekam die Nachricht,
war aber nicht sonderlich geschockt: „Er wird an der
Krankheit nicht sterben. Gott wird dadurch aber
zeigen können, was er draufhat. Und sein Sohn wird
dadurch groß rauskommen.“ 5 Jesus liebte Marta,
Maria und Lazarus sehr. 6 Trotzdem ließ er sich voll
Zeit und blieb noch zwei Tage da. 7 Erst dann sagte
er zu seinen Freunden: „Lasst uns mal wieder nach
Judäa gehen.“ 8 Die waren von der Idee nicht so
begeistert. „Meister, ist noch gar nicht lange her, da
wollten die Juden dich da hinrichten lassen. Und
jetzt willst du wieder da vorbei?“ 9 „Ich weiß genau,
wann ich was zu tun habe. Zwölf Stunden am Tag
ist es hell. Solange man noch was sehen kann, weil
es eben hell ist, ist man auch in Sicherheit. 10 Nur
wenn es dunkel ist, in der Nacht, dann kann man
stolpern und auf die Fresse fallen. Denn da ist kein
Licht, was den Weg ausleuchtet.“ 11 Danach sagte er
noch zu seinen Freunden: „Unser Freund Lazarus
pennt jetzt, ich will ihn nur mal eben aufwecken!“
12 „Also, schlafen ist gesund, dann ist er bald wieder
okay“, meinten sie dazu. 13 Die dachten nämlich, er
hätte von einem normalen Schlaf gesprochen. Jesus
meinte aber damit, dass Lazarus schon tot war.
14 Darum sagte Jesus: „Also, Lazarus ist schon
gestorben, 15 aber wegen euch finde ich das ganz
gut, dass ich hier bei euch und nicht bei ihm war.
Jetzt könnt ihr mal sehen, was für Auswirkungen
das haben kann, wenn man Gott wirklich glaubt.
Lasst uns jetzt mal da hingehen!“ 16 Thomas, der
auch „Zwilling“ genannt wurde, meinte voll traurig
zu den anderen: „Ja, lasst uns mit Jesus gehen und
mit ihm sterben.“ 17 Als sie in Betanien ankamen,
lag Lazarus schon vier Tage im Grab. 18 Man muss
wissen, dass Betanien nur ein paar Kilometer von
Jerusalem entfernt liegt. 19 Darum waren viele von
den Juden schnell gekommen, um Maria und Marta
zu trösten. 20 Als Marta mitbekam, dass Jesus auf
dem Weg zu ihnen war, rannte sie ihm schon mal
entgegen. 21 Voll traurig meinte sie zu ihm: „Herr,
wenn du bloß da gewesen wärst, dann würde mein
Bruder noch leben. 22 Trotzdem bin ich mir total
sicher, Gott kann dir keine Bitte ausschlagen!“
23 „Pass auf, dein Bruder wird wieder leben!“ 24 „Ich
weiß“, antwortete sie, „an diesem letzten Tag, wo
alle toten Menschen wieder lebendig werden,
stimmt´s?“ 25 „Bei mir hat der Tod keine Chance
mehr, ich sorge für echtes Leben. Alle, die ihr Ver-
trauen auf mich setzen und mir glauben, die werden
immer weiterleben, auch wenn sie mal sterben!
26 Jeder, der mir vertraut, der wird nie mehr sterben!
Glaubst du das, Marta?“ 27 „Ja klar, mein Herr, ich
glaube, dass du der Auserwählte, der Christus, bist,
das hab ich immer schon gesagt. Du bist der Sohn
von Gott, der zu uns in die Welt gekommen ist.“
28 Anschließend ging sie zu Maria zurück. Sie nahm
sie auf die Seite und sagte zu ihr: „Jesus ist da, der
Meister persönlich, er will mit dir reden!“ 29 Maria

stand sofort auf und rannte ihm entgegen. 30 Jesus
war nicht in das Dorf reingegangen, er wartete an
dem Platz, wo er Marta getroffen hatte. 31 Die Leute,
die bei der Trauerwoche dabei waren, um Maria zu
trösten, kriegten mit, wie sie es plötzlich ganz eilig
hatte und von der Feier wegging. Sie gingen ihr hin-
terher. Die Vermutung lag nahe, dass sie am Grab
noch etwas heulen wollte. 32 Dann traf sie endlich
Jesus. Sie kniete sich vor ihm hin und sagte zu ihm:
„Oh, mein Herr, wenn du doch bloß hättest früher
kommen können, dann wäre mein Bruder noch am
Leben." 33 Jesus sah die ganzen Trauernden und war
sichtlich abgenervt und traurig. 34 „Wo habt ihr den
Lazarus überhaupt hingelegt?", wollte er wissen.
„Komm mit, das zeigen wir dir gerne." 35 Jesus fing
voll an zu weinen. 36 „Da könnt ihr mal sehen, wie
sehr er Lazarus geliebt hat", war der Kommentar
von einigen Gästen. 37 Andere tuschelten rum:
„Schon seltsam, jeden x-beliebigen Blinden kann er
heilen; da hätte er doch auch was machen können,
dass der Lazarus nicht sterben muss, oder?" 38 Jetzt
wurde Jesus erst richtig sauer. Er ging zu dem
Raum, in dem die Leiche aufbewahrt wurde. An der
Tür war ein fettes Schloss angebracht. 39 „Macht das
sofort auf!" Aber Marta, die Schwester von dem
toten Lazarus, hatte Einwände: „Meister, er wird
bestimmt schon schlimm stinken! Er liegt da schon
vier Tage drin!" 40 „Hab ich nicht gesagt, du wirst
die irrsten Sachen von Gott erleben können, wenn
du nur wirklich Vertrauen in ihn hast?" 41 Also mach-
ten sie das Schloss auf. Jesus sah noch mal zum
Himmel und redete mit Gott: „Hey, Vater, danke,
dass du getan hast, was ich von dir wollte. 42 Ich bin
mir ganz sicher, dass du meine Bitten immer er-
hörst. Ich sag das jetzt nur wegen der Leute, die
hier sind, damit sie begreifen, dass ich von dir her-
geschickt worden bin." 43 Und dann brüllte er:
„Lazarus, komm jetzt raus!" 44 Und Lazarus kam
raus!!! Total eingewickelt mit Leichentüchern, sogar
sein Kopf war noch da drunter. „Nehmt ihm mal
diese Tücher ab und lasst ihn rumlaufen!", befahl
Jesus.

Einer für alle

45 Sehr viele von den Juden, die dabei waren und das
miterlebt hatten, setzten ihr Vertrauen ab dann auf
Jesus. 46 Ein paar andere petzten aber die ganze
Geschichte an die religiösen Streber weiter. 47 Gleich
darauf organisierten die Oberpriester und Streber,
die zum Hohen Rat gehörten, ein Meeting, um die
Lage zu erörtern. „Was machen wir jetzt? Dieser Typ
tut ein Wunder nach dem nächsten. 48 Wenn der so
weitermacht und wir nichts unternehmen, dann
werden ihn alle als Star anhimmeln. Sie werden eine
Revolution anzetteln, und dann wird die römische
Besatzungsarmee ankommen und uns fertigma-
chen." 49 Schließlich ergriff Kaiphas das Wort. Er war
in diesem Jahr der oberste Priester. Er sagte: 50 „Was
gibt es da noch groß zu überlegen? Ist doch besser,
wenn einer stirbt, als wenn alle dran glauben müs-
sen!" 51 Diese Ansage hatte ihm allerdings Gott auf-
gespielt. Dass Jesus für alle Juden sterben würde,
konnte er ja gar nicht wissen. 52 So war nämlich der
Plan, den Gott sich ausgedacht hatte. Jesus sollte
sogar nicht nur für die Juden, sondern auch für alle
anderen Menschen, die zu Gottes Familie gehörten,
sterben und sie so alle zusammenbringen. 53 Ab
diesem Tag war für die Leute, die bei den Juden was
zu sagen hatten, klar, dass Jesus sterben muss.
54 Darum machte sich Jesus in der Öffentlichkeit
etwas rar. Er ging aus Jerusalem zu einer Stelle, die
in der Nähe der Wüste lag. Der Ort hieß Ephraim.
Da hing er noch ein bisschen mit seinen Freunden
rum. 55 Mittlerweile waren es nur noch ein paar
Tage, bis das große Passafest am Start war. Sehr
viele Leute aus dem ganzen Land waren deswegen
in Jerusalem. Sie wollten die gesetzlich vorgeschrie-
benen Säuberungsvorschriften erfüllen, bevor das
Fest losging. 56 Alle wollten diesen Jesus mal erle-
ben, sogar im Tempel war er das Gesprächsthema
Nummer eins: „Was meint ihr, wird er wohl kom-
men?" 57 Die Oberpriester und die religiösen Streber
hatten mittlerweile öffentlich die Ansage gemacht,
dass jeder, der Jesus gesehen hatte, sofort bei ihnen
Anzeige erstatten sollte. Sie wollten ihn dann sofort
verhaften.

12

Zu teures Öl? Für Jesus ist nichts zu teuer!

1 Sechs Tage bevor die Passaparty steigen
sollte, kam Jesus bei seinen Freunden in
Betanien vorbei. Das war die Stadt, wo Lazarus
herkam (der Lazarus, den Jesus wieder gesund
gemacht hatte, obwohl er schon tot gewesen war).
2 Um Jesus was Gutes zu tun, organisierten sie ein
fettes Essen mit allem Drum und Dran. Marta
bediente die Gäste, Lazarus war der Tischnachbar
von Jesus. 3 Plötzlich nahm Maria so eine Flasche
mit irre teurem Öl und massierte damit die Füße
von Jesus. Danach trocknete sie die Füße noch mit
ihren Haaren. Das Öl roch voll gut, man konnte
das im ganzen Haus riechen. 4 Judas, einer von sei-

nen Freunden (der Jesus später verraten sollte),
fand das nicht so toll: 5 „Mann, dieses Öl ist doch
irre teuer gewesen. Um mir das zu leisten, müsste
ich ein Jahr durcharbeiten, voll die Verschwendung!
Man hätte es ja auch sehr gut verkaufen können
und das Geld dann an Leute weitergeben, die es
dringender brauchen!" 6 Dabei waren ihm diese
Leute eigentlich scheißegal. Er selber war nämlich
total falsch und bediente sich immer mal wieder
aus der Gemeinschaftskasse, die er verwaltete.
7 „Ist doch okay!", sagte Jesus. „Maria hat meiner
Beerdigung vorgegriffen und mich dafür schon klar-
gemacht. 8 Leute, die arm sind, wird es immer
geben, ich werde aber bald nicht mehr bei euch
sein." 9 Als die Leute mitbekamen, dass Jesus da
war, kamen sehr viele vorbei, nicht nur um mal die-
sen Jesus zu sehen, sondern um vor allem Lazarus
zu begutachten, der von Jesus wieder lebendig ge-
macht worden war. 10 Jetzt beschlossen die Ober-
priester, den Lazarus auch noch zu töten, 11 vor al-
lem, weil wegen ihm sehr viele Leute anfingen, an
Jesus zu glauben.

Großer Empfang in Jerusalem

12 Bereits am nächsten Morgen verbreitete sich die
Nachricht wie ein Lauffeuer durch die ganze Stadt,
dass Jesus auf dem Weg nach Jerusalem war. 13 Irre
viele Leute sammelten sich auf der Straße, sie
organisierten sich Zweige von den Palmen, wedel-
ten damit rum und riefen dabei: „Hurra! Danke
Gott, du bist der Beste! Da kommt der Größte!
Willkommen Präsident, Präsident von Israel!"
14 Jesus nahm sich ein Moped und setzte sich dad-
rauf. So wurde etwas Wirklichkeit, was schon bei
den Propheten in dem alten Buch vorhergesagt
wurde: 15 „Du brauchst keine Angst zu haben! Ihr
Leute aus Israel, da kommt dein Präsident auf
einem Moped!" 16 Seine Freunde kapierten das erst
viel später, dass sich damit eine Prophezeiung
erfüllt hatte. Erst ganz am Ende, als Jesus sein
Comeback gehabt hatte, erinnerten sie sich da
dran. 17 Die Leute, die mitbekommen hatten, wie
Jesus seinen Freund Lazarus aus dem Grab geholt
und wieder lebendig gemacht hatte, hatten das
überall rumerzählt. 18 Das war der Hauptgrund,
warum so viele Fans da waren. Sie hatten alle von
diesem Typen gehört, der so derbe Wunder getan
hat, und wollten ihn auch mal sehen. 19 Die reli-
giösen Streber waren natürlich nicht so begeistert:
„Mist, hat alles nichts gebracht! Alle Leute rennen
ihm jetzt nach!"

Ansage, wie Jesus sterben wird

20 Auf dem Passafest waren auch ein paar Griechen.
21 Die kamen mit einer Anfrage bei Philippus (dem
aus Betsaida, Galiläa) vorbei: „Mein Herr, wäre es
möglich, dass Sie ein Treffen mit diesem Jesus orga-
nisieren könnten?" 22 Philippus besprach sich mit
Andreas, dann gingen beide zu Jesus, um ihn direkt
zu fragen. 23 Jesus' Antwort war: „Es ist sowieso
Zeit, dass der Auserwählte Gottes bald groß raus-
kommen wird. 24 Passt auf, was ich jetzt sage: Wenn
man ein Korn von einer Weizenpflanze nicht in die
Erde eingräbt und es damit tötet, dann kann daraus
nichts Neues wachsen. In der Erde aber keimt es,
und dann wächst da draus eine neue Pflanze, mit
vielen neuen Körnern dran. 25 Jeder, der an seinem
Leben auf dieser Erde total hängt und dadrum
kämpft, wird es irgendwann verlieren. Aber wem
sein Leben auf dieser Welt total egal ist, der wird ein
Leben bekommen, was ewig anhält. 26 Wer mit mir
sein will und tun möchte, was ich sage, muss mir
folgen. Da, wo ich bin, da sollte er auch sein. Und
wer das tut, was ich sage, der wird von meinem
Vater einen Orden kriegen."

Jesus redet davon, dass er bald sterben wird

27 „Im Moment bin ich total traurig. Ich frag mich
manchmal, ob ich jetzt beten sollte: ‚Vater, hol mich
hier raus, rette mich!' Und doch bin ich genau des-
wegen ja hier. 28 Vater, sorg dafür, dass alle merken,
was du drauf hast!" Plötzlich hörten alle eine laute
Stimme aus dem Off: „Ich habe immer zu dir ge-
standen und werde es auch weiter tun!" 29 Die Leute,
die dabei waren, hörten nur einen Donner oder so.
Einige behaupteten auch, ein Engel habe mit Jesus
geredet. 30 Jesus klärte das sofort auf: „Diese Ansage
war für euch, nicht für mich! 31 Jetzt wird die letzte
große Gerichtsverhandlung abgehen, diese Welt
wird verurteilt werden. Und der Satan, der in dieser
Welt das Sagen hat, wird abgestraft werden. 32 Und
wenn ich dann von oben auf die Welt sehe, wenn ich
hochgehalten werde, dann werde ich alle zu mir zie-
hen!" 33 Das sagte er auch, um anzudeuten, wie er
sterben würde. 34 Die Leute, die da rumstanden, hat-
ten noch ein paar Fragen: „In den alten Schriften
steht, dass der Auserwählte, der Christus, nie ster-
ben wird. Wie kommst du dadrauf, dass der Men-
schensohn hochgehalten werden muss? Und wer ist
das überhaupt?" 35 Jesus antwortete in einem Bild:
„Zurzeit ist das Licht noch bei euch. Nutzt diese
Zeit, so gut es geht. Ihr wollt doch das Ziel auch
erreichen, bevor es dunkel wird, oder? Im Dunkeln

hat keiner mehr die Peilung, wo es längsgeht, und dann verläuft man sich. 36 Setzt euer Vertrauen auf dieses Licht, solange es noch da ist. Dann werdet ihr zur Familie dazugehören." Danach ging Jesus wieder weg und versteckte sich irgendwo.

Nur wenige schaffen es, Jesus zu vertrauen

37 Obwohl Jesus so viele Wunder getan hatte, vertrauten die wenigsten ihm wirklich. 38 Genau das hatte der Prophetentyp Jesaja auch schon gesagt: „Gott, wer hat uns schon geglaubt, wer hat verstanden, worum es uns ging?" 39 Die Menschen blickten es einfach nicht. Jesaja sagte dazu auch: 40 „Gott hat ihnen die Augen verbunden und ihren Verstand benebelt, so dass sie einfach nichts kapieren. So können sie auch nicht zu mir kommen, damit ich sie gesund machen kann." 41 Jesaja hatte diese Prophezeiung über Jesus gesagt, er hatte gesehen, wie derbe heilig er ist. 42 Sehr viele von den Leitern der Israelis begannen Jesus zu glauben. Es war ihnen aber auch peinlich, das öffentlich zuzugeben. Sie hatten Angst, die religiösen Streber würden sie deswegen aus der Gemeinschaft rausschmeißen. 43 Es war ihnen wichtiger, dass Menschen sie gut finden, als dass Gott sie gut findet.

Jesus sagt, was passiert, wenn man ihm nicht vertraut

44 Jesus rief den Leuten zu: „Hey, ihr, wenn ihr mir vertraut, dann vertraut ihr nicht nur mir, sondern auch Gott, der hinter mir steht. 45 Wenn ihr mich anseht, dann könnt ihr durch mich den sehen, der mich zu euch geschickt hat. 46 Ich bin so wie ein riesengroßer Halogenstrahler, ich soll in diese Welt reinleuchten, damit alle, die mir vertrauen, endlich was sehen können. 47 Also, wenn jemand die Sachen hört, die ich erzähle, dem das aber total egal ist, den werde ich nicht verurteilen. Das ist nämlich nicht mein Job, solange ich hier bin. Ich bin nicht dazu da, Leuten zu sagen, wie schlecht sie sind, sondern ich will sie aus ihrem Dreck rausholen! 48 Jeder, der aber keinen Bock auf die Sachen hat, die ich sage, wird am letzten Tag vor Gericht abgestraft werden. Als Grundlage dienen dabei meine Worte. 49 Ich habe hier nicht meine eigenen Ideen zum Besten gegeben, das waren alles Sachen, die mir Gott, der Vater, aufgetragen hat. 50 Ich bin mir hundertpro sicher: Alles, was er sagt, bringt es! Er zeigt uns den Weg zu einem ewig geilen Leben! Darum sag ich immer genau das, was mir der Vater gerade zuflüstert."

13

Jesus wäscht seinen Freunden die Füße

1 Am Abend vor der Passafeier war Jesus schließlich ganz klar, dass seine Zeit auf der Erde abgelaufen war. Er sollte zu Gott, seinem Vater, zurückgehen. Er wollte am Ende einfach noch mal ein Statement abgeben, wie sehr er seine Freunde liebt. 2 Seine Freunde und er saßen alle beim Abendbrot, während der Teufel den Judas (den Sohn vom Simon Iskariot) schon überredet hatte, seinen Plan in die Tat umzusetzen und Jesus zu verraten. 3 Jesus war sich total im Klaren darüber, dass Gott ihm uneingeschränkte Vollmacht über alles gegeben hatte. Ihm war bewusst, dass er von ihm auf die Erde geschickt worden war und bald zu ihm zurückgehen würde. 4 Mit dieser Tatsache im Hinterkopf stand er plötzlich auf, zog sein Hemd aus und band sich ein Handtuch um die Hüften. 5 Dann goss er etwas Wasser in einen Eimer und fing an, einem nach dem anderen seiner Freunde die Füße zu waschen. Anschließend trocknete er sie wieder mit dem Handtuch ab. 6 Simon Petrus hatte da aber nicht so Bock drauf. Als er an der Reihe war, meinte er: „Chef, warum solltest ausgerechnet du mir meine Drecksmauken waschen?" 7 „Hey, Petrus, du kapierst das jetzt noch nicht, aber irgendwann wirst du das verstehen." 8 „Never", meinte Petrus, „du sollst mir nicht die Füße waschen!" Jesus blieb aber hart: „Wenn ich dir nicht die Füße wasche, dann gehörst du auch nicht mehr dazu!" 9 „Oh, Jesus, dann kannst du lieber gleich 'ne Ganzkörperreinigung vornehmen!", rief Petrus sofort. 10 Jesus lächelte: „Also, wer heute Morgen geduscht hat, braucht sich auch jetzt nicht mehr ganz zu waschen, ausgenommen die Füße. Der ist okay, so, wie er ist. Ihr seid auch alle sauber, mit einer Ausnahme ..." 11 Jesus wusste schon, wer ihn verraten würde, darum meinte er: „Mit einer Ausnahme." 12 Nach dieser Waschaktion zog sich Jesus erst mal wieder an. Dann setzte er sich und fragte in die Runde: „Habt ihr begriffen, was ich euch damit klarmachen wollte? 13 Ihr nennt mich ‚Chef', ‚Trainer' und ‚Meister' und das ist auch okay, das bin ich ja auch. 14 Wenn ich das wirklich bin und euch trotzdem die Füße gewaschen habe, dann könnt ihr euch doch auch gegenseitig die Füße waschen, oder? 15 Ich wollte euch damit etwas zeigen, damit ihr es dann nachmachen könnt. Macht es genauso wie ich! 16 Und vergesst nie: Ein Angestellter steht nie über seinem Chef. Ein Botschafter untersteht immer dem, von dem er geschickt wurde. 17 Das habt ihr doch alle verstanden, jetzt lebt auch danach, dann kommt ihr immer gut klar!"

Jetzt kommt es raus, wer Jesus verraten wird

18 „Was ich euch jetzt sage, betrifft nicht jeden. Ich
kenne jeden von euch sehr gut, ich hab euch ja
extra ausgesucht. In den alten Schriften wird ja die
Ansage gemacht: ‚Der Typ, der mit mir ein Stück
Brot isst, der wird mich verraten.‘ 19 Das wird bald
passieren. Ich sag euch das jetzt schon, damit ihr
alle wirklich kapiert, dass ich der Auserwählte, der
Christus, bin. 20 Vergesst nicht: Wenn jemand sich
um einen kümmert, der von mir geschickt wurde,
der kümmert sich in Wirklichkeit um mich. Und
wer sich um mich kümmert, der sorgt sich um die
Belange meines Vaters, von dem ich geschickt
wurde.“ 21 Nachdem er diese Ansprache gehalten
hatte, wurde Jesus total traurig. „Leider stimmt das,
einer von euch wird mich verraten!“ 22 Seine Freun-
de sahen sich gegenseitig verstört an: Wer war da-
mit wohl gemeint? 23 Neben Jesus saß der Freund,
den Jesus besonders lieb hatte. 24 Petrus flüsterte
dem zu: „Los, frag ihn, wen er damit meint!“ 25 Also
lehnte der sich zu Jesus rüber und fragte ihn: „Je-
sus, wer macht denn so was?“ 26 „Der Typ, dem ich
das Stück Brot geben werde, nachdem ich es in den
Dip getunkt habe, der wird es sein.“ Dann tauchte
er das Brot ein und gab es Judas, der ein Sohn von
Simon Iskariot ist. 27 Ab dieser Sekunde hatte Satan
voll Kontrolle über Judas. „Los, zieh ab, beeil dich,
Judas. Tu, was du nicht lassen kannst!“, sagte Jesus
zu ihm. 28 Keiner von den andern Jungs kapierte,
was Jesus damit meinte. 29 Einige glaubten, er hätte
Judas losgeschickt, um noch Sachen für die Party
einzukaufen oder vielleicht ein paar Leuten, die
keine Kohle hatten, etwas Geld zu geben. 30 Judas
nahm sich noch ein Stück Brot, stand sofort auf
und verschwand. Draußen war es schon dunkel ge-
worden.

Liebt euch gegenseitig!

31 Nachdem Judas abgehauen war, sagte Jesus zu
seinen Freunden: „Gott wird den Menschen jetzt
klarmachen, wer der Auserwählte wirklich ist.
Dadurch werden auch alle andern Leute sehen, wie
groß Gott ist und dass er zu seinem Sohn steht.
Gott ist ja auch durch ihn groß rausgekommen!
32 Wenn Gott durch ihn groß rausgekommen ist,
dann wird Gott auch bei ihm beweisen, was er wirk-
lich draufhat. Das wird sehr bald abgehen. 33 Ihr lie-
ben Kinder, es dauert jetzt nicht mehr lange, dann
muss ich verschwinden. Ihr werdet versuchen, mich
zu finden, aber ich hab es ja schon zu den Juden
gesagt: Keine Chance! Da, wo ich bin, könnt ihr
nicht nachkommen. 34 Ich will euch heute eine neue
wichtige Lebensregel von Gott mitgeben: Liebt euch
gegenseitig! So wie ich euch geliebt habe, so sollt
ihr euch auch gegenseitig lieben! 35 In dem Maße,
wie man das bei euch sehen kann, dass ihr euch
liebt, werden die Leute, die nicht an Gott glauben,
merken, dass ihr zu mir gehört.“

Jesus macht Petrus die Ansage: Du wirst so tun, als würdest du mich nicht kennen

36 Petrus fragte Jesus: „Sag mal, wohin wirst du
überhaupt gehen?“ „Also, Petrus, tut mir leid, aber
da kannst du jetzt nicht mitkommen. Allerdings
später mal, dann wird das gehen.“ 37 „Aber warum
denn, Jesus? Ich würde echt alles für dich geben!“,
meinte Petrus. 38 Aber Jesus' Antwort war nur: „Du
würdest alles für mich geben? Hey, Petrus, noch vor
Mitternacht wirst du dreimal so tun, als würdest du
mich noch nicht mal kennen!“

14

Ohne Jesus hat keiner eine Chance bei Gott

1 Jesus redete weiter zu seinen Freunden:
„Keine Panik, Leute! Wenn ihr Gott vertraut,
dann vertraut jetzt auch mir! 2 Denn da, wo mein
Vater wohnt, gibt es viele Häuser, in denen man
einziehen kann. Ich geh vor und mach für euch
schon mal alles klar! Das hab ich euch doch schon
mal gesagt! 3 Wenn dann alles okay ist, komme ich
wieder zurück, um euch abzuholen! Dann können
wir da alle zusammen sein, ihr bei mir und ich bei
euch. 4 Den Weg, wie ihr da hinkommt, habt ihr
doch kapiert, oder?“ 5 „Nein, Jesus, keine Ahnung,
wir haben noch nicht mal kapiert, wo du überhaupt
hingehen wirst! Wie sollen wir denn den Weg dahin
finden?“, sagte Thomas. 6 „Ich bin der Weg dahin,
über mich wirst du ihn finden. Ich bin die Wahrheit
in Person, zuverlässig hoch zehn. Ich bin das
Leben, wirkliches, gutes Leben. Keiner hat eine
Chance bei Gott, wenn er nicht über mich zu ihm
kommt. 7 Wenn ihr mich kennengelernt habt, dann
habt ihr auch Gott, den Vater, kennengelernt. Ihr
kennt ihn also jetzt, ihr habt mich ja erlebt!“ 8 Philip-
pus wollte aber noch mehr: „Meister, zeig uns doch
mal den Vater, dann sind wir alle happy!“ 9 „Mann,
Philippus, hast du es immer noch nicht kapiert, wer
ich bin, obwohl wir uns schon so lange kennen?
Wenn du mich ansiehst, dann siehst du Gott den
Vater an! Warum willst du denn noch mehr sehen?
10 Glaubst du nicht, dass ich so bin wie der Vater
und der Vater so ist wie ich? Alles, was ich euch

erzählt habe, das kam ja nicht von mir, da hat der Vater, der in mir lebt, zu euch geredet. 11 Bitte vertraut mir, ich bin wirklich total eins mit dem Vater und der Vater auch mit mir. Wenn ihr damit so Probleme habt, dann glaubt es wenigstens, weil ihr die krassen Wunder gesehen habt, die ich getan habe. 12 Eins ist auf sicher: Alle, die mir vertrauen und sich auf mich einlassen, werden die gleichen Sachen machen können, wie ich sie getan habe. Ja, sie werden sogar noch fettere Sachen machen, weil ich dann ja verschwinde und beim Vater bin! 13 Hey, und alles, worum ihr ihn dann bitten werdet, das bekommt ihr von mir, wenn ihr euch dabei auf mich beruft! Denn dadurch wird allen klar, wie gut Gott ist, und er kommt am Ende durch mich groß raus. 14 Ich sage es noch mal: Wenn ihr irgendwas braucht und darum betet und euch dabei auf mich beruft, dann werde ich mich da drum kümmern, ich werde es tun!"

Jesus sagt was über die Power, seinen Geist, der helfen soll

15 „Wenn ihr mich wirklich liebt, dann tut ihr auch die Sachen, die ich euch gesagt habe. 16 Ich werde bei meinem Vater eine Anfrage starten, damit er euch etwas schickt, etwas, was euch helfen und euch nie verlassen wird. 17 Ich rede jetzt von seiner besonderen Power, dem Heiligen Geist, der immer die Wahrheit sagt und der weiß, wo es längsgeht. Die Leute, die nicht mit Gott leben, kriegen diesen Geist nicht, die würden ihn auch gar nicht richtig begreifen, und darum wollen sie den auch nicht wirklich. Ihr kennt ihn aber, denn er wird bei euch bleiben und später sogar mal in euch sein. 18 Nein, ich lasse euch nicht mutterseelenallein zurück, ich komme in einer anderen Form wieder zu euch! 19 Es dauert nicht mehr lange, dann werde ich aus dieser Welt verschwinden. Aber ich werde durchkommen und leben! Und deshalb werdet ihr auch leben. 20 Dann werdet ihr kapieren, dass der Vater und ich total eins sind und dass ich in euch lebe und ihr in mir lebt. 21 Die Menschen, die wissen, was ich gut finde, und das in ihrem Leben auch umsetzen, das sind die Leute, die mich lieben. Und weil sie mich lieben, wird mein Vater sie auch lieben, und ich werde sie natürlich auch lieben und ihnen weiter zeigen, wie ich wirklich bin." 22 Judas (nein, jetzt nicht der Judas Iskariot, ein anderer Judas, der denselben Namen hatte) fragte ihn: „Jesus, warum zeigst du nur uns, wer du wirklich bist, warum nicht auch dem Rest der Welt?" 23 Dazu sagte Jesus: „Alle, die mich wirklich lieben, werden sich an das halten, was ich gesagt habe. Und mein Vater wird sie dann auch lieben, und wir werden dann gemeinsam bei ihnen einziehen und bei ihnen bleiben. 24 Die Leute, die mich nicht lieben, denen wird egal sein, was ich gesagt habe. Und nicht vergessen: Wer mir zuhört, hört den Vater reden! Der hat mich ja geschickt. 25 Das sage ich euch jetzt alles noch, solange ich bei euch bin. 26 Wenn aber die Unterstützung kommt, der heilige Geist, diese ganz besondere Kraft von Gott, der wird euch dann alles beibringen, was ihr noch wissen müsst, und er wird euch an die Sachen erinnern, die ich euch gesagt habe. 27 Ich lass euch auf keinen Fall alleine, ihr bekommt als Geschenk ein Friedensangebot. Dieser Frieden, den ich euch gebe, hat nichts mit dem Frieden zu tun, den ihr in der dieser Welt ohne Gott findet. Darum braucht ihr echt keine Angst mehr zu haben und auch keine Sorgen. 28 Nie vergessen: Ich habe gesagt, dass ich abhaue, aber ich werde zurückkommen, klar? Wenn ihr mich echt liebt, dann freut euch mit mir, dass ich jetzt zu Gott, meinem Vater, gehen kann. Der ist viel fetter und größer als ich. 29 Ich hab euch das jetzt alles erzählt, damit ihr mir glaubt, wenn das dann passiert. 30 Ich kann jetzt nicht mehr lange mit euch reden, weil der Typ, der die Macht hat in dieser Welt, der Satan, schon unterwegs ist. Er hat mir zwar nichts zu sagen, 31 aber alle sollen sehen, dass ich Gott, meinen Vater, total liebe und dass ich immer das tue, was er von mir will. Okay, dann lasst uns losgehen!"

15

Der Weinstock

1 „Ich bin der echte Weinstock, und mein Vater ist der Gärtner, der sich dadrum kümmert. 2 Er entfernt die Zweige, wo keine Früchte dran wachsen, und die Zweige, an denen welche wachsen, kürzt er an einigen Stellen, damit sie dann noch mehr Früchte tragen können. 3 Weil ihr mir gut zugehört habt, seid ihr schon hier und da gekürzt worden. 4 Ihr müsst immer ganz eng an mir dran sein, dann kann ich auch in euch wirken. Das ist genauso wie mit dem Zweig und den Früchten: Wenn ihr immer an mir dran seid, dann werden bei euch viel gute Früchte wachsen. 5 Ich bin der Weinstock, und ihr seid die Zweige, die dadran sind. Wenn ihr eng bei mir bleibt und ich auch bei euch bleibe, dann werden viele gute Sachen dadraus wachsen, gute Früchte. Wenn ihr aber von mir getrennt seid, dann geht gar nichts mehr. 6 Wer ohne mich leben will,

wird wie ein Zweig, der es nicht bringt, einfach abge-
sägt werden. Die abgesägten Zweige werden auf
einen Haufen geschmissen und verbrannt. 7 Wenn
ihr aber immer ganz eng mit mir verbunden bleibt
und ihr die Sachen, die ich euch gesagt habe, nicht
vergesst und danach lebt, dann könnt ihr Gott um
alles Mögliche bitten, er wird es tun! 8 Mein Vater
kommt so groß raus, wenn bei euch viele gute
Früchte wachsen. Und alle können daran auch
sehen, dass ihr wirklich zu mir gehört."

Die Liebe ist superwichtig

9 „Genauso wie mich Gott der Vater liebt, so liebe
ich euch auch. Bleibt immer bei mir, entfernt euch
nicht von meiner Liebe. 10 Wenn ihr die Sachen tut,
die ich euch gesagt habe, dann werdet ihr nahe bei
meiner Liebe bleiben. Ich habe auch immer das
getan, was Gott von mir wollte, und seine Liebe
umgibt mich. 11 Diese Ansage mach ich euch, damit
ihr die gleiche Freude kennenlernt, die ich auch
habe. Ich möchte, dass ihr mit dieser Freude total
abgefüllt werdet! 12 Eine ganz wichtige Regel habe
ich für euch: Liebt euch gegenseitig genauso, wie
ich euch geliebt habe! 13 Man kann seine Liebe nicht
besser beweisen, als wenn man für seine Freunde
sein Leben aufgibt. 14 Und ihr seid meine Freunde,
wenn ihr die Sachen tut, die ich euch gesagt habe.
15 Ihr seid nicht meine Angestellten. Seinen Ange-
stellten würde der Chef ja nicht erzählen, was er
vorhat. Ihr seid wie Freunde für mich, ich hab euch
echt alles erzählt, was mir Gott, der Vater, gesagt
hat. 16 Ihr könnt übrigens gar nichts dazu – Ich habe
euch ausgesucht und nicht ihr mich. Ich wollte,
dass sich in eurem Leben etwas verändert und
Früchte bei euch entstehen können, Früchte, die
nicht vergammeln. Ich wollte, dass der Vater euch
keine Bitte, die ich unterschrieben habe, mehr aus-
schlagen kann. 17 Leute, ich sag es noch mal: Liebt
euch gegenseitig!

Was in Zukunft an Problemen für Christen auftauchen wird

18 Wenn die Menschen die nicht auf Gott setzen,
euch hassen, dann denkt daran: Mich haben sie
auch gehasst! 19 Die würden euch lieben, wenn ihr
zu denen gehören würdet. Tut ihr aber nicht. Ich
wollte von euch, dass ihr was Besonderes seid,
darum hassen sie euch. 20 Vergesst nicht, was ich
euch dazu mal gesagt habe: ‚Einem Angestellten
geht es nie besser als seinem Chef.' Wenn sie auf
mich keinen Bock hatten, werden sie auf euch auch
keinen Bock haben. Die Leute, die das umgesetzt
haben, was ich ihnen erzählt habe, werden aber
auch auf euch hören. 21 Die Menschen, die nicht an
Gott glauben, werden euch hassen, weil ihr zu mir
gehört. Sie kennen diesen Gott ja auch nicht, der
mich hergeschickt hat. 22 Wenn ich jetzt nicht zu
ihnen gegangen wäre und ihnen nicht alles über
Gott erzählt hätte, dann wären sie unschuldig. War
aber nicht so, jetzt können sie sich auch nicht mehr
rausreden. 23 Wenn jemand mich hasst, dann hasst
er auch meinen Vater! 24 Wenn ich jetzt nicht da ge-
wesen wäre und sie die Sachen nicht erlebt hätten,
die ich getan hab, dann wäre ja alles okay, sie wären
unschuldig. Aber jetzt haben sie doch alles mitge-
kriegt und trotzdem mich und den Vater gehasst.
25 Steht ja auch schon im alten Buch was drüber:
‚Sie haben mich einfach so gehasst!'* 26 Ich lass
euch aber nicht alleine, ich schicke jemanden, der
euch helfen wird. Er ist die Kraft von Gott, sein
Geist, der die Wahrheit in Person ist. Er wird vom
Vater kommen und für mich als ein Zeuge auftreten.
27 Ihr sollt ja auch als Zeugen für mich auftreten, ihr
wart ja von Anfang an dabei!"

16 **Gott wird seine besondere Kraft schicken, seinen Geist, und der bringt es**

1 „Ich hab euch das jetzt alles gesagt, damit
ihr nicht irgendwann im Glauben mal total durch-
dreht. 2 Sie werden euch nämlich Hausverbote in
den Synagogen erteilen. Es wird sogar so weit kom-
men, dass man glaubt, man tut für Gott etwas
Gutes, wenn man Christen tötet. 3 Die tun das, nur
weil sie gar nicht kapiert haben, wie ich und der
Vater so drauf sind, sie kennen uns einfach nicht.
4 Ihr solltet einfach vorbereitet sein, wenn das so
abgehen wird. Bisher war es noch nicht angesagt,
davon zu reden, ich war ja noch bei euch. 5 Jetzt
geh ich aber. Ich geh zu dem, der mich hergeschickt
hat. Keiner von euch hat mich mal danach gefragt."
6 „Ihr seid voll traurig über das, was ich euch erzählt
habe, stimmt's? 7 Aber glaubt mir, es ist so viel bes-
ser für euch. Denn wenn ich nicht abhauen würde,
dann käme auch die große Hilfe von Gott nicht
zu euch, sein besonderer Geist. Er kann nur kom-
men, weil ich jetzt gehe, ich sag ihm dann Bescheid.
8 Wenn der dann da ist, dann wird er den Menschen,
die nicht auf Gott setzen, klarmachen, dass sie alle

* Steht in den Psalmen, genau im 35., Vers 19 und auch im 69., der 5. Vers.

irgendwie dreckig sind vor Gott. Er wird ihnen erklä-
ren, was Gerechtigkeit für Gott bedeutet, und er
wird ihnen klarmachen, dass irgendwann eine Ge-
richtsverhandlung auf jeden Menschen zukommen
wird. 9 Die Schuld der Menschen besteht darin, dass
sie ihr Vertrauen nicht auf mich setzen und mir
nicht glauben. 10 Dass Gott gerecht ist und die Men-
schen freisprechen will, die ihm vertrauen, kann
man daran sehen, dass ich zu ihm gehen werde, um
die Sache für euch klarzumachen. 11 Die Gerichtsver-
handlung hat schon angefangen, Leute, denn der
Satan, der in dieser Welt das Sagen hat, hat sein
Urteil schon in der Tasche. 12 Ich könnte euch noch
viel mehr erzählen, aber das wäre jetzt ein bisschen
zu heftig für euch, ihr würdet das noch nicht packen.
13 Wenn aber die Kraft von Gott kommt, sein Geist,
der immer die Wahrheit sagt, dann wird er euch
wirklich alles erklären, und ihr werdet es auch be-
greifen können. Der wird nicht seine eigene Mei-
nung sagen, sondern das rüberbringen, was er von
mir gehört hat. Auch was in der Zukunft abgehen
wird, kann er euch sagen. 14 Dadurch wird er dafür
sorgen, dass am Ende ich groß rauskomme, indem
er nur das weitergibt, was er von mir hat. 15 Alles,
was der Vater hat, gehört mir auch. Darum kann
ich das überhaupt sagen: ‚Alles, was er euch sagt,
kommt von mir.'"

Ihr werdet mal total abgehen, weil ihr euch so freut

16 „Es dauert nicht mehr lange, dann bin ich weg.
Aber kurz danach werde ich wieder bei euch sein!"
17 Seine Freunde kapierten das nicht so richtig: „Was
meint er damit: ‚Ich bin weg und dann wieder bei
euch'? Und was war das jetzt mit dem: ‚Ich geh zum
Vater'? 18 Und was meinte er überhaupt mit: ‚Es dau-
ert nicht mehr lange'? Verstehen wir nicht!" 19 Jesus
merkte, dass sie das gerne gefragt hätten, sich aber
nicht trauten. „Ihr fragt euch jetzt bestimmt, was ich
damit überhaupt gemeint habe, stimmt's? Ich habe
gesagt, dass ich bald wegmuss und eine Zeitlang
nicht bei euch bin. Aber kurze Zeit später bin ich
dann wieder da! 20 Garantiert, Leute: Ihr werdet sehr
traurig sein und weinen über die schlimmen Sa-
chen, die dann passieren werden. Die Menschen,
die nicht mit Gott leben, werden dabei jubeln! Ihr
werdet voll traurig sein, aber dann wird sich das
umdrehen, und ihr werdet plötzlich ausrasten vor
Freude! 21 Das wird so abgehen wie bei einer Geburt.
Wenn eine Frau ein Kind geboren hat, dann ist die
Freude über das neue Baby auch viel größer als die
Schmerzen bei der Geburt. 22 Jetzt seid ihr erst mal
voll traurig, aber ich werde euch wieder sehen. Dann
werdet ihr abgehen vor Freude, und diese Freude
kann euch dann keiner mehr nehmen! 23 Und wenn
es so weit ist, dann braucht ihr mich nichts mehr
fragen. Auf sicher, Leute, dann könnt ihr selbst zu
Gott, dem Vater, gehen und ihn um Sachen bitten,
und er wird sie euch geben, wenn ihr das in meinem
Namen getan habt. 24 Bis jetzt habt ihr Gott auch
noch um nichts gebeten, was ich mit meinem Na-
men unterschrieben hatte. Tut das jetzt mal, und ihr
werdet die Sachen auch bekommen! Und dann
werdet ihr euch total freuen!"

Die Welt ohne Gott hat keine Chance

25 „Alles, was ich euch beibringen wollte, hab ich mit
diesen Vergleichen klargemacht. Es wird aber bald
die Zeit kommen, wo das nicht mehr nötig sein
wird. Dann werde ich euch direkt, ohne Bilder und
Vergleiche, sagen können, wie Gott drauf ist. 26 Ab
dann werdet ihr selber mit meiner Vollmacht Gott
um Sachen bitten. Dann muss ich den Vater auch
nicht mehr bitten, eure Gebete zu erhören. 27 Gott,
der Vater, liebt euch, weil ihr mich liebt und weil ihr
glaubt, dass er mich zu euch geschickt hat. 28 Ich bin
vom Vater weggegangen und zu euch gekommen.
Jetzt verlasse ich euch wieder und geh zurück zum
Vater." 29 Seine Freunde meinten dazu: „Endlich
sagst du uns direkt, was du meinst, ohne diese Ver-
gleiche, die wir nie kapiert haben. 30 Jetzt verstehen
wir, dass du einfach alles weißt. Du hast sogar ge-
wusst, welche Frage wir dir grade stellen wollten.
Darum glauben wir, dass du von Gott kommst."
31 „Seid ihr euch da so sicher?", fragte Jesus nach.
32 „Passt auf, es wird ein Moment kommen, im
Grunde ist der schon da, wo ihr auseinandergetrie-
ben werdet. Jeder wird seinen eigenen Kram ma-
chen, und ihr werdet nicht mehr bei mir sein. Zum
Glück bin ich aber nicht allein, Gott der Vater ist bei
mir. 33 Ich hab euch das erzählt, damit ihr wirklichen
Frieden durch mich findet. Ihr werdet viele ätzende
Sachen durchmachen müssen in dieser Welt, aber
ihr braucht keine Angst zu haben, denn ich bin stär-
ker als diese Welt, ich habe sie besiegt!"

17
Jesus redet mit Gott über seine Freunde

1 Nachdem Jesus mit seiner Rede am Ende
war, sah er in Richtung Himmel und fing an
mit Gott zu sprechen: „Papa, jetzt ist es so weit.
Zeig allen, dass dein Sohn der Stärkste ist, damit
dein Sohn dich am Ende groß rausbringen kann.

2 Du hast ihm jede Vollmacht über alles, was geht,
ausgestellt. Du wolltest, dass alle, die zu ihm gehö-
ren, ein Leben bekommen, das nie aufhört. 3 Und
der Weg zu einem guten Leben, zu einem Leben,
das kein Ende hat, fängt so an: mit dir, dem einzi-
gen echten Gott zu leben und sein Vertrauen auf
Jesus Christus zu setzen, der in deinem Auftrag
unterwegs ist. 4 Ich hab hier in meiner Zeit auf der
Erde allen klargemacht, dass du der Größte bist.
Ich hab alles getan, was du mir gesagt hast. 5 Aber
jetzt, Papa, stell dich voll zu mir! Zeig an mir, was
du wirklich kannst! Bring mich wieder in die Posi-
tion, die ich hatte, bevor die Welt überhaupt
gemacht wurde! 6 Ich hab den Menschen deutlich
gesagt, was bei dir alles geht, allen Leuten, die du
mir vor die Füße gestellt hast. Diese Menschen
gehörten dir schon immer, und darum hast du sie
auch mit mir bekannt gemacht. Die haben sich auf
deine Worte eingelassen und leben danach. 7 Jetzt
haben sie kapiert, dass alles, was ich von dir habe,
wirklich von dir kommt. 8 Ich hab ihnen nämlich
alles weitergesagt, was du mir zugeflüstert hast.
Und sie haben alles, was ich gesagt habe, geglaubt
und verstanden, dass ich wirklich von dir gekom-
men bin. Sie glauben auch, dass ich in deinem Auf-
trag hier bin. 9 Um die geht es mir jetzt, um die
Menschen, die du mir gegeben hast, die auch ganz
zu dir gehören. 10 Alles, was ich habe, gehört dir und
alles, was du hast, gehört auch mir. Durch meine
Leute hat sich gezeigt, wie groß ich bin! 11 Ich werde
jetzt aus dieser Welt verschwinden. Ich muss sie
zurücklassen, weil ich ja zu dir gehen werde. Vater,
darum bitte ich dich: Pass du jetzt auf sie auf! Pass
auf, dass sie immer nahe an dir dranbleiben und
auch untereinander zusammenhalten. So wie wir
beide auch ganz dick zusammenhalten, wir zwei
sind ja wie eins. 12 In der Zeit, wo ich noch hier war,
konnte ich ja auf sie aufpassen. Keiner von ihnen
hat dabei 'ne Klatsche abgekriegt, keiner ist uns
durch die Lappen gegangen, ausgenommen der
eine, der mich verraten hat, das wurde ja schon in
den alten Schriften vorausgesagt. 13 Ich komm jetzt
bald zu dir, Vater! Ich hab meinen Freunden das
erzählt, damit sie sich mit mir darüber total freuen
können. 14 Ich hab deine Worte an sie weitergege-
ben. Die Menschen, die in dieser Welt ohne dich
leben, haben sie gehasst. Das liegt dadran, weil
meine Freunde ja auch nicht mehr wirklich zu ihnen
gehören. Und ich gehöre ja auch nicht zu dieser
Welt. 15 Trotzdem bitte ich dich nicht, sie jetzt von
hier wegzuholen. Aber pass bitte auf sie auf und
beschütze sie vor der Macht, die das Böse hat.
16 Die gehören im Grunde genauso wenig wie ich in
diese Welt ohne dich. 17 Hilf ihnen, dass sie dir
immer ähnlicher werden. Was du sagst, ist die
Wahrheit und hilft ihnen auf diesem Weg.
18 Genauso wie du mir die Order für die Welt gege-
ben hast, so gebe ich ihnen jetzt auch die Order
loszuziehen. 19 Ich gebe alles für sie, ich gebe mein
Leben, damit sie dir auch radikal gehören. 20 Und
ich bete jetzt nicht nur für sie, sondern auch für alle
anderen, die durch das, was sie sagen, anfangen an
mich zu glauben. 21 Sie sollen alle total zusammen-
rücken, so stark, als wären sie nur einer, genauso
wie wir beiden, du und ich, eins sind. So wie wir
zusammen sind, du in mir und ich in dir, so sollen
sie auch zusammenhalten und verbunden sein.
Dann werden sie die Menschen auch davon über-
zeugen können, dass ich in deinem Auftrag hier
war. 22 Ich habe ihnen das Gleiche gegeben, was ich
auch von dir habe. Ich wollte, dass sie total eins
sind. 23 Sie bleiben in mir, und ich bleibe in dir. So
sind wir total miteinander verbunden. Die Welt wird
so kapieren, dass du derjenige bist, der mich herge-
schickt hat. Und sie werden auch begreifen, dass du
sie liebst, genauso, wie du mich liebst. 24 Papa, ich
möchte, dass die Leute, die du mir anvertraut hast,
immer ganz nah bei mir sind. Sie sollen meine
Größe mitkriegen, sie sollen sehen, wie fett das ist,
was du mir gegeben hast! Du hast mich ja immer
schon geliebt, schon bevor du die Welt gemacht
hast. 25 Vater, du hast den Überblick, du bist fair und
gerecht. Die Welt hat keine Ahnung, wie du bist,
aber ich weiß das, weil ich dich kenne. Und meine
Freunde hier, die wissen auch, dass du mich ge-
schickt hast. 26 Ich hab ihnen von dir erzählt, hab
ihnen gesagt, wie du heißt und wie du bist, und das
werde ich auch weiter tun. Ich tue das vor allem,
weil ich möchte, dass deine Liebe, die du zu mir
hast, sich auf sie überträgt, dass ich ihnen ganz
nahe bin."

18

Jesus wird weggehaftet

1 Nachdem Jesus so lange gebetet hatte, ging
er mit seinen Freunden in einen Park, wo
viele Olivenbäume waren. Der lag auf der anderen
Seite vom Bach Kidron. 2 Judas, der Jesus verraten
wollte, kannte die Stelle genau, weil Jesus da oft mit
seinen Freunden abgehangen hatte. 3 Die Oberpries-
ter und religiösen Streber hatten Judas eine Security-
Einheit vom Tempel und ein paar Soldaten mitgege-

ben, um die Verhaftung durchziehen zu können. Mit Stablampen und in kompletter Kampfausrüstung marschierten die in den Park. 4 Jesus wusste schon, was gleich abgehen würde. Er kam ihnen entgegen und fragte trotzdem: „Wen suchen Sie?" 5 „Jesus, der aus der Stadt Nazareth stammt", war die Antwort. „Das bin ich!", sagte Jesus. Judas stand dabei ganz in der Nähe, als er die Hand hob. 6 Und als Jesus sagte: „Das bin ich!", kam da so eine Kraft rüber, dass sich die Security-Leute und die Soldaten fast in die Hose machten, umkippten und auf den Boden fielen. 7 Er fragte sie dann noch mal: „Wen suchen Sie jetzt?", und wieder war die Antwort: „Jesus, der aus Nazareth stammt." 8 „Mann, ich hab doch eben schon mal gesagt, dass ich das bin! Wenn Sie mich suchen, lassen Sie die andern aber gehen!" 9 Damit wurde seine Vorhersage auch wahr, dass keiner von seinen Leuten dabei 'ne Klatsche abkriegen würde. 10 Simon Petrus wurde plötzlich total wütend. Er zog seine Waffe und fuchtelte damit wie blöd rum. Dabei löste sich ein Schuss und traf Malchus, einen Diener vom Oberpriester, am rechten Ohr. 11 Jesus reagierte sofort: „Petrus, steck sofort die Waffe weg! Es gibt keine Abkürzung für mich, ich muss da durch. Gott will das von mir!"
12 Die Soldaten und die Security-Leute legten Jesus Handschellen an und verhafteten ihn. 13 Dann brachten sie ihn zum Hannas, dem Schwiegervater vom Kaiphas. Der war nach dem Rotationssystem in diesem Jahr mit dem Job des obersten Priesters an der Reihe. 14 Kaiphas war auch der Typ, der zu den Juden gesagt hatte: „Besser, wenn einer für alle stirbt."

Für Petrus ist es peinlich, zu Jesus zu gehören

15 Petrus und ein anderer Typ gingen mit der Truppe, die Jesus verhaftet hatte. Dieser Typ hatte eine Connection zu den Oberpriestern und konnte deswegen durch die bewachte Tür bis in den Innenhof vom Palast kommen. 16 Petrus blieb aber draußen vor dem Eingang. Schließlich kam der Typ zurück und bequatschte die Türsteherin so lange, bis sie Petrus auch reinließen. 17 Die Türsteherin fragte Petrus: „Gehören Sie nicht auch zu dem engeren Freundeskreis von dem dort?" „Nein, auf keinen Fall!", antwortete Petrus hektisch. 18 Die Security und die Soldaten hatten eine Feuertonne angemacht, weil es langsam kalt wurde. Sie standen drum herum und wärmten sich. Petrus stellte sich dazu, weil ihm auch ziemlich kalt war. 19 Inzwischen hatte das öffentliche Verhör von Jesus begonnen. Der Oberpriester stellte Fragen zum Umfeld und zur Theologie von Jesus. 20 Jesus sagte: „Was ich erzähle, wissen alle Leute hier. Ich habe regelmäßig Vorlesungen in den Synagogen und auch in unserm Tempel gehalten. Öffentlich, nicht geheim hinter verschlossenen Türen! 21 Warum fragen Sie mich, fragen Sie doch die Leute, die mich gehört haben! Die können Ihnen genaue Auskunft da drüber geben!" 22 Nachdem Jesus das gerade ausgesprochen hatte, schlug ihm einer von den Security-Leuten vom Tempel voll in die Fresse und brüllte: „Ist das die Art, wie man mit dem Oberpriester redet, he?!" 23 Jesus antwortete: „Wenn ich Blödsinn erzählt habe, dann tritt erst mal den Beweis dafür an, bevor du mich schlägst! Und wenn ich die Wahrheit sage, warum schlägst du mich dann?" 24 Hannas ließ Jesus erst mal wieder die Handschellen anlegen, und dann wurde er zu Kaiphas, dem Oberpriester, abgeführt. 25 Petrus stand die ganze Zeit an der Feuertonne, um sich zu wärmen. Wieder fragte ihn jemand: „Entschuldigung, gehören Sie nicht auch zu den Freunden von diesem Jesus?" „Nein, da muss eine Verwechslung vorliegen!", log Petrus rum. 26 Aber einer der Angestellten vom Oberpriester (der mit dem Typen verwandt war, dem Petrus ein Ohr abgeschossen hatte) fragte ihn: „Hab ich Sie nicht auch in diesem Park mit diesem Jesus zusammen gesehen?" 27 Das verneinte Petrus wieder, und im selben Augenblick schlug die Uhr zwölfmal.

Das Verhör durch Pilatus

28 Das erste Verhör durch Kaiphas dauerte die ganze Nacht und endete erst früh am Morgen. Anschließend wurde Jesus zum Amtssitz des römischen Gouverneurs gebracht. Die Juden, die Anzeige erstattet hatten, blieben draußen, weil sie sich nach ihren religiösen Richtlinien nur durch das Betreten schon dreckig gemacht hätten. Sie hätten dann nicht an der Passaparty teilnehmen dürfen, die zu der Zeit überall abging. 29 Aus Rücksicht kam Pilatus deswegen vor die Tür und fragte sie: „Also, wie lautet jetzt die Anzeige gegen diesen Mann?" 30 „Wir hätten ihn nie und nimmer verhaften lassen, wenn es sich nicht um einen Schwerverbrecher handeln würde!", war die Antwort. 31 „Okay, warum führt ihr ihn dann nicht selber ab und verurteilt ihn nach euren Gesetzen?" „Weil unsere Gesetze es nicht gestatten, jemandem die Todesstrafe zu verpassen!"
32 Genau das hatte Jesus ja schon vorausgesagt, er hatte ja angedeutet, wie er sterben würde. 33 Pilatus kehrte erst mal in den Gerichtssaal zurück. Dann ließ er Jesus wieder vorführen und fragte ihn: „Sind

Sie der Präsident von den Juden?“ 34 „Sind Sie von
alleine auf die Idee gekommen, das zu fragen, oder
hat Ihnen das irgendjemand gesteckt?“, fragte ihn
Jesus. 35 „Entschuldigung, bin ich etwa ein Jude?
Ihre eigenen Leute, Ihre obersten religiösen Führer
haben Sie an mich ausgeliefert! Was ist da los? Was
haben Sie Schlimmes verbrochen?“ 36 Jesus antwor-
tete: „Das Land, in dem ich das Sagen habe, ist auf
dieser Erde nicht zu finden. Wenn es hier wäre,
dann hätten mich meine Leute bis aufs Blut vertei-
digt, damit ich an die Juden nicht ausgeliefert wer-
den könnte. Aber das Land, in dem ich das Sagen
habe, können Sie auf dieser Erde nicht finden, es ist
anders.“ 37 Pilatus fragte noch mal nach: „Also sind
Sie doch ein Präsident?“ „Richtig, ich bin ein Prä-
sident. Ich bin geboren worden, um in dieser Welt
für die Wahrheit einzutreten. Wer bereit dazu ist,
auf die Wahrheit zu hören, der wird auch begreifen,
was ich sage, und sein Leben dadrauf ausrichten.“
38 „Was ist das überhaupt, die Wahrheit?“, meinte
Pilatus. Er ging dann aber erst mal zurück zu den
Juden, die draußen warteten. „Also, wenn Sie mich
fragen, ist der Mann da unschuldig! 39 Bei euch gibt
es doch so eine Tradition, dass ich jährlich zum
Passafest einen Gefangenen freilassen kann. Wie
wäre es denn diesmal mit diesem ‚Präsident der
Juden‘?“ 40 Alle im Raum rasteten plötzlich total aus
und brüllten: „Nein, bloß nicht Jesus freilassen, gib
uns den Barabbas!!“ Barabbas war ein Typ, der
wegen ‚Raub in Tateinheit mit schwerer Körperver-
letzung‘ im Knast saß.

19

Das Urteil: Tod durch Kreuzigung

1 Pilatus unterschrieb dann erst mal den
Befehl, Jesus abzuführen und auszupeit-
schen. 2 Die Soldaten machten aus Stacheldraht
eine Krone und drückten die Jesus auf den Kopf.
Dann legten sie ihm einen roten Samtumhang um
die Schultern 3 und machten sich über ihn lustig:
„Oh, euer Majestät, der Präsident der Juden!“ Dabei
schlugen sie ihm immer wieder mit der Faust ins
Gesicht. 4 Pilatus ging nach einer Zeit wieder vor die
Tür zu den Leuten. „Ich will ihn noch einmal vorfüh-
ren lassen, ich will, dass eins klar ist: Für mich ist er
unschuldig!“ 5 Jesus kam dann wieder raus, mit der
Krone aus Stacheldraht auf und dem Samtumhang
auf den Schultern. Pilatus rief zu den Leuten: „Da
ist er, seht euch diesen Menschen an!“ 6 Als die
Oberpriester und die bezahlten Security-Leute Jesus
sahen, fingen die sofort an zu brüllen: „Todesstrafe,
Todesstrafe!“ „Okay, das müsst ihr dann schon ver-
antworten“, sagte Pilatus, „für mich ist dieser Mann
unschuldig!“ 7 „Nach unseren Gesetzen hat er die
Todesstrafe verdient. Er hat sich selbst als Gottes
Sohn bezeichnet!“, riefen die Juden als Antwort zu-
rück. 8 Als Pilatus das hörte, bekam er noch mehr
Angst, als er eh schon hatte. 9 Er ging wieder zurück
in das Gerichtsgebäude und befragte dort noch mal
Jesus: „Sagen Sie mal, wer sind Sie eigentlich?“
Aber Jesus gab keine Antwort. 10 „Reden Sie jetzt
nicht mehr mit mir, oder was? Haben Sie nicht
kapiert, dass ich genug Einfluss habe, Sie zu be-
freien oder aber Sie hinrichten zu lassen?“ 11 Dazu
sagte Jesus dann: „Sie hätten überhaupt keine
Macht über mich, wenn Sie die nicht von oben
zugeteilt bekommen hätten. Darum trifft den auch
mehr Schuld, der mich an Sie ausgeliefert hat.“
12 Pilatus unternahm dann noch einen Versuch,
Jesus freizulassen, aber die Juden brüllten nur
zurück: „Wenn Sie den laufen lassen, dann haben
Sie ein Problem mit dem obersten Präsidenten.
Jeder, der sich selbst zum Präsidenten ausruft, ist
ein Staatsfeind!“ 13 Als Pilatus das hörte, befahl er,
Jesus vor die Menschen zu bringen. Er setzte sich
auf den Stuhl, von dem die Gerichtsurteile immer
gefällt wurden. Die Stelle, wo der stand, nannte
man auch „Steinpflaster“ oder auf Hebräisch „Gab-
bata“. 14 Das Ganze war gegen Mittag kurz vor dem
Passafest. Um die Zeit war die Vorbereitung dafür in
vollem Gange. Pilatus meinte zu der Menge: „Hier,
das ist euer Präsident!“ 15 „Hau ihn weg!“, brüllten
die Leute. „Hau ihn weg, Todesstrafe, Todesstrafe!“
Pilatus fragte noch mal nach: „Soll ich wirklich
euren Präsidenten hinrichten lassen?“ „Wir haben
keinen Präsidenten, nur der oberste Präsident in
Rom ist unser Präsident“, schleimten die Oberpries-
ter los. 16 Also gab Pilatus nach. Er unterschrieb den
Vollstreckungsbefehl: Tod durch Kreuzigung. Die
Soldaten packten Jesus und führten ihn ab.

Jesus wird hingerichtet

17 Jesus musste sein Kreuz selbst zum Hinrichtungs-
ort tragen. Der hieß Golgatha, was zu Deutsch „Ort,
wo die Totenschädel liegen“ bedeutet. 18 Da nagel-
ten sie Jesus an ein Holzkreuz und stellten es auf.
Neben Jesus wurden noch zwei andere hingerichtet,
jeweils rechts und links von ihm. 19 Pilatus hatte ein
Schild anfertigen lassen, das wurde über das Kreuz
gehängt. Auf diesem Schild stand: „Jesus aus Naza-
reth, Präsident von den Juden“. 20 Der Ort der Hin-
richtung war ganz in der Nähe der Stadt. Viele

Juden kamen vorbei und konnten das Schild lesen.
Man hatte es extra in allen drei gängigen Sprachen
draufgeschrieben, in Hebräisch, Lateinisch und
in Griechisch. 21 Die Oberpriester der Juden waren
deswegen etwas angenervt. Sie verlangten von Pila-
tus: „Das Schild sollte geändert werden. Dass dort
steht: ‚Der Präsident der Juden‘, ist nicht korrekt. Es
müsste heißen: ‚Er hat behauptet, der Präsident der
Juden zu sein.‘“ 22 Pilatus wollte da aber nichts dran
ändern. „Es bleibt da jetzt so stehen, wie ich es ge-
schrieben hab. Basta!“ 23 Die Soldaten, die Jesus an
das Kreuz genagelt hatten, zockten sich die Klamot-
ten von Jesus und teilten sich die untereinander. Sie
teilten alles durch vier, jeder bekam ein Kleidungs-
stück. Nur das T-Shirt war übrig, und wenn man das
zerschneiden würde, wäre es nutzlos. 24 So wurde
beschlossen, mit Würfeln darum zu spielen. Dass
so was passieren würde, wurde schon in den alten
Schriften vorhergesagt. Da steht nämlich: „Sie teil-
ten meine Klamotten unter sich auf und würfel-
ten um mein T-Shirt.“ Genau das passierte dort.
25 Unter dem Kreuz, an das sie Jesus genagelt hat-
ten, waren seine Mutter und ihre Schwester sowie
Maria, die Frau von Klopas, und Maria Magdalena.
26 Als Jesus seine Mutter dort sah und auch den
einen Freund, den er besonders lieb hatte, sagte er
zu ihr: „Er soll jetzt dein Sohn sein!“ 27 Und zu sei-
nem Freund sagte er: „Sie ist jetzt deine Mutter,
okay?“ Von diesem Zeitpunkt an wohnte Maria mit
in dem Haus von diesem Freund.

Jesus stirbt

28 Jesus war sich jetzt im Klaren darüber, dass er
seinen Job getan hatte. Um das zu tun, was in
den alten Schriften schon vorhergesagt wurde, sagte
er: „Ich habe Durst!“ 29 In der Nähe stand ein gro-
ßer Becher mit Eistee*, da tauchte einer einen
Schwamm rein, steckte ihn auf einen langen Stab
und hielt ihn an den Mund von Jesus. 30 Nachdem
Jesus kurz davon getrunken hatte, schrie er plötz-
lich: „Es ist alles getan!“ Dann sackte er in sich zu-
sammen und starb. 31 Das alles war ja einen Tag vor
dem Passafest passiert. Damit die Toten nicht aus-
gerechnet auch noch an diesem Tag am Kreuz hän-
gen bleiben würden, beantragte die Führungsriege
der Juden bei Pilatus, den Menschen, die am Kreuz
hingerichtet wurden, die Beine zu brechen. So wür-
den sie nämlich wesentlich schneller sterben. Erst
dann konnte man sie ja auch vom Kreuz runterneh-
men. 32 Pilatus willigte ein und beorderte Soldaten,
den Männern die Beine mit einer Keule zu brechen.
33 Als sie aber bei Jesus ankamen, sahen sie, dass
der schon tot war. Darum wurden seine Beine nicht
zerbrochen. 34 Aber einer von den Soldaten stach
mit einem langen Speer noch einmal in den Bauch
von Jesus. Sofort flossen Wasser und Blut daraus,
ein sicheres Zeichen, dass der Gekreuzigte bereits
tot war. 35 Ich war übrigens selbst dabei und habe
alles mit eigenen Augen gesehen. Alles, was ich hier
erzähle, stimmt hundertprozentig. 36 Das ist alles
passiert, damit die Ansage aus den alten Schriften
erfüllt worden ist. „Nicht ein Knochen wird ihm ge-
brochen.“ 37 Genauso steht da auch: „Sie werden auf
einen sehen, der durchstochen worden ist.“

Jesus wird vom Kreuz losgemacht und beerdigt

38 Als alles vorbei war, stellte Josef, der aus Arima-
thäa stammte, einen schriftlichen Antrag zur „Her-
ausgabe und Überführung der Leiche“. Josef war ein
heimlicher Freund von Jesus, er hatte aber Angst
vor den führenden Juden. Pilatus genehmigte den
Antrag, und so ging Josef dorthin und verfrach-
tete die Leiche. 39 Nikodemus, der Jesus mal einen
Nachtbesuch abgestattet hatte, kam auch vorbei
und brachte ungefähr dreißig Kilo Myrrhe und Aloe
vera mit. 40 Die zwei wickelten die Leiche in ein
Tuch, das mit diesen Sachen eingerieben war. Das
war bei einem echten jüdischen Begräbnis so
üblich. 41 Um die Ecke von dem Ort, wo die Hinrich-
tung stattgefunden hatte, lag ein Garten. In diesem
Garten war ein leeres Grab in einem Hügel, das
noch frei war. 42 In dieses Grab legten sie Jesus. Sie
beeilten sich dabei, weil der Feiertag kurz bevor-
stand.

20

Jesus hat gegen den Tod gewonnen!

1 Sonntag, ganz früh morgens noch vor
dem Sonnenaufgang, kam Maria Magda-
lena zum Grab von Jesus. Plötzlich sah sie, dass der
Stein, der vor dem Eingang gelegen hatte, weg war.
2 Voll panisch lief sie zu Simon Petrus und dem an-
deren Freund, den Jesus besonders lieb hatte. Sie
erzählte ihnen: „Stellt euch vor, sie haben die Leiche
vom Meister aus dem Grab geklaut. Ich hab keine
Ahnung, wo sie ihn jetzt hingebracht haben!“ 3 So-
fort rannten Petrus und der andere Freund zum
Grab. 4 Der Freund legte voll den Sprint hin und war
als Erster da. 5 Er sah kurz rein, und da lagen tat-

* Im Original steht dort so etwas wie ein Essiggetränk.
Das diente damals zur Erfrischung.

sächlich nur die Tücher rum, er ging aber nicht rein. 6 Als Petrus dann nachkam, ging er in das Grab, sah da aber auch nur ein paar von den Tüchern, sonst nichts. 7 Das Tuch, mit dem der Kopf von Jesus eingewickelt worden war, lag ordentlich zusammengefaltet auf der Seite. 8 Jetzt traute sich auch der andere Freund von ihm in die Grabkammer, und als er das leere Teil gesehen hatte, fing er auch an zu glauben, dass Jesus nicht mehr tot war, sondern lebte. 9 Sie hatten es bis zu dem Zeitpunkt nämlich noch nicht begriffen, was in den alten Schriften dazu gestanden hatte, dass Jesus zwar sterben würde, aber dann den Tod besiegen und in einer völlig neuen Form lebendig werden würde. 10 Dann gingen die Freunde wieder zurück nach Jerusalem.

Jesus trifft Maria Magdalena

11 Maria war auch noch mal zum Grab gegangen, weil sie um Jesus trauern wollte. Als sie da ankam, musste sie erst mal voll losheulen. Dabei bückte sie sich in das Grab 12 und entdeckte plötzlich zwei Engel, komplett in Weiß gestylt, die genau an der Stelle, wo die Leiche gelegen hatte, saßen. Einer am Kopf- und der andere am Fußende. 13 „Was ist los, warum flennst du?“, fragten die Engel. „Na, weil sie die Leiche von meinem Jesus verschleppt haben, und ich hab kein Plan, wohin!“ 14 Als sie sich umdrehte, stand da plötzlich Jesus, aber sie erkannte ihn nicht sofort. 15 „Was geht, warum weinst du?“, fragte er sie. „Warum bist du überhaupt hier, wen suchst du?“ Sie dachte zuerst: „Oh, der Gärtner ist auch da!“ „Mein Herr, wenn Sie die Leiche weggebracht haben, dann sagen Sie mir bitte, wo sie jetzt liegt. Dann geh ich dahin, um sie zu holen.“ 16 „Maria!“, sagte Jesus. Da drehte sie sich um und rief erschrocken: „Mein Meister!“ 17 „Fass mich nicht an!“, warnte sie Jesus. „Ich bin noch nicht zu Gott, meinem Vater, zurückgegangen. Bitte richte aber meinen Freunden und Geschwistern aus, dass ich jetzt zu meinem, also zu unserem Vater gehen werde! Ich geh zu meinem und unserem Gott!“ 18 Maria Magdalena rannte sofort zu seinen Freunden und erzählte denen brühwarm, was sie gerade erlebt hatte: „Leute, ich hab gerade Jesus getroffen!“ Dann sagte sie ihnen, was er ihr aufgetragen hatte.

Jesus, total verändert, trifft seine Freunde das erste Mal

19 An diesem Sonntag hatten die Freunde von Jesus ein Treffen organisiert. Weil sie große Angst hatten, von den Juden verfolgt zu werden, traf man sich heimlich hinter verschlossenen Türen. Plötzlich stand da Jesus mitten im Raum und sagte: „Peace, hallo, Jungs! Alles klar bei euch?“ 20 Nach dieser Begrüßung zeigte er ihnen erst mal die Wunden an seiner Hand und in der Rippengegend. Die Freunde rasteten total aus, sie freuten sich so sehr, dass er wieder da war und lebte! 21 Jesus sagte noch einmal: „Frieden, Leute! Also, so wie Gott der Vater mich losgeschickt hat, so schicke ich euch jetzt auch los!“ 22 Dann pustete er sie an und meinte dabei: „Hier, nehmt das. Das ist die Kraft, die von Gott kommt, sein Heiliger Geist! 23 Ab jetzt gilt: Wenn ihr jemandem seine Schuld verzeiht, dann ist sie auch für Gott vergessen. Und wenn ihr sie ihm nicht verzeiht, dann klebt sie weiter an ihm.“ 24 Thomas, einer von den zwölf engen Freunden (er wurde auch der Zwilling genannt), war gerade nicht da, als sie dieses Treffen mit Jesus hatten. 25 Später erzählten sie ihm: „Hey, Jesus war da!“ Er konnte das aber echt nicht glauben. „Also, erst wenn ich seine Wunden mit eigenen Augen gesehen habe und sie auch anfassen konnte und wenn ich dann noch die Wunde an seinem Brustkorb checken kann, dann würde ich das glauben.“ 26 Acht Tage später hingen die Freunde wieder zusammen, und diesmal war Thomas auch mit am Start. Plötzlich steht Jesus mitten im Raum, und das, obwohl die Tür verschlossen war! Er begrüßte sie: „Hey, Freunde! Ich wünsch euch Frieden!“ 27 Dann ging er zu Thomas und meinte: „Na, dann fass mal auf diese Stelle hier und check auch noch meine Hände. Und dann kannst du von mir aus auch noch mal meinen Brustkorb testen. Zweifel nicht mehr, fang an zu glauben!“ 28 Thomas war total platt und sagte nur: „Mann, Meister, du bist es ja, du bist mein Gott!“ 29 Jesus’ Reaktion war nur: „Tja, du glaubst das jetzt, weil du das mit deinen eigenen Augen sehen konntest. Gut drauf kommen die, die das nicht können, es aber trotzdem glauben!“ 30 Die Freunde von Jesus kriegten noch einige andere Wunder mit, die ich jetzt nicht in diesem Buch alle aufschreiben konnte. 31 Aber alle Sachen, die ich hier geschrieben habe, sind dafür da, dass ihr das glaubt: Jesus Christus ist wirklich der Sohn von Gott, und nur durch den Glauben an ihn wird es möglich, ewig zu leben!

21

Jesus trifft noch einmal seine Freunde am See Tiberias

1 Später traf Jesus seine Freunde noch einmal am See von Tiberias. 2 Simon Petrus, Thomas

(den sie auch „den Zwilling“ nannten), Nathanael (der aus Kana in Galiläa stammte), die Söhne vom Zebedäus und noch zwei andere Freunde hingen da zusammen rum. 3 Simon Petrus meinte dann: „Also, ich geh jetzt ’ne Runde fischen!“ „Wir sind dabei“, sagten die anderen. Alle stiegen in das Boot und fuhren raus. Sie konnten aber die ganze Nacht nicht einen Fisch an Deck ziehen. 4 Frühmorgens, es wurde gerade hell, stand Jesus da plötzlich am Ufer. Die Freunde kapierten aber nicht, dass es Jesus war. 5 Jesus rief ihnen zu: „Na, habt ihr ein paar Fische für mich?“ „Leider nicht, wir haben keinen einzigen gefangen!“, war die Antwort. 6 „Probiert es noch mal, aber diesmal auf der anderen Seite vom Boot, dann werdet ihr auch was fangen!“, war sein Tipp. Als sie das machten, war das Netz mega voll mit fetten Fischen. 7 Der Typ, den Jesus immer besonders lieb hatte, sagte zu Petrus: „Hey, Mann, das ist doch Jesus!“ Als Petrus das hörte, zog er sich schnell was über (er trug bei der Arbeit nämlich nur seine Unterhose), sprang ins Wasser und schwamm an das Ufer. 8 Die anderen Freunde blieben im Boot, das noch etwa hundert Meter vom Strand entfernt lag. Sie schipperten hinter Petrus her und zogen dabei ein prall gefülltes Netz im Schlepptau hinter sich her!!! 9 Als sie an Land waren, war da schon ein kleiner Grill aufgebaut, mit ein paar leckeren Fischen drauf. Auch für frisches Brot war gesorgt. 10 „Bringt mal ein paar von den Dingern her, die ihr gerade gefangen habt!“, meinte Jesus. 11 Simon Petrus ging zurück zum Boot und zog das Netz an Land. Da waren satte hundertdreiundfünfzig große Fische drin! Und obwohl es so sehr viele waren, hielt das Netz das aus und zerriss nicht! 12 „Kommt endlich! Und guten Appetit!“ Keiner von den Freunden traute sich zu fragen: „Wer bist du eigentlich?“, aber unausgesprochen war jedem klar: Es war ihr Jesus! 13 Jesus begrüßte sie und nahm dann das Brot und den Fisch und verteilte es an alle. 14 Das war jetzt das dritte Mal, dass Jesus sich seinen Freunden zeigte, nachdem er den Tod besiegt hatte.

Eine wichtige Frage an Petrus

15 Nach diesem Frühstück sagte Jesus zu Petrus: „Simon, ja genau du! Ich hab mal ’ne Frage an dich: Liebst du mich mehr als die anderen hier?“ „Ja klar, du weißt genau, wie lieb ich dich habe!“ „Dann pass auf meine Schafe auf!“ 16 Kurze Zeit später fragte Jesus das Gleiche noch mal: „Simon, sag mal, liebst du mich?“ „Ja klar, du weißt doch genau, wie sehr ich dich liebe!“, antwortete Petrus noch mal. „Dann pass auf meine Schafe auf!“ 17 Und dann fragte Jesus noch mal: „Simon? Ja, ich meine dich! Liebst du mich?“ Petrus hatte das Gefühl, Jesus würde ihm nicht glauben, darum wurde er sehr traurig. „Mann, Jesus, du weißt doch sowieso alles! Und du weißt auch, dass ich dich sehr, sehr liebe!“ Jesus sagte wieder: „Dann pass auf meine Schafe auf! 18 Ich sag dir jetzt mal was: Als du noch jung warst, da konntest du tun, was du wolltest, und hingehen, wohin du wolltest. Aber wenn du alt bist, dann wird dich jemand anderes an der Hand führen müssen. Und zwar an einen Ort, wo du nicht wirklich sein willst.“ 19 Jesus machte damit ’ne Andeutung, wie Petrus später mal sterben würde. Selbst dabei würde Gott groß rauskommen. Und nachdem er das gesagt hatte, meinte er zu ihm: „Tu das, was ich auch getan habe. Folge mir.“ 20 Petrus drehte sich um und sah hinter sich diesen Freund sitzen, den Jesus sehr lieb hatte. Das war der Typ, der beim letzten Abendessen neben Jesus gesessen und ihm die Frage gestellt hatte: „Wer wird dich denn verraten?“ 21 Petrus wollte von Jesus wissen: „Und was ist mit dem da?“ 22 „Das soll dir doch egal sein, Petrus! Wenn ich das wollte, dass er so lange lebt, bis ich wieder da bin, na und! Hauptsache, du lebst mit mir und tust das, was ich von dir möchte.“ 23 Das war der Grund, warum sich unter den ersten Christen das Gerücht verbreitete, dass dieser Freund von Jesus nicht sterben würde. Aber das hatte Jesus gar nicht gesagt, er meinte nur: „Wenn ich das wollte, dass er noch lebt, bis ich wiederkomme, soll dir doch egal sein!“ 24 Es geht hierbei nämlich um den, der dieses Buch geschrieben hat. Er war Zeuge der ganzen Geschichte, und alles, was er geschrieben hat, ist hundertprozentig wahr.

The End

25 Da gibt es noch viele andere große Sachen, die Jesus getan hat. Ich denke, das wäre zu viel, um das alles hier aufzuschreiben. Dafür würde bestimmt das Papier der ganzen Welt nicht ausreichen!

Die Geschichte von den Aposteln

1

Was bei den Aposteln* so los war

1 Lieber Theophilus! Also, in meinem ersten
Bericht hab ich dir ja schon erzählt, was mit
Jesus alles abging und was er so erzählt hat. 2 Und
zwar vom ersten Event an, bis er dann schließlich
nach oben versetzt wurde zu Gott. Bevor er Rich-
tung Himmel abgezogen ist, hat er sich von Gott
noch sagen lassen, wer von seinen Leuten die Chefs
werden sollten. Das waren die Männer, die wir
heute Apostel nennen. Denen hat er dann erzählt,
was für Aufgaben sie ab jetzt haben würden. 3 Ge-
nau bei diesen Leuten ist er später noch mehrmals
aufgetaucht, nachdem er fertiggemacht wurde und
gestorben ist. Damit ist eindeutig bewiesen: Er ist
wirklich nicht mehr tot, er lebt! Ganze vierzig Tage
chillte er noch mit seinen Freunden und redete mit
ihnen über das neue Reich, wo Gott das Sagen hat**.
4 Als sie eines Tages zusammen waren, sagte Jesus
voll ernst: „Ihr dürft auf keinen Fall aus Jerusalem
abhauen! Ihr müsst hier so lange bleiben, bis das
Ereignis passiert, was Papa schon vor Ewigkeiten
versprochen hat – ich habe euch schon davon er-
zählt und wiederhole es jetzt noch mal: 5 Johannes
hat mit euch die Taufe nur mit Wasser durchziehen
können. Aber wartet ab, bald werdet ihr mit dem
Heiligen Geist, mit der Power, die von Gott kommt,
getauft werden!"

Jesus geht zu Gott dem Vater

6 Als sie da so mit ihm zusammen waren, fragten
seine Leute: „Meister, wirst du denn jetzt eine Revo-
lution anzetteln, Israel befreien und es ganz nach
vorne bringen?" 7 „Das soll euch erst mal egal sein.
Gott wird schon das richtige Timing dafür haben",
antwortete Jesus. 8 „Aber ihr werdet von der Kraft
Gottes, dem Heiligen Geist, noch richtig angezappt
und abgefüllt werden. Durch die Kraft, die er euch
gibt, werdet ihr in der Lage sein, euch für mich vor
allen Leuten in Jerusalem grade zu machen. Überall
werdet ihr von mir erzählen, in Judäa, in Samarien
und auch im Rest der Welt!" 9 Nachdem er das
gesagt hatte, zog er zu Gott. Eine Wolke kam auf
ihn runter, und direkt vor ihren Augen verschwand
er plötzlich. 10 Als sie da total verdattert rumstan-
den, tauchten plötzlich zwei Typen auf, die weiße
Anzüge trugen. 11 „Hey, ihr Leute aus Galiläa, was
steht ihr hier so rum und glotzt zum Himmel?",
fragten sie. „Gott hat Jesus jetzt wieder zu sich nach
Hause geholt. Aber keine Sorge, es wird der Tag
kommen, da taucht er genau so wieder auf, wie er
gerade abgehauen ist."

Es wird ein neuer Apostel gewählt

12 Schließlich gingen sie vom Ölberg in Richtung
Jerusalem, das war ca. einen Kilometer weiter weg.
13 Sie zogen sich zurück in das Haus, wo sie auch
sonst immer zusammen abhingen, um gemeinsam
zu beten. Mit dabei waren: Petrus, Johannes, Jako-
bus, Andreas, Philippus, Thomas, Bartholomäus,
Matthäus, Jakobus, der Sohn von Alphäus, Simon
(der Ex-Terrorist) und Judas, der Sohn von Jakobus.
14 Dann waren da auch noch ein paar Frauen dabei,
Maria zum Beispiel, die Mutter von Jesus, und auch
seine Brüder. 15 An einem Tag waren ungefähr hun-
dertzwanzig Leute da, als Petrus plötzlich aufstand,
um eine Rede zu halten: 16 „Liebe Freunde, liebe
Geschwister! Alles, was in dem alten Buch steht, ist
wirklich wahr geworden! Zum Beispiel das, was
über Judas dadrinsteht, der Jesus abgezogen und
an seine Feinde verraten hat! Das hatte Gott schon
vor Ewigkeiten gewusst und durch David mal eine
Ansage da drüber gemacht. 17 Judas gehörte zu
unserer Clique und hatte dieselben Aufgaben, wie
wir sie auch bekommen hatten. 18 Von der Kohle, die
er dafür bekommen hatte, den Unschuldigen zu
verraten, hat er sich ein Feld gekauft. Auf dem ist er
dann so derbe hingefallen, dass ihm dabei sein
Wampe aufgeplatzt und der Darm rausgeflogen ist!
19 Das hat sich mittlerweile in ganz Jerusalem rum-
gesprochen, und alle nennen dieses Feld jetzt ‚das
Feld, an dem Blut klebt'. 20 Das war ja schon in dem
Buch aus den alten Schriften vorhergesagt worden.
In den Psalmen steht zum Beispiel: ‚Was ihm ge-
hört, wird vergammeln, niemand wird da wohnen
wollen!' Und an einer anderen Stelle steht auch:
‚Die Sachen, die er vorher gemacht hat, soll ein
anderer übernehmen.' 21 Darum müssen wir für

---

* Apostel: So wurden die 12 Freunde von Jesus genannt, als er weg war. Sie hatten eine besondere Begabung und Power von Gott. Das Wort heißt auch „Gesandter" und könnte auch mit „Bote", „Botschafter", „Konsul" oder so ähnlich übersetzt werden.

** Der Begriff bedeutet etwas ganz Konkretes, nämlich ein Gebiet, wo alles auf Gott ausgerichtet ist. Hinter dem Begriff stand auch die Hoffnung, dass Gott eine neue Zeit anbrechen lässt, in der er das Sagen hat und alles gut wird.

Judas einen Nachfolger finden. Es wäre cool, wenn das jemand wäre, der von Anfang an mit Jesus dabei war, 22 von der ersten Zeit, wo Jesus bei Johannes aufgetaucht und getauft worden ist, bis zu dem Tag, wo er zu Gott ging. Er sollte genauso wie wir ein Augenzeuge gewesen sein, dass Jesus wieder lebendig wurde und den Tod besiegt hat." 23 Sie organisierten eine Wahl, wo sich zwei Leute aufstellen durften. Das war einmal Josef Justus, dem man auch den Spitznamen „Barsabbas" gegeben hatte, und Matthias. 24 Anschließend sagten sie alle zu Gott: „Herr, du hast die meiste Ahnung, was Menschen angeht. Du musst uns jetzt zeigen, wen du von den beiden dabeihaben willst. Wer soll die Aufgaben machen, die Judas vorher erledigt hat? 25 Denn Judas hat es ja nicht gebracht, er hat sein Ding nicht bis zu Ende durchgezogen. Er ist jetzt da, wo er hingehört." 26 Schließlich holte einer eine Münze raus, Kopf oder Zahl, und am Ende war Matthias derjenige, der von nun an zu den zwölf Aposteln gehörte.

2 Pfingsten: Jetzt geht's ab! Die Kraft von Gott, der Heilige Geist, mischt alles auf

1 Als das große Erntefest der Juden gerade losging, waren alle Freunde von Jesus zusammen in einem Raum. 2 Plötzlich kam in dem Raum von oben runter ein Wind auf, alle hörten ein ganz seltsames Rauschen. Es war fast so, als hätte jemand gerade einen großen Ventilator eingeschaltet. 3 Dann sahen sie, wie sich plötzlich bei allen so eine Art Feuerflammen auf die Köpfe setzte. 4 Und dann wurden alle total abgefüllt mit dem Heiligen Geist! Einige fingen dabei an, in irgendeiner fremden Sprache zu reden, einer Sprache, die ihnen der Heilige Geist einfach aufspielte. 5 Zu dem Fest waren gerade mega viele gläubige Juden aus der ganzen Welt nach Jerusalem gekommen. 6 Sehr viele Leute aus der Stadt kriegten das mit, von überall kamen sie angerannt. Was keiner von den Ausländern auf die Reihe kriegen konnte, war, wie die Apostel in ihrer eigenen Sprache reden konnten! 7 „Das geht ja gar nicht!", riefen die total fertig. „Das sind doch alles Leute aus Galiläa! 8 Das kann doch gar nicht angehen, dass die auf einmal unsere Muttersprache draufhaben? Egal ob wir aus Persien stammen, Meder sind oder Elamiter, 9 ein paar von unseren Männern kommen aus Mesopotamien, Judäa, Kappadozien, Pontus und aus der Gegend von Asien. 10 Aus Phrygien, Pamphylien und aus Ägypten, und aus der Gegend von Kyrene in Libyen, ja sogar aus Rom sind ein paar dabei. Wir sind Juden oder zumindest zählen wir uns zu den Leuten, die jüdisch glauben, 11 und dann sind da noch ein paar Kreter und Araber. Und trotzdem hören wir jeder in unserer Sprache, wie diese Typen da von den großen Sachen erzählen, die Gott macht!" 12 Völlig verdattert konnten sie überhaupt nicht kapieren, was da gerade los war: „Was hat das zu bedeuten?" 13 Ein paar Leute rissen aber auch ein paar dumme Sprüche und meinten: „Die sind doch alle völlig bekifft!"

Petrus sagt allen was Sache ist, und erzählt von Jesus

14 Schließlich standen alle Apostel auf, und Petrus schrie der versammelten Masse zu: „Hey, ihr Leute aus Judäa, hört mir alle mal zu! Auch die Leute, die hier in Jerusalem wohnen, ich will euch erzählen, was hier gerade abgeht! 15 Diese Männer hier sind nicht total breit, auch wenn das einige von euch glauben wollen. Mann, ist doch gerade mal erst neun Uhr morgens! 16 Was hier gerade passiert, hat der Prophet Joel schon vor langer Zeit vorausgesagt. Er machte nämlich folgende Ansage: 17 ‚Wenn es zu Ende geht mit der Welt, sagt Gott, dann werde ich alle Menschen mit meinem Geist ausstatten. Eure Kinder werden meine Stimme hören und das weitergeben, was ich ihnen gesagt habe. Eure Jungs und auch die Alten werden in ihren Gedanken Botschaften und Bilder von mir aufgespielt bekommen, durch die ich zu euch reden werde. Und auch nachts werde ich euch durch Träume Dinge klarmachen. 18 Alle Männer und Frauen, Jungs und Mädchen, alle, die mir dienen, werden mit meinem Geist ausgerüstet werden, und sie werden für mich sprechen. 19 Am Himmel und auf der Erde werdet ihr seltsame Zeichen sehen; Blut, Feuer und sehr viel Qualm. 20 Es wird eine totale Sonnenfinsternis geben und der Mond wird anders aussehen, so rot wie Blut. Und dann kommt der große Tag, das große Comeback von Gott. 21 Und es soll so laufen, dass alle, die zu Jesus gehören und zu ihm um Hilfe rufen, durchkommen werden!' 22 Passt gut auf, ihr Leute aus Israel! Ihr habt alle mitbekommen, dass Jesus, der aus Nazareth kam, heftige Sachen und echte Wunder bei euch getan hat. Klar, dass Gott da seine Finger mit im Spiel hatte! 23 Jesus wurde aber auf mieseste Art verraten. Ihr habt ihn sogar mit Hilfe der Römer, die überhaupt nichts von unserem Gott wissen wollen, hinrichten lassen, indem ihr ihn

an ein Kreuz genagelt habt. Doch Gott wusste schon lange vorher, dass das so passieren wird. 24 Jesus ist aber stärker als der Tod! Gott konnte durch ihn den Tod besiegen! Er ist wieder lebendig geworden! 25 Schon der Präsident David hat von Jesus gesprochen, als er schrieb: ‚Ich habe die ganze Zeit meinen Gott vor der Linse, er passt auf mich auf, damit ich nicht abstürze. 26 Ich raste total aus vor Freude, ich muss das rausschreien, selbst wenn ich sterbe, wird es mir gutgehen. 27 Denn du wirst dafür sorgen, dass ich nicht einfach vergammel, wenn ich tot bin, ich gehöre ja zu dir! 28 Du hast mir gesagt, wo es längsgeht im Leben, du hast mir fett Freude geschenkt, schon alleine, weil du da bist.‘ 29 Also liebe Leute, ich will euch hier keine Märchen erzählen! Unser Vater David ist auf jeden Fall gestorben, und wer will, kann auch gleich noch sein Grab besichtigen gehen. 30 Gott hat ihm aber auf sicher versprochen, dass einer aus seiner Familie, der nach ihm lebt, mal als Präsident auf seinem Chefsessel sitzen wird. 31 Dieses Verspechen hat er mit Jesus Christus eingelöst! Er hat den Tod besiegt und ist wieder lebendig geworden. Er meinte nämlich ihn, als er damals aufgeschrieben hat: ‚Er wird nicht tot bleiben, und sein Körper wird nicht vergammeln.‘ 32 Gott hat Jesus aus dem Tod rausgeholt! Wir haben das alle mitbekommen und können das ganz sicher bezeugen. 33 Jetzt hat Gott Jesus auf den Stuhl des Kapitäns des ganzen Universums gesetzt. Er bekam von Gott alle Vollmachten ausgestellt. Von dort hat er auf uns die Power Gottes, seinen Heiligen Geist übertragen, wie es ja schon vorher angekündigt wurde. Das ist genau das, was ihr hier jetzt gerade abgehen seht. 34 David selbst ist ja nicht zum Himmel hochgezogen worden, aber er sagte ja: ‚Gott sagte zu meinem Chef: Setz dich auf die Ehrentribüne im Himmel direkt neben mich, 35 bis alle, die gegen dich sind, geschlagen wurden und dir die Füße küssen.‘ 36 Niemand kann jetzt in Israel noch etwas dagegen sagen: Der Jesus, den ihr hingerichtet habt, den hat Gott zum obersten Chef erklärt, zu dem Typen, der uns alle aus dem Dreck rausholen wird, zu dem Auserwählten, den Christus.“ 37 Als die Leute das hörten, waren sie alle total fertig und wollten unbedingt wissen, was sie denn jetzt tun sollten. 38 „Lebt nicht länger so, wie ihr jetzt lebt! Macht es anders und lebt in Gottes Richtung!“, meinte Petrus nur. „Ihr müsst dieses neue Ritual machen, diese Taufe. Und zwar sollt ihr auf den Namen von Jesus Christus getauft werden. Dann gehört ihr ihm, und Gott wird euch die Sachen vergeben, wo ihr total neben Gottes Willen gelebt habt. Und außerdem bekommt ihr dann die Power von Gott, den Heiligen Geist, aufgespielt. 39 Das ist euch und denen, die nach euch noch leben werden, und allen Menschen in der ganzen Welt versprochen worden, allen, die Gott dazurufen wird.“ 40 Das war nur ein Auszug aus einer von vielen Reden vom Petrus. Immer wieder warnte er die Leute: „Diese Gesellschaft ist auf einem voll verkehrten Weg! Lasst euch auch da rausretten!“ 41 Sehr viele von den Leuten, die Petrus zuhörten, ließen sich anschließend sofort taufen. Ungefähr dreitausend kamen an diesem Tag zu der Jesus-Familie dazu!

Die erste große Christen-Familie

42 Diese allerersten Christen hingen jeden Tag zusammen, hörten den Predigten von den Aposteln zu und lebten in einer großen WG. Sie aßen zusammen, so wie sie es mit Jesus, kurz bevor er starb, auch getan hatten (das nannte man ab jetzt das „Abendmahl“), und beteten auch viel miteinander. 43 Alle hatten großen Respekt vor Gott. Der wiederum bestätigte die Apostel durch heftige Wunder, damit alle sehen konnten, dass sie die Wahrheit erzählten. 44 Die Jesus-Leute hielten ganz fest zusammen, jeder teilte alles, was er hatte, mit den anderen. 45 Wenn jemand der Besitzer von einem Stück Land war, dann verkaufte er das Teil und gab die Kohle den Jesus-Leuten, denen es dreckig ging. 46 Jeden Tag hingen sie im Tempel ab und feierten auf ihren Buden zusammen das Abendmahl. Oft trafen sie sich, um zusammen zu essen, was immer superfröhlich und mit einer guten Einstellung abging. 47 Alle waren begeistert von Gott, was wohl auch ein Grund dafür war, dass man in der ganzen Stadt gut über sie redete. Die Gemeinde, so wie man die Jesus-Familie jetzt nannte, wurde immer größer, vor allem weil Gott jeden Tag viele Menschen dazurettete.

3

Gott tut ein Wunder an einem Behinderten

1 An einem Tag, so um drei Uhr rum, beschlossen Petrus und Johannes, zum Tempel zu gehen und 'ne Runde zu beten, wie sie es sonst auch immer getan hatten. 2 Gleichzeitig schleppte man einen Mann an eine der Türen vom Tempel, der seit seiner Geburt an den Beinen gelähmt war. Sie setzten ihn an einer Tür ab, die man auch „das schöne Tor“ nannte, wo er jeden Tag Geld schnor-

ren konnte. 3 Als Petrus und Johannes den Tempel betreten wollten, fragte er sie auch: „Habt ihr mal 'nen Euro?" 4 Die beiden blieben stehen, sahen ihn fest an, und Petrus meinte: „Schau uns in die Augen!" 5 Der Typ dachte gleich, die beiden würden ihm jetzt Geld geben. 6 Petrus sagte aber zu ihm: „Ich hab keine Kohle für dich, mein Freund, aber was ich habe, will ich dir gerne geben. Im Auftrag von Jesus Christus, der aus Nazareth stammt: Steh auf, Alter! Geh mal 'ne Runde um den Block!" 7 Dabei griff er nach der rechten Hand von dem Mann und zog ihn nach oben. Und in derselben Sekunde konnte er tatsächlich seine Füße und Beine bewegen! 8 Er sprang hoch, ging ein paar Schritte und folgte dann Petrus und Johannes in den Tempel. Dort rastete er vor Freude total aus, pogte überall rum und schrie: „Danke, Gott! Danke!" 9 Alle, die gerade im Tempel waren, sahen, wie er rumtanzte und sich bei Gott bedankte. 10 Jeder kapierte sofort, dass das der Typ von der „schönen Tür" war. Und sie kriegten das nicht gebacken, wieso der plötzlich gehen konnte! 11 Sehr viele kamen aus dem ganzen Tempel in die Halle gelaufen, wo das Wunder passiert war. Das war die sogenannte „Halle Salomos". Total aufgeregt umzingelten sie Petrus, Johannes und den Ex-Behinderten, der die beiden nicht mehr weglassen wollte.

Petrus hält 'ne Rede im Tempel

12 Petrus sah die gute Gelegenheit, gleich auf den Punkt zu kommen, und legte los: „Hallo, ihr Leute aus Israel! Warum kriegt ihr das anscheinend nicht auf die Reihe, was hier gerade passiert ist? Und warum seht ihr uns dabei die ganze Zeit so schräge an? Ihr glaubt doch nicht im Ernst, wir hätten diesen Behinderten geheilt, weil wir so geil drauf sind oder so besonders religiös leben? 13 Der Gott, zu dem schon Abraham und Isaak und Jakob, unsere Vorfahren und Urväter, gebetet haben, genau der hat das getan! Er wollte durch dieses Wunder klarmachen, dass sein Sohn Jesus der Held ist, nur der hat so was drauf! Genau der Jesus, den ihr verraten und verkauft habt, und das, obwohl der Richter Pilatus sogar auf Freispruch plädiert hatte. 14 Den Mann, der nichts ausgefressen hatte und der total gottmäßig drauf war, den habt ihr fertiggemacht und ermordet, während der wirkliche Mörder freigelassen wurde. 15 Ihr habt dabei ausgerechnet den ermordet, der das ganze Leben mal gemacht hat! Gott war aber stärker als der Tod, und er ist wieder lebendig geworden, das können wir hier alle unterschreiben, wir haben es selber erlebt! 16 Weil wir zu diesem Jesus beten und ihm vertrauen, darum ist dieser Mann gerade gesund geworden. Ihr kennt den Typen alle sehr gut, ihr wisst, dass er eine starke Behinderung hatte und nicht gehen konnte. Aber jetzt kann er wieder gehen, weil das felsenfeste Vertrauen, was wir in Jesus haben, gewirkt hat. 17 Mir ist schon klar, dass ihr damals keine Peilung hattet, was ihr und eure Chefs da gerade anstellten. 18 Gott hatte aber dafür gesorgt, dass das passiert, was schon die Propheten vor langer Zeit vorausgesagt haben, nämlich, dass der Retter ganz üble Sachen durchmachen muss. 19 Heute habt ihr die Chance, euer Leben total umzukrempeln. Hört auf, Mist zu bauen, damit Gott euch die ganzen Schulden, die ihr bei ihm habt, heute erlassen kann! 20 Dann wird endlich eine geile Zeit für euch anbrechen, eine Zeit, in der Gott euch zeigen kann, wer wirklich der Retter ist, auf den ihr schon so lange wartet: Jesus! 21 Er sitzt jetzt erst mal im Himmel, aber irgendwann wird er wiederkommen, und dann wird alles neu gemacht. Davon hat Gott schon vor langer Zeit durch die Propheten zu uns geredet. 22 Schon Mose hat gesagt: ‚Irgendwann wird Gott jemanden, der so drauf ist wie ich, zu euch schicken, und dann wird alles gut. Auf den müsst ihr hören. 23 Wer das aber nicht tut, der fliegt raus.' 24 Auch Samuel und die anderen Propheten, die danach da waren, haben diese Ansage gemacht. 25 Was diese Männer gesagt haben, das ist auch für euch wichtig. Denn auch für euch gilt derselbe Vertrag, den Gott mit euren Vorfahren gemacht hat. Denn Gott meinte zu Abraham: ‚Von deinen Kindern werden alle Menschen auf der Erde mal fett profitieren.' 26 Gott hat den Mann, der genau das getan hat, was er wollte, nämlich Jesus, bei euch vorbeigeschickt. Durch ihn bietet er uns eine neue Chance an, indem wir aufhören, Mist zu bauen, und unserem Leben eine neue Richtung geben, eine Richtung zu Gott hin."

4

Petrus und Johannes werden im Knast verhört

1 Als Petrus und die anderen Apostel noch am Reden waren, kamen plötzlich ein paar von den religiösen Führern, von den Priestern und den Sadduzäern sowie der Chef von der Tempel-Polizei durch die Menschenmasse durch. 2 Sie motzten rum, weil Petrus und Johannes am Beispiel von Jesus allen Leuten klarmachten, dass irgendwann alle Menschen vom Tod wieder zurück ins Leben kommen werden. 3 Darum verhafteten sie Petrus

und Johannes und steckten die beiden erst mal in den Knast, weil es inzwischen dunkel geworden war. 4 Trotzdem waren viele von dem, was die Apostel erzählt hatten, total angerührt und begannen an Jesus zu glauben. Ungefähr 5000 Leute zählten ab dann zu den Christen, und die Frauen waren da noch gar nicht mitgerechnet! 5 Am nächsten Morgen wurde ein Meeting am Gericht der Juden in Jerusalem abgehalten. 6 Hannas, der Chef der religiösen Führung, war da, dazu Kaiphas, Johannes, Alexander und ein paar andere Jungs aus der Familie vom Hannas. 7 Schließlich wurden Petrus und Johannes vorgeführt. Als Erstes fragten sie die beiden: „Wer hat Ihnen eigentlich die Order gegeben und dazu auch die Vollmacht, diese Wundersachen zu tun?" 8 Abgefüllt mit der Kraft Gottes, dem Heiligen Geist, sagte Petrus: „Also, ihr Leiter und Älteste von unserer Gesellschaft, 9 wir stehen hier im Gerichtssaal und wurden angezeigt, weil wir nichts weiter getan haben, als einen Kranken zu heilen. 10 Wenn Sie wissen wollen, wie dieser Typ hier wieder gesund geworden ist, dann kann ich nur eine Ansage dazu machen, und das will ich vor Ihnen und allen Leuten in Israel gerne tun. Dass dieser Behinderte gesund geworden ist, kommt nur durch die Kraft von Jesus Christus, der aus Nazareth stammt. Er ist der Mann, den ihr hingerichtet habt. Aber er ist nicht mehr tot, er ist wieder lebendig geworden! 11 Jesus ist das Beton-Fundament, von dem schon in dem alten Buch geredet wurde. ‚Was von den Bauarbeitern als total wertlos betrachtet wurde, darauf ist nun alles gebaut worden.' 12 Nur Jesus kann die Menschen aus ihrem Dreck rausholen und retten. Niemand anders ist dazu in der Lage, nur er!" 13 Die anwesenden Leute vom Gericht waren total platt darüber, wie mutig und frei sie ihre Sache rüberbrachten. Denn sie wussten, dass die beiden keine gute Bildung genossen und auch nie Theologie studiert hatten. Aber es war allen schon klar, dass beide mit Jesus unterwegs gewesen waren. 14 Dass der Typ wirklich geheilt worden war, daran bestand auch kein Zweifel. Der war ja anwesend und stand aufrecht vor ihnen. 15 Sie wollten sich erst mal alleine beraten und ließen die zwei wieder abführen. 16 „Was machen wir jetzt bloß mit diesen Jesus Freaks?", fragten sie sich. „Sie haben echt ein Wunder getan, dagegen können wir nichts mehr sagen. Wir sind ja sogar Augenzeugen davon. 17 Vielleicht sollten wir den beiden einfach unter Strafe verbieten, dass sie weiter in der Stadt von Jesus reden, damit sie nicht noch mehr Schaden anrichten können." 18 Dann riefen sie die Apostel wieder in den Saal und verboten ihnen unter Strafe, noch einmal irgendwo was über Jesus zu erzählen. 19 Petrus und Johannes meinten dazu nur: „Sie glauben doch nicht im Ernst, dass wir Ihnen mehr gehorchen als unserm Gott? 20 Das geht gar nicht, dass wir nichts darüber erzählen, was Gott für gute Sachen gemacht hat! Wir haben es ja selber erlebt!" 21 Schließlich kamen sie mit einer Verwarnung davon. Sie hatten einfach keinen richtigen Anklagepunkt und der Richter hatte auch Panik, es würde sonst eine Riesendemo geben. Denn alle Leute in Jerusalem waren total begeistert von Gott, der durch Petrus und Johannes so ein geiles Wunder getan hatte. 22 Der Behinderte, der geheilt wurde, war immerhin schon vierzig Jahre alt und seit seiner Geburt gelähmt gewesen.

Die Jesus-Familie betet zusammen

23 Nachdem Petrus und Johannes entlassen worden waren, rannten sie sofort zu den anderen Christen und erzählten, was mit den Oberpriestern und den Ältesten der Stadt abgegangen war. 24 Sie fingen sofort an zu beten und riefen gemeinsam zu Gott: „Meister, du hast den ganzen Himmel und die Erde und das Meer gemacht, und dazu alles, was sonst noch lebt. 25 Du hast schon vor langer Zeit durch unseren Urvater David, der dir gedient hat, unter Mithilfe vom Heiligen Geist, zu uns gesagt: ‚Warum machen die Leute, die nichts von Gott wissen wollen, so einen Aufstand? 26 Die Mächtigen dieser Welt rüsten auf und alle tun sich zusammen, um gegen Gott zu kämpfen und gegen seinen Christus*.' 27 Und genau das passiert hier gerade, in dieser Stadt! Herodes, Pilatus und die ganze Bande haben sich zusammengetan, um deinem besonderen Sohn Jesus, den du auserwählt hast, den Kampf anzusagen! 28 Und was sie jetzt tun, hast du auch schon lange vorher gewusst und beschlossen. 29 Jetzt, Gott, achte auf das, was sie uns androhen, und gib jedem von uns die Freiheit, die wir brauchen, um den Leuten das zu sagen, was du von uns willst! 30 Zeig jetzt, was du draufhast! Sorg dafür, dass Leute gesund werden und dass derbe Wunder passieren durch den Namen von deinem Sohn Jesus." 31 Als sie das gebetet hatten, gab es plötzlich ein Erdbeben unter dem Haus, in dem sie sich getroffen hatten! Alle wurden augenblicklich total abgefüllt mit der Kraft Gottes, dem Heiligen Geist!

* Christus: Siehe Kommentar im 2. Kapitel, Vers 36

Sie zogen los und erzählten, ohne Angst zu haben,
überall von Gott.

Die Jesus-Familie geht ab

32 Alle Leute, die zur Jesus- Familie gehörten, waren
total eng befreundet. Es gab keinen, der das, was
ihm gehörte, als seinen privaten Besitz betrachtete,
irgendwie gehörte alles allen. 33 Total begeistert
sprachen die Apostel überall darüber, dass Jesus
nicht mehr tot ist, sondern lebt. Alle erlebten haut-
nah, wie sehr Gott die Menschen liebt. 34 Keiner
kam in der Gemeinschaft zu kurz. Die Leute, die ein
Haus oder ein Grundstück besaßen, verkauften es.
35 Die Kohle, die sie dafür bekamen, gaben die Apos-
tel dann an die Leute weiter, die es nötiger hatten.
36 Einer der Leute, die viel Geld gaben, war Josef.
Der kam ursprünglich aus Zypern und war aus dem
israelischen Stamm der Leviten. Die Apostel hatten
ihm auch den Spitznamen Barnabas gegeben, was
so viel heißt wie „einer, der die Leute tröstet". Die-
ser Josef hatte seinen Grundbesitz verkauft und das
ganze Geld den Aposteln gegeben.

5

Hananias und Saphira versuchen Gott zu bescheißen

1 Ein Typ, den sie Hananias nannten, verkaufte
mit seiner Frau Saphira ein Grundstück. 2 Das Geld,
was er dafür bekam, gab er dann nur zum Teil bei
den Aposteln ab, seine Frau wusste aber davon und
war einverstanden. 3 Petrus hatte aber den Durch-
blick und sprach ihn darauf an: „Hananias, warum
bist du nur auf den Satan reingefallen? Warum hast
du versucht, den Heiligen Geist abzulinken? Warum
hast du nur einen Teil von der Kohle zurückgebracht
und so getan, als wäre es alles, um den Rest selber
einzusacken? 4 Keiner hat dich gezwungen, das
Land zu verscherbeln! Du hättest mit der Kohle
machen können, was du willst. Wie bist du bloß so
draufgekommen? Du hast nicht nur versucht Men-
schen zu belügen, du betrügst Gott damit!" 5 Petrus
hatte gerade das letzte Wort ausgesprochen, da
sackte Hananias in sich zusammen und starb. Alle,
bei denen das die Runde machte, waren echt fertig,
als sie das hörten. 6 Einige der jungen Leute trugen
die Leiche raus, nachdem sie ein Tuch drübergelegt
hatten, um ihn unter die Erde zu bringen. 7 Drei
Stunden später kam seine Frau Saphira vorbei. Sie
hatte keinen blassen Schimmer von dem, was da
gerade passiert war. 8 Petrus fragte sie: „Ist das hier
alles gewesen, was ihr für euer Grundstück bekom-
men habt?" – „Ja", war ihre Antwort, „das war al-
les." 9 „Wie konntet ihr nur so draufkommen, dass
ihr dachtet, man kann mit dem Heiligen Geist sol-
che Spielchen spielen?", sagte Petrus. „Die Männer,
die gerade deinen Ehemann beerdigt haben, werden
dich auch gleich abholen." 10 Sofort brach auch sie
tot zusammen. Als die Jungs sie dort liegen sahen,
nahmen sie Saphira auch mit und beerdigten sie
neben ihrem Mann. 11 Die ganze Gemeinde und
auch alle anderen waren echt platt, als sie davon
hörten.

Gott bestätigt fett seine Apostel

12 Durch die Apostel passierten heftige Wunder bei
den Menschen, die dort lebten. Die ganze Gemein-
de hing oft im Tempel in der Halle von Salomo
rum, sie hielten ganz fest zusammen durch ihren
gemeinsamen Glauben an Jesus. 13 Einige hatten
Schiss, sich ihnen anzuschließen, aber alle hatten
großen Respekt vor den Jesus-Leuten. 14 Immer
mehr Leute fingen an mit Jesus zu leben, Männer
wie auch Frauen. 15 Da gab es so Szenen, da schlepp-
te man die Betten und Isomatten mit Menschen
auf die Straße, damit wenigstens der Schatten von
Petrus über die Kranken streifen würde. 16 Selbst
aus den Dörfern um Jerusalem herum kamen die
Leute angelaufen. Sie brachten die kranken Men-
schen vorbei und die Leute, die fiese Geister in sich
hatten, und wirklich alle wurden gesund!

Die Apostel müssen wieder in den Knast

17 Der Oberpriester und seine Parteifreunde von den
Sadduzäern waren total eifersüchtig auf den Erfolg
der Jesus-Leute. Darum beschlossen sie, etwas da-
gegen zu unternehmen. 18 Sie ließen ihre Beziehun-
gen spielen und sorgten so dafür, dass die Apostel
wieder verhaftet und in den Knast gesteckt wurden.
19 Nachts kam aber ein Engel von Gott vorbei, der
heimlich die Gefängnistür aufmachte und sie da
wieder rausholte. 20 Der Engel sagte zu ihnen: „Ihr
müsst wieder in den Tempel gehen und dort allen
die Nachricht erzählen, dass man mit Jesus ein
neues Leben anfangen kann." 21 Frühmorgens mach-
ten sich die Apostel sofort auf die Socken und spra-
chen im Tempel ganz öffentlich über Jesus. Zeit-
gleich saßen die Oberpriester mit ihren Leuten
zusammen im jüdischen Gerichtshof. Dort hatten
sie mit den Leitern des Volkes ein Meeting. Schließ-
lich wollten sie die Apostel zum Verhör reinholen.
22 Die Apostel waren ja aber schon lange nicht mehr
da. Die Angestellten von den Oberpriestern, die ge-

schickt worden waren, kamen also wieder zurück
und machten Meldung: 23 „Die Gefangenen sind
ausgebrochen. Die Stahltür war zwar vollkommen
zu und auch nicht kaputt, und auch die Wachen
waren alle an ihrem Platz. Aber als wir nachgesehen
haben, war keiner mehr da.“ 24 Die Tempelpolizei
und die Oberpriester waren alle total fertig, als sie
das hörten. „Was geht da ab? Wie soll das enden?“
25 Plötzlich stürmte jemand in den Raum rein und
meldete: „Die Typen, die Sie in den Knast gebracht
haben, die sind schon wieder im Tempel und erzäh-
len von Jesus!“ 26 Sofort zog der Obermacker der
Tempelpolizei mit seiner Abteilung zum Tempel und
holte die Apostel wieder ab. Diesmal taten sie das
aber, ohne Gewalt anzuwenden, weil sie Angst hat-
ten, die Menschenmenge würde sie sonst verprü-
geln und mit Steinen nach ihnen schmeißen. 27 Die
Apostel wurden in den Gerichtssaal gebracht, wo
sie der Oberpriester wieder verhören wollte. 28 „Ich
habe Ihnen doch mit allen Mitteln untersagt, jemals
wieder von diesem Jesus in der Öffentlichkeit zu
reden! Mittlerweile redet die ganze Stadt Jerusalem
nur noch von ihm! Und wegen Ihnen sind sie alle
sauer auf uns und wollen uns sogar lynchen, weil sie
uns für den Tod von Jesus verantwortlich machen
wollen.“ 29 Petrus und die anderen Apostel sagten
dazu nur eins: „Wir denken, es ist besser, das zu
tun, was Gott von einem will, als das zu tun, was
Menschen von einem wollen. 30 Der Gott, zu dem
die Generationen vor uns schon gebetet haben, hat
Jesus, den ihr am Kreuz hingerichtet und ermordet
habt, wieder lebendig werden lassen. 31 Gott hat ihn
durch die uneingeschränkte Vollmacht, über die er
verfügt, zum obersten Chef gemacht, zu dem, der
alles wiedergutmachen wird. Er hat dafür gesorgt,
dass sich alle Menschen aus Israel total ändern kön-
nen und dass der Mist, den sie gemacht haben, ver-
geben werden kann. 32 Wir haben das alles erlebt,
bezeugen es und stehen dafür grade. Und seine
Power, sein Heiliger Geist, bestätigt das ja auch.
Gott hat ihn jedem zur Verfügung gestellt, der das
tut, was Gott will.“ 33 Diese Rede sorgte dafür, dass
die Mitglieder vom Gerichtshof total angefressen
auf die Apostel waren. Sie beschlossen, die so bald
wie möglich umzubringen.

Gamaliel hat eine gute Idee

34 Schließlich stand Gamaliel in dem Meeting auf.
Er war ein Pharisäer, ein religiöser Streber, und
kannte sich in der Bibel voll gut aus. Die Leute hiel-
ten große Stücke auf ihn. Er befahl, die Apostel mal
eben vor die Tür zu verfrachten, 35 und dann redete
er zu der gesamten Versammlung: „Ihr Leute aus
Israel, passt bloß auf und strengt euer Hirn an, was
auch immer ihr gegen diese Männer unternehmen
wollt. 36 Vor einiger Zeit gab es schon andere Typen,
die glaubten irgendwie special zu sein. Erinnert ihr
euch an Theudas? Vierhundert Fans hatte er in
kurzer Zeit zusammen. Aber er wurde irgendwann
umgebracht und seine Anhänger sind in alle Winde
zerstreut, kein Schwein redet heute mehr über ihn.
37 Zu der Zeit, als wir Volkszählung hatten, da war so
ein Typ, der hieß Judas, der kam aus Galiläa, glaub
ich, und versuchte auch eine kleine Revolution an-
zuzetteln. Viele Leute fanden ihn total gut und sind
ihm nachgelaufen. Aber er ist auch umgebracht
worden, und heute redet keiner mehr von ihm.
38 Darum mein Tipp: Lasst diese Leute in Ruhe!
Wenn sie ihren eigenen Ideen hinterherlaufen und
sich dafür einsetzen, werden sie irgendwann schei-
tern. 39 Wenn aber das Ganze wirklich Gottes Ding
ist, dann könnt ihr sowieso nichts dagegen machen.
Oder habt ihr Lust, gegen Gott zu kämpfen?“ 40 Das
traf den Nagel auf den Kopf. Die Apostel wurden
wieder reingeführt, und nachdem man sie noch mal
mit einer Peitsche mehrfach geschlagen hatte, ver-
bot man ihnen einfach, weiter über Jesus in der Öf-
fentlichkeit zu reden. Dann wurden sie freigelassen.
41 Super drauf verließen die Apostel den Gerichts-
saal! Sie fühlten sich von Gott ernst genommen,
weil sie dafür, dass sie zu Jesus gehörten, Verach-
tung und Schmerzen ertragen mussten. 42 Und ab
jetzt gingen sie erst recht jeden Tag in den Tempel,
und auch in privaten Häusern in der Stadt erzählten
sie überall, dass Jesus der Retter der Menschen ist,
auf den sie schon so lange gewartet hatten.

6

Sieben Sozialarbeiter werden gewählt

1 Die Gemeinschaft wuchs in dieser Zeit wahn-
sinnig schnell. Irgendwann gab es mal Pro-
bleme zwischen den Gemeindemitgliedern, die Ara-
mäisch sprachen, und denen, die aus Griechenland
kamen. Die griechischen Juden beschwerten sich
darüber, dass die alleinstehenden Frauen bei der
Essensausgabe, die jeden Tag organisiert wurde, zu
kurz kamen. 2 Darum machten die Apostel erst mal
ein Meeting und sagten: „Es ist nicht okay, wenn wir
das ganze Essenszeug auch noch verteilen sollen,
anstatt diese Sachen von Gott zu erzählen, was ja
unsere eigentliche Aufgabe ist. 3 Wir haben da eine
Idee: Lasst uns aus der Gemeinde sieben Leute aus-

suchen, die sich nur für diese Aufgabe zur Verfü-
gung stellen, Männer, denen ihr vertraut und die
ihren Lebensjoystick voll in die Hände des Heiligen
Geistes gegeben haben. Die sollen das dann regeln.
4 Wir wollen uns voll weiter auf das Gebet stürzen
und von Gottes Dingen erzählen." 5 Alle fanden
diese Idee sehr geil. Zuerst wählten sie den Stepha-
nus, einen Mann, der einen Glauben wie eine Eiche
hatte und total abgefüllt war mit dem Heiligen
Geist. Dann kamen noch Philippus, Prochorus,
Nikanor, Timon, Parmenas und Nikolaus aus Anti-
ochien dazu (der war erst zum jüdischen Glauben
gewechselt und danach Christ geworden). 6 Diese
sieben wurden dann ganz offiziell den Aposteln vor-
gestellt. Die beteten für die Truppe, legten ihnen die
Hände auf und segneten sie. 7 Die neue Nachricht
von Gott breitete sich überall aus. Vor allem in Jeru-
salem wuchs die Menge der Jesus-Leute immer
mehr. Auch viele von den jüdischen Priestern wur-
den Christen und fingen an, das zu tun, worauf Gott
Bock hat.

Stephanus wird vor den Kadi gezerrt

8 Stephanus war superheftig unterwegs, er tat durch
Gottes Kraft irre Wunder bei den Menschen, weil
Gott sehr stark an seiner Seite war. 9 An einem Tag
verstrickten ihn ein paar Mitglieder von einer jüdi-
schen Gemeinde in eine derbe Diskussion. Mit
dabei waren Leute von den sogenannten „Freigelas-
senen", neben Leuten aus Kyrene, Alexandria, Zili-
zien und aus der Provinz Asien. 10 Keiner von den
Männern konnte aber mit den powervollen Argu-
menten mithalten, die Stephanus direkt vom Heili-
gen Geist aufgespielt bekommen hatte. 11 Schließlich
mischten die religiösen Führer ein paar Leute unter
die Menge, die das Gerücht verbreiten sollten, Ste-
phanus hätte totalen Blödsinn über Mose und auch
über Gott geredet. „Wir haben das gehört", behaup-
teten sie. 12 Sie verbreiteten dieses Gerücht überall,
so dass die Leute und auch die Leiter der Gemeinde
und die Lehrer, die sich mit dem jüdischen Gesetz
auskannten, supersauer auf Stephanus waren. Sie
ließen ihn verhaften und schleppten ihn vor den
Gerichtshof. 13 Für die Verhandlung organisierten sie
falsche Zeugen, die für Kohle gegen Stephanus aus-
sagten: „Dieser Typ erzählt die ganze Zeit totalen
Blödsinn über Gott, und er macht Witze über den
heiligen Tempel und auch über die Gesetze von
Gott. 14 Wir haben ihn dabei belauscht, wie er sogar
sagte: ‚Jesus aus Nazareth wird den Tempel abrei-
ßen, und er wird gegen die Gesetze kämpfen und
sie ändern, die wir mal von Mose bekommen ha-
ben.'" 15 Alle im Gerichtssaal starrten voll gespannt
auf Stephanus. Dessen Gesicht leuchtete in diesem
Augenblick wie ein Scheinwerfer, er war so hell, wie
ein Engel leuchten würde.

7 **Stephanus' Rede vor den Priestern**

1 Die Obersten der Priestersippe befragten Ste-
phanus: „Entspricht das der Wahrheit, was hier
von Ihnen gesagt wird?" 2 Und dann legte Stepha-
nus los: „Hört mal gut zu, liebe Geschwister und
liebe Väter! Gott, der große Held, der allen Applaus
abbekommen soll, der ist ja schon bei unserm Urva-
ter Abraham in Mesopotamien aufgekreuzt. Das
war, bevor Abraham nach Haran abgezogen ist.
3 Gott machte die Ansage: ‚Geh mal mit deiner Fa-
milie aus deinem Vaterland raus, ich zeig dir, wo
du hingehen sollst!' 4 Abraham zog dann los und
wohnte erst mal in Haran, bis sein Papa gestorben
war. Dann hat Gott ihn hierhergebracht, dahin, wo
ihr jetzt wohnt. 5 Aber Gott gab ihm keinen Zentime-
ter von dem Land, obwohl er ihm mal versprochen
hatte, dass seine Kinder oder die Kinder seiner Kin-
der alles mal besitzen sollten. Zu diesem Zeitpunkt
hatte Abraham noch gar keine Kids! 6 Gott meinte
zu ihm: ‚Deine Kinder und die Kinder deiner Kinder
werden Ausländer in einem fremden Land sein.
Vierhundert Jahre wird man sie bluten lassen, sie
werden viele Probleme kriegen.' 7 Aber Gott machte
Abraham auch die Ansage: ‚Die Leute, die eurem
Volk so derbe mitspielen, werden von mir volle
Breitseite kriegen. Dann werden deine Kinder aus
Ägypten abhauen, und sie werden hier für mich da
sein.' 8 In der Zeit machte Gott einen Deal mit Abra-
ham, und als Zeichen für diesen Vertrag kürzen wir
bis heute die Vorhaut der Jungs mit einem Messer.
Isaak war als Erster dran. Als er geboren wurde,
schnitt sein Vater ihm die Vorhaut ab und zog die-
sen Deal damit durch. Auch Isaak und auch sein
Sohn Jakob taten das, genauso wie die zwölf Söhne
von Jakob, die ja unsere Ur-Stammväter sind. 9 Weil
die Söhne von Jakob oberneidisch auf ihren kleinen
Bruder Josef waren, haben sie ihn dann als Sklaven
nach Ägypten verhökert. Gott stand aber auf Josef,
er hielt zu ihm. 10 Immer wenn es ihm richtig dreckig
ging, war Gott am Start. Josef konnte sich sogar
beim ägyptischen Obermacker einschleimen, dem
Pharao. Weil Josef in allen Dingen den Überblick
hatte, machte er Karriere in seinem Betrieb und
stieg irgendwann sogar zum obersten Verwalterpos-

ten über das ganze Land Ägypten auf. 11 Dann kam eine Zeit, wo es nichts zu essen gab und alle mega Hunger hatten. Die Situation war so krass, dass selbst unsere Leute nichts zu essen hatten. 12 Als Jakob davon Wind bekam, dass es in Ägypten noch viel Getreide gab, sagte er seinen Söhnen, sie sollten sich mal dort hinbegeben. 13 Später machten sie dann noch einen zweiten Besuch, und dann kapierten sie auch so allmählich, dass Josef ihr Bruder war. Und auch der Obermacker, dieser Pharao, kapierte nun langsam, aus welchem Land Josef eigentlich kam. 14 Josef holte seine ganze Familie, seinen Vater und alle Verwandten nach Ägypten, das waren insgesamt fünfundsiebzig Leute. 15 Das war der Grund, warum Jakob und seine Leute in Ägypten gelebt haben, und dort sind sie auch gestorben. 16 Später wurden die Leichen nach Sichem überführt und dort unter die Erde gebracht, und zwar in genau das Grab, was Abraham von der Familie von Hamor gekauft hatte. 17 Irgendwann war es dann so weit, dass Gott seinen Teil des Deals, den er mit Abraham gemacht hatte, erfüllen wollte. Die Familie von Josef war mittlerweile in Ägypten sehr groß geworden. 18 Schließlich war irgendwann ein neuer Pharao am Start, der Josef nicht mehr kannte. 19 Er unterdrückte und folterte unsere Leute, für den war nichts zu schlimm. Er befahl sogar, dass die Kinder ausgesetzt werden mussten. So sind viele von denen gestorben. 20 Genau in dieser Zeit wurde dann Mose geboren. Mit ihm hatte Gott einen ganz besonderen Plan. Seine Eltern versteckten das Baby drei Monate in ihrem Haus. 21 Als sie ihn dann doch weggeben mussten, wurde er aber zum Glück von der Tochter des Pharaos gefunden. Sie behandelte ihn wie ihren eigenen Sohn und zog ihn auf. 22 Mose bekam die beste Ausbildung, er studierte an der Uni und wurde von den besten Wissenschaftlern unterrichtet. Alles, was Mose tat, kam total gut an. Und er hatte Einfluss durch die Dinge, die er tat. 23 Mit seinem vierzigsten Lebensjahr begann Mose sich mehr und mehr um seine Leute, das Volk der Israeliten, zu kümmern. 24 An einem Tag wurde er Augenzeuge, wie ein Ägypter einen Israeliten verprügelte. Superwütend packte er sich den Typen und polierte dem so die Fresse, bis der tot war. 25 Mose dachte irgendwie, seine Leute müssten langsam peilen, dass Gott ihn ausgesucht hatte, um das Volk Israel zu befreien. Aber sie kapierten das irgendwie nicht. 26 Am nächsten Morgen bekam Mose mit, wie sich zwei Israelis voll in der Wolle hatten. Er ging hin, um den Streit zu schlichten. Er sagte zu den zweien: ‚Hey, was macht ihr? Ihr spielt doch im selben Team? Warum habt ihr Stress miteinander?‘ 27 Der aber den Streit angefangen hatte, stieß ihn zurück und rief: ‚Warum machst du hier überhaupt den Lauten? 28 Willst du mich etwa auch töten, wie du es mit dem Ägypter gestern gemacht hast?‘ 29 Mose war total fertig, als er das hörte. Er verschwand erst mal sofort aus Ägypten und ging nach Midian, wo er Asyl beantragte. Da bekam seine Frau zwei Söhne. 30 Vierzig Jahre später passierte dann am Berg Sinai etwas total Heftiges. Er hatte dort ein Treffen mit einem Engel von Gott. Der sprach durch ein Feuer mit ihm, was in einer Hecke mit Dornen brannte. 31 Mose kriegte das erst nicht gebacken, als er diese brennende Hecke sah. Dann sah er sich das Ganze mal aus der Nähe an, und als er das tat, hörte er, wie Gott plötzlich zu ihm redete. 32 ‚Ich bin der Gott von deinem Vater und dem Vater deines Vaters, der Gott von Abraham, Isaak und Jakob.‘ Mose war erst mal voll fertig und hatte große Angst, genauer hinzusehen. 33 Aber Gott redete weiter mit ihm: ‚Zieh deine Schuhe aus, das Land, auf dem du gerade stehst, ist was ganz Besonderes, es ist heilig. 34 Ich hab alles mitbekommen, was da mit euch abgeht und wie schlecht man euch behandelt. Ich habe auch zugehört, als sie zu mir gebetet haben. Darum bin ich jetzt hier, um sie da rauszuholen. Geh wieder zurück nach Ägypten!‘ 35 Gott suchte sich also sogar einen Typen zum Helden aus, mit dem seine Leute vorher nichts zu tun haben wollten. Sie hatten ja zu ihm gesagt: ‚Warum machst denn gerade du hier den Lauten?‘ Gerade den hatte Gott dafür ausgesucht, seine Leute aus dem Dreck zu holen. Das tat er, als er mit ihm durch den Engel geredet hat. 36 Und Mose zog dann los mit seinen Leuten, raus aus Ägypten. Wo er war, passierten die heftigen Wunder. In Ägypten, am Roten Meer und auch in den vierzig Jahren in der Wüste. 37 Mose war auch der Typ, der zu dem Volk ging und die Ansage machte: ‚Irgendwann wird euch Gott einen Propheten vorbeischicken, einen, der auch aus eurem Volk stammt.‘ 38 Mose wurde so was wie der Klassensprecher, der zwischen unsern Leuten und dem Engel vermitteln musste – diesem Engel, der ihm auf dem Berg Sinai die großen Regeln Gottes, seine Gesetze, übergab. Mose hatte die Aufgabe, unseren Leuten zu sagen, worauf Gott Bock hat und worauf nicht. Denn nur dadurch werden wir gut leben. 39 Aber unsere Väter hatten oft keinen Plan und gehorchten den Gesetzen nicht. Sie fingen sogar an, sich wieder nach Ägypten zu sehnen, und einmal wollten sie sogar eine Revolution gegen Mose anzetteln, als der gerade mal wieder auf dem Berg Sinai war. 40 Und von seinem Bruder Aaron wollten sie sogar, dass er ihnen so ein paar unechte „Plastikgötter" basteln sollte, damit sie zu denen beten könnten. ‚Die können wir dann vor uns hertragen, wenn wir irgendwo hingehen, sie werden uns führen. Mose hat uns bequatscht, Ägypten zu verlassen, aber jetzt weiß ja niemand, wo der überhaupt geblieben ist …' 41 Sie sammelten ihr ganzes Gold zusammen und bauten sich daraus eine kleine Kuh. Das sollte jetzt ihr neuer Gott sein. Als sie damit fertig waren, machten sie vor Freude erst mal 'ne kleine Opferparty. 42 Gott war total traurig und drehte sich erst mal um. Sollten sie ihren Scheiß doch alleine machen. Das Volk fing sogar an, zur Sonne, dem Mond und zu den Sternen zu beten. Genau so hatte es ja später der Prophetentyp Amos ausgedrückt. Gott sagte durch ihn: ‚Haben die Leute aus Israel in den vierzig Jahren, wo sie durch die Wüste gewandert sind, etwa einmal 'ne Party für mich gefeiert? 43 Nein, aber ihr habt mit den selbst gebastelten falschen Göttern Moloch und Räfan gefeiert und zu denen gebetet. Darum werdet ihr alle unfrei sein, und zwar werdet ihr in dem Gebiet jenseits von Babylon festsitzen.' 44 Die ganze Zeit, als unsere Väter durch die Wüste marschiert sind, trugen sie ein Zelt mit sich rum, das für sie wie ein Tempel war. Gott hatte ihnen gesagt, sie sollten sich so ein Zelt bauen, und zwar genau nach dem Schnittmuster, wie Gott es Mose gezeigt hatte. 45 Die nächste Generation erbte dann dieses Zelt, und als Josua später das ganze Land einnahm und die Leute, die dort gewohnt hatten, da rausgeschmissen hatte, war das Zelt die ganze Zeit dabei. Und es ist auch noch da gewesen, als der Präsident David am Start war. 46 Präsident David war irgendwie ein Liebling von Gott. David war auch der Typ, der bei Gott anfragte, ob er nicht dieses fette Haus für Gott, diesen Tempel, bauen dürfte. 47 Aber erst Salomo zog das dann durch. 48 Der fetteste und größte Gott wohnte aber nicht in vier Wänden, die ihm irgendwelche Menschen gebaut hatten. Schon der Prophet Jesaja meinte einmal: 49 ‚Der Himmel ist mein Chefsessel, und die Erde ist mein Kuschelkissen, auf das ich meine Füße legen kann. Was für ein Haus wollt ihr mir da eigentlich noch bauen? 50 Ich habe schließlich das ganze Universum gemacht!' 51 Ihr Spießer und Nonchecker, immer wieder tut ihr das, worauf Gottes Geist überhaupt keinen Bock hat! Ihr seid genauso drauf wie eure Vorfahren. 52 Nennt mir nur einen einzigen Propheten, den eure Väter nicht fertiggemacht haben! Sie haben sie alle ermordet, alle, die die Ansage gemacht haben, dass einer vorbeikommen wird, der uns aus dem ganzen Dreck rausholt. Ihr habt diesen Mann, der alleine richtig und total gut war, umgebracht! 53 Gott hat euch durch seinen Engel klare Anweisung gegeben, aber euch war das scheißegal."

Stephanus wird gesteinigt

54 Diese Rede, die Stephanus gehalten hatte, war zu krass für die Zuhörer. Alle waren sehr sauer auf ihn. 55 Stephanus, der abgefüllt war mit dem Heiligen Geist, sah nach oben und konnte dort plötzlich Gott sehen, wie der voll von Licht und Wärme strahlte. Neben Gott aber stand Jesus! 56 „Ich kann in den Himmel sehen!", rief Stephanus, „und da sehe ich Jesus, als den Chef der Menschen, wie er auf der Ehrentribüne sitzt, auf dem Chefsessel gleich neben Gott!" 57 Jetzt flippten sie alle total aus, sie hielten sich die Ohren zu, um seine Worte nicht mehr hören zu müssen. Schließlich packten sie ihn bei seinen Klamotten 58 und schleiften ihn vor die Ortsgrenze. Dort schnappten sie sich ein paar große Steine und bewarfen ihn damit so lange, bis er tot war, und die Leute, die als Zeugen gegen Stephanus ausgesagt hatten, legten ihre Jacken bei einem jungen Typen namens Saulus ab. 59 Und während sie Stephanus mit Steinen bewarfen, betete der dabei laut: „Jesus, hier hast du meine Seele!" 60 Dann kniete er sich hin und schrie: „Gott, verzeih den Leuten, dass sie das jetzt tun!" Das waren seine letzten Worte, bevor er starb.

8

Die Christen aus Jerusalem werden gejagt und fertiggemacht

1 Saulus verfolgte diesen Mord an Stephanus und war mit allem einverstanden. Am gleichen Tag begann die große Jagd in Jerusalem auf alle, die sich zu den Christen zählten. Die ganze Gemeinde floh in das Umland in die Dörfer in der Gegend von Judäa und Samarien. Nur die Apostel blieben in der Stadt. 2 Stephanus wurde von ein paar der ganz gläubigen Männer beerdigt. Alle waren total traurig über seinen Tod. 3 Saulus war weiter sehr aggromäßig unterwegs, er wollte um jeden Preis die Christen vernichten. Er überfiel ganze Familien, ließ die Frauen und Männer verhaften und in den Knast werfen. 4 Die Christen, die aus Jerusalem abgehauen waren, erzählten aber überall von der guten neuen Nachricht, die es über Jesus zu erzählen gab. 5 Einer

von denen war ein Typ, der Philippus hieß. Der hing in der Stadt Samaria rum und erzählte dort allen von Jesus. 6 Die Leute, die da wohnten, waren total offen für das, was er zu sagen hatte. Sie hörten ihm zu und konnten sehen, was für fette Wunder er tat. 7 Viele, die Probleme mit dreckigen Dämonen hatten, wurden davon befreit. Die Dämonen verschwanden mit einem Schrei aus den Leuten, wenn er für sie betete. Auf dieselbe Art wurden auch viele Behinderte total gesund. 8 In der Stadt freuten sich alle da drüber.

Gottes Power ist nicht käuflich

9 In Samaria lebte so ein Ober-Esoteriker, der Simon genannt wurde, der konnte fette Wunder tun. Viele waren deshalb sehr beeindruckt von ihm. Dieser Typ hielt sich auf alle Fälle für was Besseres. 10 Jeder, der ihn in Aktion erlebte, sagte: „Der ist voll von einer übernatürlichen großen Kraft, die von Gott kommen muss!“ 11 Sehr viele waren echt abhängig von ihm, da er ihnen schon seit so langer Zeit was vorgezaubert hatte. 12 Weil sie jetzt aber an Jesus glaubten, so wie es Philippus ihnen beigebracht hatte, wollten alle getauft werden, Männer und Frauen. 13 Sogar dieser Simon wurde Christ und ließ sich taufen. Danach hing er noch mit Philippus ab und konnte es gar nicht auf die Reihe kriegen, was für heftige Wunder der tat. 14 Die Apostel hörten irgendwann von den Geschichten, die in Samaria passierten. Darum schickten sie Petrus und Johannes los. 15 Als sie da waren, beteten die zwei erst mal dafür, dass alle vom Heiligen Geist angezappt werden. 16 Diese Erfahrung hatte nämlich noch keiner von ihnen gemacht, obwohl sie auf den Namen von Jesus getauft worden waren. 17 Die Apostel legten anschließend ihre Hände auf sie, und – zwosch! – wurden die auch gleich mit der Kraft von Gott abgefüllt. 18 Simon fuhr dadrauf total ab. Immer wenn die Apostel den Leuten ihre Hände auf den Körper legten, wurden die vom Heiligen Geist abgefüllt. Deshalb knallte er den Aposteln ziemlich viel Kohle auf den Tisch und schlug ihnen einen Deal vor: 19 „Machen Sie doch bitte, dass wenn ich den Leuten die Hände auf den Körper lege, der Heilige Geist auch in sie reinkommt, ja?“ 20 Petrus war davon total angefressen und meinte nur: „Ihre Kohle soll mit Ihnen zur Hölle fahren. Gott ist nicht käuflich. 21 Diese Kraft gehört Ihnen nicht und wird Ihnen auch nie gehören, weil Sie Ihre Denke nicht ändern wollen. 22 Hören Sie auf, so einen Blödsinn zu glauben, und bitten Sie Gott, dass er Ihnen diese ätzenden Gedanken vergibt. 23 Ich kann in Ihrem Herzen so viel Gift erkennen und dass Sie eigentlich noch total link drauf sind.“ 24 Simon war echt fertig. „Bitte beten Sie für mich. Ich will nicht, dass das passiert, was Sie gerade gesagt haben!“ 25 Als sie ihren Predigtjob erledigt hatten, verdünnisierten sich Petrus und Johannes wieder Richtung Jerusalem. Auf dem Weg ließen sie keine Gelegenheit aus, in jedem Dorf die gute Nachricht zu verbreiten, dass nämlich Jesus der Sohn von Gott ist und jeder durch ihn frei werden kann.

Philippus trifft auf den Finanzminister von Äthiopien

26 Irgendwann redete mal ein Engel von Gott mit Philippus: „Geh mal bitte die Straße von Jerusalem nach Gaza Richtung Süden.“ 27 Philippus tat es sofort. Auf dem Weg wurde er beim Trampen von so einem Typen aus Äthiopien mitgenommen, der war dort Finanzminister von der äthiopischen Königin Kandake. In seinem Land hatte er ganz schön was zu sagen. 28 Weil er einen eigenen Fahrer hatte, saß er gemütlich hinten im Wagen und las gerade in dem alten Teil von Gottes Buch ein Kapitel aus Jesaja. 29 Der Geist von Gott flüsterte zu Philippus: „Geh mal zu diesem Wagen und pflanz dich mal da hin.“ 30 Gesagt, getan – Philippus lief hin und bekam dabei mit, wie der Typ laut aus Jesaja vorlas. Darum fragte er ihn: „Kapieren Sie überhaupt, was Sie da lesen?“ 31 „Keine Chance, es sei denn, ich finde jemanden, der mehr Peilung hat als ich!“ Dann fragte er Philippus, ob er nicht Lust hätte, ihm Gesellschaft zu leisten. 32 Es ging gerade um die Sätze. „Wie ein Schaf, das geschlachtet werden soll, genau so hat man ihn abgeführt. Und wie ein Lamm, das sich einfach nicht wehrt, wenn man es schert, so hat er alles mit sich machen lassen. 33 Er wurde fertiggemacht, er bekam ein ungerechtes Urteil. Wer wird von seinen Kindern was erzählen können? Keiner. Denn man hat sein Leben auf diesem Planeten vernichtet.“ 34 Der Finanzminister fragte Philippus: „Von wem redet der da? Von sich selbst oder von jemand anderem?“ 35 Philippus legte sofort los und erklärte ihm die ganze Sache mit Jesus. Er nahm diese Stelle aus dem Buch als Hilfe dafür. 36 Irgendwann kamen sie an einer Wasserstelle vorbei. „Da ist Wasser! Warum können Sie mich nicht gleich auch taufen?“, fragte ihn der Typ. 37 „Wenn du voll und ganz überzeugt bist, dann lass rocken“, lachte Phillipus. „Ich glaube jetzt hunderprozentig, dass Jesus Christus der Sohn von Gott ist!“, antwortete

der Finanzminister. [38] Jetzt sagte er zum Chauffeur, er sollte mal 'ne Pause machen. Beide stiegen aus und gingen ins Wasser. Und dann taufte Philippus den Typen. [39] Nachdem sie aus dem Wasser raus waren, wurde Philippus plötzlich durch Gottes Geist weggebeamt. Der Äthiopier konnte ihn nicht mehr sehen, aber er war jetzt total happy und reiste vergnügt weiter. [40] Philippus wurde in Aschdod gesichtet. Er machte von da aus 'ne Tour, besuchte jede Stadt bis hin nach Cäsarea und erzählte überall von der guten neuen Sache mit Jesus.

9

Saulus ändert sein Leben und wird Christ

[1] Saulus hasste die Christen immer noch wie blöd. [2] Er ließ sich von den zuständigen Behörden jede Vollmacht ausstellen, die ihm erlaubte, die Jesus-Leute, Männer und Frauen, sofort zu verhaften und nach Jerusalem abführen zu lassen. [3] Als er nach Damaskus zu Fuß unterwegs war, passierte etwas voll Heftiges: Wie ein 1000-Watt-Halogenstrahler leuchtete es plötzlich mitten aus dem Himmel auf ihn runter. [4] Er warf sich sofort platt auf den Boden, als er plötzlich eine Stimme aus dem Off hörte, die zu ihm sagte: „Hey, Saulus, warum bist du hinter mir her?“ [5] „Wer redet da mit mir?“, fragte er mit zitternder Stimme zurück. „Ich bin es, Jesus. Der Jesus, den du verfolgst! [6] Steh auf und geh in die Stadt. Da wird man dir sagen, was jetzt passieren soll.“ [7] Die Leute, die mit Saulus unterwegs waren, kriegten auch voll den Schock. Sie hatten die Stimme zwar auch gehört, aber niemanden gesehen. [8] Saulus stand dann wieder auf, konnte aber ab dem Zeitpunkt nichts mehr sehen. Seine Kollegen mussten ihn wie einen Blinden nach Damaskus führen. [9] Drei Tage lang war das so. Er wollte in dieser Zeit auch nichts essen oder trinken, so fertig war er. [10] In Damaskus lebte ein Christ, der Hananias hieß. Bei dem kam Gott auch vorbei und gab ihm eine Vision. Er hörte, wie Gott seinen Namen sagte: „Hananias?“ – „Ja, ich bin da“, antwortete er. [11] „Geh in die Gerade Straße in das Haus von Judas. Da musst du nach Saulus fragen, der aus Tarsus kommt. Der ist da gerade beim Beten. [12] Er hat eine Vision gehabt von einem Typen, der Hananias heißt und der zu ihm kommt. Dann hat er in der Vision gesehen, wie der ihm die Hände auflegt und er wieder sehen kann.“ [13] „Ja, aber von diesem Saulus hab ich schon ganz miese Geschichten gehört. Der hat deine Leute in Jerusalem fertiggemacht. [14] Und wir haben auch gehört, dass er von höchster Ebene die Vollmacht hat, jeden in den Knast zu stecken, der dir vertraut.“ [15] Aber Gott antwortete nur: „Nun mach mal alles so, wie ich es dir gesagt habe, okay? Ich hab einen besonderen Plan mit diesem Typen, er soll allen Menschen auf der Erde, sogar den Oberchefs, und auch den Leuten aus Israel meine Sache klarmachen. [16] Ich werde ihm auch sagen, wie viel er für mich noch durchmachen muss.“ [17] Hananias gehorchte Gott. Er ging in das Haus, legte Saulus die Hände auf und sagte zu ihm: „Lieber Bruder Saulus, ich komm von Jesus, der mit dir schon unterwegs geredet hat. Du sollst wieder sehen können und abgefüllt werden mit dem Heiligen Geist.“ Und dann legte er ihm noch die Hände auf den Kopf. [18] Im selben Augenblick war es so, als würde jemand die Rollläden bei Saulus hochziehen, und er konnte wieder sehen. Sofort stand er auf und ließ sich gleich taufen. [19] Nachdem er erst mal was gefuttert hatte, ging es ihm gleich besser. Er blieb dann noch ein paar Tage bei den Leuten von Jesus in Damaskus.

Aus dem (Christen-)Jäger wird der Gejagte

[20] Sofort, nachdem er getauft worden war, begann er in den Synagogen loszulegen. Er hielt überall große Reden und erzählte den Leuten, dass Jesus der Sohn von Gott ist. [21] Die Zuhörer konnten es einfach nicht begreifen. Sie fragten sich gegenseitig: „Ist das nicht der Typ, der noch vor kurzem die Christen gnadenlos fertiggemacht und in den Knast geworfen hat? Ist er nicht genau deswegen sogar hierher gekommen, um die zu verhaften und an die Oberpriester auszuliefern?“ [22] Saulus konnte in seinen Reden aber voll gut argumentieren und den Beweis erbringen, dass Jesus der lang erwartete Retter ist, den sie den „Messias“ nannten. Er tat das so gut, dass keiner was dagegen sagen konnte. [23] Darum verabredeten sich ein paar Leute, um Saulus umzubringen. [24] Als der das spitzbekam, beschlossen er und die andern Christen, es wäre besser für ihn zu verschwinden. Weil überall Wachen aufgestellt waren, [25] wurde er heimlich in einem Korb an der Stadtmauer runtergelassen.

Saulus hängt bei den Christen in Jerusalem ab

[26] Saulus ging erst mal nach Jerusalem und plante sich da den Jesus-Leuten anzuschließen. Die hatten aber alle voll Angst vor ihm. Keiner wollte ihm das wirklich abkaufen, dass er jetzt Christ geworden war. [27] Barnabas gab ihm schließlich 'ne Chance und kümmerte sich um ihn. Er organisierte ein Meeting

mit den anderen Aposteln und erzählte denen, was
auf der Reise von Saulus in Damaskus mit ihm
abgegangen war. Dass er dort Jesus auf dem Weg
getroffen hatte und seitdem radikal allen Leuten
erzählte, dass Jesus ab sofort das Sagen hat. 28 Erst
dann wurde Saulus von den Christen in Jerusalem
akzeptiert. Ab da zog er in Jerusalem um die Häuser
und erzählte überall die coolen Sachen über Jesus.
29 Mit den Juden, die Griechisch sprachen, führte
er dabei große Diskussionen. Die schmiedeten
irgendwann Pläne, wie sie ihn am besten umbrin-
gen könnten. 30 Als das durchsickerte, brachten ihn
seine Jesus-Geschwister nach Cäsarea, weil er da
erst mal sicher war. Von dort aus zog er dann los in
seine Heimatstadt Tarsus. 31 Den Jesus-Leuten in
Judäa, Galiläa und Samarien ging es sehr gut. Sie
wurden total stark und wuchsen in ihrem Vertrauen
zu Gott, sie lebten radikal für Jesus. Und durch die
Wirkung vom Heiligen Geist wurden sehr viele neue
Leute auch Christen.

Petrus ist in der Stadt Lydda

32 Petrus fuhr jetzt ständig überall rum. Dabei kam
er auch mal bei den Jesus-Leuten in Lydda vorbei.
33 Er lernte da einen Typen kennen, der Äneas hieß.
Äneas war seit acht Jahren querschnittsgelähmt und
musste den ganzen Tag im Bett liegen. 34 Petrus
ging zu ihm rüber und meinte: „Hey, Äneas, Jesus
Christus hat's echt drauf und will auch dich heilen!
Du kannst jetzt aufstehen und dein Bett machen!"
Und das Übelste passierte, er stand auf und konnte
sofort wieder gehen! 35 Die Leute aus Lydda und
auch aus den anderen Dörfern, die um die Ecke
lagen, kapierten so langsam, was da gerade passiert
war. Alle, die das mitkriegten, wurden Christen und
setzten ihr Vertrauen auf Jesus. 36 In Joppe war zu
der Zeit eine Christin, die Tabea hieß. Der Name
heißt so viel wie „Reh" oder „Gazelle". Tabea war
super drauf und half vielen Leuten, besonders
denen, die keine Kohle hatten. 37 In der Zeit, in der
Petrus in Lydda war, wurde sie plötzlich sehr krank
und starb. Die Leiche wurde auf den Dachboden
gelegt, um dann in Ruhe das Begräbnis vorzuberei-
ten. 38 Joppe war so was wie 'ne Nachbarstadt von
Lydda. Die Christen aus Joppe schickten zwei Leute
zu Petrus mit der Bitte: „Du musst sofort nach
Joppe kommen!" 39 Petrus machte sich gleich auf
den Weg. Als er da war, ging er in den Raum, wo die
Leiche lag. Dort waren gerade total viele Frauen,
deren Männer schon gestorben waren und denen
Tabea korrekt viel geholfen hatte. Sie flennten vor
Petrus rum, zeigten ihm die Kleider, die Tabea für
sie genäht hatte und so weiter. 40 Petrus war etwas
genervt und schmiss alle erst mal raus. Dann kniete
er sich hin und redete mit Jesus über die Angele-
genheit. Schließlich laberte er die Tote einfach an:
„Tabea! Aufstehen!" Sofort öffnete sie ihre Augen,
sah Petrus an und versuchte aufzustehen. 41 Petrus
gab ihr die Hand und half ihr dabei. Na, und dann
rief er die anderen Christen und die Witwen rein.
42 Das war natürlich die Meldung des Tages! Alle
redeten darüber in Joppe, und viele begannen
deswegen ihr Vertrauen auf Jesus zu setzen. 43 Da-
nach blieb Petrus noch 'ne ganze Weile dort und
wohnte bei einem Schuster, der Simon hieß.

10 Ein Offizier von der römischen Armee wird Christ

1 In dem Ort Cäsarea war so ein Typ, der in
der römischen Armee ein hohes Tier war. Der hieß
Kornelius und war der Chef von der sogenannten
„Italienischen Truppe". 2 Er war total gläubig, seine
ganze Familie war das. Er half oft kaputten Leuten
finanziell weiter. Und er redete auch viel mit Gott.
3 Dieser Typ hatte am Nachmittag plötzlich ein Tref-
fen mit einem Engel. Der redete mit ihm und sagte:
„Hey Kornelius!" 4 Voll panisch sah Kornelius den
Engel an und fragte zurück: „Was willst du?" Na,
und der antwortete ihm: „Gott hat ein Ohr für dein
Anliegen. Er hat mitbekommen, dass du gut drauf
bist und Leuten hilfst, das ist nicht an ihm vorbeige-
gangen! 5 Darum befiehl ein paar von deinen Leu-
ten, mal nach Joppe zu wandern. Wenn sie da sind,
sollen sie mal die Lauscher aufmachen und raus-
kriegen, wo Simon Petrus wohnt. 6 Der hat ein Zim-
mer in einem Haus am Strand gemietet. Der Typ,
dem das gehört, heißt übrigens Simon, der ist von
Beruf Schuster. Dieser Petrus soll mal bei dir vorbei-
kommen!" 7 Sofort nachdem der Engel abgedampft
war, holte er sich zwei von seinen Angestellten und
einen Soldaten, der auch offen für Gott war und zu
seinen Leibwächtern gehörte. 8 Er erzählte ihnen,
was für 'ne derbe Sache ihm gerade passiert war,
und dann schickte er sie los nach Joppe.

Petrus hat einen Traum von Gott

9 Als die drei am nächsten Tag schon kurz vor der
Stadtgrenze waren, hatte Petrus in der Zeit plötzlich
Bock auf Beten. Er suchte sich einen ruhigen Platz
dafür auf dem Flachdach vom Haus. 10 Die Uhr ging
gerade auf zwölf, da bekam Petrus tierischen Kohl-

dampf. Als die im Haus schon am Kochen waren,
hatte er plötzlich einen Traum von Gott. 11 Petrus
sah dadrin, wie irgendwas aus dem Himmel runter-
gelassen wurde. Und zwar lag das auf einem gro-
ßen weißen Tuch, das an jeder Ecke an eine Schnur
geknotet war. 12 In dem Tuch waren viele Sachen,
die für die Juden total eklig waren, zum Beispiel
Schweine, aber auch Schlangen und so – alles Sa-
chen, die man als Jude nicht essen darf. 13 Und dann
hörte er eine Stimme aus dem Off, die zu ihm sagte:
„Guten Appetit, Petrus, bedien dich!" 14 „Never! Ver-
giss es, Gott!", sagte Petrus, „ich hab noch nie was
gegessen, was für dich dreckig und nicht in Ord-
nung ist, da mach ich heute auch keine Ausnahme!"
15 Aber die Stimme ließ nicht locker: „Was soll das?
Was für Gott okay ist, sollte für dich auch okay sein."
16 Von dem Film gab es drei Wiederholungen. Am
Ende wurde das Tuch wieder in den Himmel gezo-
gen. 17 Petrus schnallte null, was Gott ihm damit
sagen wollte. Plötzlich klingelte es an der Tür. Die
Jungs von Kornelius waren da! 18 „Hier soll so ein
Typ wohnen, der Simon Petrus heißt, stimmt das?"
19 Petrus war immer noch am Grübeln darüber, was
dieser seltsame Traum nun bedeuten sollte, als
schließlich der Geist von Gott zu ihm redete. Er
sagte: „Hey, Petrus, da stehen gerade drei Typen vor
deiner Haustür. 20 Düse mit denen nach Cäsarea. Du
brauchst keine Angst zu haben, denn die Jungs
kommen direkt von mir." 21 Petrus ging runter zur
Tür und begrüßte sie: „Ihr wollt zu mir? Was geht?"
22 „Der Hauptmann Kornelius hat gesagt, wir sollen
uns bei dir melden. Der Kornelius ist wirklich gut
drauf, er glaubt ganz fest an Gott, das sagen sogar
alle Juden die da wohnen. Vor einiger Zeit hatte er
ein Treffen mit einem Engel. Der hat gesagt, er soll
dich mal einladen und genau das machen, was du
ihm sagen wirst." 23 Petrus holte die Männer erst
mal rein und gab ihnen ein Zimmer zum Wohnen.
Am nächsten Morgen machte er sich aber sofort auf
den Weg. Einige Christen aus Joppe kamen mit ihm.
24 Kornelius hatte schon ein Meeting angesetzt,
seine Verwandten und Freunde waren alle da und
warteten gespannt. 25 Bevor Petrus überhaupt zur
Tür reinkam, hatte sich Kornelius bereits demütig
auf die Knie begeben. 26 Petrus hatte da nicht so
Bock drauf: „Stehen Sie auf, ich bin nicht besser als
Sie!", sagte er und streckte ihm die Hand hin.
27 Schließlich gingen sie ins Haus rein. Da hingen
sehr viele Leute rum, die auf ihn gewartet hatten.
28 Also legte Petrus gleich los: „Ihr wisst hoffentlich,
dass ich total Ärger kriegen würde, wenn das raus-
kommt, weil es für einen Juden streng verboten ist,
sich mit Nichtjuden abzugeben, geschweige denn
bei ihnen zu wohnen. Aber Gott hat mir klar ge-
macht, dass ich niemanden diskriminieren darf.
29 Darum bin ich auch sofort losgezogen und zu
euch gekommen, als ihr die Anfrage gestartet hattet.
Aber was genau wollt ihr denn nun von mir?" 30 Kor-
nelius erzählte dann erst mal seine Geschichte: „Vor
vier Tagen hatte ich eine Gebetszeit in meiner Hütte.
Ungefähr gegen drei, also genau wie heute um die-
selbe Zeit, stand plötzlich ein Typ in meinem Zim-
mer, der hatte Klamotten an, die leuchteten wie
Phosphor. 31 Und dann redete er mit mir und sagte:
‚Kornelius, Gott will das tun, worum du ihn gebeten
hast. Er weiß, dass du gut drauf bist. 32 Darum will
er von dir, dass du ein paar deiner Jungs nach Joppe
schickst, die sollen diesen Petrus suchen und zu dir
bringen. Er wohnt in einem Haus am Strand, das
dem Schuster Simon gehört. Seinem Befehl sollst
du gehorchen.' 33 Darum hab ich ein paar von mei-
nen Untergebenen sofort losgeschickt. Ich freu mich
sehr, dass Sie jetzt da sind! Wir sind jetzt alle da,
Gott ist da, und alle warten nur darauf, dass Sie los-
legen. Wir wollen hören, was Gott uns zu sagen
hat." 34 Petrus legte los: „Ich hab jetzt erst richtig
begriffen, dass Gott Bock auf jeden Menschen hat,
egal, aus welcher Familie er kommt, aus welcher
Schicht, Religion oder sonst woher. 35 Er liebt einfach
jeden, der sein Leben und sein Vertrauen auf ihn
setzt und das tun will, was er möchte. 36 Ihr habt von
dem Friedensangebot gehört, das Gott allen Leuten
durch Jesus gemacht hat, erst mal den Israelis und
jetzt allen Leuten. Und Jesus ist ja der Chef von
allem! 37 Ihr habt auch davon gehört, was in Judäa
abgegangen ist, als Johannes, der die Leute getauft
hat, allen gesagt hat, sie sollten ihr Leben ändern.
38 Jesus, der aus der Stadt Nazareth kommt, war auf
Tour. Er ist überall rumgezogen und hat viele geile
Sachen gemacht. Er hat viele Dämonen aus Leuten
rausgeschmissen und dadurch Leute befreit. Seine
Power kam dabei direkt von Gott. Sie war sehr stark
in ihm. 39 Wir, die Apostel, sind Augenzeugen davon,
wir haben das alles mitbekommen und gesehen,
was er in Jerusalem bei den Juden alles gerissen hat.
Die haben dann aber Jesus getötet, indem sie ihn an
ein Kreuz genagelt haben. 40 Drei Tage später kam
dann aber sein fettes Comeback! 41 Er ist wieder le-
bendig geworden und hing noch eine Weile mit sei-
nen Leuten zusammen. Wir sind Zeugen davon, wir
haben sogar mit ihm noch was gegessen und ge-
trunken. 42 Er gab uns dann die Order, dass wir allen

Menschen erzählen sollen, dass Gott ihn zum Oberchef erklärt hat und dass jeder, egal ob tot oder lebend, sich eines Tages vor ihm für sein Leben verantworten muss. Er wird wie ein Richter dann ein Urteil fällen. 43 Schon die alten Propheten haben das gewusst und die Vorhersage gemacht, dass alle, die ihr Vertrauen auf Jesus setzen, heil davonkommen werden. Der ganze Mist, den sie gemacht haben, wird ihnen verziehen, wenn sie an ihn glauben."

Zum allerersten Mal werden Nichtjuden mit in die Familie von Gott aufgenommen

44 Petrus war noch nicht mal mit seiner Rede ganz fertig, da kam die Kraft von Gott plötzlich auf das ganze Meeting runter. Alle wurden abgefüllt mit dem Heiligen Geist! 45 Die Juden aus der Gemeinde, die mit Petrus da waren, kriegten das überhaupt nicht auf die Reihe. Dass Nichtjuden den Geist von Gott bekamen, das war echt abgefahren! 46 Sie hörten, wie die Leute Gott sagten, wie cool er ist und wie sehr sie ihn liebten, und zwar auf die gleiche Art und Weise, wie das mit ihnen Pfingsten auch passiert war. Petrus sagte sofort: 47 „Hey, wer soll jetzt noch was dagegen haben, wenn ihr auch getauft werdet? Ihr habt genau wie wir dieselbe Kraft von Gott, seinen Heiligen Geist, bekommen!" 48 Und sofort organisierte er eine riesen Taufsession. Alle, die sich dort in dem Haus von Kornelius getroffen hatten, wurden auf den Namen von Jesus Christus getauft. Anschließend fragten sie Petrus, ob er noch ein paar Tage bei ihnen bleiben könnte.

11

Petrus sagt, warum es okay ist, auch Nichtjuden zu taufen

1 Schließlich bekamen die anderen Christen und auch die Apostel spitz, dass jetzt auch Menschen, die nicht aus dem jüdischen Volk kamen, das tun wollten, worauf Gott Bock hat. 2 Als Petrus wieder in Jerusalem ankam, machten die jüdischen Christen voll den Aufstand: 3 „Du hast dich mit Heiden zusammengetan, du hast sogar mit ihnen gegessen?!" 4 Petrus erklärte ihnen also erst mal der Reihe nach, was in Joppe passiert war: 5 „Als ich da angekommen bin, hatte ich beim Beten plötzlich eine Vision. Ich konnte ein riesiges Tuch vor meinem inneren Auge sehen, das wurde von vier Ecken aus dem Himmel runtergelassen. 6 Da drinnen lagen voll eklige Tiere drin, Schlangen, Regenwürmer, wilde Tiere, alles so ein Zeugs, was wir nach unseren Gesetzen nicht essen dürfen. 7 Ich hörte dann eine Stimme aus dem Off, die befahl mir: ‚Guten Appetit, Petrus, bedien dich!' 8 ‚Never', hab ich dann zu Gott gesagt, ‚in meinen Mund sind noch nie Sachen gekommen, auf die du keinen Bock hast, und das wird auch so bleiben.' 9 Trotzdem sagte die Stimme noch mal: ‚Wenn Gott sagt, es ist okay, wer bist du, dass du sagst, es wäre nicht okay?' 10 Der Film lief dreimal hintereinander. Am Ende wurde das Tuch samt Inhalt wieder zum Himmel gezogen. 11 Im selben Augenblick kamen drei Typen bei meinem Haus an. Die waren aus Cäsarea von jemandem geschickt worden. 12 Der Heilige Geist sagte zu mir, ich sollte keine Angst haben und mit den Männern losziehen. Ich nahm mir noch diese sechs Freunde mit, zur Sicherheit. Schließlich kamen wir bei der Hütte von dem Typen an, der die Männer geschickt hatte. 13 Der erzählte uns dann eine ganz irre Geschichte: Er hätte ein Treffen mit einem Engel gehabt. Der hätte ihm befohlen, er sollte ein paar seiner Jungs losschicken, um mich zu holen. 14 Die Ansage war: ‚Dieser Petrus wird dir sagen können, wie du zu Gott kommen kannst – und das gilt auch für alle Leute aus deinem Haus.' 15 Als ich gerade dabei war, ihnen was zu erzählen, da kam ganz plötzlich die Kraft Gottes, sein Geist, auf sie runter, und zwar genauso, wie er es damals Pfingsten bei uns auch gebracht hat! 16 In dieser Sekunde wurde mir plötzlich klar, was Jesus damit gemeint hat, als er mal sagte: ‚Johannes hat mit Wasser getauft, ihr sollt dafür mit dem Heiligen Geist, der Kraft Gottes, getauft werden.' 17 Weil diese Typen, die keine Juden waren, auch an Jesus Christus glauben, hat Gott wohl beschlossen, ihnen das gleiche Geschenk zu machen wie uns. Was nehme ich mir da raus, wenn ich glauben würde, Gott Vorschriften machen zu müssen?!" 18 Diese Rede von Petrus hatte gesessen. Alle waren total aufgeregt und begeistert von Gott. Sie sagten: „Gott hat beschlossen, allen Menschen die Möglichkeit zu geben, ihr Leben in eine neue Richtung zu leben. Auf dem einzigen Weg, der zum Leben führt: Jesus!"

In der Stadt Antiochia startet eine Jesus-Gemeinde

19 Die Jesus-Leute bekamen überall Ärger und wurden verfolgt. Nachdem Stephanus gesteinigt worden war, wurde es immer gefährlicher, und sie mussten von dort fliehen. Darum zogen sie über Phönizien, Zypern und über Antiochia umher, und überall, wo sie waren, erzählten sie die gute Nachricht, was mit Jesus so abgeht. Das taten sie aber

nur den Juden gegenüber. 20 Nur ein paar Leuten aus Zypern und Kyrene, die mit ihnen mitgekommen waren, erzählten den Nichtjuden, die in Antiochia lebten, auch die obergeile Neuigkeit, was Jesus für alle getan hatte. 21 Gott war aber bei ihnen voll dabei, und sehr viele Leute fingen an, Jesus zum Chef ihres Lebens zu machen. 22 Als die Gemeinde in Jerusalem das mitkriegte, was in Antiochia abging, schickten sie Barnabas vorbei. 23 Und als der in der Stadt war und alles mitbekam, was Gott da getan hatte, rastete er vor Freude echt aus! Barnabas feuerte die Leute an, sie sollten weiter mit Gott durchziehen und ganz fest bei Jesus bleiben. 24 Barnabas war ein echtes Vorbild für viele, er wurde ganz stark vom Heiligen Geist gebraucht, und sein Glaube war enorm. Auf diese Art und Weise begannen damals viele Menschen mit Jesus Christus zu leben. 25 Von Antiochia machte sich Barnabas auf, um nach Tarsus zu reisen, weil dort Saulus war. 26 Zusammen trampten sie dann zurück nach Antiochia. In dieser Stadt hingen sie noch ein volles Jahr mit den Leuten ab und zeigten ihnen, was wichtig ist, wenn man mit Jesus lebt. In Antiochia war es auch das erste Mal, dass man sie „die, die zu Christus gehören" oder eben „Christen" nannte. 27 Zur selben Zeit kamen auch ein paar Prophetentypen aus Jerusalem vorbei. 28 Als sie zusammen ein Treffen hatten, wo es vor allem darum ging, Zeit mit Gott zu verbringen, hatte Agabus ein Wort von Gott im Ohr. Er sagte, es würde bald eine schlimme Zeit kommen, wo viele großen Hunger hätten. Diese Zeit würde überall in der Welt abgehen. Das hatte ihm der heilige Geist geflüstert. Das passierte dann auch tatsächlich später, nämlich als der oberste Präsident Claudius das Sagen hatte. 29 Darum war es sofort mehrheitsfähig, dass man den Christen in Judäa helfen sollte. Alle legten ordentlich Kohle zusammen, 30 und der gesamte Betrag wurde von Barnabas und Saulus an die Leiter der Gemeinde in Jerusalem überwiesen.

12 Petrus kommt in den Knast, aber wird dort von Gott wieder rausgeholt

1 Zur selben Zeit war der Präsident von Jerusalem voll aggro gegen die Christen. Er steckte viele von ihnen in den Knast und ließ sie dort foltern. 2 Jakobus, dem Bruder von Johannes, ließ er sogar den Kopf abschlagen. 3 Weil Herodes mitkriegte, dass er dadurch bei den jüdischen Leitern angesagt war, ließ er während eines religiösen Festes, dem Passa, Petrus auch noch festnehmen. 4 Sie warfen den Apostel in den Knast und stellten ein paar Spezial-Wachen ein, die rund um die Uhr auf ihn aufpassen sollten, mit Schichtwechsel alle sechs Stunden. Herodes wollte Petrus medienwirksam nach der Passafeier in einer öffentlichen Verhandlung fertig machen. 5 Die Jesus-Leute in Jerusalem hingen aber Gott damit permanent in den Ohren, dass der ihn beschützen sollte. 6 Eine Nacht vor der Verhandlung schlief Petrus seelenruhig in seiner Knastzelle. Zwei Soldaten, an die er mit Ketten gefesselt war, lagen neben ihm, ein dritter hielt vor der Tür Wache. 7 Plötzlich kam ein Engel mitten in die Zelle! Es war so derbe viel Licht da, als hätte jemand einen 1000-Watt-Halogenstrahler angemacht. Der Engel weckte Petrus auf und sagte ihm: „Hey, Petrus, schnell, steh auf!" In derselben Sekunde wurden die Handschellen aufgesprengt! 8 „Zieh deine Klamotten an, nimm deine Jacke, und geh mir nach", sagte der Engel zu ihm. 9 Petrus ging hinter ihm langsam aus der Zelle raus, aber es kam ihm die ganze Zeit so vor, als würde er immer noch pennen und das Ganze nur träumen. 10 Sie gingen, ohne dass jemand was mitbekam, einfach durch die Wachleute durch, einer nach dem anderen, bis sie schließlich an ein schweres Eisentor kamen. Das öffnete sich von alleine, sie gingen durch und landeten auf einer engen Straße. Und zack, war der Engel auch schon wieder verschwunden. 11 Jetzt schnallte Petrus erst, was da gerade abgegangen war. „Ich habe nicht geträumt! Gott hat tatsächlich einen Engel vorbeigeschickt, um mich hier rauszuholen! Die Juden können lange warten, bis ich hingerichtet werde!" 12 Petrus machte erst mal einen Plan, was er jetzt als Nächstes tun sollte. Dann ging er zu dem Haus, in dem Maria wohnte, die Mutter von dem Johannes Markus. Dort waren gerade viele Christen aus der Gemeinde und beteten zusammen. 13 Petrus klingelte an der Tür, und ein Mädchen, das Rhode hieß, kam an, um zu sehen, wer da war. 14 Sie erkannte Petrus sofort an seiner Stimme und freute sich wie verrückt! Dabei vergaß sie glatt die Tür aufzuschließen, sie rannte zurück und rief laut: „Es ist Petrus! Wie geil! Petrus steht vor der Tür!" 15 „Schwachsinn!", blökten die anderen nur rum. „Das geht gar nicht, du spinnst!" Sie blieb aber dabei. Jetzt ging das große Spekulieren los. Einige meinten: „Ist bestimmt ein Engel." 16 Petrus klingelte weiter ständig an der Tür. Endlich machte Rhode ihm auf. Als die anderen ihn dann erkannten, rasteten alle erst mal total aus, weil sie sich so sehr freuten. 17 Petrus

machte nur eine Geste mit der Hand, und dann
hörten ihm alle ruhig zu. Er erzählte allen die Ge-
schichte von seiner Befreiung aus dem Knast. „Ihr
müsst diese Sache auch unbedingt Jakobus und
auch den anderen weitererzählen!" Danach ver-
schwand Petrus erst mal, er ging aus Jerusalem
raus, um sich irgendwo zu verstecken. 18 Am nächs-
ten Morgen waren die Soldaten na klar total ver-
stört, als sie sahen, dass Petrus unbemerkt ab-
gehauen war. Es war einfach nicht zu erklären.
19 Herodes war angefressen deswegen, und nach-
dem der Gefangene nicht aufzufinden war, machte
er kurzen Prozess mit den Wachen, nachdem er sie
längere Zeit polizeilich verhört hatte. Danach ver-
schwand Herodes aus Judäa und ging für einige Zeit
nach Cäsarea.

Herodes' Zeit ist abgelaufen

20 Herodes schob voll den Hass auf die Städte Tyrus
und Sidon, jeder wusste das. Bevor er gegen sie
Krieg führen konnte, schickten die ein paar Bot-
schafter zu ihm. Diesen Leuten gelang es, den
Finanzverwalter von Herodes, der Blastus hieß, auf
ihre Seite zu bringen. Sie wollten unbedingt eine
Lösung der Krise, denn die Lebensmittel, die sie
brauchten kamen von Herodes. 21 Nachdem die Ver-
träge klar waren, zog Herodes seinen spitzen Anzug
an und hielt von seinem Chefsessel aus eine Rede
an alle. 22 Die Menschen waren anschließend völlig
aus dem Häuschen, sie sagten: „So kann nur Gott
zu uns reden, so redet kein Mensch!" 23 Aber in die-
ser Sekunde kam plötzlich ein Engel vorbei und gab
ihm die Rechnung dafür. Weil er sich als Gott anbe-
ten ließ, kamen plötzlich von überall Würmer her
und zerfraßen ihn. Er starb einen schlimmen und
ätzenden Tod. 24 Und immer mehr Leute vertrauten
auf das, was Gott den Menschen klarmachen
wollte.

Paulus und Barnabas machen die Düse. Sie werden Botschafter für Gottes Sache

25 Barnabas und Paulus gingen dann, nachdem sie
ihr Ding in Jerusalem durchgezogen hatten, wieder
zurück nach Antiochia. Johannes Markus war dabei
auch am Start.

13
1 In der Gemeinde in Antiochia waren ein
paar Propheten und auch Lehrer am Start.
Dazu gehörten Barnabas, der Afrikaner
Simon, Luzius aus Kyrene, Manaën (der als Ju-
gendlicher mit dem Präsidenten Herodes zusam-
men exklusiven Privatunterricht genossen hatte)
und Saulus. 2 Diese Leute hatten eine intensive
Gebetssession, und währenddessen sprach der
Heilige Geist zu ihnen: „Ich möchte, dass Saulus
und Barnabas radikal für mich arbeiten und Dinge
tun, für die ich sie ausgesucht und begabt habe."
3 Daraufhin fasteten sie erst mal und beteten viel.
Schließlich schickten sie Barnabas und Saulus los,
damit sie vielen Leuten von Jesus erzählen sollten.
Man nannte das ab dann auch den „Missions-
dienst".

Auf Zypern geht der Punk ab

4 Nachdem sie direkt vom Heiligen Geist die Order
bekommen hatten loszuziehen, zogen Saulus und
Barnabas zuerst nach Seleuzia, um von dort mit
einem Boot nach Zypern zu schippern. 5 Sofort nach
der Landung legten sie in den Synagogen los und
erzählten überall die gute Nachricht über Jesus.
Johannes Markus war als Lehrling auch dabei. 6 Als
sie am anderen Ende der Insel angelangt waren,
trafen sie einen Typen, der ein Jude war und ganz
übel okkulte Sachen am Start hatte. Er wurde Barje-
sus genannt und hatte sich dazu selber noch den
Titel „Prophet" verliehen. 7 Dieser Typ hing viel mit
dem Gouverneur Sergius Paulus ab, der als ziem-
lich intelligent galt. Der Gouverneur lud Saulus und
Barnabas ein, mal auf Besuch bei ihm vorbeizu-
kommen, weil er mit ihnen über Gott labern wollte.
8 Der okkulte Zaubertyp, der sich auch „Elymas"
nannte (das bedeutet „Magier"), wollte um jeden
Preis verhindern, dass der Gouverneur Christ wird
9 Saulus, der sich übrigens inzwischen Paulus nen-
nen ließ, war total vom Heiligen Geist erfüllt und
sah dem Typen nur ganz fest in die Augen. 10 Dann
sagte er zu ihm: „Du Missgeburt, du Sohn vom
Satan, du redest nur Dünnsinn und bist mies unter-
wegs! Hör endlich auf damit, Gottes gute Sache zu
verdrehen und schlecht zu machen! 11 Gott wird mit
dir abrechnen: Du wirst für einige Zeit nichts mehr
sehen können." Sofort war der Typ blind! Völlig
fertig tapste er durch die Gegend, er brauchte so-
gar Hilfe beim Gehen. 12 Total beeindruckt von der
Power Gottes wurde der Gouverneur Christ, er fing
an, sein Vertrauen auf Jesus zu setzen.

In Antiochia und Pisidien werden viele Leute Christen

13 Schließlich verdünnisierten sich Paulus und seine
Jungs von da. Von Paphos aus fuhren sie mit einem

Schiff nach Perge in Pamphylien. Dort trennten sie sich von Johannes Markus, der wieder nach Jerusalem ging. [14] Barnabas und Paulus zogen aber noch weiter in Richtung Antiochia in Pisidien. Am Sabbat, dem religiösen Feiertag der Juden, gingen sie zum Gottesdienst in die Synagoge. [15] Nachdem dort, wie es normal war, auch Sachen aus dem Buch vom Mose und von den Propheten vorgelesen wurden, schickten die Synagogenchefs ihnen eine Nachricht: „Hallo, Brüder! Wenn ihr Lust habt, könnt ihr nachher auch noch was sagen, wenn es uns irgendwie glaubensmäßig nach vorne bringt." [16] Das ließ sich Paulus nicht zweimal sagen. Er stand auf, hob einmal die Hand und legte los: „Hallo, Leute aus Israel, hallo, alle anderen, die ihr auch an denselben Gott glaubt, hört mir mal eben zu! [17] Der Gott von den Israeliten hat unser Volk schon vor Ewigkeiten zu etwas ganz Besonderem gemacht. Er hat dafür gesorgt, dass wir uns in Ägypten voll krass vermehrt haben. Durch seinen Einfluss und seine Power konnte unser Volk dann aus diesem Land fliehen. [18] Dann hingen sie erst mal vierzig Jahre in der Wüste rum. [19] Und erst als Gott die Völker in Kanaan fertiggemacht hatte, konnten wir dieses Land einnehmen. [20] Nach ungefähr vierhundertfünfzig Jahren organisierte er Richtertypen, der letzte davon war Samuel. Samuel war voll ein Prophet von Gott. [21] Das Volk wollte irgendwann unbedingt einen Präsidenten haben. Also gab ihnen Gott Saul, der ein Sohn von Kisch war und aus der Familie von Benjamin stammte. Saul hatte vierzig Jahre das Sagen. [22] Gott hatte irgendwann keinen Bock mehr auf ihn, und David, der Sohn von Isai, zog das große Los: ‚David ist gut drauf, er wird tun, was ich von ihm will.' [23] Ein Ur-ur-ur-und-so-weiter-Enkel von David war dann Jesus. Er ist der Typ, der uns von Gott mal versprochen wurde, der uns Israelis aus dem ganzen Dreck rausholen soll. [24] Er tauchte auf, nachdem Johannes alle Leute gewarnt hatte, sie sollten nicht länger rumsündigen und sich stattdessen taufen lassen. [25] Johannes hat sein Ding durchgezogen und dabei immer die Ansage gemacht: ‚Ich bin nicht der, für den ihr mich haltet. Da kommt noch jemand nach mir, der bringt es noch viel mehr als ich, dem kann ich noch nicht mal den Koffer tragen.' [26] Hey, ihr Leute, die ihr aus dieser Familie von Abraham kommt, die ihr auf Gott setzt und ihn toll findet, das Ding gilt für euch! [27] Die Einwohner von Jerusalem und die Mächtigen in der Stadt haben nicht kapiert, wer Jesus überhaupt ist. Und damit tun sie genau das, was die Propheten schon ewig vorher wussten und was an jedem Sabbat im Gottesdienst vorgelesen wird. [28] Sie haben ihn hingerichtet, obwohl keine der Anklagen bewiesen werden konnte. Sie verlangten von Pilatus, dass Jesus sterben muss. [29] Das war aber alles genau nach Plan, die alten heiligen Bücher hatten das schon vorausgesagt. Sie haben ihn dann von dem Holzkreuz runtergenommen und ihn beerdigt. [30] Gott hat ihm aber ein fettes Comeback organisiert, er wurde wieder lebendig! [31] In den Tagen darauf hat er noch oft mit seinen Freunden und Schülern abgehangen. Sie sind Zeugen dafür, dass Jesus der Sohn von Gott ist. [32] Wir erzählen euch jetzt diese gute Nachricht weiter! Das Versprechen, was Gott unseren Leuten vor Ewigkeiten gegeben hat, [33] das hat er jetzt eingelöst, dadurch dass er Jesus wieder lebendig gemacht hat. Schon im zweiten Psalm steht: ‚Du bist mein Sohn. Heute werde ich dich zum Chef machen.' [34] Gott hatte ja schon in der alten heiligen Schrift die Ansage gemacht, dass Jesus nicht lange tot sein wird, dass er nie vergammeln würde. Er sagt da: ‚Ich werde voll zu euch stehen, so wie ich es David versprochen habe.' [35] In einer anderen Bibelstelle steht sogar: ‚Du wirst es nicht zulassen, dass dein Auserwählter vergammeln wird.' [36] Damit konnte nicht der Präsident David gemeint sein. Er ist ja abgekratzt, nachdem er seinen Job für Gott getan hatte. Er wurde begraben und ist jetzt nur noch Erde. [37] Der, der tot war und den Gott dann wieder lebendig gemacht hat, ist nicht vergammelt! [38] Und damit ist bewiesen, Kollegen, dass Jesus der Typ ist, der in der Lage ist, euren Mist zu vergeben. [39] Jeder, der sein Vertrauen auf ihn setzt, muss für seinen Mist nicht mehr bezahlen. Das alte Programm von Mose, sein Gesetz, konnte das nicht leisten. [40] Passt auf, dass ihr nicht so draufkommt, wie die Propheten das beschrieben haben: [41] ‚Ihr miesen Lügner! Kommt aus eurer Total-egal-Haltung raus, es geht um euer Leben! Denn in eurer Zeit werde ich die derbsten Sachen tun, Dinge, die ihr kaum nachvollziehen könnt.'" [42] Nachdem Paulus und Barnabas aus dem Gottesdienst abgehauen waren, bekamen sie eine Anfrage, ob sie am nächsten Sabbat noch mal die gleiche Rede halten könnten. [43] Viele von den Juden, aber auch andere Leute, die zu der Zeit in der Synagoge abhingen, gingen mit Paulus und Barnabas. Die Apostel machten ihnen klar, dass sie auf jeden Fall bei der Sache bleiben müssen und diese Chance, dass Gott sie so liebt und annimmt, nicht an sich vorbeiziehen lassen sollten.

Ärger mit den Juden

44 Am nächsten Sabbat waren alle Leute aus der
Stadt wieder am Start, um zu hören, was Gott zu
sagen hat. 45 Als die Juden mitkriegten, was für
einen Erfolg die Christen hatten, wurden sie voll
neidisch. Sie versuchten Paulus zuzulabern und
rissen dabei ein paar schlechte Witze. 46 Aber Pau-
lus und Barnabas blieben ganz locker. Sie sagten zu
ihnen: „Ihr Juden seid eigentlich als Erste an der
Reihe gewesen, die Message von Gott zu hören.
Weil ihr aber keinen Bock drauf hattet und damit
auch klarwurde, dass euch das neue unendliche
Leben total egal ist, darum reden wir ab jetzt auch
zu den anderen Völkern. 47 Gott hat uns diese Order
gegeben: ‚Ich hab dafür gesorgt, dass du die Rich-
tung vorgibst für alle Völker, die auf der Erde leben,
damit du ihnen sagst, wo es langgeht.'" 48 Als die
Leute, die keine Juden waren, das hörten, freuten
sie sich total und bedankten sich bei Gott für diese
Neuigkeit! Und alle, die schon vorher von Gott
dafür ausgesucht wurden, fingen an, ihr Vertrauen
auf ihn zu setzen. 49 So sprach sich die Message
von Gott überall rum, weit über die Grenzen der
Stadt hinaus. 50 Die Juden kriegten es aber hin, so
lange gegen Paulus und Barnabas abzulästern, bis
alle Frauen und Männer, die in der Stadt was zu
sagen hatten, keinen Bock mehr auf die beiden hat-
ten. Sie organisierten so einen Dauerstress, dass
die beiden schließlich die Stadt verließen. 51 Nach-
dem Paulus und Barnabas klargemacht hatten, dass
sie den Leuten in der Stadt nichts mehr schuldig
waren, verschwanden sie in Richtung Ikonium.
52 Die Jesus-Leute, die in Antiochia blieben, waren
aber alle total abgefüllt mit dem Heiligen Geist.

14

Ab nach Ikonium

1 In Ikonium hingen Paulus und Barnabas
erst mal wieder in der Synagoge rum. Dort
hielten sie so derbe Reden, dass viele von den Juden
und den Griechen anfingen zu glauben. 2 Diejenigen
Juden, die überhaupt nicht offen für die neue Nach-
richt von Gott waren, verbreiteten dagegen voll die
Gerüchte über die neue Christen-Familie. 3 Paulus
und Barnabas war das aber ziemlich schnurz, sie
blieben noch einige Zeit da und redeten ohne Angst
von Jesus zu allen Leuten. Gott stellte sich zu dem,
was die beiden sagten, indem er fette Wunder durch
Paulus und Barnabas geschehen ließ. 4 Die Leute in
der Stadt bildeten zwei Parteien. Die einen waren
auf der Seite der jüdischen Leitung, die anderen hiel-
ten zu den Aposteln. 5/6 Irgendwann wurde es ihnen
aber zu bunt. Als klarwurde, dass sowohl Juden wie
Nichtjuden in Zusammenarbeit mit den Behörden
entschlossen waren, die nächste Gelegenheit zu
nutzen, um sie kaputt zu machen und zu töten, ver-
dünnisierten sie sich aufs Land in das Gebiet von
Lykaonien. 7 Sie bauten ihr Lager in den Städten Lys-
tra und Derbe auf, um von dort die ganze Gegend
mit der neuen guten Nachricht bekannt zu machen.
8 In Lystra wohnte so ein Typ, der mit einer Behinde-
rung geboren wurde, er hatte steife Fußgelenke.
Noch nie hatte er auch nur einen Schritt zu Fuß
gehen können. 9 Dieser Mann war bei einer Rede
vom Paulus dabei. Paulus bemerkte sofort, dass er
genug Vertrauen hatte, geheilt zu werden. 10 Er rief
zu ihm rüber: „Hey, steh auf! Komm schon!" Und
der Typ sprang auf und konnte gehen! 11 Die Leute,
die das mitbekamen, waren voll angerührt. Sie
quatschten in ihrer Muttersprache miteinander und
sagten: „Die Götter sind als Menschen auf Besuch
bei uns!" 12 Sie gaben Barnabas den Spitznamen
„Zeus", und Paulus nannten sie „Hermes", weil er
die großen Reden schwang. Beides Namen von grie-
chischen Göttern. 13 Die Priestertypen von dem Tem-
pel, wo Zeus angebetet wurde (der lag außerhalb der
Stadt), kamen mit einem Stier vorbei und ein paar
Blumen, weil sie für die Apostel gleich so ein religiö-
ses Opferritual durchziehen wollten. 14 Als Paulus
und Barnabas bemerkten, was da abging, waren sie
total fertig, zerrissen ihre Klamotten vor ihren Augen
und versuchten sie davon abzubringen, diesen Mist
zu veranstalten. 15 „Was soll der Blödsinn, Leute! Wir
sind auch nur Normalos, genauso wie ihr! Das ist
genau das Gegenteil von dem, was wir von euch
wollten! Ihr müsst diesen toten Göttern den Rücken
zudrehen und anfangen, mit dem lebendigen Gott
zu leben, dem Gott, der alles gemacht hat, diese
Erde, das Meer, das Universum! 16 Bis heute hat er
die Menschen machen lassen, was sie wollten.
17 Trotzdem hätten alle kapieren können, dass er
existiert, weil er so viele gute Sachen tut. Er sorgt
dafür, dass es genug regnet, dass wir genug zu
essen haben. Alles, was gut ist, kommt von ihm!"
18 Diese Ansprache hatte so gerade eben den Effekt,
dass die Leute mit diesem beknackten Opfern auf-
hörten. 19 Kaum war das erledigt, kamen die Juden
aus Antiochia und Ikonium. Sie veranstalteten so
eine Hetzkampagne gegen die Apostel, dass Paulus
auf der Straße so lange mit Steinen beschmissen
wurde, bis er fast tot war. Weil die Leute dachten, er
wäre gestorben, schleiften sie dann seine „Leiche"

aus der Stadt raus. 20 Als die Jesus-Leute sich aber
um ihn stellten, wachte er auf und ging wieder in die
Stadt. Am nächsten Tag zog er mit Barnabas weiter
nach Derbe.

Paulus und Barnabas gehen noch mal nach Antiochia, das in Syrien liegt

21 Nachdem die Apostel in Derbe überall die gute
Nachricht verbreitet hatten und viele dort Christen
geworden waren, machten sie wieder die Düse und
gingen zurück nach Antiochia. 22 Da angekommen,
bauten sie erst mal die Christen auf, die noch nicht
so lange dabei waren. Sie ermutigten sie, mit Gott
voll durchzuziehen. Sie erinnerten sie auch noch
einmal dadran, dass der Weg, der in das Land führt,
in dem Gott das Sagen hat, echt hart ist und auch
viel Schmerzen mit sich bringen kann. 23 Paulus und
Barnabas bestimmten in jeder Gemeinde ein paar
Chefs, die dort Christen geworden waren. Für diese
Leute beteten sie mit allem, was sie hatten.
24 Anschließend reisten sie durch das Gebiet von
Pisidien und Pamphylien. 25 In der Stadt Perge
erzählten sie die guten Nachrichten von Jesus vielen
Leuten. 26 Von der Hafenstadt Attalia segelten sie
dann wieder nach Antiochia. Dort hatte man für
sie gebetet, bevor sie losgezogen waren, und ihnen
die Order gegeben, die sie gerade erledigt hatten.
27 Gleich nachdem sie angekommen waren, veran-
stalteten sie ein Meeting mit der Gemeinde. Die
Apostel erzählten von den coolen Sachen, die Gott
während ihrer Reise getan hatte, und wie Gott jetzt
auch mit den Nichtjuden glaubensmäßig am Start
war. 28 Paulus und Barnabas blieben noch eine Weile
bei den Christen in Antiochia.

15

Eine schwere Entscheidung und die „Aposteltagung" in Jerusalem

1 Irgendwann kamen ein paar Jesus-Leute
aus Judäa bei den Gemeinden in Antiochia an und
machten voll den Lauten. Sie stellten die steile
These auf: „Wer sich nicht, wie bei den Juden Tradi-
tion, die Vorhaut abschneiden lässt, ist nicht mehr
dabei." 2 Paulus und Barnabas hatten da eine total
andere Meinung, und während die großen Diskus-
sionen abgingen, beschloss die Leitung der Ge-
meinde, dass Paulus und Barnabas mit ein paar
anderen zu den Aposteln und den anderen Führern
der Gemeinde in Jerusalem gehen sollten, um diese
Sache klarzukriegen. 3 Nachdem sie abgehauen
waren, zogen sie durch die Gegend von Phönizien
und Samarien. Egal, wo sie gerade waren, überall
erzählten sie davon, wie auch die Nichtjuden einen
Draht zu Gott gefunden hatten, und alle fanden das
total geil. 4 In Jerusalem freute man sich sehr, als die
beiden endlich da waren. Die Apostel und die ande-
ren Leiter waren alle vor Ort. Auch denen erzählten
sie brühwarm, was für geile Sachen Gott mit den
Nichtjuden gebracht hatte. 5 Aber auch hier gab es
ein paar von den Christen (vor allem, die früher mal
zu den superfrommen religiösen Strebern gehört
hatten), die meinten: „Sie müssen sich auch die
Vorhaut abschneiden, und sie müssen auch einen
Schwur auf das alte Buch, die Gesetze von Mose,
ableisten!"

Für Gott ist das längst abgeklärt

6 Schließlich trafen sich die Apostel und die Leiter
der Gemeinde zu einem Meeting, um das Ding
zu klären. 7 Alle waren heftig am Diskutieren, bis
irgendwann Petrus aufstand und ein Machtwort
sprach: „Liebe Geschwister! Euch ist hoffentlich
klar, dass Gott mir schon vor einiger Zeit gesagt
hat, ich sollte auch zu den Leuten gehen, die keine
Juden sind, und ihnen die gute neue Nachricht von
Jesus erzählen. Denn auch sie sollten davon hören.
8 Gott, der jeden Menschen ganz genau kennt, hatte
da anscheinend Bock drauf. Er hat ja die Nichtjuden
genauso wie uns mit seiner besonderen Kraft, dem
Heiligen Geist, abgefüllt. 9 Gott ist es anscheinend
total egal, ob du ein Jude bist oder nicht, er befreit
jeden von seinem Dreck, der ihn von Gott trennt.
Und zwar, sobald man anfängt, das Vertrauen auf
ihn zu setzen. 10 Wollt ihr Gott jetzt herausfordern,
oder warum ist es euch so wichtig, den Leuten von
Jesus noch ein paar Regeln aufzudrücken, die noch
nicht einmal wir oder unsere Vorfahren wirklich ge-
packt haben? 11 Wir sind uns ganz sicher: Nur weil
Gott uns liebt, können wir es schaffen! Er ist einfach
total gnädig mit uns." 12 Alle hatten die Lauscher auf
und hörten Barnabas und Paulus gut zu, als sie von
den Wundern erzählten, die Gott unter den Nicht-
juden durch die beiden getan hatte. 13 Irgendwann
wurde es still, und Jakobus nutzte die Gelegenheit,
um was zu sagen: „Also, Leute, hört mal gut zu!
14 Simon Petrus hat uns gerade erzählt, wie Gott
höchstpersönlich gerade dabei ist, sich aus den
anderen Völkern, die keine Juden sind, eine Truppe
zusammenzustellen. 15 Die Propheten hatten da ja
schon mal 'ne Ansage dazu gemacht: 16 ‚Anschlie-
ßend werde ich wieder Zeit haben für meine Leute.
Das kaputte Haus von David, und alles, was noch

zerstört ist, werde ich wieder in Ordnung bringen.
17 Alle, die überlebt haben, sollen sich auf die Suche
nach Gott machen, auch alle, die nicht zu meinem
Volk gehören, alle Heiden. 18 Das sagt Gott, der das
Ding schon vor langer Zeit beschlossen hat.‘
19 Darum ist meine Meinung folgende: Wir sollten
es den Nichtjuden, die mit Jesus leben wollen, nicht
noch unnötig schwermachen. Unsere jüdischen
Gesetze müssen sie nicht befolgen. 20 Sie sollten
schon die Finger davon lassen, irgendwelchen anderen Götter zu dienen, außerdem sollten sie in Sexsachen okay leben und sich an die eine Essensregel
halten: Nur Fleisch von Tieren essen, was nach
unsern Vorgaben geschlachtet wurde, und sie sollen
auch kein Blut zu sich nehmen. 21 Das sind ja die
Teile, von denen eh jeder weiß, und daran haben
sich sowieso alle schon gehalten. Die werden ja
auch an dem wöchentlichen Feiertag, dem Sabbat,
immer in der Synagoge vorgelesen.“

Abstimmung mit 2/3-Mehrheit

22 Als sie mit der Thematik durch waren, beschlossen die Apostel und die Ältesten mit der ganzen
Jesus-Familie noch ein paar Leute auszuwählen, die
mit Paulus und Barnabas nach Antiochia gehen
sollten. Bei der Abstimmung wurden Judas, den sie
auch „Barsabbas“ nannten, und Silas ausgewählt.
Beide waren für alle glaubensmäßig weit vorne und
hatten einen guten Ruf. 23 In dem Brief, den sie
dann mitbekamen, stand Folgendes: „Hallo, liebe
Leute aus Antiochia, Syrien und Zilizien, die ihr
keine Juden seid, aber jetzt zu Jesus gehört! Wir, die
Apostel und Leiter aus Jerusalem, grüßen euch
ganz herzlich. 24 Uns ist zu Ohren gekommen, dass
es da ein paar Typen gibt, die – ohne dass wir es
wollten, geschwelge denn was davon gewusst hätten – euch komische Sachen erzählt haben über
das Leben mit Gott und ihr darum ganz unsicher
geworden seid. 25 Darum haben wir einstimmig
beschlossen, euch mit unseren lieben Brüdern Barnabas und Paulus noch zwei weitere Leute vorbeizuschicken. 26 Beide sind gut drauf und haben ihr
Leben voll der Sache von Jesus Christus, der unser
Chef ist, verschrieben. 27 Es handelt sich um Judas
und Silas. Sie werden euch auch erzählen, was wir
in den Diskussionspunkten beschlossen haben.
28 Wir haben uns vom Geist Gottes zeigen lassen,
dass es am coolsten wäre, euch keine weiteren
Regeln zu geben, um euch das Leben nicht schwerer zu machen. 29 Wir fänden es nicht so geil, wenn
ihr Fleisch von Tieren essen würdet, das für irgendwelche okkulten Götzenrituale benutzt wurde.
Außerdem sollt ihr die Finger von Tieren lassen,
die nach dem Schlachten nicht richtig ausgeblutet
sind, und ihr sollt auch kein Blut essen oder trinken. Passt auf, dass ihr nicht mit Nutten ins Bett
steigt und auch so sexmäßig okay lebt. Wenn ihr so
lebt, ist alles prima. Bis dann und schöne Grüße!“
30 Paulus, Barnabas, Judas und Silas wurden von
den Leuten der Gemeinde in Jerusalem noch zur
Tür gebracht und verabschiedet. Als sie in Antiochia
ankamen, wurde erst mal ein Treffen mit der Gemeinde angesetzt, wo der Brief vorgelesen werden
sollte. 31 Als das passiert war, waren alle total happy
und voll ermutigt. 32 Judas und Silas, die beide auch
oft Eindrücke von Gott hatten, bauten die Gemeinde durch ihre Reden voll auf. 33 Sie hingen noch
eine Weile in Antiochia, bis sie sich dann aber
irgendwann wieder verabschieden mussten, Richtung Jerusalem. 34 Silas wollte noch ein bisschen
dableiben, 35 und auch Paulus und Barnabas hatten
da Bock drauf. Sie redeten in dieser Zeit echt viel
und erklärten den Leuten die Sachen aus der Bibel,
auf die Gott steht.

Paulus und Barnabas gehen weiter auf Tour

36 Nach ein paar Tagen meinte Paulus zu Barnabas:
„Wäre es nicht ’ne geile Idee, mal zu den ganzen
Orten hinzugehen, wo wir den Leuten die gute
Nachricht über Jesus erzählt haben? Es wäre doch
cool, mal abzuchecken, was da jetzt so geht?“
37 Barnabas war begeistert und wollte noch Johannes Markus mit dabeihaben. 38 Da hatte Paulus aber
überhaupt keinen Bock drauf, vor allem, weil der
Typ die beiden in Pamphylien im Stich gelassen
hatte. Er war einfach abgehauen und hatte sie mit
der Arbeit alleine gelassen. 39 Die beiden kriegten
sich darüber total in die Wolle. Irgendwie ging da
dann nichts mehr, und sie beschlossen getrennte
Wege zu gehen. Barnabas ging mit Markus Richtung Zypern, 40 Paulus suchte sich mit Silas einen
neuen Lehrling. Durch eine fette Gebetszeit mit der
Gemeinde wurden sie total aufgebaut, dann zogen
sie schließlich los. 41 Zuerst ging es durch Syrien
und Zilizien, wo sie die Jesus-Leute voll aufbauen
konnten.

16

Timotheus wird von Paulus angestellt

1 Irgendwann kam Paulus auch mal nach Lystra, nachdem er in Derbe zu Besuch war. Dort
hing er viel mit Timotheus rum, einem jungen Chris-

ten. Seine Mutter, die auch mit Jesus lebte, war Jüdin, der Vater aber ein Grieche. 2 In den Gemeinden in Lystra und Ikonion hatte Timotheus voll den guten Ruf. 3 Paulus fragte ihn deswegen, ob er nicht Lust hätte, ihn auf seinen Reisen zu begleiten. Weil es bekannt war, dass der Vater von Timotheus zwar ein Grieche war, seine Mutter aber Jüdin, machte Paulus mit ihm ein jüdisches Ritual, indem er seine Vorhaut abschnitt. Er tat das aus Rücksicht auf die Juden. 4 In jeder Stadt, wo sie vorbeikamen, informierten sie die Leute über den Beschluss der Apostel und der Leiter aus Jerusalem, wonach sich die Christen dann richten sollten. 5 Die Gemeinden wurden immer stabiler in ihrem Glauben, und jeden Tag kamen neue Leute dazu.

Der heilige Geist sagt: „Ab nach Mazedonien!" – Ein Reisebericht

6 Nachdem sie in Lystra eine Zeit abgehangen hatten, zogen sie weiter durch die Gegend von Phrygien und Galatien. Der Heilige Geist zeigte ihnen dann aber, dass in der Provinz Asien die gute Nachricht von Gott noch nicht angesagt war. 7 Als sie nach Mysien gingen und dann weiter Richtung Norden ziehen wollten, um in der Provinz Bithynien zu landen, machte der Heilige Geist auch dort ganz klar, dass er das nicht wollte. 8 Darum zogen sie weiter durch Mysien, bis sie in Troas, einer Hafenstadt, ankamen. 9 Während Paulus nachts pennte, hatte er dort einen Traum von Gott. Er sah darin einen Typen, der eindeutig aus Mazedonien kam. Der sagte zu ihm: „Komm nach Mazedonien! Hilf uns!" 10 Damit war das Ding ganz klar: Gott hatte wohl Bock drauf, dass wir in Mazedonien die guten Nachrichten weitererzählen! Sofort organisierten wir eine Fähre.

In Philippi wird die erste Christengemeinde in Europa an den Start gebracht

11 Im Hafen von Troas nahmen wir die nächste Fähre und fuhren damit auf kürzestem Weg zur Insel Samothrake. Am nächsten Tag ging es dann weiter nach Neapolis, 12 um dann zu Fuß nach Philippi, der bedeutendsten römischen Kolonie in diesem Teil von Mazedonien, zu wandern. 13 Am Sabbat* verdünnisierten wir uns aus der Stadt, um an den Strand vom Fluss zu gehen. Wir vermuteten, dass zu dieser Zeit dort eine kleine jüdische Gemeinde war, um zu beten. Wir pflanzten uns zu ihnen und quatschten 'ne Runde mit den Frauen, die gerade da waren. 14 Eine von denen hieß Lydia, die vor einiger Zeit zum jüdischen Glauben gewechselt hatte. Sie kam ursprünglich aus Thyatira und dealte mit special Purpurstoffen. Irgendwie sorgte Gott dafür, dass sie ihre Ohren richtig aufsperrte und verstand, dass Paulus ihr was Wichtiges zu sagen hatte. Sie fing dort an, ihr Vertrauen auf Jesus zu setzen, 15 und ließ sich mit ihrer ganzen Familie gleich taufen. Anschließend lud sie uns alle zum Essen zu sich nach Hause ein. „Wenn ihr wirklich glaubt, dass ich Christin geworden bin, dann müsst ihr mich auch besuchen!", nervte sie so lange, bis wir einwilligten.

Paulus und Silas kommen in den Knast

16 Als wir losgingen, um uns mit den anderen zum Beten zu treffen, trafen wir auf eine Sklavin, die ganz schlimm drauf war. Irgendeine dunkle Macht hatte ihr die Fähigkeit gegeben, die Zukunft vorauszusagen. Klar, dass sie dadurch zu einem gewinnträchtigen Unternehmen für ihren Besitzer geworden war. 17 Die Frau latschte die ganze Zeit hinter uns her und brüllte wie blöd: „Diese Leute gehören zu dem größten Gott überhaupt! Sie haben die Peilung, wo es längsgeht!" 18 Irgendwie hatte sie 'ne Schramme auf der Platte und wiederholte das Ding ständig und jeden Tag. Paulus ging das voll auf die Nerven, und irgendwann rastete er aus. Er ging zu ihr hin und befahl der dunklen Macht in ihr, diesem Dämon: „Im Auftrag von Jesus Christus: Hau ab aus dieser Frau!" In derselben Sekunde war das Ding erledigt und die Sklavin war von dem Dämon befreit. 19 Als die Besitzer das mitkriegten, dass sie so mit ihr ja keine Kohle mehr verdienen konnten, griffen sie sich Paulus und Silas und schleppten die beiden auf den Marktplatz. Hier sollten sie polizeilich verhört werden. 20 „Diese Typen machen voll den Alarm in unserer Stadt", war dann die Anklage. „Außerdem sind es Juden! 21 Sie wollen, dass wir alle so leben wie sie, und sie verlangen, dass wir mit unsern guten alten römischen Traditionen brechen!" 22 Die aufgehetzte Meute war total von der Rolle. Die Oberchefs rissen Paulus und Silas die Kleidung runter und peitschten sie erst mal aus. 23 Nachdem man sie so brutal misshandelt hatte, warf man die beiden auch noch ins Gefängnis und gab den Wärtern die Order, auf die beiden ganz besonders aufzupassen. 24 So wurden sie also in den Sicherheitstrakt eingesperrt und zusätzlich noch mit einer Fußschelle gefesselt. 25 Gegen Mitternacht fingen

---

* Sabbat war der religiöse Feiertag der Juden (noch mal zur Erinnerung ...). Siehe auch Erklärungen dazu in dem Bericht vom Matthäus 12

Paulus und Silas an, eine ganz fette Gebetssession zu starten. Sie sagten Gott danke, sangen ihm Lieder, und alle anderen Gefangenen hörten dabei zu. 26 Plötzlich gab es ein heftiges Erdbeben. Das ganze Gefängnis inklusive der Grundmauern fing an zu wackeln, alle Türen sprangen auf, und die Ketten der Gefangenen explodierten förmlich.

Der Gefängnisaufseher wird Christ

27 Der Gefängniswärter wachte auf, und als er sah, dass die Zellentür sperrangelweit offen stand, war er total fertig. Weil er Schiss hatte, dass die beiden geflohen wären, wollte er mit einem Messer sofort Selbstmord begehen. 28 „Mach keinen Blödsinn!", rief Paulus laut. „Wir sind alle immer noch hier!" 29 Der Wärter holte sich eine Lampe und leuchtete in die Gefängniszelle. Dann schmiss er sich völlig fertig erst mal platt auf den Boden vor Paulus und Silas. 30 Schließlich führte er die beiden aus der Zelle raus und fragte währenddessen: „Was muss ich tun, um ein Christ zu werden?" 31 „Du musst dein Vertrauen ganz auf Jesus setzen und an ihn glauben, dann werden du und deine Familie gerettet sein", antworteten sie. 32 Paulus und Silas erzählten seiner ganzen Familie die Geschichte von Jesus und wie er jeden aus seinem Dreck rausretten kann. 33 Der Gefängnisaufseher nahm Paulus und Silas mit zu sich, versorgte ihre Wunden, und dann ließ er sich und mit ihm seine ganze Familie taufen. 34 Dann lud er die beiden noch zu sich auf seine Bude zum Essen ein. Er und seine Leute waren total froh, Jesus gefunden zu haben. 35 Frühmorgens schickten die römischen Justizbeamten die Gerichtsdiener zu ihm mit der Order: „Lass die Leute laufen!" 36 Der Gefängnisaufseher überbrachte die Nachricht gleich Paulus und Silas: „Die Stadträte lassen euch jetzt laufen. Ihr könnt jetzt ohne Angst die Stadt verlassen." 37 Aber Paulus hatte da keinen Bock drauf: „Erst machen sie uns in der Öffentlichkeit an, sperren uns in den Knast, ohne dass wir überhaupt ein faires Gerichtsverfahren gehabt hätten, peitschen uns aus, obwohl ich einen römischen Pass habe, und jetzt wollen sie uns ganz plötzlich möglichst schnell loswerden, oder wie? Aber nicht mit mir! Die Leute, die dafür die Verantwortung tragen, sollen höchstpersönlich ankommen und uns aus dem Gefängnis entlassen!" 38 Mit dieser Ansage kamen die Gerichtsdiener wieder bei den Richtern an. Als die hörten, dass sowohl Paulus als auch Silas einen römischen Pass hatten, kriegten sie etwas die Paranoia 39 und liefen sofort zum Gefängnis. Tausendmal baten sie die beiden um Entschuldigung und schleimten ein bisschen rum, ob sie jetzt vielleicht die Stadt verlassen würden. 40 Die beiden gingen aber erst mal in das Haus von Lydia. Dort war ein Treffen von der ganzen Gemeinde. Die Apostel bauten alle total auf und sagten, sie sollten stabil und fest bleiben in ihrem Glauben an Jesus.

17

Paulus und Silas sind in Thessalonich

1 Paulus und Silas düsten dann über Amphipolis und Apollonia nach Thessalonich. In der Stadt gab es auch eine Synagoge. 2 Wie normal auch, ging Paulus erst mal dort hin und laberte an drei aufeinanderfolgenden Sabbattagen mit den Leuten. 3 Er erklärte ihnen aus der Bibel, was die Propheten vorausgesehen hatten, nämlich dass der Auserwählte, der Messias, übel leiden muss, aber nach drei Tagen den Tod besiegen würde: „Und dieser auserwählte Retter, dieser Messias, ist Jesus, von dem ich euch erzählt habe." 4 Ein paar von den Juden begriffen das und standen hinter Paulus und Silas. Dazu gesellten sich auch noch ein paar Griechen, die zum jüdischen Glauben übergewechselt waren. Außerdem kamen noch ein paar der angesagtesten Frauen dazu. 5 Dieser Erfolg passte einigen Juden null, sie waren superneidisch. Sie organisierten mit ein paar Schlägertypen von der Straße eine Prügelei und sorgten auch dafür, dass in der Stadt alle voll verpeilt waren. Schließlich zogen sie vor das Haus von Jason, in dem Paulus und Silas wohnten, und brachen dort ein. Sie hatten geplant, die beiden vor allen Leuten fertigzumachen. 6 Die Apostel waren aber gerade unterwegs, darum schnappte man sich Jason und ein paar von den Christen, die gerade da waren, und schleppte sie vor den römischen Verwalter der Stadt. „Diese Mistkerle bringen überall alles durcheinander!", schrien sie. 7 „Und jetzt sind sie auch noch bei uns und pennen bei Jason. Alles, was der oberste Präsident sagt, ist ihnen total egal, und sie behaupten, ein anderer hätte jetzt das Sagen, und der heißt Jesus." 8 Die Menschenmenge und die verantwortlichen Beamten rasteten völlig aus, als sie das hörten. 9 Erst nachdem Jason und die anderen eine hohe Kaution bezahlt hatten, ließ man sie wieder laufen.

Probleme in Beröa

10 Noch in dieser Nacht organisierten die Christen in Thessalonich die Abreise von Paulus und Silas

nach Beröa. Als sie dort waren, marschierten die beiden pauschal erst mal in die Synagoge. [11] Die Juden in Beröa waren offen für die Worte von Gott, mehr als die Juden in Thessalonich. Sie hörten den beiden genau zu und checkten alles, was Paulus und Silas sagten, mit der heiligen Schrift ab. [12] Viele von ihnen fingen an, ihr Vertrauen auf Jesus zu setzen. Nicht nur einige Juden, auch viele von den angesagten griechischen Frauen und Männern taten das. [13] Irgendwann bekamen die Juden aus Thessalonich mit, dass Paulus jetzt auch in Beröa am Start war und allen von der Sache mit Gott erzählte. Darum gingen sie auch in diese Stadt und verbreiteten üble Gerüchte über die Apostel. [14/15] Die Christen in Beröa passten aber auf und schickten Paulus sofort aus der Stadt. Sie brachten ihn dann über die Küste bis nach Athen. Silas und Timotheus blieben aber noch da, sollten aber „... so schnell es geht nachkommen!", ließ Paulus durch seine Begleiter ausrichten. Die hatten sich in Athen von ihm abgeseilt und waren wieder nach Beröa zurückgekehrt.

Paulus ist in Athen

[16] Während Paulus in Athen auf Silas wartete, kriegte er voll den Hass auf die zig Götter aus Holz und Metall, die dort überall rumstanden. [17] Er hielt in der Synagoge eine Rede vor den Juden und auch vor den zum jüdischen Glauben übergewechselten Griechen. Außerdem redete er täglich auf dem Marktplatz zu allen Menschen, die gerade dort waren. [18] In so einer Situation gab es einmal voll den Streit mit ein paar Philosophen aus der Richtung der Epikuräer und Stoiker. Einige vertraten die Ansicht, er wäre nur so eine Labertasche, einer, der nur Blödsinn erzählt. Andere sagten: „Der erzählt eben von einer anderen Religion!" Denn Paulus hatte von Jesus erzählt und dass der den Tod besiegt hat und wieder lebendig geworden ist. [19] Die Philosophen waren echt angezeckt von dem, was er sagte, und wollten unbedingt mehr wissen. Darum nahmen sie ihn zu einem Treffpunkt mit, der mitten in der Stadt lag, dem sogenannten Areopag. „Erzähl uns mehr davon", [20] meinten sie, „wir finden es voll interessant, was du zu sagen hast, und wollen alles wissen!" [21] Das war in dieser Stadt schon normal, alle, die da lebten, und auch die Gäste waren immer sehr offen für irgendwelche neuen Ideen, um darüber zu diskutieren. [22] Paulus ließ sich das nicht zweimal sagen und redete zu der versammelten Mannschaft auf dem Rathausplatz: „Hey, Leute aus Athen! Ich hab schon mitbekommen, dass ihr hier ganz besonders auf religiöse Sachen abfahrt. [23] Vor der Stadt stehen ja Tausende von kleinen Altären, wo man Göttern etwas geben kann. Auf einem davon stand drauf: ‚Für den Gott, den keiner kennt.' Und genau von dem will ich euch jetzt berichten, von dem Gott, den ihr nicht kennt und zu dem ihr trotzdem betet. [24] Das ist nämlich der Gott, der diese Erde und alles, was dadrauf ist, gemacht hat. Dieser Chef vom ganzen Universum und von dieser Erde, der passt nicht in so einen kleinen Tempel rein, den irgendwelche Menschen gebaut haben. [25] Das geht auch gar nicht, dass man ihm irgendwelche Sachen opfert oder sogar was zu essen hinstellt oder so, das hat er gar nicht nötig. Er hat schließlich das ganze Leben entstehen lassen und jedem Leben das gegeben, was es braucht. [26] Er hat aus einem Menschen ganze Volksgruppen und Nationen entstehen lassen, die jetzt auf der Erde leben. Er hat auch festgelegt, wo und wie lange die Menschen leben sollen. [27] Er hat das alles so organisiert, weil es sein Plan war, dass die Menschen sich auf die Suche nach ihm machen würden. Und dass sie die Möglichkeit haben, ihn auch zu finden. Hey, auch jetzt ist er uns wirklich ganz nahe! [28] Weil er wirklich so drauf ist, können wir überhaupt erst leben! Einige von euern Rappern haben ja schon einen Song dadraus gemacht: ‚Wir sind alle seine Kinder.' [29] Weil Gott also unser Vater ist, ist es totaler Schwachsinn zu glauben, dass wir Gott mit solchen Statuen und Bildern, egal ob aus Gold oder Silber, gut rüberbringen können. Die basteln wir ja nur mit unseren begrenzten Begabungen und Vorstellungen, anders kriegen wir es nicht hin. [30] Bis jetzt hat das noch niemand so richtig geschnallt, und Gott hat viel Geduld mit den Leuten. Jetzt macht er aber zu allen Menschen eine neue Ansage: ‚Ändert euer Leben total!' [31] Denn das Date, wo wir alle für unser Leben zur Verantwortung gezogen werden, ist schon festgemacht. Wer dann unser Richter sein wird, steht auch schon ohne Zweifel fest. Den hat er vom Tod wieder lebendig werden lassen." [32] Als Paulus dieses Thema von der Auferstehung der Toten anschnitt, fingen einige sofort an, gegen ihn abzulästern. Andere aber ließen sich nicht in die Karten schauen und meinten nur: „Ist schon okay, wir werden dir später, wenn´s wieder mal klappt, unser Ohr leihen." [33] Paulus haute dann von der Versammlung auf dem Rathausplatz wieder ab. [34] Einige der Typen aber, die der Rede von Paulus zugehört hatten, fingen an, ihr Vertrauen auf Jesus zu setzen, und gingen mit ihm. Dionysius, der am Gericht angestellt

war, eine Frau, die Damaris hieß, und noch ein paar andere waren auch dabei.

18

In Korinth geht es ab!

1 Kurze Zeit später verschwand Paulus aus Athen und ging in die Stadt Korinth. 2 Dort lernte er Aquila kennen, einen Juden, der aus der Gegend von Pontus kam. Er war erst vor einiger Zeit mit seiner Frau Priszilla aus Italien nach Korinth gezogen, weil der oberste Präsident Claudius alle Juden aus Rom rausgeschmissen hatte. 3 Paulus wohnte bei ihnen, zumal er und Aquila denselben Job hatten, sie waren nämlich beide von Beruf Zeltmacher. 4 Am Wochenende redete Paulus immer in der Synagoge, und echt viele von den Juden und den Griechen wurden von dem, was er sagte, überzeugt. 5 Als dann Silas und Timotheus aus Mazedonien dort ankamen, kündigte Paulus seinen Job und arbeitete fulltime als Redner. Er wollte den Juden klarmachen, dass Jesus der Retter ist, den Gott ihnen schon lange versprochen hatte. 6 Die Juden fingen aber immer die derben Diskussionen an und verarschten ihn sogar. Irgendwann hatte Paulus keinen Bock mehr dadrauf: „Ich habe euch jetzt schon einige Zeit die gute Botschaft von Gott erzählt, aber ihr habt sie nur abgelehnt. Ich hab keine Schuld mehr daran, wenn ihr euer Leben verbockt. Ab jetzt werde ich nur noch den Völkern, die keine Juden sind, also den Heiden, von Gott erzählen." 7 Ab da wohnte er bei Titius Justus zur Untermiete. Dieser Typ vertraute Gott, auch wenn er kein Jude war. Sein Haus lag direkt neben der Synagoge. 8 Irgendwann kam dann sogar Krispus, der Chef von der Synagoge, inklusive seiner ganzen Familie zum Glauben an Jesus. Andere Korinther, die Paulus ebenfalls reden gehört hatten, fingen auch an mit Jesus zu leben und ließen sich taufen. 9 In einer Nacht hatte Paulus einen Traum, in dem Gott zu ihm sprach: „Hab keinen Schiss, rede weiter! Raus damit! 10 Ich stehe voll hinter dir, niemand kann dir was anhaben, niemand wird dich verprügeln können. Da sind noch viele Leute in der Stadt, die zu mir gehören." 11 Darum hing Paulus noch anderthalb Jahre in Korinth ab und redete viel von der neuen Nachricht über Jesus. 12 Als irgendwann Gallio der Gouverneur von Achaja wurde, nutzten die Juden die Gelegenheit, um Paulus anzuzeigen und vor den Kadi zu zerren. 13 Ihre Anklage lautete: „Dieser Mann missbraucht die Menschen. Er versucht ihnen ein Leben mit Gott schmackhaft zu machen, und zwar so, dass es im krassen Gegensatz zu unserem Gesetz steht." 14 Bevor Paulus überhaupt eine Antwort geben konnte, meinte Gallio zu den Juden: „Wenn es sich um einen Gesetzesverstoß oder um ein Schwerverbrechen handeln würde, das mit unseren Gesetzen geahndet werden könnte, wäre es ja okay, das hier zu verhandeln. 15 Da es aber nur um irgendwelche religiösen Streitfragen bei euch geht, kann ich euch auch nicht helfen. Das müsst ihr schon selber klarkriegen, ich halte auf jeden Fall meine Finger da raus!" 16 Und dann schickte er alle wieder aus dem Saal. 17 Aber die fingen dann sofort an, den neuen Synagogenchef Sosthenes zu belabern, bis sie ihm schließlich total aufgebracht sogar vor Ort noch die Fresse polierten. Gallio war das aber egal, er kümmerte sich einfach nicht weiter darum.

Wieder in Antiochia

18 Paulus hing noch 'ne Weile in Korinth ab. Dann verabschiedete er sich aber von den Christen und schipperte mit Priszilla und Aquila in Richtung Syrien. Vorher hatte er sich noch in Kenchreä 'ne Glatze rasieren lassen und dann einen Schwur bei Gott abgeleistet. So war das bei den Juden normal. 19 Nachdem sie in Ephesus angekommen waren, blieben Priszilla und Aquila in der Stadt, während Paulus in die Synagoge ging. Dort redete er mit den Juden. 20 Obwohl sie ihn darum baten, noch etwas länger dazubleiben, musste er irgendwann gehen: 21 „Wenn Gott Bock drauf hat, werde ich später noch mal wiederkommen." Dann verschwand er aus Ephesus mit einem Schiff. 22 Von Cäsarea aus zog er weiter Richtung Jerusalem. Dort stoppte er kurz, um die Gemeinde da mal zu besuchen. Schließlich ging es dann weiter nach Antiochia. 23 Aber hier hielt ihn auch nichts lange fest, er ging quer durch Galatien und Phrygien und besuchte alle Christengemeinden, um sie aufzubauen und sie in ihrem Glauben anzufeuern.

Die dritte Tour vom Paulus beginnt

24 In der Zwischenzeit war Apollos, ein Jude aus Alexandria, nach Ephesus gekommen. Er war Fachmann in Sachen Gottes Wort und hatte in Rhetorik 'ne Eins. 25 Von der Sache mit Jesus hatte er schon gehört und sprach voll geflasht überall von ihm. Und das, obwohl er nur die Taufe von Johannes erlebt hatte. 26 Apollos redete sehr mutig in den Synagogen von Jesus. Dabei hörten ihm auch Priszilla und Aquila zu. Die luden ihn dann mal zum Essen

ein und erklärten ihm noch genauer, wie es sich mit der Sache von Jesus verhielt. 27 Als Apollos vorhatte, nach Achaja in Griechenland zu fahren, organisierten die Christen ihm ein nettes Empfehlungsschreiben. In Achaja konnte Apollos mit seiner Redebegabung den Christen ein große Hilfe sein. 28 Denn in öffentlichen Diskussionen konnte er sehr geschickt die Argumente der Juden widerlegen und bewies unter Verweis auf die heiligen Schriften, dass Jesus der versprochene Retter, der Auserwählte, ist.

19

Paulus ist in Ephesus

1 Während Apollos in Korinth am Start war, machte Paulus 'ne Tour durch das kleinasiatische Hochland und kam so nach Ephesus. Dort traf er ein paar Schüler, die damals durch Johannes, der die Leute getauft hat, Christen geworden waren. 2 „Habt ihr eigentlich auch schon den Heiligen Geist, die Power von Gott, bekommen?", wollte er von denen wissen. „Nö", sagten sie. „Was ist das denn, der ‚Heilige Geist'? Nie was davon gehört!" 3 „Wie ist denn damals dieses Ritual bei euch durchgezogen worden, diese Taufe?" „Wir sind auf die Art von Johannes getauft worden", antworteten sie. 4 „Wer die Taufe von Johannes gemacht hat, wollte damit nur ein Statement abgeben, dass er einen Neustart mit Gott hinlegen will", erklärte Paulus. „Johannes hat aber immer die Ansage gemacht, dass er erst die Vorschau vom Hauptfilm ist, dass man auf den sein Vertrauen setzen soll, der nach ihm kommt. Und das war Jesus!" 5 Als sie das gehört hatten, ließen sie sich sofort auf Jesus taufen. 6 Und als Paulus für sie betete und ihnen die Hände dabei auf den Kopf legte, kam die Kraft von Gott, der heilige Geist, auf sie runter. Sie redeten plötzlich in einer fremden Sprache, die Gott ihnen aufspielte. 7 Es waren insgesamt an die zwölf Männer dabei.

Was Paulus noch in Ephesus getan hat

8 Paulus ging von da an oft in die Synagoge. Drei Monate erzählte und sprach er dort volles Rohr über die Sache von Gott. 9 Einige Leute hatten aber überhaupt keinen Bock darauf, die waren überhaupt nicht offen dafür. Sie lästerten sogar über die Sache total ab. Irgendwann verließ Paulus mit den anderen Christen die Synagogen. Ab dann redete er jeden Tag in einem Lehrsaal, der einem Typ mit dem Namen Tyrannus gehörte. 10 Das ging über zwei Jahre, so lange, bis alle, die in der Provinz Asien lebten, egal ob es Juden oder Griechen waren, irgendwie mal die Botschaft von Jesus gehört hatten. 11 Gott tat wirklich derbe Sachen durch Paulus! 12 Manchmal legten die Leute sogar Handtücher und Klamotten von Paulus auf die kranken Menschen, damit sie gesund und die fiesen Geister aus ihnen rausgeschmissen wurden. Und es funktionierte.

Spiritisten heilen Menschen durch den Namen von Jesus

13 Ein paar nicht sesshafte jüdische Spiritisten versuchten fiese Geister so aus den Menschen zu vertreiben, indem sie den Namen von Jesus dazu als Hilfe benutzten. Zum Beispiel sagten sie dann: „Verschwindet! Im Auftrag von Jesus, über den der Paulus immer redet!" 14 Die Typen, die das so machten, waren die Söhne eines jüdischen Oberpriesters, der Skevas hieß. 15 Doch der Dämon verarschte sie nur: „Jesus? Den kenn ich! Paulus? Von dem hab ich mal gehört! Aber wer seid ihr denn, bitte schön?!" 16 Danach warf sich der Typ, in dem der Dämon steckte, auf sie, haute sie um und zerriss ihre Klamotten, bis sie alle nackend und mit blauen Flecken am ganzen Körper fluchtartig das Haus verlassen mussten. 17 Diese Story sprach sich schnell in ganz Ephesus rum. Bald wussten alle, Juden und Griechen, was da abgegangen war. Alle kriegten Riesenrespekt vor Gott, als sie davon hörten, und viele sagten, dass der Name von Jesus voll geil sei. 18 Viele von den Christen standen jetzt plötzlich ganz offen zu den ätzenden Sachen, die sie früher so verbockt hatten. 19 Einige brachten okkulte Zauberbücher, die mega teuer gewesen waren, und verbrannten sie in aller Öffentlichkeit. 20 So wurde klar, was für eine Kraft in den Worten von Gott steckte, und immer mehr Leute fingen an, Jesus zu vertrauen. 21 Irgendwann beschloss Paulus, weiter über Mazedonien und Achaja nach Jerusalem zu ziehen, um sich dann in Richtung Rom abzusetzen. 22 Er schickte zwei seiner Mitarbeiter vor, und zwar Timotheus und Erastus. Er selbst wollte noch ein bisschen in der Provinz Asien arbeiten.

Probleme in Ephesus mit dem Silberschmied Demetrius

23 Ungefähr in derselben Zeit gab es in Ephesus voll den Aufstand wegen den Sachen, die Paulus überall erzählt hatte. 24 Es fing alles mit einem Typen an, der Demetrius hieß, der hatte einen Job als Silberschmied vor Ort. Er fertigte Mini-Tempel an, die so aussahen wie der Tempel von der griechischen Göt-

tin Artemis. Er war damit nicht alleine, viele Händler
verdienten fett Kohle damit. 25 Irgendwann veran-
staltete er ein Meeting mit den Kollegen und sagte:
„Ihr wisst genauso gut wie ich, dass wir alle eine
Schweinekohle mit den Mini-Tempeln aus Silber
verdienen. 26 Vermutlich habt ihr auch schon gehört,
dass dieser Paulus jetzt die Ansage macht, alle von
Menschen gemachten Götter kann man in die Ton-
ne drücken. Das erzählt er nicht nur in Ephesus,
nein, überall im Land verbreitet er diese Sache, und
viele Leute hören auf ihn. 27 Jetzt besteht ja nicht nur
die Gefahr, dass unser Job voll den schlechten Ruf
dadurch kriegt, auch der Tempel von unser großen
Göttin Artemis, die man ja nicht nur in Kleinasien,
sondern überall verehrt, wird damit lächerlich ge-
macht!" 28 Supersauer schrien die Zuhörer: „Artemis
ist die Größte!" 29 Plötzlich war die ganze Stadt auf
den Beinen. Alle trafen sich im Freilufttheater und
schleppten Gajus und Aristarch, die beide auch mit
Paulus unterwegs waren, gleich mit. 30 Paulus wollte
selber im Freilufttheater alle Fragen beantworten,
aber seine Jesus-Geschwister verhinderten das.
31 Auch ein paar von den Beamten von höchster
Stelle, die mit Paulus befreundet waren, warnten ihn
sehr, sich der Öffentlichkeit zu stellen. 32 Bei diesem
großen Treffen war das totale Chaos am Start, einer
schrie irgendetwas wie blöd, der andere wieder was
anderes. Viele hatten überhaupt keinen Schnall,
worum es überhaupt ging. 33 Die Juden versuchten
nun Alexander ins Spiel zu bringen. Als der ver-
suchte, mit einem Handzeichen die Menge zum
Schweigen zu bringen, 34 rasteten die Leute noch
mehr aus, weil sie merkten, dass er auch ein Jude
war. Darum schrien sie über zwei Stunden die ganze
Zeit: „Groß ist Artemis aus Ephesus!" 35 Der höchste
Beamte am Ort schaffte es schließlich, alle ein biss-
chen runterzuholen. Er rief: „Liebe Leute aus Ephe-
sus! Jeder in der Stadt weiß doch, dass wir auf den
Tempel der großen Artemis aufpassen und auf ihr
Bild, das vom Himmel gefallen ist. 36 Daran gibt es
nichts zu rütteln, dem wird auch keiner widerspre-
chen. Darum sag ich nur: Ruhig Blut, Leute, checkt
die Sachen vorher genau ab, bevor ihr irgendwas
tut. 37 Diese Männer haben weder den Tempel aus-
geraubt noch unsere Göttin in den Dreck gezo-
gen. 38 Wenn Demetrius und seine Kollegen irgend-
was gegen sie in der Hand haben, sollen sie ganz
ordentlich Anzeige erstatten. Dafür haben wir
schließlich einen Gerichtshof und die Polizei. Dort
soll die Sache geregelt werden. 39 Und wenn ihr
noch irgendetwas anderes habt, was über so 'ne
Anzeige hinausgeht, dann muss das in einer ganz
ordentlichen Volksversammlung vorgetragen wer-
den. 40 Ich hab ein wenig Schiss, dass die Römer
uns sonst wegen einer unangemeldeten Demo ans
Bein pinkeln. Und wir können auch im Ernst keinen
wirklichen Grund für diese Demo nennen."

20 Paulus verschwindet aus Ephesus und startet seine Tour durch Mazedonien und Griechenland – ein Reisebericht

1 Nachdem die Demo abgeblasen war, holte Paulus
die ganze Gemeinde noch mal zusammen, um sie
etwas aufzubauen. Als er sich dann schließlich ver-
abschiedet hatte, düste er Richtung Mazedonien ab.
2 Auf dem Weg schaute er mal bei den ganzen
neuen Christengemeinden vorbei und nahm sich
viel Zeit, um sie glaubensmäßig starkzumachen
und ihnen zu sagen, wo es längsgeht. 3 So kam er
dann nach Griechenland, wo er dann über drei
Monate wohnte. Als er gerade dabei war, sich für
die Schiffsfahrt nach Syrien klarzumachen, erzählte
man ihm, dass die Juden vorhatten, ihn auf der
Reise zu ermorden. Darum beschloss er, über Land
nach Mazedonien zurückzufahren. 4 Mit dabei
waren einmal Sopater (der Sohn von Pyrrhus), der
aus Beröa stammte, Aristarch und Sekundus aus
Thessalonich, Gajus aus Derbe, Timotheus und
dann noch Tychikus und Trophimus, die aus der
Provinz Asien kamen. 5 Die waren alle schon vorher
losgegangen und wollten in Troas auf uns warten.
6 Der Rest von uns haute erst nach der Passafete
aus Philippi ab und kam per Boot fünf Tage später
in Troas an. Dort sind wir dann eine Woche geblie-
ben.

Eutychus wird wieder lebendig

7 Sonntagabend hingen wir noch ein bisschen
zusammen und feierten „das Abendessen" (oder
„das Abendmahl", dieses Essen, was Jesus uns vor
seinem Tod vorgemacht hatte). Paulus hielt noch
'ne lange Rede. Weil er schon am nächsten Tag wei-
terwollte, nahm er sich sehr viel Zeit und laberte bis
nach Mitternacht durch. 8 Der Raum, in dem wir
zusammen abhingen, war im dritten Stock, und
wegen der vielen Kerzen war die Luft schon sehr
schlecht geworden. 9 Ein Jugendlicher, der Eutychus,
saß die ganze Zeit auf der Fensterbank. Nachdem
Paulus schon eine ganze Weile am Reden war,
wurde Eutychus voll müde und pennte immer wie-
der ein. Plötzlich verlor er das Gleichgewicht, fiel

nach hinten durch das offene Fenster drei Stockwerke tief und knallte auf dem Betonboden auf. Die Männer, die dann sofort zu ihm hinliefen, konnten nur noch seinen Tod feststellen. 10 Paulus rannte auch runter. Er beugte sich über den toten Jungen und nahm ihn ganz fest in die Arme. Dann sagte er zu den Leuten: „Keine Panik! Er ist okay!“ 11 Paulus ging wieder nach oben, und dann wurde zusammen „das Abendessen“ gefeiert. Er nahm sich noch viel Zeit für die Leute, und erst als die Sonne schon aufging, haute er irgendwann wieder ab. 12 Alle waren aber total happy, denn Eutychus war wieder quicklebendig und gut drauf.

Paulus fährt nach Milet

13 Wir anderen waren inzwischen auf das Schiff gegangen und nach Assos gesegelt. Paulus wollte unbedingt zu Fuß dahin latschen. 14 In Assos nahmen wir ihn dann mit auf das Schiff und segelten Richtung Mitylene. 15 Die nächsten Tage schipperten wir über Chios und Samos rüber nach Milet. 16 Weil Paulus unbedingt Pfingsten in Jerusalem am Start sein wollte, sparte er sich die Reise nach Ephesus.

Paulus sagt: „Auf Wiedersehen, Ephesus“

17 In Milet schickte Paulus einen Typen los, der in Ephesus schon mal ein Meeting mit den Leitern der Gemeinde klarmachen sollte. 18 Als sie zusammen dort in einem Raum waren, sagte er: „Ihr habt alle mitbekommen, was ich bei euch gerissen hab, vom ersten Tag an bis heute. 19 Dass ich ohne Rücksicht auf Verluste radikal für Jesus gelebt habe, oft mit Ärger und Verfolgung an den Hacken. 20 Ihr wisst auch, dass ich nie mein Maul halten konnte, ich hab immer alles rausgehauen und euch erklärt, wie man jesusmäßig lebt, in der Öffentlichkeit, aber auch bei euch privat zu Hause. 21 Egal ob das nun Juden oder Griechen waren, ich hab allen Leuten eine klare Ansage gemacht, dass sie nicht so weiterleben können wie bisher und dass sie ihr Vertrauen auf Jesus Christus setzen sollen. 22 Ich hab jetzt aber das Gefühl, der Heilige Geist will, dass ich nach Jerusalem gehe. Was da dann abgehen wird, hab ich keinen blassen Schimmer. 23 Ich weiß aber mittlerweile, dass die mich dort mit Sicherheit in den Knast stecken werden und dass es mir dreckig gehen wird. Der Heilige Geist hat nämlich durch Propheten in allen Gemeinden, in denen ich war, so eine Ansage gemacht. 24 Mein Leben ist dabei echt egal, solange ich es hinkriege, die Order, die Jesus Christus mir gegeben hat, auszuführen. Er will nämlich von mir, dass ich die gute Nachricht davon verbreite, dass Gott alle Menschen wahnsinnig liebt und ihnen ihre Schuld verzeihen will. 25 Ich weiß von Gott, dass keiner von euch mich wiedersehen wird, und damit mein ich die Leute, die meine Message gehört haben und bei denen ich gelebt habe. 26 Ich will, dass ihr das unbedingt begreift: Ich bin dafür nicht mehr verantwortlich, wenn einer von euch wieder vom Glauben abkommt! 27 Ich hab euch alles erklärt, was ich weiß, ich hab euch die ganze Sache von Gott erzählt und davon, wie er es geplant hat, alle Menschen aus ihrem Dreck rauszuholen. 28 Ab jetzt müsst ihr auf euch selbst aufpassen und auf die ganze Gemeinde. Ihr seid für die wie ein Trainer, der vom Heiligen Geist angestellt wurde. Ihr sollt auf die Gemeinde aufpassen wie auf ein Team. Sie sind für euch von Gott teuer eingekauft worden, sein Sohn hat mit seinem Leben dafür bezahlt!
29 Ich warne euch jetzt schon: Sobald ich hier weg bin, kommen irgendwelche komischen Spacken an, die euch Lügen erzählen werden. Die sind wie Agenten, die euch mit Knebelverträgen abwerben wollen.
30 Sogar unter eurer Truppe wird es Männer geben, die sich bei den Jesus-Leuten einschleimen wollen und Halbwahrheiten unters Volk bringen. 31 Passt irre auf, Leute! Vergesst nicht, ich habe drei Jahre tagsüber und auch nächtelang mit allem, was ich hatte, bis zur Schmerzgrenze euch genau erzählt, wie man mit Gott lebt. 32 Jetzt bleibt mir nur noch, euch Gott zu überlassen und zu glauben, dass er auf euch aufpassen wird. Er hat die Möglichkeiten dazu. Er kann dafür sorgen, dass eure Beziehung zu Gott weiter wächst und kann die Erbschaft ausbezahlen, die euch als seinen Kindern zusteht. 33 Ich wollte nie von euch dafür irgendwie Kohle oder andere Bezahlung sehen. 34 Ihr habt mitbekommen, dass ich für alles, was ich zum Leben brauchte, und auch für die Leute, die mit mir waren, selber gejobbt habe, um mir den Unterhalt mit meinen eigenen Händen zu verdienen. 35 Ich wollte euch damit klarmachen, dass man arbeiten muss, um mit dem Geld Armen zu helfen. Das hat Jesus uns so beigebracht, er sagte immer: ‚Leuten was zu geben macht mehr Spaß, als nur zu bekommen.‘ 36 Ich fände es cool, wenn wir uns jetzt noch alle hinknien und 'ne Runde mit Jesus reden würden.“ 37 Für viele klang das wie eine Abschiedsrede. Sie küssten Paulus zum Abschied und umarmten ihn, und viele fingen voll an zu weinen, 38 weil er ihnen gesagt hatte, sie würden sich nicht mehr wiedersehen. Dann brachten sie ihn noch auf das Schiff.

21

Reisebericht: Paulus fährt nach Jerusalem

1 Nach der intensiven Verabschiedung verschwanden wir aus Ephesus und fuhren mit dem Schiff Richtung Kos weiter. Am nächsten Tag landeten wir in Rhodos und danach in Patara. 2 Von da aus ging es weiter mit einem anderen Schiff, das nach Phönizien unterwegs war. 3 Irgendwann konnte man auf der Fahrt schon die Insel Zypern sehen, wir fuhren aber an der Nordseite daran vorbei und schipperten in Richtung der syrischen Hafenstadt Tyrus, wo die Ladung des Schiffes gelöscht wurde. 4 In Tyrus hingen wir dann noch mit den Jesus-Leuten eine Woche ab. Die Christen von da warnten Paulus davor, nach Jerusalem zu gehen, das hatten sie vom Heiligen Geist so gezeigt bekommen. 5 Trotzdem nahmen wir doch das Schiff Ende der Woche. Die ganze Gemeinde, inklusive der Frauen und Kinder, begleitete uns bis vor die Stadt. Am Strand knieten wir uns noch einmal alle hin und hatten eine heftige Gebetszeit. 6 Nach der Verabschiedung gingen wir auf das Schiff, die anderen gingen wieder zurück in die Stadt. 7 Unsere weitere Reise ging dann über Tyrus nach Ptolemais. Dort hingen wir auch noch einen Tag bei den Christen. 8 Von Ptolemais ging es weiter zu Fuß Richtung Cäsarea. Da wohnten wir in der Hütte vom Philippus, der voll die Begabung hat, Menschen zu Jesus zu führen. Er war einer von sieben Leuten, die damals in Jerusalem den Job gehabt hatten, Menschen besonders zu dienen, man nannte das auch ‚Diakon'. 9 Er hatte vier Töchter, die allesamt nicht geheiratet hatten. Die Töchter hatten alle die geistliche Begabung, Worte von Gott zu bekommen, also prophetisch zu reden. 10 Als wir schon ein paar Tage bei Philippus waren, kam der Agabus vorbei. Agabus stammte aus Judäa. Er war voll der Prophet, bekam Einsichten und Worte direkt von Gott aufgespielt. 11 Einmal nahm der sich plötzlich den Gürtel von Paulus und fesselte sich damit seine Hände und Füße. Und dann meinte er: „Der Heilige Geist sagt dir: Der, dem der Gürtel gehört, wird in Jerusalem von den Juden gefesselt und dann so an die Römer abgegeben werden." 12 Als uns klar war, was er damit sagen wollte, redeten wir und die anderen wie blöd auf Paulus ein, er sollte auf keinen Fall nach Jerusalem fahren. 13 Er war aber nicht davon abzubringen und sagte nur: „Leute, heult nicht rum, damit macht ihr es nur noch schwerer für mich, als es eh schon ist. Ich bin zu allem bereit, egal, ob sie mich in Jerusalem abführen, in den Knast werfen oder ermorden, solange es nur für Jesus Christus ist." 14 Wie sie ihn auch belaberten, er war nicht umzustimmen. Also sagten sie schließlich: „Was Gott will, soll auch passieren!"

Paulus soll beweisen, wie straight er die Regeln der Juden befolgt

15 Kurz darauf fuhren wir alle Richtung Jerusalem. 16 Ein paar aus der Christen-Familie aus Cäsarea waren auch dabei. Die brachten uns zu einem Typen, der Mnason hieß und einer der ersten Christen war. Er kam aus Zypern und hatte ein fettes Haus, wo wir pennen konnten. 17 Die Christen-Familie in Jerusalem begrüßte uns superfreundlich. 18 Am Tag nach unserer Ankunft ging Paulus zu Jakobus, wo auch die anderen Leiter aus der Gemeinde waren. 19 Paulus begrüßte erst mal alle und dann erzählte er ausführlich, was Gott gerade mit den anderen Völkern am Start hatte und was da so passierte. 20 Alle freuten sich sehr über diese News und bedankten sich bei Gott dafür. Dann meinten sie aber: „Bruder, du weißt hoffentlich, dass auch Tausende von den Juden jetzt mit Jesus leben und sich Christen nennen, und die befolgen immer noch superstreng die Gesetze, die Mose aufgestellt hat. 21 Es gibt das Gerücht, du würdest den Juden, die nicht in Israel leben, sagen, sie können diese Regeln links liegen lassen. Sie brauchen zum Beispiel den jungen Männern nicht mehr die Vorhaut abschneiden zu lassen, und auch die anderen Gesetze wären jetzt wurschtegal. 22 Was sollen wir jetzt deiner Meinung nach tun? Die kriegen das auf jeden Fall spitz, dass du hier bist. 23 Wir haben da eine Idee gehabt. Und zwar sind hier diese vier Männer, die müssen ein Versprechen, was sie Gott gegeben haben, einlösen. 24 Zieh mit denen los und erfüll diese ganzen geforderten Regeln, die Waschrituale, dass man sich die Haare abrasieren muss und so weiter. Übernimm am besten auch die Kosten, die da anfallen, und zwar für euch alle. Damit könntest du den Leuten das Maul stopfen, die behaupten, die Gesetze der Juden wären dir egal. 25 Wie die Christen leben sollen, die keine Juden sind, das haben wir ja alles schriftlich festgehalten. Wir hatten damals gesagt, sie sollen die Finger von Fleisch lassen, das für bestimmte Opferrituale von irgendwelchen Göttern benutzt wurde. Außerdem sollen sie kein Blut essen und auch nichts von Tieren, die nach dem Schlachten nicht richtig ausgeblutet sind. Und natürlich müssen sie sich sexmäßig korrekt verhalten."

Paulus kommt in Jerusalem in den Knast

26 Paulus willigte in den Vorschlag ein. Am nächsten Tag ging er mit ein paar Leuten in den Tempel. Es ging darum, eine Meldung zu machen, dass sie jetzt die Sachen machen würden, die für die Juden wichtig waren, ein Opfer zu bringen und so. 27 Die sieben Tage, die dafür vorgeschrieben sind, waren schon fast vorbei, als ein paar von den Juden aus Kleinasien Paulus im Tempel erkannten. Sie machten sofort voll den Aufstand und hetzten ein paar Leute gegen ihn auf. Sie griffen ihn am Ärmel und schrien wie blöd: 28 „Wir brauchen Hilfe! Das ist der Mann, der die ganze Welt gegen uns hetzt, gegen unsere Religion, sogar gegen unseren Tempel! Aber das Schlimmste ist: Er hat sogar ein paar von den dreckigen Griechen in den Tempel mitgebracht, damit ist hier ja alles verunreinigt!“ 29 Sie hatten Paulus nämlich mit dem Griechen Trophimus, der aus Ephesus kam, in der Stadt gesehen. Jetzt glaubten sie, Paulus habe ihn auch mit in den Tempel genommen. 30 Die ganze Stadt Jerusalem war völlig durch. Sie schnappten sich Paulus und schubsten ihn aus dem Tempel raus. Hinter ihm wurden die Türen sofort verschlossen. 31 Die Menschenmasse war drauf und dran, Paulus zu ermorden, bis der Kommandant der römischen Armee 'ne Meldung bekam: „Die ganze Stadt macht Krawall!“ 32 Der schickte dann sofort eine Abteilung von seiner Truppe los, Richtung Tempelplatz. Als die Menschenansammlung die Soldaten sah, ließen sie Paulus sofort los. 33 Paulus wurde verhaftet und mit Handschellen abgeführt. Der Kommandant führte anschließend eine Befragung unter der Bevölkerung durch, wer dieser Typ überhaupt war und was er verbrochen haben sollte. 34 Die Leute waren aber alle so durch, der eine schrie das, der andere jenes, dass er letztendlich am Ende genauso schlau war wie vorher. Darum befahl er, Paulus erst mal in die Kaserne zu bringen. 35 Als die Männer Paulus abführten und zur Kaserne brachten, mussten sie ihn teilweise sogar tragen, weil die Masse so einen Alarm machte und ihn sonst gelyncht hätte. 36 Die Menschen brüllten wie blöd: „Tötet das Schwein, weg mit ihm!“. 37 Kurz bevor Paulus mit dem Kommandanten in der Kaserne angekommen war, fragte er: „Kann ich kurz mit Ihnen reden?“ – „Sie sprechen Griechisch?“, meinte der total überrascht. 38 „Dann sind Sie also gar nicht dieser Ägypter, der auf unserer Fahndungsliste steht, weil er 'ne Revolte mit viertausend Leuten angezettelt hat? Der sammelt sich gerade mit seinen Leuten in der Wüste.“ 39 „Nein“, sagte Paulus, „ich bin ein Jude und komme ursprünglich aus Tarsus. Mein Pass wurde in Zilizien ausgestellt, von der Gegend haben Sie bestimmt schon gehört. Bitte geben Sie mir 'ne Chance, ich will gerne zu den Leuten sprechen!“ 40 Der Kommandant erlaubte es ihm. Also postierte sich Paulus auf der obersten Treppe und hob seine Hand, damit er was sagen konnte. Nach 'ner Weile wurden alle etwas ruhiger, und dann fing er mit seiner Rede an, und zwar hielt er sie in Hebräisch.

22 **Paulus sagt den Juden, warum er so drauf ist**

1 „Liebe Leute, bitte hört mir jetzt mal zu, ich möchte mich gerne verteidigen.“ 2 Als die Juden mitkriegten, dass Paulus sogar ihre Sprache draufhatte, wurden sie mucksmäuschenstill, und er konnte in Ruhe weiterreden. 3 „Ich bin ein Jude, wurde in Tarsus geboren, einer Stadt, die in Zilizien liegt. Aufgewachsen bin ich aber hier in Jerusalem. Ich war ein Schüler von Gamaliel, der mir beigebracht hat, total genau nach unseren Gesetzen zu leben, die uns von unseren Vorfahren übermittelt wurden. Ich war radikal dadrin, nur das zu tun, was Gott will. 4 Das war auch der Grund, warum ich diese neue Religion, die von diesen Leuten ins Leben gerufen wurde, aufs Schlimmste bekämpft habe. Egal, ob es Männer oder Frauen waren, ich hab jeden, den ich kriegen konnte, fertiggemacht und ins Gefängnis werfen lassen. 5 Dafür gibt es genug Zeugen von den Oberpriestern und auch vom Hohen Rat. Ich hatte mir von denen sogar eine schriftliche Vollmacht für die jüdische Gemeinde in Damaskus geben lassen. Ich wollte dafür sorgen, dass alle Christen, die in der Stadt waren, in Handschellen abgeführt, nach Jerusalem gebracht und bestraft würden. 6 Nun war ich gerade unterwegs Richtung Damaskus, als ich ganz unerwartet ein einschneidendes Erlebnis hatte, kurz bevor ich dort angekommen bin. Und zwar war es so gegen Mittag, als ich plötzlich von einem sehr hellen Licht angestrahlt wurde. 7 Ich fiel flach auf den Boden und war total geschockt. Und dann redete auch noch eine Stimme mit mir, die sagte: ‚Saul, Saul, warum bist du hinter mir her?‘ 8 Völlig fertig fragte ich zurück: ‚Wer sind Sie, mein Herr?‘ Die Antwort kam prompt: ‚Ich bin's, Jesus, der aus Nazareth stammt. Der Mann, dem du die ganze Zeit hinterherjagst und den du zerstören willst.‘ 9 Die Leute, die mit mir unterwegs waren, konnten nur das Licht sehen, die

Stimme hörten sie aber nicht. 10 ‚Was soll ich denn jetzt machen, Gott?', fragte ich zurück. Die Antwort war dann: ‚Steh auf und geh nach Damaskus. Dort wirst du weitere Instruktionen über deine zukünftige Aufgabe erhalten.' 11 Das Licht war so hell, dass ich davon total geblitzt war und nichts mehr sehen konnte. Die Jungs, die bei mir waren, mussten mich an der Hand nach Damaskus führen. 12 Da hab ich dann den Hananias kennengelernt. Hananias ist ein gläubiger Mann und radikal mit Gott unterwegs, er tut immer genau das, was der von ihm will. Er hat bei allen Juden in Damaskus einen sehr guten Ruf. 13 Dieser Typ ging auf mich zu und sagte: ‚Mein lieber Kollege Saul, ab jetzt sollst du wieder den Durchblick haben!' Und sofort konnte ich wieder sehen. 14 Danach hat er mich erst mal voll getextet. Er sagte: ‚Der Gott, an den schon die Generationen vor uns geglaubt haben, hat dich ausgesucht. Du sollst begreifen, was er will, du sollst seinen Sohn erkennen, du sollst auch in der Lage sein, seine Stimme zu hören. 15 Du wirst jedem Menschen klarmachen können, dass Jesus lebt, weil du ihn selber erlebt und gehört hast. 16 Und darum sag ich nur: Jetzt geht's los! Lass dich sofort taufen! Dadurch, dass du vor Jesus deinen ganzen Mist bekennst, den du verbockt hast, wird der Dreck von dir abgewaschen. Dann bist Du okay!' 17 Dann ging ich wieder zurück nach Jerusalem. Eines Tages hing ich im Tempel ab, um zu beten, als ich plötzlich eine Vision vor meinem inneren Auge hatte. 18 Gott redete da mit mir und sagte: ‚Geh schnell weg aus Jerusalem, hier gibt es nichts zu holen für dich, keiner wird dir glauben.' 19 ‚Aber, Boss, hier wissen doch alle, dass ich früher die Christen in den Knast gesteckt und in den Synagogen hab auspeitschen lassen. 20 Erinnerst du dich? Ich hab sogar den Stephanus, der immer radikal für deine Sache eingestanden ist, töten lassen. Dabei hab ich auch noch genüsslich zugesehen und auf die Sachen von seinen Mördern aufgepasst.' 21 Doch Gott sagte nur: ‚Mach dich auf den Weg, ich will dich bei den nichtjüdischen Völkern, den Heiden, benutzen.'"

Paulus bringt seinen römischen Pass mit ins Spiel

22 Bis zu diesem Zeitpunkt hatten alle Paulus noch zugehört. Doch jetzt gingen sie total ab. „Macht den Typen kaputt! Er soll sterben!" 23 Sie fingen sogar an, ihre Klamotten zu zerreißen und wirbelten dabei voll den Staub auf. 24 Schließlich erteilte der Kommandant den Befehl, Paulus in den Knast zu bringen und ihn dort erst mal auszupeitschen und zu verhören. Er wollte irgendwie rauskriegen, warum die Leute so sauer auf Paulus waren und unbedingt seinen Tod wollten. 25 Als sie ihm bereits Handschellen angelegt hatten und gerade anfangen wollten, Paulus auszupeitschen, meinte er beiläufig: „Herr Offizier, sagen Sie, seit wann ist es eigentlich bei Ihnen erlaubt, Leute mit römischem Pass ohne eine ordentliche Verhandlung einfach auszupeitschen?" 26 Leicht geschockt lief der Offizier sofort zum Kommandanten: „Der Typ ist römischer Bürger! Was machen wir jetzt?" 27 Der Kommandant konnte das kaum glauben und frage Paulus selber: „Stimmt das? Sind Sie römischer Bürger?" „Yo, das ist richtig", sagte Paulus. 28 „Unglaublich, ich hab sehr viel Geld für dieses Bürgerrecht abgedrückt", sagte der Kommandant. „Ich wurde da einfach reingeboren", meinte Paulus trocken. 29 Sofort banden die Soldaten ihn wieder los. Der Kommandant hatte Angst, er würde richtig krass Ärger kriegen, weil er Order gegeben hatte, einen römischen Bürger auspeitschen zu lassen.

Paulus vor Gericht

30 Der Kommandant wollte wissen, was die Juden Paulus eigentlich vorzuwerfen hatten. Darum setzte er am nächsten Tag ein Meeting an, wo die Oberpriester und das Gericht zusammenkommen sollten. Paulus wurde dazu aus dem Knast geholt, man nahm ihm die Handschellen ab und brachte ihn dorthin.

23

Paulus vor Gericht

1 Total cool sah Paulus die Leute vom obersten Gerichtshof an und begann seine Story zu erzählen: „Verehrte Zuhörer! Was meine Person betrifft, kann ich mit ruhigem Gewissen nur versichern, dass ich bis heute immer nur das getan habe, was Gott gut findet." 2 Hananias, der Oberpriester, wurde wütend und befahl seinen Leuten, Paulus aufs Maul zu hauen. 3 Da rief Paulus laut: „Sie mieser Schleimer, Gott wird Ihnen dafür schon die Rechnung präsentieren! Sie tun so, als würden Sie sich immer nach den Gesetzen, die Gott aufgestellt hat, richten, und dabei brechen Sie sie selber, indem Sie mich hier schlagen lassen!" 4 Einige kriegten das nun gar nicht auf die Reihe: „Wie kannst du es wagen, den Oberpriester zu beleidigen!" 5 „Sorry, Leute", sagte Paulus, „ich wusste nicht, dass er hier der Chef und Oberpriester ist. Schon klar, dass in den heiligen Büchern steht:

‚Du sollst den Chef von deinen Leuten nicht beleidigen.‘“ 6 Weil Paulus wusste, dass unter den Anwesenden sowohl Vertreter der Sadduzäer-Partei als auch der Pharisäer, der religiösen Streber, waren, versuchte er die beiden gegeneinander auszuspielen. „Brüder, ich gehöre ja zu den Pharisäern wie viele aus meiner Familie, und jetzt werde ich hier verklagt, weil ich daran glaube, dass die Toten wieder lebendig werden!“ 7 Durch diese Ansage wurde ’ne große Diskussion ins Rollen gebracht, und die Leute spalteten sich in zwei Lager. 8 Denn im Gegensatz zu den Pharisäern glaubten die Sadduzäer nicht, dass ein Mensch nach seinem Tod wieder lebendig wird, und sie glaubten auch nicht an Engel oder an Geister. 9 Die Diskussion wurde immer lauter. Völlig von der Rolle sprangen ein paar von den Theologen der Pharisäer-Partei auf und schrien: „Der Mann ist total in Ordnung! Es gibt keinen Grund, ihm irgendwas anzuhängen. Vielleicht hat ja wirklich ein Geist oder ein Engel mit ihm gesprochen!“ 10 Die Diskussion wurde immer lauter und drohte umzukippen. Der römische Kommandant hatte Angst, er könnte bald nicht mehr für den Schutz von Paulus garantieren. Darum befahl er seinen Soldaten, Paulus wieder abzuführen und in den Knast zu bringen. 11 In der nächsten Nacht hatte Paulus dort ein Treffen mit Gott: „Du brauchst keine Angst mehr zu haben, Paulus. So wie du mich in Jerusalem vertreten hast, wirst du es auch in Rom tun.“

Attentat auf Paulus

12 Am nächsten Morgen trafen sich heimlich ein paar Juden. Sie machten einen Vertrag miteinander, dass sie nichts mehr essen und trinken würden, bis einer von ihnen Paulus ermordet hätte. 13 Über vierzig Leute hatten da unterschrieben. 14 Danach gingen sie zu den Oberpriestern und zu den Leitern des Volkes und sagten denen: „Wir haben einen Vertrag unterzeichnet, dass wir nichts mehr essen wollen, bis wir Paulus ermordet haben. 15 Ihr müsst dafür sorgen, dass wir ihn irgendwie noch mal vor die Flinte kriegen. Organisiert noch ein Verhör beim Kommandanten. Ihr könnt ja behaupten, es ginge noch einmal um ‚ein genaueres Verhör in der Sache Paulus‘. Den Rest machen wir. Wir sorgen dafür, dass er gar nicht erst ankommt.“ 16 Ein Neffe vom Paulus bekam aber Wind von dem geplanten Attentat. Er rannte zum Gefängnistrakt und erzählte Paulus alles, was er gehört hatte. 17 Paulus rief einen von den Offizieren zu sich und fragte den: „Können Sie diesen Jungen mal bitte beim Kommandanten vorsprechen lassen? Er hat eine wichtige Mitteilung für ihn!“ 18 Der Offizier führte den Jungen zum Kommandanten und machte Meldung: „Der Gefangene Paulus hat mich rufen lassen, Sir. Er hat darum gebeten, dass ich diesen jungen Mann bei Ihnen vorsprechen lasse, Sir. Er hat eine Nachricht für Sie, Sir.“ 19 Der Kommandant schnappte sich den Jungen und fragte ihn: „Und, was hast du mir zu erzählen?“ 20 „Die Juden haben einen Plan gegen Paulus ausgeheckt. Sie werden bald ankommen und eine einstweilige Verfügung einreichen. 21 Sie dürfen nicht darauf hören, ja? Da gibt es nämlich vierzig Männer, die nur darauf warten, ihn zu töten. Sie haben einen Vertrag unterschrieben, dass sie nichts essen und trinken wollen, bis Paulus tot ist. Sie warten nur noch auf Ihre Anweisung, dann legen sie los.“ 22 Der Kommandant redete auf ihn ein, er sollte auf keinen Fall irgendjemandem von der Sache erzählen. Dann verpieselte sich der Junge wieder aus dem Gefängnis.

Paulus wird nach Cäsarea gebracht

23 Sofort rief der Kommandant zwei Offiziere zu sich. Er gab ihnen folgende Order: „Stellt für heute Nacht eine Truppe von zweihundert Soldaten bereit. Dazu noch siebzig Reiter und zweihundert Soldaten mit leichten Waffen. 24 Organisiert auch Transportmittel für den Gefangenen, und dann bringt ihr ihn sicher nach Cäsarea zum Gouverneur Felix.“ 25 Dazu gab es noch einen Brief mit folgendem Inhalt: 26 „Sehr geehrter Herr Gouverneur Felix, 27 dieser Mann wurde von einigen Juden festgenommen. Als sie ihn gerade umbringen wollten, kam ich noch rechtzeitig dazwischen und habe ihn unter Anwendung von Gewalt befreit. Grund: Es war mir zu Ohren gekommen, dass der Festgenommene im Besitz eines römischen Passes ist. 28 Zum Zweck eines Verhörs, da ich den Grund der erfolgten Festnahme eruieren wollte, brachte ich ihn vor den Untersuchungsausschuss am Gerichtshof. 29 Dort stellte sich heraus, dass der Angeklagte keine Straftat begangen hat, die eine Verurteilung zum Tod rechtfertigen würde. Es wurde sogar festgestellt, dass die Verhaftung seitens der Behörden ohne gesetzliche Grundlage erfolgt ist. 30 Da mir ein Informant die Nachricht zukommen ließ, dass ein Mordanschlag gegen diesen Mann bereits in Planung ist, hielt ich es in diesem Fall für angebracht, ihn sofort zu Ihnen zu bringen. Ebenfalls wurde die Seite der Ankläger von seiner Verlegung unterrichtet und

schriftlich aufgefordert, ihre Anzeige gegen den Mann bei Ihnen einzureichen. Hochachtungsvoll, Klaudius Lysias." 31 Die Soldaten brachten Paulus noch in derselben Nacht nach Antipatris. 32 Am nächsten Tag gingen die Soldaten, die zu Fuß waren, wieder nach Jerusalem. Die Soldaten auf Pferden blieben aber noch beim Paulus. 33 In Cäsarea übergab man den Brief und den Gefangenen an den Gouverneur. 34 Der Gouverneur fragte Paulus, nachdem er den Brief gelesen hatte, aus welcher Gegend er denn stammen würde. „Ich bin Ziliziáner", antwortete Paulus. 35 „Sobald die Seite der Ankläger eingetroffen ist, beginnen wir mit der Verhandlung", entschied der Gouverneur Felix. Auf seinen Befehl wurde Paulus dann in den Gefangenentrakt im Palast des Präsidenten Herodes verlegt.

24 Paulus wird angeklagt und verbringt viel Zeit mit Felix, dem Gouverneur

1 Fünf Tage später trabten dann der Oberpriester Hananias, ein paar wichtige Leute, die was zu sagen hatten, und der Staatsanwalt Tertullus an. Sie erhoben Anklage gegen Paulus. 2 Nachdem Paulus in den Gerichtssaal geführt wurde, begann Tertullus mit dem Verlesen der Anklageschrift: „Sehr geehrter Herr Felix! Voller Dankbarkeit erkennen wir Juden an, dass wir durch Euer Gnaden endlich ein Leben in Frieden führen können und dass Sie viele Dinge nur zu unserem Wohl geschaffen haben. 3 In diesem Punkt sind wir Ihnen zu tiefstem Dank verpflichtet, geehrter Herr Felix. 4 Ich möchte Ihnen heute nicht allzu lange zur Last fallen, darum fasse ich mich kurz. 5 Dieser Mann ist auf unerträgliche Weise wie eine ansteckende Krankheit bei uns eingefallen und hat überall im Römischen Reich Leute mit seinen widerwärtigen Lehren krank gemacht. Er hat eine Revolution unter den Juden angezettelt. Er ist selber ein Anführer dieser neuen Nazarener-Sekte. 6 Als er vor kurzem versucht hat, unseren heiligen Tempel zu beschmutzen, haben wir ihn festgenommen und wollten ihn sofort nach unseren Gesetzen verurteilen. 7 Zu diesem Zeitpunkt kam der Kommandant Lysias dazwischen und ließ ihn von seinen Soldaten abführen. 8 Sein anschließender Befehl lautete dann, die Anklage direkt bei Ihnen einzureichen. Wenn Sie ihn verhört haben, werden Sie feststellen, dass unsere Aussage der Wahrheit und nichts als der Wahrheit entspricht." 9 Die andern Juden unterstützten die Anklage in allen Punkten und bestätigten ihren Wahrheitsgehalt.

Paulus verteidigt sich selber vor Felix

10 Auf ein Zeichen des Gouverneurs stand Paulus auf und sagte: „Da ich weiß, dass Sie seit vielen Jahren bereits das Amt eines Richters für diese Leute haben, will ich gerne was zu meiner Verteidigung sagen. 11 Sie können ohne weiteres überprüfen, dass es nicht mehr als zwölf Tage her ist, seit ich nach Jerusalem gegangen bin, um dort im Tempel mit Gott zu reden. 12 In dieser Zeit habe ich weder in den Synagogen noch generell irgendwelche Diskussionen mit Menschen in der Öffentlichkeit geführt, geschweige denn eine Demonstration oder eine Revolte angezettelt. 13 Darum gibt es auch keine Beweise für die Anklagepunkte, die gegen mich vorgebracht werden. 14 In einer Sache bekenne ich mich allerdings in jedem Punkt für schuldig: Mein Leben gehört dem Gott, an den unsere Vorfahren schon geglaubt haben, und ich lebe meinen Glauben in der Art und Weise, wie sie mir hier als sektenmäßig vorgeworfen wird. Ich bin überzeugt von alldem, was in dem Regelwerk, den Gesetzen von Mose, steht, und auch an die ganzen Sachen, die von den Propheten geschrieben wurden, glaube ich ganz fest. 15 Genauso wie die Leute, die mich hier angezeigt haben, hab ich die Hoffnung, dass alle Menschen, egal ob sie das getan haben, was Gott will, oder eben nicht, irgendwann nachdem sie gestorben sind, einmal aus ihrem toten Zustand wieder herausgeholt werden. 16 Dafür übernehme ich die volle Verantwortung, da hab ich mir auch nichts vorzuwerfen. 17 Ich war nun die letzten Jahre im Ausland unterwegs und bin extra nach Jerusalem zurückgekommen, um mit einer Geldspende meinem Volk zu helfen und um Gott, wie unsere Religion es vorsieht, ein paar Opfer im Tempel zu bringen. 18 Ich war gerade dabei, ein spezielles Reinigungsopfer zu machen, da erkannten mich ein paar Juden, die aus der Provinz Asien stammen. 19 Sie müssten jetzt eigentlich hier mit auf der Anklägerseite stehen, wenn sie nur tatsächlich irgendetwas vorzubringen hätten. 20 Sonst können Sie sich ja wenigstens von den Leuten, die jetzt hier sind, erzählen lassen, was mir alles dort vor dem jüdischen Gerichtshof vorgeworfen wurde. 21 Es kann sich eigentlich nur um diesen einen Satz handeln: Ich glaube daran, dass die Toten irgendwann mal wieder lebendig werden. Darum werde ich hier und heute angeklagt!" 22 Felix, der sich mit der neuen christlichen Religion schon ganz gut auskannte, vertagte daraufhin erst mal die Sitzung auf morgen. „Wenn der Kommandant Lysias hier ist, werde ich

ein Urteil fällen!" [23] Paulus blieb erst mal weiter im Knast. Aber Felix ordnete an, die Haftbedingungen zu erleichtern. Außerdem durften Angehörige und Freunde Paulus besuchen kommen.

Felix macht es sich nicht leicht, Paulus zu verurteilen

[24] Nach ein paar Tagen ließen Felix und seine Frau Drusilla (die Jüdin war) den Gefangenen Paulus zu sich holen. Sie waren superneugierig geworden und wollten mehr über das Leben mit Jesus hören. [25] Als Paulus dann aber von der radikalen Seite des Christseins sprach, davon, dass man nicht mehr mit jedem rummachen soll und dass wir uns alle irgendwann einmal für das, was wir tun, verantworten müssen, geriet er etwas in Panik. Er brach das Gespräch ab und meinte: „Es reicht fürs Erste! Wenn ich mehr Zeit habe, will ich noch mal mehr von Ihnen hören." [26] Eigentlich hatte er gehofft, noch ein bisschen Bestechungskohle von Paulus abzocken zu können. Darum ließ er ihn auf jeden Fall öfters mal holen. [27] Nach zwei Jahren wurde Felix dann abberufen, und Porzius Festus wurde der neue Gouverneur. Um den Juden am Ende noch einen Gefallen zu tun, überließ er den Gefangenen Paulus seinem Nachfolger.

25

Gerichtsverhandlung mit Festus

[1] Drei Tage nachdem Festus sein Amt angetreten hatte, fuhr er von Cäsarea nach Jerusalem. [2] Kaum war er da, kamen schon die Oberpriester und die „Richtig-wichtig-Juden" an, um Paulus dort anzuzeigen. [3] Um Festus indirekt die Gelegenheit zu geben, sich mit ihnen gut zu stellen, fragten sie, ob Paulus nicht nach Jerusalem überführt werden könnte. Ihr Plan war aber, auf dem Weg dahin einen Überfall zu starten und Paulus dabei zu ermorden. [4] Festus kapierte aber sofort, was sie vorhatten, und lehnte ab. Er sagte: „Paulus bleibt in Cäsarea, und ich selbst fahre sowieso demnächst zurück. [5] Wenn er sich wirklich etwas zuschulden hat kommen lassen, können die Leute, die die Anzeige erstattet haben, ja mitkommen und ihn da verklagen." [6] Nach ungefähr acht bis zehn Tagen setzte er einen neuen Verhandlungstermin an. [7] Als sie Paulus in den Saal gebracht hatten, drängelten sich die Juden aus Jerusalem um Paulus und beschuldigten ihn, sehr schlimme Sachen gemacht zu haben. Aber Beweise dafür konnte keiner bringen. [8] Paulus verteidigte sich, so gut er konnte. „Ich habe weder gegen das Gesetz der Juden verstoßen, noch habe ich den Tempel verdreckt oder irgendein staatliches Gesetz gebrochen."

Paulus legt Berufung beim obersten Präsidenten ein

[9] Festus wollte sich auch bei den Juden etwas einschleimen. Darum fragte er Paulus: „Geht das für Sie in Ordnung, wenn wir die Verhandlung unter meiner Leitung in Jerusalem weiterführen?" [10] „Für mich ist sowieso ein Gerichtsurteil vom obersten Präsidenten in Rom notwendig. Sie wissen genauso gut wie ich, dass ich gegen das jüdische Gesetz nicht verstoßen habe. [11] Wenn ich gegen irgendein Gesetz verstoßen habe, worauf die Todesstrafe steht, dann bin ich bereit dafür zu sterben. Ist das aber nicht der Fall und bin ich zu Unrecht von den Juden angeklagt worden, dann darf ich auch nicht an sie ausgeliefert werden. Ich bestehe darauf: Ich möchte, dass meine Angelegenheit vor dem obersten Gerichtshof direkt vom obersten Präsidenten in Rom verhandelt wird!" [12] Nach einer kurzen Beratung mit den Beisitzern verkündete Festus: „Sie haben sich auf den obersten Präsidenten berufen, Sie werden vor den obersten Präsidenten gebracht werden!"

Festus hat ein Meeting mit dem Präsidenten Agrippa über den Fall Paulus

[13] Ein paar Tage später kam Agrippa mit seiner Schwester Berenike nach Cäsarea, um sich mit Festus zu treffen. [14] Während dieser Zeit quatschte Festus mit dem Präsidenten auch über den Fall Paulus. „Ich hab da von meinem Vorgänger so einen Mann als Gefangenen übernommen. Das Urteil wurde noch nicht gefällt. [15] Gleich nachdem ich nach Jerusalem gekommen war, kamen die Oberpriester vorbei und die Leiter der Juden. Sie pochten auf eine Verurteilung. [16] Ich machte ihnen klar, dass wir Römer nach unserm Strafrecht erst jemanden verurteilen, wenn er sich einem ordentlichen Gerichtsverfahren unterzogen hat, um sich auch verteidigen zu können. [17] Ich hab dann sofort nach ihrer Ankunft einen Verhandlungstermin angesetzt. Dort hab ich den Gefangenen vorführen lassen. [18] Ich hatte mir das schon vorher gedacht, ich konnte ihm beim besten Willen kein Verbrechen anhängen, nichts, was die Anklageseite befriedigt hätte! [19] Es geht in der Sache lediglich um Fragen, die ihr religiöses Gesetz betreffen, und um irgendeinen Jesus, von dem Paulus behauptet, er wäre am Leben. [20] Ich bin auf dem Gebiet dieser Religion absoluter Laie,

darum hab ich Paulus vorgeschlagen, er sollte einen Verhandlungstermin in Jerusalem beantragen. 21 Paulus wollte aber die Sache gleich direkt vor dem obersten Präsidenten in Rom klären. Er beantragte das offiziell, darum hab ich ihn erst mal in Untersuchungshaft genommen, bis ich ihn zum obersten Präsidenten bringen kann.“ 22 „Diesen Herrn würde ich gerne einmal kennenlernen!“, sagte Agrippa. „Das können wir gleich morgen organisieren“, antwortete Festus. 23 Am nächsten Tag spazierten der Präsident Agrippa und seine Schwester Berenike in den Gerichtssaal. Eskortiert wurden sie von ein paar Offizieren mit höchstem Dienstgrad, und ein paar feine Pinkel aus der Stadt waren auch dabei. Auf ein Zeichen von Festus wurde Paulus in den Saal geführt. 24 Festus legte los: „Sehr verehrter Präsident! Verehrte Anwesende! Vor Ihnen steht der zurzeit meistgehasste Mann in Jerusalem. Alle wollen seinen Tod. 25 So wie ich die Sache sehe, hat er aber nichts verbrochen, was ein Todesurteil rechtfertigen würde. Er hat Berufung beim obersten Präsidenten eingelegt, und darum werde ich ihn jetzt auch nach Rom bringen lassen. 26 Ich hab allerdings keine Ahnung, was ich dem obersten Präsidenten als Anklage vorlegen soll. Darum hab ich diesen Mann zu Ihnen, Präsident Agrippa, geschickt, weil ich Ihre Hilfe bezüglich der Formulierung dringend benötige. 27 Es wäre ja totaler Unsinn, einen Gefangenen zum obersten Präsidenten vorzuladen, ohne sagen zu können, was gegen ihn vorliegt.“

26

Paulus verteidigt sich vor dem Präsidenten

1 Agrippa forderte Paulus schließlich auf: „Sie dürfen jetzt etwas zu Ihrer Verteidigung sagen!“ Paulus machte ein Zeichen und begann seine Rede: 2 „Ich bin sehr froh, verehrter Präsident Agrippa, dass ich mich gegen die von den Juden vorgebrachten Anschuldigungen hier und heute verteidigen kann. 3 Besonders freut mich, dass Sie ein guter Kenner der jüdischen Bräuche und Traditionen sind. Ich bitte um etwas Geduld, damit meine Ausführungen vollständig vorgebracht werden können. 4 Es ist allgemein bekannt, dass ich sehr genau und von Kind auf an nach den Regeln meines Volkes in Jerusalem unterwegs gewesen bin. 5 Ich bin dort seit Ewigkeiten bekannt als einer der Radikalsten unserer Glaubensrichtung, der, solang ich denken kann, als religiöser Streber gelebt hat. 6 Ich bin hier heute angeklagt, weil ich daran glaube, dass Gott die Versprechen, die er unserem Volk einmal gegeben hat, einlösen wird. 7 Ein Versprechen, auf das unser Volk mit seinen zwölf Stämmen jeden Tag hofft, wofür es kämpft und arbeitet. Weil ich dieselbe Hoffnung habe, darum bin ich heute hier von den Juden angeklagt worden. 8 Warum können Sie sich nur so schwer vorstellen, dass Gott in der Lage ist, Tote wieder lebendig zu machen? 9 Sie müssen wissen, dass ich lange Zeit selber auf der Jagd nach diesen Leuten war, ich war gegen alles, was dieser Jesus aus Nazareth an den Start gebracht hatte. 10 Selbst in Jerusalem habe ich viele der ausgewählten Leute verhaften und einsperren lassen, nachdem ich mir alle Vollmachten von den Oberpriestern besorgt hatte. Selbst wenn es darum ging, sie zu töten, war ich immer ganz vorne dabei. 11 In den Synagogen folterte ich sie und zwang sie unter Gewaltandrohung, ihren Jesus lächerlich zu machen. Ich war so voll Hass, dass ich sie sogar bis ins Ausland verfolgt habe. 12 Während einer Reise, in der ich mit Papieren, vom Oberpriester höchstpersönlich unterzeichnet, auf dem Weg nach Damaskus war, 13 passierte etwas total Heftiges mit mir. Herr Präsident, stellen Sie sich vor, am helllichten Tag kam plötzlich ein ganz helles Licht, ein Licht, was heller war als die Sonne, plötzlich auf mich und meine Reisebegleitung runter! 14 Wir legten uns alle platt auf den Boden. Plötzlich hörte ich eine Stimme aus dem Off zu mir reden, die sagte: ‚Saul, Saul, warum willst du mich fertigmachen? Du wirst es nicht hinkriegen.‘ 15 Ich sagte nur: ‚Wer sind Sie, mein Herr?‘ Die Stimme antwortete nur: ‚Ich bin Jesus, den du versuchst kaputtzumachen. 16 Steh jetzt auf. Ich bin dir deswegen erschienen, damit du ein Vertreter und Zeuge von mir wirst, dadurch dass du mich hier und heute gesehen hast. 17 Ich habe dich ausgesucht aus deinem Volk, ich will dich zu den Menschen in der Welt schicken. 18 Du sollst ihnen sagen, wo es längsgeht. Sie sollen eine neue Richtung für ihr Leben bekommen. Nicht mehr in die Richtung der Dunkelheit sollen sie leben, sondern in eine Richtung, wo es hell ist. Sie sollen aus dem Einfluss des Bösen rauskommen, sie sollen von Gott beeinflusst werden. Der vergibt ihnen den ganzen Mist, den sie verbockt haben, er hat mit ihnen noch sehr viel vor. Er hat sogar etwas, das er an sie vererben will, und zwar an alle, die ihr Vertrauen auf mich setzen.‘ 19 Ihr müsst verstehen, verehrter Präsident Agrippa, da musste ich einfach gehorchen. 20 Ich fing also an, zuerst in Damaskus, dann in Jerusalem und anderswo, den Menschen zu erzählen, dass sie ihr Leben ändern müssen. Sie

müssen ihr Leben in Ordnung bringen und eine neue Richtung für sich einschlagen, eine Richtung zu Gott hin. 21 Darum haben die Juden mich in unserem Tempel festnehmen lassen, und darum haben sie versucht, mich umzubringen. 22 Nur weil Gott mir so sehr geholfen hat, bin ich jetzt in der Lage, hier und heute von den Sachen zu erzählen, von denen schon die Propheten und auch Mose geredet haben. 23 Nämlich dass es dem Auserwählten, dem Christus, dreckig gehen würde, dass er aber der Erste ist, der vom Tod wieder lebendig werden würde. Dadurch wird es hell bei uns, hell für das jüdische Volk genauso wie für alle anderen Völker." 24 An dieser Stelle fiel Festus Paulus völlig entnervt ins Wort: „Das ist ja der totale Schwachsinn, den Sie da erzählen, Herr Paulus! Haben Sie vom vielen Nachdenken nicht mehr alle Tassen im Schrank?" 25 Paulus blieb aber ganz cool: „Ich bin nicht durchgeknallt, Herr Festus! Alles, was ich sage, hat Hand und Fuß. 26 Der Präsident, dem ich das hier ganz locker erzähle, kann das doch eigentlich alles bestätigen. Ich bin mir ganz sicher, Sie haben von der ganzen Story schon vor einiger Zeit gehört. Ist ja schließlich nicht heimlich in irgendeinem Kuhdorf passiert. 27 Wie steht es denn mit Ihrem Vertrauen auf das, was die Propheten geschrieben haben? Sie glauben ihnen, stimmt's? Da bin ich mir ganz sicher!" 28 „Wenn Sie so weitermachen, dann überreden Sie mich im Handumdrehen auch noch dazu ein Christ zu werden!", meinte Agrippa. 29 „Mann, ich bete wie verrückt dafür, dass genau das passiert – und nicht nur bei Ihnen, sondern ich wünsche mir auch für alle anderen hier, dass sie genauso draufkommen wie ich, bloß eben ohne die Handschellen." 30 Schließlich standen der Präsident, der Gouverneur und Berenike von ihren Plätzen auf. 31 Nachdem sie sich über den Fall besprochen hatten, waren sie einstimmig der Meinung: Dieser Mann ist in allen Punkten freizusprechen. Er hat die Todesstrafe nicht verdient, noch nicht mal eine Haftstrafe. 32 „Wir könnten diesen Mann heute entlassen", sagte Agrippa zum Festus, „aber weil er sich jetzt auf den obersten Präsidenten berufen hat, geht das leider nicht mehr."

27

Reisebericht: Auf dem Weg nach Rom

1 Nachdem es beschlossene Sache war, dass wir nach Italien segeln sollten, wurde Paulus mit einigen anderen Häftlingen dem Offizier Julius übergeben, der aus einem Regiment direkt vom obersten Präsidenten in Rom stammte. 2 Wir gingen auf ein Schiff, das aus Adramyttium kam und das auf seiner Fahrt noch ein paar kleinere Häfen in Kleinasien ansteuern sollte. Als das Schiff ablegte, war noch Aristarch aus Thessalonich (das lag in Mazedonien) mit am Start. 3 Am nächsten Morgen legten wir mit dem Schiff in Sidon an. Der Offizier Julius war superfreundlich zu Paulus. Er erlaubte ihm sogar, seine Freunde zu besuchen. Die brachten ihm alles für die Reise mit an Bord. 4 Weil der Wind aus einer total ungünstigen Richtung kam, segelten wir in der Nähe der Küste, immer im Windschatten der Inseln Zypern. 5 Als wir dann schließlich vor Zilizien und Pamphylien kreuzten, erreichten wir über das offene Meer Myra, das in der Provinz Lyzien liegt. 6 Dort entdeckte unser Offizier ein Schiff aus Alexandria, das zufällig auch nach Italien segelte. Mit diesem Schiff trampten wir dann weiter. 7 Es ging dann nur sehr langsam vorwärts. Wir brauchten ewig, um nach Knidos zu kommen. Wir hatten die ganze Zeit voll den Gegenwind und konnten so nur südlich Richtung Kreta segeln. Erst mal hielten wir auf das Kap Salmone zu. 8 Entenmäßig schipperten wir an der Küste längs, bis wir in einer Bucht Halt machten, die „Guter Hafen" hieß und in der Nähe von Lasäa lag. 9 Es dauert echt ewig. Mittlerweile war es schon fast Oktober durch, und die Seefahrt wurde immer gefährlicher. Paulus warnte die Seeleute schon: 10 „Hey, Leute, wenn wir wirklich weitersegeln, dann passiert ein Unglück! Ich hab den Eindruck von Gott, dass Riesenärger auf uns wartet. Probleme nicht nur für das Schiff, sondern auch für alles, was da jetzt drauf ist, inklusive unser Leben." 11 Der Offizier hatte aber keinen Bock, auf Paulus zu hören. Für ihn war die Einschätzung des Kapitäns glaubwürdiger, und auch der Besitzer vom Schiff wollte unbedingt weiterfahren. 12 Zudem war der Hafen auch nicht so der Hit, um da den Winter zu verbringen. Darum waren die meisten Leute dafür weiterzufahren. Es sollte versucht werden, auf jeden Fall bis Phönix zu kommen. Dort könnte man ja dann sein Lager über den Winter aufschlagen. Dieser Hafen auf der Insel Kreta war nämlich total gut, was die Windbedingungen anging. Er war nur nach Nordwesten und Südwesten offen, darum war man dort besser geschützt.

Eine ganz derbe Schifffahrt im Sturm

13 Als Südwind aufkam, hatten alle noch mehr Bock drauf, endlich weiterzufahren. Sie holten den Anker

ein und segelten los, blieben dabei aber dicht an
der Küste von Kreta. 14 Kurz darauf änderte sich das
Wetter aber ganz plötzlich. Es kam der berüchtigte
Nordwind auf, 15 der das Schiff immer weiter auf das
offene Meer rausdrängte, obwohl die Mannschaft
alles gab, um den Kurs zu halten. Wir konnten
nichts dagegen machen, der Wind und das Meer
hatten uns in ihrer Gewalt. 16 Als wir etwas durch die
Insel Kauda geschützt wurden, versuchten wir das
Rettungsboot einzuholen, was wir so gerade eben
hinbekamen. 17 Um den vorderen Teil des Schiffes zu
verstärken, organisierten die Seeleute ein paar Seile,
die um den Rumpf gebunden wurden. Dann warfen
sie den Treibanker aus, der das Schiff abbremste,
weil sie Schiss hatten, auf eine Sandbank vor der
afrikanischen Küste aufzulaufen. 18 Der Sturm wurde
so heftig, dass die Besatzung am nächsten Tag Teile
der Ladung ins Wasser schmiss. 19 Am nächsten Tag
folgte sogar die Schiffsausrüstung. 20 Tagelang krieg-
ten wir weder Sonne noch Sterne zu sehen. Der Or-
kan war so heftig, dass keiner mehr daran glaubte,
irgendwie gerettet werden zu können. 21 In der gan-
zen Zeit hatte niemand Lust auf Essen. Paulus sagte
dann zu der Besatzung: „Hey, Leute! Ich will ja
nichts sagen, aber wenn ihr auf mich gehört hättet
und wir in Kreta geblieben wären, hätten wir uns
den ganzen Mist ersparen können. 22 Aber jetzt kann
ich euch echt nur ermutigen. Gebt nicht auf! Nie-
mand wird etwas passieren! Nur das Schiff wird
wohl kaputtgehen. 23 Denn letzte Nacht hatte ich ein
Treffen mit einem Postboten von Gott, einem Engel.
Der kam von dem Gott, in dessen Mannschaft ich
spiele, für den ich alles gebe. Und der hat Folgendes
zu mir gesagt: 24 ‚Hab keine Angst, Paulus. Du wirst
noch beim obersten Präsidenten in Rom landen.
Gott wird das tun, worum du ihn gebeten hast. Und
den anderen wird auch nichts passieren. Nicht einer
wird eine Schramme abkriegen.' 25 Darum, Leute,
habt keine Angst, Gott hat alles unter Kontrolle, ich
vertrau ihm voll und ganz. Es wird genau so passie-
ren, wie er es mir gesagt hat. 26 Wir werden auf einer
Insel landen." 27 Vierzehn Nächte trieben wir jetzt
schon im Adriatischen Meer im Sturm. Gegen Mit-
ternacht meinte ein Matrose, er habe das Gefühl,
die Küste würde immer näher kommen. 28 Man
nahm ein Messgerät und stellte fest, dass zu dem
Zeitpunkt das Wasser noch vierzig Meter tief war.
Aber kurz darauf nur noch dreißig. 29 Jetzt bekamen
sie Panik, man werde auf Grund laufen. Hinten wur-
den deshalb vier Anker ausgeworfen. Alle warteten
darauf, dass es endlich hell werden würde. 30 Früh-
morgens versuchten die Matrosen, einfach heimlich
abzuhauen. Mit der Ausrede „Wir müssen vorne
noch mal eben am Anker was checken!" versuchten
sie, das Rettungsboot klarzumachen. 31 Paulus re-
dete aber dem Offizier und den Soldaten ins Gewis-
sen: „Wenn die Besatzung nicht vollständig auf dem
Schiff bleibt, werdet ihr alle draufgehen." 32 Also
schnitten die Soldaten die Taue durch und ließen die
Boote einfach ins Wasser plumpsen. 33 Als die Sonne
langsam aufging, meinte Paulus zu den Leuten: „Ihr
habt jetzt vierzehn Tage nichts gegessen. 34 Wenn ihr
hier überleben wollt, dann esst jetzt endlich was! Ihr
könnt euch echt entspannen. Keiner wird auch nur
'ne Schramme abkriegen, versprochen!" 35 Nachdem
Paulus zu Ende geredet hatte, nahm er ein Brot in
die Hand, dankte Gott so laut dafür, dass alle es
mitkriegten, und dann fing er an zu essen. 36 Irgend-
wie waren dadurch alle ermutigt und nahmen sich
auch was zu essen. 37 Insgesamt waren zweihun-
dertsechsundsiebzig Leute auf dem Schiff. 38 Als alle
fertig waren, wurde der Rest an Getreidesäcken, der
noch auf dem Schiff war, rausgeschmissen, um das
Schiff etwas leichter zu machen.

Die Rettung!

39 Am nächsten Morgen wusste keiner der Seeleute,
was für eine Küste da vor ihnen lag. Sie sahen aber
eine Bucht mit einem flachen Strand. Das war jetzt
das nächste Ziel. 40 Sie schnitten alle Taue los und
versuchten, ohne Anker das Steuerruder klarzuma-
chen. Schließlich wurde das Vorsegel gehisst, mit
dessen Hilfe man unter dem aufkommenden Wind
auf das Land zusteuern konnte. 41 Kurze Zeit später
war das Schiff dann auf eine Sandbank aufgelaufen.
Da der vordere Teil im Sand festsaß, wurde der hin-
tere Teil von den Wellen zerdrückt. 42 Jetzt wollten
die Soldaten alle Gefangenen töten. Sie wollten ver-
hindern, dass irgendeiner an Land schwimmen und
fliehen konnte. 43 Der Hauptmann Julius stellte sich
aber dazwischen, um Paulus zu retten. Zuerst be-
fahl er den Leuten, die schwimmen konnten, ins
Meer zu springen, um das Ufer zu erreichen. 44 Die
Nichtschwimmer sollten sich ein paar Bretter
schnappen und so versuchen, ans Land zu kom-
men. So wurden am Ende alle gerettet.

28

Auf Malta

1 Als wir uns ins Trockene gebracht hatten,
wurde klar, dass wir auf Malta gelandet
waren. 2 Die Leute, die dort wohnten, waren voll

korrekt zu uns. Sie machten sofort ein Feuer, und wir konnten sogar bei ihnen pennen. Es fing auch schon wieder an zu pissen, und es war auch saukalt. [3] Paulus sammelte für das Feuer trockene Zweige und Holz zusammen und warf sie ins Feuer. Durch die Flammen aufgescheucht, schnellte eine Giftschlange aus einem Büschel und biss sich an seiner Hand fest. [4] Die Leute von der Insel kriegten voll die Panik, als sie die Schlange an seiner Hand sahen. Sie schrien: „Der Typ hat es bestimmt verdient zu sterben, er ist ein Mörder. Zuerst überlebt er den fiesen Sturm, und jetzt rächen sich die Götter doch noch an ihm!" [5] Aber Paulus schmiss das Teil ins Feuer und machte einfach weiter, so als wenn nichts geschehen wäre. [6] Die Einwohner starrten ihn alle gespannt an: Wann würde er endlich einen dicken Arm kriegen und tot umfallen? Als aber auch nach Stunden nichts mit ihm passierte, schlug die Meinung plötzlich ins Gegenteil um. „Er ist ein Gott!", war die einhellige Ansicht. [7] Ganz in der Nähe der Küste war das Grundstück des obersten Regierungsbeamten von Malta. Der Typ hieß Publius. Er nahm uns sehr freundlich auf, und wir konnten uns drei Tage bei ihm aufhalten. [8] In der Zeit bekam der Vater von Publius heftiges Fieber und erkrankte an der Ruhr. Paulus ging zu ihm hin, redete mit Jesus, legte die Hände auf seinen Körper, und dann war er wieder fit. [9] Das machte sofort die Runde, und alle möglichen Kranken der Insel kamen vorbei, um sich heilen zu lassen. [10] Die Leute machten uns superviele Geschenke, und bei der Abfahrt gaben sie uns alles mit, was wir so brauchten.

Endlich in Rom

[11] Nach drei Monaten segelten wir endlich weiter. Wir bekamen eine Mitfahrgelegenheit in einem ägyptischen Schiff, das aus Alexandria kam und den Winter über in Malta lag. Vorne am Schiff war eine Galionsfigur angebracht, die die griechischen Zwillings-Schutzgötter der Schifffahrt darstellte. [12] Wir liefen Syrakus an und blieben dort drei Tage. [13] Entlang der Küste schipperten wir von da dann weiter nach Rhegion. Von dort ging es schneller vorwärts, mit dem günstigen Südwind im Rücken erreichten wie Puteoli in nur zwei Tagen. [14] Dort trafen wir geilerweise auf ein paar Christen. Die haben uns dann eingeladen, noch 'ne Woche bei ihnen zu bleiben, was wir gerne taten. Aber dann ging es ab Richtung Rom! [15] In Rom hatte sich unsere Reise unter den Christen schon rumgesprochen. Einige kamen uns schon beim Appiusmarkt und den „Drei Kneipen" entgegen. Als Paulus die Leute sah, war er wieder gut drauf und bedankte sich bei Gott.

Paulus in Rom

[16] In Rom durfte Paulus sogar in einer eigenen Wohnung leben, mit einem Wachmann vor der Tür, der auf ihn aufpassen sollte. [17] Drei Tage nachdem er angekommen war, organisierte er ein Treffen mit einigen Leitern der jüdischen Gemeinde bei sich zu Hause. Als alle da waren, sagte Paulus: „Hallo, ihr lieben Geschwister! Ich will hier nur noch mal eins klarmachen: Ich hab nichts gegen unser Volk, und ich steh auch total auf die Sachen, die wir von unseren Vätern schon vor Ewigkeiten übernommen haben. Trotzdem wurde ich in Jerusalem verhaftet und an die römischen Behörden übergeben. [18] Die Römer haben mich polizeilich verhört, fanden aber nichts, weswegen sie mich zum Tod verurteilen konnten. Darum wollten sie mich freilassen. [19] Die Juden hatten aber was dagegen. Darum musste ich beim obersten Präsidenten in Rom in Berufung gehen. Es geht mir nicht darum, mein Volk irgendwie in den Dreck zu ziehen. [20] Ich wollte das hiermit einfach klarstellen, darum wurdet ihr heute eingeladen. Ich trage diese Handschellen, weil ich an den Retter glaube, den Messias, auf den ja alle in Israel total die Hoffnung setzen." [21] Die Juden meinten zu Paulus: „Bisher hat niemand schlecht über Sie geredet. Wir haben auch keinen bösen Brief von irgendjemandem bekommen, auch nicht von den Leuten aus dem Hohen Rat. [22] Wir sind aber heiß drauf, von Ihnen zu hören. Denn überall wird zurzeit über diese neue Religion kontrovers diskutiert." [23] Sie machten eine Veranstaltung klar, und viele Juden kamen in die Bude vom Paulus. Dann erklärte er ihnen ausführlich, wie man von Gott ein neues Leben bekommen und so aus dem Dreck gerettet werden kann. Ohne Ende, von morgens bis abends, hielt er Reden über Jesus und warum er überhaupt da war. Er erklärte auch, wie das mit den alten Büchern von Mose zusammenhängt und dass die Propheten das schon vor Jahren vorausgesagt hatten. [24] Ein paar von den Leuten fanden das voll gut, was er erzählte, andere aber auch nicht. [25] Was sie total durcheinanderbrachte und voll die Diskussion anstieß, war der Spruch: „Die Kraft von Gott, sein besonderer Geist, hatte es ja schon immer gewusst. Schon euren Vorfahren ließ er durch den Propheten Jesaja ausrichten: [26] ‚Los jetzt, geh zu diesen Leuten und rede mit ihnen: Sie werden dir zuhören,

aber nichts kapieren, sie werden zusehen, aber blind bleiben. 27 Denn diese Leute sind innerlich hart geworden. Sie sind augen- und ohrenmäßig nicht auf Empfang geschaltet, sie wollen bloß nichts hören und bloß nichts sehen. Sonst würden sie ihr Leben ändern, sie würden in meine Richtung gehen, und ich könnte sie gesund machen.'
28/29 Eins muss Ihnen klar sein: Die gute neue Sache, diese Rettung, die durch Gott jetzt möglich wird, die wird auch anderen Völkern angeboten werden. Und die werden sie dankbar annehmen!"
30 Der Apostel Paulus war noch weitere zwei Jahre in seiner Wohnung. Jeder, der Lust hatte, konnte ihn dort besuchen. 31 Er konnte in dieser Zeit machen, was er wollte. Darum sprach er überall und ohne Hemmung von der neuen Zeit, die durch Jesus angebrochen war. Und dass Jesus der Chef von allem, der Oberboss schlechthin, ist.

Ein Brief von Paulus an die Christen, die in Rom leben

1

Anschrift und Grüße

1 Absender: Paulus, der voll zu Jesus Christus gehört und der alles für Jesus gibt. Gott hat mit seinem Finger auf mich gezeigt und gesagt: Du bist jemand, durch den ich meine guten Nachrichten weiterleiten kann, du bist ein Apostel. 2 Diese Nachricht wurde schon vor Ewigkeiten angekündigt, und zwar durch seine Botschafter, die Propheten. Die haben schon im alten Buch da drüber eine Ansage gemacht. 3 Es geht hier um Jesus, den Sohn von Gott. Er wurde als Mensch geboren und gehörte zu der Familie vom David. 4 Dass er der große Held und Sohn von Gott ist, der über allen steht, wurde schon alleine dadurch klar, dass er durch die derbe Kraft, die direkt von Gott kommt, den Gegner „Tod" ausgeschaltet hat. 5 Durch Jesus Christus habe ich die Chance und den Auftrag erhalten, ganze Nationen umzukrempeln durch das, was ich von ihm erzähle! Alle sollen anfangen, ihr Leben auf Gott zu schmeißen und das zu tun, was er von ihnen möchte. 6 Das betrifft auch euch, liebe Leute aus Rom, die ihr jetzt ja alle zur Familie gehört, zu den Leuten, die jetzt mit Jesus Christus leben. 7 Gott hat euch voll lieb! Er hat das immer schon gewollt, dass ihr bei ihm seid. Ich wünsche euch, dass ihr versteht, wie sehr Gott euch mag und dass ihr abgefüllt seid mit dem Frieden, den Gott in euch installiert!

Ich wäre jetzt voll gerne bei euch

8 Zuerst möchte ich Gott einmal danke dafür sagen, dass es jeden Einzelnen von euch gibt. Überall in der Welt redet man darüber, dass ihr Christen geworden seid. 9 Gott ist mein Zeuge, ich bete ohne Ende für euch! Ich tu alles für ihn, ich verbreite die richtig gute Nachricht von seinem Sohn, wo ich nur kann. 10 Hey, ich bete wie blöd darum, endlich bei euch zu sein, wenn Gott nur Bock dadrauf hätte! 11 Ich brenne darauf, euch endlich mal richtig kennen zu lernen! Ich würde euch supergerne mit den Begabungen helfen, die mir Gott gegeben hat, um euer Vertrauen in ihn zu stärken. 12 Ich glaube aber, das Ermutigen wird auf beiden Seiten abgehen: Ich werde durch euch gut draufkommen und ihr auch durch mich. 13 Also, ihr Lieben, bitte glaubt mir, ich hatte schon ewig vor, endlich auch mal bei euch aufzuschlagen, aber bis jetzt ist immer was dazwischengekommen. Ihr sollt auch mal von den Sachen profitieren können, die ich bei anderen Völkern an den Start gebracht habe. 14 Ich will den Griechen und auch den Leuten, die von woanders her kommen, die guten News von Gott erklären. Genauso wie zu den schlauen Leuten, die sehr viel gelernt haben, möchte ich auch zu denen gehen, die eher nicht so intelligent sind, ich will einfach jeden erreichen. 15 Darum hab ich schon lange vor, mal zu euch nach Rom zu kommen, um euch diese supergeile Nachricht noch mal ausführlich zu erklären.

Wie man vor Gott wieder klarkommt

16 Diese Sache ist mir übrigens null peinlich! Die neue Nachricht von Gott ist das powervollste, was geht, sie ist in der Lage, wirklich jeden aus seinem Dreck rauszuholen, wenn er sie nur glaubt. „Jeden" meint wirklich jeden. Gott hat aber zuerst bei den Juden angefangen, diese Nachricht rüberzubringen – logisch, ist ja sein erwähltes Volk – aber jetzt gilt sie für jeden Menschen der ganzen Welt. 17 Sie macht ganz deutlich, wie man mit Gott wieder klarkommen kann. Und zwar nur dadurch, dass man sein Vertrauen auf Gott setzt. Es steht ja schon in dem alten Buch: „Wer sein Vertrauen auf Gott setzt, wird leben." 18 Gott wird ein vernichtendes Statement abgeben, er wird klarmachen, was er über den ganzen Mist denkt, über die Ungerechtigkeit und darüber, dass viele keinen Bock auf die Wahrheit haben. 19 Und dabei kann sich keiner rausreden: Das, was man von Gott begreifen kann, hätten schon alle Leute seit langem begreifen können, wenn sie ihre Augen mal richtig aufgemacht hätten. 20 Auch wenn Gott unsichtbar ist, so wird er doch sichtbar durch die Natur, die er gemacht hat. Daran können auch alle erkennen, wie er drauf ist. Und deshalb kann sich am Ende auch keiner rausreden. 21 Obwohl jeder wusste, dass Gott existiert, hatten sie keinen Bock, ihm die Ehre dafür zu geben und ihm mal danke zu sagen. Stattdessen kamen sie auf echt durchgeknallte Ideen, und sie wurden total benebelt und verrückt. 22 Und dabei ließen sie noch

den Weisen raushängen, obwohl sie total irre waren. 23 Anstatt dem einzig echten Gott zu sagen, wie gut er ist, hatten sie nichts Besseres zu tun, als mit irgendwelchen toten Göttern zu labern, die wie Menschen aussehen oder noch besser wie Vögel, Schlangen oder irgendwelche anderen Tiere, die ja irgendwann mal sterben müssen! 24 Darum hat Gott sie schließlich sich selbst überlassen. Die sind dann total abgegangen mit ihrem ätzenden dreckigen Lebensstil, verloren sich in heftige Leidenschaften, in ungute Sexsachen und so. 25 Irgendwann fing man an, nicht mehr Gott anzubeten, sondern Dinge, die er gemacht hatte. Manchmal schnitzte man sich einen Götzen aus einem Stück Holz, man verehrte die Sonne oder betete einen Menschen als Gott an. Das war ganz schön verpeilt, denn Gott hatte diese Dinge ja alle selbst geschaffen. So ist es und nicht anders [Amen]! Dadurch wurde etwas Richtiges gegen etwas völlig Falsches ausgetauscht. 26 Deshalb hat Gott sie irgendwann ihren ätzenden Leidenschaften überlassen – und damit sich selbst. Frauen fingen an mit Frauen rumzumachen. 27 Auch Männer hatten keinen Bock mehr auf Frauen, wie es normalerweise ja der Fall ist. Stattdessen waren sie nun total scharf auf andere Männer. Dadurch, dass sie es dann miteinander trieben, ging es ihnen letztendlich auch total beschissen. Das ist, als wenn sie dafür schon jetzt eine angemessene Strafe bekommen würden. 28 Sie hatten offensichtlich keinen Bock auf Gott, darum hat Gott sie sich selbst und ihren ganz schrägen Gedanken überlassen. So kam es dazu, dass sie das tun, was nie beabsichtigt war und was auch nicht okay ist. 29 Was sie alles so bringen, ist einfach zum Kotzen, sie sind link zu anderen, wollen Kohle scheffeln, bis der Arzt kommt, sie sind superneidisch, streiten sich ständig, ermorden Menschen, betrügen und lügen, was das Zeug hält. Sie reden hinterm Rücken schlecht über andere. 30 Sie stehen nicht zueinander, sie hassen Gott, sie sind großkotzig, stolz, riskieren in einer Tour ’ne dicke Lippe, verpassen keine Gelegenheit, um Mist zu bauen, und ihre Eltern sind ihnen egal. 31 Sie sind starrsinnig, machen sich nicht gerade, sie halten ihre Versprechen nicht ein, sie sind total lieblos und ohne Herz. 32 Sie haben längst kapiert, dass das total uncool ist und dass Gott auf so was überhaupt keinen Bock hat (er wird ihnen sogar dafür die Todesstrafe verpassen, das hat er klar gesagt). Trotzdem finden sie es ganz toll, wenn andere genauso krank draufkommen wie sie.

2 Keiner kann sich mal eben eine reine Weste besorgen

1 Es gibt echt keinen, der sich da irgendwie rausreden könnte. Wenn du andere für ihre Sachen kritisieren und verurteilen willst, dann verurteilst du dich damit auch selber, denn du bist genau so wie die, über die du gerade ein Urteil fällst. 2 Gott wird für jeden ein gerechtes Verfahren anzetteln, das ist mal sicher. 3 Du Mensch glaubst doch nicht im Ernst, Gott wird nur andere für ihr Leben zur Rechenschaft ziehen – und du, der genauso wie die lebst, willst ohne Konsequenzen davonkommen? 4 Ist dir das egal, wie lieb Gott mit dir umgeht und mit wie viel Geduld er sich um dich kümmert? Kapierst du nicht, dass Gott mit seiner Liebe dich dazu bewegen will, dein Leben zu ändern? 5 Du bist so verpeilt, du willst um jeden Preis so weitermachen wie bisher. Und dadurch trägst du dazu bei, dass Gott immer mehr den Hals kriegt. Am letzten Tag bei der großen Abrechung wird er über die ganze Welt ein Urteil fällen. 6 Alle Leute müssen sich für ihr Leben verantworten. 7 Die, die immer getrieben davon waren, so zu sein, wie Gott es will, und die durchgezogen haben, die werden ewig leben können. 8 Die Leute, die immer nur ihr eigenes Ding gemacht haben, die Gottes Worten (der Wahrheit) nicht geglaubt haben, die stattdessen lieber Lügen glauben und link sind, die werden von Gott ganz übel einen draufkriegen. 9 Panik und Angst wird das Lebensgefühl der Leute sein, die das tun, worauf Gott keinen Bock hat. Zuerst gilt das für das Volk der Juden, dann aber auch für alle anderen Menschen. 10 Diejenigen, die gute Sachen machen, werden von Gott fett belohnt werden, sie werden gut drauf sein und groß rauskommen. Auch das gilt zuerst für die Juden, dann aber auch für alle anderen Menschen. 11 Denn Gott ist nicht wie ein bestechlicher Schiedsrichter, der die einen bevorzugt und die anderen linkt. 12 Wer Scheiße baut, ohne die Regeln von Gott zu kennen, die er damals den Israelis gegeben hatte, bekommt trotzdem ein schlechtes Gewissen – und deswegen wird er von Gott verurteilt werden. Erst recht aber werden die, die die Regeln von Gott kannten, nach diesem Gesetz verurteilt. Fazit: Alle, also Juden und Heiden, sind für Gott nicht okay. 13 Es ist nicht genug, nur seine Regeln zu kennen. Um für Gott okay zu sein, muss auch danach gelebt werden. 14 Es ist doch so, dass viele Menschen irgendwie automatisch wissen, was gut ist und was nicht. Sie tun genau das, was die alten Regeln vorschreiben. 15 Weil sie so leben,

kann man doch ganz klar sehen, dass diese Regeln irgendwie unbewusst auf ihre Festplatte geschrieben wurden. Wenn sie irgendwas machen, schlägt das Gewissen sofort an und bestätigt oder verklagt sie. 16 Irgendwann wird einmal abgerechnet werden, und alles, was so abgegangen ist, ob ganz geheim oder für jeden sichtbar, kommt auf den Bildschirm. Das passiert an dem Tag, an dem Jesus Christus die große Gerichtsverhandlung für alle Menschen steigen lässt. Darum geht es mir, das sind die Dinge, die ich den Menschen erzählen soll.

Juden haben keinen Vorsprung

17 Wenn du ein Jude bist, dann verlässt du dich doch auf die alten Gesetze und findest dich besonders gut. 18 Du denkst, du hast einen ganz besonderen Draht zu Gott, weil du seine Regeln in- und auswendig kennst und weißt, was man tun darf und was nicht. 19 Und deshalb kennst du den richtigen Weg und kannst ihn auch anderen zeigen, die sich verirrt haben. 20 Du glaubst echt, du könntest denen 'ne Anleitung zum Leben geben, die es nicht geschnallt haben. Du willst den Kindern sagen, wo es längs geht. Denn du hast die alten Regeln verstanden und weißt, was die Wahrheit ist. 21 Also, wenn du ein Lehrer für Leute sein willst, warum lässt du dich nicht selbst auch belehren? Du hältst nur große Reden. Du sagst, es ist nicht okay, zu klauen, aber dabei bist du selber wie blöd am Klauen. 22 Du sagst, man soll seiner Frau treu sein, aber bist du denn selber auch treu? Du sagst, es ist total verkehrt, anderen Göttern zu dienen, bedienst dich aber ungeniert an den Sachen, die dabei für dich abfallen. 23 Du sagst Leuten, es gibt nichts Geileres, als Gottes Gesetze zu kennen, und auf der anderen Seite ziehst du seine Gesetze in den Dreck, weil sie dir offensichtlich selber total egal sind! 24 Schon im alten Buch kann man lesen: „Weil ihr so seid, macht die ganze Welt Witze über den Namen Gottes." 25 Dieser jüdische Brauch, dass kleinen Jungs die Vorhaut abgeschnitten wird*, bringt nur dann was, wenn du auch das tust, was in den Gesetzen von Gott steht. Wenn du das nicht tust, ist es total egal, ob du beschnitten bist oder nicht. 26 Jemand, der diesen Brauch nicht kennt, aber trotzdem genau nach den Regeln Gottes lebt, der ist doch auch bei Gottes Familie dabei, oder etwa nicht? 27 Hey, es wird sogar so weit kommen, dass solche Leute über die Juden Urteile fällen werden, denn sie haben ja die Gesetze von Gott und richten sich danach, euch sind sie aber offensichtlich total egal. 28 Denn ein wirklicher Jude wird man nicht durch seinen Stammbaum und auch nicht durch irgendwelche religiösen Rituale. 29 Nein, ein echter Jude ist jemand, der in seinem Herz jüdisch drauf ist, und das bedeutet, dass sein Verhältnis zu Gott okay ist. Er will nicht von Menschen gelobt werden, sondern von Gott.

3

Gott tut, was er sagt

1 Jetzt fragst du dich vielleicht: Was bringt es denn eigentlich noch, ein Jude zu sein? Was soll denn dieses Beschneidungsritual überhaupt noch? 2 Nun, es hat viele Vorteile, Jude zu sein, vor allem aber kann man sich darüber freuen, dass Gott den Juden seine Worte anvertraut hat. 3 Und glaub bitte nicht, nur weil einige Juden untreu waren, wird Gott jetzt auch nicht mehr treu zu ihnen stehen. 4 So ist Gott nicht! Gott ist cool unterwegs, er steht hundertprozentig zu den Sachen, die er mal gesagt hat – ganz im Gegenteil zu den Menschen. Es steht ja schon in dem alten Buch: „Gott, du wirst gut dastehen, du wirst recht behalten, egal, was man dir vorwirft, du wirst der Sieger sein." 5 Dann könnte man ja eigentlich sagen: Wenn also der Mist, den wir bauen, erst richtig zeigt, dass Gott total gut und gerecht ist, dann ist es doch ziemlich ungerecht, wenn er uns noch dafür bestraft, oder? 6 Nein, totaler Quatsch! Wenn Gott nicht gerecht ist, wer dann? Wer sollte sonst über die Welt eine Gerichtsverhandlung abhalten können? 7 Manche Leute sagen immer wieder: „Eigentlich tu ich Gott ja sogar einen Gefallen, wenn ich die Dinge mache, die er nicht gut findet. Denn damit gebe ich ihm ja die Chance, noch viel besser dazustehen. Und dann ist es doch total ungerecht, dass er mich dafür verurteilt." 8 Hey, wer so denkt, könnte genauso gut sagen: „Ich kann ja so viel Mist bauen, wie ich will, es wird ja am Ende doch was Gutes dabei rumkommen!" Wer so einen Schwachsinn redet, wird zu Recht von Gott eins auf die Mütze kriegen. Das wird auch denen passieren, die mir so eine Aussage zuschieben wollen.

Vor Gott haben alle Menschen Dreck am Stecken

9 Wie ist das denn jetzt? Haben wir Juden einen Freifahrtschein von Gott bekommen? Ich sage: Nein! Ich hab gerade klargemacht, dass alle Menschen (egal ob sie nun Juden sind oder nicht) unentwegt Mist bauen und auch gar nicht anders können, ob

---

* Die Juden haben so ein Ritual, wo den kleinen Jungen die Vorhaut abgeschnitten wird. Das ist die Beschneidung.

sie es nun wollen oder nicht. 10 Im alten Buch steht schon drin, ich zitiere: „Es gibt keinen Menschen, der es auf die Reihe kriegt, nicht einen einzigen." 11 „Es gibt keinen Menschen, der so viel Grütze im Kopf hat, dass er sich auf die Socken macht, um mich wirklich zu suchen. 12 Keiner packt es wirklich, niemand kann Gottes Ansprüche zufrieden stellen." 13 „Sie labern nur Dünnsinn, es stinkt nach Leiche, wenn sie den Mund aufmachen, man kann ihnen nicht vertrauen." „Ihre Worte sind wie Zyankali." 14 „Aus ihrem Mund kommen nur Flüche und miese Intrigen." 15 „Sie sind sofort dabei, wenn es darum geht, Menschen zu töten. 16 Wo sie stehen und gehen, alles wird kaputt gemacht. 17 Sie haben überhaupt nicht verstanden, wie sich Frieden überhaupt anfühlt." 18 „Ihnen ist alles egal, sogar Gott." 19 Wir wissen ganz genau, dass alles, was in den alten Gesetzen steht, für alle Leute gilt, für die es geschrieben wurde. Keiner kann sich jetzt noch rausreden, auch ihr Juden nicht. Es beweist ganz klar: Alle Menschen auf dieser Welt haben Dreck am Stecken, alle brechen die Gesetze irgendwo, alle sind schuldig. 20 Keiner wird sich bei Gott damit rausreden können, er hätte die Regeln alle befolgt, wie Gott es will. Das ist nämlich noch keinem gelungen und wird auch keinem gelingen. Diese Regeln, die Gesetze, sind dazu da, dass wir begreifen, wie weit wir von Gott entfernt sind.

Wer wird von Gott für seinen Mist freigesprochen?

21 Gott hat jetzt aber eine neue Möglichkeit geschaffen, einen Weg, wie wir – unabhängig von den Regeln – für Gott okay werden können. Dieser Weg ist durch das alte Buch, durch die Sachen, die die Propheten gesagt haben und die in den Gesetzen von Mose stehen, klar beschrieben worden. 22 Gott löscht nämlich alle Schulden, er vergibt den Mist, den man verbockt hat, wenn wir unser Vertrauen auf Jesus Christus setzen. So kann ausnahmslos jeder überleben! 23 Alle Menschen haben irgendwie Mist gebaut, und alle haben dadurch das Recht verloren, mit Gott zusammen zu sein. 24 Was keiner verdient hätte, das tut Gott einfach so, umsonst. Er akzeptiert uns, weil wir durch Jesus wieder okay für ihn sind. 25 Gott hat Jesus zu uns geschickt, damit er für unsere Schulden die Rechnung bezahlt. Wir werden von Gott angenommen, wenn wir daran glauben, dass Jesus für uns am Kreuz verblutet ist. Weil Gott Geduld mit den Menschen hatte, hat er sie bis zu diesem Zeitpunkt noch nicht bestraft. 26 Das gilt auch für die, die schon vorher Mist gebaut haben. Er ist auch heute gut zu uns, er reißt für jeden, der an Jesus glaubt, den Schuldschein in lauter kleine Schnipsel. 27 „Also, können wir jetzt den Dicken raushängen lassen und uns ganz toll fühlen?", kommt jetzt bestimmt ... Nein, Leute, auf keinen Fall! Das hat ja alles nichts damit zu tun, was wir für tolle Sachen getan haben, damit Gott uns auch akzeptiert. Wie geht das denn nun? Vielleicht durch Gottes Regeln, durch seine Gesetze? Dass wir von ihm akzeptiert werden, weil wir die geforderte Leistung bringen? Nein! Nur durch ein Geschenk, nämlich dadurch, dass wir Gott vertrauen können. 28 Ich fasse noch einmal zusammen, was jetzt für jeden Menschen gilt: Meine Schulden bei Gott sind bezahlt, weil ich auf Jesus vertraue und nicht, weil ich so toll lebe und mich genau an die Gesetze halte, die Mose früher einmal aufgeschrieben hat. 29 Und gilt das jetzt nur für die Juden? Oder gilt dieses Angebot auch allen andern Menschen? – Natürlich gilt das für alle, Gott ist ja schließlich für alle Menschen da! 30 Es existiert nur ein Gott. Und es gibt auch nur einen Weg, wie man zu ihm kommen kann, wie man von ihm akzeptiert wird. Nur weil wir an ihn glauben, spricht er die Menschen von ihren Schulden frei, egal, ob man Jude ist oder nicht. 31 Wenn wir das Vertrauen auf Gott nun so betonen, sagen wir damit, dass wir die alten Regeln und Gesetze in die Tonne kloppen können? Auf keinen Fall! Dadurch, dass wir Gott vertrauen, wird das Gesetz ja nur bestätigt.

4

Abraham war cool unterwegs

1 Nur um das noch klarer zu machen: Wie ist das denn mit unserem Urvater Abraham? Wie ist das denn bitte gekommen, dass der gerettet wurde? 2 Hat er sich bei Gott eingeschleimt, weil er so viele gute Sachen gemacht hat? Garantiert nicht! Denn sonst würde er sich ja was darauf einbilden können. Aus Gottes Perspektive gab es dafür echt keinen Grund. 3 Im alten Buch steht drin: „Abraham vertraute felsenfest auf Gott, und Gott machte klar, dass Abraham okay ist." 4 Wenn Menschen malochen, bekommen sie die Kohle dafür nicht als Geschenk, sie haben sie sich durch ihre Arbeit verdient. 5 Dass jemand für Gott okay ist, kann man sich aber nicht mit Taten verdienen, allein das Vertrauen zählt bei ihm. 6 Der Präsident David hat in einem Lied schon mal dasselbe Thema gehabt. Da geht es darum, dass jemand total darauf abgeht, dass Gott ihn ohne irgendeine Gegenleistung ange-

nommen hat. 7 „Gut drauf kommt, wer freigespro-
chen wird, obwohl er gegen die Regeln verstoßen
hat. 8 Gut drauf kommt, wer seine Schulden bei Gott
nicht mehr bezahlen muss!“ 9 Meint er damit aus-
schließlich die Juden oder meint er auch andere
damit? Wir hatten ja festgestellt, dass Abraham
okay für Gott war, weil er ihm vertraut hat. 10 Wie ist
das denn genau abgegangen? Wie hat ihm sein
Vertrauen geholfen? Passierte das, als er dieses
Beschneidungsritual hinter sich hatte oder noch
davor? Die Antwort ist klar: Für Gott war Abraham
okay, bevor er das gemacht hatte. 11 Dieses Ritual
war ja im Grunde nur ein äußeres Zeichen für et-
was, was in Abrahams Herz schon vorher passiert
war, nämlich dass er Gott vertraute und Gott ihn
angenommen hatte. Damit ist Abraham zum Vor-
läufer für alle geworden, die ihr Vertrauen auf Gott
setzen, ohne dieses Beschneidungsritual gemacht
zu haben. Gott nimmt sie an, wie sie sind, weil sie
ihm vertrauen. 12 Abraham ist natürlich auch der
Vater von den ganzen Leuten, die dieses Ritual mal
gemacht haben und Gott genauso vertrauen, wie
das Abraham auch getan hat.

Die Regeln Gottes und das Vertrauen

13 Gott hatte Abraham ein großes Versprechen gege-
ben, nämlich dass seiner Familie mal die ganze
Erde gehören sollte. Die Grundlage dafür war aber
nicht ein bedingungsloser Kadavergehorsam gegen-
über den Regeln, die Gott aufgestellt hatte. Sie
beruhte alleine auf der Tatsache, dass Abraham für
Gott okay war, weil er ihm vertraut hatte. 14 Wenn
dieses Versprechen nur für Leute gilt, die strikt nach
den Regeln von Gott leben, dann kann das ja folge-
richtig nur heißen, dass das Vertrauen, das man auf
Gott setzt, total wertlos ist und nichts bringt. Und
außerdem ist damit auch Gottes Versprechen, das
ja auf Vertrauen aufbaut, nicht mehr gültig. Gott
hätte sich damit ja selbst ausgetrickst. 15 Wenn näm-
lich jemand gegen die Regeln verstößt, ist Gott voll
sauer, wenn es aber keine Regel gibt, kann auch
nicht gegen sie verstoßen werden. 16 Darum gibt das
Vertrauen den Ausschlag, denn nur so wird das
Ganze zu einem Geschenk, das man sich nicht ver-
dienen kann. Dieses Geschenk gilt für jeden, der –
genau wie Abraham – sein Vertrauen auf Gott setzt.
Er ist das große Vorbild in Sachen Vertrauen. 17 Im
alten Buch steht ja auch: „Ich habe dich zum Vor-
bild und zu einem Vater für viele Menschen ge-
macht.“ Das ist alles abgegangen, weil Abraham
seinem Gott vertraut hat, dem Gott, der in der Lage
ist, Tote wieder lebendig zu machen. Jetzt gehören
auch Menschen, die vorher nicht dabei waren, zu
seinen Leuten. 18 Als Gott Abraham die Ansage
machte, er würde einmal zu einem Vorbild und
Vater für sehr, sehr viele Menschen werden, glaubte
ihm Abraham und ließ sich durch nichts davon
abbringen, obwohl seine Situation mehr als hoff-
nungslos war. Gott hatte gesagt: „Deine Familie
wird echt giga-groß werden.“ 19 Abrahams Vertrauen
auf Gott war sehr fett, und das, obwohl er mit fast
hundert Jahren schon echt alt war. Zudem war seine
Frau Sara eigentlich unfruchtbar, sie hatten keine
Kinder bis dahin. 20 Abraham ließ sich durch nichts
davon abbringen, auf Gottes Versprechen zu setzen.
Sein Vertrauen war gigantisch und wurde in dieser
Situation sogar noch größer! Das fand Gott total
gut! 21 Er war sich ganz sicher: Gott hält, was er ver-
spricht. 22 Weil Abraham dieses Vertrauen hatte,
machte Gott eins klar: „Du bist okay!“ 23 Und das
hat Gott nicht nur zu ihm gesagt. 24 Diese Zusage
wurde durch das alte Buch auch an uns weitergege-
ben. Wir sind für Gott auch okay, wenn wir unser
Vertrauen auf Jesus setzen, der tot war und dann
durch Gott wieder lebendig gemacht wurde.
25 Wegen dem Mist, den wir gemacht hatten, musste
Jesus sterben, damit wir mit Gott im Leben wieder
klarkommen können. Gott hat Jesus wieder leben-
dig gemacht, damit wir total cool relaxed sein kön-
nen, wenn Gott sein letztes großes gerechtes
Gerichtsverfahren über jeden Menschen eröffnet.
Wer an Jesus glaubt, kriegt dann in jedem Fall einen
Freispruch.

5 Mit Gott ist alles okay

1 Wenn wir keine Schulden mehr bei Gott
haben, weil wir unser Vertrauen auf ihn setzen,
ist der Weg jetzt ja frei! Wem haben wir das zu ver-
danken? Jesus! 2 Durch ihn haben wir den PIN-Code
für das Türschloss zum Himmel, auf diesen abge-
fahrenen Augenblick können wir uns jetzt schon voll
freuen! 3 Auch jetzt können wir uns schon freuen,
sogar wenn man versucht, uns ans Bein zu pinkeln,
wenn es Probleme gibt und so. Denn jedes Problem
wird zur Herausforderung, wir können dadurch ler-
nen, eine Sache durchzuziehen. 4 Wer so entspannt
ist, hat auch eine gute Art, mit Dingen anders
umzugehen. Und wer mit Dingen anders umgehen
kann, hat auch immer die Hoffnung, bei Gott okay
zu sein. 5 Und wer bei Gott okay ist, der wird nie
enttäuscht werden. Eins ist für uns hundertprozen-

tig sicher: Gott liebt uns! Sonst hätte er uns nicht den Anschluss an seine Kraft, den Heiligen Geist*, spendiert. Wenn der in uns ist, dann sind wir abgefüllt mit seiner Liebe! 6 Jesus, der Auserwählte**, kam ja bei uns vorbei, als wir noch hoffnungslos im Dreck steckten. Und er ist für uns gestorben, als Gott uns noch total egal war. 7 Mal ehrlich, wer hat von uns denn schon Bock, bloß für einen einzigen guten Menschen zu sterben? 8 Gott ist aber noch derber drauf als das, er starb für uns, obwohl wir sogar total dreckig und schlecht waren. 9 Wir brauchen keinen Schiss mehr vor Gott und seiner Verurteilung zu haben, er ist nicht mehr sauer auf uns! Durch den Tod von Jesus ist alles bezahlt! 10 Wir waren seine Feinde, aber damit ist es jetzt vorbei. Das war nur möglich, weil sein Sohn für uns gestorben ist. Und jetzt sind wir sogar seine Freunde, und weil Jesus lebt, können wir auch leben. 11 Wir rasten alle total aus, wenn wir uns darüber klarwerden, dass wir wieder mit Gott befreundet sein können! Das ist alles erst durch Jesus möglich geworden.

Adam brachte den Tod, Jesus das Leben

12 Adam, der erste Mensch, war auch der Erste, der die Sache mit Gott verbockt hat. Und die Menschen nach ihm waren nicht besser. Deswegen müssen alle Leute irgendwann mal sterben. Jeder hat nämlich in seinem Leben schon mal Mist gebaut. 13 Diese Trennung war schon da, bevor Gott die Regeln aufgestellt hatte. Ohne Regel gibt es allerdings keine Regelverstöße, die bestraft werden müssten. 14 Der Tod war die ganze Zeit wie eine unsichtbare Macht überall da und hatte alles im Griff. Von Adam bis Mose, alle mussten irgendwann mal sterben, auch wenn sie nichts gegen Gott getan hatten. Adam hatte allerdings wirklich Dreck am Stecken. Er ist übrigens ein Hinweisschild für Jesus gewesen. 15 Der Vergleich Jesus/Adam hinkt natürlich, denn Jesus hat uns ja den Weg zu Gott freigesprengt. Trotzdem: Durch den Fehler und die Sünde*** von einem Typen wurden wir quasi alle zum Tod verurteilt. Und durch den einen Jesus ist uns das total geile Geschenk gemacht worden, dass wir wieder mit Gott in Kontakt treten und leben können. Und dieses Geschenk ist viel größer als alles, was Adam getan hat. 16 Und mit diesem Geschenk ist das nicht so, wie es mit der Bestrafung war, die durch den einen Typen kam, der Mist gebaut hatte. Die Folgen der Trennung von Gott (bewirkt durch die ätzenden Sachen, die die Menschen verbockt hatten) hätten für uns nämlich den richtigen ewigen Tod bedeutet, einen Tod, der niemals aufhört. Jetzt werden wir aber, obwohl wir genauso viel Mist gebaut haben, von Gott gerettet. Ohne dass wir es verdient haben, übernimmt er die Schulden für uns! 17 Dadurch, dass ein Mensch Mist gebaut hat, bekamen wir alle die Todesstrafe. Doch durch einen anderen Menschen, nämlich Jesus Christus, werden alle wieder richtig leben können! Und das gilt für jeden, der dieses Geschenk seiner giga-großen Liebe angenommen hat. Er wird über den Dingen stehen können durch Jesus. 18 So wie durch den Mist, den einer gebaut hat, alle verdammt wurden, so wurden alle wieder durch die gute Aktion von einem anderen okay gemacht. Und das bedeutet, dass wir wirklich leben können. 19 Nur weil einer keinen Bock auf das hatte, was Gott will, wurden alle von Gott getrennt. Und weil wiederum ein anderer Bock drauf hatte. zu tun, was Gott will, sind wir wieder mit Gott verbunden. 20 Die Regeln, waren im Grunde nur dafür da, damit jeder merkt, dass er von Gott getrennt ist. Als der Berg zwischen Gott und den Menschen immer größer wurde, wurde auch die Gnade und Liebe von Gott immer größer. 21 Anstelle der Trennung, die zwischen Menschen und Gott bestand und damit alles beeinflusste, gibt es jetzt eine Beziehung zu Gott, die uns einfach so geschenkt wurde. Durch Jesus wird Gottes Liebe für alle ganz deutlich sichtbar.

6 Wie Christen mit ihrem Mist am besten umgehen

1 Wie ist das jetzt? Können wir jetzt einfach weiter rumsündigen und Dinge tun die Gott nicht will, weil ihm das sowieso nur wieder die Gelegenheit gibt, zu beweisen, wie sehr er uns liebt? 2 Schwach-

---

* Der Heilige Geist ist eine andere Form von Gott, so wie Wasserdampf eine andere Form von Wasser ist. Er gehört zu Gott dem Vater genauso wie Jesus. Der O-Ton benutzt für ihn auch Worte wie „Kraft" oder „Energie". Darum wurde in der Volxbibel der Heilige Geist mal als Power, dann wieder als Kraft, dann wieder als Geist übersetzt, ja nachdem, wie es im Zusammenhang Sinn machte.

** „Der Auserwählte" ist in Anlehnung an den Film „Matrix" als Begriff gewählt worden. „Christus", wie es im Text heißt, war damals ein stehender Begriff, unter dem sich die Leute was ganz Konkretes vorgestellt hatten, einen Retter, auf dem die Hoffnung lag, dass er alle Menschen aus ihrem Dreck rausholen würde.

*** Sünde kommt von dem Wort „Sund", was im alten Deutsch so was wie „Graben" heißt. Sünde ist also der ganze Mist, alles, was zwischen Gott und Menschen steht, ein Graben zwischen uns, über den Jesus eine Brücke gebaut hat.

sinn! Wir sind für das Thema Sünde einfach nicht
mehr zu haben. Warum sollten wir uns diesen Mist
wieder ans Bein binden? 3 Ist euch klar, dass ihr mit
der Taufe zeigt, dass ihr ganz zu Jesus gehört? Und
dass ihr deshalb auch was davon habt, dass er für
euch gestorben ist? 4 Ihr seid im Grunde dadurch
mit ihm unter die Erde gebracht worden, Exitus.
Und genauso wie Jesus durch die große Power von
Gott wieder lebendig wurde, so sind wir jetzt auch
in der Lage, ein anderes Leben zu führen. 5 Weil wir
glauben, sind wir mit seinem Tod verbunden, und
darum werden wir auch mit ihm wieder lebendig
werden. 6 Was wir früher waren und gemacht haben,
ist mit Jesus zusammen abgestorben. Nur so
konnte der Einfluss, den dieser ganze Mist auf
unser Leben hatte, gestoppt werden. Jetzt müssen
wir keinen Mist mehr bauen, wir sind frei! 7 Gegen
Tote kann man nämlich keine Anzeige erstatten, die
sind frei. 8 Wenn wir mit Jesus gestorben sind, das
auf sicher, werden wir auch mit ihm zusammenle-
ben. 9 Wir wissen, dass Jesus Christus tot war und
dann wieder lebendig geworden ist. Er wird nie
mehr sterben. Der Tod hat gegen ihn verloren, für
immer. 10 Jesus ist gestorben, damit diese Trennung
und die Macht, die hinter der Sünde steht, ein für
alle Mal besiegt wurde. Und Jesus ist für Gott wie-
der lebendig geworden. 11 Macht es genauso! Ihr
könnt jetzt einfach davon ausgehen, dass wir für die
schlechten Sachen, die Sünde, einfach nicht mehr
zu erreichen sind. Lebt einfach nur noch für Jesus,
lebt für Gott! 12 Die Sünde, diese Kraft, die euch von
Gott trennt, hat in euerem Leben nichts mehr zu
melden. Macht das auch deutlich! 13 Eure Körper-
teile sollten nicht vom Satan, vom Bösen, benutzt
werden können, damit irgendwas zwischen dich
und Gott kommen kann. Ihr seid Menschen, die tot
gewesen waren und wieder lebendig geworden sind!
Stellt euch deswegen voll Gott zur Verfügung, mit
allem, was ihr habt, damit er euch benutzen kann,
um selber groß rauszukommen. 14 Die Sünde, diese
trennende Macht zwischen Gott und euch, hat ihre
Kraft verloren. Ihr gehorcht jetzt nicht mehr dem
Regelwerk, den alten Gesetzen, ihr seid jetzt der
Liebe von Gott unterstellt. 15 „Wie jetzt, können wir
einfach weiter Mist bauen, weil nur noch die Liebe
zählt und nicht mehr die Gesetze?" – Auf keinen
Fall! 16 Versteht ihr nicht, dass ihr immer das tun
müsst, was der Chef euch sagt, wenn ihr irgendwo
angestellt seid? Ihr könnt wählen, ob die Sünde euer
Chef sein soll oder ob ihr das tun wollt, was der
Chef sagt, der euch Gerechtigkeit verspricht.
17 Danke, Gott! Früher wart ihr noch so unterwegs,
dass ihr der Sünde (dieser Macht, die euch von Gott
getrennt hat) gehorchen musstet. Aber zum Glück
seid ihr jetzt frei davon, ihr seid in der Lage, das zu
tun, was euch von Gott beigebracht wurde. 18 Ihr
seid frei und müsst nicht mehr so leben, ihr seid
jetzt von der guten Seite angestellt. 19 Ich nehme
dieses Bild mit dem Angestellten, weil es leicht zu
verstehen ist. Früher wart ihr in einer andern Firma
angestellt, hattet echte Knebelverträge und musstet
ätzende Sachen tun, die Gott total uncool findet.
Jetzt habt ihr euch für einen neuen Chef entschie-
den, für ein Leben, das gut und in Ordnung ist.
20 Früher wart ihr bei der Firma Sünde angestellt, ihr
hattet keine Ahnung, was gut ist und was nicht.
21 Und was hat euch das gebracht? Ihr habt Sachen
getan, die euch jetzt superpeinlich sind, und die
Folge von alldem war letztendlich der Tod. 22 Jetzt
seid ihr aber von dieser Macht befreit! Ihr könnt als
Angestellte bei Gott viele gute Sachen machen, die
euch helfen werden, ein sauberes Leben zu führen,
eins, wo Gott drauf steht. Und die Hauptsache ist:
Ihr werdet als Gratiszugabe obendrauf für immer
leben können. 23 Denn das, was dabei rumkommt,
wenn man die Sachen macht, die Gott nicht gut
findet, ist der Tod. Gott aber schenkt ein ewig geiles
Leben durch Jesus Christus, der unser Chef ist.

7 Wie Gottes Regelprogramm funktionieren sollte und wie nicht

1 Liebe Leute! Also, ihr kennt doch das alte Pro-
gramm (unsere Gesetze) des Lebens ganz gut.
Eigentlich müsstet ihr doch schon längst kapiert
haben, dass dieses Programm nur so lange funktio-
niert, wie man lebt. 2 Mit einer Frau ist es doch bei-
spielsweise so, dass sie durch das Gesetz vom Staat
nur so lange mit ihrem Mann verheiratet ist, wie der
lebt. Stirbt ihr Mann, ist sie nicht mehr an das
Gesetz gebunden und kann wieder heiraten, wen sie
will. 3 Wäre diese Frau in der Zeit der Ehe mit einem
anderen fremdgegangen, würde man sie zu Recht
als Ehebrecherin beschimpfen. Ist ihr Mann aber
gestorben, ist sie frei, sie muss sich nicht mehr an
das Ehegesetz halten. Keiner würde sie Ehebreche-
rin nennen, wenn sie jetzt einen anderen Typen hei-
raten würde. 4 So ungefähr läuft das bei euch auch
ab. Ihr seid wie an einen „Ehemann" eigentlich an
das alte Programm verschrieben, das sind die Ge-
setze, nach denen ihr ticken müsstet. Aber dadurch,
dass Christus am Kreuz für euch gestorben ist, seid

ihr frei davon. 5 Als wir Christus noch nicht kannten, lief es bei uns noch voll nach dem alten Schema ab. Das alte Programm bestimmte unser Leben, wir waren total unfrei und bauten in einer Tour nur Mist, was uns am Ende total kaputt gemacht hat. 6 Aber jetzt müssen wir nicht mehr nach diesem Schema leben, wir sind frei, denn dieses Programm ist ein für alle Mal abgestürzt. Jetzt können wir durch den Heiligen Geist mit Gott in einer total anderen Dimension leben, nicht mehr so, wie es das alte Programm vorgeschrieben hatte.

Der Mensch und die Gesetze oder das Lebensprogramm von Gott

7 Will ich damit sagen, dass das alte Programm Gottes zwischen mir und Gott steht? So ein Quatsch! Ohne das alte Programm, was mir gesagt hat, was Gott geil findet und was nicht, hätte ich nie erfahren, worauf er wirklich Bock hat, und hätte auch nicht erfahren, was mich von ihm trennt. Wenn dort nicht stehen würde: „Du sollst nicht ständig hinter irgendwas her sein", wäre mir nie klargeworden, dass Gott das nicht will und das nicht gut für mich ist. 8 Diese Sachen, die uns von Gott trennen, werden fast wie kleine nimmersatte Monster in uns. Wenn es dieses alte Programm nicht gäbe, wüssten wir gar nichts von dieser negativen Macht. 9 Früher haben wir ganz ohne irgendein Programm gelebt. Erst seitdem wir das Programm mit all seinen Regeln kennen, wurde in uns der Drang, Mist zu bauen, so richtig lebendig. 10 Wir dagegen waren so mies unterwegs, dass wir praktisch tot waren. So hat uns das, was Gott eigentlich von uns wollte und was uns zu einem wirklichen coolen Leben führen sollte, letztendlich den Tod gebracht. 11 Denn was uns von Gott trennt, wurde wie ein Monster in uns, das uns betrügen wollte und uns umbrachte, anstatt uns Leben zu geben. 12 Das alte Programm entspricht zu 100 Prozent Gottes Willen. Jedes einzelne Gebot geht voll und ganz in Ordnung. 13 Kann denn das, was eigentlich voll in Ordnung ist, uns den Tod bringen? Nein, natürlich nicht! Es ist das Schlechte, das uns umbringt – die Sünde. Da mir die Regel aber zeigt, was gut ist und was nicht, beweist das alte Programm, dass ich schuldig bin, denn es macht deutlich, wie ätzend es ist, nicht das zu tun, was Gott vorgeschrieben hatte. 14 Das alte Programm ist von Gottes Geist geschrieben worden, das wissen wir genau. Ich bin aber ein Mensch und meinem Menschsein total ausgeliefert, ich muss einfach irgendwie Mist bauen. 15 Ich kapier oft selber nicht, was da in mir abgeht: Die guten Sachen, die ich eigentlich tun will, tu ich nicht. Stattdessen mach ich bloß das, worauf ich eigentlich überhaupt keinen Bock habe. 16 Wenn ich aber dabei zugebe, dass es totaler Mist ist, den ich ständig baue, dann gebe ich ja damit auch zu, dass das Programm Gottes gut ist. 17 Das würde aber bedeuten, dass nicht ich wirklich den Mist verbocke, sondern das, was mich von Gott trennt, diese Macht in mir, die mich dazu treibt. 18 Ich bin mir schon im Klaren darüber, dass der Mensch von Natur aus nicht gut drauf ist. Darum kann ich tun, was ich will, am Ende kommt nichts Gutes dabei rum. 19 Ich will zwar immer wieder das Gute tun, aber dann baue ich doch wieder Mist. Das, worauf ich eigentlich total keinen Bock habe, genau das mach ich. 20 Wenn ich also immer wieder das tu, was ich eigentlich nicht will, ist das doch eindeutig diese negative Macht, das, was mich von Gott trennt, diese Sünde, die mich zum Schlechten verführt. 21 So was passiert mir andauernd: Das, was gut ist, will ich eigentlich tun, aber stattdessen bau ich nur Mist. 22 Ich selber in mir drin möchte das tun, was Gott von mir will. 23 Und doch handle ich nach einem anderen Programm, das bei mir abläuft. Ich bin total darin gefangen, ich bin nicht frei davon. 24/25 Ich fass es noch einmal zusammen: In mir drin will ich das tun, was Gott will, ich will nach seinem Programm und seinen Gesetzen leben. Aber so wie ich lebe, tu ich genau das Gegenteil und mach genau das, was mich von Gott fern hält. Hilfe! Wer wird mich aus dieser Zwickmühle befreien? Danke, Gott!! Jesus Christus hat uns da schon rausgeholt!

8

Leben nach Gottes Programm

1 Wer nun zu Jesus Christus gehört, der ist bei Gott niemals für immer raus. 2 Denn für ihn stimmt dieses Programm nicht mehr: Wenn einer Mist baut, ist er für immer unten durch und hat es verdient zu sterben. Ab jetzt läuft eine neue Programmversion, eine ganz neue Software, das Programm von Gottes Geist, das dir durch Jesus Christus hilft zu leben. 3 Denn das alte Programm, das Gesetz, konnte uns nicht dazu bringen, so zu leben, wie Gott es gut findet. Es war nicht in der Lage, gegen das schlechte alte Leben anzukommen. Deswegen schickte Gott seinen Sohn vorbei, der das alte Programm hackte und es umschrieb, indem er den ganzen Dreck auf sich nahm und auch die

Strafe dafür bezahlte. 4 Jetzt läuft das neue Pro-
gramm Gottes in uns und nicht mehr die alte
menschliche schlechte Software. Deshalb können
wir unserem Leben eine völlig neue Richtung geben.
5 Denn wer nach dem menschlichen Programm
tickt, bleibt letztendlich im Dreck stecken, wer aber
durch das neue Programm von Gott bestimmt wird,
der will auch das tun, was Gott gut findet. 6 Das alte
sündige Programm machte uns nur fertig und
bringt uns den Tod; das neue Programm aber bringt
uns Frieden und Leben. 7 So wie wir Menschen von
Natur aus drauf sind, haben wir eigentlich keine
Lust auf Gott. Das liegt auch da dran, weil wir nicht
so leben können, wie Gott es von uns will. Und
irgendwie wollen wir das auch gar nicht. 8 Weil wir
so sind, kann Gott eigentlich keinen Bock mehr auf
uns haben. 9 Jetzt läuft allerdings Gottes neues Sys-
tem auf eurer Festplatte, ihr müsst keinen Mist
mehr bauen. Wer aber nicht mit Gottes Software –
seinem Geist – lebt, gehört auch nicht zu ihm.
10 Wenn ihr also mit Jesus Christus lebt, dann ist
euer Körper zwar wegen dem Mist, den ihr verbockt
habt und auch immer weitertun werdet, wie tot.
Durch das neue Programm wird euch aber ein
neues Leben geschenkt, weil er euch in seine Fami-
lie mit aufgenommen hat. 11 Läuft das Programm
Gottes in euch, durch dessen Kraft auch Jesus aus
dem Tode rausgeholt wurde, wird er damit auch
euren Körper, der irgendwann tot sein wird, wieder
lebendig machen können. Denn die Kraft Gottes,
sein Geist, lebt ja auch in euch. 12 Darum, liebe
Leute, müssen wir nicht länger nach unserem alten
Wahn leben, der dem alten Programm gefolgt ist.
13 Denn eins ist klar: Wer so lebt, wird sterben! Wenn
ihr aber durch seinen Geist in der Lage seid, auf die
Stimme Gottes zu hören, und tut, was er euch sagt,
wird das alte Programm gelöscht. Das war dafür
verantwortlich, dass ihr ständig Mist gebaut habt.
14 Alle, die nach dem neuen Programm leben, haben
das Ticket in der Tasche, um in Gottes Familie dabei
zu sein. 15 Denn das neue Programm zwingt euch zu
nichts und macht euch nicht abhängig, nein, es
sorgt dafür, dass ihr freiwillig in die Familie Gottes
aufgenommen werdet. Jetzt könnt ihr ohne Angst
zum großen Gott kommen, ihr könnt ihn jetzt sogar
Papi nennen, wenn ihr wollt. 16 Durch Gottes Geist
in uns sind wir uns hundertprozentig sicher, dass
wir Teil seiner Familie sind. 17 Weil wir zu seiner
Familie gehören, will uns unser Vater auch beschen-
ken. Es kann zwar durchaus passieren, dass man
uns heftige Schwierigkeiten macht, weil wir jetzt zu
Jesus gehören, aber zum Schluss werden wir mit
ihm ganz groß rauskommen. 18 Ich bin mir ganz
sicher, dass die ganzen Schwierigkeiten, durch
die wir jetzt gehen müssen, ein Witz sein werden
gegenüber der riesengroßen Party, die wir dann
irgendwann am Ende feiern. 19 Die Natur ist schon
ganz heiß auf den Tag, an dem Gott seine Kinder
groß rausbringen wird. 20 Ohne dass sie was dafür
kann, ist die gesamte Natur mit den Tieren und
Pflanzen zum Tod verurteilt. Aber es gibt Hoffnung.
21 Denn sie wird auch ein großes Comeback feiern,
sie wird befreit werden von dem Zwang sterben zu
müssen. Genauso wie Gott seine Leute vom Tod
befreit hat für ein neues, wunderbares Leben. 22 Wir
sehen ja, wie die Tiere und Pflanzen voll leiden und
die ganze Natur im Grunde depressiv schon lange
auf einen Neustart wartet. 23 Auch wir, die wir als
Erstes mit seiner Power – seinem Geist – ausgerüs-
tet worden sind, können es kaum abwarten, dass
Gott uns als Teil seiner Familie zu sich holt und
auch unseren Körper so neu macht, dass der nicht
mehr kaputtgehen kann. 24 Doch darauf können wir
erst mal nur hoffen und warten. Hoffen heißt aber,
dass wir es noch nicht haben, denn was man schon
hat, darauf braucht man auch nicht mehr zu hoffen.
25 Obwohl wir aber auf etwas hoffen, das wir noch
nicht sehen können, sind wir dennoch total sicher,
dass wir es auch bekommen. 26 Gottes Geist – seine
besondere Power – hilft uns dabei: nämlich da, wo
wir zu schlaff sind. Wenn wir zum Beispiel nicht
beten können, wie es eigentlich angesagt wäre,
dann hilft uns diese Kraft und betet für uns auf eine
Art, wie wir es mit unseren eigenen Worten nie
könnten. 27 Gott aber, der uns in- und auswendig
kennt, versteht, worauf der heilige Geist hinauswill.
Der legt nämlich für uns ein gutes Wort ein. 28 In
einem sind wir uns aber ganz sicher. Für alle, die
Gott lieben, gilt: Alles muss letzten Endes immer
zum Besten laufen, denn Gott will das so und hat
uns dazu auch ausgesucht. 29 Wen Gott in sein
Team berufen hat, auf den hat er vorher auch schon
ein Auge geworfen und der soll auch seinem Sohn
ähnlich werden, dem ersten Bruder neben vielen
anderen Brüdern. 30 Und wen Gott dazu ausgesucht
hat, den hat er auch dazu gerufen, mit ihm für
immer zusammen zu sein und abzuhängen. Wen er
aber dazu berufen hat, mit ihm abzuhängen, den
hat er auch von seinem Dreck befreit. Und wen er
von seinem Dreck befreit hat, der weiß schon jetzt
sicher, dass er mal ganz groß rauskommen wird.
31 Was kann man dem noch hinzufügen? Wenn Gott

in unserer Mannschaft spielt, wo sind die Gegner?
32 Gott, der sogar für uns seinen Sohn hat ab-
schlachten lassen, warum sollte er uns nicht alles
schenken? 33 Wer will es wagen, die Familie Gottes
noch irgendwie anzuzählen? Gott hat sich auf ihre
Seite geschlagen und sie freigesprochen! 34 Wer will
es wagen, uns fertigzumachen? Niemand, denn
Jesus ist für uns ermordet worden! Er hat dann spä-
ter sogar den Tod besiegt und lebt heute bei Gott,
wo er ein gutes Wort für uns bei ihm einlegt. 35 Was
kann dann überhaupt noch zwischen uns und die
Liebe von Jesus Christus kommen? Probleme? De-
pressionen? Dass Leute uns verfolgen und in den
Knast stecken wollen? Nichts zu essen? Keine Koh-
le? Panikattacken oder Mord? 36 Bestimmt nicht!
Es steht ja schon im alten Vertrag: „Ja, deinetwegen
werden wir gekillt, werden behandelt wie Kühe, die
man abschlachtet." 37 Trotzdem gilt: Wir werden den
fetten Sieg einfahren, weil Jesus Christus uns so
geliebt hat. 38 Denn eins steht für mich fest: Weder
Tod noch Leben, ob es Engel oder Monster aus der
Hölle sind, ganz egal, ob etwas gerade jetzt abgeht
oder später abgehen wird, auch nicht irgendwelche
spirituellen Mächte, 39 weder Himmel noch Hölle,
noch sonst irgendetwas, kann zwischen uns und
Gottes Liebe kommen! Er hat sie uns bewiesen
durch das, was er durch Jesus Christus – unseren
großen Chef – für uns gebracht hat.

9

Israel ist für Gott ein ganz besonderes Volk

1 Leute, ich schwör, und Jesus ist mein Zeuge!
Ich erzähl euch keinen Blödsinn! Die Power
von Gott, sein extremer Geist, ist da total einig mit
mir. 2 Ich bin oft total fertig und kann darüber nur
heulen, 3 wenn ich an meine Leute denke, meine
jüdischen Geschwister. Ich wäre bereit dazu, von
Gott gedisst zu werden, wenn ich dadurch erreichen
könnte, dass sie gerettet werden! 4 Die Israelis sind
sein ganz besonderes Volk, Gott hat fett Bock auf
sie, er hat sich ihnen ganz besonders gezeigt. Er hat
mit ihnen Spezial-Verträge gemacht, er hat ihnen
sein Programm – sein Gesetz – gegeben. Sie waren
auch die Einzigen, die ihn richtig angebetet haben,
und er hat ihnen ganz derbe Sachen versprochen.
5 Ihre Vorfahren waren diese Berühmtheiten wie
Abraham, Isaak und Jakob. Und auch Jesus Christus
stammt aus diesem Volk. Er ist jetzt unser Gott, er
hat das Sagen über alles und wir wollen, dass er
immer und überall groß rauskommt, er ist der Held!
Yo, so isses [Amen]!

Wer gehört dazu und wer nicht?

6 Was Gott gesagt hat, stimmt immer noch. Nicht
alle, die in eine jüdische Familie reingeboren wur-
den, sind automatisch wirkliche Juden. 7 Abraham
hat ja auch nicht alle seine Kinder als Erben einge-
setzt. In dem alten Buch steht: „Nur wer von dei-
nem Sohn Isaak abstammt, ist ein Nachkomme
von dir und soll auch dazugehören." 8 Damit ist
gemeint, dass die leiblichen Nachkommen von
Abraham nicht auch gleich Kinder von Gott sind.
Die wirklichen Kinder von Abraham sind nämlich
nur die, die Gott Abraham versprochen hatte, und
ihre Nachkommen auch. 9 Gott hatte nämlich Abra-
ham gesagt: „Nächstes Jahr um diese Zeit rum
werde ich wiederkommen, und dann wird deine
Sara einen Sohn kriegen." 10 Und das ist nicht nur
bei Sara so abgegangen, auch Rebekka ist noch von
unserem Urahnen Isaak mit Zwillingen schwanger
geworden. 11 Schon bevor die Kinder überhaupt
geboren wurden, also bevor sie überhaupt Mist
bauen oder irgendwas Gutes machen konnten,
hatte Gott Rebekka 'ne Ansage gemacht. Das war
so, weil Gott da einfach Bock drauf hatte, er hatte
sich dafür so entschieden. 12 Das hatte nichts damit
zu tun, dass sie so toll gelebt haben oder so. Er
sagte zu Rebekka: „Die Kinder deines älteren Soh-
nes werden von den Kindern deines jüngeren
Sohns irgendwann mal angestellt werden." 13 In
dem alten Buch steht: „Auf Jakob bin ich voll abge-
fahren, auf Esau hatte ich null Bock." 14 Was soll
man dazu jetzt noch sagen? War das ungerecht von
Gott? Nein, null! 15 Er hat ja schon zu Mose gesagt:
„Ich suche mir aus, mit wem ich 'ne Beziehung
haben will. Ich weiß schon, mit wem ich besonders
viel Mitleid habe." 16 Es kriegt also nicht jeder von
Gott einen Garantieschein. Es hängt von Gott ab,
von seiner Entscheidung, von seiner Liebe, wen er
haben will. 17 Im alten Buch steht, dass Gott zu dem
Chef der Ägypter, dem Pharao, gesagt hat: „Ich
habe vor, an deiner Person beispielhaft klarzuma-
chen, was ich draufhabe. Ich will, dass dadurch
mein Anliegen deutlich wird und dass man in der
ganzen Welt darüber redet." 18 Daran kann man gut
beweisen, dass Gott in der Lage ist, die Entschei-
dungen eines Menschen zu beeinflussen. Die einen
sehen dann Sachen sofort ein, andere wieder null.
19 Jetzt kommt bestimmt gleich das Argument:
„Warum ist Gott dann überhaupt noch sauer auf
die Menschen, wenn es sowieso unmöglich ist,
etwas zu tun, was er nicht will?" 20 Gegenfrage: Wie
kommst du überhaupt dazu, diese Frage zu stellen?

Du bist nur ein kleiner Mensch und glaubst, du
musst dich mit Gott anlegen? Seit wann kann sich
denn das Brot beim Bäcker beschweren: „Warum
hast du mich so gemacht?“ 21 Wenn ein Töpfer aus
Ton eine Schüssel formt, ist es nicht seine Sache,
was er daraus macht? Ist es dann nicht seine Ent-
scheidung, ob er jetzt ’ne Schüssel für die feinste
Party macht oder nur eine für den Hausgebrauch?
22 Genauso wollte Gott an den Ägyptern seine Wut
und auch seine Power zeigen. Und dabei hatte er
noch voll Geduld mit denen gehabt, was letztend-
lich dann ja umsonst war. 23 An den Israeliten wollte
Gott ganz klarmachen, was er alles so kann und
wie liebevoll er eigentlich ist. 24 Und diese Einstel-
lung hat Gott auch uns gegenüber, den Juden und
den Menschen aus dem Rest der Welt. 25 Gott hatte
ja schon durch den Propheten Hosea die Ansage
gemacht: „Ich werde die adoptieren, die nicht zur
Familie gehört haben, ich werde die lieben, die ich
vorher noch nicht lieben konnte.“ 26 Bei Hosea
steht auch noch das: „Früher hat man zu euch
gesagt: ‚Ihr gehört nicht dazu.‘ Doch jetzt sagt man
zu euch: ‚Ihr seid aufgenommen in die Familie vom
lebendigen Gott.‘“ 27 Jesaja hat über Israel gesagt:
„Selbst wenn es so viele Israelis gäbe, wie Sandkör-
ner am Strand liegen, wird doch nur eine kleine
Anzahl gerettet werden. 28 Gott lügt nie, er wird es
durchziehen, aber er wird nicht ganz streng durch-
greifen.“ 29 Woanders im alten Buch steht noch bei
Jesaja: „Wenn Gott nicht ein Auge zugedrückt hätte,
wären alle dabei kaputtgegangen, so wie in den
Städten Sodom und Gomorra.“

Der falsche Weg zu Gott

30 Was bleibt mir noch zu sagen? Die Leute aus den
anderen Völkern können für Gott okay werden,
wenn sie ihr Vertrauen auf Jesus setzen und ihm
glauben. 31 Die Juden aber, die durch ein striktes
Leben genau nach dem Programm vor Gott cool
dastehen wollten, haben ihr Ziel nicht erreicht.
32 Warum das nicht? Weil sie versucht haben, durch
ihre eigenen guten Taten Gott zu beeindrucken,
indem sie nach dem alten Programm gelebt haben,
anstatt alleine auf ihn zu vertrauen. Darum sind sie
über Jesus auch ins Stolpern geraten. 33 Dazu sagt
das alte Buch ja auch: „Ich lege in Jerusalem einen
Stein auf den Weg, über den viele Menschen stol-
pern und auf die Fresse fallen werden. Aber wer
sein Vertrauen auf ihn setzt, wird cool draufkom-
men.“

10

Jesus hat das alte Programm geknackt

1 Liebe Freunde in Rom, ich hab so eine
derbe Sehnsucht danach und bete wie
verrückt dafür, dass mein Volk den richtigen Weg
zu Gott findet! 2 Ich schwör, die sind alle voll auf
der Suche nach dem Weg, sie dienen Gott mit
allem, was sie haben, sie haben es bloß noch nicht
geschnallt, wie man zu ihm kommt! 3 Sie haben
noch nicht kapiert, wie das geht, dass Gott die Men-
schen in Ordnung bringt. Stattdessen gehen sie
ihren eigenen Weg, sie versuchen, Gott zu beeindru-
cken, indem sie nach seinem Regelprogramm le-
ben. Doch damit liegen sie total daneben. 4 Denn
durch Jesus Christus ist dieses Programm überholt
worden. Wer sein Vertrauen auf Jesus setzt, der ist
für Gott in Ordnung. 5 Mose hat ja beschrieben, wie
man in Ordnung kommen kann, wenn man nach
dem alten Programm lebt: „Der Mensch, der sich
danach richtet, wird gut leben können.“ 6 Durch das
Vertrauen auf Gott durch Jesus wird man aber
anders von ihm angenommen. Dann kann man
sagen: „Du brauchst dich nicht mehr in den Him-
mel hocharbeiten, um mit Jesus zu leben.“ 7 Und
man kann behaupten: „Du brauchst nicht in die
Unterwelt einzutauchen, um da Jesus zu finden.“
8 Denn das alte Buch sagt: „Gott hat eine gute
Nachricht für dich und die hängt auch nicht in einer
Warteschleife, sie ist in deinem Mund und in deinen
Gedanken.“ Das ist die Nachricht, dass wir aus
unserem Dreck gerettet werden, weil wir unser Ver-
trauen auf Jesus setzen. 9 Wenn du dich öffentlich
dazu stellst, dass Jesus der Chef vom Ganzen ist,
und wenn du in dir drin ganz sicher bist, dass er
wirklich existiert und dass Gott ihn wieder lebendig
gemacht hat, dann bist du dabei! Dann bist du in
Sicherheit! 10 Wenn du das glaubst, bist du für Gott
okay. Wenn du öffentlich dazu stehst, wirst du von
ihm gerettet. 11 Im alten Buch kann man auch nach-
lesen: „Wer sein Vertrauen auf ihn setzt, dem kann
nichts mehr passieren.“ 12 Das stimmt für alle,
sowohl für Juden wie Nichtjuden. Er ist für alle Gott,
und er macht es für jeden möglich, mit ihm zu
labern. 13 Um noch einmal den Propheten Joel zu
zitieren: „Denn jeder, der ihn persönlich kennt und
einen Hilferuf an seine Adresse abschickt, der wird
am Ende gerettet werden.“

Die Israelis nehmen dieses Angebot von Gott nicht an

14 Wie sollen denn die Menschen mit Gott reden
können, wenn sie nicht an ihn glauben? Und wie

sollen sie an ihn glauben, wenn sie nie von ihm
gehört haben? Und wie sollen sie überhaupt von
ihm hören, wenn da keiner am Start ist, der es
ihnen erzählt? 15 Und wie sollte jemand zu ihnen
hingehen und ihnen die Sache von Gott erzählen,
wenn keiner den Auftrag dazu erhalten hat? Das war
übrigens damit gemeint, wenn im alten Buch steht:
„Es ist so cool, zu erleben, wenn da Leute sind und
die gute Message verbreiten!" 16 Aber nicht alle
akzeptieren diese neue Ansage, das hat ja der Pro-
phet Jesaja auch schon gewusst, ich zitiere: „Gott,
wer hat unseren Reden geglaubt?" 17 Und doch
schafft man es erst, sein Vertrauen auf Gott zu set-
zen, wenn man diese Worte auch gehört hat. Und
diese Worte kommen von Jesus, dem Auserwählten.
18 Was geht denn nun mit den Juden ab? Haben die
denn die Einschläge nicht gehört? Doch, haben sie,
ich zitiere noch mal was: „Die Nachricht spricht
sich überall rum, überall reden sie da drüber!"
19 Haben sie es auch wirklich gerafft? Ja, das haben
sie. Schon Mose hat getextet: „Ich will, dass mein
Volk voll eifersüchtig wird, ich will Leute zu mir las-
sen, die bisher außen vor standen, und ihr werdet
sauer sein auf die Menschen, die bisher noch keine
Ahnung von mir hatten." 20 Und Jesaja setzt noch
einen drauf: „Ich habe dafür gesorgt, dass Men-
schen mich finden, die gar nicht nach mir gesucht
haben. Ich hab mich den Leuten vorgestellt, die gar
nichts von mir wissen wollten." 21 Und über das Volk
Israel meinte Gott: „Den ganzen Tag stand ich mit
offenen Armen vor ihnen, aber sie wollten nicht auf
mich hören, sie wollten ihr eigenes Ding durchzie-
hen."

11 1 Eine Frage hab ich noch: Was meint ihr, hat
Gott kein Bock mehr auf sein Volk? Null, auf
keinen Fall! Hey, ich bin ja auch Jude, ich
komm aus der Familie vom Abraham, aus der Sippe
von Benjamin. 2 Gott hat auf jeden Fall viel Bock
auf sein Volk, schließlich hat er sie ja von Anfang an
für was Besonderes ausgesucht. Denkt doch mal
an das Buch, das über Elia geht! Da reicht der 'ne
Beschwerde über sein Volk bei Gott ein: 3 „Gott, sie
haben deine Propheten ermordet, haben deine Häu-
ser abgerissen. Ich bin der Einzige, der noch übrig
ist. Und jetzt wollen sie mir auch noch ans Leder."
4 Und was hat Gott dazu gesagt? Er antwortete:
„Du bist nicht alleine! Ich hab noch siebentausend
andere gesehen, die sich nicht vor dem ätzenden
Götzenbild von Baal hinschmeißen!" 5 Heute haben
wir dieselbe Situation. Es werden noch einige von
den Israelis gerettet, weil Gott sie so sehr liebt.
6 Wenn er das aber tut, weil er sie so sehr liebt und
gnädig mit ihnen ist, dann tut er das eben nicht
wegen ihrer guten Lebensführung. Es ist ein freies
und unverdientes Geschenk von ihm. 7 Was soll das
jetzt heißen? Die Juden sind bei Gott unten durch,
obwohl sie es mit allen Mitteln versucht haben. Nur
die, die von Gott ausgesucht wurden, haben es
gepackt. Doch der Rest zeigt Gott die kalte Schulter.
8 In den alten Büchern steht auch passend dazu:
„Gott hat ihnen wohl Valium verpasst, sie sind zu
tranig, um ihn zu sehen, sie sitzen auf ihren Ohren
und hören bis heute nicht, was er zu sagen hat."
9 Und der Präsident David meinte mal: „Sie handel-
ten frei nach dem Motto: Bloß kein neues Pro-
gramm aufspielen, wenn das alte noch irgendwie
läuft. Und damit haben sie das Beste verpasst. Sie
haben sich selber in eine Falle begeben und sind
dort gefangen. 10 Mach, dass sie es einfach nicht
schnallen, und lass sie unter den Gesetzen leiden."

Passt auf, dass ihr nicht großkotzig werdet

11 Hat Gott dieses Volk denn jetzt aufgegeben, weil
er ihnen den Rücken zugedreht hat? No, never!
Aber weil dieses Volk nicht auf Gott gehört hat,
wurde es erst möglich, allen anderen Völkern die
coole Nachricht zu bringen, dass man mit Gott
leben kann. Das sollen ihnen die Israelis jetzt mal
nachmachen. 12 Wenn man sich das mal reinzieht,
was das Versagen des Volkes Israel für gute Sachen
für andere Völker gebracht hat, wie geil wird es erst
dann, wenn sie jetzt selbst auch noch anfangen
würden, mit Jesus zu leben! 13 Ihr, die ihr ja keine
Juden seid, sollt das wissen. Ich habe von Gott
einen Auftrag für euch bekommen. Ich betone das
nur, 14 um die Juden neidisch auf euch zu machen.
Ich möchte versuchen, so viele es geht zu retten.
15 Wenn man sich reinzieht, dass ihre verpasste
Chance zu einer Riesenchance für die ganze Welt
wurde, mit Gott wieder Frieden zu schließen, was
wird dann erst gehen, wenn sie die Chance auch
nutzen werden? Dann werden sehr viele Menschen,
die im Grunde tot waren, wieder lebendig werden.
16 Denn wenn die Wurzel des Baums gut ist, dann
ist auch der Rest gut. 17 Wenn aber einige Zweige
abgeschnitten und stattdessen neue Zweige einge-
pfropft wurden, leben die neuen von den Wurzeln
des alten Baums, sie versorgen sich mit Nährstof-
fen und Kraft. 18 Mach also nicht den Lauten gegen
den Baum! Vergiss nicht, dass du nur eingepflanzt

wurdest, du wirst nur getragen von der Wurzel.
[19] Vielleicht wirst du jetzt dagegen sagen: „Die
Zweige sind ja extra abgeschnitten worden, damit
ich dort rankann!" [20] Das stimmt, sie sind tatsäch-
lich abgeschnitten worden, weil sie Gott nicht mehr
vertraut haben. Und ihr seid da jetzt, weil ihr euer
Vertrauen auf Gott gesetzt habt. Trotzdem solltet
ihr besser Respekt haben. [21] Wenn Gott die natürli-
chen Zweige nicht verschont hat, kann er es mit dir
genauso tun.

Danke, Gott! Es gibt Hoffnung für Israel!

[22] Versteht ihr, wie Gott drauf ist? Er geht streng mit
den Leuten um, denen egal ist, was Gott will. Und
er geht liebevoll mit den Leuten um, die sich auf
seine Liebe verlassen. Wenn du das nicht tust, bist
du bei ihm unten durch. [23] Sobald die Juden endlich
anfangen, Gott zu vertrauen, sind sie auch wieder
dabei. Gott kann sie wieder in den Baum einpfrop-
fen. [24] Wenn das schon möglich ist, dass von einem
fremden Baum etwas dort reingepflanzt werden
kann, dann doch noch viel eher mit einem Zweig,
der sogar ursprünglich von dem Baum stammte.

Gott hält, was er verspricht

[25] Freunde, ich möchte, dass ihr dieses Geheimnis
kapiert, damit ihr nicht arrogant werdet. Viele Juden
peilen das Ganze noch nicht, aber das wird nur so
lange gehen, bis die Menge der Leute aus anderen
Völkern für Jesus klargemacht wurde. [26] Und dann
wird das ganze Volk der Israelis gerettet werden.
Diese Ansage kann man auch bei den Propheten
nachlesen: „Ein Held wird aus Jerusalem kommen,
und er wird ganz Israel aus dieser Situation rausho-
len, dass sie von Gott getrennt sind. [27] Dann werden
neue Verträge gemacht, ich werde ihren ganzen
Dreck wegnehmen." [28] Viele Juden haben zwar über-
haupt keinen Bock auf diese neue Nachricht, das ist
für euch nur gut, denn so seid ihr ja überhaupt erst
dazu gekommen. Aber weil Gott den Stammvätern
Abraham, Isaak und Jakob das versprochen hat,
sind sie nach wie vor Gottes besonderes Volk.
[29] Denn die Sachen, die Gott einmal schenkt, die
nimmt er nicht wieder weg. Und wenn er jemanden
für etwas ausgesucht hat, dann bereut er das nicht,
das gilt für immer. [30] Früher war euch total egal, was
Gott von euch wollte. Doch weil die Juden nichts
mit Jesus zu tun haben wollten, habt ihr jetzt 'ne
Chance bei ihm bekommen. [31] So sind jetzt die
Juden diejenigen, die sich gegen Gott entschieden
haben, weil er sich für euch entschieden hat. Aber
irgendwann werden sie mit Gott wieder klarkom-
men. [32] Gott hat nämlich erst mal alle Menschen,
egal ob Jude oder nicht, sich selbst überlassen, aber
jetzt hat er für jeden das gleiche Angebot seiner
Liebe parat. [33] Wie cool ist Gott doch unterwegs!
Wie gigantisch groß sind seine Möglichkeiten! Wie
rätselhaft seine Entscheidungen! Es ist unmöglich,
wirklich voll zu checken, warum er bestimmte
Sachen einfach tut. [34] „Wer kann schon wirklich
seine Denke durchschauen? Wer sollte sein Lehrer
werden können? Wer ist eingeweiht in seine Pläne?
[35] Wer hat Gott schon mal zu viel gegeben, dass der
Schulden bei ihm hätte?" [36] Absolut alles ist von
ihm gemacht worden, alles kann auch nur existie-
ren, weil es ihn gibt, und alles existiert nur, damit er
dadurch groß rauskommt. Er soll den Applaus
bekommen, jetzt und immer wieder neu! Yeah! So
soll es ablaufen [Amen]!

12

Alles, was ihr tut, sollte für Gott sein

[1] Weil Gott euch so total und ohne Ende
liebt, sage ich euch das jetzt: Setzt euch
auch radikal für Gottes Sache ein! Es sollte so lau-
fen, dass ihr euch total Gott zur Verfügung stellt,
dass ihr so lebt, dass Gott sich darüber freut! Das
ist doch nur eine normale Sache, Gott jetzt radikal
zu dienen, oder? [2] Orientiert euch nicht an dem, wie
die Welt drauf ist, und daran, was die für richtig und
falsch hält, sondern lasst euch von Gott eine neue
Denke geben. Dann könnt ihr auch kapieren, was er
von euch will, was gut ist und worauf er Bock hat.
[3] Mit der Vollmacht im Hintergrund, die ich von
Gott bekommen habe, warne ich euch: Überschätzt
euch nicht, bleibt bescheiden und markiert in Glau-
benssachen nicht den dicken Macker! [4] Euer Körper
hat viele Körperteile, und da hat jedes Teil seine
eigene Funktion. [5] Genauso ist das auch mit der
Familie von Jesus. Wir gehören alle zum selben Kör-
per, weil wir zu Jesus gehören, aber jeder hat eine
andere Aufgabe. Und weil wir alle zu Jesus Christus
gehören, brauchen wir auch einander. [6] Gott hat
durch seine Power einfach jedem eine andere Bega-
bung gegeben. Einer kann zum Beispiel voll gut
prophetische* Worte von Gott hören; das sollte er
nutzen, wenn er sicher ist, dass diese Worte auch
echt von Gott kommen. [7] Jemand anderes hat viel-

---

* Prophetische Worte sind Worte, die Gott auf übernatürliche Art zu Menschen redet. Es gibt Leute, die eine besondere Begabung dazu haben. Die nennt man in der Bibel „Propheten".

leicht die Begabung, anderen ganz praktisch zu hel-
fen, also soll er das tun. Kann einer gut geistliche
Sachen erklären, dann los damit. 8 Und wenn je-
mand eine Begabung darin hat, Leute zu ermutigen,
sollte er auch damit durchstarten. Wer kohletech-
nisch fett gesegnet ist, sollte davon abgeben – aber
sich bloß nichts darauf einbilden. Wenn jemand gut
organisieren kann, sollte er sich mit dieser Gabe
voll für die Gemeinde einsetzen. Und wer kranken
und alten Menschen hilft, sollte dabei immer gut
gelaunt bleiben.

So draufkommen, dass Gott durch einen wirken kann

9 Leute, so eine Pseudoliebe ist doch total ätzend.
Auf gute Sachen sollt ihr ruhig abfahren, aber auf
böse Sachen sollt ihr kotzen. 10 Liebt euch gegensei-
tig, tut das ehrlich und ohne dabei zu lügen. Freut
euch, dass ihr euch überhaupt kennt, und respek-
tiert den anderen. 11 Ihr sollt nicht schlaff werden,
wenn es ums Beten geht, lasst euch von Gottes
Kraft abfüllen. Und macht euch immer gerade für
Gott. 12 Freut euch auf Gottes Sache, auf die Dinge,
die er noch für euch hat. Entspannt euch, wenn es
mal derbe zugeht. Und vor allem gilt: Nie aufhören,
mit Gott zu labern, ja?! 13 Wenn andere Jesus-Leute
Probleme kriegen, dann seid parat und helft ihnen.
Und lasst auch mal Leute bei euch pennen oder
ladet sie zum Essen ein. 14 Wenn ihr selbst mal in
Schwierigkeiten kommt, weil ihr Christen seid, dann
schiebt keine Hasskappe gegen die, die hinter euch
her sind. Betet für sie, segnet sie! 15 Wenn Leute gut
drauf sind, dann freut euch mit ihnen. Und wenn
sie depressiv sind, dann weint mit ihnen. 16 Streitet
euch nicht und versucht euch nicht vor anderen in
den Chefsessel zu flezen, sondern macht auch mal
den Abwasch. Und glaubt nicht, ihr habt die Weis-
heit mit Löffeln gefressen. 17 Wenn jemand mies zu
euch war, gebt die Rachegedanken auf. Versucht,
immer gut zu sein, wo das geht. 18 Was eure Seite
angeht, versucht mit allen Leuten Frieden zu haben,
soweit das euch möglich ist. 19 Liebe Freunde, ver-
sucht alles, was ihr tun könnt, um mit den anderen
Menschen klarzukommen. Und wenn jemand link
zu euch war, dann überlasst es Gott, die Rechnung
zu bezahlen. In den alten Büchern steht dazu:
„Überlasst mir die Rache, ich werd die Rechnung
begleichen", sagt Gott." 20 Stattdessen seid besser
voll nett zu diesen Leuten. Da steht nämlich auch:
„Wenn dich jemand total blöd findet, dann bring
ihm was zu essen, wenn er Hunger hat. Und wenn
er Durst hat, bring ihm was zu trinken. Und dann
wird es ihm voll leidtun, was er dir angetan hat."
21 Das Miese soll keine Chance gegen dich haben,
schlag das Böse mit dem Guten!

13

Wie sich Jesus-Leute dem Staat gegenüber verhalten können

1 Was die Regierung sagt, solltest du auch
tun. Die ist nämlich nicht umsonst da, Gott hat
schließlich dafür gesorgt, dass sie im Amt ist. 2 Wer
die Gesetze von einem Land bricht, der ist auch
Gott gegenüber unkorrekt und wird nicht so mal
eben davonkommen. 3 Wer immer richtig lebt und
die Gesetze befolgt, braucht auch keinen Schiss vor
den Bullen zu haben. Das musst du aber, wenn du
dich nicht an die Regeln hältst. Darum: Mach, was
für die in Ordnung geht, und du wirst einen guten
Ruf bei denen haben. 4 Die Bullen sind letztendlich
auch nur für Gott da, und jeder hat was davon,
dass es sie gibt. Wenn du aber Gesetze brichst,
musst du Angst davor haben, dass man dich ver-
folgt und bestraft. Die Bullen sind dann im Grunde
wie ein verlängerter Arm Gottes, um die zu bestra-
fen, die Mist bauen. 5 Es gibt also zwei Gründe, das
zu tun, was die Regierungen beschließen. Einmal,
um einer eventuellen Strafe zu entgehen. Zum an-
deren, damit du keine Schuldgefühle haben musst.
6 Das ist auch der Grund, warum es cool ist, Steu-
ern zu bezahlen. Denn der Staat braucht ja die
Kohle, damit es im Land nicht drunter und drüber
geht. Bezahlt alles, wo jemand was für euch arbei-
tet. Zahlt auch eure Steuern. 7 Jeder soll das krie-
gen, was ihm gehört, ob das nun das Finanzamt
oder der Zoll ist. Respekt steht jedem in der Gesell-
schaft zu.

Einander lieben ist das Wichtigste, wo gibt

8 Schulden sollt ihr immer zurückzahlen. Nur in
einer Sache werdet ihr dem anderen immer was
schuldig bleiben, das geht gar nicht anders: in der
Liebe. Davon kann man nie genug geben. Wer
andere liebt, hat begriffen, worum es Gott eigentlich
geht. 9 Alle Gesetze sind in dem einen Ding enthal-
ten. Nicht die Ehe zerstören, keine Leute ermorden,
nicht klauen, nicht neidisch sein, das ist alles
zusammengefasst in dem Befehl von Gott: „Liebe
jeden, der in deiner Nähe ist, genau so, wie du dich
selber liebst." 10 Die Liebe will dem anderen keinen
Schaden zufügen. Alle Regeln von Gottes Pro-
gramm sind in der Liebe zusammengefasst.

Immer so leben, als wäre heute der Tag der Abrechnung

11 Seid immer so drauf, als wenn morgen der Tag
der großen Abrechnung kommen würde. Scheiß-
egal-Haltung ist echt nicht mehr angesagt. Jesus
Christus feiert bald sein großes Comeback, dann
sind wir endlich ganz frei. 12 Nach jeder Nacht
kommt der Tag. Am Tag sind alle Sachen zu sehen,
die wir lieber nur im Dunkeln machen würden, wo
keiner zugucken kann. Also sollen wir jetzt immer
so leben, dass es ruhig Tag werden kann und wir
uns nicht für unser Leben und die Sachen, die wir
so tun, schämen müssen. 13 Wir sollten so leben,
dass andere uns als Vorbilder nehmen wollen, ehr-
lich sollten wir natürlich auch immer sein. Auf Par-
tys, wo gesoffen und rumgedrogt wird, sollten wir
uns nicht blicken lassen. Wir müssen unseren Ehe-
partnern ganz treu sein und sexmäßig nicht dreckig
abgehen. Und geht auch unnötigem Streit aus dem
Weg, lasst euch nicht auf irgendwelche Eifersuchts-
geschichten ein. 14 Bleibt straight bei Jesus Chris-
tus, er ist der Boss. Er soll auf dem Chefsessel in
eurem Leben sitzen. Lasst euch nicht gehen, passt
auf, dass eure Wünsche keine Macht über euch
haben und ihr nicht von eurer Geilheit kontrolliert
werdet.

14

Zusammenhalten ist angesagt

1 Kümmert euch um die Leute, die geistlich
schwach auf der Brust sind. Bringt sie
nicht durch irgendwelche Diskussionen auch noch
schräge drauf. 2 Wenn einer zum Beispiel glaubt, es
wäre für Gott okay, alles zu essen, worauf man Bock
hat, meint der andere wieder, das würde er gewis-
senstechnisch gar nicht auf die Reihe kriegen. 3 Je-
der soll den anderen so akzeptieren, wie der ist, und
ihn nicht gleich peinlich finden. Gott ist ja genau
so unterwegs und akzeptiert euch, so wie ihr seid.
4 Was ist los, dass du meinst, du könntest über
einen anderen urteilen und über die Sachen, die er
tut? Er muss sein Leben eh allein vor Gott klarkrie-
gen! Darum lass Gott das mal machen, das ist nicht
dein Ding. Gott ist auch in der Lage, dem anderen
zu zeigen, wo es längsgeht. 5 Es gibt Leute, für die
bestimmte Tage eine bestimmte Bedeutung haben.
Für andere ist das wieder total egal. Das kann jeder
machen, wie er Bock drauf hat. 6 Wenn jemand sich
einen speziellen Tag aussucht, um da mit Gott ganz
viel zu reden, dann soll er das für Gott tun. Wenn
jemand mal aufs Essen verzichtet, um sich total
aufs Beten zu konzentrieren, soll er das auch für
Gott tun. Und wenn jemand ganz normal essen will,
kann er das auch mit einer dankbaren Haltung
machen. 7 Ist doch klar: Unser Leben dreht sich
nicht mehr um uns selbst – und unser Tod auch
nicht. 8 Wir leben nur noch für Jesus und sterben
tun wir auch nur für ihn. Egal, wie du es auch
drehst, wir haben unser Leben radikal an Gott ver-
schrieben. 9 Jesus Christus, unser Held, ist ja
gestorben und dann wieder lebendig geworden,
damit er die Regler von allen Menschen in die
Hände bekommt – und zwar von allen, den toten
und den lebendigen Menschen. 10 Was machst du,
wenn du andere disst? Wie kommst du dazu, arro-
gant auf andere runterzugucken? Wir werden bei
der großen letzten Gerichtsverhandlung alle mal auf
der gleichen Ebene vor Gott stehen! 11 In den alten
Büchern steht die Ansage: „Irgendwann werden sich
alle mal vor mir hinschmeißen müssen, und jeder
wird dann sagen: ‚Du bist der Gott!'" 12 Auf sicher,
jeder wird mal mit Gott 'ne Abrechnung für sein
Leben machen müssen.

Sich für den anderen geradmachen

13 Darum hör auf, über die anderen zu lästern oder
sie zu verurteilen, und fass dich an die eigene
Nase! Lebe so, dass du niemanden dabei behin-
derst, wenn er seinen Weg mit Gott geht. 14 Ich bin
mir hundertprozentig sicher, dass alles, was Gott
geschaffen hat, auch cool für die Menschen ist. Nur
wenn jemand von sich aus etwas als nicht okay für
Gott einstuft, dann ist es auch nicht okay für ihn.
15 Wenn du aber irgendwas öffentlich tust, das für
jemanden anderen ein Verstoß gegen die Gesetze
wäre, dann bringst du ihn ja schlecht drauf. Du tust
das mit einer miesen Motivation, wenn du weißt,
dass es den andern stört, und es trotzdem tust.
Muss ja nicht sein, dass wegen dir jemand auch
noch Mist verzapft. Jesus ist für denjenigen ge-
nauso da, wie er für dich da ist. 16 Passt einfach auf,
dass nicht durch solche piddeligen Kleinigkeiten die
ganze Sache in den Dreck gezogen wird. 17 Es geht
alleine um die neue Zeit*, die jetzt angebrochen ist.
Und außerdem geht es um das, was jetzt mit Gott

---

* Die neue Zeit, in der Gott das Sagen hat (auch Reich Gottes genannt), war ein stehender Begriff, mit dem die Leute damals was Bestimmtes verbanden. Wenn Gottes Reich an den Start kommt, dann hat eine neue Zeit begonnen, dann gibt es einen Machtwechsel. Jesus hat oft darüber geredet. Der Begriff wird in der Volxbibel oft durch „die Zeit/das Reich, in dem Gott das Sagen hat" ersetzt.

abgeht. Essen und Trinken sind da nicht so wichtig. Gott hat Bock auf alle Menschen. Jeder, der bei ihm ankommt, kann abgefüllt werden mit seiner Kraft, mit einem inneren Gefühl von Frieden und mit Freude bis zum Abwinken! 18 Wenn du so lebst und das tust, was er möchte, dann hat Gott auch viel Freude mit dir. Und auch die Leute um dich rum werden dich respektieren. 19 Lass uns also versuchen, so peacig wie möglich mit den anderen Menschen umzugehen und zu versuchen, uns gegenseitig im Leben mit Gott anzufeuern! 20 Religiöse Essensregeln sind blöd und bringen nur alles durcheinander. Da musst du aufpassen. Es stimmt zwar immer noch, dass nichts verboten ist, aber wie gesagt, wenn dein Handeln jemand gewissenstechnisch schlecht draufbringt, dann lass es sein. 21 Es ist okay, kein Fleisch zu essen, keinen Wein zu trinken oder auf irgendwas anderes zu verzichten, wenn das jemand von der Jesus-Familie nicht abkann. 22 Vertraust du Gott? Dann bleib dabei und lebe so, wie du glaubst, dass es für ihn okay ist, und leg nicht den gleichen Maßstab bei anderen an wie bei dir selbst. Gut drauf kommen die Leute, die nur das tun, was sie vor sich selbst verantworten können, und sich wegen nichts selber fertig machen. 23 Wenn jetzt aber einer was isst, wo er glaubt, dass er es nicht essen sollte, und isst es trotzdem mit schlechtem Gewissen, dann tut er nicht mehr das, was von seinem Glauben her richtig ist. Und etwas zu tun, was dem nicht entspricht, trennt einen von Gott, denn man vertraut ihm nicht mehr.

15

Jesus ist unser Held und Vorbild

1 Gerade wir, die voll den engen Draht zu Gott haben, sollten Rücksicht auf die Unsicherheit von den anderen Jesus-Leuten nehmen, die noch nicht so leben wie wir. 2 Wir sollten so leben, dass es anderen hilft und dass wir ein Vorbild für die anderen sind. 3 Jesus Christus hat ja auch nicht den Egofilm gefahren. In den alten Büchern steht: „Wenn Leute ätzend zu dir sind, sind sie auch zu mir ätzend." 4 Das hat einer vor sehr vielen Jahren aufgeschrieben, damit wir davon lernen können. Es sollte uns Hoffnung geben und ermutigen, damit wir mit Gott durchziehen und nicht auf halber Strecke schlappmachen. 5 Gott ist immer entspannt, und er feuert euch an. Er wird euch dabei helfen, gut miteinander klarzukommen, so wie Jesus euch das auch beigebracht hat. 6 Ihr könnt dann wie mit einer Stimme Gott zusammen danke sagen, könnt ihm sagen, wie geil er ist, und ihn loben. 7 Akzeptiert euch gegenseitig, so wie Gott euch auch akzeptiert hat. Das zeigt, wie klasse er ist. 8 Nicht vergessen: Jesus Christus ist nicht als der Mega-Held in Glanz und Gloria zu den Juden gekommen, sondern als kleines Licht. Er wollte damit die Vorhersagen aus den alten Büchern erfüllen. Wieder ein Beweis, dass Gott jedes Versprechen, das er mal gegeben hat, auch erfüllt. Man kann sich hundertpro auf ihn verlassen. 9 Gott ist durch Jesus noch mal bei uns vorbeigekommen, um die anderen Menschen, die keine Juden sind, aus ihrem Dreck rauszuholen. Dadurch ist mal wieder bewiesen, dass er eben alle liebt. 10 Mose hat gesagt: „An alle Völker, die nicht zu Israel gehören: Freut euch!" 11 Einer von den Typen, die die Psalmen geschrieben haben, meinte ja auch schon: „Nicht nur die Israelis, sondern alle Völker sollen Gott loben." 12 Der Prophetentyp Jesaja meinte auch: „Der Auserwählte wird aus der Familie von Isai sein. Er wird die Vollmacht bekommen über alle Menschen, auch über die, die keine Juden sind. Alle setzen ihre Hoffnung auf ihn." 13 Ich rede mit Gott darüber und bitte ihn darum, dass ihr durchhaltet, dass ihr dabei immer durch euren Glauben fröhlich seid. Dann werdet ihr fett gesegnet sein, immer voll Hoffnung haben können, weil die Power von Gott, sein Geist, in euch wirkt.

Warum ich euch überhaupt schreibe

14 Leute, wenn ich euch so ansehe, bin ich mir hundertpro sicher, dass ihr das alles kapiert habt! Ihr habt verstanden, worum es geht, und ihr seid auch in der Lage, euch gegenseitig zu sagen, wo es längsgeht. 15 Ich habe mich in diesem Brief hier und da ein bisschen krass ausgedrückt, damit ihr die wichtigsten Sachen auch kapiert. 16 Weil Gott mich wohl so sehr mag, darf ich nicht nur alles für ihn geben, ich darf sogar sein ganz besonderer Botschafter sein, der zu allen Menschen reden darf. Ich erzähl euch eine sehr gute Nachricht, und das tu ich, so gut ich nur irgend kann. Ich möchte, dass ihr durch seine Kraft anders und anständig lebt, damit sich Gott darüber freuen kann. 17 Es gibt für mich so monstermäßig viele Gründe, stolz zu sein, schon alleine weil Jesus Christus mich für seine Sache so sehr benutzt hat. 18 Ich würde es nicht wagen, auf irgendetwas anderes so abzugehen, nur auf Jesus. Er hat mich dazu benutzt, andere Völker mit Gott in Kontakt zu bringen. 19 Das ist mir vor allem darum

so gut gelungen, weil ich mit seiner Kraft echt irre
Wunder getan habe. Das war sein Beweis für die
Leute, dass ich keinen Scheiß rede und dass Gott
dahintersteht. Und so hab ich das Ding überall
durchgezogen, von Jerusalem bis nach Illyrien.
20 Ich wollte dabei immer dort sein, wo noch nie-
mand vorher was von Jesus Christus gehört hatte
und wo auch noch keine Gemeinde war. 21 Ich hab
mich dabei an die Worte von Jesaja gehalten, der
meinte: „Gerade die sollen dabei sein, die keine
Einladung bekommen hatten. Die noch nie was von
Gott gehört haben, werden es verstehen."

Paulus auf Tour

22 Weil ich damit total busy war, hab ich es leider
noch nicht geschafft, mal bei euch reinzuschneien.
23 Jetzt bin ich aber mit meinem Ding hier endlich
durch und kann nach all den Jahren auch noch mal
bei euch aufschlagen. Da freu ich mich total drauf!
24 Ich plane gerade 'ne Spanien-Tour und werde auf
dem Weg dahin in Rom einen Zwischenstopp einle-
gen. Und wenn wir erst mal eine richtig entspannte
Zeit zusammen hatten, könnt ihr mich ja irgend-
wann wieder weiterschicken. Ich werde euch voll
genießen! 25 Erst mal muss ich aber noch nach Jeru-
salem, um den Jungs dort etwas unter die Arme zu
greifen. 26 Die Christen in Griechenland haben eine
Spendensammlung veranstaltet für die Leute in
Jerusalem, die keine Kohle haben. 27 Sie hatten das
Gefühl, es wäre mal „Pay-back-Time" angesagt!
Schließlich haben sie ja durch die Leute aus Jerusa-
lem das erste Mal von Jesus gehört. Darum geht
das voll in Ordnung, wenn sie denen jetzt finanziell
unter die Arme greifen. 28 Sobald ich genug Geld
zusammenhab und das überweisen kann, mach
ich mich auf den Weg nach Spanien und komme
auf der Tour bei euch vorbei. 29 Und eins verspreche
ich euch: Wenn ich komme und wir uns treffen wird
es voll jesusmäßig abgehen. 30 Bitte, Leute, wenn
euch was an mir liegt, dann steht voll hinter mir
und unterstützt mich, wo ihr nur könnt! Betet für
mich, damit ich durchhalte in dem Kampf, den ich
kämpfen muss. 31 Betet auch dafür, dass ich in
Judäa beschützt werde vor den Leuten, die mich
fertig machen wollen. Und dass ich eine coole Zeit
in Jerusalem mit den Jesus-Leuten dort habe.
32 Dann werde ich total abgehen, wenn ich endlich
bei euch bin! Und wir werden eine gute Zeit zusam-
men haben, versprochen! 33 Gott, der für Frieden
sorgt, soll bei euch immer am Start sein! Genau
[Amen]!

16

1 PS: Die Frau, die euch diesen Brief geben
wird, ist auf jeden Fall okay. Sie heißt Phöbe
und arbeitet in der Gemeinschaft von Ken-
chreä mit. 2 Bitte kümmert euch um sie, wie es nor-
mal sein sollte, wenn man zu Jesus Christus gehört.
Steht hinter ihr und gebt ihr, was sie so braucht. Sie
war mir immer eine große Hilfe. 3 Schöne Grüße an
Priska und Aquila, meine Kollegen im Auftrag von
Jesus! 4 Die haben alles für mich riskiert, sogar ihr
Leben. Dafür kann ich ihnen nie genug danken, und
so geht es auch den anderen Gemeinden. 5 Schöne
Grüße auch an die Hauskreisgemeinde und an mei-
nen Freund Epänetus. Er war der erste Typ, der in
Kleinasien zum Glauben an Jesus gekommen ist.
6 Grüße an Maria, die immer viel für euch tut. 7 Und
Andronikus und Junia, die genau wie ich Juden sind
und mal mit mir zusammen im Knast waren. Die
beiden haben unter den Aposteln voll den guten
Ruf. Beide waren auch schon vor mir Christen. Die
müsst ihr auf jeden Fall auch noch grüßen. 8 Ja,
dann noch den Ampliatus, mit dem ich mich durch
Gottes Liebe voll eng verbunden fühle, 9 Urbanus,
der auch für Gott unterwegs ist, und den lieben Sta-
chys nicht zu vergessen. 10 Apelles, der Gott immer
treu ist, und den Leuten aus dem Haus von Aristo-
bul müsst ihr auch noch Hallo von mir sagen. 11 Hey
Herodion, du bist auch ein Jude wie ich! Hallo an
alle aus dem Haus von Narzissus, die Jesus ver-
trauen! 12 Grüße an Tryphäna und Tryphosa, die was
für Gott reißen, Persis, die ich sehr mag und die
auch viel für Gott schuftet! 13 Grüße an Rufus, ein
ganz besonderer Typ für Gott. Und an seine Mutter
auch – die ist für mich zu so was wie 'ner Ersatz-
mutti geworden. 14 Grüße an Asynkritus, Phlegon,
Hermes, Patrobas, Hermas und die Leute, die bei
ihm abhängen. 15 Gebt auch noch Grüße weiter an
Philologus und Julia, Nereus und seine Schwester,
an Olympas und all die anderen ganz besonderen
Christen. 16 Geht gut miteinander um und umarmt
euch mal gegenseitig. Alle Gemeinden, die mit
Jesus am Start sind, grüßen euch. 17 Noch ein paar
Worte zum Schluss: Passt auf, wenn irgendwelche
Typen anfangen, komische Lehren zu verbreiten,
und dadurch zum einen die Gemeinschaft ausein-
andertreiben und zum anderen auch das Vertrauen
in Gott dadurch anzecken. Sie erzählen euch was
total anderes als das, was ihr beigebracht bekom-
men habt. 18 Solche Typen sind total schräge unter-
wegs, mit netten Argumenten und ganz tollen Bei-
spielen versuchen sie, die einfachen Menschen zu
verführen. Die tun nicht das, was Jesus will. 19 Es hat

sich überall rumgesprochen, wie cool ihr mit Gott unterwegs seid, dass ihr sehr straight lebt, genau wie Gott es möchte. 20 Gott, der immer Frieden will, wird euch bald einen fetten Sieg geben über Satan, den Chef vom Bösen. Gott liebt euch und verzeiht euch alles, das stimmt für immer. 21 Ich soll noch Grüße ausrichten von Timotheus, der bei mir angestellt ist. Auch von Luzius, Jason und Sosipater, ebenfalls Landsleuten von mir, soll ich euch grüßen! 22 Auch ich, Teritus, schreibt hier noch ein paar Grüße hin. Ich hab diesen Brief für euch sauber abgetippt. 23/24 Gajus, bei dem ich zurzeit penne und in dessen Haus die Jesus-Leute abhängen, grüßt euch auch. Erastus, der Finanzbeamte der Stadt, lässt euch auch schön grüßen, genauso wie Quartus, der auch an Jesus glaubt.

Gott soll groß rauskommen

25 Gott soll groß rauskommen! Er kann uns durch diese neue Nachricht immer wieder voll ermutigen. Diese Sache macht deutlich, wie Gott eigentlich drauf ist. Das haben die Menschen bisher noch nie so gehört. 26 Aber jetzt ist das anders. Sie hören davon, wie es die Prophetentypen schon vor langer Zeit vorhergesagt hatten. Gott wollte es so, er will, dass alle Menschen das wissen, damit sie ihr Vertrauen auf Jesus Christus setzen. 27 Gott weiß alles! Er hat den Überblick! Er soll groß rauskommen durch Jesus Christus! Genau so ist es [Amen]!

Euer Paulus

Der erste Brief an die Christen aus Korinth

1

Adresse und Einleitung

1 Absender: Paulus, Apostel. In sein Amt als Bot-
schafter durch Gott eingesetzt. Sowie Sosthenes,
ein Mitarbeiter. 2 An: die Familie von Jesus-Leuten in
Korinth. Hallo ihr! Eins erst mal vorweg, Gott hat
euch ganz speziell ausgesucht! Er hat genau euch
gemeint, als er euch gerufen hat! Ihr gehört jetzt
zu ihm! Gott hat mit euch was Bestimmtes vor, ge-
nauso wie mit jedem anderen, der zu Jesus betet,
egal, wo der auch auf der Welt gerade abhängt. 3 Ich
wünsche euch alles Gute, dass ihr mit Gott peacig
unterwegs seid und dass ihr versteht, wie sehr er
euch liebt. Von ihm, dem väterlichen Gott, und von
Jesus Christus, dem Chef, kommt echt alles Gute!
4 Ich kriege jedes Mal voll den Flash, wenn ich an-
fange, Gott dafür zu danken, was für coole Sachen
er mit euch durch Jesus gemacht hat! 5 Von ihm
seid ihr fett beschenkt worden, einmal durch die
guten Sachen, die euch beigebracht wurden, zum
anderen auch dadurch, dass ihr sie überhaupt ver-
stehen konntet. 6 Die Nachricht von Jesus Christus
hat bei euch voll eingeschlagen. 7 Ihr seid mit allen
geistlichen Begabungen fett beschenkt worden. Und
ihr lebt total in der Erwartung, dass Jesus bald wie-
der zurück auf die Erde kommt. 8 Jesus wird euch
die nötige Kraft geben, um bis zum Schluss durch-
zuziehen. Wenn er wieder bei uns auftaucht, wird
nichts zwischen euch und ihm stehen. 9 Gott ist
treu! Man kann sich auf ihn verlassen. Er hat euch
dazu ausgesucht, mit ihm und seinem Sohn, der
unser Chef ist, zusammen zu sein. 10 Liebe Leute
aus der Familie von Gott, ich hab eine dringende
Bitte an euch: Achtet darauf, dass ihr euch durch
nichts auseinanderbringen lasst! Spaltung ist
ätzend! Versucht Einigkeit zu kriegen in euren Zie-
len und auch in dem, wie ihr so gemeinsam unter-
wegs seid. 11 Ihr Lieben, von Verwandten der Chloë
habe ich gehört, dass bei euch immer derbe Diskus-
sionen abgehen und ihr euch über theologische
Sachen streitet. 12 Es wird erzählt, dass einige sagen:
„Ich steh auf Paulus!", andere aber sagen, sie fän-
den Apollos geiler, und Dritte sagen wieder, sie wür-
den auf Petrus abfahren. Und die ganz Frommen
sagen dann noch: „Ich steh nur auf Christus!" 13 Ich
frage euch im Ernst, Leute: Was soll das? Wollt ihr
Christus wie einen Kuchen zerschneiden? Und bin
ich, Paulus, denn für euch hingerichtet worden,
oder wie? Oder wurde irgendeiner von euch auf
meinen Namen getauft? 14 Ich bin im Nachhinein
total froh, dass ich, mal abgesehen von Krispus und
Gajus, keinen von euch getauft habe! 15 So kann
wenigstens keiner mehr sagen, er wäre auf meinen
Namen getauft worden. 16 Ach ja, die Familie vom
Stephanas, die hab ich auch noch getauft, das war
es aber auch schon, mehr war da nicht, garantiert!
17 Ich hab von Jesus Christus nicht die Order bekom-
men, Leute zu taufen. Von mir möchte er vor allem,
dass ich über die Nachricht rede, dass man sein
Leben mit Gott wieder in Ordnung bringen kann.
Allerdings nicht mit supergelehrten Worten, so dass
alle vor mir einen Riesenrespekt haben, denn es
kommt nicht auf mich an, sondern auf Jesus. 18 Mir
ist schon klar, dass diese Nachricht von der Hinrich-
tung eines Jesus Christus an einem Kreuz total
schwachsinnig klingen muss für die, die es einfach
nicht raffen und verloren gehen. Für uns, die wir
dadurch gerettet wurden, ist sie aber ein Beweis für
Gottes totale Kraft geworden. 19 Gott hat schon frü-
her mal zu dem Thema gesagt: „Für mich ist es
wurscht, wie intelligent einer ist, und selbst wenn
jemand glaubt, die Weisheit mit Löffeln gefressen
zu haben, da steh ich drüber!" 20 Was sollen die
schlauen Leute, die Professoren und die Philoso-
phen dazu noch sagen? Gott hat sie furchtbar alt
aussehen lassen, ihre Intelligenz bringt ihnen letzt-
endlich überhaupt nichts. 21 Obwohl man überall
sehen kann, wie genial Gott eigentlich ist, konnten
sie ihn mit ihrem Hirn nicht begreifen. Gott hat eine
Lektion, die allen total schwachsinnig erscheint,
dazu benutzt, um alle zu retten, wenn sie nur daran
glauben würden. 22 Die Juden gehen auf Wunder
total ab. Die Griechen wollen eine Antwort auf alle
Fragen durch die Philosophie. 23 Wir behaupten aber
einfach, dass der Sohn von Gott, Christus, für alle
Menschen sterben musste! Egal, ob das jetzt für die
Juden eine Gotteslästerung ist und für die Griechen
einfach nur Blödsinn. 24 Die Leute aber, die von Gott
ausgesucht wurden, für die steckt in dem am Kreuz
hingerichteten Jesus die radikale Power Gottes und
seine Weisheit obendrauf. 25 Was Gott da getan hat,
übersteigt das menschliche Vorstellungsvermögen!
Was bei ihm als schwach rüberkommt, ist in Wirk-
lichkeit der Megablow schlechthin. 26 Seht euch
doch selber mal an, Leute! Die wenigsten von euch

können auf eine gute Schulbildung oder eine fette
Karriere verweisen, bevor sie Christen geworden
sind. 27 Gott hat Bock auf die Leute, die aus der
Sicht von Nichtchristen keine besondere Stellung in
der Welt haben. Er will die Leute alt aussehen las-
sen, die meinen, sie wären die Intelligenz schlecht-
hin. Er hat die Loser gewählt, um den Siegern 'ne
Niederlage zu verpassen. 28 Er hat Bock auf das,
worauf die Welt keinen Bock mehr hat. Die Leute,
auf die von allen runtergeguckt wird, sind ihm wich-
tig. Er will damit die Machtstrukturen auf den Kopf
stellen. 29 Niemand sollte mehr in der Lage sein,
aufgrund seiner Stellung in der Welt vor Gott den
Lauten machen zu können. 30 Gott hat die Möglich-
keit geschaffen, dass ihr mit Jesus zusammenleben
könnt. Er hat aus Jesus die schlaueste Geschichte
überhaupt werden lassen! Durch ihn werden wir
wirklich frei, durch ihn sind wir okay für Gott trotz
unserem Dreck, und durch ihn kommen wir mit
Gott überhaupt erst wieder klar. 31 In dem alten
Buch steht ja auch schon was dadrüber. Ich zitiere:
„Wer sich was einbilden will, soll sich auf das was
einbilden, was Gott gemacht hat!"

2 Was Paulus sagt, das stimmt

1 Also, ihr Lieben, als ich neulich bei euch gewe-
sen bin, hab ich ja nun echt nicht den weisen
Macker markiert oder versucht, euch mit guter Rhe-
torik die Sachen von Gott zu erklären. 2 Mir war vor
allem wichtig, nur von Jesus zu reden und warum er
an einem Kreuz hingerichtet wurde. 3 Und dabei war
ich echt mies drauf und hatte auch echt Panik. 4 Was
ich euch dann gesagt habe, war ziemlich einfach.
Ich habe nicht versucht, euch mit rhetorischen Mit-
teln weichzuklopfen. Was bei euch funktioniert hat,
war die Kraft, die durch den Heiligen Geist gekom
men ist. 5 Ich habe das absichtlich gemacht, denn
ich wollte nicht, dass eure Beziehung zu Gott auf
menschliches Gelaber gebaut ist. Ihr solltet euer
Vertrauen auf Gottes Power setzen. 6 Jeder, der ein
bisschen von Gott geschnallt hat, wird verstehen,
wie gut diese Nachricht von Gott ist, auch wenn die
Mächtigen in der Welt davon nichts wissen wollen.
Diese Welt wird mit ihren ganzen Weisheiten aber
irgendwann in der Tonne enden! 7 Aber die Weisheit,
von der wir hier reden, ist eine Weisheit, die direkt
von Gott kommt! Sie war lange Zeit topsecret. Kei-
ner wusste davon, bis Gott beschlossen hat, sie
aufzumachen, damit wir wieder in Kontakt mit ihm
kommen. 8 Die Leute, die was zu sagen haben,
haben null kapiert, worum es dabei geht. Logisch,
sonst hätten sie Jesus nie hingerichtet. 9 Es ist aber
genauso passiert, wie es in dem alten Buch schon
drinstand: „Was niemand für möglich gehalten hat,
was keiner voraussehen konnte, das hat Gott am
Start für alle, die ihn lieben." 10 Wir dürfen das alles
verstehen, weil Gott es uns durch seinen Geist er-
klärt. Sein Geist hat die Peilung von allem, und er
erlaubt uns einen tiefen Einblick in Gottes Geheim-
nisse. 11 Genauso wie jeder nur seine eigenen Ge-
danken wirklich kennt, so ist Gott auch der Einzige,
der seine eigenen Gedanken wirklich beurteilen
kann. 12 Gott hat uns nicht die Einstellungen verord-
net, die man in der Welt so vorfindet. Er will, dass
wir durch seine Kraft in der Lage sind zu verstehen,
was er uns alles geschenkt hat! 13 Alles, was wir euch
beigebracht haben, konnten wir euch nicht etwa
deshalb beipulen, weil wir so geil drauf sind und so
gut reden können. Es war immer so, dass Gott uns
durch seinen Heiligen Geist die Worte aufgespielt
hat. 14 Leute, die keine Ahnung von Gottes Kraft und
seinem Geist haben, können so was gar nicht kapie-
ren. Bei denen kommt nur Dünnsinn rüber. Nur die
Menschen, die sich von Gott führen lassen, verste-
hen auch die Sachen, die Gott sagen will. 15 Wenn
Gott uns durch den Geist führt, lernen wir zu unter-
scheiden, und wir werden dabei total unabhängig
von dem, was andere über uns sagen. 16 Jesaja hat
ja schon mal die Ansage gemacht: „Wer kapiert
überhaupt, wie Gott drauf ist, wer könnte ihm
Unterricht geben?" Wir sind aber so drauf wie er,
wir haben auch seine Kraft in uns.

3 Passt auf vor Spaltung, jeder braucht jeden!

1 Ihr Lieben, als ich bei euch zu Besuch war,
konnte ich nicht so mit euch umspringen, wie
ich es mit Leuten tue, die schon ein bisschen länger
mit Jesus am Start sind. Es war eher die „Baby-
Nummer", die ich bei euch durchgezogen habe.
2 Ich habe euch eher mit Milch versorgt als mit
Schwarzbrot, denn davon hättet ihr nur Bauch-
schmerzen bekommen. Und jetzt sieht's auch noch
nicht viel besser aus. 3 Ihr seid echt so drauf, als
würdet ihr Jesus noch gar nicht kennen und immer
noch euer eigenes Ding machen. Dass ihr euch
immer wieder streitet und eifersüchtig auf den
anderen seid, ist für mich der Beweis. 4 Wenn einer
erklärt: „Ich bin ein Paulus-Fan", und der Nächste
sagt: „Ich steh auf Apollos", dann seid ihr echt so
drauf wie Leute, die keine Ahnung von Jesus haben.

5 Wer ist denn bitte schon Apollos? Und wer ist übri-
gens Paulus? Wir sind doch nur Angestellte von
Gott, durch die ihr Christen geworden seid, weiter
nichts. 6 Meine Aufgabe bestand darin, Samen in
euer Herz zu streuen, Apollos hat Wasser darüber
gegossen, aber Gott hat es alles wachsen lassen,
das war nicht unser Ding. 7 Ist eigentlich egal, wer
jetzt den Samen in die Erde gebracht hat und wer
ihn begossen hat, wichtig ist nur, dass Gott euer
Vertrauen in ihn wachsen lässt. 8 Derjenige, der
gesät hat, und auch der Typ, der Wasser darüber-
gegossen hat, ziehen ja beide am selben Strang!
Jeder wird irgendwann mal seine Bezahlung für sei-
nen Job kriegen. 9 Wir haben bei uns so was wie
Teamwork. Ihr seid sozusagen das Ackerfeld von
Gott und ihr seid damit seine Arbeit, nicht unsere.
10 Weil Gott so gut zu mir ist, durfte ich bei euch ein
Fundament gießen. Das habe ich so schlau ange-
stellt, wie es eben ging. Jetzt bauen aber andere auf
diesem Fundament weiter und jeder, der dabei ist,
muss aufpassen, dass er so gut weiterbaut, wie es
geht. 11 Keiner kann ein geileres Fundament abgeben
als Jesus Christus selbst. Überhaupt ist er das ein-
zige Fundament, was man sich vorstellen kann,
wenn man glaubensmäßig irgendetwas reißen will.
12 Jetzt kann natürlich jeder so bauen, wie er Bock
hat, um weiter in diesem Bild zu sprechen. Man
kann zum Beispiel richtig cooles Material nehmen,
Gold oder Silber oder Diamanten, aber auch Sachen
wie Stroh oder Holz kann man verwenden. 13 An
dem Tag, an dem die letzte große Abrechnung abge-
hen wird, muss sich alles in einem Feuer beweisen.
Das Feuer wird dann zeigen, was eine gute Bau-
weise ist und was schrottig ist. 14 Was im Feuer nicht
verbrennt, dafür wird man fett absahnen. 15 Wenn
ein Lebenswerk aber im Feuer verkohlen sollte, wird
das ganz schön ätzend sein, auch wenn man selbst
noch mit dem Leben davonkommt. 16 Habt ihr nicht
geschnallt, dass ihr so was wie eine Kirche für Gott
seid? Ihr seid wie seine Bude und sein Geist wohnt
in euch drin. 17 Wenn jemand die Wohnung von Gott
versifft, dann wird er von Gott auch versifft werden.
Denn da, wo Gott wohnt, ist kein Platz für ätzende
Sachen, er ist perfekt. Und Gott wohnt in euch,
Leute! 18 Linkt euch doch nicht selber ab! Falls sich
jemand für besonders schlau hält, dann muss er
erst mal dumm werden, damit Gott ihn auf seine
Art richtig schlau machen kann. 19 Denn das, was
die Welt für besonders intelligent hält, ist aus Got-
tes Sicht totaler Schwachsinn. Zitat: „Gott schlägt
die Leute, die meinen, die Weisheit mit Löffeln
gefressen zu haben, mit ihren eigenen Waffen."
20 An einer anderen Stelle aus dem alten Buch heißt
es: „Gott weiß genau, was in den Gedanken der
Schlaumeier vorgeht, und er lacht darüber." 21 Kei-
ner soll den Lauten machen, wenn er sich mit
andern vergleicht. 22 Egal, ob er jetzt Paulus heißt
oder Apollos oder Petrus. Alles liegt euch zu Füßen,
die ganze Welt, das Leben und der Tod, die Vergan-
genheit und die Zukunft! 23 Ihr gehört zu Jesus
Christus und gehört damit zu Gott!

4 Die Apostel müssen sich vor Gott gerade machen

1 Ich würde mir wünschen, dass wir Apostel für
euch so was wie Angestellte von Jesus sind, die die
Aufgabe von ihm haben, Aufklärungsarbeit für seine
Sache zu betreiben. 2 Von einem Angestellten wird
hundertprozentige Zuverlässigkeit erwartet. 3 Wie ist
das bei mir? Also, mir ist es ehrlich gesagt total
egal, was Leute über mich denken. Außerdem finde
ich, dass ich mich nicht in eigener Sache beurteilen
sollte. 4 Ich hab zwar ein reines Gewissen, aber auch
das ist nicht entscheidend. Was Gott über mich
denkt, darauf kommt es letztendlich an! 5 Niemand
hat das Recht, das Leben von jemandem zu bewer-
ten, bevor Jesus wiederkommt und den Maßstab
festlegt. Gott weiß, was in einem so abgeht, er
kennt die geheimen Gedanken und Motive, warum
wir bestimmte Sachen so und so gemacht haben.
Und dann wird Gott jeden so loben, wie es angesagt
ist. 6 Freunde, ich wollte am Beispiel von mir und
Apollos noch mal klarmachen, worum es geht und
wie man so herausfindet, was Gott will. Es geht mir
echt auf die Nerven, wenn ihr versucht, uns gegen-
einander auszuspielen. 7 Wer sorgt denn dafür, dass
man besser ist als jemand anderes? Alles, was du
hast, hast du doch von Gott geschenkt bekommen.
Da hast du gar keine Aktien drin und kannst da
auch gar nicht stolz drauf sein! 8 Mann, ihr seid so
lasch geworden, ihr glaubt, ihr hättet schon alles,
was geht. Und das, so glaubt ihr, habt ihr alles ganz
ohne unsere Hilfe erreicht. Schön wär's ja, dann
hätten wir ja unser Ziel erreicht, müssten nicht
mehr kämpfen und hätten das Sagen in dieser Welt.
9 Ich bin allerdings der Meinung, dass Gott für uns
Apostel einen anderen Platz vorgesehen hat. Näm-
lich ganz hinten, kurz vor dem Tod. Wir machen uns
für viele Leute echt zum Hampelmann in dieser
Welt, für Menschen, aber auch für Engel. 10 Weil wir
so radikal mit Jesus leben, reißen die Leute Witze

über uns. Ihr tut aber so, als hättet ihr die Weisheit
mit Löffeln gefressen. Wir sind die Blödmänner und
ihr die Schlaumeier. Ihr gehört zur High Society, wir
zum Abschaum der Welt. 11 Selbst heute haben wir
nichts zu essen im Haus, wir haben Durst, und
unsere Klamotten reichen noch nicht mal für die
Altkleidersammlung. Wir werden ständig verprügelt
und leben wie die letzten Penner. 12 Wir sind uns
nicht zu schade, für unser Essen auch noch zu
arbeiten. Wenn Leute uns verarschen, segnen wir
sie, wenn man uns übel mitspielt, lassen wir es mit
uns machen. 13 Wir sind nett zu den Menschen, die
über uns ablästern. Und trotzdem behandelt man
uns wie den letzten Dreck, die Leute kotzen sich
über uns aus. 14 Ich will ja nicht, dass euch das jetzt
oberpeinlich ist. Aber ich muss euch mal auf die
richtige Spur setzen, ihr Lieben, passt auf! 15 Selbst
wenn ihr zehntausend Lehrer hättet, die euch Sa-
chen über Jesus Christus beibringen würden, 'nen
geistlichen Vater habt ihr nur einen. Ich bin für euch
so was wie ein Vater durch Jesus Christus, weil ich
der Erste war, der euch die neue Nachricht über
Gott erzählt hat. 16 Darum hab ich eine Bitte an
euch: Folgt meinem Beispiel! 17 Ich habe jetzt den
Timotheus zu euch geschickt, damit er euch dabei
hilft. Timotheus hat es voll drauf, und ich liebe ihn
sehr. Er kann euch daran erinnern, was für Ansagen
ich euch und auch den anderen Gemeinden ge-
macht habe. Dafür hat mir ja Jesus Christus den
Auftrag erteilt. 18 Ich habe gehört, es gibt ein paar
Spacken bei euch, die sich ziemlich aufplustern,
weil sie nicht damit rechnen, dass ich demnächst
bei euch vorbeikomme. 19 Ich komme bald vorbei,
sobald Jesus es mir erlaubt. Ich bin gespannt, ob
die Kritiker bei euch nur dumme Sprüche machen
können oder ob auch was dahinter ist. 20 Denn da,
wo Gott das Sagen hat, geht es derbe ab, dort zäh-
len powervolle Zeichen und nicht nur dünnes Gela-
ber. 21 Ihr könnt euch ja überlegen, was ihr wollt. Soll
ich mit einem Maßnahmenkatalog bei euch auf-
kreuzen und euch bestrafen oder soll ich nett und
liebevoll mit euch umgehen?

5 Was die Korinther mit jemandem tun sollen, der laufend Mist baut

1 Leute, ich hab es zuerst null auf die Reihe
gekriegt, als man mir von den ätzenden Sachen
erzählt hat, die bei euch abgehen! So ätzende, eklige
Sachen, so was geht ja noch nicht mal bei den
Nichtchristen! Ich hab gehört, dass bei euch in der
Gemeinde ein Typ ist, der mit seiner Stiefmutter Sex
hat. Was geht denn da bitte ab? 2 Und ihr lasst dabei
noch voll den Geistlichen raushängen ... Es sollte
euch total peinlich sein, dass so was bei euch pas-
siert! Warum habt ihr diesen Typen nicht aus eurer
Jesus-Familie rausgeschmissen? 3 Ich bin jetzt ja
nicht körperlich bei euch, aber in Gedanken hab ich
mit dem Typen schon verhandelt. 4 Wenn ihr das
nächste Mal mit Jesus abhängt, dem Chef dieser
Welt, dann werde ich in Gedanken bei euch sein.
Und Gottes Power ist dann auch voll dabei. 5 Dann
solltet ihr den Typen aus der Gemeinde kicken und
ihn damit dem Bösen schutzlos ausliefern. Dadurch
wird er zur Vernunft kommen und so hoffentlich
gerettet werden an dem Tag, wo wir alle einmal
Rechenschaft für unser Leben ablegen werden. 6 Ist
schon echt schlimm, dass ihr auf der einen Seite
geistlich so abgeht und stolz darauf seid und auf
der anderen Seite solche Sachen bei euch passieren.
Merkt ihr nicht, dass so etwas immer alle angeht,
auch wenn nur einer von euch Mist baut? 7 Kegelt
diesen Typen raus, damit er die Atmo bei euch nicht
verseuchen kann! Ihr habt doch reine Luft zum
Atmen, weil Jesus durch seinen Tod die Luft rein
gemacht hat. 8 Geht dem Dreck in dieser Welt aus
dem Weg, ernährt euer Hirn nicht von dem Zeug,
was die Welt anbietet, sondern ernährt euch von
den guten, reinen, wahren Sachen, die Gott euch
anbietet. 9 Ich hab euch schon vor einiger Zeit mal
geschrieben, dass ihr den Leuten, die mit allem und
jedem im Bett landen, aus dem Weg gehen solltet.
10 Ich habe damit nicht die Leute gemeint, die eh
nicht mit Gott leben, die sowieso ohne Hemmun-
gen mit jedem ins Bett steigen, die legal oder illegal
nur hinter Kohle her sind, die ihre Karriere oder das
Auto oder auch den Partner zu ihrem Gott gemacht
haben! Wenn ihr solchen Menschen aus dem Weg
gehen wollt, dann müsstet ihr ja auf den Mond zie-
hen! 11 Was ich meinte, war, dass ihr so Leute aus
eurer Gemeinschaft pfeffern solltet, die sich als
Christen bezeichnen, aber doch nur hinter der Kohle
her sind oder irgendwelche ätzende Sexsachen am
Start haben, die in okkulten Sachen drinstecken,
ständig betrunken sind oder andere aus der Ge-
meinschaft abzocken. Mit solchen Leuten solltet ihr
euch echt nicht abgeben. 12 Ist jetzt zwar nicht unser
Ding, Leute zu verurteilen, die nicht zur Gemeinde
gehören, trotzdem seid ihr ganz klar dafür verant-
wortlich, gegen solche Leute, die bei euch mitma-
chen und solche Sachen bringen, auch vorzugehen.
13 Die, die sowieso nicht dazugehören, wird sich

Gott am Ende eh vorknöpfen. Aber schon im alten Buch steht, ich zitiere: „Die miesen Typen solltet ihr bei euch rausschmeißen."

6 Es ist nicht okay, einen aus der Jesus-Familie vor den Kadi zu zerren

1 Wie kann das angehen, dass ihr als Christen eure Probleme nicht alleine geregelt kriegt und dafür sogar eine Gerichtsverhandlung mit einem Richter braucht, der noch nicht einmal Jesus kennt? 2 Habt ihr nicht geschnallt, dass wir Christen irgendwann die Gerichtsverhandlung für den Rest der Welt organisieren werden? Mann, da müsstet ihr doch allemal in der Lage sein, eure Probleme selber zu regeln, oder? 3 Euch ist vermutlich gar nicht bewusst, dass wir irgendwann sogar ein Urteil über die Engel fällen müssen!? Da muss doch was gehen, wenn wir hier auf der Erde mal einen Streit haben! 4 Aber ihr geht mit solchen Sachen gleich zum Anwalt und erstattet Anzeige bei der Polizei!" 5 Ich schreibe das hier, damit euch das mörderpeinlich ist! Gibt es wirklich keinen bei euch, der genug Peilung hat, um so was zu regeln? 6 Stattdessen zerrt ihr euch gegenseitig vor den Kadi, sogar die Nichtchristen kriegen das mit. 7 Schlimm genug, dass ihr euch überhaupt streitet! Warum könnt ihr nicht so drauf sein, dass es euch egal ist, wenn Christen mies mit euch umgehen, ja euch sogar abzocken? 8 Ihr rächt euch, indem ihr mit den Geschwistern genau dasselbe tut wie sie mit euch! 9 Habt ihr schon wieder vergessen, dass Leute, die nicht gerecht mit andern umgehen, im Land, wo Gott das Sagen hat*, nichts zu suchen haben? Darauf könnt ihr wetten, Leute, keiner, der sexmäßig Mist baut, der irgendwelche Dinge oder Ideen zu seinem Gott macht, der fremdgeht, Stricher, 10 Diebe, Leute, die nur hinter Kohle her sind, Drogensüchtige, Alkis, Menschen, die ständig ablästern oder Banken überfallen, keiner von denen wird bei Gott im Paradies dabei sein, wenn er so weiterlebt. 11 So waren einige von euch früher mal drauf, jetzt ist der ganze Dreck aber von euch abgewaschen worden. Gott hat euch gerufen, er hat euch frei gemacht, durch Jesus Christus und durch den Geist Gottes seid ihr jetzt mit Gott unterwegs.

Auch unser Körper gehört Gott

12 „Wir dürfen alles" ist so ein Spruch, den man von euch hört. Das stimmt ja auch, aber trotzdem tut euch nicht alles gut. Dieser Spruch „Wir dürfen alles" darf nicht dazu missbraucht werden, dass dich irgendetwas plötzlich kontrolliert und du davon süchtig wirst! 13 Bei euch gilt die Ansage: „Essen ist für den Magen und der Magen ist für das Essen da, und irgendwann wird beides mal vergammeln." Stimmt, das heißt aber noch lange nicht, dass wir mit unserem Körper jetzt rumsündigen können. Auch unser Körper ist für uns von Gott gemacht worden. Darum ist es Gott eben nicht egal, was wir damit machen! 14 Gott wird mit seiner irren Power jeden von uns aus dem Tod rausholen. Hat er ja mit Jesus auch gemacht. 15 Habt ihr nicht kapiert, dass euer Körper jetzt zu Jesus Christus gehört? Habt ihr wirklich Bock darauf, dass dieser Körper versifft wird durch den Sex mit einer Nutte? Never! 16 Oder habt ihr das noch gar nicht verstanden, dass, wenn man mit einer Nutte schläft, man mit ihr verschmilzt und eins wird? In dem alten Buch kann man ja auch nachlesen: „Beide werden ineinander verschmelzen!" 17 Wenn ihr mit Jesus lebt, dann verschmilzt euer Wesen auch mit ihm und seinem Geist. 18 Darum kann ich euch echt nur warnen: Passt auf mit Sexsachen, die für Gott nicht okay sind! Damit ist nicht zu spaßen, denn keine Sünde hat so sehr was mit deinem Körper zu tun wie die! Ihr handelt damit im Grunde direkt gegen euch selbst, gegen euren Körper. 19 Habt ihr vergessen, dass euer Körper wie eine Kirche für die Power von Gott, seinen Heiligen Geist, ist? Ja genau, der Geist, der jetzt in euch eingezogen ist, der euch geschenkt wurde! Ihr habt ihm euer Leben gegeben, ihr gehört euch nicht mehr selbst! 20 Gott hat fett bezahlt, damit das so ist. Er hat alles für euch gegeben! Hey, geht mit eurem Körper so um, dass Gott dabei groß rauskommt und er sich darüber freut.

7 Soll man heiraten oder Single bleiben?

1 Jetzt noch mal zu den Fragen, die ihr mir in dem Brief geschrieben habt. Also: Klaro ist es für einen Mann besser, nicht zu heiraten und auf Sex ganz zu verzichten. 2 Weil aber mit Sexsachen so viel Mist passiert, sollte besser jeder Mann eine Frau haben und jede Frau einen Mann. 3 Wenn ein Typ verheiratet ist, sollte er mit seiner Frau schlafen, auch wenn er zu diesem Zeitpunkt keinen Bock auf

---

* Gottes Reich oder Reich Gottes. Ein religiöser Fachbegriff, mit dem die Menschen damals ganz konkrete Erwartungen verbunden haben. Es ging um eine Zeit, in der Gott das Sagen hat, wo alles dufte ist. Dieses Reich breitet sich da aus, wo Christen sind, weil Jesus dann mitten dabei ist.

Sex hat. Das gilt natürlich auch umgekehrt! 4 Die Ehefrau und auch der Ehemann haben das Recht an ihrem Körper an den anderen abgetreten. 5 Beide sollten nicht „Nein" sagen, wenn einer mal Lust auf Sex hat. Ausgenommen, sie haben sich so abgesprochen, dass sie für eine Zeit abbeten wollen und Sex sie dabei nur ablenken würde. Danach solltet ihr aber wieder miteinander schlafen, sonst werdet ihr nur gigascharf und Satan hat leichtes Spiel mit euch, verführungstechnisch. 6 Das ist jetzt nur ein Tipp von mir, damit ihr es leichter habt, kein Befehl. 7 Ich fänd es sehr geil, wenn alle, ohne zu heiraten, so leben könnten, wie ich es tue. Wir sind aber nicht alle gleich, und für einige ist es eine gute Sache, verheiratet zu sein, für andere besser, ohne Partner zu bleiben. 8 Die jetzt keinen Partner haben, auch die, bei denen der Ehepartner gestorben ist, denen würde ich aber echt raten, Single zu bleiben. 9 Wenn die es aber sexmäßig nicht auf die Reihe kriegen, sollten sie besser heiraten. Verheiratet zu sein ist immer noch besser, als den ganzen Tag an Sex zu denken und davon kontrolliert zu werden.

Wenn Eheleute Probleme miteinander haben

10 Für die Leute, die verheiratet sind, hab ich 'ne Ansage, die nicht von mir, sondern von Jesus selbst kommt: Eine Frau soll sich von ihrem Typen nicht scheiden lassen. 11 Wenn sie ihn aber trotzdem verlässt, soll sie auf keinen Fall wieder heiraten. Am besten, sie verträgt sich wieder mit ihrem Ex. Ein Ehemann soll seine Frau auch nicht rausschmeißen! 12 Jetzt kommt noch mal 'ne Ansage von mir, die ist nicht von Jesus: Wenn ein Christ eine Ehefrau hat, die nicht mit Jesus lebt, und für sie sein Glaube okay ist, dann darf er sie auch nicht in den Wind schießen. 13 Wenn umgekehrt eine Christin einen Typen als Mann hat, der nicht mit Jesus lebt, er das aber okay findet, dass sie mit Jesus lebt, dann darf sie ihn auch nicht wegschicken. 14 Ihr braucht keine Angst zu haben, dass ein Nichtchrist seine christliche Frau irgendwie runterzieht. Ganz im Gegenteil, die Frau färbt dann eher auf den Mann ab. Umgekehrt gilt das natürlich auch für einen christlichen Mann und seine nichtchristliche Frau. Das ist wichtig, weil sonst eure Kinder auch außen vor ständen, doch dadurch sind eure Kinder automatisch auf eurem Level. 15 Falls aber der Ehepartner, der nicht an Jesus glaubt, darauf besteht, sich scheiden zu lassen, dann gebt dem auch nach. Der Christ in der Ehe muss dann nicht krampfhaft daran festhalten – Gott will nicht, dass ihr deswegen Stress mit anderen Menschen habt. 16 Es kann ja keine Frau dafür garantieren, dass sich ihr Ehemann auch irgendwann für Jesus entscheidet. Und die Ehemänner wissen das genauso wenig von ihren Ehefrauen. 17 Wenn ihr verheiratet wart, als ihr Christen geworden seid, dann bleibt verheiratet. Und wenn ihr Single wart, lebt als Single weiter. Das ist meine Order an alle Gemeinden. 18 Das Gleiche gilt übrigens auch für dieses Beschneidungsritual*. Ist das bei jemandem abgegangen, bevor er gläubig geworden ist, wäre es Quatsch, das wieder rückgängig machen zu wollen. Wenn jemand auf der anderen Seite noch nicht beschnitten war, bevor er Christ geworden ist, dann soll das auch so bleiben. 19 Es ist letztendlich total egal, ob jemand beschnitten ist oder nicht. Wichtig ist, dass du das tust, worauf Gott Bock hat! 20 Ihr braucht eure Lebensumstände nicht dick zu verändern, nachdem ihr Christen geworden seid! 21 Also, wenn du vorher ein Sklave warst, dann mach dir keinen Kopf deswegen. Wenn du aber die Chance hast freizukommen, dann nutz die auch. 22 Ist doch klar, wenn du ein Sklave warst und Gott dich gerufen hat, dann bist du aus Gottes Perspektive jetzt ein total freier Mensch. Ja, und wenn du vorher ein freier Mensch warst, dann bist du jetzt irgendwie ein Sklave von Jesus, oder? 23 Gott hat derbe viel für euch bezahlt, es hat ihn alles gekostet, deshalb werdet jetzt nicht abhängig von Menschen, sondern nur abhängig von Gott. 24 Darum, Leute, bleibt an dem Ort, wo ihr gewesen seid, bevor ihr angefangen habt, mit Gott ganze Sache zu machen. Genau dort sollt ihr für ihn am Start sein. 25 Was die Singles angeht, da hat Gott mir keine genaue Order gegeben. Aber ich hab einen guten Tipp für sie. Also, ihr könnt mir schon vertrauen, schließlich hab ich ja von Gott 'ne Menge Schnall. 26 Da bald große Probleme auf uns zukommen, glaub ich, es wäre keine gute Idee, jetzt zu heiraten. 27 Wenn du schon 'ne Frau hast, dann steh zu ihr. Wenn du noch keine hast, dann such dir auch keine. 28 Wenn du dich jetzt aber doch dazu entschließt, zu heiraten, ist das total okay für Gott. Und wenn ein Mädchen heiratet, ist das auch okay. Ich fände es allerdings schon besser, wenn ihr den Problemen, die dadurch entstehen, aus dem Weg gehen könntet. 29 Ihr Lieben, eins sag ich euch auf sicher: Wir haben nicht mehr viel Zeit! Darum wäre

* Dieses Ritual wurde bei den Juden mit jedem Jungen durchgezogen. Man schnitt ihm die Vorhaut ab, um ihn so okay für Gott zu machen.

es cooler, wenn die Männer durch die Ehe nicht von
dem Wichtigsten abgelenkt werden. 30 Egal, ob dir
nach Heulen zumute ist oder ob du gerade super
drauf bist, ob du fett in Kohle schwimmst oder
nicht: Absolut nichts soll uns davon abhalten kön-
nen, für Gott zu leben! 31 Fahrt nicht ab auf Sachen,
die aus dieser Welt kommen! Nicht sie sollen euch
beherrschen, sondern ihr sie. Diese Welt wird bald
kaputt und am Ende sein. 32 Ich wünsche mir, dass
ihr, egal was bei euch abgeht, total frei seid von
dem, was an ätzenden Sachen in der Welt so pas-
siert. Wenn jemand unverheiratet ist, kann er sich
voll auf die Sachen von Gott konzentrieren, er kann
sich voll darüber 'nen Kopf machen, wie er Gott 'ne
Freude machen kann. 33 Für einen verheirateten
Mann ist das viel schwerer. Er muss sich auch um
seine Frau kümmern und für sie sorgen, er kann
sich so nur mit halber Kraft für Gott gerade machen.
34 Eine Frau, die nicht geheiratet hat, kann radikal
und frei alles für Gott geben. Wenn sie aber verhei-
ratet ist, will sie ja auch ihrem Mann gefallen. 35 Hey,
es geht mir nicht darum, jetzt irgendwelche Gesetze
aufzustellen, ich will euch nur helfen, Entscheidun-
gen zu treffen. Ich möchte, dass ihr ein cooles Le-
ben habt, das für Gott auch okay ist, und dass ihr
euer Ziel nicht aus den Augen verliert, nämlich radi-
kal für Gott zu leben. 36 Also, wenn jemand glaubt,
er sollte seine Verlobte besser heiraten, weil es ihm
sonst schwerfallen würde, keinen Sex mit ihr zu
haben, dann soll er das machen, es ist okay. 37 Wenn
er aber den Drive dazu hat, Sachen in der Regel
auch durchzieht und meint, Heiraten sei nicht ange-
sagt für ihn, dann soll er das machen. 38 Wenn also
jemand heiraten will, ist das eine gute Entschei-
dung. Wenn jemand nicht heiraten will, ist es die
bessere Entscheidung. 39 Eine Frau ist so lange mit
ihrem Typen verheiratet, bis der stirbt. Wenn er
stirbt, kann sie sich einen neuen Mann suchen. Es
sollte aber eine Ehe sein, die für Gott cool ist, er
sollte schon Christ sein! 40 Wenn die Frau mich fra-
gen würde, ich müsste ihr raten, alleine zu bleiben.
Das ist jetzt meine persönliche Meinung, aber ich
hab schließlich Gottes Vollmacht für so 'ne Ansagen
bekommen.

8 Über den Umgang mit Fleisch, das vorher bei einem Opferritual für Götzen benutzt wurde

1 Jetzt nun noch mal zum Thema, ob es als
Christ okay ist, Fleisch zu essen, das für irgendwel-
che Götzenopfer benutzt wurde. Ehrlich, ich trau
euch zu, dass ihr da voll den Schnall habt und dass
ihr das deshalb so machen könnt, wie ihr das für
richtig haltet. Aber Wissen kann dafür sorgen, dass
man arrogant wird. Nur Liebe baut die Leute wirk-
lich auf. 2 Wenn jemand behauptet, er habe für alles
eine schlaue Antwort parat, hat er kaum geschnallt,
worauf es wirklich ankommt. 3 Nur wer Gott so rich-
tig liebt, hat es wirklich verstanden! 4 Also, wie ist
das jetzt mit dem Opferfleisch für solche Plastikgöt-
ter, die sich Menschen selbst gemacht haben? Geht
das in Ordnung, davon zu essen, oder nicht? Hey,
ist doch kein Geheimnis, dass diese Teile nur Pseu-
dogötter sind. Es gibt nur einen wirklichen Gott! 5 In
der Phantasie von den Menschen existieren viele
„Götter", die im Himmel wohnen oder auf der Erde.
Es gibt ja auch tatsächlich viele spirituelle Kräfte
und geistige Mächte in dieser Welt. 6 Wir wissen
aber, dass es nur einen einzigen echten Gott gibt!
Den Vater, der alles gemacht hat und für den wir
alles geben! Und es gibt auch nur einen echten
Chef, Jesus Christus, durch den Gott alles machen
konnte. Nur durch ihn leben wir überhaupt! 7 Das ist
allerdings nicht allen Christen klar. Die sind noch
etwas unsicher und haben das noch nicht so begrif-
fen. Die dachten irgendwie die ganze Zeit, es gibt
auch noch andere Götter neben Gott. Wenn die jetzt
von diesem speziellen Fleisch essen, kommen die
schlecht drauf und kriegen ein schlechtes Gewissen.
8 Total richtig, wenn ihr dagegenhaltet. Wir könnten
Gott mit unserem Essverhalten eh nicht beeindru-
cken. 9 Trotzdem wäre es cool, wenn ihr darauf ach-
ten würdet, mit eurem Verhalten nicht die Leute
runterzuziehen, die dadurch ein schlechtes Gewis-
sen kriegen würden. Ihre Beziehung zu Gott würde
darunter leiden, und das wäre blöd. 10 Es könnte ja
passieren, dass dadurch ein Christ, der im Glauben
noch etwas schwach auf der Brust ist, mitkriegt,
wie du in einem Götzentempel abhängst und da in
Ruhe Mittag isst. Für dich kann das ja total okay
sein, aber die könnten es als Versuchung empfinden
und gegen ihr Gewissen dann auch was von dem
Zeug essen. 11 So kann es kommen, dass diese Frei-
heit, die du dir damit rausnimmst, dass du deinen
eigenen Glauben auf diese Art auslebst, deinen
schwächeren Bruder schlecht draufbringt. Dabei ist
Jesus Christus auch für ihn genauso gestorben wie
für dich. 12 Wenn du das Gewissen von deinem
Glaubensbruder verletzt, dann verletzt du auch
Jesus. 13 Ich fass noch mal zusammen: Wenn die
Chance besteht, dass durch mein Verhalten jemand
dazu verführt wird, Mist zu bauen, weil ich ohne

nachzudenken Opferfleisch esse, dann will ich lie-
ber für den Rest meines Lebens auf Fleisch ganz
verzichten, als ihm das anzutun!

9

Paulus verzichtet auf sein Recht,
Kohle für seinen Job zu kriegen

1 Um mal mich als Beispiel zu nehmen: Leute,
ich bin immerhin ein Apostel*! Ich hatte eine derbe
Begegnung mit Jesus, konnte ihn mit eigenen
Augen sehen! Und alles, was bei euch mit Jesus
geht, ist ein Ergebnis meiner Arbeit! 2 Auch wenn
andere mich nicht für einen Apostel halten, für euch
bin ich auf jeden Fall einer. Ihr seid ja der Beweis
dafür, dass ich von Gott so eine Berufung habe.
3 Meinen Kritikern kann ich echt nur das sagen:
4 Meine Mitarbeiter und ich haben bei dem, was wir
malochen, doch eigentlich echt einen Anspruch da-
drauf, von der Jesus-Gemeinschaft wenigstens
unsere Spesen bezahlt zu bekommen! 5 Hätten wir
nicht sogar einen Anspruch dadrauf, unsere Ehe-
frauen auf Kosten der Gemeinschaft auf unsere Tour
mitzunehmen? Die anderen Apostel tun das, die
Brüder von Jesus auch, genauso Petrus. 6 Warum
müssen Barnabas und ich eigentlich für unseren
Unterhalt auch noch selber sorgen? 7 Es gibt ja auch
keinen Soldaten, der sich selber den Lohn auszahlt.
Und ein Bauer kann auch seine eigenen Früchte
ernten. Und ein Hirte kann auch von seinen Tieren
die Milch trinken, das ist doch wohl logisch. 8 Das
ist übrigens nicht nur allgemein so üblich, Gott hat
in den alten Schriften schon 'ne Ansage dazu ge-
macht. 9 In den Gesetzen von Mose steht zum Bei-
spiel: „Der Ochse, der dir bei der Feldarbeit hilft,
sollte auch was zu fressen kriegen!“ Glaubt ihr, Gott
hatte dabei nur an Ochsen gedacht, als er das ge-
sagt hat? 10 Meinte er damit nicht vielleicht auch
uns? Natürlich meinte er uns, er sagt da ja auch,
dass alle, die beim Ernten helfen, was von der Ernte
abkriegen sollen. 11 Wir haben bei euch die geistli-
chen Samen ausgestreut, indem wir über Gott gere-
det haben. Ist doch nicht zu viel verlangt, wenn ich
euch um was zu essen und ein paar Klamotten
bitte, oder? 12 Ihr spendet ja auch für andere Leute,
die euch von Gottes Sachen erzählen, und das ist
auch okay. Trotzdem haben wir erst recht einen
Anspruch dadrauf. Wir haben von diesem Recht
bisher nie Gebrauch gemacht, vor allem weil wir
keinen Bock darauf hatten, dass Kohle und solche
Sachen der guten Nachricht von Jesus im Weg ste-
hen könnten. 13 Wisst ihr eigentlich nicht, dass alle,
die im Tempel arbeiten, was von dem Geld bekom-
men, das der Tempel einnimmt? Und die Priester,
die am Altar zu tun haben, dürfen sich lebensmittel-
technisch an den Opfersachen bedienen. 14 Gott hat
genauso die Order rausgegeben, dass die Leute, die
für Gottes coole Nachricht arbeiten, auch anstän-
dig dafür bezahlt werden. 15 Ich hab aber von dieser
Möglichkeit nie Gebrauch gemacht, nur um das
noch mal klarzustellen. Ich schreib das jetzt auch
nicht, weil ich euch jetzt irgendwie hintenrum dazu
auffordern will. Lieber sterbe ich, als mir den Orden,
dass ich mich gerade mache, ohne Kohle dafür zu
verlangen, wieder klauen zu lassen! 16 Dass ich die
coole Nachricht von Gott überall erzähle, ist kein
Grund für mich, den Dicken raushängen zu lassen.
Ich kann gar nicht anders, ich muss das tun, sonst
geht es mir mies! 17 Wenn ich das tun würde, weil
ich mich aus freiem Willen dazu entschlossen habe,
dann wäre es okay, Kohle dafür zu verlangen. Aber
ich wurde von Gott extra dafür ausgesucht! Er wollte
das von mir, ich konnte gar nicht anders. 18 Wie
krieg ich denn jetzt meine Bezahlung? Die besteht
dadrin, dass ich die Nachricht von Gott den Leuten
weitererzähle, und zwar kostenlos. Und sie besteht
auch dadrin, dass ich auf mein Recht verzichte.

Radikal ohne Ende

19 Ich bin frei und total unabhängig, obwohl ich
mich auf der anderen Seite zum Hampelmann für
alle gemacht habe. Ich wollte einfach so viele Men-
schen wie möglich erreichen. 20 Damit ich die Juden
für Jesus begeistern kann, lebe ich radikal nach den
Regeln eines Juden, obwohl ich das eigentlich gar
nicht mehr muss. Ich möchte sie eben für Jesus
begeistern. 21 Wenn ich aber bei Leuten abhänge, die
diese religiösen Gesetze nicht kennen, dann lebe
ich so wie sie, weil ich auch sie für Jesus begeistern
möchte. Das heißt jetzt nicht, dass mir dann die
Gesetze von Gott völlig egal sind. Ich lebe strikt
nach den Sachen, die Jesus gesagt hat. 22 Bin ich bei
Leuten, die noch nicht so lange mit Jesus leben und
glaubensmäßig noch etwas schwach auf der Brust
sind, dann pass ich sehr darauf auf, sie nicht zu
verwirren. Bei wem ich auch gerade bin, ich stell
mich immer wieder neu auf die Situation ein, um
möglichst viele für Jesus zu retten. 23 Das tue ich,

---

* „Apostel“ heißt übersetzt so viel wie „Gesandter“, „Postbote“, jemand, der eine Botschaft hat. Es war ein stehender Begriff für ein paar wenige Christen, die eine spezielle Begabung und Berufung von Gott bekommen hatten. Siehe auch „Was bei den Aposteln so los war“. Apostelgeschichte 1,1

um mich für Gottes Sache gerade zu machen, damit möglichst viele davon hören. Ich nehme so Anteil dadran, und das finde ich cool. 24 Habt ihr schon mal so einen 10 000-Meter-Lauf in einem Stadion beobachtet? Es gibt da immer nur einen, der am Ende ganz oben auf dem Siegertreppchen steht! So müsst ihr auch drauf sein. Lauft so, dass ihr am Ende da oben steht! 25 Wenn einer in einem Wettrennen der Sieger sein will, muss er alles dafür geben! Ein Sportler verzichtet auf alles Mögliche, nur um am Ende zu siegen. Und dabei vergisst man so einen Sieger nach ein paar Tagen schon wieder. Wir sind aber bei einem Rennen am Start, wo der Preis unvergesslich ist! 26 Ich hab einen genauen Plan, wofür ich kämpfe. Ich laufe nicht wie blöd irgendetwas hinterher. Wenn ich kämpfe, dann geht es richtig ab. Ich bin dann fast wie ein Boxer, der nie daneben haut. 27 Ich konzentriere mich wie ein Leistungssportler voll auf das Ziel. Ich zwinge dabei auch meinen Körper, mir unbedingt zu gehorchen. Ich habe nämlich keinen Bock anderen zu erzählen, wie man radikal als Christ leben kann, und dann selber nur lasch rumzuhängen.

10

Warum die Israelis schlecht draufgekommen sind

1 Ihr Lieben, ich möchte nicht, dass ihr verdrängt, was unsere Vorfahren alles mit Gott in der Wüste erlebt haben. Er ging damals immer in einer Wolke vorweg. Er führte sie ganz sicher, sogar durch das Rote Meer hat er sie gebracht. 2 Das ganze Volk wurde dort auf dem Weg durch das Meer auf Mose eingeschworen, er war ihr Führer. 3 Alle aßen in der Zeit auch dieselben Sachen, die Gott ihnen auf übernatürliche Art anlieferte. 4 Auch mit Getränken wurden sie von Gott versorgt, durch diesen Felsen, aus dem Wasser sprudelte. Dieser Felsen, dessen Wasser sie am Leben erhielt, ist übrigens ein erstes Zeichen für Jesus gewesen. 5 Trotzdem hatte Gott keinen Bock auf ihren Lebensstil, die meisten von ihnen sind in der Wüste verreckt. 6 Das ist eine fette Warnung für uns! Wir sollten uns auf falsche Sachen nicht einlassen! 7 Wir sollten auf keinen Fall zu irgendwelchen linken Göttern beten! An dem Punkt sind die ja auch gescheitert. Ich zitiere noch mal die alten Schriften: „Das Volk feiert derbe Partys, nach dem Motto: Saufen und spachteln, bis der Arzt kommt." 8 Das Gleiche gilt für ätzende Sexsachen. Lasst bloß die Finger davon, das haben einige von denen auch gebracht! Dadurch sind nach den alten Berichten an nur einem einzigen Tag dreiundzwanzigtausend Menschen gestorben. 9 Wir sollten mit Gott auch keine Spielchen spielen, das haben sie damals auch gemacht, und dann sind sie von Schlangen gebissen worden und gestorben. 10 Rebellion gegen Gott ist echt nicht angesagt, Leute. Gott hat die Menschen, die damals so drauf waren, mit einem Todesengel um die Ecke gebracht. 11 Diese ganzen Geschichten sollen uns was beibringen. Sie wurden für uns aufgeschrieben, damit wir gewarnt sind. 12 Alle, die meinen, sie hätten es drauf, sollen aufpassen, dass ihnen nicht die gleichen Sachen passieren. 13 Hey, alles, was eure Beziehung zu Gott bisher auf die Probe gestellt hat, war doch noch voll im Rahmen! Auf Gott kann man sich auf jeden Fall verlassen. Er ist nicht link. Die ganzen Prüfungen, durch die ihr durchkommen sollt, werden machbar sein, versprochen. Wenn er euch mal testet, dann wird es immer eine Möglichkeit geben, den Test auch zu bestehen.

Die Götzen soll man in die Tonne kloppen

14 Also, Freunde, passt auf, dass ihr nicht irgendwelchen Göttern dient, ja? 15 Als Christen wisst ihr doch, worum es eigentlich geht. Rede ich nur Blödsinn, oder ist das wahr, was ich sage? 16 Wenn wir zusammen so ein Essen veranstalten, wie das Jesus mit uns gemacht hat, dieses „besondere Abendessen", dann sind wir ja alle irgendwie bei Jesus angeschlossen. Wir erinnern uns dann daran, dass unsere Schulden bei Gott einfach weg sind, weil Jesus für uns gestorben ist. Indem wir aus dem Becher Wein trinken und das Brot zusammen essen, werden wir Teil von Jesus und seinem Körper. 17 Bei diesem Abendessen spachteln wir alle vom selben Brot, um deutlich zu machen, dass wir ganz eng zusammengehören. 18 Als Beispiel kann man dafür auch gut das Volk der Israelis nehmen und was bei denen im Gottesdienst abgeht. Alle, die da zusammen von den geopferten Tieren essen, hängen zusammen auch mit Gott ab. 19 Was will ich damit sagen? Vielleicht, dass es andere Götter gibt, die doch irgendeine Bedeutung haben, und dass es was bringt, denen zu opfern? 20 Null! Ganz im Gegenteil! Aber man opfert da eben nicht Gott, sondern irgendwelchen Dämonen. Und ich hab echt null Bock dadrauf, dass ihr irgendwas mit Dämonen zu tun habt! 21 Ihr könnt euch nicht gleichzeitig bei Gott bedienen und bei Dämonen. Ihr könnt auch nicht gleichzeitig mit Gott essen und sein Abendessen feiern und gleichzeitig mit Dämonen dasselbe

machen. 22 Oder wollen wir Gott vielleicht eifersüch-
tig machen, so wie es das Volk Israel auch gebracht
hat? Oder glauben wir vielleicht, wir wären stärker
als er? 23 Ihr lebt nach dem Motto: „Alles ist für Gott
okay!“ Dazu gehört meiner Meinung nach: „Es ist
aber nicht alles gut für mich!“ 24 Fahrt nicht die
ganze Zeit nur den Egofilm, denkt auch mal da-
dran, wie es den anderen geht und was man für
die machen kann, so dass es ihnen auch gutgeht.
25 Mein Tipp, was diese Opfersache angeht: Kauft
einfach auf dem Markt das Fleisch ein, so wie ihr
Bock habt, und fragt nicht extra nach, ob es von so
einem Ritual kommt oder nicht. Dann braucht ihr
euch auch keinen Kopf drüber zu machen und euer
Gewissen zu belasten. 26 Denn, ich zitiere: „Die Erde
und alles, was auf ihr so lebt, gehört Gott.“ 27 Also,
wenn ihr mal 'ne Einladung zum Essen bekommt,
dann könnt ihr sie ruhig annehmen. Esst einfach
los, ohne euch den Kopf drüber zu machen, woher
das Fleisch jetzt kommt, das ist dann okay. 28 Wenn
aber jemand die Ansage macht, das Fleisch käme
von einem Opferritual für Götzen, dann lasst die
Finger davon, vor allem aus Rücksicht auf die Leute,
die euch gewarnt hatten. 29 Für euch wäre das wahr-
scheinlich kein großes Ding, aber für andere schon,
und darum geht es mir. Warum soll ich meine per-
sönliche Freiheit einschränken, nur weil jemand
gewissenstechnisch ein Problem damit hat? 30 Wenn
ich Gott für ein Essen voll dankbar bin und es auch
mit dieser Haltung genüsslich verspeise, wo liegt da
das Problem für andere Leute? 31 Egal, bei welcher
Frage, und egal, was ihr tut, wichtig ist nur, dass wir
es tun, damit Gott dabei groß rauskommt. 32 Darum
versucht so zu leben, dass die Menschen, egal ob
Juden oder Christen, sich nie über euch ärgern müs-
sen, ja? 33 Ich lebe auch nach diesem Motto. Ich ver-
suche so zu leben, dass ich überall beliebt bin. Da-
bei geht es mir nicht darum, der coole Macker zu
sein, ich will, dass möglichst viele Menschen durch
Jesus Christus gerettet werden.

11 **Das Verhalten beim Gebet soll den gesellschaftlichen Regeln entsprechen**

1 Nehmt mich als Vorbild, so wie ich auch
Jesus als Vorbild habe. 2 Ich finde es richtig geil,
Leute, dass ihr mich nicht vergessen habt und dass
ihr weiter versucht, alles durchzuziehen, was ich
euch beigebracht habe. 3 Das gilt hoffentlich auch
für eine Sache, die ich euch noch sagen will: Ein
Mann ist von Jesus abhängig, eine Frau ist wie
heute allgemein üblich vom Mann abhängig, und
Jesus ist von Gott abhängig. 4 Wenn ein Typ öffent-
lich zu Gott redet oder ein Wort von Gott weitergibt,
und sich dabei so schminkt, wie es manche Frauen
bei euch tun, schadet er dem Image von sich und
Jesus. 5 Dagegen ist das bei einer Frau so: Wenn sie
öffentlich zu Gott redet oder ein Wort von Gott wei-
tergibt, und sich dabei übelst auftakelt, schadet sie
dem Image von sich und dem Mann und Jesus. Sie
könnte sich gleich so wie eine Hure aufstylen. 6 Echt
jetzt! Wenn eine Frau nuttig rumläuft, könnte sie
gleich nackt durch die Gegend spazieren. Das wäre
echt peinlich für sie! Darum sollen Frauen sich nor-
mal anziehen. 7 Noch mal: Ein Mann soll sich nicht
so auftakeln wie eine Frau. Denn erstens: Er ist
immerhin Gott ähnlich geschaffen. Die Frau ist aber
dem Mann ähnlich gemacht. 8 Zweitens: Als Gott
den Menschen gemacht hat, hat er erst den Mann
gemacht und dann die Frau. 9 Und drittens: Die Frau
wurde damals gemacht, damit sie für den Mann da
ist und weil er sie braucht. 10 Darum soll die Frau
irgendwas tragen, das zeigt: Ich gehöre zu einem
Mann. Auch wegen der Engel soll sie das tun. 11 Voll
wichtig ist aber, dass der Mann und die Frau auf
derselben Stufe stehen! Gott hat es so im Sinn
gehabt, dass der Mann die Frau braucht, so wie
auch die Frau den Mann braucht. 12 Denn so wie
damals, als Gott den Menschen gebastelt hat, die
Frau aus dem Material vom Mann gemacht wurde,
wird heute jeder Mann von einer Frau geboren. Aber
beide sind letztendlich von Gott! 13 Was meint ihr?
Glaubt ihr, es ist okay, wenn eine Frau so aufgestylt
mit Gott redet, als wolle sie gleich auf den Strich
anschaffen gehen? 14 Empfindet ihr das nicht auch
als total ätzend, wenn Männer sich wie Frauen
anziehen? 15 Bei Frauen sehen die Klamotten aber
gut aus. Denn sie schützt die Frau davor, dass man
sie für eine billige Schlampe hält. 16 Wenn jemand
jetzt große Lust dazu verspürt, aus dem Thema eine
derbe sinnlose Diskussion vom Stapel zu brechen,
dann sollte er vorher wissen, dass so was bei uns
nicht üblich ist. Die anderen Gemeinden handha-
ben diese Sache übrigens genauso wie wir.

Regeln für das Abendessen

17 Jetzt zum nächsten Punkt, nämlich dem Thema
Gottesdienst. Ich hab das Gefühl, eure Gottes-
dienste ziehen euch eher runter, als dass sie euch
aufbauen. 18 Erst mal hat man mir erzählt, ihr wür-
det bei euch voll die Cliquenwirtschaft haben, und
um ehrlich zu sein, ich glaube das auch. 19 So wie

ihr drauf seid, ist das auch kein Wunder. Dadurch kann man erkennen, wer es begriffen hat und wer nicht. 20 Ich werde das Gefühl nicht los, dass euer „besonderes Abendessen“ gar kein echtes Abendessen ist, so wie Jesus das wollte. 21 Man hat mir erzählt, dass bei euch eher so ein Picknick veranstaltet wird. Jeder bringt seinen eigenen Kram mit, und am Ende sind einige pappsatt, nämlich die, die viel Kohle und sich 'ne Menge zum Spachteln mitgebracht haben. Andere haben noch Hunger, und ein paar von euch sind sogar total besoffen. 22 Stimmt das echt? Könnt ihr denn nicht zu Hause was spachteln? Warum müsst ihr die Leute schlecht aussehen lassen, die nicht so viel Kohle haben? Soll ich das auch noch geil finden? Tut mir leid, da komm ich nicht mit. 23 Die Order, die der Chef Jesus selber gesagt hat, war anders. In der Nacht, in der er verraten wurde, nahm er das Brot, 24 bedankte sich bei Gott dafür und zerteilte es. Dabei sagte er: „Das ist mein Körper, der wird für euch hingerichtet und zerstört. Dieses Abendessen müsst ihr immer wieder tun, um euch daran zu erinnern.“ 25 Danach nahm er noch das Weinglas und sagte: „Dieses Glas ist wie ein neuer Vertrag, den Gott mit den Menschen abgeschlossen hat. Er wurde mit meinem Blut unterschrieben. Das müsst ihr immer tun, um euch daran zu erinnern.“ 26 Jedes Mal, wenn ihr von diesem Brot esst und wenn ihr von diesem Wein trinkt, dann ist das wie eine Ansage, dass Jesus für die Menschen gestorben ist. 27 Wenn das Abendessen also zu so einem Picknick verkommt, dass sich da der eine oder andere sogar mit Alk breithaut und pappsatt nach Hause geht, während andere noch hungrig sind, Leute, das geht nicht! Wenn jemand auf diese Weise, ohne drüber nachzudenken, von dem Brot isst und aus dem Glas von Gott trinkt, der tut so, als würde der Tod von Jesus für ihn total egal sein. 28 Darum kann ich jedem nur raten, sich selbst genau abzuchecken, bevor er an diesem Abendessen teilnimmt. 29 Denn wer sich davon bedient, ohne geschnallt zu haben, dass es hier um den Körper von Jesus geht, der liefert sich damit gleich selbst an das Gericht von Gott aus. 30 Das ist auch ein Grund, warum viele von euch so schwach auf der Brust sind. Einige sind deswegen ständig krank, gar nicht zu reden von denen, die schon abgekratzt sind. 31 Wenn wir uns selber aber immer wieder abchecken, dann brauchen wir auch keinen Schiss vor der Gerichtsverhandlung mehr haben. 32 Wenn uns Gott aber bestraft, dann tut er das als Erziehungsmaßnahme. Er will nicht, dass wir mit dem Rest der Welt dumm dastehen bei der letzten großen Gerichtsverhandlung. 33 Darum meine Bitte, ihr Lieben, wartet aufeinander, wenn ihr euch trefft, um das Abendessen zu feiern. 34 Wenn ihr echt mördermäßigen Hunger habt, dann esst vorher was zu Hause. Sonst bringt euch dieses special Erinnerungsessen nichts Gutes, es handelt euch eher Probleme ein. In den andern Fragen will ich euch erst 'ne Ansage machen, wenn ich live bei euch bin, okay?

12 Gott gibt seinen Leuten unterschiedliche geistliche Begabungen

1 Und jetzt, ihr Lieben, will ich noch ein wenig über die besonderen Fähigkeiten schreiben, die der Geist von Gott uns schenkt. 2 Ihr habt hoffentlich nicht vergessen, dass ihr als Nichtchristen noch wie blöd dazu getrieben wurdet, mit den toten Götzen rumzumachen. 3 Auf diesem Hintergrund möchte ich euch noch mal klarmachen, wie man auseinanderhalten kann, was von Gott kommt und was eben nicht. Also niemand, der den Geist von Gott hat, ist in der Lage zu sagen: „Jesus soll verflucht sein!“ Auch kann niemand die Ansage machen: „Jesus ist der Chef über allem!“, wenn ihm das nicht der Heilige Geist gezeigt hätte. 4 Es gibt nun verschiedene geistliche Begabungen, trotzdem werden sie alle von dem einen Heiligen Geist zugeteilt. 5 Genau so sind uns die unterschiedlichen Aufgaben, die in der Gemeinde am Start sind, alle von einem Gott zugeteilt worden, dem Gott, dem wir gehören. 6 Gott handelt auf unterschiedliche Art und Weise an uns, es ist trotzdem immer derselbe Gott. 7 Jeder bekommt irgendeine Fähigkeit von Gott, die allen in der Gemeinde helfen kann. 8 Der eine bekommt von Gott die Begabung, besonders gute Ratschläge zu geben. Ein anderer bekommt Peilung von dem, was Gott genau von einem will. 9 Einer bekommt die Begabung, voll viel Glauben zu haben, der Nächste die Fähigkeit, Kranke zu heilen – und alles kommt vom selben Geist! 10 Ein anderer bekommt von ihm special Kräfte, um fette Wunder zu tun, und dann bekommt wieder jemand anderes die Fähigkeit, prophetische Worte zu empfangen. Der Nächste kriegt vielleicht die Fähigkeit abzuchecken, ob das, was da gesagt wurde, von Gott kommt oder nicht. Kann auch sein, dass einer die Begabung bekommt, in fremden Sprachen Sachen von Gott zu sagen, und ein anderer versteht das auch und kann es übersetzen. 11 Diese ganzen unterschiedlichen

Sachen kommen aus ein und derselben Kraft, nämlich von seinem besonderen Geist. Er verteilt die Gaben so, wie er Bock drauf hat. 12 Um mal in einem Bild zu sprechen: Der Körper von einem Menschen hat viele Teile und Organe. Trotzdem gehört alles zusammen zu einem Menschen. Genauso ist das bei der Familie von Jesus Christus auch. 13 Einige von uns sind Juden, andere Nichtjuden, ein paar sind Sklaven, andere wieder sind frei. Trotzdem haben wir alle dieselbe Kraft, denselben Geist, von Gott bekommen. Wir gehören zur selben Familie, durch die Taufe sind wir sogar ein Teil vom Körper von Jesus geworden. 14 Ein Körper besteht ja auch aus vielen verschiedenen Teilen, nicht nur aus einem. 15 Angenommen, der Fuß könnte reden, er würde doch nicht sagen: „Hallo, ich gehöre nicht dazu, ich bin ja nicht die Hand!“, oder? Er gehört dazu, ob er will oder nicht. 16 Oder wenn das Ohr jetzt seine Unabhängigkeit ausrufen würde: „Ich gehöre nicht dazu, ich bin ein Ohr und kein Auge!“, würde es trotzdem dazugehören. 17 Jetzt stellt euch mal vor, euer ganzer Körper besteht nur aus Augen, wie könnt ihr dann noch hören? Oder anders, der ganze Körper besteht nur noch aus Ohren, was geht dann noch mit Riechen? 18 Gott hat uns aus unterschiedlichen Teilen zusammengesetzt und jedem Teil seine Aufgabe gegeben, so wie er Bock drauf hatte. 19 Das wäre ja auch voll der seltsame Körper, wenn er nur aus einem Körperteil bestehen würde! 20 Er hat uns so gebaut, dass ein Körper aus vielen Teilen besteht. 21 Das Auge kann nicht zur Hand gehen und sagen: „Ich brauch dich nicht!“ Und der Kopf kann auch nicht zum Fuß sagen: „Ich hab keinen Bock auf dich!“ 22 Tatsächlich sind die eher nicht so prallen Körperteile genau die, die so wichtig sind. 23 Was bei unserem Körper eher ungeil aussieht, das verstecken wir ganz gerne. Über die Teile, die nicht so schön sind, ziehen wir irgendwas drüber. 24 Andere Körperteile haben das wieder null nötig. Gott hat den Körper so zusammengestellt, dass die Teile, die hintenanstehen, besonders viel Applaus abkriegen. 25 So halten die Teile besser zusammen und streiten sich nicht ständig. 26 Geht es einem Körperteil mies, dann leiden alle mit. Wenn ein Teil gelobt wird, dann freuen sich auch alle anderen Teile mit ihm. 27 Ich wollte euch damit klarmachen, dass ihr alle zusammen wie ein Körper von Jesus seid, jeder von euch ist dabei und gehört dazu. 28 Gott hat jedem seinen von ihm bestimmten Platz und seine Aufgabe gegeben. Einer ist ein Apostel, der Nächste wieder ein Prophet, der Dritte ein Lehrer. Dann gibt es Leute, die Wunder tun können, andere haben die Begabung, Menschen zu heilen, und dann gibt es wieder welche, die eine Begabung haben, Menschen zu helfen. Besondere Leitungsbegabung oder in fremden Sprachen Sachen von Gott zu reden sind auch noch zwei Begabungen, die Gott gibt. 29 „Wie jetzt, ist jeder ein Apostel?“ Nein, natürlich nicht! „Ist jeder denn ein Prophet?“ Nein! „Sind alle Lehrer? Hat jeder diese Power, Wunder zu tun? 30 Haben nicht alle die Begabung, Menschen zu heilen? Haben nicht alle die Begabung, in einer fremden Sprache Sachen von Gott zu reden? Können die nicht alle auch auslegen?“ Nein, natürlich nicht! 31 Bemüht euch aber auf jeden Fall um die fetten Begabungen von Gott! Zu einer Sache, die noch viel wichtiger ist als die, komme ich jetzt:

13

Ein Lied über das Wichtigste: die Liebe

1 Ohne Liebe geht gar nichts! Selbst wenn ich perfekt alle Sprachen, die es auf der Welt gibt, sprechen könnte, auch die Sprache der Engel, aber in alldem, was ich darin reden würde, wäre keine Liebe, dann wären meine Worte wie Müll, sie wären ohne Bedeutung, hohl und leer. 2 Selbst wenn ich in einer Tour prophetische Worte von Gott bekommen würde, wenn er mir alle geheimen Fragen über die Welt beantwortet hätte und ich so ein Vertrauen auf Gott haben würde, dass Berge auf mein Gebet hin verschwinden, aber ich würde all das ohne Liebe tun, dann wäre das immer noch nichts, es würde nichts bedeuten. 3 Und selbst wenn ich alles, was mir gehört, an Obdachlose und Penner verschenken würde, ja selbst wenn ich mein Leben für andere riskieren und dabei sterben würde, aber ich würde das nicht aus Liebe machen, es wäre für die Tonne und umsonst. 4 Liebe ist entspannt, sie mag Menschen, sie ist nett zu Leuten. Neid ist für sie ein Fremdwort, sie sieht nicht von oben auf andere runter, angeben hat sie nicht nötig und sie markiert auch nie den dicken Macker. 5 Liebe will Leute nie fertigmachen, und sie will auch nicht das fetteste Stück vom Kuchen haben. Die Liebe lässt sich nicht so schnell aus der Ruhe bringen, und sie verzeiht, wenn man link zu ihr war. 6 Sie hat keinen Bock drauf, wenn jemand abgelinkt und ungerecht behandelt wird. Sie feiert, wenn die Wahrheit siegt und alles korrekt zugeht. 7 Die Liebe ist nicht totzukriegen, sie hört nie auf zu vertrauen, sie verliert nie die Hoffnung, sie übersteht jede Krise. 8 Prophetische Worte von Gott, die Fähigkeit in fremden Spra-

chen zu reden, das Wissen – das alles wird mal vorbei sein. Aber die Liebe wird nie zu Ende sein, sie hält durch und gibt nicht auf. 9 Bis jetzt haben wir nur wenig kapiert, und auch unsere Fähigkeit, prophetische Worte zu bekommen, ist sehr begrenzt. 10 Wenn es aber abgeht und Gottes neue Zeit voll da ist, dann wird es keine halben Sachen mehr geben. 11 Als Kind war ich auch in meiner Denke ein Kind, ich beobachtete und bewertete die Welt aus dieser Perspektive. Als ich dann aber erwachsen wurde, wollte ich kein Kind mehr sein. 12 Aus jetziger Sicht ist uns vieles noch total unklar, wir verstehen Sachen nicht, fast so, als wären wir benebelt. Aber irgendwann werden wir Gott deutlich vor uns sehen und dann wird uns vieles klar werden. Was ich bis jetzt verstanden hab, ist unvollständig, dann werde ich aber den totalen Durchblick haben, so wie Gott jetzt schon über mich den totalen Durchblick hat. 13 Die Sachen, die immer bleiben werden, sind der Glaube, die Hoffnung und die Liebe. Am fettesten kommt aber die Liebe, sie steht über allem.

14

Gott hat Bock auf Klarheit

1 Liebe soll bei euch allen höchste Priorität haben! Aber seid auch heiß auf die besonderen Begabungen, die Gott durch den Geist geben möchte! 2 Wenn jemand zum Beispiel diese Sprachenbegabung auslebt, dann redet er ja dabei nicht mit Menschen, er spricht mit Gott. Ist doch klar, keiner kapiert, was er da ablabert, aber Gott versteht es! 3 Das ist aber bei der Prophetenbegabung anders. Wenn jemand die hat, dann hilft er ja damit den anderen, im Glauben weiterzukommen. Er bringt sie gut drauf und baut sie damit auch auf. 4 Wenn jemand die Sprachenbegabung hat, dann wird er dadurch vor allem selber geistlich aufgebaut. Bei der prophetischen Begabung ist das allerdings anders, damit wird ja die ganze Gemeinschaft ermutigt. 5 Ich fände es supercool, wenn jeder von euch diese Sprachenbegabung von Gott hätte, wichtiger wäre aber für mich, dass ihr prophetisch reden könntet. Diese Begabung, prophetische Worte zu bekommen, ist superwichtig, es bringt einfach mehr, als nur in fremden Sprachen reden zu können. Ausgenommen natürlich, jemand ist am Start, der diese Sprache übersetzen und auslegen kann. Dann haben alle was davon. 6 Leute, mal im Ernst, was würde das bringen, wenn ich jetzt bei euch wäre, und ich würde in einer fremden Sprache losbrabbeln? Was doch viel mehr geht, ist, wenn ich euch Sachen verständlich beibringen würde, wenn ich Dinge erzähle, die Gott mir gezeigt hat, was er mit euch vorhat oder so. 7 Ein guter Vergleich dazu sind Musikinstrumente. Eine Flöte oder ein Klavier muss man beherrschen können. Wenn man nicht dadrauf spielen kann, kommen nur schräge Töne dabei rüber. 8 Wenn ein Trompeter von einer Armee nicht gut und laut trompeten kann, wird es keiner rallen, wenn er den Startschuss zum Angriff gibt. 9 Das stimmt auch für eure Situation. Wenn ihr in einer Sprache zu Leuten redet, die sie null verstehen, wie sollen die denn schnallen, was ihr sagen wollt? Dann könnt ihr genauso gut mit der Wand reden. 10 Es gibt irre viele Sprachen auf der Welt, und jede Sprache ist dafür da, dass man sich in ihr unterhalten kann. 11 Ich kann die meisten davon aber nicht verstehen, und darum kann ich auch nicht mit jedem labern. Und die verstehen mich natürlich auch nicht. 12 Weil ihr ja so heiß auf diese übernatürlichen Begabungen seid, fragt doch mal bei Gott an, ob er nicht die bei euch an den Start bringt, von denen alle was haben. 13 Und wer in einer anderen Sprache reden kann, sollte bei Gott auch anfragen, die Fähigkeit zur Übersetzung der Sprache gleich mitzubekommen. Damit kann er dann das Gesagte auch erklären. 14 Wenn ich nämlich so bete, dann redet der Geist von Gott in mir. Ich kann das nicht mit meinem Verstand regeln. 15 Was ist also zu tun? Am besten beides! Ich bete in einer fremden Sprache, und ich bete normal, so dass mich jeder versteht. Ich singe in einer Sprache, die Gott durch seinen Geist mir aufspielt, und dann singe ich wieder so, dass mich alle verstehen können. 16 Hey, wie sollte denn sonst jemand am Ende von deinem Gebet ehrlich dazu „Amen“ sagen können, wenn er null verstanden hat, wofür du Gott gerade danke gesagt hast? 17 Das Gebet kann dann noch so supergeistlich klingen, es bringt den anderen nichts. 18 Ich bin Gott voll dankbar, dass ich mehr als ihr alle diese Begabung auslebe und in einer anderen Sprache mit Gott laber. 19 Aber wenn die ganze Gemeinde zusammenkommt, rede ich lieber fünf verständliche Worte, die Leuten helfen, als zehntausend Worte in einer fremden Sprache, die keiner versteht. 20 Liebe Leute, seid bitte nicht kindisch, ihr versteht doch mein Anliegen, oder? Ihr könnt kindlich bleiben, wenn es um fiese Sachen geht, aber in solchen Dingen schaltet mal euren Verstand ein und regelt das wie Erwachsene! 21 In den alten Schriften kann man auch was zu dem Thema nachlesen. Da sagt Gott: „Ich habe vor, mit

meinen Leuten in anderen Sprachen zu reden. Doch
sie werden nicht auf mich hören.“ 22 Daran kann
man auch erkennen, dass diese Begabung ein Zei-
chen für Leute ist, die nicht an Gott glauben. Die
Begabung, prophetische Worte von Gott zu kriegen,
ist vor allem für die Jesus-Leute gedacht. 23 Wenn
jetzt allerdings mal jemand in euren Gottesdienst
kommt, der nicht an Gott glaubt, und er hört euch
alle in einer fremden Sprachen brabbeln, der wird
doch denken, ihr seid total durchgeknallt! 24 Wenn
jetzt allerdings mal der Fall eintritt, dass bei euch
prophetische Worte im Gottesdienst ausgesprochen
werden, und irgendein Nichtchrist kommt gerade
zufällig rein – also, dann würde den das Wort viel-
leicht umhauen, es würde ihn total treffen können.
25 Die Sachen, bei denen er sich immer selber einen
vorgemacht hat, würden ihm plötzlich deutlich wer-
den, und er würde auf die Knie gehen und zu Gott
beten. Er würde bestimmt sagen: „Gott ist bei euch
voll dabei!“

**Wie es im Gottesdienst abgehen sollte
(und wie nicht)**

26 So, Freunde, jetzt werden wir noch mal praktisch.
Wenn ihr also zusammen einen Gottesdienst
macht, dann kann jeder seinen Teil dazu beitragen.
Einige könnten einen Song zum Besten geben,
andere machens mündlich und bringen den ande-
ren was über Gott bei, dann hat vielleicht jemand
eine Prophetie, wieder jemand redet in einer ande-
ren Sprache, und ein anderer hat die Übersetzung
und legt es aus. Alles aber so, dass ihr gut drauf
kommt. 27 Wenn jetzt jemand in einer anderen Spra-
che was von Gott hat, soll er es sagen, aber höchs-
tens zwei oder drei Stück von der Sorte, und bitte
nacheinander. 28 Einer sollte dann in der Lage sein,
die Sachen auch zu übersetzen und zu deuten.
29 Auch was die Prophetennummer angeht, würde
ich sagen, so zwei bis drei pro Gottesdienst sind
okay. Die anderen sollten das Gesagte dabei dann
abchecken. 30 Wenn jemand zwischendrin ein pro-
phetisches Wort von Gott kriegt, sollten die anderen
erst mal den Mund halten. 31 Auf die Art ist jeder
mal an der Reihe, aber eben nacheinander. So wer-
den alle ermutigt und können was davon lernen.
32 Wenn jemand prophetische Worte von Gott be-
kommt, hat er immer volle Kontrolle da drüber. Er
kann also auch abwarten, bis er an der Reihe ist.
33 Gott hat keinen Bock auf ein totales Durcheinan-
der, er steht auf Frieden, und so geht er auch mit
den anderen Jesus-Gemeinden im Land um.
34 Frauen sollten im Gottesdienst nicht im Hinter-
grund rumpalavern wie beim Kaffeklatsch. Sie soll-
ten sich beim Mitmachen im Gottesdienst unter
Kontrolle haben und bereit sein, auf Gott zu hören –
wie es auch der alte Vertrag sagt. 35 Wer noch Fragen
hat, soll sie später mit jemand besprechen, der sich
auskennt. Im Gottesdienst wird aber nicht dazwi-
schengequasselt! 36 Oder glaubt ihr, ihr in Korinth
hättet da mehr Schnall von Gott als andere Chris-
ten? Dünnsinn! 37 Jeder, der von sich sagt, er wäre
ein Prophet, oder generell glaubt, in einer besonde-
ren Weise vom Heiligen Geist angezappt zu sein,
muss das verstehen, was ich euch geschrieben hab.
Es ist eine Order direkt von Gott! 38 Jeder, der keinen
Bock auf diese Order hat, auf den hat Gott auch
keinen Bock mehr. 39 Also, ihr lieben Geschwister,
kämpft darum, die Begabungen von Gott zu bekom-
men, besonders die der Prophetie, und verbietet
niemandem, in fremden Sprachen zu reden. 40 Aber
passt auf, dass alles in geregelten Bahnen abläuft.

15

Jesus ist nicht mehr tot, er lebt!

1 Leute, die coolste Nachricht, die Grund-
lage, auf der euer Glaube steht, die will ich
euch jetzt noch mal klarmachen! Was ich euch
damals schon erzählt habe und worauf ihr auch
total abgegangen seid, darum geht es. 2 Durch diese
Nachricht werdet ihr es packen, ihr werdet am Ziel
Gottes ankommen, so wie ich es euch erzählt habe.
Es war doch nicht alles umsonst, oder? 3 Ich hab
euch die Sachen ausgerichtet, die einfach super-
wichtig waren und die mir auch jemand mal erzählt
hat. Jesus Christus ist für unseren Dreck gestorben.
Genau so, wie es in dem alten Buch gesagt wurde.
4 Man hat ihn in eine Grabhöhle gebracht, aber nach
drei Tagen ist er wieder lebendig geworden. Er hat
jetzt ein ganz neues Leben bekommen, das stand
auch schon im alten Buch drin. 5 Petrus hat ihn
gesehen, die zwölf Apostel auch. 6 Anschließend
haben ihn noch mal fünfhundert von der Jesus-
Familie gesehen, die meisten leben noch heute. Ein
paar sind davon aber auch schon tot. 7 Später hatte
er noch ein Treffen mit Jakobus und dann auch mit
den anderen Aposteln. 8 Und der Letzte, der ihn
gesehen hat, war ich, und das, obwohl ich es null
verdient hatte. 9 Ich bin nämlich der allerletzte von
allen Aposteln, eigentlich hab ich diesen Titel echt
nicht verdient, weil ich ja die Christen früher gejagt
und verfolgt habe. 10 Was jetzt aus mir geworden ist,
hab ich echt nur Gottes Liebe und seiner Gnade zu

verdanken. Und ich habe versucht, ihm alles zurück-
zugeben, ich hab mich krumm gemacht wie blöd,
viel mehr als die anderen Apostel. Das ging aber
auch nur, weil Gott mir die Kraft dazu gegeben hat,
einfach so, weil er mich so liebt. 11 Ist völlig egal, ob
jetzt die anderen Apostel oder ich die Sachen erzäh-
len. Wichtig ist, dass ihr so zum Glauben an Jesus
gekommen seid.

Auferstehung, was ist das?

12 Sagt mal, wie kommen einige von euch darauf,
dass wir nicht von den Toten wiederauferstehen?
Wir haben euch doch genau das Gegenteil beige-
bracht! 13 Wenn diese Sache mit der Auferstehung
nicht funktioniert, dann müsste Christus ja auch
immer noch tot sein! 14 Und wenn der immer noch
tot ist, dann war doch alles, was wir erzählt haben,
und auch euer Vertrauen auf Gott für den Arsch!?
15 Also genau genommen haben wir Apostel euch
dann wohl einen Bären aufgebunden, oder was?
Unsere Ansage war doch immer, dass Jesus Chris-
tus von Gott aus dem Tod rausgeholt wurde und
ihn ein für alle Mal besiegt hat. Das kann dann ja
nur gelogen sein, wenn das mit der Auferstehung
nicht funktioniert. 16 Ich sag es noch mal, wenn die
Toten nicht wiederauferstehen, dann geht das mit
Christus ja auch nicht, oder? 17 Wenn dem so ist,
dann habt ihr euch die ganze Zeit was eingebildet,
und dann seid ihr auch immer noch schuldig, was
Gott angeht. 18 Wenn das stimmt, haben wir alle
keine Chance mehr, dann war's das. Und für die aus
der Jesus-Family, die schon gestorben sind, gilt das
erst recht. 19 Wenn unser Glaube nur auf den Jesus
gebaut hat, der uns im Hier und Jetzt hilft, dann
sind wir die Ober-Loser schlechthin. 20 Jesus Chris-
tus hat es aber als Erster gepackt, er hat den Tod
besiegt und ist wieder lebendig geworden! 21 Ge-
nauso wie mit einem Menschen der Tod in die Welt
kam (ich meine jetzt den Adam), so kam durch
einen Menschen, Jesus Christus, der Durchbruch in
Sachen Auferstehung. 22 Die Menschen müssen alle
mal sterben, weil sie mit Adam verwandt sind. Und
mit Christus werden alle wieder lebendig gemacht,
die mit ihm eine echte Beziehung haben. Sie be-
kommen eine neue Chance zu leben. 23 Das geht
aber alles hübsch der Ordnung nach. Den ersten
Schritt hat Christus gemacht. Wenn der dann wieder
da ist, kommen die Leute an die Reihe, die zu ihm
gehören. 24 Und dann wird es zu Ende sein mit der
Welt. Er wird seinem Vater den Joystick für diese
Welt in die Hand drücken, er übergibt ihm jede Voll-
macht, die er vorher von ihm bekommen hat. Dann
wird alles niedergemacht werden, was sich gegen
ihn gestellt hat. 25 In einem Psalm aus dem alten
Buch steht ja auch drin, dass er so lange da sein
wird, bis alle Feinde niedergemacht wurden. 26 Der
letzte Feind wird dann nur noch der Tod selber sein,
der wird dann auch noch vernichtet. 27 Ich zitier
noch mal: „Christus bekommt jede Vollmacht über
alles ausgestellt." Wenn er jetzt über alles das
Sagen hat, dann schließt das Gott den Vater nicht
ein. Der steht immer noch über allem, denn er hat
ihm ja die Vollmacht ausgestellt. 28 Wenn Jesus
Christus also der Chef von allem ist, dann wird er
sich als Sohn dem Vater Gott unterstellen. So hat
Gott am Ende über alles das Sagen. 29 Ich hab
gehört, dass einige von euch sich stellvertretend für
ihre toten Freunde taufen lassen? Das würde es
doch gar nicht bringen, Leute, wenn die nicht wie-
der auferweckt würden! 30 Und wieso bin ich eigent-
lich so bescheuert und setz mich jeden Tag Todes-
gefahren aus, wenn ich nicht wüsste, es gibt eine
Auferstehung? 31 Ehrlich, Freunde, kein Witz, es ver-
geht kaum ein Tag, wo ich nicht mein Leben ris-
kiere! Aber ihr seid die Belohnung für den ganzen
Ärger, wenn ich sehe, was Jesus bei euch gemacht
hat. 32 In Ephesus hab ich mich voll in Lebensgefahr
begeben! Das konnte ich nur, weil ich davon wusste,
dass es ein Leben nach dem Tod gibt. Wenn dem
nicht so wäre, könnten wir ja nach dem Motto wei-
terleben: „Lass uns ohne Ende Party machen und
uns breithauen, morgen sterben wir sowieso!"
33 Wenn jemand so drauf ist, macht einen Bogen um
ihn! Da kann man nur antworten: „Mit solchen Leu-
ten abzuhängen bringt dich schlecht drauf." 34 Hört
endlich auf mit dem Mist, mit Sünde ist nicht zu
spaßen! Es wird euch megapeinlich sein, aber es
gibt ein paar bei euch, die wissen überhaupt nicht,
wie Gott drauf ist.

Wie es mit der Auferstehung abgehen wird

35 Jetzt kommt bestimmt bei euch gleich die Frage
auf: „Wie geht das denn ab bei der Auferstehung?
Wie wird unser Körper dann aussehen?" 36 Dumm-
batz! Das wird so sein wie mit Samenkörnern. Die
sterben auch erst mal, bevor sie dann aufgehen
und wachsen. 37 Wir legen ja nicht eine fertige
Pflanze in den Boden, es sind ja nur kleine Körner,
Weizen zum Beispiel oder anderes Saatgut. 38 Aus
jedem Korn lässt Gott eine neue Pflanze wachsen,
ganz nach seinem Plan. 39 Genau wie es unter-
schiedliche Samen und Pflanzen gibt, so gibt es

auch Unterschiede im Äußeren von Menschen und Tieren oder Vögeln und Fischen. 40 Auch die Planeten sind ganz anders gemacht worden als die Pflanzen oder Tiere, jedes Ding ist unvergleichlich schön. 41 Die Sonne leuchtet ganz anders als der Mond, und jeder Stern sieht irgendwie anders aus, sie strahlen irgendwie anders. 42 Genauso könnt ihr euch das auch vorstellen, wenn die Toten wieder auferstehen. Unser Körper ist wie ein Samenkorn, das irgendwann mal vergammeln wird. Wenn er aber wieder aufersteht, dann wird er für immer existieren. 43 Unser Körper ist zurzeit ja eher nicht so perfekt, aber wenn wir dann wieder anders lebendig werden, dann wird er voll derbe schön werden! 44 Unser menschlicher Körper kommt unter die Erde, aber wenn wir auferstehen, werden wir mit einem Körper am Start sein, der mit Gott abgefüllt ist. Ist doch klar, wenn wir einen Körper hier auf der Erde haben, werden wir dort auch einen besitzen. 45 In den alten Büchern kann man auch nachlesen, dass „der erste Mensch Adam zu einem lebendigen Wesen wurde“. Aber Jesus Christus, die erste Ausgabe eines nagelneuen Modells, sorgt für eine neue Form von Leben. 46 Von Natur aus hat man erst mal einen normalen Körper, dann aber einen geistlichen. 47 Der erste Mensch, also Adam, wurde ja aus einem Klumpen Erde gemacht. Der zweite aber, Christus, ist direkt aus dem Himmel. 48 Jeder Mensch hat einen normalen Körper, so einen, wie Adam auch hatte. Dann haben wir aber einen geistlichen Körper, so wie Jesus ihn auch hat seit seiner Auferstehung. 49 Zurzeit kann man bei uns einen Körper sehen, der mal vergammeln wird, der genau so ist wie der von Adam. Aber irgendwann werden wir so aussehen wie Jesus. 50 Was ich damit sagen will, ist Folgendes: Ihr Lieben, unser Körper, alles, was aus Fleisch und Blut ist, hat keine Chance, ewig bei Gott leben zu können. 51 Ich verrate euch jetzt mal ein Geheimnis, was Gott uns gesagt hat: Nicht alle von uns werden sterben, aber Gott wird jeden von uns total verwandeln. 52 Das wird ganz plötzlich abgehen, von einer Sekunde auf die nächste werden wir durch ein lautes Signal Bescheid wissen, dass Jesus als der Chef über die ganze Welt zurückgekommen ist. Dieses Signal wird so laut sein, dass man es überall hören kann. Dann werden alle Toten aufgeweckt werden und auch wir, die leben, werden plötzlich einen neuen Körper haben. 53 Das muss sein, denn alles, was mal vergammeln wird, muss ausgetauscht werden gegen etwas, was nicht mehr vergammeln kann.

Vorfreude auf den Tag, wo wir den Tod überleben werden

54 Wenn das mit uns abgegangen ist, diese Verwandlung von einem Körper, der vergammelt, zu einem guten neuen Körper, der unverwüstlich ist, dann ist die Ansage aus den alten Schriften erfüllt worden. Da heißt es nämlich: „Das Leben hat den Tod besiegt!“ 55 „Tod, was ist nun mit deinem Sieg? Und Tod, wie willst du uns jetzt noch Angst machen?“ 56 Denn der Mist, den wir bauen, die Sachen, die uns von Gott fernhalten, die sorgen dafür, dass wir sterben. Und die Regeln aus dem alten Buch sorgen dafür, dass sich die Power vom Tod schon jetzt in unserem Leben breitmacht, weil wir daran merken, dass wir die Dinge tun, die für Gott nicht okay sind. 57 Danke, Gott! Durch Jesus ist uns der Sieg über dieses Problem sicher! 58 Darum, Leute, bleibt dabei und lebt euren Glauben radikal aus! Gebt alles für die Sache von Jesus! Eins ist sicher: Nichts von dem ist umsonst getan!

16

Spendensammlung für die Jesus-Leute in Jerusalem

1 Ich möchte zum Schluss noch was zum Thema Spenden für die Christen in Jerusalem sagen. Und zwar fände ich es am besten, ihr würdet euch an die Aufforderung halten, die ich auch den Christen in Galatien gegeben habe. 2 Und zwar sollte immer sonntags jeder von euch so viel Kohle, wie gerade geht, zurücklegen, um sie dafür bereitzuhalten. Dann braucht ihr mit der Spendensammlung nicht erst loslegen, wenn ich da bin. 3 Sobald ich da bin, sollten dann ein paar von euren Männern, auf die hundert Prozent Verlass ist, die Steine nach Jerusalem bringen. Die erforderlichen Papiere bekommen sie von mir. 4 Wenn es sein muss, bin ich auch bereit mitzufahren.

Wo Paulus noch hinreisen will

5 Ich bin dann bei euch, sobald ich mit den Gemeinden in der Gegend von Mazedonien fertig bin. Ich will da nicht allzu lange bleiben, 6 damit ich länger bei euch abhängen kann, vielleicht sogar den ganzen Winter? Wenn ihr Lust habt, könntet ihr mich danach ja noch zu meinem nächsten Reiseziel begleiten. 7 Ich will nicht wie letztes Mal nur kurz bei euch reinschneien, um mich dann gleich wieder zu verpieseln. Diesmal will ich eine ganze Zeit bei euch bleiben, wenn Gott da auch Bock drauf hat. 8 Erst mal bleibe ich bis Pfingsten noch in Ephesus. 9 Gott

hat mir hier irre Möglichkeiten gegeben, mega vielen Leuten die guten Nachrichten von Jesus zu erzählen. Es sind aber auch viele Menschen hier, die da überhaupt keinen Bock drauf haben. [10] Wenn Timotheus bei euch aufschlägt, seid nett zu ihm! Er schuftet auch wie blöd für Jesus, genauso wie ich. [11] Niemand soll ihn dissen oder unterschätzen, nur weil er noch so jung ist! Passt auf ihn auf, er soll gut wieder bei uns landen, wenn er zurückkommt. Wir freuen uns schon auf ihn! [12] Jetzt noch zu unserem Freund Apollos. Ich hab ihn schon zigmal gebeten, mal bei euch reinzuschneien, aber er meint, dass das grad nicht so angesagt ist. Sobald sich das ändert, wird er aber kommen, versprochen. [13] Passt auf, Leute, seid stabil und cool unterwegs in eurem Glauben. [14] Egal was ihr macht, Hauptsache, euer Grundmotiv ist die Liebe. [15] Ihr habt alle von Stephanas und seiner Familie gehört? Sie waren die Ersten, die bei euch in der Gegend Christen geworden sind. Sie leben jetzt alle echt hardcoremäßig für Jesus und geben alles, damit es den anderen Christen gutgeht. [16] Bitte richtet euch nach solchen Leuten, die sich grademachen für Gott, nehmt sie als Vorbild. [17] Ich freu mich schon voll auf Stephanas und Fortunas und auch Achaikus, die ihr Bestes geben, euch zu ersetzen. [18] Die haben uns schon so oft wieder gut draufgebracht, vermutlich genauso wie euch. Nehmt solche Leute ernst! [19] Schöne Grüße soll ich euch von der Gemeinde hier in der Provinz Asien ausrichten! Auch Aquila und Priska, die hier so 'ne Art Hauskirche gestartet haben, richten Grüße aus. [20] Die anderen Christen von hier haben mich gebeten, auch Grüße auszurichten, was ich hiermit tue. Nehmt euch zur Begrüßung mal in den Arm! [21] Und jetzt schreibe ich noch mal was mit meiner eigenen Klaue. [22] Wer keinen Bock auf Jesus hat, der soll bleiben, wo der Pfeffer wächst – von mir aus in der Hölle. Jesus, komm bitte bald wieder! [23] Die grenzenlose Liebe, die Jesus für uns hat, soll euch immer begleiten! [24] In dieser Liebe sind wir für immer connected!

Euer Paulus

Der zweite Brief, den Paulus an die Christen in Korinth schrieb

1

Absender, Adresse, Grüße
[1] Absender: Paulus, der durch Jesus zum Apostel gemacht worden ist, und Timotheus, ein Mitarbeiter vom Paulus. An die Gemeinde in Korinth und alle anderen Christen bei euch in der Gegend.
[2] Hallo ihr! Leute, Gott steht voll hinter euch, denn er hat Frieden mit euch geschlossen! Er ist wie ein Vater für uns, und Jesus Christus ist unser Chef.
[3] Gott ist der Allergrößte! Der Vater von Jesus Christus ist die Quelle totaler Liebe, er ist der Gott, der uns tröstet, wenn es uns beschissen geht. [4] Egal, wie derbe die Probleme auch sind, er ist immer da und ermutigt uns. Dadurch sind wir auch in der Lage, andere zu trösten. Wenn andere Leute Probleme haben, können wir sie so aufbauen, wie Gott uns auch mal aufgebaut hat. [5] Eins ist sicher: Je mehr ätzende Sachen wir durchmachen müssen, weil wir Christen sind, desto mehr wird er auch für uns da sein und uns helfen. [6] Wenn wir auch durch die vielen Probleme deprimäßig draufkommen, werden wir dann aber immer wieder von Gott voll ermutigt. Weil wir euch das vorleben, könnt ihr von uns lernen, wie man in ätzenden Situationen entspannt bleibt. [7] Wir sind uns sehr sicher, dass Gott euch hilft bei den schlimmen Problemen, die gerade bei euch abgehen! [8] Ihr Lieben, wir haben hier in der Provinz Asien auch gerade üble Probleme am Start! Wir waren noch vor kurzem völlig fertig und am Ende, im Grunde haben wir sogar damit gerechnet, zu sterben. [9] Das Ding war schon so gut wie in Tüten, wir standen auf der Abschussliste und wären fast gestorben. Das ist wohl passiert, damit wir nicht auf unsere Fähigkeiten bauen, sondern auf Gott setzen, der in der Lage ist, Tote auferstehen zu lassen. [10] Und tatsächlich hat er uns diesmal aus einer lebensgefährlichen Situation befreit! Er wird das immer wieder tun, auf sicher! [11] Ihr betet ja schließlich auch für uns, das heißt, nicht nur wir alleine freuen uns über diese Rettung, sondern wir alle danken Gott dafür, stimmt's?!

Paulus' Motive sind korrekt
[12] Leute, ich kann mit gutem Gewissen sagen, dass mein Lebensstil voll auf Gottes Linie ist. Wir haben euch da keine Geschichten erzählt, nur dass das klar ist. Ich tue das nicht, weil ich der Oberheld bin, sondern weil Gott mir das geschenkt hat. [13] Wenn ich euch Briefe geschrieben hab, waren die immer korrekt und ohne Hintergedanken. Ich hoffe sehr, dass ihr das irgendwann auch checken werdet.
[14] Einige von euch wissen das ja auch. Wenn Jesus dann mal wiederkommt, können wir uns gegenseitig auf die Schulter klopfen. [15] Weil ich wusste, wie ihr drauf seid, hab ich gehofft, ich könnte euch mit meinen zwei Besuchen eine doppelte Freude machen. [16] Ich hatte geplant, auf dem Weg nach Mazedonien und auch auf dem Rückweg jeweils einmal bei euch aufzuschlagen. Dann hätten ein paar von euch mir noch Gesellschaft während der Tour leisten können. [17] Jetzt fragt ihr euch bestimmt, warum das doch nicht geklappt hat. Hab ich mal wieder den Mund zu voll genommen? Oder gehöre ich zu den Typen, die alles abnicken, aber dann doch nichts durchziehen können? [18] Gott ist mein Zeuge, dass ich alles, was ich sage, in der Regel durchziehe, ich rede keinen Scheiß! [19] Jesus, der Sohn von Gott, war auch nicht so drauf. Wir (also Silvanus, Timotheus und ich) haben euch von ihm erzählt. Er sagte nie „ja" und meinte damit „nein". Jesus hat immer gehalten, was er versprochen hat.
[20] Die ganzen Versprechen, die Gott gegeben hat, wurden durch Jesus erfüllt. Er wird es auch zu Ende bringen, damit Gott ganz groß rauskommt. [21] Gott hat dafür gesorgt, dass wir auf Jesus Christus bauen können, und von ihm haben wir auch einen Auftrag erhalten. [22] Er hat uns seine Unterschrift dazu gegeben, indem er uns seine besondere Kraft, den Heiligen Geist, geschenkt hat. Das ist fast wie ein Garantieschein, dass er uns sogar noch mehr schenken wird! [23] Gott ist mein Zeuge, ich erzähl euch keinen Mist! Ich bin nur deswegen nicht nach Korinth gekommen, weil ich euch sonst ganz hart rangenommen hätte. [24] Ich will jetzt nicht den dicken Macker raushängen lassen und euch sagen, wie genau ihr euren Glauben ausleben sollt. Unser Ziel ist, dass wir gemeinsam erarbeiten, wie ihr mehr Freude in eure Gemeinde kriegt. Dass ihr stabil seid im Glauben, davon geh ich jetzt erst mal aus.

2 1 Ich hab mir darum vorgenommen, nicht noch einmal bei euch reinzuschneien. Ich wollte nicht, dass ihr durch mich schlecht draufkommt. 2 Wenn ich euch schon so runterziehe, wer ist dann noch übrig, der mich dann gut draufbringen kann? 3 Darum hab ich mir gesagt: „Schreib noch mal einen Brief." Da können mich die Sachen aus der Distanz nicht mehr so berühren, wie sie es tun würden, wenn ich bei euch wäre. Eigentlich müsstet ihr mich ja super draufbringen. Ihr freut euch doch hoffentlich auch, wenn ich mich freue, oder? 4 Der letzte Brief, den ich euch geschrieben habe, ist mir echt schwer von der Hand gegangen. Ich hatte richtig Herzschmerzen beim Schreiben und musste voll abheulen. Ich wollte euch auf keinen Fall verletzen, sondern es sollte rüberkommen, wie sehr ich euch liebe. 5 Ich lehn mich jetzt nicht zu weit aus dem Fenster, aber wenn bei euch einer Probleme macht, dann hat er ja nicht mir, sondern vor allem euch weh getan! 6 Dieser Typ, um den es da ging, hat dann ja auch einiges einstecken müssen, lasst es damit mal gut sein. 7 Jetzt müsst ihr ihm einfach vergeben und ihn wieder aufbauen, damit er keine Depressionen kriegt, von denen er sich nicht mehr erholt. 8 Ich möchte, dass ihr ihm jetzt zeigt, dass alle ihn lieb haben. 9 Durch meinen Brief wollte ich auch testen, ob ihr das auch umsetzt, was ich euch sage. 10 Wenn ihr diesem Typen vergeben habt, werde ich es auch tun – wenn es überhaupt etwas gibt, das ich zu vergeben habe. Ich stehe dabei vor Gott, 11 damit der Satan euch nicht übers Ohr hauen kann. Wir wissen genau, wie seine Taktik funktioniert. 12 Als ich in Troas aufgeschlagen bin, hatte ich alle Hände voll zu tun. Es gab mega viele Möglichkeiten, die Sache von Jesus Christus Leuten zu erzählen. 13 So richtig locker bin ich aber nie geworden, weil ich die ganze Zeit auf Titus gewartet habe, der mir von euch erzählen sollte. Darum hab ich mich dann von da verpieselt und bin in Richtung Mazedonien aufgebrochen, damit ich ihn dort treffen würde. 14 Ich bin Christus so superdankbar, dass wir seine Siege miterleben und mit ihm feiern! Egal wo wir hinkommen, wir erzählen überall die gute Nachricht von dem neuen Leben mit Jesus! Das ist so, als ob einem ein richtig guter Duft in die Nase steigt. Stellt euch mal vor, jemand schmeißt eine Gartenparty und wirft ein paar Holzfällersteaks auf den Grill. Für die meisten ist das echt ein guter Geruch. 15 Bei uns kommt dieser köstliche Geruch durch unser Leben mit Jesus zustande. Und Gott steht total dadrauf! Aber nicht alle finden diesen Duft gleich toll. 16 Wenn ein Schwein, das sich hinterm Zaun im Schlamm wälzt, den Geruch von Holzfällersteaks in die Nase kriegt, ist das ein Zeichen, dass es bald selbst als Kotelett in der Pfanne enden wird. Genauso riecht dieser Duft, den wir als Christen verbreiten, für manche richtig nach Tod. Und für die Leute, denen Jesus die Rettung bedeutet, ist das wie ein schöner Frühlingsgeruch, der klarmacht wo das Leben längs geht. 17 Also, wir scheffeln auf jeden Fall nicht – wie viele andere – die dicke Kohle durch unseren Talkingjob. Wenn wir reden, machen wir das superehrlich und mit der Power, die Jesus Christus uns gegeben hat. Wir tun das auch immer mit dem Bewusstsein, dass Gott uns dabei zusieht.

3 1 Machen wir – also der Timotheus und ich – jetzt eigentlich voll den Lauten? Bräuchten wir etwa irgend 'ne Referenz von jemandem, so wie das andere anscheinend nötig haben? 2 Die einzige Referenz, die wir euch bieten können, die seid ihr selber! Dass es euch gibt, müsste eigentlich als Referenz reichen. So wie ihr drauf seid, das ist für uns wie ein Zeugnis, das in unser Herz geschrieben wurde. Jeder, der will, kann das gerne lesen. 3 Um mal in dem Bild zu bleiben, ihr seid im Grunde ein Jesus-Brief, den wir geschrieben haben. Und zwar nicht mit Kugelschreiber, sondern mit der Power vom heftigen Gott wurde der geschrieben, und auch nicht auf Papier, sondern in das Herz von Menschen. 4 Was das angeht, sind wir so supersicher, weil wir durch Jesus einfach ein derbes Vertrauen in Gott haben. 5 Wir glauben echt nicht, dass wir es jetzt nun so großartig bringen würden. Alles, was bei euch gegangen ist, hat letztendlich Gott gemacht. 6 Nur durch ihn sind wir in der Lage, euch von dem neuen Vertrag zu erzählen, den Gott mit den Menschen geschlossen hat. Dieser Vertrag beruht nicht mehr auf schriftlich verfassten Gesetzen, sondern auf der Kraft, die von Gott kommt. 7 Die alten Gesetze hätten das Todesurteil für uns bedeutet, obwohl sie so einen derben Start hingelegt haben. Erinnert euch: Als Mose diese Gesetze von Gott seinen Leuten brachte, leuchtete sein Gesicht so stark, dass ihn keiner ansehen konnte! Aber wie schnell war dieses Leuchten wieder futsch! 8 Das Leuchten von der Kraft Gottes, also seinem Geist, muss dann ja noch viel derber sein, oder? 9 Wenn schon die alten Verträge, die uns ja letztendlich zum Scheitern verurteilt haben, so derbe abgingen, wie

wird das dann erst mit dem neuen Vertrag sein?
Durch den neuen Vertrag werden wir sogar von
unseren Schulden freigesprochen! 10 Verglichen mit
dem neuen supergeilen Vertrag ist der alte echt ein
Joke! 11 Ich wiederhole es noch mal: Wenn der alte
Vertrag, der ja schon gegessen ist, so viel Power
hatte, wie viel heftiger wird dann der neue Vertrag
sein?! 12 Dieser neue Vertrag gibt uns unheimlich viel
Vertrauen in die Zukunft, wegen ihm brauchen wir
ab jetzt keine Angst mehr zu haben. 13 Wir müssen
nicht wie Mose ein Tuch über den Kopf ziehen, der
das damals getan hat, damit das Volk der Israelis
nicht mitkriegte, wie das Leuchten langsam nach-
ließ. 14 Dieses Tuch, so scheint mir, hat Gott da
irgendwie liegen gelassen. Die sind so blind und
schnallen es einfach nicht. Immer wenn aus den
alten Schriften vorgelesen wird, kapieren sie nur
Bahnhof. Dieses Tuch kann echt nur durch den
Glauben an Jesus Christus weggenommen werden.
15 Das ist ja bis heute noch so. Immer wenn aus dem
Buch vom Mose vorgelesen wird, haben sie Toma-
ten auf den inneren Augen. 16 Wenn sie aber anfan-
gen, sich auf die Suche nach Gott zu machen, dann
würde dieses Tuch auch verschwinden, so wie Mose
sich auch das Tuch vom Kopf zog, wenn er mit Gott
redete. 17 Mit Gott ist hier jetzt die Power von Gott
gemeint, sein Geist. Wenn der in uns wohnt, haben
die alten Gesetze nichts mehr zu sagen. 18 Als Chris-
ten sind wir so eine Art Spiegel für dieses Leuchten
von Gott. Und seine Power sorgt dafür, dass man
dieses Leuchten bei uns immer besser sieht.

4 Wenn es jetzt auch ätzend ist, wir werden am Ende fett absahnen

1 Gott und niemand sonst hat uns die Order
gegeben, diesen Job zu tun. Darum kommen wir
auch nie so schlecht drauf, dass wir den Mut verlie-
ren. 2 Wir haben null Bock auf irgendwelche Psycho-
tricks, wir wollen auch niemanden mit tollen Argu-
menten überzeugen oder nur 'ne halbe Sache über
Gott erzählen. Was wir sagen, ist die reine Wahrheit!
Jeder, der nicht link drauf ist, kann das auch bestäti-
gen! 3 Gottes coole Nachricht kann nur von den Leu-
ten nicht begriffen werden, die eh verloren sind.
4 Satan, der ja in dieser Welt das Sagen hat, kann die
Gedanken von den Leuten, die Gott nicht vertrauen,
total verwirren. Er hat dafür gesorgt, dass sie über-
haupt nicht begreifen, wie toll Gott ist. So können
sie überhaupt nicht begreifen, was abgeht, wenn wir
von unserer superneuen Neuigkeit reden, dass Jesus
wirklich Gott ist, der zu uns auf die Erde runterge-
kommen ist. 5 Es dreht sich nicht um uns, wenn wir
reden, sondern alleine um Jesus Christus, er ist der
Chef! Wir wollen hiermit nur noch mal klarmachen,
dass wir uns für euch echt den Arsch aufreißen, weil
wir euch so mega lieb haben! 6 Gott hat das mal be-
fohlen: „Im Dunkel soll es hell werden." So hat er es
auch in unseren Gedanken hell gemacht. Deshalb
können wir jetzt kapieren, wie toll und groß Gott ist
und dass Jesus wirklich sein Sohn ist.

Ohne Gott würde Paulus abschmieren

7 Diesen derben Schatz haben wir in uns armselige
Würstchen hineingelegt bekommen, in einen Kör-
per, der so leicht zu zerstören ist. So merkt jeder,
dass alles Gute, was von uns kommt, eigentlich von
Gott ausgeht. 8 Alle wollen was von uns, überall gibt
es Probleme, aber wir halten das aus. Wir wissen oft
nicht mehr, wo es längsgeht, und geben trotzdem
nicht auf. 9 Menschen jagen uns, aber Gott ist
immer für uns da und beschützt uns. Wir werden
fertiggemacht, aber wir rappeln uns wieder auf.
10 Weil wir uns jeden Tag für Gott geradernachen,
durchleben wir dasselbe, was Jesus auch durchlebt
hat. Wir kapieren, was der Tod für ihn bedeutet hat.
Und so erfahren wir auch körperlich, welche Konse-
quenzen es hat, mit Jesus zu leben. 11 Ja, Leute, so
sieht's aus. Weil wir für Jesus alles geben, sind wir
auch ständig Todesgefahren ausgesetzt. Aber ge-
nauso wird an uns auch deutlich, dass Jesus den
Tod besiegt hat. 12 Wir leben also immer im Be-
wusstsein, jederzeit sterben zu können. Bei euch
haben wir aber für einen Durchbruch zu einem ech-
ten neuen Leben gesorgt! 13 Trotzdem werden wir
nie aufhören, weiter Reden über Gott zu halten. Wir
sind nämlich genauso drauf wie einer von den
Typen, die die Psalmen geschrieben haben. Der sagt
ja: „Ich vertraue Gott, darum muss ich davon erzäh-
len." 14 Wir sind uns total sicher, dass Gott – ge-
nauso wie er Jesus aus dem Tod rausgeholt hat –
uns da auch mal rausholen wird. Und dann werden
wir alle zusammen bei Gott abhängen. 15 Die ganzen
ätzenden Sachen, die wir jetzt durchmachen müs-
sen, ertragen wir für euch. Denn je mehr Leute
anfangen, mit Jesus zu leben, desto fetter wird die
Anzahl der Leute, die Gott dann laut danke sagen
und ihn groß rauskommen lassen! 16 Darum sind
wir nicht kleinzukriegen! Klaro, das Ganze geht
nicht spurlos an mir vorbei. Aber wenn ich auch
körperlich immer schwächer werde, wirkt das
Leben, was ich jetzt in Gott habe, jeden Tag neu und

erfrischend für mich. 17 Die ganzen Probleme, die wir jetzt durchmachen müssen, werden ein Witz sein im Vergleich zu der ewig geilen Party, die wir mit Gott feiern werden! 18 Darum lassen wir uns von den Sachen, die gerade ätzend laufen, nicht runterziehen. Wir sehen lieber nach vorne auf das, was vor uns liegt, auch wenn das noch weit entfernt scheint! Denn die ganzen Probleme werden bald vorbei sein, unsere Freude wird aber ewig anhalten.

5

Paulus freut sich auf den Himmel

1 Es ist echt sicher, dass die Tage für uns hier auf dieser Welt gezählt sind. Wenn unser Leben hier zu Ende ist, dann ist das so, als ob wir aus einem alten löcherigen Zelt ausziehen und in einem neuen festen Haus wohnen, einem Haus im Himmel, das nie abgerissen werden kann. 2 Wir haben jetzt schon voll Bock, dort zu sein! Dieses ganze kaputte Leben auf der Erde nervt, wir wollen endlich den neuen Körper anziehen, der im Himmel gemacht wurde. 3 Dort werden wir nämlich nicht nackt sein, wir werden einen neuen Körper bekommen, einen Körper von der Marke „Himmel". 4 Jetzt sind wir genervt von unserem menschlichen Körper, wir würden am liebsten sofort umziehen und stattdessen den ewigen Körper haben. 5 Wir werden da aber noch hinkommen, denn Gott hat schon alles dafür klargemacht. Er hat uns schon eine Anzahlung dafür gegeben: nämlich seine Kraft, seinen Geist. 6 Nur deswegen bin ich in der Lage, meinen Job durchzuziehen. Ich weiß zwar: Solange ich in diesem Körper lebe, bin ich von Gott getrennt. 7 Noch leben wir ja in der Zeit, wo wir vertrauen und glauben müssen, ohne dass wir es so richtig erleben könnten. 8 Ich bin auf jeden Fall gut drauf, ich würde am liebsten jetzt schon meinen Körper verlassen und bei Jesus sein, dann wäre ich endlich at home! 9 Aber egal, ob ich jetzt schon bei ihm bin oder nicht, ich will auf jeden Fall radikal das tun, worauf Gott Bock hat. 10 Jeder muss irgendwann mal zur großen Gerichtsverhandlung vor Gott antreten. Da kommt alles raus, auch die geheimen Sachen. Und dann kriegt jeder das Urteil für sein Leben, was er verdient hat – je nachdem, wie er hier auf der Erde drauf war.

Gott hat den Menschen durch Jesus Christus ein Angebot gemacht

11 Weil ich weiß, dass ich mich vor Gott irgendwann für mein Leben verantworten muss, ist es mein Ziel, viele Leute für ihn zu gewinnen. Gott weiß, dass wir nicht rumlügen. Und wenn ihr ehrlich seid, wisst ihr es eigentlich auch. 12 Versuch ich jetzt schon wieder, den Dicken raushängen zu lassen? Nein, null! Ich will euch nur ein paar Argumente in die Hand geben gegen die Leute, die nur auf Äußerlichkeiten abfahren, aber im Herzen total unehrlich drauf sind. So könnt ihr denen sagen, warum ihr stolz auf uns seid. 13 Wenn ich mal total abdrehe, also sozusagen im siebten Himmel schwebe und mich Gott ganz nah fühle (so was kommt auch bei mir mal vor), dann geht das nur Gott etwas an. Wenn ich bei euch war, dann war ich aber immer ganz klar in der Birne! Ich hab zu euch nur ganz entspannt und klar geredet. 14 Alles, was wir an Start bringen, machen wir nur, weil die Liebe von Jesus Christus uns dazu treibt. Ich will nie vergessen, dass einer für alle gestorben ist. Und weil Jesus stellvertretend für alle gehandelt hat, sind auch alle gestorben. 15 Er ist für jeden Menschen gestorben, damit jeder, der an ihn glaubt, ein neues Leben von ihm bekommt. In diesem neuen Leben sollen wir nicht unser Ding durchziehen, sondern wir sollen für Jesus leben, der extra dafür gestorben ist und dann wieder auferstanden ist. 16 Ich kann jetzt auch bei niemandem mehr einen ganz normalen menschlichen Maßstab anlegen. Auch wenn ich das früher bei Jesus gemacht habe, geht das jetzt nicht mehr. 17 Wenn jemand mit Jesus Christus ein neues Leben angefangen hat, dann geht wirklich was total Neues los. Der ganze alte Schrott ist weg, es hat ein neues Leben angefangen! 18 Diese neue Chance haben wir alleine von Gott bekommen, er hat uns durch Christus zu sich zurückgeholt. Und Gott möchte, dass wir auch andere Menschen zu ihm bringen, damit ihr Verhältnis mit Gott wieder in Ordnung kommt. Das ist jetzt unser Job. 19 Ja, das ist doch genau die Message: Durch Jesus Christus hat Gott eingegriffen, er hat sich mit den Menschen wieder vertragen. Er hat ihnen ihren Mist verziehen und alle Schulden bezahlt. Das ist die supergeile Nachricht, um die es sich dreht: Gott verträgt sich wieder mit den Menschen! Diese Nachricht dürfen wir weitererzählen. 20 Wir sind die Vertreter für Jesus Christus in dieser Welt und Gott benutzt uns, er spricht durch uns zu den Menschen. Und in seinem Auftrag sagen wir allen: „Bleibt keine Feinde von Gott! Lehnt das Friedensangebot nicht ab!" 21 Gott hat Jesus verurteilt, obwohl wir eigentlich das Urteil verdient hätten. Jesus hatte keine Schulden bei Gott, er hatte nichts ausgefressen und starb trotzdem für unsern Mist, damit wir durch ihn mit Gott klarkommen können.

6

Wir haben unseren Auftrag von Gott durchgezogen

1 Als Leute, die in Gottes Team spielen, haben
Timotheus und ich noch eine wichtige Ansage für
euch: Passt auf, dass diese voll gute Tatsache, näm-
lich dass Gott euch ohne Ende liebt, auch zu Kon-
sequenzen in eurem Leben führt! 2 Gott hat mal
gesagt: „Es wird eine Zeit geben, da höre ich auf
deine Gebete, einen Tag, da werde ich dir meine
Liebe zeigen." Und dieser Tag ist heute: Gott hat
Bock, euch hier und heute zu helfen. 3 Wir versu-
chen, so zu leben, dass sich keiner unnötig aufre-
gen muss, damit kein schlechtes Licht auf die Sache
von Gott fällt. 4 Wir sind in einer Dienstbeziehung
zu Gott, wir bleiben entspannt bei den ganzen Pro-
blemen, die man uns so macht, und ziehen unser
Ding einfach durch. 5 Man hat uns schon verprügelt
und in den Knast geworfen. Wir standen einmal
hilflos einer aufgehetzten Meute gegenüber. Wir
haben malocht bis zum Umfallen, nächtelang nicht
gepennt und nix gegessen. 6 Trotzdem haben wir
immer durchgezogen. Wir hatten nie irgendwelche
Hintergedanken, wir haben die Sache mit Jesus
wirklich verstanden, wir waren nett zu allen Leuten,
haben die Menschen auch echt geliebt, wir waren
geduldig und immer gut drauf. Und das ging nur,
weil Gottes Kraft, seine echte Liebe, in uns gewirkt
hat. 7 Wir haben nichts als die Wahrheit gesagt, und
die Power von Gott war immer dabei. Deshalb wa-
ren wir überhaupt in der Lage, die gute Nachricht
von Jesus weiterzusagen. 8 Wir ziehen unser Ding
durch, egal ob Leute uns toll, crazy oder peinlich
finden, ob man uns lobt oder Witze über uns macht.
Selbst wenn Menschen behaupten, wir wollten nur
ablinken: Wir haben es immer ehrlich gemeint. 9 Für
die Menschen sind wir Nobodys, aber Gott kennt
unsere Namen. Wir haben oft unser Leben riskiert
und sind trotzdem quicklebendig. Wir wurden der-
be verprügelt, aber wir sind wieder aufgestanden.
10 Man poliert uns die Fresse, und wir sind trotzdem
voller Freude, wir haben keine Kohle und machen
trotzdem andere Menschen oberreich, wir besitzen
nix – und trotzdem gehört uns irgendwie alles.

Wir lieben euch!

11 Also, liebe Freunde aus Korinth, wir haben uns
gerade echt vor euch geöffnet und euch gezeigt, wie
sehr wir euch lieben. 12 Das beruht wohl nicht auf
Gegenseitigkeit, aber ihr habt auf sicher einen Platz
in unseren Herzen! 13 Ich rede mit euch so, als wärt
ihr meine leiblichen Kinder. Bitte vertraut mir!
14 Zieht nicht am selben Strang mit Leuten, die Gott
nicht kennen! Es gibt keine Gemeinsamkeiten zwi-
schen den Leuten, die ihr Leben mit Gott in Ord-
nung gebracht haben, und den Leuten, für die Got-
tes Regeln total egal sind. Das ist wie Feuer und
Wasser: Das geht einfach nicht zusammen. 15 Es
gibt ja auch keine Gemeinsamkeiten zwischen Jesus
Christus und dem Satan, oder? Was hat denn
jemand, der sein Vertrauen auf Gott setzt, mit
einem gemeinsam, der Gott nicht vertraut? 16 Wel-
che Gemeinsamkeiten kann es überhaupt geben,
wenn man an den Ort denkt, wo Gott angebetet
wird, und ihn vergleicht mit dem Ort, wo zu Pseu-
dogöttern gebetet wird? Hey, Leute, in uns wohnt
der lebendige Gott! Er hat mal die Ansage gemacht:
„Ich werde bei ihnen sein und bei ihnen leben. Ich
will ihr Gott sein, und sie sollen zu mir gehören."
17 Und dann hat Gott zu seinen Leuten gesagt:
„Passt auf, dass niemand schlechten Einfluss auf
euch ausübt. Macht euch dann sofort aus dem
Staub. Mit solchem Dreck sollt ihr nichts zu tun
haben. Ich will mit euch zusammen sein. 18 Ich
werde euer Vater sein, und ihr seid meine Kinder!"
Das sagt Gott, dem nichts unmöglich ist.

7

1 Ihr Lieben, weil Gott uns diese fetten Verspre-
chen gegeben hat, wollen wir uns von ätzenden
Sachen fernhalten, damit wir unsere Gedanken
und unseren Körper nicht mit irgendeinem Mist
total versiffen. Wir haben echt großen Respekt vor
Gott und wollen deshalb so leben, wie er es von uns
möchte. 2 Bitte, Leute, vertraut uns! Wir haben nie-
manden von euch abgelinkt, wir haben auch keine
Verwirrung gestiftet oder jemanden bevorzugt. 3 Ich
will euch ja nicht fertigmachen, ich hab ja schon
geschrieben, dass wir total Bock auf euch haben
und euch sehr lieben. Wir gehören zusammen, ganz
egal, was da noch kommt. Versprochen! 4 Ich glaube
fest an euch, ich bin stolz auf euch und rede auch
nur gut über die Gemeinde. Ich bin gut drauf, und
das trotz dieser Mega-Probleme. 5 In Mazedonien
hatten wir eine schlimme Zeit. Alle Leute wollten
was von uns, es gab ständig Ärger, und wir waren
auch innerlich nicht gut drauf. 6 Aber Gott hilft
immer, wenn man das Gefühl hat, es geht nicht
mehr weiter. Als Titus bei uns aufgeschlagen ist,
waren wir voll froh. 7 Schon seine Anwesenheit hat
uns echt ermutigt. Aber als er mir dann erzählt hat,
was bei euch so abgeht, wie sehr ihr mit mir fühlt
und wie sehr ihr euch für mich einsetzt, das hat

echt gutgetan. Und auch, dass ihr euch auf meinen
Besuch freut, und wie leid es euch tut, was passiert
ist, das war einfach total gut zu hören! 8 Mir tut es
auch nicht mehr leid, dass ich euch diesen ersten
Brief geschrieben hab, obwohl es am Anfang schon
'ne Zeit lang so war. Mir war klar, dass es erst
ätzend für euch sein würde, das alles zu lesen.
9 Jetzt bin ich aber froh, dass ich ihn doch abge-
schickt habe. Nicht, weil er euch weh getan hat,
sondern weil er am Ende dafür gesorgt hat, dass ihr
euer Leben ändern konntet. 10 Gott kann sogar
ätzende Gefühle benutzen, damit wir unser Leben
ändern und wieder alles gut wird. Nur die ätzenden
Gefühle, die uns nicht dazu bringen, unser Leben
zu ändern, die bringen uns irgendwann um. 11 Über-
legt doch mal, was bei euch dann abgegangen ist!
Auf einmal habt ihr Ernst gemacht, ihr habt plötz-
lich durchgezogen und hattet voll Bock auf Gottes
Sache. Die Sehnsucht, die ihr nach mir hattet, und
die ganze Begeisterung, die plötzlich aufkam – das
lag daran, dass ihr euch wieder zu Gott umgedreht
habt. Und auch dass derjenige bestraft wurde, der
bei euch Mist gebaut hat, das kam alles daher. Ihr
habt diese Sache damit aus der Welt geschafft, sehr
geil! 12 Ich hab euch übrigens nicht geschrieben, um
festzustellen, wer da jetzt nun Schuld hat und wem
Unrecht getan wurde. Ich wollte nur, dass ihr ein
klares Statement bei Gott abgeben könnt, dass ihr
auf meiner Seite steht. 13 Dass dies nun klar ist, hat
uns echt gutgetan. Außerdem hat es uns echt gut-
getan, zu sehen, wie Titus bei euch aufgenommen
wurde. Er ist durch euch wieder voll gut draufge-
kommen! 14 Ich hatte ihm gesagt, wie stolz ich auf
euch bin, und ihr habt mich echt nicht enttäuscht.
Danke! Meine Lobeshymnen haben sich also
bewahrheitet, wie ich auch euch immer die Wahrheit
gesagt habe. 15 Er liebt euch wie blöd, weil er mitbe-
kommen hat, mit wie viel Respekt ihr ihn aufgenom-
men habt. 16 Ich freu mich sehr, dass man sich hun-
dertpro auf euch verlassen kann!

8

Spendenaufruf für die Christen in Jerusalem

1 Also, ihr Lieben, ich will euch noch kurz erzäh-
len, was für geile Sachen Gott in den Gemein-
den in der Provinz Mazedonien auf die Beine stellt.
2 Obwohl sie echt fiese Probleme hatten, sind sie
voll gut drauf. Und obwohl sie selbst auch keine
Kohle haben, haben sie eine Menge gespendet. 3 Ich
bin Zeuge, sie haben echt weit mehr als das gege-
ben, was sie eigentlich entbehren konnten. Und das
total freiwillig, ohne Druck. 4 Die haben mir das
Geld förmlich aufgedrängt, sie fanden, es wäre gera-
dezu ein Privileg, sich an dieser Spendensammlung
für die Jesus-Leute in Jerusalem zu beteiligen. 5 Die
haben sogar weitaus mehr getan, als wir eigentlich
erwartet hatten. Sie haben sich einfach radikal an
Gott verschrieben, sie gaben sich Gott hin – und
auch an uns. 6 Nach dieser guten Erfahrung mit
dem Spendensammeln hab ich Titus gesagt, er
sollte das bei euch auch mal bringen. Er hat damit
ja schon angefangen und wird das bestimmt auch
bis zum Ende durchziehen. 7 Ihr seid in so vielen
Dingen fett gesegnet worden, in der Art eures Glau-
bens und mit euren Leuten die euch die Bibel erklä-
ren. Und dass ihr so viel von Gott geschnallt habt,
ist auch ein echter Segen. Es wäre cool, wenn ihr
von diesem Segen jetzt was an die Christen in Jeru-
salem zurückgeben könntet. 8 Ich will euch zu nichts
zwingen, ja? Wenn man sich aber die Bereitschaft
reinzieht, die andere Gemeinden in Sachen Spen-
den an den Tag legen, wäre das eine echte Chance
zu beweisen, wie groß eure Liebe für die anderen
ist. 9 Seid so drauf wie Jesus. Er war megareich, aber
wegen euch ist er bettelarm geworden, nur damit
ihr dadurch fett gesegnet werdet! 10 Also, wenn ihr
mich fragt, dann fangt mit der Spendensammlung
gleich heute an und bringt sie diesmal auch zu Ende
(nicht so wie letztes Jahr ...). Die Idee dazu kam ja
schließlich von euch. 11 Es soll ja nicht immer bei
den Vorsätzen hängen bleiben, gebt also so viel wie
geht, ja? 12 Wenn eure Einstellung dabei okay ist,
dann ist es eigentlich egal, was am Ende bei rum-
kommt. Gott weiß genau, wie viel Kohle ihr habt,
und er wird den richtigen Maßstab für jeden anset-
zen. 13 Es wäre nicht gut, wenn ihr dadurch finanzi-
elle Probleme bekommt. Es geht mir nur um eine
gerechtere Verteilung. 14 Zurzeit habt ihr ja mehr als
genug und könnt locker was an die anderen abge-
ben. Das nächste Mal können die sich dann viel-
leicht bei euch revanchieren. So kriegt jeder, was er
braucht. 15 Erinnert ihr euch, was zu dem Thema in
dem alten Buch bei Mose steht? „Der viel hatte,
hatte nicht zu viel, und der wenig hatte, hatte nicht
zu wenig."

Titus ist gut drauf

16 Ich bin total froh über Titus! Er hat von Gott die
gleiche Begeisterung bekommen über das, was bei
euch abgeht, wie ich sie auch habe. 17 Er war sofort
bereit, wieder bei euch vorbeizukommen, ich
musste ihn gar nicht groß darum bitten. 18 Dazu

haben wir noch einen Typen als Begleitung geschickt, der auch bei vielen Gemeinden voll den guten Ruf hat, weil er sehr gut über Gottes Sachen labern kann. 19 Er wurde uns von der Gemeinde aufgedrückt, als Begleitung und Schutz für den Geldtransport nach Jerusalem. Wir wollten das auch, vor allem damit Gott am Ende groß rauskommt und 20 keiner glauben könnte, wir wollten die Kohle irgendwie abzocken. Ist immerhin ein ganz schöner Batzen! 21 War uns einfach wichtig, dass alles in Ordnung und korrekt abgeht, vor Gott und auch vor den Menschen. 22 Ein anderer Typ ist auch noch dabei, den haben wir gründlich abgecheckt, auf ihn könnt ihr euch echt verlassen. Er freut sich dadrauf, zu euch zu kommen, er vertraut euch total. 23 Wenn jemand Fragen zu Titus hat, könnt ihr sagen, er gehört zu mir und wäre mein Mitarbeiter, er will euch helfen. Die Begleiter wurden von den Gemeinden hier aus der Gegend geschickt, und sie stehen auch total auf Jesus. 24 Seid nett zu ihnen und zeigt damit, dass es richtig war, euch so derbe zu loben.

9 1 Über die Spendenaktion für die Jesus-Leute in Jerusalem muss ich nichts Dickes mehr sagen, oder? 2 Mir ist schon klar, dass ihr immer Bock darauf habt zu helfen. Das hab ich auch schon den Freunden in Mazedonien erzählt. Hab denen gesagt, dass ihr schon seit einem Jahr förmlich heiß drauf seid – und das hat andere wieder voll motiviert. 3 Die Leute, die ich jetzt vorbeischicke, können das dann ja auch abchecken. Sie sollen bezeugen, dass ich keinen Blödsinn geredet hab, als ich von eurer großen Spendenbereitschaft erzählt habe. 4 Es wäre superpeinlich, sowohl für mich als für euch, wenn das jetzt nicht klappen würde. Peinlich auch vor den Leuten aus Mazedonien, wenn ich denen erzählen müsste, ich hätte in diesem Punkt wohl zu sehr den Lauten gemacht. 5 Darum dachte ich, es wäre vielleicht eine gute Idee, die Jungs vorzuschicken, um so dafür zu sorgen, dass die versprochene Spende auch wirklich da ist. Ich möchte auf jeden Fall, dass ihr die Kohle freiwillig spendet, nicht weil ihr euch unter Druck gesetzt fühlt. Und am besten ist es, wenn ihr dabei nicht so geizig seid, sondern ordentlich was springen lasst.

Geld spenden macht Freude

6 Eins ist echt sicher: Wenn jemand nur ein paar Samen auf ein Feld sät, dann wird er auch nur ein paar Pflanzen daraus wachsen sehen. Wenn jemand aber fett Samen ausstreut, der wird auch eine fette Ernte einfahren. 7 Jeder bei euch soll echt selber entscheiden, was er spenden möchte. Spendet nichts, wenn ihr nicht wirklich wollt oder nur weil ihr manipuliert wurdet. Gott steht auf Leute, die einfach so spenden, weil sie es gerne tun. 8 Er wird euch sowieso mit allem, was ihr braucht, reichlich versorgen. Ihr werdet sogar was übrig haben, womit ihr anderen wieder 'ne Freude machen könnt. 9 Im alten Buch steht ja auch schon was zu dem Thema: „Er hat gesät, er hat den Leuten, die keine Kohle haben, was gegeben, er ist immer fair." 10 Gott gibt einem Bauern genug Samen und versorgt ihn. Und genauso wird er auch euch genug geben. Er wird dafür sorgen, dass eure Spendenbereitschaft sich fett auszahlen wird. 11 Ihr werdet immer genug haben, um Sachen dann auch weitergeben zu können. Und wenn wir dann eure Spende an Leute weitergeben, die es brauchen, werden sie sich bei Gott voll dafür bedanken. 12 Eure Spende würde dann zwei Fliegen mit einer Klappe schlagen. Sie würde den Menschen helfen, die die Kohle dringend brauchen, und außerdem würden viele Gott dafür danke sagen. 13 Weil ihr so fett gegeben habt, werden die Empfänger Gott loben, weil ihr die Sache mit der neuen Nachricht von Jesus Christus ernst genommen und allen geholfen habt, ohne an euch selbst zu denken. 14 Die beten da auch sehr für euch und haben voll die Sehnsucht, euch mal wieder zu treffen, weil man bei euch Gottes totale Liebe so spüren kann. 15 Danke Gott! Du hast uns echt so fett gesegnet!

10 **Nachtrag: Zu den Leuten, die über mich ablästern**

1 Ich will auf diesem Weg noch mal eine persönliche Sache mit euch abklären. Ich hoffe sehr, dass wir das friedlich und entspannt regeln können, ganz nach dem Vorbild von Jesus Christus. Man wirft mir vor, ich würde nur laff drauf sein, wenn ich bei euch bin. Sobald ich aber wieder weg bin, käme ich immer voll hart bei euch rüber. 2 Bitte zwingt mich nicht dazu, die harte Schiene mit euch durchzuziehen, wenn ich bei euch bin! Ich werde den Leuten auf jeden Fall volle Breitseite geben, die mir irgendwelche falschen menschlichen Motive und Verhaltensweisen unterstellen. 3 Natürlich bin ich auch nur ein Mensch, aber es geht mir null darum, hier nur mein Ding durchziehen zu wollen! 4 Die Mittel, mit denen ich arbeite, sind wie Waffen, die Gott mir gegeben hat. Ich benutze sie, um mensch-

liche, das heißt falsche Vorstellungen zu bekämpfen. 5 Wir können damit alles weghauen, was sich in den Köpfen mancher Menschen an Lügen über Gott und seine Wahrheit aufgebaut hat; einfach alles, was die Betreffenden davon abhält, zu schnallen, wie Gott drauf ist! Mit dieser Waffe kriegen wir es hin, dass Jesus Christus alle Gedanken gefangen nimmt, die sich gegen ihn richten. 6 Ich bin fest entschlossen, diejenigen von euch, die nicht spuren, zur Verantwortung zu ziehen – allerdings erst dann, wenn der Rest von euch gelernt hat, Gott zu gehorchen.

Ein Wort zu den Kritikern

7 Passt mal auf, ist doch klaro, dass wir genauso zu Jesus gehören wie die Leute bei euch, die das auch von sich behaupten. 8 Vielleicht denkt ihr ja auch, ich lass zu sehr meine Vollmacht raushängen, die Gott mir gegeben hat. Hey, diese Power hat Gott mir für euch gegeben, damit ihr weiterkommt im Glauben! Nicht um euch fertigzumachen oder so. Aber ich werde nicht zulassen, dass meine Arbeit bei euch kaputt gemacht wird. 9 Ich will euch jetzt keinen Schiss mit diesem Brief machen. 10 Denn wie gesagt, einige haben ja behauptet: „Per Brief macht Paulus den Lauten, aber wenn er hier ist, dann ist er total laff unterwegs!“ 11 Den Leuten kann ich jetzt nur sagen, sie werden sich umgucken, wenn ich da bin. 12 Ich würde niemals wagen zu behaupten, dass ich so wichtig bin wie die Typen, die das immer wieder von sich sagen. Die haben anscheinend einen Wichtig-Wettbewerb am Start, voll peinlich! 13 Timotheus und ich schätzen uns und unsere Stellung realistisch ein, nicht so wie die. Wir wollen nur so bewertet werden, wie Gott uns sieht, und dazu gehört auch, dass wir einen Auftrag für euch hatten und den erfüllt haben. 14 Deshalb sind wir keine durchgeknallten Spinner, wenn wir behaupten, ihr hättet von der Sache mit Jesus zuallererst von uns gehört. Denn das stimmt ja wirklich. 15 Wir wollen kein Applaus für irgendetwas, was wir nicht getan haben. Wir hoffen aber, dass ihr stabil im Glauben werdet und wir dadurch noch mehr Möglichkeiten bekommen, Sachen für Gott zu machen. 16 So könnten wir dann noch mehr Leuten von der coolen Nachricht von Jesus erzählen, Menschen, die noch weiter weg wohnen und wo noch niemand das vorher tun konnte. Wir reißen uns auch überhaupt nicht darum, irgendwo zu arbeiten, wo schon jemand da gewesen ist, um uns dann mit fremden Federn zu schmücken. Dann kann auch niemand behaupten, er wäre schon vor uns da gewesen. 17 Im alten Buch steht dazu: „Wenn jemand den Lauten macht, soll er das nur mit den Sachen tun, die Gott gemacht hat.“ 18 Wenn jemand allen Leuten erzählt, wie toll er ist, kannst du es eh echt vergessen. Wenn aber Christus den Leuten erzählt, wie toll jemand ist, das bringt es total!

11 Paulus verteidigt sich gegen ein paar Pseudoapostel

1 Ich hoffe, ihr könnt das ab, wenn ich jetzt noch ein wenig Schwachsinn laber. 2 Ich hab euch nämlich total lieb und bin genauso eifersüchtig wie Gott. Ihr seid wie eine Jungfrau, die ich nur einem Typen versprochen habe, nämlich Jesus. 3 Zurzeit habe ich aber voll Schiss, das irgendwas dazwischenkommen könnte, dass ihr von der coolen und gesunden Art, mit Jesus zu leben, wieder wegkommt, dass ihr genauso verführt werdet, wie Eva von der Schlange verführt worden ist. 4 Ihr scheint so drauf zu sein, dass ihr ohne großes Nachdenken alles glaubt, was euch die Leute so erzählen – selbst wenn sie völlig verrückte Sachen über Jesus erzählen. Auch wenn sie versuchen, euch mit einem anderen Geist abzufüllen als dem, den ihr damals bekommen hattet, nämlich der Power von Gott selbst, scheint es euch egal zu sein. 5 Ich finde, ich bin null weniger wert als diese ganzen „Mega-Apostel“, vor denen ihr so fett Respekt habt. 6 Vielleicht hab ich nicht so die Rhetorik drauf wie die, aber ich weiß, wovon ich rede, und das hab ich euch mehr als einmal auch beweisen können. 7 War es vielleicht ein Fehler, dass ich so demütig drauf war und euch kostenlos die gute Nachricht gepredigt habe? 8 Andere Gemeinden mussten finanziell voll bluten, damit ich bei euch gratis am Start sein konnte. 9 Als ich bei euch war und mir die Kohle ausging, um Essen zu kaufen, hab ich nicht rumgenervt. Die Geschwister aus Mazedonien haben mich in der Zeit versorgt, ich hab keinen Cent von euch bekommen, und das will ich auch in Zukunft so halten. 10 So sieht’s aus, Leute. Und was ich in eurer Gemeinde geleistet habe, macht mir bei euch in der Gegend so schnell keiner nach! 11 Ihr fragt jetzt vielleicht, warum ich das tue? Womöglich, weil ich euch nicht liebe? Hey, Leute, Gott ist mein Zeuge, ich liebe euch total! 12 Trotzdem werde ich auch in Zukunft keine Kohle von euch annehmen. Ich will einfach keinem die Gelegenheit zu der Behauptung geben, er wäre so drauf wie ich! 13 Diese Jungs sind total link und sie tun, als ob sie echte Apostel von

Jesus wären. Dabei sind sie voll die Pseudoapostel.
14 Mich kann eh nichts mehr schocken. Schließlich
verkauft sich ja sogar Satan als guter Engel. 15 Ist
also kein Wunder, wenn seine Truppe ihm das nach-
macht und sich als Leute von Jesus tarnen. Wenn
alles vorbei ist, werden sie die Rechnung dafür
bekommen.

Paulus zieht durch, egal wie mies es ihm geht

16 Ich wiederhole das noch mal: Glaubt bitte nicht,
ich wäre jetzt total durchgeknallt, wenn ich euch das
sage. Und selbst wenn, dann hört mir trotzdem zu,
vielleicht so, wie ihr auf jemanden hört, der
Schwachsinn labert, um ein wenig anzugeben.
17 Gott hat keinen Bock auf Angeber, aber ich tue
jetzt einfach mal so, als wäre ich total behämmert,
okay?! 18 Wenn andere die Angebertour fahren, dann
will ich das jetzt auch mal tun. 19 Ihr seid ja so
schlau, dass ihr jeden Schwachsinn glaubt, den
man euch erzählt. 20 Ist ja anscheinend total okay
für euch, wenn sie euch ausbeuten und ein paar
Knebelverträge aufdrücken, man muss bei euch nur
selbstbewusst auftreten und euch nebenbei noch
auf die Fresse hauen. 21 Tut mir leid, aber so was
bring ich einfach nicht. Aber weil ich jetzt ja hier den
Dicken raushängen lassen wollte, sag ich dazu Fol-
gendes: 22 Die sagen, sie kämen aus dem Volk von
Gott? Das bin ich auch! Die sagen, sie hätten einen
israelischen Pass? Den hab ich auch! Die sagen, sie
wären aus der Familie vom Abraham? Das bin ich
auch! 23 Die sagen, sie geben alles für Jesus? (Ich
weiß, das hört sich echt bescheuert an, was ich jetzt
hier mache.) Ich habe viel mehr gegeben als sie! Ich
hab alles gegeben, wurde öfter in den Knast gewor-
fen, man hat mich öffentlich ausgepeitscht, mein
Leben stand oft auf der Kippe. 24 Fünfmal haben die
Juden mich zu neununddreißig Schlägen durch die
Peitsche verurteilt. 25 Dreimal wurde ich mit Stöcken
verprügelt, einmal haben Leute versucht, mich mit
Steinen zu töten. Dreimal habe ich eine Unfall mit
einem Schiff überlebt. Eine ganze Nacht und einen
Tag hab ich auf einem Stück Holz auf dem Meer
überlebt. 26 Viele derbe Reisen liegen hinter mir, und
sehr oft hatte mit Problemen zu kämpfen, ob nun
durch eine Flut oder weil Ganoven mich überfallen
wollten. Egal, ob es jetzt meine Landsleute waren
oder Auslander, ob in der Stadt oder auf dem Land
oder auf dem Meer, das ist mir überall passiert.
Manchmal waren es sogar Typen, die sich als Jesus-
Leute ausgaben. 27 Es gab Situationen, wo ich echt
total durch, kaputt und alle war, wo mir alles weh tat
und ich nicht mal pennen konnte. Oft hab ich Kohl-
dampf geschoben und hatte Durst. Ich habe freiwil-
lig nichts gegessen, um stattdessen zu beten. Es
gab Nächte, wo ich in Eiseskälte pennen musste.
28 Und das ist noch lange nicht alles. Jeden Tag
mach ich mir tierische Sorgen um die Gemeinden,
die ich betreuen darf. 29 Sagt mir jemanden, der
jesusmäßig schlecht drauf ist, dann betrifft es mich
auch. Sagt mir jemanden, der verführt wurde,
ätzende Sachen zu machen, und ich bin sofort auf
180. 30 Wenn ich mich schon mal selbst gut darstel-
len will, dann sag ich immer nur, wie schwach ich
eigentlich bin. 31 Gott ist mein Zeuge, nur er hat das
Recht auf jeden Applaus, der Vater von Jesus ist der
Größte! 32 Als ich in Damaskus festsaß, hatte der
Bürgermeister (der direkt von Präsident Aretas
beauftragt wurde) die Order gegeben, die ganze
Stadt dichtzumachen, damit sie mich weghaften
könnten. 33 Mir gelang jedoch die Flucht durch ein
Fenster in der Stadtmauer. Dort haben mich
Freunde in einem großen Korb runtergelassen.

12

**Gott kommt groß raus,
wenn wir es nicht bringen**

1 Dieser Angeberfilm ist echt flach, trotzdem
will ich damit weitermachen. Hab ich schon von
meinen Visionen geredet, von den Sachen, die ich
direkt von Gott bekommen hab? 2 Vor vierzehn Jah-
ren bin ich mal in eine andere Dimension, in den
dritten Himmel, versetzt worden. Keine Ahnung, ob
das nur in einer Vision war oder ob ich auch körper
lich dort gewesen bin. Allein Gott weiß das genau.
3 Ich weiß auch nicht, wie ich da überhaupt hinge-
kommen bin, aber Gott weiß das. 4 Aber ich bin mir
ganz sicher, dass ich im Paradies war und dass ich
dort irre Worte gehört habe, Dinge, die Menschen
normalerweise gar nicht sagen können. 5 Mit dieser
Geschichte könnte ich bestimmt Eindruck schinden,
aber das werde ich gar nicht erst versuchen. Ich bin
nur stolz drauf, eigentlich nichts draufzuhaben.
6 Ich hätte echt viele Gründe abzuheben, und es
wäre noch nicht mal dumm – es würde ja der Wahr-
heit entsprechen. Aber ich will das nicht. Ich
möchte nicht, dass ihr besser von mir denkt. Ihr
solltet mich beurteilen nach dem, was ich rede und
wie ich lebe. 7 Gott hat dafür gesorgt, dass ich mir
nichts einbilde auf diese irre Vision, die ich hatte.
Und ich hab da auch so ein Problem, das mir echt
zu schaffen macht. Ist fast so, als würde ein Bote
vom Satan mir ständig in die Fresse hauen, damit

ich nicht total abspacke. 8 Dreimal hab ich Gott
schon gebeten, mir dieses Problem wegzunehmen.
9 Er sagt dann aber immer: „Alles, was du brauchst,
ist in meiner Liebe zu dir vorhanden. Ich kann am
besten durch Leute wirken, die wissen, dass sie
mich brauchen." Wenn ich also mit irgendwas
angebe, dann damit, dass ich nichts gebacken
kriege, wenn ich auf mich allein gestellt bin. Denn
das bedeutet, dass Jesus mir mit seiner Kraft hilft.
10 Darum gefällt es mir, wenn ich schwach bin, wenn
man mich schlägt, wenn es Probleme gibt, man
mich verarscht oder verfolgt. Denn wenn ich
schwach bin, kann Gott wirklich zeigen, was er
draufhat.

Ich wünsch mir so sehr, dass ihr mich liebt

11 Jetzt habt ihr dafür gesorgt, dass ich wie ein Blöd-
mann vor euch stehe, weil ich mich selbst so derbe
gelobt hab. Ich sollte besser mein Maul halten und
darauf warten, dass ihr mich lobt. Ich weiß natür-
lich, dass ich im Vergleich zu den Hyper-Aposteln
die letzte Wurst bin, trotzdem kann ich – da bin ich
mir echt sicher – voll gut mithalten mit dem, was
ich so tue. 12 Als ich bei euch war, hab ich doch
bestimmt klargemacht, dass ich ein echter Apostel
bin, der seinen Auftrag von Gott bekommen hat.
Das wurde schon durch die vielen heftigen Wunder
deutlich, die ich bei euch getan habe. 13 Es gibt nur
eine Sache, worin mein Besuch bei euch sich von
den Besuchen in anderen Gemeinden unterschei-
det. Und das ist, dass ich euch kohletechnisch nicht
auf der Tasche gelegen hab. Das müsst ihr mir wohl
noch „vergeben" ... 14 Bald komme ich zum dritten
Mal vorbei – wieder kostenlos. Eurer Geld ist mir
echt egal, es geht mir um euch! Außerdem versor-
gen in der Regel nicht die Kinder die Eltern, sondern
umgekehrt. 15 Für euch würde ich echt alles geben!
Sogar mein Leben, wenn es sein muss! Ich find das
ziemlich strange: Je mehr ich euch liebe, desto
weniger Liebe kommt von euch zurück. 16 Ist auch
egal! Ich hab von euch auf jeden Fall keinen Cent
bekommen! Hab ich euch denn vielleicht irgendwo
anders ausgetrickst? 17 Wie soll ich das denn bitte
angestellt haben? Hat irgendeiner von den Typen,
die ich geschickt habe, euch abgelinkt? 18 Als Titus
mit diesem andern Bruder bei euch war, hat der
euch vielleicht betrogen? Nein, auf keinen Fall!
Leute, unser Herz schlägt doch für dieselbe Sache,
ja derselbe Geist wirkt in uns, und wir arbeiten für
dasselbe Ziel.

Paulus hofft, dass die Korinther noch die Kurve kriegen

19 Vermutlich denkt ihr jetzt, wir schreiben diesen
Brief, um uns zu verteidigen. Null, das wollen wir
echt nicht! Als Christen sind wir nur Gott Verant-
wortung schuldig. Und vor ihm steht fest: Wir wol-
len euch mit alldem nur Mut machen, damit es in
eurer Gemeinde gut läuft! 20 Ich hab halt einfach
Angst, ich komme zu euch und ihr habt euch in der
Zwischenzeit irgendwie verändert, ihr seid anders
drauf als letztes Mal. Und dann werdet ihr von mei-
ner Reaktion genauso enttäuscht sein. Hoffentlich
ist dann nicht Streit, Eifersucht oder Egoismus und
Lästerkram am Start – eben ein großes Durcheinan-
der. 21 Ich hab echt Angst, ich muss vielen Leuten
einen reindrücken. Leuten, die von ihrem ätzenden
Lebensstil keinen Abstand genommen haben, die
sich durch ihr haltloses, unreines Leben von Gott
entfernen und nicht bereit sind, wieder auf ihn
zuzugehen.

13

Ein Wunsch zum Schluss und Grüße

1 Ist jetzt ja das dritte Mal, dass ich bei
euch auflaufe. Im alten Buch steht: „Durch
die Aussage von zwei oder drei Zeugen soll jede
Sache entschieden werden." 2 Ich hatte schon die
Ansage gemacht, dass die mit Konsequenzen rech-
nen müssen, die bei euch Mist bauen. Wenn ich
wieder da bin, werde ich das auch durchziehen. 3 Ich
werde allen beweisen, dass Jesus Christus durch
mich redet. Das tut er sehr krass und völlig ohne
Wischiwaschi. 4 Obwohl Jesus total schwach war, als
er am Kreuz hingerichtet wurde, lebt er jetzt durch
die Power Gottes. Wir sind auch schwach drauf,
haben aber Gottes Power, und das wird Gott euch
beweisen. 5 Checkt euch selber, wie stark ist euer
Glaube? Wenn ihr wirklich nicht mehr sagen könn-
tet, dass Jesus Christus bei euch lebt, dann wärt ihr
ja durchgefallen. 6 Hoffentlich kapiert ihr, dass ich
die Prüfung auf jeden Fall bereits bestanden habe.
7 Wir, also Timotheus und ich, bitten Gott, dass ihr
keinen Mist baut. Und das tun wir nicht, weil wir
jetzt gut dastehen wollen, sondern weil wir wollen,
dass ihr das Richtige tut, selbst wenn wir dadurch
schlechter aussehen. 8 Was Gott gesagt hat, steht
sowieso felsenfest, da können wir eh nix gegen
machen. Aber wir können seine Sache gut nach
außen vertreten. 9 Ist für uns okay, wenn wir es nicht
bringen, Hauptsache ist, dass ihr es packt! Und
dafür beten wir auch, dass ihr euer Leben vor Gott

klarkriegt. 10 Ich hab euch diese ganzen Sachen jetzt
als Vorbereitung auf mein Kommen geschrieben.
Ich habe nämlich keine Lust, erst mal nur rumme-
ckern zu müssen, wenn ich da bin. Gott hat mir, wie
ihr wisst, eine Riesen-Vollmacht ausgestellt. Und die
will ich nicht dazu nutzen, um euch runterzuma-
chen, sondern um euch aufzubauen! 11 Noch ein
paar Sätze zum Abschluss: Ihr habt echt 'nen
Grund, euch zu freuen, also tut das auch!! Hört auf,
Mist zu bauen! Nehmt die Sachen ernst, die ich
euch geschrieben habe! Ihr müsst zusammenhal-
ten! Und vertragt euch gut miteinander! Dann wird
Gott, der die Liebe in Person ist und der peacig
unterwegs ist, immer bei euch sein! 12 Bei der Begrü-
ßung könnt ihr euch mit einem besonderen Kuss
hallo sagen! Schöne Grüße von allen Jesus-Leuten!
13 Ich wünsche euch, dass ihr wisst, dass Jesus
Christus euch angenommen hat, er ist unser Chef!
Und dass Gottes Liebe bei euch ist, und dass ihr
zusammenkommt durch die Kraft von Gott, seinen
Heiligen Geist.
Euer Paulus

Brief an die Christen, die in Galatien wohnen, auch bekannt als „Galaterbrief"

1

Absender, Empfänger, Grüße

1 Absender: Paulus, in seiner Funktion als Apostel, der von Jesus Christus ausgesucht wurde – nicht von irgendwelchen Menschen – und damit auch von Gott, dem Vater, der Jesus ein für alle Mal aus dem Tod rausgeholt und wieder lebendig gemacht hat, 2 sowie alle Mitarbeiter, die gerade bei mir sind. An: die Jesus-Leute in Galatien. 3 Hallo, Leute! Ich wünsche euch Frieden und die Liebe, die man von Gott durch Jesus Christus bekommt. Der steht über allem! 4 Jesus hat sich für uns abschlachten lassen; er ist für den ganzen Dreck gestorben, der uns von Gott trennt. So wollte es Gott, der unser Vater ist. Sein Plan war, dass wir dadurch aus dieser Welt gerettet werden können, in der wir zurzeit leben und die mit Gott nichts zu tun haben will. 5 Dass er das getan hat, ist einfach nur geil, dafür kann man ihm nie genug danke sagen! Auf sicher [Amen]!

Es gibt nur einen Weg zu Gott

6 Leute, ich kriege es echt nicht gebacken, dass ihr euch von den Sachen, die ich euch erzählt habe, anscheinend so schnell wieder abgewendet habt! Gott hat euch die Möglichkeit geschenkt, wieder mit ihm klarzukommen. Aber kaum dreht man sich um, wechselt ihr eure Theologie wie ein altes Hemd! 7 Diese neue Lehre, von der ihr erzählt, klingt ja erst mal ganz toll, aber sie ist echt Müll! Sie kommt von Leuten, die euch schräg draufbringen wollen, indem sie die gute Lehre über Jesus Christus völlig umdrehen. Leute, man kann sich die gute Nachricht von Jesus doch nicht einfach so zurechtbasteln, wie man's gerne hätte. Es gibt nur eine einzige gute Nachricht! 8 Wer auch immer euch etwas anderes erzählen will als den Weg zu Gott, den wir euch beschrieben haben, selbst wenn es irgendwelche Engel aus dem Himmel wären oder sogar wir selbst: Der wird schon seine Strafe bekommen! 9 Ich schreib das jetzt noch mal, weil es so wichtig ist: Derjenige, der euch eine andere Lehre erzählt als die, die ihr für euch akzeptiert habt, der soll die Krätze kriegen! 10 Hey, Leute, schreibe ich das jetzt nur, damit mich Menschen anschließend ganz toll finden? Null, es geht mir nur darum, dass Gott mich toll findet! Wenn ich dafür leben würde, Applaus von Menschen zu bekommen, dann wäre ich nicht bei Jesus angestellt und würde ihm nicht dienen.

Wie Paulus zu Jesus gekommen ist

11 Freunde, eins ist sicher: Die gute Nachricht, die ich von Gott erzähle, hab ich mir nicht selbst ausgedacht. 12 Sie wurde mir übrigens auch nicht von irgendwelchen Leuten beigebracht. Nein, Jesus Christus selber hat sie mir erzählt! 13 Ich hoffe, ihr habt nicht vergessen, dass ich als Hardcore-Jude unterwegs war. Ich habe sogar wie blöd alle Christen gejagt, ich wollte sie um alles in der Welt kaputt machen. 14 Ich war so drauf, dass ich in jedem religiösen Wettbewerb den ersten Platz gemacht hätte. Ich tat alles dafür, um so zu leben, wie es die alten Gesetze vorschreiben, nach denen schon unsere Vorfahren gelebt haben. 15 Gott hatte aber einen anderen Plan mit mir, schon lange bevor ich überhaupt geboren wurde. 16 Ich durfte seinen Sohn Jesus kennenlernen. Er wollte, dass ich allen Menschen erzähle, wie man durch Jesus ein neues Leben bekommen kann. Ich habe seinen Plan sofort durchgezogen, ohne mich da vorher beraten zu lassen. 17 Ich bin nicht gleich zu den Aposteln hingegangen, die damals in Jerusalem waren, um mich mit denen zu beraten. Stattdessen bin ich erst mal nach Arabien gezogen und ging dann wieder nach Damaskus zurück. 18 Nach drei Jahren bin ich dann nach Jerusalem gegangen, um den Petrus zu treffen und mit ihm Zeit zu verbringen. Ich bin damals zwei Wochen bei ihm geblieben. 19 Von den anderen Aposteln hab ich bisher keinen kennengelernt, außer Jakobus, der ein Bruder von Jesus ist. 20 Alles, was ich hier schreibe, ist die volle Wahrheit und nichts als die Wahrheit, Gott ist mein Zeuge.
21 Nachdem ich Petrus besucht hatte, bin ich dann Richtung Norden weitergezogen, in die Gebiete Syrien und Zilizien. 22 Die Jesus-Leute in Judäa kannten mich noch nicht persönlich. 23 Die hatten nur das Gerücht gehört: „Der Typ, der uns Christen früher polizeilich verfolgt hat und uns vernichten

wollte, der erzählt jetzt überall von Jesus!" 24 Alle haben Gott sehr für die Sachen gedankt, die bei mir abgegangen sind.

2 Paulus hat 'ne Talkerlaubnis von den anderen Aposteln bekommen

1 Erst vierzehn Jahre später bin ich wieder nach Jerusalem zurückgegangen, diesmal in Begleitung von Barnabas und Titus. 2 Gott hatte mir vorher persönlich gesagt, dass ich das machen sollte. Dort erzählte ich dann meine ganze Geschichte und was ich den Menschen, die keine Juden sind, über Jesus sage. Ich wollte einfach sichergehen, dass nicht alles umsonst ist, was ich tue, und dass die anderen Apostel hinter mir stehen. 3 Alle Verantwortlichen waren mit meiner Arbeit einverstanden. Es wurde nicht einmal verlangt, dass mein Freund Titus, der aus Griechenland kommt, dieses Beschneidungsritual durchziehen musste. 4 Diese ganze Diskussion über diese „Beschneidung" wäre vermutlich gar nicht erst aufgekommen, wenn nicht ein paar Pseudos aufgekreuzt wären. Die schleimen sich zuerst mal richtig ein, um uns dann mit ihren Lehren die Freiheit wieder zu klauen, die wir in Jesus gerade bekommen haben. Sie wollen nur, dass wir uns ihren religiösen Gesetzen total unterwerfen. 5 Wir sind aber unserer Linie treu geblieben und haben diesen Leuten keine Sekunde nachgegeben. Wir wollten, dass alles bei euch weiter so bleibt, wie es der guten Nachricht entspricht, die ich euch erzählt habe. 6 Alle, die in Jerusalem was zu sagen haben (unabhängig davon, was sie früher mal waren, das ist für Gott eh egal), waren mit den Sachen einverstanden, die ich so erzähle. 7 Ja, mehr noch, sie waren sich sogar einig, dass Gott mir einen Spezial-Auftrag gegeben hat, nämlich den Menschen, die keine Juden sind, die gute Nachricht von Jesus Christus zu verklickern. Ganz im Gegensatz zu Petrus, der von Gott zwar den gleichen Job bekommen hat – aber eben für die Juden. 8 Es war für alle offensichtlich, dass Gott mich zu den nichtjüdischen Völkern schickt, wie er Petrus zu den Juden geschickt hat. 9 Als Petrus, Johannes und Jakobus klarwurde, dass Gott höchstpersönlich mich für diesen Job besonders begabt hat, umarmten sie mich und Barnabas. Dann wurde verabredet, dass sie sich nach wie vor darum kümmern sollen, die gute Nachricht von Jesus unter den Juden weiterzuerzählen, und wir das bei den andern Nationen tun. 10 Nur eine Sache war ihnen noch wichtig: dass wir uns auch um die Jesus-Leute in Jerusalem kümmern, die keine Kohle haben. Das tu ich auch, so gut ich kann.

Diskussion mit Petrus über den Zusammenhang vom Glauben und den Gesetzen

11 Als Petrus dann in Antiochia war, musste ich ihm in einer Diskussion erst mal heftig widersprechen. Er hatte sich meiner Ansicht nach in einer Sache total falsch verhalten. 12 Am Anfang hatte er sich nämlich erst mal ganz normal mit den nichtjüdischen Christen unterhalten und mit ihnen was gegessen. Aber als dann ein paar Freunde von Jakobus ankamen, war es ihm anscheinend superpeinlich. Er hatte Schiss, diese jüdischen Christen würden ihn deswegen dissen. 13 Und dann fingen die anderen Juden auch plötzlich an rumzuheucheln, sogar Barnabas war durch die Situation plötzlich total komisch unterwegs. 14 Als mir klarwurde, dass sie durch diese linke Tour nicht nach der wahren Lehre lebten, die Gott uns beigebracht hatte, stellte ich Petrus öffentlich zur Rede. Ich sagte ihm: „Wenn du ein Jude bist, der jetzt aber nicht mehr nach den jüdischen Vorschriften lebt, also im Grunde wie ein Nichtjude, warum erwartest du dann von den Nichtjuden, dass sie die jüdischen Gesetze befolgen, obwohl du sie ja selber hinter dir gelassen hast? 15 Mann, wir sind beide als Juden geboren worden, nicht so wie die Nationen ohne Gott. 16 Aber wir haben doch inzwischen kapiert, dass wir Gott mit unseren tollen Taten und durch ein striktes Leben nach den Gesetzen nicht beeindrucken können, oder?! Warum willst du denn jetzt plötzlich, dass die Nichtjuden auch nach den Gesetzen leben sollen? Nicht weil wir uns so straight an die Gesetze gehalten haben, sind wir für Gott okay geworden, sondern nur dadurch, dass wir an Jesus Christus glauben! Auf andere Art kann es doch keiner schaffen!" 17 Als wir Christen geworden sind, haben wir geschnallt, dass wir nur deswegen für Gott okay sind, weil wir unser Vertrauen auf Jesus Christus setzen. Und wir haben uns mit den Nichtjuden zum Essen an einen Tisch gesetzt, weil wir begriffen haben, dass Jesus das von uns so wollte. Warum sind wir dann wieder rückfällig geworden? Hat uns Jesus damals extra was Falsches gesagt, damit wir richtig rumsündigen, ohne das zu merken? So ein Blödsinn! 18 Nicht Jesus, sondern ich selber liege total daneben, wenn ich versuche, das alte System künstlich am Leben zu halten. 19 Unser altes Gesetz hat mir nichts mehr vorzuschreiben. Weil Jesus

Christus für mich gestorben ist, gilt für mich die gute Nachricht, dass ich für Gott okay bin. 20 Was das alte Gesetz betrifft, bin ich tot, und das, was jetzt in mir lebt, ist Jesus Christus. Ich lebe zwar noch in diesem Körper und in dieser Welt, aber ich lebe dabei total im Vertrauen auf den Sohn Gottes, der mich liebt und der alles für mich gegeben hat. 21 Ich bin keiner von der Sorte, die Gottes Gnade einfach zurückweisen. Ist doch klar, wenn es möglich gewesen wäre, durch die Gesetze gerettet zu werden, dann hätte Jesus Christus auch nicht sterben müssen.

3

Du wirst nur durch Vertrauen okay für Gott – nicht durch Taten

1 Oh, Mann, ihr verpeilten Galater! Wer hat es geschafft, euch so zu verwirren? Ihr hattet doch schon längst kapiert, dass wir es nur durch den Tod von Jesus am Kreuz wirklich packen können! Das hatte ich euch doch deutlich gesagt! 2 Ich stell euch noch mal 'ne Frage: Wie habt ihr denn die Kraft von Gott bekommen, wie kam das eigentlich bei euch mit seinem Geist? War das, weil ihr so straight nach den Gesetzen gelebt habt? Oder hatte das mehr damit zu tun, dass ihr angefangen habt, Gott zu vertrauen? 3 Seid ihr echt so verpeilt? Nachdem ihr geistlich angefangen habt, macht ihr jetzt so mal eben aus eigener Kraft weiter? 4 Ihr habt so derbe Sachen mit Gott erlebt, war das alles umsonst? Das kann doch echt nicht wahr sein! 5 Ich frag jetzt noch mal: Hat Gott euch seinen Geist geschenkt und dann so derbe Sachen bei euch gemacht, weil ihr so radikal nach den Gesetzen vom Mose lebt? Oder hat Gott das getan, weil ihr einfach den Sachen glaubt, die ihr über Jesus Christus gehört habt? 6 Wisst ihr, beim alten Abraham war das ganz ähnlich. „Abraham hat Gott geglaubt, darum wurde er für Gott okay." 7 Die wirklichen Kinder vom Abraham sind die Leute, die Gott vertrauen. 8 Das alte heilige Buch hatte über diese Zeit schon 'ne Ansage gemacht: Es sollte eine Zeit kommen, in der auch die Nichtjuden durch das Vertrauen, was sie in Gott setzen, gerettet werden. Das hatte Gott schon Abraham angekündigt; er meinte schon vor Ewigkeiten zu ihm: „Alle Nichtjuden werden von dir profitieren, wenn sie so glauben wie du!" 9 Darum werden alle, die ihr Leben auf Jesus Christus bauen, für Gott okay sein, genau wie Abraham für Gott okay war. 10 Alle, die es aber über die Gesetzesschiene probieren und durch ihre tollen Taten Gott beeindrucken wollen, sind weg vom Fenster. In den alten Schriften steht ganz klar: „Alle, die nicht jeden Punkt des Gesetzes befolgen, sind für immer unten durch." 11 Ist doch total klar, dass es niemand nur durch das Befolgen von Regeln bei Gott packen kann. In den alten Schriften steht auch bei dem Propheten Habakuk: „Nur durch das Vertrauen auf Gott kann man bei Gott klarkommen." 12 Das Gesetz schert sich um den Glauben aber herzlich wenig, das sagt nur: „Wer diese Regeln befolgt, der wird durch sie leben." 13 Jesus hat für uns einen Ausweg organisiert, damit wir bei Gott nicht für immer verloren haben. Er hat die Strafe für uns übernommen, da steht ja auch: „Wer an einem Holzkreuz hängt, der ist verflucht!" 14 Das Versprechen, das Gott Abraham gegeben hat, sollte durch den Tod von Jesus am Kreuz für alle Menschen zugänglich gemacht werden. Dadurch, dass sie Gott wirklich vertrauen, werden sie auch die Kraft von Gott, seinen Heiligen Geist, bekommen, das hat er ja versprochen!

Die Gesetze und das Versprechen

15 Freunde, ich will euch das noch mal an einem alltäglichen Beispiel erklären: Wenn jemand vor seinem Tod ein Testament geschrieben hat und damit zum Notar gegangen ist, dann ist das Testament rechtsgültig, und keiner kann was daran ändern oder es sogar für ungültig erklären. 16 Wenn wir uns die Sachen mal genauer ansehen, die Gott Abraham und seiner Familie versprochen hat, dann stellen wir Folgendes fest: Dort steht nicht, dass dieses Versprechen seinen Kindern galt, also mehr als einer Person, dort steht „seinem Kind", und mit diesem Kind ist Jesus gemeint! 17 Und das ist genau meine These: Dieser Vertrag, den Gott mit Abraham geschlossen hatte, konnte nicht vierhundertdreißig Jahre später plötzlich aufgehoben werden, als Gott Mose das Gesetz gab. Sonst hätte Gott ja sein Versprechen gebrochen. 18 Wenn wir also die Sachen von Gott nur erben, wenn wir die Gesetze nicht brechen, dann wäre Abrahams Vertrag mit Gott ja total egal. Aber Gott hatte Abraham dieses Versprechen gegeben, ohne es an irgendwelche Bedingungen zu knüpfen.

Warum gab es die Gesetze der Juden überhaupt?

19 Was bringen denn nun diese ganzen Gesetze, was soll das? Die Gesetze waren dafür da, um den Menschen klarzumachen, dass sie es ohne Gott einfach nicht packen. Die Gesetze, die ein paar Engel an Mose weitergaben, der sie dann den Menschen mit-

teilte, sollten so lange funktionieren, bis Jesus am
Start war. 20 Als Gott Abraham sein Versprechen
gab, war das eine Sache zwischen einem Menschen
und dem einen Gott. Deshalb war da auch kein
Vermittler notwendig. 21 Widerspricht sich das nicht?
Das Versprechen, das Gott uns gibt, und die Sa-
chen, die im Gesetz stehen? Null, natürlich nicht!
Widersprechen würden es sich, wenn es da im Ge-
setz eine Zusage geben würde, die uns ein neues
Leben garantiert und uns von unserer Schuld frei-
spricht. Tut es aber nicht, denn dann würden wir
tatsächlich nur durch das Gesetz mit Gott klarkom-
men können. 22 In den alten Schriften steht aber
eindeutig, dass wir alle im Knast der Sünde stecken.
Wir sind unfrei und kommen da nur raus, wenn wir
unser Vertrauen auf Jesus Christus setzen. 23 Das
Gesetz sorgte dafür, dass wir in diesem Knast
saßen, bis Jesus kommen sollte und mit ihm ein
neuer Weg, wie wir für Gott okay werden können.
24 Ich will es noch mal anders sagen: Die Gesetze
haben im Grunde die Route festgelegt, sie haben
uns mit ihren strengen Regeln beigebracht, wo es
längsgeht. 25 Seitdem jetzt das Ding mit dem Glau-
ben funktioniert, müssen wir dieser streng festge-
legten Route nicht mehr folgen. 26 Denn durch den
Glauben an Jesus Christus sind wir alle Teil der
Familie von Gott geworden, wir sind seine Kinder.
27 Alle, die auf diesen Namen von Jesus getauft wur-
den, gehören jetzt zu ihm, und das soll sich auch in
ihrem Leben zeigen. 28 Ein paar Sachen existieren
für uns einfach nicht mehr: zum Beispiel der Unter-
schied zwischen Jude und Nichtjude, zwischen
Arbeiter und Unternehmer oder zwischen Mann
und Frau. Wir sind jetzt alle eins, weil wir zu Jesus
Christus gehören. 29 Und alle, die zu Jesus gehören,
gehören auch zur Familie vom Abraham und sind
damit sozusagen Erben. So ist das einfach.

4 Nicht mehr in den Knast durch die Gesetze, sondern frei

1 Ich nehm noch mal ein Beispiel: Stellt euch
vor, ein ziemlich reicher Vater stirbt und seinen gan-
zen Reichtum erbt ein kleines Kind. Bis das Kind
erwachsen ist, hat es aber nichts davon, in diesem
Augenblick ist es genauso reich wie ein Sozialhilfe-
empfänger. 2 Es bekommt dann einen Vormund
vom Staat zugeteilt und muss tun, was der sagt, bis
es so alt ist, wie es der Vater im Testament festge-
legt hat. 3 Genauso ging das auch bei uns, bevor
Jesus da war. Wir waren total unfrei. 4 Als aber der
Termin gekommen war, an dem Gott das geplant
hatte, schickte Gott seinen Sohn bei uns vorbei. Der
wurde ganz normal als Mensch geboren und ließ
sich sozusagen freiwillig in den Knast einschließen,
in dem wir gefangen waren. 5 Sein Auftrag war: uns
aus diesem Knast rauszuholen, in dem wir durch
das Gesetz festsaßen. Gott wollte uns als Kinder in
die Familie aufnehmen. 6 Und weil wir seine Kinder
sind, hat Gott uns seine Kraft gegeben, seinen
Geist. Das ist derselbe Geist, den sein Sohn Jesus
auch hatte! Und darum können wir jetzt auch beim
Beten „lieber Papa" zu ihm sagen. 7 Ihr seid nicht
mehr im Knast der Gesetze, ihr seid jetzt Kinder
von Gott geworden. Und als Kinder habt ihr auch
ein Recht bekommen, alles von ihm zu erben, alles,
was Gott mal versprochen hat! 8 Als ihr noch keine
Ahnung von Gott hattet, habt ihr euch in irgendwel-
chen anderen Religionen getummelt und zu andern
Göttern gebetet. Das waren in Wirklichkeit nur so
Ersatzgötter, die sich irgendwelche Menschen aus-
gedacht hatten. 9 Jetzt habt ihr Gott aber kennen-
gelernt (oder besser gesagt, er hat euch kennen-
gelernt). Ich krieg das echt nicht gerallt, was ihr
jetzt noch von diesen armen Luschen-Göttern wollt,
die diese Welt euch anbietet? 10 Was soll das, dass
ihr euer Leben nach bestimmten Tagen oder Jahres-
zeiten oder nach irgendwelchen Festen ausrichtet?
11 Ich mach mir ehrlich Sorgen um euch! Ich hab
echt keinen Bock, dass die ganze Arbeit, die ich mit
euch hatte, umsonst war. 12 Liebe Freunde, tut mir
den Gefallen: Macht es so wie ich! Ihr habt mich ja
nie alt aussehen lassen und tut das jetzt doch auch
nicht, oder? 13 Könnt ihr euch daran erinnern, dass
es mir echt ätzend ging, als ich das erste Mal bei
euch über die guten Nachrichten, die durch Jesus
gekommen sind, geredet habe? 14 Obwohl es für
euch nicht so cool war, mich krank zu erleben, habt
ihr mich nicht abgelehnt. Ihr habt mich sogar bei
euch wohnen lassen und mich versorgt, fast so, als
wäre ich ein Engel von Gott, oder sogar, als wäre ich
Jesus höchstpersönlich! 15 Und was ist da jetzt mit
euch los? Damals hättet ihr euch für mich einen
Arm ausgerissen, wenn das nötig gewesen wäre.
16 Bin ich denn jetzt plötzlich euer Feind, nur weil
ich euch die Wahrheit sage? 17 Wahrscheinlich hat
das doch mit diesen falschen Typen zu tun, die sich
bei euch einschleimen und so tun, als wollten sie
euer Bestes. Dabei wollen sie nur etwas zwischen
uns treiben und dafür sorgen, dass ihr das tut, was
sie sagen. 18 Ich finde das ja erst mal sehr geil, dass
ihr alles für Gott geben wollt, auch wenn ich gerade

nicht da bin. 19 Hey, meine Kinder, ich hab euch echt lieb! Es ist fast so, als müsste ich noch mal die ganzen Schmerzen einer Geburt mit euch durchmachen. Das wird wohl auch nicht aufhören, bis Jesus ganz von euch aufgesogen wurde und euer Leben ganz kontrolliert. 20 Das wäre ein Traum, wenn ich nur bei euch sein könnte! Dann müsste ich auch nicht so mit euch schimpfen! Aber im Augenblick weiß ich mit euch echt nicht mehr weiter.

Was war mit den zwei Söhnen vom Abraham?

21 Ich schreib noch mal was zu den Leuten bei euch, die unbedingt nach dem Gesetz leben wollen. Habt ihr eigentlich echt kapiert, was in den alten Büchern überhaupt drinsteht? 22 In den alten Schriften steht doch die Story von Abraham. Der hatte zwei Söhne, einen von einer Sklavin, den zweiten von seiner richtigen Frau. Diese andere Frau war keine Sklavin, sondern sie war frei zur Welt gekommen. 23 Der Sohn von der Sklavin wurde geboren, weil Abraham die Einlösung des Versprechens, was Gott gegeben hatte, mit menschlichen Mitteln erzwingen wollte. Gott hatte ihm ja vorher mal eine große Familie versprochen. Der andere Sohn von der freien Frau wurde geboren, weil Gott sein Versprechen einlösen wollte. 24 Diese zwei Frauen sind ein Bild für die zwei Verträge, die Gott mit den Menschen abgeschlossen hat. Der eine war mit der Sklavin Hagar. Er steht für den Vertrag vom Mose, der am Berg Sinai abgeklärt wurde. Nach diesem Vertrag sind wir auch Sklaven und total abhängig von dem Gesetz. 25 „Hagar" ist übrigens der arabische Name für den Berg Sinai. Er steht für unser heutiges Jerusalem, für die Juden, die strikt an den Gesetzen kleben und nie wirklich frei werden, weil sie Jesus nicht vertrauen wollen. 26 Sara aber, die andere Frau, die keine Sklavin war, steht aber für die City, das neue Jerusalem im Himmel, für den neuen Vertrag, den Gott mit den Menschen durch Jesus geschlossen hat. 27 Der alte Prophet Jesaja hatte auch schon davon gesprochen: „Du kannst echt glücklich sein, du Frau, die keine Kinder kriegen kann! Freuen soll sich die Frau, die nie ein Baby haben wird! Denn obwohl du alleine bist, wirst du mehr Kinder haben als die Frau, die einen Mann abbekommen hat."
28 Das stimmt doch auch für euch, liebe Freunde, oder? Isaak kam auf die Welt, weil Gott Abraham einen Sohn versprochen hatte, und genauso verdankt ihr euer Leben dem Versprechen, das Gott gegeben hat. 29 Trotzdem wurde Isaak (mit dem das Versprechen eingelöst wurde) von Ismael (dem Sohn der Sklavin) verfolgt. Und das ist heute auch noch der Fall. 30 Was sagen nun die alten Schriften dazu? Ich zitiere: „Du sollst die Sklavin und ihren Sohn rausschmeißen, denn der Sohn von der Sklavin soll sich nicht gemeinsam mit dem Sohn von der freien Frau das Erbe teilen." 31 Ihr Lieben, hier ist eine Super-Nachricht: Wir sind keine Kinder einer Sklavin. Wir sind Kinder von der Frau, die total frei war, und Gott akzeptiert uns, wenn wir ihm einfach nur vertrauen.

5

Kämpft um die Freiheit, die Jesus euch geschenkt hat

1 Erst durch Jesus Christus sind wir wirklich ganz frei geworden. Kämpft jetzt darum, diese Freiheit nicht wieder zu verlieren! Ihr braucht nicht mehr unter der Fuchtel von den Gesetzen stehen.
2 Ich (Paulus) geb euch Brief und Siegel: Wenn ihr euch wieder auf das einlassen würdet, was das jüdische religiöse Gesetz euch vorschreibt, wenn ihr euch die Vorhaut abschneiden lasst und so, dann ist alles, was Jesus für euch getan hat, für'n Arsch.
3 Ich sag's noch mal: Wer diese Beschneidung bei sich machen lässt, ist verpflichtet, alles zu tun, was die Gesetze ihm vorschreiben! Echt alles, von A bis Z! 4 Wenn ihr euch dafür entscheidet, dass ihr lieber durch das Befolgen der Gesetze mit Gott klarkommen wollt, dann steht das dermaßen zwischen euch und Jesus, als hättet ihr überhaupt nichts mehr mit ihm zu tun. Dann seid ihr total raus aus dem Liebesvertrag, den er mit euch geschlossen hat. 5 Wir glauben doch, dass wir nur durch das auf Jesus gesetzte Vertrauen von Gott akzeptiert werden. Durch seinen Geist, seine Power, wurde uns das ja erst klar, jetzt ist das zu unserer berechtigten Hoffnung geworden. 6 Für Jesus ist es echt egal, ob wir nun an der Vorhaut beschnitten sind oder nicht. Jesus geht es nur darum, dass wir ihm absolut vertrauen. Und dieses Vertrauen zeigt sich in einer Liebe, die sich selbst nicht mehr so wichtig nimmt.
7 Mann, ihr habt doch so einen Traumstart hingelegt! Was ist da bei euch abgegangen, dass ihr so von der Strecke abgekommen seid? 8 Also, Gott hat da garantiert nichts mit zu tun, denn er will schließlich eure Freiheit! 9 Ich hoffe, dass die wenigen, die bei euch falsch gepolt sind, nicht gleich alle anderen anstecken. Nicht wie bei einer Grippe, zuerst ist einer krank und dann bald alle anderen im Freundeskreis auch. 10 Aber ich vertrau jetzt mal ganz auf Jesus, er wird schon dafür sorgen, dass ihr die

Kurve kriegt. Und macht euch keine Gedanken um so Typen, die euch durcheinanderbringen. Um die wird Gott sich kümmern … 11 Ihr Lieben, ich hab das Gerücht gehört, dass Leute behaupten, ich würde Christen dringend dazu raten, sich die Vorhaut abschneiden zu lassen. Aber das ist völlig daneben, warum wären dann die Juden immer noch hinter mir her? Dann brauchte sich ja auch keiner mehr darüber aufzuregen, dass wir alle ausgerechnet durch einen gerettet werden, der hingerichtet worden ist. 12 Von mir aus können sich diese Non-Checker auch sonst noch was abschneiden.

Nur wer liebt, ist richtig frei!

13 Liebe Leute, Gottes Plan sieht für jeden von euch eine totale Freiheit vor! Trotzdem solltet ihr diese Freiheit nicht missbrauchen, indem ihr euch ätzenden Sachen ausliefert. Besser wäre, ihr nutzt sie, um euch gegenseitig zu lieben und zu respektieren. 14 Man kann nämlich alle Gesetze von Gott in diesem einen Ding zusammenfassen: „Liebe die Menschen, mit denen du zu tun hast, genauso, wie du dich selber liebst!“ 15 Wenn ihr aber wie wild gewordene Hooligans aufeinander losgeht, passt bloß auf, dass ihr dabei nicht selber umgebracht werdet. 16 Darum mein Tipp an euch: Gebt die Kontrolle über euer Leben radikal an die Kraft Gottes, an seinen Heiligen Geist, ab! Wenn er den Joystick eueres Lebens voll in der Hand hält, habt ihr kein Problem mehr mit Versuchungen der üblen Sorte. 17 Denn unser altes Ich treibt uns förmlich dazu, Mist zu bauen, ganz im Gegensatz zum Heiligen Geist. Der heilige Geist will das alte Ich unter Kontrolle bringen, er will uns zu Sachen führen, die unser altes Ich eigentlich nicht will. Da geht voll der Kampf ab in euch, und ihr seid dabei total unfrei! 18 Wenn aber der heilige Geist den Joystick eures Lebens in der Hand hält, dann steht ihr nicht mehr unter der Fuchtel von diesen alten Gesetzen. 19 Gehorcht ihr aber eurem alten Ich, dann kommt nur Mist dabei raus: dreckige Gedanken, abfeiern, ohne Grenzen einzuhalten, und solchen Sex, auf den Gott keinen Bock hat; 20 auf Sachen plötzlich so abfahren, dass sie viel wichtiger werden als Gott, okkulte Praktiken, immer auf Ärger aus sein, „Nach mir die Sintflut“-Einstellung, Intrigen anstiften, streiten ohne Ende, sich als Mittelpunkt der Welt fühlen, 21 anderen nichts Gutes gönnen, Alkoholismus, Drogensucht, Esssucht und solche Sachen. Wer so drauf ist, hat im Land, wo Gott das Sagen hat, nichts zu suchen. 22 Die Charaktereigenschaften, die bei euch entstehen, wenn der Heilige Geist euern Joystick in der Hand hat, sehen aber ganz anders aus: Liebe, Freude, Frieden, Geduld, anderen verzeihen können, anderen Menschen Gutes gönnen und sich dafür einsetzen, treu sein, 23 nett zu Menschen sein, auf Sachen locker verzichten können und so weiter. Gegen all diese Dinge hat das Gesetz ja auch nichts. 24 Alle, die zu Jesus Christus gehören, haben ihr altes Ich (inklusive den ätzenden Sachen, die daraus hervorgehen) am Kreuz hingerichtet. 25 Wenn wir jetzt wegen dem Heiligen Geist überhaupt erst richtig anfangen zu leben, dann sollte er auch wirklich alles in unserem Leben unter Kontrolle haben. 26 Dass wir uns auf unsere tollen Taten sonst was einbilden und uns dabei immer mit den anderen vergleichen, also, Leute, das haben wir doch echt nicht mehr nötig!

6

Helft euch gegenseitig!

1 Also, Freunde, wenn mal einer aus eurer Truppe in seinem Leben total danebenliegt, dann ist es eure Aufgabe, diesen Menschen auf nette Art wieder richtig draufzubringen. Ihr habt ja die Kontrolle von eurem Leben komplett an Gott und seine Kraft abgegeben und könnt das. Dabei müsst ihr aber total aufpassen, damit ihr nicht selber abrutscht! 2 Helft euch gegenseitig, wo ihr Probleme habt, und wo es mal hart auf hart kommt, da seid für den anderen da. Das ist nämlich genau das, was Jesus von euch will. 3 Wer meint, er wäre Mr. Richtig-Wichtig, der bescheißt sich nur selber. 4 Am besten wäre, wenn ihr euch ständig selber abcheckt, ohne euch dabei mit anderen zu vergleichen. 5 Schließlich ist jeder für sich selber verantwortlich. 6 Wenn es irgendwelche Leute bei euch gibt, die anderen etwas beibringen, dann gebt ihnen auch dementsprechend Kohle dafür oder auch mal Klamotten oder was zu spachteln. 7 Spackt nicht rum, Leute, wenn ihr echt glaubt, man könnte Gott verarschen. Alles, was man tut, hat auch irgendwie Auswirkungen und Konsequenzen! 8 Wer sein altes Ding weiter durchzieht und sich dabei auf seine eigenen Fähigkeiten verlässt, der hat für immer sein Leben verloren. Wer aber Gott und seiner Kraft die Kontrolle über sich anvertraut und sich von Gott führen lässt, der wird ohne Ende leben können. 9 Darum will ich euch echt anfeuern, weiter Sachen zu machen, die Gott geil findet! Gebt nicht auf, irgendwann werdet ihr dafür fett absahnen, versprochen! 10 Solange das noch

geht, lasst uns doch versuchen, für alle Leute da zu sein und ihnen zu helfen, wo es geht. Und ganz besonders natürlich unseren Freunden, die mit uns in der Familie von Gott dabei sind.

Was wichtig ist

11 Wie ihr an der veränderten Klaue erkennen könnt, schreib ich den Rest jetzt sogar selber. 12 Es gibt Leute, die wollen nur die Superstars sein, und ausgerechnet die wollen euch bequatschen, sich aus religiösen Gründen die Vorhaut abschneiden zu lassen. Aber ihre Motive sind nicht okay, sie haben nur Angst, Probleme zu kriegen, wenn sie öffentlich bekennen, an Jesus Christus zu glauben und mit ihm zu leben. 13 Obwohl sie aus religiösen Gründen darauf bestehen, dass sich jeder die Vorhaut abschneiden muss, nehmen sie die religiösen Gesetze für sich selber nicht so genau. Vermutlich wollen sie nur selber den Dicken raushängen lassen, wenn sie euch dazu überreden konnten, das bei euch zu machen. 14 Ich werde nicht den dicken Macker markieren. Das Einzige, worauf ich echt stolz bin, ist, dass Jesus für mich am Kreuz gestorben ist. Durch seinen Tod ist die Welt für mich gestorben, und ich bin auch tot für die Welt. Sie hat keine Ansprüche mehr an mich. 15 Für Gott ist es total egal, ob ich nun beschnitten wurde oder nicht. Wichtig ist nur, ob wir den Neustart mit Jesus erlebt haben! 16 Alle, die sich nach diesem neuen Maßstab ausrichten, sollen von Gott fett beschenkt werden, beschenkt nämlich mit Frieden und Liebe! Und das soll auch für das Volk der Leute aus Israel gelten, auf die er besonders steht! 17 Also, Leute, haltet die Ohren steif und passt auf euch auf! Ich will mir nicht wieder so viel Sorgen um euch machen müssen, ja?! Ich hab schon genug Sachen für Jesus durchgemacht, die Narben an meinem Körper können das bezeugen. 18 Gottes Liebe, seine Gnade, die durch Jesus Christus deutlich wurde, soll euch immer begleiten! So soll's sein [Amen]! Bis dann, ihr Lieben!

Euer Paulus

Der Epheserbrief

1 Absender, Adresse, Begrüßung

1 Absender: Paulus in seiner Funktion als Apostel. Jesus Christus hat ihn für diesen Job ausgesucht. An: alle in Ephesus, die ihr Vertrauen auf Jesus Christus gesetzt haben. 2 Hallo, Leute! Ich wünsch euch, dass ihr die Liebe bei euch habt, mit der euch Gott angenommen hat, und den Frieden, der von Gott kommt, unserem Vater, und von Jesus Christus, dem Chef. 3 Danke, Gott, danke, Vater von Jesus Christus, du bist der Beste! Leute, Gott hat uns durch Jesus alle möglichen geistlichen Gaben geschenkt. 4 Schon bevor die Welt entstanden ist, hat Gott uns extra ausgesucht. Er wollte, dass wir ihm ganz nahe sind, dass wir etwas Besonderes sind, dass wir heilig und sauber bei ihm sein können! 5 Es war sein Plan, dass wir durch Jesus seine Kinder werden können. Das wollte er so, weil er uns so sehr liebt. 6 Darum freuen wir uns voll. Wir danken ihm für seine Liebe, mit der er uns durch seinen Sohn Jesus freigesprochen hat. 7 Seine Liebe zu uns ist so riesengroß, dass er bereit war, unsere Freiheit mit dem Tod seines Sohnes zu bezahlen, damit wir unseren Dreck los werden. 8 Seiner Liebe verdanken wir auch, dass wir überhaupt erst erfahren haben, wie wir gerettet werden können, und dass wir verstanden haben, was da geht. 9 Es war von Anfang an sein Plan, Jesus zu uns zu schicken, und alle, die ihr Vertrauen auf ihn setzen, haben das auch begriffen. 10 Gott hatte beschlossen, wenn die Zeit reif dafür wäre, alles, was auf der Erde und im Weltall existiert, Jesus zu geben, damit er darüber das Sagen hat. 11 Gott hatte schon immer geplant, dass wir jetzt unsere Erbschaft von ihm bekommen sollen. Er hat sich die Leute ausgesucht, die diese Erbschaft antreten sollen. 12 Wir sollen durch das, was wir tun und wie wir drauf sind, Gott am Ende groß rauskommen lassen. Schließlich haben wir ja schon lange auf den Auserwählten gewartet. 13 Das gilt jetzt auch für euch, die ihr diese Wahrheit gehört habt, dass Gott euch aus dem Dreck rausholt. Weil ihr das geglaubt habt, verspricht uns Gott, dass wir jetzt zu ihm gehören, und darum habt ihr auch seine Kraft bekommen, die sein Versprechen bestätigt. 14 Der Heilige Geist, seine besondere Kraft, ist die Garantie, dass wir auch alles kriegen, was er uns versprochen hat. Er beweist zudem, dass wir jetzt radikal zu ihm gehören, damit er am Ende den Applaus bekommt.

Jesus Christus steht über allem

15 Seitdem ich von eurem radikalen Vertrauen gehört habe und davon, wie sehr ihr alle andern Christen liebt, 16 bin ich ständig dabei, mich bei Gott dafür zu bedanken! Ich bete auch ganz oft für euch! 17 Ich bitte dann Gott, er soll euch helfen den Überblick zu behalten, damit ihr ihn immer besser kennenlernt und er euch zeigen kann, was er von euch will. 18 Er soll eure inneren Augen öffnen, damit ihr checkt, auf was wir uns noch alles freuen können. Er hat uns ausgesucht, er hat uns fette Sachen versprochen, die er uns vererben will, und das nur weil wir ihm vertrauen. 19 Ihr sollt begreifen, wie irre groß seine Möglichkeiten sind, Möglichkeiten, die alle in uns stecken, weil wir ihm vertrauen. Da ist doch immerhin dieselbe Kraft in uns, 20 mit der Jesus auch den Tod besiegt hat, dieselbe Kraft, die ihm den Platz auf der Ehrentribüne gleich neben Gott gesichert hat. 21 Jetzt ist er von Gott zum Chef über die ganze Welt gemacht worden. Er hat die Macht über jede Regierung, über alles, was Macht ausübt, in dieser Welt und in der, die noch kommen wird. 22 Gott hat Jesus zum Bestimmer über alles gemacht. Er ist im Besonderen der Chef über die komplette Gemeinde geworden. 23 Diese Gemeinde ist sein Körper und ist von ihm, dem Auserwählten, total vollgefüllt. Aber das ist nicht alles, Jesus füllt sogar das ganze Universum aus.

2 Eine neue Chance

1 Wie sah denn früher euer Leben aus? Ihr habt Sachen getan, auf die Gott überhaupt keinen Bock hatte, und so wart ihr für ihn im Grunde gestorben. 2 Der Dreck, der in der Welt abgeht, war auch euer Dreck. Ihr habt ohne Gott gelebt und wurdet voll kontrolliert vom Satan. Der kontrolliert ja heute auch noch alle Menschen, die ohne Gott leben. 3 Wir waren früher alle genauso drauf und haben unser eigenes Ding durchgezogen. Diese Dinge, die uns von Gott trennten, haben uns ein pseudogutes Gefühl gegeben, und das hat unser Leben kontrolliert. 4 Aber Gottes leidenschaftliche Liebe für uns ist riesig! 5 Darum hat er uns mit Jesus ein wirklich neues Leben geschenkt, und das, obwohl wir durch den ganzen Mist, den wir bauen, für ihn nicht akzeptabel sind! Haben wir das irgend-

wie verdient? Null! Das ist einfach ein Geschenk,
was Gott uns macht! 6 Dadurch, dass wir unser Ver-
trauen auf Jesus setzen, hat er uns jetzt schon mit
Jesus aus dem Einfluss des Todes rausgeholt. Wir
gehören jetzt zu Jesus und sitzen mit ihm in seinem
Himmelsland, ist das nicht irre? 7 Gott will dadurch
ein klares Statement abgeben, er will uns durch
Jesus seine wahnsinnig große Liebe beweisen, die
er für uns hat! 8 Wir haben es nämlich null verdient,
dass wir aus dem Tod gerettet wurden. Da haben
wir auch nichts großartig zu beigetragen. Das wurde
nur möglich, weil ihr angefangen habt, Jesus zu ver-
trauen, und selbst dieser Glauben ist ein Geschenk.
9 Dass ihr gerettet worden seid, hat also nichts mit
euren tollen Taten zu tun. Das wäre ja auch ko-
misch, dann könnte man sich ja was drauf einbil-
den. 10 Gott hat uns gemacht! Er hat uns durch
Jesus einen kompletten neuen Anfang gegeben.
Jetzt sind wir erst in der Lage, das Gute zu tun, was
Gott schon lange für unser Leben geplant hat.

Egal, aus welchen Volk man kommt,
durch Jesus gehören wir alle zusammen

11 Vergesst bitte nicht, dass ihr nicht zu den jüdi-
schen Leuten dazugehört. Von eurer Geburt her
seid ihr eigentlich gar nicht dabei gewesen. Die
Juden haben auf euch runtergesehen, obwohl dieses
Beschneidungsritual ja nur von einem Menschen
gemacht wird. Es ist ein äußerliches Zeichen, weiter
nichts. 12 Als ihr damals ohne Jesus gelebt habt, wart
ihr ausgeschlossen. Ihr hattet auch keine Ahnung
von den Versprechen, die Gott seinem Volk gemacht
hatte. Ziellos und ohne Hoffnung wart ihr in dieser
Welt unterwegs. 13 Jetzt gehört ihr aber zu Jesus
Christus. Ihr wart mal meilenweit entfernt von Gott,
aber jetzt seid ihr, weil Jesus für euch gestorben ist
ihm plötzlich sehr nahe. 14 Jesus hat uns endlich
miteinander versöhnt. Er hat aus beiden Gruppen
eine Einheit gemacht, aus Juden und Nichtjuden
wurde eine Familie. Er hat die Mauer gesprengt, die
zwischen uns und Gott war. Durch ihn haben wir
Frieden. 15 Er hat mit dem Gesetz und seinen unend-
lich vielen Regeln Schluss gemacht. Dadurch kön-
nen wir jetzt zusammenkommen. Er selbst hat für
Frieden gesorgt, damit die Juden und Nichtjuden
sich in ihm treffen können, und aus den beiden ver-
feindeten Gruppen ist durch ihn ein neuer Mensch
entstanden. 16 Beide wurden zusammengetan zu
einem Ding, um so mit Gott wieder klarzukommen.
Das ging nur durch das, was am Kreuz passiert ist.
Dort hat er durch seinen Tod die Feindschaft zwi-
schen Juden und Nichtjuden und sogar die Feind-
schaft zwischen Gott und Menschen beendet.
17 Jesus ist zu uns gekommen, um uns zu erklären,
wie man Frieden haben kann. Und das gilt jedem,
egal, ob er ihm jetzt nahe war (so wie die Juden)
oder eher fern. 18 Durch das, was Jesus Christus für
uns getan hat, können wir jetzt alle, egal ob Jude
oder nicht, zusammen durch dieselbe Kraft zu Gott
kommen. 19 Ihr seid jetzt keine Ausländer mehr oder
Leute ohne Staatszugehörigkeit, ihr gehört jetzt
zum Volk von Gott, ihr seid jetzt Teil der Familie!
20 Wir sind wie ein Haus, das auf dem Lehrfunda-
ment seiner Botschafter, den Aposteln und den Pro-
pheten, gebaut wurde. Jesus ist dabei der Grund-
stein, an dem sich alles ausrichtet, und der alles
zusammenhält. 21 Dieser Grundstein hält alles
zusammen. Das ganze Gebäude wächst zu einem
neuen Haus, zu einem Tempel für Gott, zusammen.
22 Ihr gehört auch zu diesem Bauwerk, und in die-
sem Gebäude wohnt Gott mit seiner Kraft.

3

Was Gott von Paulus will

1 Weil ich euch, die ihr keine Juden seid, die
guten Nachrichten über Jesus erzählt habe,
sitze ich jetzt im Knast fest. 2 Ist bei euch bestimmt
schon angekommen, dass Gott mir diese spezielle
Order gegeben hat, so Leuten wie euch von der
Liebe zu erzählen, mit der er die Menschen an-
nimmt. 3 Ich hab ja oben schon mal kurz erwähnt,
dass Gott mir sein Geheimnis tatsächlich erklärt
hat. 4 Beim Lesen werdet ihr mitkriegen, worum es
dabei vor allem ging. 5 Früher hatten die Menschen
noch keinen Schnall von den Sachen, die Gott heute
durch ausgesuchte Menschen (wie zum Beispiel
Apostel und Propheten) erklärt hat. 6 Dazu gehört
auch, dass wir durch Jesus Christus alle zusammen
zu einer Familie gehören, Juden wie Nichtjuden,
und dass die Nichtjuden genauso einen Anspruch
auf die ganzen Versprechen haben, die Gott seinem
besonderen Volk auch gegeben hat. 7 Diese Nach-
richt ist voll mein Ding, dafür hat Gott mich einge-
setzt. Mit voller Kraft, einfach so, weil er mich liebt,
hat er mich dazu ausgesucht. 8 Ausgerechnet mich,
den letzten von allen Leuten, die zu Jesus gehören,
hat Gott ausgesucht, um diesen Job zu erledigen,
nämlich den anderen Menschen zu erzählen, was
für wahnsinnig fette Sachen durch Jesus möglich
geworden sind. 9 Er hat mich extra dafür ausge-
sucht, allen zu erklären, was Gott eigentlich von den
Menschen möchte. Das hatte er schon von Anfang

an so geplant, aber noch nicht allen erzählt. 10 Anhand von dem, was in der Gemeinde abgeht, sollen alle Mächte, die im Universum was zu sagen haben, erkennen, mit was für einer Übersicht Gott alles im Griff hat. 11 Das hatte Gott schon vor Ewigkeiten beschlossen, und diesen Plan hat Jesus jetzt umgesetzt. 12 Weil wir unser Vertrauen auf ihn gesetzt haben, können wir jetzt entspannt jederzeit zu ihm kommen. 13 Darum, Leute: Verliert jetzt nicht den Mut, nur weil ich im Knast sitze! Dass ich wegen euch ätzende Sachen durchmachen muss, sollte euch eher stolz machen.

Eine Bitte an Gott und ein Dankeschön

14 Ich kann immer nur auf den Knien zum Vater kommen, 15 der ja im Grunde der Vater von allem Leben ist. 16 Ich bete dafür, dass Gott euch durch seinen Geist innerlich stark macht, denn er kann aus dem Vollen schöpfen. 17 Und ich bete dafür, dass Jesus durch das Vertrauen, das ihr in ihn habt, ganz tief in euer Bewusstsein eindringt. Jesus liebt euch total! In diesem Boden sollen die Wurzeln eures Glaubens wachsen. 18 Denn nur so könnt ihr wirklich das ganze Ausmaß der Größe begreifen, mit der Gott euch wirklich liebt. 19 Unser Hirn wird das nie schaffen können, das wirklich ganz zu erfassen. Aber je mehr Gott uns erklärt, wie gigantisch groß die Liebe von Jesus Christus für uns ist, desto mehr kommt er mit seinen unvorstellbaren Möglichkeiten in unserm Leben zum Zug. 20 Gott kann durch diese powervolle Kraft, die in uns ist, sehr viel mehr tun als das, worum wir ihn bitten, ja sogar mehr, als wir uns überhaupt vorstellen können. 21 Dafür können wir alle in der Jesus-Gemeinschaft Gott immer wieder und ohne Ende loben. So ist das richtig, so sollte es sein [Amen].

4

Christen müssen zusammenhalten

1 Eine Sache ist mir noch superwichtig: Lebt euer Leben so, wie es sich für jemanden gehört, der von Gott extra ausgesucht wurde. Das sag ich jetzt als jemand, der für Jesus im Knast sitzt. 2 Geht liebevoll mit den andern um und gebt niemanden so mal eben auf. Helft den anderen, ohne was dafür zurückbekommen zu wollen! 3 Die Kraft, die von Gott kommt, hat euch zusammengeschweißt. Achtet darauf, dass das so bleibt, indem ihr untereinander Frieden haltet. 4 Gott möchte, dass wir alle zusammenhalten, so als ob wir nur ein einziger Mensch wären. Und in diesem Menschen wirkt eine einzige Kraft, nämlich sein Geist, genau wie wir zusammen auch nur eine einzige Hoffnung haben. 5 Es geht nur um einen Meister, einen Glauben, eine Taufe, 6 um den einen Vater, der alles im Blick hat, der in allem lebt und der in jedem von uns ist.

Gott gibt unterschiedliche Begabungen

7 Jeder von uns wurde von Jesus mit einem neuen Leben beschenkt. Das wird auch in besonderen Begabungen sichtbar, die er an uns ausgeteilt hat. 8 Darum steht übrigens auch in den alten Schriften, ich zitiere: „Er ist in den Himmel zurückgekommen, er hatte ein paar Gefangene dabei, die sich gegen Gott gestellt hatten, und den Menschen hat er Geschenke gemacht." 9 Wenn da steht: „Er ist in den Himmel zurückgekommen", muss das ja bedeuten, dass er vorher hier bei uns auf der Erde war. 10 Der zu uns runtergekommen ist, ist derselbe, der auch wieder zu Gott zurückkehren konnte. Und jetzt steht er über allem. 11 Einigen hat er die Begabung gegeben, Gemeinden zu starten (das sind die Apostel), von anderen wollte er lieber, dass sie Worte, die direkt von Gott kommen, an andere weitergeben (Propheten). Es gibt wiederum Leute, die haben die Begabung, Nichtchristen von Gott zu erzählen (Evangelisten). Dann gibt es da auch Leute, die sollten Pastoren sein, Seminare geben und Vorträge halten (Hirten und Lehrer). 12 Sie alle sollen die Christen für ihre Aufgabe fit machen, damit die Gemeinschaft der Leute, die mit Jesus leben, auch stark wird. 13 Auf diese Art und Weise werden wir auf der Basis unseres Glaubens immer mehr zusammenwachsen. Wir werden so auch Jesus immer besser verstehen. Unser Ziel sollte sein, starke kompetente Christen zu werden, die in seiner Gemeinschaft leben, damit wir so voll und ganz mit ihm durchstarten können und Christus in uns und der ganzen Gemeinde Gestalt gewinnt. 14 Dann sind wir auch keine Babychristen mehr, die sich ständig von irgendwelchen Leuten bequatschen lassen oder durch geschickte Täuschungsmanöver, die sich ein paar linke Menschen ausgedacht haben, reingelegt werden können. 15 Lass uns am besten immer bei der Wahrheit bleiben und uns durch die Liebe immer mehr an Jesus orientieren. Er ist ja schließlich der Kopf von unserer Gemeinschaft. 16 Durch Ihn wird auch alles zusammengehalten. Jeder Teil erfüllt seine besondere Aufgabe, damit der ganze Körper überhaupt funktioniert. So bleibt er gesund und stärkt sich auch selbst, weil er von Liebe zusammengehalten wird.

Christen sollten anders leben

17 Ich will euch noch mal ganz klarmachen, dass ihr nichts mehr mit dem Lifestyle der Menschen zu tun haben sollt, die keinen Bock auf Gott haben! Die sind total schräge drauf. 18 Sie leben in Dunkelheit, ihre Gedanken sind finster. Sie haben keine Ahnung von dem Leben mit Gott, weil sie sich für ihn zugemacht haben. 19 Ihr Gewissen ist völlig abgestumpft, darum lassen sie sich total gehen, in jeder Hinsicht. Sie geiern förmlich danach, Mist zu bauen. Um diese Gier in sich zu befriedigen, tun sie alles. 20 Durch Jesus habt ihr aber gelernt, dass es auch anders geht. 21 Was Jesus wirklich möchte, habt ihr doch gehört und verstanden, oder? 22 Ihr sollt euch von den Sachen, die ihr früher gemacht habt, komplett verabschieden. Die ätzenden Dinge, die euch früher kaputt machen wollten, mit denen habt ihr nichts mehr zu kriegen! 23 Gott will euch durch seinen Geist vollkommen anders draufbringen. 24 Ihr sollt euch einen komplett neuen Style zulegen. Dieser neue Style ist von Gott selber designt worden. Er ist gerecht und etwas ganz Besonderes, er ist eben heilig. 25 Hört auf rumzulügen, erzählt euch die Wahrheit! Wir gehören doch zusammen zu einer Familie. 26 Wenn ihr schlecht drauf seid, passt auf, dass da nichts zwischen euch und Gott kommen kann. Versucht euch noch am gleichen Tag wieder mit den Leuten zu vertragen, mit denen ihr euch gestritten habt. 27 Gebt Satan auf keinen Fall irgendeine Möglichkeit, euch aus einanderzubringen. 28 Wenn einer von euch früher krumme Dinger gedreht hat, soll er jetzt damit aufhören. Er soll sich mal einen ordentlichen Job suchen, damit er mit dem Geld, das er verdient, Leuten helfen kann, die es nötig haben. 29 Hört auch auf, über andere Leute abzulästern! Wenn ihr was sagt, sollen andere damit etwas anfangen können. Es ist immer besser, Menschen zu ermutigen. 30 Ihr solltet auf keinen Fall den Geist von Gott traurig machen! Er ist eure Garantie, dass ihr irgendwann im Himmel landet. 31 Wenn ihr Leuten nicht vergeben könnt oder Angewohnheiten habt wie plötzliche Ausraster, Rumlästern, Wutanfälle, Aggressionen, Frust könnt ihr das alles getrost in die Tonne drücken. 32 Geht nett miteinander um, zeigt Mitgefühl und verzeiht euch gegenseitig, wenn ihr euch mal verletzt habt. Hat Jesus ja auch gemacht!

5 1 Lebt am besten so, wie Gott es euch vorgemacht hat! Ihr seid seine Kinder, die er wie verrückt liebt. 2 Liebe soll euer Leben bestimmen, genauso wie das bei Jesus war. Er hat uns so sehr geliebt, dass er bereit war, sein Leben für uns zu geben. Und Gott hat das sehr gut gefallen. 3 Darum ist es doch irgendwie logisch, dass ihr euch solche Sachen wie ein derbes Partyleben ohne Grenzen oder ätzende Sexsachen echt nicht mehr geben könnt, oder? Das Gleiche gilt übrigens auch für Rumgeizen und so. 4 Was dann auch nicht mehr zu euch passt, ist dummes dreckiges Gelaber. Versucht es doch mal damit, Gott zu danken und ihm zu sagen, wie gut er ist! 5 Hey, eins muss euch echt klar sein: In Gottes Land hat keiner Platz, der nur auf Partyleben aus ist, der ständig feiern geht, ohne eine Grenze einzuhalten. Auch für Pornofans oder Geizkragen ist da nichts zu holen, denn das sind ja im Grunde Menschen, die irgendwelche Dinge zu ihrem Gott machen. 6 Passt bloß auf, dass ihr euch nicht von irgendeinem süßen Gelaber zu solchen Sachen verführen lasst. Gott hat auf bestimmte Sachen überhaupt keinen Bock, und jeder, der sie trotzdem tut, muss die Konsequenzen selber tragen. 7 Also macht einen großen Bogen um solche Leute, ja?! 8 Früher wart ihr noch ziemlich finster drauf, aber jetzt ist das doch anders! Jesus hat bei euch die Lampen auf hundert gedreht, 9 und dieses Licht, was jetzt in euch strahlt, lässt ehrliche Liebe, einen Sinn für Gerechtigkeit und eine Leidenschaft für die Wahrheit in euch wachsen. 10 Versucht doch mal herauszufinden, was Gott eine Freude machen würde! 11 Lasst euch nicht einen Zentimeter auf die dunkle Seite der Macht ein, lasst die Finger davon! Spielt auch nicht damit, sondern geht dagegen vor, bringt sie an die Öffentlichkeit. 12 Ich kriege einen roten Kopf, wenn ich nur daran denke, was Menschen so alles hinter verschlossenen Türen für Sachen bringen! Furchtbar, ich mag das hier gar nicht aussprechen! 13 Wenn Gott aber sein Licht dadraufwirft, dann kommt alles irgendwann raus! 14 Wenn er solche Sachen aufdeckt, dann kann alles auch noch wieder gut werden. Es gibt da ja auch so ein Lied, wo der Text sagt: „Wach auf, penn nicht mehr so lange, komm von den Toten wieder zurück, dann wird Christus für dich wie ein Licht sein.“ 15 Passt also ganz genau auf, was ihr so alles bringt im Leben. Checkt euch ständig ab. Ihr sollt nicht so draufkommen wie Menschen, die keine Ahnung von Gott haben. Ihr kennt und liebt ihn! 16 Nutzt alle Gelegenheiten, die euch Gott gibt, um ihm Freude

zu machen, denn wir leben in einer ätzenden Zeit.
17 Seid nicht so verpeilt. Versucht zu begreifen, was
Gott von euch möchte. 18 Hört auf, euch mit Alk
breitzuhauen! Damit macht ihr nur euer Leben
kaputt. Lasst euch lieber mit dem Heiligen Geist
abfüllen. 19 Das geht los, wenn ihr anfangt, Gott mit
Liedern und Gebeten danke zu sagen! Macht das
mit Musik und macht das aus vollem Herzen.
20 Bedankt euch immer und für alles bei Gott und
tut das im Namen von Jesus Christus.

Wie eine Ehe unter Christen laufen soll

21 In euren Ehen soll es so laufen, dass jeder über
den anderen das Sagen hat, und Christus soll über
beide das Sagen haben. 22 Ich meine damit, dass
sich die Ehefrauen ihren Männern so unterordnen
sollen, als würden sie sich Christus unterordnen.
23 Der Mann soll der Chef in der Ehe sein, auf die
Art, wie Jesus der Chef seiner Gemeinde ist. Und
Jesus hat für seine Leute schließlich alles gegeben.
24 Genauso wie sich die Gemeinde unter Jesus stellt,
sollten sich die Ehefrauen auch unter ihren Mann
stellen. 25 Und allen Männern, die verheiratet sind,
sag ich nur: Liebt eure Frauen so, wie Jesus die
Gemeinde liebt. Er hat für die Gemeinde alles gege-
ben! 26 Er wollte, dass sie ganz zu ihm gehört, sau-
ber gewaschen wie durch eine Dusche mit seinen
Worten. 27 Sein Plan war, dass die Gemeinde wie
seine geliebte Ehefrau sein sollte, so schön wie ein
Topmodel, ohne Falten und Pickel oder so was,
eben einwandfrei und gut. 28 Die Männer sind aber
genau so gefragt, ihre Frauen zu lieben, so, wie sie
sich selbst lieben. Die beiden sind zusammenge-
schweißt, nichts kann sie mehr auseinanderbringen.
Wer seine Frau so liebt, zeigt damit, dass er sich
selber auch liebt. 29 Keiner ist so blöd und hasst sei-
nen eigenen Körper. Er passt auf ihn auf, und
genauso passt Jesus auch auf seine Gemeinde auf
und sorgt für sie. 30 Wir gehören alle total zu ihm.
Wir sind miteinander verwachsen, so wie ein Arm
zu seinem Körper gehört. 31 In den alten Schriften
steht ja auch: „Darum wird ein Mann seine Eltern
hinter sich lassen, er wird ausziehen und sich mit
seiner Frau zusammentun. Beide werden dann zu
einer Einheit." 32 In diesem ganzen Eheding steckt
für mich voll ein Geheimnis. Ich sehe dadrin ein
Bild für die Gemeinschaft zwischen Jesus und sei-
nen Leuten. 33 Darum will ich hier noch mal festhal-
ten: Jeder Ehemann soll seine Frau so lieben, wie er
sich selber auch liebt. Und für die Ehefrau sollte das
Ziel sein, Respekt vor ihrem Mann zu haben.

6

Beziehung zwischen Eltern und Kindern

1 Allen Kindern kann ich nur sagen: Hört auf
das, was eure Eltern euch sagen. Gott will das
von euch. 2 „Du sollst deinem Vater und deiner Mut-
ter mit Respekt begegnen." Das ist ein wichtiges
Gesetz, und Gott gibt dazu auch gleich ein schönes
Versprechen ab: 3 „Wenn du das tust, dann wird es
dir gutgehen, und du wirst lange leben." 4 Die Väter
sollten bei der Erziehung darauf achten, immer fair
zu sein und keinen ungerecht zu behandeln. Das
gibt nur böses Blut. Sie sollen ihren Kindern lieber
den Weg deutlich machen, den Gott mit ihnen
gehen will.

Wie das Verhältnis zwischen Arbeitern und ihren Chefs sein sollte

5 Tut das, was die Chefs euch auftragen! Eure Ein-
stellung ihnen gegenüber soll von Respekt geprägt
sein. Befolgt ihre Anweisungen korrekt, genauso wie
ihr die Anweisungen von Jesus befolgt. 6 Gebt alles
auf der Arbeit, aber tut das nicht, um Menschen zu
beeindrucken, sondern tut das als Arbeiter von
Jesus, dem ihr radikal dienen wollt. 7 Nicht verges-
sen, Leute: Ihr arbeitet letztendlich nicht für Men-
schen, sondern immer für Gott. 8 Ihr werdet eine
gerechte Bezahlung für das bekommen, was ihr
getan habt, egal wie jetzt eurer Status in der Gesell-
schaft ist. 9 Das Gleiche gilt übrigens auch für die
Chefs. Droht euren Untergebenen nicht ständig mit
Strafen und so. Vergesst bitte nicht, dass ihr genau
denselben Chef im Himmel sitzen habt wie sie. Und
der hat auch keine Lieblingsmenschen.

Waffen für den Lebenskampf

10 Und was ich euch am Ende noch mal sagen will:
Ihr müsst stark werden durch Jesus, seine Kraft
kann euch stark machen. 11 Legt euch das ganze
Waffenarsenal zu, das ihn von Gott bekommen
könnt. Damit seid ihr in der Lage euch gegen die
linken Attacken vom Satan wehren. 12 Wir kämpfen
ja nicht gegen Menschen, die ihre Muskeln und
Fähigkeiten gegen uns einsetzen, sondern gegen
übernatürliche Mächte, gegen böse Geister, linke
Bazillen aus einer parallelen Dimension, gegen die
dunkle Seite der Macht, die diese Welt beherrscht.
13 Darum legt euch das gesamte Waffenarsenal zu,
das Gott für euch bereitgestellt hat. Damit werdet
ihr die linken Attacken der bösen Seite abwehren
können, wenn es mal zu einem Kampf kommt.
14 Als Waffengurt könnt ihr die Wahrheit Gottes
anziehen und um den Oberkörper eine schusssi-

chere Weste, indem ihr euch immer klar darüber
seid, dass Jesus euch für Gott okay gemacht hat.
15 An die Füße sollen Boots, die dafür stehen, jedem
und überall die gute Nachricht erzählen zu wollen,
dass Gott mit den Menschen Frieden geschlos-
sen hat. 16 Setzt euer Vertrauen in Gott wie einen
Schutzschild ein, der die Laserschüsse vom Feind
Satan abfängt. 17 Schützt euren Kopf durch einen
Motorradhelm, dadurch dass ihr wisst, ihr seid von
Gott gerettet worden und darum in Sicherheit. Und
als Laserschwert könnt ihr die Worte von Gott be-
nutzen. Sein Geist stellt euch dieses Schwert zur
Verfügung. 18 Hört nie auf zu beten, egal, wo ihr
auch gerade seid. Betet ständig durch seine Kraft,
pennt dabei nicht ein und bleibt wachsam. Und
betet auch für die andern Christen in der Welt.
19 Und bitte betet auch mal für mich! Bittet Gott
darum, dass er mir die richtigen Worte gibt, wenn
ich mich öffentlich zu Jesus stelle und den Leuten
die Sache mit Jesus erklären will. 20 Ich sitze jetzt
deswegen im Knast fest. Betet mit mir, dass ich
meinen Job bald wieder volles Rohr weitertun kann,
so wie es Gott von mir möchte. 21 Tychikus, ein
guter Freund von mir, der auch mit zur Jesus-Fami-
lie gehört, wird euch alles Weitere von mir erzählen.
Er ist ein ganz treuer Mitarbeiter und gibt alles für
Gott. 22 Er hat den Auftrag von mir bekommen,
euch zu erzählen, was bei mir abgeht. Und er soll
euch auch gut draufbringen. 23 Ich wünsche euch
Frieden, liebe Freunde, Liebe und das Vertrauen,
das von Gott kommt, dem Vater, und Jesus Chris-
tus, dem Chef. 24 Gottes Liebe wünsche ich allen,
die Jesus Christus lieben!
Euer Paulus

Ein Brief an die Christen, die in Philippi wohnen

1

Absender und Anschrift

1 Absender: Paulus und Timotheus, beide für Jesus Christus unterwegs. An: alle Christen in Philippi, die Leiter der Gemeinde und alle Mitarbeiter. 2 Hallo, Leute! Wir wünschen euch Freude und den Frieden, den man durch ein Leben mit Gott bekommt. Beides kommt von Gott, unserem Vater, und von Jesus Christus.

Paulus betet für die Gemeinde

3 Jedes Mal, wenn ich an euch denke, bin ich Gott voll dankbar! 4 Ich bete zurzeit ständig für euch, und immer wenn ich das tue, muss ich mich erst mal echt freuen. 5 Das liegt wohl auch da dran, dass ich bei euch sehen kann, wie ihr euch von Anfang an bis jetzt mit mir zusammen für die gute Nachricht eingesetzt habt. 6 Ich bin mir deswegen auch sehr sicher, dass Gott, so wie ihr am Anfang durchgestartet seid, sein Ding mit euch auch bis zum Ende durchziehen wird, bis zu dem Tag, an dem Jesus sein Comeback feiern wird. 7 Ist ja auch kein großes Ding, dass ich so von euch denke. Ihr liegt mir einfach ganz besonders am Herzen. Daran wird sich auch so schnell nichts ändern, egal, wie die Umstände gerade auch sind. Ich stecke zurzeit im Knast und muss mich vor Gericht dafür verantworten, dass ich die Neuigkeit von Jesus überall weitererzähle. Dadurch, dass ihr für mich betet und hinter mir steht, bekommt ihr auch etwas von den Sachen ab, die Gott mir geschenkt hat. 8 Hey, Gott ist mein Zeuge, ich hätte so einen Bock, jetzt bei euch zu sein! Ich liebe euch mit derselben Liebe, die Jesus für euch hat! 9 Ich habe zu Gott gesagt, dass er eure Liebesfähigkeit immer größer und tiefer werden lassen soll. Das passiert in dem Maß, wie ihr peilt, was Gott von euch will, und euer Leben danach ausrichtet. 10 Dann seid ihr auch in der Lage herauszufinden, was bei Gott wichtig ist, damit ihr an dem letzten Tag, wenn wir alle vor Gottes Gericht stehen, astrein und ohne Dreck seid. 11 Alle die guten Sachen, die Jesus in einem Leben bewirkt, das frei und ohne Schuldbelastung ist, kann man bei euch vorfinden. Und das alles ist da, damit Gott am Ende groß rauskommt, damit klar wird, dass er der Beste ist.

Jeder soll hören, wie geil es ist, mit Jesus zu leben

12 Freunde, ihr sollt wissen, dass meine Untersuchungshaft sich letztendlich als echte Chance rausgestellt hat, von Jesus zu erzählen. 13 Dass ich hier im Knast festsitze, nur weil ich auf Jesus vertraue, ist inzwischen den Römern, die mich gefangen halten, und auch allen anderen hier klargeworden. 14 Außerdem haben dadurch, dass ich hier festsitze, irgendwie viele Christen neuen Mut und neue Hoffnung bekommen. Viele treten jetzt noch radikaler in der Öffentlichkeit für Jesus auf und reden überall von der Sache mit Gott, ohne Angst dabei zu haben. 15 Es gibt auch ein paar Leute, die das mit nicht so guten Motiven machen. Einige tun es, weil sie neidisch sind und mir eine erfolgreiche Missionsarbeit einfach nicht gönnen. Andere tun das aber mit einer voll guten Einstellung. 16 Die tun es nämlich aus Liebe, weil sie wissen, dass ich gerade nicht kann, weil ich für meinen Glauben verhaftet worden bin und hier festsitze. 17 Die anderen machen das aber vor allem, weil sie die großen Helden sein wollen. Sie wollen mir beweisen, dass sie es besser können als ich. Sie sind nicht gerade und wollen mich nur traurig machen. 18 Ist mir aber letztendlich total egal! Hauptsache, es wird von Jesus Christus erzählt. Wie das dann passiert, ob aus guten Motiven oder nur um mal 'ne schöne Geschichte vom Stapel zu lassen, ist mir wurscht. Ich möchte bloß, dass jeder davon hört, wer Jesus Christus überhaupt ist! Da drüber freue ich mich, und immer, wenn das passiert, werde ich mich auch in Zukunft freuen! 19 Weil ich weiß, dass ihr für mich betet, und weil ich spüre, wie der Heilige Geist bei mir ist, bin ich mir sicher, dass hier alles für mich klargehen wird. 20 Ich hoffe sehr, dass ich das hier durchziehe. Ich möchte aber frei und ohne Probleme so wie früher dafür sorgen, dass Jesus groß rauskommt. Wie das passiert, ist mir letztendlich egal, ob ich dafür nun sterben muss oder am Leben bleibe. 21 Denn Jesus Christus bedeutet alles für mich. Er ist der Grund, warum ich lebe, und selbst wenn ich sterbe, hab ich gewonnen, weil ich dann bei ihm bin. 22 Wenn es aber so sein soll, dass ich hier auf der Erde weiterlebe, dann nur deshalb,

damit ich hier noch mehr für Jesus reißen kann.
Darum fällt es mir echt schwer, mich für eins von
beiden zu entscheiden. 23 Beide Möglichkeiten
zecken mich irgendwie an. Auf der einen Seite habe
ich Lust zu sterben, um dann bei Jesus zu sein, das
wäre total schön! 24 Auf der anderen Seite denk ich
dann aber auch wieder an euch. 25 Ich bin mir aber
ziemlich sicher, dass ich am Leben bleiben werde.
Ich soll euch weiter supporten, ich will dafür sor-
gen, dass euer Vertrauen in Gott stark wird und ihr
Spaß dabei habt. 26 Wenn ich endlich wieder bei
euch bin, werdet ihr erst recht auf Jesus Christus
abgehen können, weil er wieder so gute Sachen
getan hat.

Ätzende Sachen für Gott durchmachen

27 Passt auf, dass eure ganze Gemeinde so drauf-
kommt, wie es Gottes Sache entspricht! Egal, ob ich
bei euch leibhaftig vor Ort bin oder aus der Entfer-
nung zu euch rede, ich möchte auf jeden Fall, dass
ihr total zusammenhaltet! Ihr sollt gemeinsam
dafür kämpfen, dass immer mehr Leute ihr Ver-
trauen auf Jesus setzen! 28 Lasst euch kein Stück von
den Leuten einschüchtern, die euch ans Bein pin-
keln wollen. So werden sie kapieren, dass sie in der
Hölle landen. Für euch ist es ein Beweis, dass ihr
von Gott gerettet worden seid. 29 Ihr habt nicht nur
die Chance von Jesus bekommen, mit ihm zu leben,
ihr dürft für ihn auch ätzende Sachen durchmachen.
30 So seid ihr in demselben Kampf drin wie ich. Und
wie der abgeht, habt ihr ja früher schon mal bei mir
beobachten können. Jetzt kann ich euch noch mal
davon erzählen.

2

Jesus, unser Star und unser Vorbild

1 Ihr seid doch so drauf, dass ihr euch gegensei-
tig aufbaut. Man kann bei euch doch liebevoll
getröstet werden, wenn man das mal braucht. Ihr
haltet doch zusammen, weil der Heilige Geist das
möglich macht. Und ihr spürt das, wenn es anderen
schlechtgeht und sie Hilfe brauchen. 2 Darüber freu
ich mich auch! Total freuen würde ich mich aber,
wenn ihr alle dieselbe Denkweise bekommen wür-
det. Wenn ihr durch die Liebe eng miteinander ver-
bunden seid und ganz fest zusammenhaltet, das
wäre echt toll. 3 Wenn es am Ende doch immer nur
um euch und eure eigenen Interessen geht, dass ihr
vielleicht sogar ein Star werden wollt, das wäre nicht
gut. Ganz im Gegenteil, Leute, nehmt euch selber
nicht so wichtig und lebt immer so, als wären alle
anderen wichtiger als ihr selber. 4 Denkt nicht immer
zuerst an euren Vorteil, sondern lasst die anderen
Leute gut aussehen und helft ihnen. 5 Ihr sollt so
draufkommen wie Jesus! 6 Obwohl er alle Möglich-
keiten hatte, die einem Gott zur Verfügung stehen,
hat er dadrauf verzichtet, diese Möglichkeiten auch
voll auszuschöpfen. 7 Er gab sogar alle seine Rechte
auf. Er wurde zu einem Nichts und schlüpfte in die
Rolle eines billigen Angestellten, nur um einer von
uns zu werden. 8 Er schmiss sich in den Dreck und
gehorchte Gott bis zum letzten Atemzug, bis zur
Hinrichtung am Kreuz. 9 Darum hat Gott ihn am
Ende auch groß rausgebracht. Er hat ihm eine hohe
Stellung gegeben, eine höhere gibt es nicht! 10 Alles
wird sich einmal vor Jesus hinschmeißen, weil er
die absolute Autorität ist. Alles, was aus der überna-
türlichen und natürlichen Welt kommt, wird das
tun. Sogar alle, die sich im Land der Toten aufhal-
ten, 11 alle werden irgendwann bekennen, dass Jesus
Christus über allem steht! Gott der Vater soll geehrt
werden.

Wir haben viel Grund, für Gott abzugehen

12 Also, ihr Lieben, ihr habt ja immer alles umge-
setzt, was ich euch empfohlen habe. Egal, ob ich
bei euch vor Ort bin oder ob ich gerade nicht da
sein kann: Hört auf das, was ich euch sage! Tut was
dafür, dass ihr von Gott gerettet werdet! Von dem
Gott, vor dem man zittern muss. 13 Aber dieser Gott
sorgt ja für beides bei euch, einmal, dass ihr das
überhaupt wollt, und dann, dass ihr es überhaupt
schaffen könnt, damit er sich über euch freut. 14 Bei
allem, was ihr so anpackt, versucht immer gut
drauf zu sein und passt auf, nicht ständig ins Grü-
beln und Zweifeln zu kommen. 15 Dann wird euer
Leben sauber und mit einer guten Einstellung abge-
hen. Und das mitten in einer total verdrehten und
perversen Welt. Ihr werdet dann strahlen wie ein
Stern in einer dunklen Nacht, so sehr werdet ihr
auffallen. 16 Dazu ist es wichtig, dass ihr an den
Worten festhaltet, die euch den Weg zum Leben
gezeigt haben. Wenn Jesus dann wiederkommt,
kann ich echt stolz auf euch sein. Die ganze Arbeit
mit euch hat sich echt gelohnt. 17 Selbst wenn ich
bei der Arbeit für euch umgebracht werden sollte
und mein Blut sozusagen wie ein Opfer für euch
vergossen wird, freue ich mich. Ich freu mich näm-
lich, dass ihr Jesus kennengelernt habt und jetzt
mit ihm lebt! 18 Dadrüber könnt ihr übrigens auch
mal 'ne Runde ausrasten und euch mit mir dadrü-
ber freuen!

Auf Timotheus ist Verlass
19 Hoffentlich kann ich Timotheus bald bei euch vor-
beischicken. Jesus, bitte mach, dass das klappt!
Dann könnte er mir erzählen, was bei euch so
abgeht, und mich ein bisschen ermutigen. 20 Es gibt
echt keinen anderen Menschen, der in vielen
Sachen genau so denkt und fühlt wie ich, und Timo-
theus sorgt sich auch genauso um euch wie ich.
21 Überall will jeder nur sein eigenes Ding machen,
und keiner kümmert sich da drum, was Jesus
eigentlich will. 22 Ihr wisst ja, dass man sich auf
Timotheus verlassen kann. Wir haben fast eine
Vater-Sohn-Beziehung, und genauso treu unter-
stützt er mich, wenn ich die gute Nachricht überall
verbreite. 23 Sobald ich endlich weiß, wie es hier wei-
tergeht, schicke ich ihn mal bei euch vorbei. 24 Ich
vertraue Gott, dass es bald möglich sein wird, per-
sönlich bei euch aufzuschlagen. 25 Ich hatte das
Gefühl, es wäre eine gute Idee, den Epaphroditus
wieder zu euch zurückzuschicken. Er war hier eine
große Hilfe für mich und ist mir als Glaubensbru-
der, Mitarbeiter und Mitkämpfer immer gut zur
Hand gegangen. 26 Er hatte jetzt aber wirklich Heim-
weh nach euch allen, schon alleine wegen der Sor-
gen, die ihr euch wegen seiner Erkrankung gemacht
habt. 27 Epaphroditus war wirklich kurz davor, zu
sterben, so krank war er! Aber Gott hat ihm ganz
lieb geholfen, im Grunde nicht nur ihm, sondern
uns beiden. Ich hätte bestimmt voll abgeheult und
wäre noch trauriger geworden, als ich eh schon bin.
28 Ich hab ihn jetzt, so schnell es geht, wieder zu
euch geschickt. Ich hoffe, ihr freut euch, wenn er
wieder gesund bei euch ankommt. Für mich bedeu-
tet das auch, eine Sorge weniger zu haben. 29 Orga-
nisiert ihm einen netten jesusmäßigen Empfang
und freut euch mal, dass er kommt! So Leute wie er
haben das echt verdient! 30 Er hat für Jesus wirklich
alles gegeben und sich für mich sogar einmal in
Lebensgefahr begeben. Als ihr nicht da sein konn-
tet, war er zur Stelle.

3

Nicht die Gesetze bringen es, sondern Jesus!
1 Ach übrigens, Leute: Freut euch an Jesus!
Macht mir Spaß, euch immer wieder das
Gleiche zu schreiben! Vielleicht merkt ihr euch das
dann auch mal und werdet noch sicherer im Glau-
ben. 2 Passt bloß auf vor diesen Heinis, die bei euch
alles kaputtmachen wollen! Sie sind wie schlecht
trainierte Bulldogs, die mit ihrer falschen Beschnei-
dungstheologie auf euch losgelassen werden!
3 Glaubt denen kein Wort! Zu Gottes Leuten gehört
man nicht durch irgendein äußeres Beschneidungs-
ritual. Wir gehören zu ihm, weil er uns seinen Heili-
gen Geist gegeben hat und wir ihm jetzt dienen.
Das hat nichts mit unsern tollen Taten zu tun!
4 Wenn jetzt jemand meint, das Beschneidungsding
(und alles, was damit zu tun hat) wäre nun die Sa-
che schlechthin, auf die es Gott alleine ankommt,
dann hätte ich es ja schon lange gepackt! 5 Ich wur-
de exakt am achten Tag nach der Geburt an der Vor-
haut beschnitten. Ich komme aus dem Volk Israel,
und da sogar aus der Familie vom Benjamin. Ich bin
seit meiner Geburt ein Jude, genau wie alle meine
Vorfahren das waren. Und dann gehörte ich auch
noch zu den Pharisäern, den streng religiösen Stre-
bern, die es mit den Gesetzen von Gott immer ganz
genau nehmen. 6 Ich habe die Christen früher krass
verfolgt und immer alles getan, was die religiösen
Gesetze vorgeschrieben haben. Da hab ich nichts
anbrennen lassen. 7 Aber alles, was mir früher sonst
wie wichtig gewesen ist, bedeutet für mich heute
nur einen Haufen Scheiße, wenn ich es mit dem
vergleiche, was ich jetzt mit Jesus habe! 8 Mir ist
echt klargeworden, dass im Vergleich mit den unbe-
schreiblichen geilen Sachen, die ich jetzt mit Jesus
habe, mir alles andere in der Welt echt am Arsch
vorbeigeht. Solange ich Jesus habe, kannst du mir
alles andere echt schenken! 9 Ihm will ich mich radi-
kal ausliefern! Ich werde nicht gut durch das Befol-
gen von irgendwelchen religiösen Gesetzen. Okay
für Gott werde ich alleine dadurch, dass ich mein
Vertrauen auf Jesus Christus setze. 10 Es geht mir
nur um ihn. Ich möchte immer besser kapieren, wie
er drauf ist. Ich will ihn immer besser kennenlernen,
möchte immer mehr so werden wie er. Die Kraft, die
durch seine Auferstehung freigesetzt wurde, will ich
auch erleben. Und auch durch die ätzenden Sachen,
die er erlebt hat, will ich etwas lernen. Ich möchte
sogar seinen Tod sterben und auch in dem Punkt so
werden wie er. 11 Ich möchte auf jeden Fall dabei
sein, wenn alle Menschen, die tot sind, wieder vom
Tod auferstehen.

Auf dem Weg zum Ziel
12 Mir ist dabei total klar, dass ich noch lange nicht
beim Ziel angekommen bin. Aber ich gebe echt
alles, um dieses Ziel zu erreichen! Ich will unbe-
dingt den Preis bekommen, der auf den Sieg ausge-
schrieben wurde! Der Preis soll mir gehören, ge-
nauso wie ich jetzt Jesus total gehöre. 13 Freunde,
ich weiß natürlich, dass ich noch nicht am Ziel

angekommen bin. Aber eins kann ich euch versprechen: Ich vergesse alles, was hinter mir liegt, und konzentriere mich nur noch auf dieses Ziel. 14 Ich gebe echt alles und laufe mit allem, was ich hab, auf dieses Ziel zu, um den Preis zu bekommen. Dieser Preis, der im Himmel auf mich wartet, ist ein Leben in der Nähe von Gott. Für dieses Ziel hat Gott uns durch Jesus Christus extra ausgesucht. 15 Wir alle, die wir auf diesem Weg sind, wollen so leben. Falls ihr anderer Meinung seid, wird Gott euch das schon erklären. 16 Was ihr jetzt schon im Leben mit Gott gepackt habt, müsst ihr euch echt bewahren.

Auf Jesus ausrichten, nicht auf Sachen aus der Welt

17 Nehmt mich ruhig als euer Vorbild und schaut euch was ab von den Menschen, die so leben wie ich. 18 Leute, ich muss echt heulen, wenn ich euch das jetzt schreibe: Ich sag euch doch immer wieder, dass ihr euch in Acht nehmen müsst vor diesen Pseudo-Christen! Sie gehören zur anderen Seite und sind Feinde von dem, was Jesus am Kreuz für uns getan hat. 19 Sie werden ihr Urteil kriegen, wenn sie tot sind. Solange sie sich den Bauch vollschlagen können, ist ihnen alles andere egal. Und auf die peinlichen Sachen, die sie bringen, sind sie sogar noch stolz! Sie leben voll in der Dimension dieser Welt. 20 Wir leben aber in einer anderen Dimension, wir haben einen Pass, auf dem unter der Rubrik „Nationalität" bei uns „Himmel" steht. Aus dieser Position erwarten wir unseren Helden, Jesus Christus, der uns gerettet hat! 21 Er wird dann unseren alten Körper, der nur ein begrenztes Haltbarkeitsdatum hat, verwandeln. Unser neuer Körper wird so werden wie der von Jesus, als er aus dem Tod auferstanden ist. Jesus kann das, er hat das Sagen über alles.

4 Wie Christen abgehen sollen

1 Also, ihr lieben Geschwister, ich habe echt so einen Bock, euch bald mal wieder zu sehen! Ich freu mich voll über euch, ihr seid wie ein Hauptgewinn für mich. Bitte zieht mit Jesus voll durch! 2 Evodia und Syntyche sollen sich mal endlich einigen. Sie sind sich ja auch dadrin einig, Jesus zu vertrauen. 3 Vielleicht kannst du, mein Freund, zwischen den beiden vermitteln? Auf dich konnte ich mich ja immer verlassen. Du hast dich gemeinsam mit Klemens voll für die gute Nachricht von Jesus eingesetzt. Gott hat eure Namen schon längst in sein Buch geschrieben, wo alle drinstehen, die mit ihm leben werden. 4 Leute, ihr könnt echt abgehen vor Freude, weil ihr mit Jesus lebt! Ich schreib das jetzt noch mal: Geht ab vor Freude, weil ihr zu Jesus gehört! 5 Alle sollen mitbekommen, wie cool ihr mit den anderen Menschen umgeht, dass ihr nett zueinander seid und so. Jesus kommt bald zurück! 6 Leute, macht euch echt nicht über alles den Kopf! Wenn ihr ein Problem habt, dann geht damit zu Gott. Man kann ihn echt um alles bitten und sich auch bei ihm bedanken. 7 Gott kann euch ein entspanntes Leben geben, einen Frieden, den man mit seinem Hirn nicht begreifen kann. Dieser Frieden geht über den Verstand hinaus. Er sorgt dafür, dass wir mit unseren Gefühlen und Gedanken bei Jesus bleiben. 8 Eine Sache ist mir noch wichtig, liebe Geschwister: Wenn ihr Richtung in eurem Leben braucht, orientiert euch an den Sachen, die ehrlich sind, gut und gerecht, was für Gott okay ist, was von Liebe geprägt ist. Wenn etwas diesen Richtlinien entspricht, kann man danach wirklich leben. 9 Die Sachen, die ich euch beigebracht habe, alles, was ihr bei mir gesehen habt, daran könnt ihr euch orientieren. Der Gott, der uns Frieden gebracht hat, wird euch immer nahe sein.

Paulus freut sich über die Philipper

10 Ich hab mich echt voll über eure fette Spende gefreut! Ich weiß, ihr wolltet mir ja schon die ganze Zeit etwas Geld überweisen, aber wegen ungünstiger Umstände hat das bisher nicht geklappt. Danke, Jesus! 11 Ich will euch jetzt nicht rüberbringen, dass ich gleich wieder rumheule. Hab im Lauf der Zeit echt gelernt, immer gut klarzukommen, wie die Umstände auch sein mögen. 12 Pupsegal, ob ich jetzt fett Geld habe oder gar nichts, ich kenne beide Situationen und komme so oder so klar. Egal, ob ich jetzt immer genug zu essen habe oder hungern muss, ich kann mich auf die jeweilige Situation gut einstellen. 13 Wie ich das mache? Hey, mir ist nichts unmöglich, weil Jesus mich einfach stark macht! 14 Trotzdem vielen Dank für eure Hilfe in dieser Situation. 15 Ihr wisst ja, dass ihr die Einzigen wart, die mich damals finanziell unterstützt haben. Als ich von Mazedonien loszog, um eine Talkingtour zu starten, wart ihr die Einzigen, von denen ich finanzielle Hilfe angenommen habe. Beruht ja auch auf Gegenseitigkeit, ich hab euch ja schließlich auch was gegeben, oder? Die coole Nachricht über Jesus Christus! 16 Ihr standet ja schon auf meiner Spenderliste, als ich noch in Thessalonich unterwegs war. Da kam die erste Spende rein, später

dann ja noch mehr. [17] Es geht mir jetzt nicht um die
Kohle, nur dass ihr Bescheid wisst. Ich möchte
bloß, dass es als ein Ergebnis meiner Arbeit bei
euch angesehen wird. [18] Alles, was ihr Epaphroditus
mitgegeben habt, hab ich bekommen. Hey, das war
echt viel mehr, als ich wirklich gebraucht habe, vie-
len Dank! Gott findet dieses Opfer, was ihr da
gebracht habt, auch supergeil! [19] Weil ihm einfach
alles gehört, was es gibt, wird er euch auch alles
geben, was ihr so zum Leben braucht. So ist mein
Gott einfach drauf. [20] Er soll immer der Erste sein.
Unser Vater ist der Größte, das war er immer schon
und wird er auch immer bleiben! So stimmt es
[Amen]!

Grüße und Tschüs

[21] Schöne Grüße an all die Christen bei euch in Phil-
ippi! Ich soll euch auch von den Glaubensbrüdern
hier Grüße ausrichten! [22] Auch alle andern Christen
von hier richten Grüße aus, ganz besonders soll ich
von den Angestellten vom obersten Präsidenten
grüßen. [23] Jesus Christus soll mit seiner Freude und
seiner Liebe euch ganz nahe sein.
Euer Paulus

Ein Brief an die Christen, die in Kolossä wohnen

1

Anschrift und Grüße
1 Absender: Paulus, ein von Gott beauftragter
Botschafter für die Sache von Jesus, und sein
Mitarbeiter Timotheus. 2 An: die Christen in Kolos-
sä, die ihr Vertrauen auf Jesus gesetzt haben. Hallo,
Leute! Wir wünschen euch, dass ihr Frieden und
Freude unter euch habt. Beides bekommt man von
Gott, unserem Vater.

Wir beten auch für euch
3 Wenn wir zusammen für euch beten, dann müssen
wir Gott, dem Vater von Jesus, erst mal sehr für
euch danken! 4 Man erzählt sich, dass ihr echt gut
mit Jesus Christus unterwegs seid und dass ihr sehr
liebevoll mit allen andern Christen umgeht. 5 Ihr
habt anscheinend begriffen, dass man sich auf den
Himmel freuen kann! Von dieser Hoffnung habt ihr
das erste Mal gehört, als man euch die Wahrheit
erzählt hat, nämlich die gute neue Nachricht über
Jesus. 6 Diese Neuigkeit hat sich ja mittlerweile in
der ganzen Welt rumgesprochen! Immer mehr
Leute hören davon, und dadurch wachsen viele gute
Früchte. Menschen haben angefangen, Gott zu ver-
trauen. Das war ja bei euch auch so. Schon vom
ersten Tag an, als ihr davon gehört hattet, wie sehr
Gott die Menschen liebt und dass er ihnen alles
verzeihen will, seid ihr dadrauf abgegangen. 7 Das
erste Mal hat Epaphras, ein Mitarbeiter von uns,
den wir echt gern haben, euch davon erzählt. Der ist
Jesus immer ganz treu gewesen, und das war er
auch bei euch. 8 Er hat uns auch davon erzählt, dass
ihr durch den Heiligen Geist ganz eng zusammen-
gerückt seid und ihr euch gegenseitig echt liebt und
so. 9 Hey, seit wir die ganze Sache über euch gehört
haben, beten wir ohne Ende für euch! Wir bitten
Gott immer, dass ihr kapiert, was er von euch will
und dass sein Geist euch weise macht und euch
hilft, den Durchblick zu kriegen. 10 Dann könnt ihr
so leben, wie Gott Bock drauf hat, und viele gute
Sachen für ihn machen. Ihr sollt ihn einfach immer
besser kennenlernen. 11 Bei seiner Power könnt ihr
immer wieder neu auftanken und so euren Weg mit
ihm gehen, ohne schlaff und genervt zu sein. 12 Ihr
könnt Gott übrigens echt dankbar sein, er hat euch
schließlich schon einen Anteil von seinem Erbe aus-
gezahlt! Ihr habt jetzt eine Platzreservierung für sein
neues Land in der Tasche. 13 Er hat uns aus der Ge-
fangenschaft rausgeholt und von den Handschellen
befreit, die die dunkle Seite der Macht angelegt
hatte. Und jetzt stehen wir unter der Kontrolle sei-
nes geliebten Sohnes Jesus. 14 Er hat uns befreit.
Unsere Schulden wurden durch ihn erlassen. Das
ist doch echt geil, Leute, oder?

Was Jesus für uns bedeutet
15 Jesus ist genauso drauf wie sein Vater. Wenn wir
ihn ansehen, erkennen wir auch seinen Vater, den
man ja nicht wirklich sehen kann. Jesus war schon
da, bevor überhaupt alles in der Welt entstanden ist.
16 Durch Jesus ist sogar alles entstanden, was auf
der Erde und im Himmel existiert! Alles, was man
sehen kann, und alles, was man nicht sehen kann,
alle Regierungen, jede Partei, jeder Regierungschef,
jede Macht auf der Welt ist durch ihn und für ihn
gemacht worden. 17 Jesus Christus war der Erste, der
da war. Und nur weil er immer noch da ist, kann
alles überhaupt weiterexistieren. 18 Er ist der Kopf
der Gemeinschaft aller Christen, die sozusagen sein
Körper ist. Mit ihm hat alles angefangen; er war der
Erste, der gestorben und dann wieder vom Tod auf-
erstanden ist. Und er soll überall die Nummer eins
sein. 19 Gott wollte in seinem Sohn komplett anwe-
send sein. 20 Er wollte, dass Jesus dafür sorgt, dass
alles wieder gut wird in der Beziehung zwischen
Gott und der Erde, dass alle Frieden mit ihm finden
können. Und das ist dadurch passiert, dass Jesus
am Kreuz verblutet ist. 21 Ihr hattet früher auch keine
Peilung davon, wer Gott überhaupt ist. So wie ihr
damals drauf wart, mit den ganzen linken Sachen,
die ihr ständig gebracht habt, seid ihr seine Feinde
gewesen. 22 Jesus hat zwischen Gott und den Men-
schen für Frieden gesorgt. Weil er für uns hingerich-
tet wurde, können wir jetzt total sauber und frei von
irgendwelchen Schulden zu ihm kommen. 23 Lasst
euch dieses Vertrauen in ihn auf keinen Fall wieder
wegnehmen! Bleibt fest und geht keinen Zentimeter
von dieser Hoffnung weg. Ihr habt diese gute Nach-
richt überbracht bekommen, und sie gilt auch für

alle anderen Menschen auf dieser Erde. Gott will auf jeden Fall von mir, Paulus, dass ich genau das überall weitererzähle.

Paulus ist für Gott bei den Nichtjuden unterwegs

24 Auch wenn ich teilweise echt ätzende Sachen erleben muss, mach ich das gerne. Ich freu mich sogar darüber. Es wird bald noch mehr Sachen geben, die ich für Jesus durchmachen muss, das weiß ich irgendwie. Ich leide für seinen Körper (und damit meine ich seine Gemeinde). 25 Gott möchte von mir, dass ich für seine Gemeinde da bin; ich soll ihr ohne Ende und radikal die Worte von Gott erzählen. 26 Es geht dabei um ein Geheimnis, von dem keiner wusste, schon solange die Welt besteht. Dieses Geheimnis ist jetzt für euch Christen gelüftet worden. 27 Gott hat euch gezeigt, was für ein großes und wunderschönes Geheimnis das ist. Es gilt für alle Menschen, die auf der Erde leben. Dieses Geheimnis ist, dass Jesus Christus lebt! Er ist aus dem Tod zurückgekommen und lebt jetzt in euch weiter. Er hat euch neue Hoffnung gegeben, und die sagt: Für Gott ist nichts unmöglich!! 28 Von diesem Jesus erzählen wir euch. Mit dem totalen Überblick, den ich von Gott über die Dinge bekommen habe, erkläre ich das jedem Menschen. Ich erzähle euch, worauf ihr aufpassen müsst, damit ihr alles bekommt, was Christus für euch hat. Ihr sollt einfach starke, reife Christen werden. 29 Darum geht es mir, dafür gebe ich alles. Ich kämpfe darum mit aller Kraft, die Gott mir zur Verfügung stellt.

2

Aufpassen vor Leuten, die nur Müll erzählen

1 Ich möchte, dass ihr euch darüber im Klaren seid, wie sehr ich für euch kämpfe. Das stimmt übrigens auch für die Gemeinde in Laodizea und für alle anderen Gemeinden, wo ich persönlich noch nicht sein konnte. 2 Ich wünsch mir, dass Gott euch mutig macht und euch die Kraft gibt zusammenzuhalten! Die Kraft dazu kann man in der Liebe von Jesus finden. Ihr sollt begreifen und glauben, welche derben Sachen in diesem Geheimnis stecken. Und dieses Geheimnis ist Christus selber. 3 In Jesus finden wir die Antwort auf alle unsere Fragen, er ist die Weisheit selbst. 4 Ich schreib das hier noch mal ganz klar auf, damit euch keiner irgendeinen Schwachsinn erzählen kann. Damit mein ich so Sachen, die sich gut anhören, aber total falsch sind. 5 Ich bin zwar körperlich weit von euch entfernt, aber in Gedanken bin ich ganz nah bei euch. Ich freue mich voll, wenn ich sehe, wie radikal ihr mit Jesus abgeht und wie gut ihr zusammenhaltet. 6 Ihr habt Jesus kennengelernt und ihn als den Chef in euer Leben gelassen. Also lebt jetzt auch mit ihm und tut, was er euch sagt! 7 Wachst in ein Leben mit ihm rein, wie die Wurzeln eines Baumes in die Erde wachsen. Lasst euer Vertrauen in ihn immer stabiler und fester werden, wie die Wurzeln eines Baumes immer dicker und tiefer werden. So ist es euch ja beigebracht worden. Und vergesst dabei nicht, euch bei Gott für die geilen Sachen zu bedanken, die er euch gegeben hat! 8 Seht zu, dass euch niemand mit irgendeinem Dünnsinn oder irgendeiner komischen Philosophie das Hirn weich macht. Diese Theorien haben sich immer nur Menschen ausgedacht. Sie haben nur Ideen aus der Welt als Grundlage und keine Ideen von Christus. 9 Gott kann man nur in Jesus begreifen, denn Gott lebt in Jesus – mit allem, was ihn ausmacht. 10 Durch ihn lebt Gott auch in euch. Und Christus hat das Sagen über jede Macht, über alle Kräfte, die es so gibt. 11 Weil ihr euer Vertrauen auf Jesus gesetzt habt, konntet ihr euer altes Leben aufgeben. Dadurch seid ihr im Grunde auch „beschnitten“. Ich meine das jetzt nicht so wie diese Vorhautbeschneidung, die immer von den Juden durchgezogen wird. Es ist eine neue Form dieser „Beschneidung“. 12 Bei der Taufe ist ja euer bisheriges altes Leben begraben worden. Und dann seid ihr mit Jesus auch wieder neu lebendig geworden. Das hat derselbe Gott gemacht, der ihn auch von den Toten zurück ins Leben geholt und zu einem neuen Leben auferweckt hat. 13 Durch den ganzen Mist, den ihr gebaut habt, wart ihr für Gott schon gestorben. Aber durch Jesus hat er euch wieder lebendig gemacht, er hat euch alle Fehler vergeben. 14 Da war noch eine fette Rechnung offen, aber er hat alle Schulden für uns bezahlt. Und diese Rechnung hängt jetzt am Kreuz. 15 So hat er den dämonischen Mächten ihre ganze böse Macht genommen. Gott hat sie furchtbar alt aussehen lassen, als Jesus am Kreuz den Sieg klargemacht hat!

Durch Jesus sind wir frei

16 Leute, lasst euch bitte nicht durch irgendwelche religiösen Typen schlecht draufbringen. Die wollen euch mit diesen Gesetzen (zum Beispiel, wann man was essen darf und wann nicht) nur ein schlechtes Gewissen machen. 17 Diese Regeln sind nur ein popeliger Ersatz für das, was auf uns mal wartet, diese Sachen, die in Jesus Christus für uns Wirklichkeit geworden sind. 18 Passt auf, dass euch niemand

diesen Hauptgewinn wieder wegnehmen kann, und
schon gar nicht solche Typen, die mit so einer
Pseudo-Demutshaltung rumlaufen, die ganz toll zu
Engeln beten und mit ihren Visionen den Dicken
raushängen lassen. Solche Menschen haben wirk-
lich keinen Grund, groß anzugeben. 19 Sie bauen ihr
Leben nicht auf Jesus auf. Dabei ist er doch der
Kopf der Gemeinde. Durch ihn wird der ganze Kör-
per erst zusammengehalten! Alle Gelenke, Muskeln
und Bänder wachsen durch Gott zusammen, so wie
er es will. 20 Als ihr Christen geworden seid, habt ihr
diese Welt und ihre Art zu leben hinter euch gelas-
sen. Was wollt ihr dann bitte schön noch mit ihren
gesetzlichen Forderungen anfangen? Haben die
denn bei euch noch irgendwas zu melden? 21 „An-
fassen verboten!" – „Essen verboten!" – „Berühren
verboten!" 22 Dabei sind diese Nahrungsmittel zum
Essen gemacht worden. Es handelt sich dabei nur
um Gesetze, die Menschen sich ausgedacht haben.
23 Sie klingen vielleicht erst mal voll gut. Vielleicht
geben sie den Leuten, die danach leben, auch so ein
Gefühl von Weisheit und Coolness, und sie glauben
dann, besonders fromm zu sein. Doch das kommt
nur durch einen selbst gebastelten Glauben, es ist
total wertlos! Weil sie mit ihrem Körper radikale
Sachen machen, glauben sie, Gott wäre beein-
druckt ... Dabei kitzeln sie nur ihr eigenes Ego und
finden sich im Spiegel ganz toll.

3

Ein altes und ein neues Leben

1 Wenn ihr jetzt durch Jesus in ein neues Leben
durchgestartet seid, streckt euch nur noch
nach den Dingen aus, die direkt aus dem Himmel
kommen. Sie kommen nämlich von Christus, der
dort gleich neben Gott sitzt. 2 Sehnt euch nach den
Sachen aus dem Himmel und nicht nach den Din-
gen von der Erde. 3 Ihr seid doch schon tot für diese
Welt! Gott hat euch durch Jesus einen Gutschein für
ein neues ewiges Leben in die Hand gedrückt, auch
wenn man das jetzt noch nicht sehen kann. 4 Wenn
Jesus Christus, durch den wir ja überhaupt erst
leben, wiederkommt, dann werden alle Menschen
ganz klar sehen können, dass ihr mit ihm gelebt
habt.

Wie Christen drauf sein sollen

5 Also verabschiedet euch von den ganzen Dingen,
die für diese Welt normal sind! Hört auf mit Por-
nos, solchen Sexsachen, die Gott nicht will, und
ähnlichen Sünden. Auch mit so Sachen wie Profit-
gier, dass einem also Geld zum Gott wird. Lasst
solche Sachen einfach sein! 6 Wer solche Sachen
bringt, muss sich nicht wundern, wenn Gott sauer
auf ihn ist. 7 Ihr wart ja früher auch so unterwegs.
8 Jetzt ist das aber zum Glück vorbei! Darum lasst
auch so Dinge wie Wut und Aggression einfach
hinter euch! Menschen ablinken, ablästern und
rumfluchen soll bei euch nicht mehr vorkommen,
klar?! 9 Hört auf, euch gegenseitig zu belügen. Das
gehörte doch zu dem Leben, das ihr eigentlich
komplett hinter euch habt, oder? Dieses alte Leben
inklusive der Dinge, die ihr in der Zeit gemacht
habt, habt ihr doch wie ein altes T-Shirt weggewor-
fen. 10 Jetzt habt ihr aber ein neues T-Shirt angezo-
gen, weil ihr ganz neue Menschen geworden seid.
Diese neue Art von Menschsein wird von Gott
organisiert. Und für diesen neuen Mensch hat Gott
selbst Modell gestanden. 11 Jetzt ist es wurscht, ob
du Grieche oder Jude bist, ob bei dir dieses Be-
schneidungritual durchgezogen wurde oder nicht,
ob du ein Penner bist oder ein Universitätsprofes-
sor, ob du Unternehmer bist oder einfacher Arbei-
ter. Was wirklich alleine zählt, ist: ob du mit Jesus
lebst und er in dir ist! 12 Weil Gott euch ausgesucht
hat, weil ihr etwas ganz Besonderes seid und weil
Gott euch ohne Ende liebt, könnt ihr auch anders
miteinander umgehen! Ihr könnt euch wirklich
lieben und nett zueinander sein. Ihr müsst euch
selber nicht so wichtig nehmen. Achtet lieber dar-
auf, dass andere nicht zu kurz kommen. Und
geht entspannt und geduldig miteinander um!
13 Streitet euch nicht, und wenn euch jemand ge-
ärgert hat oder mies zu euch war, dann seid bereit,
ihm das zu vergeben. Das hat Jesus ja schließlich
auch getan. 14 Hey, Leute, am wichtigsten ist es
echt, sich zu lieben! Wenn ihr die Liebe nicht habt,
dann fehlt euch das Beste. 15 Jesus hat euch ermög-
licht, Frieden mit Gott zu haben. Darum soll dieser
Frieden euer ganzes Leben bestimmen. Gott möch-
te, dass das bei eurer ganzen Gemeinde der Fall ist.
Dafür könnt ihr ihm echt danken. 16 Sorgt dafür,
dass die gute Nachricht von Jesus bei euch immer
wieder erzählt wird. Lasst euch erklären, was sie
bedeutet. Macht euch gegenseitig Mut, indem ihr
zusammen Lieder zu Gott singt, Psalmen betet
oder einfach Musik für Gott macht. Ihr habt doch
genug Grund dazu, oder? 17 Egal, was ihr macht, ob
ihr gerade redet oder irgendwas arbeitet, macht
alles so, dass Jesus seine Unterschrift drunter set-
zen könnte, und bedankt euch dabei bei eurem
Papa im Himmel.

Ein Leben als Christ in der Familie

18 Den Frauen kann ich nur den Rat geben, sich
unter ihre Männer zu stellen. Jesus will das so.
19 Und den Männern kann ich nur den Rat geben,
ihre Frauen wirklich zu lieben. Lasst keine negativen
Gefühle zwischen euch kommen! 20 Für die Kinder
gilt, dass sie das tun sollen, was die Eltern ihnen
sagen, und zwar in jedem Bereich. Gott möchte das
und freut sich darüber. 21 Den Vätern kann ich nur
sagen, dass sie liebevoll mit ihren Kindern umgehen
sollen. Die Kinder brauchen nämlich viel Selbstbe-
wusstsein.

Mit Jesus im Beruf

22 Wenn jemand einen Chef auf der Arbeit hat, sollte
er nicht gegen den aufmucken. Es geht nicht darum,
sich bei dem einzuschleimen, sondern darum, seine
Arbeit ehrlich und immer im Blick auf Gott durchzu-
ziehen. 23 Wenn ihr irgendwas macht, dann tut es
für Gott und nicht für Menschen. 24 Ihr werdet von
Gott eine fette Bezahlung dafür bekommen, näm-
lich das Erbe, das er versprochen hat – nur damit
ihr Bescheid wisst! Gebt alles für Jesus Christus!
25 Wer Mist baut, wird dementsprechend eine Rech-
nung präsentiert bekommen. Total egal, was für ein
toller Typ er jetzt gerade ist.

4

Beten ist wichtig

1 Wer in einer Firma der Boss ist, sollte immer
fair und gerecht mit seinen Mitarbeitern umge-
hen. Er sollte nie vergessen, dass er über sich auch
noch einen Chef sitzen hat: Gott! 2 Egal, was pas-
siert, hört nicht auf zu beten! Bittet ihn und dankt
ihm, wo immer es geht. 3 Bitte betet auch mal für
uns! Betet dafür, dass Gott uns Gelegenheit gibt,
den Menschen von Jesus zu erzählen. Wegen ihm
sitze ich ja hier in U-Haft. 4 Und betet, dass ich
ohne Probleme die Sachen erzählen kann, die ich
erzählen soll! 5 Denkt erst nach, bevor ihr mit einem
Nichtchristen redet. Nutzt die Zeit, so gut es geht!
6 Wenn ihr euch unterhaltet, wäre es gut, dabei
immer nett zu bleiben. Trotzdem könnt ihr auch mal
hier und da ein paar gepfefferte Worte einstreuen,
damit ihr für jeden die passende Antwort parat
habt.

Grüße und so

7 Tychikus, der liebe Bruder, wird euch dann erzählen
können, was bei mir gerade abgeht. Ich bin total
froh, dass ich ihn habe. Er ist ein guter Mitarbeiter
für meinen Job mit Gott. 8 Ich habe ihn bei euch vor-
beigeschickt, damit ihr erfahrt, was hier gerade mit
uns los ist. Er kann euch wieder gut draufbringen
und euch helfen. 9 Onesimus ist auch mit am Start.
Er ist ebenfalls einer von der ganz treuen Sorte, ich
liebe ihn sehr. Wie gesagt, die beiden werden euch
genau erzählen, was hier passiert ist. 10 Ich soll noch
ein paar Grüße ausrichten. Aristarch, mit dem ich
zusammen im Knast bin, richtet Grüße aus und ge-
nauso Markus, der Vetter von Barnabas. Ich hab
euch ja wegen ihm schon mal was geschrieben.
Bitte organisiert ihm einen Pennplatz und seid nett
zu ihm, wenn er kommt, ja?! 11 Von Jesus Justus soll
ich euch auch Grüße ausrichten. Diese drei (also
Aristarch, Markus und Jesus Justus) sind die einzi-
gen Juden, die mit mir zusammenarbeiten. Sie hel-
fen mir, wenn ich den Menschen von der guten
Nachricht erzähle, die es durch Jesus zu berichten
gibt. 12 Epaphras, der aus eurer Gegend stammt,
lässt euch ebenfalls herzliche Grüße ausrichten. Er
lebt echt radikal mit Jesus und betet wie blöd für
euch, damit ihr stark in Gott werdet und voll erfüllt
seid von dem, was er von euch möchte. 13 Ich kann
nur bestätigen, dass er wirklich alles gibt und sich
mit aller Kraft für euch und die Christen in Laodizea
und Hierapolis einsetzt. 14 Dann soll ich noch von
Lukas grüßen, unserem geliebten Arzt, und von
Demas. 15 Grüßt bitte auch noch die Glaubensge-
schwister aus Laodizea von mir, und da ganz beson-
ders die Nympha und alle, die sich bei ihr zum
Hauskreis treffen. 16 Wenn ihr diesen Brief gelesen
habt, wäre es prima, ihr würdet ihn dann an die Ge-
meinde in Laodizea weitergeben. Ihr könnt ja tau-
schen und den Brief lesen, den ich denen geschickt
habe, okay? 17 Archippus könnt ihr dies hier noch
mal ausrichten: „Hey, du, guck dir mal den Job an,
den Gott dir gegeben hat! Und dann tu ihn auch!“
18 Ich, Paulus, schreib jetzt noch was mit meiner
eigenen Klaue dazu: Bitte betet dafür, dass ich bald
wieder aus dem Knast rauskomme! Gott soll euch
mit seiner Liebe und Gnade ganz nahe sein!
Euer Paulus

Der erste Brief von Paulus an die Thessalonicher

1 **Absender und Anschrift**
1 Absender: Paulus, Silvanus und Timotheus. An:
die Christen in Thessalonich, die mit Gott dem
Vater und mit Jesus Christus unterwegs sind. Hallo,
Leute! Ich wünsch euch, dass Gott mit seiner
Gnade und seinem Frieden bei euch ist!

Die Thessalonicher haben es gepackt!
2 Immer wenn wir für euch beten, müssen wir Gott
erst mal voll danke sagen! 3 Wir müssen immer wie-
der dadran denken, was bei euch der Glaube an
Jesus Christus alles bewirkt hat. Dass ihr zum Bei-
spiel alles da dransetzt, Menschen zu lieben, und
dass ihr mit so viel Geduld dadrauf hofft, dass Jesus
Christus bald wiederkommt. 4 Wir sind uns ganz
sicher, ihr Lieben, dass ihr etwas ganz Besonderes
für Gott seid! 5 Das kann man allein dadran erken-
nen, was Gott bei euch alles gebracht hat, als wir
euch damals von Jesus erzählt haben. Wir haben
euch ja nicht nur mit Worten überzeugt, nein, ihr
konntet Gottes Power live erleben! Seine Kraft kam
zu euch runter, sein Heiliger Geist, einen besseren
Beweis gibt es echt nicht! Ihr könnt euch dadran
erinnern, wie wir drauf waren, als wir bei euch zu
Besuch waren, oder? 6 Jetzt habt ihr das umgesetzt,
was wir euch beibringen wollten, habt das getan,
was Jesus auch getan hat. Und das, obwohl ihr des-
wegen ätzende Sachen durchmachen musstet. Ihr
habt euch dabei sogar gefreut ... So was kann nur
der Heilige Geist machen! 7 Alle Christen in Maze-
donien reden voll gut über euch, und in der Provinz
Achaja habt ihr Heldenstatus. 8 Und nicht nur da
habt ihr die guten Nachrichten weitererzählt, überall
reden die Leute über euer Vertrauen in Gott. Die
meisten wissen davon schon, bevor wir es über-
haupt berichten können. 9 Die erzählen uns dann
immer, wie offen und bereit ihr uns aufgenommen
habt. Sie erzählen, wie ihr Christen geworden seid,
wie ihr eure toten Götzenbilder in die Tonne ge-
drückt habt und anfingt, an den lebendigen, echten
Gott zu glauben. Zu dem gehört ihr ja jetzt total.
10 Jeder weiß auch, wie sehr ihr dadrauf wartet, dass
Jesus, der Sohn Gottes, endlich aus dem Himmel
wiederkommt. Gott hat ihn aus dem Tod rausge-
holt, und nur durch ihn können wir bei der kom-
menden letzten Gerichtsverhandlung vor Gott und
seinem Zorn bestehen.

2 **Wie alles anfing**
1 Hey, Leute, erinnert ihr euch noch, als wir das
erste Mal bei euch gesprochen haben? Gottes
Worte sind eingeschlagen wie eine Bombe, und
viele wurden danach Christen. 2 Kurz vorher waren
wir in Philippi noch gefoltert worden, es ging uns
richtig schlecht. Trotzdem hat Gott uns voll ermu-
tigt und die Kraft gegeben, bei euch von seiner
Sache zu erzählen, auch wenn sie hart umkämpft
war. 3 Alles, was wir euch gesagt haben, kam aus
guten und reinen Motiven. Wir wollten niemanden
linken oder betrügen. 4 Gott hat uns für diese Auf-
gabe extra ausgesucht, er hat uns seine guten
Nachrichten anvertraut. Darum reden wir davon,
nicht weil wir irgendwelche Menschen damit beein-
drucken wollen. Es geht uns alleine um Gott, und
er kennt unser Herz, er weiß, was in uns abgeht.
5 Ihr wisst auch, dass wir nie versucht haben, uns
irgendwie bei euch einzuschleimen! Und es ging
uns auch nicht um unseren eigenen Vorteil, Gott ist
da unser Zeuge! 6 Wir wollten auch nicht die gro-
ßen Helden sein, weder für euch noch für andere.
7 Hätten wir ja durchaus machen können. Wir sind
ja immerhin Apostel mit direkter Order von Jesus
Christus. Wir wollten aber eher wie eine Mutter bei
euch rüberkommen, die zärtlich ihre Kinder verhät-
schelt. 8 Wir haben euch so sehr lieb, wir wollten
euch nicht nur die Sache von Jesus erklären, son-
dern wir wollten uns auch höchstpersönlich mit
unserem Leben ganz für euch einsetzen. 9 Liebe
Geschwister, ihr erinnert euch doch bestimmt
daran, wie wir uns für euch abgeschuftet haben,
oder? Tag und Nacht waren wir unterwegs, wir
haben gearbeitet wie blöd, nur um niemandem zur
Last zu fallen. 10 Gott hat das gesehen, genauso wie
ihr. Wir haben sehr jesusmäßig bei euch gelebt und
sehr dadrauf geachtet, ein gutes Vorbild zu sein.
11 Ihr wisst auch, dass wir eher so eine Vater-Kind-
Beziehung zueinander haben, 12 ich habe euch

getröstet und erzogen. Ich wollte, dass ihr in der
Lage seid, ein Leben zu führen, auf das Gott steht.
Er hat euch dazu berufen, bei seiner Sache dabei zu
sein, wir sollen mit ihm zusammen sogar Macht
ausüben.

Wenn Gott redet, passiert was

13 Hey, Leute, wir müssen Gott immer wieder dafür
danken, wenn wir dadrüber nachdenken, was
unsere Worte bei euch bewirkt haben! Es war ja
nicht so, dass ihr das Gefühl hattet, hier labert
gerade irgend so ein Typ, sondern es war so, dass
Gott persönlich zu euch redete. Worte von Gott
bewirken immer etwas, wenn man ihnen glaubt.
14 Ihr musstet ja auch einiges an Verfolgung durch-
machen. Genauso wie die Christen in Judäa, die
dort von ihren eigenen Leuten fertiggemacht wer-
den. 15 Die Juden haben Jesus umgebracht, genauso
wie die Propheten vor vielen Jahren von ihnen getö-
tet wurden. Und jetzt sind sie auch hinter uns her!
Sie haben Probleme mit allen Seiten, mit den Men-
schen und auch mit Gott. 16 Jetzt wollen sie uns
auch noch dadran hindern, den nichtjüdischen Völ-
kern von Gott zu erzählen, damit die auch gerettet
werden. Damit haben sie das Fass ihrer Sünden
langsam zum Überlaufen gebracht. Gott ist stock-
sauer auf sie.

Paulus möchte gerne mal wieder vorbeikommen

17 Liebe Geschwister aus der Jesus-Familie, wenn ich
jetzt auch eine ganze Zeit nicht bei euch sein
konnte, haben wir trotzdem ganz viel an euch
gedacht. Weil wir auch endlich mal wieder persön-
lich bei euch reinschneien wollen, haben wir wirk-
lich alles probiert, um das möglich zu machen.
18 Ich, Paulus, hatte mir das mehr als einmal fest
vorgenommen. Aber dann kam immer der Satan
dazwischen. 19 Wir haben das aber noch immer auf
dem Zettel. Schließlich seid ihr ja mal so was wie
unsere Visitenkarte, wenn Jesus wiederkommt. Wir
können euch echt stolz vorzeigen, als einen Preis
für unsere Arbeit. 20 Ehrlich, wir sind echt total stolz
auf euch und freuen uns unheimlich über eure
Gemeinde!

3 **Timotheus hat von euch erzählt**

1 Weil wir es einfach nicht länger ausgehalten
haben, so ganz ohne die neuesten News von
euch, haben wir mal den lieben Timotheus bei euch
vorbeigeschickt. Wir konnten selber aus Athen lei-
der nicht verschwinden. 2 Timotheus ist voll mit
Gott unterwegs, er soll euch gut draufbringen und
euer Vertrauen in Gott stärken. 3 Wäre ja nicht so
toll, wenn bei den ätzenden Sachen, die ihr gerade
erlebt, jemand schwach werden würde. Ihr wisst
ja, dass diese Schwierigkeiten für uns heutzutage
dazugehören, wir sind richtiggehend dazu be-
stimmt. 4 Wir haben euch damals schon vorge-
warnt, als wir bei euch waren. Jetzt habt ihr es leider
auch selber erlebt. 5 Ich konnte es einfach nicht län-
ger aushalten, darum hab ich Timotheus losge-
schickt. Ich wollte einfach wissen, ob ihr mit Jesus
trotz der Schwierigkeiten durchgezogen habt. Hätte
ja auch sein können, dass Satan euch derart
anzeckt, dass unsere Arbeit umsonst gewesen wäre.
6 War ja aber nicht so. Timotheus hat uns nach sei-
ner Ankunft nur Gutes über euch erzählt! Er hat
geschwärmt von eurem Glauben, dass ihr mit Gott
durchzieht und bei euch Liebe ganz groß geschrie-
ben wird. Auch dass ihr uns nicht vergessen habt
und ihr euch genauso nach uns sehnt wie wir uns
nach euch, hat uns total gefreut. 7 Ihr habt uns
dadurch wirklich ermutigt. Und das in unsrer harten
Situation, in der wir zurzeit stecken, echt toll! 8 Weil
ihr so ein Vertrauen in Jesus habt, wurden wir voll
getröstet. 9 Wir können Gott echt nicht genug für
euch danken! Ihr bringt uns immer wieder gut
drauf! 10 Ständig, eigentlich 24 Stunden am Tag,
bitten wir ihn darum, euch endlich mal wieder zu
sehen. Wir würden euch so gerne dabei helfen, mit
Gott hundertprozentig an den Start zu kommen.
11 Gott, der ein Vater für uns ist, und Jesus sollen
uns bald wieder zusammenbringen, ja? 12 Ich bete
dafür, dass Gott bei euch den Liebespegel zueinan-
der ansteigen lässt. Das wünschen wir uns auch für
alle anderen Menschen, genau so eine Art von
Liebe, wie wir sie auch für euch empfinden. 13 Da-
durch könnt ihr eine innere Stärke bekommen. Ihr
könnt sauber und ohne Fehler zu unserm Gott kom-
men, zu unserem Vater. Und so können wir auch
Jesus, der über uns das Sagen hat, begegnen, wenn
er begleitet von seinen Engeln am Ende der Welt
wieder bei uns landen wird. Yeah, so ist es [Amen]!

4 **Wie Christen draufkommen sollen**

1 Also, es gibt da noch eine Sache, um die ich
euch echt bitten möchte. Ihr habt ja von uns
gehört, wie man als Christ leben soll, um Gott eine
Freude zu machen. Wir wissen auch, dass ihr das so
weit echt durchzieht. Trotzdem wollen wir euch

anfeuern, damit noch nicht zufrieden zu sein! 2 Ihr habt ja die Regeln bekommen, die wir euch von Jesus weitererzählt haben. 3 Gott möchte, dass wir ganz radikal alleine ihm gehören! Und da, wo Gott ist, ist für Pornos kein Platz mehr. Das gilt auch für andere ungute Sexsachen. 4 Jeder soll nur mit seiner Ehefrau rummachen und liebevoll mit ihr umgehen, so wie Gott es will. 5 Unkontrollierte Geilheit und Sexsucht sind Merkmale von Menschen, die keine Ahnung von Gott haben. 6 Niemand sollte die Grenzen, die Gott gesteckt hat, einfach übergehen. Das stimmt übrigens auch, wenn ihr geschäftlich miteinander zu tun habt. Wir haben euch schon mal eine Ansage zu dem Thema gemacht: Wer so was tut, muss mit einer harten Gerichtsverhandlung bei Gott rechnen. 7 Gott hat uns schließlich nicht dazu ausgesucht, ein hemmungsloses Leben ohne Grenzen zu führen. Er möchte, dass wir ein besonderes Leben führen, etwas Außergewöhnliches, etwas, das ihm Freude macht. 8 Wem das scheißegal ist, der macht sich nicht nur selber lächerlich, sondern auch Gott. Sein Heiliger Geist lebt ja schließlich in euch! 9 Dass wir uns als Christen untereinander lieb haben sollen, muss ich hier jetzt nicht extra noch mal betonen, oder? Das habt ihr schon begriffen, da hat Gott euch ja selber schon in die Schule genommen. 10 Ihr seid ja bekannt dafür, dass ihr den ganzen Glaubensgeschwistern in Mazedonien eure Liebe beweist. Trotzdem könnt ihr da ruhig noch einen drauflegen. Man kann eigentlich nie zu viel lieben. 11 Versucht doch mal, ein eher ruhiges und entspanntes Leben zu führen. Seht zu, dass ihr eure eigene Arbeit erledigt. Das haben wir euch auch schon immer gesagt. 12 So kann man euch nie etwas vorwerfen, und ihr seid auch unabhängiger von anderen Menschen.

Was nach dem Tod passiert

13 Ich will noch mal was zu dem Thema sagen, was mit den Leuten passiert, die jetzt gestorben sind. Wir möchten auf keinen Fall, dass ihr traurig seid wie die anderen Menschen, die keine Hoffnung auf ein Leben nach dem Tod haben. 14 Wir sind fest davon überzeugt, dass Gott alle Menschen aus dem Tod wieder rausholen wird, die ihr Leben auf Jesus Christus gebaut haben. Genauso wie er, Jesus, es ja auch vorgemacht hat. 15 Gott hat uns, was das angeht, eine klare Ansage gemacht: Alle, die dann noch am Leben sind, wenn Jesus wiederkommt, werden im Vergleich zu den Toten keinen Vorteil haben. 16 Sobald das Signal von dem höchsten Engel überall zu hören ist, wird Jesus aus dem Himmel auf die Erde kommen. Und dann werden zuerst die Toten wieder lebendig werden, die im Vertrauen auf Jesus Christus gestorben sind. 17 Danach werden wir, die wir zu dem Zeitpunkt noch leben, Jesus in einer Wolke begegnen und ihn empfangen. Und dann sind wir für immer bei ihm! 18 Das könnt ihr ruhig weitererzählen und euch mit diesen Worten wieder gut draufbringen, wenn es euch mal schlechtgeht.

5 **Wir warten auf Jesus**

1 Wann das alles genau abgehen wird, also das Datum und die Uhrzeit, braucht ihr jetzt nicht zu wissen, meine Lieben. 2 Ihr habt jetzt ja schon länger gepeilt, dass Jesus dann wiederkommt, wenn absolut keiner damit rechnen wird! Er kommt so überraschend wie ein Dieb, der nachts in ein Haus einbricht. 3 Wenn die Menschen glauben, alles wäre in Butter und sie wären in Sicherheit, dann wird das Ende ganz plötzlich kommen, und die Fluchtwege sind dann alle verstellt. Das ist so, wie wenn eine schwangere Frau plötzlich ihre Wehen kriegt. 4 Liebe Geschwister, ihr lebt ja aber zum Glück nicht in der Dunkelheit! Ihr habt ja davon gehört und seid vorbereitet. Euch kann dieser Tag nicht so überraschen. 5 Weil wir mit Jesus leben, gehören wir zu der Familie des Lichts. Wir gehören nicht zur Nacht und zur Dunkelheit. 6 Also, pennt nicht rum wie alle anderen Menschen, passt auf, bleibt wach und klar im Kopf! 7 Die Penner schlafen nachts und die Süchtigen hauen sich jede Nacht den Kopf breit. 8 Wir wollen aber zu den Leuten gehören, die da leben, wo das Licht ist. Wir sind darum immer hellwach, nüchtern und kampfbereit. Für diesen Kampf brauchen wir eine schusssichere Weste, die wir durch das Vertrauen in Gott und in seine Liebe bereits anhaben. Die Hoffnung, dass wir von ihm gerettet worden sind, kann unseren Kopf wie ein Helm in einer Schlacht schützen. 9 Gott hat kein Interesse dadran, uns fertigzumachen, er möchte, dass es uns gutgeht, dass wir gerettet werden durch Jesus Christus! 10 Jesus hat sich für uns hinrichten lassen, damit wir (egal ob wir jetzt schon tot sind oder nicht) mit ihm für immer zusammenleben. 11 Das dürft ihr nie vergessen, ja? Erinnert euch gegenseitig da dran! Damit könnt ihr euch gegenseitig immer wieder hochziehen. Macht ihr ja auch immer, stimmt's?!

Ein paar Sachen, auf die man achten muss

[12] Liebe Geschwister, ich hab noch ein paar Bitten an euch. Ich möchte, dass ihr den Leuten, die bei euch Leitungsaufgaben in der Gemeinde übernommen haben, mit Respekt begegnet. Sie haben die Aufgabe bekommen, auf euch aufzupassen. [13] Weil sie echt viel für euch tun, könnt ihr ihnen wirklich dankbar sein und sie respektieren. Und streitet euch nicht, sondern habt Frieden untereinander! [14] Liebe Leute, tretet den Geschwistern bei euch mal auf die Füße, die ein unordentliches Leben führen und den ganzen Tag nur rumhängen. Bringt die Leute bei euch wieder gut drauf, die traurig sind. Unterstützt die Schwachen und geht geduldig miteinander um. [15] Keiner sollte so drauf sein, dass er sich rächt, wenn jemand ätzend zu ihm war. Besser ist es immer, dadrum zu kämpfen, gut zu sein. Geht miteinander und auch mit jedem anderen Menschen von außerhalb gut um. [16] Seid einfach immer gut drauf! [17] Hört nur nicht auf, mit Gott zu reden! [18] Und vergesst dabei nicht, ihm für alles zu danken! Das möchte er von uns. [19] Lasst der Kraft Gottes, seinem Geist, in euch freien Lauf! [20] Und wenn er durch einen Propheten zu euch redet, dann nehmt es ernst! [21] Scannt alles, löscht den Schrott und behaltet nur die guten Sachen. [22] Um linke und böse Dinge macht einen Riesenbogen.

Grüße und Tschüs

[23] Ich wünsche mir, dass der Gott, der für Frieden sorgt, euch ganz zu sich zieht. Er soll dafür sorgen, dass ihr ihm immer ähnlicher werdet, eben heilig. Er soll auf euch aufpassen, auf euer Innerstes, euren Geist und auch auf euren Körper. Ich möchte, dass ihr so in einem perfekten Zustand seid, wenn Jesus Christus, der das Sagen über alles hat, endlich wiederkommt. [24] Man kann sich auf ihn verlassen, er ist treu. Weil er euch extra ausgesucht hat, wird er auch dafür sorgen. [25] Liebe Leute, bitte betet für uns, ja?! [26] Schöne Grüße an alle! Grüßt sie mit einem Kuss auf die Wange. [27] Ich will unbedingt, dass ihr diesen Brief allen vorlest, im Auftrag von Jesus Christus befehle ich euch das! [28] Gottes Liebe, seine Gnade, soll durch Jesus Christus bei euch sein.

Euer Paulus

Der zweite Brief an die Christen aus Thessalonich

1

Absender und Anschrift

1 Absender: Paulus, Silvanus und Timotheus. An: die Christen in Thessalonich, die sich für Gott, unseren Vater, entschieden haben und mit Jesus Christus leben, der in dieser Welt das Sagen hat. 2 Wir wünschen euch, dass ihr die Gnade von Gott bei euch habt und auch seinen Frieden! Beides bekommt ihr durch Jesus Christus!

Gott sorgt für Gerechtigkeit

3 Hallo, ihr Lieben! Also, eins mal vorweg: Wir danken Gott ohne Ende für euch, und das ist auch echt ganz normal! Euer Vertrauen in Gott wächst ja immer mehr! Und ihr geht auch immer liebevoller miteinander um. 4 Wir sind voll stolz auf euch und erzählen den anderen Gemeinden immer von euch. Vor allem von eurem großen Vertrauen, das ihr in Gott habt, reden wir. Und wir finden es auch echt beeindruckend, wie geduldig ihr seid, obwohl man euch ständig verfolgt und hinter euch her ist, weil ihr Christen seid. 5 Das mit der Verfolgung ist übrigens ein gutes Zeichen. Dadran könnt ihr erkennen, dass ihr richtig liegt. Gott wird euch die Eintrittskarte für sein Land in die Hand drücken. Darum müsst ihr durch diese ätzenden Sachen jetzt durch. 6 Gott ist gerecht. Er wird jedem mal die Rechnung präsentieren, der euch jetzt wegen eurem Glauben Probleme macht. 7 Aber wartet ab, Leute! Damit wird Schluss sein, wenn Jesus wiederkommt! Er wird sich dann als der große Chef zeigen. Begleitet von ein paar powervollen Engeln wird er aus dem Himmel kommen, und dann werdet ihr bei ihm richtig ausruhen können. 8 Alles, was sich gegen Gott gestellt hat, wird er dann abfackeln. Alle, die keinen Bock auf Jesus haben und nicht tun, was er will, werden abgestraft. 9 Sie werden eine ganz üble Strafe bekommen, denn sie müssen für immer und ewig getrennt von Gott bleiben. Sie werden ausgeschlossen und bleiben vor der Tür von seinem wunderschönen Land. 10 Den Menschen, die zu ihm gehören, wird er sich dann in seiner ganzen Power zeigen. Ihr seid dann ja auch dabei, ihr habt ja den Sachen geglaubt, die wir euch erzählt haben.

Wir beten für euch

11 Und darum beten wir für euch auch ohne Ende. Wir beten, dass ihr so lebt, wie man es von Leuten erwarten kann, die Gott für etwas ganz Fettes ausgesucht hat. Wir beten auch dafür, dass es bei euch nicht nur bei guten Wünschen bleibt, sondern dass ihr die Sachen auch tut. Alles, was ihr im Vertrauen auf Gott angefangen habt, sollt ihr auch mit Gottes Kraft durchziehen. 12 Dann wird Jesus am Ende auch groß rauskommen. Und ihr werdet gut dastehen, weil Gott euch durch Jesus Christus bewiesen hat, wie sehr er euch liebt.

2

Der Feind von Jesus macht den Lauten

1 Also, was jetzt dieses Ding angeht, dass Jesus bald wieder auf die Erde zurückkommt und wir ihm dann immer ganz nahe sein werden, da haben wir noch eine Bitte an euch: 2 Liebe Geschwister, bitte lasst euch nicht durcheinanderbringen und durch irgendwelche Gerüchte Angst machen. Es gibt ja Leute, die behaupten, der letzte Tag dieser Erde stehe schon kurz bevor, das habe Gott ihnen angeblich in einer Vision gezeigt. Und dann sagen sie, wir hätten das in einem Brief auch geschrieben. 3 Lasst euch von solchen Ansagen bloß nicht schräge draufbringen! Bevor das abgehen wird, muss noch einiges passieren. Viele Menschen werden Gott noch den Rücken zudrehen, bevor Jesus wiederkommt. Und dann wird der Feind Gottes noch seinen Auftritt haben. Das wird ein Mensch sein, der das Böse in Person ist. Er ist ein Kind aus der Hölle. 4 Er ist der absolute Feind Gottes. Er wird so tun, als wäre er besser als Gott und hätte mehr zu bieten als das, was Gott uns geben kann. Er wird sich sogar im Gotteshaus selber anbeten lassen, so als wäre er Gott. 5 Könnt ihr euch dran erinnern, dass ich euch da drüber schon mal was erzählt habe, als ich bei euch war? 6 Wisst ihr noch, was diesen Feind Gottes überhaupt aufhält, nicht jetzt schon den Lauten zu machen, bevor seine Zeit gekommen ist? 7 Ich mein, man kriegt es schon überall mit, dass sich hier und da die negativen Kräfte rühren, aber so richtig loslegen können sie noch nicht. Sie werden noch aufgehalten. 8 Aber dann wird der gesetzlose Feind Gottes seinen Auftritt haben. Jesus wird ihn aber fertigmachen, wenn er wiederkommt. Er pustet ihn einfach um, das war's. 9 Gottes Feind, dieser Antijesus, wird aber derbe drauf sein! Er wird seine Power vom Satan

bekommen und in der Lage sein, beeindruckende Wunder zu tun. Wobei diese Wunder auf Lügen aufgebaut sind. 10 Weil er die Menschen so gut bequatschen kann, werden viele auf seiner Seite sein. Die sind dann verloren. Sie haben die Wahrheit nicht akzeptiert, obwohl das ihre Rettung hätte sein können. 11 Weil sie sich für die Lügen entschieden haben, überlässt sie Gott ihrem Wahnsinn. 12 So bekommt jeder das, was er verdient. Die keinen Bock auf die Wahrheit hatten, aber Spaß an der Lüge, müssen die Konsequenzen selber ausbaden.

Bleibt an der Sache mit Gott dran!

13 Ihr Lieben, wir können gar nicht anders, als uns bei Gott für euch immer wieder zu bedanken! Gott hat euch als Erste ausgesucht, damit ihr durch seine Kraft in der Lage seid, ein jesusmäßiges Leben zu führen. Darum seid ihr gerettet worden. 14 Weil wir euch diese gute Nachricht erzählt haben, hat Gott euch auch dafür ausgesucht, an der Größe von Jesus Christus Anteil zu haben, denn er hat dafür gesorgt, dass wir wieder mit Gott klarkommen. 15 Zieht euer Ding mit ihm durch! Bleibt stabil und fest und haltet euch an die Sachen, die wir euch durch Seminare oder durch Briefe beigebracht haben. 16 Jesus Christus, unser Held, und Gott, der ein Vater für uns ist, uns sehr liebt und immer tröstet, wenn wir schlecht drauf sind, 17 wird euch ermutigen. Er wird euch innerlich Kraft geben, damit ihr euch durch gute Taten und Worte öffentlich zu Jesus bekennen könnt.

3

Wir brauchen Gebet

1 Übrigens, liebe Geschwister, es wäre cool, wenn ihr für uns beten würdet! Bittet Gott darum, dass die gute Nachricht von Jesus nicht mehr aufzuhalten ist und überall das passiert, was bei euch auch abgegangen ist! 2 Bittet Christus auch darum, dass er uns vor Attacken von irgendwelchen linken Typen beschützt, die vom Glauben einfach nichts wissen wollen. 3 Gott ist aber treu, er hält zu uns. Und er wird euch auch immer wieder aufbauen und stark machen, um euch vor diesen Angriffen zu schützen. 4 Wir vertrauen Christus und auch euch. Ihr werdet schon dafür sorgen, dass ihr euch nach den Sachen richtet, die wir euch beigebracht haben, oder? 5 Jesus soll dafür sorgen, dass ihr die Liebe Gottes und die Geduld von ihm immer besser erfasst und euer Leben danach ausrichtet.

Arbeiten ist wichtig

6 Eine Sache, liebe Geschwister, ist uns noch superwichtig! Wir fordern euch hiermit zu etwas auf, und zwar kraft der Autorität, die Jesus uns gegeben hat: Gebt euch nicht mit Leuten in eurer Gemeinde ab, die nur rumhängen und nicht das tun, was wir euch beigebracht haben! 7 Ihr habt doch mitbekommen, wie wir es gemacht haben. Wir haben ja auch nie einfach nur so bei Euch rumgehangen, oder? 8 Haben wir jemals geschnorrt und uns auf Kosten anderer durchgeschlagen? Null! Wir haben geschuftet wie blöd, tagsüber und im Nachtdienst haben wir gearbeitet, nur um niemandem auf der Tasche zu liegen. 9 Es wäre zwar voll in Ordnung gewesen, wenn wir von euch irgendeine Bezahlung verlangt hätten. Aber wir wollten damit einfach ein Statement abgeben und ein Vorbild für euch sein. 10 Wir haben damals schon immer zu euch gesagt: „Wer nicht arbeiten will, soll auch nichts zu essen kriegen.“ 11 Jetzt haben wir aber gehört, dass es ein paar Leute bei euch gibt, die wie Penner leben, nicht arbeiten wollen und auch sonst nur Dünnsinn im Kopf haben. 12 Allen, die so drauf sind, befehlen wir hiermit Kraft der Autorität von Jesus Christus, sich einen Job zu suchen und für ihren Lebensunterhalt selbst zu sorgen! 13 Euch bitten wir aber, liebe Geschwister, weiter gute Sachen für Gott zu machen und da auch nicht nachlässig zu werden. 14 Falls jemand bei euch sagt, es wäre ihm total egal, was wir euch hier geschrieben haben, dann trefft euch nicht mehr mit dem. So wird ihm sein mieses Verhalten hoffentlich bewusst. 15 Behandelt ihn aber nicht so, als wäre er ein Feind. Er ist immer noch ein Bruder, der einfach nur eure Hilfe braucht.

Grüße und Tschüs

16 Unser Gott, der ein Meister des Friedens ist, soll euch diesen Frieden geben. Und zwar überall und auf jede erdenkliche Art und Weise! Gott soll mit euch sein! 17 Jetzt schreib ich, Paulus, noch mal mit meiner eigenen Klaue einen Gruß drunter! Ich mach das mit allen Briefen, die von mir kommen, damit ihr sicher wisst, dass die auch von mir sind. 18 Die Liebe die unser Meister Jesus Christus für euch hat, soll bei jedem von euch Realität sein. Er ist unser absoluter Chef!

Euer Paulus

Der erste Brief an Timotheus

1

Absender und Grüße

1 Absender: Paulus, Botschafter für die Sache
von Jesus Christus. Ich bin im Auftrag Gottes
unterwegs, der uns gerettet hat, und im Auftrag
von Jesus Christus, der unsere Hoffnung ist.
2 An: Timotheus. Wir haben eine Vater-Sohn-Bezie-
hung, weil ich dich zu Jesus geführt habe. Lieber
Timotheus! Ich hoffe, es geht dir gut! Ich wünsche
dir die Liebe und den Frieden, die von Gott, unse-
rem Vater, und von unserem Chef Jesus Christus
kommen.

Pass auf vor den Lügnern!

3 Als ich nach Mazedonien gefahren bin, habe ich
dich gebeten, in Ephesus zu bleiben. Du solltest
verhindern, dass diese falschen Theorien über das
Leben mit Gott weiter die Runde machen. 4 Die
Leute, die diesen Schwachsinn verbreiten, beschäf-
tigen sich mit irgendwelchen Märchen und Ahnen-
forschung und verlieren sich dabei total. Das Ganze
wirft eher Fragen auf, als welche zu beantworten. Es
fördert auf jeden Fall nicht gerade das Vertrauen in
Gott. 5 Wenn man einen Strich unter das Christen-
tum machen will, so kommt am Ende immer die
Liebe raus! Sie sollte aus einer guten Einstellung,
einem reinen Gewissen und einem ehrlichen Glau-
ben wachsen. 6 Es gibt da ein paar Leute, die sind
von dieser Tatsache weggekommen. Sie verlassen
sich jetzt stattdessen auf ihr dünnes Gelaber. 7 Sie
machen einen auf Super-Bibellehrer. Dabei verste-
hen sie nur Bahnhof und haben überhaupt keine
Peilung von dem, was sie da von sich geben! 8 Wir
glauben ja, dass die Gesetze gut sind, wenn man
sie richtig anwendet. 9 Für wen gelten denn diese
Gesetze? Für die Leute, die sowieso schon mit Gott
leben und für ihn okay sind? Nein, sie sind für die
Leute gedacht, die keinen Bock auf Gott haben, die
ohne irgendwelche Gesetze leben und immer gegen
alles sind. Für so Menschen, die immer das Gegen-
teil von dem tun, was Gott eigentlich will, für unhei-
lige Leute, die über Gott Witze machen, für Leute,
die kein Gewissen mehr haben, für Mörder und
Gewalttätige, 10 Pornosüchtige, Pädophile, für
Leute, die mit Menschen handeln, für Lügner und
Typen, die andere rücksichtslos ausbeuten, für
Leute, die einen Eid schwören und sich dann nicht
dran halten, oder Menschen, die keinen Bock auf
die gesunde Lehre über Gott haben. 11 So hat Gott
es mir beigebracht. Das ist die gute Nachricht, die
ich von ihm, dem wahnsinnig coolen Gott, gehört
habe!

Danke, Gott, für deine Liebe!

12 Ich kann es manchmal echt nicht fassen und bin
Gott so sehr dankbar, dass ausgerechnet ich für
seine Sache arbeiten darf. Er hat mich dafür ausge-
rüstet und mir die Kraft dafür gegeben. 13 Früher
habe ich über Jesus ja nur abgelästert. Ich habe
Jesus und seine Leute verfolgt, sie verprügeln las-
sen und so. Gott hat mir aber seine Liebe gezeigt,
er hat mir diese ganzen Sachen verziehen, weil ich
nicht wusste, was ich da tat. Ich hatte ja keine
Ahnung. 14 Umso stärker hab ich dann seine gren-
zenlose Liebe erlebt, mit der er mich akzeptiert hat.
Und mein Vertrauen zu Jesus ist auch gewachsen.
15 Ihr könnt euch hundertprozentig darauf verlassen,
dass Jesus Christus zu uns in die Welt gekommen
ist, um Menschen zu retten, die ohne Gott leben!
Ich bin da das beste Beispiel für. 16 Ich habe Gottes
Liebe live erlebt. Jesus Christus hat mit mir unend-
lich viel Geduld gehabt und wollte damit ein Zei-
chen setzen, dass wirklich jeder wieder mit Gott
klarkommen kann, wenn er es nur will. Sein Ange-
bot für ein Leben, das nie aufhört, gilt allen.
17 „Gott, du bist der Größte, du hast das Sagen über
alles, du wirst immer da sein, du bist der einzige
Gott. Wir wollen, dass du groß rauskommst, wir
wollen dich immer loben! Genau so ist es richtig
[Amen]!" 18 Lieber Timotheus, du weißt, dass du für
mich so wie ein echter Sohn bist. Ich hab dich sehr
lieb! Ich trau dir das zu, dass du für diese Sache
kämpfen wirst. Es gab da ja auch ein paar propheti-
sche Worte, die das bestätigen. 19 Halte an deinem
Vertrauen in Gott fest und lass dich durch nichts
davon abbringen! Pass auf, dass du keinen Mist
baust und so gewissenstechnisch schlecht drauf-
kommst! Wie du weißt, haben das einige Leute
nicht getan und sind so mit ihrem Glauben ziem-
lich auf der Fresse gelandet. 20 Zwei davon sind
Hymenäus und Alexander. Ich habe sie aus der
Gemeinde rausgeschmissen und sie so dem Satan
schutzlos ausgeliefert. Hoffentlich lernen sie da-
draus und hören jetzt endlich auf, so einen Dünn-
sinn über Gott zu erzählen.

2

Beten ist wichtig
1 Eine Sache, Timotheus, ist superwichtig: Sorg
dafür, dass die Gemeinde nicht aufhört zu
beten! Damit meine ich, dass ihr Gott danken, ihn
um Sachen bitten und manchmal auch komplett vor
ihm die Hosen runterlassen sollt, wenn ihr euch
trefft. Betet auch für alle anderen Menschen, 2 für
die Regierungen und die Parteien, die gerade an der
Macht sind. Dann können wir ein relaxedes, chilli-
ges Leben führen, ein Leben, das von den Leuten
respektiert wird. Wo Gott drauf steht soll auch Jesus
drin sein. 3 Jesus will das so, er findet es gut, und er
hat uns ja schließlich auch gerettet. 4 Gott will näm-
lich, dass alle Menschen gerettet werden. Er
möchte, dass alle die Wahrheit spitzkriegen! 5 Es
gibt einen einzigen Gott. Und es gibt auch nur
einen, der zwischen ihm und uns, den Menschen,
vermitteln kann: der Mensch Jesus Christus. Er hat
für Frieden zwischen Gott und uns gesorgt. 6 Er hat
sich für uns alle abschlachten lassen, damit wir frei
sein können und wieder mit Gott klarkommen.
Damit hat Gott gezeigt, dass er alle Menschen ret-
ten will. Den Zeitplan dafür hat er sich gut überlegt.
7 Für die jetzt kommenden Aufgaben hat Gott spezi-
ell mich ausgesucht. Er hat mir die Order gegeben,
die Story von Jesus an alle Menschen weiterzuge-
ben. Wir sollen sie gerade denen rüberbringen, die
keine Juden sind. So ist das. Mann, das ist echt die
Wahrheit, ich erzähl da keinen Schwachsinn.

Wie sich Männer und Frauen im Gottesdienst verhalten sollen
8 Ich möchte, dass die Männer bei euch jeden Streit
geregelt kriegen, bevor sie im Gottesdienst beten.
Lasst eure Zweifel einfach mal beiseite. Dann könnt
ihr euch im Gebet zu Gott ausstrecken, indem ihr
eure Hände hebt. 9 Die Frauen sollen sich nicht so
aufdonnern, wenn sie zum Gottesdienst gehen. Sie
gehen ja schließlich nicht zur Modenschau! Das gilt
übrigens auch für die Frisur und den Schmuck, den
sie tragen. 10 Was eine Frau wirklich schön macht,
ist nämlich ihre Ausstrahlung. Die entsteht, indem
sie gute Sachen für Gott macht. Das macht sie wirk-
lich schön. 11 Eure Frauen sollten mal lernen, im
Gottesdienst nicht die ganze Zeit rumzutratschen.
Außerdem sollen sie auch lernen, auf eure liebevol-
len Anweisungen zu hören. 12 Eure Frauen sind
offensichtlich noch nicht weit genug, um öffentlich
zu lehren. Lasst euch nicht dauernd von ihnen un-
terbuttern. Ich finde, die Mädels sollten sich mal
gehörig am Riemen reißen und sich insgesamt
etwas zurücknehmen. 13 Schon als Eva noch mit den
Mücken flog, ist Adam bereits voll mit Gott abge-
gangen. 14 Und es war auch nicht Adam der sich von
der Schlange verführen ließ, sondern Eva. Sie hat
getan, was Gott verboten hat. 15 Die Frau ist von
Gott gemacht worden. Sie wird das Kinderkriegen
aber durchstehen, wenn sie ihr Vertrauen auf Gott
setzt, sich von ihm ganz doll geliebt weiß und das
auch auslebt, mit ihm radikal durchzieht und ein
Leben führt, das Gott gut findet.

3

Wie ein Leiter von einer Gemeinde drauf sein sollte
1 Eine Sache stimmt jedenfalls hundertpro:
Wenn jemand eine Gemeinde leiten will, strebt er
ein sehr cooles, aber auch schwieriges Amt an. 2 So
ein Gemeindechef muss bestimmte Voraussetzun-
gen mit sich bringen. Sein Leben muss vor Gott voll
okay sein. Er sollte höchstens eine Frau haben und
kein Weiberheld sein. Er sollte stets nüchtern und
entspannt sein. Locker draufbleiben, damit er nicht
gleich bei jeder Kleinigkeit ausrastet, das ist auch
eine wichtige Eigenschaft. Er sollte freundlich mit
Menschen umgehen und gerne Gäste bei sich auf-
nehmen. Und dass er den Leuten die Dinge gut ver-
mitteln kann, ist auch noch wichtig. 3 Es sollte kein
Alkoholiker sein oder jemand, der sich mit anderen
Sachen breithaut. Jemand, der nicht aggressiv und
gewalttätig ist, sondern freundlich und nicht bei
jedem Streit dabei. Und er sollte nicht geldgeil sein!
4 Er sollte seiner Familie zu Hause ein guter und
ordentlicher Vater sein, der Kinder hat, die auch tun,
was er sagt. 5 Hey, wenn einer es noch nicht mal
hinkriegt, sein Familienleben zu regeln, wie soll er
dann bitte eine ganze Gemeinde vor Gott regeln
können? 6 Es sollte auch kein Frischling sein, der
erst ganz kurz mit Jesus lebt, ist ja klar. Sonst bildet
der sich auf den Job noch was ein und meint, er
wäre jetzt sonst wie toll, und dann wird er bei
nächster Gelegenheit vom Satan aufs Kreuz gelegt.
7 So ein Gemeindechef muss auch einen guten Ruf
bei den Nichtchristen im Ort haben. So könnt ihr
verhindern, dass man über ihn ablästert und er so
dem Teufel auf den Leim geht.

Und die anderen Mitarbeiter?
8 Auch die anderen Leute, die in eurer Gemeinde im
Dienstleistungssektor arbeiten, sollen Menschen
sein, die von allen respektiert werden. Sie sollten
unbestechlich und ehrlich sein, keine Alkoholpro-

bleme haben und auch nicht nur auf Kohle aus sein. 9 Es wäre wichtig, dass sie ihr Leben so führen, dass es zu der guten Nachricht von Jesus passt. 10 Sie sollten auch erst mal eine Probezeit haben, und nur wenn sie ihren Job gut hinkriegen, sollten sie den Dienst ganz übernehmen. 11 Die Frauen sollten auch so drauf sein, dass man sie respektieren kann. Sie sollten nicht überall rumtratschen, entspannt sein, und man sollte sich auf sie verlassen können. 12 Genauso wie die Gemeindeleiter sollten die Mitarbeiter nur mit einer Frau verheiratet sein. Und sie sollten ebenfalls ihre Familie gut im Griff haben. 13 Wer seinen Job gut macht, der wird auch genug Respekt von der Gemeinde bekommen. Und er selber wird immer eine coole Ausstrahlung haben, wie man sie bekommt, wenn man mit Jesus lebt.

Das Geheimnis im Leben mit Gott

14 Lieber Timotheus, ich schreib dir das jetzt alles auf, obwohl ich ja stark hoffe, bald persönlich bei dir zu sein. 15 Falls sich das aber noch weiter hinauszieht, sollst du wenigstens wissen, wie man sich in der Familie von Gott, in seiner Gemeinde, benehmen soll. Die Gemeinde ist wie ein tragender Betonpfeiler in dem Haus der Wahrheit, in dem Haus von dem lebendigen Gott. 16 Jeder hat längst geschnallt, wie gigagroß und besonders dieses Geheimnis ist, das hinter dem Vertrauen in Gott steckt. Jesus Christus ist als ein Normalo in die Welt gekommen. Er wurde aber bestätigt durch die Kraft, die von Gott kommt, durch seinen Heiligen Geist. Er wurde sogar von Engeln gesehen, und jetzt erzählen wir auch den nichtjüdischen Menschen von Jesus. Überall setzen die Menschen ihr Vertrauen auf ihn. Er ist jetzt wieder bei Gott in seiner unbeschreiblichen Welt.

4

Man kann es auch übertreiben

1 Gottes Geist sagt uns immer wieder, dass noch viele ihm wieder den Rücken zudrehen und nicht mehr mit ihm leben werden, bevor es mit der Welt zu Ende geht. Das kommt vor allem daher, dass sie irgendwelchen Pseudopropheten hinterherlaufen und Sachen glauben, die direkt aus der Hölle kommen. 2 Diese Lügner werden nur Dünnsinn verbreiten und sind dabei so verpeilt, dass sie noch nicht mal ein schlechtes Gewissen kriegen. 3 Zum Beispiel verbieten sie zu heiraten oder bestimmte Sachen zu essen. Dabei hat Gott doch alle Nahrungsmittel gemacht! Wir, die ihm in allem total vertrauen und seine Wahrheit begriffen haben, können das alles von ihm genießen! 4 Ist doch klar: Alles, was Gott gemacht hat, ist erst mal nur gut! Und wenn wir das dankbar von ihm annehmen, ist alles super easy, oder? 5 Es wird dadurch gut, dass Gott gesprochen hat, durch seine Worte. Perfekt ist es, wenn wir ihm im Gebet dafür danken.

Was Timotheus in der Gemeinde machen soll

6 Lieber Timotheus, wenn du das der Gemeinde so weitersagst, machst du einen guten Job für Jesus. Du hast dich immer an die Worte gehalten, die ich dir beigebracht habe. Vor allem aber vertraust du Gott. Und du bist auch immer nach der wahrlich guten Lehre vorgegangen. 7 Vergiss das dünne Gelaber von diesen Typen! Lass es gar nicht erst an dich ran, schalt einfach auf Durchzug. Zieh unabhängig davon das Ding mit Gott voll durch! 8 Sich fit zu halten und auch mal auf etwas zu verzichten ist nicht voll verkehrt, aber das zu tun, was Gott will, bringt es erst wirklich! Gott hat uns versprochen, dass unser Leben richtig gut wird, und er wird uns das besondere Leben schenken, was nach dem Tod noch weitergeht. 9 Das ist hundertprozentig wahr, Leute, da könnt ihr euch drauf verlassen! 10 Das treibt uns immer wieder an. Dafür kämpfen wir! Wir haben unsere Hoffnung auf den einen Gott gesetzt. Und der lebt. Er ist der Held aller Helden und zwar für alle Menschen. Besonders aber für uns, die Leute, die ihm voll vertrauen. 11 Das musst du jedem in der Gemeinde verklickern, das müssen sie einfach alle kapieren!

Timotheus' Job konkret

12 Timotheus, nur weil du ein Jugendlicher bist, hat keiner das Recht, auf dir rumzuhacken. Das muss klar sein. Trotzdem ist es wichtig, dass du, für alle einsichtig, ein astreines und vorbildliches Leben führst! Ich sprech hier vor allem über die Sachen, die du so von dir gibst, aber auch einfach davon, wie du lebst. Geh immer liebevoll mit allen Leuten um. Sei ein Vorbild im Glauben und lass dich nicht auf irgendwelche Pornosachen oder wilden Mädchengeschichten ein! 13 Ich finde es gut, dass du diese Treffen durchziehst, an denen du aus den alten Büchern vorliest. Mach weiter damit! Ermutige die Leute, indem du ihnen in Sachen des Glaubens Unterrichtsstunden gibst. 14 Leb diese Begabungen, die Gott dir gegeben hat, voll aus! Gott hat sie dir schließlich durch prophetische Worte zugesagt, als die Ältesten in der Gemeinde für dich gebetet

haben. 15 Das sind die Dinge, über die du dir einen
Kopf machen sollst. Setz einfach deine Begabungen
ein, damit alle sehen, was für Fortschritte du mit
Gott gemacht hast. 16 Pass auf dich auf! Vergiss
nicht, was Gott dir beigebracht hat, bleib die ganze
Zeit dabei! Wenn du so drauf bist, wirst du nicht nur
dich retten, sondern auch alle, die dir richtig zuhö-
ren und nicht auf Durchzug schalten.

5 Wie Timotheus mit älteren Gemeindemitgliedern umgehen soll ...

1 Wenn es ein Problem mit einem älteren Mann
gibt, dann fahr ihn nicht blöd an, sondern rede mit
ihm so, als wäre er dein Vater. Mit jüngeren Män-
nern geh so um, als wären sie deine Brüder. 2 Ältere
Frauen kannst du so behandeln, als wären sie deine
Mutter. Bei jüngeren Frauen solltest du ein bisschen
aufpassen und Abstand halten, klar?

... und wie mit den Frauen, deren Männer gestorben sind

3 Wenn gerade der Mann einer Frau gestorben ist,
geh respektvoll mit ihr um. 4 Hat sie Kinder oder
Enkel, dann sollen diese sich um ihre Angehörigen
kümmern. Gott findet es geil, wenn man seine
Dankbarkeit denen, die so viel für einen getan
haben, auch zeigt. 5 Es gibt auch solche alleinste-
henden Frauen, die ihre Einsamkeit nutzen, indem
sie Tag und Nacht zu Gott beten. Sie setzen ihre
ganze Hoffnung auf Jesus. 6 Diejenigen aber, die
dann erst mal richtig die Sau rauslassen und mei-
nen, sie müssten ihr Leben jetzt erst mal fett genie-
ßen, haben nichts begriffen. Sie sind im Grunde
schon tot. 7 Warne die Witwen rechtzeitig davor, so
draufzukommen, damit man ihnen hinterher nichts
vorwerfen kann. 8 Wenn sich aber jemand nicht um
seine Familie kümmert und sie nicht versorgt, der
hat damit auch Jesus verraten. Er verhält sich sogar
schlimmer als ein Nichtchrist! 9 Eine Witwe, die in
das Witwenverzeichnis aufgenommen werden soll,
muss mindestens sechzig Jahre alt und darf nur
mit einem Mann verheiratet gewesen sein. 10 Außer-
dem sollte sie einen guten Ruf bei euch haben. Hat
sie ihre Kinder gut erzogen? War sie gastfreundlich?
Hat sie anderen Mitchristen praktisch geholfen?
War sie auch mal bereit dazu, den Boden zu wi-
schen? Hat sie versucht Leuten zu helfen, denen es
schlechtging, ohne dabei an sich selbst zu denken?
Hat sie sich beteiligt, wenn Hilfe nötig war? 11 Junge
Witwen sollten erst mal nicht in diese Versorgungs-
liste aufgenommen werden. Wenn sie irgendwann
wieder scharf werden und Lust auf Männer be-
kommen, könnte die Sache nach hinten losgehen.
Wenn sie dann irgendwann nicht mehr widerstehen
können und Männer näher an sich ranlassen, bringt
sie das dazu, Jesus den Rücken zuzuwenden.
12 Man kann ihnen dann zu Recht vorwerfen, sie
hätten ihr Treueversprechen Jesus gegenüber ge-
brochen. 13 Außerdem ist für sie dieses „Um-die-
Häuser-Ziehen" gar nicht gut. Sie fangen an rumzu-
hängen und den ganzen Tag irgendwelches Zeug
herumzuposaunen. 14 Darum ist mein Wunsch,
dass die jüngeren Frauen, deren Männer gestorben
sind, gleich wieder jemanden heiraten. Sie sollen
weiter ganz normal Kinder kriegen, sich um den
Haushalt kümmern und dem Teufel keine Chance
geben. 15 Einige haben Jesus schon den Rücken
gekehrt und laufen jetzt Satan nach. 16 Wenn eine
Christin eine Witwe mit solchen Problemen in ihrer
Verwandtschaft hat, soll sie sich um diese küm-
mern. Die Gemeinde soll deswegen nicht weiter
belastet werden, sondern sich um die echten Wit-
wen kümmern, die sonst von keinem versorgt
werden.

Wie sich die Gemeindeleitung verhalten soll

17 Die Männer, die bei euch die Gemeindeleitung
übernommen haben, haben doppelte Anerkennung
verdient und sollten dafür auch finanziell entschä-
digt werden. Das betrifft besonders die Leute, die
euch in Sachen Bibelwissen weiterhelfen. 18 In den
alten Schriften steht ja auch: „Du sollst dem Trecker
auch immer genug Benzin geben", oder: „Ein
Ochse, der bei der Feldarbeit eingesetzt wird, soll
dabei auch fressen können." Woanders steht auch:
„Jeder, der arbeitet, hat es auch verdient, dafür
bezahlt zu werden." 19 Wenn sich jemand bei dir
über die Gemeindeleiter beschweren will, dann lass
immer ein bis zwei Zeugen mit dazukommen. 20 Die
Menschen, die bei euch Sachen tun, auf die Gott
keinen Bock hat, kannst du vor allen anderen öffent-
lich anzählen und zurechtweisen. So sind die ande-
ren Zuhörer auch gewarnt. 21 Lieber Timotheus, es
ist super-super-wichtig, dass du, wenn so was pas-
siert, keine Vorurteile hast und nicht parteiisch bist!
Gott, Jesus und seine besonderen Engel sind meine
Zeugen!

Ein paar Tipps an Timotheus persönlich

22 Setz niemand zu schnell in einen Job in der
Gemeinde ein! Sonst bist du mit schuld, wenn der

Sachen macht, auf die Gott keinen Bock hat. Pass
lieber auf dich selber auf, was Sünden angeht!
23 Und gegen deine Magenprobleme versuch mal,
dein Trinkwasser mit etwas Wein zu vermischen.
Dann bist du auch nicht mehr so oft krank! 24 Übri-
gens: Bei einigen Menschen stinken ihre Sünden
schon zehn Meter gegen den Wind. Jeder kann sie
sehen, bevor die Gerichtsverhandlung von Gott
überhaupt erst angefangen hat. Bei anderen kann
man sie erst später entdecken. 25 Genauso ist das
auch mit den guten Sachen, die Menschen so brin-
gen. Einiges davon kann man schon jetzt beobach-
ten, anderes wieder nicht. Aber auch diese Dinge
werden nicht für immer verborgen bleiben.

6

Chef oder Angestellter?

1 Alle, die irgendwo angestellt sind und einen
Chef über sich haben, sollen ihm auch Respekt
entgegenbringen. Ihr wollt ja nicht, dass die Sache
Gottes und unser christlicher Glaube irgendwie
durch den Dreck gezogen werden, ist doch klar,
oder? 2 Das gilt natürlich auch dann, wenn dein
Chef ein Christ ist und ihr dadurch auf derselben
Ebene seid. Gerade dann sollt ihr alles geben und
euch ihm voller Liebe unterordnen. Und weil er
auch an Jesus glaubt und genauso von ihm geliebt
wird, wird alles dran setzen, superfreundlich und
lieb mit euch umzugehen. Brenn das den Leuten bei
euch ins Gedächtnis und erinnere sie immer wieder
daran.

Warnung vor Geldgeilheit und Streit

3 Falls jemand versucht, euch was andres beizubrin-
gen, könnt ihr das sofort vergessen. Jeder, der sich
nicht an die Sachen hält, die Jesus Christus uns
beigebracht hat, 4 schreibt sich selber ab. Solche
Leute sind total krank im Kopf, stehen auf endlos
lange Diskussionen und dergleichen. Solche Ge-
spräche führen immer zu den selben Problemen:
Der eine wird neidisch auf die tollen Argumente,
man beginnt sich zu streiten und fängt an zu läs-
tern. Dabei kommen dann wilde Verdächtigungen
auf. Das alles ist total unnötig. 5 Solche Menschen
zoffen sich andauernd. Man könnte meinen, sie
sind total durchgeknallt! Haben die denn die Wahr-
heit nicht gehört? Oder kapieren sie es einfach
nicht? Die machen sogar aus der Sache von Jesus
noch eine Geschäftsidee, um Kohle damit zu
machen. 6 Dabei ist mit Gott zu leben doch schon
der Hauptgewinn. Wem das nicht ausreicht, dem
ist eh nicht mehr zu helfen! 7 Wir haben nichts in
die Welt mitgebracht, warum sollten wir also was
daraus mitnehmen können? 8 Es sollte uns doch
wohl reichen, immer genug zu essen zu haben und
dabei sogar noch anständige Klamotten anzuzie-
hen. 9 Die Menschen, die um jeden Preis reich wer-
den wollen, fallen schnell auf die Tricks von Satan
rein. Geld erzeugt nur uncoole Wünsche, die einen
Menschen zuletzt immer ins Unglück und in den
Tod stürzen. 10 Geldgeilheit ist eine Ursache für
alles Böse. Einige sind total auf Geld abgegangen
und irgendwann waren sie komplett weg von Gott.
All die ätzenden Sachen hätten sie sich ersparen
können!

Ein paar Tipps

11 Timotheus! Du darfst da auf keinen Fall mitma-
chen! Versuche um jeden Preis, anders draufzukom-
men als die! Dein Ziel soll es sein, ein Leben zu füh-
ren, das Gott geil findet! Setz alles dran, dass dir
nichts wichtiger ist als Gott! Versuch immer im
Vertrauen auf ihn zu leben! Liebe, Geduld und
Freundlichkeit sollen bei dir immer am Start sein.
12 Kämpfe den guten Kampf und vertraue Gott! Es
ist nie falsch, das zu tun. Halt das ewige Leben, das
Gott für dich bereithält, mit beiden Händen fest! Er
hat dich extra dafür ausgesucht! Das hast du ja vor
vielen Zeugen klargemacht. 13 Eine Sache ist mir
noch superwichtig, das ist quasi ein Befehl, den ich
dir hiermit erteile. Und das tue ich mit Gott im
Rücken, der alles gemacht hat, und mit Jesus Chris-
tus, der sich sogar vor Pontius Pilatus zu Gott
bekannt hat: 14 Erledige deinen Job so sauber wie
möglich! Halte durch, so lange, bis Jesus wieder-
kommt! 15 Wann die Uhr dafür geschlagen hat, wis-
sen wir noch nicht, das weiß nur der Vater. Er ist der
Größte, der einzig Gute, er hat den Plan für die Welt
in seiner Hand. Er ist der Präsident der Präsidenten,
der Oberchef schlechthin! 16 Er ist der Einzige, der
nie stirbt. Er wohnt an einem Ort, wo nur Licht ist.
Dort kann niemand hinkommen. Keiner hat diesen
Ort je gesehen, und das kann man auch noch nicht.
Es ist voll korrekt, wenn alle nur ihm zujubeln. Er
wird immer das Sagen haben, über alles, was es
gibt! So wird es immer sein [Amen]!

Eine Warnung an die Leute, die viel Kohle haben

17 Den Leuten, die momentan viel Kohle haben, gib
folgende Ansage weiter: Sie sollen sich bloß nichts
auf ihren Reichtum einbilden, denn der ist schneller

weg, als sie laufen können. Verlassen kann man sich nur auf Gott, und der hat von allem reichlich zur Verfügung. Wir brauchen es nur noch genießen!
18 Sie sollen aber einen anderen Reichtum erwerben, indem sie einfach gute Sachen für Gott machen, anderen Menschen gerne was von ihrem Geld abgeben und hilfsbereit sind.
19 So können sie eine gute Grundlage für ihr Leben bekommen, die immer funktioniert und stabil ist. Und nur so können sie sich auch ein wirklich gutes Leben für sich abgreifen.

Noch 'ne Warnung und liebe Grüße

20 Mann, Timotheus, pass gut auf alles auf, was Gott dir gegeben hat! Mach einen riesen Bogen um die Leute, die nur rumlabern und sich ständig über sogenannte „Neue Erkenntnise" und bla streiten.
21 Einige haben ja schon gesagt, sie würden jetzt lieber danach leben. Die sind schon vom Glauben an Jesus abgebracht worden.
Also, mein Lieber, ich wünsch euch allen die Gnade, die man durch ein Leben mit Gott bekommt!
Dein Paulus

Der zweite Brief von Paulus an Timotheus

1

Anschrift und Grüße

1 Absender: Paulus, Apostel von Jesus Christus.
Ein Botschafter, der für Gott unterwegs ist, weil
der das so wollte. Gott hat mich beauftragt, von
dem Leben, das nie aufhört, zu erzählen, das wir
durch Jesus Christus haben. 2 An: Timotheus. Hallo,
Timotheus! Mann, ich hab dich echt so lieb, als
wärst du mein eigener Sohn! Ich wünsch dir die
Gnade, die von Gott kommt, Liebe und Frieden von
unserem Vater und von unserm Chef Jesus Christus.

Gott hat alles gegeben

3 Ständig muss ich an dich denken, und ich bete
auch die ganze Zeit für dich! Für Gott gebe ich alles,
und ich diene ihm schon, solange ich denken kann.
4 Wenn ich mich daran erinnere, wie du bei unserem
Abschied geweint hast, dann möchte ich am liebs-
ten gleich wieder umdrehen und bei dir sein! Wäre
schön ... 5 Deine coole Art, mit Jesus zu leben, werde
ich nie vergessen! Dieses Vertrauen in Gott hast du
bestimmt von deiner Mutter Eunike und die hat es
wiederum von ihrer Mutter Lois. Ich bin mir ganz
sicher, dass es deren Glaube ist, den man auch in
dir findet. 6 Gerade wegen deiner familiären Wurzeln
will ich dich ermahnen, die Gaben Gottes, welche
du bekamst, als ich dir die Hände aufgelegt und für
dich gebetet habe, voll auszuschöpfen! 7 Diese Kraft,
die Gott uns gegeben hat, lässt uns nicht ängstlich
sein. Ganz im Gegenteil: Sein Geist bewirkt, dass
wir mutig sein können. Er gibt uns Kraft zu lieben
und hilft uns, die Dinge im Griff zu haben, auch
wenn es gerade mal nicht danach aussieht. 8 Schäm
dich nicht, vor anderen Menschen klarzustellen,
dass du an Jesus glaubst. Und auch dass ich grad
im Knast bin, braucht dir nicht peinlich zu sein. Du
kannst ruhig ein bisschen mitleiden. Es geht ja
schließlich um die gute Nachricht von Jesus und in
der steckt gewaltig viel Kraft. 9 Gott hat uns aus
allem gerettet. Er hat uns rausgerufen und uns
einen besonderen Auftrag gegeben. Da konnten wir
gar nichts dazu tun, und erarbeiten konnten wir uns
das erst recht nicht. Er hat das einfach beschlossen,
obwohl wir es nicht verdient hatten. Jesus hat das
für uns möglich gemacht, und das war schon
immer so von Gott geplant, sogar schon bevor er
die Welt gemacht hat. 10 Jetzt ist es aber tatsächlich
passiert! Indem Jesus, unser Retter, zu uns gekom-
men ist und den Tod besiegt hat, wurde das mög-
lich! Er hat uns ein neues Leben geschenkt, das
nicht mehr ausgelöscht werden kann! 11 Und genau
um diese gute Nachricht geht es mir. Das erzähl ich
überall rum und steh voll dahinter! Außerdem bring
ich den Leuten bei, was das für sie konkret bedeu-
tet. 12 Das ist auch der Grund, warum ich im Knast
sitze. Und es geht mir hier nicht grade rosig. Trotz-
dem ist mir das null peinlich! Ich weiß genau, auf
wen ich mein Vertrauen setze, und ich weiß voller
Zuversicht, dass er gut auf mich aufpassen wird. Er
wird dafür sorgen, dass nichts von dem, was er mir
auftrug und mitgab, verloren geht bis zu dem Tag,
an dem er wieder auf die Erde zurückkommt.
13 Bleibe straight bei dem, was ich dir beigebracht
hab, Timotheus! Das waren alles Dinge, bei denen
es um die echte Liebe ging, die aus dem Vertrauen
in Jesus Christus erwächst. 14 Pass auf diese wert-
volle Lehre gut auf, ja? Gott hat sie dir durch seinen
Geist anvertraut.

Nachrichten von Christen aus Asien

15 Hast du auch davon gehört, dass die Christen aus
der Provinz Asien nicht mehr gut auf mich zu spre-
chen sind? Selbst Phygelus und Hermogenes gehö-
ren dazu. 16 Ich wünsche mir von Gott, dass er der
Familie von Onesiphorus viel Gutes rüberwachsen
lässt. Der hat mich nämlich früher total oft ermu-
tigt, und es war ihm nie peinlich, dass ich im Ge-
fängnis absitze. 17 Ganz im Gegenteil: Er hat mich in
Rom so lange gesucht, bis er mich gefunden hat.
18 Ich bete dafür, dass Gott ihn am Tag der großen
Abrechnung nicht zu hart rannimmt! Wie er in
Ephesus für die Gemeinde eingetreten ist, weißt du
ja selbst besser als ich ...

2

Durchziehen, auch wenn's Probleme gibt

1 Mein lieber Sohn, ich wünsch mir, dass deine
Glaubensmuskeln wachsen und du stark wirst
durch Jesus Christus! 2 Das, was ich dir in Gegen-
wart von vielen Leuten beigebracht habe, kannst du
jetzt an andere zuverlässige Christen weitergeben.
Am besten an Leute, die auch eine Begabung dazu
haben, Menschen etwas beizubringen. 3 Geh doch
mit mir diesen schweren Weg, wie ein Soldat für
Jesus. 4 Ein Berufssoldat darf sich keinen Kopf über

die täglichen Probleme machen, wenn er seinen Job
gut erledigen will. 5 Kein Profifußballer wird Meister,
wenn er sich nicht an die Regeln halten kann. 6 Und
ein Bauer, der viel Arbeit in seine Pflanzen gesteckt
hat, soll auch das Recht haben, als Erster von den
Früchten zu essen. 7 Denk mal drüber nach, was ich
dir damit sagen will. Aber Gott wird dir schon noch
den Durchblick dafür geben. 8 Vergiss bitte eine
Sache nicht: Jesus Christus, der Nachkomme von
Präsident David, war tot, aber Gott hat ihn aus dem
Tod zurückgeholt. Das ist die kurze Twitter-Version
unserer guten Nachricht, die ich weitergebe! 9 Dafür
habe ich jetzt auch das alles zu ertragen. Ich hänge
hier im Gefängnis fest wie ein Schwerverbrecher.
Die Worte von Gott kann man aber nicht einsper-
ren, sie sind frei! 10 Für die vielen Menschen, die
Gott noch retten will, nehme ich diese ganzen Pro-
bleme gerne auf mich. Ich wünsche mir einfach,
dass noch viele durch Jesus Christus ein fett neues
Leben bekommen, ein Leben, das nie mehr aufhört!
11 Eins steht nämlich fest: Wenn unser altes Leben
durch Jesus mal abgestorben ist, werden wir auch
mit ihm in ein neues Leben durchstarten. 12 Ertra-
gen wir die Probleme hier auf der Erde mit ihm,
werden wir später mal mit ihm zusammen das
Sagen haben. Wenn wir aber so tun, als würden wir
ihn nicht kennen, dann wird er uns irgendwann
auch mal nicht mehr kennen. 13 Aber selbst wenn
wir ihm mal nicht treu sind, bleibt er uns doch im-
mer treu. Das ist eben der unverwechselbare Style
Gottes, so ist er einfach drauf! Auf Gott kann man
sich immer hundertprozentig verlassen kann.

Pass mit falschen Theorien über Gott auf!

14 Das sind so Sachen, an die du deine Leute unbe-
dingt erinnern musst! Sag ihnen auch, dass sie
nicht ständig rumdiskutieren sollen, ja? Das bringt
nämlich gar nichts und verwirrt die Leute eher, als
dass es Dinge klärt. 15 Kämpfe drum deine Sache
gottesmäßig durchzuziehen. Lass dir nichts
zuschulden kommen. Erklär den Leuten in aller
Schärfe, was Gott ihnen zu sagen hat und bring es
ihnen klar und deutlich rüber. 16 Mach einen Bogen
um Menschen, die nur rumdiskutieren wollen! Das
führt auf Dauer nur zu einem schlechten Charakter,
der von Gott wegzieht. 17 Wenn die Typen anfangen
zu reden, breiten sich ihre Worte wie ein Krebsge-
schwür in den Gedanken aus. Zwei, die so drauf
sind, sind Hymenäus und Philetus. 18 Die leben
beide nicht mehr nach unserer wahren Lehre, den
korrekten Sachen, die wir euch beigebracht haben.
Sie glauben, dass die „Auferstehungskiste" schon
abgelaufen ist. Dadurch bringen sie manche davon
weg, Gott zu vertrauen, wie wir es tun. 19 Aber das
von Gott gelegte Fundament bleibt felsenfest ste-
hen. Darauf ist eingraviert: „Gott kennt alle Men-
schen, die zu ihm gehören!" Genauso steht dadrauf:
„Wer mit Jesus Christus lebt und zu ihm gehört, soll
ein Leben führen, das Gott gefällt." 20 Ein Beispiel:
Mittlerweile findet man ja in den meisten Haushal-
ten unterschiedliche Arten von Geschirr. Neben
dem edlem Porzellan und Kristallgläsern gibt es
auch Plastikbecher und Pappeteller von Aldi. Die
einen braucht man, für ganz besondere Anlässe und
Feste, die anderen für die Grillparty mit den Nach-
barn. 21 Wer sich von den Labertaschen fernhält,
wird wie ein edles Porzellan im Haus Gottes sein –
strahlend und sauber –, jederzeit für besondere
Anlässe einsatzbereit. 22 Pass auf vor den Sachen,
auf die junge oft Leute abfahren. Mach einen gro-
ßen Bogen darum! Kämpfe lieber, dass du für Gott
im Alltag gut lebst, dass du ihm vertraust und
immer liebevoll mit den Menschen die er dir ins
Leben stellt umgehst. Vermeide Streit und häng
mehr mit Leuten ab, die eine ehrliche, korrekte
Beziehung zu Gott haben. 23 Wenn jemand mit einer
dummen Frage ankommt – so eine, die wilde Dis-
kussionen provoziert –, lass ihn einfach ins Leere
laufen. 24 Wer Gott wirklich dienen will, sollte ent-
spannt drauf sein und mit allen Menschen freund-
lich umgehen. Er sollte Dinge gut an andere weiter-
geben können und auf böswilligen Kommentaren
cool reagieren. 25 Wenn jemand ständig nur streiten
will, sollte er ihn locker und nett wieder auf die rich-
tige Bahn bringen. Manche werden dann checken,
was eigentlich abgeht, und sich von Gott in die
Wahrheit führen lassen – Jesus machts möglich!
26 Dann werden sie aus den Fallen Satans befreit
werden. Der hält nämlich immer noch viele Men-
schen gefangen und missbraucht sie für seine
Zwecke.

3 **Wenn es mit der Welt zu Ende geht**

1 Eine Sache soll dir aber klar sein: Wenn es mit
dieser Welt zu Ende geht, werden ganz üble
Zeiten anbrechen. 2 Die Menschen werden dann nur
noch auf sich selbst und ihre Kohle abfahren. Jeder
wird glauben, er wäre der Größte, und das überall
raushängen lassen. Männer und Frauen werden
über alles ablästern, und die Kinder werden ihren
Eltern auf der Nase rumtanzen. Für viele wird Dank-

barkeit ein Fremdwort sein. Fast jeder wird Dinge
tun die Gott absolut ätzend findet. 3 Menschen wer-
den sich nicht mehr lieben können und sich nur
noch streiten. Sie werden sich gegenseitig verraten,
ohne Hemmungen leben und im Streit einfach bru-
tal zuschlagen. Sie werden anfangen, alles Gute zu
hassen. 4 Verrat wird alltäglich sein. Wegen Kleinig-
keiten werden die Leute außer Kontrolle geraten.
Überall laufen irgendwelche aufgeblasenen Leute
rum, die mehr auf ihren perversen, billigen Spaß
abfahren, als auf Gott. 5 Es wird viele Pseudo-Chris-
ten geben, die äußerlich superfromm wirken, aber
in echt total schlaff drauf sind und keinen Bock auf
Gottes Kraft haben. Mit solchen Leuten solltest du
besser nicht abhängen, ok? 6 Das sind nämlich die-
selben Typen, die nachts um die Häuser ziehen und
versuchen, irgendwelche Frauen ins Bett zu kriegen,
Frauen die ihren eigentlichen Wert nicht kennen.
Diese Frauen haben komplett die Kontrolle über ihr
Leben verloren, sie werden von ihrer Geilheit wie
ferngesteuert. 7 Manche sitzen sogar in Seminaren
oder Gottesdiensten, um von Gottes großen Taten
zu hören, aber lassen nichts von dem wirklich an
sich ran. Sie können die Wahrheit nicht verstehen.
8 So wie diese ägyptischen Magier Jannes und Jam-
bres, die nicht auf Mose hören wollten, so haben
diese Leute auch keinen Bock auf die Wahrheit.
Diese Typen sind echt krank in ihrer Denke und
glaubensmäßig ziehen sie die Dinge auch nicht
durch. 9 Lange werden sie das aber nicht aushalten,
und sie haben auch keinen Erfolg damit. Jeder wird
bald kapieren, dass sie es einfach nicht raffen. So
war es damals bei den Magiern in Ägypten ja auch.

Wer mit Jesus lebt, bekommt Probleme ...

10 Timotheus, du bist zum Glück nicht so drauf. Du
hast dich immer an dem orientiert, was ich dir bei-
gebracht habe. Du hast das nachgelebt, was ich dir
vorgelebt habe, hast mich immer in meiner Mei-
nung unterstützt und die gleiche Geduld und Liebe
wie ich gehabt. Zieh das weiter so durch! 11 Ich hab
total schlimme Sachen in Antiochia, in Ikonion und
Lystra durchgemacht, hab das aber alles ertragen.
Oh, Mann, wie übel haben die mich verfolgt! Zum
Glück hat Gott mich da wieder rausgeholt! 12 Jedoch
alle, die radikal mit Jesus Christus leben, müssen
damit rechnen, deswegen heftige Probleme zu krie-
gen! 13 Linke Typen und Leute, die andere nur abzie-
hen, werden mit der Zeit immer schlimmer vorge-
hen. Sie werden Menschen verführen und kriegen
dabei gar nicht mit, dass sie selbst genauso abgezo-
gen worden sind. 14 Timotheus, zieh die Sachen
durch, die du von mir gelernt hast, ja? Du weißt ja,
von wem die kommen ... 15 Du hast dich schon als
Kind mit den alten ganz besonderen Schriften
beschäftigt. Von denen weißt du, dass man seine
ganze Hoffnung auf eine einzige Karte setzen muss:
die Rettung durch Jesus Christus. 16 Alles, was du in
der Bibel findest, ist von Gottes Kraft inspiriert wor-
den. Sie kann uns zeigen, wo wir im Leben mal wie-
der richtig danebenliegen. Dann zeigt sie uns den
richtigen Weg, hilft uns, bessere Menschen zu wer-
den, und erzieht uns, damit wir das tun, was gott-
mäßig ist. 17 Wenn wir so leben, werden wir immer
dazu in der Lage sein, das zu tun, was Gott von uns
möchte.

4

Was Paulus von Timotheus will

1 Timotheus, eine Sache ist mir wirklich super-
wichtig. Der Vater und Jesus Christus sind
meine Zeugen. Jesus wird einmal wiederkommen,
um die große Abrechnung abzuhalten. Da kommen
dann alle dran: die Menschen, die dann noch leben,
und die Leute, die schon gestorben sind. Dann wird
seine Zeit anbrechen und sein Kommando gelten.
Ich befehle dir nun hiermit: 2 Erzähle den Menschen
überall und zu allen erdenklichen Tageszeiten von
Jesus! Tu es mit allen Mitteln, die dir zur Verfügung
stehen, überall voller Hingabe und zu jeder Zeit.
Wenn es sein muss, bedroh die Leute. Zeig ihnen
den richtigen Weg in aller Klarheit. Hab aber auch
Geduld mit ihnen. Bring es ihnen einfach bei! 3 Und
pass auf, denn es wird eine Zeit kommen, da wer-
den die Menschen auf diese gesund machende,
gute Lehre nichts mehr geben. Sie werden sich
stattdessen aus verschiedenen Religionen und
Glaubensüberzeugungen zusammenbasteln, was
ihnen in den Kram passt. Sie werden nur noch auf
das hören, was ihnen gerade gefällt. 4 Und weil sie
keinen Bock auf die Wahrheit haben, werden sie
sich davon abwenden und lieber irgendwelche Mär-
chen und religiösen Spinnereien glauben. 5 Bleib
einfach immer locker drauf, behalte die Übersicht
und ertrage diesen verplanten Mist auch wenn es
schwer fällt. Erledige deine Aufgabe, wie es cool und
richtig ist für einen Prediger, der die gute Nachricht
an andere weiter gibt. 6 Ich schreib dir das jetzt, wo
ich dem Tod ins Gesicht seh. Ich rechne damit, dass
die mich hier bald umbringen. 7 Ich kann sagen,
mein Ding für und mit Gott voll durchgezogen zu
haben. Meine Aufgaben sind erfüllt und mein Ziel

ist erreicht, ich bin Jesus immer treu geblieben.
8 Auf mich wartet ein fetter Pokal, der Preis für den
ersten Platz im Kampf für die Gerechtigkeit. Der
wird mir von Gott, dem gerechten Richter, an die-
sem letzten Tag überreicht werden. Und ich bin
nicht der Einzige, der den absahnen wird. Alle, die
wie ich voll sehnsüchtig drauf warten, dass Jesus
wiederkommt, werden so einen kriegen.

Noch ein paar Sachen über Mitarbeiter

9 Bitte komm so schnell wie möglich zu mir!
10 Demas hat mich im Stich gelassen. Mit Glauben
hat er nichts mehr am Hut, und er ist nach Thessa-
lonich abgehauen. Kreszenz hat sich nach Galatien
verzogen, Titus nach Dalmatien. 11 Nur noch Lukas
ist bei mir geblieben. Wenn du kommst, nimm
unbedingt Markus mit! Er ist mir immer eine große
Hilfe gewesen. 12 Tychikus hab ich gesagt, er soll
nach Ephesus schauen. 13 Bitte bring mir aus Troas
meine Jacke mit, die hab ich bei Karpus vergessen.
Auch die Bücher und besonders die Zeitschriften
kannst du mir mitbringen, ja?! 14 Alexander, der
Schmied, hat mich voll gelinkt. Gott wird ihn dafür
angemessen bestrafen. 15 Pass vor dem Typen auf
und mach einen großen Bogen um ihn. Er hat unse-
rer Sache sehr geschadet! 16 Bei meiner ersten Ge-
richtsverhandlung war ich ganz allein. Alle hatten
mich verlassen, aber Gott soll ihnen das verzeihen.
17 Jesus war die ganze Zeit bei mir und hat mir echt
geholfen. Er will, dass ich seine gute Nachricht auch
an Nichtjuden weitergebe, damit alle Menschen
davon hören. Er hat mich bisher aus jeder lebens-
gefährlichen Situation rausgeholt. 18 Er wird mich
auch jetzt nicht hängen lassen, da bin ich mir ganz
sicher. Er wird mich zu sich nach Hause holen, in
das Land, wo er selbst wohnt. Das Wichtigste ist
mir rüberzubringen, dass er der Größte ist. Das war
immer so und wird auch immer so bleiben! Das ist
klar [Amen]!

Grüße

19 Schöne Grüße an Priska und Aquila und auch an
die Familie des Onesiphorus. 20 Erastus ist übrigens
in Korinth geblieben. Trophimus musste ich krank
in Milet zurücklassen. 21 Es wäre einfach super,
wenn du es schaffst, vor dem Winter hier zu sein.
Bitte beeil dich! Ich soll Grüße von Eubulus und
Pudens ausrichten, auch Linus und Claudia und
all die anderen Christen vor Ort grüßen dich!
22 Der Meister Jesus Christus soll dir ganz nah sein.
Und seine Liebe und Gnade soll euch begleiten!
Dein Paulus

Ein Brief an Titus

1

Anschrift und Absender

[1] Absender: Paulus, ein Angestellter in Gottes Firma, ein Apostel für Jesus Christus. Jesus hat mich beauftragt, den Leuten, die Gott ausgesucht hat, die wichtigen Sachen zu erzählen, damit sie Gott kennenlernen und die Wahrheit begreifen. [2] Denn wir haben die Hoffnung, dass das Leben nach dem Tod erst richtig losgeht. Das hat Gott uns vor Ewigkeiten schon versprochen, und der lügt nie. [3] Jetzt ist der Zeitpunkt gekommen, wo alle Menschen von diesem Versprechen hören sollen. Gott hat mir speziell die Order gegeben, dadrüber überall zu reden. [4] An: Titus. Hallo, lieber Titus! Dadurch, dass wir gemeinsam unser Vertrauen auf Gott gesetzt haben, bist du für mich wie ein Sohn, den ich sehr liebe. Ich hoffe, es geht dir gut! Ich wünsch dir, dass du Frieden im Herz hast und eine Portion Freude obendrauf! Beides bekommst du von Gott, der unser Vater ist, und von Jesus Christus, der uns gerettet hat.

Wie man drauf sein muss, um eine Gemeinde zu leiten

[5] Ich hab dich ja auf Kreta alleine zurückgelassen, damit du das Ding noch zu Ende bringst, was wir da an den Start gebracht haben. Dein Job war es vor allem, in den jeweiligen Städten Leiter für die Gemeinden zu organisieren. [6] Diese Männer sollten einen Lebensstil haben, an dem man nichts zu meckern hat. Sie sollten nur einmal verheiratet sein. Wenn Kinder da sind, sollten die zuverlässig sein und nicht den Ruf haben, ein extremes Partyleben zu führen. Die Kinder sollten auch auf ihre Eltern hören und an Jesus glauben. [7] So ein Leiter sollte in jedem Lebensbereich jesusmäßig drauf sein, er trägt ja schließlich die Verantwortung für die Gemeinde von Gott. Darum sollte er nicht immer nur an sich denken, auch nicht so schnell mal eben ausrasten, wenn es Streit gibt. Er sollte kein Alkoholproblem haben und auch kein Hooligan sein, der sich gerne mal prügelt. Es wäre auch wichtig, dass er mit Finanzen gut umgehen kann und nicht geldgeil ist. [8] Dann sollte er noch gerne Gäste haben, ein freundlicher Mensch sein und Gerechtigkeit für sich groß schreiben. Ach ja, und er sollte so leben, wie Gott es will, und sich mit wenig zufrieden geben können. [9] Wichtig wäre noch, wenn er sich radikal an die Sachen hält, die wir euch beigebracht haben! Nur so ist er in der Lage, die Gemeinde auf dem richtigen Weg zu halten und die Menschen in ihre Schranken zu weisen, die euch was anderes erzählen wollen als wir.

Gegen die Leute, die Blödsinn reden

[10] Hey, Leute, es gibt echt viele Dummschwätzer, Betrüger und Vollspacken, besonders unter den religiösen Juden. [11] Denen sollte man am besten mal das Maul stopfen. Die erzählen den größten Schwachsinn und bringen damit ganze Familien total durcheinander. Und dann verlangen sie auch noch richtig Kohle dafür! [12] Einer von diesen Männern hat mal geradezu prophetisch gesagt: „Die Menschen aus Kreta sind totale Lügner! Und außerdem fett, faul und gefährlich.“ [13] Und damit hat er recht. Darum musst du ihnen klare Sachen erzählen, damit ihr Vertrauen auf Gott eine gesunde Basis bekommt. [14] Keiner soll diesen jüdischen Märchen, diesen Reinheitsgeboten und Speisevorschriften, glauben und auch nicht auf die Gesetze achten, die ja nur Menschen gemacht haben. [15] Wer ein reines Gewissen hat, für den sind alle Sachen erst mal okay. Wenn jemand aber ein schlechtes Gewissen hat und Gott nicht vertraut, dem helfen die Gesetze und Regeln auch nicht mehr. Der ist sowieso dreckig unterwegs und hat auch ein dreckiges Gewissen. [16] Solche Leute sagen, sie kennen Gott, aber die Sachen, die sie tun, sind total gegen alles, was Gott will. Sie sind ätzend unterwegs, gehorchen nicht und sind noch nicht mal in der Lage, irgendetwas Gutes zu tun.

2

Wie Christen draufkommen sollen

[1] Titus, du musst dich unbedingt an die guten Sachen halten, die dir beigebracht worden sind! [2] Den Senioren in der Gemeinde sag mal, sie sollten die Dinge sachlich beurteilen. Sie sollten sich mal locker machen und so leben, dass man sie ehren kann. [3] Die älteren Frauen sollten auch genauso drauf sein. Sie sollten sich so verhalten, wie es für Menschen, die zu Gott gehören, angesagt ist. Sie sollten nicht rumtratschen und sich auch nicht ständig mit Alkohol die Birne zuziehen.

Ganz im Gegenteil, sie sollten den Jüngeren gute
Sachen beibringen. 4 Sie könnten den jüngeren
Frauen erzählen, dass sie ihre Männer wirklich lie-
ben sollen und auch ihre Kinder. 5 Sie sollten ent-
spannt sein, sich keine dreckigen Sexsachen leisten,
ihren Haushalt gut im Griff haben, sich auch so
liebevoll verhalten und voll hinter ihrem Ehemann
stehen. So kann keiner mehr Witze über das
machen, was Gott gesagt hat. 6 Den jungen Män-
nern sag mal, sie sollen sich zusammenreißen.
7 Titus, du musst in allen Sachen versuchen, ein
Vorbild zu sein, vorbildlich in dem, was du tust,
und in dem, was du sagst! 8 Alles, was aus deinem
Mund kommt, sollte der Wahrheit entsprechen und
hilfreich sein. So kannst du die Kritiker in ihre
Schranken weisen, keiner kann uns dann irgendwel-
che bösen Sachen unterstellen. 9 Allen Angestellten
kannst du ausrichten, dass sie sich in jeder Bezie-
hung ihrem Chef unterordnen sollen. Das sollten
sie freiwillig tun, nicht unter Druck oder so. 10 Bei
der Arbeit sollte man keine Sachen mitgehen las-
sen, stattdessen aber einen guten Job abliefern und
immer zuverlässig arbeiten. So bekommt die
Sache Gottes, der uns gerettet hat, auch einen
guten Ruf.

Gottes Liebe im normalen Leben

11 Dass Gott alle Menschen so sehr liebt, ist für uns
durch Jesus deutlich geworden. 12 Seine Liebe bringt
uns dazu, dass wir uns von den ganzen Dingen
distanzieren, die ohne Gott laufen. Wir haben kei-
nen Bock mehr auf die Sachen, die uns diese Welt
anbietet, und leben stattdessen so, wie Gott es geil
findet. 13 Denn wir warten sehnsüchtig dadrauf,
dass Jesus Christus, unser großer Gott, der uns aus
dem Dreck rausgeholt hat, endlich wiederkommt!
Und wenn er kommt, dann kommt er fett, mit sei-
ner ganzen Schönheit und seiner Power. 14 Er hat
sich für uns abschlachten lassen, damit wir von den
ganzen bösen Sachen und von unserer Schuld
befreit werden. So sind wir zu seinen Leuten gewor-
den, seinem Volk, und wir sind total bereit, alles für
ihn zu geben. 15 Das bring den Menschen mal bei,
das ist superwichtig für jeden. Alle sollten dich
ernst nehmen!

3

Wie ein Christ sich in der Gesellschaft verhalten sollte

1 Erinnere die Christen bei euch da dran, dass
sie sich dem Staat und seinen Organen unterord-
nen sollen. Außerdem sollen sie sich bei sozialen
Aktionen und anderen guten Aktivitäten beteiligen.
2 Keiner sollte bei euch rumlästern oder sich gerne
streiten. Stattdessen sollten sie entspannt mitein-
ander umgehen und immer geschmeidig bleiben.
3 Wir waren ja früher kein Stück besser. Wir haben
die Sachen getan, auf die Gott überhaupt keinen
Bock hat, und uns im Leben total verirrt. Wie fern-
gesteuert haben wir uns von irgendwelchen Leiden-
schaften und Wünschen kontrollieren lassen. Unser
Leben war bestimmt von Neid und egoistischen,
linken Motiven. Wir hassten alle Menschen, und
Hass bestimmte auch unsere Beziehungen unter-
einander. 4 Und dann begegnete uns Gott, und wir
haben seine Liebe kennengelernt. Wir erkannten,
wie sehr er die Menschen um uns herum liebt. 5 Er
hat uns da nicht rausgeholt, weil wir ein so tolles
vorbildliches Leben geführt haben, sondern nur weil
er uns liebt! Darum hat er uns diesen Neuanfang
geschenkt, dieses neue Leben durch die Kraft von
Gott, seinem Heiligen Geist. 6 Diesen Geist hat er
uns reichlich gegeben, durch Jesus Christus, der
uns gesund gemacht und befreit hat. 7 Ohne dass
wir es verdient hätten, hat Gott uns unseren Dreck
vergeben! Plötzlich durften wir dadrauf hoffen, ein
Leben zu bekommen, das nie aufhören wird. 8 Da-
drauf können wir uns ab jetzt sogar hundert Pro-
zent verlassen! Titus, ich will, dass du diese Sache
volles Rohr allen beibringst, damit die Menschen,
die Christen geworden sind, dadrum kämpfen,
einen guten Lifestyle zu haben. Sie sollen sich
dadurch auszeichnen, soziale Dinge für andere zu
tun. Das ist eine gute Sache, die allen etwas bringt.
9 Überall, wo nur dumm rumgelabert wird und
man wilde Diskussionen führt über irgendwelche
Ahnenforschung oder über Fragen der religiösen
Gesetze, hast du nichts zu suchen, ja?! Das bringt
es nämlich in jeder Hinsicht null! 10 Wenn jemand
drauf aus ist, die Gemeinde zu spalten, rede mit
ihm ein bis zwei Mal. Wenn es das nicht bringt,
dann kümmere dich nicht mehr um ihn. 11 Auf eine
Sache kannst du dich verlassen: Menschen, die so
verbohrt und schräge drauf sind, haben durch
ihren Dreck eine große Distanz zwischen sich und
Gott. Sie haben sich im Grunde schon selbst verur-
teilt.

Ein Wort zum Schluss und Grüße

12 Sobald ich Artemas oder Tychikus zu dir geschickt
habe, komm, so schnell es geht, zu mir nach Niko-
polis. Ich hab nämlich beschlossen, hier erst mal zu

überwintern. 13 Zenas, dem Rechtsanwalt, und auch Apollos gib mal alle Sachen mit, die für die lange Reise nötig sind. Sie sollen alles haben, was sie brauchen. 14 Ich möchte, dass wir unseren Leuten beibringen, wie wichtig es ist, überall zu helfen, wo es geht. Ihr Leben sollte Auswirkungen haben, es sollten gute Sachen dadraus entstehen. 15 Ich soll noch Grüße ausrichten von allen Mitarbeitern, die gerade da sind. Schöne Grüße an alle, die uns lieben, weil wir denselben Glauben haben! Gottes Liebe und Gnade soll euch ganz nahe sein.

Dein Paulus

Eine E-Mail an Philemon

1

Absender, Anschrift und Grüße

1 Absender: Paulus (ich hänge zurzeit im Knast rum wegen der Sache mit Jesus Christus) und Timotheus. An: Philemon, meinen Kumpel und lieben Mitarbeiter. 2 CC: Schwester Aphia und Archippus, der auch für die Sache von Jesus kämpft, und die Hausgemeinde von Philemon. 3 Hallo, ihr Lieben! Wir wünschen euch, dass die Liebe und der Friede bei euch sind. Beides kommt von Gott, von unserem Vater und von dem Meister Jesus Christus!

Philemon ist jesusmäßig gut drauf

4 Philemon! Ich muss Gott immer wieder danken, wenn ich für dich bete! 5 Man hat mir erzählt, wie du für Jesus abgehst und wie liebevoll du zu den anderen Christen bist. 6 Ich bete dafür, dass das Vertrauen in Gott (was uns beide ja sehr verbindet) in dir immer stärker wird. Er soll bewirken, dass du immer mehr verstehst, was für super Sachen wir haben, weil wir mit Jesus Christus leben. 7 Mann, Philemon, als du mir gezeigt hast, dass du mich wirklich liebst, hab ich mich voll gefreut! Deine Liebe hat mich getröstet. Es war einfach super, zu sehen, wie du andere Christen in ihren Frust aufgebaut hast.

Ein Wort für Onesimus

8 Ich könnte dir von der Position her, die mir Jesus Christus gegeben hat, eigentlich Befehle erteilen. Möchte es aber nicht. 9 Trotzdem hab ich aber eine Bitte an dich, sozusagen als dein dich liebender Opa Paulus, der für Jesus im Knast festsitzt. 10 Es geht um deinen Sklaven Onesimus. Ich habe ihn in der Zeit, die ich im Gefängnis sitze, zu Jesus geführt, er ist sozusagen mein geistliches Baby. 11 Kann ja sein, dass er dir früher auf die Nerven gegangen ist, obwohl sein Name ja „der Nützliche" bedeutet. Aber inzwischen hat er sich geändert, und jetzt ist er für dich und für echt gut einzusetzen. 12 Ich schicke ihn nun zu dir zurück und damit jemanden zu dir, der mir total ans Herz gewachsen ist. 13 Ich hätte ihn echt sehr gerne noch bei mir behalten, solange ich noch für die Sache mit Jesus im Knast sein muss. Er hätte mir helfen können, so wie du es auch tun würdest. 14 Ich wollte ihn nicht einfach hier behalten, ohne dich vorher zu fragen. Wenn man etwas Gutes tut, sollte das immer freiwillig sein und nie erzwungen. 15 Kann ja sein, dass er darum eine Zeitlang nicht bei dir sein sollte, damit du ihn anschließend für immer behalten kannst. 16 Dann aber nicht mehr als Sklaven, sondern als einen Bruder aus deiner Familie, den du lieb hast. Das war er auf jeden Fall für mich, und das könnte er ja auch noch viel mehr für dich werden. Bist ja schließlich nicht nur sein Bruder als Mensch, sondern auch sein Bruder durch Jesus geworden. 17 Hey, wenn ich dein Freund bin, dann behandle ihn so, wie du mich auch behandeln würdest, ja?! 18 Falls dir durch sein Fehlen irgendein Schaden entstanden ist, kannst du mir dafür die Rechnung schicken. 19 Ich bezahle dir wirklich alles, versprochen! Darauf hast du mein Wort. Ich brauch dir ja wohl nicht zu schreiben, wer hier eigentlich bei wem noch Schulden hat. Wenn ich dir nichts von Jesus erzählt hätte ... aber egal. 20 Lieber Philemon, ich möchte mich gern über dich freuen! Mach mir doch mal eine echte Freude durch Jesus! 21 Ich habe dir diesen Brief geschrieben, weil ich hoffe, dass du tust, was ich dir sage. Nein, ich bin mir sogar sicher, dass du noch mehr für mich tun wirst als das. 22 Mach schon mal ein Bett für mich klar, ja? Ich hoffe, dass eure Gebete erhört werden und ich bald wieder bei euch sein kann. 23 Ich soll noch Grüße von Epaphras ausrichten. Der sitzt mit mir wegen seinem Glauben an Jesus Christus im Knast. 24 Markus, Aristarch, Demas und Lukas lassen ebenfalls grüßen! 25 Die bedingungslose Liebe, die von Jesus Christus kommt, soll euch ganz nahe sein! Bis dann!

Dein Paulus

Ein Brief an die Hebräer

1 **Gott redet durch Jesus zu den Menschen**
1 Gott hat immer schon zu den Menschen
gesprochen. Ist schon ewig her, da redete er
durch die Propheten auf ganz unterschiedliche
Weise zu unseren Vorfahren. 2 Jetzt hat er erst vor
kurzem durch seinen Sohn zu uns gesprochen! Sei-
nen Sohn Jesus Christus hat er zum Universalerben
über die ganze Welt eingesetzt. Mit ihm zusammen
hat er auch die Welt gemacht. 3 Sein Sohn hat uns
gezeigt, wie Gott wirklich drauf ist. Wie gigantisch
groß er ist, konnte man an ihm sehen. Das ganze
Universum wird durch ein Wort von ihm zusam-
mengehalten. Nachdem er für uns gestorben ist
und dadurch der ganze Dreck von uns abgewaschen
wurde, hat er sich auf die Ehrentribüne gleich neben
Gott im Himmel gesetzt.

Jesus Christus hat mehr zu sagen als jeder Engel
4 Jesus hat als Sohn von Gott weit mehr zu sagen
als die Engel. Auch seine Unterschrift zählt viel
mehr, er hat eine viel größere Vollmacht von Gott
ausgestellt bekommen. 5 Gott hat zu keinem Engel
gesagt, was er zu Jesus gesagt hat: „Du bist mein
Sohn, und heute mach ich dich zum Präsidenten!"
Oder: „Ich werde sein Vater sein, und er wird mein
Sohn sein." 6 Als Gott seinen einzigen Sohn der
Welt vorgestellt hat, meinte er: „Alle Engel sollen zu
ihm beten!" 7 Über die Engel steht da dann: „Er
sorgt dafür, dass sie so schnell fliegen können wie
der Wind und dass sie wie eine Flamme ein Feuer
anzünden können." 8 Über seinen Sohn steht da
aber: „Gott, du bist und bleibst der Größte! Da, wo
du das Sagen hast, geht es gerecht und fair zu! 9 Du
stehst dadrauf, wenn Sachen gerecht ablaufen, und
hasst es, wenn es ungerecht zugeht. Darum hat
Gott dich ausgesucht. Du sollst das Sagen haben,
du sollst dich voll freuen können, mehr als alle
anderen." 10 Und in diesem Zitat geht es um Jesus:
„Am Anfang hast du alles gemacht, du hast die Erde
und den Himmel geschaffen, das kommt alles von
dir. 11 Beide werden irgendwann vergammeln, aber
du bist immer da. 12 Wie einen alten Pulli wirst du
sie auf den Müll schmeißen, weil du etwas Neues
hast. Aber du bleibst immer gleich, du veränderst
dich nicht. Du wirst nie alt werden." 13 Zu welchem
Engel hat Gott jemals die Ansage gemacht: „Setz
dich mal neben mich und warte ab, bis ich aus dei-
nen Feinden Kleinholz gemacht habe"? 14 Engel sind
nur so Wesen, die einfach die Aufgabe haben, für
Gott da zu sein. Sie sind wie ein Geist, der ausgebil-
det wurde, um denen eine Hilfe zu sein, die von
Gott gerettet und befreit worden sind.

2 **Knapp vorbei ist auch daneben**
1 Darum sag ich euch: Lauscher immer gut auf
Empfang stellen! Sonst könnten wir am Ziel
vorbeischießen. 2 Alles, was Gott jemals durch einen
Engel gesagt hat, war immer sehr radikal, und jeder,
der etwas gegen die Gesetze getan hatte, wurde
sofort ausnahmslos bestraft. 3 Genauso hat heute
auch keiner eine Chance bei Gott, der das Angebot,
das er uns durch Jesus gemacht hat, einfach aus-
schlägt. Dieses Angebot wurde uns von den Leuten
weitergegeben, die es mit eigenen Ohren gehört
haben. 4 Gott stellt sich dazu, indem er diese Nach-
richt mit derben Wundern und vielen anderen über-
natürlichen Zeichen bestätigt und dadurch, dass er
seinen Heiligen Geist austeilt, wie er will.

Nur über Jesus kann man Gott finden
5 Leute, nicht die Engel werden in dieser Welt, die
dann mal kommen wird, das Sagen haben! 6 In den
alten Schriften steht dazu: „Was für eine Bedeutung
haben Menschen überhaupt? Und wie steht es um
den Menschensohn, dem Auserwählten Gottes,
dass er dir so wichtig ist? 7 Für eine kurze Zeit hast
du ihm eine Stellung unter den Engeln gegeben,
aber dann hast du ihn fett rauskommen lassen! 8 Du
hast ihm jede Vollmacht ausgestellt über alles, was
es gibt." Wenn Gott ihm uneingeschränkte Voll-
macht bescheinigt, dann gibt es nichts, worüber er
nicht das Sagen hat. Bis jetzt können wir das noch
nicht erleben, 9 aber was wir erlebt haben, ist, dass
Jesus für eine kurze Zeit eine Stellung sogar unter
den Engeln gehabt hat. Dann aber ist er ganz fett
rausgekommen, mit allem, was geht, und zwar
dadurch, dass er für alle Menschen den Tod durch-
lebt hat, mit allen ätzenden Sachen, die dazu gehö-
ren. Das tat er, weil Gott alle Menschen so sehr
liebt. 10 Alle Sachen, die es gibt, wurden ursprüng-
lich nur für ihn gemacht, und wegen ihm kann alles
überhaupt nur existieren. Gott will seine Kinder zu
ihm führen, darum musste Jesus sie retten, und das

ging nur dadurch, dass er durch den ganzen Dreck durchging, um so den Weg frei zu machen. 11 So kommt es, dass Jesus Christus, der uns den Weg zu Gott frei gemacht hat, und wir Menschen jetzt den gleichen Vater haben. Darum ist es Jesus auch nicht peinlich, uns seine Geschwister zu nennen. 12 Er hat gesagt: „Ich will meinen Geschwistern von dir erzählen, ich will dich vor allen Leuten groß rauskommen lassen." 13 Durch den Mund von Jesaja hat Christus gesagt: „Ich setze nur auf Gott!", und: „Hier bin ich mit den Kindern, die Gott mir gegeben hat!" 14 Die Kinder von Gott, also die Leute, die an ihn glauben, sind ja normale Menschen, mit Muskeln und Knochen, darum wurde Jesus auch ganz normal als ein Mensch geboren. Nur so war es möglich, dem Feind Gottes, dem Satan, eine endgültige Niederlage beizupulen. Denn der hatte bis dahin das Sagen über den Tod. 15 Nur so konnte er die Leute befreien, die ihr Leben lang irre Angst vor dem Tod hatten. 16 Bei Jesus standen natürlich nicht die Engel im Mittelpunkt, sondern die Menschen, die zu Gott gehören. 17 Darum musste er genau so werden wie wir, seine Brüder. Nur so konnte er bei Gott die Stellung eines Priesters bekommen. Weil er die Menschen liebte und hundertpro zu Gott stand, hat er sich für die Menschen geopfert, um sie von ihrer Schuld zu befreien. 18 Denn was er selber an üblen Sachen durchgemacht hat, dadrin kann er uns dann auch helfen, wenn wir mal wieder von Satan unter Beschuss genommen werden.

3

Mose kann Jesus nicht das Wasser reichen

1 Also, liebe Freunde, ihr gehört ja auch alle zu Gott, weil er euch gerufen hat. Guckt darum auf Jesus! Er wurde von Gott mit dem Auftrag in die Welt geschickt, den Weg zu Gott für die Menschen freizuräumen. 2 Auf ihn konnte Gott sich verlassen, er war treu. Gott hatte ihm eine Order gegeben, genauso wie er das mit Mose getan hatte. Und Mose war auch treu, er hat alles für das Volk von Gott getan. 3 Jesus steht aber viel höher als Mose! Das ist so, wie wenn ein Architekt am Ende einen Preis für sein cooles Gebäude gewinnt. Den kriegt ja auch er persönlich und nicht das Haus, das er geplant hat. 4 Jedes Haus ist ja mal von jemandem gebaut worden, Gott hat aber alles gemacht, sogar das Material, mit dem das Haus gebaut worden ist. 5 Mose war immer straight mit Gott unterwegs, er hat sich gut um das Haus gekümmert. So konnte er als Hinweisschild dienen für die Sachen, die noch passieren sollten. 6 Jesus ist aber der Sohn von Gott, und für ihn wurde das ganze Haus überhaupt gebaut. Wir sind dieses Haus, wir, seine Freunde, seine Gemeinde. Und das bleiben wir auch, wenn wir bis zum Ende durchziehen, uns auf Jesus schmeißen und ihm weiter vertrauen.

Gott hat seinen Leuten was versprochen

7 Darum sagt uns der Heilige Geist jetzt: „Hört auf das, was ich euch sagen möchte! Sperrt die Lauscher auf! 8 Macht euch nicht total zu, so wie es die Israelis getan haben, als sie in der Wüste auf die Probe gestellt wurden und sie den Aufstand markiert haben. 9 Da haben sie vierzig Jahre lang täglich mitbekommen, wie ich sie sicher geführt habe. Eine Aktion nach der nächsten, und trotzdem war es nie genug. Ständig wollten sie einen neuen Beweis. 10 Irgendwann hatte ich die Schnauze voll und sagte: ‚sie sind andauernd total verwirrt, mal wollen sie dies, dann wollen sie das.' Aber immer wenn ich sage, wo es längsgeht, dann wollen sie nicht gehen. 11 Als ich dann total angefressen war, hab ich mir geschworen: ‚Sie sollen nirgends Ruhe finden und niemals festen Boden unter die Füße kriegen.'" 12 Darum, Leute, passt auf, dass ihr nicht auch so schräge draufkommt und Gott nicht mehr vertraut, wie das euren Vorfahren passiert ist! 13 Ermutigt euch gegenseitig jeden Tag, solange Gott noch zu euch redet. Sonst könnte es passieren, dass ihr innerlich hart werdet und wegen der Sachen, die euch von Gott trennen, für ihn nicht mehr erreichbar seid. 14 Wenn wir radikal bis zum Ende durchziehen und Gott so treu bleiben, wie wir es am Anfang auch waren, dann werden wir von Jesus alles bekommen, was er auch hat. 15 Dabei nie vergessen: „Heute sollt ihr auf das hören, was er euch zu sagen hat! Macht euch nicht total zu und stellt euer Herz auf Empfang – nicht so wie die Israeliten, als die sogar 'ne Revolte gegen Gott angezettelt haben." 16 Was waren das überhaupt für Leute, die sich gegen Gott gestellt hatten, obwohl sie genau wussten, was er von ihnen wollte? Waren das nicht genau die gleichen, die Mose aus Ägypten rausgeführt hatte? 17 Und wer hat Gott vierzig Jahre in einer Tour provoziert? Waren das nicht genau die Leute, die vorher noch Mist gebaut hatten und die dann in der Wüste elendig verreckt sind? 18 Wem hatte Gott denn gedroht, sie würden das versprochene Land nicht erreichen und da endlich zur Ruhe kommen? Das hat er den Leuten gesagt, die nicht das getan hatten, was er wollte! 19 Das alles zeigt uns ganz

klar, dass die Leute, die nicht das tun, was Gott von
ihnen will, das Ziel nicht erreichen.

4 **Gott entspannt sich, das sollten wir auch tun**
1 Leute, zieht durch mit Gott! Gebt alles, lasst
euch nicht vom Ziel abbringen! Wir wollen
doch irgendwann alle in Gottes Ruhe easy drauf
sein können, oder? 2 Gott hat uns genauso wie
unseren Vorfahren dieses Versprechen gemacht. Die
haben es allerdings nicht gecheckt, sie haben die
Worte, die Gott zu ihnen gesprochen hatte, zwar
gehört, aber nicht darauf reagiert. 3 Wir werden es
aber packen. Wir haben gelernt Gott zu vertrauen,
darum werden wir relaxed bei Gott landen können.
Über die Leute, die Gott nicht glauben, sagt er: „Ich
habe geschworen, als ich supersauer war: Sie sollen
nie zur Ruhe kommen, sie sollen sich nicht bei mir
entspannen können." Und das, obwohl er dieses
Friedensangebot schon von Anfang an gemacht
hatte. 4 Denn er hatte ja irgendwie schon am siebten
Tag, als er die Erde an den Start gebracht hatte,
gesagt: „Gott entspannt sich am siebten Tag, er
ruht sich aus von seiner Arbeit." 5 Trotzdem hatte
Gott an einer anderen Stelle die Ansage gemacht:
„Sie sollen sich nie mehr wirklich ausruhen kön-
nen!" 6 Das bedeutet, dass Gott uns immer noch
anbietet, Frieden zu finden, etwas, das uns wirklich
entspannt macht. Die Menschen, die dieses Ange-
bot aber früher gehört haben, haben es aber nicht
angenommen. Sie haben nicht das getan, was Gott
von ihnen wollte. 7 Gott hat darum beschlossen, ein
neues Date klarzumachen, einen neuen Tag, an
dem er sein Versprechen einlösen will. Diese neue
Chance ist heute, denn schon der Präsident David
meinte mal: „Wenn ihr heute seine Stimme hört,
dann legt los und macht euch nicht zu!" 8 Diesen
Frieden konnte man nicht in dem Land Kanaan fin-
den. Dort hatte Josua ja das Volk hingeführt. Wenn
man den dort gefunden hätte, könnte David – und
damit Gott – ja nicht von einem „andern Tag" ge-
sprochen haben. 9 Gottes Volk wartet also immer
noch auf die Einlösung dieses Versprechens, es ist
noch nicht passiert. 10 Wer da angekommen ist,
kann sich nämlich total entspannen, er kann von
seiner Arbeit ausruhen, genauso wie Gott das am
siebten Tag gemacht hat. 11 Um diesen Frieden wol-
len wir kämpfen. Wir müssen aufpassen, dass wir
nicht von Jesus wegkommen, nur weil wir so ver-
peilt sind. 12 Gottes Worte sind powervoll, sie haben
Auswirkungen. Sie sind schärfer als eine Rasier-
klinge und gefährlicher als ein Laserschwert. Sie
durchdringen unsere geheimsten Gedanken und
unsere tiefsten Träume. Sie trennen das, was von
uns kommt, und das, was von Gott ist. Sie verurtei-
len oder bestätigen uns, je nachdem, wie wir leben.
Und das tun sie ganz neutral, man kann sie nicht
bestechen oder belabern. 13 Gott kann alles sehen,
du kannst keine Geheimnisse vor ihm haben. Und
jeder muss sich für die Sachen, die er tut, vor ihm
verantworten.

**Jesus steht über den Dingen,
er ist der beste und höchste Priester**

14 Leute, wir haben den besten Priester, den es gibt,
Jesus! Er ist durch den Himmel gezogen, er ist der
Sohn von Gott! Lasst uns ganz nahe bei ihm sein
und uns vor allen Leuten radikal zu ihm bekennen.
15 Dieser höchste Priester, den es gibt, versteht uns,
er weiß, was es bedeutet, auf dieser Welt zu leben,
er war selbst da! Er ist aber bei keiner Versuchung
schwach geworden, er hat es gepackt! 16 Wir können
ohne Angst zu Gott kommen, er liebt uns! Bei ihm
bekommen wir alles, was wir brauchen und wann
wir es brauchen, nämlich seine Liebe und seine
Zuwendung.

5 1 Wenn einer den Posten vom Oberpriester
bekommt, ist es sein Job, andere Menschen vor
Gott zu vertreten. Er soll für sie Opferrituale
durchziehen, um für die Schulden der Menschen,
die sie bei Gott haben, zu bezahlen. 2 Weil er einer
von ihnen ist, weiß er, was bei Menschen alles abge-
hen kann. Er hat dieselben Probleme wie sie, er
weiß, was es bedeutet, Mist zu bauen und im Dreck
zu liegen. Darum geht er relaxed mit ihnen um.
3 Und weil er auch nur ein Mensch ist, muss er auch
für seine Schulden Opferrituale bringen. 4 Für die-
sen Job kann man sich nicht irgendwo bewerben,
man kann auch nichts selbst dazu machen, Gott
sucht sich diese Leute aus, so wie damals den
Aaron. 5 Jesus Christus hat sich auch nicht selber
zum Oberpriester ernannt, er wurde von Gott dazu
ausgesucht. Gott hat zu ihm gesagt: „Du bist mein
Sohn, ich habe dich ins Leben gerufen." 6 Woanders
kann man lesen: „Du bist mein Priester, so wie Mel-
chisedek es auch war." 7 Als Jesus noch körperlich
bei uns war, hat er Gott mal voll verzweifelt und
unter Tränen gebeten, ihn aus dem Tod wieder raus-
zuretten. Und weil Gott immer den ersten Platz in
seinem Leben hatte und er radikal für ihn lebte, hat

Gott dieses Gebet auch erhört. 8 Obwohl Jesus der Sohn von Gott war, musste er auch erst lernen, nur das zu tun, was Gott will, trotz ätzender Sachen, die dabei passieren. 9 So wurde er derjenige, der wirklich für Gott durchgezogen hat. Er wurde zum Schlüssel, der die Tür zur Befreiung aufgeschlossen hat. Das gilt für alle, die tun, was er will. 10 Gott hat ihm selber den Job des Oberpriesters gegeben, so wie Melchisedek einer war.

Erwachsen werden im Leben mit Gott

11 Zu dem Thema gäbe es noch einiges zu sagen, aber ihr kapiert ja anscheinend vieles nicht so richtig. Deshalb fällt es mir auf jeden Fall schwer, das noch deutlicher zu erklären. 12 Also, eigentlich seid ihr schon so lange mit Jesus unterwegs, dass ihr bereits den schwarzen Gurt im Glauben haben müsstet. Aber anstatt anderen was beizubringen, seid ihr wieder beim Abc gelandet. Ihr braucht geistliche Babynahrung anstatt Schwarzbrot. 13 Wenn ein Mensch aber bei der Babynahrung stehen geblieben ist, dann kann er auch noch nicht so richtig begreifen, worum es im Leben mit Gott eigentlich geht. Er hat die Worte von Gott noch nicht richtig verstanden, er ist ja im Grunde noch ein Babychrist. 14 Schwarzbrot ist eher was für Erwachsene, die im Leben genug Erfahrungen gesammelt haben, um zwischen Gut und Schlecht zu unterscheiden.

6 1 Trotzdem wollen wir jetzt mal mit diesen grundsätzlichen Sachen über ein Leben mit Jesus Schluss machen. Lasst uns jetzt mal mehr über die Sachen sprechen, die Christen einfach draufhaben müssen, wenn sie in ihrem Glauben erwachsen geworden sind. Muss doch echt nicht sein, dass man einiges immer wieder neu sagen muss. Zum Beispiel, dass man bestimmte Sachen als Christ einfach nicht mehr macht, weil die eben ätzend sind. 2 Ihr braucht es auch echt nicht, wenn man zum hundertsten Mal erzählt, was da mit der Taufe abgeht oder wie man für Leute betet und ihnen die Hand auflegt, was passiert, wenn wir aus dem Tod rausgeholt werden, und was bei dieser letzten Gerichtsverhandlung abgehen wird. 3 Darüber werden wir euch irgendwann was erzählen, wenn Gott das will, aber nicht früher. 4 Eine Sache ist noch superwichtig, die will ich euch unbedingt noch sagen: Alle, die einmal voll die Erkenntnis über Gott gehabt haben, die ihn auch erleben und spüren konnten, die Erfahrungen mit dem Heiligen Geist gemacht haben, 5 die einmal die guten Worte von Gott gehört haben, die uns zeigen, wo es längsgeht und was in der zukünftigen Welt alles abgehen wird – 6 alle die, die sich dann trotzdem gegen Christus entschieden haben, für die ist es unmöglich, umzudrehen und zu Gott zurückzukommen! Sie haben damit im Grunde Jesus ein zweites Mal hingerichtet und dafür gesorgt, dass er wieder verlacht worden ist. 7 Wenn ein Mensch so was wie ein guter Boden ist, auf dem ein Bauer Samen sät, und dieser Boden nimmt den Regen auf, alles wächst und der Bauer hat eine fette Ernte, dann ist das ein Geschenk von Gott, so was nennt man auch Segen. 8 Aber wenn da überall Brennnesseln und Disteln wachsen, dann kann man mit dem Boden nicht so viel anfangen. Der Bauer wird voll sauer sein und alles abfackeln. 9 Freunde, wir mussten euch darüber einfach mal reinen Wein einschenken, obwohl wir natürlich nicht glauben, dass das auf euch zutrifft. Wir sind uns total sicher, dass ihr es packen werdet! 10 Gott ist gerecht und fair. Er wird es nicht vergessen, wie ihr euch für ihn gradegemacht und geschuftet habt. Er weiß auch, dass ihr gezeigt habt, wie sehr ihr ihn liebt. Alleine schon, dass ihr euch um andere gekümmert habt, die auch zu Gott gehören, hat das ja deutlich gemacht. 11 Wir wünschen uns total, dass ihr bis zum Ende voll durchzieht, dass ihr die Hoffnung und euren Einsatz nicht auf der Strecke verliert. 12 Nicht, dass ihr irgendwie abschlafft! Richtet euch nach den Vorbildern von Christen, die das bekommen haben, was Gott ihnen versprochen hatte, weil sie ihm geglaubt und geduldig darauf gewartet haben.

Gott hält, was er verspricht

13 Überlegt doch mal: Als Gott dem Obervater Abraham ein Versprechen gegeben hat, wie hat er das gemacht? Schließlich ist es ja Gott, der da was verspricht, und so nahm er sich selbst als Zeuge für sein Versprechen. Es steht ja keiner über ihm, der das hätte machen können. 14 „Garantiert: Ich werde dich fett segnen! Du sollst viele Kinder haben!" 15 Ab dann hat Abraham nur noch gewartet, lange gewartet, bis er dann das bekommen hat, was Gott versprochen hatte. 16 Wenn man einen Eid ableistet, will man damit klarmachen, dass man die reine Wahrheit sagt. Dabei beruft man sich auf eine Autorität, etwas, was über einem steht, um sicherzugehen, dass einem auch geglaubt wird. 17 Gott hat auch ein Versprechen mit einem Eid abgesichert. Er

wollte, dass die Leute, für die dieses Versprechen
gilt, ganz sicher sind, dass er auch dazu steht.
18 Gott hat uns beides gegeben, das Versprechen
und einen Eid. Man kann sich dabei auf ihn hundert
Prozent verlassen, er lügt nie! Diese Zusage tröstet
uns immer, wenn wir Hoffnung brauchen, damit wir
unser Ziel auch erreichen. 19 Diese Hoffnung ist für
uns wie eine Bank, wir können uns voll dadrauf ver-
lassen. Sie stützt sich auf ein endloses Vermögen,
das im Himmel auf uns wartet. 20 Jesus ist dahin
schon mal vorgegangen. Er ist unser oberster Pries-
ter, und zwar für immer, ganz so, wie es der Ober-
priester Melchisedek war.

7 Der Melchisedek und seine Bedeutung für die Priester der Juden

1 Melchisedek war ja ein Präsident von Salem,
und er war ein Priester für Gott. Als Abraham von
einem Krieg nach Hause kam, ging ihm dieser Mel-
chisedek entgegen und segnete ihn. 2 Abraham gab
ihm daraufhin zehn Prozent von der gesamten
Kriegsbeute. Melchisedek bedeutet übrigens „der
Präsident, der gerecht ist“ oder auch „der Präsident,
der Frieden bringt“. 3 Es gibt keine Aufzeichnung
von seinen leiblichen Eltern oder sonst irgendwel-
chen Vorfahren. Man weiß nicht mal, wann er gebo-
ren wurde und wo er gestorben ist. Sein Leben hatte
sozusagen keinen Anfang und kein Ende, fast so
wie Jesus. Er hat seinen Job als Priester darum auch
nie verloren. 4 Was für einen Einfluss muss der
gehabt haben, wenn sogar unser Urvater Abraham,
das Gründungsmitglied unserer Familie, ihm zehn
Prozent von der Kriegsbeute gab? 5 Jetzt ist das
schon so, dass die Familie der Levis, die den Job der
Priester bei den Israelis haben, gesetzlich dazu ver-
pflichtet ist, zehn Prozent vom Einkommen der
Leute einzuziehen, und das, obwohl ja alle aus der
gleichen Familie kommen, nämlich aus der von
Abraham. 6 Melchisedek gehörte gar nicht zu der
Familie, bekam aber trotzdem seinen Anteil von
zehn Prozent. Melchisedek segnete Abraham dafür,
wobei Abraham ja schon das Versprechen von Gott
in der Tasche hatte. 7 Jetzt kann man auf jeden Fall
festhalten, dass derjenige, der segnet, über dem
steht, der gesegnet wird. 8 Die jüdischen Priester,
die diese zehn Prozent bekommen, sind ganz nor-
male sterbliche Menschen. Melchisedek ist das aber
nicht, denn von ihm wird erzählt, dass er weiter
lebt. 9 Man könnte sogar sagen, dass Levi, der Pries-
ter, sogar selber diese zehn Prozent durch Abraham
an Melchisedek abgegeben hat. Und das, obwohl er
ja eigentlich selber die zehn Prozent von anderen
immer einfordert. 10 Levi war zu dieser Zeit noch
nicht geboren, aber er war trotzdem irgendwie
dabei, weil Abraham ja sein Urvater war, und durch
ihn war er dann auch anwesend, als der die zehn
Prozent an Melchisedek abgeführt hat. 11 Die Pries-
tersippe der Leviten war offensichtlich nicht in der
Lage, uns die Vergebung von Gott für unseren Mist
zu vermitteln. Dazu gibt es ja auch klare Bestim-
mungen in unserem Gesetz. Sonst hätte Gott ja
auch nicht einen ganz anderen Priester zu uns schi-
cken müssen, einen von der Kategorie „Melchise-
dek“, dann hätte auch ein normaler Priester „Marke
Aaron“ gereicht.

Jesus Christus ist der oberste Priester, der den neuen Vertrag klargemacht hat.

12 Wenn jetzt die Bestimmungen über die Priester
geändert werden, dann muss natürlich das Gesetz
geändert werden. 13 Denn der, von dem wir hier die
ganze Zeit reden, nämlich Jesus Christus, kommt ja
aus einem Teil von unserem Volk, in dem keiner
Priester von Beruf werden konnte. Kein einziger von
seinen Vorfahren hat mal im Tempel am Altar gear-
beitet. 14 Wir wissen ja alle, dass er aus der Familie
vom Juda kam, und da gab es nie eine Verbindung
zu der Familie der Priester. Mose hat da übrigens
auch nie was von erwähnt. 15 Wenn jetzt Gott einen
anderen Priester an den Start bringt, einen von der
Sorte eines Melchisedek, dann ist doch ganz klar,
dass er damit auch etwas ganz Besonderes vor-
hatte. 16 Jesus wurde ja auch kein Priester, weil er die
klassischen Voraussetzungen dafür nicht erfüllt hat,
nämlich die Familienzugehörigkeit zu den Levis.
Seine Qualifikation kam allein daher, dass er den
Tod überwunden hat und ewig weiterlebt! 17 Über
ihn ist ja auch die Ansage gemacht worden: „Du
sollst ein Priester sein für immer, genauso wie Mel-
chisedek.“ 18 Die alten Gesetze, die den Rahmen
dafür absteckten, wer Priester werden sollte und wer
nicht, wurden damit egal. Sie brachten es einfach
nicht mehr. 19 Das Gesetz, das uns Mose organisiert
hatte, konnte uns nicht an das Ziel bringen. Es
konnte die Beziehung mit Gott nicht wieder klarkrie-
gen. Jetzt gibt es aber eine neue Hoffnung, eine viel
bessere. Sie zeigt uns, wie wir mit Gott wieder Frie-
den bekommen, wie wir nahe an ihn rankommen
können. 20 Gott hat Jesus mit einer eidesstattlichen
Versicherung in seinem Auftrag als Priester bestä-
tigt. Das hatte es vorher noch nicht gegeben! 21 Nur

über Jesus hat er gesagt: „Gott, der über allem steht, hat mit einem Eid etwas fest versprochen, und daran hält er sich auch: ‚Du wirst für immer und ewig ein Priester sein!'" 22 Jesus hat uns so einen besseren Vertrag ausgehandelt, und er bürgt für diesen Bund mit Gott. 23 Als noch der alte Vertrag am Start war, musste es auch viele Priester geben, denn die sterben ja auch irgendwann mal. 24 Jesus aber bleibt für immer ein Priester, er lebt ewig weiter, das kann ihm keiner mehr nehmen. 25 Darum kann er auch jeden retten, er kann jeden zu Gott führen. 26 Er ist der einzige Priester, den wir echt brauchen. Er ist special, er hat alles richtig gemacht, nie Mist gebaut, sich auch nie was bei Gott zu Schulden kommen lassen. Er hat jetzt den höchsten Ehrenplatz auf der Tribüne im Himmel bekommen. 27 Er hat es nicht nötig, jeden Tag ein Opferritual in einem Tempel durchzuziehen, wie es die andern Priester machen mussten. Die taten das ja, um für ihre eigenen Schulden und die Schulden der Menschen zu bezahlen. Jesus hat das alles ein für alle Mal am Kreuz erledigt! Als er sich dort selber geopfert hat, hat er die Schulden aller Menschen für immer bezahlt! 28 Das Gesetz vom Mose sah vor, Leute als Priester auszusuchen, die schwach waren und Fehler hatten. Doch dieses Gesetz wurde dadurch abgelöst, dass Gott seinen Sohn mit einem Eid als unseren Oberpriester eingesetzt hat. Und diesen Auftrag wird Jesus ewig haben, denn er macht keine Fehler und ist vollkommen.

8 Christus hat uns einen neuen Vertrag mit Gott organisiert

1 Unser Hauptding, was wir euch noch mal klarmachen wollen, ist aber Folgendes: Unser Oberpriester Jesus sitzt jetzt auf der Ehrentribüne direkt neben Gott. 2 Dort hat der den Job eines Priesters in diesem krassen, oberheiligen Ort, der von Gott höchstpersönlich, nicht von irgendwelchen Menschen, gemacht worden ist. 3 Und genauso wie ein Oberpriester das tut, macht er dort auch Opferrituale und braucht dazu natürlich auch Sachen, die er opfern kann. 4 Klar, wenn Jesus hier auf der Erde wäre, dann könnte er diesen Job gar nicht tun, und es wäre auch nicht angesagt, denn es gibt hier ja schon genug Leute, die diese Rituale machen, ganz so wie es die Gesetze wollen. 5 Sie erledigen das allerdings nur in einem Tempel, der im Vergleich mit dem himmlischen Tempel von Gott total peinlich rüberkommen muss. Als die Israelis auf dem Weg von Ägypten durch die Wüste wanderten, gab Gott Mose den Auftrag, ein besonderes Zelt zu bauen, das eine Art mobiler Tempel sein sollte. Dabei wies ihn Gott an: „Pass auf, dass du alles genau nach dem Plan baust, den ich dir auf dem Berg gezeigt habe!" 6 Jesus hat eine viel größere Aufgabe bekommen als alle anderen Priester auf der Erde. Darum hat er auch als Bringer dieses neuen Vertrages zwischen Gott und den Menschen weitaus bessere Konditionen. 7 Wenn der erste Vertrag perfekt gewesen wäre, dann wäre es auch nicht angesagt gewesen, ihn zu ersetzen. 8 Gott war aber sauer auf seine Leute, als er sagte: „Es wird ein Tag kommen, an dem ich einen neuen Vertrag mit allen Israelis unterzeichnen werde. 9 Dieser Vertrag wird anders sein als der, den ich mit ihren Vorfahren abgeschlossen habe, als ich sie aus Ägypten rausgeholt habe. Sie haben diesen Vertrag gebrochen, darum hab ich mich nicht mehr um sie gekümmert. 10 Aber irgendwann werde ich einen neuen Vertrag mit ihnen abschließen. Und dieser Vertrag wird so aussehen: Meine Gesetze sollen direkt in ihr Herz aufgespielt werden, sie werden ihr ganzes Bewusstsein erfüllen. Ich will nahe bei ihnen sein, wir sind ganz eng zusammen, ich bin ihr Gott und sie sind meine Leute. 11 Keiner wird dann mehr sagen müssen, wo es längsgeht, keiner muss mehr einen Aufruf machen nach dem Motto: ‚Kapiert doch, wie Gott wirklich drauf ist.' Alle wissen das dann nämlich, alle werden mich gut kennen. 12 Ich will sie freisprechen von ihren Schulden, ich werde ihren Dreck einfach vergessen." 13 Wenn Gott von einem neuen Vertrag spricht, dann bedeutet es, dass der erste veraltet ist. Der erste Vertrag ist überholt, er gilt nicht mehr, er ist vorbei.

9 Wie das mit so einem Opfer aus den alten Verträgen abgeht

1 Auch im Rahmen des ersten Vertrages gab es bestimmte Regeln und Vorschriften, wie so ein Gottesdienst auszusehen hatte und wie man mit dem oberheiligen Ort in diesem Zelt umgehen sollte. 2 Dieses Zelt hatte zwei Räume. Im vorderen Teil standen eine Lampe und ein Tisch. Auf dem Tisch lagen ganz besondere Brote. Diesen Raum nannte man auch „das Heiligtum". 3 Dann war da noch ein Raum hinter einem Vorhang. Und dieser Raum war der allerderbste und heiligste Ort schlechthin. 4 Hier standen auch die goldenen Altäre und eine Truhe,

die total vergoldet war, die nannte man auch „die
Bundeslade". Dadrin war eine goldene Schüssel, wo
dieses Manna drin war, dieses Brot, was Gott sei-
nem Volk mal gesponsert hatte. Dann war da auch
noch der Stock vom Aaron, der mal angefangen
hatte zu blühen. Und dann waren da auch noch die
Tafeln aus Stein, wo der Vertrag mit Gott drauf-
stand. [5] Wunderschöne, heftige Engel waren über
der Bundeslade angebracht, die mit ihren Flügeln
die Lade bedeckten. Sie waren ein Symbol dafür,
dass dort Vergebung und Versöhnung passiert. Wir
können dieses Thema jetzt nicht ohne Ende bis ins
Detail weiterführen. [6] Also, im sogenannten Heilig-
tum gab es zwei Räume. Im ersten haben die Pries-
ter jeden Tag ihren Job getan. [7] Der andere Raum,
dieser Ort, wo das derbste Heiligste war, der durfte
nur von dem obersten Priester betreten werden,
und das auch nur einmal im Jahr. Hier machte er
mit Blut von Tieren so ein Opferritual, um für den
Mist, den die Leute gebaut hatten, geradezustehen.
[8] Der heilige Geist wollte damit schon immer klar-
machen, dass der Weg zum wahren Heiligtum noch
nicht sichtbar war, solange dieses Zelt noch benutzt
wurde. [9] Das erste Zelt ist ein Bild für unsere Zeit,
die jetzt abgeht. Die Opfer und die andern Sachen,
die dort für Gott verbrannt wurden, können uns
auch kein reines Gewissen machen. [10] Es handelt
sich hierbei ja nur um Regeln, die sich auf das
Essen und Trinken und verschiedene Waschrituale
beziehen, alles Sachen, die nur äußerlich passieren.
Diese Regeln gelten aber nur so lange, bis die richti-
gen Regeln am Start sind.

Das beste und ultimative Opfer schlechthin: Jesus

[11] Seitdem Jesus Christus hier ist, gibt es neue
Regeln. Er ist der oberste Priester, er steht über
allem! Er lebt im allerderbsten vollkommen heiligen
Ort im Himmel, den kein Mensch bauen konnte. Er
ist noch nicht mal Teil dieser Welt. [12] Jesus hat nur
einmal Blut an den allerheiligsten Ort gebracht, und
zwar kein Blut von Tieren, sondern sein eigenes
Blut. Dadurch hat er uns gerettet, sodass wir nicht
mehr weit weg von Gott leben müssen. Die Rettung
aus unserem Dreck wurde hier perfekt gemacht,
für immer. [13] Früher konnten wir uns von unserem
Dreck, der uns von Gott weggebracht hat, mit dem
Blut von Stieren oder Ziegen und mit der Asche von
einem verbrannten Kalb in einem Ritual wieder sau-
ber machen. [14] Aber wie viel mehr Kraft hat das Blut
von Jesus, das uns von unserem Dreck befreit!
Abgefüllt mit dem Heiligen Geist von Gott war er
das perfekte Opfer für unsere Sünden. Er macht es
möglich, dass wir ein reines Gewissen haben kön-
nen. Jetzt können wir mit dem lebendigen Gott voll
durchstarten!

Der neue Vertrag zwischen Gott und den Menschen

[15] So hat Jesus einen neuen Vertrag für uns organi-
siert, einen Deal zwischen Gott und den Menschen.
Er ist gestorben, damit die Schulden bezahlt sind,
die wir durch unseren Mist angehäuft haben. Jetzt
können alle, die Gott dazu ausgesucht hat, die von
ihm angesagte Erbschaft antreten: das ewige Leben
mit Gott. [16] Ist doch klar, wo ein Testament eröffnet
wurde, muss jemand vorher gestorben sein. [17] Ein
Testament macht erst dann Sinn, wenn auch je-
mand gestorben ist, denn solange derjenige lebt,
der es ausgestellt hat, ist es ja noch nicht in Kraft
getreten. [18] Darum musste der erste Vertrag mit Blut
als Beweismittel für das Eintreten des Todes besie-
gelt werden. [19] Als Mose dem ganzen Volk die Ge-
setze vorgelesen hatte, nahm er Blut von Kälbern
und Ziegen, vermischte das mit Wasser und be-
sprenkelte damit zuerst das Buch, wo die Gesetze
drinstanden, und dann das ganze Volk mit einem
Zweig und etwas Wolle. [20] Dabei sagte er: „Dieses
Blut ist die Unterschrift von dem Vertrag, den Gott
mit euch abgeschlossen hat." [21] Genauso machte er
das dann auch mit dem heiligen Zelt und den gan-
zen Sachen, die man für den Gottesdienst brauchte.
[22] Nach den Gesetzen, die im alten Vertrag standen,
wurde fast alles mit Blut wieder sauber gemacht.
Eine Vergebung ohne Blut, dass man mit Gott wie-
der ins Reine kommt, einfach so? Das geht gar
nicht!

Jesus hat alles gegeben

[23] Das war auch der Grund, warum das Zelt und
alles, was dadrin war, durch das Blut von Tieren
gereinigt wurde. Die Sachen, die dann aber das
wirklich Heilige betreffen, die Sachen, die im Him-
mel abgehen, dafür muss es ein besseres Opfer
geben, eins, das mehr Wirkung hat als das von Tie-
ren. [24] Jesus Christus ist für uns in den Himmel
gegangen, um sich da für uns vor Gott grade zu
machen. Er ging nicht in den Tempel, der von Men-
schen gemacht war, denn der war ja nur so eine Art
Schatten von dem, was im Himmel abgeht. [25] Er
ging auch nicht in den Himmel, um sich immer
wieder neu selber zu opfern, so wie es die Priester
hier auf der Erde ja jedes Jahr machen. Sie gehen
dann in das Heiligtum, um Tiere zu opfern. Er tat es

nur einmal. 26 Wenn er es jedes Mal wieder neu machen müsste, dann hätte Jesus Christus, seitdem es die Welt gibt, ja immer wieder neu leiden müssen! Aber er ist jetzt gekommen, in der Zeit, wo es mit der Welt zu Ende geht, um ein für alle Mal alle Schulden zu bezahlen, indem er für alle stirbt! 27 Jeder Mensch stirbt ja nur einmal, danach kommt dann gleich die große Gerichtsverhandlung mit Gott. 28 Genauso ist Christus nur einmal gestorben. Er tat das, damit viele von ihren Schulden befreit werden, dass viele ihren Dreck loswerden können. Er wird irgendwann wiederkommen, aber diesmal nicht wegen unserem Sündenproblem, sondern um alle zu retten, die dann schon voll sehnsüchtig auf ihn warten.

10 Einmal und für immer

1 Die Gesetze aus dem alten Vertrag zwischen Gott und den Menschen waren tatsächlich nur ein einfacher Vorfilm auf das, was Gott dann tatsächlich mit uns noch vorhatte. Jedes Jahr wurden die Opferrituale durchgezogen, aber sie konnten den Leuten, die sie machten, kein wirklich reines Gewissen geben. 2 Hätte sich ja sonst keiner mehr die Mühe für ständig neue Opfer gemacht, wenn das erste schon dafür gesorgt hätte, dass ihre Schulden bei Gott für immer weg wären. Dann hätten sie auch kein schlechtes Gewissen mehr haben brauchen. 3 Stattdessen wurden sie aber gerade durch das jährliche Opfern immer wieder neu daran erinnert, dass sie Mist gebaut hatten. 4 Das Blut von irgendwelchen Rindern oder Schafen ist nicht wirklich in der Lage, die Trennung zwischen Gott und uns wieder wegzumachen. 5 Darum hat Jesus, als er hier war, mal zu Gott gesagt: „Du wolltest keine Tiere als Opfer von mir haben, du wolltest stattdessen mich opfern. 6 Du stehst nicht auf Opfer, wo Sachen verbrannt werden, und die anderen Opfer magst du auch nicht, die man bringt, um seine Schuld bei dir zu bezahlen. 7 Darum hab ich dann gesagt: ‚Hey, Gott, da bin ich! Ich will tun, was du sagst, genau so, wie es in dem alten Buch gesagt wurde.‘“ 8 Vorher hatte Jesus gesagt: „Du wolltest keine Tieropfer mehr. Du hattest keine Lust mehr auf irgendwelche Sachen, die man dir schenkt, weil man Mist gebaut hat, und das, obwohl die Gesetze das eigentlich vorschreiben.“ 9 Dann sagte Jesus noch: „Ich komme jetzt. Ich will tun, was du willst.“ Das bedeutet: Anstelle der alten Opfer opferte Jesus sich selbst, und dadurch hob Jesus den alten Vertrag auf, um selber den neuen einzusetzen. 10 Dadurch, dass Jesus Christus sich an diesem Kreuz hat abschlachten lassen, werden wir von Gott ein für alle Mal akzeptiert. 11 Ich fass das jetzt noch einmal zusammen: Jeden Tag steht der Priester wieder am Altar und zieht seine Opfer durch, obwohl die unsere Schulden nicht wegnehmen können. 12 Jesus hat aber ein blutiges Opfer gebracht, um uns von unserem Dreck zu befreien. Jetzt sitzt er auf der Ehrentribüne, gleich neben Gott. 13 Dort wartet er so lange, bis seine Feinde ihm die Füße küssen. 14 Denn durch dieses eine Opfer sind alle Menschen, die mit Gott klargekommen sind, am Ziel angelangt. 15 Das bestätigt übrigens auch der heilige Geist von Gott. Der sagt nämlich: 16 „Dieser neue Vertrag, den ich an diesem Tag mit meinen Leuten aus Israel unterschreiben werde, der wird sich dadurch auszeichnen, dass er nicht mehr auf Papier, sondern in ihren Willen und Verstand geschrieben ist, in ihr Herz. 17 Und ich werde ihren Dreck einfach wegwischen, ich werde ihre Sünden vergessen.“ 18 Wenn Schulden bezahlt wurden, wenn Sünden vergeben sind, dann braucht da auch keiner mehr ein Opfer dafür durchziehen. 19 Darum, meine lieben Freunde, können wir jetzt entspannt in den Bereich vom derbst Heiligen im Himmel gehen, weil wir durch die Hinrichtung von Jesus die Freikarte dafür in der Tasche haben. Wir haben bei Gott freien Eintritt! 20 Das ist die neue Möglichkeit, die uns jetzt zusteht. Dadurch, dass Jesus gestorben ist, können wir einfach durch den Eingang spazieren, direkt zu Gott. 21 Jesus ist der oberste Priester schlechthin, er wurde als Chef über alle Leute, die zu Gott gehören, eingesetzt. 22 Das ist der Grund, warum wir ohne Hintergedanken und mit einem offenen Herzen ganz nahe zu Gott können. Wir können ihm total vertrauen! Denn durch das blutige Opfer, das Jesus für uns gebracht hat, sind wir in der Lage mit einem reinem Gewissen und ohne Schuldgefühle zu Gott gehen. Jesus hat uns total sauber gemacht! 23 Haltet an dieser Tatsache, von der wir total überzeugt sind, radikal fest. Gott hält, was er verspricht! 24 Feuert euch gegenseitig an, liebevoll miteinander umzugehen! Ermutigt euch, gute Sachen zu machen! 25 Und nicht immer den Gottesdienst schwänzen, ja? Das haben sich bei euch einige ja schon angewöhnt. Feuert euch auch gegenseitig an, weiter dabeizubleiben, vor allen Dingen, weil ja jeder mitkriegt, dass es mit der Welt langsam zu Ende geht und Jesus bald wiederkommt. 26 Wenn wir jetzt noch weiter rumsündigen, obwohl wir schon lange

kapiert haben, wo der Hammer hängt, kann uns kein weiteres Opfer mehr von unserem Dreck befreien. 27 Dann kann man nur noch auf den üblen Tag warten, an dem die letzte Gerichtsverhandlung abgehen wird. Dann wird Gott alles, was sich ihm in den Weg stellt, niederbrennen. 28 Jeder, der ein Gesetz vom Mose gebrochen hatte, wurde nach einer Zeugenbefragung von zwei bis drei Mann hingerichtet, er hatte keine Chance. 29 Ich frag mich, wie viel derber die Bestrafung sein wird von demjenigen, der den Sohn von Gott abgewiesen hat? Was muss mit den Leuten passieren, die das Angebot dieses mit Blut unterzeichneten Vertrages einfach ablehnen? So einer macht den Heiligen Geist ja lächerlich, er hat null begriffen, wie gnädig Gott ist. 30 Wir haben den ja kennengelernt, der mal gesagt hat: „Ich will mich übel rächen und es denen heimzahlen." An einer anderen Stelle heißt es: „Gott wird seine Leute verurteilen." 31 Es ist total ätzend, Gott ausgeliefert zu sein, wenn er so drauf ist.

Das Vertrauen auf Gott muss auch auf die Probe gestellt werden

32 Denkt noch mal zurück an die Zeit, kurz nachdem ihr Christen geworden seid. Damals musstet ihr schlimme Sachen durchmachen, aber ihr habt es durchgezogen. 33 Manchmal wurdet ihr vor allen Leuten lächerlich gemacht, manchmal verprügelt, manchmal habt ihr anderen geholfen, die solche Sachen erlebt haben. 34 Ihr habt mit den Leuten gelitten, die in den Knast gesteckt wurden. Als sie eure sämtlichen Sachen einfach mitgenommen haben, wart ihr sogar noch gut drauf, weil ihr wusstet, dass ihr durch Jesus jetzt viel bessere Sachen besitzt, die man euch nie mehr wegnehmen kann. 35 Das ist keine billige Hoffnung, die ihr da jetzt habt. Kämpft darum, ihr werdet dafür richtig fett absahnen! 36 Was ihr jetzt braucht, ist vor allem Geduld, damit ihr weiter auf der Spur bleibt! Dann werdet ihr die Sachen kriegen, die er euch versprochen hat. 37 Es dauert nicht mehr lange, Leute, dann wird er wiederkommen. Ich zitiere noch einmal aus dem alten Verträgen: „In kurzer Zeit wird der kommen, der bereits angesagt wurde. 38 Wer sein Vertrauen auf mich setzt und mir glaubt, wird leben. Aber wer mir den Rücken zudreht, auf den hat Gott keine Lust mehr." 39 Aber zum Glück gehören wir nicht zu den Leuten, die Gott den Rücken zudrehen und dabei kaputtgehen! Wir bleiben bei ihm, glauben ihm, wir werden ewig leben!

11

Glauben, wie geht das?
Von Helden, die es richtig gemacht haben

1 Wie geht das jetzt überhaupt, zu glauben? Glauben bedeutet, dass man auf etwas hofft und ganz fest darauf vertraut, dass es auch passiert, und dass man Sachen einfach weiß, obwohl man sie nicht beweisen kann. 2 Unsere Vorfahren hatten diese Art von Glauben, darum sind sie unsere Helden. 3 Weil wir an Gott glauben und ihm vertrauen, wissen wir, dass alles, was es auf dieser Welt gibt, von ihm gemacht wurde. Er hat einfach gesagt, dass es passieren soll, und so ist das ganze Universum aus dem Nichts entstanden. 4 Weil Abel Gott vertraut hat, hat er ein besseres Opfer für Gott gehabt als Kain. Die Geschichte könnt ihr im alten Buch nachlesen. Gott akzeptierte das Opfer von Abel, um klarzumachen, dass er für Gott okay war. Abel ist ja schon lange unter der Erde, aber trotzdem redet er irgendwie immer noch zu uns dadrüber, wie man Gott eigentlich vertraut. 5 Noch 'ne Geschichte aus dem alten Buch: Weil Henoch Gott vertraute, musste er noch nicht mal sterben. Er bekam 'ne Abkürzung in den Himmel, ohne vorher zu sterben! Alle haben aber bezeugt, dass Henoch so gelebt hat, wie es Gott gut findet. 6 Gott steht nur auf Leute, die ihm felsenfest vertrauen. Wer mit ihm leben will, muss erst mal glauben, dass es ihn überhaupt gibt. Und er muss wissen, dass es sich lohnt, alles zu tun, um ihm nahe zu sein. 7 Im Vertrauen auf Gott und was er ihm gesagt hatte, baute der Noah das Riesenschiff, diese Arche. Er wollte sich und seine Familie damit vor der Flut retten. Er tat genau das, was Gott ihm gesagt hatte: Er vertraute ihm. So wurde er gerettet. Und allen anderen, die Gott nicht vertrauten, sprach er damit das Urteil, aber er selbst kriegte von Gott die Belohnung, die den Gerechten für ihr Vertrauen versprochen wurde. 8 Reden wir mal vom Abraham. Weil er Gott hundert Prozent vertraute, gehorchte Abraham ihm aufs Wort, als der ihm sagte, er sollte seine Heimat verlassen und in ein anderes Land umziehen. Gott sagte sogar, er sollte dieses neue Land dann mal irgendwann erben. Abraham zog los ohne einen blassen Schimmer, was nun passieren würde. 9 Als er in diesem Land, was Gott ihm versprochen hatte, angekommen war, vertraute er darauf, dass Gott ihn versorgen würde. Er war dort ja ein Ausländer und wohnte in einem Wohnheim, genauso wie Isaak und Jakob, für die dasselbe Versprechen galt. 10 Abraham vertraute darauf, von seiner provisorischen Wohnung in ein richtiges Haus in einer richtigen Stadt

mit einem festen Fundament umzuziehen, einer
Stadt, die Gott selbst geplant und gebaut hatte.
11 Auch Sara, die Frau vom Abraham, vertraute Gott
absolut. Obwohl sie laut einem ärztlichen Attest
nicht schwanger werden konnte, bekam sie doch ein
Baby vom Abraham, und das, obwohl beide schon
im Rentenalter waren. Abraham glaubte einfach,
Gott würde sein Versprechen auch halten. 12 Und so
ist eine ganze Nation aus diesem Mann entstanden,
aus einem Abraham, der zu alt war, um Kinder zu
zeugen! Und diese Nation hat so viele Menschen,
wie es Sterne im Universum gibt, und so viele Kin-
der wie Sandkörner am Strand hervorgebracht –
man kann sie nicht mal mehr zählen. 13 Das sind
alles Menschen, die sich ganz fest auf Gott verlas-
sen haben. Trotzdem sind sie alle gestorben, ohne
zu sehen, was er ihnen versprochen hatte. Aber sie
konnten aus der Distanz die Entwicklung beobach-
ten und sich voll dadrauf freuen, was bald passieren
würde. Sie hatten kapiert, dass sie nur Gäste sind
auf diesem Planeten, ohne ein Recht etwas zu besit-
zen. 14 Wer sagt, dass er hier nur ein Gast ist, sagt
damit ja auch, dass er sein Zuhause noch nicht
gefunden hat. 15 Das Land, aus dem unsere Vorfah-
ren gekommen waren, war nicht ihr Zuhause, ob-
wohl sie dahin jederzeit hätten zurückkehren kön-
nen. 16 Sie hatten totale Sehnsucht nach einem
schöneren Zuhause, einer Wohnung im Himmel!
Darum hat Gott sich auch nicht für sie geschämt.
Es war ihm nicht peinlich, ihr Gott zu sein. Er hatte
ihnen eine neue Stadt im Himmel schon klarge-
macht.

Glaubens-Stars

17 Abraham hatte so einen radikalen Glauben, dass
er sogar bereit war, seinen einzigen Sohn abzu-
schlachten, weil Gott das von ihm wollte. 18 Und
das, obwohl Gott ihm versprochen hatte: „Von
Isaak, deinem Sohn, soll ein ganzes Volk geboren
werden.“ 19 Abraham glaubte daran, dass Gott Isaak
wieder hätte lebendig machen können, wenn er
gestorben wäre. Insofern ist Isaak ein Hinweis dar-
auf, dass Gott Tote aufwecken kann. 20 Isaak hatte
so ein radikales Vertrauen, dass er seinen beiden
Söhnen Jakob und Esau viele gute Sachen wünschte
und darauf vertraute, dass Gott sie ihnen auch
schenken würde. 21 Jakob betete kurz vor seinem
Tod mit einem radikalen Vertrauen für die beiden
Söhne vom Josef. Er stützte sich auf seinen Stock
und betete demütig zu Gott. 22 Weil Josef radikal
Gott vertraute, glaubte er fest daran, dass seine
Nachkommen nicht für immer in Ägypten festsitzen
würden. Er befahl seinen Leuten sogar, seinen Sarg
mitzunehmen, wenn es einmal so weit sein sollte.
23 Weil die Eltern vom Mose Gott felsenfest vertrau-
ten, hatten sie keine Angst, gegen den Befehl vom
Präsidenten zu verstoßen, als sie ihr gesundes Kind
nach der Geburt drei Monate versteckten, damit er
nicht von den Leuten des Präsidenten umgebracht
wurde. 24 Auch Mose vertraute Gott. Sonst hätte er
sich, als er erwachsen war, nicht geweigert, noch
länger als Sohn der Tochter vom Pharao gemeldet
zu sein. 25 Er wollte lieber mit seinen Leuten gemein-
sam fertiggemacht werden, als weiter ein Leben
ohne Gott zu leben. 26 Er hätte lieber auf ein nettes
Leben in Ägypten verzichtet, wenn er dafür mit
Jesus hätte mitleiden können. Er wusste, Gott
würde ihn dafür fett belohnen. 27 Weil Mose Gott
fest vertraute, haute er später aus Ägypten ab, er
ließ sich dabei nicht vom Präsidenten einschüch-
tern. Er verlor Gott die ganze Zeit nie aus den
Augen, obwohl er ihn ja nicht wirklich sehen konnte.
28 Weil Mose Gott fest vertraute, wollte er, dass das
Volk Israel das Passa durchzieht. Sie sollten die Tür-
pfosten mit Blut anpinseln, damit der Engel, der in
den ägyptischen Familien den ältesten Sohn tötete,
nicht auch die Kinder der Israelis umbrachte. 29 Weil
sie Gott glaubten, gingen sie mitten durch das Rote
Meer, so als wäre da eine Sandbank. Als die Ägypter
die Verfolgung aufnahmen, sind sie alle ersoffen.
30 Weil sie Gott glaubten, marschierten die Israelis
sieben Tage lang um Jericho herum, bis die Stadt-
mauern zusammenkrachten. 31 Weil sie Gott fest
vertraute, überlebte die Nutte Rahab die Katastro-
phe in ihrer Stadt. Alle kamen ums Leben, nur sie
nicht, weil sie die Späher der Israelis im Krieg
freundlich aufnahm.

Glauben an Gott bewirkt viel

32 Da gibt es noch zig andere, die ich hier nennen
könnte. Das würde wahrscheinlich ewig dauern, die
ganzen Geschichten über Leute zu erzählen, die
Gott vertraut haben. Von Gideon, Barak, Simson,
Jeftah, David, Samuel und den ganzen Propheten,
alle könnte man hier erwähnen. 33 Weil Leute fest an
Gott glauben, wurden ganze Regierungen gestürzt.
Solche Leute setzten sich für Gerechtigkeit ein, und
sie haben erlebt, wie Gott seine Versprechen auch
einlöst. Leute wurden davor beschützt, von einem
Löwen gefressen zu werden oder 34 in einem Feuer
zu verbrennen. Sie entkamen dem sicheren Todes-
urteil, waren todkrank und wurden dann doch wie-

der gesund. Weil sie sich auf Gott verließen, waren sie echt heldenmäßig unterwegs und vertrieben die schlimmsten Feinde. 35 Frauen haben erlebt, wie ihre Verwandten, die schon tot waren, von Gott wieder lebendig gemacht wurden. Andere aber, die Gott auch vertrauten, wurden derbe gefoltert, weil sie lieber sterben wollten, als ihren Glauben zu verraten. Die Hoffnung, wieder neu zum Leben zu kommen, gab ihnen Kraft. 36 Andere wurden ausgelacht oder sogar gefoltert. 37 Einige wurden mit Steinen erschlagen, andere zersägt, wieder andere wurden geköpft. Andere zogen in Sperrmüllklamotten um die Häuser, hatten mega Hunger, wurden gemobbt oder geschlagen. 38 Sie hatten kein Zuhause, lebten unter den Brücken und in alten Bruchbuden, und doch waren es Menschen, die echt zu schade waren für diese Welt. 39 Diese Menschen hatten eins gemeinsam: Gott freute sich voll über sie, weil sie ihm so sehr vertrauten. Und trotzdem haben sie das Versprechen, das Gott allen gegeben hat, noch nicht zu ihren Lebzeiten erleben können. 40 Denn Gottes Plan war besser als das. Er wollte, dass wir alle gemeinsam am Ziel ankommen.

12

Den Wettlauf auch durchziehen

1 Weil uns so viele Glaubenshelden dabei zusehen, wie wir unser Leben mit Gott leben, lasst uns alles, was uns dabei behindert und belastet, ablegen! Wie bei einem Marathonlauf sollten wir alle Sachen, die uns beim Laufen stören, wegschmeißen und das Ding mit Gott einfach durchziehen. Vor allem die Dinge, die zwischen Gott und uns stehen, unsere Sünden, können dabei wie Fesseln wirken und uns daran hindern, unser Ziel zu erreichen, das Ziel, was Gott für uns ausgesucht hat. 2 Das kriegen wir nur hin, wenn wir dabei die ganze Zeit Jesus im Blick haben. Mit ihm hat bei uns glaubensmäßig alles angefangen, und mit ihm wird auch alles irgendwann aufhören. Er hat seinen Marathonlauf auch bis zum Ende durchgezogen. Er war sich nicht zu schade, sich an ein Kreuz schlagen zu lassen. Er war bereit sich allen Peinlichkeiten und Demütigungen auszusetzen, anstatt ein lustiges Leben zu haben. Jetzt sitzt er aber auf der Ehrentribüne, auf dem Chefsessel gleich neben Gott. 3 Zieht euch rein, was er an Hass und Feindschaft ertragen musste, und das von Leuten, die keine Ahnung von Gott hatten! Das kann, wenn man euch mal wegen eures Glaubens Probleme macht, euch wieder aufbauen und euch helfen auszuhalten. 4 Bisher ging es in diesem Kampf gegen alles, was uns von Gott trennt, noch nicht auf Leben und Tod, oder? 5 Trotzdem werdet ihr schon schlaff und habt anscheinend die Sachen vergessen, die Gott mal zu euch gesprochen hat, weil ihr seine Kinder seid: „Lieber Sohn, wehre dich nicht, wenn Gott dir was beibringen will! Gib nicht auf, wenn er Schmerzen zulässt! 6 Gerade weil du ihm eben nicht egal bist, nimmt er dich auch hart ran; weil er dich wie sein Kind liebt, zeigt er dir, wo es längsgeht." 7 Wenn ihr durch schlimme Sachen durchmüsst, dann seht dadrin eine Trainingsmöglichkeit, die Gott euch gegeben hat. Er will euch was beibringen, er ist wie ein echter Vater. Welcher Sohn wird von seinem Vater nicht mit allen Mitteln erzogen, die ihm zur Verfügung stehen? 8 Wenn er das nicht tun würde, wäre das ja nur ein Zeichen, dass ihr gar nicht wirklich seine Kinder seid. 9 Wie war das denn bei unseren normalen Vätern? Sie haben uns ja auch oft gestraft, und wir hatten Mörder-Respekt vor ihnen. Wenn man das bedenkt, sollten wir nicht auch die Erziehung akzeptieren, die wir von unserem Himmelspapa bekommen? Die wird uns ja im Leben echt weiterhelfen! 10 Unsere normalen Väter haben uns eine Zeit was beigebracht, so gut sie es irgend konnten. Gott aber kennt sich total aus, und sein Ziel ist, dass wir heilig werden, so wie er heilig ist! 11 Jetzt schreit aber keiner „Hurra!", wenn er hart rangenommen wurde, denn das tut meistens echt weh. Aber irgendwann wird sich zeigen, wofür das gut war. Wer auf diese Art und Weise lernt durchzuziehen, weiß, wie man dadurch Frieden kriegen und für Gerechtigkeit sorgen kann.

Bis zum Ende durchhalten

12 Also, Leute: Schlafft nicht rum! Steht auf und macht mal ein paar Stretching-Übungen! 13 Verlauft euch nicht und nehmt den geraden Weg. Dann werden alle Kranken, die hinter euch herhumpeln, es auch noch schaffen: Sie können gesund werden! 14 Versucht mit allem, was ihr habt, mit euren Mitmenschen gut klarzukommen, und lebt so, wie Gott es will, sonst werdet ihr ihn nie zu Gesicht bekommen. 15 Passt darauf auf, dass keiner von dem guten Weg mit Gott abkommt. Und passt auf, dass sich durch Rumlästern oder negatives Reden kein Gift in eurer Gemeinde ausbreitet, dass Leute deswegen mies draufkommen und dadurch alle anderen mit runterziehen. 16 Keiner bei euch soll so sein wie Esau, für den nur materielle Sachen wichtig waren. Für ein lächerliches Mittagessen verkaufte er das gesetzliche Recht, als ältester Sohn alles von sei-

nem Vater zu erben und von ihm besonders geseg-
net zu werden. 17 Später hat er das sehr bereut, aber
es war zu spät, da konnte er noch so viel rumheu-
len. 18 Was ihr mit Gott erlebt habt, ist viel fetter als
das, was die Israelis damals erlebt haben. Als Gott
Mose zu sich auf den Berg Sinai rief, um ihm die
Gesetze zu geben, durften die Israelis dem Berg
nicht mal nahe kommen. Überall blitzte und don-
nerte es. Die haben am brennenden Berg Sinai
Mose gesehen, wie er mit den Gesetzen von Gott
wieder ankam. 19 Nachdem eine laute Trompete zu
hören war, kam eine derbe Stimme, die war so
schwer zu ertragen, dass sie bettelten, die sollte
bloß wieder aufhören zu reden. 20 Sie bekamen irre
Angst, als die Stimme sagte: „Wenn auch nur ein
Tier den Berg berühren sollte, muss es sofort getö-
tet werden." 21 Was dort abging, muss so schlimm
gewesen sein, dass selbst Mose stammelte: „Ich
mach mir gleich in die Hose, ich zittere vor Angst!"
22 Ihr seid dagegen beim Berg Zion angekommen,
in der Stadt, wo der lebendige Gott wohnt, in der
sagenumwobenen Stadt Jerusalem, die im Himmel
liegt. Da werdet ihr euch mit Tausenden von Engeln
treffen und bei einer großen Party für Gott abgehen!
23 Ihr gehört zur Familie Gottes, zu seinen besonde-
ren Kindern, die alle den PIN-Code für die Tür zum
Himmel in der Tasche haben. Ihr seid bei den an-
deren Glaubenshelden angekommen, die schon
gestorben und jetzt im Himmel am Ziel angekom-
men sind. 24 Ja, ihr seid zu Jesus gekommen, der
einen neuen Vertrag organisiert hat, den Gott den
Menschen anbietet. Durch seinen Tod sind wir
unseren Dreck losgeworden, weil er gelitten und
geblutet hat. Und dieses Blut, was da geflossen ist,
redet zu uns, und zwar deutlicher als das Blut vom
Abel. 25 Macht die Lauscher auf und hört auf den,
der heute zu euch redet! Die Israelis haben es nicht
gepackt. Als sie keinen Bock auf das hatten, was
Gott durch Mose sagte, wurden sie dafür bestraft.
Ist doch klar, dass wir noch viel schlimmer bestraft
werden, wenn wir nicht einmal auf eine Stimme
direkt aus dem Himmel hören. 26 Als Gott vom Berg
Sinai aus zu den Menschen redete, gab es nur von
seiner Stimme ein heftiges Erdbeben der Stärke 12.
Jetzt hat er aber ein neues Versprechen durch die
Propheten abgegeben: „Ich werde noch mal spre-
chen und mit einem Erdbeben nicht nur die Erde,
sondern auch den Himmel durchschütteln." 27 Mit
diesem „noch mal" wird angedeutet, dass Gott
alles, was er gemacht hat, noch einmal total verän-
dern wird. Er will nur das ewig behalten, was nicht
mehr zerstört werden kann. 28 Auf uns wartet also
ein Land, in dem nichts mehr zerstört werden kann!
Dafür können wir Gott echt ohne Ende danken, wir
sollten staunend davorstehen und für ihn alles ge-
ben, damit er sich an uns freut! 29 Weil unser Gott
alles von uns will, ist er wie ein hungriges Feuer, das
alles verbrennt, was ihm im Weg steht.

13

Wie Christen es mit der Moral halten sollten

1 Bleibt weiter dabei, euch gegenseitig wie
Geschwister zu lieben! 2 Ladet Leute zu euch nach
Hause zum Essen ein oder lasst sie ein paar Tage
bei euch pennen; könnte sein, dass da ein Engel
drunter ist, ohne dass ihr das merkt! Ist ja alles
schon mal passiert ... 3 Vergesst die Leute nicht, die
im Knast sitzen. Stellt euch vor, ihr wärt da jetzt
auch, dann ahnt ihr vielleicht, wie sich das anfühlt.
Fühlt mit den Christen, die für ihren Glauben gefol-
tert werden, das Gleiche kann euch jederzeit auch
passieren. 4 Beschützt die Ehe als etwas Besonde-
res, macht nicht mit anderen rum, sondern bleibt
euch treu. Gott wird denen, die sexmäßig unsauber
leben und ihre Ehe zerstören, auf sicher die Rech-
nung präsentieren. 5 Seid nicht so geldgeil, sondern
freut euch an dem, was ihr habt. Gott hat schließ-
lich die Ansage gemacht: „Du kannst dich auf mich
verlassen, ich bin treu." 6 Wir können deswegen
ganz locker sagen: „Gott steht auf meiner Seite,
darum habe ich keine Angst. Was können mir Men-
schen noch antun?"

Jesus treu sein, das bringt es

7 Vergesst nicht die Leiter in euren Gemeinden, die
zu euch geredet haben und damit Worte von Gott
weitersagten. Erinnert euch da dran, wie sie bis zum
Schluss mit Gott durchgezogen haben und was da
draus dann entstanden ist. Nehmt sie als Vorbild!
8 Jesus Christus hat sich nicht verändert und wird es
auch nie tun. So wie er gestern drauf war, ist er auch
heute, und so wird er auch mit Sicherheit immer
bleiben. 9 Passt auf, dass ihr nicht von irgendwel-
chen seltsamen Lehren über Gott durcheinander-
kommt. Es gibt nichts Besseres als die Liebe von
Gott, mit der er euch angenommen hat, und nur
dadurch werdet ihr innerlich stark. Vergesst diese
ganzen religiösen Speiseregeln einfach, die bringen
es echt nicht. 10 Wir haben einen Ort gefunden, wo
wir zu Gott beten können, und an diesem Ort haben
die Priester, die das nach alter Sitte tun wollen,

nichts zu suchen. 11 Früher hat der oberste Priester das Blut von Tieren als Bezahlung für den Dreck und die Fehler der Menschen in das Heiligtum gebracht. Die Körper der Tiere wurden dabei außerhalb des Camps irgendwo verbrannt. 12 Genauso wurde Jesus auch außerhalb der Stadt hingerichtet, er musste bluten, um die Menschen wieder annehmbar für Gott zu machen. 13 Lasst uns auch zu ihm rausgehen, vor die Stadt, und es ertragen, wenn man uns wegen unserem Glauben das Leben schwer macht. 14 Es gibt für uns im Grunde hier auf der Erde kein wirkliches Zuhause mehr. Wir warten auf die Zukunft, wo eine Stadt im Himmel für uns gebaut wird. 15 Wir wollen Jesus ohne Ende dafür danken und ihm zujubeln! Das tun wir immer dann, wenn wir uns vor allen Leuten auf seine Seite stellen. 16 Vergesst nicht, den Leuten zu helfen, denen es dreckig geht. Und teilt die Sachen, die ihr besitzt, mit anderen. Da steht Gott total drauf! 17 Tut, was die Leiter eurer Gemeinde euch sagen, und lebt danach. Es ist ihr Job, auf euch aufzupassen, und sie müssen sich dafür auch mal vor Gott verantworten. Sorgt einfach dafür, dass sie das gerne tun, ohne sich ständig den Kopf machen zu müssen. Das wäre auch sicher nicht so toll für euch.

Ein Wort zum Schluss, Segen und Grüße

18 Bitte betet für uns! Wir haben ein reines Gewissen, aber wir wollen auch weiter straight mit Gott durchziehen. 19 Betet besonders jetzt dafür, dass ich ganz bald wieder bei euch aufschlagen kann. 20/21 Ich wünsche euch, dass der Gott, der Frieden schafft, der unseren Chef Jesus Christus, der wie ein Hirte auf seine Schafe aufpasst, aus dem Tod rausgeholt hat, damit er uns durch seinen Tod und das Blut, was dabei vergossen wurde, einen neuen Vertrag anbieten konnte – dass dieser Gott die ganzen Sachen in uns wachsen lässt, die ihm Freude machen, und Jesus Christus, dem wir immer und ohne aufzuhören die Ehre geben, soll uns dabei helfen [Amen]! 22 Ihr Lieben, ich hoffe, ihr sperrt die Ohren auf und hört auf das, was ich euch zu sagen habe. Allzu lang ist dieser Brief ja nicht geworden. 23 Wisst ihr eigentlich schon, dass sie unseren Freund Timotheus aus dem Gefängnis entlassen haben? Wir wollen euch gerne bald zusammen besuchen. 24 Schöne Grüße an das Leitungsteam und an eure ganze Gemeinde! Ich soll noch Grüße von den Christen aus Italien ausrichten! 25 Ich wünsche euch, dass ihr versteht, wie sehr Gott euch liebt, und dass er alles verzeihen kann!

Der Brief von Jakobus

1

Absender und Anschrift
1 Absender: Jakobus. Ich gebe alles für Gott und
für Jesus Christus. Er ist mein Chef. An: Gottes
Leute, die überall in der Welt zerstreut sind. Liebe
Leute, ich grüße euch! 2 Also, eins mal vorweg: Ihr
könnt echt abgehen vor Freude, wenn euer Glaube
angegriffen wird! 3 Wenn ihr diese Prüfungen be-
steht, werdet ihr stärker als je zuvor! Dann kann
euer Vertrauen in Gott so schnell nichts mehr
umhauen. 4 Wenn ihr mit ihm trotz aller Probleme
durchzieht, dann werdet ihr vollkommen sein, ihr
werdet am Ziel ankommen. 5 Wenn einer von euch
bei einem Problem nicht mehr weiterweiß, dann soll
er deswegen bei Gott anklingeln. Für den ist das
okay, er hilft immer gerne. 6 Wenn du betest, dann
mach das voll im Vertrauen auf Gott und zweifle
nicht daran, dass er dich auch hört. Wer Zweifel hat,
der ist wie eine Welle im Meer. Die werden auch
vom Wind immer hin- und hergetrieben. 7 Wer so
drauf ist, braucht gar nicht erst erwarten, dass Gott
ihm etwas gibt. 8 Auf einen, der immer zweifelt,
kann man sich nicht verlassen. Er denkt mal so und
mal so.

Menschen, die unten sind, stehen eigentlich oben
9 Wenn jemand ganz unten ist, kann er sich freuen,
weil er für Gott der Held ist. 10 Wenn jemand viel
hat, sollte er niemals vergessen, dass Geld das
Ende seines Lebens auch kein Stück hinauszögern
kann. Wie eine Blume aus dem Blumenladen wird
er irgendwann mal verwelken. 11 Sobald die Sonne
aufgegangen ist und mittags auf die Erde brennt,
vertrocknen das Gras und die Blumen. Was vorher
noch so schön aussah, ist dann kaputt. Genauso
wird das auch jedem passieren, der viel Geld hat.
12 Gut drauf kommen die Leute, die wegen ihres
Glaubens an Gott Probleme kriegen und ihr Leben
trotzdem so durchziehen, wie es Gott gefällt. Sie
gehören zu Gottes neuer Welt dazu, er wird ihnen
die Goldmedaille umhängen, den Hauptgewinn für
das Leben. Das hat Gott den Leuten versprochen,
die ihn lieben.

Was dazu verführt, Mist zu bauen
13 Gott selbst kann durch das Böse nicht auf Probe
gestellt werden, und niemand, der auf die Probe
gestellt wird, darf behaupten: Das war Gott. Gott
stellt nämlich niemanden auf die Probe, er verführt
niemanden dazu, etwas Böses zu tun. Das geht gar
nicht. 14 Wenn wir verführt werden, dann kommt das
immer aus uns selber raus, aus unseren eigenen
inneren Wünschen und Gedanken. 15 Geben wir dem
nach, dann kommt nach dem Wunsch die böse Tat.
Und die Konsequenz aus der Tat ist der Tod. 16 Lasst
euch also nicht für dumm verkaufen, Leute! 17 Alles,
was gut ist, alles, an dem man nichts aussetzen
kann, kommt von Gott. Er ist ein Vater, der einfach
nur gut ist. Er ist wie ein Licht, da gibt es keine Dun-
kelheit mehr. 18 Es war seine Idee, uns durch seine
Worte einen neuen Anfang zu ermöglichen. So wur-
den wir die Prototypen für etwas total Neues, das er
einfach so gemacht hat.

Nicht nur zuhören, sondern auch machen
19 Ihr Lieben, ihr dürft dabei eins nicht vergessen:
Jeder Mensch sollte immer bereit sein, einem ande-
ren zuzuhören! Aber pass auf, was du sagst, und
pass noch mehr auf, bevor du mal ausrastest.
20 Wenn man ausrastet und wütend ist, tut man am
Ende immer Sachen, die Gott nicht so toll findet.
21 Vermeidet alles, was link und falsch ist, trennt
euch davon. Beschäftigt euch stattdessen auf ent-
spannte Art und Weise mit den Worten, die Gott zu
euch gesprochen hat. Sie können euch retten. 22 Es
reicht natürlich nicht, seinen Worten nur zuzuhö
ren, man muss auch tun, was da steht! Wer das
nicht tut, linkt sich nur selber. 23 Wenn jemand
Worte von Gott hört, die Sachen aber nicht um-
setzt, der ist wie jemand, der sich morgens im
Spiegel ansieht. 24 Er hat sich dort zwar gesehen,
aber dann ist er weggegangen und hat gleich wie-
der vergessen, wie er eben noch ausgesehen hat.
25 Wenn aber jemand die Sache von der Freiheit, die
man durch Jesus bekommt und die unser Leben
bestimmt, versteht und danach handelt und sie
nicht wieder vergisst, der wird glücklich sein!
26 Jemand, der meint, er wäre der Super-Christ, es
aber nicht packt, Kontrolle über das zu kriegen, was
aus seinem Mund rauskommt, der betrügt sich
selber. Seine Art mit Gott zu leben ist nichts wert.
27 Wer sich um Obdachlose und Penner kümmert
und sich nicht an den Sachen, die in der Welt abge-
hen, beteiligt, der tut das, worauf Gott der Vater
wirklich steht!

2

Die Position in der Gemeinde ist egal

1 Ihr Lieben! Vertraut Gott, wie es Jesus auch
getan hat. Er ist unser großer fantastischer
Chef. 2 Stellt euch jetzt mal vor, in eure Gemeinde
kommt ein feiner Pinkel im Armani-Anzug und mit
einer Rolex am Arm zum Gottesdienst. Und gleich
dahinter kommt ein armer Penner zu euch, der sich
einen Monat nicht gewaschen hat. 3 Wie würdet ihr
reagieren? Der Typ mit viel Kohle würde sofort einen
Platz in der ersten Reihe angeboten bekommen!
Der stinkende Penner würde vermutlich einen Platz
auf dem Fußboden abkriegen, am besten in irgend-
einer Ecke. 4 Meint ihr, dass es wirklich okay ist, sol-
che Unterschiede zu machen? Meint ihr, dass es gut
ist, nach diesen Maßstäben zu beurteilen und zu
richten? 5 Hört mal gut zu, ihr Lieben! Hat Gott
nicht gerade die Menschen ausgesucht, die nach
den Maßstäben der Welt ganz unten sind? Diese
Typen sind für ihn durch ihr Vertrauen reich und
wertvoll geworden! Er will den Menschen alles ver-
erben, was er besitzt, denen, die in ihn verknallt
sind. 6 Wie kommt es, dass die Penner und die
Leute ohne Kohle bei euch nichts zählen? Wer
macht euch denn eigentlich Probleme? Sind das
nicht die Menschen, die eh viel Geld haben? Das
sind doch die Leute, die euch verklagen und vor
Gericht zerren! 7 Gerade das sind doch die Leute,
die sich über Jesus lustig machen. Sie lästern über
denjenigen, zu dem ihr gehört. 8 Wenn ihr allerdings
das wichtigste Gesetz von Gott ernst nehmen wür-
det, dann wäre das eine gute Entscheidung. „Liebe
die Menschen, mit denen du zu tun hast, so sehr,
wie du dich selber liebst." 9 Wenn ihr einen Men-
schen danach beurteilt, wie wichtig und toll er ist,
dann steht das zwischen euch und ihm. Das will
Gott nicht, es verstößt gegen seine Gesetze.
10 Wenn sich jemand an alle Gesetze hält, aber
gegen ein einziges verstößt, dann hat er alle Ge-
setze gleichzeitig gebrochen. 11 Gott hat ja die
Ansage gemacht: „Du sollst deinem Ehepartner treu
sein!" Aber er sagte auch: „Du sollst niemanden
töten!" Wenn du jetzt ehemäßig treu bist, aber
jemanden tötest, dann hast du das Gesetz ja trotz-
dem gebrochen und bist schuldig. 12 Darum sollt ihr
so reden und handeln wie Menschen, die wissen,
dass sie nach diesem Gesetz beurteilt werden, das
uns wirklich frei macht. 13 Wer selber nichts verzei-
hen kann, dem wird bei der letzten Gerichtsver-
handlung auch nichts verziehen werden. Wer selber
viel verzeiht, für den gilt: Die Liebe besiegt sorgar
das Gericht.

Glaube an Gott muss Auswirkungen haben

14 Leute, was bringt es denn, wenn jemand sagt, er
vertraut Gott, aber es hat überhaupt keine Auswir-
kung auf sein Leben? 15 Zum Beispiel ist da jemand
bei euch in der Gemeinde, der keine Kohle für
anständige Klamotten und ein Mittagessen hat.
16 Und dann kommt einer von euch bei ihm an und
sagt: „Ist bei dir alles okay? Hoffentlich hast du
genug zu essen und was zum Anziehen!" So was
zu fragen ist doch total unnötig, wenn er ihm nicht
auch etwas anbietet, was ihm wirklich helfen
könnte. 17 Genauso unnötig ist eine noch so ver-
trauensvolle Beziehung zu Gott, wenn sie keine
Auswirkung auf dein Leben hat. Denn dann ist die
Beziehung schon tot. 18 Jetzt könnte jemand viel-
leicht sagen: „Dir fällt es leichter, Gott zu vertrauen,
ich arbeite dafür sehr viel für ihn. Aber wenn du dir
mal anguckst, was ich alles für Gott mache, dann
siehst du, wie sehr ich ihm vertraue!" 19 Du ver-
traust darauf, dass es nur einen einzigen Gott gibt?
Na super, das tun die Dämonen auch, und sie
haben Angst vor ihm. 20 Schnall doch endlich, du
dummer Mensch, dass dein Vertrauen in Gott total
umsonst ist, wenn es ohne eine Auswirkung auf
deine Entscheidungen bleibt! 21 Wie war das denn
damals mit Abraham? Er wurde für Gott okay, weil
er bereit war, seinen Sohn Isaak zu opfern. 22 Hier
kann man ganz gut erkennen, dass Vertrauen auf
Gott auch immer Auswirkungen auf das Leben hat.
Nur so wurde Abrahams Glauben perfekt. 23 Es
steht ja schon in den alten Büchern drin: „Abraham
hat Gott vertraut. Dadurch ist er für Gott okay
geworden." So wurde er jemand, den man „einen
Freund von Gott" nennt. 24 Ich hoffe, ihr versteht
jetzt, dass Menschen nur für Gott okay werden,
wenn ihre vertrauensvolle Beziehung zu ihm auch
Auswirkungen auf ihr Leben hat. 25 Bei der Nutte
Rahab war das ja auch so. Sie wurde von Gott
angenommen, weil sie in Jericho die Spione der
israelischen Armee vor den Soldaten des feindli-
chen Machthabers versteckt hatte. Sie ermöglichte
ihnen eine sichere Flucht. 26 Genauso wie ein Kör-
per ohne Seele tot ist, so ist ein Glaube tot, wenn
er ohne Auswirkung auf das Leben bleibt.

3

Worte haben Macht

1 Liebe Geschwister, es ist keine gute Idee,
wenn so viele bei euch den Job eines Lehrers
übernehmen wollen. Alle, die das tun, werden näm-
lich besonders streng beurteilt werden. 2 Jeder von

uns macht mal einen Fehler. Wer aber seine Zunge unter Kontrolle hat, der hat auch seinen ganzen Körper im Griff. 3 Egal, wie groß ein Auto auch ist, gelenkt wird es mit einem einfachen Lenkrad. 4 Und auch große Containerschiffe, die riesige Motoren haben, werden vom Steuermann mit einem kleinen Steuer in die Richtung gelenkt, wo er das Schiff haben will. 5 Genauso ist es auch mit der Zunge. Sie ist zwar winzig klein, aber sie hat eine unglaubliche Power. Noch ein Beispiel: Mit Feuer ist das genauso, ein Funke genügt und der ganze Wald brennt. 6 Die Zunge ist auch so was wie ein Funke. Mit ihr kann eine ganze Welt vergiftet werden. Sie hat die Macht, böse Sachen anzustiften, sie kann eine ganze Welt in Brand stecken, mit dem gleichen Feuer, das auch in der Hölle brennt. 7 Die Menschen haben es gelernt, Löwen zu dressieren, Vögeln das Sprechen beizubringen und Delphine aus dem Wasser springen zu lassen, 8 aber die Zunge haben sie nie in den Griff bekommen. Unkontrolliert verbreitet sie ihr tödliches Gift. 9 Mit ihr sagen wir Gott, unserem Vater, wie toll er ist, und im nächsten Augenblick verfluchen wir einen Menschen, obwohl der ja nach dem Vorbild von Gott gemacht wurde. 10 Gute Wünsche und fiese Aggrosprüche kommen aus demselben Mund. Leute, genau das soll bei euch nicht abgehen! 11 Wie ist es denn beim Wasserhahn, kommt da Trinkwasser und gleichzeitig Schmutzwasser raus? 12 Und was meint ihr, können an einem Apfelbaum Birnen wachsen oder an einem Birnbaum Tomaten? Man kann ja auch nicht aus dem Klo trinken!

Kluge Menschen leben klug

13 Wenn jemand glaubt, besonders klug zu sein und den Schnall vom Leben zu haben, bei dem sollte man das auch daran erkennen können, wie er sonst so drauf ist, nämlich freundlich. 14 Wenn ihr aber voll neidisch seid und Menschen sogar hasst, dann braucht ihr euch auf diese Klugheit echt nichts einzubilden. Tatsächlich lügt ihr euch nur selber in die Tasche. 15 So eine Denke hat nichts mit Gott zu tun, sie kommt aus dem Ego, sie ist ätzend, sie kommt sogar direkt aus der Hölle. 16 Wo Menschen neidisch aufeinander sind und sich streiten, da ist nur Chaos angesagt und andere schlechte Dinge. 17 Die Weisheit, die von Gott kommt, ist sauber und gut. Sie hat das Ziel, dass Menschen sich vertragen und gut zueinander sind, dass sie sich belehren lassen, nicht immer recht haben müssen und nicht link drauf sind. 18 Was daraus wächst, wenn man gerecht zu anderen ist und friedlich miteinander umgeht, kann ich euch auch sagen. Man hat Frieden mit sich und mit Gott.

4

Gott lieben oder die Sachen aus der Welt

1 Leute, warum streitet ihr euch eigentlich ständig? Was ist da für ein Kampf bei euch am Start? Kann es sein, dass ihr eure Gefühle und Leidenschaften einfach nicht im Griff habt und dass ihr euch deswegen so gehen lasst? 2 Ihr wollt immer alles haben und bekommt aber nichts. Ihr seid voll neidisch auf die anderen, und wenn eure Gedanken töten könnten, dann gäbe es bestimmt schon ein paar Leichen bei euch. Streiten ist ja anscheinend normal, ihr bekämpft euch gegenseitig. Das bringt euch alles nichts, ihr müsst mal damit anfangen, richtig zu beten. 3 Wenn ihr Gott um Sachen bittet, dann geht es euch immer nur darum, dass euer Ego befriedigt wird und dass ihr selber gut dasteht. Deswegen hört Gott auch nicht auf euch. 4 Was ist los mit euch? Warum betrügt ihr Gott so? Habt ihr nicht kapiert, dass man sich entscheiden muss? Entweder du bist ein Freund von Gott oder du bist ein Freund der Leute, die ohne Gott leben. Wenn du bei diesen Freunden total beliebt sein möchtest, dann bist du automatisch ein Feind von Gott. 5 Oder meint ihr vielleicht, dass total egal ist, was in den alten Schriften steht? Da steht: „Gottes Geist will uns ganz alleine haben, er ist eifersüchtig. Gott hat seinen Geist in uns wohnen lassen.“ 6 Gott hat Spaß daran, uns fett zu beschenken. Darum sagt er dort: „Auf die Menschen, die eingebildet und stolz sind, hat Gott keinen Bock, und er stellt sich ihnen entgegen. Aber auf die Leute, die sich anderen unterordnen und sich selbst nicht so wichtig nehmen, auf die steht er total.“ 7 Macht Gott zur hundertprozentigen Nummer 1 in eurem Leben und tut, was er sagt. Und den Teufel könnt ihr dissen, dann wird er verschwinden. 8 Sucht Gott mit allem, was ihr habt! Geht zu ihm, kommt ihm nahe! Dann wird er auch zu euch kommen. Wascht den Dreck von euren Händen! Und wascht eure Gedanken und eure Seele, haltet euer Innerstes sauber, bringt euer Leben in Ordnung! Damit meine ich vor allem die Leute, die sich nicht wirklich entscheiden können. 9 Ihr solltet richtig spüren, wie dreckig es euch geht. Anstatt zu lachen, könnt ihr echt weinen, anstatt eine Party zu veranstalten, könntet ihr erschrocken und traurig sein. 10 Unterwerft euch Gott, macht euch klar, wie winzig ihr für ihn seid. Dann wird er

euch aufheben und euch ganz groß machen! 11 Ihr
Lieben, hört auf damit, über andere abzulästern.
Wenn jemand etwas Schlechtes über einen ande-
ren sagt oder ihn verurteilt, macht er das Gesetz
schlecht, das Gott aufgestellt hat. Statt das Gesetz
zu befolgen, spielt er sich als Richter über das Ge-
setz auf. 12 Das kann aber nur einer, nämlich Gott!
Er hat die Gesetze gemacht und ist gleichzeitig der
Richter, der sie auch durchzieht. Nur er kann frei-
sprechen oder verurteilen. Wie bist du denn drauf,
dass du glaubst, ein Urteil über den Menschen
neben dir fällen zu können?

Warnung davor, zu cool zu sein

13 Hier ist eine Ansage für alle, die so was sagen wie:
„Nächste Woche fang ich einen neuen Job in einer
anderen Stadt an. Da will ich ein Jahr bleiben und
jede Menge Kohle scheffeln." 14 Habt ihr denn nur
einen blassen Schimmer davon, was morgen alles
passieren wird? Was geht denn mit eurem Leben
wirklich ab? Ein Leben ist im Grunde doch nur wie
der Qualm einer Kippe. Man kann ihn noch kurz
sehen, und dann ist er auch schon für immer ver-
schwunden. 15 Darum ist es eine gute Einstellung,
wenn man sich sagt: „Wenn Gott will, werde ich
leben und dann werde ich auch dieses und jenes
tun können!" 16 Jetzt macht mal nicht so den Lauten
und überschätzt euch nicht die ganze Zeit! Sich
selbst zu überschätzen ist einfach total schlecht.
17 Wenn aber jemand weiß, was er Gutes tun kann,
und es nicht macht, dann steht das zwischen ihm
und Gott. Das ist Sünde.

5

Wie Gott die Menschen sieht, die viel Kohle haben

1 Jetzt noch mal ein Wörtchen zu den Leuten,
die viel Kohle haben. Ihr werdet noch voll abheulen
über die üblen Sachen, die ihr erleben werdet! 2 Euer
ganzes Geld könnt ihr in die Tonne kloppen, eure
Klamotten werden irgendwann vergammeln. 3 Das
ganze Gold, die Aktien und die Sparbücher werden
mal verrottet sein, Leute. Der Haufen, der dann
übrig bleibt, wird als Beweisstück gegen euch ver-
wendet werden. Die ganzen Reichtümer werden
euch auffressen, so wie die Maden eure Leiche fres-
sen. Ihr habt euch nur um euren Profit gesorgt,
obwohl ihr wusstet, dass es bald zu Ende geht mit
dieser Welt. 4 Gott hat den Protest gehört und die
Anklagen der Leute, die ihr betrogen habt. Die
Arbeiter, denen ihr nicht den korrekten Lohn ausbe-
zahlt habt, die Angestellten, die ihr unter Tarif
bezahlt habt – Gott hat sie gehört. 5 Ihr habt fett
gelebt, euch alles gegeben, was es so gibt, euch voll
gefressen am Luxus. Ihr habt euch gemästet für den
Tag, an dem es zum Schlachten geht. 6 Dabei habt
ihr die Leute verfolgen lassen, die für Gott okay
waren, und die konnten sich noch nicht mal dage-
gen wehren.

Zieht durch mit Gott!

7 Liebe Geschwister, lasst euch nicht schlecht drauf-
bringen und zieht das mit Gott so lange durch, bis
er wiederkommt. Das ist doch beim Bauern auch
so, wenn er Sachen gesät hat. Er muss erst mal
Geduld haben und den Regen abwarten, bis die
Frucht endlich wächst. 8 Genauso müsst ihr auch
Geduld haben, ja? Ermutigt euch gegenseitig! Es
dauert bestimmt nicht mehr lange, dann kommt
Jesus wieder! 9 Zieht euch mit eurer Ungeduld nicht
gegenseitig runter, liebe Geschwister! Sonst werdet
ihr auch bei dem letzten Gericht schlecht aussehen.
Gott, der da der Richter sein wird, steht schon in
den Startlöchern. 10 Ihr könnt euch als Vorbild die
Propheten reinziehen. Die haben, obwohl es ihnen
voll dreckig ging, auch mit Gott durchgezogen und
für ihn gesprochen. 11 Diese Menschen waren wirk-
lich gut, da kann man ein Lied von singen! Sie hat-
ten echt Geduld. Ihr habt ja auch bestimmt vom
Hiob gehört, mit irre viel Geduld hat er die ätzen-
den Sachen ertragen, durch die er durchmusste!
Aber Gott hat ihm ein Happy End geschenkt, weil er
ihn so sehr geliebt hat. 12 Ach ja, mir ist auch noch
wichtig, dass ihr euch auf keinen Fall in leere Ver-
sprechungen verstrickt, ja? Schwört nichts, auch
nicht mit Garantieleistung, nach dem Motto: „Ich
schwöre aber auf den Himmel." Wenn ihr zu etwas
„ja" sagt, dann muss man sich auch darauf verlas-
sen können. Und wenn ihr „nein" sagt, dann müsst
ihr auch ein „Nein" meinen. Ansonsten wird Gott
euch garantiert dafür verurteilen.

Wie man für kranke Menschen betet

13 Geht's bei euch jemandem so richtig schlecht?
Dann soll er mit Gott drüber reden! Ist jemand bei
euch gut drauf? Dann soll er Lieder zu Gott singen!
14 Ist jemand bei euch krank? Dann soll er mal die
Gemeindeleiter anrufen. Die sollen dann für ihn
beten und ihn mit etwas Öl eincremen, als Zeichen
dafür, dass sie Gott um Hilfe bitten. 15 Wenn sie im
festen Vertrauen Gott darum bitten, dass er gesund
wird, dann wird Gott ihn auch heilen können. Der

Kranke kann sich wieder aufrichten, und falls er
Mist gebaut hat und Gott das sagt, kann der ihm
das dann auch verzeihen. [16] Darum ist es eine gute
Idee, wenn ihr auch vor den anderen euren Mist
bekennt, damit ihr gesund werdet. Gebete von
jemandem, der sein Leben mit Gott in Ordnung
gebracht hat, haben eine große Auswirkung. [17] Den-
ken wir mal an Elia. Der war auch nur ein Mensch
mit allen seinen Schwächen. Trotzdem hat es drei
Jahre und sechs Monate lang nicht geregnet, nur
weil er ein Gebet gesprochen hatte! Heftig! [18] Und
dann hat er noch mal gebetet, und es fing an zu
schütten! Alles wurde grün, und viele Früchte fingen
an zu wachsen.

Ihr müsst euch um die Verirrten kümmern

[19] Ihr Lieben, wenn sich da einer von euch glaubens-
mäßig verirrt und von den Sachen wegkommt, die
ich euch erzählt habe, und jemand schafft es, ihn
wieder zurückzuholen, [20] dann soll dieser eins wis-
sen: Er hat gerade einen Menschen vor dem siche-
ren Tod gerettet! Gott hat ihm seine Schuld verge-
ben. Also, Gottes Segen,
Euer Jakobus!

Der erste Brief von Petrus

1
Absender und Anschrift
[1] Absender: Petrus, ein Botschafter von Jesus
Christus. An: alle Christen, die wie Ausländer
überall in den Provinzen Pontus, Galatien, Kappa-
dozien, Asien und Bithynien verstreut leben. [2] Liebe
Freunde! Ihr sollt wissen, dass Gott der Vater euch
extra schon von Anfang an ausgesucht hat. Ihr seid
seine Kinder. Das hat er gemacht, indem er euch –
durch die Kraft von seinem Heiligen Geist – dazu
gebracht hat, Jesus Christus als euren neuen Chef
für euer Leben zu akzeptieren. Weil er am Kreuz für
uns einen blutigen Tod gestorben ist, sind wir unse-
ren Dreck auf ewig losgeworden! Gott soll euch
immer mehr von seiner Liebe zeigen, es soll euch
richtig gutgehen, das wünsche ich euch.

Warum Christen immer Hoffnung haben
[3] Danke, Gott! Du bist der Vater von unserem Hel-
den Jesus Christus! Weil er uns ohne Ende liebt, hat
er uns eine neue Chance gegeben. Wir können noch
mal neu anfangen mit unserem Leben. Das wurde
möglich, weil Jesus Christus tot war, dann aber wie-
der auferstanden ist. [4] Dieses Erbe wird uns keiner
mehr wegnehmen können, und es wird ewig halten.
Wir müssen es uns nur noch im Himmel abholen.
[5] Bis es so weit ist, wird Gott alle Kräfte aufbringen,
um euch zu beschützen. Er will, dass ihr es schafft
und gerettet werdet, damit am Ende alle erkennen,
dass Gott die Macht hat. [6] Darauf könnt ihr jetzt
schon abgehen! Auch wenn es gerade noch für eine
kurze Zeit ätzend sein mag und ihr hier und da aus-
getestet werdet. [7] Das passiert nur, damit euer Ver-
trauen in Gott immer fester und stärker wird. Es soll
gereinigt werden, so wie man Gold in einem Ofen
zum Schmelzen bringt, um den Schmutz, der dad-
rin ist, zu verbrennen. Dadurch wird es gereinigt.
Gott wird euch dafür am letzten Tag loben, ihr wer-
det dafür einen Preis von ihm bekommen. [8] Leider
konntet ihr Jesus ja nicht mehr live erleben. Trotz-
dem seid ihr verknallt in ihn, ihr vertraut Jesus und
glaubt ihm, obwohl ihr ihn nicht mit euren eigenen
Augen sehen könnt. Ihr werdet aber total abgehen,
[9] wenn ihr endlich am Ziel angekommen seid. Das
bedeutet nämlich, für immer in Sicherheit zu sein,
gerettet durch Gott. [10] Schon die alten Propheten
wollten das und haben danach geforscht, wie man
das hinbekommt. Sie haben es ja schon vorausge-
sehen, dass Gott diese Rettung aus Liebe mög-
lich machen wird. [11] Der Geist Gottes, der die Kraft
von Jesus ist, hatte schon immer seine Finger mit
im Spiel. Die Propheten hatten kapiert, was für
schlimme Sachen Jesus Christus durchmachen
muss. Und sie wussten auch schon, wie großartig
er am Ende dabei rauskommen würde. [12] Es wurde
den Propheten klar gesagt, dass sie nicht für sich
selber da waren, sondern für euch. Und die Nach-
richt, die sie zu erzählen hatten, galt auch nicht
ihnen. Jetzt ist euch aber die gute Nachricht von
einigen Leuten erzählt worden. Und diese Leute
haben das mit der Kraft und Vollmacht erzählt, die
direkt aus dem Himmel kommt. Was euch im Him-
mel erwarten wird, ist so irre, dass sogar die Engel
gerne mehr davon wüssten.

Ein Neustart
[13] Bereitet euch auf diesen Tag einstellungsmäßig
vor. Macht euch nicht mit irgendwelchen Sachen zu
und peilt euer Leben voll auf diese Hoffnung aus.
Gott bietet euch seine Liebe an, das wird sich spä-
testens dann zeigen, wenn Jesus wiederkommt.
[14] Weil ihr zu Gottes Familie gehört und seine Kinder
seid, tut genau das, was er euch sagt. Leute, lebt
nicht mehr so wie früher! Ihr müsst den schlechten
Wünschen in euch nicht mehr nachgeben, so wie
das früher der Fall war, klar? [15] Ihr könnt jetzt etwas
ganz Besonderes sein und auch einen besonderen
Lebensstil hinlegen, wie Jesus das ja auch getan hat.
Er hat euch extra dafür ausgesucht. [16] Genau das
meint Gott auch mit dieser Ansage: „Ihr sollt heilig
sein, denn ich bin auch heilig!" [17] Hey, Leute, wenn
ihr zu Gott, eurem Vater, betet, macht euch mal klar,
dass er jeden nach seinem Verhalten beurteilt. Ihm
ist dabei egal, welche Stellung du hier in der Welt
hast. Darum passt auf und lebt radikal nach den
Sachen, die er euch mit auf den Weg gegeben hat. In
dieser Welt sind wir wie Aliens unterwegs. [18] Leute,
vergesst das nicht: Für Gott war es nicht billig, euch
von eurem Dreck zu befreien! Eure Väter haben euch
euren ätzend-sinnlosen Lebensstil vorgelebt, aber
davon seid ihr endlich freigekauft worden. Bezahlt
wurde nicht mit Dollars oder Aktien, [19] sondern mit
dem Leben von Christus. Ein wertvolles Leben, ohne
Schulden, sauber und total rein. [20] Dass Jesus für
uns sterben musste, hatte Gott schon von Anfang

so geplant. Schon bevor die Welt überhaupt entstan-
den ist, war das klar. Und genau jetzt war die Uhr
abgelaufen, wegen euch ist er jetzt gekommen.
21 Durch Jesus habt ihr angefangen, an Gott zu glau-
ben. Gott hat ihn aus dem Tod geholt und ihn ganz
groß rausgebracht. Das hat er getan, damit ihr eure
ganze Hoffnung auf Gott setzt und ihm vertraut.
22 Nachdem ihr jetzt angefangen habt, mit Jesus zu
leben und das zu tun, was er euch sagt, wurdet ihr
dadurch ja auch befreit, um eure Geschwister im
Glauben zu lieben. Setzt das auch um, habt euch
gegenseitig lieb – mit einer reinen Einstellung dabei.
Und zieht das durch, lasst euch durch nichts davon
abbringen, ja? 23 Ihr habt ja einen kompletten Neu-
start hingelegt, ihr seid wie neugeboren! Und diese
neue Geburt hatte ja nichts mit dem Samen von
eurem Vater zu tun. Der Same kam durch Worte,
die Gott in euer Leben gesprochen hat, Worte, die
immer gelten, die lebendig sind und lebendig blei-
ben. 24 Ich zitier mal aus dem alten Buch. Da steht:
„Alles, was uns als Menschen ausmacht, ist wie
Gras. Und alles, was unser Leben ausmacht, ist wie
die Schönheit einer Blume. Gras vergammelt ir-
gendwann und Blumen verblühen. 25 Aber die Worte,
die Gott spricht, bleiben für immer und ewig beste-
hen!“ Und genau darum geht es in der guten Nach-
richt, die euch erzählt worden ist.

2

Die Christen sind was Besonderes

1 Hört auf damit, andere Menschen abzulinken!
Auch so Sachen wie Leute einfach abziehen,
rumschleimen, immer neidisch auf andere sein und
ablästern, bis der Arzt kommt, das darf es bei euch
echt nicht mehr geben! 2 Wie ein Baby frische gute
Milch zum Leben braucht, so braucht ihr auch fri-
sche Worte von Gott. Dadurch könnt ihr geistlich
gesund wachsen und gerettet werden. 3 Ihr habt ja
schon mal davon probiert und gemerkt, wie lecker
das ist und wie sehr Gott uns mag. 4 Bei Jesus kön-
nen wir immer ankommen. Die andern Menschen
hatten keinen Bock auf ihn, sie haben es nicht ka-
piert, wer er ist und welchen Wert er hatte. Er war
wie ein lebendiger Ziegelstein, den sie einfach weg-
geschmissen haben. Aber Gott hatte gerade ihn aus-
gesucht, er war sehr, sehr wertvoll. 5 Ihr seid im
Grunde auch so was wie lebendige Ziegelsteine.
Gott baut sich mit denen gerade ein ganz spezielles
Haus. Gleichzeitig seid ihr die Priester in diesem
Haus. Wenn ihr Gott vertraut, dann ist das so, als
ob ihr für ihn so Opferrituale veranstaltet. Gott fin-
det das gut, weil ihr das wegen Jesus macht. 6 In den
alten Schriften steht ja auch: „Passt auf, ich lege
einen sehr wertvollen Grundstein für dieses Haus,
das ich Zion nenne, und wer sein Vertrauen auf den
Grundstein setzt, der ist in Sicherheit.“ 7 Für euch,
die ihr mit ihm lebt und ihm vertraut, ist dieser
Stein superwertvoll. Für die Leute, denen das alles
total egal ist, ist dieser Stein wertlos. Ich zitiere mal:
„Der Stein, den die Bauarbeiter weggeworfen haben,
der wurde zum Grundstein vom ganzen Haus. Alles
musste sich nach ihm ausrichten. 8 Er ist ein Stein,
über den die Menschen stolpern, sie werden sich
über ihn totärgern!“ Sie stolpern über diesen Stein,
weil sie nicht so leben, wie Gott es will, weil sie nicht
auf das vertrauen, was er sagt. So musste es ja auch
kommen. 9 Aber ihr seid von Gott extra ausgesucht
worden! Ihr seid seine Lieblingstruppe, ihr seid wie
Priester und Präsidenten, besondere Menschen, die
nur ihm gehören! Er möchte von euch, dass ihr die
guten Sachen weitererzählt, die Gott getan hat. Er
hat euch aus einem Leben rausgeholt, in dem es nur
finster und dunkel war. Dann hat er euch ein neues
helles Leben geschenkt, das mitten im Licht ist.
10 Früher wart ihr gar nichts, man konnte euch noch
nicht mal als Normalos bezeichnen, und jetzt ge-
hört ihr plötzlich zu Gottes Familie. Früher hattet ihr
keine Ahnung von Gottes Liebe zu euch, jetzt habt
ihr sie am eigenen Leib erfahren.

Wie sich Christen dem Staat gegenüber verhalten sollen

11 Freunde, ihr wisst ja hoffentlich, dass ihr auf die-
ser Welt wie Aliens seid. Darum passt auf, dass ihr
euch nicht von den Versuchungen verführen lasst
und von den scheinbar leckeren Sachen, die euch
diese Welt ohne Gott anbietet. Sie kämpfen gegen
eure Seele. 12 Stattdessen sollt ihr so drauf sein,
dass sich euer Lebensstil deutlich von den Men-
schen in der Welt unterscheidet. Weil ihr einfach
anders seid, müssen die Menschen das Maul hal-
ten, die euch ständig kritisieren, und Gott am letz-
ten Tag, wenn abgerechnet wird, groß rausbringen
und ihn verehren. 13 Gott möchte, dass ihr euch den
staatlichen Mächten unterordnet und auch nach
ihren Gesetzen lebt. Das gilt nicht nur für eure Re-
gierung, 14 sondern auch für die Polizei und die an-
deren Regierungsvertreter. Sie sollen die Leute be-
strafen, die gegen ein Gesetz verstoßen haben, und
auf der anderen Seite sollen sie die Menschen för-
dern, die sich sozial verhalten. 15 Gott will, dass ihr
andere Menschen praktisch unterstützt, damit da-

durch allen Kritikern und den anderen Noncheckern das Maul gestopft wird. [16] Das ist möglich, weil ihr jetzt durch Jesus befreit worden seid. Nun soll aber bitte keiner diese Freiheit missbrauchen, um damit sein schlechtes Verhalten zu entschuldigen. Er hat euch befreit, damit ihr anschließend bei ihm angestellt seid. [17] Werdet nicht arrogant, geht mit andern Menschen respektvoll um. Liebt eure Glaubensgeschwister. Vor Gott sollt ihr auch riesengroßen Respekt haben. Und respektiert auch die Regierung.

Unser großes Vorbild: Jesus

[18] Alle Angestellten und Arbeiter sollten ihren Chefs die nötige Achtung entgegenbringen und tun, was sie sagen. Das betrifft jetzt nicht nur die netten Chefs, sondern auch die Sorte, die etwas seltsam unterwegs sind. [19] Es ist ein besonderes Geschenk, wenn jemand es schafft, trotz schlechter Behandlung einfach still zu bleiben, und den schlechten Umgang einfach erträgt. Und das nur, weil man sich Gott gegenüber verantwortlich fühlt. [20] Also ehrlich, was ist daran so toll, wenn ihr Probleme bekommt, weil ihr Mist gebaut habt, und das dann einfach aussitzt? Aber wenn ihr Probleme bekommt, weil ihr was Gutes gemacht habt, dann ist das ein echtes Geschenk von Gott. [21] Gott will das von euch, Jesus hat ja auch schlimme Sachen durchgemacht und es trotzdem gepackt. Macht es wie er! [22] Er hat nie Mist gebaut und kein einziges Mal gesündigt! Er hat auch nie gelogen oder so. [23] Als er getreten und verarscht wurde, hat er nicht zurückgetreten oder sich verteidigt. Er wusste einfach ganz sicher, dass Gott einmal ein gerechtes Urteil fällen wird. [24] Jesus Christus hat unseren Dreck mit hochgenommen an dieses Kreuz, und zwar alles, was uns von Gott trennt. Die Sünden sind jetzt im Müll, sie sind tot und vorbei. Wir können wieder frei sein und so leben, wie Gott es will. Diese Heilung kam durch seine tödlichen Verletzungen am Kreuz. [25] Ihr hattet die Richtung verloren und auch so keinen Schnall mehr vom Leben. Völlig ziellos seid ihr rumgelaufen, wie Schafe, die keinen Hirten mehr haben. Aber jetzt habt ihr ihn wiedergefunden: Jesus passt auf euer Innerstes auf, er beschützt eure Seelen.

3

Ein Wort über Frauen und wie es in der Ehe abgehen soll

[1] So wie wir uns Jesus Christus unterordnen, sollen die Frauen sich auch ganz ihren Männern unterordnen und das tun, was die sagen. Auch wenn einige von den Männern noch keine Christen sind, könntet ihr sie dadurch zu Jesus hinziehen – ohne große Reden zu schwingen, einfach durch euer Leben sollen sie überzeugt werden. [2] Wenn sie sehen, wie cool ihr drauf seid und wie ihr mit Gott lebt, wird sie das überzeugen. [3] Nicht durch Äußerlichkeiten, durch eine tolle Frisur, teuren Schmuck oder schöne Klamotten werdet ihr hübsch. [4] Aber solche Sachen, die man nicht sofort sieht, zum Beispiel gute Charaktereigenschaften, freundlich und entspannt zu sein, das macht eine Frau erst wirklich schön. Und für Gott ist das auch lecker. [5] Die Frauen von damals wurden dadurch hübsch: Sie haben ihre Hoffnung auf Gott gesetzt und das getan, was die Männer von ihnen wollten. [6] Zum Beispiel war da die Sara. Sie hat sich Abraham voll untergeordnet, sie nannte ihn sogar ihren „Chef“. Folgt ihrem Beispiel, indem ihr euch nicht von irgendwelchen Drohungen beeindrucken lasst und nur das tut, was gut ist. [7] Den Männern kann ich nur noch mal sagen, dass sie im Haushalt einsichtig mit den Frauen umgehen und immer locker bleiben sollen. Leute, die Frauen sind schwächer als ihr, vergesst das nicht! Frauen haben das Gleiche von Gott bekommen wie die Männer. Beide können glücklich sein, dass Gott ihnen ein Leben geschenkt hat, was nie aufhören wird. Und eins noch, liebe Frauen und Männer: Nichts darf verhindern, dass ihr zusammen betet.

Passt auf, dass ihr so lebt, wie Gott es will

[8] Schließlich will ich euch noch eine Sache sagen: Haltet zusammen! Fühlt mit den anderen, wenn einer mal Probleme hat! Liebt euch so, wie man seine Geschwister liebt! Seid immer hilfsbereit und gebt nicht so viel an. [9] Antwortet nicht auf linke Attacken, versucht immer, nett und freundlich zu bleiben, selbst wenn man euch beleidigt. Wünscht den anderen Christen lieber Gutes, dass Gott sie beschenkt. Gott will euch schließlich auch noch viele gute Sachen geben, das hat er so beschlossen. [10] In den alten Schriften steht ja auch: „Alle, die das Leben lieben und eine gute Zeit haben wollen, sollten aufpassen, was sie sagen. Nicht, dass sie nachher von ihrer eigenen Zunge reingelegt werden. [11] Dreht euch um und ändert euer Leben, geht weg vom Bösen und hin zum Guten. Kämpft mit allem, was ihr habt, um euren Frieden. [12] Gott sieht auf die Leute, die okay für ihn leben, und er hört auf ihre Gebete. Wer aber Sachen tut, die Gott nicht will, auf den hat er überhaupt keinen Bock.“ [13] Keiner kann

euch reinlegen, wenn ihr wirklich gute Sachen ma-
chen wollt, oder? 14 Und selbst wenn es euch jetzt
dreckig gehen sollte, weil ihr so lebt, wie Gott es
will, könnt ihr euch trotzdem glücklich schätzen.
Habt keine Angst vor ihren Drohungen, und lasst
euch dadurch nicht durcheinanderbringen, ja?!
15 Jesus soll bei euch das Zentrum sein, er soll das
Sagen haben. Seid immer dazu bereit, zu eurem
Glauben zu stehen und davon zu erzählen, wenn
Menschen mal nachfragen. 16 Dabei könnt ihr immer
locker drauf sein, vergesst aber nicht, dass ihr euch
zum Schluss vor Gott verantworten müsst. Passt
dadrauf auf, immer ein reines Gewissen zu haben!
Sollen die Typen, die Lügen über euch verbreiten, an
ihren Worten ersticken, wenn sie sehen, wie vorbild-
lich ihr als Christen lebt! 17 Ist doch besser, wenn
Gott Bock drauf hat, dass ihr wegen wahren, richti-
gen Sachen Probleme kriegt als wegen falschen,
oder? 18 Jesus Christus hat auch für unseren Dreck
ein für alle Mal Schlimmes durchmachen müssen.
Er, der nicht eine Sache gemacht hat, die Gott nicht
will, ist für uns gestorben. Und das, obwohl wir alle
so viele Fehler gemacht haben, die zwischen Gott
und uns stehen. So hat er es geschafft, euch zu Gott
zu bringen. Sein Körper wurde getötet, aber durch
Gottes Kraft, durch seinen Geist, wurde er wieder
neu lebendig. 19 Er ist sogar in die Welt der Toten
abgetaucht und hat denen dort erzählt, wie man frei
werden kann. 20 Er hat das den Menschen erzählt,
die noch zu Lebzeiten von Noah auf der Erde waren.
Die hatten damals nicht getan, was Gott wollte, aber
Gott hatte zum Glück Geduld mit den Menschen.
Er wartete auf sie, bis Noah mit der Arche fertig war.
Damals wurden nur acht Leute vor den Wassermas-
sen gerettet. 21 Das war wie ein Vorbild für die Taufe,
die euch ja auch vor dem ewigen Tod gerettet hat.
Bei der Taufe geht es ja nicht um eine Reinigung
des Körpers. Wir bitten Gott damit, unser Gewissen
zu reinigen, weil Jesus von den Toten auferstanden
ist. 22 Und jetzt sitzt er auf dem Chefsessel, gleich
neben Gott im Himmel. Er hat über alle Engel, alle
übernatürlichen Mächte und alle Regierungen das
Sagen!

4

Alle müssen sich mal vor Gott für ihr Leben verantworten

1 Weil Jesus mit seinem Körper schlimme Sa-
chen für uns durchgemacht hat, sollt ihr auch so
draufkommen wie er. Wer körperlich leidet, hat mit
den Sachen abgeschlossen, die uns von Gott tren-
nen. 2 Ihr solltet die restliche Zeit, die ihr noch habt,
dafür nutzen, das zu tun, was Gott will. Ihr solltet
nicht mehr das tun, was euer altes Leben von euch
verlangt. 3 Ist ja schlimm genug, was ihr früher so
alles gebracht habt. Da wart ihr noch total ohne
Gott unterwegs und habt das Partyding voll durch-
gezogen. Rumkiffen, Alkohol bis zum Abwinken,
Fresssucht, mit Frauen oder Männern rummachen
oder irgend so ein ekelhafter Gottesdienst für
Dämonen. 4 Eure alten Freunde kriegen das jetzt
natürlich null auf die Reihe, warum ihr von diesem
alten Leben nichts mehr wissen wollt. Darum ver-
arschen sie euch auch. 5 Irgendwann werden sie sich
dafür aber rechtfertigen müssen. Jesus wird sie
danach fragen, wenn es zur letzten großen Gerichts-
verhandlung kommt. 6 Übrigens ist auch den Men-
schen, die schon gestorben sind, bereits die gute
Nachricht übermittelt worden. Nach menschlichen
Maßstäben sind sie bereits verurteilt worden. Aber
Gott gibt ihnen die Chance zu einem neuen Leben,
das nie aufhört. 7 Es dauert nicht mehr lange, dann
ist es zu Ende mit dieser Welt. Darum passt auf,
Leute, pennt nicht rum und hört nicht auf zu beten.
8 Vor allem hört nicht auf damit, euch gegenseitig zu
lieben! Ist ja so, dass „die Liebe einen viele Fehler
und Sünden vergessen lässt". (Um mal aus dem
alten Buch zu zitieren ...) 9 Nehmt gerne Gäste bei
euch auf und seid nett zu ihnen. 10 Jeder soll bereit
sein, anderen mit der Begabung zu helfen, die Gott
einem gegeben hat. Geht damit einfach gut und
korrekt um, ja? 11 Wenn Gott von jemandem will,
dass er die gute Nachricht von Ihm weitererzählt,
dann soll Gott auch durch ihn sprechen können.
Hat jemand die Aufgabe von Gott bekommen, an-
deren Menschen zu helfen, dann soll er das aus
der Kraft und den Möglichkeiten tun, die Gott ihm
gegeben hat. So kommt Gott am Ende immer groß
raus, er bekommt das Lob dafür durch Jesus Chris-
tus. Er ist der Größte, für ihn ist nichts unmöglich,
das war schon immer so und wird auch immer so
bleiben! Ganz sicher [Amen]!

Durchhalten, auch wenn es Schwierigkeiten gibt

12 Freunde, wundert euch nicht über die heftigen
Hassattacken, die gegen euch gefahren werden.
Auch wenn das seltsam ist, haben sie einen Zweck:
Sie sollen euer Vertrauen in Gott auf die Probe stel-
len. 13 Hey Leute, fühlt euch geehrt, dass ihr für und
mit Jesus leidet. Ihr könnt dann auch abgehen vor
Freude, wenn er sein fettes Comeback feiern wird!
14 Ihr könnt euch sogar freuen, wenn man euch ver-

arscht, nur weil ihr Christen seid! Das ist nämlich ein gutes Zeichen dafür, dass ihr richtig liegt. Der Geist von Gott ist mit euch. [15] Nicht so geil wäre es, wenn ihr schlimme Sachen durchmachen müsst, weil ihr vielleicht jemanden umgebracht habt, was geklaut habt oder solche Sachen. Das gilt auch für jemanden, der sich ständig in fremde Angelegenheiten einmischt. [16] Wenn einer aber leidet, weil er ein Christ ist, dann braucht er sich echt nicht zu schämen. Er kann stolz darauf sein, zu Jesus zu gehören. [17] Die Gerichtsverhandlung Gottes geht bald los, Leute! Und Gott fängt bei seinen Leuten damit an. Wenn aber schon wir zum Gericht müssen, wo wir doch seine Kinder sind, wie übel wird es dann erst denen ergehen, die keinen Bock auf Gott hatten und sich nicht auf die gute Nachricht einlassen wollten? [18] Wenn selbst diejenigen, die nach Gottes Maßstab okay gelebt haben, so gerade eben durchkommen, wie wird es dann den Leuten ergehen, die ohne Gott gelebt haben und die ständig nur Mist gebaut haben? [19] Wer ätzende Sachen durchmachen muss, weil Gott das so will, sollte sich nicht davon abbringen lassen, gute Sachen zu tun. Er sollte unbedingt an Gott festhalten und ihm weiter vertrauen!

5

Noch ein Wort an die Leiter der Gemeinde

[1] Jetzt will ich zum Abschluss noch mal was für die Leiter eurer Gemeinde schreiben. Ich habe ja den gleichen Job wie ihr. Ich kann bezeugen, dass Jesus ganz schlimme Sachen durchmachen musste. Einen kleinen Teil davon erlebe ich auch gerade, werde aber am Ende, wenn er wiederkommt, dafür auch einen Teil von seiner Riesen-Größe erleben, und da freu ich mich schon drauf! [2] Ich hab eine Bitte an euch: Passt auf die Gemeinde gut auf, ja? Sorgt für sie, wie sich ein guter Hirte um seine Schafe kümmert. Tut das freiwillig, nicht weil euch irgendjemand dazu zwingt, da steht Gott voll drauf! Es geht nicht darum, Kohle zu machen, es geht um das Herz. [3] Spielt euch nicht als den großen Superleiter auf, dem alle gehorchen müssen. Leitet dadurch, dass ihr ein Vorbild seid. [4] Dann werdet ihr auch den fetten Preis bekommen. Der Oberhirte wird euch einen Orden umhängen, wo draufsteht: „Ewiges Leben". [5] Den Jugendlichen bei euch mach ich folgende Ansage: Tut das, was euch die Leiter aus der Gemeinde sagen! Allen anderen sage ich das: Passt auf, dass ihr nicht arrogant und überheblich werdet! Arrogante Menschen werden bei Gott nichts erreichen. Demütige Leute liebt Gott besonders, solche Menschen kommen bei ihm gut an. [6] Darum sag ich euch: Unterwerft euch Gott radikal, er hat die Macht! Dann wird er euch groß rausbringen, wenn der Zeitpunkt dafür gekommen ist. [7] Schmeißt eure Probleme und Sorgen auf Gott, er wird sich schon da drum kümmern. [8] Macht euch locker und bleibt dabei immer hellwach! Es gibt einen echten Feind, den Teufel! Der schleicht um uns herum wie ein wildgewordener Kampfhund, jederzeit bereit, einen zu zerfleischen. [9] Wehrt seine Angriffe ab, indem ihr fest bei eurem Vertrauen in Gott bleibt. Ihr könnt euch damit trösten, dass alle Christen auf der Welt die gleichen Sachen durchmachen müssen. [10] Gott, der euch unwahrscheinlich liebt, hat euch durch Jesus eins versprochen: Diese üble Zeit, in der wir viel leiden müssen, wird nur kurz sein. Dann wird er euch wieder aufbauen und stärken, er wird euch Kraft geben, damit ihr perfekt werdet. [11] Denn nur Gott hat die ewige Power, die nie aufhören wird. So ist das [Amen]!

Segen, Grüße und Tschüs

[12] Silvanus war diesmal sozusagen meine Sekretärin, er hat die paar Sätze für euch aufgeschrieben. Er ist ein treuer Glaubensbruder, ich mag ihn sehr! Ich wollte euch mit diesem Brief ermutigen und euch klarmachen, dass Gott euch wirklich liebt und gnädig mit uns umgeht. [13] Ich soll euch schöne Grüße von der Gemeinde hier aus „Babylon" ausrichten! Genauso von Markus, der wie ein Sohn für mich geworden ist. [14] Ach ja, ihr könnt euch gegenseitig mit einem Kuss begrüßen, als Zeichen, dass ihr zu einer Familie gehört und euch liebt! Ich wünsche euch den Frieden, der von Gott kommt, weil ihr mit Christus lebt.

Euer Petrus

Der zweite Brief vom Petrus

1

Absender und Anschrift

1 Absender: Simon Petrus, ein Diener und Botschafter von Jesus Christus. An: alle Leute, die genauso ihr Leben auf Gott gesetzt haben wie wir, einen gerechten Gott, der uns durch Jesus aus unserem Dreck rausgeholt hat! 2 Liebe Leute! Ich wünsch euch, dass die Liebe, die Gott für euch hat, und sein Frieden bei euch vollkommen vorhanden sind. Beides kommt dadurch, dass wir Gott immer besser kennen und verstehen lernen. Das wird durch Jesus möglich, er ist unser Chef.

Gott hat alles perfekt gemacht, darum versucht auch, perfekt zu leben!

3 Alles, was wir zum Leben brauchen und um so drauf zu sein, wie Gott es gut findet, hat Jesus uns schon lange zur Verfügung gestellt. Durch ihn haben wir Gott kennengelernt. Er hat uns zu einem neuen Leben bestimmt, durch seine unglaubliche Größe und Stärke. 4 So hat er uns die fettesten und allerbesten Sachen versprochen. Er wollte, dass wir bei seinem neuen göttlichen Leben dabei sind, indem wir vor den schlechten Dingen aus der Welt, die uns nur kaputt gemacht haben, fliehen. 5 Leute, zeigt Einsatz und kämpft! Seht zu, dass euer Glauben dazu führt, dass euer Leben für Gott okay ist und dass dieses Leben dann dazu führt, dass ihr Gott immer besser kennenlernt. 6 Und das hat dann die Konsequenz, dass ihr euch immer besser im Griff habt. Und dann bekommt ihr einen langen Atem und müsst nicht immer gleich aufgeben. So bekommt man auch eine echte Liebe zu Gott und man hat mehr Respekt vor ihm. 7 Wer Gott liebt, wird auch seine Geschwister lieben, und alle anderen Menschen werden diese Liebe auch spüren. 8 Wenn ihr das wirklich durchzieht und diese Liebe unter euch sogar immer mehr wird, dann wird es auch Auswirkungen haben. Ihr werdet dann nämlich immer mehr von Jesus verstehen können. 9 Wer aber nicht so drauf ist, hat vermutlich Dreck in der Linse. Er tappt im Dunkeln und hat total vergessen, dass Gott ihn schon längst sauber gemacht hat von seinem alten Mist, seinen früheren Sünden. 10 Darum kann ich euch nur eins sagen, Leute, strengt euch an und hängt nicht laff rum. Dass Gott euch ausgesucht hat, dürft ihr nicht vergessen, hört ihr? Wenn ihr euch da dran haltet, dann bleibt ihr mit Sicherheit immer auf der richtigen Spur. 11 Und dann kommt ihr auch sicher irgendwann bei Gott an, die Tür wird euch sperrangelweit offen stehen, und ihr werdet bei Jesus Christus sein, unserem Retter! 12 Ich empfinde das als meinen Job, euch immer wieder an diese Sachen zu erinnern, obwohl ihr das ja eigentlich schon lange wisst. Diese Wahrheit hat sich ja bei euch schon rumgesprochen. 13 Trotzdem finde ich das wichtig, euch immer wieder dadran zu erinnern. Und solange ich noch lebe, werde ich euch damit auch weiter puschen. 14 Jesus hat mir schon klargemacht, dass ich bald sterben werde. 15 Es ist mir aber superwichtig, dass ihr auch, wenn ich mal nicht mehr da bin, euch dadran erinnert und nicht vergesst, was ich euch gesagt habe.

Wir sind Zeugen, dass das alles wahr ist

16 Hey, wir haben euch doch keine Lügen über Jesus erzählt. Es ist wirklich wahr, dass er zu uns gekommen ist. Wir haben ihn mit eigenen Augen gesehen, als er in seiner ganzen Stärke und unglaublichen Größe vor uns stand. 17 Er hat von Gott, unserem Vater, alles bekommen, alle Macht und alle Ehre. Er sagte zu ihm: „Das ist mein Sohn, ich liebe ihn über alles, ich freue mich sehr über ihn." 18 Wir alle haben diese Stimme aus dem Off gehört, direkt vom Himmel, als wir mit ihm auf diesem heiligen Berg abhingen. 19 Umso mehr verlassen wir uns jetzt auch auf die Sachen, die Gott durch seine Propheten versprochen hat. Das solltet ihr mal auch tun. Diese Worte sind im Grunde wie eine Taschenlampe, die uns im Dunkeln den Weg ausleuchtet. Sie leuchtet so lange, bis es wieder Tag wird, bis der Morgenstern es hell macht in unseren Gedanken. 20 Die Sachen, die in den alten Schriften stehen, kann man übrigens nicht so mal eben selber auslegen. 21 Das haben sich diese Propheten damals alles nie und nimmer selber einfallen lassen, das war Gottes Geist, der da geredet hat. Menschen wurden vom Heiligen Geist angestiftet, Dinge auszusprechen, die Gott sagen wollte.

2

Kranke Lehren über Gott

1 Damals wie heute gab es immer schon irgendwelche falsche Propheten bei den Israelis, die kranke Lehren über Gott in die Welt setzen. Die wer-

den auch bei euch in der Gemeinde auftauchen. Sie
streiten ab, dass Jesus der Sohn Gottes ist, der für
sie einen hohen Preis bezahlt hat. Die Folgen davon
werden sie bald zu spüren bekommen. 2 Trotzdem
werden vorher noch viele ihrem schlechten Beispiel
folgen. Sie werden deswegen viele Witze über das
Leben mit Gott machen. 3 Weil sie Bock auf eure
Kohle haben, werden sie euch belügen und versu-
chen, euch auf ihre Seite zu ziehen. Aber sie werden
dafür bald vor dem letzten Gericht abgestraft wer-
den, sie werden dadran ersticken und bald am Ende
sein. 4 Also, Gott hat noch nicht mal die Engel ver-
schont, die sich gegen ihn gestellt hatten. Sie wur-
den auch bestraft, indem sie in die Dunkelheit
geschmissen wurden, in die Hölle, wo sie für immer
von Gott getrennt sind. Dort sitzen sie mit Hand-
schellen so lange, bis es zu dieser Gerichtsverhand-
lung kommt. 5 Die Menschen, die auf der Welt leb-
ten, als Noah noch da war, wurden ja auch nicht
verschont. Nur Noah wurde mit sieben anderen
gerettet, als die große Flut über die Welt schwappte.
Alle anderen Menschen, die nicht mit Gott lebten,
sind in den Fluten ersoffen. 6 Und wie war das mit
den Städten Sodom und Gomorra? Beide wurden
von Gott plattgemacht, um die Menschen, die ohne
Gott leben, damals wie heute zu warnen. 7 Da gab
es nur einen, den Lot, der so lebte, wie es für Gott
okay war. Lot musste voll leiden wegen diesem
ätzenden, grenzenlosen Lebensstil, den die Men-
schen damals draufhatten. 8 Lot, der Gott vertraute,
musste sich das jeden Tag reinziehen. Er litt unter
den linken Sachen, die die Menschen damals ge-
bracht haben. 9 Nicht vergessen, Leute: Gott weiß
genau, wie er alle Menschen, die das tun, worauf er
Bock hat, aus Prüfungen retten kann. Er kann sie
aus der Gefahr und der Versuchung genauso raus-
holen, wie er die Leute bei der letzten Gerichtsver-
handlung bestrafen wird, denen es scheißegal war,
was er von den Menschen eigentlich wollte. 10 Damit
meine ich besonders die Leute, die sich voll von
ihren Trieben und ihrer Lust beherrschen lassen. Sie
haben keinen Bock dadrauf, dass es jemanden gibt,
der über sie das Sagen hat. Arrogant und dreist
schrecken sie nicht einmal davor zurück, über Engel
abzulästern. 11 Die Engel sind da ganz anders drauf.
Obwohl sie ja viel stärker und mächtiger sind, wür-
den sie nie bei Gott über die Menschen ablästern
oder sie verurteilen. 12 Diese Typen, von denen ich
eben geredet habe, sind wie dumme Viecher, die
nur aus dem Grund geboren wurden, um gefangen
und geschlachtet zu werden. Sie reden totalen
Schwachsinn über Sachen, von denen sie überhaupt
keinen blassen Schimmer haben. Sie werden auch
an ihrer eigenen Schlechtigkeit ersticken. 13 Das wird
auf jeden Fall die Folge von ihrem miesen Lebensstil
sein, der nichts mit Gott zu tun hat. Die haben sich
ja zum Hobby gemacht, schon morgens erst mal
'ne Party zu feiern, und haben ihren Spaß dadran.
Die lassen ja sogar noch ihre komischen falschen
Lehren vor allen Gästen vom Stapel, wenn sie bei
euch mal zum Essen eingeladen wurden. 14 Die flir-
ten mit jeder Frau, die ihnen vor die Nase kommt,
und wollen am liebsten jede gleich ins Bett kriegen.
Die kriegen von Sünde anscheinend den Hals nicht
voll. Bei Leuten, die noch nicht so fest im Glauben
stehen, schleimen sie erst mal voll rum und ver-
suchen sie negativ zu beeinflussen. Sie sind immer
gut dadrin, ihre eigenen Interessen durchzuset-
zen. Ich verfluche solche Leute! 15 Sie sind schon
lange vom richtigen Weg abgekommen und haben
sich total verirrt. Vergleichbar mit Bileam, der ein
Sohn von Beor war. Der war ja auch immer für alle
Schweinereien zu haben, solange die Kohle stimm-
te. 16 Und er wurde am Ende von einem Esel wegen
seinem Mist angezählt! Der redete zu ihm mit einer
menschlichen Stimme und verhinderte so, dass der
Prophet um ein Haar riesengroßen Schwachsinn
angestellt hätte. 17 Diese falschen Lehrer sind so
nutzlos wie ein Wasserhahn, wo kein Wasser raus-
kommt, und so ohne Konturen wie eine Wolke im
Sturm. Die finsterste Dunkelheit ist grade gut genug
für sie, da gehören sie auf jeden Fall hin! 18 Denn
sie reden wie Intellektuelle, aber am Ende kommt
nur heiße Luft bei rüber. Sie ködern mit ihrem sze-
nemäßigen lockeren Leben Christen an, um sie
wieder zu den schlechten Dingen zu verführen, die
sie gerade erst hinter sich gelassen hatten. 19 Sie
versprechen anderen die totale Freiheit, sind aber
selber völlig abhängig und süchtig. Wenn jemand
von etwas total kontrolliert wird, dann ist er süchtig
und abhängig davon. 20 Viele haben jetzt Jesus als
ihren Chef und Befreier kennengelernt und damit
dem ganzen Dreck aus dieser Welt den Rücken
zugedreht. Wenn sie dann aber wieder an den alten
Sachen naschen und sich dadrin wieder verirren,
dann wird alles noch viel schlimmer, als es vorher
war. 21 Sie wären besser dran, wenn sie nie von Jesus
gehört hätten! Sie haben Jesus erst mal kennen-
gelernt und sich dann wieder von ihm getrennt. Da-
mit wenden sie sich ja auch gegen die Sachen, die
Jesus gesagt hat. Wie übel! 22 Auf die Leute trifft das
Sprichwort voll zu: „Der Hund isst seine eigene

Kotze!“ Oder das hier: „Ein Schwein, frisch gewa-
schen, wälzt sich erst mal wieder im Schlamm!“

3

Jesus kommt wieder zurück, garantiert!

1 Liebe Freunde, das ist jetzt ja schon mein
zweiter Brief, den ich an euch schreibe. Ich
wollte euch einfach wieder ein paar Sachen in Erin-
nerung rufen, damit ihr auch in Zukunft weiter mit
Jesus straight durchziehen könnt. 2 Vergesst nicht,
was die Propheten schon vor einiger Zeit angesagt
hatten! Und vergesst nicht, was Jesus euch durch
die Apostel klarmachen wollte, ja? 3 Vor allem sollt
ihr euch da drüber im Klaren sein, dass in dieser
letzten Zeit, wo es zu Ende geht mit der Welt, Leute
auftreten werden, die über alles und jeden Witze
reißen und nur noch das tun, was sie selbst für rich-
tig halten. 4 Sie werden sich einen Spaß aus euch
machen und so Fragen stellen wie: „Na, wo ist er
denn jetzt, euer Jesus? Sollte er nicht schon lange
wieder da sein? Unser Opa hat ja auch schon immer
auf ihn gewartet. Jetzt ist er tot, und nichts hat sich
verändert. Ist ja alles genau so, wie es von Anfang an
auch war ...“ 5 Die Leute, die so was sagen, haben
keine Ahnung davon, wie es am Anfang auf der Erde
ausgesehen hat. Da war nämlich nur der Himmel,
die Erde und ganz viel Wasser. Und alles wurde nur
dadurch zusammengehalten, weil Gott das so ge-
sagt hatte, durch seine Worte. 6 Trotzdem wurde
später die Welt durch ganz viel Wasser, nämlich
durch die Sintflut, wieder vernichtet. 7 Das ganze
Universum, wie es jetzt existiert, und auch die Erde
wird nur so lange zusammengehalten, wie dieses
Wort, was Gott damals ausgesprochen hat, auch
wirkt. Beides wird so lange bestehen, bis der Tag
kommt, an dem alles im Feuer verbrannt wird. Die-
ses Feuer wirkt durch die letzte Gerichtsverhand-
lung, wo alle Menschen, die ohne Gott gelebt haben,
einmal verurteilt werden. Sie werden dort drinnen
verbrennen. 8 Eine Sache soll euch dabei aber ganz
klar sein. Für Gott ist ein Tag so lang wie für uns tau-
send Jahre, und tausend Jahre können bei ihm wie
ein Tag sein. 9 Wenn Gott etwas verspricht, dann tut
er das auch, da könnt ihr euch drauf verlassen. Auch
wenn es manchmal so aussieht, als würde er alles
verzögern. Gott hat Geduld mit euch, und er will auf
jeden Fall verhindern, dass irgendeiner es nicht
packt und verloren geht. Er möchte, dass jeder ein
neues Leben mit ihm anfängt.

Alles wird neu

10 Dieser Tag der letzten großen Gerichtsverhand-
lung wird total unerwartet kommen, fast so wie ein
Dieb, der nachts plötzlich in eine Wohnung ein-
bricht. Mit einem Riesenknall wird der Himmel
dann explodieren. Alle Bestandteile des Universums
werden in der Hitze zerschmelzen. Die Erde und
alles, was dadrauf ist, wird sich im Feuer einfach
auflösen. 11 Wenn jetzt schon alles hier in der Welt
zu Schrott geht, dann müsst ihr gerade mit Gott
durchziehen und jesusmäßig dagegenhalten. 12 Seid
gespannt auf diesen Tag und lebt so, dass er auch
so schnell wie möglich kommen kann. Wie gesagt,
an diesem Tag wird das ganze Universum verbren-
nen, und alle Bestandteile werden sich in diesem
Feuer einfach auflösen. 13 Wir haben aber alle schon
total Bock auf diesen neuen Himmel, der dann
kommen wird, und auch auf die ganz neue Erde
freuen wir uns wie verrückt! Gott hat uns das ver-
sprochen. Dann wird es endlich gerecht zugehen in
der Welt.

Was dadraus folgt ...

14 Also, ihr Lieben, in der Zwischenzeit solltet ihr
alles dadransetzen, radikal und ohne Fehler so zu
leben, dass ihr kein schlechtes Gewissen zu haben
braucht. 15 Peilt doch endlich, dass Gott voll Ge-
duld mit euch hat, sonst würdet ihr ja nicht geret-
tet werden, oder? Das hat euch ja auch schon der
liebe Bruder Paulus geschrieben, und der hat auch
viel Weisheit von Gott bekommen. 16 Er schreibt
davon ja immer wieder in allen seinen Briefen.
Klar, einige Sachen, die er so schreibt, sind echt
schwer zu verstehen. Die Leute, die noch nicht so
fest stehen im Glauben und noch nicht so viel von
Gott kapieren konnten, haben da ein paar Sachen
durcheinanderbekommen. Ist ja typisch, machen
sie ja auch mit den anderen Briefen und Büchern.
Daran werden sie irgendwann noch mal ersticken!
17 Also, ihr seid dadrauf jetzt ja vorbereitet und
habt kapiert, wie irre diese Vollidioten drauf sind,
die euch diesen Blödsinn erzählen wollten. Euch
können sie nicht mehr so schnell umhauen und
verführen. 18 Ich wünsche euch, dass ihr immer
mehr begreift, wie sehr Gott euch liebt, auch wenn
ihr es gar nicht verdient hättet. Das kommt durch
unseren Retter Jesus Christus. Er soll der große
Held sein, für immer! Genau, so passt es [Amen]!
Euer Petrus

Der erste Brief von Johannes

1

Wie alles bei uns anfing

1 Jesus Christus war schon immer da! Jetzt haben wir ihn aber auch reden gehört, wir haben ihn mit unseren eigenen Augen gesehen und mit unseren eigenen Händen berühren dürfen. Er hat zu uns geredet und Sachen erzählt, die uns den Weg zu einem neuen, echten Leben zeigen konnten. 2 Wir haben das Leben in Person getroffen! Wir haben alles gesehen und sind Augenzeugen von der ganzen Geschichte. Darum erzählen wir euch, wie man dieses neue Leben bekommen kann, dieses Leben, was nie aufhören wird. Dieses Leben kam von Gott dem Vater, und es ist bei uns vorbeigekommen. 3 Wir erzählen euch das, was wir selbst erlebt und gehört haben. Dadurch sind wir glaubensmäßig verbunden. Wir gehören ja zur Familie von Gott. Wir sind zusammen mit Gott dem Vater und auch mit seinem Sohn Jesus Christus. 4 Das schreiben wir euch, damit ihr abgehen könnt vor Freude!

Gott ist das Licht

5 Das ist die Nachricht, die wir von Jesus gehört haben und an euch weitergeben sollen: Gott ist Licht. Bei ihm gibt es keine Dunkelheit! 6 Wenn wir behaupten, wir würden mit Gott leben, und trotzdem noch heimlich Sachen tun, die uns von Gott trennen, dann lügen wir! Wir sind einfach nicht ehrlich. 7 Wenn wir aber so leben, dass Gottes Licht überall bei uns reinleuchten kann, dann sind wir auch ganz eng miteinander verbunden. Weil Jesus für uns verblutet ist, werden wir durch dieses Blut von unseren Fehlern und Sünden sauber gemacht. 8 Wenn wir jetzt behaupten, wir hätten nie einen Fehler gemacht und zwischen uns und Gott steht gar nichts, dann belügen wir uns nur selbst. Wir sind dann von der Wahrheit Lichtjahre entfernt. 9 Wenn uns unsere Fehler aber leidtun, wir kapieren, dass wir immer wieder Mist bauen, und das echt bereuen und es auch nicht verharmlosen, dann kann man sich auf Gott verlassen: Er vergibt uns unseren Mist und macht uns sauber von dem ganzen Dreck, in dem wir gelegen haben. 10 Falls jetzt jemand von uns behauptet, er habe nie einen Fehler gemacht und nie gesündigt, dann machen wir Gott ja zum Lügner. Wir haben dann anscheinend nichts von dem begriffen, was er gesagt hat.

2

Woran man einen Christen erkennen sollte

1 Liebe Leute, ihr seid echt wie Kinder für mich. Ich schreibe euch heute, weil ich möchte, dass ihr nicht länger so lebt, dass irgendetwas zwischen euch und Gott kommen kann. Sollte aber doch einer Schuld auf sich laden, dann haben wir zum Glück jemand auf unserer Seite, der bei Gott für uns ein gutes Wort einlegt: Jesus Christus. 2 Er hat für uns die ganze Rechnung bezahlt, nicht nur für uns, sondern für alle Menschen! 3 Dass wir nur das tun, was Gott will, ist ein sicheres Zeichen dafür, dass wir ihn kennen. 4 Wenn jemand behauptet: „Ich kenne Gott!“, ihm die Dinge, die Gott von ihm fordert, aber total egal sind, dann ist er ein Lügner. 5 Wer sein Leben nach den Worten ausrichtet, die Gott gesprochen hat, und sich dadranhält, bei dem kann man wirklich die ganze Liebe finden, die Gott für die Menschen hat. Dadran kann man auch sehen, ob wir wirklich Christen sind. 6 Wer von sich behauptet, er sei ein Christ, der sollte auch so leben, wie Jesus Christus gelebt hat.

Ein altes Gesetz, das immer noch gilt

7 Was ich euch hier jetzt schreibe, ist ja nichts Neues, ihr Lieben. Es geht nicht um ein neues Gesetz, es geht um ein uraltes Gesetz, das ihr schon von Anfang an kanntet, ein altes Wort von Gott. 8 Und trotzdem ist dieses Gesetz auch neu, denn es hat sich bei Gott und bei euch gezeigt, dass es wahr ist. Die Dunkelheit wird immer weniger, denn Jesus ist das wahre wirkliche Licht. 9 Wenn jetzt einer behauptet, dass er in diesem Licht lebt, dabei aber seine Glaubensgeschwister nicht abkann, dann ist das ein Beweis, dass er in Wirklichkeit noch in der Dunkelheit lebt. 10 Nur wenn du deine Glaubensgeschwister wirklich liebst, lebst du auch im Hellen, im Licht. Keiner wird durch dich glaubensmäßig schlecht draufkommen. 11 Aber jemand, der seine Glaubensgeschwister hasst, lebt in der totalen Dunkelheit und hat keine Peilung, wo es längsgeht. Er tappt wie ein Blinder im Dunkeln. 12 Meine lieben Kinder! Ich schreib euch das hier noch mal auf: Jesus Christus hat euch eure Schuld vergeben. 13 Den Vätern unter euch möchte ich sagen: Ihr habt diesen Jesus kennengelernt, und Jesus war schon immer da. Den Jugendlichen bei euch will ich noch mal Folgendes sagen: Leute, ihr

habt das Böse besiegt! 14 Euch kleinen Kindern hab ich geschrieben, weil ihr den Vater kennengelernt habt. Und den Vätern hab ich geschrieben, weil ihr den kennt, der schon immer da war. Den Jugendlichen bei euch hab ich geschrieben, weil euer Vertrauen in Gott sehr stark geworden ist. Die Worte von Gott sind bei euch Thema, sie beschäftigen euch. Und ihr habt das Negative hinter euch gelassen, ihr habt es besiegt. 15 Leute, liebt nicht die Sachen, die nichts mit Gott zu tun haben! Wer das tut, kann nicht gleichzeitig Gott lieben. 16 Die ganzen Dinge, die aus dieser Welt kommen, sind ätzend. Menschliche Leidenschaften, geil sein auf Macht und Kohle, Arroganz gegenüber anderen, das hat alles mit Gott nichts zu tun, es kommt aus der Welt. 17 Die Welt wird an ihren Verführungen noch ersticken. Wer aber das tut, was Gott will, wird ewig leben.

Der „Antijesus" wird es drauf anlegen

18 Liebe Kinder, die letzte Stunde dieser Welt hat schon geschlagen. Ihr habt ja gehört, dass dieser „Antijesus" bald seinen großen Auftritt hat. Sind ja jetzt schon einige auf der Bildfläche aufgetaucht, die man als ein Art „Antijesus" bezeichnen könnte. Das ist ein Zeichen, dass es bald zu Ende geht. 19 Diese Typen kommen ja aus unseren eigenen Reihen, haben aber in echt nie zu uns gehört. Wenn sie wirklich Christen gewesen wären, dann wären sie auch bei der Sache dabeigeblieben. Es sollte aber deutlich werden, dass sie alle nichts mit uns zu tun haben. 20 Gott hat euch ja zum Glück seine Kraft gegeben, seinen Heiligen Geist. Mit ihm habt ihr das kapiert, was ihr über das Leben mit Gott wissen müsst. 21 Ich wollte euch jetzt nicht so behandeln, als hättet ihr keine Ahnung von Gott. Ihr kennt die Wahrheit, und ihr wisst auch, dass da kein Platz für irgendwelche komischen Lehren ist. 22 Also, wenn jetzt noch irgendjemand behauptet, Jesus sei nicht der Auserwählte, der Christus, der ist ein Lügner. Wer gegen den Sohn und den Vater ist und keinen Bock auf ihn hat, der ist ein Gegner von Christus, er ist der Antijesus. 23 Wer abstreitet, dass Jesus der Sohn von Gott ist, der leugnet damit auch Gott. Wer sich aber öffentlich auf die Seite vom Sohn stellt, der ist auch mit dem Vater zusammen. 24 Hey, Leute, die Sachen, die ihr am Anfang gelernt habt, die dürft ihr nie vergessen! Wenn ihr bei den Dingen bleibt, die ihr am Anfang gehört habt, dann bleibt ihr auch immer ganz nah an Jesus und an seinem Vater dran. 25 Und die große Sache, die er uns versprochen hat, bleibt ganz sicher: ein Leben, was nie mehr aufhören wird! 26 Ich hatte bei den letzten Sachen, die ich euch geschrieben hab, immer diese Leute im Hinterkopf, die euch verführen wollen. 27 Also die Kraft von Gott, sein Heiliger Geist, den ihr von Jesus bekommen habt, der bleibt auf alle Fälle bei euch! Ihr habt es deswegen auch nicht nötig, noch irgendwie belehrt zu werden. Der Heilige Geist macht das schon. Auf das, was er euch sagt, könnt ihr euch hundert Prozent verlassen, der lügt nicht. Und so wie er es euch auch beibringt, sollt ihr auf jeden Fall auch immer an ihm dranbleiben. 28 Meine lieben Kinder! Lasst nichts zwischen euch und Jesus kommen! Wenn er dann wiederkommt, muss uns nichts vor ihm peinlich sein, wir müssen uns wegen nichts schämen. Wir können ihm dann ganz offen entgegengehen und brauchen keine Angst zu haben. 29 Ihr habt kapiert, dass Jesus Christus sehr gerecht ist. Also ist doch auch klar, dass jeder, der das tut, was er will, zu seiner Familie gehört.

3 **Was für Auswirkungen es hat, zur Familie Gottes zu gehören und sein Kind zu sein**

1 Kriegt ihr das mit, wie riesengroß die Liebe ist, die Gott für uns hat? Wir dürfen uns nicht nur seine Kinder nennen, wir sind es auch tatsächlich! Darum will die Welt auch nichts von uns wissen, weil sie eben Gott nicht kennt. 2 Ihr Lieben, wir sind ja schon Gottes Kinder und gehören zu seiner Familie. Man weiß aber noch nicht, wie wir sein werden, wenn Jesus uns vollkommen gemacht hat. Wir werden aber auf jeden Fall so sein, wie er auch ist. Wir werden ihn dann auch richtig sehen können, so wie er wirklich ist! 3 Jeder, der diese Hoffnung hat, wird alles dafür geben, radikal für Gott zu leben, genauso wie Jesus es ja auch getan hat. 4 Wer Sachen tut, die Gott nicht will, hat augenscheinlich keinen Bock auf das, was Gott sagt, und damit sündigt er. 5 Ihr wisst ja, dass Jesus zu uns gekommen ist, um das Problem der Sünde endgültig aus dem Weg zu räumen. Er selber hat aber nie gesündigt. 6 Jeder, der ihm ganz nahe ist, kann gar nicht mehr sündigen. Wenn jemand trotzdem weitersündigt, ist er Christus noch nicht richtig begegnet und hat nichts von ihm verstanden. 7 Meine lieben Kinder! Passt auf, dass ihr euch von niemandem verführen und schräge draufbringen lasst! Nur die Menschen, die für Gott okay leben, richten sich nach dem Vorbild von Jesus. Er hat das getan, was Gott wollte. 8 Wer aber ohne Gott lebt und Dinge tut, auf die er überhaupt keinen

Bock hat, beweist damit nur, dass sein Leben dem
Teufel gehört. Der Teufel hat schon immer solche
Sachen gebracht, solange die Welt existiert. Darum
ist Jesus Christus auch zu uns gekommen, um das,
was der Teufel gebaut hat, wegzusprengen und zu
zerstören. 9 Wer von Gott einen neuen Anfang ge-
schenkt bekommen hat, der darf einfach keinen
Mist mehr bauen. Die Kinder von Gott sind ihm
immer ganz nahe, da ist einfach kein Platz mehr für
Sünde. Sie gehören ja schließlich in seine Familie,
sie sind ein Teil von ihm. 10 Jetzt wird auch klar, wer
zur Familie von Gott und wer zur Familie vom Teu-
fel gehört, oder? Alle Menschen, die ungerechte
Sachen bringen, die Gott nicht in Ordnung findet,
gehören auch nicht zu ihm, und wer seinen Glau-
bensbruder nicht liebt, schon gar nicht.

Woran sich unsere Liebesfähigkeit messen lassen muss

11 Leute, diese Botschaft habt ihr schon von Anfang
an immer wieder gehört: Menschen, die mit Jesus
leben, sollen sich gegenseitig lieben. 12 Diesen Kain
aus dem alten Buch sollten wir uns nie zum Vorbild
nehmen. Er kam aus der Familie vom Teufel und
ermordete seinen Bruder. Und warum hat er das
gemacht? Er war link unterwegs, aber sein Bruder
lebte so, wie Gott es gut findet. 13 Leute, wundert
euch gar nicht erst, wenn die Nichtchristen um
euch herum keinen Bock auf euch haben und euch
sogar hassen. 14 Wir dürfen einfach nie vergessen,
dass wir von Jesus aus einer lebensbedrohlichen
Situation gerettet wurden. Wir waren praktisch tot,
aber Gott hat uns ein neues Leben geschenkt. Wir
können unsere Glaubensgeschwister wirklich lieben.
Wer darauf keinen Bock hat, muss draußen bleiben.
15 Wer seine Glaubensgeschwister sogar hasst, der
bringt sie damit um, er ist ein Mörder. Und ihr
wisst, was auf Mord steht, oder? Auf keinen Fall
wird er bei dem Leben, bei dem wir für immer ganz
nah bei Gott sind, dabei sein können. 16 Wir haben
echte Liebe erst durch Jesus kennengelernt und ver-
standen. Weil er für uns gestorben ist, müssen wir
auch bereit sein, für unsere Glaubensgeschwister
alles zu geben. 17 Wenn jemand viel und reichlich
Kohle hat und nichts davon abgeben will, obwohl
seine Geschwister gerade dringend etwas davon
brauchen, wo bleibt denn da bitte die Liebe Gottes?
18 Darum, meine Kinder, sag ich euch noch mal:
Liebe hat nichts mit dummem Gelaber zu tun. Liebe
zeigt sich in Taten und auch dadrin, dass wir uns
gegenseitig helfen, so zu leben, wie Gott es okay
findet. 19 Daran kann man erkennen, ob wir wirk-
lich mit Jesus Christus leben, und nur so können
wir letztendlich unser schlechtes Gewissen zum
Schweigen bringen. 20 Wenn unsere Gefühle uns
verdammen, wenn wir uns selber total mies finden,
dann können wir uns auf eins verlassen: Gott ist
größer als unsere Gefühle! Er kennt uns in- und
auswendig. 21 Ihr Lieben, wenn wir uns selber nicht
immer fertigmachen müssen, können wir doch ganz
fröhlich bei Gott sein. 22 Egal, worum wir ihn bitten:
Er wird es uns geben, weil wir das tun, was er will,
und so leben, wie er es gut findet. 23 Was er von uns
will, lässt sich in einem Satz zusammenfassen: Wir
sollen an seinen Sohn Jesus Christus glauben, ihm
vertrauen und uns gegenseitig lieben. Das hat Jesus
uns so gesagt, das ist sein neues Gesetz. 24 Wer sich
dadran hält, bleibt immer ganz nah an ihm dran,
und Gott bleibt auch bei ihm. Als Garantie, dass er
in uns bleibt und nicht wieder abhaut, hat er uns
seine Kraft, seinen Geist, gegeben.

4

Wahrheit oder Lüge?

1 Ihr Lieben, eine Sache ist mir noch wichtig.
Glaubt nicht alles, was euch einige Typen so
erzählen wollen. Überprüft die Einstellung von die-
sen Menschen, ob das, was sie sagen, wirklich von
Gott kommt oder nicht. Es gibt einfach zu viel fal-
sche Propheten in dieser Welt. 2 Dass so einer wirk-
lich von Gott kommt und sein Geist in ihm ist,
könnt ihr folgendermaßen austesten: Er wird da-
dran glauben, dass Jesus als ganz normaler Mensch
direkt von Gott zu uns gekommen ist. 3 Wer das
nicht glaubt und nicht dazu steht, hat mit Gottes
Geist nichts zu tun. Er kommt sogar von der Gegen-
seite, vom Antijesus, ihr habt ja auch schon davon
gehört, dass der noch kommen wird, oder? Er sollte
ja irgendwann kommen, und jetzt ist er da, in der
Welt. 4 Ihr gehört zum Glück zu Gott, meine Lieben!
Ihr habt dieses Spielchen durchschaut, ihr habt sol-
che Leute besiegt! Denn der Geist Gottes, der in
euch wirkt, hat viel mehr Kraft als der Geist von die-
ser Welt. 5 Diese Typen kommen aus der Welt, wo
Gott nicht ist. Darum reden sie auch wie Leute aus
der Welt, und die Welt hört ihnen bereitwillig zu.
6 Wir gehören aber zu Gott! Die Menschen, die auch
zu ihm gehören, nehmen das ernst, was wir sagen.
Jemand, der nicht zu Gott gehört, dem ist das
wurstegal. So kann man unterscheiden, wer den
Geist der Wahrheit hat, und auch, wer den Geist der
Lüge hat, der uns schräge draufbringen will.

Weil Gott uns liebt, sollen wir auch unsere Glaubensgeschwister lieben

7 Ihr Lieben, lasst uns mal versuchen, dass wir uns
wirklich gegenseitig lieben! Gott hat die Liebe
schließlich erfunden! Wer seine Glaubensgeschwis-
ter liebt, gehört erst wirklich zur Familie dazu. Es ist
ein Beweis dafür, dass er Gott kennt. 8 Wer es aber
nicht schafft, andere zu lieben, der hat keine
Ahnung von Gott. Gott ist nämlich die Liebe in Per-
son. 9 Gott hat seine Liebe allen Menschen gezeigt,
indem er seinen einzigen Sohn zu uns in die Welt
geschickt hat. Er wollte, dass wir durch ihn die Mög-
lichkeit bekommen, wirklich zu leben. 10 Und das ist
das Besondere an dieser Liebe, dass er uns zuerst
geliebt hat und nicht umgekehrt. Er hat seinen Sohn
für uns sterben lassen, damit wir mit ihm wieder
klarkommen können. Er hat die Distanz wegge-
macht, indem er uns von unserer Schuld freigespro-
chen hat. 11 Meine Freunde, wenn Gott uns so wahn-
sinnig liebt, dann sollten wir uns gegenseitig auch
lieben, oder? 12 Bisher hat niemand Gott wirklich
sehen können. Aber wenn wir so eine Atmosphäre
der Liebe untereinander haben, kann man erkennen,
dass Gott mitten unter uns ist. Er bleibt bei uns,
und seine Liebe kommt bei uns voll zum Zug. 13 Der
Beweis, dass wir mit ihm ganz supereng verbunden
sind, ist, dass er uns seinen Geist gegeben hat.
14 Wir haben es selber gesehen und könnten als
Zeugen dafür auftreten: Der Vater hat seinen Sohn
geschickt, um die ganze Welt zu retten. 15 Wer das
glaubt und sich öffentlich dazu stellt, dass Jesus der
Sohn von Gott ist, den kann nichts mehr von Gott
trennen! 16 Das haben wir kapiert, und dadrauf ver-
trauen wir auch ganz fest. Wir vertrauen dadrauf,
dass Gott uns liebt. Er selber ist die Liebe in Person,
und wer eine liebevolle Einstellung zu anderen hat,
der lebt in Gott und Gott lebt in ihm. 17 Diese Liebe,
die Gott zu uns hat, wurde dadurch perfekt ge-
macht, dass wir ohne Angst auf den letzten Tag der
großen Gerichtsverhandlung zugehen können.
Denn wir leben in dieser Welt nach seinem Vorbild.
18 Angst und Liebe passen übrigens nicht zusam-
men. Wo Liebe ist, gibt es keine Angst mehr, die
Liebe vertreibt die Angst. Wer Angst hat, fürchtet
sich ja vor einer Bestrafung. Wenn jemand Angst
hat, ist das nur ein Zeichen, dass er die wirkliche
Liebe noch gar nicht kennengelernt hat. 19 Leute,
lasst uns lieben! Gott hat uns schließlich als Erster
geliebt, er hat es uns vorgemacht. 20 Wenn jetzt
jemand behauptet: „Ich liebe Gott!“, dabei aber sei-
nen Glaubensbruder hasst, dann kann er nur ein
Lügner sein. Wer es nicht schafft, seinen Bruder zu
lieben, den man ja wenigstens sehen kann, wie soll
er dann bitte in der Lage sein, Gott zu lieben, denn
den kann man ja nicht mit seinen eigenen Augen
sehen? 21 Das ist ein Gesetz, was wir direkt von
Jesus bekommen haben: Wer Gott liebt, der muss
auch seinen Bruder lieben!

5 **Im Vertrauen auf Gott steckt sehr viel Power**

1 Jeder, der das eine glaubt, nämlich dass Jesus
der Retter ist, den Gott uns schon vor langer
Zeit versprochen hat, der gehört dazu! Er ist damit
ein Teil von der Familie, weil Gott ihn damit neu
geboren hat. Und jeder, der seinen Vater liebt, der
liebt auch die Geschwister, die mit ihm in dieselbe
Familie geboren wurden. 2 Ein gutes Zeichen, an
dem man erkennen kann, ob man die Geschwister
in Gottes Familie liebt, ist Folgendes: dass wir Gott
lieben und das tun, was er von uns will. 3 Unsere
Liebe zu Gott kann man dadran erkennen, ob wir
das tun, was er will, und das ist nicht so schwer.
4 Alles, was von Gott kommt, ist stärker als das, was
aus der Welt kommt. Unser Vertrauen auf Gott,
unser Glaube an ihn, sticht alles aus, was die Welt
so zu bieten hat. Dieser Glaube, den wir haben,
bedeutet, dass uns alle Probleme der Welt nicht
mehr von Gott wegbringen können. 5 Ist doch klar:
Wer sonst sollte es packen, diese Welt mit ihren
Problemen zu besiegen, wenn nicht derjenige, der
dadran glaubt, dass Jesus der Sohn von Gott ist?!

Drei Zeugen stehen für Jesus

6 Jesus ist ja zu uns in diese Welt gekommen. Und
als er loslegte, hat er sich erst mal nur mit Wasser
taufen lassen. Am Ende wurde er hingerichtet und
ist verblutet. Der Heilige Geist hat das ja auch bestä-
tigt, und der sagt immer die Wahrheit. 7 Damit gibt
es sozusagen drei Zeugen: 8 den Geist, das Wasser
und das Blut. Alle drei bestätigen einstimmig, dass
es so ist. 9 Wenn wir schon bei Gericht Zeugenaus-
sagen von Menschen erst mal als wahr annehmen,
wie viel mehr sollten wir dann den Dingen glauben,
bei denen Gott selber als Zeuge auftritt. Und Gott
hat bezeugt, dass Jesus Christus sein Sohn ist.
10 Wer sein Vertrauen auf den Sohn von Gott gesetzt
hat, kann das ja auch bestätigen. Wer Gott aber
nicht glaubt, macht ihn damit im Grunde zu einem
Lügner. Er behauptet dann ja, dass die Sachen, die
Gott über Jesus gesagt hat, falsch sind. 11 Gott hat
aber eine klare Ansage gemacht: Wir werden leben,

und dieses Leben liegt in seinem Sohn Jesus Chris-
tus. 12 Wer mit dem Sohn lebt, der hat das Leben.
Wer aber nicht mit dem Sohn lebt, der hat auch das
echte Leben nicht. 13 Ich schreib euch das jetzt,
damit ihr euch dadrin ganz sicher sein könnt. Ihr
habt das ewige Leben! Ihr habt ja auf Jesus gesetzt
und ihm geglaubt. Er ist der Sohn Gottes.

Gott hört auf unsere Gebete

14 Und auf eins können wir uns echt verlassen: Gott
gibt uns das, worum wir ihn bitten. Es sollte aller-
dings dem entsprechen, was okay für ihn ist.
15 Wenn wir uns ganz sicher sind, dass er auf unsere
Gebete hört, dann wissen wir auch, dass wir das,
worum wir ihn bitten, auch bereits haben. 16 Wenn
einer von euch mitbekommt, dass ein anderer
Christ Sachen tut, die Gott nicht will, dann soll er
mal für den beten. Gott wird dann dafür sorgen,
dass er dieses Leben kriegt, was nie aufhört. Das
gilt jetzt nicht für diese Sünde, bei der es keine
Chance gibt, dass ihm vergeben wird. So eine tödli-
che Sünde gibt es, und da sage ich nicht, dass man
für den betreffenden Menschen beten soll. 17 Jede
linke Aktion ist Sünde und trennt uns von Gott.
Aber nicht jede Sünde ist in dem Sinne tödlich.

Jesus hilft uns

18 Eins ist ganz sicher: Wer zu Gottes Familie gehört,
der sündigt einfach nicht mehr. Wer dazugehört, der
ist ein Kind von Gott, und Gott passt auf ihn auf.
Satan darf ihn nicht mal anfassen. 19 Wir sind uns
ganz sicher, dass wir zu Gott gehören, auch wenn
die Welt vom Satan kontrolliert wird. 20 Wir sind uns
auch ganz sicher, dass Jesus als Sohn von Gott zu
uns gekommen ist, er hat uns die Fähigkeit gege-
ben, Gott überhaupt erst als Gott zu erkennen. Wir
sind durch Jesus mit Gott ganz eng verbunden,
Jesus selber ist der wahre Gott. Und er ist das
Leben in Person, das Leben, das nie mehr aufhört.
21 Darum, ihr lieben Kinder, passt auf: Keinem Pseu-
dogott hinterherlaufen!
Euer Johannes

Der zweite Brief von Johannes

1
Absender, Anschrift, Begrüßung
1 Absender: Johannes, der „Alte". An: eure
Gemeinde und alle, die dazugehören. Hallo ihr!
Ganz ehrlich, Leute, ich liebe euch wie verrückt!
Und damit bin ich nicht alleine. Alle anderen, die
die Wahrheit kapiert haben, lieben euch auch.
2 Diese Wahrheit kann uns keiner mehr nehmen,
sie wird immer weiter in uns wirken. 3 Wir haben
immer einen Grund uns zu freuen, wir können mit
anderen fühlen und einen Frieden in unseren
Gedanken haben, der von Gott kommt. Das
kommt alles durch den Vater und durch seinen
Sohn Jesus Christus. Durch ihn sind wir in der
Lage, seine Wahrheit über das Leben zu begreifen
und zu verstehen, damit wir erfüllt sind von seiner
Liebe. 4 Ich bin echt froh, dass ich in eurer Ge-
meinde einige Leute gefunden habe, denen Gottes
Meinung wichtig ist. Gott sagt immer die Wahr-
heit, und er hat uns gesagt, wie wir leben sollen.
5 Ich hab eine wichtige Bitte an euch. Das ist nichts
Neues, das haben wir schon von Anfang an immer
wieder gesagt: Gott will, dass wir uns gegenseitig
lieben sollen! 6 Diese Liebe zeigt sich dann auch
dadrin, dass wir die Dinge tun, die Gott von uns
möchte. Wie gesagt, es war schon von Anfang an
klar, dass ihr so leben sollt.

Aufgepasst vor falschen Lehren
7 Es wird echt immer schlimmer mit den Betrügern,
die den größten Schwachsinn über Gott in der Welt
verbreiten. Sie glauben nicht, dass Jesus als ganz
normaler Mensch auf die Welt gekommen ist.
Leute, diese Typen kommen direkt vom Gegenspie-
ler, vom Antichristen höchstpersönlich! Der ver-
sucht euch nur vom richtigen Weg wegzulocken.
8 Passt bloß auf, dass ihr nicht alles wieder verliert,
was ihr von Jesus bekommen habt! Ihr sollt ja die
ganze Belohnung am Ende einstreichen können,
klar? 9 Jeder, der die Grenze von dem überschreitet,
was ihr über Jesus Christus beigebracht bekommen
habt, der hat schon verloren. Er hat keine Verbin-
dung mehr zum Vater und zu seinem Sohn. 10 Also,
falls bei euch irgendjemand reinschneit und euch
was anderes erzählen will, dann schmeißt ihn gleich
wieder raus. Ihr könnt den erst mal wie Luft behan-
deln. 11 Wer zu solchen Leuten, die andere Christen
schräge draufbringen, auch nur „Hallo" sagt, hat
sich damit schon an ihren linken Machenschaften
beteiligt. 12 Da gibt es noch einiges, was ich euch
unbedingt sagen will. Aber ich hab keine Lust, das
jetzt aufs Papier zu drucken. Ich bin ja hoffentlich
bald bei euch, und dann können wir diese Sachen
auch mal so bequatschen. Das macht sowieso viel
mehr Spaß. 13 Ich soll noch schöne Grüße von allen
Christen hier ausrichten!
Euer Johannes

Der dritte Brief von Johannes

1 **Absender, Anschrift, Grüße**
1 Absender: „Der Alte", Johannes. An: Gajus, meinen Freund, den ich voll lieb habe! 2 Hallo, Gajus! Ich hoffe, es geht dir gut und du bist körperlich gesund! Deiner Seele geht es ja schon ganz gut ;+)

Gajus ist gut drauf

3 Ich hab mich echt dadrüber gefreut, was mir die Glaubensgeschwister von dir erzählt haben! Du ziehst die Sache mit Gott anscheinend voll durch und stellst dich radikal dazu, ein Christ zu sein. 4 Für mich gibt es nichts Schöneres, als so was zu hören! Dass meine Leute, die ich zu Jesus geführt habe, mit Gott durchziehen, ist einfach super gut zu hören.

Gajus war gastfreundlich

5 Mein Lieber, ich finde es genial, dass du dich so um die Glaubensgeschwister kümmerst, und das, obwohl du sie vorher gar nicht persönlich gekannt hast. 6 Die haben uns erzählt, wie liebevoll du drauf gewesen bist. Ist bestimmt eine gute Idee, wenn du das weiterhin so machst. Ich glaube, es wäre auch gut, wenn du sie anständig mit allem ausstatten würdest, was sie für die Weiterreise noch so brauchen, ja? Tu das so, wie sie es als Mitarbeiter für Gottes Sache verdient haben. 7 Sie sind ja immerhin für Gott unterwegs und wollen in dieser Zeit auch kein Geld von Nichtchristen annehmen. 8 Wenn wir unseren Job für Gottes Sache machen, ist es unsre Aufgabe, ihnen unter die Arme zu greifen.

Wie man es nicht machen soll

9 Ich hatte euch einen kurzen Brief geschrieben, aber Diotrephes, der gerne euer Leiter sein will, hat anscheinend keinen Bock auf das, was wir sagen. 10 Wenn ich bei euch vorbeikomme, werde ich ihn bloßstellen müssen. Ich werde dann noch mal in Erinnerung bringen, was für Schaden er durch seine linken Kommentare gegen uns angerichtet hat. Dabei ist er selber noch nicht einmal bereit, Geschwister bei sich wohnen zu lassen, und ist auch so alles andere als gastfreundlich. Um das noch zu toppen, schmeißt er sogar die Leute aus der Gemeinde raus, die genau das tun ... 11 Mein Lieber, bitte sei nicht so wie dieser Typ und mach ihm das nicht nach! Tu stattdessen gute Sachen, ja!? Nur wer gute Sachen tut, gehört zur Familie von Gott. Wer link unterwegs ist, kann Gott gar nicht kennen. 12 Über Demetrius erzählt man sich überall nur gute Geschichten! Gott hat ihn anscheinend voll bestätigt. Wir bestätigen ihn natürlich auch, und wenn wir etwas sagen, hat das auch immer Hand und Fuß. 13 Mann, es gäbe echt noch so viele Dinge, die ich dir gerne schreiben würde. 14 Aber wir sehen uns hoffentlich bald mal wieder. Dann könnten wir ausführlich quatschen! 15 Ich wünsch dir, dass du entspannt bist, weil Gott dir das schenkt. Ich soll noch Grüße von allen Freunden hier ausrichten! Richte auch mal jedem Einzelnen von mir Grüße aus!
Bis dann, dein Johannes!

Judas

1

Absender, Anschrift, Grüße
1 Absender: Judas, Angestellter von Jesus Chris-
tus und ein Bruder von Jakobus. An: alle Men-
schen, die Gott zu sich gerufen hat. Ihr werdet alle
von Gott wahnsinnig geliebt! Er ist wie ein Vater zu
uns. Jesus Christus soll euch beschützen. 2 Hallo,
liebe Geschwister! Ich wünsche euch erst mal alles
Gute! Dass Gott euch fett segnet mit seiner Liebe
und dass ihr darauf klarkommt, andere zu lieben.
Und dass ihr chillig seid, das wünsch ich euch
auch!

Passt auf vor den Laberheinis!
3 Ihr Lieben, ich hatte mir eigentlich fest vorgenom-
men, euch nur positive Sachen zu schreiben. Ich
wollte da drüber reden, wie Gott uns gerettet hat
und so. Jetzt muss ich euch mit diesem Brief aber
eher warnen. Leute, fightet um euer Vertrauen in
Gott, passt auf euren Glauben auf, den schon so
viele Menschen vor euch kennengelernt haben!
4 Bei euch haben sich anscheinend ein paar Typen
eingeschlichen, die schon längst ihr Urteil gekriegt
haben. Schamlos missbrauchen sie die Liebe und
die Gnade, die Gott für sie hat. Sie lassen sich total
gehen, sündigen rum und verraten damit Jesus
Christus, der der Boss über alles ist. 5 Ich will euch
noch mal an was erinnern, obwohl ihr das schon
lange wisst. Gott hat ja damals das Volk Israel aus
Ägypten rausgerettet. Trotzdem mussten später alle
sterben, die ihm nicht mehr vertraut haben. 6 Gott
ist ja auch mit denjenigen Engeln so umgegangen,
die ihr eigentliches Zuhause einfach verlassen hat-
ten. Darum hat Gott sie auch mit dicken Stahlfes-
seln in die Dunkelheit weggeschlossen, bis sie zur
letzten großen Gerichtsverhandlung wieder rausge-
lassen werden. 7 Sodom und Gomorra mit den
Städten drum herum mussten auch die Konsequen-
zen ertragen. Sie haben sexmäßig ätzend gelebt.
Da ist jeder mit jedem und mit allem in der Kiste
gelandet. Sie sind ein Beispiel dafür, was die Folgen
von so einem Lebensstil sind: Schmerzen und Lei-
den von einem Feuer, das auf ewig brennen wird.
8 Einige verwirrte Typen bei euch sind genauso
drauf wie die. Die sind wie ferngesteuert von ihrer
Geilheit, lassen sich aber von niemand was sagen.
Und dabei berufen sie sich noch auf irgendwelche
Träume und lästern nebenbei noch gegen alle über-
natürlichen Kräfte ab, aber auch allen anderen
Autoritäten zeigen sie den Mittelfinger. 9 Das hat
sich noch nicht mal der Oberengel Michael getraut.
Als der Teufel ihm die Leiche vom Mose abluchsen
wollte, sagte er nur: „Gott soll dich bestrafen!" Das
war alles, er verurteilte ihn noch nicht mal dafür.
10 Diese Leute lästern aber über Sachen ab, wo sie
überhaupt keine Ahnung von haben! Wie dämliche
Viecher tun sie nur das, was ihr Gefühl ihnen ge-
rade sagt, ohne vorher mal das Hirn einzuschalten.
Dadran werden sie selbst kaputtgehen. 11 Die soll-
ten echt mal den Ball flach halten! Die machen es
genauso wie Kain, der seinen Bruder umgelegt
hatte. Oder auch wie Bileam, sie lassen sich einfach
für jede Schweinerei kaufen. Oder wie Korach wer-
den sie an ihrer Rebellion selber ersticken. 12 Wenn
ihr euch zum Essen verabredet, dann kommen sie
und fressen sich voll, egal wie peinlich das ist. Und
dabei finden sie sich noch ganz toll. Die sind wie
ein verpacktes Geschenk, das von außen wie ein
Handy aussieht, aber dann ist nur ein Paket weiße
Socken drin. Oder wie tote Obstbäume, an denen
nie wieder was wachsen wird. Die haben es letztes
Jahr schon nicht gebracht und werden es dieses
Jahr auch nicht bringen. Die sind tot bis in die Wur-
zeln. 13 Oder wie die Wellen eines versifften Meeres,
wo der Dreck an den Strand gespült wird. Oder sie
sind wie Meteoriten, die ihre Bahn verlassen haben
und in das unendliche Universum abstürzen, ohne
Halt. Solche Menschen werden für immer in der
Dunkelheit bleiben. 14 Henoch, der in der siebten
Generation nach Adam gelebt hat, sagte damals
schon voraus: „Passt auf, da kommt der Herr mit
vielen tausend heiligen Engeln. 15 Er will über die
Menschen ein Gerichtsurteil fällen, und alle Men-
schen, die ohne Gott gelebt haben, werden verur-
teilt. Alle, die keinen Bock auf Gott hatten, werden
für ihr Handeln ohne Gott bestraft werden. Auch
für ihre linken Kommentare, die sie über Gott abge-
lassen haben, werden sie sich verantworten müs-
sen." 16 Dabei sind diese Menschen überhaupt nicht
glücklich mit ihrem Leben. Sie werden voll von ihrer
Lust kontrolliert, und was sie so sagen, klingt im-
mer morz arrogant. Dabei reden sie nur, um sich
bei wichtigen Leuten einzuschleimen, und versu-
chen, dabei irgendwie einen Vorteil für sich raus-
zuholen.

Zieht durch!

[17] Meine lieben Freunde, ihr dürft nicht vergessen, was euch die Apostel von Jesus Christus erzählt haben, klar?! [18] Sie sagten euch, dass in der Zeit, wenn es mit der Erde zu Ende gehen wird, überall Leute auftreten, die Gott nur verarschen wollen. Die lassen sich nur von ihrer Geilheit leiten und suchen überall ihren eigenen Vorteil. [19] Durch diese Leute kommt es zu Spaltungen in der Gemeinde. In ihrem ganzen Leben geht es nur um weltliche Dinge. Mit Gott und seinem Geist haben sie nichts zu tun.

Gott ist der Größte

[20] Meine lieben Freunde, lasst euch von so was nicht runterziehen. Baut euch gegenseitig auf, ermutigt euch in eurem Glauben an Gott. Und betet durch die Kraft vom Heiligen Geist. [21] Haltet durch! Das geht, wenn ihr euch bewusst macht, wie sehr Gott euch liebt. Wartet auf den Tag, an dem Jesus Christus euch abholt zu einem Leben, das nie mehr aufhören wird. [22] Kümmert euch um die Leute bei euch, die glaubensmäßig noch schwach auf der Brust sind. [23] Andere müsst ihr packen und aus der Gefahrenzone rausholen. Rettet sie vor einem üblen Urteil bei der letzten Gerichtsverhandlung von Gott. Auch mit den anderen Menschen sollt ihr liebevoll umgehen, ja? Passt dabei auf, dass ihr euch nicht selber mit Sünden wieder dreckig macht. [24] Gott allein kann auf euch aufpassen, dass ihr nicht ins Stolpern kommt. Wenn Jesus dann sein fettes Comeback feiert, können wir uns vor ihn stellen und uns einfach nur freuen! [25] Gott hat uns durch Jesus Christus aus dem Dreck rausgeholt und uns gerettet. Er soll für immer der Größte sein. Er hat einen Anspruch auf Ehre und Ruhm. Er soll das Sagen haben, er soll regieren, wie er es schon immer getan hat und auch immer tun wird! So ist das und so soll es auch sein [Amen].

Euer Judas

Offenbarung

1

Wie dieses Buch entstanden ist

1 In diesem Buch stehen Visionen, innere Filme, die Johannes gehabt hat. In ihnen erklärt Jesus Christus einige Sachen, die bald passieren müssen. Diese Visionen hat Johannes von einem Engel bekommen. 2 Alles, was Gott Johannes dabei gesagt und gezeigt hat, schreibt er hier auf. Jesus Christus ist der Zeuge dafür. 3 Wer diese von Gott erleuchteten Worte liest, ernst nimmt und danach lebt, der kann sich echt glücklich schätzen. Denn das wird alles bald genau so abgehen, wie es hier steht.

Wer das schreibt und für wen

4 Absender ist Johannes, und er schreibt diesen Brief an die sieben Jesus-Gemeinden in der Provinz Asien [die Gegend heißt heute Anatolien, ein Teil der Türkei]. Hallo, Leute! Ich wünsche euch, dass ihr die Liebe und den Frieden, die von Gott kommen, bei euch habt. Er ist da, er war schon immer da, und er wird wiederkommen. Auch von den sieben Engeln, die vor seinem Chefsessel sind, soll ich das ausrichten 5 und von Jesus Christus, der ein zuverlässiger Zeuge ist. Er ist der Allererste, der den Tod besiegt hat. Er hat das Sagen über die ganze Erde. Er liebt uns wie verrückt, und er hat uns dadurch, dass er an diesem Kreuz hingerichtet wurde, von dem ganzen Dreck befreit, der uns von Gott getrennt hat. 6 Er hat uns zu Königen und Priestern gemacht, die für Gott, seinen Vater, da sind. Er soll groß rauskommen, er soll das Sagen haben, für immer! Ja, so soll es sein [Amen]! 7 Passt auf! Jesus kommt auf einer Wolke wieder zurück, und zwar so, dass es alle sehen können! Auch die Menschen, die ihn hingerichtet und gefoltert haben, werden das sehen, und es wird ihnen voll leidtun. Auf sicher [Amen]!

Gott sagt zu Johannes: „Schreib mal auf!"

8 „Ich war der Erste, ich bin jetzt da, und ich werde immer da sein", hat Gott gesagt, der der Chef von allem ist. Ihm ist nichts unmöglich.

Johannes soll alles aufschreiben

9 Ich heiße Johannes und gehöre auch zur Jesus-Familie. Ich bin mit euch ganz fest verbunden und muss dieselben ätzenden Sachen wie ihr durchmachen, dass wir nämlich als Christen verfolgt werden. Und genauso wie ihr kann ich es kaum abwarten, dass Jesus wiederkommt. Weil ich Menschen von Jesus erzählt habe, hat man mich jetzt auf dieser Insel Patmos kaltgestellt. 10 An einem Sonntag passierte mir hier etwas total Abgefahrenes. Beim Beten übernahm plötzlich Gottes Geist die Kontrolle. Ich hörte hinter mir eine extrem laute Stimme, die war so laut wie der Sound von tausend Marshall-Verstärkern. 11 „Jetzt schreib alles auf, was du siehst, und danach schickst du das Buch an folgende sieben Gemeinden: Ephesus, Smyrna, Pergamon, Thyatira, Sardes, Philadelphia und Laodizea!" 12 Weil ich natürlich sehen wollte, wer mich da gerade zutextet, drehte ich mich um. Na, und da standen erst mal nur sieben Lampen aus Gold. 13 In der Mitte zwischen den Lampen stand einer, der sah so aus wie ein Mensch. Er hatte einen langen Mantel an und einen Gürtel aus Gold umgebunden. 14 Sein Kopf und seine Haare waren total weiß, so strahlend weiß wie Schnee. Und seine Augen sprühten voll, so als wären sie aus Feuer. 15 Seine Füße glühten wie weißer Stahl, der gerade aus dem Schmelzofen kommt, und seine Stimme war mit dem Krach von tausend Böllern zu vergleichen. 16 In seiner rechten Hand hatte er sieben Sterne, und aus seinem Mund kam ein rotes Laserschwert. Sein Gesicht leuchtete so hell wie die Sonne. 17 Als ich ihn ansah, fiel ich flach auf den Boden vor seine Füße. Dann legte er seine rechte Hand auf meine Schulter und sagte: „Hab keine Angst! Ich bin der Erste und der Letzte, 18 und ich bin derjenige, der lebt. Ich war tot, aber jetzt lebe ich, und ich lebe für immer weiter. Ich habe die Kontrolle über den Tod und über das Land, wo die Toten sind. 19 Johannes, schreib jetzt alles auf, was du siehst: das, was jetzt passiert, und das, was noch passieren wird. 20 Die sieben Sterne in meiner rechten Hand, die du gesehen hast, und die sieben goldenen Lampen haben folgende Bedeutung: Die sieben Sterne sind die Engel von sieben Gemeinden. Und die sieben Lampen sind ein Bild für diese sieben Gemeinden."

2

Ein Brief an die Jesus-Familie in Ephesus

1 „Johannes, schreib mal einen Brief an die Gemeinde in Ephesus. Nachricht von demjenigen, der in seiner rechten Hand sieben Sterne hält und der zwischen den sieben goldenen Lampen umher-

geht. Er sagte zu eurer Gemeinde Folgendes: 2 Mir ist bewusst, dass du gut drauf bist. Ich weiß von den vielen guten Sachen, die du tust, und dass du geduldig bist und 'ne Menge durchgemacht hast. Es war gut, dass du diese fragwürdigen Pseudo-Apostel bei euch als solche erkannt und kaltgestellt hast. 3 Du hast wirklich durchgezogen und geduldig schlimme Sachen für mich ertragen. 4 Trotzdem gibt es eine Sache, die mir echt weh tut: Du liebst mich nicht mehr so, wie du mich mal geliebt hast! 5 Denk doch mal dran, was du eigentlich hinter dir gelassen hast! Komm jetzt wieder zurück an den Punkt, wo du am Anfang mal warst. Denn wenn du das nicht tust, werde ich dir deine Lampe wegnehmen müssen. 6 Eine Sache finde ich aber echt geil an dir: dass du das, was die Nikolaiten, diese Typen, die sich aus jeder Religion die Rosinen rauspicken gebracht haben, genauso schlimm findest wie ich! 7 Macht die Lauscher auf, Freunde, und hört gut zu, was der Geist von Gott seinen Leuten zu sagen hat! Wer bis zum Ende durchzieht, dem werde ich im Paradies eine ganz besondere Frucht anbieten, und die wächst am Baum des Lebens."

Ein Brief an die Christen in Smyrna

8 „Johannes, schreib mal bitte einen Brief an die Gemeinde in Smyrna: Nachricht von dem, der ganz am Anfang da war und der bis zum Schluss bleiben wird. Er war tot, aber jetzt lebt er wieder. 9 Mir sind die üblen Sachen bekannt, die du zurzeit ertragen musst. Ich weiß auch, dass ihr überhaupt kein Geld habt (auch wenn du trotzdem irgendwie reich bist). Ich weiß auch davon, dass Leute über euch ablästern, die sich für superfromme Juden halten, aber in Wirklichkeit bei der Firma vom Satan angestellt sind. 10 Du brauchst keine Angst vor den Sachen haben, die noch kommen werden! Der Satan wird ein paar von euch sogar noch verhaften lassen, um euch auszutesten. Das wird insgesamt zehn Tage lang abgehen. Zieh durch! Wenn du das packst, dann wirst du am Ende bei der Siegerehrung den ersten Preis bekommen und als Prämie das Leben, das nie aufhört! 11 Passt gut auf, was der Geist seinen Leuten sagen will. Wer durchhält und gegen das Böse Siege einfährt, der muss vor dem endgültigen Tod keine Angst mehr haben."

Ein Brief an die Christen in Pergamon

12 „Jetzt schreib mal einen Brief an die Christen in Pergamon: Folgendes kommt von demjenigen, der sein scharfes Laserschwert in Händen hält. 13 Mir ist schon klar, dass du in einer schlimmen Stadt wohnst, wo Satan das Sagen hat und alles beeinflusst. Trotz dieser Situation hast du dich immer ganz treu auf meine Seite gestellt. Du hast nie so getan, als würdest du mich nicht kennen. Und selbst in der Zeit, als Antipas bei euch, in dieser Hochburg von Satan persönlich, umgebracht wurde, wart ihr mir treu. 14 Es gibt aber bei dir etwas, was du ändern musst: Du akzeptierst Menschen bei euch, die immer noch nach der Lehre vom Bileam leben. Bileam brachte den Balak dazu, die Israelis in die Scheiße zu reiten. Er verführte sie Fleisch zu essen, das für dämonische Rituale benutzt wurde, und auch zu ätzenden Sexsachen hat er sie verführt, Sachen, die Gott nicht gut findet. 15 Und dann gibt es ein paar Leute bei dir, die auf die Ideen der Nikolaiten abfahren. 16 Hör auf damit! Wenn du dich nicht radikal änderst, dann werde ich bei euch vorbeikommen und mit meinem Laserschwert gegen euch kämpfen. 17 Pass auf und hör gut zu, was Gott zu dir jetzt sagt! Wer bis zum Ende durchhält, dem werde ich etwas Besonderes zu essen geben, nämlich Brot, das im Himmel gemacht wurde. Er wird eine Siegerurkunde bekommen, auf der ein neuer Name draufstehen wird. Und dieser Name ist geheim. Nur der, der die Urkunde bekommt, kann ihn lesen."

Ein Brief an die Christen in Thyatira

18 „Schreib mal an die Gemeinde in Thyatira: Was jetzt kommt, sagt der Sohn Gottes. Er hat Augen wie ein Flammenwerfer, und seine Füße sind aus glühendem Stahl. 19 Ich beobachte dich. Ich sehe, was du tust, und hab auch bemerkt, mit was für einer Liebe du mir dienst und wie groß dein Vertrauen zu mir geworden ist. Auch deine Geduld ist größer geworden. Und du setzt dich jetzt sogar noch mehr ein, als du es je getan hast. 20 Es gibt aber eine Sache bei dir, die du ändern musst: Du lässt diese Isebel in Ruhe ihr Ding durchziehen, obwohl sie eine Pseudoprophetin ist. Sie verführt mit den Sachen, die sie erzählt, meine Leute dazu, Mist zu bauen, zum Beispiel von dem Fleisch zu essen, was irgendwelchen Göttern geopfert wurde, und fremdzugehen. 21 Ich habe dieser Frau wirklich genug Zeit gegeben, ihr Leben zu ändern. Aber sie will einfach nicht. 22 Darum wird sie jetzt krank werden, und alle, die sich auf sie eingelassen haben, werden auch schlimme Sachen durchmachen müssen. Es sei denn, sie sind bereit, sich von ihr zu trennen. 23 Ich werde mit ihr kurzen Prozess ma-

chen. Ihre Kinder werden sterben, und dann werden
hoffentlich alle kapieren, dass ich die Gedanken von
jedem Menschen lesen kann und alles abchecke.
Jeder wird für das bezahlen müssen, was er verbro-
chen hat. 24 Den Rest der Leute in Thyatira, die die-
ser falschen Theorie nicht gefolgt sind und sich
nicht auf diese Spekulationen über satanische
Mächte eingelassen haben, den werde ich in Ruhe
lassen. 25 Ihr müsst aushalten und dürft das nicht
verlieren, was ihr jetzt mit mir habt, und zwar so
lange, bis ich wiederkomme. 26 Hey, wer bis zum
Schluss durchzieht und den dunklen Mächten
standhält, wer bis zum Schluss sein Leben danach
ausrichtet, was ich will, der wird mal über ganze
Nationen das Sagen haben! 27 Er wird autoritär
regieren und alles weghauen, was sich ihm in den
Weg stellt. 28 Er wird genau so eine Power haben,
wie ich sie von meinem Papa bekommen habe. Und
als Zeichen, dass er so mächtig ist, hat er eine Uni-
form von einem General an. 29 Passt gut auf, Leute!
Hört gut zu, was Gott der Gemeinde zu sagen hat."

3

Ein Brief an die Christen in Sardes

1 „Schreib mal der Gemeinde in Sardes Folgen-
des: Jetzt kommt eine Nachricht von dem, der
die sieben Geister Gottes unter sich hat und die
sieben Sterne in seiner Hand hält. Ich weiß genau,
was du so treibst. Ich weiß auch, dass man erzählt,
du wärst eine richtig lebendige Gemeinde. Aber in
Wirklichkeit bist du tot! 2 Jetzt wach endlich auf!
Und weck die anderen Leute in deiner Umgebung
auf, die auch noch fest schlafen. Denn so, wie du
bis jetzt gelebt hast, bist du bei Gott unten durch.
3 Hast du denn schon wieder vergessen, wie alles
losging, als du Gott das erste Mal gehört und ihm
auch geantwortet hast? Halte diese Worte fest, ver-
lier sie nicht wieder! Komm zu mir zurück! Wenn du
nicht aufwachst, dann werde ich ganz plötzlich vor
der Tür stehen, unerwartet und so wie ein Dieb.
4 Trotzdem gibt es selbst bei euch in Sardes einige,
die sich nicht in der Welt dreckig gemacht haben.
Sie werden immer bei mir sein und ganz weiße Klei-
dung tragen, weil sie es wert sind. 5 Alle, die durch-
ziehen und so gegen das Böse gewinnen, werden
diese weiße Kleidung anziehen. Ich werde ihre
Namen nicht aus dem Buch loschen, in dem alle
stehen, die leben werden. Ich werde mich vor mei-
nem Vater und seinen Engeln zu ihnen stellen!
6 Passt auf, und hört gut zu, was Gott den Gemein-
den zu sagen hat!"

Ein Brief an die Christen in Philadelphia

7 „Schreib mal einen Brief an die Gemeinde in Phila-
delphia. Der hab ich Folgendes zu sagen: Diese
Nachricht kommt von dem, der heilig ist und nie
lügt. Er hat als einer aus der Familie vom David den
PIN-Code für die Ewigkeit. Die Tür, die er damit auf-
macht, kann keiner mehr schließen, und die Tür, die
er verschließt, kann keiner mehr aufmachen. 8 Ich
weiß, wie du drauf bist, und ich weiß, was du getan
hast. Pass auf, ich hab eine Tür für dich aufge-
schlossen, die keiner mehr verschließen kann. Du
bist klein und hast nicht sehr viel Kraft. Aber du hast
dich auf meine Worte verlassen und dich mutig auf
meine Seite gestellt, um von mir zu erzählen. 9 Pass
gut auf, was bald abgehen wird. Es werden Leute zu
dir kommen, die behaupten, sie wären superfromm
und echte Hardcore-Juden. Aber sie lügen, denn in
Wirklichkeit gehören sie zur dunklen Seite, zu den
Leuten von Satan. Ich werde diese Menschen dazu
bringen, dass sie dich achten und sich dir unterord-
nen. Sie sollen erkennen, dass ich dich liebe! 10 Du
hast genau das getan, was ich dir gesagt habe. Du
hast durchgehalten. Darum werde ich dir helfen,
wenn die schweren Tests kommen, die in der Welt
bald abgehen werden. 11 Ich werde bald zurückkom-
men! Zieh durch und gib nicht auf! Keiner soll dir
den Preis für deinen Sieg mehr abnehmen können.
12 Wer bis zum Ende durchhält und so das Böse
besiegt, der wird zu einer Stütze im Tempel von
Gott werden. Dort wird er immer bleiben können.
Ich werde den Namen von meinem Gott auf ihn
raufschreiben. Das bedeutet: Er gehört zu Gott. Und
ich werde den Namen von der Stadt von meinem
Gott auf ihn raufschreiben. Das heißt: Er bekommt
einen Pass für dieses neue Jerusalem. Diese Stadt
wird Gott selbst auf die Erde bauen. Und schließlich
werde ich auch meinen Namen auf ihn raufschrei-
ben. 13 Passt auf und hört gut zu, was Gott durch
seinen Geist den Gemeinden zu sagen hat."

Ein Brief an die Gemeinde in Laodizea

14 „An die Gemeinde von Laodizea schreib mal Fol-
gendes: Was jetzt kommt, ist von dem, der selbst
das Versprechen ist, von Christus, dem echten, ehrli-
chen und treuen Zeugen. Er war schon da, bevor
Gott das Universum geschaffen hat. 15 Ich kenne dich
sehr gut. Ich weiß genau, wie du drauf bist. Du bist
nämlich nicht heiß und auch nicht kalt. Wenn du
wenigstens eins von beiden wärst! 16 Aber du hängst
genau in der Mitte, du bist schlaff und lau. Und
darum spucke ich dich aus! 17 Du lässt den dicken

Macker raushängen, du sagst: ‚Ich hab so viel Kohle,
ich brauche nichts mehr!‘ Und dabei kriegst du noch
nicht mal mit, wie peinlich du eigentlich bist, dass
man Mitleid mit dir haben muss. Du peilst über-
haupt nicht, was wirklich Sache bei dir ist. Du bist
nämlich total arm, blind und splitternackt! 18 Ist es
nicht höchste Zeit, dich um Sachen von wirklich blei-
bendem Wert zu kümmern? Besorg dir reines Gold,
das in meinem Feuer gereinigt wurde! Nur dieses
Gold macht dich wirklich reich, und das bekommst
du nur bei mir! Und lass dich mal neu einkleiden. Ich
hab ein paar supersaubere weiße Klamotten für dich,
damit du nicht länger nackt rumlaufen musst. Und
organisier dir mal Salbe für die Augen, damit die
Entzündung weggeht und du wieder besser sehen
kannst. 19 Ich zeig dir deinen Mist, weil ich dich liebe!
Ich will dich fürs Leben trainieren, darum strafe ich
dich. 20 Merkst du das nicht? Pass auf, noch stehe
ich vor deiner Tür und rufe dich! Und wer mich jetzt
hört und mir die Tür öffnet, zu dem werde ich reinge-
hen. Zusammen werden wir das besondere Abend-
essen feiern. 21 Jeder, der es packt und durchzieht
und so das Böse besiegt, wird mit mir auf dem Chef-
sessel des Universums sitzen. Genauso wie ich es
gepackt habe, gesiegt habe und mich mit meinem
Vater auf den Chefsessel gesetzt habe. 22 Passt auf
und hört genau hin, was der Geist Gottes seinen
Gemeinden sagt.“

4

Der Chefsessel von Gott

1 Als ich dann nach oben sah, konnte ich eine
große Tür im Himmel sehen, und die stand
offen. Dieselbe Stimme, die sich vorher noch wie
der Sound aus den Marshallverstärkern angehört
hatte, sagte: „Komm hierher, nach oben! Ich will dir
zeigen, was in der Zukunft alles abgehen muss!“
2 Plötzlich beamte mich der Geist Gottes irgendwie
woanders hin. Dann sah ich im Himmel einen gro-
ßen Chefsessel, wo normal Präsidenten drauf sit-
zen. Dadrauf saß jemand, 3 der glänzte wie ein Edel-
stein, so silbern wie ein Jaspis oder so rot wie ein
Karneol. Und um den Chefsessel war ein großer,
smaragdgrüner Regenbogen. 4 Um den einen Chef-
sessel herum standen in einem Kreis noch vierund-
zwanzig weitere von den Dingern. Auf denen saßen
vierundzwanzig Aufsichtsratsvorsitzende, die alle in
total weißen Klamotten gestylt waren. Um den Hals
trugen sie alle so Goldmedaillen, die normal nur
Olympiasieger tragen. 5 Aus dem großen Chefsessel
kamen ständig solche Blitze raus, und man hörte
auch Donner und Stimmen. Vor dem Chefsessel
standen sieben brennende Fackeln. Das sind die
sieben Geister von Gott. 6 Direkt vor dem Chefses-
sel war so ein glänzendes Etwas, das sah aus wie
Wasser. Es war durchsichtig wie Glas und strahlte
so hell wie ein Kristall. In der Mitte von diesem
Kreis und um den Chefsessel herum konnte ich vier
himmlische Gestalten erkennen. Diese Gestalten
hatten überall Augen an ihrem Körper kleben. 7 Die
erste hatte Ähnlichkeit mit einem Löwen. Die zweite
sah eher aus wie ein Stier. Und die dritte Gestalt
hatte ein Gesicht wie ein Mensch, während die
vierte wie ein Adler aussah, der gerade am Fliegen
war. 8 Jedes von diesen vier Wesen hatte sechs Flü-
gel, und die waren auch voll mit diesen Augen.
Diese vier Wesen standen da und sangen vierund-
zwanzig Stunden am Tag ohne Unterbrechung:
„Ganz besonders krass, eben gottmäßig, heilig, so
ist der Gott, dem nichts unmöglich ist. Er war am
Anfang da, er ist jetzt immer noch bei uns, und er
wird auch immer da sein!“ 9 Diese vier Lebewesen
standen da und dankten Gott die ganze Zeit. Sie
lobten ihn mit Liedern, weil er dort saß und die
Macht hatte und weil er immer schon dort gesessen
hatte und auch für immer dort bleiben wird. 10 Diese
vierundzwanzig Aufsichtsratsvorsitzenden knieten
sich dabei immer wieder vor ihm hin und beteten
zu ihm, dem Gott, der immer existieren wird. Dann
legten sie die goldenen Kronen, die sie aufhatten,
vor seinem Chefsessel ab, als Zeichen, dass sie Gott
ihren Respekt geben wollen. Und dann sagten sie:
11 „Du bist es wert, dass man dir Respekt gibt, dass
man dich lobt und zu dir betet. Denn du hast das
Sagen über alles, was es gibt! Du hast alles
gemacht, alles kommt von dir. So wie du es geplant
hast, ist diese Welt entstanden und auch alles, was
auf dieser Welt lebt!“

5

Sieben Schlösser und ein Buch

1 Und dann konnte ich erkennen, dass derje-
nige, der auf dem Chefsessel saß, in seiner
rechten Hand ein Buch hatte. Jedes Blatt und auch
der Einband war beschrieben. Das Buch war mit
sieben Vorhängeschlössern verriegelt. 2 Einen sehr
starken Engel konnte ich dann sehen, und der
brüllte mit einer irre lauten Stimme: „Wer ist in der
Lage und wer hat es verdient, diese Schlösser aufzu-
machen?“ 3 Aber da war keiner, der das konnte. Kei-
ner aus dem Himmel, keiner von der Erde und auch
niemand aus dem Gebiet, wo die Toten leben, war

in der Lage dazu. 4 Ich fing voll an zu weinen, weil das so traurig war. Es gab niemanden, der gut genug gewesen wäre, das Buch aufzumachen und es zu lesen. 5 Aber ein Aufsichtsratsvorsitzender sagte dann zu mir: „Du brauchst nicht weinen! Es gibt einen, der hat es geschafft, er hat gesiegt! Es ist der Löwe, der aus der Familie vom Juda kommt. Er ist aus der Familie vom Präsident David.“ 6 Und dann sah ich es: In der Mitte stand ein Lamm, das aussah, als hätte man es geschlachtet. Es hatte sieben Horner und sieben Augen. Diese Augen stehen für die sieben Geister von Gott, die er überall in die ganze Welt geschickt hat. Drum herum standen zum einen der Chefsessel, die vier lebenden Wesen und die vierundzwanzig Aufsichtsratsvorsitzenden. 7 Das Lamm (was für Jesus Christus steht) ging dann zu dem Typ, der auf dem Chefsessel saß. Dort bekam es das Buch aus seiner rechten Hand. 8 Und in dem Augenblick, als es das Buch in die Hand nahm, fielen die vier himmlischen Gestalten und auch die vierundzwanzig Aufsichtsratsvorsitzenden platt vor dem Lamm auf den Boden. Jeder von denen hatte dabei eine Gitarre und eine goldene Schale mit so Räucherkerzen in der Hand. Dies Schale steht für die Gebete, die Gottes Leute gebetet haben. 9 Und alle fingen an, ein ganz neues Lied zu singen, und das ging so: „Du bist der Einzige, der in der Lage ist, dieses Buch zu nehmen und seine Schlösser zu öffnen. Du bist der Einzige, der das darf, weil du für alle hingerichtet wurdest. Du hast dich geopfert, und dein Blut ist geflossen, damit die Menschen frei sein können. Und zwar Menschen aus allen Nationen, ganz egal, wo sie herkommen. 10 Du hast sie alle jetzt zu Präsidenten gemacht und zu Priestern. Sie sollen ab jetzt das Sagen über die Erde haben.“ 11 Anschließend konnte ich Zigtausende von Engeln sehen, ohne Ende viele, und die sangen alle in einem Chor. Sie standen um den Chefsessel, um die vier Wesen und die Aufsichtsratsvorsitzenden herum. 12 Der Song, den ich dann hörte, ging ungefähr so: „Nur das Lamm, das abgeschlachtet wurde, hat einen Anspruch auf alle Macht und allen Reichtum! Christus gehört alle Weisheit, alle Ehre, alle Kraft. Er allein soll gelobt werden, er ist einfach alles!“ 13 Und dann kam alles, was auf der Erde, unter der Erde, im Himmel und im Wasser lebt, auf die Bildfläche. Alle sangen zusammen ein Lied, was folgenden Text hatte: „Dank, Respekt, Anerkennung, Einfluss und Macht hat nur der verdient, der auf dem Chefsessel sitzt und das sagen hat und genauso wie das Lamm. Das war immer schon so war und es wird auch immer so bleiben!“ 14 Die vier Wesen sagten nur: „Das stimmt! Amen dazu!“ Und die vierundzwanzig Aufsichtsratsvorsitzenden legten sich auf den Boden und beteten Gott und das Lamm an.

6

Sechs Schlösser werden aufgemacht

1 Jetzt konnte ich beobachten, wie dieses Lamm das erste Schloss öffnete, mit dem das Buch abgeschlossen war. Und dann hörte ich, wie eine von den vier himmlischen Gestalten anfing, voll laut zu brüllen: „Los jetzt!“ 2 Als ich mich umdrehte, war da ein weißes Motorrad, auf dem ein Mann saß. Der Typ hielt ein Laserschwert in der Hand und hatte einen Orden um als Zeichen dafür, dass er zu den Siegern gehörte. Der zog als Sieger los, um noch einmal zu siegen. 3 Dann öffnete das Lamm ein zweites Schloss, und ich konnte dabei die Stimme von der zweiten himmlischen Gestalt hören, die genauso rief: „Los jetzt!“ 4 Diesmal kam ein feuerrotes Motorrad angebraust. Sein Fahrer bekam ein riesiges Laserschwert. Mit diesem Schwert konnte er den Frieden, der noch auf der Erde war, beenden. Er sorgte dafür, dass sich die Menschen wieder gegenseitig abschlachteten und Kriege anzettelten. 5 Und dann wurde das dritte Schloss aufgemacht. Ich konnte diesmal die dritte himmlische Gestalt reden hören. Die sagte: „Los jetzt!“ Ein schwarzes Motorrad erschien plötzlich auf der Bildfläche, und sein Fahrer hielt die Börsennachrichten in der Hand. 6 Ich konnte eine Stimme hören, die von einem der vier Wesen kam: „Ein frisches Brot oder drei Brote von letzter Woche kosten jetzt 90 Euro, nur ein Porsche kostet noch so viel wie vorher!“ 7 Nachdem das vierte Schloss geöffnet wurde, konnte ich die vierte himmlische Gestalt reden horen: „Los jetzt!“ 8 Und dann sah ich wieder ein Motorrad, das war aschgrau und völlig verrostet. Und der Typ, der dadraufsaß, hieß der Tod, und hinter ihm war eine Armee von Zombis. Sie bekamen die Macht über ein Viertel der gesamten Erde. Er brachte Kriege, Krankheiten und Hungersnöte, und er ließ alle möglichen wilden Tiere los. 9 Jetzt öffnete das Lamm das fünfte Schloss, mit dem das Buch abgeschlossen war. Plötzlich sah ich viele Menschen, die getötet wurden, weil sie Gott und seinem Wort immer treu geblieben waren und sich immer öffentlich dazu gestellt hatten, zu ihm zu gehören. 10 Und die riefen voll laut: „Wann ist es endlich so weit? Du bist der einzigartige, heilige

Gott, der für die Wahrheit einsteht! Wann kommt
endlich die Gerichtsverhandlung, wo die Menschen,
die link zu uns waren und uns getötet haben, verur-
teilt werden?" 11 Dann bekamen sie schneeweiße
Kleider an, und es wurde gesagt, dass sie noch ein
bisschen warten müssten. Denn da waren noch
einige aus der Jesus-Familie, die auch noch dazu-
kommen würden, weil sie auch wegen ihres Glau-
bens noch getötet würden. 12 Dann sah ich zu dem
Lamm. Das öffnete in diesem Augenblick das
sechste Schloss. Plötzlich gab es ein heftiges Erdbe-
ben und eine totale Sonnenfinsternis, fast so, als
hätte jemand eine schwarze Plastikplane über die
Sonne gelegt. Und der Mond wurde dabei blutrot.
13 Und Meteoriten fielen überall auf die Erde, fast so
wie Äpfel, die von einem Baum fallen, wenn der
Sturm an den Ästen wackelt. 14 Auf einmal wurde
alles zusammengeklappt, so wie ein Buch zusam-
mengeklappt wird. Alles verschwand, die Berge und
alle Inseln waren auf einmal weg. 15 Die Mächtigen
auf der Welt, die Regierungsoberhäupter und Präsi-
denten, kriegten dann total die Panik. Millionäre,
Unternehmer und auch Arbeiter hatten Angst und
versuchten sich in Bunkern tief unter der Erde zu
verstecken. 16 Alle schrien: „Macht die Tür zu, ver-
schließt alles, macht das Licht aus! Der Präsident,
der auf dem Chefsessel sitzt und das Sagen über
alles hat, darf uns nicht finden. Und das Lamm, das
so einen großen Zorn auf uns hat, auch nicht. Dann
ist es uns noch lieber, wenn wir in diesem Bunker
ersticken oder er über uns zusammenstürzt. 17 Es ist
jetzt so weit, die letzte große Gerichtsverhandlung
ist angesetzt. Wer wird sie überleben?"

7

Wer den Code trägt, kommt durch

1 Danach konnte ich vier Engel sehen, die sich
im äußersten Norden und Süden, Westen und
Osten aufgestellt hatten. Sie hielten die Atmosphä-
re fest, so dass nirgends mehr der Wind wehen
konnte, nicht auf dem Meer und auch nicht auf dem
Land. Kein Blatt bewegte sich mehr. 2 Ein anderer
Engel kam aus östlicher Richtung angeflogen, von
der Seite, wo die Sonne immer aufgeht. Er hatte den
Universal-PIN-Code von Gott in seiner Hand. Und
den vier Engeln, die von Gott die Macht bekommen
hatten, das Meer und das Land zu zerstören, denen
rief er zu: 3 „Moment, wartet noch! Ihr dürft die
Sachen noch nicht alle plattmachen! Wir wollen erst
mal noch allem, was Gott besitzt, den PIN-Code auf
die Stirn drücken, damit klar ist, zu wem sie gehö-
ren!" 4 Und dann hörte ich, wie viele Menschen die-
sen Code bekommen sollten. Es waren 144 000 [das
sind 12 mal 12 000]. Das waren Leute aus dem Volk
Israel.

5/8 Aus jedem Stamm kamen 12 000. Zwölf Stäm-
me waren am Start: Juda, Ruben, Gad, Asser,
Naftali, Manasse, Simeon, Levi, Issachar, Sebulon,
Josef, Benjamin. 9 Anschließend konnte ich sehr
viele Leute auf einen Haufen sehen. Es waren zu
viele, um sie zu zählen. Sie kamen aus allen Län-
dern, aus verschiedenen Nationen und Kontinenten
auf dieser Welt, mit unterschiedlichen Sprachen.
Alle standen vor dem Chefsessel, wo das Lamm
draufsaß. Sie waren mit weißen Kleidern gestylt und
trugen als Zeichen, dass sie gewonnen hatten, eine
Medaille um den Hals. 10 Alle riefen auf einmal:
„Der Einzige, der uns retten kann, ist unser Gott! Er
hat den Überblick, er hat die Macht, er hat den PIN-
Code für die Tür zum Himmel, er und das Lamm, er
und Jesus!" 11 Die Engel standen in einem großen
Kreis um den Chefsessel herum. Vor ihnen standen
noch die Aufsichtsratsvorsitzenden und diese vier
Wesen. Alle beugten sich gleichzeitig zum Chefses-
sel und beteten Gott an. 12 „Auf sicher, eins steht
fest", riefen sie, „es gibt nur einen, der es verdient
hat, dass man zu ihm betet, ihn toll findet, ihm
danke sagt. Er ist der Größte, er hat den Überblick,
er weiß alles: Das ist unser Gott. Das war schon
immer so und wird auch immer so sein [Amen]!"
13 Plötzlich beugte sich ein Aufsichtsratsvorsitzender
zu mir rüber und fragte mich: „Was sind das für
welche, die so weiß gestylt hier angekommen sind?
Woher kommen die?" 14 „Keine Ahnung", hörte ich
mich antworten, „aber du weißt es doch bestimmt.
Sag es mir bitte!" „Das sind die Christen, die
schlimme Sachen durchmachen mussten, weil sie
mit Jesus gelebt haben. Sie wurden verfolgt, in den
Knast gesteckt, gefoltert und so. Ihre Kleider wur-
den durch das Blut vom Lamm sauber gemacht.
15 Darum stehen sie hier direkt vor dem Chefsessel
von Gott, und dienen ihm Tag und Nacht. Gott sel-
ber wird auf sie aufpassen! 16 Sie werden nie wieder
Hunger haben müssen oder Durst! Selbst extreme
Sonne oder Hitze wird sie nicht mehr verletzen kön-
nen. 17 Jesus, das Lamm, sitzt auf dem Chefsessel
und wird auf sie aufpassen und sie versorgen. Er
wird sie wie ein Hirte zu den Wasserquellen führen,
wo man das Leben selbst trinken kann. Und Gott
höchstpersönlich wird immer bei ihnen sein. Er wird
sie trösten, er wird ihre Tränen abtrocknen."

8

Das siebte Schloss

1 Als dieses Lamm dann das siebte Schloss aufmachte, war es im Himmel plötzlich total still. Das ging ungefähr eine halbe Stunde lang. 2 Ich konnte die sieben Engel sehen, wie sie vor Gott standen. Jeder von ihnen kriegte eine Posaune in die Hand gedrückt. 3 Dann sah ich einen anderen Engel, der hatte so ein Teil in der Hand, womit man Weihrauch, so was Ähnliches wie Räucherkerzen, abfackelt. Vor dem Altar bekam der sehr viel von dem Weihrauch in die Hand. Den sollte er erst mal vor dem Chefsessel abräuchern. Dieser Rauch steht dabei für die Gebete, die Gottes Leute beten und die bei ihm auch ankommen. 4 Und genau das passierte: Der Rauch stieg mit den Gebeten der Menschen auf, die zu Gott gehören. Alles kam dabei aus der Hand von dem Engel. 5 Und dann nahm der Engel dieses Teil, wo der Weihrauch drin war, und füllte es mit Feuer von dem Altar. Und dann knallte er das Ganze auf die Erde runter. Plötzlich donnerte und blitzte es, man hörte Stimmen, und auf der Erde gab es heftige Erdbeben. 6 Dann machten sich die sieben Engel klar, um in ihre Posaune zu blasen. 7 Der erste Engel fing an. Kurz nachdem er in die Posaune geblasen hatte, fielen Hagelkörner gleichzeitig mit Feuer auf die Erde, beides mit Blut vermischt. Ein Drittel der Erde fing voll an zu brennen. Ein Drittel aller Wälder und alles Grünzeug verbrannte. 8 Dann blies der zweite Engel in seine Posaune. Etwas, das wie ein brennender Berg aussah, fiel in das Meer rein. Ein Drittel des Meeres wurde dann rot wie Blut. 9 Darum starb auch ein Drittel aller Lebewesen, die im Meer waren, und ein Drittel aller Schiffe kenterte in der Welle. 10 Dann blies der dritte Engel in seine Posaune. Ein großer Meteorit fiel vom Himmel, der wie eine Fackel brannte. Er stürzte auf die Flüsse und Wasserquellen. 11 Dieser Meteorit hatte einen Namen, er hieß „Bitterkeit". Er vergiftete ein ganzes Drittel von allen Wasservorräten auf der Erde. Viele Menschen mussten sterben, weil sie davon trotzdem getrunken hatten. 12 Und dann blies der vierte Engel in seine Posaune. Plötzlich wurde das gesamte Licht auf der Erde um ein Drittel runtergedimmt. Die Sonne, der Mond und die Sterne strahlten nicht mehr so hell wie normal, und auch nachts wurde es dadurch um ein Drittel dunkler. An einem Drittel des Tages war es sogar völlig dunkel, und für die Nacht galt dasselbe. 13 Dann sah ich nach oben und entdeckte einen, der ganz oben am Himmel flog und ganz laut rief: „Wie übel! Passt auf, ihr Menschen auf der Erde! Es kommen noch drei andere Engel, und die müssen auch noch in ihre Posaune blasen!"

9

Die fünfte Posaune

1 Als der fünfte Engel in seine Posaune geblasen hatte, sah ich einen Riesen-Meteoriten, der auf die Erde geknallt war. Der bekam einen Schlüssel, mit dem er die Tür zur Unterwelt aufschloss. 2 Er öffnete einen Krater, aus dem schwarzer Rauch rauskam wie aus einem Ofen. Durch den Ruß, der dadurch überall in der Luft war, verdunkelte sich die Sonne. Die ganze Luft war verpestet. 3 Dann kamen plötzlich Heuschrecken von überall her. Es waren aber keine normalen Heuschrecken, denn sie hatten einen Stachel, mit dem sie wie ein Skorpion stechen konnten. 4 Und die durften kein Gras essen oder sich von anderem Grünzeug ernähren, auch nicht von Bäumen. Sie waren nur da, um die Menschen anzugreifen, die nicht den PIN-Code Gottes auf der Stirn trugen. 5 Es war ihnen gesagt worden, dass sie niemanden töten dürften, aber sie sollten fünf Monate lang den Menschen qualvolle Schmerzen zufügen. Ihre Stiche taten so weh wie der Stich von einem Skorpion. 6 Wenn diese Tage da sind, würden viele Menschen gerne Selbstmord begehen, aber sie werden nicht sterben können. Ihr größter Wunsch wird es sein, nicht mehr zu leben, aber der Tod wird unerreichbar sein. 7 Diese Heuschrecken sahen aus wie Pferde, die für den Krieg bestimmt waren. Auf ihrem Kopf hatten sie so etwas wie eine goldene Krone, und ihre Gesichter hatten Ähnlichkeit mit dem Gesicht von einem Menschen. 8 Sie hatten auch Haare, die so lang waren wie die Haare von manchen Frauen, und die Zähne waren so scharf wie die von einem Löwen. 9 Außerdem hatten so sie etwas um sich rum, das aussah wie ein Panzer, und ihre Flügel machten ein so lautes Geräusch wie ein Hubschrauber. 10 Und dann hatten sie noch Schwänze und Stacheln wie ein Skorpion. Mit dem Gift von dem Stachel konnten sie Menschen fünf Monate lang quälen. 11 Ihr Oberhaupt ist ein Engel, der aus der Hölle kommt. Auf Hebräisch heißt er „Abaddon" und auf Griechisch „Apollyon". Übersetzt bedeutet das „der Zerstörer". 12 Aber das war noch nicht alles. Nach dieser ersten Katastrophe kommen noch zwei andere.

Die sechste Posaune

13 Jetzt kam der sechste Engel an die Reihe und blies in seine Posaune. Ich hörte eine Stimme, die aus

allen vier Ecken des goldenen Altars kam, wo Gottes Chefsessel steht. 14 Die Stimme sagte: „Lass die vier Engel frei, die am Fluss Euphrat gefangen sind!" 15 Und die vier Engel wurden befreit. Es war ihr Tag. Genau für diesen Zeitpunkt waren sie bereitgehalten worden, um loszuziehen und ein Drittel aller Menschen zu töten. 16 Sie hatten ein riesengroßes Heer. Zig Millionen berittene Soldaten waren da, das sagte mir jemand. 17 Und dann hatte ich folgendes Bild vor meinem inneren Auge: Ich sah die Pferde und ihre Reiter. Die hatten eine Rüstung an, die war feuerrot, tiefblau und schwefelgelb und glänzte. Die Pferde hatten Köpfe wie von einem Bär, und aus ihrem Mund kamen Feuerflammen, Rauch und brennender Schwefel rausgeschossen. 18 Mit diesen drei Waffen wurde ein Drittel der Menschheit vernichtet. 19 Aber nicht nur das Maul der Pferde war eine tödliche Waffe, sondern auch ihr Schwanz. Der sah aus wie ein Schlangenkopf und konnte auch Menschen verletzen. 20 Doch obwohl diese derben Katastrophen passierten, kam keiner von den Überlebenden auf die Idee, sein Leben zu ändern und sich Gott zuzuwenden. Die ganze Zeit beteten sie weiter zu Dämonen und zu ihren selbst gebastelten anderen Göttern aus Gold, Silber, Eisen, Stein und Holz. Und sie kapierten einfach nicht, dass diese Götter tot sind und weder hören noch sehen können! 21 Sie änderten ihr Leben nicht, sie kehrten nicht um. Sie hörten nicht auf, sich gegenseitig fertig zu machen, sich zu töten, sich auf okkulte Sachen einzulassen, sexmäßig danebenzuliegen oder sich gegenseitig zu beklauen.

10 Johannes bekommt ein kleines Buch

1 Dann sah ich einen anderen sehr mächtigen Engel, der aus dem Himmel zu mir runterkam. Um ihn herum war eine Wolke, und auf seinem Kopf war ein Regenbogen. Sein Gesicht leuchtete wie die Sonne und seine Beine sahen aus, als wären sie aus brennendem Phosphor. 2 In seiner Hand hielt er ein kleines Buch aufgeschlagen. Mit seinem rechten Fuß stand er auf dem Meer und mit seinem linken auf dem Land. 3 Und dann brüllte er los, fast so wie ein großer Löwe. Als Antwort konnte man sieben Donnerschläge hören. 4 Als die sieben Donnerschläge anfingen zu reden, wollte ich das gleich aufschreiben, aber eine Stimme sagte mir: „Das ist geheim, was die gesagt haben. Erzähl es keinem weiter!" 5 Jetzt hob der Engel, der mit seinen Füßen auf dem Meer und auf dem Festland stand, seine rechte Hand hoch, Richtung Himmel. 6 Und dann schwor er einen Eid. Er schwor auf den, der immer schon gelebt hat, immer leben wird und das alles geschaffen hat, den Himmel, die Erde, das Meer: „Die Zeit ist abgelaufen!" 7 Wenn der siebte Engel seine Posaune bläst, dann wird Gott das durchziehen, was sein geheimer Plan war. Es wird genau so passieren, wie er es seinen Leuten, den Propheten, vorausgesagt hat. 8 Dann redete diese Stimme noch mal mit mir: „Jetzt geh und nimm dieses offene Buch von dem Engel, der auf dem Land und dem Meer gleichzeitig steht!" 9 Also ging ich zu dem Engel hin und fragte ihn, ob ich das kleine Buch haben könne. Er sagte zu mir: „Hier, nimm es und iss es auf! Es schmeckt so süß wie Erdbeermarmelade, aber es wird dir ganz schwer im Magen liegen." 10 Ich nahm das kleine Buch von ihm und aß es auf. Tatsächlich schmeckte es zuckersüß, aber im Bauch bekam ich Magenschmerzen davon. 11 Dann meinte irgendjemand zu mir: „Du wirst noch einige prophetische Worte von Gott bekommen, über Völker und Nationen. Auch über die Machthaber der Welt wird er noch einiges zu sagen haben."

11 Zwei Propheten und ein Auftrag

1 Dann bekam ich einen Zollstock in die Hand, und jemand sagte mir: „Jetzt geh und vermiss den Tempel von Gott und den Altar dadrinnen. Zähl auch die Menschen, die sich im Tempel befinden und beten! (Denn alles was gemessen und gezählt ist, wird bleiben) 2 Den Teil, der außerhalb vom eigentlichen Tempel ist, brauchst du nicht auszumessen. Er gehört den anderen Völkern, die keine Juden sind, und sie werden ihn besetzen, wenn sie Gottes heilige Stadt ganze zweiundvierzig Monate verwüsten. 3 Meine beiden Propheten, Jungs mit dem besonderen Draht zu Gott, werden von mir einen Auftrag bekommen. Sie werden ganz in Schwarz auftreten, als Zeichen der Trauer, und werden 1260 Tage lang das erzählen, was Gott ihnen gesagt hat. 4 Diese beiden Propheten sind die zwei Ölbäume und die zwei Lampen, die vor Gottes Chefsessel stehen, vor dem Herrn der Welt. 5 Jeder, der versucht, sie anzugreifen, wird mit dem Flammenwerfer aus ihrem Mund niedergemacht. Jeder, der versucht, ihnen zu schaden, muss sterben. 6 Sie haben die Möglichkeit, dafür zu sorgen, dass es in der Zeit, wo sie reden, so lange nicht mehr regnet, bis sie fertig sind. Und sie können aus Wasser Blut

machen und Katastrophen auf die Erde schicken, wenn sie es nur wollen. 7 Wenn sie mit ihrem Ding hier fertig sind und das getan haben, was Gott von ihnen wollte, wird das Tier, das direkt aus der Hölle kommt, seinen Auftritt haben. Es wird kommen und gegen sie kämpfen, und das Tier wird siegen und beide Propheten töten. 8 Ihre Leichen werden in der Stadt ausgestellt werden, in derselben Stadt, in der ihr Herr gekreuzigt worden ist. Diese Stadt ist sozusagen das neue „Sodom" oder das neue „Ägypten". 9 Dreieinhalb Tage werden die Leichen von Menschen aus der ganzen Welt besichtigt werden können, weil man verboten hat, sie zu beerdigen. 10 Die Menschen auf der Erde werden Partys veranstalten, weil sie sich so über den Tod der zwei Propheten freuen. Sie werden sich Sachen schenken, weil die beiden endlich weg sind. Was die zwei Propheten ihnen gesagt hatten, war nämlich überhaupt nicht nett. Es war total ätzend für die Leute, sich das anzuhören. 11 Aber dann sah ich, wie nach dreieinhalb Tagen etwas passierte. Die Kraft Gottes kam auf sie zu. Sie wurden wieder lebendig und standen plötzlich auf. Alle, die das mitkriegten, waren wie gelähmt vor Angst. 12 Eine irre laute Stimme direkt aus dem Himmel sagte dann zu ihnen: „Kommt her zu mir nach oben!" Vor ihren Feinden wurden sie dann von einer Wolke umgeben und in den Himmel gezogen. 13 Und dann gab es ein schweres Erdbeben der Stärke 12. Gleich darauf fielen zehn Prozent der Stadt in sich zusammen. Siebentausend Menschen kamen dabei um. Die Überlebenden waren entsetzt und hatten große Angst. Endlich unterwarfen sie sich Gott. 14 Trotzdem ist diese schlimme Zeit noch nicht vorbei. Nach dieser zweiten Phase kommt kurz darauf noch eine dritte.

Die siebte Posaune

15 Als Letztes blies dann der siebte Engel in seine Posaune. Aus dem Himmel konnte man laute Stimmen hören, die sagten: „Ab jetzt wird Gott die Kontrolle über diese Welt übernehmen, und Christus wird für immer das Sagen haben." 16 Die vierundzwanzig Aufsichtsratsvorsitzenden, die vor Gott auf ihren Chefsesseln saßen, legten sich vor ihm auf den Boden und beteten ihn an. 17 Sie sagten: „Danke, Gott! Dir ist wirklich nichts unmöglich! Du hast gezeigt, was du draufhast! Du bist immer derselbe, du veränderst dich nie. Und du hast jetzt die Macht übernommen. 18 Die Völker hatten keine Lust mehr auf dich, sie wollten dich nicht mehr. Darum wolltest du sie auch nicht mehr und hast sie bestraft. Die Zeit der großen Gerichtsverhandlung ist jetzt da. Du wirst alle auf die Bank setzen, auch die Menschen, die schon tot sind. Jeder wird das bekommen, was er verdient. Die Menschen, die zu dir gehören, wirst du belohnen – deine Diener, deine Propheten, alle, die das getan haben, was du willst, angefangen bei den Kleinen bis hin zu den Großen. Aber die Menschen, die die Erde kaputt gemacht haben, wirst du auch kaputt machen." 19 Jetzt wurde im Himmel der Tempel von Gott aufgemacht. Man konnte die Bundeslade ganz deutlich erkennen, und überall waren Blitze. Man hörte Donner, und es gab einen furchtbaren Hagelsturm und ein heftiges Erdbeben.

12

Die Frau, ihr Kind und ein Drache

1 Plötzlich konnte ich am Himmel etwas Riesiges sehen. Es war eine Frau, die so hell leuchtete wie die Sonne, und unter ihren Füßen war der Mond. Auf dem Kopf hatte sie eine Krone, die aus zwölf Sternen bestand. 2 Sie war hochschwanger und schrie vor Schmerzen, weil die quälenden Wehen bereits eingesetzt hatten. 3 Und dann sah ich noch etwas am Himmel: Es war ein riesengroßer feuerroter Drache, der hatte sieben Köpfe mit zehn Hörnern drauf. Auf jedem Kopf trug er eine Krone. 4 Mit seinem Schwanz fegte er ein Drittel der Sterne zusammen und warf sie dann auf die Erde. Dann stellte er sich vor die Frau, die kurz vor der Geburt stand. Er wollte ihr Kind sofort nach der Geburt fressen. 5 Die Frau brachte einen Sohn zur Welt. Dieser Junge sollte einmal die Welt regieren, radikal und streng. Das Baby wurde aber gerettet und sofort zu Gott und seinem Chefsessel in Sicherheit gebracht. 6 Die Frau musste in die Wüste fliehen. Gott hatte da bereits einen Ort für sie klargemacht. 1.260 Tage lang sollte sie da versorgt werden. (1.260 Tage waren nach damaliger Zeitrechnung dreieinhalb Jahre) 7 Plötzlich gab es Krieg im Himmel. Michael und seine Engel starteten einen Angriff gegen den Drachen. Der Drache wehrte sich mit seinen dunklen Engeln. 8 Aber er verlor den Kampf und durfte nicht länger im Himmel bleiben. 9 Der große Drache steht für den Teufel, oder Satan, oder die fiese Schlange, ganz wie man ihn nennen will. Er verführt alle Menschen zum Bösen. Er wurde mit all seinen Engeln auf die Erde geschmissen. 10 Jetzt hörte ich eine irre laute Stimme im Himmel, die rief: „Jetzt ist es endlich so weit! Gott hat endgültig gesiegt und für unsere Rettung gesorgt. Seine

Stärke und die Macht von seinem Sohn Jesus Christus sind für alle zu sehen. Der Ankläger, der unsere Geschwister jeden Tag und jede Nacht vor Gott beschuldigt hat, ist endgültig rausgeschmissen und auf die Erde geworfen worden. 11 Sie haben gegen ihn gewonnen, wegen dem Blut, das das Lamm Jesus vergossen hat, und weil sie alles für Gott gegeben haben. Sie haben sich nicht abbringen lassen, an Gottes Wort festzuhalten, und sogar ihr Leben dafür riskiert. Sie waren bereit, dafür zu sterben. 12 Ihr könnt euch freuen und feiern, ihr Himmel und alle, die dadrin wohnen. Bloß der Erde und dem Meer wird es übel gehen. Der Satan ist voll wütend zu euch gekommen, und er ist super aufgeheizt und sauer, weil er weiß, dass seine Zeit bald abgelaufen ist." 13 Als der Drache auf der Erde angekommen war, jagte er gleich die Frau, die das Baby geboren hatte. 14 Aber sie bekam zwei große Adlerflügel und konnte aus ihrem Versteck in der Wüste fliehen. Dreieinhalb Jahre wurde sie versorgt und vor dem Drachen beschützt. 15 Doch das Biest gab nicht auf. Eine Riesen-Flutwelle schoss aus seinem Mund raus, die die Frau mitreißen und ertränken sollte. 16 Die Frau bekam aber Hilfe von der Erde. Es entstand ein Riss im Boden, und das Wasser von dem Drachen wurde dort reingelenkt. 17 Dadrüber wurde der Drache total sauer, und er erklärte allen anderen den Krieg. Und zwar allen denen, die das tun, was Gott will, und nach seinen Regeln leben. Alle, die zu Jesus gehören, standen auf seiner Liste. 18 Und er stellte sich an den Strand vom Meer.

13

Das Viech aus dem Meer: der Anti-Jesus

1 Jetzt sah ich vor meinem inneren Auge ein seltsames Tier aus dem Meer auftauchen. Es hatte sieben Köpfe und zehn Hörner, wobei jedes Horn eine Krone aufhatte. Auf den Köpfen standen Ausdrücke und Namen, die Gott lächerlich machen sollten. 2 Dieses Tier sah fast schon so aus wie ein Panther, hatte aber die Füße von einem Bären und den Kopf von einem Löwen. Der Drache übertrug ihm seine gesamte Kraft, er bekam seinen Einfluss und seine Macht. 3 Ich konnte erkennen, dass das Tier an einem seiner Köpfe schwer verwundet war. Diese Wunde wurde dann aber geheilt, und die ganze Welt sah und bewunderte das sehr. 4 Die Menschen fingen an, zu dem Drachen zu beten und ihm zu danken, weil er dem Tier so eine Riesen-Macht übertragen hatte. Auch das Tier wurde angebetet, und man sagte: „Wer kann es mit diesem Tier überhaupt aufnehmen? Wer könnte mit ihm überhaupt kämpfen?" 5 Dann wurde dem Tier erlaubt, schreckliche Dinge auszusprechen und gegen Gott abzulästern. Es wurde ihm die Möglichkeit gegeben, zweiundvierzig Monate (dreieinhalb Jahre) lang das zu tun, was es wollte. 6 Jedes Mal, wenn es den Mund aufmachte, sagte es etwas Ätzendes über Gott. Es lästerte über seinen Namen, machte Witze über ihn, über seinen heiligen Ort und über alle, die im Himmel wohnen. 7 Es wurde ihm erlaubt, Krieg gegen die Auserwählten Gottes zu führen und diesen Krieg sogar zu gewinnen. Es bekam die Macht über alle Nationen, alle Völker und alle unterschiedlichen Länder mit ihren unterschiedlichen Sprachen. 8 Alle Menschen, die dann auf der Erde leben, werden das Tier ganz toll finden und zu ihm beten. Alle, ausgenommen die Menschen, deren Namen in dem Buch stehen, das es schon so lange gibt, wie es die Welt gibt. Es ist das Lebensbuch des Lammes. 9 Passt gut auf und hört zu: 10 Die Leute, die dazu bestimmt sind, in den Knast zu wandern, werden das auch tun. Und wer mit einer Waffe umgebracht werden soll, der wird auch so sterben. Jetzt sind Standhaftigkeit und Vertrauen angesagt.

Das zweite Tier: ein Prophet der Lüge

11 Dann konnte ich ein anderes Tier sehen, das aus der Erde hochkam. Es hatte zwei Hörner wie ein Lamm, aber eine grausame Stimme wie ein Drache. 12 Dieses Tier bekam seine Befehle von dem ersten Tier und übte seine Macht unter seinen Augen aus. Es brachte alle Menschen auf der Erde dazu, zu dem ersten Tier, dessen tödliche Wunde verheilt war, zu beten. 13 Dieses zweite Tier war in der Lage, viele übernatürliche Sachen zu machen, irre Wunder und so. Vor den Augen der Leute konnte es sogar Feuer vom Himmel auf die Erde regnen lassen. 14 Immer wenn das erste Tier dabei war, verführte es die Menschen durch solche Wunder. Und dann wollte es von ihnen, dass sie ein Denkmal für das erste Tier bauten. Ein Denkmal für dieses Tier, das durch das Schwert tödlich getroffen worden war, dann aber wieder lebendig wurde. 15 Das war aber noch nicht alles. Es gelang ihm sogar, dieses Denkmal lebendig zu machen. Es konnte dann plötzlich sprechen und ließ jeden töten, der es nicht anbeten wollte. 16 Jeder, egal, wie alt oder wie gebildet er war oder wie viel Kohle er auf dem Konto hatte, wurde gezwungen, auf der rechten Hand oder auf der Stirn einen Code zu tragen. 17 Ohne diesen Code war es nicht mehr möglich, Arbeit zu finden oder etwas

einzukaufen. Dieser Code war aber nichts anderes als der Name von dem Tier beziehungsweise eine Zahl, in der sein Name versteckt war. [18] Man braucht schon etwas Peilung, um das nachvollziehen zu können. Wer es draufhat, der soll diesen Code knacken. Es ist nämlich die Zahl eines Menschen, und sie lautet 666.

14

Ein Lied der Leute, die befreit werden

[1] Schließlich sah ich das Lamm auf dem Berg Gottes stehen. Um es herum standen 144.000 Menschen. Alle hatten seinen Namen auf der Stirn stehen und den Namen seines Vaters. [2] Ich hörte dann eine Stimme aus dem Himmel, die war so laut wie das Rauschen eines Wasserfalls und so extrem wie ein heftiger Donner. Dabei klang sie trotzdem so zärtlich wie ein schönes Lied auf einer Gitarre. [3] Diese 144.000 bildeten einen Chor, der ein neues Lied sang. Das taten sie vor dem Chefsessel Gottes und vor den vier Wesen und den vierundzwanzig Aufsichtsratsvorsitzenden. Aber nur diese 144.000, die durch das Lamm von der Erde freigekauft wurden, konnten dieses Lied lernen. [4] Sie haben durchgezogen, sind Gott immer treu geblieben und haben sich nicht dadurch dreckig gemacht, dass sie alles Mögliche für wichtiger hielten als Gott. Sie sind sauber und folgen dem Lamm überallhin. Sie sind die Ersten, die durch die Liebe von Jesus dem Auserwählten freigekauft wurden, sie gehören ganz und radikal zu Gott und zu dem Lamm. [5] Sie haben immer vorbildlich gelebt, nichts kann man ihnen vorwerfen.

Drei Engel sagen, dass die letzte Gerichtsverhandlung jetzt abgehen wird

[6] Ich konnte jetzt einen weiteren Engel erkennen, der mitten durch den Himmel flog. Er hatte die Aufgabe bekommen, allen Menschen, die auf der Erde leben, allen Ländern und Völkern mit ihren unterschiedlichen Sprachen eine ewig richtige und gültige gute Nachricht zu übermitteln. [7] Er rief sehr laut: „Gott soll respektiert und geehrt werden! Es ist so weit: Jetzt ist die große Gerichtsverhandlung angesetzt. Betet zu dem, der alles gemacht hat, den Himmel und auch die Erde, das Meer und alle Wasserquellen.“ [8] Dahinter kam dann ein zweiter Engel, der schrie: „Babylon, die große Weltstadt, die alle Menschen verführt hat und wo die Sünde wohnt, sie ist gefallen!“ [9] Jetzt kam noch ein dritter Engel. Er brüllte voll laut: „Jeder, der das Tier oder seine Statue angebetet hat, der den Code von dem Tier an seiner Stirn oder an seiner Hand trägt, [10] der muss ohne Ende Gottes Wut ertragen. Da gibt es keine Gnade mehr. In der Gegenwart der Engel und des Lamms werden sie durch Feuer und Schwefel gehen und schlimm leiden müssen. [11] Der Qualm, der von dem Ort ausgeht, wo sie gequält werden, wird für immer aufsteigen. So wird es ewig weitergehen, und sie bekommen keine Ruhe. Tag und Nacht wird das so sein, für alle, die zu dem Tier und zu seinem Bild gebetet haben. Das gilt für jeden, der sein Zeichen trägt. [12] Nur wer Ausdauer zeigt und bis zum Ende durchzieht, kommt durch. Das sind die, die nach Gottes Gesetzen leben und Jesus vertrauen.“ [13] Dann kam eine Stimme aus dem Himmel, die sagte zu mir: „Komm, schreib das jetzt auf: Ab sofort kann sich jeder freuen, der im Vertrauen auf Gott stirbt!“ „Ja“, sagte der Geist, „sie können sich endlich von ihrem ganzen Stress, der harten Arbeit und den schlimmen Sachen, die sie durchmachen mussten, erholen. Die Belohnung ist ihnen sicher!“

Gott fährt seine Ernte ein

[14] Schließlich sah ich eine schneeweiße Wolke, und auf dieser Wolke saß jemand, der aussah wie ein Mensch. Auf seinem Kopf trug er eine goldene Krone, das war ein Zeichen dafür, dass er gesiegt hatte. Und in seiner Hand hielt er den Schlüssel für einem großen Mähdrescher. [15] Nun kam ein Engel aus dem Tempel gelaufen, der rief dann zu dem Menschen: „Schick den Mähdrescher los! Es ist Zeit, die Ernte einzufahren. Die Früchte sind überreif!“ [16] Und dann legte der Mann, der auf der Wolke saß, los. Er fuhr mit dem Mähdrescher über die Erde und holte die Ernte ein. [17] Danach kam ein anderer Engel aus dem Tempel, der hatte ein scharfes Messer in der Hand, mit dem man normal Weintrauben aberntet. [18] Zu ihm gesellte sich ein neuer Engel, der hatte das Sagen über das Feuer. Der rief dann zu dem anderen Engel: „Schneide mit dem Messer die Trauben vom Weinstock der Erde runter. Die sind reif!“ [19] Jetzt schleuderte der Engel sein Messer auf die Erde und erntete so die Trauben. Die warf er dann in eine große Weinpresse, das ist ein Bild für Gottes Zorn. [20] Vor der Stadt wurde der Saft aus den Trauben gepresst. Ein riesiger Strom von Blut floss aus den Trauben raus, zu einem Fluss, der 300 Kilometer lang war und so tief, dass ein großes Motorrad mit seinem Lenker dadrin versinken würde!

15
Sieben Engel und sieben Katastrophen
1 Dann war da am Himmel so eine große
Erscheinung, die ziemlich seltsam aussah.
Sieben Engel hielten sieben Katastrophen in ihren
Händen, mit denen Gottes Gericht zu Ende gehen
sollte. 2 Ich konnte so eine Art Meer erkennen. Es
war durchsichtig wie Glas und leuchtete dabei wie
Feuer. Am Ufer von diesem Meer standen alle, die
über das Tier gesiegt, nicht zu seinem Bild gebetet
und auch nicht die Zahl seines Namens angenom-
men hatten. In ihren Händen hielten sie E-Gitarren,
die Gott ihnen gegeben hatte. 3 Sie sangen das
Stück, das schon Mose, der Diener von Gott, gesun-
gen hatte, das auch das Lied von dem Lamm ist:
„Gigantisch und groß ist alles, was du getan hast.
Du bist der Chef, dir ist nichts unmöglich! Alles,
was du tust, ist gerecht. Man kann sich auf dich
verlassen, du bist der Präsident von allen Men-
schen! 4 Wer sollte dich nicht anerkennen? Wer
sollte deinen Namen nicht toll finden und dich nicht
loben? Nur du bist heilig! Alle Menschen werden
kommen und zu dir beten. Denn dass du gerecht
bist, wurde an deinen Taten allen klargemacht."
5 Und dann konnte ich sehen, wie im Himmel der
Tempel, das ganz besondere Zelt, geöffnet wurde!
6 Die sieben Engel, die die sieben Katastrophen
getragen hatten, kamen aus diesem heiligen Bereich
raus. Sie hatten total weiße Kleider an und um die
Brust ein Band aus Gold. 7 Eins von den vier mächti-
gen Wesen gab den sieben Engeln sieben goldene
Eimer. In diesen Eimern war der Zorn Gottes, des
Gottes, der immer da sein wird. 8 Der Tempel war
von einer Wolke Gottes eingenebelt, die seine
Macht und seine Größe symbolisiert. Niemand
konnte in den Tempel gehen, bis die sieben Kata-
strophen beendet waren.

16
Sieben Eimer voller Zorn
1 Jetzt hörte ich eine irre laute Stimme, die
den sieben Engeln zurief: „Geht los und
schüttet die sieben Eimer über der Erde aus, die mit
Gottes Zorn abgefüllt sind!" 2 Der erste Engel ging
dann los und schüttete einen Eimer über der Erde
aus. Sofort bekamen die Menschen, die dieses Zei-
chen vom Tier trugen und seine Statue angebetet
hatten, schlimme bösartige Krebsgeschwüre. 3 Der
zweite Engel schüttete seinen Eimer in das Meer,
und als er das tat, wurde das Wasser blutrot. Alle
Pflanzen und Tiere, die im Meer lebten, starben.
4 Und der dritte Engel schüttete seinen Eimer über
die Flüsse und Wasserquellen aus, die dann auch
blutrot wurden. 5 Dabei konnte ich hören, wie der
Engel, der das Sagen über das Wasser hatte,
meinte: „Du hast jetzt ein Urteil gefällt. Du bist kor-
rekt, du bist der ganz besondere, der Heilige, und
das warst du auch schon immer. 6 Weil sie deine
Leute und deine Propheten umgebracht haben und
ihr Blut auf der Erde vergossen wurde, hast du ihren
Mördern zu Recht dieses Blut zu trinken gegeben.
Das haben sie verdient!" 7 Dann hörte ich eine
Stimme aus der Richtung vom Altar, die sagte: „Ja,
Gott, dir ist nichts unmöglich. Jedes Urteil, das du
fällst, ist auf jeden Fall korrekt und geht in Ord-
nung!" 8 Jetzt goss der vierte Engel seinen Eimer
über die Sonne. Das bewirkte, dass die Strahlen der
Sonne die Menschen fast verbrennen konnten.
9 Und die Menschen litten unter der starken Son-
neneinstrahlung. Trotzdem schlugen sie keine
andere Richtung in ihrem Leben ein oder fingen an
Gott zu verehren. Ganz im Gegenteil, sie verfluch-
ten ihn sogar. 10 Und der fünfte Engel goss seinen
Eimer direkt über den Chefsessel von dem Tier aus.
Plötzlich war sein ganzes Gebiet dunkel. Die Men-
schen, die dort lebten, bissen sich vor Schmerz auf
die Zunge. 11 Dann verfluchten sie Gott aber wegen
dieser Schmerzen und wegen der Krebsgeschwüre,
sie weigerten sich, von ihrem falschen Weg umzu-
drehen. 12 Jetzt goss der sechste Engel seinen Eimer
in den großen Fluss, den Euphrat. Der trocknete
sofort aus. Ab dann konnten die Regierungen aus
dem Osten ohne Probleme mit ihrer Kriegsmaschi-
nerie in das Land einmarschieren. 13 Ich konnte
dann drei böse Geister sehen, die sahen aus wie
Frösche. Sie sprangen aus dem Mund des Drachen,
des Tieres und aus dem Mund von dem falschen
Propheten. 14 Diese Frösche stehen für dämonische
Geister, die Wunder tun können und so die Macht-
haber dieser Erde auf ihre Seite ziehen. Sie motivie-
ren alle, sich mit ihnen zum letzten großen Kampf
gegen den Gott, dem nichts unmöglich ist, zu stel-
len. 15 „Aber nicht vergessen", sagte Jesus Christus
plötzlich. „Ich komme total unerwartet und plötz-
lich, so wie ein Einbrecher in der Nacht! Nur wer
wach bleibt und bereit ist, wird an diesem Tag glück-
lich sein! Nur wer seine Klamotten in der Nähe hat,
muss nicht nackt rumlaufen, das wäre sonst pein-
lich für ihn."

Kriegsschauplatz
16 Die fiesen Geister trafen sich dann an einem Ort,
wo die Leute von Gott schon in alter Zeit viele

Kämpfe gekämpft hatten. 17 Der siebte Engel schüttete jetzt seinen Eimer in die Luft. Plötzlich hörte man eine wahnsinnig laute Stimme, die aus der Richtung vom Chefsessel im Tempel kam. Die sagte: „Jetzt ist es passiert!" 18 Blitze flashten über den Himmel, Donnerschläge krachten wie Explosionen. Die Erde bebte so heftig, wie es in der Zeit, seit die Menschen da leben, noch nie abgegangen war.
19 Die Riesenstadt Babylon wurde in drei Teile gespalten, und die Städte der Leute, die nicht mit Gott lebten, zerbröselten förmlich zu Schutt. Gott hatte die Schuld, die Babylon auf sich geladen hatte, nicht vergessen. Die Stadt musste ihre Suppe auslöffeln. Es traf sie voll, dass Gott sauer auf sie war. 20 Die Inseln versanken im Meer, und die Berge wurden platt gemacht. 21 Riesige Hagelkörner, so groß wie Fernseher, fielen vom Himmel auf die Menschen runter. Die Menschen lästerten über Gott und hassten ihn deswegen. Es war eine echt derbe Katastrophe.

17

Das riesige Babylon und das Biest

1 Jetzt kam einer von den sieben Engeln bei mir an, die vorher die sieben Eimer bekommen hatten. Er sagte zu mir: „Komm mit! Ich will dir mal zeigen, wie Gott die große Hure bestraft, diese Stadt, welche an einem Fluss mit vielen Verzweigungen liegt. 2 Die Mächtigen, die Leute, die was zu sagen haben, sind ihr hinterhergelaufen und haben sich auf sie eingelassen. Alle Menschen, die auf der Erde leben, haben sich mit ihrer Droge breit gemacht, sie waren total high davon." 3 Jetzt beamte mich ein Engel plötzlich in die Wüste. Ich konnte ein knallrotes Tier erkennen, das aussah wie ein Drache. Es hatte sieben Köpfe und zehn Hörner und war überall vollgekritzelt mit fiesen Worten, die über Gott ablästerten. Auf diesem Tier ritt eine Frau, 4 die dunkel- und grellrote Kleider anhatte. Sie hatte überall superteuren Schmuck aus Gold, Edelsteinen und Perlen umgehängt. In ihrer Hand hielt sie einen Becher, der aus Gold war. Dieser Becher war irgendwie randvoll mit linken Sachen, mit jeder Art von Mobbing, mit Verführung zu rücksichtslosem Fun, ätzenden Sexsachen und so. 5 Auf ihrer Stirn hatte sie einen geheimnisvollen Namen stehen: „Das große Babylon – die dreckige Oberschlampe! Hier sind alle ätzenden ekligen Sachen auf der Erde zu Hause!" 6 Ich konnte beobachten, wie diese Frau total high wurde von dem Blut der Leute, die zu Gott gehörten und die Jesus treu geblieben waren. Ich konnte echt nicht verstehen, was das bedeuten sollte. 7 Der Engel meinte zu mir: „Warum peilst du das nicht? Pass mal auf, ich will dir verraten, wer diese Frau ist und was es mit diesem Drachen mit den sieben Köpfen und den zehn Hörnern auf sich hat. 8 Der Drache hat mal gelebt, aber jetzt ist er tot. Aber er wird bald aus der Tiefe, aus der Dunkelheit, aus der Hölle hochkommen, und dann wird es endgültig mit ihm zu Ende gehen. Die Menschen auf der Erde, von denen die Namen nicht im Lebensbuch notiert worden sind, werden es zuerst nicht raffen können, wenn das Tier wieder zurückkommen wird. Es war ja mal tot.
9 Jetzt ist es angesagt, klug zu sein und sein Hirn zu benutzen. Die sieben Köpfe stehen für sieben Berge, von denen die Frau aus regiert. Sie bedeuten aber auch, dass es da sieben Präsidenten gibt.
10 Fünf von ihnen sind im Krieg gestorben, der sechste ist jetzt an der Regierung, und der siebte wird noch kommen. Aber seine Regierungszeit wird nur kurz sein. 11 Dieses knallrote Tier, das mal gelebt hat und dann gestorben ist, steht für den achten Präsidenten. Er ist genauso drauf wie die sieben anderen. Er wird auch kaputtgehen. 12 Die zehn Hörner, die du gesehen hast, stehen für zehn Präsidenten, die noch nicht an der Macht sind. Sie werden mit dem Tier gemeinsame Sache machen, aber nur für kurze Zeit. 13 Sie sind sich in allen Sachen einig, haben ein gemeinsames Ziel und stellen sich voll unter die Kontrolle von dem Tier.
14 Gemeinsam werden sie gegen das Lamm antreten und kämpfen. Aber das Lamm wird sie besiegen, weil es Jesus ist, der da kämpft. Er ist der Chef von allen Chefs, er ist der Präsident der Präsidenten. Und alle, die auf seiner Seite stehen, werden Siege einfahren, weil sie extra von ihm ausgesucht wurden und weil sie ihm treu waren." 15 Der Engel erklärte mir dann: „Die Flüsse, an denen du die Hure gesehen hast, stehen für alle Länder und Völker mit ihren unterschiedlichen Sprachen. 16 Das knallrote Tier und seine zehn Hörner (die stehen für die zehn Präsidenten) werden die Hure hassen. Sie werden sie völlig ausrauben, bis sie nichts mehr hat, und sie schließlich auffressen. Ihre Reste wird man dann im Feuer verbrennen. 17 Das ist aber alles im Rahmen von Gottes Plan. Sie werden dann alles gemeinsam tun und ihren Einfluss dem Tier überlassen, bis alles so passiert ist, wie Gott es gesagt hat. 18 Die Frau, die du gesehen hast, steht für die große Stadt, das Imperium, was über alle Präsidenten herrschen wird."

18

Babylons Zeit ist abgelaufen

1 Nachdem diese ganzen Sachen abgegangen waren, konnte ich einen Engel erkennen, wie er aus dem Himmel runterkam. Er hatte sehr große Power, und es ging helles Licht von ihm aus, so stark, dass die ganze Erde hell wurde. 2 Dieser Engel rief volles Rohr: „Babylon hat verloren! Für immer verloren! Die große Stadt kann einpacken! Nur noch Dämonen können da wohnen, unreine Geister sitzen da fest, und nur Aasgeier und Ratten suchen da noch was zu fressen. 3 Alle Völker haben sich an dieser Stadt bedient. Sie haben sich verführen lassen, sie haben sich breit gemacht, sie waren total bekifft von ihr, sie konnten nicht genug kriegen. Die Machthaber dieser Erde haben sich auf sie eingelassen, und die Wirtschaftsbosse sind durch ihren Wohlstand stinkreich geworden.“ 4 Dann hörte ich eine andere Stimme, die auch aus dem Himmel kam. „Verschwindet aus der Stadt! Macht bei dem Mist nicht mit! Sonst werdet ihr auch bestraft. 5 Der Mist, den sie baut, ist so gigagroß, dass er bis zum Himmel stinkt. Gott wird sie bald auf korrekte Weise dafür bestrafen. 6 Zahlt ihr die Schmerzen heim, die sie euch zugefügt hat! Verdoppelt sie sogar! 7 So wie sie einmal alles fett sitzen hatte und im Überfluss leben konnte, so soll sie jetzt auch leiden. Sie denkt sich so: ‚Och, ich bin ja die Präsidentin, ich werde weiter Macht besitzen. Ich bin keine hilflose Frau, deren Ehemann gestorben ist. Mir kann nichts passieren!‘ 8 Aber an nur einem einzigen Tag wird alles plattgemacht werden. Sie wird hungern, über Tote trauern, sie wird vom Feuer verbrannt werden. Gott, der Chef, wird mit ihr abrechnen, denn ihm stehen alle Möglichkeiten zur Verfügung.“ 9 Die Mächtigen in der Welt werden traurig sein, die mit ihr rumgemacht haben, und die, die es mit ihr getrieben haben, werden heulen, wenn sie abgefackelt wird. 10 Sie werden sich vor Angst in die Hose machen, sie werden laut losheulen: „Oh, nein, Babylon, du Traumstadt! Nach einer Stunde war es schon vorbei mit dir, du hast deine Strafe bekommen!“ 11 Auch die Handelskonzerne werden um sie trauern, weil keiner mehr ihr Zeugs kaufen will. 12 Sie handelten mit Gold und Silber, mit guten Wertpapieren, mit teurem Schmuck, Edelsteinen, Designerklamotten, Seide, Mahagoni, Edelstahl und Marmor. 13 Sie hatten teure Delikatessen eingekauft, Pflegemittel, Parfüm, Wein und Öl, Mehl vom Feinsten, genügend frisches Fleisch von Rindern und Schafen. Autos, Pferde, sogar Menschen haben sie verkauft. 14 Auch diese ganzen Früchte, die du so sehr mochtest, gibt es jetzt nicht mehr. Es ist alles vorbei, der ganze Schnickschnack ist verloren und wird auch nicht zurückkommen. 15 Die Unternehmer, die durch den Handel mächtig viel Kohle gemacht haben, werden aus Angst vor den Schmerzen auf Abstand gehen. Sie werden weinen und sagen: 16 „Wie schrecklich, wie furchtbar für diese schöne Stadt! Sie war mal so schön wie eine Frau, die in den besten Klamotten rumgelaufen ist und gut gestylt war, mit schönem Schmuck aus Gold und Edelsteinen und Perlen. 17 Und von einer Sekunde auf die andere ist alles vorbei, vernichtet und verloren!“ Aus sicherer Entfernung werden Kapitäne und ihre Steuermänner das Geschehen zusammen mit ihrer Besatzung beobachten können. 18 Wenn sie den Qualm von der brennenden Stadt sehen, sagen sie: „Welche Stadt konnte es mit ihr aufnehmen?“ 19 Weil sie so traurig sind, ziehen sie sich schwarze Kleidung über und weinen so laut, dass es jeder hört. „Wie grausam, wie schrecklich, sie tut uns so leid! Wir haben ihre Waren mit Schiffen übers Meer transportiert und weiterverkauft. Und wir haben gut dran verdient!“ 20 Aber ich sag nur: „Himmel, freu dich darüber! Freut euch, ihr alle, die ihr Gott vertraut! Freut euch, alle, die von Gott erzählen und ihr, die einen besonderen Draht zu Gott habt! Gott hat sein Ding durchgezogen, er hat sein Urteil vollstreckt. Er hat für Gerechtigkeit gesorgt!“ 21 Dann hob ein Engel einen Riesen-Betonklotz hoch, warf ihn ins Meer und sagte: „Genau so wie dieser Betonklotz untergeht, wird auch das große Babylon komplett untergehen. Nichts wird mehr von ihm übrig bleiben. 22 Nie wieder wird man da eine Band spielen hören, keine E-Gitarre, keine Sänger, keinen Bass und auch kein Schlagzeug. Es wird auch kein Handwerker mehr da arbeiten, und auch Industrielärm wird nicht mehr zu hören sein. 23 Alle Lampen werden ausgehen, für immer. Hier werden auch keine Hochzeitspartys mehr gefeiert. Du warst die stärkste Wirtschaftskraft, du warst die Nummer eins auf der Erde und hast den gesamten Weltmarkt kontrolliert. Mit deinen schönen Spielereien hast du Nationen verführt. 24 Du bist schuldig geworden, denn auf deinen Straßen wurden die ermordet, die einen Draht zu Gott hatten, und das Blut der Menschen, die zu Gott gehören, klebt an deinen Händen. Du bist sogar verantwortlich für den Tod aller Menschen, die auf der Erde ermordet wurden.“

19 Siegerparty im Himmel

1 Danach hörte ich, wie eine riesengroße Menschenmenge anfing, im Himmel rumzukreischen: „Yeah, halleluja, Gott ist der Größte! Er hat gewonnen! Er macht alles wieder gut! 2 Er ist ein unbestechlicher und gerechter Richter. Er hat die große Nutte bestraft, die die Erde mit ihren miesen Geschäften so verdreckt hat. Er hat das Blut seiner Kinder, das an ihren Fingern klebte, gerächt.“ 3 Immer wieder jubelten sie: „Halleluja! Danke, Gott! Dass diese miese Stadt endlich plattgemacht wurde, zeigt allen, was du draufhast!“ 4 Die vierundzwanzig Aufsichtsratsvorsitzenden und die vier himmlischen Gestalten knieten sich vor dem Chefsessel Gottes hin. Sie beteten ihn an und sagten ganz laut: „Genau so ist es! Amen! Gott ist der Größte!“ 5 Jetzt hörte ich eine Stimme, die aus der Richtung vom Chefsessel kam und sagte: „Bedankt euch bei unserem Gott! Lobt ihn, egal ob ihr jung oder alt seid! Das gilt für alle, die zu ihm gehören.“ 6 Dann hörte ich wieder eine Stimme, die war so laut wie tausend Böller oder wie der Bass von tausend Beats. Die Stimme sagte: „Halleluja! Sagt Gott, wie gut er ist! Unser Chef, unser Gott, dem nichts unmöglich ist, hat endgültig die Herrschaft übernommen! 7 Lasst uns ’ne Party machen, wir wollen das feiern und uns drüber freuen. Wir wollen Gott dafür danken! Es ist jetzt für das Lamm an der Zeit zu heiraten. Seine Braut ist schon bereit. 8 Sie darf sich jetzt schick machen und ein weißes T-Shirt tragen.“ Das weiße T-Shirt steht für das saubere Leben, das die Christen geführt haben, die so lebten, wie Gott es gut findet. 9 Dann sagte ein Engel zu mir: „Jetzt schreib mal auf: ‚Die Leute, die eine Einladung zur Hochzeitsparty vom Lamm haben, können sich freuen!‘“ Und dann meinte er noch: „Das ist aus zuverlässiger Quelle. Gott selber hat das gesagt!“ 10 Ich war so platt, dass ich mich vor den Engel warf und zu ihm beten wollte. Er fand das aber nicht so toll. „Nein, lass das sein! Ich bin auch nicht anders als du und die anderen, die auf Jesus vertrauen. Ich bin ein Angestellter, der einen Auftrag von Jesus Christus hat. Zu dem musst du reden! Wenn einer prophetische Worte hat, dann sind die von ihm!“

Jesus besiegt das Tier und seine Armee

11 Plötzlich öffnete sich der Himmel vor meinem inneren Auge. Ich konnte ein weißes Motorrad erkennen, auf dem jemand fuhr. Der Fahrer hieß „Treue und Ehrlichkeit“, weil er seine Sache immer gerecht durchzieht. Dafür kämpft er. 12 Seine Augen leuchteten wie ein 1000-Watt-Halogenstrahler, und auf seinem Kopf waren viele kleine Kronen. Er hatte einen geheimen Namen, den nur er allein kannte. 13 Er hatte Kleidung an, die total mit Blut verschmiert war. Sein Name war: „das Wort von Gott“. 14 Die Armee aus dem Himmel zog hinter ihm her, alle auf weißen Motorrädern. Sie hatten Uniformen aus feinster, ganz reiner Baumwolle an, ebenfalls in Weiß. 15 Aus seinem Mund kam ein Laserstrahl, damit besiegte er alle Nationen. Er wird knallhart regieren. Man sagt, es wäre wie bei einer Saftpresse: Genau so würde er die Menschen ausquetschen. Alle würden mitkriegen, wie sauer der große Gott ist. 16 Auf der Jacke, die er anhatte, stand ein Name: „Präsident der Präsidenten, König der Könige, Chef aller Chefs!“ 17 Dann sah ich einen Engel, der von der Sonne umstrahlt wurde. Der redete mit den Geiern und sagte zu ihnen: „Kommt her und bereitet euch auf ein großes Festessen vor. 18 Ihr könnt euch an dem Fleisch von Präsidenten bedienen, an den Knochen der Generäle und aller anderen Menschen, die über diese Welt das Sagen haben. Recycelt die Motorräder und esst deren Fahrer, das Fleisch von Chefs und ihren Angestellten, von Großen und Kleinen.“ 19 Dann sah ich, wie das Tier und die Präsidenten ihre Armeen zusammenzogen, um gegen den Reiter auf dem Motorrad und seine Armee zu kämpfen. 20 Das Tier wurde gefangen genommen und mit ihm dieser falsche Prophet, der im Auftrag von dem Tier die fetten Wunder getan hatte. Damit hatte er ja bewirkt, dass alle verführt wurden. Sie hatten den Code von dem Tier angenommen und zu seinem Denkmal gebetet. Bei lebendigem Leib wurden sie in den Feuersee geworfen. 21 Alle anderen wurden durch das Laserschwert getötet, das aus dem Mund von dem Mann kam, der auf dem weißen Motorrad saß. Die Geier fraßen sich an dem Fleisch der Leichen satt.

20 Tausend Jahre haben die Jesus-Leute das Sagen über die Welt

1 Nachdem das alles passiert war, konnte ich einen Engel erkennen, der aus dem Himmel auf die Erde gebeamt wurde. Er hatte große Handschellen in der Hand und in der Tasche den Schlüssel für die Tür zum Abgrund. 2 Er schnappte sich den Drachen, diese alte Schlange, also den Teufel beziehungsweise Satan, und fesselte ihn für die nächsten tausend Jahre. 3 Der Engel warf ihn dann in den Abgrund und verschloss die Tür, so dass keiner sie

mehr knacken konnte. Das Mistvieh konnte jetzt
tausend Jahre lang nichts Ätzendes mehr auf der
Erde starten. Keiner konnte mehr verführt werden,
bis die Zeit vorbei war. Danach muss er aber für
kurze Zeit wieder freigelassen werden. 4 Dann
konnte ich solche Chefsessel sehen. Alle, die von
Gott eine Vollmacht ausgestellt bekommen hatten,
über andere zu richten, setzten sich dort drauf. Ich
konnte Menschen erkennen, die man getötet hatte,
weil sie sich öffentlich dazu gestellt hatten, Christen
zu sein. Sie waren straight bei ihrer Überzeugung
geblieben. Sie hatten auch nie zu dem Tier gebetet,
auch nicht zu seinem Denkmal. Sie wurden wieder
lebendig und hatten mit Jesus tausend Jahre lang
das Sagen über die Welt. 5 Die anderen Menschen,
die tot sind, wurden erst wieder lebendig, als diese
tausend Jahre vorbei waren. Das nennt man übri-
gens die „erste Auferstehung". 6 Glücklich werden
alle sein, die von Gott akzeptiert werden und mit
dabei sind, wenn Gott sie aus dem Tod rausholt.
Der zweite Tod kann bei ihnen nichts mehr ausrich-
ten. Sie werden Priester von Gott sein und tausend
Jahre lang mit ihm zusammen das Sagen haben.

Satan hat abgelost

7 Wenn die tausend Jahre vorbei sind, wird Satan
noch mal aus seinem Gefängnis freikommen. 8 Er
wird alle Menschen auf der Welt überreden, sich um
ihn zu sammeln und zum Krieg aufzurüsten. Es
werden so viele Soldaten sein, wie es Sand am Meer
gibt. 9 Ich konnte sehen, wie sie von überall herka-
men. Sie umzingelten Gottes Leute und belagerten
seine geliebte Stadt. Dann sah ich, wie plötzlich
Feuer vom Himmel runterfiel und diese Armee, die
von Satan angeführt wurde, vernichtet wurde. 10 Der
Satan selber, der alle betrogen hatte, wurde dann
auch gepackt und zu dem Tier und dem falschen
Propheten in einen See aus Feuer geworfen, der mit
Schwefel brennt. Dort brennen sie und leiden ohne
Ende, bis in die Ewigkeit.

Die letzte Gerichtsverhandlung

11 Dann konnte ich einen weißen Chefsessel erken-
nen, und ich sah auch denjenigen, der dadraufsaß.
Sein Blick war so derbe, dass die Erde und der Him-
mel ihn nicht ertragen konnten. Sie verschwanden
einfach. 12 Ich sah dann alle Toten vor dem Chefses-
sel Gottes aufkreuzen. Alle, die mal was zu sagen
hatten, waren da, und auch die Nobodys. Dann wur-
den Bücher aufgeschlagen. Das Buch des Lebens
war auch dabei. Jeder bekam ein Gerichtsurteil, das
sich nach den Eintragungen richtete, die man in den
Büchern fand. Alles, was man mal gemacht hat,
stand dadrin. 13 Alle Toten mussten antreten. Das
Meer spuckte seine Toten aus, aber auch die Men-
schen aus dem Totenreich waren dabei. Jeder be-
kam ein Urteil nach seinen Taten, so wie er gelebt
hatte. 14 Und der Tod und sein ganzer Machtbereich
wurde verschrottet. Er kam in den Feuersee, und
das ist dann der zweite Tod. 15 Alle, deren Namen
nicht in diesem Buch gefunden wurden, landeten in
diesem See aus Feuer, in dem endgültigen Tod.

21

Gott macht alles neu

1 Und dann sah ich sie, eine brandneue Erde
und einen total neuen Himmel. Die Zeit der
ersten Erde mit ihrem Himmel war abgelaufen.
Auch das Meer war nicht mehr da. 2 Ich konnte
sehen, wie die ganze besondere, heilige Stadt von
Gott langsam aus dem Himmel runtergelassen
wurde. Sie war so krass gestylt wie eine Frau, die
gerade heiraten will. 3 Dann hörte ich eine sehr laute
Stimme, die aus der Richtung vom Chefsessel kam.
„Hey, pass auf, hier wird Gott mit den Menschen
zusammen wohnen! Sie werden in seiner Nähe sein
und ganz fest zusammengehören. Sie werden seine
Freunde sein, und er ist ihr Gott. 4 Er wird immer für
sie da sein und sie trösten. Der Tod wird keine
Chance mehr haben. Leid, Schmerz und Angst: All
das wird es nicht mehr geben! Das gehörte zwar zur
ersten Zeit, aber die ist jetzt endgültig vorbei." 5 Der
Mann, der auf dem Chefsessel saß, meinte dann:
„Pass mal auf, jetzt werde ich alles ganz neu ma-
chen!" Dann sagte er: „Schreib alles auf! Denn was
ich gesagt habe, passiert auch, darauf kannst du
dich verlassen!" 6 Dann meinte er noch zu mir: „Es
ist alles genau so passiert, wie es passieren sollte.
Ich bin das A und auch das Z, ich bin der Anfang
und gleichzeitig auch das Ende. Jeder, der Durst hat,
kann bei mir trinken bis zum Abwinken. Es kommt
aus der Quelle, wo das Leben entspringt. Und es ist
alles kostenlos, man muss nichts dafür bezahlen.
7 Wer es packt und am Ende siegt, wird das alles
bekommen. Ich werde sein Gott sein, und er wird
mein Kind sein. 8 Übel wird es aber folgenden Leu-
ten ergehen: Menschen, die feige waren und sich
nicht zu mir gestellt haben, als es drauf ankam. Und
Menschen, die nicht an mich geglaubt haben, die
üble Sachen abgezogen haben, die gemordet und
die Ehe gebrochen haben. Übel wird es den Leuten
ergehen, die sich auf okkulte Sachen eingelassen

haben, die andern Göttern nachgelaufen sind, die nicht straight lebten, die gelogen haben. Auf die wartet der Feuersee, der mit Schwefel brennt. Das ist der zweite Tod, der sie für immer von mir trennt."

Die neue Stadt von Gott

9 Ich sah dann, wie einer von den sieben Engeln, die in ihren Eimern die letzten sieben Katastrophen gebracht hatten, zu mir kam und sagte: „Komm mal mit, ich will dir die Braut zeigen, die das Lamm heiraten wird!" 10 Ich wurde dann vom Geist auf einen großen Berg gebeamt. Er zeigte mir von dort die heilige Stadt Jerusalem, wie sie von Gott aus dem Himmel runterkam. 11 Die Stadt strahlte voll, sie hatte so ein Leuchten, wie es nur Gott selber hatte. Sie funkelte wie ein sehr teurer Edelstein, so wie ein Jaspis, und strahlte so wie ein Kristall. 12 Die Stadtmauer war sehr breit und sehr hoch. Sie hatte zwölf Türen, die von zwölf Engeln bewacht wurden. Auf den Türen waren Schilder mit den Namen von den zwölf Gruppen angebracht, die die alten Verträge mit Gott hatten . 13 Drei Tore in Richtung Osten, drei Tore in Richtung Westen, drei Tore in Richtung Norden, drei Tore in Richtung Süden. 14 Die Mauer von dieser Stadt war auf zwölf Grundsteinen aufgebaut. Die hatten die Namen von den zwölf engsten Freunde von Jesus, die zu dem Lamm gehörten. 15 Der Engel, mit dem ich redete, hatte in seiner Hand einen goldenen Zollstock. Damit wollte er die Mauern und die Türen ausmessen. 16 Die Stadt war quadratisch angelegt, so wie ein Würfel. Der Engel kam dann beim Messen auf schlappe 2.500 Kilometer in allen Richtungen: Länge, Breite, Höhe. 17 Dann maß er auch noch die Mauern aus und kam auf ungefähr 70 Meter Höhe. Er rechnete dabei nach dem Maß der Menschen. 18 Die Mauern waren aus kristallklarem Jaspis gemacht, die Stadt bestand aber zu hundert Prozent aus einem Gold, das so durchsichtig wie Glas war. 19 Die Grundsteine der Stadt waren mit vielen Edelsteinen geschmückt. Der erste Grundstein war ein Jaspis, der zweite ein blauer Saphir, der dritte ein milchfarbener Chalzedon, der vierte ein grüner Smaragd, 20 der fünfte ein bräunlicher Sardonyx, der sechste ein roter Karneol, der siebte ein olivgrüner Chrysolith, der achte ein regenbogenfarbiger Beryll, der neunte ein gelber Topas, der zehnte ein pfefferminzgrüner Chrysopras, der elfte ein dunkelroter Hyazinth, der zwölfte ein violetter Amethyst. 21 Die zwölf Tore waren aus zwölf Perlen gemacht, jedes Tor aus einer einzigen Perle! Die Hauptstraße war aus reinem Gold, so durchsichtig wie Glas. 22 In der ganzen Stadt war keine Kirche, kein Tempel zu sehen. Der Tempel war nämlich Gott selber, der große Gott, dem nichts unmöglich ist. Und mit ihm Jesus Christus, er ist das Lamm. 23 Die Stadt brauchte keine Sonne mehr, keinen Mond und auch keine Straßenlampen, um es hell zu haben, weil Gott so viel von seiner Größe ausstrahlte, dass es einfach so hell war. Diese Lampe war das Lamm. 24 In diesem Licht werden alle Menschen auf der Erde leben. Die Mächtigen der Welt werden kommen und ihren Reichtum in die Stadt bringen. 25 Es gibt dort keine Nacht mehr und nichts, wovor man Angst haben müsste. Darum werden die Türen niemals verschlossen werden. 26 Alles, was die Nationen an wertvollen Sachen besitzen, werden sie in diese Stadt bringen. 27 Wer link drauf ist und auf Sünde steht, wer lügt oder andere Sachen macht, die nicht zu einem Leben mit Gott passen, darf niemals in diese Stadt rein. Nur wer in dem Lebensbuch vom Lamm steht, darf dort rein.

22

Das Wasser des Lebens

1 Jetzt zeigte der Engel mir noch einen besonderen Fluss, in dem das Wasser des Lebens floss. Er war so sauber und klar wie ein Kristall und kam direkt aus dem Raum, wo der Chefsessel Gottes steht und wo auch das Lamm ist. 2 An beiden Ufern vom Fluss, der an der Straße entlangfloss, stand der Baum des Lebens. Dieser Baum konnte zwölf Mal pro Jahr Früchte tragen, jeden Monat einmal. Die Blätter von dem Baum können alle Völker gesund machen. 3 Nie mehr wird wieder irgendwas unter einen Fluch von Gott gestellt werden. Der Chefsessel von Gott und der Chefsessel von dem Lamm werden dort stehen. Und alle, die ihm gehören, werden ihm dort dienen. 4 Sie werden Gott in die Augen sehen können, sein Zeichen wird auf ihrer Stirn stehen. 5 Es wird dort keine Nacht mehr geben, es wird nie mehr dunkel sein. Man braucht deswegen auch keine Lampe, und auch die Sonne braucht man nicht. Gott wird das Licht sein, und sie werden bis in die Ewigkeit das Sagen haben.

Jesus tritt auf

6 Dann sagte jemand zu mir: „Diese Sachen, die ich dir gesagt habe, sind hundertprozentig wahr. Gott, der über alles regiert, hat welchen, die einen besonderen Draht zu ihm haben, gesagt, was in der

Zukunft so abgehen wird. Er hat seinen Engel
geschickt, um das, den Leuten die ihm lieben, zu
erzählen. 7 Ja, ich werde bald kommen! Freut euch
schon drauf! Wirklich glücklich werden die Menschen sein, die bei dem bleiben, was in diesem
Buch vorhergesagt wurde!“ 8 Ich bin Johannes, ich
hab das alles erlebt. Als das alles abgegangen ist,
konnte ich mich erst mal nur vor dem Engel hinknien, um zu ihm zu beten. Er hatte mir diese
Sachen gezeigt. 9 Das fand der dann aber nicht so
lustig. Er sagte: „Hör auf damit! Ich diene Gott genauso wie du und die anderen, wie die Propheten
und alle anderen, die diese Worte ernst nehmen, die
in diesem Buch stehen. Bete zu Gott!“ 10 Dann sagte
Jesus zu mir: „Halte diese Worte, die ich dir gesagt
habe, jetzt nicht geheim. Es ist bald so weit, dass all
das passieren wird. 11 Wer jetzt nicht okay für Gott
lebt, wird das auch weiterhin nicht tun. Wer für Gott
versifft ist, soll weiter ein siffiges Leben führen. Wer
ein Leben führt, was Gott gut findet, soll das weiter
durchziehen, und wer wie Gott es will lebt, soll versuchen, weiter so zu leben. 12 Macht euch auf was
gefasst! Ich komme bald wieder zurück, und dann
wird abgerechnet. Jeder bekommt, was er verdient.
13 Ich bin der Anfang und gleichzeitig auch das
Ende, das A und das Z, der Erste, der da war, und
der Letzte, der da sein wird. 14 Glücklich werden die
Leute sein, die nach meinen Regeln leben, ihr
Leben, immer sauber gehalten haben. Sie dürfen
durch die Tür in die Stadt reingehen. Sie dürfen sich
auch an den Früchten bedienen, die am Baum des
Lebens wachsen. 15 Alle linken Typen müssen vor
der Stadt bleiben. Sie dürfen nicht reinkommen.
Zum Beispiel Leute, die jemanden ermorden oder
Okkultismus betreiben, die in solche Sexsachen
verstrickt sind, die Gott nicht will. Oder solche
Typen, denen irgendwelche Stars oder Götzen wichtiger sind als Gott, die nur rumlügen und es mit der
Wahrheit nicht so genau nehmen. 16 Ich, Jesus, habe
meinen Engel vorbeigeschickt, um euch, den Gemeinden, diese Sachen klarzumachen. Ich bin der
Urvater der ganzen Familie vom Präsidenten David.
Ich bin der helle Morgenstern.“ 17 Der Geist von
Gott und seine Braut rufen dich. Sie sagen: „Jetzt
komm!“ Und alle, die das hören, sollen antworten:
„Ja, komm!“ Wer Durst hat, der ist eingeladen.
Jeder, der will, kann vorbeikommen und sich an
dem Wasser des Lebens bedienen – es ist umsonst!
18 Ich mach jetzt noch mal eine Ansage: Jeder, der
diese Worte, diese Prophezeiung, hört, darf nicht
selbst was hinzufügen! Wer das trotzdem tut, der
wird dieselben ätzenden Sachen von Gott abkriegen, die in diesem Buch schon beschrieben wurden.
19 Wenn irgendjemand auf die Idee kommt, etwas
von diesen Worten wegzulassen, dann wird Gott
auch seine Früchte wegnehmen, die für ihn am
Baum des Lebens wachsen. Auch sein Anteil an der
heiligen Stadt wird ihm weggenommen, an der
Stadt, die hier beschrieben wurde. 20 Der, der ein
Zeuge für diese ganze Geschichte war, sagt: „Ja, ich
werde bald kommen. So soll es sein [Amen]!“ „Ja,
Jesus, komm!“ 21 Die Gnade und Liebe von unserem
Chef und Gott Jesus Christus soll euch immer begleiten!

ANHANG

Die „Synonymeseite" oder wie die Begriffe in der Volxbibel zustande kommen

In der Volxbibel sind einige Wörter und Ausdrücke drin, die du vielleicht zum ersten Mal hörst. Das sind meistens Übertragungen von Begriffen aus der Bibel, die man normalerweise ohne eine Erklärung nicht gut verstehen kann. Wir haben deshalb versucht, für diese Begriffe neue Wörter zu finden, die der eigentlichen Bedeutung nahekommen. Hier hast du nun eine Liste dieser Wörter und eine Erklärung, was damit gemeint ist. Manche dieser Sachen hast du vielleicht schon mal irgendwo gelesen, hier kannst du auch nachschlagen, wie sie in der Volxbibel übersetzt worden sind.

Die **fettgedruckten** Wörter sind die Übertragungen der Volxbibel, die *schräg*gedruckten sind die Fachbegriffe, die in anderen Bibeln dafür gebraucht werden.

Allerderbster Bereich: *Allerheiligstes:* Das war ein ganz besonderer Bereich, der zuerst im besonderen Zelt und später im Tempel (siehe „Haus von Gott") war. Diesen Bereich durfte nur der Oberpriester einmal im Jahr betreten. Dort war auch die Kiste mit den Gesetzen drin.

Altar: siehe „Tisch/Opfertisch"

Amen: Das ist ein hebräisches Wort, das auf Deutsch so viel wie „So ist es!" bedeutet. Das sagt man immer am Ende von einem Gebet, um das Ganze noch mal zu bestätigen. In der Volxbibel haben wir dafür oft „So passt es! [Amen]" oder etwas Ähnliches genommen.

Aussatz: Das ist eine ziemlich üble Hautkrankheit, die ansteckend ist. Wahrscheinlich handelt es sich um die bei uns eher seltene Krankheit Lepra. Man kann daran sterben.

Baal: Das war ein „Plastikgott", zu dem viele Völker gebetet haben. Allerdings waren die Israeliten auch oft so schräg drauf und schenkten ihm Opfer.

Bann: siehe „Rote-Karte-Aktion"

besonders/ganz besonders (krass): *heilig:* Etwas ist „heilig", wenn es etwas total Besonderes ist und praktisch Gott gehört. Zum Beispiel sind die Geräte im Haus von Gott heilig, weil die Gott gehören und nur für ihn da sind. „Heilig" heißt auch, dass es anders ist als das Normale. Es ist gottmäßig, so wie Gott, der ja auch heilig ist.

besondere Lose, Lose ziehen: *heilige Lose:* Manchmal brauchten die Leute von Gott eine Hilfe, wenn sie Entscheidungen treffen mussten und kein Prophet was dazu sagen konnte. Man glaubte, dass Gott durch das Ergebnis, das bei den Losen herauskam, zu den Menschen redet.

besonderes Öl: *Salböl:* Dieses Öl wurde benutzt, um Leute für einen ganz speziellen Dienst einzusetzen, zum Beispiel, wenn jemand Präsident wurde. Mit diesem Öl wurde der Präsident sozusagen dafür bestimmt, den Job zu tun, so wie man ihm heute eine Urkunde überreicht.

besonderes Zelt: *heiliges Zelt/Stiftshütte:* Das war das Zelt, das die Israeliten in der Wüste immer und überallhin mitgenommen haben. Es war in der Zeit sozusagen die Wohnung von Gott. Darin wurden auch immer die Partys für Gott und die Opfer durchgezogen.

Botschafter von Gott: *Engel:* Dafür steht auch in der Volxbibel oft „Engel". Engel sind Boten von Gott. Gott schickt sie zu den Menschen, damit sie zum Beispiel Nachrichten von ihm an die Menschen weitergeben. Aber manchmal greifen Engel auch richtig ein und kämpfen sogar, wie in der Story, wo die Assyrer plattgemacht werden.

Bund: siehe „Vertrag"

Bundeslade: siehe „Kiste mit den Gesetzen"

Engel: siehe „Botschafter von Gott"

auf Essen verzichten (und ganz viel beten): *Fasten:* Das hat man gemacht, um sich total auf Gott zu konzentrieren. Man hat nichts gegessen, damit man nicht abgelenkt wird.

Exil: siehe „Kriegsgefangenschaft"

Fasten: siehe „auf Essen verzichten (und ganz viel beten)"

Fest der Blätterbuden: *Laubhüttenfest:* Dieses Fest sollte die Israeliten immer daran erinnern, dass sie mal eine ganze Zeitlang nur in Zelten gelebt haben, als sie nämlich von Ägypten abgehauen und dann so lange in der Wüste rumgelaufen sind. Damals haben sie aus ganz vielen Ästen und Zweigen von unterschiedlichen Bäumen so eine kleine Hütte gebaut, daher der Name.

ganz besonders: siehe „besonders"

Geist Gottes/Geist von Gott: siehe „Kraft von Gott"
Gottesknecht: siehe „Mitarbeiter von Gott"
Götzen: siehe „Plastikgötter"
Haus von Gott: *Tempel:* Das war ein Riesengebäude, das Salomo für Gott gebaut hat. Es war ab dann der Ort, wo immer für Gott geopfert und zu ihm gebetet wurde. Der Tempel wurde allerdings dann durch Nebukadnezzar zerstört, als der Juda im Krieg erobert hat. Später wurde der Tempel wiederaufgebaut und dann aber erneut im Jahr 70 n. Chr. von den Römern zerstört.
heilig: siehe „besonders"
heilige Lose: siehe „besondere Lose, Lose ziehen"
Heiliger Geist: siehe „Kraft von Gott"
heiliges Zelt: siehe „besonderes Zelt"
innerer Film: *Vision:* Gott gibt Propheten manchmal eine Vision. Dabei sehen sie so etwas wie einen Film in ihrem Kopf ablaufen. Darin zeigt Gott ihnen zum Beispiel Sachen, die erst in der Zukunft passieren.
Knecht Gottes: siehe „Mitarbeiter von Gott"
Kiste mit den Gesetzen: *Bundeslade:* Das war eine ganz besondere Kiste, in der die Gesetze von Gott aufbewahrt wurden.
Kleider zerreißen: Das wurde in der Volxbibel unterschiedlich übersetzt, z. B. auch mit „Kleider zerreißen" oder mit Ausdrücken wie „er schlug vor Wut alles kurz und klein". Seine Kleider zu zerreißen war damals etwas, womit man ausdrücken konnte, dass man total sauer oder total traurig war.
König: siehe „Präsident"
Kraft von Gott: *Geist Gottes/Geist von Gott/Heiliger Geist:* Das ist die ganz besondere Kraft von Gott, die er manchmal den Menschen gibt, damit sie ganz besondere Sachen machen können, wie zum Beispiel Wunder tun. Gott kann Menschen durch diese Kraft auch verändern und ihnen den absoluten Durchblick geben.
Krätze an den Hals wünschen: *Fluch:* Das hat man gemacht, wenn man jemanden überhaupt nicht leiden konnte und wollte, dass es ihm total dreckig geht. Es ist auch eine Bezeichnung für die ganzen üblen Sachen, die passieren, wenn man nicht auf Gottes Ansagen hören will.
Kriegsgefangenschaft: *Exil:* Als die Leute aus Juda von den Leuten aus Babylonien besiegt wurden, wurden sie von denen gefangen genommen und aus ihrem Land weggebracht. Später durften sie jedoch wieder zurück in ihr Gebiet.

Laubhüttenfest: siehe „Fest der Blätterbuden"
Levi-Leute: *Leviten:* Leviten waren alle Leute aus dem Familienstamm Levi. Der war ja ein Sohn von Jakob gewesen. Dieser Stamm wurde von Gott extra ausgesucht, um für ihn Opfer durchzuziehen und sich um das Haus von Gott zu kümmern. Dabei gab es allerdings noch mal eine Unterscheidung. Nur die, die aus der Familie von Aaron (dem Bruder von Mose) kommen, sind wirklich „Priester". Die anderen Levi-Leute sind eher so was wie Gehilfen. In der Volxbibel haben wir dafür „Angestellte vom besonderen Zelt" und später, nachdem es den Tempel (siehe „Haus von Gott") gab, „Tempelangestellte" genommen.
Lose ziehen: siehe „besondere Lose"
Manna: Während die Israeliten in der Wüste unterwegs waren, wurden sie von Gott versorgt. Jeden Morgen war auf dem Platz vor ihren Zelten so ein mehlähnliches Zeug, wovon sie sich ernähren konnten. Die Leute waren so überrascht, dass sie alle „Nanu? Was ist das denn?" sagten. Manna kommt von „Man-hu", was übersetzt so viel heißt wie „Hä, was ist das denn?".
Mitarbeiter von Gott: *Knecht Gottes/Gottesknecht:* So heißt jemand, der einen ganz besonderen Auftrag von Gott bekommen hat und krasse Sachen mit Gott durchzieht. Deshalb ist das oft auch eine Bezeichnung für Jesus, wenn im Alten Testament schon von seinem besonderen Leben die Rede ist. Ganz oft kommt dieser Mitarbeiter im Buch Jesaja vor.
Opfertisch: siehe „Tisch/Opfertisch"
Passa-Party: *Passa:* Dieses Fest findet einmal im Jahr statt. Es erinnert daran, wie die Israeliten aus Ägypten abgehauen sind. Dabei hat Gott derbe Wunder gebracht und seine Leute beschützt, die Ägypter aber ganz übel bestraft, weil sie die Israeliten so fies behandelt haben.
Plastikgötter/Pseudogötter: *Götzen:* Früher hatte jedes Land seinen eigenen Gott, zu dem die Leute dann beteten. Allerdings waren das eben alles keine richtigen Götter, sondern nur Statuen aus Gold, Holz oder so was. Allerdings gab es auch immer wieder Zeiten, wo die Israeliten so übel drauf waren und auch zu denen beteten statt zu dem echten Gott.
Präsident: *König:* Das war damals der Chef von einem Land. Er hat das Land regiert, wie heute eben der Bundeskanzler oder der Präsident, aber er hatte ziemlich viele Rechte. So mussten alle tun, was er sagte, und er konnte sich oft einfach nehmen, was er gerade so wollte.

Priester: siehe „Levi-Leute“
Prophetentyp: *Prophet:* Das waren ganz spezielle Leute, die von Gott extra ausgesucht wurden für diesen Job. Die bekamen dann immer Nachrichten von Gott rein. Entweder sprach Gott zu ihnen, oder er schickte ihnen Träume oder Visionen (siehe „innerer Film“). Oft gingen die Leute und Präsidenten zu denen und fragten sie, was sie machen sollten und was Gott gut findet.
Rote-Karte-Aktion: *Bann:* Das war eine Aktion, die oft in Kriegen durchgezogen wurde. Dabei wurde in einer Stadt alles plattgemacht, und alle Bewohner wurden getötet. Das war dann eine Strafe von Gott, wenn die Leute derben Mist gebaut hatten.

Salböl: siehe „besonderes Öl“
Sieben-Wochen-Rave: *Wochenfest:* Das waren religiöse Feiertage. Das heißt, dass da jeder freihatte. Gefeiert wurde das Ganze nach der Ernte, und es war eine Riesenparty.
Sklave: Das waren Leute, die ohne oder mit nur ganz wenig Lohn für jemand anderen arbeiten mussten. In der Volxbibel steht dafür oft „Leute, die unter Knebelverträgen schuften mussten“ oder „Ein-Euro-Jobber“.

Tempel: Das wurde auch in der Volxbibel meist mit Tempel wiedergegeben. Es waren Häuser, in denen Partys für Götter abgingen oder Opfer für die durchgezogen wurden. Das darf man aber nicht verwechseln mit dem speziellen Tempel für Gott in Jerusalem, siehe dazu „Haus von Gott“.
Tempelangestellte: siehe „Levi-Leute“
Tisch/Opfertisch: *Altar:* Das waren Tische, auf denen für Gott Opfer durchgezogen wurden.

Verbannung: Normalerweise hieß das, dass man aus seinem Heimatland rausgeschmissen wurde. Für die Verbannung der Israeliten siehe auch „Kriegsgefangenschaft“.
Vertrag/Verträge: *Bund:* Damit ist der Vertrag gemeint, den Gott mit den Menschen geschlossen hat. Er hat ihnen garantiert, dass es ihnen immer gutgehen wird, wenn sie seine Gesetze befolgen.
Vision: siehe „innerer Film“

Wochenfest: siehe „Sieben-Wochen-Rave“
Zion: Das wird auch in der Volxbibel mit Zion wiedergegeben. Zion bezeichnet einen ganz besonderen Berg in Jerusalem – etwas total Besonderes, wo Gott selbst wohnt. Manchmal ist es aber auch nur ein anderer Name für die Stadt Jerusalem.

Weitere Bibelübersetzungen

Normalerweise braucht man eine Übersetzung, um einen Text aus einer anderen Sprache verstehen zu können. Das erste Original des Neuen Testaments ist in einer Sprache geschrieben, die heute kaum noch jemand versteht: Altgriechisch. Das erste Original des Alten Testaments ist uns aus dem Hebräischen überliefert, und diese Sprache spricht man überwiegend auch nur in Israel. Damit man die Bibel auf der ganzen Welt versteht, muss sie also übersetzt werden. In Teilen existieren heute über 2500 Bibelübersetzungen in andere Sprachen. Aber auch in Deutschland gibt es sehr viele unterschiedliche Übersetzungen. Ich habe einmal geforscht und kam auf über 600 deutsche Bibelausgaben, das ist eine gigantisch hohe Zahl. Woran liegt das? Ich glaube, dass Sprache etwas sehr Lebendiges ist. Sprache verändert sich, jede Generation bildet neue Ausdrücke und selbst für bestimmte Dinge gibt es in Deutschland unterschiedliche Wörter. So werden zum Beispiel für „Brötchen" über neun unterschiedliche Begriffe bei uns verwendet.

Unterschiedliche deutsche Übersetzungen, unterschiedliche Schwerpunkte
Jede Bibelübersetzung hat einen Schwerpunkt, der irgendwo zwischen Genauigkeit und guter Lesbarkeit liegt. Man kann den griechischen bzw. im Alten Testament hebräischen oder aramäischen Originaltext Wort für Wort übersetzen, aber das Ergebnis ist kaum noch zu lesen. Das klingt nämlich genauso schlecht wie eine englische Webseite, die von Google übersetzt worden ist. Je lesbarer und verständlicher man eine Übersetzung haben will, umso weiter wird sie sich auch vom Originaltext entfernen und diesen auch auslegen bzw. interpretieren.

Die ***Volxbibel*** hat ihren Schwerpunkt darauf gelegt, so leicht verständlich wie möglich zu sein. Ihre Stärke liegt eindeutig in der lockeren Lesbarkeit: Man kann ohne Probleme ein ganzes Evangelium vor dem Schlafengehen lesen. Ich glaube, da ist sie in Deutschland immer noch ohne Konkurrenz. Dafür musste sie aber auch Kompromisse eingehen, was die Genauigkeit angeht. Wenn du die *Volxbibel* gelesen hast, bekommst du aber vielleicht Lust, auch mal eine genauere Bibelübersetzung zu lesen. Ich möchte dir hier unterschiedliche Übersetzungen vorstellen, die ich selber auch gelesen habe.

Die Elberfelder Übersetzung
ist eine sehr wörtliche Übersetzung. Das Neue Testament wurde 1974, das Alte Testament 1985 überarbeitet. 2006 erschien dann noch mal eine neue Bearbeitung. Ihr Schwerpunkt liegt auf einer sehr genauen Wiedergabe des Originals, wodurch einige Passagen für Leute von heute schwerer zu verstehen sind. Wenn du aber wissen willst, wie es im Original genau steht, dann hol dir eine Elberfelder Bibel!

Die Lutherübersetzung
ist total weit verbreitet. Martin Luther war der erste, der das gesamte „Neue Testament" vom Griechischen ins Deutsche übersetzt hat. Dafür hat er nur elf Wochen gebraucht. Später wurde seine Übersetzung noch oft überarbeitet, zuletzt 1984. Da der Stil der Lutherübersetzung fast wie ein Gedicht klingt, kann man Bibelstellen aus der Lutherübersetzung oft gut auswendig lernen. Dafür ist ihre Sprache aber für heute ziemlich altmodisch.

Die Neues-Leben-Übersetzung
ist leicht verständlich und bleibt dabei auch sachlich immer zuverlässig. Sie hat aus dem biblischen Grundtext in ein Deutsch übersetzt, das heute gesprochen wird.

Die Gute-Nachricht-Übersetzung
wurde Ende der siebziger Jahre veröffentlicht und war die erste Bibel, die versucht hat, in einer leicht verstehbaren Sprache zu sprechen. Das Besondere an dieser Bibel ist vielleicht auch, dass sie von den zwei größten christlichen Bibelwerken in Deutschland, nämlich dem der katholischen und dem der evangelischen Kirche, gemeinsam herausgegeben wurde.

Die Hoffnung-für-alle-Übersetzung
ist nach der *Volxbibel* wohl die zweite Bibel, die weniger genau, aber dafür leicht verständlich geschrieben wurde. Es gibt sie seit 1996, und man kann behaupten, dass es nach der Luther-Bibel keine weitere Übersetzung gibt, die in so großen

Stückzahlen gedruckt und verkauft oder verschenkt worden ist wie *Hoffnung für alle*.

Mein Tipp: Mach dich mit der Bibel vertraut, lerne sie kennen! Und wenn du das Gefühl hast, die *Volxbibel* ist ausgelesen, dann besorg dir eine andere Übersetzung und grab dich tiefer in die Botschaft der Bibel rein. Es lohnt sich, denn die Bibel ist ein heftiges Buch, es ist voller Worte aus einer anderen Dimension, es ist das Buch Gottes!

Christ werden – wie geht das?

Jemand hat einmal gesagt, Leben bedeutet, einen Weg zu gehen. Ich finde, in diesem Spruch steckt viel Wahrheit. Jeder Mensch geht einen Weg, und alle haben dabei den gleichen Anfang, nämlich ihre Geburt.

Die Frage ist nur, in welche Richtung wir gehen. Ist es ein Weg der letztendlich in die Zerstörung führt, in die Einsamkeit, die Depression? Oder führt er in Richtung Heilung, Freude und Ewigkeit? Und was steht am Ende unseres Lebens, wofür haben wir gelebt? Für Geld, Haus, Karriere? Party, Spaß und Feiern? Für eine Frau, einen Mann und die Kinder? Oder für Sport, Musik oder irgendein anderes Hobby?

Ich finde, es ist schade, dass viele Menschen sich mit diesen Fragen erst sehr spät beschäftigen, und manchmal sogar zu spät. Denn die Antworten beeinflussen ja alles andere in unserem Leben, zum Positiven wie zum Negativen. Wie man auch immer dazu stehen mag: Ich glaube, dass der eigentliche Grund, warum jeder Mensch lebt, darin besteht, Gott zu erfahren. Gott zu finden ist wichtiger, als den richtigen Partner zu finden. Gott zu finden ist wichtiger als ein guter Job, Geld und Karriere, ist wichtiger, als berühmt zu sein.

Die Bibel sagt, dass unser Leben nicht mit dem Tod endet. Es ist dann sozusagen nach hinten verlängert und fängt mit dem Tod eigentlich erst richtig an. Tatsächlich lebt der Mensch ewig, und wie er sein Leben ***vor*** dem Tod lebt, entscheidet darüber, wie sein Leben ***nach*** dem Tod aussieht. Wenn du auf der Welt ohne Gott gelebt hast, wirst du auch deine Ewigkeit ohne Gott verbringen. Das ist es, was mit Himmel und Hölle gemeint ist. Ein ewiges Leben mit Gott ist geil – wie der Himmel. Ein ewiges Leben ohne Gott ist schrecklich – einfach die Hölle.

In Deutschland hört man immer wieder von verschiedenen Göttern und Religionen und davon, dass jeder mit seinem Gott selig werden soll. Ich möchte dazu mal eine krasse Gegenposition beziehen: Ich glaube, es gibt nur einen Gott. Der Weg zu diesem Gott wird aber durch Gerüchte, Lügen und auch durch falsche Religionen immer wieder verstellt. Die Bibel sagt, dass es ein Problem gibt, warum Menschen mit diesem Gott nicht in Kontakt kommen. Da ist etwas, das zwischen ihm und den Menschen steht und den Kontakt stört. Man nennt diese Störung auch Sünde oder Dreck oder Mist, und meint damit eben alles, was mit Gott nicht zusammengeht. Dieser Dreck verhindert, dass ein Mensch mit Gott wirklich zusammenleben kann, weil Dreck und Gott einfach nicht zusammenpassen. Gott ist sauber, ist Licht, ohne Dreck und dunkle Flecken. Leider kann niemand diese Trennung zwischen Gott und den Menschen aufheben. Niemand außer Jesus.

Deshalb sagt Jesus von sich selber:
„Ich bin der Weg dahin, über mich wirst du ihn (Gott) finden. Ich bin die Wahrheit in Person, zuverlässig hoch zehn. Ich bin das Leben, wirkliches, gutes Leben. Keiner hat eine Chance bei Gott, wenn er nicht über mich zu ihm kommt." (Johannes 14, Vers 6).

Christen sind Menschen, die erkannt haben, dass Jesus Christus Gottes Sohn ist, und die deshalb ihr Leben mit Jesus leben wollen. Der Namen „Christen" sagt, dass man zu „Christus" gehört. Man erkennt einen Christen leider nicht daran, dass er ein guter Mensch ist. Das wird oft missverstanden – als ob Christen bessere Menschen wären, die alles richtig machen. Die Kirche besteht aus vielen ganz und gar nicht perfekten und oft auch kaputten Menschen, die nur eins verbindet: Sie glauben an diesen Christus, sie haben eine Beziehung zu ihm. Das ist es, worauf es wirklich ankommt: mit Jesus Christus zu leben. Du musst dafür überhaupt keine Voraussetzungen erfüllen. Jesus liebt dich so, wie du bist. Egal, was du tust oder getan hast.

Darin unterscheidet sich übrigens auch der christliche Glaube von allen anderen Religionen der Welt: In ihnen geht es darum, was ein Mensch für Gott tun kann und soll. Im Christentum ist es umgekehrt, es geht darum, was Gott für den Menschen getan hat.

„Gott liebte die Menschen ohne Ende, er war sogar bereit, seinen einzigen Sohn für sie wegzugeben, damit sie nicht vor die Hunde gehen. Jeder, der ihm vertraut,

hat es geschafft, er wird ewig leben können!" (Johannes 3, Vers 16).

Wenn ein Mensch sich auf Gott einlässt und sein Leben auf ihn ausrichtet, tut Gott etwas Wunderbares in diesem Menschen. Das Leben mit Jesus ist nicht so sehr ein neuer Lebensabschnitt, es ist etwas so fundamental Neues, dass man von einem Neuanfang sprechen kann! Das, was du vorher ohne Gott getan hast, ist auf einmal nicht mehr so wichtig, du hast die Chance, ganz neu anzufangen. Und das Beste: Du musst nicht allein neu anfangen, du hast ja jetzt Gott, der bei dir ist und dir hilft!

Viele Millionen Menschen haben das erfahren und können bestätigen, dass es funktioniert. Gott tritt tatsächlich in das Leben eines Menschen ein und macht es ganz neu. Vielleicht findest du es zu schwierig, an Gott zu glauben? Das Gute ist, dass der Glaube nach und nach wächst. Am Anfang ist es nur die Entscheidung zu glauben. Die Überzeugung wächst später in dem Maße, in dem du Gott erlebst.

Wenn du Christ werden und dieses neue Leben mit Jesus anfangen willst, kannst du ihm das einfach sagen. Das nennt man dann Beten. Am Anfang ist das vielleicht ein bisschen komisch, aber keine Sorge, außer Gott hört es ja keiner. Falls du nicht weißt, was du sagen sollst, kannst du auch dieses kleine Gebet sprechen, das ich mir ausgedacht habe. Ich habe dieses Gebet gebetet und bei mir (und Tausenden anderen Menschen) hat es funktioniert:

„Jesus, ich will dir vertrauen. Ich gebe dir mein ganzes Leben und bitte dich, mir meine Fehler zu verzeihen. Tut mir total leid, dass ich so viel Mist gebaut habe. Ab sofort sollst du mein Chef sein. Ich will in meinem Leben mit dir in Richtung Himmel gehen. Fülle mich mit deiner Kraft, dem heiligen Geist. Danke, dass ich ab jetzt zu deiner Familie gehöre. So passt es, Amen."

Herzlichen Glückwunsch, willkommen in der Familie!

Wenn du magst, berichte davon, was jetzt bei dir passiert ist! Du kannst mir gern eine E-Mail schreiben (an martin@volxbibel.de). Auch wenn du noch irgendwelche Fragen hast, wie so ein Leben mit Gott funktioniert, kannst du mir mailen oder einen Brief schreiben. Ich oder jemand aus dem Team wird dir auf jeden Fall antworten, versprochen!

Also bis dann, und:
Jesus mit dir!

Dein Martin

Mitarbeiter, Ansprechpartner, Ratgeber

An der Volxbibel Altes Testament haben mitgearbeitet:
Stephan Achtermann, Diplom-Theologe und Pastor der Evangelischen Landeskirche,
Benedict Röser, Theologiestudent, Uni Mainz,
Bernd von Bentheim, Blogger, Jugendbetreuer und Individualpädagoge aus Portugal,
Daniel Degen, Theologe und Germanist,
Gudrun Bohrmann, Sprachgenie und einfach nett.
Folgende User haben zeitweise im AT Wiki mitgearbeitet: Alain, Bertram, Chris, Christian „Crenz", Daniel Renz, Hartmut, Jott, Martin, Marwin, Peter Scharnbacher, Raphael, Robin, Schlunki, Simon und Thomas.

An der Volxbibel Neues Testament haben mitgearbeitet:
Wolfgang Günter, Julia „Juppi" Pfläging, Rahel Dreyer, Corinna Schober, Jenny Schirmanz, Joachim Senftleben, Dennis Diederich, Martin Nerlich, Tobias von Ambergain, Alexander G., Thomas „Sprotte" Häring, Karsten „Storch" Schmelzer, Viktor Sudermann ... sowie 1674 Wikiuser mit 5 033 821 Millionen Seitenaufrufen im Internet.
Die theologischen Ansprechpartner im Volxbibel Wiki waren: **User Sophia, Pfarrerin in der Niederlausitz, zeitweise Lehrkraft für Griechisch und Hebräisch im evangelischen Studienhaus in Halle, User Stefan, Theologiedozent an der Theologischen Hochschule in Friedensau, User Michael Jahme, abgeschlossene vierjährige theologische Ausbildung am Neues-Leben-Seminar Wölmersen, User Bernd.T, evangelischer Theologe und Pfarrer einer Landgemeinde, User Christian, evangelischer Theologe, Bezirksbeauftragter für Religionsunterricht, User Stephan Achtermann, Pastor der Ev.-luth-Landeskirche, User Bärin, 1. Staatsexamen katholische Theologie für Gymnasium.**
Besonders danke ich: Meiner Ehefrau Rahel für ihre Liebe, ihre Geduld und unermüdliche Unterstützung. Du bist eine gigantisch tolle Frau, ein Geschenk Gottes, ein wirklicher Engel. Andreas Ebert und Bernhard Meuser – ohne euch würde es die Volxbibel nicht geben.
Die Mitarbeiter von SCM: Winfried Kuhn, Hans-Werner Durau, Jordan Asshoff.
Den Mitarbeiter im Pattloch Verlag: Jürgen Bolz, Beate Schley, Carsten Sommerfeld, Christina Schneider.
Meiner Agentin Bettina Querfurth.
Markus Spieker, Dom Narinder und André Wedemann für eure Freundschaft.

Danke, Jesus, es gibt niemanden, der anbetungswürdig ist, außer Dich.

Die Volxbibel Wiki User

Danke an alle Volxbibel Wiki User für euer Mitdenken und euer Mitarbeiten. Ihr macht das ganze Projekt erst zu dem, was es ist:

"bibel-fan"777!, *Anja*, *JKW*Psycho, *chen, *Jannis-Wietzke*, *Laurali*, *sommer63, 007vogel, 123456789, 14 1Baruch, 2ndx3Beat, 2tomy, 50novo, 666, 7zwerge89, A. J.

A. Nogal, Aarong, Aaron-w, AbbyNym, Abc, Absurt, Abzt, Achti, Adonia, Ady, Aelohim, Afk, Agp, AHilgert, Ahlemer, Aidman923, Ainer, Akiva, Akohagen, Al, Alatariel, AlbrechtM, Alex, Alex J., Alex^^, Alex2, Alex2006, Alexander, Alexander Semrau, AlEXX, Alias ffm, Aline, Almi09, Almut, Altersberg, Alwe, Amadeus56, Amelicelli, Amy, Anaken, Anastasia529, Andi, AndiL, Andipandi, Andre, Andre;-), Andreas, Andreas Alexander, Andreas12, Andreasebert, Andreaspetry, Andreaszi, Andy, Andymac, Andyösi, Ancuka, Ange94, Angel, Angelika, Angelina, Angii, Ani-bunny94, Anja 90, Anja5678, AnjaSpreer Ankl, Anna, Annagirl@1993, Anneke, Annemake, Anne-sophie, AnNi, AnniP, Anomar, Antivx, Anubis, Anyname, Apfelbaum, AppleKing, Aquei, Arend, Aristipp, Arlan, Armin, Arnd, Arne, Arne Schnütgen, Artaxerxes, Artist mein, ASeeker, Asha, Asha 108, Asha108, AssaCom, AssaSom, Asterix, Athmus, Available, Axel

Backhausbrot, Baixiang, Bakedbeansjulia, Balu, Balu 1959, Bärchen, Bärin, Bark, Bartho Prohens, Basti, Bastian, Baxter, Bea, Bebedeppe, Bebispro, Becca95, Beccccs, Begeisterter, Belinda, Belisa, BeLlchen, Bene, Benerabilis, Bengoshi, Beni, Benieman, Benjamin, Benni j, Benni1988, Benny

Hammermeister, BennyOo, Benster, Bento, Berenike, Bernd das Brot, Bernd.T, Bernd234, Bernhard, Bernhard.Meuser, Bert, Bertram, Bertram Hein, BertramHein, BestLJ, BetaBlind, BetbruderElias, Bettina, Betz.fran, Beuscher, Bglhjp, Bglhjp2, Bianca.baum, Bibelforscher, Bibeljunky, Bibeljunky felix, Bibelleser, Bibelleserin, Biberon, Biberon70, Biblefan, Bibleserver, Biblesurfer, Biblicate, Biene70, BigO, Bina, Birger, BIZZAR, BKüster, BlackBaghira, BlackRose, Blancchenburns4jesus, Bliet, Blindfisch18, Blüb, Blubb, Blume, Blumenkind 74, nh@christusgemeinde-pe.de, Bobby, Boll, Bonifatius, Bonita, Brandi68, Braze, Brazzo, Brendy, Brigitte1971, Brindsley Miller, Bröselchen, Bruderpeter, Brunner, Brunozde, Buchhändler, Bukki, Bv

C rall, C1a3a, C3berM@ster, Cador, Caius, Cajuz, Calvin, Camillo, Capitode, Caren, Carla, Carlobyte, Carlos, Caro, CarOe, Carolin, CaroOe, Cartman89, Catholic, Cb1988, Cecil.the.Strange, Celeste of Silvermoon, Cello, Cfkberlin, Chaecker, Chaosmum, Charisma, Checker1988, Chelast, Chemie genie, Cherry XD, Cherryberry11, Chico26, Chilischote, Chkluth, Chrbeyer, Chris2204, Chriskros, Chrislit, Chrispos, Chrissi, Chrissi84, Chrissifa, Christ, Christopher, ChristianJ., Christine, Christkind, Christopher, Chriz, Chroscher, Chrummacher, CHRUNK, CJT-BBW-Dresden, Clang, Clara, Claudia,Claus10, Claus-Peter.W, Co, Cobra 11, Codex, Coexli, Cofi, Comander ralf, Connemara, Conny, Cookie-verrückte, Cooky, Coolboy3, Coranna, Cordelia, Cornelis, Corry, Crowsort, Cruelchris, Csillagos, Cstim, CVJMKreistag, CvjmMita, Cyrix

D redrose b, Dada, Daisy, Damada, Dampfnudel, Dan, Dano8, Dani24hh, Daniel, Daniel S., Danielmaag, Danielmenzi, Dänielson13, DanielSun84, DanielV, DaniplusSahne, Danny o., Dany Hill, Dany922, DarkPrincess, DarrelleGreen, Darwin7, Dav.j@bluewin.ch, David, David R, Davide, Davide!, DavidK, Dayana, Deaktiviert-01, Dearaeaeph, Debby, Deborah, Dedivob, Deflups, Deft, Dekalog, DeKat, Delfinam, DEmOnHunTEr, Dennis^^, Der Anwalt Gottes, Der Klaus, Der solinger, DerBär, DerGlückliche, DerJeyPee, DerThomas, DerTom, Dgrimm, Diana, Dibonhoe, Didabelju, Didi, Didi16, Didymus, Die T² Jünger, Die uschi, Dieletztekriegerin, Dieter, DietmarPohl, Dietz Neumann, Die-vier-jakobs, Dirko9, Disciple, Ditesch, Diwu, Dj-albeat, Dktz, Docmago, Docwo, Dodu, Doka, Dolly, Dominik, Donaufischle, Donilein, Dornenkrone, Dorothea005, Dorothee, Dorothee Sporer, Doublek, Dr spoony, Drachenfliege, Dragon's Daughter, DrKosy, Dubsch, Dührkopp, Dumpty82, Dunia, Dunja, Durau, DWockel

Ebbelwain, Eckart, Ecki, Ede107, Edwanke, Eichhoernchen27, Eichhorn, Eichi2007, Einwort, Ek kuehne, Ekat, Ekkehard, El gato, Elcher, Elena cross, Eli, Elias, Eliot91, Elisabeth, Elli, Elregen, Elsbeth, Eltox, Emil, Emila, Emkklug, EndOfTime, Engelchen, Entchen, Ephi, Ephraimstochter, Equilibrium, Erde2000, Erdmänchen, Erixxll, ERlebt, Erlebt, Ernesto, Ernst, Eromis, Ersteller, Eruhnke, Erwin, Esapathi, Eschneiderbuch, Esgibtkeinengott, Esra, Eto, Ettip, Eugenkrahn, Ev72, Evahae, Evi feat. Hesekiel, Exe1963, EXiS, Explosive expert, Extas!!

F. Marburg, Fab, Fabi94, Falkoz, Fallplant, Fb3, Felician, Felix, Felsenfest, Fercho, Ferdiii, Fiad, Fibi, Fihavanana, Filinchen, Finne, Firunus, Fischi, Fiveofsix, Fj.wolf, Flo66, Flachlandgorilla, Floriakir, Foerderer, Footprint, Forster, Forthee, Fosil, Frank, Frankchristian, Frank Leissler, FrankE, Frankmueller, Franktest, Fratello, FrEAkoo1, Freakmatze, Freakquency, FreakyLady, Fred, Freddi, Frederickstern, Fredi, Fredman52, Friddsie, Friedemann, Friedrich Jehnes, Friedrich122112, Frieds, Friesischerb, Fritzi, Frog, Fuchs, Fussballsimson, Fusselwurm, Fvetter

G.hess, Gabi20Uhl, Gaby, Ga-chen, Gamaliel, Ganador, Gänseblümchen, GaryBig, Gennaro, Georg-listings-twin-in-love-with-him, Gerd. ruegheimer, GerdEric, Gerd-osh, Gerhard, GerK, Gerry, Gerryjubo, Gertrude Hustenpust, Gesegnete ente, Ghackenb, Ghepsim, Gifog, Giga, Ginostra, Giorgio, Godrocks, Godrulz1981, Godsfreakyprincess, Godsfriend, Godsgirl, Goetz, Goetz67, Gollommbus, Gorak, GOTT, Gottesbild92, Gottesrechtehand, Gottistgut, Gravits, Grenzwertig, GreyEagle, Greyeagle, Grinsekatze, Gronkor, Grossermuck, Grummelchen, Grux, Gudi, Guenni1960, Guije, Guju, Gunda Staib, Gunman, Günther, Gunther werner, GunzyTom, Gustav, Gvs, GVS-7cd, GVSKlasse7cd, Gwo

Habakuk, Hachri, Hadda, Haerter, Haesle76, Hajo, Hajo Dietze, Hajo4ex, Halsbandschnaepper, HaMi,

Hanfal, Hanfwalker, Hank, Hanna, Hannah, Hans Wurst, Hanser, Hansfaust, Hapag legomena, Happy, HappyFamily1991, Hard s, Harmless, Harry, Harry Wiens, Harrywiens, Haulchen, Hauskreis Isabella, Hdkoeln, He´sALIVE, Heartsong, Heggel, Heiko, Heiligerfranz, Heinrichschaa, Heinz, Hekui, Helas, Helly, Helmut.Hofmann, Helmuth78, Heluri, Henning, Henry cheeser, Hermann Schulten del Campo, Herminator, Hero des, Herrnhaag, Heuliwejes, Hi, Hildenhagen, Hilger, Hille, Hiltrud Kühn, Himmelskomiker, Hinneni, HipHope, Hismaker, Hkmwk, Hmgr, Hobe, Hoffnung, Holger, Holländer, Holmix, Holpet, HolyBible, Holyij, Home, Honey, Hopekoehne, Horde777, Horschtabua, Horsie, Horst, Horst.Kohler, Horst-Haldol, Hotte1964, HP, Huberta reil, Hübie, Huefti, Huetchen

I have my own style, Icelandfan, Ich, Ich hasse dich, Ichliebemeinenpapa, Ichthys8, Ichwillanonymbleiben, Ida, Idenis, Idler, Iliopsors, Ilseluise, Iluvyahoney, Immanuel Weber, Inet Raboo, Infimus, Infomedix, Ingo, Isch, Isis, Isius, Italialover

J o n a s, JaCk, Jahve, Jakob, Jamaicaboy16, Jan. himmelreich, Jan3k, Jana, Jand2, JanKrohn, Jan-Mirko, JanPeter, Jas01, Jasmin, Jasminum officinale, Jc.freak83, Jeleesa, Jenny1985junh, Jens, JensD, JensG, Jensi, Jens-peter, Jensrentmeister, JensUG, Jerusalemwuschel, Jesreel, Jessdennart, Jesses, Jessi89, Jesus freak777, Jesus Punk, Jesus206556, Jesus360672, Jesus4Sylvia, Jesuschristusliebhaberin, JeSuSfReAk, Jesusfreak, Jesusfreak1543, Jesusfreak16, JesusFürDeutschland, Jesusistkrieg, JesusLEBT, JesusPunk1, Jetzt-funkenflug, Jguerrero, Jhaus55, JHWH, JM, Jo, Jogammler, Jo.nathan, Jo4jesus@web.de, Joachim, Jocky, Joe, Joe.S, Joeb, Joerg, JoergBeyer, Joern, Joesy, Joey, Joey84, Jogger747, Jogi, Johann, Johanna, Johannes Venzke, JohannesCassian, Johannespieper, John, John Cooper, John.w, John316, Johnfirst, JohnThunder, JohnWindow, JoH03009, Jo-jan, Jojo1988, Joker, JoNaLe, Jonas, Jonas Rahn, Jonas S., Jonathan, Joni, Jopl, Jordanspro, Jörg, Joschl, Josco, Joshua, JoWie, JR 90, Jrschumann, Judas, JudenChrist2007, JugendkreisLahnau, JugendpastorMJN, Juho, Jule, Juli, Julia, Julian K., JungfrauAntonia, JuNi, Jürgen Mock-Böhringer, Juri, Juwilju, Juz

K2610, Käbi, KaddyS, Kadege03, Kaiserscafé, KAKAANAL, Kalleb, Kalli, Karhu65, Karin, Karl, Karo*, Karollis, Karolus, Karsten, Karstenludwig, Kat, Katastrofenkiller, Kath, Katha, KatharinaMalena, Kathatarina, Kathy428, Katie, Katjuscha, Katrin, Katte, Katuma, Katzengreis, Keinekompromisse, Keko, KekoK, KeKs Bauer, Keksmensch, Kelu, Kermit, Keryx, KevinBu, Kieferluft, Kilimann, KimEngel^.^, Kimgbzh, KIM-JOHN, KingMoe94, Kiolalayale, Kirikaese, Klari, Klasse8Abtsgmünd, Klasse8FvKs, Klaus, Klaus steffens, KlausT, Kleine. Lilie, Kleiner Engel mag 69, Knöpfchen, Knut67,Kody, Kohelet, Königskind, Konrad, Kornelius, Kornelius2, Kp, Kreaktiv66, Kreta, Kriss, Kriss68, Krissi mit G, Kruem, Krulle, Kruphi, Krupinski, KT, Kuebi, Kunhardt, Kurbjuhu, Kyoko

Lac 777, Lachen, Lachschonde, Lakrissimo, Laliya, Lamaus, Laura8484, Lcars, Lea4god, Leander, Lebe-jetzt, Lebend'ger Fisch, Lehcimsubed, Lela, Lena, Lena-im-Boot, Lenchen, Leo, Leokle, Leon9b, Leonae, LeonSmolka9b, Leporello, LeSPu, Lexi, Lgnx, Lightwalker, Lil saint 07, Lilalois, Lili2010, Lililein, LinA, Ling-lang, Liondancer, Lippi, Lisa Walther, Lisbeth, Lischen, Listos, Liszala, Littlecorny, LittlePussycat, Litzer, LivingWater, Livingwater, Lizzie, LLakritz, Loewens, Loewensteinsj, Loewie, Lokke, Longo, LordEisenfaust, Lotwane, Lovejesus777, LowPriceLighter, Lucas.martin, Lucius, Ludger, Luim23, Lukas, Lupincula, Luthe, Lutz, Lutzneumeier

M A R I.E, M. P., M. Stump, Ma529zda, Maa, Mabest,Mäc&Jonc, Macbergman, Madmaharaja, MadMaxMac, Madmuffin, Magdalena, Magga, Maggie, Maggie99, Magimu, Maikefer, Maikoloki, Maja, Majah, Makeda, MaLu, Malu, Mamaandy, Manfred, Mania, ManSam, Manu, Manual Automatic, Manuela, Manuku, Manyou, Maranatha, Marce, Marcel Baptist, Marcel Kümmerer, Marcelo Wall, March, Marciboy, Marco max 20, Marcus, MarEn, Maria, Maria Bruderer, Mariamagdalena, Mariechen0405, Marioulli, Marisa, MariusBaumann, MarkS, Marksh, Markus Schepke, Markus von Grünigen, Markus.frauchiger, Marlster, Marsuparius, Martin, Martin litzba, Martin.R, Martin.RB, Martina Vick, Martinek, Martinjulia, Marv, Mary, Mary007, Marzis, Maseltov, Massaker, Master500, Matroschka, Matt77, Mattangs, Matthias, MatthiasGeorg, Matze, Matze99, Matzepatze, Mawodi, Max, Max.mustermann1000, Maxblue, Mcbfrodo, Mclgrl, MD, Mdelesky, Meise2000, Melao, Melilot, MenschMartin, Mercy,

Mercy93, Messias, Metalmatze, Metanoia, Methro, MGeorg1649, Mica, Micah, Micha, Micha D., Michael Lexa, Michael43, MichaelM, Michaelwachenheim, MichaHH, Michal91, Mickey, MickZ, Microfish, Micweb, Migi84, Miirii□, Mika, Mikkes, Milan007, Milka, MiniChrist, Miriam, Mirjam, Mirko, MissSpinster, Misssushi, Mitras2, Mjakobi, Mkolberg, Mkretz, MMT, Moby 18, Moedritscher, Mofamafia, Moggeline, Mohij, Möhre, Moira, Moments, MoNooBraue, Monarchin, Monique, Montague, Monti73, Moreofyou, Moritzontour, Morpheuz6, Mose, Motoki, Motorus, Motto, Moudy, Mrblonde98, Mrholy, MrSpliss, MrYosch, MSchulz, MSchwarzkopf, MStump, Mucluke, Muebalu, Muecke ingo, Muehlstein, Mueller.emden, Muerli, Müllerbadlausick, Multimölli, Muslo, Mwohlgem, MyDog, Mzeecedric

N.gruessner, Nachwuchsprediger, Nadaschlor, Nadine, Nala, Nanda, Nannyogg57, Nasnnyogg57, Nasti.Nuclear, Nath, Natha92, Natta, NeffetsSk8, Nessa, Nette^^, Neugierige Ziege, Neusl, Nevar, Nevermind, Newchris, Nicola, Nicole, Nicolebabe24, Nightstar7459, Niki, Niki.L, Niko, Nils Sievers, Nina, NiNa xD, Noebian, Nokifan, Nomes, Nomra7, Norbert, Nordwind, Nörgelmir, Norheg, Noseman, Nossen69, Novize

Obelix, OberhauptKuen, Ocean20, Oculi, Odradek, Oehler@web.de, Oho, Okashi, Old.holly, Olde, Oldenburg3, Oldnag85, Olivertomtina, Oluanez, Ombili, Omega, Oneway, Oni, Onkel-henni, OnSeLahde, Opensource, Orenero, Ouve

PacmanII, Paddy-07, Paps51, PascalSeidelEinbeck, Pasmo11, Pasteur, Pastor, Pastor storch, Pater Lorenz, Patrick.M, PatrickNölke, Patty, Paul, Paula4jesus, Paulgerhardt, Paulorth, Pazu, Pbnp, Pczelot, Pdiggelm, PeacE, Peaceman, PeaT, Pedrorapaz, Pervamon, Pesus4jesus, PeTau, Peter, Peter Pan, Peter Toeller, Peter.H, PeterAlfred, Peterdavut, PeterGeorg, Peterpen, PeterS, Peters, Petra, Petra.steinmann, Pfadfinder, Pferdefreund777, Phia, Philipp, Philipp Neri, Philippos, PhilOnVolxbibel, PhiSie, PhyshBourne, Pilger 68, Pinger, Pionier, Pitpit, Pitrell, PKalusche, Plan B, Podsadlowski, Poladr, Popins, Powerpauli, Powtac, PraizeTheLord, Princess, Prinz Volker, Proell, Profi811, Profrk, Psalm50,15, Pucki, Puelzl, Purzelmax

Qberz, Quastenflosser, Quelle, Quellphin, Quiddi, Quovadit, Qwert

R.muenzker, R14v8, Rabbi, Radi, Rafhun, Rai, Rain, RainerGüting, Rainer Müller, Rainman1964, Ralf Kühlwetter-Uhle, Ralf.haeussler, Ralf.hudler, RalfKater, RalfW, Ramhto, Ramungus, Raphey, RaphZ, Raschmi, Rau.mi, Raumlaender, Rbby, Rbhausoul, Rchhuebner, RDB, Realandy, Realmaze, Reflaufenburg, Reformator, Reinhard, Reitzelhans, Reli, Relpaed, Rene Heller, Rerobitsch, Rettheld, Revive, Revivegermany, Revoluzzer, RiccardoCavallo, Rich8, Rickie-Dickie, Riefert, Riekööö, Ripei, Rissa, Ritze82, Riverofgod, Röb röb, Robbi, Robert, Robert VIP, Robertg, Robi, Rockpommelsland, Rocktiger, Rodenbacher, Roenzel, Röfe, Rohrbachkoop, Rolandpapa, Rolf Schuld, Rolli, Rolli1001, Romi124, Roswith, Rotbartbibel, Rotzloeffel, Rowiwa, Rowosch56, Royalpiper137, RSISST, Rsj, Rubber, Rubroony, Rudi007, Rudolf, RudowRulez, Ruefu, Ruslan91, Russian girly, Russkaja sila, Rusticus, Ruth, Ruthzimi, Rzeitler

S.asch.a, S5magroh, Sabmoe89, Sachi, Sahne, Salem, Salomo, Salz und Ehre, Sam, SamK, Samson, Samy, Sanders Dowdy, Sandstorm, Sanish, Sanja, Sanne, Sanox, SanWogi, Sarah, Sarah Polarlicht, Sarahleina, Sarale95, Saso67, Satan92, Saved, Sbajudas, Scarlett, Schäfchen, Schattenfee, Schlunki, Schmeffn, Schnabeltier, Schneider, SchoeneZeit, Schoko, Schoko-drea, Schrauberpack, Schwalbe93, Schwarzwald, Schwenoldas, Schwimmwart, Schwines, Scout, Sebastian, Sebboh, Sedi, Seelenfreund, Seeleyher, Seio, Semir89, Senator, Seppel, Seraphael, Server, Setike, Seume, Sexy angel, Shaixo, Shalom, Sharifu, Sharkcow, Shirodave, Shortys relibande, Shuni, Sicone, Sieben, SigMA, Silas1512, Silon, Silpheen, Silvia, Simaglei, Simeon, Simiwriter, Simme, Simon, Simon 123, Simon.loeschke, Simondiercks, Simone, Simone Müller, Simson, Singline, SingOut66, Sirys, SiTi, Skre, Skrolan, Skwejnn, Skyer, Skylitdrive, Skylitdrive, SlickRider, Smartie, Smileygirl, Smilyi, Smudooo, Snah, Snahfi, Snotzke, Snudo, Soeren lange@gmx.de, Soern, Soessle, Sommer04, Sommer63, Son of Man, Sonja kiepe, Sonnhild, Sophaschwein, Sophia, Spatzelchen, Spidou, Spielmaus, Spinoze, Spuky, Squirrel, Srebbor, St. Patrick, Stand Firm, Star, Stefagner, Stefan, Stefan Herzog, Stefan wiederkehr, Stefan.h, Stefan2502, StefanBeger, StefaniE, Stefanpickart,

Steffen Göpfert, Steffensgo, Steffifiebig, Steini, Stephan-Zoellner, Sternchen, Sterntaler1106, Stiefel), Stiwipreacher, Stoenk, Storch, STRASSENPASTOR, Strider, Stritz, Struppi, Suchanecki, Sunny250, Sunnyjazz, Superhighend, Susan, SusanneH, Suschi, Susej, Susie Derkins,Susie Derkins2, SuZa, Sv3nSKA, SvejSi, Sven Körber, Sveniii, SW52146, Sweet Jesus, Sweetsilvi, SweetyAnja, SwissJesusFreak

Tab it, Tab*christin@user, Tabea-Khk, Tabi, Tabse, Taj-pan, Takurea, Talitakum, Tami, Tanach, Tanja Grubelnig, Tannenbaum, Tasen, Tassilo, Tatonka1973, Tbk123, Teacher, Teddman, Teddman30, Teddyjutzi, Teenkreis Hattingen, Teidori, Teka, Tennis L, Teqsun, Teresa, Testo815, TestFavicon, Testmartin, Tete, Teupy, TgschuelerP, TgschuelerR, The Gecko, Theiming, TheKa, TheKryz, Theo, Theoherget, Theologe, Theologische Fortbildung EJW, Theophilus, Therapie883, TheRevo, Thetys, Thlahme, Thomas, Thomaseberlein, Thomasfuchs, Thor, Thorlac, Thorstenwader, Thorsti, Timmä, Timmi, Timmy, Tina, Tinita, Tirza, TJR, TKöhler, Tmth, TNolte, Tobbac, Tobbs, Tobi, TobiWo, Tobomat, TobyMac, Toktok, Tom, Tom S, TommesB, Tommy, Tommy Green, Tommy123, Tomson, Tony1309, Tork Pöttschke, Torsten, Totti, Trabikraft, Tracey,Translator, Trax, Trollum95, Trombonist, Troox, Trw, Typernator, Tyva, Tzwaehn88

Uas, Uboot, Ulli, Ulrich erhardt, Ulrike, Ulrike Wünsch, Ulysses, Umhimmelswillen, Umj21, Uncle sam, Undercovercircle, Unimog, Unitarist, Unterwegs, Ursalexle, Ursi, Usbur, Uschi, Uschi94, Uwe

Vaccinia, VanEssFan, Vanitas, Vazicumiweho, Vegat12, Vera, Veranda,Verena, Verena2011, Veve, Vicky, VickyK, Victor, Vivil58, Vladimir, Volkanmar, Volkmar, Volksbibel, Volxdidi, Volxfreak94, Volxmann, Volxwagen, Volz, VonAllenSeiten, Vsfwien

W.gittinger, Waerter, Waldläufer, Waldschrat, Walker, Warah, Warriorsaint, Washbrook, Weazel, Webbl, Weberpa, Wechmida, Wegederfreiheit11, Weichsew, Weinrebe, Werner.kahl, Wiesel, Wikimy, WikiUser, WikiUser2, Willi.gittinger, Winfried, Winnetou, Winnetou1, Winu, WirelessPhil,Wishmster842, Wjw, Wobi888, Wolf, Wolf-Dietmar, Wolfgang, Wolfi58, Wolfroehrs, Wolle365, Wolle42, Wolle71, Woschultz, Wost, WR, Wraphaw, Wurzelmann, Wuschi7

X1234567890, Xaphoon, Xerxenia, Xophil, Xsteadfastx, XXCaroXx, XXFamousXx, Xxjanaxx22

Yachti.nanna, Yael, Yerodin, Yoyo

Zacko2575, Zeion, Zickzacke 99, Ziele, Zimtie, Zotti, Zuanne

Martin Dreyer

Jesus rockt

In seiner bekannt erfrischenden Art erzählt Martin Dreyer, der Gründer der Christlichen Jugendbewegung „Jesus Freaks", in *Jesus rockt* vom Gründer der weltweit größten Religion, dem Christentum: Wer war dieser Jesus Christus? Was hat er gesagt? Wie kann man ihn heute erleben?

Dreyer sagt: „Jesus Christus startete eine große Revolution der Liebe. Warum das alles? Weil sich Gott in die Menschen verliebt hat. Und was Jesus gesagt hat, was er getan hat, war ein Liebesbrief Gottes an alle Menschen."

Dreyers Buch ist eine Einladung, das eigene Christsein zu überdenken und einen Neustart mit Gott zu wagen.

254 Seiten

Pattloch Verlag